PRINCIPAIS JULGAMENTOS
RESUMIDOS PARA CONCURSOS
STF · STJ · TST
TSE · PGR

Roberval Rocha
organizador

PRINCIPAIS JULGAMENTOS
RESUMIDOS PARA CONCURSOS
STF · STJ · TST
TSE · PGR

- INDEXADOS POR RAMO DO DIREITO E POR ASSUNTO
- 5 ANOS DE INFORMATIVOS
- 5.745 INFORMATIVOS RESUMIDOS

EDIÇÃO
2017

www.editorajuspodivm.com.br

www.editorajuspodivm.com.br

Rua Mato Grosso, 175 – Pituba, CEP: 41830-151 – Salvador – Bahia
Tel: (71) 3363-8617 / Fax: (71) 3363-5050
• E-mail: fale@editorajuspodivm.com.br

Copyright: Edições JusPODIVM

Conselho Editorial: Eduardo Viana Portela Neves, Dirley da Cunha Jr., Leonardo de Medeiros Garcia, Fredie Didier Jr., José Henrique Mouta, José Marcelo Vigliar, Marcos Ehrhardt Júnior, Nestor Távora, Robério Nunes Filho, Roberval Rocha Ferreira Filho, Rodolfo Pamplona Filho, Rodrigo Reis Mazzei e Rogério Sanches Cunha.

Diagramação: Linotec *(www.linotec.com.br)*

Capa: Ana Caquetti

Todos os direitos desta edição reservados à Edições JusPODIVM.

É terminantemente proibida a reprodução total ou parcial desta obra, por qualquer meio ou processo, sem a expressa autorização do autor e da Edições JusPODIVM. A violação dos direitos autorais caracteriza crime descrito na legislação em vigor, sem prejuízo das sanções civis cabíveis.

APRESENTAÇÃO

Os Informativos são elaborados semanalmente por analistas do STF, do STJ, do TST, do TSE, a partir de notas tomadas nas sessões de julgamento, e contêm resumos não oficiais de decisões proferidas por essas Cortes Superiores. Seus textos são dos mais acessados e citados por doutrinadores e veículos de comunicação. Pela sua qualidade, contribuem para elevar o prestígio da jurisprudência brasileira, disseminando-a junto a estudantes e profissionais do direito.

Os resumos dos julgados mais importantes, dignos de publicação nos seus Informativos dos últimos cinco anos, foram catalogados e organizados neste livro, por área do direito e por assunto, com o objetivo de repassar aos leitores informações sucintas, em linguagem jornalística, muitas vezes extraídas dos próprios meios de divulgação das Cortes, sem perder a precisão e o foco dos temas jurídicos, tal como são originalmente tratados.

Ao todo, foram sintetizadas inúmeras notícias de julgamentos, englobando decisões de mérito de recursos repetitivos (STJ) e de repercussões gerais (STF), que são evidenciadas em destaque no texto. Os resumos procuram manter, na máxima medida possível, os textos originais dos informativos, retirando-lhes dados circunstanciais e periféricos, visando, assim, servir ao leitor o cerne de conteúdo que interessa para uma leitura rápida e proveitosa de jurisprudência. Com esse intuito, inúmeros informativos foram substituídos por excertos de ementas dos próprios julgados, revelando a palavra final, publicada nas decisões oficiais desses Tribunais.

Por se tratar de resumos dos Informativos originais, não são reproduzidos no livro os julgados: que expressam simples questões de ordem; que contêm remessas sem conteúdo decisório; ainda não finalizados (com pedido de vistas ou interrompidos por outro motivo); veiculados nas sessões "Transcrições" ou "Clipping" (ambas do STF) "Publicados no DJe", "Destaque" (ambas do TSE); os acórdãos do "Mensalão"; assim como são omitidas as referências a precedentes judiciais, votos vencidos etc.

O livro também conta com os informativos de teses jurídicas da PGR, elaborados pela Chefia de Gabinete, a partir de manifestações que representam o entendimento do Procurador-Geral da República acerca de determinada tese jurídica.

Por questões de ordem prática e de espaço, vários nomes de órgãos judicantes, termos técnicos, jurídicos e normativos foram resumidos ou substituídos por siglas de uso comum, visando tornar mais agradável e objetiva a leitura.

No final de cada capítulo, as súmulas e enunciados aplicáveis destas Cortes constam em adendo próprio, assim como os enunciados das CCR-MPF.

Os textos utilizados neste livro originaram-se de documentos públicos, de acesso franqueado a qualquer cidadão, disponíveis nos sítios de informação eletrônica dos órgãos do Poder Judiciário brasileiro. As disposições contidas no art. 5º, incisos IV, IX e XIII, da Constituição Federal; e no art. 8º, incisos IV e VII, da Lei Federal nº 9.610, de 19.2.1998 – Lei dos Direitos Autorais – conferem ampla liberdade ao organizador para reformatar e divulgar os dados públicos aqui referenciados.

O conteúdo da obra não constitui repositório autorizado de jurisprudência de nenhum tribunal.

SUMÁRIO

PARTE I – STF

1. DIREITO ADMINISTRATIVO

1. Agentes Públicos 27
   1.1. Disposições Gerais 27
   1.2. Cargo em Comissão 29
   1.3. Concurso Público 29
   1.4. Regras Previdenciárias 38
   1.5. Regras Remuneratórias 38
2. Bens Públicos 42
3. Contratos Administrativos 43
4. Entes da Administração Pública 43
5. Improbidade Administrativa 44
6. Intervenção do Estado na Propriedade 44
   6.1. Desapropriação 44
7. Licitações 44
8. Prescrição Administrativa 45
9. Poderes Administrativos 46
10. Princípios do Direito Administrativo 46
11. Processo Administrativo 47
    11.1. Processo Administrativo
          (Disposições Gerais) 47
    11.2. Processo Administrativo (Disciplinar) 48
    11.3. Processo Administrativo (TCU) 49
12. Responsabilidade Civil do Estado 50
13. Serviços Públicos 51
    13.1. Disposições Gerais 51
    13.2. Serviços Notariais e Registrais 51

2. DIREITO CONSTITUCIONAL

1. Dos Princípios Fundamentais 53
2. Dos Direitos e Garantias Fundamentais 53
   2.1. Dos Direitos e Deveres Individuais
        e Coletivos 53
   2.2. Dos Direitos Sociais 54
   2.3. Da Nacionalidade 55
3. Da Organização do Estado 55
   3.1. Da União 55
   3.2. Dos Estados Federados 59
   3.3. Dos Municípios 62
   3.4. Do Distrito Federal e dos Territórios 63
   3.5. Da Intervenção 64
4. Da Organização dos Poderes 64
   4.1. Do Poder Legislativo 64
       4.1.1. Do Congresso Nacional 64
       4.1.2-A. Do Processo Legislativo
               (Disposições Gerais) 65
       4.1.2-B. Do Processo Legislativo
               (Iniciativa) 68
   4.2. Do Poder Executivo 72
   4.3. Do Poder Judiciário 73
       4.3.1. Disposições Gerais 73
       4.3.2. Do Supremo Tribunal Federal 75
       4.3.3. Do Conselho Nacional de Justiça ... 76
       4.3.4. Dos Tribunais Regionais
              Federais e dos Juízes Federais 80
       4.3.5. Dos Tribunais e Juízes dos Estados .. 81
   4.4. Das Funções Essenciais à Justiça 81
       4.4.1. Do Ministério Público 81
       4.4.2. Da Advocacia Pública 84
       4.4.3. Da Defensoria Pública 84
5. Da Defesa do Estado e das Instituições
   Democráticas 86
   5.1. Da Segurança Pública 86
6. Da Ordem Econômica e Financeira 86
   6.1. Da Política Agrícola e Fundiária e
        da Reforma Agrária 86
   6.2. Da Política Urbana 87
   6.3. Do Sistema Financeiro Nacional 87
7. Da Ordem Social 87
   7.1. Da Seguridade Social 87
   7.2. Da Educação, da Cultura e do Desporto ... 88
   7.3. Da Comunicação Social 88
   7.4. Da Família, da Criança, do
        Adolescente e do Idoso 89
   7.5. Dos Índios 89

3. DIREITO DO TRABALHO

1. Direito Material do Trabalho 93
2. Direito Processual do Trabalho 94
3. Direito Sindical 95
4. FGTS 95

4. DIREITO ELEITORAL

1. Crime Eleitoral 97
2. Financiamento de Campanha Eleitoral 98
3. Fixação do Número de Deputados ... 98
4. Inelegibilidades 99
5. Inquérito/Investigação Eleitoral 100
6. Ministério Público Eleitoral 100
7. Partidos Políticos 101
8. Propaganda Eleitoral 102
9. Voto 102
10. Outros Temas 103

5. DIREITO FINANCEIRO

1. Despesas e Receitas Públicas 105
2. Dívida Pública 106
3. Leis Orçamentárias 107
4. Precatórios 108
5. Repartição de Receitas Tributárias .. 111
6. Tribunal de Contas 111
7. Vinculação de Receitas 115
8. Outros Temas 116

6. DIREITO INTERNACIONAL

1. Homologação/Execução de Sentença Estrangeira 119
2. Situação Jurídica do Estrangeiro no Brasil (Lei 6.815/80) 119
   - 2.1. Expulsão 119
   - 2.2. Extradição 119
   - 2.3. Naturalização 125

7. DIREITO MILITAR

1. Direito Administrativo Militar 127
2. Direito Penal Militar 128
3. Direito Processual Penal Militar 130

8. DIREITO PENAL

1. Da Aplicação da Lei Penal 137
2. Das Penas 137
   - 2.1. Das Espécies de Pena 137
   - 2.2. Da Cominação das Penas 137
   - 2.3. Da Aplicação da Pena 138
   - 2.4. Da Suspensão Condicional da Pena 141
3. Da Extinção da Punibilidade 141
4. Dos Crimes contra a Pessoa 143
   - 4.1. Dos Crimes contra a Vida 143
   - 4.2. Dos Crimes contra a Honra ... 144
   - 4.3. Dos Crimes contra a Liberdade Individual 145
5. Dos Crimes contra o Patrimônio 145
   - 5.1. Do Furto 145
   - 5.2. Do Roubo e da Extorsão 146
   - 5.3. Da Usurpação, Do Dano 147
   - 5.4. Do Estelionato e Outras Fraudes 147
   - 5.5. Da Receptação 148
6. Dos Crimes contra a Propriedade Imaterial 148
7. Dos Crimes contra a Dignidade Sexual 148
8. Dos Crimes contra a Paz Pública 148
9. Dos Crimes contra a Fé Pública 149
   - 9.1. Da Falsidade Documental 149
   - 9.2. De Outras Falsidades 149
10. Dos Crimes contra a Administração Pública 150
    - 10.1. Dos Crimes Praticados por Funcionário Público 150
    - 10.2. Dos Crimes Praticados por Particular 152
    - 10.3. Dos Crimes contra a Administração da Justiça 152
    - 10.4. Dos Crimes contra as Finanças Públicas 153
11. Princípios Penais 153

9. DIREITO PREVIDENCIÁRIO

1. Ações Previdenciárias 155
2. Financiamento da Seguridade Social 155
   - 2.1. Contribuições Previdenciárias Gerais 155
   - 2.2. PIS/Pasep/Cofins/Finsocial ... 157
3. Prestações em Geral (Lei 8.213/91) ... 158
   - 3.1. Disposições Gerais 158
   - 3.2. Aposentadoria Especial 158
   - 3.3. Aposentadoria por Idade 158
   - 3.4. Aposentadoria por Invalidez .. 159

3.5. Benefício Assistencial de Prestação Continuada 159
3.6. Pensão por Morte 159
4. Previdência Complementar (LC 109/01) 160
5. Regimes Previdenciários dos Servidores Públicos 160
6. Outros Temas 162

10. DIREITO PROCESSUAL CIVIL

1. Do Processo de Conhecimento 165
   1.1. Das Partes e dos Procuradores 165
   1.2. Dos Órgãos Judiciários e dos Auxiliares da Justiça 165
      1.2.1. Da Competência 165
   1.3. Dos Atos Processuais 166
   1.4. Da Formação, Suspensão e Extinção do Processo 166
   1.5. Do Procedimento Ordinário 166
   1.6. Do Processo nos Tribunais 166
      1.6.1. Da Declaração de Inconstitucionalidade 166
      1.6.2. Da Ação Rescisória 166
      1.6.3. Da Reclamação 167
   1.7. Dos Recursos 168
      1.7.1. Das Disposições Gerais 168
      1.7.2. Do Agravo 168
      1.7.3. Dos Embargos de Declaração 169
      1.7.4. Dos Recursos para o STF e o STJ 169
      1.7.5. Da Ordem dos Processos no Tribunal 172
2. Do Processo de Execução 172
3. Do Processo Cautelar 172
4. Outros Temas 172

11. DIREITO PROCESSUAL CONSTITUCIONAL

1. Controle de Constitucionalidade 175
   1.1. Controle Concentrado de Constitucionalidade 175
      1.1.1. ADI/ADC 175
      1.1.2. ADPF 177
   1.2. Controle Difuso de Constitucionalidade 177
2. Ações Constitucionais 178
   2.1. Ação Civil Pública 178
   2.2. Ação Penal Originária 178
   2.3. "Habeas Data" 181
   2.4. "Habeas Corpus" 181
   2.5. Mandado de Injunção 186
   2.6. Mandado de Segurança 186
3. Reclamação Constitucional 188
4. Repercussão geral 190
5. Rito do "Impeachment" 191
6. Súmula Vinculante 193

12. DIREITO PROCESSUAL PENAL

1. Do Processo em Geral 195
   1.1. Do Inquérito Policial 195
   1.2. Da Ação Penal 198
      1.2.1. Da Ação Penal (Disposições Gerais) 198
      1.2.2. Da Ação Penal (Denúncia) 199
      1.2.3. Da Ação Penal (Queixa/Representação) 200
   1.3. Da Competência 201
   1.4. Das Questões e Processos Incidentes 206
   1.5. Da Prova 206
      1.5.1. Da Prova (Geral) 206
      1.5.2. Da Prova (Ilicitude) 207
      1.5.3. Da Prova (Interrogatório) 209
      1.5.4. Da Prova (Perícia) 210
      1.5.5. Da Prova (Testemunhas) 210
   1.6. Dos Sujeitos do Processo 210
      1.6.1. Do Juiz 210
      1.6.2. Do Ministério Público 211
   1.7. Da Prisão, das Medidas Cautelares e da Liberdade Provisória 211
      1.7.1. Disposições Gerais 211
      1.7.2. Da Prisão Domiciliar 212
      1.7.3. Da Prisão em Flagrante 212
      1.7.4. Da Prisão Preventiva 212
      1.7.5. Da Liberdade Provisória com ou sem Fiança 213
   1.8. Das Citações e Intimações 213
      1.8.1. Das Citações 213
      1.8.2. Das Intimações 214
   1.9. Da Sentença 215
2. Dos Processos em Espécie 215
   2.1. Do Processo Comum 215
      2.1.1. Do Procedimento do Tribunal do Júri 215

3. Das Nulidades e dos Recursos em Geral 217
   3.1. Das Nulidades 217
   3.2. Dos Recursos em Geral 219
      3.2.1. Disposições Gerais 219
      3.2.2. Da Apelação 220
      3.2.3. Dos Embargos 222
      3.2.4. Da Revisão 222
      3.2.5. Do Recurso Extraordinário 222
4. Das Relações Jurisdicionais com Autoridade Estrangeira 223
5. Teoria e Princípios Processuais Penais 223

13. DIREITO TRIBUTÁRIO

1. Tributos 225
   1.1. Disposições Gerais 225
   1.2. Taxas 225
   1.3. Contribuições Especiais 225
2. Crédito Tributário 226
3. Administração Tributária 226
4. Limitações do Poder de Tributar 227
   4.1. Princípios do Direito Tributário 227
   4.2. Imunidades 227
   4.3. Outros Temas 229
5. Impostos Federais 229
   5.1. IOF 229
   5.2. IPI 229
   5.3. IRPJ/IRPF 230
6. Impostos Estaduais 232
   6.1. ICMS 232
   6.2. ITCMD 234
7. Impostos Municipais 235
   7.1. IPTU 235
   7.2. ISSQN 235
   7.3. ITBI 235
8. Simples Nacional 235

14. EXECUÇÃO PENAL

1. Do Condenado e do Internado 237
   1.1. Do Trabalho 237
   1.2. Dos Deveres, dos Direitos e da Disciplina 237
      1.2.1. Da Disciplina 237
2. Dos Estabelecimentos Penais 237
3. Da Execução das Penas em Espécie 238
   3.1. Das Penas Privativas de Liberdade 238
      3.1.1. Dos Regimes 238
      3.1.2. Das Autorizações de Saída 239
      3.1.3. Da Remição 239
      3.1.4. Do Livramento Condicional 240
4. Da Execução das Medidas de Segurança 240
5. Dos Incidentes de Execução 240
6. Do Procedimento Judicial 241
7. Das Disposições Finais e Transitórias 242

15. LEIS PENAIS ESPECIAIS

1. Código de Trânsito Brasileiro (Lei 9.503/97) 243
2. Estatuto da Criança e do Adolescente (Lei 8.069/90) 243
3. Estatuto do Desarmamento (Lei 10.826/03) 243
4. Lei da Lavagem de Dinheiro (Lei 9.613/98) 245
5. Lei das Contravenções Penais (DL 3.688/41) 245
6. Lei de Interceptação Telefônica (Lei 9.296/96) 246
7. Lei de Licitações (Lei 8.666/93) 247
8. Lei do Tráfico Ilícito de Drogas (Lei 11.343/06) ... 248
9. Lei dos Crimes contra o Sistema Financeiro Nacional (Lei 7.492/86) 252
10. Lei dos Crimes contra a Ordem Tributária/Econômica/Consumo (Lei 8.137/90) .. 253
11. Lei dos Crimes de Radiodifusão Clandestina (Lei 9.612/98) 254
12. Lei dos Crimes de Responsabilidade (DL 201/67) 254
13. Lei dos Crimes Hediondos (Lei 8.072/90) 255
14. Lei dos Juizados Especiais Criminais (Lei 9.099/95) 255
15. Lei Maria da Penha (Lei 11.340/06) 256
16. Outras Leis Esparsas 257

16. OUTROS TEMAS

1. Direito Ambiental 259
2. Direito Civil 260
3. Direito Econômico 262
4. Direito Educacional 263
5. Estatuto da Criança e do Adolescente 265
6. Estatuto da OAB (Lei 8.906/94) 266
7. Lei Geral da Copa (Lei 12.663/12) 267
8. Lei Orgânica da Magistratura Nacional (LC 35/79) 267
9. Lei do Seguro DPVAT (Lei 6.194/74) 269
10. Leis de Anistia 270

17. SÚMULAS STF

1. Direito Administrativo 273
2. Direito Civil 276
3. Direito Constitucional 279
4. Direito do Trabalho 280
5. Direito Empresarial 282
6. Direito Financeiro 282
7. Direito Internacional 283
8. Direito Penal 283
9. Direito Previdenciário 284
10. Direito Processual Civil 285
11. Direito Processual Constitucional .. 289
12. Direito Processual do Trabalho 291
13. Direito Processual Penal 292
14. Direito Tributário 295
15. Execução Fiscal 298
16. Execução Penal 298
17. Sistema Financeiro Nacional 299

PARTE II – STJ

1. DIREITO ADMINISTRATIVO

1. Agentes Públicos 303
   1.1. Disposições Gerais 303
   1.2. Cargo em Comissão 305
   1.3. Concurso Público 305
   1.4. Regras Remuneratórias 310
2. Atos Administrativos 314
3. Bens Públicos 314
4. Contratos Administrativos 315
5. Entes da Administração Pública ... 316
   5.1. Autarquias 316
6. Improbidade Administrativa 317
7. Intervenção do Estado na Propriedade 322
   7.1. Desapropriação 322
   7.2. Outros Tipos de Intervenção . 323
8. Licitações 324
   8.1. Disposições Gerais 324
   8.2. Dispensa/Inexigibilidade 325
9. Poderes Administrativos 325
10. Prescrição Administrativa 326
11. Princípios do Direito Administrativo 327

12. Processo Administrativo 327
    12.1. Processo Administrativo (Disposições Gerais) 327
    12.2. Processo Administrativo (Disciplinar) 328
13. Responsabilidade Civil do Estado .. 332
14. Serviços Públicos 334
    14.1. Concessão, Permissão e Autorização de Serviços Públicos 334
    14.2. Serviços Notariais e Registrais 334
    14.3. Tarifas 335
15. Outros Temas 335

2. DIREITO AMBIENTAL

1. Áreas de Preservação Permanente (APP) e de Proteção Ambiental (APA) 337
2. Normas de Proteção Ambiental 337
   2.1. Código Florestal (Lei 12.615/12) 337
3. Repartição de Competências 337
4. Responsabilidade Ambiental 337
5. Tutela do Meio Ambiente 341
   5.1. Tutela Administrativa 341
   5.2. Tutela Civil Coletiva 341
   5.3. Tutela Penal 341

3. DIREITO CIVIL

1. Das Pessoas 343
   1.1. Das Pessoas Naturais 343
   1.2. Das Pessoas Jurídicas 343
2. Dos Fatos Jurídicos 343
   2.1. Do Negócio Jurídico 343
       2.1.1. Disposições Gerais 343
       2.1.2. Dos Defeitos do Negócio Jurídico . 344
   2.2. Da Prescrição e da Decadência 344
   2.3. Da Prova 347
3. Do Direito das Obrigações 348
   3.1. Da Transmissão das Obrigações 348
   3.2. Do Adimplemento e Extinção das Obrigações 348
   3.3. Do Inadimplemento das Obrigações 348
   3.4. Dos Contratos em Geral 349
   3.5. Das Várias Espécies de Contrato 350
       3.5.1. Da Compra e Venda 350
       3.5.2. Da Doação 352
       3.5.3. Da Prestação de Serviços 352
       3.5.4. Da Locação de Coisas, do Empréstimo 352

		3.5.5.	Do Mandato	353
		3.5.6.	Da Comissão, Da Agência e Distribuição, Da Corretagem	353
		3.5.7.	Do Seguro	353
		3.5.8.	Do Jogo e da Aposta	357
		3.5.9.	Da Fiança	357
	3.6.	Da Responsabilidade Civil		358
		3.6.1.	Da Responsabilidade Civil (Geral)	358
		3.6.2.	Da Responsabilidade Civil (Danos Morais)	364
		3.6.3.	Da Responsabilidade Civil (Meios de Comunicação)	368
4.	Do Direito das Coisas			372
	4.1.	Da Posse		372
	4.2.	Da Propriedade		372
		4.2.1.	Da Propriedade em Geral	372
		4.2.2.	Da Aquisição da Propriedade	372
		4.2.3.	Dos Direitos de Vizinhança	373
		4.2.4.	Do Condomínio Geral	373
		4.2.5.	Do Condomínio Edilício	374
	4.3.	Do Usufruto, do Uso e da Habitação		375
	4.4.	Do Penhor, da Hipoteca e da Anticrese		375
5.	Do Direito de Família			376
	5.1.	Do Direito Pessoal		376
		5.1.1.	Das Relações de Parentesco	376
	5.2.	Do Direito Patrimonial		378
		5.2.1.	Do Regime de Bens entre os Cônjuges	378
		5.2.2.	Do Usufruto e da Administração dos Bens de Filhos Menores	379
		5.2.3.	Dos Alimentos	380
		5.2.4.	Do Bem de Família	382
	5.3.	Da União Estável		384
	5.4.	Da Tutela e da Curatela		385
6.	Do Direito das Sucessões			385
	6.1.	Da Sucessão em Geral		385
	6.2.	Da Sucessão Legítima		386
	6.3.	Da Sucessão Testamentária		387
	6.4.	Do Inventário e da Partilha		388
7.	Das Disposições Finais e Transitórias			388

4. DIREITO CONSTITUCIONAL

1.	Dos Direitos e Garantias Fundamentais		389
	1.1.	Dos Direitos e Deveres Individuais e Coletivos	389
2.	Da Organização do Estado		389
	2.1.	Da Intervenção	389
3.	Da Organização dos Poderes		390
	3.1.	Das Funções Essenciais à Justiça	390
		3.1.1. Do Ministério Público	390
	3.2.	Da Política Agrícola e Fundiária e da Reforma Agrária	390
	3.3.	Do Sistema Financeiro Nacional	391
4.	Da Ordem Social		391
	4.1.	Da Seguridade Social	391
	4.2.	Da Comunicação Social	391
	4.3.	Dos Índios	391

5. DIREITO DA CRIANÇA E DO ADOLESCENTE

1.	Dos Direitos Fundamentais		393
	1.1.	Do Direito à Liberdade, ao Respeito e à Dignidade	393
	1.2.	Do Direito à Convivência Familiar e Comunitária	393
		1.2.1. Da Família Substituta	393
2.	Da Prevenção		395
3.	Das Medidas de Proteção		395
4.	Da Prática de Ato Infracional		395
	4.1.	Das Medidas Socioeducativas	395
		4.1.1. Disposições Gerais	395
		4.1.2. Da Internação	395
	4.2.	Da Remissão	396
5.	Do Acesso à Justiça		396
	5.1.	Da Justiça da Infância e da Juventude	396
	5.2.	Dos Recursos	397
	5.3.	Do Ministério Público	397
	5.4.	Da Proteção Judicial dos Interesses Individuais, Difusos e Coletivos	397
6.	Dos Crimes e das Infrações Administrativas		398
	6.1.	Dos Crimes	398

6. DIREITO DE TRÂNSITO

1.	Código de Trânsito Brasileiro (Lei 9.503/97)	399
	1.1.	Crimes de Trânsito	399
	1.2.	Infrações de Trânsito	400
	1.3.	Outros Temas	400
2.	Lei do Seguro DPVAT (Lei 6.194/74)	400

7. DIREITO DO CONSUMIDOR

1. Dos Direitos do Consumidor 405
   1.1. Disposições Gerais 405
   1.2. Dos Direitos Básicos do Consumidor 407
   1.3. Da Qualidade de Produtos e Serviços, da Prevenção e da Reparação dos Danos 407
      1.3.1. Da Responsabilidade pelo Fato do Produto e do Serviço 407
      1.3.2. Da Responsabilidade por Vício do Produto e do Serviço 411
   1.4. Das Práticas Comerciais 411
      1.4.1. Da Decadência e da Prescrição 413
      1.4.2. Da Desconsideração da Personalidade Jurídica 414
   1.5. Das Práticas Comerciais 414
      1.5.1. Da Publicidade 414
      1.5.2. Das Práticas Abusivas 415
      1.5.3. Da Cobrança de Dívidas 416
      1.5.4. Dos Bancos de Dados e Cadastros de Consumidores 416
   1.6. Da Proteção Contratual 418
      1.6.1. Disposições Gerais 418
      1.6.2. Das Cláusulas Abusivas 419
   1.7. Das Sanções Administrativas 421
2. Da Defesa do Consumidor em Juízo 421
   2.1. Disposições Gerais 421
   2.2. Das Ações Coletivas para a Defesa de Interesses Individuais Homogêneos 422

8. DIREITO DO TRABALHO

1. Direito Material do Trabalho 425
   1.1. FGTS 425
   1.2. Sindicatos 426
   1.3. Outros Temas 426
2. Direito Processual do Trabalho 427
   2.1. Competência 427
   2.2. Outros Temas 430

9. DIREITO EMPRESARIAL

1. Da Sociedade 433
   1.1. Da Sociedade não Personificada 433
      1.1.1. Da Sociedade em Conta de Participação 433
   1.2. Da Sociedade Personificada 433
      1.2.1. Da Sociedade Simples 433
      1.2.2. Da Sociedade Limitada 433
      1.2.3. Da Sociedade Anônima 434
      1.2.4. Da Sociedade Cooperativa 436
2. Do Estabelecimento 436
3. Dos Institutos Complementares 436
   3.1. Do Registro 436
4. Contratos Mercantis 437
   4.1. Alienação Fiduciária 437
   4.2. Armazém Geral 438
   4.3. Arrendamento Mercantil 438
   4.4. Concessão de Veículos Automotores (Lei 6.729/79) 439
   4.5. Contratos Bancários 439
   4.6. *Factoring* 441
   4.7. Franquia 441
   4.8. Representação Comercial 441
   4.9. Outros Contratos Mercantis 442
5. Lei de Propriedade Industrial (Lei 9.279/96) 442
6. Lei de Intervenção e Liquidação Extrajudicial de Instituições Financeiras (Lei 6.024/74) 445
7. Lei de Recuperação Judicial, Extrajudicial e Falência (Lei 11.101/05) 445
   7.1. Falência 445
   7.2. Recuperação Judicial 448
8. Títulos de Créditos 451
   8.1. Disposições Gerais 451
   8.2. Protesto 451
   8.3. Títulos de Crédito em Espécie 452
      8.3.1. Cheque 452
      8.3.2. Cédula de Crédito 453
      8.3.3. Duplicata 454
      8.3.4. Nota Promissória 454

10. DIREITO FINANCEIRO

1. Precatórios 455
2. Repartição de Receitas Tributárias 456
3. Tribunal de Contas 456
4. Outros Temas 457

11. DIREITO INTERNACIONAL

1. Aplicação da Lei no Espaço 459
2. Direito dos Tratados 459
3. Estatuto dos Refugiados (Lei 9.474/97) 459

4. Homologação de Sentença Estrangeira............ 459
5. Situação Jurídica do Estrangeiro no Brasil (Lei 6.815/80).................................. 461

12. DIREITO MILITAR

1. Direito Administrativo Militar........................ 463
2. Direito Penal Militar...................................... 464
3. Direito Previdenciário Militar....................... 465
4. Direito Processual Penal Militar................... 466

13. DIREITO PENAL

1. Do Crime... 467
2. Das Penas 467
   2.1. Das Espécies de Pena 467
        2.1.1. Das Penas Privativas de Liberdade 467
        2.1.2. Das Penas Restritivas de Direito..... 467
        2.1.3. Da Pena de Multa........................ 468
   2.2. Da Aplicação da Pena............................ 468
   2.3. Do Livramento Condicional.................. 472
   2.4. Dos Efeitos da Condenação.................. 472
3. Da Extinção da Punibilidade 473
4. Dos Crimes contra a Pessoa 475
   4.1. Dos Crimes contra a Vida..................... 475
   4.2. Das Lesões Corporais 476
   4.3. Dos Crimes contra a Honra 476
   4.4. Dos Crimes contra a Liberdade Individual... 477
5. Dos Crimes contra o Patrimônio 477
   5.1. Do Furto... 477
   5.2. Do Roubo e da Extorsão...................... 479
   5.3. Do Dano, Da Apropriação Indébito 481
   5.4. Do Estelionato e Outras Fraudes.......... 481
6. Dos Crimes contra a Propriedade Imaterial 482
7. Dos Crimes contra a Dignidade Sexual 483
8. Dos Crimes contra a Incolumidade Pública 485
9. Dos Crimes contra a Fé Pública 485
   9.1. Da Moeda Falsa 485
   9.2. Da Falsidade Documental 485
10. Dos Crimes contra a Administração Pública....... 486
    10.1. Dos Crimes Praticados por Funcionário 486
    10.2. Dos Crimes Praticados por Particular 486
    10.3. Dos Crimes contra a Administração da Justiça................. 489
11. Teoria e Princípios Penais 489

14. DIREITO PREVIDENCIÁRIO

1. Ações Previdenciárias 491
2. Financiamento da Seguridade Social.................. 492
   2.1. Contribuições Previdenciárias Gerais......... 492
   2.2. PIS/Cofins 494
   2.3. Responsabilidade Tributária................. 497
   2.4. Outros Temas 497
3. Beneficiários (Lei 8.213/91)......................... 498
4. Prestações em Geral (Lei 8.213/91) 498
   4.1. Disposições Gerais 498
   4.2. Aposentadoria Especial........................ 500
   4.3. Aposentadoria por Idade..................... 501
   4.4. Aposentadoria por Tempo de Serviço 503
   4.5. Aposentadoria por Invalidez 503
   4.6. Auxílio-acidente 504
   4.7. Auxílio-creche 505
   4.8. Auxílio-Reclusão 505
   4.9. Benefício Assistencial de Prestação Continuada........................... 505
   4.10. Pensão por Morte 506
   4.11. Salário-maternidade........................... 507
5. Previdência Complementar (LC 109/01) 508
6. Regimes Previdenciários dos Servidores Públicos.. 512
7. Saúde 513

15. DIREITO PROCESSUAL CIVIL

1. Do Processo de Conhecimento................... 515
   1.1. Das Partes e dos Procuradores 515
        1.1.1. Da Capacidade Processual............. 515
        1.1.2-A. Dos Deveres das Partes e dos seus Procuradores (Geral)....... 515
        1.1.2-B. Dos Deveres das Partes e dos seus Procuradores (Honorários Advocatícios)............... 515
        1.1.2-C. Dos Deveres das Partes e dos seus Procuradores (Honorários Periciais)...................... 519
        1.1.2-D. Dos Deveres das Partes e dos seus Procuradores (Custas)..... 519
        1.1.3. Dos Procuradores............................. 520
        1.1.4. Do Litisconsórcio e da Assistência....... 520
        1.1.5. Da Intervenção de Terceiros............. 522
   1.2. Do Ministério Público........................... 523
   1.3. Dos Órgãos Judiciários e dos Auxiliares da Justiça............................ 523

SUMÁRIO

1.3.1. Da Competência 523
1.3.2. Do Juiz, Dos Auxiliares da Justiça... 527
1.4. Dos Atos Processuais 527
    1.4.1. Dos Prazos 527
    1.4.2. Das Comunicações dos Atos 529
    1.4.3. Das Nulidades 531
    1.4.4. De Outros Atos Processuais 531
1.5. Da Formação, da Suspensão e da Extinção do Processo 532
    1.5.1. Da Suspensão do Processo 532
    1.5.2. Da Extinção do Processo 532
1.6. Do Processo e do Procedimento 533
1.7. Do Procedimento Ordinário 534
    1.7.1. Da Petição Inicial 534
    1.7.2. Da Resposta do Réu 534
    1.7.3. Da Revelia 535
    1.7.4. Das Provas 536
    1.7.5-A. Da Sentença e da Coisa Julgada (Astreintes) 538
    1.7.5-B. Da Sentença e da Coisa Julgada (Remessa Necessária) 539
    1.7.5-C. Da Sentença e da Coisa Julgada (Outros Temas) 539
    1.7.6. Da Liquidação de Sentença 542
    1.7.7. Do Cumprimento da Sentença 542
1.8. Do Processo nos Tribunais 545
    1.8.1. Da Declaração de Inconstitucionalidade 545
    1.8.2. Da Ação Rescisória 545
1.9. Dos Recursos 547
    1.9.1-A. Das Disposições Gerais (Legitimidade Recursal) 547
    1.9.1-B. Das Disposições Gerais (Prazos) 548
    1.9.1-C. Das Disposições Gerais (Preparo) . 549
    1.9.1-D. Das Disposições Gerais (Tempestividade) 550
    1.9.1-E. Das Disposições Gerais (Outros Temas) 551
    1.9.2. Da Apelação 551
    1.9.3. Do Agravo 553
    1.9.4. Dos Embargos Infringentes 556
    1.9.5. Dos Embargos de Declaração 557
    1.9.6-A. Dos Recursos para o STF e o STJ (Geral) 558
    1.9.6-B. Dos Recursos para o STF e o STJ (Embargos de Divergência) . 559
    1.9.6-C. Dos Recursos para o STF e o STJ (Recurso Especial) 560
    1.9.6-D. Dos Recursos para o STF e o STJ (Recurso Extraordinário) 563
    1.9.7. Da Ordem dos Processos no Tribunal 563
2. Do Processo de Execução 564
    2.1. Da Execução em Geral 564
        2.1.1. Das Partes 564
        2.1.2. Dos Requisitos Necessários para Realizar Qualquer Execução... 565
        2.1.3. Da Responsabilidade Patrimonial.. 566
        2.1.4. Das Disposições Gerais 567
    2.2. Das Diversas Espécies de Execução 568
        2.2.1. Das Disposições Gerais 568
        2.2.2. Da Execução das Obrigações de Fazer e de Não Fazer 569
        2.2.3. Da Execução por Quantia Certa contra Devedor Solvente 569
        2.2.3-A. Da Penhora, da Avaliação e da Expropriação de Bens 569
        2.2.3-B. Da Execução contra a Fazenda Pública 573
        2.2.4. Da Execução de Prestação Alimentícia 575
    2.3. Dos Embargos do Devedor 576
    2.4. Da Execução por Quantia Certa contra Devedor Insolvente 577
3. Do Processo Cautelar 578
    3.1. Das Disposições Gerais 578
    3.2. Dos Procedimentos Cautelares Específicos 579
4. Dos Procedimentos Especiais 580
    4.1. Dos Procedimentos Especiais de Jurisdição Contenciosa 580
        4.1.1. Da Ação de Consignação em Pagamento 580
        4.1.2. Da Ação de Prestação de Contas.... 580
        4.1.3. Das Ações Possessórias 582
        4.1.4. Da Ação de Divisão e da Demarcação de Terras Particulares 583
        4.1.5. Da Ação de Nunciação de Obra Nova 583
        4.1.6. Do Inventário e da Partilha 583
        4.1.7. Dos Embargos de Terceiro 583
        4.1.8. Da Ação Monitória 584
    4.2. Dos Procedimentos Especiais de Jurisdição Voluntária 585

16. DIREITO PROCESSUAL CONSTITUCIONAL

1. Ações Constitucionais 587
   1.1. Ação Civil Pública 587
   1.2. Ação Penal Originária 592
   1.3. Ação Popular 592
   1.4. "Habeas Corpus" 593
   1.5. "Habeas Data" 594
   1.6. Mandado de Segurança 594
2. Reclamação Constitucional 599

17. DIREITO PROCESSUAL PENAL

1. Do Processo em Geral 601
   1.1. Do Inquérito Policial 601
   1.2. Da Ação Penal 602
      1.2.1. Da Ação Penal (Disposições Gerais) 602
      1.2.2. Da Ação Penal (Denúncia) 603
      1.2.3. Da Ação Penal (Queixa/Representação) 605
   1.3. Da Ação Civil 605
   1.4. Da Competência 606
   1.5. Das Questões e Processos Incidentes 614
   1.6. Da Prova 615
      1.6.1. Da Prova (Geral) 615
      1.6.2. Da Prova (Ilicitude) 616
      1.6.3. Da Prova (Interrogatório) 617
      1.6.4. Da Prova (Perícia) 618
      1.6.5. Da Prova (Testemunhas) 619
   1.7. Dos Sujeitos do Processo 619
   1.8. Da Prisão, das Medidas Cautelares e da Liberdade Provisória 620
      1.8.1. Da Prisão em Flagrante 620
      1.8.2. Da Prisão Preventiva 621
      1.8.3. Da Prisão Domiciliar 622
      1.8.4. Das Outras Medidas Cautelares 622
      1.8.5. Da Liberdade Provisória com ou sem Fiança 622
   1.9. Das Citações e Intimações 623
      1.9.1. Das Citações 623
      1.9.2. Das Intimações 623
   1.10. Da Sentença 625
2. Dos Processos em Espécie 626
   2.1. Do Processo Comum 626
      2.1.1. Da Instrução Criminal 626
      2.1.2. Do Procedimento do Tribunal do Júri 626
   2.2. Dos Processos Especiais 630
3. Das Nulidades e dos Recursos em Geral 630
   3.1. Das Nulidades 630
   3.2. Dos Recursos em Geral 632
      3.2.1. Disposições Gerais 632
      3.2.2. Do Recurso em Sentido Estrito 633
      3.2.3. Da Apelação 634
      3.2.4. Dos Embargos 635
      3.2.5. Da Revisão 635
4. Teoria e Princípios Processuais Penais 635

18. DIREITO TRIBUTÁRIO

1. Tributos 637
   1.1. Taxas 637
   1.2. Contribuição de Melhoria 637
   1.3. Empréstimo Compulsório 637
   1.4. Contribuições Especiais 638
2. Obrigação Tributária 638
   2.1. Responsabilidade Tributária 638
3. Crédito Tributário 639
   3.1. Constituição de Crédito Tributário 639
   3.2. Suspensão do Crédito Tributário 640
   3.3. Extinção do Crédito Tributário 640
      3.3.1. Pagamento 640
      3.3.2. Compensação 642
      3.3.3. Prescrição e Decadência 643
      3.3.4. Conversão de Depósito em Renda 643
   3.4. Exclusão de Crédito Tributário 643
   3.5. Garantias e Privilégios do Crédito Tributário 643
4. Administração Tributária 644
   4.1. Fiscalização 644
   4.2. Certidões Negativas 645
5. Limitações do Poder de Tributar 645
6. Impostos Federais 645
   6.1. II/IE 645
   6.2. IRPJ/IRPF 646
   6.3. IPI 649
   6.4. ITR 651
7. Impostos Estaduais 651
   7.1. ICMS 651
   7.2. ITCMD 655

8. Impostos Municipais 655
   8.1. IPTU 655
   8.2. ISSQN 655
9. Outros Temas 656
   9.1. Simples Nacional 656
   9.2. Refis/Paes 657

19. EXECUÇÃO FISCAL

1. Das Partes 659
2. Da Competência 659
3. Dos Requisitos Necessários 660
   3.1. Do Inadimplemento do Devedor 660
   3.2. Do Título Executivo 660
   3.3. Da Prescrição 661
4. Das Despesas Processuais 661
5. Das Garantias, da Penhora e da Arrematação 661
   5.1. Da Citação do Devedor 661
   5.2. Da Garantia da Execução 662
   5.3. Da Penhora 662
   5.4. Da Arrematação 665
6. Dos Embargos 665
7. Da Extinção/Suspensão da Execução 666
8. Dos Recursos/Reexame 667
9. Conselhos Profissionais (Lei 12.514/11) 667

20. EXECUÇÃO PENAL

1. Do Condenado e do Internado 669
   1.1. Do Trabalho 669
   1.2. Dos Deveres, dos Direitos e da Disciplina . 669
2. Da Execução das Penas em Espécie 670
   2.1. Das Penas Privativas de Liberdade 670
      2.1.1. Disposições Gerais 670
      2.1.2. Dos Regimes 670
      2.1.3. Saídas (Autorização, Permissão e Temporária) 672
      2.1.4. Da Remição 673
      2.1.5. Do Livramento Condicional 674
   2.2. Das Penas Restritivas de Direito 674
3. Da Execução das Medidas de Segurança 674
4. Dos Incidentes de Execução 675

21. LEIS CIVIS ESPECIAIS

1. Estatuto da OAB (Lei 8.906/94) 677
2. Lei de Assistência Judiciária (Lei 1.060/50) 678
3. Lei de Direitos Autorais (Lei 9.610/98) 680
4. Lei de Arbitragem (Lei 9.307/96) 682
5. Lei de Incorporações Imobiliárias (Lei 4.591/64) 682
6. Lei de Informatização do Processo Judicial (Lei 11.419/06) 683
7. Lei de Investigação de Paternidade (Lei 8.560/92) 684
8. Lei de Locações de Imóveis Urbanos (Lei 8.245/91) 684
9. Lei de Parcelamento do Solo Urbano (Lei 6.766/79) 687
10. Lei dos Planos e Seguros Privados de Assistência à Saúde (Lei 9.656/98) 687
11. Leis Notariais e Registrais 691
    11.1. Lei dos Registros Públicos (Lei 6.015/73) .. 691
    11.2. Lei do Protesto de Títulos e Documentos (Lei 9.492/97) 692
    11.3. Lei Geral de Emolumentos (Lei 10.169/00) 693
12. Outras Leis Esparsas 693

22. LEIS PENAIS ESPECIAIS

1. Estatuto do Desarmamento (Lei 10.826/03) 697
2. Estatuto do Idoso (Lei 10.741/03) 699
3. Lei das Contravenções Penais (DL 3.688/1941) .. 699
4. Lei de Interceptação Telefônica (Lei 9.296/96).... 699
5. Lei de Licitações (Lei 8.666/93) 700
6. Lei do Tráfico Ilícito de Drogas (Lei 11.343/06) ... 700
7. Lei dos Crimes contra a Ordem Tributária/Econômica/Consumo (Lei 8.137/90).. 703
8. Lei dos Crimes contra o Sistema Financeiro Nacional (Lei 7.492/86) 705
9. Lei dos Crimes de Tortura (Lei 9.455/97) 706
10. Lei dos Juizados Especiais Criminais (Lei 9.099/95) 706
11. Lei do Mercado de Valores Mobiliários (Lei 6.385/76) 707
12. Lei Maria da Penha (Lei 11.340/06) 708
13. Leis Esparsas 708

23. OUTROS TEMAS

1. Direito Agrário 711
2. Direito Econômico 711
3. Direito Educacional 712
4. Lei Orgânica da Magistratura Nacional (LC 35/79) 713

5. Lei Orgânica Nacional do Ministério Público (Lei 8.625/93) 713
6. Leis de Anistia Política 714
7. RISTJ 714
8. Sistema Financeiro da Habitação 714
9. Sistema Financeiro Nacional 719
10. Outros Temas Esparsos 721

24. SÚMULAS STJ

1. Direito Administrativo 723
2. Direito Civil 724
3. Direito Constitucional 727
4. Direito de Trânsito 727
5. Direito do Consumidor 728
6. Direito do Trabalho 729
7. Direito Educacional 730
8. Direito Eleitoral 731
9. Direito Empresarial 731
10. Direito Financeiro 732
11. Direito Penal 733
12. Direito Previdenciário 735
13. Direito Processual Civil 737
14. Direito Processual Constitucional 743
15. Direito Processual do Trabalho 743
16. Direito Processual Penal 744
17. Direito Processual Previdenciário 747
18. Direito Tributário 747
19. Estatuto da Criança e do Adolescente 751
20. Execução Fiscal 751
21. Execução Penal 753
22. Sistema Financeiro da Habitação 754
23. Sistema Financeiro Nacional 754

PARTE III – TST

1. DIREITO ADMINISTRATIVO

1. Agentes Públicos 759
    1.1. Disposições Gerais 759
    1.2. Concurso Público 761
    1.3. Regras Remuneratórias 763
2. Poderes Administrativos 766
3. Processo Administrativo Disciplinar 766
4. Outros Temas 768

2. DIREITO DO TRABALHO

1. Introdução (CLT, arts. 1º a 12) 769
2. Das Normas Gerais de Tutela do Trabalho (CLT, arts. 13 a 223) 770
    2.1. Da Identificação Profissional (CLT, arts. 13 a 56) 770
    2.2. Da Duração do Trabalho (CLT, arts. 57 a 75) 771
        2.2.1. Horas Extras 771
        2.2.2. Horas "in itinere" 774
        2.2.3. Intervalos Intrajornada 776
        2.2.4. Trabalho em Domingos e Feriados 777
        2.2.5. Trabalho Noturno 778
        2.2.6. Turnos Ininterruptos de Revezamento 779
        2.2.7. Outros Temas 780
    2.3. Das Férias Anuais (CLT, arts. 129 a 153) 781
    2.4. Da Segurança e da Medicina do Trabalho (CLT, arts. 154 a 223) 782
        2.4.1. Acidente do Trabalho 782
        2.4.2. Adicional de Insalubridade 783
        2.4.3. Adicional de Periculosidade 785
        2.4.4. Adicional de Risco 786
        2.4.5. Outros Temas 787
3. Das Normas Especiais de Tutela do Trabalho (CLT, arts. 224 a 441) 788
    3.1. Das Disposições Especiais (CLT, arts. 224 a 351) 788
    3.2. Da Proteção do Trabalho do Menor (CLT, arts. 402 a 441) 791
4. Do Contrato Individual de Trabalho (CLT, arts. 442 a 510) 791
    4.1. Disposições Gerais (arts. 442 a 456) 791
    4.2. Da Remuneração (arts. 457 a 467) 794
    4.3. Da Alteração (arts. 468 a 470) 800
    4.5. Da Rescisão (arts. 477 a 486) 801
    4.6. Do Aviso Prévio (arts. 487 a 491) 803
    4.7. Da Estabilidade (arts. 492 a 500) 804
5. Da Organização Sindical (CLT, arts. 511 a 610) 805
    5.1. Da Instituição Sindical (CLT, arts. 511 a 569) 805
    5.2. Do Enquadramento Sindical (CLT, arts. 570 a 577) 807
    5.3. Da Contribuição Sindical (CLT, arts. 578 a 610) 808

6. Das Convenções Coletivas de Trabalho (CLT, arts. 611 a 625) 809
7. Das Comissões de Conciliação Prévia (CLT, arts. 625-A a 625-H) 813
8. Do Processo de Multas Administrativas (CLT, arts. 626 a 642) 814
9. Do Ministério Público do Trabalho (CLT, arts. 736 a 762) 814
10. Normas Constitucionais 814
11. Temas Esparsos 816
   11.1. Prescrição no Direito do Trabalho 816
   11.2. Responsabilidade no Direito do Trabalho 824
      11.2.1. Responsabilidade por Acidente do Trabalho 824
      11.2.2. Responsabilidade por Dano Moral 825
      11.2.3. Responsabilidade Civil Objetiva 828
      11.2.4. Responsabilidade Subsidiária por Créditos Trabalhistas 829
      11.2.5. Outros Temas 830
   11.3. Terceirização 831
12. Leis Especiais 834
   12.1. Lei de Greve (Lei 7.783/89) 834
   12.2. Lei de Participação nos Lucros e Resultados (Lei 10.101/00) 835
   12.3. Lei do FGTS (Lei 8.036/90) 836
   12.4. Lei do Trabalho Temporário (Lei 6.019/74) 837
   12.5. Outras Leis Especiais 837

3. DIREITO PREVIDENCIÁRIO

1. Competência da Justiça do Trabalho 841
2. Contribuições Previdenciárias 841
3. Previdência Complementar 843
4. Outros Temas 845

4. DIREITO PROCESSUAL DO TRABALHO

1. Da Justiça do Trabalho (CLT, arts. 643 a 735) ... 847
   1.1. Competência da Justiça do Trabalho 847
2. Do Processo Judiciário do Trabalho (CLT, arts. 763 a 910) 852
   2.1. Disposições Preliminares (CLT, arts. 763 a 769) 852
   2.2. Do Processo em Geral (CLT, arts. 770 a 836) 852
     2.2.1. Dos Atos, Termos e Prazos Processuais (arts. 770 a 782) 852
     2.2.2. Das Custas e Emolumentos (arts. 789 a 790-B) 852
     2.2.3. Das Partes e dos Procuradores (arts. 791 a 793) 854
     2.2.3-A. Honorários Advocatícios 854
     2.2.3-B. Substituição Processual 856
     2.2.3-C. Outros Temas 857
     2.2.4. Das Nulidades (arts. 794 a 798) 858
     2.2.5. Das Exceções (arts. 799 a 802) 859
     2.2.6. Dos Conflitos de Jurisdição (arts. 803 a 812) 859
     2.2.7. Das Audiências (arts. 813 a 817) 860
     2.2.8. Das Provas (arts. 818 a 830) 860
     2.2.9. Da Decisão e sua Eficácia (arts. 831 a 836) 861
     2.2.9-A. Ação Rescisória 861
     2.2.9-B. Coisa Julgada 867
     2.2.9-C. Outros Temas 868
  2.3. Dos Dissídios Individuais (CLT, arts. 837 a 855) 869
  2.4. Dos Dissídios Coletivos (CLT, arts. 856 a 875) 869
  2.5. Da Execução (CLT, arts. 876 a 892) 873
     2.5.1. Das Disposições Preliminares (arts. 876 a 879) 873
     2.5.2. Do Mandado e da Penhora (arts. 880 a 883) 875
     2.5.3. Dos Embargos à Execução e da sua Impugnação (art. 884) 878
     2.5.4. Do Julgamento e dos Trâmites Finais da Execução (arts. 885 a 889-A) 879
     2.5.5. Precatórios e RPV (CF, art. 100) 882
  2.6. Dos Recursos (CLT, arts. 893 a 902) 886
     2.6.1. Dos Embargos (CLT, art. 894) 886
     2.6.2. Do Recurso Ordinário (CLT, art. 895) 891
     2.6.3. Do Recurso de Revista (CLT, arts. 896 a 896-C) 892
     2.6.4. Do Agravo (CLT, art. 897) 894
     2.6.5. Dos Embargos de Declaração (CLT, art. 897-A) 896
     2.6.6. Disposições Gerais (CLT, arts. 898 a 902) 897
3. Leis Especiais 902
   3.1. Lei de Ação Civil Pública (Lei 7.347/85) 902

3.2.	Lei do Mandado de Segurança (Lei 12.016/09)	904
3.3.	Regimento Interno do TST	910
3.4.	Lei de Tutela Antecipada contra a Fazenda Pública (Lei 9.494/97)	911
3.5.	Outras Leis Especiais	912

5. SÚMULAS E OJS TST

1. Direito Administrativo 915
2. Direito Constitucional 916
3. Direito do Trabalho 916
4. Direito Previdenciário 939
5. Direito Processual Civil 940
6. Direito Processual Constitucional 948
7. Direito Processual do Trabalho 950
8. Leis Especiais 964

PARTE IV – PGR

1. DIREITO ADMINISTRATIVO

1. Agentes Públicos 969
   - 1.1. Disposições Gerais 969
   - 1.2. Concurso Público 969
   - 1.3. Regras Previdenciárias 971
   - 1.4. Regras Remuneratórias 972
2. Atos Administrativos 973
   - 2.1. Espécies 973
3. Improbidade Administrativa 973
4. Licitações e Contratos 974
   - 4.1. Licitações 974
5. Processo Administrativo 975
   - 5.1. Processo Administrativo Disciplinar ... 975
6. Responsabilidade Civil do Estado 975
7. Serviços Públicos 975
   - 7.1. Concessão, Permissão e Autorização ... 975

2. DIREITO AMBIENTAL

1. Política Nacional do Meio Ambiente (Lei 6.938/81) 977
2. Princípios 977
3. Responsabilidade Ambiental 977

3. DIREITO CIVIL

1. Das Pessoas 979
   - 1.1. Das Pessoas Naturais 979

4. DIREITO CONSTITUCIONAL

1. Dos Princípios Fundamentais 981
2. Dos Direitos e Garantias Fundamentais 981
   - 2.1. Dos Direitos e Deveres Individuais e Coletivos 981
   - 2.2. Dos Direitos Sociais 982
3. Da Organização do Estado 982
   - 3.1. Da Organização Político-Administrativa ... 982
   - 3.2. Da União 982
   - 3.3. Dos Municípios 984
4. Da Organização dos Poderes 985
   - 4.1. Do Poder Legislativo 985
     - 4.1.1. Do Congresso, Da Câmara, Do Senado 985
     - 4.1.2. Das Reuniões, Das Comissões ... 985
   - 4.2. Do Poder Executivo 985
   - 4.3. Do Poder Judiciário 986
     - 4.3.1. Disposições Gerais 986
     - 4.3.2. Do Supremo Tribunal Federal ... 987
     - 4.3.3. Do Conselho Nacional de Justiça ... 989
     - 4.3.4. Do Superior Tribunal de Justiça ... 989
   - 4.4. Das Funções Essenciais à Justiça 989
     - 4.4.1-A. Do Ministério Público (Estrutura Organizacional) 989
     - 4.4.1-B. Do Ministério Público (Atribuições, Princípios e Funções Institucionais) 990
     - 4.4.1-C. Da Advocacia, da Advocacia Pública, da Defensoria Pública 990
5. Da Defesa do Estado e das Instituições Democráticas 990
   - 5.1. Da Segurança Pública 990
6. Da Ordem Econômica e Financeira 992
   - 6.1. Da Política Agrícola e Fundiária e da Reforma Agrária 992
7. Da Ordem Social 992
   - 7.1. Da Seguridade Social 992
   - 7.2. Da Educação, da Cultura e do Desporto ... 994
   - 7.3. Da Família, da Criança, do Adolescente e do Idoso 994
   - 7.4. Dos Índios 995

5. DIREITO DO CONSUMIDOR

1. Disposições Gerais 997
2. Da Qualidade de Produtos e Serviços, da Prevenção e da Reparação dos Danos 997
   - 2.1. Da Proteção à Saúde e Segurança 997
3. Das Práticas Comerciais 997
   - 3.1. Das Práticas Abusivas 997
   - 3.2. Da Cobrança de Dívidas 997
   - 3.3. Dos Bancos de Dados e Cadastros de Consumidores 997

6. DIREITO DO TRABALHO

1. Direito Material do Trabalho 999
2. Direito Processual do Trabalho 999

7. DIREITO ECONÔMICO

1. Intervenção do Estado na Economia 1001
2. Normas Constitucionais e Princípios 1001

8. DIREITO ELEITORAL

1. Código Eleitoral (Lei 4.737/65) 1003
   - 1.1. Disposições Várias 1003
     - 1.1.1. Disposições Penais 1003
2. Lei das Eleições (Lei 9.504/97) 1003
   - 2.1. Da Prestação de Contas 1003
3. Lei Geral dos Partidos Políticos (Lei 9.096/95) 1003
   - 3.1. Do Acesso Gratuito ao Rádio e à Televisão 1003

9. DIREITO FINANCEIRO

1. Lei de Responsabilidade Fiscal 1005
2. Leis Orçamentárias 1005
3. Precatórios 1005
4. Receitas e Despesas Públicas 1006
5. Transferências de Recursos 1006
6. Tribunal de Contas 1007
7. Vinculação de Receitas 1008

10. DIREITO INTERNACIONAL PÚBLICO

1. Condição Jurídica do Estrangeiro 1009

11. DIREITO PENAL

1. Da Extinção da Punibilidade 1011
2. Dos Crimes contra o Patrimônio 1011
   - 2.1. Do Roubo e da Extorsão 1011
   - 2.2. Do Estelionato e Outras Fraudes 1011
3. Dos Crimes contra a Fé Pública 1011
   - 3.1. Da Falsidade Documental 1011
4. Dos Crimes contra a Administração Pública 1012
   - 4.1. Dos Crimes Praticados por Funcionário Público 1012

12. DIREITO PROCESSUAL CIVIL

1. Da Função Jurisdicional 1013
2. Dos Processos nos Tribunais e dos Meios de Impugnação 1013
   - 2.1. Da Ordem dos Processos 1013
     - 2.1.1. Do Incidente de Arguição de Inconstitucionalidade 1013
     - 2.1.2. Da Ação Rescisória 1013
     - 2.1.3. Da Reclamação 1014
   - 2.2. Dos Recursos 1015
     - 2.2.1. Disposições Gerais 1015
     - 2.2.2. Do Agravo Interno 1015
     - 2.2.3. Dos Recursos para o STF e para o STJ 1016
3. Direito Processual Coletivo 1017
4. Lei das Liminares contra o Poder Público (Lei 8.437/92) 1018

13. DIREITO PROCESSUAL CONSTITUCIONAL

1. Controle de Constitucionalidade 1021
   - 1.1. Controle Concentrado 1021
     - 1.1.1. ADI/ADC 1021
     - 1.1.2. ADPF 1024
2. Ações Constitucionais 1025
   - 2.1. Ação Popular 1025
   - 2.2. "Habeas Corpus" 1025
   - 2.3. Mandado de Injunção 1026
   - 2.4. Mandado de Segurança 1027

14. DIREITO PROCESSUAL PENAL

1. Da Ação 1029
   - 1.1. Da Ação Penal 1029

2. Das Questões e Processos Incidentes 1029
3. Das Citações e Intimações 1029
   3.1. Das Citações 1029
4. Outros Temas 1029

15. DIREITO TRIBUTÁRIO

1. Tributos 1031
   1.1. Imposto, Taxa, Contribuição de Melhoria . 1031
   1.2. Contribuições Especiais 1031
2. Crédito Tributário 1032
3. Administração Tributária 1032
4. Limitações do Poder de Tributar 1032
   4.1. Princípios 1032
   4.2. Imunidades 1033
5. Impostos em Espécie 1034
   5.1. Impostos Federais 1034
        5.1.1. IRPJ/IRPF 1034
        5.1.2. IPI 1034
   5.2. Impostos Estaduais 1035
   5.3. Impostos Municipais 1035

16. EXECUÇÃO FISCAL

1. Legitimidade Passiva 1037

17. EXECUÇÃO PENAL

1. Do Condenado e do Internado 1039
2. Dos Estabelecimentos Penais 1039
3. Da Execução das Penas em Espécie 1039

18. LEIS PENAIS ESPECIAIS

1. Estatuto do Desarmamento (Lei 10.826/03) 1041
2. Lei dos Crimes contra a Ordem Tributária/Econômica/Consumo (Lei 8.137/90).. 1041
3. Lei dos Crimes de Preconceito de Raça ou de Cor (Lei 7.716/89) 1041

19. ENUNCIADOS CCR-MPF

1ª CCR – Direitos Sociais e Fiscalização e Atos Administrativos em Geral 1043
2ª CCR – Criminal 1044
3ª CCR – Consumidor e Ordem Econômica 1048
4ª CCR – Meio Ambiente e Patrimônio Cultural 1050

5ª CCR – Combate à Corrupção 1054
6ª CCR – Populações Indígenas e Comunidades Tradicionais 1056
7ª CCR – Controle Externo da Atividade Policial e Sistema Prisional 1059

PARTE V – TSE

1. CÓDIGO ELEITORAL

1. Dos Órgãos da Justiça Eleitoral (arts. 12 a 15) 1063
   1.1. Do Tribunal Superior (arts. 16 a 24) 1063
   1.2. Dos Tribunais Regionais (arts. 25 a 31) 1063
   1.3. Dos Juízes Eleitorais (arts. 32 a 35) 1064
2. Do Alistamento (arts. 42 a 81) 1065
3. Das Eleições (arts. 82 a 234) 1066
   3.1. Do Sistema Eleitoral (arts. 82 a 86) 1066
   3.2. Da Apuração (arts. 158 a 233-A) 1066
4. Disposições Várias (arts. 234 a 383) 1067
   4.1. Da Propaganda Partidária (arts. 240 a 256) 1067
   4.2. Dos Recursos (arts. 257 a 282) 1067
   4.3. Disposições Penais (arts. 283 a 364) 1069
   4.4. Disposições Gerais e Transitórias (arts. 365 a 383) 1073

2. CONSTITUIÇÃO FEDERAL

1. Dos Direitos Políticos (arts. 14 a 16)) 1075
   1.1. Das Condições de Elegibilidade 1075
   1.2. Da Ação de Impugnação de Mandato Eletivo 1077
   1.3. Das Leis que Alteram o Processo Eleitoral 1078
   1.4. Outros Temas 1078

3. LEI DAS ELEIÇÕES (LEI 9.504/97)

1. Das Coligações (art. 6º) 1081
2. Das Convenções para a Escolha de Candidatos (arts. 7º a 9º) 1081
3. Do Registro de Candidatos (arts. 10 a 16-B) 1082
4. Da Arrecadação e da Aplicação de Recursos (arts. 17 a 27) 1087
5. Da Prestação de Contas (arts. 28 a 32) 1090
6. Das Pesquisas e Testes Pré-Eleitorais (arts. 33 a 35) 1091
7. Da Propaganda Eleitoral em Geral (arts. 36 a 42) 1092

8. Da Propaganda Eleitoral na Imprensa (art. 43)... 1096
9. Da Propaganda Eleitoral no Rádio e na Televisão (arts. 44 a 57-C) 1096
10. Do Direito de Resposta (art. 58) 1097
11. Das Condutas Vedadas aos Agentes Públicos (arts. 73 a 78) 1098
12. Disposições Transitórias (arts. 79 a 89).................. 1102
13. Disposições Finais (arts. 90 a 107) 1104

4. LEI DAS INELEGIBILIDADES (LC 64/90)

1. Dos Inelegíveis (art. 1º).. 1105
   1.1. Causa de Inelegibilidade (art. 1º, I, d) 1105
   1.2. Causa de Inelegibilidade (art. 1º, I, e) 1106
   1.3. Causa de Inelegibilidade (art. 1º, I, g) 1107
   1.4. Causa de Inelegibilidade (art. 1º, I, j) 1115
   1.5. Causa de Inelegibilidade (art. 1º, I, l) 1116
   1.6. Causa de Inelegibilidade (art. 1º, I, m)........ 1118
   1.7. Causa de Inelegibilidade (art. 1º, I, o) 1118
   1.8. Causa de Inelegibilidade (art. 1º, I, p) 1119
   1.9. Causa de Inelegibilidade (art. 1º, II)............. 1119
   1.10. Causa de Inelegibilidade (art. 1º, III) 1121
   1.11. Causa de Inelegibilidade (art. 1º, IV) 1121
   1.12. Causa de Inelegibilidade (art. 1º, §§ 1º a 5º)... 1121
   1.13. Disposições Gerais 1122
2. Das Impugnações ao Registro de Candidatura (arts. 3º ao 7º) 1123
3. Dos Prazos (art. 16).. 1123
4. Do Procedimento de Investigação Judicial (arts. 19 a 22) 1123
5. Da Suspensão Cautelar da Inelegibilidade (art. 26-C) 1124

5. LEI GERAL DOS PARTIDOS POLÍTICOS (LEI 9.096/95)

1. Da Organização e Funcionamento dos Partidos Políticos (arts. 8º a 29)........................ 1127
   1.1. Da Criação e do Registro dos Partidos Políticos (arts. 8º a 11) 1127
   1.2. Da Filiação Partidária (arts. 16 a 22) 1128
   1.3. Da Fidelidade e da Disciplina Partidárias (arts. 23 a 26) 1129
2. Das Finanças e Contabilidade dos Partidos (arts. 30 a 44).. 1129
   2.1. Da Prestação de Contas (arts. 30 a 37) 1129
   2.2. Do Fundo Partidário (arts. 38 a 44).............. 1130
3. Do Acesso Gratuito ao Rádio e à Televisão (arts. 45 a 49) 1131
4. Disposições Finais e Transitórias (arts. 55 a 63) 1133

6. MINISTÉRIO PÚBLICO ELEITORAL

7. OUTROS TEMAS DE DIREITO PROCESSUAL ELEITORAL

8. SÚMULAS TSE

1. Constituição Federal... 1139
2. Código Eleitoral... 1139
3. Direito Processual Eleitoral..................................... 1139
4. Lei de Inelegibilidades (LC 64/90)........................... 1141
5. Lei das Eleições (Lei 9.504/97)................................. 1142
6. Lei Geral dos Partidos Políticos (Lei 9.096/95)..... 1143

Parte I

Supremo Tribunal Federal

1. DIREITO ADMINISTRATIVO

1. AGENTES PÚBLICOS
1.1. Disposições Gerais

2016

Greve de servidor público e desconto de dias não trabalhados

RPG A administração pública deve proceder ao desconto dos dias de paralisação decorrentes do exercício do direito de greve pelos servidores públicos, em virtude da suspensão do vínculo funcional que dela decorre. É permitida a compensação em caso de acordo. O desconto será, contudo, incabível se ficar demonstrado que a greve foi provocada por conduta ilícita do Poder Público. *RE 693456/RJ, repercussão geral, Rel. Min. Dias Toffoli, 27.10.2016. Pleno. (Info 845)*

Nomeação de servidor e nepotismo

Reputou-se improcedente reclamação na qual se discutia a prática de nepotismo em face de nomeação de servidor público para ocupar cargo em tribunal de contas, onde seu tio (parente colateral de 3º grau), já exerceria cargo de assessor-chefe de gabinete de determinado conselheiro. O nepotismo não decorre diretamente da existência de relação de parentesco entre pessoa designada e agente político ou servidor público, mas da presunção de que a escolha para ocupar cargo de direção, chefia ou assessoramento seja direcionada a pessoa com relação de parentesco com alguém com potencial de interferir no processo de seleção. Viola o princípio da impessoalidade vedar o acesso de qualquer cidadão a cargo público somente em razão da existência de relação de parentesco com servidor que não tenha competência para selecioná-lo ou nomeá-lo para cargo de chefia, direção ou assessoramento, ou que não exerça ascendência hierárquica sobre aquele que possui essa competência. *Rcl 18564/SP, Red. p/ ac. Min. Dias Toffoli, 23.2.2016. 2ª T. (Info 815)*

Suspensão de convênio e impossibilidade de adesão a plano de saúde

Mandado de segurança. TCU. Suspensão de inclusão de novos beneficiários. Operadora de plano de saúde. GEAP. Óbice ao ingresso de servidor do Poder Executivo cedido à Justiça Federal, que, acometido de doença grave, retornou ao órgão de origem para aposentaria por invalidez. Impossibilidade de interrupção do tratamento da doença iniciado durante período de cessão. Vedação administrativa excepcionada pelas peculiaridades da espécie em exame. Princípio da dignidade da pessoa humana e do direito à saúde. *MS 33619/DF, Rel. Min. Cármen Lúcia, 23.8.2016. 2ª T. (Info 836)*

2015

Cessão de servidor e ônus remuneratório

1. Previsão expressa no ato da Presidência da Câmara Legislativa do Distrito Federal de que a cessão da servidora distrital à União se deu com ônus para o órgão cessionário. Atuação do ente federativo pautada no art. 93, I e parágrafo único, da Lei federal 8.112/90, cujas disposições se aplicam aos servidores do Distrito Federal, por força do art. 5º da Lei distrital 197/91. 2. Não é condizente com a CF a interpretação restritiva dada pela Administração Federal quanto à impossibilidade de custeio dos ônus remuneratórios da servidora cedida em face da ausência de norma federal que previsse tal responsabilidade até o advento da MPv 1.573-9/97. 3. Sendo a cessão de servidores parte do arco maior da cooperação federativa, caberia à União, como regra de isonomia, ressarcir os valores desembolsados pelo Distrito Federal com a servidora cedida. *ACO 555/DF, Rel. Min. Dias Toffoli, 23.4.15. Pleno. (Info 782)*

Poder Judiciário: teto estadual e isonomia

No que se refere ao subteto dos servidores, haveria duas possibilidades: a) de acordo com o art. 37, XI, da CF, haveria o teto geral, válido para a União, ou seja, o subsídio de Ministro do STF. Esse mesmo dispositivo estabeleceria o teto por entidade federativa, Municípios e Estados-membros, portanto. No âmbito dos Estados-membros, o art. 37, XI, preconizaria a possibilidade de subtetos por Poder. Desse modo, no âmbito do Executivo, seria o do governador; no âmbito do Legislativo, o de deputado; no âmbito do Judiciário, o de desembargador; e b) de acordo com o § 12 do art. 37 da CF, haveria, no âmbito dos Estados-membros, um teto único para os Poderes, representado pelo subsídio de desembargador. Portanto, ou o subteto seria fixado de acordo com o respectivo Poder, ou seria único. Isso significaria que, para os servidores do Judiciário, em qualquer caso, o teto seria o subsídio de desembargador. No caso concreto, a Constituição estadual optara pela sistemática do § 12, e a lei impugnada, por sua vez, fugiria desse parâmetro, bem assim estabeleceria um teto, o que somente poderia ser feito mediante emenda constitucional estadual. Além disso, o diploma quebraria a isonomia, porque fixaria um teto apenas para os servidores do Judiciário, a exclui-lo dos demais Poderes. *ADI 4900/DF, Red. p/ ac. Min. Roberto Barroso, 11.2.15. Pleno. (Info 774)*

Servidor público e divulgação de vencimentos

RPG É legítima a publicação, inclusive em sítio eletrônico mantido pela Administração Pública, dos nomes de seus servidores e do valor dos correspondentes vencimentos e vantagens pecuniárias. *ARE 652777/SP, repercussão geral, Rel. Min. Teori Zavascki, 23.4.15. Pleno. (Info 782)*

2014

ADI: constituição estadual e afastamento sindical

O exercício de função executiva em instituição sindical representativa da classe não se confunde com o exercício de mandato eletivo, previsto no art. 38 da CF. 3. Possibilidade de norma constitucional estadual assegurar aos servidores públicos estaduais dirigentes sindicais o afastamento do exercício do cargo, sem prejuízo da remuneração e das vantagens inerentes ao cargo público. *ADI 510/AM, Rel. Min. Cármen Lúcia, 11.6.14. Pleno. (Info 750)*

ADI e disponibilidade remunerada de servidores públicos

A imposição do prazo de um ano para aproveitamento do servidor em disponibilidade ofende materialmente a Carta Federal, pois consiste em obrigação criada pelo Poder Legislativo que não decorre direta ou indiretamente dos pressupostos essenciais à aplicação do instituto da disponibilidade definidos na CF, e, principalmente, porque não condiz com o postulado da independência dos Poderes instituídos, ainda que em sede do primeiro exercício do poder constituinte decorrente. O art. 41, § 3º, da CF, na sua redação originária, era silente em relação ao quantum da remuneração que seria devida ao servidor posto em disponibilidade. Esse vácuo normativo até então existente autorizava os estados a legislar sobre a matéria, assegurando a integralidade remuneratória aos seus servidores. Contudo, a modificação trazida pela EC 19/98 suplantou a previsão contida na Carta estadual, pois passou a determinar, expressamente, que a remuneração do servidor em disponibilidade seria proporcional ao tempo de serviço. *ADI 239/RJ, Rel. Min. Dias Toffoli, 19.2.14. Pleno. (Info 736)*

ADI e estabilidade de servidor público

O Tribunal reputou não ser possível à Constituição estadual estender as hipóteses contempladas pelo art. 19 do ADCT da CF, que concedera estabilidade no serviço público apenas aos servidores da administração direta, autárquica e de fundações públicas. *ADI 1808/AM, Rel. Min. Gilmar Mendes, 18.9.14. Pleno. (Info 759)*

Art. 84, § 2º, da Lei 8.112/90: licença para acompanhar cônjuge e provimento originário

A licença para o acompanhamento de cônjuge ou companheiro de que trata o § 2º do art. 84 da Lei 8.112/90 não se aplica aos casos de provimento originário de cargo público. *MS 28620/DF, Rel. Min. Dias Toffoli, 23.9.14. 1ª T. (Info 760)*

TCU e jornada de trabalho de médicos

Lei que impõe jornada de trabalho de 40 horas semanais para percepção do mesmo padrão remuneratório e permite a manutenção da jornada de 20 horas semanais com redução proporcional de vencimentos aos servidores médicos que à época de sua edição já atuavam no TCU – implica decesso, o que afronta o art. 37, XV, da CF. *MS 25875/DF, Rel. Min. Marco Aurélio, 9.10.14. Pleno. (Info 762)*

2013

Servidores públicos municipais: remoção e conveniência

A falta de prequestionamento impede o conhecimento do recurso extraordinário, interposto com base na alínea "a" do art. 102, III da CF. *RE 275280/SP, Red. p/ ac. Min. Teori Zavascki, 5.3.13. 1ª T. (Info 697)*

1.2. Cargo em Comissão

2014

Cargo em comissão e provimento por pessoa fora da carreira

O cargo em comissão de Diretor do Departamento de Gestão da Dívida Ativa da Procuradoria-Geral da Fazenda Nacional – PGFN, não privativo de bacharel em direito, pode ser ocupado por pessoa estranha a esse órgão. *RMS 29403 AgR/DF, Rel. Min. Teori Zavascki, 25.3.14. 2ª T. (Info 740)*

1.3. Concurso Público

2016

Concurso público: direito subjetivo a nomeação e surgimento de vaga

O prazo de validade do concurso em que aprovado o recorrente expirou antes da abertura do novo certame, a significar que o caso não se amolda ao precedente firmado no RE 837.311, em sede de repercussão geral, em que o Tribunal fixou a tese de que a existência de direito subjetivo à nomeação está ligada ao surgimento de nova vaga durante a validade do certame. *RMS 31478/DF, Rel. p/ ac. Min. Edson Fachin, 9.8.2016. 1ª T. (Info 834)*

Concurso público: direito subjetivo à nomeação e surgimento de vagas

RPG O surgimento de novas vagas ou a abertura de novo concurso para o mesmo cargo, durante o prazo de validade do certame anterior, não gera automaticamente o direito à nomeação dos candidatos aprovados fora das vagas previstas no edital, ressalvadas as hipóteses de preterição arbitrária e imotivada por parte da administração, caracterizada por comportamento tácito ou expresso do Poder Público capaz de revelar a inequívoca necessidade de nomeação do aprovado durante o período de validade do certame, a ser demonstrada de forma cabal pelo candidato. Assim, o direito subjetivo à nomeação do candidato aprovado em concurso público exsurge nas seguintes hipóteses: a) quando a aprovação ocorrer dentro do número de vagas dentro do edital; b) quando houver preterição na nomeação por não observância da ordem de classificação; e c) quando surgirem novas vagas, ou for aberto novo concurso durante a validade do certame anterior, e ocorrer a preterição de candidatos de forma arbitrária e imotivada por parte da administração nos termos acima. *RE 837311/PI, repercussão geral – mérito, Rel. Min. Luiz Fux, 9.12.2015. Pleno. (Info 811)*

Concurso público e restrição à tatuagem

RPG Editais de concurso público não podem estabelecer restrição a pessoas com tatuagem, salvo situações excepcionais em razão de conteúdo que viole valores constitucionais. *RE 898450/SP, repercussão geral, Rel. Luiz Fux, 17.8.2016. Pleno. (Info 835)*

Concurso público e suspeita de irregularidade de titulação

A criação de critério "ad hoc" de contagem de títulos de pós-graduação, após a abertura da fase de títulos e da apresentação dos certificados pelos candidatos, constitui flagrante violação ao princípio da segurança jurídica e da impessoalidade. Impossibilidade de aplicação retroativa da Res. 187/2014/CNJ ao presente concurso, em respeito à modulação dos efeitos efetuada pelo CNJ e aos precedentes desta Corte sobre a matéria. *MS 33406/DF, Rel. p/ ac. min. Roberto Barroso, 6.9.2016. 1ª T. (Info 838)*

Contratação em caráter temporário e concurso público

É inconstitucional lei estadual que assegura a permanência de servidores da Fundação Universidade Regional do Rio Grande do Norte admitidos em caráter temporário, entre o período de 8.1.1987 a 17.6.1993, sem a prévia aprovação em concurso público, e torna sem efeitos os atos de direção da universidade que, de qualquer forma, excluíram esses servidores do quadro de pessoal. A proposição legislativa decorreu de iniciativa parlamentar que usurpou a prerrogativa do chefe do Executivo quanto às matérias relacionadas ao regime jurídico dos servidores públicos. Houve ofensa ao princípio do concurso público (CF/88, art. 37, II), haja vista a estabilização de servidores contratados apenas temporariamente. O art. 19 do ADCT concedera estabilidade excepcional somente aos servidores que, ao tempo da promulgação do texto, estavam em exercício há mais de cinco anos. *ADI 1241/RN, Rel. Min. Dias Toffoli, j. 22.9.2016. Pleno. (Info 840)*

Contratação temporária de professores e emergencialidade

São inconstitucionais dispositivos de lei estadual que autorizam a contratação temporária de professores da rede pública de ensino nas hipóteses de "afastamentos que repercutam em carência de natureza temporária" e para "fins de implementação de projetos educacionais, com vistas à erradicação do analfabetismo, correção do fluxo escolar e qualificação da população cearense". O art. 37, IX, da CF exige complementação normativa criteriosa quanto aos casos de necessidade temporária de excepcional interesse público que ensejam contratações sem concurso. Recrutamentos dessa espécie são admissíveis, mesmo para atividades permanentes da Administração, mas o legislador deve especificar os traços de emergencialidade que justificam a medida atípica. A lei também permite a contratação temporária de profissionais do magistério nas situações de licença para tratamento de saúde; licença gestante; licença por motivo de doença de pessoa da família; licença para trato de interesses particulares; e cursos de capacitação. Nessas ocorrências, alheias ao controle da Administração, cuja superveniência pode resultar em desaparelhamento transitório do corpo docente, permite-se reconhecer a emergencialidade. *ADI 3721/CE, Rel. Min. Teori Zavascki, 9.6.2016. Pleno. (Info 829)*

Magistratura: triênio para ingresso na carreira e momento de comprovação

RPG A comprovação do triênio de atividade jurídica exigida para o ingresso no cargo de juiz substituto, nos termos do art. 93, I, da CF, deve ocorrer no momento da inscrição definitiva no concurso público. *RE 655265/DF, repercussão geral – mérito, Red. p/ ac. Min. Edson Fachin, 13.4.2016. Pleno. (Info 821)*

2015

Concurso público e limite de idade

O limite de idade, quando regularmente fixado em lei e no edital de determinado concurso público, há de ser comprovado no momento da inscrição no certame. *ARE 840.592/CE, Min. Roberto Barroso, 23.6.2015. 1ª T. (Info 791)*

Concurso público e nomeação precária

O candidato que toma posse em concurso público por força de decisão judicial precária assume o risco de posterior reforma desse julgado que, em razão do efeito "ex tunc", inviabiliza a aplicação da teoria do fato consumado em tais hipóteses. *RMS 31538/DF, Red. p/ ac. Min. Marco Aurélio, 17.11.15. 1ª T. (Info 808)*

Concurso público: Procurador da República e atividade jurídica

A referência a "três anos de atividade jurídica", contida no art. 129 da CF, não se limita à atividade privativa de bacharel em direito. *MS 27601/DF, Rel. Min. Marco Aurélio, 22.9.15. 1ª T. (Info 800)*

Concurso público: prova objetiva e resoluções do CNMP e CSMPF

A Turma denegou mandado de segurança impetrado contra ato da Comissão Examinadora do 26º Concurso para ingresso na carreira de Procurador da República. Na espécie, fora negado provimento a recurso interposto pela impetrante para atacar a formatação conferida a questões da primeira fase do certame, que apontava padecerem de nulidade insanável pela não observância de parâmetros de transparência e objetividade. O exame jurisdicional da controvérsia não demonstraria potencial para que se excedesse o controle de legalidade e se avançasse na seara do mérito administrativo. Dessa forma, o debate seria diferente de outros precedentes relativos ao amplo tema dos concursos públicos, em que a ordem fora indeferida diante da inviabilidade de substituição do juízo de mérito administrativo pelo jurisdicional. Asseverou que não existiria deficiência no modo de redação das perguntas sob o aspecto da pronta resposta exigida pelas resoluções que disciplinaram o certame, de modo a traduzir violação às normas reguladoras do concurso, nos moldes em que postas à época, ou ao edital. *MS 31323 AgR/DF, Rel. Min. Rosa Weber, 17.3.15. 1ª Turma. (Info 778)*

Concurso público: reenquadramento e art. 19 do ADCT

Descabe confundir a estabilidade prevista no artigo 19 do ADCT com a efetivação em cargo público. A primeira apenas viabiliza a permanência do servidor no cargo para o qual foi arregimentado, sem direito a integrar certa carreira. A efetividade pressupõe concurso público. O ingresso em determinada carreira, mediante ocupação de cargo, depende de certame público. É constitucional preceito a ensejar a escrivães de cartórios judiciais que acumulam as funções notarial ou de registro e ingressaram no cargo público por meio de concurso a opção pelo de técnico judiciário. *ADI 2433/RN, Rel. Min. Marco Aurélio, 4.2.15. Pleno. (Info 773)*

Estatuto do Idoso e critérios de desempate em concurso público

O Estatuto do Idoso, por ser lei geral, não se aplica como critério de desempate, no concurso público de remoção para outorga de delegação notarial e de registro, porque existente lei estadual específica reguladora do certame, a tratar das regras aplicáveis em caso de empate. *MS 33046/PR, Rel. Min. Luiz Fux, 10.3.15. 1ª Turma. (Info 777)*

Policiais temporários e princípio do concurso público

É inconstitucional lei Estadual que institui o Serviço de Interesse Militar Voluntário Estadual – SIMVE na Polícia Militar e no Corpo de Bombeiros Militar. Ao possibilitar que voluntários tivessem função de policiamento preventivo e repressivo, além de terem o direito de usar os uniformes, insígnias e emblemas utilizados pela corporação, com a designação "SV", recebendo subsídio, a lei objetivara criar policiais temporários, disfarçados sob a classificação de voluntários, para a execução de atividades militares, em detrimento da exigência constitucional de concurso público.. *ADI 5163/GO, Rel. Min. Luiz Fux, 8.4.15. Pleno. (Info 780)*

Princípio do concurso público e provimento derivado

O Colegiado reputou que o art. 37, II, da CF preconizaria o concurso público como requisito inafastável de acesso aos cargos públicos. Haveria situações excepcionais em que a Corte admitiria a transfiguração de cargos públicos e o consequente aproveitamento dos seus antigos titulares na nova classificação funcional. De acordo com esses precedentes, a passagem de servidores de uma carreira em extinção para outra recém-criada poderia ser feita como forma de racionalização administrativa, desde que houvesse substancial correspondência entre as características dos dois cargos, sobretudo a respeito das atribuições incluídas nas esferas de competência de cada qual. Além disso, esses casos revelariam um processo de sincretismo funcional, cujo ponto final seria uma previsível fusão. No caso, porém, a reinserção do cargo de comissário de polícia se dera de modo heterodoxo. O cargo teria competências indefinidas, com requisitos idênticos aos de delegado de polícia. Não haveria, além disso, clara distinção de ordem hierárquica entre os dois. Embora a realidade de fato revelasse desvio de aproveitamento funcional dos comissários, haveria diferença de grau de responsabilidade entre os postos. Ademais, não haveria perspectiva de promoção quanto ao cargo de comissário, ao contrário do cargo de delegado. As distinções, portanto, não seriam meramente formais. Não haveria, de igual modo, um gradual processo de sincretismo entre os cargos. Portanto, houvera burla ao postulado do concurso público. *ADI 3415/AM, Rel. Min. Teori Zavascki, 24.9.15. Pleno. (Info 800)*

Questões de concurso público e controle jurisdicional

RPG Os critérios adotados por banca examinadora de concurso público não podem ser revistos pelo Poder Judiciário. *RE 632853/CE, repercussão geral, Rel. Min. Gilmar Mendes, 23.4.15. Pleno. (Info 782)*

Serviço notarial e de registro: concurso público e princípio da isonomia

Declarada a inconstitucionalidade do inciso I e da expressão "e apresentação de temas em congressos relacionados com os serviços notariais e registrais", constante de lei estadual que dispõe sobre os concursos de ingresso e remoção nos serviços notariais e de registro. Em relação ao concurso de remoção, fixou interpretação conforme à Constituição no sentido de que a consideração dos títulos referidos nos textos legais adversados deveria ter como marco inicial o ingresso no serviço notarial e de registro. A disciplina do assunto revelaria diferenciação arbitrária, bem assim que a inconstitucionalidade existente alcançaria não apenas concurso de ingresso, mas também de remoção. Sucede que o inciso que trata de "apresentação de temas em congressos relacionados com os serviços notariais e registrais" privilegiaria não apenas os que exercessem atividade notarial e de registro, mas qualquer pessoa que tivesse apresentado temas nos referidos congressos. Quanto ao inciso I, não teria relevância prática, pois o art. 24 da mesma lei já determinaria que "ao concurso de remoção somente serão admitidos os titulares de serviços notariais e de registro que, por nomeação ou designação, exerçam a atividade por mais de dois anos, no Estado". Além disso, o art. 28 do diploma legal prescreveria que as disposições relativas ao concurso de ingresso seriam aplicáveis ao concurso de remoção apenas "no que couber". Não obstante, o Tribunal, ao julgar a ADI 3.522 ED, fixara entendimento no sentido de que, em hipóteses como essa, seria necessário distinguir os concursos de ingresso e de remoção, de forma que, em relação aos de remoção só não poderia ser levado em conta o tempo de serviço notarial anterior ao ingresso nesse serviço. Assim, no caso de concurso de remoção, a consideração do tempo de serviço teria como marco inicial a assunção do cargo mediante concurso, sem que isso implicasse violação à isonomia. *ADI 3580/MG, Rel. Min. Gilmar Mendes, 20.5.15. Pleno. (Info 786)*

2014

ADI: concurso público e equiparação remuneratória

1. A reestruturação convergente de carreiras análogas não contraria o art. 37, II, da CF. Logo, lei complementar estadual, ao manter exatamente a mesma estrutura de cargos e atribuições, é constitucional. 2. A norma questionada autoriza a possibilidade de serem equiparadas as remunerações dos servidores auxiliares técnicos e assistentes em administração judiciária, aprovados em concurso público para o qual se exigiu diploma de nível médio, ao sistema remuneratório dos servidores aprovados em concurso para cargo de nível superior. 3. A alegação de que existiriam diferenças entre as atribuições não pode ser objeto de ação de controle concentrado, porque exigiria a avaliação, de fato, de quais assistentes ou auxiliares técnicos foram redistribuídos para funções diferenciadas. 4. Servidores que ocupam os mesmos cargos, com a mesma denominação e na mesma estrutura de carreira, devem ganhar igualmente (princípio da isonomia). *ADI 4303/RN, Rel. Min. Cármen Lúcia, 5.2.14. Pleno. (Info 734)*

ADI: contratação temporária e especificação de hipótese emergencial

Por não especificar, suficientemente, as hipóteses emergenciais que justificariam medidas de contratação excepcional (CF, art. 37, IX), o Plenário, por maioria, julgou procedente pedido formulado em ação direta para declarar a inconstitucionalidade da Lei 4.599/05, do Estado do Rio Janeiro. A norma impugnada dispõe sobre a contração de pessoal por prazo determinado, pela administração pública direta, autárquica e fundacional naquela unidade federativa. A Corte ressaltou que a lei questionada indicaria a precarização na prestação de alguns tipos de serviços básicos, como educação e saúde pública, bem como demonstraria a falta de prioridade dos governos nessas áreas. Afirmou, ainda, que essa norma permitiria contratações de natureza política em detrimento da regra fundamental do concurso público. *ADI 3649/RJ, Rel. Min. Luiz Fux, 28.5.14. Pleno. (Info 748)*

ADI: contratação temporária de professor

1. A natureza permanente de algumas atividades públicas – como as desenvolvidas nas áreas da saúde, educação e segurança pública – não afasta, de plano, a autorização constitucional para contratar servidores destinados a suprir demanda eventual ou passageira. Necessidade circunstancial agregada ao excepcional interesse público na prestação do serviço para o qual a contratação se afigura premente autoriza a contratação nos moldes do art. 37, IX, da CF. 2. A contratação destinada a atividade essencial e permanente do Estado não conduz, por si, ao reconhecimento da alegada inconstitucionalidade. Necessidade de exame sobre a transitoriedade da contratação e a excepcionalidade do interesse público que a justifica. 3. Ação direta de inconstitucionalidade julgada parcialmente procedente para dar interpretação conforme à Constituição. *ADI 3247/MA, Rel. Min. Cármen Lúcia, 26.3.14. Pleno. (Info 740)*

ADI: contratações por tempo determinado

Nos casos em que a CF atribui ao legislador o poder de dispor sobre situações de relevância autorizadoras da contratação temporária de servidores públicos, exige-se o ônus da demonstração e da adequada limitação das hipóteses de exceção ao preceito constitucional da obrigatoriedade do concurso público. 2. O legislador, ao fixar os casos autorizadores da contratação de professores substitutos, atendeu à exigência constitucional de reserva qualificada de lei formal para as contratações temporárias. 3. Contudo, ao admitir genericamente a contratação temporária em órgãos específicos, o legislador permitiu a continuidade da situação excepcional, sem justificativa normativa adequada. Conveniência da limitação dos efeitos da declaração de inconstitucionalidade, reconhecida a peculiaridade das atividades em questão. 4. Ação julgada parcialmente procedente para dar interpretação conforme à Constituição, a fim de que as contratações temporárias por elas permitidas para as atividades finalísticas do Hospital das Forças Armadas e desenvolvidas no âmbito dos projetos

1. DIREITO ADMINISTRATIVO

do Sistema de Vigilância da Amazônia – SIVAM e do Sistema de proteção da Amazônia – SIPAM só possam ocorrer em conformidade com o art. 37, IX, da CF, isto é, no sentido de que as contratações temporárias a serem realizadas pela União nos referidos casos apenas sejam permitidas excepcionalmente e para atender a comprovada necessidade temporária de excepcional interesse público nas funções legalmente previstas. *ADI 3237/DF, Rel. Min. Joaquim Barbosa, 26.3.14. Pleno. (Info 740)*

AR: concurso público e direito adquirido à nomeação

A decisão proferida registrara a ausência de direito líquido e certo de os autores serem convocados para a 2ª etapa do certame, pois o prazo de validade do concurso não fora prorrogado e não houvera convocação para cadastro de reserva. Esse entendimento estaria de acordo com a jurisprudência da Corte, segundo a qual o candidato aprovado na 1ª fase de concurso público, classificado além do número de vagas existentes para a 2ª etapa, não teria direito líquido e certo à nomeação, pois a prorrogação de concurso público seria ato discricionário da Administração. *AR 2274/DF, Rel. Min. Cármen Lúcia, 15.5.14. Pleno. (Info 746)*

Ascensão funcional e transposição: servidor público distrital e provimento derivado

Ascensão e a transposição constituem formas inconstitucionais de provimento derivado de cargos por violarem o princípio do concurso público. *ADI 3341/DF, Rel. Min. Ricardo Lewandowski, 29.5.14. Pleno. (Info 748)*

CNJ: concurso público e prova de títulos

1. As provas de títulos em concursos públicos não podem ostentar natureza eliminatória, prestando-se apenas para classificar os candidatos, sem jamais justificar sua eliminação do certame, consoante se extrai, "a contrario sensu", do art. 37, II, da CF. 2. A Resolução nº 75/09 do Conselho Nacional de Justiça, ao dispor sobre concursos públicos para ingresso na magistratura, conferiu natureza apenas classificatória à prova de títulos, não havendo qualquer fundamento lógico ou jurídico para que haja regime diferente nos concursos públicos para ingresso nos serviços notarial e registral, atualmente disciplinados pela Res. 81/09. 3. A Res. 81/09 do CNJ incorre em evidente erro material ao afirmar, por um lado, que o Exame de Títulos nos concursos para ingresso nos serviços notarial e registral terá caráter apenas classificatório (item 5.2), mas, por outro lado, consagrar fórmula matemática que permite a eliminação de candidato que não pontue no Exame de Títulos (itens 9.1 e 9.2). *MS 31176/DF, MS 32074/DF, Rel. Min. Luiz Fux, 2.9.14. 1ª T. (Info 757)*

Concurso público: direito subjetivo à nomeação e discricionariedade

A criação de novos cargos, ainda que no prazo de validade do concurso público, não gera direito líquido e certo de nomeação para aqueles aprovados fora do número de vagas do edital, por se tratar de ato discricionário e, portanto, submetido ao juízo de conveniência e oportunidade da Administração. Hipótese em que a edição de resolução pelo TSE, que determinava que as vagas criadas posteriormente fossem preenchidas com o concurso então vigente, retirou do TRE a discricionariedade de optar por fazer um novo concurso ou aproveitar os que já estavam concursados. Diante de tal peculiaridade, reconhece-se aos recorrentes o direito subjetivo à nomeação, devendo ser respeitada a ordem de classificação do concurso público. *RE 607590/PR, Rel. Min. Roberto Barroso, 19.8.14. 1ª T. (Info 755)*

Concurso público e cláusula de barreira

RPG É constitucional a regra denominada "cláusula de barreira", inserida em edital de concurso público, que limita o número de candidatos participantes de cada fase da disputa, com o intuito de selecionar apenas os concorrentes mais bem classificados para prosseguir no certame. *RE 635739/AL, repercussão geral – mérito, Rel. Min. Gilmar Mendes, 19.2.14. Pleno. (Info 736)*

Concurso público: fase recursal e participação da OAB

1. O edital é a lei do certame e vincula tanto a Administração Pública quanto os candidatos. 2. A interpretação de cláusula de edital não pode restringir direito previsto em lei. 3. A competência de órgãos internos do MP/CE se restringe ao controle de legalidade de concurso público, ficando resguardada a competência da comissão do concurso, integrada por representante da OAB, para decidir quanto ao conteúdo da prova e ao mérito das questões. 4. A divulgação de resultado para fins de convocação para a fase subsequente do concurso deve diferenciar e classificar os candidatos apenas quanto ao desempenho no certame

segundo os critérios de avaliação divulgados no edital, ressalvada a divulgação da condição "sub judice" no resultado final, quando encerrado o processo avaliativo. *MS 32176/DF, Rel. Min. Dias Toffoli, 18.3.14. 1ª T. (Info 739)*

Concurso público para cartórios e pontuação em prova de títulos

A ausência de notificação a todos os interessados acerca da existência, no CNJ, de PCA relativo à avaliação de títulos em concurso público não implicou afronta à ampla defesa e ao contraditório. Não detinham, os candidatos aprovados nas fases anteriores, a titularidade de situações jurídicas consolidadas antes de iniciado o PCA. Quando da intervenção do CNJ na decisão da Comissão de Seleção e Treinamento do Tribunal de Justiça de Goiás, inexistia lista oficial de classificação, considerados os títulos apresentados, tão só especulações fundadas em listagem extraoficial confeccionada pelos próprios concorrentes, em 'forum' da internet, sem valor legal. 2. Mandado de segurança cujo objeto é decisão do CNJ em PCA em que definida a possibilidade de o candidato cumular a pontuação prevista no edital para cada rubrica de títulos, desde que respeitado, no somatório geral, o teto de dois pontos. Em análise um concurso determinado, com seu edital – a lei do certame –, e a atuação do CNJ no exame da legalidade de decisão específica da Comissão responsável pela sua condução, de todo estranhos à ação mandamental o tecer de teses genéricas a respeito da natureza da prova de títulos e a emissão de juízos de valor sobre os melhores critérios de valoração. 3. Distinção que se impõe entre competência para a prática do ato – no caso, da Comissão de Seleção e Treinamento do TJ/GO –, e competência para o exame de sua legalidade, esta afeta constitucionalmente ao CNJ, que primou pelo respeito à autonomia do Tribunal de Justiça sempre que reconhecida a legalidade dos atos impugnados. 4. Ato glosado da Comissão de Seleção e Treinamento que alterara substancialmente a dinâmica de uma das fases do concurso, observados os termos do edital, em dissonância com posicionamentos anteriores firmados pelo próprio CNJ, em que subentendida a compreensão ao final prevalecente. Chancela à correta atuação do CNJ no caso, em defesa da legalidade, da imparcialidade e da vinculação da Administração ao edital que fizera publicar. *MS 28375/DF, Rel. Min. Rosa Weber, 4.12.13. Pleno. (Info 731)*

Concurso público: prova oral e recurso administrativo

Concurso público para ingresso na magistratura. Prova oral. Formulação de questões sobre temas não contemplados no ponto jurídico sorteado. Interposição de recurso administrativo. Alegada inviabilidade de revisar a nota obtida pelo candidato (art. 70, § 1º, da Res. CNJ 75/09). Determinação de exclusão do certame. Impossibilidade. Distinção entre a irretratabilidade da nota atribuída ao candidato em prova oral e o execício do controle administrativo da legalidade. Vinculação da administração às normas estabelecida no edital de concurso público. *MS 32042/DF, Rel. Min. Cármen Lúcia, 26.8.14. 2ª T. (Info 756)*

Contratação temporária de servidor público sem concurso

RPG É inconstitucional lei que institua hipóteses abrangentes e genéricas de contratações temporárias sem concurso público e tampouco especifique a contingência fática que evidencie situação de emergência. *RE 658026/MG, repercussão geral – mérito, Rel. Min. Dias Toffoli, 9.4.14. Pleno. (Info 742)*

Contratação temporária e serviços essenciais

É inconstitucional lei municipal que, calcada em necessidade temporária e excepcional interesse público não configurados, permite contratação temporária de médicos, dentistas, enfermeiros, técnicos em enfermagem, bioquímico, técnicos em RX, auxiliares de enfermagem e agentes comunitários de saúde, auxiliares administrativos, professores, operários de obras e serviços públicos; operadores de máquinas, pedreiros, pintores, eletricistas, encanadores, auxiliares de pedreiros, técnico agrimensor e mestre de obras, merendeiras e serviçais, magarefe e monitor de esportes. Contrariedade ao art. 37, II e IX, da CF. Exigência de concurso público. *RE 527109/MG, Rel. Min. Cármen Lúcia, 9.4.14. Pleno. (Info 742)*

ED: serventia extrajudicial e concurso público

Por reputar ausentes os pressupostos de embargabilidade, o Plenário rejeitou embargos de declaração e manteve o entendimento firmado no sentido de não haver direito adquirido do substituto, que preencheu os requisitos do art. 208 da CF pretérita, à investidura na titularidade de cartório, quando a vaga tenha surgido após a promulgação da CF de 1988, a qual exige expressamente, no seu art. 236, § 3º, a realização de concurso público de provas e títulos para o ingresso na atividade notarial e de registro. *MS 28279 ED/DF, Rel. Min. Rosa Weber, 2.4.14. Pleno. (Info 741)*

Posse em concurso público por medida judicial precária e "fato consumado"

RPG A posse ou o exercício em cargo público por força de decisão judicial de caráter provisório não implica a manutenção, em definitivo, do candidato que não atende a exigência de prévia aprovação em concurso público (CF, art. 37, II), valor constitucional que prepondera sobre o interesse individual do candidato, que não pode invocar, na hipótese, o princípio da proteção da confiança legítima, pois conhece a precariedade da medida judicial. *RE 608482/RN, Rel. Min. Teori Zavascki, 7.8.14. Repercussão geral – mérito. Pleno. (Info 753)*

Serventia extrajudicial e concurso público

Inexiste direito adquirido à efetivação na titularidade de cartório quando a vacância do cargo ocorre na vigência da Constituição de 1988, que exige a submissão a concurso público, de modo a afastar a incidência do art. 54 da Lei 9.784/99 a situações flagrantemente inconstitucionais. *MS 26860/DF, Rel. Min. Luiz Fux, 2.4.14. Pleno. (Info 741)*

Serviços sociais autônomos e exigência de concurso público

RPG Os serviços sociais autônomos, por possuírem natureza jurídica de direito privado e não integrarem a Administração Pública, mesmo que desempenhem atividade de interesse público em cooperação com o ente estatal, não estão sujeitos à observância da regra de concurso público (CF, art. 37, II) para contratação de seu pessoal. *RE 789874/DF, Rel. Min. Teori Zavascki, 17.9.14. Repercussão geral – mérito. Pleno. (Info 759)*

Servidor público: acesso e provimento de cargo

É inconstitucional lei estadual que autoriza que cargos sujeitos a preenchimento por concurso público sejam providos por "acesso", ficando preferencialmente destinados a categoria de pretendentes que já possui vínculo com a administração estadual. Com tal destinação, o instituto do acesso é, portanto, incompatível com o princípio da ampla acessibilidade (CF, art. 37, II). *ADI 917/MG, Red. p/ ac. Min. Teori Zavascki, 6.11.13. Pleno. (Info 727)*

Servidor público: acesso e provimento derivado

A norma do artigo 19 do ADCT encerra simples estabilidade, ficando afastada a transposição de servidores considerados cargos públicos integrados a carreiras distintas, pouco importando encontrarem-se prestando serviços em cargo e órgão diversos da Administração Pública. *ADI 351/RN, Rel. Min. Marco Aurélio, 14.5.14. Pleno. (Info 746)*

Servidores admitidos sem concurso: serviços essenciais e modulação de efeitos

1. Desde a CF/88, por força do seu art. 37, II, a investidura em cargo ou emprego público depende da prévia aprovação em concurso público. As exceções a essa regra estão taxativamente previstas na CF. Tratando-se, no entanto, de cargo efetivo, a aprovação em concurso público se impõe. 2. O art. 19 do ADCT tornou estáveis os servidores que estavam em exercício há pelo menos cinco anos na data da promulgação da Constituição de 1988. A estabilidade conferida por essa norma não implica a chamada efetividade, que depende de concurso público, nem com ela se confunde. Tal dispositivo é de observância obrigatória pelos estados. 3. Inconstitucionalidade de lei estadual que torna titulares de cargo efetivo servidores que ingressaram na Administração Pública com evidente burla ao princípio do concurso público. 4. Modulação dos efeitos da declaração de inconstitucionalidade, nos termos do art. 27 da Lei 9.868/99. *ADI 4876/DF, Rel. Min. Dias Toffoli, 26.3.14. Pleno. (Info 740)*

Servidores admitidos sem concurso: serviços essenciais e modulação de efeitos

A investidura em cargo ou emprego públicos depende da prévia aprovação em concurso público, sendo inextensível a exceção prevista no art. 19 do ADCT. Modulação dos efeitos da declaração de inconstitucionalidade (Lei 9.868/99, art. 27), para se darem efeitos prospectivos à decisão, de modo que somente produza seus efeitos a partir de doze meses, contados da data da publicação da ata do julgamento, tempo hábil para a realização de concurso público, a nomeação e a posse de novos servidores, evitando-se, assim, prejuízo à prestação de serviços públicos essenciais à população. *ADI 3609/AC, Rel. Min. Dias Toffoli, 5.2.14. Pleno. (Info 734)*

2013

Ascensão funcional e efeitos de julgamento de ADI

A promoção do servidor por ascensão funcional constitui forma de provimento derivado incompatível com Constituição. Inviável a invocação dos princípios da segurança jurídica e da boa-fé no caso em que se pretende o reconhecimento de uma nova posição jurídica incompatível com a CF e não a preservação de uma situação concreta sedimentada. *RE 602264 AgR/DF, Rel. Min. Ricardo Lewandowski, 7.5.13. 2ª T. (Info 705)*

Concurso: criação de cargos e não instalação do órgão

O fato de haver o esgotamento do prazo de validade do concurso antes da instalação do órgão a que vinculadas vagas obstaculiza o reconhecimento do direito do candidato à nomeação. *RE 748105 AgR/DF, Rel. Min. Marco Aurélio, 17.9.13. 1ª T. (Info 720)*

Concurso público e conteúdo programático do edital

Têm natureza autárquica os conselhos de fiscalização profissional, sobre eles incide a exigência do concurso público para a contratação de seus servidores. *MS 26424/DF, Min. Dias Toffoli, 19.2.13. 1ª T. (Info 695)*

Concurso público e segunda chamada em teste de aptidão física

Remarcação de teste de aptidão física em concurso público em razão de problema temporário de saúde. 3. Vedação expressa em edital. Constitucionalidade. 4. Violação ao princípio da isonomia. Não ocorrência. Postulado do qual não decorre, de plano, a possibilidade de realização de segunda chamada em etapa de concurso público em virtude de situações pessoais do candidato. Cláusula editalícia que confere eficácia ao princípio da isonomia à luz dos postulados da impessoalidade e da supremacia do interesse público. 5. Inexistência de direito constitucional à remarcação de provas em razão de circunstâncias pessoais dos candidatos. 6. Segurança jurídica. Validade das provas de segunda chamada realizadas até a data da conclusão do julgamento. *RE 630733/DF, Rel. Min. Gilmar Mendes, 15.5.13. Pleno. (Info 706)*

Concurso público: impossibilidade de participação de mulheres e isonomia

Concurso público. Polícia Militar do Estado de Mato Grosso do Sul. Edital que prevê a possibilidade de participação apenas de concorrentes do sexo masculino. Ausência de fundamento. Violação ao art. 5º, I, da CF. *RE 528684/MS, Rel. Min. Gilmar Mendes, 3.9.13. 2ª T. (Info 718)*

2012

Concurso público: CNMP e exame psicotécnico

II. A questão da legalidade do exame psicotécnico nos concursos públicos reveste-se de relevância jurídica e ultrapassa os interesses subjetivos da causa. III. A exigência de exame psicotécnico, como requisito ou condição necessária ao acesso a determinados cargos públicos, somente é possível, nos termos da CF, se houver lei em sentido material que expressamente o autorize, além de previsão no edital do certame. IV. É necessário um grau mínimo de objetividade e de publicidade dos critérios que nortearão a avaliação psicotécnica. A ausência desses requisitos torna o ato ilegítimo, por não possibilitar o acesso à tutela jurisdicional para a verificação de lesão de direito individual pelo uso desses critérios. *MS 30822, Rel. Min. Ricardo Lewandowski, 5.6.12. 2ª T. (Info 669)*

Concurso público: cláusula de barreira e concorrentes com deficiência

Aplicação de cláusula de barreira para prosseguimento no certame a candidatos portadores de deficiência. Possibilidade, haja vista tratar-se de norma de avaliação e de classificação a critério do organizador do certame. A cláusula de barreira para prosseguimento na etapa subsequente, aplicar-se-ia a todos, indistintamente. Ante as peculiaridades referentes à concorrência de participantes com deficiência, a nota de corte deve ser distinta da imposta aos demais candidatos. *MS 30195 AgR, Rel. Min. Gilmar Mendes, 26.6.12. 2ª T. (Info 672)*

Concurso público: conteúdo programático e anulação de questões

O Poder Judiciário é incompetente para, substituindo-se à banca examinadora de concurso público, reexaminar o conteúdo das questões formuladas e os critérios de correção das provas, consoante pacificado na jurisprudência do STF. No entanto, admite-se, excepcionalmente, a sindicabilidade em juízo da incompatibilidade entre o conteúdo programático previsto no edital do certame e as questões formuladas ou, ainda, os critérios da respectiva correção adotados pela banca examinadora. 2. Havendo previsão de um determinado tema, cumpre ao candidato estudar e procurar conhecer, de forma global, todos os elementos que possam eventualmente ser exigidos nas provas, o que decerto envolverá o conhecimento dos atos normativos e casos julgados paradigmáticos que sejam pertinentes, mas a isto não se resumirá. Portanto, não é necessária a previsão exaustiva, no edital, das normas e dos casos julgados que poderão ser referidos nas questões do certame. *MS 30860, Rel. Min. Luiz Fux, 13.3.12. 1ª T. (Info 658)*

Concurso público: conteúdo programático e vinculação ao edital

Ambas as Turmas desta Corte já se manifestaram pela admissibilidade do controle jurisdicional da legalidade do concurso público quando verificado o descompasso entre as questões de prova e o programa descrito no edital, que é a lei do certame. II. Inexistência de direito líquido e certo a ser protegido quando constatado que os temas abordados nas questões impugnadas da prova escrita objetiva aplicada aos candidatos estão rigorosamente circunscritos às matérias descritas no programa definido para o certame. *MS 30894, Rel. Min. Ricardo Lewandowski, 8.5.12. 2ª T. (Info 665)*

Concurso público: edital e princípio da legalidade

As etapas do concurso prescindem de disposição expressa em lei no sentido formal e material, sendo suficientes a previsão no edital e o nexo de causalidade consideradas as atribuições do cargo. *MS 30177, Rel. Min. Marco Aurélio, 24.4. 2012. 1ª T. (Info 663)*

Concurso público e remoção

A precedência da remoção sobre a investidura de candidatos inseridos em cadastro de reserva – e, portanto, excedentes ao número de vagas disponibilizadas no edital do concurso em que lograram aprovação – é obrigatória, máxime à luz do regime jurídico atualmente vigente e em decorrência do princípio da proteção da confiança. 3. O juízo discricionário da Administração da Justiça paraibana, sob o enfoque da sua avaliação de conveniência e oportunidade, encarta o poder de decidir quanto à alocação de seus quadros funcionais dentro dos limites da legalidade e dos princípios constitucionais, sob pena de incidir em arbitrariedade. 4. In casu, tem-se que: a) o regime anterior, que atrelava a remoção entre comarcas de entrâncias distintas à promoção – mobilidade vertical na carreira de uma classe a outra imediatamente superior – não foi modificado por nova sistemática. A disciplina dos atos de remoção, prevista na Lei 7.409/03, não foi revogada pela Lei estadual 8.385/07, à medida que a unificação dos cargos em carreira não implica alteração na atual sistemática de movimentação do servidor; b) as expectativas legítimas dos servidores alicerçadas na legislação de 2003 devem ser respeitadas, sob pena de ofensa ao princípio da proteção da confiança. *MS 29350, Rel. Min. Luiz Fux, 20.6.12. Pleno. (Info 671)*

Concurso público e teste de aptidão física

Denegados mandados de segurança impetrados contra ato do Procurador-Geral da República, que eliminou candidatos de concurso público destinado ao provimento de cargo de Técnico de Apoio Especializado/Segurança, do quadro do MPU. Os impetrantes alegavam que foram impedidos de participar da 2ª fase do certame, denominada "Teste de Aptidão Física", porquanto teriam apresentado atestados médicos genéricos, em desconformidade com o edital. O Edital 1/10 determinaria que os laudos médicos apresentados por ocasião do referido teste físico deveriam ser específicos para esse fim, bem como mencionar expressamente que o candidato estivesse "apto" a realizar o exame daquele concurso. A previsão de eliminação do certame dos que deixam de apresentar o aludido atestado ou o fazem em descompasso com o critério em comento. O edital é lei do concurso e vincula tanto a Administração Pública quanto os candidatos. *MS 29957, Rel. Min. Gilmar Mendes, 6.3.12. MS 30265, Rel. Min. Gilmar Mendes, 6.3.12. 2ª T. (Info 657)*

Concurso público: mérito de questões e anulação

A anulação, por via judicial, de questões de prova objetiva de concurso público, com vistas à habilitação para participação em fase posterior do certame, pressupõe a demonstração de que o Impetrante estaria habilitado à etapa seguinte caso essa anulação fosse estendida à totalidade dos candidatos, mercê dos princípios constitucionais da isonomia, da impessoalidade e da eficiência. 2. O Poder Judiciário é incompetente para, substituindo-se à banca examinadora de concurso público, reexaminar o conteúdo das questões formuladas e os critérios de correção das provas, consoante pacificado na jurisprudência do STF, ressalvadas as hipóteses em que restar configurado, tal como *in casu*, o erro grosseiro no gabarito apresentado, porquanto caracterizada a ilegalidade do ato praticado pela Administração Pública. 3. Sucede que o Impetrante comprovou que, na hipótese de anulação das questões impugnadas para todos os candidatos, alcançaria classificação, nos termos do edital, habilitando-o a prestar a fase seguinte do concurso, mediante a apresentação de prova documental obtida junto à Comissão Organizadora no exercício do direito de requerer certidões previsto no art. 5º, XXXIV, "b", da CF, prova que foi juntada em razão de certidão fornecida pela instituição realizadora do concurso público. *MS 30859, Rel. Min. Luiz Fux, 13.3.12. 1ª T. (Info 658)*

Forças Armadas: limite de idade para concurso de ingresso e art. 142, § 3º, X, da CF

RPG Acolhidos embargos de declaração para sanar omissão e reconhecer que a modulação de efeitos proclamada no acórdão embargado não alcançaria os candidatos que teriam ingressado em juízo para pleitear o afastamento do limite de idade por ausência de previsão legal. No caso, o Tribunal anunciara a não recepção da expressão "nos regulamentos da Marinha, do Exército e da Aeronáutica" contida no art. 10 da Lei 6.880/80. Entretanto, resolvera modular os efeitos dessa decisão até 31.12.2011. Deferiu-se o pedido para prorrogar a modulação aludida até o dia 31.12.2012, sem admitir-se, contudo, nova postergação. Considerou-se que, apesar de o primeiro prazo dado pelo STF não ser exíguo, não se poderia deixar as Forças Armadas sem instrumento normativo válido para realização de concurso público. *RE 600885 ED, Rel. Min. Cármen Lúcia, 29.6.12. Pleno. Repercussão geral. (Info 672)*

1.4. Regras Previdenciárias

2014

ADI e adicional de férias a servidor em inatividade

O servidor público em inatividade não pode gozar de férias, porquanto deixou de exercer cargo ou função pública, razão pela qual a ele não se estende adicional de férias concedido a servidores em atividade. *ADI 1158/AM, Rel. Min. Dias Toffoli, 20.8.14. Pleno. (Info 755)*

Inativos do DNER e Plano Especial de Cargos do DNIT

RPG Estendem-se aos servidores aposentados e pensionistas os efeitos financeiros decorrentes do enquadramento de servidores ativos do extinto Departamento Nacional de Estradas de Rodagem – DNER, os quais passaram a gozar de benefícios e vantagens resultantes do Plano Especial de Cargos do DNIT, instituído pela Lei 11.171/05. *RE 677730/RS, Rel. Min. Gilmar Mendes, 28.8.14. Repercussão geral – mérito. Pleno. (Info 756)*

Vantagem de caráter geral e extensão a inativos

RPG As vantagens remuneratórias de caráter geral conferidas a servidores públicos, por serem genéricas, são extensíveis a inativos e pensionistas. *RE 596962/MT, Rel. Min. Dias Toffoli, 21.8.14. Repercussão geral – mérito. Pleno. (Info 755)*

1.5. Regras Remuneratórias

2016

ADI: aumento de vencimentos e efeitos financeiros

São inconstitucionais disposições legais que tornaram sem efeito o aumento dos valores dos vencimentos dos servidores públicos estaduais concedido por outras leis anteriores, taxativas ao estabelecer que entrariam em vigor na data de sua publicação. Os efeitos financeiros relativos à aplicação dessas leis, isto é, o pagamento dos valores correspondentes ao reajuste dos subsídios previstos, ocorreriam a partir do primeiro dia do ano seguinte. Assim, desde a entrada em vigor das leis, com suas publicações, a melhoria concedida fora incorporada ao patrimônio jurídico dos agentes públicos. Assim, o termo (primeiro dia do ano seguinte) não suspendera a eficácia do direito, e sim o seu exercício, não havendo confusão entre vigência de leis e efeitos financeiros decorrentes do que nelas disposto. *ADI 4013/TO, Rel. Min. Cármen Lúcia, 31.3.2016. Pleno. (Info 819)*

2015

ADI: aumento de vencimentos e efeitos financeiros

A questão debatida diria respeito a saber se o aumento remuneratório fora incorporado ou não ao patrimônio jurídico dos servidores beneficiados. Para tanto, seria necessário verificar o momento em que as normas revogadas passariam a vigorar e a produzir efeitos. De acordo com essas normas, a entrada em vigor dos novos valores remuneratórios ocorreria em 1º.1.2008. Assim, embora constasse

1. DIREITO ADMINISTRATIVO

em outros dispositivos das Leis 1.855/07 e 1.861/07 a expressão padrão de entrada em vigor da norma na data de sua publicação, fora estabelecido caso especial de vigência para esses dispositivos alterados. Não se trataria de mera postergação dos efeitos financeiros decorrentes da aplicação da lei, mas de adiamento da própria vigência das normas. Portanto, como as leis alteradoras, ora impugnadas, teriam sido publicadas em 20.12.2007, as modificações perpetradas teriam sido feitas no período de "vacatio legis" das previsões de aumento remuneratório. De acordo com o art. 1º da Lei de Introdução às Normas do Direito Brasileiro (LINDB), salvo disposição contrária, a lei começaria a vigorar em todo o país 45 dias depois de oficialmente publicada. Desse modo, ainda que promulgado e publicado o ato normativo, se estivesse em curso o prazo de "vacatio legis", a norma não poderia ser aplicada, pois sem aptidão para ser eficaz. No caso, o aumento da remuneração dos servidores sequer chegara a viger, pois as modificações perpetradas posteriormente teriam sido feitas dentro desse prazo. Assim, a exigibilidade de cumprimento das normas mais antigas sequer existiria, porque revogados os dispositivos antes de sua vigência. O aumento remuneratório não tivera eficácia jurídico-patrimonial, sequer fora incorporado ao patrimônio jurídico dos servidores. Nesse sentido, a atestação de eventual direito adquirido dependeria da existência de norma incidente ou que tivesse incidido em algum momento, o que não seria o caso. *ADI 4013/TO, Rel. Min. Cármen Lúcia, 11.2.15. Pleno. (Info 774)*

Adicional por tempo de serviço: coisa julgada e art. 17 do ADCT

Não há garantia à continuidade de recebimento de adicionais por tempo de serviço em percentual superior àquele previsto em legislação posterior sob o fundamento de direito adquirido. *MS 22423/RS, Red. p/ ac. Min. Gilmar Mendes, 26.11.15. Pleno. (Info 809)*

Coisa julgada e TCU

Denegado MS impetrado contra ato do TCU que determinara a suspensão do pagamento da incorporação de reajuste aos proventos de servidora pública aposentada (requerido o pagamento do índice da URP relativa ao fev./89 e consequente incorporação deste percentual. A controvérsia não se refere ao alcance da coisa julgada, mas à eficácia temporal da sentença. Por essa razão, inexiste imutabilidade da própria decisão. A decisão que favoreceu a impetrante deveria ter produzido efeitos somente durante a vigência do regime jurídico anterior. Modificado este, não é possível manter o pagamento de vantagem econômica sem qualquer limitação temporal. A alteração do regime jurídico garante o direito à irredutibilidade dos vencimentos, mas não à manutenção no regime anterior. Assim, tendo a impetração suscitado ofensa à coisa julgada, não se poderia reconhecer direito líquido e certo, porque o ato atacado apenas interpretara o alcance da eficácia temporal da coisa julgada. *MS 25430/DF, Red. p/ ac. Min. Edson Fachin, 26.11.15. Pleno. (Info 809)*

EC 20/98 e acumulação de proventos civis e militares

É legítima a acumulação de proventos civis e militares quando a reforma se deu sob a égide da Constituição Federal de 1967 e a aposentadoria ocorreu antes da vigência da EC 20/98. É irrelevante, entretanto, que a aposentadoria civil tenha acontecido na vigência da EC 20/98, bastando que o reingresso no serviço público tenha ocorrido antes do advento da alteração constitucional, de forma a ensejar a incidência da ressalva do art. 11 da EC 20/98, cuja aplicação se dá "(...) aos membros de poder e aos inativos, servidores e militares, que, até a publicação desta Emenda, tenham ingressado novamente no serviço público (...)". *AI 801096 AgR-EDv/DF, Rel. Min. Teori Zavascki, 22.4.15. Pleno. (Info 782)*

GDATFA: gratificações de desempenho e retroação de efeitos financeiros

RPG O termo inicial do pagamento diferenciado das gratificações de desempenho entre servidores ativos e inativos é o da data da homologação do resultado das avaliações, após a conclusão do primeiro ciclo de avaliações, não podendo a Administração retroagir os efeitos financeiros a data anterior. *RE 662406/AL, repercussão geral, Rel. Min. Teori Zavascki, 11.12.14. Pleno. (Info 771)*

Incorporação de quintos e princípio da legalidade

RPG Ofende o princípio da legalidade a decisão que concede a incorporação de quintos pelo exercício de função comissionada no período entre 8.4.1998 – edição da Lei 9.624/98 – até 4.9.2001

– edição da MPv 2.225-45/01 –, ante a carência de fundamento legal. *RE 638115/CE, repercussão geral, Rel. Min. Gilmar Mendes, 19.3.15. Pleno. (Info 778)*

MS e reconhecimento de legalidade de incorporação de quintos e décimos pelo TCU

RPG É ilegal a incorporação de quintos/décimos aos vencimentos de servidores federais, no período compreendido entre 9.4.1998 e 4.9.2001, com base no artigo 3º da MP 2.225/01. Não se trata de norma em tese e, por isso, não incide o enunciado da Súm. 266/STF. Aplicados os mesmos fundamentos da decisão proferida no RE 638115 (repercussão geral). *MS 25763/DF, Red. p/ ac. Min. Gilmar Mendes, 19.3.15. Pleno. (Info 778)*

Professores de rede estadual e regime de subsídio

Não viola a Constituição o diploma estadual que impede o transporte, para o regime de subsídios, das vantagens pessoais adquiridas no passado, na medida em que autoriza os servidores a se manterem no sistema anterior e a optarem, em qualquer tempo, pela incidência do novo regime. Cabendo a decisão aos próprios servidores, não há redução forçada da remuneração ou violação ao direito adquirido. Tampouco há violação à isonomia, já que a desequiparação entre regimes foi estabelecida em benefício dos próprios servidores, que podem optar, a qualquer tempo, pelo regime mais benéfico. O regime de subsídios não impede o pagamento dos direitos trabalhistas aplicáveis aos servidores públicos por força do art. 39, § 3º, da Constituição. Os §§ 3º e 4º do art. 39 da Carta convivem harmonicamente e o dispositivo legal estadual se limitou a reproduzir as restrições que já constam do art. 39, § 4º, da Lei Fundamental. *ADI 4079/ES, Rel. Min. Roberto Barroso, 25 e 26.2.15. Pleno. (Info 775)*

Teto remuneratório: EC 41/03 e vantagens pessoais

RPG Computam-se, para efeito de observância do teto remuneratório do art. 37, XI, da CF, também os valores percebidos anteriormente à vigência da EC 41/03 a título de vantagens pessoais pelo servidor público, dispensada a restituição de valores eventualmente recebidos em excesso e de boa-fé até o dia 18.11.15. *RE 606358/SP, repercussão geral – mérito, Rel. Min. Rosa Weber, 18.11.15. Pleno. (Info 808)*

2014

Aumento de jornada de trabalho e irredutibilidade de vencimentos

RPG A ampliação de jornada de trabalho sem alteração da remuneração do servidor consiste em violação da regra constitucional da irredutibilidade de vencimentos (CF, art. 37, XV). *ARE 660010/PR, RE 827833/SC, Repercussão geral – mérito, Rel. Min. Dias Toffoli, 30.10.14. Pleno. (Info 765)*

Aumento de vencimento e isonomia

RPG Não cabe ao Poder Judiciário, que não tem a função legislativa, aumentar vencimentos de servidores públicos sob o fundamento de isonomia. *RE 592317/RJ, Rel. Min. Gilmar Mendes, 28.8.14. Repercussão geral – mérito. Pleno. (Info 756)*

Autonomia dos entes federados e vinculação de subsídios

A vinculação automática de subsídios de agentes políticos de distintos entes federativos é inconstitucional. *ADI 3461/ES, Rel. Min. Gilmar Mendes, 22.5.14. Pleno. (Info 747)*

ADI: servidores públicos e vinculação remuneratória

O estabelecimento de política remuneratória de servidores do Poder Executivo, à luz da separação de Poderes, é de competência exclusiva do chefe daquele Poder (CF, art. 61, § 1º, II, a). Além disso, a norma constitucional estadual em exame, ao estabelecer, a toda evidência, hipótese de vinculação remuneratória entre policiais militares e policiais civis do Estado da Bahia, ofende o disposto no art. 37, XIII, da CF. *ADI 3777/BA, Rel. Min. Luiz Fux, 19.11.14. Pleno. (Info 768)*

ADI: vinculação de vencimentos de servidores públicos e piso salarial profissional

Enquanto a CF, no inc. XIII do art. 37, veda a vinculação de "quaisquer espécies remuneratórias para efeitos de remuneração de pessoal do serviço público", a Constituição estadual, diversamente, assegura aos servidores públicos estaduais ocupantes de cargos ou empregos de nível médio e superior "piso salarial proporcional à extensão e à complexidade do trabalho (...) não inferior ao salário mínimo profissional estabelecido em lei", o que resulta em vinculação dos vencimentos de determinadas categorias de servidores públicos às variações do piso salarial profissional, importando em sistemática de aumento automático daqueles vencimentos, sem interferência do chefe do Poder Executivo do Estado, ferindo-se, ainda, o próprio princípio federativo e a autonomia dos estados para fixar os vencimentos de seus servidores (arts. 2º e 25 da CF). A jurisprudência da Corte é pacífica no que tange ao não cabimento de qualquer espécie de vinculação da remuneração de servidores públicos, repelindo, assim, a vinculação da remuneração de servidores do estado a fatores alheios à sua vontade e ao seu controle; seja às variações de índices de correção editados pela União; seja aos pisos salariais profissionais. *ADI 290/SC, Rel. Min. Dias Toffoli, 19.2.14. Pleno. (Info 736)*

ADPF: vinculação de vencimentos e superveniência da EC 19/98. 1

Evidenciada relevante controvérsia constitucional sobre direito estadual anterior ao parâmetro de constitucionalidade apontado (EC 19/98), cabível a ADPF (Lei 9.882/99, dos arts. 1º, parágrafo único, I, e 4º, § 1º). A redação conferida pela EC 19/98 aos arts. 37, XIII, e 39, § 1º, da CF eliminou a possibilidade de vinculação ou equiparação de cargos, empregos ou funções, por força de ato normativo infraconstitucional. O artigo da lei estadual, no que vincula os vencimentos dos Delegados de Polícia aos dos Procuradores do Estado, não foi recepcionado pela ordem constitucional-administrativa tal como redesenhada pela EC 19/98, o que redunda em revogação tácita, por incompatibilidade material. *ADPF 97/PA, Rel. Min. Rosa Weber, 21.8.14. Pleno. (Info 755)*

EC 41/03: fixação de teto constitucional e irredutibilidade de vencimentos

RPG O teto de retribuição estabelecido pela EC 41/03 é de eficácia imediata, e submete às referências de valor máximo nele discriminadas todas as verbas de natureza remuneratória percebidas pelos servidores públicos da União, dos Estados, do Distrito Federal e dos Municípios, ainda que adquiridas de acordo com regime legal anterior. *RE 609381/GO, Rel. Min. Teori Zavascki, 2.10.14. Repercussão geral – mérito. Pleno. (Info 761)*

EC 41/03: teto remuneratório e vantagens pessoais

Tem direito, o Procurador da República aposentado, de, a partir da data da impetração do MS, continuar a receber, sem redução, o montante bruto que percebia anteriormente à EC 41/03, até a sua total absorção pelas novas formas de composição de seus proventos. A irredutibilidade de vencimentos é garantia fundamental, e, portanto, inelidível por emenda constitucional. O impetrante não possui direito adquirido a regime de remuneração, mas direito líquido e certo de não receber a menor, a despeito do advento de nova forma de composição de seus proventos. *MS 27565/DF, Rel. Min. Gilmar Mendes, 23.9.14. 2ª T. (Info 760)*

Pagamento de adicionais por tempo de serviço: coisa julgada e art. 17 do ADCT

Servidor público aposentado. Suspensão do pagamento dos adicionais por tempo de serviço reconhecido em decisão transitada em julgado. Art. 5º, XXXVI, da CF. Inaplicabilidade do art. 17 do ADCT. *MS 22682/RJ, Rel. Min. Cármen Lúcia, 24.9.14. Pleno. (Info 760)*

2013

Aplicabilidade imediata da EC 19/98 e irredutibilidade da remuneração

RPG Servidor público. Inexistência de direito adquirido à regime jurídico. Base de cálculo de vantagens pessoais. Efeito cascata: proibição constitucional. Impossibilidade de redução dos vencimentos. Princípio da irredutibilidade dos vencimentos. *RE 563708/MS, Repercussão geral – mérito, Rel. Min. Cármen Lúcia, 6.2.13. Pleno. (Info 694)*

Conversão monetária: competência e irredutibilidade de vencimentos

RPG O direito de servidor público a determinado percentual compensatório em razão de incorreta conversão do padrão monetário – de Cruzeiro Real para Unidade Real de Valor – URV – decorre exclusivamente dos parâmetros estabelecidos pela Lei 8.880/94, e o "quantum debeatur" deve ser apurado no momento da liquidação de sentença. Esse percentual não pode ser compensado ou abatido por aumentos remuneratórios supervenientes e deve incidir até reestruturação remuneratória de cada carreira, que, ao suprimir o índice, não poderá ofender o princípio da irredutibilidade de vencimentos. *RE 561836/RN, Rel. Min. Luiz Fux, 25 e 26.9.13. Repercussão geral – mérito. Pleno. (Info 721)*

Gratificação de desempenho a ativos e inativos

RPG Os servidores inativos e pensionistas do Departamento Nacional de Obras Contra as Secas – DNOCS têm direito à Gratificação de Desempenho do Plano Geral de Cargos do Poder Executivo – GDPGPE, prevista na Lei 11.357/06, em percentual igual ao dos servidores ativos, até a implantação do primeiro ciclo de avaliação de desempenho. *RE 631389/CE, Rel. Min. Marco Aurélio, 25.9.13. Repercussão geral – mérito. Pleno. (Info 721)*

2012

"GDACT" e extensão a inativos

RPG A Gratificação de Desempenho de Atividade em Ciência e Tecnologia (GDACT), instituída pela MPv 2.048/00, só foi devida aos inativos e pensionistas até sua regulamentação pelo Dec. 3.762/01. *RE 572884, Rel. Min. Ricardo Lewandowski, 20.6.12. Repercussão geral. Pleno. (Info 671)*

Teto remuneratório e honorários advocatícios

A jurisprudência desta Corte firmou entendimento no sentido de que o art. 42 da Lei Municipal 10.430/88 não foi recepcionado pela CF no ponto em fixou teto para a remuneração bruta, a qualquer título, dos servidores públicos municipais. 2. Os honorários advocatícios devidos aos procuradores municipais, por constituírem vantagem conferida indiscriminadamente a todos os integrantes da categoria, possuem natureza geral, razão pela qual se incluem no teto remuneratório constitucional. *RE 380538 ED, Rel. Min. Dias Toffoli, 26.6.12. 1ª T. (Info 672)*

2. BENS PÚBLICOS

2015

Conflito federativo e imóvel afetado ao MPDFT

A integração de imóvel ao novo Estado, decorrente da transformação de Território, pressupõe o domínio ou o uso por este último. *ACO 685/RR, red. p/ o acórdão Min. Marco Aurélio, 11.12.14. Pleno. (Info 771)*

Terras devolutas e transferência de domínio a particulares

Não subsiste o ato de transmissão de propriedade efetuado por Estado-Membro, se o imóvel rural nunca pertenceu ao ente federado. *ACO 478/TO, Rel. Min. Dias Toffoli, 5.8.15. Pleno. (Info 793)*

2013

ADI e venda de terras públicas rurais

O art. 14 da Lei distrital 2.689/01, que cria o Conselho de Administração e Fiscalização de Áreas Públicas Rurais Regularizadas – composto majoritariamente por pessoas não integrantes dos quadros do Poder Público – é inconstitucional, uma vez que transfere aos particulares com maior interesse no assunto o juízo de conveniência e oportunidade da alienação dos bens públicos, que é competência própria da Administração Pública. *ADI 2416/DF, Red. p/ ac. Min. Ricardo Lewandowski, 12.12.12. Pleno. (Info 692)*

2012

Concessão de terras públicas e segurança jurídica

Ato administrativo. Terras públicas estaduais. Concessão de domínio para fins de colonização. Área superiores a 10 mil hectares. Falta de autorização prévia do Senado Federal. Ofensa ao art. 156, § 2º, da CF/1946, incidente à data dos negócios jurídicos translativos de domínio. Inconstitucionalidade reconhecida. Nulidade não pronunciada. Atos celebrados há 53 anos. Boa-fé e confiança legítima dos adquirentes de lotes. Colonização que implicou, ao longo do tempo, criação de cidades, fixação de famílias, construção de hospitais, estradas, aeroportos, residências, estabelecimentos comerciais, industriais e de serviços, etc. Situação factual consolidada. Impossibilidade jurídica de anulação dos negócios, diante das consequências desastrosas que, do ponto de vista pessoal e socioeconômico, acarretaria. Aplicação dos princípios da segurança jurídica e da proteção à confiança legítima, como resultado da ponderação de valores constitucionais. Ação julgada improcedente, perante a singularidade do caso. Sob pena de ofensa aos princípios constitucionais da segurança jurídica e da proteção à confiança legítima, não podem ser anuladas, meio século depois, por falta de necessária autorização prévia do Legislativo, concessões de domínio de terras públicas, celebradas para fins de colonização, quando esta, sob absoluta boa-fé e convicção de validez dos negócios por parte dos adquirentes e sucessores, se consolidou, ao longo do tempo, com criação de cidades, fixação de famílias, construção de hospitais, estradas, aeroportos, residências, estabelecimentos comerciais, industriais e de serviços, etc. *ACO 79, Rel. Min. Cezar Peluso, 15.3.12. Pleno. (Info 658)*

3. CONTRATOS ADMINISTRATIVOS

2014

Contrato de adesão para exploração portuária e alteração unilateral

Quando a Administração Pública contrata com particulares, conduz o interesse público e pode, unilateralmente, modificar cláusula contratual, desde que observados os termos da lei. A remuneração devida pela utilização da área portuária permaneceu proporcional ao uso que dela se fizer. A obrigação de pagar pelo uso da infraestrutura portuária estava prevista no Contrato de Adesão originário. Estabeleceu-se, posteriormente, critério proporcional à tonelagem embarcada, desembarcada e baldeada, para o cálculo da tarifa pela utilização da infraestrutura portuária. *RMS 24286/ DF, Rel. Min. Cármen Lúcia, 18.2.14. 2ª T. (Info 736)*

4. ENTES DA ADMINISTRAÇÃO PÚBLICA

2015

ECT e prescrição

Determinou-se seguimento a recurso extraordinário que discute a possibilidade, à luz do art. 173, § 1º, II, da CF, de equiparação da Empresa Brasileira de Correios e Telégrafos com a Fazenda Pública. A matéria deveria ser examinada em razão de várias prerrogativas de direito público já terem sido reconhecidas aos Correios. *RE 790059 AgR-AgR/DF, Red. p/ ac. Min. Marco Aurélio, 3.11.15. 1ª T. (Info 806)*

Organizações sociais e contrato de gestão

Foi conferida interpretação conforme a Constituição à Lei 9.637/98 – que dispõe sobre a qualificação como organizações sociais de pessoas jurídicas de direito privado, a criação do Programa Nacional de Publicização, a extinção dos órgãos e entidades que menciona, a absorção de suas atividades por organizações sociais, e dá outras providências – e ao inciso XXIV do art. 24 da Lei 8.666/93 – com a redação dada pelo art. 1º da Lei 9.648/98, que autoriza a celebração de contratos de prestação de serviços com organizações sociais, sem licitação –, para explicitar que: a) o procedimento de qualificação das organizações sociais deveria ser conduzido de forma pública, objetiva e impessoal, com observância dos princípios do "caput" do art. 37 da CF, e de acordo com parâmetros fixados em abstrato segundo o disposto no art. 20 da Lei 9.637/98; b) a celebração do contrato de gestão fosse conduzida de forma pública, objetiva e impessoal, com observância dos princípios do "caput" do art. 37 da CF; c) as hipóteses de dispensa de licitação para contratações (Lei 8.666/93, art. 24, XXIV) e outorga de permissão de uso de bem público (Lei 9.637/98, art. 12, § 3º) deveriam ser conduzidas de forma pública, objetiva e impessoal, com observância dos princípios do "caput" do art. 37 da CF; d) a seleção de pessoal pelas organizações sociais seria conduzida de forma pública, objetiva e impessoal, com observância dos princípios do "caput" do art. 37 da CF, e nos termos do regulamento próprio a ser editado por cada entidade; e e) qualquer interpretação que restringisse o controle, pelo Ministério Público e pelo TCU, da aplicação de verbas públicas deveria ser afastada. *ADI 1923/DF, Red. p/ ac. Min. Luiz Fux, 154.15. Pleno. (Info 781)*

2014

Agência reguladora estadual e destituição de dirigentes

O Tribunal aduziu que o legislador infraconstitucional não poderia criar ou ampliar os campos de intersecção entre os Poderes estatais constituídos, sem autorização constitucional, como no caso em que extirpa a possibilidade de qualquer participação do governador na destituição de dirigente de agência reguladora e transfere de maneira ilegítima, a totalidade da atribuição ao Poder Legislativo local. Afirmou que a natureza da investidura a termo no referido cargo, bem assim a incompatibilidade da demissão "ad nutum" com esse regime, exigiriam a fixação de balizas precisas quanto às situações de demissibilidade dos dirigentes dessas entidades. A Corte destacou que, em razão do vácuo normativo resultante da inconstitucionalidade da legislação estadual, fixaria, enquanto perdurasse a omissão normativa, hipóteses específicas de demissibilidade dos dirigentes da entidade. No ponto, foi além do que decidido na medida cautelar, para estabelecer, por analogia ao que disposto na Lei federal 9.986/00, que a destituição desses dirigentes, no curso dos mandatos, dar-se-ia em virtude de: a) renúncia; b) condenação judicial transitada em julgado; ou c) processo administrativo disciplinar, sem prejuízo da superveniência de outras possibilidades legais, desde que observada a necessidade de motivação e de processo formal, sem espaço para discricionariedade pelo chefe do Executivo. *ADI 1949/RS, Rel. Min. Dias Toffoli, 17.9.14. Pleno. (Info 759)*

5. IMPROBIDADE ADMINISTRATIVA

2013

Imprescritibilidade e ação patrimonial

O STF tem jurisprudência assente no sentido da imprescritibilidade das ações de ressarcimentos de danos ao erário. Pleito formalizado no sentido de submeter o tema a reexame do Plenário da Corte. Cabimento da pretensão, porquanto entendo relevante a questão jurídica e aceno com a necessidade de reapreciação da matéria pelo Supremo Tribunal Federal. *AI 819135 AgR/SP, Rel. Min. Luiz Fux, 28.5.13. 1ª T. (Info 708)*

2012

Improbidade administrativa: parlamentar e competência

Ante a particularidade do caso, o Plenário resolveu questão de ordem suscitada em ação de improbidade administrativa, autuada como petição – ajuizada em face de diversos réus, dentre eles pessoa que, à época dos fatos (1994), ocupava o cargo de deputado federal –, para declinar da competência do STF e determinar a remessa dos autos à justiça de 1º grau. Frisou-se que a Corte declarara, no julgamento da ADI 2797, a inconstitucionalidade dos §§ 1º e 2º do art. 84 do CPP, inseridos pelo art. 1º da Lei 10.628/02. Além disso, modulara os efeitos dessa decisão, que teria eficácia a partir de 15.9.2005. *Pet 3030 QO, Rel. Min. Marco Aurélio, 23.5.12. Pleno. (Info 667)*

6. INTERVENÇÃO DO ESTADO NA PROPRIEDADE

6.1. Desapropriação

2016

Desapropriação por utilidade pública e princípio da justa indenização

A preferência do julgador por determinada prova insere-se no livre convencimento motivado e não cabe compelir o magistrado a colher com primazia determinada prova em detrimento de outras pretendidas pelas partes se, pela base do conjunto probatório tiver se convencido da verdade dos fatos (CPC/73, art. 436). *RE 567708/SP, Red. p/ ac. Min. Cármen Lúcia, 8.3.2016. 2ª T. (Info 817)*

2012

Desapropriação e área aproveitável

Desapropriação para fins de reforma agrária. Cálculo da extensão da propriedade rural. Áreas insuscetíveis de aproveitamento econômico. Impossibilidade de sua desconsideração. 2. A exclusão da área inaproveitável economicamente restringe-se ao cálculo do imposto sobre a propriedade (art. 50, §§ 3º e 4º, da Lei 4.504). 3. A propriedade rural no que concerne à sua dimensão territorial, com o objetivo de viabilizar a desapropriação para fins de reforma agrária, reclama devam ser computadas as áreas insuscetíveis de aproveitamento econômico. O dimensionamento do imóvel para os fins da Lei 8.629/93 deve considerar a sua área global. *MS 25066, Red. p/ ac. Min. Luiz Fux, 14.12.11. Pleno. (Info 652)*

Desapropriação: notificação e vistoria de imóvel invadido

Consoante dispõe o artigo 46, § 6º, da Lei 4.504/64, por força da herança, o imóvel é considerado como se dividido já estivesse. Descabe implementar a vistoria quando o imóvel tem sido alvo de invasão. Sendo o objetivo da notificação ensejar ao proprietário o acompanhamento da vistoria, designando, inclusive, técnico, a designação de data mostra-se indispensável à valia da medida. *MS 25493, Rel. Min. Marco Aurélio, 14.12.11. Pleno. (Info 652)*

7. LICITAÇÕES

2016

Exigência para participar de licitação e conflito legislativo

Por ofensa à competência privativa da União para legislar sobre normas gerais de licitação e contratos, o Plenário, por maioria, julgou procedente pedido formulado em ação direta para declarar a inconstitucionalidade da Lei 3.041/05 do Estado de Mato Grosso do Sul, sem efeito repristinatório em relação às leis anteriores de mesmo conteúdo. *ADI 3.735/MS, Rel. min. Teori Zavascki, 8.9.2016. Pleno. (Info 838)*

1. DIREITO ADMINISTRATIVO

2014

Inexigibilidade de licitação e critérios para contratação direta de escritório de advocacia

A contratação direta de escritório de advocacia, sem licitação, deve observar os seguintes parâmetros: a) existência de procedimento administrativo formal; b) notória especialização profissional; c) natureza singular do serviço; d) demonstração da inadequação da prestação do serviço pelos integrantes do Poder Público; e) cobrança de preço compatível com o praticado pelo mercado. Incontroversa a especialidade do escritório de advocacia, deve ser considerado singular o serviço de retomada de concessão de saneamento básico do Município de Joinville, diante das circunstâncias do caso concreto. Atendimento dos demais pressupostos para a contratação direta. *Inq 3074/ SC, Rel. Min. Roberto Barroso, 26.8.14. 1ª T. (Info 756)*

Processo licitatório: punição e proporcionalidade

Ausentes o prejuízo para a Administração Pública e a demonstração de dolo ou má-fé por parte da licitante, não há subsunção do fato ao art. 7º da Lei 10.520/02. *RMS 31972/DF, Rel. Min. Dias Toffoli, 3.12.13. 1ª T. (Info 731)*

2013

Convênios de prestação de serviços de assistência à saúde: Geap e licitação

A Geap não se enquadra nos requisitos que excepcionam a obrigatoriedade da realização de procedimento licitatório para a consecução de convênios de adesão com a Administração Pública. MS 25855/ DF, MS 25866/DF, MS 25891/DF, MS 25901/DF; MS 25919/DF, MS 25922/DF, MS 25928/DF; MS 25934/ DF, MS 25942/DF, Red. p/ ac. Min. Cármen Lúcia, 20.3.13. Pleno. *(Info 699)*

2012

Licitação: lei orgânica e restrição

A CF outorga à União a competência para editar normas gerais sobre licitação (art. 22, XXVII) e permite, portanto, que Estados e Municípios legislem para complementar as normas gerais e adaptá-las às suas realidades. As normas locais sobre licitação devem observar o art. 37, XXI da CF, assegurando "a igualdade de condições de todos os concorrentes". Dentro da permissão constitucional para legislar sobre normas específicas em matéria de licitação, é de se louvar a iniciativa do Município de Brumadinho-MG de tratar, em sua lei orgânica, de tema dos mais relevantes em nossa pólis, que é a moralidade administrativa, princípio-guia de toda a atividade estatal, nos termos do art. 37, caput da CF. A proibição de contratação com o Município dos parentes, afins ou consanguíneos, do prefeito, do vice-prefeito, dos vereadores e dos ocupantes de cargo em comissão ou função de confiança, bem como dos servidores e empregados públicos municipais, até seis meses após o fim do exercício das respectivas funções, é norma que evidentemente homenageia os princípios da impessoalidade e da moralidade administrativa, prevenindo eventuais lesões ao interesse público e ao patrimônio do Município, sem restringir a competição entre os licitantes. Inexistência de ofensa ao princípio da legalidade ou de invasão da competência da União para legislar sobre normas gerais de licitação. *RE 423560, Rel. Min. Joaquim Barbosa, 29.5.12. 2ª T. (Info 668)*

8. PRESCRIÇÃO ADMINISTRATIVA

2016

Ação de ressarcimento e imprescritibilidade

RPG É prescritível a ação de reparação de danos à Fazenda Pública decorrente de ilícito civil. *RE 669069/MG, repercussão geral – mérito, Rel. Min. Teori Zavascki, 3.2.2016. Pleno. (Info 813)*

Administração Pública: ressarcimento e decadência

O TCU havia determinado que órgão da Administração Pública federal adotasse providências para que fosse restituída quantia relativa a auxílio-moradia paga a servidora pública entre out./2003 e nov./2010. A impetrante sustentava a decadência do direito de a Administração Pública anular os atos dos quais decorreram efeitos favoráveis. Não há que se falar em prescrição e decadência em casos de pretensão ressarcitória do Estado, tendo em conta o disposto no art. 37, § 5º, da CF/88. Por outro lado, verificar a legitimidade da percepção do auxílio-moradia e a existência de boa-fé da impetrante demandaria incursão na análise de fatos e provas. Tal questão, portanto, deveria ser debatida em ação ordinária, de ampla cognição, e não na via estreita do mandado de segurança. *MS 32569/DF, Rel. p/ o ac. min. Edson Fachin, 13.9.2016.*

ED e ação de reparação de danos à Fazenda Pública decorrente de ilícito civil

RPG Rejeitados embargos de declaração contra decisão que entendeu ser prescritível a ação de reparação de danos à Fazenda Pública decorrente de ilícito civil. É clara a opção da Corte de considerar como ilícito civil os de natureza semelhante à do caso concreto (acidente de trânsito). O conceito, sob esse aspecto, deveria ser buscado pelo método de exclusão: não se considerariam ilícitos civis, de modo geral, os que decorressem de infrações ao direito público (de natureza penal, decorrentes de atos de improbidade etc.). As questões atinentes ao transcurso do prazo prescricional, inclusive a seu termo inicial, seriam adstritas à seara infraconstitucional. Por isso, não se constatam motivos relevantes de segurança jurídica ou de interesse social hábeis a ensejar a modulação dos efeitos da decisão. *RE 669069 ED/MG, Repercussão geral – mérito, Rel. Min. Teori Zavascki, 16.6.2016. Pleno. (Info 830)*

9. PODERES ADMINISTRATIVOS

2014

Poder geral de cautela da Administração e suspensão de pagamento de vantagem

Servidora pública. Incorporação de 'quintos'. Ato cautelar do Conselho da Justiça Federal: ausência de ilegalidade. Instauração de processo administrativo e suspensão do pagamento. Alegada violação ao devido processo administrativo e necessidade de contraditório prévio: descabimento. Poder geral de cautela da administração pública (art. 45 da Lei 9.784/99). *RMS 31973/DF, Rel. Min. Cármen Lúcia, 25.2.14. 2ª T. (Info 737)*

10. PRINCÍPIOS DO DIREITO ADMINISTRATIVO

2015

ADI e norma antinepotismo

Foi da interpretação conforme à Constituição a norma estadual que estabelece ser "vedado ao servidor público servir sob a direção imediata de cônjuge ou parente até segundo grau civil" – no sentido de o dispositivo ser válido somente quando incidisse sobre os cargos de provimento em comissão, função gratificada, cargos de direção e assessoramento. A vedação não pode alcançar os servidores admitidos mediante prévia aprovação em concurso público, ocupantes de cargo de provimento efetivo, haja vista que isso poderia inibir o próprio provimento desses cargos, violando, dessa forma, o art. 37, I e II, da CF, que garante o livre acesso aos cargos, funções e empregos públicos aos aprovados em concurso público. *ADI 524/ES, Red. p/ ac. Min. Ricardo Lewandowski, 20.5.15. Pleno. (Info 786)*

ADI e "softwares" abertos

A preferência pelo "software" livre, longe de afrontar os princípios constitucionais da impessoalidade, da eficiência e da economicidade, promove e prestigia esses postulados, além de viabilizar a autonomia tecnológica do País. *ADI 3059/RS, Red. p/ ac. Min. Luiz Fux, 9.4.15. Pleno. (Info 780)*

Verba indenizatória e publicidade

A regra geral num estado republicano é a da total transparência no acesso a documentos públicos, sendo o sigilo a exceção. Conclusão que se extrai diretamente do texto constitucional (arts. 1º, caput e parágrafo único; 5º, XXXIII; 37, caput e § 3º, II; e 216, § 2º), bem como da Lei 12.527/11, art. 3º, I. As verbas indenizatórias para exercício da atividade parlamentar têm natureza pública, não havendo razões de segurança ou de intimidade que justifiquem genericamente seu caráter sigiloso. *MS 28178/DF, Rel. Min. Roberto Barroso, 4.3.15. Pleno. (Info 776)*

2014

ADI: divulgação de obras públicas e princípio da publicidade

É constitucional lei que obriga o Poder Executivo estadual a divulgar na imprensa oficial e na internet a relação completa de obras atinentes a rodovias, portos e aeroportos, visto que editada em atenção aos princípios da publicidade e da transparência, a viabilizar a fiscalização das contas públicas. *ADI 2444/RS, Rel. Min. Dias Toffoli, 6.11.14. Pleno. (Info 766)*

2013

ADI e vedação ao nepotismo

Lei do Estado de Goiás. Criação de exceções ao óbice da prática de atos de nepotismo. A cláusula vedadora da prática de nepotismo no seio da

Administração Pública, ou de qualquer dos Poderes da República, tem incidência verticalizada e imediata, independentemente de previsão expressa em diploma legislativo. A previsão impugnada, ao permitir (excepcionar), relativamente a cargos em comissão ou funções gratificadas, a nomeação, a admissão ou a permanência de até dois parentes das autoridades mencionadas na lei estadual e do cônjuge do chefe do Poder Executivo, além de subverter o intuito moralizador inicial da norma, ofende irremediavelmente a CF. *ADI 3745/GO, Rel. Min. Dias Toffoli, 15.5.13. Pleno. (Info 706)*

Cargos em comissão e nepotismo

A vedação a que cônjuges ou companheiros e parentes consanguíneos, afins ou por adoção, até o segundo grau, de titulares de cargo público ocupem cargos em comissão visa a assegurar, sobretudo, cumprimento ao princípio constitucional da isonomia, bem assim fazer valer os princípios da impessoalidade e moralidade na Administração Pública. II. A extinção de cargos públicos, sejam eles efetivos ou em comissão, pressupõe lei específica, dispondo quantos e quais cargos serão extintos, não podendo ocorrer por meio de norma genérica inserida na Constituição. III. Incabível, por emenda constitucional, nos Estados-membros, que o Poder Legislativo disponha sobre espécie reservada à iniciativa privativa dos demais Poderes da República, sob pena de afronta ao art. 61 da Lei Maior. IV. O poder constituinte derivado decorrente tem por objetivo conformar as Constituições dos Estados-membros aos princípios e regras impostas pela Lei Maior. Necessidade de observância do princípio da simetria federativa. *ADI 1521/RS, Rel. Min. Ricardo Lewandowski, 19.6.13. Pleno. (Info 711)*

2012

Art. 37, § 1º, da CF e promoção pessoal

Ação popular na qual se aponta promoção pessoal da autoridade mediante utilização de símbolo em forma da letra "H" e de slogan que menciona o sobrenome do prefeito ("Unidos seremos mais fortes") na publicidade institucional do município. Impossibilidade de reavaliação da prova apreciada pelo acórdão recorrido, o qual concluiu pela existência de utilização da publicidade governamental para promoção pessoal do prefeito, em violação do § 1º do art. 37 da Constituição (Súmula 279/STF). *RE 281012, Red. p/ ac. Min. Joaquim Barbosa, 20.3.12. 2ª T. (Info 659)*

11. PROCESSO ADMINISTRATIVO

11.1. Processo Administrativo (Disposições Gerais)

2016

Anulação de anistia e prazo decadencial

O prazo decadencial para a anulação de atos administrativos que geram efeitos favoráveis aos administrados é de cinco anos (art. 54 da Lei 9.784/99), comportando apenas duas hipóteses de afastamento da decadência administrativa: a má-fé do beneficiário e a existência de medida administrativa impugnadora da validade do ato. 3. O processo administrativo de revisão da anistia do Impetrante expressamente afastou a existência de má-fé por parte do anistiado quando do requerimento para o reconhecimento dessa condição. 4. Não se qualificam Notas e Pareceres emanados por membros da Advocacia-Geral da União como "medida de autoridade administrativa que importe impugnação à validade do ato", nos termos do § 2º do art. 54 da Lei 9.784/99, em razão da generalidade de suas considerações, bem como do caráter meramente opinativo que possuem no caso em tela. 5. Ademais, em se tratando de competência exclusiva para a concessão, revisão ou revogação de anistia política, somente ato do Ministro de Estado da Justiça, na qualidade de autoridade administrativa, tem o condão de, uma vez destinado à impugnação específica de ato anterior, obstacularizar o transcurso do prazo decadencial para sua anulação. 6. Assim, como decorreu mais de cinco anos entre a Portaria que reconheceu a condição de anistiado ao Impetrante e a publicação da Portaria Interministerial, ato conjunto entre o Ministro da Justiça e o Advogado-Geral da União que determinou a abertura de processo administrativo de revisão das anistias políticas concedidas com fundamento na Portaria do Ministro de Estado da Aeronáutica, constata-se a decadência do direito da Administração de anular o ato de concessão da anistia. *RMS 31841/DF, Rel. Min. Edson Fachin, 2.8.2016. 1ª T. (Info 833)*

2015

Administração Pública e princípio da intranscendência

O princípio da intranscendência subjetiva das sanções, consagrado pelo STF, inibe a aplicação de severas sanções às administrações por ato de gestão anterior à assunção dos deveres públicos. *AC 2614/PE, Rel. Min. Luiz Fux, 23.6.15. 1ª T. (Info 791)*

Inscrição de ente público em cadastro federal de inadimplência e devido processo legal

É necessário observar o devido processo legal, o contraditório e a ampla defesa no tocante à inscrição de entes públicos nos cadastros federais de inadimplência. *ACO 1995/BA, Rel. Min. Marco Aurélio, 26.3.15. Pleno. (Info 779)*

2014

Processo administrativo: contraditório e ampla defesa

Ofende o contraditório e a ampla defesa o ato administrativo e seus consectários, que não garante à impetrante manifestação prévia em processo administrativo destinado a verificar a regularidade da concessão de benefício fiscal (direito constitucional e comparado: "Anspruch auf rechtliches Gehör": pretensão à tutela jurídica). *RMS 31661/DF, Rel. Min. Gilmar Mendes, 10.12.13. 2ª T. (Info 732)*

Recurso administrativo e julgamento pela mesma autoridade

1. A circunstância de a recorrente reiterar os argumentos esposados na petição inicial do mandado de segurança não caracteriza, por si só, ausência de impugnação dos fundamentos do acórdão recorrido. A recorrente buscou demonstrar de que modo teria havido afronta ao seu direito líquido e certo quanto à necessidade de apreciação de seu recurso administrativo por autoridade administrativa diversa da que julgou sua defesa inicial nos autos do processo administrativo. 2. Impossibilidade de a mesma pessoa, embora ocupando cargos distintos, julgar validamente o pedido de reconsideração (Secretário Executivo do Ministério das Comunicações) e o recurso administrativo (Ministro do Ministério das Comunicações) interposto nos autos do processo administrativo. Afronta aos princípios da impessoalidade, da imparcialidade e do duplo grau. *RMS 26029/DF, Rel. Min. Cármen Lúcia, 11.3.14. 2ª T. (Info 738)*

Redução de proventos: devolução de parcelas e contraditório

O disposto no artigo 54 da Lei nº 9.784/99, a revelar o prazo de decadência para a Administração Pública rever os próprios atos, por pressupor situação jurídica constituída, não se aplica à aposentadoria, porque esta reclama atos sequenciais. Conforme consta da Súmula 3/STF, o contraditório não alcança o processo de registro de aposentadoria. *MS 25561/DF, Rel. Min. Marco Aurélio, 15.10.14. Pleno. (Info 763)*

11.2. Processo Administrativo (Disciplinar)

2016

PAD: comissão processante, demissão e improbidade administrativa

Negado provimento a recurso ordinário em mandado de segurança no qual auditor-fiscal da RFB sustentou a nulidade do processo administrativo disciplinar que o penalizou com demissão. Não há vício na instalação de segunda comissão disciplinar, após a primeira ter concluído pela insuficiência de provas. É possível realizar diligências instrutórias com a designação de nova comissão processante, uma vez que, a partir do exame do relatório da primeira comissão, existe dúvida razoável a amparar a continuidade das investigações. Correta a capitulação do fato imputado como improbidade administrativa (LIA, art. 132). Incabível a apreciação, na via estreita do "writ", da proporcionalidade da pena cominada, à exceção das hipóteses em que a demissão estiver fundada na prática de ato de improbidade de natureza culposa, sem a imputação de locupletamento ilícito do servidor. *RMS 33666/DF, Red. p/ ac. Min. Edson Fachin, 31.5.2016. 1ª T. (Info 828)*

PAD: prova emprestada e nulidade

A prova colhida mediante autorização judicial e para fins de investigação ou processo criminal pode ser utilizada para instruir procedimento administrativo punitivo. *RMS 28774/DF, Rel. p/ ac. Min. Roberto Barroso, 9.8.2016. 1ª T. (Info 834)*

2014

Acumulação de cargo e decadência

No que se refere à suposta compatibilidade de horários, em razão da aposentadoria da recorrente do cargo de professora, reputou não constituir elemento suficiente a justificar a indevida acumulação de cargos públicos, pois a vedação constitucional inscrita no art. 37, XVI, da CF, apenas comportaria exceção nos casos ali especificados. *RMS 28497/DF, Red. p/ac. Min. Cármen Lúcia, 20.5.14. 1ª T. (Info 747)*

Aplicação de penalidade administrativa e autoridade competente

A Administração Pública submete-se ao princípio da legalidade, sobrepondo-se ao regulamento a lei em sentido formal e material. Consoante dispõe o artigo 141, II, da Lei 8.112/90, viabilizando o salutar duplo grau administrativo, cumpre à autoridade de hierarquia imediatamente inferior às mencionadas na cabeça do artigo, entre as quais os presidentes dos tribunais federais, impor a suspensão do servidor quando ultrapassado o período de trinta dias. Inconstitucionalidade do Regulamento da Secretaria do Supremo que, ao prever a autoria da sanção pelo dirigente maior do Tribunal, fulminando a revisão do ato, versa limitação conflitante com a lei de regência. *MS 28033/DF, Rel. Min. Marco Aurélio, 23.4.14. Pleno. (Info 743)*

Art. 170 da Lei 8.112/90: registro de infração prescrita e presunção de inocência

O art. 170 da Lei 8.112/90 é inconstitucional. *MS 23262/DF, Rel. Min. Dias Toffoli, 23.4.14. Pleno. (Info 743)*

Código Penal e prescrição de infrações disciplinares

Ante a inexistência de legislação específica quanto à prescrição de infrações disciplinares de natureza grave, aplica-se, por analogia, o CP. *HC 114422/RS, Rel. Min. Gilmar Mendes, 6.5.14. 2ª T. (Info 745)*

PAD: cerceamento de defesa e sanidade mental

O exame de sanidade mental, nos termos do art. 160 da Lei 8.112/90, só deveria ser realizado quando houvesse dúvida sobre a sanidade mental do acusado, o que não seria o caso do recorrente, conforme atestado por junta médica oficial. Por não existir prejuízo à defesa do recorrente, é incabível a anulação do PAD, tendo em conta a diretriz estabelecida no verbete da Súm. Vinculante 5/STF. *RMS 31858/DF, Rel. Min. Cármen Lúcia, 13.5.14. 2ª T. (Info 746)*

Sindicância administrativa e súmula vinculante

O verbete da Súm. Vinculante 14/STF não alcança sindicância administrativa objetivando elucidar fatos sob o ângulo do cometimento de infração administrativa. *Rcl 10771 AgR/RJ, Rel. Min. Marco Aurélio, 4.2.14. 1ª T. (Info 734)*

2012

Responsabilidade por dano ao erário e PAD

O TCU, em sede de tomada de contas especial, não se vincula ao resultado de processo administrativo disciplinar – PAD, tendo em vista a independência entre as instâncias e os objetos sobre os quais se debruçam as acusações tanto no âmbito disciplinar quanto no de apuração de responsabilidade por dano ao erário. *MS 27867 AgR, Rel. Min. Dias Toffoli, 18.9.12. 1ª T. (Info 680)*

11.3. Processo Administrativo (TCU)

2013

Anistia e registro de aposentadoria

Denegado mandado de segurança contra ato do TCU, que negara registro a aposentadorias. No caso, as impetrantes teriam sido beneficiadas pela anistia, com fundamento no art. 8º, § 5º, do ADCT, e reintegradas no quadro funcional do Ministério da Educação. Ressaltou-se que o TCU limitara-se a examinar a concessão da aposentadoria com base no art. 71, III, da CF e não a anistia em si. As impetrantes não teriam ocupado cargo, função ou emprego público na Administração Pública Federal, mas apenas teriam desempenhado atividade temporária sem qualquer vínculo, junto a pessoas jurídicas de direito privado para a efetivação do transitório Programa Nacional de Alfabetização. *MS 25916/DF, Rel. Min. Marco Aurélio, 19.9.13. Pleno. (Info 720)*

Reposição ao erário: contraditório e ampla defesa

Mandado de segurança. Ato do TCU. Magistrados do TRT-2ª Região. Parcela autônoma de equivalência. Devolução de valores. Majoração do desconto de 1% para 25%. Afronta aos princípios do contraditório e da ampla defesa. *MS 30932/DF, Rel. Min. Cármen Lúcia, 18.12.12. 2ª T. (Info 693)*

TCU: auditoria e decadência

A atividade do Tribunal de Contas é exercida no campo administrativo. A exigibilidade do contraditório pressupõe o envolvimento, no processo administrativo, de acusado ou de litígio. Descabe observá-lo em julgamento implementado pelo

TCU ante auditoria realizada em órgão público. Aplica-se à atuação do TCU o disposto no art. 54 da Lei 9.784/99, presente situação jurídica constituída há mais de cinco anos. *MS 31344/DF, Rel. Min. Marco Aurélio, 23.4.13. (Info 703)*

TCU: registro de aposentadoria e prazo decadencial

No caso, não incide o art. 54 da Lei 9.784/99. A aposentadoria afigura-se ato administrativo complexo, que somente se torna perfeito e acabado após seu exame e registro pelo TCU. A despeito da aposentadoria em 27.11.92, o ato concessivo de aposentação somente foi disponibilizado para análise do TCU em 14.3.2008, tendo sido lavrado acórdão em 24.1.12. Assim, apenas nesta data ter-se-ia verificado o aperfeiçoamento do ato concessivo de aposentadoria, motivo pelo qual não decorrera o lapso necessário à configuração da decadência administrativa. *MS 31736/DF, Rel. Min. Luiz Fux, 10.9.13. 1ª T. (Info 719)*

2012

TCU: coisa julgada e inoponibilidade

Desprovido agravo regimental de decisão que concedera mandado de segurança para cassar acórdão do TCU, que suspendera pagamento de pensão por considerá-la ilegal. No caso, decisão judicial transitada em julgado condenara a União ao pagamento do referido benefício. Assinalou-se que questões referentes a regime de aposentação da impetrante, bem como a responsabilidade do INSS pelo pagamento, deveriam ter sido arguidas durante a discussão judicial e, eventualmente, após o trânsito em julgado, pela via da ação rescisória. Entretanto, descaberia aventá-las no momento da análise da legalidade da pensão, perante o TCU. Essa Corte de Contas não poderia, mesmo que indiretamente, alterar as partes alcançadas por decisão judicial já transitada em julgado. *MS 30312 AgR, Rel. Min. Dias Toffoli, 27.11.12. 1ª T. (Info 690)*

TCU: contraditório e ordem judicial

Denegado mandado de segurança impetrado por magistrada contra julgado do TCU que determinara a suspensão do pagamento de benefícios, bem assim a restituição dos valores indevidos. A juíza obtivera, via liminar, o direito à percepção de auxílio-alimentação, cujos efeitos perduraram durante anos, até o STJ assentar a ilegalidade do referido pagamento. Enfatizou-se que cassação ou revogação de ato administrativo benéfico deveria ser precedida de oitiva do interessado, em atenção aos princípios constitucionais do contraditório e da ampla defesa. No entanto, não existiria, no caso, ato administrativo concessivo do auxílio-alimentação, porque o direito à percepção dessa verba fora reconhecido, a título precário, pelo Poder Judiciário, observado o devido processo legal. Frisou-se que as medidas cautelares seriam destituídas de cunho definitivo (CPC, art. 273, § 4º), cuja responsabilidade pelos seus danos seria objetiva, conforme dispõem os artigos 273, § 3º, e 475-O, I, ambos do CPC. Reputou-se desnecessária, na espécie, a oitiva do administrado no procedimento administrativo voltado à cobrança de danos causados ao erário, haja vista que o devido processo legal fora observado no âmbito do próprio processo judicial. Afastou-se, ainda, a alegação de boa-fé da impetrante, porque teria ciência do caráter incerto do provimento jurisdicional, condicionado à confirmação do término do julgamento. Por fim, proclamou-se que, consoante jurisprudência, seria exaustiva a enumeração das vantagens remuneratórias previstas na Loman. *MS 29247, Rel. Min. Marco Aurélio, 20.11.20121ª T. (Info 689)*

TCU e decadência administrativa

O disposto no art. 54 da Lei 9.784/99 não se aplica à aposentadoria, porque esta reclama atos sequenciais. *MS 28604, Rel. Min. Marco Aurélio, 4.12.12. 1ª T. (Info 691)*

12. RESPONSABILIDADE CIVIL DO ESTADO

2016

Morte de detento e responsabilidade civil do Estado

RPG Em caso de inobservância do seu dever específico de proteção previsto no art. 5º, XLIX, da CF, o Estado é responsável pela morte de detento. *RE 841526/RS, repercussão geral – mérito, Rel. Min. Luiz Fux, 30.3.2016. Pleno. (Info 819)*

2015

Posse em cargo público por determinação judicial e dever de indenizar

RPG Na hipótese de posse em cargo público determinada por decisão judicial, o servidor não faz jus à indenização, sob fundamento de que deveria ter sido investido em momento anterior, salvo situação de arbitrariedade flagrante. *RE 724347/ DF, repercussão geral, Tema 671, Red. p/ ac. Min. Roberto Barroso, 26.2.15. Pleno. (Info 775)*

Responsabilidade civil do Estado e instituição de pensão especial para vítimas de crimes

Declarada a inconstitucionalidade da leis distritais que, ao instituírem pensão especial a ser concedida pelo Governo do Distrito Federal em benefício dos cônjuges de pessoas vítimas de determinados crimes hediondos – independentemente de o autor do crime ser ou não agente do Estado –, ampliariam, de modo desmesurado, a responsabilidade prevista no art. 37, § 6º, da CF. *ADI 1358/ DF, Rel. Min. Gilmar Mendes, 4.2.15. Pleno. (Info 773)*

13. SERVIÇOS PÚBLICOS

13.1. Disposições Gerais

2014

ADI e extinção de contratos de serviços públicos

A teor do disposto no art. 22, XXVII, da CF, compete à União a regulação de normas gerais sobre licitação e contratação públicas, abrangidas a rescisão de contrato administrativo e a indenização cabível. Implica ofensa aos princípios ligados à concessão, ao ajuste administrativo, a projeção, no tempo, de pagamento de indenização considerado o rompimento de contrato administrativo, ante a organização, pelo próprio Município, de serviços de água e esgoto. *ADI 1746/SP, Rel. Min. Marco Aurélio, 18.9.14. Pleno. (Info 759)*

Telecomunicações: Lei 9.295/96. 9

É dispensável a autorização legislativa para a criação de empresas subsidiárias, desde que haja previsão para esse fim na lei de instituição da empresa pública, sociedade de economia mista ou fundação matriz, tendo em vista que a lei criadora é também a medida autorizadora. O Serviço de Valor Adicionado (SVA), previsto no art. 10 da Lei 9.295/96, não se identifica, em termos ontológicos, com o serviço de telecomunicações. O SVA é, na verdade, mera adição de valor a serviço de telecomunicações já existente, uma vez que a disposição legislativa ora sob exame propicia a possibilidade de competitividade e, assim, a prestação de melhores serviços à coletividade. *ADI 1491 MC/DF, Rel. Min. Ricardo Lewandowski, 8.5.14. Pleno. (Info 745)*

13.2. Serviços Notariais e Registrais

2015

Alienação fiduciária de veículos e registro em cartório

RPG É desnecessário o registro do contrato de alienação fiduciária de veículos em cartório. *RE 611639/RJ, repercussão geral – mérito, Rel. Min. Marco Aurélio, 21.10.15. Pleno. (Info 804)*

CNJ: concurso público e Resolução 187/14

A Resolução 187/14 do CNJ, que disciplina a contagem de títulos em concursos públicos para outorga de serventias extrajudiciais, não se aplica a concursos já em andamento quando do início de sua vigência. *MS 33094/ES, Rel. Min. Marco Aurélio, 23.6.15. 1ª T. (Info 791)*

CNJ: provimento de serventias extrajudiciais e segurança jurídica

A Primeira Turma afirmou não ser lícito que alguém ocupasse determinado cargo por força de titularização inconstitucional (no caso, a permuta sem concurso público); sequer perdesse o direito ao cargo de origem, para o qual havia ingressado mediante concurso público. Assim, o ato do CNJ que culminou na anulação da permuta estava correto. O Colegiado determinou, entretanto, oficiar à Corte local. Assim, a situação seria equacionada, vedada a manutenção do impetrante no cargo fruto da permuta em desacordo com a Constituição. *MS 29415/DF, Rel. p/ ac. Min. Luiz Fux, j. 27.9.2016. 1ª T. (Info 841)*

Serventia judicial e vaga ofertada em litígio

As serventias vagas, embora "sub judice", devem ser incluídas no edital de concurso para ingresso/ remoção referente à atividade notarial e de registro, em conjunto com a informação de que ela se encontra sob o crivo judicial. O princípio da razoabilidade recomenda que não se dê provimento a serventia cuja vacância esteja sendo contestada judicialmente, antes do trânsito em julgado da respectiva decisão. Consectariamente, a entrega da serventia ao aprovado no certame depende do encerramento da lide com o trânsito em julgado das decisões de todos os processos alusivos à referida serventia. *MS 31228/DF, Rel. Min. Luiz Fux, 4.8.15. 1ª T. (Info 793)*

2014

Serventia extrajudicial: oitiva de titular efetivado e declaração de nulidade

A "mens legislatoris" dos arts. 14, 15 e 39, § 2º, da Lei 8.935/94 aponta que a autoridade competente para proceder à declaração de vacância é a autoridade judicial, mais especificamente o Presidente do TJ da respectiva unidade da Federação. Isso porque, ante a ausência de menção expressa e tendo o legislador ordinário federal condicionado a delegação para os exercícios das atividades notariais à prévia aprovação em concurso público de provas e títulos realizado pelo Poder Judiciário (arts. 14 e 15), é de se supor que a declaração de vacância dessa serventia incumbe ao próprio Poder Judiciário. // A inteligência do art. 22, XXV, da CF, que atribui à União competência privativa para legislar sobre registros públicos, indica, inexoravelmente, que a competência para regular e disciplinar a autoridade competente para declarar a situação de vacância das serventias extrajudiciais recai sobre a União. // Consectariamente, ao expedir a Lei dos Cartórios, a União exerceu sua competência para conferir ao Chefe do Poder Judiciário o poder para declarar vaga a serventia. Tal conclusão impõe o afastamento específico do que dispõe a LC estadual, pois a previsão de competência adstrita ao Chefe do Executivo usurpa as determinações constitucionais inerentes. // A investidura para o exercício dos serviços notariais e de registro, após o advento da CF/88, depende de prévia habilitação em concurso público (art. 37, II). // Comprovado que o ato de habilitação ocorreu em desacordo com o imperativo constitucional, não se há de cogitar da instauração de processo administrativo àqueles que se encontrem em tal situação, sendo, ademais, irrelevante o lapso temporal em que exercidas as atividades. *RE 336739/SC, Red. p/ ac. Min. Luiz Fux, 6.5.14. 1ª T. (Info 745)*

2012

Reorganização de serviços notariais e de registro

Serventias. Serviços notariais e de registro. Desmembramento, desdobramento, extinção, acumulação, desacumulação, anexação, desanexação, modificação de áreas territoriais. Reserva legal. Inobservância. Alterações das serventias, presentes os citados fenômenos, pressupõem lei em sentido formal e material, não cabendo a disciplina mediante resolução de tribunal de justiça. *ADI 4657 MC, Rel. Min. Marco Aurélio, 29.2.12. Pleno. (Info 656)*

2. DIREITO CONSTITUCIONAL

1. DOS PRINCÍPIOS FUNDAMENTAIS

2015

ADI e submissão de membros da Administração Pública ao Poder Legislativo

Declarada a inconstitucionalidade de normas de constituição estadual que (a) dispõem sobre o afastamento e nulidade dos atos praticados por pessoas indicadas para certos cargos da alta Administração direta e indireta, caso seus nomes não sejam submetidos à Assembleia Legislativa estadual, e (b) obrigam os titulares da Universidade Estadual de Roraima, da Companhia de Água e Esgoto, além de outros membros da Administração Pública a comparecer anualmente ao Poder Legislativo para prestar contas, sob pena de serem sumariamente destituídos do cargo. Por tratarem de regime jurídico de servidores públicos sem observância da iniciativa privativa do Chefe do Executivo, ofenderiam a Constituição, em seu art. 61, § 1º, c, mesmo porque os preceitos não adviriam da redação originária do texto estadual, mas sim de emendas à Constituição local, que deveriam observar as regras de iniciativa privativa. *ADI 4284/RR, Rel. Min. Ricardo Lewandowski, 9.4.15. Pleno. (Info 780)*

2014

ADI e autonomia entre Poderes

Inconstitucionalidade na criação de controle externo do poder judiciário e organização judiciária estadual. O poder constituinte estadual não pode alterar iniciativa legislativa prevista na CF. É inconstitucional disposição que atribui iniciativa do Governador para lei de organização judiciária. *ADI 197/SE, Rel. Min. Gilmar Mendes, 3.4.14. Pleno. (Info 741)*

Nomeação de dirigentes: aprovação legislativa e fornecimento de informações protegidas por sigilo fiscal

1. É constitucional a previsão de participação do Poder Legislativo na nomeação de dirigentes de autarquias ou fundações públicas, por simetria do art. 52, III, f, CF, que submete ao crivo do Senado Federal a aprovação prévia dos indicados para ocupar determinados cargos definidos por lei. 2. Situação diversa, entretanto, ocorre em relação à intervenção parlamentar no processo de provimento das cargos de direção das empresas públicas e das sociedades de economia mista da administração indireta dos estados, por serem pessoas jurídicas de direito privado, que, nos termos do art. 173, § 1º, da CF, estão sujeitas ao regime jurídico próprio das empresas privadas, o que obsta a exigência de manifestação prévia do Poder Legislativo estadual. 3. Extrapolam o sistema de freios e contrapesos normas que, além de determinarem o fornecimento de informações protegidas por sigilo fiscal como condição para a aprovação prévia pelo Poder Legislativo dos titulares de determinados cargos, criam mecanismo de fiscalização permanente pela Assembleia Legislativa para após a exoneração dos ocupantes dos referidos cargos. Esses dispositivos instituíram modalidade de controle direto pela Assembleia Legislativa – sem o auxílio do TCE – o que viola o princípio da separação dos Poderes (art. 2º, CF). 4. No âmbito do Poder Legislativo, apenas as CPIs, nos termos do art. 58, § 3º, da CF, pode determinar a apresentação de declaração de bens ou informações sob sigilo fiscal. *ADI 2225/SC, Rel. Min. Dias Toffoli, 21.8.14. Pleno. (Info 755)*

2. DOS DIREITOS E GARANTIAS FUNDAMENTAIS

2.1. Dos Direitos e Deveres Individuais e Coletivos

2016

Prisão civil e pensão alimentícia

A Constituição apenas permite prisão por dívida decorrente de pensão alimentícia quando a não prestação é voluntária e inescusável. *HC 131554/SP, Rel. Min. Cármen Lúcia, 15.12.2015. 2ª T. (Info 812)*

Reclamação e uso de algemas por ordem de autoridade policial

A apresentação do custodiado algemado à imprensa pelas autoridades policiais não afronta o Enunciado 11 da Súmula Vinculante. *Rcl 7116/PE, Rel. Min. Marco Aurélio, 24.5.2016. 1ª T. (Info 827)*

2015

Enunciado 25 da Súmula Vinculante do STF

Rejeitou-se proposta de revisão da Súmula Vinculante. Para admitir-se a revisão ou o cancelamento de súmula vinculante, seria necessário demonstrar: a) a evidente superação da jurisprudência do STF no trato da matéria; b) a alteração legislativa quanto ao tema; ou, ainda, c) a modificação substantiva de contexto político, econômico ou social. A proponente, porém, não teria evidenciado, de modo convincente, nenhum dos aludidos pressupostos de admissão. *PSV 54/DF, 24.9.15. Pleno. (Info 800)*

Biografias: autorização prévia e liberdade de expressão

É inexigível o consentimento de pessoa biografada relativamente a obras biográficas literárias ou audiovisuais, sendo por igual desnecessária a autorização de pessoas retratadas como coadjuvantes ou de familiares, em caso de pessoas falecidas ou ausentes. *ADI 4815/DF, Rel. Min. Cármen Lúcia, 10.6.15. Pleno. (Info 789)*

Sistema carcerário: estado de coisas inconstitucional e violação a direito fundamental

O Plenário concluiu o julgamento de medida cautelar em ADPF em que discutida a configuração do chamado "estado de coisas inconstitucional" relativamente ao sistema penitenciário brasileiro. Nessa mesma ação também se debate a adoção de providências estruturais com objetivo de sanar as lesões a preceitos fundamentais sofridas pelos presos em decorrência de ações e omissões dos poderes públicos. Deferiu-se medida cautelar para (i) que, observados os artigos 9.3 do Pacto dos Direitos Civis e Políticos e 7.5 da Convenção Interamericana de Direitos Humanos, realizassem, em até 90 dias, audiências de custódia, viabilizando o comparecimento do preso perante a autoridade judiciária no prazo máximo de 24 horas, contadas do momento da prisão e (ii) que a União que liberasse as verbas do Fundo Penitenciário Nacional – Funpen, abstendo-se de realizar novos contingenciamentos. *ADPF 347 MC/DF, Rel. Min. Marco Aurélio, 9.9.15. Pleno. (Info 798)*

2014

ADI: liberdade de expressão e dignidade da pessoa humana

A Lei Geral da Copa não viola a liberdade de expressão. Juízo de ponderação do legislador para limitar manifestações que tenderiam a gerar maiores conflitos e atentar contra a segurança dos participantes de evento de grande porte. *ADI 5136/DF, Rel. Min. Gilmar Mendes, 1º.7.14. Pleno. (Info 752)*

Associações: legitimidade processual e autorização expressa

RPG A autorização estatutária genérica conferida a associação não é suficiente para legitimar a sua atuação em juízo na defesa de direitos de seus filiados, sendo indispensável que a declaração expressa exigida no inc. XXI do art. 5º da CF ("as entidades associativas, quando expressamente autorizadas, têm legitimidade para representar seus filiados judicial ou extrajudicialmente") seja manifestada por ato individual do associado ou por assembleia geral da entidade. Por conseguinte, somente os associados que apresentaram, na data da propositura da ação de conhecimento, autorizações individuais expressas à associação, podem executar título judicial proferido em ação coletiva. *RE 573232/SC, repercussão geral – mérito, Red. p/ ac. Min. Marco Aurélio, 14.5.14. Pleno. (Info 746)*

2012

ADPF e interrupção de gravidez de feto anencéfalo

O Plenário julgou procedente pedido formulado em arguição de descumprimento de preceito fundamental ajuizada, pela Confederação Nacional dos Trabalhadores na Saúde – CNTS, a fim de declarar a inconstitucionalidade da interpretação segundo a qual a interrupção da gravidez de feto anencéfalo seria conduta tipificada nos arts. 124, 126 e 128, I e II, do CP. *ADPF 54, Rel. Min. Marco Aurélio, 12.4.12. Pleno. (Info 661)*

2.2. Dos Direitos Sociais

2016

Licença-maternidade e discriminação entre gestação e adoção

RPG Os prazos da licença-adotante não podem ser inferiores aos prazos da licença-gestante, o mesmo valendo para as respectivas prorrogações. Em relação à licença-adotante, não é possível fixar prazos diversos em função da idade da criança adotada. *RE 778889/PE, repercussão geral – mérito, Rel. Min. Roberto Barroso, 10.3.2016. Pleno. (Info 817)*

2015

Vinculação a salário mínimo e criação de órgão

Norma estadual que prevê o pagamento de metade do valor de um salário mínimo às famílias que se encontrem em situação de pobreza e extrema pobreza, consoante critérios de enquadramento nela definidos. As alusões ao salário mínimo deveriam ser entendidas como a revelarem o valor vigente na data da publicação da lei questionada, vedada qualquer vinculação futura por força do inciso IV do art. 7º da CF. A referência ao salário mínimo contida na norma de regência do benefício haveria de ser considerada como a fixar, na data da edição da lei, certo valor. A partir desse montante referencial, passaria a ser corrigido segundo fator diverso do mencionado salário. *ADI 4726 MC/AP, Rel. Min. Marco Aurélio, 11.2.15. Pleno. (Info 774)*

2.3. Da Nacionalidade

2016

MS e perda de nacionalidade brasileira

Denegado mandado de segurança que questionava ato do Ministro da Justiça que declarou a perda da nacionalidade brasileira da impetrante (CF, art. 12, § 4º, II), por ter adquirido outra nacionalidade (Lei 818/49, art. 23). A impetrante, brasileira nata, obteve a nacionalidade norte-americana de forma livre e espontânea e, posteriormente, foi acusada, nos EUA, de homicídio contra o marido, nacional daquele país. O governo norte-americano a indiciou e requereu às autoridades brasileiras sua prisão para fins de extradição. O ato de cassação da nacionalidade brasileira é legítimo, pois a impetrante perdeu a nacionalidade brasileira ao adquirir situação que não se enquadra em qualquer das duas exceções constitucionalmente previstas: (i) mero reconhecimento de outra nacionalidade originária, considerada a natureza declaratória desse reconhecimento (art. 12, § 4º, II, "a"); e (ii) outra nacionalidade imposta pelo estado estrangeiro como condição de permanência em seu território ou para o exercício de direitos civis (art. 12, § 4º, II, "b"). *MS 33864/DF, Rel. Min. Roberto Barroso, 19.4.2016. 1ª T. (Info 822)*

3. DA ORGANIZAÇÃO DO ESTADO

3.1. Da União

2016

ADI e normas para a venda de títulos de capitalização

O Plenário, em conclusão, julgou procedente pedido formulado em ação direta para declarar a inconstitucionalidade da Lei 14.507/2002 do Estado de Minas Gerais. A lei impugnada estabelece normas para a venda de títulos de capitalização e similares na referida unidade federativa. O Colegiado asseverou que a regra contida no § 3º do art. 24 da CF também abrange o "caput" do artigo. Em seguida, entendeu que o exercício da competência legislativa concorrente pelos Estados – presente ou não norma geral editada pela União – pressupõe o atendimento de situações peculiares do ente, circunstância não verificada no caso. Observou haver lei federal sobre a matéria (Código de Defesa do Consumidor). Ademais, ressaltou que a lei impugnada dispõe, na sua inteireza, sobre sistema de capitalização, o que compete privativamente à União, que também já editou normas sobre defesa do consumidor e publicidade nessa matéria. A norma em debate estabelece, indevidamente, vedação a uma venda casada, o que a legislação federal autoriza. *ADI 2905/MG, red. p/ o ac. Min. Marco Aurélio, j. 16.11.2016. Pleno. (Info 847)*

Competência da União em telefonia

Compete à União explorar os serviços de telecomunicações, bem como legislar privativamente sobre essa matéria (CF, artigos 21, XI e 22, IV). *ADI 3959/SP, Rel. Min. Roberto Barroso, 20.4.2016. Pleno. (Info 822)*

Cobrança de estacionamento de veículos: competência e livre iniciativa

É inconstitucional, por violar a competência privativa da União (CF, art. 22, I), lei estadual que regulamenta cobrança de estacionamento de veículos. A disciplina acerca da exploração econômica de estacionamentos privados refere-se a direito civil. *ADI 4862/PR, Rel. Min. Gilmar Mendes, 18.8.2016. Pleno. (Info 835)*

Lei estadual e bloqueadores de sinal de celular

Lei estadual que disponha sobre bloqueadores de sinal de celular em presídio invade a competência da União para legislar sobre telecomunicações. *ADI 3835/MS, Rel. Min. Marco Aurélio, 3.8.2016. Pleno. (Info 833)*

2015

ADI: extinção de cargo de escrivão judiciário e competência dos Estados-Membros

Os Tribunais de Justiça possuem competência para propor a criação e a extinção de cargos (CF, art. 96, II, b). A extinção do cargo de Escrivão Judiciário não configura incursão indevida na esfera de competência da União para legislar sobre Direito Processual, mormente por tratar-se de vínculo administrativo-funcional, inserido na autoadministração dos Estados-membros. A exigência de que a lei estabeleça critérios e garantias especiais para a perda do cargo pelo servidor público estável que desenvolva atividades exclusivas de Estado (CF, art. 247), somente se aplica à vacância de cargo público e apenas nas estritas hipóteses do art. 41, § 1º, III, e do art. 169, § 7º, da Lei Maior, não constituindo, portanto, qualquer óbice à extinção de cargo público por lei. *ADI 3711/ES, Rel. Min. Luiz Fux, 5.8.15. Pleno. (Info 793)*

Energia elétrica e competência para legislar

As competências para legislar sobre energia elétrica e para definir os termos da exploração do serviço de seu fornecimento, inclusive sob regime de concessão, cabem privativamente à União (CF, artigos 21, XII, b; 22, IV e 175). *ADI 4925/SP, Rel. Min. Teori Zavascki, 12.2.15. Pleno. (Info 774)*

Lei orgânica da polícia civil e modelo federal

O Colegiado entendeu que, na espécie, se trataria de matéria para a qual a Constituição prevê a competência legislativa concorrente (CF, art. 24, XVI), salientando ser demasia recusar à Constituição estadual a faculdade para eleger determinados temas como exigentes de uma aprovação legislativa mais qualificada. *ADI 2314/RJ, Red. p/ ac. Min. Marco Aurélio, 17.6.15. Pleno. (Info 790)*

Lei trabalhista: discriminação de gênero e competência legislativa

É inconstitucional lei estadual que trata de punições a empresas privadas e a agentes públicos que exijam a realização de teste de gravidez e a apresentação de atestado de laqueadura para admissão de mulheres ao trabalho. Existe lei federal sobre o tema (Lei 9.029/95). Inexiste omissão legislativa da União, não cabendo flexibilizar a rigidez constitucional quanto à competência para o tratamento legal do tema. *ADI 3165/SP, Rel. Min. Dias Toffoli, 11.11.15. Pleno. (Info 807)*

Norma processual e competência legislativa da União

A previsão em lei estadual de depósito prévio para interposição de recursos nos juizados especiais cíveis viola a competência legislativa privativa da União para tratar de direito processual (CF, art. 22, I). *ADI 2699/PE, Rel. Min. Celso de Mello, 20.5.15. Pleno. (Info 786)*

Telecomunicações: competência legislativa

É inconstitucional norma estadual que fixa as condições de cobrança dos valores da assinatura básica residencial dos serviços de telefonia fixa, por ofensa aos artigos 21, XI; e 22, IV, da CF, tendo em vista que a competência para legislar sobre telecomunicações seria privativa da União. *ADI 2615/SC, Red. p/ ac. Min. Gilmar Mendes, 11.3.15. Pleno. (Info 777)*

2014

ADI e competência legislativa

Normas estaduais (legais e constitucionais) que dispõem, respectivamente, sobre populações indígenas e instituição do Conselho Estadual Indigenista, com a imposição de atribuições ao MP estadual violam a competência privativa da União para legislar sobre a matéria, bem como a missão institucional do MPF para a defesa dos direitos e interesses dessas populações. *ADI 1499/PA, Rel. Min. Gilmar Mendes, 17.9.14. Pleno. (Info 759)*

ADI e competência legislativa

Ao disciplinar tema compreendido na noção conceitual de trânsito – não se confundindo com aquilo que o art. 23, XII, da CF denominou de "política de educação para segurança no trânsito", a Assembleia Legislativa estadual afrontou o art. 22, XI, da CF. A atividade de inspeção das condições de segurança veicular somente poderá ser exercida pelos órgãos e entidades executivos de trânsito dos Estados e do Distrito Federal quando assim autorizados

2. DIREITO CONSTITUCIONAL

por delegação do órgão federal competente (art. 22, III, CTB). Ao atribuir ao Detran estadual competência para realizar referidas inspeções, além de possibilitar a transferência da execução das inspeções a Municípios, consórcios de Municípios e concessionárias, a Lei estadual também usurpou a titularidade da União para prestação desses serviços, ainda que por delegação. *ADI 1972/RS, Rel. Min. Teori Zavascki, 18.9.14. Pleno. (Info 759)*

ADI e competência para criação de juizado especial

Não obstante o art. 98, § 1º, da CF, a criação dos juizados especiais no âmbito dos estados-membros depende de normas processuais para seu funcionamento, e é privativa da União a competência para legislar sobre direito processual (CF, art. 22, I). *ADI 1807/MT, Rel. Min. Dias Toffoli, 30.10.14. Pleno. (Info 765)*

ADI e venda de produtos de conveniência em farmácias e drogarias

Lei estadual que disciplina o comércio de artigos de conveniência em drogarias não viola a competência da União para legislar sobre normas gerais. *ADI 4948/RR, ADI 4953/MG, Rel. Min. Gilmar Mendes, 11.9.14. Pleno. (Info 758)*

ADI e venda de produtos de conveniência em farmácias e drogarias

Leis locais que admitem o comércio de artigos de conveniência em farmácias e drogarias nem usurpam a competência da União nem afrontam ao direito à saúde. A edição da lei não implicou usurpação da competência privativa da União para legislar sobre proteção e defesa da saúde, ou sobre produção e consumo (art. 24, inciso XII, § § 1º e 2º, CF/88). Primeiramente, porque os dispositivos do diploma em referência evidentemente não se enquadram na noção de normas gerais, as quais se caracterizam por definirem diretrizes e princípios amplos sobre dado tema. Ademais, a Lei impugnada não contraria ou transgride nenhuma norma geral federal relativamente ao tema de que trata. Também não viola o direito à saúde (art. 6º, caput, e 196, CF). Obstar a venda de produtos de conveniência em drogarias e farmácias seria, em última análise, impor restrição ao livre exercício da atividade comercial, a qual violaria o princípio da proporcionalidade. *ADI 4423/DF, 24.9.14. Rel. Min. Dias Toffoli. Pleno. (Info 760)*

ADI: lei estadual e regras para empresas de planos de saúde

Afronta a regra de competência privativa da União para legislar sobre direito civil e comercial, e sobre política de seguros (CF, art. 22, I e VII, respectivamente), a norma estadual que determina prazos máximos para a autorização de exames, que necessitem de análise prévia, a serem cumpridos por empresas de planos de saúde, de acordo com a faixa etária do usuário. *ADI 4701/PE, Rel. Min. Roberto Barroso, 13.8.14. Pleno. (Info 754)*

ADI: norma processual e competência legislativa da União

Norma estadual que cria requisito de admissibilidade, para a interposição de recurso inominado no âmbito dos juizados especiais, o depósito prévio de 100% do valor da condenação, por versar sobre admissibilidade recursal e, consequentemente, ter natureza processual, é formalmente inconstitucional por ofensa ao art. 22, I, da CF. *ADI 4161/AL, Rel. Min. Cármen Lúcia, 30.10.14. Pleno. (Info 765)*

ADI: prioridade em tramitação e competência processual

A fixação do regime de tramitação de feitos e das correspondentes prioridades é matéria eminentemente processual, de competência privativa da União (art. 22, I, CF), que não se confunde com matéria procedimental em matéria processual, essa, sim, de competência concorrente dos estados-membros. Ocorrência de vício formal de inconstitucionalidade de normas estaduais que exorbitem de sua competência concorrente para legislar sobre procedimento em matéria processual, adentrando aspectos típicos do processo, como competência, prazos, recursos, provas, entre outros. *ADI 3483/MA, Rel. Min. Dias Toffoli, 3.4.14. Pleno. (Info 741)*

ADPF: legislação municipal e regime de portos

Contraria preceito fundamental da Federação a lei municipal restritiva de operações comerciais em área portuária ante a competência da União para, privativamente, legislar sobre o regime dos portos e explorar, diretamente ou mediante autorização, concessão ou permissão, tais atividades. *ADPF 316 Referendo-MC/DF, Rel. Min. Marco Aurélio, 25.9.14. Pleno. (Info 760)*

Carteira de identidade: tipo sanguíneo e fator Rh

O art. 2º da Lei 9.049/95 autoriza aos órgãos estaduais responsáveis pela emissão da Carteira de

Identidade registrarem o tipo sanguíneo e o fator Rh, quando solicitados pelos interessados. A disciplina da atuação administrativa do órgão estadual responsável pela emissão da Carteira de Identidade veiculada na lei estadual observa fielmente a conformação legislativa do documento pessoal de identificação delineada pela União, inocorrente usurpação da sua competência privativa para legislar sobre registros públicos (art. 22, XXV, CF). Nada dispondo a lei estadual sobre direitos ou deveres de particulares, tampouco há falar em invasão da competência privativa da União para legislar sobre direito civil (art. 22, I, CF). *ADI 4007/SP, ADI 4343/SC, Rel. Min. Rosa Weber, 13.8.14. Pleno. (Info 754)*

Lei processual civil e competência legislativa

Não viola a competência privativa da União para legislar sobre direito civil e processual civil a lei estadual que disciplina a homologação judicial de acordo alimentar firmado com a intervenção da Defensoria Pública, não estabelecendo novo processo, mas a forma como este será executado é lei sobre procedimento em matéria processual. A prerrogativa de legislar sobre procedimentos possui o condão de transformar os Estados em verdadeiros "laboratórios legislativos". Ao conceder-se aos entes federados o poder de regular o procedimento de uma matéria, baseando-se em peculiaridades próprias, está a possibilitar-se que novas e exitosas experiências sejam formuladas. Os Estados passam a ser partícipes importantes no desenvolvimento do direito nacional e a atuar ativamente na construção de possíveis experiências que poderão ser adotadas por outros entes ou em todo território federal. A vertente extrajudicial da assistência jurídica prestada pela Defensoria Pública permite a orientação (informação em direito), a realização de mediações, conciliações e arbitragem (resolução alternativa de litígios), entre outros serviços, evitando, muitas vezes, a propositura de ações judiciais. *ADI 2922/RJ, Rel. Min. Gilmar Mendes, 3.4.14. Pleno. (Info 741)*

Polícia civil do DF: extensão de gratificação e legitimidade passiva da União

A União tem legitimidade para figurar como parte passiva em ação na qual integrante da Polícia Civil do Distrito Federal reivindica a extensão de gratificação recebida por policiais federais. Por conseguinte, compete à justiça federal processar e julgar o feito. *RE 275438/DF, Red. p/ ac. Min. Roberto Barroso, 27.5.14. 1ª T. (Info 748)*

Regulamentação de atividade profissional e competência legislativa

Normas estaduais que regulamentam a atividade de despachante perante os órgãos da Administração Pública estadual estabelecem requisitos para o exercício de atividade profissional, o que implica violação da competência legislativa da União, à qual cabe privativamente editar leis sobre direito do trabalho e sobre condições para o exercício profissional. *ADI 4387/SP, Rel. Min. Dias Toffoli, 4.9.14. Pleno. (Info 757)*

Telefonia fixa e proibição de assinatura mensal

Norma estadual que proíbe a cobrança de assinatura mensal pelas concessionárias de serviços de telecomunicações usurpa a competência privativa da União para legislar sobre telecomunicações (CF, art. 22, IV). *ADI 4369/SP, Rel. Min. Marco Aurélio, 15.10.14. Pleno. (Info 763)*

Venda de produtos de conveniência e prestação de serviços em farmácias e drogarias

Normas estaduais que dispõem sobre o comércio de artigos de conveniência e a prestação de serviços em farmácias e drogarias não usurpam a competência legislativa da União. *ADI 4950/RO, ADI 4957/PE, Rel. Min. Cármen Lúcia, 15.10.14. Pleno. (Info 763)*

2013

ADI: cancelamento de multas e competência

Inconstitucionalidade formal da lei estadual que dispõe sobre o cancelamento de multas de trânsito. 2. Competência privativa da União para legislar sobre trânsito e transporte, consoante disposto no art. 22, XI, da CF. 3. O cancelamento de toda e qualquer infração é anistia, não podendo ser confundido com o poder administrativo de anular penalidades irregularmente impostas, o qual pressupõe exame individualizado. Somente a própria União pode anistiar ou perdoar as multas aplicadas pelos órgãos responsáveis, restando patente a invasão da competência privativa da União no caso em questão. *ADI 2137/RJ, Rel. Min. Dias Toffoli, 11.4.13. Pleno. (Info 701)*

ADI e competência para parcelar multa de trânsito

É inconstitucional dispositivo de lei estadual que faculta o pagamento parcelado de multas decorrentes de infrações de trânsito, por invadir a competência privativa da União para legislar sobre a matéria (art. 22, XI, da CF). *ADI 4734/AL, Rel. Min. Rosa Weber, 16.5.13. Pleno. (Info 706)*

ADI: parcelamento de multas e competência

Ocorrência de vício formal de inconstitucionalidade de lei estadual que verse sobre parcelamento de multas de trânsito, por usurpação de competência legislativa privativa da União (art. 22, XI, CF). O Código Nacional de Trânsito (Lei 9.503/97) já definiu as infrações de trânsito e determinou as penalidades e as medidas administrativas a serem aplicadas em cada caso (art. 161), fixando as multas correspondentes. *ADI 3708/MT, Rel. Min. Dias Toffoli, 11.4.13. Pleno. (Info 701)*

ADI: segurança no trânsito e competência

Inconstitucionalidade formal da lei estadual que dispõe sobre a obrigatoriedade do uso de cinto de segurança e proíbe os menores de 10 anos de viajar nos bancos dianteiros dos veículos que menciona. Competência privativa da União para legislar sobre trânsito e transporte (CF, art. 22, XI). *ADI 2960/RS, Rel. Min. Dias Toffoli, 11.4.13. Pleno. (Info 701)*

ADI: uso de veículos apreendidos e competência

A lei estadual viola os arts. 5º, caput, XXV e XLV e 22, I, III e XI da CF, na medida em que estabelece hipótese de uso de veículo apreendido, ainda que em atividade de interesse público. *ADI 3639/RN, Rel. Min. Joaquim Barbosa, 23.5.13. Pleno. (Info 707)*

Destinação de armas de fogo apreendidas e competência

A técnica da remissão a lei federal, tomando-se de empréstimo preceitos nela contidos, pressupõe a possibilidade de o estado legislar, de modo originário, sobre a matéria. Cumpre à União disciplinar, de forma exclusiva, a destinação de armas de fogo apreendidas. *ADI 3193/SP, Rel. Min. Marco Aurélio, 9.5.13. Pleno. (Info 705)*

Sistema monetário e lei estadual

Prejudicada, por perda superveniente de objeto, ADPF em que discutida a competência para disciplinar a matéria referente à conversão de padrão monetário, tendo em vista a existência da Lei 8.880/94 e de lei estadual que foi declarada, "incidenter tantum", inconstitucional (RE 561836), por tratar de tema de competência exclusiva da União. *ADPF 174/RN, Rel. Min. Luiz Fux, 26.9.13. Pleno. (Info 721)*

Telecomunicações e competência legislativa

Os Estados não têm competência para disciplinar o afastamento do sigilo de dados mediante lei – relevância demonstrada e risco de manter-se com plena eficácia o ato normativo. *ADI 4739 MC/DF, Rel. Min. Marco Aurélio, 7.2.13. Pleno. (Info 694)*

Telecomunicações e competência legislativa

A competência para legislar sobre a disciplina e a prestação dos serviços públicos de telecomunicações é privativa da União, nos termos dos artigos 21, XI, 22, IV, e 175, parágrafo único, todos da CF. Medida cautelar deferida. *ADI 4907 MC/RS, Rel. Min. Ricardo Lewandowski, 7.2.13. Pleno. (Info 694)*

3.2. Dos Estados Federados

2016

Constituição estadual e modelo federal

O Tribunal julgou parcialmente procedente pedido formulado em ação direta ajuizada em face de dispositivos da Constituição do Estado do Sergipe que dispõem sobre as competências do Tribunal de Contas estadual e os critérios de recondução do Procurador-Geral de Justiça e de escolha do Superintendente da Polícia Civil. A Corte, por unanimidade: a) declarou a inconstitucionalidade do art. 47, V, e da expressão "decorrido o tempo previsto sem oferecimento do parecer, serão os autos remetidos no prazo de cinco dias às respectivas Câmaras Municipais", contida na parte final do inciso XII do art. 68, ambos da Constituição de Sergipe; b) deu interpretação conforme à Constituição da República à expressão "permitida a recondução", constante do § 1º do artigo 116, para ser entendida como "permitida uma recondução"; e c) deu interpretação ao § 1º do art. 127 da Constituição de Sergipe, conforme o art. 144, § 4º, da Constituição da República, para circunscrever a escolha do Superintendente da Polícia Civil, pelo Governador do Estado, a delegados ou delegadas de polícia da carreira, independentemente do estágio de sua progressão funcional. Entendeu que os referidos preceitos impugnados violam o modelo federal instituído pela Constituição da República, de observância compulsória pelos Estados-Membros, por força do art. 75. Considerou que o inciso V do art. 47, ao conferir competência privativa à Assembleia Legislativa para julgar as contas do Poder Legislativo, usurpou a atribuição típica do Tribunal de Contas para julgar as contas dos administradores e demais responsáveis por dinheiros, bens e valores públicos da administração direta e indireta, prevista no inciso II do art. 71 da Carta Magna. Relativamente à expressão contida na parte final do inciso XII do art. 68, que permite que as Câmaras Legislativas apreciem as contas anuais prestadas pelos prefeitos, independentemente do parecer do Tribunal de Contas do Estado, caso este não o ofereça em 180 dias a contar do respectivo recebimento, o Colegiado vislumbrou ofensa ao art. 31, § 2º, da Constituição Federal. Asseverou, no ponto, que o parecer prévio a ser emitido pela Corte de Contas seria imprescindível, só deixando de prevalecer por decisão de dois terços dos membros da Câmara Municipal. No que se refere ao § 1º do art. 116, ressaltou a jurisprudência do STF no sentido de que a permissão de recondução ao cargo do Procurador-Geral de Justiça, sem limite de mandatos, seria contrária ao disposto no art. 128, § 3º, da Constituição Federal, que autoriza uma única recondução. Por fim, o Plenário concluiu que ao § 1º do art. 127 não cumpria circunscrever o exercício da Superintendência da Polícia Civil aos delegados ou delegadas em final de carreira, mas, apenas, àqueles da carreira independentemente de sua progressão, tendo em conta o disposto no art. 144, § 4º, da Constituição Federal. *ADI 3077/SE, rel. Min. Cármen Lúcia, j. 16.11.2016. Pleno. (Info 847)*

2015

Competência concorrente para legislar sobre educação

Lei editada por Estado-membro, que disponha sobre número máximo de alunos em sala de aula na educação infantil, fundamental e média, não usurpa a competência da União para legislar sobre normas gerais de educação (CF, art. 24, IX, e § 3º). *ADI 4060/SC, Rel. Min. Luiz Fux, 25.2.15. Pleno. (Info 775)*

Constituição estadual e separação de poderes

As regras constitucionais do processo legislativo incorporam noções elementares do modelo de separação dos poderes, de observância inafastável no âmbito local (CF, art. 25). Às regras de iniciativa reservada, por demarcarem as competências privativas, correspondem não apenas um encargo positivo, mas também uma eficácia negativa, que impede abordar temas de iniciativa de outras autoridades públicas. Contudo, isso não significa uma completa interdição na disciplina das regras gerais de funcionamento da Administração local (ater-se à estrita reprodução do texto federal). Somente as normas de cunho substantivo devem ser necessariamente adotadas pelo Constituinte local. Assim, desde que: a) as linhas básicas que regem a relação entre os poderes federados (no que se incluem as regras de reserva de iniciativa) sejam respeitadas; e b) o parlamento local não suprima do governador a possibilidade de exercício de uma opção política legítima dentre aquelas contidas na sua faixa de competências típicas, a Constituição estadual pode dispor de modo singular a respeito do funcionamento da Administração, sobretudo quando essa disciplina peculiar traduz a concretização de princípios também contemplados no texto federal. *ADI 232/RJ, Rel. Min. Teori Zavascki, 5.8.15. Pleno. (Info 793)*

2014

ADI: auto-organização de Estado-membro e separação de Poderes

São formalmente inconstitucionais artigos de ADCT estadual, por ofensa às regras de competência legislativa privativa da União (art. 22, VII e XX, CF): criação de loterias e implantação do seguro rural no Estado. Embora ausente conteúdo normativo obrigacional ou estruturador, o simples comando de produção legislativa abre margem para que o Estado edite diplomas sobre matérias que não lhe são afetas, como decorre da repartição de competências estabelecida na CF. // É inconstitucional qualquer tentativa do Poder Legislativo de definir previamente conteúdos ou estabelecer prazos para que o Poder Executivo, em relação às matérias afetas a sua iniciativa, apresente proposições legislativas, mesmo em sede da Constituição estadual, porquanto ofende, na seara administrativa, a garantia de gestão superior dada ao Chefe daquele poder. Os dispositivos do ADCT da Constituição gaúcha, ora questionados, exorbitam da autorização constitucional de auto-organização, interferindo indevidamente na necessária independência e na harmonia entre os Poderes, criando, globalmente, na forma nominada pelo autor, verdadeiro plano de governo, tolhendo o campo de discricionariedade e as prerrogativas próprias do chefe do Poder Executivo, em ofensa aos arts. 2º e 84, II, da Carta Magna. *ADI 179/RS, Rel. Min. Dias Toffoli, 19.2.14. Pleno. (Info 736)*

2. DIREITO CONSTITUCIONAL — STF

ADI e competência estadual

Disposição em constituição estadual sobre fixação de data para o pagamento dos vencimentos dos servidores públicos estaduais e municipais, da administração direta, indireta, autárquica, fundacional, de empresa pública e de sociedade de economia mista, corrigindo-se monetariamente os seus valores se pagos em atraso, viola os arts. 34, VII, c, e 22, I, da CF. São inconstitucionais as expressões "municipais" e "de empresa pública e de sociedade de economia mista", constantes do § 5º, art. 28, da Constituição do Estado do Rio Grande do Norte. *ADI 144/RN, Rel. Min. Gilmar Mendes, 19.2.14. Pleno. (Info 736)*

ADI: regras atinentes à perda de mandato estadual

É inconstitucional a expressão "nos crimes apenados com reclusão, atentatórios ao decoro parlamentar", contida no art. 16, VI, da Constituição do Estado de São Paulo. Contraria a CF jungir a atuação da Assembleia Legislativa, quanto à perda de mandato de deputado estadual, no caso de condenação criminal, aos crimes apenados com reclusão e atentatórios ao decoro parlamentar. Os princípios do § 1º do art. 27 da CF devem ser observados. A limitação da Constituição paulista conflitaria com o que a CF dispõe relativamente a deputados federais. *ADI 3200/SP, Rel. Min. Marco Aurélio, 22.5.14. Pleno. (Info 747)*

Conflito federativo e limites territoriais

Demarcação das divisas entre os estado: BA, GO, PI e TO. //Processo de mediação conduzido nos autos que acarretou a celebração de acordos entre os estados da BA e TO e com MG e demais partes desta ação. //Conflito subsistente em relação ao parâmetro a ser adotado para a demarcação das divisas entre BA e GO e entre PI e TO. //A perícia realizada pelo Exército Brasileiro, e requerida pelas próprias partes do processo, demonstrou maior precisão técnica e um melhor resultado. Ademais, o abandono do longo, complexo e detalhado laudo realizado pelo Exército após sua juntada aos autos é medida, deveras, ineficiente e configura comportamento contraditório abominado pelo instituto do "venire contra factum proprium", que tem alicerce em nosso ordenamento jurídico no princípio da segurança jurídica. //O estado de incerteza quanto à demarcação das áreas em litígio precede à promulgação da CF/88, o que permite, em conjunto com a reversibilidade da situação fática, o afastamento do critério estabelecido pela Carta do IBGE. //Voto pela parcial procedência da ação, a fim de determinar a utilização do laudo do Exército Brasileiro como parâmetro para a demarcação da área ainda "sub judice" nas divisas entre BA, GO, PI e TO. //Ficam preservados os títulos de posse e de propriedade anteriormente definidos, e eventuais disputas de posse e de propriedade relativas às áreas delimitadas não serão decididas originariamente por esta Corte. As ações judiciais referentes às áreas abrangidas por estas ações ainda não sentenciadas deverão ser redistribuídas ao juízo competente. *ACO 347/BA, ACO 652/PI, Rel. Min. Luiz Fux, 8.10.14. Pleno. (Info 762)*

Venda de produtos de conveniência e prestação de serviços em farmácias e drogarias

Lei estadual que autoriza "as farmácias e as drogarias a comercializar mercadorias de caráter não farmacêutico, bem como a prestar serviços de menos complexidade, considerados úteis à população", não regulamenta a comercialização privativa de drogas, medicamentos, insumos farmacêuticos e correlatos por farmácias e drogarias, tema regulado, em bases gerais, pela Lei 5.991/73. Assim, não usurpa a competência da União, e reforça a atuação legítima da iniciativa legislativa estadual no campo suplementar. *ADI 4952 AgR/PB, Rel. Min. Luiz Fux, 29.10.14. Pleno. Pleno. (Info 765)*

2013

ADI: uso de veículos apreendidos e competência

Revestem-se de constitucionalidade leis estaduais que autorizam a utilização, pela Polícia Militar ou pela Polícia Civil estadual, de veículos apreendidos e não identificados quanto à procedência e à propriedade, exclusivamente no trabalho de repressão penal. *ADI 3327/ES, Red. p/ ac. Min. Cármen Lúcia, 8.8.13. Pleno. (Info 714)*

Comercialização de produtos em recipientes reutilizáveis e competência

Lei estadual que disciplina a comercialização de produtos por meio de vasilhames, recipientes ou embalagens reutilizáveis. 1. O ato normativo se insere no âmbito de proteção do consumidor, de competência legislativa concorrente da União e dos estados (art. 24, V e VIII, CF/88). 2. As normas em questão não disciplinam matéria atinente ao direito de marcas e patentes ou à propriedade intelectual, limitando-se a normatizar acerca da proteção dos consumidores no tocante ao uso de recipientes, vasilhames ou embalagens reutilizáveis. 3. Ao tempo em que dispõe sobre a competência legislativa concorrente da União e dos estados-membros, prevê o art. 24 da Carta de 1988, em seus parágrafos, duas situações em que compete ao estado-membro legislar: (a) quando a União não o faz e, assim, o ente federado, ao regulamentar uma das matérias do art. 24, não encontra limites na norma federal geral – que é o caso ora em análise; e (b) quando a União edita norma geral sobre o tema, a ser observada em todo território nacional, cabendo ao estado a respectiva suplementação, a fim de adequar as prescrições às suas particularidades locais. 4. Não havendo norma geral da União regulando a matéria, os estados-membros estão autorizados a legislar supletivamente no caso. *ADI 2818/RJ, Rel. Min. Dias Toffoli, 9.5.13. Pleno. (Info 705)*

Estado-membro: criação de região metropolitana
ADI. Instituição de região metropolitana e competência para saneamento básico. A função pública do saneamento básico frequentemente extrapola o interesse local e passa a ter natureza de interesse comum no caso de instituição de regiões metropolitanas, aglomerações urbanas e microrregiões, nos termos do art. 25, § 3º, da CF. Para o adequado atendimento do interesse comum, a integração municipal do serviço de saneamento básico pode ocorrer tanto voluntariamente, por meio de gestão associada, empregando convênios de cooperação ou consórcios públicos, consoante o arts. 3º, II, e 24 da Lei 11.445/07 e o art. 241 da CF, como compulsoriamente, nos termos em que prevista na lei complementar estadual que institui as aglomerações urbanas. A instituição de regiões metropolitanas, aglomerações urbanas ou microrregiões pode vincular a participação de municípios limítrofes, com o objetivo de executar e planejar a função pública do saneamento básico, seja para atender adequadamente às exigências de higiene e saúde pública, seja para dar viabilidade econômica e técnica aos municípios menos favorecidos. Este caráter compulsório da integração metropolitana não esvazia a autonomia municipal. É inconstitucional a transferência ao estado-membro do poder concedente de funções e serviços públicos de interesse comum. O estabelecimento de região metropolitana não significa simples transferência de competências para o estado. O parâmetro para aferição da constitucionalidade reside no respeito à divisão de responsabilidades entre municípios e estado. É necessário evitar que o poder decisório e o poder concedente se concentrem nas mãos de um único ente para preservação do autogoverno e da autoadministração dos municípios. Reconhecimento do poder concedente e da titularidade do serviço ao colegiado formado pelos municípios e pelo estado federado. A participação dos entes nesse colegiado não necessita de ser paritária, desde que apta a prevenir a concentração do poder decisório no âmbito de um único ente. A participação de cada Município e do Estado deve ser estipulada em cada região metropolitana de acordo com suas particularidades, sem que se permita que um ente tenha predomínio absoluto. *ADI 1842/RJ, Red. p/ ac. Min. Gilmar Mendes, 28.2.13. Pleno. (Info 696)*

3.3. Dos Municípios

2016

Administração municipal e publicidade de bebidas alcoólicas ou de cigarros
Para o Colegiado, a Lei 12.643/98 não invadiu a esfera de atribuição própria do Poder Executivo. A competência do prefeito para exercer a administração do patrimônio municipal não impede que o Poder Legislativo estabeleça, mediante lei, limitações à realização, em imóveis do Município, de eventos patrocinados por empresas ligadas ao comércio de cigarros e de bebidas alcoólicas. Além disso, consignou que a realização de eventos não se enquadra nas atividades de mera administração dos bens públicos, sendo legítima sua regulamentação por lei. A Turma decidiu, ainda, que não houve desrespeito ao art. 22, XXIX, da CF – que atribui à União a competência privativa para legislar sobre propaganda comercial. A lei municipal não limita a veiculação de propagandas comerciais por distribuidoras de cigarro e de bebidas alcoólicas, mas apenas proíbe a realização, em imóveis do Município, de eventos patrocinados por empresas envolvidas no comércio dessas substâncias. Concluiu, dessa forma, que a restrição imposta pela lei local recai sobre a Administração Pública municipal e não sobre as empresas comercializadoras de cigarros e bebidas alcoólicas, encontrando-se, por conseguinte, no âmbito de competência do Poder Legislativo local. *RE 305470/SP, Rel. p/ ac. Min. Teori Zavascki, 18.10.2016. 2ª T. (Info 844)*

2015

Imunidade parlamentar de vereador e exercício do mandato

RPG Nos limites da circunscrição do Município e havendo pertinência com o exercício do mandato, garante-se a imunidade prevista no art. 29, VIII, da CF aos vereadores. *RE 600063/SP, repercussão geral, Red. p/ ac. Min. Roberto Barroso, 25.2.15. Pleno. (Info 775)*

2014

ADI e criação de município

Viola a CF (art. 18, § 4º) lei estadual que dispõe sobre criação de município, a partir de desmembramento de área territorial de outro município, fixa os seus limites, bem como informa os distritos que integrarão a municipalidade criada. Houve autorização, pelo TSE, apenas para realização de consulta plebiscitária. Inexistência de Lei Complementar Federal. Impossibilidade de criação, fusão, incorporação ou desmembramento de novos municípios antes do advento dessa legislação. A EC 57/08 não socorre a lei impugnada, editada no ano de 2010. *ADI 4992/RO, Rel. Min. Gilmar Mendes, 11.9.14. Pleno. (Info 758)*

ADI: inclusão de município em região metropolitana e competência legislativa

Julgado improcedente pedido formulado em ADI ajuizada em face de lei estadual. Apontava-se a inobservância da iniciativa privativa do chefe do Poder Executivo, em suposta ofensa aos artigos 61, § 1º, e; 63, I; e 84, III e IV, da CF, além do descumprimento da disciplina prevista no art. 25, § 3º, das CF. A norma impugnada, de iniciativa parlamentar, determina a inclusão de município na região metropolitana de Porto Alegre. *ADI 2803/RS, Rel. Min. Dias Toffoli, 6.11.14. Pleno. (Info 766)*

2013

ADI e criação de município

É pacífica a jurisprudência da Corte quanto ao procedimento constitucionalmente previsto para a criação de municípios, não observado no caso. Até a presente data não foi editada a lei complementar a que alude o art. 18, § 4º, da CF, que estabelece a previsão da forma mediante a qual poderá haver a criação de novos municípios no Brasil. *ADI 4992 MC/RO, Rel. Min. Gilmar Mendes, 26.6.13. Pleno. (Info 712)*

Fornecimento de água e obrigatoriedade

Os Estados-membros não podem interferir na esfera das relações jurídico-contratuais estabelecidas entre o poder concedente local e a empresa concessionária, ainda que esta esteja sob o controle acionário daquele. Impossibilidade de alteração, por lei estadual, das condições que se acham formalmente estipuladas em contrato de concessão de distribuição de água. Ofensa aos arts. 30, I, e 175, parágrafo único, da CF. *ADI 2340/SC, Rel. Min. Ricardo Lewandowski, 6.3.13. Pleno. (Info 697)*

Serviços de água e saneamento básico

Por aparente ofensa ao princípio da autonomia dos municípios, suspende-se cautelarmente a eficácia de artigos da Constituição baiana que dizem competir ao Estado prestar diretamente serviços de saneamento básico. *ADI 2077 MC/BA, Red. p/ ac. Min. Joaquim Barbosa, 6.3.13. Pleno. (Info 697)*

2012

Subsídio de prefeito e vice-prefeito e critério de fixação

Os subsídios do prefeito e do vice-prefeito devem ser fixados, de forma clara e invariável, mediante lei de iniciativa da Câmara Municipal. Não cabe a tomada de empréstimo do que percebido, em termos de remuneração – gênero –, por integrante da Assembleia Legislativa. Inteligência do art. 29, V, da CF. *RE 434278, Rel. Min. Marco Aurélio, 12.6.12. 1ª T. (Info 670)*

3.4. Do Distrito Federal e dos Territórios

2014

ADI e participação de empregados em órgãos de gestão

É constitucional o art. 24 da Lei Orgânica do Distrito Federal ("A direção superior das empresas públicas, autarquias, fundações e sociedades de economia mista terá representantes dos servidores, escolhidos do quadro funcional, para exercer funções definidas, na forma da lei"). *ADI 1167/DF, Rel. Min. Dias Toffoli, 19.11.14. Pleno. (Info 768)*

3.5. Da Intervenção

2012

Intervenção federal no Estado do Rio Grande do Sul e precatórios

Não se justifica decreto de intervenção federal por não pagamento de precatório judicial, quando o fato não se deva a omissão voluntária e intencional do ente federado, mas a insuficiência temporária de recursos financeiros. *IF 5101, IF 5105, IF 5106, IF 5114, Rel. Min. Cezar Peluso, 28.3.12. Pleno. (Info 660)*

4. DA ORGANIZAÇÃO DOS PODERES

4.1. Do Poder Legislativo

4.1.1. Do Congresso Nacional

2016

Cassação de mandato parlamentar e autocontenção do Judiciário

O STF somente deve interferir em procedimentos legislativos para assegurar o cumprimento da Constituição, proteger direitos fundamentais e resguardar os pressupostos de funcionamento da democracia e das instituições republicanas. A suspensão do exercício do mandato do impetrante, por decisão do STF em sede cautelar penal, não gera direito à suspensão do processo de cassação do mandato, pois ninguém pode beneficiar-se da própria conduta reprovável. *MS 34.327/DF, Rel. min. Roberto Barroso, 8.9.2016. Pleno. (Info 838)*

Parlamentar e afastamento do cargo

Por reputar que a presença de parlamentar na função de Presidente da Câmara dos Deputados representa risco para as investigações penais no STF, referendou-se medida cautelar que decretou a suspensão do exercício do mandato de deputado federal e, em decorrência, da função de Presidente da Câmara. Determinou-se que fosse notificado o Primeiro-Vice-Presidente da Câmara dos Deputados, ou, na sua ausência, o Segundo-Vice-Presidente, a fim de dar cumprimento à decisão. Embora se tratar de providência inserida no rol das competências originárias do relator das ações penais (Lei 8.038/90, art. 2º, "caput" e parágrafo único), a decisão foi levada a referendo pela relevância institucional de suas consequências. De forma minuciosa o MPF descreveu fatos supostamente criminosos e praticados com desvio de finalidade, sob a atuação direta do parlamentar, que estaria a utilizar o cargo e a função de Presidente para fins ilícitos e, em especial, para obtenção de vantagens indevidas. A reforma positivada pela Lei 12.403/11 no CPP trouxe alterações quanto à decretação de medidas de cautela, entre as quais o estabelecimento da preferencialidade do uso de meios alternativos à prisão preventiva (art. 282, § 6º). Entretanto, o cabimento da medida suspensiva reclama inevitável leitura a respeito da existência de riscos que possam transcender a própria instância processual penal, sobretudo quando se tratar do exercício de funções públicas relevantes. Nestes casos, a decretação da medida serve a dois interesses públicos indivisíveis: a) a preservação da utilidade do processo (pela neutralização de uma posição de poder que possa tornar o trabalho de persecução mais acidentado); e b) a preservação da finalidade pública do cargo (pela eliminação da possibilidade de captura de suas competências em favor de conveniências particulares sob suspeita). *AC 4070/DF, Rel. Min. Teori Zavascki, 5.5.2016. Pleno. (Info 824)*

Parlamentar e imunidade

A imunidade parlamentar é uma proteção adicional ao direito fundamental de todas as pessoas à liberdade de expressão, previsto no art. 5º, IV e IX, da Constituição. Assim, mesmo quando desbordem e se enquadrem em tipos penais, as palavras dos congressistas, desde que guardem alguma pertinência com suas funções parlamentares, estarão cobertas pela imunidade material do art. 53, "caput", da Constituição. *Inq 4088/DF, Rel. Min. Edson Fachin, 1º.12.2015. 1ª T. (Info 810)*

2014

ADI: chefia do Poder Executivo estadual e autorização para viagem

A CF dispôs ser da competência do Congresso Nacional autorizar o presidente e o vice-presidente da República a se ausentarem do País quando a ausência for por período superior a quinze dias. Afronta os princípios da separação dos Poderes e da simetria disposição da Constituição estadual que exige prévia licença da Assembleia Legislativa para que o governador e o vice-governador se ausentem do País por qualquer prazo. Trata-se de mecanismo que somente se legitima nos termos já delineados pela própria Lei Maior. *ADI 775/RS, Rel. Min. Dias Toffoli, 3.4.14. Pleno. (Info 741)*

ADI: chefia do Poder Executivo estadual e autorização para viagem

Conflita com a CF norma estadual que prevê a necessidade de o governador e o vice-governador, para se ausentarem do país, por qualquer tempo, lograrem licença da assembleia legislativa. Inconstitucionalidade da expressão "por qualquer tempo" contida na Constituição do estadual. *ADI 2453/PR, Rel. Min. Marco Aurélio, 3.4.14. Pleno. (Info 741)*

ADI e complementariedade à Constituição

Acordos ou convênios que podem gerar encargos ou compromissos gravosos ao patrimônio estadual podem ser submetidos à autorização do legislativo local, sem violar o princípio da separação dos poderes. É constitucional norma de constituição estadual que prevê competência privativa da Assembleia Legislativa para autorizar e resolver definitivamente acordos e convênios. *ADI 331/PB, Rel. Min. Gilmar Mendes, 3.4.14. Pleno. (Info 741)*

CPI estadual e quebra de sigilo fiscal

Em virtude do término dos trabalhos da CPI da qual partiu o pedido de informações, indeferido pela Secretaria da Receita Federal do Brasil, perde supervenientemente o objeto a ação cível originária destinada a assegurar o direito líquido e certo de os parlamentares dos Estados e do Distrito Federal receberem informações protegidas pelo sigilo fiscal, coletadas ou custodiadas pela União. *ACO 1271/RJ, Rel. Min. Joaquim Barbosa, 12.2.14. Pleno. (Info 735)*

Imunidade material de parlamentar: calúnia e publicação em blogue

A imunidade material de parlamentar (CF, art. 53, "caput"), quanto a crimes contra a honra, alcança as supostas ofensas irrogadas fora do Parlamento, quando guardarem conexão com o exercício da atividade parlamentar. *Inq 3672/RJ, Rel. Min. Rosa Weber, 14.10.14. 1ª T. (Info 763)*

Sessão extraordinária e pagamento de remuneração

O art. 57, § 7º, do texto constitucional veda o pagamento de parcela indenizatória aos parlamentares em razão de convocação extraordinária. Essa norma é de reprodução obrigatória pelos Estados-membros por força do art. 27, § 2º, da Carta Magna. A Constituição é expressa, no art. 39, § 4º, ao vedar o acréscimo de qualquer gratificação, adicional, abono, prêmio, verba de representação ou outra espécie remuneratória ao subsídio percebido pelos parlamentares. *ADI 4587/GO, Rel. Min. Ricardo Lewandowski, 22.5.14. Pleno. (Info 747)*

4.1.2-A. Do Processo Legislativo (Disposições Gerais)

2015

Criação de cargos comissionados e processo legislativo

A iniciativa de competência privativa do Poder Executivo não impede a apresentação de emendas parlamentares, presente a identidade de matéria e acompanhada da estimativa de despesa e respectiva fonte de custeio. *ADI 3942/DF, Rel. Min. Cármen Lúcia, 5.2.14. Pleno. (Info 773)*

Emenda parlamentar e pertinência temática

A ausência de pertinência temática de emenda da casa legislativa a projeto de lei de iniciativa exclusiva do Executivo leva a concluir-se pela inconstitucionalidade formal. *ADI 3926/SC, Rel. Min. Marco Aurélio, 5.8.15. Pleno. (Info 793)*

Emenda parlamentar e vício formal

Não procede ação direta de inconstitucionalidade contra norma estadual que dispõe sobre a remuneração de vantagens no serviço público estadual. Na espécie, a norma impugnada fora acrescida, por meio de emenda parlamentar, da expressão "ressalvados os direitos dos servidores com concessão superior antecedente a 1º de agosto de 1996". A essência da norma sob exame seria exatamente a mesma incluída na mensagem encaminhada à Assembleia Legislativa pelo então governador. Portanto, o dispositivo não se revestiria de nenhuma inconstitucionalidade. No caso, se emenda de origem parlamentar, malgrado a diversidade da redação, tivesse conteúdo normativo idêntico à proposta do Executivo, a sua aprovação não invadiria a iniciativa reservada ao governador. *ADI 2063 MC/RS, Min. Gilmar Mendes, 11.2.15. Pleno. (Info 774)*

Medida provisória: emenda parlamentar e "contrabando legislativo"

É incompatível com a Constituição a apresentação de emendas sem relação de pertinência temática com medida provisória submetida a sua apreciação.

ADI 5127/DF, Red. p/ ac. Min. Edson Fachin, 15.10.15. Pleno. (Info 803)

Medida provisória: Sistema Financeiro Nacional e requisitos do art. 62 da CF

RPG É constitucional o art. 5º da MPv 2.170-36/01 ("Nas operações realizadas pelas instituições integrantes do Sistema Financeiro Nacional, é admissível a capitalização de juros com periodicidade inferior a um ano"). *RE 592377/RS, repercussão geral, Red. p/ ac. Min. Teori Zavascki, 4.2.15. Pleno. (Info 773)*

Processo legislativo: quórum qualificado e votação simbólica

É constitucional a LC 56/87 – revogada pela LC 116/03 –, que versava sobre ISS. *RE 254559/SP, Rel. Min. Marco Aurélio, 20.5.15. Pleno. (Info 786)*

2014

ADI e emenda parlamentar

Admitem-se emendas parlamentares aos projetos de lei de iniciativa privativa do Poder Executivo e Judiciário, desde que guardem pertinência temática com o projeto e não importem em aumento de despesas. A emenda parlamentar estadual impugnada afastou-se da temática do seu respectivo projeto de lei e interferiu na autonomia financeira e administrativa do Poder Judiciário, desrespeitando-se ao art. 2º da CF. *ADI 1333/RS, Rel. Min. Cármen Lúcia, 29.10.14. Pleno. (Info 765)*

ADI: remuneração de servidores públicos e instituição de gratificação por ato normativo

A instituição de gratificação remuneratória por meio de ato normativo interno de Tribunal sempre foi vedada pela CF, mesmo antes da reforma administrativa advinda da EC 19/98. A utilização do fundamento de isonomia remuneratória entre os diversos membros e servidores dos Poderes da República, antes contida no art. 39, § 1º, da CF, não prescindia de veiculação normativa por meio de lei específica, mesmo quando existente dotação orçamentária suficiente. Ofensa ao art. 96, II, b, da CF. *ADI 1776/DF, Rel. Min. Dias Toffoli, 4.9.14. Pleno. (Info 757)*

Emenda parlamentar e aumento de despesa

É inconstitucional lei, de origem em emenda aditiva parlamentar a projeto do Poder Judiciário local, que estende aos servidores inativos e extrajudiciais aumento remuneratório dado aos servidores do Poder Judiciário estadual. //É constitucional a extensão do aumento remuneratório aos servidores inativos do TJ, porquanto a norma questionada seria anterior às reformas do regime público de previdência (EC 20/98 e EC 41/03), quando o STF entendia que a cláusula de equiparação seria de aplicabilidade imediata. //Ante a ampliação de despesa não prevista no projeto originalmente encaminhado, estaria caracterizada a inconstitucionalidade da extensão de aumento aos servidores extrajudiciais. *ADI 1835/SC, Rel. Min. Dias Toffoli, 17.9.14. Pleno. (Info 759)*

2013

Deliberação legislativa acerca de veto presidencial e ordem cronológica

Pretende-se provimento que iniba o Congresso Nacional de apreciar veto parcial aposto pela Presidente da República a projeto de lei, antes da votação de todos os demais vetos anteriormente apresentados (mais de 3 mil), alguns com prazo vencido há mais de 13 anos. A medida liminar, que tem natureza antecipatória, não pode ir além nem deferir providência diversa da que deriva da sentença definitiva. Assim, não há como manter a determinação liminar ordenando ao Congresso Nacional que "se abstenha de deliberar acerca do Veto Parcial 38/2012 antes que proceda à análise de todos os vetos pendentes com prazo de análise expirado até a presente data, em ordem cronológica de recebimento da respectiva comunicação". Isso porque se mostra pouco provável que tal determinação venha a ser mantida no julgamento definitivo da demanda, especialmente pela gravidade das consequências que derivariam do puro e simples reconhecimento, com efeitos "ex tunc", da inconstitucionalidade da prática até agora adotada pelo Congresso Nacional no processo legislativo de apreciação de vetos presidenciais (ADI 4029). *MS 31816 AgR-MC/DF, Red. p/ ac. Min. Teori Zavascki, 27.2.13. Pleno. (Info 696)*

2012

Parecer prévio por comissão mista e tramitação de novas medidas provisórias

A democracia participativa delineada pela Carta de 1988 se baseia na generalização e profusão das vias de participação dos cidadãos nos provimentos estatais, por isso que é de se conjurar uma exegese demasiadamente restritiva do conceito de "entidade de classe de âmbito nacional" previsto no art. 103, IX, da CRFB. 2. A participação da sociedade civil organizada nos processos de controle abstrato de constitucionalidade deve ser estimulada, como consectário de uma sociedade aberta dos intérpretes da Constituição, na percepção doutrinária de Peter Häberle, mercê de o incremento do rol dos legitimados à fiscalização abstrata das leis indicar esse novel sentimento constitucional. 3. In casu, a entidade proponente da ação sub judice possuir ampla gama de associados, distribuídos por todo o território nacional, e que representam a integralidade da categoria interessada, qual seja, a dos servidores públicos federais dos órgãos de proteção ao meio ambiente. 4. As Comissões Mistas e a magnitude das funções das mesmas no processo de conversão de Medidas Provisórias decorrem da necessidade, imposta pela Constituição, de assegurar uma reflexão mais detida sobre o ato normativo primário emanado pelo Executivo, evitando que a apreciação pelo Plenário seja feita de maneira inopinada, percebendo-se, assim, que o parecer desse colegiado representa, em vez de formalidade desimportante, uma garantia de que o Legislativo fiscalize o exercício atípico da função legiferante pelo Executivo. 5. O art. 6º da Res. 1/02 do Congresso Nacional, que permite a emissão do parecer por meio de Relator nomeado pela Comissão Mista, diretamente ao Plenário da Câmara dos Deputados, é inconstitucional. A Doutrina do tema é assente no sentido de que "'O parecer prévio da Comissão assume condição de instrumento indispensável para regularizar o processo legislativo porque proporciona a discussão da matéria, uniformidade de votação e celeridade na apreciação das medidas provisórias'. Por essa importância, defende-se que qualquer ato para afastar ou frustrar os trabalhos da Comissão (ou mesmo para substituí-los pelo pronunciamento de apenas um parlamentar) padece de inconstitucionalidade. Nessa esteira, são questionáveis dispositivos da Res. 1/02-CN, na medida em que permitem a votação da medida provisória sem o parecer da Comissão Mista. (...) A possibilidade de atuação apenas do Relator gerou acomodação no Parlamento e ineficácia da Comissão Mista; tornou-se praxe a manifestação singular: 'No modelo atual, em que há várias Comissões Mistas (uma para cada medida provisória editada), a apreciação ocorre, na prática, diretamente nos Plenários das Casas do Congresso Nacional. Há mais: com o esvaziamento da Comissão Mista, instaura-se um verdadeiro 'império' do relator, que detém amplo domínio sobre o texto a ser votado em Plenário'. Cumpre lembrar que a apreciação pela Comissão é exigência constitucional. Nesses termos, sustenta-se serem inconstitucionais as medidas provisórias convertidas em lei que não foram examinadas pela Comissão Mista, sendo que o pronunciamento do relator não tem o condão de suprir o parecer exigido pelo constituinte. (...) Cabe ao Judiciário afirmar o devido processo legislativo, declarando a inconstitucionalidade dos atos normativos que desrespeitem os trâmites de aprovação previstos na Carta. Ao agir desse modo, não se entende haver intervenção no Poder Legislativo, pois o Judiciário justamente contribuirá para a saúde democrática da comunidade e para a consolidação de um Estado Democrático de Direito em que as normas são frutos de verdadeira discussão, e não produto de troca entre partidos e poderes." (In: CLÈVE, Clèmerson Merlin. Medidas Provisórias. 3ª ed. São Paulo: RT, 2010. p. 178-180. V. tb. CASSEB, Paulo Adib. Processo Legislativo – atuação das comissões permanentes e temporárias. São Paulo: RT, 2008. p. 285) 6. A atuação do Judiciário no controle da existência dos requisitos constitucionais de edição de Medidas Provisórias em hipóteses excepcionais, ao contrário de denotar ingerência contramajoritária nos mecanismos políticos de diálogo dos outros Poderes, serve à manutenção da Democracia e do equilíbrio entre os três baluartes da República. 7. A segurança jurídica, cláusula pétrea constitucional, impõe ao Pretório Excelso valer-se do comando do art. 27 da Lei 9.868/99 para modular os efeitos de sua decisão, evitando que a sanatória de uma situação de inconstitucionalidade propicie o surgimento de panorama igualmente inconstitucional. 8. Deveras, a proteção do meio ambiente, direito fundamental de terceira geração previsto no art. 225 da Constituição, restaria desatendida caso pudessem ser questionados os atos administrativos praticados por uma autarquia em funcionamento desde 2007. Na mesma esteira, em homenagem ao art. 5º, caput, da Constituição, seria temerário admitir que todas as Leis que derivaram de conversão de Medida Provisória e não observaram o disposto no art. 62, § 9º, da Carta Magna, desde a edição da Emenda nº 32 de 2001, devem ser expurgadas com efeitos ex tunc. 9. A modulação de efeitos possui variadas modalidades, sendo adequada ao caso sub judice a denominada pure prospectivity, técnica de superação da jurisprudência em que "o novo entendimento se aplica exclusivamente para o futuro, e não àquela decisão que originou a superação da antiga tese" (BODART, Bruno Vinícius Da Rós. Embargos de declaração como meio processual adequado a suscitar a modulação dos efeitos temporais do controle de constitucionalidade. RePro, vol. 198, p. 389, ago/2011). 10. Não cabe ao Pretório Excelso discutir a implementação de políticas públicas, seja por não dispor do conhecimento necessário para especificar a engenharia administrativa necessária para o sucesso de um modelo de gestão ambiental, seja por não ser este o espaço idealizado pela Constituição para o debate em torno desse tipo de assunto. Inconstitucionalidade material inexistente. 11. Ação Direta julgada improcedente, declarando-se incidentalmente a inconstitucionalidade dos artigos 5º, caput, e 6º, caput e parágrafos 1º e 2º, da Resolução nº 1 de 2002 do Congresso Nacional, postergados os efeitos da decisão, nos termos do art. 27 da Lei 9.868/99, para preservar a validade e a eficácia de todas as Medidas Provisórias convertidas em Lei até a presente data, bem como daquelas atualmente em trâmite no Legislativo *ADI 4029, Rel. Min. Luiz Fux, 8.3.12. Pleno. (Info 657)*

4.1.2-B. Do Processo Legislativo (Iniciativa)

2016

ADI: Tribunal de Contas estadual e vício de iniciativa

No processo objetivo de controle de constitucionalidade, surgindo a relevância e o risco de manter-se com plena eficácia os preceitos atacados, impõe-se o deferimento da medida acauteladora, suspendendo-os. A ausência de pertinência temática de emenda parlamentar da casa legislativa a projeto de lei de iniciativa exclusiva leva a concluir-se pela inconstitucionalidade formal. A norma "sub judice" dispõe sobre competência e organização de TCE, e sobre a estrutura do Ministério Público de Contas. O projeto de lei, apresentado pelo TCE, foi alterado pelos parlamentares, incluindo-se dezenove artigos a versar sobre objetos distintos do veiculado no único dispositivo constante do texto original, o que demonstra não se tratar de simples emenda, mas de inclusão e de supressão de preceitos relacionados a questões estranhas à contida na proposição inicial, a configurar aparente vício de iniciativa. *ADI 5442 MC/DF, Rel. Min. Marco Aurélio, 17.3.2016. Pleno. (Info 818)*

EC: vício de iniciativa e autonomia da Defensoria Pública

Indeferida cautelar em ADI em que se pretendia a suspensão da eficácia do § 3º do art. 134 da CF, introduzido pela EC 74/2013, segundo o qual se aplica às Defensorias Públicas da União e do Distrito Federal o disposto no § 2º do mesmo artigo, este introduzido pela EC 45/2004, a assegurar às Defensorias Públicas estaduais autonomia funcional e administrativa e a iniciativa de sua proposta orçamentária dentro dos limites estabelecidos na lei de diretrizes orçamentárias e subordinação ao disposto no art. 99, § 2º, da CF. A controvérsia diria respeito à aplicabilidade, às propostas de emenda constitucional, da cláusula de iniciativa legislativa reservada à Presidência da República (CF, art. 61, § 1º). Discutia-se eventual ofensa ao postulado da separação de Poderes (CF, art. 60, § 4º, III) em decorrência da edição de emenda constitucional sobre matéria disposta no art. 61, § 1º, II, da CF, sem que o processo constituinte reformador tenha sido deflagrado pelo titular da iniciativa fixada nesse dispositivo para as leis complementares e ordinárias. A respeito, o direito constitucional pátrio inscreve a emenda constitucional entre os atos elaborados por meio de processo legislativo (CF, art. 59). A jurisprudência reconhece, com apoio no princípio da simetria, a inconstitucionalidade de emendas a constituições estaduais, por inobservância da reserva de iniciativa do Chefe do Executivo. Não há, por outro lado, precedente do Colegiado a assentar, no plano federal, a sujeição do poder constituinte derivado à cláusula de reserva de iniciativa do chefe do Executivo prevista de modo expresso no art. 61, § 1º, da CF, para o Poder Legislativo complementar e ordinário (poderes constituídos). A orientação de que o poder das assembleias legislativas de emendar constituições estaduais está sujeito à reserva de iniciativa do Executivo local existe desde antes do advento da CF/88. O poder constituinte, originário ou derivado, delimita as matérias alçadas ao nível constitucional, e também aquelas expressamente atribuídas aos legisladores ordinário e complementar. Assim, norma de constituição estadual dotada de rigidez não imposta pela Constituição Federal é contrária à vontade desta. Portanto, não se reveste de validade constitucional a emenda a Constituição estadual que, subtraindo o regramento de determinada matéria do titular da reserva de iniciativa legislativa, eleva-a à condição de norma constitucional. Desse modo, emana da jurisprudência do STF a visão de que o poder constituinte estadual jamais é originário. É poder constituído, cercado por limites mais rígidos do que o poder constituinte federal. A regra da simetria é exemplo disso. Por essa razão, as assembleias legislativas se submetem a limites rígidos quanto ao poder de emenda às constituições estaduais. Entretanto, não há precedentes no sentido de que as regras de reserva de iniciativa contempladas no art. 61 da CF alcançam o processo de emenda à Constituição disciplinado em seu art. 60. *ADI 5296 MC/DF, Rel. Min. Rosa Weber, 18.5.2016. Pleno. (Info 826)*

Emenda parlamentar e aumento de despesa

É inconstitucional norma resultante de emenda parlamentar a projeto de lei de iniciativa exclusiva do Chefe do Poder Executivo, na hipótese em que a emenda apresentada acarrete aumento de despesa (CF, art. 61, § 1º, II, "a" e art. 63, I). *ADI 2810/RS, Rel. Min. Roberto Barroso, 20.4.2016. Pleno. (Info 822)*

Extinção de sociedade de economia mista estadual e iniciativa legislativa

É formalmente inconstitucional lei estadual de iniciativa parlamentar que altera norma autorizadora da extinção da Companhia Riograndense de Laticínios e Correlatos. Afronta a iniciativa do Poder Executivo (CF, art. 61, § 1º, II, "e"). *ADI 2295/RS, Rel. Min. Marco Aurélio, 15.6.2016. Pleno. (Info 830)*

2015

ADI: chefia da polícia civil e iniciativa legislativa

Consoante dispõe o artigo 144, § 4º, da Constituição Federal, as polícias civis são dirigidas por delegados de carreira, não cabendo a inobservância da citada qualificação, nem a exigência de que se encontrem no último nível da organização policial. *ADI 3038/SC, Rel. Min. Marco Aurélio, 11.12.14. Pleno. (Info 771)*

ADI: norma administrativa e vício de iniciativa

É inconstitucional lei estadual de iniciativa parlamentar ("Fica a Secretaria da Segurança Pública obrigada a enviar por correio, com 30 (trinta) dias de antecedência, aviso de vencimento da validade da Carteira Nacional de Habilitação, aos portadores cadastrados nos terminais da Companhia de Processamento de Dados do Estado de São Paulo – Prodesp") que, por ser tipicamente administrativa, deveria ser regulada pelo Poder Executivo e não pelo Poder Legislativo. A norma criou ônus administrativo e financeiro ao obrigar a Secretaria de Segurança a destacar pessoal, equipamentos, tempo e energia para advertir o cidadão de que o prazo de validade da sua carteira estaria a expirar. *ADI 3169/SP, Red. p/ ac. Min. Roberto Barroso, 11.12.14. Pleno. (Info 771)*

ADI: vício de iniciativa e forma de provimento de cargo público

Surge vício de iniciativa quando o diploma legal teve origem na própria Assembleia e versa a criação de órgão vinculado à Secretaria de Estado da Saúde. A norma impugnada, de iniciativa parlamentar, autoriza o Poder Executivo a instituir o Sistema Estadual de Auditoria da Saúde – SEAS e institui normas para sua estrutura e funcionamento, o que, conforme alegado, ofenderia os artigos 37, II; 61, § 1º, II, a e c; 63, I e 84, III, todos da CF, porquanto seria de competência privativa do Poder Executivo a iniciativa de leis concernentes à criação de cargos e estruturação de órgãos da Administração direta e autárquica, além de ser vedada a criação de forma derivada de provimento de cargo público. A lei também padece de vício material, porque, ao ter possibilitado o provimento derivado – de servidores investidos em cargos de outras carreiras – no cargo de auditor de saúde, teria violado o disposto no art. 37, II, da CF, que exige a prévia aprovação em concurso para a investidura em cargo público, ressalvadas as exceções previstas na CF. *ADI 2940/ES, Rel. Min. Marco Aurélio, 11.12.14. Pleno. (Info 771)*

Lei municipal e vício de iniciativa

Lei orgânica de município não pode normatizar direitos de servidores, porquanto a prática afronta a iniciativa do chefe do Poder Executivo. *RE 590829/MG, Rel. Min. Marco Aurélio, 5.3.15. Pleno. (Info 776)*

Lei municipal e vício de iniciativa

É inconstitucional norma municipal, de iniciativa de vereador, que autoriza oficial de justiça a estacionar seu veículo de trabalho em vias públicas secundárias e em zonas azuis, sem pagamento das tarifas próprias. Ao aprovar a lei, a Câmara Municipal, por seus vereadores, teria criado regras para a prática de atos típicos da Administração pública municipal. Ademais, ao eximir os oficiais de justiça do pagamento da denominada "zona azul", a lei acarretara redução de receita legalmente estimada, cuja atribuição seria do Poder Executivo, a evidenciar afronta aos princípios da harmonia e independência dos Poderes. *RE 239458/SP, Rel. Min. Cármen Lúcia, 11.12.14. Pleno. (Info 771)*

Regime jurídico de servidor público e vício de iniciativa

É inconstitucional norma estadual, de iniciativa parlamentar, que dispõe sobre a indenização por morte e invalidez permanente dos servidores públicos militares, por ofensa aos artigos 2°; 61, § 1°, II, c e f; 63, II; e 84, III, todos da CF, a ensejar sua inconstitucionalidade formal, porquanto se trata de matéria relativa a regime jurídico dos servidores militares, a implicar acréscimo de despesa pública. Quanto ao mérito, a Corte destacou que a locução "regime jurídico" abrangeria, entre outras regras, aquelas relativas aos direitos e às vantagens de ordem pecuniária dos servidores públicos. Ademais, a lei teria criado indenização a ser paga pelo Executivo. *ADI 3920/MT, Rel. Min. Marco Aurélio, 5.2.15. Pleno. (Info 773)*

Revisão de remuneração de servidores públicos e iniciativa legislativa

É inconstitucional o dispositivo de Constituição estadual que disponha sobre a revisão concomitante e automática de valores incorporados à remuneração de servidores públicos em razão do exercício de função ou mandato quando reajustada a remuneração atinente à função ou ao cargo paradigma, matéria cuja iniciativa de projeto é reservada ao Governador. *ADI 3848/RJ, Rel. Min. Marco Aurélio, 11.2.15. Pleno. (Info 774)*

Vedação ao nepotismo e iniciativa legislativa

RPG Leis que tratam dos casos de vedação a nepotismo não são de iniciativa exclusiva do Chefe do Poder Executivo. *RE 570392/RS, repercussão geral, Rel. Min. Cármen Lúcia, 11.12.14. Pleno. (Info 771)*

Progressão funcional de servidor público e iniciativa legislativa

Suspende-se a eficácia de norma estadual, de iniciativa parlamentar, que dispõe sobre critério de progressão funcional de servidores do referido Estado-membro, matéria cuja iniciativa seria reservada ao chefe do Poder Executivo (CF, art. 61, § 1°, II). *ADI 5091 Referendo-MC/MT, Rel. Min. Dias Toffoli, 4.2.15. Pleno. (Info 773)*

Remuneração de servidor público e vício formal

É inconstitucional norma estadual que dispõe sobre a criação de gratificações para os servidores da Procuradoria-Geral do Estado, da Secretaria de Estado da Administração e do Instituto de Previdência. Na espécie, a norma impugnada, que trata de matéria de iniciativa do Chefe do Poder Executivo, fora acrescida por meio de emenda parlamentar em projeto de conversão de media provisória. Declarou-se a inconstitucionalidade formal do referido dispositivo legal por entender que a emenda parlamentar teria implicado o aumento da despesa pública originariamente prevista, bem como por não haver pertinência entre o dispositivo inserido pela emenda parlamentar e o objeto original da medida provisória submetida à conversão em lei. *ADI 4433/SC, Rel. Min. Rosa Weber, 18.6.15. Pleno. (Info 790)*

2014

ADI: agentes públicos e vício de iniciativa

Compete ao Poder Executivo estadual a iniciativa de lei referente aos direitos e deveres de servidores públicos (CF, art. 61, § 1°, II, c). *ADI 3564/PR, Rel. Min. Luiz Fux, 13.8.14. Pleno. (Info 754)*

ADI: aumento de despesas e vício de iniciativa

É possível emenda parlamentar a projeto de lei de iniciativa reservada ao Chefe do Poder Executivo, desde que haja pertinência temática e não acarrete aumento de despesas. *ADI 5087 MC/DF, Rel. Min. Teori Zavascki, 27.8.14. Pleno. (Info 756)*

ADI: conselho estadual de educação e vício de iniciativa

Compete ao Chefe do Poder Executivo a iniciativa privativa das leis que disponham sobre a organização e a estruturação de Conselho Estadual de Educação, órgão integrante da Administração Pública. *ADI 2654/AL, Rel. Min. Dias Toffoli, 13.8.14. Pleno. (Info 754)*

ADI: diário oficial estadual e iniciativa de lei

É formal e materialmente inconstitucional lei estadual, de iniciativa parlamentar, que disciplina as matérias suscetíveis de publicação pelo Diário Oficial, órgão vinculado ao Poder Executivo. A edição de regra que disciplina o modo de atuação de órgão integrante da Administração Indireta do Estado-membro somente poderia advir de ato do Chefe do Poder Executivo. Também é nítida a afronta à separação dos Poderes ao se restringir a proibição de publicações exclusivamente ao Poder Executivo, criando situação discriminatória em relação a um dos Poderes do Estado-membro. *ADI 2294/RS, Rel. Min. Ricardo Lewandowski, 27.8.14. Pleno. (Info 756)*

ADI e princípios da separação de Poderes e da segurança jurídica

Consoante disposto na CF, incumbe ao Chefe do Poder Executivo o encaminhamento de projeto de lei que vise alterar procedimento adotado no respectivo âmbito. A iniciativa de projeto de lei objetivando a disciplina de central de atendimento telefônico de serviço do Executivo cabe a este último e não ao Parlamento. *ADI 2443/RS, rel. Marco Aurélio, 25.9.14. Pleno. (Info 760)*

ADI: reconhecimento de responsabilidade civil do Estado e iniciativa legislativa

Norma de iniciativa parlamentar que autoriza o Poder Executivo estadual a reconhecer sua responsabilidade civil pelas violações aos direitos à vida e à integridade física e psicológica decorrentes das atuações de seus agentes contra cidadãos sob a guarda legal do Estado não viola o art. 61, § 1º, II, b, da CF, que fixa a competência privativa do Presidente da República para dispor sobre a organização administrativa e judiciária, matéria tributária e orçamentária, serviços públicos e pessoal da administração dos Territórios. Ademais, a disciplina estabelecida na norma impugnada, a dispor sobre responsabilidade civil – matéria de reserva legal –, seria, inclusive, salutar. Permitiria que a Administração reconhecesse, "motu proprio", a existência de violação aos direitos nela mencionados. *ADI 2255/ES, Rel. Min. Gilmar Mendes, 19.11.14. Pleno. (Info 768)*

ADI e vício de iniciativa

Lei de iniciativa parlamentar distrital ofende a competência privativa do Governador do Distrito Federal ao dispor sobre a organização administrativa federal (CF, art. 61, § 1º, II, b). *ADI 1509/DF, Rel. Min. Gilmar Mendes, 11.9.14. Pleno. (Info 758)*

ADI e vício de iniciativa

Usurpa a competência privativa do Chefe do Poder Executivo norma de iniciativa parlamentar que dispõe sobre regime jurídico, remuneração e critérios de provimento de cargo público. *ADI 2834/ES, Rel. Min. Dias Toffoli, 20.8.14. Pleno. (Info 755)*

ADI e vício de iniciativa

É inconstitucional, por afronta à iniciativa privativa (CF, art. 61, § 1º, II, c e f), lei estadual que dispõe sobre a transferência para a reserva e a reforma do policial militar, por se tratar de matérias afetas ao seu regime jurídico. Ao dispor sobre o regime jurídico a que o policial militar estaria sujeito em caso de eleição para cargo público, a Lei invadiu competência legislativa da União (CF, art. 22, I). Ofendeu, ainda, o art. 14, § 8º, da CF, quando previu hipóteses de retorno ao serviço de policial militar que tenha assumido cargo público eletivo e de opção pela fonte de remuneração. A autorização, ao militar eleito, de optar pela fonte de pagamento, qualquer que seja a natureza do mandato, destoa do regramento constitucional disposto no art. 38 da CF, que somente permite o direito de opção nas estritas hipóteses de vereador e de prefeito municipal. *ADI 1381/AL, Rel. Min. Dias Toffoli, 21.8.14. Pleno. (Info 755)*

ADI e vício de iniciativa

As regras de atribuição de iniciativa no processo legislativo previstas na CF formam cláusulas elementares do arranjo de distribuição de poder no contexto da Federação, razão pela qual devem ser necessariamente reproduzidas no ordenamento constitucional dos Estados-membros. Ao provocar alteração no regime jurídico dos servidores civis estaduais e impor limitações ao exercício da autotutela nas relações estatutárias estabelecida entre a Administração e seus servidores, a lei estadual, de iniciativa parlamentar, padece de vício formal e material de incompatibilidade com a CF. *ADI 2300/RS, Rel. Min. Teori Zavascki, 21.8.14. Pleno. (Info 755)*

ADI e vício material

É inconstitucional norma estadual de iniciativa parlamentar que proíbe o Poder Executivo estadual de iniciar, renovar, manter, em regime de exclusividade a qualquer instituição bancária privada, as disponibilidades de caixa estaduais. Por referir-se à disciplina e à organização da Administração Pública, é de iniciativa do Chefe do Poder Executivo. *ADI 3075/PR, Rel. Min. Gilmar Mendes, 24.9.14. Pleno. (Info 760)*

ADI: lei estadual e vício de iniciativa

Padece de vício de iniciativa a norma estadual de iniciativa parlamentar que versa sobre programa estadual de desenvolvimento do cultivo e aproveitamento da cana-de-açúcar e dispõe sobre a estrutura de órgão da administração pública, na medida em que se trata de atribuição do chefe do Poder Executivo deflagrar o processo legislativo nestes caso (art. 61, § 1º, II, e, da CF). *ADI 2799/RS, Rel. Min. Marco Aurélio, 18.9.14. Pleno. (Info 759)*

ADI: leis de organização administrativa e competência legislativa

A reserva de lei de iniciativa do Chefe do Executivo, prevista no art. 61, § 1º, II, b, da CF, somente se aplica aos Territórios federais. A Emenda Constitucional estadual não importou em descumprimento do princípio da separação entre os poderes porque a competência do Governador do Estado foi mantida no ordenamento jurídico, tanto por normas contidas na CF quanto por normas da Constituição Estadual. *ADI 2755/ES, Rel. Min. Cármen Lúcia, 6.11.14. Pleno. (Info 766)*

ADI: órgão de segurança pública e vício de iniciativa

Lei estadual de iniciativa parlamentar que insere a Polícia Científica no rol dos órgãos de segurança pública previsto na constituição estadual viola a reserva de iniciativa legislativa do Chefe do Poder Executivo para disciplinar o funcionamento de órgão administrativo de perícia. *ADI 2616/PR, Rel. Min. Dias Toffoli, 19.11.14. Pleno. (Info 768)*

ADI: servidor público e iniciativa legislativa

Ao alterar a jornada de trabalho de categorias específicas, a Lei estadual, de iniciativa parlamentar, cuidou do regime jurídico de servidores estaduais, e, com isso, incursionou indevidamente em domínio temático cuja iniciativa é reservada ao Chefe do Poder Executivo, (art. 61, II, § 1º, "c", da CF). O sancionamento tácito do Governador em exercício ao projeto que resultou na Lei estadual não tem o condão de convalidar o vício de iniciativa originário. *ADI 3627/AP, Rel. Min. Teori Zavascki, 6.11.14. Pleno. (Info 766)*

Anistia e vício de iniciativa

Padece de vício formal, norma estadual que trata de concessão de anistia a servidores públicos punidos em virtude de participação em movimentos reivindicatórios, uma vez cuidar-se de lei que dispõe sobre servidores públicos, mas que não teve a iniciativa do Chefe do Executivo (CF, art. 61, § 1º, II, c). *ADI 1440/SC, Rel. Min. Teori Zavascki, 15.10.14. Pleno. (Info 763)*

Aumento de despesa: iniciativa de lei e separação de Poderes

Em se tratando de servidor cedido pelo Executivo, a este cabe a iniciativa de lei a alcançar a respectiva remuneração. Relevância e risco no que pretendida liminar para afastar a eficácia de lei que conflita com a premissa. *ADI 4759 MC/BA, Rel. Min. Marco Aurélio, 5.2.14. Pleno. (Info 734)*

2012

Representação de inconstitucionalidade e vício de iniciativa

É inconstitucional a Lei 4.525/05 do Estado do Rio de Janeiro, a qual torna obrigatória a gratuidade do serviço de teleatendimento realizado por entidades públicas e privadas ao consumidor no âmbito da respectiva unidade federativa e dá outras providências. Padece de inconstitucionalidade formal a lei resultante de iniciativa parlamentar que dispõe sobre atribuições de órgãos públicos, matéria afeta ao Chefe do Poder Executivo. *AI 643926 ED, Rel. Min. Dias Toffoli, 13.3.12. 1ª T. (Info 658)*

4.2. Do Poder Executivo

2016

Exercício do cargo de Ministro de Estado por membro do Ministério Público e vedações constitucionais

Membros do Ministério Público não podem ocupar cargos públicos, fora do âmbito da instituição, salvo cargo de professor e funções de magistério. *ADPF 388/DF, Rel. Min. Gilmar Mendes, 9.3.2016. Pleno. (Info 817)*

Réu em processo-crime e substituição presidencial

O Tribunal referendou parcialmente medida cautelar deferida em ADPF para assentar que os substitutos eventuais do presidente da República a que se refere o art. 80 da Constituição Federal, caso ostentem a posição de réus criminais perante o STF, ficarão impossibilitados de exercer o ofício de presidente da República. Negou referendo à liminar, no ponto em que ela estendia a determinação de afastamento imediato desses mesmos substitutos eventuais do presidente da República em relação aos cargos de chefia e direção por eles titularizados em suas respectivas Casas. *ADPF 402 MC-REF/DF, rel. Min. Marco Aurélio, j. 7.12.2016. Pleno. (Info 850)*

2015

Licença prévia para julgamento de governador em crime de responsabilidade e crime comum

Por violar a competência privativa da União, o Estado-membro não pode dispor sobre crime de responsabilidade. No entanto, durante a fase inicial de tramitação de processo por crime de responsabilidade instaurado contra governador, a Constituição estadual deve obedecer à sistemática disposta na legislação federal. Assim, é constitucional norma prevista em Constituição estadual que preveja a necessidade de autorização prévia da Assembleia Legislativa para que sejam iniciadas ações por crimes comuns e de responsabilidade eventualmente dirigidas contra o governador de Estado. Por outro lado, o Colegiado reconheceu a constitucionalidade das normas das Constituições estaduais que exigiriam a aprovação de dois terços dos membros da Assembleia Legislativa como requisito indispensável – a denominada licença prévia – para se admitir a acusação nas ações por crimes comuns e de responsabilidade, eventualmente dirigidas contra o governador do Estado. *ADI 4791/PR, Rel. Min. Teori Zavascki, 12.2.15. Pleno. (Info 774)*

Norma estadual e princípio da simetria

Não ofende o princípio da simetria, a expressão "e ao Vice-Governador", constante do art. 65 da Constituição do Estado do Mato Grosso. A determinação de observância aos princípios constitucionais não significaria caber ao constituinte estadual apenas copiar as normas federais. A inexistência da vedação no plano federal não obstaculizaria o constituinte de o fazer com relação ao vice-governador. Asseverou que o estabelecimento de restrições a certas atividades ao vice-governador, visando a preservar a sua incolumidade política, seria matéria que o Estado-Membro poderia desenvolver no exercício da sua autonomia constitucional. *ADI 253/MT, Rel. Min. Gilmar Mendes, 28.5.15. Pleno. (Info 787)*

Subsídio vitalício a ex-governador

No vigente ordenamento republicano e democrático brasileiro, os cargos políticos de chefia do Poder Executivo não são exercidos nem ocupados 'em caráter permanente', por serem os mandatos temporários e seus ocupantes, transitórios. Ex-governador não é mais agente público, pelo que não se poderia cogitar de vinculação de categoria remuneratória afeta à desembargador do Estado, do Tribunal de Justiça do Estado. A remissão ao vencimento do governador em exercício ou, na espécie, de desembargador, para fixação do padrão de subsídio, patenteia estender-se o subsídio a quem não mais trabalha no Estado e, por isso, não teria razão para ser remunerado, menos ainda em idêntica situação a quem está no cargo. A carência de parâmetro constitucional nacional e a inauguração de padrão normativo estadual em desacordo com os princípios da Constituição da República, especialmente aqueles referentes às regras orçamentárias e aos princípios constitucionais da Administração Pública, evidenciam a relevância jurídica da questão posta e os gravames jurídicos e sociais que a preservação dos efeitos da norma poderia acarretar. *ADI 4552 MC/DF, Rel. Min. Cármen Lúcia, 9.4.15. Pleno. (Info 780)*

4.3. Do Poder Judiciário

4.3.1. Disposições Gerais

2015

Art. 93, XI, da CF: Tribunal Pleno e Órgão Especial

Compete aos tribunais de justiça definir as competências que serão delegadas ao Órgão Especial, desde que aprovadas pela maioria absoluta de seus membros. *MS 26411 MC/DF, Red. p/ ac. Min. Teori Zavascki, 26.11.15. Pleno. (Info 809)*

EC 88/15 e aposentadoria compulsória

Deferiu-se pedido de medida cautelar em ação direta de inconstitucionalidade para: a) suspender a aplicação da expressão "nas condições do art. 52 da Constituição Federal" contida no art. 100 do ADCT, introduzido pela EC 88/15, por vulnerar as condições materiais necessárias ao exercício imparcial e independente da função jurisdicional, ultrajando a separação dos Poderes, cláusula pétrea inscrita no art. 60, § 4º, III, da CF; b) fixar a interpretação, quanto à parte remanescente da EC 88/15, de que o art. 100 do ADCT não pudesse ser estendido a outros agentes públicos até que fosse editada a lei complementar a que alude o art. 40, § 1º, II, da CF, a qual, quanto à magistratura, é a lei complementar de iniciativa do STF, nos termos do art. 93 da CF; c) suspender a tramitação de todos os processos que envolvessem a aplicação a magistrados do art. 40, § 1º, II, da CF e do art. 100 do ADCT, até o julgamento definitivo da ação direta em comento; e d) declarar sem efeito todo e qualquer pronunciamento judicial ou administrativo que afastasse, ampliasse ou reduzisse a literalidade do comando previsto no art. 100 do ADCT e, com base neste fundamento, assegurasse a qualquer outro agente público o exercício das funções relativas a cargo efetivo após ter completado 70 anos de idade. A norma impugnada – introduzida no ADCT pela EC 88/15 – dispõe que, "até que entre em vigor a lei complementar de que trata o inciso II do § 1º do art. 40 da Constituição Federal, os Mins. do Supremo Tribunal Federal, dos Tribunais Superiores e do Tribunal de Contas da União aposentar-se-ão, compulsoriamente, aos 75 (setenta e cinco) anos de idade, nas condições do art. 52 da Constituição Federal". Alegava-se, na espécie, que a expressão "nas condições do art. 52 da Constituição Federal" incorreria em vício material por ofensa à garantia da vitaliciedade (CF, art. 93, "caput") e à separação dos Poderes (CF, art. 2º), exorbitando dos limites substantivos ao poder de reforma da Constituição (CF, art. 60, §4º, III e IV). *ADI 5316 MC/DF, Rel. Min. Luiz Fux, 21.5.15. Pleno. (Info 786)*

Poder Executivo e quinto constitucional

A exigência de submissão do nome escolhido pelo governador à Casa Legislativa, para preenchimento de vaga destinada ao quinto constitucional, invade a atuação do Poder Executivo. *ADI 4150/SP, Rel. Min. Marco Aurélio, 25.2.15. Pleno. (Info 775)*

2014

Magistratura: lei estadual e vício formal

É duplamente inconstitucional (formal: matéria reservada a lei complementar e iniciativa exclusiva do Supremo Tribunal Federal) artigo de Código de Normas criado por Provimento da Corregedoria-Geral de Justiça de Tribunal de Justiça estadual que impõe autorização de seu Presidente para ausência de magistrados da comarca. *ADI 2880/MA, Rel. Min. Gilmar Mendes, 30.10.14. Pleno. (Info 765)*

Princípio da inamovibilidade e elevação de entrância de comarca

O princípio da inamovibilidade, assegurado aos magistrados, não admite a abertura de concurso – seja para promoção, seja para remoção – sem que o cargo a ser ocupado esteja vago. *MS 26366/PI, Rel. Min. Marco Aurélio, 24.6.14. 1ª T. (Info 752)*

Promoção por antiguidade: recusa de juiz mais antigo e quórum de deliberação

O CNJ atua no campo administrativo, devendo ter presente a independência versada no artigo 935 do Código Civil ("A responsabilidade civil é independente da criminal, não se podendo questionar mais sobre a existência do fato, ou sobre quem seja o seu autor, quando estas questões se acharem decididas no juízo criminal."). O quórum de 2/3 de membros efetivos do Tribunal ou de seu órgão especial, para o fim de rejeição de juiz relativamente à promoção por antiguidade, há de ser computado consideradas as cadeiras preenchidas e aqueles em condições legais de votar, observadas ausências eventuais. *MS 31357/DF, MS 31361/MT, Rel. Min. Marco Aurélio, 5.8.14. 1ª T. (Info 753)*

Quinto constitucional: requisito constitucional da reputação ilibada e inquérito

É nulo ato do CNJ, que, em procedimento de controle administrativo, obsta liminarmente a posse de advogado no cargo de desembargador em vaga destinada ao quinto constitucional (CF, art. 94). O princípio constitucional da presunção de inocência veda o tratamento diferenciado a qualquer pessoa, ou a restrição de seus direitos, pelo simples fato de responder a inquérito. A falta de decisão do CNJ sobre a viabilidade de juiz de TRE tornar-se desembargador não é impedimento legal para a nomeação. *MS 32491/DF, Rel. Min. Ricardo Lewandowski, 19.8.14. 2ª T. (Info 755)*

2013

Art. 93, II, a, da CF e obrigatoriedade de apresentação de lista

Acolhidos embargos de declaração no caso de cassação de decreto presidencial que deixara de observar o art. 93, II, a, da CF. Naquela decisão, asseverara-se que, na promoção de magistrado federal, por merecimento, que figurasse por 3 vezes consecutivas ou 5 alternadamente, em lista tríplice, o Chefe do Executivo teria de, obrigatoriamente, sufragar o nome que figurasse no mencionado rol. Esclareceu-se que, ainda que existente vinculação ao nome que figurasse na lista observadas essas condições – a significar, para a embargante, indicação direta, e não lista –, o documento sempre deveria ser elaborado pelo respectivo tribunal e enviado à Presidência da República, por expressa exigência constitucional. Além disso, na lista constariam os nomes de 2 outros juízes que, eventualmente, poderiam ser beneficiados por esta regra, caso viessem a preencher os requisitos futuramente. *MS 30585 ED/DF, Rel. Min. Ricardo Lewandowski, 27.2.13. Pleno. (Info 696)*

2012

Art. 93, II, a, da CF e escolha de juiz para TRF

Anula-se decreto de Presidente da República que, ao nomear magistrado para o cargo de juiz federal do TRF-2, preteriu indicado pela terceira vez consecutiva em lista tríplice para promoção por merecimento. Discutia-se se, na promoção de magistrado federal, por merecimento, que figurasse por 3 vezes consecutivas ou 5 alternadamente, a Presidência da República disporia de discricionariedade ou estaria vinculada ao nome que constasse, de forma reiterada, na mencionada listagem. O Chefe do Poder Executivo deve, obrigatoriamente, sufragar o nome do magistrado que figura no mencionado rol. A inserção, nos moldes referidos, na lista de merecimento, aferível pelo próprio Tribunal, segundo os critérios constitucionais, é direito subjetivo público encartado por garantia impostergável da magistratura, que diz respeito à própria independência do Poder Judiciário. Deve ser respeitada a regra contida no art. 93, II, a, da CF. *MS 30585, Rel. Min. Ricardo Lewandowski, 12.9.12. Pleno. (Info 679)*

Juízes substitutos e inamovibilidade

A inamovibilidade é, nos termos do art. 95, II, da CF, garantia de toda a magistratura, alcançando não apenas o juiz titular, como também o substituto. O magistrado só poderá ser removido por designação, para responder por determinada vara ou comarca ou para prestar auxílio, com o seu consentimento, ou, ainda, se o interesse público o exigir, nos termos do inc. VIII do art. 93 do Texto Constitucional. *MS 27958, Rel. Min. Ricardo Lewandowski, 17.5.12. Pleno. (Info 666)*

Loman e decisões paradigmas em reclamação

Ao Poder Judiciário é assegurada autonomia administrativa e financeira (CF, art. 99). A Constituição não remete à Loman a regência da direção dos tribunais, ficando a disciplina a cargo do regimento interno. Não se admite, como base para pedido formulado em reclamação, o efeito transcendente. *Rcl 13115 MC-AgR/RS, Red. p/ ac. Min. Marco Aurélio, 12.12.12. Pleno. (Info 692)*

4.3.2. Do Supremo Tribunal Federal

2016

Abono variável e competência do STF

Compete ao STF para processar e julgar, originariamente, demanda ajuizada por magistrado estadual a respeito de pagamento de correção monetária sobre valores correspondentes a abono variável. *RE 608847 AgR/RJ, Red. p/ ac. Min. Teori Zavascki, 1º.12.2015. 2ª T. (Info 810)*

2015

Porte de arma de magistrado e competência

O STF tem competência para processar e julgar causas em que se discute prerrogativa dos juízes de portar arma de defesa pessoal, por se tratar de ação em que todos os membros da magistratura são direta ou indiretamente interessados (CF, art. 102, I, n). *Rcl 11323 AgR/SP, Red. p/ ac. Min. Teori Zavascki, 22.4.15. Pleno. (Info 782)*

STF e competência em decisões negativas do CNMP

O Supremo Tribunal Federal não tem competência para processar e julgar ações decorrentes de decisões negativas do CNMP e do CNJ. *MS 33163/DF, Red. p/ ac. Min. Roberto Barroso, 5.5.15. 1ª T. (Info 784)*

2014

Ação penal originária: renúncia de parlamentar e competência do STF

Nas ações penais originárias do STF, eventual renúncia de parlamentar ao cargo eletivo – após o final da instrução criminal – não gera o efeito de cessar a competência do Supremo para julgar o processo. *AP 606 QO/MG, Rel. Min. Roberto Barroso, 12.7.14. 1ª T. (Info 754)*

Competência: ajuda de custo e remoção de magistrados

O art. 102, I, n, da CF não comporta exegese que desloque para o STF o julgamento de toda e qualquer ação ajuizada por magistrados. Controvérsia não fundada em prerrogativa específica e exclusiva da magistratura. *ARE 744436 AgR/PE, Rel. Min. Rosa Weber, 30.9.14. 1ª T. (Info 761)*

Reclamação: conflito federativo e usurpação de competência do STF

Há contraposição da pretensão da União Federal em preservar o cenário paisagístico como patrimônio cultural brasileiro mediante o tombamento do "Encontro das Águas dos Rios Negro e Solimões" com o interesse jurídico, econômico, financeiro e social do Estado do Amazonas de ter autonomia na gestão de seus recursos naturais. O conflito entre os entes federados tem densidade suficiente para abalar o pacto federativo, e, portanto, está apto a deslocar a competência da ação para a Suprema Corte. (art. 102, I, f, da CF). *Rcl 12957/AM, Rel. Min. Dias Toffoli, 26.8.14. 1ª T. (Info 756)*

4.3.3. Do Conselho Nacional de Justiça

2016

Ato do CNJ e extensão de gratificação de servidor público

O CNJ, no exercício de suas funções constitucionais, possui, tão somente, atribuições de natureza administrativa e, nesse sentido, não lhe é permitido apreciar a constitucionalidade dos atos administrativos, mas somente sua legalidade. A lei estadual que criou a a gratificação por condições especiais de trabalho, não afastou o direito dos demais servidores efetivos à percepção da gratificação. Essa interpretação é corroborada pelo fato de que o próprio Tribunal de Justiça, ao regulamentar a lei, estendeu a outros servidores efetivos o direito. Se há o direito à percepção, inexiste ilegalidade na decisão do Conselho que, reconhecendo a omissão, determina que o Tribunal de Justiça regulamente as condições pelas quais os supervisores dos juizados farão jus à gratificação. *MS 31285/DF, Rel. p/ ac. Min. Edson Fachin, 2.8.2016. 1ª T. (Info 833)*

CNJ e revisão de processo disciplinar

O Conselho Nacional de Justiça (CNJ) pode proceder à revisão disciplinar de juízes e membros de tribunais desde que observado o requisito temporal: processos disciplinares julgados há menos de um ano. Assim, nos termos do art. 103-B, § 4º, V, da Constituição, referida medida pode ser instaurada de ofício ou mediante provocação de qualquer interessado e admite agravamento ou abrandamento da decisão disciplinar revista. *MS 33565/DF, Rel. Min. Rosa Weber, 14.6.2016. 1ª T. (Info 830)*

CNJ: férias de 60 dias e justiça estadual

As normas estaduais infirmadas na decisão do CNJ assegurariam 60 dias de férias aos servidores da Justiça estadual como decorrência da associação entre esse direito e o período de férias coletivas concedidas nos tribunais. Todavia, essa forma de usufruto do direito às férias já teria a sua inconstitucionalidade declarada pelo STF. De fato, a jurisprudência da Corte se pacificara no sentido de ser inconstitucional a concessão de férias coletivas aos magistrados, diante da previsão inserta pela EC 45/04 ao art. 93, XII, da CF. Tal preceito dispõe que "a atividade jurisdicional será ininterrupta, sendo vedado férias coletivas nos juízos e tribunais de segundo grau, funcionando, nos dias em que não houver expediente forense normal, juízes em plantão permanente". Ademais, "EC 45/04, ao vedar as férias coletivas nos juízos e tribunais de segundo grau, revogou os atos normativos inferiores que a elas se referiam" (ADI 3085). Assim, se a Constituição veda a concessão de férias coletivas aos magistrados, com vista a garantir que a atividade jurisdicional seja ininterrupta, seria também inadmissível o gozo coletivo de férias pelos servidores de tribunal de justiça local. *MS 26739/DF, Rel. Min. Dias Toffoli, 1º.3.2016. 2ª T. (Info 816)*

CNJ: revisão disciplinar e devido processo legal

O CNJ tem competência originária e concorrente para apreciar, até mesmo de ofício, a legalidade dos atos praticados por membros ou órgãos do Poder Judiciário, bem como para rever os processos disciplinares contra juízes e membros de tribunais julgados há menos de um ano (CF, art. 103-B, § 4º). É possível a instauração, de ofício, de processo de revisão disciplinar que culmine na aplicação da pena mais gravosa, de aposentadoria compulsória, a magistrado, inexistindo, nesse caso, sobreposições de sanções administrativas. A falta de intimação pessoal do magistrado para a sessão de julgamento da revisão disciplinar não é nula se não demonstrado prejuízo à defesa. A dosagem e a proporcionalidade da sanção disciplinar aplicada enseja reexame de fatos e provas, o que não se mostra possível em sede de mandado de segurança. *MS-AgR 32581/DF, Rel. Min. Edson Fachin, 8.3.2016. 1ª T. (Info 817)*

2. DIREITO CONSTITUCIONAL

Deliberação negativa do CNJ e competência do STF

Não compete ao STF apreciar originariamente pronunciamento do Conselho Nacional de Justiça que tenha julgado improcedente pedido de cassação de ato normativo editado por vara judicial. A Segunda Turma reiterou, assim, jurisprudência firmada no sentido de que não cabe ao STF o controle de deliberações negativas do CNJ, isto é, daquelas que simplesmente tenham mantido decisões de outros órgãos (MS 32729 AgR). *MS 33085/DF, Rel. Min. Teori Zavascki, j. 20.9.2016. 2ª T. (Info 840)*

Magistratura e limites de despesas médicas e odontológicas conferidas por lei estadual

Não subsiste ato do CNJ que determina cessação de ressarcimento de despesas médicas, cirúrgicas e odontológicas de magistrados, benefício previsto em lei estadual. Reconhecida a legitimidade ativa do ente federado, tendo em conta o afastamento da lei estadual pelo CNJ. Afastada eventual alegação de decadência do "mandamus", porque ausente a cientificação do Estado-Membro do ato impugnado, haja vista não ter sido parte no procedimento administrativo realizado pelo CNJ. Quanto ao mérito, a LC 35/79 (Loman), ao vedar a concessão de adicionais ou vantagens pecuniárias nela não previstas, não atinge as verbas de natureza indenizatória consagradas em legislação estadual. *MS 27463/MT, Rel. Min. Marco Aurélio, 10.5.2016. 1ª T. (Info 825)*

2014

Ações contra atos do CNJ e competência do STF

A competência originária do STF para as ações ajuizadas contra o CNJ se restringe ao mandado de segurança, mandado de injunção, "habeas data" e "habeas corpus". As demais ações em que questionado ato do CNJ ou do CNMP submetem-se consequentemente ao regime de competência estabelecido pelas normas comuns de direito processual. *ACO 2373 AgR/DF, Rel. Min. Teori Zavascki, 19.8.14. 2ª T. (Info 755)*

Ato do CNJ e matéria sujeita à apreciação judicial

O CNJ não pode se manifestar quando a matéria está submetida à apreciação do Poder Judiciário. Portanto, não é possível atuação do Conselho, que dispõe de atribuições exclusivamente administrativas, em procedimento de controle administrativo sobre matéria submetida à apreciação do Poder Judiciário. *MS 27650/DF, Rel. Min. Cármen Lúcia, 24.6.14. 2ª T. (Info 752)*

Ato praticado pelo CNJ e competência

Em regra, à justiça federal compete, nos termos do art. 109, I, da CF processar e julgar demanda que envolva ato praticado pelo CNJ. Ao STF compete julgar apenas as ações tipicamente constitucionais movidas em face desse mesmo órgão. *AO 1814 QO/MG, Rel. Min. Marco Aurélio, 24.9.14. Pleno. (Info 760)*

CNJ e âmbito de atuação

Em procedimento de controle administrativo, o CNJ invalidou norma regimental ao fundamento de sua incompatibilidade com a CF. A decisão questionada teria feito inserção em matéria que a Constituição não incluíra no rol de competências do CNJ. Ocorre que a existência de mais de uma vice-presidência e a fixação de suas competências por norma regimental estão previstas no § 1º do art. 103 da Loman. Assim, é possível que o tribunal local, por meio de seu regimento, estabeleça regras de competência interna, organização e atuação, desde que respeitadas a lei e a Constituição. O CNJ controla a atuação administrativa e financeira do Poder Judiciário e o cumprimento dos deveres funcionais dos juízes. As competências e limitações institucionais do Conselho são as mesmas previstas para os órgãos administrativos de igual natureza existentes no País, dos quais se distinguiria em face de sua competência nacional e de seu fundamento constitucional, ausente a função jurisdicional. *MS 30793/DF, Rel. Min. Cármen Lúcia, 5.8.14. 2ª T. (Info 753)*

CNJ: deferimento de liminares e dispensa de interstício para remoção de magistrados

O CNJ pode, a fim de garantir a efetividade do processo administrativo, conceder medida cautelar para suspender atos administrativos de órgãos do Poder Judiciário. Poder que, se não fosse explicitado nos arts. 97 e 99 do RI/CNJ, combinados com o art. 45 da Lei 9.784/99, estaria implícito. //Somente se aplica a parte final da alínea b do inciso II do art. 93 da CF quando não houver, considerados os concursos de remoção e de promoção, nenhum magistrado que, "com tais requisitos", aceite o lugar vago. //O Tribunal de Justiça não dispõe de poder discricionário para dispensar ou não o requisito do interstício para remoção e promoção de juízes, sob pena de desrespeito ao princípio constitucional da impessoalidade. Não havendo outros candidatos à vaga, nem por remoção nem por promoção, impõe-se a dispensa do interstício de dois anos na entrância. *MS 27704/RJ, Rel. Min. Dias Toffoli, 5.8.14. 1ª T. (Info 753)*

CNJ: PAD e punição de magistrado

É desnecessário esgotar as vias ordinárias para que o CNJ instaure processo de revisão disciplinar. *MS 28918 AgR/DF, Rel. Min. Dias Tofoli, 4.11.14. 1ª T. (Info 766)*

CNJ: processo de revisão disciplinar e prazo de instauração

O despacho do Corregedor Nacional de Justiça que instaura processo de revisão disciplinar com base no art. 86 do Regimento Interno do CNJ é mero ato de execução material da decisão do Plenário do CNJ e não deve ser considerado na contagem do prazo previsto no inciso V do § 4º do art. 103-B da CF. *MS 28127/DF, Rel. Min. Dias Toffoli, 25.6.14. 1ª T. (Info 752)*

CNJ: revisão disciplinar e prazo de instauração

Reclamação disciplinar foi sobrestada para aguardar conclusão de processo administrativo disciplinar que apurava os mesmos fatos no âmbito de tribunal de justiça. Neste PAD, o impetrante foi absolvido por falta de provas. O CNJ requereu os autos para análise de eventual revisão disciplinar. Que deveria ser retomada dentro do prazo constitucional de 1 ano. Seria iniciada a sua pretensão revisional (art. 103-B, § 4º, V), que tanto incidiria sobre a reapreciação propriamente dita dos fatos – por meio de processo instaurado especificamente para esse fim –, como também sobre a continuidade de apuração eventualmente em curso, que deveria ser retomada dentro do citado prazo. Admitir que o CNJ pudesse, a qualquer tempo, reavivar discussão travada em PAD já julgado – somente porque já instaurado processo apuratório antes daquele julgamento –, seria desconsiderar o prazo constitucional. Seria, ainda, ignorar o poder disciplinar das instâncias locais, dotado, como o concretizado no âmbito do CNJ, de imperatividade, atributo que não poderia ser desconsiderado por meio de reapreciação tardia dos mesmos fatos. Em que pese o CNJ estar em posição hierárquica, no âmbito do Poder Judiciário, que lhe permitiria proferir a última decisão administrativa em questões disciplinares, esse fato não excluiria o poder censório do órgão local. Esse poder seria concorrente ao exercível pelo Conselho, dele diferindo apenas pela ausência de terminatividade, já que sujeito ao exercício do poder revisional pela Corregedoria Nacional, desde que exercitado no prazo de 1 ano. No caso dos autos, o CNJ só adotou a primeira medida para revisão do julgado quando já escoado o prazo constitucional. *MS 32724/DF, Rel. Min. Dias Toffoli, 17.11.15. 2ª T. (Info 808)*

CNJ: sindicância e delegação de competência

É regular a designação de juiz auxiliar, seja ele originário do Judiciário estadual ou federal, para a condução de sindicância, por delegação do CNJ, ainda que o investigado seja magistrado federal. *MS 28513/DF, Rel. Min. Teori Zavascki, 15.9.15. 2ª T. (Info 799)*

Competência do STF: ato do CNJ e interesse de toda a magistratura

Compete ao STF julgar mandado de segurança contra ato do Presidente do TJDFT que, na condição de mero executor, apenas dá cumprimento à resolução do CNJ. *Rcl 4731/DF, Rel. Min. Cármen Lúcia, 5.8.14. 2ª T. (Info 753)*

PAD no âmbito do CNJ: sindicados de tribunais diversos e princípio do juiz natural

O princípio do juiz natural não apenas veda a instituição de tribunais e juízos de exceção, mas também impõe que as causas sejam processadas e julgadas por órgão jurisdicional previamente determinado, a partir de critérios constitucionais de repartição taxativa de competência, excluindo-se qualquer discricionariedade. *MS 27021/DF, Rel. Min. Dias Toffoli, 14.10.14. 1ª T. (Info 763)*

2012

CNJ: dispensa de sindicância e interceptação telefônica

1) A competência exclusiva, indelegável e absoluta para presidir a sessão do CNJ fixou-se, a partir do advento da EC nº 61/09, na pessoa do Presidente ou, na sua ausência, do Vice-Presidente do STF, nos termos do disposto no artigo 103-B, § 1º, da Constituição de 1988. Ressalva do redator do acórdão que reconheceu a impossibilidade de, mesmo antes do advento da EC nº 61, uma sessão do CNJ ser presidida por Conselheiro não oriundo do STF, decidindo, quanto ao ponto, pela necessidade de

modulação temporal. 2) In casu, a sessão do CNJ que determinou a instauração de processo administrativo disciplinar em face da Impetrante ocorreu em 16/12/08, antes, portanto, da entrada em vigor da EC nº 61/09 que iniciou seus efeitos a contar de 12/11/09, por isso que o o Regimento Interno do órgão permitia, na época dos fatos, o exercício da presidência de sessão por conselheiro não integrante do STF. 3) O princípio da inafastabilidade incide sobre as deliberações do CNJ, posto órgão de cunho não jurisdicional. 4) As provas obtidas em razão de diligências deflagradas na esfera criminal podem ser utilizadas em processo administrativo disciplinar, uma vez submetidas ao contraditório, posto estratégia conducente à duração razoável do processo, sem conjuração das cláusulas pétreas dos processos administrativo e judicial. 5) A instauração de um processo administrativo disciplinar (PAD) prescinde de prévia sindicância, quando o objeto da apuração encontra-se elucidado à luz de outros elementos lícitos de convicção. 6) A competência originária do Conselho Nacional de Justiça resulta do texto constitucional e independe de motivação do referido órgão, bem como da satisfação de requisitos específicos. A competência do CNJ não se revela subsidiária. 7) Ressalva do redator do acórdão no sentido de que o STF, por força do princípio da unidade da Constituição e como Guardião da Carta Federal, não pode desconsiderar a autoridade do CNJ e a autonomia dos Tribunais, por isso que a conciliação possível, tendo em vista a atividade correcional de ambas as instituições, resulta na competência originária do órgão, que pode ser exercida de acordo com os seguintes termos e parâmetros apresentados de forma exemplificativa: a) Comprovação da inércia do Tribunal local quanto ao exercício de sua competência disciplinar. Nesse contexto, o CNJ pode fixar prazo não inferior ao legalmente previsto de 140 dias (60 dias (art. 152 da Lei 8.112) + 60 dias (art. 152 da Lei 8.112 que admite prorrogação de prazo para a conclusão do PAD) + 20 dias (prazo para o administrador competente decidir o PAD, *ex vi* do art. 167 da Lei 8.112)) para que as Corregedorias locais apurem fatos que cheguem ao conhecimento do órgão, avocando os feitos em caso de descumprimento imotivado do lapso temporal; sem prejuízo da apuração de responsabilidade do órgão correcional local; b) Demora irrazoável na condução, pelo tribunal local, de processo administrativo com risco de prescrição; c) Falta de quórum para deliberação, por suspeição, impedimentos ou vagas de magistrados do Tribunal; d) Simulação quanto ao exercício da competência correcional pelo Poder Judiciário local; e) Prova da incapacidade de atuação dos órgãos locais por falta de condições de independência, hipóteses nas quais é lícita a inauguração de procedimento pelo referido Conselho ou a avocação do processo; f) A iminência de prescrição de punições aplicáveis pelas Corregedorias no âmbito de suas atribuições autoriza o CNJ a iniciar ou avocar processos; g) Qualquer situação genérica avaliada motivadamente pelo CNJ que indique a impossibilidade de apuração dos fatos pelas Corregedorias autoriza a imediata avocação dos processos pelo CNJ; h) Arquivado qualquer procedimento, disciplinar ou não, da competência das Corregedorias, é lícito ao CNJ desarquivá-los e prosseguir na apuração dos fatos; i) Havendo conflito de interesses nos Tribunais que alcancem dimensão que torne o órgão colegiado local impossibilitado de decidir, conforme avaliação motivada do próprio CNJ, poderá o mesmo avocar ou processar originariamente o feito; j) Os procedimentos disciplinares iniciados nas corregedorias e nos Tribunais locais deverão ser comunicados ao CNJ dentro do prazo razoável de 30 dias para acompanhamento e avaliação acerca da avocação prevista nas alíneas antecedentes; k) As regras acima não se aplicam aos processos já iniciados, aos em curso e aos extintos no CNJ na data deste julgamento; l) As decisões judiciais pretéritas não são alcançadas pelos parâmetros acima. 8) O instituto da translatio judicii, que realça com clareza solar o princípio da instrumentalidade do processo, viabiliza o aproveitamento dos atos processuais praticados no âmbito do CNJ pelo órgão correcional local competente para decidir a matéria. 9) Denegação da segurança, mantendo-se a decisão do CNJ com o aproveitamento de todas as provas já produzidas. *MS 28003, Red. p/ ac. Min. Luiz Fux, 8.2.12. Pleno. (Info 654)*

Resolução 135/11 do CNJ e uniformização de procedimento administrativo disciplinar

O diploma adversado dispõe sobre a uniformização de normas relativas ao procedimento administrativo disciplinar aplicável aos magistrados, acerca dos ritos e das penalidades, e dá outras providências. O Tribunal deliberou pela análise de cada um dos dispositivos da norma questionada. Quanto ao art. 2º, referendou o indeferimento da liminar. Consignou-se que o CNJ integraria a estrutura do Poder Judiciário, mas não seria órgão jurisdicional e não interviria na atividade judicante. Este Conselho possuiria, à primeira vista, caráter eminentemente administrativo e não disporia de competência para, mediante atuação colegiada ou monocrática, reexaminar atos de conteúdo jurisdicional, formalizados por magistrados ou tribunais do país. Referendou-se o indeferimento da liminar quanto ao art. 3º, V. Repeliu-se a alegação de que o preceito impugnado excluiria o direito ao recebimento dos vencimentos proporcionais em caso de aposentadoria compulsória. No que concerne ao § 1º desse mesmo artigo, referendou-se o deferimento da liminar. Elucidou-se que, embora os magistrados respondessem disciplinarmente por ato caracterizador de abuso de autoridade, a eles não se aplicariam as penas administrativas versadas na Lei 4.898/65, porquanto submetidos à disciplina especial derrogatória, qual seja, a Loman. No tocante ao art. 4º, referendou-se o indeferimento da liminar. Afastou-se a assertiva de que a supressão da exigência de sigilo na imposição das sanções de advertência e censura deveriam ser aplicadas nos moldes preconizados na Loman. No que diz respeito ao art. 20, referendou-se o indeferimento da cautelar. Ressaltou-se que o respeito ao Poder Judiciário não poderia ser obtido por meio de blindagem destinada a proteger do escrutínio público os juízes e o órgão sancionador, o que seria incompatível com a liberdade de informação e com a ideia de democracia. O Plenário atribuiu interpretação conforme a Constituição aos arts. 8º e 9º, § § 2º e 3º, com o fim de que, onde conste "Presidente" ou "Corregedor", seja lido "órgão competente do tribunal". Em juízo meramente delibatório, conferiu-se interpretação conforme a Constituição ao art. 10 para se entender que o sentido da norma seria o da possibilidade de recurso pelo interessado, seja ele o magistrado contra o qual se instaura o procedimento, seja ele o autor da representação arquivada. No que se refere ao art. 12, caput e parágrafo único, negou-se referendo à liminar e manteve a competência originária e concorrente do referido órgão para instaurar procedimentos administrativos disciplinares aplicáveis a magistrados. Negou-se referendo à cautelar quanto aos § § 3º, 7º, 8º e 9º da cabeça do art. 14; aos incs. IV e V da cabeça do art. 17; e ao § 3º do art. 20. No que concerne ao § 1º do art. 15, referendou-se a liminar concedida. Aduziu-se tratar-se de nova hipótese cautelar de afastamento de magistrado do cargo. Realçou-se que eventual restrição às garantias da inamovibilidade e da vitaliciedade exigiria a edição de lei em sentido formal e material, sob pena de ofensa aos princípios da legalidade e do devido processo. Relativamente ao parágrafo único do art. 21, o Tribunal deu interpretação conforme a Constituição para entender que deve haver votação específica de cada uma das penas disciplinares aplicáveis a magistrados até que se alcance a maioria absoluta dos votos, conforme preconizado no art. 93, VIII, da CF. *ADI 4638 Referendo-MC, Rel. Min. Marco Aurélio, 8.2.12. Pleno. (Info 654)*

4.3.4. Dos Tribunais Regionais Federais e dos Juízes Federais

2014

Art. 109, § 2º, da CF e autarquias federais

RPG A faculdade atribuída ao autor quanto à escolha do foro competente entre os indicados no art. 109, § 2º, da CF para julgar as ações propostas contra a União tem por escopo facilitar o acesso ao Poder Judiciário àqueles que se encontram afastados das sedes das autarquias. Em situação semelhante à da União, as autarquias federais possuem representação em todo o território nacional, e gozam, de maneira geral, dos mesmos privilégios e vantagens processuais concedidos ao ente político a que pertencem. A pretendida fixação do foro competente com base no art. 100, IV, a, do CPC nas ações propostas contra as autarquias federais resultaria em concessão de vantagem processual não estabelecida para a União, ente maior, que possui foro privilegiado limitado pelo referido dispositivo constitucional. Incidência do disposto no art. 109, § 2º, da CF às autarquias federais. *RE 627709/DF, Rel. Min. Ricardo Lewandowski, 20.8.14. Repercussão geral – mérito. Pleno. (Info 755)*

Competência da justiça federal: mero interesse da União e efetiva participação no processo

Compete à Justiça Federal (art. 109, I, da CF) julgar ação em que se questionan negativa de expedição de diploma de curso de ensino a distância por conta de ausência de credenciamento da instituição pelo Ministério da Educação. Evidente interesse da União no litígio. *ARE 754174 AgR/RS, Rel. Min. Gilmar Mendes, 2.9.14. 2ª T. (Info 757)*

Tráfico internacional de crianças e competência jurisdicional

A suposta incompetência funcional do juiz estadual que, despachando processo de outra vara,

2. DIREITO CONSTITUCIONAL

determinou sua redistribuição à Justiça Federal, constitui nulidade relativa, que não gerou prejuízo algum ao paciente nem foi arguida em tempo oportuno, tornando-se preclusa. Questão, ademais, irrelevante e superada, diante da remessa do processo à Justiça Federal, competente para processar e julgar o crime descrito no art. 239 do ECA (art. 109, V, CF). O caso envolve o cumprimento de tratados internacionais dos quais o Brasil é signatário, a atrair a incidência do inciso V do art. 109 da CF. *HC 121472/PE, Rel. Min. Dias Toffoli, 19.8.14. 1ª T. (Info 755)*

4.3.5. Dos Tribunais e Juízes dos Estados

2014

ADI e estrutura organizacional de tribunal de justiça

O Plenário confirmou medida cautelar e julgou procedente pedido formulado em ação direta para assentar a inconstitucionalidade de dispositivos da Constituição do Estado do Ceará e de seu ADCT. Na espécie, foram declarados inconstitucionais: a) a expressão "ou a determinação de abertura de tal procedimento contra o juiz acusado" contida no art. 96, II, f; b) o § 1º do art. 105; c) a expressão "vinte e um", constante do art. 107; d) o art. 109, "caput" e § § ; e) os artigos 110 a 113; f) o § 5º do art. 11 do ADCT; e g) o art. 12 do ADCT. As normas questionadas alteram a estrutura organizacional do tribunal de justiça cearense e a carreira da magistratura. *ADI 251/CE, Rel. Min. Gilmar Mendes, 27.8.14. Pleno. (Info 756)*

4.4. Das Funções Essenciais à Justiça

4.4.1. Do Ministério Público

2016

CNMP e vitaliciamento de membros do Ministério Público

O ato de vitaliciamento tem natureza de ato administrativo, e assim se sujeita ao controle de legalidade do Conselho Nacional do Ministério Público, por força do art. 130-A, § 2º, II, da CF/88, cuja previsão se harmoniza perfeitamente com o art. 128, § 5º, I, a, do texto constitucional.. *MS 27542/DF, Rel. Min. Dias Toffoli, j. 4.10.2016. 2ª T. (Info 842)*

Conflito de atribuição e fato novo

Sobrestado julgamento de agravo regimental em ação cível originária que trata de conflito positivo de atribuições entre MPF e o MP estadual relativamente a procedimentos investigatórios criminais com o escopo de apurar quem seria o proprietário e se teria havido reformas em determinados imóveis. Na espécie, alega-se afronta aos princípios do "non bis in idem" e do promotor natural, haja vista que referidos procedimentos investigatórios teriam igual objeto e versariam sobre os mesmos fatos. A Min. Rel. indeferira a liminar por entender que não havia "seja pela ótica formal, seja pela material, elementos de convicção hábeis a justificar a concessão ..., neste juízo delibatório". Contra essa decisão, fora interposto o agravo, em que se sustenta a ocorrência de fatos novos, configurados no oferecimento de denúncia por parte do MP estadual e na decisão jurisdicional declinatória da competência da justiça estadual para a federal. Segundo o agravante, tais fatos seriam aptos a ensejar a reconsideração da decisão monocrática ou a submissão do julgamento à Turma. Foi reconhecida a existência de fato novo (remessa do procedimento da justiça estadual paulista para a justiça federal do Paraná). Apontou que o juízo federal poderia vir a assentar não ter a respectiva competência e determinar o retorno do inquérito, a desencadear um conflito negativo com o órgão paulista. Asseverou a necessidade de se aguardar o crivo do Ministério Público Federal e do juízo criminal federal, ambos do Estado do Paraná. *ACO 2833 AgR/SP, Rel. Min. Rosa Weber, 15.3.2015. 1ª T. (Info 818)*

Conflito de atribuições e Fundef

Não cabe à Corte julgar conflitos de atribuição entre o Ministério Público Federal e os Ministérios Públicos dos estados. Não foi reconhecido conflito de atribuições suscitado pelo MPF em face do MP estadual relativamente à investigação de supostas irregularidades concernentes à gestão de recursos oriundos do Fundef. No caso, foi instaurado inquérito civil, a pedido de Conselho Municipal de Acompanhamento e Controle Social do Fundef, pelo "parquet" estadual, visando apurar a existência de irregularidades no Município, no tocante às ordens de despesas à conta do Fundef. *ACO 1394/RN, Red. p/ ac. Min. Teori Zavascki, 19.5.2016. Pleno. (Info 826)*

Conflito de atribuições e superfaturamento em construção de conjuntos habitacionais

Compete ao PGR, na condição de órgão nacional do Ministério Público, dirimir conflitos de atribuições entre membros do MPF e de Ministérios Públicos estaduais. *ACO 924/PR, Rel. Min. Luiz Fux, 19.5.2016. Pleno. (Info 826)*

PGR e conflito de atribuição entre órgãos do Ministério Público

Cabe ao Procurador-Geral da República a apreciação de conflitos de atribuição entre órgãos do Ministério Público. *ACO 1567 QO/SP, Rel. Min. Dias Toffoli, 17.8.2016. Pleno. (Info 835)*

2015

Controle de constitucionalidade e órgão administrativo

O direito subjetivo do exercente da função de Promotor de Justiça de permanecer na comarca elevada de entrância não pode ser analisado sob o prisma da constitucionalidade da lei local que previu a ascensão, máxime se a questão restou judicializada no STF. *MS 27744/DF, Rel. Min. Luiz Fux, 14.4.15. 1ª Turma. (Info 781)*

LC 75/93: auxílio-moradia e promoção com deslocamento

A percepção de auxílio-moradia pelos membros do Ministério Público da União está prevista no art. 227, VIII, da LC 75/93. A redação original da Portaria PGR 495/95 exorbitou do seu poder regulamentar, pois estabeleceu casos de concessão de auxílio-moradia não previstos em lei. Não há direito líquido e certo a ser protegido nesta via, uma vez que o TCU e o Procurador-Geral da República limitaram-se a adequar a Portaria PGR 495/95 aos limites impostos pelo art. 227, VIII, da LC 75/93. *MS 25838/DF, Rel. Min. Teori Zavascki, 29.9.15. 2ª T. (Info 801)*

Ministério Público e investigação criminal

RPG O Ministério Público dispõe de competência para promover, por autoridade própria, e por prazo razoável, investigações de natureza penal, desde que respeitados os direitos e garantias que assistem a qualquer indiciado ou a qualquer pessoa sob investigação do Estado, observadas, sempre, por seus agentes, as hipóteses de reserva constitucional de jurisdição e, também, as prerrogativas profissionais de que se acham investidos, em nosso País, os advogados (Lei 8.906/94, art. 7º, notadamente os incisos I, II, III, XI, XIII, XIV e XIX), sem prejuízo da possibilidade – sempre presente no Estado democrático de Direito – do permanente controle jurisdicional dos atos, necessariamente documentados (Enunciado 14 da Súmula Vinculante), praticados pelos membros dessa Instituição. *RE 593727/MG, repercussão geral, Red. p/ ac. Min. Gilmar Mendes, 14.5.15. Pleno. (Info 785)*

Procedimento de controle administrativo e notificação pessoal

Reveste-se de nulidade a decisão do Conselho Nacional do Ministério Público – CNMP que, em procedimento de controle administrativo (PCA) notifica o interessado por meio de edital publicado no Diário Oficial da União para restituir valores aos cofres públicos. *MS 26419/DF, Rel. Min. Teori Zavascki, 27.10.15. 2ª T. (Info 805)*

2014

CNMP e intimação de membros do Ministério Público

É válido ato do CNMP, que determina a promotor de justiça que se abstenha de requerer a não intimação do órgão do MP de segunda instância nos feitos em que tenha atuado atuado. Isso porque a independência funcional garantida ao Impetrante pelo art. 127, § 1º, da CF não é irrestrita, pois o membro do MP deve respeito à CF e às leis. Assim, o Promotor não pode, a pretexto de exercer sua independência funcional, formular requerimentos que tolham prerrogativas garantidas pela CF ou pela LONMP aos demais órgãos e membros do MP que atuem em segunda instância. Compete ao CNMP zelar pela autonomia funcional do MP, conforme dispõe o inc. I do § 2º do art. 130-A da CF. *MS 28408/DF, Rel. Min. Cármen Lúcia, 18.3.14. 2ª T. (Info 739)*

Poder de investigação do Ministério Público

Ao MP não é vedado proceder a diligências investigatórias, consoante interpretação sistêmica da CF (art. 129), do CPP (art. 5º) e da LC 75/93 (art. 8º). A atividade investigatória não é exclusiva da polícia judiciária. A atividade de investigação, seja exercida pela polícia ou pelo MP, merece, pela sua própria natureza, vigilância e controle. A atuação do "parquet" deve ser, necessariamente, subsidiária, a ocorrer, apenas, quando não seja possível

2. DIREITO CONSTITUCIONAL

ou recomendável efetivar-se pela própria polícia. Exemplifica-se situações em que é possível a atuação do órgão ministerial: lesão ao patrimônio público, excessos cometidos pelos próprios agentes e organismos policiais (vg. tortura, abuso de poder, violências arbitrárias, concussão, corrupção), intencional omissão da polícia na apuração de determinados delitos ou deliberado intuito da própria corporação policial de frustrar a investigação, em virtude da qualidade da vítima ou da condição do suspeito. *RHC 97926/GO, Rel. Min. Gilmar Mendes, 2.9.14. 2ª T. (Info 757)*

2012

CNMP e competência revisional

O Ministério Público estadual tem legitimidade ativa autônoma para atuar originariamente neste STF, no desempenho de suas prerrogativas institucionais relativamente a processos em que seja parte. 2. A competência revisora conferida ao CNMP limita-se aos processos disciplinares instaurados contra os membros do MPU ou dos Estados (inc. IV do § 2º do art. 130-A da CF), não sendo possível a revisão de processo disciplinar contra servidores. Somente com o esgotamento da atuação correicional do MP paulista o ex-servidor apresentou, no CNMP, reclamação contra a pena de demissão aplicada. 3. A CF resguardou o CNMP da possibilidade de se tornar instância revisora dos processos administrativos disciplinares instaurados nos órgãos correicionais competentes contra servidores auxiliares do MP em situações que não digam respeito à atividade-fim da própria instituição. 4. Mandado de segurança concedido, prejudicados os recursos interpostos contra o deferimento da liminar. *MS 28827, Rel. Min. Cármen Lúcia, 28.8.12. 1ª T. (Info 677)*

CNMP e revisão de ato homologatório de TAC

A Turma concedeu mandado de segurança impetrado por Ministério Público estadual contra ato do CNMP, para invalidar decisão deste órgão. Na espécie, o Conselho Superior do Ministério Público estadual negara homologação a termo de ajustamento de conduta – TAC proposto por promotor de justiça. O CNMP, após reclamação de membro do parquet, apesar do entendimento de que não seria de sua competência adentrar na atividade-fim daquele Colegiado estadual, anulara a decisão e mantivera o TAC. Consignou-se tratar-se de interferência indevida na autonomia administrativa e funcional do órgão estadual, não passível de apreciação pelo CNMP. Ademais, ressaltou-se a existência de sistema de controle interno na legislação local de cada Ministério Público, a cargo Conselho de Procuradores Regionais, sem prejuízo da fiscalização jurisdicional. *MS 28028, Rel. Min. Cármen Lúcia, 30.10.12. 2ª T. (Info 686)*

Ministério Público do Trabalho e legitimidade para atuar perante o Supremo

O exercício das funções do Ministério Público junto ao STF cabe privativamente ao Procurador-Geral da República, nos termos do art. 103, § 1º, da CF e do art. 46 da LC 75/93 (Estatuto do Ministério Público da União). *Rcl 6239 AgR-AgR, Red. p/ ac. Min. Rosa Weber, 23.5.12. Pleno. (Info 667)*

Procuradoria da justiça militar e precedência do critério de remoção

A Turma denegou mandado de segurança impetrado por promotora da Justiça Militar contra ato em que promovido concurso de remoção para o cargo de Procurador da Justiça Militar em Porto Alegre e, na sequência, abrira concurso de promoção por antiguidade para a referida vaga. Na espécie, a impetrante alegara afronta a direito líquido e certo com base nos arts. 93, II, d; e 129, § 4º, da CF. Primeiramente, destacou-se que o ato inquinado de ilegal e lesivo ao direito da impetrante teria sido ratificado pelo Procurador-Geral da República, como Presidente do Conselho de Assessoramento Superior do Ministério Público da União, o que o tornaria detentor de legitimidade passiva neste "mandamus". Por consequência, competente o STF para processar e julgar o "writ". Asseverou-se que a LC 35/79 (Loman), ao regular os critérios de promoção e remoção, apenas teria sido explícita em relação à magistratura estadual. Ademais, nos termos de seu art. 81, teria considerado somente a promoção por merecimento. Salientou-se que, na mencionada regra, o legislador não teria sido categórico quanto à promoção por antiguidade preceder à remoção. Além disso, a Constituição teria permitido a aplicação daqueles dispositivos somente no que coubesse, tendo-se em consideração a lei orgânica regedora da carreira da impetrante (LC 75/93). Pontuou-se que a lei ordinária teria previsto a faculdade de o membro do Ministério Público mover-se e, no caso, teriam sido rigorosamente observados todos os critérios exigidos na norma. Aduziu-se que, em decorrência do princípio da legalidade, a Administração Pública ficaria vinculada às permissões legais, não autorizada a fazer distinções onde a lei não as fizera. Ressaltou-se que privilegiar a promoção de concorrente por antiguidade em detrimento da remoção de membro da carreira que estivesse em nível superior da carreira seria desrespeitar o princípio da igualdade de tratamento jurídico, assegurado pela Constituição, pois não se poderia dar tratamento isonômico a pessoas em condições distintas. *MS 25125, Rel. Min. Dias Toffoli, 28.8.12. 1ª T. (Info 677)*

4.4.2. Da Advocacia Pública

2015

Art. 132 da CF e criação de cargos comissionados

É inconstitucional o diploma normativo editado pelo Estado-membro, ainda que se trate de emenda à Constituição estadual, que outorgue a exercente de cargo em comissão ou de função de confiança, estranho aos quadros da Advocacia de Estado, o exercício, no âmbito do Poder Executivo local, de atribuições inerentes à representação judicial e ao desempenho da atividade de consultoria e de assessoramento jurídicos, pois tais encargos traduzem prerrogativa institucional outorgada, em caráter de exclusividade, aos Procuradores do Estado pela própria Constituição da República. Precedentes do Supremo Tribunal Federal. Magistério da doutrina. A extrema relevância das funções constitucionalmente reservadas ao Procurador do Estado (e do Distrito Federal, também), notadamente no plano das atividades de consultoria jurídica e de exame e fiscalização da legalidade interna dos atos da Administração Estadual, impõe que tais atribuições sejam exercidas por agente público investido, em caráter efetivo, na forma estabelecida pelo art. 132 da Lei Fundamental da República, em ordem a que possa agir com independência e sem temor de ser exonerado "ad libitum" pelo Chefe do Poder Executivo local pelo fato de haver exercido, legitimamente e com inteira correção, os encargos irrenunciáveis inerentes às suas altas funções institucionais. *ADI 4843 MC-Referendo/PB, Rel. Min. Celso de Mello, 11.12.14. Pleno. (Info 771)*

2014

Procuradores federais e férias

RPG Os procuradores federais têm o direito às férias de 30 dias, por força do que dispõe o art. 5º da Lei 9.527/97, porquanto não recepcionados com natureza complementar o art. 1º da Lei 2.123/53 e o art. 17, parágrafo único, da Lei 4.069/62. *RE 602381/AL, Repercussão geral – mérito, Rel. Min. Cármen Lúcia, 20.11.14. Pleno. (Info 768)*

2013

ADI e prerrogativas de Procuradores de Estado

Se apenas à União fora atribuída competência privativa para legislar sobre matéria penal, somente ela poderia dispor sobre regra de isenção de porte de arma. O registro, a posse e a comercialização de armas de fogo e munição estariam disciplinados no Estatuto do Desarmamento (Lei 10.826/03). Esse diploma criara o Sistema Nacional de Armas – Sinarm e transferira à Polícia Federal diversas atribuições até então executadas pelos estados-membros, com o objetivo de centralizar a matéria em âmbito federal. Mencionou precedentes da Corte no sentido da constitucionalidade do Estatuto e da competência privativa da União para autorizar e fiscalizar a produção e o comércio de material bélico (CF, art. 21, VI). Aduziu que, não obstante a necessidade especial que algumas categorias profissionais teriam do porte funcional de arma, impenderia um diálogo em seara federal. *ADI 2729/RN, Red. p/ ac. Min. Gilmar Mendes, 19.6.13. Pleno. (Info 711)*

4.4.3. Da Defensoria Pública

2016

Defensoria Pública: autonomia funcional, administrativa e orçamentária

Normas que interferem na autonomia de defensorias públicas estaduais são inconstitucionais. A redução unilateral – pelo governador – do valor da proposta orçamentária elaborada pela Defensoria Pública estadual, apresentada em consonância com a Lei de Diretrizes Orçamentária e demais requisitos constitucionais, revela verdadeira extrapolação de sua competência em clara ofensa à autonomia da referida instituição (CF, art. 134, § 2º) e à separação dos Poderes. *ADI 5287/PB, Rel. Min. Luiz Fux, 18.5.2016. Pleno. (Info 826)*

Defensoria Pública e defensor público natural

O art. 4º-A da LC 80/94 estabelece que são direitos dos assistidos pela Defensoria Pública "o patrocínio de seus direitos e interesses pelo defensor natural" (designação por critérios legais), o que não se confunde com exclusividade do órgão para atuar nas causas em que figure pessoa carente, sobretudo se considerada a atual realidade institucional. No caso, o indeferimento do pedido de adiamento de audiência designada não configura cerceamento de defesa, pois, à falta de defensor público disponível para atuar na defesa técnica do paciente, foi-lhe constituído advogado particular, que exerceu seu mister com eficiência e exatidão, precedido de entrevista reservada e privativa com o acusado. HC 123494/ES, Rel. Min. Teori Zavascki, 16.2.2016. 2ª T. (Info 814)

Defensoria Pública e participação na sua proposta orçamentária

Por fixar os limites do orçamento anual da Defensoria Pública estadual, a Lei de Diretrizes Orçamentárias enviada pelo governador à assembleia legislativa deve contar com a participação prévia daquela instituição pública. ADI 5381 Referendo-MC/PR, Rel. Min. Roberto Barroso, 18.5.2016. Pleno. (Info 826)

2014

Defensoria Pública: autonomia financeira e orçamentária

A autonomia administrativa e financeira da Defensoria Pública qualifica-se como preceito fundamental, ensejando o cabimento de ADPF, pois constitui garantia densificadora do dever do Estado de prestar assistência jurídica aos necessitados e do próprio direito que a esses corresponde. Trata-se de norma estruturante do sistema de direitos e garantias fundamentais, sendo também pertinente à organização do Estado. A arguição dirige-se contra ato do chefe do Poder Executivo estadual praticado no exercício da atribuição conferida constitucionalmente a esse agente político de reunir as propostas orçamentárias dos órgãos dotados de autonomia para consolidação e de encaminhá-las para a análise do Poder Legislativo. Não se cuida de controle preventivo de constitucionalidade de ato do Poder Legislativo, ma, sim, de controle repressivo de constitucionalidade de ato concreto do chefe do Poder Executivo. São inconstitucionais as medidas que resultem em subordinação da Defensoria Pública ao Poder Executivo, por implicarem violação da autonomia funcional e administrativa da instituição. Nos termos do art. 134, § 2º, da CF, não é dado ao chefe do Poder Executivo estadual, de forma unilateral, reduzir a proposta orçamentária da Defensoria Pública quando essa é compatível com a Lei de Diretrizes Orçamentárias. Caberia ao Governador do Estado incorporar ao PLOA a proposta nos exatos termos definidos pela Defensoria, podendo, contudo, pleitear à Assembleia Legislativa a redução pretendida, visto ser o Poder Legislativo a seara adequada para o debate de possíveis alterações no PLOA. A inserção da Defensoria Pública em capítulo destinado à proposta orçamentária do Poder Executivo, juntamente com as Secretarias de Estado, constitui desrespeito à autonomia administrativa da instituição, além de ingerência indevida no estabelecimento de sua programação administrativa e financeira. ADPF 307 Referendo-MC/DF, Rel. Min. Dias Toffoli, 19.12.13. Pleno. (Info 733)

2012

Defensoria pública paulista e convênio obrigatório com a OAB-SP: inadmissibilidade

A previsão de obrigatoriedade de celebração de convênio exclusivo e obrigatório entre a defensoria pública do Estado de São Paulo e a seccional local da OAB – OAB-SP ofende a autonomia funcional, administrativa e financeira daquela. ADI 4163, Rel. Min. Cezar Peluso, 29.2.12. Pleno. (Info 656)

Defensoria pública estadual e equiparação

A EC 45/04 reforçou a autonomia funcional e administrativa às defensorias públicas estaduais, ao assegurar-lhes a iniciativa para a propositura de seus orçamentos (art. 134, § 2º). II. Qualquer medida normativa que suprima essa autonomia da Defensoria Pública, vinculando-a a outros Poderes, em especial ao Executivo, implicará violação à CF. ADI 4056, Rel. Min. Ricardo Lewandowski, 7.3.12. Pleno. (Info 657)

Defensoria pública estadual e exercício por advogados cadastrados pela OAB-SC

Art. 104 da constituição do Estado de Santa Catarina. LC estadual 155/97. Convênio com a seccional da OAB para prestação de serviço de "defensoria pública dativa". Inexistência, no Estado de Santa Catarina, de órgão estatal destinado à orientação jurídica e à defesa dos necessitados. Situação institucional que configura severo ataque à dignidade do ser humano. Violação do inc. LXXIV do art. 5º e do art. 134, caput, da redação originária da CF. Ações diretas julgadas procedentes para declarar a inconstitucionalidade do art. 104 da Constituição de SC e da LC estadual 155/97 e admitir a continuidade dos serviços atualmente prestados pelo Estado de Santa Catarina mediante convênio com a OAB/SC pelo prazo máximo de um ano da data do julgamento da presente ação, ao fim do qual deverá estar em funcionamento órgão estadual de defensoria pública estruturado de acordo com a CF e em estrita observância à legislação complementar nacional (LC 80/94). *ADI 3892, ADI 4270, Rel. Min. Joaquim Barbosa, 14.3.12. Pleno. (Info 658)*

Defensoria pública estadual e subordinação

Por reputar caracterizada afronta ao disposto no § 2º do art. 134 da CF, incluído pela EC 45/04, o Plenário julgou procedente pedido formulado em ação direta, ajuizada pelo Procurador-Geral da República, para declarar a inconstitucionalidade da alínea h do I do art. 26 da Lei Delegada 112/07 e da expressão "e a Defensoria Pública" constante do art. 10 da Lei Delegada 117/07, ambas do Estado de Minas Gerais. Observou-se que, conquanto a Constituição garantisse a autonomia, os preceitos questionados estabeleceriam subordinação da defensoria pública estadual ao Governador daquele ente federado, sendo, portanto, inconstitucionais. *ADI 3965, Rel. Min. Cármen Lúcia, 7.3.12. Pleno. (Info 657)*

5. DA DEFESA DO ESTADO E DAS INSTITUIÇÕES DEMOCRÁTICAS

5.1. Da Segurança Pública

2015

Guarda municipal e fiscalização de trânsito

RPG É constitucional a atribuição às guardas municipais do exercício de poder de polícia de trânsito, inclusive para imposição de sanções administrativas legalmente previstas. *RE 658570/MG, repercussão geral – mérito, Red. p/ ac. Min. Roberto Barroso, 6.8.15. Pleno. (Info 793)*

6. DA ORDEM ECONÔMICA E FINANCEIRA

6.1. Da Política Agrícola e Fundiária e da Reforma Agrária

2015

Usucapião de imóvel urbano e norma municipal de parcelamento do solo

RPG Preenchidos os requisitos do art. 183 da CF, o reconhecimento do direito à usucapião especial urbana não pode ser obstado por legislação infraconstitucional que estabeleça módulos urbanos na respectiva área em que situado o imóvel (dimensão do lote). *RE 422349/RS, repercussão geral, Rel. Min. Dias Toffoli, 29.4.15. Pleno. (Info 783)*

2014

Desapropriação e fundamentos

O Plenário denegou mandado de segurança em que se pleiteava anular decreto expropriatório que implicara a declaração de interesse social, para fins de reforma agrária, de imóvel rural do impetrante. Entendeu-se não haver direito líquido e certo nos termos alegados pelo impetrante. Afastaram-se argumentos quanto à existência de conflitos sociais na área e sucessivas invasões no imóvel rural provocadas pelo Movimento dos Sem Terra/MST – antes da vistoria por parte do Incra –, que teriam contribuído para a avaliação da improdutividade do imóvel rural. Asseverou-se que o mandado de segurança, caracterizado pela celeridade e pela impossibilidade de dilação probatória, seria via imprópria para a discussão de questões que demandassem o revolvimento de fatos e provas. Pontuou-se ser controversa a titularidade da área supostamente ocupada pelo MST. Destacou-se não haver certeza de que o terreno em que fora instalado o acampamento do mencionado movimento corresponderia àquele pertencente ao imóvel desapropriado. Aduziu-se que a controvérsia dos autos não ficara adstrita à propriedade da terra, mas à efetiva invasão. *MS 26336/DF, Rel. Min. Joaquim Barbosa, 5.2.14. Pleno. (Info 734)*

MS: desapropriação para reforma agrária e esbulho

Denegado mandado de segurança em que se discutia a legitimidade de decreto expropriatório que implicara a declaração de utilidade pública, para fins de reforma agrária, de imóvel rural. A porção da propriedade que o impetrante afirmava estar invadida – o que obstaria a desapropriação – incide em território titulado pelo Estado de Mato Grosso a outro proprietário. A referida fração teria sido ocupada pelo Movimento dos Trabalhadores Rurais sem Terra – MST de forma consensual, por força da existência de contrato de comodato de área rural. O terreno objeto de esbulho representa 1% da propriedade total desapropriada, ausente prova no sentido de que a área em que incidente a ocupação fosse determinante para a administração da propriedade. A complexidade dos fatos está em contraposição à segurança e liquidez requeridas em mandado de segurança. Por fim, é possível às partes a solução da lide nas vias ordinárias. *MS 25344/DF, Red. p/ ac. Min. Roberto Barroso, 12.11.14. Pleno. (Info 767)*

6.2. Da Política Urbana

2015

Ocupação e parcelamento do solo urbano: loteamentos fechados e plano diretor

RPG Os Municípios com mais de 20 mil habitantes e o Distrito Federal podem legislar sobre programas e projetos específicos de ordenamento do espaço urbano por meio de leis que sejam compatíveis com as diretrizes fixadas no plano diretor. *RE 607940/DF, repercussão geral– mérito, Rel. Min. Teori Zavascki, 29.10.15. Pleno. (Info 805)*

6.3. Do Sistema Financeiro Nacional

2014

ADPF e Plano Real

Referendou-se medida cautelar deferida para determinar a suspensão dos processos em curso, que questionam a constitucionalidade do art. 38 da Lei 8.880/94. A norma em comento, ao estabelecer mecanismo de transição entre o regime anterior e o superveniente Plano Real, constitui pilar fundamental do referido plano, seja do ponto de vista econômico, seja do ponto de vista jurídico. É temerário, já passados tantos anos da implantação do Plano Real, deixar de confirmar a liminar deferida, o que resultaria ambiente de profunda insegurança jurídica sobre atos e negócios de quase duas décadas. Ademais, a tradição inflacionária do Brasil motivou múltiplas discussões judiciais a respeito da correção monetária. O STF, inclusive, já apreciou a constitucionalidade de diversos planos econômicos, ao examinar a perspectiva do direito adquirido e do ato jurídico perfeito. *ADPF 77 MC/DF, Rel. Min. Dias Toffoli, 19.11.14. Pleno. (Info 768)*

7. DA ORDEM SOCIAL

7.1. Da Seguridade Social

2016

Distribuição de medicamento e necessidade de registro sanitário

Deferida liminar em ADI para suspender a eficácia da Lei 13.269/16, que autoriza o uso do medicamento fosfoetanolamina sintética (conhecida como "pílula do câncer") por pacientes diagnosticados com neoplasia maligna, a despeito da inexistência de estudos conclusivos no tocante aos efeitos colaterais em seres humanos, bem assim de ausência de registro sanitário da substância perante o órgão competente. Ao suspender a exigibilidade de registro sanitário do medicamento, a lei impugnada discrepa da CF (art. 196) no tocante ao dever estatal de reduzir o risco de doença e outros agravos à saúde dos cidadãos. Na elaboração do ato impugnado, foi permitida a distribuição do remédio sem o controle prévio de viabilidade sanitária. Entretanto, a aprovação do produto no órgão do Ministério da Saúde é condição para industrialização, comercialização e importação com fins comerciais (Lei 6.360/76, art. 12). O registro é condição para o monitoramento da segurança, eficácia e qualidade terapêutica do produto, sem o qual a inadequação é presumida. A lei em debate é casuística ao dispensar o registro do medicamento como requisito para sua comercialização, e esvazia, por via transversa, o conteúdo do direito fundamental à saúde. A atividade fiscalizatória (CF, art. 174) é realizada mediante atos administrativos concretos devidamente precedidos de estudos técnicos. Não cabe ao Congresso, portanto, viabilizar, por ato abstrato e genérico, a distribuição de qualquer medicamento. *ADI 5501 MC/DF, Rel. Min. Marco Aurélio, 19.5.2016. Pleno. (Info 826)*

SUS e atendimento por diferença de classe

RPG É constitucional a regra que veda, no âmbito do Sistema Único de Saúde – SUS, a internação em acomodações superiores, bem como o atendimento diferenciado por médico do próprio SUS, ou por médico conveniado, mediante o pagamento da diferença dos valores correspondentes. *RE 581488/RS, repercussão geral – mérito, Rel. Min. Dias Toffoli, 3.12.2015. Pleno. (Info 810)*

2014

Direito à saúde e manutenção de medicamento em estoque

O Estado do Rio de Janeiro, recorrente, não se opõe a fornecer o medicamento de alto custo a portadores da doença de Gaucher, buscando apenas eximir-se da obrigação, imposta por força de decisão judicial, de manter o remédio em estoque pelo prazo de dois meses. O exame pelo Poder Judiciário de ato administrativo tido por ilegal ou abusivo não viola o princípio da separação dos poderes. O Poder Público não pode se mostrar indiferente ao problema da saúde da população, sob pena de incidir, ainda que por censurável omissão, em grave comportamento inconstitucional. Tem legitimidade a determinação judicial no sentido de que o Estado mantenha determinado medicamento em estoque. *RE 429903/RJ, Rel. Min. Ricardo Lewandowski, 25.6.14. 1ª T. (Info 752)*

7.2. Da Educação, da Cultura e do Desporto

2016

ADI e "vaquejada"

O Plenário, em conclusão e por maioria, julgou procedente ação direta para declarar a inconstitucionalidade da Lei 15.299/13 do Estado do Ceará, que regulamenta a atividade de "vaquejada", em que uma dupla de vaqueiros montados em cavalos distintos busca derrubar um touro dentro de uma área demarcada. Na espécie, o requerente sustentava a ocorrência de exposição dos animais a maus-tratos e crueldade, ao passo que o governador do Estado-membro defendia a constitucionalidade da norma, por versar patrimônio cultural do povo nordestino. Haveria, portanto, conflito de normas constitucionais sobre direitos fundamentais – de um lado, o art. 225, § 1º, VII; de outro, o art. 215. O Tribunal asseverou ter o autor juntado laudos técnicos comprobatórios das consequências nocivas à saúde dos bovinos, tais como fraturas nas patas, ruptura dos ligamentos e dos vasos sanguíneos, traumatismos e deslocamento da articulação do rabo e até seu arrancamento, das quais resultariam comprometimento da medula espinhal e dos nervos espinhais, dores físicas e sofrimento mental. Ante os dados empíricos, é indiscutível o tratamento cruel dispensado às espécies animais envolvidas, em descompasso com o preconizado no art. 225, § 1º, VII, da CF. À parte das questões morais relacionadas ao entretenimento à custa do sofrimento dos animais, a crueldade intrínseca à "vaquejada" não permite a prevalência do valor cultural como resultado desejado pelo sistema de direitos fundamentais da Constituição. Portanto, o sentido da expressão "crueldade" constante da parte final do inciso VII do § 1º do art. 225 da CF alcança a tortura e os maus-tratos infligidos aos bovinos durante a prática impugnada, de modo a tornar intolerável a conduta humana autorizada pela norma estadual atacada. *ADI 4983/CE, Rel. Min. Marco Aurélio, j. 6.10.2016. Pleno. (Info 842)*

2014

Ensino público: gratuidade e "taxa de alimentação"

Ante o teor dos arts. 206, IV, e 208, VI, da Carta de 1988, descabe a instituição pública de ensino profissionalizante a cobrança de anuidade relativa à alimentação. *RE 357148/MT, Rel. Min. Marco Aurélio, 25.2.14. 1ª T. (Info 737)*

7.3. Da Comunicação Social

2015

Publicidade de bebidas alcoólicas e omissão legislativa

Julgou-se improcedente pedido formulado em face de alegada omissão legislativa parcial do Congresso Nacional, tendo em vista ausência de regulamentação acerca da propaganda de bebidas de teor alcoólico inferior a 13 graus Gay Lussac (13º GL), em desacordo com o comando constitucional previsto no art. 220, § 4º, da CF. O Tribunal, de início, asseverou que estaria assentada na jurisprudência do STF, com fundamento na interpretação dos princípios da harmonia e independência entre os Poderes, a impossibilidade de, em sede jurisdicional, criar-se norma geral e abstrata em substituição ao legislador, reiterado o quanto decidido na ADI 1755. No entanto, no caso em comento, o primeiro item a ser considerado deveria ser a real existência da alegada omissão inconstitucional em matéria de propaganda de bebidas alcoólicas. O legislador federal, no exercício da atribuição a ele conferida pelo poder constituinte originário, aprovara a Lei 9.294/96, que dispõe sobre as restrições ao uso e à propaganda de produtos fumígeros, bebidas alcoólicas, medicamentos, terapias e defensivos agrícolas, nos termos do § 4º do art. 220 da CF. Da análise do trâmite do projeto que dera origem à referida lei constatar-se-ia que a matéria teria sido amplamente debatida durante sete anos nas casas do Congresso Nacional. A elaboração da lei em análise teria sido, inclusive, seguida de: a) aprovação do Decreto 2.018/96, que a regulamenta; b) instituição da Política Nacional sobre o Álcool – que dispõe sobre as medidas para redução do uso indevido de álcool e respectiva associação com a violência e criminalidade –, aprovada pelo Decreto 6.117/07; e c) regulamentação e fiscalização implementadas pelo Conselho Nacional de Autorregulamentação Publicitária – Conar. Não se demonstraria, pois, omissão inconstitucional na espécie. *ADO 22/DF, Rel. Min. Cármen Lúcia, 22.4.15. Pleno. (Info 782)*

7.4. Da Família, da Criança, do Adolescente e do Idoso

2014

AR: filho adotivo e direito de suceder antes da CF/88

A sucessão regula-se por lei vigente à data de sua abertura, não se aplicando a sucessões verificadas antes do seu advento a norma do art. 227, § 6º, da CF. *AR 1811/PB, Red. p/ ac. Min. Dias Toffoli, 3.4.14. Pleno. (Info 741)*

2013

Adaptação de veículos de transporte coletivo e acessibilidade

Julgou-se improcedente ADI contra a lei estadual que dispõe sobre a obrigatoriedade de empresas concessionárias de transporte coletivo intermunicipal promoverem adaptações em seus veículos, a fim de facilitar o acesso e a permanência de pessoas com deficiência física ou com dificuldade de locomoção. A CF destaca a necessidade de proteção às pessoas com deficiência, ao instituir políticas e diretrizes de acessibilidade física (CF, arts. 227, § 2º; e 244), bem como de inserção nas diversas áreas sociais e econômicas (incorporação, ao ordenamento constitucional, da Convenção Internacional sobre os Direitos das Pessoas com Deficiência, internalizado pelo Dec. 6.949/09). Prevalece a densidade do direito à acessibilidade física das pessoas com deficiência (CF, art. 24, XIV), não obstante pronunciamentos da Corte no sentido da competência privativa da União (CF, art. 22, XI) para legislar sobre trânsito e transporte. A situação deve ser enquadrada no rol de competências legislativas concorrentes dos entes federados. À época da edição da norma questionada, não havia lei geral nacional sobre o tema (Lei 10.098/00). Desse modo, possível aos estados-membros exercerem a competência legislativa plena (CF, art. 24, § 3º). *ADI 903/MG, Rel. Min. Dias Toffoli, 22.5.13. Pleno. (Info 707)*

Entes públicos e acessibilidade

É dever do Estado-membro remover toda e qualquer barreira física, bem como proceder a reformas e adaptações necessárias, de modo a permitir o acesso de pessoas com restrição locomotora à escola pública. *RE 440028/SP, Rel. Min. Marco Aurélio, 29.10.13. 1ª T. (Info 726)*

7.5. Dos Índios

2015

Renitente esbulho e terra tradicionalmente ocupada por índios

O renitente esbulho se caracteriza pelo efetivo conflito possessório, iniciado no passado e persistente até o marco demarcatório temporal da data da promulgação da Constituição de 1988, materializado por circunstâncias de fato ou por controvérsia possessória judicializada. *ARE 803462 AgR/MS, Rel. Min. Teori Zavascki, 9.12.14. 2ª T. (Info 771)*

Terras indígenas e conflito de competência

Alegava-se em recurso que: (a) havendo disputa de direitos indígenas, inclusive sobre terras ocupadas, bem como a presença da Funai no feito, a competência deveria deslocar-se para a Justiça Federal; (b) não incidiria a Súmula 279/STJ para o estabelecimento de competência em razão da pessoa. Definiu-se que a competência para julgamento da ação foi estabelecida com base no contexto fático-probatório. O interesse do MPF para atuar em defesa da população indígena não pode ser considerado, uma vez não se admitir reexame dos fundamentos fáticos – apreciados exaustivamente na origem –, a partir dos quais afastada a característica indígena das terras objeto da controvérsia inicial. O ingresso da Funai nos autos ocorreu em adiantada fase recursal, muito tempo após a estabilização da relação jurídico-processual, o que impede a incidência do art. 109, I, da CF, pois a competência foi determinada no momento da propositura da ação (CPC, art. 87). *RE 431602 Quarto-AgR/PB, Red. p/ ac. Min. Cármen Lúcia, 30.6.15. 2ª T. (Info 792)*

2014

Remarcação de terra indígena demarcada anteriormente à CF/88

É vedada a remarcação de terras indígenas demarcadas em período anterior à CF/88. *RMS 29542/ DF, Rel. Min. Cármen Lúcia, 30.9.14. 2ª T. (Info 761)*

RMS: demarcação de terra indígena e análise de requisitos

A configuração de terras tradicionalmente ocupadas pelos índios, nos termos do art. 231, § 1º, da CF, já foi pacificada pela Súm. 650/STF. A data da promulgação da CF (5.10.1988) é referencial insubstituível do marco temporal para verificação da existência da comunidade indígena, bem como da efetiva e formal ocupação fundiária pelos índios. Processo demarcatório de terras indígenas deve observar as salvaguardas institucionais definidas pelo STF na Pet 3.388 (Raposa Serra do Sol). No caso, laudo da FUNAI indica que, há mais de setenta anos, não existe comunidade indígena e, portanto, posse indígena na área contestada. Na hipótese de a União entender ser conveniente a desapropriação das terras em questão, deverá seguir procedimento específico, com o pagamento de justa e prévia indenização ao seu legítimo proprietário. *RMS 29087/DF, Red. p/ ac., Min. Gilmar Mendes, 16.9.14. 2ª T. (Info 759)*

2013

ED e demarcação da terra indígena Raposa Serra do Sol

Nos embargos declaratórios foram esclarecidas as seguintes questões: (a) se pessoas miscigenadas poderiam permanecer na reserva e (b) se pessoas que vivem maritalmente com índios poderiam permanecer na reserva: pessoas miscigenadas, ou que vivessem maritalmente com índios, poderiam permanecer na área. Explicou-se que a CF/88 teria caráter pluralista e inclusivo, de maneira que o critério adotado pelo acórdão do STF não seria genético, mas sociocultural. Desse modo, poderiam permanecer na área demarcada e valer-se de seu usufruto todos que integrassem as comunidades indígenas locais. Importaria, para esse fim, a comunhão com o modo de vida tradicional dos índios da região. (c) se autoridades religiosas de denominações não indígenas poderiam continuar a exercer suas atividades na reserva: a indagação não teria sido debatida no acórdão de forma específica, mas reforçou-se que o objetivo da Constituição seria resguardar, para os índios, um espaço exclusivo onde pudessem viver a própria cultura e religiosidade. Esse direito, entretanto, não exigiria a ausência de contato com pessoas de fora desse espaço, como os não indígenas. Ressalvou-se, por outro lado, que não seria legítima a presença de indivíduos que tivessem como propósito interferir sobre a religião dos índios. Sublinhou-se, ainda, que a Constituição não teria por objetivo impedir os índios de fazer suas próprias escolhas, como se devessem permanecer em isolamento incondicional. (d) se templos religiosos já construídos deveriam ser destruídos: nos termos do acórdão, seria aplicável à questão religiosa a mesma lógica aplicada quanto ao usufruto das riquezas do solo, que seria conciliável com a eventual presença de não índios, desde que tudo ocorresse sob a liderança institucional da União. Asseverou-se caber às comunidades indígenas o direito de decidir se, como, e em quais circunstâncias seria admissível a presença dos missionários e seus templos. (e) se escolas públicas estatuais e municipais poderiam continuar em funcionamento e (f) se, em caso positivo, poderiam continuar a lecionar conteúdo voltado à população não indígena: explicitou-se que o acórdão teria sido expresso ao dizer que as entidades federadas deveriam continuar a prestar serviços públicos nas terras indígenas, desde que sob a liderança da União (CF, art. 22, XIV). Assim, seria necessária a presença de escolas públicas na área, desde que respeitadas as normas federais sobre a educação dos índios, inclusive quanto ao currículo escolar e o conteúdo programático. (g) se a passagem de não índios pela única rodovia federal a ligar Boa Vista a Pacaraima, na fronteira com a Venezuela, teria sido negada ou assegurada, no todo ou em parte, ou se dependeria de autorização, (h) se o mesmo ocorreria quanto à rodovia que liga Normandia a Pacaraima; e, (i) a quem caberia autorizar a passagem por essas rodovias: lembrou-se que o acórdão estabelecera esse direito de passagem, visto que os índios não exerceriam poder de polícia, sequer poderiam obstar a passagem de outros pelas vias públicas que cruzassem a área demarcada. (j) qual seria a situação das ações individuais que questionam a boa-fé dos portadores de títulos de propriedade, se estariam automaticamente extintas ou se seriam julgadas individualmente: Quanto às ações individuais que questionam a boa-fé dos portadores de títulos de propriedade, proveu-se o recurso para explicitar que ao STF não teriam sido submetidos outros processos a respeito de questões individuais relacionadas à área. Assentou-se que, uma vez transitada em julgado a sentença de mérito proferida em ação popular, nos termos do art. 18 da Lei 4.717/65, todos os processos relacionados a essa terra indígena deveriam adotar as seguintes premissas: a) a validade da portaria do Ministério da Justiça e do decreto presidencial, observadas as condições estabelecidas no acórdão; e b) a caracterização da área como terra indígena, para os fins dos artigos 20, XI, e 231 da CF. Disso resultaria a inviabilidade de pretensões possessórias ou dominiais de particulares, salvo no tocante a benfeitorias derivadas da ocupação de boa-fé. (k) como se procederia a posse das fazendas desocupadas: quanto à posse das fazendas desocupadas, desproveu-se o recurso. Frisou-se que o tema não teria sido objeto de decisão no acórdão, mas eventuais disputas do tipo deveriam ser resolvidas pelas comunidades interessadas, com a participação da Funai e da União, sem prejuízo da intervenção do Ministério Público e do Judiciário. *Pet 3388 ED-Terceiros/RR, Rel. Min. Roberto Barroso, 23.10.13. Pleno. (Info 725)*

2012

Terras indígenas: ação declaratória de nulidade de títulos

O Plenário julgou parcialmente procedente pedido formulado em ação cível originária, proposta pela Funai, para declarar a nulidade de todos os títulos de propriedade rural – expedidos pelo Governo do Estado da Bahia – cujas respectivas glebas estejam localizadas dentro da área da Reserva Indígena Caramuru-Catarina-Paraguaçu e, em consequência, julgar improcedentes as reconvenções dos titulares desses títulos anulados, carecedores de ação os demais reconvintes. *ACO 312, Red. p/ ac. Min. Luiz Fux, 2.5.12. Pleno. (Info 664)*

3. DIREITO DO TRABALHO

1. DIREITO MATERIAL DO TRABALHO

2016

Art. 7º, XIII, da CF e jornada especial de trabalho
É constitucional o art. 5º da Lei 11.901/09. A jornada de 12 horas de trabalho por 36 horas de descanso encontra respaldo na faculdade conferida pelo legislador constituinte para as hipóteses de compensação de horário. Embora não exista previsão de reserva legal expressa no referido preceito, há a possibilidade de negociação coletiva. Isso permite inferir que a exceção estabelecida na legislação questionada garante aos bombeiros civis, em proporção razoável, descanso de 36 horas para cada 12 horas trabalhadas, bem como jornada semanal de trabalho não superior a 36 horas. *ADI 4842/DF, Rel. min. Edson Fachin, 14.9.2016. (Info 839)*

2015

Anistia e regime celetista
O retorno do servidor à Administração Pública, à prestação de serviços, faz-se observada a situação jurídica originária, descabendo transmudar o regime da Consolidação das Leis do Trabalho em especial – inteligência das Leis 8.878/94 e 8.212/90. *RMS 30548/DF, Rel. Min. Marco Aurélio, 15.9.15. 1ª T. (Info 799)*

Art. 384 da CLT e recepção pela CF/88
RPG O art. 384 da CLT foi recepcionado pela CF/88 e se aplica a todas as mulheres trabalhadoras, à luz do princípio da isonomia, para fins de pagamento, pela empresa empregadora, de indenização referente ao intervalo de 15 minutos, com adicional de 50% previsto em lei. *RE 658312/SC, repercussão geral, Rel. Min. Dias Toffoli, 27.11.14. Pleno. (Info 769)*

Plano de dispensa incentivada e validade da quitação ampla de parcelas contratuais
RPG A transação extrajudicial que importa rescisão de contrato de trabalho, em razão de adesão voluntária do empregado a plano de dispensa incentivada, enseja quitação ampla e irrestrita de todas as parcelas objeto do contrato de emprego, caso essa condição tenha constado expressamente do acordo coletivo que aprovou o plano, bem como dos demais instrumentos celebrados com o empregado. *RE 590415/SC, repercussão geral, Rel. Min. Roberto Barroso, 30.4.15. Pleno. (Info 783)*

2014

Licença médica e dispensa
Fica longe de transgredir a Carta de 1988 a óptica segundo a qual, estando em curso licença médica para tratamento de doença, descabe o rompimento de relação jurídica entre o prestador e o tomador dos serviços. *AI 759882 AgR/MG, Rel. Min. Marco Aurélio, 10.12.13. 1ª T. (Info 732)*

2013

ECT: despedida de empregado e motivação
RPG Servidores de empresas públicas e sociedades de economia mista, admitidos por concurso público, não gozam da estabilidade preconizada no art. 41 da CF, mas sua demissão deve ser sempre motivada. *RE 589998/PI, Repercussão geral – mérito, Rel. Min. Ricardo Lewandowski, 20.3.13. Pleno. (Info 699)*

Mandado de injunção e aviso prévio
Mandado de injunção. 2. Aviso prévio proporcional ao tempo de serviço. Art. 7º, XXI, da CF. 3. Ausência de regulamentação. 4. Ação julgada procedente. 5. Indicação de adiamento com vistas a consolidar proposta conciliatória de concretização do direito ao aviso prévio proporcional. 6. Retomado o julgamento. 7. Advento da Lei 12.506/2011, que regulamentou o direito ao aviso prévio proporcional. 8. Aplicação judicial de parâmetros idênticos aos da referida legislação. 9. Autorização para que os ministros apliquem monocraticamente esse entendimento aos mandados de injunção pendentes de julgamento, desde que impetrados antes do advento da lei regulamentadora. *MI 943/DF, MI 1010/DF, MI 1074/DF, MI 1090/DF, Rel. Min. Gilmar Mendes, 6.2.13. Pleno. (Info 694)*

Representantes de empregados: participação em conselhos e diretorias

Por inexistir ofensa ao art. 37, II, da CF, indeferiu-se medida cautelar contra dispositivo de constituição estadual que estabelece, como instrumento de gestão democrática, a participação no conselho de administração e na diretoria de empresas públicas, sociedades de economia mista e suas subsidiárias, de um representante dos empregados, por eles indicados mediante processo eletivo. Não se trata de cargo de provimento comissionado. Inexiste inconstitucionalidade na previsão de possibilidade de acionista majoritário fixar que pelo menos um dos cargos fosse exercido por empregado, por integrante dos quadros efetivos da própria entidade. A matéria está em conformidade com a autonomia normativa dos estados-membros para dispor sobre a organização das entidades estaduais, o que tampouco contrariaria a competência de governador de estado. *ADI 1229 MC/SC, Red. p/ ac. Min. Luiz Fux, 11.4.13. Pleno. (Info 701)*

2. DIREITO PROCESSUAL DO TRABALHO

2016

Conflito de competência e discussão sobre depósito de FGTS

Compete à justiça trabalhista processar e julgar causa relativa a depósito do FGTS de servidor que ingressou no serviço público antes da Constituição de 1988 sem prestar concurso. *CC 7.950/RN, Rel. min. Marco Aurélio, 14.9.2016. Pleno. (Info 839)*

Discussão de verba trabalhista originária de período celetista e competência da justiça comum

Reconhecido o vínculo estatutário entre o servidor público e a Administração, compete à Justiça comum processar e julgar a causa. *Rcl 8909 AgR/MG, Rel. p/ ac. Min. Cármen Lúcia, j. 22.9.2016. Pleno. (Info 840)*

2015

Contratação de servidores temporários e competência

A justiça comum é competente para processar e julgar causas em que se discuta a validade de vínculo jurídico-administrativo entre o poder público e servidores temporários. *Rcl 4351 MC-AgR/PE, Red. p/ ac. Min. Dias Toffoli, 11.11.15. Pleno. (Info 807)*

Execução de sentença normativa e ofensa à coisa julgada

Não ofende a coisa julgada decisão extintiva de ação de cumprimento de sentença normativa, na hipótese em que o dissídio coletivo tiver sido extinto sem julgamento de mérito. *RE 428154/PR, Rel. Min. Marco Aurélio, Red. p/ ac. Min. Roberto Barroso, 7.5.15. Pleno. (Info 784)*

Reclamação e sociedade de economia mista

É de competência da Justiça Comum o processamento e o julgamento dos dissídios entre o Poder Público e seus servidores subordinados a regime jurídico estatutário, a teor do que decidiu o STF na ADI-MC 3395. *Rcl 6527 AgR/SP, Rel. Min. Luiz Fux, 25.8.15. 1ª T. (Info 796)*

2014

Coisa julgada e ação de cumprimento

A superveniente extinção do processo de dissídio coletivo, sem julgamento do mérito, implica a perda de eficácia da sentença normativa, tornando insubsistente o prosseguimento da ação de cumprimento. Não existência de ofensa à coisa julgada. *RE 394051 AgR/SP, Rel. Min. Dias Toffoli, 11.3.14. 1ª T. (Info 738)*

Execução e limitação temporal de sentença transitada em julgado

RPG A sentença que reconhece ao trabalhador ou servidor o direito a determinado percentual de acréscimo remuneratório deixa de ter eficácia a partir da superveniente incorporação definitiva do referido percentual nos seus ganhos. *RE 596663/RJ, Red. p/ ac. Min. Teori Zavascki, 24.9.14. Repercussão geral – mérito. Pleno. (Info 760)*

Período pré-contratual e competência da justiça do trabalho

A justiça do trabalho é competente para julgar as demandas instauradas entre pessoas jurídicas de direito privado integrantes da Administração indireta e seus empregados, cuja relação é regida pela CLT, irrelevante o fato de a ação ser relativa ao período pré-contratual. *ARE 774137 AgR/BA, Rel. Min. Teori Zavascki, 14.10.14. 2ª T. (Info 763)*

2013

Reclamação trabalhista contra a ONU/PNUD: imunidade de jurisdição e execução

A Organização das Nações Unidas – ONU e sua agência Programa das Nações Unidas para o Desenvolvimento – PNUD possuem imunidade de jurisdição e de execução relativamente a causas trabalhistas. *RE 597368/MT, RE 578543/MT, Red. p/ ac. Min. Teori Zavascki, 15.5.13. Pleno. (Info 706)*

2012

Competência trabalhista e execução de contribuições sociais

A competência da Justiça do Trabalho para execução de contribuições sociais pressupõe decisão condenatória em parcela trabalhista geradora da incidência da referida espécie tributária. Com fulcro nesse entendimento, a 1ª Turma desproveu agravos regimentais em decisões do Min. Marco Aurélio, que negara seguimento a recursos extraordinários, dos quais relator, em que o INSS pretendia estender à Justiça do Trabalho a competência para execução de acordo extrajudicial não baseada em título emanado por essa justiça especializada. Reputou-se que, no caso, a competência constitucional disposta no art. 114, VIII ("Art. 114. Compete à Justiça do Trabalho processar e julgar:... VIII – a execução, de ofício, das contribuições sociais previstas no art. 195, I, a, e II, e seus acréscimos legais, decorrentes das sentenças que proferir") estaria restrita às decisões prolatadas pela Justiça do Trabalho e que o tribunal a quo teria observado a Súm. 368/TST, no sentido de que a competência da justiça trabalhista, quanto à execução das contribuições previdenciárias, limitar-se-ia às sentenças condenatórias em pecúnia que proferir e aos valores, objeto de acordo homologado, que integrassem o salário de contribuição. *RE 564424 AgR, RE 565765 AgR, RE 564526 AgR, Rel. Min. Marco Aurélio, 18.9.12. 1ª T. (Info 680)*

3. DIREITO SINDICAL

2014

Contratações pela Administração Pública sem concurso público e efeitos trabalhistas

RPG É nula a contratação de pessoal pela Administração Pública sem a observância de prévia aprovação em concurso público, razão pela qual não gera quaisquer efeitos jurídicos válidos em relação aos empregados eventualmente contratados, ressalvados os direitos à percepção dos salários referentes ao período trabalhado e, nos termos do art. 19-A da Lei 8.036/90, ao levantamento dos depósitos efetuados no Fundo de Garantia do Tempo de Serviço – FGTS. *RE 705140/RS, Rel. Min. Teori Zavascki, 28.8.14. Repercussão geral – mérito. Pleno. (Info 756)*

4. FGTS

2015

Contrato nulo e direito ao FGTS

Os contratos de emprego firmados pela Administração Pública, sem o prévio concurso público, embora nulos, geram direitos em relação ao recolhimento e levantamento do FGTS. *ADI 3127/DF, Rel. Min. Teori Zavascki, 26.3.15. Pleno. (Info 779)*

2014

ED: art. 19-A da Lei 8.036/90 e arguição de irretroatividade

RPG O art. 19-A da Lei 8.036/90 não ofende a Constituição Federal e possui natureza declaratória de direitos. Afastada a tese da inconstitucionalidade do dispositivo sob o argumento da sua irretroatividade a partir da edição da MP 2.164-41. *RE 596478 ED/RR, Rel. Min. Dias Toffoli, 5.2.14. Repercussão geral – mérito. Pleno. (Info 734)*

FGTS: prazo prescricional para cobrança em juízo

RPG Limita-se a cinco anos o prazo prescricional relativo à cobrança judicial de valores devidos, pelos empregados e pelos tomadores de serviço, ao FGTS. *ARE 709212/DF, Repercussão geral – mérito, Rel. Min. Gilmar Mendes, 13.11.14. Pleno. (Info 767)*

2012

Contratação sem concurso público e direito ao FGTS

RPG O art. 19-A da Lei 8.036/90, acrescido pelo art. 9º da Medida Provisória 2.164-41/01, que assegura direito ao FGTS à pessoa que tenha sido contratada sem concurso público não afronta a Constituição. Esse a orientação do Plenário que, em conclusão de julgamento, desproveu recurso extraordinário no qual se discutia a constitucionalidade, ou não, do dispositivo. Salientou-se tratar-se, na espécie, de efeitos residuais de fato jurídico que existira, não obstante reconhecida sua nulidade com fundamento no próprio § 2º do art. 37 da CF. Mencionou-se que o Tribunal tem levado em consideração essa necessidade de se garantir a fatos nulos, mas existentes juridicamente, os seus efeitos. Consignou-se a impossibilidade de se aplicar, no caso, a teoria civilista das nulidades de modo a retroagir todos os efeitos desconstitutivos dessa relação. Ressaltou-se, ainda, que a manutenção desse preceito legal como norma compatível com a Constituição consistiria, inclusive, em desestímulo aos Estados que quisessem burlar concurso público. Aludiu-se ao fato de que, se houvesse irregularidade na contratação de servidor sem concurso público, o responsável, comprovado dolo ou culpa, responderia regressivamente nos termos do art. 37 da CF. Portanto, inexistiria prejuízo para os cofres públicos. *RE 596478, Red. p/ ac. Min. Dias Toffoli, 13.6.12. Repercussão geral. Pleno. (Info 670)*

FGTS e honorários advocatícios

RPG O STF, no julgamento da ADI 2736, declarou a inconstitucionalidade do art. 9º da MP 2.164-41/01, na parte em que introduziu o art. 29-C na Lei 8.036/90, que vedava a condenação em honorários advocatícios "nas ações entre o FGTS e os titulares de contas vinculadas, bem como naquelas em que figuram os respectivos representantes ou substitutos processuais". II. Os mesmos argumentos devem ser aplicados à solução do litígio de que trata o presente recurso. *RE 581160, Rel. Min. Ricardo Lewandowski, 20.6.12. Repercussão geral. Pleno. (Info 671)*

FGTS e honorários advocatícios

RPG É inconstitucional o art. 29-C da Lei 8.036/90. *RE 384866, Rel. Min. Marco Aurélio, 29.06.12. Pleno. Repercussão geral. (Info 672)*

4. DIREITO ELEITORAL

1. CRIME ELEITORAL

2016

Crime de desobediência eleitoral e não enquadramento

Não comete crime de desobediência eleitoral o candidato que, proibido de ingressar em órgãos públicos com o intuito de realizar atos inerentes à campanha eleitoral, adentra prédios da Administração Pública para filmar e fotografar. *Inq 3909/SE, Rel. Min. Gilmar Mendes, 17.5.2016. 2ª T. (Info 826)*

2015

Crime cometido por prefeito e competência do TRE

Observou-se que o rito instituído pela Lei 11.719/08, que alterara o CPP, deveria ser aplicado ao 1º grau de jurisdição em matéria eleitoral. Recebida a denúncia em 1ª instância, antes de o réu ter sido diplomado como deputado federal, e apresentada a resposta à acusação, competiria ao STF, em face do deslocamento de competência, examinar, em questão de ordem, eventuais nulidades suscitadas e a possibilidade de absolvição sumária (CPP, art. 397), mesmo que o rito passasse a ser o da Lei 8.038/90. No caso de crime eleitoral imputado a prefeito, a competência para supervisionar as investigações seria do TRE (Súmula 702/STF). Dessa forma, não poderia o inquérito ter sido supervisionado por juízo eleitoral de 1º grau. Além disso, não poderia a autoridade policial direcionar as diligências para investigar e indiciar o prefeito. Assim, a usurpação da competência do TRE constituiria vício que contaminaria de nulidade a investigação realizada, em relação ao detentor de prerrogativa de foro, por violação do princípio do juiz natural. *AP 933 QO/PB, Rel. Min. Dias Toffoli, 6.10.15. 2ª T. (Info 802)*

Desobediência eleitoral e absolvição sumária

Para configuração do crime de desobediência eleitoral, previsto no art. 347 do Código Eleitoral é necessária a demonstração da ciência do agente em relação à ordem tida por descumprida, e que esta seja emitida de forma direta e individualizada. *AP 904/RO, Rel. Min. Teori Zavascki, 14.4.15. 2ª Turma. (Info 781)*

2014

Corrupção eleitoral e inépcia da denúncia

A denúncia deve projetar todos os elementos – essenciais e acidentais – da figura típica ao caso concreto. No caso concreto, a denúncia não passa por esse teste. Transcrição de interceptações, sem narrativa clara da conduta tida por típica. Falta de explicitação dos limites de responsabilidade de cada réu. Ausência de descrição do fim especial requerido pelo tipo penal – obter voto. Denúncia rejeitada por inepta. *Inq 3752/DF, Rel. Min. Gilmar Mendes, 26.8.14. 2ª T. (Info 756)*

Omissão de despesas em prestação de contas eleitoral

A prestação de contas eleitoral deve corresponder aos valores arrecadados e às despesas efetuadas. No caso, não se cogita de insignificância penal (inserir informações falsas em prestação de contas eleitoral, consistente na omissão de despesas com "banners", "minidoors" e cartazes, no total de R$ 15.293,58). *Inq 3767/DF, Rel. Min. Marco Aurélio, 28.10.14. 1ª T. (Info 765)*

2013

Detentor de mandato eletivo e efeitos da condenação

A perda do mandato parlamentar, no caso em pauta, deriva do preceito constitucional que impõe a suspensão ou a cassação dos direitos políticos. 2. Determinada a suspensão dos direitos políticos, a suspensão ou a perda do cargo são medidas decorrentes do julgado e imediatamente exequíveis após o trânsito em julgado da condenação criminal, sendo desimportante para a conclusão o exercício ou não de cargo eletivo no momento do julgamento. *AP 396 QO/RO, AP 396 ED-ED/RO*, Rel. Min. Cármen Lúcia, 26.6.13. Pleno. (Info 712)

2. FINANCIAMENTO DE CAMPANHA ELEITORAL

2015

ADI e financiamento de campanha eleitoral

São inconstitucionais as contribuições de pessoas jurídicas às campanhas eleitorais. No que se refere às contribuições de pessoas físicas, regulam-se de acordo com a lei em vigor. *ADI 4650/DF*, Rel. Min. Luiz Fux, 16 e 17.9.15. Pleno. (Info 799)

Doação eleitoral e sigilo

O Plenário deferiu pedido de medida cautelar em ADI para suspender, até o julgamento final da ação, a eficácia da expressão "sem individualização dos doadores", constante da parte final do § 12 do art. 28 da Lei 9.504/97, acrescentado pela Lei 13.165/15. *ADI 5394 MC/DF*, Rel. Min. Teori Zavascki, 12.11.15. Pleno. (Info 807)

2014

ADI: Lei das Eleições e prazo de registro de partido político

Reveste-se de constitucionalidade a regra contida no art. 4º da Lei 9.504/97, que exige prazo mínimo de um ano de existência para que partidos políticos possam concorrer em eleições. *ADI 1817/DF*, Rel. Min. Dias Toffoli, 28.5.14. Pleno. (Info 748)

3. FIXAÇÃO DO NÚMERO DE DEPUTADOS

2014

Redefinição de número de parlamentares

1. O art. 45, § 1º, da CF comanda a definição, por lei complementar (i) do número total de Deputados e (ii) da representação dos Estados e do Distrito Federal, proporcionalmente à população – e não ao número de eleitores –, respeitados o piso de oito e o teto de setenta cadeiras por ente federado. Tal preceito não comporta a inferência de que suficiente à espécie normativa complementadora – a LC 78/93., o número total de deputados. Indispensável, em seu bojo, a fixação da representação dos Estados e do Distrito Federal. A delegação implícita de tal responsabilidade política ao TSE traduz descumprimento do comando constitucional em sua inteireza. 2. Compete ao legislador complementar definir, dentre as possibilidades existentes, o critério de distribuição do número de Deputados dos Estados e do Distrito Federal, proporcionalmente à população, observados os demais parâmetros constitucionais. De todo inviável transferir a escolha de tal critério, que necessariamente envolve juízo de valor, ao TSE ou a outro órgão. 3. Inconstitucionalidade do parágrafo único do art. 1º da Lei Complementar nº 78/93 por omissão do legislador complementar quanto aos comandos do art. 45, § 1º, da Carta Política de definição do número total de parlamentares e da representação por ente federado. Ação direta de inconstitucionalidade julgada procedente, sem modulação de efeitos. *ADI 4947/DF, ADI 5020/DF, ADI 5028/DF, ADI 5130 MC/DF, ADC 33/DF*, Rel. Min. Gilmar Mendes, 18.6.14. *ADI 4963/PB, ADI 4965/PB*, Rel. Min. Rosa Weber, 18.6.14. Pleno. (Info 751)

Redefinição de número de parlamentares

1. Segundo a jurisprudência desta Suprema Corte, viável o controle abstrato da constitucionalidade de ato do TSE de conteúdo jurídico-normativo essencialmente primário. A Res. 23.389/2013 do TSE, ao inaugurar conteúdo normativo primário com abstração, generalidade e autonomia não veiculado na LC 78/93 nem passível de ser dela deduzido, em afronta ao texto constitucional a que remete – o art. 45, caput e § 1º, da CF –, expõe-se ao controle de constitucionalidade concentrado. 2. Embora apto a produzir atos abstratos com força de lei, o poder de editar normas do TSE, no âmbito administrativo, tem os seus limites materiais condicionados aos parâmetros do legislador complementar, no caso a LC 78/93 e, de modo mais amplo, o Código Eleitoral, recepcionado como lei complementar. Poder normativo não é poder legislativo. A norma de caráter regulatório preserva a sua legitimidade quando cumpre o conteúdo material da legislação eleitoral. Pode conter regras novas, desde que preservada a ordem vigente de direitos e obrigações, limite do agir administrativo. Regras novas, e não direito novo. 3. Da LC 78/93, à luz da Magna Carta e do Código Eleitoral, não se infere delegação legitimadora da Res. 23.389/2013 do TSE. 4. O art. 45, § 1º, da CF comanda a definição, por lei complementar

(i) do número total de Deputados e (ii) da representação dos Estados e do Distrito Federal, proporcionalmente à população – e não ao número de eleitores –, respeitados o piso de oito e o teto de setenta cadeiras por ente federado. Tal preceito não comporta a inferência de que suficiente à espécie normativa complementadora – a LC 78/93., o número total de deputados. Indispensável, em seu bojo, a fixação da representação dos Estados e do Distrito Federal. A delegação implícita de tal responsabilidade política ao TSE traduz descumprimento do comando constitucional em sua inteireza. 5. Compete ao legislador complementar definir, dentre as possibilidades existentes, o critério de distribuição do número de Deputados dos Estados e do Distrito Federal, proporcionalmente à população, observados os demais parâmetros constitucionais. De todo inviável transferir a escolha de tal critério, que necessariamente envolve juízo de valor, ao TSE ou a outro órgão. 6. A Resolução impugnada contempla o exercício de ampla discricionariedade pelo TSE na definição do critério de apuração da distribuição proporcional da representação dos Estados, matéria reservada à lei complementar. A renúncia do legislador complementar ao exercício da sua competência exclusiva não legitima o preenchimento da lacuna legislativa por órgão diverso. 7. Inconstitucionalidade do parágrafo único do art. 1º da LC 78/93 por omissão do legislador complementar quanto aos comandos do art. 45, § 1º, da Carta Política de definição do número total de parlamentares e da representação por ente federado, e da Res. 23.389/2013 do TSE, por violação do postulado da reserva de lei complementar ao introduzir inovação de caráter primário na ordem jurídica, em usurpação da competência legislativa complementar. Ação direta de inconstitucionalidade julgada parcialmente procedente, sem modulação de efeitos. *ADI 4947/DF, ADI 5020/DF, ADI 5028/DF, ADI 5130 MC/DF, ADC 33/DF, Rel. Min. Gilmar Mendes, 18.6.14. ADI 4963/PB, ADI 4965/PB, Rel. Min. Rosa Weber, 18.6.14. Pleno. (Info 751)*

4. INELEGIBILIDADES

2015

Eleição suplementar e inelegibilidade

RPG As hipóteses de inelegibilidade previstas no art. 14, § 7º, da CF, inclusive quanto ao prazo de seis meses, são aplicáveis às eleições suplementares. *RE 843455/DF, repercussão geral – mérito, Rel. Min. Teori Zavascki, 7.10.15. Pleno. (Info 802)*

2014

Art. 14, § 7º, da CF: morte de cônjuge e inelegibilidade

RPG O enunciado da Súm. Vinculante do 18/TF não se aplica aos casos de extinção do vínculo conjugal pela morte de um dos cônjuges. *RE 758461/PB, repercussão geral – mérito, Rel. Min. Teori Zavascki, 22.5.14. Pleno. (Info 747)*

2013

Ação cautelar e efeito suspensivo a RE não interposto

Evidencia risco de dano irreversível "a subtração ao titular, ainda que parcial, do conteúdo do exercício de um mandato político." 2. Há plausibilidade na alegação de que a morte de Prefeito, no curso do mandato (que passou a ser exercido pelo vice-prefeito), não acarreta a inelegibilidade do cônjuge, prevista no art. 14, § 7º, da CF. Trata-se de situação diferente da que ocorre nos casos de dissolução da sociedade conjugal no curso do mandato, de que trata a Súm. Vinculante 18. *AC 3298 AgR/PB, Rel. Min. Teori Zavascki, 24.4.13. 2ª T. (Info 703)*

2012

Lei da "Ficha Limpa" e segurança jurídica

A matéria em discussão nestes autos, acerca da aplicação da chamada Lei da Ficha Limpa (LC135/10) às eleições gerais de 2010, já teve sua repercussão geral reconhecida pelo STF nos autos do RE 633703, em cujo julgamento de mérito, com fundamento no art. 16 da CF, aplicou-se o princípio da anterioridade eleitoral, como garantia do devido processo legal eleitoral. 2. Esse entendimento, portanto, deve ser aplicado a todos os processos que cuidem da mesma matéria, inclusive a este caso, cujo julgamento ainda não está concluído, em razão da interposição dos presentes embargos de declaração. 3. A situação fática em discussão nos autos, referente ao preenchimento de uma cadeira no Senado Federal, tendo em vista já estar em curso o prazo do respectivo mandato eletivo, exige pronta e definitiva solução da controvérsia.

4. Empate na apreciação do recurso, pelo Plenário desta Corte, a ensejar a aplicação da norma do art. 13, IX, b, do RISTF. *RE 631102 ED, Red. p/ ac. Min. Dias Toffoli, 14.12.11. Pleno. (Info 652)*

Lei da "Ficha Limpa" e hipóteses de inelegibilidade

A Lei da "Ficha Limpa" é compatível com a CF e pode ser aplicada a atos e fatos ocorridos anteriormente à edição da LC 135/10. A análise do Colegiado cinge-se às hipóteses de inelegibilidade introduzidas pela LC 135/10. *ADC 29, ADC 30, ADI 4578, Rel. Min. Luiz Fux, 16.2.12. Pleno. (Info 655)*

"Prefeito itinerante" e segurança jurídica

Mantido o entendimento do TSE que torna inelegível para o cargo de prefeito cidadão que já exerceu dois mandatos consecutivos na chefia de executivo municipal, mesmo que pleiteie candidatura em município diferente. *RE 637485, Rel. Min. Gilmar Mendes, 1º.8.12. Pleno. (Info 673)*

5. INQUÉRITO/INVESTIGAÇÃO ELEITORAL

2014

ADI: inquérito policial eleitoral e autorização judicial

O Plenário, por maioria, deferiu, em parte, pedido de medida cautelar em ADI, para suspender, até julgamento final da ação, a eficácia do art. 8º da Resolução 23.396/13, do TSE ("O inquérito policial eleitoral somente será instaurado mediante determinação da Justiça Eleitoral, salvo a hipótese de prisão em flagrante"). A resolução impugnada dispõe sobre a apuração de crimes eleitorais. Em preliminar, a Corte rejeitou pleito de sustentação oral feito pela Associação Nacional dos Membros do MP – Conamp e da Associação dos Procuradores da República na condição de "amici curiae". Na espécie, os pedidos de ingresso foram deduzidos após a inclusão em pauta da presente ação. O Tribunal reafirmou jurisprudência quanto à impossibilidade de terceiros se manifestarem após a liberação dos autos para julgamento. Destacou que os "amici curiae" poderiam requerer o seu ingresso por ocasião do julgamento definitivo. *ADI 5104 MC/DF, Rel. Min. Roberto Barroso, 21.5.14. Pleno. (Info 747)*

LC 64/90 e investigação judicial eleitoral

A investigação judicial eleitoral e o conhecimento de fatos notórios pelo magistrado, bem como de fatos constantes do processo, ainda que não tenham sido articulados como causa de pedir por qualquer das partes, não afronta o princípio do devido processo legal. *ADI 1082/DF, Rel. Min. Marco Aurélio, 22.5.14. Pleno. (Info 747)*

6. MINISTÉRIO PÚBLICO ELEITORAL

2016

ADI e designação de promotor eleitoral

O Procurador-Geral da República detém a prerrogativa, ao lado daquela atribuída ao Chefe do Poder Executivo, de iniciar os projetos de lei que versem sobre a organização e as atribuições do Ministério Público Eleitoral. Assim, a designação, de membro do Ministério Público local como promotor eleitoral, por Procurador Regional Eleitoral, que é membro do Ministério Público Federal, não afronta a autonomia administrativa do Ministério Público do Estado. *ADI 3802/DF, Rel. Min. Dias Toffoli, 10.3.2016. Pleno. (Info 817)*

2014

Ministério Público Eleitoral: legitimidade recursal e preclusão

RPG O MP Eleitoral, a partir das eleições de 2014, inclusive, tem legitimidade para recorrer de decisão que venha a deferir registro de candidatura, mesmo que não tenha apresentado prévia impugnação. *ARE 728188/RJ, repercussão geral – mérito, Rel. Min. Ricardo Lewandowski, 18.12.13. Pleno. (Info 733)*

2013

Processo eleitoral e legitimidade do Ministério Público

Não deve ser conferida interpretação amplíssima ao art. 127 da CF, porquanto o legislador pode conformar a atuação do Ministério Público, em especial para recorrer. Embora o art. 127 da CF confira legitimação ao Ministério Público, não o faz de forma irrestrita. Se adotada a interpretação pleiteada pelo órgão ministerial, o legislador não poderia sequer fixar prazo para recurso ou

4. DIREITO ELEITORAL

formas de o mencionado órgão atuar em juízo. *ARE 757179 AgR/MG, Rel. Min. Teori Zavascki, 10.9.13. 2ª T. (Info 719)*

7. PARTIDOS POLÍTICOS

2015

Partidos políticos: apoiamento de eleitores não filiados e limite temporal para fusão

A limitação criada pela art. 2º da Lei 13.107/15, na parte que alterara os artigos 7º e 29 da Lei dos Partidos Políticos, quanto ao apoio para a criação de novos partidos, a qual ficaria restrita aos cidadãos sem filiação partidária, está em conformidade com o regramento constitucional relativo ao sistema representativo. A exigência temporal para se levar a efeito fusões e incorporações entre partidos assegura o atendimento do compromisso do cidadão com a sua opção partidária, o que evita o estelionato eleitoral ou a reviravolta política contra o apoio dos eleitores, então filiados. A norma distingue cidadãos filiados e não filiados para o exclusivo efeito de conferência de legitimidade do apoio oferecido à criação de novos partidos políticos. O objetivo único é a garantia de coesão, coerência e substância ao modelo representativo instrumentalizado pela atuação partidária. A disseminação de práticas antidemocráticas que vão desde a compra e venda de votos ao aluguel de cidadãos e de partidos inteiros devem ser combatidas pelo legislador, sem prejuízo da autonomia partidária. Portanto, as normas objurgadas tendem a enfraquecer essa lógica mercantilista de prática política. Não se demonstrou ingerência estatal na autonomia constitucional dos partidos políticos. *ADI 5311-MC/DF, Rel. Min. Cármen Lúcia, 30.9.15. Pleno. (Info 801)*

Partidos políticos: direito de antena, acesso ao Fundo Partidário e ativismo congressual

O Plenário julgou inconstitucionais os artigos 1º e 2º da Lei 12.875/13, que, ao promoverem alterações nas leis 9.096/95 e 9.504/97, restringem, aos novos partidos políticos, criados após a realização das eleições para a Câmara dos Deputados, qualquer acesso aos recursos do Fundo Partidário, bem como qualquer tempo destinado a propaganda eleitoral. De início, o Colegiado destacou que as disposições ora impugnadas decorreriam de superação legislativa da interpretação conferida pelo STF ao art. 47, § 2º, II, da Lei 9.504/97 (ADI 4430 e ADI 4795). A análise da justificação do projeto de lei que desaguara na norma supracitada revelaria a inaptidão dos fundamentos ali expendidos para legitimar a reversão da interpretação fixada pelo STF. *ADI 5105/DF, Rel. Min. Luiz Fux, 1º.10.15. Pleno. (Info 801)*

Sistema majoritário e fidelidade partidária

A perda do mandato em razão de mudança de partido não se aplica aos candidatos eleitos pelo sistema majoritário, sob pena de violação da soberania popular e das escolhas feitas pelo eleitor. *ADI 5081/DF, Rel. Min. Roberto Barroso, 27.5.15. Pleno. (Info 787)*

2013

MS: projeto de lei e criação de novos partidos políticos

Discutiu-se mandado de segurança preventivo sob alegação de ofensa ao devido processo legislativo na tramitação do projeto de lei que estabelece novas regras para a distribuição de recursos do fundo partidário e de horário de propaganda eleitoral no rádio e na televisão, nas hipóteses de migração partidária. Prevaleceu a tese de que eventuais inconstitucionalidades do texto impugnado poderiam ser resolvidas se e quando o projeto se transformasse em lei. A discussão sobre a legitimidade do controle constitucional preventivo de proposta legislativa teria consequências transcendentais, com reflexos para além do caso em pauta, pois tocaria o cerne da autonomia dos Poderes. O sistema constitucional pátrio não autorizaria o controle de constitucionalidade prévio de atos normativos, e que a jurisprudência da Corte estaria consolidada no sentido de, em regra, deverem ser rechaçadas as demandas judiciais com essa finalidade. Existem duas exceções a essa regra: a) proposta de emenda à Constituição manifestamente ofensiva a cláusula pétrea; e b) projeto de lei ou de emenda em cuja tramitação se verificasse manifesta afronta a cláusula constitucional que disciplinasse o correspondente processo legislativo. Em ambas as hipóteses, a justificativa para excepcionar a regra estaria claramente definida na jurisprudência do STF. O vício de inconstitucionalidade estaria diretamente relacionado aos aspectos formais e procedimentais da atuação legislativa. Nessas circunstâncias, a impetração de segurança seria admissível porque buscaria corrigir vício efetivamente concretizado, antes e independentemente da final aprovação da norma. O caso em exame não se enquadraria em qualquer dessas duas excepcionais situações, pois sustentado apenas que o projeto de lei teria conteúdo incompatível com os artigos 1º, V; e 17, caput, ambos da CF. A mais notória consequência de eventual concessão da ordem seria a universalização do controle preventivo de constitucionalidade, em descompasso com a CF e com a jurisprudência já consolidada. Existe modelo exclusivo de controle de normas, exercido pelos órgãos e instituições arrolados no art. 103 da CF, mediante ação própria. Admitir-se-ia, se prevalecente entendimento diverso, controle jurisdicional por ação da constitucionalidade material de projeto de norma, a ser exercido exclusivamente por parlamentar. Esse modelo de controle prévio não teria similar no direito comparado e ultrapassaria os limites constitucionais da intervenção do Judiciário no processo de formação das leis. As discussões políticas, nesse âmbito, pertenceriam ao Legislativo e não ao Judiciário. Não faz sentido, ademais, atribuir a parlamentar, a quem a CF não habilitaria para provocar o controle abstrato de constitucionalidade normativa, prerrogativa muito mais abrangente e eficiente de provocar esse controle sobre os próprios projetos legislativos. Além disso, subtrair-se-ia dos outros Poderes a prerrogativa de exercerem o controle constitucional preventivo de leis. *MS 32033/DF, Red. p/ ac. Min. Teori Zavascki, 20.6.13. Pleno. (Info 711)*

8. PROPAGANDA ELEITORAL

2013

Propaganda partidária e legitimidade do Ministério Público para representação

O Ministério Público tem legitimidade para representar contra propagandas partidárias irregulares. *ADI 4617/DF, Rel. Min. Luiz Fux, 19.6.13. Pleno. (Info 711)*

2012

Propaganda política e partido formado após as eleições

O Plenário julgou parcialmente procedente pedido formulado em ação direta ajuizada, pelo Partido Humanista da Solidariedade contra os arts. 45, § 6º; e 47, § 2º, I e II, ambos da Lei 9.504/97 (Lei das Eleições), para: a) declarar a constitucionalidade do § 6º do art. 45; b) declarar a inconstitucionalidade da expressão "e representação na Câmara dos Deputados", contida no § 2º do art. 47; e c) dar interpretação conforme a Constituição ao inc. II do § 2º do art. 47, com o fim de assegurar aos partidos novos, criados após a realização de eleições para a Câmara dos Deputados, o direito de acesso proporcional aos 2/3 do tempo destinado à propaganda eleitoral no rádio e na televisão, considerada a representação dos deputados federais que migrarem diretamente dos partidos pelos quais tiverem sido eleitos para a nova legenda na sua criação. *ADI 4430, ADI 4795 MC, Rel. Min. Dias Toffoli, 29.6.12. Pleno. (Info 672)*

9. VOTO

2014

Voto impresso e art. 14 da CF

O Plenário julgou procedente pedido formulado em ação direta para declarar a inconstitucionalidade do art. 5º da Lei 12.034/09, que dispõe sobre o voto impresso. Asseverou-se que, nos termos do caput da norma questionada, seria permitido ao eleitor conferir seu voto, pois associado o conteúdo desse ato de cidadania com a assinatura digital da urna. Entretanto, anotou-se que a inviolabilidade e o segredo do voto suporiam a impossibilidade de se ter, no exercício do voto ou no próprio voto, qualquer forma de identificação pessoal. Registrou-se, ademais, que o sigilo da votação também estaria comprometido caso ocorresse falha na impressão ou travamento de papel na urna eletrônica, visto que necessária intervenção humana para resolver o problema, o que exporia os votos registrados até então. Além disso, em eventual pedido de recontagem, seria novamente possível a identificação dos eleitores. Salientou-se que a introdução de impressoras potencializaria falhas e impediria o transcurso regular dos trabalhos nas diversas seções eleitorais. O módulo impressor, além de apresentar problemas de conexão, seria vulnerável a fraudes. Ademais, haveria a possibilidade de cópia, adulteração e troca de votos decorrente da votação impressa. Seria também maior a vulnerabilidade do sistema, porque o voto impresso não atingiria o objetivo de possibilitar a recontagem e a auditoria. *ADI 4543/DF, Rel. Min. Cármen Lúcia, 6.11.13. Pleno. (Info 727)*

10. OUTROS TEMAS

2013

Ação penal pública e preparo

A deserção, por falta de pagamento do valor devido pelas fotocópias para formação do traslado, quando se trate de ação penal pública, traduz rigor formal excessivo na medida em que impede ou impossibilita o exercício da ampla defesa e, via de consequência, constitui afronta ao art. 5º, inc. LV, da CF. *HC 116840/MT, Rel. Min. Luiz Fux, 15.10.13. 1ª T. (Info 724)*

Art. 3º, I, da EC 58/09: Câmaras Municipais e devido processo eleitoral

Cabimento de ADI para questionar norma de EC. 2. Norma que determina a retroação dos efeitos de regras constitucionais de composição das Câmaras Municipais em pleito ocorrido e encerrado: afronta à garantia do exercício da cidadania popular (CF, arts. 1º, parágrafo único e 14) e a segurança jurídica. 3. Posse de suplentes para legislatura em curso, em relação a eleição finda e acabada, descumpre o princípio democrático da soberania popular. 4. Impossibilidade de compatibilizar a posse do suplente: não eleito pelo sufrágio secreto e universal. 5. A aplicação da regra questionada significaria vereadores com mandatos diferentes: afronta ao processo político juridicamente perfeito. 6. Na CF não há referência a suplente de vereador. Suplente de deputado ou de senador: convocação apenas para substituição definitiva; inviável criação de mandato por aumento da representação. *ADI 4307/DF, Rel. Min. Cármen Lúcia, 11.4.13. Pleno. (Info 701)*

Minirreforma eleitoral: debate eleitoral e exclusão de candidato

Candidatos que têm participação assegurada em debate eleitoral não podem deliberar pela exclusão de participantes convidados por emissoras de rádio e televisão, cuja presença seja facultativa. *ADI 5488/DF, Rel. Min. Min. Dias Toffoli, 31.8.2016. Pleno. (Info 837)*

Minirreforma eleitoral: participação de minorias em debate e propaganda eleitoral

O art. 46, "caput", da Lei 9.504/97 assegura a participação, nos debates eleitorais, dos candidatos dos partidos políticos com mais de nove representantes na Câmara dos Deputados. É um critério razoável de aferição da representatividade do partido, pois não obsta a participação de legendas com menor representatividade nos debates. De fato, a faculta, a critério das emissoras de rádio e televisão. O direito de participação em debates eleitorais – diferentemente da propaganda eleitoral gratuita no rádio e na televisão – não tem assento constitucional e pode sofrer restrição maior, em razão do formato e do objetivo desse tipo de programação. Os incisos I e II do § 2º do art. 47 da Lei 9.504/97 estão em consonância com a cláusula democrática e com o sistema proporcional. Tais preceitos estabelecem regra de equidade e resguardam o direito de acesso à propaganda eleitoral das minorias partidárias, além de assegurar situação de benefício não odioso àquelas agremiações mais lastreadas na legitimidade popular. *ADI 5423/DF, Rel. Min. Dias Toffoli, 25.8.2016. Pleno. (Info 836)*

5. DIREITO FINANCEIRO

1. DESPESAS E RECEITAS PÚBLICAS

2016

Reparação econômica de anistiado político e disponibilidade orçamentária

RPG Reconhecido o direito à anistia política, a falta de cumprimento de requisição ou determinação de providências por parte da União, por intermédio do órgão competente, no prazo previsto nos arts. 12, § 4º, e 18, "caput" e parágrafo único, da Lei 10.599/2002, caracteriza ilegalidade e violação de direito líquido e certo. Havendo rubricas no orçamento destinadas ao pagamento das indenizações devidas aos anistiados políticos e não demonstrada a ausência de disponibilidade de caixa, a União há de promover o pagamento do valor ao anistiado no prazo de 60 dias. Na ausência ou na insuficiência de disponibilidade orçamentária no exercício em curso, cumpre à União promover sua previsão no projeto de lei orçamentária imediatamente seguinte. *RE 553710/DF, repercussão geral, rel. Min. Dias Toffoli, j. 17.11.2016. Pleno. (Info 847)*

Repasse de duodécimos e frustração na realização da receita orçamentária

A Segunda Turma deferiu parcialmente medida liminar em mandado de segurança impetrado contra ato omissivo. No caso, houve atraso no repasse dos recursos correspondentes às dotações orçamentárias destinadas ao Poder Judiciário do Rio de Janeiro. O Colegiado assegurou ao TJRJ o direito de receber, até o dia vinte de cada mês, em duodécimos, os recursos correspondentes às dotações orçamentárias. Facultou ao Poder Executivo proceder ao desconto uniforme de 19,6% da receita corrente líquida prevista na lei orçamentária em sua própria receita e na dos demais Poderes e órgãos autônomos, ressalvada, além da possibilidade de eventual compensação futura, a revisão desse provimento cautelar caso não se demonstre o decesso na arrecadação nem no percentual projetado de 19,6% em dezembro/2016. O relator assinalou que, diante do déficit orçamentário, estimado em 19,6%, o Estado do Rio de Janeiro promulgou a Lei 7.483/2016, na qual reconheceu o estado de calamidade financeira declarado pelo Decreto 45.692/2016, bem como citou os esforços empreendidos pelo TJRJ, a fim de demonstrar seu compromisso com o alcance da regularidade fiscal e com a desoneração dos cofres públicos. Entendeu, contudo, que as medidas adotadas pelo TJRJ não se confundem com as de autolimitação previstas no art. 9º, "caput", da LRF, no sentido de se limitarem as despesas previstas, para fins de adequação ao percentual da receita efetivamente arrecadada no exercício financeiro de 2016. Assentou, por fim, a inviabilidade de avaliação, em sede de mandado de segurança, da regularidade dos atos de governo e gestão praticados no Poder Executivo do Estado do Rio de Janeiro. Tais ações podem e devem ser submetidas a julgamento pelos órgãos competentes, não sendo a exigência de repasse integral dos duodécimos o meio adequado para se proceder à sanção de eventual ilegalidade, pois, nesse contexto, o real prejudicado acaba por ser o cidadão. Com razão, entretanto, a justificativa do TJRJ de que não se pode legitimar o cronograma orçamentário fixado pelo Executivo, em desrespeito ao art. 168 da CF. Afinal, retira a previsibilidade da disponibilização de recursos aos demais Poderes, subtraindo-lhes condições de gerir suas próprias finanças, considerada a frustração de receita, conforme sua conveniência e oportunidade. Entendeu que o repasse duodecimal deve ocorrer até o dia vinte de cada mês, nos termos do disposto no art. 168 da CF, de modo a garantir o autogoverno do Poder Judiciário – que não se sujeita à programação financeira e ao fluxo de arrecadação do Poder Executivo -, tendo em vista ser o repasse uma ordem de distribuição prioritária de satisfação de dotação orçamentária (MS 21.450/MT, DJU de 5.6.1992). *MS 34489-MC/RJ, rel. Min. Dias Toffoli, j. 22.11.2016. 2ª T. (Info 848)*

Uso estatal de valores sob disputa judicial e conflito legislativo

Referendou-se medida cautelar em ADI para suspender o andamento de todos os processos em que se discuta a constitucionalidade da Lei 21.720/15 do Estado de Minas Gerais, assim como os efeitos de decisões neles proferidas, até o julgamento definitivo da ação. A lei impugnada determina que os depósitos judiciais em dinheiro, tributários e não tributários, realizados em processos vinculados ao TJMG, sejam utilizados para o custeio da previdência social, o pagamento de precatórios e assistência judiciária e a amortização da dívida com a União. O STF ponderou que o tema de fundo, relativo ao aproveitamento, pelas unidades federadas, dos valores sob disputa judicial que estejam temporariamente submetidos à custódia das instituições financeiras, é objeto de controvérsia. Nesse sentido, há substanciosos contrastes entre a lei estadual em debate e a LC 151/15. A lei federal apenas autoriza o levantamento de valores objetos de depósitos vinculados a processos em que os entes federados sejam parte, enquanto a lei mineira contém autorização mais generosa, que se estende a todos os processos vinculados à Corte local. Além disso, a norma estadual permite que a transferência chegue a compreender, no primeiro ano de vigência, o equivalente a 75% do valor total dos depósitos. Tais discrepâncias geram cenário de insegurança jurídica. Ademais, o Colegiado constatou que dissídios com semelhante gravidade têm sido noticiados em outras unidades federadas, em virtude de incompatibilidades entre a disciplina estadual da matéria e aquela estipulada pela LC 151/15. Tendo em vista o cenário de instabilidade criado pela exigibilidade imediata da lei atacada, a contrariedade do diploma com o regime estabelecido pela LC 151/15, o risco para o direito de propriedade dos depositantes que litigam na Corte local e a predominância da competência legislativa da União para prover sobre depósitos judiciais e suas consequências, o Tribunal referendou a decisão cautelar. Por fim, esclareceu que a medida acauteladora tem eficácia meramente prospectiva a partir da sua prolação em sede monocrática, ocorrida em 29.10.2015, destinando-se a inibir, daí em diante, a prática de novos atos e a produção de novos efeitos nos processos judiciais suspensos. A decisão, todavia, não autoriza nem determina a modificação do estado dos fatos então existente, nem a invalidação, o desfazimento ou a reversão de atos anteriormente praticados no processo suspenso, ou dos efeitos por eles já produzidos. *ADI 5353 MC-Ref/MG, Rel. Min. Teori Zavascki, j. 28.9.2016. Pleno. (Info 841)*

2014

Contribuição sindical e fiscalização do TCU

A atividade de controle do TCU sobre a atuação das entidades sindicais não representa violação à respectiva autonomia assegurada na Lei Maior. As contribuições sindicais compulsórias possuem natureza tributária, constituindo receita pública, estando os responsáveis sujeitos à competência fiscalizatória do TCU. *MS 28465/DF, Rel. Min. Marco Aurélio, 18.3.14. 1ª T. (Info 739)*

2. DÍVIDA PÚBLICA

2016

Ente Federativo: princípio da intranscendência e inscrição em cadastros federais de inadimplência

RPG É necessária a observância da garantia do devido processo legal, em especial, do contraditório e da ampla defesa, relativamente à inscrição de entes públicos em cadastros federais de inadimplência. *ACO 732/AP, Rel. Min. Marco Aurélio, 10.5.2016. 1ª T. (Info 825)*

MS e repactuação de dívida com a União

Adaptou-se medida liminar aos termos do acordo firmado entre os Estados-Membros e a União, até o julgamento final do "writ". A liminar fora deferida pelo STF para ordenar às autoridades impetradas que se abstivessem de impor sanções ao Estado de Santa Catarina, bem como bloqueio de recursos de transferências federais. À ocasião, a Corte deliberara, ainda, sobrestar o processo por 60 dias para que as partes se compusessem. Além disso, teria assegurado o desbloqueio de recursos de transferências federais pela aplicação da LC 148/14, a qual garante, "prima facie", o cálculo e o pagamento da dívida pública sem a promoção do aditivo contratual imposto no Dec. 8.616/16. Tal norma regulamenta o estabelecido na LC 148/14 e no art. 2º da Lei 9.496/97 e dispõe sobre a repactuação da dívida dos entes federados com a União. Na origem, o Estado-Membro impetrante pretendia que, em razão do não pagamento dos juros capitalizados, fosse a ele garantida a não incidência das sanções impostas pelo mencionado decreto. Quanto ao prazo do sobrestamento e ao pedido de prorrogação, asseverou-se que o prazo seria peremptório, sem que se pudesse cogitar de eventual prolongamento. O deferimento da liminar teria levado em conta o mesmo prazo do sobrestamento, razão pela qual o termo final – 22.8.2016 – também seria a data em que cessariam de pleno direito os efeitos da respectiva liminar. No tocante ao pleito de revisão da medida liminar, lembrou que ela fora deferida para sustar o modo pelo qual a cobrança das parcelas da dívida dos Estados era realizada. Entretanto, nos termos do acordo noticiado pelas partes, haveria nova configuração da forma de pagamento, o que afastaria o perigo na demora. A principal consequência da manutenção da medida seria o diferimento do pagamento dos valores por ela suspensos. Em face do encaminhamento de uma solução para os problemas emergenciais de caixa, as considerações lançadas por ocasião do início do presente julgamento fundamentariam o pedido revisional formulado pela União. Nesse ponto, a Corte determinou que fossem aplicados cautelarmente os exatos termos dos ajustes negociados com os Estados-Membros, a partir de 1º.7.2016, conforme ata de reunião apresentada aos autos. *MS 34023 QO-MC/DF, Rel. Min. Edson Fachin, 1º.7.2016. Pleno. (Info 832)*

2016

MS e repactuação de dívida com a União

Liminar impede sanções a estado por alterar cálculo da dívida com a União, permitindo que possa realizar o pagamento da dívida repactuada com a União acumulada de forma linear, e não capitalizada. O estado poderá realizar o pagamento das parcelas da dívida em valores menores do que os exigidos pela União, sem sofrer as sanções legais – em especial a retenção de repasses federais. No caso, o mandado de segurança é cabível uma vez que (a) decreto presidencial dá aplicação inequívoca à LC 148/2014, regulamentando sua aplicação; (b) o decreto tem efeitos concretos para os estados e para o financiamento de suas dívidas e (c) a controvérsia envolve a interpretação da lei, não havendo necessidade de produção de qualquer prova. No mérito, ainda a ser apreciado pela Corte, está a alegação de que, ao regulamentar a LC, que estabeleceu condições para a repactuação da dívida, o governo federal teria extrapolado sua competência. Isso porque, no Dec. 8.816/2015, ficou estabelecida fórmula de cálculo que implicava a incidência capitalizada da Selic (juros sobre juros). De acordo com o MS, a incidência de juros capitalizados (anatocismo) é, em regra, proibida, e a expressão "variação acumulada da Selic", utilizada para definir a atualização da dívida, quando aplicada em outros diplomas legais, não é capitalizada. *MS 34023 AgR/DF, Red. p/ ac. Min. Gilmar Mendes, 7.4.2016. Pleno. (Info 820)*

3. LEIS ORÇAMENTÁRIAS

2016

ADI: despesas com pessoal e Lei de Diretrizes Orçamentárias

Em virtude da ocorrência de episódio de usurpação da competência da União para dispor em tema de limite de despesas com gasto de pessoal (CF, art. 169, "caput"), o Plenário referendou em parte medida cautelar para suspender, com efeitos "ex nunc", até o julgamento final da ação, a eficácia da expressão "Poder Legislativo 4,5%", contida no art. 50 da Lei 1.005/15 do Estado de Rondônia (Lei de Diretrizes Orçamentárias). No caso, a lei impugnada não respeitara os limites estabelecidos na Lei de Responsabilidade Fiscal para gastos com pessoal referentes ao Poder Legislativo e ao Poder Executivo. *ADI 5449 MC-Referendo/RO, Rel. Min. Teori Zavascki, 10.3.2016. Pleno. (Info 817)*

ADI: projeto de leis orçamentárias e princípio da separação de Poderes

Salvo em situações graves e excepcionais, não cabe ao Poder Judiciário, sob pena de violação ao princípio da separação de Poderes, interferir na função do Poder Legislativo de definir receitas e despesas da Administração Pública, emendando projetos de leis orçamentárias, quando atendidas as condições previstas no art. 166, §§ 3º e 4º, da Constituição Federal. *ADI 5468/DF, Rel. Min. Luiz Fux, 30.6.2016. Pleno. (Info 832)*

Lei de Reponsabilidade Fiscal e orçamento do Ministério Público

Insubsistência de ato do TCU que determinou inclusão de despesas relativas ao MPDFT nos limites globais de gastos com pessoal do MPU, nos termos do art. 20, I, "d", da LRF, lei editada a partir do disposto no art. 169 da CF. Dada a circunstância de competir à União organizar e manter o Poder Judiciário, o Ministério Público e a Defensoria Pública do Distrito Federal e dos

Territórios (CF, art. 21, XIII), a LRF prevê, no art. 20, I, "c", teto global para despesas com pessoal (40,9% p/ Executivo, 3% p/ pessoal decorrente do disposto nos incs. XIII e XIV do art. 21 da CF). Então, o Chefe do Poder Executivo, no Dec. 3.917/01, repartiu os 3%, alocando para o MPDFT 0,064%. Assim, a circunstância de o art. 128 da CF consignar que o MPU compreende o MPDFT não impõe a junção verificada. Esse entendimento enseja, inclusive, a alteração de ato normativo decorrente da CF (a LRF), a gerar, após anos de prática de certo sistema, responsabilidade global, considerados o MPU e o MPDFT. *MS 25997/DF, Rel. Min. Marco Aurélio, 5.4.2016. 1ª T. (Info 820)*

2015

Despesas orçamentárias e vício de iniciativa

É inconstitucional norma estadual que, ao tornar o governo estadual devedor principal de obrigações que agricultores daquele Estado-membro assumiram, inicialmente, com o governo Federal, transmudara a natureza do pacto originalmente firmado. O governo estadual instituíra o Programa Emergencial de Manutenção e Apoio a Pequenos Proprietários Rurais para atender, com recursos oriundos do governo Federal, os agricultores que perderam suas lavouras. Fora ainda instituído, por lei estadual, o fundo rotativo de emergência da agricultura familiar, com recursos oriundos do governo Federal. Posteriormente, via emenda parlamentar, fora sancionada a lei estadual que isentara de pagamento os produtores rurais que teriam sido beneficiados por esse programa emergencial. Previra, também que o governo estadual assumiria as obrigações perante o governo Federal. A emenda parlamentar que dera nova redação legislativa teria afrontado a competência do Poder Executivo. *ADI 2072/RS, Rel. Min. Cármen Lúcia, 4.2.15. Pleno. (Info 773)*

2014

ADI: matéria orçamentária e competência legislativa

A norma constitucional estadual impugnada, ao considerar como integrantes da receita aplicada na manutenção e desenvolvimento do ensino as despesas empenhadas, liquidadas e pagas no exercício financeiro, afronta o art. 24, I, II, e § 1º, da CF. O art. 212 da CF estabelece a necessidade de efetiva liquidação das despesas nele versadas. Não basta, portanto, o simples empenho da despesa para que se considere cumprido o mandamento constitucional. *ADI 2124/RO, Rel. Min. Gilmar Mendes, 19.11.14. Pleno. (Info 768)*

Lei de Diretrizes Orçamentárias e caráter vinculante

O sistema orçamentário constitucional inaugurado pela CF/88 é teleologicamente voltado ao planejamento da atuação do poder público. O termo "ad quem" da LDO é o final do exercício financeiro subsequente, prazo cujo transcurso exaure a eficácia do diploma normativo e das normas impugnadas, causando a perda superveniente de objeto da ação direta de inconstitucionalidade. *ADI 4663 Referendo-MC/RO, Rel. Min. Luiz Fux, 15.10.14. Pleno. (Info 763)*

4. PRECATÓRIOS

2016

Precatórios: embargos de declaração convertidos em diligência

Convertido em diligência julgamento conjunto de embargos de declaração opostos em ADI para permitir a intervenção de todos os interessados na causa (RISTF, art. 140). Mantida a modulação dos efeitos, no tempo, do quanto decidido anteriormente em questão de ordem, sem prejuízo do pagamento dos precatórios. Representantes de estados-membros teriam demonstrado preocupação com a falta de capacidade de pagamento dos entes públicos e que iriam buscar uma solução legislativa para esse problema (PEC 74-A). Tal proposta leva em conta a modulação ditada pelo STF, de modo a assegurar mecanismos de diferenciamento para que a decisão judicial que prevê a quitação total dos precatórios até o final de 2020 seja cumprida. Estudos estatísticos atuariais do Congresso revelam que os estados-membros não tem como pagar no tempo aprazado. *ADI 4357 ED/DF, Rel. Min. Luiz Fux, 9.12.2015. Pleno. (Info 811)*

Sequestro de verbas públicas e precatórios

A discussão acerca da possibilidade de os entes federativos utilizarem os rendimentos decorrentes dos valores depositados nas contas especiais destinadas ao pagamento de precatórios (CF, art. 97, §1º, I) não foi objeto das ADI 4357 e 4425. Ainda que haja relevância na solução da controvérsia, notadamente devido à grave crise financeira dos Estados, a reclamação não constitui a sede adequada para resolver a questão. *Rcl 21409/RS, Red. p/ ac. Min. Roberto Barroso, 23.2.2016. 1ª T. (Info 815)*

Sociedade de economia mista e regime de precatório

As sociedades de economia mista prestadoras de serviço público de atuação própria do Estado e de natureza não concorrencial submetem-se ao regime de precatório. *RE 852302 AgR/AL, Rel. Min. Dias Toffoli, 15.12.2015. 2ª T. (Info 812)*

2015

Modulação: precatório e EC 62/09

A Corte resolveu a questão de ordem nos seguintes termos: 1) modulou os efeitos para que se desse sobrevida ao regime especial de pagamento de precatórios, instituído pela EC 62/09, por cinco exercícios financeiros a contar de 1º.1.2016; 2) conferiu eficácia prospectiva à declaração de inconstitucionalidade dos seguintes aspectos da ADI, fixado como marco inicial a data de conclusão do julgamento da questão de ordem (25.3.2015) e mantendo-se válidos os precatórios expedidos ou pagos até esta data, a saber: 2.1.) seria mantida a aplicação do índice oficial de remuneração básica da caderneta de poupança (TR), nos termos da EC 62/09, até 25.3.2015, data após a qual (i) os créditos em precatórios deveriam ser corrigidos pelo Índice de Preços ao Consumidor Amplo Especial (IPCA-E) e (ii) os precatórios tributários deveriam observar os mesmos critérios pelos quais a Fazenda Pública corrige seus créditos tributários; e 2.2.) seriam resguardados os precatórios expedidos, no âmbito da Administração Pública Federal, com base nos artigos 27 das Leis 12.919/13 e Lei 13.080/15, que fixam o IPCA-E como índice de correção monetária; 3) quanto às formas alternativas de pagamento previstas no regime especial: 3.1) seriam consideradas válidas as compensações, os leilões e os pagamentos à vista por ordem crescente de crédito previstos na EC 62/09, desde que realizados até 25.3.2015, data a partir da qual não seria possível a quitação de precatórios por essas modalidades; 3.2) seria mantida a possibilidade de realização de acordos diretos, observada a ordem de preferência dos credores e de acordo com lei própria da entidade devedora, com redução máxima de 40% do valor do crédito atualizado; 4) durante o período fixado no item 1, seria mantida a vinculação de percentuais mínimos da receita corrente líquida ao pagamento dos precatórios (ADCT, art. 97, § 10), bem como as sanções para o caso de não liberação tempestiva dos recursos destinados ao pagamento de precatórios (ADCT, art. 97, § 10); 5) delegação de competência ao CNJ para que considerasse a apresentação de proposta normativa que disciplinasse (i) a utilização compulsória de 50% dos recursos da conta de depósitos judiciais tributários para o pagamento de precatórios e (ii) a possibilidade de compensação de precatórios vencidos, próprios ou de terceiros, com o estoque de créditos inscritos em dívida ativa até 25.3.2015, por opção do credor do precatório; e 6) atribuição de competência ao CNJ para que monitorasse e supervisionasse o pagamento dos precatórios pelos entes públicos na forma da decisão proferida na questão de ordem em comento. *ADI 4357 QO/DF, Rel. Min. Luiz Fux, 25.3.15. Pleno. (Info 779)*

Suspensão de ações judiciais em ADI e precatório

O Plenário manteve decisão acauteladora proferida em ADI, ajuizada em face de lei estadual que prevê a transferência de depósitos judiciais para conta específica do Poder Executivo, para pagamento de precatórios de qualquer natureza e outras finalidades. A decisão agravada suspendera diferentes ações judiciais que determinavam o sequestro dos valores previstos na lei complementar, sob pena de prisão em flagrante do servidor da instituição financeira que não efetuasse a transferência imediata dos recursos. O Colegiado apontou a existência de duas situações excepcionais: a lei impugnada não trataria apenas do repasse de valores para pagamento de precatórios, mas também para outros fins, ou seja, para custeio do tesouro. Além disso, haveria lei complementar federal recente, a disciplinar a matéria de maneira distinta das legislações estaduais (LC 151/15). Ressaltou que não haveria previsão legal, em se tratando de ADI, a respeito da possibilidade de suspender ações judiciais em curso que determinassem a aplicação da lei impugnada, muito embora houvesse essa previsão para os casos de ADC e ADPF. Assim, seria razoável adotar a mesma sistemática, não obstante se tratar de diferentes espécies de ações constitucionais. *ADI 5365 MC-AgR/PB, Rel. Min. Roberto Barroso, 12.11.15. Pleno. (Info 807)*

2014

Honorários advocatícios e execução autônoma

RPG É possível o fracionamento de precatório para pagamento de honorários advocatícios. *RE 564132/ RS, RE 827833/SC, Repercussão geral – mérito, Red. p/ ac. Min. Cármen Lúcia, 30.10.14. Pleno. (Info 765)*

Litisconsórcio facultativo e fracionamento de precatório

RPG O fracionamento do valor da execução, em caso de litisconsórcio facultativo, para expedição de requisição de pequeno valor em favor de cada credor, não implica violação ao art. 100, § 8º, da CF, com a redação dada pela EC 62/09. *RE 568645/ SP, Rel. Min. Cármen Lúcia, 24.9.14. Repercussão geral – mérito. Pleno. (Info 760)*

Precatórios e vinculação de receita

É inconstitucional norma de constituição estadual que vincula receitas obtidas judicialmente da União ao pagamento de débitos judiciais do Estado, por ofensa ao regramento constitucional dos precatórios. O preceito atacado cria forma transversa de quebra da ordem de precedência dos precatórios ao efetivar a vinculação das receitas obtidas com indenizações ou créditos pagos ao Estado pela União ao pagamento de débitos de idêntica natureza. Não encontra amparo constitucional a previsão, porquanto seria instalada, inevitavelmente, uma ordem paralela de satisfação dos créditos, em detrimento da ordem cronológica. Impossibilidade de regramento da matéria por norma de hierarquia inferior. Também, o dispositivo de constituição estadual, ao efetuar vinculação de receita de caráter orçamentário, qual seja, a obtida do ente central por recebimento de indenizações ou de outros créditos, incorre em vício de natureza formal, uma vez que a Carta Política exige que a iniciativa legislativa de leis com esse conteúdo seja do chefe do Poder Executivo. *ADI 584/PR, Rel. Min. Dias Toffoli, 19.3.14. Pleno. (Info 739)*

2013

Complementação de precatório e citação da Fazenda Pública

Os pagamentos de complementação de débitos da Fazenda Pública Federal, Estadual ou Municipal, decorrentes de decisões judiciais, deverão ser objeto de novo precatório, sem, contudo, ser necessária nova citação da Fazenda Pública. *AI 646081 AgR/SP, Rel. Min. Ricardo Lewandowski, 26.11.13. 1ª T. (Info 730)*

Precatório e sequestro de verbas públicas

O Tribunal de origem concedeu a segurança para determinar o sequestro de verbas públicas, tendo em conta a retirada, por iniciativa do Estado da Bahia, de precatório que figurava no primeiro lugar da ordem de apresentação, sem determinação do Presidente do TJ. Circunstância configuradora de preterição da ordem cronológica de pagamento (AgRg na SS 2287). *RE 583932/BA, Red. p/ ac. Min Cármen Lúcia, 18.6.13. 1ª T. (Info 711)*

Precatório: regime especial e EC 62/09

O Tribunal julgou extinta a ação por ilegitimidade ativa da requerente. As associações de magistrados não gozam da legitimidade universal para o processo objetivo, devendo ser demonstrada a pertinência temática. As associações de magistrados não têm legitimidade ativa quanto a processo objetivo a envolver normas relativas à execução contra a Fazenda, porque ausente a pertinência temática. *ADI 4400/DF, Rel. Min. Ayres Britto, 7.3.13. Pleno. (Info 697)*

Precatório: regime especial e EC 62/09

Declarou-se a inconstitucionalidade: a) da expressão "na data de expedição do precatório", contida no § 2º do art. 100 da CF; b) dos §§ 9º e 10 do art. 100 da CF; c) da expressão "índice oficial de remuneração básica da caderneta de poupança", constante do § 12 do art. 100 da CF, do inciso II do § 1º e do § 16, ambos do art. 97 do ADCT; d) do fraseado "independentemente de sua natureza", inserido no § 12 do art. 100 da CF, para que aos precatórios de natureza tributária se apliquem os mesmos juros de mora incidentes sobre o crédito tributário; e) por arrastamento, do art. 5º da Lei 11.960/09; e f) do § 15 do art. 100 da CF e de todo o art. 97 do ADCT (especificamente o caput e os §§ 1º, 2º, 4º, 6º, 8º, 9º, 14 e 15, sendo os demais por arrastamento ou reverberação normativa). *ADI 4425/DF, Red. p/ ac. Min. Luiz Fux, 14.3.13. Pleno. (Info 698)*

RPV e correção monetária

RPG É devida correção monetária no período compreendido entre a data de elaboração do cálculo da requisição de pequeno valor – RPV e sua expedição para pagamento. *ARE 638195/RS, Repercussão geral – mérito, Rel. Min. Joaquim Barbosa, 29.5.13. Pleno. (Info 708)*

Título da dívida agrária e inadimplemento

Exaurido o período vintenário para resgate de títulos da dívida agrária, o pagamento complementar de indenização fixada em decisão final em ação expropriatória deve ser efetuado na forma do art. 100 da CF, e não em títulos da dívida agrária complementares. *RE 595168/BA, Rel. Min. Ricardo Lewandowski, 6.8.13. 2ª T. (Info 714)*

2012

Precatório: ação plúrima e art. 87 do ADCT

Enquadrando-se cada qual das obrigações contidas no título executivo judicial na previsão do artigo 87 do ADCT, não cabe a junção visando submeter os créditos a satisfação mediante precatório – inteligência do art. 100, § 3º e § 8º, da CF. *RE 634707, Rel. Min. Marco Aurélio, 17.4.12. 1ª T. (Info 662)*

5. REPARTIÇÃO DE RECEITAS TRIBUTÁRIAS

2016

Federalismo fiscal e omissão legislativa

O Plenário, em conclusão, julgou procedente ADI por omissão ajuizada em face de alegada lacuna legislativa, no tocante à edição, pelo Congresso Nacional, da lei complementar prevista no art. 91 do ADCT, incluído pela EC 42/2003. O Colegiado declarou haver mora, por parte do Congresso Nacional, em editar a aludida lei complementar. Fixou, por maioria, o prazo de doze meses para que seja sanada a omissão. O Tribunal estabeleceu, também por decisão majoritária, que, na hipótese de o mencionado prazo transcorrer "in albis", caberá ao TCU: a) fixar o valor total a ser transferido anualmente aos Estados-Membros e ao Distrito Federal, considerando os critérios dispostos no art. 91 do ADCT, a saber, as exportações para o exterior de produtos primários e semielaborados, a relação entre as exportações e as importações, os créditos decorrentes de aquisições destinadas ao ativo permanente e a efetiva manutenção e aproveitamento do crédito do imposto a que se refere o art. 155, § 2º, X, "a", do texto constitucional; b) calcular o valor das quotas a que cada um fará jus, levando em conta os entendimentos entre os Estados-Membros e o Distrito Federal realizados no âmbito do Confaz. Determinou, ainda, que se comunique ao TCU, ao Ministério da Fazenda, para os fins do disposto no § 4º do art. 91 do ADCT, e ao Ministério do Planejamento, Desenvolvimento e Gestão, para adoção dos procedimentos orçamentários necessários ao cumprimento da presente decisão, notadamente no que se refere à oportuna inclusão dos montantes definidos pelo TCU na proposta de lei orçamentária anual da União. *ADO 25/DF, rel. Min. Gilmar Mendes, j. 30.11.2016. Pleno. (Info 849)*

IR e IPI: desoneração e direito ao valor que potencialmente seria arrecadado

RPG É constitucional a concessão regular de incentivos, benefícios e isenções fiscais relativos ao Imposto de Renda e Imposto sobre Produtos Industrializados por parte da União em relação ao Fundo de Participação de Municípios e respectivas quotas devidas às Municipalidades. *RE 705423/SE, repercussão geral, rel. Min. Edson Fachin, 17.11.2016. Pleno. (Info 847)*

2014

Cálculo do valor adicionado e reserva de lei complementar

Nos termos do art. 161, I, da CF, cabe à lei complementar federal estabelecer a definição de valor agregado, para o efeito de partilha entre os municípios do valor arrecadado com o ICMS, a que faz alusão o art. 158, par. único, I, também da CF. É inconstitucional lei estadual que estabeleceu ela própria a referida definição. Violação do art. 161, I, da CF. *ADI 3726/SC, Rel. Min. Joaquim Barbosa, 20.11.13. Pleno. (Info 729)*

6. TRIBUNAL DE CONTAS

2016

Auditoria do TCU e participação de servidor indiretamente afetado

Tratando-se de auditoria do TCU, considerada a gestão administrativa do Poder Legislativo, não há como concluir pelo direito dos servidores indiretamente afetados de serem ouvidos no processo fiscalizatório. *MS 32540/DF, Rel. Min. Marco Aurélio, 29.3.2016. 1ª T. (Info 819)*

Contas de prefeito e competência para julgar
RPG Para os fins do art. 1º, inciso I, alínea "g", da Lei Complementar 64, de 18 de maio de 1990, alterado pela Lei Complementar 135, de 4 de junho de 2010, a apreciação das contas de prefeitos, tanto as de governo quanto as de gestão, será exercida pelas Câmaras Municipais, com o auxílio dos Tribunais de Contas competentes, cujo parecer prévio somente deixará de prevalecer por decisão de 2/3 dos vereadores. *RE 848826/DF, repercussão geral, Rel. p/ ac. Min. Ricardo Lewandowski, 17.8.2016. Pleno. (Info 835)*

Contas de prefeito e competência para julgar
RPG O parecer técnico elaborado pelo Tribunal de Contas tem natureza meramente opinativa, competindo exclusivamente à Câmara de Vereadores o julgamento das contas anuais do Chefe do Poder Executivo local, sendo incabível o julgamento ficto das contas por decurso de prazo. *RE 729744/MG, repercussão geral, Rel. Min. Gilmar Mendes, 17.8.2016. Pleno. (Info 835)*

TCU: repactuação de termos contratados, limites de atuação e via processual adequada
Por demandar análise pericial e verificação de preços, dados e tabelas, o mandado de segurança não é a via adequada para aferir critérios utilizados pelo TCU e que culminaram por condenar solidariamente a impetrante à devolução de valores ao erário, em razão de superfaturamento de preços constatado em aditamentos contratuais por ela celebrados com a Administração Pública. *MS 29599/DF, Rel. Min. Dias Toffoli, 1º.3.2016. 1ª T. (Info 816)*

2015

Modificação de decisão judicial pelo TCU e coisa julgada
Não atenta contra a coisa julgada o entendimento de que, em face de efetiva alteração do estado de direito superveniente, a sentença anterior, a partir de então, deixa de ter eficácia. Assim, modificadas as premissas originalmente adotadas pela sentença, a cessação de seus efeitos, via de regra, é imediata e automática, sem depender de novo pronunciamento judicial. *MS 32435 AgR/DF, Red. p/ ac., Min. Teori Zavascki, 4.8.15. 2ª T. (Info 793)*

TCU: anulação de acordo extrajudicial e tomada de contas especial
O TCU tem legitimidade para anular acordo extrajudicial firmado entre particulares e a Administração Pública, quando não homologado judicialmente *MS 24379/DF, Rel. Min. Dias Toffoli, 7.4.15. 1ª Turma. (Info 780)*

TCU e declaração de inidoneidade para licitar
O TCU tem competência para declarar a inidoneidade de empresa privada para participar de licitações promovidas pela Administração Pública. *MS 30788/MG, Red. p/ ac. Min. Roberto Barroso, 21.5.15. Pleno. (Info 786)*

TCU: medida cautelar de indisponibilidade de bens e tomada de contas especial
O TCU, ao determinar a indisponibilidade dos bens, age em consonância com suas atribuições constitucionais, com as disposições legais e com a jurisprudência do STF. O ato está inserido no campo das atribuições constitucionais de controle externo exercido pela corte de contas (CF, art. 71). Assiste ao TCU um poder geral de cautela, que se consubstancia em prerrogativa institucional decorrente das próprias atribuições que a Constituição expressamente lhe outorga para seu adequado funcionamento e alcance de suas finalidades. Seria possível, inclusive, ainda que de forma excepcional, a concessão, sem audiência da parte contrária, de medidas cautelares, por deliberação fundamentada daquela Corte, sempre que necessárias à neutralização imediata de situações de lesividade ao interesse público ou à garantia da utilidade prática de suas deliberações finais. Ademais, o TCU dispõe de autorização legal expressa (Lei 8.443/92, art. 44, § 2º) para decretação cautelar de indisponibilidade de bens, o que também encontra previsão em seu regimento interno (artigos 273, 274 e 276). *MS 33092/DF, Rel. Min. Gilmar Mendes, 24.3.15. 2ª Turma. (Info 779)*

TCU: sigilo bancário e BNDES
O que se veda ao TCU é a quebra do sigilo bancário e fiscal, "tout court", consoante decisões no sentido de que a LC 105/01, que dispõe sobre o sigilo das operações de instituições financeiras, não poderia ser manejada pelo TCU para que fosse determinada a quebra de sigilo bancário e empresarial. No caso, porém, a atuação do TCU tem amparo no art. 71 da CF e se destina, precipuamente, a controlar as operações financeiras realizadas pelo BNDES e pelo BNDESPAR. Cuida-se de regular hipótese de controle legislativo financeiro de entidades federais por iniciativa do Parlamento, que o faz por meio da Comissão de Fiscalização e Controle da

5. DIREITO FINANCEIRO

Câmara dos Deputados. Nesse particular, o referido órgão determinou ao TCU que realizasse auditoria nas operações de crédito envolvendo as citadas instituições financeiras, com fundamento no art. 71, IV, da CF. Não se está diante de requisição para a obtenção de informações de terceiros, mas de informações das próprias instituições, que contrataram terceiros com o emprego de recursos de origem pública. A pretensão do TCU é o mero repasse de informações no seio de um mesmo ente da federação, e isso não ostenta conotação de quebra de sigilo bancário. *MS 33340/DF, Rel. Min. Luiz Fux, 26.5.15. 1ª T. (Info 787)*

TCU: tomada de contas e nulidade

O recebimento, por parte de diplomata, de auxílio-moradia no período de ocupação do posto de cônsul-geral em localidade na qual possuía imóvel próprio acarreta a obrigação de ressarcir o erário, além de pagamento de multa, determinada em tomada de contas especial. A Turma afirmou que ficara demonstrada a entrega de carta registrada no endereço que o próprio impetrante fizera constar no cadastro da Receita Federal do Brasil e na petição inicial do aludido mandado de segurança ajuizado no STJ. Portanto, não se poderia falar em nulidade na citação no processo de tomada de contas especial. Ademais, tendo em vista a independência das atribuições do TCU e da autoridade responsável pelo processo administrativo disciplinar, não haveria ilegalidade na condenação do impetrante a ressarcir o erário e pagar multa em decorrência de procedimento instaurado de forma independente, por conta de notícias publicadas na imprensa acerca de possíveis danos aos cofres públicos causados pelo impetrante. *MS 27427 AgR/DF, Rel. Min. Teori Zavascki, 8.9.15. 2ª T. (Info 798)*

2014

ADI: disciplina de cargos em tribunal de contas estadual e iniciativa de lei

É inconstitucional, norma de iniciativa do Poder Legislativo que determina a transposição de cargos de provimento efetivo do tribunal de contas estadual, com os respectivos ocupantes, para o quadro único de pessoal da administração pública direta, em órgão vinculado ao Poder Executivo. Vício de iniciativa, por violação dos arts. 75, "caput", e 96, da CF. *ADI 3223/SC, Rel. Min. Dias Toffoli, 6.11.14. Pleno. (Info 766)*

Controle externo: declaração de bens e autonomia dos Poderes

O Tribunal entendeu que a norma impugnada, ao obrigar os magistrados estaduais a apresentarem declaração de bens à assembleia legislativa, criara modalidade de controle direto dos demais Poderes por aquele órgão, sem o auxílio do tribunal de contas do Estado. Assim, na ausência de fundamento constitucional a essa fiscalização, não poderia a assembleia legislativa, ainda que mediante lei, outorgar-se competência que seria de todo estranha à fisionomia institucional do Poder Legislativo. Ademais, por violar a autonomia do Poder Judiciário (CF, art. 93), assentou a inconstitucionalidade formal da lei estadual, de origem parlamentar, na parte em que pretendera submeter aos seus ditames os magistrados estaduais. *ADI 4203/RJ, ADI 4232/RJ, Rel. Min. Dias Toffoli, 30.10.14. Pleno. (Info 765)*

Julgamento de contas de Presidente da Câmara Municipal e competência

A CF define o papel específico do legislativo municipal para julgar, após parecer prévio do tribunal de contas, as contas anuais elaboradas pelo chefe do poder executivo local, sem abrir margem para a ampliação para outros agentes ou órgãos públicos. Artigo de constituição estadual, ao alargar a competência de controle externo exercida pelas câmaras municipais para alcançar, além do prefeito, o presidente da câmara municipal, altera o modelo previsto na Carta Federal. *ADI 1964/ES, Rel. Min. Dias Toffoli, 4.9.14. Pleno. (Info 757)*

TCU e critério de escolha de Ministro

O disposto no artigo 73, § 2º, da CF, presente o princípio do determinismo, encerra não a simples escolha dos integrantes, mas, acima de tudo, a composição do TCU. *ADI 2117/DF, Rel. Min. Marco Aurélio, 27.8.14. Pleno. (Info 756)*

TCU: fiscalização de pessoa jurídica de direito privado e "bis in idem"

O Tribunal de Contas tem atribuição fiscalizadora acerca de verbas recebidas do Poder Público, sejam públicas ou privadas, máxime porquanto implícito ao sistema constitucional a aferição da escorreita aplicação de recursos oriundos da União, mercê da interpretação extensiva do inciso II do art. 71 da CF. 2. O art. 71, II, da CF eclipsa no seu âmago a fiscalização da Administração Pública e das entidades privadas. 3. É cediço na doutrina pátria que "o alcance do inc. II do art. 71 é vasto, de forma a alcançar todos os que detenham, de alguma forma, dinheiro público, sem seu sentido amplo. Não há exceção e a interpretação deve ser a mais abrangente possível, diante do princípio republicano". (Regis Oliveira). 4. O Dec. 200/67, dispõe de há muito que "quem quer que utilize dinheiros públicos terá de justificar seu bom e regular emprego na conformidade das leis, regulamentos e normas emanadas das autoridades administrativas competentes.". 5. O TCU também atua com fundamento na sua Lei Orgânica. 6. A fiscalização do TCU não inibe a propositura da ação civil pública, "na hipótese de ser condenada ao final do processo judicial, bastaria à Impetrante a apresentação dos documentos comprobatórios da quitação do débito na esfera administrativa ou vice-versa.". Assim, não ocorreria duplo ressarcimento em favor da União pelo mesmo fato. *MS 26969/DF, Rel. Min. Luiz Fux, 18.11.14. 1ª T. (Info 768)*

TCU: julgamento de tomada de contas especial e intimação pessoal

É desnecessária a intimação pessoal da data de realização da sessão de julgamento na hipótese de a informação ter sido publicada em veículo de comunicação oficial. *MS 28644/DF, Rel. Min. Ricardo Lewandowski, 12.8.14. 2ª T. (Info 754)*

Tribunal de Contas: competências institucionais e modelo federal

É inconstitucional norma de constituição estadual que possibilita recurso, dotado de efeito suspensivo, para o Plenário da Assembleia Legislativa, das decisões tomadas pelo TCE com base em sua competência de julgamento de contas e atribui à Assembleia Legislativa a competência para sustar não apenas os contratos, mas também as licitações e eventuais casos de dispensa e inexigibilidade de licitação. A CF determina, em seu art. 75, que o modelo federal de organização do TCU é de observância compulsória pelas Constituições dos Estados-membros. No âmbito das competências do Tribunal de Contas, é clara a distinção entre: a competência para apreciar e emitir parecer prévio sobre as contas prestadas anualmente pelo Chefe do Poder Executivo (CF, art. 71, I) e a competência para julgar as contas dos demais administradores e responsáveis (CF, art. 71, II). Nesta segunda hipótese, o exercício da competência de julgamento pelo Tribunal de Contas não fica subordinado ao crivo posterior do Poder Legislativo. Apenas no caso de contratos o ato de sustação será adotado diretamente pelo Congresso Nacional (CF, art. 71, § 1º). *ADI 3715/TO, Rel. Min. Gilmar Mendes, 21.8.14. Pleno. (Info 755)*

Tribunal de Contas estadual: preenchimento de vagas e separação de Poderes

RPG Prevalece a regra constitucional de divisão proporcional das indicações entre os Poderes Legislativo e Executivo, revelado o critério da "vaga cativa", sobre a obrigatória indicação de clientelas específicas pelos governadores, inexistente exceção, incluída a ausência de membro do Ministério Público Especial. *RE 717424/AL, Rel. Min. Marco Aurélio, 14.8.14. Repercussão geral – mérito. Pleno. (Info 754)*

Tribunal de contas: fiscalização e acesso a documentos

É inconstitucional norma que retira, do controle do Tribunal de Contas estadual, o conteúdo de pesquisas e consultorias solicitadas pela Administração para direcionamento de suas ações, bem como de documentos relevantes, cuja divulgação possa importar danos para o estado-membro. Não é apropriado inviabilizar o acesso, pela Corte de Contas, a documentos para fins de controle da própria Administração Pública. *ADI 2361/CE, Rel. Min. Marco Aurélio, 24.9.14. Pleno. (Info 760)*

2013

Rejeição de contas de prefeito pelo tribunal de contas e ausência de decisão da câmara legislativa

RPG Encerrado o mandato eletivo, resta prejudicado recurso extraordinário em que se discutia se o parecer prévio de tribunal de contas municipal pela rejeição das contas de prefeito, ante o silêncio da câmara municipal, ensejaria a inelegibilidade prevista no art. 1º, I, g, da LC 64/90. O pleito referir-se-ia a deferimento de registro de candidatura. *RE 597362/BA, Repercussão geral – mérito, Red. p/ ac. Min. Cármen Lúcia, 21.2.13. Pleno. (Info 695)*

2012

Composição do TCE paulista

À época em que promulgada a Constituição do Estado de São Paulo (1989), a corte de contas da localidade era formada exclusivamente por conselheiros indicados pelo governador. Contudo, de acordo com o novo modelo constitucional, esse órgão deveria ser composto por quatro conselheiros escolhidos pelo Poder Legislativo e por outros três indicados pelo Chefe do Poder Executivo estadual. Desse modo, para a adequação aos ditames exigíveis, impor-se-ia, de um lado, a precedência da assembleia legislativa nas quatro primeiras escolhas e, de outro, a destinação das duas primeiras vagas da cota do Chefe do Executivo aos quadros técnicos de auditores e membros do parquet junto ao tribunal de contas e a última, de livre apontamento por aquela autoridade. Ressaltou-se que, até hoje, não haveria nenhum conselheiro escolhido dentre auditores e membros do Ministério Público de Contas. Asseverou-se, outrossim, que as regras contidas nos arts. 73, § 2º, e 75, ambos da CF, seriam de observância obrigatória pelos Estados-membros, ante o princípio da simetria. Entretanto, destacou-se, por oportuno, que, na ocasião das duas últimas nomeações, não havia sido criado o quadro de auditor do tribunal de contas – surgido em 2005 –, tampouco implementado o parquet no âmbito da corte de contas paulista – instituído com a Lei 1.110/10, cujo concurso público para provimento de cargos fora finalizado em fevereiro de 2012. Ocorre que, nesse ínterim, a vaga 4 estaria em aberto, haja vista a aposentadoria do conselheiro que a ocupava. Concluiu-se que essa vaga decorrente da aposentação deveria ser, necessariamente, preenchida por auditor da corte de contas, indicado pelo governador e que a vaga 6 corresponderia à classe de membro do Ministério Público de Contas, a qual deverá ser ocupada por integrante daquela instituição, se em aberto. No ponto, assinalou-se que o atual ocupante da vaga 6 seria membro do parquet paulista e que, à falta do Ministério Público especial, sua indicação teria ocorrido nessa qualidade. Por fim, afirmou-se que o governador somente poderia indicar conselheiro de sua livre escolha, na hipótese de vagar o cargo ocupado pelo conselheiro nomeado antes do advento da CF, assim como a assembleia legislativa, no caso de vacância das vagas 2, 3, 5 e 7. *ADI 374, Rel. Min. Dias Toffoli, 22.3.12. Pleno. (Info 659)*

Quebra de sigilo bancário e TCU

O TCU, a despeito da relevância das suas funções, não está autorizado a requisitar informações que importem a quebra de sigilo bancário, por não figurar dentre aqueles a quem o legislador conferiu essa possibilidade, nos termos do art. 38 da Lei 4.595/64, revogado pela LC 105/01. Não há como admitir-se interpretação extensiva, por tal implicar restrição a direito fundamental positivado no art. 5º, X, da CF. *MS 22934, Rel. Min. Joaquim Barbosa, 17.4.12. 2ª T. (Info 662)*

TCU e anulação de contratos administrativos

De acordo com a jurisprudência do STF, "o TCU, embora não tenha poder para anular ou sustar contratos administrativos, tem competência, conforme o art. 71, IX, para determinar à autoridade administrativa que promova a anulação do contrato e, se for o caso, da licitação de que se originou" (MS 23550). Assim, perfeitamente legal a atuação da Corte de Contas ao assinar prazo ao Ministério dos Transportes para garantir o exato cumprimento da lei. 2. Contrato de concessão anulado em decorrência de vícios insanáveis praticados no procedimento licitatório. Atos que não podem ser convalidados pela Administração Federal. Não pode subsistir sub-rogação se o contrato do qual derivou é inexistente. 3. Não ocorrência de violação dos princípios do contraditório e da ampla defesa. A teor do art. 250, V, do RITCU, participaram do processo tanto a entidade solicitante do exame de legalidade, neste caso a ANTT, órgão competente para tanto, como a empresa interessada, a impetrante (Ecovale S.A.). *MS 26000, Rel. Min. Dias Toffoli, 16.10.12. 1ª T. (Info 684)*

7. VINCULAÇÃO DE RECEITAS

2014

ADI e vinculação de receita

São inconstitucionais normas que estabelecessem vinculação de parcelas de receitas tributárias a órgãos, fundos ou despesas. Elas desrespeitariam a vedação contida no art. 167, IV, da CF, bem como restringem a competência constitucional do Poder Executivo para a elaboração das propostas de leis orçamentárias. Essa regra constitucional somente é excepcionada nos casos expressamente previstos na parte final do inciso IV do art. 167 da CF, que ressalva "a destinação de recursos para as ações e serviços públicos de saúde, para manutenção e desenvolvimento do ensino e para realização de atividades da administração tributária, como determinado, respectivamente, pelos artigos 198, § 2º, 212 e 37, XXII, e a prestação de garantias às operações de crédito por antecipação de receita, previstas no art. 165, § 8º, bem como o disposto no § 4º deste artigo". *ADI 4102/RJ, Rel. Min. Cármen Lúcia, 30.10.14. Pleno. (Info 765)*

8. OUTROS TEMAS

2016

Compensação judicial de perda financeira e separação de Poderes

O Plenário julgou improcedente pedido formulado em ação cível originária em que se discutiam os critérios de compensação financeira aos Estados-Membros em razão da perda financeira decorrente da política de exoneração do Imposto sobre Circulação de Mercadorias e Serviços (ICMS) sobre as exportações. No caso, o Estado-Membro requeria a aplicação de determinado coeficiente sobre o valor liberado pela União para compensar as perdas arrecadatórias com a desoneração das exportações resultantes da LC 87/96. O Colegiado ponderou que a desoneração tributária das operações de exportação, fator influente na receita dos Estados-Membros, foi inicialmente compensada pelos mecanismos erigidos pela LC 87/96. O dispositivo, que trata do ICMS, institui um fundo para compensação das perdas dos Estados-Membros em razão das inovações isentivas. No entanto, sua redação foi alterada pela LC 102/00 e pela LC 115/02. O interregno entre a LC 87/96 e a LC 115/02 recebeu tratamento transitório. A transferência de recursos a título de compensação realizava-se nos termos do Anexo da LC 87/96, que implementou uma espécie de "seguro garantia" ou "seguro receita", no qual a compensação financeira a ser efetuada pela União tinha, em sua base de cálculo, relação direta com o montante que seria recebido pelos Estados-Membros a título de ICMS nas operações de exportação. A seu turno, a LC 102/00, ao alterar a LC 87/96, manteve a forma de cálculo com base nas perdas decorrentes da desoneração das exportações. A seguir, a LC 115/02 inaugurou novo sistema, segundo o qual o montante a ser repassado pela União aos Estados-Membros passou a ser determinado com base em fatores políticos, definidos na Lei Orçamentária da União, após aprovação pelo Congresso Nacional, substituindo o "seguro garantia". Finalmente, a EC 42/03, fundada na mesma razão de ser, constitucionalizou a obrigação dos repasses devidos pela União aos Estados-Membros em decorrência da desoneração das exportações (ADCT, art. 91). Assim, a regulamentação definitiva da matéria foi atribuída a uma nova lei complementar ainda não editada, a qual deve dispor sobre os novos critérios de definição do montante a ser entregue pela União aos Estados e ao Distrito Federal, seus prazos e condições. A referida emenda, em dispositivo próprio, prevê que, até a edição da nova lei complementar, devem ser adotados para o repasse os critérios estabelecidos no Anexo da LC 87/96, com a redação da LC 115/02. Portanto, o próprio texto constitucional transitório já previu a solução a ser adotada até a vinda da nova lei complementar. Dessa forma, não há qualquer espaço para o Poder Judiciário alterar disposição constitucional já existente sobre o tema. Portanto, o STF não pode atuar "contra legem", impossibilitando a alteração do índice de repasse do montante devido pela União. Tal atitude equivaleria a uma inovação no ordenamento jurídico contra o direito posto, violando a cláusula da separação dos Poderes. *ACO 1044/MT, rel. Min. Luiz Fux, j. 30.11.2016. Pleno. (Info 849)*

2015

Balanço de contas públicas e sequestro de depósitos judiciais

O Plenário manteve cautelar em ADI, para suspender os processos que versem sobre a aplicação e/ou a constitucionalidade de leis do Estado da Bahia, bem como os efeitos das decisões judiciais já proferidas, até o julgamento definitivo da demanda. Os diplomas impugnados tratam da possibilidade de transferência de montantes oriundos de depósitos judiciais da justiça estadual para o Executivo local. O Colegiado baseou-se em duas razões: a primeira delas, em face de jurisprudência do STF tanto no sentido de competir à União dispor sobre a destinação financeira dos depósitos judiciais e extrajudiciais quanto da incorreta destinação desses recursos violar a separação de Poderes; e a segunda, em virtude da ocorrência de discrepâncias entre os tratamentos da legislação estadual e federal conferidos ao tema (LC 151/2015). *ADI 5409 MC-Ref/BA, Rel. Min. Edson Fachin, 25.11.15. Pleno. (Info 809)*

Obras emergenciais em presídios: reserva do possível e separação de poderes

RPG É lícito ao Poder Judiciário impor à Administração Pública obrigação de fazer, consistente na promoção de medidas ou na execução de obras emergenciais em estabelecimentos prisionais para dar efetividade ao postulado da dignidade da pessoa humana e assegurar aos detentos o respeito à sua integridade física e moral, nos termos do que preceitua o art. 5º, XLIX, da CF, não sendo oponível à decisão o argumento da reserva do possível nem o princípio da separação dos poderes. *RE 592581/ RS, repercussão geral – mérito, Rel. Min. Ricardo Lewandowski, 13.8.15. Pleno. (Info 794)*

Prescrição não tributária e Enunciado 8 da Súmula Vinculante

O enunciado da Súm. Vinculante 8/STF não se aplica aos casos de prescrição de créditos não tributários. *RE 816084 AgR/DF, Red. p/ ac. Min. Dias Toffoli, 10.3.15. 1ª Turma. (Info 777)*

2014

Desvinculação de contribuição e legitimidade de contribuinte

RPG O disposto no art. 76 do ADCT – que desvincula 20% do produto da arrecadação da União em impostos, contribuições sociais e contribuições de domínio econômico de órgão, fundo ou despesa –, independentemente de sua validade constitucional, não gera direito a repetição de indébito. *RE 566007/RS, Repercussão geral – mérito, Rel. Min. Cármen Lúcia, 13.11.14. Pleno. (Info 767)*

2013

Portal de finanças públicas e princípio da publicidade

ADI. Lei Federal 9.755/98. Autorização para que o TCU crie sítio eletrônico denominado Contas Públicas para a divulgação de dados tributários e financeiros dos entes federados. Violação do princípio federativo. Não ocorrência. Prestígio do princípio da publicidade. Improcedência da ação. 1. O sítio eletrônico gerenciado pelo TCU tem o escopo de reunir as informações tributárias e financeiras dos diversos entes da federação em um único portal, a fim de facilitar o acesso dessas informações pelo público. Os documentos elencados no art. 1º da legislação já são de publicação obrigatória nos veículos oficiais de imprensa dos diversos entes federados. A norma não cria nenhum ônus novo aos entes federativos na seara das finanças públicas, bem como não há em seu texto nenhum tipo de penalidade por descumprimento semelhante àquelas relativas às hipóteses de intervenção federal ou estadual previstas na CF, ou, ainda, às sanções estabelecidas na LRF. 2. Ausência de inconstitucionalidade formal por ofensa ao art. 163, I, da CF, o qual exige a edição de lei complementar para a regulação de matéria de finanças públicas. Trata-se de norma geral voltada à publicidade das contas públicas, inserindo-se na esfera de abrangência do direito financeiro, sobre o qual compete à União legislar concorrentemente, nos termos do art. 24, I, da CF. 3. A norma não representa desrespeito ao princípio federativo, inspirando-se no princípio da publicidade, na sua vertente mais específica, a da transparência dos atos do Poder Público. Enquadra-se, portanto, no contexto do aprimoramento da necessária transparência das atividades administrativas, reafirmando e cumprindo, assim, o princípio constitucional da publicidade da administração pública (art. 37, caput, CF). *ADI 2198/PB, Rel. Min. Dias Toffoli, 11.4.13. Pleno. (Info 701)*

6. DIREITO INTERNACIONAL

1. HOMOLOGAÇÃO/EXECUÇÃO DE SENTENÇA ESTRANGEIRA

2014

Homologação de sentença estrangeira e admissibilidade

A EC 45/04 transferiu, do STF para o STJ, a competência para homologar sentenças estrangeiras. Considerando que um dos principais objetivos da Reforma do Judiciário foi promover a celeridade processual, seria um contrassenso imaginar que ela teria transformado esta Corte em uma nova instância nesta matéria, tornando ainda mais longo e complexo o processo. Por isso, embora possível em tese, a interposição de recurso extraordinário contra esses acórdãos do STJ deve ser examinada com rigor e cautela. Somente se pode admitir o recurso quando demonstrada, clara e fundamentadamente, a existência de afronta à CF. A ausência de questão constitucional impede o conhecimento do recurso. *RE 598770/República Italiana, Red. p/ ac. Min. Roberto Barroso, 12.2.14. Pleno. (Info 735)*

2. SITUAÇÃO JURÍDICA DO ESTRANGEIRO NO BRASIL (LEI 6.815/80)

2.1. Expulsão

2014

HC: reingresso ao Brasil e decreto expulsório de estrangeiro

Cabe ao Poder Judiciário apenas a análise da conformidade do ato de expulsão com a legislação em vigor, não podendo incorrer no exame da sua oportunidade e conveniência. O procedimento para a expulsão do paciente foi observado nos termos da legislação então vigente; paciente qualificado como "nocivo", "perigoso" e "indesejável"; vigente o decreto presidencial de expulsão do paciente. Não estando o Paciente amparado por qualquer das circunstâncias excludentes de expulsabilidade, previstas no art. 75 da Lei n. 6.815/80, e inexistindo a comprovação de ilegalidade no ato expulsório, não há cogitar de constrangimento legal. *HC 119773/DF, Rel. Min. Cármen Lúcia, 30.9.14. 2ª T. (Info 761)*

2.2. Extradição

2016

Cooperação jurídica internacional e oitiva de extraditando

Compete ao STF apreciar o pedido de cooperação jurídica internacional na hipótese em que solicitada, via auxílio direto, a oitiva de estrangeiro custodiado no Brasil por força de decisão exarada em processo de extradição. *Pet 5946/DF, Rel. p/ ac. Min. Edson Fachin, 16.8.2016. 1ª T. (Info 835)*

Crimes contra a humanidade e prescrição

O Plenário, em conclusão e julgamento e por maioria, indeferiu pedido de extradição formulado pelo Governo da Argentina em desfavor de um nacional, ao qual imputada a suposta prática de delitos de lesa-humanidade. Ele é investigado por crimes correspondentes, no CP brasileiro, aos de homicídio qualificado, sequestro e associação criminosa. Os delitos teriam sido cometidos quando o extraditando integrava o grupo terrorista "Triple A", em atividade entre os anos 1973 e 1975, cujo objetivo era o sequestro e o assassinato de cidadãos argentinos contrários ao governo então vigente naquele país. O Colegiado considerou estar extinta a punibilidade dos crimes imputados ao extraditando, nos termos da legislação brasileira, e de não ter sido atendido, portanto, o requisito da dupla punibilidade. Destacou a jurisprudência nesse sentido, e relembrou o art. 77, VI, do Estatuto do Estrangeiro e o art. III, "c", do tratado de extradição entre Brasil e Argentina quanto à vedação do pleito extradicional quando extinta a punibilidade pela prescrição. Apresentou também o posicionamento da Corte em casos semelhantes, nos quais o pedido de extradição teria sido deferido apenas quanto aos crimes reputados de natureza permanente e considerados não prescritos, em virtude da não cessação da permanência, situação diversa da ora analisada. Relativamente à qualificação dos delitos imputados ao extraditando como de lesa-humanidade, entendeu que essa circunstância não afasta a aplicação da citada jurisprudência. A Corte se referiu a fundamentos expostos na ADPF 153/DF, no sentido da não aplicação, no Brasil, da imprescritibilidade dos crimes dessa natureza, haja vista o País não ter subscrito a Convenção sobre a Imprescritibilidade dos Crimes de Guerra e dos Crimes contra a Humanidade, nem ter a ela aderido, e, ainda, em razão de somente lei interna poder dispor sobre prescritibilidade ou imprescritibilidade da pretensão estatal de punir. Ponderou que, mesmo se houvesse norma de direito internacional de caráter cogente a estabelecer a imprescritibilidade dos crimes contra a humanidade, ela não seria aplicável no Brasil, por não ter sido ainda reproduzida no direito interno. Portanto, o Estatuto de Roma, considerado norma de estatura supralegal ou constitucional, não elidiria a força normativa do art. 5º, XV, da Constituição da República, que veda a retroatividade da lei penal, salvo para beneficiar o réu. Em seguida, o Plenário afastou a ofensa ao art. 27 da Convenção de Viena sobre o Direito dos Tratados. Não ocorre, no caso, invocação de limitações de direito interno para justificar o inadimplemento do tratado de extradição entre Brasil e Argentina, mas simples incidência de limitação prevista nesse tratado. Concluiu que, estando prescritos os crimes, segundo o ordenamento jurídico brasileiro, eventual acolhimento do pedido extradicional ofenderia o próprio tratado de extradição, que demanda a observância do requisito da dupla punibilidade. Em seguida, o Tribunal determinou a expedição de alvará de soltura em favor do extraditando. *Ext 1362/DF, Rel. p/ ac. Min. Teori Zavascki, j. 9.11.2016 Pleno. (Info 846)*

Extradição: concomitância de prisão cautelar e penal e detração

Deferido pedido extradicional formulado pelo Governo do Chile em desfavor de nacional daquele País, lá condenado por crime de "roubo com intimidação", à pena de cinco anos e um dia. No caso, o extraditando, preso em razão do pleito extradicional em 2015, encontrava-se cumprindo pena de reclusão de 21 anos e 11 meses, no Brasil, por força de outras condenações, impostas pelo Poder Judiciário brasileiro, desde 2006. O Colegiado, de início, afastou tese defensiva de prescrição da pretensão executória. Anotou que a condenação pelo crime que motivara o pedido extradicional se tornara definitiva em 2002 e que o prazo prescricional teria se interrompido tendo em conta a reincidência, considerada a primeira condenação no Brasil, transitada em julgado em 2006. Além disso, citou o art. 116, parágrafo único, do CP, segundo o qual "depois de passada em julgado a sentença condenatória, a prescrição não corre durante o tempo em que o condenado está preso por outro motivo". Por fim, a Turma, por maioria, reconheceu a aplicação da detração do tempo da prisão cautelar para fins de extradição no tocante à pena a ser cumprida no País requerente. *Ext 1397, Rel. Min. Dias Toffoli, 16.2.2016. 2ª T. (Info 814)*

Extradição: concurso material e limite de tempo de pena

Deferida, com restrição, extradição em desfavor de estadunidense, lá processado pela suposta prática de diversos delitos equiparados aos crimes tipificados nos arts. 213 e 217-A do CP. Inaplicável, no Estado requerente, a ficção jurídica do "crime continuado". Assim, se aplicada a regra do cúmulo material, o extraditando ficaria sujeito a pena bastante superior a 30 anos, o máximo permitido na legislação brasileira. Ainda que fosse possível computar qualquer repriminenda, independentemente de sua duração, no sistema pátrio, seria vedado, por outro lado, executá-la para além do teto de 30 anos. Assim, haveria a necessidade de o Estado requerente assumir, formalmente, o compromisso diplomático de comutar em pena de prisão não superior a esse limite as repriminendas privativas de liberdade eventualmente imponíveis no caso, considerada, inclusive, a exigência de detração penal. *Ext 1401, Rel. Min. Celso de Mello, 8.3.2016. 2ª T. (Info 817)*

Extradição de brasileiro naturalizado

É possível conceder extradição para brasileiro naturalizado envolvido em tráfico de droga (CF, art. 5º, LI). *Ext 1244/República Francesa, Rel. Min. Rosa Weber, 9.8.2016. 1ª T. (Info 834)*

Extradição e causas de interrupção da prescrição

No acórdão embargado, ficara consignado que não se teria operado a prescrição da pretensão executória quanto à pena mínima de 1 ano de reclusão cominada ao crime de estelionato, cujo prazo prescricional é de 4 anos, nos termos do art. 109, V, do CP/40. Esse lapso temporal não teria decorrido entre a data do trânsito em julgado e a data do protocolo, no STF, do pedido de extensão da extradição. Não teria sido indicado no julgado, todavia, o fundamento legal para se considerar a data do protocolo do pedido de extradição como marco interruptivo da prescrição, e nisso residiria a omissão. O CP e a Lei 6.815/80 não preveem, como causa interruptiva da prescrição, a apresentação do pedido de extradição. Ademais, à míngua de previsão em tratado específico, por força do princípio da legalidade estrita, não haveria como se criar um marco interruptivo em desfavor do extraditando. Considerando-se que a condenação do extraditando pelo crime de estelionato ("estafa") transitou em julgado em 16.3.2011 e que, por falta de disposição expressa em tratado específico, o recebimento do pedido de extensão da extradição não constituiria causa interruptiva da prescrição, haveria que se reconhecer a prescrição da pretensão executória. Em face da pena mínima cominada ao delito em questão (1 ano de reclusão), a aludida causa extintiva de punibilidade ocorreria em 4 anos (CP, art. 109, V). Ademais, nos termos do art. 117, V, do CP, o início ou a continuação do cumprimento da pena interrompem a prescrição. Caso se entendesse que, por se tratar de extradição executória, o cumprimento do mandado de prisão preventiva para extradição significaria início de cumprimento de pena, a prescrição teria se interrompido em 7.7.2014 e, portanto, não haveria que se falar em prescrição da pretensão executória. Ocorre que, mesmo em extradição executória, a prisão preventiva não perderia sua natureza cautelar. Essa espécie de prisão seria condição de procedibilidade para o processo de extradição, destinada, em sua precípua função instrumental, a assegurar a execução de eventual ordem de extradição. *Ext 1346 ED/DF, Rel. min. Dias Toffoli, 6.9.2016. 2ª T. (Info 838)*

Extradição: prazo máximo de pena e compromisso do Estado requerente

Autorizado, em caráter excepcional, autorizar a prorrogação por mais 15 dias para que o Estado requerente, querendo, possa afirmar que, qualquer que seja a pena imposta ao extraditando, o Poder Executivo poderá comutá-la ou fixar que o cumprimento da pena de prisão, como for determinada, ocorrerá no prazo máximo estabelecido pelo Estado requerido. No caso, deferido pelo STF o pedido de extradição, o Estado requerente informara o Ministério da Justiça à respeito da suposta incapacidade legal de oferecer a garantia – exigida como condicionante para o deferimento da extradição – de o extraditando não ser condenado por período superior a 30 anos. Essa impossibilidade se daria porque a dosimetria da pena seria "de plena autoridade do juiz presidindo o caso". Dessa forma, o Ministério da Justiça reputara cumprido o art. 91 da Lei 6.815/1980, mas não a decisão do STF relativa ao deferimento do pedido de extradição. O extraditando, considerada a situação exposta, requerera a expedição de alvará de soltura, tendo em conta o alegado decurso do prazo legal (Lei 6.815/1980, art. 86) para que o Estado requerente o tivesse retirado do território nacional. Frente à inexistência de precedente no STF sobre a situação, a prorrogação do prazo seria necessária para que os órgãos de diplomacia competentes resolvessem a questão, sob pena de ocorrer a necessária soltura do extraditando. *Ext 1388 QO/DF, Rel. Min. Cármen Lúcia, 7.6.2016. 2ª T. (Info 829)*

2015

Acordo de extradição entre os estados partes do Mercosul e pena remanescente

O acordo de extradição firmado entre os Estados Partes do Mercosul, Bolívia e Chile promulgado pelo Dec. 5.867/06, contempla cláusula que impede a entrega do súdito estrangeiro para execução de sentença quando a pena ainda por cumprir no estado requerente seja inferior a seis meses. Na verificação de pena remanescente a ser executada pelo estado requerente é imprescindível que seja computado o lapso temporal em que o estrangeiro permaneceu preso no aguardo do julgamento do pedido extradicional (art. 91, II, Lei 6.815/90). *Ext 1394/DF, Rel. Min. Teori Zavascki, 20.10.15. 2ª T. (Info 804)*

Extradição e cumprimento de pena

Os requisitos do pedido de extradição devem ser verificados na data do julgamento, sendo impossível a análise de fatos supervenientes. *Ext 1375 ED/DF, Rel. Min. Luiz Fux, 24.11.15. 1ª T. (Info 809)*

Extradição e dupla tipicidade

Fato supostamente correspondente ao crime de subtração de incapazes (art. 249, CP). Impossibilidade de o pai, que tem a guarda do filho, praticar o crime (art. 249, § 1º, CP). No momento da vinda para o Brasil, o extraditando compartilhava com a mãe da criança a guarda da filha. Ou o fato não é considerado crime no Brasil, vedada a extradição (art. 77, II, Lei 6.815/80); ou o crime ocorreu no Brasil, sujeitando-se à aplicação da nossa lei, não cabendo a extradição (art. 78, I, Lei 6.815/80). Extradição julgada improcedente. Com a ressalva de que o indeferimento da extradição não prejudica a ação de busca e apreensão da criança. *Ext 1354/DF, Red. p/ ac. Min. Gilmar Mendes, 30.6.15. 2ª T. (Info 792)*

Extradição e falsidade de registro civil de nascimento

Relativamente à suposta condição de brasileiro nato do extraditando, o Colegiado asseverou ser incontroverso o fato de o extraditando ter dois assentos de nascimento, o primeiro lavrado no Paraguai, e o segundo, no Brasil, dez anos depois. Como os dois registros apontariam que o extraditando nascera, na mesma data, em ambos os países, a impossibilidade lógica e material de sua coexistência seria manifesta. Outrossim, nos termos do art. 1.604 do CC, "ninguém pode vindicar estado contrário ao que resulta do registro de nascimento, salvo provando-se erro ou falsidade do registro". Na espécie, juízo de primeira instância, em ação anulatória de registro civil ajuizada pelo Ministério Público estadual, deferira pleito de antecipação dos efeitos da tutela jurisdicional e cancelara o assento de nascimento do extraditando no Brasil. Assim, estando judicialmente afastada a presunção "juris tantum" de veracidade do registro brasileiro, por decisão que, não obstante provisória, continuaria a projetar seus efeitos, não haveria óbice à análise do mérito do pedido de extradição. Nesse particular, embora o pleito extradicional não fosse a sede própria para a determinação da real nacionalidade do extraditando, inúmeros elementos de prova constantes dos autos reforçariam a convicção de que ele seria natural do Paraguai, lá gozando da condição de paraguaio nato. Nesse sentido, esses elementos corroborariam a decisão de 1º grau que cancelara o seu registro civil brasileiro. Ante o consignado, não seria aplicável ao caso em comento o art. 5º, LI, da CF, que veda a extradição do brasileiro nato. *Ext 1393/DF, Rel. Min. Dias Toffoli, 25.8.15. 2ª T. (Info 796)*

Extradição executória e soberania estatal

A omissão de declarações ao fisco espanhol, objetivando a supressão de tributos, corresponde ao crime de sonegação fiscal tipificado no art. 1º, I, da Lei 8.137/90, a satisfazer a exigência da dupla incriminação, que prescinde da absoluta identidade entre os tipos penais. A impossibilidade da conversão da pena de multa em prisão em decorrência de seu descumprimento é questão não afeta à jurisdição brasileira, sob pena de afronta à soberania do Estado na regulação de seus institutos penais. *Ext 1375/DF, Rel. Min. Luiz Fux, 25.8.15. 1ª T. (Info 796)*

Extradição e prescrição da pretensão punitiva

Estrangeiro condenado pela justiça italiana por crimes de falência fraudulenta. Embora presente o requisito da dupla tipicidade, os delitos teriam sido praticados sob a vigência do DL 7.661/1945 (Lei de Falências), norma que previa o prazo prescricional de dois anos para os crimes em comento, tempo esse já transcorrido, daí estar extinta a pretensão executória da pena nos termos da legislação vigente no Brasil, à época dos fatos. *Ext 1324/DF, Rel. Min. Dias Toffoli, 7.4.15. 2ª Turma. (Info 780)*

PPE: terrorismo e dupla tipicidade

Declarado extinto pedido de prisão preventiva para fins de extradição, em razão da omissão do Estado requerente em produzir a documentação que se lhe exigira com suporte no Tratado de Extradição entre a República Federativa do Brasil e a República do Peru. Os elementos informativos faltantes constituiriam documentos de produção obrigatória, indispensáveis à regular formalização do pleito extradicional, ou do pedido de prisão cautelar, consoante resultaria da determinação constante do Estatuto do Estrangeiro (art. 80, "caput", "in fine") e, também, do referido Tratado de Extradição. Seria encargo processual cuja satisfação incumbiria ao Estado que postulasse a prisão cautelar, ou a extradição, sob pena de, em não o cumprindo, expor-se ao indeferimento liminar do pedido. Por outro lado, e a despeito do que consignado, não haveria, igualmente, a possibilidade de prosseguimento do feito, isso em decorrência da impossibilidade, no caso, de observância do princípio da dupla tipicidade, eis que, tratando-se do delito de terrorismo, inexistiria, quanto a ele, no sistema de direito positivo nacional, a pertinente definição típica. Mostrar-se-ia evidente a importância dessa constatação, porquanto a comunidade internacional ainda não teria sido capaz de chegar a uma conclusão acerca da definição jurídica do crime de terrorismo. Inclusive, seria relevante observar a elaboração, no âmbito da ONU, de ao menos 13 instrumentos internacionais sobre a matéria, sem que se chegasse, contudo, a um consenso geral sobre quais elementos essenciais deveriam compor a definição típica do crime de terrorismo ou, então, sobre quais requisitos deveriam considerar-se necessários à configuração dogmática da prática delituosa de atos terroristas.

Tornar-se-ia importante assinalar, no entanto, no que se refere aos compromissos assumidos pelo País, que os novos parâmetros consagrados pela Constituição determinariam uma pauta de valores a serem protegidos na esfera doméstica mediante qualificação da prática do terrorismo como delito inafiançável e insuscetível da clemência soberana do Estado (CF, art. 5º, XLIII). Essas diretrizes constitucionais – que evidenciariam a posição explícita do Estado brasileiro de frontal repúdio ao terrorismo – desautorizariam qualquer inferência que buscasse atribuir às práticas terroristas tratamento benigno de que resultasse o estabelecimento, em torno do terrorista, de inadmissível círculo de proteção, a torná-lo imune ao poder extradicional do Estado. *PPE 730/DF, Rel. Min. Celso de Mello, 16.12.14. 2ª T. (Info 772)*

Prisão para extradição e adaptação ao regime semiaberto

Extradição instrutória deferida, aguardando conclusão do cumprimento de pena no Brasil para execução (art. 89 da Lei 6.815/80). Suspensão do curso da prescrição punitiva, na forma do art. 116, II, do CP, e do art. 78B, (5), 1, do Código Penal alemão. Cumulação de títulos de prisão – para execução penal e para extradição. Regime de cumprimento da pena. Compete ao juízo da execução penal determinar a execução da pena no regime definido no título executivo, deferindo, se for o caso, acesso aos regimes semiaberto e aberto. No entanto, essa providência é ineficaz até que o STF delibere acerca das condições da prisão para extradição. Poderá o Supremo, considerando o caso concreto, alterar os termos da prisão da extradição para adaptá-la ao regime de execução da pena. A adaptação da prisão para extradição parte dos parâmetros da prisão preventiva – art. 312 do CPP – devendo assegurar a entrega do extraditando e garantir a ordem pública e a ordem econômica durante a execução da pena. Indeferida a revogação da prisão para extradição, mas deferida sua adaptação às condições do regime semiaberto. *Ext 893 QO/Rep. Fed. da Alemanha, Rel. Min. Gilmar Mendes, 10.3.15. 2ª Turma. (Info 777)*

2014

Extradição e requisitos para concessão de pedido de extensão

O pedido de extensão da extradição atendea aos pressupostos necessários a seu deferimento, quais sejam: a) existência de dupla tipicidade, porquanto os fatos delituosos imputados ao extraditando corresponderiam, tanto na legislação brasileira, quanto na italiana, ao crime de homicídio qualificado; b) não ocorrência da prescrição da pretensão punitiva, de acordo com as regras de ambas as legislações; c) presença de detalhes pormenorizados quanto à indicação concreta sobre o local, a data, a natureza e as circunstâncias dos fatos delituosos. *Ext 1234-Extn-segunda/República Italiana, Rel. Min. Dias Toffoli, 30.9.14. 1ª T. (Info 761)*

Pedido de reextradição e prejudicialidade

O anterior deferimento de extradição a outro Estado não prejudica pedido de extradição por fatos diversos, mas garante preferência ao primeiro Estado requerente na entrega do extraditando. *Ext 1276/DF, Rel. Min. Gilmar Mendes, 25.3.14. 2ª T. (Info 740)*

PPE: legitimidade da Interpol e dupla tipicidade

Indeferido pedido de prisão preventiva para fins de extradição formulada em razão de suposta prática do crime, nos EUA, de invasão de dispositivo informático. O pedido, embora não realizado por Estado estrangeiro, foi deduzido pela Interpol (legitimidade conferida pelo § 2º do art. 82 do Estatuto do Estrangeiro). As supostas práticas delituosas imputadas ao extraditando ocorreram em 2011, anteriormente, portanto, à vigência da Lei 12.737/12, que acrescentara o art. 154-A ao CP. Descaracterizado, assim, o requisito da dupla tipicidade. Ainda que a conduta tivesse sido perpetrada sob a nova lei, o tratado extradicional Brasil-EUA contem cláusula (Artigo II) que somente permite a entrega do extraditando se e quando se tratasse de delitos expressamente previstos em rol exaustivo, o que não se verifica em relação ao delito de invasão de dispositivo informático, a cujo respeito silencia a aludida norma. O tratado é qualificado como lei especial em face da legislação doméstica nacional, o que lhe atribui precedência jurídica sobre o Estatuto do Estrangeiro em hipóteses de omissão ou antinomia. Assim, se inadmissível a extradição na hipótese, também é inviável a prisão cautelar para esse fim. *PPE 732 QO/DF, Rel. Min. Celso de Mello, 11.11.14. 2ª T. (Info 767)*

Prisão preventiva para fins de extradição e progressão de regime

A peculiar situação evidencia a necessidade de se perquirir se a prisão preventiva para fins de extradição deve obstar o acesso do extraditando, condenado pela prática de crimes em solo brasileiro, a direitos cuja fruição não lhe seria negada acaso inexistente o processo extradicional. A exclusão do estrangeiro do sistema progressivo de cumprimento de pena conflita com diversos princípios constitucionais, especialmente o da prevalência dos direitos humanos e o da isonomia. Cabe ao Juízo da execução das penas a análise dos riscos de fuga peculiares à situação concreta, bem como a manutenção de frequentes contatos com o Ministério de Estado da Justiça acerca do momento mais adequado para que a extradição se efetive, evitando-se, assim, eventual colocação em regime aberto sem as cautelas aplicáveis à espécie, tais como, a título de exemplo, a utilização de tornozeleiras eletrônicas, instrumentos de monitoramento que têm se mostrado bastante eficazes. Situação concreta a evidenciar necessidade de concessão de "habeas corpus" de ofício para, afastando a vedação de progressão de regime, determinar ao juízo da execução da pena brasileira a verificação da presença dos requisitos do art. 112 da LEP. *Ext 947 QO/República do Paraguai, Rel. Min. Ricardo Lewandowski, 28.5.14. Pleno. (Info 748)*

2013

Extradição e art. 89 do Estatuto do Estrangeiro

O extraditando poderá ser entregue imediatamente ao país requerente, sob pena de expedição de alvará de soltura. Em 22.7.2011, o estrangeiro fora preso para fins de extradição, cuja decisão transitara em julgado em 6.12.12. Porém, até a presente data, sua extradição não fora efetivada. Informações solicitadas noticiaram que a manutenção da custódia decorrera de condenação, em 9.9.2013, pela prática, no território brasileiro, do delito de falsidade ideológica. Apenado a um ano de reclusão e ao pagamento de 10 dias-multa, em regime inicial aberto, a reprimenda fora posteriormente substituída por restritiva de direito. Conquanto não houvesse transitado em julgado a condenação pelo crime praticado no Brasil, não existiria outro motivo para a segregação cautelar do extraditando. Ressaltou, ainda, o que disposto no art. 89 da Lei 6.815/80. Nos termos da Lei 6.815/80, caberia ao Presidente da República avaliar a conveniência e a oportunidade da entrega do estrangeiro antes da conclusão da ação ou do cumprimento da pena. Ressaltou, ademais, a peculiaridade do caso e a iminência da extinção da pena do extraditando. *Ext 1232 QO/Governo da Espanha, Rel. Min. Gilmar Mendes, 8.10.13. 2ª T. (Info 723)*

Extradição e constituição de crédito tributário

Não há que se falar na exigência de comprovação da constituição definitiva do crédito tributário para se conceder extradição. *Ext 1222/República Federal da Alemanha, 20.8.13. 2ª T. (Info 716)*

Extradição e honorários advocatícios

Extradição parcialmente deferida. 3. Manutenção de valores custodiados no Banco Central do Brasil, aguardando manifestação das partes para posterior decisão do STF. 4. Pedido de levantamento dos valores custodiados em nome do estrangeiro para pagamento de proposta de honorários advocatícios. 5. Ausência de certeza quanto à origem dos valores bloqueados e falta de decisão judicial executória. Apreciação descumprimento contratual ou, ainda, confissão de dívida por parte do extraditando foge à competência constitucional desta Corte. 6. Questão de ordem que se resolve no sentido de indeferir o pedido. Determinação ao Ministério da Justiça para diligenciar junto ao Estado requerente meio e forma para que o valor possa ser transferido àquele país, ao qual cabe decidir seu destino. *Ext 1125 QO/Confederação Helvética, Rel. Min. Gilmar Mendes, 24.4.13. 2ª T. (Info 703)*

Extradição e incidência do art. 366 do CPP

O extraditando foi devidamente notificado em seu país sobre a ação penal movida contra si. Não cabe, em extradição passiva, discussão a respeito da semelhança dos procedimentos judiciais estrangeiros com nossa sistemática processual. *Ext 1218 ED/EUA, Rel. Min. Ricardo Lewandowski, 19.3.13. 2ª T. (Info 699)*

2012

PPE: ausência de tratado e pedido não regularizado

O Plenário revogou prisão preventiva para fins de extradição e indeferiu pedido extradicional formulado, pela República do Líbano, contra nacional daquele país, incluso na lista de "Difusão Vermelha" – relação de pessoas mais procuradas pela Interpol. O pleito fundamentara-se em condenação à pena de prisão perpétua pela prática do crime de tráfico internacional de drogas. Destacou-se que o Estado requerente, mesmo intimado para que, no prazo de

60 dias: a) formalizasse o pedido de extradição; b) providenciasse cópia dos documentos necessários à aferição de ocorrência, ou não, de trânsito em julgado da condenação e de cópias das normas penais concernentes ao crime em questão, bem como de normas atinentes às penas correspondentes, à prescrição e a suas causas de interrupção e suspensão; c) esclarecesse os pressupostos que garantiriam a possibilidade jurídica de o país requerente formular pleito extradicional com base em promessa de reciprocidade; d) elucidasse sobre a possibilidade de libaneses naturalizados estarem sujeitos a pedido extradicional; e e) indicasse a autoridade libanesa com poderes para autorizar o oferecimento, em nome do Estado, de promessa de reciprocidade, a representação diplomática do requerente não atendera integralmente às exigências discriminadas nos itens "c" e "d", o que impediria o prosseguimento do feito. Observou-se não bastar a cópia da nota verbal pela qual formalizada a solicitação, bem como da decisão judicial que decretara a custódia do extraditando e dos textos do Código de Processo Penal libanês a autorizar prisão cautelar para o processamento do pedido. Lembrou-se inexistir tratado de extradição entre os 2 países. Ademais, o art. 30 do Código Penal do Estado requerente afirmaria que extradição apenas poderia ocorrer na existência de tratado.

Assim, em face da carência de informações imprescindíveis para o regular prosseguimento do feito e de a segregação cautelar imposta já perdurar por longo período, apesar de reiterados pedidos da Corte para que a documentação necessária fosse juntada aos autos, determinou-se a revogação da prisão – com a consequente expedição de alvará de soltura a ser cumprido com as cautelas legais –, bem como fosse encaminhada cópia integral do feito ao Ministério Público, para as providências cabíveis, considerada a periculosidade do extraditando. *PPE 623/República do Líbano, Rel. Min. Cármen Lúcia, 29.6.12. Pleno. (Info 672)*

2.3. Naturalização

2013

Cancelamento de naturalização e via jurisdicional

Deferida a naturalização, seu desfazimento só pode ocorrer mediante processo judicial. Ministro de Estado da Justiça não tem competência para rever ato de naturalização (CF, art. 12, § 4º, I). Não recepção do art. 112, §§ 2º e 3º, da Lei 6.815/80 (Estatuto do Estrangeiro) pela atual Constituição. *RMS 27840/DF, Red. p/ ac. Min. Marco Aurélio, 7.2.13. Pleno. (Info 694)*

7. DIREITO MILITAR

1. DIREITO ADMINISTRATIVO MILITAR

2016

Militar: praças especiais, desistência do oficialato e indenização

O pedido de desligamento, uma vez completado o período de Escola Naval, gera para o Estado o direito à indenização, nos termos da Lei 6.880/80 – Estatuto dos Militares. RMS 27072/DF, Rel. Min. Marco Aurélio, 29.3.2016. 1ª T. (Info 819)

2015

Aquisição de imóvel funcional das Forças Armadas e servidor civil

Desproveu-se recurso ordinário em mandado de segurança no qual pretendida a aquisição de imóvel funcional das Forças Armadas por servidor civil, nos termos da Lei 8.025/90 e do Decreto 99.664/90. A condição de aposentado não retira do requerente o "status" de legítimo ocupante do imóvel se o ocupa regularmente, no momento de sua aposentadoria, nele residindo até a promulgação da Lei 8.025/90. Contudo, o bem em litígio não pode ser alienado. Isso porque administrado pelas Forças Armadas e destinado à ocupação por militares. A limitação de alheamento desses imóveis residenciais impõe a restrição sobre a coisa, e não sobre o militar. A permissão de compra por civil constitui interpretação deturpada da legislação. O Dec. 99.664/90 proíbe a venda do imóvel a qualquer pessoa, logo, o óbice não é pessoal. A circunstância de o bem ser administrado pelas Forças Armadas evidencia sua destinação precípua à ocupação por militar, de maneira que sua excepcional ocupação por civil não o desnatura ou o desafeta. RMS 23111/DF, Rel. Min. Gilmar Mendes, 17.11.15. 2ª T. (Info 808)

Praça: aplicação de pena acessória de perda do cargo e tribunal competente

A pena acessória de perda do cargo, aplicada a praças da polícia militar, prescinde de processo específico para que seja imposta, ao contrário do que ocorre no caso de oficiais da corporação. RE 447859/MS, Rel. Min. Marco Aurélio, 21.5.15. Pleno. (Info 786)

2013

Pensão e policial militar excluído da corporação

Compete aos Estados-membros dispor sobre os direitos, os deveres, a remuneração, as prerrogativas e outras situações especiais dos militares, inclusive quanto aos direitos previdenciários. O benefício previdenciário instituído em favor dos dependentes de policial militar excluído da corporação representa uma contraprestação às contribuições previdenciárias pagas durante o período efetivamente trabalhado. RE 610290/MS, Rel. Min. Ricardo Lewandowski, 25.6.13. 2ª T. (Info 712)

2012

Militar e custeio de despesas de transporte pessoal

O acusado tem o direito de comparecer, de assistir e de presenciar, sob pena de nulidade absoluta, os atos processuais, notadamente aqueles que se produzem na fase de instrução do processo penal, que se realiza, sempre, sob a égide do contraditório. São irrelevantes, para esse efeito, as alegações do Poder Público concernentes à dificuldade ou inconveniência de proceder ao custeio de deslocamento do réu, no interesse da Justiça, para fora da sede de sua Organização Militar, eis que razões de mera conveniência administrativa não têm – nem podem ter – precedência sobre as inafastáveis exigências de cumprimento e de respeito ao que determina a Constituição. Doutrina. Jurisprudência. – O direito de audiência, de um lado, e o direito de presença do réu, de outro, esteja ele preso ou não, traduzem prerrogativas jurídicas essenciais que derivam da garantia constitucional do "due process of law" e que asseguram, por isso mesmo, ao acusado, o direito de comparecer aos atos processuais a serem realizados perante o juízo processante, ainda que situado este em local diverso daquele da sede da Organização Militar a que o réu esteja vinculado. Pacto Internacional sobre Direitos Civis e Políticos/ONU (art. 14, n. 3, "d"). Convenção Americana de Direitos Humanos/OEA (art. 8º, § 2º, "d" e "f") e Dec. 4.307/02 (art. 28, I). Essa prerrogativa processual reveste-se de caráter fundamental, pois compõe o próprio estatuto constitucional do direito de defesa, enquanto complexo de princípios e de normas que amparam qualquer acusado em sede de persecução criminal, seja perante a Justiça Comum, seja perante a Justiça Militar. *HC 98676, Rel. Min. Celso de Mello, 7.2.12. 2ª T. (Info 654)*

2. DIREITO PENAL MILITAR

2016

Crime militar: expedição de carta precatória e interrogatório de réu solto

Ante o reconhecimento da prescrição da pretensão punitiva, concedeu-se "habeas corpus" de ofício para a extinguir a punibilidade do paciente (CPM, art. 125, VI). Tratava-se de "writ" em que se sustentava a nulidade do processo a partir do interrogatório realizado via carta precatória, assim como a aplicação da atenuante da confissão espontânea, cujo reconhecimento constituiria direito subjetivo do paciente à redução de pena. O impetrante argumentava não haver previsão legal ou qualquer fundamentação no despacho em que determinada a realização do ato deprecado. Apontava a ocorrência de constrangimento ilegal decorrente da flexibilização do princípio da identidade física do juiz. Considerou-se que o paciente respondera ao processo em liberdade. Uma vez solto, não é ônus do Estado providenciar o transporte até a sede do órgão julgador para, lá, ser interrogado. Embora o Código de Processo Penal Militar não preveja a expedição de carta precatória para inquirir acusado, e sim citá-lo, tampouco a veda. Presente a lacuna observa-se a incidência subsidiária da legislação de processo penal comum, quando aplicável ao caso concreto e sem prejuízo da índole do processo penal militar (CPM, art. 3º, "a"). Além disso, entendeu que a atenuante da confissão, nos termos do Código Penal Militar, está vinculada à revelação da autoria criminosa ignorada ou imputada a outrem. Por outro lado, tal atenuante de pena prevista no art. 65, III, "d", do CP exige apenas a espontaneidade, mas não alcança a legislação militar, em virtude do critério da especialidade. Isso porque não afasta a razão de ser da minorante, qual seja, elucidar a verdade real. *HC 115189/AM, Rel. Min. Marco Aurélio, 3.5.2016. 1ª T. (Info 824)*

2015

CPM: circunstâncias judiciais e dosimetria da pena

A utilização das expressões "culpabilidade do agente" e "consequências do crime" – constantes do art. 59 do CP – não gera nulidade em dosimetria de pena imposta no âmbito de processo penal militar. *HC 109545/RJ, Rel. Min. Teori Zavascki, 16.12.14. 2ª T. (Info 772)*

Crime de deserção e prescrição da pretensão punitiva estatal

A norma específica do Código Penal Militar não estabelece imprescritibilidade para o crime de deserção; ao revés, dada a permanência da infração, enquanto não houver a apresentação ou a captura do desertor, não há se falar no início da fluência do lapso prescricional. Contudo, diante das especificidades das atividades na caserna, exatamente porque, após determinada idade, não mais há aproveitamento do desertor para a vida militar, é que o CPM estabelece regra diferenciada para o cômputo da prescrição. *HC 112005/RS, Rel. Min. Dias Toffoli, 10.2.15. 1ª Turma. (Info 774)*

Desclassificação e aumento de pena imposta

As condutas imputadas ao paciente amoldam-se, em tese, ao tipo descrito no art. 315 do CPM, atingindo, diretamente, a ordem administrativa militar (art. 9º, III, "a"). Nesse contexto, é inviável, em "habeas corpus", decidir que o crime praticado foi o de estelionato e, portanto, a vítima seria a CEF, até porque em momento algum a denúncia alude a prejuízo alheio (elementar normativa do delito de estelionato). Se é certo que o efeito devolutivo inerente ao recurso de apelação permite que o Tribunal aprecie em exaustivo nível de profundidade, o mesmo não ocorre quanto a sua extensão (limite horizontal), que deve se adstringir – sobretudo em se tratando de recurso da acusação – à matéria questionada e ao pedido formulado na petição recursal, ressalvada sempre a possibilidade de concessão de ordem de ofício. Assim, padece de ilegalidade julgado do Tribunal de apelação que agrava a situação processual do

7. DIREITO MILITAR

réu (exasperação da pena) sem que a própria acusação a tenha almejado. *HC 112382/RS, Rel. Min. Teori Zavascki, 4.8.15. 2ª T. (Info 793)*

Norma penal militar e discriminação sexual

As expressões "pederastia ou outro" – mencionada na rubrica enunciativa referente ao art. 235 do CPM – e "homossexual ou não" – contida no aludido dispositivo – não foram recepcionadas pela Constituição ("Pederastia ou outro ato de libidinagem – Art. 235. Praticar, ou permitir o militar que com ele se pratique ato libidinoso, homossexual ou não, em lugar sujeito a administração militar: Pena – detenção, de seis meses a um ano"). *ADPF 291/DF, Rel. Min. Roberto Barroso, 28.10.15. Pleno. (Info 805)*

Período de graça e configuração do crime de deserção

Eventual irregularidade do termo de deserção apenas tem o condão de afastar a tipicidade da conduta quando, a partir dele, as Forças Armadas excluírem o militar durante o período de graça, que é o período de oito dias de ausência do militar, necessário para a configuração do crime de deserção (CPM, art. 187). *HC 126520/RJ, Rel. Min. Teori Zavascki, 5.5.15. 2ª T. (Info 784)*

Princípio da consunção na justiça militar

É cabível o trancamento da ação penal militar instaurada em desfavor de réu, pelo crime de abandono de posto, por ter sido apenas crime-meio para alcançar o delito-fim de deserção, posteriormente arquivado. *RHC 125112/RJ, Rel. Min. Gilmar Mendes, 10.2.14. 2ª Turma. (Info 774)*

2014

Crime culposo e agravante por motivo torpe

Razão assiste àqueles que sustentam a impossibilidade de consideração de circunstâncias agravantes genéricas (tirante a reincidência), porquanto, na fixação da reprimenda nos crimes culposos, necessária se faz a aferição da culpabilidade do agente (CP, art. 59) ou do grau de sua culpa (CPM, art. 69), de modo que, a se considerar, em um segundo momento, circunstâncias outras que revelem maior culpabilidade do agente, estar-se-á incorrendo em dupla valoração de um mesmo elemento, devendo incidir, no caso, a vedação do "bis in idem". *HC 120165/RS, Rel. Min. Dias Toffoli, 11.2.14. 1ª T. (Info 735)*

2013

Deserção e condição de militar

Se o ato de exclusão do paciente das fileiras do exército teve os seus efeitos suspensos por ato jurídico fundado em motivos idôneos e lícitos, não há que se falar em falta de condição de procedibilidade para a continuidade da ação penal por crime de deserção. *HC 102800 AgR/SP, Rel. Min. Rosa Weber, 19.3.13. 1ª T. (Info 699)*

Militar: panfletos e declarações em páginas da internet

O militar que distribui panfletos com críticas ao salário e à excessiva jornada de trabalho não comete o crime de incitamento à desobediência (CPM, art. 155) e, tampouco, o de publicação ou crítica indevida às Forças Armadas (CPM, art.166). *HC 106808/RN, Rel. Min. Gilmar Mendes, 9.4.13. 2ª T. (Info 701)*

2012

Arma de fogo de uso restrito e prerrogativas de cargo

"Habeas corpus". Trancamento de ação penal. Falta de justa causa. Inocorrência. Posse ilegal de arma de fogo de uso restrito. Imprescindibilidade do registro no Comando do Exército. Inobservância. Configuração, em tese, do crime previsto no art. 16 da Lei 10.826/03. O trancamento de ação penal é medida reservada a hipóteses excepcionais, como "a manifesta atipicidade da conduta, a presença de causa de extinção da punibilidade do paciente ou a ausência de indícios mínimos de autoria e materialidade delitivas" (HC 91603), o que não se observa no caso. O acórdão impugnado está em harmonia com a jurisprudência desta Corte, segundo a qual é imprescindível o registro de arma de fogo de uso restrito, independentemente de qualquer prerrogativa funcional ou subjetiva, como forma de concretização de "uma Política Criminal de valorização do poder-dever do Estado de controlar as armas de fogo" (HC 99582) e sob pena de configuração do crime previsto no art. 16 do Estatuto do Desarmamento. *HC 110697, Rel. Min. Joaquim Barbosa, 25.9.12. 2ª T. (Info 681)*

Cola de sapateiro e crime militar

O tipo previsto no artigo 290 do CPM não requer, para configuração, o porte de substância entorpecente assim declarada por portaria da Agência Nacional de Vigilância Sanitária. *RHC 98323, Rel. Min. Marco Aurélio, 6.3.12. 1ª T. (Info 657)*

Crime militar e termo inicial para o cômputo da prescrição

A prescrição da pretensão executória dos crimes militares começa a correr do dia em que passa em julgado a sentença condenatória (§ 1º do art. 126 do CPM). 2. A existência de regra especial inviabiliza o uso do inciso I do art. 112 do CP para o cômputo do prazo prescricional da pretensão executória dos delitos militares. *HC 108977, Rel. Min. Ayres Britto, 7.2.12. 2ª T. (Info 654)*

Deserção e crime permanente

A jurisprudência desta Corte firmou-se no sentido de que o crime de deserção, previsto no art. 187 do CPM, é permanente, cessando a permanência com a apresentação voluntária ou a captura do agente. II. Nos termos do art. 125, § 2º, c, do CPM, a prescrição do crime de deserção começa a correr no dia da cessação da permanência, ocasião em que o agente já era maior de vinte e um anos de idade, afastando, por isso, a regra de redução pela metade do prazo da prescrição, disposta no art. 129 do CPM. III. No caso sob exame, não ocorreu a prescrição da pretensão punitiva, seja pela pena em abstrato cominada ao delito, seja em razão da sanção em concreto aplicada ao paciente. *HC 112511, Rel. Min. Ricardo Lewandowski, 2.10.12. 2ª T. (Info 682)*

Justiça militar e causa interruptiva da prescrição

Ante o princípio da especialidade, não é possível estender-se à disciplina militar o disposto no inc. IV do art. 117 do CP para considerar, em prejuízo do réu, como marco interruptivo, acórdão que lhe majore a pena imposta. Essa a conclusão da 1ª Turma ao conceder "habeas corpus" para declarar extinta a punibilidade do paciente. Assentou-se que, em matéria castrense, o acórdão não interromperia a prescrição, somente a sentença (CPM, art. 125, § 5º, II). Observou-se a pena concretizada e o tempo transcorrido entre a publicação da sentença condenatória e a data do trânsito em julgado da apelação perante o STM, para se reputar consumada a prescrição intercorrente da pretensão punitiva do Estado. O Min. Luiz Fux enfatizou que a criação por analogia de causa interruptiva de prescrição no campo do direito penal seria "in malam partem". *HC 111653, Rel. Min. Dias Toffoli, 6.11.12. 1ª T. (Info 687)*

Princípio da insignificância e militar da reserva

A Turma denegou "habeas corpus" em que pleiteada a aplicação do princípio da insignificância em favor de policial militar da reserva acusado de utilizar documento falso – passe livre conferido àqueles da ativa – para obter passagem de ônibus intermunicipal sem efetuar pagamento do preço. Explicitou-se que, embora o valor do bilhete fosse apenas de R$ 48,00, seria inaplicável o referido postulado. Asseverou-se que a conduta revestir-se-ia de elevada reprovabilidade, porquanto envolveria policial militar. *HC 108884, Rel. Min. Rosa Weber, 12.6.12. 1ª T. (Info 670)*

Segundo delito de deserção e prescrição

A prática de novo crime de deserção não interfere no cômputo do delito militar antecedente. À falta de previsão legal, a superveniência de um segundo delito de deserção não é de ser tratada como causa de suspensão ou mesmo de interrupção do lapso prescricional. 2. Ordem concedida, para restabelecer a decisão da 2ª Auditoria da 1ª Circunscrição Judiciária Militar, que declarou extinta a punibilidade do paciente, pela ocorrência da prescrição da pretensão punitiva, nos exatos termos do inc. IV do art. 123, c/c o inc. VI do art. 125, ambos do CPM. *HC 102008, Rel. Min. Ayres Britto, 13.12.11. 2ª T. (Info 652)*

3. DIREITO PROCESSUAL PENAL MILITAR

2016

Fixação de competência e Justiça Militar

Compete à Justiça Castrense julgar ação penal destinada à apuração de crime cujo autor e vítima sejam militares caso ambos estejam em serviço e em local sujeito à administração militar. *HC 135019/SP, Rel. Min. Rosa Weber, j. 20.9.2016. 1ª T. (Info 840)*

Fixação de competência e Justiça Militar

Compete à Justiça Castrense processar e julgar ação penal destinada à apuração de delito de apropriação de coisa havida acidentalmente (CPM, art. 249), praticado por militar que não esteja mais na ativa. *HC 136539/AM, Rel. Min. Ricardo Lewandowski, j. 4.10.2016. 2ª T. (Info 842)*

Justiça Militar: crime praticado por civil, competência e contraditório

Denegado "habeas corpus" impetrado em favor de civil denunciada pela suposta prática de furto

7. DIREITO MILITAR

simples em continuidade delitiva (CPM, art. 240, c/c art. 80). Ela realizara saques bancários da conta corrente de militar inativo falecido e, por essa razão, o Ministério Público Militar ofertara denúncia. Após a rejeição da peça acusatória, fora interposto recurso em sentido estrito, ao qual fora dado provimento tanto para não considerar a Justiça Militar competente quanto para receber a denúncia. Em casos semelhantes já se afirmara a competência da Justiça Castrense, tendo em conta a existência de dano à Administração Militar. Muito embora o tema da compatibilidade do julgamento de civil pela Justiça Militar da União esteja pendente de análise pelo Plenário, na espécie, não trata da questão do ponto de vista constitucional, mas apenas diz respeito ao eventual enquadramento do fato como crime militar, nos termos da lei. No que se refere a hipotética supressão de instância, tendo em vista a existência de teses apreciadas em sede recursal, mas não em primeira instância, o Colegiado invocou o Enunciado 709 da Súmula do STF. No entanto, há precedente afastando o entendimento sumulado, nas situações em que o juiz de primeira instância se limita a afirmar sua própria incompetência. Nesse caso, o Tribunal deve determinar o retorno dos autos para que o magistrado prossiga na análise da admissibilidade da acusação. Sucede que, nesses autos, o fundamento para rejeitar a denúncia não fora a incompetência do juízo, porque o magistrado desclassificara a imputação de furto para estelionato militar (CPM, art. 251). Assim, a hipótese não foge ao âmbito do entendimento sumular. A respeito da possibilidade de apresentação de defesa prévia, consignou-se o seu cabimento no processo penal ordinário, a ser oportunizada após o recebimento da exordial. Contudo, o dispositivo em questão não assegura defesa prévia à admissibilidade da acusação, de maneira que, ainda que fosse aplicável ao processo penal militar, a tese não favoreceria a paciente. Além disso, a paciente tivera oportunidade de se pronunciar previamente sobre a admissibilidade da acusação, quando das contrarrazões apresentadas perante o STM. *HC 125777/CE, Rel. Min. Gilmar Mendes, 21.6.2016. 2ª T. (Info 831)*

Ministério Público Militar e ausência de contrarrazões

A renúncia do Ministério Público Militar ao direito de contrarrazoar – na condição de parte –, em primeira instância, não impossibilita que a Procuradoria-Geral da Justiça Militar atue em segundo grau de jurisdição. *HC 131077/PE, Rel. Min. Cármen Lúcia, 15.12.2015. 2ª T. (Info 812)*

Processo penal militar e interrogatório ao final da instrução

A exigência de realização do interrogatório ao final da instrução criminal, conforme o art. 400 do CPP, é aplicável no âmbito de processo penal militar. *HC 127900/AM, Rel. Min. Dias Toffoli, 3.3.2016. Pleno. (Info 816)*

2015

Conflito de atribuições: Tribunal de Justiça Militar e Ministério Público

O STJ é competente para processar e julgar crime cometido por membro de tribunal de justiça militar criado em âmbito estadual. *ACO 1664 AgR/RS, Rel. Min. Ricardo Lewandowski, 8.10.15. Pleno. (Info 802)*

Correição parcial e extinção da punibilidade

É incabível o manejo de correição parcial, por representação de juiz-auditor corregedor, para rever decisão extintiva de punibilidade pela prescrição da pretensão punitiva ou executória estatal. *HC 112530/RS, Rel. Min. Teori Zavascki, 30.6.15. 2ª T. (Info 792)*

Crime praticado por militar e competência

Compete à justiça castrense processar e julgar militar condenado pela prática de crime de furto (CPM, art. 240) perpetrado contra militar em ambiente sujeito à administração militar. *HC 125326/RS, Rel. Min. Rosa Weber, 17.3.15. 1ª Turma. (Info 778)*

Embargos infringentes e requisito de admissibilidade previsto em regimento interno

É inconstitucional o art. 119, § 1º, do Regimento Interno do STM, na redação dada pela Emenda Regimental 24/14. O dispositivo prevê a exigência de, no mínimo, quatro votos minoritários divergentes para o cabimento de embargos infringentes e de nulidade interpostos contra decisão não unânime daquela Corte em recurso em sentido estrito e em apelação. No entanto, basta um único voto divergente para serem cabíveis os embargos infringentes de acordo com o art. 539 do CPPM. Aos tribunais é vedado desbordar de seus poderes normativos para dispor sobre matéria de competência privativa da União (CF, art. 22, I), sob pena de inconstitucionalidade formal. Ademais, a atribuição de poderes aos tribunais para instituir recursos internos e disciplinar procedimento de recursos de sua alçada não lhes outorga competência para criar requisito de admissibilidade recursal não previsto em lei (CF, art. 96, I, a,). *HC 125768/SP, Rel. Min. Dias Toffoli, 24.6.15. Pleno. (Info 791)*

Lei processual e retroação

Independentemente de a Lei 11.719/08 ter alterado, para o final da instrução criminal, o momento em que o réu deve ser interrogado, incabível a alegação de nulidade, pois a nova legislação não pode ser aplicada aos atos processuais praticados antes de sua entrada em vigor, em observância ao princípio "tempus regit actum" (CPP, art. 2º). Assim, não é possível cogitar constrangimento ou ilegalidade em relação aos pacientes, pela circunstância de o interrogatório ter sido realizado quase um ano antes da vigência da inovação legislativa. *HC 123228/AM, Rel. Min. Cármen Lúcia, 24.6.15. Pleno. (Info 791)*

Procedimento investigatório criminal e arquivamento

Cumpre observar o princípio da legalidade, o que se contém no artigo 397 do Código de Processo Penal Militar, não subsistindo Portaria de teor contrário. *RMS 28428/SP, Rel. Min. Marco Aurélio, 8.9.15. 1ª T. (Info 798)*

2014

Crime praticado por civil e competência da justiça militar

Compete à justiça militar processar e julgar civil denunciado pela suposta prática dos delitos de desacato e resistência contra militar. *HC 113128/RJ, Rel. Min. Roberto Barroso, 10.12.13. 1ª T. (Info 732)*

HC substitutivo de recurso ordinário e admissibilidade

Na situação dos autos, militar fora acusado por suposto envolvimento na prática de crime de roubo, ocultação e uso de fuzil automático leve e respectiva munição, pertencentes às Forças Armadas. A defesa sustentava a ilegalidade da prisão preventiva do paciente, com fulcro na falta de fundamentação idônea do decreto de custódia cautelar. A Turma afirmou que o paciente exerceria função de destaque no grupo criminoso e que os fatos demonstrariam sua periculosidade. Ademais, o "modus operandi" do acusado revelaria desrespeito à hierarquia e disciplina próprias das Forças Armadas, além de colocar em risco a segurança do quartel. *HC 110328/RS, Red. p/ ac. Min. Luiz Fux, 11.11.14. 1ª T. (Info 767)*

Incompetência absoluta e aproveitamento de atos processuais

A jurisprudência do STF adota interpretação restritiva na definição da competência da Justiça Militar da União para o julgamento de civis em tempo de paz. Compete à Justiça Federal processar e julgar civil acusado de uso de documento falso (art. 315 do CPM). *HC 121189/PR, Red. p/ ac. Min. Roberto Barroso, 19.8.14. 1ª T. (Info 755)*

Justiça federal comum e justiça militar: sobrestamento de feito

A existência de questão prejudicial heterogênea decidida perante a justiça federal comum, pendente de recurso, que concede mandado de segurança para determinar o licenciamento do paciente, possibilita a suspensão prejudicial de ação penal militar concernente à existência, ou não, de delito castrense enquanto não for resolvida, em definitivo, controvérsia de natureza civil. *HC 119405/AM e RHC 119626/DF, Rel. Min. Celso de Mello, 25.2.14. 2ª T. (Info 737)*

Justiça militar: deserção em tempo de paz e "sursis"

São compatíveis com a Constituição a alínea a do inc. II do art. 88 do CPM e a alínea a do inc. II do art. 617 do CPPM. *HC 119567/RJ, Red. p/ ac. Min. Roberto Barroso, 22.5.14. Pleno. (Info 747)*

Justiça militar: deserção em tempo de paz e "sursis"

Assim como deve o legislador, ao estabelecer tipos penais incriminadores, inspirar-se na proporcionalidade, não cominando sanções ínfimas para crimes que violem bens jurídicos de relevo maior, nem penas exageradas para infrações de menor potencial ofensivo, deve ele observar esse mesmo preceito no que diz respeito às normas tendentes à individualização dessas penas, atentando para as condições específicas do violador da norma e para as consequências da infração por ele cometida para o bem jurídico tutelado pela lei e para a eventual vítima do crime. É o caso de superar, em parte, o disposto no CPM (art. 88, II, a:

vedação legal à suspensão condicional da pena), admitindo-se o sursis no crime de deserção para aquele que preencha todos os demais requisitos previstos no art. 84 do CPM. Em face de empate na votação, não se pode declarar a não recepção pela Constituição de 1988 da parte da alínea a do inciso II do art. 88 do CPM em que se exclui, em tempo de paz, a suspensão condicional da pena para os condenados pelo crime de deserção. *HC 113857/ AM, Rel. Min. Dias Toffoli, 5.12.13. Pleno. (Info 731)*

Justiça militar e correição parcial

O prazo para a correição parcial é de 5 dias contados entre a conclusão dos autos do inquérito arquivado ao juiz-auditor e o protocolo no STM. *HC 112977/RJ, Rel. Min. Cármen Lúcia, 25.2.14. 2ª T. (Info 737)*

Lei 5.836/72: Conselho de Justificação e princípio da ampla defesa e contraditório

O órgão competente para julgar o processo administrativo denominado Conselho de Justificação, no caso, é o STM (Lei 5.836/72 arts. 13, V, a, e 14), não havendo previsão legal de recurso contra o despacho do Comandante da Aeronáutica que aceita o julgamento do Conselho de Justificação (comissão processante) e determina a remessa do processo àquela Corte Militar. O art. 15 da Lei 5.836/72 garante ao oficial das Forças Armadas o direito à ampla defesa e ao contraditório antes do julgamento do processo administrativo (Conselho de Justificação) pelo STM. Não se aplica ao caso o Dec. 76.322/75 tampouco as leis 6.880/80 e 9.784/99, uma vez que a Lei 5.836/72, que dispõe sobre o Conselho de Justificação, é específica. *RMS 32645/DF, Rel. Min. Ricardo Lewandowski, 22.4.14. 2ª T. (Info 743)*

Princípio da não-autoincriminação e confissão de testemunha

Ofende o princípio da não-autoincriminação denúncia baseada unicamente em confissão feita por pessoa ouvida na condição de testemunha, quando não lhe tenha sido feita a advertência quanto ao direito de permanecer calada. *RHC 122279/RJ, Rel. Min. Gilmar Mendes, 12.8.14. 2ª T. (Info 754)*

Processo penal militar: interrogatório e art. 400 do CPP

Em razão do princípio da especialidade, prevalece, para os casos de jurisdição militar, a norma processual penal militar e, por consequência, incabível a aplicação do rito previsto no art. 400 do CPP, com a redação trazida pela Lei 11.719/08. *HC 122673/ PA, Rel. Min. Cármen Lúcia, 24.6.14. 2ª T. (Info 752)*

Procurador-Geral da Justiça Militar e manifestação exclusiva

A concessão exclusiva de vista ao Procurador-Geral da Justiça Militar para manifestação quanto a preliminar de inconstitucionalidade, arguida, por Min. integrante do STM, durante sessão de julgamento, não afronta os princípios do contraditório e da ampla defesa, nos termos do parágrafo único do art. 79-A do RISTM. *HC 105311/DF, Rel. Min. Dias Toffoli, 29.4.14. 1ª T. (Info 744)*

"Sursis": recurso posterior e aumento de pena

Reveste-se de ineficácia a decisão que declara extinta a punibilidade pelo cumprimento do sursis se, em decorrência do provimento de apelação interposta pelo Ministério Público Militar, for aumentada a pena aplicada, de modo a excluir o benefício (CPPM, art. 613). *HC 115252/BA, Rel. Min. Ricardo Lewandowski, 5.11.13. 2ª T. (Info 727)*

2013

Competência: policiamento ostensivo e delito praticado por civil contra militar

Compete à justiça federal comum processar e julgar civil, em tempo de paz, por delitos alegadamente cometidos por estes em ambiente estranho ao da Administração castrense e praticados contra militar das Forças Armadas na função de policiamento ostensivo, que traduz típica atividade de segurança pública. *HC 112936/RJ, Rel. Min. Celso de Mello, 5.2.13. 2ª T. (Info 694)*

Justiça militar: correição parcial e punibilidade

Descabe a interposição de correição parcial, por juiz-auditor corregedor, contra ato decisório em que se reconhecera a perda do "jus puniendi" estatal, sobretudo por se tratar de matéria de direito e não de erro procedimental. *HC 110538/DF, Rel. Min. Gilmar Mendes, 5.2.13. 2ª T. (Info 694)*

Justiça militar: homicídio culposo e perdão judicial

O art. 123 do CPM não contempla a hipótese de perdão judicial como causa de extinção da punibilidade e, ainda que "in bonan partem", não se aplica, por analogia, o art. 121, § 5º, do CP. *HC 116254/SP, Rel. Min. Rosa Weber, 25.6.13. 1ª T. (Info 712)*

Justiça militar: Lei 11.719/08 e interrogatório

Aplica-se ao processo penal militar a reforma legislativa que prevê o interrogatório ao final da instrução (CPP, art. 400). Com base nessa orientação, em julgamento conjunto, a 1ª Turma concedeu "habeas corpus" para determinar a incidência subsidiária da mencionada regra, que adveio com a Lei 11.719/08. *HC 115698/AM, HC 115530/PR, Rel. Min. Luiz Fux, 25.6.13. 1ª T. (Info 712)*

2012

Art. 453 do CPPM e deserção

A justiça militar deve justificar, em cada situação, a imprescindibilidade da adoção de medida constritiva do status libertatis do indiciado ou do réu, sob pena de caracterização de ilegalidade ou de abuso de poder na decretação de prisão meramente processual. Com base nesse entendimento, a 2ª Turma proveu recurso ordinário em "habeas corpus" para assegurar a processado pela suposta prática do crime de deserção o direito de não ser preso, cautelarmente, em decorrência apenas de invocação do art. 453 do CPPM, garantindo-se-lhe, em consequência, até o trânsito em julgado de eventual condenação e se outro motivo não existir, o direito de aguardar em liberdade a conclusão do procedimento penal. Inicialmente, acentuou-se que a matéria envolveria posição do STM no sentido de não ser possível a concessão de liberdade provisória a preso por deserção antes de decorrido o prazo previsto no mencionado dispositivo. Em seguida, salientou-se que a Corte castrense limitara-se, ao fundamentar sua decisão, a referir-se às palavras da lei. Desse modo, sublinhou-se que lhe impenderia indicar razões concretas a demonstrar a excepcional necessidade de adoção dessa medida. Reportou-se, no ponto, à jurisprudência da Turma segundo a qual a decretação da custódia cautelar deveria, inclusive na justiça militar, atender aos requisitos previstos para a prisão preventiva (CPP, art. 312). *RHC 105776, Rel. Min. Celso de Mello, 22.5.12. 2ª T. (Info 667)*

Competência e lugar sujeito à administração militar

Atentado violento ao pudor praticado por Sargento da Marinha. Condenação. Pena acessória de exclusão das Forças Armadas. 3. Casa do Abrigo do Marinheiro de Ladário (CAMALA). Associação civil de direito privado. Lugar não sujeito à administração militar. 4. Aulas de karatê para garotos. Atividade estranha à função militar. 5. Ordem concedida para invalidar a ação penal instaurada em desfavor do paciente perante a Justiça Militar da União, desde a denúncia. Ressalvada a possibilidade de renovação da "persecutio criminis" perante o órgão judiciário competente da Justiça Comum, desde que não consumada a prescrição da pretensão punitiva. *HC 95471, Rel. Min. Gilmar Mendes, 15.5.12. 2ª T. (Info 666)*

Corrupção ativa de civil contra militar e competência

Compete à justiça castrense processar e julgar civil denunciado pela suposta prática de crime de corrupção ativa (CPM, art. 309) perpetrado contra militar em ambiente sujeito à administração castrense. *HC 113950, Rel. Min. Ricardo Lewandoski, 27.11.12. 2ª T. (Info 690)*

Crime praticado por militar e competência

A prática de crime de estelionato por militar contra civil em local sujeito à administração castrense e com emprego de nota de empenho falsa em nome da Marinha caracteriza conduta apta a causar dano, ainda que indireto, à credibilidade e à imagem das Forças Armadas, atraindo a competência da Justiça Militar. *HC 113177, Rel. Min. Rosa Weber, 13.11.12. 1ª T. (Info 688)*

Falsificação documental e incompetência da justiça militar

A justiça castrense é incompetente para processar e julgar militar reformado acusado pela suposta prática dos crimes de falsificação e uso de documentos falsos em face da Caixa Econômica Federal. Com base nessa orientação, a 2ª Turma concedeu "habeas corpus" para determinar a extinção de procedimento penal instaurado contra o paciente perante a justiça militar. Asseverou-se que o delito praticado contra aquela instituição financeira não ofenderia as organizações militares e, portanto, competente a justiça federal. Determinou-se a invalidação de todos os atos processuais, desde a denúncia, inclusive, por incompetência absoluta daquela justiça especializada. *HC 106683, Rel. Min. Celso de Mello, 12.6.12. 2ª T. (Info 670)*

Imputações distintas pelo mesmo fato e litispendência

A Turma desproveu recurso ordinário em "habeas corpus" no qual pretendida a anulação de ação penal em trâmite na justiça castrense por, supostamente, estar o recorrente sendo processado pelos mesmos fatos também na justiça comum, a implicar litispendência. No caso, o paciente fora denunciado como incurso no art. 326 do CPM ("Revelar fato de que tem ciência em razão do cargo ou função e que deva permanecer em segrêdo, ou facilitar-lhe a revelação, em prejuízo da administração militar") perante auditoria militar estadual e no art. 37 da Lei 11.343/06, perante vara criminal da justiça comum. Consignou-se que, embora o fato fosse único, as imputações seriam distintas e estariam bem delineadas, a permitir a submissão do paciente tanto à justiça estadual quanto à justiça militar. Além disso, asseverou-se que as referidas infrações penais tipificadas na legislação extravagante e no CPM revestir-se-iam de autonomia e tutelariam bens jurídicos diversos, quais sejam, a saúde pública e a ordem administrativa militar, respectivamente. Assim, concluiu-se pelo afastamento da assertiva de litispendência. *RHC 108491, Rel. Min. Gilmar Mendes, 28.2.12. 2ª T. (Info 656)*

Justiça militar: civil e uso de documento falso

A Turma denegou "habeas corpus" impetrado em favor de civil, no qual alegada a incompetência da justiça militar que o condenara pela prática de uso de documento falso (CPM, art. 315). Esclareceu-se, preliminarmente, que não se cuidaria de utilização de carteira de arrais-amador, cujo julgamento seria da justiça federal. Observou-se que o paciente pretendera obter averbação em cadastro naval de habilitações específicas de aquaviário – mediante a apresentação de certificados falsos de cursos por ele não realizados –, para obter ascensão de categoria, a fim de pilotar embarcações maiores. Asseverou-se que, na espécie, servir-se de documento falso visaria lesionar de forma direta a própria lisura dos cadastros sob a Administração castrense. Por fim, consignou-se a competência da justiça militar. *HC 113477, Rel. Min. Dias Toffoli, 11.9.12. 1ª T. (Info 679)*

Justiça militar: correição parcial e punibilidade

Não cabe a interposição pelo Juiz-Auditor Corregedor da Justiça Militar da União de correição parcial contra decisão que declara extinta a punibilidade de desertor considerado definitivamente incapaz para o serviço militar, a qual não se confunde com o simples deferimento do arquivamento de inquérito requerido pelo Ministério Público. 2. A coisa julgada, seja formal ou material, conforme o fundamento da decisão, impede que a inércia da parte, no caso, o MPM, seja suprida pelo órgão judiciário legitimado à correição parcial. *HC 112148 e HC 113036, Rel. Min. Dias Toffoli, 11.9.12. 1ª T. (Info 679)*

Justiça militar e ato libidinoso

Habeas Corpus. 2. Crime Militar. Ato libidinoso com agravante (art. 235, c/c art. 237, II, e art. 70, II, g, do CPM). Paciente condenado por acórdão do STM a cumprir pena de 1 (um) ano de detenção, convertida em prisão, nos termos do art. 59 do CPM, denegada a concessão de sursis, em face de expressa vedação do art. 88, II, b, do CPM. 3. Alegação de ausência de representação da vítima, de ocorrência de prescrição, de insuficiência probatória para a condenação, de utilização indevida de prova emprestada e de ilegalidade da vedação ao sursis. 4. Embora o CPM e o CPPM sejam silentes quanto à representação da vítima em crimes sexuais, o instituto é incompatível com a natureza da ação penal militar que, em regra, é pública, excetuadas, apenas, as hipóteses previstas no art. 122 do CPM. 5. Afastada a alegação de prescrição. O acórdão condenatório que reforma sentença absolutória também tem o condão de interromper o lapso prescricional. 6. Pleito de absolvição por insuficiência de provas. Nos crimes contra os costumes, o depoimento da vítima ganha relevo, considerando tratar-se de fatos praticados sem a presença de terceiros. No caso, a condenação não se deteve ao depoimento da vítima, mas buscou a conjugação de suas declarações com depoimentos colhidos em Juízo sob o crivo do contraditório. Testemunhas não contraditadas. 7. Não há incompatibilidade entre o art. 88, II, b, do CPM e a CF. *HC 109390, Rel. Min. Gilmar Mendes, 18.9.12. 2ª T. (Info 680),*

Militar e tribunal do júri

Compete à justiça comum processar e julgar crime praticado por militar contra militar quando ambos estiverem em momento de folga. *HC 110286, Red. p/ ac. Min. Marco Aurélio, 14.2.12. 1ª T. (Info 655)*

Militar: publicação e marco interruptivo

A publicação da sentença ocorre quando o escrivão a recebe do juiz (CPP, art. 389; CPPM, art. 125, § 5º, II), independentemente de qualquer outra formalidade. 2. A publicação da sentença prolatada por órgão colegiado da Justiça castrense se dá na própria sessão de julgamento, tal como previsto no art. 389 do CPP, e não se confunde com a intimação das partes, interrompendo a prescrição (CPM, art. 125, § 5º, II). *HC 103686, Rel. Min. Dias Toffoli, 7.8.12. 1ª T. (Info 674)*

Processo penal militar e dupla intimação

Denegado "habeas corpus" em que se sustentava a necessidade de dupla intimação da sentença condenatória: a do réu militar e a do advogado por ele constituído. Assentou-se que: a) essa regra aplicar-se-ia à decisão de 1º grau, mas não à de 2º, que seria a hipótese dos autos; e b) apenas haveria obrigatoriedade de intimação pessoal do réu em relação ao julgamento do acórdão, quando ele estivesse preso (CPPM, arts. 288, § 2º, e 537) Ressaltou-se que houvera a intimação do defensor e que, por estar o paciente solto no curso da ação penal, sua intimação pessoal não seria imprescindível, motivo por que teria havido o regular trânsito em julgado do processo. *HC 99109, Red. p/ ac. Min. Dias Toffoli, 27.3.12. 1ª T. (Info 660)*

Sustentação oral em correição parcial e prerrogativa da DPU

Esta Corte tem manifestado o entendimento de que, revelada pela parte a intenção de sustentar oralmente as teses defensivas, deve ser assegurada a ela tal possibilidade. II. Havendo previsão regimental que garante à defesa sustentar oralmente os argumentos expendidos, a viabilização desse direito é medida que se impõe, sob pena de violação ao postulado do devido processo legal. III. A interpretação conferida pela decisão impugnada, no sentido de que o art. 116, § 1º, do RISTM, somente é aplicável à Correição Parcial requerida pelas partes, e não à oferecida pelo Juiz-Auditor Corregedor, não é a que melhor se coaduna com o princípio da ampla defesa. IV. No que concerne ao requerimento da Defensoria Pública no sentido de assegurar o exercício de sua prerrogativa legal de sentar-se no mesmo plano do Ministério Público, como bem entendeu esta Turma (HC 112839), não existe risco aparente à liberdade de locomoção do paciente de modo a justificar sua defesa pela via estreita do "habeas corpus". V. Ordem parcialmente concedida para garantir à defesa o direito de apresentar razões escritas e sustentar oralmente seus argumentos por ocasião do julgamento da correição parcial proposta em desfavor do paciente. *HC 112516, Rel. Min. Ricardo Lewandowski, 11.9.12. 2ª T. (Info 679)*

8. DIREITO PENAL

1. DA APLICAÇÃO DA LEI PENAL

2014

Lei penal no tempo e combinação de dispositivos

RPG É vedada a incidência da causa de diminuição do art. 33, § 4º, da Lei 11.343/06, combinada com as penas previstas na Lei 6.368/76, no tocante a crimes praticados durante a vigência desta norma. *RE 600817/MS, repercussão geral – mérito, Rel. Min. Ricardo Lewandowski, 7.11.13. Pleno. (Info 727)*

2013

Tráfico de drogas e lei mais benéfica

O acórdão impugnado inverteu a ordem processual quanto à prova, atribuindo aos pacientes o dever de demonstrar sua condição de usuários, o que não se coaduna com o Direito Penal. Cabe ao Ministério Público comprovar a imputação, contrariando o princípio da não culpabilidade a inversão a ponto de concluir-se pelo tráfico de entorpecentes em razão de o acusado não haver feito prova da versão segundo a qual a substância se destinava ao uso próprio e de grupo de amigos que se cotizaram para a aquisição. *HC 107448/MG, Red. p/ ac. Min. Marco Aurélio, 18.6.13. 1ª T. (Info 711)*

2. DAS PENAS

2.1. Das Espécies de Pena

2015

Progressão de regime e reparação do dano em crime contra a administração pública

E constitucional o § 4º do art. 33 do CP, que condiciona a progressão de regime de cumprimento da pena de condenado por crime contra a administração pública à reparação do dano que causou, ou à devolução do produto do ilícito praticado, facultado o parcelamento da dívida. *EP 22 ProgReg-AgR/DF, Rel. Min. Roberto Barroso, 17.12.14. Pleno. (Info 772)*

2013

Crime cometido com violência e substituição de pena

Não cabe a substituição de pena privativa de liberdade por restritiva de direito quando o crime for cometido com violência. *HC 114703/MS, Rel. Min. Gilmar Mendes, 16.4.13. (HC-114703) 2ª T. (Info 702)*

2012

Tráfico de entorpecente: substituição de pena e fixação de regime

Tráfico ilícito de entorpecentes. Paciente condenado à pena de um ano e oito meses de reclusão. 3. Pedido de fixação de regime aberto para início do cumprimento da pena. Possibilidade. Paciente que cumpre os requisitos previstos no art. 33, § 2º, "c", do CP. 4. Substituição da pena privativa de liberdade por restritiva de direitos. Possibilidade. 5. Necessidade de análise dos requisitos dispostos no art. 44 do CP. *HC 112195, Rel. Min. Gilmar Mendes, 24.4.12. 2ª T. (Info 663)*

2.2. Da Cominação das Penas

2015

Fixação de regime inicial de cumprimento de pena e circunstâncias judiciais

No caso, embora a pena final fixada fosse inferior a quatro anos, duas das circunstâncias judiciais contidas no art. 59 do CP seriam desfavoráveis aos pacientes – as circunstâncias e as consequências do crime –, o que, nos termos do § 3º do art. 33 do CP e do enunciado da Súm. 719/STF, impede a aplicação do regime inicial mais brando. Nessa perspectiva, não há dúvidas de que, por ocasião da sentença, o magistrado "a quo" cumpriu satisfatoriamente a exigência de fundamentação da decisão, tendo em vista que apresentou justificativa plausível, amparada pelo ordenamento jurídico, para determinação do regime inicial semiaberto. *HC 124876/SP, Rel. Min. Gilmar Mendes, 24.2.15. 2ª Turma. (Info 775)*

2.3. Da Aplicação da Pena

2016

Circunstâncias judiciais e "bis in idem"

É legítima a utilização da condição pessoal de policial civil como circunstância judicial desfavorável para fins de exasperação da pena base aplicada a acusado pela prática do crime de concussão. HC 132990/PE, Rel. p/ ac. Min. Edson Fachin, 16.8.2016. 1ª T. (Info 835)

Conduta social e dosimetria

A circunstância judicial conduta social, prevista no art. 59 do Código Penal, compreende o comportamento do agente no meio familiar, no ambiente de trabalho e no relacionamento com outros indivíduos. Vale dizer, os antecedentes sociais do réu não se confundem com os seus antecedentes criminais. São vetores diversos, com regramentos próprios. Assim, revela-se inidônea a invocação de condenações anteriores transitadas em julgado para considerar a conduta social desfavorável, sobretudo se verificado que as ocorrências criminais foram utilizadas para exasperar a sanção em outros momentos da dosimetria. RHC 130132, Rel. Min. Teori Zavascki, 10.5.2016. 2ª T. (Info 825)

Dosimetria da pena e custos da atuação estatal

Os elevados custos da atuação estatal para apuração da conduta criminosa e o enriquecimento ilícito logrado pelo agente não constituem motivação idônea para a valoração negativa do vetor "consequências do crime" na primeira fase da dosimetria da pena (CP/40, art. 59). HC 134193/GO, Rel. Min. Dias Toffoli, j. 26.10.2016. 2ª T. (Info 845)

2015

Aumento da pena e continuidade delitiva

O aumento de 2/3 da pena se harmoniza com a jurisprudência: o "quantum" de exasperação da pena, por força do reconhecimento da continuidade delitiva, deve ser proporcional ao número de infrações cometidas. A imprecisão quanto ao número de crimes praticados pelo paciente não obsta a incidência da causa de aumento da pena em seu patamar máximo, desde que haja elementos seguros que demonstrem que vários sejam os crimes praticados ao longo de dilatadíssimo lapso temporal. HC 127158/MG, Rel. Min. Dias Toffoli, 23.6.15. 2ª T. (Info 791)

Inquéritos e ações penais em andamento e maus antecedentes

RPG Inquéritos policiais ou ações penais sem trânsito em julgado não podem ser considerados como maus antecedentes para fins de dosimetria da pena. RE 591054/SC, repercussão geral, Rel. Min. Marco Aurélio, 17.12.14. Pleno. (Info 772)

Maus antecedentes e período depurador

As condenações transitadas em julgado há mais de cinco anos não poderão ser caracterizadas como maus antecedentes para efeito de fixação da pena, conforme previsão do art. 64, I, do CP. HC 126315/SP, Rel. Min. Gilmar Mendes, 15.9.15. 2ª T. (Info 799)

Princípio da não-culpabilidade: processos em curso e maus antecedentes

Recente posicionamento do STF (RE 591054, repercussão geral) impossibilita sejam considerados esses elementos como maus antecedentes para fins de dosimetria da pena. HC 94620/MS Rel. Min. Ricardo Lewandowski, 24.6.15. Pleno. (Info 791)

2014

Art. 64, I, do CP e maus antecedentes

Quando o paciente não pode ser considerado reincidente, diante do transcurso de lapso temporal superior a cinco anos, conforme previsto no art. 64, I, do CP, a existência de condenações anteriores não caracteriza maus antecedentes. HC 119200/PR, Rel. Min. Dias Toffoli, 11.2.14. 1ª T. (Info 735)

2013

"Bis in idem" e tabela para majorar pena

O Juiz sentenciante, ao fixar a pena-base em patamar acima do mínimo legal, adotou como motivação os maus antecedentes e a restrição à liberdade das vítimas. Na terceira fase do dosimetria da pena, para majorar a pena em 2/5, novamente trouxe a lume a causa de aumento prevista prevista no inciso V do § 2º do art. 157 do CP – a restrição à liberdade das vítimas – ocorrendo "bis in idem". Concurso de majorantes e adoção de tabela de graduação de percentual para disciplinar a aplicação das causas de aumento de pena. Impropriedade, pois há de se dar ênfase à efetiva fundamentação da causa especial de aumento da pena, dentro dos limites previstos, com base em dados concretos. *RHC 116676/MG, Rel. Min. Ricardo Lewandowski, 20.8.13. 2ª T. (Info 716)*

Culpabilidade e alegação de inconstitucionalidade

A circunstância judicial "culpabilidade", disposta no art. 59 do CP, atende ao critério constitucional da individualização da pena. *HC 105674/RS, Rel. Min. Marco Aurélio, 17.10.13. Pleno. (Info 724)*

Reincidência e recepção pela CF/88

É constitucional a aplicação da reincidência como agravante da pena em processos criminais (CP, art. 61, I). *RE 453000/RS, Rel. Min. Marco Aurélio, 4.4.13. Pleno. (Info 700)*

Reincidência: agravamento de pena e recepção pela CF/88

O aumento pela reincidência está de acordo com o princípio da individualização da pena. Maior reprovabilidade ao agente que reitera na prática delitiva. *HC 94361/RS, Rel. Min. Gilmar Mendes, 4.4.13. Pleno. (Info 700)*

2012

Coatoria e participação de menor

O fato de o crime ter sido cometido por duas pessoas, sendo uma delas menor inimputável, não tem o condão de descaracterizar o concurso de agentes, de modo a excluir a causa de aumento prevista no inc. II do § 2º do art. 157 do CP. *HC 110425, Rel. Min. Dias Toffoli, 5.6.12. 1ª T. (Info 669)*

Confissão espontânea e caráter preponderante

A CF assegura aos presos o direito ao silêncio (inc. LXIII do art. 5º). Nessa mesma linha de orientação, o Pacto Internacional sobre Direitos Civis e Políticos (Pacto de São José da Costa Rica) institucionaliza o princípio da "não autoincriminação" ("nemo tenetur se detegere"). Esse direito subjetivo de não se auto-incriminar constitui uma das mais eminentes formas de densificação da garantia do devido processo penal e do direito à presunção de não culpabilidade (inciso LVII do art. 5º da CF). A revelar, primeiro, que o processo penal é o espaço de atuação apropriada para o órgão de acusação demonstrar por modo robusto a autoria e a materialidade do delito. Órgão que não pode se esquivar da incumbência de fazer da instrução criminal a sua estratégia oportunidade de produzir material probatório substancialmente sólido em termos de comprovação da existência de fato típico e ilícito, além da culpabilidade do acusado. 2. A presunção de não culpabilidade trata, mais do que de uma garantia, de um direito substantivo. Direito material que tem por conteúdo a presunção de não culpabilidade. Esse o bem jurídico substantivamente tutelado pela Constituição; ou seja, a presunção de não culpabilidade como o próprio conteúdo de um direito substantivo de matriz constitucional. Logo, o direito à presunção de não culpabilidade é situação jurídica ativa ainda mais densa ou de mais forte carga protetiva do que a simples presunção de inocência. 3. O STF tem entendido que não se pode relacionar a personalidade do agente (ou toda uma crônica de vida) com a descrição, por esse mesmo agente, dos fatos delitivos que lhe são debitados. Por outra volta, não se pode perder de vista o caráter individual dos direitos subjetivo-constitucionais em matéria penal. E como o indivíduo é sempre uma realidade única ou insimilar, irrepetível mesmo na sua condição de microcosmo ou de um universo à parte, todo instituto de direito penal que se lhe aplique – pena, prisão, progressão de regime penitenciário, liberdade provisória, conversão da pena privativa de liberdade em restritiva de direitos – há de exibir o timbre da personalização. Quero dizer: tudo tem que ser personalizado na concreta aplicação do direito constitucional-penal, porque a própria Constituição é que se deseja assim orteguianamente aplicada (na linha do "Eu sou eu e minhas circunstâncias", como sentenciou Ortega Y Gasset). E como estamos a cuidar de dosimetria da pena, mais fortemente se deve falar em personalização. 4. Nessa ampla moldura, a assunção da responsabilidade pelo fato-crime, por aquele que tem a seu favor o direito a não se autoincriminar, revela a consciência do descumprimento de uma norma social (e de suas consequências), não podendo, portanto, ser dissociada da noção de personalidade. 5. No caso concreto, a leitura da sentença penal condenatória revela que a confissão do paciente, em conjunto com as provas apuradas sob o contraditório, embasou o juízo condenatório. Mais do que isso: as palavras dos acusados (entre eles o ora paciente) foram usadas pelo magistrado sentenciante para rechaçar a tese defensiva de delito meramente tentado. É dizer: a confissão do paciente contribuiu efetivamente para sua condenação e afastou as chances de reconhecimento da tese alinhavada pela própria defesa técnica (tese de não consumação do crime). O que reforça a necessidade de desembaraçar o usufruto máximo à sanção premial da atenuante. Assumindo para com ele, paciente, uma postura de lealdade (esse vívido conteúdo do princípio que, na cabeça do art. 37 da Constituição, toma o explícito nome de moralidade). *HC 101909, Rel. Min. Ayres Britto, 28.2.12. 2ª T. (Info 656)*

Crimes de roubo e continuidade delitiva

A prática reiterada de crimes contra o patrimônio, indicadora de delinquência habitual ou profissional, impossibilita o reconhecimento de continuidade delitiva para efeito de unificação de penas. *HC 109730, Rel. Min. Rosa Weber, 2.10.12. 1ª T. (Info 682)*

Dosimetria: agravante e fundamentação inidônea

A Turma julgou extinto "habeas corpus" por inadequação da via processual. Porém, por empate na votação, concedeu a ordem, de ofício, para reduzir a pena do paciente e estabelecer regime prisional inicial menos gravoso. No caso, o juiz de piso, ao fixar a reprimenda e regime prisional mais severos, teria considerado como circunstâncias judiciais desfavoráveis o registro de antecedentes criminais, a personalidade voltada para a prática de crimes e o fato de o delito perpetrado configurar "porta de entrada" a delitos de maior gravidade. Prevaleceu o voto do Min. Dias Toffoli, relator, que consignou que o juiz não poderia avaliar o crime de furto como "porta de entrada" para delitos de maior gravidade, de modo a aferir esse elemento como indicador de maior reprovabilidade da conduta. Tampouco, em vista da falta de certidões específicas, seria possível reconhecer-se a presença de maus antecedentes do paciente. Assim, afastou duas causas genéricas de agravamento da pena e redimensionou a dosimetria e o regime prisional. A Min. Rosa Weber, no que foi acompanhada pelo Min. Luiz Fux, não concedeu a ordem de ofício. Observava que, além de a matéria não ter sido apreciada pelo tribunal de origem, a consubstanciar supressão de instância, não haveria situação teratológica a permitir a revisão da dosimetria da pena. *HC 112309, Rel. Min. Dias Toffoli, 27.11.12. 1ª T. (Info 690)*

Dosimetria da pena e "error in procedendo"

O CP não estabelece rígidos esquemas matemáticos ou regras absolutamente objetivas para a fixação da pena. Cabe às instâncias ordinárias, mais próximas dos fatos e das provas, fixar as penas. Às Cortes Superiores, no exame da dosimetria das penas em grau recursal, compete apenas o controle da legalidade e da constitucionalidade dos critérios empregados, bem como corrigir, eventualmente, discrepâncias gritantes e arbitrárias nas frações de aumento ou diminuição adotadas pelas instâncias anteriores. Tanto a concorrência de diversas vetoriais negativas como a existência de uma única vetorial negativa de especial gravidade autorizam pena base bem acima do mínimo legal. Não se presta o "habeas corpus", enquanto não permite ampla avaliação e valoração das provas, como instrumento hábil ao reexame do conjunto fático-probatório que leva à fixação das penas. *RHC 101576, Rel. Min. Rosa Weber, 26.6.12. 1ª T. (Info 672)*

Dosimetria e fundamentação idônea

A Turma deferiu "habeas corpus" para determinar ao magistrado de primeiro grau que efetue nova dosimetria, a afastar, além da circunstância relativa à consequência do crime "mal causado pelo tóxico", também o motivo invocado – vontade de obter lucro fácil. No caso, ao majorar a pena-base, o juiz considerara que "a) os motivos que levaram à prática das infrações penais foram o egoísmo e o desejo de obter ganho fácil; b) as circunstâncias em que ocorreram as práticas criminosas foram graves, em razão da nocividade e expressiva quantidade de droga apreendida (quase 13 kg de cocaína); e c) as consequências são graves pelo mal causado aos consumidores". Concluiu-se que a circunstância judicial aludida ao "mal causado pelo tóxico", seria ínsita à conduta delituosa e estaria incorporada ao próprio tipo penal, a impossibilitar sua utilização como elemento hábil a proporcionar o recrudescimento da reprimenda, sob pena de "bis in idem". Na mesma linha de entendimento, quanto à referência ao motivo do crime "ganho fácil", consignou-se que essa expressão apontada pelo magistrado para justificar o maior rigor no cálculo da pena já se encontraria embutida na conduta praticada – venda de drogas. Dessa forma, a comercialização ilícita de entorpecente teria sido, de imediato, a razão pela qual se dera a condenação do acusado, na forma do art. 33 da Lei 11.343/06. Assim, o alegado intuito de "ganho fácil", por ser inerente a essa modalidade delitiva, não deveria ser validamente invocado para aumentar a reprimenda por implicar, também, "bis in idem". *HC 107532, Red. p/ ac. Min. Ricardo Lewandowski, 8.5.12. 2ª T. (Info 665)*

Roubos: continuidade delitiva e quadrilha armada

A exasperação das penas-base está satisfatoriamente justificada na sentença condenatória, que considerou desfavoráveis os antecedentes criminais e a personalidade do agente. II. O acórdão ora atacado está em perfeita consonância com o entendimento firmado pelas duas Turmas desta Corte, no sentido de que "não basta que haja similitude entre as condições objetivas (tempo, lugar, modo de execução e outras similares). É necessário que entre essas condições haja uma ligação, um liame, de tal modo a evidenciar-se, de plano, terem sido os crimes subsequentes continuação do primeiro", sendo certo, ainda, que "o entendimento desta Corte é no sentido de que a reiteração criminosa indicadora de delinquência habitual ou profissional é suficiente para descaracterizar o crime continuado" (RHC 93144,). III. Consta dos autos que o paciente foi reconhecido como criminoso habitual, uma vez que faz do crime seu "modus vivendi". IV. A jurisprudência deste Tribunal é pacífica no sentido da impossibilidade de revolvimento do conjunto probatório com o fim de verificar a ocorrência das condições configuradoras da continuidade delitiva. V. A tentativa de roubo ocorrida na área externa do shopping center consubstancia crime autônomo, praticado com o objetivo de assegurar a fuga do paciente e do seu comparsa, não havendo falar, portanto, em continuidade delitiva entre esse e os roubos consumados no interior daquele estabelecimento comercial. VI. Esta Corte já firmou o entendimento de que a condenação simultânea pelos crimes de roubo qualificado com emprego de arma de fogo (art. 157, § 2º, I, do CP) e de formação de quadrilha armada (art. 288, parágrafo único, do CP) não configura "bis in idem", uma vez que não há nenhuma relação de dependência ou subordinação entre as referidas condutas delituosas e porque elas visam bens jurídicos diversos. *HC 113413, Rel. Min. Ricardo Lewandowski, 16.10.12. 2ª T. (Info 684)*

2.4. Da Suspensão Condicional da Pena

2014

Prazo prescricional e suspensão condicional da pena

Durante a suspensão condicional da pena, não corre prazo prescricional (CP, art. 77 c/c o art. 112). *Ext 1254/Romênia, Rel. Min. Teori Zavascki, 29.4.14. 2ª T. (Info 744)*

3. DA EXTINÇÃO DA PUNIBILIDADE

2016

Injúria: ofensa recíproca e perdão judicial

A representação do ofendido é ato que dispensa maiores formalidades, bastando a inequívoca manifestação de vontade da vítima, ou de quem tenha qualidade para representá-la, no sentido de ver apurados os fatos acoimados de criminosos. A inviolabilidade parlamentar material, especialmente com relação a declarações proferidas fora da Casa Legislativa, requer a existência de nexo de implicação entre as declarações e o exercício do mandato. Imunidade afastada no caso concreto. Ofensor e ofendido, ao projetarem deliberadamente ofensas recíprocas, incitando um ao outro, devem suportar as aleivosias em relação de vice e versa. Hipótese de perdão judicial, nos termos do art. 140, § 1º, do CP. Extinção da punibilidade declarada com fundamento no art. 109, IX, do CP. *AP 926/AC, Rel. min. Rosa Weber, 6.9.2016. 1ª T. (Info 838)*

Prescrição: condenado com mais de 70 anos e sentença condenatória

A prescrição da pretensão punitiva de condenado com mais de 70 anos se consuma com a prolação da sentença e não com o trânsito em julgado, conforme estatui o art. 115 do CP. *HC 129696/SP, Rel. Min. Dias Toffoli, 19.4.2016. 2ª T. (Info 822)*

2015

Ação penal e prescrição em perspectiva

Não se admite a denominada prescrição em perspectiva, haja vista a inexistência de previsão legal do instituto. *Inq 3574 AgR/MT, Rel. Min. Marco Aurélio, 2.6.15. 1ª T. (Info 788)*

Cumprimento de decreto presidencial e extinção da punibilidade

O apenado efetuou o pagamento integral da multa, cumpriu a pena desde 15.11.2013 e atende aos requisitos objetivos e subjetivos do Dec. 8.380/14, por meio do qual a Presidência da República concedeu indulto natalino e comutação de penas. *EP 1 QO/DF, Rel. Min. Roberto Barroso, 4.3.15. Pleno. (Info 776)*

Estelionato e extinção de punibilidade

A causa especial de extinção de punibilidade prevista no § 2º do art. 9º da Lei 10.684/03, relativamente ao pagamento integral do crédito tributário, não se aplica ao delito de estelionato (CP, art. 171). *RHC 126917/SP, Rel. Min. Teori Zavascki, 25.8.15. 2ª T. (Info 796)*

Marco temporal da prescrição em 2ª instância: sessão de julgamento ou publicação do acórdão

A prescrição da pretensão punitiva do Estado, em segundo grau de jurisdição, se interrompe na data da sessão de julgamento do recurso e não na data da publicação do acórdão. *RHC 125078/SP, Rel. Min. Dias Toffoli, 3.3.15. 1ª Turma. (Info 776)*

Prescrição penal retroativa e constitucionalidade

É constitucional o art. 110, § 1º, do CP, na redação dada pela Lei 12.234/10. *HC 122694/SP, Rel. Min. Dias Toffoli, 10.12.14. Pleno. (Info 771)*

2014

ED: extinção de punibilidade pelo pagamento integral de débito e prescrição retroativa

O pagamento do tributo, a qualquer tempo, extingue a punibilidade do crime tributário. No art. 69 da Lei 11.941/09, não existe qualquer restrição quanto ao momento ideal para realização do pagamento. Não cabe ao intérprete, por isso, impor restrições ao exercício do direito postulado. Assim, reconhecida a extinção da punibilidade, cabe ao juízo declará-la de ofício (art. 61, caput, CPP). A repressão penal nos crimes contra a ordem tributária é uma forma reforçada de execução fiscal. *AP 516 ED/DF, Red. p/ ac. Min. Luiz Fux, 5.12.13. Pleno. (Info 731)*

2013

Prescrição executória e termo inicial

Ante a inadequação da via processual, extinguiu-se "habeas corpus" que pretendia ver reconhecida a prescrição da pretensão executória, em face do art. 112, I, do CP, que prevê como termo inicial da prescrição o dia do trânsito em julgado da sentença condenatória para a acusação. Alegava-se que a sentença transitara em julgado para a acusação em 2001 e que a intimação para execução da pena ocorrera em 2010, após o prazo prescricional. *HC 115269/RR, Rel. Min. Rosa Weber, 10.9.13. 1ª T. (Info 719)*

Prescrição e sentença condenatória

O reconhecimento da prescrição da pretensão punitiva em direito penal é matéria de ordem pública e, por isso, pode ser arguida e reconhecida a qualquer tempo (art. 61 do CPP), independentemente, inclusive, de prequestionamento. O acórdão que confirma condenação ou diminui a reprimenda imposta na sentença não interrompe a contagem da prescrição, pois sua natureza é declaratória. *RE 751394/MG, Rel. Min. Dias Toffoli, 28.5.13. 1ª T. (Info 708)*

2012

Prescrição e cumprimento de pena por outro delito

Crime de lesão corporal (art. 129, § 9º). Prescrição da pretensão executória. Não ocorrência. 1. O paciente foi preso e iniciou o cumprimento da pena corporal que lhe foi imposta pelo delito praticado antes do interstício mínimo necessário à consumação da prescrição da pretensão executória. 2. Impossibilidade de desconsiderar-se a detração do período de prisão provisória do paciente no cômputo do prazo para a prescrição da pretensão executória estatal, conforme o comando legal do art. 42 do CP. *RHC 105504, Rel. Min. Dias Toffoli, 13.12.11. 1ª T. (Info 652)*

Prescrição e marco interruptivo

A decisão que fixou a pena privativa de liberdade do paciente em dois anos de reclusão transitou em julgado para o Parquet estadual em 6.9.11. Portanto, a análise da prescrição deve pautar-se pela pena em concreto aplicada (art. 110, § 1º, CP) e, nessa conformidade, verifica-se no prazo de quatro anos a prescrição da pretensão punitiva estatal, conforme a regra do inc. V do art. 109 do CP. 2. Segundo os documentos que instruem a impetração, o fato criminoso ocorreu em set./98; a denúncia foi recebida aos 4.2.1999; e a sentença condenatória publicada em cartório aos 3.7.2002. Por força de recursos defensivos, a pena imposta ao paciente foi mitigada em acórdão proferido pelo TJ estadual em 29.4.2004 e, em decisão proferida aos 4.12.2009, pelo STJ. 3. À luz desses elementos, é possível concluir que houve o decurso de lapso temporal superior a quatro anos entre o último marco interruptivo (a sentença condenatória recorrível – CP, art. 117) e a presente data, consumando-se, portanto, a prescrição da pretensão punitiva estatal. *HC 109966, Rel. Min. Dias Toffoli, 13.12.11. 1ª T. (Info 652)*

Prescrição em perspectiva e pena máxima cominada em abstrato

Por reputar ausente omissão, contradição ou obscuridade, o Plenário rejeitou embargos de declaração opostos de decisão que rejeitara os primeiros embargos – opostos de recebimento de denúncia –, porque protelatórios, mas concedeu, de ofício, "habeas corpus" para declarar extinta a punibilidade do embargante, com fundamento na prescrição da pretensão punitiva. A defesa sustentava a ocorrência da aludida causa de extinção da punibilidade, haja vista que o denunciado completara setenta anos de idade após o recebimento da inicial acusatória, o que reduziria o prazo prescricional à metade, nos termos do art. 115 do CP. Considerou-se transcorridos mais de dez anos entre a data do fato e o recebimento da exordial, de maneira que sequer a aplicação da pena máxima de cinco anos, cominada ao crime de apropriação indébita previdenciária (CP, art. 168-A), imputado ao parlamentar denunciado, impediria a extinção da punibilidade pela prescrição. Frisou-se que, na concreta situação dos autos, o acusado teria direito à redução do prazo prescricional pela metade, de forma que, tendo em conta a referida pena máxima, a prescrição de doze anos (CP, art. 109, III) operar-se-ia em seis. Assim, constatou-se, nos termos da antiga redação do art.110, § 2º, do CP, a ocorrência da prescrição retroativa. Aduziu-se que a jurisprudência da Corte rejeitaria a possibilidade de reconhecimento da prescrição retroativa antecipada ("prescrição em perspectiva"). Consignou-se que o repúdio do STF à prescrição em perspectiva teria base na possibilidade de aditamento à denúncia e de descoberta de novos fatos aptos a alterar a capitulação jurídica da conduta. Por outro lado, anotou-se que, no caso, o órgão acusatório não sinalizara, em nenhum momento, essa hipótese. Ao contrário, opinara pelo reconhecimento da extinção da punibilidade pela prescrição da pretensão punitiva. *Inq 2584 ED-ED, Rel. Min. Ayres Britto, 1º.3.12. Pleno. (Info 656)*

Prescrição: pena restritiva de liberdade e pena de inabilitação

Considerado o disposto no § 2º do art. 1º do DL 201/67 seria necessário, presente a mencionada inabilitação, o trânsito em julgado do pronunciamento condenatório, sob pena de firmar-se precocemente a culpa. Fixada pena restritiva de liberdade em 2 anos – em virtude de condenação como incurso no art. 1º, I, do DL 201/67 –, ante a passagem do tempo, incidira a prescrição da pretensão punitiva, a afastar a base da inabilitação. *HC 106962, Rel. Min. Marco Aurélio, 20.11.12. 1ª T. (Info 689)*

4. DOS CRIMES CONTRA A PESSOA

4.1. Dos Crimes contra a Vida

2016

Aborto consentido e direitos fundamentais da mulher

É preciso conferir interpretação conforme à Constituição aos arts. 124 a 126 do CP, que tipificam o crime de aborto, para excluir do seu âmbito de incidência a interrupção voluntária da gestação efetivada no primeiro trimestre. A criminalização, nessa hipótese, viola diversos direitos fundamentais da mulher, bem como o princípio da proporcionalidade. *HC 124306/RJ, red. p/ ac. Min. Roberto Barroso, j. 29.11.2016. 1ª T. (Info 849)*

2015

Princípio da consunção: homicídio e posse ilegal de arma

Os tipos penais são diversos e a excludente de ilicitude reconhecida quanto ao homicídio não alcança a posse ilegal de arma de fogo com numeração raspada. *HC 120678/PR, Red. p/ ac. Min. Marco Aurélio, 24.2.15. 1ª Turma. (Info 775)*

2014

Homicídio culposo: inobservância do dever de cuidado e "bis in idem"

A ponderação das circunstâncias elementares do tipo no momento da aferição do cálculo da pena-base configura ofensa ao princípio do "non bis in idem". A inobservância do dever de cuidado caracterizador da imprudência decorreu da condução do veículo, pelo paciente, em via pública com desrespeito aos limites de velocidade, ocasionando a morte da vítima, circunstâncias elementares do tipo. À míngua de outras circunstâncias judiciais desfavoráveis, a pena-base há de permanecer no mínimo legal. *HC 117599/SP, Rel. Min. Rosa Weber, 3.12.13. 1ª T. (Info 731)*

2013

Sentença de pronúncia: contradição e qualificadora

Uma vez reconhecido que a vítima não foi alvo de surpresa, havendo provocado o agressor, descabe a qualificadora do motivo fútil – disputa pela ocupação de uma mesa de sinuca. HC 107199/SP, Rel. Min. Marco Aurélio, 20.8.13. 1ª T. (Info 716)

2012

Dolo eventual e qualificadora da surpresa: incompatibilidade

São incompatíveis o dolo eventual e a qualificadora da surpresa prevista no inc. IV do § 2º do art. 121 do CP. HC 111442, Rel. Min. Gilmar Mendes, 28.8.12. 2ª T. (Info 677)

4.2. Dos Crimes contra a Honra

2013

Injúria qualificada e proporcionalidade da pena

O "writ" veicula a arguição de inconstitucionalidade do § 3º do art. 140 do CP (injúria qualificada), sob o argumento de que a sanção nele prevista – pena de um a três anos de reclusão – afronta o princípio da proporcionalidade, assentando-se a sugestão de ser estabelecida para o tipo sanção penal não superior a um ano de reclusão, considerando-se a distinção entre injúria qualificada e a prática de racismo. 4. A pretensão implicaria a formação de uma terceira lei, o que, via de regra, é vedado ao Judiciário. 5. O pleito de reconhecimento da atipicidade ou de desclassificação da conduta, do tipo de injúria qualificada para o de injúria simples, igualmente não pode ser acolhido, por implicar revolvimento de matéria fático-probatória. HC 109676/RJ, Rel. Min. Luiz Fux, 11.6.13. 1ª T. (Info 710)

2012

Denunciação caluniosa contra autoridade detentora de prerrogativa de foro e tipicidade

É pacífica a jurisprudência do STF em considerar excepcional o trancamento da ação penal, pela via processualmente contida do "habeas corpus". Via de verdadeiro atalho que somente autoriza o encerramento prematuro do processo-crime quando de logo avulta ilegalidade ou abuso de poder. É por vontade direta da CF de 1988 que a via estreita do HC não se presta para a renovação de atos próprios da instrução processual penal. Isso porque a CF/88, ao cuidar dele, "habeas corpus", pelo inciso LXVIII do art. 5º, autoriza o respectivo manejo "sempre que alguém sofrer ou se achar ameaçado de sofrer violência ou coação em sua liberdade de locomoção". Mas a Carta Magna não pára por aí e arremata o seu discurso normativo: "por ilegalidade ou abuso de poder". Ilegalidade e abuso de poder não se presumem; pelo contrário, a presunção é exatamente inversa. Pelo que, ou os autos dão conta de uma violência indevida (de um cerceio absolutamente antijurídico por abuso de poder, ou por ilegalidade), ou de "habeas corpus" não se pode socorrer o paciente, devido a que a ação constitucional perde sua prestimosidade. Em suma: o indeferimento do "habeas corpus" não é uma exceção; exceção é o trancamento da ação penal pela via do HC, à luz desses elementos interpretativos hauridos diretamente da Constituição. 2. No caso, a representação criminal subscrita pelo acusado preenche a finalidade do art. 339 do Código Penal (na redação conferida pela Lei 10.028/00). O simples rótulo de "representação" não desnatura a finalidade do instituto: apurar a veracidade das infrações penais increpadas aos representados. Pelo que não há como deixar de vê-la como uma típica "investigação administrativa". Representação criminal que mereceu regular tramitação no TRF3, inclusive com a notificação dos representados para o oferecimento de resposta escrita, bem como deliberação do respectivo Órgão Especial quanto ao conteúdo das acusações penais formalizadas pelo acusado. 3. As peças que instruem esta ação constitucional de "habeas corpus" demonstram a presença dos elementos objetivo e subjetivo do tipo incriminador em causa. Quadro factual, esse, suficientemente documentado pelas instâncias de origem, que não permite chegar à conclusão defensiva no sentido de que o acusado não tinha a plena consciência sobre a inocência dos representados. HC 106466, Rel. Min. Ayres Britto, 14.2.12. 2ª T. (Info 655)

Retratação e crime de calúnia

"Habeas corpus". 2. Calúnia contra magistrado (art. 138, c/c 141, II, do CP) 3. Direito de retratação. 4. A declaração tardia, parcial, que atende exclusivamente ao interesse do paciente, não pode prevalecer, sob pena de privilegiar a mera invocação do art. 143 do CP ao próprio bem jurídico que se visa a tutelar com a norma penal. HC 107206, Rel. Min. Gilmar Mendes, 6.3.12. 2ª T. (Info 657)

4.3. Dos Crimes contra a Liberdade Individual

2012

Inquérito e redução a condição análoga à de escravo

Para configuração do crime do art. 149 do CP, não é necessário que se prove a coação física da liberdade de ir e vir ou mesmo o cerceamento da liberdade de locomoção, bastando a submissão da vítima "a trabalhos forçados ou a jornada exaustiva" ou "a condições degradantes de trabalho", condutas alternativas previstas no tipo penal. A "escravidão moderna" é mais sutil do que a do século XIX e o cerceamento da liberdade pode decorrer de diversos constrangimentos econômicos e não necessariamente físicos. Priva-se alguém de sua liberdade e de sua dignidade tratando-o como coisa e não como pessoa humana, o que pode ser feito não só mediante coação, mas também pela violação intensa e persistente de seus direitos básicos, inclusive do direito ao trabalho digno. A violação do direito ao trabalho digno impacta a capacidade da vítima de realizar escolhas segundo a sua livre determinação. Isso também significa "reduzir alguém a condição análoga à de escravo". Não é qualquer violação dos direitos trabalhistas que configura trabalho escravo. Se a violação aos direitos do trabalho é intensa e persistente, se atinge níveis gritantes e se os trabalhadores são submetidos a trabalhos forçados, jornadas exaustivas ou a condições degradantes de trabalho, é possível, em tese, o enquadramento no crime do art. 149 do Código Penal, pois os trabalhadores estão recebendo o tratamento análogo ao de escravos, sendo privados de sua liberdade e de sua dignidade. Denúncia recebida pela presença dos requisitos legais. *Inq 3412, Red. p/ ac. Min. Rosa Weber, 29.3.12. Pleno. (Info 660)*

5. DOS CRIMES CONTRA O PATRIMÔNIO

5.1. Do Furto

2014

Princípio da insignificância e reincidência genérica

A aferição da insignificância como requisito negativo da tipicidade envolve um juízo de tipicidade conglobante, muito mais abrangente que a simples expressão do resultado da conduta. Importa investigar o desvalor da ação criminosa em seu sentido amplo, de modo a impedir que, a pretexto da insignificância apenas do resultado material, acabe desvirtuado o objetivo a que visou o legislador quando formulou a tipificação legal. Assim, há de se considerar que "a insignificância só pode surgir à luz da finalidade geral que dá sentido à ordem normativa" (Zaffaroni), levando em conta também que o próprio legislador já considerou hipóteses de irrelevância penal, por ele erigidas, não para excluir a tipicidade, mas para mitigar a pena ou a persecução penal. *HC 114723/MG, Rel. Min. Teori Zavascki, 26.8.14. 2ª T. (Info 756)*

2013

Princípio da insignificância e reincidência

Furto simples. Bens de pequeno valor (três frascos de desodorante, avaliados em R$ 30,00 e restituídos à vítima). Registro de antecedentes criminais (duas condenações transitadas em julgado por roubo majorado). Condenação à pena de 1 ano e 4 meses de reclusão. Cumprimento da pena de 5 meses de reclusão. 3. Aplicação do princípio da bagatela. Possibilidade. Peculiaridades do caso. 4. Reconhecida a atipicidade da conduta. *RHC 113773/MG, Rel. Min. Gilmar Mendes, 27.8.13. 2ª T. (Info 717)*

2012

Princípio da insignificância e concurso de pessoas

A Turma denegou "habeas corpus" em que pleiteada a aplicação do princípio da insignificância em favor de condenado pela prática do delito de furto qualificado mediante concurso de pessoas (CP, art. 155, § 4º, IV). A defesa alegava a irrelevância da lesão patrimonial sofrida pela vítima, que seria da ordem de R$ 80,00. Entendeu-se que, conquanto o bem fosse de pequeno valor, o paciente teria cometido o crime em concurso de agentes, portanto sua culpabilidade e a periculosidade do fato seriam maiores. Destacou-se que o paciente seria acusado de diversos delitos contra o patrimônio e contra a pessoa, além de já ter condenação por tráfico de entorpecentes. *HC 112103, Rel. Min. Ricardo Lewandowski, 21.8.12. 2ª T. (Info 676)*

Princípio da insignificância e furto

O CP, no art. 155, § 2º, ao se referir ao pequeno valor da coisa furtada, disciplina critério de fixação da pena – e não de exclusão da tipicidade –, quando se tratar de furto simples. 2. O princípio da insignificância não há de ter como parâmetro tão só o valor da res furtiva, devendo ser analisadas as circunstâncias do fato e o reflexo da conduta do agente no âmbito da sociedade, para decidir-se sobre seu efetivo enquadramento na hipótese de crime de bagatela. 3. O legislador ordinário, ao qualificar a conduta incriminada, apontou o grau de afetação social do crime, de sorte que a relação existente entre o texto e o contexto (círculo hermenêutico) não pode conduzir o intérprete à inserção de uma norma não abrangida pelos signos do texto legal. 4. No caso sub judice, o paciente, mediante rompimento de obstáculo (arrombamento de porta de residência), subtraiu bens que foram avaliados em R$ 45,00, equivalente a 30% do salário mínimo de R$ 151,00 vigente à época do fato – em 3.4.2000 –, razão por que fora condenado pela prática do crime de furto qualificado. 4.1 Consectariamente, a conduta imputada ao agente não pode ser considerada como inexpressiva ou de menor afetação social, para fins penais, adotando-se a tese de atipicidade da conduta em razão do valor do bem subtraído – mesmo na hipótese de furto qualificado. *HC 109183, Rel. Min. Luiz Fux, 12.6.12. HC 110932, Rel. Min. Luiz Fux, 12.6.12. 1ª T. (Info 670)*

Princípio da insignificância e furto

O CP, no art. 155, § 2º, ao se referir ao pequeno valor da coisa furtada, disciplina critério de fixação da pena – e não de exclusão da tipicidade –, quando se tratar de furto simples. 2. O princípio da insignificância não há de ter como parâmetro tão só o valor da res furtiva, devendo ser analisadas as circunstâncias do fato e o reflexo da conduta do agente no âmbito da sociedade para decidir sobre seu efetivo enquadramento na hipótese de crime de bagatela. 3. O legislador ordinário, ao qualificar a conduta incriminada, apontou o grau de afetação social do crime, de sorte que a relação existente entre o texto e o contexto (círculo hermenêutico) não pode conduzir o intérprete à inserção de uma norma não abrangida pelos signos do texto legal. 4. No caso sub judice, o paciente, mediante concurso de pessoas, subtraiu uma bicicleta avaliada em R$ 128,00 – – que representava 50% do valor da cesta básica na cidade de Porto Alegre/RS, em out./08 –, razão por que o STJ, afastando a aplicação do princípio da insignificância, proveu o recurso especial interposto e determinou a remessa do processo ao Juízo Criminal para dar curso à ação penal. 4.1 Consectariamente, a conduta imputada ao agente não pode ser considerada como inexpressiva ou de menor afetação social, para fins penais, adotando-se a tese de atipicidade da conduta em razão do valor do bem subtraído – mesmo na hipótese de furto qualificado. *HC 110932, Rel. Min. Luiz Fux, 12.6.12. 1ª T. (Info 670)*

Princípio da insignificância e furto em penitenciária

Provido recurso para aplicar o princípio da insignificância em favor de condenado pela tentativa de subtração de cartucho de tinta para impressora do Centro de Progressão Penitenciária, em que trabalhava e cumpria pena por delito anterior. Afirmou-se que, embora o bem pertencesse ao Estado, seu valor poderia ser reputado ínfimo, quase zero, e a ausência de prejuízo que pudesse advir para a Administração Pública seria suficiente para que incidisse o postulado. *RHC 106731, Red. p/ ac. Min. Dias Toffoli, 4.9.12. 1ª T. (Info 678)*

Princípio da insignificância e furto qualificado

Na espécie, não se considera de reduzida expressividade financeira o valor do bem que o paciente tentou subtrair – avaliado em R$ 250,00 –, se levado em conta que o valor do salário mínimo vigente à época era de R$ 380,00. 2. Conclui-se, portanto, que o valor do bem que o paciente tentou subtrair era equivalente a praticamente 2/3 do valor do salário mínimo vigente à época dos fatos. 3. Conforme já decidiu esta Corte, a aplicação desse princípio "poderia significar um verdadeiro estímulo à prática destes pequenos furtos, já bastante comuns nos dias atuais, o que contribuiria para aumentar, ainda mais, o clima de insegurança hoje vivido pela coletividade" (HC 109081). *HC 108330, Rel. Min. Dias Toffoli, 20.3.12. 1ª T. (Info 659)*

5.2. Do Roubo e da Extorsão

2016

Roubo: pena-base no mínimo legal e regime inicial fechado

Provido recurso que pleiteava a fixação do regime semiaberto para o início do cumprimento da pena. No caso, ele foi condenado pela prática de roubo duplamente circunstanciado, em razão do concurso de agentes e do uso de arma de fogo. Na sentença, o juízo fixou a pena-base no mínimo legal, mas estabeleceu o regime inicial fechado. Entendeu-se que o juízo, ao analisar os requisitos do art. 59 do CP, havia considerado todas as circunstâncias favoráveis. Fixada a pena no mínimo legal, não cabe determinar regime inicial fechado. A Súm. 440/STJ tem o mesmo sentido. *RHC 135298/SP, Rel. p/ ac. Teori Zavascki, 18.10.2016. 2ª T. (Info 844)*

2013

Art. 224 do CP e latrocínio

Diante da revogação do art. 224 do CP pela Lei 12.015/09, por força do princípio da "novatio legis in mellius" (CP, art. 2º, parágrafo único), é o caso de se decotar da pena o acréscimo indevidamente levado a efeito em razão do disposto no art. 9º da Lei 8.072/90. *HC 111246/AC, Rel. Min. Dias Toffoli, 11.12.12. 1ª T. (Info 692)*

HC e latrocínio tentado

Inadmissibilidade do "habeas corpus" que tenha por objetivo substituir o recurso ordinário. 2. Nada impede, quando do manejo inadequado do "habeas corpus" como substitutivo, análise da questão, de ofício, nas hipóteses de flagrante ilegalidade, abuso de poder ou teratologia. *HC 110686/DF, Rel. Min. Dias Toffoli, 5.2.13. 1ª T. (Info 694)*

Latrocínio contra casal: concurso formal ou crime único

Paciente condenado pela prática de latrocínio consumado em concurso formal com latrocínio tentado. 3. Delito praticado mediante ação desdobrada em vários atos atingindo duas vítimas. 4. Pedido de afastamento da causa de aumento de 1/6 referente ao concurso formal de crimes. 5. Paciente objetivou roubar bens que guarneciam a residência do casal (patrimônio único). Não é razoável a importância dada à subtração das alianças das vítimas a fim de justificar a subtração de patrimônio individual. 6. Embora as alianças nupciais integrem patrimônio personalíssimo na legislação civil, na seara do Direito Penal, há de se conferir relevância ao dolo do agente. 7. Caracterizada a prática de latrocínio consumado, em razão do atingimento de patrimônio único. 8. O número de vítimas deve ser sopesado por ocasião da fixação da pena-base, na fase do art. 59 do CP. *HC 109539/RS, Rel. Min. Gilmar Mendes, 7.5.13. 2ª T. (Info 705)*

2012

Latrocínio e nexo causal

Viola o princípio da correlação entre acusação e sentença a condenação por crime diverso do narrado na denúncia, não se tratando de hipótese do art. 383 do CPP. É jurisprudência assente desta Corte que "o coautor que participa de roubo armado, responde pelo latrocínio, ainda que o disparo tenha sido efetuado só pelo comparsa" (HC 74861). Não pode, porém, ser imputado o resultado morte ao coautor quando há rompimento do nexo causal entre a conduta dele e a de seu comparsa, como quando o coautor é preso pela Polícia antes da realização do disparo do tiro fatal pelo comparsa e ainda em local diverso da prática do roubo. *HC 109151, Rel. Min. Rosa Weber, 12.6.12. 1ª T. (Info 670)*

5.3. Da Usurpação, Do Dano

2013

Princípio da insignificância e bem de concessionária de serviço público

Dano qualificado. Protetor de fibra do aparelho telefônico (orelhão) pertencente a concessionária de serviço público. Impossibilidade de aplicação do princípio da insignificância. *HC 115383/RS, Rel. Min. Gilmar Mendes, 25.6.13. 2ª T. (Info 712)*

5.4. Do Estelionato e Outras Fraudes

2012

Estelionato: assistência judiciária gratuita e cobrança de honorários

Trancada ação penal ao fundamento de atipicidade de conduta (CP, art. 171, caput). Na espécie, o paciente supostamente teria auferido vantagem para si, em prejuízo alheio, ao cobrar honorários advocatícios de cliente beneficiado pela assistência judiciária gratuita, bem como forjado celebração de acordo em ação de reparação de danos para levantamento de valores referentes a seguro de vida. Aduzia a impetração que, depois de ofertada e recebida a denúncia, juízo cível homologara, por sentença, o citado acordo, reputando-o válido, isento de qualquer ilegalidade; que os autores não teriam sofrido prejuízo algum; e que os honorários advocatícios seriam efetivamente devidos. Consignou-se não haver qualquer ilegalidade ou crime no fato de advogado pactuar com seu cliente – em contrato de risco – a cobrança de honorários, no caso de êxito em ação judicial proposta, mesmo quando gozasse do benefício da gratuidade de justiça. Entendimento pacificado na Súm. 450/STF. *HC 95058, Rel. Min. Ricardo Lewandowski, 4.9.12. 1ª T. (Info 678)*

5.5. Da Receptação

2013

Receptação qualificada e constitucionalidade

Esta Corte já se posicionou acerca da constitucionalidade do § 1º do art. 180 do CP, em razão da maior gravidade e reprovabilidade social da receptação qualificada; infração penal relacionada à pessoa do comerciante ou do industrial, que, no exercício dessas atividades, valendo-se da maior facilidade para agir como receptador, adquire, recebe, transporta, conduz, oculta, tem em depósito, desmonta, monta, remonta, vende, expõe a venda, ou de qualquer forma utiliza, em proveito próprio ou alheio, coisa a qual deve saber ser produto de crime a justificar, por isso mesmo, a atuação mais severa. *RHC 117143/RS, Rel. Min. Rosa Weber, 25.6.13. 1ª T. (Info 712)*

2012

Receptação de bens da ECT e majoração da pena

Os bens da Empresa de Correios e Telégrafos – ECT – empresa pública prestadora de serviços públicos equiparada à Fazenda Pública – recebem o mesmo tratamento dado aos bens da União. A aplicação da causa de aumento do § 6º do art. 180 do Código Penal, quando forem objeto do crime de receptação bens da ECT, não implica interpretação extensiva da norma penal, mas genuína subsunção dos fatos ao tipo penal, uma vez que os bens da ECT afetados ao serviço postal compõem o próprio patrimônio da União. *HC 105542, Rel. Min. Rosa Weber, 17.4.12. 1ª T. (Info 662)*

Receptação: princípio da insignificância e suspensão condicional do processo

O princípio da insignificância, bem como o benefício da suspensão condicional do processo (Lei 9.099/95, art. 89) não são aplicáveis ao delito de receptação qualificada (CP, art. 180, § 1º). *HC 105963, Rel. Min. Celso de Mello, 24.4.12. 2ª T. (Info 663)*

6. DOS CRIMES CONTRA A PROPRIEDADE IMATERIAL

2014

Crime de violação de direito autoral e trancamento da ação penal

A apreensão de mídias comprovadamente falsificadas, consoante laudo pericial, produzidas no intuito de obtenção de lucro, revela ofensa ao bem jurídico tutelado pelo art. 184, § 2º, do CP. A suscitada invalidade formal da denúncia perde relevo com a superveniência de sentença de mérito. *RHC 122127/ES, Rel. Min. Rosa Weber, 19.8.14. 1ª T. (Info 755)*

7. DOS CRIMES CONTRA A DIGNIDADE SEXUAL

Tipificação de conduta e ausência de contrarrazões e de intimação do defensor

Constara na denúncia que teria havido a prática de atos libidinosos no interior de veículo automotor e que o recorrente teria constrangido a menor ao passar as mãos nas coxas e seios dela. Em juízo, a vítima relatara não ter havido penetração vaginal, em oposição ao que afirmado na fase de investigação. A hipótese dos autos não configuraria nulidade, tendo em vista que o advogado do recorrente não seria defensor dativo, mas profissional constituído pelo recorrente. Além disso, o causídico fora regularmente intimado para apresentar contrarrazões e não o fizera. Acerca da matéria de fundo, destacou que a descrição da denúncia faria referência a contato físico havido por dentro da roupa da vulnerável, que fora vitimada em um conjunto de circunstâncias analisadas pelo tribunal de justiça estadual. Dessa forma, estariam presentes os elementos configuradores do delito do art. 217-A do CP, a tipificar o delito de estupro. *RHC 133121/DF, Rel. p/ ac. Min. Edson Fachin 30.8.2016. 1ª T. (Info 837)*

8. DOS CRIMES CONTRA A PAZ PÚBLICA

2016

Incitação ao crime de estupro, injúria e imunidade parlamentar

Deputado federal passará à condição de réu, perante a Corte, pela suposta prática dos delitos de incitação ao crime de estupro (por denúncia) e injúria (por queixa-crime). Conforme os processos, os crimes teriam sido cometidos durante discurso no Plenário da Câmara dos Deputados, quando teria dito que deputada "não merecia ser estuprada". Também consta dos autos que, em entrevista, teria reafirmado as declarações, dizendo que a deputada "é muito feia, não faz meu gênero, jamais a estupraria". Entendeu-se que as declarações não têm relação com o exercício do mandato. Apesar da impossibilidade de responsabilização do parlamentar quanto às palavras proferidas na Câmara dos Deputados, as declarações foram veiculadas também em veículo de imprensa, não incidindo, assim, a imunidade. Não importa o fato de o parlamentar estar no gabinete durante a entrevista, uma vez que as declarações se tornaram públicas. Para que possam ser relacionadas ao exercício do mandato, as afirmações devem revelar "teor minimamente político", referindo-se a fatos que estejam sob o debate público e sob investigação do Congresso Nacional ou da Justiça, ou ainda sobre qualquer tema relacionado a setores da sociedade, do eleitorado, organizações ou grupos representados no Parlamento ou com a pretensão à representação democrática. A declaração menospreza a dignidade da mulher e, ao menos em tese, a manifestação teve o potencial de incitar outros homens a expor as mulheres à fragilidade, à violência física e psicológica, à ridicularização, inclusive à prática de crimes contra a honra da vítima e das mulheres em geral. Quanto à queixa-crime, o crime de injúria se refere às mesmas declarações analisadas na denúncia, que teriam atingido a honra subjetiva da deputada e, portanto, caracterizariam a configuração do delito, mas não foi recebida na parte relativa ao crime de calúnia, por falta de elementos de convicção. *Inq 3932/DF, Rel. Min. Luiz Fux, 21.6.2016. 1ª T. (Info 831)*

9. DOS CRIMES CONTRA A FÉ PÚBLICA

9.1. Da Falsidade Documental

2016

Falsificação de lei por prefeito e dosimetria da pena

A posterior inserção de conteúdo não aprovado pela Câmara de Vereadores em texto de Lei Municipal, pelo prefeito municipal, com a finalidade de autorizar a utilização de créditos excepcionais não contemplados no texto originalmente aprovado, configura o crime do art. 297, § 1º, do CP. O fato de a falsificação recair sobre ato legislativo é revelador de alto grau de censurabilidade, a se refletir na dosimetria da pena. Configura "bis in idem" valorar negativamente o fato de ser o apelante Prefeito Municipal, quando da fixação da pena-base, bem como para enquadramento da conduta prevista no § 1º, do art. 297, do CP. *AP 971/RJ, Rel. Min. Edson Fachin, 28.6.2016. 1ª T. (Info 832)*

2014

Falsificação e uso de contrato social: documento particular e prescrição

Restou provada a falsidade do contrato social de empresa de radiodifusão, sendo o primeiro acusado o verdadeiro controlador. Com efeito, o denunciado omitiu esta condição por ser parlamentar federal, diante da vedação prevista no art. 54 da CF e no art. 38, § 1º, da Lei 4.117/62. O crime de uso, quando cometido pelo próprio agente que falsificou o documento, configura "post factum" não punível, vale dizer, é mero exaurimento do crime de falso. Impossibilidade de condenação pelo crime previsto no art. 304 do CP. A alteração do contrato social não constitui novo crime, já que a finalidade do agente já havia sido atingida quando da primeira falsificação do contrato social. O contrato social não pode ser equiparado a documento público, que é criado por funcionário público, no desempenho das suas atividades, em conformidade com as formalidades previstas em lei. Extinção da punibilidade dos acusados, em face da prescrição da pretensão punitiva, baseada nas penas em concreto. *AP 530/MS, Red. p/ ac. Min. Roberto Barroso, 9.9.14. 1ª T. (Info 758)*

9.2. De Outras Falsidades

2013

Adulteração de sinal identificador de veículo automotor

É típica a adulteração de placa numerada dianteira ou traseira do veículo. As placas de um automóvel são sinais identificadores externos do veículo, obrigatórios conforme dispõe o Código de Trânsito Brasileiro. Art. 311, caput, do CP. Adulteração de placa traseira do veículo com aposição de fita isolante preta. *RHC 116371/DF, Rel. Min. Gilmar Mendes, 13.8.13. (Info 715)*

10. DOS CRIMES CONTRA A ADMINISTRAÇÃO PÚBLICA

10.1. Dos Crimes Praticados por Funcionário Público

2016

Empréstimos consignados e retenção por prefeito

Procedente pedido formulado em ação penal para condenar acusado da prática dos crimes de peculato-desvio e assunção de obrigação no último ano do mandato (CP, arts. 312 e 359-C). O acusado teria desviado numerário referente a retenções feitas administrativamente nas remunerações de servidores públicos municipais que contraíram empréstimos consignados junto a determinada instituição financeira. Além disso, em razão da não transferência do referido numerário ao banco, o acusado autorizara a assunção de obrigação para com a referida instituição no montante de R$ 8.385.486,73 no último ano do seu mandato. A consumação desse crime ocorreria no momento que houvesse a efetiva destinação diversa do dinheiro ou valor de que tivesse posse o agente, independente da obtenção material de proveito próprio ou alheio. Assim, a consumação, no caso em comento, ocorrera com a não transferência dos valores retidos na fonte dos servidores municipais ao banco detentor do crédito, referentes a empréstimos consignados em folha de pagamento. Com isso, teria havido a alteração do destino da aplicação dos referidos valores. O município seria mero depositário das contribuições descontadas dos contracheques de seus servidores, as quais pertenceriam ao banco. Desse modo, os valores retidos não seriam do Município, não configurando receita pública. Tratar-se-ia de verba particular não integrante do patrimônio público. O acusado, na qualidade de prefeito, teria deixado de repassar os valores retidos dos salários dos servidores municipais à instituição financeira, descumprindo os termos do convênio firmado entre esta última e o município. O réu teria afirmado que o não repasse dos valores ao banco se dera em função da necessidade de pagamento de funcionários do município, que se encontraria em momento de crise, e que, posteriormente, com o repasse de ICMS pelo governo estadual, faria a compensação das consignações. Assim, teria ficado provada a intenção, o dolo, de não repassar os valores para a instituição financeira, descumprindo, também, a legislação referente a operações de crédito com desconto em folha de pagamento (Lei 10.820/2003). Portanto, a partir do momento em que o acusado, consciente e voluntariamente, se apropria de verbas que detém em razão do cargo que ocupa e as desvia para finalidade distinta, pagando os salários dos servidores municipais, não haveria dúvidas quanto à pratica do delito de peculato-desvio. *AP 916/AP, Rel. Min. Roberto Barroso, 17.5.2016. 1ª T. (Info 826)*

Licitação e demonstração de prejuízo ao erário ou favorecimento

O desvio de recursos para finalidades públicas (os recursos teriam sido incorporados ao Tesouro – caixa único do Estado) não configura o crime de peculato (CP, art. 312, caput: "peculato desvio"). O proveito à administração pública não se enquadra no conceito de "proveito próprio ou alheio" exigido pelo tipo penal, mas no tipo "emprego irregular de verbas ou rendas públicas" (CP, art. 315). Já o art. 89 da Lei 8.666/93 (inexigibilidade indevida de licitação) requer prova da inexigibilidade fora das hipóteses legais e demonstração do prejuízo ao erário e da finalidade específica de favorecimento indevido. *Inq 3731/DF, Rel. Min. Gilmar Mendes, 2.2.2016. 2ª T. (Info 813)*

Nomeação de secretária parlamentar e configuração do crime de peculato

No Inq 2913 AgR, o Plenário concluíra que, em tese, a nomeação de funcionário para o exercício de funções incompatíveis com o cargo em comissão ocupado tipificaria o crime de peculato-desvio (CP, art. 312, "caput"). Já no julgamento do Inq 3.776, a Corte assentara que a "utilização dos serviços custeados pelo erário por funcionário público no seu interesse particular não é conduta típica de peculato (art. 312, do CP), em razão do princípio da taxatividade (CF, art. 5º, XXXIX)". O tipo em questão exigiria "apropriação ou desvio de dinheiro, valor ou outro bem móvel". Assim, tendo essas premissas em conta, seria a hipótese de se verificar se, na situação em comento, teria havido: a) desvio de serviços prestados por secretária parlamentar à custa do erário, no interesse particular do apelante, fato este penalmente atípico; ou b) utilização da Administração Pública para pagar o salário de empregado particular, fato que constituiria crime. Contudo, a prova dos autos demonstraria que a pessoa nomeada secretária parlamentar pelo apelante teria, de fato, exercido atribuições inerentes a esse cargo, ainda que também tivesse desempenhado outras atividades no estrito interesse particular do recorrente. De acordo com o art. 8º do Ato da Mesa 72/97, da Câmara dos Deputados, o secretário parlamentar tem atribuições que, nos termos do art. 2º do referido ato normativo, devem ser desempenhadas no gabinete parlamentar na Câmara dos Deputados ou no Estado-Membro de representação do parlamentar, ou seja, no escritório político do parlamentar. Nesse contexto, teria ficado comprovado o efetivo exercício de atribuições inerentes ao cargo de secretária parlamentar. Assim, a prova mostra que a conduta do apelante seria penalmente atípica, uma vez que teria consistido no uso de funcionário público que, de fato, exerce as atribuições inerentes ao seu cargo para, também, prestar outros serviços de natureza privada. A despeito disso, a emissão de qualquer juízo de valor a respeito da moralidade da conduta verificada ou de seu enquadramento em eventual ato de improbidade administrativa não caberia no processo em comento, isso tendo em consideração o seu caráter penal. *AP 504/DF, Rel. p/ ac. Min. Dias Toffoli, 9.8.2016. 2ª T. (Info 834)*

2015

Irregularidades em prestação de contas e configuração típica

O desvio de subvenção social, de subsídios federais ou de verbas federais pode, a depender das circunstâncias do caso, configurar os crimes de peculato, de apropriação indébita ou mesmo de estelionato. Denúncia que não imputa aos acusados a apropriação privada da subvenção social, satisfazendo-se com a afirmação de que a subvenção social não teria sido aplicada no projeto que lhe deu causa e classificando-a no crime do art. 3º da Lei 7.134/85. Subvenção social não é "crédito ou financiamento concedido por órgãos da administração pública, direta ou indireta, ou recurso proveniente de incentivo fiscal", o que afasta a aplicação deste art. 3º. Inviabilidade do enquadramento da conduta narrada na denúncia nos tipos de peculato, apropriação indébita, estelionato ou do art. 3º da Lei 7.134/85 que leva à absolvição por atipicidade. *AP 347/CE, Rel. Min. Rosa Weber, 16.12.14. 1ª T. (Info 772)*

2014

Governador e § 2º do art. 327 do CP

Aplica-se ao Chefe do Poder Executivo a causa de aumento de pena prevista no § 2º do art. 327 do CP. *Inq 2606/MT, Rel. Min. Luiz Fux, 4.9.14. Pleno. (Info 757)*

Peculato-furto e lavagem de dinheiro

Narrando a denúncia o propósito inicial de subtração de recursos públicos liberados por entidade de desenvolvimento, com concurso necessário de servidores públicos, correta a tipificação do fato como peculato-furto. Inviável a desclassificação para os crimes do art. 2º da Lei 8.137/90. Peculato-furto e lavagem de dinheiro: exigência de propina para liberação de recursos do Finam a empreendedores; subtração de recursos públicos; ocultação dos recursos mediante endosso em branco de cheques e saques em espécie; prova da existência dos fatos e indícios de autoria. *Inq 2760/TO, Rel. Min. Gilmar Mendes, 7.10.14. 2ª T. (Info 762)*

2013

Concussão: elementar do tipo e ganho fácil

Concussão. Condenação. Apelação. 3. Decisão que negou seguimento ao recurso, dado que a apreciação do pedido da defesa implicaria supressão de instância. 4. Alegação de que as matérias são cognoscíveis de ofício: a) policial condenado por concussão não deve ter a pena agravada por ser policial, sob pena de "bis in idem"; e b) não se agrava a pena do delito de concussão pelo motivo de ganhar dinheiro fácil, por se tratar, igualmente, de elemento do tipo. 4.a. A inserção do servidor público no quadro estrutural do Estado deve e pode ser considerada no juízo de culpabilidade. Na aferição da culpabilidade deve-se também considerar o maior ou menor grau de dever de obediência à norma. Não ocorrência de "bis in idem". 4.b. Vício de fundamentação na valoração da circunstância judicial do motivo do crime. 5. Determinar ao Juízo sentenciante a correção do vício na individualização da pena, mormente para afastar a elementar do tipo por ocasião da valoração dos motivos do crime. *RHC 117488 AgR/RJ, Rel. Min. Gilmar Mendes, 1º.10.13. 2ª T. (Info 722)*

Peculato de uso e tipicidade

É atípica a conduta de peculato de uso. *HC 108433 AgR/MG, Rel. Min. Luiz Fux, 25.6.13. 1ª T. (Info 712)*

2012

Causa de aumento e agente político

A causa de aumento de pena prevista no § 2º do art. 327 do CP aplica-se aos agentes detentores de mandato eletivo que exercem, cumulativamente, as funções política e administrativa. *RHC 110513, Rel. Min. Joaquim Barbosa, 29.5.12. 2ª T. (Info 668)*

10.2. Dos Crimes Praticados por Particular

2014

Descaminho: princípio da insignificância e atipicidade da conduta

Para crimes de descaminho, considera-se, para a avaliação da insignificância, o patamar previsto no art. 20 da Lei 10.522/02, com a atualização das Portarias 75 e 130/12 do Ministério da Fazenda. Descaminho envolvendo elisão de tributos federais em quantia pouco superior a R$ 10 mil enseja o reconhecimento da atipicidade material do delito dada a aplicação do princípio da insignificância. *HC 121717/PR, Rel. Min. Rosa Weber, 3.6.14. 1ª T. (Info 749)*

2012

Contrabando e princípio da insignificância

A Turma denegou "habeas corpus" em que se requeria a aplicação do princípio da insignificância em favor de pacientes surpreendidos ao portarem cigarros de origem estrangeira desacompanhados de regular documentação. De início, destacou-se a jurisprudência do STF no sentido da incidência do aludido postulado em casos de prática do crime de descaminho, quando o valor sonegado não ultrapassar o montante de R$ 10 mil (Lei 10.522/02, art. 20). Em seguida, asseverou-se que a conduta configuraria contrabando, uma vez que o objeto material do delito em comento tratar-se-ia de mercadoria proibida. No entanto, reputou-se que não se cuidaria de, tão somente, sopesar o caráter pecuniário do imposto sonegado, mas, principalmente, de tutelar, entre outros bens jurídicos, a saúde pública. Por fim, consignou-se não se aplicar, à hipótese, o princípio da insignificância, pois neste tipo penal o desvalor da ação seria maior. *HC 110964, Rel. Min. Gilmar Mendes, 7.2.12. 2ª T. (Info 654)*

10.3. Dos Crimes contra a Administração da Justiça

2014

Denunciação caluniosa e elemento subjetivo do tipo

Para a configuração do tipo penal de denunciação caluniosa (CP. Art. 339) é necessária a demonstração do dolo direto de imputar-se a outrem, que efetivamente se sabe inocente, a prática de fato definido como crime. *Inq 3133/AC, Rel. Min. Luiz Fux, 5.8.14. 1ª T. (Info 753)*

Violação de sigilo funcional e fraude processual

Pelos elementos coletados a partir do rastreamento de ligações telefônicas, judicialmente autorizado, é inquestionável a existência de comunicações a jornalistas em ambas as oportunidades descritas na denúncia. A edição da filmagem em questão teria efetivamente acontecido, visto que alguns trechos teriam sido cortados. No entanto, esse fato não seria suficiente para caracterizar fraude processual, porque, além de a inovação não ter propriamente alterado o conteúdo da matéria, estaria ausente o elemento normativo "artificiosamente" e, tampouco, haveria a certeza da existência do dolo específico de induzir a erro o juiz ou perito. Assim, os acusados foram absolvidos, nesse ponto, ante a atipicidade da conduta. Quanto à violação de sigilo funcional em razão do vazamento de informações sobre o cumprimento dos mandados de busca e apreensão, ponderou que a conduta, detalhadamente premeditada, teria fomentado uma exposição absolutamente desnecessária à finalidade da investigação criminal. Tendo isso em conta, a condenação do ora deputado federal foi mantida. *AP 563/SP, Rel. Min. Teori Zavascki, 21.10.14. 2ª T. (Info 764)*

2013

Patrocínio infiel e outorga de poderes

Os tipos do artigo 355 do CP pressupõem o instrumento de mandato – a procuração – outorgado ao profissional da advocacia ou, no processo-crime, o fato de o acusado o haver indicado por ocasião do interrogatório, constando essa circunstância da ata respectiva – art. 266 do CPP. *HC 110196/PA, Rel. Min. Marco Aurélio, 14.5.13. 1ª T. (Info 706)*

2012

Prisão civil por dívida e exercício arbitrário das próprias razões

A Turma indeferiu "habeas corpus" em que requerido o trancamento de ação penal ou a anulação do feito desde a remessa dos autos ao juízo comum. No caso, o paciente fora denunciado pela suposta prática do crime previsto no art. 346 do CP, porquanto teria, com corréus, sem prévia ordem judicial de busca e apreensão, tirado coisa própria que se achava em poder da vítima por contrato de prestação de serviços firmado entre empresas. De início, atestou-se que a figura prevista no art. 346 do CP seria espécie peculiar de exercício arbitrário das próprias razões (CP, art. 345), caracterizada pelo fato de o objeto material estar em poder de terceiro por determinação judicial ou prévia convenção. Asseverou-se que, em ambos os dispositivos, o bem jurídico tutelado seria a administração da justiça, e não o patrimônio, o que rechaçaria a tese de inconstitucionalidade de prisão civil por dívida. Em seguida, refutou-se a assertiva de inexistência de convenção válida entre o paciente e a vítima, a tornar atípica a conduta imputada, visto que o contrato de prestação de serviços realizado entre as empresas contara com a representação destes. Assim, o ato praticado subsumir-se-ia, ao menos hipoteticamente, ao tipo previsto no art. 346 do CP. Outrossim, aduziu-se que, embora a retomada do bem tivesse sido autorizada por juízo cível, a medida judicial teria ocorrido em data posterior à consumação do delito. Por fim, salientou-se que a remessa dos autos, do juizado especial criminal para o juízo comum, não constituiria ilegalidade ou ofensa aos postulados do juiz natural e do devido processo legal, ante a dificuldade em se localizar o autor do fato para ser citado (Lei 9.099/95, art. 66). *HC 100459, Rel. Min. Gilmar Mendes, 28.2.12. 2ª T. (Info 656)*

10.4. Dos Crimes contra as Finanças Públicas

2014

Art. 359-D do CP e remanejamento de despesa prevista em lei orçamentária anual

A "ratio essendi" do art. 359-D do CP é a geração de despesa sem que exista lei autorizadora. No caso, o arcabouço jurídico estadual admite interpretação de que as despesas destinadas ao pagamento de precatórios possam ser realocadas por decreto. O princípio da legalidade não foi desobedecido, mas, interpretado de forma equivocada. Em razão de o remanejamento ter ocorrido no âmbito do próprio Poder e de a despesa já ter sido prevista em lei, ela não foi criada pelo administrador, de modo que não se configura a justa causa para a imputação penal. *Inq 3393/PB, Rel. Min. Luiz Fux, 23.9.14. 1ª T. (Info 760)*

11. PRINCÍPIOS PENAIS

2015

Princípio da insignificância: reincidência e crime qualificado

A incidência do princípio da insignificância deve ser feita caso a caso. O Plenário aduziu ser necessário ter presentes as consequências jurídicas e sociais que decorrem do juízo de atipicidade resultante da aplicação do princípio da insignificância. Negar a tipicidade significaria afirmar que, do ponto de vista penal, as condutas seriam lícitas. Além disso, a alternativa de reparação civil da vítima seria possibilidade meramente formal e inviável no mundo prático. Sendo assim, a conduta não seria apenas penalmente lícita, mas imune a qualquer espécie de repressão. Isso estaria em descompasso com o conceito social de justiça, visto que as condutas em questão, embora pudessem ser penalmente irrelevantes, não seriam aceitáveis socialmente. Ante a inação estatal, poder-se-ia chegar à lamentável consequência da justiça privada. Assim, a pretexto de favorecer o agente, a imunização de sua conduta pelo Estado o deixaria exposto a uma situação com repercussões imprevisíveis e mais graves. Desse modo, a aferição da insignificância como requisito negativo da tipicidade, mormente em se tratando de crimes contra o patrimônio, envolveria juízo muito mais abrangente do que a simples expressão do resultado da conduta. Importaria investigar o desvalor da ação criminosa em seu sentido amplo, traduzido pela ausência de periculosidade social, pela mínima ofensividade e pela ausência de reprovabilidade, de modo a impedir que, a pretexto da insignificância do resultado meramente material, acabasse desvirtuado o objetivo do legislador quando formulada a tipificação legal. Aliás, as hipóteses de irrelevância penal não teriam passado despercebidas pela lei, que conteria dispositivos a contemplar a mitigação da pena ou da persecução penal. Para se conduzir à atipicidade da conduta, portanto, seria necessário ir além da irrelevância penal prevista em lei. Seria indispensável averiguar o significado social da ação, a adequação da conduta, a fim de que a finalidade da lei fosse alcançada. *HC 123734/MG, Rel. Min. Roberto Barroso, 3.8.15. Pleno. (Info 793)*

2014

Infrações autônomas e princípio da consunção

Crime tipificado no CP não pode ser absorvido por infração descrita na Lei de Contravenções Penais. *HC 121652/SC, Rel. Min. Dias Toffoli, 22.4.14. 1ª T. (Info 743)*

Princípio da insignificância: alteração de valores por portaria e execução fiscal

O princípio da insignificância deve ser aplicado ao delito de descaminho quando o valor sonegado for inferior ao estabelecido no art. 20 da Lei 10.522/02, atualizado pelas Portarias 75/2012 e 130/2012 do Ministério da Fazenda, que, por se tratar de normas mais benéficas ao réu, devem ser imediatamente aplicadas, consoante o disposto no art. 5º, XL, da Carta Magna. *HC 120620/RS e HC 121322/PR, Rel. Min. Ricardo Lewandowski, 18.2.14. 2ª T. (Info 739)*

Princípio da insignificância e rádio comunitária de baixa potência

A conduta dos recorrentes não resultou em dano ou perigo concreto relevante para a sociedade, de modo a lesionar ou colocar em perigo bem jurídico na intensidade reclamada pelo princípio da ofensividade, sendo irrelevantes as consequências do fato. Esse fato não tem importância na seara penal, pois incide na espécie, o princípio da insignificância, que reduz o âmbito de proibição aparente da tipicidade legal e, por consequência, torna atípico o fato denunciado. É manifesta a ausência de justa causa para a propositura da ação penal. Não há se subestimar a natureza subsidiária, fragmentária do direito penal, que somente deve ser acionado quando os outros ramos do direito não forem suficientes para a proteção dos bens jurídicos envolvidos. *RHC 119123/MG, Rel. Min. Cármen Lúcia, 11.3.14. 2ª T. (Info 738)*

Princípio da não-culpabilidade e execução da pena

Ofende o princípio da não-culpabilidade a determinação de execução imediata de pena privativa de liberdade imposta, quando ainda pendente de julgamento recurso extraordinário admitido na origem. *HC 122592/PR, Rel. Min. Ricardo Lewandowski, 12.8.14. 2ª T. (Info 754)*

2013

Princípio da insignificância e reiteração criminosa

O paciente dá mostras de fazer das práticas criminosas o seu modus vivendi, uma vez que possui extensa lista de inquéritos policias e ações penais, várias, inclusive, pela suposta prática de outros furtos. 2. No caso, aplicação do princípio da insignificância poderia significar um verdadeiro estímulo à prática destes pequenos furtos, já bastante comuns nos dias atuais, o que contribuiria para aumentar, ainda mais, o clima de insegurança vivido pela coletividade. *HC 114340/ES, Rel. Min. Ricardo Lewandowski, 14.5.13. 2ª T. (Info 706)*

2012

Princípio da insignificância e programa social do governo

Na espécie, não há como considerar de reduzida expressividade financeira o montante de R$ 398,38 auferido pela paciente por meio de saques irregulares de contas inativas vinculadas ao FGTS, levando-se em conta que o valor do salário mínimo vigente à época dos fatos não ultrapassava o valor de R$ 151,00. 2. De outra parte, a conduta da paciente é dotada de acentuado grau de reprovabilidade, "na medida em que a fraude foi perpetrada contra programa social do governo que beneficia inúmeros trabalhadores". Essa circunstância, aliada à expressividade financeira do valor auferido pela paciente à época dos fatos, inibe a aplicabilidade do postulado da insignificância ao caso concreto. *HC 110845, Rel. Min. Dias Toffoli, 10.4.12. 1ª T. (Info 661)*

9. DIREITO PREVIDENCIÁRIO

1. AÇÕES PREVIDENCIÁRIAS

2014

Ação perante o INSS e prévio requerimento administrativo

RPG A exigibilidade de prévio requerimento administrativo como condição para o regular exercício do direito de ação, para que se postule judicialmente a concessão de benefício previdenciário, não ofende o art. 5º, XXXV, da CF. *RE 631240/MG, Rel. Min. Roberto Barroso, 3.9.14. Repercussão geral – mérito. Pleno. (Info 757)*

2. FINANCIAMENTO DA SEGURIDADE SOCIAL

2.1. Contribuições Previdenciárias Gerais

2016

Contribuição previdenciária: instituições financeiras e EC 20/98

RPG É constitucional a previsão legal de diferenciação de alíquotas em relação às contribuições previdenciárias incidentes sobre a folha de salários de instituições financeiras ou de entidades a elas legalmente equiparáveis, após a edição da EC 20/98. *RE 598572/SP, repercussão geral – mérito, Rel. Min. Edson Fachin, 30.3.2016. Pleno. (Info 819)*

Cooperativas de trabalho, terceiros e contribuição ao PIS/Pasep

RPG A receita auferida pelas cooperativas de trabalho decorrente dos atos (negócios jurídicos) firmados com terceiros se insere na materialidade da contribuição ao PIS/Pasep. *RE 599362/RJ, repercussão geral, Rel. Min. Dias Toffoli, 18.8.2016. Pleno. (Info 835)*

2015

Contribuição previdenciária de inativos e pensionistas: isenção e patologias incapacitantes

Norma estadual deve ser interpretada à luz do limite previsto no art. 40, § 21, da CF. A norma adversada é extremamente simpática do ponto de vista da justiça social, a qual deve valer para todos, sob pena de se ferir a isonomia. Ademais, ela alcança grande parte dos aposentados e pensionistas. Entretanto, ao conceder isenção total, sua abrangência é mais ampla do que permitido na § 21 do art. 40 da CF, que confere benefício limitado. *ADI 3477/RN, Red. p/ ac. Min. Luiz Fux, 4.3.15. Pleno. (Info 776)*

2014

Contribuição previdenciária e participação nos lucros

RPG Incide contribuição previdenciária sobre as parcelas pagas a título de participação nos lucros referentes ao período entre a promulgação da CF/88 e a entrada em vigor da MPv 794/94, que regulamentou o art. 7º, XI, da CF, convertida, posteriormente, na Lei 10.101/00. *RE 569441/RS, RE 827833/SC, Repercussão geral – mérito, Red. p/ ac. Min. Teori Zavascki, 30.10.14. Pleno. (Info 765)*

Contribuição sobre serviços prestados por cooperados por intermédio de cooperativas

RPG É inconstitucional a contribuição a cargo de empresa, destinada à seguridade social, no montante de "quinze por cento sobre o valor bruto da nota fiscal ou fatura de prestação de serviços, relativamente a serviços que lhe são prestados por cooperados por intermédio de cooperativas de trabalho", prevista no art. 22, IV, da Lei 8.212/91, com a redação dada pela Lei 9.876/99. *RE 595838/SP, repercussão geral – mérito, Rel. Min. Dias Toffoli, 23.4.14. Pleno. (Info 743)*

2013

ED e contribuição previdenciária do empregador rural pessoa física

RPG Por não ter servido de fundamento para a conclusão do acórdão embargado, exclui-se da ementa a seguinte assertiva: "Ofensa ao art. 150, II, da CF em virtude da exigência de dupla contribuição caso o produtor rural seja empregador". II. A constitucionalidade da tributação com base na Lei 10.256/01 não foi analisada nem teve repercussão geral reconhecida. III. Inexiste obscuridade, contradição ou omissão em decisão que indica expressamente os dispositivos considerados inconstitucionais. *RE 596177 ED/RS, Repercussão geral – mérito, Rel. Min. Ricardo Lewandowski, 17.10.13. Pleno. (Info 724)*

Transportador autônomo: alteração da base de cálculo e princípio da legalidade

Preponderou o voto que restabeleceu os parâmetros constantes da redação anterior do Dec. 3.048/99, no sentido de se utilizar a alíquota de 11,71% sobre o valor bruto do frete, carreto ou transporte de passageiros. Asseverou que não haveria campo para incidência do inc. III do art. 22 da Lei 8.212/91, porquanto o frete satisfeito visaria também fazer frente ao combustível, ao desgaste do veículo, e a outros ônus, situação concreta não prevista na aludida lei. Por essa razão, teria sido editado o decreto para regulamentá-la. Este seria inconstitucional por ferir o princípio da legalidade – visto que a nova percentagem teria sido estabelecida por simples portaria –, mas que, em face dos limites do pedido – por se tratar de processo subjetivo –, necessário reconhecer apenas a inconstitucionalidade da portaria impugnada. *RMS 25476/DF, Red. p/ ac. Min. Marco Aurélio, 22.5.13. Pleno. (Info 707)*

2012

ED: vale-transporte e contribuição previdenciária

O Plenário acolheu embargos declaratórios para esclarecer que a inconstitucionalidade do art. 4º da Lei 7.418/85 e do art. 5º do Dec. 95.247/87 seria tão somente para efeitos fiscais, portanto, exclusivamente com o intuito de afastar a incidência de contribuição previdenciária sobre o valor pago, em pecúnia, a título de vale-transporte pelo recorrente aos seus empregados. Asseverou-se, também, o recebimento dos embargos sem alteração do teor daqueloutro julgamento. *RE 478410 ED, Rel. Min. Luiz Fux, 15.12.11. Pleno. (Info 652)*

FGTS e contribuição social

O Plenário julgou parcialmente procedente pedido formulado em ADIs ajuizadas contra dispositivos da LC 110/01. A norma adversada instituíra contribuição social, devida pelos empregadores em caso de despedida de empregado sem justa causa, à alíquota de 10% sobre o montante de todos os depósitos devidos, referentes ao FGTS. Também criara contribuição social, a cargo dos empregadores, à alíquota de 0,5% sobre a remuneração devida, no mês anterior, a cada trabalhador. De início, afastou-se alegação, suscitada após a conclusão dos autos, de que as exações seriam indevidas, por terem cumprido suas finalidades, já que a União ressarcira integralmente todos os beneficiários do FGTS. Ressaltou-se que a perda da necessidade pública legitimadora do tributo não seria objeto da inquirição e, portanto, a Corte e os envolvidos no controle de constitucionalidade não teriam tido a oportunidade de exercer poder instrutório em sua plenitude. Descaberia, neste momento, reiniciar o controle de constitucionalidade nestes autos, com base na nova arguição. Em seguida, o Tribunal declarou o prejuízo das ações diretas de inconstitucionalidade, em relação ao art. 2º da LC 110/01, porquanto a aludida contribuição, calculada à alíquota de 0,5% sobre remuneração devida no mês anterior a cada trabalhador, teria se extinguido por ter alcançado o prazo de vigência de sessenta meses, contado a partir da sua exigibilidade. Consignou-se que as restrições previstas nos arts. 157, II, e 167, IV, da CF, seriam aplicáveis aos impostos e, no caso em exame, tratar-se-ia da espécie tributária contribuição, nitidamente caracterizada pela prévia escolha da destinação específica do produto arrecadado. Afastou-se a ofensa ao art. 194 e seguintes da CF, uma vez que o produto arrecadado não seria vinculado a qualquer dos programas, ou iniciativa de seguridade social. Não se vislumbrou vulneração ao art. 10, I, do ADCT, em face de a exação, em análise, não se confundir com a contribuição devida ao FGTS, tendo em conta a diferente finalidade do produto arrecadado. O tributo não se destinaria à formação do próprio fundo, mas visaria custear uma obrigação da União. Repeliu-se, ainda, a assertiva de violação da capacidade contributiva (CF, art. 145, § 1º). O perfil da exação não se remeteria às características de ordem pessoal do contribuinte ou dos demais critérios da regra matriz, mas tomaria por hipótese de incidência a circunstância objetiva da demissão sem justa causa do trabalhador. Essa materialidade não constituiria ato ilícito por se inserir na esfera de livre gestão do empregador, ainda que desencorajada pelo sistema jurídico e, portanto, poderia ser tomada por hipótese de incidência tributária. Por fim, julgaram-se parcialmente procedentes os pleitos para declarar a inconstitucionalidade do art. 14, caput, I e II, da norma questionada, no que se refere à expressão "produzindo efeitos". *ADI 2556, ADI 2568, Rel. Min. Joaquim Barbosa, 13.6.12. Pleno. (Info 670)*

2.2. PIS/Pasep/Cofins/Finsocial

2016

PIS/Cofins: base de cálculo e seguradoras

RPG É devida a restituição da diferença do Imposto sobre Circulação de Mercadorias e Serviços pago a mais, no regime de substituição tributária para a frente, se a base de cálculo efetiva da operação for inferior à presumida. *RE 593849/MG, repercussão geral, Rel. Min. Edson Fachin, 19.10.2016. Pleno. (Info 844)*

2014

Cooperativa prestadora de serviço e incidência de contribuição social

RPG Incide o PIS/Pasep sobre atos ou negócios jurídicos praticados por cooperativa prestadora de serviço com terceiros tomadores de serviço, resguardadas as exclusões e deduções legalmente previstas. Ademais, são legítimas as alterações introduzidas pela MPv 1.858/99, no que revogara a isenção da Cofins e PIS concedidas às sociedades cooperativas. *RE 599362/RJ, Repercussão geral – mérito, Rel. Min. Dias Toffoli, 6.11.14. RE 598085/RJ, Rel. Min. Luiz Fux, 6.11.14. Pleno. (Info 766)*

2013

Imunidade: PIS/Cofins e receita cambial decorrente de exportação

RPG É inconstitucional a incidência da contribuição para PIS e Cofins sobre a receita decorrente da variação cambial positiva obtida nas operações de exportação. *RE 627815/PR, Repercussão geral – mérito, Rel. Min. Rosa Weber, 23.5.13. Pleno. (Info 707)*

Imunidade: PIS/Cofins e valores recebidos a título de transferência de ICMS por exportadora

RPG É inconstitucional a incidência da contribuição para PIS e Cofins não cumulativas sobre os valores recebidos por empresa exportadora em razão da transferência a terceiros de créditos de ICMS. *RE 606107/RS, Repercussão geral – mérito, Rel. Min. Rosa Weber, 22.5.13. Pleno. (Info 707)*

PIS e Cofins incidentes sobre a importação e base de cálculo

RPG (...) 1. Afastada a alegação de violação da vedação ao "bis in idem", com invocação do art. 195, § 4º, da CF. Não há que se falar sobre invalidade da instituição originária e simultânea de contribuições idênticas com fundamento no inc. IV do art. 195, com alíquotas apartadas para fins exclusivos de destinação. 2. Contribuições cuja instituição foi previamente prevista e autorizada, de modo expresso, em um dos incisos do art. 195 da CF validamente instituídas por lei ordinária. 3. Inaplicável ao caso o art. 195, § 4º, da CF. Não há que se dizer que devessem as contribuições em questão ser necessariamente não cumulativas. O fato de não se admitir o crédito senão para as empresas sujeitas à apuração do PIS e da Cofins pelo regime não cumulativo não chega a implicar ofensa à isonomia, de modo a fulminar todo o tributo. A sujeição ao regime do lucro presumido, que implica submissão ao regime cumulativo, é opcional, de modo que não se vislumbra, igualmente, violação do art. 150, II, da CF. 4 Ao dizer que a contribuição ao PIS/Pasep-Importação e a Cofins-Importação poderão ter alíquotas "ad valorem" e base de cálculo o valor aduaneiro, o constituinte derivado circunscreveu a tal base a respectiva competência. 5. A referência ao valor aduaneiro no art. 149, § 2º, III, a, da CF implicou utilização de expressão com sentido técnico inequívoco, porquanto já era utilizada pela legislação tributária para indicar a base de cálculo do Imposto sobre a Importação. 6. A Lei 10.865/04, ao instituir o PIS/Pasep-Importação e a Cofins-Importação, não alargou propriamente o conceito de valor aduaneiro, de modo que passasse a abranger, para fins de apuração de tais contribuições, outras grandezas nele não contidas. O que fez foi desconsiderar a imposição constitucional de que as contribuições sociais sobre a importação que tenham alíquota "ad valorem" sejam calculadas com base no valor aduaneiro, extrapolando a norma do art. 149, § 2º, III, a, da CF. 7. Não há como equiparar, de modo absoluto, a tributação da importação com a tributação das operações internas. O PIS/Pasep--Importação e a Cofins-Importação incidem sobre operação na qual o contribuinte efetuou despesas com a aquisição do produto importado, enquanto a PIS e a Cofins internas incidem sobre o faturamento ou a receita, conforme o regime. São tributos distintos. 8. O gravame das operações de importação se dá não como concretização do princípio da isonomia, mas como medida de política tributária tendente a evitar que a entrada de produtos desonerados tenha efeitos predatórios relativamente às empresas sediadas no País, visando, assim, ao equilíbrio da balança comercial. 9. Inconstitucionalidade da seguinte parte do art. 7º, inciso I, da Lei 10.865/04: "acrescido do valor do Imposto sobre Operações Relativas à Circulação de Mercadorias e sobre Prestação de Serviços de Transporte Interestadual e Intermunicipal e de Comunicação – ICMS incidente no desembaraço aduaneiro e do valor das próprias contribuições, por violação do art. 149, § 2º, III, a, da CF, acrescido pela EC 33/01. *RE 559937/ RS, Repercussão geral – mérito, Red. p/ ac. Min. Dias Toffoli, 20.3.13. Pleno. (Info 699)*

3. PRESTAÇÕES EM GERAL (LEI 8.213/91)

3.1. Disposições Gerais

2016

Art. 18, § 2º, da Lei 8.213/91 e "desaposentação"

No âmbito do Regime Geral de Previdência Social, somente lei pode criar benefícios e vantagens previdenciárias, não havendo, por ora, previsão legal do direito à "desaposentação", sendo constitucional a regra do art. 18, § 2º, da Lei 8.213/91. *RE 827833/ SC, repercussão geral, Rel. p/ ac. Min. Dias Toffoli, 27.10.2016. Pleno. (Info 845)*

2015

Adoção de descendente maior de idade e legitimidade

Não é legítima a adoção de descendente maior de idade, sem a constatação de suporte moral ou econômico, com o fim de induzir o deferimento de benefício previdenciário. *MS 31383/DF, Rel. Min. Marco Aurélio, 12.5.15. 1ª T. (Info 785)*

2013

Revisão de benefício previdenciário e prazo decadencial

RPG Não há direito adquirido à inexistência de prazo decadencial para fins de revisão de benefício previdenciário. Ademais, aplica-se o lapso decadencial de dez anos para o pleito revisional a contar da vigência da Medida Provisória 1.523/97 aos benefícios originariamente concedidos antes dela. *RE 626489/SE, Repercussão geral – mérito, Rel. Min. Roberto Barroso, 16.10.13. Pleno. (Info 724)*

3.2. Aposentadoria Especial

2015

Aposentadoria especial e uso de equipamento de proteção

RPG O direito à aposentadoria especial pressupõe a efetiva exposição do trabalhador a agente nocivo à sua saúde, de modo que, se o Equipamento de Proteção Individual (EPI) for realmente capaz de neutralizar a nocividade, não haverá respaldo constitucional à concessão de aposentadoria especial. Ademais – no que se refere a EPI destinado a proteção contra ruído –, na hipótese de exposição do trabalhador a ruído acima dos limites legais de tolerância, a declaração do empregador, no âmbito do Perfil Profissiográfico Previdenciário (PPP), no sentido da eficácia do EPI, não descaracteriza o tempo de serviço especial para a aposentadoria. *ARE 664335/SC, repercussão geral, Rel. Min. Luiz Fux, 4.12.14. Pleno. (Info 770)*

2014

Contagem recíproca de tempo de serviço

RPG A imposição de restrições, por legislação local, à contagem recíproca do tempo de contribuição na Administração Pública e na atividade privada para fins de concessão de aposentadoria afronta o art. 202, § 2º, da CF, com redação anterior à EC 20/98. *RE 650851 QO/SP, Rel. Min. Gilmar Mendes, 1º.10.14. Repercussão geral – mérito. Pleno. (Info 761)*

3.3. Aposentadoria por Idade

2013

Aposentadoria: preenchimento de requisitos e direito adquirido ao melhor benefício

RPG O segurado do regime geral de previdência social tem direito adquirido a benefício calculado de modo mais vantajoso, sob a vigência da mesma lei, consideradas todas as datas em que o direito poderia ter sido exercido, desde quando preenchidos os requisitos para a jubilação. *RE 630501/RS, Repercussão geral – mérito, Red. p/ ac. Min. Marco Aurélio, 21.2.13. Pleno. (Info 695)*

2012

Aposentadoria e certidão de tempo de serviço como aluno-aprendiz

É legal o cômputo do tempo prestado como aluno-aprendiz para fins de aposentadoria. A nova interpretação da Súm. 96/TCU (Ac. 2.024/05), não pode ser aplicada à aposentadoria concedida anteriormente. *MS 28399 AgR, Rel. Min. Ricardo Lewandowski, 22.5.12. 2ª T. (Info 667)*

Justificação judicial e certidão de tempo de serviço

Ante o disposto no art. 866 do CPC, o pronunciamento judicial na justificação não torna estreme de dúvida o tempo de serviço. *MS 28829, Rel. Min. Marco Aurélio, 11.9.11. 1ª T. (Info 679)*

Registro de aposentadoria e justificação judicial

Enquanto não desautorizada em sede judiciária pelos meios processuais adequados, a justificação estaria apta a produzir os efeitos a que se destinaria. *MS 22315, Rel. Min. Gilmar Mendes, 17.4.12. 2ª T. (Info 662)*

3.4. Aposentadoria por Invalidez

2013

Direito à aposentadoria por invalidez e revogação de lei

Envolvendo a aposentadoria atos sequenciais, o aperfeiçoamento fica vinculado à prática do último a ser implementado. Mostra-se neutro o fato de o benefício ter sido afastado por lei uma vez constatada a existência de doença grave em data pretérita. *MS 25565/DF, Red. p/ ac. Min. Marco Aurélio, 11.4.13. Pleno. (Info 701)*

3.5. Benefício Assistencial de Prestação Continuada

2013

Benefício de prestação continuada: tutela constitucional de hipossuficientes e dignidade humana

RPG (...) 1. A LOAS, ao regulamentar o art. 203, V, da CF, estabeleceu os critérios para que o benefício mensal de um salário mínimo seja concedido aos portadores de deficiência e aos idosos que comprovem não possuir meios de prover a própria manutenção ou de tê-la provida por sua família. 2. Dispõe o art. 20, § 3º, da Lei 8.742/93 que "considera-se incapaz de prover a manutenção da pessoa portadora de deficiência ou idosa a família cuja renda mensal per capita seja inferior a 1/4 do salário mínimo". O requisito financeiro estabelecido pela lei teve sua constitucionalidade contestada, ao fundamento de que permitiria que situações de patente miserabilidade social fossem consideradas fora do alcance do benefício assistencial previsto constitucionalmente. Ao apreciar a ADI 1232, o STF declarou a constitucionalidade do art. 20, § 3º, da LOAS. 3. A decisão do STF, entretanto, não pôs termo à controvérsia quanto à aplicação em concreto do critério da renda familiar per capita estabelecido pela LOAS. Como a lei permaneceu inalterada, elaboraram-se maneiras de se contornar o critério objetivo e único estipulado pela LOAS e de se avaliar o real estado de miserabilidade social das famílias com entes idosos ou deficientes. Paralelamente, foram editadas leis que estabeleceram critérios mais elásticos para a concessão de outros benefícios assistenciais, tais como: a Lei 10.836/04, que criou o Bolsa Família; a Lei 10.689/03, que instituiu o Programa Nacional de Acesso à Alimentação; a Lei 10.219/01, que criou o Bolsa Escola; a Lei 9.533/97, que autoriza o Poder Executivo a conceder apoio financeiro a Municípios que instituírem programas de garantia de renda mínima associados a ações socioeducativas. O STF, em decisões monocráticas, passou a rever anteriores posicionamentos acerca da intransponibilidade dos critérios objetivos. Verificou-se a ocorrência do processo de inconstitucionalização decorrente de notórias mudanças fáticas (políticas, econômicas e sociais) e jurídicas (sucessivas modificações legislativas dos patamares econômicos utilizados como critérios de concessão de outros benefícios assistenciais por parte do Estado brasileiro). 4. Declaração de inconstitucionalidade parcial, sem pronúncia de nulidade, do art. 20, § 3º, da Lei 8.742/93. *RE 567985/MT, RE 580963/PR, Repercussão geral – mérito, Rel. Min. Gilmar Mendes, 18.4.13. Pleno. (Info 702)*

3.6. Pensão por Morte

2016

Pensão por morte à companheira e à ex-esposa

Não constitui requisito legal para a concessão de pensão por morte à companheira que a união estável seja declarada judicialmente, mesmo que vigente formalmente o casamento. Dessa forma, não é dado à Administração Pública negar o benefício apenas com base nesse fundamento, sem deixar, porém, de averiguar, no âmbito administrativo, a separação de fato e a união estável. *MS 33008/DF, Rel. Min. Roberto Barroso, 3.5.2016. 1ª T. (Info 824)*

4. PREVIDÊNCIA COMPLEMENTAR (LC 109/01)

2013

Complementação de aposentadoria por entidade de previdência privada e competência

RPG 1. A competência para o processamento de ações ajuizadas contra entidades privadas de previdência complementar é da Justiça comum, dada a autonomia do Direito Previdenciário em relação ao Direito do Trabalho. Inteligência do art. 202, § 2º, da CF a excepcionar, na análise desse tipo de matéria, a norma do art. 114, inciso IX, da Magna Carta. 2. Quando, como ocorre no presente caso, o intérprete está diante de controvérsia em que há fundamentos constitucionais para se adotar mais de uma solução possível, deve ele optar por aquela que efetivamente trará maior efetividade e racionalidade ao sistema. 3. Recurso extraordinário de que se conhece e ao qual se dá provimento para firmar a competência da Justiça comum para o processamento de demandas ajuizadas contra entidades privadas de previdência buscando-se o complemento de aposentadoria. 4. Modulação dos efeitos da decisão para reconhecer a competência da Justiça Federal do Trabalho para processar e julgar, até o trânsito em julgado e a correspondente execução, todas as causas da espécie em que houver sido proferida sentença de mérito até a data da conclusão, pelo Plenário do STF, do julgamento do presente recurso (20/2/2013). 5. Reconhecimento, ainda, da inexistência de repercussão geral quanto ao alcance da prescrição de ação tendente a questionar as parcelas referentes à aludida complementação, bem como quanto à extensão de vantagem a aposentados que tenham obtido a complementação de aposentadoria por entidade de previdência privada sem que tenha havido o respectivo custeio. *RE 586453/SE, RE 583050/RS, Repercussão geral – mérito, Red. p/ ac. Min. Dias Toffoli, 20.2.13. Pleno. (Info 695)*

5. REGIMES PREVIDENCIÁRIOS DOS SERVIDORES PÚBLICOS

2015

EC 41/03: pensão por óbito posterior à norma e direito à equiparação

RPG Os pensionistas de servidor falecido posteriormente à EC 41/03 têm direito à paridade com servidores em atividade (EC 41/03, art. 7º), caso se enquadrem na regra de transição prevista no art. 3º da EC 47/05. Não têm, contudo, direito à integralidade (CF, art. 40, § 7º, I). *RE 603580/RJ, repercussão geral, Rel. Min. Ricardo Lewandowski, 20.5.15. Pleno. (Info 786)*

Mandado de Injunção: aposentadoria especial de oficiais de justiça

A eventual exposição a situações de risco não garante direito subjetivo constitucional a aposentadoria especial. A percepção de gratificações ou adicionais de periculosidade, assim como o fato de poderem obter autorização para porte de arma de fogo de uso permitido não são suficientes para reconhecer o direito à aposentadoria especial, em razão da autonomia entre o vínculo funcional e o previdenciário. Os incisos do § 4º do art. 40 da CF utilizam expressões abertas: "portadores de deficiência", "atividades de risco" e "condições especiais que prejudiquem a saúde ou a integridade física". Dessa forma, a Constituição reservou a concretização desses conceitos a leis complementares, com relativa liberdade de conformação, por parte do legislador, para traçar os contornos dessas definições. *MI 833/DF, Red. p/ ac. Min. Roberto Barroso, 11.6.15. Pleno. (Info 789)*

MI: aposentadoria especial e servidores do Poder Judiciário e do Ministério Público

Por ocasião do julgamento do MI 833/DF, o Tribunal apreciou, em conjunto, o MI 844/DF. Na espécie, o substituto processual pleiteava o benefício da aposentadoria especial aos servidores inspetores e agentes de segurança judiciária, analistas e técnicos do Ministério Público da União com atribuições de segurança, e demais servidores com atribuições relacionadas a funções de segurança. O Plenário, por maioria, denegou a ordem, reiterada a fundamentação expendida no MI 833. *MI 844/DF, Red. p/ ac. Min. Roberto Barroso, 11.6.15. Pleno. (Info 789)*

Notários e oficiais de registro e regime previdenciário

Ao criar modelo estadual de previdência extravagante – destinado a beneficiar agentes não remunerados pelos cofres públicos, cujo formato não é compatível com os fundamentos constitucionais do RPPS, do RGPS e nem mesmo da previdência complementar – o poder legislativo local desviou-se do desenho institucional que deveria observar e, além disso, incorreu em episódio de usurpação de competência, atuando para além do que lhe cabia nos termos do art. 24, XII, da CF, o que resulta na invalidade de todo o conteúdo da Lei.

ADI 4639/GO, Rel. Min. Teori Zavascki, 11.3.15. Pleno. (Info 777)

Policiais civis e militares do sexo feminino e aposentadoria

Há necessidade jurídica de um regime previdenciário próprio dos militares estaduais, a ser normatizado em lei estadual específica, diversa da lei que regula o regime próprio dos servidores públicos. A interpretação do § 1º do art. 42 da CF é no sentido da inaplicabilidade da regra de aposentadoria especial prevista no art. 40, § 4º, da CF em favor de policial militar estadual. Fosse de se reconhecer a identidade do regime previdenciário a que submetida essa aposentadoria, não poderia a Corte ter garantido o direito de acumulação pleiteado na origem, pela vedação expressa do art. 40, § 6º, da CF. Desse modo, existem duas espécies de regimes previdenciários próprios: um para servidores civis e outro para militares. Por isso, o art. 40, § 2º, da CF somente permite a existência de um regime próprio de previdência social para os servidores titulares de cargos efetivos, ressalvado o disposto no art. 142, § 3º, X, da CF. Portanto, não há omissão inconstitucional quanto ao art. 40, §§ 1º e 4º, da CF, porque essa norma constitucional não se aplica aos militares. *ADO 28/SP, Rel. Min. Cármen Lúcia, 16.4.15. Pleno. (Info 781)*

2014

Aposentadoria: contagem recíproca e restrições indevidas

Na sua redação original, o § 2º do art. 202 da CF era autoaplicável. *ADI 1798/BA, Rel. Min. Gilmar Mendes, 27.8.14. Pleno. (Info 756)*

Aposentadoria por invalidez com proventos integrais: doença incurável e rol taxativo

RPG A concessão de aposentadoria por invalidez com proventos integrais exige que a doença incapacitante esteja prevista em rol taxativo da legislação de regência. *RE 656860/MT, Rel. Min. Teori Zavascki, 21.8.14. Repercussão geral – mérito. Pleno. (Info 755)*

Pensão a menor sob guarda de ex-servidor

A previsão do benefício da pensão por morte ao dependente do segurado na Lei de Planos e Benefícios da Previdência Social (Lei 8.213/91, art. 18, II, a) seria suficiente para autorizar a concessão do mesmo benefício nos regimes próprios dos servidores públicos, indiferente, juridicamente, a discrepância entre o rol de beneficiários da pensão. As reformas constitucionais ocorridas em matéria previdenciária não teriam tido o condão de extirpar dos entes federados a competência para criar e dispor sobre regime próprio para os seus servidores, com a observância de critérios que preservassem o equilíbrio financeiro e atuarial e, por óbvio, das normas gerais estabelecidas pela União. Sob essa perspectiva, a interpretação do art. 5º da Lei 9.717/98 a admitir a vinculação dos critérios de concessão de benefícios nos regimes próprios àqueles estipulados no Regime Geral de Previdência Social ofenderia o art. 24, XII, da CF. *MS 31770/DF, Rel. Min. Cármen Lúcia, 3.11.14. 1ª 2ª T. (Info 766)*

TCU: menor sob guarda e pensão

É direito do menor que, na data do óbito de servidor, esteja sob a sua guarda receber pensão temporária até completar 21 anos de idade (Lei 8.112/90, art. 217, II, b). *MS 31687 AgR/DF, Rel. Min. Dias Toffoli, 11.3.14. 1ª T. (Info 738)*

2013

Aposentadoria com "Gratificação Extraordinária" e incidência de parcela da GAJ

Ingresso no serviço público federal para exercício do cargo efetivo de chefe de secretaria (art. 36, I e § 1º, da Lei 5.010/66), posteriormente extinto, passando as atribuições a ser de responsabilidade dos ocupantes do cargo em comissão de diretor de secretaria (Lei 6.026/74). 2. A edição da Lei 9.421/96, com o fim de "criar as carreiras dos servidores do Poder Judiciário, fixar os valores de sua remuneração e dar outras providências", deu ensejo à instauração do PA 29866, no qual se decidiu pela transformação de cargos por área de atividade e pelo enquadramento dos servidores efetivos nas carreiras de analista judiciário, técnico judiciário ou auxiliar judiciário, respeitadas, entre outras, as exigências definidas anteriormente quanto ao nível de escolaridade pertinente. 3. Ante a ausência de cargo efetivo de chefe de secretaria e em respeito à correspondência entre as atribuições antes exercidas pelos servidores ocupantes do referido cargo efetivo e aquelas previstas para o cargo de provimento em comissão de diretor de secretaria, resguardou-se, no PA 29866, o pagamento do benefício previdenciário àqueles servidores de acordo com o cargo em comissão correspondente (art. 14 da Lei 9.421/96), o que evidencia tratamento favorável se comparado aos demais cargos efetivos de provimento isolado, segundo a ordem jurídica anterior, ainda subsistentes (art. 4º da Lei 9.421/96). 4. O reajuste assegurado a aposentados e pensionistas relacionados com o extinto cargo efetivo de chefe de secretaria, por meio do PA 29866- não ficou limitado à GAJ – parcela correspondente, em uma interpretação literal da Lei 9.421/96, à Gratificação Extraordinária que teria sido incorporada à remuneração. 5. Controvérsia originada após a edição da Lei 10.475/02, a qual "reestruturou as carreiras dos servidores do Poder Judiciário da União" e instituiu valor fixo para fins de remuneração de funções comissionadas e cargos em comissão. 6. Os aposentados e os pensionistas relacionados com o extinto cargo efetivo de chefe de secretaria experimentaram, com a edição da Lei 10.475/02, elevação dos proventos pagos em seu benefício, resultando a alteração, apenas, em nova composição de vencimentos ou proventos. 7. O pagamento da "Gratificação de Atividade Judiciária" não pode ser dissociado do contexto fático-normativo que orientou a tomada de decisão, quando da edição da Lei 9.421/96, por intermédio do PA 29.866- em favor de aposentados e pensionistas relacionados com o extinto cargo efetivo de chefe de secretaria. 8. Ausência de direito adquirido dos servidores ao regime de composição de vencimentos. Impossibilidade de cumulação de vantagens de regimes distintos. *RMS 26612/DF, Red. p/ ac. Min. Dias Toffoli, 23.4.13. 1ª T. (Info 703)*

Aposentadoria e reestruturação de carreira

Desde que mantida a irredutibilidade, o servidor inativo, embora aposentado no último patamar da carreira anterior, não tem direito adquirido de perceber proventos correspondentes aos da última classe da nova carreira reestruturada por lei superveniente. Todavia, relativamente à reestruturação da carreira disciplinada pela Lei 13.666/02, do Estado do Paraná, assegura-se aos servidores inativos, com base no art. 40, § 8º, da CF (na redação anterior à EC 41/03), o direito de terem seus proventos ajustados em condições semelhantes aos dos servidores da ativa, com alicerce nos requisitos objetivos decorrentes do tempo de serviço e da titulação, aferíveis até a data da inativação. *RE 606199/PR, Rel. Min. Teori Zavascki, 9.10.13. Pleno. (Info 723)*

Contagem diferenciada de tempo de serviço prestado em condições especiais

A concessão do mandado de injunção, na hipótese do art. 40 § 4º, da CF, reclama a demonstração do preenchimento dos requisitos para a aposentadoria especial e a impossibilidade concreta de usufruí-la ante a ausência da norma regulamentadora. 2. O alcance da decisão proferida por esta Corte, quando da integração legislativa do art. 40, § 4º, III, da CF, não tutela o direito à contagem diferenciada do tempo de serviço prestado em condições prejudiciais à saúde e à integridade física. 3. Não tem procedência injuncional o reconhecimento da contagem diferenciada e da averbação do tempo de serviço prestado pelo Impetrante em condições insalubres por exorbitar da expressa disposição constitucional. *MI 2140 AgR/DF, Red. p/ ac. Min. Luiz Fux, 6.3.13. Pleno. (Info 697)*

Pensão vitalícia à viúva de ex-prefeito

Lei municipal que concedera à viúva de ex-prefeito, falecido no curso do mandato, pensão vitalícia equivalente a 30% dos vencimentos por ele percebidos, encontra base material de apoio na Constituição. *RE 405386/RJ, Red. p/ ac. Min. Teori Zavascki, 26.2.13. 2ª T. (Info 696)*

6. OUTROS TEMAS

2016

Extinção de carteira de previdência e serventias não oficializadas

O Tribunal, por maioria, julgou parcialmente procedente pedido formulado em ação direta ajuizada em face da Lei 14.016/10 do Estado de

São Paulo, que declara em extinção a Carteira de Previdência das Serventias não Oficializadas da Justiça do Estado a que se refere a Lei 10.393/70 e veda que o Estado-Membro responda, direta ou indiretamente, pelo pagamento dos benefícios já concedidos ou que venham a ser concedidos no âmbito da Carteira das Serventias, e por qualquer indenização a seus participantes ou por insuficiência patrimonial passada, presente ou futura. Com a EC 20/98, o regime criado pela Carteira de Previdência das Serventias não Oficializadas deixou de ter suporte na Carta Federal, não se identificando com nenhum dos modelos nela previstos. Dessa forma, a sistemática reservada aos servidores públicos efetivos, com base no art. 40 da CF, não se aplicaria. O diploma impugnado tampouco teria instituído sistema compatível com a previdência privada, haja vista a vedação contida no § 3º do art. 202 da Carta Magna. Observou que, diante disso, teriam restado duas possibilidades à Carteira Previdenciária: a liquidação ou a adequação das fontes de custeio e das regras ao regime complementar inaugurado com a reforma da Previdência. Entretanto, asseverou que nenhuma dessas alternativas poderia desconsiderar o princípio da segurança jurídica. Reportou-se à orientação da ADI 4291, no sentido de que não se poderia colocar em segundo plano direitos adquiridos e situações subjetivas já reconhecidas e de que se teria situação previdenciária singular, criada e fomentada pelo próprio Poder Público, cuja modificação da realidade jurídica implicou a necessidade de liquidação do Fundo. Os participantes não teriam o dever de arcar com os prejuízos da ausência da principal fonte de custeio da Carteira, ainda que a Administração Pública, no tocante à decisão de extingui-la, tivesse atuado dentro dos limites da licitude, sendo antiga a jurisprudência da Corte sobre a possibilidade de configuração da responsabilidade do Estado, ainda que o ato praticado seja lícito. Por fim, destacou-se a obrigatoriedade da filiação à Carteira das Serventias não Oficializadas do Estado de São Paulo. Em suma, o Plenário decidiu: a) declarar a inconstitucionalidade do art. 3º, cabeça, e § 1º, da Lei 14.016/10, do Estado de São Paulo, no que excluem a assunção de responsabilidade pelo Estado; b) conferir interpretação conforme à Constituição ao restante do diploma impugnado, proclamando que as regras não se aplicam a quem, na data da publicação da lei, já estava em gozo de benefício ou tinha cumprido, com base no regime instituído pela Lei estadual 10.393/70, os requisitos necessários à concessão; e c) quanto aos que não implementaram todos os requisitos, conferir interpretação conforme para garantir-lhes a faculdade da contagem de tempo de contribuição para efeito de aposentadoria pelo Regime Geral da Previdência Social, nos termos do art. 201, § 9º, da Constituição Federal, ficando o Estado responsável pelas decorrências financeiras da compensação referida. *ADI 4420/SP, red. p/ ac. Min. Teori Zavascki, j. 16.11.2016. Pleno. (Info 847)*

2013

Contraditório e laudo pericial

O prazo de validade do laudo pericial no qual constatada a doença exige o comparecimento do servidor perante junta médica oficial para reavaliação do seu quadro de saúde, para atestar o controle ou a cura da doença por laudo fundamentado, a fim de se garantir o contraditório e a ampla defesa do interessado. *MS 31835/DF, Rel. Min. Cármen Lúcia, 2.4.13. 2ª T. (Info 700)*

2012

Alteração de regime previdenciário e segurança jurídica

A quebra da confiança sinalizada pelo Estado, ao criar, mediante lei, carteira previdenciária, vindo a administrá-la, gera a respectiva responsabilidade. *ADI 4291, ADI 4429, Rel. Min. Marco Aurélio, 14.12.11. Pleno. (Info 652)*

10. DIREITO PROCESSUAL CIVIL

1. DO PROCESSO DE CONHECIMENTO

1.1. Das Partes e dos Procuradores

2016

Assistência judiciária gratuita: art. 12 da Lei 1.060/1950 e recepção

O art. 12 da Lei 1.060/1950 ("A parte beneficiada pela isenção do pagamento das custas ficará obrigada a pagá-las, desde que possa fazê-lo, sem prejuízo do sustento próprio ou da família, se dentro de cinco anos, a contar da sentença final, o assistido não puder satisfazer tal pagamento, a obrigação ficará prescrita") foi recepcionado pela presente ordem constitucional. *RE 249003 ED/RS, Rel. Min. Edson Fachin, 9.12.2015. Pleno. (Info 811)*

Honorários recursais e não apresentação de contrarrazões ou contraminuta

É cabível a fixação de honorários recursais, prevista no art. 85, § 11, do NCPC, mesmo quando não apresentadas contrarrazões ou contraminuta pelo advogado. *AI 864689 AgR/MS, Rel. p/ ac. Min. Edson Fachin. 27.9.2016. 1ª T. (Info 841)*

Novo CPC e ação originária sem previsão de honorários

Descabe a fixação de honorários recursais, preconizados no art. 85, § 11, do CPC/2015, na hipótese de recurso extraordinário formalizado no curso de processo cujo rito os exclua. *ARE 948578 AgR/RS, Rel. Min. Marco Aurélio, 21.6.2016. 1ª T. (Info 831)*

2015

Revogação tácita de mandato e cerceamento de defesa

A constituição de novo mandatário para atuar em processo judicial, sem ressalva ou reserva de poderes, enseja a revogação tácita do mandato anteriormente concedido. *RHC 127258/PE, Rel. Min. Teori Zavascki, 19.5.15. 2ª T. (Info 786)*

2014

Assistente simples e ingresso após início de julgamento de RE

A admissão de assistente simples pressupõe a utilidade e a necessidade da medida, ponderada pela circunstância de o interessado receber o processo no estado em que se encontrasse. No caso, o requerimento foi formulado cerca de três meses após a sessão em que iniciado o julgamento do RE. Por não poder o postulante apresentar novas razões recursais, sequer realizar sustentação oral, não se faz presente a utilidade da medida. *Pet 4391 AgR/RJ, Red. p/ ac. Min. Teori Zavascki, 9.10.14. Pleno. (Info 762)*

2013

Representação processual e cópia não autenticada

Conhece-se de agravo interposto por advogado cuja procuração é juntada aos autos na forma de mera cópia reprográfica, sendo dispensável a autenticação. 2. A comprovação da tempestividade do recurso extraordinário é requisito essencial à sua admissibilidade, cabendo ao STF a decisão definitiva sobre o ponto, devendo essa tempestividade ser demonstrada e comprovada pelo agravante mesmo que não haja controvérsia a respeito do tema no Tribunal de origem. 3. Admite-se a comprovação desse requisito em agravo interposto contra a decisão em que se tenha reconhecido a intempestividade. *AI 741616 AgR/RJ, Red. p/ ac. Min. Marco Aurélio, 19.3.13. 1ª T. (Info 699)*

1.2. Dos Órgãos Judiciários e dos Auxiliares da Justiça

1.2.1. Da Competência

2016

OAB e competência jurisdicional

RPG Compete à justiça federal processar e julgar ações em que a Ordem dos Advogados do Brasil, quer mediante o conselho federal, quer seccional, figure na relação processual. A OAB é autarquia corporativista, o que atrai, a teor do art. 109, I, da CF, a competência da justiça federal para o exame de ações – de qualquer natureza – nas quais ela integra a relação processual. *RE 595332/PR, repercussão geral, Rel. Min. Marco Aurélio, 31.8.2016. Pleno. (Info 837)*

2015

Conflito de competência e art. 115 do CPC

É competente a justiça comum para o processamento e julgamento de processos que tratam de complementação de aposentadoria. *CC 7705 AgR-segundo-ED-terceiros/SP, Rel. Min. Dias Toffoli, 12.3.15. Pleno. (Info 777)*

2012

Itaipu Binacional e competência do STF

Ante o disposto na alínea "e" do inc. I do art. 102 da CF, cabe ao STF processar e julgar originariamente ação civil pública proposta pelo MPF contra a Itaipu Binacional. *Rcl 2937, Rel. Min. Marco Aurélio, 15.12.11. Pleno. (Info 652)*

1.3. Dos Atos Processuais

2013

Fixação do valor da causa: discussão de cláusulas contratuais e benefício econômico

Não incide o art. 259, V, do CPC quando se discute, na ação principal, apenas algumas cláusulas contratuais. *ACO 664 Impugnação ao Valor da Causa-AgR/RJ, Rel. Min. Cármen Lúcia, 24.4.12. Pleno. (Info 703)*

1.4. Da Formação, Suspensão e Extinção do Processo

2016

ICMS: venda financiada e hipótese de incidência

Deve-se reconhecer, também na instância extraordinária, a possibilidade de homologação do pedido de renúncia ao direito sobre o qual se funda a ação, quando postulado por procurador habilitado com poderes específicos, desde que anterior ao julgamento final do recurso extraordinário. *RE 514639 QO/RS, Rel. Min. Dias Toffoli, 10.5.2016. 2ª T. (Info 825)*

1.5. Do Procedimento Ordinário

2014

Ofensa à coisa julgada e perícia em execução

Reputou-se configurado desrespeito flagrante à coisa julgada. Em nome dos princípios da moralidade e da razoabilidade nas obrigações do Estado, o STJ colocou em plano secundário os parâmetros fixados em sentença transitada em julgado e objeto de execução. O recurso especial ganhou contornos de ação de impugnação autônoma. Apenas a ação rescisória, e não o recurso especial, seria o instrumental possível para afastar do cenário jurídico pronunciamento judicial já precluso na via da recorribilidade. No caso, após decisão transitada em julgado que fixara o valor de indenização referente à desapropriação de imóvel rural e a concordância do expropriado pelos índices e cálculos apresentados pelo Incra, o juízo da execução, de ofício, desconsiderara a coisa julgada e o acordo firmado entre as partes e determinara a realização de nova perícia. *RE 602439/MA, Rel. Min. Marco Aurélio, 11.11.14. 1ª T. (Info 767)*

1.6. Do Processo nos Tribunais

1.6.1. Da Declaração de Inconstitucionalidade

2014

Declaração de inconstitucionalidade por órgão fracionário e cláusula de reserva de plenário

A existência de pronunciamento anterior, emanado do Plenário do STF ou do órgão competente do tribunal de justiça local, sobre a inconstitucionalidade de determinado ato estatal, autoriza o julgamento imediato, monocrático ou colegiado, de causa que envolva essa mesma inconstitucionalidade, sem que isso implique violação à cláusula da reserva de plenário (CF, art. 97). *Rcl 17185 AgR/MT, Rel. Min. Celso de Mello, 30.9.14. 2ª T. (Info 761)*

1.6.2. Da Ação Rescisória

2015

Ação rescisória e revisão geral anual de vencimentos

Não cabimento de ação rescisória de decisões proferidas em harmonia com a jurisprudência do

STF, ainda que venha a ocorrer alteração posterior do seu entendimento sobre a matéria. *AR 2199/ SC, Red. p/ ac. Min. Gilmar Mendes, 23.4.15. Pleno. (Info 782)*

Efeitos da declaração de inconstitucionalidade e ação rescisória

RPG A decisão do STF que declara a constitucionalidade ou a inconstitucionalidade de preceito normativo não produz a automática reforma ou rescisão das decisões anteriores que tenham adotado entendimento diferente. Para que haja essa reforma ou rescisão, será indispensável a interposição do recurso próprio ou, se for o caso, a propositura da ação rescisória própria, nos termos do art. 485, V, do CPC, observado o respectivo prazo decadencial (CPC, art. 495). *RE 730462/SP, repercussão geral, Rel. Min. Teori Zavascki, 28.5.15. Pleno. (Info 787)*

2014

Ação rescisória e executoriedade autônoma de julgados

Os capítulos autônomos do pronunciamento judicial precluem no que não atacados por meio de recurso, surgindo, ante o fenômeno, o termo inicial do biênio decadencial para a propositura da rescisória. *RE 666589/DF, Rel. Min. Marco Aurélio, 25.3.14. 1ª T. (Info 740)*

AR: concurso público, direito adquirido à nomeação e coisa julgada

Pretende-se, com a ação, rescindir a decisão que apreciou os fatos apresentados, consoante a jurisprudência à época pacífica no Tribunal, assegurando tão somente a participação dos candidatos/ impetrantes à etapa subsequente do concurso de fiscal do trabalho. A pretensão é de mera rediscussão da causa, a qual não se inclui entre as hipóteses do art. 485, do CPC. *AR 1685/DF, Red. p/ ac. Min. Dias Toffoli, 1º.10.14. Pleno. (Info 761)*

Cabimento de ação rescisória e alteração de jurisprudência

RPG Não cabe ação rescisória em face de acórdão que, à época de sua prolação, estiver em conformidade com a jurisprudência predominante do STF. *RE 590809/RS, Rel. Min. Marco Aurélio, 22.10.14. Repercussão geral – mérito. Pleno. (Info 764)*

Tutela antecipada em ação rescisória

Descabe, em mitigação precária e efêmera da coisa julgada, de envergadura constitucional, implementar, na rescisória, tutela antecipada. A concessão de tutela antecipada em ação rescisória é medida excepcionalíssima. Não se poder vislumbrar relevância em situação concreta na qual órgão do STF assentara certo entendimento para, em sede de ação rescisória, implementar a tutela antecipada. *AR 2125 AgR/SP, Rel. Min. Marco Aurélio, 14.5.14. Pleno. (Info 746)*

2012

Ação rescisória e usurpação de competência

Reclamação. Ação rescisória processada e julgada por TRF. Questão federal enfrentada na decisão pela qual se negou seguimento ao agravo de instrumento. Usurpação da competência do STF. Súm. 249/STF. Reclamação julgada procedente. *Rcl 9790, Rel. Min. Cármen Lúcia, 28.3.12. Pleno. (Info 660)*

Ação rescisória: termo inicial e legitimidade de parte

O termo inicial do prazo de decadência para a propositura da ação rescisória coincide com a data do trânsito em julgado do título rescindendo. Ademais, recurso inadmissível não tem o efeito de empecer a preclusão. *RE 444816, Rel. Min. Marco Aurélio, 29.5.12. 1ª T. (Info 668)*

1.6.3. Da Reclamação

2016

Reclamação e esgotamento das vias ordinárias de impugnação

A reclamação somente é cabível quando esgotados todos os recursos ordinários na causa em que proferido o ato supostamente contrário à autoridade de decisão do STF com repercussão geral reconhecida. Nesses termos, a hipótese de cabimento prevista no art. 988, § 5º, II, do NCPC deve ser interpretada restritivamente, sob pena de o STF assumir, pela via da reclamação, a competência de pelo menos três tribunais superiores (STJ, TST e TSE), para o julgamento de recursos contra decisões de tribunais de segundo grau de jurisdição. *Rcl 24686 ED-AgR/RJ, Rel. Min. Teori Zavascki, j. 28.10.2016. 2ª T. (Info 845)*

1.7. Dos Recursos
1.7.1. Das Disposições Gerais

2016

Ausência de impugnação e parágrafo único do art. 932 do CPC

O prazo de cinco dias previsto no parágrafo único do art. 932 do CPC/2015 só se aplica aos casos em que seja necessário sanar vícios formais, como ausência de procuração ou de assinatura, e não à complementação da fundamentação. *ARE 953221 AgR/SP, Rel. Min. Luiz Fux, 7.6.2016. 1ª T. (Info 829)*

Contagem de prazo recursal e intimação pessoal

Nos casos de intimação pessoal realizada por oficial de justiça, a contagem do prazo para a interposição de recursos ou a eventual certificação de trânsito em julgado começa a partir da juntada aos autos do mandado devidamente cumprido. *ARE 892732/SP, Red. p/ ac. Min. Dias Toffoli, 5.4.2016. 2ª T. (Info 820)*

Porte de remessa e retorno e recolhimento pelo INSS

RPG Aplica-se o § 1º do art. 511 do CPC/73 para dispensa de porte de remessa e retorno ao exonerar o seu respectivo recolhimento por parte do INSS. *RE 594116/SP, repercussão geral – mérito, Rel. Min. Edson Fachin, 3.12.2015. Pleno. (Info 810)*

2015

Agravo regimental e interesse recursal

Configurada, na espécie, a falta de interesse recursal, na medida em que não haveria, na decisão monocrática objeto de impugnação, ato com conteúdo decisório desfavorável ao agravante. *MS 33729/DF, Rel. Min. Roberto Barroso, 3.9.15. Pleno. (Info 797)*

Protocolização em setor indevido e tempestividade

O recebimento da apelação no Tribunal "a quo" não poderia dar ensejo à declaração de intempestividade, por ter sido protocolado no prazo legal. O erro não pode ser atribuído exclusivamente ao advogado do apelante, sendo da responsabilidade, também, do setor que recebeu a petição do recurso indevidamente. Erro do próprio órgão judiciário no processamento do recurso. *RE 755613 AgR-ED/ES, Rel. Min. Dias Toffoli, 22.9.15. 1ª T. (Info 800)*

2012

Desistência e recurso pendente de julgamento

Enquanto não ultimado o julgamento do apelo aqui em trâmite, pode a parte desistir do recurso. 2. Havendo embargos de declaração ainda pendentes de apreciação, a desistência alcança apenas esse último recurso, ainda não julgado. 3. Não tendo sido apresentado, nesta instância, expresso pedido de renúncia ao direito sobre o qual se funda a ação, não há como tê-lo por fictamente deduzido para fins de sua homologação.. *AI 773754 AgR-ED-AgR, Rel. Min. Dias Toffoli, 10.4.12. 1ª T. (Info 661)*

Pedido de justiça gratuita na fase recursal

Uma vez pleiteado o reconhecimento do direito à justiça gratuita, afirmando a parte interessada não ter condições de fazer frente a preparo, cumpre afastar a deserção. *AI 652139 AgR, Red. p/ ac. Min. Marco Aurélio, 22.5.12. 1ª T. (Info 667)*

1.7.2. Do Agravo

2013

AI e preparo de RE

A cópia da comprovação do preparo do extraordinário não é peça essencial na formação do agravo de instrumento. *AI 479288 AgR/SP, Rel. Min. Marco Aurélio, 18.12.12. 1ª T. (Info 693)*

ED e conversão em AgR

Converteu-se embargos de declaração em agravo, haja vista que o recurso de embargos é impróprio para atacar decisão monocrática. O agravo não mereceu provimento, porque o ato monocrático estaria hígido. O recurso foi sido equivocado e a decisão agravada, mantida. *ARE 749715 ED/RJ, Rel. Min. Ricardo Lewandowski, 24.9.13. 2ª T. (Info 721)*

ED: conversão em regimental e multa

É possível a aplicação da multa prevista no art. 557, § 2º, do CPC nas hipóteses de conversão de embargos declaratórios em agravo regimental. *RE 501726 ED/SC, RE 581906 ED/SC, Rel. Min. Dias Toffoli, 4.6.13. 1ª T. (Info 709)*

1.7.3. Dos Embargos de Declaração

2016

Embargos de declaração e condenação em honorários advocatícios

Após 18 de março de 2016, data do início da vigência do Novo Código de Processo Civil, é possível condenar a parte sucumbente em honorários advocatícios na hipótese de o recurso de embargos de declaração não atender os requisitos previstos no art. 1.022 do referido diploma e tampouco se enquadrar em situações excepcionais que autorizem a concessão de efeitos infringentes. *RE 929925 AgR-ED/RS, Rel. Min. Luiz Fux, 7.6.2016. 1ª T. (Info 829)*

2015

Convenção coletiva e política salarial

O Tribunal admite embargos de declaração com efeitos modificativos, desde que para fins de correção de premissas equivocadas. Erro de julgamento e premissa equivocada são noções conceituais autônomas, distintas e inconfundíveis, uma vez que a premissa equivocada pressupõe o reconhecimento de erro material ou a desconsideração de fato que, se for reconhecido, tem influência decisiva no julgamento, ou seja, altera o resultado do julgamento, a caracterizar omissão reparável pelo efeito integrador, e eventualmente modificativo de que podem revestir-se os embargos de declaração. *RE 194662 Ediv-ED-ED/BA, Red. p/ ac. Min. Marco Aurélio, 14.5.15. Pleno. (Info 785)*

ED: interposição antes da publicação do acórdão e admissibilidade

Admite-se a interposição de embargos declaratórios oferecidos antes da publicação do acórdão embargado e dentro do prazo recursal. *AI 703269 AgR-ED-ED-EDv-ED/MG, Rel. Min. Luiz Fux, 5.3.15. Pleno. (Info 776)*

ED: sucumbência recursal e aplicação de multa

Afirmou que, de acordo com o CPC, seria possível majorar a multa aplicada apenas se tivesse sido imposta, anteriormente, a sanção no valor de 1%. Após a primeira multa, se fossem protocolados novos embargos, poder-se-ia chegar a até 10% no total. Assim, como no caso os primeiros embargos teriam sido oferecidos por uma parte; mas os segundos e os terceiros, por outra, se aplicada essa sistemática chegar-se ia ao resultado em questão. *MS 26860 ED/DF, Rel. Min. Luiz Fux, 1º.7.15. Pleno. (Info 792)*

2014

Embargos de declaração e provimento para subir o RE

São cabíveis embargos de declaração quando reconhecida a repercussão geral: inaplicabilidade da regra do art. 543-B do CPC ao caso. *ARE 721001 RG-ED/RJ, Rel. Min. Gilmar Mendes, 28.8.14. Pleno. (Info 756)*

2012

ED e recolhimento prévio de multa

A Turma acolheu segundos embargos de declaração para afastar a exigência de multa e conhecer dos primeiros embargos, mas rejeitá-los. Reputou-se que não se poderia cogitar da obrigatoriedade de recolhimento da multa para se conhecer do recurso, uma vez que a sua interposição partiria do pressuposto de que a prestação jurisdicional não se aperfeiçoara e, portanto, não poderia ser executada quanto à multa. *AI 588831 ED-ED, Rel. Min. Marco Aurélio, 4.12.12. 1ª T. (Info 691)*

1.7.4. Dos Recursos para o STF e o STJ

2016

Agravo interno e juntada extemporânea de documentos

Embora prevaleça entendimento no sentido da inadmissibilidade da juntada extemporânea de prova documental em recursos interpostos na Suprema Corte, no caso, em razão da natureza do documento anexado aos autos – comunicação oficial dos atos do TCE – e do evidente interesse público indisponível presente na lide – consistente no interesse de toda a coletividade na apreciação da higidez das contas dos gestores públicos -, admite-se a comprovação tardia de que a parte recorrida foi efetivamente intimada da sessão de julgamento. *ARE 916917 AgR/SP, rel. Min. Edson Fachin, j. 6.12.2016. 1ª T. (Info 850)*

Discussão de matéria infraconstitucional em recurso extraordinário e ausência de repercussão geral

Não conhecido recurso extraordinário em que se discutia a possibilidade de imposição ao INSS, nos processos em que figurasse como parte ré, do ônus de apresentar cálculo de liquidação do seu próprio débito. A pretensão deduzida repousa apenas na esfera da legalidade. Embora o recurso tivesse sido apregoado para julgamento conjunto com a ADPF 219, a ótica no âmbito da ADPF, que é ação objetiva, diferiria da ótica no âmbito do recurso extraordinário. Essa espécie recursal teria por base os fundamentos do acórdão recorrido na via extraordinária, que, no caso, teria apenas realizado interpretação de regras infraconstitucionais. *RE 729884/RS, Rel. Min. Dias Toffoli, 23.6.2016. Pleno. (Info 831)*

2015

Decisão monocrática em embargos de declaração

O recurso extraordinário é inadmissível quando interposto após decisão monocrática proferida pelo relator, haja vista não esgotada a prestação jurisdicional pelo tribunal de origem. *ARE 868922/SP, Rel. Min. Dias Toffoli, 2.6.15. 2ª T. (Info 788)*

Juntada do incidente de inconstitucionalidade

O Plenário deu provimento a recurso no sentido de dispensar a exigência de juntada do aresto que servira de base ao acórdão recorrido nas hipóteses em que já houver o pronunciamento do STF sobre a questão. Assim como ocorreu no caso concreto, a Corte entendeu que, se o parágrafo único do art. 481 do CPC permite que, nesses casos, o órgão fracionário não submeta ao plenário do STF o incidente de inconstitucionalidade, exigir-se a juntada do inteiro teor do acórdão proferido pelo Tribunal "a quo" no incidente de inconstitucionalidade para o conhecimento do recurso extraordinário resultaria em desmedida valoração do julgamento do órgão especial do Tribunal de origem sobre a decisão do STF. *RE 196752 AgR/MG, Red. p/ ac. Min. Gilmar Mendes, 5.11.15. Pleno. (Info 806)*

RE e análise dos requisitos de admissibilidade de REsp

O recurso extraordinário é instrumento processual idôneo para questionar o cabimento de recurso especial manejado em face de decisão proferida em sede de suspensão de liminar deferida ao Poder Público com base no art. 4º da Lei 8.437/92. *RE 798740 AgR/DF, Red. p/ ac. Min. Marco Aurélio, 1º.9.15. 1ª T. (Info 797)*

2014

Inconstitucionalidade de lei e decisão monocrática

É possível o julgamento de recurso extraordinário por decisão monocrática do relator nas hipóteses oriundas de ação de controle concentrado de constitucionalidade em âmbito estadual de dispositivo de reprodução obrigatória, quando a decisão impugnada refletir pacífica jurisprudência do STF sobre o tema. *RE 376440 ED/DF, Rel. Min. Dias Toffoli, 18.9.14. Pleno. (Info 759)*

Jurisdição e matéria infraconstitucional

Interpostos simultaneamente REsp e RE contra acórdão de segundo grau, se ambos forem admitidos, o recurso extraordinário só deve ser julgado no STF após esgotada a prestação jurisdicional no STJ. Na espécie, o RE interposto contra o acórdão do segundo grau foi julgado antes do agravo de instrumento que visava destrancar o RE interposto no STJ. //Quanto à matéria de fundo, verifica-se que o STJ negou seguimento ao REsp sob o fundamento de que a discussão travada nos autos seria de natureza eminentemente constitucional. O STF, por sua vez, ao negar seguimento ao RE interposto na origem, afirmou que a matéria nele veiculada seria de índole infraconstitucional. Posteriormente, o STF, ao analisar o agravo de instrumento que visava destrancar o recurso extraordinário interposto no STJ, a ele negou provimento, asseverando que a matéria suscitada no apelo extremo, concernente à negativa de prestação jurisdicional perpetrada pelo STJ no julgamento do recurso especial, também teria natureza infraconstitucional. Essa decisão foi mantida no julgamento do agravo regimental, ora embargado. //Havendo o RE interposto no STJ suscitado violação dos arts. 5º, XXXV e LV; 93, IX; e 105, III, da CF, competia à Suprema Corte dirimir a celeuma concernente à negativa de prestação jurisdicional, o que não ocorreu. *AI 633834 ED-AgR/RJ, Rel. Min. Dias Toffoli, 18.3.14. 1ª T. (Info 739)*

Mandado de segurança e cautelar: supressão de eficácia da decisão

Ante a liberação dos depósitos bloqueados, há o prejuízo do recurso interposto pelo Banco Central. O pedido de desistência do recurso extraordinário ora protocolado não seria analisado ante a prejudicialidade do próprio recurso. *RE 190034/SP, Rel. Min. Marco Aurélio, 9.4.14. Pleno. (Info 742)*

RE: formalização de acordo e perda de objeto

O art. 462 do CPC não se aplica à via extraordinária. Os fatos relacionados ao acordo, bem como aos pagamentos efetuados pelo Estado-membro, devem ser devidamente apreciados na origem, e não interfere no recurso extraordinário. *RE 222239 AgR/RJ, Rel. Min. Dias Toffoli, 27.5.14. 1ª T. (Info 748)*

RE interposto de representação de inconstitucionalidade e prazo em dobro

A Fazenda Pública possui prazo em dobro para interpor recurso extraordinário de acórdão proferido em sede de representação de inconstitucionalidade (CF, art. 125, § 2º). *ARE 661288/SP, Rel. Min. Dias Toffoli, 6.5.14. 1ª T. (Info 745)*

Tempestividade de REsp em litisconsórcio não unitário

A ilegalidade da decisão recorrida autoriza o uso excepcional do mandado de segurança contra ato judicial. Assim, foi dado provimento a recurso ordinário em mandado de segurança para afastar a intempestividade de recurso especial, cuja ratificação – que objetivaria resguardar a unicidade do acórdão do tribunal de origem – não haveria de ser exigida no caso e que sequer seria cabível ao impetrante a interposição dos embargos infringentes, pois fora condenado por votação unânime. *RMS 30550/DF, Rel. Min. Gilmar Mendes, 24.6.14. 2ª T. (Info 752)*

2013

AI: tempestividade de RE e recesso forense

Conhece-se de agravo interposto por advogado cuja procuração é juntada aos autos na forma de mera cópia reprográfica, sendo dispensável a autenticação. 2. A comprovação da tempestividade do recurso extraordinário é requisito essencial à sua admissibilidade, cabendo ao STF a decisão definitiva sobre o ponto, devendo essa tempestividade ser demonstrada e comprovada pelo agravante mesmo que não haja controvérsia a respeito do tema no tribunal de origem. 3. A jurisprudência admite a comprovação desse requisito em agravo interposto contra a decisão em que se tenha reconhecido a intempestividade. *AI 741616 AgR/RJ, Rel. Min. Dias Toffoli, 25.6.13. 1ª T. (Info 712)*

ED: repercussão geral e art. 543-B do CPC

O Plenário do STF, em deliberação presencial, pode não conhecer de recurso extraordinário ao fundamento de tratar-se de matéria de índole infraconstitucional, ainda que tenha reconhecido, anteriormente, a existência de repercussão geral por meio do Plenário Virtual. *RE 607607 ED/RS, Rel. Min. Luiz Fux, 2.10.13. Pleno. (Info 722)*

Reajuste de vale-refeição por decisão judicial

RPG A controvérsia relacionada com o percentual de reajuste no valor do vale-refeição concedido a servidores públicos estaduais e sua adequação para a manutenção do valor efetivo do benefício é matéria afeta à interpretação da legislação infraconstitucional. Incabível na instância extraordinária (Súm. 280/STF). *RE 607607/RS, Repercussão geral – mérito, Red. p/ ac. Min. Luiz Fux, 6.2.13. Pleno. (Info 694)*

RE com protocolo ilegível e comprovação de tempestividade

Ante o fato de a peça reveladora do extraordinário estar com o carimbo do protocolo ilegível, é possível demonstrar a data em que interposto, quando da apresentação do agravo regimental. *AI 822891 AgR/RS, Red. p/ ac. Min. Marco Aurélio, 21.5.13. 1ª T. (Info 707)*

Tempestividade: RE interposto antes de ED

O recurso extraordinário surge oportuno ainda que pendentes embargos declaratórios interpostos pela parte contrária, ficando a problemática no campo da prejudicialidade se esses últimos forem providos com modificação de objeto. *RE 680371 AgR/SP, Red. p/ ac. Min. Marco Aurélio. 1ª T. (Info 710)*

2012

Devido processo legal e negativa de prestação jurisdicional

A questão atinente aos pressupostos de admissibilidade dos recursos de competência de outros tribunais possui natureza infraconstitucional. *RE 417819, Red. p/ ac. Min. Ricardo Lewandowski, 12.6.12. 1ª T. (Info 670)*

RE: admissibilidade e protocolo ilegível

Nada obstante o carimbo do protocolo da petição de recurso extraordinário esteja ilegível, a sua tempestividade pode ser aferida por outros elementos acostados aos autos. O defeito do protocolo ilegível, no caso, é imputável ao órgão que recebeu a petição e não carimbou adequadamente, não podendo a parte jurisdicionada sofrer o prejuízo por um defeito o qual não deu causa. O ônus processual no caso não pode ser atribuído à parte. *RE 611743 AgR, Rel. Min. Luiz Fux, 25.9.12. 1ª T. (Info 681)*

Tempestividade de recurso e momento de comprovação

É admissível comprovação posterior de tempestividade de recurso extraordinário quando houver sido julgado extemporâneo por esta Corte em virtude de feriados locais ou de suspensão de expediente forense no tribunal "a quo". *RE 626358 AgR, Rel. Min. Cezar Peluso, 22.3.12. Pleno. (Info 659)*

1.7.5. Da Ordem dos Processos no Tribunal

2015

Multa: justiça gratuita e suspensão do recolhimento

As partes beneficiárias da justiça gratuita não estão isentas do pagamento da multa do art. 557, § 2º do CPC, porém, o recolhimento do numerário deve ficar suspenso, nos termos do art. 12 da Lei 1.060/50. *RE 775685 AgR-ED/BA, Rel. Min. Dias Toffoli, 17.11.15. 1ª T. (Info 808)*

2. DO PROCESSO DE EXECUÇÃO

2016

Execução de honorários sucumbenciais e fracionamento

É legítima a execução de honorários sucumbenciais proporcional à respectiva fração de cada um dos substituídos processuais em ação coletiva contra a Fazenda Pública. *RE 919269 AgR/RS, Rel. Min. Edson Fachin, 15.12.2015. 1ª T. (Info 812)*

Execução de honorários sucumbenciais e fracionamento

Não é possível fracionar o crédito de honorários advocatícios em litisconsórcio ativo facultativo simples em execução contra a Fazenda Pública por frustrar o regime do precatório. *RE 949383 AgR/RS, Rel. Min. Cármen Lúcia, 17.5.2016. 2ª T. (Info 826)*

2013

Execução de multa aplicada por Tribunal de Contas estadual a agente político municipal e legitimidade

O estado-membro não tem legitimidade para promover execução judicial para cobrança de multa imposta por Tribunal de Contas estadual à autoridade municipal, uma vez que a titularidade do crédito é do próprio ente público prejudicado, a quem compete a cobrança, por meio de seus representantes judiciais. *RE 580943 AgR/AC, Rel. Min. Ricardo Lewandowski, 18.6.13. 1ª T. (Info 711)*

3. DO PROCESSO CAUTELAR

2014

RE: ação cautelar e eficácia suspensiva

Inviável reputar instaurada a jurisdição cautelar do STF, considerado (i) o juízo negativo de admissibilidade do recurso extraordinário do autor, (ii) a inocorrência de hipótese de excepcionalidade na espécie, e (iii) a interposição concomitante dos recursos especial e extraordinário, que confere, a rigor, primeiramente ao STJ a deliberação acerca da suspensão dos efeitos do acórdão recorrido até que sobrevenha o julgamento final do agravo interposto com a finalidade de destrancar o recurso especial ou, ainda, do próprio recurso especial. *AC 3683/MG, Rel. Min. Rosa Weber, 2.9.14. 1ª T. (Info 757)*

4. OUTROS TEMAS

2016

Fazenda Pública e atuação em juízo

O prazo de 30 dias para a Fazenda Pública embargar execução é constitucional. Julgada improcedente ADI ajuizada pelo CFOAB contra o artigo 4º da MPv 2.102-27/2001 que, ao alterar outros dispositivos legais, promoveu alterações em prazos processuais, entre eles a interposição de recurso pela Fazenda Pública. A ADI alegava ofensa aos princípios da isonomia e do devido processo legal. Isto porque o dispositivo questionado, ao acrescentar o art. 1º-B à Lei 9.494/97, aumentou para 30 dias o prazo para interposição de recurso (embargos à execução) pela Fazenda Pública, permanecendo para o particular a previsão de 10 dias na área cível e 5 dias na área trabalhista. A OAB também argumentava afronta ao princípio da isonomia em razão de o dispositivo ter fixado prazo prescricional de cinco anos para ajuizamento de ações de indenização, uma vez que para os particulares a previsão é de 20 anos. Quanto ao parágrafo único, acrescentado ao artigo 741, do CPC/73, o conselho sustentava que a inexigibilidade de título executivo judicial quando firmados em dissonância com o entendimento do Supremo, rescindiria sentença transitada em julgado, ferindo os princípios constitucionais da coisa julgada e da segurança jurídica. Somente em hipóteses excepcionais – quando manifestamente demonstrada a ausência dos requisitos de relevância e urgência – é que caberia anular o ato normativo editado, o que não ocorreu no caso. A ampliação do prazo para a oposição de embargos pela Fazenda Pública não viola os princípios da isonomia e do devido processo legal porque o tratamento processual especial conferido à Fazenda Pública é conhecido de todos – inclusive em relação a prazos diferenciados, quando razoáveis – e não apresenta restrição a direito ou prerrogativa da parte contrária, mas busca atender ao princípio da supremacia do interesse público. Também não viola a Constituição a fixação do prazo prescricional de cinco anos para os pedidos de indenização por danos causados por agentes de pessoas jurídicas de direito público e de pessoas jurídicas de direito privado prestadoras de serviço público. O dispositivo examinado simplesmente reproduziu o que já dispunha o art. 1º do Dec. 20.910/1932. A única novidade foi a inclusão, entre os destinatários dessa norma, das pessoas jurídicas de direito privado prestadoras de serviço público, atribuindo o mesmo regime prescricional das pessoas jurídicas de direito público. Justificada pelo art. 37, § 6º, da CF, que expressamente equipara essas entidades às pessoas de direito público relativamente ao regime de responsabilidade civil pelos atos praticados por seus agentes. Em relação à inexigibilidade de título executivo judicial fundado em lei ou ato normativo declarados inconstitucionais pelo STF, consta inclusive incorporado ao NCPC. *ADI 2418/DF, Rel. Min. Teori Zavascki, 4.5.2016. Pleno. (Info 824)*

2013

Comunicação e pedido de desentranhamento

Negou-se provimento a agravo regimental em comunicação. O comunicante impugnava despacho de desentranhamento de peça e o resultado do julgamento. Na decisão recorrida, o relator, negara seguimento à petição do comunicante em virtude da inadmissibilidade da via. Aduzira, à época, que a decisão já teria transitado em julgado. *Cm 58 ED/DF, Rel. Min. Gilmar Mendes, 17.10.13. Pleno. (Info 724)*

11. DIREITO PROCESSUAL CONSTITUCIONAL

1. CONTROLE DE CONSTITUCIONALIDADE

1.1. Controle Concentrado de Constitucionalidade

1.1.1. ADI/ADC

2015

Ação rescisória e inconstitucionalidade de lei

Segundo o Colegiado, o entendimento adotado no julgamento do RE 145018, no sentido da inconstitucionalidade da Lei municipal 1.061/87, não deve ser modificado. Afinal, é inadmissível o argumento de que a irredutibilidade de vencimentos deveria garantir a preservação do valor real da remuneração – com a manutenção de poder aquisitivo –, de forma que o aumento do gasto com pessoal não consistiria em aumento de vencimentos dos servidores, mas, tão somente, em reajuste dos valores devidos. Asseverou que o acórdão rescindendo violou os arts. 13, I, III e V; 43, V; 57, II, e 65 da Emenda Constitucional 1/69. Enfatizou, também, que, salvo na hipótese de revisão da jurisprudência – art. 103 do RISTF –, o que não se verificou na espécie, a declaração de inconstitucionalidade de lei proferida pelo Plenário, pronunciada por maioria qualificada, deve ser aplicada aos processos posteriormente submetidos ao julgamento das Turmas e do Plenário, conforme regra prevista no art. 101 do RISTF. *AR 1551/RJ, Rel. Min. Gilmar Mendes, 19.10.2016. Pleno. (Info 844)*

"Amicus curiae": recorribilidade e legitimidade

Não se conhece de recursos interpostos por "amicus curiae" já admitido, nos quais se intenta impugnar acórdão proferido em sede de controle concentrado de constitucionalidade. Não se justificaria a intervenção de instituição financeira para discutir situações concretas e individuais, no caso, a situação particular que desaguara na decretação de liquidação extrajudicial da instituição. Sob esse aspecto, a tutela jurisdicional de situações individuais deveria ser obtida pela via do controle difuso, por qualquer pessoa com interesse e legitimidade. O propósito do "amicus curiae" é pluralizar o debate constitucional e conferir maior legitimidade ao julgamento do STF, tendo em conta a colaboração emprestada pelo terceiro interveniente. Este deve possuir interesse de índole institucional, bem assim a legítima representação de um grupo de pessoas, sem qualquer interesse particular. *ADI 5022 AgR/RO, Rel. Min. Celso de Mello, 18.12.14. Pleno. (Info 772)*

Art. 27 da Lei 9.868/99 e suspensão de julgamento

Em ação direta de inconstitucionalidade, com a proclamação do resultado final, se tem por concluído e encerrado o julgamento e, por isso, inviável a sua reabertura para fins de modulação. *ADI 2949 QO/MG, Red. p/ ac. Min. Marco Aurélio, 8.4.15. Pleno. (Info 780)*

Entidade de classe e legitimidade ativa

A Federação Nacional de Entidades de Oficiais Militares Estaduais não ostenta legitimidade ativa "ad causam" para ajuizar ação direta de inconstitucionalidade questionando o sistema previdenciário aplicável a todos os servidores militares do Estado do Pará uma vez que sua representatividade da categoria é apenas parcial. O Clube dos Oficiais da Polícia Militar do Pará, o Clube dos Oficiais do Corpo de Bombeiros Militar do Pará, a Associação dos Cabos e Soldados da Polícia Militar do Pará e o Instituto de Defesa dos Servidores Públicos Civis e Militares do Estado do Pará são entidades com atuação limitada ao Estado do Pará, de modo que não apresentam caráter nacional necessário ao enquadramento no art. 103, IX, da CF. *ADI 4967/PA, Rel. Min. Luiz Fux, 5.2.15. Pleno. (Info 773)*

Prejudicialidade e comunicação de revogação de ato normativo após julgamento de ADI

Deve-se afastar a prejudicialidade de ação direta de inconstitucionalidade caso o STF tenha julgado o mérito da ação sem ter sido comunicado previamente a respeito da revogação da norma atacada. ADI 951 ED/SC, Rel. Min. Roberto Barroso, 27.10.2016. Pleno. (Info 845)

2014

ADI e decisão administrativa: cabimento e reserva legal

A extensão da decisão tomada pelo TJ-RN aos servidores em condições idênticas aos agravantes torna-a ato indeterminado (ato administrativo normativo genérico), que pode ser objeto de ADI. A extensão da gratificação contrariou o art. 37, X, da CF, pela inobservância de lei formal, promovendo equiparação remuneratória entre servidores, contrariando o art. 37, XIII, da CF. Princípio da isonomia: impossibilidade de invocação desse princípio para obtenção de ganho remuneratório sem respaldo legal (Súm. 339/STF). ADI 3202/RN, Rel. Min. Cármen Lúcia, 5.2.14. Pleno. (Info 734)

ADI: ex-deputados estaduais e prejudicialidade

Os artigos impugnados da Constituição estadual, que delineavam as competências e as prerrogativas do Ministério Público local e de seus membros, sofreram substanciais alterações por EC estadual, de forma que restaram descaracterizadas as previsões originalmente neles contidas, ocorrendo, assim, a prejudicialidade do exercício do controle abstrato de normas. ADI 119/RO, Rel. Min. Dias Toffoli, 19.2.14. Pleno. (Info 736)

2013

ADI ajuizada por governador e legitimidade

A legitimidade recursal no controle concentrado é paralela à legitimidade processual ativa, não se conferindo ao ente político a prerrogativa de recorrer das decisões tomadas pela Corte em sede de ação direta, seja de modo singular seja colegiadamente. A jurisprudência não merece qualquer tipo de revisão, uma vez que espelha a decorrência lógica da previsão, em rol taxativo, dos legitimados a provocar o processo objetivo de controle de constitucionalidade e a nele atuar como partes. ADI 1663 AgR/AL, Rel. Min. Dias Toffoli, 24.4.13. Pleno. (Info 703)

ADI e ato de efeito concreto

Impossibilidade de ajuizamento de ADI contra ato normativo de efeito concreto. O Dec. 6.161/07 não se dota das características de abstração e generalidade para ser processado e julgado pela via eleita. ADI 4040/DF, Rel. Min. Cármen Lúcia, 19.6.13. Pleno. (Info 711)

Lei 11.738/08: ED e modulação temporal

Não cabe estender o prazo de adaptação fixado pela lei, nem fixar regras específicas de reforço do custeio devido pela União. Matéria que deve ser apresentada a tempo e modo próprios aos órgãos competentes. 4. O "amicus curie" não tem legitimidade para interpor recurso de embargos de declaração. 5. Embargos acolhidos para (1) correção do erro material constante na ementa, para que a expressão "ensino médio" seja substituída por "educação básica", e que a ata de julgamento seja modificada, para registrar que a "ADI não foi conhecida quanto aos arts. 3º e 8º da Lei 11.738/08, por perda superveniente de seu objeto, e, na parte conhecida, ela foi julgada improcedente", (2) bem como para estabelecer que a Lei 11.738/08 passou a ser aplicável a partir de 27.4.2011. ADI 4167 AgR/DF e Primeiros a Quintos ED/DF, Rel. Min. Joaquim Barbosa, 27.2.13. Pleno. (Info 696)

2012

Embargos de Declaração: modulação dos efeitos em ADI e § § 1º e 2º do art. 84 do CPP

O Plenário acolheu embargos declaratórios, opostos pelo Procurador-Geral da República, para assentar que os efeitos da declaração de inconstitucionalidade dos § § 1º e 2º do art. 84 do CPP, inseridos pelo art. 1º da Lei 10.628/02 tenham eficácia a partir de 15.9.2005. Na espécie, alegava-se que a norma declarada inconstitucional teria vigido por três anos – com alterações nas regras de competência especial por prerrogativa de função quanto às ações de improbidade, inquéritos e ações penais – a exigir fossem modulados os efeitos do julgado. Destacou-se a necessidade de se preservar a validade dos atos processuais praticados no curso das mencionadas ações e inquéritos contra ex-ocupantes de cargos públicos e de mandatos eletivos julgados no período de 24.12.2002, data de vigência da Lei 10.628/02, até a data da declaração de sua inconstitucionalidade, 15.9.2005. Pontuou-se que inúmeras ações foram julgadas com fundamento na Lei 10.628/02 e, por segurança jurídica, necessário adotar-se a modulação, assegurada a eficácia "ex nunc", nos termos do art. 27 da Lei 9.868/99. Asseverou-se que os processos ainda em tramitação não teriam sua competência deslocada para esta Corte. *ADI 2797 ED, Red. p/ ac. Min. Ayres Britto, 17.5.12. Pleno. (Info 666)*

1.1.2. ADPF

2016

ADPF: associação e legitimidade ativa

As associações que representam fração de categoria profissional não são legitimadas para instaurar controle concentrado de constitucionalidade de norma que extrapole o universo de seus representados. *ADPF 254 AgR/DF, Rel. Min. Luiz Fux, 18.5.2016. Pleno. (Info 826)*

Anape e legitimidade

A Associação Nacional dos Procuradores dos Estados e do Distrito Federal (Anape) tem legitimidade ativa para, via arguição de descumprimento de preceito fundamental (ADPF), questionar dispositivos de lei estadual que estabelecera a isonomia de vencimentos entre as carreiras de procurador estadual e de delegado de polícia. *ADPF 328 AgR/MA, Rel. p/ ac. Min. Roberto Barroso, 18.08.2016. Pleno. (Info 835)*

2015

ADPF: fungibilidade e erro grosseiro

Inadmitida a arguição de descumprimento de preceito fundamental ante "erro grosseiro" na escolha do instrumento, considerado o artigo 4º, § 1º, da Lei 9.882/99, descabe recebê-la como ação direta de inconstitucionalidade. *ADPF 314 AgR/DF, Rel. Min. Marco Aurélio, 11.12.14. Pleno. (Info 771)*

2014

ADPF e atos judicial e administrativo

Além de resultar da cláusula de acesso para evitar lesão a direito – parte final do art. 5º, XXXV, da CF –, o poder de cautela, mediante o implemento de liminar, é ínsito ao Judiciário. Envolvida matéria de alta complexidade técnica e pendente de solução em outra arguição formalizada, cumpre suspender decisão judicial a se sobrepor a futuro pronunciamento do Supremo. *ADPF 309-Referendo-MC/DF, Rel. Min. Marco Aurélio, 25.9.14. Pleno. (Info 760)*

1.2. Controle Difuso de Constitucionalidade

2016

Ato de efeitos concretos e Enunciado 10 da Súmula Vinculante

A Segunda Turma, em conclusão e por maioria, negou provimento a agravo regimental interposto contra decisão que havia desprovido reclamação em que se discutia se órgão fracionário de TRF, ao afastar a aplicação do Dec. Legislativo 6/10, editado pela Assembleia Legislativa do Estado de Roraima, teria violado o Enunciado 10 da Súmula Vinculante. O referido decreto havia sustado o andamento de ação penal movida contra deputado estadual, com fundamento no art. 53, § 3º, da Constituição Federal e no art. 34, §§ 4º e 5º, da Constituição do Estado de Roraima. O agravante sustentava que o ato normativo possuiria grau de abstração, generalidade e impessoalidade suficientes a exigir a observância do art. 97 da CF e do Enunciado 10 da Súmula Vinculante. O Colegiado considerou que, em razão de o mencionado decreto legislativo não constituir lei em sentido formal ou material, nem possuir caráter de ato normativo, não se aplica ao caso a regra do art. 97 da CF, inexistindo, dessa forma, ofensa ao Enunciado 10 da Súmula Vinculante. Ademais, por ter um destinatário específico e referir-se a uma dada situação individual e concreta, exaurindo-se no momento de sua promulgação, o decreto não atende às exigências de abstração, generalidade e impessoalidade, o que caracteriza típico ato estatal de efeitos concretos. *Rcl 18165 AgR/RR, Rel. Min. Teori Zavascki, 18.10.2016. 2ª T. (Info 844)*

Rcl: reserva de plenário, isonomia e reajuste de vencimentos

A decisão de órgão fracionário do TRF da 1ª Região, que concedeu, com base no princípio da isonomia, a incorporação do percentual de 13,23% aos vencimentos dos servidores da Justiça do Trabalho, após haver afastado a aplicação de texto de lei, declarando-o, por via transversa, inconstitucional afronta os Enunciados 10 e 37 da Súmula Vinculante. *Rcl 14872, Rel. Min. Gilmar Mendes, 31.5.2016. 2ª T. (Info 828)*

2. AÇÕES CONSTITUCIONAIS

2.1. Ação Civil Pública

2015

Ação civil pública em face de prefeito e atribuição ministerial

Na ADI 1916 julgou-se improcedente a ação que objetivava a declaração de inconstitucionalidade de norma da Lei Orgânica de MP estadual, que prevê a competência privativa do procurador-geral de justiça para a propositura de ação civil pública contra as autoridades elencadas no mencionado dispositivo, dentre as quais os prefeitos municipais, restando cassada a liminar anteriormente concedida, que havia suspendido a eficácia do dispositivo. Não restou proibida a delegação de tal atribuição a outros membros do Ministério Público, até porque se destacou que "a legitimação para propositura da ação civil pública – nos termos do artigo 129, inciso III, da Constituição do Brasil – é do Ministério Público, instituição una e indivisível". Existente nos autos a portaria de delegação, não há falar que o ora agravante, prefeito municipal à época da propositura da ação civil pública intentada enquanto vigia a medida cautelar na referida ADI, tenha sido processado por autoridade incompetente, no caso, promotor de justiça. *ARE 706288 AgR/MS, Rel. Min. Dias Toffoli, 2.6.15. 2ª T. (Info 788)*

Defensoria Pública e ação civil pública

A Defensoria Pública tem legitimidade para propor ação civil pública, na defesa de interesses difusos, coletivos ou individuais homogêneos. *ADI 3943/DF, Rel. Min. Cármen Lúcia, 7.5.15. Pleno. (Info 784)*

Defensoria Pública e ação civil pública

RPG A Defensoria Pública tem legitimidade para a propositura de ação civil pública em ordem a promover a tutela judicial de direitos difusos e coletivos de que sejam titulares, em tese, as pessoas necessitadas. *RE 733433/MG, repercussão geral – mérito, Rel. Min. Dias Toffoli, 4.11.15. Pleno. (Info 806)*

2014

Ação civil pública e foro por prerrogativa de função

Na espécie, Senador da República figurara no polo passivo da ação civil pública, o que ensejara a alegada competência do STF, entretanto, posteriormente renunciara ao cargo, a implicar a prejudicialidade do agravo. *Pet 3067 AgR/MG, Rel. Min. Roberto Barroso, 12.12.13. Pleno. (Info 732)*

2012

Legitimidade do Ministério Público: ação civil pública e pontuação em concurso público

O Ministério Público tem legitimidade para promover ação civil pública sobre direitos individuais homogêneos quando presente o interesse social. No caso, Ministério Público estadual ajuizara ação civil pública em torno de certame para diversas categorias profissionais de determinada prefeitura, em que asseverara que a pontuação adotada privilegiaria candidatos os quais já integrariam o quadro da Administração Pública Municipal. Salientou-se que a matéria cuidada na ação proposta teria a relevância exigida a justificar a legitimidade do Ministério Público estadual. *RE 216443, Red. p/ ac. Min. Marco Aurélio, 28.8.12. 1ª T. (Info 677)*

2.2. Ação Penal Originária

2016

Processo eletrônico: corréus com advogados distintos e prazo em dobro

Não cabe a aplicação subsidiária do art. 229, "caput", do CPC/2015 em inquéritos e ações penais originárias em que os atos processuais das partes são praticados por via eletrônica e todos os interessados – advogados e membros do Ministério Público – têm acesso amplo e simultâneo ao inteiro teor dos autos. *Inq 3980 QO/DF, Rel. Min. Teori Zavascki, 7.6.2016. 2ª T. (Info 829)*

2015

Arquivamento de inquérito e requerimento do PGR

A titularidade da ação penal pública e a atribuição para requerer o arquivamento do inquérito policial não significam que todo e qualquer requerimento de instauração de inquérito formulado pela Procuradoria-Geral da República deva ser incondicionalmente atendido pelo STF. Assim como se admite o trancamento de inquérito policial, por falta de justa causa, diante da ausência de elementos indiciários mínimos demonstrativos da autoria e materialidade, há que se admitir – desde o seu nascedouro – seja coarctada a instauração de procedimento investigativo, uma vez inexistentes base empírica idônea para tanto e indicação plausível do fato delituoso a ser apurado. *Inq 3847 AgR/ GO, Rel. Min. Dias Toffoli, 7.4.15. 1ª Turma. (Info 780)*

Denúncia e prazo em dobro para resposta à acusação

O prazo de 15 dias do art. 4º da Lei 8.038/90 deve ser contado em dobro, por aplicação analógica do art. 191 do CPC. O art. 4º da Lei 8.038/90 permite, nessa fase processual, que o denunciado ofereça resposta às imputações penais que contra ele tiverem sido deduzidas pelo Ministério Público. A amplitude material da defesa alcança não apenas preliminares ou questões formais, mas também o próprio mérito da imputação penal. Abarca, ainda, a possibilidade de o Tribunal, após o oferecimento da denúncia, exercer o controle de admissibilidade da acusação penal, ao acolher, receber ou rejeitar a denúncia e mesmo julgar improcedente o pedido e, em consequência, proferir juízo de absolvição penal, nos termos da Lei 8.038/90 (art. 6º). *Inq 4112/DF, Red. p/ ac. Min. Gilmar Mendes, 1º.9.15. 2ª T. (Info 797)*

Litisconsórcio e prazo em dobro para a resposta à acusação

É cabível a aplicação analógica do art. 191 do CPC, ao prazo previsto no art. 4º da Lei 8.038/90. *Inq 3983/DF, Red. p/ ac. Min. Luiz Fux, 3.9.15. Pleno. (Info 797)*

2014

Ação penal originária no STJ e citação

Procedimento especial da Lei 8.038/90: acusado com possibilidade de se manifestar sobre a acusação antes de se tornar réu na ação penal; procedimento comum (CPP): primeira manifestação do acusado ocorre quando ele já é réu no processo. //Procedimento da Lei 8.038/90 mais benéfico ao acusado quanto ao objeto desta impetração, devendo prevalecer sobre o procedimento comum do CPP. //A opção pelo rito da Lei 8.038/90 privilegia o princípio da especialidade, aplicando-se a norma especial em aparente conflito com a norma geral, que cede ante a incidência de norma constitucional, como a do art. 5º, LV, da CF, que tutela o direito fundamental de ampla defesa. //Mesclagem do procedimento especial da Lei 8.038/90 com o procedimento comum do CPP importaria, no caso, a criação de novas fases processuais, selecionando o que cada uma tem de mais favorável ao acusado, gerando um hibridismo ("tertium genus") incompatível com o princípio da reserva legal. *HC 116653/ RJ, Rel. Min. Cármen Lúcia, 18.2.14. 2ª T. (Info 736)*

Ação penal: renúncia a mandato de parlamentar e competência do STF

Em face da renúncia do réu ao cargo de deputado federal, assentou-se o declínio da competência do STF para prosseguir com o trâmite de ação penal na qual se imputa a suposta prática dos crimes de peculato e de lavagem de dinheiro, em concurso material e de pessoas. Por conseguinte, determinou-se a remessa do feito ao juízo de primeiro grau. *AP 536 QO/MG, Rel. Min. Roberto Barroso, 27.3.14. Pleno. (Info 740)*

Competência por prerrogativa de foro e desmembramento

Compete ao STF decidir quanto à conveniência de desmembramento de procedimento de investigação ou persecução penal, quando houver pluralidade de investigados e um deles tiver prerrogativa de foro perante a Corte. *AP 871QO/PR, AP 872 QO/ PR, AP 873 QO/PR, AP 874 QO/PR, AP 875 QO/PR, AP 876 QO/PR, AP 877 QO/PR AP 878 QO/PR, Rel. Min. Teori Zavascki, 10.6.14. 2ª T. (Info 750)*

Foro por prerrogativa de função e desmembramento

A competência por prerrogativa de foro é de direito estrito, não se podendo, considerada conexão ou continência, estendê-la a ponto de alcançar inquérito ou ação penal relativos a cidadão comum. *Inq 3515 AgR/SP, Rel. Min. Marco Aurélio, 13.2.14. Pleno. (Info 735)*

Foro por prerrogativa de função e prorrogação de competência

Proferido o primeiro voto em julgamento de apelação criminal por Tribunal de Justiça, o exercício superveniente de mandato parlamentar pelo réu, antes da conclusão do julgamento, não tem o condão de deslocar a competência para o STF. No caso, o réu foi diplomado suplente e assumiu o mandato, em razão do afastamento do titular, dois dias antes de o Revisor devolver o processo para continuação do julgamento, havendo comunicado esse fato apenas no dia da sessão. Mais que isso, atualmente, o réu não exerce mais o mandato parlamentar. Declarou-se, em questão de ordem, a validade do julgamento da apelação pelo Tribunal de Justiça. *AP 634 QO/DF, Rel. Min. Roberto Barroso, 6.2.14. Pleno. (Info 734)*

Procurador-Geral do Estado e foro por prerrogativa de função

Compete à Constituição do Estado definir as atribuições do Tribunal de Justiça, não podendo este desempenho ser transferido – menos ainda por competência aberta – ao legislador infraconstitucional (CF, art. 125, § 1º)". Assim, é inconstitucional norma de Constituição estadual que atribui foro por prerrogativa de função a agentes públicos equiparados a Secretários de Estado, equiparação a ser promovida pelo legislador infraconstitucional. Não sendo Secretário de Estado, mas apenas equiparado a ele, não tem o Procurador-Geral foro por prerrogativa no Tribunal de Justiça. Não o favorece o decidido pelo STF em relação ao cargo de Advogado-Geral da União (PET 1.199 AgR: ao reconhecer, nesse julgamento, a prerrogativa de foro, o STF o fez na expressa consideração de que, por força do § 1º do art. 13 da Lei 9.649/98, o AGU tornou-se Ministro de Estado (deixando, portanto, de ser meramente equiparado). Reafirmou-se, todavia, na mesma oportunidade, o entendimento (aplicável, "mutatis mutandis", a Secretários de Estado), de que "para efeito de definição da competência penal originária do STF, não se consideram Ministros de Estado os titulares de cargos de natureza especial da estrutura orgânica da Presidência da República, malgrado lhes confira a lei prerrogativas, garantias, vantagens e direitos equivalentes aos dos titulares dos Ministérios. *HC 103803/RR, Rel. Min. Teori Zavascki, 1º.7.14. Pleno. (Info 752)*

2012

Prerrogativa de foro: competência e via atrativa

O Plenário rejeitou denúncia oferecida, pelo MPF, contra deputado federal que, em conjunto com outros 3 acusados, supostamente praticara o crime tipificado no art. 299 do Código Eleitoral. Além disso, determinou-se imediata remessa dos autos ao 1º grau, para que a situação dos acusados não detentores de foro por prerrogativa de função seja lá analisada. Na espécie, constara da exordial esquema de compra de votos montado em municipalidade, para favorecer um dos acusados, então candidato a prefeito. Preliminarmente, assentou-se a competência da Corte para julgar o feito, tendo em vista que apenas um dos acusados exerceria atualmente função a atrair a competência do STF. No mérito, analisou-se apenas a conduta alusiva ao atualmente detentor do cargo de deputado federal. Não se vislumbrou, em relação a este, a realização de conduta típica. Frisou-se que as referências, na exordial, a compra de votos, diriam respeito aos outros acusados. Não constaria da peça acusatória que os atos criminosos teriam sido realizados pelo deputado federal ou a seu mando. Explicou-se haver ilação do Ministério Público no sentido de que o parlamentar apenas tivesse conhecimento acerca do crime. Além disso, esse suposto domínio dos fatos decorreria de sua condição de presidente regional, à época, da agremiação política vinculada ao candidato favorecido pelo alegado esquema. Aquilatou-se, também, que essa suposição do órgão acusador adviria da participação do réu na campanha do beneficiado pela compra de votos. Concluiu-se que, dada a rejeição da denúncia contra este acusado, não se justificaria o pronunciamento da Corte em relação aos demais – não detentores de foro por prerrogativa de função –, ante o desaparecimento da via atrativa. Vencida a relatora, que recebia a denúncia em relação aos 3 acusados. *Inq 2704, Red. p/ ac. Min. Dias Toffoli, 17.10.12. Pleno. (Info 684)*

2012

Defesa preliminar e foro por prerrogativa de função

Recebida a denúncia antes de o réu ter sido diplomado como Deputado Federal, apresentada a defesa escrita, é de ser examinada a possibilidade de absolvição sumária, segundo a previsão do art. 397 do CPP, mesmo que o rito, por terem os autos sido remetidos ao STF, passe a ser o da Lei 8.038/90. II. Na hipótese, tendo constado no mandado citatório menção expressa à sistemática dos arts. 396 e 397, ambos do CPP, não seria razoável exigir que o réu, ao invés de ofertar defesa escrita, apenas noticiasse ao Juízo monocrático sua novel situação de parlamentar e requeresse a remessa dos autos à Corte Suprema. III. Entendimento diverso colocaria em risco o direito à ampla defesa, ante a supressão da possibilidade de o acusado livrar-se do processo penal antes da instrução, o que é conferido tanto pelo art. 397 do CPP, quanto pelo art. 4º da Lei 8.038/90, este último aplicável às ações penais originárias. *AP 630 AgR, Rel. Min. Ricardo Lewandowski, 15.12.11. Pleno. (Info 652)*

2.3. "Habeas Data"

2015

"Habeas data" e informações fazendárias

RPG O "habeas data" é a garantia constitucional adequada para a obtenção, pelo próprio contribuinte, dos dados concernentes ao pagamento de tributos constantes de sistemas informatizados de apoio à arrecadação dos órgãos da administração fazendária dos entes estatais. *RE 673707/MG, repercussão geral, Rel. Min. Luiz Fux, 17.6.15. Pleno. (Info 790)*

2.4. "Habeas Corpus"

2016

Ação penal e "habeas corpus" de ofício

A alteração da competência inicial em face de posterior diplomação do réu não invalida os atos regularmente praticados, devendo o feito prosseguir da fase em que se encontre, em homenagem ao princípio "tempus regit actum". O regular oferecimento e recebimento da denúncia perante o juízo natural à época dos atos desautoriza o pedido de arquivamento formulado nesta fase processual, em homenagem ao princípio da obrigatoriedade da ação penal. Não demonstrado pela acusação o dolo do acusado na autorização da despesa e incluído no polo passivo exclusivamente em razão de sua posição hierárquica, fica evidenciada a ausência de justa causa para o prosseguimento da ação penal. No caso, delegado de polícia, hoje parlamentar, teria autorizado o pagamento de diárias a policial para viagens oficiais não realizadas. *AP 905 QO/MG, Rel. Min. Roberto Barroso, 23.2.2016. 1ª T. (Info 815)*

Audiência de instrução e ausência de testemunha

Na via estreita do "habeas corpus" não se admite o exame de nulidade cujo tema não foi trazido antes do trânsito em julgado da ação originária e tampouco antes do trânsito em julgado da revisão criminal. *RHC 124041/GO, Rel. p/ ac. Min. Roberto Barroso, 30.8.2016. 1ª T. (Info 837)*

"Habeas corpus": competência de juiz instrutor e foro privilegiado

Os juízes instrutores atuam como "longa manus" do magistrado relator e, nessa condição, procedem sob sua supervisão. Trata-se, portanto, de delegação limitada a atos de instrução, com poder decisório restrito ao alcance desses objetivos. *HC 131164/TO, Rel. Min. Edson Fachin, 24.5.2016. 1ª T. (Info 827)*

"Habeas corpus" contra decisão monocrática

Não é cabível "habeas corpus" impetrado contra decisão monocrática de ministro da Corte. O tema está materializado na Súmula 606/STF. Não se trata de impedir a revisão do ato do relator, posto que há outro meio processual para tanto, conforme previsto no art. 38 da Lei 8.038/90 e no art. 21, § 1º, do RISTF. *HC 105959/DF, Red. p/ ac. Min. Edson Fachin, 17.2.2016. Pleno. (Info 814)*

"Habeas corpus" e cabimento

O "habeas corpus", cuja finalidade é a tutela da liberdade de locomoção, não é cabível para o reexame de pressupostos de admissibilidade de recursos. *HC 114293/MG, Red. p/ ac. Min. Edson Fachin, 1º.12.2015. 1ª T. (Info 810)*

"Habeas corpus" e desclassificação

É incabível a utilização de "habeas corpus" impetrado com a finalidade de obter a desclassificação de homicídio com dolo eventual (CP, art. 121, c/c art. 18, I) para homicídio culposo na direção de veículo automotor (CTB, art. 302, § 2º), na hipótese em que discutida a existência de dolo eventual ou culpa consciente na conduta do motorista que se apresente em estado de embriaguez. *HC 131029/RJ, Red. p/ ac. Min. Edson Fachin, 17.5.2016. 1ª T. (Info 826)*

"Habeas corpus" e razoável duração do processo

Concedido HC para atribuir celeridade ao julgamento de mérito de REsp no STJ. O grande volume de trabalho do STJ permite flexibilizar, em alguma medida, o princípio constitucional da razoável duração do processo. No caso, contudo, a demora demasiada para o julgamento do recurso, em razão do elevado número de substituição de relatores – cinco substituições –, configura negativa de prestação jurisdicional e flagrante constrangimento ilegal sofrido pelo paciente. HC 136435/PR, rel. Min. Ricardo Lewandowski, j. 22.11.2016. 2ª T. (Info 848)

"Habeas corpus" e trancamento de ação penal

A Primeira Turma denegou a ordem em "habeas corpus" em que se pretendia trancar ação penal contra paciente acusado da prática de atividade clandestina de telecomunicação por disponibilizar provedor de internet sem fio. A defesa, ao sustentar a insignificância da conduta, ponderava que a atividade desenvolvida teria sido operada abaixo dos parâmetros objetivos estabelecidos pela Lei 9.612/98. Acrescentava, ainda, que não teria sido realizado, nos autos da ação penal, qualquer tipo de exame técnico pericial que comprovasse a existência de lesão ao serviço de telecomunicações. Porém, para o Colegiado, houve o desenvolvimento de atividade clandestina de telecomunicações, de modo que a tipicidade da conduta está presente no caso. Ademais, o trancamento da ação penal, por meio de "habeas corpus", seria algo excepcional. HC 118400/RO, Rel. Min. Marco Aurélio, j. 4.10.2016. 1ª T. (Info 842)

"Habeas corpus" e trancamento de processo de "impeachment"

"Habeas corpus" não é o instrumento adequado para pleitear trancamento de processo de "impeachment". HC 134315 AgR/DF, Rel. Min. Teori Zavascki, 16.6.2016. Pleno. (Info 830)

HC e desclassificação

É incabível a utilização do "habeas corpus" com a finalidade de se obter a desclassificação de imputação de homicídio doloso, na modalidade dolo eventual, para homicídio culposo, na hipótese em que apurada a prática de homicídio na direção de veículo automotor. Isso porque os limites estreitos dessa via processual impossibilitariam a análise apurada do elemento subjetivo do tipo penal para que se pudesse afirmar que a conduta do paciente fora pautada pelo dolo eventual ou pela culpa consciente. HC 132036/SE, Rel. Min. Cármen Lúcia, 29.3.2016. 2ª T. (Info 819)

Visita a detento e impetração de "habeas corpus"

Não conhecido "habeas corpus" no qual pleiteada a realização de visita direta a interno em estabelecimento penal e não nas dependências de parlatório. No caso, fora vedada a manutenção de contato direto entre detento recluso em penitenciária de segurança máxima e sua mãe. Não sendo possível a realização dos movimentos exigidos no procedimento de revista íntima em razão de doença – artrose no joelho direito – de que seria portadora a visitante, o juiz de execução penal, com fundamento em norma regimental, recomendara a utilização de parlatório. Por não haver efetiva restrição ao "status libertatis" do paciente, o "habeas corpus" seria meio inidôneo para discutir direito de visita a preso. HC 133305/SP, Rel. Min. Dias Toffoli, 24.5.2016. 2ª T. (Info 827)

2015

Cabimento de HC em face de decisão de Ministro do STF e colaboração premiada

O Tribunal conheceu do "habeas corpus", que teria fundamento no art. 102, I, d, da CF, segundo o qual cabe "habeas corpus" contra atos do próprio STF. No mérito, definiu-se que a colaboração premiada é meio de obtenção de prova, destinado à aquisição de elementos dotados de capacidade probatória. Não constitui meio de prova propriamente dito e não se confunde com os depoimentos prestados pelo agente colaborador. É negócio jurídico processual que, judicialmente homologado, confere ao colaborador o direito de: a) usufruir das medidas de proteção previstas na legislação específica; b) ter nome, qualificação, imagem e demais informações pessoais preservados; c) ser conduzido, em juízo, separadamente dos demais coautores e partícipes; e d) participar das audiências sem contato visual com outros acusados. Deve ser feito por escrito e conter: a) o relato da colaboração e seus possíveis resultados; b) as condições da proposta do Ministério Público ou do delegado de polícia; c) a declaração de aceitação do colaborador e de seu defensor; e d) as assinaturas do representante do Ministério Público ou do delegado de polícia, do colaborador e de seu defensor. Por sua vez, esse acordo somente será válido se: a) a declaração de vontade do colaborador for resultante de um processo volitivo, querida com plena consciência da realidade, escolhida com liberdade e deliberada sem má-fé; e b) o seu objeto for lícito, possível, determinado ou determinável. A "liberdade" de que se trata é psíquica, não de locomoção. Assim, não há óbice a que o colaborador esteja custodiado, desde que presente a voluntariedade da colaboração. Ademais, no que se refere à eficácia do acordo, ela somente ocorreria se o ato fosse submetido à homologação judicial. Esta limitar-se-ia a se pronunciar sobre a regularidade, legalidade e voluntariedade do acordo. Não seria emitido qualquer juízo de valor a respeito das declarações eventualmente já prestadas pelo colaborador à autoridade policial ou ao Ministério Público, tampouco seria conferido o signo da idoneidade a depoimentos posteriores. Em outras palavras, homologar o acordo não implicaria dizer que o juiz admitira como verídicas ou idôneas as informações eventualmente já prestadas pelo colaborador e tendentes à identificação de coautores ou partícipes da organização criminosa e das infrações por ela praticadas ou à revelação da estrutura hierárquica e da divisão de tarefas da organização criminosa. Por fim, a aplicação da sanção premial prevista no acordo dependeria do efetivo cumprimento, pelo colaborador, das obrigações por ele assumidas, com a produção de um ou mais dos resultados legais (Lei 12.850/13, art. 4º, I a V). Caso contrário, o acordo estaria inadimplido, e não se aplicaria a sanção premial respectiva. O Colegiado assentou que eventual coautor ou partícipe dos crimes praticados pelo colaborador não poderia impugnar o acordo de colaboração. Afinal, se cuidaria de negócio jurídico processual personalíssimo. Ele não vincularia o delatado e não atingiria diretamente sua esfera jurídica. O acordo, por si só, não poderia atingir o delatado, mas sim as imputações constantes dos depoimentos do colaborador ou as medidas restritivas de direitos que viessem a ser adotadas com base nesses depoimentos e nas provas por eles indicadas ou apresentadas. Além disso, o Tribunal reputou que a personalidade do colaborador ou eventual descumprimento de anterior acordo de colaboração não invalidariam o acordo atual. Primeiramente, seria natural que o colaborador, em apuração de organização criminosa, apresentasse, em tese, personalidade desajustada ao convívio social, voltada à prática de crimes graves. Assim, se a colaboração processual estivesse subordinada à personalidade do agente, o instituto teria poucos efeitos. *HC 127483/PR, Rel. Min. Dias Toffoli, 27.8.15. Pleno. (Info 796)*

Cabimento de "habeas corpus" e prequestionamento

É desnecessária a prévia discussão acerca de matéria objeto de "habeas corpus" impetrado originariamente no STJ, quando a coação ilegal ou o abuso de poder advierem de ato de TRF no exercício de sua competência penal originária. *RHC 118622/ES, Rel. Min. Roberto Barroso, 17.3.15. 1ª Turma. (Info 778)*

"Habeas corpus" de ofício e recebimento de denúncia

Por falta de justa causa, concedeu-se, de ofício, "habeas corpus" e rejeitou-se denúncia de prática dos crimes de fraude à licitação e peculato. A justa causa consistiria na exigência de suporte probatório mínimo e se traduziria na existência de elementos sérios e idôneos que demonstrassem a materialidade do crime e a existência de indícios razoáveis de autoria. O acusado, à época da concorrência supostamente fraudada, da assinatura do contrato e de seus aditivos, da sua execução, das medições de obra e dos pagamentos à empresa contratada, não mais seria o chefe do Poder Executivo local, por haver renunciado ao seu mandato. Portanto, além de não subsistir relação de subordinação hierárquica com os responsáveis pela licitação, o acusado não mais deteria qualquer poder de mando sobre o curso do procedimento licitatório e a execução do contrato ora hostilizado. *AP 913 QO/AL, Rel. Min. Dias Toffoli, 17.11.15. 2ª T. (Info 808)*

"Habeas corpus" e autorização para visitas

O "habeas corpus" não é meio processual adequado para o apenado obter autorização de visita de sua companheira no estabelecimento prisional. *HC 127685/DF, Rel. Min. Dias Toffoli, 30.6.15. 2ª T. (Info 792)*

"Habeas corpus" e "reformatio in pejus"

A proibição da "reformatio in pejus", princípio imanente ao processo penal, aplica-se ao "habeas corpus", cujo manejo jamais poderá agravar a situação jurídica daquele a quem busca favorecer. *HC 126869/RS, Rel. Min. Dias Toffoli, 23.6.15. 2ª T. (Info 791)*

Medida cautelar de afastamento de cargo público e cabimento de "habeas corpus"

As medidas cautelares criminais diversas da prisão são onerosas ao implicado e podem ser convertidas em prisão se descumpridas. É cabível a ação de "habeas corpus" contra coação ilegal decorrente da aplicação ou da execução de tais medidas. Há excesso de prazo no afastamento cautelar de Conselheiro de Tribunal de Contas, por mais de dois anos, sem que a denúncia tenha sido admitida. *HC 121089/AP, Rel. Min. Gilmar Mendes, 16.12.14. 2ª T. (Info 772)*

2014

Exaurimento de instância e conhecimento de "writ"

Não se conhece de "habeas corpus" ou de recurso ordinário em "habeas corpus" perante o STF quando, da decisão monocrática de ministro do STJ que não conhece ou denega o "habeas corpus", não se interpõe agravo regimental. *RHC 116711/ DF, Rel. Min. Gilmar Mendes, 19.11.13. 2ª T. (Info 729)*

"Habeas corpus" e autodefesa técnica

O "habeas corpus" não é o instrumento processual adequado a postular o direito de exercer a autodefesa técnica, uma vez que não está em jogo a liberdade de locomoção do paciente. *HC 122382/ SP, Rel. Min. Cármen Lúcia, 5.8.14. 2ª T. (Info 753)*

"Habeas corpus" e impetração contra órgão do STF

Não cabe "habeas corpus contra decisão proferida por qualquer de suas Turmas, as quais não se sujeitam à jurisdição do Plenário, pois, quando julgam matéria de sua competência, representam o STF". A matéria já foi pacificada, nos termos da Súm. 606/STF. *HC 117091/MG, Red. p/ ac. Min. Roberto Barroso, 22.5.14. HC 117091 (HC-117091)*

Prejudicialidade: prisão cautelar e superveniência de sentença condenatória

Não fica prejudicado "habeas corpus" impetrado contra decreto de prisão cautelar, se superveniente sentença condenatória que utiliza os mesmos fundamentos para manter a custódia do réu. *HC 119396/ES, Rel. Min. Cármen Lúcia, 4.2.14. 2ª T. (Info 734)*

Recurso em "habeas corpus" e capacidade postulatória

Advogado com inscrição suspensa na OAB não possui capacidade postulatória para a prática de atos processuais. O recorrente deve possuir capacidade postulatória para interpor recurso ordinário em "habeas corpus", ainda que tenha sido o impetrante originário, por tratar-se de ato privativo de advogado. São nulos os atos privativos de advogado praticados por aquele que esteja com a inscrição suspensa (EOAB, art. 4º, parágrafo único). *RHC 121722/MG, Rel. Min. Ricardo Lewandowski, 20.5.14. 2ª T. (Info 747)*

2013

Art. 654, § 1º, do CPP e cognoscibilidade de HC

A circunstância de o STJ ter encaminhado os autos à DPU para que tomasse as providências que entendesse pertinentes, não a isenta de pedir informações à autoridade apontada coatora, com vistas a averiguar a veracidade de constrangimento ilegal em tese sofrido pelo paciente. 5. Impetrante que, na condição de preso, encontra-se em irretorquível situação de vulnerabilidade. (...). 6. Recurso provido para determinar que o STJ conheça do "habeas corpus" indeferido liminarmente naquela Corte e solicite informações ao Juízo das Execuções Criminais, apontado autoridade coatora, a fim de esclarecer as alegações contidas na inicial do "writ". *RHC 113315/SP, Rel. Min. Gilmar Mendes, 18.6.13. 2ª T. (Info 711)*

Bacen e envio de informações individualizadas

Tendo o juízo declarado extinta a punibilidade, há o prejuízo de impetração voltada a questionar a licitude do acesso do MP, sem autorização judicial, a dados bancários de correntistas. *HC 99223/PR, Rel. Min. Marco Aurélio, 21.5.13. 1ª T. (Info 707)*

Cabimento de HC e busca e apreensão

"Habeas corpus". 2. Busca e apreensão deferida em desfavor de empresa da qual o paciente é sócio. 3. Alegações de incompetência do juízo que deferiu a cautelar e ausência de justa causa para concessão da medida perante o não esgotamento da via administrativa, constituição definitiva do crédito tributário. 4. HC indeferido liminarmente pelo STJ, que entendeu não haver risco à liberdade de locomoção. 5. Na perspectiva dos direitos fundamentais de caráter judicial e de garantias do processo, é cabível o "writ", porquanto, efetivamente, encontra-se o paciente sujeito a ato constritivo, real e concreto do poder estatal. (...). *HC 112851/DF, Rel. Min. Gilmar Mendes, 5.3.13. 2ª T. (Info 697)*

"Habeas corpus" e sigilo

Afirmou-se que, embora o CPC determinasse que na ação civil de alimentos se observasse o regime de segredo de justiça, não se poderia impor sigilo a "habeas corpus" em que controverso o "ius libertatis" do devedor alimentante. Frisou-se que não constaria, na autuação do presente recurso, o nome do alimentado, cuja não identificação somente

11. DIREITO PROCESSUAL CONSTITUCIONAL

se legitimaria quando se tratasse de processo de natureza civil. *HC 119538 AgR/SP, Rel. Min. Celso de Mello, 22.10.13. 2ª Turma. (Info 725)*

HC: cabimento e organização criminosa

Concedeu-se a ordem de ofício. Sublinhou-se que o STJ deferira a ordem para trancar a ação penal apenas quanto ao delito de descaminho, porque ainda pendente processo administrativo, mas teria mantido as imputações relativas à suposta prática dos crimes de lavagem de dinheiro e de participação em organização criminosa. Rememorou-se julgado da Turma que assentara inexistir, à época, na ordem jurídica pátria, o tipo "crime organizado", dado que não haveria lei em sentido formal e material que o tivesse previsto e tampouco revelado a referida pena (HC 96007). Concluiu-se, diante da decisão do STJ e do aludido precedente, inexistir crime antecedente no que concerne à lavagem de dinheiro. *HC 108715/RJ, Rel. Min. Marco Aurélio, 24.9.13. 1ª T. (Info 721)*

HC: chefe da Interpol e competência

O STF não tem competência para julgar "habeas corpus" cuja autoridade apontada como coatora seja delegado federal chefe da Interpol no Brasil. *HC 119056 QO/DF, Rel. Min. Cármen Lúcia, 3.10.13. Pleno. (Info 722)*

HC e decisão monocrática de ministro do STJ

Não cabe "habeas corpus" de decisão monocrática de ministro do STJ que nega seguimento a idêntica ação constitucional lá impetrada por ser substitutivo de recurso ordinário. *HC 116114/MG, Rel. Min. Dias Toffoli, 9.4.13. 1ª T. (Info 701)*

HC e erronia no uso da expressão "ex officio"

É inadmissível o "habeas corpus" substitutivo de recurso ordinário. 2. Nada impede, entretanto, análise da questão, de ofício, nas hipóteses de flagrante ilegalidade, abuso de poder ou teratologia, o que não é o caso dos autos. *HC 108444/SP, Rel. Min. Dias Toffoli, 12.3.13. 1ª T. (Info 698)*

HC em crime ambiental e reexame de fatos

Assentou-se o prejuízo da impetração ante a superveniência de notícia de que fora extinta a punibilidade do paciente, uma vez que se teria consumado a prescrição penal. *HC 105908/DF, Rel. Min. Gilmar Mendes, 24.9.13. 2ª T. (Info 721)*

HC: empate e convocação de magistrado

Cumpre proclamar a decisão mais favorável ao paciente quando ocorrer empate na votação e, por isso, desnecessária a participação de magistrado de outra turma para fins de desempate. *HC 113518/GO, Rel. Min. Teori Zavascki, 26.2.13. 2ª T. (Info 696)*

HC: tipificação e reexame fático-probatório

Comprovada a solicitação de vantagem indevida para pleitear perante a Administração Pública o reequilíbrio econômico-financeiro do contrato da vítima, a conduta do Recorrente amolda-se ao tipo previsto no art. 317 do CP (corrupção passiva). 2. Não prospera o pleito fundado em suposto equívoco na tipificação do delito pelas instâncias ordinárias, perante as quais a Defesa não apresentou essa tese, suscitada apenas quando da impetração do "habeas corpus" no STJ, via que não permite a ampla valoração dos fatos e provas necessária para seu acolhimento. *RHC 116672/SP, Rel. Min. Rosa Weber, 27.8.13. 1ª T. (Info 717)*

2012

Demora no julgamento de HC e paciente solto

O "habeas corpus" é medida cabível quando em jogo, direta ou indiretamente, o direito de locomoção. O "habeas corpus", pouco importando haver ou não o envolvimento direto da liberdade de ir e vir do paciente, deve merecer tramitação preferencial. *HC 112659, Red. p/ ac. Min. Marco Aurélio, 29.5.12. 1ª T. (Info 668)*

Extensão em HC e esclarecimento

Uma vez assentado o vício de procedimento no que indeferida diligência, tem-se como insubsistente a condenação imposta. *HC 106272 Extensão, Rel. Min. Marco Aurélio, 18.9.12. 1ª T. (Info 680)*

HC e necessidade de interposição de REsp

Este STF assentou não ser possível o conhecimento de "habeas corpus" quando não interposto o recurso cabível para provocar o reexame da matéria objeto da impetração. 2. Não se presta o "habeas corpus" para realizar novo juízo de reprovabilidade, ponderando, em concreto, qual seria a pena adequada ao fato pelo qual condenado o paciente. *HC 110152, Rel. Min. Cármen Lúcia, 8.5.12. 1ª T. (Info 665)*

HC e necessidade de interposição de REsp

O eventual cabimento de recurso especial não constitui óbice à impetração de "habeas corpus", desde que o direito-fim se identifique direta e imediatamente com a liberdade de locomoção física do paciente. HC 108994, Rel. Min. Joaquim Barbosa, 15.5.12. 2ª T. (Info 666)

HC e suspensão de prazo prescricional

O fato de o "habeas corpus" ser substituto de recurso ordinário não é fundamento suficiente para o não conhecimento do "writ". 3. Ordem deferida para que o STJ conheça e julgue o "habeas" lá impetrado. 4. Suspensão da execução da pena e do prazo prescricional até o julgamento do HC impetrado no STJ. HC 111210, Rel. Min. Gilmar Mendes, 7.8.12. 2ª T. (Info 674)

HC e tempestividade recursal

A Turma deferiu "habeas corpus" para que o STJ conheça de agravos de instrumento e se pronuncie sobre o seu mérito. Tratava-se, na espécie, de 2 "writs" impetrados de acórdãos daquele tribunal, que negara provimento a agravos regimentais, porquanto caberia aos recorrentes demonstrarem, no ato de interposição de agravo de instrumento – para a subida de recurso especial em matéria criminal –, não ter havido expediente forense na Corte de origem em razão de feriado local. Asseverou-se que as partes teriam comprovado a causa de prorrogação do prazo para recurso, não obstante o tivessem feito somente em sede de agravo regimental. HC 108638, HC 112842, Rel. Min. Joaquim Barbosa, 8.5.12. 2ª T. (Info 665)

HC: novo título e ausência de prejudicialidade

A superveniência de sentença condenatória que mantém preso o réu sob os mesmos fundamentos expostos no decreto de prisão preventiva não é causa de prejudicialidade de "habeas corpus". HC 113457, Rel. Min. Cármen Lúcia, 4.12.12. 2ª T. (Info 691)

HC substitutivo de recurso ordinário

É inadmissível impetração de "habeas corpus" quando cabível recurso ordinário constitucional. HC 109956, Rel. Min. Marco Aurélio, 7.8.12. 1ª T. (Info 674)

HC substitutivo de recurso ordinário e adequação

Provdo recurso para determinar ao STJ que conheça de "writ" lá impetrado e, por conseguinte, se pronuncie quanto às alegações da defesa. No caso, o tribunal "a quo" não conhecera da ordem pleiteada por entender que consistiria em utilização inadequada da garantia constitucional, em substituição aos recursos ordinariamente previstos. Ressaltou-se que o acórdão ora impugnado contrariaria a jurisprudência desta 2ª Turma, porquanto deixara de conhecer do "habeas corpus" ajuizado naquela Corte, ao fundamento de tratar-se de substitutivo de recurso ordinário. RHC 114188, Rel. Min. Gilmar Mendes, 30.10.12. 2ª T. (Info 686)

2.5. Mandado de Injunção

2014

MI: inadequação do instrumento e contagem de prazo diferenciado

O mandado de injunção não é via adequada para que servidor público pleiteie a verificação de contagem de prazo diferenciado de serviço exercido em condições prejudiciais à saúde e à integridade física. MI 3162 ED/DF, Rel. Min. Cármen Lúcia, 11.9.14. Pleno. (Info 758)

2.6. Mandado de Segurança

2016

Mandado de segurança e legitimidade ativa do Ministério Público Militar

Negado provimento a recurso ordinário em mandado de segurança interposto pelo Ministério Público Militar, em face de decisão que reconhecera a prescrição no tocante a militar acusado da suposta prática de ato libidinoso com menor de idade. No caso, em razão desse fato fora instaurado, contra o militar, procedimento administrativo em que alegada, desde o início, a prescrição. Esta, no entanto, somente fora declarada pelo STM, que concedera "habeas corpus" de ofício. O recorrente sustentava que o direito líquido e certo a fundamentar o "mandamus" seria o direito à ordem democrática e à ordem jurídica, e que a concessão de "habeas corpus" de ofício teria sido aplicada equivocadamente porque em sede administrativa. O "Parquet" militar, atuando como "custos legis", não teria legitimidade ativa no tocante ao mandado de segurança. Os direitos à ordem democrática e à ordem jurídica não seriam de titularidade do Ministério Público, mas de toda a sociedade. O mandado de segurança, na espécie, se insurgiria contra decisão judicial, e não administrativa. Além disso, não houvera usurpação de competência que pudesse ser considerada ilegalidade ou abuso de poder, mesmo porque o acusado fora absolvido em sede penal. *RMS 32970/DF, Rel. Min. Cármen Lúcia, 16.2.2016. 2ª T. (Info 814)*

Mandado de segurança e legitimidade ativa do PGR

O Procurador-Geral da República não possui legitimidade ativa para impetrar mandado de segurança em que se questione decisão que reconheça a prescrição da pretensão punitiva em processo administrativo disciplinar. *MS 33736/DF, Rel. Min. Cármen Lúcia, 21.6.2016. 2ª T. (Info 831)*

2015

Mandado de segurança: concurso público e litisconsórcio necessário

No mandado de segurança, é parte passiva a pessoa jurídica de direito público que deve suportar os efeitos de decisão favorável à impetração. Em se tratando de relações jurídicas diversas, sem haver o litisconsórcio necessário, descabe cogitar de obrigatoriedade de impetração conjunta. *AR 1699/DF, Rel. Min. Marco Aurélio, 18.12.14. Pleno. (Info 772)*

Mandado de segurança e prova pré-constituída

Recurso ordinário em mandado de segurança. Pretensão de equiparação de servidores inativos ao pessoal da ativa no que se refere ao pagamento de vantagem remuneratória. Fichas financeiras juntadas pela própria autoridade impetrada em informações, as quais foram reunidas em volume apensado aos autos principais. Afastamento do fundamento do acórdão de ausência de prova pré-constituída. Retorno dos autos ao STJ, para que prossiga no exame da causa. *RMS 29914/DF, Rel. Min. Teori Zavascki, 10.11.15. 2ª T. (Info 807)*

MS: pagamento de quintos e autoridade competente

Julgou-se prejudicado mandado de segurança preventivo em que servidores públicos do TCU discutiam o limite temporal, em razão de sucessivas edições de medidas provisórias e leis, para a incorporação de quintos/décimos. O STF é competente para processar e julgar atos do Presidente do TCU. Na espécie, houve ato prévio à impetração, praticado pelo Secretário-Geral da Administração do TCU, que determinara o pagamento das parcelas de quintos/décimos. Dessa forma, o "writ" teria sido impetrado em relação a ato que não fora e não seria praticado por Presidente do TCU. *MS 25845/DF, Red. p/ ac. Min. Gilmar Mendes, 19.3.15. Pleno. (Info 778)*

Provimento de serventias extrajudiciais e desistência de mandado de segurança

Não é cabível a desistência de mandado de segurança, nas hipóteses em que se discute a exigibilidade de concurso público para delegação de serventias extrajudiciais, quando na espécie já houver sido proferida decisão de mérito, objeto de sucessivos recursos. *MS 29146 ED-ED-AgR/DF, Rel. Min. Teori Zavascki, 14.4.15. 2ª Turma. (Info 781)*

2014

Conflito de competência e ato administrativo praticado por membro do Ministério Público Federal

Cabe ao juízo da vara federal com atuação no domicílio do impetrante julgar mandado de segurança mediante o qual se insurge contra ato do procurador regional eleitoral destituindo-o da função de promotor eleitoral. *CC 7698/PI, Rel. Min. Marco Aurélio, 13.5.14. 1ª T. (Info 746)*

MS: admissão de "amicus curiae" e teto remuneratório em serventias extrajudiciais

Não é cabível a intervenção de "amicus curiae" em mandado de segurança. *MS 29192/DF, Rel. Min. Dias Toffoli, 19.8.14. 1ª T. (Info 755)*

2013

Interesse local e conflito federativo

Descabe vislumbrar, em descompasso entre seccional da OAB e Presidente de Tribunal de Justiça, conflito federativo. Impugnado ato administrativo do Presidente do Tribunal, surge a competência deste último para julgar a impetração. *MS 31396 AgR/AC, Rel. Min. Marco Aurélio, 26.2.13. 1ª T. (Info 696)*

Mandado de segurança: CNJ e participação da União

A União pode intervir em mandado de segurança no qual o ato apontado como coator for do CNJ. *MS 25962 AgR/DF, Red. p/ ac. Min. Rosa Weber, 11.4.13. Pleno. (Info 701)*

Mandado de segurança e autoridade competente

Não compete ao STJ realizar, por meio de mandado de segurança, o exame da legalidade de decisão proferida por autoridades não mencionadas no art. 105, I, b, da CF. *RMS 32004/DF, Rel. Min. Cármen Lúcia, 15.10.13. 2ª T. (Info 724)*

Mandado de segurança e desistência

RPG O impetrante pode desistir de mandado de segurança a qualquer tempo, ainda que proferida decisão de mérito a ele favorável, e sem anuência da parte contrária. *RE 669367/RJ, Repercussão geral – mérito, Red. p/ ac. Min. Rosa Weber, 2.5.13. Pleno. (Info 704)*

2012

MS e habilitação de herdeiros

Não cabe a habilitação de herdeiros em mandado de segurança, quando houver falecimento do impetrante. *RMS 26806 AgR, Rel. Min. Dias Toffoli, 22.5.12. 1ª T. (Info 667)*

MS: revisão de PAD e prazo decadencial

A Turma desproveu agravos regimentais de decisões do Min. Gilmar Mendes, que negara seguimento a mandados de segurança, dos quais relator, em cujas decisões entendera que os impetrantes pretenderiam declaração de nulidade de PAD que culminara com suas demissões. Na origem, tratava-se de impetrações contra ato da Presidente da República, que indeferira pedidos de revisão, sendo estes formulados sob o argumento de que o PAD fora conduzido por comissão de natureza temporária ("ad hoc"). Explicitou-se que a controvérsia seria sobre decadência (Lei 12.016/09, art 23). Registrou-se que houvera a demissão em 1998, mas que o pleito revisional ocorrera em 2010. Concluiu-se pela inexistência de reabertura do prazo decadencial. *MS 30981 AgR, MS 30982 AgR, Rel. Min. Gilmar Mendes, 14.8.12. 2ª T. (Info 675)*

3. RECLAMAÇÃO CONSTITUCIONAL

2016

Cabimento de reclamação e Enunciado 10 da Súmula Vinculante

Reclamação constitucional fundada em afronta ao Enunciado 10 da Súmula Vinculante do STF não pode ser usada como sucedâneo de recurso ou de ação própria que analise a constitucionalidade de normas que foram objeto de interpretação idônea e legítima pelas autoridades jurídicas competentes. *Rcl 24284/SP, rel. Min. Edson Fachin, j. 22.11.2016. 1ª T. (Info 848)*

Decisão do STJ e reintegração de defensores não concursados

Procedente a reclamação para cassar decisão do STJ que reintegrava os interessados nos quadros da Defensoria Pública no Estado de Minas Gerais sem concurso público. Entendeu-se que a decisão reclamada contraria a autoridade da decisão proferida pelo STF (ADI 3819), que assentara a inconstitucionalidade, com efeitos prospectivos, de leis estaduais que admitiram, na função de defensor público, servidores que não ingressaram na carreira mediante concurso. *Rcl 16950/MG, Rel. Min. Cármen Lúcia, 1º.12.2015. 2ª T. (Info 810)*

2015

Reclamação: aposentadoria espontânea e extinção do contrato de trabalho

Para o cabimento de reclamação é indispensável a relação de pertinência estrita entre o ato reclamado e o parâmetro de controle. *Rcl 8168/SC, Red. p/ ac. Min. Edson Fachin, 19.11.15. Pleno. (Info 808)*

2014

Reclamação: cabimento e Senado Federal no controle da constitucionalidade

Reclamação sobre progressão de regime em pena para crimes hediondos que aplicou o art. 2º, § 2º, da Lei 8.072/90, declarado inconstitucional pelo STF (HC 82.959). Superveniência da Súmula Vinculante 26/STF. Efeito "ultra partes" da declaração de inconstitucionalidade em controle difuso: caráter expansivo da decisão. Reclamação julgada procedente. *Rcl 4335/AC, Rel. Min. Gilmar Mendes, 20.3.14. Pleno. (Info 739)*

Reclamação e competência legislativa

A reclamação não é meio apto a questionar eventual desrespeito a fundamentos determinantes de votos proferidos em decisão do STF ou para se afirmar, ou não, a recepção de dispositivos que tenham sido examinados sob a égide da CF/67. *Rcl 5847/PR, Rel. Min. Cármen Lúcia, 25.6.14. 2ª T. (Info 752)*

Reclamação: execução provisória e ADC 4

Destaca-se o caráter estrito da competência do STF em sede originária, e, portanto, no conhecimento de reclamações, que devem observar, assim, a estrita aderência entre o objeto do ato reclamado e o julgado do STF apontado como paradigma de confronto. A jurisprudência do STF limita objetivamente o alcance da ADC 4 às hipóteses taxativas do art. 1º da Lei 9.494/97, especificamente no ponto em que este faz referência ao art. 5º, parágrafo único, da Lei 4.348/64. Portanto, a decisão proferida na referida ADC não impede toda e qualquer antecipação de tutela contra a fazenda pública, mas somente a veda nos casos de decisão cujo conteúdo seja reclassificação ou equiparação de servidores públicos, ou a concessão de aumento ou extensão de vantagens, o que não se verifica no caso, que trata de férias. *Rcl 4311/DF, Red. p/ ac. Min. Dias Toffoli, 6.11.14. Pleno. (Info 766)*

2013

Reclamação e repercussão geral

A erronia na observância de pronunciamento do Supremo formalizado, sob o ângulo da repercussão geral, em recurso extraordinário gera o acesso ao Tribunal mediante a reclamação. No que ressalvada, na liminar implementando a suspensão do processo, a existência de título judicial transitado em julgado, tem-se alcançada situação jurídica reveladora da fase de execução, muito embora se mostre necessário que venha a ser apurado, em processo de liquidação, o valor devido. *Rcl 12681/DF, Rel. Min. Marco Aurélio, 4.6.13. 1ª T. (Info 709)*

Reclamação e revisão de decisão paradigma

A Lei de Organização da Assistência Social (LOAS), ao regulamentar o art. 203, V, da CF, estabeleceu critérios para que o benefício mensal de um salário mínimo fosse concedido aos portadores de deficiência e aos idosos que comprovassem não possuir meios de prover a própria manutenção ou de tê-la provida por sua família. 2. Dispõe o art. 20, § 3º, da Lei 8.742/93 que "considera-se incapaz de prover a manutenção da pessoa portadora de deficiência ou idosa a família cuja renda mensal per capita seja inferior a 1/4 do salário mínimo". O requisito financeiro estabelecido pela lei teve sua constitucionalidade contestada, ao fundamento de que permitiria que situações de patente miserabilidade social fossem consideradas fora do alcance do benefício assistencial previsto constitucionalmente. Ao apreciar a ADI 1232, o STF declarou a constitucionalidade do art. 20, § 3º, da LOAS. 3. O STF, no exercício da competência geral de fiscalizar a compatibilidade formal e material de qualquer ato normativo com a Constituição, pode declarar a inconstitucionalidade, incidentalmente, de normas tidas como fundamento da decisão ou do ato que é impugnado na reclamação. Isso decorre da própria competência atribuída ao STF para exercer o denominado controle difuso da constitucionalidade das leis e dos atos normativos. A oportunidade de reapreciação das decisões tomadas em sede de controle abstrato de normas tende a surgir com mais naturalidade e de forma mais recorrente no âmbito das reclamações. É no juízo hermenêutico típico da reclamação – no "balançar de olhos" entre objeto e parâmetro da reclamação – que surgirá com maior nitidez a oportunidade para evolução interpretativa no controle de constitucionalidade. Com base na alegação de afronta a determinada decisão do STF, o Tribunal poderá reapreciar e redefinir o conteúdo e o alcance de sua própria decisão. E, inclusive, poderá ir além, superando total ou parcialmente a decisão-parâmetro da reclamação, se entender que, em virtude de evolução hermenêutica, tal decisão não se coaduna mais com a interpretação atual da Constituição. 4. A decisão do STF, entretanto, não pôs termo à controvérsia quanto à aplicação em concreto do critério da renda familiar per capita estabelecido pela LOAS. Como a lei permaneceu inalterada, elaboraram-se maneiras de contornar o critério objetivo e único estipulado pela LOAS e avaliar o real estado de miserabilidade social das famílias com entes idosos ou deficientes. O STF, em decisões monocráticas, passou a rever anteriores posicionamentos acerca da intransponibilidade do critérios objetivos. Verificou-se a ocorrência do processo de inconstitucionalização decorrente de notórias mudanças fáticas (políticas, econômicas e sociais) e jurídicas (sucessivas modificações legislativas dos patamares econômicos utilizados como critérios de concessão de outros benefícios assistenciais por parte do Estado brasileiro). *Rcl 4374/PE, Rel. Min. Gilmar Mendes, 18.4.13. Pleno. (Info 702)*

2012

Reclamação e transcendência dos motivos determinantes

A reclamação pressupõe a usurpação da competência do Supremo ou o desrespeito a decisão proferida. Descabe emprestar-lhe contornos próprios ao incidente de uniformização, o que ocorreria caso admitida a teoria da transcendência dos motivos determinantes. *Rcl 11477 AgR, Rel. Min. Marco Aurélio, 29.5.12. 1ª T. (Info 668)*

4. REPERCUSSÃO GERAL

2016

Rediscussão de repercussão geral em Plenário físico

O reconhecimento da repercussão geral no Plenário Virtual não impede sua rediscussão no Plenário físico, notadamente, quando tal reconhecimento tenha ocorrido por falta de manifestações suficientes. *RE 584247/RR, Rel. Min. Roberto Barroso, 27.10.2016. Pleno. (Info 845)*

2014

MS: devolução de autos e repercussão geral

Não possui lesividade o ato do STF que determina o retorno dos autos à origem, para aplicação da sistemática de repercussão geral, porquanto a instância "a quo" poderá, ao receber o processo, recusar-se à retratação ou à declaração de prejudicialidade (art. 543-B, § 3º, CPC), caso em que o recurso deverá ser admitido, subindo os autos ao STF (art. 543-B, § 4º). *MS 32485 AgR/SP, Rel. Min. Teori Zavascki, 27.2.14. Pleno. (Info 737)*

Prêmio assiduidade e repercussão geral

A discussão a respeito da natureza jurídica de prêmio assiduidade pago ao trabalhador envolve matéria de repercussão geral e, por conseguinte, os autos devem retornar à origem (CPC, art. 543-B). *RE 744282 AgR/SC, Red. p/ ac. Min. Dias Toffoli, 4.11.14. 1ª T. (Info 766)*

Repercussão geral com mérito julgado: retorno ao STF

A pretensão jurisdicional da recorrente é composta por dois pedidos: o reconhecimento da inconstitucionalidade de tributo e a devolução dos valores indevidamente arrecadados pelo Estado. Com o reconhecimento da repercussão geral acerca da matéria de alçada constitucional (a inconstitucionalidade da Contribuição destinada ao Custeio de Serviços de Saúde de exclusiva fruição dos servidores públicos locais), devem os autos serem devolvidos ao Tribunal de origem, segundo disposto pelo art. 543-B do CPC. A existência de pedido que deve ser examinado exclusivamente à luz da legislação infraconstitucional (a repetição de indébito) não impede a devolução dos autos. Compete ao Tribunal de origem exercer a jurisdição nos limites de suas atribuições constitucionais e legais. *RE 593995 QO/MG, Rel. Min. Joaquim Barbosa, 30.4.14. Pleno. (Info 744)*

2013

Repercussão geral e não cabimento de reclamação

Não cabe recurso ou reclamação ao STF para rever decisão do Tribunal de origem que aplica a sistemática da repercussão geral, a menos que haja negativa motivada do juiz em se retratar para seguir a decisão da Suprema Corte. *Rcl 15165 AgR/MT, Rel. Min. Teori Zavascki, 20.3.13. Pleno. (Info 699)*

2012

AC: efeito suspensivo a AI e repercussão geral

Ação cautelar. Processo principal que versa sobre tema cuja repercussão geral já foi reconhecida por esta Corte. Devolução do feito à origem. Incompetência para conhecimento da medida. 1. A presente ação se refere a processo cuja matéria já teve a repercussão reconhecida por esta Corte. Por isso, foi determinada sua baixa à origem. 2. Em tal hipótese, não mais detém o STF competência para o conhecimento da medida. *AC 2883 AgR, Rel. Min. Dias Toffoli, 6.11.12. 1ª T. (Info 687)*

Repercussão geral: exigência de preliminar e tempestividade de recurso

É indispensável capítulo específico de repercussão geral da questão constitucional no recurso extraordinário, mesmo que a matéria já tenha sido reconhecida em processo diverso. Essa a conclusão do Plenário ao resolver questão de ordem suscitada em agravo regimental em recurso extraordinário com agravo em que se alegava que a matéria contida nos autos tivera sua repercussão geral reconhecida em outro julgamento e, portanto, implicitamente presente o requisito. O Min. Cezar Peluso, na Presidência, não admitira o recurso extraordinário, ante a ausência de apresentação de preliminar formal e fundamentada de repercussão geral (CPC, art. 543-A, § 2º). Deliberou-se pela negativa de provimento a recursos destituídos dessa preliminar. O Min. Gilmar Mendes acompanhou a conclusão, porém, por fundamento diverso. Pontuou a necessidade de se relativizar os pressupostos de admissibilidade dos recursos. Destacou que a flexibilização dos requisitos de acolhimento do recurso extraordinário seria imperativo lógico da sistemática da repercussão geral, a partir da análise de relevância do tema. Enfatizou que repercussão geral presumida (CPC, art. 543-A, § 3º) seria diferente daquela já apreciada. No primeiro caso, a preliminar formal de repercussão seria exigência legal, conforme esta Corte já decidira no julgamento do RE 569476 AgR. Entendeu que a menor rigidez diria respeito à segunda hipótese, quando o STF efetivamente se manifestara sobre a relevância do tema, reconhecendo ou rejeitando a repercussão. Sustentou ser necessário racionalizar as decisões do Poder Judiciário para que fossem uniformes e tomadas em tempo razoável, de modo a atender ao princípio da celeridade processual. Na espécie, todavia, asseverou não assistir razão ao agravante, porquanto haveria questão processual a anteceder o mérito da controvérsia: a intempestividade do recurso de apelação. *ARE 663637 QO-AgR, Rel. Min. Pres., 12.9.12. Repercussão geral. Pleno. (Info 679)*

Repercussão geral reconhecida após julgamento do RE

A Turma sobrestou julgamento de segundo agravo regimental e de embargos de declaração em recurso extraordinário para se aguardar a apreciação do RE 587371, no qual reconhecida a repercussão geral da matéria – possibilidade de incorporação de "quintos" por magistrados em decorrência do exercício de função comissionada anteriormente ao ingresso na magistratura. Destacou-se que, no interregno entre o julgamento dos presentes recursos e as decisões recorridas, o STF reconhecera a repercussão geral da questão suscitada. Ressaltou-se haver precedentes da Corte, em decisões monocráticas, nas quais determinada a devolução de autos ao tribunal de origem. Pontuou-se, porém, a dificuldade em se aplicar retroativamente o instituto da repercussão geral, disciplinado posteriormente à interposição do recurso, à situação jurídica em espécie. Frisou-se que, se o Plenário vier a concluir pelo direito à integração dos quintos, não poderia o tribunal de origem cassar a decisão da Min. Ellen Gracie, relatora originária, que julgara o mérito do recurso. *RE 556149 ED e RE 556149 2º AgR, Rel. Min. Rosa Weber, 5.6.12. 1ª T. (Info 669)*

5. RITO DO "IMPEACHMENT"

2016

ADI: "Impeachment" e ordem de votação

Foi indeferido pedido formulado em medida cautelar em ADI ajuizada contra os artigos 218, § 8º, e 187, § 4º, do Regimento Interno da Câmara dos Deputados. A petição inicial não teria demonstrado de que modo os dispositivos atacados teriam ofendido os princípios constitucionais do contraditório, da ampla defesa, da impessoalidade, da moralidade e da República. A mera invocação genérica de transgressão a um postulado constitucional não seria suficiente para legitimar o ajuizamento de ação direta. Não bastaria, portanto, deduzir-se a pretensão de inconstitucionalidade. Seria preciso não apenas indicar os valores, os princípios, mas também estabelecer as razões jurídicas que pudessem legitimar a pretendida ocorrência de violação às normas de parâmetro invocadas no processo de controle objetivo de constitucionalidade. O requerente teria articulado minimamente a alegação de ofensa ao princípio do devido processo legal, ao aduzir que a votação poderia gerar efeito cascata, de modo que os primeiros votos pudessem influenciar os últimos, o que comprometeria o princípio da imparcialidade. Entretanto, qualquer tipo de votação nominal, independentemente do critério adotado, jamais afastaria o efeito cascata. Logo, a única forma de acabar com tal efeito seria eliminar a votação nominal, o que seria absurdo. Assim, inexistindo incompatibilidade entre o dispositivo regimental com qualquer preceito constitucional, não se vislumbrou a relevância do direito, o que seria razão para indeferir a medida liminar. Ademais, sublinhou-se que não se poderia exigir isenção e imparcialidade dos membros da Câmara dos Deputados e do Senado Federal. Na realidade, o "impeachment" seria uma questão política que haveria de ser resolvida com critérios políticos. A garantia da imparcialidade estaria no alto quórum exigido para a votação. *ADI 5498 MC/DF, Red. p/ ac. Min. Teori Zavascki, 14.4.2016. Pleno. (Info 821)*

ED: procedimento de "impeachment" e recepção

Rejeitados embargos de declaração apresentados contra acórdão do julgamento da ADPF 378, na qual a Corte analisou a legitimidade constitucional do rito do processo de "impeachment" de presidente da República previsto na Lei 1.079/1950. Considerou-se que o acórdão não apresenta contradição, obscuridade ou omissão. Prevaleceu o voto do relator, nos moldes adiante versados. A CF/88 estabeleceu um papel determinado para o Senado no rito de "impeachment", que foi adotado no caso do ex-presidente Collor, em 1992. Quanto à impossibilidade de apresentação da candidatura ou chapa avulsa para a formação da comissão especial de impeachment, a hipótese não é de eleição para a escolha dos integrantes da comissão, cabendo aos partidos fazer a escolha de seus representantes. No julgamento questionado, o Supremo entendeu que a interpretação mais adequada à Constituição Federal era a de que quem escolhe o representante do partido, é o partido. O argumento sobre a votação ser secreta não deve ser acolhido. A votação do caso Collor foi efetiva e concretamente aberta e o argumento de que se mudou de secreta para aberta porque não havia disputa não é defensável, porque essa é uma norma de ordem pública. Criou-se uma lenda inverossímil de que os ministros do Supremo teriam deliberado sobre a questão do voto aberto sem saber do inteiro teor do artigo 188, III, do Regimento Interno da Câmara dos Deputados. Esse dispositivo faz referência, em sua parte final, à possibilidade de escrutínio secreto nas demais eleições. O dispositivo foi enfrentado inúmeras vezes durante o julgamento e o voto condutor tratou expressamente da previsão de votação secreta "nas demais eleições", conforme contido na parte final. "O artigo 188, inciso III, do Regimento Interno da Câmara dos Deputados, foi invocado não somente no voto condutor do acórdão questionado no presente recurso, mas ao longo de toda a tramitação da ADPF", portanto, segundo ele, "foi explícito o enfrentamento do dispositivo". *ADPF 378 ED/DF, Rel. Min. Roberto Barroso, 16.3.2016. Pleno. (Info 818)*

"Impeachment" e ordem de votação

Indeferidas liminares contra ordem de votação do "impeachment". Prevaleceu o entendimento de que, em mandado de segurança, o empate deve favorecer a presunção de legalidade e legitimidade do ato impugnado. As ações impugnavam inicialmente ato do presidente da Câmara que definira que a votação seria iniciada pelos estados do Sul e terminaria com os do Norte. Posteriormente, informou-se ao STF mudança no rito, e que a votação começaria pelos deputados de um estado do Norte, seguido por deputados de um estado do Sul, e vice-versa, ou seja, Norte-Sul-Sul-Norte, sucessivamente. Os parlamentares pediam que o STF determinasse que a votação não fosse feita por estado, mas por deputado individualmente, chamando-se primeiro um do Norte e em seguida outro do Sul do país, alternadamente. O entendimento prevalecente indeferiu as liminares: a determinação do presidente da Câmara no sentido da alternância da chamada nominal dos deputados por estado, começando pela bancada de um estado do Norte, seguido de um do Sul, e vice-versa, é compatível com o § 4º do artigo 187 do Regimento Interno da Casa. Os mandados de segurança não tratam de matéria constitucional relevante, e a concessão de liminar, além do risco de dano irreparável, exige também a relevância do direito, que dependeria desse ato ser manifestamente incompatível com o Regimento Interno. *MS 34127 MC/DF, Red. p/ ac. Min. Teori Zavascki, 14.4.2016. Pleno. (Info 821)*

"Impeachment": leitura de parecer e teor de denúncia por crime de responsabilidade

Negada liminar em ações que questionam parecer da comissão do "impeachment". Afastadas, assim, as alegações de cerceamento de defesa ao longo do processo de elaboração do relatório, e de que o texto final incluiu elementos que não estavam presentes na denúncia originalmente apresentada. O juízo proferido pela Câmara dos Deputados no processamento de crime de responsabilidade é apenas de admissibilidade, e o julgamento do crime supostamente praticado pela presidente ocorrerá apenas no Senado. Quanto à inclusão de temas alheios à denúncia no parecer final da comissão, o conteúdo destinado à votação no plenário da Câmara dos Deputados deve ser apenas o material contido na denúncia original. Outros aspectos revelados no parecer, não serão levados em consideração pelos deputados. A deliberação da Câmara é um juízo preliminar político de mera autorização, e se é comparável ao inquérito criminal, é uma fase em que o contraditório é mitigado. Outra parte do pedido foi relativo à inclusão no parecer aprovado pela Comissão Especial de conteúdo estranho àquele presente na denúncia original admitida pelo presidente da Câmara dos Deputados. Na denúncia constavam inicialmente apenas fatos relativos a decretos autorizando despesas extraordinárias sem autorização do Congresso Nacional e supostas operações de crédito ilegais da União com o Banco do Brasil. A AGU alegou que no parecer, porém, consta referência ao conteúdo de delações premiadas obtidas no âmbito da operação

Lava-Jato. O que será apreciado pelo Plenário não serão elementos novos, mas apenas aquele conteúdo existente na denúncia original. Esses outros elementos constituem apenas matérias ditas de forma paralela à denúncia, em "obter dictum". No pronunciamento do resultado do julgamento, o ministro Presidente ressaltou que constará na ata do julgamento que o STF entendeu que o plenário da Câmara dos Deputados, ao analisar a denúncia contra a presidente, deverá apreciar apenas os dois pontos da denúncia original que foram admitidos pelo presidente da Câmara. *MS 34130 MC/DF, Rel. Min. Edson Fachin, 14.4.2016. Pleno. (Info 821)*

Lei 1.079/1950: procedimento de "impeachment" e recepção

(A) Não há direito à defesa prévia ao ato do Presidente da Câmara; (B) Estabelecer, em interpretação conforme à Constituição do art. 38 da Lei nº 1.079/1950, que é possível a aplicação subsidiária dos Regimentos Internos da Câmara e do Senado ao processo de impeachment, desde que sejam compatíveis com os preceitos legais e constitucionais pertinentes; (C-1) Declarar recepcionados pela CF/88 os artigos 19, 20 e 21 da Lei 1.079/50, interpretados conforme à Constituição, para que se entenda que as "diligências" e atividades ali previstas não se destinam a provar a improcedência da acusação, mas apenas a esclarecer a denúncia; e (C-2) Declarar não recepcionados pela CF/88 os artigos 22, caput, 2ª parte (que se inicia com a expressão "No caso contrário..."), e §§ 1º, 2º, 3º e 4º da Lei 1.079/50, que determinam dilação probatória e segunda deliberação na Câmara dos Deputados, partindo do pressuposto que caberia a tal casa pronunciar-se sobre o mérito da acusação; (D) Reconhecer que a proporcionalidade na formação da comissão especial pode ser aferida em relação aos partidos e blocos partidários; (E) Estabelecer que a defesa tem o direito de se manifestar após a acusação; (F) Estabelecer que o interrogatório deve ser o ato final da instrução probatória; (G) Dar interpretação conforme a Constituição ao art. 24 da Lei 1.079/50, a fim de declarar que, com o advento da CF/88, o recebimento da denúncia no processo de impeachment ocorre apenas após a decisão do Plenário do Senado Federal, e declarar que a votação nominal deverá ser tomada por maioria simples e presente a maioria absoluta de seus membros; (H) Declarar constitucionalmente legítima a aplicação analógica dos arts. 44 a 49 da Lei 1.079/50 – os quais determinam o rito do processo de impeachment contra Ministros do Supremo Tribunal Federal e o Procurador-Geral da República – ao processamento no Senado Federal de crime de responsabilidade contra Presidente da República; (I) Declarar que não foram recepcionados pela CF/88 os arts. 23, §§ 1º, 4º e 5º; 80, 1ª parte; e 81, todos da Lei 1.079/50, porque estabelecem os papeis da Câmara e do Senado Federal de modo incompatível com os arts. 51, I; 52, I; e 86, § 1º, II, da CF/88; (J) Afirmar que os senadores não precisam se apartar da função acusatória; (K) Reconhecer a impossibilidade de aplicação subsidiária das hipóteses de impedimento e suspeição do CPP relativamente ao Presidente da Câmara dos Deputados. Quanto à cautelar incidental (candidatura avulsa), por maioria, deferiu integralmente o pedido para declarar que não é possível a formação de comissão especial a partir de candidaturas avulsas. Quanto à cautelar incidental (forma de votação), por maioria, deferiu integralmente o pedido para reconhecer que a eleição da comissão especial somente pode se dar por voto aberto. Reafirmada, em questão de ordem, o quorum de maioria simples para deliberação do Senado quanto ao juízo de instauração do processo. *ADPF 378/DF, Rel. Min. Edson Fachin, 18.12.2015. Pleno. (Info 812)*

6. SÚMULA VINCULANTE

2016

PSV: proposta de cancelamento de súmula vinculante

O Tribunal, por maioria, rejeitou proposta de cancelamento da Súmula Vinculante 5. O relator, ao rejeitar a proposta, asseverou que o CFOAB buscou refutar cada um dos fundamentos que serviram de base para o julgamento do Recurso Extraordinário 434.059/DF. Rememorou que, no referido julgamento, o STF, por unanimidade, concluiu que a falta de defesa técnica por advogado no processo administrativo disciplinar não ofende a CF. Observou, também, que, durante as discussões em plenário, não se proibiu a participação dos advogados nos processos administrativos disciplinares. Pelo contrário, determinou-se que a Administração Pública viabilizasse a presença de advogado nesses procedimentos administrativos, bem como cientificasse os servidores públicos acerca da possibilidade de contratação desse profissional para sua defesa. Para o ministro, mero descontentamento ou divergência quanto ao conteúdo do verbete não propicia a reabertura das discussões sobre tema já debatido à exaustão pelo STF. Ademais, para se admitir a revisão ou o cancelamento de súmula vinculante, é necessário que seja evidenciada a superação da jurisprudência da Corte no trato da matéria, e que haja alteração legislativa quanto ao tema ou modificação substantiva do contexto político, econômico ou social. Por fim, pontuou que o CFOAB não demonstrou a presença dos pressupostos de admissibilidade e não se desincumbiu da exigência constitucional de apresentar decisões reiteradas do STF que demonstrem a necessidade de alteração ou cancelamento da Súmula Vinculante 5. Tal circunstância impossibilita a análise da presente proposta. *PSV 58/DF, j. 30.11.2016. Pleno. (Info 849)*

12. DIREITO PROCESSUAL PENAL

1. DO PROCESSO EM GERAL
1.1. Do Inquérito Policial

2016

Arquivamento de inquérito e procedimento investigatório criminal

No caso, houve arquivamento de inquérito pelo STF e superveniente perda do foro originário perante a Corte. A reclamação com fundamento nos efeitos da decisão de arquivamento se enquadra no art. 102, I, "l", da CF (competência para julgar reclamação para garantia da autoridade das decisões do STF). Não há prejudicialidade entre duas as reclamações (STF e TJSP) sobre a mesma investigação posto que os paradigmas são diversos. O art. 18 do CPP possibilita reabertura de investigações, se de outras provas houver notícia. Daí, impossível a reabertura decorrer de simples mudança de opinião ou reavaliação da situação. É indispensável que haja novas provas ou, ao menos, novas linhas de investigação em perspectiva. É impossível reabrir inquérito para aprofundar linhas de investigação que já estavam disponíveis para exploração anterior. O arquivamento da investigação, ainda que não faça coisa julgada, é ato sério que só pode ser revisto por motivos igualmente sérios e surgidos posteriormente. Obsta-se, portanto, a reabertura de investigações que decorrem do puro e simples inconformismo com arquivamento requerido pelo Procurador-Geral da República, sem que uma linha de investigação nova tenha surgido após o arquivamento. *Rcl 20132/SP, Red. p/ ac. Min. Gilmar Mendes, 23.2.2016. 2ª T. (Info 815)*

Inquérito: corrupção passiva e lavagem de dinheiro

1. Cabe ao STF, ao exercer sua prerrogativa exclusiva de decidir sobre a cisão de processos envolvendo agentes com prerrogativa de foro, promover, em regra, o seu desmembramento, a fim de manter sob sua jurisdição apenas o que envolva especificamente essas autoridades, segundo as circunstâncias de cada caso. Ressalvam-se, todavia, situações em que os fatos se revelem "de tal forma imbricados que a cisão por si só implique prejuízo a seu esclarecimento". 2. A garantia contra a autoincriminação se estende às testemunhas, no tocante às indagações cujas respostas possam, de alguma forma, causar-lhes prejuízo. 3. A previsão constitucional do art. 86, § 4º, da CF se destina expressamente ao Chefe do Poder Executivo da União, não autorizando, por sua natureza restritiva, qualquer interpretação que amplie sua incidência a outras autoridades, nomeadamente do Poder Legislativo. 4. Tratando-se de colaboração premiada contendo diversos depoimentos, envolvendo diferentes pessoas e, possivelmente, diferentes organizações criminosas, tendo sido prestados em ocasiões diferentes, em termos de declaração separados, dando origem a diferentes procedimentos investigatórios, em diferentes estágios de diligências, não assiste a um determinado denunciado o acesso universal a todos os depoimentos prestados. O que a lei lhe assegura é o acesso aos elementos da colaboração premiada que lhe digam respeito. 5. Eventual desconstituição de acordo de colaboração premiada tem âmbito de eficácia restrito às partes que o firmaram, não beneficiando e nem prejudicando terceiros. Até mesmo em caso de revogação do acordo, o material probatório colhido em decorrência dele pode ainda assim ser utilizado em face de terceiros, razão pela qual não ostentam eles, em princípio, interesse jurídico em pleitear sua desconstituição, sem prejuízo, obviamente, de formular, no momento próprio, as contestações que entenderem cabíveis quanto ao seu conteúdo. 6. Preservado o conteúdo das informações prestadas pelo colaborador, eventuais divergências de literalidade entre o documento escrito e a gravação dos depoimentos, quando realizada, não importa, automaticamente, a nulidade do ato, reservando-se ao interessado, se for o caso, no âmbito da ação penal, insurgir-se contra eventuais inconsistências existentes na versão escrita, podendo demandar do colaborador os esclarecimentos que forem necessários. 7. Não há nulidade na realização de busca e apreensão deferida após o oferecimento da denúncia, quando

a medida cautelar visa especificamente coletar elementos referentes a fatos circunscritos a outra investigação e os elementos probatórios colhidos não foram utilizados ou considerados para o específico juízo de recebimento da denúncia. 8. Não se fazem presentes elementos mínimos de autoria, exigidos para o recebimento da denúncia, em relação à efetiva participação dos denunciados nos supostos crimes ocorridos nos anos de 2006 e 2007, ou mesmo que tenham eles, no período imediato, recebido vantagem indevida em razão do mandato parlamentar. 9. Todavia, em sua segunda parte, a denúncia, reforçada pelo aditamento, contém adequada indicação da conduta delituosa imputada, a partir de elementos aptos a tornar plausível a acusação e permitir o pleno exercício do direito de defesa, o que autoriza, nesse ponto, o recebimento da denúncia. 10. É incabível a causa de aumento do art. 327, § 2º, do CP pelo mero exercício do mandato parlamentar, sem prejuízo da causa de aumento contemplada no art. 317, § 1º. A jurisprudência exige uma imposição hierárquica ou de direção que não se acha nem demonstrada nem descrita nos presentes autos. 11. Denúncia parcialmente recebida, prejudicados os agravos regimentais. *Inq 3983/DF, Rel. Min. Teori Zavascki, 2 e 3.2016. Pleno. (Info 816)*

Inquérito e acesso às provas

Diligências determinadas a requerimento do Ministério Público Federal são meramente informativas, não suscetíveis ao princípio do contraditório. Desse modo, não cabe à defesa controlar, "ex ante", a investigação, de modo a restringir os poderes instrutórios do relator do feito para deferir, desde logo, as diligências requeridas pelo Ministério Público que entender pertinentes e relevantes para o esclarecimento dos fatos. *Inq 3387 AgR/CE, Rel. Min. Dias Toffoli, 15.12.2015. 2ª T. (Info 812)*

Inquérito e compartilhamento de provas

É assente na jurisprudência do STF a admissibilidade, em procedimentos administrativos ou civis, de prova emprestada produzida em processo penal, mesmo que sigilosos os procedimentos criminais. *Inq 3305 AgR/RS, Red. p/ ac. Min. Roberto Barroso, 23.2.2016. 1ª T. (Info 815)*

Inquérito e recebimento de denúncia

Recebida parcialmente denúncia oferecida contra o deputado federal, presidente afastado da Câmara dos Deputados. O parlamentar afastado é acusado da suposta prática de corrupção passiva, lavagem de dinheiro e evasão de divisas e falsidade ideológica para fins eleitorais. A vantagem indevida seria oriunda da compra, pela Petrobras, de um campo petrolífero no Benim (África), e mantida de forma oculta, com dissimulação de sua propriedade e origem, em contas bancárias na Suíça. O Plenário entendeu demonstrados indícios suficientes de materialidade e autoria para que Cunha responda a ação penal sobre os fatos. Os dados constantes na denúncia sobre a transferência dos recursos para a conta do deputado indicam elementos típicos do crime de corrupção passiva, em razão de ações no sentido de assegurar a nomeação e manutenção de terceira pessoa em cargo público. Rejeitada a parte da denúncia, quanto ao crime de corrupção passiva, que pedia a incidência da causa de aumento de pena prevista no artigo 327, § 2º, do CP, pois o mero exercício do mandato popular não gera a aplicação desse dispositivo. Em relação aos crimes de lavagem de dinheiro, conforme a denúncia, uma empresa teria firmado contrato que incluía uma "taxa de sucesso" no valor de US$ 10 milhões com a petrolífera do Benim para intermediar as negociações com a Petrobras, desvelando indícios concretos de materialidade e autoria, como depoimentos, e-mails e contratos que atestam que os recursos recebidos pela empresa foram utilizados para abastecer uma conta do parlamentar em banco na Suíça. Comprovam, ainda, a utilização de mecanismos para ocultar sua participação por meio de depósitos em conta no exterior de sua propriedade e titularidade. O ministro destacou que os depósitos foram feitos em um trust, modalidade de empresa controladora de recursos financeiros cuja principal finalidade é a de manter o patrimônio e os investimentos feitos a partir dele de forma anônima. Em relação ao crime de evasão de divisas, a denúncia aponta que o o deputado afastado teria mantido ativos não declarados às autoridades brasileiras em valores superiores a US$ 100 mil, o que é proibido por lei. Embora as contas objeto dos depósitos estivessem em nome de trusts, foi comprovada na denúncia a relação direta que o deputado mantinha com os valores depositados, além de plena disponibilidade jurídica e econômica sobre o montante. A circunstância de os valores não estarem formalmente em seu nome é irrelevante para demonstrar a tipicidade da conduta. Quanto à falsidade ideológica para fins eleitorais, segundo o Ministério Público, o deputado não declarou, em documento enviado ao TSE em julho de 2009, US$ 3,836 milhões nas contas dos trusts mantidos na Suíça. O objetivo da omissão seria para fins eleitorais, pois o denunciado não teria como justificar bens incompatíveis no exterior, o que iria influenciar as eleições pela demonstração de enriquecimento ilícito. Rejeitados agravos regimentais apresentados por esposa e filha do deputado, respectivamente, contra decisão que deferiu o desmembramento dos autos, enviando para a Justiça Federal no Paraná os feitos referentes a ambas, que não têm prerrogativa de foro. O fato de a investigação apontar que o dinheiro proveniente de corrupção abasteceria a conta da esposa e pagaria despesas de cartão de crédito em nome de sua filha não seria motivo indispensável para se manter no STF a investigação. *Inq 4146/DF, Rel. Min. Teori Zavascki, 22.6.2016. Pleno. (Info 831)*

Vício em inquérito policial e nulidade de ação penal

É incabível a anulação de processo penal em razão de suposta irregularidade verificada em inquérito policial (atos praticados em inquérito presidido por delegado alegadamente suspeito). *RHC 131450/DF, Rel. Min. Cármen Lúcia, 3.5.2016. 1ª T. (Info 824)*

2015

Arquivamento de inquérito policial e coisa julgada

O arquivamento de inquérito policial em razão do reconhecimento de excludente de ilicitude não faz coisa julgada material. *HC 125101/SP, Red. p/ ac. Min. Dias Toffoli, 25.8.15. 2ª T. (Info 796)*

2014

ADI: recebimento direto de inquérito policial e requisição de informações pelo Ministério Público

A legislação que disciplina o inquérito policial não se inclui no âmbito estrito do processo penal, cuja competência é privativa da União (art. 22, I, CF), pois o inquérito é procedimento subsumido nos limites da competência legislativa concorrente (CF, art. 24, XI). O procedimento do inquérito policial, conforme previsto pelo CPP, torna desnecessária a intermediação judicial quando ausente a necessidade de adoção de medidas constritivas de direitos dos investigados, razão por que projetos de reforma do CPP propõem a remessa direta dos autos ao Ministério Público. No entanto, apesar de o disposto na lei estadual impugnada se coadunar com a exigência de maior coerência no ordenamento jurídico, é formalmente inconstitucional, pois extrapolada a competência suplementar delineada no art. 24, § 1º, CF. *ADI 2886/RJ, Red. p/ ac. Min. Joaquim Barbosa, 3.4.14. Pleno. (Info 741)*

2013

HC e abertura de inquérito judicial

O despacho que autoriza a abertura de inquérito judicial amparando-se nas alegações da representação do Parquet não padece de nulidade, tampouco atinge a liberdade ambulatorial do paciente. *HC 111095/PB, Rel. Min. Luiz Fux, 3.9.13. 1ª T. (Info 718)*

Reabertura de inquérito: notícia de nova prova

Declarada a extinção da punibilidade, pela prescrição da pretensão punitiva, em favor de paciente, nos autos de "habeas corpus" impetrado contra ato do Procurador-Geral da República. O PGR havia requerido o desarquivamento de procedimento administrativo e a reabertura de inquérito policial instaurado para apurar a suposta prática de crime de tráfico de influência por parte do paciente, à época senador, acusado de intermediar contrato firmado entre entidade da administração indireta estadual e pessoa jurídica de direito privado. *HC 94869/DF, Rel. Min. Ricardo Lewandowski, 26.6.13. Pleno. (Info 712)*

2012

Excepcionalidade de arquivamento de inquérito e art. 21, XV, c, do RISTF

O sistema processual penal acusatório, mormente na fase pré-processual, reclama deva ser o juiz apenas um "magistrado de garantias", mercê da inércia que se exige do Judiciário enquanto ainda não formada a opinio delicti do Ministério Público. 2. A doutrina do tema é uníssona no sentido de que, verbis: "Um processo penal justo (ou seja, um due process of law processual penal), instrumento garantístico que é, deve promover a separação entre as funções de acusar, defender e julgar, como forma de respeito à condição humana do sujeito passivo, e este mandado de otimização é não só o fator que dá unidade aos princípios hierarquicamente inferiores do microssistema (contraditório, isonomia, imparcialidade, inércia), como também informa e vincula a interpretação das regras infraconstitucionais." (BODART, Bruno Vinícius Da Rós. Inquérito Policial, Democracia e Constituição: Modificando Paradigmas. Revista eletrônica de direito processual, v. 3, p. 125-136, 2009). 3. Deveras, mesmo nos inquéritos relativos a autoridades com foro por prerrogativa de função, é do Ministério Público o mister de conduzir o procedimento preliminar, de modo a formar adequadamente o seu convencimento a respeito da autoria e materialidade do delito, atuando o Judiciário apenas quando provocado e limitando-se a coibir ilegalidades manifestas. 4. In casu: (i) inquérito destinado a apurar a conduta de parlamentar, supostamente delituosa, foi arquivado de ofício pelo i. Relator, sem prévia audiência do Ministério Público; (ii) não se afigura atípica, em tese, a conduta de Deputado Federal que nomeia funcionário para cargo em comissão de natureza absolutamente distinta das funções efetivamente exercidas, havendo juízo de possibilidade da configuração do crime de peculato-desvio (art. 312, caput, do Código Penal). 5. O trancamento do inquérito policial deve ser reservado apenas para situações excepcionalíssimas, nas quais não seja possível, sequer em tese, vislumbrar a ocorrência de delito a partir dos fatos investigados. *Inq 2913 AgR, Red. p/ ac. Min. Luiz Fux, 1º.3.12. Pleno. (Info 656)*

1.2. Da Ação Penal

1.2.1. Da Ação Penal (Disposições Gerais)

2016

Crime sexual contra vulnerável e titularidade da ação penal

O art. 225 do CP, na sua redação original, previa que em crimes como o dos presentes autos somente se procedia mediante queixa, salvo se a vítima fosse pobre ou tivesse ocorrido abuso do pátrio-poder. A Lei 12.015/09, modificou a matéria, passando a prever ação pública incondicionada no caso de violência sexual contra menor. No caso concreto, em decisão transitada em julgado, considerou-se descabido o oferecimento de queixa-crime pelo pai da vítima, entendendo tratar-se de crime de ação penal pública. Inadmitida a ação penal pública, a consequência é a total desproteção da menor e a impunidade do crime. À vista da excepcionalidade do caso, o art. 227 da CF paralisa a incidência do art. 225 do CP, na redação originária, e legitima a propositura da ação penal pública. Aplicação da do princípio da proibição de proteção deficiente. *HC 123971/DF, Red. p/ ac. Min. Roberto Barroso, 25.2.2016. Pleno. (Info 815)*

Queixa-crime e indivisibilidade da ação penal

Não oferecida a queixa-crime contra todos os supostos autores ou partícipes da prática delituosa, há afronta ao princípio da indivisibilidade da ação penal, a implicar renúncia tácita ao direito de querela, cuja eficácia extintiva da punibilidade estende-se a todos quantos alegadamente hajam intervindo no cometimento da infração penal. *Inq 3526/DF, Rel. Min. Roberto Barroso, 2.2.2016. 1ª T. (Info 813)*

2015

HC e trancamento da ação penal

Uma vez verificada relação jurídica cível, chegando as partes à composição, quanto a honorários advocatícios, descabe o acionamento da jurisdição penal. *RHC 125283/SP, Rel. Min. Marco Aurélio, 4.8.15. 1ª T. (Info 793)*

2014

Ação penal: juízo absolutório e prescrição

É apta a denúncia que bem individualiza a conduta do réu, expondo de forma pormenorizada o fato criminoso, preenchendo, assim, os requisitos do art. 41 do CPP. Basta que, da leitura da peça acusatória, possam-se vislumbrar todos os elementos indispensáveis à existência de crime em tese, com autoria definida, de modo a permitir o pleno exercício do contraditório e da ampla defesa. 2. O procedimento especial previsto no art. 514 do CPP não é de ser aplicado ao funcionário público que deixou de exercer a função na qual estava investido. 3. Não há cerceamento de defesa pelo indeferimento de diligências requeridas pela defesa, mormente se foram elas consideradas descabidas pelo órgão julgador a quem compete a avaliação da necessidade ou conveniência da prova. 4. Preliminares rejeitadas. 5. Os depoimentos e laudos acostados aos autos não apresentam elementos de convicção suficientes para a formação de juízo de certeza sobre a responsabilização criminal do réu pelos crimes de peculato, corrupção passiva e falsidade ideológica. Falta nos autos prova irrefutável a demonstrar a materialidade e autoria dos crimes a ele imputados. 6. A delação de corréu e o depoimento de informante não podem servir como elemento decisivo para a condenação, notadamente porque não lhes são exigidos o compromisso legal de falar a verdade. *AP 465/DF, Rel. Min. Cármen Lúcia, 24.4.14. Pleno. (Info 743)*

Conselho indigenista e legitimidade penal ativa

Os conselhos indigenistas não possuem legitimidade ativa em matéria penal. *Inq 3862 ED/DF, Rel. Min. Roberto Barroso, 18.11.14. 1ª T. (Info 768)*

2013

HC e trancamento de ação penal: admissibilidade

O controle judicial prévio de admissibilidade de qualquer acusação penal, mesmo em âmbito de "habeas corpus", é legítimo e não ofende os princípios constitucionais do juiz natural e do monopólio da titularidade do Ministério Público em ação penal de iniciativa pública, quando a pretensão estatal estiver destituída de base empírica idônea. *RE 593443/SP, Red. p/ ac. Min. Ricardo Lewandowski, 6.6.13. Pleno. (Info 709)*

1.2.2. Da Ação Penal (Denúncia)

2016

Recebimento de denúncia: existência de indícios mínimos de autoria e materialidade do delito

O Plenário, por maioria, recebeu parcialmente denúncia oferecida em face de senador por suposta prática de crime de peculato, previsto no art. 312 do CP. De acordo com a acusação, o senador, no período de janeiro a julho de 2005, teria desviado recursos públicos da chamada verba indenizatória (destinada a despesas relacionadas ao exercício do mandato parlamentar), para pagar pensão alimentícia à filha. A denúncia ainda imputava ao senador a suposta prática dos crimes de falsidade ideológica e de uso de documento falso, previstos nos arts. 299 e 304 do CP, respectivamente. Diante do exposto, o Tribunal declarou a extinção da punibilidade ante a incidência da prescrição, quanto aos crimes de falsidade ideológica e de uso de documento falso, no que se referia aos documentos particulares. O Colegiado também rejeitou a denúncia, por inépcia, quanto aos crimes de falsidade ideológica e de uso de documento falso, relativamente aos documentos públicos (GTAs e declarações de vacinação contra febre aftosa). *Inq 2593/DF, rel. Min. Edson Fachin, j. 1º.12.2016. Pleno. (Info 849)*

Trancamento de ação penal e inépcia da denúncia

O trancamento de ação penal é medida excepcional, a ser aplicada quando evidente a inépcia da denúncia. A denúncia, embora tenha descrito as operações de evasão de divisas e individualizado as condutas atribuídas aos corréus, imputou ao paciente o cometimento do delito, tão somente em razão de ele ter ocupado, à época dos fatos, o cargo de diretor-presidente da sociedade empresária. Assim, não atendeu ao comando do art. 41 do CPP, por não conter o mínimo narrativo exigido pelo referido dispositivo legal. Não é inepta denúncia que contenha descrição mínima dos fatos atribuídos aos acusados – em especial, quanto ao crime imputado a administradores de sociedades empresárias. Todavia, essa inexigibilidade de individualização das condutas dos dirigentes da pessoa jurídica na peça acusatória pressupõe a não diferenciação das responsabilidades, no estatuto ou no contrato social, dos membros do conselho de administração ou dos diretores da companhia, ou, ainda, dos sócios ou gerentes da sociedade por quotas de responsabilidade limitada. *HC 127397/BA, rel. Min. Dias Toffoli, j. 6.12.2016. 2ª T. (Info 850)*

2015

Investigação criminal promovida pelo Ministério Público e aditamento da denúncia

O Ministério Público pode realizar diligências investigatórias para complementar a prova produzida no inquérito policial. Refutada a insubsistência da denúncia porque teria sido baseada apenas em investigação por parte do Ministério Público, que não se fundou exclusivamente em investigações feitas por ele, "Parquet", mas com base em provas colhidas na investigação policial e também decorrentes de quebra de sigilo telefônico do paciente autorizadas judicialmente. A peça acusatória, mesmo com o aditamento, pode subsistir apenas com base nos elementos produzidos no inquérito policial. *HC 84548/SP, Red. p/ ac. Min. Gilmar Mendes, 4.3.15. Pleno. (Info 776)*

2014

Crime societário e recebimento da denúncia

Para a aptidão da denúncia por crimes praticados por intermédio de sociedades empresárias, basta a indicação de ser a pessoa física e sócia responsável pela condução da empresa, fato não infirmado, de plano, pelo ato constitutivo da pessoa jurídica. O princípio da independência relativa das instâncias cível, criminal e administrativa permite que as esferas atuem juntas, sem afetarem-se de modo a prejudicar a punição daquele que mereça sanção por ilícito penal. *Inq 3644/AC, Rel. Min. Cármen Lúcia, 9.9.14. 2ª T. (Info 758)*

Crime contra o patrimônio da União, coisa julgada formal e empate na votação

As terras tradicionalmente ocupadas pelos índios são propriedade da União. As plantações e edificações incorporam-se ao terreno, tornando-se propriedade da União, que deverá indenizar o ocupante de boa-fé. A propriedade das plantações e edificações é adquirida pela União por acessão, ou seja, a plantação ou construção incorpora-se ao patrimônio da proprietária pela simples incorporação ao solo, sendo irrelevante a transferência da posse. São irrelevantes a tradição ou o ato administrativo de inventário ou tombamento dos bens no patrimônio público. Os particulares ocupantes não são proprietários das terras ou das acessões, pelo que não podem legitimamente destruí-los. Tipicidade, em tese, da destruição (CP, art. 163, parágrafo único, III). Ante o empate na votação, foi recebida, em parte, denúncia oferecida contra deputado federal pela suposta prática do crime de dano qualificado. No caso, em razão da falta de regra regimental, o empate deveria favorecer o denunciado. A rejeição por inépcia faria apenas coisa julgada formal. Assim, restaria à acusação a possibilidade de apresentar nova exordial sem o defeito apontado nesse julgamento. *Inq 3670/RR, Rel. Min. Gilmar Mendes, 23.9.14. 2ª T. (Info 760)*

2013

Denúncia: erro na tipificação e Lei 9.099/95

Impetração manejada em substituição ao recurso ordinário constitucional prescrito no art. 102, II, a, da CF, a qual esbarra em decisão (HC 109956), a inadmissibilidade do "habeas corpus" que tenha por objetivo substituir o recurso ordinário. 2. Nada impede, entretanto, que o STF, quando do manejo inadequado do "habeas corpus" como substitutivo (art. 102, II, a, da CF), analise a questão de ofício nas hipóteses de flagrante ilegalidade, abuso de poder ou teratologia, o que não é o caso dos autos. *HC 111445/PE, Rel. Min. Dias Toffoli, 16.4.13. 1ª T. (Info 702)*

2012

Alteração na denúncia e prejuízo à defesa

O julgamento do processo será realizado após a defesa se manifestar acerca de modificação na denúncia oferecida pelo Ministério Público, bem assim depois de novo interrogatório do acusado. No caso, durante a instrução, o parquet atribuíra novo fato ao réu, ocorrido em data a implicar aumento do prazo prescricional. Ademais, assinalou-se que surgira alteração legislativa a imprimir necessidade de interrogatório no curso do processo. Registrou-se prejuízo à defesa, a exigir chamamento do feito à ordem. *AP 545 QO, Rel. Min. Luiz Fux, 17.10.12. Pleno. (Info 684)*

Incompetência de juízo e nulidade da denúncia

A valia do inquérito realizado há de merecer exame pelo juízo competente. Uma vez assentada a incompetência da Justiça Federal, mostra-se insubsistente não só o ato de recebimento da peça primeira da ação penal como também o de formalização pelo MPF. *HC 109893, Rel. Min. Marco Aurélio, 13.12.11. 1ª T. (Info 652)*

1.2.3. Da Ação Penal (Queixa/Representação)

2014

MP: legitimidade e situação de miserabilidade

Constatada a situação de miserabilidade, o Ministério Público tem legitimidade para a propositura de ação penal, ainda que os genitores da vítima, menor, tenham se retratado. *HC 115196/RR, rel. Min Gilmar Mendes, 11.2.14. 2ª T. (Info 735)*

2013

Crimes contra os costumes: vítima pobre e legitimidade

Não se conhece, em "habeas corpus", matéria que demanda o revolvimento de fatos e provas. II. Também não pode se conhece matéria que não haja sido apreciada pelo STJ, sob pena de supressão de instância. III. Nos crimes contra os costumes, caracterizada a pobreza da vítima, a ação penal passa a ser pública condicionada, sendo o MP legitimado para sua propositura. IV. A vedação de liberdade provisória para crimes hediondos e delitos assemelhados provém da própria CF, que prevê sua inafiançabilidade. V. Não se pode conceder efeito suspensivo aos recursos de natureza especial e extraordinária, quando o paciente esteja segregado cautelarmente. HC 92932/SP, Rel. Min. Ricardo Lewandowski, 7.3.13. Pleno. (Info 697)

2012

Art. 44 do CPP e descrição individualizada do fato criminoso

Provido recurso para invalidar, desde a origem, procedimento penal instaurado contra o recorrente e declarar a extinção da punibilidade, por efeito da consumação do prazo decadencial. No caso, fora oferecida queixa-crime por suposta ocorrência de crime de injúria sem que na procuração outorgada pelo querelante ao seu advogado constasse o fato criminoso de maneira individualizada. Reputou-se que a ação penal privada, para ser validamente ajuizada, dependeria, dentre outros requisitos essenciais, da estrita observância, por parte do querelante, da formalidade imposta pelo art. 44 do CPP. Esse preceito exigiria constar, da procuração, o nome do querelado e a menção expressa ao fato criminoso, de modo que o instrumento de mandato judicial contivesse, ao menos, referência individualizadora do evento delituoso e não apenas o "nomen iuris". Asseverou-se, por outro lado, não ser necessária a descrição minuciosa ou a referência pormenorizada do fato. Observou-se, ainda, que, embora a presença do querelante na audiência de conciliação possibilitasse suprir eventual omissão da procuração judicial, a regularização do mandato somente ocorreria se ainda não consumada a decadência do direito de queixa. Sucede que, decorrido, in albis, o prazo decadencial, sem a correção do vício apontado, impor-se-ia o reconhecimento da extinção da punibilidade do querelado. RHC 105920, Rel. Min. Celso de Mello, 8.5.12. 2ª T. (Info 665)

1.3. Da Competência

2016

Competência e crime cometido no estrangeiro por brasileiro

O fato de o delito ter sido cometido por brasileiro no exterior, por si só, não atrai a competência da justiça federal, porquanto não teria ofendido bens, serviço ou interesse da União (CF, art. 109, IV). HC 105461/SP, Rel. Min. Marco Aurélio, 29.3.2016. 1ª T. (Info 819)

Desmembramento de processo e cerceamento de defesa

O desmembramento do processo, como consectário do excessivo número de acusados, para imprimir maior celeridade processual, encontra respaldo no art. 80 do CPP. A reversão desse entendimento, com a posterior reunião dos processos, implicou a superação dessas questões, de modo que não há como avançar no exame da vulneração da paridade de armas e da ampla defesa quanto aos atos processuais realizados no período em que os autos permaneceram desmembrados, já que, sobre essa matéria específica, o STJ não se pronunciou. HC 127288/SP, Rel. Min. Teori Zavascki, 23.8.2016. 2ª T. (Info 836)

Prerrogativa de foro e competência

Por reputar usurpada a competência do STF, referendou-se medida cautelar deferida em reclamação ajuizada pela Presidente da República em face de decisão proferida nos autos de procedimento investigatório que tramita perante juízo federal de primeira instância. A decisão objeto de referendo determinara a suspensão e a remessa ao STF do referido procedimento, bem assim de quaisquer outros com o conteúdo de interceptação telefônica em que captadas conversas mantidas entre a Presidente da República e investigado nos autos do procedimento em questão. Determinara, ademais, a sustação dos efeitos de decisão na qual autorizada a divulgação das conversações telefônicas interceptadas. O Tribunal destacou que haveria dois dispositivos constitucionais fundamentalmente em cotejo na espécie. O primeiro, CF, art. 102, I, "l", a estabelecer, nas hipóteses de cabimento da reclamação, a preservação de competência do STF. E o segundo, CF, art. 102, I, "b, a fixar a competência originária dessa Corte para processar e julgar, originariamente, nas infrações penais comuns, o Presidente da República, entre outras autoridades. Assim, a reclamação teria por finalidade tutelar e proteger em sua globalidade a competência institucional que a Constituição defere ao STF, ou seja, o instrumento da reclamação deveria ser interpretado como meio de pronta e de eficaz proteção da sua competência originária, da sua competência recursal ordinária e da sua competência recursal extraordinária. No caso, o ato impugnado na reclamação estaria projetado exatamente sobre a esfera de competência originária do STF, a quem incumbiria, em sua condição de juiz natural, processar e julgar, nos processos penais condenatórios, aquelas autoridades detentoras de prerrogativa de foro. Por outro lado, competiria igualmente ao STF, com exclusividade, emitir qualquer juízo a respeito do desmembramento ou não de inquéritos ou processos nos quais se desse o surgimento de questões jurídicas a envolver detentor de prerrogativa de foro. Em seguida, o Plenário determinou a execução da decisão liminar independentemente da publicação do acórdão. *Rcl 23457 Referendo-MC/PR, Rel. Min. Teori Zavascki, 31.3.2016. Pleno. (Info 819)*

2015

Competência: foro por prerrogativa de função, prevenção e prorrogação

São critérios sucessivos de determinação da competência: a) competência originária de algum órgão de superposição, em virtude de foro por prerrogativa de função (STF ou STJ); b) competência de jurisdição; c) competência originária; d) competência de foro ou territorial; e) competência de juízo; e f) competência interna (juiz competente). Há hipóteses de modificação da competência: a prorrogação e o desaforamento. Na prorrogação, alarga-se a competência de um órgão jurisdicional, para receber uma causa que ordinariamente não se incluía nela. Nos casos de conexão e continência, opera-se a prorrogação da competência. Nas hipóteses de concentração da competência, exclui-se a competência de todos os órgãos judiciários teoricamente competentes para determinada causa, menos um, que dela ficará incumbido. Enquadra-se, na hipótese, a prevenção, ou seja, a concentração, em um órgão jurisdicional, da competência que abstratamente já pertence a dois ou vários, inclusive a ele. A prevenção é, portanto, distinta das causas de prorrogação da competência. Enquanto a prorrogação acrescenta causas à competência de um juiz, retirando-as de outro, a prevenção retira causas da competência de todos os demais juízes potencialmente competentes, para que permaneça competente só um deles. A prevenção, portanto, é um critério de concentração da competência, razão pela qual, inicialmente, devem-se observar as regras ordinárias de determinação da competência. Nos termos do art. 70 do CPP, a competência será, de regra, determinada pelo lugar em que consumada a infração. Ocorre que, quando se trata de infrações conexas, praticadas em locais diversos, deve-se determinar o foro prevalente. Para tanto, é preciso que uma infração exerça força atrativa sobre as demais, prorrogando a competência do juízo de atração. A fim de se estabelecer o juízo prevalecente nesses casos, há de se observar o art. 78 do CPP. Segundo esse dispositivo, a prevenção constitui um critério meramente residual de aferição de competência. O Tribunal repisou que a competência para processar e julgar os crimes delatados pelo colaborador, não conexos com os fatos objeto da investigação matriz, dependerá do local em que consumados, da sua natureza e da condição das pessoas incriminadas (se detentoras de foro por prerrogativa de função). Nos casos de infrações conexas e de concurso de jurisdições da mesma categoria, o foro prevalente, em primeiro lugar, será o do lugar da infração a que cominada a pena mais grave. Sendo de igual gravidade as penas, prevalecerá a competência do lugar em que houver ocorrido o maior número de infrações. Por fim, apenas se não houver diferença quanto à gravidade dos crimes ou quanto ao número de infrações, firmar-se-á a competência pela prevenção. Assim, não haverá prorrogação da competência do juiz processante – alargando-a para conhecer de uma causa para a qual, isoladamente, não seria competente – se não estiverem presentes: a) uma das hipóteses de conexão ou de continência; e b) uma das hipóteses do art. 78, II, do CPP. Outrossim, ainda que o juízo processante, com base nos depoimentos do imputado colaborador e nas provas por ele apresentadas, tenha decretado prisões e ordenado a realização de busca e apreensão ou de interceptação telefônica, essa circunstância não gerará sua prevenção, com base no art. 83 do CPP, caso devam ser primariamente aplicadas as regras de competência atinentes ao local do crime ou de conexão e continência, uma vez que a prevenção é um critério subsidiário de aferição da competência. *Inq 4130 QO/PR, Rel. Min. Dias Toffoli, 23.9.15. Pleno. (Info 800)*

Crime de redução a condição análoga à de escravo e competência

Compete à justiça federal processar e julgar o crime de redução à condição análoga à de escravo (CP, art. 149). *RE 459510/MT, Red. p/ ac. Min. Dias Toffoli, 26.11.15. Pleno. (Info 809)*

Desmembramento e foro por prerrogativa de função

A atuação do juízo reclamado deu-se com base em decisão proferida pelo STF em 19.12.2014, nos autos de Pet 5.245, que, acolhendo manifestação do Procurador-Geral da República, "dominus litis", deferiu "os requerimentos de cisão processual, mantendo-se no Supremo Tribunal Federal aqueles termos em que figurem detentores de prerrogativa de foro correspondente (item VII, h), com remessa dos demais aos juízos e tribunais indicados". Eventual encontro de indícios de envolvimento de autoridade detentora de foro privilegiado durante atos instrutórios subsequentes, por si só, não resulta em violação de competência desta Suprema Corte, ainda mais quando houver prévio desmembramento pelo STF, como ocorreu no caso. *Rcl 21419 AgR/PR, Rel. Min. Teori Zavascki, 7.10.15. Pleno. (Info 802)*

Criação de nova vara e "perpetuatio jurisdictionis"

A criação superveniente de vara federal na localidade de ocorrência de crime doloso contra a vida não enseja a incompetência do juízo em que já se tenha iniciado a ação penal. *HC 117871/MG, Red. p/ ac. Min. Rosa Weber, 28.4.15. 1ª Turma. (Info 783)*

Pedofilia e competência

RPG Compete à Justiça Federal processar e julgar os crimes consistentes em disponibilizar ou adquirir material pornográfico envolvendo criança ou adolescente (ECA, artigos 241, 241-A e 241-B), quando praticados por meio da rede mundial de computadores. *RE 628624/MG, repercussão geral – mérito, Red. p/ ac. Min. Edson Fachin, 28 e 29.10.15. Pleno. (Info 805)*

Recurso ordinário e devolução da matéria veiculada

A questão referente à suposta incompetência da justiça estadual para processar e julgar o feito não pode ser apreciada por essa Corte se a matéria não fora analisada pelo STJ, sob pena de supressão de instância. *RHC 125477/RJ, Rel. Min. Roberto Barroso, 9.6.15. 1ª T. (Info 789)*

2014

Competência da justiça comum e crime praticado por meio da internet

É da Justiça estadual a competência para processar e julgar o crime de incitação à discriminação racial por meio da internet cometido contra pessoas determinadas e cujo resultado não ultrapassou as fronteiras territoriais brasileiras. *HC 121283/DF, Rel. Min. Roberto Barroso, 29.4.14. 1ª T. (Info 744)*

Competência: sociedade de economia mista e ação penal

Compete à justiça federal processar e julgar ação penal referente a crime cometido contra sociedade de economia mista, quando demonstrado o interesse jurídico da União. *RE 614115 AgR/PA, Rel. Min. Dias Toffoli, 16.9.14. 1ª T. (Info 759)*

Crime doloso contra a vida e vara especializada

Com o advento da Lei Maria da Penha, o tribunal local criara os juizados de violência doméstica e familiar contra a mulher, inclusive na comarca em que processado o paciente. Resolução do mesmo tribunal, segundo a qual, na hipótese de crimes dolosos contra a vida, a competência dos aludidos juizados estender-se-ia até a fase do art. 421 do CPP, ou seja, até a conclusão da instrução preliminar e a pronúncia. Nos casos de crimes dolosos contra a vida, a instrução e a pronúncia não seriam privativas do presidente do tribunal do júri, e a lei poderia atribuir a prática desses atos a outros juízes. Somente após a pronúncia a competência seria deslocada para a vara do júri, onde ocorreria o julgamento. A distribuição da ação penal ocorrera nos termos da legislação vigente à época da prática do ato. Não há razão, portanto, para que o feito seja inicialmente distribuído à vara do júri. Tanto a criação das varas especializadas de violência doméstica e familiar contra a mulher, quanto a instalação da vara do tribunal do júri, foram realizadas dentro dos limites constitucionais (CF, art. 96, I, a). A alteração da competência dos órgãos do Poder Judiciário, por deliberação dos tribunais, não fere os princípios constitucionais do devido processo legal, do juiz natural e da "perpetuatio jurisdictionis". *HC 102150/SC, Rel. Min. Teori Zavascki, 27.5.2014.*

2013

Competência e crime plurilocal

A recorrente foi denunciada pela prática do crime de homicídio culposo (art. 121, § 3º, c/c § 4º do CP), porque "deixando de observar dever objetivo de cuidado que lhe competia em razão de sua profissão de médica e agindo de forma negligente durante o pós-operatório de sua paciente, ocasionou a morte desta, cinco dias após tê-la operado, decorrendo o óbito de uma embolia gordurosa não diagnosticada pela denunciada, a qual sequer chegou a examinar a vítima após a alta hospitalar, limitando-se a prescrever remédios pelo telefone, em total afronta ao Código de Ética Médica (art. 62 do CEM)". 2. Embora se possa afirmar que a responsabilidade imputada à recorrente possa derivar de negligência decorrente da falta do exame pessoal da vítima e do seu correto diagnóstico após a alta hospitalar, é inconteste que esse fato deriva do ato cirúrgico e dos cuidados pós-operatórios de responsabilidade da paciente, de modo que se está diante de crime plurilocal, o que justifica a eleição como foro do local onde os atos foram praticados e onde a recorrente se encontrava por ocasião da imputada omissão (por ocasião da prescrição de remédios por telefone à vítima). *RHC 116200/RJ, Rel. Min. Dias Toffoli, 13.8.13. 1ª T. (Info 715)*

Competência e injúria praticada por civil contra militar

Declara-se a incompetência da Justiça Militar para processar e julgar crimes de injúria e difamação praticados por civil contra militar proferidas em razão da conduta do ofendido durante atendimento odontológico à paciente, razão pela qual teriam ficado limitadas à esfera pessoal da vítima de modo a macular somente a honra subjetiva desta. *HC 116780/CE, Rel. Min. Rosa Weber, 22.10.13. 1ª Turma. (Info 725)*

Competência em razão da matéria e distribuição: alteração de norma regimental

A inobservância de norma regimental que determina a distribuição dos feitos de competência originária do Tribunal Pleno a desembargadores integrantes das Câmaras cível ou criminal, conforme a matéria, não implica nulidade da condenação imposta ao recorrente por incompetência da desembargadora relatora, integrante de câmara cível. II. A alteração promovida no Regimento Interno do TJ/BA não implicou mudança na competência para julgamento da ação penal intentada contra membro do Ministério Público estadual, que continuou sendo do Tribunal Pleno daquela Corte, nos termos do art. 83, X, a, da mesma norma. O que ocorreu foi, apenas, a introdução de regra determinando que a relatoria do feito, não o seu julgamento, compete a Desembargador integrante de órgão fracionário cível ou criminal, conforme o tema. III. Não há falar, portanto, em nulidade absoluta do julgamento por inobservância de regra que alterou a competência em razão da matéria, como quer o impetrante. *RHC 117096/BA, Rel. Min. Ricardo Lewandowski, 23.4.13. 2ª T. (Info 703)*

Competência: justiça federal e desclassificação de crime

A norma do art. 81, caput, o CPP, ainda que busque privilegiar a celeridade, a economia e a efetividade processuais, não possui aptidão para modificar competência absoluta constitucionalmente estabelecida, como é o caso da competência da Justiça Federal. 2. Ausente qualquer das hipóteses previstas no art. 109, IV, da CF, ainda que isso somente tenha sido constatado após a realização da instrução, os autos devem ser remetidos ao Juízo competente, nos termos do § 2º do art. 383 do CPP. *HC 113845/SP, Rel. Min. Teori Zavascki, 20.8.13. 2ª T. (Info 716)*

Competência: policiamento de trânsito e delito praticado por civil contra militar

Contra decisão, proferida em processo revelador de "habeas corpus", a implicar a não concessão da ordem, cabível é o recurso ordinário. Evolução quanto à admissibilidade irrestrita do substitutivo do "habeas corpus". *HC 115671/RJ, Red. p/ ac. Min. Marco Aurélio, 13.8.13. 1ª T. (Info 715)*

Conflito de competência e crimes conexos

Crimes de pedofilia e pornografia infantil praticados no mesmo contexto daquele de estupro e atentado violento ao pudor, contra as mesmas vítimas. Reunião dos processos, em virtude da existência de vínculo objetivo entre os diversos fatos delituosos e de estarem imbricadas as provas coligidas para os autos, nos quais foram apuradas as práticas das condutas incriminadas. II. Há conexidade instrumental: a prova relacionada à apuração de um crime influirá na do outro, razão pela qual é competente para conhecer da controvérsia a Justiça Federal. 111.309/SP. *HC 114689/SP, Rel. Min. Ricardo Lewandowski, 13.8.13. 2ª T. (Info 715)*

Conflito de competência e delito mais grave

Na hipótese de concurso de jurisdições entre juízes de mesma categoria, a competência é determinada em face da infração penal à qual for cominada, abstratamente, a pena máxima mais elevada, consoante disposto no art. 78, II, a, do CPP. Revela-se insubsistente a pretensão de ver estabelecida a competência do juízo tomando-se como parâmetro a sanção mínima prevista para o tipo penal, que é o limite da possibilidade de fazer-se a gradação da pena, ao passo que a sanção máxima representa a qualidade da condenação imposta em virtude da prática da conduta penalmente tipificada. *RHC 116712/RS, Rel. Min. Ricardo Lewandowski, 27.8.13. 2ª T. (Info 717)*

"Emendatio libelli" e competência

É a sentença o momento processual oportuno para a "emendatio libelli", a teor do art. 383 do CPP. 2. Tal posicionamento comporta relativização – hipótese em que admissível juízo desclassificatório prévio –, em caso de erro de direito, quando a qualificação jurídica do crime imputado repercute na definição da competência. 3. Na espécie, a existência de peculiaridade – ação penal relacionada a suposto esquema criminoso objeto da ação em trâmite na vara especializada em lavagem de ativos –, recomenda a manutenção do acórdão recorrido que chancelou a remessa do feito, comandada pelo TRF-1 para a vara federal que detém tal especialização. *HC 115831/MA, Rel. Min. Rosa Weber, 22.10.13. 1ª Turma. (Info 725)*

Passaporte estrangeiro falso: competência e processamento de recurso extraordinário

A competência seria da justiça federal se a falsificação fosse de passaporte brasileiro. Entendeu que, de igual modo, caberia à justiça federal apreciar o feito se a apresentação do passaporte falso – quer brasileiro, quer estrangeiro – fosse feita perante a polícia federal. No caso, entretanto, o passaporte falso era estrangeiro e fora apresentado a empregado de empresa área privada. *RE 632534 AgR/SP, Rel. Min. Rosa Weber, 26.11.13. 1ª T. (Info 730)*

Resposta à acusação e foro por prerrogativa de função

No caso, denunciado, na justiça comum, pela suposta prática do crime de recusa, retardamento ou omissão de dados técnicos (Lei 7.347/85, art. 10) fora, posteriormente, diplomado senador, sem que, nesse intervalo, fosse-lhe oportunizado o oferecimento de resposta à acusação (CPP, arts. 396 e 396-A) e sua respectiva análise pelo juízo (CPP, art. 397). E não teria apresentado resposta escrita (Lei 8.038/90, art. 4º), haja vista que, quando oferecida a exordial acusatória, o processo ainda não seria de competência do STF. O acusado requeria, então, a nulidade do recebimento da denúncia. Considerou-se que, uma vez reputado válido o recebimento da inicial ocorrido no juízo de 1º grau, seria possível analisar a resposta à acusação – para a qual o juízo de piso já haveria citado a parte –, com os fins de absolvição sumária. Anotou-se a semelhança entre a regra inscrita no diploma processual penal e a disposição da Lei 8.038/90 para essa finalidade. Registrou-se precedente no mesmo sentido (AP 630 AgR), embora, naquele caso, a defesa houvesse apresentado resposta à acusação perante o juízo comum. Invocou-se o princípio "tempus regit actum", a significar que os atos praticados validamente, por autoridade judiciária então competente, subsistiriam íntegros. Assim, seria válido o procedimento até o instante em que, com a superveniência da diplomação, deslocara-se a competência para o STF. Consignou-se que, transitoriamente, a Corte adotaria o rito previsto no CPP – exclusivamente para essa finalidade – e, em seguida, o procedimento previsto na Lei 8.038/90. *AP 679 QO/RJ, Rel. Min. Dias Toffoli, 18.4.13. Pleno. (Info 702)*

2012

Limites da competência de juízo de primeiro grau

Um juízo de primeiro grau não pode rescindir um acórdão de instância superior, mesmo na hipótese de existência de nulidade absoluta, sob pena de violação das normas processuais penais e constitucionais relativas à divisão de competência. II. Agiu bem o STJ ao afirmar que não compete ao juízo da execução reconhecer uma nulidade, ainda que absoluta, ocorrida no curso de processo findo, ocasionando verdadeira rescisão de decisão proferida por instância superior. III. Também não caberia ao STJ analisar, per saltum, a alegada nulidade absoluta, pois a Corte Regional limitou-se a anular a decisão do juízo da execução que rescindiu indevidamente o seu julgado, sem manifestar-se, expressamente, sobre eventual nulidade decorrente da ausência de intimação do paciente. IV. Pelos mesmos fundamentos, não pode esta Corte analisar o pedido de anulação da ação penal, sob pena de indevida supressão de instância, com evidente extravasamento dos limites da competência outorgada no art. 102 da CF. *HC 110358, Rel. Min. Ricardo Lewandowski, 12.6.12. 2ª T. (Info 670)*

Tráfico de drogas: natureza pecuniária da pena e competência

Não se pode estabelecer, como uma espécie de condição processual para o conhecimento do HC ajuizado no STJ, a prévia interposição de recurso especial contra o acórdão proferido pelo tribunal de segundo grau, em sede de apelação. Condição processual, essa, que não ressai do art. 105 da CF, no sentido de que é da competência da Casa Superior de Justiça processar e julgar, originariamente, os "habeas corpus", quando o coator ou paciente for qualquer das pessoas mencionadas na alínea a, ou quando o coator for tribunal sujeito à sua jurisdição, Ministro de Estado ou Comandante da Marinha, do Exército ou da Aeronáutica, ressalvada a competência da justiça Eleitoral" (alínea "c" do inc. I do art. 105 da CF). 2. No caso, considerando a natureza pecuniária da pena finalmente imposta ao paciente, de nada adiantaria prover o recurso para determinar que o STJ examinasse o mérito da ação de "habeas corpus". RHC 108439, Rel. Min. Ayres Britto, 20.3.12. 2ª T. (Info 659)

1.4. Das Questões e Processos Incidentes

2012

Tribunal de justiça e exame de insanidade mental "ex officio"

Não é lícito, em âmbito de recurso exclusivo da defesa, que não requereu a realização do mencionado exame, sua fixação "ex officio". HC 111769, Red. p/ ac. Min. Cezar Peluso, 26.6.12. 2ª T. (Info 672)

1.5. Da Prova

1.5.1. Da Prova (Geral)

2016

Homicídio e desnecessidade da oitiva de todas as vítimas

Não há direito absoluto à produção de prova. Em casos complexos, há que confiar no prudente arbítrio do juiz da causa, mais próximo dos fatos, quanto à avaliação da pertinência e relevância das provas requeridas pelas partes. Assim, a obrigatoriedade de oitiva da vítima deve ser compreendida à luz da razoabilidade e da utilidade prática da colheita da referida prova. HC 131158/RS, Rel. Min. Edson Fachin, 26.4.2016. 1ª T. (Info 823)

Incidente de insanidade mental e obrigatoriedade

O incidente de insanidade mental é prova pericial constituída em favor da defesa. Logo, não é possível determiná-lo compulsoriamente na hipótese em que a defesa se oponha à sua realização. HC 133.078/RJ, Rel. min. Cármen Lúcia, 6.9.2016. 2ª T. (Info 838)

2015

Produção antecipada de prova e necessidade de fundamentação

É incabível a produção antecipada de prova testemunhal (CPP, art. 366) fundamentada na simples possibilidade de esquecimento dos fatos, sendo necessária a demonstração do risco de perecimento da prova a ser produzida (CPP, art. 225). HC 130038/DF, Rel. Min. Dias Toffoli, 3.11.15. 2ª T. (Info 806)

2014

Foro por prerrogativa de função: duplo grau de jurisdição e prova emprestada

Admite-se, excepcionalmente, a validade da prova emprestada, desde que observados determinados postulados. No caso, a prova derivada de interceptação telefônica teria sido produzida, em outro processo, sob observância do contraditório, a conferir-lhe legitimidade jurídica. Nesse sentido, os elementos informativos de persecução penal ou as provas colhidas no bojo de instrução processual penal, desde que obtidos mediante interceptação telefônica devidamente autorizada por juízo competente, admitiriam compartilhamento para fins de instruir procedimento criminal ou administrativo disciplinar. Além disso, no juízo para o qual trasladada a prova deveria ser observada a garantia do contraditório, como teria ocorrido. De outro lado, no que concerne à suposta infringência ao princípio do duplo grau de jurisdição, a definição de competência penal originária para efeito de outorga da prerrogativa de foro não ofenderia o postulado do juiz natural, o devido processo legal ou a ampla defesa. No caso, o membro do MP teria, em razão de seu ofício, essa prerrogativa, e deveria ser processado originariamente por TJ. Ademais, sobrevinda condenação, ele teria tido acesso a graus de jurisdição superior. RHC 122806/AM, Rel. Min. Cármen Lúcia, 18.11.14. 2ª T. (Info 768)

2013

Produção antecipada de provas e fundamentação

A antecipação de prova realizada nos termos do art. 366 do CPP está adstrita à fundamentação da necessidade concreta desse ato. 4. Não tendo sido aventada, na espécie, nenhuma circunstância excepcional que justificasse a antecipação da produção da prova testemunhal prevista no art. 225 do CPP, penso que deva ser reconhecida a ilegalidade da colheita antecipada da prova oral na hipótese em exame. *HC 114519/DF, Rel. Min. Dias Toffoli, 26.2.13. 1ª T. (Info 696)*

2012

Corrupção de menores e prova da idade da vítima

A idade compõe o estado civil da pessoa e se prova pelo assento de nascimento, cuja certidão – salvo quando o registro seja posterior ao fato – tem sido considerada prova inequívoca, para fins criminais, tanto da idade do acusado quanto da vítima. Inteligência do art. 155, parágrafo único, do CPP. *HC 110303, Rel. Min. Dias Toffoli, 26.6.12. 1ª T. (Info 672)*

Produção antecipada de provas e fundamentação

"Habeas corpus". 2. Furto qualificado. Réu citado por edital. Suspensão do processo e determinação da produção antecipada da prova testemunhal. Art. 366 do CPP. 3. Alegação de ausência de fundamentação a justificar a colheita da prova oral. 4. Possibilidade concreta de perecimento. Ausência de prejuízo em razão da possibilidade de reiteração em juízo. Constrangimento ilegal não caracterizado. *HC 110280, Rel. Min. Gilmar Mendes, 7.8.12. 2ª T. (Info 674)*

Produção antecipada de provas e fundamentação

A decisão que determina a produção antecipada da prova testemunhal deve atender aos pressupostos legais exigidos pela norma processual vigente – CPP, art. 225. 2. Firme a jurisprudência deste STF no sentido de que "se o acusado, citado por edital, não comparece nem constitui advogado, pode o juiz, suspenso o processo, determinar produção antecipada de prova testemunhal, apenas quando esta seja urgente nos termos do art. 225 do CPP". *HC 108064, Rel. Min. Dias Toffoli, 13.12.11. 1ª T. (Info 652)*

1.5.2. Da Prova (Ilicitude)

2016

Busca e apreensão, violação de correspondência e domicílio

No caso, procurador do MPT teria forjado a assinatura da procuradora-chefe, em promoção formulada por si próprio. O relator do inquérito havia deferido diligência requerida pelo "Parquet" apenas em relação ao equipamento usado pelo indiciado, com a finalidade de averiguar se a promoção fora lá elaborada. Porém, ao cumprir o mandado, o procurador-chefe substituto também havia autorizado a arrecadação do computador do gabinete da chefia da Procuradoria Regional. A defesa insurgia-se contra a apreensão desse equipamento, por transbordar os limites do mandado, bem assim contra a impossibilidade de indicar assistente técnico e de formular quesitos nessa fase inquisitorial. Além disso, sustentava que se teria procedido à análise do equipamento utilizado pelo recorrente de forma indevida, porque verificada sua correspondência eletrônica lá armazenada, em violação ao art. 5º, XII, da Constituição Federal. O Colegiado entendeu que, na hipótese, o fato de ter havido a entrega espontânea dos computadores traduz peculiaridade. Além disso, não cabe falar em violação ao direito à intimidade, por se tratar de material disponibilizado, inclusive, para o serviço público. Ademais, no que diz respeito à suposta violação do sigilo de correspondência eletrônica, não houve quebra da troca de dados, mas sim acesso aos dados registrados nos computadores. Sublinhou, também, no tocante ao cerceamento de defesa por indeferimento de diligência no curso da investigação, não ser o momento próprio para invocar o exercício do contraditório e da ampla defesa. Lembrou, inclusive, que a denúncia já havia sido recebida. Enfatizou, ainda, que uma vez entregue o computador que não constava da ordem de busca e apreensão, a perícia nessa máquina foi sustada. Depois de reapreciada a decisão, foi deferido o exame do elemento de prova. Assim, no caso, não houve a produção de prova ilícita para, posteriormente, decidir-se sobre sua admissão. A prova apenas foi produzida depois de decidido sobre a licitude da colheita do equipamento. *RHC 132062/RS, red. p/ ac. Min. Edson Fachin, j. 29.11.2016. 1ª T. (Info 849)*

Prova ilícita e desentranhamento de peças processuais

A denúncia, a pronúncia, o acórdão e as demais peças judiciais não são provas do crime. Por isso, em princípio, estão fora da regra constitucional que determina a exclusão das provas obtidas por meios ilícitos. O art. 157 do CPP, ao tratar das provas ilícitas e derivadas, não prevê a exclusão de peças processuais que a elas façam referência. A exclusão de peça que faça menções à realização da prova e ao debate quanto à validade da prova não é uma consequência óbvia da exclusão da prova. Não se aplica ao caso a jurisprudência que afasta o envelopamento como alternativa à desconstituição da pronúncia por excesso de linguagem. Isso porque os jurados recebem cópia da peça processual relativa à pronúncia e têm a prerrogativa de acessar a integralidade dos autos (arts. 472, par. ún.; e 480, § 3º, do CPP). Logo, seria incompatível com o rito que a decisão de pronúncia fosse uma peça oculta. *RHC 137368/PR, rel. Min. Gilmar Mendes, j. 29.11.2016. 2ª T. (Info 849)*

Sigilo bancário e nulidade
Negado provimento a recurso no qual se pleiteava a anulação de condenação criminal lastreada em prova produzida no âmbito da Receita Federal do Brasil por meio da obtenção de informações de instituições financeiras sem prévia autorização judicial de quebra do sigilo bancário (LC 105/01, art. 5º e 6º; Dec. 3.724/01; e Dec. 4.489/02). Reiterou-se o decidido na ADI 2390, no sentido de assentar a constitucionalidade das normas que permitem o acesso direto da Receita Federal à movimentação financeira dos contribuintes. *RHC 121429/SP, Rel. Min. Dias Toffoli, 19.4.2016. 2ª T. (Info 822)*

2015

Busca e apreensão e autorização judicial
Inviolabilidade de domicílio (art. 5º, IX, CF): busca e apreensão em estabelecimento empresarial. Estabelecimentos empresariais estão sujeitos à proteção contra o ingresso não consentido. Não verificação das hipóteses que dispensam o consentimento. Mandado de busca e apreensão perfeitamente delimitado: diligência estendida para endereço ulterior sem nova autorização judicial. Ilicitude do resultado da diligência, que acarreta a inutilização das provas. *HC 106566/SP, Rel. Min. Gilmar Mendes, 16.12.14. 2ª T. (Info 772)*

Prova ilícita: desvinculação causal e condenação
Evidenciada, pela instância ordinária, a ausência de nexo de causalidade, não há falar que a prova declarada ilícita contaminou o suporte probatório embasador da sentença condenatória (CPP, art. 157, § 1º). Ademais, não sendo perceptível, "prima facie", a derivação da prova, torna-se inviável, ao menos na via do "habeas corpus", cotejar os inúmeros elementos de convicção trazidos aos autos e modificar a conclusão exarada pelo juízo sentenciante. *HC 116931/RJ, Rel. Min. Teori Zavascki, 3.3.15. 2ª Turma. (Info 776)*

Quebra de sigilo bancário e unilateralidade em inquérito policial
Surgindo indícios de detentor de prerrogativa de foro estar envolvido em fato criminoso, cumpre à autoridade judicial remeter o inquérito ao Supremo, sob pena de haver o arquivamento ante a ilicitude dos elementos colhidos. A investigação, assentada nos elementos colhidos na denominada "Operação Solidária", declarados imprestáveis pelo STF para serem utilizados contra o investigado, tendo em conta violação das regras de prerrogativa de foro. Assim, se os dados são ilícitos, não podendo servir de base para nenhuma persecução, independentemente dos fatos que se pretendesse apurar. *Inq 3552 QO/RS, Rel. Min. Marco Aurélio, 16.12.14. 1ª T. (Info 772)*

2012

HC e validade de provas colhidas em "lan house"
Envio de comunicações criminosas, contendo injúria, desacato e incitação à prática de crimes, por meio de computador mantido em Lan House. Só há intromissão na esfera privada de comunicações, a depender de prévia autorização judicial, na hipótese de interferência alheia à vontade de todos os participantes do ato comunicativo. Caso no qual o acesso ao conteúdo das comunicações ilícitas foi disponibilizado à investigação pelos destinatários das mensagens criminosas. Autoria de crimes praticados pela internet desvelada mediante acesso pela investigação a dados mantidos em computador de Lan House utilizado pelo agente. Acesso ao computador que não desvelou o próprio conteúdo da comunicação criminosa, mas somente dados que permitiram identificar o seu autor. Desnecessidade de prévia ordem judicial e do assentimento do usuário temporário do computador quando, cumulativamente, o acesso pela investigação não envolve o próprio conteúdo da comunicação e é autorizado pelo proprietário do estabelecimento e do aparelho, uma vez que é este quem possui a disponibilidade dos dados neles contidos. *HC 103425, Rel. Min. Rosa Weber, 26.6.12. 1ª T. (Info 672)*

1.5.3. Da Prova (Interrogatório)

2014

Advocacia em causa própria e art. 191 do CPP

O fato de o réu advogar em causa própria não é suficiente para afastar a regra contida no art. 191 do CPP. *HC 101021/SP, Rel. Min. Teori Zavascki, 20.5.14. 2ª T. (Info 747)*

Ampla defesa: citação e interrogatório no mesmo dia

Tendo havido a citação do paciente do conteúdo da acusação não há que se falar em inexistência de citação ou citação inválida. Precedente – em caso análogo – aduz que "a alegação de nulidade da citação, por não ter sido expedido mandado judicial juntamente com o pedido de requisição do réu preso, está superada pelo comparecimento em juízo, onde foi constatada a desnecessidade de adiamento do interrogatório" e de que "a designação do interrogatório para a mesma data em que expedida a requisição não afeta o direito de defesa do acusado porque não existe na lei processual exigência de interregno". Apesar de existir entendimento deste Supremo Tribunal no sentido de que o prejuízo de determinadas nulidades seria de "prova impossível", o princípio do "pas de nullité sans grief" exige, em regra, a demonstração de prejuízo concreto à parte que suscita o vício, independentemente da sanção prevista para o ato, podendo ser ela tanto a de nulidade absoluta quanto a relativa, pois não se decreta nulidade processual por mera presunção. *HC 98434/MG, Rel. Min. Cármen Lúcia, 20.5.14. 1ª T. (Info 747)*

2013

Lei 10.792/03: entrevista e audiência de instrução

O direito de entrevista reservada do defensor com o acusado em momento que antecede ao interrogatório (artigo 185, § 2º do CPP) tem como escopo facultar à defesa a possibilidade de orientar o réu a respeito das consequências das declarações que vier a proferir. A previsão legal, por conseguinte, não está direcionada à fase da realização da audiência de instrução e julgamento. 2. Apesar de silente a legislação processual penal a respeito do direito de entrevista entre defensor e acusado antes da audiência designada para a oitiva de testemunha, há registro na ata da referida sessão do fato de o defensor ter conversado com o réu antes da realização do ato. *HC 112225/DF, Rel. Min. Luiz Fux, 18.6.13. 1ª T. (Info 711)*

Videoconferência e entrevista reservada com defensor

Concedeu-se "habeas corpus" de ofício, ante o excesso de prazo, para determinar a expedição de alvará de soltura do paciente. A impetração arguia a nulidade de ação penal em virtude de realização de interrogatório por videoconferência quando não havia previsão legal. Ante a notícia do trânsito em julgado da decisão do STJ, o relator aditou o voto para deferir o "writ", no que foi acompanhado pela Turma. Aduziu que o STJ anulara o processo-crime em que o paciente figurava como réu, mas deixara de implementar sua liberdade. Salientou que a prisão passara a ser provisória, não mais resultante da execução da pena, pois o título judicial fora anulado. *HC 104603/SP, Rel. Min. Marco Aurélio, 8.10.13. 1ª T. (Info 723)*

2012

Interrogatório de réu sem recursos para deslocamento e carta precatória

Provido recurso para que o interrogatório da recorrente – declarada revel – fosse realizado mediante carta precatória. Na espécie, ela fora citada e apusera ciência no mandado expedido. Ocorre que, no dia do interrogatório, não comparecera ao juízo. O Conselho Permanente de Justiça para o Exército marcara, então, nova audiência e, posteriormente, tornara sem efeito a designação. Na sequência, determinara a intimação da acusada para comprovar as alegações de não dispor de recursos bastantes ao deslocamento da cidade de sua residência para o local em que o ato judicial ocorreria. Inicialmente, salientou-se que oficiala consignara declaração da recorrente quanto à insuficiência financeira. Ademais, em processo anterior a ré já teria sido ouvida por meio de carta precatória. Assentou-se o cerceamento de defesa. Destacou-se a importância, no processo-crime, da defesa direta, a ocorrer em depoimento. *RHC 103468, Rel. Min. Marco Aurélio, 20.11.12. 1ª T. (Info 689)*

Interrogatório único e nulidade de julgamento

Prejudicado "habeas corpus" em face de julgamento de mérito do "writ" no STJ. Pleiteava-se a declaração de nulidade de processo, a partir do interrogatório, ao argumento de que este ato teria sido aproveitado nas demais ações penais em curso contra o paciente. *HC 96503, Red. p/ ac. Min. Luiz Fux, 10.4.12. 1ª T. (Info 661)*

1.5.4. Da Prova (Perícia)

2012

Laudo definitivo de exame toxicológico no crime de tráfico de drogas

Provido recurso no qual se pleiteava a nulidade da decisão que condenara o recorrente por tráfico de drogas. Alegava-se que o laudo toxicológico definitivo teria sido juntado após a sentença, quando da interposição de recurso pelo Ministério Público. Assentou-se que, no caso, a apresentação tardia desse parecer técnico não acarretaria a nulidade do feito, haja vista que demonstrada a materialidade delitiva por outros meios probatórios. Asseverou-se, ademais, que a nulidade decorrente da juntada extemporânea teria como pressuposto a comprovação de prejuízo ao réu, para evitar-se condenação fundada em meros indícios, sem a certeza da natureza da substância ilícita, o que não teria ocorrido na espécie. *RHC 110429, Rel. Min. Luiz Fux, 6.3.12. 1ª T. (Info 657)*

Lesão corporal grave e laudo pericial

"Habeas corpus". 2. Tentativa de homicídio. Desclassificação da conduta pelo Tribunal do Júri para lesão corporal grave. 3. Condenação. Pedido de afastamento da qualificadora do perigo de vida (art. 129, § 1º, II, do CP) em razão da ausência do laudo pericial, que poderia apontar o grau das lesões sofridas. 4. Desaparecimento da vítima. Comprovação da gravidade das lesões sofridas mediante prova testemunhal e laudo médico. 5. A ausência do laudo pericial não impede seja reconhecida a materialidade do delito de lesão corporal de natureza grave por outros meios. *HC 114567, Rel. Min. Gilmar Mendes, 16.10.12. 2ª T. (Info 684)*

1.5.5. Da Prova (Testemunhas)

2013

Audiência de instrução e formulação de perguntas

Alegação de não haver provas de autoria do delito de homicídio do paciente. Impossibilidade de reexame dos fatos e das provas dos autos em "habeas corpus". 2. O princípio do "pas de nullité sans grief"

exige, sempre que possível, a demonstração de prejuízo concreto pela parte que suscita o vício. Prejuízo não demonstrado pela defesa. *HC 115336/RS, Rel. Min. Cármen Lúcia, 21.5.13. 2ª T. (Info 707)*

2012

Audiência de instrução: inversão na formulação de perguntas e nulidade

Não é de se acolher a alegação de nulidade em razão da não observância da ordem de formulação de perguntas às testemunhas, estabelecida pelo art. 212 do CPP, com redação conferida pela Lei 11.690/08. Isso porque a a defesa não se desincumbiu do ônus de demonstrar o prejuízo decorrente da inversão da ordem de inquirição das testemunhas. II. Esta Corte vem assentando que a demonstração de prejuízo, a teor do art. 563 do CPP, é essencial à alegação de nulidade, seja ela relativa ou absoluta, eis que "(...) o âmbito normativo do dogma fundamental da disciplina das nulidades pas de nullité sans grief compreende as nulidades absolutas" (HC 85155). III. A decisão ora questionada está em perfeita consonância com o que decidido pela Primeira Turma desta Corte (HC 103525), no sentido de que a inobservância do procedimento previsto no art. 212 do CPP pode gerar, quando muito, nulidade relativa, cujo reconhecimento não prescinde da demonstração do prejuízo para a parte que a suscita. *RHC 110623, Rel. Min. Ricardo Lewandowski, 13.3.12. 2ª T. (Info 658)*

1.6. Dos Sujeitos do Processo

1.6.1. Do Juiz

2016

HC e impedimento ou suspeição de magistrado

Não se admite interpretação criadora de causas de impedimento e suspeição (no caso, alegava-se impedimento ou suspeição de desembargador federal que havia exercido a função de corregedor da justiça federal em processo administrativo instaurado em desfavor do recorrente). *RHC 131735/DF, Rel. Min. Cármen Lúcia, 3.5.2016. 1ª T. (Info 824)*

2013

Atuação de juiz e imparcialidade

O exame da alegada suspeição/impedimento de juiz não reclama, nos termos em que veiculada, revolvimento de acervo fático-probatório. Não se coloca em causa comportamento ou fatos estranhos ao feito, mas, fatos e atos processuais consubstanciados em decisões formais que estariam impregnadas de subjetivismo e falta de impessoalidade. Deve-se verificar se o conjunto de decisões revela atuação parcial do magistrado. Há excessos do juiz no exercício dos poderes legais, a mostrar acentuada preocupação em dar concretude em suas decisões, independentemente de eventual censura recursal. Mas, não se pode confundir excessos com parcialidade. Possível caracterizar-se infração disciplinar, e não o afastamento do juiz do processo. No que se refere a sucessivos decretos de prisão e a censura de alguns comportamentos referidos, os atos foram impugnados e muitos foram revistos pelas instâncias superiores. O sistema processual funcionou em plenitude, permitindo a ampla defesa. O conjunto de decisões desfavoráveis, por si só, não pode conduzir ao afastamento do juiz quando não demonstrada a subsunção das hipóteses legais de impedimento ou suspeição. *HC 95518/PR, Red. p/ ac. Min. Gilmar Mendes, 28.5.13. 2ª T. (Info 708)*

2012

Impedimento de magistrado e juízo de admissibilidade

As hipóteses de impedimento descritas no art. 252 do CPP constituem um rol exaustivo. Pelo que não há ilegalidade ou abuso de poder se o juízo de admissibilidade dos recursos especial e extraordinário foi realizado por magistrado que participou do julgamento de mérito da ação penal originária. Atuação jurisdicional autorizada expressamente pelo Regimento Interno do TRF-3. *HC 94089, Rel. Min. Ayres Britto, 14.2.12. 2ª T. (Info 655)*

1.6.2. Do Ministério Público

1.7. Da Prisão, das Medidas Cautelares e da Liberdade Provisória

1.7.1. Disposições Gerais

2016

Busca veicular e autorização judicial

As medidas cautelares, por reclamarem especial urgência, não prescindem de agilidade, mas também não podem se distanciar das necessárias autorizações legais e judiciais. Consignou, também, que as apreensões de documentos no interior de veículos automotores, por constituírem hipótese de busca pessoal – caracterizada pela inspeção do corpo, das vestes, de objetos e de veículos (não destinados à habitação do indivíduo) –, dispensam autorização judicial quando houver fundada suspeita de que neles estão ocultados elementos necessários à elucidação dos fatos investigados, a teor do disposto no art. 240, § 2º, do CPP. *RHC 117767/DF, Rel. Min. Teori Zavascki, j. 11.10.2016. 2ª T. (Info 843)*

Lei 13.257/16 e pedido superveniente

Pedido superveniente para substituir prisão preventiva por domiciliar em atenção ao inc. V do art. 318 do CPP, recentemente incluído pela Lei 13.257/2016, deve ser analisado pelo juízo de origem, uma vez que não cabe à Suprema Corte apreciá-lo de forma originária, sob pena de incorrer em supressão de instância e em grave violação das regras constitucionais de competência. *HC 132462 AgR-ED/RJ, Rel. Min. Dias Toffoli, 10.5.2016. 2ª T. (Info 825)*

2015

TJ/SP: audiência de custódia e Provimento Conjunto 3/15

É constitucional norma estadual que determina a apresentação de pessoa detida, até 24 horas após a sua prisão, ao juiz competente, para participar de audiência de custódia no âmbito daquele tribunal. A Corte afirmou que o art. 7º, item 5, da Convenção Americana de Direitos Humanos, ao dispor que "toda pessoa presa, detida ou retida deve ser conduzida, sem demora, à presença de um juiz", teria sustado os efeitos de toda a legislação ordinária conflitante com esse preceito convencional, em decorrência do caráter supralegal que os tratados sobre direitos humanos possuiriam no ordenamento jurídico brasileiro. A apresentação do preso ao juiz no referido prazo estaria intimamente ligada à ideia da garantia fundamental de liberdade, qual seja, o "habeas corpus". A essência desse remédio constitucional, portanto, estaria justamente no contato direto do juiz com o preso, para que o julgador pudesse, assim, saber do próprio detido a razão pela qual fora preso e em que condições se encontra encarcerado. Não seria por acaso, destarte, que o CPP consagraria regra de pouco uso na prática forense, mas ainda assim fundamental, no seu art. 656, segundo o qual "recebida a petição de 'habeas corpus', o juiz, se julgar necessário, e estiver preso o paciente, mandará que este lhe seja imediatamente apresentado em dia e hora que designar". *ADI 5240/SP, Rel. Min. Luiz Fux, 20.8.15. Pleno. (Info 795)*

1.7.2. Da Prisão Domiciliar

2016

Marco Legal da Primeira Infância e prisão domiciliar

O Marco Legal da Primeira Infância (Lei 13.257/2016), ao alterar as hipóteses autorizativas da concessão de prisão domiciliar, permite que o juiz substitua a prisão preventiva pela domiciliar quando o agente for gestante ou mulher com filho até 12 anos de idade incompletos (CPP, art. 318, IV e V). *HC 134069/DF, Rel. Min. Gilmar Mendes, 21.6.2016. 2ª T. (Info 831)*

1.7.3. Da Prisão em Flagrante

2015

Inviolabilidade de domicílio e flagrante delito

RPG A entrada forçada em domicílio sem mandado judicial só é lícita, mesmo em período noturno, quando amparada em fundadas razões, devidamente justificadas "a posteriori", que indiquem que dentro da casa ocorre situação de flagrante delito, sob pena de responsabilidade disciplinar, civil e penal do agente ou da autoridade, e de nulidade dos atos praticados. *RE 603616/RO, repercussão geral – mérito, Rel. Min. Gilmar Mendes, 4 e 5.11.15. Pleno. (Info 806)*

1.7.4. Da Prisão Preventiva

2016

Cabimento de prisão preventiva e concessão de "habeas corpus" de ofício

Inocorrência de ilegalidade evidente que atinja os pressupostos e requisitos da prisão preventiva, cuja presença é sinalizada por intermédio de elementos concretos da situação em exame. Descabimento de análise minuciosa do conjunto fático-probatório que dá suporte à medida gravosa, tendo em vista a impossibilidade de se fazer por meio da via restrita do "habeas corpus". Presentes distinções processuais, anterior concessão da ordem não se projeta para o fim de alcançar fatos até então não submetidos ao STF. *HC 134240/MT, Rel. Min. Edson Fachin, 28.6.2016. 1ª T. (Info 832)*

HC e substituição de prisão preventiva por medidas cautelares

A prisão preventiva supõe prova da existência do crime (materialidade) e indício suficiente de autoria; todavia, por mais grave que seja o ilícito apurado e por mais robusta que seja a prova de autoria, esses pressupostos, por si sós, são insuficientes para justificar o encarceramento preventivo. A eles deverá vir agregado, necessariamente, pelo menos mais um dos seguintes fundamentos, indicativos da razão determinante da medida cautelar: (a) a garantia da ordem pública, (b) a garantia da ordem econômica, (c) a conveniência da instrução criminal ou (d) a segurança da aplicação da lei penal. Em nosso sistema, notadamente a partir da Lei 12.403/2011, que deu nova redação ao art. 319 do Código de Processo Penal, o juiz tem não só o poder, mas o dever de substituir a prisão cautelar por outras medidas sempre que essas se revestirem de aptidão processual semelhante. Impõe-se ao julgador, assim, não perder de vista a proporcionalidade da medida cautelar a ser aplicada no caso, levando em conta, conforme reiteradamente enfatizado pela jurisprudência desta Corte, que a prisão preventiva é medida extrema que somente se legitima quando ineficazes todas as demais. *HC 132233/PR, Rel. Min. Teori Zavascki, 26.4.2016. 2ª T. (Info 823)*

2015

Gravidez e prisão preventiva

A Constituição assegura às presidiárias condições para que possam permanecer com seus filhos durante o período da amamentação e enfatiza a proteção à maternidade e à infância. *HC 128381/SP, Rel. Min. Gilmar Mendes, 9.6.15. 2ª T. (Info 789)*

Prisão cautelar de corréu e isonomia

A 1ª Turma concedeu ordem e cassou o respectivo decreto prisional em outro "habeas corpus" impetrado por corréu. Em consequência, por se encontrar o paciente em situação idêntica à do corréu, é necessária a aplicação do art. 580 do CPP. *HC 119934/SP, Rel. Min. Dias Toffoli, 3.2.15. 1ª Turma. (Info 773)*

Prisão cautelar: requisitos e medidas alternativas

O Colegiado registrou que, se num primeiro momento a prisão cautelar se mostrava indispensável, com o decurso do tempo a medida extrema não teria mais essa qualidade, podendo ser eficazmente substituída por medidas alternativas. Além de a situação processual da causa não se assemelhar com a do momento da prisão, haveria de se considerar também outras circunstâncias: a) os fatos imputados teriam ocorrido entre 2006 e 2014; b) a segregação preventiva perduraria por aproximadamente seis meses; c) as empresas controladas pelo paciente estariam impedidas de contratar com a estatal investigada; e d) houvera o afastamento formal do paciente da direção dessas empresas, com o consequente afastamento do exercício de atividades empresariais. O quadro demonstraria que os riscos, tanto no tocante à conveniência da instrução criminal quanto no que se refere à garantia da ordem pública estariam consideravelmente reduzidos, se comparados aos indicados no decreto de prisão. Essa substancial alteração factual permitiria viabilizar a substituição do encarceramento por medidas cautelares diversas, suficientes para prevenir eventuais perigos residuais que pudessem remanescer (CPP, art. 282, § 6º). Além disso, se essa substituição fosse possível, seria um dever do magistrado (CPP, art. 319). *HC 127186/PR, Rel. Min. Teori Zavascki, 28.4.15. 2ª Turma. (Info 783)*

Senador e prisão preventiva

A Segunda Turma, por entender presentes situação de flagrância, bem como os requisitos do art. 312 do CPP, referendou decisão que decretara prisão cautelar de senador. A Turma anuiu haver estado de flagrância na prática do crime do art. 2º, "caput" e § 1º, da Lei 12.850/2013, porquanto os participantes atuariam com repartição de tarefas e unidade de desígnios. Para o Colegiado, a menção a interferências, a promessas políticas no sentido de obter decisões favoráveis por parte de Ministros do STF constituiria conduta obstrutiva de altíssima gravidade. *AC 4039 Ref-MC/DF, Rel. Min. Teori Zavascki, 25.11.15. 2ª T. (Info 809)*

2014

Custódia cautelar e fundamentação inidônea

Com a entrada em vigor da Lei 12.403/11, nos termos da nova redação do art. 319 do CPP, o juiz dispõe de outras medidas cautelares de natureza pessoal diversas da prisão, de modo a permitir, diante das circunstâncias do caso concreto, a escolha da medida mais ajustada à espécie. Dessa forma, essa medidas servem, mesmo que cautelarmente, de resposta justa e proporcional ao mal supostamente causado pelo acusado. *HC 119095/MG, Rel. Min. Gilmar Mendes, 26.11.13. 2ª T. (Info 730)*

2013

Sustentação oral e prerrogativa de novo mandatário

Inexistência de qualquer ilegalidade no ato que decreta a custódia cautelar do paciente. Os atributos da primariedade, residência fixa e ocupação lícita não têm o condão de, por si sós, impedir a prisão preventiva se presentes os requisitos do art. 312 do CPP. Implica supressão de instância emitir juízo sobre a tese de deficiência da defesa técnica, que não foi objeto da impetração no STJ, não tendo sido por ele analisada. *HC 111810/MG, Rel. Min. Teori Zavascki, 11.6.13. 2ª T. (Info 710)*

1.7.5. Da Liberdade Provisória com ou sem Fiança

2014

Fiança e capacidade econômica do paciente

O arbitramento da fiança deve obedecer, dentre outros critérios de valoração, ao das "condições pessoais de fortuna" do réu (CPP, art. 326). Assim, ante a incapacidade econômica do paciente e existente fundamento para a prisão preventiva, essa deve ser justificada nos termos dos arts. 312 e 313 do CPP, ou deve ser aplicada medida cautelar diversa da fiança. *HC 114731, Rel. Min. Teori Zavascki, 1º.4.14. 2ª T. (Info 741)*

1.8. Das Citações e Intimações

1.8.1. Das Citações

2016

Citação com hora certa e processo penal

RPG É constitucional a citação com hora certa no âmbito do processo penal. *RE 635145/RS, repercussão geral, Rel. p/ ac. Min. Luiz Fux, 1º.8.2016. Pleno. (Info 833)*

2013

Ausência de citação de réu preso e nulidade

Diante do comparecimento do preso em juízo, não é possível invocar nulidade por ausência de citação. *RHC 106461/DF, Rel. Min. Gilmar Mendes, 7.5.13. 2ª T. (Info 705)*

1.8.2. Das Intimações

2016

Intimação da Defensoria Pública e sessão de julgamento de HC

A intimação pessoal da Defensoria Pública quanto à data de julgamento de "habeas corpus" só é necessária se houver pedido expresso para a realização de sustentação oral. *HC 134.904/SP, Rel. min. Dias Toffoli, 13.9.2016. 2ª T. (Info 839)*

2015

Defensoria Pública e intimação pessoal

A intimação da Defensoria Pública, a despeito da presença do defensor na audiência de leitura da sentença condenatória, se aperfeiçoa com sua intimação pessoal, mediante a remessa dos autos. *HC 125270/DF, Rel. Min. Teori Zavascki, 23.6.15. 2ª T. (Info 791)*

2013

Defensoria Pública e termo de intimação

A intimação do defensor público se aperfeiçoa com a chegada dos autos e recebimento na instituição. *RHC 116061/ES, Rel. Min. Rosa Weber, 23.4.13. 1ª T. (Info 703)*

2012

Ausência de intimação de defensor público e nulidade

A Defensoria Pública dever ser intimada, pessoalmente, dos atos processuais. *HC 111532, Rel. Min. Ricardo Lewandowski, 7.8.12. 2ª T. (Info 674)*

Inércia de advogado e intimação pessoal do réu

A Turma denegou "habeas corpus" no qual se requeria a desconstituição do trânsito em julgado de ação penal e a devolução de prazo recursal, com o retorno dos autos ao juízo de origem, para que o réu pudesse constituir novo advogado ou, na sua impossibilidade, fosse nomeado defensor público para interpor recursos especial e extraordinário. Na espécie, o paciente sustentara que, não obstante ter constituído causídico e ter sido este intimado do acórdão de apelação, quedara-se inerte. Asseverou-se que o art. 392 do CPP disporia quanto à necessidade de intimação pessoal do réu apenas da sentença condenatória e não do acórdão proferido em sede de apelação. Destacou-se, ainda, que o paciente estaria solto sem que houvesse notícia de renúncia por parte de seu advogado. *HC 114107, Rel. Min. Ricardo Lewandowski, 27.11.12. 2ª T. (Info 690)*

Juízo deprecado e intimação de defensor público

Provido recurso para reconhecer nulidade processual em face da não intimação da Defensoria Pública do local de cumprimento de carta precatória. Na espécie, o juízo deprecado nomeara defensora dativa para acompanhar audiência de inquirição da vítima. Destacou-se que, na origem, o acusado fora assistido por defensor público, o qual não poderia deslocar-se para outro estado e prestar assistência ao réu, tendo em conta a existência, no juízo deprecado, de Defensoria Pública estadual estruturada. Assentou-se que, embora a jurisprudência do STF estivesse consolidada no sentido da prescindibilidade da intimação da defesa para audiência a ocorrer no juízo deprecado – necessária apenas a ciência da expedição da carta precatória –, a questão posta nos autos mereceria ressalva em respeito àquela instituição. *RHC 106394, Rel. Min. Rosa Weber, 30.10.12. 1ª T. (Info 686)*

Mudança de proclamação e intimação da defesa

A sessão de julgamento para o fim de correção de eventual erro ou inexatidão material contido na ata, que resultar modificação substancial do resultado do julgamento contra o réu, demanda prévia intimação, evitando-se a surpresa que imprime o prejuízo do "due process of law". 2. "In casu", a retificação da ata do julgamento do recurso especial, realizada "ex officio", modificou substancialmente o resultado parcial do julgamento, transmudando o empate da votação e consequente convocação do Ministro do STJ para proferir voto de desempate em não conhecimento do recurso, por maioria, incorrendo em "reformatio in pejus". *HC 108739, Red. p/ ac. Min. Luiz Fux, 14.8.12. 1ª T. (Info 675)*

1.9. Da Sentença

2015

Art. 383 do CPP: "emendatio libelli" e "reformatio in pejus"

Há "reformatio in pejus" no acórdão que, em julgamento de recurso exclusivo da defesa, reforma sentença condenatória para dar nova definição jurídica ao fato delituoso – "emendatio libelli" –, mantida a pena imposta, porém desclassificado o crime de furto qualificado (CP, 155, § 4º, II) para o crime de peculato (CP, art. 312, § 1º). *HC 123251/PR, Rel. Min. Gilmar Mendes, 2.12.14. 2ª T. (Info 770)*

Condenação criminal: reparação de dano e contraditório

Afasta-se a estipulação de valor mínimo prevista no art. 387, IV, do Código de Processo Penal, sem prejuízo da persecução correspondente em procedimento autônomo, quando fora de dúvida a ausência de contraditório a respeito. No que diz respeito à fixação do valor mínimo destinado à reparação de danos, nos termos do art. 387, IV, do CPP, essa previsão normativa foi inserida pela Lei 11.719/08, que não somente seria posterior aos fatos, ocorridos entre 1995 e 1998, como também ao oferecimento da denúncia, em 1999. Assim, sobretudo porque não ocorrido o contraditório a respeito, incidiria reserva intransponível à incidência da norma, do ponto de vista material e processual. *RvC 5437/RO, Rel. Min. Teori Zavascki, 17.12.14. Pleno. (Info 772)*

2012

"Mutatio libelli" e nulidade de julgamento

Esta Corte tem manifestado o entendimento de que, sendo revelada, pela defesa, a intenção de sustentar oralmente as teses da impetração, deve ser assegurada a ela tal possibilidade. II. Reconhecida a procedência do argumento da falta de intimação da defensora do paciente para a sessão de julgamento do "habeas corpus" impetrado no STJ, tem-se que ele é prejudicial aos demais, que somente seriam apreciados se rejeitada essa primeira alegação da defesa. *HC 109098, HC 109099, Rel. Min. Ricardo Lewandowski, 20.3.12. 2ª T. (Info 659)*

2. DOS PROCESSOS EM ESPÉCIE

2.1. Do Processo Comum

2.1.1. Do Procedimento do Tribunal do Júri

2016

Tribunal do júri e novo enquadramento fático-jurídico

Se houver incorreto enquadramento fático-jurídico na capitulação penal, que repercuta na competência do órgão jurisdicional, admite-se, excepcionalmente, a possibilidade de o magistrado, antes da pronúncia e submissão do réu ao júri popular, efetuar a desclassificação para outro tipo penal e encaminhar o feito ao órgão competente. *HC 113598/PE, Rel. Min. Gilmar Mendes, 15.12.2015. 2ª T. (Info 812)*

2015

Art. 478, I, do CPP e leitura de sentença prolatada em desfavor de corréu

A leitura, pelo Ministério Público, da sentença condenatória de corréu proferida em julgamento anterior não gera nulidade de sessão de julgamento pelo conselho de sentença. *RHC 118006/SP, Rel. Min. Dias Toffoli, 10.2.15. 1ª Turma. (Info 774)*

Pronúncia e envelopamento por excesso de linguagem

Constatado o excesso de linguagem na pronúncia tem-se a sua anulação ou a do acórdão que incorreu no mencionado vício; inadmissível o simples desentranhamento e envelopamento da respectiva peça processual. *RHC 127522/BA, Rel. Min. Marco Aurélio, 18.8.15. 1ª T. (Info 795)*

Tribunal do júri: leitura de peça em plenário e nulidade

O art. 478, I, do CPP, na redação dada pela Lei 11.689/08, veda a referência à decisão de pronúncia "como argumento de autoridade", em benefício ou em desfavor do acusado. Por outro lado, a Lei 11.689/08 – estabeleceu, no parágrafo único do art. 472, que cada jurado recebesse, imediatamente após prestar compromisso, cópia da pronúncia ou, se fosse o caso, das decisões posteriores que julgassem admissível a acusação. A distribuição de cópia da pronúncia seria explicável pelo fato de ser essa a peça que resumiria a causa a ser julgada pelos jurados. A redação original do CPP previa o oferecimento, pela acusação, do libelo acusatório, com a descrição do fato criminoso, como admitido na decisão de pronúncia (artigos 416 e 417). Assim, se a denúncia contivesse circunstância em relação à qual não fora admitida – uma qualificadora, por exemplo – o libelo narraria a acusação a ser submetida ao plenário já livre dessa circunstância. Na sistemática atual, no entanto, abolida essa peça intermediária, seria a própria decisão de pronúncia que resumiria a causa em julgamento. Isso explicaria porque a peça seria considerada de particular importância pela lei, a ponto de ser a única com previsão de entrega aos jurados. Além disso, muito embora recebessem apenas a cópia da decisão de pronúncia, os jurados teriam a prerrogativa de acessar a integralidade dos autos, mediante solicitação ao juiz presidente (CPP, art. 480, § 3º). Assim, ao menos em tese, poderiam tomar conhecimento de qualquer peça neles entranhada. Dada a incoerência entre as normas que vedam a leitura da pronúncia e outras peças e, ao mesmo tempo, determinam o fornecimento de cópia da pronúncia e autorizam os jurados a consultar qualquer peça dos autos – incoerência essa apontada pela doutrina – seria cabível a redução teleológica. Em suma, a lei não vedaria toda e qualquer referência à pronúncia, mas apenas a sua utilização como forma de persuadir o júri a concluir que, se o juiz pronunciara o réu, logo este seria culpado. *RHC 120598/MT, Rel. Min. Gilmar Mendes, 24.3.15. 2ª Turma. (Info 779)*

2014

Protesto por novo júri e "tempus regit actum"

I. O protesto por novo júri, que constituía prerrogativa de índole processual e exclusiva do réu, cumpria função específica em nosso sistema jurídico: a invalidação do primeiro julgamento, que se desconstituía para todos os efeitos jurídico-processuais, a fim de que novo julgamento fosse realizado, sem, contudo, afetar ou desconstituir a sentença de pronúncia e o libelo-crime acusatório. II. Esse recurso "sui generis" era cabível nas condenações gravíssimas (vinte anos ou mais), com o escopo de realizar-se novo julgamento, sem invalidar totalmente a sentença condenatória, que, em face do princípio da soberania dos veredictos dos jurados, somente poderia ser alterada ou cassada pelo próprio Tribunal do Júri. III. Cuida-se, portanto, de recurso da decisão do júri para outro júri, provocando-se novo pronunciamento (Noronha, Curso de Direito Processual Penal), sendo certo de que a presunção que informa o protesto por novo júri é a possibilidade de redução da reprimenda estabelecida, sem se perquirir acerca da ocorrência de eventual nulidade ou injustiça da sentença condenatória. IV. Nos termos do art. 2º do CPP, "a lei processual aplicar-se-á desde logo, sem prejuízo da validade dos atos realizados sob a vigência da lei anterior". Desse modo, se lei nova vier a prever recurso antes inexistente, após o julgamento realizado, a decisão permanece irrecorrível, mesmo que ainda não tenha decorrido o prazo para a interposição do novo recurso; se lei nova vier a suprimir ou abolir recurso existente antes da prolação da sentença, não há falar em direito ao exercício do recurso revogado. Se a modificação ou alteração legislativa vier a ocorrer na data da decisão, a recorribilidade subsiste pela lei anterior. V. Há de se ter em conta que a matéria é regida pelo princípio fundamental de que a recorribilidade se rege pela lei em vigor na data em que a decisão for publicada (Grinover et all. Recursos no processo penal). *RE 752988 AgR/SP, Rel. Min. Ricardo Lewandowski, 10.12.13. 2ª T. (Info 732)*

Tribunal do júri e anulação de quesito

A alegação de que o acréscimo da expressão "diante do que ouviu em Plenário" teria causado prejuízo à defesa na formulação, no júri, do quesito geral sobre absolvição (art. 483, § 2º, do CPP) trata-se de nulidade que preclui se o quesito não é impugnado oportunamente. *HC 123307/AL, Rel. Min. Gilmar Mendes, 9.9.14. 2ª T. (Info 758)*

2013

Tribunal do júri e cerceamento de defesa

Em observância ao sistema processual penal acusatório instituído pela CF, a aplicação do art. 456 do CPP deve levar em conta o aspecto formal e material de seu conteúdo normativo, ante a ponderação do caso concreto. O reconhecimento, pelo defensor público nomeado, de que a análise dos autos limitou-se a apenas quatro dos vinte e seis volumes, por impossibilidade física e temporal (12 dias), somado à complexidade da causa, prejudicou a plenitude da defesa. *HC 108527/PA, Rel. Min. Gilmar Mendes, 14.5.13. 2ª T. (Info 706)*

Tribunal do júri e motivo fútil

Apenas a qualificadora manifestamente improcedente deve ser excluída da pronúncia, o que não acontece na hipótese dos autos. De todo modo, a análise da existência ou não da qualificadora do motivo fútil deve ser feita pelo Tribunal do Júri, que é o juiz natural da causa. *HC 107090/RJ, Rel. Min. Ricardo Lewandowski, 18.6.13. 1ª T. (Info 711)*

2012

Desistência voluntária e quesitação

A resposta afirmativa dos jurados à indagação sobre a ocorrência de tentativa afasta automaticamente a hipótese de desistência voluntária. *HC 112197, Rel. Min. Gilmar Mendes, 5.6.12. 2ª T. (Info 669)*

Pronúncia e fundamentação

A Turma retomou julgamento de "habeas corpus" impetrado em favor de denunciado pela suposta prática de delitos de homicídio – na forma do art. 18, I, parte final, do CP (dolo eventual), c/c art. 29 do CP (concurso de pessoas) – e de participação em "racha". Na espécie, o juiz do tribunal do júri desclassificara o ilícito penal imputado ao paciente e declinara de sua competência. A Corte estadual, por sua vez, pronunciara o paciente em sede de recurso em sentido estrito, a fim de submetê-lo ao tribunal do júri. Requer-se a nulidade do julgamento por ausência de fundamentação da pronúncia e sua consequente anulação, bem como dos atos processuais que se seguiram. Em sessão de 27.3.2012, o Min. Marco Aurélio, relator, concedeu a ordem, no que foi acompanhado pelo Min. Luiz Fux. Entendeu acertada a sentença proferida pelo juízo do tribunal do júri, que determinara a remessa dos autos a uma das varas criminais da comarca. Frisou que a pronúncia formalizada pelo tribunal de justiça não conteria a especificação do dispositivo legal em que estaria incurso o acusado, mas apenas referências a parâmetros alusivos ao sinistro. Em divergência, as Ministras Rosa Weber e Cármen Lúcia denegaram o "writ", por considerarem que a matéria exigiria reavaliação de provas, inviável na via estreita eleita. Nesta assentada, o Min. Dias Toffoli, em voto-vista, acompanhou a dissidência. Aduziu não vislumbrar a alegada falta de motivação do recurso que pronunciara o paciente e o submetera a julgamento pelo tribunal do júri. De outro lado, assinalou que, concluir pelo acerto da decisão proferida pelo juízo singular ou pelo tribunal de justiça implicaria reexame do cotejo fático-probatório, inviável em "habeas corpus". Por sua vez, ante o novo enfoque da Turma, o Min. Marco Aurélio assentou a impropriedade da impetração, substitutiva de recurso ordinário. Porém, de ofício, concedeu a ordem, pelas razões já lançadas. Após os votos dos ministros Luiz Fux e Rosa Weber, que reajustaram seus votos quanto ao conhecimento do "habeas", o julgamento foi suspenso para aguardar a manifestação da Min. Cármen Lúcia. *HC 109210, Rel. Min. Marco Aurélio, 21.8.12. 1ª T. (Info 676)*

3. DAS NULIDADES E DOS RECURSOS EM GERAL

3.1. Das Nulidades

2016

Intimação pessoal da Defensoria Pública e preclusão

A não observância da intimação pessoal da Defensoria Pública – prerrogativa para o efetivo exercício de sua missão institucional – deve ser impugnada, imediatamente, na primeira oportunidade processual, sob pena de preclusão. No caso, na apelação, não teria havido a intimação, tendo sido alegada somente no recuso especial, não obstante a Defensoria houvesse oposto embargos de declaração. *HC 133476, Rel. Min. Teori Zavascki, 14.6.2016. 2ª T. (Info 830)*

Prerrogativas da advocacia e interceptação telefônica

Observou-se que a ofensa das prerrogativas da defesa e do advogado poderia produzir consequências processuais de três ordens, mas não gerariam a automática absolvição do imputado. Em primeiro lugar, poderia servir para a cassação ou invalidação do ato judicial. Em segundo lugar, poderia ser fundamento para a invalidação dos atos processuais subsequentes ao ato atentatório e com ele relacionados. Em terceiro lugar, poderia haver base para a recusa do magistrado, caso a transgressão apontar para a parcialidade dele. Observou que o magistrado atendera pedido do paciente e determinara o desentranhamento e a inutilização da prova. Notou que essa autoridade judicial teria feito constar que, da diligência, não resultara material útil e que não percebera que o telefone seria de advogado que atuaria no processo. Tendo em vista esse contexto, a primeira consequência da afronta à prerrogativa profissional – cassação ou invalidação do ato judicial – estaria fora de cogitação nesse caso. O resultado da interceptação fora desentranhado e destruído, após a defesa informar que o terminal interceptado pertenceria ao patrono do acusado. Não haveria nulidade a ser decretada, visto que o ato já se tornara ineficaz. *HC 129706/PR, Rel. Min. Gilmar Mendes, 28.6.2016. 2ª T. (Info 832)*

2015

Convalidação de atos e nulidade

Se determinada decisão do STF declara a nulidade processual a partir de certo "decisium" a repercutir, inclusive, nos atos subsequentes, o órgão reclamado não pode os declarar convalidados. *Rcl 8823/RJ, Rel. Min. Marco Aurélio, 20.10.15. 1ª T. (Info 804)*

Intimação da Defensoria Pública e princípio geral das nulidades

A Defensoria Pública, ao tomar ciência de que o processo será julgado em data determinada ou nas sessões subsequentes, não pode alegar cerceamento de defesa ou nulidade de julgamento quando a audiência ocorrer no dia seguinte ao que tiver sido intimada. *HC 126081/RS, Rel. Min. Rosa Weber, 25.8.15. 1ª T. (Info 796)*

2014

Ausência de inclusão do feito na pauta de audiência e nulidade

1. A ausência de inclusão do processo na pauta de audiência afixada no saguão do fórum constitui mera irregularidade, tanto mais quando, como no caso, o advogado foi devidamente intimado da sessão de oitiva das testemunhas e compareceu ao fórum – não obstante após a oitiva das testemunhas de acusação e de uma testemunha de defesa –, e sanada a irregularidade pelo juiz, participou normalmente do restante do ato judicial, juntamente com o advogado dativo nomeado com o fito de evitar a nulidade referida no art. 564, III, c, do CPP. 2. O princípio "pas des nullités sans grief", corolário da natureza instrumental do processo, impede a declaração da nulidade se não demonstrado o prejuízo concreto à parte que suscita o vício, como na hipótese sub examine. *HC 107882/MG, Rel. Min. Luiz Fux, 12.11.13. 1ª T. (Info 728)*

Impedimento e nulidade

Em matéria de nulidades, vigora o princípio maior de que, sem prejuízo, não se reconhece nulidade (art. 563 do CPP). Não se verifica prejuízo na hipótese em que ministro impedido participa de julgamento cujo resultado é unânime, pois a subtração do voto desse magistrado não teria a capacidade de alterar o resultado da votação. *HC 116715/SE, Rel. Min. Rosa Weber, 5.11.13. 1ª T. (Info 727)*

Inteiro teor de acórdão e direito de defesa

A juntada do voto vencido em momento posterior à publicação do acórdão afronta o princípio da ampla defesa, a ensejar que o tribunal de origem proceda a novo juízo de admissibilidade do recurso cabível. *HC 118344/GO, Rel. Min. Gilmar Mendes, 18.3.14. 2ª T. (Info 739)*

Rito da Lei 8.038/90 e demonstração de prejuízo

Inexiste o cerceamento de defesa decorrente da falta de intimação para as diligências do art. 10 da Lei 8.038/90, sequer admitida na avaliação das provas pelo juízo condenatório a prova emprestada posteriormente colacionada aos autos. Sem a demonstração de efetivo dano à defesa, incide o princípio maior que rege o tema, segundo o qual sem prejuízo não se reconhece a nulidade, a teor do art. 563 do CPP. *RHC 120356/DF, Rel. Min. Rosa Weber, 1º.4.14. 1ª T. (Info 741)*

2013

Advogado e defesa técnica

Uma vez constatada a inexistência de defesa técnica, em processo-crime, cumpre implementar a ordem de ofício. *HC 110271/ES, Rel. Min. Marco Aurélio, 18.12.12. 1ª T. (Info 693)*

HC: sustentação oral por estagiário e prejuízo

Indeferiu-se pedido de sustentação oral de estagiário do curso de Direito. Assinalou-se que o EOAB estabeleceria que o referido ato seria privativo de advogado. Além disso, referiu-se ao que disposto no RISTF (art. 124). O Min. Marco Aurélio complementou que não se viabilizaria o acesso à tribuna quer pelo estagiário, quer pelo cidadão comum. No mérito, o Colegiado reputou estar prejudicado o "writ" pela superveniência da sentença. *HC 118317/SP, Red. p/ ac. Min. Roberto Barroso, 22.10.13. 1ª Turma. (Info 725)*

Indiciamento por magistrado

Sendo o ato de indiciamento de atribuição exclusiva da autoridade policial, não existe fundamento jurídico que autorize o magistrado, após receber a denúncia, requisitar ao Delegado de Polícia o indiciamento de determinada pessoa. A rigor, requisição dessa natureza é incompatível com o sistema acusatório, que impõe a separação orgânica das funções concernentes à persecução penal, de modo a impedir que o juiz adote qualquer postura inerente à função investigatória. *HC 115015/SP, Rel. Min. Teori Zavascki, 27.8.13. 2ª T. (Info 717)*

Réu preso e comparecimento a audiência

A ausência dos réus presos em outra comarca à audiência para oitiva de vítima e testemunhas da acusação constitui nulidade absoluta, independentemente da aquiescência do Defensor e da matéria não ter sido tratada em alegações finais. *HC 111728/SP, Rel. Min. Cármen Lúcia, 19.2.13. 2ª T. (Info 695)*

2012

HC: vista ao "parquet" após defesa prévia e nulidade

Quando a inversão implica nulidade absoluta, descabe transportar para a fase prevista no artigo 396 do CPP a ordem alusiva às alegações finais. Apresentada defesa prévia em que são articuladas, até mesmo, preliminares, é cabível a audição do Estado-acusador, para haver definição quanto à sequência, ou não, da ação penal. *HC 105739, Rel. Min. Marco Aurélio, 7.2.12. 1ª T. (Info 654)*

3.2. Dos Recursos em Geral

3.2.1. Disposições Gerais

2015

ED: interesse recursal e reconhecimento da prescrição da pretensão punitiva

A prescrição da prevenção punitiva é fenômeno que implica a insubsistência dos atos processuais, fulminando a própria denúncia. Os embargos declaratórios, para serem acolhidos, pressupõem omissão, obscuridade e contradição, inexistindo interesse de agir, visando a prescrição pela pena em abstrato, quando o órgão julgador haja concluído pela passagem do prazo prescricional considerada a pena em concreto. *AP 530 ED-segundos/MS, Red. p/ ac. Min. Marco Aurélio, 30.6.15. 1ª T. (Info 792)*

Recurso exclusivo da defesa e "reformatio in pejus"

A melhor interpretação a ser dada à parte final do art. 617 do CPP seria a sistemática, a levar em conta que a norma estaria inserida em um conjunto organizado de ideias e, por isso, a vedação da "reformatio in pejus" não se restringiria à quantidade final de pena, porquanto não se trataria de mero cálculo aritmético, mas sim de efetiva valoração da conduta levada a efeito pelo sentenciado. Ao fixar a pena-base, o magistrado se ateria às vetoriais do art. 59 do CP. *RHC 126763/MS, Red. p/ ac. Min. Gilmar Mendes, 1º.9.15. 2ª T. (Info 797)*

Recurso exclusivo da defesa e circunstância fática não reconhecida em primeiro grau

Não caracteriza "reformatio in pejus" a decisão de tribunal de justiça que, ao julgar recurso de apelação exclusivo da defesa, mantém a repreenda aplicada pelo magistrado de primeiro grau, porém, com fundamentos diversos daqueles adotados na sentença. *RHC 119149/RS, Rel. Min. Dias Toffoli, 10.2.15. 1ª Turma. (Info 774)*

Recurso exclusivo da defesa: redução da pena e "reformatio in pejus"

É possível a "emendatio libelli" (art. 383, CPP) em segunda instância mediante recurso exclusivo da defesa, contanto que não gere "reformatio in pejus", nos termos do art. 617, CPP. A pena fixada não é o único efeito que baliza a condenação, devendo ser consideradas outras circunstâncias para verificação de existência de "reformatio in pejus". O redimensionamento da pena-base pelo Tribunal de Apelação em patamar para além daquele fixado no Juízo originário, embora reduza a repreenda total em apelação exclusiva da defesa, reconhecendo vetoriais desfavoráveis não veiculadas na sentença (art. 59, CP), gera "reformatio in pejus". *HC 103310/SP, Red. p/ ac. Min. Gilmar Mendes, 3.3.15. 2ª Turma. (Info 776)*

2014

Diário da Justiça eletrônico e disponibilização

A documentação apresentada pelos impetrantes não infirma o teor certificado pela Coordenadoria da 6ª Turma do STJ quanto às datas de divulgação e publicação da decisão que inadmitiu o agravo em recurso especial. *HC 120478/SP, Rel. Min. Roberto Barroso, 11.3.14. 1ª T. (Info 738)*

Ônus processual: falha administrativa e tempestividade

Tratando-se de recurso criminal, a formação do instrumento compete à secretaria do órgão judicante, de forma que a parte indica as peças a serem trasladadas, e então cessa seu ônus processual. Assim, a parte não pode ser prejudicada por deficiência de algum documento digitalizado pela secretaria do STJ. Providenciada a demonstração da erronia no traslado da peça, supera-se o problema, e admite-se o recurso supostamente intempestivo. *HC 114456/SP, Rel. Min. Marco Aurélio, 27.5.14. 1ª T. (Info 748).*

2013

AI: peça essencial e conversão em REsp

Concedeu-se, em parte, "habeas corpus" para anular julgamento de recurso especial, apreciado no STJ a partir da conversão de agravo de instrumento, e determinar o exame desse recurso com base nos elementos constantes dos autos. No caso, o paciente, juiz de direito, fora denunciado por suposta prática do crime de corrupção passiva. O TJ rejeitara a denúncia por considerar atípica a conduta imputada. Inconformado, o MP estadual interpusera recurso especial, que viera a ser inadmitido pelo Vice-Presidente do TJ. Contra essa decisão, fora manejado agravo de instrumento, convertido em REsp pelo relator no STJ. Esse apelo fora provido para cassar o acórdão recorrido, bem como para determinar o recebimento da denúncia. A conversão se dera de forma heterodoxa e acidentada, já que fora solicitado ao desembargador relator o encaminhamento por e-mail da inicial acusatória. Há necessidade de se ouvir ambas as partes da relação processual, uma vez que foi colhido apenas o parecer do parquet, mas não se deu vista ao paciente. A produção superveniente de documento essencial afeta a própria ortodoxia do processamento do agravo de instrumento, além de transgredir a jurisprudência do STF no sentido de que não seria possível a complementação posterior (Súm. 288/STF). *HC 105948/MT, Rel. Min. Gilmar Mendes, 5.2.13. 2ª T. (Info 694)*

RHC e capacidade postulatória

Prejudicado, por perda superveniente de objeto, o exame de recurso ordinário em "habeas corpus" no qual se questionava a necessidade de capacidade postulatória para a sua interposição. No caso, a decisão impugnada tivera origem em "writ" impetrado perante o STJ, pelo ora recorrente, com o objetivo de cancelar a Ordem de Serviço 2/2010 – emanada da presidência de seção criminal de tribunal de justiça –, que determinara o encaminhamento, à Defensoria Pública, de petições subscritas por presos. Em resposta a pedido de informações complementares formulado pelo STF, a Corte de origem esclareceu que a norma impugnada teria sido revogada. *RHC 111438/DF, Rel. Min. Ricardo Lewandowski, 10.9.13. 2ª T. (Info 719)*

STJ: recurso protelatório e baixa imediata

O entendimento esposado pelo STJ, no sentido de determinar a imediata baixa dos autos para o início da execução, vai ao encontro de diversos precedentes desta Corte, que, em várias oportunidades, já decidiu sobre a possibilidade de dar-se início ao cumprimento da pena quando a defesa se utiliza da interposição de recursos manifestamente incabíveis para obstar o trânsito em julgado da condenação. Não é possível utilizar a via do "habeas corpus" para rever as decisões do STJ quanto à admissibilidade ou não do apelo especial. Essa questão, aliás, não está relacionada diretamente com a liberdade de locomoção do paciente. *HC 115939/SP, Rel. Min. Ricardo Lewandowski, 11.6.13. 2ª T. (Info 710)*

2012

Demora no julgamento de reclamação

Concedido "habeas corpus" a fim de que seja apresentada em mesa, para julgamento – até a 10ª sessão subsequente à comunicação deste "writ" –, reclamação proposta no STJ, pelo ora paciente. Considerou-se o tempo decorrido desde a protocolização do feito. *HC 111587, Rel. Min. Ricardo Lewandowski, 7.8.12. 2ª T. (Info 674)*

3.2.2. Da Apelação

2014

Nulidade e julgamento de apelação sem advogado constituído

Descabe confundir renúncia a poderes outorgados – quando o profissional há de continuar o patrocínio, praticando atos que se mostrem próximos ao fenômeno – com a cassação dos poderes pelo próprio acusado. Uma vez cassado o mandato credenciando profissionais da advocacia, não se pode dar sequência ao processo. Cumpre ao órgão julgador a intimação do acusado para, querendo, constituir novo profissional ou, seguindo-se silêncio, a designação de defensor dativo. HC 118856/SP, Rel. Min. Marco Aurélio, 10.6.14. 1ª T. (Info 750)

2012

Apelação criminal e nulidades

O tema em debate no presente "writ" se restringe à eventual nulidade do acórdão proferido pelo TRF-4, consubstanciada na ausência de intimação do advogado do paciente da pauta de julgamento da apelação criminal e na não participação do revisor original na sessão de julgamento do recurso. 2. O acórdão impugnado, proferido nos autos do HC 115756, do STJ, não conheceu da questão relacionada à ausência de intimação do advogado para a sessão de julgamento. Portanto, o alegado constrangimento ilegal não foi apreciado pelo Tribunal a quo no acórdão ora impugnado, o que inviabiliza o seu conhecimento por esta Suprema Corte, sob pena de indevida supressão de instância. 3. Ainda que superado tal óbice, o paciente passou a ser representado nas instâncias de origem pelos advogados substabelecente e substabelecido, não havendo qualquer nulidade processual em relação à intimação da pauta de julgamento da apelação criminal ter sido efetuada em nome de um deles. 4. O STF assentou o entendimento de que, "havendo mais de um advogado regularmente constituído, sem nenhuma ressalva ao recebimento de intimação, basta, para sua validade, que a publicação seja feita em nome de um deles" (Ext 913-ED). 5. O fato de a Juíza Federal integrar a Turma Julgadora como revisora não é capaz de acarretar, por si só, a nulidade do processo, sem a demonstração de efetivo prejuízo para a defesa, de acordo com o princípio pas de nullité sans grief, adotado pelo art. 563 do CPP. 6. A referida magistrada, analisando o caso concreto, proferiu voto que, inclusive, tornou-se o condutor do acórdão, dando parcial provimento ao recurso da defesa para reduzir o quantum da pena do paciente. 7. No julgamento do HC 81964, esta Corte declarou que, "não comprovada a configuração de prejuízo, não há que se falar em cerceamento de defesa (Súm. 523), quando juiz federal integrava a Turma Julgadora como revisor". HC 102433, Red. p/ ac. Min. Joaquim Barbosa, 28.2.12. 2ª T. (Info 656)

HC e devolutividade de apelação

A competência originária do STF para conhecer e julgar "habeas corpus" está definida, taxativamente, no art. 102, I, "d" e "i", da CF, sendo certo que o paciente não está arrolado em nenhuma das hipóteses sujeitas à jurisdição originária desta Corte, circunstância conducente ao não conhecimento (ou extinção) do presente "writ", por manifesta incompetência do STF para julgá-lo. 2. In casu, há excepcionalidade que justifica a concessão, ex officio, da ordem, porquanto: a) o paciente foi condenado à pena definitiva de 4 anos e 2 meses de reclusão, sob a acusação da prática do delito de tráfico de entorpecentes – art. 33 da Lei 11.343/06, sendo que o Juiz aplicou a minorante do § 4º do art. 33 da Lei n. 11.343/06, sem declinar fundamentos, na fração de 1/6, em vez de 2/3, assentando, ademais, que o paciente é tecnicamente primário e não é dado a atividades criminosas, nem integra organização criminosa; b) o Tribunal local, julgando o recurso de apelação da defesa – não houve recurso da acusação –, incorreu em reformatio in pejus ao afirmar que o paciente confessara a prática do crime como meio de sobrevivência e ao aludir à grande quantidade de entorpecentes (totalizando 100 g de crack e maconha), circunstâncias não aventadas na sentença, mas que serviram de fundamento para desprover o recurso da defesa que visava à redução da pena em 2/3, em vez de 1/6, como devido; c) o STJ encampou os fundamentos agregados ao acórdão da apelação para denegar a ordem, incorrendo, do mesmo modo, em "reformatio in pejus". 3. Deveras, a consideração, no acórdão do recurso de apelação da defesa, de circunstâncias não consideradas na sentença para agravar a situação do réu consubstancia inequívoca "reformatio in pejus", na linha da jurisprudência desta Corte: 4. O STF, ao julgar o HC 97256, declarou, "incidenter tantum", a inconstitucionalidade do art. 44 da Lei 11.343/06, afastando o óbice à substituição da pena privativa de liberdade em relação ao crime de tráfico de entorpecentes. 5. "Habeas corpus" não conhecido (extinto), com fundamento no art. 38 da Lei 8.038/90, por manifesta incompetência do STF. HC 108183, Rel. Min. Luiz Fux, 11.9.12. 1ª T. (Info 679)

RHC e efeito devolutivo pleno de apelação

O efeito devolutivo da apelação mostra-se pleno. Além de incumbir ao Tribunal revisor o exame do processo-crime como um todo, observado o óbice da decisão contrária ao recorrente, há a possibilidade de implementar ordem de ofício. Da mesma forma que, em "habeas corpus", não cabe articular com o prequestionamento, deve-se adotar postura flexível considerado o princípio vedador da supressão de instância, mormente quando o quadro é passível de conduzir à concessão da ordem, o que, por sinal, pode ocorrer, em qualquer processo, de ofício. *RHC 110624, Red. p/ ac. Min. Marco Aurélio, 16.10.12. 1ª T. (Info 684)*

3.2.3. Dos Embargos

2013

AP: ED com efeitos infringentes e rediscussão da matéria

É firme a jurisprudência no sentido de que são incabíveis os embargos de declaração quando a parte, a pretexto de esclarecer uma inexistente situação de obscuridade, omissão ou contradição, vem a utilizá-los com o objetivo de infringir o julgado e de, assim, viabilizar um indevido reexame da causa... 4. Não se constatam elementos suficientes para afastar a competência deste STF para o julgamento da presente ação penal, bem como para reconhecer a nulidade da ação penal, absolver o embargante ou declarar a prescrição punitiva estatal, não cabendo aqui ser cogitada a excepcional ocorrência do efeito modificativo dos embargos declaratórios nem a concessão de "habeas corpus" de ofício. 5. A interrupção da prescrição da pretensão punitiva estatal nas instâncias colegiadas se dá na data da sessão de julgamento, que torna público o acórdão condenatório. 6. O que se espera de uma decisão judicial é que seja fundamentada, e não que se pronuncie sobre todas as alegações deduzidas pelas partes. *AP 396 ED/RO, Rel. Min. Cármen Lúcia, 13.12.12. Pleno. (Info 692)*

3.2.4. Da Revisão

2014

HC e revisão criminal

No julgamento de "habeas corpus" impetrado no âmbito de processo de revisão criminal, a controvérsia deve ser examinada e decidida à luz e nos limites admitidos para a revisão de sentença, nos termos do art. 621 do CPP. O remédio constitucional não se mostra adequado para formular pretensões que, direta ou indiretamente, desbordem desses limites e ampliem as hipóteses de revisão criminal. *RHC 116947/SP, Rel. Min. Teori Zavascki, 18.12.13. 2ª T. (Info 733)*

3.2.5. Do Recurso Extraordinário

2016

Inadmissibilidade de RE em matéria penal e prazo recursal

Em razão da alteração da base normativa, inexistindo previsão específica no CPP e no RISTF, à luz do preconizado no art. 3º do CPP, o prazo a ser observado na interposição do agravo destinado a impugnar a decisão de inadmissibilidade do recurso extraordinário é o da regra geral do art. 1.003, § 5º, do NCPC, ou seja, de 15 dias. A despeito do que dispõe o art. 219, "caput", do NCPC, que determina a contagem do prazo recursal em dias úteis, o caso concreto trata de agravo em recurso extraordinário em matéria criminal. Nessa hipótese, as regras do processo civil somente se aplicam subsidiariamente. No caso, a contagem dos prazos no processo penal está prevista no art. 798 do CPP. Portanto, o NCPC não regula o processo penal nesse particular. Logo, diante da nova sistemática processual, o prazo para interposição do agravo que almeja destrancar recurso extraordinário criminal inadmitido na origem passou a ser de 15 dias, com a contagem regida pelo CPP. *ARE 993407/DF, Rel. Min. Edson Fachin, 25.10.2016. 1ª T. (Info 845)*

2014

Baixa imediata de RE em matéria penal e abuso do direito de recorrer

O abuso do direito de recorrer no processo penal, com o escopo de obstar o trânsito em julgado da condenação, autoriza a determinação monocrática de baixa imediata dos autos por Ministro do STF, independentemente de publicação da decisão. *RE 839163 QO/DF, Rel. Min. Dias Toffoli, 5.11.14. Pleno. (Info 766)*

2012

HC substitutivo de recurso extraordinário e inadequação

É inadmissível "habeas corpus" substitutivo de recurso extraordinário. *HC 110055/MG, Rel. Min. Marco Aurélio, 16.10.12. 1ª T. (Info 684)*

4. DAS RELAÇÕES JURISDICIONAIS COM AUTORIDADE ESTRANGEIRA

2012

ED e legitimidade para expedir carta precatória

Uma vez constatada omissão no julgamento verificado, presente tratado de cooperação em matéria penal firmado pelo Brasil e pela República Italiana – integrado à ordem jurídica nacional –, impõe-se o provimento dos embargos de declaração, muito embora sem o alcance da eficácia modificativa, reconhecendo-se que o Ministério Público italiano possui legitimidade para expedir carta rogatória. *HC 87759 ED, Rel. Min. Marco Aurélio, 13.12.11. 1ª T. (Info 652)*

5. TEORIA E PRINCÍPIOS PROCESSUAIS PENAIS

2016

Câmara de tribunal de justiça composta por juízes de 1º grau

Não viola o princípio do juiz natural o julgamento de apelação por órgão colegiado presidido por desembargador, sendo os demais integrantes juízes convocados. *HC 101473/SP, Red. p/ ac. Min. Roberto Barroso, 16.2.2016. 1ª T. (Info 814)*

Termo de colaboração premiada e Súmula Vinculante 14

A Súmula Vinculante 14 assegura ao defensor o direito de acesso às provas já produzidas e formalmente incorporadas ao procedimento investigatório, excluídas, consequentemente, as informações e providências investigatórias ainda em curso de execução e, por isso mesmo, não documentados no próprio inquérito ou processo judicial. O conteúdo dos depoimentos pretendidos pelo reclamante, embora posteriormente tornado público e à disposição, encontrava-se, à época do ato reclamado, submetido a sigilo, nos termos do art. 7º da Lei 12.850/13, regime esse que visa, segundo a lei de regência, a dois objetivos básicos: (a) preservar os direitos assegurados ao colaborador, dentre os quais o de "ter nome, qualificação, imagem e demais informações pessoais preservados" (art. 5º, II) e o de "não ter sua identidade revelada pelos meios de comunicação, nem ser fotografado ou filmado, sem sua prévia autorização por escrito" (art. 5º, V); e (b) "garantir o êxito das investigações" (arts. 7º, § 2º e 8º, § 3º). Enquanto não instaurado formalmente o inquérito propriamente dito acerca dos fatos declarados, o acordo de colaboração e os correspondentes depoimentos estão sujeitos a estrito regime de sigilo. Instaurado o inquérito, "o acesso aos autos será restrito ao juiz, ao Ministério Público e ao delegado de polícia, como forma de garantir o êxito das investigações, assegurando-se ao defensor, no interesse do representado, amplo acesso aos elementos de prova que digam respeito ao exercício do direito de defesa, devidamente precedido de autorização judicial, ressalvados os referentes às diligências em andamento" (art. 7º, § 2º). Assegurado, como assegura, o acesso do investigado aos elementos de prova carreados na fase de inquérito, o regime de sigilo consagrado na Lei 12.850/13 guarda perfeita compatibilidade com a Súmula Vinculante 14. *Rcl 22009 AgR/PR, Rel. Min. Teori Zavascki, 16.2.2016. 2ª T. (Info 814)*

2015

Ação penal e princípio da duração razoável do processo

A Turma já decidiu que a renúncia de parlamentar, após o final da instrução, não acarreta a perda de competência do STF. No Inq 3734, entendeu-se, por ocasião do recebimento da denúncia, que na hipótese de não reeleição não se aplica o mesmo critério de fixação de competência. O caso presente, que envolve julgamento de ação penal, é análogo a este último. No entanto, a instrução foi concluída e o voto do relator preparado quando o denunciado ainda era titular de mandato. Diante disso, o relator propôs a concessão de "habeas corpus" de ofício, já que seu voto era pela absolvição. A Turma concordou que vulneraria o mandamento da celeridade processual deixar-se de formalizar a extinção do processo com base no art. 386, III do CPP quando relator e revisor já haviam formado tal convicção. *AP 568/SP, Rel. Min. Roberto Barroso, 14.4.15. 1ª Turma. (Info 781)*

"Reformatio in pejus" e causa de diminuição de pena

A Primeira Turma, em conclusão de julgamento e por maioria, deu provimento a recurso ordinário em "habeas corpus" para determinar ao juízo de origem a aplicação da causa de diminuição de pena prevista no art. 33, § 4º, da Lei 11.343/06, como entendesse de direito. Entende-se configurada, na hipótese, a "reformatio in pejus", dado que o tribunal "a quo", apesar de afastar a reincidência, não dera o devido efeito a isso, fazendo a compensação com argumento próprio. Assim, a situação do recorrente fora piorada – apesar de a pena ter sido diminuída no julgamento da apelação –, porquanto tivesse sido feita a redução, ante a constatação da inexistência da reincidência, a pena seria ainda menor se não tivesse havido a compensação com outro argumento. *RHC 117756/DF, Red. p/ ac. Min. Luiz Fux, 22.9.15. 1ª T. (Info 800)*

13. DIREITO TRIBUTÁRIO

1. TRIBUTOS

1.1. Disposições Gerais

2014

ADI: pedágio e preço público

O pedágio cobrado pela efetiva utilização de rodovias não tem natureza tributária, mas de preço público, consequentemente, não está sujeito ao princípio da legalidade estrita. *ADI 800/RS, Rel. Min. Teori Zavascki, 11.6.14. Pleno. (Info 750)*

1.2. Taxas

2016

Princípio da legalidade tributária: taxa e ato infralegal

RPG No RE 838284, discutiu-se a validade da exigência de taxa para a expedição da Anotação de Responsabilidade Técnica (ART) baseada na Lei 6.994/82, que estabelece limites máximos para a ART. O Colegiado assentou que não viola a legalidade tributária lei que, prescrevendo o teto, possibilita ao ato normativo infralegal fixar o valor de taxa em proporção razoável com os custos da atuação estatal, valor esse que não pode ser atualizado por ato do próprio conselho de fiscalização em percentual superior aos índices de correção monetária legalmente previstos. Já no que se refere ao RE 704292, o Tribunal declarou a inconstitucionalidade do art. 2º da Lei 11.000/04. Assim, excluiu de sua incidência a autorização dada aos conselhos de fiscalização de profissões regulamentadas para fixar as contribuições anuais devidas por pessoas físicas ou jurídicas. Por arrastamento, também reputou inconstitucional a integralidade do § 1º do aludido preceito. Para o Colegiado, é inconstitucional, por ofensa ao princípio da legalidade tributária, lei que delega aos conselhos de fiscalização de profissões regulamentadas a competência de fixar ou majorar, sem parâmetro legal, o valor das contribuições de interesse das categorias profissionais e econômicas, usualmente cobradas sob o título de anuidades, vedada, ademais, a atualização desse valor pelos conselhos em percentual superior aos índices legalmente previstos. *RE 704292/PR, repercussão geral, Rel. Min. Dias Toffoli, 19.10.2016. Pleno. (Info 844)*

2013

Taxa e número de empregados

O número de empregados não pode ser utilizado como base de cálculo para a cobrança da taxa de localização e funcionamento de estabelecimento industrial e comercial. *RE 554951/SP, Rel. Min. Dias Toffoli, 15.10.13. 1ª T. (Info 724)*

1.3. Contribuições Especiais

2016

Anuidade de conselho profissional e sistema tributário

O Colegiado definiu que essas anuidades têm natureza jurídica de contribuições corporativas com caráter tributário. Quanto à alegação de inconstitucionalidade formal, ressaltou a dispensabilidade de lei complementar para a criação de contribuições de intervenção no domínio econômico e de interesse das categorias profissionais. Acerca da falta de pertinência temática entre a emenda parlamentar incorporada à medida provisória, que culminou na lei em comento, e o tema das contribuições devidas aos conselhos profissionais em geral, a Corte lembrou entendimento fixado no julgamento da ADI 5127. Naquela ocasião, o Plenário afirmou ser incompatível com a Constituição apresentar emendas sem pertinência temática com a medida provisória submetida à apreciação do parlamento ("contrabando legislativo"). Entretanto, o Colegiado definiu que essa orientação teria eficácia prospectiva. Assim, a medida provisória em questão não padece de vício de inconstitucionalidade formal, haja vista ter sido editada antes do mencionado precedente. A respeito da constitucionalidade material da lei, o Tribunal teceu considerações acerca do princípio da capacidade contributiva. No ponto, afirmou que a progressividade deve incidir sobre todas as espécies tributárias. Finalísticas, se prestam a suprir os cofres dos órgãos representativos das categorias profissionais, com o escopo de financiar as atividades públicas por eles desempenhadas. Assim, o fato gerador das anuidades é a existência de inscrição no conselho respectivo, ainda que por tempo limitado, ao longo do exercício. Ainda no que se refere à constitucionalidade material da lei, o Plenário discorreu sobre o princípio da legalidade tributária, haja vista a atribuição da fixação do valor exato das anuidades aos conselhos profissionais, desde que respeitadas as balizas quantitativas da norma. Quanto à atualização monetária do tributo, tem-se matéria passível de tratamento normativo por intermédio de ato infralegal. A respeito da imputação de responsabilidade aos conselhos profissionais de fixarem o valor exato da anuidade, a questão tem outras implicações. O diploma legal inova legitimamente o ordenamento jurídico ao instituir tributo com a respectiva regra matriz de incidência tributária, haja vista que a anuidade (tributo) é vinculada à existência de inscrição no conselho (fato gerador), tem valor definido (base de cálculo e critério de atualização monetária) e está vinculada a profissionais e pessoas jurídicas com inscrição no conselho (contribuintes). Além disso, é adequada e suficiente a determinação do mandamento tributário na lei impugnada, por meio da fixação de tetos aos critérios materiais das hipóteses de incidência das contribuições profissionais. *ADI 4762/DF, Rel. Min. Edson Fachin, j. 6.10.2016. Pleno. (Info 842)*

2013

Contribuição para o Sebrae e desnecessidade de lei complementar

Contribuição para o Sebrae. Tributo destinado a viabilizar a promoção do desenvolvimento das micro e pequenas empresas. Natureza jurídica: contribuição de intervenção no domínio econômico. Desnecessidade de instituição por lei complementar. Inexistência de vício formal na instituição da contribuição para o Sebrae mediante lei ordinária. Intervenção no domínio econômico. É válida a cobrança do tributo independentemente de contraprestação direta em favor do contribuinte. *RE 635682/RJ, Rel. Min. Gilmar Mendes, 25.4.13. Pleno. (Info 703)*

2. CRÉDITO TRIBUTÁRIO

2016

Correção monetária e mora administrativa

A mora injustificada ou irrazoável do Fisco em restituir o valor devido ao contribuinte caracteriza a resistência ilegítima autorizadora da incidência da correção monetária. *RE 299605 AgR-ED-EDv/PR, Rel. Min. Edson Fachin, 6.4.2016. Pleno. (Info 820)*

2014

RPV: débitos tributários e compensação

RPG A declaração de inconstitucionalidade dos §§ 9º e 10 do art. 100 da CF, proferida na ADI 4.357/DF e na ADI 4.425/DF, também se aplica às requisições de pequeno valor – RPV. *RE 657686/DF, Rel. Min. Luiz Fux, 23.10.14. Repercussão geral – mérito. Pleno. (Info 764)*

3. ADMINISTRAÇÃO TRIBUTÁRIA

2016

Fornecimento de informações financeiras ao fisco sem autorização judicial

RPG O art. 6º da LC 105/01 não ofende o direito ao sigilo bancário, porque realiza a igualdade em relação aos cidadãos, por meio do princípio da capacidade contributiva, bem como estabelece requisitos objetivos e o translado do dever de sigilo da esfera bancária para a fiscal. Por sua vez, a Lei 10.174/01 não atrai a aplicação do princípio da irretroatividade das leis tributárias, tendo em vista o caráter instrumental da norma, nos termos do artigo 144, § 1º, do CTN. *RE 601314/SP, repercussão geral – mérito, Rel. Min. Edson Fachin, 24.2.2016. Pleno. (Info 815)*

Protesto de CDA e sanção política

RPG O protesto das Certidões de Dívida Ativa constitui mecanismo constitucional e legítimo, por não restringir de forma desproporcional quaisquer direitos fundamentais garantidos aos contribuintes e, assim, não constituir sanção política. *ADI 5135/DF, repercussão geral, rel. Min. Roberto Barroso, 9.11.2016. Pleno. (Info 846)*

2014

Exigência de garantia para impressão de nota fiscal

RPG A exigência, pela Fazenda Pública, de prestação de fiança, garantia real ou fidujossória para a impressão de notas fiscais de contribuintes em débito com o Fisco viola as garantias do livre exercício do trabalho, ofício ou profissão (CF, art. 5º, XIII), da atividade econômica (CF, art. 170, parágrafo único) e do devido processo legal (CF, art. 5º, LIV). *RE 565048/RS, repercussão geral – mérito, Rel. Min. Marco Aurélio. 29.5.14. Pleno. (Info 748)*

4. LIMITAÇÕES DO PODER DE TRIBUTAR

4.1. Princípios do Direito Tributário

2014

PIS e anterioridade nonagesimal

RPG A contribuição ao PIS sujeita-se à regra do § 6º do art. 195 da CF. Aplicação da anterioridade nonagesimal à majoração de alíquota feita na conversão de medida provisória em lei. *RE 568503/RS, repercussão geral – mérito, Rel. Min. Cármen Lúcia, 12.2.14. Pleno. (Info 735)*

4.2. Imunidades

2015

PSV: imunidade tributária e instituições de assistência social

Rejeitou-se proposta de edição de enunciado de súmula vinculante, resultante da conversão da Súm. 730/STF. O art. 150, VI, c, da CF, não distinguiria as entidades de assistência social, ou seja, se apenas seriam beneficiárias da imunidade aquelas que não contassem com a contribuição dos beneficiários ou se todas as entidades. O entendimento relativo à matéria não estaria pacificado a ponto de se tornar vinculante, preservado, no entanto, o enunciado da Súm. 730. *PSV 109/DF, 9.4.15. Pleno. (Info 780)*

ECT: imunidade tributária recíproca e IPVA

São imunes à incidência do IPVA os veículos automotores pertencentes à Empresa Brasileira de Correios e Telégrafos – ECT (CF, art. 150, VI, a). *ACO 879/PB, Red. p/ ac. Min. Roberto Barroso, 26.11.14. Pleno. (Info 769)*

2014

Crédito tributário: sucessão e imunidade recíproca

RPG A imunidade tributária recíproca (CF, art. 150, VI, a) não afasta a responsabilidade tributária por sucessão, na hipótese em que o sujeito passivo era contribuinte regular do tributo devido. *RE 599176/PR, Rel. Min. Joaquim Barbosa, 5.6.14. Repercussão geral – mérito. Pleno. (Info 749)*

ECT: imunidade recíproca e IPTU

RPG A imunidade tributária recíproca reconhecida à Empresa Brasileira de Correios e Telégrafos – ECT alcança o IPTU incidente sobre imóveis de sua propriedade, bem assim os por ela utilizados. No entanto, se houver dúvida acerca de quais imóveis estariam afetados ao serviço público, cabe à administração fazendária produzir prova em contrário, haja vista militar em favor do contribuinte a presunção de imunidade anteriormente conferida em benefício dele. *RE 773992/BA, Rel. Min. Dias Toffoli, 15.10.14. Repercussão geral – mérito. Pleno. (Info 763)*

ED: cancelamento de voto vogal e supostas contradições

RPG A Contribuição Social sobre o Lucro Líquido – CSLL incide sobre o lucro das empresas exportadoras, uma vez que a imunidade prevista no art. 149, § 2º, I, da CF (com a redação dada pela EC 33/01) não o alcança. *RE 564413 ED/SC, Rel. Min. Marco Aurélio, 13.8.14. Repercussão geral – mérito. Pleno. (Info 754)*

Entidades beneficentes: contribuição para o PIS e imunidade

RPG A imunidade tributária prevista no art. 195, § 7º, da CF, regulamentada pelo art. 55 da Lei 8.212/91, abrange a contribuição para o PIS. *RE 636941/RS, repercussão geral – mérito, Rel. Min. Luiz Fux, 13.2.14. (Info 738)*

Imunidade tributária e serviço de impressão gráfica

As prestadoras de serviços de composição gráfica, que realizam serviços por encomenda de empresas jornalísticas ou editoras de livros, não estão abrangidas pela imunidade tributária prevista no art. 150, VI, d, da CF. *RE 434826 AgR/MG, Red. p/ ac. Min. Celso de Mello, 19.11.13. 2ª T. (Info 729)*

Veículo de radiodifusão e imunidade tributária

Foi declarada a inconstitucionalidade da expressão "e veículos de radiodifusão", constante de artigo de constituição estadual, bem como da expressão "e veículo de radiodifusão", constante de lei estadual, pois os dispositivos se referem à concessão de imunidade tributária no tocante a livros, jornais, periódicos, o papel destinado a sua impressão e a veículos de radiodifusão. Reputou-se que teria havido expansão indevida do modelo de imunidade relativo a livros, jornais, periódicos e o papel destinado a sua impressão. *ADI 773/RJ, Rel. Min. Gilmar Mendes, 20.8.14. Pleno. (Info 755)*

2013

Art. 150, VI, d, da CF: imunidade tributária e Finsocial

A contribuição para o Finsocial, incidente sobre o faturamento das empresas, não está abrangida pela imunidade objetiva prevista no art. 150, VI, d, da CF, anterior art. 19, III, d, da Carta de 1967/69. *RE 628122/SP, Rel. Min. Gilmar Mendes, 19.6.13. Pleno. (Info 711)*

Caixa de assistência de advogados e art. 150, VI, a e c, da CF

A Caixa de Assistência dos Advogados é órgão integrante da OAB, nos termos dos arts. 45, IV e 62 do EOAB. Tendo em conta que se discute não apenas a imunidade da alínea c, do art. 150, VI, da CF (repercussão geral reconhecida no RE 600010), como também debate a imunidade recíproca da alínea a do mesmo dispositivo, cabe ao STF decidir a matéria de fundo, nos termos do RISTF. *RE 405267 ED-AgR/MG, Rel. Min. Ricardo Lewandowski, 12.3.13. 2ª T. (Info 698)*

Imunidade e imóvel vago

Consoante dispõe o artigo 150, § 4º, da CF, as instituições de educação apenas gozam de imunidade quando o patrimônio, a renda e os serviços estão relacionados a finalidades essenciais da entidade. Imóveis locados e lotes não edificados ficam sujeitos ao IPTU. *AI 661713 AgR/SP, Red. p/ ac. Min. Marco Aurélio, 19.3.13. 1ª T. (Info 699)*

Imunidade tributária e imóvel vago

Adquirido o status de imune, as presunções sobre o enquadramento originalmente conferido devem militar a favor do contribuinte, de modo que o afastamento da imunidade só pode ocorrer mediante a constituição de prova em contrário produzida pela administração tributária. O oposto ocorre com a isenção que constitui mero benefício fiscal por opção do legislador ordinário, o que faz com que a presunção milite em favor da Fazenda Pública. 2. A constatação de que um imóvel está vago ou sem edificação não é suficiente, por si só, para destituir a garantia constitucional da imunidade. A sua não utilização temporária deflagra uma neutralidade que não atenta contra os requisitos que autorizam o gozo e a fruição da imunidade. *RE 385091/DF, Rel. Min. Dias Toffoli, 6.8.13. 1ª T. (Info 714)*

2012

Cooperativa: imunidade tributária e IPMF

Inexistente legislação complementar regulamentadora de tratamento diferenciado às cooperativas, não se lhes reconhece imunidade tributária relativamente ao extinto IPMF. *AI 740269 AgR, Rel. Min. Gilmar Mendes, 18.9.12. 2ª T. (Info 680)*

Entidade de previdência privada e imunidade tributária

Na monocrática ora adversada, afastara-se a imunidade, por entender afirmado no acórdão que a mencionada sociedade prestaria serviços a seus associados mediante pagamento de contribuição. Prevaleceu o voto do Min. Marco Aurélio. Inferiu inexistir assertiva na decisão do Tribunal a quo àquele respeito. Ato contínuo, consignou haver reiterados pronunciamentos do Supremo no sentido de que a entidade agravante seria detentora de imunidade tributária. Complementou que não se poderia ter descompasso em determinados processos, reconhecendo-se essa imunidade, porque não haveria contribuição dos beneficiários para a manutenção do próprio benefício, e, em outros, ter-se decisão diversa. Ante o contexto, entendeu que a ela conferir-se-ia imunidade tributária, consoante a Súm. 730/STF. *RE 163164 AgR, Red. p/ ac. Min. Marco Aurélio, 12.6.12. 1ª T. (Info 670)*

Fundação educacional e certificado de entidade beneficente

Argumentos novos, suscitados apenas no recurso ordinário e que, portanto, não foram objeto do acórdão recorrido, não podem ser analisados, sob pena de ofensa ao princípio do duplo grau de jurisdição. 2. O Dec. 2.536/98 e a Res. MPAS/CNAS 46/94 são regulamentos autorizados pelas leis 8.742/93 e 8.909/94. 3. Não há ofensa ao art. 150, I, da CF, pois esse dispositivo exige lei para instituição ou aumento de tributos e não cuida do estabelecimento de requisito a ser cumprido por entidade beneficente a fim de obter imunidade ao pagamento de tributos. 4. Em precedentes nos quais se discutia a renovação periódica do Certificado de Entidade Beneficente como exigência imposta às entidades beneficentes para a obtenção de imunidade, o Supremo Tribunal Federal firmou entendimento de que não há imunidade absoluta nem ofensa ao art. 195, § 7º, da CF. 5. Os acórdãos proferidos nas medidas cautelares nas ADI 2028 e 2036 tratam de matéria diversa da discutida no presente recurso ordinário em mandado de segurança. 6. Eventual decadência do crédito tributário cobrado não pode ser analisada neste recurso ordinário em mandado de segurança, interposto contra ato do Ministro de Estado da Previdência Social, autoridade que não detém competência para proceder ao lançamento e à cobrança de créditos tributários. *RMS 28456, Rel. Min. Cármen Lúcia, 22.5.12. 1ª T. (Info 667)*

Imunidade tributária e obrigação acessória

Exigir de entidade imune a manutenção de livros fiscais é consentâneo com o gozo da imunidade tributária. *RE 250844, Rel. Min. Marco Aurélio, 29.5.12. 1ª T. (Info 668)*

4.3. Outros Temas

2014

PSV: art. 1º do DL 491/69 e ADCT

Rejeitou-se proposta de edição de súmula vinculante com o teor: "O incentivo fiscal instituído pelo art. 1º do DL 491, de 5 de março de 1969, caso já não tenha sido extinto por norma infraconstitucional, deixou de vigorar em 5 de outubro de 1990, por força do disposto no § 1º do art. 41 do Ato das Disposições Constitucionais Transitórias da CF de 1988, tendo em vista sua natureza setorial". *PSV 47/DF, 16.10.14. Pleno. (Info 763)*

5. IMPOSTOS FEDERAIS

5.1. IOF

2016

IOF e transmissão de ações de companhias abertas

RPG É constitucional o art. 1º, IV, da Lei 8.033/90, uma vez que a incidência de IOF sobre o negócio jurídico de transmissão de títulos e valores mobiliários, tais como ações de companhias abertas e respectivas bonificações, encontra respaldo no art. 153, V, da CF, sem ofender os princípios tributários da anterioridade e da irretroatividade, nem demandar a reserva de lei complementar. *RE 583712/SP, repercussão geral – mérito, Rel. Min. Edson Fachin, 4.2.2016. Pleno. (Info 813)*

5.2. IPI

2016

IPI e importação de automóveis para uso próprio

RPG Incide o IPI na importação de veículo automotor por pessoa natural, ainda que não desempenhe atividade empresarial e o faça para uso próprio. *RE 723651/PR, repercussão geral – mérito, Rel. Min. Marco Aurélio, 3 e 4.2.2016. Pleno. (Info 813)*

2014

DL 1.437/75 e cobrança pelo fornecimento de selos de controle do IPI

Ante o princípio da legalidade estrita, surge inconstitucional o art. 3º do DL 1.437/75 no que transferida a agente do Estado – Min. da Fazenda – a definição do ressarcimento de custo e demais encargos relativos ao selo especial previsto, sob o ângulo da gratuidade, no art. 46 da Lei 4.502/64. *RE 662113/PR, Rel. Min. Marco Aurélio, 12.2.14. Pleno. (Info 735)*

IPI e alteração da base de cálculo por lei ordinária

RPG É inconstitucional, por ofensa ao art. 146, III, a, da CF, o § 2º do art. 14 da Lei 4.502/64, com a redação dada pelo art. 15 da Lei 7.798/89, no ponto em que determina a inclusão de descontos incondicionais na base de cálculo do IPI. *RE 567935/SC, Rel. Min. Marco Aurélio, 4.9.14. Repercussão geral – mérito. Pleno. (Info 757)*

2013

ED: crédito-prêmio do IPI e declaração de inconstitucionalidade

Acolhidos embargos para assentar a extensão da declaração de inconstitucionalidade do art. 1º do DL 1.724/79 no ponto em que conferida delegação ao Ministro de Estado da Fazenda para extinguir os incentivos fiscais concedidos pelos arts. 1º e 5º do DL 491/69 (crédito-prêmio do IPI). *RE 208260 ED/RS, Min. Marco Aurélio, 12.6.13. Pleno. (Info 710)*

5.3. IRPJ/IRPF

2016

IR: aumento de alíquota e irretroatividade

RPG É inconstitucional a aplicação retroativa de lei que majora a alíquota incidente sobre o lucro proveniente de operações incentivadas ocorridas no passado, ainda que no mesmo ano-base, tendo em vista que o fato gerador se consolida no momento em que ocorre cada operação de exportação, à luz da extrafiscalidade da tributação na espécie. *RE 592396/SP, repercussão geral – mérito, Rel. Min. Edson Fachin, 3.12.2015. Pleno. (Info 810)*

2015

Correção monetária, demonstrações financeiras, imposto de renda e Lei 8.200/91

É constitucional o inc. I do art. 3º da Lei 8.200/91, que dispõe sobre a correção monetária das demonstrações financeiras para efeitos fiscais e societários. *RE 201512/MG, Red. p/ ac. Min. Cármen Lúcia.5.11.15. Pleno. (Info 806)*

Plano Verão: IRPJ e correção monetária de balanço

O Colegiado declarou a inconstitucionalidade do § 2º do art. 30 da Lei 7.799/89, por entender caracterizada a ofensa aos princípios da anterioridade e da irretroatividade (CF, art. 150, III, a e b). Asseverou que se deixara de observar o direito introduzido pela Lei 7.730/89 – que afastara a inflação e revogara o art. 185 da Lei 6.404/76 e as normas de correção monetária de balanço previstas no DL 2.341/87 –, porquanto a retroatividade implementada incidira sobre fatos surgidos em período em que inexistente a correção, implicando situação gravosa, ante o surgimento de renda a ser tributada. *RE 188083/PR, Rel. Min. Marco Aurélio, 5.8.15. Pleno. (Info 793)*

Teto constitucional e base de cálculo para incidência de imposto e contribuição – 1

RPG Subtraído o montante que exceder o teto ou subteto previstos no art. 37, XI, da CF, tem-se o valor que serve como base de cálculo para a incidência do imposto de renda e da contribuição previdenciária. *RE 675978/SP, repercussão geral, Rel. Min. Cármen Lúcia, 15.4.15. Pleno. (Info 781)*

2014

Correção monetária de demonstrações financeiras

A questão alusiva à revogação da correção monetária pelo art. 4º da Lei 9.249/95 repousa na esfera da legalidade. A afronta ao texto constitucional, se ocorresse, seria meramente reflexa ou indireta. A dedução de prejuízos de exercícios anteriores da base de cálculo do IRPJ e a compensação das bases negativas da CSLL constituem favores fiscais. Impossibilidade de atualização monetária do saldo a ser compensado em períodos futuros, por ausência de previsão legal. *RE 807062 AgR/PR, Rel. Min. Dias Toffoli, 2.9.14. 1ª T. (Info 757)*

Imposto de renda e dedução de prejuízos

O direito ao abatimento dos prejuízos fiscais acumulados em exercícios anteriores decorre de benefício fiscal em favor do contribuinte, que é instrumento de política tributária passível de revisão pelo Estado. Ademais, a Lei 8.981/95 não incide sobre fatos geradores ocorridos antes do início de sua vigência. *RE 244293/SC, Red. p/ ac. Min. Dias Toffoli, 19.11.13. 1ª T. (Info 729)*

IR de pessoa jurídica: fato gerador

Não é legítima a aplicação retroativa do art. 1º, I, da Lei 7.988/89 que majorou a alíquota incidente sobre o lucro proveniente de operações incentivadas ocorridas no passado, ainda que no mesmo exercício. Relativamente a elas, a legislação havia conferido tratamento fiscal destacado e mais favorável, justamente para incrementar a sua exportação. A evidente função extrafiscal da tributação das referidas operações afasta a aplicação, em relação a elas, da Súm. 584/STF. *RE 183130/PR, Red. p/ ac. Min. Teori Zavascki, 25.9.14. Pleno. (Info 760)*

IR: nova hipótese de incidência e irretroatividade tributária

A norma legal é editada para viger de forma prospectiva, não alcançando situações jurídicas constituídas. *RE 230536/SP, Rel. Min. Marco Aurélio, 10.6.14. 1ª T. (Info 750)*

IRPF e valores recebidos acumuladamente

RPG É inconstitucional o art. 12 da Lei 7.713/88. *RE 614406/RS, Red. p/ ac. Min. Marco Aurélio, 23.10.14. Repercussão geral – mérito. Pleno. (Info 764)*

Plano Verão: IRPJ e correção monetária

RPG Mostra-se inconstitucional a atualização prevista no artigo 30 da Lei 7.799/89 no que, desconsiderada a inflação, resulta na incidência do Imposto de Renda sobre lucro fictício. Na dicção da ilustrada maioria, é possível observar o instituto da repercussão geral quanto a recurso cujo interesse em recorrer haja surgido antes da criação do instituto. *RE 215811/SC, RE 221141/RS, repercussão geral – mérito, Rel. Min. Marco Aurélio, 20.11.13. Pleno. (Info 729)*

Plano Verão: IRPJ e correção monetária de balanço

São inconstitucionais o § 1º do art. 30 da Lei 7.730/89 e o art. 30 da Lei 7.799/89. *RE 208526/RS, RE 256304/RS, Rel. Min. Marco Aurélio, 20.11.13. Pleno. (Info 729)*

2013

Dedução do valor da CSLL e base de cálculo do IRPJ

RPG Não é possível a dedução do valor equivalente à CSLL de sua própria base de cálculo, bem como da base de cálculo do IRPJ, nos termos previstos no art. 1º, parágrafo único, da Lei 9.316/96. *RE 582525/SP, Repercussão geral – mérito, Rel. Min. Joaquim Barbosa, 9.5.13. Pleno. (Info 705)*

IR e CSLL: disponibilidade de lucros de controlada ou coligada no exterior para controladora ou coligada no Brasil

RPG Concluiu-se julgamento de recursos extraordinários em que discutida a constitucionalidade do art. 74 e parágrafo único da MPv 2.158-35/01, que estabelece que os lucros auferidos por controlada ou coligada no exterior serão considerados disponibilizados para a controladora no Brasil na data do balanço no qual tiverem sido apurados, na forma do regulamento, bem como que os lucros apurados por controlada ou coligada no exterior até 31.12.2001 serão considerados disponibilizados em 31.12.2002, salvo se ocorrida, antes desta data, qualquer das hipóteses de disponibilização previstas na legislação em vigor. No tocante ao RE 611586, negou-se provimento ao recurso, consoante o decidido na ADI 2588. A empresa recorrente seria controlada e situada em "paraíso fiscal", de modo que a legislação impugnada seria aplicável ao caso. No que se refere ao RE 541090, proveu-se parcialmente o recurso, para considerar ilegítima a tributação retroativa, haja vista a inaplicabilidade do parágrafo único do art. 74 da MPv 2.158-35/01, à luz do que decidido na ADI 2588. Registrou-se cuidar de empresas controladas fora de "paraíso fiscal". *RE 611586/PR, Rel. Min. Joaquim Barbosa, RE 541090/SC, Repercussão geral – mérito, Red. p/ ac. Min. Teori Zavascki, 10.4.13. Pleno. (Info 701)*

IR e CSLL: lucros oriundos do exterior

Julgou-se parcialmente procedente pedido formulado em ADI contra o § 2º do art. 43 do CTN, acrescentado pela LC 104/01, que delega à lei ordinária a fixação das condições e do momento em que se dará a disponibilidade econômica de receitas ou de rendimentos oriundos do exterior para fins de incidência do imposto de renda, e o art. 74, caput e parágrafo único, da MPv 2.158-35/01, que, com o objetivo de determinar a base de cálculo do IRPJ e da CSLL, considera disponibilizados, para a controladora ou coligada no Brasil, os lucros auferidos por controlada ou coligada no exterior, na data do balanço no qual tiverem sido apurados. Estabeleceu-se que, ao art. 74 da MPv 2.158-35/01, seria dada interpretação conforme a Constituição, com eficácia "erga omnes" e efeito vinculante, no sentido de que não se aplicaria às empresas coligadas localizadas em países sem tributação favorecida (não "paraísos fiscais"), e que se aplicaria às empresas controladas localizadas em países de tributação favorecida ou desprovidos de controles societários e fiscais adequados ("paraísos fiscais", assim definidos em lei). Deliberou-se, ainda, pela inaplicabilidade retroativa do parágrafo único do aludido dispositivo. Arrematou-se que os lucros auferidos no exterior seriam tributados nos termos da MPv 2.158-35/01 a partir de 1º.1.2002, quanto ao IRPJ, e após 24.11.2001, no que concerne à CSLL. Os fatos havidos antes desses períodos submeter-se-iam à legislação anterior. *ADI 2588/DF, Red. p/ ac. Min. Joaquim Barbosa, 10.4.13. Pleno. (Info 701)*

IR e CSLL: sociedades controladas e coligadas no exterior e medida cautelar

Tendo sido reconhecida a repercussão geral do tema, cumpre ao STF examinar pedido de empréstimo de eficácia suspensiva a recurso extraordinário ainda não submetido ao crivo do juízo primeiro de admissibilidade. Alcance das súmulas 634 e 635/STF, ante a nova disciplina constitucional do extraordinário. Surge relevante articulação a partir da inexistência de disponibilidade econômica e jurídica do lucro ainda não definido quanto ao destino de sociedades controladas e coligadas situadas no exterior. *AC 3141/RJ, Rel. Min. Marco Aurélio, 10.4.13. Pleno. (Info 701)*

6. IMPOSTOS ESTADUAIS

6.1. ICMS

2015

ICMS: benefício tributário e guerra fiscal

A instituição de benefícios fiscais relativos ao ICMS só pode ser realizada com base em convênio interestadual. O mero diferimento do pagamento de débitos relativos ao ICMS, sem a concessão de qualquer redução do valor devido, não configura benefício fiscal, de modo que pode ser estabelecido sem convênio prévio. *ADI 4481/PR, Rel. Min. Roberto Barroso, 11.3.15. Pleno. (Info 777)*

ICMS: combustíveis e bitributação

Declarada a inconstitucionalidade dos §§ 10 e 11 da Cláusula 21ª do Convênio ICMS 110/07 (redação dada p/ Convênio 136/08). Os dispositivos impugnados, ao terem estabelecido nova obrigação aos contribuintes que efetuassem operações interestaduais com os produtos resultantes da mistura de gasolina com álcool AEAC ou da mistura de óleo diesel com Biodiesel B100, a pretexto de criarem um estorno do crédito do ICMS, teriam violado o disposto nos artigos 145, § 1º, 150, I, e 155, § 2º, I, e § 5º, da CF. Isso porque, se quando da aquisição do álcool AEAC ou do Biodiesel B100, nem a refinaria e nem a distribuidora pagariam qualquer valor a título de ICMS – uma vez que o seu pagamento seria diferido –, não poderia haver o estorno de quantia não paga e não recebida pelo Estado. Levando-se em consideração a natureza jurídica do crédito de ICMS, a norma impugnada não poderia excluir, a título de estorno – decorrente da anulação de crédito tributário da operação anterior –, a obrigação de recolhimento de valor de ICMS diferido ou suspenso, como consta da redação do referido § 11. *ADI 4171/DF, Red. p/ ac. Min. Ricardo Lewandowski, 20.5.15. Pleno. (Info 786)*

ICMS: decreto regulamentar e ofensa ao princípio da legalidade tributária

RPG Somente lei em sentido formal pode instituir o regime de recolhimento do ICMS por estimativa. *RE 632265/RJ, repercussão geral, Rel. Min. Marco Aurélio, 18.6.15. Pleno. (Info 790)*

Substituição tributária e restituição

É devida a restituição da diferença do Imposto sobre Circulação de Mercadorias e Serviços pago a mais, no regime de substituição tributária para a frente, se a base de cálculo efetiva da operação for inferior à presumida. *ADI 2777/SP, Rel. p/ ac. Min. Ricardo Lewandowski, 19.10.2016. Pleno. (Info 844)*

Tarifa de assinatura básica e ICMS

RPG O ICMS incide sobre a tarifa de assinatura básica mensal cobrada pelas prestadoras de serviço de telefonia, independentemente da franquia de minutos concedida ou não ao usuário. *RE 912888/SP, repercussão geral, Rel. Min. Teori Zavascki, j. 13.10.2016. Pleno. (Info 843)*

2014

ADI: ICMS e isenção tributária

A concessão de benefícios fiscais não é matéria relativa à iniciativa legislativa privativa do Chefe do Poder Executivo (CF, art. 61, § 1º, II, b). O poder de exonerar corresponde a uma derivação do poder de tributar. Assim, não há impedimentos para que as entidades investidas de competência tributária, como os Estados-membros, defininam hipóteses de isenção ou de não-incidência das espécies tributárias em geral, ainda que por disposição de Constituição estadual. O art. 146, III, c, da CF determina que lei complementar estabeleça normas gerais sobre matéria tributária e, em especial, quanto ao adequado tratamento tributário a ser conferido ao ato cooperativo praticado pelas sociedades cooperativas. O § 1º do art. 192 da Constituição estadual dispõe que o ato cooperativo, praticado entre o associado e sua cooperativa, não implica operação de mercado. Inexiste a alegada inconstitucionalidade desse preceito, porquanto, nos termos do art. 24, I, da CF, a União – responsável por estabelecer normas gerais –, os Estados-membros e o DF – com a prerrogativa de suplementar as lacunas da lei federal de normas gerais, a fim de afeiçoá-las às particularidades locais – detêm competência para legislar sobre direito tributário, concorrentemente e, se não existir lei federal sobre normas gerais, os Estados-membros podem exercer a competência legislativa plena (CF, art. 24, § 3º). O STF, ao apreciar situação análoga, assentou que enquanto não fosse promulgada a lei complementar a que se refere o art. 146, III, c, da CF, os Estados-membros – que possuem competência concorrente em se tratando de direito tributário, podem dar às cooperativas o tratamento que julgarem adequado. *ADI 429/CE, Rel. Min. Luiz Fux, 20.8.14. Pleno. (Info 755)*

ICMS: Correios e imunidade tributária recíproca

RPG Não incide o ICMS sobre o serviço de transporte de bens e mercadorias realizado pela Empresa Brasileira de Correios e Telégrafos. *RE 627051/PE, Repercussão geral – mérito, Rel. Min. Dias Toffoli, 12.11.14. Pleno. (Info 767)*

ICMS e habilitação de celular

O serviço de habilitação de celular configura atividade preparatória ao serviço de comunicação, não sujeito à incidência do ICMS. *RE 572020/DF, Red. p/ ac. Min. Luiz Fux. 6.2.14. Pleno. (Info 734)*

ICMS e "leasing" internacional

RPG Não incide o ICMS importação na operação de arrendamento mercantil internacional, salvo na hipótese de antecipação da opção de compra na medida em que o arrendamento mercantil não implica, necessariamente, transferência de titularidade sobre o bem. *RE 540829/SP, Red. p/ ac. Min. Luiz Fux, 11.9.14. Repercussão geral – mérito. Pleno. (Info 758)*

ICMS e redução da base de cálculo

RPG A redução da base de cálculo de ICMS equivale à hipótese de isenção parcial, a acarretar a anulação proporcional de crédito desse mesmo imposto, relativo às operações anteriores, salvo disposição em lei estadual em sentido contrário. Assim, reduzida a base de cálculo, tem-se impossibilitado o creditamento integral, sem que se possa falar em ofensa ao princípio da não-cumulatividade (CF, art. 155, § 2º, II, b). *RE 477323/RS, Rel. Min. Marco Aurélio, 16.10.14. Repercussão geral – mérito. Pleno. (Info 763)*

ICMS e transporte rodoviário de passageiros

É devida a cobrança de ICMS nas operações ou prestações de serviço de transporte terrestre interestadual e intermunicipal de passageiros e de cargas. *ADI 2669/DF, Red. p/ ac. Min. Marco Aurélio, 5.2.14. Pleno. (Info 734)*

ICMS: Importação e EC 33/01

RPG Após a EC 33/01, é constitucional a instituição do ICMS incidente sobre a importação de bens, sendo irrelevante a classificação jurídica do ramo de atividade da empresa importadora. Ademais, a validade da constituição do crédito tributário depende da existência de lei complementar sobre normas gerais e de legislação local de instituição do ICMS incidente sobre operações de importação realizadas por empresas que não sejam comerciantes, nem prestadoras de serviços de comunicação ou de transporte interestadual ou intermunicipal. Além disso, a incidência do tributo também depende da observância das regras de anterioridade e de irretroatividade, aferidas em cada legislação local de instituição dos novos critérios materiais, pessoais e quantitativos da regra-matriz. Também não se poderia falar em constitucionalidade superveniente para legitimar legislação local anterior à EC 33/01 ou à LC 114/02, com o único objetivo de validar crédito tributário constituído em momento no qual não haveria permissão constitucional. *RE 439796/PR, repercussão geral – mérito, Rel. Min. Joaquim Barbosa, 6.11.13. RE 474267/RS, Rel. Min. Joaquim Barbosa, 6.11.13. Pleno. (Info 727)*

ICMS: revogação de benefício fiscal e princípio da anterioridade tributária

Configura aumento indireto de tributo e, portanto, está sujeita ao princípio da anterioridade tributária, a norma que implica revogação de benefício fiscal anteriormente concedido. *RE 564225 AgR/RS, Rel. Min. Marco Aurélio, 2.9.14. 1ª T. (Info 757)*

Incidência da Cofins sobre o ICMS

O valor retido em razão do ICMS não pode ser incluído na base de cálculo da Cofins sob pena de violar o art. 195, I, b, da CF. *RE 240785/MG, Rel. Min. Marco Aurélio, 8.10.14. Pleno. (Info 762)*

Isenção de ICMS e guerra fiscal

O pacto federativo reclama, para a preservação do equilíbrio horizontal na tributação, a prévia deliberação dos Estados-membros para a concessão de benefícios fiscais relativamente ao ICMS. Padece de inconstitucionalidade formal a lei complementar estadual, porquanto concessiva de isenção fiscal, no que concerne ao ICMS, para as operações de aquisição de automóveis por oficiais de justiça estaduais sem o necessário amparo em convênio interestadual, caracterizando hipótese típica de guerra fiscal em desarmonia com a Constituição. A isonomia tributária torna inválidas as distinções entre contribuintes "em razão de ocupação profissional ou função por eles exercida", máxime nas hipóteses nas quais, sem qualquer base axiológica no postulado da razoabilidade, engendra-se tratamento discriminatório em benefício da categoria dos oficiais de justiça estaduais. *ADI 4276/MT, Rel. Min. Luiz Fux, 20.8.14. Pleno. (Info 755)*

"Leasing" e incidência de ICMS

O ICMS – tributo próprio à circulação de mercadorias qualificada pela compra e venda – não incide na importação de bem móvel realizada mediante operação de arrendamento mercantil quando não exercida a opção de compra e, por consequência, suscetível de devolução ao arrendador. *RE 226899/SP, Red. p/ ac. Min. Cármen Lúcia, 1º.10.14. Pleno. (Info 761)*

Protocolo Confaz 21/11: ICMS e operação interestadual não presencial

RPG É inconstitucional a cobrança de ICMS pelo Estado de destino, com fundamento no Protocolo ICMS 21/11 do Conselho Nacional de Política Fazendária – Confaz, nas operações interestaduais de venda de mercadoria a consumidor final realizadas de forma não presencial. *ADI 4628/DF, ADI 4713/DF, Rel. Min. Luiz Fux, 17.9.14. RE 680089/SE, Rel. Min. Gilmar Mendes, 17.9.14. Repercussão geral – mérito. Pleno. (Info 759)*

Zona Franca de Manaus e isenção de ICMS

1. Não se há cogitar de inconstitucionalidade indireta, por violação de normas interpostas, na espécie vertente: a questão está na definição do alcance do art. 40 do ADCT, a saber, se esta norma de vigência temporária teria permitido a recepção do elenco pré-constitucional de incentivos à Zona Franca de Manaus, ainda que incompatíveis com o sistema constitucional do ICMS instituído desde 1988, no qual se insere a competência das unidades federativas para, mediante convênio, dispor sobre isenção e incentivos fiscais do novo tributo (CF, art. 155, § 2º, XII, g). 2. O quadro normativo pré-constitucional de incentivo fiscal à Zona Franca de Manaus constitucionalizou-se pelo art. 40 do ADCT, adquirindo, por força dessa regra transitória, natureza de imunidade tributária, persistindo vigente a equiparação procedida pelo art. 4º do DL 288/67, cujo propósito foi atrair a não incidência do ICMS estipulada no art. 23, II, § 7º, da Carta pretérita, desonerando, assim, a saída de mercadorias do território nacional para consumo ou industrialização na Zona Franca de Manaus. 3. A determinação expressa de manutenção do conjunto de incentivos fiscais referentes à Zona Franca de Manaus, extraídos, obviamente, da legislação pré-constitucional, exige a não incidência do ICMS sobre as operações de saída de mercadorias para aquela área de livre comércio, sob pena de se

proceder a uma redução do quadro fiscal expressamente mantido por dispositivo constitucional específico e transitório. *ADI 310/AM, Rel. Min. Cármen Lúcia, 19.2.14. Pleno. (Info 736)*

2013

ICMS e fornecimento de água encanada

RPG O fornecimento de água potável por empresas concessionárias desse serviço público não é tributável por meio do ICMS. 2. As águas em estado natural são bens públicos e só podem ser exploradas por particulares mediante concessão, permissão ou autorização. 3. O fornecimento de água tratada à população por empresas concessionárias, permissionárias ou autorizadas não caracteriza uma operação de circulação de mercadoria. *RE 607056/RJ, Repercussão geral – mérito, Rel. Min. Dias Toffoli, 10.4.13. Pleno. (Info 701)*

2012

ICMS: operação interestadual e comércio eletrônico

A CF define que o estado de origem será o sujeito ativo do ICMS nas operações interestaduais aos consumidores finais que não forem contribuintes desse imposto, mas a legislação atacada subverte essa ordem (art. 155, § 2º, II, b da CF). 2. Os entes federados não podem utilizar sua competência legislativa privativa ou concorrente para retaliar outros entes federados, sob o pretexto de corrigir desequilíbrio econômico, pois tais tensões devem ser resolvidas no foro legítimo, que é o Congresso Nacional (arts. 150, V e 152 da CF). 3. Compete ao Senado definir as alíquotas do tributo incidente sobre as operações interestaduais. 4. A tolerância à guerra fiscal tende a consolidar quadros de difícil reversão. *ADI 4705 Referendo-MC, Rel. Min. Joaquim Barbosa, 23.2.12. Pleno. (Info 655)*

6.2. ITCMD

2013

ITCD e alíquotas progressivas

RPG Lei estadual: progressividade de alíquota de ITCD. Constitucionalidade. Art. 145, § 1º, da CF. Princípio da igualdade material tributária. Observância da capacidade contributiva. *RE 562045/RS, Repercussão geral – mérito, Red. p/ ac. Min. Cármen Lúcia, 6.2.13. Pleno. (Info 694)*

7. IMPOSTOS MUNICIPAIS
7.1. IPTU

2015

IPTU e progressividade

RPG Declarada inconstitucional a progressividade de alíquota tributária, é devido o tributo calculado pela alíquota mínima correspondente, de acordo com a destinação do imóvel. *RE 602347/MG, repercussão geral – mérito, Rel. Min. Edson Fachin, 4.11.15. Pleno. (Info 806)*

2013

IPTU: majoração da base de cálculo e decreto

É inconstitucional a majoração, sem edição de lei em sentido formal, do valor venal de imóveis para efeito de cobrança do IPTU, acima dos índices oficiais de correção monetária. *RE 648245/MG, Rel. Min. Gilmar Mendes, 1º.8.13. Pleno. (Info 713)*

2012

Art. 150, VI, b e c, da CF: maçonaria e imunidade tributária

As organizações maçônicas não estão dispensadas do pagamento do imposto sobre propriedade predial e territorial urbana – IPTU. Na espécie, discutia-se se templos maçônicos se incluiriam no conceito de "templos de qualquer culto" ou de "instituições de assistência social" para fins de concessão da imunidade tributária prevista no art. 150, VI, b e c, da CF. O enquadramento da recorrente na hipótese de imunidade constitucional é inviável, consoante a Súm. 279/STF. Observância do art. 14 do CTN para que possa existir a possibilidade do gozo do benefício, matéria que não possuiria índole constitucional. A maçonaria é uma ideologia de vida e não uma religião. *RE 562351, Rel. Min. Ricardo Lewandowski, 4.9.12. 1ª T. (Info 678)*

7.2. ISSQN

2016

Administração de planos de saúde e incidência de ISSQN

RPG As operadoras de planos privados de assistência à saúde (plano de saúde e seguro-saúde) prestam serviço sujeito ao Imposto Sobre Serviços de Qualquer Natureza, previsto no art. 156, III, da CF. *RE 651703/PR, repercussão geral, Rel. Min. Luiz Fux, j. 29.9.2016. Pleno. (Info 841)*

ISSQN e redução da base de cálculo

É inconstitucional lei municipal que veicule exclusão de valores da base de cálculo do Imposto Sobre Serviços de Qualquer Natureza fora das hipóteses previstas em lei complementar nacional. Também é incompatível com o texto constitucional medida fiscal que resulte indiretamente na redução da alíquota mínima estabelecida pelo art. 88 do ADCT, a partir da redução da carga tributária incidente sobre a prestação de serviço na territorialidade do ente tributante. *ADPF 190/SP, Rel. Min. Edson Fachin, j. 29.9.2016. Pleno. (Info 841)*

2013

ECT: ISS e imunidade tributária recíproca

RPG (...) 2. Imunidade recíproca. Empresa Brasileira de Correios e Telégrafos. 3. Distinção, para fins de tratamento normativo, entre empresas públicas prestadoras de serviço público e empresas públicas exploradoras de atividade. 4. Exercício simultâneo de atividades em regime de exclusividade e em concorrência com a iniciativa privada. Irrelevância. Existência de peculiaridades no serviço postal. Incidência da imunidade prevista no art. 150, VI, "a", da CF. *RE 601392/PR, Repercussão geral – mérito, Red. p/ ac. Min. Gilmar Mendes, 28.2.13. Pleno. (Info 696)*

7.3. ITBI

2013

Art. 150, VI, c, da CF: ITBI e finalidades essenciais

A destinação do imóvel às finalidades essenciais da entidade deve ser pressuposta no caso do Imposto de Transmissão Inter Vivos de Bens Imóveis – ITBI, sob pena de não haver imunidade para esse tributo. *RE 470520/SP, Rel. Min. Dias Toffoli, 17.9.13. 1ª T. (Info 720)*

8. SIMPLES NACIONAL

2013

Simples Nacional: vedação e isonomia

RPG É constitucional a exigência contida no art. 17, V, da LC 123/06 ("não poderão recolher os impostos e contribuições na forma do Simples Nacional a microempresa ou a empresa de pequeno porte que possua débito com o INSS, ou com as fazendas públicas federal, estadual ou municipal, cuja exigibilidade não esteja suspensa). *RE 627543/RS, Repercussão geral – mérito, Rel. Min. Dias Toffoli, 30.10.13. Pleno. (Info 726)*

14. EXECUÇÃO PENAL

1. DO CONDENADO E DO INTERNADO

1.1. Do Trabalho

2014

Trabalho externo e cumprimento mínimo de pena

A exigência objetiva de prévio cumprimento do mínimo de 1/6 da pena, para fins de trabalho externo, não se aplica aos condenados que se encontrarem em regime semiaberto. *EP 2 TrabExt-AgR/DF, Rel. Min. Roberto Barroso, 25.6.14. Pleno. (Info 752)*

1.2. Dos Deveres, dos Direitos e da Disciplina

1.2.1. Da Disciplina

2016

Cometimento de falta grave e comutação de pena

Nos termos do art. 4º, caput, do Dec. 7.872/12, "a declaração do indulto e da comutação de penas previstos neste Decreto fica condicionada à inexistência de aplicação de sanção, homologada pelo juízo competente, em audiência de justificação, garantido o direito ao contraditório e à ampla defesa, por falta disciplinar de natureza grave, prevista na Lei de Execução Penal, cometida nos doze meses de cumprimento da pena, contados retroativamente à data de publicação deste Decreto". Cinge-se a controvérsia a determinar se a homologação judicial da aplicação de sanção por falta grave, para obstar a comutação de pena, necessariamente precisa se verificar no prazo de doze meses, contados retroativamente à data de publicação do decreto em questão, ou se é suficiente que a falta grave tenha sido praticada nesse interstício, ainda que a homologação judicial ocorra a posteriori. Em face do próprio texto legal de sua ratio, exige-se apenas que a falta grave tenha sido cometida no prazo em questão. Com efeito, o art. 4º, caput, do Dec. 7.872/12, limita-se a impor a homologação judicial da aplicação da sanção por falta grave, não exigindo que ela tenha que se dar nos doze meses anteriores a sua publicação. Não bastasse isso, uma vez que se exige a realização de audiência de justificação, assegurando-se o contraditório e a ampla defesa, não faria sentido que a homologação judicial devesse ocorrer dentro daquele prazo, sob pena de não haver tempo hábil para a apuração de eventual falta grave praticada em data próxima à publicação do decreto. *HC 132236/SP, Rel. Min. Dias Toffoli, 30.8.2016. 2ª T. (Info 837)*

2012

Falta grave: regressão e benefícios diversos

A teor do disposto no art. 102, II, "a", da CF, contra decisão, proferida em processo revelador de "habeas corpus", a implicar a não concessão da ordem, cabível é o recurso ordinário. Evolução quanto à admissibilidade do substitutivo do "habeas corpus". // A regressão ao regime mais gravoso implica termo inicial para voltar-se a progredir no regime de cumprimento da pena. Ante o princípio da legalidade, essa óptica não pode ser estendida a benefícios diversos, em relação aos quais a LEP mostra-se silente. *HC 109389, Rel. Min. Marco Aurélio, 6.11.12. 1ª T. (Info 687)*

2. DOS ESTABELECIMENTOS PENAIS

2014

Ausência de casa de albergado e prisão domiciliar

Constatada pelo juízo da execução competente a inexistência, no Estado-membro, de estabelecimento prisional para cumprimento de pena em regime aberto, nos termos da sentença, permite-se o início do cumprimento em prisão domiciliar, até ser disponibilizada vaga no regime adequado. *HC 113334/RS, Rel. Min. Rosa Weber, 18.2.14. 1ª T. (Info 736)*

Prisão federal: competência e prorrogação

Cabe ao Poder Judiciário verificar se o preso tem perfil apropriado para a transferência ou a permanência nos presídios federais, em controle exercido tanto pelo juiz de origem como pelo juiz federal responsável pelo presídio federal. Deferido o requerimento pelo magistrado de execução estadual, não cabe ao juiz federal exercer juízo de valor sobre a gravidade das razões do solicitante, salvo se evidenciadas condições desfavoráveis ou inviáveis da unidade prisional. *HC 112650/RJ, Rel. Min. Rosa Weber, 11.3.14. 1ª T. (Info 738)*

2013

Transferência para presídio federal de segurança máxima e prévia oitiva de preso

A transferência de preso para presídio federal de segurança máxima sem a sua prévia oitiva, desde que fundamentada em fatos caracterizadores de situação emergencial, não configura ofensa aos princípios do devido processo legal, da ampla defesa, da individualização da pena e da dignidade da pessoa humana. *HC 115539/RO, Rel. Min. Luiz Fux, 3.9.13. 1ª T. (Info 718)*

3. DA EXECUÇÃO DAS PENAS EM ESPÉCIE

3.1. Das Penas Privativas de Liberdade

3.1.1. Dos Regimes

2016

Cumprimento de pena em penitenciária federal de segurança máxima e progressão de regime

O cumprimento de pena em penitenciária federal de segurança máxima por motivo de segurança pública não é compatível com a progressão de regime prisional. *HC 131.649/RJ, Rel. p/ac. min. Dias Toffoli, 6.9.2016. 2ª T. (Info 838)*

Execução provisória da pena e trânsito em julgado

Em conclusão de julgamento, o Plenário, por maioria, indeferiu medida cautelar em ações declaratórias de constitucionalidade e conferiu interpretação conforme à Constituição ao art. 283 do CPP. Dessa forma, permitiu a execução provisória da pena após a decisão condenatória de segundo grau e antes do trânsito em julgado. *ADC 44 MC/DF, Rel. Min. Marco Aurélio, j. 5.10.2016. Pleno. (Info 842)*

"Habeas corpus" e regime de cumprimento de pena

Na espécie, o paciente foi condenado à pena de dois anos de reclusão, em regime inicial fechado, e ao pagamento de duzentos dias-multa. Isso ocorreu em razão da prática do delito tipificado no art. 33, "caput", da Lei 11.343/06, com a incidência de causa de diminuição da pena prevista no § 4º do referido dispositivo legal. A Turma decidiu que, em caso de réu não reincidente, tendo sido a pena base fixada em seu mínimo legal e sendo positivas as circunstâncias judiciais previstas no art. 59 do CP, é cabível a imposição do regime aberto de cumprimento da pena e a substituição da pena privativa de liberdade pela restritiva de direitos, a teor dos arts. 33 e 44 do CP. *HC 129714/SP, Rel. Min. Marco Aurélio, j. 11.10.2016. 1ª T. (Info 843)*

Presunção de inocência e execução provisória de condenação criminal

A execução provisória de acórdão penal condenatório proferido em julgamento de apelação, ainda que sujeito a recurso especial ou extraordinário, não compromete o princípio constitucional da presunção de inocência. *HC 126292/SP, Rel. Min. Teori Zavascki, 17.2.2016. Pleno. (Info 814)*

Progressão de regime: art. 75 do CP ou total da pena imposta

O Tribunal possui reiterados pronunciamentos no sentido de que o limite temporal enunciado no art. 75 do CP – 30 anos – não constitui parâmetro para o cálculo dos benefícios da execução penal. Assim, tal limite diria respeito exclusivamente ao tempo máximo de efetivo cumprimento da pena privativa de liberdade. Logo, não deve ser utilizado para calcular os benefícios da Lei de Execução Penal. *HC 100612/SP, Rel. p/ ac. Min. Roberto Barroso, 16.8.2016. 1ª T. (Info 835)*

Regime de cumprimento de pena e execução penal

RPG A falta de estabelecimento penal compatível com a sentença não autoriza a manutenção do condenado em regime prisional mais gravoso. *RE 641320/RS, repercussão geral – mérito, Rel. Min. Gilmar Mendes, 11.5.2016. Pleno. (Info 825)*

14. EXECUÇÃO PENAL

Regressão de regime: inadimplemento de pena de multa e cometimento de novo crime

Negou-se provimento a agravos regimentais em execuções penais referentes a condenados nos autos da AP 470. No primeiro caso, o agravante, durante o cumprimento da pena em regime semiaberto, fora condenado pela justiça comum em outro processo, tendo em conta crimes praticados concomitantemente ao cumprimento da reprimenda. Insurgia-se, então, contra a decisão que determinara a regressão de regime. A prática de fato definido como crime doloso no curso da execução penal acarreta a regressão de regime. O inadimplemento injustificado das parcelas da pena de multa autoriza a regressão no regime prisional. *EP 8 ProgReg-AgR/DF, Rel. Min. Roberto Barroso, 1º.7.2016. Pleno. (Info 832)*

2015

Inadimplemento de pena de multa e progressão de regime

O inadimplemento deliberado da pena de multa cumulativamente aplicada ao sentenciado impede a progressão no regime prisional. Essa regra somente é excepcionada pela comprovação da absoluta impossibilidade econômica do apenado em pagar o valor, ainda que parceladamente. *EP 12 ProgReg-AgR/DF, Rel. Min. Roberto Barroso, 8.4.15. Pleno. (Info 780)*

2014

Prisão domiciliar e doença grave

É admitida a concessão de prisão domiciliar humanitária ao condenado acometido de doença grave que necessite de tratamento médico que não possa ser oferecido no estabelecimento prisional ou em unidade hospitalar adequada. No caso, a avaliação médica oficial realizada por profissionais distintos e renomados atestou a possibilidade de continuação do tratamento no regime semiaberto e a inexistência de doença grave. *EP 23 AgR/DF, Rel. Min. Roberto Barroso, 27.8.14. Pleno. (Info 756)*

2013

Art. 118, I, da LEP e princípio da não culpabilidade

O art. 118, I, da Lei 7.210/84 prevê a regressão de regime se o apenado "praticar fato definido como crime doloso ou falta grave". Para caracterização do fato, não exige a lei o trânsito em julgado da condenação criminal em relação ao crime praticado. *HC 110881/MT, Red. p/ ac. Min. Rosa Weber, 7.5.13. 1ª T. (Info 705)*

3.1.2. Das Autorizações de Saída

2016

"Habeas Corpus": saída temporária de preso e contagem de prazo

A contagem do prazo do benefício de saída temporária de preso é feita em dias e não em horas. *HC 130883/SC, Rel. Min. Dias Toffoli, 31.5.2016. 2ª T. (Info 828)*

Saída temporária e decisão judicial

É legítima a decisão judicial que estabelece calendário anual de saídas temporárias para que o preso possa visitar a família. *HC 130502/RJ, Rel. Min. Marco Aurélio, 21.6.2016. 1ª T. (Info 831)*

2015

Saída temporária e decisão judicial

É legítima a decisão judicial que estabelece calendário anual de saídas temporárias para visita à família do preso. *HC 128763/RJ, Rel. Min. Gilmar Mendes, 4.8.15. 2ª T. (Info 793)*

3.1.3. Da Remição

2014

Remição e cálculo da pena

Para fins de remição de pena, a legislação penal vigente estabelece que a contagem de tempo de execução é realizada à razão de um dia de pena a cada três dias de trabalho, sendo a jornada normal de trabalho não inferior a seis nem superior a oito horas, o que impõe ao cálculo a consideração dos dias efetivamente trabalhados pelo condenado e não as horas. *HC 114393/RS, Rel. Min. Cármen Lúcia, 3.12.13. 2ª T. (Info 731)*

2012

Art. 127 da LEP e benefícios da execução

O art. 127 da LEP, com a redação conferida pela Lei 12.433/11, impõe ao juízo da execução que, ao decretar a perda dos dias remidos, atenha-se ao limite de 1/3 do tempo remido e leve em conta, na aplicação dessa sanção, a natureza, os motivos, as circunstâncias e as consequências do fato, bem como a pessoa do faltoso e seu tempo de prisão. II. Embora a impetrante postule a aplicação da referida norma ao caso sob exame, verifica-se que o juízo da execução não decretou a perda do tempo remido, o que impede a concessão da ordem para esse fim. III. Da leitura do dispositivo legal, infere-se que o legislador pretendeu limitar somente a revogação dos dias remidos ao patamar de 1/3, razão pela qual não merece acolhida a pretensão de se estender o referido limite aos demais benefícios da execução. *HC 110921, Rel. Min. Ricardo Lewandowski, 22.5.12. 2ª T. (Info 667)*

3.1.4. Do Livramento Condicional

2012

Exame criminológico e livramento condicional

A teor do disposto no art. 102, II, "a", da CF, contra decisão, proferida em processo revelador de "habeas corpus", a implicar a não concessão da ordem, cabível é o recurso ordinário. Evolução quanto à admissibilidade do substitutivo do "habeas corpus". // A previsão de exigência do exame criminológico, para a análise relativa aos benefícios a que tem jus o custodiado, foi excluída do artigo 112 da Lei de Execuções Penais mediante a Lei 10.792/03. *HC 109565, Rel. Min. Marco Aurélio, 6.11.12. 1ª T. (Info 687)*

Prisão cautelar e livramento condicional

A segunda condenação proferida contra o paciente, conforme se verifica dos documentos que instruem a impetração, vedou a ele a possibilidade de recorrer em liberdade, com base em requisitos cautelares previstos no art. 312 do Código de Processo Penal, motivo justificador para sua prisão. Somente para fins de acompanhamento provisório da execução dessa segunda condenação, está correta a determinação de realização de novos cálculos, posto que, atingindo o paciente condições objetivas para eventual progressão ou livramento com base na somatória das condenações que lhe foram impostas (ainda que uma delas ainda provisória), não lhe pode ser obstada a fruição do benefício a que eventualmente faça jus. *HC 109618, Rel. Min. Dias Toffoli, 12.6.12. 1ª T. (Info 670)*

4. DA EXECUÇÃO DAS MEDIDAS DE SEGURANÇA

2014

Medida de segurança: recolhimento em presídio e flagrante ilegalidade

I. A superação da Súm. 691/STF constitui medida que somente se legitima quando a decisão atacada se mostra teratológica, flagrantemente ilegal ou abusiva. II. No caso sob exame, a situação é excepcional, apta a superar o entendimento sumular, diante do evidente constrangimento ilegal a que está submetido o paciente. III. Passados quase três anos do recolhimento do paciente em estabelecimento prisional, o Estado não lhe garantiu o direito de cumprir a medida de segurança estabelecida pelo juízo sentenciante. IV. Segundo consta no Relatório de Internações, emitido em 11/10/13 pela Vara de Execuções Criminais da Comarca de São Paulo, o paciente está na 698ª posição e permanece recolhido na Penitenciária de Franco da Rocha III. V. Diante da falta de estabelecimento adequado para internação, o paciente permaneceu custodiado por tempo superior ao que disposto pelo juízo sentenciante e não foi submetido ao tratamento médico determinado no decreto condenatório, o que evidencia a manifesta ilegalidade apta a ensejar a concessão da ordem. VI. "Habeas corpus" não conhecido. VII. Ordem concedida de ofício para confirmar a medida liminar deferida e determinar a inclusão do paciente em tratamento ambulatorial, sob a supervisão do juízo da execução criminal. *HC 122670/SP, Rel. Min. Ricardo Lewandowski, 5.8.14. 2ª T. (Info 753)*

5. DOS INCIDENTES DE EXECUÇÃO

2016

Cometimento de falta grave e indulto natalino

Nos termos do art. 5º, caput, do Dec. 8.380/14, "a declaração do indulto e da comutação de penas previstos neste Decreto fica condicionada à inexistência de aplicação de sanção, reconhecida pelo juízo competente, em audiência de justificação, garantido o direito ao contraditório e à ampla defesa, por falta disciplinar de natureza grave, prevista na LEP, cometida nos doze meses de cumprimento da pena, contados retroativamente à data de publicação deste Decreto". 2. Cinge-se a controvérsia a determinar se a homologação

14. EXECUÇÃO PENAL

judicial da aplicação de sanção por falta grave, para obstar a comutação de pena, necessariamente precisa se verificar no prazo de doze meses, contados retroativamente à data de publicação do decreto em questão, ou se é suficiente que a falta grave tenha sido praticada nesse interstício, ainda que a homologação judicial ocorra a posteriori. 3. Em face do próprio texto legal, de sua "ratio", exige-se apenas que a falta grave tenha sido cometida no prazo em questão. 4. Com efeito, o artigo limita-se a impor a homologação judicial da aplicação da sanção por falta grave, não exigindo que ela tenha que se dar nos doze meses anteriores a sua publicação. 5. Não bastasse isso, uma vez que se exige a realização de audiência de justificação, assegurando-se o contraditório e a ampla defesa, não faria sentido que a homologação judicial devesse ocorrer dentro daquele prazo, sob pena de não haver tempo hábil para a apuração de eventual falta grave praticada em data próxima à publicação do decreto. *RHC 133443/SC, Rel. Min. Dias Toffoli, j. 4.10.2016. 2ª T. (Info 842)*

2015

Indulto e medida de segurança

RPG Reveste-se de legitimidade jurídica a concessão, pelo presidente da República, do benefício constitucional do indulto (CF, art. 84, XII), que traduz expressão do poder de graça do Estado, mesmo se se tratar de indulgência destinada a favorecer pessoa que, em razão de sua inimputabilidade ou semi-imputabilidade, sofre medida de segurança, ainda que de caráter pessoal e detentivo. *RE 628658/RS, repercussão geral – mérito, Rel. Min. Marco Aurélio, 5.11.15. Pleno. (Info 806)*

Período de prova em "sursis" e indulto

Em razão de o "sursis" não ostentar natureza jurídica de pena, mas de medida alternativa a ela, o período de prova exigido para a obtenção desse benefício não se confunde com o requisito temporal relativo ao cumprimento de um quarto da pena privativa de liberdade para se alcançar o indulto natalino. *RHC 128515/BA, Rel. Min. Luiz Fux, 30.6.15. 1ª T. (Info 792)*

"Sursis" e requisito temporal para a concessão de indulto

Não é possível o cômputo do período de prova cumprido em suspensão condicional da pena para preenchimento do requisito temporal objetivo do indulto natalino. *HC 123698/PE, Rel. Min. Cármen Lúcia, 17.11.15. 2ª T. (Info 808)*

2014

Indulto e comutação de pena

A comutação de pena (Dec. Presidencial n. 5.620/05) e a revogação de livramento condicional (CP, art. 88) são institutos diversos. Impossibilidade de utilização da interpretação extensiva ou da analogia. *HC 116101/SP, Rel. Min. Gilmar Mendes, 17.12.13. 2ª T. (Info 733)*

"Sursis" e requisito temporal para a concessão de indulto

Concede-se o indulto aos condenados "a pena privativa de liberdade sob o regime aberto ou substituída por restritiva de direitos, na forma do art. 44 do CP, ou ainda beneficiados com a suspensão condicional da pena, que tenham cumprido, em prisão provisória, até 25 de dezembro de 2013, um sexto da pena, se não reincidentes, ou um quinto, se reincidente" (Dec. 8.172/13, art. 1º, XIV). A suspensão condicional não tem natureza jurídica de pena, mas de suspensão da execução da pena privativa de liberdade. O cumprimento do período de prova do sursis não atende ao requisito objetivo expressamente estabelecido no art. 1º, XIV, da Lei 8.712/13, motivo pelo qual o paciente não faz jus ao benefício do indulto requerido, tampouco viável o reconhecimento da extinção de punibilidade da pena. *HC 123381/PE, Rel. Min. Rosa Weber, 30.9.14. 1ª T. (Info 761)*

Tráfico de drogas e indulto humanitário

Não é possível o deferimento de indulto a réu condenado por tráfico de drogas, ainda que tenha sido aplicada a causa de diminuição prevista no art. 33, § 4º, da Lei 11.343/06 à pena a ele imposta, circunstância que não altera a tipicidade do crime. *HC 118213/SP, Rel. Min. Gilmar Mendes, 6.5.14. 2ª T. (Info 745)*

6. DO PROCEDIMENTO JUDICIAL

2014

Aplicação retroativa da Lei 12.015/09 e juízo da execução

Cabe ao juízo da execução criminal avaliar a aplicação retroativa da Lei 12.015/09. norma considerada mais benéfica – em favor de condenados pela prática dos crimes de atentado violento ao pudor e estupro, em concurso material. *HC 117640/SP, Rel. Min. Ricardo Lewandowski, 12.11.13. 2ª T. (Info 728)*

7. DAS DISPOSIÇÕES FINAIS E TRANSITÓRIAS

2015

Enunciado 11 da Súmula Vinculante do STF

Rejeitou-se proposta de cancelamento da Súmula Vinculante. Para admitir-se a revisão ou o cancelamento de súmula vinculante, seria necessário demonstrar: a) a evidente superação da jurisprudência do STF no trato da matéria; b) a alteração legislativa quanto ao tema; ou, ainda, c) a modificação substantiva de contexto político, econômico ou social. A proponente, porém, não teria comprovado a existência dos aludidos pressupostos, assim como não teria se desincumbido do ônus de apresentar decisões reiteradas do STF que demonstrassem a desnecessidade de vigência do enunciado em questão, o que impossibilitaria o exame da presente proposta de cancelamento. *PSV 13/DF, 24.9.15. Pleno. (Info 800)*

15. LEIS PENAIS ESPECIAIS

1. CÓDIGO DE TRÂNSITO BRASILEIRO (LEI 9.503/97)

2015

Crime de dirigir sem habilitação e lesão corporal culposa na direção de veículo

Incide o princípio da consunção entre os crimes de direção sem habilitação (CTB, art. 309) e lesão corporal (CTB, art. 303). O crime de dirigir sem habilitação é absorvido pelo delito de lesão corporal. *HC 128921/RJ, Rel. Min. Gilmar Mendes, 25.8.15. 2ª T. (Info 796)*

2012

Art. 306 do CTB: condução sob efeito de álcool e prova

A taxatividade objetiva determinada pela nova redação do art. 306 do CTB, que fixou como indesejável a dosagem igual ou superior a 6 decigramas de álcool por litro de sangue, deve ser atendida mediante a realização de um dos testes de alcoolemia previstos no Dec. 6.488/08, que são: exame de sangue ou teste em aparelho de ar alveolar pulmonar (etilômetro). Constatada a realização do chamado "teste do bafômetro", não há que se falar em falta de justa causa para a ação penal. *HC 110905, Rel. Min. Joaquim Barbosa, 5.6.12. 2ª T. (Info 669)*

2. ESTATUTO DA CRIANÇA E DO ADOLESCENTE (LEI 8.069/90)

2014

ECA: fotografia de atos libidinosos e causas especiais de aumento de pena

A conduta consubstanciada em "fotografar" cenas com pornografia envolvendo crianças e adolescentes amolda-se ao tipo legal previsto no art. 241 do ECA, notadamente à expressão "produzir fotografia", cujo valor semântico denota o comportamento de "dar origem ao registro fotográfico de alguma cena". A dosimetria da pena não é passível de aferição na via estreita do "habeas corpus", por demandar exame fático e probatório. O paciente teve sua pena majorada duas vezes ante a incidência concomitante dos incs. I e II do art. 226 do CP, uma vez que, além de ser padrasto da criança abusada sexualmente, consumou o crime mediante concurso de agentes. O art. 68, parágrafo único, do CP, estabelece, sob o ângulo literal, apenas uma possibilidade (e não um dever) de o magistrado, na hipótese de concurso de causas de aumento de pena previstas na parte especial, limitar-se a um só aumento, sendo certo que é válida a incidência concomitante das majorantes, sobretudo nas hipóteses em que sua previsão é desde já arbitrada em patamar fixo pelo legislador, como ocorre com o art. 226, I e II, do CP, que não comporta margem para a extensão judicial do "quantum" exasperado. A competência originária do STF para conhecer e julgar "habeas corpus" está definida, taxativamente, no artigo 102, I, "d" e "i", da CF, sendo certo que a presente impetração não está arrolada em nenhuma das hipóteses sujeitas à jurisdição desta Corte. *HC 110960/DF, Rel. Min. Luiz Fux, 19.8.14. 1ª T. (Info 755)*

3. ESTATUTO DO DESARMAMENTO (LEI 10.826/03)

2016

Porte ilegal de munição e princípio da insignificância

A configuração da conduta tipificada no art. 14, "caput", da Lei 10.826/03 não depende do tipo ou da quantidade da munição portada pelo agente. *HC 131771/RJ, Rel. Min. Marco Aurélio, 18.10.2016. 1ª T. (Info 844)*

Uso de munição como pingente e atipicidade

É atípica a conduta daquele que porta, na forma de pingente, munição desacompanhada de arma. *HC 133984/MG, Rel. Min. Cármen Lúcia, 17.5.2016. 2ª T. (Info 826)*

2013

"Abolitio criminis" e porte ilegal de arma de fogo

O acórdão impugnado teria mencionado que o caso não seria de posse, mas de porte ilegal de arma de fogo, de modo a tornar inviável a incidência da causa excludente de tipicidade invocada pela defesa. O acórdão do "tribunal a quo" harmonizar-se-ia com entendimento desta Corte, de não admitir a "abolitio criminis" fora do período de abrangência determinado em lei, tampouco aceitaria a sua incidência quando configurado o porte ilegal de arma de fogo. No que diz respeito às conclusões do processo administrativo disciplinar, aludiu-se que a jurisprudência consolidada do STF reconheceria a independência das esferas administrativa e penal. *RHC 111931/DF, Rel. Min. Gilmar Mendes, 4.6.13. 2ª T. (Info 709)*

"Abolitio criminis" e prorrogação de prazo para registro de arma

RPG A reabertura de prazo para registro ou renovação de registro de arma de fogo de uso permitido prevista pela Lei 11.706/08, que deu nova redação ao art. 30 da Lei 10.826/03, não constitui "abolitio criminis". *RE 768494/GO, Rel. Min. Luiz Fux, 19.9.13. Repercussão geral – mérito. Pleno. (Info 720)*

Atipicidade temporária e posse de arma de uso restrito

O Estatuto do Desarmamento elencou hipóteses de descriminalização temporária do crime de posse ilegal de arma de fogo, concedendo prazo para regularização dos armamentos não registrados ou sua entrega à Polícia Federal. 2. A descriminalização temporária restringe-se ao crime de posse irregular de arma de uso permitido do art. 12 da Lei 10.826/03 e não abrange a posse ilegal de arma de fogo de uso restrito, conduta enquadrável no art. 16 do mesmo diploma legal. 3. A mera possibilidade de entrega da arma de fogo, de uso permitido ou restrito, às autoridades policiais, conforme previsto no art. 32 da Lei 10.826/03, não tem pertinência quando ausente prova de que o agente estava promovendo a entrega ou pelo menos tinha a intenção de entregar a arma de posse irregular. *RHC 114970/DF, Rel. Min. Rosa Weber, 5.2.13. 1ª T. (Info 694)*

Porte ilegal de arma e ausência de munição

A tese apresentada no "habeas corpus" consiste na alegada atipicidade da conduta de o paciente portar arma de fogo, sem autorização e em desacordo com determinação legal e regulamentar, quando se tratar de arma desmuniciada. 2. O tipo penal do art. 14, da Lei nº 10.826/03, ao prever as condutas de portar, deter, adquirir, fornecer, receber, ter em depósito, transportar, ceder, ainda que gratuitamente, emprestar, remeter, empregar, manter sob guarda ou ocultar arma de fogo, acessório ou munição, de uso permitido, sem autorização e em desacordo com determinação legal e regulamentar, contempla crime de mera conduta, sendo suficiente a ação de portar ilegalmente a arma de fogo, ainda que desmuniciada. 3. O fato de estar desmuniciado o revólver não o desqualifica como arma, tendo em vista que a ofensividade de uma arma de fogo não está apenas na sua capacidade de disparar projéteis, causando ferimentos graves ou morte, mas também, na grande maioria dos casos, no seu potencial de intimidação. 4. Vê-se, assim, que o objetivo do legislador foi antecipar a punição de fatos que apresentam potencial lesivo à população – como o porte de arma de fogo em desacordo com as balizas legais –, prevenindo a prática de crimes como homicídios, lesões corporais, roubos etc. E não se pode negar que uma arma de fogo, transportada pelo agente na cintura, ainda que desmuniciada, é propícia, por exemplo, à prática do crime de roubo, diante do seu poder de ameaça e de intimidação da vítima. *HC 95073/MS, Red. p/ ac. Min. Teori Zavascki, 19.3.13. 2ª T. (Info 699)*

2012

Lei 11.706/08: "vacatio legis" e armas de uso restrito

Negado provimento a recurso no qual se alegava atipicidade da conduta atribuída ao paciente, delineada no art. 16 da Lei 10.826/03, em face da *abolitio criminis temporalis* estabelecida pela Lei 11.706/08, que conferira nova redação aos arts. 30 e 32 do Estatuto do Desarmamento. Na espécie, fora apreendido, em 18.7.2007, na residência da namorada do paciente, arsenal contendo pistolas, granada, várias munições e carregadores para fuzil e armas de calibres diversos. A "vacatio legis" prevista nos mencionados dispositivos não torna atípica a conduta de posse ilegal de arma de uso restrito nem a ela se aplica. *RHC 111637, Rel. Min. Ricardo Lewandowski, 5.6.12. 2ª T. (Info 669)*

15. LEIS PENAIS ESPECIAIS

Porte de granada: desnecessidade de apreensão e perícia

O reconhecimento da causa de aumento de pena prevista no art. 157, § 2º, I, do CP prescinde da apreensão e da realização de perícia na arma, quando provado o seu uso no roubo por outros meios de prova. Inteligência dos arts. 158 e 167 do CP. *HC 108034, Rel. Min. Rosa Weber, 7.8.12. 1ª T. (Info 674)*

Porte de munição e lesividade da conduta

A alegação de atipicidade da conduta decorrente da abolitio criminis temporária não pode ser conhecida, pois não foi objeto de exame pelo STJ, e o seu conhecimento por esta Corte levaria à indevida supressão de instância e ao extravasamento dos limites de competência descritos no art. 102 da CF. II. A objetividade jurídica da norma penal em comento transcende a mera proteção da incolumidade pessoal, para alcançar também a tutela da liberdade individual e do corpo social como um todo, asseguradas ambas pelo incremento dos níveis de segurança coletiva que a lei propicia. III. Mostra-se irrelevante, no caso, cogitar-se da lesividade da conduta de portar apenas a munição, porque a hipótese é de crime de perigo abstrato, para cuja caracterização não importa o resultado concreto da ação. *HC 113295, Rel. Min. Ricardo Lewandowski, 13.11.2012). 2ª T. (Info 688)*

Porte ilegal de arma de fogo e ausência de munição

A questão relativa à atipicidade ou não do porte ilegal de arma de fogo sem munição ainda não foi pacificada pelo STF. Há precedentes tanto a favor do reconhecimento da atipicidade da conduta, quanto no sentido da desnecessidade de a arma estar municiada. Há que prevalecer a segunda corrente, especialmente após a entrada em vigor da Lei 10.826/03, a qual, além de tipificar até mesmo o simples porte de munição (art. 14), não exige, para a caracterização do crime de porte ilegal de arma de fogo, que esta esteja municiada, segundo se extrai da redação do art. 14 daquele diploma legal. Além disso, o trancamento de ação penal é medida reservada a hipóteses excepcionais, como "a manifesta atipicidade da conduta, a presença de causa de extinção da punibilidade do paciente ou a ausência de indícios mínimos de autoria e materialidade delitivas" (HC 91603), o que, como visto, não é caso. As demais alegações do impetrante não foram submetidas nem ao TJCE, nem ao STJ, o que inviabiliza a sua apreciação pelo STF, sob pena de supressão de instância. De mais a mais, o prazo concedido pelo legislador ordinário para o registro de arma, que constituiria uma espécie de *vacatio legis* indireta, foi destinado aos proprietários e possuidores de arma de fogo, conduta abrangida pelo art. 12 da Lei 10.826/03, e não àqueles acusados de porte ilegal, previsto no art. 14 da mesma norma, como é o caso do paciente. *HC 96759, Rel. Min. Joaquim Barbosa, 28.2.12. 2ª T. (Info 656)*

Posse de arma de fogo e atipicidade temporária

Não há falar em "abolitio criminis" na espécie vertente, pois consta dos autos que os armamentos de posse do Paciente (1 pistola calibre 380, com 2 carregadores, 86 munições calibre 380, 12 munições calibre 12) foram utilizados para garantir a prática de tráfico de drogas. Mesmo que tivesse a intenção de regularizá-los, não poderia, pois a intenção foi a utilização desses armamentos para a prática de crime. *HC 111842, Rel. Min. Cármen Lúcia, 13.11.12. 2ª T. (Info 688)*

4. LEI DA LAVAGEM DE DINHEIRO (LEI 9.613/98)

2012

Crime de lavagem de dinheiro e jogo ilegal

"Habeas corpus" impetrado contra decisão de Relator, de Tribunal Superior, que indeferiu pleito cautelar em idêntica via processual. Superveniente julgamento de mérito no tribunal "a quo", impondo-se a declaração de prejudicialidade do "writ", em razão de o ato impugnado não mais subsistir. *HC 101798, Red. p/ ac. Min. Luiz Fux, 27.3.12. 1ª T. (Info 660)*

5. LEI DAS CONTRAVENÇÕES PENAIS (DL 3.688/41)

2013

Art. 25 da LCP e não recepção pela CF/88

RPG O art. 25 da Lei de Contravenções Penais não é compatível com a CF, por violar os princípios da dignidade da pessoa humana e da isonomia. *RE 583523/RS, RE 755565/RS, Rel. Min. Gilmar Mendes, 3.10.13. Repercussão geral – mérito. Pleno. (Info 722)*

"Flanelinha" e registro de profissão

O guardador ou lavador autônomo de veículos automotores não registrado na Superintendência Regional do Trabalho e Emprego – SRTE, nos termos fixados pela Lei 6.242/75, não pode ser denunciado pela suposta prática de exercício ilegal da profissão (Lei das Contravenções Penais, art. 47). *HC 115046/MG, Rel. Min. Ricardo Lewandowski, 19.3.13. 2ª T. (Info 699)*

6. LEI DE INTERCEPTAÇÃO TELEFÔNICA (LEI 9.296/96)

2016

Interceptação telefônica e competência

Denegado "habeas corpus" em que discutido a competência para o exame de medidas cautelares em procedimento de investigação criminal. No caso, o juízo da vara central de inquéritos de justiça estadual deferiu interceptação telefônica e suas sucessivas prorrogações. A defesa alegou incompetência do juízo pois o procedimento investigatório seria incidente relacionado a ação penal atribuída a outro juízo. Reputou-se que o art. 1º da Lei 9.296/96 não fixa regra de competência, mas sim reserva de jurisdição para quebra de sigilo, o que foi observado. Precedentes do STF admitem a divisão de tarefas entre juízes que atuam na fase de inquérito e na fase da ação penal. *HC 126536/ES, Rel. Min. Teori Zavascki, 1º.3.2016. 2ª T. (Info 816)*

Interceptações telefônicas: compartilhamento e autuação

Os dados alusivos a interceptação telefônica verificada em outra unidade da Federação, ante ordem judicial, para elucidar certa prática delituosa, podem ser aproveitados em persecução criminal diversa. A ausência de autuação da interceptação telefônica, em descompasso com o artigo 8º, cabeça, da Lei 9.296/96, caracteriza irregularidade incapaz de torná-la ilícita. *HC 128102/SP, Rel. Min. Marco Aurélio, 9.12.2015. 1ª T. (Info 811)*

2015

Interceptação telefônica e autoridade competente

A Constituição (art. 29, X) garante ao tribunal de justiça a competência para julgar os prefeitos. Entretanto, essa regra não pode ser ampliada pelas constituições estaduais para abarcar os vereadores. À época em que determinada à interceptação telefônica, havia decisão do Órgão Especial do Tribunal de Justiça do Estado do Rio de Janeiro no sentido da inconstitucionalidade dessa prerrogativa de foro. *RE 632343 AgR/RJ, Rel. Min. Dias Toffoli, 3.3.15. 1ª Turma. (Info 776)*

2014

Interceptação telefônica e prorrogações

Não se revestem de ilicitude as escutas telefônicas autorizadas judicialmente, bem como suas prorrogações, ante a necessidade de investigação diferenciada e contínua, demonstradas a complexidade e a gravidade dos fatos. *HC 119770/BA, Rel. Min. Gilmar Mendes, 8.4.14. 1ª T. (Info 742)*

Interceptação telefônica e transcrição integral

Não é necessária a transcrição integral das conversas interceptadas, desde que possibilitado ao investigado o pleno acesso a todas as conversas captadas, assim como disponibilizada a totalidade do material que, direta e indiretamente, àquele se refira, sem prejuízo do poder do magistrado em determinar a transcrição da integralidade ou de partes do áudio. *Inq 3693/PA, Rel. Min. Cármen Lúcia, 10.4.14. Pleno. (Info 742)*

2013

Interceptação telefônica: degravação total ou parcial

A degravação consubstancia formalidade essencial a que os dados alvo da interceptação sejam considerados como prova – art. 6º, § 1º, da Lei 9.296/96. *AP 508 AgR/AP, Rel. Min. Marco Aurélio, 7.2.13. Pleno. (Info 694)*

Interceptação telefônica e investigação preliminar

Elementos dos autos que evidenciam não ter havido investigação preliminar para corroborar o que exposto em denúncia anônima. É possível a deflagração da persecução penal pela chamada denúncia anônima, desde que esta seja seguida de diligências realizadas para averiguar os fatos nela noticiados antes da instauração do inquérito policial. 2. A interceptação telefônica é subsidiária e excepcional, só podendo ser determinada quando não houver outro meio para se apurar os fatos tidos por criminosos, nos termos do art. 2º, II, da Lei 9.296/96. *HC 108147/PR, Rel. Min. Cármen Lúcia, 11.12.12. 2ª T. (Info 692)*

Interceptações telefônicas e teoria do juízo aparente

"Writ" que objetiva a declaração de ilicitude de interceptações telefônicas determinadas com vistas a apurar possível atuação de quadrilha, formada por servidores e médicos peritos do INSS, vereadores do município de Bom Jesus do Itabapoana/RJ que, em tese, agiam em conluio para obtenção de vantagem indevida mediante a manipulação de procedimentos de concessão de benefícios previdenciários, principalmente auxílio-doença. 3. Controvérsia sobre a possibilidade de a Constituição estadual do Rio de Janeiro estabelecer regra de competência da Justiça Federal quando fixa foro por prerrogativa de função. 4. À época dos fatos, o tema relativo à prerrogativa de foro dos vereadores do município do Rio de Janeiro era bastante controvertido, mormente porque, em 28.5.2007, o TJ/RJ havia declarado sua inconstitucionalidade. 5. Embora o acórdão proferido pelo Pleno da Corte estadual não tenha eficácia "erga omnes", certamente servia de paradigma para seus membros e juízes de primeira instância. Dentro desse contexto, não é razoável a anulação de provas determinadas pelo Juízo Federal de primeira instância. 6. Julgamento da ação penal no qual se entendeu que a competência para processar e julgar vereador seria de juiz federal, tendo em vista que a Justiça Federal é subordinada à CF e não às constituições estaduais. 7. Quanto à celeuma acerca da determinação da quebra de sigilo pelo Juízo Federal de Itaperuna/RJ, que foi posteriormente declarado incompetente em razão de ter sido identificada atuação de organização criminosa, há de se aplicar a teoria do juízo aparente (HC 81260). *HC 110496/RJ, Rel. Min. Gilmar Mendes, 9.4.13. 2ª T. (Info 701)*

2012

Polícia militar e execução de interceptação telefônica

Interceptação telefônica realizada pela Polícia Militar. Nulidade. Não ocorrência. 4. Medida executada nos termos da Lei 9.296/96 (requerimento do Ministério Público e deferimento pelo Juízo competente). Excepcionalidade do caso: suspeita de envolvimento de autoridades policiais da delegacia local. *HC 96986, Rel. Min. Gilmar Mendes, 15.5.12. 2ª T. (Info 666)*

7. LEI DE LICITAÇÕES (LEI 8.666/93)

2016

Dispensa de licitação e peculato

No caso, a acusada deixara de observar, ante a justificativa de inviabilidade de competição, as formalidades legais em processos de inexigibilidade de licitação. Adquirira livros didáticos diretamente das empresas contratadas, com recursos oriundos dos cofres públicos, beneficiando-as com superfaturamento dos objetos contratuais. O Colegiado ressaltou que a justificativa utilizada para a inexigibilidade de licitação fora a inviabilidade de competição. Para dar respaldo a essa alegação, foram consideradas válidas declarações de exclusividade emitidas por entidade não prevista em lei, ou ainda atestados não constantes do respectivo procedimento. Essas cartas de exclusividade não permitiam inferir a inexistência, à época, de outros fornecedores das mercadorias pretendidas. Além disso, inexistiria impedimento ao órgão estadual de efetuar pesquisa de preço em outras praças, ou mesmo em outros órgãos públicos, já que os livros adquiridos têm distribuição em todo o território nacional. Logo, não procede a assertiva de que a exclusividade do fornecedor constituiria obstáculo à realização das pesquisas. Demonstrou que os preços praticados não foram compatíveis com o mercado ou mais vantajosos, mas que houvera significativo sobrepreço, inclusive por meio de aditivos contratuais. Estes eram acompanhados do máximo permitido em lei sobre o preço estabelecido no contrato original, porém, sem dados concretos que justificassem a majoração. Ao contrário, o órgão não negociara os preços, afirmando serem os praticados pelo mercado, sem comprovação. *AP 946/DF, Rel. p/ ac. Min. Edson Fachin, 30.8.2016. 1ª T. (Info 837)*

2015

AP: licitação e concessão de uso de bem público

Nos termos do art. 4º, III, da Portaria 266/08 do DNPM, o requerimento de registro de licença para aproveitamento de recursos minerais deverá ser instruído com "o assentimento da pessoa jurídica de direito público, quando a esta pertencer parte ou a totalidade dos imóveis (...)". Embora o acusado, na condição de prefeito municipal, tenha firmado um "termo de concessão de uso de bem público", não houve propriamente outorga de direito real de uso, mas mero assentimento da municipalidade na extração de granito por particular em área a si pertencente, com o fim exclusivo de possibilitar o registro da licença de exploração mineral. Nessas condições, a despeito da impropriedade técnica do documento em questão, não era necessária a realização de procedimento licitatório, razão por que o fato imputado ao réu é atípico. *AP 523/RS, Red. p/ ac. Min. Dias Toffoli, 9.12.14. 1ª T. (Info 771)*

8. LEI DO TRÁFICO ILÍCITO DE DROGAS (LEI 11.343/06)

2016

Causa de diminuição da pena e quantidade de droga apreendida

Embora o juízo de 1º grau tenha reconhecido a presença de todos os requisitos do art. 33, § 4º, da Lei 11.343/06 (primariedade, bons antecedentes, ausência de dedicação a atividades criminosas e de integração a organização criminosa), a quantidade de entorpecente foi o único fundamento utilizado para afastar a aplicação do redutor do art. 33, § 4º, da Lei 11.343/06. Por essa razão, a quantidade de drogas não constitui isoladamente fundamento idôneo para negar o benefício da redução da pena. *HC 138138/SP, rel. Min. Ricardo Lewandowski, j. 29.11.2016. 2ª T. (Info 849)*

Causa de diminuição e Lei de Drogas

Na espécie, o paciente foi condenado pela prática de tráfico de entorpecentes (art. 33, "caput", da Lei de Drogas), com a incidência da causa de aumento prevista no art. 40, V, do referido diploma legal. Na análise das circunstâncias judiciais (art. 59 do CP), a quantidade de entorpecente não foi observada para a dosimetria da pena-base, fixada no mínimo legal. Não é crível que o paciente – surpreendido com 500 kg de maconha – não esteja integrado, de alguma forma, a organização criminosa, circunstância que justifica o afastamento da incidência da causa de diminuição prevista no art. 33, § 4º, da Lei de Drogas. *HC 130981/MS, Rel. Min. Marco Aurélio, 18.10.2016. 1ª T. (Info 844)*

Pureza da droga e dosimetria da pena

O grau de pureza da droga é irrelevante para fins de dosimetria da pena. *HC 132909/SP, Rel. Min. Cármen Lúcia, 15.3.2016. 2ª T. (Info 818)*

Regime inicial e tráfico de drogas

É legítima a fixação de regime inicial semiaberto, tendo em conta a quantidade e a natureza do entorpecente, na hipótese em que ao condenado por tráfico de entorpecentes tenha sido aplicada pena inferior a 4 anos de reclusão. *HC 133308/SP, Rel. Min. Cármen Lúcia, 29.3.2016. 2ª T. (Info 819)*

Tráfico de entorpecentes: fixação do regime e substituição da pena

Não se tratando de réu reincidente, ficando a pena no patamar de quatro anos e sendo as circunstâncias judiciais positivas, cumpre observar o regime aberto e apreciar a possibilidade da substituição da pena privativa de liberdade pela restritiva de direitos. *HC 130411/SP, Red. p/ ac. Min. Edson Fachin, 12.4.2016. 1ª T. (Info 821)*

Tráfico de entorpecentes: fixação do regime e substituição da pena

Não sendo o paciente reincidente, nem tendo contra si circunstâncias judiciais desfavoráveis (CP, art. 59), a gravidade em abstrato do crime do art. 33, "caput", da Lei 11.343/06, não constitui motivação idônea para justificar a fixação do regime mais gravoso. *HC 133028/SP, Rel. Min. Gilmar Mendes, 12.4.2016. 2ª T. (Info 821)*

Tráfico privilegiado e crime hediondo

O crime de tráfico privilegiado de drogas não tem natureza hedionda. Por conseguinte, não são exigíveis requisitos mais severos para o livramento condicional (Lei 11.343/2006, art. 44, parágrafo único) e tampouco incide a vedação à progressão de regime (Lei 8.072/1990, art. 2º, § 2º) para os casos em que aplicada a causa de diminuição prevista no art. 33, § 4º, Lei 11.343/2006. *HC 118533/MS, Rel. Min. Cármen Lúcia, 23.6.2016. Pleno. (Info 831)*

2015

Lei de drogas e princípio da consunção

É possível a aplicação do princípio da consunção, que se consubstancia pela absorção dos delitos tipificados nos artigos 33, § 1º, I, e 34 da Lei 11.343/06, pelo delito previsto no art. 33, "caput", do mesmo diploma legal. Ambos os preceitos buscam proteger a saúde pública e tipificam condutas que – no mesmo contexto fático, evidenciam o intento de traficância do agente e a utilização dos aparelhos e insumos para essa mesma finalidade – podem ser consideradas meros atos preparatórios do delito de tráfico previsto no art. 33, "caput", da Lei 11.343/06. *HC 109708/SP, Rel. Min. Teori Zavascki, 23.6.15. 2ª T. (Info 791)*

Tráfico de drogas e liberdade provisória

O magistrado de primeiro grau decidiu fundamentadamente pela concessão de liberdade provisória com fiança (art. 310, III, do CPP), porquanto inexistentes os elementos concretos indicativos de fuga do paciente, de interferência indevida na instrução processual ou de ameaça à ordem pública. Na dicção dos arts. 325 e 326 do CPP, a situação econômica do réu é o principal elemento a ser considerado no arbitramento do valor da fiança. Diante da incapacidade econômica do paciente, aplicável a concessão de liberdade provisória com a dispensa do pagamento da fiança, "sujeitando-o às obrigações constantes dos arts. 327 e 328 deste Código e a outras medidas cautelares, se for o caso", nos termos do art. 325, § 1º, I, c/c art. 350, do CPP. *HC 129474/PR, Rel. Min. Rosa Weber, 22.9.15. 1ª T. (Info 800)*

Tráfico de entorpecente e transposição de fronteira

A incidência da causa de aumento de pena prevista na Lei 11.343/06 (Art. 40, V) não demanda a efetiva transposição da fronteira da unidade da Federação. Seria suficiente a reunião dos elementos que identificassem o tráfico interestadual, que se consumaria instantaneamente, sem depender de um resultado externo naturalístico. *HC 122791/MS, Rel. Min. Dias Toffoli, 17.11.15. 1ª T. (Info 808)*

2014

Dosimetria da pena: circunstâncias judiciais, pena-base e proporcionalidade

Nenhum condenado tem direito público subjetivo à estipulação da pena-base em seu grau mínimo. Isso, contudo, não autoriza o magistrado sentenciante a proceder a uma especial exacerbação da pena-base, exceto se o fizer em ato decisório adequadamente motivado, que satisfaça, de modo pleno, a exigência de fundamentação substancial evidenciadora da necessária relação de proporcionalidade e de equilíbrio entre a pretensão estatal de máxima punição e o interesse individual de mínima expiação, tudo em ordem a inibir soluções arbitrárias ditadas pela só e exclusiva vontade do juiz. Não se revela legítima, por isso mesmo, a operação judicial de dosimetria penal, quando o magistrado, na sentença, sem nela revelar a necessária base empírica eventualmente justificadora de suas conclusões, vem a definir, mediante fixação puramente arbitrária, a pena-base, exasperando-a de modo evidentemente excessivo, sem apoiar-se em fundamentação juridicamente idônea e que atenda à exigência imposta pelo art. 93, IX, da CF. *RHC 122469/MS, Red. p/ ac. Min. Celso de Mello, 16.9.14. 2ª T. (Info 759)*

Dosimetria: tráfico de droga e "bis in idem"

Caracteriza "bis in idem" considerar, na terceira etapa do cálculo da pena do crime de tráfico ilícito de entorpecentes, a natureza e a quantidade da substância ou do produto apreendido, quando essas circunstâncias já tiverem sido apontadas na fixação da pena-base, ou seja, na primeira etapa da dosimetria, para graduação da minorante prevista no art. 33, § 4º, da Lei 11.343/06. Por outro lado, não há impedimento a que essas circunstâncias recaiam, alternadamente, na primeira ou na terceira fase da dosimetria, a critério do magistrado, em observância ao princípio da individualização da pena. *HC 112776/MS, HC 109193/MG, Rel. Min. Teori Zavascki, 19.12.13. (Info 733)*

Tráfico de drogas: dosimetria e "bis in idem"

A natureza e a quantidade dos entorpecentes foram utilizadas na primeira fase da dosimetria, para a fixação da pena-base, e na terceira fase, para a definição do patamar da causa de diminuição do § 4º do art. 33 da Lei n. 11.343/06 em um sexto. "Bis in idem". Patamar de dois terços a ser observado. São inconstitucionais a vedação à substituição da pena privativa de liberdade por restritiva de direitos e a imposição do regime fechado para o início do cumprimento da pena, em caso de tráfico de entorpecente. *RHC 122684/MG, Rel. Min. Cármen Lúcia, 16.9.14. 2ª T. (Info 759)*

Tráfico de drogas e qualificação jurídica dos fatos

Concedido HC de ofício para absolver condenado pela prática dos crimes de tráfico e associação para o tráfico de drogas. O paciente fora condenado pela posse de 1,5g de maconha para alegados fins de tráfico. Ausente a prova da existência do fato. A pequena apreensão de droga e a ausência de outras diligências investigatórias teria demonstrado que a instauração da ação penal com consequente condenação representara medida nitidamente descabida. Determinou-se o encaminhamento de ofício ao CNJ para que seja avaliada a uniformização do procedimento da Lei 11.343/06, em razão da reiteração de casos idênticos aos dos presentes autos nos quais a inadequada qualificação jurídica dos fatos teria gerado uma resposta penal exacerbada. *HC 123221/SP, Rel. Min. Gilmar Mendes, 28.10.14. 1ª 2ª T. (Info 765)*

Tráfico de drogas: interrogatório do réu e princípio da especialidade

O rito previsto no art. 400 do CPP – com a redação conferida pela Lei 11.719/08. não se aplica à Lei de Drogas, de modo que o interrogatório do réu processado com base na Lei 11.343/06 deve observar o procedimento nela descrito (artigos 54 a 59). *HC 121953/MG, Rel. Min. Ricardo Lewandowski, 10.6.14. 2ª T. (Info 750)*

Tráfico de drogas: transporte público e aplicação do art. 40, III, da Lei 11.343/06

A mera utilização do transporte público para o carregamento do entorpecente não é suficiente para a aplicação da causa de aumento de pena prevista no inc. III do art. 40 da Lei 11.343/06. A teleologia da norma é conferir maior reprovação ao traficante que pode atingir um grande número de pessoas, as quais se encontram em particular situação de vulnerabilidade. *HC 120624/MS, Red. p/ ac. Min. Ricardo Lewandowski, 3.6.14. 2ª T. (Info 749)*

Tráfico de entorpecentes: "mulas" e agentes de organização criminosa

Descabe afastar a incidência da causa de diminuição de pena do art. 33, § 4º, da Lei 11.343/06 com base em mera conjectura ou ilação de que os réus integrariam organização criminosa. O exercício da função de "mula", embora indispensável para o tráfico internacional, não traduz, por si só, adesão, em caráter estável e permanente, à estrutura de organização criminosa, até porque esse recrutamento pode ter por finalidade um único transporte de droga. *HC 124107/SP, Rel. Min. Dias Toffoli, 4.11.14. 1ª T. (Info 766)*

2013

Art. 33, § 4º, da Lei 11.343/06 e dosimetria da pena

A dosimetria da pena, bem como os critérios subjetivos considerados pelos órgãos inferiores para a sua realização, não são passíveis de aferição na via estreita do "habeas corpus". 2. Nada obstante, a patente desproporcionalidade no "quantum" da reprimenda fixada, em razão da insuficiência de motivos declarados para majorar a sanção, justifica a concessão da ordem para sanar flagrante ilegalidade. 3. O tráfico privilegiado, com minorante aplicável na terceira fase da dosimetria, pode ter sua extensão definida à luz do montante da droga apreendida, permitindo ao magistrado movimentar a redução dentro da escala penal de um sexto a dois terços, mediante o reconhecimento do menor ou maior envolvimento do agente com a criminalidade. *HC 115979/MG, Rel. Min. Luiz Fux, 3.9.13. 1ª T. (Info 718)*

Art. 33, § 4º, da Lei 11.343/06 e fundamentação

Não agiu bem o Tribunal estadual, uma vez que fixou a pena-base no mínimo legal, e, em seguida, aplicou a fração de redução prevista no art. 33, § 4º, da Lei 11.343/06 em 1/6, sem apresentar a devida fundamentação. O STF já declarou a inconstitucionalidade do § 1º do art. 2º da Lei 8.072/90, que determinava o cumprimento de pena dos crimes hediondos, de tortura, de tráfico ilícito de entorpecentes e de terrorismo no regime inicial fechado. *HC 114830/RS, Rel. Min. Ricardo Lewandowski, 12.3.13. 2ª T. (Info 698)*

Art. 42 da Lei 11.343/06 e "bis in idem"

O art. 42 da Lei 11.343/06 pode ser utilizado tanto para agravar a pena-base quanto para afastar o redutor previsto no art. 33, § 4º, do mesmo diploma normativo. *HC 117024/MS, Rel. Min. Rosa Weber, 10.9.13. 1ª T. (Info 719)*

"Mula" e aplicação da minorante do art. 33, § 4º, da Lei 11.343/06

Pertinente à dosimetria da pena, encontra-se a aplicação da causa de diminuição da pena objeto do § 4º do art. 33 da Lei 11.343/06. Inobstante a gravidade dos delitos imputados ao Recorrente, os elementos disponíveis estão a aconselhar, à falta de dados empíricos embasadores da exclusão da causa de diminuição da pena prevista no § 4º do art. 33 da Lei 11.346/06, o restabelecimento da sentença de primeiro grau que a aplicou. Tudo indica tratar-se, o Recorrente, de "mula" ou pequeno traficante, presentes apenas ilações ou conjecturas de envolvimento com grupo criminoso ou dedicação às atividades criminosas. *RHC 118008/SP, Rel. Min. Rosa Weber, 24.9.13. 1ª T. (Info 721)*

2012

Artigos 12 e 13 da Lei 6.368/76

O "habeas corpus" tem uma rica história, constituindo garantia fundamental do cidadão. Ação constitucional que é, não pode ser o "writ" amesquinhado, mas também não é passível de vulgarização, sob pena de restar descaracterizado como remédio heroico. Contra a denegação de "habeas corpus" por Tribunal Superior prevê a CF remédio jurídico expresso, o recurso ordinário. Diante da dicção do art. 102, II, a, da CF, a impetração de novo "habeas corpus" em caráter substitutivo escamoteia o instituto recursal próprio, em manifesta burla do preceito constitucional. 2. No art. 13 da Lei 6.368/76, o legislador antecipou o momento consumativo do crime de tráfico de drogas do art. 12 do mesmo diploma legal, na modalidade específica de produção ou preparo de drogas, tipificando a mera conduta de possuir ou guardar máquinas ou instrumentos destinados a essa finalidade. O crime em questão é, em regra, subsidiário e só se aplica quando não configurada a figura delitiva do art. 12 da Lei 6.368/76. *HC 104633, Rel. Min. Rosa Weber, 11.9.12. 1ª T. (Info 679)*

Lei 11.343/06 e regime inicial fechado

"Habeas corpus". Direito penal e execução penal. Tráfico de entorpecentes privilegiado. Fixação de regime prisional inicial diverso do fechado. Inadmissibilidade. Enquanto não haja o pronunciamento definitivo do Plenário sobre o tema (HC 101284), mantém-se a fidelidade ao posicionamento consoante o texto da lei, qual seja, pela impossibilidade de estabelecer-se regime inicial diverso do fechado. *HC 111510, Rel. Min. Dias Toffoli, 24.4.12. 1ª T. (Info 663)*

"Mula" e causa de diminuição de pena

Para a concessão do benefício previsto no § 4º do art. 33 da Lei 11.343/06, é necessário que o agente, cumulativamente, seja primário, tenha bons antecedentes, não se dedique a atividades criminosas nem integre organização criminosa. No caso em análise, o reconhecimento de que a paciente integra organização criminosa, considerando-se os concretos elementos probatórios coligidos nos autos, é circunstância suficiente a obstar a incidência da causa de diminuição de pena prevista no art. 33, § 4º, da Lei 11.343/06. *HC 101265, Red. p/ ac. Min. Joaquim Barbosa, 10.4.12. 2ª T. (Info 661)*

Porte de entorpecente e princípio da insignificância

A aplicação do princípio da insignificância, de modo a tornar a conduta atípica, exige sejam preenchidos, de forma concomitante, os seguintes requisitos: (i) mínima ofensividade da conduta do agente; (ii) nenhuma periculosidade social da ação; (iii) reduzido grau de reprovabilidade do comportamento; e (iv) relativa inexpressividade da lesão jurídica. 2. O sistema jurídico há de considerar a relevantíssima circunstância de que a privação da liberdade e a restrição de direitos do indivíduo somente se justificam quando estritamente necessárias à própria proteção das pessoas, da sociedade e de outros bens jurídicos que lhes sejam essenciais, notadamente naqueles casos em que os valores penalmente tutelados se exponham a dano, efetivo ou potencial, impregnado de significativa lesividade. O direito penal não se deve ocupar de condutas que produzam resultado cujo desvalor – por não importar em lesão significativa a bens jurídicos relevantes – não represente, por isso mesmo, prejuízo importante, seja ao titular do bem jurídico tutelado, seja à integridade da própria ordem social. *HC 110475, Rel. Min. Dias Toffoli, 14.2.12. 1ª T. (Info 655)*

Tráfico: causa de aumento e transporte público

O reconhecimento de atenuante não autoriza a redução da pena para aquém do mínimo legal. O inc. III do art. 40 da Lei 11.343/06 visa a punir com maior rigor a comercialização de drogas em determinados locais, como escolas, hospitais, teatros e unidades de tratamento de dependentes, entre outros. Pela inserção da expressão "transporte público" nesse mesmo dispositivo, evidencia-se que a referência há de ser interpretada na mesma perspectiva, vale dizer, no sentido de que a comercialização da droga em transporte público deve ser apenada com mais rigor. Logo, a mera utilização de transporte público para o carregamento da droga não leva à aplicação da causa de aumento do inc. III do art. 40 da Lei 11.343/06. *HC 109538, Red. p/ ac. Min. Rosa Weber, 15.5.12. 1ª T. (Info 666)*

Tráfico de drogas e dosimetria da pena

Ante empate na votação, a 1ª Turma deferiu "habeas corpus" para que magistrado apreciasse a percentagem de causa de diminuição da pena, prevista no art. 33, § 4º, da Lei 11.343/06, a condenado pela prática de tráfico de drogas. Alegava-se que as instâncias ordinárias ter-se-iam fundamentado em presunções quanto às suas ligações com a criminalidade. Consideraram-se a menoridade do paciente, a ausência de registro de antecedentes e a aplicação da pena básica no mínimo legal. Asseverou-se não haver na sentença, nem no acórdão, qualquer dado concreto que mostrasse a integração do paciente a grupo criminoso. Destacou-se que a circunstância de ele ter sido surpreendido com a droga revelaria o tráfico, mas não a integração à atividade em si, como contido no preceito, atividade criminosa com potencial maior. Os ministros Luiz Fux, relator, e Min. Rosa Weber denegavam a ordem por entenderem que a mercancia de drogas, pelo réu, em lugar conhecido pelo comércio clandestino de entorpecente, por si só, constituiria prova robusta de sua participação na atividade criminosa. Aduziam que o tribunal de origem teria procedido a irrepreensível atividade intelectiva, porquanto a apreensão de grande quantidade de droga seria fato que permitiria concluir, mediante raciocínio dedutivo, pela sua dedicação ao tráfico. *HC 108280, Red. p/ ac. Min. Marco Aurélio, 10.4.12. 1ª T. (Info 661)*

Tráfico de drogas e liberdade provisória

O Plenário deferiu parcialmente "habeas corpus" impetrado em favor de condenado pela prática do crime descrito no art. 33, caput, c/c o art. 40, III, ambos da Lei 11.343/06, e determinou que sejam apreciados os requisitos previstos no art. 312 do CPP para que, se for o caso, seja mantida a segregação cautelar do paciente. Incidentalmente, também por votação majoritária, declarou a inconstitucionalidade da expressão "e liberdade provisória", constante do art. 44, caput, da Lei 11.343/06. *HC 104339, Rel. Min. Gilmar Mendes, 10.5.12. Pleno. (Info 665)*

Tráfico internacional de drogas: "mula" e organização criminosa

Para a concessão do benefício previsto no § 4º do art. 33 da Lei 11.343/06, é necessário que o réu seja primário, tenha bons antecedentes, não se dedique a atividades criminosas nem integre organização criminosa. II. Neste caso, o magistrado de primeiro grau, ao fixar a reprimenda, enfatizou que o referido benefício não poderia ser concedido em virtude de as provas dos autos terem evidenciado a participação do paciente em organização criminosa. III. A discussão sobre o acerto ou desacerto da sentença condenatória, confirmada pelo TRF-3 e pelo STJ, exige o exame aprofundado de fatos e provas, o que não se mostra possível na via do "habeas corpus", por se tratar de instrumento destinado à proteção de direito demonstrável de plano, que não admite dilação probatória. IV. Mantida a reprimenda, tal como aplicada em segundo grau de jurisdição, fica superado o pedido de substituição da pena privativa de liberdade por restritivas de direitos, por vedação do inciso I do art. 44 do CP. *HC 110551, Rel. Min. Ricardo Lewandowski, 13.3.12. 2ª T. (Info 658)*

Tráfico privilegiado e crime hediondo

A Turma acolheu proposição formulada pelo Min. Celso de Mello no sentido de afetar ao Plenário julgamento de "habeas corpus" em que se discute a hediondez no crime de tráfico privilegiado previsto no § 4º do art. 33 da Lei 11.343/06. Na espécie, o paciente fora condenado por tráfico internacional de drogas e a defesa requerera indulto, denegado pelo juízo das execuções penais. Em mutirão carcerário, entendera-se que teria jus ao perdão da pena, já que cumprido 1/3 da reprimenda. Ocorre que, posteriormente, o tribunal local cassara o benefício, a ensejar a presente impetração. Alega-se que o tráfico privilegiado não seria hediondo porque não estaria expressamente identificado no art. 2º da Lei 8.072/90, a prever tão somente a figura do tráfico de entorpecentes do caput do mencionado art. 33 da Lei de Drogas. Sustenta-se, ademais, que esse fato seria bastante para que o paciente não sofresse as restrições impostas pela Lei dos Crimes Hediondos. *HC 110884, Rel. Min. Ricardo Lewandowski, 27.11.12. 2ª T. (Info 690)*

9. LEI DOS CRIMES CONTRA O SISTEMA FINANCEIRO NACIONAL (LEI 7.492/86)

2014

RISTF: emenda regimental e modificação de competência

Os sujeitos ativos dos delitos contra o Sistema Financeiro Nacional são aqueles definidos no art.

25 da Lei 7.492/86; vale dizer: "São penalmente responsáveis, nos termos desta lei, o controlador e os administradores de instituição financeira, assim considerados os diretores, gerentes". O crime de gestão fraudulenta de instituição financeira tem por fim a proteção do sistema financeiro brasileiro contra gestões que comprometam "a lisura, correção e honestidade das operações atribuídas e realizadas pelas instituições financeiras e assemelhadas. Consectariamente, o bom e regular funcionamento do sistema financeiro repousa na confiança que a coletividade lhe acredita. A credibilidade é um atributo que assegura o regular e exitoso funcionamento do sistema financeiro como um todo, protegendo-se, igualmente, os bens, valores, enfim, o patrimônio da coletividade, representada pelos investidores diretos que destinam suas economia, ou ao menos parte delas, às operações realizadas pelas instituições financeiras exatamente por acreditarem na lisura, correção e oficialidade do sistema." (Bittencourt, Breda, 2011, p. 36). *Inq 2589/RS, Rel. Min. Luiz Fux, 16.9.14. 1ª T. (Info 759)*

10. LEI DOS CRIMES CONTRA A ORDEM TRIBUTÁRIA/ECONÔMICA/CONSUMO (LEI 8.137/90)

2016

HC: denúncias anônimas e lançamento definitivo

Nos crimes de sonegação tributária, apesar de a jurisprudência do STF condicionar a persecução penal à existência do lançamento tributário definitivo, o mesmo não ocorre quanto à investigação preliminar. Os crimes contra a ordem tributária ou de outra modalidade delitiva podem ser tentados e consumados e jamais se entendeu pela impossibilidade da investigação preliminar durante a execução de um crime e mesmo antes da consumação. *HC 106152/MS, Rel. Min. Rosa Weber, 29.3.2016. 1ª T. (Info 819)*

2015

Crime tributário e prescrição

Não há que se falar em aplicação retroativa "in malam partem" do Enunciado 24 da Súmula Vinculante ("Não se tipifica crime material contra a ordem tributária, previsto no art. 1º, incisos I a IV, da Lei nº 8.137/90, antes do lançamento definitivo do tributo") aos fatos ocorridos anteriormente à sua edição, uma vez que o aludido enunciado apenas consolidou interpretação reiterada do STF sobre a matéria. *RHC 122774/RJ, Rel. Min. Dias Toffoli, 19.5.15. 1ª T. (Info 786)*

Sonegação fiscal e circunstâncias judiciais

Não é viável, em "habeas corpus", o reexame dos elementos de convicção na avaliação das circunstâncias judiciais previstas no art. 59 CP. O que está autorizado é apenas o controle da legalidade dos critérios utilizados, com a correção de eventuais arbitrariedades. Ademais, em se tratando de infrações penais contra a ordem tributária, a extensão do dano causado pode ser invocada na primeira fase da dosimetria, como critério para exasperação da pena-base, sem que tanto implique "bis in idem". *HC 128446/PE, Rel. Min. Teori Zavascki, 15.9.15. 2ª T. (Info 799)*

2014

Sonegação fiscal e presunção de inocência

Não ofende o princípio constitucional da presunção de inocência a exigência de comprovação da origem de valores estabelecida no art. 42 da Lei 9.430/96. *HC 121125/PR, Rel. Min. Gilmar Mendes, 10.6.14. 2ª T. (Info 750)*

Sonegação fiscal: reconhecimento de agravante em 2ª instância e "emendatio libelli"

Descrição das elementares e circunstâncias do tipo penal na denúncia. Art. 384 do CPP. "Mutatio libelli". Desnecessidade. A descrição, na denúncia, da ação administrativa que resultou na constituição do crédito tributário, bem como do montante apurado são suficientes ao exercício da ampla defesa quanto à causa de aumento de pena disposta no art. 12, I, da Lei 8.137/90. *HC 123733/AL, Rel. Min. Gilmar Mendes, 16.9.14. 2ª T. (Info 759)*

Sonegação fiscal: reconhecimento de majorante e concurso de crimes

No que se refere à causa de aumento, apesar da ausência de capitulação expressa na inicial: o acusado defende-se dos fatos descritos na denúncia. Assim, é necessário apenas correlação entre o fato descrito na peça acusatória e o fato que ensejou a condenação, e é irrelevante a menção expressa na exordial de eventuais causas de aumento ou diminuição. Quanto à assertiva de impossibilidade de reconhecimento do concurso formal, a tese não pode ser analisada, porque não foi aventada nas instâncias inferiores. *HC 120587/SP e RHC 119962/SP, Rel. Min. Luiz Fux, 20.5.14. 1ª T. (Info 747)*

2013

Extinção da punibilidade e pagamento integral de débito

O pagamento integral de débito – devidamente comprovado nos autos – empreendido pelo paciente em momento anterior ao trânsito em julgado da condenação que lhe foi imposta é causa de extinção de sua punibilidade, conforme opção político-criminal do legislador pátrio. *HC 116828/SP, Rel. Min. Dias Toffoli, 13.8.13. 1ª T. (Info 715)*

Lei 8.137/90: atribuição funcional e suspensão de débito

O tipo penal do art. 3º, II, da Lei 8.137/90 descreve crime de mão própria praticado por funcionário público, mas não exige que o servidor tenha a atribuição específica de lançamento tributário. *RHC 108822/GO, Rel. Min. Gilmar Mendes, 19.2.13. 2ª T. (Info 695)*

11. LEI DOS CRIMES DE RADIODIFUSÃO CLANDESTINA (LEI 9.612/98)

2013

Princípio da insignificância e rádio clandestina

O desenvolvimento de atividades clandestinas de telecomunicação, além de ser reprovável, não é minimamente ofensivo. *HC 111518/DF, Rel. Min. Cármen Lúcia, 5.2.13. 2ª T. (Info 694)*

Rádio comunitária clandestina e princípio da insignificância

Conforme perícia efetuada pela Anatel, o serviço de radiodifusão utilizado pela emissora não possuía capacidade de causar interferência prejudicial aos demais meios de comunicação, o que demonstra que o bem jurídico tutelado pela norma – segurança dos meios de telecomunicações – permaneceu incólume. 2. Rádio comunitária operada com os objetivos de evangelização e prestação de serviços sociais, denotando, assim, a ausência de periculosidade social da ação e o reduzido grau de reprovabilidade da conduta imputada ao paciente. *HC 115729/BA, Rel. Min. Ricardo Lewandowski, 18.12.12. 2ª T. (Info 693)*

12. LEI DOS CRIMES DE RESPONSABILIDADE (DL 201/67)

2015

Ação penal e art. 1º, XIII, do Decreto-Lei 201/67

Prefeito foi denunciado pela prática do crime previsto no art. 1º, XIII, do DL 201/67. No caso, o erro sobre a ilicitude do comportamento teria sido determinado por terceiros, agentes administrativos que, pelos atos que praticaram previamente à assinatura das nomeações ilegais pelo Prefeito, induziram o réu em erro. A dúvida razoável quanto à ocorrência de erro de ilicitude, reforçada pelas circunstâncias fáticas e pela situação pessoal do autor, demonstrada nos autos, confere verossimilhança à tese defensiva e não afastada por outros elementos de prova, que indicassem a consciência da atuação ilícita. Com efeito, as manifestações prévias da Secretaria de administração, do Presidente da CONURB e da Procuradoria-Geral do Município induziram o acusado a uma incorreta representação da realidade, tese que ganha substância em razão da quantidade de nomeações assinadas simultaneamente e da ausência de indícios de que ele tenha agido em união de desígnios com aqueles agentes públicos, ou de que ao menos conhecesse os servidores nomeados, a comprovar o dolo de praticar crime de responsabilidade contra a Administração Pública Municipal. A eventual negligência que se depreende dos autos distancia-se do dolo de praticar crime de responsabilidade contra a Administração Pública municipal. *AP 595/SC, Rel. Min. Luiz Fux, 25.11.14. 1ª T. (Info 769)*

Art. 1º, I, do Decreto-Lei 201/67 e admissibilidade de participação

O crime do art. 1º, I, do Decreto-Lei 201/67, é próprio, somente podendo ser praticado por prefeito, admitida, porém, a participação, nos termos do art. 29 do CP. *Inq 3634/DF, Rel. Min. Gilmar Mendes, 2.6.15. 2ª T. (Info 788)*

Descumprimento de ordem judicial e ciência

Configura-se o crime de responsabilidade de prefeito, nos termos da segunda parte do inciso XIV do art. 1º do Decreto-Lei 201/67, a existência de inequívoca ciência da determinação judicial. A mera comunicação da ordem a terceiros não atende as exigências legais. *AP 555/SC, Rel. Min. Rosa Weber, 6.10.15. 1ª T. (Info 802)*

2014

Crime de responsabilidade de prefeitos e justa causa para a ação penal

O fato de o prefeito ter emitido relatório em que atestou a execução integral, porém com ressalva de redução das metas, das obras e serviços previstos no convênio. O documento não teve relevância causal para a imputação do crime, uma vez que o relatório não deu ensejo aos pagamentos. A impossibilidade de cumprimento das metas previstas no plano de trabalho originário decorreu do dilatado lapso temporal transcorrido entre a celebração do convênio, a liberação dos recursos e a licitação. Os fatos teriam implicado a redução de metas em razão do aumento do custo unitário dos bens a serem construídos. Ante a falta de outras provas que corroborem a acusação, que inexistiriam elementos sérios e idôneos que demonstrassem utilização indevida ou desvio de valores transferidos ao Município por força de convênio com a Funasa. O simples fato de o Prefeito ter sido o responsável por firmar o convênio ou ser hierarquicamente superior à secretaria responsável pela obra seria insuficiente para sustentar a imputação. *Inq 3719/DF, Rel. Min. Dias Toffoli, 12.8.14. 1ª T. (Info 754)*

13. LEI DOS CRIMES HEDIONDOS (LEI 8.072/90)

2014

Hediondez e tráfico privilegiado

A minorante do art. 33, § 4º, da Lei 11.343/06, não retirou o caráter hediondo do crime de tráfico de entorpecentes, limitando-se, por critérios de razoabilidade e proporcionalidade, a abrandar a pena do pequeno e eventual traficante, em contrapartida com o grande e contumaz traficante, ao qual a Lei de Drogas conferiu punição mais rigorosa que a prevista na lei anterior. *RHC 118099/MS, Rel. Min. Dias Toffoli, 4.2.14. 1ª T. (Info 734)*

2013

Progressão de regime em crimes hediondos e lei penal no tempo

A exigência de cumprimento de um sexto da pena para a progressão de regime se aplica a crimes hediondos praticados antes da vigência da Lei 11.464/07, que, ao alterar a redação do art. 2º da Lei 8.072/90, exigiria o cumprimento de dois quintos da pena, para condenado primário, e três quintos, para reincidente. *RE 579167/AC, Rel. Min. Marco Aurélio, 16.5.13. Pleno. (Info 706)*

2012

Lei 8.072/90 e regime inicial de cumprimento de pena

É inconstitucional o § 1º do art. 2º da Lei 8.072/90. *HC 111840, Rel. Min. Dias Toffoli, 27.6.12. Pleno. (Info 672)*

Lei 8.072/90 e regime inicial de cumprimento de pena

Tráfico de entorpecentes. Fixação de regime prisional inicial diverso do fechado. Pacientes no gozo de livramento condicional. Writ prejudicado. O alegado constrangimento ilegal imposto aos pacientes, em decorrência do regime prisional inicialmente estabelecido, restou superado, em razão da progressão dos pacientes a regime mais abrandado e da concessão do benefício do livramento condicional. *HC 101284, Rel. Min. Dias Toffoli, 14.6.12. Pleno. (Info 670)*

14. LEI DOS JUIZADOS ESPECIAIS CRIMINAIS (LEI 9.099/95)

2015

Transação penal e efeitos próprios de sentença penal condenatória – 4

RPG As consequências jurídicas extrapenais, previstas no art. 91 do CP, são decorrentes de sentença penal condenatória. Isso não ocorre, portanto, quando há transação penal, cuja sentença tem natureza meramente homologatória, sem qualquer juízo sobre a responsabilidade criminal do aceitante. As consequências geradas pela transação penal são essencialmente aquelas estipuladas por modo consensual no respectivo instrumento de acordo. *RE 795567/PR, repercussão geral, Rel. Min. Teori Zavascki, 28.5.15. Pleno. (Info 787)*

2013

Juizados Especiais Federais e intimação pessoal

RPG A regra prevista no art. 17 da Lei 10.910/04 ("nos processos em que atuem em razão das atribuições de seus cargos, os ocupantes dos cargos das carreiras de Procurador Federal e de Procurador do Banco Central do Brasil serão intimados e notificados pessoalmente") não se aplica a procuradores federais que atuam no âmbito dos Juizados Especiais Federais. *ARE 648629/RJ, Repercussão geral – mérito, Rel. Min. Luiz Fux, 24.4.13. Pleno. (Info 703)*

2012

Art. 38 da Lei 9.605/98 e potencial ofensivo

O delito tipificado no art. 38 da Lei 9.605/98 não constitui infração de menor potencial ofensivo. *HC 112758/TO, Rel. Min. Ricardo Lewandowski, 16.10.12. 2ª T. (Info 684)*

Suspensão condicional do processo e cumprimento de período de prova

O benefício da suspensão condicional do processo pode ser revogado mesmo após o período de prova, desde que motivado por fatos ocorridos até o seu término. *AP 512 AgR, Rel. Min. Ayres Britto, 15.3.12. Pleno. (Info 658)*

Suspensão condicional do processo e prestação social alternativa

É válida e constitucional a imposição, como pressuposto para a suspensão condicional do processo, de prestação de serviços ou de prestação pecuniária, desde que adequadas ao fato e à situação pessoal do acusado e fixadas em patamares distantes das penas decorrentes de eventual condenação. *HC 108914, Rel. Min. Rosa Weber, 29.5.12. 1ª T. (Info 668)*

15. LEI MARIA DA PENHA (LEI 11.340/06)

2016

Princípio da insignificância e violência doméstica

Inadmissível a aplicação do princípio da insignificância aos delitos praticados em situação de violência doméstica. *RHC 133043/MT, Rel. Min. Cármen Lúcia, 10.5.2016. 2ª T. (Info 825)*

2015

Substituição de pena e lesão corporal praticada em ambiente doméstico

Não é possível a substituição de pena privativa de liberdade por restritiva de direitos ao condenado pela prática do crime de lesão corporal praticado em ambiente doméstico (CP, art. 129, § 9º, na redação dada pela Lei 11.340/06). *HC 129446/MS, Rel. Min. Teori Zavascki, 20.10.15. 2ª T. (Info 804)*

2012

ADC e Lei Maria da Penha

Reputou-se que o art. 33 da lei em exame não ofenderia os arts. 96, I, a, e 125, § 1º, ambos da CF, porquanto a Lei Maria da Penha não implicara obrigação, mas faculdade de criação dos Juizados de Violência Doméstica e Familiar contra a Mulher, conforme disposto nos arts. 14, caput, e 29, do mesmo diploma. Lembrou-se não ser inédita no ordenamento jurídico pátrio a elaboração de sugestão, mediante lei federal, para criação de órgãos jurisdicionais especializados em âmbito estadual. Citou-se, como exemplo, o art. 145 do ECA e o art. 70 do Estatuto do Idoso. Ressurtiu-se incumbir privativamente à União a disciplina do direito processual, nos termos do art. 22, I, da CF, de modo que ela poderia editar normas que influenciassem a atuação dos órgãos jurisdicionais locais. Concluiu-se que, por meio do referido art. 33, a Lei Maria da Penha não criaria varas judiciais, não definiria limites de comarcas e não estabeleceria o número de magistrados a serem alocados nos Juizados de Violência Doméstica e Familiar. Apenas facultaria a criação desses juizados e atribuiria ao juízo da vara criminal a competência cumulativa de ações cíveis e criminais envolvendo violência doméstica contra a mulher, haja vista a necessidade de conferir tratamento uniforme, especializado e célere, em todo território nacional, às causas sobre a matéria. *ADC 19, Rel. Min. Marco Aurélio, 9.2.12. Pleno. (Info 654)*

Lei Maria da Penha e ação penal condicionada à representação

O Plenário julgou procedente ação direta, proposta pelo Procurador Geral da República, para atribuir interpretação conforme a Constituição aos arts. 12, I; 16 e 41, todos da Lei 11.340/06, e assentar a natureza incondicionada da ação penal em caso de crime de lesão corporal, praticado mediante violência doméstica e familiar contra a mulher. *ADI 4424, Rel. Min. Marco Aurélio, 9.2.12. Pleno. (Info 654)*

16. OUTRAS LEIS ESPARSAS

2016

Incitação à discriminação religiosa e proselitismo

A Primeira Turma, por maioria, deu provimento a recurso ordinário em "habeas corpus" para trancar ação penal em que se imputa ao recorrente a suposta prática de crime de racismo, por meio de incitação à discriminação religiosa (Lei 7.716/1989, art. 20, § 2º). No caso, sacerdote da Igreja Católica Apostólica Romana publicou livro no qual, segundo a acusação, explicitou conteúdo discriminatório a atingir a doutrina espírita. O Colegiado equacionou que, em um cenário permeado por dogmas com fundamentos emocionais, os indivíduos tendem a crer que professam sua fé dentro da religião correta e que aquela é a melhor, e essa certeza contém intrínseca hierarquização. Nesse ambiente, é necessário avaliar a observância dos limites do exercício das liberdades constitucionais. Por sua vez, não cabe ao Judiciário censurar manifestações de pensamento. Assim, eventual infelicidade de declarações e explicitações escapa do espectro de atuação estatal. Ponderou que a liberdade religiosa possui expressa proteção constitucional (CF, art. 5º, VI e VIII) e abrange o livre exercício de consciência, crença e culto. Além disso, alcança a escolha de convicções, de optar por determinada religião ou por nenhuma delas, de empreender proselitismo e de explicitar atos próprios de religiosidade. Assim, a liberdade de expressão funciona como condição de tutela efetiva da liberdade religiosa, assegurando-se a explicitação de compreensões religiosas do indivíduo e atuações conforme a crença. Caso contrário, em vez de liberdade, haveria mera indiferença religiosa. Por outro lado, a liberdade religiosa não ostenta caráter absoluto e deve ser exercitada de acordo com a delimitação constitucional, segundo o princípio da convivência das liberdades públicas. Nessa perspectiva, o repúdio ao racismo figura como um dos princípios que regem o País em suas relações internacionais (CF, art. 4º, VIII). Ademais, o tipo penal em debate decorre de mandamento de criminalização expresso no art. 5º, XLII, da CF. No caso, cumpre perquirir se as opiniões explicitadas pelo recorrente estão em conformidade com a Constituição ou se desbordam dos limites do exercício das liberdades constitucionalmente asseguradas. No caso concreto, a publicação escrita pelo recorrente, sacerdote católico, dedica-se à pregação da fé católica, e suas explicitações detêm público específico. Não se pode depreender a intenção de proferir ofensas às pessoas que seguem a doutrina espírita, mas sim de orientar a população católica da incompatibilidade verificada, segundo sua visão, entre o catolicismo e o espiritismo. Ainda que, eventualmente, os dizeres possam sinalizar certa animosidade, não há intenção de que os fiéis católicos procedam à escravização, exploração ou eliminação dos adeptos do espiritismo. A vinculação operada entre o espiritismo e características malignas cinge-se à afirmação da suposta superioridade da religião professada pelo recorrente. Não se trata de tentativa de subjugação dos adeptos do espiritismo, portanto. Assim, a explicitação de aspectos de desigualação, bem como da suposta inferioridade decorrente de aspectos religiosos não perfaz, por si, o elemento típico. É indispensável que se verifique o especial fim de supressão ou redução da dignidade do diferente. Sendo assim, a afirmação de superioridade direcionada à realização de um suposto resgate ou salvação, apesar de indiscutivelmente preconceituosa, intolerante, pedante e prepotente, encontra guarida na liberdade de expressão religiosa, e não preenche o âmbito proibitivo da norma. *RHC 134682/BA, rel. Min. Edson Fachin, j. 29.11.2016. 1ª T. (Info 849)*

Lei de Segurança Nacional: dolo específico e desclassificação

Por não se tratar de questão envolvendo segurança nacional, o Plenário deu provimento a recurso ordinário criminal para, afastada a tipificação do art. 12, parágrafo único, da Lei 7.170/1983: a) desclassificar a imputação para a contravenção penal do art. 18 do Decreto-Lei 3.688/1941; b) reconhecer a nulidade "ab initio" do processo, diante da incompetência constitucional da Justiça Federal (CF, art. 109, IV); e c) declarar extinta a punibilidade do recorrente, pela prescrição da pretensão punitiva, com fundamento nos artigos 107, IV, e 109, V, ambos do CP. No caso, o recorrente fora condenado, como incurso nas sanções do art. 12, parágrafo único, da Lei 7.170/1983, à pena de quatro anos e oito meses de reclusão, por guardar e transportar material militar privativo das Forças Armadas. Sustentava, entretanto, que a tipificação do delito exigiria a comprovação do dolo específico, qual seja, a motivação política. Defendia que sua intenção era roubar uma agência bancária, sem motivação política, de modo a não haver ameaça à segurança nacional. O Colegiado entendeu não haver motivação política ou intenção de lesar ou expor a perigo de lesão: a) a integridade territorial e a soberania nacional; b) o regime representativo e democrático, a Federação e o Estado de Direito; e c) a pessoa dos chefes dos Poderes da União, a fazer incidir a Lei de Segurança Nacional. Além disso, à época dos fatos (1997) não estava em vigência o Estatuto do Desarmamento, de modo que a legislação aplicável era a Lei das Contravenções Penais. *RC 1472/MG, Rel. Min. Dias Toffoli, 25.5.2016. Pleno. (Info 827)*

2015

Crime de tortura e regime inicial de cumprimento da pena

O condenado por crime de tortura iniciará o cumprimento da pena em regime fechado, nos termos do disposto no § 7º do art. 1º da Lei 9.455/97 – Lei de Tortura. *HC 123316/SE, Rel. Min. Marco Aurélio, 9.6.15. 1ª T. (Info 789)*

2014

Discriminação por orientação sexual: atipicidade e reprovabilidade

O disposto no artigo 20 da Lei 7.716/89 tipifica o crime de discriminação ou preconceito considerada a raça, a cor, a etnia, a religião ou a procedência nacional, não alcançando a decorrente de opção sexual. *Inq 3590/DF, Rel. Min. Marco Aurélio, 12.8.14. 1ª T. (Info 754)*

2012

Organização criminosa e enquadramento legal

Sob o ângulo da organização criminosa, a inicial acusatória remeteria ao fato de o Brasil, mediante o Dec. 5.015/04, haver ratificado a Convenção das Nações Unidas contra o Crime Organizado Transnacional – Convenção de Palermo. Em seguida, aduziu-se que o crime previsto na Lei 9.613/98 dependeria do enquadramento das condutas especificadas no art. 1º em um dos seus incs. e que, nos autos, a denúncia aludiria a delito cometido por organização criminosa (VII). Mencionou-se que o parquet, a partir da perspectiva de haver a definição desse crime mediante o acatamento à citada Convenção das Nações Unidas, afirmara estar compreendida a espécie na autorização normativa. Tendo isso em conta, entendeu-se que a assertiva mostrar-se-ia discrepante da premissa de não existir crime sem lei anterior que o definisse, nem pena sem prévia cominação legal (CF, art. 5º, XXXIX). Asseverou-se que, ademais, a melhor doutrina defenderia que a ordem jurídica brasileira ainda não contemplaria previsão normativa suficiente a concluir-se pela existência do crime de organização criminosa. Realçou-se que, no rol taxativo do art. 1º da Lei 9.613/98, não constaria sequer menção ao delito de quadrilha, muito menos ao de estelionato – também narrados na exordial. Assim, arrematou-se que se estaria potencializando a referida Convenção para se pretender a persecução penal no tocante à lavagem ou ocultação de bens sem se ter o delito antecedente passível de vir a ser empolgado para tanto, o qual necessitaria da edição de lei em sentido formal e material. *HC 96007, Rel. Min. Marco Aurélio, 12.6.12. 1ª T. (Info 670)*

16. OUTROS TEMAS

1. DIREITO AMBIENTAL

2016

Crime ambiental e dano efetivo ao bem jurídico tutelado

Aplica-se o princípio da insignificância aos crimes ambientais, tanto com relação aos de perigo concreto – em que ocorre dano efetivo ao bem jurídico tutelado –, quanto aos de perigo abstrato, como no art. 34, "caput", da Lei 9.605/98. Apesar de a conduta do denunciado amoldar-se à tipicidade formal e subjetiva, inexiste tipicidade material, consistente na relevância penal da conduta e no resultado típico. Mesmo diante de crime de perigo abstrato, não é possível dispensar a verificação "in concreto" do perigo real ou mesmo potencial da conduta praticada. O acusado estava em pequena embarcação quando foi surpreendido em contexto de pesca rústica, com vara de pescar, linha e anzol. Não estava em barco grande, munido de redes, arrasto nem com instrumentos de maior potencialidade lesiva ao meio ambiente. *Inq 3788/DF, Rel. Min. Cármen Lúcia, 1º.3.2016. 2ª T. (Info 816)*

Pesca ilegal: crime de perigo e princípio da insignificância

A proteção, em termos criminais, ao meio ambiente decorre de mandamento constitucional, conforme prescreve o § 3º do art. 225 da CF. 2. Em razão da sua relevância constitucional, é latente, portanto, o interesse do estado na repressão às condutas delituosas que possam colocar o meio ambiente em situação de perigo ou lhe causar danos, consoante a Lei 9.605/98. 3. Essa proteção constitucional, entretanto, não afasta a possibilidade de se reconhecer, em tese, o princípio da insignificância quando há a satisfação concomitante de certos pressupostos, tais como: a) mínima ofensividade da conduta do agente; b) nenhuma periculosidade social da ação; c) reduzidíssimo grau de reprovabilidade do comportamento; e d) inexpressividade da lesão jurídica provocada. 4. A conduta praticada pode ser considerada como um crime de perigo, que se consuma com a mera possibilidade do dano. 5. O comportamento do recorrente é dotado de intenso grau de reprovabilidade, pois ele agiu com liberalidade ao pescar em pleno defeso utilizando-se de redes de pesca de aproximadamente 70 metros, o que é um indicativo da prática para fins econômicos e não artesanais, afastando, assim, já que não demonstrada nos autos, a incidência do inciso I do art. 37 da Lei Ambiental, que torna atípica a conduta quando praticada em estado de necessidade, para saciar a fome do agente ou de sua família. 6. Nesse contexto, não há como afastar a tipicidade material da conduta, tendo em vista que a reprovabilidade que recai sobre ela está consubstanciada no fato de o recorrente ter pescado em período proibido utilizando-se de método capaz de colocar em risco a reprodução dos peixes, o que remonta, indiscutivelmente, à preservação e ao equilíbrio do ecossistema aquático. *HC 127926/SC, Rel. Min. Dias Toffoli, 26.10.2016. 2ª T. (Info 845)*

Princípio da precaução e campo eletromagnético

RPG No atual estágio do conhecimento científico, que indica ser incerta a existência de efeitos nocivos da exposição ocupacional e da população em geral a campos elétricos, magnéticos e eletromagnéticos gerados por sistemas de energia elétrica, não existem impedimentos, por ora, a que sejam adotados os parâmetros propostos pela Organização Mundial de Saúde (OMS), conforme estabelece a Lei 11.934/2009. *RE 627189/SP, Repercussão geral – mérito, Rel. Min. Dias Toffoli, 8.6.2016. Pleno. (Info 829)*

2015

Agrotóxico: lei estadual e competência privativa da União

Por reputar usurpada a competência privativa da União para legislar sobre comércio exterior (CF, art. 22, VIII), o Plenário julgou procedente pedido formulado em ação direta para declarar a inconstitucionalidade de leis estadual. O Colegiado consignou que compete à União a definição dos requisitos para o ingresso de produtos estrangeiros no País, visto se tratar de típica questão de comércio exterior (CF, art. 22, VIII). *ADI 3813/RS, Rel. Min. Dias Toffoli, 12.2.15. Pleno. (Info 774)*

Legislação sobre meio ambiente e competência municipal

RPG O município é competente para legislar sobre o meio ambiente, com a União e o Estado-membro, no limite do seu interesse local e desde que esse regramento seja harmônico com a disciplina estabelecida pelos demais entes federados (CF, art. 24, VI, c/c o art. 30, I e II). *RE 586224/SP, repercussão geral, Rel. Min. Luiz Fux, 5.3.15. Pleno. (Info 776)*

2014

Reclamação e competência legislativa

A CF/88 mudou o modelo de repartição de competências legislativas no Brasil e que, em consequência, o Estado-membro é competente para condicionar a prévio cadastramento o uso de agrotóxicos e biocidas em seu território. *Rcl 5847/PR, Rel. Min. Cármen Lúcia, 25.6.14. 2ª T. (Info 752)*

2013

Controle de ato administrativo e separação dos Poderes

Não viola o princípio da separação dos poderes o controle de legalidade exercido pelo Judiciário. Acórdão recorrido: "em linha de princípio, o Poder Judiciário controla somente o aspecto da legalidade estrita do ato administrativo, ou seja, o plano de validade do mesmo. Todavia, em se tratando de direitos da terceira geração, envolvendo interesses difusos e coletivos, como ocorre com afetação negativa do meio ambiente, o controle deve ser da legalidade ampla". O caso refere-se à suspensão de estudos de viabilização de usina hidrelétrica. *AI 817564 AgR/MG, Rel. Min. Dias Toffoli, 18.12.12. 1ª T. (Info 693)*

Crime ambiental: absolvição de pessoa física e responsabilidade penal de pessoa jurídica

É admissível a condenação de pessoa jurídica pela prática de crime ambiental, ainda que absolvidas as pessoas físicas ocupantes de cargo de presidência ou de direção do órgão responsável pela prática criminosa. *RE 548181/PR, Rel. Min. Rosa Weber, 6.8.13. 1ª T. (Info 714)*

2012

Dano ambiental e nexo de causalidade

Prejuízo parcial da impetração, devido a que o paciente está a responder, neste momento, tão-só pelo crime descrito no art. 40 da Lei 9.605/98. Pedido não conhecido, no ponto. 2. É pacífica a jurisprudência do STF quanto à excepcionalidade do trancamento de ação penal pela via processualmente contida do "habeas corpus". Jurisprudência assentada na idéia-força de que o trancamento da ação penal é medida restrita a situações excepcionalíssimas. 3. As peculiaridades do processo legitimam seu encerramento prematuro. Falta de justa causa para a ação penal quanto ao delito descrito no art. 40 da Lei 9.605/98. Necessidade de trancamento do processo, no ponto. *HC 95154, Rel. Min. Ayres Britto, 27.3.12. 2ª T. (Info 660)*

Princípio da insignificância e crime ambiental

A Turma concedeu "habeas corpus" para aplicar o princípio da insignificância em favor de condenado pelo delito descrito no art. 34, caput, parágrafo único, II, da Lei 9.605/98. No caso, o paciente fora flagrado ao portar 12 camarões e rede de pesca fora das especificações da Portaria 84/02 do IBAMA. Prevaleceu o voto do Min. Cezar Peluso, que reputou irrelevante a conduta em face do número de espécimes encontrados na posse do paciente. O Min. Gilmar Mendes acresceu ser evidente a desproporcionalidade da situação, porquanto se estaria diante de típico crime famélico. Asseverou que outros meios deveriam reprimir este tipo eventual de falta, pois não seria razoável a imposição de sanção penal à hipótese. *HC 112563, Red. p/ ac. Min. Cezar Peluso, 21.8.12. 2ª T. (Info 676)*

2. DIREITO CIVIL

2015

ADI e arrecadação de direitos autorais

O Tribunal assentou que a Constituição garante o direito exclusivo do autor à utilização, à publicação ou à reprodução de suas obras (CF/88, art. 5º, XXVII). Entretanto, a proteção da propriedade intelectual, sobretudo dos direitos autorais, teria suas particularidades. Em primeiro lugar, a titularidade de determinada obra seria, em geral, compartilhada pelos diversos indivíduos que participaram da sua criação. Em segundo lugar, a ausência de suporte físico para delimitar o domínio intelectual criaria dificuldades de monitoramento da utilização da obra, principalmente na sua execução pública. Essas duas particularidades tornariam o mercado de obras intelectuais refém de elevados custos de transação. Em linhas gerais, a gestão coletiva de direitos autorais compreende o exercício e a defesa das prerrogativas legais inerentes à criação intelectual por intermédio de associações formadas por titulares desses direitos. Esse modelo de gestão reduziria as dificuldades operacionais geradas tanto pela cotitularidade das obras quanto pelos custos de monitoramento de sua execução. A gestão coletiva de direitos autorais envolveria um "trade-off" socialmente relevante. Esse conflito de escolha diria respeito, por um lado, à viabilização da própria existência do mercado, ao reduzir os custos de transação decorrentes da cotitularidade e da imaterialidade da propriedade intelectual, e, por outro, à delegação de poder de mercado aos titulares de direito, em especial às entidades de gestão coletiva, ao induzir a precificação conjunta das obras intelectuais. A Corte anotou que a maior transparência da gestão coletiva de direitos autorais, na forma proposta pela norma impugnada, consubstanciaria finalidade legítima segundo a ordem constitucional, na medida em que buscaria eliminar o viés rentista do sistema anterior. Além disso, a distinção legal entre os titulares originários e os derivados de obras intelectuais para fins de participação na gestão coletiva de direitos autorais estaria situada na margem de conformação do legislador ordinário para disciplinar a matéria. No entanto, considerou justificável a existência de regras voltadas a minimizar a assimetria de poder econômico entre as editoras musicais e os autores individuais, os verdadeiros criadores intelectuais. Ademais, a exigência de habilitação prévia das associações de gestão coletiva em órgão da administração pública federal para a cobrança de direitos autorais configuraria típico exercício do poder de polícia preventivo voltado a aferir o cumprimento das obrigações legais exigíveis, desde o nascedouro da entidade. Quanto às regras para a negociação de preços e formas de licenciamento de direitos autorais, bem como a destinação de créditos e valores não identificados, o Tribunal frisou não ter havido tabelamento de preços. A Lei 12.853/13 teria se limitado a fixar parâmetros genéricos (razoabilidade, boa-fé e usos do local de utilização das obras) para o licenciamento de direitos autorais. Tudo isso no intuito de corrigir as distorções provocadas pelo poder de mercado das associações gestoras, sem retirar dos próprios autores e titulares a prerrogativa de estabelecer o preço de suas obras. O Tribunal registou que o licenciamento pelo formato global ("blanket license") ainda permaneceria válido, desde que não fosse mais o único tipo de contrato disponível. Nesse ponto, destacou que a autoridade antitruste brasileira reconhecera o abuso de poder dominante do Escritório Central de Arrecadação (ECAD) e das associações a ele vinculadas em razão do oferecimento da licença cobertor ("blanket license") como modalidade única de licenciamento de direitos autorais. Asseverou que a norma questionada buscaria prevenir a prática de fraudes e evitar a ocorrência de ambiguidades quanto à participação individual em obras com títulos similares. Reputou válida a possibilidade de retificação das informações constantes do cadastro pelo Ministério da Cultura, o que evitaria a prematura judicialização de eventuais embates. Além disso, a solução de controvérsias, no âmbito administrativo, por órgão especializado permitiria o enfrentamento das questões a partir de perspectiva técnica, sem ameaçar o acesso de qualquer interessado ao Poder Judiciário. A nova sistemática para fixação da taxa de administração e destinação de recursos para o aproveitamento coletivo dos associados procuraria reconduzir as entidades de gestão coletiva ao seu papel instrumental. Assim, a possibilidade de serem criadas novas entidades coletivas imporia pressão competitiva sobre as associações já estabelecidas, que tenderiam a ser mais eficientes e a oferecer serviço de qualidade e com maior retorno financeiro para seus associados. O Plenário concluiu que, em hermenêutica constitucional, seria necessário cuidado para que a interpretação ampliativa de princípios considerados fundamentais não se convolasse em veto judicial absoluto à atuação do legislador, que também é intérprete legítimo da Lei Maior. Garantias gerais como liberdade de iniciativa, propriedade privada e liberdade de associação não seriam, por si, incompatíveis com a presença de regulação estatal. *ADI 5065/DF, Rel. Min. Luiz Fux, 27.10.2016. Pleno. (Info 845)*

Direito de reconhecimento de paternidade e princípio da dignidade da pessoa humana

O Tribunal enfatizou que, ao apreciar a rescisória, a Turma acolhera a paternidade presumida em detrimento das provas constantes dos autos.

Assentara que, não sendo comprovada a separação do casal nem contestada a paternidade pelo marido, prevaleceria a presunção desta, de acordo com o disposto no art. 344 do CC/1916. Dessa forma, teria afastado o alegado erro de fato suscitado pelo embargante na ação rescisória. Ao assim decidir, a Turma teria potencializado o processo em detrimento do direito, inviabilizando-se o direito do filho em ter reconhecida sua verdadeira paternidade. Além de contrariado os princípios da razoabilidade e da dignidade da pessoa humana, teria tornado o processo mero ato de força formalizado em palavras sem forma de Direito e sem objetivo de Justiça. Além disso, teria esquecido que o fim de todos os procedimentos judiciais aos quais as partes se submetem seria a realização da Justiça, razão pela qual o procedimento, mais do que ser legal, deveria ser justo, e a jurisprudência sedimentada não poderia servir de dogma para sustentar uma injustiça flagrante. *AR 1244 El/MG, Rel. Min. Cármen Lúcia, j. 22.9.2016. Pleno. (Info 840)*

Vínculo de filiação e reconhecimento de paternidade biológica

RPG A paternidade socioafetiva, declarada ou não em registro público, não impede o reconhecimento do vínculo de filiação concomitante baseado na origem biológica, com os efeitos jurídicos próprios. *RE 898060/SC, repercussão geral, Rel. Min. Luiz Fux, j. 22.9.2016. Pleno. (Info 840)*

3. DIREITO ECONÔMICO

2015

Plano Real: contrato de locação comercial

Negado provimento a recursos que discutiam a incidência da MPv 542/94, instituidora do Plano Real, em relação aos contratos de aluguel de imóveis comerciais firmados anteriormente à sua edição, ante o questionamento sobre a constitucionalidade do art. 21 da Lei 9.069/95, resultante da conversão da referida medida provisória. O art. 21 da Lei 9.069/95 é um dos mais importantes conjuntos de preceitos normativos do Plano Real, um dos seus pilares essenciais, justamente o que fixa critérios para a transposição das obrigações monetárias, inclusive contratuais, do antigo para o novo sistema monetário. É, portanto, preceito de ordem pública, e seu conteúdo, por não ser suscetível de disposição por atos de vontade, tem natureza estatutária, a vincular de forma necessariamente semelhante todos os destinatários. Pelo seu teor, foi editada para ter aplicação sobre os contratos em curso. Se a finalidade da norma fosse disciplinar o regime de correção monetária de contratos em curso, qualquer juízo que importasse a não aplicação a esses contratos suporia, necessariamente, a prévia declaração de sua inconstitucionalidade. O art. 5º, XXXVI, da CF – norma de sobredireito editada com a finalidade de nortear a produção de outras normas – diz respeito não apenas ao poder de legislar sobre direito privado, mas também ao de editar normas de direito público. Todos os preceitos normativos infraconstitucionais, independente da matéria que versem, devem estrita obediência à referida cláusula limitativa. Portanto, também as normas de direito econômico, como as que edita em planos econômicos, devem preservar os direitos adquiridos e o ato jurídico perfeito. *RE 212609/SP, Red. p/ ac. Min. Teori Zavascki, 29.4.15. Pleno. (Info 783)*

2014

ADI e venda de produtos de conveniência em farmácias e drogarias

Constitucional é a lei de estado-membro que verse o comércio varejista de artigos de conveniência em farmácias e drogarias. *ADI 4423/DF, ADI 4955/CE, ADI 4956/AM, Rel. Min. Dias Toffoli. ADI 4093/SP, Rel. Min. Rosa Weber. ADI 4951/PI, Rel. Min. Teori Zavascki, 24.9.14. Pleno. (Info 760)*

Responsabilidade civil do Estado por ato lícito: intervenção econômica e contrato

A União, na qualidade de contratante, possui responsabilidade civil por prejuízos suportados por companhia aérea em decorrência de planos econômicos existentes no período objeto da ação. *RE 571969/DF, Rel. Min. Cármen Lúcia, 12.3.14. Pleno. (Info 738)*

2013

Comercialização de produtos em recipientes reutilizáveis

ADI. 2. Lei 15.227/06 do Estado do Paraná objeto de fiscalização abstrata. 3. Superveniência da Lei estadual 15.744/07 que, expressamente, revogou a norma questionada. 4. Remansosa jurisprudência deste Tribunal tem assente que sobrevindo diploma legal revogador ocorre a perda de objeto. 5. Ação direta de inconstitucionalidade prejudicada. *ADI 3885/PR, Rel. Min. Gilmar Mendes, 29.5.13. Pleno. (Info 708)*

Indústria de cigarros: cancelamento de registro especial e obrigação tributária

A cassação de registro especial para a fabricação e comercialização de cigarros, em virtude de descumprimento de obrigações tributárias por parte da empresa, não constitui sanção política. Existem inúmeros precedentes no sentido da proibição constitucional às sanções políticas. Entretanto, essa orientação não serve de escusa ao deliberado e temerário desrespeito à legislação tributária. Não há que se falar em sanção política se as restrições à prática de atividade econômica combatem estruturas empresariais que se utilizam da inadimplência tributária para obter maior vantagem concorrencial. Assim, para ser reputada inconstitucional, a restrição ao exercício de atividade econômica deve ser desproporcional. *RE 550769/RJ, Rel. Min. Joaquim Barbosa, 22.5.13. Pleno. (Info 707)*

4. DIREITO EDUCACIONAL

2016

ADI e revalidação de diplomas obtidos no exterior

A previsão em lei estadual, acerca da revalidação de títulos obtidos em instituições de ensino superior dos países membros do Mercosul, afronta o pacto federativo (CF, art. 60, § 4º, I), na medida em que usurpa a competência da União para dispor sobre diretrizes e bases da educação nacional. *ADI 5341 MC-Referendo/AC, Rel. Min. Edson Fachin, 10.3.2016. Pleno. (Info 817)*

Assistência jurídica e autonomia universitária

É inconstitucional lei estadual que determina que os escritórios de prática jurídica da Universidade Estadual do RN mantenham plantão criminal para atendimento, nos finais de semana e feriados, dos hipossuficientes presos em flagrante delito. Essa determinação implica necessariamente a criação ou, ao menos, a modificação de atribuições conferidas ao corpo administrativo que serve ao curso de direito da universidade. Ademais, como os atendimentos seriam realizados pelos acadêmicos de Direito matriculados no estágio obrigatório, a universidade teria que alterar as grades curriculares e horárias dos estudantes para que desenvolvessem essas atividades em regime de plantão, ou seja, aos sábados, domingos e feriados. Assim, o diploma questionado fere a autonomia administrativa, financeira e didático-científica da instituição, pois não há anuência para criação ou modificação do novo serviço a ser prestado. *ADI 3792/RN, Rel. Min. Dias Toffoli, j. 22.9.2016. Pleno. (Info 840)*

Direito à educação: ensino privado e acesso a pessoas com deficiência

Escolas particulares devem cumprir obrigações do Estatuto da Pessoa com Deficiência. Julgadas constitucionais as normas do Estatuto da Pessoa com Deficiência (Lei 13.146/15) que estabelecem a obrigatoriedade de as escolas privadas promoverem a inserção de pessoas com deficiência no ensino regular e prover as medidas de adaptação necessárias sem que ônus financeiro seja repassado às mensalidades, anuidades e matrículas. *ADI 5357 MC-Referendo/DF, Rel. Min. Edson Fachin, 9.6.2016. Pleno. (Info 829)*

FIES: obrigações tributárias e alteração normativa

O Plenário, ao apreciar ADI ajuizada em face de dispositivos da Lei 10.260/01, julgou prejudicado o pedido quanto aos arts. 12, IV; e 19, "caput" e §§ 1º a 5º; e improcedente no tocante ao art. 12, "caput". As normas em questão tratam de obrigações tributárias e previdenciárias de instituições de ensino vinculadas ao Fundo de Financiamento ao Estudante do Ensino Superior (FIES). A respeito do art. 12, "caput", da lei impugnada, o Colegiado anotou que sua alteração superveniente, por força da Lei 12.202/10, não foi substancial. A nova redação apenas modificou a data de emissão limite para os certificados do Tesouro Nacional serem resgatados antecipadamente (de 1º de novembro para 10 de novembro), o que não implica prejudicialidade do pedido. Esses certificados representam títulos da dívida pública, emitidos em favor da instituição de ensino, com a finalidade de quitação de débitos com o INSS. Ao analisar a alegação de inconstitucionalidade material da norma, o Tribunal reputou que a necessidade de satisfação das obrigações previdenciárias correntes para o resgate antecipado dos certificados da dívida pública em poder das instituições de ensino superior não interfere no exercício do direito constitucional à obtenção gratuita de certidões em repartições públicas, para defesa de direitos ou esclarecimento de situações de interesse pessoal. Essa condição não contraria nem restringe o direito dessas instituições de provocarem o Judiciário para questionar qualquer obrigação previdenciária, garantidos também os direitos processuais ao contraditório e à ampla defesa. Quanto aos arts. 12, IV; e 19, "caput" e §§ 1º a 5º, o Plenário sublinhou que o art. 12, IV sofreu alteração substancial pela Lei 11.552/2007. Com isso, passou a prever como condição para o resgate antecipado que as instituições de ensino superior não estejam em atraso nos pagamentos dos tributos administrados pela receita federal. O "caput" do art. 19, por sua vez, vincula-se ao art. 55 da Lei 8.212/1991, expressamente revogado pelo art. 44, I, da Lei 12.101/2009. Assim, embora esses dispositivos impugnados não tenham sido expressamente revogados, perderam o objeto, pois o conteúdo normativo tinha como destinatárias as instituições de ensino enquadradas no citado art. 55. O art. 19 perdeu, portanto, um elemento essencial: a definição das entidades titulares da obrigação instituída nas normas impugnadas. E, de acordo com a jurisprudência do STF, reconhece-se o prejuízo de ações de controle abstrato nas quais as normas impugnadas deixam de subsistir no ordenamento jurídico. *ADI 2545/DF, rel. Min. Cármen Lúcia, j. 16.11.2016. Pleno. (Info 847)*

2015

FIES e alteração de regras de forma retroativa

O art. 19 da Portaria Normativa MEC 10/10, com a redação dada pela Portaria Normativa MEC 21/14, que dispõe sobre procedimentos para inscrição e contratação de financiamento estudantil a ser concedido pelo Fundo de Financiamento ao Estudante do Ensino Superior – FIES não se aplica a todos os estudantes. *ADPF 341 MC-Referendo/DF, Rel. Min. Roberto Barroso, 27.5.15. Pleno. (Info 787)*

2012

ADI e Prouni

Em conclusão, o Plenário julgou improcedente pedido formulado em ação direta ajuizada, pela Confederação Nacional dos Estabelecimentos de Ensino – Confenen, pelo Partido Democratas – DEM e pela Federação Nacional dos Auditores-Fiscais da Previdência Social – Fenafisp, contra a MPv 213/04, convertida na Lei 11.096/05, que instituiu o Programa Universidade para Todos – Prouni, regulou a atuação de entidades de assistência social no ensino superior, e deu outras providências. O programa instituído pela norma adversada concedera bolsas de estudos em universidades privadas a alunos que cursaram o ensino médio completo em escolas públicas ou em particulares, como bolsistas integrais, cuja renda familiar fosse de pequena monta, com quotas para negros, pardos, indígenas e àqueles com necessidades especiais. *ADI 3330, Rel. Min. Ayres Britto, 3.5.12. Pleno. (Info 664)*

Constitucionalidade da reserva de vagas nas universidades públicas

RPG Reveste-se de constitucionalidade o programa de ação afirmativa estabelecido pela Universidade Federal do Rio Grande do Sul – UFRGS, que instituiu o sistema de cotas como meio de ingresso em seus cursos de nível superior. Destacou-se que a matéria fora debatida de forma exaustiva no julgamento da ADPF 186, em que se concluíra pela constitucionalidade: a) das políticas de ação afirmativa; b) da utilização dessas políticas na seleção para o ingresso em curso superior, especialmente nos estabelecimentos de ensino públicos; c) do uso do critério étnico-racial por essas políticas; d) da autoidentificação como método de seleção; e e) da modalidade de destinação de vagas ou de instituição de cotas. Rechaçou-se, ainda, o argumento de ausência de lei formal autorizadora dessa ação afirmativa de reserva de cotas ao fundamento de que a Lei 9.394/96 (Lei de Diretrizes e Bases da Educação Nacional) deixaria para as universidades a fixação dos critérios a serem utilizados na seleção de estudantes. Asseverou-se que o art. 51 do mencionado estatuto teria esteio no art. 207 da CF, a garantir às universidades a autonomia didático-científica. *RE 597285, Rel. Min. Ricardo Lewandowski, 9.5.12. Repercussão geral. Pleno. (Info 665)*

Políticas de ação afirmativa e reserva de vagas em universidades públicas

O Plenário julgou improcedente pedido formulado em arguição de descumprimento de preceito fundamental ajuizada, pelo Partido Democratas – DEM, contra atos da Universidade de Brasília – UnB, do Conselho de Ensino, Pesquisa e Extensão da Universidade de Brasília – Cepe e do Centro de Promoção de Eventos da Universidade de Brasília – Cespe, os quais instituíram sistema de reserva de 20% de vagas no processo de seleção para ingresso de estudantes, com base em critério étnico-racial.

ADPF 186, Rel. Min. Ricardo Lewandowski, 25 e 26.4.12. Pleno. (Info 663)

5. ESTATUTO DA CRIANÇA E DO ADOLESCENTE

2016

ECA: classificação indicativa e liberdade de expressão

É inconstitucional a expressão "em horário diverso do autorizado", contida no art. 254 da Lei 8.069/90. Desse modo, o Estado não poderia determinar que a exibição da programação somente se desse em horários determinados, o que caracterizaria imposição, e não recomendação. Inexistiria dúvida de que a expressão questionada teria convertido a classificação indicativa em obrigatória. A Constituição conferira à União e ao legislador federal margem limitada de atuação no campo da classificação dos espetáculos e diversões públicas. A autorização constitucional seria para que aquele ente federativo classificasse, informasse, indicasse as faixas etárias e/ou horários não recomendados, e não que proibisse, vedasse ou censurasse. A classificação indicativa deveria, pois, ser entendida como aviso aos usuários acerca do conteúdo da programação, jamais como obrigação às emissoras de exibição em horários específicos, mormente sob pena de sanção administrativa. *ADI 2404/DF, Rel. Min. Dias Toffoli, 31.8.2016. Pleno. (Info 837)*

Menor infrator e medida socioeducativa

O ato de internação do menor surge excepcional, apenas cabível quando atendidos os requisitos do art. 122 da Lei 8.069/90. *HC 125016/SP, Red. p/ ac. Min. Roberto Barroso, 15.3.2016. 1ª T. (Info 818)*

2015

Menor e parecer psicossocial

Parecer psicossocial, que não se reveste de caráter vinculante, é elemento informativo para auxiliar o magistrado na avaliação da medida socioeducativa mais adequada a ser aplicada. *RHC 126205/PE, Rel. Min. Rosa Weber, 24.3.15. 1ª Turma. (Info 779)*

Porte de drogas para consumo próprio e medida socioeducativa de internação

É incabível a imposição da medida socioeducativa de internação ao adolescente que pratique ato infracional equiparado ao porte de drogas para consumo próprio, tipificado no art. 28 da Lei 11.343/06. *HC 124682/SP, Rel. Min. Celso de Mello, 16.12.14. 2ª T. (Info 772)*

2014

Art. 28 da Lei de Drogas: ato infracional e restrição da liberdade

É vedada a submissão de adolescente a tratamento mais gravoso do que aquele conferido ao adulto. Em se tratando da criminalização do uso de entorpecentes, não se admite a imposição ao condenado de pena restritiva de liberdade, nem mesmo em caso de reiteração ou de descumprimento de medidas anteriormente aplicadas. Não sendo possível, por ato infracional análogo ao delito do art. 28 da Lei de drogas, a internação ou a restrição parcial da liberdade de adolescentes. *HC 119160/SP, Rel. Min. Roberto Barroso, 9.4.14. 1ª T. (Info 742)*

HC e internação socioeducativa

A imposição de medida socioeducativa de internação deve ser aplicada apenas quando não houver outra medida adequada, com idônea fundamentação. *HC 119667/SP, Rel. Min. Ricardo Lewandowski, 18.12.13. 2ª T. (Info 733)*

2013

ECA: estudo do caso e medida de internação

A realização do estudo técnico interdisciplinar previsto no art. 186, § 2º, do ECA constitui faculdade do juiz do processo por ato infracional. Embora seja preferível a sua realização, dificuldades de ordem prática ou o entendimento do magistrado acerca de sua prescindibilidade podem autorizar a sua dispensa. A prática por adolescente de crimes graves com violência extremada contra a pessoa justifica a medida socioeducativa de internação (ECA, art. 122, I). *HC 107473/MG, Rel. Min. Rosa Weber, 11.12.12. 1ª T. (Info 692)*

Vara especializada e competência

É constitucional lei estadual que confere poderes ao Conselho da Magistratura para atribuir aos juizados da infância e juventude competência para processar e julgar crimes de natureza sexual praticados contra criança e adolescente, nos exatos limites da atribuição que a Constituição Federal confere aos tribunais. *HC 113018/RS, Rel. Min. Ricardo Lewandowski, 29.10.13. 2ª T. (Info 726)*

HC: busca e apreensão de menor para o estrangeiro e necessidade de oitiva

Discutiu-se a legalidade de sentença que determinou a saída compulsória do paciente – menor, nacional, filho de americano e de brasileira já falecida, nascido nos EUA, atualmente sob a guarda paterna e residindo naquele país – do Brasil, haja vista que não ouvido pelo magistrado acerca de sua vontade de permanecer no Brasil com a família da mãe ou de ir viver com o pai. Aventou-se, por isso, constrangimento consistente em violação ao art. 13 da Convenção de Haia e ao art. 12 da Convenção sobre os Direitos das Crianças. Registrou-se decisão da Corte nos autos da ADPF 172, em que se questionou a aplicação da Convenção de Haia em relação ao mesmo caso. O "habeas corpus" não é adequada para o deslinde da controvérsia – a tratar da guarda da criança –, visto que existe meios próprios para tanto, nas vias ordinárias. Registrou-se, ainda, haver informação de que o menor, à época, não estaria maduro ou estável psicologicamente para manifestar sua vontade. *HC 99945 AgR/RJ, RHC 102871/RJ, Red. p/ ac. Min. Gilmar Mendes. HC 101985/RJ, Rel. Min. Marco Aurélio, 7.2.13. Pleno. (Info 694)*

2012

Princípio da insignificância e ato infracional

Ato infracional análogo ao crime de furto tentado. Bem de pequeno valor (R$ 80,00). Mínimo grau de lesividade da conduta. 3. Aplicação do princípio da insignificância. Possibilidade. 4. Reincidência. Irrelevância de considerações de ordem subjetiva. *HC 112400, Rel. Min. Gilmar Mendes, 22.5.12. 2ª T. (Info 667)*

6. ESTATUTO DA OAB (LEI 8.906/94)

2015

Advogado: inexistência de sala de Estado Maior e prisão domiciliar

Prejudicado o pedido formulado em favor de advogada para que aguardasse em prisão domiciliar, na falta de sala de Estado Maior. No caso, ela se encontrava presa, por força de sentença condenatória recorrível, em penitenciária feminina em cela separada de outras detentas. Houve deferimento de liminar determinando a prisão domiciliar. Entretanto, foi proferida sentença de extinção da punibilidade da interessada pelo cumprimento integral da pena, da qual não fora interposto recurso. *Rcl 8668/SP, Rel. Min. Cármen Lúcia, 26.11.15. Pleno. (Info 809)*

Reclamação e sala de Estado-Maior

Julgados improcedentes pedidos formulados em reclamações ajuizadas por advogados em que se alegava afronta à autoridade da decisão proferida nos autos da ADI 1127, em que reputado constitucional o art. 7º, V, do EOAB, na parte em que determina o recolhimento dos advogados, antes de sentença transitada em julgado, em sala de Estado-Maior e, na sua falta, em prisão domiciliar. A Corte explicou que, embora "sala de Estado-Maior", em seu sentido estrito, apenas existisse dentro de instalações militares, seria inegável que sua destinação única e a existência de apenas uma dessas salas em cada unidade de comando ou superior tornaria inexequível sua utilização para o encarceramento de integrante da classe dos advogados, sob pena de inviabilizar o funcionamento regular das Forças Armadas. Nos termos do art. 102, I, l, da CF; art. 156 do RISTF; e art. 13 da Lei 8.038/90, a reclamação seria instrumento destinado: a) à preservação da esfera de competência do STF; b) à garantia da autoridade de suas decisões; e c) a infirmar decisões que desrespeitassem enunciado de súmula vinculante editado pela Corte. Nesse contexto, os casos sob julgamento seriam distintos, porquanto as decisões reclamadas não estariam assentadas em fundamento constitucional. O debate se circunscreveria às condições prisionais e se o local de cumprimento da prisão provisória se enquadraria no conceito de sala de Estado-Maior. Concluiu que em nenhum momento as decisões reclamadas teriam se amparado na inconstitucionalidade do art. 7º, V, do EOAB, hipótese em que se poderia cogitar do descumprimento do que fora decidido no julgamento da ADI 1.127. *Rcl 5826/PR, Red. p/ ac. Min. Dias Toffoli, 18.3.15. Pleno. (Info 778)*

2014

Advogado e atendimento em posto do INSS

Descabe impor aos advogados, no mister da profissão, a obtenção de ficha de atendimento. A formalidade não se coaduna sequer com o direito dos cidadãos em geral de serem atendidos pelo Estado de imediato, sem submeter-se à peregrinação verificada costumeiramente em se tratando do Instituto. *RE 277065/RS, Rel. Min. Marco Aurélio, 8.4.14. 1ª T. (Info 742)*

Atividade policial e exercício da advocacia: incompatibilidade

A vedação do exercício da atividade de advocacia por aqueles que desempenham, direta ou indiretamente, atividade policial, não afronta o princípio da isonomia. *ADI 3541/DF, Rel. Min. Dias Toffoli, 12.2.14. Pleno. (Info 735)*

7. LEI GERAL DA COPA (LEI 12.663/12)

2014

Lei Geral da Copa: responsabilidade civil, auxílio especial e isenção de custas

I. A disposição contida no art. 37, § 6º, da CF não esgota a matéria relacionada à responsabilidade civil imputável à Administração, pois, em situações especiais de grave risco para a população ou de relevante interesse público, pode o Estado ampliar a respectiva responsabilidade, por danos decorrentes de sua ação ou omissão, para além das balizas do supramencionado dispositivo constitucional, inclusive por lei ordinária, dividindo os ônus decorrentes dessa extensão com toda a sociedade. II. Validade do oferecimento pela União, mediante autorização legal, de garantia adicional, de natureza tipicamente securitária, em favor de vítimas de danos incertos decorrentes dos eventos patrocinados pela FIFA, excluídos os prejuízos para os quais a própria entidade organizadora ou mesmo as vítimas tiverem concorrido. Compromisso livre e soberanamente contraído pelo Brasil à época de sua candidatura para sediar a Copa do Mundo FIFA 2014. III. Mostra-se plenamente justificada a iniciativa dos legisladores federais – legítimos representantes que são da vontade popular – em premiar materialmente a incalculável visibilidade internacional positiva proporcionada por um grupo específico e restrito de atletas, bem como em evitar, mediante a instituição de pensão especial, que a extrema penúria material enfrentada por alguns deles ou por suas famílias ponha em xeque o profundo sentimento nacional em relação às seleções brasileiras que disputaram as Copas do Mundo de 1958, 1962 e 1970, as quais representam, ainda hoje, uma das expressões mais relevantes, conspícuas e populares da identidade nacional. IV. O auxílio especial mensal instituído pela Lei 12.663/12, por não se tratar de benefício previdenciário, mas, sim, de benesse assistencial criada por legislação especial para atender demanda de projeção social vinculada a acontecimento extraordinário de repercussão nacional, não pressupõe, à luz do disposto no art. 195, § 5º, da Carta Magna, a existência de contribuição ou a indicação de fonte de custeio total. V. É constitucional a isenção fiscal relativa a pagamento de custas judiciais, concedida por Estado soberano que, mediante política pública formulada pelo respectivo governo, buscou garantir a realização, em seu território, de eventos da maior expressão, quer nacional, quer internacional. Legitimidade dos estímulos destinados a atrair o principal e indispensável parceiro envolvido, qual seja, a FIFA, de modo a alcançar os benefícios econômicos e sociais pretendidos. *ADI 4976/DF, Rel. Min. Ricardo Lewandowski, 7.5.14. Pleno. (Info 745)*

8. LEI ORGÂNICA DA MAGISTRATURA NACIONAL (LC 35/79)

2014

ADI: remuneração de magistrados e de servidores públicos estaduais do Poder Judiciário

O artigo da constituição estadual contrapõe-se, na parte em que se refere à remuneração total dos cargos do Poder Judiciário, ao estabelecido no art. 93, V, da CF, em sua redação original. Enquanto não encaminhada por esta Corte proposta de lei complementar a regulamentar o tema, os vencimentos dos magistrados encontram regência na LC 35/79, recepcionada pela nova ordem constitucional. O fato de a CF estabelecer um limite máximo remuneratório para os cargos do Poder Judiciário não implicou a equiparação ou isonomia de vencimentos. Impossibilidade de a Assembleia Legislativa do Estado estabelecer teto máximo para a remuneração de cargos do Poder Judiciário. *ADI 509/MT, Rel. Min. Ricardo Lewandowski, 19.4.14. Pleno. (Info 736)*

Aposentadoria de magistrado e art. 184, II, da Lei 1.711/52. 3

Ministro do Tribunal Superior do Trabalho aposentado. Cargo isolado. Aplicação do inc. II, do art. 184, da Lei 1.711/52, prevendo aposentadoria com provento aumentado de 20% quando ocupante da última classe da respectiva carreira. Impossibilidade. Pedido de aposentadoria feito em cargo que ocupava, fazendo incidir o inc. III, do art. 184, da Lei 1.711/52. 5. Não preenchimento da exigência legal de permanência no cargo pelo período de três anos. *MS 25079/DF, Rel. Min. Gilmar Mendes, 6.11.13. Pleno. (Info 727)*

Incorporação de quintos e regime jurídico anterior

RPG É vedada a incorporação de quintos, aos vencimentos de magistrados, decorrente de exercício de função comissionada em cargo público, ocorrido em data anterior ao ingresso na magistratura. *RE 587371/DF, repercussão geral – mérito, Rel. Min. Teori Zavascki, 14.11.13. Pleno. (Info 728)*

ED: juízes classistas aposentados e auxílio-moradia

Os classistas que se aposentaram ou cumpriram as condições para aposentadoria na vigência da Lei 6.903/81, beneficiários do regime da paridade, possuem direito aos reflexos da parcela autônoma de equivalência nos próprios proventos, não em virtude da suposta equiparação com os togados da ativa, mas em decorrência da simetria legal dos ganhos com os classistas em atividade. Não há como firmar a efetiva extensão da paridade entre os classistas inativos e ativos sem determinar-se a remuneração a que teriam direito os classistas em atuação enquanto vigente o regime. Assim, é necessário reflexão sobre a forma de cálculo dos vencimentos do cargo paradigma, de modo que, no pedido relativo à incidência da Lei 6.903/81 aos aposentados ou aos que atendessem aos requisitos para a jubilação na respectiva vigência, estaria implícita a análise e a solução do pleito de repercussão da parcela de equivalência salarial aos classistas da ativa e, por via de consequência, aos classistas inativos. *RMS 25841 ED/DF, Rel. Min. Marco Aurélio, 19.3.14. Pleno. (Info 739)*

MS e alteração de critério de desempate na promoção de magistrados

O princípio da irretroatividade das normas e da segurança jurídica, na sua dimensão subjetiva densificada pelo princípio da proteção da confiança, veda que norma posterior que fixe critérios de desempate entre magistrados produza efeitos retroativos capazes de desconstituir uma lista de antiguidade já publicada e em vigor por vários anos. *MS 28494/MT, Rel. Min. Luiz Fux, 2.9.14. 1ª T. (Info 757)*

PAD em face de magistrado e afastamento cautelar de funções

Embora a instauração de processo administrativo disciplinar não implicasse, necessariamente, a medida cautelar, ela poderia ser adotada quando a continuidade do exercício do ofício judicante pelo investigado pudesse interferir no curso da apuração ou comprometer a legitimidade de sua atuação e a higidez dos atos judiciais, como seria o caso. Além disso, não caberia falar em ausência de justa causa para instauração do procedimento, sequer na intangibilidade dos atos de conteúdo jurisdicional, nos termos do art. 41 da Loman. Essa prerrogativa, vocacionada à garantia de independência do magistrado no exercício da jurisdição, não seria absoluta. Sob esse aspecto, não autorizaria a prática de ilegalidades. Ademais, a análise dos fatos a serem apurados pelo CNJ não avançaria sobre o mérito das decisões judiciais prolatadas pelo impetrante, mas sobre sua conduta, supostamente parcial. Embora os atos judiciais e a parcialidade de magistrado na condução do processo estivessem sujeitos a medidas processuais específicas, como recursos, a atuação do juiz poderia e deveria ser objeto de exame disciplinar quando houvesse indícios de violação dos deveres funcionais impostos pela lei e pela Constituição. A normalidade e juridicidade da atuação do magistrado interessariam não somente ao jurisdicionado, mas ao Judiciário e a toda a sociedade. O conteúdo das decisões judiciais estaria sujeito apenas ao exame judicial, mas essa garantia não constituiria imunidade do magistrado a permitir-lhe atuar em descompasso com a lei e a ética. *MS 32721/DF, Rel. Min. Cármen Lúcia, 11.11.14. 2ª T. (Info 767)*

Pagamento de ajuda de custo em remoção a pedido de magistrado

O regramento conferido à ajuda de custo por mudança de sede de servidores públicos, até que sobrevenha norma específica para tratar da matéria, pode ser aplicado subsidiariamente aos magistrados, ainda que a remoção para outra circunscrição tenha ocorrido a pedido. *AO 1656/DF, Rel. Min. Cármen Lúcia, 5.8.14. 2ª T. (Info 753)*

Procedimento administrativo disciplinar e impedimento jurisdicional

O art. 252, III do CPP merece interpretação restritiva, circunscrevendo-se o impedimento do juiz às causas em que tenha atuado em graus de jurisdição distintos, não comportando a norma ampliação da hipótese taxativamente estabelecida. O referido dispositivo trata de instância judicial e que o julgador – mesmo que tivesse tido contato com provas ou analisado a circunstância sob a perspectiva do processo administrativo ou civil – poderia e deveria se ausentar de si mesmo para julgar. *HC 120017/SP, Rel. Min. Dias Toffoli, 27.5.14. 1ª T. (Info 748)*

Simetria entre carreiras e incompetência originária do STF

Não se aplica o disposto no art. 102, I, n, da CF aos casos nos quais o objeto da demanda não envolva direitos, interesses ou vantagens que digam respeito exclusivamente à Magistratura. Na hipótese dos autos pretende-se, em síntese, a extensão do benefício previsto no art. 227, I, a, da Lei Orgânica do Ministério Público da União para o autor, magistrado federal. Assim, a demanda não está dirigida a todos os membros da Magistratura, mas apenas à parte dos juízes federais; tampouco não envolve vantagem que diga respeito exclusivamente à Magistratura, não competindo a esta Corte julgar a causa. *AO 1840 AgR/PR, Rel. Min. Ricardo Lewandowski, 11.2.14. 2ª T. (Info 735)*

2013

Juízes classistas aposentados e auxílio-moradia

A paridade entre inativos e ativos faz-se presente o mesmo cargo. Inexiste o direito dos juízes classistas aposentados e pensionistas à percepção de valores equiparados aos dos subsídios dos juízes togados em atividade. Consoante disposto na Lei 4.439/64, os vogais das então juntas de conciliação e julgamento recebiam remuneração por comparecimento, à base de 1/30 do vencimento básico dos juízes presidentes, até o máximo de 20 sessões mensais. A parcela autônoma de equivalência beneficiou os juízes classistas no período de 1992 a 1998, alcançados proventos e pensões, observando-se o princípio da irredutibilidade. *RMS 25841/DF, Red. p/ ac. Min. Marco Aurélio, 20.3.13. Pleno. (Info 699)*

2012

Antiguidade e norma aplicável

A norma vigente ao tempo da posse dos interessados acerca do critério de antiguidade deve prevalecer para todos os fins; posto gerar insegurança jurídica subordinar a lista de antiguidade a critério introduzido pelas alterações supervenientes ao Regimento Interno sempre que se fizer necessário apurar-se a antiguidade dos magistrados. 2. A novel alteração do Regimento aplica-se aos empossados em período ulterior à reforma da norma secundária. 3. A republicação da lista a cada ano tem o escopo de apurar eventual alteração ocorrida, mas não o de alterar, pela aplicação de outros critérios, o desempate já definido, desde a classificação inicial, entre os que se encontram com o tempo idêntico na mesma classe. *RMS 26079, Rel. Min. Luiz Fux, 27.3.12. 1ª T. (Info 660)*

Juiz aposentado: vitaliciedade e prerrogativa de foro

O foro especial por prerrogativa de função não se estende a magistrados aposentados. *RE 549560, Rel. Min. Ricardo Lewandowski, 22.3.12. Pleno. (Info 659)*

Remoção de magistrado: publicidade e fundamentação de ato administrativo

Mandado de segurança. 2. Conselho Nacional de Justiça. 3. Procedimento de Controle Administrativo 35/05. 4. Acórdão do CNJ que julgou procedente o PCA para desconstituir a decisão administrativa do Tribunal de Justiça do Estado de Santa Catarina que realizou votação de atos de remoção voluntária de magistrados por meio de escrutínio secreto. 5. Alegação de que a decisão impugnada fundamentou-se na Res. CNJ 6/05, inaplicável à espécie, inexistindo obrigação legal de votação aberta e fundamentação expressa e pública no caso. 7. Improcedência das alegações da impetração. 7. Necessidade de motivação expressa, pública e fundamentada das decisões administrativas dos tribunais. 8. Regra geral, que também vincula a votação de atos de remoção de magistrados, por força da aplicação imediata do art. 93, X, da CF. *MS 25747, Rel. Min. Gilmar Mendes, 17.5.12. Pleno. (Info 666)*

9. LEI DO SEGURO DPVAT (LEI 6.194/74)

2014

Seguro DPVAT e legitimidade do Ministério Público

RPG A tutela dos direitos e interesses de beneficiários do seguro DPVAT – Danos Pessoais Causados por Veículos Automotores de Via Terrestre, nos casos de indenização paga, pela seguradora, em valor inferior ao determinado no art. 3º da Lei 6.914/74, reveste-se de relevante natureza social (interesse social qualificado), de modo a conferir legitimidade ativa ao Ministério Público para defendê-los em juízo mediante ação civil coletiva. *RE 631111/GO, Rel. Min. Teori Zavascki, 6 e 7.8.14. Repercussão geral – mérito. Pleno. (Info 753)*

Seguro DPVAT e Leis 11.482/07 e 11.945/09

RPG São constitucionais as alterações procedidas pelas Leis 11.482/07 e 11.945/09 na Lei 6.194/74, que dispõe sobre o seguro obrigatório de danos pessoais causados por veículos automotores de via terrestre – DPVAT. *ADI 4350/DF, Rel. Min. Luiz Fux, 23.10.14. ARE 704520/SP, Rel. Min. Gilmar Mendes, 23.10.14. Repercussão geral – mérito. Pleno. (Info 764)*

10. LEIS DE ANISTIA

2012

Anistia e acumulação de aposentadoria

A Turma concedeu mandado de segurança para anular acórdão do TCU e restabelecer as pensões percebidas pela impetrante. Tratava-se, na espécie, de "writ" impetrado contra decisão da Corte de Contas que determinara a suspensão de um dos benefícios, ao argumento de que seriam resultantes de cargos que, em atividade, não seriam acumuláveis. Destacou-se que a primeira aposentadoria fora concedida ao marido falecido em 1970 e julgada legal pelo TCU após 7 anos. A segunda ocorrera em 1990 e registrada em 1993, implementada há mais de 15 anos. Acrescentou-se que ambas foram revertidas em pensões em 25.6.98, antes da promulgação da EC 20/98. Inicialmente, rejeitou-se a preliminar de ilegitimidade passiva "ad causam", pois o TCU seria parte legítima para figurar no polo passivo de mandado de segurança quando a decisão proferida estivesse dotada de caráter impositivo. No mérito, ressaltou-se a relevância das causas de pedir vinculadas a: devido processo legal; passagem do lapso temporal – considerado o art. 54 da Lei 9.784/99; aplicação da EC 20/98 no tempo e, em especial, singularidade da primeira pensão, decorrente de indenização em face do AI 5 e do art. 8º do ADCT. A aposentadoria decorrente do AI 5 é indenização e, portanto, acumulável com segunda relação jurídica que o servidor veio a manter com a Administração. *MS 28700, Rel. Min. Marco Aurélio, 30.10.12. 1ª T. (Info 686)*

Anistia: deputado estadual e confisco de bens

A Turma negou provimento a recurso extraordinário em que viúva de deputado estadual pretendia o reconhecimento de anistia constitucional em favor de seu falecido marido e a consequente devolução dos bens supostamente confiscados por motivação política. Entendeu-se que a regra do art. 8º do ADCT deveria ser interpretada restritivamente, de modo a contemplar tão só as situações lá descritas, não alcançando hipótese de cassação de mandato de deputado estadual, para efeito de devolução de bens confiscados. Mesmo que se admitisse que a cassação e o confisco dos bens do parlamentar tivessem ocorrido ante razões exclusivamente políticas, não haveria como estender-se ao caso as previsões de promoção, na inatividade, ao cargo, emprego, posto ou graduação a que teria direito se ainda no serviço ativo. Dessumiu-se, ademais, existir incompatibilidade operacional entre a pretensão da recorrente e a autorização constitucional. Registrou-se que a sentença penal que absolvera o deputado por inexistência de fatos criminosos dera-se quanto aos delitos de falsificação de documento particular, falsidade ideológica e falso reconhecimento de firma. Entretanto, esclareceu-se que os decretos de expropriação de bens não teriam se justificado exclusivamente com base nessas práticas. Isso porque eles teriam se embasado em conclusões de investigação sumária em que se apurara enriquecimento ilícito do deputado. Constatou-se que vários outros atos seriam imputados ao autor e que o processo penal mencionado restringira-se à apuração e absolvição de crimes de falso, os quais alegadamente teriam sido cometidos como forma de transferência de propriedade de um dos imóveis para o parlamentar. Assim, explicou-se que a conduta objeto da sentença penal absolutória não teria sido exclusiva nem determinante para a conclusão da Comissão Geral de Investigação, a qual se manifestara pelo confisco de bens em virtude da ocorrência de enriquecimento ilícito, diante da absoluta incompatibilidade entre o rendimento e o patrimônio do deputado. Repisou-se que teria havido confisco de diversos bens do autor, todavia a sentença penal apreciara apenas crimes de falso relacionados a uma propriedade. Destarte, a absolvição na esfera criminal não deteria o condão de implicar efeitos no âmbito administrativo, porquanto sua fundamentação (inexistência dos crimes de falso) e a da decretação do confisco (ocorrência de enriquecimento ilícito decorrente do abuso da qualidade de agente público) seriam totalmente independentes. *RE 368090, Rel. Min. Gilmar Mendes, 21.8.12. 2ª T. (Info 676)*

Anistia: empresa extinta e não continuidade

Aos empregados públicos demitidos em virtude de extinção das empresas nas quais trabalhavam, não se estendem os benefícios da anistia versados no art. 2º da Lei 8.878/94, salvo se as respectivas atividades tenham sido transferidas, absorvidas ou executadas por outro órgão ou entidade da Administração Pública Federal. *RMS 27359 AgR, Rel. Min. Dias Toffoli, 21.8.12. 1ª T. (Info 676)*

Anistia e promoção por merecimento

A concretude maior do previsto no art. 8º do ADCT e na Lei 10.559/02 conduz a, reconhecido o direito à anistia, ter-se como compreendidas as promoções por tempo de serviço e por merecimento. *RMS 28396, Rel. Min. Marco Aurélio, 26.6.12. 1ª T. (Info 672)*

Portaria e revisão de anistia política

A Turma desproveu agravo regimental de decisão do Min. Ricardo Lewandowski, em recurso ordinário em mandado de segurança, do qual relator, interposto de decisão do STJ que denegara o "writ" lá impetrado em razão de direito individual líquido e certo não atingido. Na espécie, pretendia-se que não fosse iniciado procedimento de revisão de portarias concessivas de anistia, com as consequentes reparações patrimoniais. Invocava-se o postulado da segurança jurídica e que o perdão por parte do Poder Público seria ato eminentemente político, não suscetível de reconsideração ou revogação. Com base no princípio da autotutela da Administração, é possível a revisão dos atos de anistia concedidos com fundamento na Lei 10.559/02. *RMS 31181 AgR, Rel. Min. Ricardo Lewandowski, 3.4.12. 2ª T. (Info 660)*

Revisão de anistia política e decadência

Recurso ordinário em mandado de segurança. Portaria interministerial n. 134/2011. Instauração de procedimento de revisão de anistia: fase preliminar de apuração. Inexistência de afronta a direito líquido e certo. *RMS 30973, RMS 30975, Rel. Min. Cármen Lúcia, 28.2.12. 1ª T. (Info 656)*

17. SÚMULAS STF

1. DIREITO ADMINISTRATIVO

1. AGENTES PÚBLICOS

1.1. Concurso Público

STF Vinculante 43. É inconstitucional toda modalidade de provimento que propicie ao servidor investir-se, sem prévia aprovação em concurso público destinado ao seu provimento, em cargo que não integra a carreira na qual anteriormente investido.

STF Vinculante 44. Só por lei se pode sujeitar a exame psicotécnico a habilitação de candidato a cargo público.

STF 15. Dentro do prazo de validade do concurso, o candidato aprovado tem o direito a nomeação, quando o cargo for preenchido sem observância da classificação.

STF 16. Funcionário nomeado por concurso tem direito a posse.

STF 17. A nomeação de funcionário sem concurso pode ser desfeita antes da posse.

STF 683. O limite de idade para a inscrição em concurso público só se legitima em face do art. 7º, XXX, da Constituição, quando possa ser justificado pela natureza das atribuições do cargo a ser preenchido.

STF 684. É inconstitucional o veto não motivado à participação de candidato a concurso público.

1.2. Disposições Gerais

1.2.1. Cargo em Comissão/Confiança

STF Vinculante 13. A nomeação de cônjuge, companheiro ou parente em linha reta, colateral ou por afinidade, até o terceiro grau, inclusive, da autoridade nomeante ou de servidor da mesma pessoa jurídica, investido em cargo de direção, chefia ou assessoramento, para o exercício de cargo em comissão ou de confiança, ou, ainda, de função gratificada na Administração Pública direta e indireta, em qualquer dos Poderes da União, dos Estados, do Distrito Federal e dos municípios, compreendido o ajuste mediante designações recíprocas, viola a Constituição Federal.

STF 8. Diretor de sociedade de economia mista pode ser destituído no curso do mandato.

STF 25. A nomeação a termo não impede a livre demissão, pelo Presidente da República, de ocupante de cargo dirigente de autarquia.

1.2.2. Disponibilidade

STF 22. O estágio probatório não protege o funcionário contra a extinção do cargo.

STF 39. À falta de lei, funcionário em disponibilidade não pode exigir, judicialmente, o seu aproveitamento, que fica subordinado ao critério de conveniência da Administração.

1.2.3. Vitaliciedade

STF 36. Servidor vitalício está sujeito a aposentadoria compulsória, em razão da idade.

STF 46. Desmembramento de serventia de justiça não viola o princípio de vitaliciedade do serventuário.

STF 47. Reitor de universidade não é livremente demissível pelo Presidente da República durante o prazo de sua investidura.

1.3. Regras Previdenciárias

STF Vinculante 33. Aplicam-se ao servidor público, no que couber, as regras do regime geral da previdência social sobre aposentadoria especial de que trata o artigo 40, § 4º, inciso III da Constituição Federal, até a edição de lei complementar específica.

STF 567. A Constituição, ao assegurar, no § 3º, do art. 102, a contagem integral do tempo de serviço público federal, estadual ou municipal para os efeitos de aposentadoria e disponibilidade não proíbe à União, aos Estados e aos Municípios mandarem contar, mediante lei, para efeito diverso, tempo de serviço prestado a outra pessoa de direito público interno.

1.4. Regras Remuneratórias

STF Vinculante 4. Salvo os casos previstos na Constituição Federal, o salário mínimo não pode ser usado como indexador de base de cálculo de vantagem de servidor público ou de empregado, nem ser substituído por decisão judicial.

STF Vinculante 15. O cálculo de gratificações e outras vantagens do servidor público não incide sobre o abono utilizado para se atingir o salário mínimo.

STF Vinculante 16. Os artigos 7º, IV, e 39, § 3º (redação da EC 19/98), da Constituição, referem-se ao total da remuneração percebida pelo servidor público.

STF Vinculante 20. A Gratificação de Desempenho de Atividade Técnico-Administrativa. GDATA, instituída pela Lei n. 10.404/2002, deve ser deferida aos inativos nos valores correspondentes a 37,5 (trinta e sete vírgula cinco) pontos no período de fevereiro a maio de 2002 e, nos termos do artigo 5º, parágrafo único, da Lei n. 10.404/2002, no período de junho de 2002 até a conclusão dos efeitos do último ciclo de avaliação a que se refere o artigo 1º da Medida Provisória n. 198/2004, a partir da qual passa a ser de 60 (sessenta) pontos.

STF Vinculante 34. A Gratificação de Desempenho de Atividade de Seguridade Social e do Trabalho. GDASST, instituída pela Lei 10.483/2002, deve ser estendida aos inativos no valor correspondente a 60 (sessenta) pontos, desde o advento da Medida Provisória 198/2004, convertida na Lei 10.971/2004, quando tais inativos façam jus à paridade constitucional (EC 20/1998, 41/2003 e 47/2005).

STF Vinculante 37. Não cabe ao Poder Judiciário, que não tem função legislativa, aumentar vencimentos de servidores públicos sob o fundamento de isonomia.

STF Vinculante 42. É inconstitucional a vinculação do reajuste de vencimentos de servidores estaduais ou municipais a índices federais de correção monetária.

STF Vinculante 51. O reajuste de 28,86%, concedido aos servidores militares pelas leis 8.622/1993 e 8.627/1993, estende-se aos servidores civis do Poder Executivo, observadas as eventuais compensações decorrentes dos reajustes diferenciados concedidos pelos mesmos diplomas legais.

STF Vinculante 55. O direito ao auxílio-alimentação não se estende aos servidores inativos.

STF 359. Ressalvada a revisão prevista em lei, os proventos da inatividade regulam-se pela lei vigente ao tempo em que o militar, ou o servidor civil, reuniu os requisitos necessários.

STF 671. Os servidores públicos e os trabalhadores em geral têm direito, no que concerne à URP de abril/maio de 1988, apenas ao valor correspondente a 7/30 de 16,19% sobre os vencimentos e salários pertinentes aos meses de abril e maio de 1988, não cumulativamente, devidamente corrigido até o efetivo pagamento.

STF 678. São inconstitucionais os incisos I e III do art. 7º da Lei 8.162/91, que afastam, para efeito de anuênio e de licença-prêmio, a contagem do tempo de serviço regido pela CLT dos servidores que passaram a submeter-se ao regime jurídico único.

STF 679. A fixação de vencimentos dos servidores públicos não pode ser objeto de convenção coletiva.

STF 682. Não ofende a Constituição a correção monetária no pagamento com atraso dos vencimentos de servidores públicos.

2. AGENTES PÚBLICOS MILITARES

STF Vinculante 6. Não viola a Constituição da República o estabelecimento de remuneração inferior ao salário mínimo para os praças prestadores de serviço militar inicial.

STF 10. O tempo de serviço militar conta-se para efeito de disponibilidade e aposentadoria do servidor público estadual.

STF 55. Militar da reserva está sujeito a pena disciplinar.

STF 57. Militar inativo não tem direito ao uso do uniforme, fora dos casos previstos em lei ou regulamento.

STF 407. Não tem direito ao terço de campanha o militar que não participou de operações de guerra, embora servisse na "zona de guerra".

STF 673. O art. 125, § 4º, da Constituição, não impede a perda da graduação de militar mediante procedimento administrativo.

STF 674. A anistia prevista no art. 8º do ADCT não alcança os militares expulsos com base em legislação disciplinar ordinária, ainda que em razão de atos praticados por motivação política.

3. ATOS ADMINISTRATIVOS

3.1. Controle dos Atos Administrativos

STF 346. A Administração Pública pode declarar a nulidade dos seus próprios atos.

STF 473. A administração pode anular seus próprios atos, quando eivados de vícios que os tornam ilegais, porque deles não se originam direitos; ou revogá-los, por motivo de conveniência ou oportunidade, respeitados os direitos adquiridos, e ressalvada, em todos os casos, a apreciação judicial.

3.2. Prescrição Administrativa

STF 383. A prescrição em favor da Fazenda Pública recomeça a correr, por dois anos e meio, a partir do ato interruptivo, mas não fica reduzida aquém de cinco anos, embora o titular do direito a interrompa durante a primeira metade do prazo.

STF 443. A prescrição das prestações anteriores ao período previsto em lei não ocorre, quando não tiver sido negado, antes daquele prazo, o próprio direito reclamado, ou a situação jurídica de que ele resulta.

3.3. Processo Administrativo

3.3.1. Processo Disciplinar

STF Vinculante 5. A falta de defesa técnica por advogado no processo administrativo disciplinar não ofende a Constituição.

STF 18. Pela falta residual, não compreendida na absolvição pelo juízo criminal, é admissível a punição administrativa do servidor público.

STF 19. É inadmissível segunda punição de servidor público, baseada no mesmo processo em que se fundou a primeira.

STF 20. É necessário processo administrativo, com ampla defesa, para demissão de funcionário admitido por concurso.

STF 21. Funcionário em estágio probatório não pode ser exonerado nem demitido sem inquérito ou sem as formalidades legais de apuração de sua capacidade.

3.3.2. Recurso Administrativo

STF Vinculante 21. É inconstitucional a exigência de depósito ou arrolamento prévios de dinheiro ou bens para admissibilidade de recurso administrativo.

4. BENS PÚBLICOS

STF 477. As concessões de terras devolutas situadas na faixa de fronteira, feitas pelos Estados, autorizam, apenas, o uso, permanecendo o domínio com a União, ainda que se mantenha inerte ou tolerante, em relação aos possuidores.

STF 479. As margens dos rios navegáveis são domínio público, insuscetíveis de expropriação e, por isso mesmo, excluídas de indenização.

STF 480. Pertencem ao domínio e administração da União, nos termos dos artigos 4º, IV, e 186, da Constituição Federal de 1967, as terras ocupadas por silvícolas.

STF 650. Os incisos I e XI do art. 20 da Constituição Federal não alcançam terras de aldeamentos extintos, ainda que ocupadas por indígenas em passado remoto.

5. INTERVENÇÃO DO ESTADO NA PROPRIEDADE

STF 23. Verificados os pressupostos legais para o licenciamento da obra, não o impede a declaração de utilidade pública para desapropriação do imóvel, mas o valor da obra não se incluirá na indenização, quando a desapropriação for efetivada.

STF 157. É necessária prévia autorização do Presidente da República para desapropriação, pelos Estados, de empresa de energia elétrica.

STF 164. No processo de desapropriação, são devidos juros compensatórios desde a antecipada imissão de posse, ordenada pelo juiz, por motivo de urgência.

STF 378. Na indenização por desapropriação incluem-se honorários do advogado do expropriado.

STF 416. Pela demora no pagamento do preço da desapropriação não cabe indenização complementar além dos juros.

STF 476. Desapropriadas as ações de uma sociedade, o poder desapropriante, imitido na posse, pode exercer, desde logo, todos os direitos inerentes aos respectivos títulos.

STF 561. Em desapropriação, é devida a correção monetária até a data do efetivo pagamento da indenização, devendo proceder-se à atualização do cálculo, ainda que por mais de uma vez.

STF 617. A base de cálculo dos honorários de advogado em desapropriação é a diferença entre a oferta e a indenização, corrigidas ambas monetariamente.

STF 618. Na desapropriação, direta ou indireta, a taxa dos juros compensatórios é de 12% (doze por cento) ao ano.

STF 652. Não contraria a Constituição o art. 15, § 1º, do DL. 3.365/41 (Lei da Desapropriação por Utilidade Pública).

6. PODERES ADMINISTRATIVOS

STF Vinculante 38. É competente o município para fixar o horário de funcionamento de estabelecimento comercial.

STF Vinculante 49. Ofende o princípio da livre concorrência lei municipal que impede a instalação de estabelecimentos comerciais do mesmo ramo em determinada área.

STF 397. O poder de polícia da Câmara dos Deputados e do Senado Federal, em caso de crime cometido nas suas dependências, compreende, consoante o regimento, a prisão em flagrante do acusado e a realização do inquérito.

STF 419. Os municípios têm competência para regular o horário do comércio local, desde que não infrinjam leis estaduais ou federais válidas.

2. DIREITO CIVIL

1. DOS BENS

STF 340. Desde a vigência do Código Civil, os bens dominicais, como os demais bens públicos, não podem ser adquiridos por usucapião.

2. DOS FATOS JURÍDICOS

2.1. Da Prescrição

STF 149. É imprescritível a ação de investigação de paternidade, mas não o é a de petição de herança.

STF 150. Prescreve a execução no mesmo prazo de prescrição da ação.

STF 154. Simples vistoria não interrompe a prescrição.

STF 443. A prescrição das prestações anteriores ao período previsto em lei não ocorre, quando não tiver sido negado, antes daquele prazo, o próprio direito reclamado, ou a situação jurídica de que ele resulta.

3. DO DIREITO DAS OBRIGAÇÕES

3.1. Do Inadimplemento das Obrigações

3.1.1. Das Perdas e Danos

STF 163. Salvo contra a Fazenda Pública, sendo a obrigação ilíquida, contam-se os juros moratórios desde a citação inicial para a ação.

3.2. Dos Contratos em Geral

STF 335. É válida a cláusula de eleição do foro para os processos oriundos do contrato.

3.3. Das Várias Espécies de Contrato

3.3.1. Da Compra e Venda

STF 412. No compromisso de compra e venda com cláusula de arrependimento, a devolução do sinal, por quem o deu, ou a sua restituição em dobro, por quem o recebeu, exclui indenização maior a título de perdas e danos, salvo os juros moratórios e os encargos do processo.

STF 489. A compra e venda de automóvel não prevalece contra terceiros, de boa-fé, se o contrato não foi transcrito no registro de títulos e documentos.

3.4. Da Responsabilidade Civil

3.4.1. Da Obrigação de Indenizar

STF 28. O estabelecimento bancário é responsável pelo pagamento de cheque falso, ressalvadas as hipóteses de culpa exclusiva ou concorrente do correntista.

STF 35. Em caso de acidente do trabalho ou de transporte, a concubina tem direito de ser indenizada pela morte do amásio, se entre eles não havia impedimento para o matrimônio.

STF 159. Cobrança excessiva, mas de boa-fé, não dá lugar às sanções do art. 1.531 do Código Civil.

STF 161. Em contrato de transporte, é inoperante a cláusula de não indenizar.

STF 187. A responsabilidade contratual do transportador, pelo acidente com o passageiro, não é elidida por culpa de terceiro, contra o qual tem ação regressiva.

STF 188. O segurador tem ação regressiva contra o causador do dano, pelo que efetivamente pagou, até o limite previsto no contrato de seguro.

STF 491. É indenizável o acidente que cause a morte de filho menor, ainda que não exerça trabalho remunerado.

STF 492. A empresa locadora de veículos responde, civil e solidariamente com o locatário, pelos danos por este causados a terceiro, no uso do carro locado.

3.4.2. Da Indenização

STF 314. Na composição do dano por acidente do trabalho, ou de transporte, não é contrário à lei tomar para base da indenização o salário do tempo da perícia ou da sentença.

STF 490. A pensão correspondente à indenização oriunda de responsabilidade civil deve ser calculada com base no salário-mínimo vigente ao tempo da sentença e ajustar-se-á às variações ulteriores.

STF 562. Na indenização de danos materiais decorrentes de ato ilícito cabe a atualização de seu valor, utilizando-se, para esse fim, dentre outros critérios, os índices de correção monetária.

4. DO DIREITO DAS COISAS

4.1. Da Posse

STF 415. Servidão de trânsito não titulada, mas tomada permanente, sobretudo pela natureza das obras realizadas, considera-se aparente, conferindo direito a proteção possessória.

STF 487. Será deferida a posse a quem, evidentemente, tiver o domínio, se com base neste for ela disputada.

4.2. Da Propriedade

4.2.1. Da Aquisição da Propriedade Imóvel

STF 237. O usucapião pode ser arguido em defesa.

STF 340. Desde a vigência do Código Civil, os bens dominicais, como os demais bens públicos, não podem ser adquiridos por usucapião.

4.2.2. Dos Direitos de Vizinhança

STF 120. Parede de tijolos de vidro translúcido pode ser levantada a menos de metro e meio do prédio vizinho, não importando servidão sobre ele.

5. DO DIREITO DE FAMÍLIA

5.1. Do Direito Pessoal

5.1.1. Da Dissolução da Sociedade e do Vínculo Conjugal

STF 226. Na ação de desquite, os alimentos são devidos desde a inicial e não da data da decisão que os concede.

STF 305. Acordo de desquite ratificado por ambos os cônjuges não é retratável unilateralmente.

STF 379. No acordo de desquite não se admite renúncia aos alimentos, que poderão ser pleiteados ulteriormente, verificados os pressupostos legais.

5.2. Do Direito Patrimonial

5.2.1. Regime de Bens entre os Cônjuges

STF 377. No regime de separação legal de bens, comunicam-se os adquiridos na constância do casamento.

5.3. Da União Estável

STF 380. Comprovada a existência de sociedade de fato entre os concubinos, é cabível a sua dissolução judicial, com a partilha do patrimônio adquirido pelo esforço comum.

STF 382. A vida em comum sob o mesmo teto, "more uxorio", não é indispensável à caracterização do concubinato.

6. DO DIREITO DAS SUCESSÕES
6.1. Da Sucessão Testamentária
6.1.1. Das Disposições Testamentárias

STF 49. A cláusula de inalienabilidade inclui a incomunicabilidade dos bens.

7. DAS DISPOSIÇÕES FINAIS E TRANSITÓRIAS

STF 122. O enfiteuta pode purgar a mora enquanto não decretado o comisso por sentença.

STF 169. Depende de sentença a aplicação da pena de comisso.

STF 170. É resgatável a enfiteuse instituída anteriormente à vigência do Código Civil.

8. LEIS CIVIS ESPECIAIS
8.1. Lei de Locações (Lei 8.245/91)
8.1.1. Ação Revisional

STF 357. É lícita a convenção pela qual o locador renuncia, durante a vigência do contrato, à ação revisional do art. 31 do Decreto 24.150, de 20.4.34.

8.1.2. Renovação de Contrato

STF 482. O locatário, que não for sucessor ou cessionário do que o precedeu na locação, não pode somar os prazos concedidos a este, para pedir a renovação do contrato, nos termos do Decreto 24.150.

8.1.3. Retomada do Imóvel

STF 80. Para a retomada de prédio situado fora do domicílio do locador exige-se a prova da necessidade.

STF 374. Na retomada para construção mais útil, não é necessário que a obra tenha sido ordenada pela autoridade pública.

STF 409. Ao retomante, que tenha mais de um prédio alugado, cabe optar entre eles, salvo abuso de direito.

STF 410. Se o locador, utilizando prédio próprio para residência ou atividade comercial, pede o imóvel locado para uso próprio, diverso do que tem o por ele ocupado, não está obrigado a provar a necessidade, que se presume.

STF 481. Se a locação compreende, além do imóvel, fundo de comércio, com instalações e pertences, como no caso de teatros, cinemas e hotéis, não se aplicam ao retomante as restrições do artigo 8, "e", parágrafo único, do Decreto 24.150, de 20.04.1934.

STF 483. É dispensável a prova da necessidade, na retomada do prédio situado em localidade para onde o proprietário pretende transferir residência, salvo se mantiver, também, a anterior, quando dita prova será exigida.

STF 485. Nas locações regidas pelo Decreto 24.150, de 20 de abril de 1934, a presunção de sinceridade do retomante é relativa, podendo ser ilidida pelo locatário.

STF 486. Admite-se a retomada para sociedade da qual o locador, ou seu cônjuge, seja sócio, com participação predominante no capital social.

8.1.4. Outros Temas

STF 158. Salvo estipulação contratual averbada no registro imobiliário, não responde o adquirente pelas benfeitorias do locatário.

STF 411. O locatário autorizado a ceder a locação pode sublocar o imóvel.

STF 442. A inscrição do contrato de locação no registro de imóveis, para a validade da cláusula de vigência contra o adquirente do imóvel, ou perante terceiros, dispensa a transcrição no registro de títulos e documentos.

STF 449. O valor da causa, na consignatória de aluguel, corresponde a uma anuidade.

STF 488. A preferência a que se refere o artigo 9 da Lei 3.912, de 03.07.1961, constitui direito pessoal. Sua violação resolve-se em perdas e danos.

8.2. Lei de Loteamento e Venda de Terreno em Prestações (DL 58/37)

STF 166. É inadmissível o arrependimento no compromisso de compra e venda sujeito ao regime do Dec.-Lei 58, de 10.12.1937.

STF 167. Não se aplica o regime do Dec.-Lei 58, de 10.12.1937, ao compromisso de compra e venda não inscrito no registro imobiliário, salvo se o promitente vendedor se obrigou a efetuar o registro.

STF 168. Para os efeitos do Dec.-Lei 58, de 10.12.1937, admite-se a inscrição imobiliária do compromisso de compra e venda no curso da ação.

STF 413. O compromisso de compra e venda de imóveis, ainda que não loteados, dá direito à execução compulsória, quando reunidos os requisitos legais.

3. DIREITO CONSTITUCIONAL

1. DOS DIREITOS E GARANTIAS FUNDAMENTAIS

1.1. Dos Direitos e Deveres Individuais e Coletivos

STF Vinculante 1. Ofende a garantia constitucional do ato jurídico perfeito a decisão que, sem ponderar as circunstâncias do caso concreto, desconsidera a validez e a eficácia de acordo constante de termo de adesão instituído pela Lei Complementar 110/2001.

STF Vinculante 11. Só é lícito o uso de algemas em casos de resistência e de fundado receio de fuga ou de perigo à integridade física própria ou alheia, por parte do preso ou de terceiros, justificada a excepcionalidade por escrito, sob pena de responsabilidade disciplinar, civil e penal do agente ou da autoridade e de nulidade da prisão ou do ato processual a que se refere, sem prejuízo da responsabilidade civil do Estado.

STF Vinculante 14. É direito do defensor, no interesse do representado, ter acesso amplo aos elementos de prova que, já documentados em procedimento investigatório realizado por órgão com competência de polícia judiciária, digam respeito ao exercício do direito de defesa.

STF Vinculante 21. É inconstitucional a exigência de depósito ou arrolamento prévios de dinheiro ou bens para admissibilidade de recurso administrativo.

STF Vinculante 25. É ilícita a prisão civil de depositário infiel, qualquer que seja a modalidade do depósito.

STF Vinculante 28. É inconstitucional a exigência de depósito prévio como requisito de admissibilidade de ação judicial na qual se pretenda discutir a exigibilidade de crédito tributário.

STF 654. A garantia da irretroatividade da lei, prevista no art. 5º, XXXVI, da Constituição da República, não é invocável pela entidade estatal que a tenha editado.

1.2. Dos Direitos Políticos

STF Vinculante 18. A dissolução da sociedade ou do vínculo conjugal, no curso do mandato, não afasta a inelegibilidade prevista no § 7º do artigo 14 da Constituição Federal.

2. DA ORGANIZAÇÃO DO ESTADO

2.1. Da União

STF Vinculante 2. É inconstitucional a lei ou ato normativo estadual ou distrital que disponha sobre sistemas de consórcios e sorteios, inclusive bingos e loterias.

STF Vinculante 39. Compete privativamente à União legislar sobre vencimentos dos membros das polícias civil e militar e do corpo de bombeiros militar do Distrito Federal.

STF Vinculante 46. A definição dos crimes de responsabilidade e o estabelecimento das respectivas normas de processo e julgamento são da competência legislativa privativa da União.

3. DA ORGANIZAÇÃO DOS PODERES

3.1. Do Poder Legislativo

3.1.1. Dos Deputados e dos Senadores

STF 245. A imunidade parlamentar não se estende ao corréu sem essa prerrogativa.

3.1.2. Do Processo Legislativo

STF Vinculante 54. A medida provisória não apreciada pelo Congresso Nacional podia, até a Emenda Constitucional 32/2001, ser reeditada dentro do seu prazo de eficácia de trinta dias, mantidos os efeitos de lei desde a primeira edição.

3.2. Do Poder Judiciário

3.2.1. Disposições Gerais

STF 628. Integrante de lista de candidatos a determinada vaga da composição de tribunal é parte legítima para impugnar a validade da nomeação de concorrente.

3.3. Das Funções Essenciais à Justiça

3.3.1. Do Ministério Público

STF 643. O Ministério Público tem legitimidade para promover ação civil pública cujo fundamento seja a ilegalidade de reajuste de mensalidades escolares.

4. DA ORDEM ECONÔMICA E FINANCEIRA

4.1. Do Sistema Financeiro Nacional

STF 725. É constitucional o § 2º do art. 6º da L. 8.024/90, resultante da conversão da MPr 168/90, que fixou o BTN fiscal como índice de correção monetária aplicável aos depósitos bloqueados pelo Plano Collor I.

4. DIREITO DO TRABALHO

1. DAS NORMAS GERAIS DE TUTELA DO TRABALHO

1.1. Da Identificação Profissional

STF 225. Não é absoluto o valor probatório das anotações da carteira profissional.

1.2. Da Duração do Trabalho

STF 213. É devido o adicional de serviço noturno, ainda que sujeito o empregado ao regime de revezamento.

STF 214. A duração legal da hora de serviço noturno (52 minutos e 30 segundos) constitui vantagem suplementar, que não dispensa o salário adicional.

STF 313. Provada a identidade entre o trabalho diurno e o noturno, é devido o adicional, quanto a este, sem a limitação do art. 73, § 3º, da CLT, independentemente da natureza da atividade do empregador.

STF 402. Vigia noturno tem direito a salário adicional.

STF 675. Os intervalos fixados para descanso e alimentação durante a jornada de seis horas não descaracterizam o sistema de turnos ininterruptos de revezamento para o efeito do art. 7º, XIV, da Constituição.

1.3. Do Salário Mínimo

STF Vinculante 4. Salvo os casos previstos na Constituição Federal, o salário mínimo não pode ser usado como indexador de base de cálculo de vantagem de servidor público ou de empregado, nem ser substituído por decisão judicial.

1.4. Das Férias Anuais

STF 198. As ausências motivadas por acidente do trabalho não são descontáveis do período aquisitivo das férias.

1.5. Da Segurança e da Medicina do Trabalho

STF 194. É competente o Ministro do Trabalho para a especificação das atividades insalubres.

STF 212. Tem direito ao adicional de serviço perigoso o empregado de posto de revenda de combustível líquido.

STF 460. Para efeito do adicional de insalubridade, a perícia judicial, em reclamação trabalhista, não dispensa o enquadramento da atividade entre as insalubres, que é ato da competência do Ministro do Trabalho e Previdência Social.

STF 736. Compete à justiça do trabalho julgar as ações que tenham como causa de pedir o descumprimento de normas trabalhistas relativas à segurança, higiene e saúde dos trabalhadores.

2. DO CONTRATO INDIVIDUAL DE TRABALHO

2.1. Disposições Gerais

STF 215. Conta-se a favor de empregado readmitido o tempo de serviço anterior, salvo se houver sido despedido por falta grave ou tiver recebido a indenização legal.

2.2. Da Remuneração

2.2.1. Das Horas-extras

STF 593. Incide o percentual do Fundo de Garantia do Tempo de Serviço (FGTS) sobre a parcela da remuneração correspondente a horas extraordinárias de trabalho.

2.2.2. Da Habitualidade

STF 207. As gratificações habituais, inclusive a de Natal, consideram-se tacitamente convencionadas, integrando o salário.

STF 209. O salário-produção, como outras modalidades de salário-prêmio, é devido, desde que verificada a condição a que estiver subordinado, e não pode ser suprimido unilateralmente pelo empregador, quando pago com habitualidade.

STF 459. No cálculo da indenização por despedida injusta, incluem-se os adicionais, ou gratificações, que, pela habitualidade, se tenham incorporado ao salário.

2.2.3. Do Salário

STF 199. O salário das férias do empregado horista corresponde à média do período aquisitivo, não podendo ser inferior ao mínimo.

STF 202. Na equiparação de salário, em caso de trabalho igual, toma-se em conta o tempo de serviço na função, e não no emprego.

STF 461. É duplo, e não triplo, o pagamento do salário nos dias destinados a descanso.

STF 531. É inconstitucional o Decreto 51.668, de 17.01.1963, que estabeleceu salário profissional para trabalhadores de transportes marítimos, fluviais e lacustres.

2.3. Da Rescisão

STF 197. O empregado com representação sindical só pode ser despedido mediante inquérito em que se apure falta grave.

STF 219. Para a indenização devida a empregado que tinha direito a ser readmitido, e não foi, levam-se em conta as vantagens advindas a sua categoria no período do afastamento.

STF 220. A indenização devida a empregado estável, que não é readmitido ao cessar sua aposentadoria, deve ser paga em dobro.

STF 316. A simples adesão à greve não constitui falta grave.

STF 403. É de decadência o prazo de trinta dias para instauração do inquérito judicial, a contar da suspensão, por falta grave, de empregado estável.

STF 463. Para efeito de indenização e estabilidade, conta-se o tempo em que o empregado esteve afastado, em serviço militar obrigatório, mesmo anteriormente à Lei 4.072, de 01.06.62.

2.4. Da Estabilidade

STF 221. A transferência de estabelecimento, ou a sua extinção parcial, por motivo que não seja de força maior, não justifica a transferência de empregado estável.

STF 676. A garantia da estabilidade provisória prevista no art. 10, II, a, do ADCT, também se aplica ao suplente do cargo de direção de comissões internas de prevenção de acidentes (CIPA).

3. DA ORGANIZAÇÃO SINDICAL

3.1. Da Instituição Sindical

STF 223. Concedida isenção de custas ao empregado, por elas não responde o sindicato que o representa em juízo.

STF 677. Até que lei venha a dispor a respeito, incumbe ao Ministério do Trabalho proceder ao registro das entidades sindicais e zelar pela observância do princípio da unicidade.

3.2. Do Enquadramento Sindical

STF 197. O empregado com representação sindical só pode ser despedido mediante inquérito em que se apure falta grave.

4. DAS CONVENÇÕES COLETIVAS DE TRABALHO

STF 679. A fixação de vencimentos dos servidores públicos não pode ser objeto de convenção coletiva.

5. LEIS TRABALHISTAS ESPECIAIS

5.1. Lei de Greve (Lei 7.783/89)

STF 316. A simples adesão à greve não constitui falta grave.

5.2. Lei do FGTS (Lei 8.036/90)

STF 593. Incide o percentual do Fundo de Garantia do Tempo de Serviço (FGTS) sobre a parcela da remuneração correspondente a horas extraordinárias de trabalho.

5.3. Lei do Seguro de Acidente do Trabalho (Lei 6.367/76)

STF 35. Em caso de acidente do trabalho ou de transporte, a concubina tem direito de ser indenizada pela morte do amásio, se entre eles não havia impedimento para o matrimônio.

STF 198. As ausências motivadas por acidente do trabalho não são descontáveis do período aquisitivo das férias.

STF 314. Na composição do dano por acidente do trabalho, ou de transporte, não é contrário à lei tomar para base da indenização o salário do tempo da perícia ou da sentença.

5.4. Lei do Trabalho Rural (Lei 5.889/73)

STF 196. Ainda que exerça atividade rural, o empregado de empresa industrial ou comercial é classificado de acordo com a categoria do empregador.

5. DIREITO EMPRESARIAL

1. DO DIREITO DE EMPRESA

1.1. Dos Institutos Complementares

1.1.1. Da Escrituração

STF 260. O exame de livros comerciais, em ação judicial, fica limitado às transações entre os litigantes.

STF 390. A exibição judicial de livros comerciais pode ser requerida como medida preventiva.

2. DO DIREITO FALIMENTAR

STF 193. Para a restituição prevista no art. 76, parágrafo 2, da Lei de Falências, conta-se o prazo de quinze dias da entrega da coisa e não da sua remessa.

STF 417. Pode ser objeto de restituição, na falência, dinheiro em poder do falido, recebido em nome de outrem, ou do qual, por lei ou contrato, não tivesse ele a disponibilidade.

STF 495. A restituição em dinheiro da coisa vendida a crédito, entregue nos quinze dias anteriores ao pedido de falência ou de concordata, cabe, quando, ainda que consumida ou transformada, não faça o devedor prova de haver sido alienada a terceiro.

3. DOS CONTRATOS MERCANTIS

STF 151. Prescreve em um ano a ação do segurador sub-rogado para haver indenização por extravio ou perda de carga transportada por navio.

4. DOS TÍTULOS DE CRÉDITO

STF 189. Avais em branco e superpostos consideram-se simultâneos e não sucessivos.

STF 387. A cambial emitida ou aceita com omissões, ou em branco, pode ser completada pelo credor de boa-fé antes da cobrança ou do protesto.

STF 600. Cabe ação executiva contra o emitente e seus avalistas, ainda que não apresentado o cheque ao sacado no prazo legal, desde que não prescrita a ação cambiária.

6. DIREITO FINANCEIRO

1. DA ORGANIZAÇÃO DOS PODERES

1.1. Do Poder Legislativo

1.1.1. Da Fiscalização Contábil, Financeira e Orçamentária (Tribunal de Contas)

STF Vinculante 3. Nos processos perante o Tribunal de Contas da União asseguram-se o contraditório e a ampla defesa quando da decisão puder resultar anulação ou revogação de ato administrativo que beneficie o interessado, excetuada a apreciação da legalidade do ato de concessão inicial de aposentadoria, reforma e pensão.

STF 6. A revogação ou anulação, pelo Poder Executivo, de aposentadoria, ou qualquer outro ato aprovado pelo Tribunal de Contas, não produz efeitos antes de aprovada por aquele tribunal, ressalvada a competência revisora do Judiciário.

STF 347. O Tribunal de Contas, no exercício de suas atribuições, pode apreciar a constitucionalidade das leis e dos atos do Poder Público.

STF 653. No Tribunal de Contas estadual, composto por sete conselheiros, quatro devem ser escolhidos pela Assembleia Legislativa e três pelo chefe do Poder Executivo estadual, cabendo a este indicar um dentre auditores e outro dentre membros do Ministério Público, e um terceiro à sua livre escolha.

1.2. Do Poder Judiciário

1.2.1. Disposições Gerais (Precatórios)

STF Vinculante 17. Durante o período previsto no parágrafo 1º do artigo 100 da Constituição, não incidem juros de mora sobre os precatórios que nele sejam pagos.

STF 655. A exceção prevista no art. 100, caput, da Constituição, em favor dos créditos de natureza alimentícia, não dispensa a expedição de precatório, limitando-se a isentá-los da observância da ordem cronológica dos precatórios decorrentes de condenações de outra natureza.

2. DA TRIBUTAÇÃO E DO ORÇAMENTO

2.1. Do Sistema Tributário Nacional

2.1.1. Da Repartição das Receitas Tributárias

STF Vinculante 30. É inconstitucional lei estadual que, a título de incentivo fiscal, retém parcela do ICMS pertencente aos municípios.

STF 578. Não podem os Estados, a título de ressarcimento de despesas, reduzir a parcela de 20% do produto da arrecadação do imposto de circulação de mercadorias, atribuídas aos Municípios pelo art. 23, § 8º, da Constituição Federal.

7. DIREITO INTERNACIONAL

1. DIREITO INTERNACIONAL PÚBLICO

1.1. Situação Jurídica do Estrangeiro no Brasil (Lei 6.815/80)

1.1.1. Expulsão

STF 1. É vedada a expulsão de estrangeiro casado com brasileira, ou que tenha filho brasileiro, dependente da economia paterna.

1.1.2. Extradição

STF 421. Não impede a extradição a circunstância de ser o extraditado casado com brasileira ou ter filho brasileiro.

2. DIREITO INTERNACIONAL PRIVADO

2.1. Homologação de Sentença Estrangeira

STF 381. Não se homologa sentença de divórcio obtida por procuração, em país de que os cônjuges não eram nacionais.

STF 420. Não se homologa sentença proferida no estrangeiro sem prova do trânsito em julgado.

8. DIREITO PENAL

1. DA APLICAÇÃO DA LEI PENAL

STF 611. Transitada em julgado a sentença condenatória, compete ao juízo das execuções a aplicação de lei mais benigna.

STF 711. A lei penal mais grave aplica-se ao crime continuado ou ao crime permanente, se a sua vigência é anterior à cessação da continuidade ou da permanência.

2. DO CRIME

STF 145. Não há crime, quando a preparação do flagrante pela polícia torna impossível a sua consumação.

3. DA IMPUTABILIDADE PENAL

STF 245. A imunidade parlamentar não se estende ao corréu sem essa prerrogativa.

4. DAS PENAS

4.1. Da Aplicação da Pena

STF 718. A opinião do julgador sobre a gravidade em abstrato do crime não constitui motivação idônea para a imposição de regime mais severo do que o permitido segundo a pena aplicada.

STF 719. A imposição do regime de cumprimento mais severo do que a pena aplicada permitir exige motivação idônea.

4.2. Da Suspensão Condicional da Pena

STF 499. Não obsta a concessão do "sursis" condenação anterior a pena de multa.

5. DA EXTINÇÃO DE PUNIBILIDADE

STF 146. A prescrição da ação penal regula-se pela pena concretizada na sentença, quando não há recurso da acusação.

STF 497. Quando se tratar de crime continuado, a prescrição regula-se pela pena imposta na sentença, não se computando o acréscimo decorrente da continuação.

STF 592. Nos crimes falimentares, aplicam-se as causas interruptivas da prescrição, previstas no Código Penal.

6. DOS CRIMES CONTRA O PATRIMÔNIO

STF 246. Comprovado não ter havido fraude, não se configura o crime de emissão de cheque sem fundos.

STF 610. Há crime de latrocínio, quando o homicídio se consuma, ainda que não se realize o agente a subtração de bens da vítima.

7. LEIS PENAIS ESPECIAIS

7.1. Código de Trânsito Brasileiro (Lei 9.503/97)

STF 720. O art. 309 do Código de Trânsito Brasileiro, que reclama decorra do fato perigo de dano, derrogou o art. 32 da Lei das Contravenções Penais no tocante à direção sem habilitação em vias terrestres.

7.2. Lei dos Crimes contra a Ordem Tributária/Econômica/Consumo (Lei 8.137/90)

STF Vinculante 24. Não se tipifica crime material contra a ordem tributária, previsto no art. 1º, incisos I a IV, da Lei n. 8.137/90, antes do lançamento definitivo do tributo.

STF 609. É pública incondicionada a ação penal por crime de sonegação fiscal.

7.3. Lei dos Crimes de Responsabilidade (DL 201/67)

STF Vinculante 46. A definição dos crimes de responsabilidade e o estabelecimento das respectivas normas de processo e julgamento são da competência legislativa privativa da União.

9. DIREITO PREVIDENCIÁRIO

1. DO FINANCIAMENTO DA SEGURIDADE SOCIAL

1.1. Das Contribuições

STF Vinculante 53. A competência da justiça do trabalho prevista no artigo 114, inciso VIII, da Constituição Federal alcança a execução de ofício das contribuições previdenciárias relativas ao objeto da condenação constante das sentenças que proferir e acordos por ela homologados.

STF 241. A contribuição previdenciária incide sobre o abono incorporado ao salário.

STF 688. É legítima a incidência da contribuição previdenciária sobre o 13º salário.

2. DO REGIME GERAL DE PREVIDÊNCIA SOCIAL

2.1. Das Prestações em Geral

2.1.1. Do Cálculo do Valor dos Benefícios

STF 687. A revisão de que trata o art. 58 do ADCT não se aplica aos benefícios previdenciários concedidos após a promulgação da Constituição de 1988.

3. DOS REGIMES PRÓPRIOS DE PREVIDÊNCIA SOCIAL

STF Vinculante 33. Aplicam-se ao servidor público, no que couber, as regras do regime geral da previdência social sobre aposentadoria especial de que trata o artigo 40, § 4º, inciso III da Constituição Federal, até a edição de lei complementar específica.

10. DIREITO PROCESSUAL CIVIL

1. DA FUNÇÃO JURISDICIONAL

1.1. Da Competência Interna

1.1.1. Disposições Gerais

STF 335. É válida a cláusula de eleição do foro para os processos oriundos do contrato.

STF 363. A pessoa jurídica de direito privado pode ser demandada no domicílio da agência, ou estabelecimento, em que se praticou o ato.

1.1.2. Da Competência da Justiça Estadual

STF Vinculante 27. Compete à justiça estadual julgar causas entre consumidor e concessionária de serviço público de telefonia, quando a Anatel não seja litisconsorte passiva necessária, assistente, nem opoente.

STF 251. Responde a Rede Ferroviária Federal S.A. perante o foro comum e não perante o juízo especial da Fazenda Nacional, a menos que a União intervenha na causa.

STF 501. Compete à justiça ordinária estadual o processo e o julgamento, em ambas as instâncias, das causas de acidente do trabalho, ainda que promovidas contra a União, suas autarquias, empresas públicas ou sociedades de economia mista.

STF 508. Compete à justiça estadual, em ambas as instâncias, processar e julgar as causas em que for parte o Banco do Brasil, S.A.

STF 516. O Serviço Social da Indústria (SESI) está sujeito à jurisdição da justiça estadual.

STF 556. É competente a justiça comum para julgar as causas em que é parte sociedade de economia mista.

1.1.3. Da Competência da Justiça Federal

STF 689. O segurado pode ajuizar ação contra a instituição previdenciária perante o juízo federal do seu domicílio ou nas varas federais da capital do Estado-membro.

STF 517. As sociedades de economia mista só têm foro na justiça federal, quando a União intervém como assistente ou opoente.

2. DOS SUJEITOS DO PROCESSO

2.1. Das Partes e dos Procuradores

2.1.1. Dos Deveres das Partes e de seus Procuradores

STF Vinculante 47. Os honorários advocatícios incluídos na condenação ou destacados do montante principal devido ao credor consubstanciam verba de natureza alimentar cuja satisfação ocorrerá com a expedição de precatório ou requisição de pequeno valor, observada ordem especial restrita aos créditos dessa natureza.

STF 256. É dispensável pedido expresso para condenação do réu em honorários, com fundamento nos arts. 63 ou 64 do Código de Processo Civil.

STF 257. São cabíveis honorários de advogado na ação regressiva do segurador contra o causador do dano.

STF 450. São devidos honorários de advogado sempre que vencedor o beneficiário de justiça gratuita.

STF 512. Não cabe condenação em honorários de advogado na ação de mandado de segurança.

STF 616. É permitida a cumulação da multa contratual com os honorários de advogado, após o advento do Código de Processo Civil vigente.

STF 617. A base de cálculo dos honorários de advogado em desapropriação é a diferença entre a oferta e a indenização, corrigidas ambas monetariamente.

2.1.2. Dos Procuradores

STF 644. Ao titular do cargo de procurador de autarquia não se exige a apresentação de instrumento de mandato para representá-la em juízo.

3. DOS ATOS PROCESSUAIS
3.1. Da Forma, do Tempo e do Lugar dos Atos Processuais

3.1.1. Dos Prazos

STF 310. Quando a intimação tiver lugar na sexta-feira, ou a publicação com efeito de intimação for feita nesse dia, o prazo judicial terá início na segunda-feira imediata, salvo se não houver expediente, caso em que começará no primeiro dia útil que se seguir.

3.2. Da Comunicação dos Atos Processuais

3.2.1. Da Citação

STF 391. O confinante certo deve ser citado pessoalmente para a ação de usucapião.

3.2.2. Das Intimações

STF 310. Quando a intimação tiver lugar na sexta-feira, ou a publicação com efeito de intimação for feita nesse dia, o prazo judicial terá início na segunda-feira imediata, salvo se não houver expediente, caso em que começará no primeiro dia útil que se seguir.

4. DA FORMAÇÃO, DA SUSPENSÃO E DA EXTINÇÃO DO PROCESSO

4.1. Da Extinção do Processo

STF 216. Para decretação da absolvição de instância pela paralisação do processo por mais de trinta dias, é necessário que o autor, previamente intimado, não promova o andamento da causa.

5. DO PROCESSO DE CONHECIMENTO E DO CUMPRIMENTO DE SENTENÇA
5.1. Do Procedimento Comum

5.1.1. Da Petição Inicial

STF 254. Incluem-se os juros moratórios na liquidação, embora omisso o pedido inicial ou a condenação.

5.1.2. Da Reconvenção

STF 258. É admissível reconvenção em ação declaratória.

5.1.3. Da Revelia

STF 231. O revel, em processo civil, pode produzir provas, desde que compareça em tempo oportuno.

5.1.4. Das Providências Preliminares e do Saneamento

STF 424. Transita em julgado o despacho saneador de que não houve recurso, excluídas as questões deixadas, explícita ou implicitamente, para a sentença.

5.1.5. Das Provas

STF 259. Para produzir efeito em juízo não é necessária a inscrição, no registro público, de documentos de procedência estrangeira, autenticados por via consular.

STF 261. Para a ação de indenização, em caso de avaria, é dispensável que a vistoria se faça judicialmente.

5.1.6. Da Sentença e da Coisa Julgada

STF 423. Não transita em julgado a sentença por haver omitido o recurso "ex-oficio", que se considera interposto "ex-lege".

6. DOS PROCESSOS NOS TRIBUNAIS E DOS MEIOS DE IMPUGNAÇÃO DAS DECISÕES JUDICIAIS
6.1. Da Ordem dos Processos e dos Processos de Competência Originária dos Tribunais

6.1.1. Do Incidente de Arguição de Inconstitucionalidade

STF Vinculante 10. Viola a cláusula de reserva de plenário (CF, art. 97) a decisão de órgão fracionário de tribunal que, embora não declare expressamente a inconstitucionalidade de lei ou ato normativo do Poder Público, afasta a sua incidência no todo ou em parte.

STF 513. A decisão que enseja a interposição de recurso ordinário ou extraordinário não é a do plenário, que resolve o incidente de inconstitucionalidade, mas a do órgão (câmaras, grupos ou turmas) que completa o julgamento do feito.

6.1.2. Da Homologação de Decisão Estrangeira e da Concessão do Exequatur à Carta Rogatória

STF 381. Não se homologa sentença de divórcio obtida por procuração, em país de que os cônjuges não eram nacionais.

STF 420. Não se homologa sentença proferida no estrangeiro sem prova do trânsito em julgado.

6.1.3. Da Ação Rescisória

STF 249. É competente o Supremo Tribunal Federal para a ação rescisória quando, embora não tendo conhecido do recurso extraordinário, ou havendo negado provimento ao agravo, tiver apreciado a questão federal controvertida.

STF 252. Na ação rescisória, não estão impedidos juízes que participaram do julgamento rescindendo.

STF 264. Verifica-se a prescrição intercorrente pela paralisação da ação rescisória por mais de cinco anos.

STF 343. Não cabe ação rescisória por ofensa a literal dispositivo de lei, quando a decisão rescindenda se tiver baseado em texto legal de interpretação controvertida nos tribunais.

STF 514. Admite-se ação rescisória contra sentença transitada em julgado, ainda que contra ela não se tenha esgotado todos os recursos.

STF 515. A competência para a ação rescisória não é do Supremo Tribunal Federal, quando a questão federal, apreciada no recurso extraordinário ou no agravo de instrumento, seja diversa da que foi suscitada no pedido rescisório.

6.1.4. Da Reclamação

STF 734. Não cabe reclamação quando já houver transitado em julgado o ato judicial que se alega tenha desrespeitado decisão do Supremo Tribunal Federal.

6.2. Dos Recursos

6.2.1. Disposições Gerais

STF 322. Não terá seguimento pedido ou recurso dirigido ao Supremo Tribunal Federal, quando manifestamente incabível, ou apresentando fora do prazo, ou quando for evidente a incompetência do Tribunal.

STF 641. Não se conta em dobro o prazo para recorrer, quando só um dos litisconsortes haja sucumbido.

6.2.2. Da Apelação

STF 320. A apelação despachada pelo juiz no prazo legal não fica prejudicada pela demora da juntada, por culpa do cartório.

STF 428. Não fica prejudicada a apelação entregue em cartório no prazo legal, embora despachada tardiamente.

6.2.3. Do Agravo de Instrumento

STF 287. Nega-se provimento do agravo quando a deficiência na sua fundamentação, ou na do recurso extraordinário, não permitir a exata compreensão da controvérsia.

STF 289. O provimento do agravo, por uma das turmas do Supremo Tribunal Federal, ainda que sem ressalva, não prejudica a questão do cabimento do recurso extraordinário.

STF 425. O agravo despachado no prazo legal não fica prejudicado pela demora da juntada, por culpa do cartório; nem o agravo entregue em cartório no prazo legal, embora despachado tardiamente.

STF 727. Não pode o magistrado deixar de encaminhar ao Supremo Tribunal Federal o agravo de instrumento interposto da decisão que não admite recurso extraordinário, ainda que referente a causa instaurada no âmbito dos juizados especiais

6.2.4. Dos Embargos de Declaração

STF 317. São improcedentes os embargos declaratórios, quando não pedida a declaração do julgado anterior, em que se verificou a omissão.

6.3. Do Recurso Extraordinário

6.3.1. Efeito Devolutivo

STF 456. O Supremo Tribunal Federal, conhecendo do recurso extraordinário, julgará a causa, aplicando o direito à espécie.

6.3.2. Fungibilidade

STF 272. Não se admite como ordinário recurso extraordinário de decisão denegatória de mandado de segurança.

6.3.3. Hipóteses de Cabimento

STF 279. Para simples reexame de prova não cabe recurso extraordinário.

STF 280. Por ofensa a direito local não cabe recurso extraordinário.

STF 281. É inadmissível o recurso extraordinário, quando couber, na justiça de origem, recurso ordinário da decisão impugnada.

STF 283. É inadmissível o recurso extraordinário, quando a decisão recorrida assenta em mais de um fundamento suficiente e o recurso não abrange todos eles.

STF 292. Interposto o recurso extraordinário por mais de um dos fundamentos indicados no art. 101, III, da Constituição, a admissão apenas por um deles não prejudica o seu conhecimento por qualquer dos outros.

STF 389. Salvo limite legal, a fixação de honorários de advogado, em complemento da condenação, depende das circunstâncias da causa, não dando lugar a recurso extraordinário.

STF 399. Não cabe recurso extraordinário, por violação de lei federal, quando a ofensa alegada for a regimento de tribunal.

STF 400. Decisão que deu razoável interpretação à lei, ainda que não seja a melhor, não autoriza recurso extraordinário pela letra "a" do art. 101, III, da Constituição Federal.

STF 454. Simples interpretação de cláusulas contratuais não dá lugar a recurso extraordinário.

STF 505. Salvo quando contrariarem a Constituição, não cabe recurso para o Supremo Tribunal Federal, de quaisquer decisões da justiça do trabalho, inclusive dos presidentes de seus tribunais.

STF 513. A decisão que enseja a interposição de recurso ordinário ou extraordinário não é a do plenário, que resolve o incidente de inconstitucionalidade, mas a do órgão (câmaras, grupos ou turmas) que completa o julgamento do feito.

STF 636. Não cabe recurso extraordinário por contrariedade ao princípio constitucional da legalidade, quando a sua verificação pressuponha rever a interpretação dada a normas infraconstitucionais pela decisão recorrida.

STF 637. Não cabe recurso extraordinário contra acórdão de tribunal de justiça que defere pedido de intervenção estadual em município.

STF 638. A controvérsia sobre a incidência, ou não, de correção monetária em operações de crédito rural é de natureza infraconstitucional, não viabilizando recurso extraordinário.

STF 640. É cabível recurso extraordinário contra decisão proferida por juiz de primeiro grau nas causas de alçada, ou por turma recursal de juizado especial cível e criminal.

STF 733. Não cabe recurso extraordinário contra decisão proferida no processamento de precatórios.

STF 735. Não cabe recurso extraordinário contra acórdão que defere medida liminar.

6.3.4. Prazo

STF 728. É de três dias o prazo para a interposição de recurso extraordinário contra decisão do Tribunal Superior Eleitoral, contado, quando for o caso, a partir da publicação do acórdão, na própria sessão de julgamento, nos termos do art. 12 da Lei 6.055/74, que não foi revogado pela Lei 8.950/94

6.3.5. Requisitos Formais

STF 282. É inadmissível o recurso extraordinário, quando não ventilada, na decisão recorrida, a questão federal suscitada.

STF 284. É inadmissível o recurso extraordinário, quando a deficiência na sua fundamentação não permitir a exata compreensão da controvérsia.

STF 287. Nega-se provimento do agravo quando a deficiência na sua fundamentação, ou na do recurso extraordinário, não permitir a exata compreensão da controvérsia.

STF 356. O ponto omisso da decisão, sobre o qual não foram opostos embargos declaratórios, não pode ser objeto de recurso extraordinário, por faltar o requisito do prequestionamento.

7. LEIS PROCESSUAIS CIVIS ESPECIAIS

7.1. Lei das Liminares para Liberação de Bens/Mercadorias/Coisas de Procedência Estrangeira (Lei 2.770/56)

STF 262. Não cabe medida possessória liminar para liberação alfandegária de automóvel.

7.2. Lei da Tutela Antecipada Contra a Fazenda Pública (Lei 9.494/97)

STF 729. A decisão na Ação Direta de Constitucionalidade n. 4 não se aplica à antecipação de tutela em causa de natureza previdenciária.

7.2. Regimento Interno do STF

7.2.1. Embargos de Divergência

STF 247. O relator não admitirá os embargos da Lei 623, de 19.2.49, nem deles conhecerá o Supremo Tribunal Federal, quando houver jurisprudência firme do Plenário no mesmo sentido da decisão embargada.

STF 290. Nos embargos da Lei 623, de 19.02.1949, a prova de divergência far-se-á por certidão, ou mediante indicação do "Diário da Justiça" ou de repertório de jurisprudência autorizado, que a tenha publicado, com a transcrição do trecho que configure a divergência, mencionadas as circunstâncias que identifiquem ou assemelhem os casos confrontados.

STF 300. São incabíveis os embargos da Lei 623, de 19.02.1949, contra provimento de agravo para subida de recurso extraordinário.

STF 598. Nos embargos de divergência não servem como padrão de discordância os mesmos paradigmas invocados para demonstrá-la mas repelidos como não dissidentes no julgamento do recurso extraordinário.

7.2.2. Emendas ao Regimento

STF 325. As emendas ao Regimento do Supremo Tribunal Federal, sobre julgamento de questão constitucional, aplicam-se aos pedidos ajuizados e aos recursos interpostos anteriormente à sua aprovação.

7.2.3. Impedimentos

STF 72. No julgamento de questão constitucional, vinculada a decisão do Tribunal Superior Eleitoral, não estão impedidos os ministros do Supremo Tribunal Federal que ali tenham funcionado no mesmo processo, ou no processo originário.

11. DIREITO PROCESSUAL CONSTITUCIONAL

1. AÇÕES CONSTITUCIONAIS

1.1. Ação Direta de Inconstitucionalidade

STF 360. Não há prazo de decadência para a representação de inconstitucionalidade prevista no art. 8º, parágrafo único, da Constituição Federal.

STF 614. Somente o Procurador-Geral da Justiça tem legitimidade para propor ação direta interventiva por inconstitucionalidade de lei municipal.

STF 642. Não cabe ação direta de inconstitucionalidade de lei do Distrito Federal derivada da sua competência legislativa municipal.

1.2. Ação Popular

STF 365. Pessoa jurídica não tem legitimidade para propor ação popular.

1.3. "Habeas Corpus"

STF 208. O assistente do Ministério Público não pode recorrer, extraordinariamente, de decisão concessiva de "habeas corpus".

STF 344. Sentença de primeira instância concessiva de "habeas corpus", em caso de crime praticado em detrimento de bens, serviços ou interesses da União, está sujeita a recurso "ex officio".

STF 395. Não se conhece de recurso de "habeas corpus" cujo objeto seja resolver sobre o ônus das custas, por não estar mais em causa a liberdade de locomoção.

STF 606. Não cabe "habeas corpus" originário para o Tribunal Pleno de decisão de turma, ou do plenário, proferida em "habeas corpus" ou no respectivo recurso.

STF 691. Não compete ao Supremo Tribunal Federal conhecer de "habeas corpus" impetrado contra decisão do relator que, em "habeas corpus" requerido a tribunal superior, indefere a liminar.

STF 692. Não se conhece de "habeas corpus" contra omissão de relator de extradição, se fundado em fato ou direito estrangeiro cuja prova não constava dos autos, nem foi ele provocado a respeito.

STF 693. Não cabe "habeas corpus" contra decisão condenatória a pena de multa, ou relativo a processo em curso por infração penal a que a pena pecuniária seja a única cominada.

STF 694. Não cabe "habeas corpus" contra a imposição da pena de exclusão de militar ou de perda de patente ou de função pública.

STF 695. Não cabe "habeas corpus" quando já extinta a pena privativa de liberdade.

1.4. Mandado de Segurança

1.4.1. Citações e Intimações

STF 631. Extingue-se o processo de mandado de segurança se o impetrante não promove, no prazo assinado, a citação do litisconsorte passivo necessário.

STF 701. No mandado de segurança impetrado pelo Ministério Público contra decisão proferida em processo penal, é obrigatória a citação do réu como litisconsorte passivo.

1.4.2. Competência

STF 248. É competente, originariamente, o Supremo Tribunal Federal, para mandado de segurança contra ato do Tribunal de Contas da União.

STF 330. O Supremo Tribunal Federal não é competente para conhecer de mandado de segurança contra atos dos tribunais de justiça dos Estados.

STF 433. É competente o Tribunal Regional do Trabalho para julgar mandado de segurança contra ato de seu presidente em execução de sentença trabalhista.

STF 623. Não gera por si só a competência originária do Supremo Tribunal Federal para conhecer do mandado de segurança com base no art. 102, I, n, da Constituição, dirigir-se o pedido contra deliberação administrativa do tribunal de origem, da qual haja participado a maioria ou a totalidade de seus membros.

STF 624. Não compete ao Supremo Tribunal Federal conhecer originariamente de mandado de segurança contra atos de outros tribunais.

1.4.3. Efeitos da Concessão

STF 271. Concessão de mandado de segurança não produz efeitos patrimoniais, em relação a período pretérito, os quais devem ser reclamados administrativamente ou pela via judicial própria.

STF 304. Decisão denegatória de mandado de segurança, não fazendo coisa julgada contra o impetrante, não impede o uso da ação própria.

STF 512. Não cabe condenação em honorários de advogado na ação de mandado de segurança.

1.4.4. Hipóteses de Cabimento

STF 101. O mandado de segurança não substitui a ação popular.

STF 266. Não cabe mandado de segurança contra lei em tese.

STF 267. Não cabe mandado de segurança contra ato judicial passível de recurso ou correição.

STF 268. Não cabe mandado de segurança contra decisão judicial com trânsito em julgado.

STF 269. O mandado de segurança não é substitutivo de ação de cobrança.

STF 270. Não cabe mandado de segurança para impugnar enquadramento da Lei 3.780, de 12 de julho de 1960, que envolva exame de prova ou de situação funcional complexa.

STF 429. A existência de recurso administrativo com efeito suspensivo não impede o uso do mandado de segurança contra omissão da autoridade.

STF 625. Controvérsia sobre matéria de direito não impede concessão de mandado de segurança.

1.4.5. Legitimidade Ativa/Passiva

STF 510. Praticado o ato por autoridade, no exercício de competência delegada, contra ela cabe o mandado de segurança ou a medida judicial.

STF 627. No mandado de segurança contra a nomeação de magistrado da competência do Presidente da República, este é considerado autoridade coatora, ainda que o fundamento da impetração seja nulidade ocorrida em fase anterior do procedimento.

STF 628. Integrante de lista de candidatos a determinada vaga da composição de tribunal é parte legítima para impugnar a validade da nomeação de concorrente.

1.4.6. Liminares

STF 405. Denegado o mandado de segurança pela sentença, ou no julgamento do agravo, dela interposto, fica sem efeito a liminar concedida, retroagindo os efeitos da decisão contrária.

STF 626. A suspensão da liminar em mandado de segurança, salvo determinação em contrário da decisão que a deferir, vigorará até o trânsito em julgado da decisão definitiva de concessão da segurança ou, havendo recurso, até a sua manutenção pelo Supremo Tribunal Federal, desde que o objeto da liminar deferida coincida, total ou parcialmente, com o da impetração.

1.4.7. Mandado de Segurança Coletivo

STF 629. A impetração de mandado de segurança coletivo por entidade de classe em favor dos associados independe da autorização destes.

STF 630. A entidade de classe tem legitimação para o mandado de segurança ainda quando a pretensão veiculada interesse apenas a uma parte da respectiva categoria.

1.4.8. Prazo de Impetração

STF 430. Pedido de reconsideração na via administrativa não interrompe o prazo para o mandado de segurança.

STF 632. É constitucional lei que fixa o prazo de decadência para a impetração de mandado de segurança.

1.4.9. Recursos

STF 272. Não se admite como ordinário recurso extraordinário de decisão denegatória de mandado de segurança.

STF 299. O recurso ordinário e o extraordinário interpostos no mesmo processo de mandado de segurança, ou de "habeas corpus", serão julgados conjuntamente pelo Tribunal Pleno.

STF 392. O prazo para recorrer de acórdão concessivo de segurança conta-se da publicação oficial de suas conclusões, e não da anterior ciência à autoridade para cumprimento da decisão.

2. COMPETÊNCIA CÍVEL ORIGINÁRIA DO STF

STF 503. A dúvida, suscitada por particular, sobre o direito de tributar, manifestado por dois Estados, não configura litígio da competência originária do Supremo Tribunal Federal.

STF 731. Para fim da competência originária do Supremo Tribunal Federal, é de interesse geral da magistratura a questão de saber se, em face da Loman, os juízes têm direito à licença-prêmio.

12. DIREITO PROCESSUAL DO TRABALHO

1. DA JUSTIÇA DO TRABALHO

1.1. Da Competência da Justiça do Trabalho

STF Vinculante 22. A justiça do trabalho é competente para processar e julgar as ações de indenização por danos morais e patrimoniais decorrentes de acidente de trabalho propostas por empregado contra empregador, inclusive aquelas que ainda não possuíam sentença de mérito em primeiro grau quando da promulgação da Emenda Constitucional n. 45/04.

STF Vinculante 23. A justiça do trabalho é competente para processar e julgar ação possessória ajuizada em decorrência do exercício do direito de greve pelos trabalhadores da iniciativa privada.

STF Vinculante 53. A competência da justiça do trabalho prevista no artigo 114, inciso VIII, da Constituição Federal alcança a execução de ofício das contribuições previdenciárias relativas ao objeto da condenação constante das sentenças que proferir e acordos por ela homologados.

STF 736. Compete à justiça do trabalho julgar as ações que tenham como causa de pedir o descumprimento de normas trabalhistas relativas à segurança, higiene e saúde dos trabalhadores.

1.2. Da Competência da Justiça Estadual

STF 501. Compete à justiça ordinária estadual o processo e o julgamento, em ambas as instâncias, das causas de acidente do trabalho, ainda que promovidas contra a União, suas autarquias, empresas públicas ou sociedades de economia mista.

2. DO PROCESSO JUDICIÁRIO DO TRABALHO
2.1. Do Processo em Geral
2.1.1. Das Custas e Emolumentos

STF 223. Concedida isenção de custas ao empregado, por elas não responde o sindicato que o representa em juízo.

2.1.2. Das Partes e dos Procuradores

STF 234. São devidos honorários de advogado em ação de acidente do trabalho julgada procedente.

STF 633. É incabível a condenação em verba honorária nos recursos extraordinários interpostos em processo trabalhista, exceto nas hipóteses previstas na Lei 5.584/70.

2.2. Da Execução

STF 227. A concordata do empregador não impede a execução de crédito nem a reclamação de empregado na justiça do trabalho.

STF 327. O direito trabalhista admite a prescrição intercorrente.

STF 458. O processo da execução trabalhista não exclui a remição pelo executado.

2.3. Dos Recursos

STF 315. Indispensável o traslado das razões da revista, para julgamento, pelo Tribunal Superior do Trabalho, do agravo para sua admissão.

STF 457. O Tribunal Superior do Trabalho, conhecendo da revista, julgará a causa, aplicando o direito à espécie.

STF 505. Salvo quando contrariarem a Constituição, não cabe recurso para o Supremo Tribunal Federal, de quaisquer decisões da justiça do trabalho, inclusive dos presidentes de seus tribunais.

STF 633. É incabível a condenação em verba honorária nos recursos extraordinários interpostos em processo trabalhista, exceto nas hipóteses previstas na Lei 5.584/70.

13. DIREITO PROCESSUAL PENAL

1. DO INQUÉRITO POLICIAL

STF 524. Arquivado o inquérito policial, por despacho do juiz, a requerimento do Promotor de Justiça, não pode a ação penal ser iniciada, sem novas provas.

2. DA AÇÃO PENAL

STF 554. O pagamento de cheque emitido sem provisão de fundos, após o recebimento da denúncia, não obsta ao prosseguimento da ação penal.

STF 594. Os direitos de queixa e de representação podem ser exercidos, independentemente, pelo ofendido ou por seu representante legal.

STF 608. No crime de estupro, praticado mediante violência real, a ação penal é pública incondicionada.

STF 609. É pública incondicionada a ação penal por crime de sonegação fiscal.

STF 709. Salvo quando nula a decisão de primeiro grau, o acórdão que provê o recurso contra a rejeição da denúncia vale, desde logo, pelo recebimento dela.

STF 714. É concorrente a legitimidade do ofendido, mediante queixa, e do Ministério Público, condicionada à representação do ofendido, para a ação penal por crime contra a honra de servidor público em razão do exercício de suas funções.

3. DA COMPETÊNCIA

3.1. Da Competência pelo Lugar da Infração

STF 521. O foro competente para o processo e julgamento dos crimes de estelionato, sob a modalidade da emissão dolosa de cheque sem provisão de fundos, é o do local onde se deu a recusa do pagamento pelo sacado.

3.2. Da Competência pela Natureza da Infração

STF Vinculante 36. Compete à justiça federal comum processar e julgar civil denunciado pelos crimes de falsificação e de uso de documento falso quando se tratar de falsificação da caderneta de inscrição e registro (CIR) ou de carteira de habilitação de amador (CHA), ainda que expedidas pela Marinha do Brasil.

STF 498. Compete à justiça dos Estados, em ambas as instâncias, o processo e o julgamento dos crimes contra a economia popular.

STF 522. Salvo ocorrência de tráfico com o exterior, quando, então, a competência será da justiça federal, compete à justiça dos Estados o processo e o julgamento dos crimes relativos a entorpecentes.

3.3. Da Competência por Prevenção

STF 706. É relativa a nulidade decorrente da inobservância da competência penal por prevenção.

3.4. Da Competência pela Prerrogativa da Função

STF 451. A competência especial por prerrogativa de função não se estende ao crime cometido após a cessação definitiva do exercício funcional.

STF 702. A competência do tribunal de justiça para julgar prefeitos restringe-se aos crimes de competência da justiça comum estadual; nos demais casos, a competência originária caberá ao respectivo tribunal de segundo grau.

STF 703. A extinção do mandato do prefeito não impede a instauração de processo pela prática dos crimes previstos no art. 1º do DL 201/67.

STF 704. Não viola as garantias do juiz natural, da ampla defesa e do devido processo legal a atração por continência ou conexão do processo do corréu ao foro por prerrogativa de função de um dos denunciados.

4. DAS QUESTÕES E PROCESSOS INCIDENTES

4.1. Do Conflito de Jurisdição

STF 555. É competente o tribunal de justiça para julgar conflito de jurisdição entre juiz de direito do Estado e a justiça militar local.

5. DA PRISÃO, DAS MEDIDAS CAUTELARES E DA LIBERDADE PROVISÓRIA

5.1. Da Liberdade Provisória com ou sem Fiança

STF 697. A proibição de liberdade provisória nos processos por crimes hediondos não veda o relaxamento da prisão processual por excesso de prazo.

6. DAS CITAÇÕES E INTIMAÇÕES

6.1. Das Citações

STF 351. É nula a citação por edital de réu preso na mesma unidade da federação em que o juiz exerce a sua jurisdição.

STF 366. Não é nula a citação por edital que indica o dispositivo da lei penal, embora não transcreva a denúncia ou queixa, ou não resuma os fatos em que se baseia.

6.2. Das Intimações

STF 155. É relativa a nulidade do processo criminal por falta de intimação da expedição de precatória para inquirição de testemunha.

STF 707. Constitui nulidade a falta de intimação do denunciado para oferecer contrarrazões ao recurso interposto da rejeição da denúncia, não a suprindo a nomeação de defensor dativo.

7. DA SENTENÇA

STF 453. Não se aplicam à segunda instância o art. 384 e parágrafo único do Código de Processo

Penal, que possibilitam dar nova definição jurídica ao fato delituoso, em virtude de circunstância elementar não contida, explícita ou implicitamente, na denúncia ou queixa.

8. DO PROCESSO COMUM

8.1. Do Procedimento Relativo aos Processos da Competência do Tribunal do Júri

STF Vinculante 45. A competência constitucional do tribunal do júri prevalece sobre o foro por prerrogativa de função estabelecido exclusivamente pela constituição estadual.

STF 156. É absoluta a nulidade do julgamento, pelo júri, por falta de quesito obrigatório.

STF 206. É nulo o julgamento ulterior pelo júri com a participação de jurado que funcionou em julgamento anterior do mesmo processo.

STF 603. A competência para o processo e julgamento de latrocínio é do juiz singular e não do tribunal do júri.

STF 712. É nula a decisão que determina o desaforamento de processo da competência do júri sem audiência da defesa.

9. DAS NULIDADES E DOS RECURSOS EM GERAL

9.1. Das Nulidades

STF 155. É relativa a nulidade do processo criminal por falta de intimação da expedição de precatória para inquirição de testemunha.

STF 160. É nula a decisão do tribunal que acolhe, contra o réu, nulidade não arguida no recurso da acusação, ressalvados os casos de recurso de ofício.

STF 351. É nula a citação por edital de réu preso na mesma unidade da federação em que o juiz exerce a sua jurisdição.

STF 361. No processo penal, é nulo o exame realizado por um só perito, considerando-se impedido o que tiver funcionado anteriormente na diligência de apreensão.

STF 366. Não é nula a citação por edital que indica o dispositivo da lei penal, embora não transcreva a denúncia ou queixa, ou não resuma os fatos em que se baseia.

STF 523. No processo penal, a falta da defesa constitui nulidade absoluta, mas a sua deficiência só o anulará se houver prova de prejuízo para o réu.

STF 706. É relativa a nulidade decorrente da inobservância da competência penal por prevenção.

STF 707. Constitui nulidade a falta de intimação do denunciado para oferecer contrarrazões ao recurso interposto da rejeição da denúncia, não a suprindo a nomeação de defensor dativo.

STF 708. É nulo o julgamento da apelação se, após a manifestação nos autos da renúncia do único defensor, o réu não foi previamente intimado para constituir outro.

STF 712. É nula a decisão que determina o desaforamento de processo da competência do júri sem audiência da defesa.

9.2. Dos Recursos em Geral

9.2.1 Disposições Gerais

STF 210. O assistente do Ministério Público pode recorrer, inclusive extraordinariamente, na ação penal, nos casos dos arts. 584, § 1º e 598 do Código de Processo Penal.

STF 431. É nulo o julgamento de recurso criminal, na segunda instância, sem prévia intimação, ou publicação da pauta, salvo em "habeas corpus".

STF 448. O prazo para o assistente recorrer, supletivamente, começa a correr imediatamente após o transcurso do prazo do Ministério Público.

STF 699. O prazo para interposição de agravo, em processo penal, é de cinco dias, de acordo com a Lei 8.038/90, não se aplicando o disposto a respeito nas alterações da Lei 8.950/94 ao Código de Processo Civil.

9.2.2. Da Apelação

STF 705. A renúncia do réu ao direito de apelação, manifestada sem a assistência do defensor, não impede o conhecimento da apelação por este interposta.

STF 708. É nulo o julgamento da apelação se, após a manifestação nos autos da renúncia do único defensor, o réu não foi previamente intimado para constituir outro.

STF 713. O efeito devolutivo da apelação contra decisões do júri é adstrito aos fundamentos da sua interposição.

9.2.3. Da Revisão

STF 393. Para requerer revisão criminal, o condenado não é obrigado a recolher-se à prisão.

10. DISPOSIÇÕES GERAIS

STF 710. No processo penal, contam-se os prazos da data da intimação, e não da juntada aos autos do mandado ou da carta precatória ou de ordem.

11. LEIS PROCESSUAIS PENAIS ESPECIAIS

11.1. Lei dos Juizados Especiais (Lei 9.099/95)

STF Vinculante 35. A homologação da transação penal prevista no artigo 76 da Lei 9.099/1995 não faz coisa julgada material e, descumpridas suas cláusulas, retoma-se a situação anterior, possibilitando-se ao Ministério Público a continuidade da persecução penal mediante oferecimento de denúncia ou requisição de inquérito policial.

STF 696. Reunidos os pressupostos legais permissivos da suspensão condicional do processo, mas se recusando o promotor de justiça a propô-la, o juiz, dissentindo, remeterá a questão ao procurador-geral, aplicando-se por analogia o art. 28 do Código de Processo Penal.

STF 723. Não se admite a suspensão condicional do processo por crime continuado, se a soma da pena mínima da infração mais grave com o aumento mínimo de um sexto for superior a um ano.

14. DIREITO TRIBUTÁRIO

1. CRÉDITO TRIBUTÁRIO

1.1. Extinção do Crédito Tributário

STF Vinculante 8. São inconstitucionais o parágrafo único do artigo 5º do Decreto-lei n. 1.569/1977 e os artigos 45 e 46 da Lei n. 8.212/1991, que tratam de prescrição e decadência de crédito tributário.

STF 546. Cabe a restituição do tributo pago indevidamente, quando reconhecido por decisão, que o contribuinte "de jure" não recuperou do contribuinte "de facto" o "quantum" respectivo.

1.2. Exclusão do Crédito Tributário

STF 539. É constitucional a lei do Município que reduz o imposto predial urbano sobre imóvel ocupado pela residência do proprietário, que não possua outro.

STF 544. Isenções tributárias concedidas, sob condição onerosa, não podem ser livremente suprimidas.

STF 581. A exigência de transporte em navio de bandeira brasileira, para efeito de isenção tributária, legitimou-se com o advento do Decreto-lei 666, de 02.7.69.

1.3. Garantias e Privilégios do Crédito Tributário

STF 563. O concurso de preferência a que se refere o parágrafo único, do art. 187, do Código Tributário Nacional, é compatível com o disposto no art. 9º, inciso I, da Constituição Federal.

2. ADMINISTRAÇÃO TRIBUTÁRIA

3.1. Fiscalização

STF 70. É inadmissível a interdição de estabelecimento como meio coercitivo para cobrança de tributo.

STF 323. É inadmissível a apreensão de mercadorias como meio coercitivo para pagamento de tributos.

STF 439. Estão sujeitos à fiscalização tributária ou previdenciária quaisquer livros comerciais, limitado o exame aos pontos objeto da investigação.

STF 542. Não é inconstitucional a multa instituída pelo Estado-membro, como sanção pelo retardamento do início ou da ultimação do inventário.

STF 547. Não é lícito à autoridade proibir que o contribuinte em débito adquira estampilhas, despache mercadorias nas alfândegas e exerça suas atividades profissionais.

3. DO SISTEMA TRIBUTÁRIO NACIONAL

3.1. Dos Princípios Gerais

STF Vinculante 50. Norma legal que altera o prazo de recolhimento da obrigação tributária não se sujeita ao princípio da anterioridade.

STF 69. A Constituição Estadual não pode estabelecer limite para o aumento de tributos municipais.

STF 239. Decisão que declara indevida a cobrança do imposto em determinado exercício não faz coisa julgada em relação aos posteriores.

STF 667. Viola a garantia constitucional de acesso à jurisdição a taxa judiciária calculada sem limite sobre o valor da causa.

3.2. Das Limitações do Poder de Tributar

STF Vinculante 52. Ainda quando alugado a terceiros, permanece imune ao IPTU o imóvel pertencente a qualquer das entidades referidas pelo artigo 150, inciso VI, alínea "c", da Constituição Federal, desde que o valor dos aluguéis seja aplicado nas atividades para as quais tais entidades foram constituídas.

STF 75. Sendo vendedora uma autarquia, a sua imunidade fiscal não compreende o imposto de transmissão "inter vivos", que é encargo do comprador.

STF 76. As sociedades de economia mista não estão protegidas pela imunidade fiscal do art. 31, V, "a", Constituição Federal.

STF 324. A imunidade do art. 31, V, da Constituição Federal não compreende as taxas.

STF 336. A imunidade da autarquia financiadora, quanto ao contrato de financiamento, não se estende à compra e venda entre particulares, embora constantes os dois atos de um só instrumento.

STF 591. A imunidade ou a isenção tributária do comprador não se estende ao produtor, contribuinte do imposto sobre produtos industrializados.

STF 657. A imunidade prevista no art. 150, VI, "d", da CF abrange os filmes e papéis fotográficos necessários à publicação de jornais e periódicos.

STF 730. A imunidade tributária conferida a instituições de assistência social sem fins lucrativos pelo art. 150, VI, "c", da Constituição, somente alcança as entidades fechadas de previdência social privada se não houver contribuição dos beneficiários.

3.3. Dos Impostos da União

3.3.1. IOF

STF 664. É inconstitucional o inciso V do art. 1º da Lei 8.033/90, que instituiu a incidência do imposto nas operações de crédito, câmbio e seguros. IOF sobre saques efetuados em caderneta de poupança.

3.3.2. IRPJ/IRPF

STF 93. Não está isenta do imposto de renda a atividade profissional do arquiteto.

STF 584. Ao imposto de renda calculado sobre os rendimentos do ano-base, aplica-se a lei vigente no exercício financeiro em que deve ser apresentada a declaração.

STF 586. Incide imposto de renda sobre os juros remetidos para o exterior, com base em contrato de mútuo.

STF 587. Incide imposto de renda sobre o pagamento de serviços técnicos contratados no exterior e prestados no Brasil.

3.3.3. IPI

STF 591. A imunidade ou a isenção tributária do comprador não se estende ao produtor, contribuinte do imposto sobre produtos industrializados.

3.4. Dos Impostos dos Estados e do Distrito Federal

3.4.1. ICMS

STF Vinculante 32. O ICMS não incide sobre alienação de salvados de sinistro pelas seguradoras.

STF Vinculante 48. Na entrada de mercadoria importada do exterior, é legítima a cobrança do ICMS por ocasião do desembaraço aduaneiro.

STF 573. Não constitui fato gerador do imposto de circulação de mercadorias a saída física de máquinas, utensílios e implementos a título de comodato.

STF 575. À mercadoria importada de país signatário do GATT, ou membro da ALALC, estende-se a isenção do imposto sobre circulação de mercadorias concedida a similar nacional.

STF 662. É legítima a incidência do ICMS na comercialização de exemplares de obras cinematográficas, gravados em fitas de videocassete.

3.4.2. ITCMD

STF 112. O imposto de transmissão "causa mortis" é devido pela alíquota vigente ao tempo da abertura da sucessão.

STF 114. O imposto de transmissão "causa mortis" não é exigível antes da homologação do cálculo.

STF 115. Sobre os honorários do advogado contratado pelo inventariante, com a homologação do juiz, não incide o imposto de transmissão "causa mortis".

STF 331. É legítima a incidência do imposto de transmissão "causa mortis" no inventário por morte presumida.

STF 590. Calcula-se o imposto de transmissão "causa mortis" sobre o saldo credor da promessa de compra e venda de imóvel, no momento da abertura da sucessão do promitente vendedor.

3.5. Dos Impostos dos Municípios

3.5.1. IPTU

STF Vinculante 52. Ainda quando alugado a terceiros, permanece imune ao IPTU o imóvel pertencente a qualquer das entidades referidas pelo artigo 150, inciso VI, alínea "c", da Constituição Federal, desde que o valor dos aluguéis seja aplicado nas atividades para as quais tais entidades foram constituídas.

STF 539. É constitucional a lei do município que reduz o imposto predial urbano sobre imóvel ocupado pela residência do proprietário, que não possua outro.

STF 583. Promitente-comprador de imóvel residencial transcrito em nome de autarquia é contribuinte do imposto predial territorial urbano.

STF 589. É inconstitucional a fixação de adicional progressivo do imposto predial e territorial urbano em função do número de imóveis do contribuinte.

STF 668. É inconstitucional a lei municipal que tenha estabelecido, antes da Emenda Constitucional 29/2000, alíquotas progressivas para o IPTU, salvo se destinada a assegurar o cumprimento da função social da propriedade urbana.

3.5.2. ISSQN

STF Vinculante 31. É inconstitucional a incidência do Imposto sobre Serviços de Qualquer Natureza. ISS sobre operações de locação de bens móveis.

STF 588. O imposto sobre serviços não incide sobre os depósitos, as comissões e taxas de desconto, cobrados pelos estabelecimentos bancários.

STF 663. Os §§ 1º e 3º do art. 9º do DL 406/68 foram recebidos pela Constituição.

3.5.3. ITBI

STF 75. Sendo vendedora uma autarquia, a sua imunidade fiscal não compreende o imposto de transmissão "inter vivos", que é encargo do comprador.

STF 110. O imposto de transmissão "inter vivos" não incide sobre a construção, ou parte dela, realizada pelo adquirente, mas sobre o que tiver sido construído ao tempo da alienação do terreno.

STF 470. O imposto de transmissão "inter vivos" não incide sobre a construção, ou parte dela, realizada, inequivocamente, pelo promitente comprador, mas sobre o valor do que tiver sido construído antes da promessa de venda.

STF 656. É inconstitucional a lei que estabelece alíquotas progressivas para o imposto de transmissão "inter vivos" de bens imóveis. ITBI com base no valor venal do imóvel.

3.6. Das Contribuições Especiais

STF Vinculante 40. A contribuição confederativa de que trata o artigo 8º, IV, da Constituição Federal, só é exigível dos filiados ao sindicato respectivo.

STF 659. É legítima a cobrança da Cofins, do PIS e do Finsocial sobre as operações relativas a energia elétrica, serviços de telecomunicações, derivados de petróleo, combustíveis e minerais do país.

STF 732. É constitucional a cobrança da contribuição do salário-educação, seja sob a Carta de 1969, seja sob a CF/1988, e no regime da Lei 9.424/96.

3.7. Das Taxas

STF Vinculante 12. A cobrança de taxa de matrícula nas universidades públicas viola o disposto no art. 206, IV, da Constituição Federal.

STF Vinculante 19. A taxa cobrada exclusivamente em razão dos serviços públicos de coleta, remoção e tratamento ou destinação de lixo ou resíduos provenientes de imóveis, não viola o artigo 145, II, da Constituição Federal.

STF Vinculante 29. É constitucional a adoção, no cálculo do valor de taxa, de um ou mais elementos da base de cálculo própria de determinado imposto, desde que não haja integral identidade entre uma base e outra.

STF Vinculante 41. O serviço de iluminação pública não pode ser remunerado mediante taxa.

STF 595. É inconstitucional a taxa municipal de conservação de estradas de rodagem cuja base de cálculo seja idêntica à do imposto territorial rural.

STF 665. É constitucional a taxa de fiscalização dos mercados de títulos e valores mobiliários instituída pela Lei 7.940/89.

STF 667. Viola a garantia constitucional de acesso à jurisdição a taxa judiciária calculada sem limite sobre o valor da causa.

15. EXECUÇÃO FISCAL

1. PRAZOS

STF 507. A ampliação dos prazos a que se refere o artigo 32 do Código de Processo Civil aplica-se aos executivos fiscais.

2. SUCUMBÊNCIA

STF 519. Aplica-se aos executivos fiscais o princípio da sucumbência a que se refere o art. 64 do Código de Processo Civil.

16. EXECUÇÃO PENAL

1. DOS ÓRGÃOS DA EXECUÇÃO PENAL

STF 611. Transitada em julgado a sentença condenatória, compete ao juízo das execuções a aplicação de lei mais benigna.

2. DA EXECUÇÃO DAS PENAS EM ESPÉCIE

2.1. Das Penas Privativas de Liberdade

2.1.1. Dos Regimes

STF Vinculante 26. Para efeito de progressão de regime no cumprimento de pena por crime hediondo, ou equiparado, o juízo da execução observará a inconstitucionalidade do art. 2º da Lei n. 8.072, de 25 de julho de 1990, sem prejuízo de avaliar se o condenado preenche, ou não, os requisitos objetivos e subjetivos do benefício, podendo determinar, para tal fim, de modo fundamentado, a realização de exame criminológico.

STF Vinculante 56. A falta de estabelecimento penal adequado não autoriza a manutenção do condenado em regime prisional mais gravoso, devendo-se observar, nesta hipótese, os parâmetros fixados no Recurso Extraordinário (RE) 641320.

STF 715. A pena unificada para atender ao limite de trinta anos de cumprimento, determinado pelo art. 75 do Código Penal, não é considerada para a concessão de outros benefícios, como o livramento condicional ou regime mais favorável de execução.

STF 716. Admite-se a progressão de regime de cumprimento da pena ou a aplicação imediata de regime menos severo nela determinada, antes do trânsito em julgado da sentença condenatória.

STF 717. Não impede a progressão de regime de execução da pena, fixada em sentença não transitada em julgado, o fato de o réu se encontrar em prisão especial.

2.1.2. Da Remição

STF Vinculante 9. O disposto no artigo 127 da Lei n. 7.210/1984 (Lei de Execução Penal) foi recebido pela ordem constitucional vigente, e não se lhe aplica o limite temporal previsto no caput do artigo 58.

2.1.3. Do Livramento Condicional

STF 715. A pena unificada para atender ao limite de trinta anos de cumprimento, determinado pelo art. 75 do Código Penal, não é considerada para a concessão de outros benefícios, como o livramento condicional ou regime mais favorável de execução.

2.2. Da Suspensão Condicional

STF 499. Não obsta a concessão do "sursis" condenação anterior a pena de multa.

3. DO PROCEDIMENTO JUDICIAL

STF 695. Não cabe "habeas corpus" quando já extinta a pena privativa de liberdade.

STF 700. É de cinco dias o prazo para interposição de agravo contra decisão do juiz da execução penal.

17. SISTEMA FINANCEIRO NACIONAL

1. JUROS

STF Vinculante 7. A norma do parágrafo 3º do artigo 192 da Constituição, revogada pela Emenda Constitucional 40/2003, que limitava a taxa de juros reais a 12% ao ano, tinha sua aplicabilidade condicionada à edição de lei complementar.

STF 121. É vedada a capitalização de juros, ainda que expressamente convencionada.

STF 596. As disposições do Decreto 22.626 de 1933 não se aplicam às taxas de juros e aos outros encargos cobrados nas operações realizadas por instituições públicas ou privadas, que integram o sistema financeiro nacional.

Parte II

Superior Tribunal de Justiça

1. DIREITO ADMINISTRATIVO

1. AGENTES PÚBLICOS
1.1. Disposições Gerais

2016

Acumulação lícita de cargos públicos.

É possível a acumulação de um cargo público de professor com outro de intérprete e tradutor da Língua Brasileira de Sinais (Libras). Nos termos da CF, a inacumulabilidade de cargo público emerge como regra, cujas exceções são expressamente estabelecidas no corpo da própria Carta Magna (art. 37, XVI). Na exceção prevista na alínea "b" do inciso XVI do art. 37 da CF ("a de um cargo de professor com outro técnico ou científico"), o conceito de "cargo técnico ou científico" não remete, essencialmente, a um cargo de nível superior, mas à atividade desenvolvida, em atenção ao nível de especificação, capacidade e técnica necessários para o correto exercício do trabalho (RMS 42.392, RMS 28.644 e RMS 20.033). *REsp 1.569.547-RN, Rel. Min. Humberto Martins, DJe 2.2.2016. 2ª T. (Info 575)*

Greve de servidor público. Dias não compensados. Desconto em folha. Parcelamento.

Não se mostra razoável a possibilidade de desconto em parcela única sobre a remuneração do servidor público dos dias parados e não compensados provenientes do exercício do direito de greve. *RMS 49.339-SP, Rel. Ministro Francisco Falcão, DJe 20.10.2016. 2ª T. (Info 592)*

Inadmissibilidade de acumulação de cargos públicos cujas jornadas somem mais de sessenta horas semanais.

É vedada a acumulação de um cargo de professor com outro técnico ou científico quando a jornada de trabalho semanal ultrapassar o limite máximo de sessenta horas semanais. *REsp 1.565.429-SE, Rel. Min. Herman Benjamin, DJe 4.2.2016. 2ª T. (Info 576)*

Redução da duração máxima de jornada de trabalho de servidores da União que operam diretamente com raios X.

Independentemente da categoria profissional, todos os servidores da União, civis e militares, e os empregados de entidades paraestatais de natureza autárquica que operam, de forma habitual, diretamente com raios X e substâncias radioativas, próximo às fontes de irradiação, têm o direito à redução da duração máxima da jornada de trabalho de 40 para 24 horas semanais prevista no art. 1º da Lei 1.234/1950. *AgInt no REsp 1.569.119-SP, Rel. Min. Humberto Martins, DJe 15.4.2016. 2ª T. (Info 581)*

Requisição de servidor público pela DPU.

A Administração Pública Federal não está mais obrigada a atender toda e qualquer requisição de servidor público efetuada pelo Defensor Público-Geral da União na forma do art. 4º da Lei 9.020/95. *MS 17.500-DF, Rel. Min. Benedito Gonçalves, DJe 15.12.2015. 1ª S. (Info 575)*

2015

Férias gozadas em período coincidente com o da licença à gestante.

A Lei 8.112/90 não assegura à servidora pública o direito de usufruir, em momento posterior, os dias de férias já gozados em período coincidente com o da licença à gestante. *AgRg no RMS 39.563-PE, Rel. Min. Mauro Campbell Marques, DJe 18.8.15. 2ª T. (Info 566)*

Inaplicabilidade do direito a recondução previsto no art. 29, I, da Lei 8.112/90 a servidor público estadual.

Não é possível a aplicação, por analogia, do instituto da recondução previsto no art. 29, I, da Lei 8.112/90 a servidor público estadual na hipótese em que o ordenamento jurídico do estado for omisso acerca desse direito. *RMS 46.438-MG, Rel. Min. Humberto Martins, DJe 19.12.14. 2ª T. (Info 553)*

2014

Exame médico para ingresso em cargo público.

O candidato a cargo público federal pode ser eliminado em exame médico admissional, ainda que a lei que discipline a carreira não confira caráter eliminatório ao referido exame. *AgRg no REsp 1.414.990-DF, Rel. Min. Humberto Martins, 3.4.14. 2ª T. (Info 538)*

Inadmissibilidade de jornada semanal superior a sessenta horas na hipótese de acumulação de cargos privativos de profissionais de saúde.

É vedada a acumulação de dois cargos públicos privativos de profissionais de saúde quando a soma da carga horária referente aos dois cargos ultrapassar o limite máximo de sessenta horas semanais. *MS 19.336-DF, Rel. p/ ac. Min. Mauro Campbell Marques, 26.2.14. 1ª S. (Info 549)*

2013

Acumulação de cargos públicos independentemente de carga horária máxima considerada em acórdão do TCU.

Havendo compatibilidade de horários, é possível a acumulação de dois cargos públicos privativos de profissionais de saúde, ainda que a soma da carga horária referente àqueles cargos ultrapasse o limite máximo de sessenta horas semanais considerado pelo TCU na apreciação de caso análogo. *AgRg no AREsp 291.919-RJ, Rel. Min. Napoleão Nunes Maia Filho, 18.4.13. 1ª T. (Info 521)*

Cômputo do período de licença-prêmio não gozada como de efetivo exercício para o fim de enquadramento no plano de carreira instituído pela Lei 11.091/05.

O período de licença-prêmio não gozada deve ser computado como de efetivo exercício para o fim de enquadramento no Plano de Carreira dos Cargos Técnico-Administrativos em Educação no âmbito das Instituições Federais de Ensino – instituído pela Lei 11.091/05 – se, na época da aposentadoria do servidor, vigia o art. 102, VIII, "e", da Lei 8.112/90 em sua redação original, que considerava a licença-prêmio como de efetivo exercício. *REsp 1.336.566-RS, Rel. Min. Humberto Martins, 7.2.13. 2ª T. (Info 516)*

Concessão de licença para acompanhamento de cônjuge.

É cabível a concessão de licença a servidor público para acompanhamento de cônjuge na hipótese em que se tenha constatado o preenchimento dos requisitos legais para tanto, ainda que o cônjuge a ser acompanhado não seja servidor público e que o seu deslocamento não tenha sido atual. *AgRg no REsp 1.243.276-PR, Rel. Min. Benedito Gonçalves, 5.2.13. 1ª T. (Info 515)*

Desvio de função no serviço público.

A Administração Pública não pode, sob a simples alegação de insuficiência de servidores em determinada unidade, designar servidor para o exercício de atribuições diversas daquelas referentes ao cargo para o qual fora nomeado após aprovação em concurso. Apenas em circunstâncias excepcionais, previstas em lei, poderá o servidor público desempenhar atividade diversa daquela pertinente ao seu cargo. *RMS 37.248-SP, Rel. Min. Mauro Campbell Marques, 27.8.13. 2ª T. (Info 530)*

Direito de servidor público federal à remoção para acompanhamento de cônjuge empregado de empresa pública federal.

O servidor público federal tem direito de ser removido a pedido, independentemente do interesse da Administração, para acompanhar o seu cônjuge empregado de empresa pública federal que foi deslocado para outra localidade no interesse da Administração. *MS 14.195-DF, Rel. Min. Sebastião Reis Júnior, 13.3.13. 3ª S. (Info 519)*

Regras de progressão na carreira da educação básica, técnica e tecnológica.

Até o advento do Dec. 7.806/12, que regulamenta o art. 120 da Lei 11.784/08, era possível a docente da Carreira da Educação Básica, Técnica e Tecnológica progredir por titulação sem observância de interstício temporal. *REsp 1.335.953-RS, Rel. Min. Herman Benjamin, 7.2.13. 2ª T. (Info 517)*

Remoção para acompanhar cônjuge aprovado em concurso de remoção.

O servidor público federal não tem direito de ser removido a pedido, independentemente do interesse da Administração, para acompanhar seu cônjuge, também servidor público, que fora removido em razão de aprovação em concurso de remoção. *AgRg no REsp 1.290.031-PE, Rel. Min. Arnaldo Esteves Lima, 20.8.13. 1ª T. (Info 527)*

2012

Prorrogação da licença-maternidade. Servidoras públicas. Ausência de ato regulamentador.

A prorrogação da licença-maternidade prevista no art. 2º da Lei Federal 11.770/08 não é autoaplicável, estando condicionada à edição de ato regulamentar pelo ente administrativo a que se encontra vinculada a servidora pública. *EDcl no REsp 1.333.646-BA, Rel. Min. Castro Meira, 18.10.12. 2ª T. (Info 507)*

Remoção de servidor para acompanhamento de cônjuge. Interesse da administração.

A remoção para acompanhamento de cônjuge ou companheiro exige, obrigatoriamente, que o cônjuge seja servidor público deslocado no interesse da Administração, não se admitindo qualquer outra forma de alteração de domicílio, nos termos do art. 36, parágrafo único, III, a, da Lei 8.112/90. *REsp 1.310.531, Rel. Min. Campbell Marques, 6.11.12. 2ª T. (Info 508)*

Reposição ao erário. Valores recebidos indevidamente pelo servidor por interpretação errônea de lei.

RPT Não é possível exigir a devolução ao erário dos valores recebidos de boa-fé pelo servidor público, quando pagos indevidamente pela Administração Pública, em função de interpretação equivocada de lei. O art. 46, caput, da Lei 8.112/90 deve ser interpretado com alguns temperamentos, mormente em decorrência de princípios gerais do direito, como a boa-fé. Com base nisso, quando a Administração Pública interpreta erroneamente uma lei, resultando em pagamento indevido ao servidor, cria-se uma falsa expectativa de que os valores recebidos são legais e definitivos, impedindo, assim, que ocorra a restituição, ante a boa-fé do servidor público. *REsp 1.244.182, Rel. Min. Benedito Gonçalves, 10.10.12. 1ª S. (Info 506)*

Servidor público. Mudança de ofício da sede. Reserva de vaga. Instituição de ensino superior.

Servidores públicos, civis ou militares, transferidos de ofício têm direito à matrícula em instituição de ensino superior do local de destino, desde que observado o requisito da congeneridade em relação à instituição de origem, salvo se não houver curso correspondente em estabelecimento congênere no local da nova residência ou em suas imediações, hipótese em que deve ser assegurada a matrícula em instituição não congênere. Em regra, a matrícula fica garantida em instituições de ensino congêneres, ou seja, de universidade pública para pública ou de privada para privada. *AgRg no REsp 1.335.562, Rel. Min. Arnaldo E. Lima, 6.11.12. 1ª T. (Info 508)*

1.2. Cargo em Comissão

2015

Acumulação de aposentadoria de emprego público com remuneração de cargo temporário.

É possível a cumulação de proventos de aposentadoria de emprego público com remuneração proveniente de exercício de cargo temporário. *REsp 1.298.503-DF, Rel. Min. Humberto Martins, DJe 13.4.15. 2ª T. (Info 559)*

2013

Destituição de cargo em comissão.

Deve ser aplicada a penalidade de destituição de cargo em comissão na hipótese em que se constate que servidor não ocupante de cargo efetivo, valendo-se do cargo, tenha indicado irmão, nora, genro e sobrinhos para contratação por empresas recebedoras de verbas públicas, ainda que não haja dano ao erário ou proveito pecuniário e independentemente da análise de antecedentes funcionais. *MS 17.811-DF, Rel. Min. Humberto Martins, 26.6.13. 1ª S. (Info 526)*

Inaplicabilidade da aposentadoria compulsória por idade a servidor público ocupante exclusivamente de cargo em comissão.

Não é aplicável a regra da aposentadoria compulsória por idade na hipótese de servidor público que ocupe exclusivamente cargo em comissão. *RMS 36.950-RO, Rel. Min. Castro Meira, DJe 26.4.13. 2ª T. (Info 523)*

1.3. Concurso Público

2016

Formação exigida em edital de concurso ao cargo de perito datiloscopista de polícia civil estadual.

É legal a cláusula de edital que prescreva que as atividades do cargo de perito datiloscopista são de nível médio, desde que, à época da publicação do edital do concurso para o referido cargo, haja previsão legislativa estatual nesse sentido. A verificação da legalidade ou não de cláusula de edital que exija a formação em curso superior dos candidatos ao cargo de perito datiloscopista de polícia civil estadual restringe-se objetivamente ao cotejo da legislação estadual e federal vigente à época da publicação do edital. Para solver a questão, o critério objetivo verificado é o rol de categorias de peritos de natureza criminal definido pelo art. 5º da Lei 12.030/09, no qual se relacionam os peritos criminais, os peritos médico-legistas e os peritos odontolegistas, sem nenhuma referência aos datiloscopistas. *AgRg no RMS 32.892-RO, Rel. Min. Napoleão Nunes Maia Filho, DJe 3.2.2016. 1ª T. (Info 576)*

Posse em cargo público por menor de idade.
Ainda que o requisito da idade mínima de 18 anos conste em lei e no edital de concurso público, é possível que o candidato menor de idade aprovado no concurso tome posse no cargo de auxiliar de biblioteca no caso em que ele, possuindo 17 anos e 10 meses na data da sua posse, já havia sido emancipado voluntariamente por seus pais há 4 meses. *REsp 1.462.659-RS, Rel. Min. Herman Benjamin, DJe 4.2.2016. 2ª T. (Info 576)*

2015

Contratação temporária de servidor público para atividades de caráter permanente.
Ainda que para o exercício de atividades permanentes do órgão ou entidade, admite-se a contratação por tempo determinado para atender a necessidade temporária de excepcional interesse público (arts. 37, IX, da CF e 2º da Lei 8.745/93) – qual seja, o crescente número de demandas e o elevado passivo de procedimentos administrativos parados junto ao órgão, que se encontra com o quadro de pessoal efetivo completo, enquanto pendente de análise no Congresso Nacional projeto de lei para a criação de vagas adicionais. *MS 20.335-DF, Rel. Min. Benedito Gonçalves, DJe 29.4.15. 1ª S. (Info 560)*

Desistência de candidato aprovado em concurso público dentro do número de vagas.
O candidato aprovado fora do número de vagas previstas no edital de concurso público tem direito subjetivo à nomeação quando o candidato imediatamente anterior na ordem de classificação, aprovado dentro do número de vagas, for convocado e manifestar desistência. *AgRg no ROMS 48.266-TO, Rel. Min. Benedito Gonçalves, DJe 27.8.15. 1ª T. (Info 567)*

Desistência de candidato aprovado em concurso público fora do número de vagas.
O candidato aprovado fora do número de vagas previstas no edital de concurso público tem direito subjetivo à nomeação quando o candidato imediatamente anterior na ordem de classificação, embora aprovado fora do número de vagas, for convocado para vaga surgida posteriormente e manifestar desistência. *AgRg no RMS 41.031-PR, Rel. Min. Benedito Gonçalves, DJe 27.8.15. 1ª T. (Info 567)*

2014

Contratação temporária de servidor que já possuiu contrato com órgão diverso.
É possível nova contratação temporária, também com fundamento na Lei 8.745/93, precedida por processo seletivo equiparável a concurso público, para outra função pública e para órgão sem relação de dependência com aquele para o qual fora contratado anteriormente, ainda que a nova contratação tenha ocorrido em período inferior a 24 meses do encerramento do contrato temporário anterior. *REsp 1.433.037-DF, Rel. Min. Humberto Martins, 25.1.14. 2ª T. (Info 540)*

Exame psicológico em concurso público.
É admitida a realização de exame psicotécnico em concursos públicos se forem atendidos os seguintes requisitos: previsão em lei, previsão no edital com a devida publicidade dos critérios objetivos fixados e possibilidade de recurso. *RMS 43.416-AC, Rel. Min. Humberto Martins, 18.2.14. 2ª T. (Info 535)*

Investigação social em concurso público.
Na fase de investigação social em concurso público, o fato de haver instauração de inquérito policial ou propositura de ação penal contra candidato, por si só, não pode implicar a sua eliminação. *AgRg no RMS 39.580-PE, Rel. Min. Mauro Campbell Marques, 11.2.14. 2ª T. (Info 535)*

Limite etário em concurso público para ingresso na carreira de policial militar.
Não tem direito a ingressar na carreira de policial militar o candidato à vaga em concurso público que tenha ultrapassado, no momento da matrícula no curso de formação, o limite máximo de idade previsto em lei específica e em edital. *RMS 44.127-AC, Rel. Min. Humberto Martins, 17.12.13. 2ª T. (Info 533)*

Surdez unilateral em concurso público.

Candidato em concurso público com surdez unilateral não tem direito a participar do certame na qualidade de deficiente auditivo. *MS 18.966-DF, Rel. p/ ac. Min. Humberto Martins, 2.10.13. Corte Especial. (Info 535)*

2013

Candidata gestante que, seguindo orientação médica, deixe de apresentar, na data marcada, apenas alguns dos vários exames exigidos em concurso público.

Ainda que o edital do concurso expressamente preveja a impossibilidade de realização posterior de exames ou provas em razão de alterações psicológicas ou fisiológicas temporárias, é ilegal a exclusão de candidata gestante que, seguindo a orientação médica de que a realização de alguns dos vários exames exigidos poderia causar dano à saúde do feto, deixe de entregá-los na data marcada, mas que se prontifique a apresentá-los em momento posterior. *RMS 28.400-BA, Rel. Min. Sebastião Reis Júnior, 19.2.13. 6ª T. (Info 515)*

Convocação de candidato para fase de concurso público.

A convocação de candidato para a fase posterior de concurso público não pode ser realizada apenas pelo diário oficial na hipótese em que todas as comunicações anteriores tenham ocorrido conforme previsão editalícia de divulgação das fases do concurso também pela internet. *AgRg no RMS 33.696-RN, Rel. Min. Eliana Calmon, DJe 22.4.13. 2ª T. (Info 522)*

Direito do candidato aprovado em concurso público a ser comunicado pessoalmente sobre sua nomeação.

O candidato tem direito a ser comunicado pessoalmente sobre sua nomeação no caso em que o edital do concurso estabeleça expressamente o seu dever de manter atualizados endereço e telefone, não sendo suficiente a sua convocação apenas por meio de diário oficial se, tendo sido aprovado em posição consideravelmente fora do número de vagas, decorrer curto espaço de tempo entre a homologação final do certame e a publicação da nomeação. *AgRg no RMS 37.227-RS, Rel. Min. Mauro Campbell Marques, 6.12.12. 2ª T. (Info 515)*

Efeitos de previsão editalícia que possibilite a nomeação dos aprovados, conforme disponibilidade orçamentária, em número inferior ou superior às vagas de certame destinado à contratação de servidores temporários.

Não tem direito líquido e certo à nomeação o candidato aprovado dentro do número de vagas em processo seletivo especial destinado à contratação de servidores temporários na hipótese em que o edital preveja a possibilidade de nomeação dos aprovados, conforme a disponibilidade orçamentária existente, em número inferior ou superior ao das vagas colocadas em certame. *RMS 35.211-SP, Rel. Min. Mauro Campbell Marques, 2.4.13. 2ª T. (Info 521)*

Exigência em concurso público de requisito não previsto na legislação de regência.

No caso em que lei estadual que regule a carreira de professor estabeleça, como requisito para a admissão no cargo, apenas a apresentação de diploma em ensino superior, não é possível que o edital do respectivo concurso exija do candidato diploma de pós-graduação. Nesse contexto, é ilegal a exigência estabelecida no edital do concurso, pois impõe o preenchimento de requisito que não encontra fundamento na legislação de regência. *RMS 33.478-RO, Rel. Min. Mauro Campbell Marques, 21.3.13. 2ª T. (Info 518)*

Expectativa de direito à nomeação em concurso público.

O candidato aprovado fora das vagas previstas no edital não tem direito subjetivo à nomeação, ainda que surjam novas vagas durante o prazo de validade do certame, seja em decorrência de vacância nos quadros funcionais seja em razão da criação de novas vagas por lei. *MS 17.886-DF, Rel. Min. Eliana Calmon, 11.9.13. 1ª S. (Info 531)*

Falta de identificação do tipo de caderno de questões em certame público.

Não tem direito à correção de cartão-resposta de prova aplicada em certame público o candidato que, descumprindo regra contida no edital e expressa no próprio cartão-resposta, abstenha-se de realizar a identificação do seu tipo de caderno de questões. *REsp 1.376.731-PE, Rel. Min. Humberto Martins, 14.5.13. 2ª T. (Info 525)*

Inexistência de direito de biomédico à participação em concurso público destinado ao provimento de cargo de biólogo.

Os biomédicos não possuem o direito de participar de concurso público cujo edital prescreva como atribuições do cargo atividades específicas de biólogo. As profissões de biólogo e de biomédico, apesar de se assemelharem em alguns pontos, são distintas, com atribuições e áreas de atuação próprias. *REsp 1.331.548-RJ, Rel. Min. Mauro Campbell Marques, 4.4.13. 2ª T. (Info 520)*

Nomeação de candidato aprovado fora do número de vagas oferecidas no edital.

Ainda que sejam criados novos cargos durante a validade do concurso, a Administração Pública não poderá ser compelida a nomear candidato aprovado fora do número de vagas oferecidas no edital de abertura do certame na hipótese em que inexista dotação orçamentária específica. *RMS 37.700-RO, Rel. Min. Mauro Campbell Marques, 4.4.13. 2ª T. (Info 522)*

Ofensa aos princípios da razoabilidade e da interpretação conforme o interesse público.

É ilegal o ato administrativo que determine a exclusão de candidato já emancipado e a menos de dez dias de completar a idade mínima de 18 anos exigida em edital de concurso público para oficial da Polícia Militar, por este não haver atingido a referida idade na data da matrícula do curso de formação, ainda que lei complementar estadual estabeleça essa mesma idade como sendo a mínima necessária para o ingresso na carreira. *RMS 36.422-MT, Rel. Min. Sérgio Kukina, 28.5.13. 1ª T. (Info 524)*

Reclassificação de candidato em concurso de remoção decorrente da exclusão de critério de classificação considerado inconstitucional.

É legal a reclassificação de candidato em concurso público de remoção, com a consequente destituição da remoção efetivada, na hipótese em que tenha havido alteração do resultado do certame devido à exclusão de critérios de classificação considerados inconstitucionais pelo STF em ação direta de inconstitucionalidade. *RMS 37.221-RS, Rel. Min. Herman Benjamin, 7.2.13. 2ª T. (Info 517)*

Remarcação de teste de aptidão física em concurso público motivada pela gravidez de candidata.

É possível a remarcação de teste de aptidão física em concurso público com o objetivo de proporcionar a participação de candidata comprovadamente grávida, ainda que o edital não contenha previsão nesse sentido. Nesse contexto, a gravidez deve ser considerada como motivo de força maior, apto a possibilitar a remarcação do referido teste, sem que se configure qualquer ofensa ao princípio constitucional da isonomia. *RMS 37.328-AP, Rel. Min. Humberto Martins, 21.3.13. 2ª T. (Info 520)*

Reserva de vagas em concurso público para pessoas com deficiência.

Os candidatos que tenham "pé torto congênito bilateral" têm direito a concorrer às vagas em concurso público reservadas às pessoas com deficiência. A mencionada deficiência física enquadra-se no disposto no art. 4º, I, do Dec. 3.298/99. *RMS 31.861-PE, Rel. Min. Sérgio Kukina, 23.4.13. 1ª T. (Info 522)*

2012

Concurso público. Aprovação. Primeiro lugar. Nomeação.

Há direito subjetivo à nomeação do candidato aprovado em primeiro lugar no concurso público se havia previsão de vaga, entre as 5.896 ofertadas, no cargo e localidade para a qual se inscreveu, nada importando que tenha sido divulgado apenas o quantitativo total das vagas existentes. *AgRg no RMS 26.952, Rel. Min. Maria T. A. Moura, 10.4.12. 6ª T. (Info 495)*

Concurso público. Candidato anteriormente demitido do serviço público federal. Negativa de nomeação em outro cargo. Ofensa ao princípio da legalidade.

Por força do disposto nos arts. 5º, II, 37, caput, e 84, IV, da CF, no Brasil, a legalidade na Administração Pública é estrita, não podendo o gestor atuar senão em virtude de lei, extraindo dela o fundamento jurídico de validade dos seus atos. 2. Incorre em abuso de poder a negativa de nomeação de candidato aprovado em concurso para o exercício de cargo no serviço público estadual em virtude anterior demissão no âmbito do Poder Público Federal se inexistente qualquer previsão em lei ou no edital de regência do certame. *RMS 30.518, Rel. Min. Maria T. A. Moura, 19.6.12. 6ª T. (Info 500)*

1. DIREITO ADMINISTRATIVO

Concurso público. Direito à nomeação. Vagas que surgem durante o prazo de validade do concurso público.

O candidato aprovado fora das vagas previstas originariamente no edital, mas classificado até o limite das vagas surgidas durante o prazo de validade do concurso, possui direito líquido e certo à nomeação se o edital dispuser que serão providas, além das vagas oferecidas, as outras que vierem a existir durante sua validade. *MS 18.881-DF, Rel. Min. Napoleão Nunes Maia Filho, 28.11.12. 1ª S. (Info 511)*

Concurso público. Edital. Convocação.

Cuida-se de recurso interposto por candidato aprovado em cadastro de reserva na 170ª posição, em certame que previu apenas 10 vagas no edital. O referido edital demandava que os aprovados mantivessem seu endereço atualizado na Administração no trecho que menciona a sistemática de provimento. 2. Da leitura dos itens do Edital, pode ser deduzido que haveria comunicação por carta ou telefone para dar ciência de que a nomeação havia sido publicada no Diário Oficial do Estado. 3. O caso concreto justifica a analogia com situações nas quais havia longo transcurso temporal, já que foram previstas poucas vagas, e não seria possível construir uma expectativa evidente de nomeação em prazo curto. *AgRg no RMS 35.494, Rel. Min. Humberto Martins, 20.3.12. 2ª T. (Info 493)*

Concurso público. Nomeação. Criação de vagas durante a validade do certame.

Se o edital dispuser que serão providas as vagas oferecidas e outras que vierem a existir durante a validade do concurso, os candidatos aprovados fora do número de vagas oferecidas – mas dentro do número das vagas posteriormente surgidas ou criadas – têm direito líquido e certo à nomeação no cargo público, desde que a administração não motive a não nomeação. *RMS 27.389, Rel. Min. Sebastião Reis Jr., 14.8.12. 6ª T. (Info 502)*

Concurso público. Teste físico. Gravidez.

O exame da legalidade do ato apontado como coator em concurso público não pode ser subtraído do Poder Judiciário em decorrência pura do encerramento do certame, o que tornaria definitiva a ilegalidade ou abuso de poder alegados, coartável pela via do Mandado de Segurança. 2. A proteção constitucional à maternidade e à gestante não somente autoriza mas até impõe a dispensa de tratamento diferenciado à candidata gestante sem que isso importe em violação ao princípio da isonomia, máxime se inexiste expressa previsão editalícia proibitiva referente à gravidez. 3. A gestação constitui motivo de força maior que impede a realização da prova física, cuja remarcação não implica em ofensa ao princípio da isonomia *RMS 31.505, Rel. Min. Maria T. A. Moura, 16.8.12. 6ª T. (Info 502)*

Curso de formação. Polícia civil. Ajuda de custo.

Admite-se a análise, no julgamento de recurso especial, das leis que regulam disposições relativas à polícia militar, à policial civil e ao corpo de bombeiros militar do Distrito Federal, uma vez que é da competência da União legislar com exclusividade sobre seu regime jurídico, nos termos do art. 21, inc. XIV, da Constituição Federal. 2. Os candidatos aprovados em concurso público para ingresso na carreira da Polícia Civil do Distrito Federal têm direito ao recebimento, por mês de participação no respectivo Curso de Formação, de 80% dos vencimentos iniciais do cargo, nos termos do DL 2.179/84. *REsp 1.294.265, Rel. Min. Maria T. A. Moura, 25.6.12. 6ª T. (Info 500)*

Direito líquido e certo. Ato vinculado. Teoria dos motivos determinantes.

Há direito líquido e certo ao apostilamento no cargo público quando a Administração Pública impõe ao servidor empossado por força de decisão liminar a necessidade de desistência da ação judicial como condição para o apostilamento e, na sequência, indefere o pleito justamente em razão da falta de decisão judicial favorável ao agente. O ato administrativo de apostilamento é vinculado, não cabendo ao agente público indeferi-lo se satisfeitos os seus requisitos. O administrador está vinculado aos motivos postos como fundamento para a prática do ato administrativo, seja vinculado seja discricionário, configurando vício de legalidade – justificando o controle do Poder Judiciário – se forem inexistentes ou inverídicos, bem como se faltar adequação lógica entre as razões expostas e o resultado alcançado, em atenção à teoria dos motivos determinantes. Assim, um comportamento da Administração que gera legítima expectativa no servidor ou no jurisdicionado não pode ser depois utilizado exatamente para cassar esse direito, pois seria, no mínimo, prestigiar a torpeza, ofendendo, assim, aos princípios da confiança e da boa-fé objetiva, corolários do princípio da moralidade. *MS 13.948, Rel. Min. Sebastião Reis Jr., 26.9.12. 3ª S. (Info 505)*

Prorrogação do prazo de validade de concurso público. Ato discricionário.

A prorrogação do prazo de validade de concurso público é ato discricionário da administração, sendo vedado ao Poder Judiciário o reexame dos critérios de conveniência e oportunidade adotados. *AgRg no AREsp 128.916, Rel. Min. Benedito Gonçalves, 23.10.12. 1ª T. (Info 507)*

RMS. Concurso público. Liminar. Ausência. Direito líquido e certo.

Trata-se de recurso ordinário em mandado de segurança interposto contra acórdão do TJRS que entendeu que, em razão de o candidato-impetrante ter prosseguido no certame com base unicamente em liminares, é legítimo o ato de Governador de Estado que deixa de efetivar sua nomeação e posse após a finalização do certame. 2. Nas razões recursais, sustenta a parte recorrente que tem direito à nomeação e posse, porque regularmente aprovado em todas as etapas do concurso público. Alega, anda, que a omissão do Poder Púbico carece de motivação oficial. 3. As efetivas nomeação e posse do candidato estão na pendência de duas liminares, versando sobre avaliação psicológica e investigação social, de maneira que garantir-lhe a nomeação e posse a esta altura, unicamente com base em provimentos precários, pode comprometer o interesse público, inclusiva na perspectiva da segurança. *RMS 34.556, Rel. Min. Mauro Campbell, 1º.3.12. 2ª T. (Info 492)*

1.4. Regras Remuneratórias

2015

Fixação de limitação temporal para o recebimento de nova ajuda de custo. Recurso repetitivo. Tema 538.

RPT A fixação de limitação temporal para o recebimento da indenização prevista no art. 51, I, da Lei 8.112/90, por meio de normas infralegais, não ofende o princípio da legalidade. *REsp 1.257.665-CE, Rel. Min. Herman Benjamin, 1ª S., DJe 17.9.15. (Info 569)*

Limite temporal para aplicação do reajuste salarial de 3,17% concedido a servidores públicos do magistério superior. Recurso repetitivo. Tema 804.

RPT O pagamento do reajuste de 3,17% está limitado à data da reestruturação ou reorganização da carreira, nos termos do art. 10 da Medida Provisória 2.225-45/01, não configurando tal marco o advento da Lei 9.678, de 3 de julho de 1998, que estabeleceu a Gratificação de Estímulo à Docência – GED, uma vez que esse normativo não reorganizou ou reestruturou a carreira dos servidores públicos do magistério superior lotados em instituições de ensino dos Ministérios da Educação e da Defesa. *REsp 1.371.750-PE, Rel. Min. Og Fernandes, 1ª S., DJe 10.4.15. (Info 559)*

Período de incidência do reajuste de 28,86% sobre a gratificação de estímulo à fiscalização e arrecadação. Recurso repetitivo.

RPT O reajuste de 28,86% sobre a Gratificação de Estímulo à Fiscalização e Arrecadação – GEFA incide, após a edição da MP 831/95 até a edição da MP 1.915-1/99, mais precisamente, no período de janeiro de 1995 a julho de 1999. *REsp 1.478.439-RS, Rel. Min. Mauro Campbell Marques, 1ª S., DJe 27.3.15. (Info 558)*

2014

Caráter geral de gratificação de desempenho de servidor público.

Devem ser estendidas a todos os aposentados e pensionistas as gratificações de desempenho pagas indistintamente a todos os servidores da ativa, no mesmo percentual, ainda que possuam caráter "pro labore faciendo". *AgRg no REsp 1.372.058-CE, Rel. Min. Benedito Gonçalves, 4.2.14. 1ª T. (Info 534)*

Gratificação eleitoral devida aos escrivães eleitorais e aos chefes de cartório das zonas eleitorais do interior dos estados.

RPT Os servidores da Justiça Estadual que tenham exercido as funções de chefe de cartório ou de escrivão eleitoral das zonas eleitorais do interior dos estados não têm direito a receber a gratificação mensal pro labore. *REsp 1.258.303-PB, Rel. Min. Mauro Campbell Marques, 12.2.14. 1ª S. (Info 537)*

Restituição ao erário dos valores recebidos por força de decisão judicial precária posteriormente revogada.

É devida a restituição ao erário dos valores de natureza alimentar pagos pela Administração Pública a servidores públicos em cumprimento a decisão judicial precária posteriormente revogada. *EAREsp 58.820-AL, Rel. Min. Benedito Gonçalves, 8.10.14. 1ª S. (Info 549)*

2013

Absorção da VPNI pelo acréscimo remuneratório decorrente da progressão na carreira.

A simples absorção do valor referente à VPNI pelo acréscimo remuneratório decorrente da progressão na carreira independe de processo administrativo anterior. A absorção da vantagem pessoal nominalmente identificada (VPNI) pelos acréscimos remuneratórios decorrentes da progressão na carreira não importa redução nominal de vencimentos, não havendo ofensa ao princípio da irredutibilidade de vencimentos. *AgRg no REsp 1.370.740-RS, Rel. Min. Humberto Martins, 18.6.13. 2ª T. (Info 524)*

Alcance do reajuste de 31,87% concedido pelas leis 8.622/93 e 8.627/93.

Os demais servidores públicos não fazem jus à diferença entre o reajuste de 31,87% concedido aos oficiais-generais do Exército pelas Leis 8.622/93 e 8.627/93, e o reajuste de 28,86%, deferido a todo o funcionalismo público. Isso porque o reajuste concedido aos oficiais-generais não caracteriza revisão geral apta a ser estendida a todos servidores. *AgRg no REsp 1.342.593-SC, Rel. Min. Mauro Campbell Marques, 21.3.13. 2ª T. (Info 519)*

Auxílio-alimentação referente a período de férias.

O servidor público tem direito ao recebimento de auxílio-alimentação referente a período de férias. *AgRg no REsp 1.360.774-RS, Rel. Min. Humberto Martins, 18.6.13. 2ª T. (Info 526)*

Cobrança de reajuste incidente sobre parcela remuneratória incorporada.

RPT A incorporação da Parcela Autônoma do Magistério aos vencimentos dos professores públicos do Estado do Rio Grande do Sul não implica, por si só, a prescrição do fundo de direito da pretensão de cobrança dos reajustes incidentes sobre a parcela incorporada instituídos, antes da incorporação, pela Lei Estadual 10.395/95. *REsp 1.336.213-RS, Rel. Min. Herman Benjamin, 12.6.13. 1ª S. (Info 522)*

Gratificação de atividade (GAE) paga aos advogados da União.

RPT A Gratificação de Atividade (GAE) instituída pela Lei Delegada 13/92 é devida aos Advogados da União somente até a edição da MP 2.048-26/00, momento em que foi substituída pela Gratificação de Desempenho de Atividade Jurídica (GDAJ). *REsp 1.353.016-AL, Rel. Min. Mauro Campbell Marques, 12.6.13. 1ª S. (Info 522)*

Impossibilidade de pagamento da GDPGPE no percentual de 80% aos servidores inativos e aos pensionistas até a data da regulamentação da gratificação.

Não é possível estender o pagamento da Gratificação de Desempenho do Plano Geral de Cargos do Poder Executivo (GDPGPE) no percentual de 80% do seu valor máximo – devido aos servidores ativos nos moldes do art. 7º-A, § 7º, da Lei 11.357/06 – aos servidores inativos e aos pensionistas até a data da regulamentação da referida gratificação. *REsp 1.368.150-PE, Rel. Min. Humberto Martins, 16.4.13. 2ª T. (Info 521)*

Incorporação da GAE aos vencimentos dos integrantes da carreira do magistério superior.

A incorporação da GAE aos vencimentos dos integrantes da carreira do Magistério Superior, nos termos da Lei 11.784/08, não significa que os novos vencimentos básicos devam corresponder à soma do valor referente ao padrão anterior com o da mencionada gratificação. *REsp 1.321.727-RS, Rel. Min. Herman Benjamin, 7.2.13. 2ª T. (Info 516)*

Nova sistemática remuneratória instituída pela MP 43/02 para os procuradores da Fazenda Nacional.

A remuneração dos procuradores da Fazenda Nacional, no período de 1º.3.2002 a 25.6.2002, deve ser realizada do seguinte modo: a) vencimento básico calculado na forma da MP 43/02; b) pró-labore em valor fixo; c) representação mensal sobre o novo vencimento básico, nos percentuais do DL 2.371/87; d) gratificação temporária conforme a Lei 9.028/95; e e) VPNI, em caso de eventual redução na totalidade da remuneração. *AgRg no AREsp 272.247-GO, Rel. Min. Herman Benjamin, 2.4.13. 2ª T. (Info 521)*

Pagamento de adicional noturno ao servidor público federal que preste o seu serviço em horário noturno sob o regime de plantão.

O adicional noturno previsto no art. 75 da Lei 8.112/90 será devido ao servidor público federal que preste o seu serviço em horário compreendido entre 22 horas de um dia e 5 horas do dia seguinte, ainda que o serviço seja prestado em regime de plantão. *REsp 1.292.335-RO, Rel. Min. Castro Meira, 9.4.13. 2ª T. (Info 519)*

Regras de progressão na carreira da educação básica, técnica e tecnológica.

RPT Até o advento do Decreto 7.806/12, que regulamenta o art. 120 da Lei 11.784/08, era possível a docente da Carreira da Educação Básica, Técnica e Tecnológica progredir por titulação sem observância de interstício temporal. *REsp 1.343.128-SC, Rel. Min. Mauro Campbell Marques, 12.6.13. 1ª S. (Info 525)*

2012

Ação de cobrança de verbas salariais. Comprovação do vínculo entre administração pública e o servidor.

Incumbe à Administração Pública demonstrar, enquanto fato impeditivo, modificativo ou extintivo do direito da parte autora (art. 333, II, do CPC), que não houve o efetivo exercício no cargo, para fins de recebimento da remuneração, na hipótese em que é incontroversa a existência do vínculo funcional. *AgRg no AREsp 116.481-GO, Rel. Min. Arnaldo Esteves Lima, 4.12.12. 1ª T. (Info 511)*

Diferenças remuneratórias. Conversão. Limitação temporal.

As diferenças remuneratórias decorrentes da conversão dos proventos dos servidores em URV, embora não possam ser compensadas com reajustes posteriores, ficam limitadas à data da reestruturação da carreira, com a instituição de um novo regime jurídico remuneratório. *AgRg no AREsp 199.224-MG, Rel. Min. Campbell Marques, 18.10.12. 2ª T. (Info 507)*

Impossibilidade de reajuste das indenizações de trabalho de campo criadas pelo art. 16 da Lei 8.216/91 em razão das alterações promovidas pelo Dec. 5.554/05 aos adicionais de localidade previstos no Dec. 1.656/95.

As alterações promovidas pelo Dec. 5.554/05 quanto ao adicional de localidade previsto no Dec. 1.656/95, devido ao servidor que receba diárias por deslocamento, não implicam reajuste das indenizações de trabalho de campo criadas pelo art. 16 da Lei 8.216/91, ainda que se considere que essas indenizações devam ser reajustadas com o mesmo percentual e na mesma data de eventual revisão legislativa dos valores das diárias. *AgRg no REsp 1.283.707-PB, Rel. Min. Humberto Martins, 18.12.12. 2ª T. (Info 516)*

Incorporação de quintos. Cômputo do tempo de serviço exercido por ex-celetista reintegrado sob o regime estatutário em razão da extinção de empresa pública.

É possível o aproveitamento, para fins de incorporação de quintos, do tempo de serviço cumprido, sob o regime celetista, por ex-empregado reintegrado em cargo público sob o regime estatutário em razão da extinção da empresa pública em que trabalhava. O tempo de serviço cumprido sob o regime celetista, em momento anterior, por servidor público, é contado para efeito de incorporação de quintos. Entretanto, a análise dos julgados que passaram a afirmar a possibilidade de cômputo do tempo de serviço celetista parece revelar, à primeira vista, que somente teriam sido alcançados os agentes públicos que tiveram o vínculo celetista transformado em estatutário, e que prestavam serviço na Administração direta da União Federal, nos Territórios, nas Autarquias e nas Fundações Públicas, nos termos do art. 243 da Lei 8.112/90. De modo diverso, a referida interpretação jurisprudencial também deve beneficiar o ex-empregado que tenha sido reintegrado em cargo público sob o regime estatutário em razão da extinção da empresa pública em que trabalhava sob o vínculo celetista, tendo em vista, sobretudo, o princípio da isonomia; afinal, se ele passou a ostentar o vínculo estatutário, não há razão ou lógica que lhe impeça o aproveitamento do tempo antes laborado sob o regime celetista, tal como aqueles que experimentaram a transformação do vínculo celetista em estatutário. Ademais, não há como negar que as Empresas Públicas integram a estrutura da Administração, embora não estejam previstas no art. 243 da Lei 8.112/90. *REsp 1.288.380, Rel. Min. Napoleão Nunes Maia Filho, 13.11.12. 1ª T. (Info 509)*

Pagamento de auxílio-transporte a servidor público que utiliza veículo próprio.

É devido o pagamento de auxílio-transporte ao servidor público que utiliza veículo próprio no deslocamento para o trabalho. Esse é o entendimento do STJ sobre o disposto no art. 1º da MP 2.165-36/01. *AgRg no AREsp 238.740-RS, Rel. Min. Mauro Campbell Marques, 18.12.12. 2ª T. (Info 515)*

Revisão de gratificação especial de localidade. Renovação do prazo decadencial.

O prazo decadencial para a Administração Pública rever o direito ao recebimento de Gratificação Especial de Localidade renova-se continuamente. *REsp 1.322.321-PR, Rel. Min. Diva Malerbi, 13.11.12. 2ª T. (Info 510)*

Servidor público. Momento da implementação do direito à percepção de gratificação. Trânsito em julgado.

A implementação de gratificação no contracheque de servidor público cujo direito foi reconhecido pelo Poder Judiciário, inclusive em sede de mandado de segurança, deve se dar após o trânsito em julgado da decisão, nos termos do art. 2º-B da Lei 9.494/97. *EREsp 1.132.607, Rel. Min. Massami Uyeda, 7.11.12. Corte Especial. (Info 508)*

Servidor público federal. Incorporação de quintos. MP 2.225-45/01.

RPT A MP 2.225-45/01 autorizou aos servidores públicos federais a incorporação da gratificação relativa ao exercício de função comissionada no período de 8.4.1998 a 4.9.2001, transformando, desde logo, tais parcelas em VPNI. *REsp 1.261.020-CE, Rel. Min. Campbell Marques, 24.10.12. 1ª S. (Info 507)*

Servidor público federal. Limitação do reajuste de 3,17%. Reestruturação da carreira. Auditores fiscais da Previdência Social.

Não é devido o pagamento do reajuste de 3,17% – estendido aos servidores públicos federais do Poder Executivo pela MP 2.225-45/01 – aos auditores fiscais da Previdência Social nomeados após a estruturação da respectiva carreira, a qual se deu com a edição da MP 1.915-1/99, convertida na Lei 10.593/02. *AgRg no Ag 1.428.564-DF, Rel. Min. Arnaldo Esteves Lima, 4.12.12. 1ª T. (Info 512)*

Servidores públicos federais. 28,86%. Execução. Compensação com reajuste nas leis ns. 8.622/93 e 8.627/93.

RPT Tratando-se de processo de conhecimento, é devida a compensação do índice de 28,86% com os reajustes concedidos pelas Leis ns. 8.622/93 e 8.627/93. Entretanto, transitado em julgado o título judicial sem qualquer limitação ao pagamento integral do índice de 28,86%, não cabe à União e às autarquias federais alegar, por meio de embargos, a compensação com tais reajustes, sob pena de ofender a coisa julgada. Assim, nos embargos à execução, a compensação só pode ser alegada se não pôde ser objetada no processo de conhecimento. Se a compensação baseia-se em fato que já era passível de ser invocado no processo cognitivo, está a matéria protegida pela coisa julgada. É o que preceitua o art. 741, VI, do CPC. Tanto o reajuste geral de 28,86% como o reajuste administrativamente concedido originaram-se das mesmas Leis ns. 8.622/93 e 8.627/93, portanto anteriores à sentença exequenda. Desse modo, a compensação poderia ter sido alegada no processo de conhecimento. Não arguida, oportunamente, a matéria de defesa, incide o disposto no art. 474 do CPC, reputando-se "deduzidas e repelidas todas as alegações e defesas que a parte poderia opor tanto ao acolhimento como à rejeição do pedido". *REsp 1.235.513, Rel. Min. Castro Meira, 27.6.12. 1ª S. (Info 500)*

Servidor público. Função gratificada. Teto constitucional.

A partir da entrada em vigor da EC 41/03, que deu nova redação ao art. 37, XI, da CF, não há falar em direito adquirido ao recebimento de remuneração, proventos ou pensão acima do teto remuneratório estabelecido pela Emenda referida, nem ato jurídico perfeito que se sobreponha ao citado teto, não preponderando a garantia da irredutibilidade de vencimentos em face da nova ordem constitucional. 2. Entretanto, desde que os vencimentos se limitem ao teto do funcionalismo público, deve-se observar, necessariamente, a garantia da irredutibilidade dos vencimentos (art. 37, XV, da CF). *RMS 32.796, Rel. Min. Mauro Campbell, 26.6.12. 2ª T. (Info 500)*

Servidor público. Incorporação da GAE ao vencimento básico.

RPT Os servidores do quadro do Ministério da Fazenda não têm direito ao recebimento cumulativo da Gratificação de Atividade – GAE com o vencimento básico estabelecido pela Lei 11.907/09. *REsp 1.343.065-PR, Rel. Min. Mauro Campbell Marques, 28.11.12. 1ª S. (Info 510)*

Servidores da saúde. Adiantamento do PCCS. Pagamento em dobro.

Os termos "remuneração" e "vencimento" não se equivalem, uma vez que a "remuneração" engloba o referido "vencimento" – vencimento padrão – e as demais vantagens pecuniárias percebidas decorrentes de lei. 2. O denominado "Adiantamento de PCCS", previsto na Lei 7.686/88, foi expressamente incorporado aos vencimentos dos servidores com a edição da Lei 8.460/92, não havendo, portanto, direito à manutenção do pagamento da indigitada parcela como vantagem autônoma. 3. Nos exatos termos da Lei 8.112/90, o "Adiantamento de PCCS" não detém natureza jurídica de "vencimento básico" e, por via de consequência, não há amparo legal ao pagamento em dobro dessa vantagem aos servidores médicos que optaram pelo regime de dupla jornada de trabalho previsto na Lei 9.436/97. 4. Conforme o disposto nos arts. 7º, I, e 8º, § 3º, ambos da Lei 7.686/88, há expressa vedação quanto à utilização do "Adiantamento de PCCS" como base de cálculo de qualquer vantagem ou parcela remuneratória. *REsp 1.050.518, Rel. Min. Laurita Vaz, 2.8.12. 5ª T. (Info 501)*

Valores recebidos indevidamente. Servidor público. Boa-fé.

São indevidos os descontos nos vencimentos do servidor quando recebidos erroneamente, em virtude de equívoco da Administração Pública, se não constatada a má-fé do beneficiado. 2. É assente a compreensão de que a obrigação de reparar o dano causado à Administração pelo servidor exige a comprovação de o agente público ter agido com dolo ou culpa, por tratar-se de responsabilidade subjetiva. Após essa comprovação, o ressarcimento ao Erário deverá ser buscado pelo ente público mediante ação judicial, não podendo decorrer somente dos princípios da autotutela e autoexecutoriedade. *RMS 18.780, Rel. Min. Sebastião Reis Jr., 12.4.12. 6ª T. (Info 495)*

Vedação de redução da incorporação de quintos pelo exercício de função comissionada em outro poder.

RPT Não é possível a redução dos valores dos quintos incorporados por servidor público quando do exercício de função comissionada em Poder da União diverso do de origem sob o fundamento de ser necessário efetuar a correlação entre as funções dos respectivos Poderes. *REsp 1.230.532-DF, Rel. Min. Napoleão Nunes Maia Filho, 12.12.12. 1ª S. (Info 514)*

Termo "a quo" do prazo prescricional para pleitear indenização referente a férias não gozadas por servidor público federal.

Se um servidor público federal passar à inatividade no serviço público, o prazo prescricional para pleitear indenização referente a férias não gozadas por ele tem início na data da sua inatividade. Isso porque o termo inicial do prazo prescricional para pleitear indenização referente a férias não gozadas inicia-se com a impossibilidade de o servidor usufruí-las. *AgRg no AREsp 255.215-BA, Rel. Min. Humberto Martins, 6.12.12. 2ª T. (Info 514)*

2. ATOS ADMINISTRATIVOS

2013

Motivação posterior do ato de remoção "ex officio" de servidor.

O vício consistente na falta de motivação de portaria de remoção "ex officio" de servidor público pode ser convalidado, de forma excepcional, mediante a exposição, em momento posterior, dos motivos idôneos e preexistentes que foram a razão determinante para a prática do ato, ainda que estes tenham sido apresentados apenas nas informações prestadas pela autoridade coatora em mandado de segurança impetrado pelo servidor removido. *AgRg no RMS 40.427-DF, Rel. Min. Arnaldo Esteves Lima, 3.9.13. 1ª T. (Info 529)*

3. BENS PÚBLICOS

2016

Possibilidade de ajuizamento por particulares de demanda possessória relacionada a bem público de uso comum do povo.

Particulares podem ajuizar ação possessória para resguardar o livre exercício do uso de via municipal (bem público de uso comum do povo) instituída como servidão de passagem. *REsp 1.582.176-MG, Rel. Min. Nancy Andrighi, DJ 30.9.2016. 3ª T. (Info 590)*

2015

Base de cálculo da compensação financeira para a exploração de recursos minerais.

O valor correspondente aos custos do acondicionamento em garrafas ou embalagem de água mineral em estado natural integra a base de cálculo da Compensação Financeira para a Exploração de Recursos Minerais (CFEM). *REsp 1.275.910-RS, Rel. Min. Mauro Campbell Marques, DJe 12.8.15. 2ª T. (Info 566)*

1. DIREITO ADMINISTRATIVO

Direito exclusivo do pesquisador à exploração da jazida.

O terceiro que explorou clandestinamente área objeto de outorga para pesquisa de viabilidade de lavra de minérios deve indenizar o particular que possuía o direito de pesquisa e de lavra. *REsp 1.471.571-RO, Rel. Min. Marco Aurélio Bellizze, DJe 26.2.15. 3ª T. (Info 556)*

2013

Cobrança de laudêmio na hipótese de desapropriação do domínio útil de imóvel aforado da União.

A transferência, para fins de desapropriação, do domínio útil de imóvel aforado da União constitui operação apta a gerar o recolhimento de laudêmio. Isso porque, nessa situação, existe uma transferência onerosa entre vivos, de modo a possibilitar a incidência do disposto no art. 3º do DL 2.398/87. *REsp 1.296.044-RN, Rel. Min. Mauro Campbell Marques, 15.8.13. 2ª T. (Info 528)*

Competência interna para julgar ação discriminatória de terras públicas.

Compete à 1ª Seção do STJ e a suas respectivas turmas julgar feito referente a ação discriminatória de terras públicas. De fato, a competência interna é fixada a partir da natureza da relação jurídica litigiosa. Nesse contexto, o art. 9º, § 1º, XIV, do RISTJ estabelece que compete à 1ª Seção processar e julgar os feitos que envolvem matéria de direito público, atinente à delimitação do patrimônio estatal. *CC 124.063-DF, Rel. Min. Herman Benjamin, 2.10.13. Corte Especial. (Info 528)*

2012

Remuneração por uso de vias públicas por concessionária de serviço público.

A utilização das vias públicas para prestação de serviços públicos por concessionária como a instalação de postes, dutos ou linhas de transmissão não pode ser objeto de cobrança pela Administração Pública. A cobrança é ilegal, pois a exação não se enquadra no conceito de taxa não há exercício do poder de polícia nem prestação de algum serviço público, tampouco no de preço público derivado de um serviço de natureza comercial ou industrial prestado pela Administração. *AgRg no REsp 1.193.583, Rel. Min. Humberto Martins, 18.10.12. 2ª T. (Info 508)*

Cobrança de laudêmio. Transferência de direitos sobre benfeitorias construídas em terreno de marinha.

É cabível a cobrança de laudêmio quando o ocupante transfere a terceiros direitos sobre benfeitorias construídas em terreno de marinha, conforme previsto no art. 3º do DL 2.398/87. *EDcl nos EDcl nos EDcl no Ag 1.405.978, Rel. Min. Herman Benjamin, 18.10.12. 2ª T. (Info 508)*

4. CONTRATOS ADMINISTRATIVOS

2013

Indenização por serviços prestados no caso de contrato administrativo nulo.

Reconhecida a nulidade de contrato administrativo por ausência de prévia licitação, a Administração Pública não tem o dever de indenizar os serviços prestados pelo contratado na hipótese em que este tenha agido de má-fé ou concorrido para a nulidade do contrato. *AgRg no REsp 1.394.161-SC, Rel. Min. Herman Benjamin, 8.10.13. 2ª T. (Info 529)*

2012

Contrato administrativo. Retenção de pagamento. Fornecedor em situação irregular perante o fisco.

Discute-se nos presentes autos a legalidade da Portaria n. 227/95, que prevê a retenção de pagamento de valores referentes a parcela executada de contrato administrativo, na hipótese em que não comprovada a regularidade fiscal da contratada. 2. A pretensão recursal destoa da jurisprudência dominante nesta Corte no sentido da ilegalidade da retenção ao pagamento devido a fornecedor em situação de irregularidade perante o Fisco, por extrapolar as normas previstas nos arts. 55 e 87 da Lei 8.666/93. *AgRg no REsp 1.313.659-RR, Min. Campbell Marques, 23.10.12. 2ª T. (Info 507)*

Contrato de empreitada. Ausência de previsão contratual do prazo para pagamento dos serviços. Termo inicial da correção monetária.

O termo inicial para a incidência da correção monetária na hipótese de atraso no pagamento nos contratos administrativos de obra pública firmados antes da Lei 8.666/93, não constando do contrato regra que estipule a data para o efetivo pagamento do preço avençado, deverá corresponder ao primeiro dia útil do mês subsequente à realização da obra, que será apurada pela Administração Pública mediante critério denominado medição. Na ausência da cláusula contratual que estipule data para o efetivo pagamento aplica-se o disposto nos arts. 952 e 960 do CC/1916. Assim, a correção monetária deve incidir imediatamente após a medição, pois é a partir deste momento que a Administração Pública afere a regular realização dos serviços prestados e a obrigação, por conseguinte, se torna exigível para o contratado. Entendimento diverso redundaria no enriquecimento ilícito da Administração em desfavor dos seus contratados, pois se não for realizada a devida correção dos valores pagos em atraso, mormente se o lapso temporal for excessivo, eles não mais corresponderiam aos inicialmente pactuados. *EREsp 968.835, Rel. Min. Benedito Gonçalves, 14.11.12. 1ª S. (Info 509)*

5. ENTES DA ADMINISTRAÇÃO PÚBLICA

5.1. Autarquias

2015

Competência para fiscalizar presença de farmacêutico em drogarias e farmácias. Recurso repetitivo.

RPT Os Conselhos Regionais de Farmácia possuem competência para fiscalização e autuação das farmácias e drogarias, quanto ao cumprimento da exigência de manterem profissional legalmente habilitado (farmacêutico) durante todo o período de funcionamento dos respectivos estabelecimentos, sob pena de esses incorrerem em infração passível de multa, nos termos do art. 24 da Lei 3.820/60, c/c o art. 15 da Lei 5.991/73. *REsp 1.382.751-MG, Rel. Min. Og Fernandes, 1ª S., DJe 2.2.15. (Info 554)*

Desnecessidade de inscrição de determinados profissionais no Conselho Regional de Educação Física.

Não é obrigatória a inscrição, nos Conselhos de Educação Física, dos professores e mestres de dança, ioga e artes marciais (karatê, judô, tae-kwon-do, kickboxing, jiu-jitsu, capoeira e outros) para o exercício de suas atividades profissionais. *REsp 1.450.564-SE, Rel. Min. Og Fernandes, DJe 4.2.15. 2ª T. (Info 554)*

Não obrigatoriedade de contratação de nutricionistas e de registro em Conselhos de Nutrição.

Bares, restaurantes e similares não são obrigados a se registrarem em Conselhos de Nutrição nem a contratarem nutricionistas. *REsp 1.330.279-BA, Rel. Min. Og Fernandes, DJe 10.12.14. 2ª T. (Info 553)*

Termo inicial da prescrição da pretensão punitiva de profissional liberal por infração ético-profissional.

Conta-se do conhecimento do respectivo fato pelo conselho profissional o prazo de prescrição da sua pretensão de punir profissional liberal por infração ética sujeita a processo disciplinar. *REsp 1.263.157-PE, Rel. Min. Benedito Gonçalves, DJe 11.3.15. 1ª T. (Info 557)*

2014

Inscrição de indústria de laticínios no Conselho de Química.

A pessoa jurídica cuja finalidade precípua é a industrialização e o comércio de laticínios e derivados não é obrigada a registrar-se no Conselho Regional de Química. *REsp 1.410.594-PR, Rel. Min. Herman Benjamin, 22.10.13. 2ª T. (Info 534)*

2013

Impossibilidade de conferir aos psicólogos, por resolução, autorização para o exercício da técnica da acupuntura.

É inadmissível que resolução do Conselho Federal de Psicologia estenda aos profissionais da área a possibilidade de utilização da acupuntura como método complementar de tratamento, ainda que no Brasil não exista legislação que discipline o exercício dessa técnica. *REsp 1.357.139-DF, Rel. Min. Napoleão Nunes Maia Filho, 18.4.13. 1ª T. (Info 520)*

2012

Conselho. Fiscalização profissional. Regime jurídico.

No julgamento da ADI 1171, o STF declarou a inconstitucionalidade dos §§ 1º, 2º, 4º, 5º, 6º, 7º, 8º e do caput do art. 58 da Lei 9.649/98, reafirmando a natureza de autarquia especial dos conselhos de fiscalização profissional, cujos funcionários continuaram celetistas, pois permaneceu incólume o § 3º da norma em comento, que submetia os empregados desses conselhos à legislação trabalhista. Porém, essa situação subsistiu até 2.8.2007, julgamento da ADI 2135, que suspendeu, liminarmente, com efeitos "ex nunc", a vigência do art. 39, caput, do texto constitucional, com a redação dada pela EC 19/98. Com essa decisão, subsiste, para os servidores da administração pública direta, autarquias e fundações públicas, a obrigatoriedade de adoção do regime jurídico único, ressalvadas as situações consolidadas na vigência da legislação editada nos termos da norma suspensa. *REsp 1.145.265, Rel. Min. Maria T. A. Moura, 14.2.12. 6ª T. (Info 491)*

Dispensário de medicamentos. Presença de farmacêutico. Lei 5.991/73. Súm. 140/TFR.

RPT O teor da Súm. 140/TFR – e a desobrigação de manter profissional farmacêutico – deve ser compreendido a partir da regulamentação existente, pela qual o conceito de dispensário atinge somente "pequena unidade hospitalar ou equivalente" (art. 4º, XV, da Lei 5.991/73). Atualmente é considerada como pequena a unidade hospitalar com até cinquenta leitos, segundo o teor da regulamentação específica do Ministério da Saúde; os hospitais e equivalentes com mais de cinquenta leitos realizam a dispensação de medicamentos por meio de farmácias e drogarias, portanto são obrigados a manter farmacêutico credenciado pelo conselho profissional. *REsp 1.110.906, Rel. Min. Humberto Martins, 23.5.12. 1ª S. (Info 498)*

6. IMPROBIDADE ADMINISTRATIVA

2016

Aplicação de multa eleitoral e sanção por ato de improbidade administrativa.

A condenação pela Justiça Eleitoral ao pagamento de multa por infringência às disposições contidas na Lei 9.504/97 (Lei das Eleições) não impede a imposição de nenhuma das sanções previstas na Lei 8.429/92 (Lei de Improbidade Administrativa – LIA), inclusive da multa civil, pelo ato de improbidade decorrente da mesma conduta. *AgRg no AREsp 606.352-SP, Rel. Min. Assusete Magalhães, DJe 10.2.2016. 2ª T. (Info 576)*

Caracterização de tortura como ato de improbidade administrativa.

A tortura de preso custodiado em delegacia praticada por policial constitui ato de improbidade administrativa que atenta contra os princípios da administração pública. *REsp 1.177.910-SE, Rel. Min. Herman Benjamin, DJe 17.2.2016. 1ª S. (Info 577)*

Desnecessidade de lesão ao patrimônio público em ato de improbidade administrativa que importa enriquecimento ilícito.

Ainda que não haja dano ao erário, é possível a condenação por ato de improbidade administrativa que importe enriquecimento ilícito (art. 9º da Lei 8.429/92), excluindo-se, contudo, a possibilidade de aplicação da pena de ressarcimento ao erário. *REsp 1.412.214-PR, Rel. p/ ac. Min. Benedito Gonçalves, DJe 28.3.2016. 1ª T. (Info 580)*

Improbidade administrativa e conduta direcionada a particular.

Não ensejam o reconhecimento de ato de improbidade administrativa (Lei 8.429/92) eventuais abusos perpetrados por agentes públicos durante abordagem policial, caso os ofendidos pela conduta sejam particulares que não estavam no exercício de função pública. O fato de a probidade ser atributo de toda atuação do agente público pode suscitar o equívoco interpretativo de que qualquer falta por ele praticada, por si só, representaria quebra desse atributo e, com isso, o sujeitaria às sanções da Lei 8.429/92. Contudo, o conceito jurídico de ato de improbidade administrativa, por ser circulante no ambiente do direito sancionador, não é daqueles que a doutrina chama de elásticos, isto é, daqueles que podem ser ampliados para abranger situações que não tenham sido contempladas no momento da sua definição. Dessa forma, considerando o inelástico conceito de improbidade, vê-se que o referencial da Lei 8.429/92 é o ato do agente público frente à coisa pública a que foi chamado a administrar. *REsp 1.558.038-PE, Rel. Min. Napoleão Nunes Maia Filho, DJe 9.11.2015. 1ª T. (Info 573)*

Inaplicabilidade das sanções por ato de improbidade administrativa abaixo do mínimo legal.

No caso de condenação pela prática de ato de improbidade administrativa que atenta contra os princípios da administração pública, as penalidades de suspensão dos direitos políticos e de proibição de contratar com o Poder Público ou receber benefícios ou incentivos fiscais ou creditícios não podem ser fixadas aquém do mínimo previsto no art. 12, III, da Lei 8.429/92. *REsp 1.582.014-CE, Rel. Min. Humberto Martins, DJe 15.4.2016. 2ª T. (Info 581)*

Possibilidade de dupla condenação ao ressarcimento ao erário pelo mesmo fato.

Não configura "bis in idem" a coexistência de título executivo extrajudicial (acórdão do TCU) e sentença condenatória em ação civil pública de improbidade administrativa que determinam o ressarcimento ao erário e se referem ao mesmo fato, desde que seja observada a dedução do valor da obrigação que primeiramente foi executada no momento da execução do título remanescente. REsp 1.413.674-SE, Rel. para o acórdão Min. Benedito Gonçalves, DJe 31.5.2016. 1ª T. (Info 584)

2015

Aplicação da pena de perda da função pública a membro do MP em ação de improbidade administrativa.

É possível, no âmbito de ação civil pública de improbidade administrativa, a condenação de membro do Ministério Público à pena de perda da função pública prevista no art. 12 da Lei 8.429/92. REsp 1.191.613-MG, Rel. Min. Benedito Gonçalves, DJe 17.4.15. 1ª T. (Info 560)

Competência para processar e julgar ação de improbidade administrativa.

Compete à Justiça Estadual – e não à Justiça Federal – processar e julgar ação civil pública de improbidade administrativa na qual se apure irregularidades na prestação de contas, por ex-prefeito, relacionadas a verbas federais transferidas mediante convênio e incorporadas ao patrimônio municipal, a não ser que exista manifestação de interesse na causa por parte da União, de autarquia ou empresa pública federal. CC 131.323-TO, Rel. Min. Napoleão Nunes Maia Filho, DJe 6.4.15. 1ª S. (Info 559)

Possibilidade de aplicação da Lei de Improbidade administrativa a estagiário.

O estagiário que atua no serviço público, ainda que transitoriamente, remunerado ou não, está sujeito a responsabilização por ato de improbidade administrativa (Lei 8.429/92). REsp 1.352.035-RS, Rel. Min. Herman Benjamin, DJe 8.9.15. 2ª T. (Info 568)

Termo inicial do prazo prescricional da ação de improbidade administrativa no caso de reeleição.

O prazo prescricional em ação de improbidade administrativa movida contra prefeito reeleito só se inicia após o término do segundo mandato, ainda que tenha havido descontinuidade entre o primeiro e o segundo mandato em razão da anulação de pleito eleitoral, com posse provisória do Presidente da Câmara, por determinação da Justiça Eleitoral, antes da reeleição do prefeito em novas eleições convocadas. REsp 1.414.757-RN, Rel. Min. Humberto Martins, DJe 16.10.15. 2ª T. (Info 571)

2014

Ação de improbidade administrativa ajuizada apenas em face de particular.

Não é possível o ajuizamento de ação de improbidade administrativa exclusivamente em face de particular, sem a concomitante presença de agente público no polo passivo da demanda. REsp 1.171.017-PA, Rel. Min. Sérgio Kukina, 25.2.14. 1ª T. (Info 535)

Ação de improbidade administrativa e reexame necessário.

A sentença que concluir pela carência ou pela improcedência de ação de improbidade administrativa não está sujeita ao reexame necessário previsto no art. 19 da Lei de Ação Popular (Lei 4.717/65). REsp 1.220.667-MG, Rel. Min. Napoleão Nunes Maia Filho, 4.9.14. 1ª T. (Info 546)

Ação por ato de improbidade administrativa.

Não comete ato de improbidade administrativa o médico que cobre honorários por procedimento realizado em hospital privado que também seja conveniado à rede pública de saúde, desde que o atendimento não seja custeado pelo próprio sistema público de saúde. REsp 1.414.669-SP, Rel. Min. Napoleão Nunes Maia Filho, 20.2.14. 1ª T. (Info 537)

Bloqueio de bens em valor superior ao indicado na inicial da ação de improbidade.

Em ação de improbidade administrativa, é possível que se determine a indisponibilidade de bens (art. 7º da Lei 8.429/92) – inclusive os adquiridos anteriormente ao suposto ato de improbidade – em valor superior ao indicado na inicial da ação visando a garantir o integral ressarcimento de eventual prejuízo ao erário, levando-se em consideração, até mesmo, o valor de possível multa civil como sanção autônoma. REsp 1.176.440-RO, Rel. Min. Napoleão Nunes Maia Filho, 17.9.13. 1ª T. (Info 533)

1. DIREITO ADMINISTRATIVO

Competência para processar e julgar ato de improbidade administrativa decorrente do desvio de verba federal transferida para município mediante convênio.

O simples fato de verba federal ter sido transferida da União, mediante convênio, para a implementação de política pública em Município não afasta a competência da Justiça Federal para processar e julgar suposto ato de improbidade administrativa decorrente do desvio da referida quantia. *REsp 1.391.212-PE, Rel. Min. Humberto Martins, 2.9.14. 2ª T. (Info 546)*

Indisponibilidade de bens em ação de improbidade administrativa.

Os valores investidos em aplicações financeiras cuja origem remonte a verbas trabalhistas não podem ser objeto de medida de indisponibilidade em sede de ação de improbidade administrativa. Isso porque a aplicação financeira das verbas trabalhistas não implica a perda da natureza salarial destas, uma vez que o seu uso pelo empregado ou trabalhador é uma defesa contra a inflação e os infortúnios. A medida de indisponibilidade de bens deve recair sobre a totalidade do patrimônio do acusado, excluídos aqueles tidos como impenhoráveis. Desse modo, é possível a penhora do rendimento da aplicação, mas o estoque de capital investido, de natureza salarial, é impenhorável. *REsp 1.164.037-RS, Rel. p/ ac. Min. Napoleão Nunes Maia Filho, 20.1.14. 1ª T. (Info 539)*

Interrupção do prazo prescricional nas ações de improbidade administrativa.

Nas ações civis por ato de improbidade administrativa, interrompe-se a prescrição da pretensão condenatória com o mero ajuizamento da ação dentro do prazo de cinco anos contado a partir do término do exercício de mandato, de cargo em comissão ou de função de confiança, ainda que a citação do réu seja efetivada após esse prazo. *REsp 1.391.212-PE, Rel. Min. Humberto Martins, 2.9.14. 2ª T. (Info 546)*

Legitimidade do MP para ajuizar ACP cuja causa de pedir seja fundada em controvérsia tributária.

O Ministério Público tem legitimidade para ajuizar ação civil pública cujo pedido seja a condenação por improbidade administrativa de agente público que tenha cobrado taxa por valor superior ao custo do serviço prestado, ainda que a causa de pedir envolva questões tributárias. *REsp 1.387.960-SP, Rel. Min. Og Fernandes, 22.5.14. 1ª T. (Info 543)*

Não configuração de ato de improbidade administrativa.

Não configura improbidade administrativa a contratação, por agente político, de parentes e afins para cargos em comissão ocorrida em data anterior à lei ou ao ato administrativo do respectivo ente federado que a proibisse e à vigência da Súm. Vinculante 13 do STF. *REsp 1.193.248-MG, Rel. Min. Napoleão Nunes Maia Filho, 24.4.14. 1ª T. (Info 540)*

Prejuízo ao erário "in re ipsa" na hipótese do art. 10, VIII, da Lei de Improbidade Administrativa.

É cabível a aplicação da pena de ressarcimento ao erário nos casos de ato de improbidade administrativa consistente na dispensa ilegal de procedimento licitatório (art. 10, VIII, da Lei 8.429/92) mediante fracionamento indevido do objeto licitado. *REsp 1.376.524-RJ, Rel. Min. Humberto Martins, 2.9.14. 2ª T. (Info 549)*

Redução do valor de multa por ato de improbidade em apelação.

O tribunal pode reduzir o valor evidentemente excessivo ou desproporcional da pena de multa por ato de improbidade administrativa (art. 12 da Lei 8.429/92), ainda que na apelação não tenha havido pedido expresso para sua redução. *REsp 1.293.624-DF, Rel. Min. Napoleão Nunes Maia Filho, 5.12.13. 1ª T. (Info 533)*

Requisito para a configuração de ato de improbidade administrativa que atente contra os princípios da administração pública.

Para a configuração dos atos de improbidade administrativa que atentam contra os princípios da administração pública (art. 11 da Lei 8.429/92), é dispensável a comprovação de efetivo prejuízo aos cofres públicos. *REsp 1.192.758-MG, Rel. p/ ac. Min. Sérgio Kukina, 4.9.14. 1ª T. (Info 547)*

Requisitos da medida cautelar de indisponibilidade de bens prevista no art. 7º da Lei 8.429/92.

RPT É possível decretar, de forma fundamentada, medida cautelar de indisponibilidade de bens do indiciado na hipótese em que existam fortes indícios acerca da prática de ato de improbidade lesivo ao erário. *REsp 1.366.721-BA, Rel. p/ ac. Min. Og Fernandes, 26.2.14. 1ª S. (Info 547)*

Requisitos para a rejeição sumária de ação de improbidade administrativa (art. 17, § 8º, da Lei 8.429/92).

Após o oferecimento de defesa prévia prevista no § 7º do art. 17 da Lei 8.429/92 – que ocorre antes do recebimento da petição inicial –, somente é possível a pronta rejeição da pretensão deduzida na ação de improbidade administrativa se houver prova hábil a evidenciar, de plano, a inexistência de ato de improbidade, a improcedência da ação ou a inadequação da via eleita. REsp 1.192.758-MG, Rel. p/ ac. Min. Sérgio Kukina, 4.9.14. 1ª T. (Info 547)

Revisão em recurso especial das penas impostas em razão da prática de ato de improbidade administrativa.

As penalidades aplicadas em decorrência da prática de ato de improbidade administrativa, caso seja patente a violação aos princípios da proporcionalidade e da razoabilidade, podem ser revistas em recurso especial. EREsp 1.215.121-RS, Rel. Min. Napoleão Nunes Maia Filho, 14.8.14. 1ª S. (Info 549)

2013

Aplicabilidade da lei de improbidade administrativa a governador de estado.

É possível o ajuizamento de ação de improbidade administrativa em face de Governador de Estado. Isso porque há perfeita compatibilidade entre o regime especial de responsabilização política e o regime de improbidade administrativa previsto na Lei 8.429/92. EDcl no AgRg no REsp 1.216.168-RS, Rel. Min. Humberto Martins, 24.9.13. 2ª T. (Info 527)

Ato de improbidade administrativa que cause lesão ao erário.

Para a configuração dos atos de improbidade administrativa que causem prejuízo ao erário (art. 10 da Lei 8.429/92), é indispensável a comprovação de efetivo prejuízo aos cofres públicos. REsp 1.173.677-MG, Rel. Min. Napoleão Nunes Maia Filho, 20.8.13. 1ª T. (Info 528)

Comprovação do "periculum in mora" para a decretação de indisponibilidade de bens por ato de improbidade.

Para a decretação da indisponibilidade de bens pela prática de ato de improbidade administrativa que tenha causado lesão ao patrimônio público, não se exige que seu requerente demonstre a ocorrência de "periculum in mora". Nesses casos, a presunção quanto à existência dessa circunstância milita em favor do requerente da medida cautelar. AgRg no REsp 1.229.942-MT, Rel. Min. Mauro Campbell Marques, 6.12.12. 2ª T. (Info 515)

Concessão de liminar "inaudita altera parte" em ação de improbidade administrativa.

Em ação de improbidade administrativa, é possível a concessão de liminar "inaudita altera parte" a fim de obstar o recebimento pelo demandado de novas verbas do poder público e de benefícios fiscais e creditícios. REsp 1.385.582-RS, Rel. Herman Benjamin, 1º.10.13. 2ª T. (Info 531)

Decretação de indisponibilidade e sequestro de bens antes do recebimento da inicial em ação de improbidade.

É possível a decretação de indisponibilidade e sequestro de bens antes mesmo do recebimento da petição inicial da ação civil pública destinada a apurar a prática de ato de improbidade administrativa. AgRg no REsp 1.317.653-SP, Rel. Min. Mauro Campbell Marques, 7.3.13. (Info 518)

Foro por prerrogativa de função nas ações de improbidade administrativa.

Os Conselheiros dos Tribunais de Contas dos Estados não possuem foro por prerrogativa de função nas ações de improbidade administrativa. Isso porque, ainda que o agente político tenha prerrogativa de foro previsto na CF quanto às ações penais ou decorrentes da prática de crime de responsabilidade, essa prerrogativa não se estende às ações de improbidade administrativa. AgRg na Rcl 12.514-MT, Rel. Min. Ari Pargendler, 16.9.13. Corte Especial. (Info 527)

Improbidade administrativa por violação aos princípios da administração pública.

Configura ato de improbidade administrativa a conduta de professor da rede pública de ensino que, aproveitando-se dessa condição, assedie sexualmente seus alunos. Isso porque essa conduta atenta contra os princípios da administração pública, subsumindo-se ao disposto no art. 11 da Lei 8.429/92. REsp 1.255.120-SC, Rel. Min. Humberto Martins, 21.5.13. 2ª T. (Info 523)

Improbidade administrativa por violação aos princípios da administração pública.

O atraso do administrador na prestação de contas, sem que exista dolo, não configura, por si só, ato de improbidade administrativa que atente contra os princípios da Administração Pública (art. 11 da Lei 8.429/92). Isso porque, para a configuração dessa espécie de ato de improbidade administrativa, é necessária a prática dolosa de conduta que atente contra os princípios da Administração Pública. *AgRg no REsp 1.382.436-RN, Rel. Min. Humberto Martins, 20.8.13. 2ª T. (Info 529)*

Indisponibilidade de bens na hipótese de ato de improbidade que atente contra os princípios da administração pública.

No caso de improbidade administrativa, admite-se a decretação da indisponibilidade de bens também na hipótese em que a conduta tida como ímproba se subsuma apenas ao disposto no art. 11 da Lei 8.429/92, que trata dos atos que atentam contra os princípios da administração pública. *AgRg no REsp 1.299.936-RJ, Rel. Min. Mauro Campbell Marques, 18.4.13. 2ª T. (Info 523)*

Inquérito civil para apuração de atos de improbidade administrativa.

Não é possível impedir o prosseguimento de inquérito civil instaurado com a finalidade de apurar possível incompatibilidade entre a evolução patrimonial de vereadores e seus respectivos rendimentos, ainda que o referido procedimento tenha-se originado a partir de denúncia anônima, na hipótese em que realizadas administrativamente as investigações necessárias para a formação de juízo de valor sobre a veracidade da notícia. *RMS 38.010-RJ, Rel. Min. Herman Benjamin, 4.4.13. 2ª T. (Info 522)*

Medida de urgência decretada por juízo absolutamente incompetente.

Ainda que proferida por juízo absolutamente incompetente, é válida a decisão que, em ação civil pública proposta para a apuração de ato de improbidade administrativa, tenha determinado – até que haja pronunciamento do juízo competente – a indisponibilidade dos bens do réu a fim de assegurar o ressarcimento de suposto dano ao patrimônio público. *REsp 1.038.199-ES, Rel. Min. Castro Meira, 7.5.13. 2ª T. (Info 524)*

Necessidade de recebimento da inicial no caso de indícios de ato que possa ser enquadrado em hipótese de improbidade prevista na Lei 8.429/92.

Deve ser recebida a petição inicial de ação de improbidade no caso em que existam indícios da prática de ato ímprobo por prefeito que, no contexto de campanha de estímulo ao pagamento do IPTU, fizera constar seu nome, juntamente com informações que colocavam o município entre outros que detinham bons índices de qualidade de vida, tanto na contracapa do carnê de pagamento do tributo quanto em outros meios de comunicação. *AgRg no REsp 1.317.127-ES, Rel. Min. Mauro Campbell Marques, 7.3.13. 2ª T. (Info 518)*

2012

Ato de improbidade. Prefeito. Aquisição de caminhão. Veículo gravado.

Comete ato de improbidade administrativa prefeita municipal que autoriza a compra de um caminhão de carga, sem examinar a existência de gravames que impossibilitam a sua transferência para o município. *REsp 1.151.884, Rel. Min. Castro Meira, 15.5.12. 2ª T. (Info 497)*

Contratação de servidores sem concurso. Lei local.

A contratação temporária de servidores e sua prorrogação sem concurso público amparadas em legislação local não traduz, por si só, ato de improbidade administrativa. Os atos fundamentados em lei local não caracterizam o dolo genérico, essencial para os casos de improbidade administrativa que atentam contra os princípios da Administração Pública (art. 11 da Lei 8.429/92). *EDcl no AgRg no AgRg no AREsp 166.766, Rel. Min. Humberto Martins, 23.10.12. 2ª T. (Info 508)*

Improbidade administrativa. Devido processo legal. Remessa dos autos ao MP.

Não há nulidade processual pela simples remessa dos autos ao MP para manifestação após o oferecimento da defesa preliminar na ação de improbidade administrativa. A decretação da nulidade exige a demonstração do efetivo prejuízo pela parte, de sorte que, mesmo que tenha havido erro procedimental, deve o réu demonstrar em que amplitude tal equívoco lhe causou danos. *AgRg no REsp 1.269.400-SE, Rel. Min. Humberto Martins, 23.10.12. 2ª T. (Info 507)*

Improbidade administrativa. Indisponibilidade de bens.

A decretação de indisponibilidade de bens em decorrência da apuração de atos de improbidade administrativa deve observar o teor do art. 7º, parágrafo único, da Lei 8.429/92, limitando-se a constrição aos bens necessários ao ressarcimento integral do dano, ainda que adquiridos anteriormente ao suposto ato de improbidade, ou até mesmo ao início da vigência da referida lei. *AgRg no REsp 1.191.497-RS, Rel. Min. Humberto Martins, 20.11.12. 2ª T. (Info 510)*

Improbidade administrativa. Laudo médico para si próprio.

Emitir laudo médico de sua competência em seu próprio benefício caracteriza ato de improbidade administrativa que atenta contra os princípios da Administração Pública (art. 11 da Lei 8.429/92). *AgRg no AREsp 73.968, Rel. Min. Benedito Gonçalves, 2.10.12. 1ª T. (Info 505)*

Ação de improbidade administrativa. Petição inicial. Demonstração da justa causa.

A petição inicial na ação por ato de improbidade administrativa deve conter elementos que comprovem a existência de indícios da prática de ato ímprobo, bem como de sua autoria. Além das condições genéricas da ação, as ações sancionatórias exigem a presença da justa causa. Para que essas ações possam ser recebidas pelo magistrado, deve-se verificar a presença de elementos sólidos, que permitam a constatação da tipicidade da conduta e a viabilidade da acusação. *REsp 952.351, Rel. Min. Napoleão N. Maia Fº., 4.10.12. 1ª T. (Info 506)*

Improbidade administrativa. Art. 11, I, da LIA. Dolo.

Para que seja reconhecida a tipificação da conduta do agente como incurso nas previsões da LIA é necessária a demonstração do elemento subjetivo, consubstanciado pelo dolo para os tipos previstos nos arts. 9º (enriquecimento ilícito) e 11 (violação dos princípios da Administração Pública) e, ao menos, pela culpa nas hipóteses do art. 10º (prejuízo ao erário). *REsp 1.192.056, Rel. p/ ac. Min. Benedito Gonçalves, 17.4.12. 1ª T. (Info 495)*

Improbidade administrativa. Defesa prévia. Nulidade.

A falta de notificação do acusado para apresentar defesa prévia nas ações submetidas ao rito da LIA (art. 17, § 7º, da Lei 8.429/92) é causa de nulidade relativa do feito, devendo ser alegada em momento oportuno e devidamente comprovado o prejuízo à parte. *EDcl no REsp 1.194.009, Rel. Min. Arnaldo E. Lima, 17.5.12. 1ª T. (Info 497)*

Improbidade administrativa. Indisponibilidade de bens. "Periculum in mora".

O "periculum in mora" para decretar a indisponibilidade de bens decorrente do ato de improbidade administrativa (art. 37, § 4º, da CF) é presumido, nos termos do art. 7º da Lei 8.429/92. *AgRg no AREsp 188.986, Rel. Min. Teori Zavascki, 28.8.12. 1ª T. (Info 503)*

Improbidade administrativa. Perda. Direitos políticos. Função pública.

Ratificou-se decisão que condenou professor da rede pública estadual à perda dos seus direitos políticos e da função pública que exercia na época dos fatos, pela prática de ato de improbidade administrativa na modalidade dolosa, por ter recebido sua remuneração sem ter exercido suas atividades e sem estar legalmente licenciado de suas funções. É impossível exercer a função pública quando suspensos os direitos políticos. *REsp 1.249.019, Rel. Min. Asfor Rocha, 15.3.12. 2ª T. (Info 493)*

Improbidade administrativa. Vereadores. Afastamento.

A norma do art. 20, parágrafo único, da Lei 8.429/92, que prevê o afastamento cautelar do agente público durante a apuração dos atos de improbidade administrativa, só pode ser aplicada se presente o respectivo pressuposto, qual seja, a existência de risco à instrução processual. Hipótese em que a medida foi fundamentada em elementos concretos a evidenciar que a permanência no cargo representa risco efetivo à instrução processual. *AgRg no SLS 1.500, Rel. Min. Ari Pargendler, 24.5.12. Corte Especial. (Info 498)*

7. INTERVENÇÃO DO ESTADO NA PROPRIEDADE

7.1. Desapropriação

2015

Indenização para fins de desapropriação quando a área medida for maior do que a escriturada.

Se, em procedimento de desapropriação por interesse social, constatar-se que a área medida do bem é maior do que a escriturada no Registro de

1. DIREITO ADMINISTRATIVO

Imóveis, o expropriado receberá indenização correspondente à área registrada, ficando a diferença depositada em Juízo até que, posteriormente, se complemente o registro ou se defina a titularidade para o pagamento a quem de direito. REsp 1.466.747-PE, Rel. Min. Humberto Martins, DJe 3.3.15. 2ª T. (Info 556)

2014

Dispensa de citação do cônjuge na desapropriação por utilidade pública.

Na ação de desapropriação por utilidade pública, a citação do proprietário do imóvel desapropriado dispensa a do respectivo cônjuge. REsp 1.404.085-CE, Rel. Min. Herman Benjamin, 5.8.14. 2ª T. (Info 547)

2013

Ação de indenização pelo arrendatário diretamente contra a União no caso de desapropriação para reforma agrária.

A União é parte legítima para figurar no polo passivo de ação em que o arrendatário objetive ser indenizado pelos prejuízos decorrentes da desapropriação, por interesse social para a reforma agrária, do imóvel arrendado. Isso porque o direito à indenização do arrendatário não se sub-roga no preço do imóvel objeto de desapropriação por interesse social para a reforma agrária, pois a relação entre arrendante (expropriado) e arrendatário é de direito pessoal. REsp 1.130.124-PR, Rel. Min. Eliana Calmon, 4.4.13. 2ª T. (Info 522)

Prazo prescricional na hipótese de pretensão indenizatória decorrente de desapropriação indireta.

A pretensão indenizatória decorrente de desapropriação indireta prescreve em vinte anos na vigência do CC/1916 e em dez anos na vigência do CC, respeitada a regra de transição prevista no art. 2.028 do CC. REsp 1.300.442-SC, Rel. Min. Herman Benjamin, 18.6.13. 2ª T. (Info 523)

2012

Desapropriação indireta. Esbulho. Promessa de compra e venda não registrada. Indenização.

Tratando-se de desapropriação indireta, a promessa de compra e venda, ainda que não registrada no cartório de imóveis, habilita os promissários compradores a receberem a indenização pelo esbulho praticado pelo ente público. 2. Possuem direito à indenização o titular do domínio, o titular do direito real limitado e o detentor da posse. REsp 1.204.923, Rel. Min. Humberto Martins, 20.3.12. 2ª T. (Info 493)

Desapropriação. Valor da indenização. Data da avaliação.

Nas ações de desapropriação – a teor do disposto no art. 26 do DL 3.365/41 – o valor da indenização será contemporâneo à data da avaliação judicial, não sendo relevante a data em que ocorreu a imissão na posse, tampouco a data em que se deu a vistoria do expropriante. REsp 1.274.005, Rel. p/ ac. Min. Castro Meira, 27.3.12. 2ª T. (Info 494)

Desapropriação indireta. Valorização da área remanescente. Redução do "quantum" indenizatório. Impossibilidade.

Na desapropriação indireta, quando há valorização geral e ordinária da área remanescente ao bem esbulhado em decorrência de obra ou serviço público, não é possível o abatimento no valor da indenização devida ao antigo proprietário. Cabe ao Poder Público, em tese, a utilização da contribuição de melhoria como instrumento legal capaz de fazer face ao custo da obra, devida proporcionalmente pelos proprietários de imóveis beneficiados com a valorização do bem. REsp 1.230.687-SC, Rel. Min. Eliana Calmon, 18.10.12. 2ª T. (Info 507)

Desapropriação. Levantamento de depósito pelo promitente comprador.

Cabe a intimação dos recorridos para se manifestarem acerca do pedido de levantamento parcial do preço depositado no próprio processo de desapropriação por utilidade pública; somente em caso de eventual oposição fundada destes, seja a questão ventilada em ação própria. REsp 1.198.137, Rel. Min. Teori Zavaski, 2.2.12. 1ª T. (Info 490)

7.2. Outros Tipos de Intervenção

2012

Limitação administrativa. Prescrição da pretensão de ressarcimento.

Não há desapropriação indireta sem que haja o efetivo apossamento da propriedade pelo Poder Público. Desse modo, as restrições ao direito de propriedade, impostas por normas ambientais, ainda que esvaziem o conteúdo econômico, não se constituem desapropriação indireta. 2. O que ocorre com a edição de leis ambientais que restringem o uso da propriedade é a limitação administrativa, cujos prejuízos causados devem ser indenizados por meio de uma ação de direito pessoal, e não de direito real, como é o caso da ação em face de desapropriação indireta. 3. Assim, ainda que tenha havido danos aos agravantes, em face de eventual esvaziamento econômico de propriedade, devem ser indenizados pelo Estado, por meio de ação de direito pessoal, cujo prazo prescricional é de 5 anos, nos termos do art. 10, parágrafo único, do DL 3.365/41. *AgRg no REsp 1.317.806, Rel. Min. Humberto Martins, 6.11.12. 2ª T. (Info 508)*

Reparação de imóvel tombado. Ônus do proprietário.

A responsabilidade de reparar e conservar o imóvel tombado é do proprietário, salvo quando demonstrado que ele não dispõe de recurso para proceder à reparação. *AgRg no AREsp 176.140-BA, Rel. Min. Castro Meira, 18.10.12. 2ª T. (Info 507)*

8. LICITAÇÕES

8.1. Disposições Gerais

2015

Termo inicial para efeito de detração da penalidade prevista no art. 7º da Lei 10.520/02.

O termo inicial para efeito de detração da penalidade prevista no art. 7º da Lei 10.520/02 (impedimento de licitar e contratar com a União, bem como o descredenciamento do Sicaf, pelo prazo de até 5 anos), aplicada por órgão federal, coincide com a data em que foi publicada a decisão administrativa no Diário Oficial da União – e não com a do registro no Sicaf. *MS 20.784-DF, Rel. p/ ac. Min. Arnaldo Esteves Lima, DJe 7.5.15. 1ª S. (Info 561)*

2014

Exigência de qualificação técnica em licitação.

É lícita cláusula em edital de licitação exigindo que o licitante, além de contar, em seu acervo técnico, com um profissional que tenha conduzido serviço de engenharia similar àquele em licitação, já tenha atuado em serviço similar. *RMS 39.883-MT, Rel. Min. Humberto Martins, 17.12.13. 2ª T. (Info 533)*

2013

Convalidação de vício de competência em processo licitatório.

Não deve ser reconhecida a nulidade em processo licitatório na hipótese em que, a despeito de recurso administrativo ter sido julgado por autoridade incompetente, tenha havido a posterior homologação de todo o certame pela autoridade competente. *REsp 1.348.472-RS, Rel. Min. Humberto Martins, 21.5.13. 2ª T. (Info 524)*

Desclassificação de licitante decorrente da falta de apresentação de declaração de concordância do responsável técnico na fase de habilitação.

A sociedade empresária que, em concorrência realizada para ampliação de prédio público, deixe de apresentar, no envelope de habilitação, declaração de concordância do responsável técnico, descumprindo exigência prevista no edital, não tem direito líquido e certo a realizar o referido ato em momento posterior e por meio diverso do estabelecido no instrumento convocatório, tampouco a ser considerada habilitada no procedimento licitatório, ainda que tenha apresentado documentos assinados por seu represente legal que comprovem ser este um engenheiro civil. *RMS 38.359-SE, Rel. Min. Benedito Gonçalves, 11.4.13. 1ª T. (Info 520)*

2012

Declaração de inidoneidade de empresa licitante. Abertura de prazo. Defesa final. Inocorrência. Nulidade.

A ausência de abertura de prazo para oferecimento de defesa final sobre a possível aplicação da pena de inidoneidade acarreta nulidade no processo administrativo a partir desse momento processual, não logrando êxito a pretensão de nulidade "ab initio". O § 3º do art. 87 da Lei 8.666/93 dispõe que, no caso de aplicação da aludida sanção, é facultada ao interessado a defesa no prazo de dez dias. Assim, deve ser anulado o processo administrativo a partir do momento em que a Administração deixou de oportunizar o referido prazo, por manifesto cerceamento de defesa. *MS 17.431, Rel. Min. Castro Meira, 26.9.12. 1ª S. (Info 505)*

1. DIREITO ADMINISTRATIVO

Licitação. Previsão de recursos orçamentários.

A Lei de Licitações exige, para a realização de licitação, a existência de previsão de recursos orçamentários que assegurem o pagamento das obrigações decorrentes de obras ou serviços a serem executados no exercício financeiro em curso, de acordo com o respectivo cronograma, ou seja, a lei não exige a disponibilidade financeira (fato de a Administração ter o recurso antes do início da licitação), mas, tão somente, que haja previsão desses recursos na lei orçamentária. *REsp 1.141.021, Rel. Min. Mauro Campbell, 21.8.12. 2ª T. (Info 502)*

8.2. Dispensa/Inexigibilidade

2013

Limite de dispensa de licitação previsto no art. 24, II, da Lei 8.666/93.

Não se amolda à hipótese de dispensa de licitação prevista no art. 24, II, da Lei 8.666/93 a situação em que, contratada organizadora para a realização de concurso público por valor inferior ao limite previsto no referido dispositivo, tenha-se verificado que a soma do valor do contrato com o total arrecado a título de taxa de inscrição supere o limite de dispensa previsto no aludido inciso. *REsp 1.356.260-SC, Rel. Min. Humberto Martins, 7.2.13. 2ª T. (Info 516)*

2012

Dispensa de licitação. Ausência de dolo específico e dano ao erário.

O crime previsto no art. 89 da Lei 8.666/93 exige dolo específico e efetivo dano ao erário. *APn 480, Rel. p/ ac. Min. Asfor Rocha, 29.3.12. Corte Especial. (Info 494)*

9. PODERES ADMINISTRATIVOS

2016

Aplicação de multa por excesso de velocidade pelo DNIT.

O Departamento Nacional de Infraestrutura de Transporte (DNIT) tem competência para autuar e aplicar sanções por excesso de velocidade em rodovias e estradas federais. *REsp 1.583.822-RS, Rel. Min. Sérgio Kukina, DJe 30.6.2016. 1ª T. (Info 586)*

2015

Pena de perda de veículo condutor de mercadoria sujeita à pena de perdimento.

Dá ensejo à pena de perda do veículo a conduta dolosa do transportador que utiliza veículo próprio para conduzir ao território nacional mercadoria estrangeira sujeita à pena de perdimento, independentemente de o valor do veículo ser desproporcional ao valor das mercadorias apreendidas. *REsp 1.498.870-PR, Rel. Min. Benedito Gonçalves, DJe 24.2.15. 1ª T. (Info 556)*

2014

Aplicabilidade da pena de perdimento a mercadorias importadas.

A mercadoria importada qualificada como bagagem acompanhada que fora apreendida em zona secundária e desacompanhada de Declaração de Bagagem Acompanhada (DBA) será restituída ao viajante até o limite da cota de isenção determinada pela Receita Federal (art. 33 da IN 1.059/10 da RFB), aplicável a pena de perdimento em relação à mercadoria que exceda esse limite. Isso porque, conforme dispõe o art. 33 da IN 1.059/10 da RFB, o viajante procedente do exterior poderá trazer, com a isenção a que se refere o caput do art. 32, em sua bagagem acompanhada (art. 2º, III), livros, folhetos, periódicos, bens de uso ou consumo pessoal e outros bens cujos limites de valor global não ultrapassem os limites da cota de isenção determinada por esse dispositivo normativo. *REsp 1.443.110-PR, Rel. Min. Humberto Martins, 12.8.14. 2ª T. (Info 546)*

2013

Pena de multa prevista no art. 108 do DL 37/66.

É aplicável a pena de multa (art. 108 do DL 37/66) – e não a pena de perdimento (art. 105, VI) – na hipótese de subfaturamento de mercadoria importada. A pena de perdimento incide nos casos de falsificação ou adulteração de documento necessário ao embarque ou desembaraço da mercadoria. A de multa, por sua vez, destina-se a punir declaração inexata de valor, natureza ou quantidade da mercadoria importada. *REsp 1.240.005-RS, Rel. Min. Eliana Calmon, 5.9.13. 2ª T. (Info 530)*

2012

Poder regulamentar. Impossibilidade de limitação não prevista na lei regulamentada.

É ilegal o art. 2º da Res. 207/06-Aneel que, ao exigir o adimplemento do consumidor para a concessão de descontos especiais na tarifa de fornecimento de energia elétrica relativa ao consumidor que desenvolva atividade de irrigação ou aquicultura (Lei 10.438/02), estabeleceu condição não prevista na lei para o benefício, exorbitando o poder de regulamentar. *AgRg no REsp 1.326.847, Rel. Min. Humberto Martins, 20.11.12. 2ª T. (Info 509)*

10. PRESCRIÇÃO ADMINISTRATIVA

2013

Imprescritibilidade da pretensão de indenização por dano moral decorrente de atos de tortura.

É imprescritível a pretensão de recebimento de indenização por dano moral decorrente de atos de tortura ocorridos durante o regime militar de exceção. *REsp 1.374.376-CE, Rel. Min. Herman Benjamin, 25.6.13. 2ª T. (Info 523)*

Prazo prescricional da pretensão de recebimento de valores referentes à incorporação de quintos pelo exercício de função ou cargo em comissão entre 8.4.1998 e 5.9.2001.

RPT Não está prescrita a pretensão dos servidores da justiça federal de recebimento de valores retroativos referentes à incorporação de quintos pelo exercício de função comissionada ou cargo em comissão entre 8.4.1998 a 5.9.2001 – direito surgido com a edição da MP 2.225-45/01 –, encontrando-se o prazo prescricional suspenso até o encerramento do Processo Administrativo 2004.164940 do CJF, no qual foi interrompida a prescrição. *REsp 1.270.439-PR, Rel. Min. Castro Meira, 26.6.13. 1ª S. (Info 527)*

Termo inicial do prazo prescricional de cinco anos para a requisição de precatório complementar referente a indenização expropriatória paga a menor pela fazenda pública.

No caso em que tenha sido paga pela Fazenda Pública, por meio de precatórios parcelados na forma do art. 33 do ADCT, apenas parte de indenização expropriatória, o termo inicial do prazo prescricional de cinco anos para o exercício da pretensão de recebimento do saldo remanescente por meio de precatório complementar será a data em que a Fazenda efetuou o pagamento da última parcela. *AgRg no REsp 1.354.650-SP, Rel. Min. Humberto Martins, 18.12.12. 2ª T. (Info 516)*

2012

Ação de indenização contra a fazenda pública. Prazo prescricional quinquenal.

As ações de indenização contra a Fazenda Pública prescrevem em cinco anos. Por se tratar de norma especial, que prevalece sobre a geral, aplica-se o prazo do art. 1º do Dec. 20.910/1932, e não o de três anos previsto no CC. *AgRg no AREsp 14.062, Rel. Min. Arnaldo E. Lima, 20.9.12. 1ª T. (Info 505)*

Aposentadoria. Licença-prêmio não gozada. Conversão em pecúnia. Prescrição.

Sendo o ato de aposentadoria um ato complexo, do qual se origina o direito à conversão em pecúnia da licença-prêmio, a prescrição somente se inicia a partir da integração de vontades da Administração. Assim, o início do cômputo prescricional do direito à conversão em pecúnia da licença-prêmio coincide com o dia posterior ao qual o ato de aposentadoria ganhou eficácia com o registro de vontade da Corte de Contas. *MS 17.406, Rel. Min. Maria T. A. Moura, 15.8.12. 6ª T. (Info 502)*

Prazo prescricional da pretensão indenizatória contra a fazenda pública. Prazo quinquenal do Dec. 20.910/32.

RPT Aplica-se o prazo prescricional quinquenal – previsto no art. 1º do Dec. 20.910/32 – às ações indenizatórias ajuizadas contra a Fazenda Pública, e não o prazo prescricional trienal – previsto no art. 206, § 3º, V, do CC. *REsp 1.251.993-PR, Rel. Min. Mauro Campbell, 12.12.12. 1ª S. (Info 512)*

Prescrição. Termo "a quo". Ação de indenização contra o Estado.

O termo inicial do prazo prescricional para o ajuizamento de ação de indenização contra ato do Estado ocorre no momento em que constatada a lesão e os seus efeitos, conforme o princípio da "actio nata". *AgRg no REsp 1.333.609-PB, Rel. Min. Humberto Martins, 23.10.12. 2ª T. (Info 507)*

Relação de trato sucessivo. Prescrição. Termo inicial.

Em se tratando de relação de trato sucessivo, o indeferimento do pedido pela Administração é o termo "a quo" para o cômputo do prazo prescricional quinquenal. *REsp 1.336.285, Min. Campbell Marques, 23.10.12. 2ª T. (Info 508)*

Servidor público. Termo "a quo" do prazo prescricional. Reconhecimento administrativo do débito.

O termo inicial do prazo prescricional de cinco anos, previsto no art. 1º, do DL 20.910/32, para que servidor público exija direito, reconhecido administrativamente, ao pagamento de valores devidos a ele pela Administração Pública é a data do reconhecimento administrativo da dívida. O reconhecimento do débito implica renúncia, pela Administração, ao prazo prescricional já transcorrido. *AgRg no AgRg no AREsp 51.586, Rel. Min. Benedito Gonçalves, 13.11.12. 1ª T. (Info 509)*

Termo "a quo". Prescrição. Licença-prêmio não gozada.

RPT A contagem da prescrição quinquenal relativa à conversão em pecúnia de licença-prêmio não gozada nem utilizada como lapso temporal para a aposentadoria tem como termo "a quo" a data em que ocorreu a aposentadoria do servidor público. *REsp 1.254.456, Rel. Min. Benedito Gonçalves, 25.4.12. 1ª S. (Info 496)*

Verba alimentar. Servidor público. Prescrição quinquenal.

Nos casos em que se discute o direito de servidor à verba alimentar decorrente da relação de direito público, a prescrição é a quinquenal disposta no art. 1º do Dec. 20.910/32, e não a bienal do art. 206, § 2º, do CC. O conceito jurídico de prestação alimentar fixado no Código Civil não se confunde com o de verbas remuneratórias de natureza alimentar, pois faz referência às prestações alimentares de natureza civil e privada, incompatíveis com as percebidas em vínculo de direito público. *AgRg no AREsp 231.633, Rel. Min. Castro Meira, 23.10.12. 2ª T. (Info 508)*

11. PRINCÍPIOS DO DIREITO ADMINISTRATIVO

2015

Acesso a informações de cartão corporativo do governo federal.

O não fornecimento pela União do extrato completo – incluindo tipo, data, valor das transações efetuadas e CNPJ dos fornecedores – do cartão de pagamentos (cartão corporativo) do Governo Federal utilizado por chefe de Escritório da Presidência da República constitui ilegal violação ao direito de acesso à informação de interesse coletivo, quando não há evidência de que a publicidade desses elementos atentaria contra a segurança do Presidente e Vice-Presidente da República ou de suas famílias. *MS 20.895-DF, Rel. Min. Napoleão Nunes Maia Filho, j. 12.11.14. 1ª S. (Info 552)*

2014

Publicidade acerca de passaportes diplomáticos.

O Ministério das Relações Exteriores não pode sonegar o nome de quem recebe passaporte diplomático emitido na forma do § 3º do art. 6º do Anexo do Dec. 5.978/06. *MS 16.179-DF, Rel. Min. Ari Pargendler, 9.4.14. 1ª S. (Info 543)*

12. PROCESSO ADMINISTRATIVO

12.1. Processo Administrativo (Disposições Gerais)

2016

Princípio da intranscendência das sanções e entidade integrante de consórcio público com pendência no CAUC.

O fato de ente integrante de consórcio público possuir pendência no Serviço Auxiliar de Informações para Transferências Voluntárias (CAUC) não impede que o consórcio faça jus, após a celebração de convênio, à transferência voluntária a que se refere o art. 25 da LC n. 101/00. *REsp 1.463.921-PR, Rel. Min. Humberto Martins, DJe 15.2.2016. 2ª T. (Info 577)*

2012

Prazo decadencial para a anulação de ato de aposentadoria. Termo "a quo".

O termo inicial do prazo decadencial de cinco anos para que a Administração Pública anule ato administrativo referente à concessão de aposentadoria, previsto no art. 54 da Lei 9.784/99, é a data da homologação da concessão pelo Tribunal de Contas. A concessão de aposentadoria tem natureza jurídica de ato administrativo complexo que somente se perfaz com a manifestação do

Tribunal de Contas acerca da legalidade do ato. *EREsp 1.240.168, Rel. Min. João Otávio de Noronha, 7.11.12. Corte Especial. (Info 508)*

RMS. Tribunal de contas. Admissão. Candidatos. Concurso público.

O procedimento administrativo realizado por tribunal de contas estadual que importe em anulação ou revogação de ato administrativo cuja formalização haja repercutido no âmbito dos interesses individuais deve assegurar aos interessados o exercício da ampla defesa à luz das cláusulas pétreas constitucionais do contraditório e do devido processo legal. *RMS 27.233, Rel. Min. Mauro Campbell, 7.2.12. 2ª T. (Info 490)*

12.2. Processo Administrativo (Disciplinar)

2015

Execução imediata de penalidade imposta em PAD.

Não há ilegalidade na imediata execução de penalidade administrativa imposta em PAD a servidor público, ainda que a decisão não tenha transitado em julgado administrativamente. *MS 19.488-DF, Rel. Min. Mauro Campbell Marques, DJe 31.3.15. 1ª S. (Info 559)*

Inconstitucionalidade do art. 170 da Lei 8.112/90.

Não deve constar dos assentamentos individuais de servidor público federal a informação de que houve a extinção da punibilidade de determinada infração administrativa pela prescrição. *MS 21.598-DF, Rel. Min. Og Fernandes, DJe 19.6.15. 1ª S. (Info 564)*

2014

Termo inicial da prescrição da pretensão punitiva de ação disciplinar.

No âmbito de ação disciplinar de servidor público federal, o prazo de prescrição da pretensão punitiva estatal começa a fluir na data em que a irregularidade praticada pelo servidor tornou-se conhecida por alguma autoridade do serviço público, e não, necessariamente, pela autoridade competente para a instauração do processo administrativo disciplinar. *MS 20.162-DF, Rel. Min. Arnaldo Esteves Lima, 12.2.14. 1ª S. (Info 543)*

2013

Afastamento das conclusões da comissão em PAD.

No processo administrativo disciplinar, quando o relatório da comissão processante for contrário às provas dos autos, admite-se que a autoridade julgadora decida em sentido diverso daquele apontado nas conclusões da referida comissão, desde que o faça motivadamente. Isso porque, segundo o parágrafo único do art. 168 da Lei 8.112/90, quando "o relatório da comissão contrariar as provas dos autos, a autoridade julgadora poderá, motivadamente, agravar a penalidade proposta, abrandá-la ou isentar o servidor de responsabilidade". *MS 17.811-DF, Rel. Min. Humberto Martins, 26.6.13. 1ª S. (Info 526)*

Desnecessidade de intimação do interessado após o relatório final de PAD.

Não é obrigatória a intimação do interessado para apresentar alegações finais após o relatório final de processo administrativo disciplinar. Isso porque não existe previsão legal nesse sentido. *MS 18.090-DF, Rel. Min. Humberto Martins, 8.5.13. 1ª S. (Info 523)*

Desnecessidade de suspensão de processo administrativo disciplinar diante da existência de ação penal relativa aos mesmos fatos.

Não deve ser paralisado o curso de processo administrativo disciplinar apenas em função de ajuizamento de ação penal destinada a apurar criminalmente os mesmos fatos investigados administrativamente. As esferas administrativa e penal são independentes, não havendo falar em suspensão do processo administrativo durante o trâmite do processo penal. *MS 18.090-DF, Rel. Min. Humberto Martins, 8.5.13. 1ª S. (Info 523)*

Inaplicabilidade do art. 125, § 4º, da CF no caso de exclusão de militar estadual como sanção decorrente de PAD.

Em processo administrativo disciplinar, é possível impor sanção consistente na exclusão de militar estadual que viole regras de conduta necessárias à sua permanência na corporação. *RMS 40.737-PE, Rel. Min. Humberto Martins, 16.4.13. 2ª T. (Info 523)*

Irrelevância do valor auferido para a aplicação da pena de demissão decorrente da obtenção de proveito econômico indevido.

Deve ser aplicada a penalidade de demissão ao servidor público federal que obtiver proveito econômico indevido em razão do cargo, independentemente do valor auferido. Isso porque não incide, na esfera administrativa – ao contrário do que se tem na esfera penal –, o princípio da insignificância quando constatada falta disciplinar prevista no art. 132 da Lei 8.112/90. *MS 18.090-DF, Rel. Min. Humberto Martins, 8.5.13. 1ª S. (Info 523)*

Necessidade de prejuízo para o reconhecimento de nulidade em processo administrativo disciplinar.

O excesso de prazo para a conclusão do processo administrativo disciplinar não gera, por si só, qualquer nulidade no feito, desde que não haja prejuízo para o acusado. Isso porque não se configura nulidade sem prejuízo ("pas de nulité sans grief"). *RMS 33.628-PE, Rel. Min. Humberto Martins, 2.4.13. 2ª T. (Info 521)*

Prorrogação de prazo de conclusão do PAD.

A prorrogação motivada do prazo para a conclusão dos trabalhos da comissão em processo administrativo disciplinar não acarreta, por si só, a nulidade do procedimento. *MS 16.031-DF, Rel. Min. Humberto Martins, 26.6.13. 1ª S. (Info 523)*

Utilização de interceptação telefônica em PAD.

É possível utilizar, em processo administrativo disciplinar, na qualidade de "prova emprestada", a interceptação telefônica produzida em ação penal, desde que devidamente autorizada pelo juízo criminal e com observância das diretrizes da Lei 9.296/96. *MS 16.146-DF, Rel. Min. Eliana Calmon, 22.5.13. 1ª S. (Info 523)*

Utilização, em processo administrativo disciplinar, de prova emprestada validamente produzida em processo criminal.

É possível a utilização, em processo administrativo disciplinar, de prova emprestada validamente produzida em processo criminal, independentemente do trânsito em julgado da sentença penal condenatória. Em regra, o resultado da sentença proferida no processo criminal não repercute na instância administrativa, tendo em vista a independência existente entre as instâncias. *RMS 33.628-PE, Rel. Min. Humberto Martins, 2.4.13. 2ª T. (Info 521)*

2012

Atos comissivos, únicos e de efeitos permanentes praticados antes da Lei 9.784/99. Decadência. Termo inicial.

Os atos administrativos praticados anteriormente ao advento da Lei 9.784/99 estão sujeitos ao prazo decadencial quinquenal, contado, entretanto, da sua entrada em vigor, qual seja 1º.2.99, e não da prática do ato. *REsp 1.270.474, Rel. Min. Herman Benjamin, 18.10.12. 2ª T. (Info 508)*

Contraditório e ampla defesa. Ato de demissão. Ciência pessoal.

Incorre em ofensa aos princípios do contraditório e ampla defesa a aplicação de demissão a servidor público federal, após a anulação de ato de absolvição e desarquivamento do processo administrativo disciplinar, sem comprovação inequívoca de que tenha ocorrido sua prévia notificação pessoal a fim de que se manifestasse acerca daquela anulação e da possibilidade de aplicação de pena disciplinar. Ocorrência de prejuízo à defesa do impetrante, a determinar a anulação da portaria de sua demissão. *MS 14.016, Rel. Min. Maria T. A. Moura, 29.2.12. 3ª S. (Info 492)*

Demissão. Servidor público. Procedimento administrativo.

Não se exige a abertura processo administrativo para dispensa de servidor investido em função pública de caráter precário que, por não ter direito à estabilidade, pode ser exonerado ad nutum pela Administração. 2. Revela-se nula a dispensa por força de ato unilateral quanto aos funcionários enquadrados em cargos de provimento efetivo e transpostos para o Regime Estatutário, a qual, em afronta à segurança jurídica, desconstituiu situação constituída com aparência de legalidade sem que fossem assegurados a ampla defesa e o contraditório. *RMS 26.261, Rel. Min. Maria T. A. Moura, 7.2.12. 6ª T. (Info 490)*

Infração administrativa e criminal. Prazo prescricional.

A pretensão punitiva da Administração Pública em relação à infração administrativa que também configura crime em tese somente se sujeita ao prazo prescricional criminal quando instaurada a respectiva ação penal. Ademais, destacou-se que a regra constante do art. 4º da Lei 9.873/99 não se aplica às hipóteses em que a prescrição já se haja consumado antes da entrada em vigor do referido diploma legal. *REsp 1.116.477, Rel. Min. Teori Zavascki, 16.8.12. 1ª T. (Info 502)*

Inviabilidade de revisão da sanção administrativa em MS. Princípio da proporcionalidade. Reexame do mérito administrativo.

É inviável em MS a revisão de penalidade imposta em PAD, sob o argumento de ofensa ao princípio da proporcionalidade, por implicar reexame do mérito administrativo. *MS 17.479-DF, Rel. Min. Herman Benjamin, 28.11.12. 1ª S. (Info 511)*

Membros de comissão de processo disciplinar. Lotação em outra unidade da federação.

Na composição de comissão de processo disciplinar, é possível a designação de servidores lotados em unidade da Federação diversa daquela em que atua o servidor investigado. A Lei 8.112/90 não faz restrição quanto à lotação dos membros de comissão instituída para apurar infrações funcionais. *MS 14.827-DF, Rel. Min. Marco Bellizze, 24.10.12. 3ª S. (Info 507)*

PAD. Comissão. Estabilidade dos membros.

Os membros da comissão que conduzem o processo administrativo disciplinar devem ser estáveis no atual cargo que ocupam. *AgRg no REsp 1.317.278, Rel. Min. Humberto Martins, 28.8.12. 2ª T. (Info 503)*

PAD. Comissão. Estabilidade dos membros no serviço público.

Não é nulo processo administrativo disciplinar – PAD conduzido por servidores que não possuam estabilidade no atual cargo que ocupam, desde que já tenham adquirido a estabilidade no serviço público. *MS 17.583, Rel. p/ ac. Min. Mauro Campbell, 12.9.12. 1ª S. (Info 504)*

PAD. Demissão. Alteração. Créditos previdenciários.

O acórdão recorrido rejeitou a alegação de extrapolação dos limites objetivos do processo administrativo disciplinar, assinalando que o termo de indiciação apontou para intervenções indevidas do servidor recorrente no sistema do INSS, em benefício de diversas empresas, e não de apenas uma delas. 3. Colhe-se, do voto condutor, que a comissão processante esclareceu, fase a fase, os procedimentos de inclusão e exclusão de créditos no Dataprev, inclusive com a ouvida de servidores envolvidos em tais operações, afastando eventual ocorrência de falha técnica, violação da senha do recorrente, e erro de digitação. 4. O referido voto destacou que o próprio investigado admitiu ter efetuado operações de inscrição na dívida ativa e de cancelamento dos créditos em nome de determinada empresa, sendo certo que tal conduta, por si só, constitui transgressão disciplinar punível com demissão. 5. Em suma, o tribunal de origem, com amparo na prova dos autos, entendeu pela ausência de nulidade no processo disciplinar que apurou a prática, por servidor do INSS, de favorecimento ilícito, consubstanciado em cancelamento de créditos previdenciários vultosos, de que resultou a demissão do infrator. *REsp 1.153.405, Rel. Min. Og Fernandes, 13.3.12. 6ª T. (Info 493)*

PAD. Demissão. Auditor do INSS.

Não é imprescindível a descrição minuciosa dos fatos na portaria de instauração do processo disciplinar, tendo em vista que o seu principal objetivo é dar publicidade à constituição da comissão processante. A descrição pormenorizada dos fatos imputados ao servidor é obrigatória quando do indiciamento do servidor, o que ocorreu no caso. 2. A teor do disposto no art. 149 da Lei 8.112/90, apenas o presidente da comissão processante deve cumprir o requisito de ocupar cargo de nível igual ou superior, ou ter escolaridade de grau igual ou superior, ao do servidor investigado. 3. Não implica nulidade a ausência de termo de compromisso do secretário da comissão do PAD, porquanto tal designação recai necessariamente em servidor público, cujos atos funcionais gozam de presunção de legitimidade e veracidade. 4. A jurisprudência do STJ e do STF encontra-se consolidada no sentido da possibilidade do aproveitamento, em processo disciplinar, de prova licitamente obtida mediante o afastamento do sigilo telefônico em investigação criminal ou ação penal, contanto que autorizada a remessa pelo juízo responsável pela guarda dos dados coletados, e observado, no âmbito administrativo, o contraditório. 5. O advento da Lei 11.457/07, que, ao criar a Secretaria da Receita Federal do Brasil, redistribuiu o cargo ocupado pelo impetrante do Ministério da Previdência Social para o Ministério da Fazenda, não implica alteração da competência da comissão processante instaurada no âmbito do MPAS. O que se modifica é a autoridade julgadora do processo, que, no caso, passou a ser o Ministro de Estado da Fazenda, de quem, efetivamente, emanou o ato tido por coator. 6.

"Ocorrendo a transgressão, fixa-se imediatamente a competência da autoridade responsável pela apuração dos ilícitos, independentemente de eventuais modificações de lotação dentro da estrutura da Administração Pública" (MS 16530). *MS 14.797, Rel. Min. Og Fernandes, 28.3.12. 3ª S. (Info 494)*

PAD. Novo julgamento. "Bis in idem". "Reformatio in pejus".

É impossível o agravamento da penalidade imposta a servidor público após o encerramento do respectivo processo disciplinar, ainda que a sanção anteriormente aplicada não esteja em conformidade com a lei ou orientação normativa interna. O PAD somente pode ser anulado quando constatada a ocorrência de vício insanável (art. 169, caput, da Lei 8.112/90), ou revisto quando apresentados fatos novos ou circunstâncias suscetíveis de justificar a inocência do servidor punido ou a inadequação da penalidade aplicada (art. 174, caput, da Lei 8.112/90). Nos termos do enunciado da Súm. 19/STF, o rejulgamento do processo administrativo disciplinar para a aplicação de nova punição ao servidor caracteriza "bis in idem", situação vedada na seara administrativa. *MS 10.950, Rel. Min. Og Fernandes, 23.5.12. 3ª S. (Info 498)*

Processo administrativo disciplinar (PAD). Demissão por improbidade administrativa.

É possível a demissão de servidor por improbidade administrativa em processo administrativo disciplinar. A pena de demissão não é exclusividade do Judiciário, sendo dever indeclinável da Administração apurar e, eventualmente, punir os servidores que vierem a cometer ilícitos de natureza disciplinar, conforme o art. 143 da Lei 8.112/90. Em face da independência entre as esferas administrativas e penais, o fato de o ato demissório não defluir de condenação do servidor exarada em processo judicial não implica ofensa aos ditames da Lei 8.492/92, nos casos em que a citada sanção disciplinar é aplicada como punição a ato que pode ser classificado como de improbidade administrativa, mas não está expressamente tipificado no citado diploma legal, devendo, nesses casos, preponderar a regra prevista na Lei 8.112/90. *MS 14.140, Rel. Min. Laurita Vaz, 26.9.12. 3ª S. (Info 505)*

Processo administrativo disciplinar (PAD). Nulidade por impedimento de servidor.

A teor do art. 150 da Lei 8.112/90, a imparcialidade, o sigilo e a independência devem nortear os trabalhos da comissão que dirige o procedimento administrativo, assegurando ao investigado a materialização dos princípios constitucionais do contraditório e da ampla defesa. 2. O servidor que realizou as investigações em sindicância prévia e exarou juízo preliminar acerca da possível responsabilidade disciplinar do acusado, considerando presentes a autoria e materialidade de infração administrativa, está impedido de determinar, posteriormente, a instauração de processo administrativo disciplinar e de aprovar o relatório final. *MS 15.107, Rel. Min. Jorge Mussi, 26.9.12. 3ª S. (Info 505)*

Processo administrativo disciplinar (PAD). Utilização de interceptação telefônica.

É possível utilizar, em processo administrativo disciplinar, na qualidade de "prova emprestada", a interceptação telefônica produzida em ação penal, desde que devidamente autorizada pelo juízo criminal e com observância às diretrizes da Lei 9.296/96. *MS 14.140, Rel. Min. Laurita Vaz, 26.9.12. 3ª S. (Info 505)*

Servidor público. Direito de opção em caso de acumulação indevida de cargo, emprego ou função pública.

O direito de opção previsto no caput do art. 133 da Lei 8.112/90 a um dos cargos, empregos ou funções públicas indevidamente acumulados deve ser observado somente nas hipóteses em que o servidor puder fazer pedido de exoneração de um dos cargos. Isso porque o servidor que responde a processo administrativo disciplinar não pode ser exonerado a pedido até o encerramento do processo e o cumprimento da penalidade eventualmente aplicada, de acordo com o art. 172 do mesmo diploma. Assim, fica suspenso o direito de opção previsto no art. 133 enquanto pendente a conclusão de processo administrativo disciplinar em relação a um dos cargos. *RMS 38.867, Rel. Min. Humberto Martins, 18.10.12. 2ª T. (Info 508)*

Servidor público. Atestado médico. Prazo. Homologação. Desconto dos dias não trabalhados. PAD. Descabimento.

Não se mostra desarrazoada ou exorbitante dos limites do poder regulamentar a resolução que, à falta de norma disciplinadora da lei federal à época, fixa prazo para a apresentação do atestado médico particular para homologação, sob risco de que já tenha terminado o tratamento de saúde quando vier a ser concedido o afastamento ao servidor. Assim, deixando de apresentar antecipadamente o atestado particular para homologação, não é ilegal ou abusivo o ato que importou no desconto dos dias em que o servidor não compareceu ao serviço, nem justificou sua falta, nos estritos limites do art. 44 da Lei 8.112/90. *RMS 28.724, Rel. Min. Maria T. A. Moura, 22.5.12. 6ª T. (Info 498)*

Servidor público municipal. Licenciamento. PAS. Estatuto do servidor. Submissão.

A Lei 11.866/95, que instituiu o Plano de Atendimento à Saúde – PAS, estabeleceu que devem integrar as cooperativas servidores municipais ativos ou inativos, sendo certo que aos ativos deve ser concedida licença para tanto, sem prejuízo da contagem do período em que houver o afastamento para fins de aposentadoria, disponibilidade, acesso, evolução funcional e promoção. 2. Assim, o servidor que assume a Direção de um Módulo do PAS não deixa de ser funcionário público, porquanto não rompido o vínculo jurídico com o Município, notadamente em razão da possibilidade de contagem desse tempo para efeitos de aquisição de direitos próprios do regime estabelecido no Estatuto do Funcionalismo Público Municipal (Lei 8.989/79), daí porque não há ilegalidade no ato de demissão do recorrente fundamentado na referida norma. 3. Recurso ordinário a que se nega provimento. *RMS 28.977, Rel. Min. Maria T. A. Moura, 7.8.12. 6ª T. (Info 501)*

13. RESPONSABILIDADE CIVIL DO ESTADO

2016

Indenização em razão de equívoco no reconhecimento de reincidência.

No caso em que o reconhecimento da reincidência tenha origem em infração anterior cuja pena tenha sido cumprida ou extinta há mais de cinco anos, deferido o pedido revisional para diminuir a pena equivocadamente fixada, será devida a indenização ao condenado que tenha sofrido prejuízos em virtude do erro judiciário. *REsp 1.243.516-SP, Rel. Min. Reynaldo Soares da Fonseca, DJ 30.9.2016. 5ª T. (Info 590)*

Indenização por danos morais a anistiado político.

O anistiado político que obteve, na via administrativa, a reparação econômica prevista na Lei 10.559/02 (Lei de Anistia) não está impedido de pleitear, na esfera judicial, indenização por danos morais pelo mesmo episódio político. *REsp 1.485.260-PR, Rel. Min. Sérgio Kukina, DJe 19.4.2016. 1ª T. (Info 581)*

2015

Prazo prescricional da pretensão indenizatória exercida contra pessoa jurídica de direito privado prestadora de serviço público.

É quinquenal o prazo prescricional para a propositura de ação indenizatória ajuizada por vítima de acidente de trânsito contra concessionária de serviço público de transporte coletivo. *REsp 1.277.724-PR, Rel. Min. João Otávio de Noronha, DJe 10.6.15. 3ª T. (Info 563)*

Responsabilidade civil do estado em razão da existência de cadáver em decomposição em reservatório de água.

O consumidor faz jus a reparação por danos morais caso comprovada a existência de cadáver em avançado estágio de decomposição no reservatório do qual a concessionária de serviço público extrai a água fornecida à população. *REsp 1.492.710-MG, Rel. Min. Humberto Martins, DJe 19.12.14. 2ª T. (Info 553)*

Termo inicial da prescrição de pretensão indenizatória decorrente de tortura e morte de preso.

O termo inicial da prescrição de pretensão indenizatória decorrente de suposta tortura e morte de preso custodiado pelo Estado, nos casos em que não chegou a ser ajuizada ação penal para apurar os fatos, é a data do arquivamento do inquérito policial. *REsp 1.443.038-MS, Rel. Min. Humberto Martins, DJe 19.2.15. 2ª T. (Info 556)*

2014

Legitimidade passiva da União em demandas que envolvem o SUS.

A União – e não só Estados, Distrito Federal e Municípios – tem legitimidade passiva em ação de indenização por erro médico ocorrido em hospital da rede privada durante atendimento custeado pelo Sistema Único de Saúde (SUS). *REsp 1.388.822-RN, Rel. Min. Benedito Gonçalves, 16.6.14. 1ª T. (Info 543)*

2013

Ilegitimidade passiva da CEF em ação indenizatória referente a danos causados em razão de roubo ocorrido no interior de casa lotérica.

1. DIREITO ADMINISTRATIVO

A Caixa Econômica Federal não tem legitimidade para figurar no polo passivo de ação que objetive reparar danos materiais e compensar danos morais causados por roubo ocorrido no interior de agência lotérica. Com efeito, a CEF, na qualidade de instituição financeira, poderia ser responsabilizada pelo eventual descumprimento das imposições legais referentes à adoção de recursos de segurança específicos para proteção dos estabelecimentos que constituam sedes de instituições financeiras. Essas específicas determinações legais, contudo, não alcançam as unidades lotéricas. *REsp 1.317.472-RJ, Rel. Min. Nancy Andrighi, 5.3.13. 3ª T. (Info 518)*

Indenização por danos materiais em decorrência de nomeação tardia para cargo público determinada em decisão judicial.

É indevida a indenização por danos materiais a candidato aprovado em concurso público cuja nomeação tardia decorreu de decisão judicial, pois essa situação levaria a seu enriquecimento ilícito em face da inexistência da prestação de serviços à Administração Pública. *AgRg nos EDcl nos EDcl no RMS 30.054-SP, Rel. Min. Og Fernandes, 19.2.13. 6ª T. (Info 515)*

Legitimidade de agente público para responder diretamente por atos praticados no exercício de sua função.

Na hipótese de dano causado a particular por agente público no exercício de sua função, há de se conceder ao lesado a possibilidade de ajuizar ação diretamente contra o agente, contra o Estado ou contra ambos. *REsp 1.325.862-PR, Rel. Min. Luis Felipe Salomão, 5.9.13. 4ª T. (Info 532)*

Responsabilidade civil do estado.

Na fixação do valor da indenização, não se deve aplicar o critério referente à teoria da perda da chance, e sim o da efetiva extensão do dano causado (art. 944 do CC), na hipótese em que o Estado tenha sido condenado por impedir servidor público, em razão de interpretação equivocada, de continuar a exercer de forma cumulativa dois cargos públicos regularmente acumuláveis. *REsp 1.308.719-MG, Rel. Min. Mauro Campbell Marques, 25.6.13. 2ª T. (Info 530)*

Responsabilidade objetiva do estado no caso de suicídio de detento.

A Administração Pública está obrigada ao pagamento de pensão e indenização por danos morais no caso de morte por suicídio de detento ocorrido dentro de estabelecimento prisional mantido pelo Estado. a responsabilidade civil estatal pela integridade dos presidiários é objetiva em face dos riscos inerentes ao meio no qual foram inseridos pelo próprio Estado. *AgRg no REsp 1.305.259-SC, Rel. Min. Mauro Campbell Marques, 2.4.13. 2ª T. (Info 520)*

2012

Concurso público. Indenização. Servidor nomeado por decisão judicial.

A nomeação tardia a cargo público em decorrência de decisão judicial não gera direito à indenização. *REsp 949.072, Rel. Min. Castro Meira, 27.3.12. 2ª T. (Info 494)*

Transporte de carga pela ECT. Roubo. Força maior.

A empresa de Correios é de natureza pública federal, criada pelo DL 509/69, prestadora de serviços postais sob regime de privilégio, cuja harmonia com a CF, em parte, foi reconhecida pelo STF, no julgamento da ADPF 46. Os Correios são, a um só tempo, empresa pública prestadora de serviço público em sentido estrito, e agente inserido no mercado, desempenhando, neste caso, típica atividade econômica e se sujeitando ao regime de direito privado. 2. Destarte, o caso dos autos revela o exercício de atividade econômica típica, consubstanciada na prestação de serviço de "recebimento/coleta, transporte e entrega domiciliar aos destinatários em âmbito nacional" de "fitas de vídeo e/ou material promocional relativo a elas", por isso que os Correios se sujeitam à responsabilidade civil própria das transportadoras de carga, as quais estão isentas de indenizar o dano causado na hipótese de força maior, cuja extensão conceitual abarca a ocorrência de roubo das mercadorias transportadas. 3. A força maior deve ser entendida, atualmente, como espécie do gênero fortuito externo, do qual faz parte também a culpa exclusiva de terceiros, os quais se contrapõem ao chamado fortuito interno. O roubo, mediante uso de arma de fogo, em regra é fato de terceiro equiparável a força maior, que deve excluir o dever de indenizar, mesmo no sistema de responsabilidade civil objetiva. 4. Se não for demonstrado que a transportadora não adotou as cautelas que razoavelmente dela se poderia esperar, o roubo de carga constitui motivo de força maior a isentar a sua responsabilidade. *REsp 976.564, Rel. Min. Luis F. Salomão, 20.9.12. 4ª T. (Info 505)*

Ação de indenização. Legitimidade "ad causam" da concessionária de transporte público.

RPT A concessionária de serviço de transporte público vencedora de novo procedimento licitatório não tem legitimidade para responder por ilícitos praticados pela concessionária anterior, salvo se houvesse, no contrato de concessão, cláusula que responsabilizasse a nova concessionária pelas contingências da anterior. *REsp 1.120.620, Rel. Min. Raul Araújo, 24.10.12. 2ª S. (Info 507)*

14. SERVIÇOS PÚBLICOS

14.1. Concessão, Permissão e Autorização de Serviços Públicos

2016

Não sujeição de banco postal às regras de segurança previstas na Lei 7.102/83.

A imposição legal de adoção de recursos de segurança específicos para proteção dos estabelecimentos que constituam sedes de instituições financeiras (Lei 7.102/83) não alcança o serviço de correspondente bancário (Banco Postal) realizado pela Empresa Brasileira de Correios e Telégrafos (ECT). *REsp 1.497.235-SE, Rel. Min. Mauro Campbell Marques, DJe 9.12.2015. 2ª T. (Info 574)*

2015

Obtenção de receita alternativa em contrato de concessão de rodovia.

Concessionária de rodovia pode cobrar de concessionária de energia elétrica pelo uso de faixa de domínio de rodovia para a instalação de postes e passagem de cabos aéreos efetivadas com o intuito de ampliar a rede de energia, na hipótese em que o contrato de concessão da rodovia preveja a possibilidade de obtenção de receita alternativa decorrente de atividades vinculadas à exploração de faixas marginais. *EREsp 985.695-RJ, Rel. Min. Humberto Martins, DJe 12.12.14. 1ª S. (Info 554)*

2014

Equilíbrio econômico-financeiro em contrato de permissão de serviço público.

Não há garantia da manutenção do equilíbrio econômico-financeiro do contrato de permissão de serviço de transporte público realizado sem prévia licitação. *REsp 1.352.497-DF, Rel. Min. Og Fernandes, 4.2.14. 2ª T. (Info 535)*

Impossibilidade de manutenção por longo prazo de permissão precária.

A não adoção pelo poder concedente das providências do § 3º do art. 42 da Lei 8.987/95 não justifica a permanência por prazo muito longo de permissões para a prestação de serviços de transporte coletivo concedidas sem licitação antes da Constituição Federal de 1988. *AgRg no REsp 1.435.347-RJ, Rel. Min. Mauro Campbell Marques, 19.8.14. 2ª T. (Info 546)*

Termo final de contrato de permissão nulo.

Declarada a nulidade de permissão outorgada sem licitação pública ainda antes da Constituição Federal de 1988, é possível ao magistrado estabelecer, independentemente de eventual direito a indenização do permissionário, prazo máximo para o termo final do contrato de adesão firmado precariamente. *AgRg no REsp 1.435.347-RJ, Rel. Min. Mauro Campbell Marques, 19.8.14. 2ª T. (Info 546)*

14.2. Serviços Notariais e Registrais

2013

Desmembramento de serventias.

Na hipótese de desmembramento de serventias, não há necessidade de consulta prévia aos titulares atingidos pela medida. Não há direito adquirido ao não desmembramento de serviços notariais e de registro, conforme consolidado na Súm. 46/STF. Diante disso, outorgado o direito de opção e atendidos os demais ditames legais, não há cogitar violação do direito de defesa, do contraditório ou de outro princípio constitucional. *RMS 41.465-RO, Rel. Min. Humberto Martins, 3.9.13. 2ª T. (Info 530)*

2012

Notário. Acumulação indevida de cargo, emprego ou função pública.

A atividade de notário é inacumulável com qualquer cargo, emprego ou função pública, ainda que em comissão, mesmo que o servidor esteja no gozo de férias ou licença remunerada. *RMS 38.867, Rel. Min. Humberto Martins, 18.10.12. 2ª T. (Info 508)*

14.3. Tarifas

2013

Inexistência de abusividade na cobrança de tarifa de energia elétrica com base em demanda de potência.

É possível a cobrança da tarifa binômia, composta pelo efetivo consumo de energia elétrica e pela demanda disponibilizada, dos consumidores enquadrados no Grupo A da Res. 456/00 da Aneel. *AgRg no REsp 1.110.226-PR, Rel. Min. Napoleão Nunes Maia Filho, 5.2.13. 1ª T. (Info 515)*

Restituição de valores aportados por consumidor que tenha solicitado a extensão de rede de eletrificação rural.

RPT Em contratos regidos pelo Dec. 41.019/57, o consumidor que solicitara a extensão de rede de eletrificação rural não tem direito à restituição dos valores aportados, salvo na hipótese de ter adiantado parcela que cabia à concessionária – em caso de responsabilidade conjunta (arts. 138 e 140) – ou de ter custeado obra de responsabilidade exclusiva da concessionária (art. 141). *REsp 1.243.646-PR, Rel. Min. Luis Felipe Salomão, 10.4.13. 2ª S. (Info 518)*

Restituição do valor investido na extensão de rede de telefonia pelo método PCT.

O consumidor não tem direito à restituição dos valores por ele investidos na extensão de rede de telefonia pelo método de Plantas Comunitárias de Telefonia – PCT na hipótese em que há previsão contratual, amparada por portaria vigente na época da concessão, de doação dos bens que constituíam o acervo telefônico à empresa concessionária do serviço. *AgRg nos EDcl no AREsp 254.007-RS, Rel. Min. Maria Isabel Gallotti, 21.2.13. 4ª T. (Info 514)*

Tarifa de esgotamento sanitário.

RPT É legal a cobrança de tarifa de esgoto na hipótese em que a concessionária realize apenas uma – e não todas – das quatro etapas em que se desdobra o serviço de esgotamento sanitário (a coleta, o transporte, o tratamento e a disposição final de dejetos). *REsp 1.339.313-RJ, Rel. Min. Benedito Gonçalves, 12.6.13. 1ª S. (Info 530)*

2012

Cobrança de tarifa de esgotamento sanitário na hipótese em que a concessionária responsável pelo serviço realize apenas a coleta e o transporte dos dejetos sanitários.

É possível a cobrança de tarifa de esgotamento sanitário mesmo na hipótese em que a concessionária responsável pelo serviço realize apenas a coleta e o transporte dos dejetos sanitários, sem a promoção do seu tratamento final. *REsp 1.330.195-RJ, Rel. Min. Castro Meira, 6.12.12. 2ª T. (Info 514)*

15. OUTROS TEMAS

2016

Atribuição para classificar como medicamento produto importado.

Se a Anvisa classificou determinado produto importado como "cosmético", a autoridade aduaneira não poderá alterar essa classificação para defini-lo como "medicamento". *REsp 1.555.004-SC, Rel. Min. Napoleão Nunes Maia Filho, DJe 25.2.2016. 1ª T. (Info 577)*

Correção monetária e juros de mora em condenação imposta à Fazenda Pública por dano moral.

Na condenação imposta à Fazenda Pública a título de danos morais decorrentes de perseguição política durante a ditadura militar instalada no Brasil após 1964, para fins de atualização monetária e compensação da mora, a partir da data do arbitramento da indenização em segunda instância, haverá a incidência dos índices oficiais de remuneração básica e juros aplicados à caderneta de poupança. *REsp 1.485.260-PR, Rel. Min. Sérgio Kukina, DJe 19.4.2016. 1ª T. (Info 581)*

Impossibilidade de oposição do sigilo do acordo de leniência ao Judiciário.

O sigilo do acordo de leniência celebrado com o CADE não pode ser oposto ao Poder Judiciário para fins de acesso aos documentos que instruem o respectivo procedimento administrativo. Com efeito, o dever de colaboração com o Poder Judiciário é imposto a todos, sejam eles partes ou terceiros, interessados ou desinteressados, nos termos dos arts. 339 e 341 do CPC/73. De fato, não se está diante de uma oposição ao dever de colaboração com fulcro na condição do profissional pautada numa eventual relação de confiança. De modo algum se pode imaginar que os profissionais do CADE, no exercício do poder de polícia, dependam de uma relação de confiança com o agente de mercado, o qual é por ele, a rigor, fiscalizado. Ao contrário, seu trabalho é essencialmente público, sujeitando-se inclusive ao controle social que fundamenta essa publicidade ampla em regra. *REsp 1.554.986-SP, Rel. Min. Marco Aurélio Bellizze, DJe 5.4.2016. 3ª T. (Info 580)*

Limites do sigilo nos acordos de leniência.

O sigilo nos processos administrativos de acordo de leniência celebrado com o CADE, bem como o dos documentos que os instruem, no que tange a pretensões privadas de responsabilização civil por danos decorrentes da eventual formação de cartel, deve ser preservado até a conclusão da instrução preliminar do referido processo administrativo (marcada pelo envio do relatório circunstanciado pela Superintendência-Geral ao Presidente do Tribunal Administrativo), somente podendo ser estendido para após esse marco quando lastreado em circunstâncias concretas fundadas no interesse coletivo – seja ele o interesse das apurações, seja ele a proteção de segredos industriais. *REsp 1.554.986-SP, Rel. Min. Marco Aurélio Bellizze, DJe 5.4.2016. 3ª T. (Info 580)*

Mercadoria importada. Adulteração de dados essenciais (origem do produto). Perdimento. Pagamento dos tributos devidos. Irrelevância.

A quitação do tributo devido não implica direito ao descumprimento das normas que disciplinam o direito alfandegário. *REsp 1.385.366-ES, Rel. Min. Herman Benjamin, DJe 11.10.2016. 2ª T. (Info 592)*

Possibilidade de desembaraço aduaneiro de bagagem por meio de ordem de frete.

No caso em que, em desembaraço aduaneiro de bagagem, o conhecimento de carga ("bill of lading") não continha o nome do proprietário ou possuidor do bem, a ordem de frete preenchida à mão serve como prova da propriedade ou da posse da mercadoria. Isso porque o art. 554 do Dec. 6.759/09 (Regulamento Aduaneiro) dispõe que "O conhecimento de carga original, ou documento de efeito equivalente, constitui prova de posse ou de propriedade da mercadoria". A equivalência a que se refere o dispositivo legal é circunstancial e sua consideração visa a um propósito específico, sendo desnecessária, por isso, a identidade entre características formais e/ou materiais dos documentos, de modo que, a depender das peculiaridades do caso concreto, é possível a ordem de frete servir como prova da posse ou propriedade da bagagem. *REsp 1.506.830-PR, Rel. Min. Gurgel de Faria, DJe 10.8.2016. 1ª T. (Info 587)*

Restituição à administração pública de proventos depositados a servidor público falecido.

Os herdeiros devem restituir os proventos que, por erro operacional da Administração Pública, continuaram sendo depositados em conta de servidor público após o seu falecimento. *AgRg no REsp 1.387.971-DF, Rel. Min. Mauro Campbell Marques, DJe 21.3.2016. 2ª T. (Info 579)*

2. DIREITO AMBIENTAL

1. ÁREAS DE PRESERVAÇÃO PERMANENTE (APP) E DE PROTEÇÃO AMBIENTAL (APA)

2013

Inexistência de dano moral decorrente da não concessão de autorização para a realização de desmatamento e queimada.

Não gera dano moral a conduta do Ibama de, após alguns anos concedendo autorizações para desmatamento e queimada em determinado terreno com a finalidade de preparar o solo para atividade agrícola, deixar de fazê-lo ao constatar que o referido terreno integra área de preservação ambiental. REsp 1.287.068-RR, Rel. Min. Herman Benjamin, 10.9.13. 2ª T. (Info 531)

2. NORMAS DE PROTEÇÃO AMBIENTAL

2.1. Código Florestal (Lei 12.615/12)

2015

Requisito para registro da sentença declaratória de usucapião.

Para que a sentença declaratória de usucapião de imóvel rural sem matrícula seja registrada no Cartório de Registro de Imóveis, é necessário o prévio registro da reserva legal no Cadastro Ambiental Rural (CAR). REsp 1.356.207-SP, Rel. Min. Paulo de Tarso Sanseverino, DJe 7.5.15. 3ª T. (Info 561)

3. REPARTIÇÃO DE COMPETÊNCIAS

2013

Regulamentação do acesso a fontes de abastecimento de água.

É possível que decreto e portaria estaduais disponham sobre a obrigatoriedade de conexão do usuário à rede pública de água, bem como sobre a vedação ao abastecimento por poço artesiano, ressalvada a hipótese de inexistência de rede pública de saneamento básico. Os estados membros da Federação possuem domínio de águas subterrâneas, competência para legislar sobre a defesa dos recursos naturais e a proteção do meio ambiente e poder de polícia para precaver e prevenir danos ao meio ambiente. Assim, a intervenção desses entes sobre o tema é imperativa. REsp 1.306.093-RJ, Rel. Min. Herman Benjamin, 28.5.13. 2ª T. (Info 525)

4. RESPONSABILIDADE AMBIENTAL

2016

Danos materiais ocasionados por construção de hidrelétrica.

O pescador profissional artesanal que exerça a sua atividade em rio que sofreu alteração da fauna aquática após a regular instalação de hidrelétrica (ato lícito) tem direito de ser indenizado, pela concessionária de serviço público responsável, em razão dos prejuízos materiais decorrentes da diminuição ou desaparecimento de peixes de espécies comercialmente lucrativas paralelamente ao surgimento de outros de espécies de menor valor de mercado, circunstância a impor a captura de maior volume de pescado para a manutenção de sua renda próxima à auferida antes da modificação da ictiofauna. REsp 1.371.834-PR, Rel. Min. Maria Isabel Gallotti, DJe 14.12.2015. 4ª T. (Info 574)

Inocorrência de danos morais em caso de construção de hidrelétrica.

O pescador profissional artesanal que exerça a sua atividade em rio que sofreu alteração da fauna aquática após a regular instalação de hidrelétrica (ato lícito) – adotadas todas as providências mitigatórias de impacto ambiental para a realização da obra, bem como realizado EIA/RIMA – não tem direito a ser compensado por alegados danos morais decorrentes da diminuição ou desaparecimento de peixes de espécies comercialmente lucrativas paralelamente ao surgimento de outros de espécies de menor valor de mercado, circunstância que, embora não tenha ocasionado a suspensão da pesca, imporia a captura de maior volume de pescado para manutenção de sua renda próxima à auferida antes da modificação da ictiofauna. REsp 1.371.834-PR, Rel. Min. Maria Isabel Gallotti, DJe 14.12.2015. 4ª T. (Info 574)

2014

Caráter da responsabilidade por danos morais decorrentes de acidente ambiental causado por subsidiária da Petrobras.

RPT Relativamente ao acidente ocorrido no dia 5 de outubro de 2008, quando a indústria Fertilizantes Nitrogenados de Sergipe (Fafen), subsidiária da Petrobras, deixou vazar para as águas do rio Sergipe cerca de 43 mil litros de amônia, que resultou em dano ambiental provocando a morte de peixes, camarões, mariscos, crustáceos e moluscos e consequente quebra da cadeia alimentar do ecossistema fluvial local: é inadequado pretender conferir à reparação civil dos danos ambientais caráter punitivo imediato, pois a punição é função que incumbe ao direito penal e administrativo. REsp 1.354.536-SE, Rel. Min. Luis Felipe Salomão, 26.3.14. 2ª S. (Info 538)

Comprovação do exercício da pesca profissional para legitimar a propositura de ação para ressarcimento de dano ambiental.

RPT Relativamente ao acidente ocorrido no dia 5 de outubro de 2008, quando a indústria Fertilizantes Nitrogenados de Sergipe (Fafen), subsidiária da Petrobras, deixou vazar para as águas do rio Sergipe cerca de 43 mil litros de amônia, que resultou em dano ambiental provocando a morte de peixes, camarões, mariscos, crustáceos e moluscos e consequente quebra da cadeia alimentar do ecossistema fluvial local: para demonstração da legitimidade para vindicar indenização por dano ambiental que resultou na redução da pesca na área atingida, o registro de pescador profissional e a habilitação ao benefício do seguro-desemprego, durante o período de defeso, somados a outros elementos de prova que permitam o convencimento do magistrado acerca do exercício dessa atividade, são idôneos à sua comprovação. REsp 1.354.536-SE, Rel. Min. Luis Felipe Salomão, 26.3.14. 2ª S. (Info 538)

Indenização por lucros cessantes decorrentes de acidente ambiental causado por subsidiária da Petrobras.

RPT Relativamente ao acidente ocorrido no dia 5 de outubro de 2008, quando a indústria Fertilizantes Nitrogenados de Sergipe (Fafen), subsidiária da Petrobras, deixou vazar para as águas do rio Sergipe cerca de 43 mil litros de amônia, que resultou em dano ambiental provocando a morte de peixes, camarões, mariscos, crustáceos e moluscos e consequente quebra da cadeia alimentar do ecossistema fluvial local: o dano material somente é indenizável mediante prova efetiva de sua ocorrência, não havendo falar em indenização por lucros cessantes dissociada do dano efetivamente demonstrado nos autos; assim, se durante o interregno em que foi experimentado os efeitos do dano ambiental, houve o período de "defeso" – incidindo a proibição sobre toda atividade de pesca do lesado –, não há que se cogitar em indenização por lucros cessantes durante essa vedação. REsp 1.354.536-SE, Rel. Min. Luis Felipe Salomão, 26.3.14. 2ª S. (Info 538)

Honorários advocatícios em ação de indenização por danos ambientais decorrentes de acidente causado por subsidiária da petrobras.

RPT Relativamente ao acidente ocorrido no dia 5 de outubro de 2008, quando a indústria Fertilizantes Nitrogenados de Sergipe (Fafen), subsidiária da Petrobras, deixou vazar para as águas do rio Sergipe cerca de 43 mil litros de amônia, que resultou em dano ambiental provocando a morte de peixes, camarões, mariscos, crustáceos e moluscos e consequente quebra da cadeia alimentar do ecossistema fluvial local: no caso concreto, os honorários advocatícios, fixados em 20% do valor da condenação arbitrada para o acidente – em atenção às características específicas da demanda e à ampla dilação probatória – não se justifica a sua revisão, em sede de recurso especial. REsp 1.354.536-SE, Rel. Min. Luis Felipe Salomão, 26.3.14. 2ª S. (Info 538)

Prazo de prescrição em caso de dano pessoal decorrente de dano ambiental.

Conta-se da data do conhecimento do dano e de sua autoria – e não da data em que expedida simples notificação pública a respeito da existência do dano ecológico – o prazo prescricional da pretensão indenizatória de quem sofreu danos pessoais decorrentes de contaminação de solo e de lençol freático ocasionada por produtos utilizados no tratamento de madeira destinada à fabricação de postes de luz. *AgRg no REsp 1.365.277-RS, Rel. Min. Paulo de Tarso Sanseverino, 20.2.14. 3ª T. (Info 537)*

Responsabilidade civil em decorrência de dano ambiental provocado pela empresa Rio Pomba Cataguases Ltda. No município de Miraí-MG.

RPT Em relação ao acidente ocorrido no Município de Miraí-MG, em janeiro de 2007, quando a empresa de Mineração Rio Pomba Cataguases Ltda., durante o desenvolvimento de sua atividade empresarial, deixou vazar cerca de 2 bilhões de litros de resíduos de lama tóxica (bauxita), material que atingiu quilômetros de extensão e se espalhou por cidades dos Estados do Rio de Janeiro e de Minas Gerais, deixando inúmeras famílias desabrigadas e sem seus bens (móveis e imóveis): a) a responsabilidade por dano ambiental é objetiva, informada pela teoria do risco integral, sendo o nexo de causalidade o fator aglutinante que permite que o risco se integre na unidade do ato, sendo descabida a invocação, pela empresa responsável pelo dano ambiental, de excludentes de responsabilidade civil para afastar a sua obrigação de indenizar; b) em decorrência do acidente, a empresa deve recompor os danos materiais e morais causados; e c) na fixação da indenização por danos morais, recomendável que o arbitramento seja feito caso a caso e com moderação, proporcionalmente ao grau de culpa, ao nível socioeconômico dos autores, e, ainda, ao porte da empresa recorrida, orientando-se o juiz pelos critérios sugeridos pela doutrina e jurisprudência, com razoabilidade, valendo-se de sua experiência e bom senso, atento à realidade da vida e às peculiaridades de cada caso, de modo a que, de um lado, não haja enriquecimento sem causa de quem recebe a indenização e, de outro lado, haja efetiva compensação pelos danos morais experimentados por aquele que fora lesado. *REsp 1.374.284-MG, Rel. Min. Luis Felipe Salomão, 27.8.14. 2ª S. (Info 545)*

Responsabilidade civil objetiva por dano ambiental privado.

O particular que deposite resíduos tóxicos em seu terreno, expondo-os a céu aberto, em local onde, apesar da existência de cerca e de placas de sinalização informando a presença de material orgânico, o acesso de outros particulares seja fácil, consentido e costumeiro, responde objetivamente pelos danos sofridos por pessoa que, por conduta não dolosa, tenha sofrido, ao entrar na propriedade, graves queimaduras decorrentes de contato com os resíduos. *REsp 1.373.788-SP, Rel. Min. Paulo de Tarso Sanseverino, 6.5.14. 3ª T. (Info 544)*

Responsabilidade por danos ambientais decorrentes de acidente causado por subsidiária da Petrobras.

RPT Relativamente ao acidente ocorrido no dia 5 de outubro de 2008, quando a indústria Fertilizantes Nitrogenados de Sergipe (Fafen), subsidiária da Petrobras, deixou vazar para as águas do rio Sergipe cerca de 43 mil litros de amônia, que resultou em dano ambiental provocando a morte de peixes, camarões, mariscos, crustáceos e moluscos e consequente quebra da cadeia alimentar do ecossistema fluvial local: a responsabilidade por dano ambiental é objetiva, informada pela teoria do risco integral, sendo o nexo de causalidade o fator aglutinante que permite que o risco se integre na unidade do ato, sendo descabida a invocação, pela empresa responsável pelo dano ambiental, de excludentes de responsabilidade civil para afastar a sua obrigação de indenizar. *REsp 1.354.536-SE, Rel. Min. Luis Felipe Salomão, 26.3.14. 2ª S. (Info 538)*

Valor da indenização por danos morais decorrentes de acidente ambiental causado por subsidiária da Petrobras.

RPT Relativamente ao acidente ocorrido no dia 5 de outubro de 2008, quando a indústria Fertilizantes Nitrogenados de Sergipe (Fafen), subsidiária da Petrobras, deixou vazar para as águas do rio Sergipe cerca de 43 mil litros de amônia, que resultou em dano ambiental provocando a morte de peixes, camarões, mariscos, crustáceos e moluscos e consequente quebra da cadeia alimentar do ecossistema fluvial local: em vista das circunstâncias específicas e homogeneidade dos efeitos do dano ambiental verificado no ecossistema do rio Sergipe – afetando significativamente, por cerca de seis meses, o volume pescado e a renda dos pescadores na região afetada –, sem que tenha sido dado amparo pela poluidora para mitigação dos danos morais experimentados e demonstrados por aqueles que extraem o sustento da pesca profissional, não se justifica, em sede de recurso especial, a revisão do quantum arbitrado, a título de compensação por danos morais, em R$ 3.000,00. *REsp 1.354.536-SE, Rel. Min. Luis Felipe Salomão, 26.3.14. 2ª S. (Info 538)*

2013

Cumulação das obrigações de recomposição do meio ambiente e de compensação por dano moral coletivo.

Na hipótese de ação civil pública proposta em razão de dano ambiental, é possível que a sentença condenatória imponha ao responsável, cumulativamente, as obrigações de recompor o meio ambiente degradado e de pagar quantia em dinheiro a título de compensação por dano moral coletivo. REsp 1.328.753-MG, Rel. Min. Herman Benjamin, 28.5.13. 2ª T. (Info 526)

2012

Responsabilidade civil objetiva. Dano ambiental.

A responsabilidade por dano ambiental é objetiva e pautada no risco integral, não se admitindo a aplicação de excludentes de responsabilidade. Conforme a previsão do art. 14, § 1º, da Lei 6.938/81, recepcionado pelo art. 225, §§ 2º e 3º, da CF, a responsabilidade por dano ambiental, fundamentada na teoria do risco integral, pressupõe a existência de uma atividade que implique riscos para a saúde e para o meio ambiente, impondo-se ao empreendedor a obrigação de prevenir tais riscos (princípio da prevenção) e de internalizá-los em seu processo produtivo (princípio do poluidor-pagador). REsp 1.346.430-PR, Rel. Min. Luis Felipe Salomão, 18.10.12. 4ª T. (Info 507)

Dano moral. Privação do trabalho por dano ambiental.

A privação das condições de trabalho em decorrência de dano ambiental configura dano moral. Estando o trabalhador impossibilitado de trabalhar, revela-se patente seu sofrimento, angústia e aflição. O ócio indesejado imposto pelo acidente ambiental gera a incerteza quanto à viabilidade futura de sua atividade profissional e manutenção própria e de sua família. REsp 1.346.430-PR, Rel. Min. Luis Felipe Salomão, 18.10.12. 4ª T. (Info 507)

Indenização. Dano ambiental. Atividade de pesca suspensa.

RPT Mantida a condenação da Petrobrás ao pagamento de indenização por danos morais e materiais causados ao recorrido, pescador profissional, em razão de acidente ambiental. "In casu", o presente apelo especial, admitido como representativo de controvérsia, busca especificamente equalizar o julgamento das ações de indenização por danos patrimoniais e extrapatrimoniais causados por vazamento de nafta do navio NT-Norma, de propriedade da recorrente, ocorrido em outubro de 2001, no Porto de Paranaguá, fato que suspendeu a atividade de pesca na região pelo prazo de um mês. Inicialmente, asseverou-se inexistir cerceamento de defesa no julgamento antecipado da lide, pois o magistrado considerou que os aspectos decisivos da causa estavam suficientemente maduros para embasar seu convencimento. Segundo se observou, cabe ao juiz, como único destinatário da prova, aferir a necessidade ou não de colher outros elementos probatórios para análise das alegações das partes. Quanto à alegada ilegitimidade "ad causam", reputou-se estar devidamente comprovada a qualidade de pescador do recorrido à época dos fatos. A carteira de identificação profissional fornecida pelo Ministério da Agricultura, apesar de ter sido emitida após o acidente ambiental, demonstra claramente que ele estava registrado no Departamento de Pesca e Aquicultura como trabalhador de atividade pesqueira, desde 1988. Em relação às hipóteses de excludentes do nexo de causalidade levantadas pela defesa, afirmou-se estar diante do caso de responsabilidade objetiva do transportador de carga perigosa, na modalidade "risco integral", em que não se admite qualquer causa de excludente de responsabilidade. Destacou-se, ademais, que, segundo o acórdão objurgado, o vazamento de nafta teria sido ocasionado pela colisão do navio de propriedade da recorrente, e não pelo deslocamento da boia de sinalização da entrada do canal. Entendeu-se, ainda, ser cabível o pagamento de indenização por danos extrapatrimoniais, diante do sofrimento de monta causado ao recorrido, que ficou impossibilitado de exercer seu trabalho por tempo considerável. Reafirmou-se o entendimento do enunciado da Súm. 54 deste Tribunal Superior, no sentido de que, tratando-se de responsabilidade extracontratual, os juros de mora incidirão a partir do evento danoso. REsp 1.114.398, Rel. Min. Sidnei Beneti, 8.2.12. 2ª S. (Info 490)

5. TUTELA DO MEIO AMBIENTE

5.1. Tutela Administrativa

2015

Aplicação de multa independentemente de prévia advertência por infração ambiental grave.

Configurada infração ambiental grave, é possível a aplicação da pena de multa sem a necessidade de prévia imposição da pena de advertência (art. 72 da Lei 9.605/98). *REsp 1.318.051-RJ, Rel. Min. Benedito Gonçalves, DJe 12.5.15. 1ª T. (Info 561)*

2013

Auto de infração e aplicação de multa com base no art. 14, I, da Lei 6.938/81.

O art. 14, I, da Lei 6.938/81, por si só, constitui fundamento suficiente para embasar a autuação de infração e a aplicação de multa administrativa em decorrência de queimada não autorizada. *REsp 996.352-PR, Rel. Min. Castro Meira, 5.2.13. 2ª T. (Info 515)*

2012

Ambiental. Pesca. Infração. Lei 9.605/98. Caracterização.

O legislador cuidou, no art. 36, de enunciar o que deve ser entendido como pesca: "ato tendente a retirar, extrair, coletar, apanhar, apreender ou capturar espécimes dos grupos dos peixes". Assim, ao analisar as condutas previstas nos arts. 34 e 35 e o conceito de pesca disposto no art. 36, concluiu-se que o recorrido, ao abandonar uma rede (material proibido e predatório) em um rio, em época de piracema, pescou, uma vez que, pela análise de todo o contexto apresentado no acórdão, houve a demonstração de prática de ato tendente a retirar peixe ou qualquer das outras espécies de seu habitat próprio elencadas no art. 36. *REsp 1.223.132, Rel. Min. Mauro Campbell, 5.6.12. 2ª T. (Info 499)*

Ambiental. Restrição à atividade econômica. Madeireira exploradora de mogno.

A edição de norma que suspende o transporte, a comercialização e a exportação de madeira, bem como as autorizações para exploração e desmatamento têm efeito sobre a madeira já derrubada, sob pena de esvaziar o comando normativo do ato protetivo. Caso a Instrução Normativa 3/98 do Ibama – que restringiu a exploração de mogno – não pudesse ter o alcance por ela definido, deveria ser reconhecida sua parcial ilegalidade e inconstitucionalidade, pois o transporte, a comercialização e a exportação pressupõem logicamente que a madeira já esteja derrubada. Pelo contrário, a referida instrução normativa embasou-se no art. 14, b, da Lei 4.771/65 e nos arts. 225, § 1º, V e VII, da CF. Ademais, os atos da Administração tendentes a proteger o ambiente, tal como a restrição à atividade econômica desenvolvida pela madeireira, devem ser plenamente aceitos, dada a previsão do art. 170, VI, da CF. *REsp 1.183.279, Rel. Min. Humberto Martins, 16.8.12. 2ª T. (Info 502)*

5.2. Tutela Civil Coletiva

2013

Legitimidade para a propositura de ação civil pública em defesa de zona de amortecimento de parque nacional.

O MPF possui legitimidade para propor, na Justiça Federal, ação civil pública que vise à proteção de zona de amortecimento de parque nacional, ainda que a referida área não seja de domínio da União. Tratando-se de proteção ao meio ambiente, não há competência exclusiva de um ente da Federação para promover medidas protetivas. Impõe-se amplo aparato de fiscalização a ser exercido pelos quatro entes federados, independentemente do local onde a ameaça ou o dano estejam ocorrendo e da competência para o licenciamento. *AgRg no REsp 1.373.302-CE, Rel. Min. Humberto Martins, 11.6.13. 2ª T. (Info 526)*

5.3. Tutela Penal

2015

Configuração do crime do art. 48 da Lei 9.605/98.

A tipificação da conduta descrita no art. 48 da Lei 9.605/98 prescinde de a área ser de preservação permanente. Isso porque o referido tipo penal descreve como conduta criminosa o simples fato de "impedir ou dificultar a regeneração natural de florestas e demais formas de vegetação". *AgRg no REsp 1.498.059-RS, Rel. Min. Leopoldo A. Raposo, DJe 1º.10.15. 5ª T. (Info 570)*

Desnecessidade de dupla imputação em crimes ambientais.

É possível a responsabilização penal da pessoa jurídica por delitos ambientais independentemente da responsabilização concomitante da pessoa física que agia em seu nome. RMS 39.173-BA, Rel. Min. Reynaldo Soares da Fonseca, DJe 13.8.15. 5ª T. (Info 566)

Importação e transporte ilegais de agrotóxico.

A conduta consistente em transportar, no território nacional, em desacordo com as exigências estabelecidas na legislação pertinente, agrotóxicos importados por terceiro de forma clandestina não se adequa ao tipo de importação ilegal de substância tóxica (art. 56 da Lei 9.605/98) caso o agente não tenha ajustado ou posteriormente aderido à importação ilegal antes da entrada do produto no país, ainda que o autor saiba da procedência estrangeira e ilegal do produto, subsumindo-se ao tipo de transporte ilegal de agrotóxicos (art. 15 da Lei 7.802/89). REsp 1.449.266-PR, Rel. Min. Maria T. A. Moura, DJe 26.8.15. 6ª T. (Info 568)

Prova do crime do art. 54 da Lei 9.605/98.

É imprescindível a realização de perícia oficial para comprovar a prática do crime previsto no art. 54 da Lei 9.605/98. REsp 1.417.279-SC, Rel. Min. Sebastião Reis Júnior, DJe 15.10.15. 6ª T. (Info 571)

2014

Posse irregular de animais silvestres por longo período de tempo.

O particular que, por mais de vinte anos, manteve adequadamente, sem indício de maus-tratos, duas aves silvestres em ambiente doméstico pode permanecer na posse dos animais. REsp 1.425.943-RN, Rel. Min. Herman Benjamin, 2.9.14. 2ª T. (Info 550)

2012

Competência. Crime ambiental. Transporte. Produto tóxico. Propriedade da marinha.

O crime ambiental consistente em transporte irregular de substância tóxica, na forma como operado no caso vertente, não atrai a competência da Justiça Federal. 2. Consta dos autos laudo emitido pela Agência Brasileiro-Argentina de Contabilidade e Controle de Materiais Nucleares informando que o material poderia ser transportado por qualquer meio de transporte, exceto por via postal, não requerendo cuidados adicionais. 3. A mera circunstância de o bem transportado ser de propriedade da Marinha do Brasil, por si só, não tem o condão de atrair, no âmbito penal, a competência da Justiça Federal, já que o bem jurídico tutelado é o meio-ambiente. Ausente o interesse específico da União, o feito deve prosseguir perante a Justiça Estadual. AgRg no CC 115.159, Rel. Min. Og Fernandes, 13.6.12. 3ª S. (Info 499)

Sanção penal e administrativa decorrente da mesma conduta. Competência.

Se o ato ensejador do auto de infração caracteriza infração penal tipificada apenas em dispositivos de leis de crimes ambientais, somente o juízo criminal tem competência para aplicar a correspondente penalidade. Os fiscais ambientais têm competência para aplicar penalidades administrativas. No entanto, se a conduta ensejadora do auto de infração configurar crime ou contravenção penal, somente o juízo criminal é competente para aplicar a respectiva sanção. REsp 1.218.859-ES, Rel. Min. Arnaldo Esteves Lima, 27.11.12. 1ª T. (Info 511)

3. DIREITO CIVIL

1. DAS PESSOAS
1.1. Das Pessoas Naturais

2013

Legitimidade para buscar reparação de prejuízos decorrentes de violação da imagem e da memória de falecido.

Diferentemente do que ocorre em relação ao cônjuge sobrevivente, o espólio não tem legitimidade para buscar reparação por danos morais decorrentes de ofensa post mortem à imagem e à memória de pessoa. REsp 1.209.474-SP, Rel. Min. Paulo de Tarso Sanseverino, 10.9.13. 3ª T. (Info 532)

1.2. Das Pessoas Jurídicas

2015

Limites à aplicabilidade do art. 50 do CC.

O encerramento das atividades da sociedade ou sua dissolução, ainda que irregulares, não são causas, por si sós, para a desconsideração da personalidade jurídica a que se refere o art. 50 do CC. EREsp 1.306.553-SC, Rel. Min. Maria Isabel Gallotti, DJe 12.12.14. 2ª S. (Info 554)

2014

Indenização por danos morais a pessoa jurídica de direito público.

A pessoa jurídica de direito público não tem direito à indenização por danos morais relacionados à violação da honra ou da imagem. REsp 1.258.389-PB, Rel. Min. Luis Felipe Salomão, 17.12.13. 4ª T. (Info 534)

Legitimidade ativa para requerer desconsideração inversa de personalidade jurídica.

Se o sócio controlador de sociedade empresária transferir parte de seus bens à pessoa jurídica controlada com o intuito de fraudar partilha em dissolução de união estável, a companheira prejudicada, ainda que integre a sociedade empresária na condição de sócia minoritária, terá legitimidade para requerer a desconsideração inversa da personalidade jurídica de modo a resguardar sua meação. REsp 1.236.916-RS, Rel. Min. Nancy Andrighi, 22.10.13. 3ª T. (Info 533)

Legitimidade de pessoa jurídica para impugnar decisão que desconsidere a sua personalidade.

A pessoa jurídica tem legitimidade para impugnar decisão interlocutória que desconsidera sua personalidade para alcançar o patrimônio de seus sócios ou administradores, desde que o faça com o intuito de defender a sua regular administração e autonomia – isto é, a proteção da sua personalidade –, sem se imiscuir indevidamente na esfera de direitos dos sócios ou administradores incluídos no polo passivo por força da desconsideração. REsp 1.421.464-SP, Rel. Min. Nancy Andrighi, 24.4.14. 3ª T. (Info 544)

2. DOS FATOS JURÍDICOS
2.1. Do Negócio Jurídico
2.1.1. Disposições Gerais

2015

Prevalência do valor atribuído pelo fisco para aplicação do art. 108 do CC.

Para a aferição do valor do imóvel para fins de enquadramento no patamar definido no art. 108 do CC – o qual exige escritura pública para os negócios jurídicos acima de trinta salários mínimos – deve-se considerar o valor atribuído pelo Fisco, e não o declarado pelos particulares no contrato de compra e venda. REsp 1.099.480-MG, Rel. Min. Marco Buzzi, DJe 25.5.15. 4ª T. (Info 562)

2013

Forma prescrita em lei para a cessão gratuita de meação.

A lavratura de escritura pública é essencial à validade do ato praticado por viúva consistente na cessão gratuita, em favor dos herdeiros do falecido, de sua meação sobre imóvel inventariado cujo valor supere trinta salários mínimos, sendo insuficiente, para tanto, a redução a termo do ato nos autos do inventário. REsp 1.196.992-MS, Rel. Min. Nancy Andrighi, 6.8.13. 3ª T. (Info 529)

2.1.2. Dos Defeitos do Negócio Jurídico

2016

Impossibilidade de convalidação de negócio jurídico celebrado mediante a falsificação de assinatura de sócio.

Não são convalidáveis os negócios jurídicos celebrados com o intuito de alterar o quadro societário de sociedade empresária por meio da falsificação de assinatura de sócio, ainda que o próprio sócio prejudicado pelo falso tenha, por escritura pública, concedido ampla, geral e irrevogável quitação, a fim de ratificar os negócios jurídicos. REsp 1.368.960-RJ, Rel. Min. Marco Aurélio Bellizze, DJe 10.6.2016. 3ª T. (Info 585)

2014

Alegação como matéria de defesa de negócio jurídico simulado realizado para ocultar pacto comissório.

A prática de negócio jurídico simulado para encobrir a realização de pacto comissório pode ser alegada por um dos contratantes como matéria de defesa, em contestação, mesmo quando aplicável o CC/1916. REsp 1.076.571-SP, Rel. Min. Marco Buzzi, 11.3.14. 4ª T. (Info 538)

2013

Manutenção da eficácia de negócio jurídico realizado por terceiro de boa-fé diante do reconhecimento de fraude contra credores.

O reconhecimento de fraude contra credores em ação pauliana, após a constatação da existência de sucessivas alienações fraudulentas na cadeia dominial de imóvel que originariamente pertencia ao acervo patrimonial do devedor, não torna ineficaz o negócio jurídico por meio do qual o último proprietário adquiriu, de boa-fé e a título oneroso, o referido bem, devendo-se condenar os réus que agiram de má-fé em prejuízo do autor a indenizá-lo pelo valor equivalente ao dos bens transmitidos em fraude contra o credor. REsp 1.100.525-RS, Rel. Min. Luis Felipe Salomão, 16.4.13. 4ª T. (Info 521)

Reconhecimento de anterioridade de crédito para caracterização de fraude contra credores.

Não é suficiente para afastar a anterioridade do crédito que se busca garantir – requisito exigido para a caracterização de fraude contra credores – a assinatura de contrato particular de promessa de compra e venda de imóvel não registrado e desacompanhado de qualquer outro elemento que possa evidenciar, perante terceiros, a realização prévia desse negócio jurídico. REsp 1.217.593-RS, Rel. Min. Nancy Andrighi, 12.3.13. 3ª T. (Info 518)

2.2. Da Prescrição e da Decadência

2016

Prazo de prescrição da pretensão condenatória decorrente de nulidade de cláusula de reajuste de plano ou seguro de assistência à saúde. Recurso repetitivo. Tema 610.

RPT Na vigência dos contratos de plano ou de seguro de assistência à saúde, a pretensão condenatória decorrente da declaração de nulidade de cláusula de reajuste nele prevista prescreve em 20 anos (art. 177 do CC/1916) ou em 3 anos (art. 206, § 3º, IV, do CC), observada a regra de transição do art. 2.028 do CC. REsp 1.361.182-RS, Rel. p/ ac. Min. Marco Aurélio Bellizze, 2ª S., DJ 19.9.2016. (Info 590)

Prazo prescricional da pretensão de cobrança de serviço de conserto de veículo por mecânico.

Prescreve em 10 anos (art. 205 do CC) a pretensão de cobrar dívida decorrente de conserto de automóvel por mecânico que não tenha conhecimento técnico e formação intelectual suficiente para ser qualificado como profissional liberal. Isso porque não há como se enquadrar o referido mecânico na categoria de profissional liberal, cuja pretensão de cobrança de serviço é regida pelo prazo prescricional de 5 anos (art. 206, § 5º, II, do CC). REsp 1.546.114-ES, Rel. Min. Paulo de Tarso Sanseverino, DJe 23.11.2015. 3ª T. (Info 574)

Prazo prescricional da pretensão de reembolso de despesas de caráter alimentar.

Se a mãe, ante o inadimplemento do pai obrigado a prestar alimentos a seu filho, assume essas despesas, o prazo prescricional da pretensão de cobrança do reembolso é de 10 anos, e não de 2 anos. REsp 1.453.838-SP, Rel. Min. Luis Felipe Salomão, DJe 7.12.2015. 4ª T. (Info 574)

3. DIREITO CIVIL

Prazo prescricional da pretensão de restituição de SATI. Recurso repetitivo. Tema 938.

RPT Incide a prescrição trienal sobre a pretensão de restituição dos valores pagos a título de comissão de corretagem ou de serviço de assistência técnico-imobiliária (SATI), ou atividade congênere (art. 206, § 3º, IV, CC). REsp 1.551.956-SP, Rel. Min. Paulo de Tarso Sanseverino, 2ª S., DJ 6.9.2016. (Info 589)

Prescrição da pretensão de reaver verbas pagas a título de benefício de previdência privada complementar indevidamente apropriadas por terceiro.

É trienal o prazo prescricional da pretensão de entidade de previdência privada complementar de reaver verbas relativas a benefício indevidamente apropriadas por terceiro. REsp 1.334.442-RS, Rel. p/ ac. Min. Raul Araújo, DJe 22.8.2016. 4ª T. (Info 588)

Pretensão de reparação baseada na garantia da evicção. Prazo prescricional. Definição.

A pretensão deduzida em demanda baseada na garantia da evicção submete-se ao prazo prescricional de três anos. REsp 1.577.229-MG, Rel. Min. Nancy Andrighi, DJe 14.11.2016. 3ª T. (Info 593)

2015

Prazo prescricional para cobrança de sobre-estadia de contêiner.

Prescreve em um ano a pretensão de cobrar despesas de sobre-estadia de contêiner ("demurrage"), quer se trate de transporte multimodal, quer se trate de transporte unimodal. REsp 1.355.095-SP, Rel. Min. Paulo de Tarso Sanseverino, DJe 12.3.15. 3ª T. (Info 557)

Termo inicial da prescrição da pretensão de cobrança de honorários "ad exitum".

O termo inicial do prazo de prescrição da pretensão ao recebimento de honorários advocatícios contratados sob a condição de êxito da demanda judicial, no caso em que o mandato foi revogado por ato unilateral do mandante antes do término do litígio judicial, é a data do êxito da demanda, e não a da revogação do mandato. REsp 805.151-SP, Rel. p/ ac. Min. Antonio Carlos Ferreira, DJe 28.4.15. 4ª T. (Info 560)

2014

Prescrição da pretensão fundada em contrato de resseguro.

Prescreve em 1 ano a pretensão de sociedade seguradora em face de ressegurador baseada em contrato de resseguro. REsp 1.170.057-MG, Rel. Min. Villas Bôas Cueva, 17.12.13. 3ª T. (Info 535)

Prorrogação do prazo prescricional no caso de implementação do termo "ad quem" durante o recesso forense.

Na hipótese em que o Tribunal suspenda, por força de ato normativo local, os atos processuais durante o recesso forense, o termo final do prazo prescricional que coincidir com data abrangida pelo referido recesso prorroga-se para o primeiro dia útil posterior ao término deste. REsp 1.446.608-RS, Rel. Min. Paulo de Tarso Sanseverino, 21.10.14. 3ª T. (Info 550)

2013

Interrupção da prescrição pela impugnação de débito contratual ou de cártula representativa do direito do credor.

Constitui causa interruptiva da prescrição a propositura de demanda judicial pelo devedor, seja anulatória seja de sustação de protesto, que importe em impugnação de débito contratual ou de cártula representativa do direito do credor. REsp 1.321.610-SP, Rel. Min. Nancy Andrighi, 21.2.13. 3ª T. (Info 515)

Prazo de prescrição da pretensão de cobrança de cotas condominiais.

Prescreve em cinco anos, contados do vencimento de cada parcela, a pretensão, nascida sob a vigência do CC, de cobrança de cotas condominiais. Isso porque a pretensão, tratando-se de dívida líquida desde sua definição em assembleia geral de condôminos e lastreada em documentos físicos, adequa-se à previsão do art. 206, § 5º, I, do CC, segundo a qual prescreve em cinco anos "a pretensão de cobrança de dívidas líquidas constantes de instrumento público ou particular". REsp 1.366.175-SP, Rel. Min. Nancy Andrighi, 18.6.13. 3ª T. (Info 527)

Prazo de prescrição da pretensão de ressarcimento por danos decorrentes da queda de aeronave.

É de cinco anos o prazo de prescrição da pretensão de ressarcimento de danos sofridos pelos moradores de casas atingidas pela queda, em 1996, de aeronave pertencente a pessoa jurídica nacional e de direito privado prestadora de serviço de transporte aéreo. REsp 1.202.013-SP, Rel. Min. Nancy Andrighi, 18.6.13. 3ª T. (Info 525)

Prazo prescricional aplicável à pretensão de cobrança de parcelas inadimplidas estabelecidas em contrato de mútuo para custeio de estudos universitários.

A pretensão de cobrança de parcelas inadimplidas estabelecidas em contrato de crédito rotativo para custeio de estudos universitários prescreve em vinte anos na vigência do CC/1916 e em cinco anos na vigência do CC, respeitada a regra de transição prevista no art. 2.028 do CC. REsp 1.188.933-RS, Rel. Min. Nancy Andrighi, 13.8.13. 3ª T. (Info 529)

Prazo prescricional da pretensão de reconhecimento de nulidade absoluta de negócio jurídico.

Não se sujeita ao prazo prescricional de quatro anos a pretensão de anular dação em pagamento de bem imóvel pertencente ao ativo permanente da empresa sob a alegação de suposta falta de apresentação de certidões negativas tributárias. REsp 1.353.864-GO, Rel. Min. Sidnei Beneti, 7.3.13. 3ª T. (Info 517)

Prazo prescricional para a cobrança de debêntures.

Prescreve em cinco anos a pretensão de cobrança de valores relativos a debêntures. Isso porque, nessa hipótese, deve ser aplicada a regra prevista no art. art. 206, § 5º, I, do CC, que estabelece em cinco anos o prazo de prescrição "de cobrança de dívidas líquidas constantes de instrumento público ou particular". REsp 1.316.256-RJ, Rel. Min. Luis Felipe Salomão, 18.6.13. 4ª T. (Info 526)

Prazo prescricional para a cobrança de honorários periciais.

É de cinco anos o prazo prescricional para a cobrança de honorários periciais arbitrados em processo judicial em que a parte vencedora seja a Fazenda Pública e a parte sucumbente seja beneficiária da gratuidade da justiça. AgRg no REsp 1.337.319-MG, Rel. Min. Herman Benjamin, 6.12.12. 2ª T. (Info 515)

Prazo prescricional. Serviços de saúde.

É decenal o prazo prescricional da pretensão de ressarcimento de valores despendidos, pelo segurado, com procedimento cirúrgico não custeado, pela seguradora, por suposta falta de cobertura na apólice. Destarte, na ausência de previsão legal específica, tem incidência a regra geral de prescrição estabelecida no art. 205 do CC. REsp 1.176.320-RS, Rel. Min. Sidnei Beneti, 19.2.13. 3ª T. (Info 514)

Prescrição da pretensão de cobrança de valores pagos em contrato de promessa de compra e venda de imóvel rescindido judicialmente.

Prescreve em dez anos – e não em três – a pretensão de cobrança dos valores pagos pelo promitente comprador em contrato de promessa de compra e venda de imóvel na hipótese em que tenha ocorrido a rescisão judicial do referido contrato e, na respectiva sentença, não tenha havido menção sobre a restituição. REsp 1.297.607-RS, Rel. Min. Sidnei Beneti, 12.3.13. 3ª T. (Info 518)

Prescrição da pretensão de ressarcimento dos valores pagos a título de participação financeira do consumidor no custeio de construção de rede elétrica.

RPT A pretensão de ressarcimento de quantia paga pelo consumidor a título de participação financeira no custeio de extensão de rede de energia elétrica prescreve em vinte anos, na vigência do CC/1916, e em cinco anos, na vigência do CC – respeitada a regra de transição prevista no art. 2.028 do CC –, na hipótese em que o pleito envolver valores cuja restituição, a ser realizada após o transcurso de certo prazo a contar do término da obra, estiver prevista em instrumento contratual – pacto geralmente denominado "convênio de devolução". REsp 1.249.321-RS, Rel. Min. Luis Felipe Salomão, 10.4.13. 2ª S. (Info 518)

Prescrição da pretensão de ressarcimento dos valores pagos a título de participação financeira do consumidor no custeio de plantas comunitárias de telefonia.

RPT A pretensão de ressarcimento de quantia paga pelo consumidor a título de participação financeira no custeio de Plantas Comunitárias de Telefonia, na hipótese em que não existir previsão contratual de reembolso pecuniário ou por ações da companhia, prescreve em vinte anos na vigência do CC/1916 e em três anos na vigência do CC, respeitada a regra de transição prevista no art. 2.028 do CC. *REsp 1.220.934-RS, Rel. Min. Luis Felipe Salomão, 24.4.13. 2ª S. (Info 520)*

2012

"Dies a quo" do prazo prescricional. Reparação de danos decorrentes de falecimento.

O termo inicial da contagem do prazo prescricional na hipótese em que se pleiteia indenização por danos morais e/ou materiais decorrentes do falecimento de ente querido é a data do óbito, independentemente da data da ação ou omissão. Não é possível considerar que a pretensão à indenização em decorrência da morte nasça antes do evento que lhe deu causa. Diferentemente do que ocorre em direito penal, que considera o momento do crime a data em que é praticada a ação ou omissão que lhe deu causa, no direito civil a prescrição é contada da data da "violação do direito". *REsp 1.318.825-SE, Rel. Min. Nancy Andrighi, 13.11.12. 3ª T. (Info 509)*

Execução de honorários sucumbenciais. Prazo prescricional. Sucessão de obrigações.

Cuidando-se de sucessão de obrigações, o regime de prescrição aplicável é o do sucedido e não o do sucessor, nos termos do que dispõe o art. 196 do CC (correspondente ao art. 165 do CC/16): "A prescrição iniciada contra uma pessoa continua a correr contra o seu sucessor". Assim, o prazo prescricional aplicável ao Estado de Minas Gerais é o mesmo aplicável à Minas Caixa, nas obrigações assumidas pelo primeiro em razão da liquidação extrajudicial da mencionada instituição financeira. No caso, a prescrição relativa a honorários de sucumbência é, de fato, quinquenal, mas não por aplicação do art. 1º do Dec. 20.910/32, mas à custa da incidência do art. 25, II, da Lei 8.906/94 (EOAB), que prevê a fluência de idêntico prazo a contar do trânsito em julgado da decisão que fixar a verba. Porém, a decretação da liquidação extrajudicial de instituições financeiras produz, de imediato, o efeito de interromper a prescrição de suas obrigações (art. 18, "e", da Lei 6.024/74), consectário lógico da aplicação da teoria da actio nata, segundo a qual não corre a prescrição contra quem não possui ação exercitável em face do devedor. É que a decretação da liquidação extrajudicial também induz suspensão das ações e execuções em curso contra a instituição e a proibição do aforamento de novas (art. 18, "a", da Lei 6.024/74). Com efeito, não possuindo o credor ação exercitável durante o prazo em que esteve a Minas Caixa sob regime de liquidação extrajudicial, descabe cogitar-se de fluência de prazo de prescrição do seu crédito nesse período. Não fosse por isso, ainda que escoado o prazo prescricional de cinco anos depois do término da liquidação extrajudicial da Minas Caixa, o pagamento administrativo realizado pelo sucessor (Estado de Minas Gerais) há de ser considerado renúncia tácita à prescrição. *REsp 1.077.222-MG, Min. Luis F. Salomão, 16.2.12. 4ª T. (Info 491)*

Indenização por abandono afetivo. Prescrição.

O prazo prescricional das ações de indenização por abandono afetivo começa a fluir com a maioridade do interessado. Isso porque não corre a prescrição entre ascendentes e descendentes até a cessação dos deveres inerentes ao pátrio poder (poder familiar). *REsp 1.298.576, Rel. Min. Luis F. Salomão, 21.8.12. 4ª T. (Info 502)*

Responsabilidade civil. Prescrição. Suspensão. Acidente de trânsito.

Ação de reparação de danos derivados de acidente de trânsito ocorrido em 26.8.2002 proposta apenas em 7.2.2006, ensejando o reconhecimento pela sentença da ocorrência da prescrição trienal do art. 206 do CC. 2. Reforma da sentença pelo acórdão recorrido, aplicando a regra do art. 200 do CC. 3. Inaplicabilidade da regra do art. 200 do CC ao caso, em face da inocorrência de relação de prejudicialidade entre as esferas cível e criminal, pois não instaurado inquérito policial ou iniciada ação penal. *REsp 1.180.237, Rel. Min. Paulo Sanseverino, 19.6.12. 3ª T. (Info 500)*

2.3. Da Prova

2014

Presunção relativa de veracidade da quitação dada em escritura pública.

A quitação dada em escritura pública gera presunção relativa do pagamento, admitindo prova em contrário que evidencie a invalidade do instrumento eivado de vício que o torne falso. *REsp 1.438.432-GO, Rel. Min. Nancy Andrighi, 22.4.14. 3ª T. (Info 541)*

3. DO DIREITO DAS OBRIGAÇÕES

3.1. Da Transmissão das Obrigações

2015

Cessão de crédito relativo ao seguro DPVAT.

É possível a cessão de crédito relativo à indenização do seguro DPVAT decorrente de morte. Isso porque se trata de direito pessoal disponível, que segue a regra geral do art. 286 do CC, que permite a cessão de crédito se a isso não se opuser a natureza da obrigação, a lei ou a convenção com o devedor. REsp 1.275.391-RS, Rel. Min. João Otávio de Noronha, DJe 22.5.15. 3ª T. (Info 562)

3.2. Do Adimplemento e Extinção das Obrigações

2015

Impossibilidade de automática capitalização de juros por mera decorrência da aplicação da imputação do pagamento prevista no art. 354 do CC.

No caso de dívida composta de capital e juros, a imputação de pagamento (art. 354 do CC) insuficiente para a quitação da totalidade dos juros vencidos não acarreta a capitalização do que restou desses juros. REsp 1.518.005-PR, Rel. Min. Marco Aurélio Bellizze, DJe 23.10.15. 3ª T. (Info 572)

3.3. Do Inadimplemento das Obrigações

2016

Desproporção entre a quantia paga inicialmente e o preço ajustado.

Se a proporção entre a quantia paga inicialmente e o preço total ajustado evidenciar que o pagamento inicial englobava mais do que o sinal, não se pode declarar a perda integral daquela quantia inicial como se arras confirmatórias fosse, sendo legítima a redução equitativa do valor a ser retido. REsp 1.513.259-MS, Rel. Min. João Otávio de Noronha, DJe 22.2.2016. 3ª T. (Info 577)

2015

Termo inicial de juros de mora em cobrança de mensalidade por serviço educacional.

Se o contrato de prestação de serviço educacional especifica o valor da mensalidade e a data de pagamento, os juros de mora fluem a partir do vencimento das mensalidades não pagas – e não da citação válida. REsp 1.513.262-SP, Rel. Min. Ricardo Villas Bôas Cueva, DJe 26.8.15. 3ª T. (Info 567)

2014

Pena convencional e indenização por perdas e danos.

Não se pode cumular multa compensatória prevista em cláusula penal com indenização por perdas e danos decorrentes do inadimplemento da obrigação. Enquanto a cláusula penal moratória manifesta com mais evidência a característica de reforço do vínculo obrigacional, a cláusula penal compensatória prevê indenização que serve não apenas como punição pelo inadimplemento, mas também como prefixação de perdas e danos. A finalidade da cláusula penal compensatória é recompor a parte pelos prejuízos que eventualmente decorram do inadimplemento total ou parcial da obrigação. REsp 1.335.617-SP, Rel. Min. Sidnei Beneti, 27.3.14. 3ª T. (Info 540)

Termo inicial dos juros de mora de obrigação positiva, líquida e com termo certo.

Em ação monitória para a cobrança de débito decorrente de obrigação positiva, líquida e com termo certo, deve-se reconhecer que os juros de mora incidem desde o inadimplemento da obrigação se não houver estipulação contratual ou legislação específica em sentido diverso. EREsp 1.250.382-PR, Rel. Min. Sidnei Beneti, 2.4.14. Corte Especial. (Info 537)

2012

Aplicação de índices negativos de correção monetária.

Os índices negativos de correção monetária (deflação) são considerados no cálculo de atualização da obrigação, desde que preservado o valor nominal. REsp 1.227.583, Rel. Min. Arnaldo E. Lima, 6.11.12. 1ª T. (Info 508)

Cláusula penal. Redução. Adimplemento parcial.

Ação de cobrança referente ao valor de cláusula penal compensatória ajustada em contrato de cessão de uso de imagem diante do inadimplemento de metade das prestações ajustadas para o segundo ano da relação contratual, que se renovara automaticamente. 2. Redução do valor da cláusula penal com fundamento no disposto no art. 924 do CC/1916, que facultava ao Juiz a redução proporcional da cláusula penal nas hipóteses de cumprimento parcial da obrigação, sob pena de afronta ao princípio da vedação do enriquecimento sem causa. 3. Doutrina e jurisprudência acerca das questões discutidas no recurso especial. REsp 1.212.159, Rel. Min. Paulo Sanseverino, 19.6.12. 3ª T. (Info 500)

Contratos. Cumulação de cláusula penal moratória com indenização por lucros cessantes.

O promitente comprador, no caso de atraso na entrega do imóvel adquirido, tem direito a exigir, além do cumprimento da obrigação e do pagamento do valor da cláusula penal moratória prevista no contrato, a indenização correspondente aos lucros cessantes pela não fruição do imóvel durante o período da mora. REsp 1.355.554-RJ, Rel. Min. Sidnei Beneti, 6.12.12. 3ª T. (Info 513)

Correção monetária. Índices negativos. Aplicação.

"A correção monetária nada mais é do que um mecanismo de manutenção do poder aquisitivo da moeda, não devendo representar, consequentemente, por si só, nem um plus nem um minus em sua substância. Corrigir o valor nominal da obrigação representa, portanto, manter, no tempo, o seu poder de compra original, alterado pelas oscilações inflacionárias positivas e negativas ocorridas no período. Atualizar a obrigação levando em conta apenas oscilações positivas importaria distorcer a realidade econômica produzindo um resultado que não representa a simples manutenção do primitivo poder aquisitivo, mas um indevido acréscimo no valor real" (REsp 1265580). AgRg no REsp 1.300.928, Rel. Min. Maria I. Gallotti, 5.6.12. 4ª T. (Info 499)

Juros de mora. Não incidência da Selic cumulada com correção monetária.

A incidência da taxa Selic como juros moratórios exclui a correção monetária, sob pena de "bis in idem", considerando que a referida taxa já é composta de juros e correção monetária. EDcl no REsp 1.025.298-RS, Rel. p/ ac. Min. Luis Felipe Salomão, 28.11.12. 3ª T. (Info 510)

3.4. Dos Contratos em Geral

2015

Hipótese de inaplicabilidade da teoria da base objetiva ou da base do negócio jurídico.

A teoria da base objetiva ou da base do negócio jurídico tem sua aplicação restrita às relações jurídicas de consumo, não sendo aplicável às contratuais puramente civis. REsp 1.321.614-SP, Rel. p/ ac. Min. Ricardo Villas Bôas Cueva, DJe 3.3.15. 3ª T. (Info 556)

Maxidesvalorização do real em face do dólar americano e teorias da imprevisão e da onerosidade excessiva.

Tratando-se de relação contratual paritária – a qual não é regida pelas normas consumeristas – a maxidesvalorização do real em face do dólar americano ocorrida a partir de janeiro de 1999 não autoriza a aplicação da teoria da imprevisão ou da teoria da onerosidade excessiva, com intuito de promover a revisão de cláusula de indexação ao dólar americano. REsp 1.321.614-SP, Rel. p/ ac. Min. Ricardo Villas Bôas Cueva, DJe 3.3.15. 3ª T. (Info 556)

Vício redibitório e prazo decadencial.

Quando o vício oculto, por sua natureza, só puder ser conhecido mais tarde (art. 445, § 1º, CC), o adquirente de bem móvel terá o prazo de trinta dias (art. 445, caput, do CC), a partir da ciência desse defeito, para exercer o direito de obter a redibição ou abatimento no preço, desde que o conhecimento do vício ocorra dentro do prazo de cento e oitenta dias da aquisição do bem. REsp 1.095.882-SP, Rel. Min. Maria Isabel Gallotti, DJe 19.12.14. 4ª T. (Info 554)

2013

Desnecessidade do trânsito em julgado da sentença que reconhece a evicção para que o evicto possa exercer os direitos dela resultantes.

Para que o evicto possa exercer os direitos resultantes da evicção, na hipótese em que a perda da coisa adquirida tenha sido determinada por decisão judicial, não é necessário o trânsito em julgado da referida decisão. REsp 1.332.112-GO, Rel. Min. Luis Felipe Salomão, 21.3.13. 4ª T. (Info 519)

Não caracterização da "ferrugem asiática" como fato extraordinário e imprevisível para fins de resolução do contrato.

A ocorrência de "ferrugem asiática" na lavoura de soja não enseja, por si só, a resolução de contrato de compra e venda de safra futura em razão de onerosidade excessiva. O advento dessa doença em lavoura de soja não constitui o fato extraordinário e imprevisível exigido pelo art. 478 do CC, que dispõe sobre a resolução do contrato por onerosidade excessiva. *REsp 866.414-GO, Rel. Min. Nancy Andrighi, 20.6.13. 3ª T. (Info 526)*

Responsabilidade civil pré-contratual.

A parte interessada em se tornar revendedora autorizada de veículos tem direito de ser ressarcida dos danos materiais decorrentes da conduta da fabricante no caso em que esta – após anunciar em jornal que estaria em busca de novos parceiros e depois de comunicar àquela a avaliação positiva que fizera da manifestação de seu interesse, obrigando-a, inclusive, a adiantar o pagamento de determinados valores – rompa, de forma injustificada, a negociação até então levada a efeito, abstendo-se de devolver as quantias adiantadas. *REsp 1.051.065-AM, Rel. Min. Ricardo Villas Bôas Cueva, 21.2.13. 3ª T. (Info 517)*

2012

Ação de cobrança. Exceção do contrato não cumprido.

A "exceptio non adimpleti contractus" está para os contratantes como uma maneira de assegurar o cumprimento recíproco das obrigações assumidas. O descumprimento parcial na entrega da unidade imobiliária, assim como o receio concreto de que o promitente vendedor não transferirá o imóvel ao promitente comprador, impõe a aplicação do instituto da exceção do contrato não cumprido. *REsp 1.193.739, Rel. Min. Massami Uyeda, 3.5.12. 3ª T. (Info 496)*

3.5. Das Várias Espécies de Contrato

3.5.1. Da Compra e Venda

2016

Inaplicabilidade do direito de preferência em contrato de compra e venda celebrado entre condôminos.

O direito de preferência previsto no art. 504 do CC aplica-se ao contrato de compra e venda celebrado entre condômino e terceiro, e não àquele ajustado entre condôminos. *REsp 1.137.176-PR, Rel. Min. Marco Buzzi, DJe 24.2.2016. 4ª T. (Info 577)*

Nulidade de contrato de compra e venda de imóvel pertencente à união.

É nulo o contrato firmado entre particulares de compra e venda de imóvel de propriedade da União quando ausentes o prévio recolhimento do laudêmio e a certidão da Secretaria do Patrimônio da União (SPU), ainda que o pacto tenha sido registrado no Cartório competente. *REsp 1.590.022-MA, Rel. Min. Herman Benjamin, DJ 8.9.2016. 2ª T. (Info 589)*

2015

Arrematação de bem por oficial de justiça aposentado.

A vedação contida no art. 497, III, do CC não impede o oficial de justiça aposentado de arrematar bem em hasta pública. *REsp 1.399.916-RS, Rel. Min. Humberto Martins, DJe 6.5.15. 2ª T. (Info 561)*

Ausência de prazo para o exercício do direito de adjudicar compulsoriamente imóvel objeto de compromisso de compra e venda.

O promitente comprador, amparado em compromisso de compra e venda de imóvel cujo preço já tenha sido integralmente pago, tem o direito de requerer judicialmente, a qualquer tempo, a adjudicação compulsória do imóvel. *REsp 1.216.568-MG, Rel. Min. Luis Felipe Salomão, DJe 29.9.15. 4ª T. (Info 570)*

Direito de preferência na alienação de imóvel em estado de indivisão.

O condômino que desejar alienar a fração ideal de bem imóvel divisível em estado de indivisão deverá dar preferência na aquisição ao comunheiro. *REsp 1.207.129-MG, Rel. Min. Luis Felipe Salomão, DJe 26.6.15. 4ª T. (Info 564)*

2013

Correção monetária sobre o valor das parcelas pagas no caso de rescisão de contrato.

No caso de rescisão de contrato de compra e venda de imóvel, a correção monetária do valor correspondente às parcelas pagas, para efeitos de restituição, incide a partir de cada desembolso. *REsp 1.305.780-RJ, Rel. Min. Luis Felipe Salomão, 4.4.13. 4ª T. (Info 522)*

3. DIREITO CIVIL

Desnecessidade de pedido expresso do promitente comprador, em ação de resolução de contrato de promessa de compra e venda, para restituição do preço pago.

O juiz, ao decretar a resolução de contrato de promessa de compra e venda de imóvel, deve determinar ao promitente vendedor a restituição das parcelas do preço pagas pelo promitente comprador, ainda que não tenha havido pedido expresso nesse sentido. *REsp 1.286.144-MG, Rel. Min. Paulo de Tarso Sanseverino, 7.3.13. 3ª T. (Info 518)*

Direito ao recebimento de comissão de corretagem.

Ainda que o negócio jurídico de compra e venda de imóvel não se concretize em razão do inadimplemento do comprador, é devida comissão de corretagem no caso em que o corretor tenha intermediado o referido negócio jurídico, as partes interessadas tenham firmado contrato de promessa de compra e venda e o promitente comprador tenha pagado o sinal. *REsp 1.339.642-RJ, Rel. Min. Nancy Andrighi, 12.3.13. 3ª T. (Info 518)*

Direito de preferência na aquisição de imóvel rural.

O contrato firmado como "arrendamento de pastagens", na hipótese em que não tenha havido o exercício da posse direta da terra explorada pelo tomador da pastagem, não confere o direito de preempção previsto na Lei 4.504/64 e no Dec. 59.566/66. *REsp 1.339.432-MS, Rel. Min. Luis Felipe Salomão, 16.4.13. 4ª T. (Info 522)*

Necessidade de comprovação do prejuízo em ação anulatória de venda realizada por ascendente a descendente.

Não é possível ao magistrado reconhecer a procedência do pedido no âmbito de ação anulatória da venda de ascendente a descendente com base apenas em presunção de prejuízo decorrente do fato de o autor da ação anulatória ser absolutamente incapaz quando da celebração do negócio por seus pais e irmão. *REsp 1.211.531-MS, Rel. Min. Luis Felipe Salomão, 5.2.13. 4ª T. (Info 514)*

2012

Anulação. Compra e venda de imóvel. Terceiro de má-fé.

A recorrida celebrou contrato particular de permuta de imóveis com um consórcio de construtoras no qual asseverou que cederia um terreno e receberia em troca, após a construção do edifício, alguns apartamentos e lojas comerciais. Em outra cláusula, as partes estipularam condição resolutiva, com a determinação de que, em caso de inadimplemento, deveria ser restabelecido o status quo ante. Posteriormente, em cumprimento a uma terceira cláusula contratual, houve a outorga de escritura pública de compra e venda do terreno destinado à construção em face do consórcio, sem qualquer referência à citada cláusula resolutiva. As obras de construção do edifício não foram concluídas, ocorrendo o inadimplemento da avença. Apesar disso, a construção inconclusa foi vendida para a recorrente, sendo o imóvel registrado em seu nome. No intuito de desfazer o negócio jurídico, a recorrida propôs ação de rescisão do contrato de permuta de imóveis entabulado com o consórcio e anulação do contrato de compra e venda deste com a recorrente. Não houve prescrição ou decadência quadrienal da ação para anular o contrato de compra e venda realizado pela recorrente e pelo consórcio por vício de dolo, pois a ação foi proposta no mesmo ano do contrato que visa anular. Ademais, a presunção de veracidade dos registros imobiliários não é absoluta, mas "juris tantum", admitindo-se prova em contrário da má-fé do terceiro adquirente. *REsp 664.523, Rel. Min. Raul Araújo, 21.6.12. 4ª T. (Info 500)*

Direito de preferência. Venda de navio. Ausência de comunicação.

O direito de preempção, nos termos em que descrito no CC/1916, cabe, exclusivamente, ao ex-proprietário (vendedor), o qual, nas situações descritas nos arts. 1149 e 1150, tem direito de preferência caso o atual proprietário (comprador) pretenda aliená-lo. Trata-se de direito do vendedor em face do comprador. Ao vendedor assiste o direito de readquirir a propriedade, se foi convencionada esta cláusula no contrato de compra e venda (art. 1.149) ou se a propriedade fora perdida por desapropriação, não tendo sido dado ao imóvel o destino para que se desapropriou (art. 1.156). Não se cuidando de direito de preferência regulado pelos arts. 1149 a 1156 do CC/1916, a verificação da ocorrência de danos indenizáveis esbarra na Súm. 7/STJ. *REsp 1.125.618, Rel. Min. Maria I. Gallotti, 24.4.12. 4ª T. (Info 496)*

Compra e venda de imóvel. Rescisão contratual. Culpa da construtora. Pagamento de

aluguéis. Reciprocidade de cláusulas entre fornecedor e consumidor.

No caso de rescisão de contrato de compra e venda de imóvel ainda que motivada por culpa da construtora – que o entregara fora do prazo e com defeitos –, é devido pelo adquirente (consumidor) o pagamento de aluguéis referente ao período em que ocupou o bem. *REsp 955.134, Rel. Min. Luis F. Salomão, 16.8.12. 4ª T. (Info 502)*

Promessa de compra e venda de bem declarado território indígena antes do cumprimento de obrigação a cargo do vendedor.

Resolve-se, por motivo de força maior, o contrato de promessa de compra e venda sobre o qual pendia como ônus do vendedor a comprovação do trânsito em julgado de ação de usucapião, na hipótese em que o imóvel objeto do contrato foi declarado território indígena por decreto governamental publicado após a celebração do referido contrato. Sobrevindo a inalienabilidade antes do implemento da condição a cargo do vendedor, não há falar em celebração do contrato principal de compra e venda, não se caracterizando como contrato diferido, nem incidindo a teoria da imprevisão. Trata-se de não perfazimento de contrato por desaparecimento da aptidão do bem a ser alienado (art. 248 do CC). *REsp 1.288.033-MA, Rel. Min. Sidnei Beneti, 16.10.12. 3ª T. (Info 507)*

3.5.2. Da Doação

2016

Requisitos do instrumento procuratório para a validade da doação.

É inválida a doação realizada por meio de procurador se o instrumento procuratório concedido pelo proprietário do bem não mencionar o donatário, sendo insuficiente a declaração de poderes gerais na procuração. *REsp 1.575.048-SP, Rel. Min. Marco Buzzi, DJe 26.2.2016. 4ª T. (Info 577)*

2014

Legitimidade para pleitear declaração de nulidade em doação inoficiosa.

O herdeiro que cede seus direitos hereditários possui legitimidade para pleitear a declaração de nulidade de doação inoficiosa (arts. 1.176 do CC/1916 e 549 do CC/02) realizada pelo autor da herança em benefício de terceiros. Isso porque o fato de o herdeiro ter realizado a cessão de seus direitos hereditários não lhe retira a qualidade de herdeiro, que é personalíssima. De fato, a cessão de direitos hereditários apenas transfere ao cessionário a titularidade da situação jurídica do cedente, de modo a permitir que aquele exija a partilha dos bens que compõem a herança. *REsp 1.361.983-SC, Rel. Min. Nancy Andrighi, 18.3.14. 3ª T. (Info 539)*

2012

Doação. Consideração do patrimônio existente na data da doação para a aferição de nulidade quanto à disposição de parcela patrimonial indisponível.

Para aferir a eventual existência de nulidade em doação pela disposição patrimonial efetuada acima da parte de que o doador poderia dispor em testamento, a teor do art. 1.176 do CC/1916, deve-se considerar o patrimônio existente no momento da liberalidade, isto é, na data da doação, e não o patrimônio estimado no momento da abertura da sucessão do doador. *AR 3.493-PE, Rel. Min. Massami Uyeda, 12.12.12. 2ª S. (Info 512)*

3.5.3. Da Prestação de Serviços

2015

Alcance de obrigação de sociedade empresária de vigilância armada em face de instituição financeira.

A cláusula de contrato de prestação de serviço de vigilância armada que impõe o dever de obstar assaltos e de garantir a preservação do patrimônio de instituição financeira não acarreta à contratada automática responsabilização por roubo contra agência bancária da contratante, especialmente quando praticado por grupo fortemente armado. *REsp 1.329.831-MA, Rel. Min. Luis Felipe Salomão, DJe 5.5.15. 4ª T. (Info 561)*

3.5.4. Da Locação de Coisas, do Empréstimo

2012

Contrato de comodato. Aluguel-pena em razão de mora na restituição.

Constituído em mora o comodatário para a restituição do imóvel emprestado, fica ele obrigado ao pagamento de aluguel arbitrado unilateralmente pelo comodante. 2. O arbitramento, embora não deva respeito à média do mercado locativo, deve ser feito com razoabilidade, respeitando o princípio da boa-fé objetiva, para evitar a ocorrência de abuso de direito e do enriquecimento sem causa do comodante. 3. Razoável o arbitramento do aluguel pelo comodante em valor inferior ao dobro da média do mercado locativo. *REsp 1.175.848, Rel. Min. Paulo Sanseverino. Julgado em 18.9.12. 3ª T. (Info 504)*

3.5.5. Do Mandato

2013

Efeitos da sentença de interdição sobre mandato judicial.

A sentença de interdição não tem como efeito automático a extinção do mandato outorgado pelo interditando ao advogado para sua defesa na demanda, sobretudo no caso em que o curador nomeado integre o polo ativo da ação de interdição. *REsp 1.251.728-PE, Rel. Min. Paulo de Tarso Sanseverino, 14.5.13. 3ª T. (Info 524)*

3.5.6. Da Comissão, Da Agência e Distribuição, Da Corretagem

2015

Obrigação pelo pagamento de comissão de corretagem.

Inexistindo pactuação dispondo em sentido contrário, a obrigação de pagar a comissão de corretagem é daquele que efetivamente contrata o corretor. *REsp 1.288.450-AM, Rel. Min. João Otávio de Noronha, DJe 27.2.15. Corte Especial. (Info 556)*

3.5.7. Do Seguro

2016

Abrangência de cláusula securitária de invalidez total permanente.

O fato de o beneficiário de seguro de vida em grupo ter sido reformado pelo Exército em razão de incapacidade total para sua atividade habitual (serviço militar) não implica, por si só, o direito à percepção de indenização securitária em seu grau máximo quando a apólice de seguro estipula que esse grau máximo é devido no caso de invalidez total permanente para qualquer atividade laboral. *REsp 1.318.639-MS, Rel. Min. João Otávio de Noronha, DJe 6.5.2016. 3ª T. (Info 582)*

Cobertura securitária em caso de perda total do bem.

Ainda que o sinistro tenha ocasionado a perda total do bem, a indenização securitária deve ser calculada com base no prejuízo real suportado pelo segurado, sendo o valor previsto na apólice, salvo expressa disposição em contrário, mero teto indenizatório. *REsp 1.473.828-RJ, Rel. Min. Moura Ribeiro, DJe 5.11.2015. 3ª T. (Info 573)*

Direito de o segurador ser ressarcido em ação regressiva das despesas com reparo ou substituição de bem sinistrado.

A despeito de o segurado ter outorgado termo de quitação ou renúncia ao causador do sinistro, o segurador terá direito a ser ressarcido, em ação regressiva contra o autor do dano, das despesas havidas com o reparo ou substituição do bem sinistrado, salvo se o responsável pelo acidente, de boa-fé, demonstrar que já indenizou o segurado pelos prejuízos sofridos, na justa expectativa de que estivesse quitando, integralmente, os danos provocados por sua conduta. *REsp 1.533.886-DF, Rel. Min. Nancy Andrighi, DJ 30.9.2016. 3ª T. (Info 591)*

Indenização securitária e atraso na comunicação do sinistro.

O segurado que, devido às ameaças de morte feitas pelo criminoso a ele e à sua família, deixou de comunicar prontamente o roubo do seu veículo à seguradora não perde o direito à indenização securitária (art. 771 do CC). *REsp 1.546.178-SP, Rel. Min. Ricardo Villas Bôas Cueva, DJ 19.9.2016. 3ª T. (Info 590)*

Indenização securitária pelo valor do automóvel no momento do sinistro.

É abusiva a cláusula de contrato de seguro de automóvel que, na ocorrência de perda total do veículo, estabelece a data do efetivo pagamento (liquidação do sinistro) como parâmetro do cálculo da indenização securitária a ser paga conforme o valor médio de mercado do bem, em vez da data do sinistro. *REsp 1.546.163-GO, Rel. Min. Ricardo Villas Bôas Cueva, DJe 16.5.2016. 3ª T. (Info 583)*

2015

Devolução da reserva técnica em seguro de vida no caso de suicídio premeditado.

Se o segurado se suicidar dentro dos dois primeiros anos de vigência de contrato de seguro de vida, o segurador, a despeito de não ter que pagar o valor correspondente à indenização, será obrigado a devolver ao beneficiário o montante da reserva técnica já formada, mesmo diante da prova mais cabal de premeditação do suicídio. REsp 1.334.005-GO, Rel. p/ ac. Min. Maria Isabel Gallotti, DJe 23.6.15. 2ª S. (Info 564)

Pagamento de indenização securitária na ausência de indicação de beneficiário no contrato de seguro de vida.

Na hipótese em que o segurado tenha contratado seguro de vida sem indicação de beneficiário e, na data do óbito, esteja separado de fato e em união estável, o capital segurado deverá ser pago metade aos herdeiros, segundo a ordem da vocação hereditária, e a outra metade à cônjuge não separada judicialmente e à companheira. REsp 1.401.538-RJ, Rel. Min. Ricardo Villas Bôas Cueva, DJe 12.8.15. 3ª T. (Info 566)

Reajuste do valor do prêmio nos contratos de seguro de vida.

A cláusula de contrato de seguro de vida que estabelece o aumento do prêmio do seguro de acordo com a faixa etária mostra-se abusiva quando imposta ao segurado maior de 60 anos de idade e que conte com mais de 10 anos de vínculo contratual. REsp 1.376.550-RS, Rel. Min. Moura Ribeiro, DJe 12.5.15. 3ª T. (Info 561)

Seguro de automóvel com cobertura de responsabilidade civil facultativa de veículos – danos corporais.

No contrato de seguro de automóvel, a cobertura de Responsabilidade Civil Facultativa de Veículos (RCF-V) – Danos Corporais – não assegura o pagamento de indenização pelas lesões sofridas pelo condutor e por passageiros do automóvel sinistrado, compreendendo apenas a indenização a ser paga pelo segurado a terceiros envolvidos no acidente. REsp 1.311.407-SP, Rel. Min. Ricardo Villas Bôas Cueva, DJe 24.4.15. 3ª T. (Info 560)

Seguro de responsabilidade civil do transportador rodoviário de cargas com apólice em aberto.

No Seguro de Responsabilidade Civil do Transportador Rodoviário de Cargas (RCTR-C) com apólice em aberto, ou seja, quando as averbações são feitas após o início dos riscos, o segurado perde o direito à garantia securitária na hipótese de não averbar todos os embarques e mercadorias transportadas, exceto se, comprovadamente, a omissão do transportador se der por mero lapso, a evidenciar a boa-fé. REsp 1.318.021-RS, Rel. Min. Ricardo Villas Bôas Cueva, DJe 12.2.15. 3ª T. (Info 555)

Seguro de vida em grupo com garantia adicional de invalidez total e permanente por doença.

Na hipótese de seguro de vida em grupo com garantia adicional de invalidez total e permanente por doença (IPD), a seguradora não deve pagar nova indenização securitária após a ocorrência do evento morte natural do segurado caso já tenha pagado integralmente a indenização securitária quando da configuração do sinistro invalidez total e permanente por doença. REsp 1.178.616-PR, Rel. Min. Ricardo Villas Bôas Cueva, DJe 24.4.15. 3ª T. (Info 560)

2014

Agravamento do risco como excludente do dever de indenizar em contrato de seguro.

Caso a sociedade empresária segurada, de forma negligente, deixe de evitar que empregado não habilitado dirija o veículo objeto do seguro, ocorrerá a exclusão do dever de indenizar se demonstrado que a falta de habilitação importou em incremento do risco. REsp 1.412.816-SC, Rel. Min. Nancy Andrighi, 15.5.14. 3ª T. (Info 542)

Comprovação da invalidez para fins de indenização de seguro privado.

Para fins de percepção da indenização por incapacidade total e permanente prevista em contrato de seguro privado, a concessão de aposentadoria por invalidez pelo INSS não desobriga o beneficiário de demonstrar que se encontra efetivamente incapacitado. AgRg no AREsp 424.157-SP, Rel. Min. Raul Araújo, 21.11.13. 4ª T. (Info 534)

Contratação de seguro com cobertura para morte acidental e posterior morte do segurado por causas naturais.

Contratado apenas o seguro de acidentes pessoais (garantia por morte acidental), não há falar em obrigação da seguradora em indenizar o beneficiário quando a morte do segurado decorre de causa natural, a exemplo da doença conhecida como Acidente Vascular Cerebral (AVC). *REsp 1.443.115-SP, Rel. Min. Ricardo Villas Bôas Cueva, 21.10.14. 3ª T. (Info 550)*

Dispensabilidade da emissão da apólice para o aperfeiçoamento do contrato de seguro.

A seguradora de veículos não pode, sob a justificativa de não ter sido emitida a apólice de seguro, negar-se a indenizar sinistro ocorrido após a contratação do seguro junto à corretora de seguros se não houve recusa da proposta pela seguradora em um prazo razoável, mas apenas muito tempo depois e exclusivamente em razão do sinistro. *REsp 1.306.364-SP, Rel. Min. Luis Felipe Salomão, 20.3.14. 4ª T. (Info 537)*

Inexistência de indenização securitária ante o envio da proposta de seguro após a ocorrência de furto.

O proprietário de automóvel furtado não terá direito a indenização securitária se a proposta de seguro do seu veículo somente houver sido enviada à seguradora após a ocorrência do furto. *REsp 1.273.204-SP, Rel. Min. Ricardo Villas Bôas Cueva, 7.10.14. 3ª T. (Info 551)*

Legitimidade ativa do espólio em demanda na qual se busque indenização securitária por invalidez permanente.

O espólio possui legitimidade para ajuizar ação de cobrança de indenização securitária decorrente de invalidez permanente ocorrida antes da morte do segurado. *REsp 1.335.407-RS, Rel. Min. Paulo de Tarso Sanseverino, 8.5.14. 3ª T. (Info 542)*

Manutenção da garantia securitária apesar de transação judicial realizada entre segurado e terceiro prejudicado.

No seguro de responsabilidade civil de veículo, não perde o direito à indenização o segurado que, de boa-fé e com probidade, realize, sem anuência da seguradora, transação judicial com a vítima do acidente de trânsito (terceiro prejudicado), desde que não haja prejuízo efetivo à seguradora. *REsp 1.133.459-RS, Rel. Min. Ricardo Villas Bôas Cueva, 21.8.14. 3ª T. (Info 548)*

2013

Indenização decorrente de contrato de seguro.

No contrato de seguro de vida e acidentes pessoais, o segurado não tem direito à indenização caso, agindo de má-fé, silencie a respeito de doença preexistente que venha a ocasionar o sinistro, ainda que a seguradora não exija exames médicos no momento da contratação. *AgRg no REsp 1.286.741-SP, Rel. Min. Ricardo Villas Bôas Cueva, 15.8.13. 3ª T. (Info 529)*

Prazo prescricional de pretensão de reparação por danos decorrentes da não renovação de contrato de seguro de vida coletivo.

Prescreve em 3 anos a pretensão do segurado relativa à reparação por danos sofridos em decorrência da não renovação, sem justificativa plausível, de contrato de seguro de vida em grupo, depois de reiteradas renovações automáticas. *REsp 1.273.311-SP, Rel. Min. Nancy Andrighi, 1º.10.13. 3ª T. (Info 529)*

2012

Condenação solidária de seguradora denunciada à lide.

RPT Em ação de reparação de danos movida em face do segurado, a Seguradora denunciada pode ser condenada direta e solidariamente junto com este a pagar a indenização devida à vítima, nos limites contratados na apólice. *REsp 925.130, Rel. Min. Luis F. Salomão, 8.2.12. 2ª S. (Info 490)*

Contrato de seguro. Cláusula abusiva. Não observância do dever de informar.

Uma vez reconhecida a falha no dever geral de informação, direito básico do consumidor previsto no art. 6º, III, do CDC, é inválida cláusula securitária que exclui da cobertura de indenização o furto simples ocorrido no estabelecimento comercial contratante. A circunstância de o risco segurado ser limitado aos casos de furto qualificado (por arrombamento ou rompimento de obstáculo) exige, de plano, o conhecimento do aderente quanto às diferenças entre uma e outra espécie – qualificado e simples – conhecimento que, em razão da vulnerabilidade do consumidor, presumidamente ele não possui, ensejando, por isso, o vício no dever de informar. A condição exigida para cobertura do sinistro – ocorrência de furto qualificado –, por si só, apresenta conceituação específica da legislação penal, para cuja conceituação o próprio meio técnico-jurídico encontra dificuldades, o que denota sua abusividade. *REsp 1.293.006, Rel. Min. Massami Uyeda, 21.6.12. 3ª T. (Info 500)*

Contrato de seguro. Veículo. Cobertura.

Apólice de seguro contratada por pessoa jurídica que prevê cobertura para as hipóteses de furto e roubo de veículo. 2. A conduta de ex-empregado que não devolve ao empregador veículo utilizado no trabalho não se assemelha a furto ou roubo. 3. Legítima a negativa de cobertura pela seguradora. Especificidades do caso. O contrato de seguro é interpretado de forma restritiva. *REsp 1.177.479, Rel. p/ ac. Min. Antonio C. Ferreira, 15.5.12. 4ª T. (Info 497)*

Contrato de seguro de veículo. Previsão de cobertura de crime de roubo. Abrangência do crime de extorsão.

Firmada pela Corte "a quo" a natureza consumerista da relação jurídica estabelecida entre as partes, forçosa sua submissão aos preceitos de ordem pública da Lei 8.078/90, a qual elegeu como premissas hermenêuticas a interpretação mais favorável ao consumidor (art. 47), a nulidade de cláusulas que atenuem a responsabilidade do fornecedor, ou redundem em renúncia ou disposição de direitos pelo consumidor (art. 51, I), ou desvirtuem direitos fundamentais inerentes à natureza do contrato (art. 51, § 1º, II). 5. Embora a aleatoriedade constitua característica elementar do contrato de seguro, é mister a previsão de quais os interesses sujeitos a eventos confiados ao acaso estão protegidos, cujo implemento, uma vez verificado, impõe o dever de cobertura pela seguradora. Daí a imprescindibilidade de se ter muito bem definidas as balizas contratuais, cuja formação, segundo o art. 765 do CC, deve observar o princípio da "estrita boa-fé" e da "veracidade", seja na conclusão ou na execução do contrato, bem assim quanto ao "objeto" e as "circunstâncias e declarações a ele concernentes". 6. As cláusulas contratuais, uma vez delimitadas, não escapam da interpretação daquele que ocupa a outra extremidade da relação jurídica, a saber, o consumidor, especialmente em face de manifestações volitivas materializadas em disposições dúbias, lacunosas, omissas ou que comportem vários sentidos. 7. A mera remissão a conceitos e artigos do CP contida em cláusula de contrato de seguro não se compatibiliza com a exigência do art. 54, § 4º, do CDC, uma vez que materializa informação insuficiente, que escapa à compreensão do homem médio, incapaz de distinguir entre o crime de roubo e o delito de extorsão, dada sua aproximação topográfica, conceitual e da forma probatória. Dever de cobertura caracterizado. *REsp 1.106.827, Rel. Min. Marco Buzzi, 16.10.12. 4ª T. (Info 506)*

Ilicitude na negativa de contratar seguro de vida.

A negativa pura e simples de contratar seguro de vida é ilícita, violando a regra do art. 39, IX, do CDC. *REsp 1.300.116, Rel. Min. Nancy Andrighi, 23.10.12. 3ª T. (Info 507)*

Prazo prescricional. Seguro. Restituição. Contrato de corretagem.

O prazo prescricional para corretora e administradora de seguros exigir da seguradora a restituição de valor pago à segurada em razão de sinistro é vintenário (art. 177 do CC/1916). *REsp 658.938, Rel. Min. Raul Araújo, 15.5.12. 4ª T. (Info 497)*

Prescrição. Seguro habitacional. Danos contínuos e permanentes.

Sendo os danos ao imóvel de natureza sucessiva e gradual, sua progressão dá azo a inúmeros sinistros sujeitos à cobertura securitária, renovando seguidamente a pretensão do beneficiário do seguro e, por conseguinte, o marco inicial do prazo prescricional. Em situações como esta, considera-se irrompida a pretensão do beneficiário do seguro no momento em que, comunicado o fato à seguradora, esta se recusa a indenizar. 4. Reconhecendo o acórdão recorrido que o dano foi contínuo, sem possibilidade de definir data para a sua ocorrência e possível conhecimento de sua extensão pelo segurado, não há como revisar o julgado na via especial, para escolher o dia inicial do prazo prescricional. *REsp 1.143.962, Rel. Min. Nancy Andrighi, 20.3.12. 3ª T. (Info 493)*

Seguro de vida. Complementação securitária. Cirurgia de redução do estômago.

A lesão acidental no baço da paciente durante cirurgia bariátrica (cirurgia de redução de estômago), causadora da infecção generalizada que resultou no óbito da segurada, constitui morte acidental, para fins securitários, e não morte natural. 3. Tendo sido rejeitado o pedido de indenização por dano moral, a procedência apenas do pleito de complementação da cobertura securitária implica o reconhecimento de sucumbência recíproca. *REsp 1.184.189, Rel. Min. Maria I. Gallotti, 15.3.12. 4ª T. (Info 493)*

Seguro de vida. Omissão de doença preexistente.

A doença preexistente não informada no momento da contratação do seguro de vida não exime a seguradora de honrar sua obrigação se o óbito decorrer de causa diversa da doença omitida. *REsp 765.471-RS, Rel. Min. Maria Isabel Gallotti, 6.12.12. 4ª T. (Info 512)*

Seguro de vida. Pagamento a menor. Prescrição. Termo "a quo".

O prazo prescricional ânuo (art. 178, § 6º, II, do CC/1916) para o ajuizamento da ação de cobrança de diferença de indenização securitária tem início na data da ciência inequívoca do pagamento incompleto ou a menor. 2. O depósito do valor relativo à indenização securitária, mesmo depois de decorrido longo período da ocorrência do sinistro, configura reconhecimento da obrigação. 3. No caso concreto, o pagamento foi realizado em 22.11.2001 e a ação de cobrança, ajuizada para recebimento da diferença correspondente à referida indenização, protocolizada em 9.7.2002, portanto dentro do prazo prescricional ânuo. *REsp 831.543, Rel. Min. Antonio C. Ferreira, 10.4.12. 4ª T. (Info 495)*

3.5.8. Do Jogo e da Aposta

2015

Dívida de jogo contraída em casa de bingo.

A dívida de jogo contraída em casa de bingo é inexigível, ainda que seu funcionamento tenha sido autorizado pelo Poder Judiciário. *REsp 1.406.487-SP, Rel. Min. Paulo de Tarso Sanseverino, DJe 13.8.15. 3ª T. (Info 566)*

2012

Loteria. Bilhete. Título ao portador. Titularidade do prêmio.

Os concursos lotéricos constituem modalidade de jogo de azar, sendo seus prêmios pagos apenas aos portadores dos respectivos bilhetes, pois são considerados títulos ao portador e, como tais, a obrigação deve ser cumprida a quem apresente o título, liberando-se, assim, a CEF, devedora, do compromisso assumido. Contudo, é preciso consignar que o possuidor do bilhete de loteria – a despeito do caráter de título ao portador – não é, necessariamente, o titular do direito ao prêmio. Portanto, é possível a discussão quanto à propriedade do direito representado pelo título ao portador. Dessa forma, o caráter não nominativo e de literalidade do bilhete de loteria importa, apenas, ao sacado, no caso, a CEF, para finalidade específica de resgate do prêmio sorteado. *REsp 1.202.238, Rel. Min. Massami Uyeda, 14.8.12. 3ª T. (Info 502)*

3.5.9. Da Fiança

2015

Ilegitimidade ativa do fiador para pleitear em juízo a revisão do contrato principal.

O fiador de mútuo bancário não tem legitimidade para, exclusivamente e em nome próprio, pleitear em juízo a revisão e o afastamento de cláusulas e encargos abusivos constantes do contrato principal. *REsp 926.792-SC, Rel. Min. Ricardo Villas Bôas Cueva, DJe 17.4.15. 3ª T. (Info 560)*

Prorrogação automática de fiança em contrato de mútuo bancário.

É lícita cláusula em contrato de mútuo bancário que preveja expressamente que a fiança prestada prorroga-se automaticamente com a prorrogação do contrato principal. *REsp 1.253.411-CE, Rel. Min. Luis Felipe Salomão DJe 4.8.15. 2ª S. (Info 565)*

2012

Responsabilidade do fiador pelas despesas judiciais a partir de sua citação.

As despesas judiciais só serão arcadas pelo fiador a partir de sua citação. Segundo dispõe o art. 822 do CC, não sendo limitada, a fiança compreenderá todos os acessórios da dívida principal, inclusive as despesas judiciais, desde a citação do fiador. Isso para que a lei não se afaste da fundamental equidade, impondo ao fiador uma responsabilidade excessivamente onerosa, sem antes verificar se ele deseja satisfazer a obrigação que afiançou. *REsp 1.264.820, Rel. Min. Luis Felipe Salomão, 13.11.12. 4ª T. (Info 509)*

Novo pacto entre credor e devedor sem anuência dos fiadores. Ilegitimidade passiva dos fiadores na execução.

A transação e a moratória, conquanto sejam institutos jurídicos diversos, têm um efeito em comum quanto à exoneração do fiador que não anuiu com o acordo firmado entre o credor e o devedor (arts. 1.031, § 1º e 1.503, I, do CC/1916). Assim, mesmo existindo cláusula prevendo a permanência da garantia fidejussória, esta é considerada extinta, porquanto o contrato de fiança deve ser interpretado restritivamente, nos termos do art. 1.483 do CC/1916, ou seja, a responsabilidade dos fiadores restringe-se aos termos do pactuado na avença original, com a qual expressamente consentiram. Inteligência da Súm. 214/STJ. 2. No caso concreto, o Tribunal "a quo" consignou a realização de transação entre credor e devedor, sem anuência do fiador, com dilação de prazo para pagamento da dívida. Extinguiu-se, portanto, a obrigação do garante pela ocorrência simultânea da transação e da moratória. *REsp 1.013.436, Rel. Min. Luis F. Salomão, 11.9.12. 4ª T. (Info 504)*

3.6. Da Responsabilidade Civil

3.6.1. Da Responsabilidade Civil (Geral)

2016

Ausência de responsabilidade civil por gastos decorrentes de eleição suplementar.

O candidato ao cargo de prefeito que obtém o deferimento do registro de sua candidatura no juízo eleitoral de primeiro grau, mas, depois de eleito, tem o registro indeferido pelo TSE, não deve indenização à União por gastos decorrentes de eleição suplementar. O art. 188 do CC, ao estipular as causas excludentes de ilicitude, admite hipóteses em que o dano experimentado pela vítima não será indenizado, porquanto a conduta do agente estará abonada pela lei. Uma dessas situações, descrita no inciso I do mencionado artigo, será aquela em que o agente tenha agido "no exercício regular de um direito reconhecido". Assim, ainda que o indeferimento do registro da candidatura – proferido a destempo pelo TSE – tenha dado causa à eleição suplementar do Prefeito, não se configura a ilicitude da conduta do candidato eleito, capaz de ensejar o ressarcimento pecuniário almejado pela União, visto que exerceu regularmente o direito de invocar a tutela jurisdicional para garantir presença no pleito, tendo alcançado, inclusive, inicial deferimento do registro de candidatura pelo juízo eleitoral de primeira instância. *REsp 1.596.589-AL, Rel. Min. Sérgio Kukina, DJe 27.6.2016. 1ª T. (Info 586)*

Devolução de cheque sem provisão de fundos e responsabilidade civil de instituição bancária.

O banco sacado não é parte legítima para figurar no polo passivo de ação ajuizada com o objetivo de reparar os prejuízos decorrentes da devolução de cheque sem provisão de fundos emitido por correntista. De fato, os arts. 2º, 7º e 10 da Res. Bacen n. 2.025/93 estabelecem regras para a elaboração da ficha-proposta a ser preenchida pelo cliente e procedimento para entrega de talonário de cheques. Mas, em nenhum momento, essas regras impõem o ônus da fiscalização constante do saldo em conta, nem transformam as instituições financeiras em garantes da solvibilidade de seus clientes. Assim, não se tratando de cheque administrativo ou cheque visado, a partir do momento em que o cheque é colocado à disposição do correntista não é possível fazer um controle do valor de emissão do título. *REsp 1.509.178-SC, Rel. Min. Maria Isabel Gallotti, DJe 30.11.2015. 4ª T. (Info 574)*

Hipótese de inexistência de responsabilidade civil da mãe de menor de idade causador de acidente.

A mãe que, à época de acidente provocado por seu filho menor de idade, residia permanentemente em local distinto daquele no qual morava o menor – sobre quem apenas o pai exercia autoridade de fato – não pode ser responsabilizada pela reparação civil advinda do ato ilícito, mesmo considerando que ela não deixou de deter o poder familiar sobre o filho. *REsp 1.232.011-SC, Rel. Min. João Otávio de Noronha, DJe 4.2.2016. 3ª T. (Info 575)*

Legitimidade passiva de sociedade empresária proprietária de semirreboque em ação de reparação de danos.

A sociedade empresária proprietária de semirreboque pode figurar no polo passivo de ação de reparação de danos ajuizada em decorrência de acidente de trânsito envolvendo o caminhão trator ao qual se encontrava acoplado. *REsp 1.289.202-RS, Rel. Min. Luis Felipe Salomão, DJ 29.8.2016. 4ª T. (Info 589)*

Responsabilidade civil de instituição financeira por danos materiais decorrentes de desvios de valores por gerente de conta bancária.

A instituição financeira deverá restituir os valores desviados por gerente que, conquanto tivesse autorização do correntista para realizar aplicações financeiras, utilizou-se das facilidades de sua função para desviar em proveito próprio valores constantes da conta bancária do cliente. *REsp 1.569.767-RS, Rel. Min. Paulo de Tarso Sanseverino, DJe 9.3.2016. 3ª T. (Info 578)*

3. DIREITO CIVIL

Responsabilidade civil dos genitores pelos danos causados por seu filho esquizofrênico.

Os pais de portador de esquizofrenia paranoide que seja solteiro, maior de idade e more sozinho tem responsabilidade civil pelos danos causados durante os recorrentes surtos agressivos de seu filho, no caso em que eles, plenamente cientes dessa situação, tenham sido omissos na adoção de quaisquer medidas com o propósito de evitar a repetição desses fatos, deixando de tomar qualquer atitude para interditá-lo ou mantê-lo sob sua guarda e companhia. REsp 1.101.324-RJ, Rel. Min. Antonio Carlos Ferreira, DJe 12.11.2015. 4ª T. (Info 573)

Termo final de pensão mensal por ato ilícito com resultado morte.

O fato de a vítima de ato ilícito com resultado morte possuir, na data do óbito, idade superior à expectativa média de vida do brasileiro não afasta o direito de seu dependente econômico ao recebimento de pensão mensal, que será devida até a data em que a vítima atingiria a expectativa de vida prevista na tabela de sobrevida (Tábua Completa de Mortalidade) do IBGE vigente na data do óbito, considerando-se, para os devidos fins, o gênero e a idade da vítima. REsp 1.311.402-SP, Rel. Min. João Otávio de Noronha, DJe 7.3.2016. 3ª T. (Info 578)

Termo inicial de juros moratórios quando fixada pensão mensal a título de responsabilidade civil extracontratual.

Na responsabilidade civil extracontratual, se houver a fixação de pensionamento mensal, os juros moratórios deverão ser contabilizados a partir do vencimento de cada prestação, e não da data do evento danoso ou da citação. REsp 1.270.983-SP, Rel. Min. Luis Felipe Salomão, DJe 5.4.2016. 4ª T. (Info 580)

Via processual adequada para se requerer sanção por cobrança judicial de dívida já adimplida. Recurso repetitivo. Tema 622.

RPT A aplicação da sanção civil do pagamento em dobro por cobrança judicial de dívida já adimplida (cominação encartada no art. 1.531 do CC/1916, reproduzida no art. 940 do CC/02) pode ser postulada pelo réu na própria defesa, independendo da propositura de ação autônoma ou do manejo de reconvenção, sendo imprescindível a demonstração de má-fé do credor. REsp 1.111.270-PR, Rel. Min. Marco Buzzi, 2ª S., DJe 16.2.2016. (Info 576)

2015

Forma de pagamento de pensão fixada nos casos de responsabilidade civil derivada de incapacitação da vítima para o trabalho.

Nos casos de responsabilidade civil derivada de incapacitação para o trabalho (art. 950 do CC), a vítima não tem o direito absoluto de que a indenização por danos materiais fixada em forma de pensão seja arbitrada e paga de uma só vez, podendo o magistrado avaliar, em cada caso concreto, sobre a conveniência da aplicação da regra que autoriza a estipulação de parcela única (art. 950, parágrafo único, do CC), a fim de evitar, de um lado, que a satisfação do crédito do beneficiário fique ameaçada e, de outro, que haja risco de o devedor ser levado à ruína. REsp 1.349.968-DF, Rel. Min. Marco Aurélio Bellizze, DJe 4.5.15. 3ª T. (Info 561)

Pensão civil por incapacidade parcial para o trabalho.

Pode ser incluída pensão civil em indenização por debilidade permanente de membro inferior causada a soldado por acidente de trânsito, ainda que se possa presumir capacidade para atividades administrativas no próprio Exército Brasileiro ou para outras ocupações. REsp 1.344.962-DF, Rel. Min. Ricardo Villas Bôas Cueva, DJe 2.9.15. 3ª T. (Info 568)

Sentença penal condenatória e sentença cível que reconhece a ocorrência de culpa recíproca.

Diante de sentença penal condenatória que tenha reconhecido a prática de homicídio culposo, o juízo cível, ao apurar responsabilidade civil decorrente do delito, não pode, com fundamento na concorrência de culpas, afastar a obrigação de reparar, embora possa se valer da existência de culpa concorrente da vítima para fixar o valor da indenização. REsp 1.354.346-PR, Rel. Min. Luis Felipe Salomão, DJe 26.10.15. 4ª T. (Info 572)

Valor da pensão civil por incapacidade parcial para o trabalho.

A pensão civil incluída em indenização por debilidade permanente de membro inferior causada a soldado do Exército Brasileiro por acidente de trânsito pode ser fixada em 100% do soldo que recebia quando em atividade. REsp 1.344.962-DF, Rel. Min. Ricardo Villas Bôas Cueva, DJe 2.9.15. 3ª T. (Info 568)

2014

Forma de pagamento de pensão por indenização decorrente de morte.

Os credores de indenização por dano morte fixada na forma de pensão mensal não têm o direito de exigir que o causador do ilícito pague de uma só vez todo o valor correspondente. REsp 1.393.577-PR, Rel. Min. Herman Benjamin, 20.2.14. 2ª T. (Info 536)

Responsabilidade civil por danos decorrentes de abuso do direito de ação executiva.

O advogado que ajuizou ação de execução de honorários de sucumbência não só contra a sociedade limitada que exclusivamente constava como sucumbente no título judicial, mas também, sem qualquer justificativa, contra seus sócios dirigentes, os quais tiveram valores de sua conta bancária bloqueados sem aplicação da teoria da desconsideração da personalidade jurídica, deve aos sócios indenização pelos danos materiais e morais que sofreram. Com efeito, a lei não faculta ao exequente escolher quem se sujeitará à ação executiva, independentemente de quem seja o devedor vinculado ao título executivo. Ressalte-se que, tendo as sociedades de responsabilidade limitada vida própria, não se confundem com as pessoas dos sócios. No caso de as cotas de cada um estarem totalmente integralizadas, o patrimônio pessoal dos sócios não responde por dívidas da sociedade. Portanto, a regra legal a observar é a do princípio da autonomia da pessoa coletiva, distinta da pessoa de seus sócios ou componentes, distinção que só se afasta provisoriamente e tão só em hipóteses pontuais e concretas. REsp 1.245.712-MT, Rel. Min. João Otávio de Noronha, 11.3.14. 3ª T. (Info 539)

2013

Aplicabilidade da teoria da perda da chance.

A emissora responsável pela veiculação de programa televisivo de perguntas e respostas deve indenizar, pela perda de uma chance, o participante do programa que, apesar de responder corretamente a pergunta sobre determinado time de futebol, tenha sido indevidamente desclassificado, ao ter sua resposta considerada errada por estar em desacordo com parte fantasiosa de livro adotado como bibliografia básica para as perguntas formuladas. REsp 1.383.437-SP, Rel. Min. Sidnei Beneti, 13.8.13. 3ª T. (Info 528)

Ilegitimidade do espólio para ajuizar ação indenizatória em razão de danos sofridos pelos herdeiros.

O espólio não tem legitimidade para postular indenização pelos danos materiais e morais supostamente experimentados pelos herdeiros, ainda que se alegue que os referidos danos teriam decorrido de erro médico de que fora vítima o falecido. REsp 1.143.968-MG, Rel. Min. Luis Felipe Salomão, 26.2.13. 4ª T. (Info 517)

Inclusão de gratificação natalina sobre pensão mensal indenizatória.

Para inclusão do 13ª Salário no valor da pensão indenizatória, é necessária a comprovação de que a vítima exercia atividade laboral na época em que sofreu o dano-morte. REsp 1.279.173-SP, Rel. Min. Paulo de Tarso Sanseverino, 4.4.13. 3ª T. (Info 519)

Legitimidade passiva "ad causam" de imobiliária em ação que vise à sua responsabilização civil pela má administração do imóvel.

A administradora de imóveis é parte legítima para figurar no polo passivo de ação que objetive indenização por perdas e danos na hipótese em que a pretensão veiculada na petição inicial diga respeito, não à mera cobrança de alugueres atrasados, mas sim à sua responsabilização civil pela má administração do imóvel. REsp 1.103.658-RN, Rel. Min. Luis Felipe Salomão, 4.4.13. 4ª T. (Info 519)

Não vinculação do juízo cível à sentença penal absolutória fundamentada na falta de provas para a condenação ou ainda não transitada em jugado.

A sentença penal absolutória, tanto no caso em que fundamentada na falta de provas para a condenação quanto na hipótese em que ainda não tenha transitado em julgado, não vincula o juízo cível no julgamento de ação civil reparatória acerca do mesmo fato. REsp 1.164.236-MG, Rel. Min. Nancy Andrighi, 21.2.13. 3ª T. (Info 517)

Responsabilidade civil por erro não intencional de arbitragem.

Não gera dano moral indenizável ao torcedor, pela entidade responsável pela organização da competição, o erro não intencional de arbitragem, ainda que resulte na eliminação do time do campeonato e mesmo que o árbitro da partida tenha posteriormente reconhecido o erro cometido. REsp 1.296.944-RJ, Rel. Min. Luis Felipe Salomão, 7.5.13. 4ª T. (Info 526)

Responsabilidade da instituição financeira pelos prejuízos causados a correntista em decorrência de compensação de cheque em valor superior ao de emissão.

O correntista tem direito a ser indenizado pela instituição financeira em razão dos prejuízos decorrentes da compensação de cheque em valor superior ao de emissão na hipótese em que esse título tenha sido objeto de sofisticada adulteração por terceiro. REsp 1.093.440-PR, Rel. Min. Luis Felipe Salomão, 2.4.13. 4ª T. (Info 520)

Responsabilidade de hospital particular por evento danoso ocorrido na vigência do CC/1916 e antes do início da vigência do CDC/90.

Para que hospital particular seja civilmente responsabilizado por dano a paciente em razão de evento ocorrido na vigência do CC/1916 e antes do início da vigência do CDC/90, é necessário que sua conduta tenha sido, ao menos, culposa. REsp 1.307.032-PR, Rel. Min. Raul Araújo, 18.6.13. 4ª T. (Info 526)

Responsabilização de imobiliária por perdas e danos em decorrência de falha na prestação de serviço.

A imobiliária deve indenizar o proprietário pelas perdas e danos decorrentes da frustração de execução de alugueres e débitos relativos às cotas condominiais e tributos inadimplidos na hipótese em que a referida frustração tenha sido ocasionada pela aprovação deficitária dos cadastros do locatário e do seu respectivo fiador. REsp 1.103.658-RN, Rel. Min. Luis Felipe Salomão, 4.4.13. 4ª T. (Info 519)

Termo inicial dos juros de mora no caso de responsabilidade civil contratual.

Na hipótese de condenação de hospital ao pagamento de indenização por dano causado a paciente em razão da má prestação dos serviços, sendo o caso regido pelo CC/1916, o termo inicial dos juros de mora será a data da citação, e não a do evento danoso. Isso porque, nessa situação, a responsabilidade civil tem natureza contratual. EREsp 903.258-RS, Rel. Min. Ari Pargendler, 15.5.13. Corte Especial. (Info 521)

Valor da pensão mensal indenizatória devida aos pais pela morte de filho menor.

A pensão mensal indenizatória devida aos pais pela morte de filho menor deve ser fixada em valor equivalente a 2/3 do salário mínimo, dos 14 até os 25 anos de idade da vítima, reduzido, então, para 1/3 até a data em que o "de cujus" completaria 65 anos. REsp 1.279.173-SP, Rel. Min. Paulo de Tarso Sanseverino, 4.4.13. 3ª T. (Info 519)

2012

Acidente de trânsito com vítimas. Perda permanente da capacidade laboral. Pensão vitalícia.

É vitalícia a pensão fixada em ação indenizatória por danos causados em acidente automobilístico, na hipótese de perda permanente da capacidade laboral da vítima. A pensão correspondente à incapacidade permanente é vitalícia conforme previsto no art. 950 do CC. Assim, no caso de a pensão ser devida à própria vítima do acidente, não há falar em limitação do pensionamento até a idade provável de sobrevida da vítima, como ocorre nos casos de fixação de pensão em razão de homicídio (art. 948, II, do CC). REsp 1.278.627-SC, Rel. Min. Paulo de Tarso Sanseverino, 18.12.12. 3ª T. (Info 512)

Aplicabilidade da teoria da perda de uma chance para a apuração de responsabilidade civil ocasionada por erro médico.

A teoria da perda de uma chance pode ser utilizada como critério para a apuração de responsabilidade civil ocasionada por erro médico na hipótese em que o erro tenha reduzido possibilidades concretas e reais de cura de paciente que venha a falecer em razão da doença tratada de maneira inadequada pelo médico. REsp 1.254.141-PR, Rel. Min. Nancy Andrighi, 4.12.12. 3ª T. (Info 513)

Assalto de correntista em via pública após o saque.

A instituição financeira não pode ser responsabilizada por assalto sofrido por sua correntista em via pública, isto é, fora das dependências de sua agência bancária, após a retirada, na agência, de valores em espécie, sem que tenha havido qualquer falha determinante para a ocorrência do sinistro no sistema de segurança da instituição. REsp 1.284.962-MG, Rel. Min. Nancy Andrighi, 11.12.12. 3ª T. (Info 512)

Danos materiais. Promoção publicitária de supermercado. Sorteio de casa. Teoria da perda de uma chance.

A recorrente recebeu bilhete para participar de sorteio em razão de compras efetuadas em hipermercado. Neste constava "você concorre a 900 vales-compras de R$ 100,00 e a 30 casas." Foi sorteada e, ao comparecer para receber o prêmio, obteve apenas um vale-compras, tomando, então, conhecimento de que, segundo o regulamento, as casas seriam sorteadas àqueles que tivessem sido premiados com os vale-compras. Este segundo sorteio, todavia, já tinha ocorrido, sem a sua participação. As trinta casas já haviam sido sorteadas entre os demais participantes. 2. Violação do dever contratual, previsto no regulamento, de comunicação à autora de que fora uma das contempladas no primeiro sorteio e de que receberia um segundo bilhete, com novo número, para concorrer às casas em novo sorteio. Fato incontroverso, reconhecido pelo acórdão recorrido, de que a falta de comunicação a cargo dos recorridos a impediu de participar do segundo sorteio e, portanto, de concorrer, efetivamente, a uma das trinta casas. 3. A circunstância de a participação no sorteio não ter sido diretamente remunerada pelos consumidores, sendo contrapartida à aquisição de produtos no hipermercado, não exime os promotores do evento do dever de cumprir o regulamento da promoção, ao qual se vincularam. 4. Dano material que, na espécie, não corresponde ao valor de uma das trinta casas sorteadas, mas à perda da chance, no caso, de 30 chances, em 900, de obter o bem da vida almejado. 5. Ausência de publicidade enganosa ou fraude a justificar indenização por dano moral. O hipermercado sorteou as trinta casas prometidas entre os participantes, faltando apenas com o dever contratual de informar, a tempo, a autora do segundo sorteio. Não é conseqüência inerente a qualquer dano material a existência de dano moral indenizável. Não foram descritas nos autos consequências extrapatrimoniais passíveis de indenização em decorrência do aborrecimento de se ver a autora privada de participar do segundo sorteio. EDcl no AgRg no Ag 1.196.957, Rel. Min. Maria I. Gallotti, 10.4.12. 4ª T. (Info 495)

Estado de necessidade. Proporcionalidade na fixação de indenização.

O estado de necessidade, embora não exclua o dever de indenizar, fundamenta a fixação das indenizações segundo o critério da proporcionalidade. REsp 1.292.141-SP, Rel. Min. Nancy Andrighi, 4.12.12. 3ª T. (Info 513)

Fixação do valor da indenização pela perda de uma chance.

Não é possível a fixação da indenização pela perda de uma chance no valor integral correspondente ao dano final experimentado pela vítima, mesmo na hipótese em que a teoria da perda de uma chance tenha sido utilizada como critério para a apuração de responsabilidade civil ocasionada por erro médico. O valor da indenização pela perda de uma chance somente poderá representar uma proporção do dano final experimentado pela vítima. REsp 1.254.141-PR, Rel. Min. Nancy Andrighi, 4.12.12. 3ª T. (Info 513)

Pensão pela perda da capacidade laboral.

É devido o pagamento de pensão à vítima de ilícito civil em razão da diminuição da capacidade laboral temporária, a contar da data do acidente até a convalescença, independentemente da perda do emprego ou da redução dos seus rendimentos. REsp 1.306.395-RJ, Rel. Min. Nancy Andrighi, 4.12.12. 3ª T. (Info 511)

Repetição em dobro de indébito. Prova de má-fé. Exigência.

A aplicação da sanção prevista no art. 1.531 do CC/1916 (art. 940 do CC/02) – pagamento em dobro por dívida já paga – pressupõe tanto a existência de pagamento indevido quanto a má-fé do credor. REsp 1.005.939, Rel. Min. Luis F. Salomão, 9.10.12. 4ª T. (Info 506)

Responsabilidade civil. Dano moral por morte de parente.

A indenização por dano moral decorrente da morte de parente deve ser fixada de forma global à família do falecido e com observância ao montante de quinhentos salários mínimos, usualmente adotado pelo STJ, ressalvada a possibilidade de acréscimo de valor em se tratando de famílias numerosas. REsp 1.127.913, Rel. p/ ac. Min. Luis F. Salomão, 20.9.12. 4ª T. (Info 505)

Responsabilidade civil. Morte de carona em "cavalo mecânico" que tracionava reboque.

O proprietário de reboque responde, solidariamente com o proprietário do cavalo mecânico que o tracionava, por acidente de trânsito no veículo conduzido por preposto do qual resultou a morte de vítima que estava dentro do veículo na condição de carona. *REsp 453.882, Rel. Min. Ricardo V. B. Cueva, 18.9.12. 3ª T. (Info 504)*

Indenização. Lesões corporais sofridas por associado em clube de campo. Disparo de arma de fogo efetuado pelo segurança.

Mantida a condenação de clube de campo ao pagamento de indenização por danos morais e materiais a associado na importância de R$ 100 mil, em razão das lesões sofridas na face e em uma das pernas decorrentes de disparos de arma de fogo efetuados pelo segurança do clube, nas dependências da associação recreativa. De início, asseverou o min. rel. que o valor fixado pela instância "a quo" – correspondente à época a 385 salários-mínimos – mostra-se compatível com os demais precedentes deste Tribunal Superior, especialmente considerando que, em casos de danos morais por óbito, a fixação é realizada no valor de 500 salários-mínimos. Dessa forma, arbitrado o "quantum" da indenização de forma razoável e proporcional, sua revisão seria inviável em sede de recurso especial, consoante exposto no enunciado da Súm. 7/STJ. No tocante aos juros moratórios, considerou-se que, nas hipóteses de responsabilidade extracontratual, eles fluem a partir do evento danoso (Súm. 54/STJ). Por sua vez, o termo inicial da correção monetária do valor da indenização por dano moral é a data do seu arbitramento (Súm. 362/STJ). Quanto ao ressarcimento pelos lucros cessantes, o tribunal "a quo" entendeu não estar comprovado que a causa da redução da rentabilidade da empresa ocorreu em razão do afastamento da vítima. Assim, a análise da suposta queda da rentabilidade das empresas exigiria a incursão no contexto fático-probatório dos autos, vedado na via eleita (Súm. 7/STJ). O recurso também foi inadmitido quanto à alegada possibilidade de cálculo em dobro da indenização referente aos lucros cessantes e despesas de tratamento; pois, a despeito da oposição de embargos de declaração, as questões não foram enfrentadas no acórdão recorrido (Súm. 211/STJ). *REsp 827.010-SP, Min. Antônio Carlos Ferreira, 16.2.12. 4ª T. (Info 491)*

Responsabilidade civil. Atropelamento em via férrea. Morte de transeunte. Concorrência de causas.

RPT No caso de atropelamento de pedestre em via férrea, configura-se a concorrência de causas quando: a concessionária do transporte ferroviário descumpre o dever de cercar e fiscalizar os limites da linha férrea, mormente em locais urbanos e populosos, adotando conduta negligente no tocante às necessárias práticas de cuidado e vigilância tendentes a evitar a ocorrência de sinistros; e a vítima adota conduta imprudente, atravessando a composição ferroviária em local inapropriado. Todavia, a responsabilidade da ferrovia é elidida, em qualquer caso, pela comprovação da culpa exclusiva da vítima. *REsp 1.210.064, Rel. Min. Luis F. Salomão, 8.8.12. 2ª S. (Info 501)*

Prescrição da pretensão punitiva. Comunicabilidade da esfera penal e civil.

A extinção da punibilidade, em função da prescrição retroativa, não vincula o juízo cível na apreciação de pedido de indenização decorrente do ato delituoso. *REsp 678.143, Rel. Min. Raul Araújo, 22.5.12. 4ª T. (Info 498)*

Responsabilidade civil. Site de relacionamento. Mensagens ofensivas.

A responsabilidade objetiva, prevista no art. 927, parágrafo único, do CC, não se aplica a empresa hospedeira de site de relacionamento no caso de mensagens com conteúdo ofensivo inseridas por usuários. *REsp 1.306.066, Rel. Min. Sidnei Beneti, 17.4.12. 3ª T. (Info 495)*

Responsabilidade civil subjetiva. Acidente de trabalho. Ônus da prova. Empregador. Julgamento "ultra petita".

É subjetiva a responsabilidade do empregador por acidente do trabalho, cabendo ao empregado provar o nexo causal entre o acidente de que foi vítima e o exercício da atividade laboral. Porém, comprovado esse nexo de causalidade, torna-se presumida a culpa do empregador e sobre ele recai o ônus de provar alguma causa excludente de sua responsabilidade ou de redução do valor da indenização. *REsp 876.144, Rel. Min. Raul Araújo, 3.5.12. 4ª T. (Info 496)*

Responsabilidade. Incorporação imobiliária. Construção.

O incorporador, como impulsionador do empreendimento imobiliário em condomínio, atrai para si a responsabilidade pelos danos que possam advir da inexecução ou da má execução do contrato de incorporação, abarcando-se os danos resultantes de construção defeituosa (art. 31, §§ 2º e 3º, da Lei 4.591/64). Ainda que o incorporador não seja o executor direto da construção do empreendimento imobiliário, mas contrate construtor, permanece responsável juntamente com ele pela solidez e segurança da edificação (art. 618 do CC). *REsp 884.367, Rel. Min. Raul Araújo, 6.3.12. 4ª T. (Info 492)*

Seguro de responsabilidade civil. Ajuizamento direto exclusivamente contra a seguradora.

RPT 1. Descabe ação do terceiro prejudicado ajuizada direta e exclusivamente em face da Seguradora do apontado causador do dano. 2. No seguro de responsabilidade civil facultativo a obrigação da Seguradora de ressarcir danos sofridos por terceiros pressupõe a responsabilidade civil do segurado, a qual, de regra, não poderá ser reconhecida em demanda na qual este não interveio, sob pena de vulneração do devido processo legal e da ampla defesa. *REsp 962.230, Rel. Min. Luis F. Salomão, 8.2.12. 2ª S. (Info 490)*

3.6.2. Da Responsabilidade Civil (Danos Morais)

2016

Saque indevido em conta bancária e dano moral.

O banco deve compensar os danos morais sofridos por consumidor vítima de saque fraudulento que, mesmo diante de grave e evidente falha na prestação do serviço bancário, teve que intentar ação contra a instituição financeira com objetivo de recompor o seu patrimônio, após frustradas tentativas de resolver extrajudicialmente a questão. *AgRg no AREsp 395.426-DF, Rel. p/ ac. Marco Buzzi, DJe 17.12.2015. 4ª T. (Info 574)*

2015

Impossibilidade de fixação, "ex officio", de indenização por danos sociais em ação individual. Recurso repetitivo.

RPT É nula, por configurar julgamento "extra petita", a decisão que condena a parte ré, de ofício, em ação individual, ao pagamento de indenização a título de danos sociais em favor de terceiro estranho à lide. Inicialmente, cumpre registrar que o dano social vem sendo reconhecido pela doutrina como uma nova espécie de dano reparável, decorrente de comportamentos socialmente reprováveis, pois diminuem o nível social de tranquilidade, tendo como fundamento legal o art. 944 do CC. Desse modo, diante da ocorrência de ato ilícito, a doutrina moderna tem admitido a possibilidade de condenação ao pagamento de indenização por dano social, como categoria inerente ao instituto da responsabilidade civil, além dos danos materiais, morais e estéticos. *Rcl 12.062-GO, Rel. Min. Raul Araújo, j. 12.11.14. 2ª S. (Info 552)*

Possibilidade de absolutamente incapaz sofrer dano moral.

O absolutamente incapaz, ainda quando impassível de detrimento anímico, pode sofrer dano moral. *REsp 1.245.550-MG, Rel. Min. Luis Felipe Salomão, DJe 16.4.15. 4ª T. (Info 559)*

2014

Aplicabilidade da teoria da perda de uma chance no caso de descumprimento de contrato de coleta de células-tronco embrionárias.

Tem direito a ser indenizada, com base na teoria da perda de uma chance, a criança que, em razão da ausência do preposto da empresa contratada por seus pais para coletar o material no momento do parto, não teve recolhidas as células-tronco embrionárias. *REsp 1.291.247-RJ, Rel. Min. Paulo de Tarso Sanseverino, 19.8.14. 3ª T. (Info 549)*

Dano moral decorrente da utilização não autorizada de imagem em campanha publicitária.

Configura dano moral a divulgação não autorizada de foto de pessoa física em campanha publicitária promovida por sociedade empresária com o fim de, mediante incentivo à manutenção da limpeza urbana, incrementar a sua imagem empresarial perante a população, ainda que a fotografia tenha sido capturada em local público e sem nenhuma conotação ofensiva ou vexaminosa. *REsp 1.307.366-RJ, Rel. Min. Raul Araújo, 3.6.14. 4ª T. (Info 546)*

Dano moral decorrente de divulgação de imagem em propaganda política.

Configura dano moral indenizável a divulgação não autorizada da imagem de alguém em material impresso de propaganda político-eleitoral, independentemente da comprovação de prejuízo. *REsp 1.217.422-MG, Rel. Min. Ricardo Villas Bôas Cueva, 23.9.14. 3ª T. (Info 549)*

Metodologia de fixação de danos morais devidos a parentes de vítimas de dano morte na hipótese de núcleos familiares com diferente número de membros.

Na fixação do valor da reparação pelos danos morais sofridos por parentes de vítimas mortas em um mesmo evento, não deve ser estipulada de forma global a mesma quantia reparatória para cada grupo familiar se, diante do fato de uma vítima ter mais parentes que outra, for conferido tratamento desigual a lesados que se encontrem em idêntica situação de abalo psíquico, devendo, nessa situação, ser adotada metodologia de arbitramento que leve em consideração a situação individual de cada parente de cada vítima do dano morte. *EREsp 1.127.913-RS, Rel. Min. Napoleão Nunes Maia Filho, 4.6.14. Corte Especial. (Info 543)*

Responsabilidade civil de instituição de ensino pela extinção de curso superior.

É cabível indenização por danos morais ao aluno universitário que fora compelido a migrar para outra instituição educacional pelo fato de a instituição contratada ter extinguido de forma abrupta o curso, ainda que esta tenha realizado convênio, com as mesmas condições e valores, com outra instituição para continuidade do curso encerrado. *REsp 1.341.135-SP, Rel. Min. Paulo de Tarso Sanseverino, 14.10.14. 3ª T. (Info 549)*

2013

Danos morais pela ocultação da verdade quanto à paternidade biológica.

A esposa infiel tem o dever de reparar por danos morais o marido traído na hipótese em que tenha ocultado dele, até alguns anos após a separação, o fato de que criança nascida durante o matrimônio e criada como filha biológica do casal seria, na verdade, filha sua e de seu "cúmplice". *REsp 922.462-SP, Rel. Min. Ricardo Villas Bôas Cueva, 4.4.13. 3ª T. (Info 522)*

Danos morais no caso de furto de bem empenhado.

É possível que instituição financeira seja condenada a compensar danos morais na hipótese de furto de bem objeto de contrato de penhor. Efetivamente, o consumidor que decide pelo penhor assim o faz pretendendo receber o bem de volta e, para tanto, confia que o credor o guardará pelo prazo ajustado. Se o bem empenhado fosse um bem qualquer, sem nenhum valor sentimental, provavelmente o consumidor optaria pela venda do bem e, certamente, obteria um valor maior. *REsp 1.155.395-PR, Rel. Min. Raul Araújo, 1º.10.13. 4ª T. (Info 529)*

Inexistência de responsabilidade civil do cúmplice de relacionamento extraconjugal no caso de ocultação de paternidade biológica.

O "cúmplice" em relacionamento extraconjugal não tem o dever de reparar por danos morais o marido traído na hipótese em que a adúltera tenha ocultado deste o fato de que a criança nascida durante o matrimônio e criada pelo casal seria filha biológica sua e do seu "cúmplice", e não do seu esposo, que, até a revelação do fato, pensava ser o pai biológico da criança. *REsp 922.462-SP, Rel. Min. Ricardo Villas Bôas Cueva, 4.4.13. 3ª T. (Info 522)*

Legitimidade da mãe para o ajuizamento de ação objetivando o recebimento de compensação por dano moral decorrente da morte de filho casado e que tenha deixado descendentes.

A mãe tem legitimidade para ajuizar ação objetivando o recebimento de indenização pelo dano moral decorrente da morte de filho casado e que tenha deixado descendentes, ainda que a viúva e os filhos do falecido já tenham recebido, extrajudicialmente, determinado valor a título de compensação por dano moral oriundo do mesmo fato. *REsp 1.095.762-SP, Rel. Min. Luis Felipe Salomão, 21.2.13. 4ª T. (Info 515)*

2012

Dano moral. Apontamento de título para protesto. Pessoa jurídica.

Nos termos da Lei 9.492/97, a fase preliminar em cartório de protesto, iniciada com a protocolização do título ou documento de dívida pelo credor, não gera, imediatamente, a lavratura do protesto, a qual será realizada em momento posterior, franqueada ao devedor a possibilidade de pagar a dívida ou pedir judicialmente a sustação. 2. "Nas hipóteses em que a notificação é feita diretamente no endereço indicado pelo apresentante, seja por portador do Tabelionato, seja por correspondência registrada com aviso de recebimento, como é usual, não há qualquer publicidade do apontamento do título para protesto" (REsp 1017970,). 3.

Nessas circunstâncias, em regra, não tendo sido efetivamente lavrado ou registrado o protesto do título, descabe indenização por dano moral. REsp 1.005.752, Rel. Min. Luis F. Salomão, 26.6.12. 4ª T. (Info 500)

Dano moral. Direito de vizinhança. Infiltração.
Condena-se ao pagamento de indenização por dano moral o responsável por apartamento de que se origina infiltração não reparada por longo tempo por desídia, provocadora de constante e intenso sofrimento psicológico ao vizinho, configurando mais do que mero transtorno ou aborrecimento. REsp 1.313.641, Rel. Min. Sidnei Beneti, 26.6.12. 3ª T. (Info 500)

Dano moral. Espera em fila de banco.
A espera por atendimento em fila de banco quando excessiva ou associada a outros constrangimentos, e reconhecida faticamente como provocadora de sofrimento moral, enseja condenação por dano moral. 2. A só invocação de legislação municipal ou estadual que estabelece tempo máximo de espera em fila de banco não é suficiente para desejar o direito à indenização, pois dirige a sanções administrativas, que podem ser provocadas pelo usuário. 3. Reconhecidas, pela sentença e pelo Acórdão, as circunstâncias fáticas do padecimento moral, prevalece o julgamento da origem (Súm. 7/STJ). 4. Mantém-se, por razoável, o valor de R$ 3 mil para desestímulo à conduta, corrigido monetariamente desde a data do evento danoso (Súm. 54/STJ), ante as forças econômicas do banco responsável e, inclusive, para desestímulo à recorribilidade, de menor monta, ante aludidas forças econômicas. REsp 1.218.497, Rel. Min. Sidnei Beneti, 11.9.12. 3ª T. (Info 504)

Dano moral. Exame clínico. HIV.
Ação de compensação por danos morais ajuizada pela recorrente contra o hospital pelo fato de o nosocômio ter emitido três exames de HIV com o resultado positivo equivocado. A min. rel. ressaltou que o defeito no fornecimento do serviço, com exame repetido e confirmado, ainda que com a ressalva do médico de que poderia ser necessário exame complementar, causa sofrimento à paciente, visto que o recorrido assumiu a obrigação de realizar exame com resultado veraz, o que não ocorreu. REsp 1.291.576, Rel. Min. Nancy Andrighi, 28.2.12. 3ª T. (Info 492)

Dano moral. Parlamentar.
A fixação do valor de indenização por danos morais só pode ser revisada pelo tribunal se o montante for irrisório ou exagerado, em flagrante inobservância dos princípios da razoabilidade e da proporcionalidade. No caso, um parlamentar foi alvo de críticas sarcásticas em matéria publicada em revista de circulação nacional. Considerando-se que o ofendido era membro de uma das casas do Congresso Nacional, portanto pessoa exposta a abordagens críticas mais ácidas, a reportagem não se afastou muito dos limites tolerados em qualquer democracia. Razoável a fixação por dano moral em R$ 5 mil. REsp 685.933, Rel. Min. Raul Araújo, 15.3.12. 4ª T. (Info 493)

Dano moral. Preservativo em extrato de tomate.
Mantida a indenização de R$ 10 mil por danos morais para a consumidora que encontrou um preservativo masculino no interior de uma lata de extrato de tomate, visto que o fabricante tem responsabilidade objetiva pelos produtos que disponibiliza no mercado, ainda que se trate de um sistema de fabricação totalmente automatizado, no qual, em princípio, não ocorre intervenção humana. O fato de a consumidora ter dado entrevista aos meios de comunicação não fere seu direito à indenização; ao contrário, divulgar tal fato, demonstrando a justiça feita, faz parte do processo de reparação do mal causado, exercendo uma função educadora. REsp 1.317.611, Rel. Min. Nancy Andrighi, 12.6.12. 3ª T. (Info 499)

Dano moral. Repreensão em escola. Legitimidade. Valor da indenização.
Trata-se de ação de indenização proposta pelos pais da vítima – uma adolescente já falecida ao tempo da propositura da presente demanda – em conjunto com o seu ex-namorado à época dos fatos, contra diretora escolar que supostamente teria repreendido, de forma excessiva, o casal de namorados que trocavam carícias no pátio do colégio – mesmo após advertência anterior pelo mesmo motivo. Consta ainda que, em razão dos fatos narrados, foi determinado o desligamento do casal de estudantes do estabelecimento de ensino. Acolhida a pretensão nas instâncias ordinárias, a diretora do estabelecimento comercial foi condenada ao pagamento de danos morais sofridos pelo casal. De acordo com a jurisprudência do STJ, os pais podem ajuizar ação de indenização de danos

morais sofridos pela filha falecida, em razão da proteção dada à imagem de quem falece. Quanto à legitimidade passiva, o min. rel. asseverou que, nos casos em que uma pessoa física age em nome de uma pessoa jurídica, ocorrendo evento danoso, cabe ao interessado escolher entre ajuizar a ação reparatória contra a pessoa jurídica em conjunto com a pessoa física que atuou como órgão social, ou, ainda, separadamente, preferindo acionar uma ou outra. Assim, se a diretoria da escola era exercida de forma unipessoal por uma das sócias administradoras da sociedade educacional, ela é parte legítima para responder por danos eventualmente causados no exercício de suas funções. No mérito, não obstante a diretora tenha agido com rigidez para com os alunos, aparentou cuidado que não extrapolou o limite do razoável, sobretudo porque não utilizou expressões incompatíveis com o contexto educacional. Assim, os danos morais foram fixados em valor exacerbado e restou configurada a exceção que autoriza a alteração pelo STJ do valor da condenação por danos morais. *REsp 705.870, Rel. Min. Raul Araújo, 21.8.12. 4ª T. (Info 502)*

Danos morais. Abandono afetivo. Dever de cuidado.

Inexistem restrições legais à aplicação das regras concernentes à responsabilidade civil e o consequente dever de indenizar/compensar no Direito de Família. 2. O cuidado como valor jurídico objetivo está incorporado no ordenamento jurídico brasileiro não com essa expressão, mas com locuções e termos que manifestam suas diversas desinências, como se observa do art. 227 da CF. 3. Comprovar que a imposição legal de cuidar da prole foi descumprida implica em se reconhecer a ocorrência de ilicitude civil, sob a forma de omissão. Isso porque o non facere, que atinge um bem juridicamente tutelado, leia-se, o necessário dever de criação, educação e companhia – de cuidado – importa em vulneração da imposição legal, exsurgindo, daí, a possibilidade de se pleitear compensação por danos morais por abandono psicológico. 4. Apesar das inúmeras hipóteses que minimizam a possibilidade de pleno cuidado de um dos genitores em relação à sua prole, existe um núcleo mínimo de cuidados parentais que, para além do mero cumprimento da lei, garantam aos filhos, ao menos quanto à afetividade, condições para uma adequada formação psicológica e inserção social. 5. A caracterização do abandono afetivo, a existência de excludentes ou, ainda, fatores atenuantes – por demandarem revolvimento de matéria fática – não podem ser objeto de reavaliação na estreita via do recurso especial. 6. A alteração do valor fixado a título de compensação por danos morais é possível, em recurso especial, nas hipóteses em que a quantia estipulada pelo Tribunal de origem revela-se irrisória ou exagerada. *REsp 1.159.242, Rel. Min. Nancy Andrighi, 24.4.12. 3ª T. (Info 496)*

Danos morais. Ação cautelar de vistoria. Erro grosseiro.

Ação de indenização movida por empresa demandada pela Microsoft, mediante ação de busca e apreensão, para vistoria de seus computadores e verificação da ocorrência de pirataria de "software". 2. Vistoria realizada, mediante ordem judicial concedida "inaudita altera pars", que não localizou nenhum "software" da empresa requerente da medida. 3. Apesar da importância de se assegurar ao autor de obra intelectual o direito de fiscalização de sua correta utilização, reconhecimento, no caso, da ocorrência de abuso de direito. 4. Interpretação do disposto no art. 14, § 5º, da Lei 9.609/98, à luz da norma do art. 187 do CC/02. 6. Manutenção do valor arbitrado com razoabilidade pelas instâncias de origem a título de indenização pelos danos morais (R$ 100 mil) para o caso concreto. *REsp 1.114.889, Rel. Min. Paulo Sanseverino, 15.5.12. 3ª T. (Info 497)*

Danos morais. Legitimidade "ad causam". Noivo. Morte da nubente.

Em tema de legitimidade para propositura de ação indenizatória em razão de morte, percebe-se que o espírito do ordenamento jurídico rechaça a legitimação daqueles que não fazem parte da "família" direta da vítima, sobretudo aqueles que não se inserem, nem hipoteticamente, na condição de herdeiro. Interpretação sistemática e teleológica dos arts. 12 e 948, I, do CC; art. 63 do CPP e art. 76 do CC/1916. 2. Assim, como regra – ficando expressamente ressalvadas eventuais particularidades de casos concretos –, a legitimação para a propositura de ação de indenização por dano moral em razão de morte deve mesmo alinhar-se, mutatis mutandis, à ordem de vocação hereditária, com as devidas adaptações. 3. Cumpre realçar que o direito à indenização, diante de peculiaridades do caso concreto, pode estar aberto aos mais diversificados arranjos familiares, devendo o juiz avaliar se as particularidades de cada família nuclear justificam o alargamento a outros sujeitos que nela se inserem, assim também, em cada hipótese a ser julgada, o prudente arbítrio do julgador avaliará o total da indenização para o núcleo familiar, sem excluir os diversos legitimados indicados. A mencionada válvula, que aponta para as múltiplas facetas que podem assumir essa realidade metamórfica chamada família, justifica precedentes desta Corte que conferiu legitimação ao sobrinho e à sogra da vítima fatal. 4. Encontra-se subjacente ao art. 944, caput e parágrafo único, do CC, principiologia que, a par de reconhecer o direito à integral reparação, ameniza-o em havendo um dano irracional que escapa dos efeitos que se esperam do ato causador. O sistema de responsabilidade civil atual, deveras, rechaça indenizações ilimitadas que alcançam valores que, a pretexto de reparar integralmente vítimas de ato ilícito, revelam nítida desproporção entre a conduta do agente e os resultados ordinariamente dela esperados. E, a toda evidência, esse exagero ou desproporção da indenização estariam presentes caso não houvesse – além de uma limitação quantitativa da condenação – uma limitação subjetiva dos beneficiários. 5. Nessa linha de raciocínio, conceder legitimidade ampla e irrestrita a todos aqueles que, de alguma forma, suportaram a dor da perda de alguém – como um sem-número de pessoas que se encontram fora do núcleo familiar da vítima – significa impor ao obrigado um dever também ilimitado de reparar um dano cuja extensão será sempre desproporcional ao ato causador. Assim, o dano por ricochete a pessoas não pertencentes ao núcleo familiar da vítima direta da morte, de regra, deve ser considerado como não inserido nos desdobramentos lógicos e causais do ato, seja na responsabilidade por culpa, seja na objetiva, porque extrapolam os efeitos razoavelmente imputáveis à conduta do agente. 6. Por outro lado, conferir a via da ação indenizatória a sujeitos não inseridos no núcleo familiar da vítima acarretaria também uma diluição de valores, em evidente prejuízo daqueles que efetivamente fazem jus a uma compensação dos danos morais, como cônjuge/companheiro, descendentes e ascendentes. 7. Por essas razões, o noivo não possui legitimidade ativa para pleitear indenização por dano moral pela morte da noiva, sobretudo quando os pais da vítima já intentaram ação reparatória na qual lograram êxito, como no caso. *REsp 1.076.160, Rel. Min. Luis F. Salomão, 10.4.12. 4ª T. (Info 495)*

Ofensa à dignidade da pessoa humana. Dano "in re ipsa".

Sempre que demonstrada a ocorrência de ofensa injusta à dignidade da pessoa humana, dispensa-se a comprovação de dor e sofrimento para configuração de dano moral. *REsp 1.292.141-SP, Rel. Min. Nancy Andrighi, 4.12.12. 3ª T. (Info 513)*

Responsabilidade civil. Dano moral. Pessoa jurídica. Honra objetiva. Violação.

Pessoa jurídica pode sofrer dano moral, mas apenas na hipótese em que haja ferimento à sua honra objetiva, isto é, ao conceito de que goza no meio social. Embora a Súm. 227/STJ preceitue que "a pessoa jurídica pode sofrer dano moral", a aplicação desse enunciado é restrita às hipóteses em que há ferimento à honra objetiva da entidade, ou seja, às situações nas quais a pessoa jurídica tenha o seu conceito social abalado pelo ato ilícito, entendendo-se como honra também os valores morais, concernentes à reputação, ao crédito que lhe é atribuído, qualidades essas inteiramente aplicáveis às pessoas jurídicas, além de se tratar de bens que integram o seu patrimônio. *REsp 1.298.689, Rel. Min. Castro Meira, 23.10.12. 2ª T. (Info 508)*

3.6.3. Da Responsabilidade Civil (Meios de Comunicação)

Ofensas publicadas em blog e necessidade de indicação dos endereços eletrônicos pelo ofendido.

Na hipótese em que tenham sido publicadas, em um blog, ofensas à honra de alguém, incumbe ao ofendido que pleiteia judicialmente a identificação e rastreamento dos autores das referidas ofensas – e não ao provedor de hospedagem do blog – a indicação específica dos URLs das páginas onde se encontram as mensagens. *REsp 1.274.971-RS, Rel. Min. João Otávio de Noronha, DJe 26.3.15. 3ª T. (Info 558)*

Responsabilidade por ofensas proferidas por internauta e veiculadas em portal de notícias.

A sociedade empresária gestora de portal de notícias que disponibilize campo destinado a comentários de internautas terá responsabilidade solidária por comentários, postados nesse campo, que, mesmo relacionados à matéria jornalística veiculada, sejam ofensivos a terceiro e que tenham ocorrido antes da entrada em vigor do marco civil da internet (Lei 12.965/2014). *REsp 1.352.053/AL,*

Rel. Min. Paulo de Tarso Sanseverino, DJe 30.3.15. 3ª T. (Info 558)

2013

Danos morais pelo uso não autorizado da imagem em evento sem finalidade lucrativa.

O uso não autorizado da imagem de atleta em cartaz de propaganda de evento esportivo, ainda que sem finalidade lucrativa ou comercial, enseja reparação por danos morais, independentemente da comprovação de prejuízo. *REsp 299.832-RJ, Rel. Min. Ricardo Villas Bôas Cueva, 21.2.13. 3ª T. (Info 516)*

Direito ao esquecimento.

A exibição não autorizada de uma única imagem da vítima de crime amplamente noticiado à época dos fatos não gera, por si só, direito de compensação por danos morais aos seus familiares. *REsp 1.335.153-RJ, Rel. Min. Luis Felipe Salomão, 28.5.13. 4ª T. (Info 527)*

Direito ao esquecimento.

Gera dano moral a veiculação de programa televisivo sobre fatos ocorridos há longa data, com ostensiva identificação de pessoa que tenha sido investigada, denunciada e, posteriormente, inocentada em processo criminal. *REsp 1.334.097-RJ, Rel. Min. Luis Felipe Salomão, 28.5.13. 4ª T. (Info 527)*

Responsabilidade civil do titular de blog pelos danos decorrentes da publicação em seu site de artigo de autoria de terceiro.

O titular de blog é responsável pela reparação dos danos morais decorrentes da inserção, em seu site, por sua conta e risco, de artigo escrito por terceiro. Cabe ao titular do blog exercer o controle editorial das matérias a serem postadas, de modo a evitar a propagação de opiniões pessoais que contenham ofensivos à dignidade pessoal e profissional de outras pessoas. *REsp 1.381.610-RS, Rel. Min. Nancy Andrighi, 3.9.13. 3ª T. (Info 528)*

Responsabilidade civil por veiculação de matéria jornalística.

A entidade responsável por prestar serviços de comunicação não tem o dever de indenizar pessoa física em razão da publicação de matéria de interesse público em jornal de grande circulação a qual tenha apontado a existência de investigações pendentes sobre ilícito supostamente cometido pela referida pessoa, ainda que posteriormente tenha ocorrido absolvição quanto às acusações, na hipótese em que a entidade busque fontes fidedignas, ouça as diversas partes interessadas e afaste quaisquer dúvidas sérias quanto à veracidade do que divulga. *REsp 1.297.567-RJ, Rel. Min. Nancy Andrighi, 28.5.13. 3ª T. (Info 524)*

2012

Dano moral. Direito de informar e direito à imagem.

A ofensa ao direito à imagem materializa-se com a mera utilização da imagem sem autorização, ainda que não tenha caráter vexatório ou que não viole a honra ou a intimidade da pessoa, e desde que o conteúdo exibido seja capaz de individualizar o ofendido. 2. Na hipótese, não obstante o direito de informação da empresa de comunicação e o perceptível caráter de interesse público do quadro retratado no programa televisivo, está clara a ofensa ao direito à imagem do recorrido, pela utilização econômica desta, sem a proteção dos recursos de editoração de voz e de imagem para ocultar a pessoa, evitando-se a perfeita identificação do entrevistado, à revelia de autorização expressa deste, o que constitui ato ilícito indenizável. 3. A obrigação de reparação decorre do próprio uso indevido do direito personalíssimo, não sendo devido exigir-se a prova da existência de prejuízo ou dano. O dano é a própria utilização indevida da imagem. 4. Mesmo sem perder de vista a notória capacidade econômico-financeira da causadora do dano moral, a compensação devida, na espécie, deve ser arbitrada com moderação, observando-se a razoabilidade e a proporcionalidade, de modo a não ensejar enriquecimento sem causa para o ofendido. Cabe a reavaliação do montante arbitrado nesta ação de reparação de dano moral pelo uso indevido de imagem, porque caraterizada a exorbitância da importância fixada pelas instâncias ordinárias. As circunstâncias do caso não justificam a fixação do quantum reparatório em patamar especialmente elevado, pois o quadro veiculado nem sequer dizia respeito diretamente ao recorrido, não tratava de retratar os serviços técnicos por este desenvolvidos, sendo o promovente da ação apenas um dos profissionais consultados aleatoriamente pela suposta consumidora. 5. Nesse contexto, reduz-se o valor da compensação. *REsp 794.586, Rel. Min. Raul Araújo, 15.3.12. 4ª T. (Info 493)*

Dano moral. Publicação. Revista.

Matéria jornalística publicada em revista semanal de grande circulação que atribui a ex-Presidente da República a qualidade de "corrupto desvairado". 2. De rigor a elevação do valor da indenização por dano moral, com desestímulo ao cometimento da figura jurídica da injúria, realizada por intermédio de veículos de grande circulação e respeitabilidade nacionais e consideradas as condições econômicas dos ofensores e pessoais do ofendido, ex-Presidente da República, que foi absolvido de acusação de corrupção cumpriu suspensão de direitos políticos e veio a ser eleito Senador da República. REsp 1.120.971-RJ. Rel. Min. Sidnei Beneti, 28.2.12. 3ª T. (Info 492)

Danos morais. Matéria jornalística. Publicação de foto sem autorização.

Julgada improcedente ação de indenização por danos morais. ante a publicação de notícia jornalística de agressão e homicídio, motivado por homofobia, praticado por "skinheads", contra jovem, que era acompanhado pelo autor, em praça da capital paulista, é adequada, contudo, nas circunstâncias do caso, concernente à vida privada, a procedência da ação pelo fato da publicação não autorizada de foto e nome do autor. 3. O provimento judicial está adstrito tanto ao pedido quanto à causa de pedir, delimitada pelos fatos narrados na inicial, conforme o princípio da substanciação adotado pelo ordenamento jurídico pátrio. Assim, encontra-se o Magistrado vinculado aos fatos narrados na inicial, o que lhe permite aplicar a lei que entende adequada à resolução da lide, mesmo que não apontada pelo autor. REsp 1.235.926, Rel. Min. Sidnei Beneti, 15.3.12. 3ª T. (Info 493)

Danos morais. Matéria jornalística sobre pessoa notória.

Não constitui ato ilícito apto à produção de danos morais a matéria jornalística sobre pessoa notória a qual, além de encontrar apoio em matérias anteriormente publicadas por outros meios de comunicação, tenha cunho meramente investigativo, revestindo-se, ainda, de interesse público, sem nenhum sensacionalismo ou intromissão na privacidade do autor. O embate em exame revela, em verdade, colisão entre dois direitos fundamentais, consagrados tanto na CF quanto na legislação infraconstitucional: o direito de livre manifestação do pensamento de um lado e, de outro lado, a proteção dos direitos da personalidade, como a imagem e a honra. Não se desconhece que, em se tratando de matéria veiculada em meio de comunicação, a responsabilidade civil por danos morais exsurge quando a matéria for divulgada com a intenção de injuriar, difamar ou caluniar terceiro. Além disso, é inconteste também que as notícias cujo objeto sejam pessoas notórias não podem refletir críticas indiscriminadas e levianas, pois existe uma esfera íntima do indivíduo, como pessoa humana, que não pode ser ultrapassada. De fato, as pessoas públicas e notórias não deixam, só por isso, de ter o resguardo de direitos da personalidade. Apesar disso, em casos tais, a apuração da responsabilidade civil depende da aferição de culpa sob pena de ofensa à liberdade de imprensa. Tendo o jornalista atuado nos limites da liberdade de expressão e no seu exercício regular do direito de informar, não há como falar na ocorrência de ato ilícito, não se podendo, portanto, responsabilizá-lo por supostos danos morais. REsp 1.330.028, Rel. Min. Ricardo Villas Bôas Cueva, 6.11.12. 3ª T. (Info 508)

Direitos da personalidade. Utilização de imagem de pessoa pública sem autorização. Finalidade exclusivamente econômica. Existência de dano moral.

Ainda que se trate de pessoa pública, o uso não autorizado da sua imagem, com fins exclusivamente econômicos e publicitários, gera danos morais. A jurisprudência do STJ firmou-se no sentido de que a indenização pela publicação não autorizada de imagem de pessoa com fins econômicos ou comerciais independe de prova do prejuízo (Súm. 403/STJ). Assim, a obrigação de indenizar, tratando-se de direito à imagem, decorre do próprio uso indevido desse direito, não havendo, ademais, que se cogitar de prova da existência de prejuízo. Cuida-se, portanto, de dano "in re ipsa", sendo irrelevante que se trate de pessoa notória. REsp 1.102.756, Rel. Min. Nancy Andrigui, 20.11.12. 3ª T. (Info 509)

Obrigação de publicação da sentença condenatória. Ofensa à honra em veículo de comunicação.

É possível que sentença condenatória determine a sua divulgação nos mesmos veículos de comunicação em que foi cometida a ofensa à honra, desde que fundamentada em dispositivos legais diversos da Lei de Imprensa. O STF, na ADPF 130, considerou não recepcionados pela CF todos os dispositivos da Lei de Imprensa. Porém, a ofensa à honra veiculada em meios de comunicação é passível de condenação por danos morais e à obrigação de divulgar, nos mesmos meios, a sentença condenatória, pois encontra amparo na legislação civil e na CF. *AR 4.490-DF, Rel. Min. V. B. Cueva, 24.10.12. 2ª S. (Info 507)*

Indenização. Matéria jornalística. Direito de informar. Liberdade de imprensa.

Afastada a responsabilização da empresa jornalística, ora recorrente, pelo pagamento de indenização ao recorrido (magistrado), sob o entendimento de que, no caso, não existiria ilícito civil, pois a recorrente teria atuado nos limites do exercício de informar e do princípio da liberdade da imprensa. A análise relativa à ocorrência de abuso no exercício da liberdade de expressão jornalística a ensejar reparação civil por dano moral a direitos da personalidade fica a depender do exame de cada caso concreto; pois, em tese, sopesados os valores em conflito, máxime quando atingida pessoa investida de autoridade pública, mostra-se recomendável que se dê prevalência à liberdade de informação e de crítica. Na hipótese dos autos, tem-se que a matéria jornalística relacionou-se a fatos de interesse da coletividade, os quais dizem respeito diretamente aos atos e comportamentos do recorrido na condição de autoridade. Tratou a recorrente, na reportagem, em abordagem não apenas noticiosa, mas sobretudo de ácida crítica que atingiu o ora recorrido, numa zona fronteiriça, de marcos imprecisos, entre o limite da liberdade de expressão e o limiar do abuso do direito ao exercício dessa liberdade. Esses extremos podem ser identificados no título e noutras passagens sarcásticas da notícia veiculada de forma crítica. Essas, porém, estão inseridas na matéria jornalística de cunho informativo, baseada em levantamentos de fatos de interesse público, que não extrapola claramente o direito de crítica, principalmente porque exercida em relação a casos que ostentam gravidade e ampla repercussão social. O relatório final da "CPI do Judiciário" fora divulgado no mesmo mês da publicação da matéria jornalística, em dezembro de 1999; elaborada, portanto, sob o impacto e a influência daquele documento público relevante para a vida nacional. E como fatos graves foram imputados ao ora recorrido naquele relatório, é natural que revista de circulação nacional tenha dado destaque à notícia e emitido cáustica opinião, entendendo-se amparada no teor daquele documento público. Portanto, essa contemporaneidade entre os eventos da divulgação do relatório final da CPI e da publicação da notícia eivada de ácida crítica ao magistrado é levada em conta para descaracterizar o abuso no exercício da liberdade de imprensa. Desse modo, embora não se possa duvidar do sofrimento experimentado pelo recorrido, a revelar a presença de dano moral, este não se mostra indenizável, dadas as circunstâncias do caso, por força daquela "imperiosa cláusula de modicidade" subjacente a que alude o STF (ADPF 130). *REsp 801.109, Rel. Min. Raul Araújo, 12.6.12. 4ª T. (Info 499)*

Indenização. Matéria jornalística. Direito de informar. Liberdade de imprensa.

Ação de indenização por danos morais. Publicação jornalística narrando acontecimento ocorrido durante discurso de ex-presidente da República. Ilegitimidade passiva e cerceamento de defesa. Afastamento. Mérito. Reportagem que retratou assunto notório e de interesse público. Matéria não voltada à ofensa da honra da recorrida, mas à possível ocorrência de falha na segurança da então presidência da república. Ausência de referência ao nome completo e de publicação de foto da recorrida na reportagem. Inexistência de confusão entre a autora do discurso e a pessoa da recorrida. Exercício regular do direito de informar pela recorrente. Danos morais. Não-ocorrência. *REsp 1.268.233, Rel. Min. Massami Uyeda, 15.3.12. 3ª T. (Info 493)*

Redes sociais. Mensagem ofensiva. Remoção. Prazo.

A velocidade com que as informações circulam no meio virtual torna indispensável que medidas tendentes a coibir a divulgação de conteúdos depreciativos e aviltantes sejam adotadas célere e enfaticamente, de sorte a potencialmente reduzir a disseminação do insulto, minimizando os nefastos efeitos inerentes a dados dessa natureza. 2. Uma vez notificado de que determinado texto ou imagem possui conteúdo ilícito, o provedor deve retirar o material do ar no prazo de 24 hs, sob pena de responder solidariamente com o autor direto do dano, em virtude da omissão praticada. 3. Nesse prazo de 24 hs, não está o provedor obrigado a analisar o teor da denúncia recebida, devendo apenas promover a suspensão preventiva das respectivas páginas, até que tenha tempo hábil para apreciar a veracidade das alegações, de modo a que, confirmando-as, exclua definitivamente o perfil ou, tendo-as por infundadas, restabeleça o seu livre acesso. 4. O diferimento da análise do teor das denúncias não significa que o provedor poderá postergá-la por tempo indeterminado, deixando sem satisfação o usuário cujo perfil venha a ser provisoriamente suspenso. Cabe ao provedor, o mais breve possível, dar uma solução final para o conflito, confirmando a remoção definitiva da página de conteúdo ofensivo ou, ausente indício de ilegalidade, recolocando-a no ar, adotando, nessa última hipótese, as providências legais cabíveis contra os que abusarem da prerrogativa de denunciar. *REsp 1.323.754, Rel. Min. Nancy Andrighi, 19.6.12. 3ª T. (Info 500)*

4. DO DIREITO DAS COISAS
4.1. Da Posse

2014

Inexistência de direito a indenização pelas acessões e de retenção pelas benfeitorias em bem público irregularmente ocupado.

Quando irregularmente ocupado o bem público, não há que se falar em direito de retenção pelas benfeitorias realizadas, tampouco em direito a indenização pelas acessões, ainda que as benfeitorias tenham sido realizadas de boa-fé. *AgRg no REsp 1.470.182-RN, Rel. Min. Mauro Campbell Marques, 4.11.14. 2ª T. (Info 551)*

4.2. Da Propriedade
4.2.1. Da Propriedade em Geral

2016

Usucapião especial urbana e área de imóvel inferior ao "módulo urbano".

Não obsta o pedido declaratório de usucapião especial urbana o fato de a área do imóvel ser inferior à correspondente ao "módulo urbano" (a área mínima a ser observada no parcelamento de solo urbano por determinação infraconstitucional). *REsp 1.360.017-RJ, Rel. Min. Ricardo Villas Bôas Cueva, DJe 27.5.2016. 3ª T. (Info 584)*

2015

Direito de propriedade de subsolo.

No caso em que o subsolo de imóvel tenha sido invadido por tirantes (pinos de concreto) provenientes de obra de sustentação do imóvel vizinho, o proprietário do imóvel invadido não terá legítimo interesse para requerer, com base no art. 1.229 do CC, a remoção dos tirantes nem indenização por perdas e danos, desde que fique constatado que a invasão não acarretou prejuízos comprovados a ele, tampouco impossibilitou o perfeito uso, gozo e fruição do seu imóvel. *REsp 1.256.825-SP, Rel. Min. João Otávio de Noronha, DJe 16.3.15. 3ª T. (Info 557)*

4.2.2. Da Aquisição da Propriedade

2016

Ação de usucapião extraordinária para aquisição da propriedade de coisa móvel. Registro no órgão de trânsito. Ausente. Limitação dos direitos da propriedade. Interesse de agir. Existência.

Possui interesse de agir para propor ação de usucapião extraordinária aquele que tem a propriedade de veículo registrado em nome de terceiros nos Departamentos Estaduais de Trânsito competentes. *REsp 1.582.177-RJ, Rel. Min. Nancy Andrighi, DJe 9.11.2016. 3ª T. (Info 593)*

Aquisição de propriedade imóvel. Pagamento de construção em terreno de terceiro não contratante. Responsabilidade desse terceiro.

O construtor proprietário dos materiais poderá cobrar do proprietário do solo a indenização devida pela construção, quando não puder havê-la do contratante. *REsp 963.199-DF, Rel. Min. Raul Araújo, DJe 7.11.2016. 4ª T. (Info 593)*

2013

Prevalência da usucapião sobre a hipoteca judicial de imóvel.

A decisão que reconhece a aquisição da propriedade de bem imóvel por usucapião prevalece sobre a hipoteca judicial que anteriormente tenha gravado o bem. Com a declaração de aquisição de domínio por usucapião deve desaparecer o gravame constituído antes ou depois do início da posse "ad usucapionem", seja porque a sentença apenas declara a usucapião com efeitos "ex tunc", seja porque a usucapião é forma originária de aquisição de propriedade. *REsp 620.610-DF, Rel. Min. Raul Araújo, 3.9.13. 4ª T. (Info 527)*

Usucapião de terreno que a União alega ser integrante de faixa de marinha.

A alegação da União de que determinada área constitui terreno de marinha, sem que tenha sido realizado processo demarcatório específico e conclusivo pela Delegacia de Patrimônio da União, não obsta o reconhecimento de usucapião. Não é razoável que o jurisdicionado tenha sua pretensão de reconhecimento da usucapião de terreno que já ocupa com ânimo de dono condicionada à prévia demarcação da faixa de marinha, fato futuro e sem qualquer previsibilidade de materialização. REsp 1.090.847-SP, Rel. Min. Luis Felipe Salomão, 23.4.13. 4ª T. (Info 524)

2012

Usucapião. Promitente comprador. Imóvel hipotecado.

Não há óbice ao conhecimento do recurso especial quando o artigo indicado como violado é do CC/02, mas a controvérsia se restringe a art. do CC/1916, desde que aquele reproduza, em essência, a antiga legislação. No mérito, julgou-se procedente o REsp para declarar a prescrição aquisitiva – usucapião – de imóvel em favor do promitente comprador, mesmo havendo penhora e hipoteca constituída sobre o empreendimento em benefício do agente financeiro, por empréstimo contraído pelo promitente vendedor. O ajuizamento de execução hipotecária pelo recorrido contra o recorrente, por não interromper o prazo prescricional da usucapião, não constitui resistência à posse "ad usucapionem" de quem pleiteia a prescrição aquisitiva, não se podendo falar em falta de justo título e boa-fé do usucapiente. Este terá a propriedade originária do imóvel de forma livre e desembaraçada de quaisquer gravames. REsp 941.464, Rel. Min. Luis F. Salomão, 24.4.12. 4ª T. (Info 496)

4.2.3. Dos Direitos de Vizinhança

2016

Construção em terreno alheio de aqueduto para passagem de águas.

O proprietário de imóvel tem direito de construir aqueduto no terreno do seu vizinho, independentemente do consentimento deste, para receber águas provenientes de outro imóvel, desde que não existam outros meios de passagem de águas para a sua propriedade e haja o pagamento de prévia indenização ao vizinho prejudicado. REsp 1.616.038-RS, Rel. Min. Nancy Andrighi, DJ 7.10.2016. 3ª T. (Info 591)

Exercício dos direitos de vizinhança e propriedade. Ação demolitória. Janelas. Construção a menos de um metro e meio do terreno vizinho. Art. 1.301, caput, do CC. Requisito objetivo.

A proibição inserta no art. 1.301, caput, do Código Civil – de não construir janelas a menos de um metro e meio do terreno vizinho – possui caráter objetivo, traduz verdadeira presunção de devassamento, que não se limita à visão e engloba outras espécies de invasão (auditiva, olfativa e principalmente física). REsp 1.531.094-SP, Rel. Min. Ricardo Villas Bôas Cueva, DJe 24.10.2016. 3ª T. (Info 592)

2015

Ação demolitória e prazo decadencial.

O prazo decadencial de ano e dia para a propositura da ação demolitória previsto no art. 576 do CC/1916 não tem aplicação quando a construção controvertida – uma escada – tiver sido edificada integralmente em terreno alheio. REsp 1.218.605-PR, Rel. Min. Ricardo Villas Bôas Cueva, DJe 9.12.14. 3ª T. (Info 553)

4.2.4. Do Condomínio Geral

2016

Aplicação de multas sancionatória e moratória por inadimplência condominial contumaz.

No caso de descumprimento reiterado do dever de contribuir para as despesas do condomínio (inciso I do art. 1.336 do CC), pode ser aplicada a multa sancionatória em razão de comportamento "antissocial" ou "nocivo" (art. 1.337 do CC), além da aplicação da multa moratória (§ 1º do art. 1.336 do CC). REsp 1.247.020-DF, Rel. Min. Luis Felipe Salomão, DJe 11.11.2015. 4ª T. (Info 573)

2015

Aplicação de multa a condômino antissocial.

A sanção prevista para o comportamento antissocial reiterado de condômino (art. 1.337, parágrafo único, do CC) não pode ser aplicada sem que antes lhe seja conferido o direito de defesa. *REsp 1.365.279-SP, Rel. Min. Luis Felipe Salomão, DJe 29.9.15. 4ª T. (Info 570)*

Cobrança de taxa de manutenção em condomínio de fato. Recurso repetitivo. Tema 882.

RPT As taxas de manutenção criadas por associações de moradores não obrigam os não associados ou os que a elas não anuíram. *REsp 1.439.163-SP, Rel. p/ ac. Min. Marco Buzzi, 2ª S., DJe 22.5.15. (Info 562)*

Insubsistência de cláusula de irrevogabilidade e de irretratabilidade em convenção de condomínio.

Ainda que, na vigência do CC/1916, tenha sido estipulado, na convenção original de condomínio, ser irrevogável e irretratável cláusula que prevê a divisão das despesas do condomínio em partes iguais, admite-se ulterior alteração da forma de rateio, mediante aprovação de 2/3 dos votos dos condôminos, para que as expensas sejam suportadas na proporção das frações ideais. *REsp 1.447.223-RS, Rel. p/ ac. Min. Ricardo Villas Bôas Cueva, DJe 5.2.15. 3ª T. (Info 554)*

Legitimidade do promitente comprador e do promitente vendedor em ação de cobrança de débitos condominiais.

O promitente comprador e o promitente vendedor de imóvel têm legitimidade passiva concorrente em ação de cobrança de débitos condominiais posteriores à imissão daquele na posse do bem, admitindo-se a penhora do imóvel, como garantia da dívida, quando o titular do direito de propriedade (promitente vendedor) figurar no polo passivo da demanda. *REsp 1.442.840-PR, Rel. Min. Paulo de Tarso Sanseverino, DJe 21.8.15. 3ª T. (Info 567)*

Legitimidade passiva em ação de cobrança de dívidas condominiais. Recurso repetitivo. Tema 886.

RPT A respeito da legitimidade passiva em ação de cobrança de dívidas condominiais, firmaram-se as seguintes teses: a) o que define a responsabilidade pelo pagamento das obrigações condominiais não é o registro do compromisso de compra e venda, mas a relação jurídica material com o imóvel, representada pela imissão na posse pelo promissário comprador e pela ciência inequívoca do condomínio acerca da transação; b) havendo compromisso de compra e venda não levado a registro, a responsabilidade pelas despesas de condomínio pode recair tanto sobre o promitente vendedor quanto sobre o promissário comprador, dependendo das circunstâncias de cada caso concreto; e c) se ficar comprovado (i) que o promissário comprador se imitira na posse e (ii) o condomínio teve ciência inequívoca da transação, afasta-se a legitimidade passiva do promitente vendedor para responder por despesas condominiais relativas a período em que a posse foi exercida pelo promissário comprador. *REsp 1.345.331-RS, Rel. Min. Luis Felipe Salomão, 2ª S., DJe 20.4.15. (Info 560)*

Responsabilidade do adjudicante por dívidas condominiais pretéritas.

O exequente que adjudicou o imóvel penhorado após finda praça sem lançador deve arcar com as despesas condominiais anteriores à praça, ainda que omitidas no edital da hasta pública. *REsp 1.186.373-MS, Rel. Min. Luis Felipe Salomão, DJe 14.4.15. 4ª T. (Info 559)*

2013

Direito de voto em assembleia de condomínio.

Em assembleia condominial, o condômino proprietário de diversas unidades autônomas, ainda que inadimplente em relação a uma ou algumas destas, terá direito de participação e de voto relativamente às suas unidades que estejam em dia com as taxas do condomínio. *REsp 1.375.160-SC, Rel. Min. Nancy Andrighi, 1º.10.13. 3ª T. (Info 530)*

4.2.5. Do Condomínio Edilício

2016

Ilicitude da proibição de uso de áreas comuns pelo condômino inadimplente.

O condomínio, independentemente de previsão em regimento interno, não pode proibir, em razão de inadimplência, condômino e seus familiares de usar áreas comuns, ainda que destinadas apenas a lazer. Isso porque a adoção de tal medida, a um só tempo, desnatura o instituto do condomínio, a comprometer o direito de propriedade afeto à própria unidade imobiliária, refoge das consequências legais especificamente previstas para a hipótese de inadimplemento das despesas condominiais e, em última análise, impõe ilegítimo constrangimento ao condômino (em mora) e aos seus familiares, em manifesto descompasso com o princípio da dignidade da pessoa humana. O direito do condômino ao uso das partes comuns, seja qual for a destinação a elas atribuída, não decorre da situação (circunstancial) de adimplência das despesas condominiais, mas sim do fato de que, por lei, a unidade imobiliária abrange, como inseparável, uma fração ideal no solo (representado pela própria unidade) bem como nas outras partes comuns, que será identificada em forma decimal ou ordinária no instrumento de instituição do condomínio (§ 3º do art. 1.331 do CC). Ou seja, a propriedade da unidade imobiliária abrange a correspondente fração ideal de todas as partes comuns. Efetivamente, para a específica hipótese de descumprimento do dever de contribuição pelas despesas condominiais, o CC (arts. 1.336 e 1.337) impõe ao condômino inadimplente severas sanções de ordem pecuniária, na medida de sua recalcitrância. *REsp 1.564.030-MG, Rel. Min. Marco Aurélio Bellizze, DJe 19.8.2016. 3ª T. (Info 588)*

2015

Alteração de fachada sem autorização da totalidade dos condôminos.

O condômino não pode, sem a anuência de todos os condôminos, alterar a cor das esquadrias externas de seu apartamento para padrão distinto do empregado no restante da fachada do edifício, ainda que a modificação esteja posicionada em recuo, não acarrete prejuízo direto ao valor dos demais imóveis e não possa ser vista do térreo, mas apenas de andares correspondentes de prédios vizinhos. *REsp 1.483.733-RJ, Rel. Min. Ricardo Villas Bôas Cueva, DJe 1º.9.15. 3ª T. (Info 568)*

2014

Ilegitimidade do condômino para propor ação de prestação de contas.

O condômino, isoladamente, não possui legitimidade para ajuizar ação de prestação de contas contra o condomínio. *REsp 1.046.652-RJ, Rel. Min. Ricardo Villas Bôas Cueva, 16.9.14. 3ª T. (Info 549)*

Responsabilidade de condômino pelas despesas provenientes de ação ajuizada pelo condomínio em face daquele.

O condômino que tenha sido demandado pelo condomínio em ação de cobrança deve participar do rateio das despesas do litígio contra si proposto. *REsp 1.185.061-SP, Rel. Min. Ricardo Villas Bôas Cueva, 16.9.14. 3ª T. (Info 549)*

2013

Quórum para a modificação de regimento interno de condomínio edilício.

A alteração de regimento interno de condomínio edilício depende de votação com observância do quórum estipulado na convenção condominial. *REsp 1.169.865-DF, Rel. Min. Luis Felipe Salomão, 13.8.13. 4ª T. (Info 527)*

4.3. Do Usufruto, do Uso e da Habitação

2014

Legitimidade e interesse processual do usufrutuário para a propositura de ação de caráter petitório.

O usufrutuário possui legitimidade e interesse para propor ação reivindicatória – de caráter petitório – com o objetivo de fazer prevalecer o seu direito de usufruto sobre o bem, seja contra o nu-proprietário, seja contra terceiros. *REsp 1.202.843-PR, Rel. Min. Ricardo Villas Bôas Cueva, 21.10.14. 3ª T. (Info 550)*

Reconhecimento do direito real de habitação do companheiro sobrevivente em ação possessória.

Ainda que o companheiro supérstite não tenha buscado em ação própria o reconhecimento da união estável antes do falecimento, é admissível que invoque o direito real de habitação em ação possessória, a fim de ser mantido na posse do imóvel em que residia com o falecido. *REsp 1.203.144-RS, Rel. Min. Luis Felipe Salomão, 27.5.14. 4ª T. (Info 543)*

4.4. Do Penhor, da Hipoteca e da Anticrese

2015

Extinção da garantia hipotecária e prescrição da obrigação principal.

A prescrição da pretensão de cobrança da dívida extingue o direito real de hipoteca estipulado para garanti-la. *REsp 1.408.861-RJ, Rel. Min. Paulo de Tarso Sanseverino, DJe 6.11.15. 3ª T. (Info 572)*

2013

Restabelecimento de hipoteca em razão de decisão judicial que declare a ineficácia de negócio jurídico que motivara seu anterior cancelamento.

Restabelece-se a hipoteca, anteriormente cancelada em razão da aquisição do imóvel pela própria credora hipotecária, no caso em que sobrevenha decisão judicial que, constatando a ocorrência de fraude à execução, reconheça a ineficácia da referida alienação em relação ao exequente. Declarada a ineficácia do negócio jurídico, retornam os envolvidos ao estado anterior. Nesse contexto, volta o bem a integrar o patrimônio do executado, restando ineficaz também a baixa da garantia hipotecária, que poderá ser oposta em face de outros credores. *REsp 1.253.638-SP, Rel. Min. Sidnei Beneti, 26.2.13. 3ª T. (Info 517)*

2012

Alienação de imóvel hipotecado por cédula de crédito rural. Anuência do credor hipotecário.

É necessária a prévia anuência do credor hipotecário, por escrito, para a venda de bens gravados por hipoteca cedular, nos termos do art. 59 do DL 167/67. 2. A regra geral do CC não prevalece sobre a norma especial do art. 59 do DL 167/67, que disciplina o financiamento concedido para o implemento de atividade rural. *REsp 908.752, Rel. Min. Raul Araújo, 16.10.12. 4ª T. (Info 506)*

5. DO DIREITO DE FAMÍLIA

5.1. Do Direito Pessoal

5.1.1. Das Relações de Parentesco

2016

Direito ao reconhecimento de paternidade biológica.

O filho tem direito de desconstituir a denominada "adoção à brasileira" para fazer constar o nome de seu pai biológico em seu registro de nascimento, ainda que preexista vínculo socioafetivo de filiação com o pai registral. *REsp 1.417.598-CE, Rel. Min. Paulo de Tarso Sanseverino, DJe 18.2.2016. 3ª T. (Info 577)*

Extensão dos efeitos de sentença transitada em julgada que reconhece relação de parentesco.

Os efeitos da sentença transitada em julgado que reconhece o vínculo de parentesco entre filho e pai em ação de investigação de paternidade alcançam o avô, ainda que este não tenha participado da relação jurídica processual. Os efeitos da sentença, que não se confundem com a coisa julgada e seus limites subjetivos, irradiam-se com eficácia "erga omnes", atingindo mesmo aqueles que não figuraram como parte na relação jurídica processual. *REsp 1.331.815-SC, Rel. Min. Antonio Carlos Ferreira, DJe 1.8.2016. 4ª T. (Info 587)*

Hipótese de ilegitimidade para pleitear o reconhecimento de filiação socioafetiva.

O filho, em nome próprio, não tem legitimidade para deduzir em juízo pretensão declaratória de filiação socioafetiva entre sua mãe – que era maior, capaz e, ao tempo do ajuizamento da ação, pré-morta – e os supostos pais socioafetivos dela. *REsp 1.492.861-RS, Rel. Min. Marco Aurélio Bellizze, DJe 16.8.2016. 3ª T. (Info 588)*

Reconhecimento de paternidade socioafetiva "post mortem".

Será possível o reconhecimento da paternidade socioafetiva após a morte de quem se pretende reconhecer como pai. *REsp 1.500.999-RJ, Rel. Min. Ricardo Villas Bôas Cueva, DJe 19.4.2016. 3ª T. (Info 581)*

2015

Adoção de pessoa maior de idade sem o consentimento de seu pai biológico.

Ante o abandono do adotando pelo pai biológico e o estabelecimento de relação paterno-filial (vínculo afetivo) entre adotante e adotando, a adoção de pessoa maior de idade não pode ser refutada sem apresentação de justa causa por parte do pai biológico. *REsp 1.444.747-DF, Rel. Min. Ricardo Villas Bôas Cueva, DJe 23.3.15. 3ª T. (Info 558)*

Desconstituição de paternidade registral.

Admitiu-se a desconstituição de paternidade registral no seguinte caso: (a) o pai registral, na fluência de união estável estabelecida com a genitora da criança, fez constar o seu nome como pai no registro de nascimento, por acreditar ser o pai biológico do infante; (b) estabeleceu-se vínculo de afetividade entre o pai registral e a criança durante os primeiros cinco anos de vida deste; (c) o pai registral solicitou, ao descobrir que fora traído, a realização de exame de DNA e, a partir do resultado negativo do exame, não mais teve qualquer contato com a criança, por mais de oito anos até a atualidade; e (d) o pedido de desconstituição foi formulado pelo próprio pai registral. *REsp 1.330.404-RS, Rel. Min. Marco Aurélio Bellizze, DJe 19.2.15. 3ª T. (Info 555)*

2014

Efeitos do não comparecimento do filho menor de idade para submeter-se a exame de DNA.

Em ação negatória de paternidade, o não comparecimento do filho menor de idade para submeter-se ao exame de DNA não induz presunção de inexistência de paternidade. *REsp 1.272.691-SP, Rel. Min. Nancy Andrighi, 5.11.13. 3ª T. (Info 533)*

Hipótese em que ao magistrado não é possível indeferir pedido de realização de exame de DNA.

Uma vez deferida a produção de prova pericial pelo magistrado – exame de DNA sobre os restos mortais daquele apontado como o suposto pai do autor da ação –, caso o laudo tenha sido inconclusivo, ante a inaptidão dos elementos materiais periciados, não pode o juiz indeferir o refazimento da perícia requerida por ambas as partes, quando posteriormente houver sido disponibilizado os requisitos necessários à realização da prova técnica – materiais biológicos dos descendentes ou colaterais do suposto pai –, em conformidade ao consignado pelo perito por ocasião da lavratura do primeiro laudo pericial. *REsp 1.229.905-MS, Rel. Min. Luis Felipe Salomão, 5.8.14. 4ª T. (Info 545)*

Prova em ação negatória de paternidade.

Em ação negatória de paternidade, não é possível ao juiz declarar a nulidade do registro de nascimento com base, exclusivamente, na alegação de dúvida acerca do vínculo biológico do pai com o registrado, sem provas robustas da ocorrência de erro escusável quando do reconhecimento voluntário da paternidade. *REsp 1.272.691-SP, Rel. Min. Nancy Andrighi, 5.11.13. 3ª T. (Info 533)*

2013

Recusa à submissão a exame de DNA.

No âmbito de ação declaratória de inexistência de parentesco cumulada com nulidade de registro de nascimento na qual o autor pretenda comprovar que o réu não é seu irmão, apesar de ter sido registrado como filho pelo seu falecido pai, a recusa do demandado a se submeter a exame de DNA não gera presunção de inexistência do parentesco, sobretudo na hipótese em que reconhecido o estado de filiação socioafetivo do réu. *REsp 1.115.428-SP, Rel. Min. Luis Felipe Salomão, 27.8.13. 4ª T. (Info 530)*

2012

Nulidade registro civil. Paternidade socioafetiva.

O êxito em ação negatória de paternidade, consoante os princípios do CC e da CF, depende da demonstração, a um só tempo, da inexistência da origem biológica e de que não tenha sido constituído o estado de filiação, fortemente marcado pelas relações socioafetivas e edificado na convivência familiar. *REsp 1.059.214, Min. Luis F. Salomão, 16.2.12. 4ª T. (Info 491)*

Paternidade socioafetiva. Interesse do menor.

O registro espontâneo e consciente da paternidade – mesmo havendo sérias dúvidas sobre a ascendência genética – gera a paternidade socioafetiva, que não pode ser desconstituída posteriormente, em atenção à primazia do interesse do menor. *REsp 1.244.957, Rel. Min. Nancy Andrighi, 7.8.12. 3ª T. (Info 501)*

Reconhecimento da paternidade biológica requerida pelo filho. Adoção à brasileira.

É possível o reconhecimento da paternidade biológica e a anulação do registro de nascimento na hipótese em que pleiteados pelo filho adotado conforme prática conhecida como "adoção à brasileira". A paternidade biológica traz em si responsabilidades que lhe são intrínsecas e que, somente em situações excepcionais, previstas em lei, podem ser afastadas. O direito da pessoa ao reconhecimento de sua ancestralidade e origem genética insere-se nos atributos da própria personalidade. *REsp 1.167.993-RS, Rel. Min. Luis Felipe Salomão, 18.12.12. 4ª T. (Info 512)*

5.2. Do Direito Patrimonial

5.2.1. Do Regime de Bens entre os Cônjuges

2016

Inexistência de meação de valores depositados em conta vinculada ao FGTS antes da constância da sociedade conjugal sob o regime da comunhão parcial.

Diante do divórcio de cônjuges que viviam sob o regime da comunhão parcial de bens, não deve ser reconhecido o direito à meação dos valores que foram depositados em conta vinculada ao FGTS em datas anteriores à constância do casamento e que tenham sido utilizados para aquisição de imóvel pelo casal durante a vigência da relação conjugal. *REsp 1.399.199-RS, Rel. p/ ac. Min. Luis Felipe Salomão, DJe 22.4.2016. 2ª S. (Info 581)*

Partilha de quotas de sociedade de advogados.

Na separação judicial, sujeitam-se a partilha as quotas de sociedade de advogados adquiridas por um dos cônjuges, sob o regime da comunhão universal de bens, na constância do casamento. A participação societária distingue-se nitidamente da atividade econômica propriamente desenvolvida pela sociedade. Ainda que o objeto social consista na exploração da atividade profissional intelectual de seus sócios, a participação societária de cada qual, de modo algum, pode ser equiparada a proventos, rendimentos ou honorários, compreendidos estes como a retribuição pecuniária pela prestação de determinado serviço ou trabalho. Para a hipótese, é absolutamente irrelevante saber se a sociedade tem por objeto social a exploração de atividade empresarial, assim compreendida como a atividade econômica organizada para a produção ou circulação de bens ou serviços, ou de atividade profissional de seus sócios (sociedades uniprofissionais). A distinção quanto à natureza da sociedade, se empresarial ou simples, somente terá relevância se a pretensão de partilha estiver indevidamente direcionada a bens incorpóreos, como a clientela e seu correlato valor econômico e fundo de comércio, elementos típicos de sociedade empresária, espécie da qual a sociedade de advogados, por expressa vedação legal, não se insere (REsp 1.227.240 e REsp 958.116). *REsp 1.531.288-RS, Rel. Min. Marco Aurélio Bellizze, DJe 17.12.2015. 3ª T. (Info 575)*

Termo inicial do prazo para herdeiro pleitear anulação de fiança.

O prazo decadencial para herdeiro do cônjuge prejudicado pleitear a anulação da fiança firmada sem a devida outorga conjugal é de dois anos, contado a partir do falecimento do consorte que não concordou com a referida garantia. *REsp 1.273.639-REsp 1273639-SP, Rel. Luis Felipe Salomão, DJe 18.4.2016. 4ª T. (Info 581)*

2015

Cônjuge supérstite casado em regime de separação convencional e sucessão "causa mortis".

No regime de separação convencional de bens, o cônjuge sobrevivente concorre na sucessão "causa mortis" com os descendentes do autor da herança. Quem determina a ordem da vocação hereditária é o legislador, que pode construir um sistema para a separação em vida diverso do da separação por morte. E ele o fez, estabelecendo um sistema para a partilha dos bens por "causa mortis" e outro sistema para a separação em vida decorrente do divórcio. Se a mulher se separa, se divorcia, e o marido morre, ela não herda. Esse é o sistema de partilha em vida. Contudo, se ele vier a morrer durante a união, ela herda porque o Código a elevou à categoria de herdeira. São, como se vê, coisas diferentes. *REsp 1.382.170-SP, Rel. p/ ac. Min. João Otávio de Noronha, DJe 26.5.15. 2ª S. (Info 562)*

Necessidade de observância, na partilha, das normas vigentes ao tempo da aquisição dos bens.

Ainda que o término do relacionamento e a dissolução da união estável tenham ocorrido durante a vigência da Lei 9.278/96, não é possível aplicar à partilha do patrimônio formado antes da vigência da referida lei a presunção legal de que os bens adquiridos onerosamente foram fruto de esforço comum dos conviventes (art. 5º da Lei 9.278/96), devendo-se observar o ordenamento jurídico vigente ao tempo da aquisição de cada bem a partilhar. *REsp 1.124.859-MG, Rel. p/ ac. Min. Maria Isabel Gallotti, DJe 27.2.15. 2ª S. (Info 556)*

2013

Desnecessidade de partilha prévia dos bens no divórcio indireto.

Não é necessária a prévia partilha de bens para a conversão da separação judicial em divórcio.

REsp 1.281.236-SP, Rel. Min. Nancy Andrighi, 19.3.13. 3ª T. (Info 518)

Incomunicabilidade de bem recebido a título de doação no regime da comunhão parcial de bens.

No regime de comunhão parcial de bens, não integra a meação o valor recebido por doação na constância do casamento – ainda que inexistente cláusula de incomunicabilidade – e utilizado para a quitação de imóvel adquirido sem a contribuição do cônjuge não donatário. REsp 1.318.599-SP, Rel. Min. Nancy Andrighi, 23.4.13. 3ª T. (Info 523)

Possibilidade de alteração do regime de bens em casamento celebrado na vigência do CC/1916.

Na hipótese de casamento celebrado na vigência do CC/1916, é possível, com fundamento no art. 1.639, § 2º, do CC, a alteração do regime da comunhão parcial para o regime da separação convencional de bens sob a justificativa de que há divergência entre os cônjuges quanto à constituição, por um deles e por terceiro, de sociedade limitada, o que implicaria risco ao patrimônio do casal, ainda que não haja prova da existência de patrimônio comum entre os cônjuges e desde que sejam ressalvados os direitos de terceiros, inclusive dos entes públicos. REsp 1.119.462-MG, Rel. Min. Luis Felipe Salomão, 26.2.13. 4ª T. (Info 518)

2012

Levantamento. Meação. Processo. Inventário. Partilha.

A impossibilidade de reversão da decisão (em fase de execução), que reconheceu o direito do ex-cônjuge varão à percepção de indenização em processo de dissolução de sociedade comercial, cumulada com apuração de haveres, somada ao direito incontroverso da ex-mulher à meação desses valores, legitima seu levantamento pela recorrida, máxime tendo em vista que o patrimônio do casal é suficientemente expressivo para cobrir qualquer diferença porventura apurada em favor de um ou de outro, nos autos do inventário e partilha, consoante consignado pelo tribunal de origem. Ademais, sendo o escopo precípuo da caução prevenir provável risco de grave dano de difícil ou incerta reparação a que exposto o executado com o prosseguimento da execução, ressoa inequívoca a prescindibilidade desta garantia no caso em julgamento, ante o expressivo vulto do patrimônio partilhável. Ademais, a antecipação de partilha outorgada ao recorrente, sob os mesmos motivos e condições outrora defendidos, e que ora impugna, descerra comportamento processual contraditório, caracterizado como "venire contra factum proprium". REsp 1.283.796, Rel. Min. Luis F. Salomão, 14.2.12. 4ª T. (Info 491)

Meação. Aplicação financeira mantida por ex-consorte do "de cujus" na vigência da sociedade conjugal.

Os proventos de aposentadoria, percebidos por cônjuge casado em regime de comunhão universal e durante a vigência da sociedade conjugal, constituem patrimônio particular do consorte ao máximo enquanto mantenham caráter alimentar. Perdida essa natureza, como na hipótese de acúmulo do capital mediante depósito das verbas em aplicação financeira, o valor originado dos proventos de um dos consortes passa a integrar o patrimônio comum do casal, devendo ser partilhado quando da extinção da sociedade conjugal. Interpretação sistemática dos comandos contidos nos arts. 1.659, VI e 1.668, V, 1565, 1566, III e 1568, todos do CC. REsp 1.053.473, Rel. Min. Marco Buzzi, 2.10.12. 4ª T. (Info 506)

5.2.2. Do Usufruto e da Administração dos Bens de Filhos Menores

2012

Pagamento de alugueres. Utilização exclusiva de imóvel dos filhos por um dos ex-cônjuges.

Pretensão originária formulada no sentido de que o ex-cônjuge que ocupa imóvel doado aos filhos, pague o equivalente a 50% do valor de locação do imóvel, pelo usufruto, em caráter exclusivo, do bem pertencente à prole. 2. O exercício do direito real de usufruto de imóvel de filho, com base no Poder Familiar, compete aos pais de forma conjunta, conforme o disposto no art. 1.689, I, do CC. 3. A aplicação direta do regramento, contudo, apenas é possível na constância do relacionamento, pois, findo o casamento, ou a união estável, no mais das vezes, ocorre a separação física do casal, fato que torna inviável o exercício do usufruto de forma conjunta. 4. Nessa hipótese, é factível cobrança do equivalente à metade da locação do imóvel, pois a simples ocupação do bem por um dos ex-consortes representa impedimento de cunho concreto, ou mesmo psicológico, à utilização simultânea pelo outro usufrutuário. *REsp 1.098.864, Rel. Min. Nancy Andrighi, 4.9.12. 3ª T. (Info 503)*

5.2.3. Dos Alimentos

2016

Acordo de alimentos sem a participação do advogado do alimentante.
É válido o acordo de alimentos celebrado pelos interessados na presença do magistrado e do Ministério Público, mas sem a participação do advogado do alimentante capaz. *REsp 1.584.503-SP, Rel. Min. Ricardo Villas Bôas Cueva, DJe 26.4.2016. 3ª T. (Info 582)*

Inexistência de transferência automática do dever de alimentar.
O falecimento do pai do alimentando não implica a automática transmissão do dever alimentar aos avós. É orientação do STJ que a responsabilidade dos avós de prestar alimentos é subsidiária, e não sucessiva. Essa obrigação tem natureza complementar e somente exsurge se ficar demonstrada a impossibilidade de os genitores proverem os alimentos de seus filhos. Assim, para intentar ação contra ascendente de segundo grau, deve o alimentando demonstrar não somente a impossibilidade ou insuficiência de cumprimento da obrigação pela mãe, como também pelo espólio do pai falecido. *REsp 1.249.133-SC, Rel. p/ ac. Min. Raul Araújo, DJe 2.8.2016. 4ª T. (Info 587)*

Transferência de guarda no curso de ação de execução de débitos alimentares.
A genitora que, ao tempo em que exercia a guarda judicial dos filhos, representou-os em ação de execução de débitos alimentares possui legitimidade para prosseguir no processo executivo com intuito de ser ressarcida, ainda que, no curso da cobrança judicial, a guarda tenha sido transferida ao genitor (executado). *REsp 1.410.815-SC, Rel. Min. Marco Buzzi, DJ 23.9.2016. 4ª T. (Info 590)*

2015

Aviso prévio como base de cálculo de pensão alimentícia.
Desde que não haja disposição transacional ou judicial em sentido contrário, o aviso prévio não integra a base de cálculo da pensão alimentícia. *REsp 1.332.808-SC, Rel. Min. Luis Felipe Salomão, j. 18.12.14. 4ª T. (Info 553)*

Décimo terceiro salário como base de cálculo de pensão alimentícia.
Desde que não haja disposição transacional ou judicial em sentido contrário, o décimo terceiro salário não compõe a base de cálculo da pensão alimentícia quando esta é estabelecida em valor fixo. *REsp 1.332.808-SC, Rel. Min. Luis Felipe Salomão, j. 18.12.14. 4ª T. (Info 553)*

Direito a alimentos pelo rompimento de união estável entre pessoas do mesmo sexo.
É juridicamente possível o pedido de alimentos decorrente do rompimento de união estável homoafetiva. *REsp 1.302.467-SP, Rel. Min. Luis Felipe Salomão, DJe 25.3.15. 4ª T. (Info 558)*

Irrenunciabilidade, na constância do vínculo familiar, dos alimentos devidos.
Tendo os conviventes estabelecido, no início da união estável, por escritura pública, a dispensa à assistência material mútua, a superveniência de moléstia grave na constância do relacionamento, reduzindo a capacidade laboral e comprometendo, ainda que temporariamente, a situação financeira de um deles, autoriza a fixação de alimentos após a dissolução da união. *REsp 1.178.233-RJ, Rel. Min. Raul Araújo, DJe 9.12.14. 4ª T. (Info 553)*

Óbito de ex-companheiro alimentante e responsabilidade do espólio pelos débitos alimentares não quitados.
Extingue-se, com o óbito do alimentante, a obrigação de prestar alimentos a sua ex-companheira decorrente de acordo celebrado em razão do encerramento da união estável, transmitindo-se ao espólio apenas a responsabilidade pelo pagamento dos débitos alimentares que porventura não tenham sido quitados pelo devedor em vida (art. 1.700 do CC). *REsp 1.354.693-SP, Rel. p/ ac. Min. Antonio Carlos Ferreira, DJe 20.2.15. 2ª S. (Info 555)*

Participação nos lucros e resultados como base de cálculo de pensão alimentícia.
Desde que não haja disposição transacional ou judicial em sentido contrário, as parcelas percebidas a título de participação nos lucros e resultados integram a base de cálculo da pensão alimentícia

quando esta é fixada em percentual sobre os rendimentos. *REsp 1.332.808-SC, Rel. Min. Luis Felipe Salomão, j. 18.12.14. 4ª T. (Info 553)*

Pensão alimentícia devida a ex-cônjuge e fixação, ou não, de termo final.

Em regra, a pensão alimentícia devida a ex-cônjuge deve ser fixada por tempo determinado, sendo cabível o pensionamento alimentar sem marco final tão somente quando o alimentado (ex-cônjuge) se encontrar em circunstâncias excepcionais, como de incapacidade laboral permanente, saúde fragilizada ou impossibilidade prática de inserção no mercado de trabalho. *REsp 1.496.948-SP, Rel. Min. Moura Ribeiro, DJe 12.3.15. 3ª T. (Info 557)*

Penhora de quotas sociais na parte relativa à meação.

A existência de dívida alimentar não autoriza a penhora imediata de cotas sociais pertencentes à atual companheira do devedor na parte relativa à meação, sem que antes tenha sido verificada a viabilidade de constrição do lucro relativo às referidas cotas e das demais hipóteses que devam anteceder a penhora (art. 1.026, c/c art. 1.053, ambos do CC). *REsp 1.284.988-RS, Rel. Min. Luis Felipe Salomão, DJe 9.4.15. 4ª T. (Info 559)*

Possibilidade de alteração da forma de pagamento dos alimentos em ação revisional.

Em sede de ação revisional de alimentos, é possível a modificação da forma da prestação alimentar (em espécie ou in natura), desde que demonstrada a razão pela qual a modalidade anterior não mais atende à finalidade da obrigação, ainda que não haja alteração na condição financeira das partes nem pretensão de modificação do valor da pensão. *REsp 1.505.030-MG, Rel. Min. Raul Araújo, DJe 17.8.15. 4ª T. (Info 567)*

Valor da prestação alimentar em face de constituição de nova unidade familiar pelo alimentante.

A constituição de nova família pelo devedor de alimentos não acarreta, por si só, revisão da quantia estabelecida a título de alimentos em favor dos filhos advindos de anterior unidade familiar formada pelo alimentante, sobretudo se não houver prova da diminuição da capacidade financeira do devedor em decorrência da formação do novo núcleo familiar. *REsp 1.496.948-SP, Rel. Min. Moura Ribeiro, DJe 12.3.15. 3ª T. (Info 557)*

2014

Base de cálculo da pensão alimentícia.

As verbas auxílio-acidente, vale-cesta e vale-alimentação não integram a base de cálculo para fins de desconto de pensão alimentícia. *REsp 1.159.408-PB, Rel. Min. Ricardo Villas Bôas Cueva, 7.11.13. 3ª T. (Info 533)*

Obrigação de prestar alimentos.

O espólio de genitor do autor de ação de alimentos não possui legitimidade para figurar no polo passivo da ação na hipótese em que inexista obrigação alimentar assumida pelo genitor por acordo ou decisão judicial antes da sua morte. *REsp 1.337.862-SP, Rel. Min. Luis Felipe Salomão, 11.2.14. 4ª T. (Info 534)*

2013

Abrangência dos alimentos provisórios.

Em regra, os alimentos provisórios fixados em percentual sobre os rendimentos líquidos do alimentante não abrangem as verbas que não façam parte da sua remuneração habitual. Com efeito, na fixação dos alimentos provisórios, o julgador, diante do pedido formulado pelo alimentando, não se volta, a princípio, para a capacidade do alimentante – na qual a natureza do valor da verba percebida tem real influência –, mas procura encontrar o ideal dos alimentos "ad necessitate", diante da análise dos elementos de que dispõe e do que vislumbra compor as necessidades do alimentando. Apenas quando ultrapassada essa análise inicial, passa-se a dispor sobre a possibilidade de adequar essa necessidade às condições financeiras do alimentante. *REsp 1.261.247-SP, Rel. Min. Nancy Andrighi, 16.4.13. 3ª T. (Info 519)*

Alimentos na hipótese de formação de vínculo socioafetivo.

A esposa infiel não tem o dever de restituir ao marido traído os alimentos pagos por ele em favor de filho criado com estreitos laços de afeto pelo casal, ainda que a adúltera tenha ocultado do marido o fato de que a referida criança seria filha biológica sua e de seu "cúmplice". Se o marido, ainda que enganado por sua esposa, cria como seu o filho biológico de outrem, tem-se por configurada verdadeira relação de paternidade socioafetiva, a qual, por si mesma, impede a repetição da verba alimentar, haja vista que, a fim de preservar o elo da afetividade, deve-se considerar secundária a verdade biológica, porquanto a CF e o próprio CC garantem a igualdade absoluta dos filhos de qualquer origem (biológica ou não biológica). *REsp 922.462-SP, Rel. Min. Ricardo Villas Bôas Cueva, 4.4.13. 3ª T. (Info 522)*

Cobrança retroativa da diferença verificada entre os valores fixados a título de alimentos provisórios e definitivos.

Se os alimentos definitivos forem fixados em valor superior ao dos provisórios, poderá haver a cobrança retroativa da diferença verificada entre eles. *REsp 1.318.844-PR, Rel. Min. Sidnei Beneti, 7.3.13. 3ª T. (Info 516)*

Impossibilidade de prisão civil do inventariante pelo inadimplemento de pensão alimentícia.

Não cabe prisão civil do inventariante em razão do descumprimento do dever do espólio de prestar alimentos. *HC 256.793-RN, Rel. Min. Luis Felipe Salomão, 1º.10.13. 4ª T. (Info 531)*

Inexistência de obrigação dos pais de fornecer alimentos à filha maior de 25 anos e com curso superior completo, no caso de ausência de prova referente a problemas quanto à sua saúde física ou mental.

Os pais não têm obrigação de fornecer alimentos à filha maior de 25 anos e com curso superior completo, se inexistirem elementos que indiquem quaisquer problemas quanto à sua saúde física ou mental. Durante a menoridade, ou seja, até os dezoito anos de idade, não é necessário que o alimentando faça prova efetiva da inexistência de meios próprios de subsistência, o que se presume pela incapacidade civil, estando o dever de alimentos fundamentado no poder familiar. *REsp 1.312.706-AL, Rel. Min. Luis Felipe Salomão, 21.2.13. 4ª T. (Info 518)*

Irretroatividade da decisão que exonera o devedor de alimentos do pagamento da dívida alimentar.

O reconhecimento judicial da exoneração do pagamento de pensão alimentícia não alcança as parcelas vencidas e não pagas de dívida alimentar anteriormente reconhecida e cobrada judicialmente. Conforme a jurisprudência do STJ, a procedência de ação proposta com fins de exclusão do pagamento de pensão alimentícia reconhecida judicialmente não obsta a execução das parcelas já vencidas e cobradas sob o rito do art. 733 do CPC. O ajuizamento de ação revisional ou de exoneração de alimentos não possibilita ao devedor reduzir ou deixar de pagar o valor dos alimentos. A alteração do encargo depende de autorização judicial, cuja sentença não dispõe de efeitos retroativos. *RHC 35.192-RS, Rel. Min. Villas Bôas Cueva, 12.3.13. 3ª T. (Info 518)*

Prisão civil de devedor de alimentos.

Na hipótese de superveniência de sentença que fixa alimentos em quantia inferior aos provisórios, a prisão civil do devedor somente pode ser admitida diante do não pagamento do valor resultante do cômputo das prestações vencidas com base no novo valor estabelecido pela sentença. *HC 271.637-RJ, Rel. Min. Sidnei Beneti, 24.9.13. 3ª T. (Info 531)*

Verbas trabalhistas percebidas pelo alimentante não previstas em título judicial.

No caso em que os alimentos tenham sido arbitrados pelo juiz em valor fixo correspondente a determinado número de salários mínimos a serem pagos em periodicidade mensal, o alimentando não tem direito a receber, com base naquele título judicial, quaisquer acréscimos decorrentes de verbas trabalhistas percebidas pelo alimentante e ali não previstos. *REsp 1.091.095-RJ, Rel. Min. Luis Felipe Salomão, 16.4.13. 4ª T. (Info 519)*

5.2.4. Do Bem de Família

2016

Exceção à impenhorabilidade do bem de família.

Na execução civil movida pela vítima, não é oponível a impenhorabilidade do bem de família adquirido com o produto do crime, ainda que a punibilidade do acusado tenha sido extinta em razão do cumprimento das condições estipuladas para a suspensão condicional do processo. *REsp 1.091.236-RJ, Rel. Min. Marco Buzzi, DJe 1º.2.2016. 4ª T. (Info 575)*

Hipótese de impenhorabilidade de imóvel comercial.

É impenhorável o único imóvel comercial do devedor quando o aluguel daquele está destinado unicamente ao pagamento de locação residencial por sua entidade familiar. *REsp 1.616.475-PE, Rel. Min. Herman Benjamin, DJ 11.10.2016. 2ª T. (Info 591)*

Impenhorabilidade do bem de família.
A impenhorabilidade do bem de família no qual reside o sócio devedor não é afastada pelo fato de o imóvel pertencer à sociedade empresária. *EDcl no AREsp 511.486-SC, Rel. Min. Raul Araújo, DJe 10.3.2016. 4ª T. (Info 579)*

Penhorabilidade de bem de família imóvel dado em hipoteca não registrada.
A ausência de registro da hipoteca em cartório de registro de imóveis não afasta a exceção à regra de impenhorabilidade prevista no art. 3º, V, da Lei 8.009/90, a qual autoriza a penhora de bem de família dado em garantia hipotecária na hipótese de dívida constituída em favor de entidade familiar. *REsp 1.455.554-RN, Rel. Min. João Otávio de Noronha, DJe 16.6.2016. 3ª T. (Info 585)*

2015

Possibilidade de penhora de bem de família por má-fé do devedor.
Não se deve desconstituir a penhora de imóvel sob o argumento de se tratar de bem de família na hipótese em que, mediante acordo homologado judicialmente, o executado tenha pactuado com o exequente a prorrogação do prazo para pagamento e a redução do valor de dívida que contraíra em benefício da família, oferecendo o imóvel em garantia e renunciando expressamente ao oferecimento de qualquer defesa, de modo que, descumprido o acordo, a execução prosseguiria com a avaliação e praça do imóvel. *REsp 1.461.301-MT, Rel. Min. João Otávio de Noronha, DJe 23.3.15. 3ª T. (Info 558)*

2014

Afastamento da proteção dada ao bem de família.
Deve ser afastada a impenhorabilidade do único imóvel pertencente à família na hipótese em que os devedores, com o objetivo de proteger o seu patrimônio, doem em fraude à execução o bem a seu filho menor impúbere após serem intimados para o cumprimento espontâneo da sentença exequenda. *REsp 1.364.509-RS, Rel. Min. Nancy Andrighi, 10.6.14. 3ª T. (Info 545)*

Caracterização como bem de família do único imóvel residencial do devedor cedido a familiares.
Constitui bem de família, insuscetível de penhora, o único imóvel residencial do devedor em que resida seu familiar, ainda que o proprietário nele não habite. De fato, deve ser dada a maior amplitude possível à proteção consignada na lei que dispõe sobre o bem de família (Lei 8.009/90), que decorre do direito constitucional à moradia estabelecido no caput do art. 6º da CF, para concluir que a ocupação do imóvel por qualquer integrante da entidade familiar não descaracteriza a natureza jurídica do bem de família. *EREsp 1.216.187-SC, Rel. Min. Arnaldo Esteves Lima, 14.5.14. 2ª S. (Info 543)*

Impenhorabilidade do bem de família frente a hipótese de desconsideração da personalidade jurídica.
A desconsideração da personalidade jurídica de sociedade empresária falida que tenha sido decretada em decorrência de fraude contra a massa falida não implica, por si só, o afastamento da impenhorabilidade dos bens de família dos sócios. *REsp 1.433.636-SP, Rel. Min. Luis Felipe Salomão, 2.10.14. 4ª T. (Info 549)*

2012

Impenhorabilidade de bem de família. Interpretação restritiva de suas exceções.
Não é possível a penhora do imóvel destinado à moradia de síndico em caso de indenização decorrente da prática de ilícito civil consistente na concessão pelo síndico de isenções de multas e encargos incidentes sobre contribuições condominiais em atraso, o que causou prejuízo ao condomínio. A Lei 8.009/90 institui a impenhorabilidade do bem de família como instrumento de tutela do direito fundamental à moradia da família e, portanto, indispensável à composição de um mínimo existencial para uma vida digna. Por ostentar esta legislação natureza excepcional, é insuscetível de interpretação extensiva, não se podendo presumir as exceções previstas em seu art. 3º. *REsp 1.074.838, Rel. Min. Luis Felipe Salomão, 23.10.12. 4ª T. (Info 509)*

Impenhorabilidade do bem de família. Contribuição criada por associação de moradores.
A impenhorabilidade do bem de família, conferida pela Lei 8.009/90, não pode ser afastada em cobrança de dívida fundada em contribuições

criadas por associações de moradores. As taxas de manutenção criadas por associações de moradores não são devidas por morador não associado, pois não podem ser equiparadas, para fins e efeitos de direito, a despesas condominiais. *REsp 1.324.107-SP, Rel. Min. Nancy Andrighi, 13.11.12. 3ª T. (Info 510)*

5.3. Da União Estável

2016

Dissolução de união estável e impossibilidade de partilha de lucros de sociedade empresária quando destinados à conta de reserva.

Os lucros de sociedade empresária destinados a sua própria conta de reserva não são partilháveis entre o casal no caso de dissolução de união estável de sócio. *REsp 1.595.775-AP, Rel. Min. Ricardo Villas Bôas Cueva, DJe 16.8.2016. 3ª T. (Info 588)*

2015

Alienação, sem consentimento do companheiro, de bem imóvel adquirido na constância da união estável.

A invalidação da alienação de imóvel comum, fundada na falta de consentimento do companheiro, dependerá da publicidade conferida à união estável, mediante a averbação de contrato de convivência ou da decisão declaratória da existência de união estável no Ofício do Registro de Imóveis em que cadastrados os bens comuns, ou da demonstração de má-fé do adquirente. *REsp 1.424.275-MT, Rel. Min. Paulo de Tarso Sanseverino, DJe 16.12.14. 3ª T. (Info 554)*

Definição de propósito de constituir família para efeito de reconhecimento de união estável.

O fato de namorados projetarem constituir família no futuro não caracteriza união estável, ainda que haja coabitação. *REsp 1.454.643-RJ, Rel. Min. Marco Aurélio Bellizze, DJe 10.3.15. 3ª T. (Info 557)*

Irretroatividade dos efeitos de contrato de união estável.

Não é lícito aos conviventes atribuírem efeitos retroativos ao contrato de união estável, a fim de eleger o regime de bens aplicável ao período de convivência anterior à sua assinatura. *REsp 1.383.624-MG, Rel. Min. Moura Ribeiro, DJe 12.6.15. 3ª T. (Info 563)*

2014

Inaplicabilidade da Súmula 332 do STJ à união estável.

Ainda que a união estável esteja formalizada por meio de escritura pública, é válida a fiança prestada por um dos conviventes sem a autorização do outro. Isso porque o entendimento de que a "fiança prestada sem autorização de um dos cônjuges implica a ineficácia total da garantia" (Súm. 332/STJ), conquanto seja aplicável ao casamento, não tem aplicabilidade em relação à união estável. De fato, o casamento representa, por um lado, uma entidade familiar protegida pela CF e, por outro lado, um ato jurídico formal e solene do qual decorre uma relação jurídica com efeitos tipificados pelo ordenamento jurídico. A união estável, por sua vez, embora também represente uma entidade familiar amparada pela CF – uma vez que não há, sob o atual regime constitucional, famílias estigmatizadas como de "segunda classe" –, difere-se do casamento no tocante à concepção deste como um ato jurídico formal e solene. *REsp 1.299.866-DF, Rel. Min. Luis Felipe Salomão, 25.2.14. 4ª T. (Info 535)*

Incomunicabilidade da valorização de cotas sociais no âmbito de dissolução de união estável.

Na hipótese de dissolução de união estável subordinada ao regime da comunhão parcial de bens, não deve integrar o patrimônio comum, a ser partilhado entre os companheiros, a valorização patrimonial das cotas sociais de sociedade limitada adquiridas antes do início do período de convivência do casal. *REsp 1.173.931-RS, Rel. Min. Paulo de Tarso Sanseverino, 22.10.13. 3ª T. (Info 533)*

2012

União estável dissolvida após a Lei 9.278/96. Presunção de esforço comum.

É devida a partilha dos bens adquiridos onerosamente por um ou ambos os conviventes na constância da união estável, independentemente da comprovação de esforço comum, em caso de dissolução da união após o advento da Lei 9.278/96, salvo se houver estipulação contrária em contrato escrito ou se a aquisição ocorrer com o produto de bens adquiridos em período anterior ao início da união. Aplicam-se as disposições da Lei 9.278/96 às uniões estáveis dissolvidas após a sua vigência. A Lei 9.278/96 não exige, como previa o regime anterior, a prova de que a aquisição dos bens decorreu do esforço comum de ambos os companheiros para fins de partilha. *REsp 1.021.166, Rel. Min. Ricardo V. B. Cueva, 2.10.12. 3ª T. (Info 505)*

União estável. Presunção de concepção de filhos.
A presunção de concepção dos filhos na constância do casamento prevista no art. 1.597, II, do CC se estende à união estável. Para a identificação da união estável como entidade familiar, exige-se a convivência pública, contínua e duradoura estabelecida com o objetivo de constituição de família com atenção aos deveres de lealdade, respeito, assistência, de guarda, sustento e educação dos filhos em comum. O art. 1.597, II, do CC dispõe que os filhos nascidos nos trezentos dias subsequentes à dissolução da sociedade conjugal presumem-se concebidos na constância do casamento. Assim, admitida pelo ordenamento jurídico pátrio (art. 1.723 do CC), inclusive pela CF (art. 226, § 3º), a união estável e reconhecendo-se nela a existência de entidade familiar, aplicam-se as disposições contidas no art. 1.597, II, do CC ao regime de união estável. *REsp 1.194.059, Rel. Min. Massami Uyeda, 6.11.12. 3ª T. (Info 508)*

Reconhecimento de união estável simultânea ao casamento.
A jurisprudência do STJ e do STF é sólida em não reconhecer como união estável a relação concubinária não eventual, simultânea ao casamento, quando não estiver provada a separação de fato ou de direito do parceiro casado. 2. O acórdão recorrido estabeleceu que o falecido não havia desfeito completamente o vínculo matrimonial – o qual, frise-se, perdurou por trinta e seis anos –, só isso seria o bastante para afastar a caracterização da união estável em relação aos últimos três anos de vida do "de cujus", período em que sua esposa permaneceu transitoriamente inválida em razão de acidente. Descabe indagar com que propósito o falecido mantinha sua vida comum com a esposa, se por razões humanitárias ou qualquer outro motivo, ou se entre eles havia "vida íntima". 3. Assim, não se mostra conveniente, sob o ponto de vista da segurança jurídica, inviolabilidade da intimidade, vida privada e dignidade da pessoa humana, discussão acerca da quebra da affectio familiae, com vistas ao reconhecimento de uniões estáveis paralelas a casamento válido, sob pena de se cometer grave injustiça, colocando em risco o direito sucessório do cônjuge sobrevivente. *REsp 1.096.539, Rel. Min. Luis F. Salomão, 27.3.12. 4ª T. (Info 494)*

5.4. Da Tutela e da Curatela

2015

Enumeração dos legitimados ativos para ação de interdição.
Não é preferencial a ordem de legitimados para o ajuizamento de ação de interdição. *REsp 1.346.013-MG, Rel. Min. Ricardo Villas Bôas Cueva, DJe 20.10.15. 3ª T. (Info 571)*

Legitimidade de parente para propor ação de interdição.
Qualquer pessoa que se enquadre no conceito de parente do Código Civil é parte legítima para propor ação de interdição. *REsp 1.346.013-MG, Rel. Min. Ricardo Villas Bôas Cueva, DJe 20.10.15. 3ª T. (Info 571)*

6. DO DIREITO DAS SUCESSÕES

6.1. Da Sucessão em Geral

2016

Sucessão. Herança. Aceitação tácita. Impossibilidade de renúncia posterior ao ajuizamento de ação de inventário e arrolamento de bens.
O pedido de abertura de inventário e o arrolamento de bens, com a regularização processual por meio de nomeação de advogado, implicam a aceitação tácita da herança. *REsp 1.622.331-SP, Rel. Min. Ricardo Villas Bôas Cueva, DJe 14.11.2016. 3ª T. (Info 593)*

2014

Adjudicação de direitos hereditários do herdeiro devedor de alimentos.
É possível a adjudicação em favor do alimentado dos direitos hereditários do alimentante, penhorados no rosto dos autos do inventário, desde que observado os interesses dos demais herdeiros, nos termos dos arts. 1.793 a 1.795 do CC. *REsp 1.330.165-RJ, Rel. Min. Nancy Andrighi, 13.5.14. 3ª T. (Info 544)*

2012

Renúncia à herança por procurador. Requisitos formais.

A constituição de procurador com poder especial para renunciar à herança de valor superior a trinta vezes o maior salário mínimo deve ser feita por instrumento público ou termo judicial para ter validade. Segundo o art. 1.806 do CC, a renúncia da herança deve constar expressamente de instrumento público ou termo judicial. Tal formalidade é uma decorrência lógica do previsto nos arts. 88, II, e 108 do mesmo diploma legal. Segundo o art. 80, II, considera-se bem imóvel a sucessão aberta. Já o art. 108 do mesmo código determina que a escritura pública é essencial à validade dos negócios jurídicos que visem à constituição, transferência, modificação ou renúncia de direitos reais sobre imóveis de valor superior a trinta vezes o maior salário mínimo. Assim, se a renúncia feita pelo próprio sucessor só tem validade se expressa em instrumento particular ou termo judicial (art. 1.806 do CC), a transmissão de poderes para tal desiderato deverá observar a mesma formalidade. REsp 1.236.671, Rel. p/ ac. Min. Sidnei Beneti, 9.10.12. 3ª T. (Info 506)

6.2. Da Sucessão Legítima

2016

Discussão de culpa no direito sucessório e ônus da prova.

Ocorrendo a morte de um dos cônjuges após dois anos da separação de fato do casal, é legalmente relevante, para fins sucessórios, a discussão da culpa do cônjuge sobrevivente pela ruptura da vida em comum, cabendo a ele o ônus de comprovar que a convivência do casal se tornara impossível sem a sua culpa. REsp 1.513.252-SP, Rel. Min. Maria Isabel Gallotti, DJe 12.11.2015. 4ª T. (Info 573)

Herança de bem gravado com cláusula de incomunicabilidade.

A cláusula de incomunicabilidade imposta a um bem transferido por doação ou testamento só produz efeitos enquanto viver o beneficiário, sendo que, após a morte deste, o cônjuge sobrevivente poderá se habilitar como herdeiro do referido bem, observada a ordem de vocação hereditária. Isso porque a cláusula de incomunicabilidade imposta a um bem não se relaciona com a vocação hereditária. Assim, se o indivíduo recebeu por doação ou testamento bem imóvel com a referida cláusula, sua morte não impede que seu herdeiro receba o mesmo bem. São dois institutos distintos: cláusula de incomunicabilidade e vocação hereditária. REsp 1.552.553-RJ, Rel. Min. Maria Isabel Gallotti, DJe 11.2.2016. 4ª T. (Info 576)

Ilegitimidade da viúva meeira para figurar no polo passivo de ação de petição de herança.

A viúva meeira que não ostente a condição de herdeira é parte ilegítima para figurar no polo passivo de ação de petição de herança na qual não tenha sido questionada a meação, ainda que os bens integrantes de sua fração se encontrem em condomínio "pro indiviso" com os bens pertencentes ao quinhão hereditário. Isso porque eventual procedência da ação de petição de herança em nada refletirá na esfera de direitos da viúva meeira, tendo em vista que não será possível subtrair nenhuma fração de sua meação, que permanecerá invariável, motivo pela qual não deve ser qualificada como litisconsorte passiva necessária (REsp 331.781). REsp 1.500.756-GO, Rel. Min. Maria Isabel Gallotti, DJe 2.3.2016. 4ª T. (Info 578)

Termo inicial do prazo prescricional da ação de petição de herança em reconhecimento póstumo de paternidade.

Na hipótese em que ação de investigação de paternidade post mortem tenha sido ajuizada após o trânsito em julgado da decisão de partilha de bens deixados pelo "de cujus", o termo inicial do prazo prescricional para o ajuizamento de ação de petição de herança é a data do trânsito em julgado da decisão que reconheceu a paternidade, e não o trânsito em julgado da sentença que julgou a ação de inventário. REsp 1.475.759-DF, Rel. Min. João Otávio de Noronha, DJe 20.5.2016. 3ª T. (Info 583)

2015

Sucessão "causa mortis" e regime de comunhão parcial de bens.

O cônjuge sobrevivente casado sob o regime de comunhão parcial de bens concorrerá com os descendentes do cônjuge falecido apenas quanto aos bens particulares eventualmente constantes do acervo hereditário. REsp 1.368.123-SP, Rel. Min. Sidnei Beneti, Rel. para acórdão Min. Raul Araújo, DJe 8.6.15. 2ª S. (Info 563)

2014

Direito real de habitação.

A companheira sobrevivente faz jus ao direito real de habitação (art. 1.831 do CC) sobre o imóvel no qual convivia com o companheiro falecido, ainda que tenha adquirido outro imóvel residencial com o dinheiro recebido do seguro de vida do "de cujus". REsp 1.249.227-SC, Rel. Min. Luis Felipe Salomão, 17.12.13. 4ª T. (Info 533)

Inoponibilidade do direito real de habitação no caso de copropriedade anterior à abertura da sucessão.

A viúva não pode opor o direito real de habitação aos irmãos de seu falecido cônjuge na hipótese em que eles forem, desde antes da abertura da sucessão, coproprietários do imóvel em que ela residia com o marido. REsp 1.184.492-SE, Rel. Min. Nancy Andrighi, 1º.4.14. 3ª T. (Info 541)

6.3. Da Sucessão Testamentária

2015

Sucessão processual do autor pelo herdeiro testamentário. Possibilidade.

Ocorrido o falecimento do autor da ação de investigação de paternidade cumulada com nulidade da partilha antes da prolação da sentença, sem deixar herdeiros necessários, detém o herdeiro testamentário, que o sucedeu a título universal, legitimidade e interesse para prosseguir com o feito, notadamente, pela repercussão patrimonial advinda do potencial reconhecimento do vínculo biológico do testador. REsp 1.392.314-SC, Rel. Min. Marco Aurélio Bellizze, DJe 20.10.2016. 3ª T. (Info 592)

2015

Ineficácia de disposição testamentária que não afasta o prêmio do testamenteiro.

A perda de finalidade de testamento – elaborado apenas para que os bens imóveis herdados pelos filhos do testador fossem gravados com cláusula de incomunicabilidade – não ocasiona a perda do direito do testamenteiro de receber um prêmio pelo exercício de seu encargo (CC, art. 1.987) caso a execução da disposição testamentária só tenha sido obstada em razão de omissão do próprio testador que, após a vigência do novo Código Civil, deixou de aditar o testamento para indicar a justa causa da restrição imposta (art. 1.848 c/c art. 2.042). REsp 1.207.103-SP, Rel. Min. Marco Aurélio Bellizze, DJe 11.12.14. 3ª T. (Info 553)

2014

Assinatura do testador como requisito essencial de validade de testamento particular.

Será inválido o testamento particular redigido de próprio punho quando não for assinado pelo testador. De fato, diante da falta de assinatura, não é possível concluir, de modo seguro, que o testamento escrito de próprio punho exprime a real vontade do testador. REsp 1.444.867-DF, Rel. Min. Ricardo Villas Bôas Cueva, 23.9.14. 3ª T. (Info 551)

2012

Competência. Julgamento de ação anulatória de testamento. Juízo do inventário.

O fato da ação de abertura, registro e cumprimento de testamento ter se processado na comarca de Uberaba-MG não implica a prevenção do juízo para a ação anulatória de testamento. Afinal, trata-se de um processo de jurisdição voluntária, em que não se discute o conteúdo do testamento, limitando-se ao exame das formalidades necessárias à sua validade. 3. Nem sempre coincide a competência para conhecer do pedido de abertura registro e cumprimento de testamento e para decidir as questões relativas à sua eficácia, tais como a ação declaratória, constitutiva negativa de nulidade ou de anulação. 4. Não há conexão entre o inventário e a ação anulatória porque ausente a identidade entre os elementos objetivos das demandas. Todavia, a prejudicialidade é evidente. Com efeito, a conclusão do processo de inventário, ao final, dependerá do resultado da ação anulatória. 5. Ainda que a ação anulatória não tenha sido proposta em face do Espólio, a declaração de nulidade do testamento interessa à herança e, por isso, deve ser apreciada pelo juízo do inventário. 6. A denominada vis atrativa do inventário (art. 96 do CPC) é abrangente, sendo conveniente que todas as demais ações que digam respeito à sucessão, dentre elas o cumprimento das suas disposições de última vontade (art. 96 do CPC), também sejam apreciadas pelo juízo do inventário. 7. Não havendo prevenção do juízo que determinou o registro e cumprimento do testamento impugnado, em Uberaba-MG, remeter-lhe o processo para julgamento poderia gerar novos questionamentos acerca da sua própria competência, em franco prejuízo à duração razoável do processo. *REsp 1.153.194, Rel. Min. Nancy Andrighi, 13.11.12. 3ª T. (Info 509)*

6.4. Do Inventário e da Partilha

2016

Pretensão anulatória de doação-partilha.

Na hipótese em que o autor da herança tenha promovido em vida a partilha da integralidade de seus bens em favor de todos seus descendentes e herdeiros necessários, por meio de escrituras públicas de doação nas quais ficou consignado o consentimento de todos eles e, ainda, a dispensa de colação futura, a alegação de eventual prejuízo à legítima em decorrência da referida partilha deve ser pleiteada pela via anulatória apropriada, e não por meio de ação de inventário. *REsp 1.523.552-PR, Rel. Min. Marco Aurélio Bellizze, DJe 13.11.2015. 3ª T. (Info 573)*

2015

Direito de herdeiro de exigir a colação de bens.

O filho do autor da herança tem o direito de exigir de seus irmãos a colação dos bens que receberam via doação a título de adiantamento da legítima, ainda que sequer tenha sido concebido ao tempo da liberalidade. *REsp 1.298.864-SP, Rel. Min. Marco Aurélio Bellizze, DJe 29.5.15. 3ª T. (Info 563)*

7. DAS DISPOSIÇÕES FINAIS E TRANSITÓRIAS

2012

Sucessão. Cônjuge sobrevivente. Direito real de habitação.

Em sucessões abertas na vigência do CC/1916, a viúva que fora casada no regime de separação de bens com o "de cujus" tem direito ao usufruto da quarta parte dos bens deixados, em havendo filhos (art. 1.611, § 1º, do CC/1916). O direito real de habitação conferido pelo novo diploma civil à viúva sobrevivente, qualquer que seja o regime de bens do casamento (art. 1.831 do CC), não alcança as sucessões abertas na vigência da legislação revogada (art. 2.041 do CC). *REsp 1.204.347, Rel. Min. Luis F. Salomão, 12.4.12. 4ª T. (Info 495)*

4. DIREITO CONSTITUCIONAL

1. DOS DIREITOS E GARANTIAS FUNDAMENTAIS

1.1. Dos Direitos e Deveres Individuais e Coletivos

2016

Responsabilidade civil. Abuso de Direito. Impetração de "habeas corpus". Impedimento de interrupção de gravidez. Síndrome de "Body Stalk".

Caracteriza abuso de direito ou ação passível de gerar responsabilidade civil pelos danos causados a impetração do "habeas corpus" por terceiro com o fim de impedir a interrupção, deferida judicialmente, de gestação de feto portador de síndrome incompatível com a vida extrauterina. REsp 1.467.888-GO, Rel. Min. Nancy Andrighi, DJe 25.10.2016. 3ª T. (Info 592)

Segredo de justiça e divulgação do nome do réu e da tipificação do crime em sítio eletrônico de tribunal.

No caso de processo penal que tramita sob segredo de justiça em razão da qualidade da vítima (criança ou adolescente), o nome completo do acusado e a tipificação legal do delito podem constar entre os dados básicos do processo disponibilizados para consulta livre no sítio eletrônico do Tribunal, ainda que os crimes apurados se relacionem com pornografia infantil. A CF, em seu art. 5º, XXXIII e LX, erigiu como regra a publicidade dos atos processuais, sendo o sigilo a exceção, visto que o interesse individual não pode se sobrepor ao interesse público. Tal norma é secundada pelo disposto no art. 792, caput, do CPP. A restrição da publicidade somente é admitida quando presentes razões autorizadoras, consistentes na violação da intimidade ou se o interesse público a determinar. RMS 49.920-SP, Rel. Min. Reynaldo Soares da Fonseca, DJe 10.8.2016. 5ª T. (Info 587)

2012

Antecedentes criminais. Exclusão da informação em caso de prescrição da pretensão punitiva.

O reconhecimento do advento da prescrição da pretensão punitiva, com a consequente extinção da punibilidade, originou ao patrimônio libertário do recorrente o direito à exclusão de dados junto aos órgãos de persecução, restando às instituições de registros judiciais a determinação do efetivo sigilo. RMS 29.273, Rel. Min. Maria T. A. Moura, 20.9.12. 6ª T. (Info 505)

2. DA ORGANIZAÇÃO DO ESTADO

2.1. Da Intervenção

2014

Competência para processar e julgar intervenção federal.

Compete ao STJ julgar pedido de Intervenção Federal baseado no descumprimento de ordem de reintegração de posse de imóvel rural ocupado pelo MST expedida por Juiz Estadual e fundada exclusivamente na aplicação da legislação infraconstitucional civil possessória. IF 111-PR, Rel. Min. Gilson Dipp, 1º.7.14. Corte Especial. (Info 545)

Hipótese de deferimento de pedido de intervenção federal.

Deve ser deferido pedido de intervenção federal quando verificado o descumprimento pelo Estado, sem justificativa plausível e por prazo desarrazoado, de ordem judicial que tenha requisitado força policial (art. 34, VI, da CF) para promover reintegração de posse em imóvel rural ocupado pelo MST, mesmo que, no caso, tenha se consolidado a invasão por um grande número de famílias e exista, sem previsão de conclusão, procedimento administrativo de aquisição da referida propriedade pelo Incra para fins de reforma agrária. IF 107-PR, Rel. Min. João Otávio de Noronha, 15.10.14. Corte Especial. (Info 550)

Hipótese de indeferimento de pedido de intervenção federal.

Pode ser indeferido pedido de intervenção federal fundado no descumprimento de ordem judicial que tenha requisitado força policial para promover reintegração de posse em imóvel rural produtivo ocupado pelo MST caso, passados vários anos desde que prolatada a decisão transgredida, verifique-se que a remoção das diversas famílias que vivem no local irá, dada a inexistência de lugar para acomodar de imediato as pessoas de forma digna, causar estado de conflito social contrastante com a própria justificação institucional da medida de intervenção. *IF 111-PR, Rel. Min. Gilson Dipp, 1º.7.14. Corte Especial. (Info 545)*

3. DA ORGANIZAÇÃO DOS PODERES
3.1. Das Funções Essenciais à Justiça
3.1.1. Do Ministério Público

2016

Controle externo da atividade de inteligência da Polícia Federal.

O controle externo da atividade policial exercido pelo Ministério Público Federal não lhe garante o acesso irrestrito a todos os relatórios de inteligência produzidos pela Diretoria de Inteligência do Departamento de Polícia Federal, mas somente aos de natureza persecutório-penal. *REsp 1.439.193-RJ, Rel. Min. Gurgel de Faria, DJe 9.8.2016. 1ª T. (Info 587)*

Controle externo da atividade policial pelo Ministério Público.

O Ministério Público, no exercício do controle externo da atividade policial, pode ter acesso a ordens de missão policial. *REsp 1.365.910-RS, Rel. p/ ac. Min. Mauro Campbell Marques, DJ 28.9.2016. 2ª T. (Info 590)*

3.2. Da Política Agrícola e Fundiária e da Reforma Agrária

2014

Consideração de reserva florestal no cálculo da produtividade do imóvel rural para fins de desapropriação.

Não se encontrando averbada no registro imobiliário antes da vistoria, a reserva florestal não poderá ser excluída da área total do imóvel desapropriando para efeito de cálculo da produtividade do imóvel rural. *AgRg no REsp 1.301.751-MT, Min. Rel. Herman Benjamin, 8.4.14. 2ª T. (Info 539)*

Delimitação do valor de indenização por desapropriação para fins de reforma agrária.

Nas desapropriações para fins de reforma agrária, o valor da indenização deve ser contemporâneo à avaliação efetivada em juízo, tendo como base o laudo adotado pelo juiz para a fixação do justo preço, pouco importando a data da imissão na posse ou mesmo a da avaliação administrativa. *AgRg no REsp 1.459.124-CE, Rel. Min. Herman Benjamin, 18.9.14. 2ª T. (Info 549)*

Divergência entre a área registrada e a medida pelos peritos no âmbito de desapropriação para fins de reforma agrária.

No procedimento de desapropriação para fins de reforma agrária, caso se constate que a área registrada em cartório é inferior à medida pelos peritos, o expropriado poderá levantar somente o valor da indenização correspondente à área registrada, devendo o depósito indenizatório relativo ao espaço remanescente ficar retido em juízo até que o expropriado promova a retificação do registro ou até que seja decidida, em ação própria, a titularidade do domínio. *REsp 1.286.886-MT, Rel. Min. Herman Benjamin, 6.5.14. 2ª T. (Info 540)*

Incidência de correção monetária, incluídos expurgos inflacionários, e juros na complementação de TDA.

Em desapropriação para fins de reforma agrária, é possível a incidência de juros e de correção monetária, com a inclusão dos expurgos inflacionários, no cálculo de complementação de título da dívida agrária (TDA). *AgRg no REsp 1.293.895-MG, Rel. Min. Mauro Campbell Marques, 11.2.14. 2ª T. (Info 535)*

2012

Distanciamento mínimo de movimento social destinado à reforma agrária do imóvel anteriormente invadido. Intolerável continuidade de atos destinados a turbar ou molestar posse liminarmente reconhecida.

A legítima pretensão à necessária reforma agrária, prevista constitucionalmente, não confere ao correlato movimento social, ainda que sob à égide do direito fundamental de locomoção, o uso arbitrário da força destinado a vilipendiar posse reputada legítima (assim albergada por decisão judicial), que, inerente ao direito de propriedade, igualmente recebe proteção constitucional. *HC 243.253, Rel. Min. Massami Uyeda, 13.11.12. 3ª T. (Info 508)*

3.3. Do Sistema Financeiro Nacional

2014

Responsabilidade da CEF pela segurança de casa lotérica.

A Caixa Econômica Federal – CEF não tem responsabilidade pela segurança de agência com a qual tenha firmado contrato de permissão de loterias. *REsp 1.224.236-RS, Rel. Min. Luis Felipe Salomão, 11.3.14. 4ª T. (Info 536)*

4. DA ORDEM SOCIAL

4.1. Da Seguridade Social

2012

Tabela de ressarcimento do SUS. Fator de conversão. Termo final do índice de reajuste.

RPT Nas demandas que envolvem a discussão sobre a conversão da tabela de ressarcimentos de serviços prestados ao SUS de cruzeiro real para real: a) por se tratar de relação de trato sucessivo, prescrevem apenas as parcelas vencidas anteriormente ao quinquênio que antecedeu ao ajuizamento da ação (Súm. 85/STJ); b) deve ser adotado como fator de conversão o valor de Cr$ 2.750,00, nos termos do art. 1º, § 3º, da MP 542/95, convertida na Lei 9.096/95; e c) o índice de 9,56%, decorrente da errônea conversão em real, somente é devido até 1º.10.1999, data do início dos efeitos financeiros da Portaria 1.323/99, que estabeleceu novos valores para todos os procedimentos. *REsp 1.179.057, Rel. Min. Arnaldo E. Lima, 12.9.12. 1ª S. (Info 504)*

4.2. Da Comunicação Social

2015

Incompetência do Poder Judiciário para autorizar o funcionamento de rádio educativa.

O Poder Judiciário não tem competência para autorizar, ainda que a título precário, a prestação de serviço de radiodifusão com finalidade exclusivamente educativa. *REsp 1.353.341-PE, Rel. Min. Humberto Martins, DJe 19.5.15. 2ª T. (Info 562)*

4.3. Dos Índios

2015

Impossibilidade de remarcação ampliativa de terra indígena.

A alegação de que a demarcação da terra indígena não observou os parâmetros estabelecidos pela CF/88 não justifica a remarcação ampliativa de áreas originariamente demarcadas em período anterior à sua promulgação. *MS 21.572-AL, Rel. Min. Sérgio Kukina, DJe 18.6.15. 1ª S. (Info 564)*

Levantamento da área a ser demarcada em procedimento de demarcação de terras indígenas.

No procedimento administrativo de demarcação das terras indígenas, regulado pelo Decreto 1.775/96, é imprescindível a realização da etapa de levantamento da área a ser demarcada, ainda que já tenham sido realizados trabalhos de identificação e delimitação da terra indígena de maneira avançada. *REsp 1.551.033-PR, Rel. Min. Humberto Martins, DJe 16.10.15. 2ª T. (Info 571)*

5. DIREITO DA CRIANÇA E DO ADOLESCENTE

1. DOS DIREITOS FUNDAMENTAIS

1.1. Do Direito à Liberdade, ao Respeito e à Dignidade

2012

Direito à informação e à dignidade. Veiculação de imagens constrangedoras.

É vedada a veiculação de material jornalístico com imagens que envolvam criança em situações vexatórias ou constrangedoras, ainda que não se mostre o rosto da vítima. REsp 509.968-SP, Rel. Min. Ricardo Villas Bôas Cueva, 6.12.12. 3ª T. (Info 511)

1.2. Do Direito à Convivência Familiar e Comunitária

1.2.1. Da Família Substituta

2016

Hipótese de impossibilidade de ação de adoção conjunta transmudar-se em ação de adoção unilateral post mortem.

Se, no curso da ação de adoção conjunta, um dos cônjuges desistir do pedido e outro vier a falecer sem ter manifestado inequívoca intenção de adotar unilateralmente, não poderá ser deferido ao interessado falecido o pedido de adoção unilateral "post mortem". Tratando-se de adoção em conjunto, um cônjuge não pode adotar sem o consentimento do outro. Caso contrário, ferirá normas basilares de direito, tal como a autonomia da vontade, desatendendo, inclusive, ao interesse do adotando (se menor for), já que questões como estabilidade familiar e ambiência saudável estarão seriamente comprometidas, pois não haverá como impor a adoção a uma pessoa que não queira. Daí o porquê de o consentimento ser mútuo. REsp 1.421.409-DF, Rel. Min. João Otávio de Noronha, DJe 25.8.2016. 3ª T. (Info 588)

2015

Adoção de criança por pessoa homoafetiva.

É possível a inscrição de pessoa homoafetiva no registro de pessoas interessadas na adoção (art. 50 do ECA), independentemente da idade da criança a ser adotada. REsp 1.540.814-PR, Rel. Min. Ricardo Villas Bôas Cueva, DJe 25.8.15. 3ª T. (Info 567)

2014

Hipótese de adoção de descendente por ascendentes.

Admitiu-se, excepcionalmente, a adoção de neto por avós, tendo em vista as seguintes particularidades do caso analisado: os avós haviam adotado a mãe biológica de seu neto aos oito anos de idade, a qual já estava grávida do adotado em razão de abuso sexual; os avós já exercem, com exclusividade, as funções de pai e mãe do neto desde o seu nascimento; havia filiação socioafetiva entre neto e avós; o adotado, mesmo sabendo de sua origem biológica, reconhece os adotantes como pais e trata a sua mãe biológica como irmã mais velha; tanto adotado quanto sua mãe biológica concordaram expressamente com a adoção; não há perigo de confusão mental e emocional a ser gerada no adotando; e não havia predominância de interesse econômico na pretensão de adoção. REsp 1.448.969-SC, Rel. Min. Moura Ribeiro, 21.10.14. 3ª T. (Info 551)

2012

Adoção. Concessão de adoção unilateral de menor fruto de inseminação artificial heteróloga à companheira da mãe biológica da adotanda.

A adoção unilateral prevista no art. 41, § 1º, do ECA pode ser concedida à companheira da mãe biológica da adotanda, para que ambas as companheiras passem a ostentar a condição de mães, na hipótese em que a menor tenha sido fruto de inseminação artificial heteróloga, com doador desconhecido, previamente planejada pelo casal no âmbito de união estável homoafetiva, presente, ademais, a anuência da mãe biológica, desde que inexista prejuízo para a adotanda. *REsp 1.281.093-SP, Rel. Min. Nancy Andrighi, 18.12.12. 3ª T. (Info 513)*

Adoção póstuma. Família anaparental.

Ação anulatória de adoção "post mortem", ajuizada pela União, que tem por escopo principal sustar o pagamento de benefícios previdenciários ao adotado – maior interdito –, na qual aponta a inviabilidade da adoção post mortem sem a demonstração cabal de que o "de cujus" desejava adotar e, também, a impossibilidade de ser deferido pedido de adoção conjunta a dois irmãos. A redação do art. 42, § 5º, do ECA –, renumerado como § 6º pela Lei 12.010/09, que é um dos dispositivos de lei tidos como violados no recurso especial, alberga a possibilidade de se ocorrer a adoção póstuma na hipótese de óbito do adotante, no curso do procedimento de adoção, e a constatação de que este manifestou, em vida, de forma inequívoca, seu desejo de adotar. Para as adoções post mortem, vigem, como comprovação da inequívoca vontade do "de cujus" em adotar, as mesmas regras que comprovam a filiação socioafetiva: o tratamento do menor como se filho fosse e o conhecimento público dessa condição. O art. 42, § 2º, do ECA, que trata da adoção conjunta, buscou assegurar ao adotando a inserção em um núcleo familiar no qual pudesse desenvolver relações de afeto, aprender e apreender valores sociais, receber e dar amparo nas horas de dificuldades, entre outras necessidades materiais e imateriais supridas pela família que, nas suas diversas acepções, ainda constitui a base de nossa sociedade. A existência de núcleo familiar estável e a consequente rede de proteção social que podem gerar para o adotando, são os fins colimados pela norma e, sob esse prisma, o conceito de núcleo familiar estável não pode ficar restrito às fórmulas clássicas de família, mas pode, e deve, ser ampliado para abarcar uma noção plena de família, apreendida nas suas bases sociológicas. Restringindo a lei, porém, a adoção conjunta aos que, casados civilmente ou que mantenham união estável, comprovem estabilidade na família, incorre em manifesto descompasso com o fim perseguido pela própria norma, ficando teleologicamente órfã. Fato que ofende o senso comum e reclama atuação do interprete para flexibilizá-la e adequá-la às transformações sociais que dão vulto ao anacronismo do texto de lei. O primado da família socioafetiva tem que romper os ainda existentes liames que atrelam o grupo familiar a uma diversidade de gênero e fins reprodutivos, não em um processo de extrusão, mas sim de evolução, onde as novas situações se acomodam ao lado de tantas outras, já existentes, como possibilidades de grupos familiares. O fim expressamente assentado pelo texto legal – colocação do adotando em família estável – foi plenamente cumprido, pois os irmãos, que viveram sob o mesmo teto, até o óbito de um deles, agiam como família que eram, tanto entre si, como para o então infante, e naquele grupo familiar o adotado se deparou com relações de afeto, construiu – nos limites de suas possibilidades – seus valores sociais, teve amparo nas horas de necessidade físicas e emocionais, em suma, encontrou naqueles que o adotaram, a referência necessária para crescer, desenvolver-se e inserir-se no grupo social que hoje faz parte. Nessa senda, a chamada família anaparental – sem a presença de um ascendente –, quando constatado os vínculos subjetivos que remetem à família, merece o reconhecimento e igual status daqueles grupos familiares descritos no art. 42, § 2º, do ECA. *REsp 1.217.415, Rel. Min. Nancy Andrighi, 19.6.12. 3ª T. (Info 500)*

Adoção. Cadastro de adotantes. Ordem de preferência. Observância. Exceção. Melhor interesse do menor.

A observância, em processo de adoção, da ordem de preferência do cadastro de adotantes deverá ser excepcionada em prol do casal que, embora habilitado em data posterior à de outros adotantes, tenha exercido a guarda da criança pela maior parte da sua existência, ainda que a referida guarda tenha sido interrompida e posteriormente retomada pelo mesmo casal. Sabe-se que não é absoluta a observância da ordem de preferência das pessoas cronologicamente cadastradas para adotar determinada criança. A regra legal deve ser excepcionada em prol do princípio do melhor interesse da criança, base de todo o sistema de proteção ao menor, evidente, por exemplo, diante da existência de vínculo afetivo entre a criança e o pretendente à adoção. *REsp 1.347.228, Rel. Min. Sidnei Beneti, 6.11.12. 3ª T. (Info 508)*

2. DA PREVENÇÃO

2013

Negativa de embarque de criança para o exterior.

É lícita a conduta de companhia aérea consistente em negar o embarque ao exterior de criança acompanhada por apenas um dos pais, desprovido de autorização na forma estabelecida no art. 84 do ECA, ainda que apresentada – conforme estabelecido em portaria da vara da infância e da juventude – autorização do outro genitor escrita de próprio punho e elaborada na presença de autoridade fiscalizadora no momento do embarque. *REsp 1.249.489-MS, Rel. Min. Luiz Felipe Salomão, 13.8.13. 4ª T. (Info 529)*

3. DAS MEDIDAS DE PROTEÇÃO

2012

ECA. Medidas protetivas determinadas de ofício.

O magistrado de vara da infância e juventude tem o poder de determinar, mesmo de ofício, a realização de matrícula em estabelecimento de ensino, quando a criança ou o adolescente estiver em situação de risco, sem que isso importe em violação do princípio dispositivo. *RMS 36.949, Rel. Min. Humberto Martins, 13.3.12. 2ª T. (Info 493)*

4. DA PRÁTICA DE ATO INFRACIONAL
4.1. Das Medidas Socioeducativas
4.1.1. Disposições Gerais

2016

Cumprimento imediato de medida socioeducativa independente de internação provisória.

Mesmo diante da interposição de recurso de apelação, é possível o imediato cumprimento de sentença que impõe medida socioeducativa de internação, ainda que não tenha sido imposta anterior internação provisória ao adolescente. *HC 346.380-SP, Rel. p/ ac. Min. Rogerio Schietti Cruz, DJe 13.5.2016. 3ª S. (Info 583)*

Prisão cautelar fundada em atos infracionais.

A prática de ato infracional durante a adolescência pode servir de fundamento para a decretação de prisão preventiva, sendo indispensável para tanto que o juiz observe como critérios orientadores: a) a particular gravidade concreta do ato infracional, não bastando mencionar sua equivalência a crime abstratamente considerado grave; b) a distância temporal entre o ato infracional e o crime que deu origem ao processo (ou inquérito policial) no qual se deve decidir sobre a decretação da prisão preventiva; e c) a comprovação desse ato infracional anterior, de sorte a não pairar dúvidas sobre o reconhecimento judicial de sua ocorrência. *RHC 63.855-MG, Rel. p/ ac. Min. Rogerio Schietti Cruz, DJe 13.6.2016. 3ª S. (Info 585)*

2015

Hipótese de não unificação de medidas socioeducativas.

O adolescente que cumpria medida de internação e foi transferido para medida menos rigorosa não pode ser novamente internado por ato infracional praticado antes do início da execução, ainda que cometido em momento posterior aos atos pelos quais ele já cumpre medida socioeducativa. *HC 274.565-RJ, Rel. Min. Jorge Mussi, DJe 21.5.15. 5ª T. (Info 562)*

Possibilidade de cumprimento imediato de medida socioeducativa imposta em sentença.

Nos processos decorrentes da prática de atos infracionais, é possível que a apelação interposta pela defesa seja recebida apenas no efeito devolutivo, impondo-se ao adolescente infrator o cumprimento imediato das medidas socioeducativas prevista na sentença. *HC 301.135-SP, Rel. Min. Rogerio S. Cruz, DJe 1º.12.14. 6ª T. (Info 553)*

4.1.2. Da Internação

2016

Aplicabilidade do art. 122, II, do ECA.

A depender das particularidades e circunstâncias do caso concreto, pode ser aplicada, com fundamento no art. 122, II, do ECA, medida de internação ao adolescente infrator que antes tenha cometido apenas uma outra infração grave. *HC 347.434-SP, Rel. p/ ac. Min. Antonio Saldanha Palheiro, DJ 13.10.2016. 6ª T. (Info 591)*

2014

Internação compulsória no âmbito de ação de interdição.

É possível determinar, no âmbito de ação de interdição, a internação compulsória de quem tenha acabado de cumprir medida socioeducativa de internação, desde que comprovado o preenchimento dos requisitos para a aplicação da medida mediante laudo médico circunstanciado, diante da efetiva demonstração da insuficiência dos recursos extra-hospitalares. *HC 169.172-SP, Rel. Min. Luis Felipe Salomão, 10.12.13. 4ª T. (Info 533)*

Internação compulsória no âmbito de ação de interdição.

É possível determinar, no âmbito de ação de interdição, a internação compulsória de quem tenha acabado de cumprir medida socioeducativa de internação, desde que comprovado o preenchimento dos requisitos para a aplicação da medida mediante laudo médico circunstanciado, diante da efetiva demonstração da insuficiência dos recursos extra-hospitalares. *HC 135.271-SP, Rel. Min. Sidnei Beneti, 17.12.13. 3ª T. (Info 533)*

Possibilidade de transferência de adolescente submetido à internação para estabelecimento situado em local diverso daquele em que residam seus pais.

Na hipótese em que a internação inicial de adolescente infrator se dá em estabelecimento superlotado situado em local diverso daquele onde residam seus pais, é possível a transferência do reeducando para outro centro de internação localizado, também, em lugar diverso do da residência de seus pais. *HC 287.618-MG, Rel. Min. Sebastião Reis Júnior, 13.5.14. 6ª T. (Info 542)*

Reiteração na prática de atos infracionais graves para aplicação da medida de internação.

Para se configurar a "reiteração na prática de atos infracionais graves" (art. 122, II, do ECA) – uma das taxativas hipóteses de aplicação da medida socioeducativa de internação –, não se exige a prática de, no mínimo, três infrações dessa natureza. *HC 280.478-SP, Rel. Min. Marco Aurélio Bellizze, 18.2.14. 5ª T. (Info 536)*

4.2. Da Remissão

2016

Impossibilidade de modificação por magistrado dos termos de proposta de remissão pré-processual.

Se o representante do Ministério Público ofereceu a adolescente remissão pré-processual (art. 126, caput, do ECA) cumulada com medida socioeducativa não privativa de liberdade, o juiz, discordando dessa cumulação, não pode excluir do acordo a aplicação da medida socioeducativa e homologar apenas a remissão. *REsp 1.392.888-MS, Rel. Min. Rogerio Schietti, DJe 1.8.2016. 6ª T. (Info 587)*

2012

ECA. Remissão. Cumulação. Medida socioeducativa.

A remissão prevista no ECA pode ser aplicada em qualquer fase do procedimento menorista, uma vez que prescinde de comprovação da materialidade e da autoria do ato infracional, nem implica em reconhecimento de antecedentes infracionais... 3. Não há constrangimento ilegal quando a remissão é cumulada com medida de liberdade assistida, pois esse instituto pode ser aplicado juntamente com outras medidas que não impliquem restrição da liberdade do menor, nos exatos termos do art. 127 do Estatuto da Criança e do Adolescente. 4. O art. 128 do ECA o qual prevê que a "medida aplicada por força da remissão poderá ser revista judicialmente, a qualquer tempo, mediante pedido expresso do adolescente ou de seu representante legal ou do MP". Desta forma, que não se trata de medida definitiva, estando sujeita a revisões, de acordo com o comportamento do menor. *HC 177.611, Rel. Min. Og Fernandes, 1º.3.12. 6ª T. (Info 492)*

5. DO ACESSO À JUSTIÇA

5.1. Da Justiça da Infância e da Juventude

2015

Relação de prejudicialidade externa entre ação fundada na Convenção de Haia sobre sequestro internacional de crianças e ação de guarda e de regulamentação de visitas.

No caso em que criança tenha sido supostamente retida ilicitamente no Brasil por sua genitora, não haverá conflito de competência entre (a) o juízo federal no qual tramite ação tão somente de busca e apreensão da criança ajuizada pelo genitor com fundamento na Convenção de Haia sobre os Aspectos Civis do Sequestro Internacional de Crianças e

5. DIREITO DA CRIANÇA E DO ADOLESCENTE

(b) o juízo estadual de vara de família que aprecie ação, ajuizada pela genitora, na qual se discuta o fundo do direito de guarda e a regulamentação de visitas à criança; verificando-se apenas prejudicialidade externa à ação ajuizada na Justiça Estadual, a recomendar a suspensão deste processo até a solução final da demanda ajuizada na Justiça Federal. *CC 132.100-BA, Rel. Min. João Otávio de Noronha, DJe 14.4.15. 2ª S. (Info 559)*

2012

CC. Estatuto da Criança e do Adolescente.

A competência territorial nas ações que envolvam medidas protetivas e discussão sobre o poder familiar é do juízo do domicílio dos pais ou responsáveis ou, ainda, do lugar onde se encontre a criança ou adolescente quando da falta dos seus responsáveis (art. 147 do ECA). *CC 117.135, Rel. Min. Raul Araújo, 14.3.12. 2ª S. (Info 493)*

ECA. Poder normativo da autoridade judiciária. Limites.

Nos termos do art. 149 do ECA (Lei 8.069/90), a autoridade judiciária pode disciplinar, por portaria, a entrada e permanência de criança ou adolescente desacompanhados dos pais ou responsáveis nos locais e eventos discriminados no inciso I, devendo essas medidas ser fundamentadas, caso a caso, vedadas as determinações de caráter geral, "ex vi" do § 2º. *REsp 1.292.143, Rel. Min. Teori Zavascki, 21.6.12. 1ª T. (Info 500)*

5.2. Dos Recursos

2012

ECA. Assistente da acusação. Legitimidade recursal.

Falta legitimidade recursal ao assistente de acusação para a interposição de apelo em procedimento regido pelo Estatuto da Criança e do Adolescente. *REsp 1.089.564, Rel. Min. Sebastião Reis Jr., 15.3.12. 6ª T. (Info 493)*

5.3. Do Ministério Público

2015

Ação de investigação de paternidade proposta pelo MP e realização de citação editalícia do réu em jornal local.

Na hipótese em que o Ministério Público Estadual tenha proposto ação de investigação de paternidade como substituto processual de criança, a citação editalícia do réu não poderá ser realizada apenas em órgão oficial. *REsp 1.377.675-SC, Rel. Min. Ricardo Villas Bôas Cueva, DJe 16.3.15. 3ª T. (Info 557)*

2014

Legitimidade do Ministério Público para ajuizar ação de alimentos em proveito de criança ou adolescente.

RPT O Ministério Público tem legitimidade ativa para ajuizar ação de alimentos em proveito de criança ou adolescente, independentemente do exercício do poder familiar dos pais, ou de o infante se encontrar nas situações de risco descritas no art. 98 do Estatuto da Criança e do Adolescente (ECA), ou de quaisquer outros questionamentos acerca da existência ou eficiência da Defensoria Pública na comarca. *REsp 1.265.821-BA e REsp 1.327.471-MT, Rel. Min. Luis Felipe Salomão, 14.5.14. 2ª S. (Info 541)*

2012

Destituição do poder familiar. Ação ajuizada pelo MP. Defensoria pública. Intervenção.

Compete ao MP, a teor do art. 201, III e VIII do ECA, promover e acompanhar o processo de destituição do poder familiar, zelando pelo efetivo respeito aos direitos e garantias legais assegurados às crianças e adolescentes. 3. Resguardados os interesses da criança e do adolescente, não se justifica a nomeação de curador especial na ação de destituição do poder familiar. *REsp 1.176.512, Rel. Min. Maria I. Gallotti, 1º.3.12. 4ª T. (Info 492)*

5.4. Da Proteção Judicial dos Interesses Individuais, Difusos e Coletivos

2013

Legitimidade ativa do MP em ação civil pública para defesa de direitos da criança e do adolescente.

O Ministério Público tem legitimidade para promover ação civil pública a fim de obter compensação por dano moral difuso decorrente da submissão de adolescentes a tratamento desumano e vexatório levado a efeito durante rebeliões ocorridas em unidade de internação. *AgRg no REsp 1.368.769-SP, Rel. Min. Humberto Martins, 6.8.13. 2ª T. (Info 526)*

2012

Legitimidade ativa. Ação civil pública. Ministério Público. ECA.

O MP detém legitimidade para propor ação civil pública com o intuito de impedir a veiculação de vídeo, em matéria jornalística, com cenas de tortura contra uma criança, ainda que não se mostre o seu rosto. REsp 509.968-SP, Rel. Min. Ricardo Villas Bôas Cueva, 6.12.12. 3ª T. (Info 511)

6. DOS CRIMES E DAS INFRAÇÕES ADMINISTRATIVAS

6.1. Dos Crimes

2016

Tipificação das condutas de fotografar cena pornográfica e armazenar fotografias de conteúdo pornográfico envolvendo criança ou adolescente.

Fotografar cena e armazenar fotografia de criança ou adolescente em poses nitidamente sensuais, com enfoque em seus órgãos genitais, ainda que cobertos por peças de roupas, e incontroversa finalidade sexual e libidinosa, adequam-se, respectivamente, aos tipos do art. 240 e 241-B do ECA. REsp 1.543.267-SC, Rel. Min. Maria Thereza de Assis Moura, DJe 16.2.2016. 6ª T. (Info 577)

2013

Aplicabilidade de escusa absolutória na hipótese de ato infracional.

Nos casos de ato infracional equiparado a crime contra o patrimônio, é possível que o adolescente seja beneficiado pela escusa absolutória prevista no art. 181, II, do CP. HC 251.681-PR, Rel. Min. Sebastião Reis Júnior, 3.10.13. 6ª T. (Info 531)

Consumação no crime de corrupção de menores.

A simples participação de menor de dezoito anos em infração penal cometida por agente imputável é suficiente à consumação do crime de corrupção de menores – previsto no art. 1º da revogada Lei 2.252/54 e atualmente tipificado no art. 244-B do ECA –, sendo dispensada, para sua configuração, prova de que o menor tenha sido efetivamente corrompido. HC 159.620-RJ, Rel. Min. Maria T. A. Moura, 12.3.13. 6ª T. (Info 518)

Definição da competência para apuração da prática do crime previsto no art. 241 do ECA.

Não tendo sido identificado o responsável e o local em que ocorrido o ato de publicação de imagens pedófilo-pornográficas em site de relacionamento de abrangência internacional, competirá ao juízo federal que primeiro tomar conhecimento do fato apurar o suposto crime de publicação de pornografia envolvendo criança ou adolescente (art. 241 do ECA). CC 130.134-TO, Rel. Min. Marilza Maynard, 9.10.13. 3ª S. (Info 532)

2012

Art. 241 do ECA, antes da redação dada pela Lei 10.764/03. Reprodução fotográfica de crianças e adolescentes em poses eróticas. Internet.

Inexiste no ordenamento jurídico norma penal não incriminadora explicativa que esclareça o conceito de pornografia infantil ou infanto-juvenil, razão pela qual a previsão contida no art. 241 do Estatuto da Criança e do Adolescente, antes da redação dada pelas Leis n. 10.764/03 e 11.829/08, não se limita à criminalização somente da conduta de publicar fotos de crianças e adolescentes totalmente despidas. Cabe ao intérprete da lei, buscando a melhor aplicação da norma ali contida, diante do caso concreto, analisar se a conduta praticada pelo paciente se amolda à prevista no dispositivo em questão, de modo que nada impede que se analise, além das fotos, isoladamente, o contexto em que elas estão inseridas (publicadas). 4. Deve o magistrado se valer dos meios de interpretação colocados à sua disposição para adequar condutas, preencher conceitos abertos e, por fim, buscar a melhor aplicação da norma de acordo com a finalidade do diploma em que ela está inserida, que, no caso dos autos, é a proteção da criança e do adolescente em condição peculiar de pessoas em desenvolvimento (art. 6º do ECA). 5. Dos documentos constantes dos autos, observa-se que foram publicadas na internet fotos de crianças e adolescentes seminuas, algumas de roupas de banho, outras mostrando partes do corpo e outras em poses relativamente sensuais, situação que reforça a impossibilidade de mudança do convencimento a respeito da conduta imputada ao paciente. HC 168.610, Rel. Min. Sebastião Reis Jr., 19.4.12. 6ª T. (Info 495)

6. DIREITO DE TRÂNSITO

1. CÓDIGO DE TRÂNSITO BRASILEIRO (LEI 9.503/97)

1.1. Crimes de Trânsito

2016

Inaplicabilidade da causa de aumento descrita no art. 302, § 1º, I, do CTB em virtude de CNH vencida.

O fato de o autor de homicídio culposo na direção de veículo automotor estar com a CNH vencida não justifica a aplicação da causa especial de aumento de pena descrita no § 1º, I, do art. 302 do CTB. HC 226.128-TO, Rel. Min. Rogerio Schietti Cruz, DJe 20.4.2016. 6ª T. (Info 581)

2015

Caracterização do crime de entrega de direção de veículo automotor a pessoa não habilitada.

Para a configuração do crime consistente em "permitir, confiar ou entregar a direção de veículo automotor a pessoa não habilitada, com habilitação cassada ou com o direito de dirigir suspenso" (art. 310 do CTB), não é exigida a demonstração de perigo concreto de dano. REsp 1.468.099-MG, Rel. Min. Nefi Cordeiro, DJe 15.4.15. 6ª T. (Info 559)

Caracterização do crime de entrega de direção de veículo automotor a pessoa não habilitada. Recurso repetitivo. Tema 901.

RPT É de perigo abstrato o crime previsto no art. 310 do Código de Trânsito Brasileiro. Assim, não é exigível, para o aperfeiçoamento do crime, a ocorrência de lesão ou de perigo de dano concreto na conduta de quem permite, confia ou entrega a direção de veículo automotor a pessoa não habilitada, com habilitação cassada ou com o direito de dirigir suspenso, ou ainda a quem, por seu estado de saúde, física ou mental, ou por embriaguez, não esteja em condições de conduzi-lo com segurança. REsp 1.485.830-MG, Rel. p/ ac. Min. Rogerio S. Cruz, 3ª Seção, DJe 29.5.15. (Info 563)

Inépcia de denúncia que impute a prática de crime culposo.

É inepta a denúncia que imputa a prática de homicídio culposo na direção de veículo automotor (art. 302 da Lei 9.503/97) sem descrever, de forma clara e precisa, a conduta negligente, imperita ou imprudente que teria gerado o resultado morte, sendo insuficiente a simples menção de que o suposto autor estava na direção do veículo no momento do acidente. HC 305.194-PB, Rel. Min. Rogerio S. Cruz, DJe 1º.12.14. 6ª T. (Info 553)

2014

Aplicabilidade do perdão judicial no caso de homicídio culposo na direção de veículo automotor.

O perdão judicial não pode ser concedido ao agente de homicídio culposo na direção de veículo automotor (art. 302 do CTB) que, embora atingido moralmente de forma grave pelas consequências do acidente, não tinha vínculo afetivo com a vítima nem sofreu sequelas físicas gravíssimas e permanentes. REsp 1.455.178-DF, Rel. Min. Rogerio S. Cruz, 5.6.14. 6ª T. (Info 542)

Homicídio culposo cometido no exercício de atividade de transporte de passageiros.

Para a incidência da causa de aumento de pena prevista no art. 302, parágrafo único, IV, do CTB, é irrelevante que o agente esteja transportando passageiros no momento do homicídio culposo cometido na direção de veículo automotor. AgRg no REsp 1.255.562-RS, Rel. Min. Maria T. A. Moura, 4.2.14. 6ª T. (Info 537)

Prescindibilidade de prévio processo administrativo para negar expedição de CNH definitiva.

Não depende de prévio procedimento administrativo a recusa à expedição da CNH definitiva motivada pelo cometimento de infração de trânsito de natureza grave durante o prazo anual de permissão provisória para dirigir (art. 148, § 3º, do CTB). REsp 1.483.845-RS, Rel. Min. Mauro Campbell Marques, 16.10.14. 2ª T. (Info 550)

2013

Impossibilidade de aplicação retroativa da redação dada pela Lei 11.334/06 ao art. 218, III, do CTB.

A redação dada pela Lei 11.334/06 ao art. 218, III, do CTB não pode ser aplicada às infrações cometidas antes da vigência daquela lei, ainda que a nova redação seja mais benéfica ao infrator do que a anterior. *AgRg nos EDcl no REsp 1.281.027-SP, Rel. Min. Mauro Campbell Marques, 18.12.12. 2ª T. (Info 516)*

2012

Crime do art. 310 do CTB. Exigência de perigo concreto de dano.

Para a configuração do crime previsto no art. 310 do CTB, é exigida a demonstração de perigo concreto de dano. Segundo a jurisprudência do STJ, o delito descrito no art. 309 do Código de Trânsito Brasileiro (CTB) – conduzir veículo automotor sem habilitação – necessita da existência de perigo concreto para sua configuração. No mesmo sentido segue a posição do STF, que, inclusive, editou a Súm. 720 sobre o tema. O mesmo entendimento deve ser aplicado ao delito previsto no art. 310 do CTB – permitir, confiar ou entregar a direção de veículo automotor a pessoa não habilitada. Assim, não basta a simples entrega do veículo a pessoa não habilitada para a caracterização do crime, fazendo-se necessária a demonstração de perigo concreto de dano decorrente de tal conduta. *HC 118.310, Rel. Min. Og Fernandes, 18.10.12. 6ª T. (Info 507)*

1.2. Infrações de Trânsito

2015

Responsabilidade por infração relacionada à condução e à propriedade e regularidade de veículo.

Devem ser impostas tanto ao condutor quanto ao proprietário do veículo as penalidades de multa e de registro de pontos aplicadas em decorrência da infração de trânsito consistente em conduzir veículo que não esteja registrado e devidamente licenciado (art. 230, V, do CTB). *REsp 1.524.626-SP, Rel. Min. Humberto Martins, DJe 11.5.15. 2ª T. (Info 561)*

2013

Concessão da CNH definitiva a motorista que tenha cometido infração de natureza grave na qualidade de proprietário do veículo.

É possível conceder a carteira nacional de habilitação definitiva a motorista que tenha cometido, durante o prazo anual de permissão provisória para dirigir, infração administrativa de natureza grave, não na qualidade de condutor, mas na de proprietário do veículo. *AgRg no AREsp 262.701-RS, Rel. Min. Humberto Martins, 12.3.13. 2ª T. (Info 518)*

Possibilidade de concessão de CNH definitiva ao condutor que pratique a infração de que trata o art. 233 do CTB.

A prática da infração administrativa de natureza grave de que trata o art. 233 do CTB pelo detentor de "permissão para dirigir" não impede que a ele seja concedida a CNH definitiva. *AgRg no AREsp 262.219-RS, Rel. Min. Mauro Campbell Marques, 7.2.13. 2ª T. (Info 516)*

1.3. Outros Temas

2012

Utilização de veículos de propriedade do MP com placa descaracterizada.

É possível a descaracterização das placas de alguns veículos oficiais do MP nos moldes do art. 116 do CTB, sob o argumento da necessidade de resguardar a segurança dos integrantes do "parquet". *AgRg no REsp 1.131.577, Rel. Min. Humberto Martins, 6.11.12. 2ª T. (Info 508)*

2. LEI DO SEGURO DPVAT (LEI 6.194/74)

2016

Aplicação da teoria da aparência em pagamento de indenização do seguro DPVAT.

É válido o pagamento de indenização do Seguro DPVAT aos pais – e não ao filho – do "de cujus" no caso em que os genitores, apresentando-se como únicos herdeiros, entregaram os documentos exigidos pela Lei 6.194/74 para o aludido pagamento (art. 5º, § 1º), dentre os quais certidão de óbito a qual afirmava que o falecido era solteiro e

6. DIREITO DE TRÂNSITO

não tinha filhos. *REsp 1.601.533-MG, Rel. Min. João Otávio de Noronha, DJe 16.6.2016. 3ª T. (Info 585)*

Hipótese de ausência de cobertura do DPVAT.

O Seguro Obrigatório de Danos Pessoais causados por veículos automotores de via terrestre (DPVAT) não cobre os danos de acidente ocasionado por trem. *REsp 1.285.647-SC, Rel. Min. Luis Felipe Salomão, DJe 2.5.2016. 4ª T. (Info 582)*

Intimação para perícia médica em ação de cobrança de seguro DPVAT.

Em ação de cobrança de seguro DPVAT, a intimação da parte para o comparecimento à perícia médica deve ser pessoal, e não por intermédio de advogado. *REsp 1.364.911-GO, Rel. Min. Marco Buzzi, DJ 6.9.2016. 4ª T. (Info 589)*

2015

Ilegitimidade do espólio para pleitear indenização do seguro obrigatório DPVAT no caso de morte da vítima.

O espólio, ainda que representado pelo inventariante, não possui legitimidade ativa para ajuizar ação de cobrança do seguro obrigatório (DPVAT) em caso de morte da vítima no acidente de trânsito. *REsp 1.419.814-SC, Rel. Min. Ricardo Villas Bôas Cueva, DJe 3.8.15. 3ª T. (Info 565)*

Ciência inequívoca de invalidez permanente em demandas por indenização do seguro DPVAT. Recurso repetitivo.

RPT Em julgamento de embargos de declaração opostos contra acórdão que julgou representativo da controvérsia (543-C do CPC) relativo ao termo inicial do prazo prescricional nas demandas por indenização do seguro DPVAT que envolvem invalidez permanente da vítima, houve alteração da tese 1.2 do acórdão embargado, nos seguintes termos: "Exceto nos casos de invalidez permanente notória, ou naqueles em que o conhecimento anterior resulte comprovado na fase de instrução, a ciência inequívoca do caráter permanente da invalidez depende de laudo médico". *EDcl no REsp 1.388.030-MG, Rel. Min. Paulo de Tarso Sanseverino, 2ª S., DJe 12.11.14. (Info 555)*

Legitimidade do MP para ajuizar ação coletiva em defesa de direitos individuais homogêneos dos beneficiários do seguro DPVAT.

O Ministério Público tem legitimidade para ajuizar ação civil pública em defesa dos direitos individuais homogêneos dos beneficiários do seguro DPVAT. *REsp 858.056-GO, Rel. Min. Marco Buzzi, DJe 5.6.15. 2ª S. (Info 563)*

Prejuízos decorrentes da fixação de preços para o setor sucroalcooleiro. Recurso repetitivo.

RPT Em julgamento de embargos de declaração opostos contra acórdão que julgou recurso representativo da controvérsia (543-C do CPC) relativo ao prejuízo experimentado pelas empresas do setor sucroalcooleiro em razão do tabelamento de preços estabelecido pelo Governo Federal por intermédio da Lei 4.870/65, reconheceu-se a existência de omissão e obscuridade no acórdão embargado para se esclarecer, em seguida, que: (a) nos casos em que já há sentença transitada em julgado, no processo de conhecimento, a forma de apuração do valor devido deve observar o respectivo título executivo; e (b) a eficácia da Lei 4.870/65 findou em 31.1.1991, em virtude da publicação, em 1.2.1991, da Medida Provisória 295, de 31.1.1991, posteriormente convertida na Lei 8.178, de 1.3.1991. *EDcl no REsp 1.347.136-DF, Rel. Min. Assusete Magalhães, 1ª S., DJe 2.2.15. (Info 555)*

Prazo prescricional para cobrança ou complementação de valor do Seguro DPVAT. Recurso repetitivo. Tema 883.

RPT A pretensão de cobrança e a pretensão a diferenças de valores do seguro obrigatório (DPVAT) prescrevem em três anos, sendo o termo inicial, no último caso, o pagamento administrativo considerado a menor. *REsp 1.418.347-MG, Rel. Min. Ricardo Villas Bôas Cueva, 2ª S., DJe 15.4.15. (Info 559)*

Termo inicial da atualização monetária das indenizações relativas ao seguro DPVAT. Recurso repetitivo. Tema 898.

RPT A incidência de atualização monetária nas indenizações por morte ou invalidez do seguro DPVAT, prevista no § 7º do art. 5º da Lei 6.194/74, redação dada pela Lei 11.482/07, opera-se desde a data do evento danoso. *REsp 1.483.620-SC, Rel. Min. Paulo de Tarso Sanseverino, 2ª Seção, DJe 2.6.15. (Info 563)*

2014

Cobertura, pelo DPVAT, de acidente com colheitadeira.

A invalidez permanente decorrente de acidente com máquina colheitadeira, ainda que ocorra no exercício de atividade laboral, não deverá ser coberta pelo seguro obrigatório de danos pessoais causados por veículos automotores de via terrestre (DPVAT) se o veículo não for suscetível de trafegar por via pública. REsp 1.342.178-MT, Rel. Min. Luis Felipe Salomão, 14.10.14. 4ª T. (Info 550)

Dedução do DPVAT do valor de indenização por danos morais.

O valor correspondente à indenização do seguro de danos pessoais causados por veículos automotores de via terrestre (DPVAT) pode ser deduzido do valor da indenização por danos exclusivamente morais fixada judicialmente, quando os danos psicológicos derivem de morte ou invalidez permanente causados pelo acidente. REsp 1.365.540-DF, Rel. Min. Nancy Andrighi, 23.4.14. 2ª S. (Info 540)

Indenização referente ao seguro DPVAT em decorrência de morte de nascituro.

A beneficiária legal de seguro DPVAT que teve a sua gestação interrompida em razão de acidente de trânsito tem direito ao recebimento da indenização prevista no art. 3º, I, da Lei 6.194/74, devida no caso de morte. REsp 1.415.727-SC, Rel. Min. Luis Felipe Salomão, 4.9.14. 4ª T. (Info 547)

Termo inicial da prescrição nas demandas por indenização do seguro DPVAT nos casos de invalidez permanente da vítima.

RPT No que diz respeito ao termo inicial do prazo prescricional nas demandas por indenização do seguro DPVAT que envolvem invalidez permanente da vítima: a) o termo inicial do prazo prescricional é a data em que o segurado teve ciência inequívoca do caráter permanente da invalidez; e b) exceto nos casos de invalidez permanente notória, a ciência inequívoca do caráter permanente da invalidez depende de laudo médico, sendo relativa a presunção de ciência. REsp 1.388.030-MG, Rel. Min. Paulo de Tarso Sanseverino, 11.6.14. 2ª S. (Info 544)

Utilização da tabela do CNSP na definição do valor de indenização paga pelo seguro DPVAT.

RPT Em caso de invalidez permanente parcial de beneficiário de Seguro DPVAT, é válida a utilização de tabela do Conselho Nacional de Seguros Privados (CNSP) para se estabelecer proporcionalidade entre a indenização a ser paga e o grau da invalidez, na hipótese de sinistro anterior a 16.12.2008; o que não impede o magistrado de, diante das peculiaridades do caso concreto, fixar indenização segundo outros critérios. REsp 1.303.038-RS, Rel. Min. Paulo de Tarso Sanseverino, 12.3.14. 2ª S. (Info 537)

2013

Cobertura do seguro DPVAT.

A vítima de dano pessoal causado por veículo automotor de via terrestre tem direito ao recebimento da indenização por invalidez permanente prevista no art. 3º da Lei 6.194/74 – a ser coberta pelo seguro DPVAT – na hipótese em que efetivamente constatada a referida invalidez, mesmo que, na data do evento lesivo, a espécie de dano corporal sofrido – hoje expressamente mencionada na lista anexa à Lei 6.194/74 – ainda não constasse da tabela que, na época, vinha sendo utilizada como parâmetro para o reconhecimento da invalidez permanente (elaborada pelo Conselho Nacional de Seguros Privados). REsp 1.381.214-SP, Rel. Min. Paulo de Tarso Sanseverino, 20.8.13. 3ª T. (Info 530)

Foro competente para apreciar cobrança de indenização decorrente de seguro DPVAT.

RPT Em ação de cobrança objetivando indenização decorrente de Seguro Obrigatório de Danos Pessoais Causados por Veículos Automotores de Vias Terrestres – DPVAT, constitui faculdade do autor escolher entre os seguintes foros para ajuizamento da ação: o do local do acidente ou o do seu domicílio (parágrafo único do art. 100 do Código de Processo Civil) e, ainda, o do domicílio do réu (art. 94 do mesmo diploma). REsp 1.357.813-RJ, Rel. Min. Luis Felipe Salomão, 11.9.13. 2ª S. (Info 532)

Proporcionalidade do valor da indenização do seguro DPVAT em caso de invalidez permanente parcial do beneficiário (Súmula 474/STJ).

A indenização do seguro DPVAT não deve ocorrer no valor máximo apenas considerando a existência de invalidez permanente parcial (Súm. 474/STJ). Rcl 10.093-MA, Rel. Min. Antonio Carlos Ferreira, 12.12.12. 2ª S. (Info 518)

2012

DPVAT. Indenização. Complementação. Solidariedade.

As seguradoras integrantes do consórcio do Seguro DPVAT são solidariamente responsáveis pelo pagamento das indenizações securitárias, podendo o beneficiário cobrar o que é devido de qualquer uma delas. 2. Com efeito, incide a regra do art. 275, caput e parágrafo único, do CC/02, segundo a qual o pagamento parcial não exime os demais obrigados solidários quanto ao restante da obrigação, tampouco o recebimento de parte da dívida induz a renúncia da solidariedade pelo credor. 3. Resulta claro, portanto, que o beneficiário do Seguro DPVAT pode acionar qualquer seguradora integrante do grupo para o recebimento da complementação da indenização securitária, não obstante o pagamento administrativo realizado a menor tenha sido efetuado por seguradora diversa. *REsp 1.108.715, Rel. Min. Luiz Felipe Salomão, 15.5.12. 4ª T. (Info 497)*

DPVAT. Limite máximo do reembolso de despesas hospitalares.

O reembolso pelo DPVAT das despesas hospitalares em caso de acidente automobilístico deve respeitar o limite máximo previsto na Lei 6.194/74 (8 salários mínimos), e não o estabelecido na tabela expedida pelo Conselho Nacional de Seguros Privados (CNSP). *REsp 1.139.785-PR, Rel. p/ ac. Min. Ricardo Villas Bôas Cueva, 11.12.12. 3ª T. (Info 511)*

DPVAT. Queda durante verificação de carga. Invalidez permanente. Nexo causal ausente.

Para o sinistro ser protegido pelo seguro DPVAT, é necessário que ele tenha sido ocasionado pelo uso de veículo automotor. E, considerando que o uso comum que se dá ao veículo é a circulação em área pública, em regra, os sinistros somente serão cobertos quando o acidente ocorrer com pelo menos um veículo em movimento. Entretanto, é possível imaginar hipóteses excepcionais em que o veículo parado cause prejuízos indenizáveis. Para isso, seria necessário que o próprio veículo ou a sua carga causassem prejuízos a seu condutor ou a um terceiro. Na hipótese, tratou-se de uma queda do caminhão enquanto o recorrente descarregava mercadorias do seu interior, sem que o veículo estivesse em movimento ou mesmo em funcionamento. *REsp 1.182.871, Rel. Min. Nancy Andrighi, 3.5.2012 3ª T. (Info 496)*

Seguro DPVAT. Pagamento inferior ao devido. Incidência de juros de mora a partir da citação.

Por se tratar de ilícito contratual, contam da citação os juros de mora decorrentes de pedido complementação da indenização do seguro obrigatório DPVAT (Súm. 426/STJ). *Rcl 5.272, Rel. Min. Sidnei Beneti, 8.2.12. 2ª S. (Info 490)*

7. DIREITO DO CONSUMIDOR

1. DOS DIREITOS DO CONSUMIDOR
1.1. Disposições Gerais

2016

Ação civil pública. Vinho. Rótulo. Informações essenciais. Lei 8.918/94. CDC. Inaplicabilidade.
Inexiste a obrigação legal de se inserir nos rótulos dos vinhos informações acerca da quantidade de sódio ou de calorias (valor energético) presente no produto. REsp 1.605.489-SP, Rel. Min. Ricardo Villas Bôas Cueva, DJe 18.10.2016. 3ª T. (Info 592)

Condomínio de adquirentes de edifício em construção. Defesa dos interesses dos condôminos frente a construtora ou incorporadora. Aplicação do CDC.
Aplica-se o CDC ao condomínio de adquirentes de edifício em construção, nas hipóteses em que atua na defesa dos interesses dos seus condôminos frente a construtora ou incorporadora. REsp 1.560.728-MG, Rel. Min. Paulo de Tarso Sanseverino, DJe 28.10.2016. 3ª T. (Info 592)

Desclassificação de operadora de plano de saúde de autogestão como fornecedora.
Não se aplica o CDC às relações existentes entre operadoras de planos de saúde constituídas sob a modalidade de autogestão e seus filiados, na hipótese em que firmado contrato de cobertura médico-hospitalar. REsp 1.285.483-PB, Rel. Min. Luis Felipe Salomão, DJe 16.8.2016. 2ª S. (Info 588)

2015

Caso de inaplicabilidade do CDC.
Não há relação de consumo entre o fornecedor de equipamento médico-hospitalar e o médico que firmam contrato de compra e venda de equipamento de ultrassom com cláusula de reserva de domínio e de indexação ao dólar americano, na hipótese em que o profissional de saúde tenha adquirido o objeto do contrato para o desempenho de sua atividade econômica. REsp 1.321.614-SP, Rel. p/ ac. Min. Ricardo Villas Bôas Cueva, DJe 3.3.15. 3ª T. (Info 556)

Hipótese de inaplicabilidade da teoria da base objetiva ou da base do negócio jurídico.
A teoria da base objetiva ou da base do negócio jurídico tem sua aplicação restrita às relações jurídicas de consumo, não sendo aplicável às contratuais puramente civis. REsp 1.321.614-SP, Rel. p/ ac. Min. Ricardo Villas Bôas Cueva, DJe 3.3.15. 3ª T. (Info 556)

Inaplicabilidade do CDC às entidades fechadas de previdência privada.
O Código de Defesa do Consumidor não é aplicável à relação jurídica entre participantes ou assistidos de plano de benefício e entidade de previdência complementar fechada, mesmo em situações que não sejam regulamentadas pela legislação especial. REsp 1.536.786-MG, Rel. Min. Luis Felipe Salomão, DJe 20.10.15. 2ª S. (Info 571)

2014

Aplicação do CDC a contrato de seguro empresarial.
Há relação de consumo entre a seguradora e a concessionária de veículos que firmam seguro empresarial visando à proteção do patrimônio desta (destinação pessoal) – ainda que com o intuito de resguardar veículos utilizados em sua atividade comercial –, desde que o seguro não integre os produtos ou serviços oferecidos por esta. REsp 1.352.419-SP, Rel. Min. Ricardo Villas Bôas Cueva, 19.8.14. 3ª T. (Info 548)

Configuração de relação de consumo entre pessoas jurídicas.
Há relação de consumo entre a sociedade empresária vendedora de aviões e a sociedade empresária administradora de imóveis que tenha adquirido avião com o objetivo de facilitar o deslocamento de sócios e funcionários. AgRg no REsp 1.321.083-PR, Rel. Min. Paulo de Tarso Sanseverino, 9.9.14. 3ª T. (Info 548)

Inaplicabilidade do CDC ao contrato de transporte internacional de mercadoria destinada a incrementar a atividade comercial da contratante.

Para efeito de fixação de indenização por danos à mercadoria ocorridos em transporte aéreo internacional, o CDC não prevalece sobre a Convenção de Varsóvia quando o contrato de transporte tiver por objeto equipamento adquirido no exterior para incrementar a atividade comercial de sociedade empresária que não se afigure vulnerável na relação jurídico-obrigacional. *REsp 1.162.649-SP, Rel. p/ ac. Min. Antonio Carlos Ferreira, 13.5.14. 4ª T. (Info 541)*

Incidência do CDC aos contratos de aplicação financeira em fundos de investimento.

O CDC é aplicável aos contratos referentes a aplicações em fundos de investimento firmados entre as instituições financeiras e seus clientes, pessoas físicas e destinatários finais, que contrataram o serviço da instituição financeira par investir economias amealhadas ao longo da vida. Nessa situação, é aplicável o disposto na Súm. 297/STJ. *REsp 656.932-SP, Rel. Min. Antonio Carlos Ferreira, 24.4.14. 4ª T. (Info 541)*

Regime jurídico aplicável em ação regressiva promovida pela seguradora contra companhia aérea de transporte causadora do dano.

Quando não incidir o CDC, mas, sim, a Convenção de Varsóvia, na relação jurídica estabelecida entre a companhia aérea causadora de dano à mercadoria por ela transportada e o segurado – proprietário do bem danificado –, a norma consumerista, também, não poderá ser aplicada em ação regressiva promovida pela seguradora contra a transportadora. *REsp 1.162.649-SP, Rel. p/ ac. Min. Antonio Carlos Ferreira, 13.5.14. 4ª T. (Info 541)*

2013

Aplicabilidade do CDC aos contratos de administração imobiliária.

É possível a aplicação do CDC à relação entre proprietário de imóvel e a imobiliária contratada por ele para administrar o bem. Isso porque o proprietário do imóvel é, de fato, destinatário final fático e também econômico do serviço prestado. *REsp 509.304-PR, Rel. Min. Villas Bôas Cueva, 16.5.13. 3ª T. (Info 523)*

Consumidor por equiparação.

Em uma relação contratual avençada com fornecedor de grande porte, uma sociedade empresária de pequeno porte não pode ser considerada vulnerável, de modo a ser equiparada à figura de consumidor (art. 29 do CDC), na hipótese em que o fornecedor não tenha violado quaisquer dos dispositivos previstos nos arts. 30 a 54 do CDC. *REsp 567.192-SP, Rel. Min. Raul Araújo, 5.9.13. 4ª T. (Info 530)*

2012

Consumo intermediário. Vulnerabilidade. Finalismo aprofundado.

Não ostenta a qualidade de consumidor a pessoa física ou jurídica que não é destinatária fática ou econômica do bem ou serviço, salvo se caracterizada a sua vulnerabilidade frente ao fornecedor. *REsp 1.195.642-RJ, Rel. Min. Nancy Andrighi, 13.11.12. 3ª T. (Info 510)*

Defeito de fabricação. Relação de consumo. Ônus da prova.

Ação de indenização proposta com base em defeito na fabricação do veículo, objeto de posterior recall, envolvido em grave acidente de trânsito. 2. Comprovação pelo consumidor lesado do defeito do produto (quebra do banco do motorista com o veículo em movimento na estrada) e da relação de causalidade com o acidente de trânsito (perda do controle do automóvel em estrada e colisão com uma árvore), que lhe causou graves lesões e a perda total do veículo. 3. A dificuldade probatória ensejada pela impossibilidade de perícia direta no veículo sinistrado, no curso da instrução do processo, não caracteriza cerceamento de defesa em relação ao fabricante. 4. Inocorrência de violação às regras dos incs. II e III do § 3º do art. 12 do CDC. *REsp 1.168.775, Rel. Min. Paulo Sanseverino, 10.4.12. 3ª T. (Info 495)*

"Factoring". Obtenção de capital de giro. CDC.

A atividade de "factoring" não se submete às regras do CDC quando não for evidente a situação de vulnerabilidade da pessoa jurídica contratante. Isso porque as empresas de "factoring" não são instituições financeiras nos termos do art. 17 da Lei 4.595/64, pois os recursos envolvidos não foram captados de terceiros. *REsp 938.979, Rel. Min. Luis F. Salomão, 19.6.12. 4ª T. (Info 500)*

Pessoa jurídica. Insumos. Não incidência das normas consumeristas.

O art. 2º do CDC abarca expressamente a possibilidade de as pessoas jurídicas figurarem como consumidores, sendo relevante saber se a pessoa – física ou jurídica – é "destinatária final" do produto ou serviço. Nesse passo, somente se desnatura a relação consumerista se o bem ou serviço passa a integrar a cadeia produtiva do adquirente, ou seja, torna-se objeto de revenda ou de transformação por meio de beneficiamento ou montagem, ou, ainda, quando demonstrada sua vulnerabilidade técnica, jurídica ou econômica frente à outra parte. 3. No caso em julgamento, trata-se de sociedade empresária do ramo de indústria, comércio, importação e exportação de cordas para instrumentos musicais e afins, acessórios para veículos, ferragens e ferramentas, serralheria em geral e trefilação de arames, sendo certo que não utiliza os produtos e serviços prestados pela recorrente como destinatária final, mas como insumos dos produtos que manufatura, não se verificando, outrossim, situação de vulnerabilidade a ensejar a aplicação do CDC. REsp 932.557, Rel. Min. Luis F. Salomão, 7.2.12. 4ª T. (Info 490)

1.2. Dos Direitos Básicos do Consumidor

2012

Consumidor. Plano de saúde. Rede conveniada. Alteração. Informação.

Tendo em vista a importância que a rede conveniada assume para a continuidade do contrato, a operadora de plano de saúde somente cumprirá o dever de informar se comunicar individualmente a cada associado o descredenciamento de médicos e hospitais. Isso porque o direito à informação visa assegurar ao consumidor uma escolha consciente, permitindo que suas expectativas em relação ao produto ou serviço sejam de fato atingidas, manifestando o que vem sendo denominado de consentimento informado ou vontade qualificada. REsp 1.144.840, Rel. Min. Nancy Andrighi, 20.3.12. 3ª T. (Info 493)

Internet. Provedor de pesquisa. Filtragem prévia. Restrição dos resultados. Direito à informação.

A filtragem do conteúdo das pesquisas feitas por cada usuário não constitui atividade intrínseca ao serviço prestado pelos provedores de pesquisa, de modo que não se pode reputar defeituoso, nos termos do art. 14 do CDC, o site que não exerce esse controle sobre os resultados das buscas. REsp 1.316.921, Rel. Min. Nancy Andrighi, 26.6.12. 3ª T. (Info 500)

1.3. Da Qualidade de Produtos e Serviços, da Prevenção e da Reparação dos Danos

1.3.1. Da Responsabilidade pelo Fato do Produto e do Serviço

2016

Necessidade de correspondência entre o argumento e o resultado de pesquisa em provedor de busca.

O provedor de busca cientificado pelo consumidor sobre vínculo virtual equivocado entre o argumento de pesquisa (nome de consumidor) e o resultado de busca (sítio eletrônico) é obrigado a desfazer a referida indexação, ainda que esta não tenha nenhum potencial ofensivo. REsp 1.582.981-RJ, Rel. Min. Marco Aurélio Bellizze, DJe 19.5.2016. 3ª T. (Info 583)

Responsabilidade civil dos provedores de busca.

Não há dano moral quando o provedor de busca, mesmo após cientificado pelo consumidor, exibe associação indevida entre o argumento de pesquisa (o nome desse consumidor) e o resultado de busca (o sítio eletrônico cujo conteúdo nocivo ao consumidor já tenha sido corrigido pelo responsável da página eletrônica). REsp 1.582.981-RJ, Rel. Min. Marco Aurélio Bellizze, DJe 19.5.2016. 3ª T. (Info 583)

Valor de indenização pelo extravio de mercadorias em transporte aéreo.

Independentemente da existência de relação jurídica consumerista, a indenização pelo extravio de mercadoria transportada por via aérea, prévia e devidamente declarada, com inequívoca ciência do transportador acerca de seu conteúdo, deve corresponder ao valor integral declarado, não se aplicando, por conseguinte, as limitações tarifadas previstas no Código Brasileiro de Aeronáutica e na Convenção de Varsóvia. REsp 1.289.629-SP, Rel. Min. Marco Aurélio Bellizze, DJe 3.11.2015. 3ª T. (Info 573)

2015

Dano moral "in re ipsa" no caso de extravio de carta registrada.

Se a Empresa Brasileira de Correios e Telégrafos (ECT) não comprovar a efetiva entrega de carta registrada postada por consumidor nem demonstrar causa excludente de responsabilidade, há de se reconhecer o direito a reparação por danos morais "in re ipsa". EREsp 1.097.266-PB, Rel. Min. Ricardo Villas Bôas Cueva, DJe 24.2.15. 2ª S. (Info 556)

Responsabilidade civil da Empresa Brasileira de Correios e Telégrafos (ECT) por assalto ocorrido no interior de banco postal.

A ECT é responsável pelos danos sofridos por consumidor que foi assaltado no interior de agência dos Correios na qual é fornecido o serviço de banco postal. REsp 1.183.121-SC, Rel. Min. Luis Felipe Salomão, DJe 7.4.15. 4ª T. (Info 559)

Responsabilidade da instituição financeira perante sociedade empresária que recebeu cheque integrante de talonário previamente cancelado.

A instituição financeira não deve responder pelos prejuízos suportados por sociedade empresária que, no exercício de sua atividade empresarial, recebera como pagamento cheque que havia sido roubado durante o envio ao correntista e que não pôde ser descontado em razão do prévio cancelamento do talonário (motivo 25 da Resolução 1.631/89 do Bacen). REsp 1.324.125-DF, Rel. Min. Marco Aurélio Bellizze, DJe 12.6.15. 3ª T. (Info 564)

Responsabilização civil de franqueadora em face de consumidor.

A franqueadora pode ser solidariamente responsabilizada por eventuais danos causados a consumidor por franqueada. REsp 1.426.578-SP, Rel. Min. Marco Aurélio Bellizze, DJe 22.9.15. 3ª T. (Info 569)

2014

Hipótese de dano moral "in re ipsa" provocado por companhia aérea.

No caso em que companhia aérea, além de atrasar desarrazoadamente o voo de passageiro, deixe de atender aos apelos deste, furtando-se a fornecer tanto informações claras acerca do prosseguimento da viagem (em especial, relativamente ao novo horário de embarque e ao motivo do atraso) quanto alimentação e hospedagem (obrigando-o a pernoitar no próprio aeroporto), tem-se por configurado dano moral indenizável "in re ipsa", independentemente da causa originária do atraso do voo. REsp 1.280.372-SP, Rel. Min. Ricardo Villas Bôas Cueva, 7.10.14. 3ª T. (Info 550)

Responsabilidade de shopping center por tentativa de roubo em seu estacionamento.

O shopping center deve reparar o cliente pelos danos morais decorrentes de tentativa de roubo, não consumado apenas em razão de comportamento do próprio cliente, ocorrida nas proximidades da cancela de saída de seu estacionamento, mas ainda em seu interior. REsp 1.269.691-PB, Rel. p/ ac. Min. Luis Felipe Salomão, 21.11.13. 4ª T. (Info 534)

2013

Dano moral decorrente da injusta recusa de cobertura por plano de saúde das despesas relativas à implantação de "stent".

Gera dano moral a injusta recusa de cobertura por plano de saúde das despesas relativas à implantação de "stent". REsp 1.364.775-MG, Rel. Min. Nancy Andrighi, 20.6.13. 3ª T. (Info 526)

Pagamento com sub-rogação.

Aplica-se a regra contida no art. 14 do CDC, que estabelece a responsabilidade objetiva do fornecedor pelo fato do serviço, em ação regressiva ajuizada por seguradora objetivando o ressarcimento de valor pago a segurado que tivera seu veículo roubado enquanto estava sob a guarda de manobrista disponibilizado por restaurante. REsp 1.321.739-SP, Rel. Min. Paulo de Tarso Sanseverino, 5.9.13. 3ª T. (Info 530)

Responsabilidade civil dos correios por extravio de carta registrada.

A Empresa Brasileira de Correios e Telégrafos (ECT) deve reparar os danos morais decorrentes de extravio de correspondência registrada. O simples fato da perda da correspondência, nessa hipótese, acarreta dano moral "in re ipsa". REsp 1.097.266-PB, Rel. p/ ac. Min. Raul Araújo, 2.5.13. 4ª T. (Info 524)

Responsabilidade civil por roubo ocorrido em estacionamento privado.

Não é possível atribuir responsabilidade civil a sociedade empresária responsável por

7. DIREITO DO CONSUMIDOR

estacionamento particular e autônomo – independente e desvinculado de agência bancária – em razão da ocorrência, nas dependências daquele estacionamento, de roubo à mão armada de valores recentemente sacados na referida agência e de outros pertences que o cliente carregava consigo no momento do crime. *REsp 1.232.795-SP, Rel. Min. Nancy Andrighi, 2.4.13. 3ª T. (Info 521)*

Responsabilidade pelo fato do serviço.

O restaurante que ofereça serviço de manobrista ("valet parking") prestado em via pública não poderá ser civilmente responsabilizado na hipótese de roubo de veículo de cliente deixado sob sua responsabilidade, caso não tenha concorrido para o evento danoso. *REsp 1.321.739-SP, Rel. Min. Paulo de Tarso Sanseverino, 5.9.13. 3ª T. (Info 530)*

2012

CDC. Responsabilidade civil. Provedor de internet. Anúncio erótico.

O recorrente ajuizou ação de indenização por danos morais contra a primeira recorrida por ter-se utilizado do seu sítio eletrônico, na rede mundial de computadores, para veicular anúncio erótico no qual aquele ofereceria serviços sexuais, constando para contato o seu nome e endereço de trabalho. A primeira recorrida, em contestação, alegou que não disseminou o anúncio, pois assinara contrato de fornecimento de conteúdo com a segunda recorrida, empresa de publicidade, no qual ficou estipulado que aquela hospedaria, no seu sítio eletrônico, o site desta, entabulando cláusula de isenção de responsabilidade sobre todas as informações divulgadas. O recorrente deve ser considerado consumidor por equiparação, art. 17 do CDC, tendo em vista se tratar de terceiro atingido pela relação de consumo estabelecida entre o provedor de internet e os seus usuários. Segundo o CDC, existe solidariedade entre todos os fornecedores que participaram da cadeia de prestação de serviço, comprovando-se a responsabilidade da segunda recorrida, que divulgou o anúncio de cunho erótico e homossexual, também está configurada a responsabilidade da primeira recorrida, site hospedeiro, por imputação legal decorrente da cadeia de consumo ou pela "culpa in eligendo", em razão da parceria comercial. *REsp 997.993, Rel. Min. Luis F. Salomão, 21.6.12. 4ª T. (Info 500)*

Cirurgia estética. Danos morais.

Em procedimento cirúrgico para fins estéticos, conquanto a obrigação seja de resultado, não se vislumbra responsabilidade objetiva pelo insucesso da cirurgia, mas mera presunção de culpa médica, o que importa a inversão do ônus da prova, cabendo ao profissional elidi-la de modo a exonerar-se da responsabilidade contratual pelos danos causados ao paciente, em razão do ato cirúrgico. *REsp 985.888-SP, Min. Luis F. Salomão, 16.2.12. 4ª T. (Info 491)*

Corte no fornecimento de serviços públicos essenciais.

Não é legítimo o corte no fornecimento de serviços públicos essenciais quando a inadimplência do consumidor decorrer de débitos pretéritos, o débito originar-se de suposta fraude no medidor de consumo de energia apurada unilateralmente pela concessionária e inexistir aviso prévio ao consumidor inadimplente. *AgRg no AREsp 211.514, Rel. Min. Herman Benjamin, 18.10.12. 2ª T. (Info 508)*

Dano moral coletivo. Instituição financeira. Atendimento prioritário.

A dicção do art. 6º, VI, do CDC é clara ao possibilitar o cabimento de indenização por danos morais aos consumidores, tanto de ordem individual quanto coletivamente. II. Todavia, não é qualquer atentado aos interesses dos consumidores que pode acarretar dano moral difuso. É preciso que o fato transgressor seja de razoável significância e desborde os limites da tolerabilidade. Ele deve ser grave o suficiente para produzir verdadeiros sofrimentos, intranquilidade social e alterações relevantes na ordem extrapatrimonial coletiva. Ocorrência, na espécie. III. Não é razoável submeter aqueles que já possuem dificuldades de locomoção, seja pela idade, seja por deficiência física, ou por causa transitória, à situação desgastante de subir lances de escadas, exatos 23 degraus, em agência bancária que possui plena capacidade e condições de propiciar melhor forma de atendimento a tais consumidores. IV. Indenização moral coletiva fixada de forma proporcional e razoável ao dano, no importe de R$ 50 mil. *REsp 1.221.756, Rel. Min. Massami Uyeda, 2.2.12. 3ª T. (Info 490)*

Danos morais. Devolução de cheque por motivo diverso.

O prazo estabelecido para a apresentação do cheque (30 dias, quando emitido no lugar onde houver de ser pago e de 60 dias, quando emitido em outra praça) serve, entre outras coisas, como limite temporal da obrigação que o emitente tem de manter provisão de fundos em conta bancária, suficiente para a compensação do título. 2. Ultrapassado o prazo de apresentação, não se justifica a devolução do cheque pelos "motivos 11 e 12" do Manual Operacional da COMPE. Isso depõe contra a honra do sacador, na medida em que ele passa por inadimplente quando, na realidade, não já que não tinha mais a obrigação de manter saldo em conta. 3. Tal conclusão ainda mais se reforça quando, além do prazo de apresentação, também transcorreu o prazo de prescrição, hipótese em que o próprio Manual determinada a devolução por motivo diverso ("motivo 44"). 4. No caso concreto, a devolução por motivo indevido ganhou publicidade com a inclusão do nome do consumidor no Cadastro de Emitentes de Cheques sem Fundo – CCF, gerando direito à indenização por danos morais. REsp 1.297.353, Rel. Min. Sidnei Beneti, 16.10.12. 3ª T. (Info 507)

Fornecimento de água e serviço de esgoto. Débitos de consumo. Responsabilidade do efetivo consumidor.

A responsabilidade por débito relativo ao consumo de água e serviço de esgoto é de quem efetivamente obteve a prestação do serviço. Trata-se de obrigação de natureza pessoal, não se caracterizando como obrigação "propter rem". Assim, o inadimplemento é do usuário que obteve a prestação do serviço, razão por que não cabe responsabilizar o atual usuário por débito pretérito relativo ao consumo de água de usuário anterior. AgRg no REsp 1.327.162, Rel. Min. Napoleão N. Maia Fº., 20.9.12. 1ª T. (Info 505)

QO. Pedido de desistência. Interesse coletivo. Dano moral. Provedor de conteúdo.

Indeferiu-se o pedido de desistência, reconhecendo o interesse da coletividade na uniformização do entendimento sobre o tema. Assim, o pedido de desistência pode ser indeferido com fundamento na natureza nacional da jurisdição do STJ – orientadora da interpretação da legislação infraconstitucional – e na repercussão da tese adotada pelo Tribunal para toda a coletividade. No mérito, reconhecida a responsabilidade civil do provedor de conteúdo por dano moral na situação em que deixa de retirar material ofensivo da rede social de relacionamento via internet, mesmo depois de notificado pelo prejudicado. A min. rel. registrou que os serviços prestados por provedores de conteúdo, mesmo gratuitos para o usuário, estão submetidos às regras do CDC. Consignou, ainda, que esses provedores não respondem objetivamente pela inserção no site, por terceiros, de informações ilegais. Além disso, em razão do direito à inviolabilidade de correspondência (art. 5º, XII, da CF), bem como das limitações operacionais, os provedores não podem ser obrigados a exercer um controle prévio do conteúdo das informações postadas por seus usuários. A inexistência do controle prévio, contudo, não exime o provedor do dever de retirar imediatamente o conteúdo ofensivo assim que tiver conhecimento inequívoco da existência desses dados. Por último, o provedor deve manter sistema minimamente eficaz de identificação dos usuários, cuja efetividade será avaliada caso a caso. REsp 1.308.830, Rel. Min. Nancy Andrighi, 8.5.12. 3ª T. (Info 497)

Reclamação. Serviço de telefonia. Pulsos excedentes.

Não é ilegal a cobrança de pulsos excedentes, no período anterior a 1º.8.2007, com base apenas na ausência de discriminação das ligações efetuadas pelos usuários do serviço de telefonia. Rcl 3.914, Rel. Min. Castro Meira, 8.8.12. 1ª S. (Info 501)

Responsabilidade civil. Dano moral. Corte. Energia elétrica.

Não é possível presumir a existência de dano moral pelo simples corte de energia elétrica por parte da concessionária de serviço público, sendo necessária a comprovação da empresa afetada de prejuízo à sua honra objetiva. REsp 1.298.689, Rel. Min. Castro Meira, 23.10.12. 2ª T. (Info 508)

Responsabilidade civil. Dano moral. Corte. Energia elétrica.

Não é possível presumir a existência de dano moral de pessoa jurídica com base, exclusivamente, na interrupção do fornecimento de energia elétrica, sendo necessária prova específica a respeito. REsp 1.298.689, Rel. Min. Castro Meira, 23.10.12. 2ª T. (Info 508)

Responsabilidade civil. Falha no serviço postal contratado.

É cabível a indenização por danos morais ao advogado que, em razão da entrega tardia da petição ao tribunal pela prestadora de serviços contratada, teve o recurso considerado intempestivo. O fato de a ECT inserir-se na categoria de prestadora de serviço público não a afasta das regras próprias do CDC quando é estabelecida relação de consumo com seus usuários. É direito básico do consumidor a adequada e eficaz prestação dos serviços públicos em geral, nos termos dos arts. 6º, X, e 22, caput, do CDC. As empresas públicas prestadoras de serviços públicos submetem-se ao regime de responsabilidade civil objetiva prevista no art. 14 do código supradito. Essa responsabilidade pelo risco administrativo (art. 37, § 6º, da CF) é confirmada e reforçada com a celebração de contrato de consumo, do qual emergem deveres próprios do microssistema erigido pela Lei 8.078/90. Assim, a empresa fornecedora será responsável se o defeito ou a falha no serviço prestado for apto a gerar danos ao consumidor. A comprovação da gravidade do ato ilícito gera, ipso facto, o dever de indenizar em razão de uma presunção natural, que decorre da experiência comum, de que houve um abalo significativo à dignidade da pessoa. Portanto, o dano moral é "in re ipsa", extraído não exatamente da prova de sua ocorrência, mas da análise da gravidade do ato ilícito em abstrato. *REsp 1.210.732, Rel. Min. Luis F. Salomão, 2.10.12. 4ª T. (Info 505)*

Responsabilidade. Plano de saúde. Prestação. Serviço.

A operadora de plano de saúde é solidariamente responsável pela sua rede de serviços médico-hospitalar credenciada. Reconheceu-se sua legitimidade passiva para figurar na ação indenizatória movida por segurado, em razão da má prestação de serviço por profissional conveniado. Assim, ao selecionar médicos para prestar assistência em seu nome, o plano de saúde se compromete com o serviço, assumindo essa obrigação, e por isso tem responsabilidade objetiva perante os consumidores, podendo em ação regressiva averiguar a culpa do médico ou do hospital. *REsp 866.371, Rel. Min. Raul Araújo, 27.3.12. 4ª T. (Info 494)*

1.3.2. Da Responsabilidade por Vício do Produto e do Serviço

2016

Direito à reparação de danos por vício do produto.

Não tem direito à reparação de perdas e danos decorrentes do vício do produto o consumidor que, no prazo decadencial, não provocou o fornecedor para que este pudesse sanar o vício. Os vícios de qualidade por inadequação dão ensejo, primeiro, ao direito do fornecedor ou equiparado a corrigir o vício manifestado, mantendo-se íntegro o contrato firmado entre as partes. Apenas após o prazo trintídio do art. 18, §1º, do CDC ou a negativa de conserto, abre-se ao consumidor a opção entre três alternativas: a) a redibição do contrato; b) o abatimento do preço; ou c) a substituição do produto, ressalvada em qualquer hipótese a pretensão de reparação de perdas e danos decorrentes. A escolha quanto a alguma das soluções elencadas pela lei consumerista deve ser exercida no prazo decadencial do art. 26 do CDC, contado, por sua vez, após o transcurso do prazo trintídio para conserto do bem pelo fornecedor. *REsp 1.520.500-SP, Rel. Min. Marco Aurélio Bellizze, DJe 13.11.2015. 3ª T. (Info 573)*

Internet. Comércio eletrônico. Provedor de pesquisa. Intermediação não caracterizada. Vício da mercadoria ou inadimplemento contratual. Ausência de responsabilidade.

O provedor de buscas de produtos à venda on-line que não realiza qualquer intermediação entre consumidor e vendedor não pode ser responsabilizado por qualquer vício da mercadoria ou inadimplemento contratual. *REsp 1.444.008-RS, Rel. Min. Nancy Andrighi, DJe 9.11.2016. 3ª T. (Info 593)*

1.4. Das Práticas Comerciais

2015

Devolução dos valores pagos a título de taxa de arrendamento em virtude de defeitos na construção de imóvel incluído no programa de arrendamento residencial.

Havendo vícios de construção que tornem precárias as condições de habitabilidade de imóvel incluído no Programa de Arrendamento Residencial (PAR), não configura enriquecimento sem causa a condenação da CEF a devolver aos arrendatários que optaram pela resolução do contrato o valor pago a título de taxa de arrendamento. *REsp 1.352.227-RN, Rel. Min. Paulo de Tarso Sanseverino, DJe 2.3.15. 3ª T. (Info 556)*

Inocorrência de dano moral pela simples presença de corpo estranho em alimento.

A simples aquisição de refrigerante contendo inseto no interior da embalagem, sem que haja a ingestão do produto, não é circunstância apta, por si só, a provocar dano moral indenizável. *REsp 1.395.647-SC, Rel. Min. Ricardo Villas Bôas Cueva, DJe 19.12.14. 3ª T. (Info 553)*

Intermediação entre cliente e serviço de assistência técnica.
O comerciante não tem o dever de receber e de encaminhar produto viciado à assistência técnica, a não ser que esta não esteja localizada no mesmo município do estabelecimento comercial. *REsp 1.411.136-RS, Rel. Min. Marco Aurélio Bellizze, DJe 10.3.15. 3ª T. (Info 557)*

Responsabilidade civil de transportadora de passageiros e culpa exclusiva do consumidor.
A sociedade empresária de transporte coletivo interestadual não deve ser responsabilizada pela partida do veículo, após parada obrigatória, sem a presença do viajante que, por sua culpa exclusiva, não compareceu para reembarque mesmo após a chamada dos passageiros, sobretudo quando houve o embarque tempestivo dos demais. *REsp 1.354.369-RJ, Rel. Min. Luis Felipe Salomão, DJe 25.5.15. 4ª T. (Info 562)*

2014

Dano moral decorrente da presença de corpo estranho em alimento.
A aquisição de produto de gênero alimentício contendo em seu interior corpo estranho, expondo o consumidor a risco concreto de lesão à sua saúde e segurança, ainda que não ocorra a ingestão de seu conteúdo, dá direito à compensação por dano moral. *REsp 1.424.304-SP, Rel. Min. Nancy Andrighi, 11.3.14. 3ª T. (Info 537)*

Dano moral no caso de veículo zero quilômetro que retorna à concessinária por diversas vezes para reparos.
É cabível dano moral quando o consumidor de veículo automotor zero quilômetro necessita retornar à concessionária por diversas vezes para reparar defeitos apresentados no veículo adquirido. *REsp 1.443.268-DF, Rel. Min. Sidnei Beneti, 3.6.14. 3ª T. (Info 544)*

Vício do produto decorrente da incompatibilidade entre o veículo adquirido e a qualidade do combustível comercializado no brasil.
O consumidor pode exigir a restituição do valor pago em veículo projetado para uso off-road adquirido no mercado nacional na hipótese em que for obrigado a retornar à concessionária, recorrentemente por mais de 30 dias, para sanar panes decorrentes da incompatibilidade, não informada no momento da compra, entre a qualidade do combustível necessário ao adequado funcionamento do veículo e a do combustível disponibilizado nos postos nacionais, persistindo a obrigação de restituir ainda que o consumidor tenha abastecido o veículo com combustível de baixa qualidade recomendado para a utilização em meio rural. *REsp 1.443.268-DF, Rel. Min. Sidnei Beneti, 3.6.14. 3ª T. (Info 544)*

2013

Vício de quantidade de produto no caso de redução do volume de mercadoria.
Ainda que haja abatimento no preço do produto, o fornecedor responderá por vício de quantidade na hipótese em que reduzir o volume da mercadoria para quantidade diversa da que habitualmente fornecia no mercado, sem informar na embalagem, de forma clara, precisa e ostensiva, a diminuição do conteúdo. *REsp 1.364.915-MG, Rel. Min. Humberto Martins, 14.5.13. (Info 524)*

Responsabilidade de hospital por danos decorrentes de transfusão de sangue.
O hospital que realiza transfusão de sangue com a observância de todas as cautelas exigidas por lei não é responsável pelos danos causados a paciente por futura manifestação de hepatite C, ainda que se considere o fenômeno da janela imunológica. *REsp 1.322.387-RS, Rel. Min. Luis Felipe Salomão, 20.8.13. 4ª T. (Info 532)*

Violação do dever de informação pelo fornecedor.
No caso em que consumidor tenha apresentado reação alérgica ocasionada pela utilização de sabão em pó, não apenas para a lavagem de roupas, mas também para a limpeza doméstica, o fornecedor do produto responderá pelos danos causados ao consumidor na hipótese em que conste, na embalagem do produto, apenas pequena e discreta anotação de que deve ser evitado o "contato prolongado com a pele" e que, "depois de utilizar" o produto, o usuário deve lavar e secar as mãos. *REsp 1.358.615-SP, Rel. Min. Luis Felipe Salomão, 2.5.13. 4ª T. (Info 524)*

2012

CDC. Seguro automotivo. Oficina credenciada. Danos materiais e morais.

A seguradora tem responsabilidade objetiva e solidária pela qualidade dos serviços executados no automóvel do consumidor por oficina que indicou ou credenciou. Ao fazer tal indicação, a seguradora, como fornecedora de serviços, amplia a sua responsabilidade aos consertos realizados pela oficina credenciada. Quanto aos danos morais, o simples inadimplemento contratual, má qualidade na prestação do serviço, não gera, em regra, danos morais por caracterizar mero aborrecimento, dissabor, envolvendo controvérsia possível de surgir em qualquer relação negocial, sendo fato comum e previsível na vida social, embora não desejável nos negócios contratados. *REsp 827.833, Rel. Min. Raul Araújo, 24.4.12. 4ª T. (Info 496)*

Vício do produto. Aquisição de veículo zero quilômetro para uso profissional. Responsabilidade solidária.

A aquisição de veículo para utilização como táxi, por si só, não afasta a possibilidade de aplicação das normas protetivas do CDC. A constatação de defeito em veículo zero-quilômetro revela hipótese de vício do produto e impõe a responsabilização solidária da concessionária (fornecedor) e do fabricante, conforme preceitua o art. 18, caput, do CDC. *REsp 611.872, Rel. Min. Antonio C. Ferreira, 2.10.12. 4ª T. (Info 505)*

1.4.1. Da Decadência e da Prescrição

2015

Hipótese de configuração de fato do produto e prazo prescricional aplicável.

O aparecimento de grave vício em revestimento (pisos e azulejos), quando já se encontrava devidamente instalado na residência do consumidor, configura fato do produto, sendo, portanto, de cinco anos o prazo prescricional da pretensão reparatória (art. 27 do CDC). *REsp 1.176.323-SP, Rel. Min. Villas Bôas Cueva, DJe 16.3.15. 3ª T. (Info 557)*

2014

Incidência do art. 27 do CDC ante a caracterização de fato do serviço.

Prescreve em cinco anos a pretensão de correntista de obter reparação dos danos causados por instituição financeira decorrentes da entrega, sem autorização, de talonário de cheques a terceiro que, em nome do correntista, passa a emitir várias cártulas sem provisão de fundos, gerando inscrição indevida em órgãos de proteção ao crédito. *REsp 1.254.883-PR, Rel. Min. Paulo de Tarso Sanseverino, 3.4.14. 3ª T. (Info 542)*

Prazo para reclamar de vícios aparentes ou de fácil constatação presentes em vestido de noiva.

Decai em noventa dias, a contar do dia da entrega do produto, o direito do consumidor de reclamar pelos vícios aparentes ou de fácil constatação presentes em vestido de noiva. *REsp 1.161.941-DF, Rel. Min. Ricardo Villas Bôas Cueva, 5.11.13. 3ª T. (Info 533)*

2012

Responsabilidade civil. Acidente aéreo. Prescrição. Conflito entre o CBA e o CDC

Descabe a aplicação do prazo prescricional geral do CC/1916 (art. 177), em substituição ao prazo específico do CDC, para danos causados por fato do serviço ou produto (art. 27), ainda que o deste seja mais exíguo que o daquele (Resp 489895). 2. As vítimas de acidentes aéreos localizadas em superfície são consumidores por equiparação ("bystanders"), devendo ser a elas estendidas as normas do CDC relativas a danos por fato do serviço (art. 17, CDC). 3. O conflito entre o CDC e o Código Brasileiro de Aeronáutica – que é anterior à CF/88 e, por isso mesmo, não se harmoniza em diversos aspectos com a diretriz constitucional protetiva do consumidor –, deve ser solucionado com prevalência daquele (CDC), porquanto é a norma que melhor materializa as perspectivas do constituinte no seu desígnio de conferir especial proteção ao polo hipossuficiente da relação consumerista. *REsp 1.281.090, Rel. Min. Luis F. Salomão, 7.2.12. 4ª T. (Info 490)*

Vício oculto. Defeito manifestado após o término da garantia contratual. Observância da vida útil do produto.

O fornecedor responde por vício oculto de produto durável decorrente da própria fabricação e não do desgaste natural gerado pela fruição ordinária, desde que haja reclamação dentro do prazo decadencial de noventa dias após evidenciado o defeito, ainda que o vício se manifeste somente após o término do prazo de garantia contratual, devendo ser observado como limite temporal para o surgimento do defeito o critério de vida útil do bem. O fornecedor não é, "ad aeternum", responsável pelos produtos colocados em circulação, mas sua responsabilidade não se limita, pura e simplesmente, ao prazo contratual de garantia, o qual é estipulado unilateralmente por ele próprio. Cumpre ressaltar que, mesmo na hipótese de existência de prazo legal de garantia, causaria estranheza afirmar que o fornecedor estaria sempre isento de responsabilidade em relação aos vícios que se tornaram evidentes depois desse interregno. Basta dizer, por exemplo, que, embora o construtor responda pela solidez e segurança da obra pelo prazo legal de cinco anos nos termos do art. 618 do CC, não seria admissível que o empreendimento pudesse desabar no sexto ano e por nada respondesse o construtor. Com mais razão, o mesmo raciocínio pode ser utilizado para a hipótese de garantia contratual. Deve ser considerada, para a aferição da responsabilidade do fornecedor, a natureza do vício que inquinou o produto, mesmo que tenha ele se manifestado somente ao término da garantia. Os prazos de garantia, sejam eles legais ou contratuais, visam a acautelar o adquirente de produtos contra defeitos relacionados ao desgaste natural da coisa, são um intervalo mínimo de tempo no qual não se espera que haja deterioração do objeto. Depois desse prazo, tolera-se que, em virtude do uso ordinário do produto, algum desgaste possa mesmo surgir. Coisa diversa é o vício intrínseco do produto, existente desde sempre, mas que somente vem a se manifestar depois de expirada a garantia. Nessa categoria de vício intrínseco, certamente se inserem os defeitos de fabricação relativos a projeto, cálculo estrutural, resistência de materiais, entre outros, os quais, em não raras vezes, somente se tornam conhecidos depois de algum tempo de uso, todavia não decorrem diretamente da fruição do bem, e sim de uma característica oculta que esteve latente até então. Cuidando-se de vício aparente, é certo que o consumidor deve exigir a reparação no prazo de noventa dias, em se tratando de produtos duráveis, iniciando a contagem a partir da entrega efetiva do bem e não fluindo o citado prazo durante a garantia contratual. Porém, em se tratando de vício oculto não decorrente do desgaste natural gerado pela fruição ordinária do produto, mas da própria fabricação, o prazo para reclamar a reparação se inicia no momento em que ficar evidenciado o defeito, mesmo depois de expirado o prazo contratual de garantia, devendo ter-se sempre em vista o critério da vida útil do bem, que se pretende "durável". A doutrina consumerista – sem desconsiderar a existência de entendimento contrário – tem entendido que o CDC, no § 3º do art. 26, no que concerne à disciplina do vício oculto, adotou o critério da vida útil do bem, e não o critério da garantia, podendo o fornecedor se responsabilizar pelo vício em um espaço largo de tempo, mesmo depois de expirada a garantia contratual. Assim, independentemente do prazo contratual de garantia, a venda de um bem tido por durável com vida útil inferior àquela que legitimamente se esperava, além de configurar um defeito de adequação (art. 18 do CDC), evidencia uma quebra da boa-fé objetiva, que deve nortear as relações contratuais, sejam elas de consumo, sejam elas regidas pelo direito comum. Constitui, em outras palavras, descumprimento do dever de informação e a não realização do próprio objeto do contrato, que era a compra de um bem cujo ciclo vital se esperava, de forma legítima e razoável, fosse mais longo. Os deveres anexos, como o de informação, revelam-se como uma das faces de atuação ou operatividade do princípio da boa-fé objetiva, sendo quebrados com o perecimento ou a danificação de bem durável de forma prematura e causada por vício de fabricação. *REsp 984.106, Rel. Min. Luis F. Salomão, 4.10.12. 4ª T. (Info 506)*

1.4.2. Da Desconsideração da Personalidade Jurídica

1.5. Das Práticas Comerciais

1.5.1. Da Publicidade

2016

Publicidade enganosa por omissão.

É enganosa a publicidade televisiva que omite o preço e a forma de pagamento do produto, condicionando a obtenção dessas informações à realização de ligação telefônica tarifada. *REsp 1.428.801-RJ, Rel. Min. Humberto Martins, DJe 13.11.2015. 2ª T. (Info 573)*

2015

Necessidade de informar que o cômputo da área total do imóvel residencial vendido considera a vaga de garagem.

Na compra e venda de imóvel, a vaga de garagem, ainda que individualizada e de uso exclusivo do proprietário da unidade residencial, não pode ser considerada no cômputo da área total do imóvel vendido ao consumidor caso esse fato não tenha sido exposto de forma clara na publicidade e no contrato. REsp 1.139.285-DF, Rel. Min. Marco Buzzi, j. 18.11.14. 4ª T. (Info 552)

Responsabilidade do fabricante que garante na publicidade a qualidade dos produtos ofertados.

Responde solidariamente por vício de qualidade do automóvel adquirido o fabricante de veículos automotores que participa de propaganda publicitária garantindo com sua marca a excelência dos produtos ofertados por revendedor de veículos usados. REsp 1.365.609-SP, Rel. Min. Luis Felipe Salomão, DJe 25.5.15. 4ª T. (Info 562)

2014

Comercialização de veículo reestilizado.

O consumidor que, em determinado ano, adquire veículo cujo modelo seja do ano ulterior não é vítima de prática comercial abusiva ou propaganda enganosa pelo simples fato de, durante o ano correspondente ao modelo do seu veículo, ocorrer nova reestilização para um modelo do ano subsequente. REsp 1.330.174-MG, Rel. Min. Sidnei Beneti, 22.10.13. 3ª T. (Info 533)

Utilização de propaganda comparativa.

É lícita a propaganda comparativa entre produtos alimentícios de marcas distintas e de preços próximos no caso em que: a comparação tenha por objetivo principal o esclarecimento do consumidor; as informações veiculadas sejam verdadeiras, objetivas, não induzam o consumidor a erro, não depreciem o produto ou a marca, tampouco sejam abusivas (art. 37, § 2º, do CDC); e os produtos e marcas comparados não sejam passíveis de confusão. REsp 1.377.911-SP, Rel. Min. Luis Felipe Salomão, 2.10.14. 4ª T. (Info 550)

2012

Responsabilidade civil. Gestor do fundo derivativo.

A responsabilidade civil não pode ser imputada ao gestor do fundo derivativo; pois, ainda que o CDC seja aplicável à relação jurídica estabelecida entre ele e o investidor (Súm. 297/STJ), não se pode falar em ofensa ao direito à informação (CDC, art. 8º), em publicidade enganosa (CDC, art. 37, § 1º) ou em defeito na prestação do serviço por parte do gestor de negócios (CDC, art. 14, § 1º, II). REsp 799.241, Rel. Min. Raul Araújo, 14.8.12. 4ª T. (Info 502)

1.5.2. Das Práticas Abusivas

2016

Concessão de serviços aéreos. Transporte aéreo. Serviço essencial. Cancelamento de voos. Abusividade. Dever de informação ao consumidor.

O transporte aéreo é serviço essencial e pressupõe continuidade. Considera-se prática abusiva tanto o cancelamento de voos sem razões técnicas ou de segurança inequívocas como o descumprimento do dever de informar o consumidor, por escrito e justificadamente, quando tais cancelamentos vierem a ocorrer. REsp 1.469.087-AC, Rel. Min. Humberto Martins, DJe 17.11.2016. 2ª T. (Info 593)

Validade do desconto de pontualidade inserido em contrato de prestação de serviços educacionais.

O denominado "desconto de pontualidade", concedido pela instituição de ensino aos alunos que efetuarem o pagamento das mensalidades até a data do vencimento ajustada, não configura prática comercial abusiva. REsp 1.424.814-SP, Rel. Min. Marco Aurélio Bellizze, DJ 10.10.2016. 3ª T. (Info 591)

2015

Abusividade na distinção de preço para pagamento em dinheiro, cheque ou cartão de crédito.

Caracteriza prática abusiva no mercado de consumo a diferenciação do preço do produto em função de o pagamento ocorrer em dinheiro, cheque ou cartão de crédito. REsp 1.479.039-MG, Rel. Min. Humberto Martins, DJe 16.10.15. 2ª T. (Info 571)

Cobrança por emissão de boleto bancário.
No caso em que foi concedida ao consumidor a opção de realizar o pagamento pela aquisição do produto por meio de boleto bancário, débito em conta corrente ou em cartão de crédito, não é abusiva a cobrança feita ao consumidor pela emissão de boletos bancários, quando a quantia requerida pela utilização dessa forma de pagamento não foi excessivamente onerosa, houve informação prévia de sua cobrança e o valor pleiteado correspondeu exatamente ao que o fornecedor recolheu à instituição financeira responsável pela emissão do boleto bancário. REsp 1.339.097-SP, Rel. Min. Ricardo Villas Bôas Cueva, DJe 9.2.15. 3ª T. (Info 555)

Venda casada e dano moral coletivo "in re ipsa".
Configura dano moral coletivo "in re ipsa" a realização de venda casada por operadora de telefonia consistente na prática comercial de oferecer ao consumidor produto com significativa vantagem – linha telefônica com tarifas mais interessantes do que as outras ofertadas pelo mercado – e, em contrapartida, condicionar a aquisição do referido produto à compra de aparelho telefônico. REsp 1.397.870-MG, Rel. Min. Mauro Campbell Marques, DJe 10.12.14. 2ª T. (Info 553)

2013

Cobrança por hospital de valor adicional para atendimentos fora do horário comercial.
O hospital não pode cobrar, ou admitir que se cobre, dos pacientes conveniados a planos de saúde valor adicional por atendimentos realizados por seu corpo médico fora do horário comercial. REsp 1.324.712-MG, Rel. Min. Luis Felipe Salomão, 24.9.13. 4ª T. (Info 532)

Exigência de caução para atendimento médico de emergência.
É incabível a exigência de caução para atendimento médico-hospitalar emergencial. REsp 1.324.712-MG, Rel. Min. Luis Felipe Salomão, 24.9.13. 4ª T. (Info 532)

2012

Envio de cartão de crédito à residência do consumidor. Necessidade de prévia e expressa solicitação.
É vedado o envio de cartão de crédito, ainda que bloqueado, à residência do consumidor sem prévia e expressa solicitação. Essa prática comercial é considerada abusiva nos moldes do art. 39, III, do CDC, contrariando a boa-fé objetiva. REsp 1.199.117-SP, Rel. Min. Paulo de Tarso Sanseverino, 18.12.12. 3ª T. (Info 511)

1.5.3. Da Cobrança de Dívidas

2016

Ausência de dano moral "in re ipsa" pela mera inclusão de valor indevido na fatura de cartão de crédito.
Não há dano moral "in re ipsa" quando a causa de pedir da ação se constitui unicamente na inclusão de valor indevido na fatura de cartão de crédito de consumidor. Assim como o saque indevido, também o simples recebimento de fatura de cartão de crédito na qual incluída cobrança indevida não constitui ofensa a direito da personalidade (honra, imagem, privacidade, integridade física); não causa, portanto, dano moral objetivo, "in re ipsa". REsp 1.550.509-RJ, Rel. Min. Maria Isabel Gallotti, DJe 14.3.2016. 4ª T. (Info 579)

2015

Ilegalidade da cobrança de tarifa de água realizada por estimativa de consumo.
Na falta de hidrômetro ou defeito no seu funcionamento, a cobrança pelo fornecimento de água deve ser realizada pela tarifa mínima, sendo vedada a cobrança por estimativa. REsp 1.513.218-RJ, Rel. Min. Humberto Martins, DJe 13.3.15. 2ª T. (Info 557)

1.5.4. Dos Bancos de Dados e Cadastros de Consumidores

2016

Hipótese em que a inscrição indevida em cadastro de inadimplentes não enseja indenização por dano moral. Recurso repetitivo. Tema 922.
RPT A inscrição indevida comandada pelo credor em cadastro de proteção ao crédito, quando preexistente legítima inscrição, não enseja indenização por dano moral, ressalvado o direito ao cancelamento. REsp 1.386.424-MG, Rel. p/ ac. Min. Maria Isabel Gallotti, 2ª S., DJe 16.5.2016. (Info 583)

7. DIREITO DO CONSUMIDOR

Termo inicial do prazo de permanência de registro de nome de consumidor em cadastro de proteção ao crédito.

O termo inicial do prazo de permanência de registro de nome de consumidor em cadastro de proteção ao crédito (art. 43, § 1º, do CDC) inicia-se no dia subsequente ao vencimento da obrigação não paga, independentemente da data da inscrição no cadastro. REsp 1.316.117-SC, Rel. p/ ac. Min. Paulo de Tarso Sanseverino, DJe 19.8.2016. 3ª T. (Info 588)

2015

Interesse de agir em ação de cancelamento de diversas inscrições em cadastro negativo de proteção ao crédito.

Há interesse de agir na ação em que o consumidor postula o cancelamento de múltiplas inscrições de seu nome em cadastro negativo de proteção ao crédito, mesmo que somente uma ou algumas delas ultrapassem os prazos de manutenção dos registros previstos no art. 43, §§ 1º e 5º, do CDC. REsp 1.196.699-RS, Rel. Min. Luis Felipe Salomão, DJe 20.10.15. 4ª T. (Info 571)

Reprodução de registro oriundo de cartório de protesto em banco de dados de órgão de proteção ao crédito. Recurso repetitivo.

RPT Diante da presunção legal de veracidade e publicidade inerente aos registros de cartório de protesto, a reprodução objetiva, fiel, atualizada e clara desses dados na base de órgão de proteção ao crédito – ainda que sem a ciência do consumidor – não tem o condão de ensejar obrigação de reparação de danos. REsp 1.444.469-DF, Rel. Min. Luis Felipe Salomão, 2ª S., DJe 16.12.14. (Info 554)

2014

Legalidade do sistema "credit scoring".

RPT Sistema "credit scoring": a) é um método desenvolvido para avaliação do risco de concessão de crédito, a partir de modelos estatísticos, considerando diversas variáveis, com atribuição de uma pontuação ao consumidor avaliado (nota do risco de crédito); b) essa prática comercial é lícita, estando autorizada pela Lei do Cadastro Positivo; c) na avaliação do risco de crédito, devem ser respeitados os limites estabelecidos pelo sistema de proteção do consumidor no sentido da tutela da privacidade e da máxima transparência nas relações negociais, conforme previsão do CDC e da Lei 12.414/11; d) apesar de desnecessário o consentimento do consumidor consultado, devem ser a ele fornecidos esclarecimentos, caso solicitados, acerca das fontes dos dados considerados (histórico de crédito), bem como as informações pessoais valoradas; e) o desrespeito aos limites legais na utilização do sistema "credit scoring", configurando abuso no exercício desse direito, pode ensejar a responsabilidade objetiva e solidária do fornecedor do serviço, do responsável pelo banco de dados, da fonte e do consulente pela ocorrência de danos morais nas hipóteses de utilização de informações excessivas ou sensíveis, bem como nos casos de comprovada recusa indevida de crédito pelo uso de dados incorretos ou desatualizados. REsp 1.419.697-RS, Rel. Min. Paulo de Tarso Sanseverino, 12.11.14. 2ª S. (Info 551)

Prazo para o credor excluir de cadastro de proteção ao crédito a inscrição do nome de devedor.

RPT Diante das regras previstas no CDC, mesmo havendo regular inscrição do nome do devedor em cadastro de órgão de proteção ao crédito, após o integral pagamento da dívida, incumbe ao credor requerer a exclusão do registro desabonador, no prazo de cinco dias úteis, a contar do primeiro dia útil subsequente à completa disponibilização do numerário necessário à quitação do débito vencido. REsp 1.424.792-BA, Rel. Min. Luis Felipe Salomão, 10.9.14. 2ª S. (Info 548)

2013

Inscrição dos nomes de consumidores em cadastros de proteção ao crédito em razão de débitos discutidos judicialmente.

É lícita a inscrição dos nomes de consumidores em cadastros de proteção ao crédito por conta da existência de débitos discutidos judicialmente em processos de busca e apreensão, cobrança ordinária, concordata, despejo por falta de pagamento, embargos, execução fiscal, falência ou execução comum na hipótese em que os dados referentes às disputas judiciais sejam públicos e, além disso, tenham sido repassados pelos próprios cartórios de distribuição de processos judiciais às entidades detentoras dos cadastros por meio de convênios firmados com o Poder Judiciário de cada estado da Federação, sem qualquer intervenção dos credores litigantes ou de qualquer fonte privada. *REsp 1.148.179-MG, Rel. Min. Nancy Andrighi, 26.2.13. 3ª T. (Info 517)*

Legitimidade do Ministério Público para a defesa de direitos dos consumidores atinentes à inscrição de seus nomes em cadastros de inadimplentes.
O Ministério Público tem legitimidade para o ajuizamento de ação civil pública com o objetivo de impedir o repasse e de garantir a exclusão ou a abstenção de inclusão em cadastros de inadimplentes de dados referentes a consumidores cujos débitos estejam em fase de discussão judicial, bem como para requerer a compensação de danos morais e a reparação de danos materiais decorrentes da inclusão indevida de seus nomes nos referidos cadastros. *REsp 1.148.179-MG, Rel. Min. Nancy Andrighi, 26.2.13. 3ª T. (Info 516)*

Notificação prévia para a inclusão do nome do devedor em cadastro de proteção ao crédito.
Órgão de proteção ao crédito não tem o dever de indenizar devedor pela inclusão do nome deste, sem prévia notificação, em cadastro desabonador mantido por aquele na hipótese em que as informações que derem ensejo ao registro tenham sido coletadas em bancos de dados públicos, como os pertencentes a cartórios de protesto de títulos e de distribuição judicial. *REsp 1.124.709-TO, Rel. Min. Luis Felipe Salomão, 18.6.13. 4ª T. (Info 528)*

2012

Cadastro de inadimplentes. Baixa da inscrição. Responsabilidade. Prazo.
Cabe às entidades credoras que fazem uso dos serviços de cadastro de proteção ao crédito mantê-los atualizados, de sorte que uma vez recebido o pagamento da dívida, devem providenciar o cancelamento do registro negativo do devedor. 2. Quitada a dívida pelo devedor, a exclusão do seu nome deverá ser requerida pelo credor no prazo de 5 dias, contados da data em que houver o pagamento efetivo, sendo certo que as quitações realizadas mediante cheque, boleto bancário, transferência interbancária ou outro meio sujeito a confirmação, dependerão do efetivo ingresso do numerário na esfera de disponibilidade do credor. 3. Nada impede que as partes, atentas às peculiaridades de cada caso, estipulem prazo diverso do ora estabelecido, desde que não se configure uma prorrogação abusiva desse termo pelo fornecedor em detrimento do consumidor, sobretudo em se tratando de contratos de adesão. 4. A inércia do credor em promover a atualização dos dados cadastrais, apontando o pagamento, e consequentemente, o cancelamento do registro indevido, gera o dever de indenizar, independentemente da prova do abalo sofrido pelo autor, sob forma de dano presumido. *REsp 1.149.998, Rel. Min. Nancy Andrighi, 7.8.12. 3ª T. (Info 501)*

1.6. Da Proteção Contratual

1.6.1. Disposições Gerais

2015

Dever de utilização do sistema braille por instituições financeiras.
As instituições financeiras devem utilizar o sistema braille na confecção dos contratos bancários de adesão e todos os demais documentos fundamentais para a relação de consumo estabelecida com indivíduo portador de deficiência visual. *REsp 1.315.822-RJ, Rel. Min. Marco Aurélio Bellizze, DJe 16.4.15. 3ª T. (Info 559)*

2013

Necessidade de interpretação de cláusula de contrato de seguro de saúde da forma mais favorável à parte aderente.
No caso em que o contrato de seguro de saúde preveja automática cobertura para determinadas lesões que acometam o filho de segurada nascido durante a vigência do pacto, deve ser garantida a referida cobertura, não apenas ao filho da segurada titular, mas também ao filho de segurada dependente. Tratando-se, nessa hipótese, de relação de consumo instrumentalizada por contrato de adesão, as cláusulas contratuais, redigidas pela própria seguradora, devem ser interpretadas da forma mais favorável à outra parte, que figura como consumidora aderente, de acordo com o que dispõe o art. 47 do CDC. Assim, deve-se entender que a expressão "segurada" abrange também a "segurada dependente", não se restringindo à "segurada titular". Com efeito, caso a seguradora pretendesse restringir o campo de abrangência da cláusula contratual, haveria de especificar ser esta aplicável apenas à titular do seguro contratado. *REsp 1.133.338-SP, Rel. Min. Paulo de Tarso Sanseverino, 2.4.13. 3ª T. (Info 520)*

1.6.2. Das Cláusulas Abusivas

2016

Aquisição de imóvel adjudicado pela Caixa Econômica Federal. Desocupação de terceiro. Ônus do adquirente. Previsão em cláusula contratual.

A cláusula contratual que impõe ao comprador a responsabilidade pela desocupação de imóvel que lhe é alienado pela CEF não é abusiva. *REsp 1.509.933-SP, Rel. Min. Ricardo Villas Bôas Cueva, DJe 18.10.2016. 3ª T. (Info 592)*

Coparticipação do usuário de plano de saúde em percentual sobre o custo de tratamento médico sem internação.

Não é abusiva cláusula contratual de plano privado de assistência à saúde que estabeleça a coparticipação do usuário nas despesas médico-hospitalares em percentual sobre o custo de tratamento médico realizado sem internação, desde que a coparticipação não caracterize financiamento integral do procedimento por parte do usuário, ou fator restritor severo ao acesso aos serviços. *REsp 1.566.062-RS, Rel. Min. Ricardo Villas Bôas Cueva, DJe 1.7.2016. 3ª T. (Info 586)*

Nulidade de cláusula de renúncia à entrevista qualificada para contratar plano de saúde.

É nula a cláusula inserta por operadora de plano privado de assistência à saúde em formulário de Declaração de Doenças ou Lesões Preexistentes (Declaração de Saúde) prevendo a renúncia pelo consumidor contratante à entrevista qualificada orientada por um médico, seguida apenas de espaço para aposição de assinatura, sem qualquer menção ao fato de tal entrevista se tratar de faculdade do beneficiário. *REsp 1.554.448-PE, Rel. Min. João Otávio de Noronha, DJe 26.2.2016. 3ª T. (Info 578)*

Responsabilização de consumidor por pagamento de honorários advocatícios extrajudiciais.

Não é abusiva a cláusula prevista em contrato de adesão que impõe ao consumidor em mora a obrigação de pagar honorários advocatícios decorrentes de cobrança extrajudicial. A cobrança, em favor do credor, de honorários advocatícios extrajudiciais é prática muito comum e, em nada, mostra-se abusiva. Isso porque, além de não causar prejuízo indevido para o devedor em atraso e representar importante segmento no mercado de trabalho dos advogados, ela tem apoio nas normas dos arts. 389, 395 e 404 do CC, as quais atribuem ao devedor a responsabilidade pelas despesas e prejuízos causados em razão de sua mora ou inadimplemento, neles incluindo expressamente os honorários advocatícios. *REsp 1.002.445-DF, Rel. p/ ac. Min. Raul Araújo, DJe 14.12.2015. 4ª T. (Info 574)*

2015

Cláusula-mandato voltada à emissão de cambial contra o usuário de cartão de crédito.

Nos contratos de cartão de crédito, é abusiva a previsão de cláusula-mandato que permita à operadora emitir título cambial contra o usuário do cartão. *REsp 1.084.640-SP, Rel. Min. Marco Buzzi, DJe 29.9.15. 2ª S. (Info 570)*

2014

Abusividade de cláusula de contrato de promessa de compra e venda de imóvel.

RPT Em contrato de promessa de compra e venda de imóvel submetido ao CDC, é abusiva a cláusula contratual que determine, no caso de resolução, a restituição dos valores devidos somente ao término da obra ou de forma parcelada, independentemente de qual das partes tenha dado causa ao fim do negócio. *REsp 1.300.418-SC, Rel. Min. Luis Felipe Salomão, 13.11.13. 2ª S. (Info 533)*

Abusividade de cláusula penal em contrato de pacote turístico.

É abusiva a cláusula penal de contrato de pacote turístico que estabeleça, para a hipótese de desistência do consumidor, a perda integral dos valores pagos antecipadamente. *REsp 1.321.655-MG, Rel. Min. Paulo de Tarso Sanseverino, 22.10.13. 3ª T. (Info 533)*

Cláusula contratual que institui prazo de carência para devolução de valores aplicados em título de capitalização.

Desde que redigida em estrita obediência ao previsto na legislação vigente, é válida a cláusula contratual que prevê prazo de carência para resgate antecipado dos valores aplicados em título de capitalização. *EREsp 1.354.963-SP, Rel. Min. Luis Felipe Salomão, 24.9.14. 2ª S. (Info 550)*

Reajuste de mensalidade de seguro-saúde em razão de alteração de faixa etária do segurado.

É válida a cláusula, prevista em contrato de seguro-saúde, que autoriza o aumento das mensalidades do seguro quando o usuário completar sessenta anos de idade, desde que haja respeito aos limites e requisitos estabelecidos na Lei 9.656/98 e, ainda, que não se apliquem índices de reajuste desarrazoados ou aleatórios, que onerem em demasia o segurado. REsp 1.381.606-DF, Rel. p/ ac. Min. João Otávio De Noronha, 7.10.14. 3ª T. (Info 551)

2013

Abusividade de cláusula de distrato.

É abusiva a cláusula de distrato – fixada no contexto de compra e venda imobiliária mediante pagamento em prestações – que estabeleça a possibilidade de a construtora vendedora promover a retenção integral ou a devolução ínfima do valor das parcelas adimplidas pelo consumidor distratante. REsp 1.132.943-PE, Rel. Min. Luis Felipe Salomão, 27.8.13. 4ª T. (Info 530)

Abusividade de cláusula em contrato de consumo.

É abusiva a cláusula contratual que atribua exclusivamente ao consumidor em mora a obrigação de arcar com os honorários advocatícios referentes à cobrança extrajudicial da dívida, sem exigir do fornecedor a demonstração de que a contratação de advogado fora efetivamente necessária e de que os serviços prestados pelo profissional contratado sejam privativos da advocacia. REsp 1.274.629-AP, Rel. Min. Nancy Andrighi, 16.5.13. 3ª T. (Info 524)

Cláusula de contrato de plano de saúde que exclua a cobertura relativa à implantação de "stent".

É nula a cláusula de contrato de plano de saúde que exclua a cobertura relativa à implantação de "stent". Isso porque, nesse tipo de contrato, considera-se abusiva a disposição que afaste a proteção quanto a órteses, próteses e materiais diretamente ligados a procedimento cirúrgico a que se submeta o consumidor. REsp 1.364.775-MG, Rel. Min. Nancy Andrighi, 20.6.13. 3ª T. (Info 526)

Legitimidade de cláusula de fidelização em contrato de telefonia.

A cláusula de fidelização é, em regra, legítima em contrato de telefonia. Isso porque o assinante recebe benefícios em contrapartida à adesão dessa cláusula, havendo, além disso, a necessidade de garantir um retorno mínimo à empresa contratada pelas benesses conferidas. AgRg no AREsp 253.609-RS, Rel. Min. Mauro Campbell Marques, 18.12.12. 2ª T. (Info 515)

2012

Contrato. Plano. Saúde. Cláusula abusiva.

É abusiva a cláusula contratual de seguro de saúde que estabelece limitação de valor para o custeio de despesas com tratamento clínico, cirúrgico e de internação hospitalar. O sistema normativo vigente permite às seguradoras fazer constar da apólice de plano de saúde privado cláusulas limitativas de riscos adicionais relacionados com o objeto da contratação, de modo a responder pelos riscos somente na extensão contratada. Essas cláusulas meramente limitativas de riscos extensivos ou adicionais relacionados com o objeto do contrato não se confundem, porém, com cláusulas que visam afastar a responsabilidade da seguradora pelo próprio objeto nuclear da contratação, as quais são abusivas. REsp 735.750, Rel. Min. Raul Araújo, 14.2.12. 4ª T. (Info 491)

Convenção de arbitragem. Nulidade da cláusula.

Com a promulgação da Lei de Arbitragem, passaram a conviver, em harmonia, três regramentos de diferentes graus de especificidade: (i) a regra geral, que obriga a observância da arbitragem quando pactuada pelas partes, com derrogação da jurisdição estatal; (ii) a regra específica, contida no art. 4º, § 2º, da Lei 9.307/96 e aplicável a contratos de adesão genéricos, que restringe a eficácia da cláusula compromissória; e (iii) a regra ainda mais específica, contida no art. 51, VII, do CDC, incidente sobre contratos derivados de relação de consumo, sejam eles de adesão ou não, impondo a nulidade de cláusula que determine a utilização compulsória da arbitragem, ainda que satisfeitos os requisitos do art. 4º, § 2º, da Lei 9.307/96. 2. O art. 51, VII, do CDC se limita a vedar a adoção prévia e compulsória da arbitragem, no momento da celebração do contrato, mas não impede que, posteriormente, diante de eventual litígio, havendo consenso entre as partes (em especial a aquiescência do consumidor), seja instaurado o procedimento arbitral. 3. As regras dos arts. 51, VIII, do CDC e 34 da Lei 9.514/97 não são incompatíveis. Primeiro porque o art. 34 não se refere exclusivamente a financiamentos imobiliários sujeitos ao CDC e segundo porque, havendo relação de consumo, o dispositivo legal não fixa o momento em que deverá ser definida a efetiva utilização da arbitragem. *REsp 1.169.841, Rel. Min. Nancy Andrighi, 6.11.12. 3ª T. (Info 508)*

Plano de saúde. Cláusula limitativa. Cirurgia bariátrica. Obesidade mórbida.

É abusiva a negativa do plano de saúde em cobrir as despesas de intervenção cirúrgica de gastroplastia necessária à garantia da sobrevivência do segurado. A gastroplastia, indicada para o tratamento da obesidade mórbida, bem como de outras doenças dela derivadas, constitui cirurgia essencial à preservação da vida e da saúde do paciente segurado, não se confundindo com simples tratamento para emagrecimento. *REsp 1.249.701-SC, Rel. Min. Paulo de Tarso Sanseverino, 4.12.12. 3ª T. (Info 511)*

1.7. Das Sanções Administrativas

2015

Fixação de multa por infração das normas de defesa do consumidor.

A pena de multa aplicável às hipóteses de infração das normas de defesa do consumidor (art. 56, I, do CDC) pode ser fixada em reais, não sendo obrigatória a sua estipulação em Unidade Fiscal de Referência (Ufir). *AgRg no REsp 1.466.104-PE, Rel. Min. Humberto Martins, DJe 17.8.15. 2ª T. (Info 567)*

Interpretação de cláusulas contratuais e aplicação de sanções pelo Procon.

O Procon pode, por meio da interpretação de cláusulas contratuais consumeristas, aferir sua abusividade, aplicando eventual sanção administrativa. *REsp 1.279.622-MG, Rel. Min. Humberto Martins, DJe 17.8.15. 2ª T. (Info 566)*

2013

Aplicação de multa a fornecedor em razão do repasse aos consumidores dos valores decorrentes do exercício do direito de arrependimento.

O Procon pode aplicar multa a fornecedor em razão do repasse aos consumidores, efetivado com base em cláusula contratual, do ônus de arcar com as despesas postais decorrentes do exercício do direito de arrependimento previsto no art. 49 do CDC. *REsp 1.340.604-RJ, Rel. Min. Mauro Campbell Marques, 15.8.13. 2ª T. (Info 528)*

2. DA DEFESA DO CONSUMIDOR EM JUÍZO

2.1. Disposições Gerais

2016

Competência internacional e relação de consumo.

A Justiça brasileira é absolutamente incompetente para processar e julgar demanda indenizatória fundada em serviço fornecido de forma viciada por sociedade empresária estrangeira a brasileiro que possuía domicílio no mesmo Estado estrangeiro em que situada a fornecedora, quando o contrato de consumo houver sido celebrado e executado nesse local, ainda que o conhecimento do vício ocorra após o retorno do consumidor ao território nacional. *REsp 1.571.616-MT, Rel. Min. Marco Aurélio Bellizze, DJe 11.4.2016. 3ª T. (Info 580)*

Interpretação do art. 88 do CDC. Denunciação à lide.

Descabe ao denunciado à lide, nas relações consumeristas, invocar em seu benefício a regra de afastamento da denunciação (art. 88 do CDC) para eximir-se de suas responsabilidades perante o denunciante. *REsp 913.687-SP, Rel. Min. Raul Araújo, DJe 4.11.2016. 4ª T. (Info 592)*

2014

Competência para o julgamento de ação proposta por consumidor por equiparação.

O foro do domicílio do autor da demanda é competente para processar e julgar ação de inexigibilidade de título de crédito e de indenização por danos morais proposta contra o fornecedor de serviços que, sem ter tomado qualquer providência para verificar a autenticidade do título e da assinatura dele constante, provoca o protesto de cheque clonado emitido por falsário em nome do autor da demanda, causando indevida inscrição do nome deste em cadastros de proteção ao crédito. *CC 128.079-MT, Rel. Min. Raul Araújo, 12.3.14. 2ª S. (Info 542)*

2012

Competência. Consumidor e associação de poupança e empréstimo.

Embora seja de competência da Justiça Federal processar e julgar as ações em que é parte a Fundação Habitacional do Exército – FHE, no caso a fundação pública federal não ostenta condição de autora, ré, assistente ou opoente, pois cuida-se de demanda envolvendo apenas a sua supervisionada Associação de Poupança e Empréstimo – Poupex e consumidor. *REsp 948.482, Rel. Min. Luis F. Salomão, 6.3.12. 4ª T. (Info 492)*

2.2. Das Ações Coletivas para a Defesa de Interesses Individuais Homogêneos

2016

Improcedência de demanda coletiva proposta em defesa de direitos individuais homogêneos e impossibilidade de novo ajuizamento de ação coletiva por outro legitimado.

Após o trânsito em julgado de decisão que julga improcedente ação coletiva proposta em defesa de direitos individuais homogêneos, independentemente do motivo que tenha fundamentado a rejeição do pedido, não é possível a propositura de nova demanda com o mesmo objeto por outro legitimado coletivo, ainda que em outro Estado da federação. *REsp 1.302.596-SP, Rel. p/ ac. Min. Ricardo Villas Bôas Cueva, DJe 1º.2.2016. 2ª S. (Info 575)*

Termo "a quo" do prazo prescricional das execuções individuais de sentença coletiva. Recurso repetitivo. Tema 877.

RPT O prazo prescricional para a execução individual é contado do trânsito em julgado da sentença coletiva, sendo desnecessária a providência de que trata o art. 94 da Lei 8.078/90. *REsp 1.388.000-PR, Rel. p/ ac. Min. Og Fernandes, 1ª S., DJe 12.4.2016. (Info 580)*

2014

Hipótese de descabimento de condenação em indenização por dano moral coletivo.

Não cabe condenação a reparar dano moral coletivo quando, de cláusula de contrato de plano de saúde que excluiu a cobertura de próteses cardíacas indispensáveis a procedimentos cirúrgicos cobertos pelo plano, não tenham decorrido outros prejuízos além daqueles experimentados por quem, concretamente, teve o tratamento embaraçado ou teve de desembolsar os valores ilicitamente sonegados pelo plano. *REsp 1.293.606-MG, Rel. Min. Luis Felipe Salomão, 2.9.14. 4ª T. (Info 547)*

Legitimidade da Defensoria Pública em ações coletivas em sentido estrito.

A Defensoria Pública não possui legitimidade extraordinária para ajuizar ação coletiva em favor de consumidores de determinado plano de saúde particular que, em razão da mudança de faixa etária, teriam sofrido reajustes abusivos em seus contratos. *REsp 1.192.577-RS, Rel. Min. Luis Felipe Salomão, 15.5.14. 4ª T. (Info 541)*

Legitimidade e coisa julgada em execução individual de sentença coletiva que julgou questão referente a expurgos inflacionários sobre cadernetas de poupança.

RPT A sentença proferida pelo Juízo da 12ª Vara Cível da Circunscrição Especial Judiciária de Brasília-DF, na ação civil coletiva n. 1998.01.1.016798-9, que condenou o Banco do Brasil ao pagamento de diferenças decorrentes de expurgos inflacionários sobre cadernetas de poupança ocorridos em janeiro de 1989 (Plano Verão), é aplicável, por força da coisa julgada, indistintamente a todos os detentores de caderneta de poupança do Banco do Brasil, independentemente de sua residência ou domicílio no Distrito Federal, reconhecendo-se ao beneficiário o direito de ajuizar o cumprimento individual da sentença coletiva no Juízo de seu domicílio ou no Distrito Federal; os poupadores ou seus sucessores detêm legitimidade ativa – também por força da coisa julgada –, independentemente de fazerem parte ou não dos quadros associativos do IDEC, de ajuizarem o cumprimento individual da sentença coletiva proferida na ação civil pública n. 1998.01.1.016798-9, pelo Juízo da 12ª Vara Cível da Circunscrição Especial Judiciária de Brasília-DF. *REsp 1.391.198-RS, Rel. Min. Luis Felipe Salomão, 13.8.14. 2ª S. (Info 544)*

Restituição de TEB em sede de ação civil pública ajuizada por associação civil de defesa do consumidor.

Em sede de ação civil pública ajuizada por associação civil de defesa do consumidor, instituição financeira pode ser condenada a restituir os valores indevidamente cobrados a título de Taxa de

Emissão de Boleto Bancário (TEB) dos usuários de seus serviços. *REsp 1.304.953-RS, Rel. Min. Nancy Andrighi, 26.8.14. 3ª T. (Info 546)*

Tutela de interesses individuais homogêneos, coletivos e difusos por uma mesma ação coletiva.

Em uma mesma ação coletiva, podem ser discutidos os interesses dos consumidores que possam ter tido tratamento de saúde embaraçado com base em determinada cláusula de contrato de plano de saúde, a ilegalidade em abstrato dessa cláusula e a necessidade de sua alteração em consideração a futuros consumidores do plano de saúde. *REsp 1.293.606-MG, Rel. Min. Luis Felipe Salomão, 2.9.14. 4ª T. (Info 547)*

Tutela específica em sentença proferida em ação civil pública na qual se discuta direito individual homogêneo.

É possível que sentença condenatória proferida em ação civil pública em que se discuta direito individual homogêneo contenha determinações explícitas da forma de liquidação e/ou estabeleça meios tendentes a lhe conferir maior efetividade, desde que essas medidas se voltem uniformemente para todos os interessados. *REsp 1.304.953-RS, Rel. Min. Nancy Andrighi, 26.8.14. 3ª T. (Info 546)*

2013

Legitimidade do MP na defesa de direitos de consumidores de serviços médicos.

O Ministério Público tem legitimidade para propor ação civil pública cujos pedidos consistam em impedir que determinados hospitais continuem a exigir caução para atendimento médico-hospitalar emergencial e a cobrar, ou admitir que se cobre, dos pacientes conveniados a planos de saúde valor adicional por atendimentos realizados por seu corpo médico fora do horário comercial. *REsp 1.324.712-MG, Rel. Min. Luis Felipe Salomão, 24.9.13. 4ª T. (Info 532)*

8. DIREITO DO TRABALHO

1. DIREITO MATERIAL DO TRABALHO
1.1. FGTS

2015

Incidência do FGTS sobre o terço constitucional de férias.

A importância paga pelo empregador a título de terço constitucional de férias gozadas integra a base de cálculo do Fundo de Garantia do Tempo de Serviço (FGTS). REsp 1.436.897-ES, Rel. Min. Mauro Campbell Marques, DJe 19.12.14. 2ª T. (Info 554)

Incidência do FGTS sobre os primeiros quinze dias que antecedem o auxílio-doença.

A importância paga pelo empregador durante os primeiros quinze dias que antecedem o afastamento por motivo de doença integra a base de cálculo do Fundo de Garantia do Tempo de Serviço (FGTS). REsp 1.448.294-RS, Rel. Min. Mauro Campbell Marques, DJe 15.12.14. 2ª T. (Info 554)

Não revogação de contribuição social sobre o FGTS.

A contribuição social prevista no art. 1º da LC 110/01 – baseada no percentual sobre o saldo de FGTS em decorrência da despedida sem justa causa a ser suportada pelo empregador, não se encontra revogada, mesmo diante do cumprimento da finalidade para qual a contribuição foi instituída. REsp 1.487.505-RS, Rel. Min. Humberto Martins, DJe 24.3.15. 2ª T. (Info 558)

Não incidência do FGTS sobre o auxílio-creche.

A importância paga pelo empregador referente ao auxílio-creche não integra a base de cálculo do Fundo de Garantia do Tempo de Serviço (FGTS). REsp 1.448.294-RS, Rel. Min. Mauro Campbell Marques, DJe 15.12.14. 2ª T. (Info 554)

2014

Hipótese de não levantamento de FGTS.

RPT A suspensão do contrato de trabalho em decorrência de nomeação em cargo em comissão não autoriza o levantamento do saldo da conta vinculada ao FGTS. REsp 1.419.112-SP, Rel. Min. Og Fernandes, 24.9.14. 1ª S. (Info 548)

Inaplicabilidade da taxa progressiva de juros às contas vinculadas ao FGTS de trabalhador avulso.

RPT Não se aplica a taxa progressiva de juros às contas vinculadas ao FGTS de trabalhadores qualificados como avulsos. REsp 1.349.059-SP, Rel. Min. Og Fernandes, 26.3.14. 1ª S. (Info 546)

2013

Inaplicabilidade da regra do art. 13, caput, da Lei 8.036/90 no ressarcimento do valor de FGTS pago a maior pelo empregador.

O empregador, ao receber a restituição de valor depositado a maior a título de FGTS, não tem direito ao acréscimo sobre esse valor do percentual de 3% previsto no art. 13, caput, da Lei 8.036/90. De fato, o valor ressarcido de FGTS pago a maior deve contemplar tão somente a correção monetária, e não a capitalização diferenciada (juros de 3% ao ano) estipulada para a correção das contas vinculadas ao FGTS, conforme previsto no art. 13 da Lei 8.036/90. REsp 1.296.047-PE, Rel. Min. Humberto Martins, 5.2.13. 2ª T. (Info 516)

Inaplicabilidade do art. 19-A da Lei 8.036/90 na hipótese de contrato de trabalho temporário declarado nulo em razão do disposto no art. 37, § 2º, da CF.

Não é devido o depósito do FGTS na conta vinculada do trabalhador cujo contrato de trabalho temporário efetuado com a Administração Pública sob o regime de "contratação excepcional" tenha sido declarado nulo em razão da falta de realização de concurso público. AgRg nos EDcl no AREsp 45.467-MG, Rel. Min. Arnaldo Esteves Lima, 5.3.13. 1ª T. (Info 518)

1.2. Sindicatos

2012

Registro sindical. Disputa entre entidades sindicais.

Em preliminares, reconheceu-se a legitimidade ativa de entidade sindical que busca a anulação de ato administrativo cuja manutenção é capaz de prejudicá-la em relação ao direito de representação da categoria. Além disso, o colegiado entendeu configurado o interesse de agir da entidade impetrante, pois o ato atacado (restabelecimento parcial do registro de outra entidade sindical) impedirá a outorga do registro definitivo à autora do "writ". Por fim, afastou-se a decadência do direito à impetração, pois a contagem do prazo decadencial para o ajuizamento do mandamus deve iniciar-se do restabelecimento do registro parcial, e não da abertura do prazo para impugnação do registro. No mérito, não se reconheceu a violação do princípio da autonomia sindical (art. 8º, I, da CF) nem das normas previstas nos arts. 14 e 25 da Portaria MTE 186/08 (que regula o registro sindical no Ministério do Trabalho e Emprego). De fato, o restabelecimento parcial do registro impugnado resultou de pedido formulado pela entidade interessada, não sendo o ato praticado de ofício pela autoridade coatora, o que poderia caracterizar interferência do Poder Público na organização sindical. Assim, foi afastada a violação da autonomia sindical. Ademais, o ato impugnado é solução paliativa, pois a disputa entre as entidades sindicais diz respeito à representação dos docentes das entidades de ensino superior privadas e não faria sentido impedir que a entidade beneficiada pelo ato deixasse de representar os docentes das instituições públicas, o que já era feito antes do início dessa disputa. Quanto às normas da portaria ministerial, não houve violação do art. 14 (destinado ao registro definitivo), pois o restabelecimento parcial do registro não encerrou o procedimento administrativo registral, que permanece em curso. Em relação ao art. 25 da mesma portaria, a norma tem aplicação quando a concessão do registro implique exclusão da categoria ou base territorial de entidade sindical preexistente, registrada no Sistema de Cadastro Nacional de Entidades Sindicais (Cnes), o que não é o caso dos autos. *MS 14.690, Rel. p/ ac. Min. Benedito Gonçalves, 9.5.12. 1ª S. (Info 497)*

1.3. Outros Temas

2012

Abono único previsto em convenção coletiva de trabalho. Complementação de aposentadoria.

O "abono único", concedido aos empregados em atividade, mediante convenção coletiva de trabalho, não ostenta caráter salarial, mas, sim, indenizatório, malgrado o disposto no § 1º do art. 457 da CLT, na linha da jurisprudência do TST (OJ SDI-1 346). Ademais, a determinação de pagamento de valores sem respaldo no plano de custeio implica desequilíbrio econômico atuarial da entidade de previdência privada com prejuízo para a universalidade dos participantes e assistidos, o que fere o princípio da primazia do interesse coletivo do plano (exegese defluente da leitura do art. 202, caput, da CF e da LC 109/01). Existência de proibição expressa da incorporação do abono nos proventos de complementação de aposentadoria no parágrafo único do art. 3º da LC 108/01 (específica para entidades fechadas de previdência privada). *AgRg no REsp 1.293.221, Rel. Min. Marco Buzzi, 6.9.12. 4ª T. (Info 503)*

Acidente de trabalho. Danos morais. Culpa de natureza leve. Afastamento da Súm. 229/STF.

No que se refere à violação dos artigos do CPC, o recorrente não apontou quais pontos deixaram de ser apreciados pelo Tribunal de origem, afirmando, de modo genérico, a presença dos vícios de omissão e contradição. Aplicação da Súm. 284/STF. 2. O acórdão recorrido afastou, de forma fundamentada, o dolo e a culpa grave da empresa, inexistindo erro na apreciação ou valoração das provas. 3. Desde a edição da Lei 6.367/76, para a responsabilidade do empregador basta a demonstração da culpa, ainda que de natureza leve, não sendo mais aplicável a Súm. 229/STF, que previa a responsabilização apenas em casos de dolo ou culpa grave. 4. Uma vez reconhecida a culpa da recorrida, cumpre ao STJ aplicar o direito à espécie, nos termos do art. 257 do RISTJ e da Súm. 456/STF, por analogia. *REsp 406.815, Rel. Min. Antonio C. Ferreira, 12.6.12. 4ª T. (Info 499)*

Plano de saúde coletivo. Manutenção após aposentadoria.

Não obstante as disposições advindas com a Lei 9.656/98, dirigidas às operadoras de planos e seguros privados de saúde em benefício dos consumidores, tenham aplicação, em princípio, aos fatos ocorridos a partir de sua vigência, devem incidir em ajustes de trato sucessivo, ainda que tenham sido celebrados anteriormente. 2. A melhor interpretação a ser dada ao caput do art. 31 da Lei 9.656/98, ainda que com a nova redação dada pela MPv 1.801/99, é no sentido de que deve ser assegurada ao aposentado a manutenção no plano de saúde coletivo, com as mesmas condições de assistência médica e de valores de contribuição, desde que assuma o pagamento integral desta, a qual poderá variar conforme as alterações promovidas no plano paradigma, sempre em paridade com o que a ex-empregadora tiver que custear. *REsp 531.370, Rel. Min. Raul Araújo, 7.8.12. 4ª T. (Info 501)*

2. DIREITO PROCESSUAL DO TRABALHO

2.1. Competência

2016

Competência para julgar demanda indenizatória por uso de imagem de jogador de futebol.

É da Justiça do Trabalho – e não da Justiça Comum – a competência para processar e julgar a ação de indenização movida por atleta de futebol em face de editora pelo suposto uso indevido de imagem em álbum de figurinhas quando, após denunciação da lide ao clube de futebol (ex-empregador), este alegar que recebeu autorização expressa do jogador para ceder o direito de uso de sua imagem no período de vigência do contrato de trabalho. *CC 128.610-RS, Rel. Min. Raul Araújo, DJe 3.8.2016. 2ª S. (Info 587)*

2015

Competência para o julgamento de ação de consignação em pagamento proposta pela União para afastar eventual responsabilização trabalhista subsidiária.

A Justiça do Trabalho é competente para processar e julgar ação de consignação em pagamento movida pela União contra sociedade empresária por ela contratada para a prestação de serviços terceirizados, caso a demanda tenha sido proposta com o intuito de evitar futura responsabilização trabalhista subsidiária da Administração nos termos da Súmula 331 do TST. *CC 136.739-RS, Rel. Min. Raul Araújo, DJe 15.10.15. 2ª S. (Info 571)*

2014

Competência para processar e julgar ação indenizatória promovida por aluno universitário contra estabelecimento de ensino e instituição ministradora de estágio obrigatório.

Pelos danos ocorridos durante o estágio obrigatório curricular, a Justiça Comum Estadual – e não a Justiça do Trabalho – é competente para processar e julgar ação de reparação de danos materiais e morais promovida por aluno universitário contra estabelecimento de ensino superior e instituição hospitalar autorizada a ministrar o estágio. *CC 131.195-MG, Rel. Min. Raul Araújo, 26.2.14. 2ª S. (Info 543)*

2013

Competência da justiça do trabalho para o julgamento de demanda na qual ex-empregado aposentado pretenda ser mantido em plano de saúde custeado pelo ex-empregador.

Compete à Justiça do Trabalho processar e julgar a causa em que ex-empregado aposentado objetive ser mantido em plano de assistência médica e odontológica que, além de ser gerido por fundação instituída e mantida pelo ex-empregador, seja prestado aos empregados sem contratação específica e sem qualquer contraprestação. *REsp 1.045.753-RS, Rel. Min. Luis Felipe Salomão, 4.4.13. 4ª T. (Info 521)*

Competência da justiça do trabalho para processar e julgar ação de indenização decorrente de atos ocorridos durante a relação de trabalho.

Compete à Justiça do Trabalho processar e julgar ação de indenização por danos morais e materiais proposta por ex-empregador cuja causa de pedir se refira a atos supostamente cometidos pelo ex-empregado durante o vínculo laboral e em decorrência da relação de trabalho havida entre as partes. *CC 121.998-MG, Rel. Min. Raul Araújo, 27.2.13. 2ª S. (Info 518)*

Competência para decidir sobre pedido de indenização por danos que teriam decorrido da inadequada atuação de sindicato no âmbito de reclamação trabalhista que conduzira na qualidade de substituto processual.

Compete à Justiça do Trabalho processar e julgar demanda proposta por trabalhador com o objetivo de receber indenização em razão de alegados danos materiais e morais causados pelo respectivo sindicato, o qual, agindo na condição de seu substituto processual, no patrocínio de reclamação trabalhista, teria conduzido o processo de forma inadequada, gerando drástica redução do montante a que teria direito a título de verbas trabalhistas. *CC 124.930-MG, Rel. Min. Raul Araújo, 10.4.13. 2ª S. (Info 518)*

Competência para julgamento de demanda cuja causa de pedir e pedido não se refiram a eventual relação de trabalho entre as partes.

Compete à Justiça Comum Estadual processar e julgar ação de reconhecimento e de dissolução de sociedade mercantil de fato, cumulada com pedido de indenização remanescente, na hipótese em que a causa de pedir e o pedido deduzidos na petição inicial não façam referência à existência de relação de trabalho entre as partes. *CC 121.702-RJ, Rel. Min. Raul Araújo, 27.2.13. 2ª S. (Info 518)*

Competência para o julgamento de ação de indenização por danos causados ao autor em razão de sua indevida destituição da presidência de entidade de previdência privada.

Compete à Justiça Comum Estadual – e não à Justiça do Trabalho – processar e julgar ação de indenização por danos materiais e de compensação por danos morais que teriam sido causados ao autor em razão de sua destituição da presidência de entidade de previdência privada, a qual teria sido efetuada em desacordo com as normas do estatuto social e do regimento interno do conselho deliberativo da instituição. *CC 123.914-PA, Rel. Min. Raul Araújo, 26.6.13. 2ª S. (Info 524)*

Competência para o julgamento de ação de indenização por danos materiais e de compensação por danos morais proposta por pastor em face de congregação religiosa à qual pertencia.

Compete à Justiça Comum Estadual processar e julgar ação de indenização por danos materiais e de compensação por danos morais proposta por pastor em face de congregação religiosa à qual pertencia na qual o autor, reconhecendo a inexistência de relação trabalhista com a ré, afirme ter sido afastado indevidamente de suas funções. *CC 125.472-BA, Rel. Min. Raul Araújo, 10.4.13. 2ª S. (Info 520)*

Competência para o julgamento de ação envolvendo contrato de mútuo realizado em decorrência de relação de trabalho.

Compete à Justiça do Trabalho processar e julgar ação de execução por quantia certa, proposta por empregador em face de seu ex-empregado, na qual sejam cobrados valores relativos a contrato de mútuo celebrado entre as partes para o então trabalhador adquirir veículo automotor particular destinado ao exercício das atividades laborais. *CC 124.894-SP, Rel. Min. Raul Araújo, 10.4.13. 2ª S. (Info 520)*

Competência para o julgamento de ação proposta por ex-diretor sindical contra o sindicato que anteriormente representava.

Compete à Justiça do Trabalho o julgamento de ação proposta por ex-diretor sindical contra o sindicato que anteriormente representava na qual se objetive o recebimento de verbas com fundamento em disposições estatutárias. *CC 124.534-DF, Rel. Min. Luis Felipe Salomão, 26.6.13. 2ª S. (Info 524)*

2012

Competência. Contrato. Concessão. Sucessão trabalhista.

Tramita perante o Juízo de Direito da 8ª Vara de Fazenda Pública do Rio de Janeiro ação declaratória, na qual se objetiva a declaração de inexistência de responsabilidade da concessionária Supervia em relação a terceiros titulares de direitos trabalhistas anteriores à concessão. Nesta foi determinada a citação dos reclamantes, autores das reclamações objeto do presente conflito, na qualidade de litisconsortes passivos necessários. Por outro lado, no âmbito das reclamações trabalhistas em questão, a execução de sentença condenatória da reclamada (Flumitrens ou Central) está sendo redirecionada contra a suscitante, em razão da declaração de sucessão trabalhista por haver assumido o transporte ferroviário urbano de passageiros, após assinatura de contrato de concessão, precedido de licitação, atividade que antes era exercida por Flumitrens e depois por Central, ambas empresas públicas ligadas à Secretaria Estadual de Transportes. 2. A mesma questão – a responsabilidade da Supervia pelo pagamento da condenação trabalhista imposta em sentenças condenatórias da Flumitrens, depois Central, em benefício dos reclamantes/litisconsortes passivos – está sendo,

8. DIREITO DO TRABALHO

portanto, objeto de conhecimento e julgamento perante a Justiça do Trabalho e perante a Justiça Estadual. 3. Compete à Justiça comum decidir a respeito da interpretação e validade de cláusulas de contrato de concessão de serviço público, a fim de dirimir questão relacionada à sucessão de obrigações trabalhistas anteriores à concessão. *CC 101.809, Rel. Min. Maria I. Gallotti, 11.4.12. 2ª S. (Info 495)*

Competência da justiça do trabalho para julgar demanda visando ao ressarcimento de danos causados por empregado a empregador.

Compete à Justiça do Trabalho julgar ação por meio da qual ex-empregador objetiva o ressarcimento de valores supostamente apropriados de forma indevida pelo ex-empregado, a pretexto de pagamento de salário. *CC 122.556-AM, Rel. Maria Min. Isabel Gallotti, 24.10.12. 2ª S. (Info 510)*

Competência. Execução de complementação dos honorários advocatícios contratuais.

É da Justiça do Trabalho a competência para processar e julgar ação de cobrança de honorários advocatícios contratuais em razão dos serviços prestados em ação trabalhista. *CC 112.748, Rel. Min. Raul Araújo, 23.5.12. 2ª S. (Info 498)*

Competência. Indenização. Gastos. Contratação advogado. Reclamação trabalhista.

No caso, cuida-se de ação indenizatória das perdas e danos que a autora alega ter experimentado com a contratação de advogado particular, tudo em razão de descumprimento de normas trabalhistas pelo ex-empregador, pelo que a autora foi obrigada a ajuizar ação reclamatória trabalhista, na qual veio a se sagrar vitoriosa. 2. A ação de indenização ajuizada pelo trabalhador em face do ex-empregador, com vistas ao ressarcimento dos honorários advocatícios contratuais despendidos em reclamatória trabalhista outrora manejada, deve ser apreciada pela Justiça do Trabalho, porquanto se subsume ao que dispõe o art. 114, inc. VI, CF/88. 3. Tratando-se de competência prevista na própria CF, nem mesmo o STJ detém jurisdição para prosseguir no julgamento do recurso especial quanto ao mérito, não lhe sendo dado incidir nas mesmas nulidades praticadas pelos demais órgãos da Justiça Comum. No caso concreto, impropriedade da discussão sobre se o STJ pode conhecer de matéria de ordem pública de ofício e independentemente de prequestionamento.. *REsp 1.087.153, Rel. Min. Luis F. Salomão, 9.5.12. 2ª S. (Info 497)*

Conflito de competência. Ação de execução. TAC. Relação de trabalho.

A definição da competência para a causa se estabelece levando em consideração os termos da demanda (e não a sua procedência ou improcedência, ou a legitimidade ou não das partes, ou qualquer outro juízo a respeito da própria demanda). O juízo sobre competência é, portanto, lógica e necessariamente, anterior a qualquer outro juízo sobre a causa. Sobre ela quem vai decidir é o juiz considerado competente (e não o Tribunal que aprecia o conflito). Não fosse assim, haveria uma indevida inversão na ordem natural das coisas: primeiro se julgaria (ou pré-julgaria) a causa e depois, dependendo desse julgamento, definir-se-ia o juiz competente (que, portanto, receberia uma causa já julgada, ou, pelo menos, pré-julgada). 2. No caso, tratando-se de demanda movida por órgãos do MP contra Município, visando ao cumprimento de obrigações inerentes a relações do trabalho, a competência é da Justiça do Trabalho, nos termos do art. 114, I, VII e IX, da CF/88, com a redação dada pela EC 45/04. *CC 120.175, Rel. Min. Teori Zavascki, 28.3.12. 1ª S. (Info 494)*

Conflito de competência. Servidor público municipal. Regime celetista. Expressa disposição legal.

A Justiça do Trabalho é competente para processar e julgar as reclamações trabalhistas propostas por servidores públicos municipais contratados sob o regime celetista, instituído por meio de legislação municipal própria. *AgRg no CC 116.308-SP, Min. Rel. Castro Meira, 8.2.12. 1ª S. (Info 490)*

Execução trabalhista em confronto com decisão em conflito de competência. Reclamação procedente.

A reclamação tem por finalidade preservar a competência do STJ ou garantir a autoridade de suas decisões, sempre que haja indevida usurpação por parte de outros órgãos de sua competência constitucional, nos termos do art. 105, I, "f", da CF. II. No caso dos autos, a reclamante comprovou que a reclamação trabalhista, transitada em julgado após a suscitação do CC 91276, foi abrangida pela decisão proferida nesse processo. III. Desse modo, a decisão do r. Juízo trabalhista que determinou o prosseguimento da execução naquele Juízo descumpriu o comando do acórdão proferido pela 2ª Seção do STJ de remessa dos autos à Justiça comum. *Rcl 5.886, Rel. Min. Massami Uyeda, 8.2.12. 2ª S. (Info 490)*

Reclamação. Competência. Acidente de trabalho. EC 45/04. Súmula Vinculante 22/STF.

A determinação da competência da Justiça Estadual, no caso, diante da Súm. Vinculante 22/STF, sem dúvida dá-se em prol da Justiça do Trabalho – na relevante atribuição constitucional, aliás, de julgar as "ações oriundas da relação de trabalho" (CF, art. 114, I, redação da EC 45/04, resultante de pleito de entidades representativas da própria Justiça do Trabalho). 2. Hipótese em que, no dia da promulgação da EC 45/04 (dia 8.12.2004), o processo em exame ainda "não possuía sentença de mérito em primeiro grau". 3. A interpretação constitucional, dada pelo Tribunal Competente para ela, ou seja, o E. STF, e em Súmula Vinculante, sobrepaira sobre decisões determinativas de competência, proferidas sob fundamento diverso, no âmbito infra-constitucional. Assim, o argumento fundado na preclusão do julgamento desta Corte, com base em outros fundamentos, consubstanciado na decisão monocrática proferida em Conflito de Competência, cede diante do peso da interpretação constitucional vinculante emanada do Tribunal constitucional competente. 4. A interpretação do texto constitucional faz retroagir à data do dispositivo constitucional em que se fundamenta, não havendo como subsistir preclusão processual que contrarie o texto constitucional anterior. *Rcl 7.122, Rel. Min. Sidnei Beneti, 11.4.12. 2ª S. (Info 495)*

2.2. Outros Temas

2016

Remição. Art. 788 do CPC/73. Crédito trabalhista. Direito de preferência. Inexistência de concurso singular de credores.

O pedido de remição feito com base no art. 788 do CPC/73, já estando aperfeiçoado com decisão concessiva transitada em julgado e registro no cartório competente, não deve ser revogado por ter-se apurado posterior crédito privilegiado de credor que não efetivou prévia penhora do bem alienado. *REsp 1.278.545-MG, Rel. Min. João Otávio de Noronha, DJe 16.11.2016. 3ª T. (Info 593)*

2014

Causa de pedir em ação coletiva.

Na hipótese em que sindicato atue como substituto processual em ação coletiva para a defesa de direitos individuais homogêneos, não é necessário que a causa de pedir, na primeira fase cognitiva, contemple descrição pormenorizada das situações individuais de todos os substituídos. *REsp 1.395.875-PE, Rel. Min. Herman Benjamin, 20.2.14. 2ª T. (Info 538)*

2012

Depósito recursal trabalhista. Movimentação e administração.

A movimentação das contas de depósito recursal trabalhista regidas pelo art. 899, §§ 1º a 7º, da CLT é da alçada exclusiva do juízo laboral. 2. O juízo laboral não detém autonomia para dispor dos depósitos recursais efetivados por empresa cuja quebra venha a ser decretada. A destinação do numerário, inclusive em observância da "par conditio creditorum", há de ser dada pelo juízo universal da falência. 3. O acesso aos depósitos realizados nas contas recursais trabalhistas não se dá de forma direta, mas mediante expedição de ofício ao respectivo juízo laboral para que, oportunamente – isto é, após o trânsito em julgado da reclamação trabalhista –, transfira o valor consignado para conta judicial à disposição do juízo falimentar, essa sim de sua livre movimentação. *RMS 32.864-SP, Min. Rel. Nancy Andrighi, 28.2.12. 3ª T. (Info 492)*

Ação coletiva ajuizada por sindicato. Execução individual por não filiado.

Nos termos da Súm. 629/STF, as associações e sindicatos, na qualidade de substitutos processuais, têm legitimidade para a defesa dos interesses coletivos de toda a categoria que representam, sendo dispensável a relação nominal dos afiliados e suas respectivas autorizações. 2. O servidor público integrante da categoria beneficiada, desde que comprove essa condição, tem legitimidade para propor execução individual, ainda que não ostente a condição de filiado ou associado da entidade autora da ação de conhecimento. *AgRg no AREsp 232.468, Rel. Min. Humberto Martins, 16.10.12. 2ª T. (Info 506)*

Indenização. Despesas com honorários advocatícios. Reclamação trabalhista.

Embora, após a EC 45/04, competente a Justiça do Trabalho para dirimir questões atinentes a cobrança ao reclamado de honorários advocatícios contratuais despendidos pelo Reclamante para a reclamação trabalhista, conhece-se dos presentes Embargos de divergência, porque somente ao próprio STJ compete dirimir divergência entre suas próprias Turmas. 2. No âmbito da Justiça comum, impossível superar a orientação já antes firmada por este Tribunal, no sentido do descabimento da cobrança ao reclamado de honorários advocatícios contratados pelo reclamante: para a reclamação trabalhista, porque o contrário significaria o reconhecimento da sucumbência por via oblíqua e poderia levar a julgamentos contraditórios a respeito do mesmo fato do patrocínio advocatício na Justiça do Trabalho. *EREsp 1.155.527, Rel. Min. Sidnei Beneti, 13.6.12. 2ª S. (Info 499)*

9. DIREITO EMPRESARIAL

1. DA SOCIEDADE
1.1. Da Sociedade não Personificada
1.1.1. Da Sociedade em Conta de Participação

2015

Dissolução de sociedade em conta de participação.

Aplica-se subsidiariamente às sociedades em conta de participação o art. 1.034 do CC, o qual define de forma taxativa as hipóteses pelas quais se admite a dissolução judicial das sociedades. REsp 1.230.981-RJ, Rel. Min. Marco Aurélio Bellizze, DJe 5.2.15. 3ª T. (Info 554)

1.2. Da Sociedade Personificada
1.2.1. Da Sociedade Simples

2016

Certidões negativas e transformação de sociedade simples em empresarial.

Para efetuar o registro e o arquivamento de alteração contratual, a fim de promover a transformação de sociedade civil em empresária, não é exigível a apresentação de certidões negativas de débitos com o FGTS e com a União, exigindo-se, contudo, certidão negativa de débito com o INSS. REsp 1.393.724-PR, Rel. p/ ac. Min. Paulo de Tarso Sanseverino, DJe 4.12.2015. 2ª S. (Info 574)

Impossibilidade de nomeação de liquidante em dissolução parcial de sociedade empresária.

É indevida a nomeação de liquidante em ação de dissolução parcial de sociedade empresária, bastando, para a apuração dos haveres do sócio falecido, a nomeação de perito técnico habilitado. REsp 1.557.989-MG, Rel. Min. Ricardo Villas Bôas Cueva, DJe 31.3.2016. 3ª T. (Info 580)

2012

Apuração de haveres. Sociedade simples. Renome de um dos sócios.

A possível repercussão econômica do renome de um dos sócios não integra o cálculo na apuração de haveres em dissolução parcial de sociedade simples composta por profissionais liberais. Isso porque o renome é atributo personalíssimo, intransferível, fora do comércio, e não é passível de indenização a título de fundo de comércio. O sócio renomado, ao sair da sociedade, leva consigo todos os benefícios que tal circunstância traz. Dessa forma, a apuração de haveres em sociedades simples de profissionais liberais deve adotar a metodologia do art. 1.031 do CC, como se a sociedade fosse extinta e o valor apurado, dividido entre os sócios, diferentemente daquela adotada quando se tratar de alienação de sociedade empresária, na qual são apurados os bens atuais mais a previsão de lucros. REsp 958.116, Rel. p/ ac. Min. Raul Araújo (art. 52, IV, b, do RISTJ), 22.5.12. 4ª T. (Info 498)

1.2.2. Da Sociedade Limitada

2016

Formação de quórum deliberativo necessário à exclusão de sócio minoritário de sociedade limitada.

Para a fixação do quórum deliberativo assemblear necessário à aprovação da exclusão de sócio minoritário de sociedade limitada, não se pode computar a participação deste no capital social, devendo a apuração da deliberação se lastrear em 100% do capital restante, ou seja, tão somente no capital social daqueles legitimados a votar. REsp 1.459.190-SP, Rel. Min. Luis Felipe Salomão, DJe 1º.2.2016. 4ª T. (Info 575)

Prazo decadencial para desconstituir deliberação societária excludente de sócio minoritário.

É de três anos o prazo decadencial para que o sócio minoritário de sociedade limitada de administração coletiva exerça o direito à anulação da deliberação societária que o tenha excluído da sociedade, ainda que o contrato social preveja a regência supletiva pelas normas da sociedade anônima. REsp 1.459.190-SP, Rel. Min. Luis Felipe Salomão, DJe 1º.2.2016. 4ª T. (Info 575)

2015

Competência para julgar dissolução parcial de sociedade limitada com apuração de haveres.

Compete ao juízo cível – e não ao juízo de sucessões no qual tramita o inventário – julgar, com consequente apuração de haveres do de cujus, dissolução parcial de sociedade limitada que demande extensa dilação probatória. REsp 1.459.192-CE, Rel. p/ ac. João Otávio de Noronha, DJe 12.8.15. 3ª T. (Info 566)

Critérios para a apuração de haveres do sócio retirante de sociedade por quotas de responsabilidade limitada.

No caso de dissolução parcial de sociedade por quotas de responsabilidade limitada, prevalecerá, para a apuração dos haveres do sócio retirante, o critério previsto no contrato social se o sócio retirante concordar com o resultado obtido, mas, não concordando, aplicar-se-á o critério do balanço de determinação. REsp 1.335.619-SP, Rel. p/ ac. Min. João Otávio de Noronha, DJe 27.3.15. 3ª T. (Info 558)

2013

Desconsideração da personalidade jurídica de sociedade limitada.

Na hipótese em que tenha sido determinada a desconsideração da personalidade jurídica de sociedade limitada modesta na qual as únicas sócias sejam mãe e filha, cada uma com metade das quotas sociais, é possível responsabilizar pelas dívidas dessa sociedade a sócia que, de acordo com o contrato social, não exerça funções de gerência ou administração. REsp 1.315.110-SE, Rel. Min. Nancy Andrighi, 28.5.13. 3ª T. (Info 524)

1.2.3. Da Sociedade Anônima

2015

Legitimidade ativa para ação social.

Acionistas e companhia podem litigar em litisconsórcio facultativo ativo em ação de responsabilidade civil contra o administrador pelos prejuízos causados ao patrimônio da sociedade anônima (art. 159 da Lei 6.404/76), quando não proposta a ação pela companhia no prazo de três meses após a deliberação da assembleia-geral (§ 3º). REsp 1.515.710-RJ, Rel. Min. Marco Aurélio Bellizze, DJe 2.6.15. 3ª T. (Info 563)

2014

Cálculo de dividendos no âmbito de demanda de complementação de ações relativas a contrato de participação financeira.

RPT No âmbito de demanda de complementação de ações relativas a contrato de participação financeira para a aquisição de linha telefônica, deve-se observar – ressalvada a manutenção de critérios diversos nas hipóteses de coisa julgada – os seguintes critérios no que diz respeito à obrigação de pagar dividendos: a) os dividendos são devidos durante todo o período em que o consumidor integrou ou deveria ter integrado os quadros societários; b) sobre o valor dos dividendos não pagos, incide correção monetária desde a data de vencimento da obrigação e juros de mora desde a citação; e, c) no caso das ações convertidas em perdas e danos, é devido o pagamento de dividendos desde a data em que as ações deveriam ter sido subscritas até a data do trânsito em julgado do processo de conhecimento, incidindo juros de mora e correção monetária segundo os critérios do item anterior. REsp 1.301.989-RS, Rel. Min. Paulo de Tarso Sanseverino, 12.3.14. 2ª S. (Info 538)

Critério para a conversão da obrigação de subscrever ações em perdas e danos.

RPT No âmbito de demanda de complementação de ações relativas a contrato de participação financeira para a aquisição de linha telefônica, converte-se a obrigação de subscrever ações em perdas e danos multiplicando-se o número de ações devidas pela cotação destas no fechamento do pregão da Bolsa de Valores no dia do trânsito em julgado, com juros de mora desde a citação; ressalvada a manutenção de outros critérios definidos em título executivo ante a existência de coisa julgada. REsp 1.301.989-RS, Rel. Min. Paulo de Tarso Sanseverino, 12.3.14. 2ª S. (Info 538)

Cumulação de dividendos e juros sobre capital próprio em ação por complementação de ações de telefônicas.

9. DIREITO EMPRESARIAL

RPT É cabível a cumulação de dividendos e juros sobre capital próprio nas demandas por complementação de ações de empresas de telefonia. *REsp 1.373.438-RS, Rel. Min. Paulo de Tarso Sanseverino, 11.6.14. 2ª S. (Info 542)*

Impossibilidade de pagamento de dividendos e juros sobre capital próprio não previstos no título executivo.

RPT Não é cabível a inclusão dos dividendos ou dos juros sobre capital próprio no cumprimento da sentença condenatória à complementação de ações sem expressa previsão no título executivo. *REsp 1.373.438-RS, Rel. Min. Paulo de Tarso Sanseverino, 11.6.14. 2ª S. (Info 542)*

Impossibilidade de utilização de crédito pertencente à sociedade anônima para garantir obrigação de sócio.

Não cabe bloqueio judicial de parte de crédito cobrado em execução judicial movida por sociedade anônima contra terceiro, na hipótese em que a decisão judicial que o determina é proferida em sede de ação cautelar movida por ex-cônjuge em face do outro ex-consorte, a fim de garantir àquele direito a ações da referida sociedade anônima, quando a participação acionária já se encontra assegurada por sentença com trânsito em julgado proferida em ação de sobrepartilha de bens sonegados. *REsp 1.179.342-GO, Rel. Min. Luis Felipe Salomão, 27.5.14. 4ª T. (Info 544)*

Legitimidade ativa em ação de complementação de ações fundamentada em cessão de direitos relacionada a contrato de participação financeira.

RPT O cessionário de contrato de participação financeira para a aquisição de linha telefônica tem legitimidade para ajuizar ação de complementação de ações somente na hipótese em que o instrumento de cessão lhe conferir, expressa ou tacitamente, o direito à subscrição de ações, conforme apurado nas instâncias ordinárias. *REsp 1.301.989-RS, Rel. Min. Paulo de Tarso Sanseverino, 12.3.14. 2ª S. (Info 538)*

Liquidação de sentença em ação com pedido de complementação de ações.

RPT O cumprimento de sentença condenatória de complementação de ações dispensa, em regra, a fase de liquidação de sentença. *REsp 1.387.249-SC, Rel. Min. Paulo de Tarso Sanseverino, 26.2.14. 2ª S. (Info 536)*

Pagamento de dividendos e juros sobre capital próprio como pedidos implícitos.

RPT Nas demandas por complementação de ações de empresas de telefonia, admite-se a condenação ao pagamento de dividendos e juros sobre capital próprio independentemente de pedido expresso. *REsp 1.373.438-RS, Rel. Min. Paulo de Tarso Sanseverino, 11.6.14. 2ª S. (Info 542)*

Restituição do valor investido na extensão de rede de telefonia pelo método PCT.

RPT É válida, no sistema de planta comunitária de telefonia – PCT, a previsão contratual ou regulamentar que desobrigue a companhia de subscrever ações em nome do consumidor ou de lhe restituir o valor investido. *REsp 1.391.089-RS, Rel. Min. Paulo de Tarso Sanseverino, 26.2.14. 2ª S. (Info 536)*

2013

Legitimidade da Brasil Telecom S/A para responder pelos atos praticados pela Telesc.

RPT A Brasil Telecom S/A tem legitimidade para responder pelos atos praticados pela Telesc quanto a credores cujo título não tiver sido constituído até o ato de incorporação, independentemente de se referir a obrigações anteriores a ele. *REsp 1.322.624-SC, Rel. Min. Paulo de Tarso Sanseverino, 12.6.13. 2ª S. (Info 522)*

2012

Indenização. Legalidade. Privatização.

Trata-se, na espécie, de ação proposta pelo acionista minoritário (recorrido) em que se busca condenar a empresa controladora (recorrente) a indenizar a empresa controlada por supostos prejuízos que lhe teria causado quando das privatizações dos seus ativos. Preliminarmente, sustentou-se a legitimidade ativa de qualquer acionista – independentemente da natureza de suas ações – para propor ação de indenização, desde que preste caução pelas custas e honorários de advogados devidos no caso de a ação vir ser julgada improcedente, nos termos do art. 246, § 1º, b, da Lei 6.404/76. Em relação à suposta necessidade de correção do polo passivo, esta Corte, no exame do Ag 80928, já se manifestou no sentido da ilegitimidade da União para figurar como ré, decisão transitada em julgado. Quanto ao mérito, diante da notícia de fato novo – a incorporação da empresa controlada pela empresa controladora –, julgou-se improcedente a ação originária com resolução de mérito (art. 269, I, do CPC), uma vez que caracterizada a confusão entre credor e devedor, nos termos do art. 381 e seguintes do CC. Segundo se argumentou, eventuais créditos da empresa controlada (suposta credora), assim como eventuais obrigações, passaram a ser créditos ou obrigações da própria controladora. Operada a confusão entre credor e devedor, não há possibilidade jurídica para o prosseguimento da demanda. Considerou, ainda, o min. rel. não ter ocorrido nenhum tipo de abuso de poder por parte da empresa controladora, que apenas cumpriu o determinado na Lei 8.031/90, na qual, inclusive, existia autorização, como uma das formas de pagamento – das ações alienadas da empresa controlada – de títulos da dívida pública emitidos pelo Tesouro Nacional (art. 16 da referida lei). Dadas as circunstâncias dos autos, não há condenação, vencido ou vencedor. Assim, cada parte arcará com os honorários advocatícios de seus patronos e responderá por metade das custas e despesas processuais, não sendo devido o pagamento do prêmio previsto no § 2º do art. 246 da Lei 6.404/76, liberando-se o levantamento da caução pela ora recorrida. *REsp 745.739, Rel. Min. Massami Uyeda, 28.8.12. 3ª T. (Info 503)*

Sociedade anônima. Responsabilidade dos administradores. Contas aprovadas pela AGO.

Salvo se anulada, a aprovação das contas sem reservas pela assembleia geral exonera os administradores e diretores de quaisquer responsabilidades. *REsp 1.313.725, Rel. Min. Ricardo V. B. Cueva, 26.6.12. 3ª T. (Info 500)*

1.2.4. Da Sociedade Cooperativa

2015

Alteração no CNPJ por transformação de sociedade cooperativa.

A alteração no CNPJ da razão social de sociedade cooperativa que modificou sua forma jurídica não exige o prévio cancelamento de sua autorização para funcionar e de seu registro. *REsp 1.528.304-RS, Rel. Min. Humberto Martins, DJe 1º.9.15. 2ª T. (Info 568)*

2013

Necessidade de rateio proporcional dos prejuízos experimentados por cooperativa.

A distribuição aos cooperados dos eventuais prejuízos da cooperativa deve ocorrer de forma proporcional à fruição, por cada um deles, dos serviços prestados pela entidade, ainda que haja alteração do estatuto, por deliberação da Assembleia Geral Ordinária, determinando que a distribuição dos prejuízos seja realizada de forma igualitária. *REsp 1.303.150-DF, Rel. Min. Nancy Andrighi, 5.3.13. 3ª T. (Info 520)*

2. DO ESTABELECIMENTO

2015

Abusividade da vigência por prazo indeterminado de cláusula de não concorrência.

É abusiva a vigência, por prazo indeterminado, da cláusula de "não restabelecimento" (art. 1.147 do CC), também denominada "cláusula de não concorrência". *REsp 680.815-PR, Rel. Min. Raul Araújo, DJe 3.2.15. 4ª T. (Info 554)*

Fixação de cláusula de não concorrência.

Quando a relação estabelecida entre as partes for eminentemente comercial, a cláusula que estabeleça dever de abstenção de contratação com sociedade empresária concorrente pode irradiar efeitos após a extinção do contrato desde que limitada espacial e temporalmente. *REsp 1.203.109-MG, Rel. Min. Marco Aurélio Bellizze, DJe 11.5.15. 3ª T. (Info 561)*

3. DOS INSTITUTOS COMPLEMENTARES

3.1. Do Registro

2012

Registro. Alteração contratual. Documentos exigidos.

É ilegal a exigência de certidão de regularidade fiscal estadual para o registro de alteração contratual perante a Junta Comercial por não estar prevista na lei de regência (Lei 8.934/94) nem no decreto federal que a regulamentou (Dec. 1.800/96), mas em decreto estadual que sequer possui lei estadual correspondente. É que o parágrafo único do art. 37 da lei supradita dispõe claramente que, além dos documentos alistados nesse artigo, nenhum outro documento será exigido das firmas individuais e sociedades referidas nas alíneas a, b e d do inciso II do art. 32. E o decreto que a regulamentou esclarece, em seu art. 34, parágrafo único, que outros documentos só podem ser exigidos se houver expressa determinação legal. *REsp 724.015, Rel. Min. Antonio C. Ferreira, 15.5.12. 4ª T. (Info 497)*

4. CONTRATOS MERCANTIS

4.1. Alienação Fiduciária

2013

Legitimidade para o ajuizamento da medida de busca e apreensão do art. 3º do DL 911/69.

Na hipótese em que o contrato de alienação fiduciária em garantia tenha sido celebrado na vigência do CC e da Lei 10.931/04, falta legitimidade, para propor a medida de busca e apreensão prevista no art. 3º do DL 911/69, à entidade que não seja instituição financeira ou à pessoa jurídica de direito público titular de créditos fiscais e previdenciários. *REsp 1.101.375-RS, Rel. Min. Luis Felipe Salomão, 4.6.13. 4ª T. (Info 526)*

2012

Alienação fiduciária não anotada no certificado de registro do veículo. Denunciação à lide. Celeridade e economia processual.

A teor da Súm. 92/STJ, se não consta a anotação referente à alienação fiduciária no certificado de registro do veículo automotor, não é oponível a avença ao terceiro que adquiriu bem de boa-fé. 2. "Ainda que a denunciação da lide tenha sido mal indeferida, não se justifica, na instância especial, já adiantado o estado do processo, restabelecer o procedimento legal, porque a finalidade do instituto (economia processual) seria, nesse caso, contrariada." (REsp 170681) 3. Em virtude de o devedor, por conduta dolosa, não deter mais a posse do bem, mostra-se adequado ressalvar a possibilidade de conversão da ação de busca e apreensão em ação de depósito, tendo em vista não só o disposto no art. 4º do DL 911/69, mas também pelo fato de que a busca e apreensão está suspensa no aguardo da decisão que for proferida nestes autos, de modo a viabilizar o prosseguimento da cobrança da dívida, sem necessidade de ajuizamento de ação de execução. *REsp 916.107, Rel. Min. Luis F. Salomão, 15.3.12. 4ª T. (Info 493)*

Imóvel. Inadimplemento. Leilão. Suspensão. Credor. Reintegração. Posse.

Os dispositivos da Lei 9.514/97, notadamente seus arts. 26, 27, 30 e 37-A, comportam dupla interpretação: é possível dizer, por um lado, que o direito do credor fiduciário à reintegração da posse do imóvel alienado decorre automaticamente da consolidação de sua propriedade sobre o bem nas hipóteses de inadimplemento; ou é possível afirmar que referido direito possessório somente nasce a partir da realização dos leilões a que se refere o art. 27 da Lei 9.514/97. 2. A interpretação sistemática de uma Lei exige que se busque, não apenas em sua arquitetura interna, mas no sentido jurídico dos institutos que regula, o modelo adequado para sua aplicação. Se a posse do imóvel, pelo devedor fiduciário, é derivada de um contrato firmado com o credor fiduciante, a resolução do contrato no qual ela encontra fundamento torna-a ilegítima, sendo possível qualificar como esbulho sua permanência no imóvel. 3. A consolidação da propriedade do bem no nome do credor fiduciante confere-lhe o direito à posse do imóvel. Negá-lo implicaria autorizar que o devedor fiduciário permaneça em bem que não lhe pertence, sem pagamento de contraprestação, na medida em que a Lei 9.514/97 estabelece, em seu art. 37-A, o pagamento de taxa de ocupação apenas depois da realização dos leilões extrajudiciais. Se os leilões são suspensos, como ocorreu na hipótese dos autos, a lacuna legislativa não pode implicar a imposição, ao credor fiduciante, de um prejuízo a que não deu causa. *REsp 1.155.716, Rel. Min. Nancy Andrighi, 13.3.12. 3ª T. (Info 493)*

Alienação fiduciária. Ação de busca e apreensão. Discussão da ilegalidade de cláusulas contratuais no âmbito da defesa.

É possível a discussão sobre a legalidade de cláusulas contratuais como matéria de defesa na ação de busca e apreensão decorrente de alienação fiduciária. Consolidou-se o entendimento no STJ de que é admitida a ampla defesa do devedor no âmbito da ação de busca e apreensão decorrente de alienação fiduciária, sendo possível discutir em contestação eventual abusividade contratual, uma vez que essa matéria tem relação direta com a mora, pois justificaria ou não a busca e apreensão do bem. *REsp 1.296.788, Rel. Min. Antonio Carlos Ferreira, 13.11.12. 4ª T. (Info 509)*

Notificação extrajudicial. Cartório situado em comarca diversa do domicílio do devedor.

É válida a notificação extrajudicial exigida para a comprovação da mora do devedor/fiduciante nos contratos de financiamento com garantia de alienação fiduciária realizada por via postal, no endereço do devedor, ainda que o título tenha sido apresentado em cartório de títulos e documentos situado em comarca diversa daquela do domicílio do devedor. Isso considerando a ausência de norma que disponha em contrário e tendo em vista o pleno alcance de sua finalidade (dar conhecimento da mora ao devedor a quem é endereçada a notificação). REsp 1.283.834, Rel. Min. Maria I. Gallotti, 29.2.12. 2ª S. (Info 492)

4.2. Armazém Geral

2013

Prazo prescricional das ações de indenização contra armazéns gerais.

Nas ações de indenização contra armazéns gerais, o prazo prescricional é de três meses. O disposto no art. 11 do Dec. 1.102/03 é norma especial em relação ao art. 177 do CC/1916. AgRg no REsp 1.186.115-RJ, Rel. Min. Isabel Gallotti, 14.5.13. 4ª T. (Info 525)

4.3. Arrendamento Mercantil

2016

Purgação da mora em contrato de arrendamento mercantil de veículo automotor.

Em contrato de arrendamento mercantil de veículo automotor – com ou sem cláusula resolutiva expressa –, a purgação da mora realizada nos termos do art. 401, I, do CC deixou de ser possível somente a partir de 14.11.2014, data de vigência da Lei 13.043/14, que incluiu o § 15º do art. 3º do DL 911/69. REsp 1.381.832-PR, Rel. Min. Maria Isabel Gallotti, DJe 24.11.2015. 4ª T. (Info 573)

2015

Rescisão de contrato de arrendamento mercantil vinculado a contrato de compra e venda de automóvel.

Na hipótese de rescisão de contrato de compra e venda de automóvel firmado entre consumidor e concessionária em razão de vício de qualidade do produto, deverá ser também rescindido o contrato de arrendamento mercantil do veículo defeituoso firmado com instituição financeira pertencente ao mesmo grupo econômico da montadora do veículo (banco de montadora). REsp 1.379.839-SP, Rel. p/ ac. Min. Paulo de Tarso Sanseverino, DJe 15.12.14. 3ª T. (Info 554)

2013

Aplicação da pena de perdimento a veículo objeto de "leasing" que seja utilizado para a prática de descaminho ou contrabando.

É possível a aplicação da pena de perdimento de veículo objeto de contrato de arrendamento mercantil com cláusula de aquisição ao seu término utilizado pelo arrendatário para transporte de mercadorias objeto de descaminho ou contrabando. A propriedade do veículo submetido ao arrendamento mercantil é da instituição bancária arrendadora, de sorte que, em regra, o arrendatário tem a opção de adquirir o bem ao final do contrato. REsp 1.268.210-PR, Rel. Min. Benedito Gonçalves, 21.2.13. 1ª T. (Info 517)

Devolução da diferença entre o resultado da soma do VRG quitado com o valor da venda do bem e o total pactuado como VRG no contrato de "leasing" financeiro.

RPT Nas ações de reintegração de posse motivadas por inadimplemento de arrendamento mercantil financeiro, quando o resultado da soma do VRG quitado com o valor da venda do bem for maior que o total pactuado como VRG na contratação, será direito do arrendatário receber a diferença, cabendo, porém, se estipulado no contrato, o prévio desconto de outras despesas ou encargos contratuais. REsp 1.099.212-RJ, Rel. p/ ac. Min. Ricardo Villas Bôas Cueva, 27.2.13. 2ª S. (Info 517)

2012

Arrendamento mercantil. Reintegração de posse. Adimplemento substancial.

Ação de reintegração de posse de 135 carretas, objeto de contrato de "leasing", após o pagamento de 30 das 36 parcelas ajustadas. Processo extinto pelo juízo de primeiro grau, sendo provida a apelação pelo Tribunal de Justiça, julgando procedente a demanda. Interposição de embargos declaratórios, que foram rejeitados, com um voto vencido que mantinha a sentença, com determinação de imediato cumprimento do julgado. Antes da publicação do acórdão dos embargos declaratórios, com a determinação de imediata reintegração de posse, a parte demandada extraiu cópia integral do processo e impetrou mandado de segurança. Determinação de renovação da publicação do acórdão dos embargos declaratórios para correção do resultado do julgamento. Após a nova publicação do acórdão, interposição de embargos infringentes, com fundamento no voto vencido dos embargos declaratórios. Inocorrência de violação do princípio da unirrecorribilidade, em face da utilização do mandado de segurança com natureza cautelar para agregação de efeito suspensivo a recurso ainda não interposto por falta de publicação do acórdão. Tempestividade dos embargos infringentes, pois interpostos após a nova publicação do acórdão recorrido. Correta a decisão do tribunal de origem, com aplicação da teoria do adimplemento substancial. *REsp 1.200.105, Rel. Min. Paulo Sanseverino, 19.6.12. 3ª T. (Info 500)*

4.4. Concessão de Veículos Automotores (Lei 6.729/79)

2014

Regime de penalidades gradativas no contrato de concessão de veículos automotores.

Nos contratos regidos pela Lei Ferrari (Lei 6.729/79), ainda que não tenha sido celebrada convenção de marca dispondo sobre penalidades gradativas (art. 19, XV), é inválida cláusula que prevê a resolução unilateral do contrato como única penalidade para as infrações praticadas pela concessionária de veículos automotores. *REsp 1.338.292-SP, Rel. Min. Paulo de Tarso Sanseverino, 2.9.14. 3ª T. (Info 550)*

Valoração judicial da gravidade da infração no contrato de concessão de veículos automotores.

Nos contratos regidos pela Lei Ferrari (Lei 6.729/79), não havendo convenção de marca (art. 19, XV) nem cláusulas contratuais válidas sobre penalidades gradativas, poderá o juiz decidir, em cada caso concreto, se a infração, ou sequência de infrações, é grave o suficiente para justificar a resolução do contrato, observado o caráter protetivo da referida Lei. *REsp 1.338.292-SP, Rel. Min. Paulo de Tarso Sanseverino, 2.9.14. 3ª T. (Info 550)*

2012

Lei Renato Ferrari. Pagamento antecipado ao faturamento.

O distribuidor não poderá exigir da concessionária de veículos automotores o pagamento antecipado do preço das mercadorias por ele fornecidas se não houver a referida previsão no contrato, hipótese em que o pagamento somente poderá ser exigido após o faturamento do respectivo pedido, e, apenas se não realizado o pagamento, poderá ser oposta a exceção de contrato não cumprido. *REsp 1.345.653-SP, Rel. Min. Ricardo Villas Bôas Cueva, 4.12.12. 3ª T. (Info 512)*

4.5. Contratos Bancários

2016

Direito civil. Período de legalidade da cobrança de tarifa de renovação de cadastro (TRC).

É válida cláusula contratual que prevê a cobrança da tarifa de renovação de cadastro (TRC) em contrato bancário celebrado ainda no período de vigência da Circular n. 3.371/2007 do Bacen (isto é, antes da vigência da Circular n. 3.466/2009 do Bacen, que passou a impossibilitar a cobrança da TRC). *REsp 1.303.646-RJ, Rel. Min. João Otávio de Noronha, DJe 23.5.2016. 3ª T. (Info 584)*

2014

Impossibilidade de purgação da mora em contratos de alienação fiduciária firmados após a vigência da Lei 10.931/04.

RPT Nos contratos firmados na vigência da Lei 10.931/04, que alterou o art. 3º, §§ 1º e 2º, do Decreto-lei 911/69, compete ao devedor, no prazo de cinco dias após a execução da liminar na ação de busca e apreensão, pagar a integralidade da dívida – entendida esta como os valores apresentados e comprovados pelo credor na inicial –, sob pena de consolidação da propriedade do bem móvel objeto de alienação fiduciária. *REsp 1.418.593-MS, Rel. Min. Luis Felipe Salomão, 14.5.14. 2ª S. (Info 540)*

Não acionamento do mecanismo "stop loss" previsto em contrato de investimento.

A instituição financeira que, descumprindo o que foi oferecido a seu cliente, deixa de acionar mecanismo denominado "stop loss" pactuado em contrato de investimento incorre em infração contratual passível de gerar a obrigação de indenizar o investidor pelos prejuízos causados. *REsp 656.932-SP, Rel. Min. Antonio Carlos Ferreira, 24.4.14. 4ª T. (Info 541)*

Prorrogação automática de fiança em contrato de mútuo bancário.

Havendo expressa e clara previsão contratual da manutenção da fiança prestada em contrato de mútuo bancário em caso de prorrogação do contrato principal, o pacto acessório também é prorrogado automaticamente. *REsp 1.374.836-MG, Rel. Min. Luis Felipe Salomão, 3.10.13. 4ª T. (Info 534)*

2013

Contrato de desconto bancário (borderô). Não caracterização de título executivo extrajudicial.

O contrato de desconto bancário (borderô) não constitui, por si só, título executivo extrajudicial, dependendo a execução de sua vinculação a um título de crédito dado em garantia ou à assinatura do devedor e de duas testemunhas, nos termos do art. 585 do CPC. *REsp 986.972, Rel. Min. Luis F. Salomão, 4.10.12. 4ª T. (Info 506)*

Limitação do valor da indenização em contrato de penhor.

Em contrato de penhor firmado por consumidor com instituição financeira, é nula a cláusula que limite o valor da indenização na hipótese de eventual furto, roubo ou extravio do bem empenhado. *REsp 1.155.395-PR, Rel. Min. Raul Araújo, 1º.10.13. 4ª T. (Info 529)*

2012

Contrato bancário. Mora. Descaracterização.

A cobrança de encargos ilegais, durante o período da normalidade contratual, descaracteriza a configuração da mora. *EREsp 775.765, Rel. Min. Massami Uyeda, 8.8.12. 2ª S. (Info 501)*

Contrato bancário. Cobrança de tarifas de despesas administrativas contratadas.

As normas regulamentares editadas pela autoridade monetária facultam às instituições financeiras, mediante cláusula contratual expressa, a cobrança administrativa de taxas e tarifas para a prestação de serviços bancários não isentos. As tarifas de abertura de crédito (TAC) e emissão de carnê (TEC), por não estarem encartadas nas vedações previstas na legislação regente (Res. 2.303/96 e 3.518/07 do CMN), e ostentarem natureza de remuneração pelo serviço prestado pela instituição financeira ao consumidor, quando efetivamente contratadas, consubstanciam cobranças legítimas, sendo certo que somente com a demonstração cabal de vantagem exagerada por parte do agente financeiro é que podem ser consideradas ilegais e abusivas. *REsp 1.270.174, Rel. Min. Isabel Gallotti, 10.10.12. 2ª S. (Info 506)*

Capitalização de juros. Periodicidade inferior a um ano. Pactuação. Contrato bancário.

RPT É permitida a capitalização de juros com periodicidade inferior a um ano em contratos celebrados após 31 de março de 2000, data da publicação da MP 1.963-17/00, em vigor como MP 2.170-36/01, desde que expressamente pactuada, bem como, por maioria, decidiu que a previsão no contrato bancário de taxa de juros anual superior ao duodécuplo da mensal é suficiente para permitir a cobrança da taxa efetiva anual contratada. Na prática, isso significa que os bancos não precisam incluir nos contratos cláusula com redação que expresse o termo "capitalização de juros" para cobrar a taxa efetiva contratada, bastando explicitar com clareza as taxas cobradas. A cláusula com o termo "capitalização de juros" será necessária apenas para que, após vencida a prestação sem o devido pagamento, o valor dos juros não pagos seja incorporado ao capital para o efeito de incidência de novos juros. *REsp 973.827, Rel. p/ ac. Min. Maria I. Gallotti, 27.6.12. 2ª S. (Info 500)*

Revisão contratual. Capitalização de juros. Contratação expressa. Necessidade de previsão.

A contratação expressa da capitalização de juros deve ser clara, precisa e ostensiva, ou seja, as cláusulas devem ser compreensíveis plenamente, não podendo ser deduzida da mera divergência entre a taxa de juros anual e o duodécuplo da taxa de juros mensal. Reconhecida a abusividade dos encargos exigidos no período de normalidade contratual, descaracteriza-se a mora. *REsp 1.302.738, Rel. Min. Nancy Andrighi, 3.5.12. 3ª T. (Info 496)*

4.6. Factoring

2016

Factoring e desnecessidade de notificação de emitente de título de crédito.

É desnecessária a notificação de emitente de cheque com cláusula "à ordem", para que o faturizador que tenha recebido a cártula por meio de endosso possa cobrar o crédito decorrente de operação de factoring. REsp 1.236.701-MG, Rel. Min. Luis Felipe Salomão, DJe 23.11.2015. 4ª T. (Info 573)

2015

Oposição de exceções pessoais a empresa de factoring.

O sacado pode opor à faturizadora a qual pretende lhe cobrar duplicata recebida em operação de factoring exceções pessoais que seriam passíveis de contraposição ao sacador, ainda que o sacado tenha eventualmente aceitado o título de crédito. REsp 1.439.749-RS, Rel. Min. João Otávio de Noronha, DJe 15.6.15. 3ª T. (Info 564)

2014

Direito de regresso relacionado a contrato de "factoring".

A faturizadora tem direito de regresso contra a faturizada que, por contrato de factoring vinculado a nota promissória, tenha cedido duplicatas sem causa subjacente. REsp 1.289.995-PE, Rel. Min. Luis Felipe Salomão, 20.2.14. 4ª T. (Info 535)

2013

Execução de avalista de nota promissória dada em garantia de crédito cedido por factoring.

Para executar, em virtude da obrigação avalizada, o avalista de notas promissórias dadas pelo faturizado em garantia da existência do crédito cedido por contrato de factoring, o faturizador exequente não precisa demonstrar a inexistência do crédito cedido. REsp 1.305.637-PR, Rel. Min. Nancy Andrighi, 24.9.13. 3ª T. (Info 532)

4.7. Franquia

2015

Notificação por e-mail para o exercício de direito de preferência.

É válida a notificação por e-mail enviada ao franqueador para o exercício do direito de preferência previsto em contrato de franquia, no caso em que, não tendo o contrato previsto forma específica para a notificação e sendo o correio eletrônico meio usual de comunicação entre franqueador e franqueado, houve ciência inequívoca do franqueador quanto à data do envio e do recebimento da mensagem, segurança quanto à legitimidade do remetente para tratar do assunto e, quanto ao conteúdo, respeito aos requisitos estabelecidos na cláusula contratual. REsp 1.545.965-RJ, Rel. Min. Ricardo Villas Bôas Cueva, DJe 30.9.15. 3ª T. (Info 570)

4.8. Representação Comercial

2014

Resolução de contrato de representação comercial por justa causa e pagamento de aviso prévio.

Não é devida a verba atinente ao aviso prévio – um terço das comissões auferidas pelo representante comercial nos três meses anteriores à resolução do contrato (art. 34 da Lei 4.886/65) –, quando o fim do contrato de representação comercial se der por justa causa. REsp 1.190.425-RJ, Rel. Min. Luis Felipe Salomão, 2.9.14. 4ª T. (Info 546)

2013

Base de cálculo da comissão de representante comercial.

O valor dos tributos incidentes sobre as mercadorias integra a base de cálculo da comissão do representante comercial. De acordo com o art. 32, § 4º, da Lei 4.886/65, a comissão paga ao representante comercial deve ser calculada pelo valor total das mercadorias. Nesse contexto, na base de cálculo da comissão do representante, deve ser incluído o valor dos tributos incidentes sobre as mercadorias. Isso porque, no Brasil, o preço total da mercadoria traz embutido tanto o IPI quanto o ICMS. REsp 1.162.985-RS, Rel. Min. Nancy Andrighi, 18.6.13. 3ª T. (Info 523)

Incidência da boa-fé objetiva no contrato de representação comercial.

Não é possível ao representante comercial exigir, após o término do contrato de representação comercial, a diferença entre o valor da comissão estipulado no contrato e o efetivamente recebido, caso não tenha havido, durante toda a vigência contratual, qualquer resistência ao recebimento dos valores em patamar inferior ao previsto no contrato. *REsp 1.162.985-RS, Rel. Min. Nancy Andrighi, 18.6.13. 3ª T. (Info 523)*

4.9. Outros Contratos Mercantis

2016

Prazo de prescrição da pretensão de indenização por dano de mercadoria em contêiner.

É de um ano o prazo de prescrição da pretensão do segurador, sub-rogado nos direitos do segurado, de indenização pela deterioração de carga em navio por falha em contêiner. *REsp 1.278.722-PR, Rel. Min. Luis Felipe Salomão, DJe 29.6.2016. 4ª T. (Info 586)*

Sobre-estadia ("demurrage") no caso de apreensão de contêiner pela alfândega.

Mesmo que o valor devido a título de pagamento de sobre-estadias ("demurrages") seja muito maior do que o preço médio de venda de um contêiner idêntico ao locado, não é será possível limitar esse valor se o seu patamar elevado apenas foi atingido em razão da desídia do locatário do bem, o qual, diante da apreensão alfandegária do contêiner e das mercadorias contidas neste, quedou-se inerte. *REsp 1.286.209-SP, Rel. Min. João Otávio de Noronha, DJe 14.3.2016. 3ª T. (Info 579)*

2015

Prazo de prescrição da pretensão de cobrança de "demurrage".

Prescreve em cinco anos a pretensão de cobrança de valores estabelecidos em contrato de transporte marítimo de cargas (unimodal) para as despesas de sobre-estadia de contêiner ("demurrage"). *REsp 1.340.041-SP, Rel. Min. Ricardo Villas Bôas Cueva, DJe 4.9.15. 2ª S. (Info 568)*

2012

Onerosidade excessiva. Contrato de safra futura de soja. Ferrugem asiática.

A prévia fixação de preço da soja em contrato de compra e venda futura, ainda que com emissão de cédula de produto rural, traz também benefícios ao agricultor, ficando a salvo de oscilações excessivas de preço, garantindo o lucro e resguardando-se, com considerável segurança, quanto ao cumprimento de despesas referentes aos custos de produção, investimentos ou financiamentos. 2. A "ferrugem asiática" na lavoura não é fato extraordinário e imprevisível, visto que, embora reduza a produtividade, é doença que atinge as plantações de soja no Brasil desde 2001, não havendo perspectiva de erradicação a médio prazo, mas sendo possível o seu controle pelo agricultor. 3. A resolução contratual pela onerosidade excessiva reclama superveniência de evento extraordinário, impossível às partes antever, não sendo suficiente alterações que se inserem nos riscos ordinários. *REsp 945.166, Rel. Min. Luis F. Salomão, 28.2.12. 4ª T. (Info 492)*

5. LEI DE PROPRIEDADE INDUSTRIAL (LEI 9.279/96)

2016

Ação de abstenção de uso de marca. Marco inicial da prescrição.

A pretensão de abstenção de uso de marca nasce para seu titular com a violação do direito de utilização exclusiva. *REsp 1.631.874-SP, Rel. Min. Nancy Andrighi, DJe 9.11.2016. 3ª T. (Info 593)*

Hipótese de não cabimento de honorários sucumbenciais em desfavor do INPI em ação de nulidade de registro de marca.

Em ação de nulidade de registro de marca a que o INPI não deu causa nem após resistência direta, não cabe condenação do instituto em honorários advocatícios sucumbenciais. *REsp 1.378.699-PR, Rel. Min. Marco Aurélio Bellizze, DJe 10.6.2016. 3ª T. (Info 585)*

Honorários sucumbenciais em desfavor do INPI em ação de nulidade de registro de marca.

Na ação de nulidade de registro de marca em que o INPI foi indicado como réu ao lado de sociedade empresária em virtude da concessão indevida do registro e do não processamento do procedimento administrativo para anular o registro indevidamente concedido, a autarquia federal responde solidariamente pelos honorários advocatícios sucumbenciais, na hipótese em que se reconheceu a omissão do instituto quanto à citada inércia, ainda que o ente federal tenha reconhecido a procedência do pedido judicial. REsp 1.258.662-PR, Rel. Min. Marco Aurélio Bellizze, DJe 5.2.2016. 3ª T. (Info 576)

Isenção de custas ao INPI.

Em ação de nulidade de registro de marca, o INPI é isento de pagamento de custas. Os arts. 4º da Lei 9.289/96 e 24-A da Lei 9.028/95 deixam clara a exoneração tributária da Fazenda Pública Federal quanto às custas processuais. Essa isenção tem sido amplamente observada no âmbito dos julgamentos desta Corte Superior, reconhecendo a natureza tributária (taxa) das custas processuais e diferenciando-as das meras despesas – as quais são caracterizadas por se destinarem à remuneração de terceiros. REsp 1.258.662-PR, Rel. Min. Marco Aurélio Bellizze, DJe 5.2.2016. 3ª T. (Info 576)

Reembolso pelo INPI de despesas judiciais.

Em ação de nulidade de registro de marca em que o INPI for sucumbente, cabe a ele reembolsar as despesas judiciais feitas pela parte autora. REsp 1.258.662-PR, Rel. Min. Marco Aurélio Bellizze, DJe 5.2.2016. 3ª T. (Info 576)

Termo inicial para o pagamento da retribuição quinquenal prevista no art. 120 da Lei 9.279/96.

O prazo para o pagamento da "retribuição quinquenal" prevista no art. 120 da Lei 9.279/96 conta-se da data do depósito do pedido de registro do desenho industrial no INPI, e não da data do certificado de registro. REsp 1.470.431-PR, Rel. Min. Ricardo Villas Bôas Cueva, DJe 8.3.2016. 3ª T. (Info 578)

2015

Caducidade de marca por uso esporádico.

É possível que se reconheça a caducidade do registro da marca quando, em um período de cinco anos, o valor e o volume de vendas do produto relacionado à marca forem inexpressivos (na situação em análise, 70 pacotes de cigarros que geraram receita de R$ 614,75) em comparação com operações bilionárias realizadas pelo titular no mesmo período (produção de mais de 400 bilhões de cigarros). REsp 1.236.218-RJ, Rel. Min. Raul Araújo, DJe 11.6.15. 4ª T. (Info 563)

Lei aplicável no caso de pedido de registro de desenho industrial em andamento quando da vigência da Lei de Propriedade Industrial.

Na hipótese em que o pedido de registro de desenho industrial tenha sido formulado quando vigente o revogado Código de Propriedade Industrial (Lei 5.772/71) e a concessão do registro tenha ocorrido já na vigência da Lei de Propriedade Industrial (Lei 9.279/96), a divulgação do objeto de registro ocorrida durante o "período de graça" (art. 96, § 3º, da Lei 9.279/96) não afasta a caracterização do requisito da "novidade", ainda que não realizado previamente requerimento de garantia de prioridade (art. 7º da Lei 5.772/71). REsp 1.050.659-RJ, Rel. Min. Antonio Carlos Ferreira, DJe 4.3.15. 4ª T. (Info 556)

Produtos destinados à comercialização no exterior e caducidade da marca.

O fato de produto elaborado e fabricado no Brasil ser destinado exclusivamente ao mercado externo não implica a caducidade do respectivo registro de marca por desuso. REsp 1.236.218-RJ, Rel. Min. Raul Araújo, DJe 11.6.15. 4ª T. (Info 563)

2014

Direito de uso exclusivo de marca registrada.

O uso, por quem presta serviço de ensino regular, da mesma marca anteriormente registrada, na classe dos serviços de educação, por quem presta, no mesmo Município, serviços de orientação e reeducação pedagógica a alunos com dificuldades escolares viola o direito de uso exclusivo de marca. REsp 1.309.665-SP, Rel. Min. Paulo de Tarso Sanseverino, 4.9.14. 3ª T. (Info 548)

Hipótese de legitimidade passiva "ad causam" do Inpi.

O Instituto Nacional da Propriedade Industrial (INPI) tem legitimidade passiva em ação que objetive invalidar sua decisão administrativa declaratória de nulidade de registro marcário em face da precedência de outro registro. REsp 1.184.867-SC, Rel. Min. Luis Felipe Salomão, 15.5.14. 4ª T. (Info 548)

Necessidade de observância da padronização dos produtos e serviços no caso de licença de uso de marca.

É possível ao titular do registro de marca, após conceder licença de uso, impedir a utilização da marca pelo licenciado quando não houver observância à nova padronização dos produtos e dos serviços, ainda que o uso da marca tenha sido autorizado sem condições ou efeitos limitadores. *REsp 1.387.244-DF, Rel. Min. João Otávio de Noronha, 25.2.14. 3ª T. (Info 538)*

Precedência de nome empresarial que não implica direito ao registro de marca.

A sociedade empresária fornecedora de medicamentos cujos atos constitutivos tenham sido registrados em Junta Comercial de um Estado antes do registro de marca no Instituto Nacional da Propriedade Industrial (INPI) por outra sociedade que presta serviços médicos em outro Estado, não tem direito ao registro de marca de mesma escrita e fonética, ainda que a marca registrada coincida com seu nome empresarial. *REsp 1.184.867-SC, Rel. Min. Luis Felipe Salomão, 15.5.14. 4ª T. (Info 548)*

Requisitos de validade de patente de revalidação.

Uma patente pipeline concedida no exterior e revalidada no Brasil não pode ser anulada ao fundamento de falta de um dos requisitos de mérito do art. 8º da Lei 9.279/96 (Lei de Propriedade Industrial – LPI), mas apenas por ausência de requisito especificamente aplicável a ela (como, por exemplo, por falta de pagamento da anuidade no Brasil) ou em razão de irregularidades formais. *REsp 1.201.454-RJ, Rel. Min. Ricardo Villas Bôas Cueva, 14.10.14. 3ª T. (Info 550)*

2013

Impossibilidade de o Poder Judiciário reconhecer, antes da manifestação do INPI, a caracterização de uma marca como de alto renome.

Caso inexista uma declaração administrativa do INPI a respeito da caracterização, ou não, de uma marca como sendo de alto renome, não pode o Poder Judiciário conferir, pela via judicial, a correspondente proteção especial. *REsp 1.162.281-RJ, Rel. Min. Nancy Andrighi, 19.2.13. 3ª T. (Info 517)*

Mitigação da exclusividade decorrente do registro no caso de marca evocativa.

Ainda que já tenha sido registrada no INPI, a marca que constitui vocábulo de uso comum no segmento mercadológico em que se insere – associado ao produto ou serviço que se pretende assinalar – pode ser utilizada por terceiros de boa-fé. *REsp 1.315.621-SP, Rel. Min. Nancy Andrighi, 4.6.13. 3ª T. (Info 526)*

Possibilidade de obtenção de uma declaração geral e abstrata do INPI referente à caracterização de uma marca como de alto renome.

É legítimo o interesse do titular de uma marca em obter do INPI, pela via direta, uma declaração geral e abstrata de que sua marca é de alto renome. *REsp 1.162.281-RJ, Rel. Min. Nancy Andrighi, 19.2.13. 3ª T. (Info 517)*

Termo inicial do prazo prescricional para pleitear indenização decorrente do uso de marca industrial que imite outra preexistente.

O termo inicial do prazo prescricional de cinco anos (art. 225 da Lei 9.279/96) para pleitear indenização pelos prejuízos decorrentes do uso de marca industrial que imite outra preexistente, suscetível de causar confusão ou associação com marca alheia registrada (art. 124, XIX), é a data da violação do direito à propriedade industrial e se renova enquanto houver o indevido uso. *REsp 1.320.842-PR, Rel. Min. Luis Felipe Salomão, 14.5.13. 4ª T. (Info 525)*

2012

Antecipação da tutela. Validade. Registro. Desenho industrial.

A alegação de que é inválido o registro, obtido pela titular de marca, patente ou desenho industrial perante o INPI, deve ser formulada em ação própria, para a qual é competente a Justiça Federal. Ao juiz estadual não é possível, incidentalmente, considerar inválido um registro vigente, perante o INPI. 2. A impossibilidade de reconhecimento incidental da nulidade do registro não implica prejuízo para o exercício do direito de defesa do réu de uma ação de abstenção. Nas hipóteses de registro irregular de marca, patente ou desenho, o terceiro interessado em produzir as mercadorias indevidamente registrada deve, primeiro, ajuizar uma ação de nulidade perante a Justiça Federal, com pedido de antecipação dos efeitos da tutela.

Assim, todo o peso da demonstração do direito recairia sobre o suposto contrafator que, apenas depois de juridicamente respaldado, poderia iniciar a comercialização do produto. 3. Autorizar que o produto seja comercializado e que apenas depois, em matéria de defesa numa ação de abstenção, seja alegada a nulidade pelo suposto contrafeitor, implica inverter a ordem das coisas. O peso de demonstrar os requisitos da medida liminar recairia sobre o titular da marca e cria-se, em favor do suposto contrafeitor, um poderoso fato consumado: eventualmente o prejuízo que ele experimentaria com a interrupção de um ato que sequer deveria ter se iniciado pode impedir a concessão da medida liminar em favor do titular do direito. *REsp 1.132.449, Rel. Min. Nancy Andrighi, 13.3.12. 3ª T. (Info 493)*

Impossibilidade de importação paralela de uísque de marca estrangeira sem o consentimento do titular da marca.

Não é possível a realização de "importação paralela" de uísque de marca estrangeira para o Brasil na hipótese em que o titular da marca se oponha à importação, mesmo que o pretenso importador já tenha realizado, em momento anterior à oposição, "importações paralelas" dos mesmos produtos de maneira consentida e legítima. *REsp 1.200.677-CE, Rel. Min. Sidnei Beneti, 18.12.12. 3ª T. (Info 514)*

Indenização por lucros cessantes decorrente da recusa de vender.

O titular de marca estrangeira e a sua distribuidora autorizada com exclusividade no Brasil devem, solidariamente, indenizar, na modalidade de lucros cessantes, a sociedade empresarial que, durante longo período, tenha adquirido daqueles, de maneira consentida, produtos para revenda no território brasileiro na hipótese de abrupta recusa à continuação das vendas, ainda que não tenha sido firmado qualquer contrato de distribuição entre eles e a sociedade revendedora dos produtos. *REsp 1.200.677-CE, Rel. Min. Sidnei Beneti, 18.12.12. 3ª T. (Info 514)*

Proteção de marca notória. Efeitos "ex nunc".

A proteção de marca notória registrada no INPI produz efeitos "ex nunc", não atingindo registros regularmente constituídos em data anterior. O direito de exclusividade ao uso da marca em decorrência do registro no INPI, excetuadas as hipóteses de marcas notórias, é limitado à classe para a qual foi deferido, não abrangendo produtos não similares, enquadrados em outras classes. O registro da marca como notória, ao afastar o princípio da especialidade, confere ao seu titular proteção puramente defensiva e acautelatória, a fim de impedir futuros registros ou uso por terceiros de outras marcas iguais ou parecidas, não retroagindo para atingir registros anteriores. *AgRg no REsp 1.163.909, Rel. Min. Massami Uyeda, 2.10.12. 3ª T. (Info 505)*

6. LEI DE INTERVENÇÃO E LIQUIDAÇÃO EXTRAJUDICIAL DE INSTITUIÇÕES FINANCEIRAS (LEI 6.024/74)

2014

Suspensão da fluência de juros legais e contratuais em liquidação extrajudicial.

Após a decretação da liquidação extrajudicial de instituição financeira, os juros contra a massa liquidanda, sejam eles legais ou contratuais, terão sua fluência ou contagem suspensa enquanto o passivo não for integralmente pago aos credores habilitados, devendo esses juros serem computados e pagos apenas após a satisfação integral do passivo se houver ativo que os suporte, observando-se a ordem do quadro geral de credores. *REsp 1.102.850-PE, Rel. Min. Maria Isabel Gallotti, 4.11.14. 4ª T. (Info 551)*

7. LEI DE RECUPERAÇÃO JUDICIAL, EXTRAJUDICIAL E FALÊNCIA (LEI 11.101/05)

7.1. Falência

2016

Legitimidade ativa do credor trabalhista para pedir falência de devedor.

A natureza trabalhista do crédito não impede que o credor requeira a falência do devedor. *REsp 1.544.267-DF, Rel. Min. Ricardo Villas Bôas Cueva, DJ 6.9.2016. 3ª T. (Info 589)*

Responsabilidade pela remuneração do administrador judicial.

É possível impor ao credor que requereu a falência da sociedade empresária a obrigação de adiantar as despesas relativas à remuneração do administrador judicial, quando a referida pessoa jurídica não for encontrada – o que resultou na sua citação por edital e na decretação, incontinenti, da falência – e existirem dúvidas se os bens a serem arrecadados serão suficientes para arcar com a mencionada dívida. *REsp 1.526.790-SP, Rel. Min. Ricardo Villas Bôas Cueva, DJe 28.3.2016. 3ª T. (Info 580)*

2015

Abrangência de expressão dos arts. 67, caput, e 84, V, da Lei 11.101/05.

Nos termos dos arts. 67, caput, e 84, V, da Lei 11.101/05, em caso de decretação de falência, serão considerados extraconcursais os créditos decorrentes de obrigações contraídas pelo devedor entre a data em que se defere o processamento da recuperação judicial e a data da decretação da falência, inclusive aqueles relativos a despesas com fornecedores de bens ou serviços e contratos de mútuo. *REsp 1.399.853-SC, Rel. p/ ac. Min. Antonio Carlos Ferreira, DJe 13.3.15. 4ª T. (Info 557)*

Alienação extraordinária de ativo da falida e desnecessidade de prévia publicação de edital.

Na hipótese de alienação extraordinária de ativo da falida (arts. 144 e 145 da Lei 11.101/05), não é necessária a prévia publicação de edital em jornal de grande circulação prevista no § 1º do art. 142 da Lei 11.101/05. *REsp 1.356.809-GO, Rel. Min. Paulo De Tarso Sanseverino, DJe 18.2.15. 3ª T. (Info 555)*

Capacidade processual do falido.

O falido tem capacidade para propor ação rescisória para desconstituir a sentença transitada em julgado que decretou a sua falência. *REsp 1.126.521-MT, Rel. p/ ac. Min. João Otávio de Noronha, DJe 26.3.15. 3ª T. (Info 558)*

Declaração de extinção das obrigações do falido.

O reconhecimento da extinção das obrigações não tributárias do falido nos termos do art. 135 do Decreto-Lei 7.661/1945 (art. 158 da Lei 11.101/05) não depende de prova da quitação de tributos. *REsp 834.932-MG, Rel. Min. Raul Araújo, DJe 29.10.15. 4ª T. (Info 572)*

2014

Classificação de crédito referente a honorários advocatícios no processo de falência.

RPT Os créditos resultantes de honorários advocatícios, sucumbenciais ou contratuais, têm natureza alimentar e equiparam-se aos trabalhistas para efeito de habilitação em falência, seja pela regência do Decreto-lei 7.661/1945, seja pela forma prevista na Lei 11.101/05, observado o limite de valor previsto no art. 83, I, do referido diploma legal. *REsp 1.152.218-RS, Rel. Min. Luis Felipe Salomão, 7.5.14. Corte Especial. (Info 540)*

Classificação de crédito referente a honorários advocatícios por serviços prestados à massa falida.

RPT São créditos extraconcursais os honorários de advogado resultantes de trabalhos prestados à massa falida, depois do decreto de falência, nos termos dos arts. 84 e 149 da Lei 11.101/05. *REsp 1.152.218-RS, Rel. Min. Luis Felipe Salomão, 7.5.14. Corte Especial. (Info 540)*

Eficácia de arrematação de bem imóvel em relação à massa falida.

É eficaz em relação à massa falida o ato de transferência de imóvel ocorrido em virtude de arrematação em praça pública e realizado após a decretação da falência. *REsp 1.447.271-SP, Rel. Min. Nancy Andrighi, 22.5.14. 3ª T. (Info 543)*

Falência de incorporadora imobiliária e classificação dos créditos oriundos de despesas efetuadas por adquirente de imóvel para a conclusão de prédio residencial.

Quando o adquirente de unidade imobiliária – em razão da impossibilidade de conclusão da edificação por parte da incorporadora responsável, ante a decretação de sua falência – tenha assumido despesas necessárias à conclusão do prédio residencial, os gastos desembolsados pelo adquirente devem ser inscritos no processo de falência da referida incorporadora como créditos quirografários. *REsp 1.185.336-RS, Rel. Luis Felipe Salomão, 2.9.14. 4ª T. (Info 548)*

Hipóteses autônomas de pedido de falência.

É desnecessário o prévio ajuizamento de execução forçada para se requerer falência com fundamento na impontualidade do devedor. *REsp 1.354.776-MG, Min. Rel. Paulo de Tarso Sanseverino, 26.8.14. 3ª T. (Info 547)*

Hipótese em que não se caracteriza uso abusivo da via falimentar.

9. DIREITO EMPRESARIAL

Diante de depósito elisivo de falência requerida com fundamento na impontualidade injustificada do devedor (art. 94, I, da Lei 11.101/05), admite-se, embora afastada a decretação de falência, a conversão do processo falimentar em verdadeiro rito de cobrança para apurar questões alusivas à existência e à exigibilidade da dívida cobrada, sem que isso configure utilização abusiva da via falimentar como sucedâneo de ação de cobrança/execução. *REsp 1.433.652-RJ, Rel. Min. Luis Felipe Salomão, 18.9.14. 4ª T. (Info 550)*

Instrução do pedido de falência com duplicatas virtuais.

A duplicata virtual protestada por indicação é título executivo apto a instruir pedido de falência com base na impontualidade do devedor. *REsp 1.354.776-MG, Min. Rel. Paulo de Tarso Sanseverino, 26.8.14. 3ª T. (Info 547)*

Juízo universal da falência.

O reconhecimento, por sentença transitada em julgado, de que elidiu a falência o depósito do valor principal do título executivo extrajudicial cujo inadimplemento baseou o pedido de quebra (art. 1º, § 3º, Decreto-Lei 7.661/95) não torna prevento o juízo para um segundo pedido de falência fundado na execução frustrada (art. 2º, I, do Decreto-Lei 7.661/1945) do título executivo advindo daquela sentença quanto aos juros e a correção monetária. *REsp 702.417-SP, Rel. Min. Raul Araújo, 11.3.14. 4ª T. (Info 539)*

Pedido de falência fundado em impontualidade injustificada.

Em pedido de falência requerido com fundamento na impontualidade injustificada (art. 94, I, da Lei 11.101/05), é desnecessária a demonstração da insolvência econômica do devedor, independentemente de sua condição econômica. *REsp 1.433.652-RJ, Rel. Min. Luis Felipe Salomão, 18.9.14. 4ª T. (Info 550)*

2013

Compensação no processo falimentar.

Os valores a serem restituídos à massa falida decorrentes da procedência de ação revocatória não podem ser compensados com eventual crédito habilitado no processo de falência pelo réu condenado. *REsp 1.121.199-SP, Rel. p/ac. Min. Luis Felipe Salomão, 10.9.13. 4ª T. (Info 531)*

Custas judiciais nas habilitações retardatárias de crédito.

Nas falências regidas pelo DL 7.661/45, a habilitação retardatária de crédito enseja o pagamento de custas judiciais. *REsp 512.406-SP, Rel. Min. Raul Araújo, 27.8.13. 4ª T. (Info 528)*

Habilitação de crédito previdenciário em processo de falência.

É desnecessária a apresentação de Certidão de Dívida Ativa para habilitação, em processo de falência, de crédito previdenciário resultante de decisão judicial trabalhista. *REsp 1.170.750-SP, Rel. Min. Luis Felipe Salomão, 27.8.13. 4ª T. (Info 530)*

Inaplicabilidade do prazo previsto no art. 56, § 1º, do DL 7.661/45 à ação anulatória de negócio jurídico realizado por sociedade empresarial falida.

O direito de credor habilitado da massa falida de anular, mediante ação anulatória, negócio jurídico realizado pela sociedade empresarial falida não está sujeito ao prazo decadencial de um ano. Efetivamente, a referida ação não se confunde com a típica ação revocatória, de modo que não lhe é aplicável o prazo previsto no art. 56, § 1º, do DL 7.661/45. *REsp 1.353.864-GO, Rel. Min. Sidnei Beneti, 7.3.13. 3ª T. (Info 517)*

Legitimidade ativa. Impossibilidade de a sociedade falida ajuizar ação com o objetivo de receber valor que deveria ter sido exigido pela massa falida.

A sociedade empresária falida não tem legitimidade para o ajuizamento de ação cujo objetivo seja o recebimento de valor que, segundo alega, deveria ter sido exigido pela massa falida, mas não o fora. *REsp 1.330.167-SP, Rel. Min. Sidnei Beneti, 5.2.13. 3ª T. (Info 513)*

Legitimidade para a propositura de ação de nulidade de negócio jurídico efetivado pela sociedade empresarial falida.

O ajuizamento de típica ação revocatória pelo síndico no âmbito de procedimento falencial regido pelo DL 7.661/45 não retira a legitimidade de qualquer credor habilitado para a propositura de ação com pedido de reconhecimento de nulidade de negócio jurídico envolvendo bem de sociedade empresarial falida. *REsp 1.353.864-GO, Rel. Min. Sidnei Beneti, 7.3.13. 3ª T. (Info 517)*

Necessidade de ressarcimento no caso de inviabilidade de retorno à situação anterior à nulidade declarada.

O credor, no caso em que tenha recebido em dação em pagamento imóvel de sociedade empresarial posteriormente declarada falida, poderá ser condenado a ressarcir a massa pelo valor do objeto do negócio jurídico, se este vier a ser declarado nulo e for inviável o retorno à situação fática anterior, diante da transferência do imóvel a terceiro de boa-fé. REsp 1.353.864-GO, Rel. Min. Sidnei Beneti, 7.3.13. 3ª T. (Info 517)

Possibilidade de inclusão de multa moratória de natureza tributária na classificação dos créditos de falência decretada na vigência da Lei 11.101/05.

É possível a inclusão de multa moratória de natureza tributária na classificação dos créditos de falência decretada na vigência da Lei 11.101/05, ainda que a multa seja referente a créditos tributários anteriores à vigência da lei mencionada. REsp 1.223.792-MS, Rel. Min. Mauro Campbell Marques, 19.2.13. 2ª T. (Info 515)

2012

Competência. Falência e recuperação judicial. Prevenção.

A competência para apreciar pedido de recuperação judicial de grupo de empresas com sedes em comarcas distintas, caso existente pedido anterior de falência ajuizado em face de uma delas, é a do local em que se encontra o principal estabelecimento da empresa contra a qual foi ajuizada a falência, ainda que esse pedido tenha sido apresentado em local diverso. CC 116.743, Rel. p/ ac. Min. Luis F. Salomão, 10.10.12. 2ª S. (Info 506)

Desconsideração da personalidade jurídica. Extensão, no âmbito de procedimento incidental, dos efeitos da falência à sociedade do mesmo grupo.

É possível, no âmbito de procedimento incidental, a extensão dos efeitos da falência às sociedades do mesmo grupo, sempre que houver evidências de utilização da personalidade jurídica da falida com abuso de direito, para fraudar a lei ou prejudicar terceiros, e desde que, demonstrada a existência de vínculo societário no âmbito do grupo econômico, seja oportunizado o contraditório à sociedade empresária a ser afetada. AgRg no REsp 1.229.579-MG, Rel. Min. Raul Araújo, 18.12.12. 4ª T. (Info 513)

Falência. Incompetência absoluta requerida como relativa. Momento oportuno.

Nos termos dos arts. 113 e 301, II, do CPC, a irresignação concernente à suposta incompetência absoluta do juízo deve ser veiculada nos próprios autos da ação principal, de preferência em preliminar de contestação, e não via exceção de incompetência, instrumento adequado somente para os casos de incompetência relativa. 2. Incabível a exceção de incompetência, não há falar em suspensão do processo principal. Ausência de nulidade. 3. O fato de se tratar de pedido de falência de empresa em liquidação extrajudicial, ou seja, sob intervenção do Banco Central, não tem o condão de deslocar a competência do feito para a Justiça Federal. 4. A avaliação da suficiência dos elementos probatórios que justificaram o julgamento antecipado da lide demanda o reexame fático-probatório dos autos, soberanamente delineado pelas instâncias ordinárias. 5. O magistrado é o destinatário da prova, cabendo a ele decidir acerca dos elementos necessários à formação do próprio convencimento. REsp 1.162.469, Rel. Min. Paulo Sanseverino, 12.4.12. 3ª T. (Info 495)

Impossibilidade de sustentação oral no julgamento de agravo de instrumento ocorrido após a revogação do § 1º do art. 207 do DL 7.661/45, no caso de falência decretada antes da vigência da Lei 11.101/05.

No caso de falência decretada antes do início da vigência da Lei 11.101/05, não é possível a realização de sustentação oral no agravo de instrumento se, na data da sessão de julgamento, já não mais vigorava o § 1º do art. 207 do DL 7.661/45, revogado pela Lei 6.014/73. AgRg no REsp 1.229.579-MG, Rel. Min. Raul Araújo, 18.12.12. 4ª T. (Info 513)

7.2. Recuperação Judicial

2016

Não sujeição a recuperação judicial de direitos de crédito cedidos fiduciariamente.

Não se submetem aos efeitos da recuperação judicial do devedor os direitos de crédito cedidos fiduciariamente por ele em garantia de obrigação representada por Cédula de Crédito Bancário existentes na data do pedido de recuperação, independentemente de a cessão ter ou não sido registrada no Registro de Títulos e Documentos do domicílio do devedor. É a partir da contratação da cessão fiduciária, e não do registro, que há a imediata transferência, sob condição resolutiva, da titularidade dos direitos creditícios dados em garantia ao credor fiduciário. *REsp 1.412.529-SP, Rel. p/ ac. Min. Marco Aurélio Bellizze, DJe 2.3.2016. 3ª T. (Info 578)*

Submissão de credor dissidente a novo plano de recuperação judicial aprovado pela assembleia geral de credores.

Se, após o biênio de supervisão judicial e desde que ainda não tenha ocorrido o encerramento da recuperação judicial, houver aprovação de novo plano de recuperação judicial, o credor que discordar do novo acordo não tem direito a receber o seu crédito com base em plano anterior aprovado pelo mesmo órgão. *REsp 1.302.735-SP, Rel. Min. Luis Felipe Salomão, DJe 5.4.2016. 4ª T. (Info 580)*

Vinculação de todos os credores à determinação de plano de recuperação judicial aprovado por maioria pela assembleia geral de credores.

Se, no âmbito de Assembleia Geral de Credores, a maioria deles – devidamente representados pelas respectivas classes – optar, por meio de dispositivo expressamente consignado em plano de recuperação judicial, pela supressão de todas as garantias fidejussórias e reais existentes em nome dos credores na data da aprovação do plano, todos eles – inclusive os que não compareceram à Assembleia ou os que, ao comparecerem, abstiveram-se ou votaram contrariamente à homologação do acordo – estarão indistintamente vinculados a essa determinação. *REsp 1.532.943-MT, Rel. Min. Marco Aurélio Bellizze, DJ 10.10.2016. 3ª T. (Info 591)*

2015

Crédito de honorários advocatícios sucumbenciais constituído após o pedido de recuperação judicial.

Na hipótese em que crédito de honorários advocatícios sucumbenciais tenha sido constituído após o pedido de recuperação judicial, não haverá habilitação desse crédito no juízo universal da recuperação judicial – e, portanto, a execução desses honorários prosseguirá no juízo comum, não ficando suspensa –, mas o juízo universal da recuperação judicial deverá exercer o controle sobre os atos de constrição ou expropriação patrimonial do devedor. exercer o controle sobre atos constritivos de patrimônio, aquilatando a essencialidade do bem à atividade empresarial. *REsp 1.298.670-MS, Rel. Min. Luis Felipe Salomão, DJe 26.6.15. 4ª T. (Info 564)*

Deferimento do processamento de recuperação judicial e cadastros de restrição ao crédito e tabelionatos de protestos.

O deferimento do processamento de recuperação judicial, por si só, não enseja a suspensão ou o cancelamento da negativação do nome do devedor nos cadastros de restrição ao crédito e nos tabelionatos de protestos. *REsp 1.374.259-MT, Rel. Min. Luis Felipe Salomão, DJe 18.6.15. 4ª T. (Info 564)*

Extinção das execuções individuais propostas contra devedor em recuperação judicial.

Após a aprovação do plano de recuperação judicial pela assembleia de credores e a posterior homologação pelo juízo competente, deverão ser extintas – e não apenas suspensas – as execuções individuais até então propostas contra a recuperanda nas quais se busca a cobrança de créditos constantes do plano. *REsp 1.272.697-DF, Rel. Min. Luis Felipe Salomão, DJe 18.6.15. 4ª T. (Info 564)*

Inaplicabilidade do prazo em dobro para recorrer aos credores na recuperação judicial.

No processo de recuperação judicial, é inaplicável aos credores da sociedade recuperanda o prazo em dobro para recorrer previsto no art. 191 do CPC. *REsp 1.324.399-SP, Rel. Min. Paulo de Tarso Sanseverino, DJe 10.3.15. 3ª T. (Info 557)*

Interpretação do art. 94, III, F, da Lei de Falências.

A mudança de domicílio da sociedade em recuperação judicial, devidamente informada em juízo, ainda que sem comunicação aos credores e sem data estabelecida para a instalação do novo estabelecimento empresarial, não é causa, por si só, para a decretação de ofício da falência. *REsp 1.366.845-MG, Rel. Min. Maria Isabel Gallotti, DJe 25.6.15. 4ª T. (Info 564)*

Recuperação judicial de devedor principal e terceiros devedores solidários ou coobrigados em geral. Recurso repetitivo.

RPT A recuperação judicial do devedor principal não impede o prosseguimento das execuções nem induz suspensão ou extinção de ações ajuizadas contra terceiros devedores solidários ou coobrigados em geral, por garantia cambial, real ou fidejussória, pois não se lhes aplicam a suspensão prevista nos arts. 6º, caput, e 52, III, ou a novação a que se refere o art. 59, caput, por força do que dispõe o art. 49, § 1º, todos da Lei 11.101/05. *REsp 1.333.349-SP, Rel. Min. Luis Felipe Salomão, 2ª S., DJe 2.2.15. (Info 554)*

Retificação do quadro geral de credores após homologação do plano de recuperação judicial.
Ainda que o plano de recuperação judicial já tenha sido homologado, é possível a retificação do quadro geral de credores fundada em julgamento de impugnação. *REsp 1.371.427-RJ, Rel. Min. Ricardo Villas Bôas Cueva, DJe 24.8.15. 3ª T. (Info 567)*

2014

Controle judicial do plano de recuperação judicial.
Cumpridas as exigências legais, o juiz deve conceder a recuperação judicial do devedor cujo plano tenha sido aprovado em assembleia (art. 58, caput, da Lei 11.101/05), não lhe sendo dado se imiscuir no aspecto da viabilidade econômica da empresa. *REsp 1.359.311-SP, Rel. Min. Luis Felipe Salomão, 9.9.14. 4ª T. (Info 549)*

Créditos extraconcursais e deferimento do processamento de recuperação judicial.
São extraconcursais os créditos originários de negócios jurídicos realizados após a data em que foi deferido o pedido de processamento de recuperação judicial. *REsp 1.398.092-SC, Rel. Min. Nancy Andrighi, 6.5.14. 3ª T. (Info 543)*

Incompetência do juízo universal para julgar ação de despejo movida contra sociedade empresária em recuperação judicial.
Não se submete à competência do juízo universal da recuperação judicial a ação de despejo movida, com base na Lei 8.245/91 (Lei do Inquilinato), pelo proprietário locador para obter, unicamente, a retomada da posse direta do imóvel locado à sociedade empresária em recuperação. *CC 123.116-SP, Rel. Min. Raul Araújo, 14.8.14. 2ª S. (Info 551)*

Não submissão de crédito garantido por alienação fiduciária aos efeitos de recuperação judicial.
Não se submetem aos efeitos da recuperação judicial os créditos garantidos por alienação fiduciária de bem não essencial à atividade empresarial. *CC 131.656-PE, Rel. Min. Maria Isabel Gallotti, 8.10.14. 2ª S. (Info 550)*

Repercussão da homologação de plano de recuperação judicial.
A homologação do plano de recuperação judicial da devedora principal não implica extinção de execução de título extrajudicial ajuizada em face de sócio coobrigado. Com efeito, a novação disciplinada na Lei 11.101/05 é muito diversa da novação prevista na lei civil. Se a novação civil faz, como regra, extinguir as garantias da dívida, inclusive as reais prestadas por terceiros estranhos ao pacto (art. 364 do CC), a novação decorrente do plano de recuperação judicial traz, como regra, a manutenção das garantias (art. 59, caput, da Lei 11.101/05), sobretudo as reais, que só serão suprimidas ou substituídas "mediante aprovação expressa do credor titular da respectiva garantia por ocasião da alienação do bem gravado (art. 50, § 1º, da Lei 11.101/05). *REsp 1.326.888-RS, Rel. Min. Luis Felipe Salomão, 8.4.14. 4ª T. (Info 540)*

2013

Não sujeição do crédito garantido por cessão fiduciária de direito creditório ao processo de recuperação judicial.
O crédito garantido por cessão fiduciária de direito creditório não se sujeita aos efeitos da recuperação judicial, nos termos do art. 49, § 3º, da Lei 11.101/05. *REsp 1.202.918-SP, Rel. Min. Villas Bôas Cueva, 7.3.13. 3ª T. (Info 518)*

Sujeição de crédito derivado de honorários advocatícios sucumbenciais à recuperação judicial.
Os créditos derivados de honorários advocatícios sucumbenciais estão sujeitos aos efeitos da recuperação judicial, mesmo que decorrentes de condenação proferida após o pedido de recuperação. *REsp 1.377.764-MS, Rel. Min. Nancy Andrighi, 20.8.13. 3ª T. (Info 531)*

Sujeição dos créditos cedidos fiduciariamente aos efeitos da recuperação judicial.
Não estão sujeitos aos efeitos da recuperação judicial os créditos representados por títulos cedidos fiduciariamente como garantia de contrato de abertura de crédito na forma do art. 66-B, § 3º, da Lei 4.728/65. *REsp 1.263.500-ES, Rel. Min. Maria Isabel Gallotti, 5.2.13. 4ª T. (Info 514)*

2012

Plano de recuperação judicial. Aprovação pela AGC. Controle judicial.

A assembleia geral de credores (AGC) é soberana em suas decisões quanto ao conteúdo do plano de recuperação judicial. Contudo, as suas deliberações – como qualquer outro ato de manifestação de vontade – estão submetidas ao controle judicial quanto aos requisitos legais de validade dos atos jurídicos em geral. *REsp 1.314.209, Rel. Min. Nancy Andrighi, 22.5.12. 3ª T. (Info 498)*

Recuperação judicial. Homologação do plano. Novação das dívidas. Condição resolutiva.

Diferentemente do regime existente sob a vigência do DL 7.661/45, cujo art. 148 previa expressamente que a concordata não produzia novação, a primeira parte do art. 59 da Lei 11.101/05 estabelece que o plano de recuperação judicial implica novação dos créditos anteriores ao pedido. 2. A novação induz a extinção da relação jurídica anterior, substituída por uma nova, não sendo mais possível falar em inadimplência do devedor com base na dívida extinta. 3. Todavia, a novação operada pelo plano de recuperação fica sujeita a uma condição resolutiva, na medida em que o art. 61 da Lei 11.101/05 dispõe que o descumprimento de qualquer obrigação prevista no plano acarretará a convolação da recuperação em falência, com o que os credores terão reconstituídos seus direitos e garantias nas condições originariamente contratadas, deduzidos os valores eventualmente pagos e ressalvados os atos validamente praticados no âmbito da recuperação judicial. 4. Diante disso, uma vez homologado o plano de recuperação judicial, os órgãos competentes devem ser oficiados a providenciar a baixa dos protestos e a retirada, dos cadastros de inadimplentes, do nome da recuperanda e dos seus sócios, por débitos sujeitos ao referido plano, com a ressalva expressa de que essa providência será adotada sob a condição resolutiva de a devedora cumprir todas as obrigações previstas no acordo de recuperação. *REsp 1.260.301, Rel. Min. Nancy Andrighi, 14.8.12. 3ª T. (Info 502)*

Recuperação judicial. Novação de dívida trabalhista ilíquida.

O crédito trabalhista só estará sujeito à novação imposta pelo plano de recuperação judicial quando já estiver consolidado ao tempo da propositura do pedido de recuperação. *REsp 1.321.288-MT, Rel. Min. Sidnei Beneti, 27.11.12. 3ª T. (Info 510)*

Recuperação judicial. Transferência de valores levantados em cumprimento de plano homologado para a garantia de juízo de execução fiscal em trâmite simultâneo.

As verbas previstas em plano de recuperação judicial aprovado e essenciais ao seu cumprimento não podem ser transferidas a juízo executivo com o intuito de garantir o juízo de execução fiscal ajuizada em face da empresa em crise econômico-financeira, ainda que a inexistência de garantia do juízo da execução gere a suspensão do executivo fiscal. *REsp 1.166.600-RJ, Rel. Min. Nancy Andrighi, 4.12.12. 3ª T. (Info 512)*

8. TÍTULOS DE CRÉDITOS

8.1. Disposições Gerais

2016

Prazo prescricional para ajuizar ação de locupletamento pautada no art. 48 do Dec. 2.044/1908.

Prescreve em três anos a pretensão de ressarcimento veiculada em ação de locupletamento pautada no art. 48 do Dec. 2.044/1908, contados do dia em que se consumar a prescrição da ação executiva. *REsp 1.323.468-DF, Rel. Min. João Otávio de Noronha, DJe 28.3.2016. 3ª T. (Info 580)*

8.2. Protesto

2016

Protesto cambiário de cheque após o prazo de apresentação com a indicação apenas do emitente no apontamento. Recurso repetitivo. Tema 945.

RPT Sempre será possível, no prazo para a execução cambial, o protesto cambiário de cheque com a indicação do emitente como devedor. *REsp 1.423.464-SC, Rel. Min. Luis Felipe Salomão, 2ª S., DJe 27.5.2016. (Info 584)*

2015

Prazo de realização de protesto para fins falimentares.

O protesto tirado contra o emitente do cheque é obrigatório para o fim de comprovar a impontualidade injustificada do devedor no procedimento de falência (art. 94, I, da Lei 11.101/05) e deve ser realizado em até seis meses contados do término do prazo de apresentação (prazo prescricional da ação cambial). REsp 1.249.866-SC, Rel. Min. Paulo de Tarso Sanseverino, DJe 27.10.15. 3ª T. (Info 572)

Protesto de cheque não prescrito.

É legítimo o protesto de cheque efetuado contra o emitente depois do prazo de apresentação, desde que não escoado o prazo prescricional relativo à ação cambial de execução. REsp 1.297.797-MG, Rel. João Otávio de Noronha, DJe 27.2.15. 3ª T. (Info 556)

Sustação de protesto e prestação de contracautela. Recurso repetitivo. Tema 902.

RPT A legislação de regência estabelece que o documento hábil a protesto extrajudicial é aquele que caracteriza prova escrita de obrigação pecuniária líquida, certa e exigível. Portanto, a sustação de protesto de título, por representar restrição a direito do credor, exige prévio oferecimento de contracautela, a ser fixada conforme o prudente arbítrio do magistrado. REsp 1.340.236-SP, Rel. Min. Luis Felipe Salomão, DJe 26.10.15. 2ª S. (Info 571)

2012

Protesto extrajudicial de duplicatas. Local a ser tirado o protesto. Praça de pagamento constante no título.

O protesto de duplicata será tirado na praça de pagamento constante no título, a teor do § 3º do art. 13 da Lei 5.474/68. Não é no domicílio do devedor da obrigação cambiária que deve ser tirado o protesto, mas sim na praça de pagamento constante no título. REsp 1.015.152, Rel. Min. Luis F. Salomão, 9.10.12. 4ª T. (Info 506)

8.3. Títulos de Crédito em Espécie
8.3.1. Cheque

2016

Cheque pré-datado e o seu prazo de apresentação para pagamento. Recurso repetitivo. Tema 945.

RPT A pactuação da pós-datação de cheque, para que seja hábil a ampliar o prazo de apresentação à instituição financeira sacada, deve espelhar a data de emissão estampada no campo específico da cártula. REsp 1.423.464-SC, Rel. Min. Luis Felipe Salomão, 2ª S., DJe 27.5.2016. (Info 584)

Termo inicial de correção monetária e de juros de mora em cobrança de cheque. Recurso repetitivo. Tema 942.

RPT Em qualquer ação utilizada pelo portador para cobrança de cheque, a correção monetária incide a partir da data de emissão estampada na cártula, e os juros de mora a contar da primeira apresentação à instituição financeira sacada ou câmara de compensação. REsp 1.556.834-SP, Rel. Min. Luis Felipe Salomão, 2ª S., DJe 10.8.2016. 2ª S. (Info 587)

2013

Efeitos da pós-datação de cheque.

A pós-datação de cheque não modifica o prazo de apresentação nem o prazo de prescrição do título. Isso porque conferir eficácia à referida pactuação extracartular em relação aos prazos de apresentação e de prescrição descaracterizaria o cheque como ordem de pagamento à vista. REsp 1.124.709-TO, Rel. Min. Luis Felipe Salomão, 18.6.13. 4ª T. (Info 528)

Protesto de cheque nominal à ordem por endossatário terceiro de boa-fé.

É possível o protesto de cheque nominal à ordem, por endossatário terceiro de boa-fé, após o decurso do prazo de apresentação, mas antes da expiração do prazo para ação cambial de execução, ainda que, em momento anterior, o título tenha sido sustado pelo emitente em razão do inadimplemento do negócio jurídico subjacente à emissão da cártula. Isso porque o cheque, sendo título de crédito, submete-se aos princípios da literalidade, da abstração, da autonomia das obrigações cambiais e da inoponibilidade das exceções pessoais a terceiros de boa-fé. REsp 1.124.709-TO, Rel. Min. Luis Felipe Salomão, 18.6.13. 4ª T. (Info 528)

Termo inicial dos juros de mora relativos a crédito veiculado em cheque.

Os juros de mora sobre a importância de cheque não pago contam-se da primeira apresentação pelo portador à instituição financeira, e não da citação do sacador. REsp 1.354.934-RS, Rel. Min. Luis Felipe Salomão, 20.8.13. 4ª T. (Info 532)

8.3.2. Cédula de Crédito

2016

Invasão do MST e exigibilidade de cédula de crédito rural hipotecária.

A cédula de crédito rural hipotecária permanecerá exigível na hipótese de o MST invadir o imóvel do financiado e este deixar de comprovar que a invasão constitui óbice intransponível ao pagamento do crédito e que não existiam meios de evitar ou impedir os efeitos dessa ocupação. REsp 1.564.705-PE, Rel. Min. Ricardo Villas Bôas Cueva, DJ 5.9.2016. 3ª T. (Info 589)

Repetição de indébito de contrato de cédula de crédito rural. Prazo prescricional. Definição. Recurso repetitivo. Tema 919.

RPT A pretensão de repetição de indébito de contrato de cédula de crédito rural prescreve no prazo de vinte anos, sob a égide do art. 177 do Código Civil de 1916, e de três anos, sob o amparo do art. 206, § 3º, IV, do Código Civil de 2002, observada a norma de transição do art. 2.028 desse último Diploma Legal. REsp 1.361.730-RS, Rel. Min. Raul Araújo, DJe 28.10.2016. 2ª S. (Info 592)

Repetição de indébito de contrato de cédula de crédito rural. Termo inicial do prazo prescricional. Definição. Recurso repetitivo. Tema 919.

RPT O termo inicial da prescrição da pretensão de repetição de indébito de contrato de cédula de crédito rural é a data da efetiva lesão, ou seja, do pagamento. REsp 1.361.730-RS, Rel. Min. Raul Araújo, DJe 28.10.2016. 2ª S. (Info 592)

2015

Aval em cédulas de crédito rural.

Admite-se aval em cédulas de crédito rural. REsp 1.315.702-MS, Rel. Min. Luis Felipe Salomão, DJe 13.4.15. 4ª T. (Info 559)

Garantia pessoal prestada em cédula de crédito rural.

Admite-se o aval nas cédulas de crédito rural. Isso porque a vedação contida no § 3º do art. 60 do Decreto-Lei 167/1967 não alcança o referido título, sendo aplicável apenas às notas e duplicatas rurais. Enquanto as notas promissórias rurais e as duplicatas rurais representam o preço de vendas a prazo de bens de natureza agrícola (Decreto-Lei 167/1967, arts. 42 e 46), as cédulas de crédito rural correspondem a financiamentos obtidos com as instituições financeiras (Decreto-Lei 167/1967, art. 1º). Por consequência, o mecanismo de contratação envolvendo a cédula de crédito rural é direto, ou seja, há a participação da instituição de crédito no negócio firmado entre essas e o produtor rural, ao contrário do que ocorre com as notas promissórias e duplicatas rurais, nas quais as instituições financeiras não participam da relação jurídica originária, ingressando na relação cambial apenas durante o ciclo de circulação do título de crédito (nota promissória e duplicata rural). REsp 1.483.853-MS, Rel. Min. Moura Ribeiro, j. 4.11.14. 3ª T. (Info 552)

2014

Capitalização de juros em contratos de crédito rural.

RPT A legislação sobre cédulas de crédito rural admite o pacto de capitalização de juros em periodicidade inferior à semestral. REsp 1.333.977-MT, Rel. Min. Maria Isabel Gallotti, 26.2.14. 2ª S. (Info 537)

2013

Aval em cédula de crédito rural.

Tratando-se de Cédula de Crédito Rural emitida por pessoa física, é nulo o aval prestado por pessoa física estranha ao negócio jurídico garantido. REsp 1.353.244-MS, Rel. Min. Sidnei Beneti, 28.5.13. 3ª T. (Info 525)

Emissão de CPR sem a antecipação do pagamento do preço.

A emissão de Cédula de Produto Rural – CPR em garantia de contrato de compra e venda de safra futura não pressupõe, necessariamente, a antecipação do pagamento do produto. A emissão desse título de crédito pode se dar tanto para financiamento da safra, com o pagamento antecipado do preço, como numa operação de "hedge", na qual o agricultor, independentemente do recebimento antecipado do pagamento, pretenda apenas se proteger dos riscos de flutuação de preços no mercado futuro. REsp 866.414-GO, Rel. Min. Nancy Andrighi, 20.6.13. 3ª T. (Info 526)

Suspensão do processo de execução em decorrência do ajuizamento de ação na qual se busque

o alongamento da dívida rural.

A propositura de ação visando ao alongamento da dívida rural acarreta a suspensão, e não a imediata extinção, do processo de execução anteriormente proposto com base em cédulas de crédito rural firmadas como garantia do custeio de atividades agrícolas desenvolvidas pelo executado. *REsp 739.286-DF, Rel. Min. Nancy Andrighi, 5.2.13. 3ª T. (Info 515)*

2012

Cédula de crédito bancário. Título executivo extrajudicial. Requisitos legais.

A cédula de crédito bancário, de acordo com o novo diploma legal (Lei 10.931/04), é título executivo extrajudicial, representativo de operações de crédito de qualquer natureza, que autoriza sua emissão para documentar a abertura de crédito em conta corrente, nas modalidades crédito rotativo ou cheque especial. Para tanto, a cártula deve vir acompanhada de claro demonstrativo acerca dos valores utilizados pelo cliente, consoante as exigências legais enumeradas nos incs. I e II do § 2º do art. 28 da lei mencionada – de modo a lhe conferir liquidez e exequibilidade. *REsp 1.103.523, Rel. Min. Luis F. Salomão, 10.4.12. 4ª T. (Info 495)*

Cédulas de crédito. Capitalização mensal de juros.

Nas cédulas de crédito rural, industrial e comercial, é permitida a capitalização mensal dos juros, desde que pactuada, independentemente da data de emissão do título. Há previsão legal específica que autoriza a capitalização em periodicidade diversa da semestral nas cédulas de crédito rural, industrial e comercial (art. 5º do DL 167/67 e art. 5º do DL 413/1969). Assim, a MP 2.170-36/01 não interfere na definição da periodicidade do encargo nesses títulos, regulando apenas os contratos bancários que não são regidos por lei específica. *EREsp 1.134.955-PR, Rel. Min. Raul Araújo, 24.10.12. 2ª S. (Info 507)*

Preclusão. Cédula de crédito comercial. Capitalização. Juros.

Permite-se a capitalização mensal dos juros nas cédulas de crédito comercial, desde que emitidas a partir da publicação da MPv 1.963-17/00 e que pactuada. 3. As cédulas de crédito comercial emitidas antes da publicação da MPv 1.963-17/00 ficam sujeitas a capitalização semestral, nos termos do art. 5º do DL 413/69, cujas disposições são aplicáveis às cédulas de crédito comercial por força da Lei 6.840/80.. *REsp 1.134.955, Rel. Min. Nancy Andrighi, 13.3.12. 3ª T. (Info 493)*

8.3.3. Duplicata

2016

Duplicata mercantil e aceite lançado em separado.

O aceite lançado em separado da duplicata mercantil não imprime eficácia cambiária ao título. O aceite promovido na duplicata mercantil corresponde ao reconhecimento, pelo sacado (comprador), da legitimidade do ato de saque feito pelo sacador (vendedor), a desvincular o título do componente causal de sua emissão (compra e venda mercantil a prazo). Após o aceite, não é permitido ao sacado reclamar de vícios do negócio causal realizado, sobretudo porque os princípios da abstração e da autonomia passam a reger as relações, doravante cambiárias. Assim, na duplicata, quando o sacado promover o aceite no título, a dívida, que era somente obrigacional, passará também a ser cambiária, permitindo o acesso à via executiva, na medida em que nascerá um legítimo título executivo extrajudicial (art. 15, I, da Lei 5.474/68). *REsp 1.334.464-RS, Rel. Min. Ricardo Villas Bôas Cueva, DJe 28.3.2016. 3ª T. (Info 580)*

Emissão de duplicata com base em mais de uma nota fiscal.

Uma só duplicata pode corresponder à soma de diversas notas fiscais parciais. *REsp 1.356.541-MG, Rel. Ricardo Villas Bôas Cueva, DJe 13.4.2016. 3ª T. (Info 581)*

8.3.4. Nota Promissória

2016

Desnecessidade de comprovação do negócio jurídico subjacente à nota promissória prescrita para a instrução da ação de locupletamento pautada no art. 48 do Dec. 2.044/1908.

Independentemente da comprovação da relação jurídica subjacente, a simples apresentação de nota promissória prescrita é suficiente para embasar a ação de locupletamento pautada no art. 48 do Dec. 2.044/1908. *REsp 1.323.468-DF, Rel. Min. João Otávio de Noronha, DJe 28.3.2016. 3ª T. (Info 580)*

10. DIREITO FINANCEIRO

1. PRECATÓRIOS

2015

Pagamento de precatório preferencial.

A limitação de valor para o direito de preferência previsto no art. 100, § 2º, da CF aplica-se para cada precatório de natureza alimentar, e não para a totalidade dos precatórios alimentares de titularidade de um mesmo credor preferencial, ainda que apresentados no mesmo exercício financeiro e perante o mesmo devedor. *RMS 46.155-RO, Rel. Min. Napoleão Nunes Maia Filho, DJe 29.9.15. 1ª T. (Info 570)*

2014

Direito de preferência dos idosos no pagamento de precatórios.

O direito de preferência em razão da idade no pagamento de precatórios, previsto no art. 100, § 2º, da CF, não pode ser estendido aos sucessores do titular originário do precatório, ainda que também sejam idosos. *RMS 44.836-MG, Rel. Min. Humberto Martins, 20.2.14. 2ª T. (Info 535)*

2013

Inexistência de quebra da ordem de precedência no caso de pagamento de precatórios de classes diferentes.

No caso em que a data de vencimento do precatório comum seja anterior à data de vencimento do precatório de natureza alimentar, o pagamento daquele realizado antes do pagamento deste não representa, por si só, ofensa ao direito de precedência constitucionalmente estabelecido. *RMS 35.089-MG, Rel. Min. Eliana Calmon, 9.4.13. 2ª T. (Info 521)*

Pagamento de diferenças remuneratórias em folha suplementar.

Devem ser adimplidas por meio de folha suplementar – e não por precatório – as parcelas vencidas após o trânsito em julgado que decorram do descumprimento de decisão judicial que tenha determinado a implantação de diferenças remuneratórias em folha de pagamento de servidor público. *AgRg no Ag 1.412.030-RJ, Rel. Min. Arnaldo Esteves Lima, 27.8.13. 1ª T. (Info 529)*

2012

Precatório. Regra de imputação do pagamento prevista no art. 354 do CC.

A regra da imputação do pagamento prevista no art. 354 do CC tem incidência apenas nos casos de conta destinada à expedição de precatório complementar para adimplemento de valor pago a menor, devido à ocorrência de erro material na primeira conta, não incidindo em relação aos precatórios complementares destinados ao pagamento de diferenças apuradas no período em que o valor do crédito permanecia sem qualquer atualização monetária (período anterior à EC 30/00). *AgRg no AREsp 219.148, Rel. Min. Humberto Martins, 16.10.12. 2ª T. (Info 506)*

Honorários advocatícios sucumbenciais. Precatório. Cessão de crédito. Habilitação do cessionário.

RPT 1. De acordo com o EOAB (Lei 8.906/94), os honorários de sucumbência constituem direito autônomo do advogado e têm natureza remuneratória, podendo ser executados em nome próprio ou nos mesmos autos da ação em que tenha atuado o causídico, o que não altera a titularidade do crédito referente à verba advocatícia, da qual a parte vencedora na demanda não pode livremente dispor. 2. O fato de o precatório ter sido expedido em nome da parte não repercute na disponibilidade do crédito referente aos honorários advocatícios sucumbenciais, tendo o advogado o direito de executá-lo ou cedê-lo a terceiro. 3. Comprovada a validade do ato de cessão dos honorários advocatícios sucumbenciais, realizado por escritura pública, bem como discriminado no precatório o valor devido a título da respectiva verba advocatícia, deve-se reconhecer a legitimidade do cessionário para se habilitar no crédito consignado no precatório. REsp 1.102.473, Rel. Min. Maria T. A. Moura, 16.5.12. Corte Especial. (Info 497)

2. REPARTIÇÃO DE RECEITAS TRIBUTÁRIAS

2015

Restrição à transferência de recursos federais a município.

A restrição para transferência de recursos federais a Município que possui pendências no Cadastro Único de Exigências para Transferências Voluntárias (CAUC) não pode ser suspensa – art. 26 da Lei 10.522/02 – sob a justificativa de que os recursos se destinam a reforma de prédio público. AgRg no REsp 1.439.326-PE, Rel. Min. Mauro Campbell Marques, DJe 2.3.15. 2ª T. (Info 556)

2014

Personalidade judiciária das câmaras municipais.

A Câmara Municipal não tem legitimidade para propor ação com objetivo de questionar suposta retenção irregular de valores do Fundo de Participação dos Municípios. Isso porque a Câmara Municipal não possui personalidade jurídica, mas apenas personalidade judiciária. REsp 1.429.322-AL, Rel. Min. Mauro Campbell Marques, 20.2.14. 2ª T. (Info 537)

Restrição à transferência de recursos federais a município.

A restrição para transferência de recursos federais a Município que possui pendências no Cadastro Único de Exigências para Transferências Voluntárias (CAUC) não pode ser suspensa sob a justificativa de que os recursos destinam-se à pavimentação de vias públicas. Isso porque a pavimentação de vias públicas não pode ser enquadrada no conceito de ação social previsto no art. 26 da Lei 10.522/02. REsp 1.372.942-AL, Rel. Min. Benedito Gonçalves, 1º.4.14. 1ª T. (Info 539)

3. TRIBUNAL DE CONTAS

2016

Prazo para o TCU exigir comprovação de regular aplicação de verbas federais por meio de tomada de contas especial.

É de cinco anos o prazo para o TCU, por meio de tomada de contas especial (Lei 8.443/92), exigir do ex-gestor público municipal a comprovação da regular aplicação de verbas federais repassadas ao respectivo Município. REsp 1.480.350-RS, Rel. Min. Benedito Gonçalves, DJe 12.4.2016. (Info 581)

Requisito para integrar tribunal de contas.

Membro do Ministério Público junto ao Tribunal de Contas de Estados ou do Distrito Federal que ocupa esse cargo há menos de dez anos pode ser indicado para compor lista tríplice destinada à escolha de conselheiro da referida corte. Isso porque o art. 73, § 1º, da CF, relativo ao Tribunal de Contas da União, mas aplicável, também, aos Tribunais de Contas dos Estados e do Distrito Federal, por força do art. 75 do mesmo diploma, não estabelece que os membros do Ministério Público ou os Auditores tenham 10 anos no cargo para poderem ser nomeados para o cargo de Membro do Tribunal. O que o § 1º do art. 73 da CF estabelece, pela conjugação de seus incisos III e IV, é tão somente que, para ser nomeado Ministro do TCU, independentemente de sua origem, o brasileiro deve ter mais de dez anos de exercício de função ou de efetiva atividade profissional que exija notórios conhecimentos jurídicos, contábeis, econômicos e financeiros ou de administração pública. RMS 35.403-DF, Rel. Min. Herman Benjamin, DJe 24.5.2016. 2ª T. (Info 584)

2015

Legitimidade para a execução de título executivo extrajudicial proveniente de decisão do tribunal de contas.

A execução de título executivo extrajudicial decorrente de condenação patrimonial proferida por tribunal de contas somente pode ser proposta pelo ente público beneficiário da condenação, não possuindo o Ministério Público legitimidade ativa para tanto. REsp 1.464.226-MA, Rel. Min. Mauro Campbell Marques, j. 20.11.14. 2ª T. (Info 552)

4. OUTROS TEMAS

Obras de acessibilidade aos portadores de necessidades especiais. Alegação da Teoria da Reserva do Possível.

É essencial, incluso no conceito de mínimo existencial, o direito de pessoas com necessidades especiais poderem frequentar universidade pública, razão pela qual não pode a instituição alegar a incidência da cláusula da reserva do possível como justificativa para sua omissão em providenciar a conclusão de obras de adaptação em suas edificações e instalações. *REsp 1.607.472-PE, Rel. Min. Herman Benjamin, DJe 11.10.2016. 2ª T. (Info 592)*

Restrição à transferência de recursos federais a município.

A restrição à transferência de recursos federais a Município que possui pendências no Cadastro Único de Exigências para Transferências Voluntárias (CAUC) e no Sistema Integrado de Administração Financeira do Governo Federal (SIAFI) não pode ser suspensa sob a justificativa de que os recursos destinam-se à pavimentação e drenagem de vias públicas. *REsp 1.527.308-CE, Rel. Min. Herman Benjamin, DJe 5.8.15. 2ª T. (Info 566)*

11. DIREITO INTERNACIONAL

1. APLICAÇÃO DA LEI NO ESPAÇO

2015

Direito internacional privado. Relatividade do art. 10 da LINDB.

Ainda que o domicílio do autor da herança seja o Brasil, aplica-se a lei estrangeira da situação da coisa – e não a lei brasileira – na sucessão de bem imóvel situado no exterior. *REsp 1.362.400-SP, Rel. Min. Marco Aurélio Bellizze, DJe 5.6.15. 3ª T. (Info 563)*

2. DIREITO DOS TRATADOS

2015

Convenção da Haia sobre aspectos civis do sequestro internacional de crianças.

O pedido de retorno imediato de criança retida ilicitamente por sua genitora no Brasil pode ser indeferido, mesmo que transcorrido menos de um ano entre a retenção indevida e o início do processo perante a autoridade judicial ou administrativa (art. 12 da Convenção de Haia), na hipótese em que o menor – com idade e maturidade suficientes para compreender a controvérsia – estiver adaptado ao novo meio e manifestar seu desejo de não regressar ao domicílio paterno no estrangeiro. *REsp 1.214.408-RJ, Rel. Min. Sérgio Kukina, DJe 5.8.15. 1ª T. (Info 565)*

2013

Convenção da Haia sobre aspectos civis do sequestro internacional de crianças.

Não se deve ordenar o retorno ao país de origem de criança que fora retida ilicitamente no Brasil por sua genitora na hipótese em que, entre a transferência da criança e a data do início do processo para sua restituição, tenha decorrido mais de um ano e, além disso, tenha sido demonstrado, por meio de avaliação psicológica, que a criança já estaria integrada ao novo meio em que vive e que uma mudança de domicílio poderia causar malefícios ao seu desenvolvimento. *REsp 1.293.800-MG, Rel. Min. Humberto Martins, 28.5.13. 2ª T. (Info 525)*

2012

Convenção da Haia. Prova pericial. Avaliação psicológica do menor.

No âmbito internacional, as regras e os costumes devem ser aplicados e interpretados diferentemente, com mais racionalidade e menos apego aos costumes e às normas nacionais, de forma a alcançar um ponto de equilíbrio, suportável para todos os envolvidos nessas novas relações e indispensável para disciplinar os efeitos delas. A Convenção de Haia, não obstante apresente reprimenda rigorosa ao sequestro internacional de menores com determinação expressa de retorno deste ao país de origem, garante o bem estar e a integridade física e emocional da criança, o que deve ser avaliado de forma criteriosa, fazendo-se necessária a prova pericial psicológica. *REsp 1.239.777- PE, Rel. Min. Asfor Rocha, 12.4.12. 2ª T. (Info 495)*

3. ESTATUTO DOS REFUGIADOS (LEI 9.474/97)

Condição para expulsão de refugiado.

A expulsão de estrangeiro que ostente a condição de refugiado não pode ocorrer sem a regular perda dessa condição. *HC 333.902-DF, Rel. Min. Humberto Martins, DJe 22.10.15. 1ª Seção. (Info 571)*

4. HOMOLOGAÇÃO DE SENTENÇA ESTRANGEIRA

2016

Homologação de sentença eclesiástica de anulação de matrimônio.

É possível a homologação pelo STJ de sentença eclesiástica de anulação de matrimônio, confirmada pelo órgão de controle superior da Santa Sé. *SEC 11.962-EX, Rel. Min. Felix Fischer, DJe 25.11.2015. Corte Especial. (Info 574)*

2014

Hipótese em que não é possível a homologação de sentença estrangeira.

A sentença estrangeira – ainda que preencha adequadamente os requisitos indispensáveis à sua homologação, previstos no art. 5º da Resolução 9/05 do RISTJ – não pode ser homologada na parte em que verse sobre guarda ou alimentos quando já exista decisão do Judiciário Brasileiro acerca do mesmo assunto, mesmo que esta decisão tenha sido proferida em caráter provisório e após o trânsito em julgado daquela. *SEC 6.485-EX, Rel. Min. Gilson Dipp, 3.9.14. Corte Especial. (Info 548)*

Homologação de sentença estrangeira que determine a submissão de conflito à arbitragem.

Pode ser homologada no Brasil a sentença judicial de estado estrangeiro que, considerando válida cláusula compromissória constante de contrato firmado sob a expressa regência da lei estrangeira, determine – em face do anterior pedido de arbitragem realizado por uma das partes – a submissão à justiça arbitral de conflito existente entre os contratantes, ainda que decisão proferida por juízo estatal brasileiro tenha, em momento posterior ao trânsito em julgado da sentença a ser homologada, reconhecido a nulidade da cláusula com fundamento em exigências formais típicas da legislação brasileira pertinentes ao contrato de adesão. *SEC 854-US, Rel. p/ ac. Min. Sidnei Beneti, 16.10.13. Corte Especial. (Info 533)*

Homologação de sentença estrangeira.

Não é possível a homologação de sentença estrangeira na parte em que ordene, sob pena de responsabilização civil e criminal, a desistência de ação judicial proposta no Brasil. *SEC 854-US, Rel. p/ ac. Min. Sidnei Beneti, 16.10.13. Corte Especial. (Info 533)*

Irregularidade na citação como óbice à homologação de sentença estrangeira.

Não pode ser homologada sentença estrangeira que decrete divórcio de brasileira que, apesar de residir no Brasil em local conhecido, tenha sido citada na ação que tramitou no exterior apenas mediante publicação de edital em jornal estrangeiro, sem que tenha havido a expedição de carta rogatória para chamá-la a integrar o processo. *SEC 10.154-EX, Rel. Min. Laurita Vaz, 1º.7.14. Corte Especial. (Info 543)*

2013

Desnecessidade de comprovação do trânsito em julgado para a homologação de sentença estrangeira de divórcio consensual.

É possível a homologação de sentença estrangeira de divórcio, ainda que não exista prova de seu trânsito em julgado, na hipótese em que, preenchidos os demais requisitos, tenha sido comprovado que a parte requerida foi a autora da ação de divórcio e que o provimento judicial a ser homologado teve caráter consensual. *SEC 7.746-US, Rel. Min. Humberto Martins, 15.5.13. Corte Especial. (Info 521)*

2012

Homologação de sentença estrangeira. Regramento da citação.

Não é possível impor as regras previstas na legislação brasileira para citação praticada fora do país. A citação é instituto de direito processual e, por estar inserida no âmbito da jurisdição e da soberania, deve ser realizada de acordo com a legislação de cada país. *SEC 5.268-GB, Rel. Min. Castro Meira, 7.11.12. (Info 508) Corte Especial. (Info 508)*

Sentença arbitral estrangeira. Homologação. Obrigatoriedade.

A sentença arbitral estrangeira, quando homologada, adquire plena eficácia no território nacional, tornando-se obrigatória. Essa obrigatoriedade, segundo o art. 3º da Convenção de Nova York, deve ser assegurada pelos Estados partes. Portanto, a sentença não pode ser revista ou modificada pelo Poder Judiciário, o que lhe confere, no Brasil, status de título executivo judicial. Assim, dar continuidade a processo judicial com o mesmo objeto da sentença homologada poderia caracterizar até ilícito internacional; pois, ao ratificar a mencionada convenção, o Brasil assumiu o compromisso de reconhecer como obrigatórias as sentenças arbitrais estrangeiras. *REsp 1.203430, Rel. Min. Paulo Sanseverino, 20.9.12. 3ª T. (Info 505)*

11. DIREITO INTERNACIONAL

SEC. Divórcio. Citação por edital.

É cabível a citação por edital quando o réu encontra-se em lugar "ignorado, incerto ou inacessível", nos termos do art. 231, II, do CPC. Além disso, não há bens a partilhar, nem filhos em comum. 2. Atendidos os requisitos dos arts. 5º e 6º da Res. STJ 9/05, cabível o deferimento do pedido de homologação da sentença estrangeira.. *SEC 5.709-US, Rel. Min. Arnaldo E. Lima, 16.5.12. Corte Especial. (Info 497)*

5. SITUAÇÃO JURÍDICA DO ESTRANGEIRO NO BRASIL (LEI 6.815/80)

2015

Extradição supletiva.

Caso seja oferecida denúncia pelo Ministério Público por fato anterior e não contido na solicitação de extradição da pessoa entregue, deve a ação penal correspondente ser suspensa até que seja julgado pedido de extradição supletiva, nos termos do art. 14 do Decreto 4.975/04 (Acordo de Extradição entre Estados Partes do Mercosul). *RHC 45.569-MT, Rel. Min. Felix Fischer, DJe 12.8.15. 5ª T. (Info 566)*

2012

Expulsão de estrangeiro. Filha e neto brasileiros. Necessidade de comprovação da convivência socioafetiva e da dependência econômica.

É necessária a efetiva comprovação, no momento da impetração, da dependência econômica e da convivência socioafetiva com a prole brasileira para manter no país o estrangeiro que tem filho brasileiro, mesmo que nascido posteriormente à condenação penal e ao decreto expulsório. A interpretação das excludentes de expulsão do art. 75, II, da Lei 6.815/80 deve ser flexibilizada, visando atender o melhor interesse do menor a fim de tutelar a família, a criança e o adolescente. Entretanto, o acolhimento desse preceito não é absoluto, exigindo a efetiva comprovação da dependência econômica e da convivência socioafetiva com a prole brasileira, que não se evidencia com a simples juntada de fotos. Ademais, segundo informado pela autoridade impetrada, a filha residia com companheiro – não com a sua genitora – e não havia provas da dependência econômica do menor (neto) em relação à avó. *HC 250.026, Rel. Min. Benedito Gonçalves, 26.9.12. 1ª S. (Info 505)*

12. DIREITO MILITAR

1. DIREITO ADMINISTRATIVO MILITAR

2014

Agregação de militar que participa de curso de formação.

O militar aprovado em concurso público tem direito a ser agregado durante o prazo de conclusão de curso de formação, com direito à opção pela respectiva remuneração. *AgRg no REsp 1.470.618-RN, Rel. Min. Herman Benjamin, 16.10.14. 2ª T. (Info 551)*

2013

Direito de anistiado político militar aos benefícios indiretos dos militares.

A condição de anistiado político confere ao militar o direito aos planos de seguro e de assistência médica, odontológica e hospitalar assegurados aos militares. *MS 10.642-DF, Rel. Min. Og Fernandes, 12.6.13. 3ª S. (Info 526)*

2013

Acumulação de cargos de médico militar com o de professor de instituição pública de ensino.

Caso exista compatibilidade de horários, é possível a acumulação do cargo de médico militar com o de professor de instituição pública de ensino. *RMS 39.157-GO, Rel. Min. Herman Benjamin, 26.2.13. 2ª T. (Info 518)*

Danos morais em decorrência de lesões sofridas por militar em serviço.

Não é cabível indenização por danos morais em decorrência de lesões sofridas por militar oriundas de acidente ocorrido durante sessão de treinamento na qual não tenha havido exposição a risco excessivo e desarrazoado. *AgRg no AREsp 29.046-RS, Rel. Min. Arnaldo Esteves Lima, 21.2.13. 1ª T. (Info 515)*

Extensão da VPE criada pela Lei 11.134/05 aos militares do antigo Distrito Federal.

A vantagem pecuniária especial (VPE) criada pela Lei 11.134/05 e devida aos militares da Polícia Militar e do Corpo de Bombeiros Militar do atual Distrito Federal deve ser estendida aos inativos e pensionistas do antigo Distrito Federal. *EREsp 1.121.981-RJ, Rel. Min. Alderita Ramos de Oliveira, 8.5.13. 3ª S. (Info 521)*

Fixação do soldo em valor inferior ao salário mínimo.

É possível fixar o soldo em valor inferior ao do salário mínimo, desde que a remuneração total percebida pelo militar, já consideradas as vantagens pecuniárias, seja igual ou superior àquele valor. *AgRg no AREsp 258.848-PE, Rel. Min. Herman Benjamin, 7.2.13. 2ª T. (Info 517)*

Promoção de anistiado político militar.

RPT Não é possível a promoção de anistiado político (art. 6º da Lei 10.559/02) para carreira militar diversa da que ele integra. *REsp 1.357.700-RJ, Rel. Min. Herman Benjamin, 12.6.13. 1ª S. (Info 522)*

2012

Militar acometido de debilidade. Reintegração como adido para tratamento médico.

É ilegal o licenciamento do militar acometido de debilidade física ou mental durante o exercício das atividades castrenses, devendo ser reintegrado aos quadros da corporação na condição de agregado/adido, para tratamento médico-hospitalar até a sua recuperação, conforme estabelece o art. 82 e seguintes da Lei 6.880/80. *REsp 1.267.652, Rel. Min. Eliana Calmon, 23.10.12. 2ª T. (Info 508)*

Promoção de militar anistiado político.

Pertencendo o militar anistiado político à carreira dos praças, fica impossibilitado de ser promovido ao oficialato, por serem diversas as carreiras. *REsp 1.279.476, Rel. Min. Arnaldo E. Lima, 6.11.12. 1ª T. (Info 508)*

Servidor público. Militar temporário. Decênio legal cumprido. Estabilidade.

O militar temporário que completa dez anos de serviço prestado ao Exército Brasileiro tem direito à estabilidade no cargo, nos termos do art. 50, IV, da Lei 6.880/80. *REsp 1.261.629-PE, Rel. Min. Eliana Calmon, 18.10.12. 2ª T. (Info 507)*

Militar. Licenciamento. Indenização. Condicionamento.

No caso, observa-se que o Comandante do CATRE foi mero executor da ordem proferida pelo Comandante da Aeronáutica, o qual, portanto, possui legitimidade para atuar no pólo passivo do presente mandado de segurança. 2. No mérito, entende-se que o deferimento de licenciamento do serviço ativo formulado pelo impetrante não poderia estar condicionado ao prévio pagamento de valor indenizatório. 3. A respeito do tema, o STF (RE 446869, RE 529937): "o procedimento administrativo adotado pelo Estado em vincular o desligamento, a pedido, de militar dos quadros das Forças Armadas, ao ressarcimento de despesas com sua formação profissional, esbarra na jurisprudência assentada desta Corte, bem refletida, 'mutatis mutandis', nas súms. 70, 323 e 547, no sentido de negar validade à imposição, ao arbítrio da autoridade fiscal, de restrições de caráter punitivo à inadimplência do contribuinte, mormente porque dispõe de meios eficazes para cobrança". 4. Desse modo, a par dos precedentes exarados pelo STF, conclui-se que, conquanto tenha a União o direito de promover as medidas judiciais necessárias ao ressarcimento dos valores dispendidos com a formação profissional do impetrante, não poderá condicionar a concessão da licença por ele requerida à prévia indenização. *MS 14.830, Rel. Min. Og Fernandes, 14.3.12. 3ª S. (Info 493)*

Serviço militar. Profissionais de saúde. Dispensa.

Os profissionais da área de saúde dispensados do serviço militar por excesso de contingente não podem ser convocados a prestá-lo quando da conclusão do curso superior, não lhes é aplicável o disposto no art. 4º, § 2º, da Lei 5.292/67, que trata do adiamento de incorporação, hipótese diversa da dos autos. *AgRg no REsp 1.204.816, Rel. Min. Napoleão N. Maia Fº., 28.2.12. 1ª T. (Info 492)*

2. DIREITO PENAL MILITAR

2014

Incidência de agravante genérica no crime de concussão.

Não configura "bis in idem" a aplicação da agravante genérica prevista no art. 70, II, l, do CPM – incidente nos casos em que o militar pratica o delito estando de serviço – nos crimes de concussão (art. 305 do CPM) praticados em serviço. *HC 286.802-RJ, Rel. Min. Felix Fischer, 23.10.14. 5ª T. (Info 551)*

Substituição de pena e crimes militares.

Não cabe substituir por pena restritiva de direitos, com fundamento no art. 44 do CP, a pena privativa de liberdade aplicada aos crimes militares. Isso porque o art. 59 do CPM disciplinou de modo diverso as hipóteses de substituição cabíveis sob sua égide. *HC 286.802-RJ, Rel. Min. Felix Fischer, 23.10.14. 5ª T. (Info 551)*

Tipicidade da conduta no crime de descumprimento de missão.

A ausência injustificada nos dias em que o militar tenha sido designado para a função específica de comando de patrulhas configura o crime de descumprimento de missão. *REsp 1.301.155-SP, Rel. Min. Rogerio S. Cruz, 22.4.14. 6ª T. (Info 540)*

2013

Desnecessidade de que a privação da liberdade da vítima se estenda por longo intervalo de tempo para a configuração do crime do art. 244 do CPM.

Para que se configure a extorsão mediante sequestro prevista no art. 244 do Código Penal Militar, não é necessário que a privação da liberdade da vítima se estenda por longo intervalo de tempo. *HC 262.054-RJ, Rel. Min. Jorge Mussi, 2.4.13. 5ª T. (Info 518)*

2012

CC. Lesão corporal. Militar. Vítima civil.

O policial militar que em serviço troca tiros com foragido da justiça que resiste à ordem de recaptura, age no exercício de sua função e em atividade de natureza militar, o que evidencia a existência de crime castrense, ainda que cometido contra vítima civil. Inteligência do art. 9º, II, c, do CPM. *CC 120.201, Rel. Min. Laurita Vaz, 25.4.12. 3ª S. (Info 496)*

Policial militar. Princípio. Insignificância.

A intervenção do direito penal apenas se justifica quando o bem jurídico tutelado tenha sido exposto a um dano com relevante lesividade. 2. A incidência do princípio da insignificância deve ser precedida da verificação de certos vetores, tais como "(a) a mínima ofensividade da conduta do agente, (b) a nenhuma periculosidade social da ação, (c) o reduzidíssimo grau de reprovabilidade do comportamento e (d) a inexpressividade da lesão jurídica provocada". 3. Revela-se reprovável o comportamento do agente que, na condição de policial militar, furta combustível de viatura oficial sob sua responsabilidade. *HC 160.435, Rel. Min. Og Fernandes, 14.2.12. 6ª T. (Info 491)*

3. DIREITO PREVIDENCIÁRIO MILITAR

2015

Pensão especial de ex-combatente a neto menor de idade sob sua guarda.

Diante da morte de titular de pensão especial de ex-combatente, o seu neto menor de dezoito anos que estava sob sua guarda deve ser enquadrado como dependente (art. 5º da Lei 8.059/90) para efeito de recebimento da pensão especial que recebia o guardião (art. 53, II, do ADCT), dispensando-se, inclusive, o exame de eventual dependência econômica entre eles. *REsp 1.550.168-SE, Rel. Min. Mauro Campbell Marques, DJe 22.10.15. 2ª T. (Info 572)*

Percepção de pensão militar por filho menor de 24 anos.

O falecimento de militar após o advento da Lei 6.880/80 e antes da vigência da Medida Provisória 2.215-10/01 gera direito à percepção de pensão por morte a filho universitário menor de 24 anos e não remunerado. *EREsp 1.181.974-MG, Rel. Min. Og Fernandes, DJe 16.10.15. Corte Especial. (Info 571)*

2013

Reforma de militar temporário por incapacidade definitiva para o serviço ativo nas forças armadas.

Não tem direito à reforma o militar temporário no caso de incapacidade definitiva para o serviço castrense causada por evento que não guarde relação com o exercício da função. *REsp 1.328.915-RS, Rel. Min. Mauro Campbell Marques, 4.4.13. 2ª T. (Info 522)*

2012

Militar. Reforma. Incapacidade total e permanente.

O militar considerado incapaz total e permanentemente para qualquer trabalho faz jus à reforma na mesma graduação, mas com remuneração calculada com base no soldo correspondente ao grau hierárquico imediato ao que possuir na ativa (art. 110 da Lei 6.880/80). Distingue-se a promoção de militar por ocasião de sua reforma, que é efetivamente vedada, da hipótese dos autos, em que a reforma dá-se na mesma graduação, conquanto a remuneração seja calculada com base no soldo correspondente ao grau hierárquico imediato ao da ativa, sem qualquer promoção. *RMS 28.470, Rel. Min. Maria T. A. Moura, 1º.3.12. 6ª T. (Info 492)*

Pensão de militar. Impossibilidade de rateio entre a viúva e a concubina.

Não deve ser rateada entre a viúva e a concubina a pensão de militar se os dois relacionamentos foram mantidos concomitantemente. Não verificada a existência de união estável, mas de concubinato, é indevido o rateio da pensão. *AgRg no REsp 1.344.664, Rel. Min. Humberto Martins, 6.11.12. 2ª T. (Info 508)*

Pensão especial. Ex-combatente. Aeronáutica.

"Nos termos do art. 1º da Lei 5.315/67, considera-se ex-combatente da Aeronáutica aquele que participou de operações bélicas na Segunda Guerra Mundial, ou seja, possuidor do diploma da Medalha de Campanha da Itália ou, ainda, do diploma da Cruz de Aviação, para os tripulantes de aeronaves engajadas em missões de patrulha" (AR 3906). 2. "Não autoriza o gozo do benefício à pensão especial de ex-combatente, o militar da Aeronáutica que, apesar de ter prestado serviço em zona de guerra, não conseguiu demonstrar, nos termos da lei, que tenha participado efetivamente de operações bélicas" (AgRg no AgRg no REsp 958491). *AR 3.830, Rel. Min. Vasco D. Giustina, 9.5.12. 3ª S. (Info 497)*

Pensão especial. Filha desquitada. Equiparação. Filha solteira.

Na aplicação da Lei 3.373/58, a filha separada, desde que comprovada a dependência econômica em relação ao instituidor do benefício, é equiparada à filha solteira. *REsp 1.297.958, Rel. Min. Teori Zavascki, 16.2.12. 1ª T. (Info 491)*

Pensão por morte de ex-combatente. Beneficiário incapaz. Termo inicial do benefício.

A pensão por morte de ex-combatente paga a beneficiário absolutamente incapaz é devida a partir do óbito do segurado, pois contra aquele não corre prescrição. *REsp 1.141.465-SC, Rel. Min. Alderita Ramos de Oliveira, 11.12.12. 6ª T. (Info 512)*

Prescindibilidade de demonstração do nexo causal entre a doença incapacitante e o serviço militar para concessão de reforma a militar.

Para a concessão de reforma por invalidez a militar, é desnecessário que a moléstia incapacitante sobrevenha, necessariamente, em consequência de acidente ou doença que tenha relação de causa e efeito com o serviço militar. *AgRg no REsp 980.270-RJ, Rel. Min. Jorge Mussi, 6.12.12. 5ª T. (Info 514)*

4. DIREITO PROCESSUAL PENAL MILITAR

2014

Competência para processar e julgar crime praticado com o fim de burlar a execução criminal militar.

Compete à Justiça Militar processar e julgar estelionato cometido por militar mediante a emissão, em favor de entidade filantrópica, de cheque sem provisão de fundos com o fim de burlar obrigação de doar cestas básicas assumida por ocasião do recebimento de pena alternativa imposta em substituição a condenação proferida pela Justiça Militar. *REsp 1.300.270-SC, Rel. Min. Laurita Vaz, 19.8.14. 5ª T. (Info 545)*

Competência para processar crime praticado por militar contra civil quando houver dúvida quanto ao elemento subjetivo.

Havendo dúvida sobre a existência do elemento subjetivo do crime de homicídio, deverá tramitar na Justiça Comum – e não na Justiça Militar – o processo que apure a suposta prática do crime cometido, em tempo de paz, por militar contra civil. *CC 129.497-MG, Rel. Min. Ericson Maranho, 8.10.14. 3ª S. (Info 550)*

2012

Competência. Militar. Furto. Local.

Compete à Justiça Comum Estadual processar e julgar o crime de peculato-furto cometido por policial militar, que estava fora de serviço, em local não sujeito à administração militar, porquanto ausentes as hipóteses do art. 9º do CPM. *CC 115.597, Rel. Min. Marco A. Bellizze, 14.3.12. 3ª S. (Info 493)*

Competência para julgamento de crime cometido por militar em serviço contra militar reformado.

A Justiça Militar é competente para julgar crime de homicídio praticado por militar em serviço contra militar reformado. O fato de a vítima do delito ser militar reformado, por si só, não é capaz de afastar a competência da Justiça especializada. *HC 173.131-RS, Rel. Min. Jorge Mussi, 6.12.12. 5ª T. (Info 514)*

13. DIREITO PENAL

1. DO CRIME

2015

Estelionato contra a previdência social e devolução da vantagem indevida antes do recebimento da denúncia.

Não extingue a punibilidade do crime de estelionato previdenciário (art. 171, § 3º, do CP) a devolução à Previdência Social, antes do recebimento da denúncia, da vantagem percebida ilicitamente, podendo a iniciativa, eventualmente, caracterizar arrependimento posterior, previsto no art. 16 do CP. REsp 1.380.672-SC, Rel. Min. Rogerio S. Cruz, DJe 6.4.15. 6ª T. (Info 559)

Inaplicabilidade do arrependimento posterior ao crime de moeda falsa.

Não se aplica o instituto do arrependimento posterior ao crime de moeda falsa. REsp 1.242.294-PR, Rel. p/ ac. Min. Rogerio S. Cruz, DJe 3.2.15. 6ª T. (Info 554)

2013

Comunicabilidade do arrependimento posterior.

Uma vez reparado o dano integralmente por um dos autores do delito, a causa de diminuição de pena do arrependimento posterior, prevista no art. 16 do CP, estende-se aos demais coautores, cabendo ao julgador avaliar a fração de redução a ser aplicada, conforme a atuação de cada agente em relação à reparação efetivada. REsp 1.187.976-SP, Rel. Min. Sebastião Reis Júnior, 7.11.13. 6ª T. (Info 531)

2. DAS PENAS
2.1. Das Espécies de Pena
2.1.1. Das Penas Privativas de Liberdade

2016

Impossibilidade de reconversão de pena a pedido do sentenciado.

Não é possível, em razão de pedido feito por condenado que sequer iniciou o cumprimento da pena, a reconversão de pena de prestação de serviços à comunidade e de prestação pecuniária (restritivas de direitos) em pena privativa de liberdade a ser cumprida em regime aberto. REsp 1.524.484-PE, Rel. Min. Reynaldo Soares da Fonseca, DJe 25.5.2016. 5ª T. (Info 584)

Sistema vicariante e impossibilidade de conversão de pena privativa de liberdade em medida de segurança por fatos diversos.

Durante o cumprimento de pena privativa de liberdade, o fato de ter sido imposta ao réu, em outra ação penal, medida de segurança referente a fato diverso não impõe a conversão da pena privativa de liberdade que estava sendo executada em medida de segurança. HC 275.635-SP, Rel. Min. Nefi Cordeiro, DJe 15.3.2016. 6ª T. (Info 579)

2012

Detração em processos distintos. Delito praticado antes da segregação.

É cabível a aplicação do benefício da detração penal previsto no art. 42 do CP em processos distintos, desde que o delito pelo qual o sentenciado cumpre pena tenha sido cometido antes da segregação cautelar, evitando a criação de um crédito de pena. HC 178.894, Rel. Min. Laurita Vaz, 13.11.12. 5ª T. (Info 509)

2.1.2. Das Penas Restritivas de Direito

2012

Conversão de penas. Ausência. Condenado.

Para a conversão da pena restritiva de direitos em privativa de liberdade, é necessária a oitiva prévia do condenado, pois sua ausência viola o direito da ampla defesa e do contraditório. Assim, configurado o constrangimento ilegal, por maioria, determinou-se a anulação da decisão que fez a conversão para que outra, com a devida oitiva do condenado, seja proferida. *HC 209.892, Rel. Min. Vasco D. Giustina, 17.4.12. 6ª T. (Info 495)*

Lesão corporal leve praticada no âmbito familiar. Impossibilidade de substituição de pena.

Não é possível a substituição da pena privativa de liberdade por restritiva de direitos em caso de condenação por crime de lesão corporal previsto no art. 129, § 9º, do CP. A substituição da pena privativa de liberdade por restritiva de direitos pressupõe, entre outras coisas, que o crime não tenha sido cometido com violência ou grave ameaça. *HC 192.104, Rel. Min. Og Fernandes, 9.10.12. 6ª T. (Info 506)*

Prefeito. Inabilitação. Função pública. Pena autônoma.

A inabilitação para o exercício de função pública, prevista no art. 1º, § 2º, do DL 201/67, foi elevada ao status de pena restritiva de direitos com o advento da Lei 7.209/84, sendo, portanto, autônoma, em relação à privativa de liberdade. Além disso, aquela possui natureza jurídica distinta desta, devendo os seus prazos prescricionais fluírem de forma diversa. *REsp 1.182.397, Rel. Min. Gilson Dipp, 13.3.12. 5ª T. (Info 493)*

2.1.3. Da Pena de Multa

2015

Legitimidade do MP para promover medida que garanta o pagamento de multa penal.

O Ministério Público tem legitimidade para promover medida assecuratória que vise à garantia do pagamento de multa imposta por sentença penal condenatória. *REsp 1.275.834-PR, Rel. Min. Ericson Maranho, DJe 25.3.15. 6ª T. (Info 558)*

2.2. Da Aplicação da Pena

2016

Aumento de pena-base fundado na confiança da vítima no autor de estelionato.

O cometimento de estelionato em detrimento de vítima que conheça o autor do delito e lhe depositava total confiança justifica a exasperação da pena-base. De fato, tendo sido apontados argumentos idôneos e diversos do tipo penal violado que evidenciam como desfavoráveis as circunstâncias do crime, não há constrangimento ilegal na valoração negativa dessa circunstância judicial (HC 86.409). *HC 332.676-PE, Rel. Min. Ericson Maranho, DJe 3.2.2016. 6ª T. (Info 576)*

Compatibilidade entre a agravante do art. 62, I, do CP e a condição de mandante do delito.

Em princípio, não é incompatível a incidência da agravante do art. 62, I, do CP ao autor intelectual do delito (mandante). *REsp 1.563.169-DF, Rel. Min. Reynaldo Soares da Fonseca, DJe 28.3.2016. 5ª T. (Info 580)*

Compensação da atenuante da confissão espontânea com a agravante da promessa de recompensa.

É possível compensar a atenuante da confissão espontânea (art. 65, III, "d", do CP) com a agravante da promessa de recompensa (art. 62, IV). *HC 318.594-SP, Rel. Min. Felix Fischer, DJe 24.2.2016. 5ª T. (Info 577)*

Emprego da confissão qualificada como atenuante.

A confissão, mesmo que qualificada, dá ensejo à incidência da atenuante prevista no art. 65, III, d, do CP, quando utilizada para corroborar o acervo probatório e fundamentar a condenação. *EREsp 1.416.247-GO, Rel. Min. Ribeiro Dantas, DJe 28.6.2016. 3ª S. (Info 586)*

Exclusão de circunstância judicial e "reformatio in pejus".

Caso o Tribunal, na análise de apelação exclusiva da defesa, afaste uma das circunstâncias judiciais (art. 59 do CP) valoradas de maneira negativa na sentença, a pena base imposta ao réu deverá, como consectário lógico, ser reduzida, e não mantida inalterada. *HC 251.417-MG, Rel. Min. Rogerio Schietti Cruz, DJe 19.11.2015. 6ª T. (Info 573)*

Impossibilidade de aplicação concomitante da continuidade delitiva comum e específica.

Se reconhecida a continuidade delitiva específica entre estupros praticados contra vítimas diferentes, deve ser aplicada exclusivamente a regra do art. 71, par. ún., do Código Penal, mesmo que, em relação a cada uma das vítimas, especificamente, também tenha ocorrido a prática de crime continuado. *REsp 1.471.651-MG, Rel. Min. Sebastião Reis Júnior, DJe 5.11.2015. 6ª T. (Info 573)*

Possibilidade de desconsiderar condenações anteriores para fins de maus antecedentes.

Mostrou-se possível a aplicação da minorante prevista no § 4º do art. 33 da Lei 11.343/06 em relação a réu que, apesar de ser tecnicamente primário ao praticar o crime de tráfico, ostentava duas condenações (a primeira por receptação culposa e a segunda em razão de furto qualificado pelo concurso de pessoas) cujas penas foram aplicadas no mínimo legal para ambos os delitos anteriores (respectivamente, 1 mês em regime fechado e 2 anos em regime aberto, havendo sido concedido sursis. REsp 1.160.440-MG, Rel. Min. Rogerio Schietti Cruz, DJe 31.3.2016. 6ª T. (Info 580)

Vulnerabilidade emocional e psicológica da vítima como circunstância negativa na dosimetria da pena.

O fato de o agente ter se aproveitado, para a prática do crime, da situação de vulnerabilidade emocional e psicológica da vítima decorrente da morte de seu filho em razão de erro médico pode constituir motivo idôneo para a valoração negativa de sua culpabilidade. HC 264.459-SP, Rel. Min. Reynaldo Soares da Fonseca, DJe 16.3.2016. 5ª T. (Info 579)

2015

Aumento de pena no máximo pela continuidade delitiva em crime sexual.

Constatando-se a ocorrência de diversos crimes sexuais durante longo período de tempo, é possível o aumento da pena pela continuidade delitiva no patamar máximo de 2/3 (art. 71 do CP), ainda que sem a quantificação exata do número de eventos criminosos. HC 311.146-SP, Rel. Min. Newton Trisotto, DJe 31.3.15. 5ª T. (Info 559)

Compensação entre a atenuante da confissão espontânea e a agravante de violência contra a mulher.

Compensa-se a atenuante da confissão espontânea (art. 65, III, "d", do CP) com a agravante de ter sido o crime praticado com violência contra a mulher (art. 61, II, "f", do CP). AgRg no AREsp 689.064-RJ, Rel. Min. Maria T. A. Moura, DJe 26.8.15. 6ª T. (Info 568)

Compensação entre reincidência e confissão espontânea.

Tratando-se de réu multirreincidente, não é possível promover a compensação entre a atenuante da confissão espontânea e a agravante da reincidência. AgRg no REsp 1.424.247-DF, Rel. Min. Nefi Cordeiro, DJe 13.2.15. 6ª T. (Info 555)

Incidência da atenuante da confissão espontânea.

O fato de o denunciado por furto qualificado pelo rompimento de obstáculo ter confessado a subtração do bem, apesar de ter negado o arrombamento, é circunstância suficiente para a incidência da atenuante da confissão espontânea (art. 65, III, "d", do CP). HC 328.021-SC, Rel. Min. Leopoldo A. Raposo, DJe 15.9.15. 5ª T. (Info 569)

Indevida exasperação da pena-base de homicídio e de lesões corporais culposos praticados na direção de veículo automotor.

Na primeira fase da dosimetria da pena, o excesso de velocidade não deve ser considerado na aferição da culpabilidade (art. 59 do CP) do agente que pratica delito de homicídio e de lesões corporais culposos na direção de veículo automotor. AgRg no HC 153.549-DF, Rel. Min. Nefi Cordeiro, DJe 12.6.15. 6ª T. (Info 563)

Maior grau de reprovabilidade da conduta de promotor de justiça em crime de corrupção passiva.

O fato de o crime de corrupção passiva ter sido praticado por Promotor de Justiça no exercício de suas atribuições institucionais pode configurar circunstância judicial desfavorável na dosimetria da pena. REsp 1.251.621-AM, Rel. Min. Laurita Vaz, j. 16.10.14. 5ª T. (Info 552)

Motivos para exasperação da pena-base de homicídio e de lesões corporais culposos praticados na direção de veículo automotor.

O juiz, na análise dos motivos do crime (art. 59 do CP), pode fixar a pena-base acima do mínimo legal em razão de o autor ter praticado delito de homicídio e de lesões corporais culposos na direção de veículo automotor, conduzindo-o com imprudência a fim de levar droga a uma festa. AgRg no HC 153.549-DF, Rel. Min. Nefi Cordeiro, DJe 12.6.15. 6ª T. (Info 563)

Não caracterização de atenuante inominada.

Não caracteriza circunstância relevante anterior ao crime (art. 66 do CP) o fato de o condenado possuir bons antecedentes criminais. REsp 1.405.989-SP, Rel. p/ ac. Min. Nefi Cordeiro, DJe 23.9.15. 6ª T. (Info 569)

Não incidência da atenuante da confissão espontânea.

O fato de o denunciado por roubo ter confessado a subtração do bem, negando, porém, o emprego de violência ou grave ameaça, é circunstância que não enseja a aplicação da atenuante da confissão espontânea (art. 65, III, "d", do CP). *HC 301.063-SP, Rel. Min. Gurgel de Faria, DJe 18.9.15. 5ª T. (Info 569)*

2014

Aplicação de agravante genérica no caso de crime preterdoloso.

É possível a aplicação da agravante genérica do art. 61, II, "c", do CP nos crimes preterdolosos, como o delito de lesão corporal seguida de morte (art. 129, § 3º, do CP). *REsp 1.254.749-SC, Rel. Min. Maria T. A. Moura, 6.5.14. 6ª T. (Info 541)*

Condenações por fatos posteriores ao crime em julgamento.

Na dosimetria da pena, os fatos posteriores ao crime em julgamento não podem ser utilizados como fundamento para valorar negativamente a culpabilidade, a personalidade e a conduta social do réu. *HC 189.385-RS, Rel. Min. Sebastião Reis Júnior, 20.2.14. 6ª T. (Info 535)*

Confissão qualificada.

A confissão qualificada – aquela na qual o agente agrega teses defensivas discriminantes ou exculpantes –, quando efetivamente utilizada como elemento de convicção, enseja a aplicação da atenuante prevista na alínea "d" do inc. III do artigo 65 do CP. *AgRg no REsp 1.198.354-ES, Rel. Min. Jorge Mussi, 16.10.14. 5ª T. (Info 551)*

Impossibilidade de reconhecimento da continuidade delitiva entre crimes de espécies diversas.

Não há continuidade delitiva entre os crimes de roubo e extorsão, ainda que praticados em conjunto. *HC 77.467-SP, Rel. Min. Nefi Cordeiro, 2.10.14. 6ª T. (Info 549)*

Possibilidade de estabelecimento de regime prisional mais gravoso em razão da gravidade concreta da conduta delituosa.

Ainda que consideradas favoráveis as circunstâncias judiciais (art. 59 do CP), é admissível a fixação do regime prisional fechado aos não reincidentes condenados por roubo a pena superior a quatro anos e inferior a oito anos se constatada a gravidade concreta da conduta delituosa, aferível, principalmente, pelo uso de arma de fogo. *HC 294.803-SP, Rel. Min. Newton Trisotto, 18.9.14. 5ª T. (Info 548)*

Ressarcimento de dano decorrente de emissão de cheque furtado.

Não configura óbice ao prosseguimento da ação penal – mas sim causa de diminuição de pena (art. 16 do CP) – o ressarcimento integral e voluntário, antes do recebimento da denúncia, do dano decorrente de estelionato praticado mediante a emissão de cheque furtado sem provisão de fundos. *HC 280.089-SP, Rel. Min. Jorge Mussi, 18.2.14. 5ª T. (Info 537)*

2013

Compensação da atenuante da confissão espontânea com a agravante da reincidência.

RPT É possível, na segunda fase da dosimetria da pena, a compensação da atenuante da confissão espontânea com a agravante da reincidência. *REsp 1.341.370–MT, Rel. Min. Sebastião Reis Júnior, 10.4.13.*

Comportamento da vítima.

O fato de a vítima não ter contribuído para o delito é circunstância judicial neutra e não implica o aumento da sanção. *HC 217.819-BA, Rel. Min. Maria T. A. Moura, 21.11.13. 6ª T. (Info 532)*

2012

Concussão. Pena-base. Exasperação.

Tendo o crime sido perpetrado por policiais civis que, ostentando tal condição funcional, tinham maiores condições de entender o caráter ilícito do seu ato e também porque detinham o dever de garantir a segurança pública e reprimir a criminalidade, não se mostra injustificada a manutenção da sentença no ponto em que, por conta disso e das circunstâncias em que cometido o delito, considerou mais elevada a culpabilidade dos agentes e negativa a forma como se deu o crime, elevando a reprimenda básica. Havendo suficiente amparo para a conclusão acerca da desfavorabilidade da personalidade dos agentes, justificado está o aumento da pena-base nesse ponto. Os fundamentos utilizados para a valorar negativamente os motivos e as consequências do crime, por se confundirem com elementares do crime de concussão, não se mostram hábeis a autorizar a exasperação da pena na primeira etapa da dosimetria. *HC 166.605, Rel. Min. Jorge Mussi, 2.8.12. 5ª T. (Info 501)*

Confissão espontânea. Incidência da atenuante.

A confissão realizada em juízo, desde que espontânea, é suficiente para fazer incidir a atenuante prevista no art. 65, III, d, do CP, quando expressamente utilizada para a formação do convencimento do julgador. O CP confere à confissão espontânea do acusado, no art. 65, III, d, a estatura de atenuante genérica, para fins de apuração da pena a ser atribuída na segunda fase do sistema trifásico de cálculo da sanção penal. Com efeito, a afirmação de que as demais provas seriam suficientes para a condenação do paciente, a despeito da confissão espontânea, não autoriza a exclusão da atenuante, se ela efetivamente ocorreu e foi utilizada na formação do convencimento do julgador. *REsp 1.183.157, Rel. Min. Sebastião Reis Jr., 16.10.12. 6ª T. (Info 506)*

Concurso formal impróprio. Dolo eventual.

Os desígnios autônomos que caracterizam o concurso formal impróprio referem-se a qualquer forma de dolo, direto ou eventual. A segunda parte do art. 70 do CP, ao dispor sobre o concurso formal impróprio, exige, para sua incidência, que haja desígnios autônomos, ou seja, a intenção de praticar ambos os delitos. O dolo eventual também representa essa vontade do agente, visto que, mesmo não desejando diretamente a ocorrência de um segundo resultado, aceitou-o. Assim, quando, mediante uma só ação, o agente deseja mais de um resultado ou aceita o risco de produzi-lo, devem ser aplicadas as penas cumulativamente, afastando-se a regra do concurso formal perfeito. *HC 191.490, Rel. Min. Sebastião Reis Jr., 27.9.12. 6ª T. (Info 505)*

Dosimetria da pena. Registros criminais. "Bis in idem".

Havendo registros criminais já considerados na primeira e na segunda fase da fixação da pena (maus antecedentes e reincidência), essas mesmas condenações não podem ser valoradas para concluir que o agente possui personalidade voltada à criminalidade. A adoção de entendimento contrário caracteriza o indevido "bis in idem". *HC 165.089, Rel. Min. Laurita Vaz, 16.10.12. 5ª T. (Info 506)*

Dosimetria. Reincidência. Majoração superior a 1/6.

O aumento da pena pela reincidência em fração superior a 1/6 exige motivação idônea. Embora a lei não preveja percentuais mínimos e máximos de majoração da pena pela reincidência, deve-se atentar aos princípios da proporcionalidade, razoabilidade, necessidade e suficiência à reprovação e à prevenção do crime. *HC 200.900, Rel. Min. Sebastião Reis Jr., 27.9.12. 6ª T. (Info 505)*

Fixação da pena-base. Argumentos genéricos ou circunstâncias elementares do próprio tipo penal.

Não é possível a utilização de argumentos genéricos ou circunstâncias elementares do próprio tipo penal para o aumento da pena-base com fundamento nas consequências do delito. *HC 165.089, Rel. Min. Laurita Vaz, 16.10.12. 5ª T. (Info 506)*

Pena-base fixada no mínimo legal. Regime prisional mais gravoso. Inexistência de motivação concreta. Impossibilidade.

Fixada a pena-base no mínimo legal, é vedado o estabelecimento de regime prisional mais gravoso do que o cabível em razão da sanção imposta, com base apenas na gravidade abstrata do delito. Somente se consideradas as circunstâncias judiciais de forma desfavoráveis, com fundamentos idôneos, poderia ser mantido regime prisional mais gravoso. Ademais, a opinião do julgador sobre a gravidade abstrata do crime não constitui motivação idônea para a imposição de regime mais severo do que o permitido segundo a pena aplicada (Súm. 718/STF). Assim, não se pode determinar regime mais rigoroso quando inidônea a fundamentação, baseada tão somente na gravidade abstrata da conduta cometida e na opinião pessoal dos julgadores. *HC 218.617, Rel. Min. Laurita Vaz, 2.10.12. 5ª T. (Info 505)*

Reincidência. Ausência da data exata dos fatos na denúncia. "In dubio pro reo".

A agravante da reincidência não deve ser aplicada se não há na denúncia exatidão da data dos fatos apta a demonstrar que o delito ocorreu após o trânsito em julgado de condenação anterior. Em observância ao princípio do "in dubio pro reo", deve ser dada a interpretação mais favorável ao acusado, não se podendo presumir que o trânsito em julgado referente ao crime anterior ocorreu antes do cometimento do segundo delito. *HC 200.900, Rel. Min. Sebastião Reis Jr., 27.9.12. 6ª T. (Info 505)*

Dosimetria da pena. Circunstâncias desfavoráveis inerentes do tipo penal.

Os elementos inerentes ao próprio tipo penal não podem ser considerados para a exasperação da pena-base. A primeira fase da dosimetria é o momento em que o julgador efetivamente individualiza a pena pelas circunstâncias ali analisadas. Porém, o julgador não pode agir com livre arbítrio, deve motivar as razões que foram seguidas, e demonstrá-las concretamente. HC 227.302, Rel. Gilson Dipp, 21.8.12. 5ª T. (Info 502)

Dosimetria da pena. Condenações pretéritas. Crime culposo.

Não há flagrante ilegalidade se o juízo sentenciante considera, na fixação da pena, condenações pretéritas, ainda que tenha transcorrido lapso temporal superior a cinco anos entre o efetivo cumprimento das penas e a infração posterior; pois, embora não sejam aptas a gerar a reincidência, nos termos do art. 64, I, do CP, são passíveis de serem consideradas como maus antecedentes no sopesamento negativo das circunstâncias judiciais. HC 198.557, Rel. Min. Marco A. Bellizze, 13.3.12. 5ª T. (Info 493)

Dosimetria da pena. Única condenação transitada em julgado. Valoração. "Bis in idem".

O fato de o paciente registrar uma única condenação transitada em julgado não pode ser valorado, ao mesmo tempo, como circunstância judicial desfavorável e agravante de reincidência, sob pena de "bis in idem". Por sua vez, configura constrangimento ilegal o aumento da pena no crime de roubo, na terceira fase de individualização, acima do patamar mínimo (um terço), com base apenas nos números de majorantes (Súm. 443/STJ). Concedida a ordem para reconhecer a ocorrência de "bis in idem" e reduzir para o patamar de 1/3 a exasperação decorrente das majorantes previstas no art. 157, § 2º, II e V, do CP, ficando definitivamente fixada a pena em seis anos e oito meses de reclusão, mantido o regime fechado. HC 147.202, Rel. Min. Og Fernandes, 28.2.12. 6ª T. (Info 492)

Dosimetria da pena. Uso de entorpecente. Má-conduta social. "Reformatio in pejus".

Na hipótese, o juiz de primeiro grau fixou a pena-base acima do mínimo legal com o argumento de que o acusado seria usuário de drogas. Apresentado recurso da defesa, o Tribunal de origem manteve a decisão de primeiro grau e agregou novas fundamentações à decisão recorrida. O uso de entorpecente pelo réu, por si só, não pode ser considerado como má-conduta social para o aumento da pena-base. Não pode haver agravamento da situação do réu em julgamento de recurso apresentado exclusivamente pela defesa, por caracterizar "reformatio in pejus". Assim, a pena foi reduzida ao mínimo legal previsto e foi fixado o regime aberto para o cumprimento de pena. HC 201.453, Rel. Min. Sebastião Reis Jr., 2.2.12. 6ª T. (Info 490)

Reincidência. Confissão espontânea. Compensação.

Devem ser compensadas a atenuante da confissão espontânea e a agravante da reincidência por serem igualmente preponderantes. A confissão revela traço da personalidade do agente, indicando o seu arrependimento e o desejo de emenda. Assim, nos termos do art. 67 do CP, o peso entre a confissão – que diz respeito à personalidade do agente – e a reincidência – expressamente prevista no referido artigo como circunstância preponderante – deve ser o mesmo, daí a possibilidade de compensação. EREsp 1.154.752, Rel. Min. Sebastião Reis Jr., 23.5.12. 3ª S. (Info 498)

2.3. Do Livramento Condicional

2014

Condição subjetiva para livramento condicional.

Para a concessão de livramento condicional, a avaliação da satisfatoriedade do comportamento do executado não pode ser limitada a um período absoluto e curto de tempo. REsp 1.325.182-DF, Rel. Min. Rogerio S. Cruz, julgamento em 20.2.14. 6ª T. (Info 535)

2.4. Dos Efeitos da Condenação

2015

Inaplicabilidade do art. 92, I, do CP a servidor público aposentado anteriormente à condenação criminal.

Ainda que condenado por crime praticado durante o período de atividade, o servidor público não pode ter a sua aposentadoria cassada com fundamento no art. 92, I, do CP, mesmo que a sua aposentadoria tenha ocorrido no curso da ação penal. REsp 1.416.477-SP, Rel. Min. Walter de Almeida Guilherme, j. 18.11.14. 5ª T. (Info 552)

Procedimento para declarar a perda do cargo de membro vitalício do Ministério Público estadual.

Em ação penal decorrente da prática de corrupção passiva praticada por membro vitalício do Ministério Público estadual, não é possível determinar a perda do cargo com fundamento no art. 92, I, a, do CP. *REsp 1.251.621-AM, Rel. Min. Laurita Vaz, j. 16.10.14. 5ª T. (Info 552)*

2014

Necessidade de fundamentação da sentença penal que determine a perda do cargo público.

A determinação da perda de cargo público fundada na aplicação de pena privativa de liberdade superior a 4 anos (art. 92, I, b, do CP) pressupõe fundamentação concreta que justifique o cabimento da medida. *REsp 1.044.866-MG, Rel. Min. Rogerio S. Cruz, 2.10.14. 6ª T. (Info 549)*

2012

Efeitos da condenação. Impossibilidade de cassação de aposentadoria.

A cassação da aposentadoria não é consectário lógico da condenação penal. Os efeitos da condenação previstos no art. 92 do CP devem ser interpretados restritivamente. *RMS 31.980-ES, Rel. Min. Og Fernandes, 2.10.12. 6ª T. (Info 505)*

Efeitos extrapenais. Perda do cargo público. Novo mandato.

Os efeitos extrapenais de "decisum" condenatório de agente político (prefeito) não podem alcançar novo mandato de modo a afastá-lo do cargo atual. *REsp 1.244.666, Rel. Min. Sebastião Reis Jr., 16.8.12. 6ª T. (Info 502)*

2012

Gestão temerária. Parecer opinativo. Participação. Vínculo subjetivo.

O crime de gestão temerária, previsto no parágrafo único do art. 4º na Lei 7.492/86, é crime próprio e que exige, para sua configuração, especial condição do agente. 2. Nessa linha, para que se possa ser o sujeito ativo do crime em questão é fundamental que o agente tenha poderes de gestão na empresa, ou seja, deve possuir poderes especiais ligados à administração, controle ou direção da empresa, "ex vi" do art. 25 da referida lei. 3. É possível, todavia, a participação de terceiras pessoas não integrantes do rol taxativo previsto em lei na prática do delito, desde que se demonstre o nexo de causalidade entre a conduta da terceira pessoa e a realização do fato típico. Esse nexo exige a presença do elemento subjetivo, consubstanciado na consciência de que sua conduta, mediante ajuste de vontades, voltada para a ocorrência do resultado que a lei visa reprimir. 4. No caso, a exordial aponta vínculo subjetivo do recorrente que o liga ao evento delituoso, na medida em que descreve a aceitação pelo recorrente do notório risco lesivo. Destaca-se da denúncia, nesse particular, que a confecção de parecer favorável às operações de aquisição de ações se deu em contexto totalmente desfavorável a esse tipo de operação e voltado ao interesse exclusivo do banco estruturador da operação. Assim, verifica-se que houve a descrição do necessário e indispensável elemento subjetivo que faz o elo de ligação entre a conduta do paciente e o fato delituoso em si. *RHC 18.667, Rel. Min. Og Fernandes, 9.10.12. 6ª T. (Info 506)*

Imunidade relativa. Relação de parentesco. Ausência de coabitação. Mera hospedagem ocasional.

Para incidir a imunidade trazida no art. 182, III, do CP, deve se comprovar a relação de parentesco entre tio e sobrinho, bem como a coabitação, a residência conjunta quando da prática do crime. 2. Entende-se por coabitação o estabelecimento da residência, a morada habitual, estável e certa, que não se confunde com a mera hospedagem, a qual tem caráter temporário e, "in casu", durou apenas 3 semanas. *REsp 1.065.086, Rel. Min. Maria T. A. Moura, 16.2.12. 6ª T. (Info 491)*

3. DA EXTINÇÃO DA PUNIBILIDADE

2015

Efeitos da suspensão da exigibilidade de crédito tributário na prescrição da pretensão punitiva.

A prescrição da pretensão punitiva do crime de apropriação indébita previdenciária (art. 168-A do CP) permanece suspensa enquanto a exigibilidade do crédito tributário estiver suspensa em razão de decisão de antecipação dos efeitos da tutela no juízo cível. *RHC 51.596-SP, Rel. Min. Felix Fischer, DJe 24.2.15. 5ª T. (Info 556)*

Extinção da punibilidade independentemente do adimplemento da pena de multa. Recurso repetitivo. Tema 931.

RPT Nos casos em que haja condenação a pena privativa de liberdade e multa, cumprida a primeira (ou a restritiva de direitos que eventualmente a tenha substituído), o inadimplemento da sanção pecuniária não obsta o reconhecimento da extinção da punibilidade. REsp 1.519.777-SP, Rel. Min. Rogerio S. Cruz, 3ª S., DJe 10.9.15. (Info 568)

Inocorrência da extinção da punibilidade pelo pagamento do débito previdenciário após o trânsito em julgado da condenação.

Nos crimes de apropriação indébita previdenciária (art. 168-A do CP), o pagamento do débito previdenciário após o trânsito em julgado da sentença condenatória não acarreta a extinção da punibilidade. HC 302.059-SP, Rel. Min. Maria T. A. Moura, DJe 11.2.15. 6ª T. (Info 556)

Interrupção de prescrição de pretensão punitiva em crimes conexos.

No caso de crimes conexos que sejam objeto do mesmo processo, havendo sentença condenatória para um dos crimes e acórdão condenatório para o outro delito, tem-se que a prescrição da pretensão punitiva de ambos é interrompida a cada provimento jurisdicional (art. 117, § 1º, do CP). RHC 40.177-PR, Rel. Min. Reynaldo Soares da Fonseca, DJe 1º.9.15. 5ª T. (Info 568)

Recebimento de denúncia por autoridade incompetente e prescrição.

Quando a autoridade que receber a denúncia for incompetente em razão de prerrogativa de foro do réu, o recebimento da peça acusatória será ato absolutamente nulo e, portanto, não interromperá a prescrição. APn 295-RR, Rel. Min. Jorge Mussi, DJe 12.2.15. Corte Especial. (Info 555)

2014

Prescrição de medida de segurança.

A prescrição da medida de segurança imposta em sentença absolutória imprópria é regulada pela pena máxima abstratamente prevista para o delito. RHC 39.920-RJ, Rel. Min. Jorge Mussi, 6.2.14. 5ª T. (Info 535)

2013

Efeitos da extinção da punibilidade do crime-meio em relação ao crime-fim.

No caso em que a falsidade ideológica tenha sido praticada com o fim exclusivo de proporcionar a realização do crime de descaminho, a extinção da punibilidade quanto a este – diante do pagamento do tributo devido – impede que, em razão daquela primeira conduta, considerada de forma autônoma, proceda-se à persecução penal do agente. RHC 31.321-PR, Rel. Min. Marco Aurélio Bellizze, 16.5.13. 5ª T. (Info 523)

Marco interruptivo da prescrição da pretensão punitiva.

Para efeito de configuração do marco interruptivo do prazo prescricional a que se refere o art. 117, IV, do CP, considera-se como publicado o "acórdão condenatório recorrível" na data da sessão pública de julgamento, e não na data de sua veiculação no Diário da Justiça ou em meio de comunicação congênere. HC 233.594-SP, Rel. Min. Alderita Ramos de Oliveira, 16.4.13. 6ª T. (Info 521)

Prescrição da pretensão executória.

A possibilidade de ocorrência da prescrição da pretensão executória surge somente com o trânsito em julgado da condenação para ambas as partes. HC 254.080-SC, Rel. Min. Marco Aurélio Bellizze, 15.10.13. 5ª T. (Info 532)

Reconhecimento da prescrição enquanto não houver trânsito em julgado para ambas as partes.

Deve ser reconhecida a extinção da punibilidade com fundamento na prescrição da pretensão punitiva, e não com base na prescrição da pretensão executória, na hipótese em que os prazos correspondentes a ambas as espécies de prescrição tiverem decorrido quando ainda pendente de julgamento agravo interposto tempestivamente em face de decisão que tenha negado, na origem, seguimento a recurso especial ou extraordinário. REsp 1.255.240-DF, Rel. Min. Marco Aurélio Bellizze, 19.9.13. 5ª T. (Info 532)

Termo inicial da prescrição da pretensão executória.

O termo inicial da prescrição da pretensão executória é a data do trânsito em julgado da sentença condenatória para a acusação, ainda que pendente de apreciação recurso interposto pela defesa que, em face do princípio da presunção de inocência, impeça a execução da pena. *HC 254.080-SC, Rel. Min. Marco Aurélio Bellizze, 15.10.13. 5ª T. (Info 532)*

2012

Estelionato previdenciário. Prazo prescricional.

E não há manifesta ilegalidade a ser reconhecida de ofício. Isso porque o STF, ao julgar o HC nº 85.601, distinguiu duas situações para a configuração da natureza jurídica do delito em questão. Assentou que, para aquele que comete a fraude contra a Previdência e não se torna beneficiário da aposentadoria, o crime é instantâneo, ainda que de efeitos permanentes. Para o beneficiário, contudo, o delito continua sendo permanente, consumando-se com a cessação da permanência. 4. In casu, a paciente não apenas omitiu da Previdência Social o óbito da verdadeira beneficiária da aposentadoria como passou a receber indevidamente os valores respectivos. Assim, sendo a paciente beneficiária da aposentadoria indevida, o delito possui natureza permanente, consumando-se na data da cessação da permanência, vale dizer, dezembro de 2006. Não transcorreu, portanto, o lapso prescricional de 4 anos entre a data da consumação do delito e o recebimento da denúncia, não sendo de falar em prescrição retroativa. *HC 216.986, Rel. p/ ac. Min. Maria T. A. Moura, 1º.3.12. 6ª T. (Info 492)*

Prescrição. Crime antecedente. Lavagem de dinheiro.

A extinção da punibilidade pela prescrição quanto aos crimes antecedentes não implica o reconhecimento da atipicidade do delito de lavagem de dinheiro (art. 1º da Lei 9.613/98) imputado ao paciente. Nos termos do art. 2º, II, § 1º da lei mencionada, para a configuração do delito de lavagem de dinheiro não há necessidade de prova cabal do crime anterior, mas apenas a demonstração de indícios suficientes de sua existência. Assim sendo, o crime de lavagem de dinheiro é delito autônomo, independente de condenação ou da existência de processo por crime antecedente. *HC 207.936, Rel. Min. Jorge Mussi, 27.3.12. 5ª T. (Info 494)*

Prescrição. Pretensão executória. Pena restritiva de direitos. Abandono no cumprimento.

No caso de abandono pelo sentenciado do cumprimento da pena restritiva de direitos – prestação de serviços à comunidade –, a prescrição da pretensão executória será regulada pelo tempo restante do cumprimento da medida substitutiva imposta. Declarada extinta a punibilidade do paciente pela ocorrência da prescrição executória da pena. Ao conferir interpretação extensiva ao art. 113 do CP, decidiu-se que o abandono no cumprimento da pena restritiva de direitos pode se equiparado às hipóteses de "evasão" e da "revogação do livramento condicional" previstas no referido artigo, uma vez que as situações se assemelham na medida em que há, em todos os casos, sentença condenatória e o cumprimento de parte da pena pelo sentenciado. *HC 232.764, Rel. Min. Maria T. A. Moura, 25.6.12. 6ª T. (Info 500)*

4. DOS CRIMES CONTRA A PESSOA

4.1. Dos Crimes contra a Vida

2016

Hipótese de inexistência de motivo fútil em homicídio decorrente da prática de "racha".

Não incide a qualificadora de motivo fútil (art. 121, § 2º, II, do CP), na hipótese de homicídio supostamente praticado por agente que disputava "racha", quando o veículo por ele conduzido – em razão de choque com outro automóvel também participante do "racha" – tenha atingido o veículo da vítima, terceiro estranho à disputa automobilística. *HC 307.617-SP, Rel. p/ ac. Min. Sebastião Reis Júnior, DJe 16.5.2016. 6ª T. (Info 583)*

Incompatibilidade entre dolo eventual e a qualificadora de motivo fútil.

É incompatível com o dolo eventual a qualificadora de motivo fútil (art. 121, § 2º, II, do CP). *HC 307.617-SP, Rel. p/ ac. Min. Sebastião Reis Júnior, DJe 16.5.2016. 6ª T. (Info 583)*

Qualificadora do motivo torpe em relação ao mandante de homicídio mercenário.

O reconhecimento da qualificadora da "paga ou promessa de recompensa" (inciso I do § 2º do art. 121) em relação ao executor do crime de homicídio mercenário não qualifica automaticamente o delito em relação ao mandante, nada obstante este possa incidir no referido dispositivo caso o motivo que o tenha levado a empreitar o óbito alheio seja torpe. *REsp 1.209.852-PR, Rel. Min. Rogerio Schietti Cruz, DJe 2.2.2016. 6ª T. (Info 575)*

2015

Morte instantânea da vítima e omissão de socorro como causa de aumento de pena.

No homicídio culposo, a morte instantânea da vítima não afasta a causa de aumento de pena prevista no art. 121, § 4º, do CP – deixar de prestar imediato socorro à vítima a não ser que o óbito seja evidente, isto é, perceptível por qualquer pessoa. HC 269.038-RS, Rel. Min. Felix Fischer, DJe 19.12.14. 5ª T. (Info 554)

2013

Não caracterização de "bis in idem" no caso de aplicação de causa de aumento de pena referente ao descumprimento de regra técnica no exercício da profissão.

É possível a aplicação da causa de aumento de pena prevista no art. 121, § 4º, do CP no caso de homicídio culposo cometido por médico e decorrente do descumprimento de regra técnica no exercício da profissão. Nessa situação, não há que se falar em "bis in idem". HC 181.847-MS, Rel. p/ ac. Min. Campos Marques, 4.4.13. 5ª T. (Info 520)

Qualificadora do motivo fútil no crime de homicídio.

A anterior discussão entre a vítima e o autor do homicídio, por si só, não afasta a qualificadora do motivo fútil. AgRg no REsp 1.113.364-PE, Rel. Min. Sebastião Reis Júnior, DJe 21.8.13. 5ª T. (Info 525)

2012

Crime de aborto. Início do trabalho de parto. Homicídio ou infanticídio.

Iniciado o trabalho de parto, não há crime de aborto, mas sim homicídio ou infanticídio conforme o caso. Para configurar o crime de homicídio ou infanticídio, não é necessário que o nascituro tenha respirado, notadamente quando, iniciado o parto, existem outros elementos para demonstrar a vida do ser nascente, por exemplo, os batimentos cardíacos. HC 228.998-MG, Rel. Min. Marco Bellizze, 23.10.12. 5ª T. (Info 507)

4.2. Das Lesões Corporais

2016

Natureza da lesão corporal que resulta em perda de dentes.

A lesão corporal que provoca na vítima a perda de dois dentes tem natureza grave (art. 129, § 1º, III, do CP), e não gravíssima (art. 129, § 2º, IV, do CP). REsp 1.620.158-RJ, Rel. Min. Rogerio Schietti Cruz, DJ 20.9.2016. 6ª T. (Info 590)

2015

Crime de lesão corporal qualificado pela deformidade permanente.

A qualificadora – deformidade permanente – do crime de lesão corporal (art. 129, § 2º, IV, do CP) não é afastada por posterior cirurgia estética reparadora que elimine ou minimize a deformidade na vítima. HC 306.677-RJ, Rel. p/ ac. Min. Nefi Cordeiro, DJe 28.5.15. 6ª T. (Info 562)

2012

Lesão corporal. Morte. Nexo. Causalidade.

Não há a configuração do crime de lesão corporal seguida de morte se a conduta do agente não foi a causa imediata do resultado morte, estando ausente o necessário nexo de causalidade. AgRg no REsp 1.094.758, Rel. p/ ac. Min. Vasco D. Giustina, 1º.3.12. 6ª T. (Info 492)

4.3. Dos Crimes contra a Honra

2015

Possibilidade da prática de calúnia, difamação e injúria por meio da divulgação de uma única carta.

É possível que se impute de forma concomitante a prática dos crimes de calúnia, de difamação e de injúria ao agente que divulga em uma única carta dizeres aptos a configurar os referidos delitos, sobretudo no caso em que os trechos utilizados para caracterizar o crime de calúnia forem diversos dos empregados para demonstrar a prática do crime de difamação. RHC 41.527-RJ, Rel. Min. Jorge Mussi, DJe 11.3.15. 5ª T. (Info 557)

2014

Elemento subjetivo do crime de calúnia.

A manifestação do advogado em juízo para defender seu cliente não configura crime de calúnia se emitida sem a intenção de ofender a honra. Isso porque, nessa situação, não se verifica o elemento subjetivo do tipo penal. *Rcl 15.574-RJ, Rel. Min. Rogerio S. Cruz, 9.4.14. 3ª S. (Info 539)*

2012

Advogado. Crime de difamação. Ausência temporária do magistrado da sala do interrogatório.

No caso, é possível entrever, da simples leitura dos autos, que a intenção do causídico não era atentar contra a reputação da juíza, mas sim conseguir beneficiar seu cliente com a anulação de um ato processual que continha declarações a ele desfavoráveis. Ausência do chamado "animus diffamandi", que impede a configuração do delito. *HC 202.059, Rel. Min. Marco A. Bellizze, 16.2.12. 5ª T. (Info 491)*

4.4. Dos Crimes contra a Liberdade Individual

2014

Invasão de gabinete de delegado de polícia.

Configura o crime de violação de domicílio (art. 150 do CP) o ingresso e a permanência, sem autorização, em gabinete de Delegado de Polícia, embora faça parte de um prédio ou de uma repartição públicos. *HC 298.763-SC, Rel. Min. Jorge Mussi, 7.10.14. 5ª T. (Info 549)*

Requisitos para configuração do crime de redução a condição análoga à de escravo.

Para configuração do delito de "redução a condição análoga à de escravo" (art. 149 do CP) – de competência da Justiça Federal – é desnecessária a restrição à liberdade de locomoção do trabalhador. *CC 127.937-GO, Rel. Min. Nefi Cordeiro, 28.5.14. 3ª S. (Info 543)*

5. DOS CRIMES CONTRA O PATRIMÔNIO

5.1. Do Furto

2015

Furto qualificado praticado durante o repouso noturno.

A causa de aumento de pena prevista no § 1º do art. 155 do CP – que se refere à prática do crime durante o repouso noturno – é aplicável tanto na forma simples (caput) quanto na forma qualificada (§ 4º) do delito de furto. *HC 306.450-SP, Rel. Min. Maria T. A. Moura, DJe 17.12.14. 6ª T. (Info 554)*

Furto praticado no interior de estabelecimento comercial guarnecido por mecanismo de vigilância e de segurança. Recurso repetitivo. Tema 924.

RPT A existência de sistema de segurança ou de vigilância eletrônica não torna impossível, por si só, o crime de furto cometido no interior de estabelecimento comercial. *REsp 1.385.621-MG, Rel. Min. Rogerio S. Cruz, 3ª Seção, DJe 2.6.15. (Info 563)*

Momento consumativo do crime de furto. Recurso repetitivo. Tema 934.

RPT Consuma-se o crime de furto com a posse de fato da res furtiva, ainda que por breve espaço de tempo e seguida de perseguição ao agente, sendo prescindível a posse mansa e pacífica ou desvigiada. *REsp 1.524.450-RJ, Rel. Min. Nefi Cordeiro, DJe 29.10.15. 3ª S. (Info 572)*

Qualificadora da destreza no crime de furto.

No crime de furto, não deve ser reconhecida a qualificadora da "destreza" (art. 155, § 4º, II, do CP) caso inexista comprovação de que o agente tenha se valido de excepcional – incomum – habilidade para subtrair a coisa que se encontrava na posse da vítima sem despertar-lhe a atenção. *REsp 1.478.648-PR, Rel. Min. Newton Trisotto, DJe 2.2.15. 5ª T. (Info 554)*

2014

Aplicabilidade do princípio da insignificância.

Aplica-se o princípio da insignificância à conduta formalmente tipificada como furto consistente na subtração, por réu primário e sem antecedentes, de um par de óculos avaliado em R$ 200,00. *AgRg* no RHC 44.461-RS, Rel. Min. Marco Aurélio Bellizze, 27.5.14. 5ª T. (Info 542)

Atipicidade material da conduta no crime de furto.
Aplica-se o princípio da insignificância à conduta formalmente tipificada como furto consistente na subtração, por réu primário, de bijuterias avaliadas em R$ 40 pertencentes a estabelecimento comercial e restituídas posteriormente à vítima. HC 208.569-RJ, Rel. Min. Rogerio S. Cruz, 22.4.14. 6ª T. (Info 540)

Hipótese de aplicação do princípio da insignificância.
Aplica-se o princípio da insignificância à conduta formalmente tipificada como furto tentado consistente na tentativa de subtração de chocolates, avaliados em R$ 28,00, pertencentes a um supermercado e integralmente recuperados, ainda que o réu tenha, em seus antecedentes criminais, registro de uma condenação transitada em julgado pela prática de crime da mesma natureza. HC 299.185-SP, Rel. Min. Sebastião Reis Júnior, 9.9.14. 6ª T. (Info 548)

2013

Aplicabilidade do princípio da insignificância.
Não se aplica o princípio da insignificância ao furto de uma máquina de cortar cerâmica avaliada em R$ 130,00 que a vítima utilizava usualmente para exercer seu trabalho e que foi recuperada somente alguns dias depois da consumação do crime praticado por agente que responde a vários processos por delitos contra o patrimônio. HC 241.713-DF, Rel. Min. Rogerio S. Cruz, 10.12.13. 6ª T. (Info 534)

Aplicabilidade do princípio da insignificância na hipótese de acusado reincidente ou portador de maus antecedentes.
Ainda que se trate de acusado reincidente ou portador de maus antecedentes, deve ser aplicado o princípio da insignificância no caso em que a conduta apurada esteja restrita à subtração de 11 latas de leite em pó avaliadas em R$76,89 pertencentes a determinado estabelecimento comercial. HC 250.122-MG, Rel. Min. Og Fernandes, 2.4.13. 6ª T. (Info 520)

Aplicabilidade do princípio da insignificância ao furto de bem cujo valor seja de pouco mais de 23% do salário mínimo da época.
Sendo favoráveis as condições pessoais do agente, é aplicável o princípio da insignificância em relação à conduta que, subsumida formalmente ao tipo correspondente ao furto simples (art. 155, caput, do CP), consista na subtração de bem móvel de valor equivalente a pouco mais de 23% do salário mínimo vigente no tempo do fato. AgRg no HC 254.651-PE, Rel. Min. Jorge Mussi, 12.3.13. 5ª T. (Info 516)

Furto de objeto localizado no interior de veículo.
A subtração de objeto localizado no interior de veículo automotor mediante o rompimento do vidro qualifica o furto (art. 155, § 4º, I, do CP). AgRg no REsp 1.364.606-DF, Rel. Min. Jorge Mussi, 22.10.13. 5ª T. (Info 532)

2012

Furto de pequeno valor. Princípio da insignificância.
Não é possível a aplicação do princípio da insignificância ao furto de objeto de pequeno valor. Não se deve confundir bem de pequeno valor com o de valor insignificante, o qual, necessariamente, exclui o crime ante a ausência de ofensa ao bem jurídico tutelado, qual seja, o patrimônio. O bem de pequeno valor pode caracterizar o furto privilegiado previsto no § 2º do art. 155 do CP, apenado de forma mais branda, compatível com a lesividade da conduta. Além disso, o STF já decidiu que, mesmo nas hipóteses de restituição do bem furtado à vítima, não se justifica irrestritamente a aplicação do princípio da insignificância, mormente se o valor do bem objeto do crime tem expressividade econômica. REsp 1.239.797, Rel. Min. Laurita Vaz, 16.10.12. 5ª T. (Info 506)

Furto qualificado pela escalada. Princípio da insignificância.
Não é possível a aplicação do princípio da insignificância ao furto praticado mediante escalada (art. 155, § 4º, II, do CP). O significativo grau de reprovabilidade do "modus operandi" do agente afasta a possibilidade de aplicação do princípio da insignificância. REsp 1.239.797, Rel. Min. Laurita Vaz, 16.10.12. 5ª T. (Info 506)

Furto qualificado. Princípio da insignificância.
O princípio da insignificância requer, para sua aplicação, que a mínima ofensividade da conduta

seja analisada caso a caso, observando o bem subtraído, a condição econômica do sujeito passivo, as circunstâncias e o resultado do crime. No caso, invocou-se tal princípio, pois foram apreendidos como objetos do furto apenas uma colcha de casal e um edredon. Inaplicável esse princípio porque os agentes em concurso, ao ingressar na residência da vítima, romperam obstáculos durante o repouso noturno, motivos que indicam o alto grau de reprovabilidade da conduta. Além disso, outros objetos, não recuperados, também foram furtados. *HC 179.572, Rel. Min. Gilson Dipp, 15.3.12. 5ª T. (Info 493)*

Furto. Princípio da insignificância.

Trata-se da tentativa de furto de quatro saquinhos de suco, quatro pedaços de picanha e um frasco de fermento em pó, avaliados no total de R$ 206,44. Após o voto do min. rel. denegando a ordem, verificou-se empate na votação, prevalecendo a decisão mais favorável ao réu. Concedida a ordem em razão da incidência do princípio da insignificância ante a ausência de lesividade da conduta, em especial diante da capacidade econômica da vítima, que seria uma rede de supermercados, e em razão da restituição dos bens. *HC 169.029-RS. Rel. p/ ac. Min. Maria T. A. Moura, 16.2.12. 6ª T. (Info 491)*

Princípio da insignificância. Tentativa. Furto. Aparelho DVD.

A aplicação do princípio da insignificância requer o exame das circunstâncias do fato e daquelas concernentes à pessoa do agente, sob pena de restar estimulada a prática reiterada de furtos de pequeno valor. II. A verificação da lesividade mínima da conduta apta a torná-la atípica, deve levar em consideração a importância do objeto material subtraído, a condição econômica do sujeito passivo, assim como as circunstâncias e o resultado do crime, a fim de se determinar, subjetivamente, se houve ou não relevante lesão ao bem jurídico tutelado. III. Hipótese em que o agente invadiu a casa da vítima com o intuito de se subtrair o bem, tendo sido detido pela vítima, que acionou a Brigada Militar, impedindo a consumação do delito. IV. Circunstância que demonstra maior audácia do agente que o pratica. V. O valor e a qualidade dos bens subtraídos associados às circunstâncias do crime que revelam a existência de relevância penal da conduta. *REsp 1.224.795, Rel. Min. Gilson Dipp, 13.3.12. 5ª T. (Info 493)*

5.2. Do Roubo e da Extorsão

2016

Incidência da majorante do § 1º do art. 158 do CP sobre a extorsão qualificada prevista no § 3º do mesmo dispositivo legal.

Em extorsão qualificada pela restrição da liberdade da vítima, sendo essa condição necessária para a obtenção da vantagem econômica (art. 158, § 3º, do CP), é possível a incidência da causa de aumento prevista no § 1º do art. 158 do CP (crime cometido por duas ou mais pessoas ou com emprego de arma). *REsp 1.353.693-RS, Rel. Min. Reynaldo Soares da Fonseca, DJ 21.9.2016. 5ª T. (Info 590)*

2015

Hipótese de configuração de crime único de roubo.

No delito de roubo, se a intenção do agente é direcionada à subtração de um único patrimônio, estará configurado apenas um crime, ainda que, no "modus operandi" seja utilizada violência ou grave ameaça contra mais de uma pessoa para a consecução do resultado pretendido. *AgRg no REsp 1.490.894-DF, Rel. Min. Sebastião Reis Júnior, DJe 23.2.15. 6ª T. (Info 556)*

Momento consumativo do crime de roubo. Recurso repetitivo. Tema 916.

RPT Consuma-se o crime de roubo com a inversão da posse do bem, mediante emprego de violência ou grave ameaça, ainda que por breve tempo e em seguida a perseguição imediata ao agente e recuperação da coisa roubada, sendo prescindível a posse mansa e pacífica ou desvigiada. *REsp 1.499.050-RJ, Rel. Min. Rogerio S. Cruz, DJe 9.11.15. 3ª S. (Info 572)*

Vedação da fixação de regime prisional mais severo do que aquele abstratamente imposto.

No crime de roubo, o emprego de arma de fogo não autoriza, por si só, a imposição do regime inicial fechado se, primário o réu, a pena-base foi fixada no mínimo legal. *HC 309.939-SP, Rel. Min. Newton Trisotto, DJe 19.5.15. 5ª T. (Info 562)*

2014

Causa de aumento de pena relativa ao transporte de valores.

Deve incidir a majorante prevista no inciso III do § 2º do art. 157 do CP na hipótese em que o autor pratique o roubo ciente de que as vítimas, funcionários da Empresa Brasileira de Correios e Telégrafos (ECT), transportavam grande quantidade de produtos cosméticos de expressivo valor econômico e liquidez. *REsp 1.309.966-RJ, Min. Rel. Laurita Vaz, 26.8.14. 5ª T. (Info 548)*

Configuração de crime único em roubo praticado no interior de ônibus.

Em roubo praticado no interior de ônibus, o fato de a conduta ter ocasionado violação de patrimônios distintos – o da empresa de transporte coletivo e o do cobrador – não descaracteriza a ocorrência de crime único se todos os bens subtraídos estavam na posse do cobrador. *AgRg no REsp 1.396.144-DF, Rel. Min. Walter de Almeida Guilherme, 23.10.14. 5ª T. (Info 551)*

Tipicidade da conduta designada como "roubo de uso".

É típica a conduta denominada "roubo de uso". *REsp 1.323.275-GO, Rel. Min. Laurita Vaz, 24.4.14. 5ª T. (Info 539)*

2013

Caracterização do crime de extorsão.

Pode configurar o crime de extorsão a exigência de pagamento em troca da devolução do veículo furtado, sob a ameaça de destruição do bem. *REsp 1.207.155-RS, Rel. Min. Sebastião Reis Júnior, 7.11.13. 6ª T. (Info 531)*

Desnecessidade de ocorrência de lesões corporais para a caracterização do crime de latrocínio tentado.

O reconhecimento da existência de irregularidades no laudo pericial que atesta a natureza das lesões sofridas pela vítima de tentativa de latrocínio (157, § 3º, parte final, do CP) não resulta na desclassificação da conduta para alguma das outras modalidades de roubo prevista no art. 157 do CP. *HC 201.175-MS, Rel. Min. Jorge Mussi, 23.4.13. 5ª T. (Info 521)*

2012

Concurso formal. Latrocínio.

Na hipótese, os recorrentes, objetivando a reforma do julgado, sustentaram negativa de vigência ao art. 70 do CP, alegando a ocorrência de apenas uma subtração patrimonial e a morte de duas vítimas, o que configuraria crime único de latrocínio, e não concurso formal impróprio. Porém, foi comprovado que os agentes não se voltaram apenas contra um patrimônio, mas que, ao contrário, os crimes resultaram de desígnios autônomos. Daí, as instâncias "a quo" decidiram que os agentes desejavam praticar mais de um latrocínio, tendo em cada um deles consciência e vontade, quando efetuaram os disparos contra as vitimas. Assim, aplica-se o concurso formal impróprio entre os delitos de latrocínio (art. 70, parte final, do CP), pois ocorreram dois resultados morte, ainda que tivesse sido efetuada apenas uma subtração patrimonial. Ademais, consoante a Súm. 610/STF, há crime de latrocínio quando o homicídio se consuma, ainda que não realize o agente a subtração de bens da vítima. *REsp 1.164.953, Rel. Min. Laurita Vaz, 27.3.12. 5ª T. (Info 494)*

Crime de extorsão. Forma tentada.

Não se consuma o crime de extorsão quando, apesar de ameaçada, a vítima não se submete à vontade do criminoso, fazendo, tolerando que se faça ou deixando de fazer algo contra a sua vontade. *REsp 1.094.888, Rel. Min. Sebastião Reis Jr., 21.8.12. 6ª T. (Info 502)*

Invasão de imóvel particular. Venda direta aos detentores. Parcelamento irregular e extorsão.

As supostas vítimas dos delitos de extorsão ocupavam a área de propriedade dos mandantes do paciente por força de invasão nela perpetrada em meados de 1975. 2. Para a configuração do crime previsto no art. 50, I, da Lei 6.766/97 é necessário que o sujeito ativo realize modificações físicas na área a ser loteada ou desmembrada, ou ao menos dê início a tais alterações, sem que para tanto tenha autorização do órgão público competente, ou o faça em desacordo com a legislação aplicável. 3. A responsabilidade pelo fracionamento da área que é objeto da ação penal em apreço, de forma alguma, pode ser atribuída ao paciente, procurador dos legítimos proprietários, tendo em vista que restou incontroverso nos autos que a ocupação se deu na década 1970, à revelia destes, que buscaram no Poder Judiciário, por meio da ação cabível, a tutela do direito possessório que lhes foi tolhido. 4. O fracionamento narrado na denúncia teve início com a ocupação desordenada do solo, sem o consentimento dos seus proprietários, culminando na formação de uma verdadeira comunidade com as características de um bairro que se forma dentro da municipalidade. 5. Se o próprio Município, de forma comissiva, anuiu com a ocupação desordenada do solo, disponibilizando aos moradores as redes de água e energia elétrica e organizando a área ocupada em ruas, sequer se poderia falar em ofensa ao bem jurídico tutelado pela norma penal em comento. 6. Na conduta atribuída ao paciente não restou configurado um dos elementos constitutivos do tipo de extorsão, qual seja, a vantagem indevida que é fruto do constrangimento imposto ao sujeito passivo, pois representava os interesses dos legítimos proprietários da área ocupada, sendo-lhe lícito, portanto, propor uma contraprestação pecuniária para consolidar a propriedade em nome dos ocupantes. *HC 121.718, Rel. p/ ac. Min. Jorge Mussi, 5.6.12. 5ª T. (Info 499)*

Roubo. Majorante. Perícia que constata ineficácia da arma de fogo.
A majorante do art. 157, § 2º, I, do CP não é aplicável aos casos nos quais a arma utilizada na prática do delito é apreendida e periciada, e sua inaptidão para a produção de disparos é constatada. *HC 247.669-SP, Rel. Min. Sebastião Reis Júnior, 4.12.12. 6ª T. (Info 511)*

5.3. Do Dano, Da Apropriação Indébito

2016

Hipótese de inaplicabilidade da majorante descrita no art. 168, § 1º, II, do CP.
O fato de síndico de condomínio edilício ter se apropriado de valores pertencentes ao condomínio para efetuar pagamento de contas pessoais não implica o aumento de pena descrito no art. 168, § 1º, II, do CP (o qual incide em razão de o agente de apropriação indébita ter recebido a coisa na qualidade de "síndico"). *REsp 1.552.919-SP, Rel. Min. Reynaldo Soares da Fonseca, DJe 1.6.2016. 5ª T. (Info 584)*

2015

Crime de dano praticado contra a CEF.
O crime de dano (art. 163 do CP) não será qualificado (art. 163, parágrafo único, III) pelo fato de ser praticado contra o patrimônio da Caixa Econômica Federal (CEF). *RHC 57.544-SP, Rel. Min. Leopoldo A. Raposo, DJe 18.8.15. 5ª T. (Info 567)*

2013

Desclassificação do crime de dano cometido contra o patrimônio do DF.
A conduta de destruir, inutilizar ou deteriorar o patrimônio do Distrito Federal não configura, por si só, o crime de dano qualificado, subsumindo-se, em tese, à modalidade simples do delito. *HC 154.051-DF, Rel. Min. Maria T. A. Moura, 4.12.12. 6ª T. (Info 515)*

5.4. Do Estelionato e Outras Fraudes

2015

Hipótese de inaplicabilidade do princípio da consunção.
O delito de estelionato não será absorvido pelo de roubo na hipótese em que o agente, dias após roubar um veículo e os objetos pessoais dos seus ocupantes, entre eles um talonário de cheques, visando obter vantagem ilícita, preenche uma de suas folhas e, diretamente na agência bancária, tenta sacar a quantia nela lançada. *HC 309.939-SP, Rel. Min. Newton Trisotto, DJe 19.5.15. 5ª T. (Info 562)*

2014

Configuração do delito de duplicata simulada.
O delito de duplicata simulada, previsto no art. 172 do CP (redação dada pela Lei 8.137/90), configura-se quando o agente emite duplicata que não corresponde à efetiva transação comercial, sendo típica a conduta ainda que não haja qualquer venda de mercadoria ou prestação de serviço. *REsp 1.267.626-PR, Rel. Min. Maria T. A. Moura, 5.12.13. 6ª T. (Info 534)*

2013

Aplicação da regra da continuidade delitiva ao estelionato previdenciário praticado mediante a utilização de cartão magnético do beneficiário falecido.
A regra da continuidade delitiva é aplicável ao estelionato previdenciário (art. 171, § 3º, do CP) praticado por aquele que, após a morte do beneficiário, passa a receber mensalmente o benefício em seu lugar, mediante a utilização do cartão magnético do falecido. *REsp 1.282.118-RS, Rel. Min. Maria T. A. Moura, 26.2.13. 6ª T. (Info 516)*

Atipicidade da conduta do advogado que, após haver recebido parcela dos honorários contratados, deixe de cumprir o contrato de prestação de serviços celebrado.

É atípica a conduta do advogado que, contratado para patrocinar os interesses de determinada pessoa em juízo, abstenha-se de cumprir o pactuado, apesar do recebimento de parcela do valor dos honorários contratuais. *HC 174.013-RJ, Rel. Min. Og Fernandes, 20.6.13. 6ª T. (Info 527)*

Dolo no delito de apropriação indébita previdenciária.

Para a caracterização do crime de apropriação indébita de contribuição previdenciária (art. 168-A do CP), não há necessidade de comprovação do dolo específico de se apropriar de valores destinados à previdência social. *AgRg no Ag 1.083.417-SP, Rel. Min. Og Fernandes, 25.6.13. 6ª T. (Info 526)*

Dolo no delito de apropriação indébita previdenciária.

Para a caracterização do crime de apropriação indébita de contribuição previdenciária (art. 168-A do CP), não há necessidade de comprovação de dolo específico. Trata-se de crime omissivo próprio, que se perfaz com a mera omissão de recolhimento de contribuição previdenciária no prazo e na forma legais. Desnecessária, portanto, a demonstração do "animus rem sibi habendi", bem como a comprovação do especial fim de fraudar a Previdência Social. *EREsp 1.296.631-RN, Rel. Min. Laurita Vaz, 11.9.13. 3ª S. (Info 528)*

2012

Cola eletrônica. Atipicidade da conduta.

A "cola eletrônica", antes do advento da Lei 12.550/11, era uma conduta atípica, não configurando o crime de estelionato. Fraudar concurso público ou vestibular através de cola eletrônica não se enquadra na conduta do art. 171 do CP (crime de estelionato), pois não há como definir se esta conduta seria apta a significar algum prejuízo de ordem patrimonial, nem reconhecer quem teria suportado o revés. A Lei 12.550/11 acrescentou ao CP uma nova figura típica com o fim de punir quem utiliza ou divulga informação sigilosa para lograr aprovação em concurso público. *HC 245.039, Rel. Min. Marco A. Bellizze, 9.10.12. 5ª T. (Info 506)*

Estelionato judicial. Tipicidade.

Não configura "estelionato judicial" a conduta de quem obtém o levantamento indevido de valores em ação judicial, porque a Constituição da República assegura à parte o acesso ao Poder Judiciário. O processo tem natureza dialética, possibilitando o exercício do contraditório e a interposição dos recursos cabíveis, não se podendo falar, no caso, em "indução em erro" do magistrado. Eventual ilicitude de documentos que embasaram o pedido judicial poderia, em tese, constituir crime autônomo, que não se confunde com a imputação de "estelionato judicial" e não foi descrito na denúncia. 2. A deslealdade processual é combatida por meio do CPC, que prevê a condenação do litigante de má-fé ao pagamento de multa, e ainda passível de punição disciplinar no âmbito do Estatuto da Advocacia. *REsp 1.101.914, Rel. Min. Maria T. A. Moura, 6.3.12. 6ª T. (Info 492)*

Estelionato previdenciário. Natureza jurídica. Prescrição.

É crime permanente o estelionato praticado contra a Previdência Social. Portanto, inicia-se a contagem do prazo prescricional no momento em que cessa o pagamento indevido do benefício, e não quando recebida a primeira parcela da prestação previdenciária, ou seja, a conduta delituosa é reiterada com cada pagamento efetuado, pois gera nova lesão à Previdência. Assim, não é necessário que o meio fraudulento empregado seja renovado a cada mês para verificar a permanência do delito. Ademais, nos crimes instantâneos de efeitos permanentes, o agente não possui o poder de cessar os efeitos da sua conduta; já nos crimes permanentes, pode interromper a fraude a qualquer momento. *REsp 1.206.105, Rel. Min. Gilson Dipp, 27.6.12. 3ª S. (Info 500)*

6. DOS CRIMES CONTRA A PROPRIEDADE IMATERIAL

2015

Comprovação da materialidade do delito de violação de direito autoral. Recurso repetitivo. Tema 926.

RPT É suficiente, para a comprovação da materialidade do delito previsto no art. 184, § 2º, do CP, a perícia realizada, por amostragem, sobre os aspectos externos do material apreendido, sendo desnecessária a identificação dos titulares dos direitos autorais violados ou de quem os represente. *REsp 1.456.239-MG, Rel. Min. Rogerio S. Cruz, 3ª S., DJe 21.8.15. (Info 567)*

2013

Comprovação da materialidade do crime de violação de direitos autorais de que trata o § 2º do art. 184 do CP.

Para a comprovação da prática do crime de violação de direito autoral de que trata o § 2º do art. 184 do CP, é dispensável a identificação dos produtores das mídias originais no laudo oriundo de perícia efetivada nos objetos falsificados apreendidos, sendo, de igual modo, desnecessária a inquirição das supostas vítimas para que elas confirmem eventual ofensa a seus direitos autorais. *HC 191.568-SP, Rel. Min. Jorge Mussi, 7.2.13. 5ª T. (Info 515)*

Pena aplicável à conduta de adquirir e ocultar, com intuito de lucro, CDs e DVDs falsificados.

Deve ser aplicado o preceito secundário a que se refere o § 2º do art. 184 do CP, e não o previsto no § 1º do art. 12 da Lei 9.609/98, para a fixação das penas decorrentes da conduta de adquirir e ocultar, com intuito de lucro, CDs e DVDs falsificados. *HC 191.568-SP, Rel. Min. Jorge Mussi, 7.2.13. 5ª T. (Info 515)*

Súmula n. 502

Presentes a materialidade e a autoria, afigura-se típica, em relação ao crime previsto no art. 184, § 2º, do CP, a conduta de expor à venda CDs e DVDs "piratas". *Rel. Min. Maria T. A. Moura, em 23.10.13. 3ª S. (Info 529)*

2012

Venda de CDs e DVDs falsificados. Tipicidade.

RPT 1. A jurisprudência desta Corte e do STF orienta-se no sentido de considerar típica, formal e materialmente, a conduta prevista no art. 184, § 2º, do CP, afastando, assim, a aplicação do princípio da adequação social, de quem expõe à venda CD'S E DVD'S "piratas". 2. Na hipótese, estando comprovadas a materialidade e a autoria, afigura-se inviável afastar a consequência penal daí resultante com suporte no referido princípio. *REsp 1.193.196, Rel. Min. Maria T. A. Moura, 26.9.12. 3ª S. (Info 505)*

7. DOS CRIMES CONTRA A DIGNIDADE SEXUAL

2016

Desnecessidade de contato físico para deflagração de ação penal por crime de estupro de vulnerável.

A conduta de contemplar lascivamente, sem contato físico, mediante pagamento, menor de 14 anos desnuda em motel pode permitir a deflagração da ação penal para a apuração do delito de estupro de vulnerável. A maior parte da doutrina penalista pátria orienta no sentido de que a contemplação lasciva configura o ato libidinoso constitutivo dos tipos dos arts. 213 e 217-A do CP, sendo irrelevante, para a consumação dos delitos, que haja contato físico entre ofensor e ofendido. *RHC 70.976-MS, Rel. Min. Joel Ilan Paciornik, DJe 10.8.2016. 5ª T. (Info 587)*

Estupro circunstanciado. Vítima maior de 14 anos e menor de 18 anos. Ato libidinoso diverso da conjunção carnal. Configuração do crime na modalidade consumada. Atipicidade afastada.

Subsume-se ao crime previsto no art. 213, § 1º, do CP – a conduta de agente que abordou de forma violenta e sorrateira a vítima com a intenção de satisfazer sua lascívia, o que ficou demonstrado por sua declarada intenção de "ficar" com a jovem – adolescente de 15 anos – e pela ação de impingir-lhe, à força, um beijo, após ser derrubada ao solo e mantida subjugada pelo agressor, que a imobilizou pressionando o joelho sobre seu abdômen. *REsp 1.611.910-MT, Rel. Min. Rogerio Schietti Cruz, DJe 27.10.2016. 6ª T. (Info 592)*

2015

Comprovação da menoridade de vítima de crimes sexuais.

Nos crimes sexuais contra vulnerável, a inexistência de registro de nascimento em cartório civil não é impedimento a que se faça a prova de que a vítima era menor de 14 anos à época dos fatos. *AgRg no AREsp 12.700-AC, Rel. p/ ac. Min. Gurgel de Faria, DJe 5.6.15. 5ª T. (Info 563)*

Configuração do crime de estupro de vulnerável. Recurso repetitivo. Tema 918.

RPT Para a caracterização do crime de estupro de vulnerável previsto no art. 217-A, caput, do Código

Penal, basta que o agente tenha conjunção carnal ou pratique qualquer ato libidinoso com pessoa menor de 14 anos; o consentimento da vítima, sua eventual experiência sexual anterior ou a existência de relacionamento amoroso entre o agente e a vítima não afastam a ocorrência do crime. *REsp 1.480.881-PI, Rel. Min. Rogerio S. Cruz, 3ª S., DJe 10.9.15. (Info 568)*

Consumação do crime de atentado violento ao pudor mediante violência presumida.

Considera-se consumado o delito de atentado violento ao pudor cometido por agente que, antes da vigência da Lei 12.015/09, com o intuito de satisfazer sua lascívia, levou menor de 14 anos a um quarto, despiu-se e começou a passar as mãos no corpo da vítima enquanto lhe retirava as roupas, ainda que esta tenha fugido do local antes da prática de atos mais invasivos. *REsp 1.309.394-RS, Rel. Min. Rogerio S. Cruz, DJe 20.2.15. 6ª T. (Info 555)*

Crime sexual praticado contra menor de 14 anos e redução da pena-base pautada no comportamento da vítima.

Em se tratando de crime sexual praticado contra menor de 14 anos, a experiência sexual anterior e a eventual homossexualidade do ofendido não servem para justificar a diminuição da pena-base a título de comportamento da vítima. *REsp 897.734-PR, Rel. Min. Nefi Cordeiro, DJe 13.2.15. 6ª T. (Info 555)*

2014

Aplicação retroativa da Lei 12.015/09.

O condenado por estupro e atentado violento ao pudor, praticados no mesmo contexto fático e contra a mesma vítima, tem direito à aplicação retroativa da Lei 12.015/09, de modo a ser reconhecida a ocorrência de crime único, devendo a prática de ato libidinoso diverso da conjunção carnal ser valorada na aplicação da pena-base referente ao crime de estupro. *HC 212.305-DF, Rel. Min. Marilza Maynard, 24.4.14. 6ª T. (Info 543)*

Atos libidinosos diversos da conjunção carnal contra vulnerável.

Na hipótese em que tenha havido a prática de ato libidinoso diverso da conjunção carnal contra vulnerável, não é possível ao magistrado – sob o fundamento de aplicação do princípio da proporcionalidade – desclassificar o delito para a forma tentada em razão de eventual menor gravidade da conduta. *REsp 1.353.575-PR, Rel. Min. Rogerio S. Cruz, 5.12.13. 6ª T. (Info 533)*

Configuração do tipo de favorecimento da prostituição de adolescente.

O cliente que conscientemente se serve da prostituição de adolescente, com ele praticando conjunção carnal ou outro ato libidinoso, incorre no tipo previsto no inciso I do § 2º do art. 218-B do CP (favorecimento da prostituição ou de outra forma de exploração sexual de criança ou adolescente ou de vulnerável), ainda que a vítima seja atuante na prostituição e que a relação sexual tenha sido eventual, sem habitualidade. *HC 288.374-AM, Rel. Min. Nefi Cordeiro, 5.6.14. 6ª T. (Info 543)*

2013

Caráter hediondo do crime de atentado violento ao pudor praticado antes da Lei 12.015/09.

O delito de atentado violento ao pudor praticado antes da vigência da Lei 12.015/09, ainda que na sua forma simples e com violência presumida, configura crime hediondo. *AgRg no HC 250.451-MG, Rel. Min. Jorge Mussi, 19.3.13. 5ª T. (Info 519)*

2012

Atentado violento ao pudor. Hediondez. Não configuração. Causa especial de aumento de pena. Inaplicabilidade. Superveniência de lei penal mais benéfica.

Não mais se consideram hediondos os crimes de estupro ou atentado violento ao pudor praticados antes da Lei 12.015/09, quando cometidos mediante violência presumida. 2. Com o advento da Lei 12.015/09, que deu novo tratamento aos denominados "Crimes contra a Dignidade Sexual", caiu por terra a causa de aumento prevista no art. 9º, da Lei 8.072/90, devendo ser aplicado ao condenado por estupro ou atentado violento ao pudor praticados mediante violência ou grave ameaça a menor de 14 anos o preceito secundário do art. 217-A do CP (HC 92723). *HC 107.949, Rel. Min. Og Fernandes, 18.9.12. 6ª T. (Info 504)*

Natureza hedionda. Estupro e atentado violento ao pudor cometidos antes da Lei 12.015/09. Forma simples.

RPT 1. Os crimes de estupro e atentado violento ao pudor, ainda que em sua forma simples, configuram modalidades de crime hediondo porque o bem jurídico tutelado é a liberdade sexual e não a integridade física ou a vida da vítima, sendo irrelevante, para tanto, que a prática dos ilícitos tenha resultado lesões corporais de natureza grave ou morte. 2. As lesões corporais e a morte são resultados que qualificam o crime, não constituindo, pois, elementos do tipo penal necessários ao reconhecimento do caráter hediondo do delito, que exsurge da gravidade mesma do crimes praticados contra a liberdade sexual e merecem tutela diferenciada, mais rigorosa. 3. Declarada a natureza hedionda dos crimes de estupro e atentado violento ao pudor praticados antes da edição da Lei 12.015/09, independentemente que tenham resultado lesões corporais de natureza grave ou morte. *REsp 1.110.520, Rel. Min. Maria T. A. Moura, 26.9.12. 3ª S. (Info 505)*

8. DOS CRIMES CONTRA A INCOLUMIDADE PÚBLICA

2016

Atipicidade penal do exercício da acupuntura.

O exercício da acupuntura não configura o delito previsto no art. 282 do CP (exercício ilegal da medicina, arte dentária ou farmacêutica). *RHC 66.641-SP, Rel. Min. Nefi Cordeiro, DJe 10.3.2016. 6ª T. (Info 578)*

9. DOS CRIMES CONTRA A FÉ PÚBLICA

9.1. Da Moeda Falsa

2014

Agravantes no crime de introdução de moeda falsa em circulação.

Nos casos de prática do crime de introdução de moeda falsa em circulação (art. 289, § 1º, do CP), é possível a aplicação das agravantes dispostas nas alíneas "e" e "h" do inciso II do art. 61 do CP, incidentes quando o delito é cometido "contra ascendente, descendente, irmão ou cônjuge" ou "contra criança, maior de 60 anos, enfermo ou mulher grávida". *HC 211.052-RO, Rel. p/ ac. Min. Rogerio S. Cruz, 5.6.14. 6ª T. (Info 546)*

9.2. Da Falsidade Documental

2016

Clonagem de cartão de crédito ou débito antes da entrada em vigor da Lei 12.737/2012.

Ainda que praticada antes da entrada em vigor da Lei 12.737/12, é típica (art. 298 do CP) a conduta de falsificar, no todo ou em parte, cartão de crédito ou débito. *REsp 1.578.479-SC, Rel. p/ ac. Min. Rogerio Schietti Cruz, DJ 3.10.2016. 6ª T. (Info 591)*

2015

Estelionato judicial e uso de documento falso.

Não se adequa ao tipo penal de estelionato (art. 171, § 3º, do CP) – podendo, contudo, caracterizar o crime de uso de documento falso (art. 304 do CP) – a conduta do advogado que, utilizando-se de procurações com assinatura falsa e comprovantes de residência adulterados, propôs ações indenizatórias em nome de terceiros com objetivo de obter para si vantagens indevidas, tendo as irregularidades sido constadas por meio de perícia determinada na própria demanda indenizatória. *RHC 53.471-RJ, Rel. Min. Jorge Mussi, DJe 15.12.14. 5ª T. (Info 554)*

2014

Absorção dos crimes de falsidade ideológica e de uso de documento falso pelo de sonegação fiscal.

O crime de sonegação fiscal absorve o de falsidade ideológica e o de uso de documento falso praticados posteriormente àquele unicamente para assegurar a evasão fiscal. *EREsp 1.154.361-MG, Rel. Min. Laurita Vaz, 26.2.14. 3ª S. (Info 535)*

Atipicidade da falsa declaração de hipossuficiência para obtenção de justiça gratuita.

É atípica a mera declaração falsa de estado de pobreza realizada com o intuito de obter os benefícios da justiça gratuita. *HC 261.074-MS, Rel. Min. Marilza Maynard, 5.8.14. 6ª T. (Info 546)*

Crime de falsa identidade.

RPT É típica a conduta do acusado que, no momento da prisão em flagrante, atribui para si falsa identidade (art. 307 do CP), ainda que em alegada situação de autodefesa. *REsp 1.362.524-MG, Rel. Min. Sebastião Reis Júnior, 23.10.13. 3ª S. (Info 533)*

Falsificação de documento público por omissão de anotação na CTPS.

A simples omissão de anotação na Carteira de Trabalho e Previdência Social (CTPS) não configura, por si só, o crime de falsificação de documento público (art. 297, § 4º, do CP). Isso porque é imprescindível que a conduta do agente preencha não apenas a tipicidade formal, mas antes e principalmente a tipicidade material, ou seja, deve ser demonstrado o dolo de falso e a efetiva possibilidade de vulneração da fé pública. *REsp 1.252.635-SP, Rel. Min. Marco Aurélio Bellizze, 24.4.14. 5ª T. (Info 539)*

2012

Falsificação de documento particular. Sonegação de papel ou objeto de valor probatório. Tipicidade.

Alteração de petição inicial. Persecução penal trancada pela Justiça Eleitoral. Inquérito instaurado, posteriormente, pela Polícia Federal para apurar os mesmos fatos. Constrangimento ilegal. Súm. 524/STF. 2. Petição inicial. Caráter propositivo. A exordial não se equipara a documento, pois as alegações ali deduzidas serão objeto de análise pelo Poder Judiciário, bem como poderão ser contraditadas pela parte adversa e por todos os meios de prova admitidos em Direito. 3. Requerimento ajuizado, com fim de desconsiderar suposto equívoco na exordial. Ausência de prejuízo. Inexistência de dolo. Atipicidade.. *HC 222.613, Rel. Min. Vasco D. Giustina, 24.4.12. 6ª T. (Info 496)*

Gratuidade judiciária. Declaração de pobreza. Falsidade.

A apresentação de declaração de pobreza com informações falsas para obtenção da assistência judiciária gratuita não caracteriza os crimes de falsidade ideológica ou uso de documento falso. Isso porque tal declaração é passível de comprovação posterior, de ofício ou a requerimento, já que a presunção de sua veracidade é relativa. Além disso, constatada a falsidade das declarações constantes no documento, pode o juiz da causa fixar multa de até dez vezes o valor das custas judiciais como punição (Lei 1.060/50, art. 4º, § 1º). *HC 217.657, Rel. Min. Vasco D. Giustina, 2.2.12. 6ª T. (Info 490)*

Uso de recibos ideologicamente falsos. Declaração de IRPF. Tipificação.

Constitui mero exaurimento do delito de sonegação fiscal a apresentação de recibo ideologicamente falso à autoridade fazendária, no bojo de ação fiscal, como forma de comprovar a dedução de despesas para a redução da base de cálculo do imposto de renda de pessoa física (IRPF), (Lei 8.137/90). *HC 131.787, Rel. Min. Marco A. Bellizze, 14.8.12. 5ª T. (Info 502)*

10. DOS CRIMES CONTRA A ADMINISTRAÇÃO PÚBLICA

10.1. Dos Crimes Praticados por Funcionário

2015

Flagrante no crime de concussão.

No crime de concussão, a situação de flagrante delito configura-se pela exigência – e não pela entrega – da vantagem indevida. *HC 266.460-ES, Rel. Min. Reynaldo Soares da Fonseca, DJe 17.6.15. 5ª T. (Info 564)*

10.2. Dos Crimes Praticados por Particular

2016

Crime de contrabando e importação de colete à prova de balas.

Configura crime de contrabando a importação de colete à prova de balas sem prévia autorização do Comando do Exército. *RHC 62.851-PR, Rel. Min. Sebastião Reis Júnior, DJe 26.2.2016. 6ª T. (Info 577)*

Hipótese em que o falso pode ser absorvido pelo crime de descaminho. Recurso repetitivo. Tema 933.

RPT Quando o falso se exaure no descaminho, sem mais potencialidade lesiva, é por este absorvido, como crime-fim, condição que não se altera por ser menor a pena a este cominada. Conforme entendimento doutrinário, na aplicação do critério da consunção, verifica-se que "o conteúdo de injusto principal consome o conteúdo de injusto do tipo secundário porque o tipo consumido constitui meio regular (e não necessário) de realização do tipo consumidor". *REsp 1.378.053-PR, Rel. Min. Nefi Cordeiro, 3ª S., DJe 15.8.2016. 3ª S. (Info 587)*

Não configuração do crime de desobediência na hipótese de não atendimento por Defensor

13. DIREITO PENAL

Público Geral de requisição judicial de nomeação de defensor.

Não configura o crime de desobediência (art. 330 do CP) a conduta de Defensor Público Geral que deixa de atender à requisição judicial de nomeação de defensor público para atuar em determinada ação penal. *HC 310.901-SC, Rel. Min. Nefi Cordeiro, DJe 28.6.2016. 6ª T. (Info 586)*

Reiteração criminosa no crime de descaminho e princípio da insignificância.

A reiteração criminosa inviabiliza a aplicação do princípio da insignificância nos crimes de descaminho, ressalvada a possibilidade de, no caso concreto, as instâncias ordinárias verificarem que a medida é socialmente recomendável. *EREsp 1.217.514-RS, Rel. Min. Reynaldo Soares da Fonseca, DJe 16.12.2015. 3ª S. (Info 575)*

2015

Descaminho e extinção da punibilidade.

O pagamento do tributo devido não extingue a punibilidade do crime de descaminho (art. 334 do CP). *RHC 43.558-SP, Rel. Min. Jorge Mussi, DJe 13.2.15. 5ª T. (Info 555)*

2014

Contrabando de arma de pressão e impossibilidade de aplicação do princípio da insignificância.

Configura contrabando – e não descaminho – importar, à margem da disciplina legal, arma de pressão por ação de gás comprimido ou por ação de mola, ainda que se trate de artefato de calibre inferior a 6 mm, não sendo aplicável, portanto, o princípio da insignificância, mesmo que o valor do tributo incidente sobre a mercadoria seja inferior a R$ 10 mil. *REsp 1.427.796-RS, Rel. Min. Maria T. A. Moura, 14.10.14. 6ª T. (Info 551)*

Desnecessidade de prévia constituição do crédito tributário para configuração do crime de descaminho.

É desnecessária a constituição definitiva do crédito tributário por processo administrativo fiscal para a configuração do delito de descaminho (art. 334 do CP). *REsp 1.343.463-BA, Rel. p/ ac. Min. Rogerio S. Cruz, 20.3.14. 6ª T. (Info 548)*

Inaplicabilidade do princípio da insignificância ao contrabando de gasolina.

Não é aplicável o princípio da insignificância em relação à conduta de importar gasolina sem autorização e sem o devido recolhimento de tributos. *AgRg no AREsp 348.408-RR, Rel. Min. Regina Helena Costa, 18.2.14. 5ª T. (Info 536)*

Inaplicabilidade do princípio da insignificância na hipótese de reiteração da prática de descaminho.

A reiterada omissão no pagamento do tributo devido nas importações de mercadorias de procedência estrangeira impede a incidência do princípio da insignificância em caso de persecução penal por crime de descaminho (art. 334 do CP), ainda que o valor do tributo suprimido não ultrapasse o limite previsto para o não ajuizamento de execuções fiscais pela Fazenda Nacional. *RHC 31.612-PB, Rel. Min. Rogerio S. Cruz, 20.5.14. 6ª T. (Info 541)*

Parâmetro para aplicação do princípio da insignificância ao crime de descaminho.

O valor de R$ 20 mil fixado pela Portaria MF 75/12 – empregado como critério para o arquivamento, sem baixa na distribuição, das execuções fiscais de débitos inscritos na Dívida Ativa da União – não pode ser utilizado como parâmetro para fins de aplicação do princípio da insignificância aos crimes de descaminho. *REsp 1.393.317-PR, Rel. Min. Rogerio S. Cruz, 12.11.14. 3ª S. (Info 551)*

Prévio processo administrativo-fiscal para configuração do crime de descaminho.

É desnecessária a constituição definitiva do crédito tributário por processo administrativo-fiscal para a configuração do delito de descaminho (art. 334 do CP). *HC 218.961-SP, Rel. Min. Laurita Vaz, 15.10.13. 5ª T. (Info 534)*

Princípio da insignificância no crime de descaminho.

O princípio da insignificância não é aplicável ao crime de descaminho quando o valor do tributo iludido for superior a R$ 10 mil, ainda que a Portaria 75/12 do Ministério da Fazenda tenha estabelecido o valor de R$ 20 mil como parâmetro para o não ajuizamento de execuções fiscais pela Procuradoria da Fazenda Nacional. *AgRg no REsp 1.406.356-PR, Min. Marco Aurélio Bellizze, 6.2.14. 5ª T. (Info 536)*

Princípio da insignificância no crime de descaminho.

O princípio da insignificância não é aplicável ao crime de descaminho quando o valor do tributo iludido for superior a R$ 10 mil, ainda que a Portaria 75/12 do Ministério da Fazenda tenha estabelecido o valor de R$ 20 mil como parâmetro para o não ajuizamento de execuções fiscais pela Procuradoria da Fazenda Nacional. *AgRg no REsp 1.402.207-PR, Rel. Min. Assusete Magalhães, 4.2.14. 6ª T. (Info 536)*

2013

Absorção da falsidade ideológica pelo crime de descaminho.

Responderá apenas pelo crime de descaminho, e não por este em concurso com o de falsidade ideológica, o agente que, com o fim exclusivo de iludir o pagamento de tributo devido pela entrada de mercadoria no território nacional, alterar a verdade sobre o preço desta. *RHC 31.321-PR, Rel. Min. Marco Aurélio Bellizze, 16.5.13. 5ª T. (Info 523)*

2012

Crime continuado. Previdência social.

É possível o reconhecimento da continuidade delitiva entre o crime de sonegação previdenciária (art. 337-A do CP) e o crime de apropriação indébita previdenciária (art. 168-A do CP) praticados na administração de empresas de um mesmo grupo econômico. Entendeu-se que, apesar de os crimes estarem tipificados em dispositivos distintos, são da mesma espécie, pois violam o mesmo bem jurídico, a previdência social. *REsp 1.212.911, Rel. Min. Sebastião Reis Jr., 20.3.12. 6ª T. (Info 493)*

Crime de desobediência. Necessidade de intimação pessoal do destinatário da ordem.

Não se configura o crime de desobediência na hipótese em que as notificações do responsável pelo cumprimento da ordem foram encaminhadas por via postal, sendo os avisos de recebimento subscritos por terceiros. Para caracterizar o delito de desobediência, exige-se a notificação pessoal do responsável pelo cumprimento da ordem, demonstrando a ciência inequívoca da sua existência e, após, a intenção deliberada de não cumpri-la. *HC 226.512, Rel. Min. Sebastião Reis Jr., 9.10.12. 6ª T. (Info 506)*

Descaminho. Confissão.

A mera confissão do acusado quanto à origem estrangeira da mercadoria não é suficiente para a configuração do crime de descaminho. *CC 122.389, Rel. Min. Alderita Oliveira, 24.10.12. 3ª S. (Info 508)*

Pena de perdimento. Veículo utilizado em contrabando ou descaminho.

A pena de perdimento de veículo utilizado em contrabando ou descaminho somente é aplicada se demonstrada a responsabilidade do proprietário na prática do delito. Para a aplicação da Súm. 138/TFR, ainda que o proprietário do veículo transportador ou um preposto seu não esteja presente no momento da autuação, é possível a aplicação da pena de perdimento sempre que for comprovado, pelas mais diversas formas de prova, que sua conduta (comissiva ou omissiva) concorreu para a prática delituosa ou, de alguma forma, trouxe-lhe algum benefício (art. 95 do DL 37/66). *REsp 1.342.505, Rel. Min. Eliana Calmon, 18.10.12. 2ª T. (Info 508)*

Pena de perdimento de veículo. Proporcionalidade da pena.

Para a aplicação da pena de perdimento de veículo utilizado para a prática de contrabando ou descaminho, pode-se considerar não só a proporcionalidade entre o valor dos bens apreendidos e do automóvel, mas também a habitualidade da conduta. A proporcionalidade da punição deve ser entendida axiologicamente, tendo-se em consideração a finalidade da sanção, que tem por objetivo impedir a habitualidade do descaminho. Comprovada a habitualidade, o valor resultante dos bens apreendidos não é o único parâmetro para aplicação da sanção, já que não se podem mensurar os danos anteriormente concretizados. *REsp 1.342.505, Rel. Min. Eliana Calmon, 18.10.12. 2ª T. (Info 508)*

Princípio da insignificância. Contrabando de materiais ligados a jogos de azar.

Não se aplica o princípio da insignificância aos crimes de contrabando de máquinas caça-níqueis ou de outros materiais relacionados com a exploração de jogos de azar. *REsp 1.212.946-RS, Rel. Min. Laurita Vaz, 4.12.12. 5ª T. (Info 511)*

10.3. Dos Crimes contra a Administração da Justiça

2016

Denunciação Caluniosa. Inquérito Policial que culmina em indiciamento do falso apontado. Desnecessidade.

Não autoriza a desclassificação do crime de denunciação caluniosa (art. 339 do CP) para a conduta do art. 340 do mesmo Estatuto, o fato de que aqueles que foram falsamente apontados como autores do delito inexistente não tenham chegado a ser indiciados no curso do inquérito policial, em virtude da descoberta da inveracidade da imputação. *REsp 1.482.925-MG, Rel. Min. Sebastião Reis, DJe 25.10.2016. 6ª T. (Info 592)*

Reconhecimento de proteção jurídica a profissionais do sexo.

Ajusta-se à figura típica prevista no art. 345 do CP (exercício arbitrário das próprias razões) – e não à prevista no art. 157 do CP (roubo) – a conduta da prostituta maior de dezoito anos e não vulnerável que, ante a falta do pagamento ajustado com o cliente pelo serviço sexual prestado, considerando estar exercendo pretensão legítima, arrancou um cordão com pingente folheado a ouro do pescoço dele como forma de pagamento pelo serviço sexual praticado mediante livre disposição de vontade dos participantes e desprovido de violência não consentida ou grave ameaça. *HC 211.888-TO, Rel. Min. Rogerio Schietti Cruz, DJe 7.6.2016. 6ª T. (Info 584)*

2015

Crime de coação no curso de procedimento investigatório criminal (PIC).

O crime de coação no curso do processo (art. 344 do CP) pode ser praticado no decorrer de Procedimento Investigatório Criminal instaurado no âmbito do Ministério Público. *HC 315.743-ES, Rel. Min. Nefi Cordeiro, DJe 26.8.15. 6ª T. (Info 568)*

11. TEORIA E PRINCÍPIOS PENAIS

2015

Aplicabilidade do princípio do "ne bis in idem".

O agente que, numa primeira ação penal, tenha sido condenado pela prática de crime de roubo contra uma instituição bancária não poderá ser, numa segunda ação penal, condenado por crime de roubo supostamente cometido contra o gerente do banco no mesmo contexto fático considerado na primeira ação penal, ainda que a conduta referente a este suposto roubo contra o gerente não tenha sido sequer levada ao conhecimento do juízo da primeira ação penal, vindo à tona somente no segundo processo. *HC 285.589-MG, Rel. Min. Felix Fischer, DJe 17.9.15. Corte Especial. (Info 569)*

Inaplicabilidade do princípio da insignificância ao delito previsto no art. 183 da Lei 9.472/97.

Não se aplica o princípio da insignificância à conduta descrita no art. 183 da Lei 9.472/97 (Desenvolver clandestinamente atividades de telecomunicação). Isso porque se trata de crime de perigo abstrato. *AgRg no REsp 1.304.262-PB, Rel. Min. Jorge Mussi, DJe 28.4.15. 5ª T. (Info 560)*

14. DIREITO PREVIDENCIÁRIO

1. AÇÕES PREVIDENCIÁRIAS

2016

Extinção de processo por ausência de início de prova material de atividade rural e possibilidade de ajuizamento de nova demanda. Recurso repetitivo. Tema 629.

RPT Se a petição inicial de ação em que se postula a aposentadoria rural por idade não for instruída com documentos que demonstrem início de prova material quanto ao exercício de atividade rural, o processo deve ser extinto sem resolução de mérito (art. 267, VI, do CPC/73), sendo facultado ao segurado o ajuizamento de nova ação (art. 268 do CPC/73), caso reúna os elementos necessários a essa iniciativa. REsp 1.352.721-SP, Rel. Min. Napoleão Nunes Maia Filho, Corte Especial, DJe 28.4.2016. (Info 581)

2014

Competência para julgar pedido de pensão por morte decorrente de óbito de empregado assaltado no exercício do trabalho.

Compete à Justiça Estadual – e não à Justiça Federal – processar e julgar ação que tenha por objeto a concessão de pensão por morte decorrente de óbito de empregado ocorrido em razão de assalto sofrido durante o exercício do trabalho. CC 132.034-SP, Rel. Min. Benedito Gonçalves, 28.5.14. 1ª S. (Info 542)

Foro para o ajuizamento de ação em face de entidade fechada de previdência complementar.

RPT É possível a participante ou assistido de plano de benefícios patrocinado ajuizar ação em face da respectiva entidade fechada de previdência privada no foro do domicílio da ré, no eventual foro de eleição do contrato ou, até mesmo, no foro onde labora ou laborou para a patrocinadora do plano. REsp 1.536.786-MG, Rel. Min. Luis Felipe Salomão, DJe 20.10.15. 2ª S. (Info 571)

Ilegitimidade passiva "ad causam" do INSS em ação de repetição de indébito tributário.

Após a vigência da Lei 11.457/07, o INSS não possui legitimidade passiva nas demandas em que se questione a exigibilidade das contribuições sociais previstas nas alíneas a, b e c do parágrafo único do art. 11 da Lei 8.212/91, ainda que se tenha por objetivo a restituição de indébito de contribuições recolhidas em momento anterior ao advento da Lei 11.457/07. REsp 1.355.613-RS, Rel. Min. Humberto Martins, 24.4.14. 2ª T. (Info 539)

Juros de mora devidos pela Fazenda Pública.

Nas ações previdenciárias em curso, tem aplicação imediata a alteração no regramento dos juros de mora devidos pela Fazenda Pública efetivada pela Lei 11.960/09 no art. 1º-F da Lei 9.494/97. AgRg nos EAg 1.159.781-SP, Rel. Min. Sidnei Beneti, 19.2.14. Corte Especial. (Info 536)

Legitimidade do MP para propor ACP objetivando a liberação de saldo de contas PIS/Pasep de pessoas com invalidez.

O Ministério Público tem legitimidade para propor ação civil pública objetivando a liberação do saldo de contas PIS/Pasep, na hipótese em que o titular da conta – independentemente da obtenção de aposentadoria por invalidez ou de benefício assistencial – seja incapaz e insusceptível de reabilitação para o exercício de atividade que lhe garanta a subsistência, bem como na hipótese em que o próprio titular da conta ou quaisquer de seus dependentes for acometido das doenças ou afecções listadas na Portaria Interministerial MPAS/MS 2.998/01. REsp 1.480.250-RS, Rel. Min. Herman Benjamin, DJe 8.9.15. 2ª T. (Info 568)

Legitimidade passiva do INSS em demanda para o fornecimento de órteses e próteses.

O INSS é parte legítima para figurar no polo passivo de demanda cujo escopo seja o fornecimento de órteses e próteses a segurado incapacitado parcial ou totalmente para o trabalho, não apenas quando esses aparelhos médicos sejam necessários à sua habilitação ou reabilitação profissional, mas, também, quando sejam essenciais à habilitação social. REsp 1.528.410-PR, Rel. Min. Herman Benjamin, DJe 12.8.15. 2ª T. (Info 566)

Repetição de benefícios previdenciários indevidamente recebidos por força de tutela antecipada. Recurso repetitivo. Tema 692.

RPT A reforma da decisão que antecipa a tutela obriga o autor da ação a devolver os benefícios previdenciários indevidamente recebidos. REsp 1.401.560-MT, Rel. p/ ac. Min. Ari Pargendler, 1ª S., DJe 13.10.15. (Info 570)

2013

Competência para apreciar demanda em que se objetive exclusivamente o reconhecimento do direito de receber pensão decorrente da morte de alegado companheiro.

Compete à Justiça Federal processar e julgar demanda proposta em face do INSS com o objetivo de ver reconhecido exclusivamente o direito da autora de receber pensão decorrente da morte do alegado companheiro, ainda que seja necessário enfrentar questão prejudicial referente à existência, ou não, da união estável. CC 126.489-RN, Rel. Min. Humberto Martins, 10.4.13. 1ª S. (Info 517)

Concessão de benefício previdenciário diverso do requerido na inicial.

O juiz pode conceder ao autor benefício previdenciário diverso do requerido na inicial, desde que preenchidos os requisitos legais atinentes ao benefício concedido. Tratando-se de matéria previdenciária, deve-se proceder, de forma menos rígida, à análise do pedido. Nesse contexto, a decisão proferida não pode ser considerada como "extra petita" ou "ultra petita". AgRg no REsp 1.367.825-RS, Rel. Min. Humberto Martins, 18.4.13. 2ª T. (Info 522)

Documento novo para fins de comprovação de atividade rural em ação rescisória.

É possível ao tribunal, na ação rescisória, analisar documento novo para efeito de configuração de início de prova material destinado à comprovação do exercício de atividade rural, ainda que esse documento seja preexistente à propositura da ação em que proferida a decisão rescindenda referente à concessão de aposentadoria rural por idade. AR 3.921-SP, Rel. Min. Sebastião Reis Júnior, 24.4.13. 3ª T. (Info 522)

Prévio requerimento administrativo para obtenção de benefício previdenciário.

O prévio requerimento administrativo é indispensável para o ajuizamento da ação judicial em que se objetive a concessão de benefício previdenciário quando se tratar de matéria em que não haja resistência notória por parte do INSS à pretensão do beneficiário. AgRg no REsp 1.341.269-PR, Rel. Min. Castro Meira, 9.4.13. 2ª T. (Info 520)

2. FINANCIAMENTO DA SEGURIDADE SOCIAL

2.1. Contribuições Previdenciárias Gerais

2014

Contribuição previdenciária sobre licença casamento e licença para prestação de serviço eleitoral.

Incide contribuição previdenciária a cargo da empresa sobre os valores pagos a título de licença casamento (art. 473, II, da CLT) e de licença para prestação de serviço eleitoral (art. 98 da Lei 9.504/97). REsp 1.455.089-RS, Rel. Min. Humberto Martins, 16.9.14. 2ª T. (Info 548)

Contribuição social ao Funrural.

A despeito dos arts. 1º da Lei 8.540/92, 1º da Lei 9.528/97 e 1º da Lei 10.256/01, desde a vigência da Lei 8.212/91, não é possível exigir a contribuição social ao Funrural, a cargo do empregador rural pessoa física, incidente sobre o valor comercial dos produtos rurais. REsp 1.070.441-SC, Rel. Min. Sérgio Kukina, 2.9.14. 1ª T. (Info 548)

Exclusão de honorários de sucumbência da consolidação de dívida previdenciária parcelada com base na Lei 11.941/09.

O parcelamento autorizado pela Lei 11.941/09 implica que os débitos de origem previdenciária cobrados pela PGFN sejam consolidados com a redução da totalidade do valor relativo a honorários de sucumbência. REsp 1.430.320-AL, Rel. Min. Mauro Campbell Marques, 21.8.14. 2ª T. (Info 545)

Gratificações e prêmios e contribuição previdenciária.

Não incide contribuição previdenciária sobre prêmios e gratificações de caráter eventual. *REsp 1.275.695-ES, Rel. Min. Mauro Campbell Marques, DJe 31.8.15. 2ª T. (Info 568)*

Incidência de contribuição previdenciária no auxílio quebra de caixa.

Incide contribuição previdenciária sobre o auxílio quebra de caixa, consubstanciado em pagamento efetuado mês a mês ao empregado em razão da função que desempenha, que tenha sido pago por liberalidade do empregador, mesmo que não se verifiquem diferenças no caixa. *REsp 1.434.082-RS, Rel. Min. Humberto Martins, DJe 9.10.15. 2ª T. (Info 570)*

Incidência de contribuição previdenciária sobre férias gozadas.

Incide contribuição previdenciária a cargo da empresa sobre o valor pago a título de férias gozadas. Isso porque as férias gozadas são verbas de natureza remuneratória e salarial, nos termos do art. 148 da CLT, e, portanto, integram o salário de contribuição. *AgRg no REsp 1.240.038-PR, Rel. Min. Og Fernandes, 8.4.14. 1ª T. (Info 541)*

Incidência de contribuição previdenciária sobre o aviso prévio indenizado.

RPT Não incide contribuição previdenciária a cargo da empresa sobre o valor pago a título de aviso prévio indenizado. *REsp 1.230.957-RS, Rel. Min. Mauro Campbell Marques, 26.2.14. 1ª S. (Info 536)*

Incidência de contribuição previdenciária sobre o salário-maternidade.

RPT Incide contribuição previdenciária a cargo da empresa sobre os valores pagos a título de salário-maternidade. *REsp 1.230.957-RS, Rel. Min. Mauro Campbell Marques, 26.2.14. 1ª S. (Info 536)*

Incidência de contribuição previdenciária sobre o salário paternidade.

RPT Incide contribuição previdenciária a cargo da empresa sobre os valores pagos a título de salário paternidade. *REsp 1.230.957-RS, Rel. Min. Mauro Campbell Marques, 26.2.14. 1ª S. (Info 536)*

Incidência de contribuição previdenciária sobre verbas trabalhistas.

RPT Estão sujeitas à incidência de contribuição previdenciária as parcelas pagas pelo empregador a título de horas extras e seu respectivo adicional, bem como os valores pagos a título de adicional noturno e de periculosidade. *REsp 1.358.281-SP, Rel. Min. Herman Benjamin, 23.4.14. 1ª S. (Info 540)*

Isenção de contribuição social sobre despesas com medicamentos pagos diretamente pelo empregador.

Não incide contribuição social sobre o valor dos medicamentos adquiridos pelo empregado e pagos pelo empregador ao estabelecimento comercial de forma direta, mesmo que o montante não conste na folha de pagamento. *REsp 1.430.043-PR, Rel. Min. Mauro Campbell Marques, 25.2.14. 2ª T. (Info 538)*

Não incidência de contribuição previdenciária sobre a importância paga nos quinze dias que antecedem o auxílio-doença.

RPT Não incide contribuição previdenciária a cargo da empresa sobre a importância paga nos quinze dias que antecedem o auxílio-doença. *REsp 1.230.957-RS, Rel. Min. Mauro Campbell Marques, 26.2.14. 1ª S. (Info 536)*

Não incidência de contribuição previdenciária sobre o terço constitucional de férias gozadas.

RPT Não incide contribuição previdenciária a cargo da empresa sobre o valor pago a título de terço constitucional de férias gozadas. *REsp 1.230.957-RS, Rel. Min. Mauro Campbell Marques, 26.2.14. 1ª S. (Info 536)*

Não incidência de contribuição previdenciária sobre o terço constitucional de férias indenizadas.

RPT Não incide contribuição previdenciária a cargo da empresa sobre o valor pago a título de terço constitucional de férias indenizadas. *REsp 1.230.957-RS, Rel. Min. Mauro Campbell Marques, 26.2.14. 1ª S. (Info 536)*

Salário-família e contribuição previdenciária.

Não incide contribuição previdenciária sobre salário-família. *REsp 1.275.695-ES, Rel. Min. Mauro Campbell Marques, DJe 31.8.15. 2ª T. (Info 568)*

2012

Contagem de tempo de atividade rural para aposentadoria como trabalhador urbano. Desnecessidade de contribuição.

Não é necessário o recolhimento de contribuições previdenciárias relativas ao exercício de atividade rural anterior à Lei 8.213/91 para fins de concessão de aposentadoria urbana pelo Regime Geral da Previdência Social, salvo em caso de mudança de regime previdenciário, do geral para o estatutário. *AR 3.180, Rel. Min. Sebastião Reis Júnior, 24.10.12. 3ª S. (Info 508)*

Contribuição previdenciária incidente sobre valores recebidos em execução judicial.

É devida a retenção na fonte da contribuição do Plano de Seguridade do Servidor Público – PSS, incidente sobre valores pagos em cumprimento de decisão judicial, independentemente de condenação ou de prévia autorização no título executivo. O desconto na fonte, realizada nos termos do art. 16-A da Lei 10.887/04, constitui obrigação "ex lege". *EDcl no AgRg no REsp 1.266.616-RS, Rel. Min. Humberto Martins, 20.11.12. 2ª T. (Info 510)*

Contribuição previdenciária retida na fonte.

A determinação de retenção na fonte da contribuição previdenciária, na forma e pelo modo estabelecido no art. 16-A da Lei 10.887/04, nada mais representa do que uma providência de arrecadação do tributo, não traduzindo juízo de certeza quanto à legitimidade ou não da exação tributária ou do respectivo valor. *EDcl no AgRg no REsp 1.266.616-RS, Rel. Min. Humberto Martins, 20.11.12. 2ª T. (Info 510)*

Contribuição previdenciária sobre valores repassados pelas operadoras de plano de saúde aos médicos credenciados.

Não incide contribuição previdenciária sobre os valores repassados pelas operadoras de plano de saúde aos médicos credenciados. *AgRg no AREsp 176.420, Rel. Min. Napoleão Nunes Maia Filho, 13.11.12. 1ª T. (Info 509)*

Contribuições previdenciárias. Contratação de mão de obra terceirizada. Responsabilidade da empresa tomadora do serviço.

A partir da redação do art. 31 da Lei 8.212/91 dada pela Lei 9.711/98, a empresa contratante é responsável, com exclusividade, pelo recolhimento da contribuição previdenciária por ela retida do valor bruto da nota fiscal ou fatura de prestação de serviços, afastada, em relação ao montante retido, a responsabilidade supletiva da empresa prestadora cedente de mão de obra. A responsabilidade pelo recolhimento da contribuição previdenciária retida na fonte incidente sobre a mão de obra utilizada na prestação de serviços contratados é exclusiva do tomador do serviço, nos termos do art. 33, § 5º, da Lei 8.212/91, não havendo falar em responsabilidade supletiva da empresa cedente. *AgRg no AgRg no REsp 721.866, Rel. Min. Arnaldo E. Lima, 20.9.12. 1ª T. (Info 505)*

Desconto retroativo. Contribuição previdenciária sobre gratificação não recolhida.

Não é possível descontar, retroativa e diretamente em folha, os valores referentes à contribuição previdenciária incidente sobre gratificação recebida por servidor público quando a Administração deixa de recolher, por erro, na época própria. Em razão da natureza tributária da parcela, sua cobrança deve observar as normas do direito tributário, assegurando ainda ao servidor o direito ao contraditório e à ampla defesa. *AgRg no AREsp 95.329-RO, Rel. Min. Benedito Gonçalves, 23.10.12. 1ª T. (Info 507)*

Incidência de contribuição previdenciária sobre o adicional de horas extras.

Incide contribuição previdenciária sobre os valores pagos a título de horas extras. A incidência decorre do fato de que o adicional de horas extras integra o conceito de remuneração. *AgRg no REsp 1.222.246-SC, Rel. Min. Humberto Martins, 6.12.12. 2ª T. (Info 514)*

2.2. PIS/Cofins

2016

Alcance da isenção da Cofins nas mensalidades pagas pelos alunos de instituições de ensino sem fins lucrativos. Recurso repetitivo. Tema 624.

RPT As receitas auferidas a título de mensalidades dos alunos de instituições de ensino sem fins lucrativos são decorrentes de "atividades próprias da entidade", conforme o exige a isenção estabelecida no art. 14, X, da MP n. 1.858/99 (atual MP n. 2.158-35/01), sendo flagrante a ilicitude do art. 47, § 2º, da IN/SRF n. 247/02, nessa extensão. *REsp 1.353.111-RS, Rel. Min. Mauro Campbell Marques, 1ª S., DJe 18.12.2015. (Info 574)*

Aumento da alíquota da Cofins e sociedades corretoras de seguros. Recurso repetitivo. Tema 729.

RPT As "sociedades corretoras de seguros" estão fora do rol de entidades constantes do art. 22, § 1º, da Lei 8.212/91. Assim, o aumento de 3% para

4% da alíquota da Cofins promovido pelo art. 18 da Lei 10.684/03 não alcança as sociedades corretoras de seguros. Isso porque as "sociedades corretoras de seguros" não guardam identidade com os "agentes autônomos de seguros privados" mencionados no art. 22, § 1º, da Lei 8.212/91, a que o art. 18 da Lei 10.684/03, ao citar o § 6º do art. 3º da Lei 9.178/98, faz remissão. REsp 1.391.092-SC, Rel. Min. Mauro Campbell Marques, 1ª S., DJe 10.2.2016. (Info 576)

Incidência de PIS e Cofins em juros sobre capital próprio. Recurso repetitivo. Tema 454.

RPT Não são dedutíveis da base de cálculo das contribuições ao PIS e Cofins o valor destinado aos acionistas a título de juros sobre o capital próprio, na vigência da Lei 10.637/02 e da Lei 10.833/03. REsp 1.200.492-RS, Rel. p/ ac. Min. Mauro Campbell Marques, 1ª S., DJe 22.2.2016. (Info 577)

Não incidência da contribuição ao PIS e da Cofins sobre os atos cooperativos típicos. Recurso repetitivo. Tema 363.

RPT Não incide a Contribuição destinada ao PIS e a Cofins sobre os atos cooperativos típicos realizados pelas cooperativas. REsp 1.141.667-RS, Rel. Min. Napoleão Nunes Maia Filho, DJe 4.5.2016. 1ª S. (Info 582)

Possibilidade de inclusão do ISSQN no conceito de receita ou faturamento para fins de incidência da contribuição para o PIS e Cofins. Recurso Repetitivo. Tema 634.

RPT O valor suportado pelo beneficiário do serviço, nele incluindo a quantia referente ao ISSQN, compõe o conceito de receita ou faturamento para fins de adequação à hipótese de incidência da Contribuição para o PIS e Cofins. REsp 1.330.737-SP, Rel. Min. Og Fernandes, Primeira Seção, DJe 14.4.2016. (Info 581)

2015

Abrangência do termo insumo para efeitos da sistemática de não cumulatividade da contribuição ao PIS/Pasep e da Cofins.

Os materiais de limpeza/desinfecção e os serviços de dedetização usados no âmbito produtivo de contribuinte fabricante de gêneros alimentícios devem ser considerados como "insumos" para efeitos de creditamento na sistemática de não cumulatividade na cobrança da contribuição ao PIS/Pasep (Lei 10.637/02) e da Cofins (Lei 10.833/03). REsp 1.246.317-MG, Rel. Min. Mauro Campbell Marques, DJe 29.6.15. 2ª T. (Info 564)

Aumento da alíquota da Cofins e sociedades corretoras de seguros. Recurso repetitivo. Tema 728.

RPT As "sociedades corretoras de seguros" estão fora do rol de entidades constantes do art. 22, § 1º, da Lei 8.212/91. REsp 1.400.287-RS, Rel. Min. Mauro Campbell Marques, 1ª S., DJe 3.11.15. (Info 572)

Desconto de créditos do valor apurado a título de contribuição ao PIS e da Cofins.

É cabível o aproveitamento, na verificação do crédito dedutível da base de cálculo da contribuição ao PIS e da Cofins, das despesas e custos inerentes à aquisição de combustíveis, lubrificantes e peças de reposição utilizados em veículos próprios dos quais faz uso a empresa para entregar as mercadorias que comercializa. REsp 1.235.979-RS, Rel. p/ ac. Min. Mauro Campbell Marques, DJe 19.12.14. 1ª S. (Info 554)

Incidência da Cofins sobre receita proveniente de locação de vagas em estacionamento de shopping center.

Compõe a base de cálculo da Cofins a receita proveniente da locação de vagas em estacionamento de shopping center. REsp 1.301.956/RJ, Rel. Min. Benedito Gonçalves, DJe 20.2.15. 1ª T. (Info 556)

Incidência de PIS/Pasep-importação e Cofins-importação sobre a importação de animal silvestre.

Há incidência de contribuição para o PIS/Pasep-Importação e de Cofins-Importação sobre a importação de animal silvestre, ainda que sua internalização no território nacional tenha ocorrido via contrato de permuta de animais. REsp 1.254.117-SC, Rel. Min. Mauro Campbell Marques, DJe 27.8.15. 2ª T. (Info 568)

Valores do reintegra e base de cálculo da contribuição ao PIS e da Cofins.

Até o advento da Lei 12.844/13, os valores ressarcidos no âmbito do Regime Especial de Reintegração de Valores Tributários para as Empresas Exportadoras (Reintegra) incorporavam a base de cálculo da contribuição ao PIS e da Cofins, sobretudo no caso de empresas tributadas pelo lucro real na sistemática da não cumulatividade do PIS e da

Cofins instituída pelas leis 10.637/02 e 10.833/03. *REsp 1.514.731-RS, Rel. Min. Mauro Campbell Marques, DJe 1º.6.15. 2ª T. (Info 563)*

2014

Base de cálculo da contribuição para o PIS.

A base de cálculo da contribuição para o PIS incidente sobre os ganhos em operações de swap com finalidade de hedge atreladas à variação cambial deve ser apurada pelo regime de competência – e não pelo regime de caixa – se o contribuinte tiver feito a opção pela apuração segundo aquele regime. *REsp 1.235.220-PR, Rel. Min. Benedito Gonçalves, 22.4.14. 1ª T. (Info 539)*

Incidência do PIS e da Cofins sobre a correção monetária e os juros referentes à venda de imóvel.

Os juros e a correção monetária decorrentes de contratos de alienação de imóveis realizados no exercício da atividade empresarial do contribuinte compõem a base de cálculo da contribuição ao PIS e da COFINS. *REsp 1.432.952-PR, Rel. Min. Mauro Campbell Marques, 25.2.14. 2ª T. (Info 537)*

Isenção tributária do Senai referente à importação de produtos e serviços.

O Serviço Nacional de Aprendizagem Industrial (Senai) goza de isenção do imposto de importação, da contribuição ao PIS-importação e da Cofins-importação independentemente de a entidade ser classificada como beneficente de assistência social ou de seus dirigentes serem remunerados. Isso porque a isenção decorre diretamente dos arts. 12 e 13 da Lei 2.613/1955. *REsp 1.430.257-CE, Rel. Min. Mauro Campbell Marques, 18.1.14. 2ª T. (Info 539)*

Majoração da alíquota da Cofins.

A majoração da alíquota da Cofins de 3% para 4% prevista no art. 18 da Lei 10.684/03 não alcança as sociedades corretoras de seguro. *AgRg no AREsp 426.242-RS, Rel. Min. Herman Benjamin, 4.2.14. 2ª T. (Info 534)*

2013

Base de cálculo das contribuições para o PIS/Pasep e da Cofins na hipótese de venda de veículos novos por concessionária de veículos.

RPT Na venda de veículos novos, a concessionária deve recolher as contribuições para o PIS/Pasep e a Cofins sobre a receita bruta/faturamento (arts. 2º e 3º da Lei 9.718/98) – compreendido o valor de venda do veículo ao consumidor –, e não apenas sobre a diferença entre o valor de aquisição do veículo junto à fabricante concedente e o valor da venda ao consumidor (margem de lucro). *REsp 1.339.767-SP, Rel. Min. Mauro Campbell Marques, 26.6.13. 1ª S. (Info 526)*

Repetição da contribuição para o PIS e da Cofins na hipótese de contribuinte vinculado à tributação pelo lucro presumido.

RPT O contribuinte vinculado ao regime tributário por lucro presumido tem direito à restituição de valores – referentes à contribuição para o PIS e à Cofins – pagos a maior em razão da utilização da base de cálculo indicada no § 1º do art. 3º da Lei 9.718/98, mesmo após a EC 20/98 e a edição das leis 10.637/02 e 10.833/03. *REsp 1.354.506-SP, Rel. Min. Mauro Campbell Marques, 14.8.13. 1ª S. (Info 529)*

2012

Isenção. PIS. Cofins. Transporte de mercadorias.

O transporte interno de mercadorias entre o estabelecimento produtor e o porto ou aeroporto alfandegado, ainda que posteriormente exportadas, não configura transporte internacional de cargas de molde a afastar a regra de isenção do PIS e da Cofins prevista no art. 14 da MP 2.158-35/01. *REsp 1.251.162, Rel. Min. Castro Meira, 8.5.12. 2ª T. (Info 497)*

Fundo PIS/Pasep. Diferença de correção monetária. Demanda. Prazo prescricional quinquenal.

RPT É de cinco anos o prazo prescricional da ação promovida contra a União Federal por titulares de contas vinculadas ao PIS/Pasep, visando à cobrança de diferenças de correção monetária incidente sobre o saldo das referidas contas, nos termos do art. 1º do DL 20.910/1932. *REsp 1.205.277, Rel. Min. Teori Zavascki, 27.6.12. 1ª S. (Info 500)*

PIS/Cofins sobre JCP.

RPT Não incide PIS/Cofins sobre os juros sobre capital próprio (JCP) recebidos durante a vigência da Lei 9.718/98 até a edição das leis ns. 10.637/02 (cujo art. 1º entrou em vigor em 1º.12.2002) e 10.833/03. Antes da EC 20/98, a definição constitucional de faturamento envolvia somente a venda de mercadorias, de serviços ou de mercadorias e serviços, não abrangendo a totalidade das receitas auferidas pela pessoa jurídica, tal como o legislador ordinário pretendeu. Somente após a edição da referida emenda constitucional, possibilitou-se a inclusão da totalidade das receitas – incluindo o JCP – como base de cálculo do PIS, circunstância materializada com a edição das leis ns. 10.637/02 e 10.833/03. *REsp 1.104.184, Rel. Min. Napoleão N. Maia Fº., 29.2.12. 1ª S. (Info 492)*

PIS e Cofins. Atos não cooperativos. Incidência.

Segundo orientação do STJ, "os atos praticados pela cooperativa com terceiros não se inserem no conceito de atos cooperativos e, portanto, estão no campo de incidência da contribuição ao PIS e à Cofins. Ato cooperativo é aquele que a cooperativa realiza com os seus cooperados ou com outras cooperativas. Esse é o conceito que se depreende do disposto no art. 79 da lei que institui o regime jurídico das sociedades cooperativas – Lei 5.764/71" (REsp 1192187). *AgRg no AREsp 170.608, Rel. Min. Arnaldo E. Lima, 9.10.12. 1ª T. (Info 506)*

PIS e Cofins. Desconto do frete entre fabricante e concessionária.

Existe direito a desconto do valor do frete quando o veículo é transportado da fábrica para a concessionária com o propósito de posterior alienação ao consumidor. Trata-se de situação diversa daquela na qual o transporte do veículo ocorre após a alienação para o consumidor, caso em que o desconto já é reconhecido. Para solução do caso, o art. 3º, incs. I e IX, da Lei 10.833/03 deve ser aplicado ao frete de veículos já vendidos ou não. *REsp 1.215.773, Rel. p/ ac. Min. Asfor Rocha, 22.8.12. 1ª S. (Info 502)*

PIS. Honorários de sucumbência. Prestação de serviços por sociedade de advogados.

Incide contribuição ao PIS sobre as receitas decorrentes da prestação de serviços advocatícios de sociedade de advogados. A partilha dos resultados da atividade econômica é condição intrínseca ao contrato de sociedade nos termos do art. 981 do CC. Conforme dispõe a Lei 8.906/94, a sociedade civil de advogados, uma vez atendidas as formalidades legais, adquire personalidade jurídica (art. 15, § 1º), devendo as procurações ser outorgadas individualmente aos advogados e indicar a sociedade de que façam parte (art. 15, § 3º), sendo que a sociedade responde em caráter principal pelos danos causados aos clientes por ação ou omissão no exercício da advocacia, enquanto o sócio responde de forma subsidiária (art. 17). Nesse contexto, o art. 22 da Lei 8.906/94, que estabelece que a prestação de serviço profissional assegura aos inscritos na OAB o direito aos honorários convencionados, aos fixados por arbitramento judicial e aos de sucumbência, deve ser interpretado de forma sistemática com o regime que disciplina a sociedade de advogados. Portanto, se o serviço é prestado pela sociedade, com indicação a respeito na procuração, ela tem legitimidade para levantar o valor dos honorários, operando-se os efeitos tributários daí decorrentes. *REsp 1.283.410, Rel. Min. Herman Benjamin, 20.9.12. 2ª T. (Info 505)*

2.3. Responsabilidade Tributária

2015

Responsabilidade por débitos previdenciários não pagos por incorporadora imobiliária falida.

Na hipótese de paralisação de edificação de condomínio residencial, em razão da falência da incorporadora imobiliária, e tendo a obra sido retomada posteriormente pelos adquirentes das unidades imobiliárias comercializadas – condôminos estes não podem ser responsabilizados pelo pagamento de contribuições previdenciárias referentes à etapa da edificação que se encontrava sob a responsabilidade exclusiva da incorporadora falida. *REsp 1.485.379-SC, Rel. Min. Og Fernandes, DJe 4.2.15. 2ª T. (Info 554)*

Demonstração de desemprego para prorrogação de período de graça.

Ainda que o registro no órgão próprio do MTE não seja o único meio de prova admissível para que o segurado desempregado comprove a situação de desemprego para a prorrogação do período de graça – conforme o exigido pelo § 2º do art. 15 da Lei 8.213/90 a falta de anotação na CTPS, por si só, não é suficiente para tanto. *REsp 1.338.295-RS, Rel. Min. Sérgio Kukina, DJe 1º.12.14. 1ª T. (Info 553)*

2.4. Outros Temas

2013

Fiscalização da contabilidade da prestadora de serviços como pressuposto para o reconhecimento de solidariedade na fase de cobrança de contribuições previdenciárias incidentes sobre a cessão de mão de obra.

Na cobrança de contribuições previdenciárias realizada com base na redação original do art. 31 da Lei 8.212/91, não é lícita a autuação da tomadora de serviços sem que antes tenha havido a fiscalização da contabilidade da prestadora de serviços executados mediante cessão de mão de obra. *AgRg no REsp 1.194.485-ES, Rel. Min. Diva Malerbi, 26.2.13. 2ª T. (Info 518)*

2012

Contribuição ao Sesc e Senac. Empresas prestadoras de serviços educacionais. Incidência.

RPT As empresas prestadoras de serviços educacionais, embora integrem a Confederação Nacional de Educação e Cultura, estão sujeitas às contribuições destinadas ao SESC e Senac. A lógica em que assentados os precedentes é que os empregados das empresas prestadoras de serviços não podem ser excluídos dos benefícios sociais das entidades em questão quando inexistente entidade específica a amparar a categoria profissional a que pertencem. Assim, na ausência daquelas, há que fazer o enquadramento correspondente à Confederação Nacional do Comércio, ainda que submetida a atividade respectiva a outra confederação, incidindo as contribuições ao SESC e Senac, que se encarregarão de fornecer os benefícios sociais correspondentes. *REsp 1.255.433, Rel. Min. Mauro Campbell, 23.5.12. 1ª S. (Info 498)*

Contribuição para o PSS do servidor público civil da União. Incidência sobre os juros de mora relativos a valores pagos em cumprimento de decisão judicial.

RPT A contribuição para o PSS não incide sobre o valor correspondente aos juros de mora, ainda que estes sejam relativos a quantias pagas em cumprimento de decisão judicial. *REsp 1.239.203-PR, Rel. Min. Mauro Campbell Marques, 12.12.12. 1ª S. (Info 513)*

3. BENEFICIÁRIOS (LEI 8.213/91)

2012

Segurado especial. Trabalho urbano de integrante do grupo familiar.

RPT O fato de um dos integrantes da família exercer atividade incompatível com o regime de economia familiar não descaracteriza, por si só, a condição de segurado especial dos demais componentes. *REsp 1.304.479, Rel. Min. Herman Benjamin, 10.10.12. 1ª S. (Info 507)*

4. PRESTAÇÕES EM GERAL (LEI 8.213/91)

4.1. Disposições Gerais

2015

Cálculo do salário de benefício decorrente de atividades concomitantes prestadas em regimes diversos.

O segurado que tenha preenchido os requisitos para aposentadoria pelo RGPS e que tiver desenvolvido concomitante atividade secundária por regime Próprio da Previdência Social (RPPS), sem, no entanto, preencher os requisitos para concessão do benefício neste regime, tem direito que seu salário de benefício seja calculado com base na soma dos salários de contribuição da atividade principal, acrescido de percentual da média do salário de contribuição da atividade concomitante, nos termos do art. 32, II, "a" e "b", e III, da Lei 8.213/91. *REsp 1.428.981-PR, Rel. Min. Humberto Martins, DJe 6.8.15. 2ª T. (Info 565)*

Dispensa de prévio requerimento administrativo para obtenção de benefício previdenciário.

Para o ajuizamento de ação judicial em que se objetive a concessão de benefício previdenciário, dispensa-se, excepcionalmente, o prévio requerimento administrativo quando houver: (i) recusa em seu recebimento por parte do INSS; ou (ii) resistência na concessão do benefício previdenciário, a qual se caracteriza (a) pela notória oposição da autarquia previdenciária à tese jurídica adotada pelo segurado ou (b) pela extrapolação da razoável duração do processo administrativo. *REsp 1.488.940-GO, Rel. Min. Herman Benjamin, j. 18.11.14. 2ª T. (Info 552)*

Prévio requerimento administrativo para obtenção de benefício previdenciário. Recurso repetitivo.

RPT A Primeira Seção do STJ adere ao entendimento do STF firmado no RE 631.240-MG, sob o regime da repercussão geral, o qual decidiu: "(...) 2. A concessão de benefícios previdenciários depende de requerimento do interessado, não se caracterizando ameaça ou lesão a direito antes de sua apreciação e indeferimento pelo INSS, ou se excedido o prazo legal para sua análise. É bem de ver, no entanto, que a exigência de prévio requerimento não se confunde com o exaurimento das vias administrativas. 3. A exigência de prévio requerimento administrativo não deve prevalecer quando o entendimento da Administração for notória e reiteradamente contrário à postulação do segurado. 4. Na hipótese de pretensão de revisão, restabelecimento ou manutenção de benefício anteriormente concedido, considerando que o INSS tem o dever legal de conceder a prestação mais vantajosa possível, o pedido poderá ser formulado diretamente em juízo – salvo se depender da análise de matéria de fato ainda não levada ao conhecimento da Administração uma vez que, nesses casos, a conduta do INSS já configura o não acolhimento ao menos tácito da pretensão. 5. Tendo em vista a prolongada oscilação jurisprudencial na matéria, inclusive no Supremo Tribunal Federal, deve-se estabelecer uma fórmula de transição para lidar com as ações em curso, nos termos a seguir expostos. 6. Quanto às ações ajuizadas até a conclusão do presente julgamento (03.09.2014), sem que tenha havido prévio requerimento administrativo nas hipóteses em que exigível, será observado o seguinte: (i) caso a ação tenha sido ajuizada no âmbito de Juizado Itinerante, a ausência de anterior pedido administrativo não deverá implicar a extinção do feito; (ii) caso o INSS já tenha apresentado contestação de mérito, está caracterizado o interesse em agir pela resistência à pretensão; (iii) as demais ações que não se enquadrem nos itens (i) e (ii) ficarão sobrestadas, observando-se a sistemática a seguir. 7. Nas ações sobrestadas, o autor será intimado a dar entrada no pedido administrativo em 30 dias, sob pena de extinção do processo. Comprovada a postulação administrativa, o INSS será intimado a se manifestar acerca do pedido em até 90 dias, prazo dentro do qual a Autarquia deverá colher todas as provas eventualmente necessárias e proferir decisão. Se o pedido for acolhido administrativamente ou não puder ter o seu mérito analisado devido a razões imputáveis ao próprio requerente, extingue-se a ação. Do contrário, estará caracterizado o interesse em agir e o feito deverá prosseguir. 8. Em todos os casos acima – itens (i), (ii) e (iii) tanto a análise administrativa quanto a judicial deverão levar em conta a data do início da ação como data de entrada do requerimento, para todos os efeitos legais". *REsp 1.369.834-SP, Rel. Min. Benedito Gonçalves, 1ª S., DJe 2.12.14. (Info 553)*

2014

Atividades concomitantes prestadas sob o RGPS e princípio da unicidade de filiação.

O segurado que manteve dois vínculos concomitantes com o RGPS – um na condição de contribuinte individual e outro como empregado público – pode utilizar as contribuições efetivadas como contribuinte individual na concessão de aposentadoria junto ao RGPS, sem prejuízo do cômputo do tempo como empregado público para a concessão de aposentadoria sujeita ao Regime Próprio, diante da transformação do emprego público em cargo público. *AgRg no REsp 1.444.003-RS, Rel. Min. Humberto Martins, 8.5.14. 2ª T. (Info 544)*

Inaplicabilidade do prazo decadencial de revisão de benefício ao caso de desaposentação.

Não é possível aplicar o prazo decadencial decenal previsto no art. 103 da Lei 8.213/91 aos casos de desaposentação. *REsp 1.348.301-SC, Rel. Min. Arnaldo Esteves Lima, 27.11.13. 1ª S. (Info 535)*

Irrepetibilidade de benefício previdenciário.

Não está sujeito à repetição o valor correspondente a benefício previdenciário recebido por determinação de sentença que, confirmada em segunda instância, vem a ser reformada apenas no julgamento de recurso especial. *EREsp 1.086.154-RS, Rel. Min. Nancy Andrighi, 20.11.13. Corte Especial. (Info 536)*

Princípio da irrepetibilidade das verbas previdenciárias.

A viúva que vinha recebendo a totalidade da pensão por morte de seu marido não deve pagar ao filho posteriormente reconhecido em ação de investigação de paternidade a quota das parcelas auferidas antes da habilitação deste na autarquia previdenciária, ainda que a viúva, antes de iniciar o recebimento do benefício, já tivesse conhecimento da existência da ação de investigação de paternidade. *REsp 990.549-RS, Rel. p/ ac. Min. João Otávio de Noronha, 5.6.14. 3ª T. (Info 545)*

Princípio do paralelismo das formas na revisão de benefício assistencial.

O INSS pode suspender ou cancelar benefício de prestação continuada concedido judicialmente, desde que conceda administrativamente o contraditório e a ampla defesa ao beneficiário, não se aplicando o princípio do paralelismo das formas. *REsp 1.429.976-CE, Rel. Min. Humberto Martins, 18.2.14. 2ª T. (Info 536)*

2012

Benefício previdenciário. Prova. Reclamação trabalhista.

A sentença trabalhista, por se tratar de decisão judicial, pode ser considerada como início de prova material para a concessão do benefício previdenciário, bem como para revisão da renda mensal inicial, ainda que a autarquia previdenciária não tenha integrado a contenda trabalhista. *EDcl no AgRg no AREsp 105.218, Rel. Min. Humberto Martins, 23.10.12. 2ª T. (Info 508)*

Impossibilidade de cumulação de pensão previdenciária de ex-combatente com a pensão especial prevista no art. 53 do ADCT. Mesmo fato gerador.

Não é possível a cumulação de pensão previdenciária de ex-combatente com a pensão especial prevista no art. 53 da ADCT, se possuírem o mesmo fato gerador. Perceber outra aposentadoria/pensão instituída para beneficiar o ex-combatente que não recebe nenhum rendimento dos cofres públicos é colidir com o obstáculo que o legislador constitucional instituiu. *AgRg no REsp 1.314.687-PE, Rel. Min. Napoleão Nunes Maia Filho, 27.11.12. 1ª T. (Info 512)*

Índices de reajustamento dos benefícios previdenciários.

Os reajustamentos dos benefícios previdenciários devem ser feitos de acordo com os critérios estabelecidos no art. 41 da Lei 8.213/91, não sendo possível a utilização dos mesmos índices previstos para reajuste dos benefícios de valor mínimo, dos salários de contribuição ou do art. 58 do ADCT. *AREsp 168.279, Rel. Min. Herman Benjamin, 18.10.12. 2ª T. (Info 508)*

Prazo decadencial para revisão do ato de concessão de benefício previdenciário anterior à vigência da MP 1.523-9/97.

RPT Incide o prazo de decadência do art. 103 da Lei 8.213/91, instituído pela MP 1.523-9/97, convertida na Lei 9.528/97, no direito de revisão dos benefícios concedidos ou indeferidos anteriormente a esse preceito normativo, com o termo "a quo" a contar da vigência da MP. *REsp 1.309.529-PR, Rel. Min. Herman Benjamin, 28.11.12. 1ª S. (Info 510)*

Revisão. Ato de concessão de benefício previdenciário. Decadência.

Até o advento da MP 1.523-9/97, convertida na Lei 9.528/97, não havia previsão normativa de prazo de decadência do direito ou da ação de revisão do ato concessivo de benefício previdenciário. Com o advento da referida MP, que modificou o art. 103 da Lei 8.213/91, Lei de Benefícios da Previdência Social, ficou estabelecido para todos os beneficiários o prazo de decadência de dez anos. *REsp 1.303.988, Rel. Min. Teori Zavascki, 14.3.12. 1ª S. (Info 493)*

Revisão da renda mensal inicial. Buraco negro.

A revisão da renda mensal inicial prevista no art. 144 da Lei 8.213/91 é devida aos benefícios concedidos entre 5.10.1988 e 5.4.1991, independentemente da legislação utilizada para a concessão do benefício previdenciário. A revisão da renda mensal inicial nos termos do art. 144 da Lei 8.213/91 toma como parâmetro a data da concessão do benefício, e não a legislação utilizada no cálculo deste, razão pela qual deverão ser revistos todos os benefícios concedidos no período determinado no dispositivo. *AgRg no REsp 1.324.507, Rel. Min. Humberto Martins, 18.10.12. 2ª T. (Info 508)*

Tempo de serviço prestado por trabalhador com idade inferior a 14 anos em regime de economia familiar.

O tempo de serviço em atividade rural realizada por trabalhador com idade inferior a 14 anos, ainda que não vinculado ao Regime de Previdência Social, pode ser averbado e utilizado para o fim de obtenção de benefício previdenciário. A proibição do trabalho a menores de 14 anos de idade foi estabelecida em seu benefício e não deve ser arguida para prejudicá-los. *AR 3.877-SP, Rel. Min. Marco Aurélio Bellizze, 28.11.12. 3ª S. (Info 510)*

4.2. Aposentadoria Especial

2015

Aposentadoria especial a contribuinte individual não cooperado.

É possível a concessão de aposentadoria especial prevista no art. 57, caput, da Lei 8.213/91 a contribuinte individual do RGPS que não seja cooperado, desde que preenchidos os requisitos legais para tanto. *REsp 1.436.794-SC, Rel. Min. Mauro Campbell Marques, DJe 28.9.15. 2ª T. (Info 570)*

Termo inicial de aposentadoria especial.

Se, no momento do pedido administrativo de aposentadoria especial, o segurado já tiver preenchido os requisitos necessários à obtenção do referido benefício, ainda que não os tenha demonstrado perante o INSS, o termo inicial da aposentadoria especial concedida por meio de sentença será a data do aludido requerimento administrativo, e não a data da sentença. *Pet 9.582-RS, Rel. Min. Napoleão Nunes Maia Filho, DJe 16.9.15. 1ª S. (Info 569)*

2014

Impossibilidade de aplicação retroativa do Dec. 4.882/03 para reconhecimento de atividade especial.

RPT O limite de tolerância para configuração da especialidade do tempo de serviço para o agente ruído deve ser de 90 dB no período de 6.3.1997 a 18.11.2003, conforme Anexo IV do Dec. 2.172/97 e Anexo IV do Dec. 3.048/99, sendo impossível aplicação retroativa do Dec. 4.882/03, que reduziu o patamar para 85 dB, sob pena de ofensa ao art. 6º da LINDB. (Pet 9.059). *REsp 1.398.260-PR, Rel. Min. Herman Benjamin, 14.5.14. 1ª S. (Info 541)*

2013

Cômputo do tempo de serviço prestado nas Forças Armadas para o fim de aposentadoria especial.

Não é possível computar, para a concessão da aposentadoria especial prevista no art. 1º da LC 51/85, o tempo de serviço prestado nas Forças Armadas. *REsp 1.357.121-DF, Rel. Min. Humberto Martins, 28.5.13. 2ª T. (Info 524)*

Início de prova material para comprovação do exercício de atividade rural.

Para a concessão de aposentadoria rural, a certidão de nascimento dos filhos que qualifique o companheiro como lavrador deve ser aceita como início de prova documental do tempo de atividade rurícola da companheira. *AR 3.921-SP, Rel. Min. Sebastião Reis Júnior, 24.4.13.*

2012

Arts. 57 e 58 da Lei 8.213/91. Rol de atividades e agentes nocivos. Caráter exemplificativo.

RPT É possível considerar como atividade especial para fins previdenciários o trabalho exposto à eletricidade, mesmo se exercido após a vigência do Dec. 2.172/97, que suprimiu eletricidade do rol de agentes nocivos. À luz da interpretação sistemática, as normas regulamentadoras que estabelecem os casos de agentes e atividades nocivas à saúde do trabalhador são exemplificativas, podendo ser considerado especial o labor que a técnica médica e a legislação correlata considerarem como prejudiciais ao obreiro, desde que o trabalho seja permanente, não ocasional nem intermitente e em condições especiais (art. 57, § 3º, da Lei 8.213/91). O extinto TFR também já havia sedimentado na Súm. 198 o entendimento acerca da não taxatividade das hipóteses legais de atividade especial. *REsp 1.306.113, Rel. Min. Herman Benjamin, 14.11.12. 1ª S. (Info 509)*

Impossibilidade de aplicação retroativa do Dec. 4.882/03 para reconhecimento de atividade especial.

Não é possível a atribuição de efeitos retroativos ao Dec. 4.882/03 para fins de conversão de tempo de serviço comum em especial. *REsp 1.355.702-RS, Rel. Min. Herman Benjamin, 6.12.12. 2ª T. (Info 514)*

4.3. Aposentadoria por Idade

2016

Requisitos para aposentadoria rural por idade prevista no art. 143 da Lei 8.213/91. Recurso repetitivo. Tema 642.

RPT O segurado especial (art. 143 da Lei 8.213/91) tem que estar laborando no campo quando completar a idade mínima para se aposentar por idade rural, momento em que poderá requerer seu benefício. Ressalvada a hipótese do direito adquirido em que o segurado especial preencheu ambos os requisitos de forma concomitante, mas não requereu o benefício. *REsp 1.354.908-SP, Rel. Min. Mauro Campbell Marques, 1ª S., DJe 10.2.2016. (Info 576)*

2015

Carência da aposentadoria híbrida por idade e advento da Lei 8.213/91.

É possível considerar o tempo de serviço rural anterior ao advento da Lei 8.213/91 para fins de carência de aposentadoria híbrida por idade, sem que seja necessário o recolhimento de contribuições previdenciárias para esse fim. *REsp 1.476.383-PR, Rel. Min. Sérgio Kukina, DJe 8.10.15. 1ª T. (Info 570)*

Natureza do trabalho exercido imediatamente antes de requerimento de aposentadoria híbrida por idade.

O reconhecimento do direito à aposentadoria híbrida por idade não está condicionado ao exercício de atividade rurícola no período imediatamente anterior ao requerimento administrativo. *REsp 1.476.383-PR, Rel. Min. Sérgio Kukina, DJe 8.10.15. 1ª T. (Info 570)*

Termo inicial da aposentadoria rural por idade.

Na ausência de prévio requerimento administrativo, o termo inicial para a implantação da aposentadoria por idade rural deve ser a data da citação válida do INSS – e não a data do ajuizamento da ação. *REsp 1.450.119-SP, Rel. p/ ac. Min. Benedito Gonçalves, DJe 1º.7.15. 1ª S. (Info 565)*

2014

Aplicabilidade da regra de transição prevista no art. 142 da Lei 8.213/91.

O inscrito no RGPS até 24.7.1991, mesmo que nessa data não mais apresente condição de segurado, caso restabeleça relação jurídica com o INSS e volte a ostentar a condição de segurado após a Lei 8.213/91, tem direito à aplicação da regra de transição prevista no art. 142 do mencionado diploma, devendo o requisito da carência, para a concessão de aposentadoria urbana por idade, ser definido de acordo com o ano em que o segurado implementou apenas o requisito etário – e não conforme o ano em que ele tenha preenchido, simultaneamente, tanto o requisito da carência quanto o requisito etário. *REsp 1.412.566-RS, Rel. Min. Mauro Campbell Marques, 27.3.14. 2ª T. (Info 539)*

Aposentadoria por idade híbrida.

Caso o trabalhador rural, ao atingir a idade prevista para a concessão da aposentadoria por idade rural (60 anos, se homem, e 55 anos, se mulher), ainda não tenha alcançado o tempo mínimo de atividade rural exigido na tabela de transição prevista no art. 142 da Lei 8.213/91, poderá, quando completar 65 anos, se homem, e 60 anos, se mulher, somar, para efeito de carência, o tempo de atividade rural aos períodos de contribuição sob outras categorias de segurado, para fins de concessão de aposentadoria por idade "híbrida", ainda que inexistam contribuições previdenciárias no período em que exerceu suas atividades como trabalhador rural. *REsp 1.367.479-RS, Rel. Min. Mauro Campbell Marques, 4.9.14. 2ª T. (Info 548)*

Início de prova material de atividade rural.

Para fins de reconhecimento do direito à aposentadoria por idade de trabalhador rural, a certidão de casamento que qualifique o cônjuge da requerente como rurícola não pode ser considerada como início de prova material na hipótese em que esse tenha exercido atividade urbana no período de carência. *AgRg no REsp 1.310.096-SP, Rel. Min. Napoleão Nunes Maia Filho, 25.2.14. 1ª T. (Info 538)*

2013

Cômputo do período de gozo de auxílio-acidente para efeito da carência necessária à concessão de aposentadoria por idade.

O período em que o segurado estiver recebendo apenas auxílio-acidente é apto a compor a carência necessária à concessão de aposentadoria por idade. De acordo com o § 5º do art. 29 da Lei 8.213/91, o período de recebimento de "benefícios por incapacidade" será computado como tempo de contribuição, portanto de carência, para efeito de concessão de aposentadoria por idade. *REsp 1.243.760-PR, Rel. Min. Laurita Vaz, 2.4.13. 5ª T. (Info 518)*

Cômputo do período de gozo de auxílio-doença para efeito da carência necessária à concessão de aposentadoria por idade.

O período de recebimento de auxílio-doença deve ser considerado no cômputo do prazo de carência necessário à concessão de aposentadoria por idade, desde que intercalado com períodos contributivos. Isso porque, se o período de recebimento de auxílio-doença é contado como tempo de contribuição, consequentemente, também deverá ser computado para fins de carência, se recebido entre períodos de atividade. *REsp 1.334.467-RS, Rel. Min. Castro Meira, 28.5.13. 2ª T. (Info 524)*

2012

Aposentadoria rural por idade. Ausência de comprovação de regime de economia familiar.

Não é possível a concessão da aposentadoria por idade a rurícola nos termos do art. 143 da Lei 8.213/91, quando não comprovado o desempenho de atividade em regime de economia familiar. Demonstrado que a atividade exercida é lucrativa e organizada, fica descaracterizado o regime de subsistência dos segurados especiais. O regime de economia familiar que dá direito ao segurado especial de se aposentar, independentemente do recolhimento de contribuições, é a atividade desempenhada em família, com o trabalho indispensável de seus membros para a sua subsistência. A qualidade de segurado especial do marido, por presunção, pode ser estendida à esposa. *AR 4.148, Rel. Min. Maria T. A. Moura, 26.9.12. 3ª S. (Info 505)*

Aposentadoria rural por idade. Início de prova material.

É possível a concessão de aposentadoria por idade a rurícola nos termos do art. 143 da Lei 8.213/91, em caso de comprovação da condição de lavrador do marido da requerente por meio de certidão de casamento, certidão de óbito e extrato de pensão rural, além de depoimento de testemunhas. A condição de trabalhadora rural da mulher decorre da extensão da qualidade de agricultor do marido. Não se exige, para a concessão de aposentadoria rural por idade, que a prova material do labor se refira a todo o período de carência, desde que haja prova testemunhal apta a ampliar a eficácia probatória dos documentos, isto é, se as testemunhas confirmarem a prática de atividade rural no mesmo lapso. *AR 4.094, Rel. Min. Maria T. A. Moura, 26.9.12. 3ª S. (Info 505)*

4.4. Aposentadoria por Tempo de Serviço

2014

Tempo de serviço/contribuição anterior à Lei 8.213/91.

RPT É possível a concessão de aposentadoria por tempo de serviço/contribuição mediante o cômputo de atividade rural com registro em carteira profissional em período anterior ao advento da Lei 8.213/91 para efeito da carência exigida pela Lei de Benefícios. *REsp 1.352.791-SP, Rel. Min. Arnaldo Esteves Lima, 27.11.13. 1ª S. (Info 532)*

2013

Desaposentação e desnecessidade de devolução dos valores recebidos em razão da aposentadoria anterior.

RPT É possível a renúncia à aposentadoria por tempo de serviço (desaposentação) objetivando a concessão de novo benefício mais vantajoso da mesma natureza (reaposentação), com o cômputo dos salários de contribuição posteriores à aposentadoria anterior, não sendo exigível, nesse caso, a devolução dos valores recebidos em razão da aposentadoria anterior. *REsp 1.334.488-SC, Rel. Min. Herman Benjamin, 8.5.13. 1ª S. (Info 520)*

2012

Comprovação de tempo de serviço rural. Boia-fria. Apresentação de prova para obtenção do benefício previdenciário. Aplicação da Súm. 149/STJ.

RPT Aplica-se a Súm. 149/STJ aos trabalhadores rurais denominados "boias-frias", sendo imprescindível a apresentação de início de prova material para obtenção de benefício previdenciário. A apresentação de prova material de apenas parte do lapso temporal não implica violação da Súm. 149/STJ, cuja aplicação é mitigada se a reduzida prova material for complementada por prova testemunhal idônea. A prova exclusivamente testemunhal é insuficiente para comprovação da atividade laborativa do trabalhador rural, sendo indispensável que ela venha corroborada por razoável início de prova material, a teor do art. 55, § 3º, da Lei 8.213/91 e da Súm. 149/STJ. *REsp 1.321.493, Rel. Min. Herman Benjamin, 10.10.12. 1ª S. (Info 506)*

4.5. Aposentadoria por Invalidez

2016

Conversão da aposentadoria por tempo de serviço em aposentadoria por invalidez e recebimento do adicional de grande invalidez.

O segurado aposentado por tempo de serviço que sofreu, após retornar à atividade laboral, acidente de trabalho que lhe causou absoluta incapacidade, gerando a necessidade da assistência permanente de outra pessoa, tem direito à transformação da aposentadoria por tempo de serviço em aposentadoria por invalidez e, com a conversão, ao recebimento do adicional de 25% descrito no art. 45 da Lei 8.213/91 a partir da data de seu requerimento administrativo. *REsp 1.475.512-MG, Rel. Min. Mauro Campbell Marques, DJe 18.12.2015. 2ª T. (Info 575)*

2015

Adicional de 25% previsto no art. 45 da Lei 8.213/91 (grande invalidez).

O segurado já aposentado por tempo de serviço e/ou por contribuição que foi posteriormente acometido de invalidez que exija assistência permanente de outra pessoa não tem direito ao acréscimo de 25% sobre o valor do benefício que o aposentado por invalidez faz jus em razão de necessitar dessa assistência (art. 45, caput, da Lei 8.213/91). *REsp 1.533.402-SC, Rel. Min. Sérgio Kukina, DJe 14.9.15. 1ª T. (Info 569)*

2014

Cálculo da RMI no caso de conversão do auxílio-doença em aposentadoria por invalidez.

RPT A aposentadoria por invalidez decorrente da conversão de auxílio-doença, sem retorno do segurado ao trabalho, será apurada na forma estabelecida no art. 36, § 7º, do Dec. 3.048/99, segundo o qual a renda mensal inicial (RMI) da aposentadoria por invalidez oriunda de transformação de auxílio-doença será de 100% do salário-de-benefício que serviu de base para o cálculo da renda mensal inicial do auxílio-doença, reajustado pelos mesmos índices de correção dos benefícios em geral. *REsp 1.410.433-MG, Rel. Min. Arnaldo Esteves Lima, 11.12.13. 1ª S. (Info 533)*

Termo inicial de aposentadoria por invalidez requerida exclusivamente na via judicial.

RPT A citação válida deve ser considerada como termo inicial para a implantação da aposentadoria por invalidez concedida na via judicial quando ausente prévia postulação administrativa. *REsp 1.369.165-SP, Rel. Min. Benedito Gonçalves, 26.2.14. 1ª S. (Info 536)*

2013

Análise dos aspectos socioeconômicos, profissionais e culturais do segurado para concessão de aposentadoria por invalidez.

Para a concessão de aposentadoria por invalidez, na hipótese em que o laudo pericial tenha concluído pela incapacidade parcial para o trabalho, devem ser considerados, além dos elementos previstos no art. 42 da Lei 8.213/91, os aspectos socioeconômicos, profissionais e culturais do segurado. *AgRg no AREsp 283.029-SP, Rel. Min. Humberto Martins, 9.4.13. 2ª T. (Info 520)*

Cálculo da renda mensal inicial no caso de conversão do auxílio-doença em aposentadoria por invalidez.

No caso de benefício de aposentadoria por invalidez precedido de auxílio-doença, a renda mensal inicial será calculada de acordo com o disposto no art. 36, § 7º, do Dec. 3.048/99, exceto quando o período de afastamento tenha sido intercalado com períodos de atividade laborativa, hipótese em que incidirá o art. 29, § 5º, da Lei 8.213/91. *AgRg nos EREsp 909.274-MG, Rel. Min. Alderita Ramos de Oliveira, 12.6.13. 3ª S. (Info 527)*

4.6. Auxílio-acidente

2012

Auxílio-acidente. Agravamento da lesão incapacitante. Aplicação do princípio "tempus regit actum".

Deve ser considerado, para fins de auxílio-acidente, o percentual estabelecido pela lei vigente no momento em que se dá o agravamento das lesões incapacitantes do beneficiário, e não o do momento em que o benefício foi concedido inicialmente. *AgRg no REsp 1.304.317-SP, Rel. Min. Ari Pargendler, 4.12.12. 1ª T. (Info 512)*

Termo "a quo" para pagamento de auxílio-acidente.

O termo inicial para pagamento de auxílio-acidente é a data da citação da autarquia previdenciária se ausente prévio requerimento administrativo ou prévia concessão de auxílio-doença. O laudo pericial apenas norteia o livre convencimento do juiz quanto a alguma incapacidade ou mal surgido anteriormente à propositura da ação, sendo que a citação válida constitui em mora o demandado. *AgRg no AREsp 145.255-RJ, Rel. Min. Napoleão Nunes Maia Filho, 27.11.12. 1ª T. (Info 511)*

Auxílio-acidente. Majoração do percentual. Lei 9.032/95. Benefícios concedidos antes de sua vigência.
O benefício de auxílio-acidente concedido em momento anterior à edição da Lei 9.032/95 (que alterou a redação do art. 86 da Lei 8.213/91) deverá observar o disposto na legislação em vigor quando de sua concessão. *REsp 1.072.739, Rel. Min. Og Fernandes, 11.9.12. 6ª T. (Info 504)*

Cumulação. Auxílio-acidente e aposentadoria.
É impossível cumular auxílio-acidente com aposentadoria, se esta foi concedida após a Lei 9.528/97. *REsp 1.244.257, Rel. Min. Humberto Martins, 13.3.12. 2ª T. (Info 493)*

Cumulação de aposentadoria com auxílio-acidente. Momento da lesão.
RPT A cumulação de auxílio-acidente com proventos de aposentadoria só é possível se a eclosão da doença incapacitante e a concessão da aposentadoria forem anteriores à alteração do art. 86, §§ 2º e 3º, da Lei 8.213/91, promovida pela MP 1.596-14/97, que posteriormente foi convertida na Lei 9.528/97. Quanto ao momento em que ocorre a lesão incapacitante em casos de doença profissional ou do trabalho, deve ser observada a definição do art. 23 da Lei 8.213/91, segundo o qual se considera "como dia do acidente, no caso de doença profissional ou do trabalho, a data do início da incapacidade laborativa para o exercício da atividade habitual, ou o dia da segregação compulsória, ou o dia em que for realizado o diagnóstico, valendo para este efeito o que ocorrer primeiro". *REsp 1.296.673, Rel. Min. Herman Benjamin, 22.8.12. 1ª S. (Info 502)*

4.7. Auxílio-creche

2014

Critério econômico para concessão do auxílio-reclusão.
Na análise de concessão do auxílio-reclusão a que se refere o art. 80 da Lei 8.213/91, o fato de o recluso que mantenha a condição de segurado pelo RGPS (art. 15 da Lei 8.213/91) estar desempregado ou sem renda no momento do recolhimento à prisão indica o atendimento ao requisito econômico da baixa renda, independentemente do valor do último salário de contribuição. *REsp 1.480.461-SP, Rel. Min. Herman Benjamin, 23.9.14. 2ª T. (Info 550)*

4.8. Auxílio-Reclusão

2015

Auxílio-reclusão a servidores ocupantes de cargo efetivo.
Para concessão de auxílio-reclusão, não se aplica aos servidores públicos estatutários ocupantes de cargos efetivos a exigência de baixa renda prevista no art. 13 da EC 20/98. *AgRg no REsp 1.510.425-RJ, Rel. Min. Humberto Martins, DJe 22.4.15. 2ª T. (Info 560)*

Flexibilização do critério baixa renda para a concessão de auxílio-reclusão.
É possível a concessão de auxílio-reclusão aos dependentes do segurado que recebia salário de contribuição pouco superior ao limite estabelecido como critério de baixa renda pela legislação da época de seu encarceramento. *REsp 1.479.564-SP, Rel. Min. Napoleão Nunes Maia Filho, j. 6.11.14. 1ª T. (Info 552)*

4.9. Benefício Assistencial de Prestação Continuada

2015

Renda familiar "per capita" para fins de concessão de benefício de prestação continuada a pessoa com deficiência. Recurso repetitivo. Tema 640.
RPT Aplica-se o parágrafo único do art. 34 do Estatuto do Idoso (Lei 10.741/03), por analogia, a pedido de benefício assistencial feito por pessoa com deficiência a fim de que benefício previdenciário recebido por idoso, no valor de um salário mínimo, não seja computado no cálculo da renda per capita prevista no art. 20, § 3º, da Lei 8.742/93. *REsp 1.355.052-SP, Rel. Min. Benedito Gonçalves, 1ª S., DJe 5.11.15. (Info 572)*

2012

Benefício assistencial. Meios de prova da condição de miserabilidade.
O critério previsto no art. 20, § 3º, da Lei 8.742/93 (renda mensal per capita inferior a 1/4 do salário

mínimo) não impede a concessão do correspondente benefício assistencial, desde que comprovada, por outros meios, a miserabilidade do postulante. *AgRg no AREsp 202.517, Rel. Min. Teori Zavascki, 2.10.12. 1ª T. (Info 505)*

Exclusão de benefício de valor mínimo percebido por maior de 65 anos na composição da renda familiar.

O benefício previdenciário de valor mínimo recebido por pessoa acima de 65 anos não deve ser considerado na composição da renda familiar, para fins de concessão do benefício assistencial a outro membro da família, conforme preconiza o art. 34, parágrafo único, da Lei 10.741/03 (Estatuto do Idoso). *AgRg no AREsp 215.158-CE, Rel. Min. Campbell Marques, 18.10.12. 2ª T. (Info 507)*

4.10. Pensão por Morte

2016

Pensão por morte. Habilitação tardia de dependente absolutamente incapaz. Existência de dependente regular já inscrito. Efeitos financeiros.

Não há direito à percepção de pensão por morte em período anterior à habilitação tardia da dependente incapaz, no caso de seu pai já receber a integralidade do benefício desde o óbito da instituidora. *REsp 1.479.948-RS, Rel. Min. Herman Benjamin, DJe 17.10.2016. 2ª T. (Info 592)*

2015

Caráter personalíssimo do direito à desaposentação.

Os sucessores do segurado falecido não têm legitimidade para pleitear a revisão do valor da pensão a que fazem jus se a alteração pretendida depender de um pedido de desaposentação não efetivado quando em vida pelo instituidor da pensão. *AgRg no AREsp 436.056-RS, Rel. Min. Assusete Magalhães, DJe 10.3.15. 2ª T. (Info 557)*

Habilitação tardia de pensionista menor.

Ainda que o beneficiário seja "pensionista menor", a pensão por morte terá como termo inicial a data do requerimento administrativo – e não a do óbito – na hipótese em que, postulado após trinta dias do óbito do segurado, o benefício já vinha sendo pago integralmente a outro dependente previamente habilitado. *REsp 1.513.977-CE, Rel. Min. Herman Benjamin, DJe 5.8.15. 2ª T. (Info 566)*

Pensão especial de ex-combatente a criança ou adolescente sob sua guarda.

Na hipótese de morte do titular de pensão especial de ex-combatente, o menor de dezoito anos que estava sob sua guarda deve ser enquadrado como dependente (art. 5º da Lei 8.059/90) para efeito de recebimento, na proporção que lhe couber, da pensão especial (art. 53, II, do ADCT) que recebia o seu guardião. *REsp 1.339.645-MT, Rel. Min. Sérgio Kukina, DJe 4.5.15. 1ª T. (Info 561)*

Prazo decadencial do direito de pleitear revisão de pensão previdenciária decorrente de morte.

O prazo decadencial do direito de revisar o valor do salário de benefício da pensão previdenciária por morte mediante o recálculo da renda mensal inicial do benefício originário de aposentadoria conta-se após o deferimento do ato de pensionamento. *REsp 1.529.562-CE, Rel. Min. Herman Benjamin, DJe 11.9.15. 2ª T. (Info 568)*

2014

Acumulação de pensão decorrente de ato ilícito com o benefício previdenciário de pensão por morte.

É possível a cumulação do benefício previdenciário de pensão por morte com pensão civil "ex delicto". *REsp 776.338-SC, Rel. Min. Raul Araújo, 6.5.14. 4ª T. (Info 542)*

Concessão de benefício previdenciário a criança ou adolescente sob guarda judicial.

No caso em que segurado de regime previdenciário seja detentor da guarda judicial de criança ou adolescente que dependa economicamente dele, ocorrendo o óbito do guardião, será assegurado o benefício da pensão por morte ao menor sob guarda, ainda que este não tenha sido incluído no rol de dependentes previsto na lei previdenciária aplicável. *RMS 36.034-MT, Rel. Min. Benedito Gonçalves, 26.2.14. 1ª S. (Info 546)*

Prescrição da pretensão de reaver valores despendidos pelo INSS com pensão por morte.

Nas demandas ajuizadas pelo INSS contra o empregador do segurado falecido em acidente laboral, visando ao ressarcimento dos valores decorrentes do pagamento da pensão por morte, o termo "a quo" da prescrição quinquenal é a data da concessão do referido benefício previdenciário. *REsp 1.457.646-PR, Rel. Min. Sérgio Kukina, 14.10.14. 1ª T. (Info 550)*

Termo inicial de pensão por morte requerida por pensionista menor de dezoito anos.

A pensão por morte será devida ao dependente menor de dezoito anos desde a data do óbito, ainda que tenha requerido o benefício passados mais de trinta dias após completar dezesseis anos. *REsp 1.405.909-AL, Rel. p/ ac. Min. Ari Pargendler, 22.5.14. 1ª T. (Info 546)*

2013

Comprovação da união estável para efeito de concessão de pensão por morte.

Para a concessão de pensão por morte, é possível a comprovação da união estável por meio de prova exclusivamente testemunhal. *AR 3.905-PE, Rel. Min. Campos Marques, 26.6.13. 3ª S. (Info 527)*

Pensão por morte na hipótese de filho maior de 21 anos.

RPT O filho maior de 21 anos, ainda que esteja cursando o ensino superior, não tem direito à pensão por morte, ressalvadas as hipóteses de invalidez ou deficiência mental ou intelectual previstas no art. 16, I, da Lei 8.213/91, que é taxativo, não cabendo ao Poder Judiciário legislar positivamente. *REsp 1.369.832-SP, Rel. Min. Arnaldo Esteves Lima, 12.6.13. 1ª S. (Info 525)*

Recolhimento "post mortem" das contribuições previdenciárias para a concessão de pensão por morte.

Não se admite o recolhimento "post mortem" de contribuições previdenciárias a fim de que, reconhecida a qualidade de segurado do falecido, seja garantida a concessão de pensão por morte aos seus dependentes. *REsp 1.346.852-PR, Rel. Min. Humberto Martins, 21.5.13. 2ª T. (Info 525)*

Termo inicial dos efeitos da pensão por morte no caso de habilitação posterior de dependente.

No caso de concessão integral da pensão por morte de servidor público, a posterior habilitação, que inclua novo dependente, produz efeitos a partir da data de seu requerimento na via administrativa. *REsp 1.348.823-RS, Rel. Min. Mauro Campbell Marques, 7.2.13. 2ª T. (Info 516)*

2012

Pensão por morte. Estudante universitário. Prorrogação do benefício. Impossibilidade.

Não é possível estender a pensão por morte até os 24 anos de idade pelo fato de o filho beneficiário ser estudante universitário. A jurisprudência do STJ pacificou o entendimento de que a pensão por morte rege-se pela lei vigente à época do óbito do segurado. Assim, estabelecendo o art. 77, § 2º, II, da Lei 8.213/91 a cessação da pensão por morte ao filho que completar 21 anos de idade, salvo se for inválido, não há como, à míngua de amparo legal, estendê-la até os 24 anos de idade quando o beneficiário for estudante universitário. *REsp 1.347.272, Rel. Min. Herman Benjamin, 18.10.12. 2ª T. (Info 508)*

RFFSA. Pensão de ex-ferroviário. Complementação.

RPT O art. 5º da Lei 8.186/91 assegura aos pensionistas dos ex-ferroviários admitidos na Rede Ferroviária Federal S/A (RFFSA) até 31.10.1969 o direito à complementação da pensão, de acordo com as disposições do parágrafo único do art. 2º da supradita lei, o qual garante a permanente igualdade de valores entre ativos e inativos. *REsp 1.211.676, Rel. Min. Arnaldo E. Lima, 8.8.12. 1ª S. (Info 501)*

4.11. Salário-maternidade

2015

Hipótese de mitigação do requisito etário para a concessão de salário-maternidade.

O não preenchimento do requisito etário exigido para a filiação ao RGPS como segurado especial não constitui óbice à concessão de salário-maternidade a jovem menor de dezesseis anos impelida a exercer trabalho rural em regime de economia familiar (art. 11, VII, "c" e § 6º da Lei 8.213/91). *REsp 1.440.024-RS, Rel. Min. Napoleão Nunes Maia Filho, DJe 28.8.15. 1ª T. (Info 567)*

2013

Responsabilidade pelo pagamento do salário-maternidade.

É do INSS – e não do empregador – a responsabilidade pelo pagamento do salário-maternidade à segurada demitida sem justa causa durante a gestação. Isso porque, ainda que o pagamento de salário-maternidade, no caso de segurada empregada, constitua atribuição do empregador, essa circunstância não afasta a natureza de benefício previdenciário da referida prestação. REsp 1.309.251-RS, Rel. Min. Mauro Campbell Marques, 21.5.13. 2ª T. (Info 524)

5. PREVIDÊNCIA COMPLEMENTAR (LC 109/01)

2016

Alcance de alteração do indexador de correção monetária de aposentadoria complementar previsto no plano de benefícios.

A alteração no regulamento referente ao plano de benefícios de previdência privada que substituir o indexador IGP-DI pelo INPC para fins de correção monetária da aposentadoria complementar alcança o assistido – "o participante ou seu beneficiário em gozo de benefício de prestação continuada" (art. 8º, II, da LC n. 109/01) –, devendo o novo índice incidir integralmente a partir de sua vigência, e não apenas nos períodos em que o indexador for mais vantajoso ao assistido. REsp 1.463.803-RJ, Rel. Min. Ricardo Villas Bôas Cueva, DJe 2.12.2015. 3ª T. (Info 574)

Devolução de valores recebidos a título de antecipação de tutela posteriormente revogada.

Se a antecipação da tutela anteriormente concedida a assistido de plano de previdência complementar fechada houver sido revogada em decorrência de sentença de improcedência do seu pedido, independentemente de culpa ou má-fé, será possível à entidade previdenciária – administradora do plano de benefícios que tenha suportado os prejuízos da tutela antecipada – efetuar descontos mensais no percentual de 10% sobre o montante total de cada prestação do benefício suplementar que vier a ser recebida pelo assistido, até que ocorra a integral compensação, com atualização monetária, da verba que fora antecipada, ainda que não tenha havido prévio pedido ou reconhecimento judicial da restituição. REsp 1.548.749-RS, Rel. Min. Luis Felipe Salomão, DJe 6.6.2016. 2ª. S. (Info 584)

Incidência da Súmula 340/STJ em plano de previdência privada.

A norma de regulamento de plano de previdência privada aplicável à concessão de complementação de pensão por morte é aquela vigente na data do óbito do participante, ainda que seja editada norma superveniente mais vantajosa ao beneficiário. REsp 1.404.908-MG, Rel. Min. Ricardo Villas Bôas Cueva, DJ 22.9.2016. 3ª T. (Info 590)

Necessidade de filiação à entidade aberta de previdência complementar para contratar empréstimo.

É possível impor ao consumidor sua prévia filiação à entidade aberta de previdência complementar como condição para contratar com ela empréstimo financeiro. REsp 861.830-RS, Rel. Min. Maria Isabel Gallotti, DJe 13.4.2016. 4ª T. (Info 581)

Previdência Complementar Privada. Recebimento de valor a maior por erro da entidade. Devolução. Impossibilidade. Boa-fé do assistido.

Os valores recebidos de boa-fé pelo assistido, quando pagos indevidamente pela entidade de previdência complementar privada em razão de interpretação equivocada ou de má aplicação de norma do regulamento, não estão sujeitos à devolução. REsp 1.626.020-SP, Rel. Min. Ricardo Villas Bôas Cueva, DJe 14.11.2016. 3ª T. (Info 593)

Possibilidade de entidade fechada de previdência aumentar em até 12% os juros no mútuo feneratício.

A entidade fechada de previdência complementar contratada em mútuo feneratício pode, obedecido o limite de 12% ao ano, cobrar o aumento de taxa de juros pactuado do tomador do crédito (empregado do patrocinador e vinculado ao plano de benefícios oferecido pela mutuante) desde o desligamento deste da relação empregatícia, antes da extinção da obrigação decorrente desse contrato de crédito. REsp 1.304.529-SC, Rel. Min. Luis Felipe Salomão, DJe 22.4.2016. 4ª T. (Info 581)

Revogação de tutela antecipada e devolução de benefício previdenciário complementar.

Os valores de benefícios previdenciários complementares recebidos por força de tutela antecipada posteriormente revogada devem ser devolvidos, observando-se, no caso de desconto em folha de pagamento, o limite de 10% (dez por cento) da renda mensal do benefício previdenciário até a satisfação integral do valor a ser restituído. REsp 1.555.853-RS, Rel. Min. Ricardo Villas Bôas Cueva, DJe 16.11.2015. 3ª T. (Info 573)

Verbas trabalhistas recebidas por meio de sentença definitiva da justiça do trabalho e cálculo da aposentadoria complementar.

O deferimento por sentença trabalhista definitiva de verbas salariais não justifica o recálculo da renda mensal inicial de aposentadoria complementar privada já concedida. Resp 1.410.173-SC, Rel. Min. Isabel Gallotti, DJe 16.12.2015. 4ª T. (Info 574)

2014

Benefício especial de renda certa. Recurso repetitivo.

RPT O Benefício Especial de Renda Certa, instituído pela Caixa de Previdência dos Funcionários do Banco do Brasil (PREVI), é devido exclusivamente aos assistidos que, no período de atividade, contribuíram por mais de 360 meses (30 anos) para o plano de benefícios. REsp 1.331.168-RJ, Rel. Min. Maria Isabel Gallotti, j. 12.11.14. 2ª S. (Info 552)

Condição para o resgate da totalidade das contribuições vertidas ao plano privado de previdência complementar de entidade fechada.

É lícita a cláusula que prevê a rescisão do vínculo laboral com o patrocinador como condição para o resgate da totalidade das contribuições vertidas ao plano privado de previdência complementar de entidade fechada. REsp 1.189.456-RS, Rel. Min. Luis Felipe Salomão, DJe, 11.6.15. 4ª T. (Info 563)

Condição para o resgate de reserva de poupança de plano privado de previdência complementar de entidade fechada.

É lícita a cláusula estatutária que prevê a rescisão do vínculo laboral com o patrocinador como condição para o resgate de reserva de poupança de plano privado de previdência complementar de entidade fechada. REsp 1.518.525-SE, Rel. Min. Ricardo Villas Bôas Cueva, DJe 29.5.15. 3ª T. (Info 563)

Inadmissibilidade de extensão à aposentadoria complementar de aumentos reais concedidos para benefícios mantidos pelo INSS.

A previsão normativa estatutária de reajuste da aposentadoria complementar segundo os mesmos índices de reajustamento incidentes nos benefícios mantidos pelo INSS não garante o aumento real do valor do benefício, mas apenas a reposição das perdas causadas pela inflação. REsp 1.510.689-MG, Rel. Min. Ricardo Villas Bôas Cueva, DJe 16.3.15. 3ª T. (Info 557)

Incompatibilidade de benefícios da previdência social com a previdência privada.

Não é possível aproveitar tempo de serviço especial, tampouco tempo de serviço prestado sob a condição de aluno-aprendiz, mesmo que reconhecidos pelo INSS, para fins de cálculo da renda mensal inicial de benefício da previdência privada. REsp 1.330.085-RS, Rel. Min. Ricardo Villas Bôas Cueva, DJe 13.2.15. 3ª T. (Info 555)

Possibilidade de majoração das contribuições para plano de previdência privada.

A contribuição dos integrantes de plano de previdência complementar pode ser majorada sem ofender direito adquirido. REsp 1.364.013-SE, Rel. Min. Ricardo Villas Bôas Cueva, DJe 7.5.15. 3ª T. (Info 561)

Revisão de aposentadoria complementar para inclusão de horas extras.

No caso em que o direito a horas extraordinárias, cujos valores estejam previstos no regulamento da entidade de previdência complementar como integrantes da base de cálculo das contribuições do participante, tiver sido reconhecido somente após a aposentadoria do empregado, o valor do benefício da aposentadoria complementar deve ser recalculado para considerar os valores das horas extraordinárias, devendo ser aferido no recálculo o que deixou de ser recolhido pelo empregado e pelo patrocinador se as horas extras tivessem sido oportunamente pagas. REsp 1.525.732-RS, Rel. Min. Ricardo Villas Bôas Cueva, DJe 16.10.15. 3ª T. (Info 571)

2014

Competência para julgar demanda decorrente de plano de previdência da Refer.

RPT Compete à Justiça Estadual processar e julgar as demandas que têm por objeto obrigações decorrentes de contrato de plano de previdência privada firmado com a Fundação Rede Ferroviária de Seguridade Social (REFER) – entidade de previdência instituída e patrocinada pela extinta Rede Ferroviária de Seguridade Social (RFFSA) –, mesmo considerando o fato de que a União sucedeu a RFFSA nos direitos, obrigações e ações judiciais em que esta seja autora, ré, assistente, oponente ou terceira interessada, bem como de que se tornou patrocinadora dos planos de benefícios administrados pela REFER, nos termos dos arts. 2º,

I, e 25 da Lei 11.483/07. *REsp 1.183.604-MG e REsp 1.187.776-MG, Rel. Min. Paulo de Tarso Sanseverino, 11.12.13. 2ª S. (Info 533)*

Impenhorabilidade de fundo de previdência privada complementar.

O saldo de depósito em fundo de previdência privada complementar na modalidade Plano Gerador de Benefícios Livres (PGBL) é impenhorável, a menos que sua natureza previdenciária seja desvirtuada pelo participante. *EREsp 1.121.719-SP, Rel. Min. Nancy Andrighi, 12.2.14. 2ª S. (Info 535)*

Impossibilidade de restituição de parcelas em caso de migração entre planos de benefícios de previdência complementar.

Não cabe o resgate, por participante ou assistido de plano de benefícios, das parcelas pagas a entidade fechada de previdência privada complementar quando, mediante transação extrajudicial, tenha ocorrido a migração dos participantes ou assistidos a outro plano de benefícios da mesma entidade. *AgRg no AREsp 504.022-SC, Rel. Min. Luis Felipe Salomão, 10.9.14. 2ª S. (Info 550)*

Possibilidade de a revisão de plano de benefícios de previdência privada atingir quem ainda não preencheu todos os requisitos para aposentadoria.

A alteração regulamentar que implique a instituição do denominado "INSS Hipotético" para o cálculo de benefício pode alcançar todos os participantes do plano de previdência privada que ainda não atingiram todas as condições estabelecidas para elegibilidade previstas no regulamento, não havendo direito adquirido do beneficiário às normas do regulamento vigente na ocasião da adesão à relação contratual. *REsp 1.184.621-MS, Rel. Min. Luis Felipe Salomão, 24.4.14. 4ª T. (Info 542)*

Revisão de benefício após a migração entre planos de previdência privada.

Havendo transação prevendo a migração de participante ou assistido para outro plano de benefícios de previdência privada, em termos previamente aprovados pelo órgão público fiscalizador, não há direito adquirido consistente na invocação do regulamento do plano primitivo para revisão do benefício complementar, sobretudo se, ao tempo da transação, ainda não forem preenchidas todas as condições para a implementação do benefício previsto no regulamento primitivo. *REsp 1.172.929-RS, Rel. Min. Luis Felipe Salomão, 10.6.14. 4ª T. (Info 544)*

2012

Competência. Cálculo de previdência complementar.

É da Justiça estadual a competência para julgar demandas que envolvam inclusão de verba (independentemente de sua natureza) no cálculo de previdência complementar. *EAg 1.301.267, Rel. Min. Raul Araújo, 23.5.12. 2ª S. (Info 498)*

Competência da justiça estadual para julgar ação de cobrança de complementação de aposentadoria em face de entidade fechada de previdência privada.

Compete à Justiça estadual processar e julgar ação que objetiva a complementação de benefício previdenciário em face de entidade fechada de previdência privada. A entidade fechada de previdência privada tem personalidade jurídica de direito privado e é totalmente desvinculada da União, o que afasta a competência da Justiça Federal para o julgamento da demanda. *REsp 1.242.267-ES, Rel. Min. Raul Araújo, 4.12.12. 4ª T. (Info 510)*

Complementação de aposentadoria por entidade fechada de previdência privada. Inadimplência da patrocinadora. Impossibilidade de supressão do pagamento do benefício ao assistido.

Não é possível a supressão do pagamento de complementação de aposentadoria de empregado já aposentado, que cumpriu devidamente as condições pactuadas com a entidade fechada de previdência privada para a obtenção do benefício, quando o motivo ensejador do corte é a denúncia do convênio firmado entre a referida entidade e a patrocinadora, em face do inadimplemento desta. *REsp 1.242.267-ES, Rel. Min. Raul Araújo, 4.12.12. 4ª T. (Info 510)*

Previdência privada. Auxílio cesta-alimentação. Contemplação apenas aos trabalhadores em atividade.

O auxílio cesta-alimentação, parcela concedida a título indenizatório aos empregados em atividade, mediante convenção coletiva de trabalho, não se incorpora aos proventos da complementação de aposentadoria pagos por entidade fechada de previdência privada. *AgRg no AREsp 13.324, Rel. Min. Raul Araújo, 20.11.12. 4ª T. (Info 509)*

Previdência privada. Devolução das contribuições. Atualização monetária. IPC.

RPT A atualização monetária das contribuições devolvidas pela entidade de previdência privada ao associado deve ser calculada pelo IPC, por ser um índice que melhor traduz a perda do poder aquisitivo da moeda. *REsp 1.177.973-DF e REsp 1.183.474-DF, Rel. Min. Raul Araújo, 14.11.12. 2ª S. (Info 510)*

Previdência privada. Incidência de fator redutor.

"Embora as regras aplicáveis ao sistema de previdência social oficial possam, eventualmente, servir como instrumento de auxílio à resolução de questões relativas à previdência privada complementar, na verdade são regimes jurídicos diversos, com regramentos específicos, tanto de nível constitucional, quanto infraconstitucional". (REsp 814465) 2. Enquanto a previdência social adota o regime de repartição simples, que funciona em sistema de caixa, no qual o que se arrecada é imediatamente gasto, sem que haja, por regra, um processo de acumulação de reservas, a previdência complementar adota o de capitalização, que pressupõe a acumulação de recursos para que possam, efetivamente, assegurar os benefícios contratados num período de longo prazo. Por isso, é descabida a invocação de norma própria do sistema de previdência oficial para afastar aquelas que regem o regime de previdência complementar. 3. Como constitui pilar do regime de previdência privada o custeio dos planos por meio do sistema de capitalização, é possível e razoável a estipulação, no contrato de adesão, de idade mínima para que o participante possa fazer jus ao benefício ou a incidência de fator redutor à renda mensal inicial, em caso de aposentadoria especial com idade inferior a 53 anos de idade, ou com 55 anos, para as demais aposentadorias, tendo em vista que a aposentadoria nessas condições resulta, em regra, em maior período de recebimento do benefício, se comparado àqueles participantes que se aposentam com maior idade. *REsp 1.015.336, Rel. Min. Luis F. Salomão, julgado em 20.9.12. 4ª T. (Info 505)*

Previdência privada. Limite etário para complementação de aposentadoria.

É legal a previsão de idade mínima de 55 anos estabelecida no Dec. 81.240/78 para a complementação da aposentadoria por entidade de previdência privada. *REsp 1.151.739, Rel. Min. Nancy Andrighi, 14.11.12. 2ª S. (Info 509)*

Previdência privada. Resgate de contribuições. Súm. 289/STJ. Correção monetária. Expurgos inflacionários.

RPT É devida a restituição da denominada reserva de poupança a ex-participantes de planos de benefícios de previdência privada, devendo ser corrigidas monetariamente, conforme os índices que reflitam a real inflação ocorrida no período, mesmo que o estatuto da entidade preveja critério de correção diverso, devendo ser incluídos expurgos inflacionários e a Súm. 289/STJ. *REsp 1.177.973-DF e REsp 1.183.474-DF, Rel. Min. Raul Araújo, 14.11.12. 2ª S. (Info 510)*

Previdência privada. Restituição das contribuições. Não incidência da Súm. 252/STJ.

RPT A Súm. 252/STJ, por ser específica para a correção de saldos do FGTS, não tem aplicação nas demandas que envolvam previdência privada. Ela se restringe à correção dos saldos das contas de FGTS. Às devoluções das parcelas de contribuições pagas a ex-beneficiário devem ser aplicados índices de correção que reflitam a real inflação do período (Súm. 289/STJ). *REsp 1.177.973-DF, Rel. Min. Raul Araújo, 14.11.12. 2ª S. (Info 510)*

Previdência privada. Restituição de contribuições. Quitação geral em transação. Abrangência das verbas.

RPT A quitação relativa à restituição, por instrumento de transação, somente alcança as parcelas efetivamente quitadas, não tendo eficácia em relação às verbas por ele não abrangidas, de modo que, se os expurgos não foram pagos aos participantes que faziam jus à devolução das parcelas de contribuição, não se pode considerá-los saldados por recibos de quitação passados de forma geral. *REsp 1.183.474-DF, Rel. Min. Raul Araújo, 14.11.12. 2ª S. (Info 510)*

Revisão de benefício. Previdência complementar. Perícia atuarial.

No caso de pedido de revisão de critérios de cálculo de benefícios previdenciários, a prescrição não atinge o fundo de direito, mas apenas as prestações vencidas há mais de cinco anos do ajuizamento da ação (LC 109/01, art. 75). 2. A pretensão de revisão de benefício pago por entidade de previdência privada, segundo critérios diversos dos estabelecidos no contrato, deve ser precedida de perícia técnica na qual fique comprovado que não será inviabilizada a manutenção do equilíbrio financeiro e atuarial do correspondente plano de benefícios. REsp 1.244.810, Rel. Min. Maria I. Gallotti, 19.6.12. 4ª T. (Info 500)

6. REGIMES PREVIDENCIÁRIOS DOS SERVIDORES PÚBLICOS

2015

Aposentadoria de servidor público com doença não prevista no art. 186 da Lei 8.112/90.

Serão proporcionais – e não integrais – os proventos de aposentadoria de servidor público federal diagnosticado com doença grave, contagiosa ou incurável não prevista no art. 186, § 1º, da Lei 8.112/90 nem indicada em lei. REsp 1.324.671-SP, Rel. Min. Humberto Martins, DJe 9.3.15. 2ª T. (Info 557)

Pensão por morte de servidor público federal.

Para fins de concessão da pensão por morte de servidor público federal, a designação do beneficiário nos assentos funcionais do servidor é prescindível se a vontade do instituidor em eleger o dependente como beneficiário da pensão houver sido comprovada por outros meios idôneos. REsp 1.486.261-SE, Rel. Min. Herman Benjamin, DJe 5.12.14. 2ª T. (Info 553)

2014

Aplicabilidade do art. 1º do Dec. 20.910/32 aos casos de revisão de aposentadoria de servidor público.

Nos casos em que o servidor público busque a revisão do ato de aposentadoria, ocorre a prescrição do próprio fundo de direito após o transcurso de mais de cinco anos – e não de dez anos – entre o ato de concessão e o ajuizamento da ação. Pet 9.156-RJ, Rel. Min. Arnaldo Esteves Lima, 28.5.14. 1ª S. (Info 542)

Dependência econômica para concessão de pensão por morte de servidor público federal.

Não se exige prova de dependência econômica para a concessão de pensão por morte a filho inválido de servidor público federal. Isso porque, nos termos do art. 217 da Lei 8.112/90, não há exigência de prova da dependência econômica para o filho inválido, ainda que maior de 21 anos de idade. REsp 1.440.855-PB, Rel. Min. Humberto Martins, 3.4.14. 2ª T. (Info 539)

Planos de benefícios de previdência privada fechada patrocinados pela administração direta e indireta.

RPT Nos planos de benefícios de previdência privada fechada, patrocinados pelos entes federados – inclusive suas autarquias, fundações, sociedades de economia mista e empresas controladas direta ou indiretamente –, é vedado o repasse de abono e vantagens de qualquer natureza para os benefícios em manutenção, sobretudo a partir da vigência da LC 108/01, independentemente das disposições estatutárias e regulamentares; e não é possível a concessão de verba não prevista no regulamento do plano de benefícios de previdência privada, pois a previdência complementar tem por pilar o sistema de capitalização, que pressupõe a acumulação de reservas para assegurar o custeio dos benefícios contratados, em um período de longo prazo. REsp 1.425.326-RS, Rel. Min. Luis Felipe Salomão, 28.5.14. 2ª S. (Info 541)

2013

Reserva de cota-parte de pensão por morte de servidor público.

Não é possível reservar cota-parte de pensão por morte a fim de resguardar eventual beneficiário que ainda não tenha se habilitado. AgRg no REsp 1.273.009-RJ, Rel. Min. Benedito Gonçalves, 17.10.13. 1ª T. (Info 532)

2012

Acumulação de dois proventos de aposentadoria pelo RPPS. Retorno ao serviço público anterior à EC 20/98.

Ressalvadas as hipóteses de acumulação de cargo público expressamente previstas na CF, não é possível, após a EC 20/98, cumular mais de uma aposentadoria à conta do regime previdenciário do art. 40 da CF, ainda que o ingresso no cargo em que se deu a segunda aposentadoria tenha ocorrido antes da referida emenda. RMS 32.756-PE, Rel. Min. Castro Meira, 27.11.12. 2ª T. (Info 510)

Servidor público aposentado. Profissionais da área da saúde. Cumulação de cargos. Teto remuneratório.

A acumulação de proventos de servidor aposentado em decorrência do exercício cumulado de dois cargos de profissionais da área de saúde legalmente exercidos, nos termos autorizados pela CF, não se submete ao teto constitucional, devendo os cargos ser considerados isoladamente para esse fim. A partir da vigência da EC 41/03, todos os vencimentos percebidos por servidores públicos, inclusive os proventos e pensões, estão sujeitos aos limites estatuídos no art. 37, XI, da CF. Entretanto, a EC 41/03 restabeleceu a vigência do art. 17 do ADCT, que, embora em seu "caput" afaste a invocação do direito adquirido ao recebimento de verbas remuneratórias contrárias à CF, em seus §§ 1º e 2º, traz exceção ao assegurar expressamente o exercício cumulativo de dois cargos ou empregos privativos de profissionais de saúde. Assim, a referida norma excepciona a incidência do teto constitucional aos casos de acumulação de cargos dos profissionais de saúde, devendo tais cargos ser considerados isoladamente para esse fim. *RMS 38.682, Rel. Min. Herman Benjamin, 18.10.12. 2ª T. (Info 508)*

Servidor público. Aposentadoria especial.

A concessão de aposentadoria especial a servidor público depende de comprovação da efetiva nocividade da atividade realizada de forma permanente, nos termos do art. 57 da Lei 8.213/91, enquanto não editada lei complementar que discipline o assunto. A EC 20/98 garantiu o direito à concessão de aposentadoria especial aos servidores públicos que exerçam atividades em condições que prejudiquem a saúde ou a integridade física. O art. 40, § 4º, da CF, com redação dada pela EC 47/05, estendeu o benefício aos servidores com deficiência física e aos que exerçam atividades de risco, nos termos definidos em lei complementar, ainda não editada. Assim, diante da omissão legislativa, o STF tem reconhecido a adoção do disposto no art. 57 da Lei 8.213/91 para a concessão de aposentadoria especial aos servidores públicos. *RMS 36.806, Rel. Min. Napoleão N. Maia Fº., 4.10.12. 1ª T. (Info 506)*

Servidor público federal. Doença grave não especificada no art. 186, § 1º, da Lei 8.112/90. Rol exemplificativo. Aposentadoria com proventos integrais.

O servidor público federal acometido por doença grave que enseje a sua incapacitação para o exercício das atividades inerentes ao cargo que detenha deve ser aposentado com proventos integrais, e não proporcionais, mesmo que a enfermidade que o acometa não esteja especificada no art. 186, § 1º, da Lei 8.112/90. A jurisprudência recente do STJ orienta-se no sentido de que não há como considerar taxativo o rol descrito no art. 186, § 1º, da Lei 8.112/90, haja vista a impossibilidade de a norma alcançar todas as doenças consideradas pela medicina como graves, contagiosas e incuráveis. *REsp 1.322.927, Rel. Min. Diva Malerbi, 13.11.12. 2ª T. (Info 509)*

7. SAÚDE

2014

Exigibilidade de parecer favorável de conselho municipal de saúde para credenciamento no SUS.

É lícita a exigência de parecer favorável de Conselho Municipal de Saúde para o credenciamento de laboratório de propriedade particular no SUS. *RMS 45.638-RS, Rel. Min. Humberto Martins, 5.8.14. 2ª T. (Info 545)*

15. DIREITO PROCESSUAL CIVIL

1. DO PROCESSO DE CONHECIMENTO

1.1. Das Partes e dos Procuradores

1.1.1. Da Capacidade Processual

2016

Legitimidade ativa de associação para defender os interesses de seus filiados.

Associação não tem legitimidade ativa para defender os interesses dos associados que vierem a se agregar somente após o ajuizamento da ação de conhecimento. *REsp 1.468.734-SP, Rel. Min. Humberto Martins, DJe 15.3.2016. 2ª T. (Info 579)*

2015

Atuação da Procuradoria-Geral da Fazenda Nacional (PGFN) em causa de competência da Procuradoria-Geral da União (PGU).

O fato de a PGFN ter atuado em defesa da União em causa não fiscal de atribuição da PGU não justifica, por si só, a invalidação de todos os atos de processo no qual não se evidenciou – e sequer se alegou – qualquer prejuízo ao ente federado, que exerceu plenamente o seu direito ao contraditório e à ampla defesa, mediante oportuna apresentação de diversas teses jurídicas eloquentes e bem articuladas, desde a primeira instância e em todos os momentos processuais apropriados. *REsp 1.037.563-SC, Rel. Min. Napoleão Nunes Maia Filho, DJe 3.2.15. 1ª T. (Info 554)*

1.1.2-A. Dos Deveres das Partes e dos seus Procuradores (Geral)

2015

Litigância de má-fé e desnecessidade de prova de prejuízo.

É desnecessária a comprovação de prejuízo para que haja condenação ao pagamento de indenização por litigância de má-fé (art. 18, caput e § 2º, do CPC). *EREsp 1.133.262-ES, Rel. Min. Luis Felipe Salomão, DJe 4.8.15. Corte Especial. (Info 565)*

2014

Correção monetária em condenações da Fazenda Pública após declaração de inconstitucionalidade parcial do art. 1º-F da Lei 9.494/97.

Nas condenações impostas à Fazenda Pública, cabe o afastamento, pelo STJ, para os cálculos da correção monetária, da aplicação dos índices oficiais de remuneração básica e juros aplicados à caderneta de poupança, mesmo que a decisão do STF que declarou a inconstitucionalidade parcial por arrastamento do art. 5º da Lei 11.960/09, seguida pelo STJ em julgamento de recurso repetitivo, ainda não tenha sido publicada. *AgRg no AREsp 18.272-SP, Rel. Min. Humberto Martins, 4.2.14. 2ª T. (Info 535)*

Desnecessidade de ajuizamento de ação própria para discutir remuneração dos depósitos judiciais.

RPT A discussão quanto à aplicação de juros e correção monetária nos depósitos judiciais independe de ação específica contra o banco depositário. Cabe ressalvar que isso não retira a possibilidade de a instituição bancária se contrapor, nos próprios autos, à pretensão. *REsp 1.360.212-SP, Rel. Min. Herman Benjamin, 12.6.13.*

1.1.2-B. Dos Deveres das Partes e dos seus Procuradores (Honorários Advocatícios)

2016

Interpretação extensiva do art. 19, § 1º, I, da Lei 10.522/02.

Aplica-se a dispensa de condenação em honorários advocatícios prevista no art. 19, § 1º, I, da Lei 10.522/02, na hipótese em que a Fazenda Nacional contesta a demanda, mas, ato contínuo, antes de pronunciamento do juízo ou da parte contrária, apresenta petição em que reconhece a procedência do pedido e requer a desconsideração da peça contestatória. REsp 1.551.780-SC, Rel. Min. Mauro Campbell Marques, DJe 19.8.2016. 2ª T. (Info 588)

Rescisão de decisão judicial e restituição de verba honorária.

Se a decisão judicial que ensejou a fixação de honorários de sucumbência for parcialmente rescindida, é possível que o autor da rescisória, em posterior ação de cobrança, pleiteie a restituição da parte indevida da verba advocatícia, ainda que o causídico, de boa-fé, já a tenha levantado. REsp 1.549.836-RS, Rel. p/ ac. Min. João Otávio de Noronha, DJ 6.9.2016. 3ª T. (Info 589)

2015

Descabimento de fixação de honorários advocatícios em execução invertida.

Não cabe a condenação da Fazenda Pública em honorários advocatícios no caso em que o credor simplesmente anui com os cálculos apresentados em "execução invertida", ainda que se trate de hipótese de pagamento mediante Requisição de Pequeno Valor (RPV). AgRg no AREsp 630.235-RS, Rel. Min. Sérgio Kukina, DJe 5.6.15. 1ª T. (Info 563)

Fixação provisória de honorários advocatícios em execução e posterior homologação de acordo.

O advogado não tem direito à percepção dos honorários fixados no despacho de recebimento da inicial de execução por quantia certa (art. 652-A do CPC), na hipótese em que a cobrança for extinta em virtude de homologação de acordo entre as partes em que se estabeleceu que cada parte arcaria com os honorários de seus respectivos patronos. REsp 1.414.394-DF, Rel. Min. Ricardo Villas Bôas Cueva, DJe 30.9.15. 3ª T. (Info 570)

2014

Honorários advocatícios em exceção de pré-executividade parcialmente procedente.

Julgada procedente em parte a exceção de pré-executividade, são devidos honorários de advogado na medida do respectivo proveito econômico. REsp 1.276.956-RS, Rel. Min. Ari Pargendler, 4.2.14. 1ª T. (Info 534)

2013

Critério de fixação de honorários advocatícios na fase executiva do cumprimento de sentença.

A multa do art. 475-J do CPC não necessariamente integra o cálculo dos honorários advocatícios na fase executiva do cumprimento de sentença. REsp 1.291.738-RS, Rel. Min. Nancy Andrighi, 1º.10.13. 3ª T. (Info 530)

Honorários advocatícios em execução provisória na fase de cumprimento de sentença.

Não é cabível a condenação ao pagamento de honorários advocatícios na execução provisória levada a efeito no âmbito de cumprimento de sentença. REsp 1.323.199-PR, Rel. Min. Luis Felipe Salomão, 21.2.13. 4ª T. (Info 516)

Honorários advocatícios na hipótese de desapropriação indireta.

Aplicam-se às desapropriações indiretas, para a fixação de honorários advocatícios, os limites percentuais estabelecidos no art. 27, §§ 1º e 3º, do DL 3.365/41 (entre 0,5% e 5%). REsp 1.300.442-SC, Rel. Min. Herman Benjamin, 18.6.13. 2ª T. (Info 523)

Honorários advocatícios na hipótese de impugnação ao pedido de habilitação de crédito em recuperação judicial.

São devidos honorários advocatícios na hipótese em que apresentada impugnação ao pedido de habilitação de crédito em recuperação judicial. REsp 1.197.177-RJ, Rel. Min. Nancy Andrighi, 3.9.13. 3ª T. (Info 527)

Honorários advocatícios na hipótese de indeferimento liminar dos embargos do devedor.

Os honorários advocatícios não são devidos na hipótese de indeferimento liminar dos embargos do devedor, ainda que o executado tenha apelado da decisão indeferitória e o exequente tenha apresentado contrarrazões ao referido recurso. AgRg no AREsp 182.879-RJ, Rel. Min. Ari Pargendler, 5.3.13. 3ª S. (Info 519)

Honorários sucumbenciais no caso de renúncia ao direito ou desistência de ação com o objetivo de aderir ao regime de parcelamento da Lei 11.941/09.

RPT São devidos honorários advocatícios sucumbenciais na hipótese de renúncia ao direito ou desistência de ação com o objetivo de aderir ao regime de parcelamento tributário instituído pela Lei 11.941/09. *REsp 1.353.826-SP, Rel. Min. Herman Benjamin, 12.6.13. 1ª S. (Info 522)*

Impossibilidade de extensão da gratuidade de justiça aos honorários advocatícios devidos por força de contrato de êxito.

A concessão de gratuidade de justiça não desobriga a parte beneficiária de pagar os honorários contratuais devidos ao seu advogado particular em razão de anterior celebração de contrato de êxito. *REsp 1.065.782-RS, Rel. Min. Luis Felipe Salomão, 7.3.13. 4ª T. (Info 518)*

Responsabilidade pelo pagamento de custas e honorários de ação exibitória de documentos comuns entre as partes.

Incumbe ao autor de ação exibitória de documentos comuns entre as partes o pagamento das custas processuais e dos honorários advocatícios na hipótese em que ele não tenha requerido, em momento anterior à propositura da ação, a apresentação dos documentos no âmbito extrajudicial, e o réu não tenha oferecido resistência à pretensão, tendo apresentado, logo após a citação, os documentos solicitados pelo autor. *REsp 1.232.157-RS, Rel. Min. Paulo de Tarso Sanseverino, 19.3.13. 3ª T. (Info 519)*

2012

Ação cautelar. Perda de objeto. Honorários advocatícios.

Não é cabível a fixação de honorários advocatícios na hipótese em que reconhecida a perda do objeto do processo cautelar incidental, diante de sentença de mérito prolatada na demanda principal. O caráter incidental dos processos cautelares, na hipótese de julgamento prejudicado por perda de objeto, retira a incidência de condenação em honorários advocatícios, a despeito do princípio da causalidade. *REsp 1.109.907, Rel. Min. Massami Uyeda, 14.8.12. 3ª T. (Info 502)*

Ação mandamental. Embargos à execução. Honorários advocatícios.

São devidos honorários advocatícios nos embargos à execução opostos à execução de decisão em mandado de segurança. *AR 4.365, Rel. Min. Humberto Martins, 9.5.12. 1ª S. (Info 497)*

Curadoria especial exercida pela Defensoria Pública. Desempenho de função institucional. Honorários.

O defensor público não faz jus ao recebimento de honorários pelo exercício da curatela especial, por estar no exercício das suas funções institucionais, para o que já é remunerado mediante o subsídio em parcela única. 4. Todavia, caberá à Defensoria Pública, se for o caso, os honorários sucumbenciais fixados ao final da demanda (art. 20 do CPC), ressalvada a hipótese em que ela venha a atuar contra pessoa jurídica de direito público, à qual pertença (Súm. 421/STJ). *REsp 1.201.674, Rel. Min. Luis F. Salomão, 6.6.12. Corte Especial. (Info 499)*

Condenação da fazenda em honorários. Renúncia aos valores excedentes a 40 salários mínimos.

É cabível a condenação da Fazenda em honorários advocatícios, mesmo nos casos em que a parte exequente renuncie aos valores excedentes a quarenta salários mínimos, a fim de possibilitar o pagamento por meio de requisição de pequeno valor – RPV. *AgRg no REsp 1.328.643, Rel. Min. Eliana Calmon, 23.10.12. 2ª T. (Info 507)*

Execução. Embargos do devedor. Cumulação de honorários advocatícios.

É possível a cumulação de honorários advocatícios arbitrados na execução com aqueles fixados nos embargos do devedor, desde que a soma das condenações não ultrapasse o limite máximo de 20% estabelecido pelo art. 20, § 3º, do CPC. *AgRg no AREsp 170.817, Rel. Min. Arnaldo E. Lima, 16.10.12. 1ª T. (Info 506)*

Honorários advocatícios. Termo final para apuração da base de cálculo. Observância da Súm. 111/STJ.

A base de cálculo da verba honorária nas ações previdenciárias é composta das parcelas vencidas até a data da decisão judicial em que o direito do segurado foi reconhecido. Os honorários advocatícios incidem sobre o valor da condenação, nesta compreendidas as parcelas vencidas até a prolação da decisão judicial concessiva do benefício, em consonância com a Súm. 111/STJ. *AgRg nos EDcl no AREsp 155.028, Rel. Min. Campbell Marques, 18.10.12. 2ª T. (Info 507)*

Honorários advocatícios. Embargos à execução. Excesso de execução.

A base de cálculo dos honorários advocatícios, em embargos à execução, deve incidir sobre o montante alegado como excessivo, ou seja, sobre o valor da execução que foi afastado com a procedência do pedido. *AgRg no AREsp 218.245, Rel. Min. Herman Benjamin, 18.10.12. 2ª T. (Info 508)*

Honorários advocatícios em execução. Preclusão.

Não há preclusão no pedido de arbitramento de verba honorária no curso da execução, mesmo que a referida verba não tenha sido pleiteada no início do processo executivo e já tenha ocorrido o pagamento da requisição de pequeno valor (RPV), tendo em vista a inexistência de dispositivo legal que determine o momento processual para o pleito. *AREsp 41.773, Rel. Min. Herman Benjamin, 6.11.12. 2ª T. (Info 508)*

Honorários advocatícios. Autarquia. Defensoria pública estadual.

Não são devidos honorários advocatícios à Defensoria Pública quando ela atua contra pessoa jurídica de direito público que integra a mesma Fazenda Pública. *REsp 1.102.459, Rel. Min. Adilson Macabu, 22.5.12. 5ª T. (Info 498)*

Honorários advocatícios. Embargos. Execução fiscal. Reconhecimento do pedido.

Os honorários advocatícios são devidos nos casos em que a Fazenda Pública reconhece a procedência do pedido no âmbito dos embargos à execução fiscal. Não se aplica à hipótese o disposto no art. 19, § 1º, da Lei 10.522/02, uma vez que referida regra – voltada a excepcionar a condenação em honorários advocatícios – tem incidência apenas aos processos submetidos ao rito previsto no CPC. *EREsp 1.215.003, Rel. Min. Benedito Gonçalves, 28.3.12. 1ª S. (Info 494)*

Honorários advocatícios. Exceção. Pré-executividade.

Não é cabível a condenação em honorários advocatícios em exceção de pré-executividade julgada improcedente. *REsp 1.256.724, Rel. Min. Mauro Campbell, 7.2.12. 2ª T. (Info 490)*

Honorários advocatícios. Redução de ofício. Impossibilidade

Nos casos em que seja negado provimento ao recurso, a redução dos honorários advocatícios só é possível se houver pedido expresso na petição recursal. *EREsp 1.082.374, Rel. Min. Arnaldo E. Lima, 19.9.12. Corte Especial. (Info 504)*

Honorários advocatícios sucumbenciais. Sentença. Cálculo. Liquidação.

Não houve preclusão para discussão a respeito do equívoco quanto à interpretação da sentença liquidanda, pois o excesso de execução é tese suscitada no primeiro agravo de instrumento, que foi provido para anular a decisão de primeira instância. Dessarte, não havia interesse recursal para que o agravante interpusesse recurso daquela decisão, no tocante aos honorários de sucumbência. 2. No caso, o único entendimento que se mostra razoável é aquele que parte da premissa de que o título executivo não quis promover a iniquidade, concedendo, em demanda de baixa complexidade, honorários vultuosos, que suplantam atualmente o valor de R$ 20 milhões – quase vinte vezes mais o valor apurado para o próprio credor – de modo a permitir solucionar a questão com interpretação que igualmente se infere do título. *REsp 991.780, Rel. Min. Luis F. Salomão, 2.2.12. 4ª T. (Info 490)*

Processo falimentar. Sucumbência de credor habilitante. Assistência litisconsorcial. Honorários advocatícios.

No processo falimentar o Falido exerce, a um só tempo, seu dever de auxílio – a bem dos interesses da coletividade e da organização do processo – e um direito de fiscalizar a administração da massa – a bem de seus próprios interesses –, podendo, neste último caso, intervir como assistente nos feitos em que a massa seja parte ou interessada (art. 36 do DL 7.661/45). Portanto, é a própria Lei de Falência revogada (no que foi reproduzida, em essência, pela Lei 11.101/05, arts. 103 e 104) que delineia a atuação do Falido no processo falimentar, franqueando-lhe a possibilidade de, como assistente, pleitear providências necessárias à conservação dos seus direitos. 2. No caso em julgamento, defendendo o Falido interesse próprio em face de controvérsia instalada em habilitação de crédito incidental à falência, sua posição mais se assemelha à de assistente litisconsorcial. É uma espécie de assistência litisconsorcial sui generis porque, muito embora a Massa Falida Subjetiva seja a comunhão de interesses dos credores, representada pelo Síndico/Administrador, em não raras vezes os interesses da coletividade testilham com os interesses individuais do Falido, hipóteses em que não se pode falar, verdadeiramente, que este mantém relação de auxílio com a Massa. 3. Assim, cumpre aplicar a regra do art. 52, segundo a qual o assistente "sujeitar-se-á aos mesmos ônus processuais que o assistido", não lhe podendo ser negados, em contrapartida, os consectários benéficos de sua atuação. Ademais, por razões bem singelas, sendo o assistente qualificado (ou litisconsorcial) considerado verdadeiro litisconsorte – nos termos do art. 54 do CPC –, as regras de sucumbência aplicáveis devem ser as mesmas destinadas às partes principais, mormente a que enuncia que "concorrendo diversos autores ou diversos réus, os vencidos respondem pelas despesas e honorários em proporção" (art. 23 do CPC). 4. Com efeito, reconhecida a sucumbência exclusiva do credor habilitante em decisão passada em julgado, mostra-se de rigor o arbitramento de honorários em favor do advogado do Falido, levando-se em consideração não só o disposto no § 4º do art. 20 do CPC, mas também o fato de ter ele impugnado de forma substancial os créditos cuja habilitação se pleiteava. *REsp 1.003.359, Rel. Min. Luis F. Salomão, 6.9.12. 4ª T. (Info 503)*

Titularidade dos honorários advocatícios sucumbenciais. Entidades da administração pública.

Os honorários advocatícios de sucumbência não constituem direito autônomo do procurador judicial quando vencedora a Administração Pública direta da União, dos Estados, do Distrito Federal e dos Municípios, ou as autarquias, as fundações instituídas pelo Poder Público, as empresas públicas, ou as sociedades de economia mista, visto que integram o patrimônio público da entidade. *AgRg no AREsp 233.603-RS, Rel. Min. Arnaldo Esteves Lima, 20.11.12. 1ª T. (Info 510)*

1.1.2-C. Dos Deveres das Partes e dos seus Procuradores (Honorários Periciais)

2013

Aplicabilidade dos arts. 19 e 33 do CPC à ação de indenização por desapropriação indireta.

No âmbito de ação de indenização por desapropriação indireta, os honorários periciais devem ser adiantados pela parte que requer a realização da perícia. *REsp 1.343.375-BA, Rel. Min. Eliana Calmon, 5.9.13. 2ª T. (Info 530)*

2012

Ônus de pagamento honorários periciais. Sucumbência de beneficiário da justiça gratuita.

É ônus do Estado arcar com os honorários periciais na hipótese em que a sucumbência recai sobre beneficiário da assistência judiciária, tendo em vista o dever constitucional de prestar assistência judiciária aos hipossuficientes. *EDcl no AgRg no REsp 1.327.281-MG, Rel. Min. Herman Benjamin, 18.10.12. 2ª T. (Info 507)*

1.1.2-D. Dos Deveres das Partes e dos seus Procuradores (Custas)

2015

Incidente processual de impugnação ao valor da causa e recolhimento de custas judiciais no âmbito do STJ.

Não se pode exigir, no âmbito do STJ, o recolhimento de custas judiciais quando se tratar de incidente processual de impugnação ao valor da causa, conforme a Lei 11.636/07. *PET 9.892-SP, Rel. Min. Luis Felipe Salomão, DJe 3.3.15. 2ª S. (Info 556)*

Inexigibilidade de recolhimento de custas em embargos à monitória.

Não se exige o recolhimento de custas iniciais para oferecer embargos à ação monitória. *REsp 1.265.509-SP, Rel. Min. João Otávio de Noronha, DJe 27.3.15. 3ª T. (Info 558)*

2013

Inexistência de isenção da fazenda pública quanto ao pagamento dos emolumentos cartorários.

A Fazenda Pública não é isenta do pagamento de emolumentos cartorários, havendo, apenas, o diferimento deste para o final do processo, quando deverá ser suportado pelo vencido. *AgRg no REsp 1.276.844-RS, Rel. Min. Napoleão Nunes Maia Filho, 5.2.13. 1ª T. (Info 516)*

Pagamento de custas e de porte de remessa e de retorno por meio da internet.

Nos processos de competência do STJ, é possível o pagamento de Guia de Recolhimento da União (GRU) referente a custas processuais e porte de remessa e de retorno por meio da internet. *AgRg no REsp 1.232.385-MG, Rel. Min. Antonio Carlos Ferreira, 6.6.13. 4ª T. (Info 525)*

2012

Preparo. Conselho de fiscalização profissional. Isenção.

RPT Os conselhos de fiscalização profissional, embora ostentem natureza jurídica de entidades autárquicas, não estão isentos do recolhimento de custas e do porte de remessa e retorno. A previsão contida no art. 4º, parágrafo único, da Lei 9.289/96, prevalece sobre as demais (v.g. arts. 27 e 511 do CPC/73 e art. 39 da Lei 6.830/80). *REsp 1.338.247, Rel. Min. Herman Benjamin, 10.10.12. 1ª S. (Info 506)*

Conselho de fiscalização profissional. Custas. Recolhimento obrigatório.

Os conselhos de fiscalização profissional estão sujeitos ao pagamento de custas. Em que pese ao fato de os conselhos profissionais possuírem natureza jurídica de autarquia, a isenção do pagamento de custas por expressa previsão no parágrafo único do art. 4º da Lei 9.289/96 não alcança as entidades fiscalizadoras do exercício profissional. *AgRg no AREsp 200.014, Rel. Min. Napoleão N. Maia Fº., 20.9.12. 1ª T. (Info 505)*

1.1.3. Dos Procuradores

2013

Irregularidade na representação processual de entidade submetida a regime de liquidação extrajudicial pela Susep.

Não devem ser conhecidos os embargos de divergência interpostos por entidades submetidas a regime de liquidação extrajudicial pela Superintendência de Seguros Privados – Susep na hipótese em que a petição tenha sido subscrita por advogado cujo substabelecimento, apesar de conferido com reserva de poderes, não tenha sido previamente autorizado pelo liquidante. *AgRg nos EREsp 1.262.401-BA, Rel. Min. Humberto Martins, 25.4.13. Corte Especial. (Info 521)*

1.1.4. Do Litisconsórcio e da Assistência

2015

Litisconsórcio passivo necessário em ação demolitória.

Os cônjuges casados em regime de comunhão de bens devem ser necessariamente citados em ação demolitória. Nesse caso, há litisconsórcio passivo necessário. *REsp 1.374.593-SC, Rel. Min. Herman Benjamin, DJe 1º.7.15. 2ª T. (Info 565)*

2014

Assistência simples em processo submetido ao rito do art. 543-C do CPC.

Não configura interesse jurídico apto a justificar o ingresso de terceiro como assistente simples em processo submetido ao rito do art. 543-C do CPC o fato de o requerente ser parte em outro feito no qual se discute tese a ser firmada em recurso repetitivo. *REsp 1.418.593-MS, Rel. Min. Luis Felipe Salomão, 14.5.14. 2ª S. (Info 540)*

2013

Inexistência de litisconsórcio passivo necessário no âmbito de ação de nunciação de obra nova.

No âmbito de ação de nunciação de obra nova movida por condomínio contra condômino objetivando a paralisação e a demolição de construção irregular erguida pelo condômino em área comum para transformar seu apartamento, localizado no último andar do edifício, em um apartamento com cobertura, não há litisconsórcio passivo necessário com os condôminos proprietários dos demais apartamentos localizados no último andar do edifício. *REsp 1.374.456-MG, Rel. Min. Sidnei Beneti, 10.9.13. 3ª T. (Info 531)*

Insuficiência do mero interesse econômico para ensejar a intervenção de assistente simples no processo.

O acionista de uma sociedade empresária, a qual, por sua vez, tenha ações de outra sociedade, não pode ingressar em processo judicial na condição de assistente simples da última no caso em que o interesse em intervir no feito esteja limitado aos reflexos econômicos de eventual sucumbência da sociedade que se pretenda assistir. *AgRg nos EREsp 1.262.401-BA, Rel. Min. Humberto Martins, 25.4.13. Corte Especial. (Info 521)*

Não configuração de litisconsórcio passivo necessário no caso de ação em que se objetive a restituição de parcelas pagas a plano de previdência privada.

Na ação em que se objetive a restituição de parcelas pagas a plano de previdência privada, não há litisconsórcio passivo necessário entre a entidade administradora e os participantes, beneficiários ou patrocinadores do plano. *REsp 1.104.377-SP, Rel. Min. Luis Felipe Salomão, 18.4.13. 4ª T. (Info 522)*

Preservação de litisconsórcio passivo inicialmente estabelecido entre segurado e seguradora em ação decorrente de acidente de trânsito ajuizada contra ambos.

No caso de ação indenizatória decorrente de acidente de trânsito que tenha sido ajuizada tanto em desfavor do segurado apontado como causador do dano quanto em face da seguradora obrigada por contrato de seguro de responsabilidade civil facultativo, é possível a preservação do litisconsórcio passivo, inicialmente estabelecido, na hipótese em que o réu segurado realmente fosse denunciar a lide à seguradora, desde que os réus não tragam aos autos fatos que demonstrem a inexistência ou invalidade do contrato de seguro. *REsp 710.463-RJ, Rel. Min. Raul Araújo, 9.4.13. 4ª T. (Info 518)*

2012

Ação possessória. Particulares. Comunidade quilombola remanescente. União. Litisconsórcio necessário.

Enquanto o litisconsórcio unitário cinge-se à uniformidade do conteúdo do pronunciamento jurisdicional para as partes, o litisconsórcio necessário se dá quando a lei exige, obrigatoriamente, a presença de duas ou mais pessoas, titulares da mesma relação jurídica de direito material, no pólo ativo ou passivo do processo, sob pena de nulidade e conseqüente extinção do feito sem julgamento do mérito; II. A legitimidade da União para figurar como litisconsorte passiva necessária na ação tratada nos autos justifica-se em razão da defesa do seu poder normativo e da divergência acerca da propriedade desses imóveis ocupados pelos remanescentes das comunidades dos quilombos, havendo indícios nos autos de que a área em disputa, ou ao menos parte dela, seja de titularidade da recorrente; III. A União tem interesse jurídico e deve participar da relação jurídica de direito material, independentemente da existência de ou de entidades autônomas que venha a constituir para realizar as atividades decorrentes do seu poder normativo – tal como a Fundação Cultural Palmares. *REsp 1.116.553, Rel. Min. Massami Uyeda, 17.5.12. 3ª T. (Info 497)*

Litisconsórcio. Associação. Direito de voto.

O cerne da controvérsia diz respeito à declaração de nulidade de cláusulas estatutárias que conferiram direito exclusivo de voto aos sócios fundadores da Associação recorrente e limitaram temporalmente a permanência dos associados efetivos na entidade, em virtude de alegada violação ao disposto no art. 1.394 do CC/1916. Porém, quando a ação foi ajuizada em 1997, apenas a associação figurava como ré, não integrando o polo passivo os sócios fundadores, os quais somente em sede recursal em 2003 suscitaram a nulidade do processo desde a citação, alegando a configuração de litisconsórcio necessário, uma vez que a nulidade da norma estatutária implica ofensa ao direito adquirido de exclusividade do seu direito de voto. Nos termos do art. 47 do CPC, o litisconsórcio necessário, à exceção das hipóteses de imposição legal, encontra sua razão de ser na natureza da relação jurídica de direito material deduzida em juízo, que implica necessariamente a produção dos efeitos da decisão de mérito de forma direta na esfera jurídica de todos os integrantes dessa relação. "In casu", é prescindível a formação do litisconsórcio necessário, uma vez que não há relação jurídica de direito material unitária entre a associação e os sócios fundadores, isso porque a esfera jurídica dos associados com direito de voto é afetada pela decisão do tribunal "a quo" apenas por via reflexa, não autorizando a formação de litisconsórcio a simples alteração qualitativa do seu direito de voto, o que se situa no plano meramente fático. No mérito, concluiu-se que todos os sócios efetivos da associação devem ser considerados, não como sócios a título precário, mas sim como sócios que, além de possuir direito a voto, têm também o de convocar, comparecer e participar efetivamente das assembleias gerais ordinárias e extraordinárias, devendo, para tal fim, delas ter ciência prévia. De modo que todas as cláusulas estatutárias objeto da demanda mostram-se nulas de pleno direito, uma vez que violam frontalmente o art. 1.394 do antigo diploma civil, o qual se reveste da qualidade de norma cogente norteadora dos princípios básicos de todas as sociedades civis que, sem eles, estariam a mercê do autoritarismo dos detentores do poder de comando, situação dissonante da boa convivência exigida entre pessoas que devem ser tratadas em condição de igualdade entre si. Na mesma linha, o voto desempate salientou que o poder de auto-organização das associações sem fins lucrativos não é absoluto e que, na hipótese, trata-se de uma associação anômala, em que um grande número de associados contribui com sua força de trabalho e dedicação, muitas vezes de forma exclusiva e com dependência econômica, concluindo que essa atipicidade da relação existente entre associado e associação permite a intervenção jurisdicional visando a alteração das regras estatutárias da associação. Com isso, acompanhou a divergência, entendendo que, à luz das peculiaridades do caso, inviável, com base no antigo Código Civil, a exclusão do direito de voto dos sócios. Por violação ao dispositivo supracitado, declaradas nulas as cláusulas puramente potestativas, entre elas, a exclusão do direito de voto, a existência de sócios precários com mandato de um ano e a possibilidade de exclusão de sócios efetivos dos quadros da entidade por força de decisão de assembleia cujos membros são os componentes da diretoria formada exclusivamente pelos sócios fundadores. REsp 650.373, Rel. p/ ac. Min. Luis F. Salomão, 27.3.12. 4ª T. (Info 494)

Litisconsórcio. Homem casado e esposa. Dissolução de união estável.

Reconheceu-se exceção ao entendimento anteriormente firmado de formação de litisconsórcio passivo necessário entre homem casado e esposa em ação de reconhecimento e dissolução de união estável com partilha de bens. No caso, a companheira manejou oposição na ação de divórcio, o que já permite tanto a ela quanto à esposa a defesa de seus interesses. O min. rel. consignou que, no caso de oposição, autor e réu da ação principal (divórcio) tornam-se litisconsortes em face da oponente. Ademais, a ação de reconhecimento e dissolução de união estável tramita juntamente com a ação de divórcio, o que garante que não ocorrerão decisões contraditórias nos dois feitos. REsp 1.018.392, Rel. Min. Luis F. Salomão, 6.3.12. 4ª T. (Info 492)

1.1.5. Da Intervenção de Terceiros

2014

Cabimento de denunciação da lide.

Não cabe a denunciação da lide prevista no art. 70, III, do CPC quando demandar a análise de fato diverso dos envolvidos na ação principal. REsp 701.868-PR, Rel. Min. Raul Araújo, 11.2.14. 4ª T. (Info 535)

Chamamento ao processo em ação de fornecimento de medicamento movida contra ente federativo.

RPT Não é adequado o chamamento ao processo (art. 77, III, do CPC) da União em demanda que verse sobre fornecimento de medicamento proposta contra outro ente federativo. REsp 1.203.244-SC, Rel. Min. Herman Benjamin, 9.4.14. 1ª S. (Info 539)

Denunciação da lide ao patrocinador de previdência complementar.

É descabida a litisdenunciação da entidade pública patrocinadora de plano de previdência fechada complementar no caso de litígio envolvendo participantes e a entidade de previdência privada em que se discuta a revisão de benefício previdenciário. REsp 1.406.109-SP, Rel. Min. Luis Felipe Salomão, 21.11.13. 4ª T. (Info 534)

Intervenção da DPU como "amicus curiae" em processo repetitivo.

A eventual atuação da Defensoria Pública da União (DPU) em muitas ações em que se discuta o mesmo tema versado no recurso representativo de controvérsia não é suficiente para justificar a sua admissão como "amicus curiae". REsp 1.371.128-RS, Rel. Min. Mauro Campbell Marques, 10.9.14. 1ª S. (Info 547)

2013

Desnecessidade da denunciação da lide ao alienante na ação em que terceiro reivindica a coisa do evicto.

O exercício do direito oriundo da evicção independe da denunciação da lide ao alienante do bem na ação em que terceiro reivindique a coisa. REsp 1.332.112-GO, Rel. Min. Luis Felipe Salomão, 21.3.13. 4ª T. (Info 519)

2012

Denunciação da lide. CDC. Defeito na prestação de serviço.

A vedação à denunciação da lide prevista no art. 88 do CDC não se restringe à responsabilidade de comerciante por fato do produto (art. 13 do CDC), sendo aplicável também nas demais hipóteses de responsabilidade civil por acidentes de consumo (arts. 12 e 14 do CDC). 2. Revisão da jurisprudência desta Corte.. REsp 1.165.279, Rel. Min. Paulo Sanseverino, 22.5.12. 3ª T. (Info 498)

Fornecimento. Medicamentos. Chamamento. Processo. União.

A hipótese de chamamento ao processo prevista no art. 77, III, do CPC é típica de obrigações solidárias de pagar quantia. Tratando-se de hipótese excepcional de formação de litisconsórcio passivo facultativo, promovida pelo demandado, não se admite interpretação extensiva para alcançar prestação de entrega de coisa certa. 2. O STF, no RE 607381, concluiu que "o chamamento ao processo da União pelo Estado de Santa Catarina revela-se medida meramente protelatória que não traz nenhuma utilidade ao processo, além de atrasar a resolução do feito, revelando-se meio inconstitucional para evitar o acesso aos remédios necessários para o restabelecimento da saúde da recorrida". REsp 1.009.947, Rel. Min. Castro Meira, 7.2.12. 2ª T. (Info 490)

1.2. Do Ministério Público

2016

Possibilidade de atuação do MP estadual no âmbito do STJ.

O Ministério Público Estadual (MP Estadual) tem legitimidade para atuar diretamente no STJ nos processos em que figurar como parte. EREsp 1.236.822-PR, Rel. Min. Mauro Campbell Marques, DJe 5.2.2016. Corte Especial. (Info 576)

2015

Legitimidade do Ministério Público estadual para atuar no âmbito do STJ.

O Ministério Público Estadual tem legitimidade para atuar diretamente como parte em recurso submetido a julgamento perante o STJ. EREsp 1.327.573-RJ, Rel. p/ ac. Min. Nancy Andrighi, DJe 27.2.15. Corte Especial. (Info 556)

Intervenção do MP em ações de ressarcimento ao erário.

O Ministério Público não deve obrigatoriamente intervir em todas as ações de ressarcimento ao erário propostas por entes públicos. A interpretação do art. 82, III, do CPC à luz do art. 129, III e IX, da CF revela que o interesse público que justifica a intervenção do MP não está relacionado à simples presença de ente público na demanda nem ao interesse patrimonial deste (interesse público secundário ou interesse da Administração).

Exige-se que o bem jurídico tutelado corresponda a um interesse mais amplo, com espectro coletivo (interesse público primário). EREsp 1.151.639-GO, Rel. Min. Benedito Gonçalves, 10.9.14. 1ª S. (Info 548)

1.3. Dos Órgãos Judiciários e dos Auxiliares da Justiça

1.3.1. Da Competência

2016

Dever de remessa dos autos ao juízo competente e processo eletrônico.

Implica indevido obstáculo ao acesso à tutela jurisdicional a decisão que, após o reconhecimento da incompetência absoluta do juízo, em vez de determinar a remessa dos autos ao juízo competente, extingue o feito sem exame do mérito, sob o argumento de impossibilidade técnica do Judiciário em remeter os autos para o órgão julgador competente, ante as dificuldades inerentes ao processamento eletrônico. REsp 1.526.914-PE, Rel. Min. Diva Malerbi, DJe 28.6.2016. 2ª T. (Info 586)

2015

Competência para processar e julgar ação de divórcio advinda de violência suportada por mulher no âmbito familiar e doméstico.

A extinção de medida protetiva de urgência diante da homologação de acordo entre as partes não afasta a competência da Vara Especializada de Violência Doméstica ou Familiar contra a Mulher para julgar ação de divórcio fundada na mesma situação de agressividade vivenciada pela vítima e que fora distribuída por dependência à medida extinta. REsp 1.496.030-MT, Rel. Min. Marco Aurélio Bellizze, DJe 19.10.15. 3ª T. (Info 572)

Competência para processar e julgar ação de divórcio quando o marido for incapaz.

Compete ao foro do domicílio do representante do marido interditado por deficiência mental – e não ao foro da residência de sua esposa capaz e produtiva – processar e julgar ação de divórcio direto litigioso, independentemente da posição que o incapaz ocupe na relação processual (autor ou réu). REsp 875.612-MG, Rel. Min. Raul Araújo, j. 4.9.14. 4ª T. (2014)

Foro competente para apreciar ação de dissolução de união estável cumulada com alimentos.

A autora pode optar entre o foro de seu domicílio e o foro de domicílio do réu para propor ação de reconhecimento e dissolução de união estável cumulada com pedido de alimentos, quando o litígio não envolver interesse de incapaz. *REsp 1.290.950-SP, Rel. Min. Ricardo Villas Bôas Cueva, DJe 31.8.15. 3ª T. (Info 568)*

Inaplicabilidade da cláusula de eleição de foro prevista em contrato sem assinatura das partes.

Na hipótese em que a própria validade do contrato esteja sendo objeto de apreciação judicial pelo fato de que não houve instrumento de formalização assinado pelas partes, a cláusula de eleição de foro não deve prevalecer, ainda que prevista em contratos semelhantes anteriormente celebrados entre as partes. *REsp 1.491.040-RJ, Rel. Min. Paulo de Tarso Sanseverino, DJe 10.3.15. 3ª T. (Info 557)*

Hipótese de conexão entre processo de conhecimento e de execução.

Pode ser reconhecida a conexão e determinada a reunião para julgamento conjunto de um processo executivo com um processo de conhecimento no qual se pretenda a declaração da inexistência da relação jurídica que fundamenta a execução, desde que não implique modificação de competência absoluta. *REsp 1.221.941-RJ, Rel. Min. Luis Felipe Salomão, DJe 14.4.15. 4ª T. (Info 559)*

2014

Competência para julgar ação cuja controvérsia se refira à validade e à execução de decisões da justiça desportiva acerca de campeonato de futebol de caráter nacional (aplicação analógica do art. 543-c do CPC).

O Juízo do local em que está situada a sede da Confederação Brasileira de Futebol (CBF) é o competente para processar e julgar todas e quaisquer ações cujas controvérsias se refiram apenas à validade e à execução de decisões da Justiça Desportiva acerca de campeonato de futebol de caráter nacional, de cuja organização a CBF participe, independentemente de as ações serem ajuizadas em vários Juízos ou Juizados Especiais (situados em diversos lugares do país) por clubes, entidades, instituições, torcedores ou, até mesmo, pelo Ministério Público ou pela Defensoria Pública. *CC 133.244-RJ, Sidnei Beneti, 11.6.14. 2ª S. (Info 549)*

Competência para processar e julgar ação declaratória de nulidade de escritura pública de cessão e transferência de direitos possessórios.

O foro do domicílio do réu é competente para processar e julgar ação declaratória de nulidade, por razões formais, de escritura pública de cessão e transferência de direitos possessórios de imóvel, ainda que esse seja diferente do da situação do imóvel. *CC 111.572-SC, Rel. Min. Nancy Andrighi, 9.4.14. 2ª S. (Info 543)*

Competência para reconhecimento de direito a meação de bens localizados fora do brasil.

Em ação de divórcio e partilha de bens de brasileiros, casados e residentes no Brasil, a autoridade judiciária brasileira tem competência para, reconhecendo o direito à meação e a existência de bens situados no exterior, fazer incluir seus valores na partilha. *REsp 1.410.958-RS, Rel. Min. Paulo de Tarso Sanseverino, 22.4.14. 3ª T. (Info 544)*

Reunião de processos conexos.

O magistrado não pode, com fundamento no art. 105 do CPC, determinar a extinção do processo e condicionar o ajuizamento de nova demanda à formação de litisconsórcio. *AgRg no AREsp 410.980-SE, Rel. Min. Herman Benjamin, 18.2.14. 2ª T. (Info 537)*

2013

Alegação de inexistência de conexão em exceção de incompetência.

A exceção de incompetência é meio adequado para que a parte ré impugne distribuição por prevenção requerida pela parte autora com base na existência de conexão. A inexistência de conexão configura exemplo revelador do não cabimento da distribuição por dependência, caracterizando a incompetência do juízo. Ademais, os dispositivos do CPC que disciplinam o instituto da exceção (arts. 304 a 311) não instituem nenhum óbice à apreciação de outras alegações que configurem argumento meio para a obtenção do reconhecimento do real objetivo do réu, qual seja, a declaração de incompetência relativa do juízo. *REsp 1.156.306-DF, Rel. Min. Luis Felipe Salomão, 20.8.13. 4ª T. (Info 529)*

15. DIREITO PROCESSUAL CIVIL

Competência da justiça estadual para apreciar ações envolvendo sociedade de economia mista em liquidação extrajudicial, sob a intervenção do Bacen.

Compete à Justiça Estadual, e não à Justiça Federal, processar e julgar ação proposta em face de sociedade de economia mista, ainda que se trate de instituição financeira em regime de liquidação extrajudicial, sob intervenção do Banco Central. REsp 1.093.819-TO, Rel. Min. Luis Felipe Salomão, 19.3.13. 4ª T. (Info 519)

Competência do juízo arbitral para o julgamento de medida cautelar de arrolamento de bens.

Na hipótese em que juízo arbitral tenha sido designado por contrato firmado entre as partes para apreciar a causa principal, será este – e não juízo estatal – competente para o julgamento de medida cautelar de arrolamento de bens, dependente da ação principal, que tenha por objeto inventário e declaração de indisponibilidade de bens. CC 111.230-DF, Rel. Min. Nancy Andrighi, 8.5.13. 2ª S. (Info 522)

Competência para julgamento de demanda na qual se exija o cumprimento de obrigação em face de estado-membro.

O foro do lugar onde a obrigação deva ser satisfeita, ainda que não seja o da capital do estado-membro, é o competente para o julgamento de ação monitória ajuizada em face daquela unidade federativa e cujo objeto seja o cumprimento de obrigação contratual. REsp 1.316.020-DF, Rel. Min. Herman Benjamin, 2.4.13. 2ª T. (Info 517)

Competência para julgamento de demanda que verse sobre obtenção de diploma de curso de ensino a distância de instituição não credenciada pelo MEC.

RPT A Justiça Federal tem competência para o julgamento de demanda em que se discuta a existência de obstáculo à obtenção de diploma após conclusão de curso de ensino a distância em razão de ausência ou obstáculo ao credenciamento da instituição de ensino superior pelo Ministério da Educação. REsp 1.344.771-PR, Rel. Min. Mauro Campbell Marques, 24.4.13. 1ª S. (Info 521)

Competência pra julgar ação em que o autor pretenda, além do recebimento de valores por serviços prestados como colaborador de sociedade do ramo publicitário, a compensação por danos morais decorrentes de acusações que sofrera.

Compete à Justiça Comum Estadual processar e julgar ação em que o autor pretenda, além do recebimento de valores referentes a comissões por serviços prestados na condição de colaborador de sociedade do ramo publicitário, a compensação por danos morais sofridos em decorrência de acusações infundadas de que alega ter sido vítima na ocasião de seu descredenciamento em relação à sociedade. CC 118.649-SP, Rel. Min. Raul Araújo, 24.4.13. 2ª S. (Info 521)

Competência para o julgamento de ação de petição de herança.

A ação de petição de herança relacionada a inventário concluído, inclusive com trânsito em julgado da sentença homologatória da partilha, deve ser julgada, não no juízo do inventário, mas sim no da vara de família, na hipótese em que tramite, neste juízo, ação de investigação de paternidade que, além de ter sido ajuizada em data anterior à propositura da ação de petição de herança, encontre-se pendente de julgamento. CC 124.274-PR, Rel. Min. Raul Araújo, Segunda Seção, 8.5.13. 2ª S. (Info 524)

Competência para o julgamento de ações conexas cuja causa de pedir remota envolva direito de propriedade.

Compete ao foro do local em que situado o imóvel o julgamento de ação consignatória e de ação de rescisão contratual cumulada com retificação de escritura pública, perdas e danos e alteração do registro imobiliário na hipótese em que lhes for comum causa de pedir remota consistente em contrato verbal de sociedade de fato formada para a compra do referido bem. CC 121.390-SP, Rel. Min. Raul Araújo, 22.5.13. 2ª S. (Info 523)

Competência para processar e julgar ação de reconhecimento de união estável homoafetiva.

A competência para processar e julgar ação destinada ao reconhecimento de união estável homoafetiva é da vara de família. A legislação atinente às relações estáveis heteroafetivas deve ser aplicada, por analogia, às relações estáveis homoafetivas. REsp 964.489-RS, Rel. Min. Antonio Carlos Ferreira, 12.3.13. 4ª T. (Info 519)

Competência para processar e julgar pedido de reconhecimento e dissolução de união estável homoafetiva.

Havendo vara privativa para julgamento de processos de família, essa será competente para processar e julgar pedido de reconhecimento e dissolução de união estável homoafetiva, independentemente de eventuais limitações existentes na lei de organização judiciária local. *REsp 1.291.924-RJ, Rel. Min. Nancy Andrighi, 28.5.13. 3ª T. (Info 524)*

Conhecimento de conflito de competência suscitado após o oferecimento de exceção de incompetência.

O anterior oferecimento de exceção de incompetência não obsta o conhecimento de conflito de competência quando o objeto deste for absolutamente distinto do objeto daquela. *CC 111.230-DF, Rel. Min. Nancy Andrighi, 8.5.13. 2ª S. (Info 522)*

Continência de ações coletivas propostas por entidades distintas.

No caso em que duas ações coletivas tenham sido propostas perante juízos de competência territorial distinta contra o mesmo réu e com a mesma causa de pedir e, além disso, o objeto de uma, por ser mais amplo, abranja o da outra, competirá ao juízo da ação de objeto mais amplo o processamento e julgamento das duas demandas, ainda que ambas tenham sido propostas por entidades associativas distintas. *REsp 1.318.917-BA, Rel. Min. Antonio Carlos Ferreira, 12.3.13. 4ª T. (Info 520)*

Cumulação do pedido de reconhecimento de nulidade de registro marcário com o de reparação de danos.

É indevida a cumulação, em um mesmo processo, do pedido de reconhecimento de nulidade de registro marcário com o de reparação de danos causados por particular que teria utilizado indevidamente marca de outro particular. *REsp 1.188.105-RJ, Rel. Min. Luis Felipe Salomão, 5.3.13. 4ª T. (Info 519)*

Existência de conflito de competência entre um órgão jurisdicional do estado e uma câmara arbitral.

É possível a existência de conflito de competência entre juízo estatal e câmara arbitral. A atividade desenvolvida no âmbito da arbitragem tem natureza jurisdicional. *CC 111.230-DF, Rel. Min. Nancy Andrighi, 8.5.13. 2ª S. (Info 522)*

Incompetência da justiça federal para processar e julgar ação que objetive restituição de indébito decorrente de majoração ilegal de tarifa de energia elétrica.

A Justiça Federal não é competente para processar e julgar ação em que se discuta restituição de indébito decorrente de majoração ilegal de tarifa de energia elétrica. *AgRg no REsp 1.307.041-RS, Rel. Min. Mauro Campbell Marques, 18.12.12. 2ª T. (Info 516)*

2012

Ação cautelar. Competência. Juízo estatal e tribunal arbitral.

A constituição de tribunal arbitral implica, em regra, a derrogação da jurisdição estatal, devendo os autos da ação cautelar – ajuizada antes da formação do tribunal – ser encaminhados de imediato ao juízo arbitral regularmente constituído. *REsp 1.297.974, Rel. Min. Nancy Andrighi, 12.6.12. 3ª T. (Info 499)*

CC. Decisões conflitantes. Interpretação extensiva. Art. 115 do CPC.

É suficiente para caracterizar o conflito de competência a mera possibilidade ou risco de que sejam proferidas decisões conflitantes por juízes distintos, consoante interpretação extensiva dada por esta Corte ao art. 115 do CPC. *AgRg no CC 112.956, Rel. Min. Nancy Andrighi, 25.4.12. 2ª S. (Info 496)*

Competência. Medida cautelar fiscal. Comarca sem vara federal. Interesse de agir. Exigibilidade do crédito. Parcelamento posterior à constrição.

A incompetência relativa para julgamento de medida cautelar fiscal deve ser arguida por meio de exceção, no prazo da resposta, sob pena de a matéria ficar preclusa. *REsp 1.272.414, Rel. Min. Mauro Campbell, 24.4.12. 2ª T. (Info 496)*

Competência para julgar impugnação de decisão do CJF.

Compete ao STJ analisar a legalidade de decisão tomada em processo administrativo no CJF. A decisão de primeiro grau que analisa diretamente legalidade de decisão do CJF viola o disposto no art. 1º, § 1º, da Lei 8.437/92, que estabelece ser incabível, no juízo de primeiro grau, medida cautelar inominada ou a sua liminar, quando impugnado ato de autoridade sujeita, na via de mandado de segurança, à competência originária de tribunal. *Rcl 3.495-PE, Rel. Min. Nancy Andrighi, 17.12.12. Corte Especial. (Info 511)*

15. DIREITO PROCESSUAL CIVIL

Conflito de competência entre a justiça estadual e a federal. Réus distintos. Cumulação de pedidos. Competência absoluta "ratione personae".

Compete à Justiça estadual processar e julgar demanda proposta contra o Banco do Brasil, sociedade de economia mista, e à Justiça Federal processar, nos termos do art. 109, I, da CF, julgar ação proposta contra a Caixa Econômica Federal, empresa pública federal. Ante a incompetência absoluta em razão da pessoa, mesmo que se cogite de eventual conexão entre os pedidos formulados na exordial, ainda assim eles não podem ser julgados pelo mesmo juízo. *CC 119.090, Rel. Min. Paulo Sanseverino, 12.9.12. 2ª S. (Info 504)*

Competência. Cobrança de taxa para expedição de diploma. Universidade particular.

É da Justiça estadual, via de regra, a competência para julgar a ação em que se discute a legalidade da cobrança de instituição de ensino superior estadual, municipal ou particular de taxa para expedição de diploma de curso, salvo quando se tratar de mandado de segurança cuja impetração se volta contra ato de dirigente de universidade pública federal ou de universidade particular, hipótese de competência da Justiça Federal. Nos casos que versem sobre questões privadas relacionadas ao contrato de prestação de serviços firmado entre a instituição de ensino superior e o aluno (por exemplo, inadimplemento de mensalidade, cobrança de taxas, matrícula), desde que se trate de ação diversa à do mandado de segurança, não há interesse da União em figurar no feito, afastando sua legitimidade e, consequentemente, a competência da Justiça Federal. *REsp 1.295.790, Rel. Campbell Marques, 6.11.12. 2ª T. (Info 508)*

1.3.2. Do Juiz, Dos Auxiliares da Justiça

2016

Suspeição por motivo superveniente.

A autodeclaração de suspeição realizada por magistrado em virtude de motivo superveniente não importa nulidade dos atos processuais praticados em momento anterior ao fato ensejador da suspeição. Isso porque essa declaração não gera efeitos retroativos. *Pet no REsp 1.339.313-RJ, Rel. p/ ac. Min. Assusete Magalhães, DJe 9.8.2016. 1ª S. (Info 587)*

2013

Momento adequado para a alegação de suspeição do perito.

A parte não pode deixar para arguir a suspeição de perito apenas após a apresentação de laudo pericial que lhe foi desfavorável. *AgRg na MC 21.336-RS, Rel. Min. Sidnei Beneti, 17.9.13. 3ª T. (Info 532)*

2012

Suspeição. Intervenção. Conselho de magistratura.

É ilegal e abusiva a intervenção do Conselho de Magistratura do tribunal de origem que invalidou a manifestação do julgador que se declarou suspeito por motivo de foro íntimo (art. 135, parágrafo único, do CPC), uma vez que essa declaração é dotada de imunidade constitucional, por isso ressalvada de censura ou de crítica da instância superior. Essa declaração relaciona-se com os predicamentos da magistratura (art. 95 da CF) – asseguradores de um juiz independente e imparcial, inerente ao devido processo legal (art. 5º, LIV, da CF). A decisão do colegiado constrangeu o julgador, subtraindo-lhe a independência, ao obrigá-lo a conduzir o processo para o qual não se considerava apto por razões de foro íntimo – as quais, inclusive, não tinha que declinar – mas que por óbvio comprometiam a indispensável imparcialidade. De modo que os atos decisórios praticados no processo pelo julgador suspeito importam a nulidade do processo, caracterizando o direito líquido e certo do impetrante de ter reexaminados, por outro julgador, os pedidos formulados na ação em sua defesa, os quais foram objeto de indevidas deliberações pelo juiz suspeito. *RMS 33.531, Rel. Min. Raul Araújo, 5.6.12. 4ª T. (Info 499)*

1.4. Dos Atos Processuais

1.4.1. Dos Prazos

2015

Aplicabilidade do art. 191 do CPC/73 aos processos judiciais eletrônicos.

Aplica-se o art. 191 do CPC/73 à contagem de prazo nos processos judiciais eletrônicos. *REsp 1.488.590-PR, Rel. Min. Ricardo Villas Bôas Cueva, DJe 23.4.15. 3ª T. (Info 560)*

Impossibilidade de prorrogação do termo inicial de prazo recursal diante de encerramento prematuro do expediente forense.

O disposto no art. 184, § 1º, II, do CPC – que trata da possibilidade de prorrogação do prazo recursal em caso de encerramento prematuro do expediente forense – aplica-se quando o referido encerramento tiver ocorrido no termo final para interposição do recurso, e não no termo inicial. *EAREsp 185.695-PB, Rel. Min. Felix Fischer, DJe 5.3.15. Corte Especial. (Info 557)*

2013

Inaplicabilidade da pena de proibição de vista dos autos fora do cartório a advogados e estagiários que não tenham sido responsáveis pela retenção indevida dos autos.

No caso em que advogado não tenha devolvido os autos ao cartório no prazo legal, não é possível estender a sanção de proibição de vista dos autos fora do cartório (art. 196 do CPC), aplicada àquele advogado, aos demais causídicos e estagiários que, apesar de representarem a mesma parte, não tenham sido responsáveis pela retenção indevida. *AgRg no REsp 1.089.181-DF, Rel. Min. Luis Felipe Salomão, 4.6.13. 4ª T. (Info 523)*

Inaplicabilidade do art. 191 do CPC em exceção de suspeição.

O autor da ação principal que, em exceção de suspeição, tenha sido admitido como assistente simples do perito excepto não pode ser considerado "litisconsorte" para efeito de aplicação do art. 191 do CPC – prazo em dobro para recorrer no caso de litisconsortes com diferentes procuradores –, ainda que o referido incidente tenha sido acolhido para anular decisão favorável ao autor da demanda originária. *REsp 909.940-ES, Rel. Min. Raul Araújo, 17.9.13. 4ª T. (Info 528)*

Inaplicabilidade do parágrafo único do art. 298 do CPC ao procedimento sumário.

Nas causas submetidas ao procedimento sumário, a desistência da ação em relação a corréu não citado não altera o prazo para o comparecimento dos demais réus à audiência de conciliação. Não pode ser aplicado ao procedimento sumário o parágrafo único do art. 298 do CPC, segundo o qual, se o autor desistir da ação quanto a algum réu ainda não citado, o prazo para a resposta correrá da intimação do despacho que deferir a desistência. *EAREsp 25.641-RJ, Rel. Min. Luis Felipe Salomão, 12.6.13. 2ª S. (Info 523)*

Prazos processuais no caso de greve de advogados públicos.

A greve de advogados públicos não constitui motivo de força maior a ensejar a suspensão ou devolução dos prazos processuais (art. 265, V, do CPC). *REsp 1.280.063-RJ, Rel. Min. Eliana Calmon, 4.6.13. 2ª T. (Info 525)*

2012

Exceção de incompetência. Fluência do prazo para contestar.

O prazo remanescente para contestar, suspenso com o recebimento da exceção de incompetência, volta a fluir não da decisão que acolhe a exceção, mas após a intimação do réu acerca do recebimento dos autos pelo juízo declarado competente. *REsp 973.465, Rel. Min. Luis F. Salomão, 4.10.12. 4ª T. (Info 506)*

Litisconsortes casados. Diferentes procuradores. Prazo em dobro para contestar.

Independentemente de requerimento, réus com diferentes procuradores têm prazo em dobro para contestar, mesmo sendo casados e constando como promitentes compradores no contrato de promessa de compra e venda de imóvel. *REsp 973.465, Rel. Min. Luis F. Salomão, 4.10.12. 4ª T. (Info 506)*

Prazos processuais diferenciados. Empresa pública. Interpretação restritiva.

Não é possível a concessão às empresas públicas de prazo em dobro para recorrer e em quádruplo para contestar. *AgRg no REsp 1.266.098-RS, Rel. Min. Eliana Calmon, 23.10.12. 2ª T. (Info 507)*

Litisconsórcio. Sustentação oral. Prazo regimental.

O prazo de dez minutos para a sustentação oral não fere o direito de defesa, quando o tempo tiver sido estabelecido conforme as regras do regimento, dividido entre os diferentes advogados dos litisconsortes e não for comprovado o concreto prejuízo. *HC 190.469, Rel. Min. Laurita Vaz, 19.6.12. 5ª T. (Info 500)*

Suspensão do processo. Prática de ato processual. Prazo peremptório.

Durante a suspensão do processo (art. 266 do CPC), é vedada a prática de qualquer ato processual, com a ressalva dos urgentes a fim de evitar dano irreparável. Dessa forma, a lei processual não permite que seja publicada decisão durante a suspensão do feito, não se podendo cogitar, por conseguinte, do início da contagem do prazo recursal enquanto paralisada a marcha do processo. REsp 1.306.463, Rel. Min. Herman Benjamin, 4.9.12. 2ª T. (Info 503)

1.4.2. Das Comunicações dos Atos

2015

Ação de investigação de paternidade proposta pelo MP e realização de citação editalícia do réu em jornal local.

Na hipótese em que o Ministério Público Estadual tenha proposto ação de investigação de paternidade como substituto processual de criança, a citação editalícia do réu não poderá ser realizada apenas em órgão oficial. REsp 1.377.675-SC, Rel. Min. Ricardo Villas Bôas Cueva, DJe 16.3.15. 3ª T. (Info 557)

Impossibilidade de declaração de ofício da usucapião.

O § 5º do art. 219 do CPC (O juiz pronunciará, de ofício, a prescrição) não autoriza a declaração, de ofício, da usucapião. REsp 1.106.809-RS, Rel. p/ ac. Min. Marco Buzzi, DJe 27.4.15. 4ª T. (Info 560)

Necessidade de nova intimação na hipótese de adiamento de julgamento de processo incluído em pauta.

No âmbito do STJ, na hipótese em que o julgamento do processo tenha sido adiado por mais de três sessões, faz-se necessária nova intimação das partes por meio de publicação de pauta de julgamento. EDcl no REsp 1.340.444-RS, Rel. p/ ac. Min. Herman Benjamin, DJe 2.12.14. Corte Especial. (Info 553)

Publicação de intimação com erro na grafia do sobrenome do advogado.

Não há nulidade na publicação de ato processual em razão do acréscimo de uma letra ao sobrenome do advogado no caso em que o seu prenome, o nome das partes e o número do processo foram cadastrados corretamente, sobretudo se, mesmo com a existência de erro idêntico nas intimações anteriores, houve observância aos prazos processuais passados, de modo a demonstrar que o erro gráfico não impediu a exata identificação do processo. EREsp 1.356.168-RS, Rel. p/ ac. Min. Jorge Mussi, DJe 12.12.14. Corte Especial. (Info 553)

2014

Hipótese de não configuração de comparecimento espontâneo do réu.

A apresentação de procuração e a retirada dos autos efetuada por advogado destituído de poderes para receber a citação não configura comparecimento espontâneo do réu (art. 214, § 1º, do CPC). AgRg no REsp 1.468.906-RJ, Rel. Min. Mauro Campbell Marques, 26.8.14. 2ª T. (Info 546)

2013

Ausência de citação para a audiência de justificação em reintegração de posse.

Não gera nulidade absoluta a ausência de citação do réu, na hipótese do art. 928 do CPC, para comparecer à audiência de justificação prévia em ação de reintegração de posse. O termo "citação" é utilizado de forma imprópria no art. 928 do CPC, na medida em que, nessa hipótese, o réu não é chamado para se defender, mas sim para, querendo, comparecer e participar da audiência de justificação. REsp 1.232.904-SP, Rel. Min. Nancy Andrighi, 14.5.13. 3ª T. (Info 523)

Intimação por carta com aviso de recebimento do representante da Fazenda Pública Nacional.

RPT É válida a intimação do representante judicial da Fazenda Pública Nacional por carta com aviso de recebimento quando o respectivo órgão não possuir sede na comarca em que tramita o feito, à luz do art. 237, II, do CPC, aplicável subsidiariamente às execuções fiscais. REsp 1.352.882-MS, Rel. Min. Herman Benjamin, 12.6.13. 1ª S. (Info 522)

Necessidade de intimação pessoal para a aplicação da pena de proibição de vista dos autos fora do cartório.

Não é possível aplicar a sanção de proibição de vista dos autos fora do cartório (art. 196, caput, do CPC) ao advogado que não tenha sido intimado pessoalmente para sua devolução, mas apenas mediante publicação em Diário Oficial. AgRg no

REsp 1.089.181-DF, Rel. Min. Luis Felipe Salomão, 4.6.13. 4ª T. (Info 523)

2012

Cisão parcial da empresa. Citação da sucessora.

Na cisão parcial, a companhia que adquire o patrimônio da cindida sucede-a, por disposição de lei, nos direitos e obrigações. Essa sucessão se dá quanto aos direitos e obrigações mencionados no ato da cisão, em caso de cisão parcial, ou na proporção dos patrimônios transferidos mesmo sobre atos não relacionados, na hipótese de cisão com extinção. 2. Apurar se a hipótese é de cisão parcial ou cisão com extinção, bem como verificar se a obrigação pleiteada no processo está incluída no bojo do patrimônio transferido, é matéria de mérito que deve ser apreciada pelo juízo no momento da prolação da sentença. 3. O STJ vem se posicionando no sentido de considerar insubsistente a cláusula de exclusão de solidariedade aposta no instrumento de cisão, nos termos do art. 233, §1º, da Lei das S/A, quanto a credores cujo título não tiver sido constituído até o ato de cisão, independentemente de se referir a obrigações anteriores. 4. A sucessão disposta na Lei das Sociedades Anônimas quanto às obrigações relacionadas ao patrimônio transferido comporta-se, quanto ao processo, da mesma forma que a alienação do objeto litigioso, de modo que não se pode opor à inclusão da sucessora no pólo passivo o princípio da estabilidade da demanda. REsp 1.294.960, Rel. Min. Nancy Andrighi, 17.4.12. 3ª T. (Info 495)

Citação. Teoria da aparência.

A pessoa jurídica – ente evidentemente abstrato – faz-se representar por pessoas físicas que compõem seus quadros dirigentes. Se a própria diretora geral, mesmo não sendo a pessoa indicada pelo estatuto para falar judicialmente em nome da associação, recebe a citação e, na ocasião, não levanta nenhum óbice ao oficial de justiça, há de se considerar válido o ato de chamamento, sob pena de, consagrando exacerbado formalismo, erigir inaceitável entrave ao andamento do processo. EREsp 864.947, Rel. Min. Laurita Vaz, 6.6.12. Corte Especial. (Info 499)

Desconsideração da personalidade jurídica. Intimação do sócio.

Desnecessário citar o sócio para compor o polo passivo da relação processual, na qual o autor/ recorrido pediu a aplicação da teoria da desconsideração da personalidade jurídica da empresa, haja vista o uso abusivo da sua personalidade e a ausência de bens para serem penhorados. REsp 1.096.604, Rel. Luis F. Salomão, 2.8.12. 4ª T. (Info 501)

Arguição de nulidade da citação. Devolução do prazo para contestar. Necessidade de reconhecimento do vício.

O art. 214, § 2º, do CPC, segundo o qual o prazo para contestar deve ser devolvido ao réu quando este comparece em juízo para arguir nulidade da citação, somente é aplicável quando, de fato, é reconhecido o vício no ato citatório. AgRg no AREsp 88.065-PR, Re. Min. Castro Meira, 9.10.12. 2ª T. (Info 506)

Intimação. Erro na grafia do nome do advogado. Possibilidade de identificação do feito. Ausência de prejuízo.

A nulidade da publicação por erro na grafia do nome de advogado somente deverá ocorrer quando resultar em prejuízo na sua identificação. RMS 31.408, Rel. Min. Massami Uyeda, 13.11.12. 3ª T. (Info 508)

Intimação. Identificação de grafia incorreta do nome do advogado. Momento oportuno de se manifestar.

A alegação da nulidade de publicação errônea do nome de advogado deve ocorrer na primeira oportunidade de falar nos autos, sob pena de preclusão. Assim, aquele que se vê diante dessa irregularidade processual deve alegá-la de plano, direta e objetivamente, por meio dos instrumentos legais (art. 245 do CPC). RMS 31.408, Rel. Min. Massami Uyeda, 13.11.12. 3ª T. (Info 508)

Intimação pessoal. Procurador de estado.

A intimação dos procuradores dos estados deverá ser realizada por publicação em órgão oficial da imprensa, salvo as exceções previstas em leis especiais. Inexistindo previsão legal para a intimação pessoal, deve prevalecer a intimação realizada por publicação em órgão oficial da imprensa. REsp 1.317.257, Rel. Min. Herman Benjamin, 9.10.12. 2ª T. (Info 507)

Sentença em audiência. Não comparecimento de procurador intimado. Presunção de intimação.

Há presunção de intimação do ato decisório na hipótese em que o procurador, embora intimado para a audiência de instrução e julgamento na qual foi proferida a sentença, a ela não compareceu. O comparecimento ao ato é de opção e de responsabilidade do patrono, devendo ser aplicado o art. 242, § 1º, do CPC, que dispõe que os advogados "reputam-se intimados na audiência, quando nesta é publicada a decisão ou a sentença". *AgRg no AREsp 226.951, Rel. Min. Humberto Martins, 9.10.12. 2ª T. (Info 506)*

Intimação pessoal. Defensoria pública. Sentença proferida em audiência.

É prerrogativa da Defensoria Pública a intimação pessoal dos seus membros de todos os atos e termos do processo. A presença do defensor público na audiência de instrução e julgamento na qual foi proferida a sentença não retira o ônus da sua intimação pessoal que somente se concretiza com a entrega dos autos com abertura de vistas, em homenagem ao princípio constitucional da ampla defesa. *REsp 1.190.865, Rel. Min. Massami Uyeda, 14.2.12. 3ª T. (Info 491)*

1.4.3. Das Nulidades

2014

Afastamento de nulidade causada por ofensa ao princípio do contraditório.

A nulidade da decisão do relator que julgara agravo de instrumento do art. 522 do CPC sem prévia intimação do agravado para resposta não deve ser declarada quando suscitada apenas em embargos de declaração opostos em face de acórdão que, após a intimação para contrarrazões, julgou agravo regimental interposto pela outra parte. *REsp 1.372.802-RJ, Rel. Min. Paulo de Tarso Sanseverino, 11.3.14. 3ª T. (Info 539)*

2013

Ausência de nulidade processual no julgamento da ação principal antes da oposição.

Não configura nulidade apreciar, em sentenças distintas, a ação principal antes da oposição, quando ambas forem julgadas na mesma data, com base nos mesmos elementos de prova e nos mesmos fundamentos. *REsp 1.221.369-RS, Rel. Min. Nancy Andrighi, 20.8.13. 3ª T. (Info 531)*

2012

Assistência judiciária gratuita. Impugnação do benefício nos autos do processo principal. Ausência de nulidade. Não demonstração de prejuízo.

Não enseja nulidade o processamento da impugnação à concessão do benefício de assistência judiciária gratuita nos autos do processo principal, se não acarretar prejuízo à parte. *REsp 1.286.262-ES, Rel. Min. Paulo de Tarso Sanseverino, 18.12.12. 3ª T. (Info 511)*

Nulidade de ato processual de serventuário. Efeitos sobre atos praticados de boa-fé pelas partes.

A eventual nulidade declarada pelo juiz de ato processual praticado pelo serventuário não pode retroagir para prejudicar os atos praticados de boa-fé pelas partes. *AgRg no AREsp 91.311-DF, Rel. Min. Antonio Carlos Ferreira, 6.12.12. 4ª T. (Info 511)*

1.4.4. De Outros Atos Processuais

2013

Valor da causa em ação de reintegração de posse que objetive a retomada de bem objeto de contrato de comodato que tenha sido extinto.

O valor da causa em ação de reintegração de posse que objetive a retomada de bem objeto de contrato de comodato que tenha sido extinto deve corresponder à quantia equivalente a doze meses de aluguel do imóvel. *REsp 1.230.839-MG, Rel. Min. Nancy Andrighi, 19.3.13. 3ª T. (Info 519)*

2012

Juizados especiais federais cíveis. Valor da causa para fins de competência. Divisão do montante total pelo número de litisconsortes.

O valor da causa para fins de fixação da competência nos juizados especiais federais, na hipótese de existência de litisconsórcio ativo, deve ser calculado dividindo-se o montante pelo número de autores. Dessa forma, se as parcelas percebidas e as supostamente devidas a cada um dos litisconsortes for inferior a sessenta salários mínimos, prevalece a competência absoluta do Juizado Especial Federal Cível para o julgamento da lide (art. 3º da Lei 10.259/01). *REsp 1.257.935-PB, Rel. Min. Eliana Calmon, 18.10.12. 2ª T. (Info 507)*

Embargos de terceiro. Ausência do valor da causa.

Em ação de embargos de terceiro, o valor da causa deve ser o do bem levado à constrição, não podendo exceder o valor da dívida. *REsp 957.760, Rel. Min. Luiz Felipe Salomão, 12.4.12. 4ª T. (Info 495)*

1.5. Da Formação, da Suspensão e da Extinção do Processo

1.5.1. Da Suspensão do Processo

2015

Limitação da suspensão do processo cível para que haja a apreciação de questão prejudicial na esfera criminal.

A suspensão do processo determinada com base no art. 110 do CPC não pode superar um ano, de modo que, ultrapassado esse prazo, pode o juiz apreciar a questão prejudicial. *REsp 1.198.068-MS, Rel. Min. Marco Buzzi, DJe 20.2.15. 4ª T. (Info 555)*

Prejudicialidade externa entre ação reivindicatória e ação de nulidade de negócio jurídico.

Deve ser suspensa a ação reivindicatória de bem imóvel, pelo prazo máximo de um ano (art. 265, IV, "a", do CPC), enquanto se discute, em outra ação, a nulidade do próprio negócio jurídico que ensejou a transferência do domínio aos autores da reivindicatória. *EREsp 1.409.256-PR, Rel. Min. Og Fernandes, Corte Especial. DJe 28.5.15. (Info 563)*

2012

Falecimento de litisconsorte. Suspensão do processo. Nulidade relativa. Ausência de prejuízo.

A inobservância do art. 265, I, do CPC, que determina a suspensão do processo a partir da morte da parte, enseja apenas nulidade relativa, sendo válidos os atos praticados, desde que não haja prejuízo aos interessados, visto que a norma visa preservar o interesse particular do espólio e dos herdeiros do falecido. Somente deve ser declarada a nulidade que sacrifice os fins de justiça do processo. *REsp 959.755, Rel. Min. Luis F. Salomão, 17.5.12. 4ª T. (Info 497)*

1.5.2. Da Extinção do Processo

2014

Extinção do processo em ação de reintegração de posse.

O processo deve ser extinto com resolução de mérito – e não sem resolução de mérito, por falta de interesse processual – caso o autor de ação de reintegração de posse não comprove ter possuído a área em litígio. *REsp 930.336-MG, Rel. Min. Ricardo Villas Bôas Cueva, 6.2.14. 3ª T. (Info 535)*

2013

Possibilidade jurídica do pedido de remarcação de teste físico em concurso público.

Não é possível a extinção do processo, sem resolução do mérito, por impossibilidade jurídica do pedido (art. 267, VI, do CPC), na hipótese em que candidato tenha requerido a remarcação de teste físico em concurso público, sob a alegação de impedimento oriundo de acidente ocorrido alguns dias antes da data prevista no edital para a referida etapa. *REsp 1.293.721-PR, Rel. Min. Eliana Calmon, 4.4.13. 2ª T. (Info 520)*

Recusa do réu à pretensão do autor de desistir da ação após o decurso do prazo para a resposta.

Na hipótese em que o autor, após o decurso do prazo para a resposta, pretenda desistir da ação, constituirá motivação apta a impedir a extinção do processo a alegação do réu de que também faz jus à resolução do mérito da demanda contra si proposta. *REsp 1.318.558-RS, Rel. Min. Nancy Andrighi, 4.6.13. 3ª T. (Info 526)*

2012

Arguição de nulidade de cláusula compromissória. Necessidade de submissão da questão ao juízo arbitral.

Nos termos do art. 8º, parágrafo único, da Lei de Arbitragem a alegação de nulidade da cláusula arbitral instituída em Acordo Judicial homologado e, bem assim, do contrato que a contém, deve ser submetida, em primeiro lugar, à decisão do próprio árbitro, inadmissível a judicialização prematura pela via oblíqua do retorno ao Juízo. 2. Mesmo no caso de o acordo de vontades no qual estabelecida a cláusula arbitral no caso de haver sido homologado judicialmente, não se admite prematura ação anulatória diretamente perante o Poder Judiciário, devendo ser preservada a solução arbitral, sob pena de se abrir caminho para a frustração do instrumento alternativo de solução da controvérsia. Extingue-se, sem julgamento do mérito (CPC, art. 267, VII), ação que visa anular acordo de solução de controvérsias via arbitragem, preservando-se a jurisdição arbitral consensual para o julgamento das controvérsias entre as partes, ante a opção das partes pela forma alternativa de jurisdição. *REsp 1.302.900, Rel. Min. Sidnei Beneti, 9.10.12. 3ª T. (Info 506)*

Desistência da ação. Não consentimento do réu. Art. 3º da Lei 9.469/97. Legitimidade.

RPT Após o oferecimento da contestação, não pode o autor desistir da ação sem o consentimento do réu (art. 267, § 4º, do CPC), sendo legítima a oposição à desistência com fundamento no art. 3º da Lei 9.469/97, razão pela qual, nesse caso, a desistência é condicionada à renúncia expressa ao direito sobre o qual se funda a ação. *REsp 1.267.995, Rel. Min. Mauro Campbell, 27.6.12. 1ª S. (Info 500)*

Desistência após prazo para resposta. Ausência de manifestação do réu.

É possível a extinção do processo sem resolução do mérito, depois de decorrido o prazo para a resposta, quando o autor desistir da ação e o réu, intimado a se manifestar, permanece silente, ainda mais quando declara ter tido ciência da desistência da ação. *REsp 1.036.070, Rel. Min. Sidnei Beneti, 5.6.12. 3ª T. (Info 499)*

1.6. Do Processo e do Procedimento

2015

Via adequada para cobrança de indenização fundada em contrato de seguro de automóvel.

É a ação de conhecimento sob o rito sumário – e não a ação executiva – a via adequada para cobrar, em decorrência de dano causado por acidente de trânsito, indenização securitária fundada em contrato de seguro de automóvel. *REsp 1.416.786-PR, Rel. Min. Ricardo Villas Bôas Cueva, DJe 9.12.14. 3ª T. (Info 553)*

2013

Consectários legais na tutela do incontroverso em antecipação dos efeitos da tutela.

O valor correspondente à parte incontroversa do pedido pode ser levantado pelo beneficiado por decisão que antecipa os efeitos da tutela (art. 273, § 6º, do CPC), mas o montante não deve ser acrescido dos respectivos honorários advocatícios e juros de mora, os quais deverão ser fixados pelo juiz na sentença. *REsp 1.234.887-RJ, Rel. Min. Ricardo Villas Bôas Cueva, 19.9.13. 3ª T. (Info 532)*

Devolução de benefício previdenciário recebido em razão de antecipação dos efeitos da tutela posteriormente revogada.

O segurado da Previdência Social tem o dever de devolver o valor de benefício previdenciário recebido em antecipação dos efeitos da tutela (art. 273 do CPC) a qual tenha sido posteriormente revogada. *REsp 1.384.418-SC, Rel. Min. Herman Benjamin, 12.6.13. 1ª S. (Info 524)*

Impossibilidade de decretação ou ameaça de decretação de prisão no exercício de jurisdição cível, ressalvada a obrigação de natureza alimentícia.

Não é possível que o magistrado, ao conceder tutela antecipada no âmbito de processo cível cujo objeto não consista em obrigação de natureza alimentícia, efetue ameaça de decretação de prisão para o caso de eventual descumprimento dessa ordem judicial, sob a justificativa de que, nesse caso, configurar-se-ia crime de desobediência (art. 330 do CP). Isso porque não se admite a decretação ou a ameaça de decretação de prisão nos autos de processo civil como forma de coagir a parte ao cumprimento de obrigação, ressalvada a obrigação de natureza alimentícia. *RHC 35.253-RJ, Rel. Min. Paulo de Tarso Sanseverino, 5.3.13. 3ª T. (Info 517)*

Forma de devolução de benefício previdenciário recebido em antecipação dos efeitos de tutela posteriormente revogada.

Na devolução de benefício previdenciário recebido em antecipação dos efeitos da tutela (art. 273 do CPC) a qual tenha sido posteriormente revogada, devem ser observados os seguintes parâmetros: a) a execução de sentença declaratória do direito deverá ser promovida; e b) liquidado e incontroverso o crédito executado, o INSS poderá fazer o desconto em folha de até 10% da remuneração dos benefícios previdenciários em manutenção até a satisfação do crédito. *REsp 1.384.418-SC, Rel. Min. Herman Benjamin, 12.6.13. 1ª S. (Info 524)*

2012

Revogação de antecipação de tutela. Teoria do fato consumado.

Não é possível dispensar a submissão ao processo de revalidação de diploma estrangeiro estabelecido na Lei 9.394/96 (LDB) ainda que o autor, por força de antecipação de tutela na ação originária, esteja exercendo a atividade profissional há vários anos. *REsp 1.333.588, Rel. Min. Eliana Calmon, 16.10.12. 2ª T. (Info 506)*

Antecipação de tutela. Responsabilidade objetiva do autor da ação julgada improcedente.

O autor da ação responde objetivamente pelos danos sofridos pela parte adversa decorrentes da antecipação de tutela que não for confirmada em sentença, independentemente de pronunciamento judicial e pedido específico da parte interessada. O dever de compensar o dano processual é resultado do microssistema representado pelos arts. 273, § 3º, 475-O, incs. I e II, e art. 811 do CPC. Por determinação legal prevista no art. 273, § 3º, do CPC, aplica-se à antecipação de tutela, no que couberem, as disposições do art. 588 do mesmo diploma (atual art. 475-O, incluído pela Lei 11.232/05). Ademais, aplica-se analogicamente à antecipação de tutela a responsabilidade prevista no art. 811 do CPC, por ser espécie do gênero de tutelas de urgência (a qual engloba a tutela cautelar). Com efeito, a obrigação de indenizar o dano causado ao adversário pela execução de tutela antecipada posteriormente revogada é consequência natural da improcedência do pedido, decorrência "ex lege" da sentença, e por isso independe de pronunciamento judicial, dispensando também, por lógica, pedido específico da parte interessada. *REsp 1.191.262, Rel. Min. Luis F. Salomão, 25.9.12. 4ª T. (Info 505)*

Competência. Antecipação dos efeitos da tutela. Ato praticado pela administração judiciária com base em decisão do CJF. Servidores públicos federais do Poder Judiciário.

É inviável recurso que ataca indeferimento de liminar se a ação já tiver sido julgada no mérito. 2. Não usurpa a competência do STJ a decisão do juiz de primeira instância que, antecipando os efeitos de tutela jurisdicional requerida no bojo de ação ordinária, suspende ato praticado pela administração judiciária com base em decisão do Conselho da Justiça Federal. *Rcl 4.209, Rel. Min. João Otávio de Noronha, 7.11.12. Corte Especial. (Info 508)*

Revogação de antecipação da tutela. Não restituição dos valores recebidos.

Os valores percebidos pelo segurado por força de tutela antecipada posteriormente revogada não devem ser devolvidos aos cofres públicos. *AgRg no AREsp 194.038-MG, Rel. Min. Campbell Marques, 18.10.12. 2ª T. (Info 507)*

1.7. Do Procedimento Ordinário

1.7.1. Da Petição Inicial

2012

Prazo. Emenda à inicial.

RPT O prazo previsto no art. 284 do CPC não é peremptório, mas dilatório. Caso a petição inicial não preencha os requisitos exigidos nos arts. 282 e 283 do CPC, ou apresente defeitos e irregularidades sanáveis que dificultem o julgamento do mérito, o juiz determinará que o autor a emende ou a complete no prazo de 10 dias. Porém, decidiu-se que esse prazo pode ser reduzido ou ampliado por convenção das partes ou por determinação do juiz, nos termos do art. 181 do código mencionado. Com base nesse entendimento, concluiu-se que mesmo quando descumprido o prazo de 10 dias para a regularização da petição inicial, por tratar-se de prazo dilatório, caberá ao juiz, analisando o caso concreto, admitir ou não a prática extemporânea do ato pela parte. *REsp 1.133.689, Rel. Min. Massami Uyeda, 28.3.12. 2ª S. (Info 494)*

1.7.2. Da Resposta do Réu

2015

Arguição de compensação em contestação.

A compensação de dívida pode ser alegada em contestação. *REsp 1.524.730-MG, Rel. Min. Ricardo Villas Bôas Cueva, DJe 25.8.15. 3ª T. (Info 567)*

2012

Cabimento. Reconvenção. Conexão.

A reconvenção pode ser apresentada nas hipóteses sempre que seja conexa com a ação principal ou com o fundamento da defesa. Se, defendendo-se da ação, o réu apresenta fatos que justificariam, em seu entender, o comportamento que adotou, e se desses fatos ele acredita emergir direito a indenização por dano moral, é possível apresentar, no processo, reconvenção pleiteando o recebimento dessa verba. 2. É irrelevante o argumento do recorrente no sentido de que os fatos que dão fundamento à pretensão do réu-reconvinte são impertinentes. O cabimento da reconvenção deve ser avaliado em "status assertionis". *REsp 1.126.130, Rel. Min. Nancy Andrighi, 20.3.12. 3ª T. (Info 493)*

1.7.3. Da Revelia

2016

Limites dos efeitos da revelia.

Reconhecida a revelia, a presunção de veracidade quanto aos danos narrados na petição inicial não alcança a definição do quantum indenizatório indicado pelo autor. Como assentado na doutrina, a revelia não viola o processo justo, o devido processo legal, porque não significa a formação de um contraditório virtual ou presumido, muito menos a existência de uma confissão ficta. A própria existência da ação atesta a inconformação entre a pretensão do autor e a resistência do réu. Por isso, os efeitos da revelia não são absolutos, conduzindo à automática procedência dos pedidos. *REsp 1.520.659-RJ, Rel. Min. Raul Araújo, DJe 30.11.2015. 4ª T. (Info 574)*

2014

Apresentação apenas de reconvenção sem contestação em peça autônoma e possibilidade de se afastar os efeitos da revelia.

Ainda que não ofertada contestação em peça autônoma, a apresentação de reconvenção na qual o réu efetivamente impugne o pedido do autor pode afastar a presunção de veracidade decorrente da revelia (art. 302 do CPC). *REsp 1.335.994-SP, Rel. Min. Ricardo Villas Bôas Cueva, 12.8.14. 3ª T. (Info 546)*

2013

Necessidade de concessão do direito de vista à Defensoria Pública, em demanda submetida ao procedimento sumário, antes da data designada para a audiência de conciliação.

No procedimento sumário, não pode ser reconhecida a revelia pelo não comparecimento à audiência de conciliação na hipótese em que tenha sido indeferido pedido de vista da Defensoria Pública formulado, dias antes da data prevista para a referida audiência, no intuito de garantir a defesa do réu que somente tenha passado a ser assistido após a citação. *REsp 1.096.396-DF, Rel. Min. Luis Felipe Salomão, 7.5.13. 4ª T. (Info 523)*

Revelia no procedimento sumário.

Nas causas submetidas ao procedimento sumário, o não comparecimento injustificado do réu regularmente citado à audiência de conciliação, caso não tenha oferecido sua resposta em momento anterior, pode ensejar o reconhecimento da revelia. *EAREsp 25.641-RJ, Rel. Min. Luis Felipe Salomão, 12.6.13. 2ª S. (Info 523)*

2012

Incidência dos efeitos materiais da revelia contra a fazenda pública em contratos de direito privado.

Incidem os efeitos materiais da revelia contra o Poder Público na hipótese em que, devidamente citado, deixa de contestar o pedido do autor, sempre que estiver em litígio uma obrigação de direito privado firmada pela Administração Pública, e não um contrato genuinamente administrativo. A Administração Pública celebra não só contratos regidos pelo direito público (contratos administrativos), mas também contratos de direito privado em que não se faz presente a superioridade do Poder Público frente ao particular (contratos da administração), embora em ambos o móvel da contratação seja o interesse público. A supremacia do interesse público ou sua indisponibilidade não justifica que a Administração não cumpra suas obrigações contratuais e, quando judicializadas, não conteste a ação sem que lhe sejam atribuídos os ônus ordinários de sua inércia, não sendo possível afastar os efeitos materiais da revelia sempre que estiver em debate contrato regido predominantemente pelo direito privado, situação na qual a Administração ocupa o mesmo degrau do outro contratante, sob pena de se permitir que a superioridade no âmbito processual acabe por desnaturar a própria relação jurídica contratual firmada. A inadimplência contratual do Estado atende apenas a uma ilegítima e deformada feição do interesse público secundário de conferir benefícios à Administração em detrimento dos interesses não menos legítimos dos particulares, circunstância não tutelada pela limitação dos efeitos da revelia prevista no art. 320, II, do CPC. Dessa forma, o reconhecimento da dívida contratual não significa disposição de direitos indisponíveis; pois, além de o cumprimento do contrato ser um dever que satisfaz o interesse público de não ter o Estado como inadimplente, se realmente o direito fosse indisponível, não seria possível a renúncia tácita da prescrição com o pagamento administrativo da dívida fulminada pelo tempo. *REsp 1.084.745, Rel. Min. Luis F. Salomão, 6.11.12. 4ª T. (Info 508)*

Rito sumário. Ausência de contestação. Audiência de conciliação. Revelia.

No procedimento sumário, descumprido o rito dos arts. 277 e 278 não cabe a decretação da revelia. REsp 1.166.340, Rel. Min. Maria I. Gallotti, 1º.3.12. 4ª T. (Info 492)

1.7.4. Das Provas

2015

Cerceamento indevido da atividade probatória das partes em ação declaratória de maternidade.

Definiu-se não ser possível julgar improcedente pedido de reconhecimento "post mortem" de maternidade socioafetiva sem que se tenha viabilizado a realização de instrução probatória, ante o julgamento antecipado da lide (art. 330, I, do CPC), na seguinte situação: i) a autora ingressou com pedido de reconhecimento da existência de filiação socioafetiva, com a manutenção de sua mãe registral em seu assentamento de nascimento; ii) o pedido foi fundado na alegação de que a pretensa mãe adotiva e sua mãe registral procederam, em conjunto, à denominada "adoção à brasileira" da demandante, constando do registro apenas uma delas porque, à época, não era admitida união homoafetiva pelo ordenamento jurídico nacional; iii) argumentou-se que a autora foi criada, como se filha fosse, por ambas as "mães", indistintamente, e mesmo após o rompimento do relacionamento delas, encontrando-se, por isso, estabelecido o vínculo socioafetivo, a propiciar o reconhecimento judicial da filiação pretendida; e iv) o julgamento de improcedência foi fundado na constatação de não ter sido demonstrado nos autos que a mãe socioafetiva teve, efetivamente, a pretensão de "adotar" a autora em conjunto com a mãe registral e, também, no entendimento de que elas não formavam um casal homossexual, como sugere a demandante, pois, posteriormente, a mãe registral casou-se com um homem, com quem formou núcleo familiar próprio. REsp 1.328.380-MS, Rel. Min. Marco Aurélio Bellizze, j. 21.10.14. 3ª T. (Info 552)

2014

Descabimento de astreintes pela recusa de exibição de documentos.

RPT Tratando-se de pedido deduzido contra a parte adversa – não contra terceiro –, descabe multa cominatória na exibição, incidental ou autônoma, de documento relativo a direito disponível. REsp 1.333.988-SP, Rel. Min. Paulo de Tarso Sanseverino, 9.4.14. 2ª S. (Info 539)

Descumprimento de determinação de exibição incidental de documentos.

Não é cabível a aplicação de multa cominatória na hipótese em que a parte, intimada a exibir documentos em ação de conhecimento, deixa de fazê-lo no prazo estipulado. EREsp 1.097.681-RS, Rel. Min. João Otávio de Noronha, 13.3.14. Corte Especial. (Info 537)

Indeferimento de perícia requerida pela parte.

O magistrado pode negar a realização de perícia requerida pela parte sem que isso importe, necessariamente, cerceamento de defesa. REsp 1.352.497-DF, Rel. Min. Og Fernandes, 4.2.14. 2ª T. (Info 535)

Prova emprestada entre processos com partes diferentes.

É admissível, assegurado o contraditório, prova emprestada de processo do qual não participaram as partes do processo para o qual a prova será trasladada. EREsp 617.428-SP, Rel. Min. Nancy Andrighi, 4.6.14. Corte Especial. (Info 543)

Utilização de prova emprestada.

Desde que observado o devido processo legal, é possível a utilização de provas colhidas em processo criminal como fundamento para reconhecer, no âmbito de ação de conhecimento no juízo cível, a obrigação de reparação dos danos causados, ainda que a sentença penal condenatória não tenha transitado em julgado. AgRg no AREsp 24.940-RJ, Rel. Min. Napoleão Nunes Maia Filho, 18.2.14. 1ª T. (Info 536)

2013

Competência do juízo deprecado para a degravação de depoimentos colhidos.

O juízo deprecado e não o deprecante é o competente para a degravação dos depoimentos testemunhais colhidos e registrados por método não convencional (como taquigrafia, estenotipia ou outro método idôneo de documentação) no cumprimento da carta precatória. CC 126.747-RS, Rel. Min. Luis Felipe Salomão, 25.9.13. 2ª S. (Info 531)

Conhecimento em grau de recurso de prova documental cujo desentranhamento fora determinado na instância originária.

A determinação do juiz para que se desentranhe prova documental dos autos em razão de sua juntada intempestiva, por si só, não inviabiliza o conhecimento da referida prova pelo Tribunal, desde que seja observado o princípio do contraditório. REsp 1.072.276-RN, Rel. Min. Luis Felipe Salomão, 21.2.13. 4ª T. (Info 516)

Degravação de depoimento de testemunha inquirida no juízo deprecado por meio audiovisual.

No âmbito do processo civil, não é do juízo deprecado o encargo de providenciar a degravação de depoimento de testemunha por ele inquirida pelo método audiovisual. CC 126.770-RS, Rel. Min. Sérgio Kukina, 8.5.13. 1ª S. (Info 523)

Dispensabilidade da apólice de seguro nos autos de ação regressiva ajuizada por seguradora em face do suposto causador do sinistro.

A apólice de seguro é peça dispensável à propositura de ação regressiva por seguradora em face do suposto causador do dano, tampouco configura documento essencial à comprovação do fato constitutivo do direito do autor na referida demanda. REsp 1.130.704-MG, Rel. Min. Luis Felipe Salomão, 19.3.13. 4ª T. (Info 519)

Não vinculação do juiz às conclusões do laudo pericial.

É possível ao magistrado, na apreciação do conjunto probatório dos autos, desconsiderar as conclusões de laudo pericial, desde que o faça motivadamente. REsp 1.095.668-RJ, Rel. Min. Luis Felipe Salomão, 12.3.13. 4ª T. (Info 519)

Necessidade de garantir às partes o direito de apresentar rol de testemunhas na hipótese de conversão do procedimento.

Não é possível ao juiz converter, de ofício, o procedimento ordinário em sumário sem dar oportunidade às partes para que exerçam o direito de apresentação do rol de testemunhas a serem ouvidas na audiência de instrução e julgamento. REsp 698.598-RR, Rel. Min. Raul Araújo, 2.4.13. 4ª T. (Info 519)

2012

Autor. Réu. Ônus da prova.

Não há violação ao art. 535 do CPC quando o acórdão recorrido se manifesta acerca de todas as questões relevantes para a solução da controvérsia. 2. Ao alegar fatos impeditivos/modificativos do direito do autor na contestação, a recorrida assumiu o ônus da prova quanto ao que sustentou, na forma do art. 333, II, do CPC. 3. Estando incontroversos nos autos os fatos alegados e tendo os réus apresentado defesa indireta, os autores não podem ser surpreendidos com a imposição, pelo Tribunal de origem, de um ônus que antes não lhes cabia. Assim concluindo, o acórdão incorreu em violação ao art. 333, II, do CPC. 4. Incumbe, portanto, aos réus o ônus de demonstrar a extensão dos fatos que impliquem modificação ou extinção do direito dos autores. 5. Como o acórdão não examinou as demais teses defensivas, tampouco os documentos colacionados aos autos, limitando-se a entender de maneira equivocada que cabia aos autores o ônus probatório do fato extintivo arguido pelos réus, revela-se temerário adentrar a análise do mérito da presente demanda em sede de recurso especial, sob pena do STJ incorrer em ofensa ao princípio constitucional do devido processo legal e do contraditório. 6. Superada a questão do ônus probatório, cabe, portanto, ao Tribunal de origem solucionar a controvérsia, aplicando o direito à espécie, sob o risco de o STJ transformar-se em juízo ordinário ou de "terceira instância" julgadora. REsp 1.261.311, Rel. Min. Luis F. Salomão, 14.2.11. 4ª T. (Info 491)

Carta rogatória. Oitiva requerida antes do saneamento. Suspensão do processo. Condições.

A prova testemunhal por precatória ou rogatória requerida nos moldes do art. 338 do CPC não impede o juiz de julgar a ação, muito menos o obriga a suspender o processo, devendo fazê-lo apenas quando considerar essa prova imprescindível, assim entendida aquela sem a qual seria inviável o julgamento do mérito. A prova meramente útil, esclarecedora ou complementar, não deve obstar o curso regular do processo. Ademais, nos termos do art. 130 do CPC, não há preclusão absoluta em matéria de prova, até por se tratar de questão de ordem pública. Mesmo proferido o despacho saneador, o juiz pode, mais tarde, determinar a realização de outras provas, caso entenda ser a providência necessária à instrução do processo. *REsp 1.132.818, Rel. Min. Nancy Andrighi, 3.5.12. 3ª T. (Info 496)*

Julgamento antecipado da lide. Indeferimento do pedido de produção de prova do estado de necessidade.

Não caracteriza cerceamento de defesa o julgamento antecipado da lide em ação indenizatória, na hipótese de indeferimento, em audiência, do pedido da defesa de produção de provada alegação de estado de necessidade. *REsp 1.278.627-SC, Rel. Min. Paulo de Tarso Sanseverino, 18.12.12. 3ª T. (Info 512)*

Inversão do ônus da prova. Regra de instrução.

A inversão do ônus da prova de que trata o art. 6º, VIII, do CDC é regra de instrução, devendo a decisão judicial que determiná-la ser proferida preferencialmente na fase de saneamento do processo ou, pelo menos, assegurar à parte a quem não incumbia inicialmente o encargo a reabertura de oportunidade para manifestar-se nos autos. *EREsp 422.778, Rel. p/ ac. Min. Maria I. Gallotti (art. 52, IV, b, do RISTJ), 29.2.12. 2ª S. (Info 492)*

Nulidade. Qualificação incompleta de testemunha. Posterior regularização. Ausência de prejuízo.

A qualificação incompleta de testemunha do rol depositado em juízo, nos termos do art. 407 do CPC, não gera, por si só, nulidade caso regularizada em tempo hábil à sua finalidade, ainda que em momento posterior à apresentação do rol. A decretação de nulidade de atos processuais depende da necessidade de efetiva demonstração de prejuízo da parte interessada por prevalência do princípio "pas de nulitte sans grief". *REsp 1.330.028, Rel. Min. Ricardo V. B. Cueva, 6.11.12. 3ª T. (Info 508)*

1.7.5-A. Da Sentença e da Coisa Julgada (Astreintes)

2015

Exequibilidade de multa cominatória de valor superior ao da obrigação principal.

O valor de multa cominatória pode ser exigido em montante superior ao da obrigação principal. *REsp 1.352.426-GO, Rel. Min. Moura Ribeiro, DJe 18.5.15. 3ª T. (Info 562)*

Reconhecimento da legalidade de cominação de multa diária em ação de exibição de documentos em face das peculiaridades do caso concreto.

É cabível a cominação de multa diária – astreintes – em ação de exibição de documentos movida por usuário de serviço de telefonia celular para obtenção de informações acerca do endereço de IP ("internet protocol") de onde teriam sido enviadas, para o seu celular, diversas mensagens anônimas agressivas, por meio do serviço de SMS disponibilizado no sítio eletrônico da empresa de telefonia. *REsp 1.359.976-PB, Rel. Min. Paulo de Tarso Sanseverino, DJe 2.12.14. 3ª T. (Info 554)*

2014

Ausência de preclusão da decisão que fixa multa cominatória.

RPT A decisão que comina astreintes não preclui, não fazendo tampouco coisa julgada. A jurisprudência do STJ é pacífica no sentido de que a multa cominatória não integra a coisa julgada, sendo apenas um meio de coerção indireta ao cumprimento do julgado, podendo ser cominada, alterada ou suprimida posteriormente. *REsp 1.333.988-SP, Rel. Min. Paulo de Tarso Sanseverino, 9.4.14. 2ª S. (Info 539)*

Execução provisória de multa cominatória fixada em antecipação de tutela.

RPT A multa diária prevista no § 4º do art. 461 do CPC, devida desde o dia em que configurado o descumprimento, quando fixada em antecipação de tutela, somente poderá ser objeto de execução provisória após a sua confirmação pela sentença de mérito e desde que o recurso eventualmente interposto não seja recebido com efeito suspensivo. *REsp 1.200.856-RS, Rel. Min. Sidnei Beneti, 1º.7.14. Corte Especial. (Info 546)*

2013

Exigibilidade de multa cominatória na hipótese de cumprimento da obrigação a destempo.

O cumprimento da obrigação após o transcurso do prazo judicialmente fixado, ainda que comprovado por termo de quitação, não exime o devedor do pagamento da multa cominatória arbitrada. *REsp 1.183.774-SP, Rel. Min. Nancy Andrighi, 18.6.13. 3ª T. (Info 526)*

15. DIREITO PROCESSUAL CIVIL

Impossibilidade de execução de multa fixada em ação cautelar no caso de improcedência do pedido formulado na ação principal.

No caso de improcedência do pedido formulado na ação principal, será inexigível a multa cominatória fixada em ação cautelar destinada à manutenção de contrato de distribuição de produtos. REsp 1.370.707-MT, Rel. Min. Nancy Andrighi, 4.6.13. 3ª T. (Info 523)

2012

Astreintes. Destinatário. Autor da demanda.

É o autor da demanda o destinatário da multa diária prevista no art. 461, § 4º, do CPC – fixada para compelir o réu ao cumprimento de obrigação de fazer. REsp 949.509, Rel. p/ ac. Min. Marco Buzzi, 8.5.12. 4ª T. (Info 497)

Descumprimento de ordem judicial. Redução de multa cominatória.

A multa do art. 461 do CPC não faz coisa julgada material e pode ser revista a qualquer tempo pelo Juiz, inclusive de ofício, quando se modificar a situação em que foi cominada. 4. Se o único obstáculo ao cumprimento de determinação judicial para a qual havia incidência de multa diária foi o descaso do devedor, não é possível reduzi-la, pois as astreintes têm por objetivo, justamente, forçar o devedor renitente a cumprir sua obrigação. REsp 1.192.197, Rel. p/ ac. Min. Nancy Andrighi, 7.2.12. 3ª T. (Info 490)

Astreintes. Estipulação "ex officio" e cumulação com juros de mora.

É cabível a cumulação de astreintes com juros de mora, bem como sua estipulação de ofício. REsp 1.198.880, Rel. Min. Paulo Sanseverino, 20.9.12. 3ª T. (Info 505)

Multa do art. 461, § 4º, do CPC. Obrigação de fazer. Descaso do devedor. Valor total atingido.

Sendo a falta de atenção do devedor o único obstáculo ao cumprimento da determinação judicial para o qual havia a incidência de multa diária desde a prolação da sentença e considerando-se que persistiu o descumprimento da ordem até o desfazimento das obras pelo recorrido, autor de ação de reintegração da posse, justifica-se a manutenção do valor atingido pelas astreintes. REsp 1.229.335, Rel. Min. Nancy Andrighi, 17.4.12. 3ª T. (Info 495)

Prestação de contas. Multa cominatória.

Descabe a imposição de multa cominatória na sentença – astreintes – que, em primeira fase, julga procedente o pedido de prestação de contas, porquanto já existente na lei consequência jurídico-processual da sua não apresentação, qual seja, a condenação do réu para prestá-las, sob pena de não lhe ser lícito impugnar as que forem oferecidas pelo autor da demanda. REsp 1.092.592, Rel. Min. Luis F. Salomão, 24.4.12. 4ª T. (Info 496)

1.7.5-B. Da Sentença e da Coisa Julgada (Remessa Necessária)

2013

"Reformatio in pejus" em reexame necessário.

O Tribunal, em remessa necessária, inexistindo recurso do segurado, não pode determinar a concessão de benefício previdenciário que entenda mais vantajoso ao segurado. REsp 1.379.494-MG, Rel. Min. Sérgio Kukina, 13.8.13. 1ª T. (Info 528)

1.7.5-C. Da Sentença e da Coisa Julgada (Outros Temas)

2016

Extensão dos efeitos de coisa julgada coletiva a autores de ações individuais não suspensas.

Os autores de ações individuais em cujos autos não foi dada ciência do ajuizamento de ação coletiva e que não requereram a suspensão das demandas individuais podem se beneficiar dos efeitos da coisa julgada formada na ação coletiva. Ao disciplinar a execução de sentença coletiva, o art. 104 da Lei 8.078/90 (CDC) dispõe que os autores devem requerer a suspensão da ação individual que veicula a mesma questão em ação coletiva, a fim de se beneficiarem da sentença que lhes é favorável no feito coletivo. Todavia, compete à parte ré dar ciência aos interessados da existência desta ação nos autos da ação individual, momento no qual começa a correr o prazo de 30 dias para a parte autora postular a suspensão do feito individual. Constitui ônus do demandado dar ciência inequívoca da propositura da ação coletiva àqueles que propuseram ações individuais, a fim de que possam fazer a opção pela continuidade do processo individual, ou requerer a sua suspensão para se beneficiar da sentença coletiva. REsp

1.593.142-DF, Rel. Min. Napoleão Nunes Maia Filho, DJe 21.6.2016. 1ª T. (Info 585)

2015

Conflito entre duas sentenças transitadas em julgado.

É possível acolher alegação de coisa julgada formulada em sede de exceção de pré-executividade caso se verifique, na fase de execução, que o comando da sentença exequenda transitada em julgado conflita com o comando de outra sentença, anteriormente transitada em julgado, proferida em idêntica demanda. REsp 1.354.225-RS, Rel. Min. Paulo de Tarso Sanseverino, DJe 5.3.15. 3ª T. (Info 557)

Conflito entre coisas julgadas.

Havendo conflito entre duas coisas julgadas, prevalecerá a que se formou por último, enquanto não desconstituída mediante ação rescisória. REsp 1.524.123-SC, Rel. Min. Herman Benjamin, DJe 30.6.15. 2ª T. (Info 565)

Eficácia subjetiva da coisa julgada.

Não está sujeito aos efeitos de decisão reintegratória de posse proferida em processo do qual não participou o terceiro de boa-fé que, antes da citação, adquirira do réu o imóvel objeto do litígio. REsp 1.458.741-GO, Rel. Min. Ricardo Villas Bôas Cueva, DJe 17.4.15. 3ª T. (Info 560)

Impossibilidade de prolação de sentença parcial de mérito.

Mesmo após as alterações promovidas pela Lei 11.232/05 no conceito de sentença (arts. 162, § 1º, 269 e 463 do CPC), não se admite a resolução definitiva fracionada da causa mediante prolação de sentenças parciais de mérito. REsp 1.281.978-RS, Rel. Min. Ricardo Villas Bôas Cueva, DJe 20.5.15. 3ª T. (Info 562)

Inaplicabilidade da teoria da relativização da coisa julgada.

A mera alegação de que houve um erro de julgamento não é apta a justificar a aplicação da teoria da relativização da coisa julgada com vistas a desconstituir decisão que, em sede de incidente de habilitação de crédito, fixou equivocadamente os honorários advocatícios com base no § 3º do art. 20 do CPC – quando deveria ter utilizado o § 4º do referido dispositivo ainda que o valor dos honorários seja excessivo e possa prejudicar os demais credores concursais. REsp 1.163.649, Rel. Min. Marco Buzzi, DJe 27.2.15. 4ª T. (Info 556)

Transação judicial após publicação do acórdão.

A publicação do acórdão que decide a lide não impede que as partes transacionem o objeto do litígio. REsp 1.267.525-DF, Rel. Min. Ricardo Villas Bôas Cueva, DJe 29.10.15. 3ª T. (Info 572)

2014

Correção de erro material após o trânsito em julgado.

O magistrado pode corrigir de ofício, mesmo após o trânsito em julgado, erro material consistente no desacordo entre o dispositivo da sentença que julga procedente o pedido e a fundamentação no sentido da improcedência da ação. RMS 43.956-MG, Rel. Min. Og Fernandes, 9.9.14. 2ª T. (Info 547)

Hipótese de impossibilidade de alteração de ofício pelo tribunal de prazo prescricional definido na sentença.

O Tribunal não pode, sem provocação, fundado na aplicabilidade de prazo prescricional maior do que o definido em primeira instância, aumentar o alcance dos efeitos da sentença que reconheceu o direito a ressarcimento de valores cobrados indevidamente ao longo do tempo. REsp 1.304.953-RS, Rel. Min. Nancy Andrighi, 26.8.14. 3ª T. (Info 546)

2013

Aplicabilidade do art. 285-A do CPC condicionada à dupla conformidade.

Não é possível a aplicação do art. 285-A do CPC quando o entendimento exposto na sentença, apesar de estar em consonância com a jurisprudência do STJ, divergir do entendimento do tribunal de origem. Se o entendimento constante da sentença não for o mesmo do tribunal local, eventual apelação interposta será provida e os autos retornarão ao juízo de primeiro grau para processamento e julgamento da ação. REsp 1.225.227-MS, Rel. Min. Nancy Andrighi, 28.5.13. 3ª T. (Info 524)

Bloqueio de verbas públicas para garantir o fornecimento de medicamentos pelo estado.

RPT É possível ao magistrado determinar, de ofício ou a requerimento das partes, o bloqueio ou sequestro de verbas públicas como medida coercitiva para o fornecimento de medicamentos pelo Estado na hipótese em que a demora no cumprimento da obrigação acarrete risco à saúde e à vida do demandante. *REsp 1.069.810-RS, Rel. Min. Napoleão Nunes Maia Filho, 23.10.13. 1ª S. (Info 532)*

Fundamentação "per relationem".

É legítima a adoção da técnica de fundamentação referencial ("per relationem"), consistente na alusão e incorporação formal, em ato jurisdicional, de decisão anterior ou parecer do Ministério Público. *EDcl no AgRg no AREsp 94.942-MG, Rel. Min. Mauro Campbell Marques, 5.2.13. 2ª T. (Info 517)*

2012

Ação anulatória de sentença que homologa transação.

Os efeitos da transação podem ser afastados mediante ação anulatória sempre que o negócio jurídico tiver sido objeto de sentença meramente homologatória. *AgRg no REsp 1.314.900-CE, Rel. Min. Luis Felipe Salomão, 18.12.12. 4ª T. (Info 513)*

Erro material. Correção.

A ausência de decisão sobre os dispositivos legais supostamente violados, não obstante a interposição de embargos de declaração, impede o conhecimento do recurso especial. Incidência da Súm. 211/STJ. 2. O erro material, passível de ser corrigido de ofício, e não sujeito à preclusão, é o reconhecido primu ictu oculi, consistente em equívocos materiais sem conteúdo decisório propriamente dito. 3. A inserção da declaração de nulidade da procuração e substabelecimento outorgados, não se trata de mero ajuste do dispositivo da sentença ao que realmente foi deliberado pela inteligência e vontade do juiz no momento em que solucionou a questão debatida nestes autos, mas de verdadeira alteração ou ampliação do conteúdo decisório, com a respectiva extensão dos efeitos da coisa julgada. 4. A fundamentação da sentença não faz coisa julgada, permanecendo livre para nova apreciação judicial, sempre que o objeto do processo seja outro. *REsp 1.151.982-ES, Rel. Min. Nancy Andrighi, 23.10.12. 3ª T. (Info 507)*

Fato superveniente. Momento de apreciação.

O conhecimento de fatos supervenientes pode ser realizado até o último pronunciamento do julgador singular ou colegiado. A desconsideração de tais fatos pode gerar a situação indesejada de coexistência de duas decisões inconciliáveis, razão pela qual o reconhecimento de fato superveniente (art. 462 do CPC) pode ocorrer também no âmbito de tribunal, até o último pronunciamento judicial. *REsp 1.074.838, Rel. Min. Luis Felipe Salomão, 23.10.12. 4ª T. (Info 509)*

Fato superveniente. Provimento judicial.

O provimento judicial que altera, modifica ou extingue direito pode ser considerado como fato superveniente a que se refere o art. 462 do CPC. Apesar de algumas decisões terem efeitos apenas dentro do processo (endoprocessual), esses provimentos judiciais podem ser considerados como fatos supervenientes capazes de alterar, modificar ou extinguir direito discutido em outro feito, devendo ser considerados nos termos do art. 462 do CPC, a fim de impedir a coexistência de duas decisões inconciliáveis. *REsp 1.074.838, Rel. Min. Luis Felipe Salomão, 23.10.12. 4ª T. (Info 509)*

Investigação de paternidade. Flexibilização da coisa julgada material.

É possível a flexibilização da coisa julgada material nas ações de investigação de paternidade, na situação em que o pedido foi julgado improcedente por falta de prova. *REsp 1.223.610-RS, Rel. Min. Maria Isabel Gallotti, 6.12.12. 4ª T. (Info 512)*

Investigação de paternidade. Impossibilidade de flexibilização da coisa julgada material.

A flexibilização da coisa julgada material em investigação de paternidade não atinge as decisões judiciais fundadas no conhecimento científico da época, se este ainda for válido nos dias atuais. *AgRg no REsp 929.773-RS, Rel. Min. Maria Isabel Gallotti, 6.12.12. 4ª T. (Info 512)*

Taxa de juros. Novo código civil. Coisa julgada.

A alteração de juros de mora na fase de execução não ofende a coisa julgada, quando realizada para adequar o percentual aplicado à nova legislação civil. *AgRg no Ag 1.229.215, Rel. Min. V. B. Cueva, 2.2.12. 3ª T. (Info 490)*

Transcrição das contrarrazões ministeriais. Fundamentação válida.

A reprodução dos fundamentos declinados pelas partes ou pelo órgão do MP ou mesmo de outras decisões proferidas nos autos da demanda atende ao comando normativo e constitucional que impõe a necessidade de motivação das decisões judiciais. Ponderou-se que a encampação literal de razões emprestadas não é a melhor forma de decidir uma controvérsia, contudo tal prática não chega a macular a validade da decisão. De fato, o que não se admite é a ausência de fundamentação. *EREsp 1.021.851, Rel. Min. Laurita Vaz, 28.6.12. Corte Especial. (Info 500)*

1.7.6. Da Liquidação de Sentença

2016

Possibilidade de utilização de deduções e presunções na apuração de lucros cessantes.

É possível ao julgador, na fase de liquidação de sentença por arbitramento, acolher as conclusões periciais fundadas em presunções e deduções para a quantificação do prejuízo sofrido pelo credor a título de lucros cessantes. *REsp 1.549.467-SP, Rel. Min. Marco Aurélio Bellizze, DJ 19.9.2016. 3ª T. (Info 590)*

2014

Definição do termo inicial dos juros moratórios em sede de liquidação.

Quando não houver, na sentença condenatória, definição do termo inicial para a contabilização dos juros moratórios decorrentes do inadimplemento de obrigação contratual, dever-se-á adotar na liquidação, como marco inicial, a citação válida do réu no processo de conhecimento. *REsp 1.374.735-RS, Rel. Min. Luis Felipe Salomão, 5.8.14. 4ª T. (Info 545)*

Inclusão de expurgos inflacionários em fase de liquidação de sentença.

O Índice de Reajuste do Salário Mínimo (IRSM) do mês de fevereiro de 1994 pode ser incluído no cálculo da Renda Mensal Inicial (RMI) de benefício previdenciário na fase de liquidação de sentença, ainda que sua inclusão não tenha sido discutida na fase de conhecimento. *REsp 1.423.027-PR, Rel. Min. Humberto Martins, 6.2.14. 2ª T. (Info 534)*

Ônus do pagamento de honorários periciais em liquidação por cálculos do credor.

RPT Na liquidação por cálculos do credor, descabe transferir do exequente para o executado o ônus do pagamento de honorários devidos ao perito que elabora a memória de cálculos. *REsp 1.274.466-SC, Rel. Min. Paulo de Tarso Sanseverino, 14.5.14. 2ª S. (Info 541)*

Pagamento de honorários periciais em liquidação de sentença.

RPT Na fase autônoma de liquidação de sentença (por arbitramento ou por artigos), incumbe ao devedor a antecipação dos honorários periciais. *REsp 1.274.466-SC, Rel. Min. Paulo de Tarso Sanseverino, 14.5.14. 2ª S. (Info 541)*

2013

Liquidação de sentença. Prova de parte do dano. Impossibilidade sem culpa das partes. Liquidação igual a zero.

Na hipótese em que a sentença fixa a obrigatoriedade de indenização de determinado dano, mas nenhuma das partes está em condições de demonstrar a existência e extensão desse dano, não é possível ao juízo promover a liquidação da sentença valendo-se, de maneira arbitrária, de meras estimativas. 2. Impossibilitada a demonstração do dano sem culpa de parte a parte, deve-se, por analogia, aplicar a norma do art. 915 do CPC/39, extinguindo-se a liquidação sem resolução de mérito quanto ao dano cuja extensão não foi comprovada, facultando-se à parte interessada o reinício dessa fase processual, caso reúna, no futuro, as provas cuja inexistência se constatou. *REsp 1.280.949, Rel. Min. Nancy Andrighi, 25.9.12. 3ª T. (Info 505)*

Liquidação de sentença. Inclusão. Capitalização de juros.

A inclusão de juros remuneratórios e moratórios capitalizados nos cálculos de liquidação, sem que tenha havido tal previsão no título executivo, implica violação da coisa julgada, e não mero erro de cálculo. *EInf nos EDcl na AR 3.150, Rel. Min. Massami Uyeda, 29.2.12. 2ª S. (Info 492)*

1.7.7. Do Cumprimento da Sentença

2016

Impugnação ao cumprimento de sentença e necessidade de garantia do juízo.

Na fase de cumprimento de sentença, não é cabível a apresentação de impugnação fundada em excesso de execução (art. 475-L, V, do CPC) antes do depósito da quantia devida (art. 475-J, caput, do CPC); contudo, se mesmo assim ela for apresentada, não haverá preclusão da faculdade de apresentar nova impugnação a partir da intimação da penhora realizada nos autos (art. 475-J, §1º, do CPC). *REsp 1.455.937-SP, Rel. Min. João Otávio de Noronha, DJe 9.11.2015. 3ª T. (Info 573)*

2015

Cancelamento de distribuição de impugnação ao cumprimento de sentença ou de embargos à execução. Recurso repetitivo. Temas 674, 675 e 676.

RPT Cancela-se a distribuição da impugnação ao cumprimento de sentença ou dos embargos à execução na hipótese de não recolhimento das custas no prazo de 30 dias, independentemente de prévia intimação da parte; não se determina o cancelamento se o recolhimento das custas, embora intempestivo, estiver comprovado nos autos. *REsp 1.361.811-RS, Rel. Min. Paulo de Tarso Sanseverino, 1ª S., DJe 6.5.15. (Info 561)*

Cumprimento de sentença de improcedência de pedido declaratório.

No caso em que, em ação declaratória de nulidade de notas promissórias, a sentença, ao reconhecer subsistente a obrigação cambial entre as partes, atestando a existência de obrigação líquida, certa e exigível, defina a improcedência da ação, o réu poderá pleitear o cumprimento dessa sentença, independentemente de ter sido formalizado pedido de satisfação do crédito na contestação. *REsp 1.481.117-PR, Rel. Min. João Otávio de Noronha, DJe 10.3.15. 3ª T. (Info 557)*

Multa do art. 475-J do CPC em cumprimento de sentença arbitral. Recurso repetitivo. Tema 893.

RPT No âmbito do cumprimento de sentença arbitral condenatória de prestação pecuniária, a multa de 10% (dez por cento) do artigo 475-J do CPC deverá incidir se o executado não proceder ao pagamento espontâneo no prazo de 15 (quinze) dias contados da juntada do mandado de citação devidamente cumprido aos autos (em caso de título executivo contendo quantia líquida) ou da intimação do devedor, na pessoa de seu advogado, mediante publicação na imprensa oficial (em havendo prévia liquidação da obrigação certificada pelo juízo arbitral). *REsp 1.102.460-RJ, Rel. Min. Marco Buzzi, Corte Especial, DJe 23.9.15. (Info 569)*

Requisitos para a imposição da multa prevista no art. 475-J do CPC no caso de sentença ilíquida. Recurso repetitivo. Tema 380.

RPT No caso de sentença ilíquida, para a imposição da multa prevista no art. 475-J do CPC, revela-se indispensável (i) a prévia liquidação da obrigação; e, após o acertamento, (ii) a intimação do devedor, na figura do seu advogado, para pagar o "quantum" ao final definido no prazo de 15 dias. *REsp 1.147.191-RS, Rel. Min. Napoleão Nunes Maia Filho, 2ª S., DJe 24.4.15. (Info 560)*

2014

Honorários advocatícios em sede de execução provisória.

RPT Em execução provisória, descabe o arbitramento de honorários advocatícios em benefício do exequente. *REsp 1.291.736-PR, Rel. Min. Luis Felipe Salomão, 20.11.13. 2ª S. (Info 533)*

Impugnação ao cumprimento de sentença por excesso de execução.

RPT Na hipótese do art. 475-L, § 2º, do CPC, é indispensável apontar, na petição de impugnação ao cumprimento de sentença, a parcela incontroversa do débito, bem como as incorreções encontradas nos cálculos do credor, sob pena de rejeição liminar da petição, não se admitindo emenda à inicial. *REsp 1.387.248-SC, Rel. Min. Paulo de Tarso Sanseverino, 7.5.14. Corte Especial. (Info 540)*

Inclusão do nome do credor em folha de pagamento para garantir o adimplemento de pensão mensal vitalícia decorrente de acidente de trabalho.

Para garantir o pagamento de pensão mensal vitalícia decorrente de acidente de trabalho, admite-se a inclusão do nome do trabalhador acidentado na folha de pagamento de devedora idônea e detentora de considerável fortuna, dispensando-se a constituição de capital. *REsp 1.292.240-SP, Rel. Min. Nancy Andrighi, 10.6.14. 3ª T. (Info 545)*

Multa do art. 475-J do CPC.

Se o devedor for intimado, antes da realização de cálculo inicial pelo credor, para efetuar o pagamento de sentença ilíquida, não incidirá automaticamente a multa do art. 475-J do CPC sobre o saldo remanescente apurado posteriormente. *REsp 1.320.287-SP, Rel. Min. Nancy Andrighi, 10.9.13. 3ª T. (Info 533)*

2013

Aplicação da multa do art. 475-J, caput, do CPC no caso de pagamento voluntário e extemporâneo de condenação.

O pagamento extemporâneo da condenação imposta em sentença transitada em julgado enseja, por si só, a incidência da multa do art. 475-J, caput, do CPC, ainda que espontâneo e anterior ao início da execução forçada. REsp 1.205.228-RJ, Rel. Min. Luis Felipe Salomão, 21.2.13. 4ª T. (Info 516)

Garantia do juízo como condição necessária à impugnação ao cumprimento de sentença.

A garantia do juízo constitui condição para a própria apresentação de impugnação ao cumprimento de sentença, e não apenas para sua apreciação. REsp 1.265.894-RS, Rel. Min. Luis Felipe Salomão, 11.6.13. 4ª T. (Info 526)

Impugnação ao cumprimento de sentença em relação a saldo remanescente.

Na fase de cumprimento de sentença, caso o exequente, após o levantamento dos valores depositados em seu favor, apresente memória de cálculo relativa a saldo remanescente, deverá ser concedida ao executado nova oportunidade para impugnação. REsp 1.265.894-RS, Rel. Min. Luis Felipe Salomão, 11.6.13. 4ª T. (Info 526)

Impugnação do valor executado mesmo após o pagamento de parcela incontroversa.

O pagamento espontâneo da quantia incontroversa dentro do prazo do art. 475-J, caput, do CPC não gera a preclusão do direito do devedor, previsto no § 1º do mesmo dispositivo, de impugnar o valor executado. REsp 1.327.781-BA, Rel. Min. Eliana Calmon, 2.5.13. 2ª T. (Info 525)

Necessidade de consideração da situação individual de cada exequente para a aplicação, em processo coletivo, da dispensa de caução prevista no art. 475-O, § 2º, I, do CPC.

No âmbito de execução provisória em processo coletivo, para a aplicação da regra constante do art. 475-O, § 2º, I, do CPC – que admite a dispensa de caução para o levantamento de depósito em dinheiro e a prática de atos que importem alienação de propriedade ou dos quais possa resultar grave dano ao executado –, deve o magistrado considerar a situação individual de cada um dos beneficiários. REsp 1.318.917-BA, Rel. Min. Antonio Carlos Ferreira, 12.3.13. 4ª T. (Info 520)

2012

Acidente. Indenização. Revisão de pensão vitalícia.

Consoante o princípio da congruência, o pedido delimita o objeto litigioso e, por conseguinte, o âmbito de atuação do órgão judicial (art. 128 do CPC), razão pela qual assume extrema importância na identificação da ação ajuizada para fins de aferição da ocorrência de litispendência ou de coisa julgada, que constituem pressupostos processuais negativos, porquanto impeditivos da propositura de ação idêntica. 2. No caso concreto, a recorrente pleiteou, na primeira demanda, o pagamento de indenização em decorrência de todos os danos sofridos, quer patrimoniais quer extrapatrimoniais, uma vez que se reportou ao gênero, do qual estes são espécies. Dessa forma, a análise da segunda demanda encontra como óbice a existência de coisa julgada material (uma vez que o trânsito em julgado deu-se há 26 anos), cuja eficácia tem o condão de impedir o ajuizamento de outra ação com a mesma causa de pedir e pedido, ainda que, dessa vez, especificando os danos passíveis de indenização. 3. De outra parte, o art. 475-Q, § 3º, do CPC admite expressamente a possibilidade de majoração da pensão fixada em decorrência da prática de ato ilícito, quando ocorre alteração superveniente na condição econômica das partes. REsp 1.230.097, Rel. Min. Luis F. Salomão, 6.9.12. 4ª T. (Info 503)

Cumprimento de sentença. Falta de intimação pessoal. Legislação anterior.

Antes da vigência da Lei 11.232/05, a falta de intimação da parte para cumprimento da obrigação de fazer fixada na sentença transitada em julgado não permitia a cobrança de multa – astreinte – pelo descumprimento da obrigação. A retirada dos autos em carga pelo advogado do réu pode levá-lo à ciência de sua obrigação, mas não obriga a parte ao cumprimento da obrigação de fazer, pois a sua intimação pessoal era imprescindível, entendimento em conformidade com a Súm. 410/STJ. REsp 1.121.457, Rel. Min. Nancy Andrighi, 12.4.12. 3ª T. (Info 495)

Cumprimento de sentença. Valor exequendo. Parcelamento.

Na fase de cumprimento de sentença, aplica-se a mesma regra que rege a execução de título extrajudicial quanto ao parcelamento da dívida. É que o art. 475-R do CPC prevê expressamente a aplicação subsidiária das normas que regem o processo de execução de título extrajudicial naquilo que não contrariar o regramento do cumprimento de sentença, não havendo óbice relativo à natureza do título judicial que impossibilite a aplicação da referida norma, nem impeditivo legal. Ademais, a Lei 11.382/06, ao alterar as regras do processo de execução de título extrajudicial, concedeu ao devedor o direito de parcelar o débito exequendo em até seis meses, desde que preenchidos os requisitos do art. 745-A do CPC e que requeira o parcelamento em até quinze dias a contar da intimação para o cumprimento da sentença, nos termos do art. 475-J, caput, do mencionado códex. Não obstante, o min. rel. ressaltou que o parcelamento da dívida não é direito potestativo do devedor, cabendo ao credor impugná-lo, desde que apresente motivo justo e de forma fundamentada; o juiz pode deferir o parcelamento (se verificar atitude abusiva do credor), o que, por sua vez, afasta a incidência da multa (art. 475-J, § 4º do CPC) por inadimplemento da obrigação reconhecida na sentença, uma vez que o depósito dos 30% do valor devido tem o condão de demonstrar o cumprimento espontâneo da obrigação, como ocorreu na espécie. REsp 1.264.272, Rel. Min. Luis F. Salomão, 15.5.12. 4ª T. (Info 497)

Impugnação. Cumprimento de sentença. Multa. Intenção. Pagamento.

Para que não haja a incidência da multa prevista no art. 475-J do CPC, no percentual de dez por cento sobre o valor da condenação, é necessário que o devedor deposite a quantia devida em juízo, com a finalidade de pagar o seu débito, permitindo ao credor o imediato levantamento do valor. Por outro lado, se o devedor depositar judicialmente a quantia devida com o escopo de garantir o juízo, para que possa discutir o seu débito em sede de impugnação de cumprimento de sentença, não haverá o afastamento da multa, pois o credor não poderá levantar o dinheiro depositado até o deslinde da questão. REsp 1.175.763, Rel. Min. Marco Buzzi, 21.6.12. 4ª T. (Info 500)

Impugnação. Cumprimento de sentença. Termo inicial. Depósito judicial.

O termo inicial para o oferecimento de impugnação ao cumprimento de sentença começa com o depósito judicial em dinheiro do valor executado, consubstanciando tal ato em penhora automática, sendo desnecessária a lavratura do respectivo termo e a intimação do devedor. Ademais, com o depósito, entende-se que o executado teve ciência dos atos processuais e da oportunidade para produzir a sua defesa. REsp 965.475, Rel. Min. Luis F. Salomão, 21.6.12. 4ª T. (Info 500)

1.8. Do Processo nos Tribunais

1.8.1. Da Declaração de Inconstitucionalidade

2014

Não configuração de ofensa ao princípio da reserva de plenário.

É válida a decisão de órgão fracionário de tribunal que reconhece, com fundamento na CF e em lei federal, a nulidade de ato administrativo fundado em lei estadual, ainda que esse órgão julgador tenha feito menção, mas apenas como reforço de argumentação, à inconstitucionalidade da lei estadual. AgRg no REsp 1.435.347-RJ, Rel. Min. Mauro Campbell Marques, 19.8.14. 2ª T. (Info 546)

1.8.2. Da Ação Rescisória

2016

Impossibilidade de relativizar coisa julgada fundada em lei posteriormente declarada não recepcionada pela CF.

Não é possível utilizar ação declaratória de nulidade ("querela nullitatis") contra título executivo judicial fundado em lei declarada não recepcionada pelo STF em decisão proferida em controle incidental que transitou em julgado após a constituição definitiva do referido título. REsp 1.237.895-ES, Rel. Min. Og Fernandes, DJe 12.2.2016. 2ª T. (Info 576)

Prazo decadencial para particular anular acordo firmado com a Fazenda Pública.

No caso em que particular e Fazenda Pública firmaram, sem a participação judicial, acordo que tenha sido meramente homologado por decisão judicial – a qual, por sua vez, apenas extinguiu a relação jurídica processual existente entre as partes, sem produzir efeitos sobre a relação de direito material existente entre elas –, o prazo decadencial para anular o ajuste por meio de ação ajuizada pelo particular é de 5 anos, contados da data da celebração da transação, e não da decisão homologatória. *REsp 866.197-RS, Rel. Min. Mauro Campbell Marques, DJe 13.4.2016. 2ª T. (Info 581)*

2015

Impugnação ao valor da causa em ação rescisória.

Em sede de ação rescisória, o valor da causa, em regra, deve corresponder ao da ação principal, devidamente atualizado monetariamente, exceto se houver comprovação de que o benefício econômico pretendido está em descompasso com o valor atribuído à causa, hipótese em que o impugnante deverá demonstrar, com precisão, o valor correto que entende devido para a ação rescisória, instruindo a inicial da impugnação ao valor da causa com os documentos necessários à comprovação do alegado. *PET 9.892-SP, Rel. Min. Luis Felipe Salomão, DJe 3.3.15. 2ª S. (Info 556)*

Prorrogação do termo final do prazo para ajuizamento da ação rescisória. Recurso repetitivo.

RPT O termo final do prazo decadencial para propositura de ação rescisória deve ser prorrogado para o primeiro dia útil subsequente quando recair em data em que não haja funcionamento da secretaria do juízo competente. *REsp 1.112.864-MG, Rel. Min. Laurita Vaz, Corte Especial, DJe 17.12.14. (Info 553)*

2014

Aplicabilidade da Súmula 343 do STF.

Após a prolação da decisão rescindenda, a pacificação da jurisprudência em sentido contrário ao entendimento nela adotado não afasta a aplicação da Súmula 343 do STF, segundo a qual "Não cabe ação rescisória por ofensa a literal disposição de lei, quando a decisão rescindenda se tiver baseado em texto legal de interpretação controvertida nos tribunais". *REsp 736.650-MT, Rel. Min. Antonio Carlos Ferreira, 20.8.14. Corte Especial. (Info 547)*

Termo inicial do prazo decadencial para o ajuizamento de ação rescisória.

A contagem do prazo decadencial para a propositura de ação rescisória se inicia com o trânsito em julgado da última decisão proferida no processo, ainda que algum dos capítulos da sentença ou do acórdão tenha se tornado irrecorrível em momento anterior. *REsp 736.650-MT, Rel. Min. Antonio Carlos Ferreira, 20.8.14. Corte Especial. (Info 547)*

2013

Documentos aptos a respaldar ação rescisória.

RPT Configuram documentos aptos a respaldar ação rescisória os microfilmes de cheques nominais emitidos por empresa de consórcio que comprovem a efetiva restituição aos consorciados de valores por estes cobrados na ação rescindenda, na hipótese em que esses microfilmes, apesar de já existirem na época da prolação da sentença rescindenda, não puderam ser utilizados em tempo hábil, considerando a situação peculiar estabelecida na comarca, na qual mais de duas mil ações foram ajuizadas contra a referida empresa por consorciados, em sua maioria, domiciliados em outras partes do território nacional, tendo sido a maior parte dos contratos firmado em outras unidades da Federação. *REsp 1.114.605-PR, Rel. Min. Paulo de Tarso Sanseverino, 12.6.13. 2ª S. (Info 530)*

Requisitos necessários à caracterização do documento novo a que se refere o art. 485, VII, do CPC.

Não é possível a rescisão de sentença com fundamento no inciso VII do art. 485 do CPC na hipótese em que, além de não existir comprovação acerca dos fatos que justifiquem a ausência de apresentação do documento em modo e tempo oportunos, este se refira a fato que não tenha sido alegado pelas partes e analisado pelo juízo no curso do processo em que se formara a coisa julgada. *REsp 1.293.837-DF, Rel. Min. Paulo de Tarso Sanseverino, 2.4.13. 3ª T. (Info 522)*

Termo "a quo" do prazo para a propositura, por particular, de ação rescisória em face de decisão proferida em demanda na qual se fez presente a fazenda pública.

O termo inicial do prazo decadencial de dois anos para a propositura, por particular, de ação rescisória, disposto no art. 495 do CPC, é a data do trânsito em julgado da última decisão proferida na causa, o que, na hipótese em que a Fazenda Pública tenha participado da ação, somente ocorre após o esgotamento do prazo em dobro que esta tem para recorrer, ainda que o ente público tenha sido vencedor na última decisão proferida na demanda. *AREsp 79.082-SP, Rel. Min. Arnaldo Esteves Lima, 5.2.13. 1ª T. (Info 514)*

2012

Ação rescisória. Discussão de verba honorária.
É cabível ação rescisória para discutir exclusivamente verba honorária. *REsp 1.217.321, Rel. p/ ac. Min. Campbell Marques, 18.10.12. 2ª T. (Info 509)*

Ação rescisória. Indeferimento da petição inicial por ausência de recolhimento das custas e do depósito prévio. Possibilidade de extinção do processo sem prévia intimação pessoal da parte.
É possível a extinção de ação rescisória sem resolução do mérito na hipótese de indeferimento da petição inicial, em face da ausência do recolhimento das custas e do depósito prévio, sem que tenha havido intimação prévia e pessoal da parte para regularizar essa situação. *REsp 1.286.262-ES, Rel. Min. Paulo de Tarso Sanseverino, 18.12.12. 3ª T. (Info 511)*

Ação rescisória. Sentença terminativa.
É cabível o ajuizamento de ação rescisória para desconstituir tanto o provimento judicial que resolve o mérito quanto aquele que apenas extingue o feito sem resolução de mérito. *REsp 1.217.321, Rel. p/ ac. Min. Campbell Marques, 18.10.12. 2ª T. (Info 509)*

Ação rescisória. Valor dos honorários advocatícios.
Não cabe ação rescisória para discutir a irrisoriedade ou a exorbitância de verba honorária. Apesar de ser permitido o conhecimento de recurso especial para discutir o "quantum" fixado a título de verba honorária quando exorbitante ou irrisório, na ação rescisória essa excepcionalidade não é possível já que nem mesmo a injustiça manifesta pode ensejá-la se não houver violação ao direito objetivo. Interpretação que prestigia o caráter excepcionalíssimo da ação rescisória e os valores constitucionais a que visa proteger (efetividade da prestação jurisdicional, segurança jurídica e estabilidade da coisa julgada – art. 5º, XXXVI, da CF). *REsp 1.217.321, Rel. p/ ac. Min. Campbell Marques, 18.10.12. 2ª T. (Info 509)*

Ação rescisória. Violação a literal disposição de lei. Violação aos critérios de fixação dos honorários advocatícios.
Não é cabível ação rescisória por violação literal ao art. 20, *caput* e §§ 3º e 4º, do CPC se a parte simplesmente discorda do resultado da avaliação segundo os critérios legalmente estabelecidos. A ação rescisória na hipótese do art. 485, V, do CPC (violação literal de disposição de lei) é cabível somente para discutir violação a direito objetivo. Assim, não pode ser manejada ação rescisória para discutir a má apreciação dos fatos ocorridos no processo pelo juiz e do juízo de equidade daí originado. Nestes casos, o autor é carecedor da ação por impossibilidade jurídica do pedido. *REsp 1.217.321, Rel. p/ ac. Min. Campbell Marques, 18.10.12. 2ª T. (Info 509)*

Cabimento de ação rescisória. Violação de súmula.
Não cabe ação rescisória contra violação de súmula. Inexiste previsão legislativa para o ajuizamento de ação rescisória sob o argumento de violação de súmula. *AR 4.112-SC, Min. Rel. Marco Aurélio Bellizze, 28.11.12. 3ª S. (Info 510)*

Prazo. Ação rescisória. Certidão. Coordenadoria.
A certidão de trânsito em julgado emitida pelas Coordenadorias do STJ atesta tão somente a ocorrência do trânsito em julgado, e não a data em que teria se consumado. Constitui ônus exclusivo da parte a contagem do prazo de decadência, não sendo possível transferir ou atribuir esse ônus a funcionário do Poder Judiciário, a quem compete não mais do que certificar o fato que ocorre na sua secretaria ou na sua presença, e não as conclusões jurídicas daí decorrentes. Ademais, a parte vencedora da demanda, após a fluência do prazo de decadência para o oferecimento da ação rescisória, possui a legítima expectativa de que a coisa julgada não poderá ser desconstituída, mesmo diante da existência dos graves vícios descritos no art. 485 do CPC. *AR 4.374, Rel. Min. Paulo Sanseverino, 9.5.12. 2ª S. (Info 497)*

1.9. Dos Recursos

1.9.1-A. Das Disposições Gerais (Legitimidade Recursal)

2014

Inadmissibilidade da utilização de assinatura digitalizada para interpor recurso.
Não se admite o recurso interposto mediante aposição de assinatura digitalizada do advogado. *REsp 1.442.887-BA, Rel. Min. Nancy Andrighi, 6.5.14. 3ª T. (Info 541)*

2013

Interposição de recurso pelo filho menor em face de sentença condenatória proferida em ação proposta unicamente em face de seu genitor com fundamento na responsabilidade dos pais por ato ilícito que teria cometido.

O filho menor não tem interesse nem legitimidade para recorrer da sentença condenatória proferida em ação proposta unicamente em face de seu genitor com fundamento na responsabilidade dos pais pelos atos ilícitos cometidos por filhos menores. REsp 1.319.626-MG, Rel. Min. Nancy Andrighi, 26.2.13. 3ª T. (Info 515)

2012

Acordo celebrado por deficiente físico. Legitimidade do MP para recorrer.

O acordo celebrado por deficiente físico, ainda que abrindo mão de tratamento particular de saúde em troca de pecúnia, não pode ser impugnado pelo MP sob o pálio do art. 5º da Lei 7.853/89. A deficiência física, por si só, não tira da pessoa sua capacidade civil e sua aptidão para manifestar livremente sua vontade. Além disso, no acordo objeto de homologação, o deficiente físico não renunciou a um tratamento de saúde, simplesmente optou pelo tratamento na rede pública. REsp 1.105.663, Rel. Min. Nancy Andrighi, 4.9.12. 3ª T. (Info 503)

Ministério Público dos estados. Legitimidade recursal no âmbito do STJ.

É sabido que esta Corte Superior de Justiça até aqui ampara a tese de que o MP estadual não é parte legítima para atuar perante os Tribunais Superiores, uma vez que tal atividade estaria restrita ao MPF. 2. O MP dos Estados não está vinculado nem subordinado, no plano processual, administrativo e/ou institucional, à Chefia do MPU, o que lhe confere ampla possibilidade de postular, autonomamente, perante esta Corte Superior de Justiça. 3. Não permitir que o MP estadual atue perante esta Corte Superior de Justiça significa: (a) vedar ao MP Estadual o acesso ao STF e ao STJ; (b) criar espécie de subordinação hierárquica entre o MP Estadual e o MP Federal, onde ela é absolutamente inexistente; (c) cercear a autonomia do MP Estadual; e (d) violar o princípio federativo. 4. A atuação do MP estadual perante o STJ não afasta a atuação do MPF, um agindo como parte e o outro como custos legis. 5. Recentemente, durante o julgamento da questão de ordem no Recurso Extraordinário nº 593.727, em que discutia a constitucionalidade da realização de procedimento investigatório criminal pelo MP, decidiu-se pela legitimidade do MP estadual atuar perante a Suprema Corte. 6. Legitimidade do MP estadual para atuar perante esta Corte Superior de Justiça, na qualidade de autor da ação, atribuindo efeitos prospectivos à decisão. AgRg no AgRg no AREsp 194.892, Rel. Min. Campbell Marques, 24.10.12. 1ª S. (Info 507)

1.9.1-B. Das Disposições Gerais (Prazos)

2013

Benefício do prazo em dobro no caso em que os litisconsortes constituam advogados diferentes no curso de prazo recursal.

Se os litisconsortes passam a ter procuradores distintos no curso do processo, quando já iniciado o prazo recursal, somente se aplica o benefício do prazo em dobro à parte do prazo recursal ainda não transcorrida até aquele momento. REsp 1.309.510-AL, Rel. Min. Nancy Andrighi, 12.3.13. 3ª T. (Info 518)

Inaplicabilidade do art. 188 do CPC ao incidente de suspensão de liminar.

Não incide o art. 188 do CPC – que confere prazo em dobro para recorrer à Fazenda Pública ou ao Ministério Público – na hipótese de o recurso interposto ser o incidente de suspensão de liminar previsto no art. 4º, § 3º, da Lei 8.437/92. REsp 1.331.730-RS, Rel. Min. Herman Benjamin, 7.5.13. 2ª T. (Info 523)

Irrelevância da indisponibilidade do sistema de protocolo via fax do STJ na fluência do prazo recursal.

O recurso interposto via fax fora do prazo recursal deve ser considerado intempestivo, ainda que tenha ocorrido eventual indisponibilidade do sistema de protocolo via fax do STJ no decorrer do referido período de tempo. São de responsabilidade de quem opta pelo sistema de comunicação por fax os riscos de que eventuais defeitos técnicos possam impedir a perfeita recepção da petição. AgRg nos EDcl no AREsp 237.482-RJ, Rel. Min. Humberto Martins, 7.2.13. 2ª T. (Info 517)

2012

Prazo contínuo de cinco dias para a apresentação dos originais na hipótese em que se opta pela utilização de sistema de transmissão de dados e imagens do tipo fax.

Ainda que o recorrente detenha o privilégio do prazo em dobro, será de cinco dias o prazo, contínuo e inextensível, para a protocolização dos originais do recurso na hipótese em que se opte pela utilização de sistema de transmissão de dados e imagens do tipo fac-símile. O art. 188 do CPC, que estabelece o privilégio de recorrer com prazo em dobro, não se aplica à contagem do prazo para a juntada da peça original. *AgRg no REsp 1.308.916-GO, Rel. Min. Mauro Campbell Marques, 6.12.12. 2ª T. (Info 514)*

Prazos. Possibilidade do reconhecimento de justa causa no descumprimento de prazo recursal.

É possível reconhecer a existência de justa causa no descumprimento de prazo recursal no caso em que o recorrente tenha considerado como termo inicial do prazo a data indicada equivocadamente pelo Tribunal em seu sistema de acompanhamento processual disponibilizado na internet. *REsp 1.324.432-SC, Rel. Min. Herman Benjamin, 17.12.12. Corte Especial. (Info 513)*

1.9.1-C. Das Disposições Gerais (Preparo)

2015

Alcance da expressão "insuficiência do valor do preparo" contida no § 2º do art. 511 do CPC.

O recolhimento, no ato da interposição do recurso, de apenas uma das verbas indispensáveis ao seu processamento (custas, porte de remessa e retorno, taxas ou outras) acarreta a intimação do recorrente para suprir o preparo no prazo de cinco dias, e não deserção. *REsp 844.440-MS, Rel. Min. Antonio Carlos Ferreira, DJe 11.6.15. Corte Especial. (Info 563)*

Comprovação de pagamento de preparo recursal via recibo extraído da internet.

O pagamento do preparo recursal pode ser comprovado por intermédio de recibo extraído da internet, desde que esse meio de constatação de quitação possibilite a aferição da regularidade do recolhimento. *EAREsp 423.679-SC, Rel. Min. Raul Araújo, DJe 3.8.15. 2ª S. (Info 565)*

Deserção e assistência judiciária.

Não se aplica a pena de deserção a recurso interposto contra julgado que indeferiu o pedido de justiça gratuita. *AgRg no AREsp 600.215-RS, Rel. Min. Napoleão Nunes Maia Filho, DJe 18.6.15. 1ª T. (Info 564)*

2013

Complementação do valor do porte de remessa e de retorno em recurso especial.

Não ocorre a deserção do recurso especial no caso em que o recorrente, recolhidas as custas na forma devida, mas efetuado o pagamento do porte de remessa e de retorno em valor insuficiente, realize, depois de intimado para tanto, a complementação do valor. *EDcl no REsp 1.221.314-SP, Rel. Min. Castro Meira, 21.2.13. 2ª T. (Info 517)*

Recolhimento do preparo como pressuposto para o conhecimento de embargos de divergência.

Não devem ser conhecidos os embargos de divergência interpostos no STJ na hipótese em que o embargante não tenha comprovado, na data de interposição, o respectivo preparo, nem feito prova de que goze do benefício da justiça gratuita. *AgRg nos EREsp 1.262.401-BA, Rel. Min. Humberto Martins, 25.4.13. Corte Especial. (Info 521)*

2012

Ação e reconvenção. Duplicidade de preparo. Inviabilidade de análise em recurso especial.

Não é possível que o STJ, em recurso especial, aprecie a exigência do tribunal de origem no sentido de que o preparo do recurso de apelação seja efetuado duplamente quando interposto em face de sentença única que julgou a ação principal e a reconvenção. *REsp 984.106, Rel. Min. Luis F. Salomão, 4.10.12. 4ª T. (Info 506)*

Preparo. Ausência do número do processo no comprovante de pagamento das custas. Correlação com a guia corretamente preenchida. Conhecimento do recurso.

A correspondência entre o código de barras da guia GRU – devidamente preenchida nos termos da resolução do STJ vigente à época da interposição do especial – e o do comprovante de pagamento juntado, de modo a se demonstrar que se referem ao mesmo processo, tem o condão de comprovar o adequado recolhimento das custas e do porte de remessa e retorno. A finalidade da exigência do apropriado preenchimento da guia e da juntada do correspondente comprovante aos autos é identificar o pagamento das despesas processuais e assegurar sua correta destinação. Assim, não se trata de flexibilização das regras contidas nas resoluções do STJ que tratam do recolhimento das despesas processuais, mas sim de conferir-lhes melhor interpretação. *EDcl no AREsp 81.985, Rel. Min. Antonio Carlos Ferreira, 20.11.12. 4ª T. (Info 509)*

REsp. Guia. Preparo. Número. Processo.
A discussão diz respeito à aplicação de precedente (AgRg no REsp 924942) firmado pela Corte Especial nas hipóteses em que o recurso especial foi interposto na vigência das resoluções ns. 4 e 7/07 e 1/08 do STJ, as quais não fizeram previsão expressa da exigência de anotação na origem do número do processo na guia de recolhimento do preparo do apelo especial. É que, no precedente mencionado, a Corte Especial consolidou o entendimento de efeitos retroativos, determinando, no caso de todos os recursos especiais manejados a partir da vigência da Res. 20/04 do STJ, o preenchimento da guia de preparo do recurso com os detalhes da anotação do código de receita e do número do processo na origem. Todavia, naquele precedente, a demanda foi discutida quando estava em vigor a Res. 12/05, que, ao contrário das resoluções 4 e 7/07 e 1/08 do STJ, trazia expressa aquela exigência. No caso sub examine, o recurso especial foi interposto em 25.6.2008, na vigência da Res. 1/08, que foi omissa quanto à necessidade de preencher a guia com o número do respectivo processo. E, considerando que ao recurso especial aplicam-se as regras vigentes na data de sua interposição (princípio "tempus regit actum"), não há como obstacularizar seu trânsito por ausência de preenchimento do número do processo na referida guia quando sua interposição ocorrer na vigência das resoluções ns. 4 e 7/07 e 1/08 do STJ. Além disso, se a norma não foi expressa quanto a essa exigência, não pode o intérprete sê-lo, sob pena de afronta aos princípios constitucionais da legalidade e do devido processo legal, abarcando os da razoabilidade e da inafastabilidade da tutela jurisdicional (CF, art. 5º, II, XXXV e LIV) além dos da segurança jurídica e da proporcionalidade. Com essas e outras considerações, a Corte Especial deu provimento ao agravo regimental, determinando a conclusão dos autos ao relator para novo exame do recurso especial. *AgRg no REsp 1.105.609, Rel. Min. Raul Araújo, 1º.2.12. Corte Especial. (Info 490)*

1.9.1-D. Das Disposições Gerais (Tempestividade)

2012

Agravo. Tempestividade. Feriado local. Comprovação. Posterior
É possível a parte comprovar a tempestividade de recurso especial com a juntada, por ocasião do agravo regimental, de documento que comprove a ocorrência de feriado local quando do vencimento do prazo original para a sua interposição. *AgRg no REsp 1.080.119, Rel. p/ ac. Min. Sebastião Reis Jr., 5.6.12. 6ª T. (Info 499)*

Termo inicial da contagem dos prazos para interposição de recursos pelo MP ou pela defensoria pública.
A contagem dos prazos para a interposição de recursos pelo MP ou pela Defensoria Pública começa a fluir da data do recebimento dos autos com vista no respectivo órgão, e não da ciência pelo seu membro no processo. A fim de legitimar o tratamento igualitário entre as partes, a contagem dos prazos para os referidos órgãos tem início com a entrada dos autos no setor administrativo do respectivo órgão. Estando formalizada a carga pelo servidor, configurada está a intimação pessoal, sendo despicienda, para a contagem do prazo, a aposição no processo do ciente do membro. *REsp 1.278.239, Rel. Min. Nancy Andrighi, 23.10.12. 3ª T. (Info 507)*

Tempestividade de recurso. Feriado local. Comprovação posterior em agravo regimental.
Nos casos de feriado local ou de suspensão do expediente forense no Tribunal de origem que resulte na prorrogação do termo final para interposição do recurso, a comprovação da tempestividade do recurso especial pode ser realizada posteriormente, quando da interposição do agravo regimental contra a decisão monocrática do relator que não conheceu do recurso por considerá-lo intempestivo. *AgRg no AREsp 137.141, Rel. Min. Antonio C. Ferreira, 19.9.12. Corte Especial. (Info 504)*

Tempestividade. Fim do expediente forense. Cabimento. Embargos infringentes.
A protocolização de petições e recursos deve ser efetuada dentro do horário de expediente

regulado pela lei local, ao teor do art. 172, § 3º, do CPC. Na hipótese, protocolada a apelação após o encerramento do expediente, no último dia do prazo recursal, no regime do plantão judiciário, é intempestivo o recurso interposto agravado. *AgRg no AREsp 96.048, Rel. Min. Nancy Andrighi, 16.8.12. 3ª T. (Info 502)*

1.9.1-E. Das Disposições Gerais (Outros Temas)

2015

Impossibilidade de desistência do recurso principal após a concessão de antecipação dos efeitos da tutela em sede de recurso adesivo.

Concedida antecipação dos efeitos da tutela em recurso adesivo, não se admite a desistência do recurso principal de apelação, ainda que a petição de desistência tenha sido apresentada antes do julgamento dos recursos. *REsp 1.285.405-SP, Rel. Min. Marco Aurélio Bellizze, DJe 19.12.14. 3ª T. (Info 554)*

Recurso adesivo para majorar quantia indenizatória decorrente de dano moral. Recurso repetitivo. Tema 459.

RPT O recurso adesivo pode ser interposto pelo autor da demanda indenizatória, julgada procedente, quando arbitrado, a título de danos morais, valor inferior ao que era almejado, uma vez configurado o interesse recursal do demandante em ver majorada a condenação, hipótese caracterizadora de sucumbência material. *REsp 1.102.479-RJ, Rel. Min. Marco Buzzi, Corte Especial, DJe 25.5.15. (Info 562)*

2013

Análise dos efeitos de irregularidade processual à luz do princípio do máximo aproveitamento dos atos processuais.

O fato de um recurso ter sido submetido a julgamento sem anterior inclusão em pauta não implica, por si só, qualquer nulidade quando, para aquele recurso, inexistir norma que possibilite a realização de sustentação oral. *REsp 1.183.774-SP, Rel. Min. Nancy Andrighi, 18.6.13. 3ª T. (Info 526)*

Pedido de desistência realizado após o julgamento do recurso.

Não é possível a homologação de pedido de desistência de recurso já julgado, pendente apenas de publicação de acórdão. *AgRg no AgRg no Ag 1.392.645-RJ, Rel. Min. Herman Benjamin, 21.2.13. 2ª T. (Info 517)*

2012

Adiamento. Julgamento. Apelação. Publicação de pauta.

O adiamento de processo incluído em pauta não exige nova publicação, desde que o novo julgamento ocorra em tempo razoável. Na hipótese, o processo foi incluído na pauta do último dia de julgamento do ano, e foi adiado. Após o término do recesso forense, o recurso foi julgado na terceira sessão do ano seguinte. Portanto, mostrou-se razoável o lapso temporal, não havendo violação do princípio do devido processo legal. *AgRg no REsp 1.155.705, Rel. Min. Antonio C. Ferreira, 21.6.12. 4ª T. (Info 500)*

Recurso. Litisconsórcio. Efeito extensivo.

O recurso produz efeitos somente ao litisconsorte que recorre, ressalvadas as hipóteses de litisconsórcio unitário, em que se aplica a extensão prevista no art. 509 do CPC. *AgRg no REsp 908.763-TO, Rel. Min. Ricardo V. B. Cueva, 18.10.12. 3ª T. (Info 507)*

Sucessão processual. Representação processual.

Ocorrendo a extinção da pessoa jurídica pela incorporação, cumpre à sociedade incorporadora, no momento da interposição do recurso dirigido à instância especial, fazer prova da ocorrência desse fato e requerer seu ingresso na demanda no lugar da incorporada (sucessão processual), regularizando a representação processual, sob pena de aplicação da Súm. 115/STJ. *AREsp 206.301, Rel. Min. Campbell Marques, 23.10.12. 2ª T. (Info 508)*

1.9.2. Da Apelação

2016

Aplicação do princípio da fungibilidade a recurso em ação de improbidade administrativa.

Pode ser conhecida a apelação que, sem má-fé e em prazo compatível com o previsto para o agravo de instrumento, foi interposta contra decisão que, em juízo prévio de admissibilidade em ação de improbidade administrativa, reconheceu a ilegitimidade passiva "ad causam" de alguns dos réus. *AgRg no REsp 1.305.905-DF, Rel. Min. Humberto Martins, DJe 18.12.2015. 2ª T. (Info 574)*

2014

Adoção de novos fundamentos no julgamento de apelação.

No julgamento de apelação, a utilização de novos fundamentos legais pelo tribunal para manter a sentença recorrida não viola o art. 515 do CPC. *REsp 1.352.497-DF, Rel. Min. Og Fernandes, 4.2.14. 2ª T. (Info 535)*

Inaplicabilidade do princípio da fungibilidade recursal.

É inviável o conhecimento de apelação interposta contra decisão que resolva incidentalmente a questão da alienação parental. *REsp 1.330.172-MS, Rel. Min. Nancy Andrighi, 11.3.14. 3ª T. (Info 538)*

Juntada de documentos em sede de apelação.

Em sede de apelação, é possível a juntada de documentos que não sejam indispensáveis à propositura da ação, desde que garantido o contraditório e ausente qualquer indício de má-fé. *REsp 1.176.440-RO, Rel. Min. Napoleão Nunes Maia Filho, 17.9.13. 1ª T. (Info 533)*

2013

Definição de sucumbência recíproca para a interposição de recurso adesivo.

A extinção do processo, sem resolução do mérito, tanto em relação ao pedido do autor quanto no que diz respeito à reconvenção, não impede que o réu reconvinte interponha recurso adesivo ao de apelação. O art. 500 do CPC não exige, para a interposição de recurso adesivo, que a sucumbência recíproca ocorra na mesma lide, devendo aquela ser aferida a partir da análise do julgamento em seu conjunto. *REsp 1.109.249-RJ, Rel. Min. Luis Felipe Salomão, 7.3.13. 4ª T. (Info 518)*

Impossibilidade de conhecimento de apelação interposta contra decisão que exclui um dos litisconsortes da relação jurídica e determina o prosseguimento da execução contra os demais devedores.

É inviável o conhecimento de apelação interposta contra decisão que exclui um dos litisconsortes da relação jurídica e determina o prosseguimento da execução contra os demais devedores. Referido equívoco constitui erro inescusável, por consequência, inaplicável o princípio da fungibilidade recursal. Nesses casos, cabível agravo de instrumento, e não apelação. *AgRg no REsp 1.184.036-DF, Rel. Min. Antonio Carlos Ferreira, 7.2.13. 4ª T. (Info 515)*

Inaplicabilidade da teoria da causa madura na hipótese em que verificada a necessidade de instrução probatória.

O tribunal, ao apreciar apelação interposta em face de sentença que tenha reconhecido a prescrição da pretensão veiculada em ação monitória fundada em cheques prescritos que não circularam, não pode desde logo julgar a lide, mediante a aplicação do procedimento previsto no § 3º do art. 515 do CPC (teoria da causa madura), na hipótese em que, existindo dúvida plausível acerca da entrega da mercadoria que dera origem à emissão dos cheques, não tenha havido, em primeira instância, a análise de qualquer questão preliminar ou de mérito diversa da prescrição. *REsp 1.082.964-SE, Rel. Min. Luis Felipe Salomão, 5.3.13. 4ª T. (Info 520)*

Recurso cabível contra sentença na qual tenha sido indeferido pedido de assistência judiciária gratuita.

O indeferimento, na prolação da sentença, do pedido de assistência judiciária gratuita é impugnável por meio de apelação. Pelo princípio da unirrecorribilidade, cada ato decisório só pode ser atacado por um único recurso. *AgRg no AREsp 9.653-SP, Rel. Min. Luis Felipe Salomão, 2.5.13. 4ª T. (Info 523)*

Teoria da causa madura.

No exame de apelação interposta contra sentença que tenha julgado o processo sem resolução de mérito, o Tribunal pode julgar desde logo a lide, mediante a aplicação do procedimento previsto no art. 515, § 3º, do CPC, na hipótese em que não houver necessidade de produção de provas (causa madura), ainda que, para a análise do recurso, seja inevitável a apreciação do acervo probatório contido nos autos. *EREsp 874.507-SC, Rel. Min. Arnaldo Esteves Lima, 19.6.13. Corte Especial. (Info 528)*

2012

Ação de exoneração de alimentos. Apelação. Efeitos.

A apelação interposta contra sentença que julgar pedido de alimentos ou pedido de exoneração do encargo deve ser recebida apenas no efeito devolutivo. O min. rel. afirmou que a sentença que fixa ou redefine o valor dos alimentos, bem como aquela que exonera o alimentante do dever de prestá-los, gera uma presunção ora a favor do alimentado, ora em favor do alimentante. Assim, por uma interpretação teleológica do art. 14 da Lei 5.478/68 (com a redação dada pela Lei 6.014/73), a apelação interposta contra sentença em ação de exoneração de alimentos deve ser recebida unicamente no efeito devolutivo, não sendo aplicável ao caso a regra geral prevista no art. 520 do CPC. *REsp 1.280.171, Rel. Min. Massami Uyeda, 2.8.12. 3ª T. (Info 501)*

Inépcia da apelação. Fundamentos da sentença não impugnados.

Ação revisional que discute a abusividade de cláusulas inerentes a contratos bancários, cingindo as razões do recurso especial ao debate acerca da inépcia da apelação interposta pelo recorrente. A petição de apelo tece alegações demasiado genéricas, sem demonstrar qualquer equívoco na sentença, seguidas de mera afirmação de que o apelante "se reporta" aos termos da petição inicial. É inepta a apelação quando o recorrente deixa de demonstrar os fundamentos de fato e de direito que impunham a reforma pleiteada ou de impugnar, ainda que em tese, os argumentos da sentença. *REsp 1.320.527, Rel. Min. Nancy Andrighi, 23.10.12. 3ª T. (Info 507)*

Morte da recorrente após interposição da apelação. Aditamento. Preclusão consumativa.

Não é possível interpor novo recurso de apelação, nem complementar as razões da apelação anterior, em caso de morte da recorrente posterior à interposição do recurso. Os recursos devem ser interpostos no prazo previsto pelo CPC, juntamente com as razões do inconformismo. Com a interposição da apelação, ocorre a preclusão consumativa, não se reabrindo o prazo para recorrer ou complementar o recurso em favor da sucessora da recorrente falecida. *REsp 1.114.519-PR, Sidnei Beneti, 2.10.12. 3ª T. (Info 505)*

Julgamento "extra petita". Limite cognitivo da apelação.

O julgamento é considerado "extra petita" quando viola a norma contida nos arts. 128 e 460 do CPC, que adstringe o juiz a julgar a lide nos limites das questões suscitadas, impondo a anulação da parte da decisão que exacerbar os limites impostos no pedido, assim considerado "aquilo que se pretende com a instauração da demanda e se extrai a partir de uma interpretação lógico-sistemática do afirmado na petição inicial, recolhendo todos os requerimentos feitos em seu corpo, e não só aqueles constantes em capítulo especial ou sob a rubrica 'dos pedidos'. (REsp 120299). *REsp 1.294.166, Rel. Min. Luis F. Salomão, 18.9.12. 4ª T. (Info 504)*

1.9.3. Do Agravo

2016

Comprovação da tempestividade do agravo de instrumento mediante apresentação de certidão de vista pessoal da Fazenda Nacional. Recurso repetitivo. Tema 651.

RPT O termo de abertura de vista e remessa dos autos à Fazenda Nacional substitui, para efeito de demonstração da tempestividade do agravo de instrumento (art. 522 do CPC) por ela interposto, a apresentação de certidão de intimação da decisão agravada (art. 525, I, do CPC). *REsp 1.383.500-SP, Rel. Min. Benedito Gonçalves, Corte Especial, DJe 26.2.2016. (Info 577)*

Falta de citação e manifestação do réu em agravo de instrumento.

Não supre a falta de citação em ação revisional de alimentos o comparecimento do réu para contraminutar agravo de instrumentos contra decisão denegatória de tutela antecipada, sem que haja qualquer pronunciamento na ação principal por parte do demandado. De fato, a ação só produz efeitos para o réu a partir de quando é regularmente citado ou, na falta de citação, desde quando comparece espontaneamente em juízo. *REsp 1.310.704-MS, Rel. Min. Ricardo Villas Bôas Cueva, DJe 16.11.2015. 3ª T. (Info 573)*

Instrumento de agravo entregue em mídia digital.

As peças que devem formar o instrumento do agravo podem ser apresentadas em mídia digital (DVD). *REsp 1.608.298-SP, Rel. Min. Herman Benjamin, DJ 6.10.2016. 2ª T. (Info 591)*

Julgamento de agravo regimental. Mera reprodução da decisão monocrática. Não apreciação de questões relevantes.

É vedado ao relator limitar-se a reproduzir a decisão agravada para julgar improcedente o agravo interno. *REsp 1.622.386-MT, Rel. Min. Nancy Andrighi, DJe 25.10.2016. 3ª T. (Info 592)*

Perda do objeto de agravo de instrumento interposto contra decisão proferida em antecipação de tutela.

A superveniência de sentença de mérito implica a perda do objeto de agravo de instrumento interposto contra decisão anteriormente proferida em tutela antecipada. *EAREsp 488.188-SP, Rel. Min. Luis Felipe Salomão, DJe 19.11.2015. Corte Especial. (Info 573)*

Possibilidade de aplicação da teoria da causa madura em julgamento de agravo de instrumento.

Admite-se a aplicação da teoria da causa madura (art. 515, § 3º, do CPC/73) em julgamento de agravo de instrumento. *REsp 1.215.368-ES, Rel. Min. Herman Benjamin, DJ 19.9.2016. (Info 590)*

2015

Possibilidade de se conhecer de agravo de instrumento não instruído com a certidão de intimação da decisão agravada.

O termo de abertura de vista e remessa dos autos à Fazenda Nacional substitui, para efeito de demonstração da tempestividade do agravo de instrumento (art. 522 do CPC) por ela interposto, a apresentação de certidão de intimação da decisão agravada (art. 525, I, do CPC). *REsp 1.376.656-SP, Rel. Min. Benedito Gonçalves, DJe 2.2.15. Corte Especial. (Info 554)*

2014

Conhecimento de agravo de instrumento não instruído com cópia da certidão de intimação da decisão agravada.

RPT A ausência da cópia da certidão de intimação da decisão agravada não é óbice ao conhecimento do agravo de instrumento quando, por outros meios inequívocos, for possível aferir a tempestividade do recurso, em atendimento ao princípio da instrumentalidade das formas. *REsp 1.409.357-SC, Rel. Min. Sidnei Beneti, 14.5.14. 2ª S. (Info 541)*

Recurso contra decisão que resolve incidente de alienação parental.

O agravo do art. 522 do CPC é o meio adequado para impugnar decisão que resolva incidentalmente a questão da alienação parental. *REsp 1.330.172-MS, Rel. Min. Nancy Andrighi, 11.3.14. 3ª T. (Info 538)*

2013

Agravo de instrumento em face de ato judicial que determine o cumprimento de sentença no caso de controvérsia sobre os limites da execução a ser realizada.

Havendo discussão acerca dos limites da sentença a ser executada, é cabível a interposição de agravo de instrumento com o objetivo de impugnar o ato judicial que determine o cumprimento imediato da sentença. *REsp 1.219.082-GO, Rel. Min. Nancy Andrighi, 2.4.13. 3ª T. (Info 518)*

Conversão de agravo de instrumento em agravo retido no âmbito de execução.

O agravo de instrumento não pode ser convertido em agravo retido quando interposto com o objetivo de impugnar decisão proferida no âmbito de execução. A retenção do referido recurso é incompatível com o procedimento adotado na execução, em que não há sentença final de mérito. *RMS 30.269-RJ, Rel. Min. Raul Araújo, 11.6.13. 4ª T. (Info 526)*

Conversão de agravo de instrumento em retido.

A mera possibilidade de anulação de atos processuais – como decorrência lógica de eventual provimento, no futuro, do agravo retido – não constitui motivo suficiente para impedir a conversão, em agravo retido, de agravo de instrumento no qual se alegue a nulidade de prova pericial realizada. *RMS 32.418-PR, Rel. p/ ac. Min. Luis Felipe Salomão, 4.6.13. 4ª T. (Info 527)*

2012

Agravo de instrumento interposto na vigência de lei anterior. Peças obrigatórias.

A Lei 12.322/10, que transformou o agravo de instrumento em agravo nos próprios autos, não se aplica aos recursos interpostos antes da sua vigência. Assim, aos agravos de instrumento anteriores a 9.12.2010, data na qual entrou em vigor a referida lei, devem-se aplicar as regras anteriores. *AgRg no Ag 1.391.012, Rel. Min. Antonio C. Ferreira, 3.5.12. 4ª T. (Info 496)*

Art. 526 do CPC. Alegação de descumprimento. Comprovação por meios diversos da juntada de certidão.

O parágrafo único do art. 526 do CPC não determina a forma pela qual será provado o descumprimento, sendo possível a comprovação por outros meios, que não a certidão cartorária, como modo eficaz de atestar a negativa da exigência imposta à parte. *AgRg nos EDcl no AREsp 15.561, Rel. Min. Herman Benjamin, 2.2.12. 2ª T. (Info 490)*

Agravo de instrumento. Peça obrigatória. Cópia do contrato ou estatuto social.

A cópia do contrato ou do estatuto social da pessoa jurídica não constitui peça obrigatória para a formação do instrumento, nos termos do art. 525, I, do CPC. *REsp 1.344.581, Rel. Min. Herman Benjamin, 18.10.12. 2ª T. (Info 508)*

Agravo retido contra decisão interlocutória em audiência.

A exigência da forma oral para interposição de agravo retido contra decisão interlocutória proferida em audiência limita-se à audiência de instrução e julgamento, não incidindo quanto à audiência de tentativa de conciliação. *REsp 1.288.033-MA, Rel. Min. Sidnei Beneti, 16.10.12. 3ª T. (Info 507)*

Descabimento de agravo regimental em face de despacho que determina o sobrestamento do feito.

Não cabe agravo regimental contra despacho que determina, no âmbito do STJ, a suspensão do feito para aguardar o julgamento de recurso especial submetido ao regime do art. 543-C do CPC e da Res. 8/08-STJ. *AgRg no AREsp 179.403, Rel. Min. Herman Benjamin, 18.10.12. 2ª T. (Info 508)*

Princípio da singularidade. Interposição de um único recurso para atacar duas decisões distintas.

A ausência de decisão sobre os dispositivos legais supostamente violados, não obstante a interposição de embargos de declaração, impede o conhecimento do recurso especial. Incidência da Súm. 211/STJ. 2. O princípio da singularidade, também denominado da unicidade do recurso, ou unirrecorribilidade consagra a premissa de que, para cada decisão a ser atacada, há um único recurso próprio e adequado previsto no ordenamento jurídico. 3. O recorrente utilizou-se do recurso correto (respeito à forma) para impugnar as decisões interlocutórias, qual seja o agravo de instrumento. 4. O princípio da unirrecorribilidade não veda a interposição de um único recurso para impugnar mais de uma decisão. E não há, na legislação processual, qualquer impedimento a essa prática, não obstante seja incomum. *REsp 1.112.599, Rel. Min. Nancy Andrighi, 28.8.12. 3ª T. (Info 503)*

Recursos. Cabimento de agravo regimental em face de decisão que nega seguimento a REsp com base no art. 543-C, § 7º, I, do CPC.

É cabível agravo regimental, a ser processado no Tribunal de origem, destinado a impugnar decisão monocrática que nega seguimento a recurso especial com fundamento no art. 543-C, § 7º, I, do CPC. *RMS 35.441-RJ, Rel. Min. Herman Benjamin, 6.12.12. 2ª T. (Info 512)*

Recursos idênticos. Trânsito em julgado da primeira decisão.

O fato de a ação rescisória ter sido proposta no último dia do prazo de dois anos estabelecido no art. 495 do CPC não afasta a aplicabilidade da Súm. 106/STJ. 2. No caso em julgamento, prolatada uma única sentença para as ações consignatória e revisional de contrato de financiamento imobiliário, em tese ostentando pedidos distintos, acarretou, na verdade, situação peculiar. É que as questões referentes à aplicabilidade da TR e à incidência de correção monetária e juros antes da amortização do saldo devedor, relativas ao mesmo contrato de financiamento, foram objeto de duas apelações idênticas apresentadas pelo réu (uma em cada processo), e também dos recursos que vieram a Corte Superior. 3. Portanto, há necessidade de rescisão do acórdão proferido, e reconsiderada a decisão prolatada no agravo de instrumento, a fim de que este seja julgado prejudicado, tendo em vista a perda de seu objeto, decorrente da existência de coisa julgada material a respeito das questões suscitadas. *AR 3.688, Rel. Min. Luis F. Salomão, 29.2.12. 2ª S. (Info 492)*

Agravo de instrumento. Ausência de peças facultativas.

RPT A ausência de peças facultativas no ato de interposição do agravo de instrumento, ou seja, aquelas consideradas necessárias à compreensão da controvérsia (art. 525, II, do CPC), não enseja a inadmissão liminar do recurso. Segundo se afirmou, deve ser oportunizada ao agravante a complementação do instrumento. *REsp 1.102.467, Rel. Min. Massami Uyeda, 2.5.12. Corte Especial. (Info 496)*

Usurpação de competência. AREsp.

A decisão do tribunal de base que obsta o seguimento do agravo em recurso especial usurpa a competência do STJ. *Rcl 7.559*, Rel. Min. Luis F. Salomão, 23.5.12. 2ª S. (Info 498)

1.9.4. Dos Embargos Infringentes

2014

Hipótese de não cabimento de embargos infringentes.

Não cabem embargos infringentes quando o Tribunal reduz, por maioria, o valor da indenização fixado na sentença, enquanto o voto vencido pretendia diminuir o referido montante em maior extensão. *REsp 1.308.957-RS*, Rel. Min. Paulo de Tarso Sanseverino, 2.10.14. 3ª T. (Info 551)

2013

Cabimento de embargos infringentes em ação rescisória na hipótese em que a divergência se refira apenas à admissibilidade.

Ainda que, no mérito, o pedido formulado em ação rescisória tenha sido julgado procedente por unanimidade de votos, é cabível a interposição de embargos infringentes na hipótese em que houver desacordo na votação no que se refere à preliminar de cabimento da referida ação. *REsp 646.957-MG*, Rel. Min. Raul Araújo, 16.4.13. 4ª T. (Info 521)

Embargos infringentes em face de acórdão que se limite a anular a sentença em razão de vício processual.

Não são cabíveis embargos infringentes para impugnar acórdão não unânime que se limite a anular a sentença em razão de vício na citação. *REsp 1.320.558-PE*, Rel. Min. Nancy Andrighi, 2.4.13. 3ª T. (Info 519)

Embargos infringentes em face de acórdão que tenha dado provimento a agravo de instrumento interposto de decisão que decrete falência.

São cabíveis embargos infringentes em face de acórdão que, por maioria de votos, dê provimento a agravo de instrumento interposto com o objetivo de impugnar decisão que tenha decretado falência. No curso do processo de falência, o agravo de instrumento previsto no art. 100 da Lei 11.101/05 faz as vezes da apelação. Ademais, é o conteúdo da matéria decidida que define o cabimento dos embargos infringentes, e não o nome atribuído ao recurso pela lei. *REsp 1.316.256-RJ*, Rel. Min. Luis Felipe Salomão, 18.6.13. 4ª T. (Info 526)

2012

Embargos infringentes. Cabimento.

O interesse do apelado em opor embargos infringentes depende do provimento não unânime da apelação, com a necessária modificação do mérito da sentença, independentemente da fundamentação adotada no voto vencido. *EDcl no REsp 1.087.717*, Rel. p/ ac. Min. Marco Buzzi, 19.6.12. 4ª T. (Info 500)

Embargos infringentes. Matéria formalmente processual. Teoria da asserção.

Cabem embargos infringentes contra acórdão que, por maioria, acolhe preliminar de ilegitimidade passiva e reforma sentença para extinguir a ação com fulcro no art. 267, VI, do CPC. 2. Em respeito ao devido processo legal, o art. 530 deve ser interpretado harmoniosa e sistematicamente com o restante do CPC, admitindo-se embargos infringentes contra decisão que, a despeito de ser formalmente processual, implicar análise de mérito. 3. De acordo com a teoria da asserção se, na análise das condições da ação, o Juiz realizar cognição profunda sobre as alegações contidas na petição, após esgotados os meios probatórios, terá, na verdade, proferido juízo sobre o mérito da controvérsia. 4. A natureza da sentença, se processual ou de mérito, é definida por seu conteúdo e não pela mera qualificação ou nomen juris atribuído ao julgado, seja na fundamentação ou na parte dispositiva. Entendida como de mérito a decisão proferida, indiscutível o cabimento dos embargos infringentes. *REsp 1.157.383*, Rel. Min. Nancy Andrighi, 14.8.12. 3ª T. (Info 502)

Embargos infringentes. Honorários advocatícios.

RPT São cabíveis embargos infringentes quando o acórdão houver reformado, em grau de apelação e por maioria de votos, a sentença de mérito no tocante aos honorários advocatícios. O art. 530 do CPC condiciona o cabimento dos embargos infringentes a que exista sentença de mérito reformada por acórdão não unânime, e não que o objeto da divergência seja o próprio mérito tratado na sentença reformada. Sendo assim, o dispositivo não restringiu o cabimento do recurso apenas à questão de fundo ou à matéria central da lide, não podendo o aplicador do direito interpretar a norma a ponto de criar uma restrição nela não prevista. Ademais, o arbitramento dos honorários não é questão meramente processual, porque tem reflexos imediatos no direito substantivo da parte e de seu advogado. Portanto, os honorários advocatícios, não obstante disciplinados pelo direito processual, decorrem de pedido expresso ou implícito de uma parte contra o seu oponente no processo, portanto formam um capítulo de mérito da sentença, embora acessório e dependente. *REsp 1.113.175, Rel. Min. Castro Meira, 24.5.12. Corte Especial. (Info 498)*

1.9.5. Dos Embargos de Declaração

2016

Embargos de declaração com efeitos infringentes e pedido de reconsideração.

Os embargos de declaração, ainda que contenham pedido de efeitos infringentes, não devem ser recebidos como "pedido de reconsideração". Os embargos de declaração são um recurso taxativamente previsto na Lei Processual Civil e, ainda que contenham indevido pedido de efeitos infringentes, não se confundem com mero "pedido de reconsideração", este sim, figura processual atípica, de duvidosa existência. Inclusive, a hipótese sequer comporta a aplicação do princípio da fungibilidade recursal, pois "pedido de reconsideração" não é recurso. Assim, deve-se reconhecer que os embargos de declaração apresentados tempestivamente com pedido de efeitos infringentes não devem ser recebidos como "pedido de reconsideração", porque tal mutação não atende a nenhuma previsão legal, tampouco aos requisitos de aplicação do princípio da fungibilidade. *REsp 1.522.347-ES, Rel. Min. Raul Araújo, DJe 16.12.2015. Corte Especial. (Info 575)*

Hipótese de não cabimento de embargos de declaração.

Mesmo após a vigência do CPC/15, não cabem embargos de declaração contra decisão que não se pronuncie tão somente sobre argumento incapaz de infirmar a conclusão adotada. Os embargos de declaração, conforme dispõe o art. 1.022 do CPC/15, destinam-se a suprir omissão, afastar obscuridade ou eliminar contradição existente no julgado. O julgador não está obrigado a responder a todas as questões suscitadas pelas partes, quando já tenha encontrado motivo suficiente para proferir a decisão. *EDcl no MS 21.315-DF, Rel. Min. Diva Malerbi, DJe 15.6.2016. 1ª S. (Info 585)*

2015

Desnecessidade de ratificação do recurso interposto na pendência de julgamento de embargos declaratórios.

Não é necessária a ratificação do recurso interposto na pendência de julgamento de embargos de declaração quando, pelo julgamento dos aclaratórios, não houver modificação do jugado embargado. *REsp 1.129.215-DF, Rel. Min. Luis Felipe Salomão, DJe 3.11.15. Corte Especial. (Info 572)*

2014

Caracterização do intuito protelatório em embargos de declaração.

RPT Caracterizam-se como protelatórios os embargos de declaração que visam rediscutir matéria já apreciada e decidida pela Corte de origem em conformidade com súmula do STJ ou STF ou, ainda, precedente julgado pelo rito dos artigos 543-C e 543-B do CPC. *REsp 1.410.839-SC, Rel. Min. Sidnei Beneti, 14.5.14. 2ª S. (Info 541)*

Cumulação da multa do art. 538, p. ú., do CPC com a indenização pelo reconhecimento da litigância de má-fé.

RPT A multa prevista no art. 538, parágrafo único, do CPC tem caráter eminentemente administrativo – punindo conduta que ofende a dignidade do tribunal e a função pública do processo –, sendo possível sua cumulação com a sanção prevista nos arts. 17, VII, e 18, § 2º, do CPC, de natureza reparatória. *REsp 1.250.739-PA, Rel. Min. Luis Felipe Salomão, 4.12.13. Corte Especial. (Info 541)*

Embargos de declaração contra decisão que nega seguimento ao REsp de maneira genérica.

Os embargos de declaração opostos em face de decisão do Tribunal de origem que nega seguimento a recurso especial podem, excepcionalmente, interromper o prazo recursal quando a decisão embargada for tão genérica que sequer permita a interposição de agravo (art. 544 do CPC). *EAREsp 275.615-SP, Rel. Min. Ari Pargendler, 13.3.14. Corte Especial. (Info 537)*

2012

EDcl contra decisão que nega seguimento a REsp.

O agravo de instrumento é o único recurso cabível contra decisão que nega seguimento a recurso especial (CPC, art. 544). Desse modo, a oposição de embargos de declaração não interrompe o prazo para a interposição do agravo de instrumento.. *AgRg no Ag 1.341.818, Rel. Min. Maria I. Gallotti, 20.9.12. 4ª T. (Info 505)*

Pedido de reconsideração. Embargos de declaração. Não interrupção do prazo recursal.

Os embargos de declaração consistentes em mero pedido de reconsideração não interrompem o prazo recursal. Os embargos de declaração, ainda que rejeitados, interrompem o prazo recursal. Todavia, em se tratando de pedido de reconsideração, mascarado sob o rótulo dos aclaratórios, não há que se cogitar da referida interrupção. *AgRg no AREsp 187.507, Rel. Min. Arnaldo E. Lima, 13.11.12. 1ª T. (Info 509)*

QO. Embargos de declaração. Julgamento monocrático.

É da competência do relator julgar monocraticamente embargos de declaração contra decisão sua proferida no processo, e não do órgão colegiado, sob pena de afastar-se a possibilidade do exame do mérito da decisão mediante a interposição de agravo regimental. *AREsp 23.916, Rel. Min. Benedito Gonçalves, 8.5.12. 1ª T. (Info 497)*

1.9.6-A. Dos Recursos para o STF e o STJ (Geral)

2015

Cabimento de recurso especial sob alegação de ofensa a direito adquirido e ato jurídico perfeito.

Cabe recurso especial – e não recurso extraordinário – para examinar se ofende o art. 6º da Lei de Introdução às normas do Direito Brasileiro (LINDB) a interpretação feita pelo acórdão recorrido dos conceitos legais de direito adquirido e de ato jurídico perfeito a qual ensejou a aplicação de lei nova a situação jurídica já constituída quando de sua edição. *REsp 1.124.859-MG, Rel. p/ ac. Min. Maria Isabel Gallotti, DJe 27.2.15. 2ª S. (Info 556)*

Exame meritório pelo STJ em sede recursal e limites subjetivos da causa.

O simples fato de a causa ter sido submetida à apreciação do STJ, por meio de recurso especial, não tem a aptidão para conferir alcance nacional à sentença proferida em ação civil pública. *REsp 1.114.035-PR, Rel. p/ ac. Min. João Otávio de Noronha, j. 7.10.14. 3ª T. (Info 552)*

Limites do julgamento submetido ao rito do art. 543-C do CPC.

Em julgamentos submetidos ao rito do art. 534-C do CPC, cabe ao STJ traçar as linhas gerais acerca da tese aprovada, descabendo a inserção de soluções episódicas ou exceções que porventura possam surgir em outros indetermináveis casos, sob pena de se ter de redigir verdadeiros tratados sobre todos os temas conexos ao objeto do recurso. *EDcl no REsp 1.124.552-RS, Rel. Min. Luis Felipe Salomão, DJe 25.5.15. Corte Especial. (Info 562)*

Utilização de GRU simples para o preparo de recurso especial.

O recolhimento do valor correspondente ao porte de remessa e de retorno por meio de GRU Simples, enquanto resolução do STJ exigia que fosse realizado por meio de GRU Cobrança, não implica a deserção do recurso se corretamente indicados na guia o STJ como unidade de destino, o nome e o CNPJ do recorrente e o número do processo. *REsp 1.498.623-RJ, Rel. Min. Napoleão Nunes Maia Filho, DJe 13.3.15. Corte Especial. (Info 557)*

2013

Descabimento da reclamação prevista no art. 105, I, f, da CF para impugnar decisão que determine a remessa ao STJ de agravo interposto com fundamento no art. 544 do CPC.

Não é cabível o ajuizamento da reclamação prevista no art. 105, I, "f", da CF com o objetivo de impugnar procedimento adotado no Tribunal de origem que, por entender que a matéria abordada em recurso especial ali interposto não seria idêntica a outra já decidida sob a sistemática dos recursos repetitivos, tenha determinado a remessa ao STJ dos autos de agravo interposto com base no art. 544 do CPC. *EDcl na Rcl 10.869-PR, Rel. Min. Maria Isabel Gallotti, 27.2.13. 2ª S. (Info 517)*

Impugnação de decisão que determine o sobrestamento de recurso especial com base no art. 543-C do CPC.

Não é cabível a interposição de agravo, ou de qualquer outro recurso, dirigido ao STJ, com o objetivo de impugnar decisão, proferida no Tribunal de origem, que tenha determinado o sobrestamento de recurso especial com fundamento no art. 543-C

15. DIREITO PROCESSUAL CIVIL

do CPC, referente aos recursos representativos de controvérsias repetitivas. *AREsp 214.152-SP, Rel. Min. Luis Felipe Salomão, 5.2.13. 4ª T. (Info 514)*

Irrecorribilidade do despacho de suspensão do recurso especial proferido com fundamento no art. 543-C, § 1º, do CPC.

É irrecorrível o ato do presidente do tribunal de origem que, com fundamento no art. 543-C, § 1º, do CPC, determina a suspensão de recursos especiais enquanto se aguarda o julgamento de outro recurso encaminhado ao STJ como representativo da controvérsia. *AgRg na Rcl 6.537-RJ, Rel. Min. Maria Isabel Gallotti, 27.2.13. 2ª S. (Info 515)*

2012

Adoção de tese firmada em recurso repetitivo. Desnecessidade do trânsito em julgado.

É desnecessário o trânsito em julgado da decisão proferida em recurso especial submetido ao rito do art. 543-C do CPC para a adoção da tese nele firmada. *EDcl no AgRg no Ag 1.067.829-PR, Rel. Min. Herman Benjamin, 9.10.12. 2ª T. (Info 507)*

1.9.6-B. Dos Recursos para o STF e o STJ (Embargos de Divergência)

2013

Embargos de divergência referentes a matéria processual.

É possível o conhecimento de embargos de divergência na hipótese em que exista dissídio entre órgãos do STJ acerca da interpretação de regra de direito processual, ainda que não haja semelhança entre os fatos da causa tratada no acórdão embargado e os analisados no acórdão tido como paradigma. *EAREsp 25.641-RJ, Rel. Min. Luis Felipe Salomão, 12.6.13. 2ª S. (Info 523)*

Impossibilidade de utilização de decisão monocrática como paradigma em embargos de divergência.

Não é possível a utilização de decisão monocrática como paradigma em embargos de divergência para comprovação do dissídio jurisprudencial, ainda que naquela decisão se tenha analisado o mérito da questão controvertida. *AgRg nos EAREsp 154.021-SP, Rel. Min. Marco Aurélio Bellizze, 13.3.13. 3ª S. (Info 520)*

2012

Embargos de divergência. Cabimento. Acórdão paradigma. Recurso ordinário em MS.

São inadmissíveis embargos de divergência na hipótese em que o julgado paradigma invocado tenha sido proferido em sede de recurso ordinário em mandado de segurança. *AgRg nos EREsp 1.182.126-PE, Rel. Min. Eliana Calmon, 17.12.12. Corte Especial. (Info 512)*

Embargos de divergência. Dissídio jurisprudencial. Decisão em recurso especial.

Nos embargos de divergência, apenas as decisões proferidas em recurso especial são admitidas para comprovar os dissídios jurisprudenciais entre as Turmas deste Tribunal, entre estas e a Seção ou Corte Especial (art. 546, I, do CPC e art. 266 do RISTJ). *AgRg nos EREsp 998.249, Rel. Min. Sebastião Reis Jr., 12.9.12. 3ª S. (Info 504)*

Embargos de divergência. REsp julgado nos autos do Ag.

Não se aplica a Súm. 315/STJ quando o relator conhece do agravo de instrumento e examina o mérito do recurso especial (art. 544, § 3º, do CPC, com redação dada pela Lei 9.756/98). *EDcl no AgRg nos EAg 942.602, Rel. Min. Marco A. Bellizze, 25.4.12. 3ª S. (Info 496)*

Embargos de divergência. Similitude fática.

Embargos de divergência não conhecidos por não haver similitude fática entre os acórdãos paradigma e o recorrido. O min. rel. asseverou que a incidência ou não da excludente de responsabilidade civil foi analisada em cada julgado paradigma com base na natureza da atividade desempenhada pelas empresas, todas diferentes da hipótese apreciada no acórdão recorrido. *EREsp 419.059, Rel. Min. Luis F. Salomão, 11.4.12. 2ª S. (Info 495)*

2012

Divergência em matéria processual. Falta de prequestionamento pela parte vencedora.

É possível o conhecimento dos embargos de divergência, quando caracterizada a divergência entre o acórdão embargado e o paradigma sobre questão de direito processual civil, mesmo que não haja similitude fática entre os pressupostos de fato do processo. *EREsp 595.742, Rel. p/ ac. Min. Maria I. Gallotti, 14.12.11. 2ª S. (Info 490)*

1.9.6-C. Dos Recursos para o STF e o STJ (Recurso Especial)

2016

Impossibilidade de reexame de tempestividade de agravo de instrumento em julgamento de recurso especial.

Ainda que a matéria do processo judicial tenha natureza penal, não cabe, por ocasião do julgamento de recurso especial, o reexame de ofício da tempestividade do agravo de instrumento anteriormente provido para determinar o processamento do próprio recurso especial. *EREsp 1.414.755-PA, Rel. Min. João Otávio de Noronha, DJ 6.9.2016. (Info 589)*

Impossibilidade de remessa de agravo pelo STJ ao tribunal de origem.

Após a entrada em vigor do NCPC, não é mais devida a remessa pelo STJ, ao Tribunal de origem, do agravo interposto contra decisão que inadmite recurso especial com base na aplicação de entendimento firmado em recursos repetitivos, para que seja conhecido como agravo interno. *AREsp 959.991-RS, Rel. Min. Marco Aurélio Bellizze, DJ 26.8.2016. 3ª T. (Info 589)*

2015

Conhecimento pelo STJ de RESP em parte inadmitido na origem.

O recurso especial que foi em parte admitido pelo Tribunal de origem pode ser conhecido pelo STJ na totalidade, ainda que à parte inadmitida tenha sido aplicado o art. 543-C, § 7º, I, do CPC e o recorrente não tenha interposto agravo regimental na origem para combater essa aplicação. *AgRg no REsp 1.472.853-SC, Rel. Min. Luis Felipe Salomão, DJe 27.8.15. 4ª T. (Info 567)*

Trâmite do agravo em recurso especial interposto contra decisão fundamentada no art. 543-C, § 7º, I, do CPC.

Na hipótese em que for interposto agravo em recurso especial (art. 544 do CPC) contra decisão que nega seguimento a recurso especial com base no art. 543-C, § 7º, I, do CPC, o STJ remeterá o agravo do art. 544 do CPC ao Tribunal de origem para sua apreciação como agravo interno. *AgRg no AREsp 260.033-PR, Rel. Min. Raul Araújo, DJe 25.9.15. Corte Especial. (Info 569)*

2014

Efeitos sobre o processamento de REsp na pendência de julgamento no STF.

Não enseja o sobrestamento do recurso especial a pendência de julgamento no STF sobre a modulação dos efeitos de decisão proferida em ação direta de inconstitucionalidade. *AgRg no AREsp 18.272-SP, Rel. Min. Humberto Martins, 4.2.14. 2ª T. (Info 535)*

Inaplicabilidade do recurso especial contra acórdão que indefere efeito suspensivo ao agravo de instrumento.

Não cabe recurso especial contra acórdão que indefere a atribuição de efeito suspensivo a agravo de instrumento. *REsp 1.289.317-DF, Rel. Min. Humberto Martins, 27.5.14. 2ª T. (Info 541)*

Intervenção como "amicus curiae" em processo repetitivo.

RPT Não se admite a intervenção da Defensoria Pública como "amicus curiae". *REsp 1.333.977-MT, Rel. Min. Maria Isabel Gallotti, 26.2.14. 2ª S. (Info 537)*

Momento para habilitação como "amicus curiae" em julgamento de recurso submetido ao rito do art. 543-C do CPC.

O pedido de intervenção, na qualidade de "amicus curiae", em recurso submetido ao rito do art. 543-C do CPC, deve ser realizado antes do início do julgamento pelo órgão colegiado. Isso porque, uma vez iniciado o julgamento, não há mais espaço para o ingresso de "amicus curiae". *QO no REsp 1.152.218-RS, Rel. Min. Luis Felipe Salomão, 7.5.14. Corte Especial. (Info 540)*

2013

Apreciação de dispositivo constitucional no julgamento de recurso especial.

O STJ, no julgamento de recurso especial, pode buscar na própria CF o fundamento para acolher ou rejeitar alegação de violação do direito infraconstitucional ou para conferir à lei a interpretação que melhor se ajuste ao texto constitucional, sem que isso importe em usurpação de competência do STF. *REsp 1.335.153-RJ, Rel. Min. Luis Felipe Salomão, 28.5.13. 4ª T. (Info 527)*

Descabimento de recurso da decisão que determina a conversão do agravo do art. 544 do CPC em recurso especial.

Não é cabível recurso da decisão que determina a conversão do agravo do art. 544 do CPC em recurso especial, salvo na hipótese em que o agravo possua algum vício referente aos seus pressupostos de admissibilidade. *RCDesp no REsp 1.347.420-DF, Rel. Min. Ricardo Villas Bôas Cueva, 21.2.13. 3ª T. (Info 515)*

Recurso especial interposto no dia em que disponibilizado o acórdão de embargos de declaração no diário da justiça eletrônico.

Não é extemporâneo o recurso especial interposto na mesma data em que disponibilizado, no Diário da Justiça eletrônico, o acórdão referente ao julgamento dos embargos de declaração opostos no tribunal de origem. *AgRg no REsp 1.063.575-SP, Rel. Min. Isabel Gallotti, 16.4.13. 4ª T. (Info 523)*

Recurso especial interposto sem assinatura de advogado.

Não é possível conhecer de recurso especial interposto sem assinatura de advogado. É firme o entendimento de que se trata, nessa situação, de recurso inexistente. *AgRg no AREsp 219.496-RS, Rel. Min. Luis Felipe Salomão, 11.4.13. 4ª T. (Info 521)*

2012

Cabimento de recurso especial em suspensão de liminar.

Não cabe recurso especial em face de decisões proferidas em pedido de suspensão de liminar. Esse recurso visa discutir argumentos referentes a exame de legalidade, e o pedido de suspensão ostenta juízo político. *AgRg no AREsp 126.036-RS, Rel. Min. Benedito Gonçalves, 4.12.12. 1ª T. (Info 511)*

Cabimento do recurso especial em antecipação de tutela. Decisão do CADE sobre cláusula de raio.

Cabível recurso especial contra decisão não definitiva, desde que não se trate de reexame do seu contexto fático, mas da interpretação da abrangência de norma legal sobre a viabilidade da aplicação do instituto da tutela antecipada, ou o controle da legitimidade das decisões de medidas liminares. No mérito, o colegiado deferiu a suspensão provisória – até julgamento definitivo nas instâncias ordinárias – da execução de decisão administrativa do CADE que, dentre outras medidas, obrigou shopping center a abster-se de incluir nas relações contratuais de locação de espaços comerciais a cláusula de raio, pela qual os lojistas se obrigam a não instalar lojas a pelo menos 2 km de distância do centro de compras. *REsp 1.125.661, Rel. Min. Napoleão N. Maia Fº., 27.3.12. 1ª T. (Info 494)*

Comprovação de dissídio jurisprudencial em REsp.

Os julgados da justiça especializada não servem à demonstração de dissídio jurisprudencial para a apreciação em sede de recurso especial, haja vista que seus órgãos não estão sujeito à jurisdição do STJ. *AgRg no REsp 1.344.635-SP, Rel. Min. Maria Isabel Gallotti, 20.11.12. 4ª T. (Info 510)*

Análise em recurso especial da tese de exorbitância do poder regulamentar.

Compete ao STJ, em recurso especial, apreciar questão relativa a decreto que, a pretexto de regulamentar determinada lei, supostamente extrapola o âmbito de incidência da norma. Conforme já decidido pelo STF, o tema se situa no plano da legalidade, não da constitucionalidade. *REsp 1.151.739, Rel. Min. Nancy Andrighi, 14.11.12. 2ª S. (Info 509)*

Cabimento de recurso especial. Julgamento colegiado de embargos de declaração opostos em face de decisão monocrática.

O julgamento colegiado de aclaratórios opostos contra decisão monocrática configura erro de procedimento, fato que gera nulidade apenas relativa do processo, devendo a parte que se sentir prejudicada demonstrar, efetivamente, o prejuízo. 2. A nulidade não é absoluta, porque, via de regra, há solução processual adequada no próprio ordenamento jurídico. 3. Nos termos do art. 538 do CPC, "os embargos de declaração interrompem o prazo para a interposição de outros recursos, por qualquer das partes". Assim, publicado o acórdão que julga os embargos, reinicia-se o prazo para impugnar a decisão monocrática embargada, que continua sujeita a agravo regimental. 4. Quando o órgão colegiado aprecia embargos de declaração opostos contra decisão monocrática, em verdade, não examina a controvérsia, mas apenas afere a presença, ou não, de um dos vícios indicados no art. 535, I e II, do CPC. Por conseguinte, o fato de existir decisão colegiada não impede nem inibe a subsequente interposição de agravo regimental, este sim, apto a levar ao órgão coletivo o exame da questão controvertida. 5. Há, também, outra solução processual no ordenamento jurídico. Julgados colegiadamente os embargos de declaração opostos contra decisão monocrática de relator, deve a parte interessada opor novos aclaratórios, sob a alegação de erro no procedimento, viabilizando, assim, a interposição do recurso especial para que seja analisada, exclusivamente, a nulidade do julgado por ofensa ao art. 557 do CPC. *AgRg no REsp 1.231.070-ES, Rel. Min. Castro Meira, 3.10.12. Corte Especial. (Info 505)*

Incidente de inconstitucionalidade. Recurso especial fundamentado na inconstitucionalidade.

Preenchidos os requisitos legais e regimentais, cabível o incidente de inconstitucionalidade dos incisos, III e IV, do art. 1.790, Código Civil, diante do intenso debate doutrinário e jurisprudencial acerca da matéria tratada. *AI no REsp 1.135.354, Rel. p/ ac. Min. Teori Zavascki, 3.10.12. Corte Especial. (Info 505)*

Recurso especial. Necessidade de indicação do dispositivo legal controvertido.

É necessária a indicação do dispositivo de lei federal que se entende por violado ou que recebeu interpretação divergente para o conhecimento do recurso especial, seja interposto pela alínea "a", seja pela "c" do art. 105, III, da CF. A função precípua do STJ, por meio do recurso especial, é homogeneizar a interpretação dada à norma federal pelo ordenamento jurídico pátrio, sendo que a falta de indicação do dispositivo tido por violado caracteriza deficiência de fundamentação e justifica a aplicação da Súm. 284/STF, que dispõe que "é inadmissível o recurso extraordinário, quando a deficiência na sua fundamentação não permitir a exata compreensão da controvérsia". *AgRg no AREsp 135.969-SP. Rel. Min. Castro Meira, 9.10.12. 2ª T. (Info 506)*

Lei de imprensa. Conhecimento. REsp.

Não se conhece do REsp em que o recorrente pleiteia a aplicação da Lei de Imprensa contra acórdão do tribunal "a quo" que não a aplicou, salvo alguma excepcionalidade a ser examinada em cada processo. O STF, ao julgar a ADPF 130, declarou a não recepção pela CF da Lei de Imprensa em sua totalidade. Não sendo possível a modulação de efeitos das decisões que declaram a não recepção, tem-se que a Lei de Imprensa é inválida desde a promulgação da CF. *REsp 997.647, Rel. Min. Luis F. Salomão, 20.3.12. 4ª T. (Info 493)*

PAD. Lei local em face de lei federal.

O recurso extraordinário é o cabível contra acórdão que julga válida lei local contestada em face de lei federal (art. 102, III, d, da CF). No caso, o autor da ação interpôs recurso especial alegando nulidade na pena de demissão aplicada pelo comandante-geral da Polícia Militar do Estado de São Paulo, ao argumento de que não foi realizado prévio parecer jurídico sobre a questão, o que violaria o disposto no art. 1º, II, da Lei federal 8.906/94. O acórdão recorrido fundamentou-se na LC estadual 893/01, que não exige o prévio parecer jurídico para aplicação da sanção. A verificação de violação da legislação federal nos termos propostos, em confronto com a legislação local, é questão a ser debatida em recurso extraordinário. *AgRg no REsp 1.239.159, Rel. Min. Arnaldo E. Lima, 3.5.12. 1ª T. (Info 496)*

Recurso especial contra acórdão em embargos de declaração. Análise do mérito pela turma "a quo". Exaurimento da instância ordinária.

O agravo regimental é recurso cabível apenas de decisão singular de relator. 2. Opostos embargos de declaração contra a decisão singular, se o relator optar por levar a questão à Turma, e esta, apreciando a questão de direito federal controvertida, confirmar a decisão singular, embora sem adotar a fórmula de "conhecimento dos embargos de declaração como agravo regimental", exaurida estará a jurisdição ordinária. Cabível será o recurso especial, sem o óbice da Súm. 281/STF. 3. Se, ao revés, limitar-se a Turma a afirmar a inexistência de omissão, obscuridade ou dúvida na decisão singular embargada, ainda assim, não seria o acórdão da Turma impugnável mediante agravo regimental. Caberia à parte opor novos embargos de declaração, requerendo o exame pela Turma da questão e/ou prequestionando os arts. 557 e 535 do CPC, para propiciar a argüição de ofensa respectiva mediante futuro recurso especial. Se interposto recurso especial diretamente contra tal acórdão, o óbice ao seu trânsito não seria a S. 281/STF, mas a falta de prequestionamento da questão federal (Súms. 282, 356 do STF). 4. Hipótese em que a questão foi decidida por decisão singular. Em face de embargos de declaração da parte, o relator optou por levar à Turma a questão. Esta confirmou a decisão por seus próprios fundamentos.

A questão de mérito foi enfrentada pelo colegiado, embora com o nome de "embargos de declaração" sem a fórmula do "conhecimento dos embargos de declaração como agravo regimental". Satisfeito o requisito do exaurimento da instância ordinária e do prequestionamento de todas as questões examinadas, inicialmente, pela decisão singular e depois pela Turma. A parte não pode ser prejudicada pela opção do relator de julgar o recurso na Turma, como se de agravo regimental se tratasse, apenas porque não se utilizou o nome "agravo regimental". *AgRg no Ag 1.341.584, Rel. Min. Maria I. Gallotti, 19.4.12. 4ª T. (Info 495)*

1.9.6-D. Dos Recursos para o STF e o STJ (Recurso Extraordinário)

2013

Exercício do juízo de retratação previsto no art. 543-B, § 3º, do CPC.

Concluído no STF o julgamento de caso em que tiver sido reconhecida a repercussão geral, o exercício da faculdade de retratação prevista no art. 543-B, § 3º, do CPC não estará condicionado a prévio juízo de admissibilidade do recurso extraordinário anteriormente sobrestado no STJ. *EREsp 878.579-RS, Rel. Min. Herman Benjamin, 16.10.13. Corte Especial. (Info 531)*

2012

Juízo de retratação em recurso extraordinário sobrestado na origem. Exigência de prévio exame de admissibilidade.

O juízo de retratação em recurso extraordinário sobrestado na origem para aguardar o julgamento do representativo da controvérsia, previsto no art. 543-B, § 3º, do CPC, está condicionado ao prévio exame de admissibilidade recursal. *AgRg no AgRg nos EDcl no AgRg no Ag 1.230.236-RS, Rel. Min. Mauro Campbell Marques, 6.11.12. 2ª T. (Info 510)*

Repercussão geral declarada pelo STF não constitui hipótese de sobrestamento de recurso que tramita no STJ.

O reconhecimento de repercussão geral pelo STF não constitui hipótese de sobrestamento de recurso que tramita no STJ, mas de eventual recurso extraordinário a ser interposto. De acordo com o art. 543-B do CPC, tal providência apenas deverá ser cogitada por ocasião do exame de eventual recurso extraordinário a ser interposto contra decisão deste Superior Tribunal. *EDcl no AgRg no AREsp 120.442, Rel. Min. Herman Benjamin, 18.10.12. 2ª T. (Info 508)*

1.9.7. Da Ordem dos Processos no Tribunal

2014

Jurisprudência dominante para fins de julgamento monocrático de recurso.

Não há ofensa ao art. 557 do CPC quando o Relator nega seguimento a recurso com base em orientação reiterada e uniforme do órgão colegiado que integra, ainda que sobre o tema não existam precedentes de outro órgão colegiado – do mesmo Tribunal – igualmente competente para o julgamento da questão recorrida. *AgRg no REsp 1.423.160-RS, Rel. Min. Herman Benjamin, 27.3.14. 2ª T. (Info 539)*

Submissão da Fazenda Pública à necessidade de depósito prévio prescrita pelo § 2º do art. 557 do CPC.

Havendo condenação da Fazenda Pública ao pagamento da multa prevista no art. 557, § 2º, do CPC, a interposição de qualquer outro recurso fica condicionada ao depósito prévio do respectivo valor. *AgRg no AREsp 553.788-DF, Rel. Min. Assusete Magalhães, 16.10.14. 2ª T. (Info 551)*

2013

Alcance da restrição contida no § 2º do art. 557 do CPC.

Ainda que o recorrente tenha sido condenado ao pagamento da multa a que se refere o § 2º do art. 557 do CPC, não se pode condicionar ao seu recolhimento a interposição, em outra fase processual, de recurso que objetive a impugnação de matéria diversa daquela tratada no recurso que deu origem à referida sanção. Sob pena de obstacularizar o exercício do direito de defesa, apenas a interposição do recurso que objetive impugnar a mesma matéria já decidida e em razão da qual tenha sido imposta a referida sanção está condicionada ao depósito do valor da multa. *REsp 1.354.977-RS, Rel. Min. Luis Felipe Salomão, 2.5.13. 4ª T. (Info 523)*

2012

Agravo de instrumento. Multa do art. 557, § 2º, do CPC. Fazenda pública.

A exigência do prévio depósito da multa prevista no art. 557, § 2º, do CPC não se aplica à Fazenda Pública. Nos termos do disposto no art. 1º-A da Lei 9.494/97, as pessoas jurídicas de direito público federais, estaduais, distritais e municipais "estão dispensadas de depósito prévio, para interposição de recurso". Ademais, a multa em comento teria a mesma natureza da prevista no art. 488 do CPC, da qual está isento o Poder Público. *EREsp 1.068.207, Rel. p/ ac. Min. Arnaldo E. Lima, 2.5.12. Corte Especial. (Info 496)*

Julgamento monocrático. Análise de provas.

O relator pode julgar monocraticamente, de acordo com o art. 557 do CPC, os recursos manifestamente inadmissíveis ou questões repetitivas a respeito das quais já haja jurisprudência pacificada. Porém, no caso, o relator, ao apreciar a apelação, modificou a sentença baseado na reanálise das provas. Portanto, não houve julgamento de matéria exclusivamente de direito com aplicação de jurisprudência consolidada para autorizar o julgamento unipessoal do recurso. Assim, anulou-se o julgamento promovido; pois, quando é necessário reapreciar as provas, isso deve ser feito pelo colegiado. *REsp 1.261.902, Rel. Min. Nancy Andrighi, 16.8.12. 3ª T. (Info 502)*

2. DO PROCESSO DE EXECUÇÃO

2.1. Da Execução em Geral

2.1.1. Das Partes

2015

Impossibilidade de execução individual de sentença coletiva por pessoa não filiada à associação autora da ação coletiva.

O servidor não filiado não detém legitimidade para executar individualmente a sentença de procedência oriunda de ação coletiva – diversa de mandado de segurança coletivo – proposta por associação de servidores. *REsp 1.374.678-RJ, Rel. Min. Luis Felipe Salomão, DJe 4.8.15. 4ª T. (Info 565)*

Natureza jurídica do termo de acordo de parcelamento para fins de execução.

O Termo de Acordo de Parcelamento que tenha sido subscrito pelo devedor e pela Fazenda Pública deve ser considerado documento público para fins de caracterização de título executivo extrajudicial, apto à promoção de ação executiva, na forma do art. 585, II, do CPC. *REsp 1.521.531-SE, Rel. Min. Mauro Campbell Marques, DJe 3.9.15. 2ª T. (Info 568)*

2014

Execução de honorários advocatícios pelo advogado substabelecido.

A intervenção do procurador substabelecente é imprescindível para a execução de honorários advocatícios sucumbenciais pelo advogado substabelecido com reserva de poderes. *REsp 1.068.355-PR, Rel. Min. Marco Buzzi, 15.10.13. 4ª T. (Info 533)*

Execução de honorários advocatícios sucumbenciais no caso de transação entre as partes na fase de execução.

Na hipótese de transação realizada pelas partes em sede de execução de sentença, envolvendo os honorários sucumbenciais dos respectivos patronos e sem a anuência do advogado substabelecido com reserva de poderes, esse pode executar a verba em face da parte vencida. *REsp 1.068.355-PR, Rel. Min. Marco Buzzi, 15.10.13. 4ª T. (Info 533)*

Regularização do polo ativo em execução de honorários sucumbenciais.

Em caso de execução de honorários advocatícios sucumbenciais iniciada exclusivamente pelo advogado substabelecido com reserva de poderes, o magistrado deve, em vez de extinguir a execução sem resolução de mérito, determinar a cientificação do advogado substabelecente para que esse componha o polo ativo da ação. *REsp 1.068.355-PR, Rel. Min. Marco Buzzi, 15.10.13. 4ª T. (Info 533)*

2013

Desnecessidade de ação autônoma para a desconsideração da personalidade jurídica de sociedade.

O juiz pode determinar, de forma incidental, na execução singular ou coletiva, a desconsideração da personalidade jurídica de sociedade. Preenchidos os requisitos legais, não se exige, para a adoção da medida, a propositura de ação autônoma. *REsp 1.326.201-RJ, Rel. Min. Nancy Andrighi, 7.5.13. 3ª T. (Info 524)*

Legitimidade para a execução de honorários fixados em decisão judicial.

A associação que se destine a representar os interesses dos advogados empregados de determinada entidade, havendo autorização estatutária, tem legitimidade para promover, em favor de seus associados, a execução de título judicial quanto à parcela da decisão relativa aos honorários de sucumbência. *REsp 634.096-SP, Rel. Min. Raul Araújo, 20.8.13. 4ª T. (Info 526)*

2012

Execução. Fiadores. Legitimidade para impugnação.

A controvérsia diz respeito a redirecionamento de execução aos fiadores do devedor, em razão de ter sido infrutífero o leilão que teve como objeto os bens penhorados. O devedor afiançado não possui legitimidade para recorrer de decisão que determinou a penhora de bens dos fiadores, uma vez não ser o titular do direito ameaçado pela nova constrição. Também não possui interesse recursal na impugnação, na medida em que não se busca situação jurídica mais vantajosa do que aquela nascida do redirecionamento da execução para os fiadores. *REsp 916.112, Rel. Min. Luis F. Salomão, 5.6.12. 4ª T. (Info 499)*

Execução. Legitimidade ativa. Administradora de imóveis. Aluguéis inadimplidos.

A administradora de imóveis não é parte legítima para ajuizar ação de execução de créditos referentes a contrato de locação, pois é apenas representante do proprietário, e não substituta processual. *REsp 1.252.620, Rel. Min. Nancy Andrighi, 19.6.12. 3ª T. (Info 500)*

Execução. Termo inicial da prescrição. Dúvida sobre a legitimidade da entidade de classe.

Quando houver dúvida sobre a legitimidade de sindicato ou associação de classe para promover a execução de demanda coletiva, conta-se o prazo prescricional para o ajuizamento das execuções individuais pelos trabalhadores a partir da publicação da decisão sobre a legitimidade da entidade de classe. Enquanto não decidido o embate sobre a legitimidade do ente coletivo, não se pode falar em inércia por parte dos trabalhadores por ele representados. Essa só poderá ser reconhecida após o término do prazo prescricional contado a partir da publicação da decisão sobre a legitimidade da entidade. *AgRg no REsp 1.240.333, Rel. Min. Castro Meira, 18.10.12. 2ª T. (Info 507)*

Processo de execução. Cessão de título executivo. Consentimento da parte contrária.

O cessionário pode promover a execução ou nela prosseguir consoante a regra do art. 567, II, do CPC, quando o direito resultante do título executivo lhe foi transferido por ato entre vivos, não se exigindo o prévio consentimento do devedor a que se refere o art. 42, § 1º, do referido diploma legal. Existindo regra específica aplicável ao processo de execução (art. 567, II, do CPC) que prevê expressamente a possibilidade de prosseguimento da execução pelo cessionário, não há falar em incidência, na execução, de regra que se aplica somente ao processo de conhecimento (arts. 41 e 42 do CPC). *AgRg no REsp 1.214.388, Rel. Min. Eliana Calmon, 23.10.12. 2ª T. (Info 507)*

2.1.2. Dos Requisitos Necessários para Realizar Qualquer Execução

2014

Aplicabilidade dos índices de deflação na correção monetária de crédito oriundo de título executivo judicial.

RPT Aplicam-se os índices de deflação na correção monetária de crédito oriundo de título executivo judicial, preservado o seu valor nominal. *REsp 1.361.191-RS, Rel. Min. Paulo de Tarso Sanseverino, 19.3.14. Corte Especial. (Info 542)*

2013

Execução de decisão do TCU.

A execução de decisão condenatória proferida pelo TCU, quando não houver inscrição em dívida ativa, rege-se pelo CPC. Nessa situação, não se aplica a Lei de Execuções Fiscais. Essas decisões já são títulos executivos extrajudiciais, de modo que prescindem da emissão de CDA. *REsp 1.390.993-RJ, Rel. Min. Mauro Campbell Marques, 10.9.13. 2ª T. (Info 530)*

Exequibilidade de cédula de crédito bancário.

RPT A Cédula de Crédito Bancário – título executivo extrajudicial, representativo de operações de crédito de qualquer natureza –, quando acompanhada de claro demonstrativo dos valores utilizados pelo cliente, é meio apto a documentar a abertura de crédito em conta corrente nas modalidades de crédito rotativo ou cheque especial. *REsp 1.291.575-PR, Rel. Min. Luis Felipe Salomão, 14.8.13. 2ª S. (Info 527)*

Falta de liquidez e certeza do contrato de abertura de crédito rotativo.

O contrato de abertura de crédito rotativo, ainda que acompanhado dos extratos relativos à movimentação bancária do cliente, não constitui título executivo. Utilizado, no mais das vezes, em sua modalidade cheque especial – não consubstancia, em si, uma obrigação assumida pelo consumidor. Incorpora uma obrigação da instituição financeira de disponibilizar determinada quantia ao seu cliente, que poderá, ou não, utilizar-se desse valor. Nessa situação, inexistem liquidez e certeza. *REsp 1.022.034-SP, Rel. Min. Luis Felipe Salomão, 12.3.13. 4ª T. (Info 520)*

2012

Astreintes. Execução provisória.

O valor referente à astreinte fixado em tutela antecipada ou medida liminar só pode ser exigido e só se torna passível de execução provisória, se o pedido a que se vincula a astreinte for julgado procedente e desde que o respectivo recurso não tenha sido recebido no efeito suspensivo. *REsp 1.347.726-RS, Rel. Min. Marco Buzzi, 27.11.12. 4ª T. (Info 511)*

Execução de título judicial. Interpretação restritiva.

Na fase de execução, a interpretação do título executivo judicial deve ser restritiva. O art. 293 CPC impõe que o pedido deve ser interpretado de forma restritiva, regra que vale, subsidiariamente, no processo de execução. *REsp 1.052.781-PA, Rel. Min. Antonio Carlos Ferreira, 11.12.12. 4ª T. (Info 511)*

Execução. Elaboração de novos cálculos. Preclusão.

Não é cabível, em razão da preclusão, a elaboração de novos cálculos e sua consequente homologação na hipótese em que já apurado o "quantum debeatur", ainda que haja a juntada de documentos novos. *AgRg no AREsp 44.230-AM, Rel. Min. Humberto Martins, 18.10.12. 2ª T. (Info 507)*

Sentença declaratória. Eficácia executiva. Compensação tributária.

Tem eficácia executiva a sentença declaratória que traz a definição integral da norma jurídica individualizada. No caso, na ação declaratória, houve pedido expresso de repetição ou compensação tributária. Portanto, se a sentença apresentou todos os elementos identificadores da obrigação (sujeitos, prestação, liquidez e exigibilidade), não há necessidade de submetê-la a um novo juízo de certificação antes da execução. Assim, é possível apurar, em sede de liquidação judicial, o "quantum" a ser posteriormente compensado na via administrativa, tendo em vista o reconhecimento de indébito tributário em ação declaratória. *REsp 1.100.820, Rel. Min. Teori Zavascki, 18.9.12. 1ª T. (Info 504)*

Sociedade avalizada em recuperação judicial. Prosseguimento de execução contra avalista.

Não se suspendem as execuções individuais direcionadas aos avalistas de título cujo devedor principal (avalizado) é sociedade em recuperação judicial. *REsp 1.269.703-MG, Rel. Min. Luis Felipe Salomão, 13.11.12. 4ª T. (Info 510)*

2.1.3. Da Responsabilidade Patrimonial

2015

Penhora diretamente sobre bens do espólio.

Em ação de execução de dívida contraída pessoalmente pelo autor da herança, a penhora pode ocorrer diretamente sobre os bens do espólio, em vez de no rosto dos autos do inventário. *REsp 1.318.506-RS, Rel. Min. Marco Aurélio Bellizze, j. 18.11.14. 3ª T. (Info 552)*

Responsabilidade dos herdeiros pelo pagamento de dívida divisível do autor da herança.

Em execução de dívida divisível do autor da herança ajuizada após a partilha, cada herdeiro beneficiado pela sucessão responde na proporção da parte que lhes coube na herança. *REsp 1.367.942-SP, Rel. Min. Luis Felipe Salomão, DJe 11.6.15. 4ª T. (Info 563)*

2014

Extinção da obrigação do devedor pelo depósito judicial.

RPT Na fase de execução, o depósito judicial do montante (integral ou parcial) da condenação extingue a obrigação do devedor, nos limites da quantia depositada. *REsp 1.348.640-RS, Rel. Min. Paulo de Tarso Sanseverino, 7.5.14. Corte Especial. (Info 540)*

Responsabilidade de devedor solidário e impossibilidade de se excutir bens de terceiro estranho à ação de conhecimento.

Os bens de terceiro que, além de não estar incluído no rol do art. 592 do CPC, não tenha figurado no polo passivo de ação de cobrança não podem ser atingidos por medida cautelar incidental de arresto, tampouco por futura execução, sob a alegação de existência de solidariedade passiva na relação de direito material. *REsp 1.423.083-SP, Rel. Min. Luis Felipe Salomão, 6.5.14. 4ª T. (Info 544)*

2.1.4. Das Disposições Gerais

2016

Aplicação da multa por ato atentatório à dignidade da justiça (art. 600, III, do CPC/73).

A multa por ato atentatório à dignidade da Justiça previsto no art. 600, III, do CPC/73 constitui punição cuja aplicabilidade restringe-se aos atos do executado em procedimento executivo. Infere-se do art. 600, III, do CPC/73 que o ato atentatório à dignidade da Justiça se restringe ao processo de execução e que a conduta de deslealdade processual caracteriza-se somente como aquela praticada pelo executado. Isso porque o código se utiliza da expressão "ato do executado", além do fato de as hipóteses previstas nos incisos I, II e IV do mesmo art. 600 se referirem a circunstâncias inerentes ao procedimento executivo. *REsp 1.231.981/RS, Rel. Min. Luis Felipe Salomão, DJe 3.3.2016. 4ª T. (Info 578)*

Incompetência para cancelar gravame em matrícula de imóvel arrematado.

Arrematado bem imóvel, o Juízo da execução que conduziu a arrematação não pode determinar o cancelamento automático de constrições determinadas por outros Juízos de mesma hierarquia e registradas na matrícula do bem, mesmo que o edital de praça e o auto de arrematação tivessem sido silentes quanto à existência dos referidos gravames. Isso porque, além de o Juízo da execução não deter competência para o desfazimento ou cancelamento de constrições e registros determinados por outros Juízos de mesma hierarquia, os titulares dos direitos decorrentes das decisões judiciais proferidas em outros processos, as quais geraram as constrições e registros imobiliários que os arrematantes pretendem cancelar, têm direito ao devido processo legal, com seus consectários contraditório e ampla defesa. Ademais, as possíveis falhas nos atos judiciais que antecederam a arrematação, porque não mencionavam as outras constrições de outros Juízos sobre o imóvel a ser arrematado, não possibilitam ao Juízo da arrematação determinar a baixa de outras constrições levadas a efeito por outros juízos. *RMS 48.609-MT, Rel. Min. Raul Araújo, DJe 8.6.2016. 4ª T. (Info 585)*

Inexigibilidade de obrigação fundada em lei não recepcionada pela Constituição.

Ainda que tenha havido o trânsito em julgado, é inexigível a obrigação reconhecida em sentença com base exclusivamente em lei não recepcionada pela Constituição. Fundado o título judicial exclusivamente na aplicação ou interpretação da lei ou ato normativo tidas pelo STF como incompatíveis com a CF, é perfeitamente permitido o reconhecimento da inexigibilidade da obrigação na própria fase de execução. *REsp 1.531.095-SP, Rel. Min. Ricardo Villas Bôas Cueva, DJe 16.8.2016. 3ª T. (Info 588)*

2014

Preclusão da faculdade de requerer honorários sucumbenciais em processo executivo.

RPT Há preclusão lógica (art. 503 do CPC) em relação à faculdade de requerer o arbitramento dos honorários sucumbenciais relativos à execução na hipótese em que a parte exequente, mesmo diante de despacho citatório que desconsidera o pedido de fixação da verba feito na petição inicial, limita-se a peticionar a retenção do valor correspondente aos honorários contratuais, voltando a reiterar o pleito de fixação de honorários sucumbenciais apenas após o pagamento da execução e o consequente arquivamento do feito. *REsp 1.252.412-RN, Rel. Min. Arnaldo Esteves Lima, 6.11.13.*

2013

Alegação de pagamento do título em exceção de pré-executividade.
Na exceção de pré-executividade, é possível ao executado alegar o pagamento do título de crédito, desde que comprovado mediante prova pré-constituída. REsp 1.078.399-MA, Rel. Min. Luis Felipe Salomão, 2.4.13. 4ª T. (Info 521)

Comprovação de pagamento extracartular de título de crédito.
No âmbito de exceção de pré-executividade oposta pelo devedor de título de crédito em face de seu credor contratual direto, é possível ao magistrado reconhecer a ocorrência do pagamento sem que a cártula tenha sido resgatada pelo devedor (pagamento extracartular). REsp 1.078.399-MA, Rel. Min. Luis Felipe Salomão, 2.4.13. 4ª T. (Info 521)

2012

Legitimidade "ad causam". Exame por exceção de pré-executividade.
Não é cabível a exceção de pré-executividade para o exame da legitimidade "ad causam" quando o pedido demandar dilação probatória. AgRg no REsp 1.292.916, Rel. Min. Benedito Gonçalves, 4.10.12. 1ª T. (Info 506)

Rediscussão em exceção de pré-executidade. Matéria transitada em julgado.
Não é absoluta a independência da exceção de pré-executividade em relação aos embargos à execução. Isso porque, ao devedor não é dado rediscutir matéria suscitada e decidida nos embargos de devedor com trânsito em julgado, por meio daquele instrumento processual de defesa. REsp 798.154, Rel. Min. Massami Uyeda, 12.4.12. 3ª T. (Info 495)

2.2. Das Diversas Espécies de Execução
2.2.1. Das Disposições Gerais

2016

Exequibilidade de sentenças não condenatórias (art. 475-N, I, do CPC/73). Recurso repetitivo. Tema 889.
RPT A sentença, qualquer que seja sua natureza, de procedência ou improcedência do pedido, constitui título executivo judicial, desde que estabeleça obrigação de pagar quantia, de fazer, não fazer ou entregar coisa, admitida sua prévia liquidação e execução nos próprios autos. REsp 1.324.152-SP, Rel. Min. Luis Felipe Salomão, Corte Especial, DJe 15.6.2016. Corte Especial. (Info 585)

Possibilidade de o depositário judicial exercer direito de retenção.
O particular que aceita exercer o múnus público de depositário judicial tem o direito de reter o depósito até que sejam ressarcidas as despesas com armazenagem e conservação do bem guardado e pagos os seus honorários. Não há dúvida de que a pessoa física ou jurídica que aceita o encargo de se tornar depositária de coisa ou bem apreendido em juízo tem o direito de ser ressarcida das despesas que efetuou, além de perceber uma remuneração pelo exercício do encargo público (honorários), nos precisos termos do art. 149 do CPC. Ademais, não há vedação à aplicação do direito de retenção previsto no art. 644 do CC também aos depósitos judiciais. REsp 1.300.584-MT, Rel. Min. João Otávio de Noronha, DJe 9.3.2016. 3ª T. (Info 578)

2015

Desnecessidade de exaurimento das vias extrajudiciais para a utilização do sistema Renajud.
A utilização do sistema Renajud com o propósito de identificar a existência de veículos penhoráveis em nome do executado não pressupõe a comprovação do insucesso do exequente na obtenção dessas informações mediante consulta ao Detran. REsp 1.347.222-RS, Rel. Min. Ricardo Villas Bôas Cueva, DJe 2.9.15. 3ª T. (Info 568)

Execução de título extrajudicial que contenha cláusula compromissória.
Ainda que possua cláusula compromissória, o contrato assinado pelo devedor e por duas testemunhas pode ser levado a execução judicial relativamente a cláusula de confissão de dívida líquida, certa e exigível. REsp 1.373.710-MG, Rel. Min. Ricardo Villas Bôas Cueva, DJe 27.4.15. 3ª T. (Info 560)

Impossibilidade de condenação implícita em honorários advocatícios.
Não cabe a execução de honorários advocatícios com base na expressão "invertidos os ônus da sucumbência" empregada por acórdão que,

anulando sentença de mérito que fixara a verba honorária em percentual sobre o valor da condenação, extinguiu o processo sem resolução de mérito. *REsp 1.285.074-SP, Rel. Min. João Otávio de Noronha, DJe 30.6.15. 3ª T. (Info 565)*

Requisitos para reconhecimento da fraude à execução. Recurso repetitivo.

RPT No que diz respeito à fraude de execução, definiu-se que: (i) é indispensável citação válida para configuração da fraude de execução, ressalvada a hipótese prevista no § 3º do art. 615-A do CPC; (ii) o reconhecimento da fraude de execução depende do registro da penhora do bem alienado ou da prova de má-fé do terceiro adquirente (Súmula 375/STJ); (iii) a presunção de boa-fé é princípio geral de direito universalmente aceito, sendo milenar a parêmia: a boa-fé se presume, a má-fé se prova; (iv) inexistindo registro da penhora na matrícula do imóvel, é do credor o ônus da prova de que o terceiro adquirente tinha conhecimento de demanda capaz de levar o alienante à insolvência, sob pena de tornar-se letra morta o disposto no art. 659, § 4º, do CPC; e (v) conforme previsto no § 3º do art. 615-A do CPC, presume-se em fraude de execução a alienação ou oneração de bens realizada após a averbação referida no dispositivo. *REsp 956.943-PR, Rel. p/ ac. Min. João Otávio de Noronha, j. 20.8.14. Corte Especial. (Info 552)*

2012

Execução de título executivo extrajudicial. Comprovação da ocorrência da condição.

Em execução de título executivo extrajudicial, o implemento da condição deve ser comprovado no momento da propositura da ação. Conforme art. 614, III, do CPC, cumpre ao credor, ao requerer a execução, pedir a citação do devedor e instruir a petição inicial com a prova de que se verificou a condição, ou ocorreu o termo. Tal prova deve acompanhar a exordial, porque inerente à própria exigibilidade da obrigação. *REsp 986.972, Rel. Min. Luis F. Salomão, 4.10.12. 4ª T. (Info 506)*

2.2.2. Da Execução das Obrigações de Fazer e de Não Fazer

2012

Execução de sentença que concede reajustes salariais a servidor público. Possibilidade de cumulação das obrigações de fazer e de pagar quantia certa.

É possível a cumulação das execuções das obrigações de fazer implementação de reajuste e de pagar quantia certa pagamento das prestações vencidas na execução de sentença que concede reajustes salariais a servidor público. *REsp 1.263.294, Rel. Min. Diva Malerbi, 13.11.12. 2ª T. (Info 509)*

2.2.3. Da Execução por Quantia Certa contra Devedor Solvente

2.2.3-A. Da Penhora, da Avaliação e da Expropriação de Bens

2016

Cobrança de cota condominial e penhora sobre direito aquisitivo decorrente de compromisso de compra e venda.

Em ação de cobrança de cotas condominiais proposta somente contra o promissário comprador, não é possível a penhora do imóvel que gerou a dívida – de propriedade do promissário vendedor –, admitindo-se, no entanto, a constrição dos direitos aquisitivos decorrentes do compromisso de compra e venda. *REsp 1.273.313-SP, Rel. Min. Ricardo Villas Bôas Cueva, DJe 12.11.2015. 3ª T. (Info 573)*

Forma preferencial de pagamento ao credor.

A adjudicação do bem penhorado deve ser assegurada ao legitimado que oferecer preço não inferior ao da avaliação. *REsp 1.505.399-RS, Rel. Min. Maria Isabel Gallotti, DJe 12.5.2016. 4ª T. (Info 583)*

Impenhorabilidade da pequena propriedade rural.

A pequena propriedade rural, trabalhada pela família, é impenhorável, ainda que dada pelos proprietários em garantia hipotecária para financiamento da atividade produtiva. *REsp 1.368.404-SP, Rel. Min. Maria Isabel Gallotti, DJe 23.11.2015. 4ª T. (Info 574)*

Invalidade da penhora sobre a integralidade de imóvel submetido a "time sharing".

É inválida a penhora da integralidade de imóvel submetido ao regime de multipropriedade ("time-sharing") em decorrência de dívida de condomínio de responsabilidade do organizador do compartilhamento. *REsp 1.546.165-SP, Rel. p/ ac. Min. João Otávio de Noronha, DJ 6.9.2016. 3ª T. (Info 589)*

Momento para requerimento da adjudicação.
A adjudicação poderá ser requerida após resolvidas as questões relativas à avaliação do bem penhorado e antes de realizada a hasta pública. O limite temporal para requerimento da adjudicação, embora não esteja claro na legislação, consoante doutrina, parece ser o início da hasta pública. *REsp 1.505.399-RS, Rel. Min. Maria Isabel Gallotti, DJe 12.5.2016. 4ª T. (Info 583)*

Ordem de nomeação à penhora de cota de fundo de investimento. Recurso repetitivo. Tema 913.
RPT A cota de fundo de investimento não se subsume à ordem de preferência legal disposta no inciso I do art. 655 do CPC/73 (ou no inciso I do art. 835 do NCPC). *REsp 1.388.642-SP, Rel. Min. Marco Aurélio Bellizze, 2ª S., DJ 6.9.2016. (Info 589)*

Recusa de nomeação à penhora de cotas de fundo de investimento. Recurso repetitivo. Tema 913.
RPT A recusa da nomeação à penhora de cotas de fundo de investimento, reputada legítima a partir das particularidades de cada caso concreto, não encerra, em si, excessiva onerosidade ao devedor, violação do recolhimento dos depósitos compulsórios e voluntários do Banco Central do Brasil ou afronta à impenhorabilidade das reservas obrigatórias. *REsp 1.388.642-SP, Rel. Min. Marco Aurélio Bellizze, 2ª S., DJ 6.9.2016. (Info 589)*

2015

Arrematação de bem imóvel mediante pagamento em prestações.
A arrematação de bem imóvel mediante pagamento em prestações (art. 690, § 1º, do CPC) não pode ser realizada por preço inferior ao da avaliação, mesmo que realizada em segunda praça. *REsp 1.340.965-MG, Rel. Min. Raul Araújo, DJe 11.9.15. 4ª T. (Info 569)*

Possibilidade de penhora sobre honorários advocatícios.
Excepcionalmente é possível penhorar parte dos honorários advocatícios – contratuais ou sucumbenciais – quando a verba devida ao advogado ultrapassar o razoável para o seu sustento e de sua família. *REsp 1.264.358-SC, Rel. Min. Humberto Martins, DJe 5.12.14. 2ª T. (Info 553)*

2014

Alcance de penhora de valores depositados em conta bancária conjunta solidária.
A penhora de valores depositados em conta bancária conjunta solidária somente poderá atingir a parte do numerário depositado que pertença ao correntista que seja sujeito passivo do processo executivo, presumindo-se, ante a inexistência de prova em contrário, que os valores constantes da conta pertencem em partes iguais aos correntistas. *REsp 1.184.584-MG, Rel. Min. Luis Felipe Salomão, 22.4.14. 4ª T. (Info 539)*

Arresto executivo por meio eletrônico.
Será admissível o arresto de bens penhoráveis na modalidade online quando não localizado o executado para citação em execução de título extrajudicial. *REsp 1.338.032-SP, Rel. Min. Sidnei Beneti, 5.11.13. 3ª T. (Info 533)*

Formalização da penhora on-line.
A falta de lavratura de auto da penhora realizada por meio eletrônico, na fase de cumprimento de sentença, pode não configurar nulidade procedimental quando forem juntadas aos autos peças extraídas do sistema BacenJud contendo todas as informações sobre o bloqueio do numerário, e em seguida o executado for intimado para oferecer impugnação. *REsp 1.195.976-RN, Rel. Min. João Otávio de Noronha, 20.2.14. 3ª T. (Info 536)*

Hipótese de penhorabilidade de valores recebidos a título de indenização trabalhista.
A regra de impenhorabilidade prevista no inciso IV do art. 649 do CPC não alcança a quantia aplicada por longo período em fundo de investimento, a qual não foi utilizada para suprimento de necessidades básicas do devedor e sua família, ainda que originária de indenização trabalhista. *REsp 1.230.060-PR, Rel. Min. Maria Isabel Gallotti, 13.8.14. 2ª S. (Info 547)*

Impenhorabilidade de quantia depositada em fundo de investimento até o limite de 40 salários mínimos.
Sendo a única aplicação financeira do devedor e não havendo indícios de má-fé, abuso, fraude, ocultação de valores ou sinais exteriores de riqueza, é absolutamente impenhorável, até o limite de 40 salários mínimos, a quantia depositada em fundo

de investimento. *REsp 1.230.060-PR, Rel. Min. Maria Isabel Gallotti, 13.8.14. 2ª S. (Info 547)*

2013

Arresto executivo eletrônico na hipótese de não localização do executado.

É possível a realização de arresto on-line na hipótese em que o executado não tenha sido encontrado pelo oficial de justiça para a citação. *REsp 1.370.687-MG, Rel. Min. Antonio Carlos Ferreira, 4.4.13. 4ª T. (Info 519)*

Desistência de arrematação realizada na vigência da redação original dos arts. 694 e 746 do CPC.

No caso de arrematação considerada perfeita, acabada e irretratável durante a vigência da redação original dos arts. 694 e 746 do CPC, não é possível ao arrematante desistir da aquisição na hipótese de oferecimento de embargos à arrematação. *REsp 1.345.613-SC, Rel. Min. Mauro Campbell Marques, 21.2.13. 2ª T. (Info 516)*

Exceção à impenhorabilidade do bem de família.

No âmbito de execução de sentença civil condenatória decorrente da prática de ato ilícito, é possível a penhora do bem de família na hipótese em que o réu também tenha sido condenado na esfera penal pelo mesmo fundamento de fato. *REsp 1.021.440-SP, Min. Rel. Luis Felipe Salomão, 2.5.13. 4ª T. (Info 524)*

Impossibilidade de extinção de processo de insolvência em razão da mera ausência de bens passíveis de penhora.

A falta de bens passíveis de penhora não implica, por si só, automática extinção de processo de insolvência. *REsp 1.072.614-SP, Rel. Min. Luis Felipe Salomão, 26.2.13. 4ª T. (Info 517)*

Impossibilidade de que autor e réu realizem compensação que envolva crédito objeto de penhora no rosto dos autos.

A penhora de crédito pleiteado em juízo – anotada no rosto dos autos e de cuja constituição tenham sido as partes intimadas – impede que autor e réu realizem posterior compensação que envolva o referido crédito. Aplica-se, nessa hipótese, a regra contida no art. 380 do CC, que dispõe ser inadmissível "a compensação em prejuízo de direito de terceiro". *REsp 1.208.858-SP, Rel. Min. Nancy Andrighi, 3.9.13. 3ª T. (Info 528)*

Inexistência de vinculação do juiz à indicação de leiloeiro realizada na forma do art. 706 do CPC.

O juiz pode recusar a indicação do leiloeiro público efetivada pelo exequente para a realização de alienação em hasta pública, desde que o faça de forma motivada. *REsp 1.354.974-MG, Rel. Min. Humberto Martins, 5.3.13. 2ª T. (Info 518)*

Limites à impenhorabilidade do bem de família no caso de imóvel rural.

Tratando-se de bem de família que se constitua em imóvel rural, é possível que se determine a penhora da fração que exceda o necessário à moradia do devedor e de sua família. *REsp 1.237.176-SP, Rel. Min. Eliana Calmon, 4.4.13. 2ª T. (Info 521)*

Oferecimento de lanço por depositário do bem penhorado.

O depositário de bem penhorado, na condição de representante de outra pessoa jurídica do mesmo grupo empresarial da executada, não pode, em leilão, fazer lanço para a aquisição desse bem. *REsp 1.368.249-RN, Rel. Min. Humberto Martins, 16.4.13. 2ª T. (Info 523)*

Opção do credor pela alienação do direito de crédito declarada antes do início do prazo previsto no art. 673, § 1º, do CPC.

É possível que o exequente, antes mesmo do início do prazo que lhe é outorgado pelo art. 673, § 1º, do CPC, manifeste sua preferência pela alienação judicial do precatório oferecido à penhora. *AgRg no AgRg no AREsp 52.523-RS, Rel. Min. Arnaldo Esteves Lima, 9.4.13. 3ª S. (Info 519)*

Ordem preferencial de penhora estabelecida pelo art. 655 do CPC.

É lícito ao credor recusar a substituição de penhora incidente sobre bem imóvel por debêntures, ainda que emitidas por companhia de sólida posição no mercado mobiliário, desde que não exista circunstância excepcionalíssima cuja inobservância acarrete ofensa à dignidade da pessoa humana ou ao paradigma da boa-fé objetiva. *REsp 1.186.327-SP, Rel. Min. Nancy Andrighi, 10.9.13. 3ª T. (Info 531)*

Penhorabilidade de valores aplicados em fundo de investimento.

É possível a penhora de valores que, apesar de recebidos pelo devedor em decorrência de rescisão de contrato de trabalho, tenham sido posteriormente transferidos para fundo de investimento. *REsp 1.330.567-RS, Rel. Min. Nancy Andrighi, 16.5.13. 3ª T. (Info 523)*

2012

Cumprimento de sentença. Impugnação. Garantia do juízo.

A garantia do juízo é pressuposto para o processamento da impugnação ao cumprimento de sentença. Inteligência do art. 475-J, § 1º, do CPC. II. No cumprimento de sentença, executa-se título executivo judicial, em que a instrução probatória é ampla. Por seu turno, nos embargos do devedor, de título executivo extrajudicial, a situação difere-se, sensivelmente, na medida em que o embargante não tem oportunidade de contraditório e ampla defesa. III. Se o dispositivo – art. 475-J, § 1º, do CPC – prevê a impugnação posteriormente à lavratura do auto de penhora e avaliação, é de se concluir pela exigência de garantia do juízo anterior ao oferecimento da impugnação. Tal exegese é respaldada pelo disposto no inc. III do art. 475-L do CPC, que admite como uma das matérias a serem alegadas por meio da impugnação a penhora incorreta ou avaliação errônea, que deve, assim, preceder à impugnação. *REsp 1.195.929, Rel. Min. Massami Uyeda, 24.4.12. 3ª T. (Info 496)*

Execução de dívida condominial. Penhora "on line".

Na execução de dívida relativa a taxas condominiais, ainda que se trate de obrigação propter rem, a penhora não deve necessariamente recair sobre o imóvel que deu ensejo à cobrança, na hipótese em que se afigura viável a penhora on line, sem que haja ofensa ao princípio da menor onerosidade ao executado. *REsp 1.275.320, Rel. Min. Nancy Andrighi, 2.8.12. 3ª T. (Info 501)*

Impenhorabilidade. Bem de família.

A exceção prevista no art. 3º, V, da Lei 8.009/91, que deve ser interpretada restritivamente, somente atinge os bens que foram dados em garantia de dívidas contraídas em benefício da própria família. No caso, a hipoteca foi constituída em garantia de dívida de terceiro, o que não afasta a proteção dada ao imóvel pela lei que rege os bens de família. *REsp 997.261, Rel. Min. Luis F. Salomão, 15.3.12. 4ª T. (Info 493)*

Impenhorabilidade. Pequena propriedade rural.

A proteção legal assegurada ao bem de família pela Lei 8.009/90 não pode ser afastada por renúncia, por tratar-se de princípio de ordem pública, que visa a garantia da entidade familiar. 2. A ressalva prevista no art. 3º, V, da Lei 8.009/90 não alcança a hipótese dos autos, limitando-se, unicamente, à execução hipotecária, não podendo benefício da impenhorabilidade ser afastado para a execução de outras dívidas. Por tratar-se de norma de ordem pública, que visa a proteção da entidade familiar, e não do devedor, a sua interpretação há de ser restritiva à hipótese contida na norma. *REsp 1.115.265, Rel. Min. Sidnei Beneti, 24.4.12. 3ª T. (Info 496)*

Nulidade da arrematação. Prazo de lavratura do auto. Remição.

No regime anterior à Lei 11.382/06, é nula a arrematação no caso em que o auto é lavrado no mesmo dia em que realizada a praça, desde que existente pedido tempestivo de remição de bens. O art. 693 do CPC, na redação anterior à Lei 11.382/06, dispunha que o auto de arrematação deveria ser lavrado em 24 horas após a praça ou leilão. A existência desse prazo, que mediava entre o fim da hasta e a lavratura do auto, objetivava a possibilidade do exercício do direito de remição, na forma do hoje revogado art. 788, I, do mesmo diploma legal. Logo, havendo oportuno pedido de remição de bens, a não observância do mencionado prazo de 24 horas acarreta prejuízo aos requerentes. *REsp 691.137, Rel. Min. Raul Araújo, 4.10.12. 4ª T. (Info 506)*

Nulidade. Fraude à execução. Arrematação.

Após a expedição da carta de arrematação, não pode a desconstituição da alienação ser feita nos próprios autos de execução, mas sim por meio de ação própria. 3. Tendo a expropriação sido efetivada sob a tutela jurisdicional, no curso de processo judicial, presume-se a higidez da titulação do arrematante. *REsp 1.219.093, Rel. Min. Ricardo V. B. Cueva, 27.3.12. 3ª T. (Info 494)*

Penhora. Nua propriedade. Imóvel utilizado como residência da genitora do devedor. Bem de família.

A nua propriedade é suscetível de constrição judicial, salvo se o imóvel do executado for considerado bem de família. *REsp 950.663, Rel. Min. Luis F. Salomão, 10.4.12. 4ª T. (Info 495)*

Penhora online. Novo pedido. Situação econômica. Modificação.

A denominada penhora "on line" atende, com presteza, a finalidade maior do processo, que é, justamente, a realização do direito material já reconhecido judicialmente. Assim, na verdade, se a parte contra quem foi proferida sentença condenatória não cumpre espontaneamente o julgado, cabe ao Poder Judiciário, coercitivamente, fazer cumprir o que determinou e o bloqueio pelo sistema do Bacen-Jud tem se revelado um importante instrumento para conferir agilidade e efetividade à tutela jurisdicional. IV. Todavia, caso a penhora on line tenha resultado infrutífera, é possível, ao exequente, novo pedido de utilização do sistema Bacen-Jud, demonstrando-se provas ou indícios de modificação na situação econômica do executado. REsp 1.284.587, Rel. Min. Massami Uyeda, 16.2.12. 3ª T. (Info 491)

Penhora sobre o faturamento da empresa.

É possível, em caráter excepcional, que a penhora recaia sobre o faturamento da empresa, desde que o percentual fixado não torne inviável o exercício da atividade empresarial. Não há violação ao princípio da menor onerosidade para o devedor, previsto no art. 620 do CPC. AgRg no AREsp 242.970, Rel. Min. Benedito Gonçalves, 13.11.12. 1ª T. (Info 509)

Penhorabilidade da poupança. Devedor titular de várias cadernetas.

O objetivo do novo sistema de impenhorabilidade de depósito em caderneta de poupança é, claramente, o de garantir um mínimo existencial ao devedor, como corolário do princípio da dignidade da pessoa humana. Se o legislador estabeleceu um valor determinado como expressão desse mínimo existencial, a proteção da impenhorabilidade deve atingir todo esse valor, independentemente do número de contas-poupança mantidas pelo devedor. 2. Não se desconhecem as críticas, "de lege ferenda", à postura tomada pelo legislador, de proteger um devedor que, em lugar de pagar suas dívidas, acumula capital em uma reserva financeira. Também não se desconsidera o fato de que tal norma possivelmente incentivaria os devedores a, em lugar de pagar o que devem, depositar o respectivo valor em caderneta de poupança para burlar o pagamento. Todavia, situações específicas, em que reste demonstrada postura de má-fé, podem comportar soluções também específicas, para coibição desse comportamento. Ausente a demonstração de má-fé, a impenhorabilidade deve ser determinada. REsp 1.231.123, Rel. Min. Nancy Andrighi, 2.8.12. 3ª T. (Info 501)

Penhorabilidade do bem de família. Alegação tardia e ônus da prova.

A impenhorabilidade do bem de família, por ser matéria de ordem pública, pode ser arguida a qualquer tempo antes da arrematação do imóvel. Caso comprovada a má-fé do devedor em fazer a alegação tardia, resolve-se na redistribuição dos ônus sucumbenciais, nos termos do art. 22 do CPC. REsp 981.532, Rel. Min. Luis F. Salomão, 7.8.12. 4ª T. (Info 501)

Pensão alimentícia. Impenhorabilidade do bem de família.

A pensão alimentícia é prevista no art. 3º, III, da Lei 8.009/90 como hipótese de exceção à impenhorabilidade do bem de família. E tal dispositivo não faz qualquer distinção quanto à causa dos alimentos, se decorrentes de vínculo familiar ou de obrigação de reparar danos. REsp 1.186.225, Rel. Min. Massami Uyeda, 4.9.12. 3ª T. (Info 503)

Validade da arrematação em processo de execução.

No caso de alienação em hasta pública, arrematado o bem, e emitido e entregue pelo arrematante ao leiloeiro, tempestivamente, cheque no valor correspondente ao lance efetuado, não invalida a arrematação o fato de não ter sido depositado o referido valor, em sua integralidade, à ordem do juízo, dentro do prazo previsto pela lei processual. REsp 1.308.878-RJ, Rel. Min. Sidnei Beneti, 4.12.12. 3ª T. (Info 514)

2.2.3-B. Da Execução contra a Fazenda Pública

2014

Execução de honorários advocatícios mediante RPV.

RPT É possível que a execução de honorários advocatícios devidos pela Fazenda Pública se faça mediante Requisição de Pequeno Valor (RPV) na hipótese em que os honorários não excedam o valor limite a que se refere o art. 100, § 3º, da CF, ainda que o crédito dito "principal seja executado por meio do regime de precatórios. *REsp 1.347.736-RS, Rel. p/ ac. Min. Herman Benjamin, 9.10.13. 1ª S. (Info 539)*

Honorários advocatícios em execução por quantia certa contra a fazenda pública.

RPT A Fazenda Pública executada não pode ser condenada a pagar honorários advocatícios nas execuções por quantia certa não embargadas em que o exequente renuncia parte de seu crédito para viabilizar o recebimento do remanescente por requisição de pequeno valor (RPV). *REsp 1.406.296-RS, Rel. Min. Herman Benjamin, 26.2.14. 1ª S. (Info 537)*

2013

Cumprimento de portaria que reconhece a condição de anistiado político.

O procedimento de execução contra a Fazenda Pública (art. 730 do CPC) não é adequado ao cumprimento de portaria ministerial que tenha reconhecido condição de anistiado político. *AgRg no REsp 1.362.644-PE, Rel. Min. Humberto Martins, 23.4.13. 2ª T. (Info 523)*

Liquidação por artigos em repetição de indébito de contribuição ao PIS paga a maior.

Em sede de execução contra a fazenda pública, far-se-á a liquidação por artigos na hipótese em que, diante da insuficiência de documentos nos autos, for necessária a realização de análise contábil para se chegar ao valor a ser restituído a título de contribuição ao PIS paga a maior. *EREsp 1.245.478-AL, Rel. Min. Eliana Calmon, 11.9.13. 1ª S. (Info 529)*

Possibilidade de execução provisória contra a fazenda pública nos casos de pensão por morte de servidor público.

É possível a execução provisória contra a Fazenda Pública nos casos de instituição de pensão por morte de servidor público. Esta situação não está inserida nas vedações do art. 2º-B da Lei 9.494/97, cuja interpretação deve ser restritiva. Com efeito, embora acarrete, por via reflexa, a liberação de recursos públicos, não se trata de concessão de aumento ou extensão de vantagem. *AgRg no AREsp 230.482-RS, Rel. Min. Sérgio Kukina, 7.3.13. 3ª S. (Info 519)*

Prescrição intercorrente no caso de suspensão de processo executivo em razão da morte do exequente.

Durante o período em que o processo de execução contra a Fazenda Pública estiver suspenso em razão da morte da parte exequente – para a habilitação dos sucessores da parte falecida –, não corre prazo para efeito de reconhecimento de prescrição intercorrente da pretensão executória. Não há previsão legal que imponha prazo específico para a habilitação dos referidos sucessores. *AgRg no AREsp 286.713-CE, Rel. Min. Mauro Campbell Marques, 21.3.13. 2ª T. (Info 519)*

2012

Execução de honorários. Desmembramento do montante principal para permitir a cobrança pelo rito do RPV.

Não é possível o fracionamento das parcelas relativas aos honorários advocatícios do valor principal para fins de expedição de precatório ou de RPV, devendo essas parcelas ser somadas. Os princípios da vedação ao fracionamento, repartição ou quebra implicam, por primeiro, a impossibilidade de haver duas requisições para a mesma execução. Além disso, tais princípios determinam a necessária execução conjunta do valor principal e dos honorários advocatícios, impossibilitando que parte se faça pela via célere da requisição de pequeno valor (RPV) e parte pela via do precatório. *REsp 1.348.463, Rel. Min. Herman Benjamin, 18.10.12. 2ª T. (Info 508)*

Execução. Memória de cálculo. Apresentação pelo exequente.

É de 5 anos, contados a partir do trânsito em julgado da sentença condenatória, o prazo prescricional para a propositura da ação executiva contra a Fazenda Pública, em conformidade com a Súm. 150/STF. 2. O simples atraso no fornecimento de fichas não tem a faculdade de alterar o termo inicial para a propositura da ação executiva, mesmo porque tais dados poderiam ser requisitados pelo juiz nos autos da execução, a requerimento dos próprios credores, nos moldes do art. 475-B, § 1º, do CPC. 3. As fichas financeiras requisitadas pelo Juízo ao ora agravante não consubstanciam incidente de liquidação; a demora no fornecimento desses documentos não exime os credores de ajuizarem a execução no prazo legal, qual seja, 5 anos. *AgRg* no AgRg no AREsp 151.681-PE, Rel. Min. Humberto Martins, 18.10.12. 2ª T. (Info 507)

Impenhorabilidade de verbas públicas recebidas por particulares e destinadas compulsoriamente à saúde.

São absolutamente impenhoráveis as verbas públicas recebidas por entes privados para aplicação compulsória em saúde. A Lei 11.382/06 inseriu no art. 649, IX, do CPC a previsão de impenhorabilidade absoluta dos "recursos públicos recebidos por instituições privadas para aplicação compulsória em educação, saúde, ou assistência social". REsp 1.324.276-RJ, Rel. Min. Nancy Andrighi, 4.12.12. 3ª T. (Info 512)

Juros de mora devidos pela fazenda pública.

Tem aplicação imediata o regramento concernente à atualização monetária e aos juros de mora devidos pela Fazenda Pública, previstos no art. 1º-F da Lei 9.494/97, incluído pela MP 2.180-35 e alterado pela Lei 11.960/09. As normas disciplinadoras de juros possuem natureza eminentemente processual, devendo ser aplicáveis aos processos em curso à luz do princípio "tempus regit actum". Ag 1.227.604, Rel. Min. Og Fernandes, 2.10.12. 6ª T. (Info 505)

IRPF. Embargos à execução movida contra a fazenda pública (art. 741, CPC). Planilhas produzidas pela PGFN com base em dados da SRF e apresentadas em juízo. Prova idônea.

RPT Em sede de embargos à execução contra a Fazenda Pública cujo objeto é a repetição de imposto de renda, não se podem tratar como documento particular os demonstrativos de cálculo (planilhas) elaborados pela Procuradoria-Geral da Fazenda Nacional (PGFN) e adotados em suas petições com base em dados obtidos na Secretaria da Receita Federal do Brasil (órgão público que detém todas as informações a respeito das declarações do imposto de renda dos contribuintes) por se tratar de verdadeiros atos administrativos enunciativos, que, por isso, gozam do atributo de presunção de legitimidade. Desse modo, os dados informados em tais planilhas constituem prova idônea, dotada de presunção de veracidade e legitimidade, na forma do art. 333, I, e 334, IV, do CPC, havendo o contribuinte de demonstrar fato impeditivo, modificativo ou extintivo do direito da Fazenda Nacional a fim de ilidir a presunção relativa, consoante o art. 333, II, do CPC. REsp 1.298.407, Rel. Min. Mauro Campbell, 23.5.12. 1ª S. (Info 498)

2.2.4. Da Execução de Prestação Alimentícia

2016

Execução de alimentos e impossibilidade de efetuar o pagamento das prestações.

Em execução de alimentos pelo rito do art. 733 do CPC, o acolhimento da justificativa da impossibilidade de efetuar o pagamento das prestações alimentícias executadas desautoriza a decretação da prisão do devedor, mas não acarreta a extinção da execução. REsp 1.185.040-SP, Rel. Min. Luis Felipe Salomão, DJe 9.11.2015. 4ª T. (Info 573)

Protesto e inscrição do nome do devedor de alimentos em cadastros de inadimplentes.

Em execução de alimentos devidos a filho menor de idade, é possível o protesto e a inscrição do nome do devedor em cadastros de proteção ao crédito. Não há impedimento legal para que se determine a negativação do nome de contumaz devedor de alimentos no ordenamento pátrio. Ao contrário, a exegese conferida ao art. 19 da Lei de Alimentos (Lei 5.478/68), que prevê incumbir ao juiz da causa adotar as providências necessárias para a execução da sentença ou do acordo de alimentos, deve ser a mais ampla possível, tendo em vista a natureza do direito em discussão, o qual, em última análise, visa garantir a sobrevivência e a dignidade da criança ou adolescente alimentando. REsp 1.469.102-SP, Rel. Min. Ricardo Villas Bôas Cueva, DJe 15.3.2016. 3ª T. (Info 579)

2014

Rito adequado à execução de alimentos transitórios.

Ainda que o valor fixado a título de alimentos transitórios supere o indispensável à garantia de uma vida digna ao alimentando, é adequada a utilização do rito previsto no art. 733 do CPC – cujo teor prevê possibilidade de prisão do devedor de alimentos – para a execução de decisão que estabeleça a obrigação em valor elevado tendo em vista a conduta do alimentante que, após separação judicial, protela a partilha dos bens que administra, privando o alimentando da posse da parte que lhe cabe no patrimônio do casal. *REsp 1.362.113-MG, Rel. Min. Nancy Andrighi, 18.2.14. 3ª T. (Info 536)*

2013

Competência para o processamento de execução de prestação alimentícia.

Na definição da competência para o processamento de execução de prestação alimentícia, cabe ao alimentando a escolha entre: a) o foro do seu domicílio ou de sua residência; b) o juízo que proferiu a sentença exequenda; c) o juízo do local onde se encontram bens do alimentante sujeitos à expropriação; ou d) o juízo do atual domicílio do alimentante. *CC 118.340-MS, Rel. Min. Nancy Andrighi, 11.9.13. 2ª S. (Info 531)*

2012

Execução de alimentos. Aplicabilidade do art. 475-J do CPC.

É possível a cobrança de verbas alimentares pretéritas mediante cumprimento de sentença (art. 475-J do CPC). *REsp 1.177.594, Rel. Min. Massami Uyeda, 21.6.12. 3ª T. (Info 500)*

HC. Execução de débito alimentar. Prisão civil. Natureza das verbas.

Apenas o inadimplemento de verbas de caráter alimentar autoriza a execução nos termos do rito previsto no art. 733 do CPC. A verba destinada à ex-esposa para manutenção de sítio – que não constitui sua moradia – até a efetivação da partilha dos bens comuns do casal não tem natureza jurídica de alimentos. Logo é insuficiente para embasar o decreto de prisão civil por dívida alimentar. *HC 232.405, Rel. Min. Massami Uyeda, 22.5.12. 3ª T. (Info 498)*

Prisão civil. Pagamento parcial da obrigação alimentícia.

O pagamento parcial da obrigação alimentar não afasta a regularidade da prisão civil. *RHC 31.302, Rel. Min. Antonio C. Ferreira, 18.9.12. 4ª T. (Info 504)*

Revisão de alimentos. Eficácia retroativa.

Na execução de prestação alimentícia, que segue o rito do art. 733 do CPC, em que há o risco de constrição à liberdade do alimentante, não é possível cobrar valores relativos a honorários advocatícios nem valores glosados em ação revisional de alimentos. *HC 224.769, Rel. Min. Paulo Sanseverino, 14.2.12. 3ª T. (Info 491)*

2.3. Dos Embargos do Devedor

2016

Cabimento de embargos à adjudicação.

Cabem embargos à adjudicação sob alegação de não ter sido excluída da obrigação exequenda a capitalização de juros conforme determinado pela sentença proferida em anteriores embargos à execução. *REsp 1.173.304-SP, Rel. Min. Luis Felipe Salomão, DJe 1º.2.2016. 4ª T. (Info 575)*

Prévia intimação na prescrição intercorrente.

Em execução de título extrajudicial, o credor deve ser intimado para opor fato impeditivo à incidência da prescrição intercorrente antes de sua decretação de ofício. *REsp 1.589.753-PR, Rel. Min. Marco Aurélio Bellizze, DJe 31.5.2016. 3ª T. (Info 584)*

2015

Impossibilidade de oferecimento de reconvenção em embargos à execução.

É incabível o oferecimento de reconvenção em embargos à execução. *REsp 1.528.049-RS, Rel. Min. Mauro Campbell Marques, DJe 28.8.15. 2ª T. (Info 567)*

2013

Excesso de execução alegado após a oposição dos embargos à execução.

Não é possível ao juiz conhecer de suposto excesso de execução alegado pelo executado somente após a oposição dos embargos à execução. Eventual excesso de execução é típica matéria de defesa, e não de ordem pública, devendo ser arguida pelo executado por meio de embargos à execução, sob pena de preclusão. *AgRg no AREsp 150.035-DF, Rel. Min. Humberto Martins, 28.5.13. 2ª T. (Info 523)*

Recebimento de embargos do devedor como impugnação ao cumprimento de sentença.

Em execuções de sentença iniciadas antes da vigência da Lei 11.232/05, que instituiu a fase de cumprimento de sentença e estabeleceu a "impugnação" como meio de defesa do executado, os embargos do devedor opostos após o início da vigência da referida lei devem ser recebidos como

15. DIREITO PROCESSUAL CIVIL

impugnação ao cumprimento de sentença na hipótese em que o juiz, com o advento do novo diploma, não tenha convertido expressamente o procedimento, alertando as partes de que a execução de sentença passou a ser cumprimento de sentença. *REsp 1.185.390-SP, Rel. Min. Nancy Andrighi, 27.8.13. 3ª T. (Info 528)*

Revisão de contrato em embargos do devedor.

No âmbito de embargos do devedor, é possível proceder à revisão do contrato de que se origine o título executado, ainda que, em relação ao referido contrato, tenha havido confissão de dívida. *REsp 1.330.567-RS, Rel. Min. Nancy Andrighi, 16.5.13. 3ª T. (Info 523)*

2012

Embargos à arrematação. Necessidade de ação própria para a desconstituição da alienação.

Efetuada a arrematação, descabe o pedido de desconstituição da alienação nos autos da execução, demandando ação própria prevista no art. 486 do CPC. *REsp 1.313.053-DF, Rel. Min. Luis Felipe Salomão, 4.12.12. 4ª T. (Info 511)*

Embargos à execução. Revelia. Réu preso. Nomeação. Curador especial.

Ação de conhecimento compreendendo pedido de reparação de danos resultantes de divulgação de notícias inverídicas, difamatórias, caluniosas e injuriosas, envolvendo a pessoa do autor. 2. Citação pessoal do réu, seguida do recolhimento deste a estabelecimento prisional, ainda durante o decurso do prazo destinado à defesa na demanda cível. Decretação da revelia pelo magistrado "a quo" e prolação de sentença, que transitou em julgado. 3. Nulidade do título executivo judicial. Ofensa aos princípios constitucionais do contraditório e ampla defesa. Violação, ademais, ao art. 9, II, do CPC. Réu que, não obstante citado pessoalmente, tem sua liberdade privada quatro dias após o ato citatório, ainda durante o transcurso do lapso destinado à apresentação da defesa. Caso fortuito que impossibilitou a apresentação de resposta perante o juízo cível. Omissão do juízo em nomear curador especial que culmina na nulidade do processo desde a citação, exclusive, devendo ser restituído o prazo destinado à defesa. 4. Alegação de nulidade absoluta resultante da ausência de nomeação de curador especial ao réu preso, articulada no bojo dos embargos à execução. Viabilidade. Inteligência

do art. 741, I, do CPC, com redação anterior à vigência da Lei 11.232/05. *REsp 1.032.722, Rel. Min. Marco Buzzi, 28.8.12. 4ª T. (Info 503)*

Retenção por benfeitorias. Momento oportuno.

A pretensão ao exercício do direito de retenção por benfeitorias tem de ser exercida no momento da contestação de ação de cunho possessório, sob pena de preclusão. Na hipótese de ação declaratória de invalidade de compromisso de compra e venda, com pedido de imediata restituição do imóvel, o direito de retenção deve ser exercido na contestação por força da elevada carga executiva contida nessa ação. O pedido de restituição somente pode ser objeto de cumprimento forçado pela forma estabelecida no art. 461-A do CPC, que não mais prevê a possibilidade de discussão, na fase executiva, do direito de retenção. Esse entendimento, válido para o fim de impedir a apresentação de embargos de retenção, deve ser invocado também para impedir a propositura de uma ação autônoma de retenção, com pedido de antecipação de tutela. O mesmo resultado não pode ser vedado quando perseguido por uma via processual, e aceito por outra via. *REsp 1.278.094, Rel. Min. Nancy Andrighi, 16.8.12. 3ª T. (Info 502)*

2.4. Da Execução por Quantia Certa contra Devedor Insolvente

2015

Impenhorabilidade absoluta de valores do fundo partidário.

Os recursos do fundo partidário são absolutamente impenhoráveis, inclusive na hipótese em que a origem do débito esteja relacionada às atividades previstas no art. 44 da Lei 9.096/95. *REsp 1.474.605-MS, Rel. Min. Ricardo Villas Bôas Cueva, DJe 26.5.15. 3ª T. (Info 562)*

Impossibilidade de cobrar do exequente honorários sucumbenciais fixados no despacho inicial de execução de título extrajudicial (art. 652-A do CPC).

Os honorários sucumbenciais fixados no despacho inicial de execução de título extrajudicial (art. 652-A do CPC) não podem ser cobrados do exequente, mesmo que, no decorrer do processo executivo, este tenha utilizado parte de seu crédito na arrematação de bem antes pertencente ao executado, sem reservar parcela para o pagamento de verba honorária. REsp 1.120.753-RJ, Rel. Min. Ricardo Villas Bôas Cueva, DJe 7.5.15. 3ª T. (Info 561)

Limites da impenhorabilidade de quantia transferida para aplicação financeira.

É impenhorável a quantia oriunda do recebimento, pelo devedor, de verba rescisória trabalhista posteriormente poupada em mais de um fundo de investimento, desde que a soma dos valores não seja superior a quarenta salários mínimos. EREsp 1.330.567-RS, Rel. Min. Luis Felipe Salomão, DJe 19.12.14. 2ª S. (Info 554)

2013

Extinção de processo de insolvência em razão da falta de habilitação de credores.

O processo de insolvência deve ser extinto na hipótese em que não tenha ocorrido a habilitação de credores. A fase executiva propriamente dita somente se instaura com a habilitação dos credores, que integram o polo ativo do feito e sem os quais, por óbvio, não há a formação da relação processual executiva. REsp 1.072.614-SP, Rel. Min. Luis Felipe Salomão, 26.2.13. 4ª T. (Info 517)

Necessidade de prévia desistência de execução singular para possibilitar a propositura de ação declaratória de insolvência.

O autor de execução individual frustrada só pode ajuizar outra ação judicial, fundada em idêntico título, com pedido de declaração de insolvência do devedor – com o objetivo de instauração de concurso universal –, caso antes desista de sua execução singular, ainda que esta esteja suspensa por falta de bens penhoráveis. REsp 1.104.470-DF, Rel. Min. Luis Felipe Salomão, 19.3.13. 4ª T. (Info 519)

2012

Legitimidade ativa. Credor privilegiado. Ação de insolvência civil. Possibilidade.

O credor privilegiado, nos moldes do art. 24 da Lei 8.906/94, pode optar por ajuizar a ação de insolvência civil, renunciando, com isso, implicitamente, ao seu privilégio. O CPC, ao disciplinar a legitimidade ativa para requerer a insolvência civil, determina, em seu art. 753, I, como legitimado à propositura referida da ação, em primeiro lugar, qualquer credor quirografário. Em seguida, elenca o devedor e o inventariante do espólio do devedor (art. 753, II e III). Contudo, seria descabido vedar aos credores privilegiados, somente porque têm privilégio ou preferência, que propusessem a ação de declaração de insolvência, pois seria negar a quem tem mais o que se permite a quem tem menos. Assim, o credor privilegiado, ao pedir a insolvência civil, renuncia implicitamente ao privilégio de seu crédito e torna-se um credor quirografário, legitimado, portanto, para a propositura da ação. REsp 488.432, Rel. Min. Raul Araújo, 6.11.12. 4ª T. (Info 508)

3. DO PROCESSO CAUTELAR
3.1. Das Disposições Gerais

2015

Requisitos para a propositura de ação de exibição de documentos relativos ao "crediscore".

Em ação cautelar de exibição de documentos ajuizada por consumidor com o objetivo de obter extrato contendo sua pontuação no sistema Crediscore, exige-se, para a caracterização do interesse de agir, que o requerente comprove: (i) que a recusa do crédito almejado se deu em razão da pontuação que lhe foi atribuída pela dita ferramenta de "scoring"; e (ii) que tenha havido resistência da instituição responsável pelo sistema na disponibilização das informações requeridas pelo consumidor em prazo razoável. REsp 1.268.478-RS, Rel. Min. Luis Felipe Salomão, DJe 3.2.15. 4ª T. (Info 553)

2012

Prisão decretada com base em decisão de cautelar envolvendo direito de família. Dúvida sobre a eficácia da execução de alimentos.

Nos termos do enunciado da Súm. 482/STJ, "a falta de ajuizamento da ação principal no prazo do art. 806 do CPC acarreta a perda da eficácia da liminar deferida e a extinção do processo cautelar". 2. Tratando-se, entretanto, de ações cautelares envolvendo o Direito de Família, a doutrina majoritária afasta a aplicabilidade da regra do art. 806 do CPC. 3. Em sentido oposto, no REsp 436763 entendeu que "os arts. 806 e 808 do CPC incidem nos processos cautelares de alimentos provisionais". 4. Caso concreto em que fora decretada a prisão civil do alimentante em execução de alimentos fixados em ação cautelar preparatória cuja correspondente ação principal não fora ajuizada, vindo a ser extinta, com a declaração da perda da eficácia da liminar concedida. 5. Necessidade de se determinar se o não ajuizamento da ação principal no prazo decadencial do art. 806 do CPC acarreta a perda da eficácia da decisão liminar concedida na cautelar preparatória e, em caso positivo, qual o período em que a referida decisão produziu efeitos, sobretudo considerando que houve a extinção desta ação cautelar. 6. A questão, todavia, não foi enfrentada na origem, embora sua definição se mostre relevante, pois poderá acarretar a redução do "quantum" devido ou, até mesmo, a extinção da execução. 7. Irrazoabilidade do constrangimento à liberdade de ir e vir do paciente, medida sabidamente excepcional, antes de se definir a eficácia do título que embasa a execução de alimentos, e, assim, a legalidade da decretação da prisão. *RHC 33.395, Rel. Min. Paulo Sanseverino, 4.10.12. 3ª T. (Info 506)*

3.2. Dos Procedimentos Cautelares Específicos

2016

Ação cautelar de arrolamento. Prévia indisponibilidade de bens. Interesse de agir. Existência.
A prévia indisponibilidade de bens não implica a falta de interesse do Ministério Público para propositura da cautelar de arrolamento de bens. *REsp 1.375.540-RJ, Rel. Min. Nancy Andrighi, DJe 21.10.2016. 3ª T. (Info 592)*

"Crediscore" e interesse de agir em ação cautelar de exibição de documentos. Recurso repetitivo. Tema 915.
RPT Em relação ao sistema "credit scoring", o interesse de agir para a propositura da ação cautelar de exibição de documentos exige, no mínimo, a prova de: i) requerimento para obtenção dos dados ou, ao menos, a tentativa de fazê-lo à instituição responsável pelo sistema de pontuação, com a fixação de prazo razoável para atendimento; e ii) que a recusa do crédito almejado ocorreu em razão da pontuação que lhe foi atribuída pelo sistema "scoring". *REsp 1.304.736-RS, Rel. Min. Luis Felipe Salomão, 2ª S., DJe 30.3.2016. (Info 579)*

Termo inicial do prazo para oferecimento de resposta pelo devedor fiduciante em ação de busca e apreensão de bem.
Em ação de busca e apreensão de bem alienado fiduciariamente, o termo inicial para a contagem do prazo de quinze dias para o oferecimento de resposta pelo devedor fiduciante é a data de juntada aos autos do mandado de citação devidamente cumprido, e não a data da execução da medida liminar. *REsp 1.321.052-MG, Rel. Min. Ricardo Villas Bôas Cueva, DJe 26.8.2016. 3ª T. (Info 588)*

2015

Possibilidade de dispensa da caução prevista no art. 835 do CPC.
A caução prevista no art. 835 do CPC não tem natureza cautelar, sendo exigível no caso em que se verificar a presença dos requisitos objetivos e cumulativos elencados no referido dispositivo, podendo ser dispensada nas hipóteses previstas no art. 836 do CPC ou quando, com base na prova dos autos, as peculiaridades do caso concreto indicarem que a sua exigência irá obstacularizar o acesso à jurisdição. *REsp 1.479.051-RJ, Rel. Min. Ricardo Villas Bôas Cueva, DJe 5.6.15. 3ª T. (Info 563)*

Requisitos para configuração do interesse de agir nas ações cautelares de exibição de documentos bancários. Recurso repetitivo.
RPT A propositura de ação cautelar de exibição de documentos bancários (cópias e segunda via de documentos) é cabível como medida preparatória a fim de instruir a ação principal, bastando a demonstração da existência de relação jurídica entre as partes, a comprovação de prévio pedido à instituição financeira não atendido em prazo razoável e o pagamento do custo do serviço conforme previsão contratual e normatização da autoridade monetária. *REsp 1.349.453-MS, Rel. Min. Luis Felipe Salomão, 2ª S., DJe 2.2.15. (Info 553)*

2013

Competência para o julgamento de ação cautelar de exibição de documento.
Compete à justiça comum, e não à justiça trabalhista, o processamento e o julgamento de ação cautelar de exibição de documentos na qual beneficiário de seguro de vida coletivo busque a exibição, pelo ex-empregador de seu falecido pai, de documentos necessários a instruir ação de cobrança contra a seguradora. *CC 121.161-SP, Rel. Min. Ricardo Villas Bôas Cueva, 22.5.13. 2ª S. (Info 524)*

Configuração de interesse de agir em ação exibitória de documentos comuns entre as partes.
O prévio requerimento extrajudicial de apresentação de documentos não é requisito necessário à configuração de interesse de agir em ação exibitória de documentos comuns entre as partes. *REsp 1.232.157-RS, Rel. Min. Paulo de Tarso Sanseverino, 19.3.13. 3ª T. (Info 519)*

Medida cautelar de sequestro para assegurar a futura satisfação de crédito em ação principal.
Não é cabível o deferimento de medida cautelar de sequestro no caso em que se busque apenas assegurar a satisfação futura de crédito em ação a ser ajuizada, inexistindo disputa específica acerca do destino dos bens sobre os quais se pleiteia a incidência da constrição. *REsp 1.128.033-GO, Rel. Min. Nancy Andrighi, 5.2.13. 3ª T. (Info 515)*

2012

Legitimidade do sindicato. Protesto interruptivo da prescrição da pretensão executiva.
O sindicato tem legitimidade para ajuizar protesto interruptivo do prazo prescricional da ação executiva de sentença proferida em ação coletiva na qual foram reconhecidos direitos da respectiva categoria. *AgRg no Ag 1.399.632-PR, Rel. Min. Arnaldo Esteves Lima, 4.12.12. 1ª T. (Info 512)*

Protesto judicial. Ausência de legítimo interesse.
O protesto judicial formulado por quem não demonstra vínculo com a relação jurídica invocada deve ser indeferido por falta de legítimo interesse. A instrução do protesto deve ser suficiente para demonstrar o legítimo interesse do requerente, nos termos do art. 869 do CPC. *REsp 1.200.075, Rel. Min. Nancy Andrighi, 23.10.12. 3ª T. (Info 507)*

4. DOS PROCEDIMENTOS ESPECIAIS

4.1. Dos Procedimentos Especiais de Jurisdição Contenciosa

4.1.1. Da Ação de Consignação em Pagamento

2014

Necessidade de depósito dos valores vencidos e incontroversos em ação de consignação em pagamento.
Em ação de consignação em pagamento, ainda que cumulada com revisional de contrato, é inadequado o depósito tão somente das prestações que forem vencendo no decorrer do processo, sem o recolhimento do montante incontroverso e vencido. *REsp 1.170.188-DF, Rel. Min. Luis Felipe Salomão, 25.2.14. 4ª T. (Info 537)*

2012

Ação de consignação em pagamento. Conversão do depósito extrajudicial em judicial.
É da responsabilidade do depositante em consignação em pagamento extra-judicial e não da instituição financeira a comprovação, perante o estabelecimento bancário, da propositura de ação de consignação em pagamento em juízo, para que o estabelecimento bancário possa aplicar o regime de depósito em caderneta de poupança incidente sobre os depósitos judiciais, nos termos do art. 11, § 1º, da Lei 9.289/96 e da Res. 2814/Bacen. 2. Do só fato da expedição de mandado judicial de levantamento da importância depositada não se infere o conhecimento, pela entidade bancária, do ajuizamento da ação de consignação judicial. *RMS 28.841, Rel. Min. Sidnei Beneti, 12.6.12. 3ª T. (Info 499)*

4.1.2. Da Ação de Prestação de Contas

2016

Ação de prestação de contas. Revisão de cláusulas contratuais. Impossibilidade. Recurso repetitivo. Tema 908.
RPT Tendo em vista a especialidade do rito, não se comporta no âmbito da prestação de contas a pretensão de alterar ou revisar cláusula contratual. As contas devem ser prestadas, com a exposição, de forma mercantil, das receitas e despesas, e o respectivo saldo (CPC/73, art. 917). A apresentação das contas e o respectivo julgamento devem ter por base os pressupostos assentados ao longo da relação contratual existente entre as partes. *REsp 1.497.831-PR, Rel. p/ ac. Min. Maria Isabel Gallotti, DJe 7.11.2016. 2ª S. (Info 592)*

Ausência de prejudicialidade entre a morte do interditando e a ação de prestação de contas ajuizada por ele.
A morte do interditando no curso de ação de interdição não implica, por si só, a extinção do processo

sem resolução de mérito da ação de prestação de contas por ele ajuizada mediante seu curador provisório, tendo o espólio legitimidade para prosseguir com a ação de prestação de contas. *REsp 1.444.677-SP, Rel. Min. João Otávio de Noronha, DJe 9.5.2016. 3ª T. (Info 583)*

2015

Ausência de interesse de agir em ação de prestação de contas de contratos de mútuo e financiamento. Recurso repetitivo.

RPT Nos contratos de mútuo e financiamento, o devedor não possui interesse de agir para a ação de prestação de contas. *REsp 1.293.558-PR, Rel. Min. Luis Felipe Salomão, 2ª S., DJe 25.3.15. (Info 558)*

2014

Falta de interesse de agir em ação de prestação de contas.

Falta interesse de agir em ação de prestação de contas ajuizada contra condomínio, quando as contas já tiverem sido prestadas extrajudicialmente. *REsp 1.046.652-RJ, Rel. Min. Ricardo Villas Bôas Cueva, 16.9.14. 3ª T. (Info 549)*

2013

Interesse de agir para o ajuizamento de ação de prestação de contas em face de entidade de previdência privada.

O participante de entidade de previdência privada tem interesse em demandar a respectiva entidade em ação de prestação de contas para esclarecimentos sobre as importâncias vertidas ao fundo por ela administrado, ainda que ele não tenha esgotado a via administrava e mesmo que sejam cumpridas pela entidade as exigências legais de divulgação anual das informações pertinentes ao plano por ela administrado. *AgRg no AREsp 150.390-SP, Rel. Min. Luis Felipe Salomão, 9.4.13. 4ª T. (Info 522)*

Prestação de contas realizada por entidade de previdência privada de forma diversa da mercantil.

O magistrado não pode desconsiderar a prestação de contas realizada por entidade de previdência privada, ainda que de forma diversa da mercantil, na hipótese em que as contas tenham sido apresentadas de maneira clara e inteligível. *AgRg no AREsp 150.390-SP, Rel. Min. Luis Felipe Salomão, 9.4.13. 4ª T. (Info 522)*

2012

Ação de prestação de contas. Conta corrente. Impossibilidade de discussão sobre a validade de cláusulas do contrato.

A ação de prestação de contas é instrumento hábil para aferição do aspecto econômico do contrato. Não constitui a via adequada para se proceder à análise jurídica dos termos da avença, a fim de que se verifique eventual abusividade ou ilegalidade de cláusulas. *REsp 1.166.628, Rel. Min. Nancy Andrighi, 9.10.12. 3ª T. (Info 506)*

Ação de prestação de contas. Correntista contra banco. Inadequação de pedido genérico.

É obrigação do correntista que ajuíza ação de prestação de contas contra a instituição financeira a indicação do período em relação ao qual busca esclarecimentos, com a exposição de motivos consistentes acerca das ocorrências duvidosas em sua conta corrente. *AgRg no REsp 1.203.021, Rel. p/ ac. Min. Maria I. Gallotti, 25.9.12. 4ª T. (Info 505)*

Ação de prestação de contas. Descabimento em contrato de financiamento.

O contratante de financiamento não tem interesse de agir para ajuizar ação de prestação de contas de forma mercantil (art. 917 do CPC) contra instituição financeira. Isso porque, diferentemente do que ocorre nos contratos de conta corrente, no qual o correntista entrega seus recursos ao banco, no contrato de financiamento ocorre exatamente o contrário, com a entrega de recursos do banco ao tomador de empréstimo, cabendo ao financiado restituir o valor com os encargos e na forma pactuados. Seria cabível a prestação de contas dos valores obtidos com a alienação no caso de busca e apreensão e leilão judicial de bem objeto de alienação fiduciária, considerando a existência de administração de créditos do consumidor. *REsp 1.244.361, Rel. Min. Maria I. Gallotti, 25.9.12. 4ª T. (Info 505)*

Mandato. Prestação de contas. Morte do mandante.

O direito de exigir a prestação de contas do mandatário transmite-se aos herdeiros do mandante, pois o dever de prestar decorre da lei e não está vinculado à vigência do contrato. Na hipótese, o contrato foi firmado para alienação de imóvel, portanto o prazo prescricional da ação de prestação de contas inicia-se após a realização de seu objeto. Assim, a obrigação do mandatário de prestar contas subsiste a extinção do mandato. De fato, a morte do mandante cessa o contrato; porém, por força do art. 1.784 do CC, uma vez aberta a sucessão, os herdeiros ficam automaticamente investidos na titularidade de todo o acervo patrimonial do "de cujus", formando-se o vínculo jurídico com o mandatário. *REsp 1.122.589, Rel. Min. Paulo Sanseverino, 10.4.12. 3ª T. (Info 495)*

Prestação de contas. Separação. Comunhão universal de bens.

No caso, o tribunal "a quo" manteve incólume a sentença que julgou procedente a ação de prestação de contas proposta pela recorrida para obrigar o ora recorrente, com quem contraiu matrimônio sob o regime de comunhão universal de bens, à prestação de contas da administração do patrimônio comum a partir do termo inicial da separação das partes. Nas razões do apelo especial, sustenta o recorrente, em síntese, a inviabilidade do pedido de prestação de contas porque os bens são mantidos por ambas as partes, casadas sob o regime de comunhão universal. A legitimidade "ad causam" para a ação de prestação de contas decorre, excepcionalmente, do direito da ex-mulher de obter informações dos bens de sua propriedade administrados por outrem, no caso seu ex-marido, de quem já se encontrava separada de fato, durante o período compreendido entre a separação de fato e a partilha de bens da sociedade conjugal. Ademais, nos termos do acórdão recorrido, o cônjuge, ora recorrente, assumiu o dever de detalhar e esclarecer os rendimentos advindos das terras arrendadas, bem como o de prestar as respectivas informações quanto ao patrimônio comum, estando assentada a relação jurídica de direito material entre as partes. No que tange ao período em que houve a ruptura da convivência conjugal, não se desconhece a circunstância de que, na constância do casamento sob o regime de comunhão universal, os cônjuges não estão obrigados ao dever de prestar contas um ao outro dos seus negócios, haja vista a indivisibilidade patrimonial. Todavia, com a separação de corpos, e antes da formalização da partilha, quando os bens estiverem sob a administração de um deles, no caso, postos aos cuidados do recorrente por mais de 15 anos, impõe-se reconhecer o dever de prestação de contas pelo gestor do patrimônio comum. É induvidoso que aquele que detiver a posse e a administração dos bens comuns antes da efetivação do divórcio, com a consequente partilha, deve geri-los no interesse de ambos os cônjuges, sujeitando-se ao dever de prestar contas ao outro consorte, a fim de evitar eventuais prejuízos relacionados ao desconhecimento quanto ao estado dos bens comuns. *REsp 1.300.250, Rel. Min. Ricardo V. B. Cueva, 27.3.12. 3ª T. (Info 494)*

4.1.3. Das Ações Possessórias

2016

Ajuizamento de ação possessória por invasor de terra pública contra outros particulares.

É cabível o ajuizamento de ações possessórias por parte de invasor de terra pública contra outros particulares. *REsp 1.484.304-DF, Rel. Min. Moura Ribeiro, DJe 15.3.2016. 3ª T. (Info 579)*

Contrato de compra e venda com reserva de domínio e proteção possessória requerida por vendedor.

Ainda que sem prévia ou concomitante rescisão do contrato de compra e venda com reserva de domínio, o vendedor pode, ante o inadimplemento do comprador, pleitear a proteção possessória sobre o bem móvel objeto da avença. *REsp 1.056.837-RN, Rel. Min. Marco Buzzi, DJe 10.11.2015. 4ª T. (Info 573)*

2015

Hipótese em que não se exige intervenção do MP.

O fato de a ré residir com seus filhos menores no imóvel não torna, por si só, obrigatória a intervenção do Ministério Público (MP) em ação de reintegração de posse. *REsp 1.243.425-RS, Rel. Min. Ricardo Villas Bôas Cueva, DJe 3.9.15. 3ª T. (Info 567)*

2014

Pedido contraposto e remoção do ato ilícito.

Na apreciação de pedido contraposto formulado em ação possessória, admite-se o deferimento de tutela de remoção do ato ilícito, ainda que essa providência não esteja prevista no art. 922 do CPC. *REsp 1.423.898-MS, Rel. Min. Paulo de Tarso Sanseverino, 2.9.14. 3ª T. (Info 548)*

4.1.4. Da Ação de Divisão e da Demarcação de Terras Particulares

2016

Hipótese de inexistência de litisconsórcio passivo necessário em ação demarcatória.

Em ação demarcatória de parte de imóvel, é facultativo – e não necessário – o litisconsórcio passivo entre o réu e os confinantes da área do bem que não é objeto de demarcação. Nas demarcatórias parciais, há o litisconsórcio passivo necessário entre demandante e os vizinhos lindeiros da área específica cuja demarcação é pretendida. É essa a única interpretação cabível do disposto no art. 950 do CPC/73. Tratamento diverso se dá aos demais confinantes da área que não é objeto de demarcação, pois, quanto a estes, não há litisconsórcio passivo necessário, apenas facultativo. Nesse sentido, há entendimento doutrinário sobre o art. 950 do CPC/73, segundo o qual, "são legitimados passivamente todos os confinantes da área demarcanda; se a demarcação for parcial, são réus os confinantes da área a ser demarcada, e não os demais, o que é óbvio". *REsp 1.599.403-MT, Rel. Min. João Otávio de Noronha, DJe 1.7.2016. 3ª T. (Info 586)*

4.1.5. Da Ação de Nunciação de Obra Nova

2013

Cabimento de ação de nunciação de obra nova movida por condomínio contra condômino.

O condomínio tem legitimidade ativa para ajuizar contra o condômino ação de nunciação de obra nova com pedidos de paralisação e de demolição de construção irregular erguida pelo condômino em área comum para transformar seu apartamento, localizado no último andar do edifício, em um apartamento com cobertura, sem o consentimento expresso e formal de todos os proprietários do condomínio, nem licença da Prefeitura Municipal, causando danos à estética do prédio e colocando em perigo as suas fundações. *REsp 1.374.456-MG, Rel. Min. Sidnei Beneti, 10.9.13. 3ª T. (Info 531)*

2012

Ação demolitória. Legitimidade passiva "ad causam". Possuidor ou dono da obra.

O possuidor ou dono da obra, responsável pela ampliação irregular do imóvel, é legitimado passivo de ação demolitória que vise à destruição do acréscimo irregular realizado, ainda que ele não ostente o título de proprietário do imóvel. *REsp 1.293.608-PE, Rel. Min. Herman Benjamin, 4.12.12. 2ª T. (Info 511)*

4.1.6. Do Inventário e da Partilha

2013

Descabimento de discussão, em arrolamento sumário, sobre eventual decadência ocorrida em relação ao ITCMD.

Não é cabível, em arrolamento sumário, a discussão acerca da eventual configuração da decadência do direito da Fazenda Pública de efetuar lançamento tributário referente ao imposto sobre transmissão causa mortis e doação. *REsp 1.223.265-PR, Rel. Min. Eliana Calmon, 18.4.13. 2ª T. (Info 523)*

4.1.7. Dos Embargos de Terceiro

2016

Aplicação do princípio da causalidade para verbas sucumbenciais em embargos de terceiro. Recurso repetitivo. Tema 872.

RPT Nos embargos de terceiro cujo pedido foi acolhido para desconstituir a constrição judicial, os honorários advocatícios serão arbitrados com base no princípio da causalidade, responsabilizando-se o atual proprietário (embargante), se este não atualizou os dados cadastrais; os encargos de sucumbência serão suportados pela parte embargada, porém, na hipótese em que esta, depois de tomar ciência da transmissão do bem, apresentar ou insistir na impugnação ou recurso para manter a penhora sobre o bem cujo domínio foi transferido para terceiro. *REsp 1.452.840-SP, Rel. Min. Herman Benjamin, 1ª S., DJ 5.10.2016. (Info 591)*

2015

Cabimento de embargos de terceiro em medida cautelar.

São admissíveis embargos de terceiro em ação cautelar. *REsp 837.546-MT, Rel. Min. Raul Araújo, DJe 21.10.15. 4ª T. (Info 571)*

Carência de ação no âmbito de embargos de terceiro.

O proprietário sem posse a qualquer título não tem legitimidade para ajuizar, com fundamento no direito de propriedade, embargos de terceiro contra decisão transitada em julgado proferida em ação de reintegração de posse, da qual não participou, e na qual sequer foi aventada discussão em torno da titularidade do domínio. REsp 1.417.620-DF, Rel. Min. Paulo de Tarso Sanseverino, DJe 11.12.14. 3ª T. (Info 553)

2012

Embargos de terceiro. Legitimidade ativa do condômino que não participa da ação possessória.

Condômino, que não for parte na ação possessória, tem legitimidade ativa para ingressar com embargos de terceiro. Não havendo previsão legal que proíba o condômino que não seja parte da ação possessória – portanto, terceiro – de opor embargos de terceiro, deve-se reconhecer a possibilidade do seu manejo, sendo indevida a imposição de ingresso apenas como assistente litisconsorcial. REsp 834.487-MT, Rel. Min. Antonio Carlos Ferreira, 13.11.12. 4ª T. (Info 511)

4.1.8. Da Ação Monitória

2016

Ação Monitória. Prova escrita. Juízo de Probabilidade. Correspondência eletrônica. E-mail. Documento hábil a comprovar a relação contratual e existência de dívida.

O correio eletrônico (e-mail) pode fundamentar a pretensão monitória, desde que o juízo se convença da verossimilhança das alegações e da idoneidade das declarações. REsp 1.381.603-MS, Rel. Min. Luis Felipe Salomão, DJe 11.11.2016. 4ª T. (Info 593)

Contrato de arrendamento rural como prova escrita para ação monitória.

O contrato de arrendamento rural que, a despeito da vedação prevista no art. 18, par. ún., do Dec. 59.566/66, estabelece pagamento em quantidade de produtos agrícolas pode ser usado como prova escrita para instruir ação monitória. REsp 1.266.975-MG, Rel. Min. Ricardo Villas Bôas Cueva, DJe 28.3.2016. 3ª T. (Info 580)

Natureza jurídica da conversão do mandado monitório em título executivo.

Em ação monitória, após o decurso do prazo para pagamento ou entrega da coisa sem a oposição de embargos pelo réu, o juiz não poderá analisar matérias de mérito, ainda que conhecíveis de ofício. REsp 1.432.982-ES, Rel. Min. Marco Aurélio Bellizze, DJe 26.11.2015. 3ª T. (Info 574)

2015

Instrução da petição inicial da ação monitória. Recurso repetitivo. Tema 474.

RPT A petição inicial da ação monitória para cobrança de soma em dinheiro deve ser instruída com demonstrativo de débito atualizado até a data do ajuizamento, assegurando-se, na sua ausência ou insuficiência, o direito da parte de supri-la, nos termos do art. 284 do CPC. REsp 1.154.730-PE, Rel. Min. João Otávio de Noronha, 2ª S., DJe 15.4.15. (Info 559)

Inexigibilidade de recolhimento de custas em embargos à monitória.

Não se exige o recolhimento de custas iniciais para oferecer embargos à ação monitória. REsp 1.265.509-SP, Rel. Min. João Otávio de Noronha, DJe 27.3.15. 3ª T. (Info 558)

2014

Prazo prescricional para ajuizamento de ação monitória fundada em cheque prescrito.

RPT O prazo para ajuizamento de ação monitória em face do emitente de cheque sem força executiva é quinquenal, a contar do dia seguinte à data de emissão estampada na cártula. REsp 1.101.412-SP, Rel. Min. Luis Felipe Salomão, 11.12.13. 2ª S. (Info 533)

Prazo prescricional para ajuizamento de ação monitória fundada em nota promissória prescrita.

RPT O prazo para ajuizamento de ação monitória em face do emitente de nota promissória sem força executiva é quinquenal, a contar do dia seguinte ao vencimento do título. REsp 1.262.056-SP, Rel. Min. Luis Felipe Salomão, 11.12.13. 2ª S. (Info 533)

2013

Ação monitória fundada em cheque prescrito. Prescindibilidade de demonstração da origem do débito expresso na cártula.

RPT Em ação monitória fundada em cheque prescrito, ajuizada em face do emitente, é dispensável a menção ao negócio jurídico subjacente à emissão da cártula. No procedimento monitório, a expedição do mandado de pagamento ou de entrega da coisa é feita em cognição sumária. Nesse contexto, há inversão da iniciativa do contraditório, cabendo ao demandado a faculdade de opor embargos à monitória, suscitando toda a matéria de defesa, visto que recai sobre ele o ônus probatório. *REsp 1.094.571-SP, Rel. Min. Luis Felipe Salomão, 4.2.13. 2ª S. (Info 513)*

Amplitude da matéria de defesa dos embargos à monitória.

É possível arguir, em embargos à ação monitória, a invalidade de taxas condominiais extraordinárias objeto da monitória sob o argumento de que haveria nulidade na assembleia que as teria instituído. *REsp 1.172.448-RJ, Rel. Min. Luis Felipe Salomão, 18.6.13. 4ª T. (Info 527)*

2012

Ação monitória. Adequação da via eleita.

Na espécie, o tribunal de origem entendeu que o autor era carecedor de interesse de agir por inadequação da via eleita, uma vez que, sendo possível o procedimento executório de títulos extrajudiciais (notas promissórias), descaberia a via da ação monitória. No entanto, assim como a jurisprudência do STJ é firme quanto à possibilidade de propositura de ação de conhecimento pelo detentor de título executivo – não havendo prejuízo ao réu em procedimento que lhe faculta diversos meios de defesa –, por iguais fundamentos o detentor de título executivo extrajudicial poderá ajuizar ação monitória para perseguir seus créditos, ainda que também o pudesse fazer pela via do processo de execução. *REsp 981.440, Rel. Min. Luis F. Salomão, 12.4.12. 4ª T. (Info 495)*

Ação monitória de cheque prescrito. Prazo prescricional.

A ação monitória fundada em cheque prescrito, independentemente da relação jurídica que deu causa à emissão do título, está subordinada ao prazo prescricional de 5 anos previsto no art. 206, § 5º, I, do CC. *REsp 1.339.874, Rel. Min. Sidnei Beneti, 9.10.12. 3ª T. (Info 506)*

Ação monitória. Documentação necessária para a admissibilidade.

A prova hábil a instruir a ação monitória, a que alude o art. 1.102-A do CPC não precisa, necessariamente, ter sido emitida pelo devedor ou nela constar sua assinatura ou de um representante. Basta que tenha forma escrita e seja suficiente para, efetivamente, influir na convicção do magistrado acerca do direito alegado. 2. Dessarte, para a admissibilidade da ação monitória, não é necessário que o autor instrua a ação com prova robusta, estreme de dúvida, podendo ser aparelhada por documento idôneo, ainda que emitido pelo próprio credor, contanto que, por meio do prudente exame do magistrado, exsurja o juízo de probabilidade acerca do direito afirmado pelo autor. *REsp 925.584, Rel. Min. Luis F. Salomão, 9.10.12. 4ª T. (Info 506)*

4.2. Dos Procedimentos Especiais de Jurisdição Voluntária

2015

Atuação do Ministério Público como defensor do interditando.

Nas ações de interdição não ajuizadas pelo MP, a função de defensor do interditando deverá ser exercida pelo próprio órgão ministerial, não sendo necessária, portanto, nomeação de curador à lide. *REsp 1.099.458-PR, Rel. Min. Maria Isabel Gallotti, DJe 10.12.14. 4ª T. (Info 553)*

Desnecessidade de audiência de conciliação ou ratificação na ação de divórcio direto consensual.

Na ação de divórcio direto consensual, é possível a imediata homologação do divórcio, sendo dispensável a realização de audiência de conciliação ou ratificação (art. 1.122 do CPC), quando o magistrado tiver condições de aferir a firme disposição dos cônjuges em se divorciarem, bem como de atestar que as demais formalidades foram atendidas. *REsp 1.483.841/RS, Rel. Min. Moura Ribeiro, DJe 27.3.15. 3ª T. (Info 558)*

2013

Habilitação de herdeiro colateral na execução de mandado de segurança.

É possível a habilitação de herdeiro colateral, na forma do art. 1.060, I, do CPC, nos autos da execução promovida em mandado de segurança, se comprovado que não existem herdeiros necessários nem bens a inventariar. *AgRg nos EmbExeMS 11.849-DF, Rel. Min. Maria T. A. Moura, 13.3.13. 3ª S. (Info 518)*

16. DIREITO PROCESSUAL CONSTITUCIONAL

1. AÇÕES CONSTITUCIONAIS

1.1. Ação Civil Pública

2016

Cabimento de ação civil pública para proibição de tráfego de veículos pesados em município.

É cabível ação civil pública proposta por Ministério Público Estadual para pleitear que Município proíba máquinas agrícolas e veículos pesados de trafegarem em perímetro urbano deste e torne transitável o anel viário da região. REsp 1.294.451-GO, Rel. Min. Herman Benjamin, DJ 6.10.2016. 2ª T. (Info 591)

Dispensa do requisito temporal para a legitimação ativa de associação em ação civil pública.

É dispensável o requisito temporal (pré-constituição há mais de um ano) para associação ajuizar ação civil pública quando o bem jurídico tutelado for a prestação de informações ao consumidor sobre a existência de glúten em alimentos. REsp 1.600.172-GO, Rel. Min. Herman Benjamin, DJ 11.10.2016. 2ª T. (Info 591)

Legitimidade da Defensoria Pública para propor ação civil pública em defesa de juridicamente necessitados.

A Defensoria Pública tem legitimidade para propor ação civil pública em defesa de interesses individuais homogêneos de consumidores idosos que tiveram plano de saúde reajustado em razão da mudança de faixa etária, ainda que os titulares não sejam carentes de recursos econômicos. EREsp 1.192.577-RS, Rel. Min. Laurita Vaz, DJe 13.11.2015. Corte Especial. (Info 573)

Necessidade de demonstração de motivos para a formação de litisconsórcio ativo facultativo entre o Ministério Público Estadual e o Federal.

Em ação civil pública, a formação de litisconsórcio ativo facultativo entre o Ministério Público Estadual e o Federal depende da demonstração de alguma razão específica que justifique a presença de ambos na lide. REsp 1.254.428-MG, Rel. Min. João Otávio de Noronha, DJe 10.6.2016. 3ª T. (Info 585)

2015

Afastamento de ofício da presunção de legitimação de associação para a propositura de ação coletiva.

Quando houver sintomas de que a legitimação coletiva vem sendo utilizada de forma indevida ou abusiva, o magistrado poderá, de ofício, afastar a presunção legal de legitimação de associação regularmente constituída para propositura de ação coletiva. REsp 1.213.614-RJ, Rel. Min. Luis Felipe Salomão, DJe 26.10.15. 4ª T. (Info 572)

Alteração de polo ativo de ação civil pública promovida por associação.

Caso ocorra dissolução da associação que ajuizou ação civil pública, não é possível sua substituição no polo ativo por outra associação, ainda que os interesses discutidos na ação coletiva sejam comuns a ambas. REsp 1405697/MG, Rel. Min. Marco Aurélio Bellizze, DJe 8.10.15. 3ª T. (Info 570)

Aplicabilidade do art. 18 da LACP a ação civil pública movida por sindicato.

O art. 18 da Lei 7.347/85 (LACP) – "Nas ações de que trata esta lei, não haverá adiantamento de custas, emolumentos, honorários periciais e quaisquer outras despesas, nem condenação da associação autora, salvo comprovada má-fé, em honorários de advogado, custas e despesas processuais" – é aplicável à ação civil pública movida por sindicato na defesa de direitos individuais homogêneos da categoria que representa. EREsp 1.322.166-PR, Rel. Min. Mauro Campbell Marques, DJe 23.3.15. Corte Especial. (Info 558)

Alcance da regra de isenção de custas processuais da LACP e do CDC.

Não é possível estender a regra de isenção prevista no art. 18 da Lei 7.347/85 (LACP) e no art. 87 da Lei 8.078/90 (CDC) à propositura de ações ou incidentes processuais que não estão previstos nos referidos artigos. *Pet 9.892-SP, Rel. Min. Luis Felipe Salomão, DJe 3.3.15. 2ª S. (Info 556)*

Efeito "erga omnes" da sentença civil proferida em ação civil pública.

O art. 16 da LACP (Lei 7.347/85), que restringe o alcance subjetivo de sentença civil aos limites da competência territorial do órgão prolator, tem aplicabilidade nas ações civis públicas que envolvam direitos individuais homogêneos. *REsp 1.114.035-PR, Rel. p/ ac. Min. João Otávio de Noronha, j. 7.10.14. 3ª T. (Info 552)*

Efeito "erga omnes" da sentença civil proferida em ação civil pública.

Tem abrangência nacional a eficácia da coisa julgada decorrente de ação civil pública ajuizada pelo Ministério Público, com assistência de entidades de classe de âmbito nacional, perante a Seção Judiciária do Distrito Federal, e sendo o órgão prolator da decisão final de procedência o STJ. *REsp 1.319.232-DF, Rel. Min. Paulo de Tarso Sanseverino, j. 4.12.14. 3ª T. (Info 552)*

2014

Competência da justiça federal do Distrito Federal para o julgamento de ação coletiva.

A entidade associativa, ainda que possua abrangência local – e não âmbito nacional –, poderá, a seu critério, ajuizar ação coletiva em face da União na Justiça Federal do DF, independentemente do lugar do território nacional onde tenha ocorrido a lesão ao direito vindicado. *CC 133.536-SP, Rel. Min. Benedito Gonçalves, 14.8.14. 1ª S. (Info 546)*

Competência para julgamento de ação civil pública ajuizada pelo MPF.

Compete à Justiça Federal processar e julgar ação civil pública quando o Ministério Público Federal figurar como autor. *REsp 1.283.737-DF, Rel. Min. Luis Felipe Salomão, 22.10.13. 4ª T. (Info 533)*

Controle jurisdicional de políticas públicas relacionado a inúmeras irregularidades estruturais e sanitárias em cadeia pública.

Constatando-se inúmeras irregularidades em cadeia pública – superlotação, celas sem condições mínimas de salubridade para a permanência de presos, notadamente em razão de defeitos estruturais, de ausência de ventilação, de iluminação e de instalações sanitárias adequadas, desrespeito à integridade física e moral dos detentos, havendo, inclusive, relato de que as visitas íntimas seriam realizadas dentro das próprias celas e em grupos, e que existiriam detentas acomodadas improvisadamente –, a alegação de ausência de previsão orçamentária não impede que seja julgada procedente ação civil publica que, entre outras medidas, objetive obrigar o Estado a adotar providências administrativas e respectiva previsão orçamentária para reformar a referida cadeia pública ou construir nova unidade, mormente quando não houver comprovação objetiva da incapacidade econômico-financeira da pessoa estatal. *REsp 1.389.952-MT, Rel. Min. Herman Benjamin, 3.6.14. 2ª T. (Info 543)*

Eficácia da sentença em ação civil pública.

Em ação civil pública, a falta de publicação do edital destinado a possibilitar a intervenção de interessados como litisconsortes (art. 94 do CDC) não impede, por si só, a produção de efeitos "erga omnes" de sentença de procedência relativa a direitos individuais homogêneos. *REsp 1.377.400-SC, Rel. Min. Og Fernandes, 18.2.14. 2ª T. (Info 536)*

Litisconsórcio ativo facultativo entre Ministério Público Federal, Estadual e do Trabalho.

Pode ser admitido litisconsórcio ativo facultativo entre o Ministério Público Federal, o Ministério Público Estadual e o Ministério Público do Trabalho em ação civil pública que vise tutelar pluralidade de direitos que legitimem a referida atuação conjunta em juízo. *REsp 1.444.484-RN, Rel. Min. Benedito Gonçalves, 18.9.14. 1ª T. (Info 549)*

Objeto de ação civil pública para anular permissões precárias.

Em ação civil pública movida para anular permissões para a prestação de serviços de transporte coletivo concedidas sem licitação e para condenar o Estado a providenciar as licitações cabíveis, não cabe discutir eventual indenização devida pelo Estado ao permissionário. *AgRg no*

REsp 1.435.347-RJ, Rel. Min. Mauro Campbell Marques, 19.8.14. 2ª T. (Info 546)

Termo inicial dos juros moratórios em ação civil pública.

RPT Os juros de mora incidem a partir da citação do devedor no processo de conhecimento da ação civil pública quando esta se fundar em responsabilidade contratual, cujo inadimplemento já produza a mora, salvo a configuração da mora em momento anterior. REsp 1.370.899-SP, Rel. Min. Sidnei Beneti, 21.5.14. Corte Especial. (Info 549)

2013

Competência para o julgamento de ação civil pública.

Em ação civil pública ajuizada na Justiça Federal, não é cabível a cumulação subjetiva de demandas com o objetivo de formar um litisconsórcio passivo facultativo comum, quando apenas um dos demandados estiver submetido, em razão de regra de competência ratione personae, à jurisdição da Justiça Federal, ao passo que a Justiça Estadual seja a competente para apreciar os pedidos relacionados aos demais demandados. REsp 1.120.169-RJ, Rel. Min. Luis Felipe Salomão, 20.8.13. 4ª T. (Info 530)

Ingresso do MP em ação civil pública na hipótese de vício de representação da associação autora.

Na ação civil pública, reconhecido o vício na representação processual da associação autora, deve-se, antes de proceder à extinção do processo, conferir oportunidade ao Ministério Público para que assuma a titularidade ativa da demanda. As ações coletivas trazem em seu bojo a ideia de indisponibilidade do interesse público, de modo que o art. 13 do CPC deve ser interpretado em consonância com o art. 5º, § 3º, da Lei 7.347/85. REsp 1.372.593-SP, Rel. Min. Humberto Martins, 7.5.13. 2ª T. (Info 524)

Legitimidade ativa do MP para o ajuizamento de ação civil pública.

O Ministério Público tem legitimidade para ajuizar ação civil pública contra a concessionária de energia elétrica com a finalidade de evitar a interrupção do fornecimento do serviço à pessoa carente de recursos financeiros diagnosticada com enfermidade grave e que dependa, para sobreviver, da utilização doméstica de equipamento médico com alto consumo de energia. AgRg no REsp 1.162.946-MG, Rel. Min. Sérgio Kukina, 4.6.13. 1ª T. (Info 523)

Legitimidade do MP em ação civil pública.

O Ministério Público tem legitimidade para ajuizar ação civil pública com o objetivo de garantir o acesso a critérios de correção de provas de concurso público. REsp 1.362.269-CE, Rel. Min. Herman Benjamin, 16.5.13. 2ª T. (Info 528)

Legitimidade do MP para a propositura de ação civil pública objetivando o fornecimento de cesta de alimentos sem glúten a portadores de doença celíaca.

O Ministério Público é parte legítima para propor ação civil pública tendo por objeto o fornecimento de cesta de alimentos sem glúten a portadores de doença celíaca. Essa conclusão decorre do entendimento que reconhece a legitimidade do Ministério Público para a defesa da vida e da saúde, direitos individuais indisponíveis. AgRg no AREsp 91.114-MG, Rel. Min. Humberto Martins, 7.2.13. 2ª T. (Info 517)

Ônus sucumbenciais na hipótese de habilitação de litisconsorte em ação civil pública.

Em ação civil pública que busque a tutela de direitos individuais homogêneos, a mera habilitação de interessado como litisconsorte do demandante não enseja, por si só, a condenação do demandado a pagar ônus sucumbenciais antes do julgamento final. REsp 1.116.897-PR, Rel. Min. Luis Felipe Salomão, 24.9.13. 4ª T. (Info 532)

2012

Ação civil pública. Adiantamento de despesas.

As ações civis públicas, em sintonia com o disposto no art. 6º, VIII, do CDC, ao tutelarem direitos individuais homogêneos dos consumidores, viabilizam a otimização da prestação jurisdicional, abrangendo toda uma coletividade atingida em seus direitos, dada a eficácia vinculante de suas sentenças. 2. O art. 18 da Lei 7.347/85 é norma processual especial, que expressamente afastou a necessidade, por parte do legitimado extraordinário, de efetuar o adiantamento de custas, emolumentos, honorários periciais e quaisquer outras despesas, para o ajuizamento de ação coletiva, que, de todo modo, conforme o comando normativo, só terá de ser recolhida a final pelo requerido, se for sucumbente, ou pela autora, acaso constatada manifesta má-fé. 3. Ademais, o art. 87 do CDC expressamente salienta que, nas ações coletivas de defesa do consumidor, não haverá adiantamento de quaisquer despesas, portanto é descabido a imposição à autora do prévio recolhimento da "taxa judiciária". *REsp 978.706, Rel. Min. Luis F. Salomão, 20.9.12. 4ª T. (Info 505)*

Ação civil pública. Termo de ajustamento de conduta. Inexistência de direito subjetivo do particular.

Tanto o art. 5º, § 6º, da LACP quanto o art. 211 do ECA dispõem que os legitimados para a propositura da ação civil pública "poderão tomar dos interessados compromisso de ajustamento de sua conduta às exigências legais". 2. Do mesmo modo que o MP não pode obrigar qualquer pessoa física ou jurídica a assinar termo de cessação de conduta, o Parquet também não é obrigado a aceitar a proposta de ajustamento formulada pelo particular. 3. O compromisso de ajustamento de conduta é um acordo semelhante ao instituto da conciliação e, como tal, depende da convergência de vontades entre as partes. *REsp 596.764, Rel. Min. Antonio C. Ferreira, 17.5.12. 4ª T. (Info 497)*

ACP. Anulação da nomeação de notário. Restituição de valores.

Ação civil pública ajuizada pelo MP, com o objetivo de condenar os réus a restituírem, em favor do Estado do Rio de Janeiro, os valores recebidos a título de emolumentos e custas durante o exercício de suas funções em cartórios extrajudiciais, em face da anulação dos respectivos atos administrativos de nomeação. 2. O art. 28, da Lei 8.935/94, ao expressamente dispor que os notários e registradores possuem direito à percepção dos emolumentos integrais pelos atos praticados na serventia, evidencia que a remuneração dos cartorários não é paga pelos cofres públicos, mas sim pelos particulares usuários do serviço, através do pagamento de emolumentos e custas. 3. Assim, embora reconhecida a nulidade dos atos de designação dos réus, não é possível a pretensão de que os delegatários devolvam os valores recebidos, posto que os serviços notariais e de registro foram devidamente prestados aos usuários, além de que tal montante não pertence ao Estado. *REsp 1.228.967, Rel. Min. Benedito Gonçalves, 7.8.12. 1ª T. (Info 501)*

ACP. Execução. Fundo público de defesa do consumidor.

O MP é parte legítima para promover execução residual da chamada fluid recovery, a que se refere o art. 100, do CDC, com o escopo de reversão ao Fundo Público do valor residual, especialmente quando não houver interessados habilitados em número compatível com a extensão do dano. 2. A reversão para o Fundo Público dos valores não levantados pelos beneficiários é providência cabível na fase de execução da sentença coletiva, descabendo por isso exigir que a inicial da ação de conhecimento já contenha tal pedido, cuja falta não induz julgamento extra petita, tampouco alteração do pedido na fase de execução. 3. Ademais, independente de pedido na ação de conhecimento, a reversão para o fundo é previsão legal, sujeitando-se a condições secundum eventum litis, ou seja, somente reverterá caso ocorra, em concreto e na fase de execução, as circunstâncias previstas no art. 100, CDC. *REsp 996.771, Rel. Min. Luis F. Salomão, 6.3.12. 4ª T. (Info 492)*

ACP. Instalação de linha telefônica. Autorização expressa.

À míngua de obstáculo, em abstrato, no ordenamento jurídico, não há impossibilidade do pedido formulado em ação civil pública no sentido de abster-se a concessionária de telefonia de prestar serviço sem a autorização expressa do consumidor. 2. O MP tem legitimidade ativa para ajuizar ação em defesa de direito difuso, de futuras eventuais vítimas, e individuais homogêneos, de pessoas já vitimadas, integrantes do mercado consumidor. *REsp 976.217, Rel. Min. Maria I. Gallotti, 11.9.12. 4ª T. (Info 504)*

ACP. Legitimidade do MP. Consumidor. Vale-transporte eletrônico. Direito à informação.

O MP tem legitimidade ativa para a propositura de ação civil pública que visa à tutela de direitos difusos, coletivos e individuais homogêneos, conforme inteligência dos arts. 129, III da CF, arts. 81 e 82 do CDC e arts. 1º e 5º da Lei 7.347/85. 4. A responsabilidade de todos os integrantes da cadeia de fornecimento é objetiva e solidária. Arts. 7º, parágrafo único, 20 e 25 do CDC. 5. A falta de acesso à informação suficiente e adequada sobre os créditos existentes no bilhete eletrônico utilizado pelo consumidor para o transporte público, notadamente quando essa informação foi garantida

16. DIREITO PROCESSUAL CONSTITUCIONAL

pelo fornecedor em propaganda por ele veiculada, viola o disposto nos arts. 6º, III e 30 do CDC. 6. Na hipótese de algum consumidor ter sofrido concretamente algum dano moral ou material em decorrência da falta de informação, deverá propor ação individual para pleitear a devida reparação. *REsp 1.099.634, Rel. Min. Nancy Andrighi, 8.5.12. 3ª T. (Info 497)*

ACP. Reparação fluida ("fluid recovery"). Forma de liquidação. Beneficiários identificados e obrigação passível de apuração.

A liquidação do valor devido em execução de ação coletiva realizada com base no art. 100 do CDC – nos casos em que os beneficiários são identificados, e a obrigação objeto da decisão é passível de individualização – deve ser realizada por arbitramento, considerando cada um dos contratos. No caso, em ação civil pública, uma empresa de arrendamento mercantil foi condenada a restituir aos consumidores, em dobro, os valores referentes às multas cobradas em percentual superior a 2% decorrentes do inadimplemento contratual. De início, reconheceu-se a legitimidade do MP para a liquidação e execução de forma subsidiária, quando inertes os beneficiários da decisão em ação civil pública, conforme previsto no art. 100 do CDC. Quanto aos outros pontos, consignou-se que deve ser utilizado o instituto da reparação fluida ("fluid recovery"), diante da decisão judicial que pode ser individualmente executada, mas com a inércia dos interessados em liquidá-la. Caso isso não fosse possível, correria o risco de haver enriquecimento indevido do causador do dano. Quanto à forma de liquidação, registrou que há peculiaridades: todos os beneficiários da decisão são conhecidos e há possibilidade de apurar o valor efetivamente devido com base nos critérios fixados judicialmente. Nesse contexto, em respeito ao princípio da menor onerosidade da execução (art. 620 do CPC), havendo possibilidade de calcular com precisão o valor devido, a liquidação deve ser realizada por arbitramento (arts. 475-C, II, e 475-D, do CPC). Ademais, a liquidação com base em cada um dos contratos é a que prestigiará o decidido no título executivo. *REsp 1.187.632, Rel. p/ ac. Min. Antonio C. Ferreira, 5.6.12. 4ª T. (Info 499)*

Competência. ACP. Local do dano.

A competência para processar e julgar ação civil pública é absoluta e se dá em função do local onde ocorreu o dano. O art. 2º da Lei 7.347/85 estabelece que as ações da referida norma serão propostas no foro do local onde ocorrer o dano, cujo juízo terá competência funcional para processar e julgar a causa. *AgRg nos EDcl no CC 113.788-DF, Rel. Min. Arnaldo Esteves Lima, 14.11.12. 1ª S. (Info 510)*

Consumidor. ACP. Direito individual homogêneo.

Para configuração de legitimidade ativa e de interesse processual de associação para a propositura de ação civil pública em defesa de consumidores, faz-se necessário que a inicial da lide demonstre ter por objeto a defesa de direitos difusos, coletivos ou individuais homogêneos. Não é cabível o ajuizamento de ação coletiva para a defesa de interesses meramente individuais, o que importa carência de ação. 2. Nas ações em que se pretende a defesa de direitos individuais homogêneos, não obstante os sujeitos possam ser determináveis na fase de conhecimento (exigindo-se estejam determinados apenas na liquidação de sentença ou na execução), não se pode admitir seu ajuizamento sem que haja, ao menos, indícios de que a situação a ser tutelada é pertinente a um número razoável de consumidores. O promovente da ação civil pública deve demonstrar que diversos sujeitos, e não apenas um ou dois, estão sendo possivelmente lesados pelo fato de "origem comum", sob pena de não ficar caracterizada a homogeneidade do interesse individual a ser protegido. *REsp 823.063, Rel. Min. Raul Araújo, 14.2.12. 4ª T. (Info 491)*

Execução individual de sentença coletiva. Termo inicial dos juros de mora.

Reconhecida a procedência do pedido em ação civil pública destinada a reparar lesão a direitos individuais homogêneos, os juros de mora somente são devidos a partir da citação do devedor ocorrida na fase de liquidação de sentença, e não a partir de sua citação inicial na ação coletiva. *AgRg no REsp 1.348.512-DF, Rel. Min. Luis Felipe Salomão, 18.12.12. 4ª T. (Info 513)*

Isenção de taxa judiciária para propositura de ação civil pública ou coletiva.

A inexistência de previsão no Código Tributário estadual de isenção de taxa judiciária para a propositura de ação civil pública ou de ação coletiva não retira a eficácia dos arts. 18 da LACP e 87 do CDC, que estabelecem a impossibilidade de adiantamento de custas, emolumentos, honorários periciais e quaisquer outras despesas. *REsp 1.288.997, Rel. Min. Nancy Andrighi, 16.10.12. 3ª T. (Info 507)*

Inquérito civil. Ação civil pública.

O inquérito civil, como peça informativa, pode embasar a propositura de ação civil pública contra agente político, sem a necessidade de abertura de procedimento administrativo prévio. *AREsp 113.436, Rel. Min. Benedito Gonçalves, 10.4.12. 1ª T. (Info 495)*

Legitimidade. MP. Liquidação e execução de sentença coletiva.

Não obstante ser ampla a legitimação para impulsionar a liquidação e a execução da sentença coletiva, admitindo-se que a promovam o próprio titular do direito material, seus sucessores ou um dos legitimados do art. 82 do CDC, o art. 97 impõe uma gradação de preferência que permite a legitimidade coletiva subsidiariamente, uma vez que, nessa fase, o ponto central é o dano pessoal sofrido pelas vítimas. Assim, no ressarcimento individual (arts. 97 e 98 do CDC), a liquidação e a execução serão obrigatoriamente personalizadas e divisíveis, devendo prioritariamente ser promovidas pelas vítimas ou seus sucessores de forma singular, uma vez que o próprio lesado tem melhores condições de demonstrar a existência do seu dano pessoal, o nexo etiológico com o dano globalmente reconhecido, bem como o montante equivalente à sua parcela. Todavia, para o cumprimento de sentença, o escopo é o ressarcimento do dano individualmente experimentado, de modo que a indivisibilidade do objeto cede lugar à sua individualização. O art. 98 do CDC preconiza que a execução coletiva terá lugar quando já houver sido fixado o valor da indenização devida em sentença de liquidação, a qual deve ser – em sede de direitos individuais homogêneos – promovida pelos próprios titulares ou sucessores. A legitimidade do MP para instaurar a execução exsurgirá, se for o caso, após o prazo de um ano do trânsito em julgado, se não houver a habilitação de interessados em número compatível com a gravidade do dano, nos termos do art. 100 do CDC. É que a hipótese versada nesse dispositivo encerra situação em que, por alguma razão, os consumidores lesados desinteressam-se do cumprimento individual da sentença, retornando a legitimação dos entes públicos indicados no art. 82 do CDC para requerer ao juízo a apuração dos danos globalmente causados e a reversão dos valores apurados para o Fundo de Defesa dos Direitos Difusos (art. 13 da LACP), com vistas a que a sentença não se torne inócua, liberando o fornecedor que atuou ilicitamente de arcar com a reparação dos danos causados. No caso, não se tem notícia da publicação de editais cientificando os interessados da sentença exequenda, o que constitui óbice à sua habilitação na liquidação, sendo certo que o prazo decadencial sequer iniciou o seu curso, não obstante já se tenham escoado quase treze anos do trânsito em julgado. Assim, conclui-se que, no momento em que se encontra o feito, o MP, a exemplo dos demais entes públicos indicados no art. 82 do CDC, carece de legitimidade para a liquidação da sentença genérica, haja vista a própria conformação constitucional deste órgão e o escopo precípuo dessa forma de execução, qual seja, a satisfação de interesses individuais personalizados que, apesar de se encontrarem circunstancialmente agrupados, não perdem sua natureza disponível. *REsp 869.583, Rel. Min. Luis F. Salomão, 5.6.12. 4ª T. (Info 499)*

1.2. Ação Penal Originária

2016

Execução provisória de pena em ação penal originária.

É possível a execução provisória de pena imposta em acordão condenatório proferido em ação penal de competência originária de tribunal. *EDcl no REsp 1.484.415-DF, Rel. Min. Rogerio Schietti Cruz, DJe 14.4.2016. 6ª T. (Info 581)*

Momento da apresentação de exceção da verdade.

Nas demandas que seguem o rito dos processos de competência originária dos Tribunais Superiores Lei 8.038/90), é tempestiva a exceção da verdade apresentada no prazo da defesa prévia (art. 8º), ainda que o acusado tenha apresentado defesa preliminar (art. 4º). *HC 202.548-MG, Rel. Min. Reynaldo Soares da Fonseca, DJe 1º.12.2015. 5ª T. (Info 574)*

1.3. Ação Popular

2015

Impossibilidade de condenação de ressarcimento ao erário fundada em lesão presumida.

Ainda que procedente o pedido formulado em ação popular para declarar a nulidade de contrato administrativo e de seus posteriores aditamentos, não se admite reconhecer a existência de lesão presumida para condenar os réus a ressarcir ao

16. DIREITO PROCESSUAL CONSTITUCIONAL

erário se não houve comprovação de lesão aos cofres públicos, mormente quando o objeto do contrato já tenha sido executado e existam laudo pericial e parecer do Tribunal de Contas que concluam pela inocorrência de lesão ao erário. *REsp 1.447.237-MG, Rel. Min. Napoleão Nunes Maia Filho, DJe 9.3.15. 1ª T. (Info 557)*

1.4. "Habeas Corpus"

2016

HC e medidas protetivas previstas na Lei Maria da Penha.

Cabe "habeas corpus" para apurar eventual ilegalidade na fixação de medida protetiva de urgência consistente na proibição de aproximar-se de vítima de violência doméstica e familiar. *HC 298.499-AL, Rel. Min. Reynaldo Soares da Fonseca, DJe 9.12.2015. 5ª T. (Info 574)*

Inadequação do "habeas corpus" para impugnar decisão que determina a busca e apreensão e o acolhimento de criança.

Não cabe "habeas corpus" para impugnar decisão judicial liminar que determinou a busca e apreensão de criança para acolhimento em família devidamente cadastrada junto a programa municipal de adoção. *HC 329.147-SC, Rel. Min. Maria Isabel Gallotti, DJe 11.12.2015. 4ª T. (Info 574)*

Interposição de recurso ordinário contra decisão concessiva de ordem de "habeas corpus".

É admissível a interposição de recurso ordinário para impugnar acórdão de Tribunal de Segundo Grau concessivo de ordem de "habeas corpus" na hipótese em que se pretenda questionar eventual excesso de medidas cautelares fixadas por ocasião de deferimento de liberdade provisória. *RHC 65.974-SC, Rel. Min. Reynaldo Soares da Fonseca, DJe 16.3.2016. 5ª T. (Info 579)*

2015

Análise de "habeas corpus" a despeito de concessão de sursis.

A eventual aceitação de proposta de suspensão condicional do processo não prejudica a análise de "habeas corpus" *RHC 41.527-RJ, Rel. Min. Jorge Mussi, DJe 11.3.15. 5ª T. (Info 557)*

Cabimento de HC para análise de afastamento de cargo de prefeito.

É cabível impetração de "habeas corpus" para que seja analisada a legalidade de decisão que determina o afastamento de prefeito do cargo, quando a medida for imposta conjuntamente com a prisão. *HC 312.016-SC, Rel. Min. Felix Fischer, DJe 5.5.15. 5ª T. (Info 561)*

Intervenção de terceiros em "habeas corpus".

Admite-se a intervenção do querelante em "habeas corpus" oriundo de ação penal privada. *RHC 41.527-RJ, Rel. Min. Jorge Mussi, DJe 11.3.15. 5ª T. (Info 557)*

2014

Cabimento de "habeas corpus" em ação de interdição.

É cabível a impetração de "habeas corpus" para reparar suposto constrangimento ilegal à liberdade de locomoção decorrente de decisão proferida por juízo cível que tenha determinado, no âmbito de ação de interdição, internação compulsória. *HC 135.271-SP, Rel. Min. Sidnei Beneti, 17.12.13. 3ª T. (Info 533)*

Inadequação de "habeas corpus" para questionar pena de suspensão do direito de dirigir veículo automotor.

O "habeas corpus" não é o instrumento cabível para questionar a imposição de pena de suspensão do direito de dirigir veículo automotor. *HC 283.505-SP, Rel. Min. Jorge Mussi, 21.10.14. 5ª T. (Info 550)*

RHC que consista em mera reiteração de HC.

A análise pelo STJ do mérito de "habeas corpus" com o objetivo de avaliar eventual possibilidade de concessão da ordem de ofício, ainda que este tenha sido considerado incabível por inadequação da via eleita, impede a posterior apreciação de recurso ordinário em "habeas corpus" que também esteja tramitando no Tribunal, e que consista em mera reiteração do "mandamus" já impetrado (com identidade de partes, objeto e causa de pedir). Isso porque, nessa hipótese, estaria configurada a litispendência. *RHC 37.895-RS, Rel. Min. Laurita Vaz, 27.3.14. 5ª T. (Info 539)*

2012

Cabimento de "habeas corpus" substitutivo de agravo em execução.

É possível a impetração de "habeas corpus" em substituição à utilização do agravo em execução, previsto no art. 197 da LEP, desde que não seja necessário revolvimento de provas para a sua apreciação e que a controvérsia se limite à matéria de direito. *HC 255.405, Rel. Min. Campos Marques, 13.11.12. 6ª T. (Info 509)*

"Habeas corpus". Cabimento de "habeas corpus" substitutivo de agravo em execução.

Não é cabível a impetração de "habeas corpus" em substituição à utilização de agravo em execução na hipótese em que não há ilegalidade manifesta relativa a matéria de direito cuja constatação seja evidente e independa de qualquer análise probatória. *HC 238.422-BA, Rel. Min. Maria T. A. Moura, 6.12.12. 6ª T. (Info 513)*

HC substitutivo de recurso ordinário. Nova orientação.

O STF, em recentes pronunciamentos, aponta para uma retomada do curso regular do processo penal, ao inadmitir o "habeas corpus" substitutivo do recurso ordinário. 2. Sem embargo, mostra-se precisa a ponderação no sentido de que, "no tocante a "habeas" já formalizado sob a óptica da substituição do recurso constitucional, não ocorrerá prejuízo para o paciente, ante a possibilidade de vir-se a conceder, se for o caso, a ordem de ofício." 3. Hipótese em que a decisão de primeiro grau, corroborada pelo Tribunal "a quo" no "writ" originário, não apresentou argumentos idôneos e suficientes à manutenção da prisão cautelar da ora Paciente, pois, apesar de afirmar a presença de indícios suficientes de autoria e materialidade para a deflagração da ação penal, não apontou elementos concretos extraídos dos autos que justificassem a necessidade da custódia, restando esta amparada, tão somente, na gravidade abstrata do delito e no seu caráter hediondo. *HC 239.550, Rel. Min. Laurita Vaz, 18.9.12. 5ª T. (Info 504)*

HC. Trancamento da ação penal. Falta de justa causa.

O trancamento da ação penal pela via de "habeas corpus" é medida de exceção, que só é admissível quando emerge dos autos, de forma inequívoca e patente, a inocência do acusado, a atipicidade da conduta ou a extinção da punibilidade. 2. No caso, nenhuma dessas três hipóteses se apresenta. Além de a denúncia conter elementos indiciários suficientes da autoria e da materialidade do delito, o acórdão impugnado, ao decidir pelo trancamento do feito, acabou por apreciar o próprio mérito da ação penal, devendo, por isso, ser cassado para que seja dado prosseguimento à "persecutio criminis". *REsp 1.046.892, Rel. Min. Laurita Vaz, 16.8.12. 5ª T. (Info 502)*

1.5. "Habeas Data"

2016

Impossibilidade de utilização de ação exibitória como substitutiva de "habeas data".

Não é cabível ação de exibição de documentos que tenha por objeto a obtenção de informações detidas pela Administração Pública que não foram materializadas em documentos (eletrônicos ou não), ainda que se alegue demora na prestação dessas informações pela via administrativa*REsp 1.415.741-MG, Rel. Min. Mauro Campbell Marques, DJe 14.12.2015. 2ª T. (Info 575)*

2014

Inadequação de "habeas data" para acesso a dados do registro de procedimento fiscal.

O "habeas data" não é via adequada para obter acesso a dados contidos em Registro de Procedimento Fiscal (RPF). Isso porque o RPF, por definição, é documento de uso privativo da Receita Federal; não tem caráter público, nem pode ser transmitido a terceiros. *REsp 1.411.585-PE, Rel. Min. Humberto Martins, 5.8.14. 2ª T. (Info 548)*

1.6. Mandado de Segurança

2016

Competência para julgar mandado de segurança contra ato do chefe do MPDFT no exercício de atividade submetida à jurisdição administrativa federal.

É do TRF da 1º Região, e não do TJDFT, a competência para processar e julgar mandado de segurança impetrado contra ato do Procurador-Geral de Justiça do Distrito Federal que determinou a retenção de Imposto de Renda (IR) e de contribuição ao

Plano de Seguridade Social (PSS) sobre valores decorrentes da conversão em pecúnia de licenças-prêmio. REsp 1.303.154-DF, Rel. Min. Gurgel de Faria, DJe 8.8.2016. 1ª T. (Info 587)

Efeitos financeiros da concessão de ordem mandamental contra ato de redução de vantagem de servidor público.

Em mandado de segurança impetrado contra redução do valor de vantagem integrante de proventos ou de remuneração de servidor público, os efeitos financeiros da concessão da ordem retroagem à data do ato impugnado. EREsp 1.164.514-AM, Rel. Min. Napoleão Nunes Maia Filho, DJe 25.2.2016. Corte Especial. (Info 578)

Mandado de Segurança. Honorários advocatícios recursais. Não cabimento.

O art. 25 da Lei 12.016/09, que estabelece regra de descabimento de condenação em honorários advocatícios "no processo mandamental", afasta a incidência do regime do art. 85, § 11, do NCPC. RMS 52.024-RJ, Rel. Min. Mauro Campbell Marques, DJe 14.10.2016. 2ª T. (Info 592)

Mandado de segurança impetrado por servidor público e regime de pagamento pela fazenda pública.

No mandado de segurança impetrado por servidor público contra a Fazenda Pública, as parcelas devidas entre a data de impetração e a de implementação da concessão da segurança devem ser pagas por meio de precatórios, e não via folha suplementar. REsp 1.522.973-MG, Rel. Min. Diva Malerbi, DJe 12.2.2016. 2ª T. (Info 576)

Prazo decadencial para impetrar mandado de segurança contra redução de vantagem de servidor público.

O prazo decadencial para impetrar mandado de segurança contra redução do valor de vantagem integrante de proventos ou de remuneração de servidor público renova-se mês a mês. EREsp 1.164.514-AM, Rel. Min. Napoleão Nunes Maia Filho, DJe 25.2.2016. Corte Especial. (Info 578)

2014

Desistência de mandado de segurança.

O impetrante pode desistir de mandado de segurança sem a anuência do impetrado mesmo após a prolação da sentença de mérito. REsp 1.405.532-SP, Rel. Min. Eliana Calmon, 10.12.13. 2ª T. (Info 533)

Indicação equivocada da autoridade coatora em inicial de MS.

Nos casos de equívoco facilmente perceptível na indicação da autoridade coatora, o juiz competente para julgar o mandado de segurança pode autorizar a emenda da petição inicial ou determinar a notificação, para prestar informações, da autoridade adequada – aquela de fato responsável pelo ato impugnado –, desde que seja possível identificá-la pela simples leitura da petição inicial e exame da documentação anexada. RMS 45.495-SP, Rel. Min. Raul Araújo, 26.8.14. 4ª T. (Info 551)

Mandado de segurança contra limite de idade em concurso público.

O prazo decadencial para impetrar mandado de segurança contra limitação de idade em concurso público conta-se da ciência do ato administrativo que determina a eliminação do candidato pela idade, e não da publicação do edital que prevê a regra da limitação. AgRg no AREsp 213.264-BA, Rel. Min. Benedito Gonçalves, 5.12.13. 1ª T. (Info 533)

Mandado de segurança para atribuição de efeito suspensivo a recurso em sentido estrito.

Não cabe, na análise de pedido liminar de mandado de segurança, atribuir efeito suspensivo ativo a recurso em sentido estrito interposto contra a rejeição de denúncia, sobretudo sem a prévia oitiva do réu. HC 296.848-SP, Rel. Min. Rogerio S. Cruz, 16.9.14. 6ª T. (Info 547)

MS para controle de competência dos juizados especiais federais.

É possível a impetração de mandado de segurança nos tribunais regionais federais com a finalidade de promover o controle da competência dos Juizados Especiais Federais. RMS 37.959-BA, Rel. Min. Herman Benjamin, 17.10.13. 2ª T. (Info 533)

Prazo para impetração de MS contra decisão judicial irrecorrível.

Em regra, o prazo para a impetração de mandado de segurança em face de decisão que converte agravo de instrumento em agravo retido é de 5 dias, a contar da data da publicação da decisão. RMS 43.439-MG, Rel. Min. Nancy Andrighi, 24.9.13. 3ª T. (Info 533)

Termo inicial do prazo decadencial para impetrar MS contra ato administrativo que exclui candidato de concurso público.

O termo inicial do prazo decadencial para a impetração de mandado de segurança no qual se discuta regra editalícia que tenha fundamentado eliminação em concurso público é a data em que o candidato toma ciência do ato administrativo que determina sua exclusão do certame, e não a da publicação do edital. *REsp 1.124.254-PI, Rel. Min. Sidnei Beneti, 1º.7.14. Corte Especial. (Info 545)*

2013

Desnecessidade de sobrestamento de mandado de segurança que tramita no STJ em razão de declaração de repercussão geral pelo STF.

O reconhecimento da repercussão geral pelo STF não implica, necessariamente, a suspensão de mandado de segurança em trâmite no STJ, mas unicamente o sobrestamento de eventual recurso extraordinário interposto em face de acórdão proferido pelo STJ ou por outros tribunais. *MS 11.044-DF, Rel. Min. Og Fernandes, 13.3.13. 3ª S. (Info 519)*

Emenda à petição de mandado de segurança para retificação da autoridade coatora.

Deve ser admitida a emenda à petição inicial para corrigir equívoco na indicação da autoridade coatora em mandado de segurança, desde que a retificação do polo passivo não implique alteração de competência judiciária e desde que a autoridade erroneamente indicada pertença à mesma pessoa jurídica da autoridade de fato coatora. *AgRg no AREsp 368.159-PE, Rel. Min. Humberto Martins, 1º.10.13. 2ª T. (Info 529)*

Ilegitimidade do governador de estado para figurar como autoridade coatora em mandado de segurança em que se busque a atribuição de pontuação em concurso público.

O Governador do Estado é parte ilegítima para figurar como autoridade coatora em mandado de segurança no qual o impetrante busque a atribuição da pontuação referente à questão de concurso público realizado para o provimento de cargos do quadro de pessoal da respectiva unidade federativa. *AgRg no RMS 37.924-GO, Rel. Min. Mauro Campbell Marques, 9.4.13. 2ª T. (Info 519)*

Inocorrência de perda do objeto de mandado de segurança em razão do encerramento do certame, do término do curso de formação ou da homologação do resultado final do concurso impugnado.

O encerramento do certame, o término do curso de formação ou a homologação do resultado final do concurso público não acarretam perda do objeto de mandado de segurança impetrado em face de suposta ilegalidade ou abuso de poder praticados durante uma de suas etapas. Entender como prejudicado o pedido nessas situações seria assegurar indevida perpetuação da eventual ilegalidade ou do possível abuso praticado. *RMS 28.400-BA, Rel. Min. Sebastião Reis Júnior, 19.2.13. 6ª T. (Info 515)*

Mandado de segurança para impugnar ato judicial que tenha determinado a conversão de agravo de instrumento em agravo retido.

É cabível mandado de segurança para impugnar decisão que tenha determinado a conversão de agravo de instrumento em agravo retido. Nessa hipótese, não há previsão de recurso próprio apto a fazer valer o direito da parte ao imediato processamento de seu agravo. *RMS 30.269-RJ, Rel. Min. Raul Araújo, 11.6.13. 4ª T. (Info 526)*

Prazo decadencial para a impetração de mandado de segurança.

Renova-se mês a mês o prazo decadencial para a impetração de mandado de segurança no qual se contesta o pagamento de pensão feito pela Administração em valor inferior ao devido. Cuidando-se de conduta omissiva ilegal da Administração, que envolve obrigação de trato sucessivo, o prazo decadencial estabelecido pela Lei do Mandado de Segurança se renova de forma continuada. *AgRg no AREsp 243.070-CE, Rel. Min. Humberto Martins, 7.2.13. 2ª T. (Info 517)*

Sucessão processual em mandado de segurança.

Não é possível a sucessão de partes em processo de mandado de segurança. Isso porque o direito líquido e certo postulado no mandado de segurança tem caráter personalíssimo e intransferível. *EDcl no MS 11.581-DF, Rel. Min. Og Fernandes, 26.6.13. 3ª S. (Info 528)*

Termo inicial do prazo para impetração de mandado de segurança objetivando a nomeação em cargo público.

Na hipótese em que houver, em ação autônoma, o reconhecimento da nulidade de questões de concurso público, o termo inicial do prazo para que o candidato beneficiado impetre mandado de segurança objetivando sua nomeação no cargo público será a data do trânsito em julgado da decisão judicial. O candidato favorecido pela decisão judicial somente passa a ter direito líquido e certo à nomeação a partir da referida data. *AgRg no REsp 1.284.773-AM, Rel. Min. Benedito Gonçalves, 23.4.13. 1ª T. (Info 522)*

Utilização de mandado de segurança para controle da competência dos juizados especiais.

É cabível mandado de segurança, a ser impetrado no Tribunal de Justiça, a fim de que seja reconhecida, em razão da complexidade da causa, a incompetência absoluta dos juizados especiais para o julgamento do feito, ainda que no processo já exista decisão definitiva de turma recursal da qual não caiba mais recurso. *RMS 39.041-DF, Rel. Min. Raul Araújo, 7.5.13. 4ª T. (Info 524)*

2012

CEF. Legitimidade. FGTS. Execução de alimentos.

A CEF, na qualidade de agente operador do FGTS, reveste-se de legitimidade como terceiro prejudicado para impetrar mandado de segurança contra decisão que determina o levantamento de valores mantidos em conta vinculada do fundo para saldar dívida de alimentos. *RMS 35.826, Rel. Min. Nancy Andrighi, 10.4.12. 3ª T. (Info 495)*

Cabimento de mandado de segurança. Desprovimento de embargos infringentes em execução fiscal.

É cabível a impetração de mandado de segurança contra decisão que nega provimento a embargos infringentes para manter a extinção da execução fiscal de valor inferior a 50 ORTNs. *RMS 31.681, Rel. Min. Castro Meira, 18.10.12. (Info 507)*

Competência. Mandado de segurança contra presidente de subseção da OAB.

Compete à Justiça Federal processar e julgar mandado de segurança impetrado contra presidente de subseção da OAB. *AgRg no REsp 1.255.052, Rel. Min. Humberto Martins, 6.11.12. 2ª T. (Info 508)*

Concurso público. Eliminação de candidato em teste físico. Mandado de segurança. Termo inicial do prazo decadencial.

O termo inicial do prazo decadencial para a impetração de mandado de segurança no qual se discute a eliminação de candidato em concurso público em razão de reprovação em teste de aptidão física é a data da própria eliminação, e não a da publicação do edital do certame. *AgRg no RMS 36.798-MS, Rel. Min. Herman Benjamin, 9.10.12. 2ª T. (Info 507)*

Impossibilidade de ajuizamento de MS contra acórdão da Corte Especial.

Não cabe mandado de segurança contra ato jurisdicional dos órgãos fracionários ou de relator desta Corte Superior, exceto nas hipóteses excepcionais de teratologia ou de flagrante ilegalidade. *AgRg no AgRg no MS 16.034, Rel. Min. Massami Uyeda, 7.11.12. Corte Especial. (Info 508)*

Mandado de segurança. Ato da Corte Especial.

Não cabe mandado de segurança para a Corte Especial do STJ quando esta figure como autoridade coatora, pois, não havendo previsão na legislação processual, não pode esse órgão ser, a um só tempo, julgador e coator. 2. Também é incabível mandado de segurança contra decisão jurisdicional da Corte Especial desconstituível por recurso extraordinário. *MS 16.042, Rel. Min. João Otávio de Noronha, 15.2.12. Corte Especial. (Info 491)*

Mandado de segurança. Ato de interventor.

O interventor de entidade fechada de previdência privada é parte legítima passiva para responder a mandado de segurança impetrado contra ato praticado na qualidade de delegado do Poder Público. 2. A análise da legalidade do ato de redução do benefício passa necessariamente pelo exame da existência de contribuição prévia para sua constituição, fato controvertido entre as partes, o que impõe dilação probatória, incompatível com o rito processual do mandado de segurança e insusceptível de exame na via do recurso especial. *REsp 262.793, Rel. Min. Maria I. Gallotti, 28.2.12. 4ª T. (Info 492)*

Mandado de segurança. Cabimento. Configuração de prova pré-constituída da liquidez e certeza do direito à obtenção de medicamentos e insumos. Laudo médico particular.

A instrução de MS somente com laudo médico particular não configura prova pré-constituída da liquidez e certeza do direito do impetrante de obter do Poder Público determinados medicamentos e insumos para o tratamento de enfermidade acometida por ele. *RMS 30.746-MG, Rel. Min. Castro Meira, 27.11.12. 2ª T. (Info 511)*

Mandado de segurança concomitante com recurso especial. Mesma matéria. Invasão de competência.

Não é cabível impetrar MS perante o Tribunal de origem para discutir matéria já aduzida em REsp pendente de apreciação do STJ, ainda que os vícios acerca dos quais a parte se insurgiu no "mandamus" não sejam, ordinariamente, passíveis de revisão no apelo extremo. *Rcl 8.668-GO, Rel. Min. Nancy Andrighi, 28.11.12. 2ª S. (Info 510)*

Mandado de segurança. Desistência antes de proferida a sentença.

A desistência do mandado de segurança pode ser requerida a qualquer tempo, desde que em momento anterior à prolação da sentença de mérito. *REsp 1.296.778-GO, Rel. Min. Campbell Marques, 16.10.12. 2ª T. (Info 507)*

Mandado de segurança. Ilegitimidade da autoridade coatora. Agente de retenção de tributos.

Não tem legitimidade o Procurador-Geral de Justiça do MPDFT para figurar no polo passivo de MS impetrado por procuradora de justiça do respectivo órgão com o intuito de obter a declaração da ilegalidade da incidência de imposto de renda e de contribuição social no pagamento de parcelas referentes à conversão em pecúnia de licença-prêmio não usufruída. *AgRg no AREsp 242.466-MG, Rel. Min. Castro Meira, 27.11.12. 2ª T. (Info 512)*

Mandado de segurança. Interrupção e suspensão do prazo prescricional.

O ajuizamento de mandado de segurança interrompe e suspende o fluxo do prazo prescricional de ação de cobrança de parcelas pretéritas à impetração, somente se reiniciando após o trânsito em julgado do "mandamus". *AgRg no REsp 1.294.191, Rel. Min. Diva Malerbi, 13.11.12. 2ª T. (Info 509)*

Mandado de segurança. Legitimidade ativa. Cumprimento de sentença arbitral.

A câmara arbitral ou o próprio árbitro não têm legitimidade ativa para impetrar MS com o objetivo de dar cumprimento à sentença arbitral em que reconhecido ao trabalhador despedido sem justa causa o direito de levantar o saldo da conta vinculada do FGTS. Nos termos do disposto no art. 6º do CPC, somente é permitido pleitear, em nome próprio, direito de outrem nos casos previstos em lei. Assim, cabe a cada um dos trabalhadores submetidos ao procedimento arbitral insurgir-se contra o ato que recusou a liberação do levantamento do FGTS assegurado na via arbitral. *REsp 1.290.811, Rel. Min. Eliana Calmon, 18.10.12. 2ª T. (Info 507)*

Mandado de segurança. Legitimidade passiva. Decisão do CNJ.

O presidente de Tribunal de Justiça estadual que executa decisão proferida pelo CNJ não pode ser considerado autoridade coatora para fins de impetração de mandado de segurança. *RMS 30.561, Rel. Teori Zavascki, 14.8.12. 1ª T. (Info 502)*

Mandado de segurança. Possibilidade de declaração incidental de inconstitucionalidade por via difusa.

É possível declarar incidentalmente a inconstitucionalidade de lei ou ato normativo do Poder Público na via do mandado de segurança, vedando-se a utilização desse remédio constitucional tão somente em face de lei em tese ou na hipótese em que a causa de pedir seja abstrata, divorciada de qualquer elemento fático e concreto que justifique a impetração. *RMS 31.707, Rel. Min. Diva Malerbi, 13.11.12. 2ª T. (Info 509)*

Mandado de segurança. Resultado em exame psicotécnico. Decadência. Termo "a quo".

O termo inicial do prazo decadencial para a impetração do mandado de segurança que se insurge contra resultado obtido em exame psicotécnico é a data da publicação do ato administrativo que determina a eliminação do candidato, não a data da publicação do edital do certame. *AgRg no AREsp 202.442, Rel. Min. Mauro Campbell, 9.10.12. 2ª T. (Info 506)*

MS impetrado contra ato judicial. Existência de teratologia ou prejuízo irreparável ou de difícil reparação.

Admite-se a impetração de mandado de segurança contra ato judicial em situações teratológicas, abusivas que possam gerar dano irreparável ou nos casos em que o recurso previsto não tenha obtido ou não possa obter efeito suspensivo. *AgRg no MS 17.857, Rel. Min. Arnaldo E. Lima, 7.11.12. Corte Especial. (Info 508)*

Recurso ordinário em mandado de segurança. Exigência de decisão colegiada.

Não é cabível a interposição de recurso ordinário em face de decisão monocrática do relator no tribunal de origem que julgou extinto o mandado de segurança. A hipótese de interposição do recurso ordinário constitucional (art. 105, II, b, da CF) é clara, dirigindo-se contra os mandados de segurança decididos em única instância pelos tribunais regionais federais ou pelos tribunais dos estados, do Distrito Federal e Territórios, quando denegatória a decisão. *AgRg na MC 19.774, Rel. Min. Paulo Sanseverino, 2.10.12. 3ª T. (Info 505)*

Termo inicial do prazo decadencial do mandado de segurança. Supressão de horas extras incorporadas.

O termo inicial do prazo decadencial para impetração de mandado de segurança na hipótese de supressão de valores referentes a horas extras supostamente incorporadas por servidor público é a data em que a verba deixou de ser paga. *RMS 34.363-MT, Rel. Min. Herman Benjamin, 6.12.12. 2ª T. (Info 513)*

2. RECLAMAÇÃO CONSTITUCIONAL

2013

Reclamação. Descabimento da medida para a impugnação de decisão que aplica entendimento de recurso representativo de controvérsia.

Não cabe reclamação ao STJ contra decisão que, com fulcro no art. 543-C, §7º, I, do CPC, aplica entendimento firmado em recurso especial submetido ao procedimento dos recursos representativos de controvérsia. *AgRg na Rcl 10.805-RS, Rel. Min. Luiz Felipe Salomão, 4.2.13. 2ª S. (Info 513)*

Reclamação para diminuição do valor da astreinte fixada por turma recursal.

Cabe reclamação ao STJ, em face de decisão de turma recursal dos juizados especiais dos estados ou do Distrito Federal, com o objetivo de reduzir o valor de multa cominatória demasiadamente desproporcional em relação ao valor final da condenação. Nessa situação, verifica-se a teratologia da decisão impugnada. *Rcl 7.861-SP, Rel. Min. Luis Felipe Salomão, 11.9.13. 2ª S. (Info 527)*

2012

Reclamação. Decisão de turma recursal do juizado especial da fazenda pública.

Não é cabível o ajuizamento da reclamação prevista na Res. 12/09 do STJ contra decisão de Turma Recursal do Juizado Especial da Fazenda Pública. *Rcl 7.117, Rel. p/ ac. Min. Campbell Marques, 24.10.12. 1ª S. (Info 509)*

Reclamação. Usurpação de competência. IRPF. Auxílio-creche. Matéria disciplinada pelo CJF.

Não usurpa a competência do STJ a decisão do Juiz de primeira instância que, antecipando os efeitos de tutela jurisdicional requerida no bojo de ação ordinária, suspende ato praticado pela administração judiciária com base em decisão do Conselho da Justiça Federal. *Rcl 4.298-SP, Min. Rel. João Otávio de Noronha, 15.2.12. Corte Especial. (Info 491)*

17. DIREITO PROCESSUAL PENAL

1. DO PROCESSO EM GERAL

1.1. Do Inquérito Policial

2016

Tramitação direta de inquérito policial entre a Polícia Federal e o Ministério Público Federal.

Não é ilegal a portaria editada por Juiz Federal que, fundada na Res. CJF n. 63/09, estabelece a tramitação direta de inquérito policial entre a Polícia Federal e o Ministério Público Federal. De fato, o inquérito policial "qualifica-se como procedimento administrativo, de caráter pré-processual, ordinariamente vocacionado a subsidiar, nos casos de infrações perseguíveis mediante ação penal de iniciativa pública, a atuação persecutória do Ministério Público, que é o verdadeiro destinatário dos elementos que compõem a 'informatio delicti'" (STF, HC 89837). Nesse desiderato, a tramitação direta de inquéritos entre a Polícia Judiciária e o órgão de persecução criminal traduz expediente que, longe de violar preceitos constitucionais, atende à garantia da duração razoável do processo – pois lhe assegura célere tramitação –, bem como aos postulados da economia processual e da eficiência. *RMS 46.165-SP, Rel. Min. Gurgel de Faria, DJe 4.12.2015. 5ª T. (Info 574)*

2015

Arquivamento do inquérito policial.

Na ação penal pública incondicionada, a vítima não tem direito líquido e certo de impedir o arquivamento do inquérito ou das peças de informação. *MS 21.081-DF, Rel. Min. Raul Araújo, DJe 4.8.15. Corte Especial. (Info 565)*

Efeitos do arquivamento do inquérito policial pelo reconhecimento de legítima defesa.

Promovido o arquivamento do inquérito policial pelo reconhecimento de legítima defesa, a coisa julgada material impede a rediscussão do caso penal em qualquer novo feito criminal, descabendo perquirir a existência de novas provas. *REsp 791.471-RJ, Rel. Min. Nefi Cordeiro, DJe 16.12.14. 6ª T. (Info 554)*

Inaplicabilidade do art. 28 do CPP nos procedimentos investigativos que tramitem originariamente no STJ.

Se membro do MPF, atuando no STJ, requerer o arquivamento do inquérito policial ou de quaisquer peças de informação que tramitem originariamente perante esse Tribunal Superior, este, mesmo considerando improcedentes as razões invocadas, deverá determinar o arquivamento solicitado, sem a possibilidade de remessa para o Procurador-Geral da República, não se aplicando o art. 28 do CPP. *Inq 967-DF, Rel. Min. Humberto Martins, DJe 30.3.15. Corte Especial. (Info 558)*

Indiciamento como atribuição exclusiva da autoridade policial.

O magistrado não pode requisitar o indiciamento em investigação criminal. Isso porque o indiciamento constitui atribuição exclusiva da autoridade policial. *RHC 47.984-SP, Rel. Min. Jorge Mussi, j. 4.11.14. 5ª T. (Info 552)*

2014

Poderes do relator em investigação contra magistrado.

O prosseguimento da investigação criminal em que surgiu indício da prática de crime por parte de magistrado não depende de deliberação do órgão especial do tribunal competente, cabendo ao relator a quem o inquérito foi distribuído determinar as diligências que entender cabíveis. *HC 208.657-MG, Rel. Min. Maria T. A. Moura, 22.4.14. 6ª T. (Info 540)*

2012

Responsabilidade penal objetiva. Relação entre a conduta e o agente.

É necessária a demonstração da relação, ainda que mínima, entre a conduta supostamente ilícita e o agente investigado sob pena de reconhecer impropriamente a responsabilidade penal objetiva. O simples fato de o réu ser funcionário de setor envolvido em investigações criminais não justifica seu envolvimento no inquérito policial, se não há a indicação de quais condutas ilícitas teriam sido por ele praticadas, pois é essencial a presença dos elementos indiciários mínimos para caracterizar a justa causa para persecução criminal. *RHC 27.884, Rel. Min. Laurita Vaz, 9.10.12. 5ª T. (Info 506)*

1.2. Da Ação Penal

1.2.1. Da Ação Penal (Disposições Gerais)

2014

Inaplicabilidade do princípio da indivisibilidade em ação pública.

Na ação penal pública, o MP não está obrigado a denunciar todos os envolvidos no fato tido por delituoso, não se podendo falar em arquivamento implícito em relação a quem não foi denunciado. Isso porque, nessas demandas, não vigora o princípio da indivisibilidade. Assim, o Parquet é livre para formar sua convicção incluindo na increpação as pessoas que entenda terem praticados ilícitos penais, mediante a constatação de indícios de autoria e materialidade. Ademais, há possibilidade de se aditar a denúncia até a sentença. *RHC 34.233-SP, Rel. Min. Maria T. A. Moura, 6.5.14. 6ª T. (Info 540)*

2013

Obrigatoriedade de o juiz remeter cópias dos autos ao MP quando verificar a existência de indícios de crime.

A abertura de vista ao Ministério Público para eventual instauração de procedimento criminal, após a verificação nos autos, pelo magistrado, da existência de indícios de crime de ação penal pública, não é suficiente ao cumprimento do disposto no art. 40 do CPP. O referido artigo impõe ao magistrado, nessa hipótese, o dever de remeter ao MP as cópias e os documentos necessários ao oferecimento da denúncia, não podendo o Estado-juiz se eximir da obrigação por se tratar de ato de ofício a ele imposto pela lei. *REsp 1.360.534-RS, Rel. Min. Humberto Martins, 7.3.13. 2ª T. (Info 519)*

2012

Ação penal. Descaminho. Tributo não constituído.

Não há justa causa para a ação penal quanto ao crime de descaminho quando o crédito tributário não está devidamente constituído. Apenas com a sua constituição definitiva no âmbito administrativo realiza-se a condição objetiva de punibilidade sem a qual não é possível a instauração de inquérito policial ou a tramitação de ação penal. *RHC 31.368, Rel. Min. Marco A. Bellizze, 8.5.12. 5ª T. (Info 497)*

Ação penal. Trancamento. Justa causa. Indícios. Autoria.

Se o Tribunal de origem apontou a existência de indícios da participação do paciente na conduta criminosa, não se mostra possível, nesta via estreita do "habeas corpus", analisar profundamente as provas produzidas para se concluir pela sua inocência. Tal exame será feito pelo magistrado de primeiro grau por ocasião da sentença, mostrando-se, portanto, prematuro o trancamento da ação penal. 2. O trancamento da ação penal em sede de "habeas corpus" é medida excepcional, somente se justificando se demonstrada, inequivocamente, a absoluta falta de provas, a atipicidade da conduta ou a existência de causa extintiva da punibilidade, inocorrentes da espécie. *HC 155.840, Rel. Min. Maria T. A. Moura, 1º.3.12. 6ª T. (Info 492)*

Lesão corporal leve ou culposa no âmbito doméstico. Ação penal pública incondicionada.

O crime de lesão corporal, mesmo que leve ou culposa, praticado contra a mulher, no âmbito das relações domésticas, deve ser processado mediante ação penal pública incondicionada. Na ADI 4424, o STF declarou a constitucionalidade do art. 41 da Lei 11.340/06, afastando a incidência da Lei 9.099/95 aos crimes praticados com violência doméstica e familiar contra a mulher, independentemente da pena prevista. *AREsp 40.934, Rel. Min. Marilza Maynard, 13.11.12. 5ª T. (Info 509)*

Natureza da ação penal. Norma processual penal material.

A norma que altera a natureza da ação penal não retroage, salvo para beneficiar o réu. A norma que dispõe sobre a classificação da ação penal influencia decisivamente o "jus puniendi", pois interfere nas causas de extinção da punibilidade, como a

17. DIREITO PROCESSUAL PENAL

decadência e a renúncia ao direito de queixa, portanto tem efeito material. Assim, a lei que possui normas de natureza híbrida (penal e processual) não tem pronta aplicabilidade nos moldes do art. 2º do CPP, vigorando a irretroatividade da lei, salvo para beneficiar o réu, conforme dispõem os arts. 5º, XL, da CF e 2º, parágrafo único, do CP. *HC 182.714, Rel. Min. Maria T. A. Moura, 19.11.12. 6ª T. (Info 509)*

Transação penal. Descumprimento. Propositura. Ação penal.

No âmbito desta Corte, havia se consolidado o entendimento segundo o qual a sentença homologatória da transação penal possuía eficácia de coisa julgada formal e material, o que a tornaria definitiva, razão pela qual não seria possível a posterior instauração ou prosseguimento de ação penal quando o(a) acusado(a) descumpria o acordo homologado judicialmente. 2. Entretanto, o STF reconheceu a repercussão geral do tema, por ocasião da análise do RE 60207, tendo o Pleno daquela Corte decidido que é possível a propositura de ação penal em decorrência do não cumprimento das condições estabelecidas em transação penal homologada judicialmente, o que ocasionou também a alteração do entendimento dessa Corte de Justiça. *HC 217.659, Rel. p/ ac. Min. Og Fernandes, 1º.3.12. 6ª T. (Info 492)*

1.2.2. Da Ação Penal (Denúncia)

2014

Denúncia inepta por falta de descrição adequada de conduta comissiva por omissão.

É inepta denúncia que impute a prática de homicídio na forma omissiva imprópria quando não há descrição clara e precisa de como a acusada – médica cirurgiã de sobreaviso – poderia ter impedido o resultado morte, sendo insuficiente a simples menção do não comparecimento da denunciada à unidade hospitalar, quando lhe foi solicitada a presença para prestar imediato atendimento a paciente que foi a óbito. *RHC 39.627-RJ, Rel. Min. Rogerio S. Cruz, 8.4.14. 6ª T. (Info 538)*

Inépcia de denúncia por corrupção ativa e prosseguimento da persecução penal para apuração de corrupção passiva.

O reconhecimento da inépcia da denúncia em relação ao acusado de corrupção ativa (art. 333 do CP) não induz, por si só, o trancamento da ação penal em relação ao denunciado, no mesmo processo, por corrupção passiva (art. 317 do CP). *RHC 52.465-PE, Rel. Min. Jorge Mussi, 23.10.14. 5ª T. (Info 551)*

Inépcia da denúncia que não descreve de forma clara e precisa a conduta do agente.

É inepta denúncia que, ao descrever a conduta do acusado como sendo dolosa, o faz de forma genérica, a ponto de ser possível enquadrá-la tanto como culpa consciente quanto como dolo eventual. *RHC 39.627-RJ, Rel. Min. Rogerio S. Cruz, 8.4.14. 6ª T. (Info 538)*

2013

Possibilidade de reconsideração da decisão de recebimento da denúncia após a defesa prévia do réu.

O fato de a denúncia já ter sido recebida não impede o juízo de primeiro grau de, logo após o oferecimento da resposta do acusado, prevista nos arts. 396 e 396-A do CPP, reconsiderar a anterior decisão e rejeitar a peça acusatória, ao constatar a presença de uma das hipóteses elencadas nos incisos do art. 395 do CPP, suscitada pela defesa. *REsp 1.318.180-DF, Rel. Min. Sebastião Reis Júnior, 16.5.13. 6ª T. (Info 522)*

Ratificação da denúncia na hipótese de deslocamento do feito em razão de superveniente prerrogativa de foro do acusado.

Não é necessária a ratificação de denúncia oferecida em juízo estadual de primeiro grau na hipótese em que, em razão de superveniente diplomação do acusado em cargo de prefeito, tenha havido o deslocamento do feito para o respectivo Tribunal de Justiça sem que o Procurador-Geral de Justiça tenha destacado, após obter vista dos autos, a ocorrência de qualquer ilegalidade. *HC 202.701-AM, Rel. Min. Jorge Mussi, 14.5.13. 5ª T. (Info 522)*

2012

Alteração da tipificação quando do recebimento da denúncia. Finalidade de afastar prescrição.

Não é possível que o magistrado, ao receber a denúncia, altere a capitulação jurídica dos fatos a fim de justificar a inocorrência de prescrição da pretensão punitiva e, consequentemente, viabilizar o prosseguimento da ação penal. A verificação da existência de justa causa para a ação penal, vale dizer, da possibilidade jurídica do pedido, do interesse de agir e da legitimidade para agir, é feita a partir do que contido na peça inaugural, que não pode ser corrigida ou modificada pelo magistrado quando do seu recebimento. Com efeito, ainda que se trate de mera retificação da capitulação jurídica dos fatos descritos na vestibular, tal procedimento apenas é cabível quando da prolação da sentença, nos termos do art. 383 do CPP ("emendatio libelli"). *RHC 27.628, Rel. Min. Jorge Mussi, 13.11.12. 5ª T. (Info 509)*

Denúncia formulada pelo MP estadual. Necessidade de ratificação pela PGR para processamento no STJ.

Não é possível o processamento e julgamento no STJ de denúncia originariamente apresentada pelo Ministério Público estadual na Justiça estadual, posteriormente encaminhada a esta corte superior, se a exordial não for ratificada pelo Procurador-Geral da República ou por um dos Subprocuradores-Gerais da República. *APn 689-BA, Rel. Min. Eliana Calmon, 17.12.12. Corte Especial. (Info 511)*

Denúncia. "In dubio pro societate".

A acusação, no seio do Estado Democrático de Direito, deve ser edificada em bases sólidas, corporificando a justa causa, sendo abominável a concepção de um chamado princípio "in dubio pro societate". In casu, não tendo sido a denúncia amparada em hígida prova da materialidade e autoria, mas em delação, posteriormente tida por viciada, é patente a carência de justa causa. Encontrando-se os corréus em situação objetivamente assemelhada à dos pacientes, nos termos do art. 580 do CPP, devem eles receber o mesmo tratamento dispensado a estes. *HC 175.639, Rel. Min. Maria T. A. Moura, 20.3.12. 6ª T. (Info 493)*

Denúncia. Inépcia. Conduta. Individualização.

Embora seja prescindível, nos crimes de autoria coletiva, a descrição minuciosa e individualizada da conduta de cada acusado, não se pode conceber que o órgão acusatório deixe de estabelecer qualquer vínculo entre o denunciado e a empreitada criminosa a ele imputada. 2. A ausência absoluta de elementos individualizados que apontem a relação entre os fatos delituosos e a autoria ofende o princípio constitucional da ampla defesa, tornando, assim, inepta a denúncia. 3. Ordem concedida para, reconhecendo a inépcia da denúncia em relação ao Paciente, determinar o trancamento da ação penal em seu favor, sem prejuízo do oferecimento de nova peça acusatória, com observância do disposto no art. 41 do CPP. *HC 214.861, Rel. Min. Laurita Vaz, 28.2.12. 5ª T. (Info 492)*

HC. Advogado. Acesso. Denúncia.

A provável simetria entre os fatos denunciados justifica o pedido do paciente em ter acesso à cópia da exordial de outra ação penal, visando o cotejo entre aquela e a sua acusação que imputaram tipos penais diversos, máxime se tratando de processos de competência do Tribunal do Júri nos quais é assegurada a defesa plena. 2. O direito a ampla defesa, constitucionalmente garantido, deve abranger tanto o direito do acusado ser assistido por profissional habilitado, conhecida por defesa técnica, como o direito de se defender com a maior amplitude possível. 3. Embora ao magistrado processante seja facultado, de forma fundamentada, o indeferimento das providências que julgar protelatórias, irrelevantes ou impertinentes, ao acusado no processo penal é dado o direito à produção da prova necessária a dar embasamento à tese defensiva, devendo a sua imprescindibilidade ser devidamente justificada pela parte, o que se verifica ter ocorrido na presente hipótese. *HC 137.422, Rel. Min. Jorge Mussi, 10.4.12. 5ª T. (Info 495)*

Necessidade de demonstração do vínculo entre o denunciado e a empreitada criminosa nas denúncias nos crimes societários.

Nos crimes societários, embora não se exija a descrição minuciosa e individualizada da conduta de cada acusado na denúncia, é imprescindível que haja uma demonstração mínima acerca da contribuição de cada acusado para o crime a eles imputado. *HC 218.594-MG, Rel. Min. Sebastião Reis Júnior, 11.12.12. 6ª T. (Info 514)*

Trancamento da ação penal. Inépcia da denúncia. Superveniência de sentença condenatória. Impossibilidade.

A alegação de inépcia da denúncia perde força diante da superveniência de sentença condenatória. O trancamento da ação penal por inépcia da exordial acusatória não se afigura cabível diante da prolação de sentença, pois o juízo singular, ao examinar abrangentemente as provas dos autos, entendeu serem suficientes para embasar o "decisum" condenatório. O édito condenatório afasta a dúvida quanta à existência de elementos

17. DIREITO PROCESSUAL PENAL

suficientes para a inauguração do processo penal como também para a própria condenação. *HC 122.296, Rel. Min. Og Fernandes, 16.10.12. 6ª T. (Info 506)*

1.2.3. Da Ação Penal (Queixa/Representação)

2016

Honorários advocatícios sucumbenciais em ação penal privada extinta sem julgamento de mérito.

É possível condenar o querelante em honorários advocatícios sucumbenciais na hipótese de rejeição de queixa-crime por ausência de justa causa. É pacífica a orientação de possibilidade de condenação em honorários advocatícios em caso de ação penal privada, com base no princípio geral de sucumbência e na aplicação do CPC. *EREsp 1.218.726-RJ, Rel. Min. Felix Fischer, DJe 1.7.2016. 3ª S. (Info 586)*

Rejeição de inicial acusatória desacompanhada de documentos hábeis a demonstrar, ainda que de modo indiciário, a autoria e a materialidade do crime.

Deve ser rejeitada a queixa-crime que, oferecida antes de qualquer procedimento prévio, impute a prática de infração de menor potencial ofensivo com base apenas na versão do autor e na indicação de rol de testemunhas, desacompanhada de Termo Circunstanciado ou de qualquer outro documento hábil a demonstrar, ainda que de modo indiciário, a autoria e a materialidade do crime. *RHC 61.822-DF, Rel. Min. Felix Fischer, DJe 25.2.2016. 5ª T. (Info 577)*

2015

Limite para aplicação do princípio da indivisibilidade da ação penal privada.

A não inclusão de eventuais suspeitos na queixa-crime não configura, por si só, renúncia tácita ao direito de queixa. *RHC 55.142-MG, Rel. Min. Felix Fischer, DJe 21.5.15. 5ª T. (Info 562)*

Natureza da ação penal em crime contra a liberdade sexual.

Procede-se mediante ação penal condicionada à representação no crime de estupro praticado contra vítima que, por estar desacordada em razão de ter sido anteriormente agredida, era incapaz de oferecer resistência apenas na ocasião da ocorrência dos atos libidinosos. *HC 276.510-RJ, Rel. Min. Sebastião Reis Júnior, DJe 1º.12.14. 6ª T. (Info 553)*

2014

Aplicabilidade do princípio da indivisibilidade da ação penal privada.

Caso o querelante proponha, na própria queixa-crime, composição civil de danos para parte dos querelados, a peça acusatória deverá ser rejeitada em sua integralidade – isto é, em relação a todos os querelados. *AP 724-DF, Rel. Min. Og Fernandes, 20.8.14. Corte Especial. (Info 547)*

Nulidade de queixa-crime por vício de representação.

É nula a queixa-crime oferecida por advogado substabelecido com reserva de direitos por procurador que recebera do querelante apenas os poderes da cláusula ad judicia et extra – poderes para o foro em geral –, ainda que ao instrumento de substabelecimento tenha sido acrescido, pelo substabelecente, poderes especiais para a propositura de ação penal privada. *RHC 33.790-SP, Rel. p/ ac. Min. Sebastião Reis Júnior, 27.6.14. 6ª T. (Info 544)*

Rejeição de queixa-crime relacionada à suposta prática de crime contra a honra.

A queixa-crime que impute ao querelado a prática de crime contra a honra deve ser rejeitada na hipótese em que o querelante se limite a transcrever algumas frases, escritas pelo querelado em sua rede social, segundo as quais o querelante seria um litigante habitual do Poder Judiciário (fato notório, publicado em inúmeros órgãos de imprensa), sem esclarecimentos que possibilitem uma análise do elemento subjetivo da conduta do querelado consistente no intento positivo e deliberado de lesar a honra do ofendido. *AP 724-DF, Rel. Min. Og Fernandes, 20.8.14. Corte Especial. (Info 547)*

1.3. Da Ação Civil

2016

Legitimidade extraordinária do Ministério Público. Ação civil "ex delicto" em favor de menores carentes. Existência de Defensoria Pública.

O reconhecimento da ilegitimidade ativa do Ministério Público para, na qualidade de substituto processual de menores carentes, propor ação civil pública "ex delicto", sem a anterior intimação da Defensoria Pública para tomar ciência da ação e, sendo o caso, assumir o polo ativo da demanda, configura violação ao art. 68 do CPP. *REsp 888.081-MG, Rel. Min. Raul Araújo, DJe 18.10.2016. 4ª T. (Info 592)*

2013

Ação civil "ex delicto".

O termo inicial do prazo de prescrição para o ajuizamento da ação de indenização por danos decorrentes de crime (ação civil "ex delicto") é a data do trânsito em julgado da sentença penal condenatória, ainda que se trate de ação proposta contra empregador em razão de crime praticado por empregado no exercício do trabalho que lhe competia. *REsp 1.135.988-SP, Rel. Min. Luis Felipe Salomão, 8.10.13. 4ª T. (Info 530)*

Irretroatividade do art. 387, IV, do CPP, com a redação dada pela Lei 11.719/08.

A regra do art. 387, IV, do CPP, que dispõe sobre a fixação, na sentença condenatória, de valor mínimo para reparação civil dos danos causados ao ofendido, aplica-se somente aos delitos praticados depois da vigência da Lei 11.719/08, que deu nova redação ao dispositivo. Trata-se de norma híbrida – de direito material e processual – mais gravosa ao réu, de sorte que não pode retroagir. *REsp 1.193.083-RS, Rel. Min. Laurita Vaz, 20.8.13. 5ª T. (Info 528)*

Reparação civil dos danos decorrentes de crime.

Para que seja fixado na sentença valor mínimo para reparação dos danos causados pela infração, com base no art. 387, IV, do CPP, é necessário pedido expresso do ofendido ou do Ministério Público e a concessão de oportunidade de exercício do contraditório pelo réu. *REsp 1.193.083-RS, Rel. Min. Laurita Vaz, 20.8.13. 5ª T. (Info 528)*

1.4. Da Competência

2016

Competência da justiça comum federal para julgar militar da ativa.

Compete à Justiça Comum Federal – e não à Justiça Militar – processar e julgar a suposta prática, por militar da ativa, de crime previsto apenas na Lei 8.666/93 (Lei de Licitações), ainda que praticado contra a administração militar. *CC 146.388-RJ, Rel. Min. Felix Fischer, DJe 1.7.2016. 3ª S. (Info 586)*

Conflito negativo de competência. Crimes contra a honra de particular supostamente cometidos durante depoimento prestado à Procuradoria do Trabalho. Competência da Justiça estadual.

Não compete à Justiça federal processar e julgar queixa-crime proposta por particular contra particular, somente pelo fato de as declarações do querelado terem sido prestadas na Procuradoria do Trabalho. *CC 148.350-PI, Rel. Min. Felix Fischer, DJe 18.11.2016. 3ª S. (Info 593)*

Interceptação telefônica e envio à instância especial de diálogo envolvendo terceiro não investigado detentor de prerrogativa de foro.

Durante interceptação telefônica deferida em primeiro grau de jurisdição, a captação fortuita de diálogos mantidos por autoridade com prerrogativa de foro não impõe, por si só, a remessa imediata dos autos ao Tribunal competente para processar e julgar a referida autoridade, sem que antes se avalie a idoneidade e a suficiência dos dados colhidos para se firmar o convencimento acerca do possível envolvimento do detentor de prerrogativa de foro com a prática de crime. *HC 307.152-GO, Rel. p/ ac. Min. Rogerio Schietti Cruz, DJe 15.12.2015. 6ª T. (Info 575)*

2015

Competência para julgar crime praticado em banco postal.

Compete à Justiça Estadual – e não à Justiça Federal – processar e julgar ação penal na qual se apurem infrações penais decorrentes da tentativa de abertura de conta corrente mediante a apresentação de documento falso em agência do Banco do Brasil (BB) localizada nas dependências de agência da Empresa Brasileira de Correios e Telégrafos (ECT) que funcione como Banco Postal. *CC 129.804-PB, Rel. Min. Reynaldo Soares da Fonseca, DJe 6.11.15. 3ª S. (Info 572)*

Competência para processar e julgar crime previsto no art. 297, § 4º, do CP.

Compete à Justiça Federal – e não à Justiça Estadual – processar e julgar o crime caracterizado pela omissão de anotação de vínculo empregatício na

CTPS (art. 297, § 4º, do CP). *CC 135.200-SP, Rel. p/ ac. Min. Sebastião Reis Júnior, DJe 2.2.15. 3ª S. (Info 554)*

Competência para processar e julgar crime caracterizado pela destruição de título de eleitor.

Compete à Justiça Federal – e não à Justiça Eleitoral – processar e julgar o crime caracterizado pela destruição de título eleitoral de terceiro, quando não houver qualquer vinculação com pleitos eleitorais e o intuito for, tão somente, impedir a identificação pessoal. *CC 127.101-RS, Rel. Min. Rogerio S. Cruz, DJe 20.2.15. 3ª S. (Info 555)*

Competência para processar e julgar tentativa de resgate de precatório federal creditado em favor de particular.

Compete à Justiça Estadual – e não à Justiça Federal – processar e julgar tentativa de estelionato (art. 171, caput, c/c o art. 14, II, do CP) consistente em tentar receber, mediante fraude, em agência do Banco do Brasil, valores relativos a precatório federal creditado em favor de particular. *CC 133.187-DF, Rel. Min. Ribeiro Dantas, DJe 22.10.15. 3ª S. (Info 571)*

Competência para apreciar pedido de quebra de sigilo telefônico em apuração de crime de uso de artefato incendiário contra edifício-sede da Justiça Militar Da União.

Compete à Justiça Federal – é não à Justiça Militar – decidir pedido de quebra de sigilo telefônico requerido no âmbito de inquérito policial instaurado para apurar a suposta prática de crime relacionado ao uso de artefato incendiário contra o edifício-sede da Justiça Militar da União, quando o delito ainda não possua autoria estabelecida e não tenha sido cometido contra servidor do Ministério Público Militar ou da Justiça Militar. *CC 137.378-RS, Rel. Min. Sebastião Reis Júnior, DJe 14.4.15. 3ª S. (Info 559)*

Competência para julgar crime envolvendo verba pública repassada pelo BNDES a estado-membro.

O fato de licitação estadual envolver recursos repassados ao Estado-Membro pelo Banco Nacional de Desenvolvimento Econômico e Social (BNDES) por meio de empréstimo bancário (mútuo feneratício) não atrai a competência da Justiça Federal para processar e julgar crimes relacionados a suposto superfaturamento na licitação. *RHC 42.595-MT, Rel. Min. Felix Fischer, DJe 2.2.15. 5ª T. (Info 555)*

Competência para processar e julgar crime cometido a bordo de navio.

Compete à Justiça Federal processar e julgar o crime praticado a bordo de embarcação estrangeira privada de grande porte ancorada em porto brasileiro e em situação de potencial deslocamento internacional, ressalvada a competência da Justiça Militar. *CC 118.8503/PR, Rel. Min. Rogerio S. Cruz, DJe 28.4.15. 3ª S. (Info 560)*

Estelionato e foro competente para processar a persecução penal.

Compete ao juízo do foro onde se encontra localizada a agência bancária por meio da qual o suposto estelionatário recebeu o proveito do crime – e não ao juízo do foro em que está situada a agência na qual a vítima possui conta bancária – processar a persecução penal instaurada para apurar crime de estelionato no qual a vítima teria sido induzida a depositar determinada quantia na conta pessoal do agente do delito. *CC 139.800-MG, Rel. Min. Reynaldo Soares da Fonseca, DJe 1º.7.15. 3ª S. (Info 565)*

Hipótese de competência da justiça federal para julgar crime de latrocínio.

Compete à Justiça Federal processar e julgar crime de latrocínio no qual tenha havido troca de tiros com policiais rodoviários federais que, embora não estivessem em serviço de patrulhamento ostensivo, agiam para reprimir assalto a instituição bancária privada. *HC 309.914-RS, Rel. Min. Jorge Mussi, DJe 15.4.15. 5ª T. (Info 559)*

Hipótese de incompetência da justiça militar.

Compete à Justiça Comum Estadual – e não à Justiça Militar Estadual – processar e julgar suposto crime de desacato praticado por policial militar de folga contra policial militar de serviço em local estranho à administração militar. *REsp 1.320.129-DF, Rel. Min. Rogerio S. Cruz, DJe 11.12.14. 6ª T. (Info 553)*

Utilização de formulários falsos da Receita Federal e competência.

O fato de os agentes, utilizando-se de formulários falsos da Receita Federal, terem se passado por Auditores desse órgão com intuito de obter vantagem financeira ilícita de particulares não atrai, por si só, a competência da Justiça Federal. *CC 141.593-RJ, Rel. Min. Reynaldo Soares da Fonseca, DJe 4.9.15. 3ª S. (Info 568)*

2014

Ampliação da competência dos juizados da infância e da juventude por lei estadual.
Lei estadual pode conferir poderes ao Conselho da Magistratura para, excepcionalmente, atribuir aos Juizados da Infância e da Juventude competência para processar e julgar crimes contra a dignidade sexual em que figurem como vítimas crianças ou adolescentes. *HC 238.110-RS, Rel. Min. Rogerio S. Cruz, 26.8.14. 6ª T. (Info 551)*

Competência do juizado de violência doméstica e familiar contra a mulher.
O fato de a vítima ser figura pública renomada não afasta a competência do Juizado de Violência Doméstica e Familiar contra a Mulher para processar e julgar o delito. Isso porque a situação de vulnerabilidade e de hipossuficiência da mulher, envolvida em relacionamento íntimo de afeto, revela-se "ipso facto", sendo irrelevante a sua condição pessoal para a aplicação da Lei Maria da Penha. *REsp 1.416.580-RJ, Rel. Min. Laurita Vaz, 1º.4.14. 5ª T. (Info 539)*

Competência no caso de injúria motivada por divergência política às vésperas da eleição.
Compete à Justiça Comum Estadual, e não à Eleitoral, processar e julgar injúria cometida no âmbito doméstico e desvinculada, direta ou indiretamente, de propaganda eleitoral, embora motivada por divergência política às vésperas da eleição. *CC 134.005-PR, Rel. Min. Rogerio S. Cruz, 11.6.14. 3ª S. (Info 543)*

Competência para julgamento de crime de desacato contra militar que esteja realizando policiamento naval.
Compete à Justiça Militar da União processar e julgar ação penal promovida contra civil que tenha cometido crime de desacato contra militar da Marinha do Brasil em atividade de patrulhamento naval. *CC 130.996-PA, Rel. Min. Rogerio S. Cruz, 12.2.14. 3ª S. (Info 544)*

Competência para julgar crime de perigo de desastre ferroviário.
Não havendo ofensa direta a bens, serviços e interesses da União ou de suas entidades autárquicas ou empresas públicas (art. 109, IV, da CF), compete à Justiça Estadual – e não à Justiça Federal – processar e julgar suposto crime de perigo de desastre ferroviário qualificado pelo resultado lesão corporal e morte (art. 260, IV, § 2º, c/c art. 263 do CP) ocorrido por ocasião de descarrilamento de trem em malha ferroviária da União. *RHC 50.054-SP, Rel. Min. Nefi Cordeiro, 4.11.14. 6ª T. (Info 551)*

Competência para processar e julgar crime de tortura cometido fora do território nacional.
O fato de o crime de tortura, praticado contra brasileiros, ter ocorrido no exterior não torna, por si só, a Justiça Federal competente para processar e julgar os agentes estrangeiros. De fato, o crime de tortura praticado integralmente em território estrangeiro contra brasileiros não se subsume, em regra, a nenhuma das hipóteses de competência da Justiça Federal previstas no art. 109 da CF. *CC 107.397-DF, Rel. Min. Nefi Cordeiro, 24.9.14. 3ª S. (Info 549)*

Competência para processar e julgar crime envolvendo junta comercial.
Compete à Justiça Estadual processar e julgar a suposta prática de delito de falsidade ideológica praticado contra Junta Comercial. *CC 130.516-SP, Rel. Min. Rogerio S. Cruz, 26.2.14. 3ª S. (Info 536)*

Competência penal no caso de importação de drogas via postal.
Na hipótese em que drogas enviadas via postal do exterior tenham sido apreendidas na alfândega, competirá ao juízo federal do local da apreensão da substância processar e julgar o crime de tráfico de drogas, ainda que a correspondência seja endereçada a pessoa não identificada residente em outra localidade. *CC 132.897-PR, Rel. Min. Rogerio S. Cruz, 28.5.14. 3ª S. (Info 543)*

Competência penal relacionada a invasão de consulado estrangeiro.
Compete à Justiça Estadual – e não à Justiça Federal – processar e julgar supostos crimes de violação de domicílio, de dano e de cárcere privado – este, em tese, praticado contra agente consular – cometidos por particulares no contexto de invasão a consulado estrangeiro. *AgRg no CC 133.092-RS, Rel. Min. Maria T. A. Moura, 23.4.14. 3ª S. (Info 541)*

Competência penal relacionada a injúria motivada por divergências políticas às vésperas de eleição.
Compete à Justiça Comum Estadual – e não à Justiça Eleitoral – processar e julgar injúria cometida

no âmbito doméstico, desvinculada, direta ou indiretamente, de propaganda eleitoral, ainda que motivada por divergências políticas às vésperas de eleição. *CC 134.005-PR. Rel. Min. Rogerio S. Cruz, 11.6.14. 3ª S. (Info 545)*

2013

Competência. Crime de esbulho possessório de assentamento em terras do Incra (art. 161, § 1º, II, do CP).

Compete à justiça estadual o julgamento de ação penal em que se apure crime de esbulho possessório efetuado em terra de propriedade do Incra na hipótese em que a conduta delitiva não tenha representado ameaça à titularidade do imóvel e em que os únicos prejudicados tenham sido aqueles que tiveram suas residências invadidas. *CC 121.150-PR, Rel. Min. Alderita Ramos de Oliveira, 4.2.13. 3ª S. (Info 513)*

Competência para julgar militar acusado de alterar dados corretos em sistemas informatizados e bancos de dados da administração pública com o fim de obter vantagem indevida para si e para outrem.

Compete à justiça comum estadual processar e julgar policial militar acusado de alterar dados corretos em sistemas informatizados e bancos de dados da Administração Pública com o fim de obter vantagem indevida para si e para outrem (art. 313-A do CP). A competência da Justiça Militar não é firmada pela condição pessoal do infrator, mas decorre da natureza militar da infração. *CC 109.842-SP, Rel. Min. Alderita Ramos de Oliveira, 13.3.13. 3ª S. (Info 517)*

Competência para o julgamento de ação penal referente à prática de crime contra o sistema financeiro nacional por meio de sociedade que desenvolva a atividade de factoring.

Compete à Justiça Federal processar e julgar a conduta daquele que, por meio de pessoa jurídica instituída para a prestação de serviço de factoring, realize, sem autorização legal, a captação, intermediação e aplicação de recursos financeiros de terceiros, sob a promessa de que estes receberiam, em contrapartida, rendimentos superiores aos aplicados no mercado. *CC 115.338-PR, Rel. Min. Marco Aurélio Bellizze, 26.6.13. 3ª S. (Info 528)*

Competência para o julgamento de ações penais relativas a desvio de verbas originárias do SUS.

Compete à Justiça Federal processar e julgar as ações penais relativas a desvio de verbas originárias do Sistema Único de Saúde (SUS), independentemente de se tratar de valores repassados aos Estados ou Municípios por meio da modalidade de transferência "fundo a fundo" ou mediante realização de convênio. *AgRg no CC 122.555-RJ, Rel. Min. Og Fernandes, 14.8.13. 3ª S. (Info 527)*

Competência para o julgamento de crime de estelionato.

Compete à Justiça Estadual, e não à Justiça Federal, processar e julgar crime de estelionato cometido por particular contra particular, ainda que a vítima resida no estrangeiro, na hipótese em que, além de os atos de execução do suposto crime terem ocorrido no Brasil, não exista qualquer lesão a bens, serviços ou interesses da União. *CC 125.237-SP, Rel. Min. Marco Aurélio Bellizze, 4.2.13. 3ª S. (Info 514)*

Competência para o julgamento de crime de sonegação de ISSQN.

Compete à Justiça Estadual – e não à Justiça Federal – o julgamento de ação penal em que se apure a possível prática de sonegação de ISSQN pelos representantes de pessoa jurídica privada, ainda que esta mantenha vínculo com entidade da administração indireta federal. *CC 114.274-DF, Rel. Min. Marco Aurélio Bellizze, 12.6.13. 3ª S. (Info 527)*

Competência para o julgamento de crime de violação de direitos autorais.

Não comprovada a procedência estrangeira de DVDs em laudo pericial, a confissão do acusado de que teria adquirido os produtos no exterior não atrai, por si só, a competência da Justiça Federal para processar e julgar o crime de violação de direito autoral previsto no art. 184, § 2º, do CP. *CC 127.584-PR, Rel. Min. Og Fernandes, 12.6.13. 3ª S. (Info 527)*

Competência para processar e julgar ação penal referente a suposto crime de ameaça praticado por nora contra sua sogra.

É do juizado especial criminal – e não do juizado de violência doméstica e familiar contra a mulher – a competência para processar e julgar ação penal referente a suposto crime de ameaça (art. 147 do CP) praticado por nora contra sua sogra na hipótese em que não estejam presentes os requisitos cumulativos de relação íntima de afeto, motivação de gênero e situação de vulnerabilidade. *HC 175.816-RS, Rel. Min. Marco Aurélio Bellizze, 20.6.13. 5ª T. (Info 524)*

Competência para processar e julgar ação penal referente aos crimes de calúnia e difamação envolvendo direitos indígenas.

Compete à justiça federal – e não à justiça estadual – processar e julgar ação penal referente aos crimes de calúnia e difamação praticados no contexto de disputa pela posição de cacique em comunidade indígena. O conceito de direitos indígenas, previsto no art. 109, XI, da CF, para efeito de fixação da competência da justiça federal, é aquele referente às matérias que envolvam a organização social dos índios, seus costumes, línguas, crenças e tradições, bem como os direitos sobre as terras que tradicionalmente ocupam. *CC 123.016-TO, Rel. Min. Marco Aurélio Bellizze, 26.6.13. 3ª S. (Info 527)*

Competência para processar e julgar acusado de captar e armazenar, em computadores de escolas municipais, vídeos pornográficos, oriundos da internet, envolvendo crianças e adolescentes.

Compete à justiça comum estadual processar e julgar acusado da prática de conduta criminosa consistente na captação e armazenamento, em computadores de escolas municipais, de vídeos pornográficos oriundos da internet, envolvendo crianças e adolescentes. *CC 103.011-PR, Rel. Min. Assusete Magalhães, 13.3.13. 3ª S. (Info 520)*

Competência para processar e julgar estelionato praticado mediante fraude para a concessão de aposentadoria.

No caso de ação penal destinada à apuração de estelionato praticado mediante fraude para a concessão de aposentadoria, é competente o juízo do lugar em que situada a agência onde inicialmente recebido o benefício, ainda que este, posteriormente, tenha passado a ser recebido em agência localizada em município sujeito a jurisdição diversa. *CC 125.023-DF, Rel. Min. Marco Aurélio Bellizze, 13.3.13. 3ª S. (Info 518)*

Competência para processar e julgar o crime de peculato-desvio.

Compete ao foro do local onde efetivamente ocorrer o desvio de verba pública – e não ao do lugar para o qual os valores foram destinados – o processamento e julgamento da ação penal referente ao crime de peculato-desvio (art. 312, "caput", segunda parte, do CP). A consumação do referido delito ocorre quando o funcionário público efetivamente desvia o dinheiro, valor ou outro bem móvel. *CC 119.819-DF, Rel. Min. Marco Aurélio Bellizze, 14.8.13. 3ª S. (Info 526)*

Competência para processar e julgar os supostos responsáveis pela troca de mensagens de conteúdo racista em comunidades de rede social na internet.

Ainda que os possíveis autores dos fatos criminosos tenham domicílio em localidades distintas do território nacional, compete ao juízo do local onde teve início a apuração das condutas processar e julgar todos os supostos responsáveis pela troca de mensagens de conteúdo racista em comunidades de rede social na internet, salvo quanto a eventuais processos em que já tiver sido proferida sentença. *CC 116.926-SP, Rel. Min. Sebastião Reis Júnior, 4.2.13. 3ª S. (Info 515)*

Competência. Uso de documento falso junto à PRF.

Compete à Justiça Federal o julgamento de crime consistente na apresentação de Certificado de Registro e Licenciamento de Veículo (CRLV) falso à Polícia Rodoviária Federal. *CC 124.498-ES, Rel. Min. Alderita Ramos de Oliveira, 12.12.12. 3ª S. (Info 511)*

Determinação, em lei estadual, de competência do juízo da infância e da juventude para a ação penal decorrente da prática de crime contra criança ou adolescente.

É nulo o processo, desde o recebimento da denúncia, na hipótese em que o réu, maior de 18 anos, acusado da prática do crime de estupro de vulnerável (art. 217-A do CP), tenha sido, por esse fato, submetido a julgamento perante juízo da infância e da juventude, ainda que exista lei estadual que estabeleça a competência do referido juízo para processar e julgar ação penal decorrente da prática de crime que tenha como vítima criança ou adolescente. *RHC 34.742-RS, Rel. Min. Jorge Mussi, 15.8.13. 5ª T. (Info 526)*

Determinação, em lei estadual, de competência do juízo da infância e da juventude para a ação penal decorrente da prática de crime contra criança ou adolescente.

O maior de 18 anos acusado da prática de estupro de vulnerável pode, por esse fato, ser submetido a julgamento perante juízo da infância e da juventude na hipótese em que lei estadual, de iniciativa do tribunal de justiça, estabeleça a competência do referido juízo para processar e julgar ação penal decorrente da prática de crime que tenha como vítima criança ou adolescente. *HC 219.218-RS, Rel. Min. Laurita Vaz, 17.9.13. 5ª T. (Info 528)*

Determinação, em lei estadual, de competência do juízo da infância e da juventude para o processamento de ação penal decorrente da prática de crime contra criança ou adolescente.

Devem ser anulados os atos decisórios do processo, desde o recebimento da denúncia, na hipótese em que o réu, maior de 18 anos, acusado da prática do crime de estupro de vulnerável (art. 217-A, caput, do CP), tenha sido, por esse fato, submetido a julgamento perante juízo da infância e da juventude, ainda que lei estadual estabeleça a competência do referido juízo para processar e julgar ação penal decorrente da prática de crime que tenha como vítima criança ou adolescente. *RHC 37.603-RS, Rel. Min. Assusete Magalhães, DJe 16.10.13. 6ª T. (Info 529)*

Juízo de admissibilidade de exceção da verdade oposta em face de autoridade que possua prerrogativa de foro.

A exceção da verdade oposta em face de autoridade que possua prerrogativa de foro pode ser inadmitida pelo juízo da ação penal de origem caso verificada a ausência dos requisitos de admissibilidade para o processamento do referido incidente. *Rcl 7.391-MT, Rel. Min. Laurita Vaz, 19.6.13. Corte Especial. (Info 522)*

2012

CC. Importação de anabolizantes sem registro na Anvisa. Internacionalidade da conduta. Justiça federal.

A competência para o processo e julgamento de crimes contra a saúde pública é concorrente aos entes da Federação. Somente se constatada a internacionalidade da conduta, firma-se a competência da Justiça Federal para o cometimento e processamento do feito. 2. A hipótese dos autos denota a existência, em tese, de lesão a bens, interesses ou serviços da União, porquanto presentes indícios de que o acusado é o responsável pelo ingresso do produto trazido do Paraguai em território nacional, o que configura a internacionalidade da conduta. *CC 119.594, Rel. Min. Alderita Oliveira, 12.9.12. 3ª S. (Info 504)*

CC. Injúria. Crime praticado por meio de internet.

O simples fato de o suposto delito ter sido cometido por meio da rede mundial de computadores, ainda que em páginas eletrônicas internacionais, tais como as redes sociais "Orkut" e "Twitter", não atrai, por si só, a competência da Justiça Federal. 2. É preciso que o crime ofenda a bens, serviços ou interesses da União ou esteja previsto em tratado ou convenção internacional em que o Brasil se comprometeu a combater, como por exemplo, mensagens que veiculassem pornografia infantil, racismo, xenofobia, dentre outros, conforme preceitua o art. 109, incisos IV e V, da Constituição Federal. 3. Verificando-se que as ofensas possuem caráter exclusivamente pessoal, as quais foram praticadas pela ex-namorada da vítima, não se subsumindo, portanto, a ação delituosa a nenhuma das hipóteses do dispositivo constitucional, a competência para processar e julgar o feito será da Justiça Estadual. *CC 121.431, Rel. Min. Marco A. Bellizze, 11.4.12. 3ª S. (Info 495)*

CC. Crime contra a honra de membro do MPDFT.

Compete à Justiça do Distrito Federal processar e julgar crime de calúnia praticado contra membro do MPDFT no exercício de sua função, não se aplicando a Súm. 147/STJ. *CC 119.484, Rel. Min. Marco A. Bellizze, 25.4.12. 3ª S. (Info 496)*

CC. Malversação de verbas do Fundef. Justiça federal.

Declarou-se competente a Justiça Federal para apurar e julgar os crimes de malversação de verbas públicas oriundas do Fundo de Manutenção e Desenvolvimento da Educação Básica e de Valorização dos Profissionais da Educação – Fundef, ainda que ausente a complementação de verbas federais. Diante do caráter nacional da política de educação, fica evidenciado o interesse da União na correta aplicação dos recursos públicos, o que atrai a competência da Justiça Federal. *CC 123.817, Rel. Min. Marco A. Bellizze, 12.9.12. 3ª S. (Info 504)*

CC. Renovação de permanência em presídio federal.

Nos termos do art. 10, § 1º, da Lei 11.671/08, o período de permanência do preso em estabelecimento penal federal de segurança máxima não poderá ser superior a 360 dias, podendo ser renovado, excepcionalmente, quando solicitado motivadamente pelo juízo de origem. 2. Persistindo as razões e fundamentos que ensejaram a transferência do preso para o presídio federal de segurança máxima, como afirmado pelo Juízo suscitante, notadamente em razão da periculosidade concreta do apenado que desempenha função de liderança em organização criminosa, bem como participou de rebeliões e motins, inclusive com assassinatos de outros presos de forma cruel, dentre outros motivos, a renovação da permanência é providência indeclinável como medida excepcional e adequada para resguardar a ordem pública. 3. Não cabe ao Juízo Federal discutir as razões do Juízo Estadual, quando solicita a transferência de preso para estabelecimento prisional de segurança máxima, assim quando pede a renovação do prazo de permanência, porquanto este é o único habilitado a declarar a excepcionalidade da medida. *CC 122.042, Rel. p/ ac. Min. Marco A. Bellizze, 27.6.12. 3ª S. (Info 500)*

CC. Tráfico de drogas e moeda falsa. Conexão.

Não evidenciada a conexão entre os crimes de tráfico de drogas e de moeda falsa, muito embora tenham sido descobertos na mesma circunstância temporal, compete ao Juízo Estadual processar e julgar o crime previsto no art. 33, caput, da Lei 11.343/06. *CC 116.527, Rel. Min. Marco A. Bellizze, 11.4.12. 3ª S. (Info 495)*

CC. Vereador. Foro especial.

Embora a Constituição Federal não tenha estabelecido foro especial por prerrogativa de função aos vereadores, não há óbice de que tal previsão conste das Constituições estaduais. 2. Se o constituinte mineiro não conferiu essa garantia, tem lugar, aqui, a regra geral, de competência do lugar de consumação do delito (art. 70 do CPP). *CC 116.771, Rel. Min. Sebastião Reis Jr., 29.2.12. 3ª S. (Info 492)*

Competência. Agência de correios comunitária.

Nos crimes praticados contra agências da ECT a fixação da competência depende da natureza econômica do serviço prestado. Quando é explorado diretamente pela empresa pública, a competência é da Justiça Federal. Se a exploração for feita por particular, mediante franquia, a Justiça estadual será a competente. *CC 122.596, Rel. Min. Sebastião Reis Jr., 8.8.12. 3ª S. (Info 501)*

Competência. Contravenção penal.

É da competência da Justiça estadual o julgamento de contravenções penais, mesmo que conexas com delitos de competência da Justiça Federal. Tal orientação está consolidada na Súm. 38/STJ. *CC 120.406-RJ, Rel. Min. Alderita Ramos de Oliveira, 12.12.12. 3ª S. (Info 511)*

Competência. Conexão entre crimes de peculato e sonegação fiscal. Irrelevância do parcelamento tributário.

Conforme preceitua o art. 76, III, do CPP, a competência será determinada pela conexão quando a prova de um crime ou de qualquer de suas circunstâncias elementares influir na prova de outro delito. 2. Existindo um liame circunstancial entre os fatos delituosos, visto que os valores supostamente não declarados à Receita Federal foram adquiridos indevidamente pelo réu, em razão de sua condição de deputado estadual, evidencia-se ser bem provável que a prova do crime de peculato seja utilizada para elucidar o crime contra a ordem tributária, sendo de rigor, portanto, a reunião dos processos para processamento perante a Justiça Federal, conforme dispõe a Súm. 122/STJ. 3. É de se ressaltar que a competência da Justiça Federal permanece mesmo estando a ação penal pelo crime contra a ordem tributária suspensa, em razão da adesão ao REFIS, porquanto aplica-se, por analogia, o disposto no art. 81, caput, do CPP, segundo o qual "verificada a reunião dos processos por conexão ou continência, ainda que no processo da sua competência própria venha o Juiz ou Tribunal a proferir sentença absolutória ou que desclassifique a infração para outra que não se inclua na sua competência, continuará competente em relação aos demais processos". *CC 121.022, Rel. Min. Marco A. Bellizze, 10.10.12. 3ª S. (Info 506)*

Competência. Crime comum praticado por policial militar.

O cometimento de crime comum por policial militar não atrai a competência da Justiça castrense. A competência da Justiça Militar está exaustivamente listada no art. 9º do CPM e não é firmada apenas pela condição pessoal de militar do infrator, mas decorre da natureza militar da infração. *CC 121.328, Rel. Min. Alderita Oliveira, 24.10.12. 3ª S. (Info 508)*

Competência. Crime contra a organização do trabalho.

Os crimes contra a organização do trabalho devem ser julgados na Justiça Federal somente se demonstrada lesão a direito dos trabalhadores coletivamente considerados ou à organização geral do trabalho. O crime de sabotagem industrial previsto no art. 202 do CP, apesar de estar no Título IV, que trata dos crimes contra a organização do trabalho, deve ser julgado pela Justiça estadual se atingir apenas bens particulares sem repercussão no interesse da coletividade. *CC 123.714-MS, Rel. Min. Marilza Maynard, 24.10.12. 3ª S. (Info 507)*

Competência. Crime de falsificação de documento público emitido pela União. Pessoa efetivamente lesada. Particular.

Compete à Justiça estadual processar e julgar crime de falsificação de documento público emitido pela União na hipótese em que a pessoa efetivamente lesada com a suposta prática delituosa seja apenas o particular. O interesse genérico e reflexo por parte da União na punição do agente não é suficiente para atrair a competência da Justiça Federal. *CC 125.065, Rel. Min. Sebastião Reis Júnior, 14.11.12. 3ª S. (Info 509)*

Competência. Crime praticado contra indígena.

A competência da Justiça Federal para processar e julgar ações penais de delitos praticados contra indígena somente ocorre quando o processo versa sobre questões ligadas à cultura e aos direitos sobre suas terras. *CC 38.517, Rel. Min. Assusete Magalhães, 24.10.12. 3ª S. (Info 508)*

Competência. Peculato. Bens pertencentes ao MPDFT.

Compete ao TJDFT o julgamento de crime de peculato cometido contra o MPDFT. Embora organizado e mantido pela União (art. 21, XIII, da CF), o MPDFT não é órgão de tal ente federativo, pois compõe a estrutura orgânica do Distrito Federal, que é equiparado aos estados membros (art. 32, § 1º, da CF). Uma vez que não há lesão direta à União, os delitos cometidos em detrimento de bens, serviços e interesses do MPDFT não se enquadram na regra de competência do art. 109, IV, da CF. *CC 122.369, Rel. Min. Alderita Ramos de Oliveira, 24.10.12. 3ª S. (Info 507)*

Competência. Pena mais grave. Consideração da pena máxima cominada.

Infração com pena mais grave, para os fins de fixação de competência (art. 78, II, a, do CPP), é aquela em que a pena máxima cominada é a mais alta, e não a que possui maior pena mínima. Na determinação da competência por conexão ou continência, havendo concurso de jurisdições da mesma categoria, preponderará a do lugar da infração à qual for cominada a pena mais grave. A gravidade do delito, para fins penais, é estabelecida pelo legislador. Por isso, tem-se por mais grave o delito para o qual está prevista a possibilidade de, abstratamente, ser conferida pena maior. O legislador permitiu cominar sanção mais alta a determinado delito porque previu hipóteses em que a conduta ocorre sob particularidades de maior reprovabilidade, razão pela qual essa deve, em abstrato, ser entendida como a mais grave. *HC 190.756, Rel. Min. Laurita Vaz, 23.10.12. 5ª T. (Info 507)*

Competência. Porte ilegal de arma de fogo e contrabando.

Compete à Justiça estadual processar e julgar crime de porte ilegal de arma de fogo praticado, em uma mesma circunstância, com crime de contrabando – de competência da Justiça Federal –, se não caracterizada a conexão entre os delitos. A mera ocorrência dos referidos delitos no mesmo contexto não enseja a reunião dos processos na Justiça Federal. *CC 120.630-PR, Rel. Min. Alderita Ramos de Oliveira, 24.10.12. 3ª S. (Info 507)*

Competência. Pornografia infantil divulgada na internet. Transnacionalidade da conduta.

Compete à Justiça Federal processar e julgar as ações penais que envolvam suposta divulgação de imagens com pornografia infantil em redes sociais na internet. *CC 120.999-CE, Rel. Min. Alderita Ramos de Oliveira, 24.10.12. 3ª S. (Info 507)*

Competência. Prefeito. Crime cometido em outro estado.

Trata-se de conflito positivo de competência a fim de definir qual o juízo competente para o julgamento de crime comum cometido por prefeito: se o tribunal em cuja jurisdição se encontra o município administrado por ele ou o tribunal que tenha jurisdição sobre a localidade em que ocorreu o delito. "In casu", o prefeito foi autuado em flagrante, com um revólver, sem autorização ou registro em rodovia de outro estado da Federação. Conhecido o conflito e declarado competente o tribunal de justiça do estado em que localizado o município administrado pelo prefeito. Consignou-se que o constituinte, ao criar a prerrogativa prevista no art. 29, X, da CF, previu que o julgamento dos prefeitos em razão do cometimento de crimes comuns ocorre no tribunal de justiça. A razão dessa regra é que, devido ao relevo da função de prefeito e ao interesse que isso gera no estado em que localizado o município, a apreciação da conduta deve se dar no tribunal de justiça da respectiva unidade da Federação. Ademais, ressaltou-se que tal prerrogativa de foro, em função da relevância do cargo de prefeito para o respectivo estado da Federação, visa beneficiar não a pessoa, mas o cargo ocupado. Dessa forma, para apreciar causa referente a prefeito, não se mostra razoável reconhecer a competência da corte do local do cometimento do delito em detrimento do tribunal em que localizado o município administrado por ele. *CC 120.848, Rel. Min. Laurita Vaz, 14.3.12. 3ª S. (Info 493)*

Competência. Violação de direitos autorais.

Compete à Justiça estadual processar e julgar crime contra a propriedade intelectual, salvo quando praticado em detrimento de bens, serviços ou interesses da União ou de suas entidades autárquicas e empresas públicas. *CC 122.389, Rel. Min. Alderita Oliveira, 24.10.12. 3ª S. (Info 508)*

Foro especial. Momento do início da garantia constitucional.

O foro por prerrogativa de função vale a partir da diplomação para o exercício de cargo eletivo. *HC 233.832, Rel. Min. Jorge Mussi, 4.9.12. 5ª T. (Info 503)*

HC. Competência. Tráfico internacional de drogas.

Caracterizada a chamada conexão intersubjetiva por concurso, é, pois, caso de incidência da Súm. 122/STJ, a qual preceitua que, compete à Justiça Federal o processo e julgamento unificado dos crimes conexos de competência federal e estadual, não se aplicando a regra do art. 78, II, "a", do CPP. 2. Improcede a alegação de inépcia da denúncia e ausência de justa causa quando a peça vestibular indica com clareza qual seria a participação do paciente na organização criminosa, além de vir amparada em suporte probatório mínimo e apto para deflagrar a persecução penal. 4. Proferida sentença condenatória, resta prejudicada a alegação de excesso de prazo. *HC 169.989, Rel. Min. Og Fernandes, 28.2.12. 6ª T. (Info 492)*

1.5. Das Questões e Processos Incidentes

2015

Ilegitimidade do corréu para ajuizar medida cautelar de sequestro de bens dos demais corréus.

O corréu – partícipe ou coautor – que teve seus bens sequestrados no âmbito de denúncia por crime de que resulta prejuízo para a Fazenda Pública (Decreto-Lei 3.240/1941) não tem legitimidade para postular a extensão da constrição aos demais corréus, mesmo que o Ministério Público tenha manejado medida cautelar de sequestro de bens somente em relação àquele. *RMS 48619/RS, Rel. Min. Maria T. A. Moura, DJe 30.9.15. 6ª T. (Info 570)*

Procuração com poderes especiais para oposição de exceção de suspeição.

É exigível procuração com poderes especiais para que seja oposta exceção de suspeição por réu representado pela Defensoria Pública, mesmo que o acusado esteja ausente do distrito da culpa. *REsp 1.431.043-MG, Rel. Min. Maria T. A. Moura, DJe 27.4.15. 6ª T. (Info 560)*

Questão prejudicial externa e crime de descaminho.

Ainda que o descaminho seja delito de natureza formal, a existência de decisão administrativa ou judicial favorável ao contribuinte – anulando o auto de infração, o relatório de perdimento e o processo administrativo fiscal – caracteriza questão prejudicial externa facultativa que autoriza a suspensão do processo penal (art. 93 do CPP). *REsp 1.413.829-CE, Rel. Min. Maria T. A. Moura, j. 11.11.14. 6ª T. (Info 552)*

Restituição de coisa apreendida e recurso de terceiro prejudicado.

Se, em decisão transitada em julgado, decide-se pela improcedência de embargos de terceiro opostos contra apreensão de veículo automotor – em razão de não ter sido comprovada a propriedade, a posse ou a origem lícita dos recursos utilizados na aquisição do automóvel – o autor dos referidos embargos, na condição de terceiro prejudicado, não tem interesse de recorrer contra parte da sentença condenatória que, ao final da ação penal, decretou o perdimento do bem em favor da União. *REsp 1.247.629-RJ, Rel. Min. Sebastião Reis Júnior, j. 6.11.14. 6ª T. (Info 552)*

2012

Cautelar de sequestro. Deferimento do pedido sem prévia intimação da defesa.

Não acarreta nulidade o deferimento de medida cautelar patrimonial de sequestro sem anterior intimação da defesa. Na hipótese de sequestro, o contraditório será diferido em prol da integridade do patrimônio e contra a sua eventual dissipação. Nesse caso, não se caracteriza qualquer cerceamento à defesa, que tem a oportunidade de impugnar a determinação judicial, utilizando os meios recursais legais previstos para tanto. *RMS 30.172-MT, Rel. Min. Maria T. A. Moura, 4.12.12. 6ª T. (Info 513)*

1.6. Da Prova

1.6.1. Da Prova (Geral)

2016

Utilização no processo penal de provas obtidas pela administração tributária.

Os dados bancários entregues à autoridade fiscal pela sociedade empresária fiscalizada, após regular intimação e independentemente de prévia autorização judicial, podem ser utilizados para subsidiar a instauração de inquérito policial para apurar suposta prática de crime contra a ordem tributária. *RHC 66.520-RJ, Rel. Min. Jorge Mussi, DJe 15.2.2016. 5ª T. (Info 577)*

2015

Compartilhamento de provas em razão de acordo internacional de cooperação.

Não há ilegalidade na utilização, em processo penal em curso no Brasil, de informações compartilhadas por força de acordo internacional de cooperação em matéria penal e oriundas de quebra de sigilo bancário determinada por autoridade estrangeira, com respaldo no ordenamento jurídico de seu país, para a apuração de outros fatos criminosos lá ocorridos, ainda que não haja prévia decisão da justiça brasileira autorizando a quebra do sigilo. *HC 231.633-PR, Rel. Min. Jorge Mussi, DJe 3.12.14. 5ª T. (Info 553)*

Defesa prévia com pedido de indicação de rol de testemunhas "a posteriori".

O magistrado pode, de forma motivada, deferir o pedido apresentado em resposta à acusação pela defensoria pública no sentido de lhe ser permitida a indicação do rol de testemunhas em momento posterior, tendo em vista que ainda não teria tido a oportunidade de contatar o réu. *REsp 1.443.533-RS, Rel. Min. Maria T. A. Moura, DJe 3.8.15. 6ª T. (Info 565)*

Validade do depoimento sem dano nos crimes sexuais contra criança e adolescente.

Não configura nulidade por cerceamento de defesa o fato de o defensor e o acusado de crime sexual praticado contra criança ou adolescente não estarem presentes na oitiva da vítima devido à utilização do método de inquirição denominado "depoimento sem dano", precluindo eventual possibilidade de arguição de vício diante da falta de alegação de prejuízo em momento oportuno e diante da aquiescência da defesa à realização do ato processual apenas com a presença do juiz, do assistente social e da servidora do Juízo. *RHC 45.589/MT, Rel. Min. Gurgel de Faria, DJe 3.3.15. 5ª T. (Info 556)*

2014

Descoberta fortuita de delitos que não são objeto de investigação.

O fato de elementos indiciários acerca da prática de crime surgirem no decorrer da execução de medida de quebra de sigilo bancário e fiscal determinada para apuração de outros crimes não impede, por si só, que os dados colhidos sejam utilizados para a averiguação da suposta prática daquele delito. Com efeito, pode ocorrer o que se chama de fenômeno da serendipidade, que consiste na descoberta fortuita de delitos que não são objeto da investigação. *HC 282.096-SP, Rel. Min. Sebastião Reis Júnior, 24.4.14. 6ª T. (Info 539)*

Necessidade de fundamentar decisão que determine diligências invasivas de acesso de dados.

É nula a decisão que, sem fundamentação, determine o acesso a dados bancários, telefônicos e de empresas de transporte aéreo, ainda que as diligências tenham sido solicitadas com o objetivo de verificar o regular cumprimento de pena restritiva de direitos. *REsp 1.133.877-PR, Rel. Min. Nefi Cordeiro, 19.8.14. 6ª T. (Info 545)*

Utilização de gravação telefônica como prova de crime contra a liberdade sexual.

Em processo que apure a suposta prática de crime sexual contra adolescente absolutamente incapaz, é admissível a utilização de prova extraída de gravação telefônica efetivada a pedido da genitora da vítima, em seu terminal telefônico, mesmo que solicitado auxílio técnico de detetive particular para a captação das conversas. REsp 1.026.605-ES, Rel. Min. Rogerio S. Cruz, 13.5.14. 6ª T. (Info 543)

2012

Absolvição sumária. Controvérsia quanto ao dolo.
A absolvição sumária só é possível se evidenciada uma das hipóteses previstas no art. 397 do CPP. REsp 1.206.320-ES, Rel. Min. Laurita Vaz, 4.9.12. 5ª T. (Info 503)

Busca em interior de veículo. Prescindibilidade de mandado judicial.
Prescinde de mandado judicial a busca por objetos em interior de veículo de propriedade do investigado fundada no receio de que a pessoa esteja na posse de material que possa constituir corpo de delito, salvo nos casos em que o veículo é utilizado para moradia, como é o caso de cabines de caminhão, barcos, trailers. Isso porque, nos termos do art. 244 do CPP, a busca nessa situação equipara-se à busca pessoal. HC 216.437, Rel. Min. Sebastião Reis Jr., 20.9.12. 6ª T. (Info 505)

Confissão. Delação premiada. Colaboração eficaz.
O instituto da delação premiada consiste em um benefício concedido ao acusado que, admitindo a participação no delito, fornece às autoridades informações eficazes, capazes de contribuir para a resolução do crime. HC 174.286, Rel. Min. Sebastião Reis Jr., 10.4.12. 6ª T. (Info 495)

Investigação penal. MP. Acesso dos servidores às provas.
O MP pode promover, por autoridade própria, atos de investigação penal, sendo permitido o acesso dos servidores da referida instituição à colheita da prova. Com fundamento na CF e na LC 75/93, o MP possui a prerrogativa de instaurar processo administrativo de investigação e de conduzir diligências investigatórias. Isso porque a atuação do MP representa o exercício concreto de uma atividade típica de cooperação que, mediante a requisição de elementos informativos e acompanhamento de diligências investigatórias, promove a convergência de dois importantes órgãos estatais incumbidos da persecução penal e da concernente apuração da verdade real. Tratando-se de escutas telefônicas, não se pode concluir do art. 6º da Lei 9.296/96 que apenas a autoridade policial é autorizada a proceder às interceptações. No entanto, esses atos de investigação não comprometem ou reduzem as atribuições de índole funcional das autoridades policiais, a quem sempre caberá a presidência do inquérito policial. Ademais, a eventual escuta e posterior transcrição das interceptações pelos servidores do MP não anulam as provas, pois se trata de mera divisão de tarefas dentro do próprio órgão, o que não retira dos promotores de justiça a responsabilidade pela condução das diligências, conforme o art. 4º, V, da Res. 76/09 do CNMP. HC 244.554, Rel. Min. Marco A. Bellizze, 9.10.12. 5ª T. (Info 506)

Reconhecimento do réu por fotografia.
Para embasar a denúncia oferecida, é possível a utilização do reconhecimento fotográfico realizado na fase policial, desde que este não seja utilizado de forma isolada e esteja em consonância com os demais elementos probatórios constantes dos autos. HC 238.577-SP, Rel. Min. Sebastião Reis Júnior, 6.12.12. 6ª T. (Info 514)

1.6.2. Da Prova (Ilicitude)

2016

Acesso a dados armazenados em telefone celular apreendido com base em autorização judicial.
Determinada judicialmente a busca e apreensão de telefone celular ou smartphone, é lícito o acesso aos dados armazenados no aparelho apreendido, notadamente quando a referida decisão o tenha expressamente autorizado. RHC 75.800-PR, Rel. Min. Felix Fischer, DJ 26.9.2016. 5ª T. (Info 590)

Extração sem prévia autorização judicial de dados e de conversas registradas no whatsapp.
Sem prévia autorização judicial, são nulas as provas obtidas pela polícia por meio da extração de dados e de conversas registradas no whatsappRHC 51.531-RO, Rel. Min. Nefi Cordeiro, DJe 9.5.2016. 6ª T. (Info 583)

2015

Encontro fortuito de provas no cumprimento de mandando de busca e apreensão em escritório de advocacia.
É lícita a apreensão, em escritório de advocacia, de drogas e de arma de fogo, em tese pertencentes a advogado, na hipótese em que outro advogado

tenha presenciado o cumprimento da diligência por solicitação dos policiais, ainda que o mandado de busca e apreensão tenha sido expedido para apreender arma de fogo supostamente pertencente a estagiário do escritório – e não ao advogado – e mesmo que no referido mandado não haja expressa indicação de representante da OAB local para o acompanhamento da diligência. *RHC 39.412-SP, Rel. Min. Felix Fischer, DJe 17.3.15. 5ª T. (Info 557)*

Requisição pelo MP de informações bancárias de ente da administração pública.

Não são nulas as provas obtidas por meio de requisição do Ministério Público de informações bancárias de titularidade de prefeitura municipal para fins de apurar supostos crimes praticados por agentes públicos contra a Administração Pública. É pacífico na doutrina pátria e na jurisprudência dos Tribunais Superiores que o sigilo bancário constitui espécie do direito à intimidade/privacidade, consagrado no art. 5º, X e XII, da CF. No entanto, as contas públicas, ante os princípios da publicidade e da moralidade (art. 37 da CF), não possuem, em regra, proteção do direito à intimidade/privacidade e, em consequência, não são protegidas pelo sigilo bancário. *HC 308.493-CE, Rel. Min. Reynaldo Soares da Fonseca, DJe 26.10.15. 5ª T. (Info 572)*

2014

Nulidade de prova advinda de quebra de sigilo bancário pela administração tributária sem autorização judicial.

Os dados obtidos pela Receita Federal com fundamento no art. 6º da LC 105/01, mediante requisição direta às instituições bancárias no âmbito de processo administrativo fiscal sem prévia autorização judicial, não podem ser utilizados para sustentar condenação em processo penal. *REsp 1.361.174-RS, Rel. Min. Marco Aurélio Bellizze, 3.6.14. 5ª T. (Info 543)*

Utilização no processo penal de informações obtidas pela Receita Federal mediante requisição direta às instituições bancárias.

Os dados obtidos pela Receita Federal com fundamento no art. 6º da LC 105/01, mediante requisição direta às instituições bancárias no âmbito de processo administrativo fiscal sem prévia autorização judicial, não podem ser utilizados no processo penal, sobretudo para dar base à ação penal. *RHC 41.532-PR, Rel. Min. Sebastião Reis Júnior, 11.2.14. 6ª T. (Info 535)*

2012

Ilicitude de prova. Gravação sem o conhecimento do acusado. Violação do direito ao silêncio.

É ilícita a gravação de conversa informal entre os policiais e o conduzido ocorrida quando da lavratura do auto de prisão em flagrante, se não houver prévia comunicação do direito de permanecer em silêncio. O direito de o indiciado permanecer em silêncio, na fase policial, não pode ser relativizado em função do dever-poder do Estado de exercer a investigação criminal. Ainda que formalmente seja consignado, no auto de prisão em flagrante, que o indiciado exerceu o direito de permanecer calado, evidencia ofensa ao direito constitucionalmente assegurado (art. 5º, LXIII) se não lhe foi avisada previamente, por ocasião de diálogo gravado com os policiais, a existência desse direito. *HC 244.977, Rel. Min. Sebastião Reis Jr., 25.9.12. 6ª T. (Info 505)*

Sigilo. Correspondência. Violabilidade.

O princípio constitucional da inviolabilidade das comunicações não é absoluto. O interesse público, em situações excepcionais, pode se sobrepor à privacidade, para evitar que direitos e garantias fundamentais sejam utilizados para resguardar conduta criminosa. "A cláusula tutelar da inviolabilidade do sigilo epistolar não pode constituir instrumento de salvaguarda de praticas ilicitas" (STF, HC 70814) 2. Não viola o sigilo de correspondência da paciente simples menção, no julgamento plenário, à apreensão de cartas que provam o relacionamento extraconjugal entre a paciente e o corréu, acusados do homicídio da vítima. A prova foi obtida com autorização judicial, fundada no interesse das investigações, justamente para apurar a motivação do crime. 3. O Juízo condenatório, de todo modo, não está fundado apenas nessa prova, obtida na fase inquisitorial, mas em amplo contexto probatório, colhido nas duas fases do procedimento, sendo descabida a pretensão de anular o julgamento soberano realizado pelo Tribunal do Júri. *HC 203.371, Rel. Min. Laurita Vaz, 3.5.12. 5ª T. (Info 496)*

1.6.3. Da Prova (Interrogatório)

2014

Interrogatório na Lei de Drogas.

Não gera nulidade o fato de, no julgamento dos crimes previstos na Lei 11.343/06, a oitiva do réu ocorrer antes da inquirição das testemunhas. *HC 275.070-SP, Rel. Min. Laurita Vaz, 18.2.14. 5ª T. (Info 536)*

2012

Interrogatório de corréu. Possibilidade de esclarecimentos a pedido das defesas dos outros corréus.

A defesa do corréu tem o direito de fazer perguntas no interrogatório dos demais acusados, conforme dispõe o art. 188 do CPP – com redação dada pela Lei 10.792/03. Tal modificação foi feita com o objetivo de assegurar a ampla defesa e o contraditório durante a produção da prova em interrogatório, respeitado o direito do acusado inquirido de não ser obrigado a prestar declarações que o auto incriminem. Dessa forma, além de poder assistir ao interrogatório de corréu, a defesa dos demais corréus pode fazer os questionamentos que entender necessários no interesse dos seus clientes. *HC 198.668, Rel. Min. Jorge Mussi, 4.9.12. 5ª T. (Info 503)*

Interrogatório. Videoconferência.

O STF entende que o interrogatório realizado por meio de videoconferência, autorizado por lei estadual antes da regulamentação promovida por lei federal, viola princípios constitucionais por exorbitar a competência privativa da União para dispor sobre normas de natureza processual. 2. À época da realização da teleaudiência, em 15.6.07, não havia lei federal que respaldasse o ato, existindo, apenas, a Lei 11.819/05, do Estado de São Paulo. 3. A audiência realizada por videoconferência, anteriormente à vigência da Lei 11.900/09, ocorreu ao seu arrepio e em afronta aos demais princípios do direito, como o devido processo legal e a ampla defesa. *HC 193.904, Rel. Min. Adilson Macabu, 22.5.12. 5ª T. (Info 498)*

1.6.4. Da Prova (Perícia)

2016

Monitoramento de e-mail corporativo de servidor público.

As informações obtidas por monitoramento de e-mail corporativo de servidor público não configuram prova ilícita quando atinentes a aspectos não pessoais e de interesse da Administração Pública e da própria coletividade, sobretudo quando exista, nas disposições normativas acerca do seu uso, expressa menção da sua destinação somente para assuntos e matérias afetas ao serviço, bem como advertência sobre monitoramento e acesso ao conteúdo das comunicações dos usuários para cumprir disposições legais ou instruir procedimento administrativo. *RMS 48.665-SP, Rel. Min. Og Fernandes, DJe 5.2.2016. 2ª T. (Info 576)*

2015

Desnecessidade de prova pericial para condenação por uso de documento falso.

É possível a condenação por infração ao disposto no art. 304 do CP (uso de documento falso) com fundamento em documentos e testemunhos constantes do processo, acompanhada da confissão do acusado, sendo desnecessária a prova pericial para a comprovação da materialidade do crime, mormente se a defesa não requereu, no momento oportuno, a realização do referido exame. *HC 307.586-SE, Rel. Min. Walter de Almeida Guilherme, DJe 3.12.14. 5ª T. (Info 553)*

2013

Exame pericial no caso de crime de furto qualificado pela escalada.

Ainda que não tenha sido realizado exame de corpo de delito, pode ser reconhecida a presença da qualificadora de escalada do crime de furto (art. 155, § 4º, II, do CP) na hipótese em que a dinâmica delitiva tenha sido registrada por meio de sistema de monitoramento com câmeras de segurança e a materialidade do crime qualificado possa ser comprovada por meio das filmagens e também por fotos e testemunhos. *REsp 1.392.386-RS, Rel. Min. Marco Aurélio Bellizze, 3.9.13. 5ª T. (Info 529)*

Realização de perícia na hipótese de falta de peritos oficiais.

Verificada a falta de peritos oficiais na comarca, é válido o laudo pericial que reconheça a qualificadora do furto referente ao rompimento de obstáculo (art. 155, § 4º, I, do CP) elaborado por duas pessoas idôneas e portadoras de diploma de curso superior, ainda que sejam policiais. *REsp 1.416.392-RS, Rel. Min. Moura Ribeiro, 19.11.13. 5ª T. (Info 532)*

17. DIREITO PROCESSUAL PENAL

2012

Estabelecimento comercial. Venda de produtos sem registro da Anvisa. Perícia.

Importar, vender, expor à venda, ter em depósito para vender ou, de qualquer forma, distribuir ou entregar a consumo, produtos destinado a fins terapêuticos ou medicinais, sem registro no órgão de vigilância sanitária competente, quando exigível, são condutas tipificadas como crime (inteligência combinada do art. 273, caput, e §§ 1º e 1º-B, inc. I, do CP). 2. Para a prática da referida conduta não é exigível perícia, bastando a ausência de registro na Anvisa, obrigatório na hipótese de insumos destinados a fins terapêuticos ou medicinais. Referidas características dos produtos podem ser atestadas por fiscal técnico da Agência, conhecedor das normas de regulação e que, no exercício do seu mister, tem fé pública. 3. A gama de produtos sujeitos ao regime sanitário é extensa e abrangente, compreendendo medicamentos, insumos farmacêuticos, drogas e correlatos, que não podem ser industrializados, expostos à venda, ou entregues a consumo, sem o registro do órgão competente. Arts. 1º e 12, da Lei 6360/76, e regulamento (arts. 1º e 12, do Dec. 79.094/76). 4. No caso, outrossim, em nenhum momento os impetrantes afirmaram, ou demonstraram, que os produtos apreendidos no estabelecimento dos pacientes (loja de suplementos alimentares) não estariam sujeitos ao regime de vigilância sanitária, para o que bastaria a simples demonstração das normas pertinentes. Desta feita, não ocorre a falta de justa causa para a ação penal, devendo o juízo de culpabilidade na espécie ser procedido pelas instâncias ordinárias. HC 177.972, Rel. Min. Laurita Vaz, 28.8.12. 5ª T. (Info 503)

1.6.5. Da Prova (Testemunhas)

2016

Inquirição de testemunhas pelo magistrado e ausência do MP na audiência de instrução.

Não gera nulidade do processo o fato de, em audiência de instrução, o magistrado, após o registro da ausência do representante do MP (que, mesmo intimado, não compareceu), complementar a inquirição das testemunhas realizada pela defesa, sem que o defensor tenha se insurgido no momento oportuno nem demonstrado efetivo prejuízo. REsp 1.348.978-SC, Rel. p/ ac. Min. Nefi Cordeiro, DJe 17.2.2016. 6ª T. (Info 577)

2014

Intimação de autoridade para prestar declarações.

As autoridades com prerrogativa de foro previstas no art. 221 do CPP, quando figurarem na condição de investigados no inquérito policial ou de acusados na ação penal, não têm o direito de serem inquiridas em local, dia e hora previamente ajustados com a autoridade policial ou com o juiz. HC 250.970-SP, Rel. Min. Jorge Mussi, 23.9.14. 5ª T. (Info 547)

2012

Homicídio qualificado. Pronúncia. Falta de materialidade. Ausência do corpo da suposta vítima.

Trata-se, na origem, de recurso em sentido estrito no qual o tribunal "a quo" entendeu existirem outras provas que demonstrariam a materialidade do crime, indicando a confissão do paciente e depoimentos testemunhais. Negou-se a ordem ao entender que, nos termos do art. 167 do CPP, a prova testemunhal pode suprir a falta do exame de corpo de delito, caso desaparecidos os vestígios. O STJ já decidiu que tal situação se aplica, inclusive, aos casos de homicídio, se ocultado o corpo da vítima. HC 170.507, Rel. Min. Maria T. A. Moura, 16.2.12. 6ª T. (Info 491)

Testemunhas. Inquirição. Juiz. Depoimento policial. Leitura. Ratificação.

Invertida a ordem de perguntas, na colheita de prova testemunhal (CPP, art. 212, redação conferida pela Lei 11.690/08), tem-se caso de nulidade relativa, a depender de demonstração de prejuízo – o que não se apontou. 2. A produção da prova testemunhal é complexa, envolvendo não só o fornecimento do relato, oral, mas, também, o filtro de credibilidade das informações apresentadas. Assim, não se mostra lícita a mera leitura pelo magistrado das declarações prestadas na fase inquisitória, para que a testemunha, em seguida, ratifique-a. HC 183.696-ES, Rel. Min. Maria T. A. Moura, 14.2.12. 6ª T. (Info 491)

1.7. Dos Sujeitos do Processo

2016

Hipótese de deferimento de assistência à acusação.

É possível a intervenção dos pais como assistentes da acusação na hipótese em que o seu filho tenha sido morto, mas, em razão do reconhecimento de legítima defesa, a denúncia tenha imputado ao réu apenas o crime de porte ilegal de arma de fogo. *RMS 43.227-PE, Rel. Min. Gurgel de Faria, DJe 7.12.2015. 5ª T. (Info 574)*

2015

Dispensa de juntada de procuração com poderes especiais pela Defensoria Pública.

Quando a Defensoria Pública atuar como representante do assistente de acusação, é dispensável a juntada de procuração com poderes especiais. *HC 293.979-MG, Rel. Min. Gurgel de Faria, DJe 12.2.15. 5ª T. (Info 555)*

Impossibilidade de seguradora intervir como assistente da acusação em processo que apure homicídio do segurado.

A seguradora não tem direito líquido e certo de figurar como assistente do Ministério Público em ação penal na qual o beneficiário do seguro de vida é acusado de ter praticado o homicídio do segurado. *RMS 47.575-SP, Rel. Min. Maria T. A. Moura, DJe 23.4.15. 6ª T. (Info 560)*

2014

Direito à réplica do assistente da acusação.

O assistente da acusação tem direito à réplica, ainda que o MP tenha anuído à tese de legítima defesa do réu e declinado do direito de replicar. *REsp 1.343.402-SP, Rel. Min. Laurita Vaz, 21.8.14. 5ª T. (Info 546)*

Valor mínimo dos honorários advocatícios arbitrados em favor do defensor dativo.

O arbitramento judicial dos honorários advocatícios ao defensor dativo nomeado para oficiar em processos criminais deve observar os valores mínimos estabelecidos na tabela da OAB, considerados o grau de zelo do profissional e a dificuldade da causa como parâmetros norteadores do "quantum". *REsp 1.377.798-ES, Rel. Min. Rogerio S. Cruz, 19.8.14. 6ª T. (Info 545)*

2013

Utilização de termos mais fortes e expressivos em sentença.

A utilização de termos mais fortes e expressivos na sentença penal condenatória – como "bandido travestido de empresário" e "delinquente de colarinho branco" – não configura, por si só, situação apta a comprovar a ocorrência de quebra da imparcialidade do magistrado. *REsp 1.315.619-RJ, Rel. Min. Campos Marques, 15.8.13. 5ª T. (Info 530)*

Impedimento de magistrado. Pronunciamento anterior em outra instância.

O impedimento previsto no art. 252, III, do CPP, refere-se à hipótese do magistrado ter funcionado como juiz de outra instância, de modo que não se enquadra a situação na qual o julgador acumula, no mesmo juízo, jurisdição cível e criminal. *REsp 1.288.285-SP, Rel. Min. Campos Marques, 27.11.12. 5ª T. (Info 510)*

1.8. Da Prisão, das Medidas Cautelares e da Liberdade Provisória

1.8.1. Da Prisão em Flagrante

2016

Crime de tráfico de drogas. Situação de flagrância. Extração de provas advindas de troca de mensagens por aparelho de telefone celular. Ausência de autorização judicial. Desconsideração das provas obtidas.

Na ocorrência de autuação de crime em flagrante, ainda que seja dispensável ordem judicial para a apreensão de telefone celular, as mensagens armazenadas no aparelho estão protegidas pelo sigilo telefônico, que compreende igualmente a transmissão, recepção ou emissão de símbolos, caracteres, sinais, escritos, imagens, sons ou informações de qualquer natureza, por meio de telefonia fixa ou móvel ou, ainda, por meio de sistemas de informática e telemática. *RHC 67379-RN, Rel. Min. Ribeiro Dantas, DJe 9.11.2016. 5ª T. (Info 593)*

2012

Crime permanente. Estado de flagrância. Prisão por qualquer do povo.

Não é ilegal a prisão realizada por agentes públicos que não tenham competência para a realização do ato quando o preso foi encontrado em estado de flagrância. Os tipos penais previstos nos arts. 12 e 16 da Lei 10.826/03 (Estatuto do Desarmamento) são crimes permanentes e, de acordo com o art. 303 do CPP, o estado de flagrância nesse tipo de crime persiste enquanto não cessada a permanência. *HC 244.016-ES, Rel. Min. Jorge Mussi, 16.10.12. 5ª T. (Info 506)*

1.8.2. Da Prisão Preventiva

2016

Registro de atos infracionais não justifica prisão preventiva.

No processo penal, o fato de o suposto autor do crime já ter se envolvido em ato infracional não constitui fundamento idôneo à decretação de prisão preventiva. Isso porque a vida na época da menoridade não pode ser levada em consideração pelo Direito Penal para nenhum fim. Atos infracionais não configuram crimes e, por isso, não é possível considerá-los como maus antecedentes nem como reincidência, até porque fatos ocorridos ainda na adolescência estão acobertados por sigilo e estão sujeitos a medidas judiciais exclusivamente voltadas à proteção do jovem. *HC 338.936-SP, Rel. Min. Nefi Cordeiro, DJe 5.2.2016. 6ª T. (Info 576)*

2015

Incompatibilidade entre prisão preventiva e regime aberto ou semiaberto.

Caso o réu seja condenado a pena que deva ser cumprida em regime inicial diverso do fechado, não será admissível a decretação ou manutenção de prisão preventiva na sentença condenatória. *RHC 52.407-RJ, Rel. Min. Felix Fischer, DJe 18.12.14. 5ª T. (Info 554)*

Manutenção da prisão preventiva após condenação recorrível a regime prisional semiaberto.

A prisão preventiva pode ser mantida por ocasião da sentença condenatória recorrível que aplicou o regime semiaberto para o cumprimento da pena, desde que persistam os motivos que inicialmente a justificaram e que seu cumprimento se adeque ao modo de execução intermediário aplicado. *RHC 53.828-ES, Rel. Min. Jorge Mussi, DJe 24.4.15. 5ª T. (Info 560)*

Utilização de atos infracionais para justificar prisão preventiva para a garantia da ordem pública.

A anterior prática de atos infracionais, apesar de não poder ser considerada para fins de reincidência ou maus antecedentes, pode servir para justificar a manutenção da prisão preventiva como garantia da ordem pública. *RHC 47.671-MS, Rel. Min. Gurgel de Faria, DJe 2.2.15. 5ª T. (Info 554)*

2013

Ilegalidade de prisão provisória quando representar medida mais severa do que a possível pena a ser aplicada.

É ilegal a manutenção da prisão provisória na hipótese em que seja plausível antever que o início do cumprimento da reprimenda, em caso de eventual condenação, dar-se-á em regime menos rigoroso que o fechado. *HC 182.750-SP, Rel. Min. Jorge Mussi, 14.5.13. 5ª T. (Info 523)*

2012

Prisão preventiva. Réu foragido.

A fuga do acusado do distrito da culpa é fundamentação suficiente para a manutenção da custódia preventiva ordenada para garantir a aplicação da lei penal. *HC 239.269, Rel. Min. Jorge Mussi, 13.11.12. 5ª T. (Info 509)*

Prisão preventiva. Substituição. Excepcionalidade. Lei 12.403/11.

Trata-se de "habeas corpus" com pedido de liminar impetrado em favor do paciente contra acórdão que manteve a decisão que decretou sua prisão preventiva pelo crime de homicídio duplamente qualificado tentado. Sustentam os impetrantes a ocorrência de constrangimento ilegal sob o argumento de que o tribunal de origem não teria apresentado dados concretos que justificassem a necessidade da segregação cautelar do paciente e de que as instâncias ordinárias sequer se manifestaram acerca das medidas cautelares alternativas previstas no art. 319 do CPP, com redação dada pela Lei 12.403/11. A matéria referente à incidência de medidas alternativas à prisão foi examinada somente em parte pela autoridade impetrada, a qual se ateve a tecer considerações somente no que diz respeito à impossibilidade de arbitramento de fiança nos crimes hediondos, omitindo-se quanto às demais providências passíveis de aplicação, alternativas à prisão. Isso porque, com a inovação legislativa introduzida pela Lei 12.403/11, o CPP passou a capitular diversas providências substitutivas à prisão, sendo essa imposta apenas quando aquelas não se mostrarem suficientes à repressão e à reprovabilidade do delito, o que, contudo, não foi tratado na espécie. *HC 219.101, Rel. Min. Jorge Mussi, 10.4.12. 5ª T. (Info 495)*

Regime inicial semiaberto. Manutenção da prisão preventiva.

O acusado tem direito de aguardar o julgamento do recurso de apelação em liberdade na hipótese em que fixado o regime inicial semiaberto para o cumprimento da pena, ainda que a sentença condenatória tenha fundamentado a necessidade de manutenção da prisão preventiva. O acusado não pode aguardar o julgamento do recurso em regime mais gravoso do que aquele estabelecido na sentença condenatória. *HC 227.960-MG, Rel. Min. Laurita Vaz, 18.10.12. 5ª T. (Info 507)*

1.8.3. Da Prisão Domiciliar

2014

Possibilidade de substituição de prisão preventiva por prisão domiciliar (art. 318 do CPP).

É possível a substituição de prisão preventiva por prisão domiciliar, quando demostrada a imprescindibilidade de cuidados especiais de pessoa menor de 6 anos de idade (art. 318, III, do CPP) e o decreto prisional não indicar peculiaridades concretas a justificar a manutenção da segregação cautelar em estabelecimento prisional. *HC 291.439-SP, Rel. Min. Rogerio S. Cruz, 22.5.14. 6ª T. (Info 544)*

1.8.4. Das Outras Medidas Cautelares

2013

Necessidade de fundamentação concreta e individualizada para a imposição das medidas cautelares previstas no art. 319 do CPP.

É necessária a devida fundamentação – concreta e individualizada – para a imposição de qualquer das medidas alternativas à prisão previstas no art. 319 do CPP. Isso porque essas medidas cautelares, ainda que mais benéficas, representam um constrangimento à liberdade individual. *HC 231.817-SP, Rel. Min. Jorge Mussi, 23.4.13. 5ª T. (Info 521)*

2012

Medida cautelar. Prefeito. Afastamento do cargo. Momento e prazo.

Aplica-se aos detentores de mandato eletivo a possibilidade de fixação das medidas alternativas à prisão preventiva previstas no art. 319 do CPP, por tratar-se de norma posterior que afasta, tacitamente, a incidência da lei anterior. 2. A decisão de afastamento do mandatário municipal está devidamente fundamentada com a demonstração de suas necessidade e utilidade a partir dos elementos concretos colhidos dos autos. 3. A Constituição Federal garante aos litigantes a duração razoável do processo conjugado com o princípio da presunção de não culpabilidade. 4. Configura excesso de prazo a investigação criminal que dura mais de 1 (um) ano sem que se tenha concluído o inquérito policial, muito menos oferecida a Denúncia em desfavor do paciente. *HC 228.023, Rel. Min. Adilson Macabu, 19.6.12. 5ª T. (Info 500)*

1.8.5. Da Liberdade Provisória com ou sem Fiança

2012

Busca e apreensão. Documentos. Escritório de advocacia. Nova investigação.

Consoante o disposto nos §§ 6º e 7º do art. 7º da Lei 8.906/94, documentos, mídias e objetos pertencentes a clientes do advogado averiguado, bem como demais instrumentos de trabalho que contenham informações sobre clientes, somente poderão ser utilizados caso estes estejam sendo formalmente investigados como partícipes ou coautores pela prática do mesmo crime que deu causa à quebra de inviolabilidade. No caso, o paciente não estava sendo formalmente investigado e o crime ora apurado não guarda relação com o estelionato judiciário (que originou a cautelar de busca e apreensão). *HC 227.799, Rel. Min. Sebastião Reis Jr., 10.4.12. 6ª T. (Info 495)*

Penal. Inquérito. Conselheiro de tribunal de contas do estado. Quebra do sigilo bancário e fiscal. Afastamento cautelar do cargo.

A quebra do sigilo bancário e fiscal afigura-se legítima quando indispensável à apuração de delito funcional com envolvimento de valores públicos. 2. Em circunstâncias excepcionais, admite-se o afastamento cautelar de agentes públicos do exercício do seu cargo ou função, mesmo durante a fase de inquérito, desde que presentes elementos indiciários e probatórios da conduta delituosa, a incompatibilidade com o exercício do cargo ou função e o risco para o regular desenvolvimento das investigações. *Inq 780, Rel. Min. Nancy Andrighi, 6.6.12. Corte Especial. (Info 499)*

1.9. Das Citações e Intimações

1.9.1. Das Citações

2016

Nulidade em ação penal por falta de citação do réu.

Ainda que o réu tenha constituído advogado antes do oferecimento da denúncia – na data da prisão em flagrante – e o patrono tenha atuado, por determinação do Juiz, durante toda a instrução criminal, é nula a ação penal que tenha condenado o réu sem a sua presença, o qual não foi citado nem compareceu pessoalmente a qualquer ato do processo, inexistindo prova inequívoca de que tomou conhecimento da denúncia. *REsp 1.580.435-GO, Rel. Min. Rogerio Schietti Cruz, DJe 31.3.2016. 6ª T. (Info 580)*

2014

Produção antecipada de prova testemunhal.

Pode ser deferida produção antecipada de prova testemunhal – nos termos do art. 366 do CPP – sob o fundamento de que a medida revelar-se-ia necessária pelo fato de a testemunha exercer função de segurança pública. *RHC 51.232-DF, Rel. Min. Jorge Mussi, 2.10.14. 5ª T. (Info 549)*

2012

Nulidade. Citação por edital.

É nulo o processo a partir da citação na hipótese de citação editalícia determinada antes de serem esgotados todos os meios disponíveis para a citação pessoal do réu. A citação por edital, a teor do disposto nos arts. 361 e 362 do CPP, constitui medida de exceção e, sem esgotamento do chamamento pessoal mediante mandado no endereço mencionado pelo réu, configura nulidade insanável, consoante preceitua o art. 546, III, e, também do CPP, pois acarreta prejuízo ao réu e viola o direito constitucional da ampla defesa. *HC 213.600, Rel. Min. Laurita Vaz, 4.10. 2012. 5ª T. (Info 506)*

Intimação. Pronúncia. Citação por edital.

Com a entrada em vigor da Lei 11.689/08, foi incluído parágrafo único ao art. 420 do CPP e alterada a redação do art. 457, "caput", passando-se a permitir a intimação por edital do pronunciado não localizado para conhecimento da sentença de pronúncia pessoalmente, pois afastada a regra de sobrestamento do processo em tal caso. 2. Contudo, a nova disciplina aplicada ao rito escalonado do Júri (arts. 420, parágrafo único, e 457 do CPP), trazida pela Reforma do CPP em 2008, impossibilitou a intimação por edital daquele citado fictamente para defender-se, e cujos fatos ocorreram antes da Lei 9.271/96, ou seja, em obediência ao disposto na antiga regra do art. 414 do CPP. 3. A necessidade de intimação pessoal da sentença de pronúncia, quando a citação se dá por edital, decorre também da Convenção Americana de Direitos Humanos – Pacto de São José da Costa Rica (1969) –, da qual o Brasil é signatário (Dec. 678/92). 4. No caso, a conduta delituosa imputada nos autos ocorreu em 3.1.1986. A citação ocorreu fictamente, assim como a intimação da sentença de pronúncia, situação esta que caracteriza flagrante ilegalidade, sendo necessária a anulação da intimação por edital *HC 152.527, Rel. Min. Og Fernandes, 17.4.12. 6ª T. (Info 495)*

1.9.2. Das Intimações

2016

Inexigibilidade de termo de recurso ou de renúncia na intimação pessoal do acusado.

Na intimação pessoal do acusado acerca de sentença de pronúncia, a ausência de apresentação do termo de recurso ou de renúncia não gera nulidade do ato. *RHC 61.365-SP, Rel. Min. Felix Fischer, DJe 14.3.2016. 5ª T. (Info 579)*

Nulidade da intimação por edital de réu preso.

Preso o réu durante o curso do prazo da intimação por edital da sentença condenatória, essa intimação fica prejudicada e deve ser efetuada pessoalmente. *RHC 45.584/PR, Rel. Min. Nefi Cordeiro, DJe 12.5.2016. 6ª T. (Info 583)*

2015

Hipótese em que a ausência de intimação pessoal do defensor dativo não gera reconhecimento de nulidade.

A intimação do defensor dativo apenas pela impressa oficial não implica reconhecimento de nulidade caso este tenha optado expressamente por esta modalidade de comunicação dos atos processuais, declinando da prerrogativa de ser intimado pessoalmente. *HC 311.676-SP, Rel. Min. Jorge Mussi, DJe 29.4.15. 5ª T. (Info 560)*

2014

Intimação por edital no procedimento do júri.

No procedimento relativo aos processos de competência do Tribunal do Júri, não é admitido que a intimação da decisão de pronúncia seja realizada por edital quando o processo houver transcorrido desde o início à revelia do réu que também fora citado por edital. *HC 226.285-MT, Rel. Min. Sebastião Reis Júnior, 20.2.14. 6ª T. (Info 537)*

Intimação por edital no procedimento do júri.

No procedimento relativo aos processos de competência do Tribunal do Júri, o acusado solto que, antes da Lei 11.689/08, tenha sido intimado pessoalmente da decisão de pronúncia pode, após a vigência da referida Lei, ser intimado para a sessão plenária por meio de edital caso não seja encontrado e, se não comparecer, poderá ser julgado à revelia. *HC 210.524-RJ, Rel. Min. Maria T. A. Moura, 11.3.14. 6ª T. (Info 537)*

Mandado de intimação de testemunha expedido para localidade diversa da indicada pela defesa.

O julgamento do Tribunal do Júri sem a oitiva de testemunha indicada pela defesa pode ser anulado se o mandado de intimação houver sido expedido para localidade diversa daquela apontada, ainda que se trate de testemunha que não fora indicada como imprescindível. *HC 243.591-PB, Rel. Min. Jorge Mussi, 18.2.14. 5ª T. (Info 538)*

2013

Desnecessidade de novas intimações do assistente de acusação que, intimado, deixe de comparecer a qualquer dos atos da instrução ou do julgamento.

Não há nulidade processual na hipótese em que o assistente de acusação, por não ter arrazoado recurso interposto pelo MP após ter sido intimado para tanto, deixe de ser intimado quanto aos atos processuais subsequentes. *REsp 1.035.320-SP, Rel. Min. Sebastião Reis Júnior, 2.4.13. 6ª T. (Info 519)*

2012

Advogado. Intimação exclusiva. Cerceamento. Defesa.

Havendo substabelecimento com reserva de poderes, é válida a intimação de qualquer dos causídicos – substabelecente ou substabelecido –, desde que não haja pedido expresso de intimação exclusiva. 2. Hipótese na qual havia pedido de intimação exclusiva de um dos advogados constituídos pela paciente, o qual não foi observado nem na intimação da pauta da sessão de julgamento da apelação, nem na publicação do acórdão proferido. 3. O fato de ter sido apresentado substabelecimento com reserva de poderes não torna sem efeito o pedido de intimação exclusiva anteriormente formulado pela defesa, já que o advogado ao qual deveriam ser dirigidas as intimações continua a atuar nos autos. 4. Não é exigível que, a cada substabelecimento apresentado, seja renovado o pedido de intimação exclusiva, sob pena de tornar sem efeito aquele anteriormente formulado. 5. O erro na intimação da defesa torna o ato inexistente, constituindo nulidade absoluta, na qual o prejuízo é presumido. *HC 129.748, Rel. Min. Sebastião Reis Jr., 14.2.12. 6ª T. (Info 491)*

Defensor dativo. Ausência de intimação pessoal. Nulidade. Preclusão. Transcurso de longo prazo.

A intimação de defensor dativo ou público da data de sessão de julgamento de recurso de apelação pela imprensa oficial, seguida de ciência pessoal do acórdão pelo causídico, sem qualquer recurso, por seis anos, enseja a preclusão da arguição da nulidade. No caso, foram interpostos pelo defensor dativo recursos especial e extraordinário, quedando silente acerca da nulidade. *HC 241.060, Rel. Min. Maria T. A. Moura, 18.9.2012 6ª T. (Info 504)*

Defensor. Intimação pessoal. Ausência.

A intimação pessoal a que se refere o art. 370 do CPP somente é exigível quando se tratar de defensor público ou dativo, sendo que, "in casu", a ré nomeou advogados para promover a sua defesa. II. Os patronos da apenada foram devidamente intimados da inclusão do apelo em pauta de julgamento através de publicação do respectivo decisório no órgão oficial de imprensa. III. A falta de intimação pessoal dos advogados nomeados pela própria ré acerca da data do julgamento do recurso não consubstancia nulidade processual, não havendo falar em mitigação do exercício do direito de ampla defesa.

IV. Consta dos autos certidão de publicação com a data da disponibilização do acórdão no Diário da Justiça Eletrônico. V. O acatamento do pleito da defesa – de absolvição da paciente – demandaria, por óbvio, aprofundado exame do conjunto fático-probatório dos autos, peculiar ao processo de conhecimento e inviável em "habeas corpus". VI. O "habeas corpus" não deve ser utilizado para o pleito de absolvição, mormente quando operado o trânsito em julgado. Consoante o sistema recursal vigente, cabível é a revisão criminal. VII. Com o trânsito em julgado da condenação, compete ao Magistrado processante determinar a expedição de mandado de prisão contra a ré, a fim de que seja iniciada a execução definitiva da pena, mesmo que ela tenha permanecido solta durante o trâmite processual. *HC 187.757, Rel. Min. Gilson Dipp, 22.5.12. 5ª T. (Info 498)*

Nulidade. Ausência de intimação pessoal do acórdão.

Não há nulidade na falta de intimação pessoal do acórdão, ainda que a condenação apenas tenha ocorrido em segundo grau. A intimação pessoal da sentença, prevista no art. 392 do CPP, só é aplicável ao primeiro grau de jurisdição, não se estendendo às decisões de tribunais. *HC 111.393, Rel. Min. Alderita Oliveira, 2.10.12. 6ª T. (Info 505)*

Intimação. Carta rogatória. Sessão de julgamento do tribunal do júri.

Não há nulidade na falta de intimação pessoal do réu sobre a mudança do seu advogado constituído para um núcleo de prática jurídica de uma faculdade privada. A sistemática processual penal não prevê recurso contra a decisão do magistrado que nomeia patrono para o réu revel, o qual pode, a qualquer momento, constituir novo advogado. Quanto à segunda nulidade arguida pelo paciente, entendeu-se pela desnecessidade da intimação da advogada alienígena que atuou como sua defensora em interrogatório perante a polícia de outro país. Não há menção nos autos de que a defensora fora contratada para outros processos, além do de extradição. Portanto, descabe a pretensão de ter a advogada como sua patrona no processo criminal brasileiro. Destarte, o EOAB (Lei 8.906/94) exige, para o exercício profissional, aprovação em exame da ordem e a subsequente inscrição na OAB. Por fim, descabe o pleito de intimação pessoal do réu, para sessão de julgamento do Tribunal do Júri, mediante carta rogatória, por falta de determinação legal quanto a esse procedimento. Ademais,

o réu possui advogado constituído em território pátrio, por meio deste é realizada a comunicação dos atos ordinários do processo, somente se justificando a expedição de cartas rogatórias para a intimação de situações excepcionais as quais a lei revista de formalidades comparáveis à citação. *HC 223.072, Rel. Min. Gilson Dipp, 16.2.12. 5ª T. (Info 491)*

1.10. Da Sentença

2016

Possibilidade de fixação de valor mínimo para compensação de danos morais sofridos pela vítima de infração penal.

O juiz, ao proferir sentença penal condenatória, no momento de fixar o valor mínimo para a reparação dos danos causados pela infração (art. 387, IV, do CPP), pode, sentindo-se apto diante de um caso concreto, quantificar, ao menos o mínimo, o valor do dano moral sofrido pela vítima, desde que fundamente essa opção. *REsp 1.585.684-DF, Rel. Min. Maria Thereza de Assis Moura, DJe 24.8.2016. 6ª T. (Info 588)*

2015

"Emendatio libelli" antes da sentença.

O juiz pode, mesmo antes da sentença, proceder à correta adequação típica dos fatos narrados na denúncia para viabilizar, desde logo, o reconhecimento de direitos do réu caracterizados como temas de ordem pública decorrentes da reclassificação do crime. *HC 241.206-SP, Rel. Min. Nefi Cordeiro, DJe 11.12.14. 6ª T. (Info 553)*

Hipótese de relativização da coisa julgada.

Constatado o trânsito em julgado de duas decisões condenando o agente pela prática de um único crime – a primeira proferida por juízo estadual absolutamente incompetente e a segunda proferida pelo juízo federal constitucionalmente competente a condenação anterior deve ser anulada caso se verifique que nela fora imposta pena maior do que a fixada posteriormente. *HC 297.482-CE, Rel. Min. Felix Fischer, DJe 21.5.15. 5ª T. (Info 562)*

"Mutatio libelli" e desclassificação do tipo penal doloso para a forma culposa do crime.

Quando na denúncia não houver descrição sequer implícita de circunstância elementar da modalidade culposa do tipo penal, o magistrado, ao proferir a sentença, não pode desclassificar a conduta dolosa do agente – assim descrita na denúncia – para a forma culposa do crime, sem a observância do regramento previsto no art. 384, caput, do CPP. *REsp 1.388.440-ES, Rel. Min. Nefi Cordeiro, DJe 17.3.15. 6ª T. (Info 557)*

Réu denunciado por delito na forma consumada e posteriormente condenado na forma tentada.

O réu denunciado por crime na forma consumada pode ser condenado em sua forma tentada, mesmo que não tenha havido aditamento à denúncia. *HC 297.551-MG, Rel. Min. Rogerio S. Cruz, DJe 12.3.15. 6ª T. (Info 557)*

2012

Aplicação. Reparação. Art. 387, IV, do CPP.

A regra estabelecida pelo art. 387, IV, do CPP, por ser de natureza processual, aplica-se a processos em curso. 2. Inexistindo nos autos elementos que permitam a fixação do valor, mesmo que mínimo, para reparação dos danos causados pela infração, o pedido de indenização civil não pode prosperar, sob pena de cerceamento de defesa. *REsp 1.176.708, Rel. Min. Sebastião Reis Jr., 12.6.12. 6ª T. (Info 499)*

2. DOS PROCESSOS EM ESPÉCIE
2.1. Do Processo Comum
2.1.1. Da Instrução Criminal

2015

Necessidade de apreciação das teses suscitadas na defesa preliminar.

Após a fase de apresentação de resposta à acusação, o magistrado, ao proferir decisão que determina o prosseguimento do processo, deverá ao menos aludir àquilo que fora trazido na defesa preliminar, não se eximindo também da incumbência de enfrentar questões processuais relevantes e urgentes. *RHC 46.127/MG, Rel. Min. Maria T. A. Moura, DJe 25.2.15. 6ª T. (Info 556)*

2012

Ação penal originária. Lei 8.038/90. Não aplicação dos arts. 396-A e 397 do CPP.

Não é cabível, em se tratando de ação penal originária submetida ao procedimento especial da Lei 8.038/90, que seja assegurado ao acusado citado para a apresentação da defesa prévia prevista no art. 8º da Lei 8.038/90 o direito de se manifestar nos moldes preconizados no art. 396-A do CPP, com posterior deliberação acerca de absolvição sumária prevista no art. 397 do CPP. As regras dos arts. 395 a 397 do CPP já se encontram implícitas no procedimento previsto na Lei 8.038/90, considerando que, após o oferecimento da denúncia e a notificação do acusado para resposta preliminar (art. 4º), o relator pedirá dia para que o Tribunal delibere sobre o recebimento, a rejeição da denúncia ou da queixa, ou a improcedência da acusação, se a decisão não depender de outras provas (art. 6º). Assim, nenhum prejuízo sofre a defesa, já que o referido art. 6º impõe ao órgão colegiado o enfrentamento de todas as teses defensivas que possam culminar na improcedência da acusação (igual ao julgamento antecipado da lide; art. 397 do CPP) ou na rejeição da denúncia (art. 395 do CPP). Noutras palavras, o acusado, em sua resposta preliminar (art. 4º), poderá alegar tudo o que interesse à sua defesa, juntar documentos e apresentar justificações. Não é por outra razão que o art. 5º da Lei 8.038/90 estabelece que, se, com a resposta, forem apresentados novos documentos, será intimada a parte contrária para sobre eles se manifestar. No julgamento do AgRg na AP 630, registrou-se que "tanto a absolvição sumária do art. 397 do CPP, quanto o art. 4º da Lei 8.038/90, em termos teleológicos, ostentam finalidades assemelhadas, ou seja, possibilitar ao acusado que se livre da persecução penal". Dessa forma, não se justifica a superposição de procedimentos – comum e especial – visando a finalidades idênticas. *AgRg na APN 697, Rel. Min. Teori Zavascki, 3.10.12. Corte Especial. (Info 505)*

Defesa preliminar. Fundamentação. Art. 396-A do CPP.

O juiz deverá fundamentar, ainda que sucintamente, a decisão que acolher ou não as teses defensivas declinadas na defesa preliminar estabelecida no art. 396-A do CPP (incluído pela Lei 11.719/08), sob pena de configurar a negativa de prestação jurisdicional. *HC 183.355, Rel. p/ ac. Min. Adilson Macabu, 3.5.12. 5ª T. (Info 496)*

2.1.2. Do Procedimento do Tribunal do Júri

2016

Ordem de formulação do quesito da absolvição enquanto tese defensiva principal em relação ao quesito da desclassificação.

A tese absolutória de legitima defesa, quando constituir a tese principal defensiva, deve ser quesitada ao conselho de sentença antes da tese subsidiária de desclassificação em razão da ausência de "animus necandi" REsp 1.509.504-SP, Rel. Min. Maria Thereza de Assis Moura, DJe 13.11.2015. 6ª T. (Info 573)

Possibilidade de extensão de decisão de desclassificação adotada por júri em favor de corréu.

Ocorrido o desmembramento da ação penal que imputava aos coacusados a prática de homicídio doloso tentado decorrente da prática de "racha", a desclassificação em decisão do Tribunal do Júri do crime de homicídio doloso tentado para o delito de lesões corporais graves ocorrida em benefício do corréu (causador direto da colisão da que decorreram os ferimentos suportados pela vítima) é extensível, independentemente de recurso ou nova decisão do Tribunal Popular, a outro corréu (condutor do outro veículo) investido de igual consciência e vontade de participar da mesma conduta e não responsável direto pelas citadas lesões. RHC 67.383-SP, Rel. p/ ac. Min. Sebastião Reis Júnior, DJe 16.5.2016. 6ª T. (Info 583)

Reexame necessário de sentença absolutória sumária em procedimento do tribunal do júri após entrada em vigor da Lei 11.689/08.

Após a entrada em vigor da Lei 11.689/08, em 8 de agosto de 2008, o reexame necessário de decisão absolutória sumária proferida em procedimento do Tribunal do Júri que estiver pendente de apreciação não deve ser examinado pelo Tribunal "ad quem", mesmo que o encaminhamento da decisão absolutória à instância superior tenha ocorrido antes da entrada em vigor da referida Lei. HC 278.124-PI, Rel. p/ ac. Min. Felix Fischer, DJe 30.11.2015. 5ª T. (Info 574)

2015

Anulação da decisão absolutória do júri em razão da contrariedade com as provas dos autos.

Ainda que a defesa alegue que a absolvição se deu por clemência do Júri, admite-se, mas desde que por uma única vez, o provimento de apelação fundamentada na alegação de que a decisão dos jurados contrariou manifestamente à prova dos autos (alínea "d" do inciso III do art. 593 do CPP). REsp 1.451.720-SP, Rel. p/ ac. Min. Nefi Cordeiro, DJe 24.6.15. 6ª T. (Info 564)

Anulação da pronúncia por excesso de linguagem.

Reconhecido excesso de linguagem na sentença de pronúncia ou no acórdão confirmatório, deve-se anular a decisão e os consecutivos atos processuais, determinando-se que outra seja prolatada, sendo inadequado impor-se apenas o desentranhamento e envelopamento. AgRg no REsp 1.442.002-AL, Rel. Min. Sebastião Reis Júnior, DJe 6.5.15. 6ª T. (Info 561)

Desclassificação de crime pelo conselho de sentença.

A desclassificação do crime doloso contra a vida para outro de competência do juiz singular promovida pelo Conselho de Sentença em plenário do Tribunal do Júri, mediante o reconhecimento da denominada cooperação dolosamente distinta (art. 29, § 2º, do CP), não pressupõe a elaboração de quesito acerca de qual infração menos grave o acusado quis participar. REsp 1.501.270-PR, Rel. Min. Maria T. A. Moura, DJe 23.10.15. 6ª T. (Info 571)

Direito a recusas imotivadas de jurados previsto no art. 469, caput, do CPP.

Em procedimento relativo a processo da competência do Tribunal do Júri, o direito de a defesa recusar imotivadamente até 3 jurados (art. 468, caput, do CPP) é garantido em relação a cada um dos réus, ainda que as recusas tenham sido realizadas por um só defensor (art. 469 do CPP). REsp 1.540.151-MT, Rel. Min. Sebastião Reis Júnior, DJe 29.9.15. 6ª T. (Info 570)

2014

Absolvição imprópria no procedimento do tribunal do júri.

No procedimento do tribunal do júri, o juiz pode, na fase do art. 415 do CPP, efetivar a absolvição imprópria do acusado inimputável, na hipótese em que, além da tese de inimputabilidade, a defesa apenas sustente por meio de alegações genéricas que não há nos autos comprovação da culpabilidade e do dolo do réu, sem qualquer exposição dos fundamentos que sustentariam esta tese. RHC 39.920-RJ, Rel. Min. Jorge Mussi, 6.2.14. 5ª T. (Info 535)

Contradição entre as respostas a quesitos no tribunal do júri.

Cabe ao Juiz Presidente do Tribunal do Júri, ao reconhecer a existência de contradição entre as respostas aos quesitos formulados, submeter à nova votação todos os quesitos que se mostrem antagônicos, e não somente aquele que apresentou resultado incongruente. REsp 1.320.713-SP, Rel. Min. Laurita Vaz, 27.5.14. 5ª T. (Info 542)

Limites da competência do juiz da pronúncia.

O juiz na pronúncia não pode decotar a qualificadora relativa ao "meio cruel" (art. 121, § 2º, III, do CP) quando o homicídio houver sido praticado mediante efetiva reiteração de golpes em região vital da vítima. O STJ possui entendimento consolidado no sentido de que o decote de qualificadoras por ocasião da decisão de pronúncia só está autorizado quando forem manifestamente improcedentes, isto é, quando completamente destituídas de amparo nos elementos cognitivos dos autos. REsp 1.241.987-PR, Rel. Min. Maria T. A. Moura, 6.2.14. 6ª T. (Info 537)

Necessidade de encerrar a votação caso os jurados respondam afirmativamente ao quesito referente à absolvição do acusado.

Suscitada a legítima defesa como única tese defensiva perante o Conselho de Sentença, caso mais de três jurados respondam afirmativamente ao terceiro quesito – "O jurado absolve o acusado?" –, o Juiz Presidente do Tribunal do Júri deve encerrar o julgamento e concluir pela absolvição do réu, não podendo submeter à votação quesito sobre eventual excesso doloso alegado pela acusação. HC 190.264-PB, Rel. Min. Laurita Vaz, 26.8.14. 5ª T. (Info 545)

Nulidade no julgamento do tribunal do júri.

É nulo o julgamento no Tribunal do Júri que tenha ensejado condenação quando a acusação tiver apresentado, durante os debates na sessão plenária, documento estranho aos autos que indicaria que uma testemunha havia sido ameaçada pelo réu, e a defesa tiver se insurgido contra essa atitude fazendo consignar o fato em ata. HC 225.478-AP, Rel. p/ ac. Min. Jorge Mussi, 20.2.14. 5ª T. (Info 537)

2013

Impossibilidade de nova manifestação nos termos do art. 422 do CPP após determinação de novo julgamento com base no § 3º do art. 593 do CPP.

No caso em que o Tribunal, em apelação, determine a realização de novo júri em razão do reconhecimento de que a decisão dos jurados fora manifestamente contrária à prova dos autos, não é possível que se conceda às partes o direito de inovar no conjunto probatório mediante a apresentação de novo rol de testemunhas a serem ouvidas em plenário. HC 243.452-SP, Rel. Min. Jorge Mussi, 26.2.13. 5ª T. (Info 516)

Nulidade absoluta de sessão de julgamento de tribunal do júri.

Deve ser reconhecida a nulidade absoluta de ação penal, desde a sessão de julgamento em Tribunal do Júri, na hipótese em que um dos jurados do Conselho de Sentença tenha integrado o júri de outro processo nos doze meses que antecederam à publicação da lista geral de jurados, considerando que o placar da votação tenha sido o de quatro a três em favor da condenação do réu, ainda que a defesa tenha deixado de consignar a insurgência na ata de julgamento da sessão. HC 177.358-SP, Rel. Min. Maria T. A. Moura, 5.2.13. 6ª T. (Info 513)

Proibição de retirada dos autos por qualquer das partes nos cinco dias anteriores ao julgamento pelo tribunal do júri.

Não configura ilegalidade a determinação do Juiz-Presidente do Tribunal do Júri que estabeleça a proibição de retirada dos autos por qualquer das partes, inclusive no caso de réu assistido pela Defensoria Pública, nos cinco dias que antecedam a realização da sessão de julgamento. RMS 41.624-RJ, Rel. Min. Humberto Martins, 7.5.13. 2ª T. (Info 524)

Referência à decisão de pronúncia durante os debates no júri.

As referências ou a leitura da decisão de pronúncia durante os debates em plenário do tribunal do júri não acarretam, necessariamente, a nulidade do julgamento, que somente ocorre se as referências forem feitas como argumento de autoridade que beneficiem ou prejudiquem o acusado. AgRg no REsp 1.235.899-MG, Rel. Min. Maria T. A. Moura, 5.11.13. 6ª T. (Info 531)

Referência à decisão de pronúncia durante os debates no júri.

A simples leitura da pronúncia ou das demais decisões que julgaram admissível a acusação não conduz, por si só, à nulidade do julgamento, o que só ocorre quando a menção a tais peças processuais é feita como argumento de autoridade, de modo a prejudicar o acusado. HC 248.617-MT, Rel. Min. Jorge Mussi, 5.9.13. 5ª T. (Info 531)

2012

Júri. Anulação de sentença pelo tribunal "ad quem". Limites do novo julgamento.

A jurisprudência do STJ, buscando a racionalidade do ordenamento jurídico e na funcionalidade do sistema recursal, vinha se firmando, mais recentemente, no sentido de ser imperiosa a restrição do cabimento do remédio constitucional às hipóteses previstas na CF e no CPP. Louvando o entendimento de que o Direito é dinâmico, sendo que a definição do alcance de institutos previstos na CF há de fazer-se de modo integrativo, de acordo com as mudanças de relevo que se verificam na tábua de valores sociais, esta Corte passou a entender ser necessário amoldar a abrangência do "habeas corpus" a um novo espírito, visando restabelecer a eficácia de remédio constitucional tão caro ao Estado Democrático de Direito. 2. Atento a essa evolução hermenêutica, o STF passou a adotar decisões no sentido de não mais admitir "habeas corpus" que tenha por objetivo substituir o recurso ordinariamente cabível para a espécie. Contudo, considerando que a modificação da jurisprudência firmou-se após a impetração do presente "mandamus", devem ser analisadas as questões suscitadas na inicial no afã de verificar a existência de constrangimento ilegal evidente, a ser sanado mediante a concessão de "habeas corpus" de ofício, evitando-se, assim, prejuízos à ampla defesa e ao devido processo legal. 3. Segundo a jurisprudência do STJ, não é possível que a anulação parcial da condenação relativamente à qualificadora possa sujeitar o réu a novo julgamento somente em relação a essa questão. A qualificadora é elemento acessório que, agregado ao crime, tem a função de aumentar os patamares máximo e mínimo de pena cominada ao delito, sendo dele inseparável. Dessa forma, o reconhecimento de que a decisão dos jurados fora manifestamente contrária à prova dos autos quanto à exclusão da qualificadora implica, necessariamente, em revolvimento do fato em sua totalidade. *HC 246.223, Marco Bellizze, 6.11.12. 5ª T. (Info 508)*

Júri. Desaforamento. Imparcialidade dos jurados.

Em caso de desaforamento fundado na dúvida de imparcialidade do corpo de jurados (art. 427 do CPP), o foro competente para a realização do júri deve ser aquele em que esse risco não exista. *HC 219.739, Rel. Min. Jorge Mussi, 6.3.12. 5ª T. (Info 492)*

Júris. "Reformatio in pejus" indireta.

Os princípios da plenitude de defesa e da soberania dos veredictos devem ser compatibilizados de modo que, em segundo julgamento, os jurados tenham liberdade de decidir a causa conforme suas convicções, sem que isso venha a agravar a situação do acusado, quando apenas este recorra. 2. Nesse contexto, ao proceder à dosimetria da pena, o Magistrado fica impedido de aplicar sanção superior ao primeiro julgamento, se o segundo foi provocado exclusivamente pela defesa. 3. No caso, em decorrência de protesto por novo júri (recurso à época existente), o Juiz presidente aplicou pena superior àquela alcançada no primeiro julgamento, o que contraria o princípio que veda a reformatio in pejus indireta.. *HC 205.616, Rel. Min. Og Fernandes, 12.6.12. 6ª T. (Info 499)*

Limite cognitivo da decisão de pronúncia.

Na primeira fase do procedimento do tribunal do júri prevalece o princípio "in dubio pro societate", devendo o magistrado, na decisão de pronúncia, apenas verificar a materialidade e a existência de indícios suficientes de autoria ou participação (art. 413 do CPP). Assim, a verificação do dolo eventual ou da culpa consciente deve ser realizada apenas pelo Conselho de Sentença. *REsp 1.279.458, Rel. Min. Jorge Mussi, 4.9.12. 5ª T. (Info 503)*

Nulidade. Júri. Ausência de defesa.

"In casu", o paciente foi condenado à pena de 14 anos de reclusão, como incurso no art. 121, § 2º, I e IV, do CP. Sustenta-se a nulidade do processo por ausência de defesa técnica efetiva, pois o patrono do paciente, na sessão plenária do júri, teria utilizado apenas quatro minutos para proferir sua sustentação oral. Invoca a aplicação da Súm. 523/STF, asseverando que, após a sustentação proferida, deveria ter a magistrada declarado o réu indefeso, dissolvendo o conselho de sentença e preservando, assim, o princípio do devido processo legal. O min. rel. observou que a matéria objeto da impetração não foi suscitada e debatida previamente pelo tribunal "a quo", razão pela qual o "habeas corpus" não deve ser conhecido, sob pena de supressão de instância. Contudo, entendeu a existência de ilegalidade flagrante, visto que emerge dos autos que a atuação do defensor do paciente, na sessão de julgamento do tribunal do júri, não caracterizou a insuficiência de defesa, mas a sua ausência. Como se verificou, o defensor dativo utilizou apenas quatro minutos para fazer toda a defesa do paciente.

É certo que a lei processual penal não estipula um tempo mínimo que deve ser utilizado pela defesa quando do julgamento do júri. Contudo, não se consegue ver razoabilidade no prazo utilizado no caso concreto, por mais sintética que tenha sido a linha de raciocínio utilizado. O art. 5º, XXXVIII, da CF assegura a plenitude de defesa nos julgamentos realizados pelo tribunal do júri. Na mesma linha, o art. 497, V, do CPP estatui ser atribuição do juiz presidente do tribunal do júri nomear defensor ao acusado, quando considerá-lo indefeso, podendo, neste caso dissolver o conselho e designar novo dia para o julgamento, com a nomeação ou a constituição de novo defensor. Cabia, portanto, a intervenção do juiz presidente, a fim de garantir o cumprimento da norma constitucional que garante aos acusados a plenitude de defesa, impondo-se que esta tenha caráter material, não apenas formal. Concedeu-se a ordem de ofício, para anular o processo desde o julgamento pelo tribunal do júri e determinar outro seja realizado e ainda o direito de responder ao processo em liberdade, até decisão final transitada em julgado, salvo a superveniência de fatos novos e concretos que justifiquem a decretação de nova custódia. *HC 234.758, Rel. Min. Sebastião Reis Jr., 19.6.12. 5ª T. (Info 500)*

2.2. Dos Processos Especiais

2014

Validade de laudo pericial realizado com base nas características externas do objeto apreendido.

Na verificação da materialidade delitiva do crime de violação de direito autoral (art. 184, § 2º, do CP), admite-se perícia realizada com base nas características externas do material apreendido, não sendo necessária a catalogação dos CDs e DVDs, bem como a indicação de cada título e autor da obra apreendida e falsificada. *AgRg no AREsp 276.128-MG, Rel. Min. Walter de Almeida Guilherme, 2.10.14. 5ª T. (Info 549)*

3. DAS NULIDADES E DOS RECURSOS EM GERAL

3.1. Das Nulidades

2016

Complementação de denúncia com rol de testemunhas.

A intimação do Ministério Público para que indique as provas que pretende produzir em Juízo e a juntada do rol de testemunhas pela acusação, após a apresentação da denúncia, mas antes da formação da relação processual, não são causas, por si sós, de nulidade absoluta. Isso porque, a despeito da previsão legal do momento processual adequado para o arrolamento das testemunhas tanto para a acusação (art. 41 do CPP) quanto para a defesa (arts. 396 e 396-A), aspectos procedimentais devem ser observados pelas partes, devendo-se proceder a uma visão global do todo previsto, interpretando sistematicamente o CPP. *RHC 37.587-SC, Rel. Min. Reynaldo Soares da Fonseca, DJe 23.2.2016. 5ª T. (Info 577)*

2015

Limites à fundamentação "per relationem".

É nulo o acórdão que se limita a ratificar a sentença e a adotar o parecer ministerial, sem sequer transcrevê-los, deixando de afastar as teses defensivas ou de apresentar fundamento próprio. *HC 214.049-SP, Rel. p/ ac. Min. Maria T. A. Moura, DJe 10.3.15. 6ª T. (Info 557)*

Requerimento de sustentação oral realizado após o horário limite determinado pela presidência do órgão julgador.

O advogado que teve deferido pedido de sustentação oral previamente formulado ao relator por meio de petição e que compareceu à sessão de julgamento antes de apreciada a apelação pelo colegiado não pode ser impedido de exercer o seu direito sob a justificativa de que, no dia da sessão de julgamento, não se inscreveu, antes do término do horário fixado pela Presidência do órgão julgador, para sustentação. *REsp 1.388.442-DF, Rel. Min. Rogerio S. Cruz, DJe 25.2.15. 6ª T. (Info 556)*

Validade de atos processuais praticados antes de causa superveniente de modificação da competência.

No caso em que, após iniciada a ação penal perante determinado juízo, ocorra modificação da competência em razão da investidura do réu em cargo que atraia foro por prerrogativa de função, serão válidos os atos processuais – inclusive o recebimento da denúncia – realizados antes da causa superveniente de modificação da competência, sendo desnecessária, no âmbito do novo juízo, qualquer ratificação desses atos, que, caso ocorra, não precisará seguir as regras que deveriam ser observadas para a prática, em ação originária, de atos equivalentes aos atos ratificados. *HC 238.129-TO, Rel. p/ ac. Min. Rogerio S. Cruz, DJe 25.2.15. 6ª T. (Info 556)*

2014

Requisição de réu preso para entrevista pessoal com defensor público.

Não configura nulidade a negativa de pedido da Defensoria Pública de requisição de réu preso para entrevista pessoal com a finalidade de subsidiar a elaboração de defesa preliminar. *RHC 50.791-RJ, Rel. Min. Sebastião Reis Júnior, 14.10.14. 6ª T. (Info 551)*

2012

Publicação. Acórdão. Advogada. Falecimento.

Existe manifesto prejuízo para a defesa na hipótese de falecimento da única advogada do paciente após a interposição do recurso de apelação, haja vista a publicação do acórdão do Tribunal de Justiça ter sido realizado em nome daquela. *HC 226.673, Rel. Min. Sebastião Reis Jr., 4.9.12. 6ª T. (Info 503)*

2012

Desembargador suspeito. Votação em órgão especial.

Não há nulidade no julgamento realizado pelo órgão especial do Tribunal de Justiça, composto de vinte e quatro desembargadores, apesar de um deles ter declarado a sua suspeição e, mesmo assim, ter participado da votação. Tendo em vista que apenas dois desembargadores foram contrários ao recebimento da denúncia contra a promotora de justiça, deve-se entender que a efetiva participação do magistrado suspeito não influenciou no resultado do julgamento, circunstância que, nos termos da jurisprudência deste Superior Tribunal, afasta a alegação de nulidade. Também não pode ser declarada a nulidade da ação penal por ilicitude das escutas telefônicas realizadas em outro processo, que julgava terceira pessoa, sob a alegação da incompetência do magistrado que autorizou a produção da prova, com base na prerrogativa de função da paciente, pois se trata de prova emprestada, resultante do encontro fortuito, submetida ao crivo do contraditório e da ampla defesa no processo em que a paciente figura como denunciada. *HC 227.263, Rel. Min. Vasco D. Giustina, 27.3.12. 6ª T. (Info 494)*

Uso de algemas. Necessidade de fundamentação idônea.

Não há nulidade processual na recusa do juiz em retirar as algemas do acusado durante a audiência de instrução e julgamento, desde que devidamente justificada a negativa. *HC 140.718, Rel. Min. Og Fernandes, 16.10.12. 6ª T. (Info 506)*

Nulidade. Ausência de recurso.

A ausência de interposição de recurso pelo defensor, por si só, não é suficiente para comprovar eventual prejuízo sofrido pelo réu com consequente nulidade processual. Segundo o art. 574 do CPP, os recursos são voluntários, ressalvadas as hipóteses ali elencadas. *HC 111.393, Rel. Min. Alderita Oliveira, 2.10.12. 6ª T. (Info 505)*

Excesso de prazo na formação da culpa. Réu preso.

Os prazos indicados para a conclusão da instrução criminal servem apenas como parâmetro geral, pois variam conforme as peculiaridades de cada processo, razão pela qual a jurisprudência os tem mitigado, à luz do Princípio da Razoabilidade. 2. Somente se cogita da existência de constrangimento ilegal, por eventual excesso de prazo para a formação da culpa, quando o atraso na instrução criminal for motivado por injustificada demora ou desídia do aparelho estatal. 3. No caso, a prisão do Paciente ocorreu em 22.12.10. Contudo, não se pode perder de vista que o processo é complexo, envolve uma organização criminosa com vários integrantes (ao todo 34 corréus). Ademais, o custodiado foi transferido para um estabelecimento penal em Unidade da Federação distinta da do distrito da culpa, o que demanda a expedição de cartas precatórias. 4. O processo-crime também foi desmembrado com relação aos denunciados que permaneceram presos, dentre os quais, o ora paciente, numa demonstração inequívoca de que o feito terá seguimento mais célere para estes réus. *HC 220.218, Rel. Min. Laurita Vaz, 16.2.12. 5ª T. (Info 491)*

Fundamentação remissiva. Nulidade.

O dever de motivar as decisões implica necessariamente cognição efetuada diretamente pelo órgão julgador. Não se pode admitir que a Corte estadual limite-se a manter a sentença por seus próprios fundamentos e a adotar o parecer ministerial, sendo de rigor que acrescente fundamentação que seja própria do órgão judicante. 2. A mera repetição da decisão atacada, além de desrespeitar o regramento do art. 93, IX, da CF, causa prejuízo para a garantia do duplo grau de jurisdição, na exata medida em que não conduz a substancial revisão judicial da primitiva decisão, mas a cômoda reiteração. *HC 232.653, Rel. Min. Maria T. A. Moura, 24.4.12. 6ª T. (Info 496)*

Inobservância da ordem de inquirição de testemunhas.

A inversão da ordem de inquirição de testemunhas estabelecida pelo art. 212 do CPP constitui nulidade capaz de viciar o processo quando suscitada a tempo e quando demonstrado prejuízo efetivo sofrido pelo paciente. 2. Hipótese em que a nulidade tanto foi arguida no momento adequado como também ficou demonstrado o prejuízo sofrido pelo paciente com a inquirição das testemunhas feitas em primeiro lugar pelo juiz. *HC 212.618, Rel. p/ ac. Min. Sebastião Reis Jr., 24.4.12. 6ª T. (Info 496)*

Medidas investigatórias. Delitos conexos a crimes contra a ordem tributária. Ausência de lançamento definitivo.

Não há ilegalidade na autorização de interceptação telefônica, busca e apreensão e quebra de sigilo bancário e fiscal, antes do lançamento do crédito tributário, quando as medidas investigatórias são autorizadas para apuração dos crimes de quadrilha e falsidade ideológica, também imputados ao Paciente, que supostamente se utilizava de intrincado esquema criminoso, com o claro e primordial intento de lesar o Fisco. 2. Inexiste a aventada nulidade processual, tampouco a alegada ausência de elementos indiciários para fundamentar a acusação. As medidas investigatórias atenderam aos pressupostos e fundamentos de cautelaridade e, quando do oferecimento da denúncia, os créditos tributários já tinham sido definitivamente lançados. *HC 148.829, Rel. Min. Laurita Vaz, 21.8.12. 5ª T. (Info 502)*

Nulidades. Necessidade de demonstração do prejuízo. Tradução de interceptação telefônica. Convênio internacional.

A nulidade alegada sem demonstração do efetivo prejuízo à defesa não tem o condão de invalidar o ato processual impugnado. A simples alegação de que a oitiva dos corréus ocorreu sem seus respectivos advogados não é suficiente para demonstrar o prejuízo sofrido pela defesa do paciente. Da mesma forma, alegações abstratas de que as normas internas de presídio de segurança máxima impediram o acesso às provas dos autos não é o bastante para o reconhecimento de nulidade por cerceamento de defesa. Ademais, foi proposta ao paciente a realização de audiência conjunta para a oitiva dos CDs de áudio, mas a proposta foi rejeitada pela defesa. A ausência do réu na inquirição de testemunhas gera nulidade relativa, mormente porque o advogado compareceu ao ato. Em seguida, assentou que o processamento da ação penal pelo rito ordinário só é possível quando não houver previsão de procedimento específico (art. 394, § 2º, CPP). No caso, apuraram-se crimes previstos na Lei 11.343/06, cujos arts. 54 a 59 tratam do procedimento a ser adotado na ação penal. Quanto à tradução do conteúdo de interceptações telefônicas feita por agentes públicos (que não são tradutores compromissados), em cumprimento a acordo de cooperação internacional, tal circunstância não gera nulidade. No caso, policiais paraguaios que traduziram as conversas em língua guarani para o português fizeram o trabalho de acordo com convênio oficial celebrado entre o Brasil e o Paraguai, por intermédio da Secretaria Nacional de Política sobre Drogas – SENAD, do Ministério da Justiça. *HC 218.200, Rel. Min. Sebastião Reis Jr., 21.6.12. 6ª T. (Info 500)*

3.2. Dos Recursos em Geral

3.2.1. Disposições Gerais

2016

Forma de contagem de prazo para interposição de agravo contra decisão monocrática de ministro relator do STJ.

No âmbito do STJ, mesmo após a vigência do CPC/15, em controvérsias que versem sobre matéria penal ou processual penal, a contagem do prazo para interposição de agravo contra decisão monocrática de relator continua sendo feita de forma contínua (art. 798 do CPP), e não somente em dias úteis (art. 219 do CPC/15). *AgRg nos EDcl nos EAREsp 316.129-SC, Rel. Min. Reynaldo Soares da Fonseca, DJe 1º.6.2016. 3ª S. (Info 585)*

Proibição de agravar a pena em recurso exclusivo da defesa.

No âmbito de recurso exclusivo da defesa, o Tribunal não pode agravar a reprimenda imposta ao condenado, ainda que reconheça equívoco aritmético ocorrido no somatório das penas aplicadas. *HC 250.455-RJ, Rel. Min. Nefi Cordeiro, DJe 5.2.2016. 6ª T. (Info 576)*

2015

Termo inicial do prazo para o MP recorrer.

Quando o Ministério Público for intimado pessoalmente em cartório, dando ciência nos autos, o seu prazo recursal se iniciará nessa data, e não no dia da remessa dos autos ao seu departamento administrativo. *EREsp 1.347.303-GO, Rel. Min. Gurgel de Faria, DJe 17.12.14. 3ª S. (Info 554)*

2014

Prazo para recursos do MP em matéria penal.

Em matéria penal, o Ministério Público não goza da prerrogativa da contagem dos prazos recursais em dobro. *AgRg no EREsp 1.187.916-SP, Rel. Min. Regina Helena Costa, 27.11.13. 3ª S. (Info 533)*

2012

Sustentação oral. Pedido de adiamento do julgamento em razão de outro compromisso do advogado.

Não é nulo o julgamento colegiado de mandado de segurança por ausência de sustentação oral no caso em que a defesa pede seu adiamento apenas na véspera da sessão, declinando, para tanto, a necessidade de estar presente em outro compromisso profissional do qual já tinha conhecimento há mais de um mês. *RMS 30.172-MT, Rel. Min. Maria T. A. Moura, 4.12.12. 6ª T. (Info 513)*

2012

Prazo. Interposição de recurso. Fax. Apresentação do original.

Embora a interposição de recursos por meio de fax seja admitida, é imprescindível, sob pena de não conhecimento, a apresentação do original em até cinco dias, conforme determina o art. 2º da Lei 9.800/99, cujo prazo é contínuo, iniciando no dia imediatamente subsequente ao termo final do prazo recursal, ainda que não haja expediente forense. *HC 244.210, Rel. Min. Jorge Mussi, 6.9.12. 5ª T. (Info 503)*

Recurso manifestamente incabível. Interrupção de prazo.

Constatou-se a intempestividade dos embargos de divergência em que se reconheceu como relativa a presunção de violência no crime de estupro praticado contra menores de quatorze anos, sob o fundamento de que teria havido consentimento das vítimas. No caso, houve a interposição de agravo regimental contra o acórdão que assentou ser absoluta a presunção de violência, e por ser manifestamente incabível (em razão de ser erro grosseiro e inescusável sua interposição contra decisão colegiada), não houve suspensão nem interrupção do prazo para outros recursos. Após o não conhecimento do agravo regimental, foram opostos embargos declaratórios, os quais foram rejeitados, o que culminou na interposição dos embargos de divergência. Os declaratórios não poderiam integrar o referido acórdão porque se destinavam a esclarecer a decisão do regimental e se fossem para atacar o acórdão seriam intempestivos. Também não poderia ser aplicado o princípio da fungibilidade recursal com o intuito do agravo ser recebido como declaratórios, porque seriam intempestivos. Portanto, o julgamento do agravo regimental e dos embargos de declaração não reabriu a possibilidade dos embargos de divergência disporem sobre o mérito do acórdão em questão, visto que o prazo para sua interposição não foi suspenso nem interrompido. Assim, no caso, restabeleceu-se a decisão que entendeu ser absoluta a presunção de violência em estupro contra menor de quatorze anos. *EDcl nos EREsp 1.021.634, Rel. p/ ac. Min. Gilson Dipp, 8.8.12. 3ª S. (Info 501)*

Republicação de decisão. Reabertura do prazo recursal.

O prazo para a interposição de recurso flui a partir da última publicação da decisão a ser impugnada, de modo que a republicação, mesmo que desnecessária ou feita por equívoco, acarreta a reabertura do prazo recursal. *HC 238.698-SP, Rel. Min. Marilza Maynard, 20.11.12. 5ª T. (Info 510)*

3.2.2. Do Recurso em Sentido Estrito

2012

Fungibilidade recursal. Apelação. RESE.

Caracteriza erro grosseiro a interposição de recurso de apelação em vez de recurso em sentido estrito contra decisão que desclassificou o crime determinando a remessa dos autos ao juizado especial criminal. A declinação da competência para juízo diverso não caracteriza dúvida necessária para autorizar a aplicação do princípio da fungibilidade recursal, a teor do art. 579 do CPP. *REsp 611.877, Rel. p/ ac. Min. Sebastião Reis Jr., 17.4.12. 6ª T. (Info 495)*

3.2.3. Da Apelação

2016

Efeito devolutivo da apelação criminal interposta pelo Ministério Público.

A matéria suscitada em apelação criminal interposta pelo Ministério Público deve ser apreciada quando, embora não tenha sido especificada na petição de interposição, fora explicitamente delimitada e debatida nas razões recursais. *HC 263.087-SP, Rel. Min. Nefi Cordeiro, DJe 5.4.2016. 6ª T. (Info 580)*

Sentença de absolvição sumária e vedação de análise do mérito da ação penal em apelação.

No julgamento de apelação interposta pelo Ministério Público contra sentença de absolvição sumária, o Tribunal não poderá analisar o mérito da ação penal para condenar o réu, podendo, entretanto, prover o recurso para determinar o retorno dos autos ao juízo de primeiro grau, a fim de viabilizar o prosseguimento do processo. *HC 260.188-AC, Rel. Min. Nefi Cordeiro, DJe 15.3.2016. 6ª T. (Info 579)*

2015

Efeito devolutivo da apelação e proibição da "reformatio in pejus".

O Tribunal, na análise de apelação exclusiva da defesa, não está impedido de manter a sentença condenatória recorrida com base em fundamentação distinta da utilizada em primeira instância, desde que respeitados a imputação deduzida pelo órgão de acusação, a extensão cognitiva da sentença impugnada e os limites da pena imposta no juízo de origem. *HC 302.488-SP, Rel. Min. Rogerio S. Cruz, DJe 11.12.14. 6ª T. (Info 553)*

2014

Princípio da fungibilidade recursal no caso de interposição de apelação quando cabível recurso em sentido estrito.

Pode ser conhecida como recurso em sentido estrito a apelação erroneamente interposta contra decisão que julga inepta a denúncia, com a condição de que, constatada a ausência de má-fé, tenha sido observado o prazo legal para a interposição daquele recurso e desde que o erro não tenha gerado prejuízo à parte recorrida no que tange ao processamento do recurso. *REsp 1.182.251-MT, Rel. Min. Jorge Mussi, 5.6.14. 5ª T. (Info 543)*

2012

Apelação da defesa por termo nos autos com pedido de posterior juntada das razões. Obrigatoriedade de juntada das razões.

É nulo o julgamento de recurso de apelação da defesa manifestado por termo na hipótese em que as razões não foram apresentadas, a despeito do pedido formulado para juntada destas na instância superior, nos termos do art. 600, § 4º, do CPP. *HC 137.100, Rel. Min. Og Fernandes, 2.10.12. 6ª T. (Info 506)*

Omissão na petição de apelação das alíneas que fundamentam o apelo.

É possível, por ocasião das razões de apelação, se tempestivas, sanar o vício de não terem sido indicados, na petição de apelo, os fundamentos do pedido de reforma da decisão de tribunal do júri. A omissão do apelante em não indicar, no momento da interposição do recurso, as alíneas que fundamentam o apelo representa mera irregularidade, não podendo o direito de defesa do réu ficar cerceado por um formalismo exacerbado. Indicadas as alíneas por ocasião da apresentação das razões de apelação, a omissão está suprida e o recurso há de ser conhecido e examinado no seu mérito, desde que nas razões se encontrem os fundamentos que ensejaram o recurso e as pretensões do recorrente estejam perfeitamente delineadas. *HC 149.966, Rel. Min. Sebastião Reis Júnior, 18.10.12. 6ª T. (Info 507)*

Prazo para apelação de assistente de acusação habilitado nos autos.

Após intimado da sentença, o prazo para o assistente da acusação já habilitado nos autos apelar é de 5 dias, contado a partir do término do prazo conferido ao MP para recorrer. Dispõe a Súm. 448/STF que "o prazo para o assistente recorrer, supletivamente, começa a correr imediatamente após o transcurso do prazo do MP." Conforme a jurisprudência do STF e do STJ, se o ofendido já estiver habilitado no processo o prazo para apelar é de 5 dias, não se aplicando o prazo de 15 dias previsto no art. 598, parágrafo único, do CPP. *HC 237.574, Rel. Min. Laurita Vaz, 13.11.12. 5ª T. (Info 509)*

3.2.4. Dos Embargos

2015

Prazo para oposição de embargos de declaração contra acórdão que analisa astreintes impostas por juízo criminal.

É de 5 dias (art. 536 do CPC/73) – e não de 2 dias (art. 619 do CPP) – o prazo para a oposição, por quem não seja parte na relação processual penal, de embargos de declaração contra acórdão que julgou agravo de instrumento manejado em face de decisão, proferida por juízo criminal, que determinara, com base no art. 3º do CPP, o pagamento de multa diária prevista no CPC/73 em razão de atraso no cumprimento de ordem judicial de fornecimento de informações decorrentes de quebra de sigilo no âmbito de inquérito policial. *REsp 1.455.000-PR, Rel. p/ ac. Min. Rogerio S. Cruz, DJe 9.4.15. 6ª T. (Info 559)*

3.2.5. Da Revisão

2016

Revisão criminal na hipótese em que a questão atacada também tenha sido enfrentada pelo STF em HC.

O julgamento pelo STF de HC impetrado contra decisão proferida em recurso especial não afasta, por si só, a competência do STJ para processar e julgar posterior revisão criminal. *RvCr 2.877-PE, Rel. Min. Gurgel de Faria, DJe 10.3.2016. 3ª S. (Info 578)*

2015

Desconstituição de acórdão de revisão criminal que não corresponde ao julgamento do órgão colegiado.

O Tribunal pode, a qualquer momento e de ofício, desconstituir acórdão de revisão criminal que, de maneira fraudulenta, tenha absolvido o réu, quando, na verdade, o posicionamento que prevaleceu na sessão de julgamento foi pelo indeferimento do pleito revisional. *REsp 1.324.760-SP, Rel. p/ ac. Min. Rogerio S. Cruz, DJe 18.2.15. 6ª T. (Info 555)*

Utilização da justificação criminal para nova oitiva da vítima.

A via adequada para nova tomada de declarações da vítima com vistas à possibilidade de sua retratação é o pedido de justificação (art. 861 do CPC), ainda que ela já tenha se retratado por escritura pública. *RHC 58.442-SP, Rel. Min. Sebastião Reis Júnior, DJe 15.9.15. 6ª T. (Info 569)*

2012

Revisão criminal. Empate na votação. Decisão mais favorável.

"A condenação penal definitiva imposta pelo Júri é passível, também ela, de desconstituição mediante revisão criminal, não lhe sendo oponível a cláusula constitucional da soberania do veredicto do Conselho de Sentença." (STF, HC 70193) 2. "Deve-se aplicar, à falta de norma expressa sobre o empate (em julgamento de revisão criminal), a regra do art. 615, § 1º, do CPP, reproduzida para o "habeas corpus" no parágrafo único do art. 664. Mesmo que se considere tratar-se de normas específicas, atinentes a recursos determinados, caberá o apelo à analogia, expressamente permitido pelo art. 3º" (HC 54467). 3. Na hipótese dos autos, apesar de o acórdão consignar que os Desembargadores integrantes da Seção Criminal do Tribunal de Justiça do Estado da Bahia, por maioria de votos, julgaram improcedente a revisão criminal, verifica-se, da leitura das notas taquigráficas acostadas aos autos, que, quanto ao pedido de afastamento da condenação por tentativa de homicídio, houve empate na votação, uma vez que, dos seis Desembargadores presentes, três Desembargadores acolheram a súplica revisional, enquanto outros três indeferiram o pleito. *HC 137.504, Rel. Min. Laurita Vaz, 28.8.12. 5ª T. (Info 503)*

4. TEORIA E PRINCÍPIOS PROCESSUAIS PENAIS

2012

Princípio da correlação. Causa de aumento de pena.

A causa de aumento de pena não pode ser presumida pelo julgador, devendo o fato que a configurar estar descrito pormenorizadamente na denúncia ou queixa. O fato que determina a incidência do preceito secundário da norma penal deverá estar descrito na peça acusatória, com o objetivo de viabilizar o contraditório e a ampla defesa. Autorizar a presunção de causa de aumento de pena, sem qualquer menção na exordial, configura inversão do sistema de ônus da prova vigente no ordenamento processual. REsp 1.193.929-RJ, Rel. Min. Marco Aurélio Bellizze, 27.11.12. 5ª T. (Info 510)

Princípio da identidade física do juiz. Juíza substituta.
Não há ofensa ao art. 399, § 2º do CPP, que estatui que o juiz que presidiu a instrução deverá proferir a sentença – identidade física –, na hipótese de juíza substituta tomar os depoimentos das testemunhas de acusação e, posteriormente, ser sucedida pela juíza titular que prosseguiu com a audiência, ouvindo as testemunhas de defesa e proferindo sentença de mérito que condenou o impetrante. HC 219.482, Rel. Min. Og Fernandes, 27.3.12. 6ª T. (Info 494)

Protesto por novo júri. Norma processual penal. "Tempus regit actum".
A exclusão do ordenamento jurídico do protesto por novo júri, nos termos da redação conferida pela Lei 11.689/08, tem aplicação imediata aos processos pendentes em consonância com o princípio "tempus regit actum", previsto no art. 2º do CPP. Segundo se afirmou, o interesse recursal do paciente surgiu tão somente no momento em que já não havia previsão legal do recurso de protesto por novo júri, pois a sentença condenatória foi proferida em 12.4.11. Além disso, não obstante o fato criminoso ter sido praticado antes da edição da lei em questão, tal circunstância não teria o condão de manter a aplicação de dispositivo outrora revogado, visto que o tema circunscreve-se à matéria estritamente processual, de incidência imediata. RHC 31.585, Rel. Min. Vasco D. Giustina, 22.3.12. 6ª T. (Info 493)

18. DIREITO TRIBUTÁRIO

1. TRIBUTOS

1.1. Taxas

2015

Ilegalidade da definição do valor de taxa relacionada ao Sicobe.

É ilegal impor às pessoas jurídicas que importam ou industrializam refrigerante, cerveja, água e refresco, com base no Ato Declaratório do Executivo RFB 61/08, o ressarcimento à Casa da Moeda do Brasil pela realização por esta dos procedimentos de integração, instalação e manutenção preventiva e corretiva de todos os equipamentos que compõem o Sistema de Controle de Produção de Bebidas (Sicobe). REsp 1.448.096-PR, Rel. Min. Napoleão Nunes Maia Filho, DJe 14.10.15. 1ª T. (Info 571)

Incidente processual de impugnação ao valor da causa e recolhimento de custas judiciais no âmbito do STJ.

As custas judiciais são tributos da espécie taxa, prevista no art. 145, II, da CF, razão pela qual só podem ser fixadas em lei específica, dado o princípio constitucional da reserva legal para a instituição ou aumento de tributo. No âmbito do STJ, a Lei 11.636/07 dispõe sobre as custas judiciais devidas nos processos de competência originária e recursal. Como a impugnação ao valor da causa não consta na Lei 11.636/07, não se pode exigir o recolhimento das custas judiciais nesse tipo de incidente processual. Pet 9.892-SP, Rel. Min. Luis Felipe Salomão, DJe 3.3.15. 2ª S. (Info 556)

2013

Taxa de saúde suplementar por registro de produto.

É ilegal a cobrança da Taxa de Saúde Suplementar por Registro de Produto, prevista no art. 20, II, da Lei 9.961/00, em relação a requerimentos de registro efetuados antes de 1º de janeiro de 2000, data do início da vigência dessa lei. REsp 1.192.225-RJ, Rel. Min. Eliana Calmon, 21.5.13. 2ª T. (Info 524)

2012

Taxa de desarquivamento. Princípio da legalidade.

Reconhecida a inconstitucionalidade do art. 1º da Portaria 6.431/03 do TJSP, que criou a taxa de desarquivamento de autos findos, cobrada pela utilização efetiva de serviços públicos específicos e divisíveis, enquadrando-se, como todas as demais espécies de custas e emolumentos judiciais e extrajudiciais, no conceito de taxa, definido no art. 145, II, da CF. Tratando-se de exação de natureza tributária, sua instituição está sujeita ao princípio constitucional da legalidade estrita (art. 150, I, da CF). AI no RMS 31.170, Rel. Min. Teori Zavascki, 18.4.12. Corte Especial. (Info 495)

1.2. Contribuição de Melhoria

2013

Requisitos para a instituição de contribuição de melhoria.

A instituição de contribuição de melhoria depende de lei prévia e específica, bem como da ocorrência de efetiva valorização imobiliária em razão da obra pública, cabendo ao ente tributante o ônus de realizar a prova respectiva. REsp 1.326.502-RS, Rel. Min. Ari Pargendler, 18.4.13. 1ª T. (Info 522)

1.3. Empréstimo Compulsório

2013

Cessão de crédito decorrente de empréstimo compulsório sobre energia elétrica.

É possível a cessão dos créditos decorrentes de empréstimo compulsório sobre energia elétrica. De fato, o empréstimo compulsório instituído em favor da Eletrobrás pela Lei 4.156/62 e alterações posteriores tem a forma de resgate disciplinada pelo DL 1.512/76. Ao estabelecer o modo de devolução do referido tributo, a legislação de regência não criou óbice à cessão do respectivo crédito a terceiros, razão pela qual não há impedimento para tanto. *AgRg no REsp 1.090.784-DF, Rel. Min. Arnaldo Esteves Lima, 11.4.13. 1ª T. (Info 520)*

1.4. Contribuições Especiais

2015

Retenção de tributos federais na fonte quando do pagamento de contrato de fretamento de aeronave pela administração pública federal.

É possível reter na fonte, na forma dos arts. 64 da Lei 9.430/96 e 34 da Lei 10.833/03, o IRPJ, a CSLL, a contribuição para o PIS/Pasep e a Cofins, quando do pagamento de contrato de fretamento de aeronave pela administração pública federal. *REsp 1.218.639-RJ, Rel. Min. Mauro Campbell Marques, DJe 7.5.15. 2ª T. (Info 561)*

2012

CPMF. Resgate de aplicações financeiras da incorporada pela incorporadora.

É devida a cobrança de contribuição provisória sobre movimentação ou transmissão de valores e de créditos e direitos de natureza financeira – CPMF – na operação promovida pela empresa incorporadora para resgate de investimentos realizados pela empresa incorporada antes da incorporação. *REsp 1.237.340, Rel. Min. Herman Benjamin, 13.3.12. 2ª T. (Info 493)*

2. OBRIGAÇÃO TRIBUTÁRIA

2.1. Responsabilidade Tributária

2016

Depósito judicial integral dos tributos devidos e denúncia espontânea.

O depósito judicial integral do débito tributário e dos respectivos juros de mora, mesmo antes de qualquer procedimento do Fisco tendente à sua exigência, não configura denúncia espontânea (art. 138 do CTN). *EREsp 1.131.090-RJ, Rel. Min. Mauro Campbell Marques, DJe 10.2.2016. 1ª S. (Info 576)*

2015

Impossibilidade de exigência concomitante da multa isolada e da multa de ofício previstas no art. 44 da Lei 9.430/96.

Quando a situação jurídico-tributária se alinhar com ambas as hipóteses de incidência da multa do art. 44 da Lei 9.430/96 – previstas no inciso I e no inciso II incidirá apenas a "multa de ofício" pela falta de recolhimento de tributo (inciso I). *REsp 1.496.354-PR, Rel. Min. Humberto Martins, DJe 24.3.15. 2ª T. (Info 558)*

2014

Permanência da responsabilidade da pessoa jurídica apesar do redirecionamento de execução fiscal para sócio-gerente.

Nos casos de dissolução irregular da sociedade empresária, o redirecionamento da Execução Fiscal para o sócio-gerente não constitui causa de exclusão da responsabilidade tributária da pessoa jurídica. *REsp 1.455.490-PR, Rel. Min. Herman Benjamin, 26.8.14. 2ª T. (Info 550)*

2012

Importador. Locatário. Responsabilidade tributária. Substituição tributária.

O locatário do bem importado com a especial isenção do art. 149, III, do Dec. 91.030/85 (Regulamento Aduaneiro) foi responsabilizado pelo Fisco, com supedâneo no art. 124, I, do CTN. Na hipótese estaria configurada a solidariedade de fato, porquanto estaria o recorrente enquadrado nos termos do artigo primeiro, haja vista que possui interesse comum na situação. Não obstante, ao lançar o auto de infração a Fazenda Nacional não incluiu o responsável tributário principal, atacando diretamente o locatário, que assumiu a responsabilidade em face de seu especial interesse na situação. II. Conforme explicita o art. 121 do CTN, o sujeito passivo da obrigação principal é a pessoa obrigada ao pagamento do Tributo. Assim, devendo o tributo de importação ser pago pelo importador decorre que é dele a obrigação principal de pagar pelo tributo e, sendo dele, da mesma forma, a responsabilidade por burlar a isenção e ter contra si auto de infração sob este título. Não se desconhece a possibilidade da Fazenda Nacional indicar responsável solidário, in casu, solidariedade de fato, entretanto, sendo certa a legitimidade do importador para responder pelo tributo, deve ele constar no auto de infração que serve de supedâneo ao crédito tributário. Tanto é assim que o art. 134 do CTN expressamente dispõe que, nos casos de impossibilidade de exigência do cumprimento da obrigação principal pelo contribuinte, respondem solidariamente com este aqueles que intervieram ou que se omitiram. III. Este STJ, em outras oportunidades, já reconheceu que a responsabilidade tributária deve ser atribuída ao contribuinte de fato, autor do desvio, e não terceiro de boa-fé, como na hipótese dos autos em que o locador não tem a possibilidade de verificar a origem fiscal do aparelho. IV. Conforme demonstrado o contribuinte originário, na hipótese dos autos, é o importador. Assim, a interpretação de tal dispositivo deixa clara a intenção do legislador de impor ao contribuinte principal a responsabilidade pela obrigação. V. Em verdade está a se erigir uma nova forma de substituição tributária, porquanto de solidariedade, estritamente, não se trata, haja vista que não há devedor principal inscrito para a vinculação da solidariedade. *REsp 1.294.061, Rel. Min. Francisco Falcão, 15.3.12. 1ª T. (Info 493)*

Transportador. Responsabilidade tributária. Extravio. Avaria. Mercadorias importadas.

O transportador não responde no âmbito tributário por extravio ou avaria de mercadorias ocorrida na importação efetivada sob o regime de suspensão de impostos. 2. A suspensão funciona como uma espécie de isenção temporária, que se converte em definitiva, por assim dizer, no momento em que ocorre a comercialização do produto em loja franca. 3. Caso a internação se realizasse normalmente, não haveria tributação em virtude da isenção de caráter objetivo incidente sobre os bens importados. Logo, como houve extravio, não se pode falar em responsabilidade subjetiva do transportador, em razão da ausência de prejuízo fiscal. *REsp 1.101.814, Rel. Min. Arnaldo E. Lima, 22.5.12. 1ª T. (Info 498)*

3. CRÉDITO TRIBUTÁRIO
3.1. Constituição de Crédito Tributário

2013

Impossibilidade de constituição de crédito tributário com base em confissão de dívida realizada após a extinção do crédito pela decadência.

RPT Não é possível a constituição de crédito tributário com base em documento de confissão de dívida tributária apresentado, para fins de parcelamento, após o prazo decadencial previsto no art. 173, I, do CTN. Uma vez extinto o direito, não pode ser reavivado por qualquer sistemática de lançamento ou autolançamento. *REsp 1.355.947–SP, Rel. Min. Mauro Campbell Marques, 12.6.13. 1ª S. (Info 522)*

Imprescindibilidade de lançamento de débitos objeto de compensação indevida declarada em DCTF entregue antes de 31.10.2003.

É necessário o lançamento de ofício para a cobrança de débitos objeto de compensação indevida declarada em DCTF apresentada antes de 31.10.2003. *REsp 1.332.376-PR, Rel. Min. Mauro Campbell Marques, 6.12.12. 2ª T. (Info 515)*

Irregularidade de notificação de lançamento referente à TCFA diante da ausência de prazo para a apresentação de defesa administrativa.

É irregular a notificação de lançamento que vise constituir crédito tributário referente à taxa de controle e fiscalização ambiental – TCFA na hipótese em que não conste, na notificação, prazo para a apresentação de defesa administrativa. *AgRg no REsp 1.352.234-PR, Rel. Min. Humberto Martins, 21.2.13. 2ª T. (Info 516)*

Possibilidade de entrega de carnês de IPTU e ISS por agentes administrativos do município.

A entrega de carnês de IPTU e ISS pelos municípios sem a intermediação de terceiros no seu âmbito territorial não constitui violação do privilégio da União na manutenção do serviço público postal. *AgRg no AREsp 228.049-MG, Rel. Min. Mauro Campbell Marques, 21.3.13. 2ª T. (Info 519)*

2012

Revisão do lançamento. Erro de direito.

O lançamento do tributo pelo Fisco com base em legislação revogada, equivocadamente indicada em declaração do contribuinte, não pode ser posteriormente revisto. Por outro lado, o erro de direito é o equívoco na valoração jurídica dos fatos, ou seja, desacerto sobre a incidência da norma à situação concreta. Nessa situação, o erro no ato administrativo de lançamento do tributo é imodificável (erro de direito), em respeito ao princípio da proteção à confiança, a teor do art. 146 do CTN. *AgRg no Ag 1.422.444, Rel. Min. Benedito Gonçalves, 4.10.12. 1ª T. (Info 506)*

3.2. Suspensão do Crédito Tributário

2015

Não incidência do prazo do art. 892 do CPC em execução fiscal.

O prazo de cinco dias previsto no art. 892 do CPC não é aplicável aos depósitos judiciais referentes a créditos tributários, de tal sorte que são exigíveis multa e juros caso o depósito não seja realizado dentro do prazo para o pagamento do tributo. *AgRg no REsp 1.365.761-RS, Rel. Min. Benedito Gonçalves, DJe 17.6.15. 1ª T. (Info 564)*

Reclamação administrativa incapaz de suspender a exigibilidade do crédito tributário.

Não suspende a exigibilidade do crédito tributário a reclamação administrativa interposta perante o Conselho Administrativo de Recursos Fiscais (CARF) na qual se questione a legalidade do ato de exclusão do contribuinte de programa de parcelamento. *REsp 1.372.368-PR, Rel. Min. Humberto Martins, DJe 11.5.15. 2ª T. (Info 561)*

2013

Manifestação administrativa contra a cobrança de débito inscrito em dívida ativa.

O pedido administrativo realizado pelo contribuinte de cancelamento de débito inscrito em dívida ativa não suspende a exigibilidade do crédito tributário, não impedindo o prosseguimento da execução fiscal e a manutenção do nome do devedor no Cadin. *REsp 1.389.892-SP, Rel. Min. Herman Benjamin, 27.8.13. 2ª T. (Info 532)*

2012

Parcelamento e exigibilidade do crédito tributário. Ação de consignação em pagamento. Via inadequada.

A ação de consignação em pagamento é via inadequada para forçar a concessão de parcelamento e discutir a exigibilidade e a extensão do crédito tributário. O escopo da ação de consignação em pagamento é a desoneração do devedor mediante o depósito do valor correspondente ao crédito.

AgRg no REsp 1.270.034, Min. Campbell Marques, 23.10.12. 2ª T. (Info 507)

Parcelamento tributário. Cancelamento. Arrolamento de bens.

O parcelamento tributário que prevê a redução de alguns encargos de mora, reduzindo o montante original do crédito tributário, não constitui motivo para o cancelamento do arrolamento de bens que foi efetuado pela Receita Federal, nos termos do art. 64 da Lei 9.532/97, em razão de o débito fiscal atingir em 2001 valor superior a R$ 500 mil, o que representaria mais de 30% do patrimônio conhecido do devedor. *REsp 1.236.077, Rel. Min. Benedito Gonçalves, 22.5.12. 1ª T. (Info 498)*

3.3. Extinção do Crédito Tributário

3.3.1. Pagamento

2015

Desinfluência da emissão de DCG no marco inicial da prescrição tributária.

A emissão de "Débito Confessado em GFIP – DCG" não altera o termo inicial da prescrição tributária. *REsp 1.497.248-RS, Rel. Min. Og Fernandes, DJe 20.8.15. 2ª T. (Info 567)*

Prescrição da pretensão de cobrança de créditos tributários devidos por contribuinte excluído do Refis.

Não interrompe o prazo prescricional o fato de o contribuinte, após ser formalmente excluído do Programa de Recuperação Fiscal (Refis), continuar efetuando, por mera liberalidade, o pagamento mensal das parcelas do débito tributário. *REsp 1.493.115-SP, Rel. Min. Mauro Campbell Marques, DJe 25.9.15. 2ª T. (Info 570)*

2014

Ilegitimidade ativa da fonte pagadora para pleitear restituição de IRPJ pago a maior.

Não tem legitimidade para pleitear a restituição do indébito a pessoa jurídica que retém na fonte IRPJ a maior relativo às importâncias pagas a outra pessoa jurídica pela prestação de serviços caracterizadamente de natureza profissional. *REsp 1.318.163-PR, Rel. Min. Benedito Gonçalves, 20.5.14. 1ª T. (Info 543)*

2013

Legitimidade passiva em demanda que objetiva a restituição de contribuição previdenciária indevidamente arrecadada.

Não é cabível o ajuizamento de demanda judicial na qual se pleiteie a restituição de contribuição previdenciária indevidamente arrecadada em face do sujeito que apenas arrecada o tributo em nome do sujeito ativo da relação jurídico-tributária. AREsp 199.089-PE, Rel. Min. Arnaldo Esteves Lima, 5.2.13. 1ª T. (Info 513)

Restituição do ICMS pago a maior na hipótese em que a base de cálculo real seja inferior à presumida.

Na hipótese em que a base de cálculo real do ICMS for inferior à presumida, é possível pedir a restituição da diferença paga a maior a estados não signatários do Convênio Interestadual 13/97. AgRg no REsp 1.371.922-SP, Rel. Min. Humberto Martins, 6.8.13. 2ª T. (Info 526)

2012

Repetição de indébito. Contribuição para custeio de saúde.

O fato de os servidores públicos terem ou não usufruído do serviço de saúde prestado pelo Instituto de Previdência do Estado do Rio Grande do Sul – IPERGS é irrelevante para fins de repetição de indébito da contribuição questionad. O que define a possibilidade de repetição do indébito é a cobrança indevida do tributo (art. 165 do CTN). REsp 1.294.775, Rel. Min. Castro Meira, 16.2.12. 2ª T. (Info 491)

Repetição do indébito. Inconstitucionalidade da contribuição recolhida.

É cabível a repetição do indébito tributário no caso de pagamento de contribuição para custeio de saúde considerada inconstitucional em controle concentrado, independentemente de os contribuintes terem usufruído do serviço de saúde prestado pelo Estado. AgRg no AREsp 242.466-MG, Rel. Min. Castro Meira, 27.11.12. 2ª T. (Info 512)

Termo inicial. Prescrição. Repetição de indébito. ITCMD.

Recurso especial no qual se discute o termo inicial da prescrição para a ação de repetição de indébito de imposto sobre a transmissão de bem imóvel mediante doação (ITCMD). No presente caso, o contribuinte, em face de acordo de separação judicial, prometeu doar a nu-propriedade de bem imóvel às filhas, e, para isso, recolheu, em 29.12.98, o imposto de transmissão correspondente. Todavia, em face de ação proposta pela ex-esposa, a aludida promessa de doação foi declarada ineficaz, por decisão transitada em julgado em 8/8/02 (com consequente registro imobiliário do bem em nome da ex-esposa), o que motivou o recorrente a pedir a repetição de indébito administrativamente em 17.11.06, a qual foi negada em 30.7.07, dando ensejo a presente demanda judicial, ajuizada em 15.8.07. 2. O fato gerador do imposto de transmissão (art. 35, I, do CTN) é a transferência da propriedade imobiliária, que somente se opera mediante o registro do negócio jurídico junto ao ofício competente. 3. O recolhimento do ITCMD, via de regra, ocorre antes da realização do fato gerador, porquanto o prévio pagamento do imposto é, normalmente, exigido como condição para o registro da transmissão do domínio. Assim, no presente caso, não é possível afirmar que o pagamento antecipado pelo contribuinte, ao tempo de seu recolhimento, foi indevido, porquanto realizado para satisfazer requisito indispensável para o cumprimento da promessa de doação declarada em acordo de separação judicial. 4. Considerando, portanto, que é devido o recolhimento antecipado do ITCMD para fins de consecução do fato gerador, não se mostra possível a aplicação do art. 168, I, do CTN, porquanto esse dispositivo dispõe sobre o direito de ação para reaver tributo não devido. 5. Deve, portanto, na espécie, ser prestigiado o entendimento adotado pelo acórdão "a quo", no sentido de que o direito de ação para o contribuinte reaver a exação recolhida nasceu (actio nata) com o trânsito em julgado da decisão judicial do juízo de família (de anulação do acordo de promessa de doação) e o consequente registro imobiliário (em nome exclusivo da ex-esposa) que impediram a realização do negócio jurídico prometido, na medida em que, somente a partir desse momento restou configurado o indébito tributário (lato sensu) pelo não aproveitamento do imposto recolhido. Aplica-se, por analogia, o disposto no art. 168, II, do CTN. REsp 1.236.816, Rel. Min. Benedito Gonçalves, 15.3.12. 1ª T. (Info 493)

3.3.2. Compensação

2014

Aplicabilidade de limites à compensação tributária relacionados a tributo declarado inconstitucional.

Os limites estabelecidos pelas Leis 9.032/95 e 9.129/95 são aplicáveis à compensação de indébito tributário, ainda que este decorra da declaração de inconstitucionalidade da contribuição social pelo STF. *EREsp 872.559-SP, Rel. Min. Ari Pargendler, 9.4.14. 1ª S. (Info 543)*

Exigência de trânsito em julgado para fins de compensação tributária.

O disposto no art. 170-A do CTN, que exige o trânsito em julgado para fins de compensação de crédito tributário, somente se aplica às demandas ajuizadas após a vigência da LC 104/01, a qual acrescentou o referido artigo ao CTN. *AgRg no REsp 1.240.038-PR, Rel. Min. Og Fernandes, 8.4.14. 1ª T. (Info 541)*

2013

Impossibilidade de compensação de precatórios do IPERGS com créditos tributários do Estado do Rio Grande do Sul.

Os precatórios emitidos por dívidas do Instituto de Previdência do Estado do Rio Grande do Sul – IPERGS não podem ser utilizados para compensar créditos tributários de titularidade do Estado do Rio Grande do Sul. *AgRg no AREsp 48.935-RS, Rel. Min. Sérgio Kukina, 19.3.13. 1ª T. (Info 518)*

Impossibilidade de compensação de precatório estadual com crédito tributário federal.

Não é possível a compensação de precatórios estaduais com dívidas oriundas de tributos federais. Isso porque, nessa hipótese, não há identidade entre devedor e credor. *AgRg no AREsp 334.227-RS, Rel. Min. Sérgio Kukina, 6.8.13. (Info 528)*

2012

Legitimidade ativa "ad causam". Consumidor final. Energia elétrica. Demanda contratada. Compensação de ICMS.

O usuário do serviço de energia elétrica (consumidor em operação interna), na condição de contribuinte de fato, é parte legítima para discutir pedido de compensação do ICMS supostamente pago a maior no regime de substituição tributária. *AgRg no RMS 28.044, Rel. Min. Campbell Marques, 13.11.12. 2ª T. (Info 508)*

Débito fiscal. Compensação com precatório vencido e não pago. Legislação do ente federado.

A pretensão de compensar débitos fiscais com precatórios está sujeita à autorização do regime legislativo estadual regulador da matéria, conforme sistemática estabelecida pela EC 62/09. *RMS 36.173, Rel. Min. Herman Benjamin, 18.10.12. 2ª T. (Info 508)*

Declaração e compensação tributárias efetuadas pelo contribuinte via DCTF. Fisco. Constituição indevida de crédito tributário.

"Tendo o contribuinte declarado o tributo via DCTF e realizado a compensação nesse mesmo documento, o Fisco não pode simplesmente desconsiderar o procedimento adotado pelo contribuinte e, sem qualquer notificação de indeferimento da compensação, proceder à inscrição do débito em dívida ativa, negando-lhe certidão negativa de débito". (AgRg no REsp 1228660). *AgRg no AREsp 227.242, Rel. Min. Benedito Gonçalves, 9.10.12. 1ª T. (Info 506)*

EDcl. Matéria repetitiva. Art. 3º da LC 118/05. Posicionamento do STF.

Após a declaração de inconstitucionalidade do art. 4º da LC 118/05, permanece a regra geral de que o art. 3º da mesma lei entra em vigor, como todo o conjunto normativo a que pertence, 120 dias após a sua publicação. Sendo assim, consoante a correta leitura do art. 3º, a partir de 9.6.2005, para efeito de interpretação do inciso I do art. 168 do CTN, a extinção do crédito tributário ocorre, no caso de tributo sujeito a lançamento por homologação, no momento do pagamento antecipado de que trata o § 1º do art. 150 do referido código. *EDcl no REsp 1.269.570, Rel. Min. Campbell Marques, 22.8.12. 1ª S. (Info 502)*

Art. 3º da LC 118/05. Posicionamento do STF. Superado entendimento firmado anteriormente em recurso repetitivo.

RPT Para as ações ajuizadas a partir de 9.6.2005, aplica-se o art. 3º da LC 118/05, contando-se o prazo prescricional dos tributos sujeitos a lançamento por homologação em cinco anos a partir do pagamento antecipado de que trata o art. 150, § 1º, do CTN. Superado o REsp 1002932, repetitivo. *REsp 1.269.570, Rel. Min. Campbell Marques, 23.5.12. 1ª S. (Info 498)*

3.3.3. Prescrição e Decadência

2016

Termo inicial do prazo prescricional para cobrança de IPVA. Recurso repetitivo. Tema 903.

RPT A notificação do contribuinte para o recolhimento do IPVA perfectibiliza a constituição definitiva do crédito tributário, iniciando-se o prazo prescricional para a execução fiscal no dia seguinte à data estipulada para o vencimento da exação. No que se refere à notificação do contribuinte – que é pressuposto da constituição definitiva do crédito e, por conseguinte, do início da contagem da prescrição para a sua cobrança – cumpre registrar que o CTN não condiciona a forma de cientificação do sujeito passivo para o recolhimento do tributo lançado de ofício (art. 142 do CTN), podendo a legislação de regência da exação disciplinar qualquer meio idôneo para essa finalidade. *REsp 1.320.825-RJ, Rel. Min. Gurgel de Faria, 1ª S., DJe 17.8.2016. 1ª S. (Info 588)*

2014

Efeitos da suspensão da norma autorizadora de parcelamento do crédito tributário.

Ocorre a prescrição da pretensão executória do crédito tributário objeto de pedido de parcelamento após cinco anos de inércia da Fazenda Pública em examinar esse requerimento, ainda que a norma autorizadora do parcelamento tenha tido sua eficácia suspensa por medida cautelar em ação direta de inconstitucionalidade. *REsp 1.389.795-DF, Rel. Min. Ari Pargendler, 5.12.13. 1ª T. (Info 534)*

2012

Prescrição. Termo "a quo" do prazo prescricional quinquenal para a cobrança de créditos tributários excluídos do Refis.

Quando interrompido pelo pedido de adesão ao Refis, o prazo prescricional de 5 anos para a cobrança de créditos tributários devidos pelo contribuinte excluído do programa reinicia na data da decisão final do processo administrativo que determina a exclusão do devedor do referido regime de parcelamento de débitos fiscais. *REsp 1.144.963-SC, Rel. Min. Herman Benjamin, 20.11.12. 2ª T. (Info 511)*

3.3.4. Conversão de Depósito em Renda

Levantamento parcial de depósito judicial pelo município.

Não caracteriza hipótese de conversão de depósito em renda (art. 156, VI, do CTN) caso de extinção do crédito tributário o repasse aos municípios previsto no § 2º do art. 1º da Lei 10.819/03. *REsp 1.365.433-MG, Rel. Min. Herman Benjamin, 5.9.13. 2ª T. (Info 531)*

3.4. Exclusão de Crédito Tributário

2012

Extensão de isenção fiscal a categoria não contemplada.

Não é possível ao Poder Judiciário estender benefício de isenção fiscal a categoria não abrangida por regra isentiva na hipótese de alegação de existência de situação discriminatória e ofensa ao princípio da isonomia. *AgRg no AREsp 248.264-RS, Rel. Min. Mauro Campbell Marques, 27.11.12. 2ª T. (Info 514)*

3.5. Garantias e Privilégios do Crédito Tributário

2015

Requisitos para a medida de indisponibilidade de bens e direitos (art. 185-a do CTN). Recurso repetitivo.

RPT A indisponibilidade de bens e direitos autorizada pelo art. 185-A do CTN depende da observância dos seguintes requisitos: (i) citação do devedor; (ii) inexistência de pagamento ou apresentação de bens à penhora no prazo legal; e (iii) a não localização de bens penhoráveis após o esgotamento das diligências realizadas pela Fazenda, ficando este caracterizado quando houver nos autos (a) pedido de acionamento do Bacenjud e consequente determinação pelo magistrado e (b) a expedição de ofícios aos registros públicos do domicílio do executado e ao Departamento Nacional ou Estadual de Trânsito – Denatran ou Detran. *REsp 1.377.507-SP, Rel. Min. Og Fernandes, j. 26.11.14. 1ª S. (Info 552)*

2012

Fraude à execução. Execução fiscal.

Não se aplica a Súm. 375/STJ em execução fiscal de crédito de natureza tributária. O art. 185 do CTN, seja em sua redação original seja na redação dada pela LC 118/05, presume a ocorrência de fraude à execução quando, no primeiro caso, a alienação se dá após a citação do devedor na execução fiscal e, no segundo caso (após a LC 118/05), quando a alienação é posterior à inscrição do débito tributário em dívida ativa. *REsp 1.341.624, Rel. Min. Arnaldo E. Lima, 6.11.12. 1ª T. (Info 508)*

Indisponibilidade de bens do devedor tributário. Exaurimento das diligências.

É necessária a comprovação do esgotamento de diligências destinadas à localização de bens do devedor para a determinação de indisponibilidade de bens e direitos prevista no art. 185-A do CTN. *AgRg no REsp 1.329.012, Rel. Min. Benedito Gonçalves, 13.11.12. 1ª T. (Info 509)*

Preferência do crédito trabalhista sobre o tributário. Execução contra devedor solvente.

A preferência dos créditos trabalhistas sobre os créditos tributários, prevista no art. 186 do CTN, não se limita ao concurso universal de credores, em razão de insolvência civil ou falência, aplicando-se, da mesma forma, aos casos de execução contra devedor solvente. A alegação de que a preferência prevista no art. 711 do CPC somente é aplicável ao devedor insolvente não encontra amparo na jurisprudência desta Corte, segundo a qual a preferência de direito material se sobrepõe à de direito processual, aplicando-se, da mesma forma, aos casos de execução contra devedor solvente. Raciocínio inverso conspiraria contra a "ratio essendi" do art. 186 do CTN, que visa resguardar a satisfação do crédito trabalhista, tendo em vista a natureza alimentar de referidas verbas, sendo irrelevante para a incidência do preceito a natureza jurídica da relação que originou a execução fiscal e se contra devedor solvente ou insolvente. *AgRg no AREsp 215.749, Rel. Min. Humberto Martins, 16.10.12. 2ª T. (Info 506)*

Restrição da indisponibilidade de bens ao devedor tributário.

Não é possível a decretação de indisponibilidade de bens prevista no art. 185-A do CTN aos feitos executivos decorrentes de dívida não tributária. *REsp 1.347.317, Rel. Min. Humberto Martins, 6.11.12. 2ª T. (Info 508)*

4. ADMINISTRAÇÃO TRIBUTÁRIA

4.1. Fiscalização

2016

Intimação por edital no processo fiscal referido no art. 27 do DL 1.455/76.

No processo fiscal referido no art. 27 do DL 1.455/76, a intimação por edital só deve ser realizada após restar frustrada a intimação pessoal. De fato, intimação do ato administrativo-tributário confere ao contribuinte, nos planos normativo e fático, o uso da prerrogativa de contestar; é justamente com a intimação que tem início os efeitos temporais e formais atinentes ao exercício do devido processo legal. Visa-se com a intimação dar ciência ao intimado do conteúdo do inteiro teor dos atos processuais. Se a intimação não for aperfeiçoada de modo a garantir a certeza da ciência do intimado, todo o processo previsto na lei, e instalado na realidade, não passa de uma ficção intangível ao contribuinte que não pôde percorrê-lo por não lhe ter sido oportunizada tal faculdade. *REsp 1.561.153-RS, Rel. Min. Mauro Campbell Marques, DJe 24.11.2015. 2ª T. (Info 574)*

2013

Exigência de garantia para liberação de mercadoria importada.

A autoridade fiscal não pode condicionar a liberação de mercadoria importada à prestação de garantia no caso em que a retenção da referida mercadoria decorra da pretensão da Fazenda de efetuar reclassificação tarifária. *AgRg no REsp 1.227.611-RS, Rel. Min. Arnaldo Esteves Lima, 19.3.13. 1ª T. (Info 518)*

2012

Incidência de juros de mora sobre multa fiscal punitiva.

É legítima a incidência de juros de mora sobre multa fiscal punitiva, a qual integra o crédito tributário. *AgRg no REsp 1.335.688-PR, Rel. Min. Benedito Gonçalves, 4.12.12. 1ª T. (Info 511)*

4.2. Certidões Negativas

2014

Hipótese de impossibilidade de expedição de certidão positiva com efeito de negativa.

Não é possível a expedição de certidão positiva com efeito de negativa em favor de sócio que tenha figurado como fiador em Termo de Confissão de Dívida Tributária na hipótese em que o parcelamento dele decorrente não tenha sido adimplido. *REsp 1.444.692-CE, Rel. Min. Herman Benjamin, 13.5.14. 2ª T. (Info 543)*

Hipótese de não expedição de certidão positiva com efeitos de negativa.

A penhora de bem de valor inferior ao débito não autoriza a expedição de certidão positiva com efeitos de negativa. *REsp 1.479.276-MG, Rel. Min. Mauro Campbell Marques, 16.10.14. 2ª T. (Info 550)*

2012

Possibilidade de expedição de certidão positiva com efeitos de negativa em nome de estabelecimento que tenha CNPJ individual.

O art. 127, I, do CTN consagra o princípio da autonomia de cada estabelecimento da empresa que tenha o respectivo CNPJ, o que justifica o direito à certidão positiva com efeito de negativa em nome de filial de grupo econômico, ainda que fiquem pendências tributárias da matriz ou de outras filiais. *AgRg no AREsp 192.658, Rel. Min. Castro Meira, 23.10.12. 2ª T. (Info 508)*

5. LIMITAÇÕES DO PODER DE TRIBUTAR

2014

Cobrança de tributo de estado estrangeiro.

O Município não pode cobrar IPTU de Estado estrangeiro, embora possa cobrar taxa de coleta domiciliar de lixo. *RO 138-RJ, Rel. Min. Herman Benjamin, 25.2.14. 2ª T. (Info 538)*

ICMS e imunidade das entidades de assistência social sem fins lucrativos.

Não há imunidade tributária em relação ao ICMS decorrente da prática econômica desenvolvida por entidade de assistência social sem fins lucrativos que tem por finalidade realizar ações que visem à promoção da pessoa com deficiência, quando desempenhar atividade franqueada da Empresa Brasileira de Correios e Telégrafos (ECT), ainda que a renda obtida reverta-se integralmente aos fins institucionais da referida entidade. *RMS 46.170-MS, Rel. Min. Humberto Martins, 23.10.14. 2ª T. (Info 551)*

Ônus da prova referente à imunidade tributária de entidade de religiosa.

Para fins de cobrança de ITBI, é do município o ônus da prova de que imóvel pertencente a entidade religiosa está desvinculado de sua destinação institucional. *AgRg no AREsp 444.193-RS, Rel. Min. Mauro Campbell Marques, 4.2.14. 2ª T. (Info 534)*

Requisitos para a concessão de imunidade tributária a instituição de ensino sem fins lucrativos.

Não é possível condicionar a concessão de imunidade tributária prevista para as instituições de educação e de assistência social sem fins lucrativos à apresentação de certificado de entidade de assistência social na hipótese em que prova pericial tenha demonstrado o preenchimento dos requisitos para a incidência da norma imunizante. *AgRg no AREsp 187.172-DF, Rel. Min. Napoleão Nunes Maia Filho, 18.2.14. 1ª T. (Info 535)*

2013

Ônus da prova relacionado ao afastamento da imunidade tributária prevista no § 2º do art. 150 da CF.

O ônus de provar que o imóvel não está afetado a destinação compatível com os objetivos e finalidades institucionais de entidade autárquica recai sobre o ente tributante que pretenda, mediante afastamento da imunidade tributária prevista no § 2º do art. 150 da CF, cobrar IPTU sobre o referido imóvel. *AgRg no AREsp 304.126-RJ, Rel. Min. Benedito Gonçalves, 13.8.13. 1ª T. (Info 527)*

6. IMPOSTOS FEDERAIS

6.1. II/IE

2016

Hipótese de não concessão do regime de "drawback".

Não se concede o regime tributário de "drawback" na modalidade suspensão à importação de cantoneiras de plástico rígido, filtros de etileno e termógrafos elétricos destinados a conferir maior segurança ao transporte exportador de frutas, já devidamente acondicionas em caixas e caixotes e envoltas por folhas de papel alveolado. REsp 1.404.148-PE, Rel. p/ ac. Min. Herman Benjamin, DJ 13.9.2016. 2ª T. (Info 590)

2015

Isenções de IPI e de II a instituições culturais.

As entidades com finalidade eminentemente cultural fazem jus às isenções de Imposto de Importação (II) e de Imposto sobre Produtos Industrializados (IPI) previstas nos arts. 2º, I, b, e 3º, I, da Lei 8.032/90. REsp 1.100.912-RJ, Rel. Min. Sérgio Kukina, DJe 14.5.15. 1ª T. (Info 561)

2014

Demora injustificada da administração na concessão do benefício de ex-tarifário.

A concessão do benefício de "ex-tarifário" alcança a importação realizada entre o pedido do referido benefício fiscal e a sua efetiva concessão, se a administração fazendária demorar injustificadamente a analisar e conceder o benefício. REsp 1.174.811-SP, Rel. Min. Arnaldo Esteves Lima, 18.2.14. 1ª T. (Info 544)

6.2. IRPJ/IRPF

2016

Cegueira monocular e isenção de imposto de renda.

Os proventos de aposentadoria ou reforma percebidos por portador de cegueira monocular são isentos de imposto sobre a renda. REsp 1.553.931-PR, Rel. Min. Regina Helena Costa, DJe 2.2.2016. 1ª T. (Info 575)

Incidência de imposto de renda sobre o adicional de 1/3 de férias gozadas. Recurso repetitivo. Tema 881.

RPT Incide imposto de renda sobre o adicional de 1/3 (um terço) de férias gozadas. REsp 1.459.779-MA, Rel. p/ ac. Min. Benedito Gonçalves, 1ª S., DJe 18.11.2015. (Info 573)

Irretroatividade de mutação jurisprudencial tributária.

O entendimento adotado no REsp 1.192.556, em que a Primeira Seção do STJ, segundo a sistemática do art. 543-C do CPC/73, definiu que é válida a incidência do IRPF sobre abono de permanência, não alcança fatos geradores pretéritos ao referido julgado. REsp 1.596.978-RJ, Rel. Min. Napoleão Nunes Maia Filho, DJ 1.9.2016. 1ª T. (Info 589)

2015

Cessão de crédito de precatório e cálculo do imposto de renda devido por ocasião de seu pagamento.

Se pessoa jurídica adquire por meio de cessão de direito precatório cujo beneficiário seja pessoa física, o cálculo do imposto de renda (IR) retido na fonte (art. 46 da Lei 8.541/92) na ocasião do pagamento da carta precatória deverá ser realizado com base na alíquota que seria aplicável à pessoa física cedente, ainda que a alíquota aplicável a pessoa física seja maior do que a imposta a pessoa jurídica. RMS 42.409-RJ, Rel. Min. Mauro Campbell Marques, DJe 16.10.15. 2ª T. (Info 571)

Correção monetária do valor do IR incidente sobre verbas recebidas acumuladamente em ação trabalhista. Recurso repetitivo.

RPT Até a data da retenção na fonte, a correção do IR apurado e em valores originais deve ser feita sobre a totalidade da verba acumulada e pelo mesmo fator de atualização monetária dos valores recebidos acumuladamente, sendo que, em ação trabalhista, o critério utilizado para tanto é o Fator de Atualização e Conversão dos Débitos Trabalhistas (FACDT). REsp 1.470.720-RS, Rel. Min. Mauro Campbell Marques, 1ª S., DJe 18.12.14. (Info 553)

Incidência de IR sobre lucros cessantes.

Os valores percebidos, em cumprimento de decisão judicial, a título de pensionamento por redução da capacidade laborativa decorrente de dano físico causado por terceiro são tributáveis pelo Imposto de Renda (IR). REsp 1.464.786-RS, Rel. Min. Og Fernandes, DJe 9.9.15. 2ª T. (Info 568)

Incidência de IRPJ e CSLL sobre os valores de repetição do indébito tributário.

Incide IRPJ – apurado pelo regime de lucro real ou presumido – e CSLL sobre os valores referentes à restituição ou à compensação de indébito tributário se, em períodos anteriores, tiverem sido computados como despesas dedutíveis do lucro real e da base de cálculo da CSLL. *REsp 1.385.860-CE, Rel. Min. Humberto Martins, DJe 19.5.15. 2ª T. (Info 562)*

Isenção de imposto de renda sobre proventos oriundos de previdência privada complementar.

São isentos do imposto de renda os proventos percebidos de fundo de previdência privada a título de complementação da aposentadoria por pessoa física acometida de uma das doenças arroladas no art. 6º, XIV, da Lei 7.713/88. *REsp 1.507.320-RS, Rel. Min. Humberto Martins, DJe 20.2.15. 2ª T. (Info 556)*

2014

Hipótese de incidência de imposto de renda sobre importância recebida em razão de obrigação alternativa assumida em acordo coletivo de trabalho.

Incide imposto de renda sobre a quantia recebida pelo empregado em razão de acordo coletivo de trabalho firmado com o empregador, no qual fora ajustado a constituição de fundo de aposentadoria e pensão e, alternativamente, o pagamento de determinado valor em dinheiro correspondente ao que seria vertido para o aludido fundo. *REsp 1.218.222-RS, Rel. Min. Mauro Campbell Marques, 4.9.14. 2ª T. (Info 548)*

Imposto de renda sobre verbas referentes à migração de plano de benefícios de previdência privada.

Incide IRPF sobre os valores recebidos como incentivo à adesão ao processo de repactuação do regulamento do plano de benefícios de previdência privada. *AgRg no REsp 1.439.516-PR, Rel. Min. Humberto Martins, 6.5.14. 2ª T. (Info 544)*

Índice aplicável à correção monetária das demonstrações financeiras do ano-base de 1989.

O IPC é o índice aplicável à correção monetária das demonstrações financeiras de janeiro de 1989, para fins de apuração da base de cálculo do Imposto de Renda da Pessoa Jurídica. *EREsp 1.030.597-MG, Rel. Min. Mauro Campbell Marques, 23.4.14. 1ª S. (Info 539)*

Responsabilidade pelo pagamento da multa aplicada em decorrência do não recolhimento de imposto de renda.

Na hipótese em que a fonte pagadora deixa de efetuar a retenção do imposto de renda, expedindo comprovante de rendimentos o qual os classifica como isentos e não tributáveis, de modo a induzir o empregado/contribuinte a preencher equivocadamente sua declaração de imposto de renda, não é este – mas sim o empregador – o responsável pelo pagamento da multa prevista no art. 44, I, da Lei 9.430/96. *REsp 1.218.222-RS, Rel. Min. Mauro Campbell Marques, 4.9.14. 2ª T. (Info 548)*

Responsabilidade pelo recolhimento do imposto de renda cuja declaração foi transmitida com dado equivocado pela fonte pagadora.

Mesmo que a fonte pagadora (substituta tributária) equivocadamente tenha deixado de efetuar a retenção de determinada quantia, a título de imposto de renda, sobre importância paga a empregado, tendo, ainda, expedido comprovante de rendimentos informando que a respectiva renda classifica-se como rendimento isento e não tributável, o sujeito passivo da relação jurídico-tributária (substituído tributário) deverá arcar com o imposto de renda devido e não recolhido. *REsp 1.218.222-RS, Rel. Min. Mauro Campbell Marques, 4.9.14. 2ª T. (Info 548)*

2013

Dedução das despesas com férias de empregado na declaração do IRPJ.

É possível ao empregador deduzir as despesas relacionadas ao pagamento de férias de empregado na declaração do IRPJ correspondente ao ano do exercício em que o direito às férias foi adquirido pelos empregados. *REsp 1.313.879-SP, Rel. Min. Herman Benjamin, 7.2.13. 2ª T. (Info 516)*

Dedução na declaração de imposto de renda de gastos com profissional de saúde não inscrito em conselho profissional.

Na declaração anual de imposto de renda, é possível a dedução de valor referente à despesa do contribuinte com profissional de saúde, mesmo que este não seja regularmente inscrito no respectivo conselho profissional. *AgRg no REsp 1.375.793-RJ, Rel. Min. Humberto Martins, 4.6.13. 2ª T. (Info 525)*

Imposto de renda sobre o valor global pago em atraso e acumuladamente a título de benefício previdenciário.

No caso de benefício previdenciário pago em atraso e acumuladamente, não é legítima a cobrança de imposto de renda com parâmetro no montante global pago extemporaneamente. Isso porque a incidência do imposto de renda deve observar as tabelas e alíquotas vigentes na época em que os valores deveriam ter sido adimplidos, devendo ser observada a renda auferida mês a mês pelo segurado. *AgRg no AREsp 300.240-RS, Rel. Min. Humberto Martins, 9.4.13. 2ª T. (Info 519)*

Incidência de IR sobre o lucro auferido em operação de venda de TDA.

Incide imposto de renda sobre o ganho de capital oriundo da diferença positiva entre o preço de aquisição e o preço de venda de TDA a terceiros. *REsp 1.124.133-RJ, Rel. Min. Mauro Campbell Marques, 7.3.13. 2ª T. (Info 520)*

Incidência de IRPJ e CSLL sobre os juros remuneratórios devidos na devolução dos depósitos judiciais.

RPT Incidem IRPJ e CSLL sobre os juros remuneratórios devidos na devolução dos depósitos judiciais efetuados para suspender a exigibilidade do crédito tributário. *REsp 1.138.695-SC, Rel. Min. Mauro Campbell Marques, 22.5.13. 1ª S. (Info 521)*

Incidência de IRPJ e CSLL sobre os juros de mora decorrentes de repetição do indébito.

RPT Incidem IRPJ e CSLL sobre os juros decorrentes da mora na devolução de valores determinada em ação de repetição do indébito tributário. *REsp 1.138.695-SC, Rel. Min. Mauro Campbell Marques, 22.5.13. 1ª S. (Info 521)*

Incidência do imposto de renda sobre juros de mora pagos em razão de decisão judicial que condena a União a ressarcir servidores por promoções que não tenham sido efetivadas no momento oportuno.

Incide imposto de renda sobre o valor correspondente aos juros de mora relativos a quantias pagas em decorrência de decisão judicial que condena a União a ressarcir servidores públicos por promoções que, de forma ilegal, não tenham sido efetivadas no momento oportuno. *AgRg no REsp 1.348.003-PR, Rel. Min. Mauro Campbell Marques, 6.12.12. 2ª T. (Info 515)*

Incidência do imposto de renda sobre os rendimentos auferidos pelo portador de cardiopatia grave não aposentado.

O portador de cardiopatia grave não tem direito à isenção do imposto de renda sobre seus vencimentos no caso em que, mesmo preenchendo os requisitos para a aposentadoria por invalidez, opte por continuar trabalhando. *RMS 31.637-CE, Rel. Min. Castro Meira, 5.2.13. 2ª T. (Info 516)*

Não incidência de IR sobre verba indenizatória decorrente de demissão sem justa causa no período de estabilidade provisória.

Não incide imposto de renda sobre o valor da indenização paga ao empregado demitido sem justa causa no período de estabilidade provisória. *AgRg no REsp 1.215.211-RJ, Rel. Min. Napoleão Nunes Maia Filho, Primeira Turma, 6.8.13. 1ª T. (Info 528)*

2012

Correção monetária de IRPJ. Ano-base de 1989. Utilização de OTN/BTNF.

Deve ser utilizado o OTN/BTNF, na forma do art. 30, § 1º, da Lei 7.730/89 e art. 30 da Lei 7.799/89, para efeito de correção monetária de IRPJ nas demonstrações financeiras do ano-base de 1989. *EAg 689.973, Rel. Min. Diva Malerbi, 14.11.12. 1ª S. (Info 509)*

Imposto de renda. Abono de permanência.

Incide IR sobre os rendimentos recebidos a título de abono de permanência a que se referem os arts. 40, § 19, da CF; 2º, § 5º, e 3º, § 1º, da EC 41/03; e 7º da Lei 10.887/04. O abono possui natureza remuneratória e confere acréscimo patrimonial ao beneficiário, não havendo lei que autorize a isenção. *AREsp 225.144, Rel. Min. Herman Benjamin, 6.11.12. 2ª T. (Info 508)*

Incidência da taxa Selic sobre recolhimento antecipado do IRPJ.

Não incide a taxa Selic sobre valores referentes ao recolhimento antecipado, por estimativa, do IRPJ, com base no art. 2º da Lei 9.430/96. A antecipação do pagamento do imposto de renda pessoa jurídica (IRPJ) não configura pagamento indevido à Fazenda Pública que justifique a correção monetária e a incidência de juros moratórios. O regime de antecipação mensal não é imposição, mas opção oferecida pela Lei 9.430/96. *AgRg no AREsp 205.566, Rel. Min. Herman Benjamin, 18.10.12. 2ª T. (Info 508)*

Incidência de imposto de renda da pessoa física sobre juros de mora decorrentes de benefícios previdenciários pagos em atraso.

Incide imposto de renda da pessoa física sobre os juros moratórios decorrentes de benefícios

18. DIREITO TRIBUTÁRIO

previdenciários pagos em atraso. *AgRg no AREsp 248.264-RS, Rel. Min. Mauro Campbell Marques, 27.11.12. 2ª T. (Info 514)*

Isenção do IR sobre os rendimentos auferidos por técnicos a serviço da ONU contratados no Brasil para atuar como consultores no âmbito do PNUD.

RPT São isentos do imposto de renda (IR) os rendimentos do trabalho recebidos por técnicos a serviço das Nações Unidas contratados no Brasil para atuar como consultores no âmbito do Programa das Nações Unidas para o Desenvolvimento – PNUD. *REsp 1.306.393-DF, Rel. Min. Campbell Marques, 24.10.12. 1ª S. (Info 507)*

IRPJ e CSSL. Base de cálculo. Ano-base de 1990. Correção monetária das demonstração financeira pela BTNF.

Aplica-se o BTN Fiscal na correção monetária das demonstrações financeiras do período-base de 1990, para fins de apuração da base de cálculo do Imposto de Renda da Pessoa Jurídica – IRPJ e da Contribuição Social sobre o Lucro – CSSL. *AgRg nos EAg 427.916-PR, Rel. Min. Arnaldo Esteves Lima, 14.11.12. 1ª S. (Info 510)*

6.3. IPI

2016

Base de cálculo do IPI nas vendas a prazo.

A base de cálculo do IPI na venda a prazo é o preço "normal" da mercadoria (preço de venda à vista) mais os eventuais acréscimos decorrentes do parcelamento. *REsp 1.586.158-SP, Rel. Min. Herman Benjamin, DJe 25.5.2016. 2ª T. (Info 584)*

Direito ao creditamento de IPI.

Apenas com a vigência da Lei 9.779/99, surgiu o direito ao creditamento do IPI decorrente da aquisição de matéria-prima, produto intermediário e material de embalagem utilizados na fabricação de produtos isentos ou sujeitos ao regime de alíquota zero. *REsp 811.486-RN, Rel. Min. Napoleão Nunes Maia Filho, DJe 8.3.2016. 1ª T. (Info 578)*

Exclusão de crédito presumido de IPI da base de cálculo do IRPJ e da CSLL no regime do lucro presumido.

O crédito presumido de IPI previsto no art. 1º da Lei 9.363/96 que se refira a período no qual o contribuinte tenha se submetido ao regime de tributação com base no lucro presumido deve ser excluído das bases de cálculo do IRPJ e da CSLL apuradas pelo regime do lucro presumido. *REsp 1.611.110-RS, Rel. Min. Mauro Campbell Marques, DJe 12.8.2016. 2ª T. (Info 587)*

Incidência de IPI sobre a saída de produto de estabelecimento importador. Recurso repetitivo. Tema 912.

RPT Os produtos importados estão sujeitos a uma nova incidência do IPI quando de sua saída do estabelecimento importador na operação de revenda, mesmo que não tenham sofrido industrialização no Brasil. Efetivamente, o fato de o "nomen juris" do tributo ser "Imposto sobre Produtos Industrializados" não significa que seu fato gerador esteja necessariamente atrelado a uma imediata operação de industrialização. O fato de o tributo incidir sobre o produto industrializado significa somente que é necessário e relevante que essa operação de industrialização, em algum momento, tenha ocorrido – pois a circulação que se tributa é de um produto industrializado –, mas não que a industrialização tenha que ocorrer simultaneamente a cada vez que se realize uma hipótese de incidência do tributo (fato gerador). *EREsp 1.403.532-SC, Rel. p/ ac. Min. Mauro Campbell Marques, Corte Especial, DJe 18.12.2015. (Info 574)*

2015

Aquisição de veículo com isenção de IPI por pessoa com necessidades especiais que teve o seu veículo roubado.

A isenção de IPI para aquisição de automóvel por pessoa com necessidades especiais (art. 1º, IV, da Lei 8.989/95) poderá ser novamente concedida antes do término do prazo de 2 anos contado da aquisição (art. 2º) se o veículo vier a ser roubado durante esse período. *REsp 1.390.345-RS, Rel. Min. Napoleão Nunes Maia Filho, DJe 7.4.15. 1ª T. (Info 559)*

Creditamento de IPI dos produtos finais importados e destinados à zona franca de manaus.

O art. 2º da Lei 9.716/98 (com vigência a partir de 30.10.1998) garantiu a manutenção na escrita do contribuinte dos créditos de IPI provenientes da aquisição de produtos finais do exterior e posteriormente remetidos à Zona Franca de Manaus (ZFM). *REsp 1.464.935-PR, Rel. Min. Mauro Campbell Marques, DJe 15.10.15. 2ª T. (Info 571)*

Empresas optantes pelo simples e suspensão do IPI.

O benefício da suspensão do IPI na saída do produto do estabelecimento industrial (art. 29 da Lei 10.637/02) não se estende às empresas optantes pelo Simples. REsp 1.497.591-PE, Rel. Min. Humberto Martins, DJe 15.12.14. 2ª T. (Info 554)

Fato gerador do IPI nas operações de comercialização, no mercado interno, de produtos de procedência estrangeira.

Havendo incidência do IPI no desembaraço aduaneiro de produto de procedência estrangeira (art. 46, I, do CTN), não é possível nova cobrança do tributo na saída do produto do estabelecimento do importador (arts. 46, II, e 51, parágrafo único, do CTN), salvo se, entre o desembaraço aduaneiro e a saída do estabelecimento do importador, o produto tiver sido objeto de uma das formas de industrialização (art. 46, parágrafo único, do CTN). EREsp 1.411.749-PR, Rel. p/ ac. Min. Ari Pargendler, DJe 18.12.14. 1ª S. (Info 553)

Impossibilidade de incidir IPI na importação de veículo para uso próprio. Recurso repetitivo.

RPT Não incide IPI no desembaraço aduaneiro de veículo importado por consumidor para uso próprio. REsp 1.396.488-SC, Rel. Min. Humberto Martins, 1ª S., DJe 17.3.15. (Info 557)

2014

Incidência de IPI na revenda de produtos importados.

Não é ilegal a nova incidência de IPI no momento da saída de produto de procedência estrangeira do estabelecimento do importador, após a incidência anterior do tributo no desembaraço aduaneiro. REsp 1.429.656-PR, Rel. Min. Mauro Campbell Marques, 11.2.14. 2ª T. (Info 535)

Modificação da opção do regime de cálculo de crédito presumido de IPI.

Após optar, em determinado exercício, pela manutenção do sistema original de cálculo do crédito presumido de IPI previsto na Lei 9.363/96 ou pela migração para o regime alternativo preconizado pela Lei 10.276/01, o contribuinte não poderá retificar sua opção em relação ao exercício em que ela foi realizada ou em relação aos exercícios anteriores, mesmo que a escolha tenha ocorrido por desídia decorrente da ausência de modificação da sistemática quando legalmente possível (dentro do prazo legal), ou ainda que ela se relacione ao regime mais oneroso. AgRg no REsp 1.239.867-RS, Rel. Min. Benedito Gonçalves, 4.2.14. 1ª T. (Info 534)

2013

Aplicabilidade da isenção genérica de II e de IPI prevista nos arts. 2º, II, j, e 3º, I, da Lei 8.032/90.

As isenções de imposto de importação e de imposto sobre produtos industrializados previstas no art. 2º, II, "j", e no art. 3º, I, da Lei 8.032/90 (restabelecidas pelo art. 1º, IV, da Lei 8.402/92) aplicam-se às importações de peças e componentes de reposição, reparo e manutenção necessárias ao funcionamento de plataformas petrolíferas, sendo indiferente a revogação que o art. 13 da Lei 8.032/90 trouxe em relação ao DL 1.953/82. REsp 1.341.077-RJ, Rel. Min. Mauro Campbell Marques, 9.4.13. 2ª T. (Info 519)

Correção monetária no caso de mora da Fazenda Pública para apreciar pedidos administrativos de ressarcimento de créditos de IPI em dinheiro ou mediante compensação com outros tributos.

Incide correção monetária sobre o valor relativo a créditos de IPI na hipótese de mora da Fazenda Pública para apreciar pedido administrativo de ressarcimento em dinheiro ou mediante compensação com outros tributos. EAg 1.220.942-SP, Rel. Min. Mauro Campbell Marques, 10.4.13. 1ª S. (Info 521)

Creditamento do IPI em relação à energia elétrica consumida no processo produtivo.

O contribuinte não tem direito a crédito presumido de IPI, em relação à energia elétrica consumida no processo produtivo, como ressarcimento das contribuições ao PIS/Pasep e à Cofins, na forma estabelecida pelo art. 1º da Lei 9.363/96. REsp 1.331.033-SC, Rel. Min. Mauro Campbell Marques, 2.4.13. 2ª T. (Info 522)

Isenção do IPI ao portador de enfermidade.

Na aquisição de veículo automotor, tem direito à isenção de IPI o portador de periartrite e artrose da coluna lombossacra na hipótese em que a enfermidade implicar limitação dolorosa dos movimentos dos ombros, de modo a causar a incapacidade total para a direção de automóvel sem direção hidráulica e sem transmissão automática. REsp 1.370.760-RN, Rel. Min. Humberto Martins, 27.8.13. 2ª T. (Info 530)

18. DIREITO TRIBUTÁRIO

Prescrição da pretensão de reconhecimento de créditos presumidos de IPI.

Prescreve em cinco anos a pretensão de reconhecimento de créditos presumidos de IPI a título de benefício fiscal a ser utilizado na escrita fiscal ou mediante ressarcimento. O referido prazo prescricional obedece ao art. 1º do Dec. 20.910/32, e não aos dispositivos do CTN. *AgRg no AREsp 292.142-MG, Rel. Min. Castro Meira, 21.5.13. 2ª T. (Info 523)*

Termo inicial da correção monetária incidente sobre os créditos espontaneamente reconhecidos pela administração tributária.

A correção monetária incide a partir do término do prazo de trezentos e sessenta dias, previsto no art. 24 da Lei 11.457/07, contado da data do protocolo do pedido administrativo de ressarcimento realizado pelo contribuinte. *REsp 1.331.033-SC, Rel. Min. Mauro Campbell Marques, 2ª T., 2.4.13. 2ª T. (Info 522)*

2012

Crédito tributário. IPI. Não cumulatividade. Possibilidade de correção monetária.

É devida a correção monetária de créditos de IPI decorrentes do princípio constitucional da não cumulatividade (créditos escriturais) nos casos em que a Fazenda Pública resista injustificadamente ao aproveitamento pelo contribuinte. A atualização dos créditos justifica-se pela demora no reconhecimento do direito que será pleiteado judicialmente, dada a tramitação normal dos feitos judiciais. *AgRg no AREsp 85.538, Rel. Min. Benedito Gonçalves, 4.10.12. 1ª T. (Info 506)*

Inclusão do crédito-prêmio de IPI na base de cálculo do imposto de renda.

O crédito-prêmio de IPI gera acréscimo patrimonial, devendo, portanto, compor a base de cálculo do IR. *REsp 957.153, Rel. Min. Castro Meira, 4.10.12. 2ª T. (Info 506)*

IPI. Importação de veículo automotor por pessoa física para uso próprio. Não incidência.

O IPI não incide sobre a importação por pessoa física de veículo automotor para uso próprio. O princípio da não cumulatividade seria violado em virtude da impossibilidade de compensação posterior, porquanto o particular não é contribuinte da exação. Além disso, o fato gerador do IPI é uma operação de natureza mercantil ou assemelhada.

AgRg no AREsp 204.994, Rel. Min. Napoleão N. Maia Fº., 9.10.12. 1ª T. (Info 506)

IPI. Crédito prêmio. Documentação. "Quantum debeatur". Liquidação da sentença.

RPT É possível a juntada da prova demonstrativa do "quantum debeatur" em liquidação de sentença. Assim, é dispensável, na inicial da ação de conhecimento, que se exiba toda a documentação alusiva ao crédito prêmio de IPI das operações realizadas no período cujo ressarcimento é pleiteado, uma vez que essa prova não diz respeito, propriamente, ao direito da parte, que, nesse momento, deve comprovar apenas a sua legitimidade "ad causam" e o seu interesse. *REsp 959.338, Rel. Min. Napoleão N. Maia Fº., 29.2.12. 1ª S. (Info 492)*

6.4. ITR

2014

Isenção de ITR relativa a área de reserva legal.

A isenção de Imposto Territorial Rural (ITR) prevista no art. 10, § 1º, II, a, da Lei 9.393/96, relativa a área de reserva legal, depende de prévia averbação desta no registro do imóvel. *AgRg no REsp 1.243.685-PR, Rel. Min. Benedito Gonçalves, 5.12.13. 1ª T. (Info 533)*

7. IMPOSTOS ESTADUAIS

7.1. ICMS

2016

Base de cálculo de ICMS/ST no caso de venda de medicamentos de uso restrito a hospitais e clínicas.

No caso de venda de medicamentos de uso restrito a hospitais e clínicas, a base de cálculo do ICMS/ST é o valor da operação de que decorrer a saída da mercadoria (art. 2º, I, do DL 406/68), e não o valor correspondente ao preço máximo de venda a consumidor sugerido por fabricante de medicamentos (Cláusula Segunda do Convênio n. 76/94). *REsp 1.229.289-BA, Rel. p/ ac. Min. Napoleão Nunes Maia Filho, DJe 17.8.2016. 1ª T. (Info 588)*

Cálculo do ICMS-substituição tributária.

Ainda que se adote a substituição tributária como forma de arrecadação de ICMS, é legal a sistemática do "cálculo por dentro". *REsp 1.454.184-MG, Rel. Min. Mauro Campbell Marques, DJe 9.6.2016. 2ª T. (Info 585)*

Inclusão de subvenção econômica na base de cálculo do ICMS.

A subvenção concedida com base no art. 5º da Lei 10.604/02 às concessionárias e permissionárias de energia elétrica compõe a base de cálculo do ICMS. *REsp 1.286.705-SP, Rel. Min. Humberto Martins, DJe 12.2.2016. 2ª T. (Info 576)*

Não creditamento de PIS/Pasep e Cofins em caso de ICMS-ST.

O contribuinte não tem direito a creditamento, no âmbito do regime não cumulativo das contribuições ao PIS/Pasep e da Cofins, dos valores que, na condição de substituído tributário, paga ao substituto a título de reembolso pelo recolhimento do ICMS-ST. Quando ocorre a retenção e o recolhimento do ICMS pela empresa a título de substituição tributária (ICMS-ST), a empresa substituta não é a contribuinte, o contribuinte é o próximo na cadeia, o substituído. Nessa situação, a própria legislação tributária prevê que tais valores são meros ingressos na contabilidade da empresa substituta, que se torna apenas depositária de tributo (responsável tributário por substituição ou agente arrecadador) que será entregue ao Fisco. Então não ocorre a incidência das contribuições ao PIS/Pasep e da Cofins, já que não há receita da empresa prestadora substituta. *REsp 1.456.648-RS, Rel. Min. Mauro Campbell Marques, DJe 28.6.2016. 2ª T. (Info 586)*

Óbice ao aproveitamento de crédito de ICMS decorrente de operação de exportação.

Não viola o princípio da não cumulatividade a vedação, prevista em legislação estadual, de aproveitamento de crédito de ICMS decorrente de operação de exportação quando o contribuinte possuir débito superior ao crédito. *REsp 1.505.296-SP, Rel. Min. Humberto Martins, DJe 9.12.2015. 2ª T. (Info 574)*

2015

Garantia estendida e base de cálculo do ICMS.

O valor pago pelo consumidor final ao comerciante a título de "seguro de garantia estendida" não integra a base de cálculo do ICMS incidente sobre a operação de compra e venda da mercadoria.

REsp 1.346.749-MG, Rel. Min. Benedito Gonçalves, DJe 4.3.15. 1ª T. (Info 556)

ICMS sobre serviços de TV por assinatura via satélite.

Caso o prestador de serviços de televisão por assinatura via satélite forneça pacote de canais por valor fixo mensal para assinantes localizados em outros estados federados, deve-se recolher o ICMS em parcelas iguais para as unidades da Federação em que estiverem localizados o prestador e o tomador. *REsp 1.497.364-GO, Rel. Min. Humberto Martins, DJe 14.9.15. 2ª T. (Info 569)*

Inclusão do ICMS na base de cálculo da contribuição substitutiva prevista na Lei 12.546/2011.

A parcela relativa ao ICMS, ressalvada a retenção decorrente do regime de substituição tributária (ICMS-ST) e demais deduções legais, inclui-se no conceito de receita bruta para fins de determinação da base de cálculo da contribuição substitutiva instituída pelos arts. 7º e 8º da Lei 12.546/2011. *REsp 1.528.604-SC, Rel. Min. Mauro Campbell Marques, DJe 17.9.15. 2ª T. (Info 569)*

2014

Hipótese de inclusão do ICMS na base de cálculo do IRPJ e da CSLL.

No regime de lucro presumido, o ICMS compõe a base de cálculo do IRPJ e da CSLL. *AgRg no REsp 1.423.160-RS, Rel. Min. Herman Benjamin, 27.3.14. 2ª T. (Info 539)*

Não cumulatividade do ICMS incidente na aquisição de combustível por empresa de transporte fluvial.

O ICMS incidente na aquisição de combustível a ser utilizado por empresa de prestação de serviço de transporte fluvial no desempenho de sua atividade-fim constitui crédito dedutível na operação seguinte (art. 20 da LC 87/96). *REsp 1.435.626-PA, Rel. Min. Ari Pargendler, 3.6.14. 1ª T. (Info 543)*

2013

Creditamento de ICMS apurado na importação de equipamento cedido em comodato.

O contribuinte não tem o dever de estornar crédito de ICMS apurado na importação de equipamento destinado ao ativo permanente da empresa na hipótese em que o bem seja, posteriormente, cedido em comodato a terceiro. Esse entendimento é extraído da interpretação dos arts. 20, § 3º, I, e 21, I, ambos da LC 87/96. *REsp 1.307.876-SP, Rel. Min. Herman Benjamin, 5.2.13. 2ª T. (Info 516)*

Creditamento de ICMS incidente sobre a energia elétrica utilizada na prestação de serviços de telecomunicações.

RPT É possível o creditamento do ICMS incidente sobre a energia elétrica utilizada pelas empresas de telefonia na prestação de serviços de telecomunicações. *REsp 1.201.635-MG, Rel. Min. Sérgio Kukina, 12.6.13. 1ª S. (Info 530)*

Creditamento de ICMS sobre a energia elétrica consumida pelas prestadoras de serviços de telecomunicações.

RPT É possível o creditamento do ICMS incidente sobre a energia elétrica consumida pelas prestadoras de serviços de telecomunicações para abatimento do imposto devido quando da prestação de serviços. *REsp 1.201.635-MG, Rel. Min. Sérgio Kukina, 12.6.13. 1ª S. (Info 522)*

Inexistência de direito do adquirente de embalagens plásticas personalizadas à indenização em face do fornecedor do produto na hipótese em que este tenha incluído o ICMS na operação de saída e tenha impugnado judicialmente o tributo.

A empresa fornecedora de embalagens plásticas personalizadas que inclui o ICMS na operação de saída e impugna judicialmente a incidência do tributo não tem que indenizar o adquirente do produto na hipótese em que ela tenha obtido êxito na mencionada demanda judicial e o Fisco, em razão disso, tenha obrigado o adquirente a estornar os valores de ICMS creditados e a recolher o referido imposto. *AgRg no AREsp 122.928-RS, Rel. Min. Luis Felipe Salomão, 7.2.13. 4ª T. (Info 518)*

Não incidência de ICMS sobre a operação de venda, realizada por agência de automóveis, de veículo usado objeto de consignação pelo proprietário.

Não incide ICMS sobre a operação de venda, promovida por agência de automóveis, de veículo usado objeto de consignação pelo proprietário. *REsp 1.321.681-DF, Rel. Min. Benedito Gonçalves, 26.2.13. 1ª T. (Info 515)*

2012

Crédito presumido. ICMS. Impossibilidade de inclusão na base de cálculo do PIS e da Cofins.

Não é possível a inclusão do crédito presumido de ICMS na base de cálculo da contribuição do PIS e da Cofins. *AgRg no REsp 1.329.781-RS, Rel. Min. Arnaldo Esteves Lima, 27.11.12. 1ª T. (Info 510)*

ICMS. Serviços suplementares ao de comunicação.

Não incide ICMS sobre a prestação de serviços acessórios ao de comunicação. *REsp 1.176.753-RJ, Rel. p/ ac. Min. Mauro Campbell Marques, 28.11.12. 1ª S. (Info 510)*

Legitimidade ativa do consumidor. ICMS. Demanda contratada de energia elétrica.

O consumidor final de energia elétrica tem legitimidade ativa para propor ação declaratória cumulada com repetição de indébito que tenha por escopo afastar a incidência de ICMS sobre a demanda contratada e não utilizada de energia elétrica. *AgRg nos EDcl no REsp 1.269.424, Rel. Min. Benedito Gonçalves, 23.10.12. 1ª T. (Info 508)*

Aproveitamento de crédito. ICMS sobre produtos intermediários. Necessidade de prova pericial.

O enquadramento de uma mercadoria como produto intermediário com a finalidade de aproveitamento de créditos de ICMS depende de prova pericial. São produtos intermediários aqueles que integram o processo produtivo e se agregam à mercadoria para posterior circulação. Para a sua identificação, exige-se conhecimento técnico especializado, porquanto a prova do fato é complexa diante da diversificação da atividade empresarial. *AgRg no AREsp 224.082, Rel. Min. Humberto Martins, 18.10.12. 2ª T. (Info 507)*

ICMS. Direito de crédito. Limitação temporal da LC 87/96.

São legítimas as restrições impostas pela LC 87/96, inclusive a limitação temporal prevista no art. 33, para o aproveitamento dos créditos de ICMS em relação à aquisição de bens destinados ao uso e consumo ou ao ativo permanente do estabelecimento contribuinte. O princípio constitucional da não cumulatividade, por si só, não permite o amplo e irrestrito creditamento relativo a material de uso e consumo ou a bens destinados ao ativo permanente das empresas. *AgRg no AREsp 186.016, Rel. Min. Herman Benjamin, 18.10.12. 2ª T. (Info 508)*

ICMS sobre bem objeto de contrato de leasing internacional.

Incide o ICMS sobre bem objeto de contrato de leasing internacional quando o bem importado for destinado ao ativo fixo da empresa. *AgRg no AREsp 83.402, Rel. Min. Benedito Gonçalves, 4.10.12. 1ª T. (Info 506)*

PIS e Cofins. Base de cálculo. Inclusão do ICMS.

O ICMS está incluído na base de cálculo do PIS e da Cofins. A jurisprudência do STJ cristalizou o entendimento de que o ICMS está incluído no cálculo do PIS e da Cofins nas súms. 68 e 94, respectivamente. *AgRg no AREsp 186.811, Rel. Min. Arnaldo E. Lima, 4.10.12. 1ª T. (Info 506)*

ICMS. Crédito presumido. Estabelecimento exportador. Capacidade contributiva.

Na origem, a empresa impetrante objetivava afastar a aplicação do disposto no § 1º do art. 13-A do Dec. 12.056/06, e suas prorrogações, que restringiu o direito ao benefício fiscal de crédito presumido de ICMS, por parte do estabelecimento frigorífico exportador. 2. O "mandamus" foi impetrado em caráter preventivo contra decreto de efeitos concretos, que faz restrição expressa à condição de frigorífero exportador, existindo situação individual e específica a ser tutelada, razão pela qual se rejeita a alegada preliminar de decadência e impetração contra a lei em tese. 3. O acórdão impugnado afastou a violação do princípio da igualdade tributária, por entender que a questão em análise deve levar em conta o princípio da capacidade contributiva, uma vez que é necessário diferenciar os que possuem riquezas diferentes e, consequentemente, os que possuem diferentes capacidades de contribuir, ou seja, tratar de forma igual apenas os que tiverem igualdade de condição... 5. O princípio da igualdade defendido pela recorrente deve ser relativizado pelo princípio da capacidade contributiva, de modo que seja atribuído a cada sujeito passivo tratamento adequado à sua condição, para minimizar desigualdades naturais. 6. A ordem pleiteada não pode ser concedida, pois, caso a postura extrafiscal do Estado não fosse permitida, a recorrente teria o direito ao benefício fiscal em questão e passaria a uma situação de maior vantagem em relação às demais pequenas empresas do setor de carnes. 7. É plenamente razoável e proporcional a restrição imposta pelo § 1º do art. 13-A do Dec. Estadual 12.056/06, do Estado do Mato Grosso do Sul, que exclui os grandes frigoríferos exportadores do regime diferenciado do crédito presumido, até porque já possuem isenção de ICMS nas exportações devido à previsão constitucional. 8. A extensão dos benefícios fiscais, por via jurisdicional, encontra limitação absoluta no dogma da separação de poderes *RMS 37.652, Rel. Min. Humberto Martins, 26.6.12. 2ª T. (Info 500)*

ICMS. Depósito administrativo. Levantamento. Legitimação subjetiva ativa.

Cuida-se do levantamento de valores depositados administrativamente relativos à cobrança de ICMS sobre serviços de instalação de linhas telefônicas. Afastou-se o levantamento do depósito administrativo pela empresa de telefonia, por se entender que somente o contribuinte de fato (o que suporta efetivamente o ônus financeiro do tributo) é que está legitimado para o pedido de repetição de valores indevidamente pagos ao Fisco. "In casu", o valor depositado foi repassado para o consumidor final, ou seja, o usuário do serviço de telefonia. Assim, apenas o usuário do serviço tem legitimidade subjetiva ativa para requerer o levantamento do depósito em função de haver suportado o ônus indevido (art. 166 do CTN e Súm. 546/STF). Ademais, consignou-se que o depósito realizado pela empresa de telefonia não diminuiu seu patrimônio, tendo em vista que essa quantia foi repassada ao contribuinte, sendo que o levantamento pleiteado acabaria por beneficiar indevidamente pessoa que não sofreu o encargo, caracterizando enriquecimento ilícito. Outrossim, anotou-se que o recurso especial do estado-membro agravante será oportunamente julgado. *AgRg no Ag 1.365.535, Rel. p/ ac. Min. Napoleão N. Maia Fº., 7.2.12. 1ª T. (Info 490)*

ICMS. Energia furtada antes da entrega ao consumidor.

A energia furtada antes da entrega ao consumidor final não pode ser objeto de incidência do ICMS, tomando por base de cálculo o valor da última operação realizada entre a empresa produtora e a que distribui e comercializa a eletricidade. *REsp 1.306.356, Rel. Min. Castro Meira, 28.8.12. 2ª T. (Info 503)*

ICMS. Extração de mineral. Municípios contíguos. Valor adicionado.

Destina-se ao município onde são realizadas as operações de entrada e saída de mercadoria o direito de receber as parcelas integrais do valor adicionado decorrente do ICMS arrecadado em seu território. RMS 32.423, Rel. Min. Asfor Rocha, 15.3.12. 2ª T. (Info 493)

7.2. ITCMD

2013

Descabimento de discussão, em arrolamento sumário, sobre eventual decadência ocorrida em relação ao ITCMD.

Não é cabível, em arrolamento sumário, a discussão acerca da eventual configuração da decadência do direito da Fazenda Pública de efetuar lançamento tributário referente ao imposto sobre transmissão causa mortis e doação. REsp 1.223.265-PR, Rel. Min. Eliana Calmon, 18.4.13. 2ª T. (Info 523)

8. IMPOSTOS MUNICIPAIS

8.1. IPTU

2015

Incidência de IPTU sobre imóvel parcialmente situado em APP com nota "non aedificandi".

O fato de parte de um imóvel urbano ter sido declarada como Área de Preservação Permanente (APP) e, além disso, sofrer restrição administrativa consistente na proibição de construir (nota "non aedificandi") não impede a incidência de IPTU sobre toda a área do imóvel. REsp 1.482.184-RS, Rel. Min. Humberto Martins, DJe 24.3.15. 2ª T. (Info 558)

2013

Desnecessidade de prévia inscrição de unidades autônomas no registro de imóveis para a cobrança de IPTU individualizado.

O fisco, verificando a divisão de imóvel preexistente em unidades autônomas, pode proceder às novas inscrições de IPTU, ainda que não haja prévio registro das novas unidades em cartório de imóveis. REsp 1.347.693-RS, Rel. Min. Benedito Gonçalves, 11.4.13. 1ª T. (Info 520)

2012

Citação postal. IPTU. Prescrição. Interrupção.

A citação encaminhada ao endereço do imóvel para cobrança de crédito relativo ao IPTU é considerada válida e atende a finalidade de interromper a prescrição do crédito tributário, na redação anterior à LC 118/05. REsp 1.276.120-RJ, Rel. Min. Diva Malerbi, 13.11.12. 2ª T. (Info 510)

IPTU. Cessionária de imóvel da união.

O IPTU é exigível de cessionária de imóvel pertencente à União, salvo quando aquela detém a posse mediante relação pessoal, sem "animus domini". AgRg no REsp 1.337.903, Rel. Min. Rel. Min. Castro Meira, 9.10.12. 2ª T. (Info 506)

Repetição de indébito. IPTU. Legitimidade ativa.

Apenas o proprietário do imóvel tem legitimidade ativa para propor ação de repetição de indébito de IPTU. A relação tributária estabelecida entre a Fazenda e o proprietário do imóvel (art. 34 do CTN) prevalece sobre qualquer estipulação contratual que determine que terceiro arcará com o pagamento de IPTU, pois a referida avença não é oponível à Fazenda. AgRg no AgRg no AREsp 143.631, Rel. Min. Benedito Gonçalves, 4.10.12. 1ª T. (Info 506)

8.2. ISSQN

2016

Incidência de ISS sobre montagem de pneus.

Incide ISS – e não ICMS – sobre o serviço de montagem de pneus, ainda que a sociedade empresária também forneça os pneus utilizados na montagem. REsp 1.307.824-SP, Rel. Min. Mauro Campbell Marques, DJe 9.11.2015. 2ª T. (Info 573)

2015

Competência para exigir ISS incidente sobre a prestação de serviço de análise clínica.

É competente para cobrar o ISS incidente sobre a prestação de serviço de análise clínica (item 4.02 da lista anexa à LC 116/03) o município no qual foi feita a contratação do serviço, a coleta do material biológico e a entrega do respectivo laudo, ainda que a análise do material coletado tenha sido realizada em unidade localizada em outro município, devendo-se incidir o imposto sobre a totalidade do preço pago pelo serviço. REsp 1.439.753-PE, Rel. p/ ac. Min. Benedito Gonçalves, DJe 12.12.14. 1ª T. (Info 555)

2013

Impossibilidade de aplicação da sistemática de recolhimento de ISS prevista no § 1º do art. 9º do DL 406/68 aos serviços de registros públicos cartorários e notariais.

Não se aplica à prestação de serviços de registros públicos cartorários e notariais a sistemática de recolhimento de ISS prevista no § 1º do art. 9º do DL 406/68. REsp 1.328.384-RS, Rel. p/ ac. Min. Mauro Campbell Marques, 4.2.13. 1ª S. (Info 514)

2012

Competência para cobrança de ISS. DL 406/68. LC 116/03. Arrendamento mercantil.

RPT O Município competente para a cobrança de ISS sobre operações de arrendamento mercantil, na vigência do DL 406/68, é o do local onde sediado o estabelecimento prestador (art. 12), e, a partir da LC 116/03, é aquele onde o serviço é efetivamente prestado (art. 3º). REsp 1.060.210-SC, Rel. Min. Napoleão Nunes Maia Filho, 28.11.12. 1ª S. (Info 510)

ISS. Base de cálculo. Preço do serviço. Valor total da operação contratada.

RPT A base de cálculo do ISS, no caso de arrendamento mercantil financeiro, abrange o valor total da operação contratada, inclusive para os casos de lançamento por homologação. REsp 1.060.210-SC, Rel. Min. Napoleão Nunes Maia Filho, 28.11.12. 1ª S. (Info 510)

ISS. Construção civil. Base de cálculo. Abatimento dos materiais empregados e das subempreitadas. Possibilidade.

É possível a dedução da base de cálculo do ISS dos valores das subempreitadas e dos materiais utilizados em construção civil (STF, RE 603497). REsp 1.327.755, Rel. Min. Herman Benjamin, 18.10.12. 2ª T. (Info 508)

ISS. Industrialização por encomenda.

A industrialização por encomenda está sujeita à incidência de ISS, e não de ICMS. A prestação de serviço personalizado feita em conformidade com o interesse exclusivo do cliente, distinto dos serviços destinados ao público em geral, caracteriza espécie de prestação de serviço que está elencada na lista de serviços da LC 116/03. AgRg no AREsp 207.589, Rel. Min. Humberto Martins, 6.11.12. 2ª T. (Info 508)

ISS. Serviço de marketing. Base de cálculo. Valor global cobrado pelo serviço.

A base de cálculo do ISS, na prestação de serviços de marketing, é o valor global cobrado pelos serviços, não sendo legítima a dedução dos valores recebidos a título de reembolso por ausência de previsão legal. AREsp 227.724-SP, Rel. Min. Benedito Gonçalves, 20.11.12. 1ª T. (Info 510)

Transporte coletivo. Venda antecipada de passagem. Reajuste. ISS. Base de cálculo.

A base de cálculo do ISS incidente sobre a prestação de serviço de transporte coletivo de passageiros é o preço efetivamente pago pelo usuário no ato da compra e venda dos bilhetes (seja vale-transporte ou passagem escolar), não o vigente no momento posterior em que se dá a efetiva prestação. Assim, mostra-se indevido o recolhimento do tributo sobre a diferença verificada quando da majoração da tarifa de transporte ocorrida entre a compra do bilhete antecipado e a efetiva prestação do serviço, pois o momento da incidência do fato gerador é o da compra das passagens. AgRg no AREsp 112.288, Rel. Min. Benedito Gonçalves, 20.9.12. 1ª T. (Info 505)

9. OUTROS TEMAS

9.1. Simples Nacional

2016

Inexistência de alvará de localização e funcionamento e ingresso no Simples Nacional.

A ausência de alvará de localização e funcionamento não impede que a Empresa de Pequeno Porte ou a Microempresa ingressem ou permaneçam no regime do Simples Nacional. REsp 1.512.925-RS, Rel. Min. Mauro Campbell Marques, DJ 12.9.2016. 2ª T. (Info 590)

2014

Legitimidade passiva em MS para ingresso no Simples Nacional.

A legitimidade passiva em mandado de segurança impetrado contra o indeferimento, por autoridade fiscal integrante de estrutura administrativa estadual, de ingresso no Simples Nacional, em razão da existência de débitos do impetrante com a Fazenda Estadual sem exigibilidade suspensa, é da autoridade estadual – e não do Delegado da Receita Federal. *REsp 1.319.118-RS, Rel. Min. Benedito Gonçalves, 13.6.14. 1ª T. (Info 545)*

2012

Regime tributário do simples. Impossibilidade de inclusão da TCFA.

Não é possível a inclusão da TCFA no regime tributário do Simples. A Taxa de Controle e Fiscalização Ambiental (TCFA), instituída pela Lei 6.938/81 e alterada pela Lei 10.165/00, decorre da fiscalização de atividades poluidoras e utilizadoras de recursos ambientais, ou seja, remunera o exercício do poder de polícia exercido pelo Ibama. O Sistema Integrado de Recolhimento de Tributos (Simples) engloba o recolhimento exclusivo de tributos e contribuições expressamente elencados na Lei 9.317/96 e LC 123/06, não sendo possível abranger, por ausência de previsão legal, a TCFA. *REsp 1.242.940, Rel. Min. Benedito Gonçalves, 23.10.12. 1ª T. (Info 508)*

Serviço de "call center". Inclusão no regime do Simples.

É possível o enquadramento de sociedade empresária que exerce atividade de "call center" no regime tributário do Simples. *REsp 1.301.231-ES, Herman Benjamin, 2.10.12. 2ª T. (Info 506)*

9.2. Refis/Paes

2015

Transferência de débitos tributários de um regime de parcelamento para outro.

É ilegal o art. 1º da Portaria Conjunta SRF/PGFN 900/02, o qual veda a transferência dos débitos inscritos no Refis (Lei 9.964/00) para o programa de parcelamento previsto na Medida Provisória 38/02. *REsp 1.368.821-SP, Rel. Min. Humberto Martins, DJe 26.5.15. 2ª T. (Info 562)*

2014

Erro na indicação de valores no Refis.

O contribuinte não pode, com fundamento no art. 5º, III, da Lei 9.964/00, ser excluído do Programa de Recuperação Fiscal (Refis) em razão de, por erro, ter indicado valores a menor para as operações já incluídas em sua confissão de débitos. *AgRg no AREsp 228.080-MG, Rel. Min. Arnaldo Esteves Lima, 5.11.13. 1ª T. (Info 533)*

Exclusão do programa de recuperação fiscal (Refis) decorrente da ineficácia do parcelamento.

A pessoa jurídica pode ser excluída do Refis quando se demonstre a ineficácia do parcelamento, em razão de o valor das parcelas ser irrisório para a quitação do débito. *REsp 1.447.131-RS, Rel. Min. Mauro Campbell Marques, 20.5.14. 2ª T. (Info 542)*

2012

Parcelamento especial (Lei 10.684/03). Débitos posteriores a 28.2.2003.

É possível a cumulação do parcelamento previsto na Lei 10.684/03 (PAES) com outra modalidade de parcelamento, desde que os débitos tenham vencimento posterior a 28.2.03. *AgRg no REsp 1.313.079-RS, Rel. Min. Napoleão Nunes Maia Filho, 13.11.12. 1ª T. (Info 510)*

19. EXECUÇÃO FISCAL

1. DAS PARTES

2015

Redirecionamento da execução contra sócio-gerente.

É possível redirecionar a execução fiscal contra o sócio-gerente que exercia a gerência por ocasião da dissolução irregular da sociedade contribuinte, independentemente do momento da ocorrência do fato gerador ou da data do vencimento do tributo. REsp 1.520.257-SP, Rel. Min. Og Fernandes, DJe 23.6.15. 2ª T. (Info 564)

2014

Execução fiscal ajuizada contra pessoa jurídica falida.

RPT A constatação posterior ao ajuizamento da execução fiscal de que a pessoa jurídica executada tivera sua falência decretada antes da propositura da ação executiva não implica a extinção do processo sem resolução de mérito. REsp 1.372.243-SE, Rel. p/ ac. Min. Og Fernandes, 11.12.13. 1ª S. (Info 538)

Execução fiscal promovida em face de homônimo.

Deve ser extinta a execução fiscal que, por erro na CDA quanto à indicação do CPF do executado, tenha sido promovida em face de pessoa homônima. REsp 1.279.899-MG, Rel. Min. Napoleão Nunes Maia Filho, 18.2.14. 1ª T. (Info 536)

Hipótese de redirecionamento de execução fiscal de dívida ativa não-tributária contra representante legal da sociedade empresária executada.

RPT Quando a sociedade empresária for dissolvida irregularmente, é possível o redirecionamento de execução fiscal de dívida ativa não-tributária contra o sócio-gerente da pessoa jurídica executada, independentemente da existência de dolo. REsp 1.371.128-RS, Rel. Min. Mauro Campbell Marques, 10.9.14. 1ª S. (Info 547)

Imunidade de jurisdição de estado estrangeiro.

Antes de se extinguir a execução fiscal para a cobrança de taxa decorrente de prestação de serviço individualizado e específico, deve-se cientificar o Estado estrangeiro executado, para lhe oportunizar eventual renúncia à imunidade de jurisdição. RO 138-RJ, Rel. Min. Herman Benjamin, 25.2.14. 2ª T. (Info 538)

2012

Execução fiscal. Redirecionamento. Sócio não gerente. Qualificação jurídica dos fatos.

O redirecionamento da execução fiscal contra sócio-gerente depende de comprovação de conduta com excesso de mandato ou infringência da lei, contrato social ou estatuto, não bastando a simples inadimplência no recolhimento de tributos. AgRg no REsp 1.279.422, Rel. Min. Humberto Martins, 13.3.12. 2ª T. (Info 493)

Inaplicabilidade do redirecionamento de execução previsto no art. 135 do CTN na hipótese em que se objetive a cobrança de contribuições para o FGTS.

Não é cabível o redirecionamento da execução previsto no art. 135 do CTN na hipótese em que a referida execução vise à cobrança de contribuições para o FGTS. Não é cabível o redirecionamento previsto no art. 135 do CTN na hipótese de execução de dívida não tributária. AgRg no AREsp 242.114-PB, Rel. Min. Castro Meira, 4.12.12. 2ª T. (Info 514)

2. DA COMPETÊNCIA

2013

Competência para processar e julgar execução fiscal.

RPT Na hipótese em que, em razão da inexistência de vara da Justiça Federal na localidade do domicílio do devedor, execução fiscal tenha sido ajuizada pela União ou por suas autarquias em vara da Justiça Federal sediada em local diverso, o juiz federal poderá declinar, de ofício, da competência para processar e julgar a demanda, determinando a remessa dos autos para o juízo de direito da comarca do domicílio do executado. *REsp 1.146.194-SC, Rel. p/ ac. Min. Ari Pargendler, 14.8.13. 1ª S. (Info 531)*

2012

QO. CC. Juízo da recuperação judicial e da execução fiscal. Competência da 2ª Seção.

A 2ª Seção do STJ é competente para julgar conflitos de competência entre juízos da recuperação judicial e da execução fiscal, originados em recuperação judicial, envolvendo execuções fiscais movidas contra empresários e sociedades empresárias em recuperação judicial, a teor do art. 9º, § 2º, IX, do RISTJ. Isso porque, no processo de recuperação judicial, é formado um juízo universal que buscará "viabilizar a superação da situação de crise econômico-financeira do devedor, a fim de permitir a manutenção da fonte produtora, do emprego dos trabalhadores e dos interesses dos credores, promovendo, assim, a preservação da empresa, sua função social e o estímulo à atividade econômica" (art. 47 da Lei 11.101/05). Assim, o fato de a empresa estar em recuperação judicial atrai a competência da 2ª Seção. *QO no CC 120.432, Rel. Min. Antonio C. Ferreira, 19.9.12. Corte Especial. (Info 504)*

3. DOS REQUISITOS NECESSÁRIOS

3.1. Do Inadimplemento do Devedor

2012

Execução fiscal. Crédito tributário. Recurso administrativo pendente.

É vedado o ajuizamento de execução fiscal antes do julgamento definitivo do recurso administrativo. *AgRg no AREsp 170.309, Rel. Min. Benedito Gonçalves, 4.10.12. 1ª T. (Info 506)*

3.2. Do Título Executivo

2016

Declaração de inconstitucionalidade do art. 3º, § 1º, da Lei 9.718/98 e presunção de certeza e liquidez de CDA. Recurso repetitivo. Tema 690.

RPT A declaração de inconstitucionalidade do art. 3º, § 1º, da Lei 9.718/98, pelo STF, não afasta automaticamente a presunção de certeza e de liquidez da CDA, motivo pelo qual é vedado extinguir de ofício, por esse motivo, a execução fiscal. *REsp 1.386.229-PE, Rel. Min. Herman Benjamin, 1ª S., DJ 5.10.2016. (Info 591)*

2013

Formação da certidão de dívida ativa.

A ausência de prévio processo administrativo não enseja a nulidade da Certidão de Dívida Ativa (CDA) nos casos de tributos sujeitos a lançamento de ofício. *AgRg no AREsp 370.295-SC, Rel. Min. Humberto Martins, 1º.10.13. 2ª T. (Info 531)*

Impossibilidade de inscrição em dívida ativa de valor indevidamente recebido a título de benefício previdenciário.

RPT Não é possível a inscrição em dívida ativa de valor correspondente a benefício previdenciário indevidamente recebido e não devolvido ao INSS. A inscrição em dívida ativa de valor decorrente de ilícito extracontratual deve ser fundamentada em dispositivo legal específico que a autorize expressamente. *REsp 1.350.804-PR, Rel. Min. Mauro Campbell Marques, 12.6.13. 1ª S. (Info 522)*

2012

Execução fiscal. Cobrança de valores relativos à concessão fraudulenta de benefício previdenciário. Impossibilidade.

O processo de execução fiscal não é o meio adequado para a cobrança judicial de dívida que tenha origem em fraude relacionada à concessão de benefício previdenciário. O valor referente ao benefício concedido de forma fraudulenta não tem natureza de crédito tributário e não permite sua inscrição na dívida ativa. O conceito de dívida ativa (tributária ou não tributária) envolve apenas os créditos certos e líquidos, conforme dispõem os arts. 2º e 3º da Lei 6.380/80 e 39, § 2º, da Lei 4.320/64. Ausente a liquidez e certeza em relação aos valores cobrados, impossível sua cobrança por meio de execução fiscal. *AgRg no AREsp 188.047, Rel. Min. Benedito Gonçalves, 4.10.12. 1ª T. (Info 506)*

Execução fiscal. Instrução da petição inicial.

A execução fiscal deve ser instruída com a CDA, de acordo com o artigo 6º, § 1º, da LEF, sendo inexigível a instrução com o Termo de Inscrição em Dívida Ativa do crédito executado. *AgRg no AREsp 198.239-MG, Rel. Min. Napoleão Nunes Maia Filho, 13.11.12. 1ª T. (Info 510)*

3.3. Da Prescrição

2014

Prazo prescricional para a Agência Nacional de Saúde promover execução fiscal dos valores despendidos pelo SUS em favor de serviços prestados a contratantes de planos de saúde.

Prescreve em cinco anos, nos termos do art. 1º do Dec. 20.910/1932, – e não em três anos como previsto no art. 206, § 3º, V, do CC – a pretensão da ANS de promover execução fiscal para reaver de operadora de plano de saúde os valores despendidos por instituição pública ou privada, conveniada ou contratada pelo SUS, pelos atendimentos efetuados em favor dos contratantes de plano de saúde e respectivos dependentes, quando os serviços prestados estejam previstos em contrato firmado entre a operadora de plano de saúde e seus filiados. *REsp 1.435.077-RS, Min. Rel. Humberto Martins, 19.8.14. 2ª T. (Info 545)*

2012

Execução fiscal. Prescrição. Citação. Retroação. Propositura da ação.

O art. 174 do CTN deve ser interpretado em conjunto com o disposto no art. 219, § 1º, do CPC, de modo que o marco interruptivo atinente à prolação do despacho que ordena a citação do executado retroage à data do ajuizamento do feito executivo, a qual deve ser empreendida no prazo prescricional. Dessarte, a propositura da ação constitui o "dies ad quem" do prazo prescricional e, simultaneamente, o termo inicial para sua recontagem sujeita às causas interruptivas previstas no art. 174, parágrafo único, do CTN. *AgRg no REsp 1.293.997, Rel. Min. Humberto Martins, 20.3.12. 2ª T. (Info 493)*

4. DAS DESPESAS PROCESSUAIS

2016

Incidência de encargo legal em execução fiscal promovida contra pessoa jurídica de direito público.

O encargo previsto no art. 1º do DL n. 1.025/69 incide nas execuções fiscais promovidas pela União contra pessoas jurídicas de direito público. *REsp 1.540.855-RS, Rel. Min. Mauro Campbell Marques, DJe 18.12.2015. 2ª T. (Info 575)*

2014

Honorários de sucumbência no âmbito de embargos à execução fiscal no caso de renúncia para adesão a parcelamento.

São cabíveis honorários de sucumbência no âmbito de embargos à execução fiscal ajuizada para a cobrança de valores inscritos em Dívida Ativa pelo INSS, ainda que extintos com resolução de mérito em decorrência de renúncia ao direito sobre o qual se funda a ação para fins de adesão ao parcelamento de que trata a Lei 11.941/09. *REsp 1.392.607-RS, Rel. Min. Herman Benjamin, 15.10.13. 2ª T. (Info 533)*

2013

Valor dos honorários de sucumbência no âmbito de embargos à execução fiscal no caso de renúncia para adesão a parcelamento.

No âmbito de embargos à execução fiscal ajuizada para a cobrança de valores inscritos em Dívida Ativa pelo INSS, extintos com resolução de mérito em decorrência de renúncia ao direito sobre o qual se funda a ação para fins de adesão ao parcelamento de que trata a Lei 11.941/09, a verba de sucumbência deve ser de 1% do valor consolidado do débito parcelado. *REsp 1.392.607-RS, Min. Herman Benjamin, 15.10.13. 2ª T. (Info 533)*

5. DAS GARANTIAS, DA PENHORA E DA ARREMATAÇÃO

5.1. Da Citação do Devedor

2015

Dispensabilidade da indicação do CPF e/ou RG do devedor (pessoa física) nas ações de execução fiscal. Recurso repetitivo.

RPT Em ações de execução fiscal, descabe indeferir a petição inicial sob o argumento da falta de indicação do CPF e/ou RG da parte executada, visto tratar-se de requisito não previsto no art. 6º da Lei 6.830/80 (LEF), cujo diploma, por sua especialidade, ostenta primazia sobre a legislação de cunho geral, como ocorre em relação à exigência contida no art. 15 da Lei 11.419/06. *REsp 1.450.819-AM, Rel. Min. Sérgio Kukina, 1ª S., DJe 12.12.14. (Info 553)*

Dispensabilidade da indicação do CNPJ do devedor (pessoa jurídica) nas ações de execução fiscal. Recurso repetitivo.

RPT Em ações de execução fiscal, descabe indeferir a petição inicial sob o argumento da falta de indicação do CNPJ da parte executada, visto tratar-se de requisito não previsto no art. 6º da Lei 6.830/80 (LEF), cujo diploma, por sua especialidade, ostenta primazia sobre a legislação de cunho geral, como ocorre em relação à exigência contida no art. 15 da Lei 11.419/06. *REsp 1.455.091-AM, Rel. Min. Sérgio Kukina, 1ª S., DJe 2.2.15. (Info 553)*

2013

Necessidade de intimação específica quanto à penhora mesmo no caso de comparecimento espontâneo do executado.

O comparecimento espontâneo do executado aos autos da execução fiscal, após a efetivação da penhora, não supre a necessidade de sua intimação acerca do ato constritivo com a advertência do prazo para o oferecimento dos embargos à execução fiscal. *AgRg no REsp 1.358.204-MG, Rel. Min. Arnaldo Esteves Lima, 7.3.13. 3ª S. (Info 519)*

2012

Citação por edital. Única tentativa de citação por oficial de justiça.

A citação por edital é cabível após única tentativa de citação por oficial de justiça quando o executado não é localizado no seu domicílio fiscal, sendo o fato certificado pelo referido auxiliar da justiça. Não é necessário o exaurimento de todos os meios para localização do paradeiro do executado para se admitir a citação por edital, sobretudo porque tal exigência não decorre do art. 8º, III, da LEF. *AgRg no AREsp 206.770-RS, Rel. Min. Benedito Gonçalves, 13.11.12. 1ª T. (Info 510)*

5.2. Da Garantia da Execução

2015

Oferecimento de seguro garantia em execução fiscal.

O inciso II do art. 9º da Lei 6.830/80 (LEF), alterado pela Lei 13.043/2014, que faculta expressamente ao executado a possibilidade de oferecer fiança bancária ou seguro garantia nas execuções fiscais, possui aplicabilidade imediata aos processos em curso. *REsp 1.508.171-SP, Rel. Min. Herman Benjamin, DJe 6.4.15. 2ª T. (Info 559)*

2014

Garantia do juízo para embargos à execução fiscal.

Não devem ser conhecidos os embargos à execução fiscal opostos sem a garantia do juízo, mesmo que o embargante seja beneficiário da assistência judiciária gratuita. *REsp 1.437.078-RS, Rel. Min. Humberto Martins, 25.3.14. 2ª T. (Info 538)*

Garantia do juízo no âmbito de execução fiscal.

A garantia do juízo no âmbito da execução fiscal (arts. 8º e 9º da Lei 6.830/80) deve abranger honorários advocatícios que, embora não constem da Certidão de Dívida Ativa (CDA), venham a ser arbitrados judicialmente. *REsp 1.409.688-SP, Rel. Min. Herman Benjamin, 11.1.14. 2ª T. (Info 539)*

2013

Caução em execução fiscal.

O seguro garantia judicial não pode ser utilizado como caução em execução fiscal. Isso porque não há norma legal disciplinadora do seguro garantia judicial, não estando essa modalidade de caução entre as previstas no art. 9º da Lei 6.830/80. *AgRg no REsp 1.394.408-SP, Rel. Min. Napoleão Nunes Maia Filho, 17.10.13. 1ª T. (Info 532)*

Caução para expedição de certidão positiva com efeitos de negativa.

O contribuinte pode, após o vencimento de sua obrigação e antes da execução fiscal, garantir o juízo de forma antecipada mediante o oferecimento de fiança bancária, a fim de obter certidão positiva com efeitos de negativa. *AgRg no Ag 1.185.481-DF, Rel. Min. Napoleão Nunes Maia Filho, 14.10.13. 1ª T. (Info 532)*

5.3. Da Penhora

2015

Execução fiscal e substituição de fiança bancária por penhora de depósito de quantia destinada à distribuição de dividendos.

Em sede de execução fiscal, a Fazenda Pública não tem direito de substituir a fiança bancária prestada pela sociedade empresária executada e anteriormente aceita pelo ente público por penhora de depósito de quantia destinada à distribuição de dividendos aos acionistas da devedora, a não ser que a fiança bancária se mostre inidônea. *EREsp 1.163.553-RJ, Rel. p/ ac. Min. Mauro Campbell Marques, DJe 14.9.15. 1ª S. (Info 569)*

Impossibilidade de indeferimento de pedido de penhora com fundamento na potencial iliquidez do bem.

Na ação de execução fiscal, frustradas as diligências para localização de outros bens em nome do devedor e obedecida a ordem legal de nomeação de bens à penhora, não cabe ao magistrado recusar a constrição de bens nomeados pelo credor sob o fundamento de que a potencial iliquidez deles pudesse conduzir à inutilidade da penhora. *REsp 1523794-RS, Rel. Min. Sérgio Kukina, DJe 1º.6.15. 1ª T. (Info 563)*

2014

Penhora efetivada após adesão a parcelamento tributário.

Não cabe a efetivação da penhora pelo sistema BacenJud após a adesão ao parcelamento tributário disposto pela Lei 11.419/09, ainda que o pedido de bloqueio de valores tenha sido deferido antes da referida adesão. *REsp 1.421.580-SP, Rel. Min. Herman Benjamin, 4.2.14. 2ª T. (Info 537)*

2013

Bloqueio de ativos financeiros pelo sistema Bacen Jud.

Para que seja efetuado o bloqueio de ativos financeiros do executado por meio do sistema Bacen Jud, é necessário que o devedor tenha sido validamente citado, não tenha pago nem nomeado bens à penhora e que tenha havido requerimento do exequente nesse sentido. *AgRg no REsp 1.296.737-BA, Rel. Min. Napoleão Nunes Maia Filho, 5.2.13. 1ª T. (Info 515)*

Manutenção da penhora na hipótese de parcelamento tributário.

São constitucionais os arts. 10 e 11, I, segunda parte, da Lei 11.941/09, que não exigem a apresentação de garantia ou arrolamento de bens para o parcelamento de débito tributário, embora autorizem, nos casos de execução fiscal já ajuizada, a manutenção da penhora efetivada. *AI no REsp 1.266.318-RN, Rel. p/ ac. Min. Sidnei Beneti, 6.11.13. Corte Especial. Corte Especial. (Info 532)*

Nomeação de bens à penhora em execução fiscal.

RPT Na execução fiscal, o executado não tem direito subjetivo à aceitação do bem por ele nomeado à penhora em desacordo com a ordem estabelecida no art. 11 da Lei 6.830/80 e art. 655 do CPC na hipótese em que não tenha apresentado elementos concretos que justifiquem a incidência do princípio da menor onerosidade (art. 620 do CPC). *REsp 1.337.790-PR, Rel. Min. Herman Benjamin, 12.6.13. 1ª S. (Info 522)*

Penhora, por dívidas tributárias da matriz, de valores depositados em nome de filiais.

RPT Os valores depositados em nome das filiais estão sujeitos à penhora por dívidas tributárias da matriz. De início, cabe ressaltar que, no âmbito do direito privado, cujos princípios gerais, à luz do art. 109 do CTN, são informadores para a definição dos institutos de direito tributário, a filial é uma espécie de estabelecimento empresarial, fazendo parte do acervo patrimonial de uma única pessoa jurídica, partilhando os mesmos sócios, contrato social e firma ou denominação da matriz. Nessa condição, consiste, conforme doutrina majoritária, em uma universalidade de fato, não ostenta personalidade jurídica própria, nem é sujeito de direitos, tampouco uma pessoa distinta da sociedade empresária. *REsp 1.355.812-RS, Rel. Min. Mauro Campbell Marques, 22.5.13. 1ª S. (Info 524)*

Penhorabilidade de valor recebido por anistiado político a título de reparação econômica.

Os valores recebidos por anistiado político a título de reparação econômica em prestação mensal, permanente e continuada (art. 5º da Lei 10.559/02) são suscetíveis de penhora para a garantia de crédito tributário. *REsp 1.362.089-RJ, Rel. Min. Humberto Martins, 20.6.13. 2ª T. (Info 525)*

Reavaliação dos bens penhorados em execução fiscal.

Ainda que a avaliação dos bens penhorados em execução fiscal tenha sido efetivada por oficial de justiça, caso o exame seja objeto de impugnação pelas partes antes de publicado o edital de leilão, é necessária a nomeação de avaliador oficial para que proceda à reavaliação. Entendimento que deriva da redação do art. 13, § 1º, da LEF. *REsp 1.352.055-SC, Rel. Min. Mauro Campbell Marques, 6.12.12. 2ª T. (Info 515)*

Substituição de bem penhorado em execução fiscal.

Em execução fiscal, o juiz não pode indeferir o pedido de substituição de bem penhorado se a Fazenda Pública concordar com a pretendida substituição. Tendo o credor anuído com a substituição da penhora, mesmo que por um bem que guarde menor liquidez, não poderá o juiz, de ofício, indeferi-la. *REsp 1.377.626-RJ, Rel. Min. Humberto Martins, 20.6.13. 2ª T. (Info 526)*

2012

Execução fiscal. Substituição de bem penhorado. Necessidade de concordância do exequente.

A substituição da penhora pelo executado depende de anuência da Fazenda. A concordância só é dispensável na hipótese de oferecimento de dinheiro ou fiança bancária em substituição ao bem penhorado, nos termos do art. 15, I, da LEF. *AgRg no AREsp 12.394, Rel. Min. Arnaldo E. Lima, 4.10.12. 1ª T. (Info 506)*

Execução fiscal. Substituição de bem penhorado por precatório.

A Fazenda Pública pode recusar tanto a substituição do bem penhorado por precatório quanto a própria indicação desse crédito como garantia. Não se equiparando o precatório a dinheiro ou fiança bancária, mas a direito de crédito, pode a Fazenda Pública recusar a substituição por quaisquer das causas previstas no art. 656 do CPC ou nos arts. 11 e 15 da LEF. *AgRg no AREsp 66.122, Rel. Min. Arnaldo E. Lima, 4.10.12. 1ª T. (Info 506)*

Liberação de penhora. Princípio da unidade da garantia da execução.

O § 2º do art. 53 da Lei 8.212/91 determina que, efetuado o pagamento integral da dívida executada, a penhora poderá ser liberada, desde que não haja outra execução pendente. Mantida a decisão que, com base no princípio da unidade da garantia da execução, considerou legítima a atuação do juízo da execução fiscal que não autorizou a liberação de parte do valor penhorado por haver outros executivos fiscais contra a recorrente. É que, diante da norma mencionada, não houve violação do princípio da inércia, uma vez que a própria lei confere ao magistrado o controle jurisdicional sobre a penhora e o poder de não liberá-la, se houver outra execução pendente. Diante disso, concluiu-se ainda ser razoável admitir que o excesso de penhora verificado num determinado processo também não seja liberado quando o devedor tiver contra si outras execuções fiscais não garantidas. Salientou-se que o dispositivo mencionado reforça o princípio da unidade da garantia da execução, positivado no art. 28 da Lei 6.830/80. *REsp 1.319.171, Rel. Min. Herman Benjamin, 4.9.12. 2ª T. (Info 503)*

Nomeação de bens à penhora. Citação. Ordem legal dos bens penhoráveis.

Nos termos do art. 53 da Lei 8.212/91, a penhora deve ser realizada concomitantemente à citação. Portanto, contrariamente ao que entendeu o tribunal de origem, a norma não autoriza a efetivação da penhora antes da citação. Além disso, o mencionado dispositivo legal faculta ao exequente nomear bens à penhora, não havendo distinções quanto àqueles passíveis de constrição. Na hipótese, a nomeação de bens feita na petição inicial da execução fiscal foi indeferida sob o fundamento de que a penhora de dinheiro não se coaduna com a faculdade conferida pelo dispositivo supradito. No entanto, não cabe ao julgador, sem respaldo em elementos do caso concreto, criar exceções que a lei não previu. Ainda mais que, no ordenamento jurídico, a prioridade é a constrição recair sobre o dinheiro (arts. 11 da Lei 6.830/80 e 655 do CPC), não se mostrando razoável afastar aquela faculdade concedida ao exequente usando como fundamento a natureza desse bem. *REsp 1.287.915, Rel. Min. Herman Benjamin, 4.9.12. 2ª T. (Info 503)*

Nomeação de bens à penhora. Impossibilidade de equiparação de cotas de fundos de investimento a dinheiro em aplicação financeira.

Não é possível equiparar, para os fins do art. 655, I, do CPC, as "cotas de fundos de investimento" a "dinheiro em aplicação financeira" quando do oferecimento de bens à penhora. Embora os fundos de investimento sejam uma espécie de aplicação financeira, eles não se confundem com a expressão "dinheiro em aplicação financeira". *REsp 1.346.362-RS, Rel. Min. Benedito Gonçalves, 4.12.12. 1ª T. (Info 512)*

5.4. Da Arrematação

Arrematação de imóvel em execução fiscal de débitos previdenciários por valor abaixo ao da avaliação.

Em segundo leilão realizado no âmbito de execução fiscal de Dívida Ativa originalmente do INSS e agora da União, é válida a arrematação de bem imóvel por valor abaixo ao da avaliação, exceto por preço vil. *REsp 1.431.155-PB, Rel. Min. Mauro Campbell Marques, 27.5.14. 2ª T. (Info 542)*

Arrematação de imóvel mediante pagamento parcelado em execução fiscal de débitos previdenciários.

Em segundo leilão realizado no âmbito de execução fiscal de Dívida Ativa originalmente do INSS e agora da União, é válida a arrematação de bem imóvel mediante pagamento parcelado, podendo a primeira parcela ser inferior a 30% do valor da avaliação. *REsp 1.431.155-PB, Rel. Min. Mauro Campbell Marques, 27.5.14. 2ª T. (Info 542)*

Arrematação de imóvel em execução fiscal em condições não publicadas em edital de leilão.

Em segundo leilão realizado no âmbito de execução fiscal de Dívida Ativa originalmente do INSS e agora da União, caso não publicadas as condições do parcelamento no edital do leilão, é nula a arrematação de bem imóvel por valor abaixo ao da avaliação e mediante o pagamento da primeira parcela em montante inferior a 30% ao da avaliação. *REsp 1.431.155-PB, Rel. Min. Mauro Campbell Marques, 27.5.14. 2ª T. (Info 542)*

6. DOS EMBARGOS

2015

Termo inicial do prazo para o oferecimento de embargos à execução fiscal quando afastada a necessidade de garantia prévia.

No caso em que a garantia à execução fiscal tenha sido totalmente dispensada de forma expressa pelo juízo competente – inexistindo, ainda que parcialmente, a prestação de qualquer garantia (penhora, fiança, depósito, seguro-garantia) o prazo para oferecer embargos à execução deverá ter início na data da intimação da decisão que dispensou a apresentação de garantia, não havendo a necessidade, na intimação dessa dispensa, de se informar expressamente o prazo para embargar. *REsp 1.440.639-PE, Rel. Min. Mauro Campbell Marques, DJe 10.6.15. 2ª T. (Info 563)*

2014

Inocorrência de preclusão para a Fazenda Pública em execução fiscal.

Não implica preclusão a falta de imediata impugnação pela Fazenda Pública da alegação deduzida em embargos à execução fiscal de que o crédito tributário foi extinto pelo pagamento integral. *REsp 1.364.444-RS, Rel. Min. Herman Benjamin, 8.4.14. 2ª T. (Info 542)*

Mandado de intimação e necessidade de expressa menção do prazo para interposição de embargos à execução fiscal.

Em sede de execução fiscal, é necessário que o mandado de intimação da penhora contenha expressa menção do prazo legal para o oferecimento de embargos à execução. *EREsp 1.269.069-CE, Rel. Min. Herman Benjamin, 6.4.14. 1ª S. (Info 546)*

2013

Requisitos para a atribuição de efeito suspensivo aos embargos à execução fiscal.

RPT A oposição de embargos à execução fiscal depois da penhora de bens do executado não suspende automaticamente os atos executivos, fazendo-se necessário que o embargante demonstre a relevância de seus argumentos ("fumus boni juris") e que o prosseguimento da execução poderá lhe causar dano de difícil ou de incerta reparação ("periculum in mora"). *REsp 1.272.827-PE, Rel. Min. Mauro Campbell Marques, 22.5.13. 1ª S. (Info 526)*

2012

Embargos do devedor em execução fiscal. Adesão a programa de parcelamento fiscal. Honorários advocatícios indevidos.

Não são devidos honorários advocatícios pelo executado no caso de desistência dos embargos à execução fiscal com a finalidade de adesão ao programa de parcelamento fiscal, salvo se a execução fiscal for ajuizada pelo INSS. Nessa situação específica, os honorários já estão incluídos no encargo de 20% previsto no DL 1.025/69 e a condenação do executado nessas verbas constituiria "bis in idem". A circunstância de os incisos do § 3º do art. 1º da Lei 11.941/09 preverem a redução em 100% dos valores do encargo legal não determina a condenação do contribuinte desistente da ação de embargos à execução fiscal ao pagamento da verba honorária, porque os valores cobrados na execução já contemplam a referida parcela. *AgRg no REsp 1.241.370, Rel. Min. Arnaldo E. Lima, 4.10.12. 1ª T. (Info 506)*

7. DA EXTINÇÃO/SUSPENSÃO DA EXECUÇÃO

2015

Prazo prescricional aplicável à execução fiscal de crédito rural transferido à União. Recurso repetitivo. Tema 639.

RPT Ao crédito rural cujo contrato tenha sido celebrado sob a égide do Código Civil de 1916, aplica-se o prazo prescricional de 20 (vinte) anos (prescrição das ações pessoais – direito pessoal de crédito), a contar da data do vencimento, consoante o disposto no art. 177 do CC/16, para que dentro dele (observado o disposto no art. 2º, § 3º, da LEF) sejam feitos a inscrição e o ajuizamento da respectiva execução fiscal, sem embargo da norma de transição prevista no art. 2.028 do CC/02; por sua vez, para o crédito rural cujo contrato tenha sido celebrado sob a égide do Código Civil de 2002, aplica-se o prazo prescricional de 5 (cinco) anos (prescrição da pretensão para a cobrança de dívidas líquidas constantes de instrumento público ou particular), a contar da data do vencimento, consoante o disposto no art. 206, § 5º, I, do CC/02, para que dentro dele (observado o disposto no art. 2º, § 3º, da LEF) sejam feitos a inscrição em dívida ativa e o ajuizamento da respectiva execução fiscal. *REsp 1.373.292-PE, Rel. Min. Mauro Campbell Marques, 1ª S., DJe 4.8.15. (Info 565)*

2014

Aplicabilidade do art. 20 da Lei 10.522/02 em execução fiscal promovida pela Procuradoria-Geral Federal.

RPT As execuções fiscais de crédito de autarquia federal promovidas pela Procuradoria-Geral Federal para cobrança de débitos iguais ou inferiores a R$ 10 mil não devem, com base no art. 20 da Lei 10.522/02, ter seus autos arquivados sem baixa na distribuição. *REsp 1.343.591-MA, Rel. Min. Og Fernandes, 11.12.13. 1ª S. (Info 533)*

Prescindibilidade de requerimento do réu para a extinção de execução fiscal por abandono da causa.

Se a Fazenda Pública – tendo sido intimada pessoalmente para se manifestar sobre seu interesse no prosseguimento de execução fiscal não embargada – permanecer inerte por mais de trinta dias, não será necessário requerimento do executado para que o juiz determine, "ex officio. *AgRg no REsp 1.450.799-RN, Rel. Min. Assusete Magalhães, 21.8.14. 2ª T. (Info 549)*

2013

Inexistência de nulidade decorrente do fato de não ter sido suspensa a execução fiscal após a morte de um dos devedores coobrigados.

Não deve ser declarada a nulidade de execução fiscal promovida em face de mais de um devedor, todos coobrigados, se, apesar de não ter sido determinada a suspensão do processo a partir da morte de um deles, até que se realizasse a adequada regularização do polo passivo, não foi demonstrada a ocorrência de qualquer prejuízo em razão de seu prosseguimento. *REsp 1.328.760-MG, Rel. Min. Napoleão Nunes Maia Filho, 26.2.13. 1ª T. (Info 516)*

2012

Execução fiscal. Cobrança de pena pecuniária por infração administrativa. Cessação da liquidação extrajudicial da entidade de previdência complementar executada. Retomada da execução fiscal.

Não será extinta a execução fiscal que vise à cobrança de penalidade pecuniária por infração administrativa na hipótese em que, embora decretada a liquidação extrajudicial da entidade de previdência complementar executada, tal liquidação tenha cessado em razão do reconhecimento da viabilidade de prosseguimento das atividades societárias da executada. *REsp 1.238.965-RS, Rel. Min. Castro Meira, 14.8.12. 2ª T. (Info 511)*

8. DOS RECURSOS/REEXAME

2014

Hipótese de não sujeição de sentença a reexame necessário.

Não se sujeita ao reexame necessário, ainda que a Fazenda Pública tenha sido condenada a pagar honorários advocatícios, a sentença que extinguiu execução fiscal em razão do acolhimento de exceção de pré-executividade pela qual se demonstrara o cancelamento, pelo Fisco, da inscrição em dívida ativa que lastreava a execução. *REsp 1.415.603-CE, Rel. Min. Herman Benjamin, 22.5.14. 2ª T. (Info 544)*

2013

Ilegitimidade de pessoa jurídica para recorrer, em nome próprio, em favor dos seus sócios.

RPT Em execução fiscal, a sociedade empresária executada não possui legitimidade para recorrer, em nome próprio, na defesa de interesse de sócio que teve contra si redirecionada a execução. *REsp 1.347.627-SP, Rel. Min. Ari Pargendler, 9.10.13. 1ª S. (Info 530)*

9. CONSELHOS PROFISSIONAIS (LEI 12.514/11)

2014

Execução fiscal de contribuições devidas aos conselhos profissionais.

O art. 8º da Lei 12.514/11, segundo o qual "Os Conselhos não executarão judicialmente dívidas referentes a anuidades inferiores a 4 (quatro) vezes o valor cobrado anualmente da pessoa física ou jurídica inadimplente", é inaplicável às execuções ficais propostas antes da vigência do referido diploma legal. *REsp 1.404.796-SP. Rel. Min. Mauro Campbell Marques, 26.3.14. 1ª S. (Info 538)*

2013

Aplicação do art. 8º da Lei 12.514/11 aos processos em curso.

As execuções fiscais ajuizadas pelos conselhos profissionais em data anterior ao início de vigência do art. 8º, caput, da Lei 12.514/11 devem ser extintas na hipótese em que objetivarem a cobrança de anuidades cujos valores sejam inferiores a quatro vezes o montante cobrado anualmente da pessoa física ou jurídica inadimplente. *REsp 1.374.202-RS, Rel. Min. Humberto Martins, 7.5.13. 2ª T. (Info 524)*

Inaplicabilidade do art. 20 da Lei 10.522/02 às execuções fiscais propostas por conselhos regionais de fiscalização profissional.

RPT Nas execuções fiscais propostas por conselhos regionais de fiscalização profissional, não é possível a aplicação do art. 20 da Lei 10.522/02, cujo teor determina o arquivamento, sem baixa das execuções fiscais referentes aos débitos com valor inferior a dez mil reais. *REsp 1.363.163-SP, Rel. Min. Benedito Gonçalves, 11.9.13. 1ª S. (Info 527)*

Intimação pessoal do representante de conselho de fiscalização profissional em execução fiscal.

RPT O representante judicial de conselho de fiscalização profissional possui a prerrogativa de ser intimado pessoalmente no âmbito de execução fiscal promovida pela entidade. Incide, nessa hipótese, o disposto no art. 25 da LEF. *REsp 1.330.473-SP, Rel. Min. Arnaldo Esteves Lima, 12.6.13. 1ª S. (Info 526)*

20. EXECUÇÃO PENAL

1. DO CONDENADO E DO INTERNADO

1.1. Do Trabalho

2015

Concessão de trabalho externo em empresa da família.

O fato de o irmão do apenado ser um dos sócios da empresa empregadora não constitui óbice à concessão do benefício do trabalho externo, ainda que se argumente sobre o risco de ineficácia da realização do trabalho externo devido à fragilidade na fiscalização. *HC 310.515-RS, Rel. Min. Felix Fischer, DJe 25.9.15. 5ª T. (Info 569)*

1.2. Dos Deveres, dos Direitos e da Disciplina

2015

Recusa injustificada do apenado ao trabalho constitui falta grave.

Constitui falta grave na execução penal a recusa injustificada do condenado ao exercício de trabalho interno. *HC 264.989-SP, Rel. Min. Ericson Maranho, DJe 19.8.15. 6ª T. (Info 567)*

2014

Benefícios da execução penal no caso de estrangeiro em situação irregular no Brasil.

O fato de estrangeiro estar em situação irregular no país, por si só, não é motivo suficiente para inviabilizar os benefícios da execução penal. *HC 274.249-SP, Rel. Min. Marilza Maynard, 4.2.14. 6ª T. (Info 535)*

2013

Falta grave decorrente da posse de chip de telefonia móvel por preso.

No âmbito da execução penal, configura falta grave a posse de chip de telefonia móvel por preso. Essa conduta se adéqua ao disposto no art. 50, VII, da LEP, de acordo com o qual constitui falta grave a posse de aparelho telefônico, de rádio ou similar que permita a comunicação com outros presos ou com o ambiente externo. *HC 260.122-RS, Rel. Min. Marco Aurélio Bellizze, 21.3.13. 5ª T. (Info 517)*

Ilegalidade no reconhecimento de falta grave.

A mudança de endereço sem autorização judicial durante o curso do livramento condicional, em descumprimento a uma das condições impostas na decisão que concedeu o benefício, não configura, por si só, falta disciplinar de natureza grave. *HC 203.015-SP, Rel. Min. Maria T. A. Moura, 26.11.13. 6ª T. (Info 532)*

Inocorrência de falta grave pela posse de um cabo USB, um fone de ouvido e um microfone por visitante de preso.

No âmbito da execução penal, não configura falta grave a posse, em estabelecimento prisional, de um cabo USB, um fone de ouvido e um microfone por visitante de preso. *HC 255.569-SP, Rel. Min. Marco Aurélio Bellizze, 21.3.13. 5ª T. (Info 519)*

Processo administrativo para aplicação de falta disciplinar ao preso.

RPT Para o reconhecimento da prática de falta disciplinar, no âmbito da execução penal, é imprescindível a instauração de procedimento administrativo pelo diretor do estabelecimento prisional, assegurado o direito de defesa, a ser realizado por advogado constituído ou defensor público nomeado. *REsp 1.378.557-RS, Rel. Min. Marco Aurélio Bellizze, 23.10.13. 3ª S. (Info 532)*

Requisitos para a comutação da pena.

Na hipótese em que decreto presidencial de comutação de pena estabeleça, como requisito para a concessão desta, o não cometimento de falta grave durante determinado período, a prática de falta grave pelo apenado em momento diverso não constituirá, por si só, motivo apto a justificar a negativa de concessão do referido benefício pelo juízo da execução. *RHC 36.925-SP, Rel. Min. Sebastião Reis Júnior, 6.6.13. 6ª T. (Info 527)*

2012

Execução da pena. Interrupção. Falta grave.

O cometimento de falta disciplinar grave pelo apenado determina a interrupção do prazo para a concessão da progressão de regime prisional. Para o min. rel., se assim não fosse, ao custodiado em regime fechado que comete falta grave não se aplicaria sanção em decorrência dessa falta, o que seria um estímulo ao cometimento de infrações no decorrer da execução. *EREsp. 1.176.486, Rel. Min. Napoleão N. Maia Fº., 28.3.12. 3ª S. (Info 494)*

Execução penal. Falta grave. Sanção coletiva.

É ilegal a aplicação de sanção de caráter coletivo, no âmbito da execução penal, diante de depredação de bem público quando, havendo vários detentos num ambiente, não for possível precisar de quem seria a responsabilidade pelo ilícito. O princípio da culpabilidade irradia-se pela execução penal, quando do reconhecimento da prática de falta grave, que, à evidência, culmina por impactar o "status libertatis" do condenado. *HC 177.293, Rel. Min. Maria T. A. Moura, 24.4.12. 6ª T. (Info 496)*

2. DA EXECUÇÃO DAS PENAS EM ESPÉCIE

2.1. Das Penas Privativas de Liberdade

2.1.1. Disposições Gerais

2016

Competência para expedição de guia de recolhimento de réu em execução provisória de pena.

Em execução provisória de pena fixada em ação penal originária, a expedição de guia de recolhimento de réu cabe ao tribunal competente para processá-la e julgá-la. *EDcl no REsp 1.484.415-DF, Rel. Min. Rogerio Schietti Cruz, DJe 14.4.2016. 6ª T. (Info 581)*

Execução provisória de pena.

Pendente o trânsito em julgado do acórdão condenatório apenas pela interposição de recurso de natureza extraordinária, é possível a execução de pena. *QO na APn 675-GO, Rel. Min. Nancy Andrighi, DJe 26.4.2016. Corte Especial. (Info 582)*

2012

Execução penal. Superveniência de condenação. Unificação das penas. Termo inicial. Novos benefícios.

Sobrevindo nova condenação ao apenado no curso da execução seja por fato anterior ou seja posterior ao início do cumprimento da reprimenda, a contagem do prazo para concessão de benefícios é interrompida, devendo ser feito novo cálculo com base no somatório das penas restantes a serem cumpridas. O marco inicial da contagem do novo prazo é o trânsito em julgado da sentença condenatória superveniente. *HC 210.637, Rel. Min. Maria T. A. Moura, 6.3.12. 6ª T. (Info 492)*

2.1.2. Dos Regimes

2015

Inexistência de casa de albergado e cumprimento da pena em local compatível.

A inexistência de casa de albergado na localidade da execução da pena não gera o reconhecimento de direito ao benefício da prisão domiciliar quando o paciente estiver cumprindo a reprimenda em local compatível com as regras do regime aberto. *HC 299.315-RS, Rel. Min. Gurgel de Faria, DJe 2.2.15. 5ª T. (Info 554)*

Progressão de regime do reincidente condenado pelo crime de tráfico de drogas.

A progressão de regime para os condenados por tráfico de entorpecentes e drogas afins dar-se-á, se o sentenciado for reincidente, após o cumprimento de 3/5 da pena, ainda que a reincidência não seja específica em crime hediondo ou equiparado. *REsp 1.491.421-RS, Rel. Min. Jorge Mussi, DJe 15.12.14. 5ª T. (Info 554)*

2014

Compatibilidade entre a prisão cautelar e o regime prisional semiaberto fixado na sentença.

Há compatibilidade entre a prisão cautelar mantida pela sentença condenatória e o regime inicial semiaberto fixado nessa decisão, devendo o réu, contudo, cumprir a respectiva pena em estabelecimento prisional compatível com o regime inicial estabelecido. *HC 289.636-SP, Rel. Min. Moura Ribeiro, 20.5.14. 5ª T. (Info 540)*

Prática de falta grave e progressão de regime.

RPT A prática de falta grave interrompe o prazo para a progressão de regime, acarretando a modificação da data-base e o início de nova contagem do lapso necessário para o preenchimento do requisito objetivo. *REsp 1.364.192-RS, Rel. Min. Sebastião Reis Júnior, 12.2.14. 3ª S. (Info 546)*

Progressão de regime prisional de condenado estrangeiro no caso de existência de decreto de expulsão.

É irrelevante a existência de decreto de expulsão em desfavor do estrangeiro na análise de pedido de progressão de regime de cumprimento da pena. *HC 274.249-SP, Rel. Min. Marilza Maynard, 4.2.14. 6ª T. (Info 535)*

2013

Progressão de regime no tráfico de drogas.

RPT A partir da vigência da Lei 11.464/07, que modificou o art. 2º, § 2º, da Lei 8.072/90, exige-se o cumprimento de 2/5 (dois quintos) da pena, se o apenado for primário, e de 3/5 (três quintos), se reincidente, para a progressão de regime no caso de condenação por tráfico de drogas, ainda que aplicada a causa de diminuição prevista no art. 33, § 4º, da Lei 11.343/06. *REsp 1.329.088-RS, Rel. Min. Sebastião Reis Júnior, 13.3.13. 3ª S. (Info 519)*

Regime prisional mais gravoso estabelecido com base em circunstâncias próprias do crime de roubo.

No crime de roubo, a circunstância de a arma de fogo ter sido apontada contra o rosto da vítima não pode ser utilizada como fundamento para fixar regime prisional mais severo do que aquele previsto no art. 33, § 2º, do CP. *AgRg no AREsp 349.732-RJ, Rel. Min. Sebastião Reis Júnior, 5.11.13. 6ª T. (Info 531)*

Requisitos para a concessão de prisão domiciliar.

A superlotação carcerária e a precariedade das condições da casa de albergado não são justificativas suficientes para autorizar o deferimento de pedido de prisão domiciliar. *HC 240.715-RS, Rel. Min. Laurita Vaz, 23.4.13. 5ª T. (Info 520)*

2012

Execução penal. Crime hediondo tentado. Progressão de regime.

A progressão de regime prisional para o cumprimento de pena pela prática de crime hediondo, ainda que na forma tentada, deve observar os parâmetros do art. 2º, § 2º, da Lei 8.072/90, com a redação dada pela Lei 11.464/07. O fato de não ter sido consumado o crime não afasta a hediondez do delito. *HC 220.978, Rel. Min. Laurita Vaz, 16.10.12. 5ª T. (Info 506)*

Lei penal no tempo. Tráfico e associação para o tráfico internacional de drogas. Delito permanente. Progressão de regime.

A consumação do delito é regida pela lei em vigor no momento em que cessa a sua permanência. 2. Considerando que a data tomada pelo Juízo das execuções como aquela em que o delito teria sido cometido foi equivocada, não se pode estender os efeitos da referida decisão ao paciente e nem a nenhum outro corréu, sob a justificativa de aplicação do princípio da isonomia. *HC 202.048, Rel. p/ ac. Og Fernandes, 15.5.12. 6ª T. (Info 497)*

Progressão de regime. Ausência de vaga em estabelecimento adequado. Prisão domiciliar.

Se, por culpa do Estado, o condenado não vem cumprindo pena em estabelecimento prisional adequado ao regime fixado na decisão judicial (aberto), resta caracterizado o constrangimento ilegal. 2. A superlotação e a precariedade do estabelecimento penal, é dizer, a ausência de condições necessárias ao cumprimento da pena em regime aberto, permite ao condenado a possibilidade de ser colocado em prisão domiciliar, até que solvida a pendência, em homenagem aos princípios da dignidade da pessoa humana, da humanidade da pena e da individualização da pena. *HC 216.828, Rel. Min. Maria T. A. Moura, 2.2.12. 6ª T. (Info 490)*

Progressão de regime. Estrangeiro. Processo de expulsão.

A situação irregular de estrangeiro no País não é circunstância, por si só, capaz de afastar o princípio da igualdade entre nacionais e estrangeiros. 2. Todavia, se contra o condenado estrangeiro houver processo de expulsão em andamento, este STJ, em diversos precedentes, manifestou-se no sentido de não ser possível deferir o benefício da progressão de regime prisional. 3. No caso, porém, o condenado contraiu matrimônio com uma brasileira no ano de 2005, com quem tem dois filhos também nascidos no Brasil, situação que, a princípio, impossibilitaria a decretação de sua expulsão, nos termos do art. 75, II, do Estatuto do Estrangeiro e da Súm. 1/STF. 4. Outrossim, a possibilidade de fuga e, consequentemente, de frustração do decreto de expulsão também não justifica o indeferimento da progressão ao regime semiaberto, no qual a execução da pena ocorre intramuros, em colônia agrícola, industrial ou estabelecimento similar. 5. O STF já decidiu que o "fato de o condenado por tráfico de droga ser estrangeiro, estar preso, não ter domicílio no país e ser objeto de processo de expulsão, não constitui óbice à progressão de regime de cumprimento da pena" (HC 97147). *HC 219.017, Rel. Min. Laurita Vaz, 15.3.12. 5ª T. (Info 493)*

Progressão. Regime aberto. Comprovação de trabalho. Razoabilidade.

A regra descrita no art. 114,. I, da LEP, que exige do condenado, para a progressão ao regime aberto, a comprovação de trabalho ou a possibilidade imediata de fazê-lo, deve ser interpretada com temperamentos, pois a realidade mostra que, estando a pessoa presa, raramente possui ela condições de, desde logo, comprovar a existência de proposta efetiva de emprego ou de demonstrar estar trabalhando, por meio de apresentação de carteira assinada. *HC 229.494, Rel. Min. Marco A. Bellizze, 11.9.12. 5ª T. (Info 504)*

Regime inicial para cumprimento de pena. Tráfico de drogas.

É possível a fixação de regime prisional diferente do fechado para o início do cumprimento de pena imposta ao condenado por tráfico de drogas. *EREsp 1.285.631, Rel. Min. Sebastião Reis Junior, 24.10.12. 3ª S. (Info 507)*

2.1.3. Saídas (Autorização, Permissão e Temporária)

2016

Competência para fixação de calendário prévio de saídas temporárias. Recurso repetitivo. Tema 445.

RPT O calendário prévio das saídas temporárias deverá ser fixado, obrigatoriamente, pelo Juízo das execuções, não se lhe permitindo delegar à autoridade prisional a escolha das datas específicas nas quais o apenado irá usufruir os benefícios. Inteligência da Súmula 520/STJ. *REsp 1.544.036-RJ, Rel. Min. Rogerio Schietti Cruz, 3ª S., DJ 19.9.2016. (Info 590)*

Possibilidade de concessão de mais de cinco saídas temporárias por ano. Recurso repetitivo. Tema 445.

RPT Respeitado o limite anual de 35 dias, estabelecido pelo art. 124 da LEP, é cabível a concessão de maior número de autorizações de curta duração. *REsp 1.544.036-RJ, Rel. Min. Rogerio Schietti Cruz, 3ª S., DJ 19.9.2016. (Info 590)*

Possibilidade de fixação de calendário anual de saídas temporárias por ato judicial único. Recurso repetitivo. Tema 445.

RPT É recomendável que cada autorização de saída temporária do preso seja precedida de decisão judicial motivada. Entretanto, se a apreciação individual do pedido estiver, por deficiência exclusiva do aparato estatal, a interferir no direito subjetivo do apenado e no escopo ressocializador da pena, deve ser reconhecida, excepcionalmente, a possibilidade de fixação de calendário anual de saídas temporárias por ato judicial único, observadas as hipóteses de revogação automática do art. 125 da LEP. *REsp 1.544.036-RJ, Rel. Min. Rogerio Schietti Cruz, 3ª S., DJ 19.9.2016. (Info 590)*

Prazo mínimo entre saídas temporárias. Recurso repetitivo. Tema 445.

RPT As autorizações de saída temporária para visita à família e para participação em atividades que concorram para o retorno ao convívio social, se limitadas a cinco vezes durante o ano, deverão observar o prazo mínimo de 45 dias de intervalo entre uma e outra. Na hipótese de maior número de saídas temporárias de curta duração, já intercaladas durante os doze meses do ano e muitas vezes sem pernoite, não se exige o intervalo previsto no art. 124, § 3º, da LEP. *REsp 1.544.036-RJ, Rel. Min. Rogerio Schietti Cruz, 3ª S., DJ 19.9.2016. (Info 590)*

2012

Execução penal. Saídas temporárias. Concessão. Automatizada.

RPT 1. A autorização das saídas temporárias é ato jurisdicional da competência do Juízo das Execuções

Penais, que deve ser motivada com a demonstração da conveniência de cada medida. 2. Não é possível delegar ao administrador do presídio a fiscalização sobre diversas saídas temporárias, autorizadas em única decisão, por se tratar de atribuição exclusiva do magistrado das execuções penais, sujeita à ação fiscalizadora do Parquet. 3. Respeita o limite imposto na legislação federal a conjugação dos critérios preconizados no art. 124 da Lei de Execução Penal, para estabelecer limite máximo de saídas temporárias em 35 (trinta e cinco) dias anuais. 4. Em atenção ao princípio da ressocialização, a concessão de um maior número de saídas temporárias de menor duração, uma vez respeitado o limite de dias imposto na Lei de Execuções, alcança o objetivo de reintegrar gradualmente o condenado à sociedade. 5. Assim, deve ser afastada a concessão de saídas automatizadas, para que haja manifestação motivada do Juízo da Execução, com intervenção do MP, em cada saída temporária, ressalvando, nos termos do art. 124 da Lei de Execuções Penais, a legalidade da fixação do limite máximo de 35 (trinta e cinco) dias por ano. *REsp 1.166.251, Rel. Min. Laurita Vaz, 14.3.12. 3ª S. (Info 493)*

2.1.4. Da Remição

2016

Remição de pena por leitura e resenha de livros.

O fato de o estabelecimento penal assegurar acesso a atividades laborais e a educação formal não impede a remição por leitura e resenha de livros. *HC 353.689-SP, Rel. Min. Felix Fischer, DJe 1.8.2016. 5ª T. (Info 587)*

Remição de pena por trabalho em domingos e feriados.

Se o preso, ainda que sem autorização do juízo ou da direção do estabelecimento prisional, efetivamente trabalhar nos domingos e feriados, esses dias deverão ser considerados no cálculo da remição da pena. *HC 346.948-RS, Rel. Min. Reynaldo Soares da Fonseca, DJe 29.6.2016. 5ª T. (Info 586)*

2015

Perda dos dias em razão de cometimento de falta grave.

Reconhecida falta grave, a perda de até 1/3 do tempo remido (art. 127 da LEP) pode alcançar dias de trabalho anteriores à infração disciplinar e que ainda não tenham sido declarados pelo juízo da execução no cômputo da remição. *REsp 1517936/RS, Rel. Min. Maria T. A. Moura, DJe 23.10.15. 6ª T. (Info 571)*

Perda dos dias remidos em razão de cometimento de falta grave.

A prática de falta grave impõe a decretação da perda de até 1/3 dos dias remidos, devendo a expressão "poderá" contida no art. 127 da Lei 7.210/84, com a redação que lhe foi conferida pela Lei 12.432/11, ser interpretada como verdadeiro poder-dever do magistrado, ficando no juízo de discricionariedade do julgador apenas a fração da perda, que terá como limite máximo 1/3 dos dias remidos. *AgRg no REsp 1.430.097, Rel. Min. Felix Fischer, DJe 6.4.15. 5ª T. (Info 559)*

Remição da pena pela leitura.

A atividade de leitura pode ser considerada para fins de remição de parte do tempo de execução da pena. *HC 312.486-SP, Rel. Min. Sebastião Reis Júnior, Dje 22.6.15. 6ª T. (Info 564)*

Remição da pena pelo estudo em dias não úteis.

A remição da pena pelo estudo deve ocorrer independentemente de a atividade estudantil ser desenvolvida em dia não útil. *AgRg no REsp 1.487.218-DF, Rel. Min. Ericson Maranho, DJe 24.2.15. 6ª T. (Info 556)*

Remição de pena em razão de atividade laborativa extramuros. Recurso repetitivo. Tema 917.

RPT É possível a remição de parte do tempo de execução da pena quando o condenado, em regime fechado ou semiaberto, desempenha atividade laborativa extramuros. *REsp 1.381.315-RJ, Rel. Min. Rogerio S. Cruz, 3ª S., DJe 19.5.15. (Info 562)*

2014

Necessidade de fundamentação para a decretação da perda de 1/3 dos dias remidos.

Reconhecida falta grave no decorrer da execução penal, não pode ser determinada a perda dos dias remidos na fração máxima de 1/3 sem que haja fundamentação concreta para justificá-la. *HC 282.265-RS, Rel. Min. Rogerio Shietti Cruz, 22.4.14. 6ª T. (Info 539)*

2012

Execução penal. Remição. Regime aberto.

O condenado que cumpre pena no regime aberto não tem direito à remição pelo trabalho nos termos do art. 126 da LEP. *HC 186.389, Rel. Min. Sebastião Reis Jr., em 28.2.12. 6ª T. (Info 492)*

2.1.5. Do Livramento Condicional

2015

Influência da reincidência no cálculo de benefícios no decorrer da execução penal.

Na definição do requisito objetivo para a concessão de livramento condicional, a condição de reincidente em crime doloso deve incidir sobre a somatória das penas impostas ao condenado, ainda que a agravante da reincidência não tenha sido reconhecida pelo juízo sentenciante em algumas das condenações. *HC 307.180-RS, Rel. Min. Felix Fischer, DJe 13.5.15. 5ª T. (Info 561)*

2014

Prática de crime durante livramento condicional.

O cometimento de crime durante o período de prova do livramento condicional não implica a perda dos dias remidos. Isso porque o livramento condicional possui regras distintas da execução penal dentro do sistema progressivo de penas. Assim, no caso de revogação do livramento condicional que seja motivada por infração penal cometida na vigência do benefício, aplica-se o disposto nos arts. 142 da LEP e 88 do CP, os quais determinam que não se computará na pena o tempo em que esteve solto o liberado e não se concederá, em relação à mesma pena, novo livramento. *HC 271.907-SP, Rel. Min. Rogerio S. Cruz, 27.3.14. 6ª T. (Info 539)*

Prática de falta grave e livramento condicional.

RPT A prática de falta grave não interrompe o prazo para a obtenção de livramento condicional. Aplica-se, nessa situação, o entendimento consagrado na Súm. 441/ STJ. *REsp 1.364.192-RS, Rel. Min. Sebastião Reis Júnior, 12.2.14. 3ª S. (Info 546)*

2.2. Das Penas Restritivas de Direito

2014

Procedimento para a conversão da pena restritiva de direitos em privativa de liberdade.

É imprescindível a prévia intimação pessoal do reeducando que descumpre pena restritiva de direitos para que se proceda à conversão da pena alternativa em privativa de liberdade. *HC 251.312-SP, Rel. Min. Moura Ribeiro, 18.2.14. 5ª T. (Info 536)*

3. DA EXECUÇÃO DAS MEDIDAS DE SEGURANÇA

2014

Ilegalidade na manutenção de inimputável em estabelecimento prisional.

É ilegal a manutenção da prisão de acusado que vem a receber medida de segurança de internação ao final do processo, ainda que se alegue ausência de vagas em estabelecimentos hospitalares adequados à realização do tratamento. *RHC 38.499-SP, Rel. Min. Maria T. A. Moura, 11.3.14. 6ª T. (Info 537)*

2013

Impossibilidade de cumprimento de medida de segurança em estabelecimento prisional comum.

O inimputável submetido à medida de segurança de internação em hospital de custódia e tratamento psiquiátrico não poderá cumpri-la em estabelecimento prisional comum, ainda que sob a justificativa de ausência de vagas ou falta de recursos estatais. Não pode o paciente ser submetido a situação mais gravosa do que aquela definida judicialmente. *HC 231.124-SP, Rel. Min. Laurita Vaz, 23.4.13. 5ª T. (Info 522)*

2012

Medida de segurança. Fundamentação. Execução. Trânsito em julgado.

Na hipótese, a Corte "a quo", ao julgar recurso em sentido estrito interposto contra a sentença que impronunciou o Paciente, determinou incontinenti, sem qualquer fundamentação no ponto, a expedição de mandado para captura do Paciente, inimputável, para imediata aplicação de medida de segurança de internação. 2. A medida de segurança se insere no gênero sanção penal, do qual figura como espécie, ao lado da pena. Se assim o é, não é cabível no ordenamento jurídico a execução provisória da medida de segurança, à semelhança do que ocorre com a pena aplicada aos imputáveis, conforme definiu o STF (HC 84078). 3. Rememore-se, ainda, que há regra específica sobre a hipótese, prevista no art. 171, da LEP, segundo a qual a execução iniciar-se-á após a expedição da competente guia, o que só se mostra possível depois de "transitada em julgado a sentença que aplicar a medida de segurança". *HC 226.014, Rel. Min. Laurita Vaz, 19.4.12. 5ª T. (Info 496)*

Medida de segurança substitutiva da pena privativa de liberdade. Término.

A medida de segurança aplicada em substituição à pena privativa de liberdade, prevista no art. 183 da LEP, se limita ao término da pena estabelecida na sentença, sob pena de ofensa à coisa julgada e ao princípio da proporcionalidade. *HC 130.162, Rel. Min. Maria T. A. Moura, 2.8.12. 6ª T. (Info 501)*

4. DOS INCIDENTES DE EXECUÇÃO

2016

Falta grave homologada após publicação do decreto que previu comutação de penas.

O benefício da comutação de penas previsto no Dec. 8.172/13 deve ser negado quando o apenado tiver praticado falta disciplinar de natureza grave nos doze meses anteriores à publicação do decreto, mesmo que a respectiva decisão homologatória tenha sido proferida posteriormente. *EREsp 1.549.544-RS, Rel. Min. Felix Fischer, DJ 30.9.2016. 3ª S. (Info 591)*

Indulto e detração.

O período compreendido entre a publicação do decreto concessivo de indulto pleno e a decisão judicial que reconheça o benefício não pode ser subtraído na conta de liquidação das novas execuções penais, mesmo que estas se refiram a condenações por fatos anteriores ao decreto indulgente. *REsp 1.557.408-DF, Rel. Min. Maria Thereza de Assis Moura, DJe 24.2.2016. 6ª T. (Info 577)*

2014

Critério objetivo para a concessão de indulto.

A regra prevista no art. 1º, I, do Dec. 7.873/12, que admite a concessão de indulto coletivo aos condenados a pena inferior a oito anos, não pode ser interpretada de forma a permitir que também obtenham o benefício aqueles que, embora condenados a pena total superior a esse limite, tenham menos de oito anos de pena remanescente a cumprir na data da publicação do referido diploma legal. *HC 276.416-SP, Rel. Min. Laurita Vaz, 27.3.14. 5ª T. (Info 538)*

Prática de falta grave, comutação de pena e indulto.

RPT A prática de falta grave não interrompe automaticamente o prazo necessário para a concessão de indulto ou de comutação de pena, devendo-se observar o cumprimento dos requisitos previstos no decreto presidencial pelo qual foram instituídos. *REsp 1.364.192-RS, Rel. Min. Sebastião Reis Júnior, 12.2.14. 3ª S. (Info 546)*

2013

Requisitos para a comutação da pena.

Na hipótese em que decreto presidencial de comutação de pena estabeleça, como requisito para sua concessão o não cometimento de falta grave durante determinado período, a prática de falta grave pelo apenado em momento diverso não constituirá, por si só, motivo apto a justificar a negativa de concessão do referido benefício pelo juízo da execução. *HC 266.280-SP, Rel. Min. Laurita Vaz, 15.8.13. 5ª T. (Info 529)*

Prazo para a comutação da pena.

O cometimento de falta grave não interrompe o prazo estipulado como critério objetivo para concessão de comutação da pena caso o decreto presidencial concessivo assim não preveja. *HC 266.280-SP, Rel. Min. Laurita Vaz, 15.8.13. 5ª T. (Info 529)*

2012

Indulto. Tráfico ilícito de drogas.

Não é possível o deferimento de indulto a réu condenado por tráfico ilícito de drogas, ainda que tenha sido aplicada a causa de diminuição de pena prevista no art. 33, § 4º, da Lei 11.343/06, já que remanesce a tipicidade do crime. O STF já asseverou a inconstitucionalidade da concessão do indulto ao condenado por tráfico de drogas, independentemente do "quantum" da pena imposta, diante do disposto no art. 5º, XLIII, da CF. *HC 167.825, Rel. Min. Alderita Oliveira, 16.8.12. 6ª T. (Info 502)*

21. LEIS CIVIS ESPECIAIS

1. ESTATUTO DA OAB (LEI 8.906/94)

2016

Acesso do MPF a procedimentos do tribunal de ética e disciplina da OAB.

O acesso do MPF às informações inseridas em procedimentos disciplinares conduzidos pela OAB depende de prévia autorização judicial. REsp 1.217.271-PR, Rel. Min. Humberto Martins, DJ 6.9.2016. (Info 589)

Cláusula penal em contrato de prestação de serviços advocatícios. Rescisão unilateral. Direito potestativo do cliente e do advogado. Direito de revogação sem ônus para os contratantes.

Não é possível a estipulação de multa no contrato de honorários para as hipóteses de renúncia ou revogação unilateral do mandato do advogado, independentemente de motivação, respeitado o direito de recebimento dos honorários proporcionais ao serviço prestado. REsp 1.346.171-PR, Rel. Min. Luis Felipe Salomão, DJe 7.11.2016. 4ª T. (Info 593)

Impossibilidade de recolhimento em sala de Estado Maior a advogado suspenso do exercício da atividade.

Decretada a prisão preventiva de advogado, este não fará jus ao recolhimento provisório em sala de Estado Maior caso esteja suspenso dos quadros da OAB. HC 368.393-MG, Rel. Min. Maria Thereza de Assis Moura, DJ 30.9.2016. 6ª T. (Info 591)

Inscrição na OAB de graduado em curso de direito não reconhecido pelo MEC.

A inscrição como advogado, nos quadros da OAB, de quem apresente diploma ou certidão de graduação em direito "obtido em instituição de ensino oficialmente autorizada e credenciada" (art. 8º, II, do Estatuto da Advocacia) não pode ser impedida pelo fato de o curso de direito não ter sido reconhecido pelo MEC. REsp 1.288.991-PR, Rel. Min. Napoleão Nunes Maia Filho, DJe 1.7.2016. 1ª T. (Info 586)

Retenção de honorários advocatícios contratuais sobre a diferença de valores de repasse ao Fundef.

No caso em que Município obtenha êxito em ação judicial destinada à complementação de repasses efetuados pela União ao Fundo de Manutenção e Desenvolvimento do Ensino Fundamental e de Valorização do Magistério (Fundef), será legítima a retenção de parte das referidas verbas complementares para o pagamento de honorários advocatícios contratuais (art. 22, § 4º, da Lei 8.906/94). REsp 1.604.440-PE, Rel. Min. Humberto Martins, DJe 21.6.2016. 2ª T. (Info 585)

2015

Elementos típicos de sociedade empresária e dissolução de sociedade de advogados.

Na avaliação e na partilha de bens em processo de dissolução de sociedade de advogados, não podem ser levados em consideração elementos típicos de sociedade empresária, tais quais bens incorpóreos, como a clientela e a sua expressão econômica e a "estrutura do escritório". REsp 1.227.240-SP, Rel. Min. Luis Felipe Salomão, DJe 18.6.15. 4ª T. (Info 564)

Legitimidade para cobrança de honorários advocatícios sucumbenciais.

O advogado substabelecido com reserva de poderes que atuara na fase de conhecimento não possui legitimidade para postular, sem a intervenção do substabelecente, os honorários de sucumbência fixados nessa fase, ainda que tenha firmado contrato de prestação de serviços, na fase de cumprimento da sentença, com a parte vencedora da ação. REsp 1.214.790-SP, Rel. Min. Ricardo Villas Bôas Cueva, DJe 23.4.15. 3ª T. (Info 560)

Prescrição da pretensão de cobrança, entre advogados, de honorários advocatícios.

Prescreve em dez anos a pretensão do advogado autônomo de cobrar de outro advogado o valor correspondente à divisão de honorários advocatícios contratuais e de sucumbência referentes a ação judicial na qual ambos trabalharam em parceria. *REsp 1.504.969-SP, Rel. Min. Ricardo Villas Bôas Cueva, DJe 16.3.15. 3ª T. (Info 557)*

Retenção de honorários contratuais em execução de demanda coletiva.

Na execução de título judicial oriundo de ação coletiva promovida por sindicato na condição de substituto processual, não é possível destacar os honorários contratuais do montante da condenação sem que haja autorização expressa dos substituídos ou procuração outorgada por eles aos advogados. *REsp 1.464.567-PB, Rel. Min. Herman Benjamin, DJe 11.2.15. 2ª T. (Info 555)*

2014

Competência para decidir sobre incompatibilidade ou impedimento para o exercício da advocacia.

Compete exclusivamente à OAB averiguar se o caso é de incompatibilidade ou de impedimento para o exercício da advocacia e decidir em qual situação devem ser enquadrados os ocupantes de cargos ou funções referidos nos arts. 28 a 30 do Estatuto da Advocacia. *AgRg no REsp 1.448.577-RN, Rel. Min. Herman Benjamin, 7.8.14. 2ª T. (Info 549)*

Incompatibilidade entre o exercício da advocacia e o de cargo de fiscalização.

O exercício do cargo de Fiscal Federal Agropecuário é incompatível com o exercício da advocacia. *REsp 1.377.459-RJ, Rel. Min. Benedito Gonçalves, j. 20.11.14. 1ª T. (Info 552)*

Prisão civil de advogado.

O advogado que tenha contra si decretada prisão civil por inadimplemento de obrigação alimentícia tem direito a ser recolhido em prisão domiciliar na falta de sala de Estado Maior, mesmo que Delegacia de Polícia possa acomodá-lo sozinho em cela separada. *HC 271.256-MS, Rel. Min. Raul Araújo, 11.2.14. 4ª T. (Info 537)*

Prisão civil de advogado.

O advogado que tenha contra si decretada prisão civil por inadimplemento de obrigação alimentícia não tem direito a ser recolhido em sala de Estado Maior ou, na sua ausência, em prisão domiciliar. *HC 305.805-GO, Rel. Min. Paulo de Tarso Sanseverino, 13.10.14. 3ª T. (Info 551)*

Renúncia do credor ao seu crédito e juntada do contrato de honorários advocatícios aos autos.

A juntada do contrato de honorários advocatícios aos autos antes de determinada a expedição de precatório ou de mandado de levantamento (art. 22, § 4º, da Lei 8.906/94) não impede que o credor renuncie ao pagamento do montante que lhe era devido, inviabilizando, assim, o pagamento direto ao advogado – por dedução da quantia que seria recebida pelo constituinte – dos honorários contratuais. *REsp 1.330.611-DF, Rel. Min. Benedito Gonçalves, 7.10.14. 1ª T. (Info 550)*

2012

Cobrança de honorários advocatícios em contrato não escrito. Termo inicial da prescrição.

O prazo prescricional de cinco anos para a cobrança de honorários advocatícios contratuais, a serem arbitrados pelo Juiz na mesma demanda, mesmo que se trate de ação proposta contra a Fazenda Pública, conta-se do trânsito em julgado da última decisão proferida nos autos do processo no qual foram prestados os serviços profissionais. *REsp 1.138.983, Rel. Min. Castro Meira, 23.10.12. 2ª T. (Info 508)*

Prazo de prescrição da pretensão de cobrança de anuidades pela OAB.

Após a entrada em vigor do CC, é de cinco anos o prazo de prescrição da pretensão de cobrança de anuidades pela OAB. O título que embasa a cobrança é espécie de instrumento particular que veicula dívida líquida, sujeitando-se, portanto, ao prazo quinquenal estabelecido no art. 206, § 5º, I, do CC. *AgRg nos EDcl no REsp 1.267.721-PR, Rel. Min. Castro Meira, 11.12.12. 2ª T. (Info 513)*

2. LEI DE ASSISTÊNCIA JUDICIÁRIA (LEI 1.060/50)

2016

Pedido de assistência judiciária gratuita em sede recursal.

É possível a formulação de pedido de assistência judiciária gratuita na própria petição recursal, dispensando-se a exigência de petição avulsa, quando não houver prejuízo ao trâmite normal do processo. *AgRg nos EREsp 1.222.355-MG, Rel. Min. Raul Araújo, DJe 25.11.2015. Corte Especial. (Info 574)*

Possibilidade de concessão de assistência judiciária gratuita ao contratante de serviços advocatícios "ad exitum".

É possível o deferimento de assistência judiciária gratuita a jurisdicionado que tenha firmado com seu advogado contrato de honorários com cláusula "ad exitum". Essa solução é consentânea com o propósito da Lei 1.060/50, pois garante ao cidadão de poucos recursos a escolha do causídico que, aceitando o risco de não auferir remuneração no caso de indeferimento do pedido, melhor represente seus interesses em juízo. REsp 1.504.432-RJ, Rel. Min. Og Fernandes, DJ 21.9.2016. 2ª T. (Info 590)

Prescindibilidade de preparo para a análise de assistência judiciária gratuita em sede recursal.

Não se aplica a pena de deserção a recurso interposto contra o indeferimento do pedido de justiça gratuita. Nessas circunstâncias, cabe ao magistrado, mesmo constatando a inocorrência de recolhimento do preparo, analisar, inicialmente, o mérito do recurso no tocante à possibilidade de concessão do benefício da assistência judiciária gratuita. Se entender que é caso de deferimento, prosseguirá no exame das demais questões trazidas ou determinará o retorno do processo à origem para que se prossiga no julgamento do recurso declarado deserto. Se confirmar o indeferimento da gratuidade da justiça, deve abrir prazo para o recorrente recolher o preparo recursal e dar sequência ao trâmite processual. AgRg nos EREsp 1.222.355-MG, Rel. Min. Raul Araújo, DJe 25.11.2015. Corte Especial. (Info 574)

2015

Ação de investigação de paternidade proposta pelo MP e realização de citação editalícia do réu em jornal local.

Na hipótese em que o Ministério Público Estadual tenha proposto ação de investigação de paternidade como substituto processual de criança, a citação editalícia do réu não poderá ser realizada apenas em órgão oficial. REsp 1.377.675-SC, Rel. Min. Ricardo Villas Bôas Cueva, DJe 16.3.15. 3ª T. (Info 557)

Eficácia da concessão de assistência judiciária gratuita.

Quando a assistência judiciária gratuita for deferida, a eficácia da concessão do benefício prevalecerá, independentemente de renovação de seu pedido, em todas as instâncias e para todos os atos do processo – alcançando, inclusive, as ações incidentais ao processo de conhecimento, os recursos, as rescisórias, assim como o subsequente processo de execução e eventuais embargos à execução somente perdendo sua eficácia por expressa revogação pelo Juiz ou Tribunal. AgRg nos EAREsp 86.915-SP, Rel. Min. Raul Araújo, DJe 4.3.15. Corte Especial. (Info 557)

2014

Utilização da contadoria judicial por beneficiário da assistência judiciária.

O beneficiário da assistência judiciária, ainda que seja representado pela Defensoria Pública, pode se utilizar do serviço de contador judicial para apuração do crédito que será objeto de execução, independentemente da complexidade dos cálculos. REsp 1.200.099-SP, Rel. Min. Nancy Andrighi, 6.5.14. 3ª T. (Info 540)

Utilização da contadoria judicial por beneficiário da assistência judiciária.

RPT Se o credor for beneficiário da gratuidade da justiça, pode-se determinar a elaboração dos cálculos pela contadoria judicial. REsp 1.274.466-SC, Rel. Min. Paulo de Tarso Sanseverino, 14.5.14. 2ª S. (Info 541)

2013

Extensão da gratuidade de justiça aos atos praticados por notários e registradores.

A gratuidade de justiça obsta a cobrança de emolumentos pelos atos de notários e registradores indispensáveis ao cumprimento de decisão proferida no processo judicial em que fora concedido o referido benefício. AgRg no RMS 24.557-MT, Rel. Min. Castro Meira, 7.2.13. 2ª T. (Info 517)

Inadequação do uso de critérios subjetivos para concessão de assistência judiciária gratuita.

O julgador não pode estipular, como único critério para a concessão de assistência judiciária gratuita, o recebimento de rendimentos líquidos em valor inferior a 10 salários mínimos, sem considerar, antes do deferimento do benefício, provas que demonstrem a capacidade financeira do requerente para arcar com as despesas do processo e com os honorários advocatícios sem prejuízo próprio ou de sua família. *AgRg no AREsp 239.341-PR, Rel. Min. Benedito Gonçalves, 27.8.13. 1ª T. (Info 528)*

Modo de realização do pedido de revogação de assistência judiciária gratuita.

Não deve ser apreciado o pedido de revogação de assistência judiciária gratuita formulado nos próprios autos da ação principal. A intenção do legislador foi evitar tumulto processual, determinando que tal exame fosse realizado em autos apartados, garantindo a ampla defesa, o contraditório e o regular curso do processo. Entender de modo diverso, permitindo que o pleito de revogação da assistência judiciária gratuita seja apreciado nos próprios autos da ação principal, resultaria, além da limitação na produção de provas, em indevido atraso no julgamento do feito principal, o que pode prejudicar irremediavelmente as partes. *EREsp 1.286.262-ES, Rel. Min. Gilson Dipp, 19.6.13. Corte Especial. (Info 529)*

3. LEI DE DIREITOS AUTORAIS (LEI 9.610/98)

2016

Direitos autorais no caso de execução de músicas em festa junina promovida por escola.

É indevida a cobrança de direitos autorais pela execução, sem autorização prévia dos titulares dos direitos autorais ou de seus substitutos, de músicas folclóricas e culturais em festa junina realizada no interior de estabelecimento de ensino, na hipótese em que o evento tenha sido organizado como parte de projeto pedagógico, reunindo pais, alunos e professores, com vistas à integração escola-família, sem venda de ingressos e sem a utilização econômica das obras. *REsp 1.575.225-SP, Rel. Min. Raul Araújo, DJe 3.8.2016. 2ª S. (Info 587)*

Responsabilidade pelo pagamento de direitos autorais decorrentes de evento executado por sociedade empresária contratada mediante licitação.

No caso em que sociedade empresária tenha sido contratada mediante licitação para a execução integral de evento festivo promovido pelo Poder Público, a contratada – e não o ente que apenas a contratou, sem colaborar direta ou indiretamente para a execução do espetáculo – será responsável pelo pagamento dos direitos autorais referente às obras musicais executadas no evento, salvo se comprovada a ação culposa do contratante quanto ao dever de fiscalizar o cumprimento dos contratos públicos (culpa "in eligendo" ou "in vigilando"). *REsp 1.444.957-MG, Rel. Min. Ricardo Villas Bôas Cueva, DJe 16.8.2016. 3ª T. (Info 588)*

2015

Ação de cobrança de direitos autorais proposta pelo Ecad.

Na ação de cobrança de direitos autorais proposta pelo ECAD em desfavor de sociedade empresária executante de serviço de radiodifusão, o Termo de Comprovação de Utilização Musical não é fonte de prova imprescindível para comprovação do fato constitutivo do direito do autor. *REsp 1391090/MT, Rel. Min. Marco Aurélio Bellizze, DJe 9.10.15. 3ª T. (Info 570)*

Inaplicabilidade de proteção do direito autoral a modelo fotografado.

O modelo fotografado não é titular de direitos autorais oponíveis contra a editora da revista que divulga suas fotos. *REsp 1.322.704-SP, Rel. Min. Luis Felipe Salomão, DJe 19.12.14. 4ª T. (Info 554)*

Necessidade de disponibilização de meios para identificação de usuário que pratica ilícito em rede social.

O titular que teve direito autoral violado pela comercialização desautorizada de sua obra em rede social deve indicar a URL específica da página na qual o ilícito foi praticado, caso pretenda que o provedor torne indisponível o conteúdo e forneça o IP do usuário responsável pela violação. *REsp 1.512.647-MG, Rel. Min. Luis Felipe Salomão, DJe 5.8.15. 2ª S. (Info 565)*

Pagamento de direitos autorais pela execução pública de fonogramas inseridos em trilhas sonoras de filmes.

É possível a suspensão ou a interrupção da transmissão ou retransmissão públicas de obra audiovisual por sociedade empresária do ramo cinematográfico no caso em que não houver o prévio pagamento dos direitos autorais referentes à transmissão ou à retransmissão dos fonogramas que componham a trilha sonora da obra cinematográfica, ainda que os detentores dos direitos autorais dos fonogramas tenham concedido, ao diretor ou ao produtor da obra cinematográfica, autorizações para inserção das suas obras na trilha sonora do filme. *AgRg no AgRg no REsp 1.484.566-SP, Rel. Min. João Otávio de Noronha, DJe 13.8.15. 3ª T. (Info 566)*

Responsabilidade civil dos administradores de rede social por violação de direito autoral causada por seus usuários.
A Google não é responsável pelos prejuízos decorrentes de violações de direito autoral levadas a efeito por usuários que utilizavam a rede social Orkut para comercializar obras sem autorização dos respectivos titulares, uma vez verificado (a) que o provedor de internet não obteve lucro ou contribuiu decisivamente com a prática ilícita e (b) que os danos sofridos antecederam a notificação do provedor acerca da existência do conteúdo infringente. *REsp 1.512.647-MG, Rel. Min. Luis Felipe Salomão, DJe 5.8.15. 2ª S. (Info 565)*

2014

Legalidade de critérios fixados em regulamento de arrecadação do Ecad.
É válido o critério de estimativa da receita bruta do evento realizado, previsto em regulamento de arrecadação do Ecad, para se cobrar os valores devidos pela execução de obras musicais. *REsp 1.160.483-RS, Rel. Min. Luis Felipe Salomão, 10.6.14. 4ª T. (Info 543)*

Multa pela utilização indevida de obra musical.
Para a aplicação da multa prevista no art. 109 da Lei 9.610/98 – incidente quando há utilização indevida de obra musical –, é necessária a existência de má-fé e a intenção ilícita de usurpar os direitos autorais. *REsp 1.152.820-SP, Rel. Min. Luis Felipe Salomão, 5.6.14. 4ª T. (Info 542)*

Responsabilidade pelo pagamento de taxa ao Ecad na hipótese de execução de músicas em supermercado sem autorização dos autores.
É devido o pagamento de direitos autorais ao ECAD pela transmissão radiofônica de músicas em supermercado, quando essas forem executadas sem autorização de seus autores, independentemente da obtenção de lucro direto ou indireto pelo estabelecimento comercial. *REsp 1.152.820-SP, Rel. Min. Luis Felipe Salomão, 5.6.14. 4ª T. (Info 542)*

Termo inicial dos juros de mora relativos à execução desautorizada de obra musical.
Contam-se da execução pública não autorizada de obra musical – e não da data da citação – os juros de mora devidos em razão do não recolhimento de direitos ao Escritório Central de Arrecadação e Distribuição (ECAD). *REsp 1.424.004-GO, Rel. Min. Nancy Andrighi, 25.3.14. 3ª T. (Info 539)*

2013

Legitimidade do ECAD para a fixação do valor a ser recebido a título de direitos autorais.
O ECAD tem legitimidade para reduzir o valor a ser recebido, a título de direitos autorais, pelos autores de obras musicais de "background" (músicas de fundo), bem como estabelecer, para a remuneração desse tipo de obra, valor diferente do que o recebido pelos compositores das demais composições, de forma a corrigir distorções na remuneração pela execução das diversas obras musicais. *REsp 1.331.103-RJ, Rel. Min. Nancy Andrighi, 23.4.13. 3ª T. (Info 524)*

Limites à utilização de trechos de obra musical.
Constitui ofensa aos direitos autorais a reprodução, sem autorização ou menção aos seus autores, em periódico de cunho erótico, de trechos de determinada obra musical – que vinha sendo explorada comercialmente, em segmento mercadológico diverso, pelos titulares de seus direitos patrimoniais – no caso em que o trecho tenha sido utilizado para dar completude ao ensaio fotográfico publicado, proporcionando maior valorização do produto comercializado. *REsp 1.217.567-SP, Rel. Min. Luis Felipe Salomão, 7.5.13. 4ª T. (Info 524)*

Responsabilidade pelo pagamento de taxa ao ECAD na hipótese de execução de músicas, sem autorização dos autores, durante festa de casamento realizada em clube.
Os nubentes são responsáveis pelo pagamento ao ECAD de taxa devida em razão da execução de músicas, sem autorização dos autores, na festa de seu casamento realizada em clube, ainda que o evento não vise à obtenção de lucro direto ou indireto. *REsp 1.306.907-SP, Rel. Min. Luis Felipe Salomão, 6.6.13. 4ª T. (Info 526)*

Semelhança temática entre obras artísticas.
Não configura violação de direitos autorais a produção e veiculação de minissérie que utilize

o mesmo título, derivado da música brasileira mais conhecida da época retratada pela criação, bem como a mesma ideia central contida em roteiro anteriormente produzido e registrado por terceiro, na hipótese em que não tenham sido substancialmente utilizados a habilidade técnica e o labor intelectual da obra anterior. REsp 1.189.692-RJ, Rel. Min. Luis Felipe Salomão, 21.5.13. 4ª T. (Info 527)

Suspensão ou interrupção da transmissão de obras musicais em razão da falta de pagamento do valor dos respectivos direitos autorais.

A autoridade judicial competente pode determinar, como medida de tutela inibitória fundada no art. 105 da Lei 9.610/98, a suspensão ou a interrupção da transmissão de determinadas obras musicais por emissora de radiodifusão em razão da falta de pagamento ao ECAD do valor correspondente aos respectivos direitos autorais, ainda que pendente ação judicial destinada à cobrança desse valor. REsp 1.190.841-SC, Rel. Min. Nancy Andrighi, 11.6.13. 3ª T. (Info 526)

2012

Direito autoral. Retransmissão. TV. Clínica médica.

É legítima a cobrança de direito autoral de clínicas médicas pela disponibilização de aparelhos de rádio e televisão nas salas de espera. REsp 1.067.706, Rel. Min. Luis F. Salomão, 8.5.12. 4ª T. (Info 497)

Direito patrimonial. Obra cinematográfica.

A remuneração dos intérpretes em obra cinematográfica, salvo pactuação em contrário, é a previamente estabelecida no contrato de produção – o que não confere ao artista o direito à retribuição pecuniária pela exploração econômica posterior do filme. REsp 1.046.603, Rel. Min. Luis F. Salomão, 8.5.12. 4ª T. (Info 497)

4. LEI DE ARBITRAGEM (LEI 9.307/96)

2016

Competência do Poder Judiciário para declarar nulidade de cláusula de compromisso arbitral.

Independentemente do estado em que se encontre o procedimento de arbitragem, o Poder Judiciário pode declarar a nulidade de compromisso arbitral quando o vício for detectável prima facie, como ocorre na hipótese de inobservância, em contrato de franquia, do disposto no art. 4º, § 2º, da Lei 9.307/96. REsp 1.602.076-SP, Rel. Min. Nancy Andrighi, DJ 30.9.2016. 3ª T. (Info 591)

Incidência do art. 4º, § 2º, da Lei de Arbitragem em contratos de franquia.

Em contrato de franquia, "a cláusula compromissória só terá eficácia se o aderente tomar a iniciativa de instituir a arbitragem ou concordar, expressamente, com a sua instituição, desde que por escrito em documento anexo ou em negrito, com a assinatura ou visto especialmente para essa cláusula" (art. 4º, § 2º, da Lei de Arbitragem). REsp 1.602.076-SP, Rel. Min. Nancy Andrighi, DJ 30.9.2016. 3ª T. (Info 591)

Validade de cláusula arbitral que reserve a solução de determinadas situações para a via judicial.

É válida a cláusula compromissória que excepcione do juízo arbitral certas situações especiais a serem submetidas ao Poder Judiciário. Isso porque a Lei 9.307/96 não exige, como condição de existência da cláusula compromissória, que a arbitragem seja a única via de resolução admitida pelas partes, para todos os litígios e em relação a todas as matérias. REsp 1.331.100-BA, Rel. p/ ac. Min. Raul Araújo, DJe 22.2.2016. 4ª T. (Info 577)

5. LEI DE INCORPORAÇÕES IMOBILIÁRIAS (LEI 4.591/64)

2016

Abusividade de cobrança de SATI ao consumidor pelo promitente-vendedor de imóvel. Recurso repetitivo. Tema 938.

RPT É abusiva a cobrança pelo promitente-vendedor do serviço de assessoria técnico-imobiliária (SATI), ou atividade congênere, vinculado à celebração de promessa de compra e venda de imóvel. REsp 1.599.511-SP, Rel. Min. Paulo de Tarso Sanseverino, 2ª S., DJ 6.9.2016. (Info 589)

Desnecessidade de notificação pessoal do devedor acerca do leilão previsto no art. 63, § 1º, da Lei de Incorporações.

Nas execuções disciplinadas pela lei que regula as incorporações imobiliárias (Lei 4.591/64), não há necessidade de notificação da parte inadimplente da data e hora do leilão extrajudicial (art. 63, § 1º), quando existir autorização contratual para sua utilização e prévia interpelação do devedor com intuito de possibilitar a purgação da mora. REsp 1.399.024-RJ, Rel. Min. Luis Felipe Salomão, DJe 11.12.2015. 4ª T. (Info 574)

Legitimidade passiva "ad causam" de incorporadora imobiliária em demanda que objetiva restituição de comissão de corretagem e de SATI. Recurso repetitivo. Tema 939.

RPT Tem legitimidade passiva "ad causam" a incorporadora, na condição de promitente-vendedora, para responder a demanda em que é pleiteada pelo promitente-comprador a restituição dos valores pagos a título de comissão de corretagem e de taxa de assessoria técnico-imobiliária, alegando-se prática abusiva na transferência desses encargos ao consumidor. REsp 1.551.968-SP, Rel. Min. Paulo de Tarso Sanseverino, 2ª S., DJ 6.9.2016. (Info 589)

Validade do repasse da comissão de corretagem ao consumidor pela incorporadora imobiliária. Recurso repetitivo. Tema 938.

RPT É válida a cláusula contratual que transfere ao promitente-comprador a obrigação de pagar a comissão de corretagem nos contratos de promessa de compra e venda de unidade autônoma em regime de incorporação imobiliária, desde que previamente informado o preço total da aquisição da unidade autônoma, com o destaque do valor da comissão de corretagem. REsp 1.599.511-SP, Rel. Min. Paulo de Tarso Sanseverino, 2ª S., DJ 6.9.2016. (Info 589)

2012

Juros compensatórios ("juros no pé"). Incidência anterior à entrega das chaves. Compromisso de compra e venda.

Não é abusiva a cláusula de cobrança de juros compensatórios incidentes em período anterior à entrega das chaves nos contratos de compromisso de compra e venda de imóveis em construção sob o regime de incorporação imobiliária. EREsp 670.117, Rel. p/ ac. Min. Antonio C. Ferreira, 13.6.12. 2ª S. (Info 499)

6. LEI DE INFORMATIZAÇÃO DO PROCESSO JUDICIAL (LEI 11.419/06)

2014

Digitalização dos autos e guarda pessoal de documentos.

Não pode ato infralegal (resolução de Tribunal) impor à parte autora o dever de providenciar a digitalização das peças dos autos, tampouco o dever de guarda pessoal de alguns dos documentos físicos do processo, ainda que os autos sejam provenientes de outro juízo ou instância. REsp 1.448.424-RS, Rel. Min. Herman Benjamin, 22.5.14. 2ª T. (Info 544)

2013

Regulamentação do processo eletrônico pelos órgãos do Poder Judiciário.

É possível que o tribunal local defina, por meio de resolução que regulamente o processo eletrônico no âmbito de sua respectiva competência, ser de responsabilidade do autor a digitalização dos autos físicos para continuidade da tramitação do processo em meio eletrônico. REsp 1.374.048-RS, Rel. Min. Humberto Martins, 21.5.13. 2ª T. (Info 524)

2012

Informações processuais via internet. Devolução de prazo. Ausência de justa causa.

Os dados processuais disponibilizados via internet não possuem caráter oficial, mas meramente informativo. Eventuais omissões quanto ao andamento processual não configuram justa causa, tampouco acarretam devolução de prazos processuais. AgRg no AREsp 76.935, Rel. Min. Antonio Carlos Ferreira, 18.10.12. 4ª T. (Info 507)

Petição eletrônica. Falta de identidade na certificação digital.

A assinatura eletrônica destina-se à identificação inequívoca do signatário do documento, de forma que, não havendo identidade entre o titular do certificado digital utilizado para assinar o documento e os advogados indicados como autores da petição, deve ela ser tida como inexistente, haja vista o descumprimento do disposto nos arts. 1º, § 2º, III, e 18, da Lei 11.419/06 e nos arts. 18, § 1º, e 21, I, da Res. STJ 1/10. AgRg no AREsp 217.075-PE, Rel. Min. Herman Benjamin, 9.10.12. 2ª T. (Info 507)

Petição eletrônica. Advogado público. Nome que não consta no certificado digital.

É possível o conhecimento de petição eletrônica encaminhada por advogado representante "ex lege" de pessoa jurídica de direito público, mesmo que não seja o titular do certificado digital utilizado para assinar a transmissão eletrônica do documento. O certificado digital gera uma presunção técnica de autoria (autenticidade), de identificação única entre o titular desse certificado e o arquivo de dados que ele subscrevera. Tal fato possibilita o conhecimento do recurso ou petição assinada por representante processual que decorra da própria lei (como é o caso dos advogados públicos), mesmo que conste, no documento assinado digitalmente, o nome de outro procurador. *AgRg no REsp 1.304.123, Rel. Min. Humberto Martins, 22.5.12. 2ª T. (Info 498)*

7. LEI DE INVESTIGAÇÃO DE PATERNIDADE (LEI 8.560/92)

2016

Legitimidade da viúva para impugnar ação de investigação de paternidade "post mortem".

Mesmo nas hipóteses em que não ostente a condição de herdeira, a viúva poderá impugnar ação de investigação de paternidade "post mortem", devendo receber o processo no estado em que este se encontra. Em princípio, a ação de investigação de paternidade será proposta em face do suposto pai ou suposta mãe, diante do seu caráter pessoal. Desse modo, falecido o suposto pai, a ação deverá ser proposta contra os herdeiros do investigado. Nesse contexto, na hipótese de a viúva não ser herdeira, ela não ostentará, em tese, a condição de parte ou litisconsorte necessária em ação de investigação de paternidade. Assim, a relação processual estará, em regra, completa com a citação do investigado ou de todos os seus herdeiros, não havendo nulidade pela não inclusão no polo passivo de viúva não herdeira. *REsp 1.466.423-GO, Rel. Min. Maria Isabel Gallotti, DJe 2.3.2016. 4ª T. (Info 578)*

2015

Ação de investigação de paternidade proposta pelo MP e dispensa de adiantamento de despesa.

O Ministério Público Estadual, ao propor ação de investigação de paternidade como substituto processual de criança, não é obrigado a adiantar as despesas decorrentes da citação editalícia do réu em jornal local, devendo o adiantamento dos gastos da referida diligência ser realizado pela Fazenda Pública estadual. *REsp 1.377.675-SC, Rel. Min. Ricardo Villas Bôas Cueva, DJe 16.3.15. 3ª T. (Info 557)*

Inaplicabilidade de prazo decadencial nos casos de investigação de paternidade.

O prazo decadencial de 4 anos estabelecido nos arts. 178, § 9º, VI e 362 do CC/1916 (correspondente ao art. 1.614 do CC/02) aplica-se apenas aos casos em que se pretende, exclusivamente, desconstituir o reconhecimento de filiação, não tendo incidência nas investigações de paternidade, nas quais a anulação do registro civil constitui mera consequência lógica da procedência do pedido. *AgRg no REsp 1.259.703-MS, Rel. Min. Maria Isabel Gallotti, DJe 27.2.15. 4ª T. (Info 556)*

8. LEI DE LOCAÇÕES DE IMÓVEIS URBANOS (LEI 8.245/91)

2016

Ação de despejo. Purgação da mora. Contestação e depósito parciais. Art. 62, III, da Lei 8.245/91. Complementação. Incompatibilidade.

Em ação de despejo por falta de pagamento, a intimação do locatário para fins de purgação complementar da mora (prevista no art. 62, III, da Lei n. 8.245/91) é incompatível com a manifestação contrária de sua parte, em contestação, quanto à intenção de efetuar o pagamento das parcelas não depositadas. *REsp 1.624.005-DF, Rel. Min. Ricardo Villas Bôas Cueva, DJe 9.11.2016. 3ª T. (Info 593)*

Ação de despejo. Purgação da mora. Prazo. Termo inicial. Mandado. Juntada.

Na ação de despejo, o prazo de quinze dias para purgação da mora deve ser contado a partir da juntada aos autos do mandado de citação ou aviso de recebimento devidamente cumprido. *REsp 1.624.005-DF, Rel. Min. Ricardo Villas Bôas Cueva, DJe 9.11.2016. 3ª T. (Info 593)*

Legalidade de cláusula de raio em contrato de locação de espaço em shopping center.

Em tese, não é abusiva a previsão, em normas gerais de empreendimento de shopping center ("estatuto"), da denominada "cláusula de raio", segundo a qual o locatário de um espaço comercial se obriga – perante o locador – a não exercer atividade similar à praticada no imóvel objeto da locação em outro estabelecimento situado a um determinado raio de distância contado a partir de certo ponto do terreno do shopping center. Para o sucesso e viabilização econômica/administrativa do "shopping center, os comerciantes vinculam-se a uma modalidade específica de contratação. Entre as diversas cláusulas extravagantes insertas no contrato de shopping center – a despeito da existência de severa discussão doutrinária a respeito da natureza jurídica do ajuste, podendo ser considerado sociedade, locação, contrato coligado, misto, atípico, de adesão, entre outros -, há efetivo consenso de que todas servem para justificar e garantir o fim econômico almejado pelas partes. Nessa conjuntura, é possível citar, dentre essas disposições contratuais: "res sperata", aluguel mínimo, aluguel percentual, aluguel dobrado no mês de dezembro, fiscalização da contabilidade, imutabilidade do ramo de negócio, impossibilidade de cessão ou sublocação e, também, a denominada "cláusula de raio", objeto do caso aqui analisado. De acordo com a "cláusula de raio", o locatário de um espaço comercial se obriga, perante o locador, a não exercer atividade similar à praticada no imóvel objeto da locação em outro estabelecimento situado a um determinado raio de distância daquele imóvel. Em que pese a existência de um shopping center não seja considerado elemento essencial para a aplicação dessa cláusula, é inquestionável que ela se mostra especialmente apropriada no contexto de tais centros comerciais, notadamente em razão da preservação dos interesses comuns à generalidade dos locatários e empreendedores dos shoppings. REsp 1.535.727-RS, Rel. Min. Marco Buzzi, DJe 20.6.2016. 4ª T. (Info 585)

Legitimidade ativa "ad causam" para pleitear de empreendedor de shopping center indenização por danos a estabelecimento.

Ainda que, no contrato de locação estabelecido com o empreendedor de shopping center, conste como locatário apenas o sócio majoritário, a sociedade empresária possui legitimidade ativa "ad causam" concorrente para pleitear indenização por danos ao estabelecimento instalado no centro comercial. REsp 1.358.410-RJ, Rel. Min. Luis Felipe Salomão, DJ 5.9.2016. 4ª T. (Info 589)

Limites das obrigações do locador de imóvel comercial.

Na hipótese de locação de imóvel comercial, salvo disposição contratual em sentido contrário, a obrigação do locador restringe-se tão somente à higidez e à compatibilidade do imóvel ao uso comercial e não abrange a adaptação do bem às peculiaridades da atividade a ser explorada pelo locatário ou mesmo o dever de diligenciar perante os órgãos públicos para obter alvará de funcionamento ou qualquer outra licença necessária ao desenvolvimento do negócio. REsp 1.317.731-SP, Rel. Min. Ricardo Villas Bôas Cueva, DJe 11.5.2016. 3ª T. (Info 583)

Período de incidência do valor estipulado em ação revisional de aluguel de imóvel não residencial.

O valor estabelecido em ação revisional de aluguel de imóvel não residencial não tem sua incidência limitada ao período compreendido entre a citação e o termo final do contrato original de locação, devendo incidir até a efetiva entrega das chaves caso a locação venha a ser prorrogada por prazo indeterminado em razão da permanência do locatário no imóvel (art. 56, par. ún., da Lei 8.245/91). REsp 1.566.231-PE, Rel. Min. Ricardo Villas Bôas Cueva, DJe 7.3.2016. 3ª T. (Info 578)

Processamento de ação de despejo cumulada com cobrança de aluguéis no curso de recesso forense.

Nos casos de cumulação da ação de despejo com cobrança de aluguéis, o prazo recursal fica suspenso durante o recesso forense. REsp 1.414.092-PR, Rel. Min. Paulo de Tarso Sanseverino, DJe 9.3.2016. 3ª T. (Info 578)

Validade da cláusula de 13º aluguel em contrato de locação de espaço em shopping center.

Não é abusiva a mera previsão contratual que estabelece a duplicação do valor do aluguel no mês de dezembro em contrato de locação de espaço em shopping center. REsp 1.409.849-PR, Rel. Min. Paulo de Tarso Sanseverino, DJe 5.5.2016. 3ª T. (Info 582)

2015

Base de cálculo de multa em contrato de aluguel.

Na hipótese em que, na data de vencimento, o valor do aluguel seja cobrado com incidência de desconto de bonificação, a multa prevista para o caso de atraso no pagamento deverá incidir sobre o valor do aluguel com o referido desconto. *REsp 832.293-PR, Rel. Min. Raul Araújo, DJe 28.10.15. 4ª T. (Info 572)*

Legitimidade para cobrança de aluguéis vencidos em data anterior à da alienação do imóvel.

O antigo proprietário – alienante – tem legitimidade para cobrar os aluguéis que tenham vencido em data anterior à alienação do imóvel, somente cabendo ao novo proprietário – adquirente – direito sobre tais parcelas caso disposto no contrato de compra e venda do imóvel. *REsp 1.228.266-RS, Rel. Min. Maria Isabel Gallotti, DJe 23.3.15. 4ª T. (Info 558)*

Penhorabilidade do bem de família pertencente a fiador. Recurso repetitivo.

RPT É legítima a penhora de apontado bem de família pertencente a fiador de contrato de locação, ante o que dispõe o art. 3º, VII, da Lei 8.009/90. *REsp 1.363.368-MS, Rel. Min. Luis Felipe Salomão, j. 12.11.14. 2ª S. (Info 552)*

2014

Interpretação do art. 53 da Lei de Locações.

Pode haver denúncia vazia de contrato de locação de imóvel não residencial ocupado por instituição de saúde apenas para o desempenho de atividades administrativas, como marcação de consultas e captação de clientes, não se aplicando o benefício legal previsto no art. 53 da Lei de Locações. *REsp 1.310.960-SP, Rel. Min. Paulo de Tarso Sanseverino, 4.9.14. 3ª T. (Info 547)*

Locação comercial de imóvel de empresa pública federal.

Empresa pública federal que realize contrato de locação comercial de imóvel de sua propriedade não pode escusar-se de renovar o contrato na hipótese em que o locatário tenha cumprido todos os requisitos exigidos pela Lei de Locações (Lei 8.245/91) para garantir o direito à renovação. *REsp 1.224.007-RJ, Rel. Min. Luis Felipe Salomão, 24.4.14. 4ª T. (Info 542)*

2013

Denúncia, pelo comprador, de contrato de locação ainda vigente, sob a alegação de inexistência de averbação da avença na matrícula do imóvel.

O comprador de imóvel locado não tem direito a proceder à denúncia do contrato de locação ainda vigente sob a alegação de que o contrato não teria sido objeto de averbação na matrícula do imóvel se, no momento da celebração da compra e venda, tivera inequívoco conhecimento da locação e concordara em respeitar seus termos. *REsp 1.269.476-SP, Rel. Min. Nancy Andrighi, 5.2.13. 3ª T. (Info 515)*

Legitimidade do locador para a propositura de ação de despejo.

O locador, ainda que não seja o proprietário do imóvel alugado, é parte legítima para a propositura de ação de despejo fundada na prática de infração legal/contratual ou na falta de pagamento de aluguéis. *REsp 1.196.824-AL, Rel. Min. Ricardo Villas Bôas Cueva, 19.2.13. 3ª T. (Info 515)*

2012

Contrato de locação. Prorrogação por prazo indeterminado. Responsabilidade do fiador pelos débitos locatícios. Lei 12.112/09.

Pacificada no âmbito do STJ a admissão da prorrogação da fiança nos contratos locatícios prorrogados por prazo indeterminado, contanto que expressamente prevista no contrato (v.g., a previsão de que a fiança subsistirá "até a entrega das chaves"). 2. Todavia, a jurisprudência consolidada apreciou demandas à luz da redação primitiva do art. 39 da Lei do Inquilinato (Lei 8.245/91). Com a nova redação conferida ao dispositivo pela Lei 12.112/09, para contratos de fiança firmados a partir de sua vigência, salvo disposição contratual em contrário, a garantia, em caso de prorrogação legal do contrato de locação por prazo indeterminado, também prorroga-se automaticamente ("ope legis"), resguardando-se, durante essa prorrogação, evidentemente, a faculdade de o fiador de exonerar-se da obrigação mediante notificação resilitória. 3. No caso, a ação de execução foi ajuizada no ano de 2008, por conseguinte, o contrato de fiança é anterior à vigência da Lei 12.112/09, de modo que a prorrogação do contrato de locação só poderia implicar a prorrogação da fiança, no caso de expressa pactuação a respeito no contrato acessório. Contudo, a Corte local, interpretando as cláusulas contratuais, apurou que não havia previsão contratual de manutenção da recorrida como garante, em caso de prorrogação por prazo indeterminado da locação, de modo que só se concebe a revisão da decisão recorrida por meio de interpretação das cláusulas contratuais – vedada pela Súm. 5/STJ. REsp 1.326.557, Rel. Min. Luis Felipe Salomão, 13.11.12. 4ª T. (Info 509)

Legitimidade passiva do locador. Descumprimento dos deveres condominiais pelo locatário.

O proprietário possui legitimidade passiva "ad causam" para responder por eventuais danos relativos ao uso de sua propriedade decorrentes do descumprimento dos deveres condominiais pelo locatário. REsp 1.125.153, Rel. Min. Massami Uyeda, 4.10.12. 3ª T. (Info 506)

Locação. Inadimplemento contratual. Fiador. Juros de mora. Termo inicial.

Os juros de mora decorrentes de inadimplemento em contrato de locação fluem a partir do vencimento de cada parcela em atraso, inclusive para o fiador. REsp 1.264.820, Rel. Min. Luis Felipe Salomão, 13.11.12. 4ª T. (Info 509)

Locação. Termo inicial do prazo para a desocupação de imóvel estabelecido pelo art. 74 da Lei 8.245/91, com redação dada pela Lei 12.112/09.

O termo inicial do prazo de trinta dias para o cumprimento voluntário de sentença que determine a desocupação de imóvel alugado é a data da intimação pessoal do locatário realizada por meio de mandado de despejo. REsp 1.307.530-SP, Rel. p/ ac. Min. Sidnei Beneti, 11.12.12. 3ª T. (Info 513)

Locação urbana para exploração de estacionamento. Incidência da Lei 8.245/91.

A locação de prédio urbano para a exploração de serviço de estacionamento submete-se às disposições da Lei 8.245/91. A locação que objetiva a exploração de serviço de estacionamento não se compreende na exceção contida no art. 1º, parágrafo único, a, item 2, da Lei 8.245/91, que prevê que as locações de vagas autônomas de garagem ou de espaços para estacionamento de veículos continuam regulados pelo Código Civil e pelas leis especiais. AgRg no REsp 1.230.012, Rel. Min. Massami Uyeda, 2.10.12. 3ª T. (Info 505)

9. LEI DE PARCELAMENTO DO SOLO URBANO (LEI 6.766/79)

2015

Competência para julgar recurso em impugnação a registro de loteamento urbano.

Compete à Corregedoria do Tribunal de Justiça ou ao Conselho Superior da Magistratura – e não a órgão jurisdicional de segunda instância do Tribunal de Justiça – julgar recurso intentado contra decisão de juízo que julga impugnação ao registo de loteamento urbano. REsp 1.370.524-DF, Rel. Min. Marco Buzzi, DJe 27.10.15. 4ª T. (Info 572)

2014

Indenização por benfeitorias ou acessões realizadas sem licença.

Em ação que busque a rescisão de contrato de compra e venda de imóvel urbano, antes de afastar a indenização pelas benfeitorias ou acessões realizadas sem a obtenção de licença da prefeitura municipal (art. 34, parágrafo único, da Lei 6.766/79), é necessário apurar se a irregularidade é insanável. REsp 1.191.862-PR, Rel. Min. Luis Felipe Salomão, 16.5.14. 4ª T. (Info 542)

Reconhecimento da nulidade do contrato e seu efeito sobre ação ordinária de resolução de promessa de compra e venda de imóvel localizado em loteamento irregular.

Deve ser extinto sem resolução de mérito o processo decorrente do ajuizamento, por loteador, de ação ordinária com o intuito de, em razão da suposta inadimplência dos adquirentes do lote, rescindir contrato de promessa de compra e venda de imóvel urbano loteado sem o devido registro do respectivo parcelamento do solo, nos termos da Lei 6.766/79. REsp 1.304.370-SP, Rel. Min. Paulo de Tarso Sanseverino, 24.4.14. 3ª T. (Info 543)

10. LEI DOS PLANOS E SEGUROS PRIVADOS DE ASSISTÊNCIA À SAÚDE (LEI 9.656/98)

2016

Abrangência de cobertura contratual de assistência à saúde relativamente a tratamento disponibilizado por hospital credenciado em parceria com instituição não credenciada.

No caso em que, nas informações divulgadas por plano de saúde aos seus usuários, determinado hospital particular figure como instituição credenciada sem ressalvas, se o usuário optar pela realização de tratamento contratado e disponibilizado pelo aludido hospital, a operadora do plano será obrigada a custeá-lo, ainda que o serviço seja prestado em parceria com instituição não credenciada, cuja unidade de atendimento funcione nas dependências do hospital, sendo irrelevante o fato de haver, na mesma localidade, outras instituições credenciadas para o mesmo tipo de tratamento de saúde. REsp 1.613.644-SP, Rel. Min. Ricardo Villas Bôas Cueva, DJ 30.9.2016. 3ª T. (Info 590)

Abusividade de cláusula que autoriza plano de saúde a indeferir procedimentos médico-hospitalares.

Em contrato de plano de assistência à saúde, é abusiva a cláusula que preveja o indeferimento de quaisquer procedimentos médico-hospitalares quando solicitados por médicos não cooperados. REsp 1.330.919-MT, Rel. Min. Luis Felipe Salomão, DJe 18.8.2016. 4ª T. (Info 588)

Dever de assistência ao neonato durante os trinta primeiros dias após o seu nascimento.

Quando o contrato de plano de saúde incluir atendimento obstétrico, a operadora tem o dever de prestar assistência ao recém-nascido durante os primeiros trinta dias após o parto (art. 12, III, "a", da Lei n. 9.656/1998), independentemente de a operadora ter autorizado a efetivação da cobertura, ter ou não custeado o parto, tampouco de inscrição do neonato como dependente nos trinta dias seguintes ao nascimento. REsp 1.269.757-MG, Rel. Min. Luis Felipe Salomão, DJe 31.5.2016. 4ª T. (Info 584)

Equiparação de companheiro a cônjuge para fins de cobertura de cláusula de remissão de plano de saúde.

O companheiro faz jus à cobertura de cláusula de remissão por morte de titular de plano de saúde na hipótese em que a referida disposição contratual faça referência a cônjuge, sendo omissa quanto a companheiro. REsp 1.457.254-SP, Rel. Min. Ricardo Villas Bôas Cueva, DJe 18.4.2016. 3ª T. (Info 581)

Hipótese em que não é assegurado ao ex-empregado o direito de manter sua condição de beneficiário em plano de saúde coletivo empresarial.

O empregado que for aposentado ou demitido sem justa causa não terá direito de ser mantido em plano de saúde coletivo empresarial custeado exclusivamente pelo empregador – sendo irrelevante se houver coparticipação no pagamento de procedimentos de assistência médica, hospitalar e odontológica -, salvo disposição contrária expressa em contrato ou em convenção coletiva de trabalho. REsp 1.594.346-SP, Rel. Min. Ricardo Villas Bôas Cueva, DJe 16.8.2016. 3ª T. (Info 588)

Migração de plano de saúde coletivo empresarial para plano individual ou familiar.

A migração de beneficiário de plano de saúde coletivo empresarial extinto para plano individual ou familiar não enseja a manutenção dos valores das mensalidades previstos no plano primitivo. REsp 1.471.569-RJ, Rel. Min. Ricardo Villas Bôas Cueva, DJe 7.3.2016. 3ª T. (Info 578)

Plano de saúde. Demissão sem justa causa de titular. Extinção do plano coletivo empresarial. Contratação de novo plano (coletivo por adesão) com a mesma operadora. Prazo de carência. Inexigibilidade.

É ilícita a exigência de cumprimento de carência de ex-dependente de plano coletivo empresarial, extinto em razão da demissão sem justa causa do titular, ao contratar novo plano de saúde, na mesma operadora, mas em categoria diversa (coletivo por adesão). REsp 1.525.109-SP, Rel. Min. Ricardo Villas Bôas Cueva, DJe 18.10.2016. 3ª T. (Info 592)

Possibilidade de o dependente assumir a titularidade de plano de saúde após o período de remissão.

Após o transcurso do período previsto em cláusula de remissão por morte de titular de plano de saúde, o dependente já inscrito pode assumir, nos mesmos moldes e custos avençados, a titularidade do plano. REsp 1.457.254-SP, Rel. Min. Ricardo Villas Bôas Cueva, DJe 18.4.2016. 3ª T. (Info 581)

Reembolso de despesas médicas realizadas em hospital não conveniado ao plano.

O plano de saúde deve reembolsar o segurado pelas despesas que pagou com tratamento médico realizado em situação de urgência ou emergência por hospital não credenciado, ainda que o referido hospital integre expressamente tabela contratual que exclui da cobertura os hospitais de alto custo, limitando-se o reembolso, no mínimo, ao valor da tabela de referência de preços de serviços médicos e hospitalares praticados pelo plano de saúde. REsp 1.286.133-MG, Rel. Min. Marco Aurélio Bellizze, DJe 11.4.2016. 3ª T. (Info 580)

2015

Cobertura de "home care" por plano de saúde.

No caso em que o serviço de "home care" (tratamento domiciliar) não constar expressamente do rol de coberturas previsto no contrato de plano de saúde, a operadora ainda assim é obrigada a custeá-lo em substituição à internação hospitalar contratualmente prevista, desde que observados certos requisitos como a indicação do médico assistente, a concordância do paciente e a não afetação do equilíbrio contratual, como nas hipóteses em que o custo do atendimento domiciliar por dia supera a despesa diária em hospital. REsp 1.378.707-RJ, Rel. Min. Paulo de Tarso Sanseverino, DJe 15.6.15. 3ª T. (Info 564)

Cobertura de "home care" por plano de saúde.

Ainda que, em contrato de plano de saúde, exista cláusula que vede de forma absoluta o custeio do serviço de home care (tratamento domiciliar), a operadora do plano, diante da ausência de outras regras contratuais que disciplinem a utilização do serviço, será obrigada a custeá-lo em substituição à internação hospitalar contratualmente prevista, desde que haja: (i) condições estruturais da residência; (ii) real necessidade do atendimento domiciliar, com verificação do quadro clínico do paciente; (iii) indicação do médico assistente; (iv) solicitação da família; (v) concordância do paciente; e (vi) não afetação do equilíbrio contratual, como nas hipóteses em que o custo do atendimento domiciliar por dia não supera o custo diário em hospital. REsp 1.537.301-RJ, Rel. Min. Ricardo Villas Bôas Cueva, DJe 23.10.15. 3ª T. (Info 571)

Irretroatividade de regra que proíbe reajuste para segurados maiores de sessenta anos.

No contrato de seguro de vida celebrado antes da Lei 9.656/98, é a partir da vigência dessa Lei que se contam os 10 anos de vínculo contratual exigidos, por analogia, pelo parágrafo único do artigo 15 para que se considere abusiva, para o segurado maior de 60 anos, a cláusula que prevê o aumento do prêmio do seguro de acordo com a faixa etária. EDcl no REsp 1.376.550-RS, Rel. Min. Moura Ribeiro, DJe 17.8.15. 3ª T. (Info 566)

Legitimidade ativa de usuário de plano de saúde coletivo.

O usuário de plano de saúde coletivo tem legitimidade ativa para ajuizar individualmente ação contra a operadora pretendendo discutir a validade de cláusulas contratuais, não sendo empecilho o fato de a contratação ter sido intermediada por caixa de assistência de categoria profissional. REsp 1.510.697-SP, Rel. Min. Ricardo Villas Bôas Cueva, DJe 15.6.15. 3ª T. (Info 564)

Manutenção de plano de saúde por empregado aposentado demitido sem justa causa.

O empregado que, mesmo após a sua aposentadoria, continuou a trabalhar e a contribuir, em decorrência de vínculo empregatício, para o plano de saúde oferecido pelo empregador, totalizando, durante todo o período de trabalho, mais de dez anos de contribuições, e que, após esse período de contribuições, tenha sido demitido sem justa causa por iniciativa do empregador, tem assegurado o direito de manutenção no plano da empresa, na condição de beneficiário aposentado, nas mesmas condições de cobertura assistencial de que gozava quando da vigência do contrato de trabalho. REsp 1.305.861-RS, Rel. Min. Luis Felipe Salomão, DJe 17.3.15. 4ª T. (Info 557)

Modificação de plano de saúde coletivo empresarial com o fim de evitar a inexequibilidade do modelo antigo (exceção de ruína).

Os empregados demitidos sem justa causa e os aposentados que contribuíram para plano de saúde coletivo empresarial que tenha sido extinto não têm direito de serem mantidos nesse plano se o estipulante (ex-empregador) e a operadora redesenharam o sistema estabelecendo um novo plano de saúde coletivo a fim de evitar o seu colapso (exceção da ruína) ante prejuízos crescentes, desde que tenham sido asseguradas aos inativos as mesmas condições de cobertura assistencial proporcionadas aos empregados ativos. REsp 1.479.420-SP, Rel. Min. Ricardo Villas Bôas Cueva, DJe 11.9.15. 3ª T. (Info 569)

2014

Necessidade de comunicação ao empregado acerca do direito de optar pela manutenção no plano de saúde em grupo.

O empregado demitido sem justa causa deve ser expressamente comunicado pelo ex-empregador do seu direito de optar, no prazo de 30 dias a contar de seu desligamento, por se manter vinculado ao plano de saúde em grupo, desde que assuma o pagamento integral. REsp 1.237.054-PR, Rel. Min. Paulo de Tarso Sanseverino, 22.4.14. 3ª T. (Info 542)

Possibilidade de seguradora ou operadora de plano de saúde custear tratamento experimental.

A seguradora ou operadora de plano de saúde deve custear tratamento experimental existente no País, em instituição de reputação científica reconhecida, de doença listada na CID-OMS, desde que haja indicação médica para tanto, e os médicos que acompanhem o quadro clínico do paciente atestem a ineficácia ou a insuficiência dos tratamentos indicados convencionalmente para a cura ou controle eficaz da doença. *REsp 1.279.241-SP, Rel. Min. Raul Araújo, 16.9.14. 4ª T. (Info 551)*

2013

Possibilidade de inclusão de dependente em contrato de seguro de saúde.

Na hipótese de seguro de saúde contratado em momento anterior ao início da vigência da Lei 9.656/98, caso não tenha sido garantido à titular segurada o direito de optar pela adaptação do contrato ao sistema da nova lei (art. 35, caput, da Lei 9.656/98), é possível a inclusão, na qualidade de dependente, de neto, filho de uma de suas filhas originariamente indicada como dependente no referido seguro. *REsp 1.133.338-SP, Rel. Min. Paulo de Tarso Sanseverino, 2.4.13. 3ª T. (Info 520)*

2012

Bancário. Permanência. Plano de saúde. Demissão sem justa causa.

O art. 30 da Lei 9.656/98 confere o direito, após a cessação do vínculo laboral do autor, de ser mantido nas mesmas condições de cobertura assistencial de que gozava durante a vigência de seu contrato de trabalho, desde que assuma o pagamento integral da contribuição. 2. O autor despendia R$ 110,75 pela assistência médico-hospitalar, e o empregador arcava com R$ 166,13, totalizando R$ 276,88. Com a mudança para outro plano, com pior cobertura, dentro do período em que o consumidor tinha direito a ser mantido no plano primevo, passou a pagar R$ 592,92, não se podendo admitir que o tenha feito espontaneamente. 3. Os denominados deveres anexos, instrumentais, secundários ou acessórios revelam-se como uma das faces de atuação ou operatividade do princípio da boa-fé objetiva, sendo nítido que a recorrente faltou com aqueles deveres, notadamente os de lealdade; de não agravar, sem razoabilidade, a situação do parceiro contratual; e os de esclarecimento; informação e consideração para com os legítimos interesses do parceiro contratual. 4. Os arts. 6º, III, IV, V, 46, 51, I, IV, XV, §§ 1º e 2º do CDC e 16, IX, da Lei 9.656/98 impõem seja reconhecido o direito de o autor permanecer no Plano em que se enquadrava, com as mesmas condições e cobertura assistencial, no período subsequente ao rompimento de seu vínculo empregatício com o Banco. 5. Todavia, como o art. 30, § 1º, da Lei 9.656/98 impõe a manutenção do ex-empregado como beneficiário do plano de saúde, contanto que assuma o pagamento integral, pelo período máximo de 24 meses e, no caso, por força de antecipação dos efeitos da tutela, o autor permanece no denominado "Plano Associado" desde o ano de 2003, não pode ser mais imposto à ré a manutenção do recorrido naquele plano. *REsp 925.313, Rel. Min. Luis F. Salomão, 6.3.12. 4ª T. (Info 492)*

Seguro de saúde. Carência. Atendimento emergencial. Situação-limite.

"Lídima a cláusula de carência estabelecida em contrato voluntariamente aceito por aquele que ingressa em plano de saúde, merecendo temperamento, todavia, a sua aplicação quando se revela circunstância excepcional, constituída por necessidade de tratamento de urgência decorrente de doença grave que, se não combatida a tempo, tornará inócuo o fim maior do pacto celebrado, qual seja, o de assegurar eficiente amparo à saúde e à vida". (REsp 466667) 2. Diante do disposto no art. 12 da Lei 9.656/98, é possível a estipulação contratual de prazo de carência, todavia o inc. V, alínea "c", do mesmo dispositivo estabelece o prazo máximo de vinte e quatro horas para cobertura dos casos de urgência e emergência. 3. Os contratos de seguro e assistência à saúde são pactos de cooperação e solidariedade, cativos e de longa duração, informados pelos princípios consumeristas da boa-fé objetiva e função social, tendo o objetivo precípuo de assegurar ao consumidor, no que tange aos riscos inerentes à saúde, tratamento e segurança para amparo necessário de seu parceiro contratual. 4. Os arts. 18, § 6º, III, e 20, § 2º, do CDC preveem a necessidade da adequação dos produtos e serviços à legítima expectativa que o Consumidor tem de, em caso de pactuação de contrato oneroso de seguro de assistência à saúde, não ficar desamparado, no que tange à procedimento médico premente e essencial à preservação de sua vida. 5. Portanto, não é possível a Seguradora invocar prazo de carência contratual para restringir o custeio dos procedimentos de emergência, relativos a tratamento de tumor cerebral que acomete o beneficiário do seguro. 6. Como se trata de situação-limite em que há nítida possibilidade de violação ao direito fundamental à vida, "se o juiz não reconhece, no caso concreto, a influência dos direitos fundamentais sobre as relações privadas, então ele não apenas lesa o direito constitucional objetivo, como também afronta direito fundamental considerado como pretensão em face do Estado, ao qual, enquanto órgão estatal, está obrigado a observar". (RE 201819). *REsp 962.980, Rel. Min. Luis F. Salomão, 13.3.12. 4ª T. (Info 493)*

11. LEIS NOTARIAIS E REGISTRAIS

11.1. Lei dos Registros Públicos (Lei 6.015/73)

2016

Alteração de registro civil após aquisição de dupla cidadania.

O brasileiro que adquiriu dupla cidadania pode ter seu nome retificado no registro civil do Brasil, desde que isso não cause prejuízo a terceiros, quando vier a sofrer transtornos no exercício da cidadania por força da apresentação de documentos estrangeiros com sobrenome imposto por lei estrangeira e diferente do que consta em seus documentos brasileiros. Isso porque os transtornos que vem sofrendo ao exercitar sua cidadania em razão de a sua documentação oficial estar com nomes distintos constitui justo motivo para se flexibilizar a interpretação dos arts. 56 e 57 da Lei 6.015/73 (Lei dos Registros Públicos), na linha da sedimentada jurisprudência do STJ. *REsp 1.310.088-MG, Rel. p/ ac. Min. Paulo de Tarso Sanseverino, DJe 19.8.2016. 3ª T. (Info 588)*

Descabimento de intervenção de terceiros em procedimento de dúvida registrária.

Não é cabível a intervenção de terceiros em procedimento de dúvida registral suscitada por Oficial de Registro de Imóveis (arts. 198 a 207 da Lei n. 6.015/73). Isso porque inexiste previsão normativa nos aludidos dispositivos legais, que regulam o procedimento, sendo inviável a aplicação subsidiária dos arts. 56 a 80 do CPC/1973. *RMS 39.236-SP, Rel. Min. Marco Buzzi, DJe 3.5.2016. 4ª T. (Info 582)*

2015

Exclusão dos sobrenomes paternos em razão do abandono pelo genitor.

Pode ser deferido pedido formulado por filho que, no primeiro ano após atingir a maioridade, pretende excluir completamente de seu nome civil os sobrenomes de seu pai, que o abandonou em tenra idade. *REsp 1.304.718-SP, Rel. Min. Paulo de Tarso Sanseverino, DJe 5.2.15. 3ª T. (Info 555)*

Retificação do sobrenome dos filhos em razão de divórcio.

É admissível a averbação, no registro de nascimento do filho, da alteração do sobrenome de um dos genitores que, em decorrência do divórcio, optou por utilizar novamente o nome de solteiro, contanto que ausentes quaisquer prejuízos a terceiros. *REsp 1.279.952-MG, Rel. Min. Ricardo Villas Bôas Cueva, DJe 12.2.15. 3ª T. (Info 555)*

2013

Interesse de agir em ação na qual se busque a responsabilização civil do Estado por fraude ocorrida em cartório de registro de imóveis.

Deve ser extinto o processo, sem resolução do mérito, na hipótese de ação em que se pretenda obter do Estado, antes de declarada a nulidade do registro imobiliário, indenização por dano decorrente de alegada fraude ocorrida em Cartório de Registro de Imóveis. *REsp 1.366.587-MS, Rel. Min. Benedito Gonçalves, 18.4.13. 1ª T. (Info 523)*

Jurisdição voluntária. Interesse do MP na interposição de recurso em ação de retificação de registro civil.

O Ministério Público tem interesse na interposição de recurso de apelação em face de sentença que, nos autos de ação de retificação de registro civil, julga procedente o pedido para determinar que seja acrescido ao final do nome do filho o sobrenome de seu genitor. *REsp 1.323.677-MA, Rel. Min. Nancy Andrighi, 5.2.13. 3ª T. (Info 513)*

Registros públicos. Possibilidade de inclusão de patronímico paterno no final do nome do filho, ainda que em ordem diversa daquela constante do nome do pai.

Admite-se, excepcional e motivadamente, após apreciação judicial, a retificação de registro civil para inclusão de patronímico paterno no final do nome do filho, ainda que em ordem diversa daquela constante do nome do pai, se comprovado que tal retificação se faz necessária para corresponder, adequadamente, à forma como aquele e sua família são conhecidos no meio social em que vivem. *REsp 1.323.677-MA, Rel. Min. Nancy Andrighi, 5.2.13. 3ª T. (Info 513)*

2012

Acréscimo de sobrenome do cônjuge após a celebração do casamento.

Aos cônjuges é permitido incluir ao seu nome o sobrenome do outro, ainda que após a data da celebração do casamento, porém deverá ser por meio de ação judicial. *REsp 910.094, Rel. Raul Araújo, 4.9.12. 4ª T. (Info 503)*

Alteração do assento registral de nascimento. União estável. Inclusão do sobrenome do companheiro.

É possível a alteração de assento registral de nascimento para a inclusão do patronímico do companheiro na constância de uma união estável, em aplicação analógica do art. 1.565, § 1º, do CC, desde que seja feita prova documental da relação por instrumento público e nela haja anuência do companheiro cujo nome será adotado. *REsp 1.206.656, Rel. Min. Nancy Andrighi, 16.10.12. 3ª T. (Info 506)*

Registro civil. Retificação para o nome de solteira da genitora.

É possível a alteração no registro de nascimento para dele constar o nome de solteira da genitora, excluindo o patronímico do ex-padrasto. *REsp 1.072.402-MG, Rel. Min. Luis Felipe Salomão, 4.12.12. 4ª T. (Info 512)*

11.2. Lei do Protesto de Títulos e Documentos (Lei 9.492/97)

2016

Protesto por tabelionato de comarca diversa do domicílio do devedor e esgotamento dos meios de localização para a intimação do devedor por edital. Recurso repetitivo. Tema 921.

RPT Tese firmada para fins do art. 543-C do CPC/73: 1. O tabelião, antes de intimar o devedor por edital, deve esgotar os meios de localização, notadamente por meio do envio de intimação por via postal, no endereço fornecido por aquele que procedeu ao apontamento do protesto. 2. é possível, à escolha do credor, o protesto de cédula de crédito bancário garantida por alienação fiduciária, no tabelionato em que se situa a praça de pagamento indicada no título ou no domicílio do devedor. *REsp 1.398.356-MG, Rel. p/ ac. Min. Luis Felipe Salomão, 2ª S., DJe 30.3.2016. (Info 579)*

2015

Não cancelamento do protesto pela prescrição do título cambial.

A prescrição da pretensão executória de título cambial não enseja o cancelamento automático de anterior protesto regularmente lavrado e registrado. *REsp 813.381-SP, Rel. Min. Raul Araújo, DJe 20.5.15. 4ª T. (Info 562)*

2014

Erro na indicação do credor fiduciário em notificação extrajudicial.

É nula a notificação extrajudicial realizada com o fim de constituir em mora o devedor fiduciante de imóvel, quando na referida comunicação constar nome diverso do real credor fiduciário. *REsp 1.172.025-PR, Rel. Min. Luis Felipe Salomão, 7.10.14. 4ª T. (Info 550)*

Ônus do cancelamento de protesto.

RPT No regime próprio da Lei 9.492/97, legitimamente protestado o título de crédito ou outro documento de dívida, salvo inequívoca pactuação em sentido contrário, incumbe ao devedor, após a quitação da dívida, providenciar o cancelamento do protesto. *REsp 1.339.436-SP, Rel. Min. Luis Felipe Salomão, 10.9.14. 2ª S. (Info 549)*

Protesto de CDA.

É possível o protesto de Certidão de Dívida Ativa (CDA). No regime instituído pelo art. 1º da Lei 9.492/97, o protesto foi ampliado, desvinculando-se dos títulos estritamente cambiariformes para abranger todos e quaisquer "títulos ou documentos de dívida". *REsp 1.126.515-PR, Rel. Min. Herman Benjamin, 3.12.13. 2ª T. (Info 533)*

2013

Protesto regular de título. Obrigação de cancelamento. Incumbência do devedor.

Protestado o título pelo credor em exercício regular de direito, incumbe ao devedor, principal interessado, promover o cancelamento do protesto após a quitação da dívida. O art. 26 da Lei 9.492/97 estabelece que o cancelamento do registro do protesto será solicitado, diretamente no tabelionato de protesto de títulos, por qualquer interessado mediante apresentação do documento protestado, cuja cópia ficará arquivada. Apesar de o dispositivo legal fazer referência a qualquer interessado, conforme a jurisprudência do STJ, a melhor interpretação é que o maior interessado é o devedor de modo a pesar sobre sua pessoa o ônus do cancelamento. REsp 1.015.152, Rel. Min. Luis F. Salomão, 9.10.12. 4ª T. (Info 506)

2012

Cancelamento de protesto de título pago "a posteriori". Ônus do devedor.

Legitimamente protestado o título de crédito, cabe ao devedor que paga posteriormente a dívida, e não ao credor, o ônus de providenciar a baixa do protesto em cartório, sendo irrelevante tratar-se de relação de consumo, não havendo que falar em dano moral pela manutenção do apontamento. REsp 959.114-MS, Rel. Min. Luis Felipe Salomão, 18.12.12. 4ª T. (Info 512)

Execução. Duplicata virtual. Protesto por indicação.

As duplicatas virtuais emitidas e recebidas por meio magnético ou de gravação eletrônica podem ser protestadas por mera indicação, de modo que a exibição do título não é imprescindível para o ajuizamento da execução, conforme previsto no art. 8º, parágrafo único, da Lei 9.492/97. Os boletos de cobrança bancária vinculados ao título virtual devidamente acompanhados dos instrumentos de protesto por indicação e dos comprovantes de entrega da mercadoria ou da prestação dos serviços suprem a ausência física do título cambiário eletrônico e constituem, em princípio, títulos executivos extrajudiciais. EREsp 1.024.691, Rel. Min. Raul Araújo, 22.8.12. 2ª S. (Info 502)

Notificação extrajudicial. Cartório de comarca diversa.

RPT É válida a notificação extrajudicial realizada por via postal, com aviso de recebimento, no endereço do devedor, ainda que o título tenha sido apresentado em cartório de títulos e documentos situado em comarca diversa do domicílio daquele. REsp 1.184.570, Rel. Min. Maria I. Gallotti, 9.5.12. 2ª S. (Info 497)

Protesto de título. Cancelamento após pagamento. Responsabilidade do devedor.

Legitimamente protestado o título de crédito, cabe ao devedor que paga posteriormente a dívida o ônus de providenciar a baixa do protesto em cartório (Lei 9.294/97, art. 26), sendo irrelevante se a relação era de consumo, pelo que não se há falar em dano moral pela manutenção do apontamento. REsp 1.195.668, Rel. p/ ac. Min. Maria I. Gallotti, 11.9.12. 4ª T. (Info 504)

11.3. Lei Geral de Emolumentos (Lei 10.169/00)

2016

Cobrança pela inscrição de cédula de crédito rural em cartório.

Na cobrança para o registro de cédula de crédito rural, não se aplica o art. 34 do DL 167/67, e sim lei estadual que, em conformidade com a Lei 10.169/00, fixa valor dos respectivos emolumentos. REsp 1.142.006-MG, Rel. p/ ac. Min. Regina Helena Costa, DJe 4.8.2016. 1ª T. (Info 587)

12. OUTRAS LEIS ESPARSAS

2016

Alienação fiduciária de bem imóvel e necessidade de intimação pessoal do devedor para oportunizar a purgação de mora.

Em alienação fiduciária de bem imóvel (Lei 9.514/97), é nula a intimação do devedor para oportunizar a purgação de mora realizada por meio de carta com aviso de recebimento quando esta for recebida por pessoa desconhecida e alheia à relação jurídica. REsp 1.531.144-PB, Rel. Min. Moura Ribeiro, DJe 28.3.2016. 3ª T. (Info 580)

Relativização da regra prevista no art. 49, II, do Sinase.

O simples fato de não haver vaga para o cumprimento de medida de privação da liberdade em unidade próxima da residência do adolescente infrator não impõe a sua inclusão em programa de meio aberto, devendo-se considerar o que foi verificado durante o processo de apuração da prática do ato infracional, bem como os relatórios técnicos profissionais. HC 338.517-SP, Rel. Min. Nefi Cordeiro, DJe 5.2.2016. 6ª T. (Info 576)

Validade da cláusula contratual que transfere o pagamento do laudêmio para o promitente-comprador.

É válida cláusula inserta em contrato de promessa de compra e venda de imóvel situado em terreno de marinha que estipule ser da responsabilidade do promitente-adquirente o pagamento do laudêmio devido à União, embora a referida cláusula não seja oponível ao ente público. REsp 888.666-SE, Rel. Min. Raul Araújo, DJe 1º.2.2016. 4ª T. (Info 575)

2015

Correção monetária e juros compensatórios.

Incidem correção monetária e juros compensatórios sobre os depósitos judiciais decorrentes de processos originários do STJ. Pet 10.326-RJ, Rel. p/ ac. Min. Maria T. A. Moura, DJe 14.9.15. Corte Especial. (Info 569)

Dever de retransmissão por televisão a cabo da programação e sinal gerados por emissora local.

A empresa de TV a cabo, ao distribuir os canais básicos de utilização gratuita, deve veicular os sinais de radiodifusão e imagens gerados pelas emissoras locais afiliadas regionais de emissora nacional que tenham programação própria. REsp 1.234.153-SC, Rel. Min. João Otávio de Noronha, DJe 13.4.15. 3ª T. (Info 559)

Hipótese de suspensão de execução de decisão liminar impeditiva de desconto salarial de servidores grevistas.

Deve ser suspensa a execução da decisão liminar (art. 25, § 3º, da Lei 8.038/90) proibitiva de desconto salarial dos dias de paralisação decorrentes de greve dos professores do Estado de São Paulo, movimento paredista que durava mais de 60 dias até a análise do pedido de suspensão de segurança, sem êxito nas tentativas de acordo e sem notícia de decisão judicial sobre as relações obrigacionais entre grevistas e o Estado, e que, além disso, já havia levado ao dispêndio de vultosos recursos na contratação de professores substitutos, como forma de impedir a iminente interrupção da prestação do serviço público educacional do Estado. AgRg na SS 2.784-SP, Rel. Min. Francisco Falcão, DJe 12.6.15. Corte Especial. (Info 563)

Incompetência do Inmetro para fiscalizar balanças gratuitamente disponibilizadas por farmácias.

O Instituto Nacional de Metrologia, Normatização e Qualidade Industrial (Inmetro) não é competente para fiscalizar as balanças de pesagem corporal disponibilizadas gratuitamente aos clientes nas farmácias. REsp 1.384.205-SC, Rel. Min. Sérgio Kukina, DJe 12.3.15. 1ª T. (Info 557)

Juizado especial da fazenda pública e requisitos para admissibilidade de reclamação e de pedido de uniformização de jurisprudência.

Não é cabível reclamação, tampouco pedido de uniformização de jurisprudência, ao STJ contra acórdão de Turma Recursal do Juizado Especial da Fazenda Pública sob a alegação de que a decisão impugnada diverge de orientação fixada em precedentes do STJ. Rcl 22.033-SC, Rel. Min. Mauro Campbell Marques, DJe 16.4.15. 1ª S. (Info 559)

Prazo decadencial para ajuizamento de ação anulatória no procedimento arbitral.

No procedimento arbitral, o prazo decadencial de noventa dias para o ajuizamento de ação anulatória (art. 33, § 1º, da Lei 9.307/96) em face de sentença arbitral parcial conta-se a partir do trânsito em julgado desta, e não do trânsito em julgado da sentença arbitral final. REsp 1.519.041-RJ, Rel. Min. Marco Aurélio Bellizze, DJe 11.9.15. 3ª T. (Info 568)

2014

Limites dos efeitos da sentença proferida em ação revisional de alimentos.

Os efeitos da sentença proferida em ação de revisão de alimentos – seja em caso de redução, majoração ou exoneração – retroagem à data da citação (art. 13, § 2º, da Lei 5.478/68), ressalvada a irrepetibilidade dos valores adimplidos e a impossibilidade de compensação do excesso pago com prestações vincendas. *EREsp 1.181.119-RJ, Rel. p/ ac. Min. Maria Isabel Gallotti, 27.11.13. 2ª S. (Info 543)*

Periodicidade de multa por atraso na entrega da Dimof.

A multa pela entrega tardia da Declaração de Informações sobre Movimentação Financeira (Dimof) incide a cada mês de atraso – e não por declaração atrasada. *REsp 1.442.343-RS, Rel. Min. Mauro Campbell Marques, 6.5.14. 2ª T. (Info 544)*

2013

Desnecessidade de ajuizamento de ação específica para a discussão de encargos incidentes sobre depósitos judiciais.

RPT A discussão quanto à aplicação de juros e correção monetária nos depósitos judiciais independe de ação específica contra o banco depositário. *REsp 1.360.212-SP, Rel. Min. Herman Benjamin, 12.6.13. 1ª S. (Info 522)*

Juros de mora em condenações impostas à fazenda pública.

RPT Na hipótese de condenação da Fazenda Pública ao pagamento de diferenças remuneratórias devidas a servidor público, os juros de mora deverão ser contados a partir da data em que efetuada a citação no processo respectivo, independentemente da nova redação conferida pela Lei 11.960/09 ao art. 1º-F da Lei 9.494/97. Isso porque a referida alteração legislativa não modificou o momento a ser considerado como termo inicial dos juros moratórios incidentes sobre obrigações ilíquidas, que continuou regido pelos arts. 219 do CPC e 405 do CC. *REsp 1.356.120-RS, Rel. Min. Castro Meira, 14.8.13. 1ª S. (Info 528)*

Suspensão de processos individuais em face do ajuizamento de ação coletiva.

RPT É possível determinar a suspensão do andamento de processos individuais até o julgamento, no âmbito de ação coletiva, da questão jurídica de fundo neles discutida relativa à obrigação de estado federado de implementar, nos termos da Lei 11.738/08, piso salarial nacional para os profissionais do magistério público da educação básica do respectivo ente. *REsp 1.353.801-RS, Rel. Min. Mauro Campbell Marques, 14.8.13. 1ª S. (Info 527)*

2012

Ação coletiva. Suspensão das ações individuais.

Ajuizada ação coletiva atinente à macrolide geradora de processos multitudinários, suspendem-se, ainda que de ofício, as ações individuais. *AgRg no AgRg no AREsp 210.738, Rel. Min. Herman Benjamin, 18.10.12. 2ª T. (Info 508)*

Efeitos da sentença proferida em ação coletiva. Sindicato.

Somente serão alcançados pelos efeitos de sentença proferida em ação de caráter coletivo os substituídos processuais domiciliados, à época da propositura da demanda, no território da competência do órgão prolator do "decisum", nos termos do que dispõe o art. 2º-A da Lei 9.494/97. *AgRg no REsp 1.338.029, Rel. Min. Campbell Marques, 13.11.12. 2ª T. (Info 508)*

22. LEIS PENAIS ESPECIAIS

1. ESTATUTO DO DESARMAMENTO (LEI 10.826/03)

2016

Porte de arma de fogo por vigia após o horário de expediente.

O fato de o empregador obrigar seu empregado a portar arma de fogo durante o exercício das atribuições de vigia não caracteriza coação moral irresistível (art. 22 do CP) capaz de excluir a culpabilidade do crime de "porte ilegal de arma de fogo de uso permitido" (art. 14 da Lei 10.826/03) atribuído ao empregado que tenha sido flagrado portando, em via pública, arma de fogo, após o término do expediente laboral, no percurso entre o trabalho e a sua residência. *REsp 1.456.633-RS, Rel. Min. Reynaldo Soares da Fonseca, DJe 13.4.2016. 5ª T. (Info 581)*

2015

Atipicidade da conduta de porte ilegal de arma de fogo ineficaz.

Demonstrada por laudo pericial a total ineficácia da arma de fogo e das munições apreendidas, deve ser reconhecida a atipicidade da conduta do agente que detinha a posse do referido artefato e das aludidas munições de uso proibido, sem autorização e em desacordo com a determinação legal/regulamentar. *REsp 1.451.397-MG, Rel. Min. Maria T. A. Moura, DJe 1º.10.15. 6ª T. (Info 570)*

Guarda de arma de fogo de uso permitido com registro vencido.

Manter sob guarda, no interior de sua residência, arma de fogo de uso permitido com registro vencido não configura o crime do art. 12 da Lei 10.826/03 (Estatuto do Desarmamento). *APn 686-AP, Rel. Min. João Otávio de Noronha, DJe 29.10.15. Corte Especial. (Info 572)*

Guarda de munição de arma de uso restrito por conselheiro de tribunal de contas.

O Conselheiro do Tribunal de Contas Estadual que mantém sob sua guarda munição de arma de uso restrito não comete o crime do art. 16 da Lei 10.826/03 (Estatuto do Desarmamento). *APn 657-PB, Rel. Min. João Otávio de Noronha, DJe 29.10.15. Corte Especial. (Info 572)*

Tipicidade da conduta de posse ilegal de arma de fogo de uso permitido com registro vencido.

A conduta do agente de possuir, no interior de sua residência, armas de fogo e munições de uso permitido com os respectivos registros vencidos pode configurar o crime previsto no art. 12 do Lei 10.826/03 (Estatuto do Desarmamento). *RHC 60.611-DF, Rel. Min. Rogério Schietti Cruz, DJe 5.10.15. 6ª T. (Info 570)*

2014

Porte de arma de fogo por policial civil aposentado.

O porte de arma de fogo a que têm direito os policiais civis (arts. 6º da Lei 10.826/03 e 33 do Decreto 5.123/2014) não se estende aos policiais aposentados. *HC 267.058-SP, Rel. Min. Jorge Mussi, DJe 15.12.14. 5ª T. (Info 554)*

Porte ilegal de arma de fogo e conceito técnico de arma de fogo.

Não está caracterizado o crime de porte ilegal de arma de fogo quando o instrumento apreendido sequer pode ser enquadrado no conceito técnico de arma de fogo, por estar quebrado e, de acordo com laudo pericial, totalmente inapto para realizar disparos. *AgRg no AREsp 397.473-DF, Rel. Min. Marco Aurélio Bellizze, 19.8.14. 5ª T. (Info 544)*

Suspensão cautelar do porte de arma de fogo de servidor militar por decisão administrativa.

A Polícia Militar pode, mediante decisão administrativa fundamentada, determinar a suspensão cautelar do porte de arma de policial que responde a processo criminal. *RMS 42.620-PB, Rel. Min. Humberto Martins, 25.2.14. 2ª T. (Info 537)*

Tipicidade da conduta no crime de porte ilegal de arma de fogo de uso permitido.

É típica (art. 14 da Lei 10.826/03) a conduta do praticante de tiro desportivo que transportava, municiada, arma de fogo de uso permitido em desacordo com os termos de sua guia de tráfego, a qual autorizava apenas o transporte de arma desmuniciada. De fato, as armas dos praticantes de tiro desportivo não integram rol dos "registros próprios" (art. 2º, § 1º do Dec. 5.123/04), ao menos para o fim de lhes ser deferido porte de arma. Dispõe, na verdade, sobre guia de tráfego (art. 30, § 1º, do referido decreto), licença distinta, a ser expedida pelo Comando do Exército. *RHC 34.579-RS, Rel. Min. Maria T. A. Moura, 24.4.14. 6ª T. (Info 540)*

2013

Termo final da "abolitio criminis" temporária relativa ao crime de posse de arma de fogo de uso permitido com numeração raspada, suprimida ou adulterada.

RPT É típica a conduta de possuir arma de fogo de uso permitido com numeração raspada, suprimida ou adulterada (art. 16, parágrafo único, IV, da Lei 10.826/03) praticada após 23.10.05. *REsp 1.311.408-RN, Rel. Min. Sebastião Reis Júnior, 13.3.13. 3ª S. (Info 519)*

2012

Apreensão de arma em caminhão. Tipificação.

Configura delito de porte ilegal de arma de fogo se a arma é apreendida no interior de caminhão. 2. O caminhão não é um ambiente estático, não podendo ser reconhecido como local de trabalho. *REsp 1.219.901, Rel. Min. Sebastião Reis Jr., 24.4.12. 6ª T. (Info 496)*

Arma de fogo desmuniciada. Tipicidade.

É irrelevante aferir a eficácia da arma para a configuração do tipo penal estabelecido no art. 16, parágrafo único, IV, da Lei 10.826/03, pois a lei visa proteger a incolumidade pública, transcendendo a mera proteção à incolumidade pessoal. Para tanto, basta a probabilidade de dano, e não a sua efetiva ocorrência. Trata-se de delito de perigo abstrato, que tem como objeto jurídico imediato a segurança pública e a paz social, assim, para a configuração do crime, é suficiente o simples porte de arma desmuniciada.. *HC 211.823, Rel. Min. Sebastião Reis Jr., 22.3.12. 6ª T. (Info 493)*

Posse de munição. "Abolitio criminis" temporária.

É atípica a conduta de possuir munição, seja de uso permitido ou restrito, sem autorização ou em desconformidade com determinação legal ou regulamentar, no período abrangido pela "abolitio criminis" temporária prevista no art. 30 da Lei 10.826/03, na redação anterior à Lei 11.706/08. O prazo legal para a regularização do registro de arma previsto na Lei 10.826/03, prorrogado pelas leis ns. 10.884/04, 11.118/05 e 11.191/05, permitiu a devolução das armas e munições até 23 de outubro de 2005. Assim, nesse período, houve a descriminalização temporária no tocante às condutas delituosas relacionadas à posse de arma de fogo ou munição. Incabível a interpretação de ser aplicada apenas aos casos que envolvam arma de fogo e munição de uso permitido com base na Lei 11.706/08, pois a nova redação é aplicável apenas aos crimes praticados após 24 de outubro de 2005, uma vez que a redação anterior, conferida pela Lei 11.191/05, era mais benéfica em razão de não conter tal restrição. *HC 187.023, Rel. Min. Marco A. Bellizze, 9.10.12. 5ª T. (Info 506)*

Porte. Arma de fogo desmuniciada. Munição incompatível.

Para se ter por configurada a tipicidade material do porte ilegal de arma de fogo, necessária a comprovação da eficiência do instrumento, isto é, a sua potencialidade lesiva. 2. No caso, a arma de fogo, apreendida e submetida a perícia, era inapta à produção de disparos. 3. Em relação às munições de uso restrito, conquanto aprovadas no teste de eficiência, não ofereceram perigo concreto de lesão, já que a arma de fogo apreendida, além de ineficiente, era de calibre distinto. 4. Se este órgão fracionário tem proclamado que a conduta de quem porta arma de fogo desmuniciada é atípica, quanto mais a de quem leva consigo munição sem arma adequada ao alcance. *HC 118.773, Rel. Min. Og Fernandes, 16.2.12. 6ª T. (Info 491)*

Porte ilegal de munição. Ausência de arma de fogo.

Para a ocorrência do crime de porte de munição, é necessária a demonstração de que a conduta tenha oferecido perigo concreto ao bem jurídico tutelado pela norma penal. *HC 194.468, Rel. Min. Sebastião Reis Jr., 17.4.12. 6ª T. (Info 495)*

2. ESTATUTO DO IDOSO (LEI 10.741/03)

2014

Caracterização do tipo penal do art. 102 do Estatuto do Idoso.

Incorre no tipo penal previsto no art. 102 da Lei 10.741/03 (Estatuto do Idoso) – e não no tipo penal de furto (art. 155 do CP) – o estagiário de instituição financeira que se utiliza do cartão magnético e da senha de acesso à conta de depósitos de pessoa idosa para realizar transferências de valores para sua conta pessoal. REsp 1.358.865-RS, Rel. Min. Sebastião Reis Júnior, 4.9.14. 6ª T. (Info 547)

3. LEI DAS CONTRAVENÇÕES PENAIS (DL 3.688/1941)

2014

Exercício da profissão de flanelinha sem a observância das condições previstas em lei.

O exercício, sem o preenchimento dos requisitos previstos em lei, da profissão de guardador e lavador autônomo de veículos automotores (flanelinha) não configura a contravenção penal prevista no art. 47 do Decreto-Lei 3.688/1941 (exercício ilegal de profissão ou atividade). RHC 36.280-MG, Rel. Min. Laurita Vaz, 18.2.14. 5ª T. (Info 536)

4. LEI DE INTERCEPTAÇÃO TELEFÔNICA (LEI 9.296/96)

2014

Legalidade de interceptação telefônica deferida por juízo diverso daquele competente para julgar a ação principal.

A sentença de pronúncia pode ser fundamentada em indícios de autoria surgidos, de forma fortuita, durante a investigação de outros crimes no decorrer de interceptação telefônica determinada por juiz diverso daquele competente para o julgamento da ação principal. REsp 1.355.432-SP, Rel. p/ ac. Min. Marco Aurélio Bellizze, 21.8.14. 5ª T. (Info 546)

Utilização da interceptação de comunicação telefônica em desfavor de interlocutor não investigado.

As comunicações telefônicas do investigado legalmente interceptadas podem ser utilizadas para formação de prova em desfavor do outro interlocutor, ainda que este seja advogado do investigado. RMS 33.677-SP, Rel. Min. Laurita Vaz, 27.5.14. 5ª T. (Info 541)

2012

Interceptação telefônica. Investigação em curso.

O pedido de interceptação telefônica não pode ser a primeira providência investigatória realizada pela autoridade policial. HC 130.054, Rel. Min. Sebastião Reis Jr., 7.2.12. 6ª T. (Info 490)

Interceptação telefônica. Prorrogação reiterada da medida.

As interceptações telefônicas podem ser prorrogadas sucessivas vezes pelo tempo necessário para a produção da prova, especialmente quando o caso for complexo e a prova, indispensável, sem que a medida configure ofensa ao art. 5º, caput, da Lei 9.296/96. Sobre a necessidade de fundamentação da prorrogação, esta pode manter-se idêntica à do pedido original, pois a repetição das razões que justificaram a escuta não constitui, por si só, ilicitude. HC 143.805, Rel. p/ ac. Min. Gilson Dipp, 14.2.12. 5ª T. (Info 491)

Interceptação telefônica sem autorização judicial. Vício insanável.

Não é válida a interceptação telefônica realizada sem prévia autorização judicial, ainda que haja posterior consentimento de um dos interlocutores para ser tratada como escuta telefônica e utilizada como prova em processo penal. HC 161.053-SP, Rel. Min. Jorge Mussi, 27.11.12. 5ª T. (Info 510)

Interceptação telefônica. Termo inicial.

A Lei 9.296/96, que regula as medidas constritivas de captação de comunicações via telefone, não estipula prazo para o início do cumprimento da ordem judicial. 2. Conquanto não se possa ter delonga injustificada para o começo efetivo da interceptação telefônica, cada caso deve ser analisado sempre à luz do princípio da proporcionalidade e, na hipótese em exame, a greve da Polícia Federal consiste em evento idôneo para a demora no início da interceptação, não se violando, pois, o dado princípio. 3. "In casu", a letargia de 3 (três) meses para a execução da decisão deveu-se unicamente a ocorrência de greve policial, sendo que, após o início efetivo da medida, data tida como marco inicial para a contagem do prazo, foi observado o lapso quinzenal previsto em lei, inexistindo qualquer ilegalidade na prova obtida. HC 113.477, Rel. Min. Maria T. A. Moura, 20.3.12. 6ª T. (Info 493)

5. LEI DE LICITAÇÕES (LEI 8.666/93)

2016

Fraude em licitação. Art. 96, I e V, da Lei 8.666/1993. Contratação de serviços. Conduta não prevista no tipo penal. Princípio da taxatividade.

O art. 96 da Lei 8.666/1993 apresenta hipóteses estreitas de penalidade, entre as quais não se encontra a fraude na licitação para fins de contratação de serviços. REsp 1.571.527-RS, Rel. Min. Sebastião Reis, DJe 25.10.2016. 6ª T. (Info 592)

2015

Não obrigatoriedade de licitação por parte de condomínio edilício em que ente público seja proprietário de fração ideal.

O síndico de condomínio edilício formado por frações ideais pertencentes a entes públicos e particulares, ao conceder a sociedade empresária o direito de explorar serviço de estacionamento em área de uso comum do prédio sem procedimento licitatório, não comete o delito previsto no art. 90 da Lei 8.666/93 ("Frustrar ou fraudar, mediante ajuste, combinação ou qualquer outro expediente, o caráter competitivo do procedimento licitatório, com o intuito de obter, para si ou para outrem, vantagem decorrente da adjudicação do objeto da licitação"). REsp 1.413.804-MG, Rel. Min. Reynaldo Fonseca, DJe 16.9.15. 5ª T. (Info 569)

2013

Concurso de crimes previstos na Lei 8.666/93.

Não configura "bis in idem" a condenação pela prática da conduta tipificada no art. 90 da Lei 8.666/93 (fraudar o caráter competitivo do procedimento licitatório) em concurso formal com a do art. 96, I, da mesma lei (fraudar licitação mediante elevação arbitraria dos preços). Isso porque se trata de tipos penais totalmente distintos. REsp 1.315.619-RJ, Rel. Min. Campos Marques, 15.8.13. 5ª T. (Info 530)

6. LEI DO TRÁFICO ILÍCITO DE DROGAS (LEI 11.343/06)

2016

Aplicação da mesma causa de aumento de pena da lei de drogas a mais de um crime.

A causa de aumento de pena do art. 40, VI, da Lei 11.343/06 pode ser aplicada tanto para agravar o crime de tráfico de drogas (art. 33) quanto para agravar o de associação para o tráfico (art. 35) praticados no mesmo contexto. HC 250.455-RJ, Rel. Min. Nefi Cordeiro, DJe 5.2.2016. 6ª T. (Info 576)

Aplicação de causa de aumento de pena da lei de drogas acima do patamar mínimo.

O fato de o agente ter envolvido um menor na prática do tráfico e, ainda, tê-lo retribuído com drogas, para incentivá-lo à traficância ou ao consumo e dependência, justifica a aplicação, em patamar superior ao mínimo, da causa de aumento de pena do art. 40, VI, da Lei 11.343/06, ainda que haja fixação de pena-base no mínimo legal. HC 250.455-RJ, Rel. Min. Nefi Cordeiro, DJe 5.2.2016. 6ª T. (Info 576)

Aplicação de causa de aumento de pena da lei de drogas ao crime de associação para o tráfico de drogas com criança ou adolescente.

A participação do menor pode ser considerada para configurar o crime de associação para o tráfico (art. 35) e, ao mesmo tempo, para agravar a pena como causa de aumento do art. 40, VI, da Lei 11.343/06. HC 250.455-RJ, Rel. Min. Nefi Cordeiro, DJe 5.2.2016. 6ª T. (Info 576)

"Bis in idem" e tráfico cometido nas dependências de estabelecimento prisional.

É indevido o emprego da circunstância de o crime ter sido cometido nas dependências de estabelecimento prisional para fundamentar tanto o **quantum** de redução na aplicação da minorante prevista no art. 33, § 4º, da Lei 11.343/06 como a incidência da majorante prevista no art. 40, III, da mesma lei. Isso porque essa situação configura "bis in idem". HC 313.677-RS, Rel. Min. Reynaldo Soares da Fonseca, DJe 29.6.2016. 5ª T. (Info 586)

Hipótese de consunção do crime do art. 33 da Lei de Drogas pelo crime do art. 273 do CP.

Ainda que alguns dos medicamentos e substâncias ilegais manipulados, prescritos, alterados ou comercializados contenham substâncias psicotrópicas capazes de causar dependência elencadas na Portaria 344/98 da SVS/MS – o que, em princípio, caracterizaria o tráfico de drogas –, a conduta criminosa dirigida, desde o início da empreitada, numa sucessão de eventos e sob a fachada de uma farmácia, para a única finalidade de manter em depósito e vender ilegalmente produtos falsificados destinados a fins terapêuticos ou medicinais enseja condenação unicamente pelo crime descrito no art. 273 do CP – e não por este delito em concurso com o tráfico de drogas (art. 33, caput, da Lei de Drogas). REsp 1.537.773-SC, Rel. p/ ac. Min. Rogerio Schietti Cruz, DJ 19.9.2016. 6ª T. (Info 590)

Hipótese de inaplicabilidade simultânea de transnacionalidade e de interestadualidade em tráfico de drogas.

No tráfico ilícito de entorpecentes, é inadmissível a aplicação simultânea das causas especiais de aumento de pena relativas à transnacionalidade e à interestadualidade do delito (art. 40, I e V, da Lei 11.343/06), quando não comprovada a intenção do importador da droga de difundi-la em mais de um estado do território nacional, ainda que, para chegar ao destino final pretendido, imperativos de ordem geográfica façam com que o importador transporte a substância através de estados do país. HC 214.942-MT, Rel. Min. Rogerio Schietti Cruz, DJe 28.6.2016. 6ª T. (Info 586)

Classificação de substância como droga para fins da Lei n. 11.343/2006.

Classifica-se como "droga", para fins da Lei n. 11.343/2006 (Lei de Drogas), a substância apreendida que possua canabinoides – característica da espécie vegetal "cannabis sativa" –, ainda que naquela não haja tetrahidrocanabinol (THC). REsp 1.444.537-RS, Rel. Min. Rogerio Schietti Cruz, DJe 25.4.2016. 6ª T. (Info 582)

Inaplicabilidade da minorante prevista no art. 33, § 4º, da Lei de Drogas.

Ainda que a dedicação a atividades criminosas ocorra concomitantemente com o exercício de atividade profissional lícita, é inaplicável a causa especial de diminuição de pena prevista no art. 33, § 4º, da Lei n. 11.343/2006 (Lei de Drogas). REsp 1.380.741-MG, Rel. Min. Rogerio Schietti Cruz, DJe 25.4.2016. 6ª T. (Info 582)

2015

Consumação do crime de tráfico de drogas na modalidade adquirir.

A conduta consistente em negociar por telefone a aquisição de droga e também disponibilizar o veículo que seria utilizado para o transporte do entorpecente configura o crime de tráfico de drogas em sua forma consumada – e não tentada –, ainda que a polícia, com base em indícios obtidos por interceptações telefônicas, tenha efetivado a apreensão do material entorpecente antes que o investigado efetivamente o recebesse. HC 212.528-SC, Rel. Min. Nefi Cordeiro, DJe 23.9.15. 6ª T. (Info 569)

Hipótese de inocorrência de ação controlada.

A investigação policial que tem como única finalidade obter informações mais concretas acerca de conduta e de paradeiro de determinado traficante, sem pretensão de identificar outros suspeitos, não configura a ação controlada do art. 53, II, da Lei 11.343/06, sendo dispensável a autorização judicial para a sua realização. RHC 60.251-SC, Rel. Min. Sebastião Reis Júnior, DJe 9.10.15. 6ª T. (Info 570)

Inconstitucionalidade do preceito secundário do art. 273, § 1º-B, V, do CP.

É inconstitucional o preceito secundário do art. 273, § 1º-B, V, do CP – "reclusão, de 10 (dez) a 15 (quinze) anos, e multa" devendo-se considerar, no cálculo da reprimenda, a pena prevista no caput do art. 33 da Lei 11.343/06 (Lei de Drogas), com possibilidade de incidência da causa de diminuição de pena do respectivo § 4º. AI no HC 239.363-PR, Rel. Min. Sebastião Reis Júnior, DJe 10.4.15. Corte Especial. (Info 559)

Livramento condicional no crime de associação para o tráfico.

O condenado por associação para o tráfico (art. 35 da Lei 11.343/06), caso não seja reincidente específico, deve cumprir 2/3 da pena para fazer jus ao livramento condicional. HC 311.656-RJ, Rel. Min. Felix Fischer, DJe 2.9.15. 5ª T. (Info 568)

Utilização por órgão público de bem apreendido.

É possível a aplicação analógica dos arts. 61 e 62 da Lei 11.343/06 para admitir a utilização pelos órgãos públicos de aeronave apreendida no curso da persecução penal de crime não previsto na

Lei de Drogas, sobretudo se presente o interesse público de evitar a deterioração do bem. *REsp 1.420.960-MG, Rel. Min. Sebastião Reis Júnior, DJe 2.3.15. 6ª T. (Info 556)*

2014

Autofinanciamento para o tráfico de drogas.

Na hipótese de autofinanciamento para o tráfico ilícito de drogas, não há concurso material entre os crimes de tráfico (art. 33, caput, da Lei 11.343/06) e de financiamento ao tráfico (art. 36), devendo, nessa situação, ser o agente condenado às penas do crime de tráfico com incidência da causa de aumento de pena prevista no art. 40, VII. *REsp 1.290.296-PR, Rel. Min. Maria T. A. Moura, 17.12.13. 6ª T. (Info 534)*

Causa de aumento da pena do crime de tráfico de drogas em transporte público.

A utilização de transporte público com a única finalidade de levar a droga ao destino, de forma oculta, sem o intuito de disseminá-la entre os passageiros ou frequentadores do local, não implica a incidência da causa de aumento de pena do inciso III do artigo 40 da Lei 11.343/06. *REsp 1.443.214-MS, Rel. Min. Sebastião Reis Júnior, 4.9.14. 6ª T. (Info 547)*

Inaplicabilidade do princípio da insignificância ao crime de porte de substância entorpecente para consumo próprio.

Não é possível afastar a tipicidade material do porte de substância entorpecente para consumo próprio com base no princípio da insignificância, ainda que ínfima a quantidade de droga apreendida. *RHC 35.920-DF, Rel. Min. Rogerio S. Cruz, 20.5.14. 6ª T. (Info 541)*

Interrogatório na Lei de Drogas.

No julgamento dos crimes previstos na Lei 11.343/06, é legítimo que o interrogatório do réu seja realizado antes da oitiva das testemunhas. *HC 245.752-SP, Rel. Min. Sebastião Reis Júnior, 20.2.14. 6ª T. (Info 535)*

Necessidade de gradação da causa de diminuição de pena prevista no art. 46 da Lei 11.343/06 conforme o grau de incapacidade do réu.

Reconhecida a semi-imputabilidade do réu, o Juiz não pode aplicar a causa de diminuição de pena prevista no art. 46 da Lei 11.343/06 em seu grau mínimo (1/3) sem expor qualquer dado substancial, em concreto, que justifique a adoção dessa fração. *HC 167.376-SP, Rel. Min. Gurgel de Faria, 23.9.14. 5ª T. (Info 547)*

Reincidência decorrente de condenação por porte de drogas para consumo próprio.

A condenação por porte de drogas para consumo próprio (art. 28 da Lei 11.343/06) transitada em julgado gera reincidência. Isso porque a referida conduta foi apenas despenalizada pela nova Lei de Drogas, mas não descriminalizada ("abolitio criminis"). *HC 275.126-SP, Rel. Min. Nefi Cordeiro, 18.9.14. 6ª T. (Info 549)*

Substituição da pena no crime de tráfico de drogas.

O fato de o tráfico de drogas ser praticado com o intuito de introduzir substâncias ilícitas em estabelecimento prisional não impede, por si só, a substituição da pena privativa de liberdade por restritivas de direitos, devendo essa circunstância ser ponderada com os requisitos necessários para a concessão do benefício. *AgRg no REsp 1.359.941-DF, Rel. Min. Sebastião Reis Júnior, 4.2.14. 6ª T. (Info 536)*

Utilização de transporte público para conduzir droga ilícita.

O simples fato de o agente utilizar-se de transporte público para conduzir a droga não atrai a incidência da majorante prevista no art. 40, III, da Lei de Drogas (11.343/06), que deve ser aplicada somente quando constatada a efetiva comercialização da substância em seu interior. *AgRg no REsp 1.295.786-MS, Rel. Min. Regina Helena Costa, 18.6.14. 5ª T. (Info 543)*

2013

Absorção do crime de posse de maquinário pelo crime de tráfico de drogas.

Responderá apenas pelo crime de tráfico de drogas e não pelo mencionado crime em concurso com o de posse de objetos e maquinário para a fabricação de drogas, previsto no art. 34 da Lei 11.343/06 o agente que, além de preparar para venda certa quantidade de drogas ilícitas em sua residência, mantiver, no mesmo local, uma balança de precisão e um alicate de unha utilizados na preparação das substâncias. *REsp 1.196.334-PR, Rel. Min. Marco Aurélio Bellizze, 19.9.13. 5ª T. (Info 531)*

Autonomia de conduta subsumida ao crime de possuir maquinário destinado à produção de drogas.

Responderá pelo crime de tráfico de drogas art. 33 da Lei 11.343/06 em concurso com o crime de posse de objetos e maquinário para a fabricação de drogas art. 34 da Lei 11.343/06 o agente que, além de ter em depósito certa quantidade de drogas ilícitas em sua residência para fins de mercancia, possuir, no mesmo local e em grande escala, objetos, maquinário e utensílios que constituam laboratório utilizado para a produção, preparo, fabricação e transformação de drogas ilícitas em grandes quantidades. *AgRg no AREsp 303.213-SP, Rel. Min. Marco Aurélio Bellizze, 8.10.13. 5ª T. (Info 531)*

Causa de aumento de pena prevista na primeira parte do art. 18, III, da Lei 6.368/1976.

Com o advento da nova Lei de Tóxicos (Lei 11.343/06), não subsiste a causa de aumento de pena prevista na primeira parte do art. 18, III, da Lei 6.368/1976, cujo teor previa o concurso eventual de agentes como majorante. *HC 202.760-SP, Rel. Min. Maria T. A. Moura, 26.11.13. 6ª T. (Info 532)*

Continuidade normativo-típica da conduta prevista no art. 12, § 2º, III, da Lei 6.368/76.

O advento da Lei 11.343/06 não implicou "abolitio criminis" quanto à conduta prevista no art. 12, § 2º, III, da Lei 6.368/76, consistente em contribuir "de qualquer forma para incentivar ou difundir o uso indevido ou o tráfico ilícito de substância entorpecente ou que determine dependência física ou psíquica". *HC 163.545-RJ, Rel. Min. Maria T. A. Moura, 25.6.13. 6ª T. (Info 527)*

Inaplicabilidade da causa de diminuição do § 4º do art. 33 da Lei 11.343/06 no caso de reconhecimento de associação de que trata o art. 35 do mesmo diploma legal.

É inaplicável a causa especial de diminuição de pena prevista no § 4º do art. 33 da Lei 11.343/06 na hipótese em que o réu tenha sido condenado, na mesma ocasião, por tráfico e pela associação de que trata o art. 35 do mesmo diploma legal. *REsp 1.199.671-MG, Rel. Min. Maria T. A. Moura, 26.2.13. 6ª T. (Info 517)*

Subsidiariedade do tipo do art. 37 em relação ao do art. 35 da Lei 11.343/06.

Responderá apenas pelo crime de associação do art. 35 da Lei 11.343/06 – e não pelo mencionado crime em concurso com o de colaboração como informante, previsto no art. 37 da mesma lei – o agente que, já integrando associação que se destine à prática do tráfico de drogas, passar, em determinado momento, a colaborar com esta especificamente na condição de informante. *HC 224.849-RJ, Rel. Min. Marco Aurélio Bellizze, 11.6.13. 5ª T. (Info 527)*

2012

Aplicação da minorante do art. 33, § 4º da Lei 11.343/06.

O magistrado não pode deixar de aplicar a minorante prevista no § 4º do art. 33 da Lei 11.343/06 se utilizando exclusivamente dos elementos descritos no núcleo do referido tipo penal para concluir que o réu se dedicava à atividade criminosa. *HC 253.732-RJ, Rel. Min. Jorge Mussi, 6.12.12. 5ª T. (Info 514)*

Requisitos para configuração do delito de associação para o tráfico.

Exige-se o dolo de se associar com permanência e estabilidade para a caracterização do crime de associação para o tráfico, previsto no art. 35 da Lei 11.343/06. Dessa forma, é atípica a conduta se não houver ânimo associativo permanente (duradouro), mas apenas esporádico (eventual). *HC 139.942, Rel. Min. Maria T. A. Moura, 19.11.12. 6ª T. (Info 509)*

Tráfico. Não apreensão da droga.

A ausência de apreensão da droga não torna a conduta atípica se existirem outros elementos de prova aptos a comprovarem o crime de tráfico. *HC 131.455, Rel. Min. Maria T. A. Moura, 2.8.12. 6ª T. (Info 501)*

7. LEI DOS CRIMES CONTRA A ORDEM TRIBUTÁRIA/ECONÔMICA/CONSUMO (LEI 8.137/90)

2016

Obrigação de remessa da representação fiscal para fins penais.

A Delegacia da Receita Federal deve enviar ao Ministério Público Federal os autos das representações fiscais para fins penais relativas aos crimes contra a ordem tributária previstos na Lei n. 8.137/1990 e aos crimes contra a previdência social (arts. 168-A e 337-A do CP), após proferida a decisão final, na esfera administrativa, sobre a exigência fiscal do crédito tributário correspondente, mesmo quando houver afastamento de multa agravada. *REsp 1.569.429-SP, Rel. Min. Herman Benjamin, Segunda Turma, DJe 25.5.2016. 2ª T. (Info 584)*

Prescrição tributária em execução fiscal e trancamento da ação penal por crime material contra a ordem tributária.

O reconhecimento de prescrição tributária em execução fiscal não é capaz de justificar o trancamento de ação penal referente aos crimes contra a ordem tributária previstos nos incisos II e IV do art. 1º da Lei 8.137/90. Isso porque a constituição regular e definitiva do crédito tributário é suficiente para tipificar as condutas previstas no art. 1º, I a IV, da Lei 8.137/90, não influindo o eventual reconhecimento da prescrição tributária. *RHC 67.771-MG, Rel. Min. Nefi Cordeiro, DJe 17.3.2016. 6ª T. (Info 579)*

Tipicidade da omissão na apresentação de declaração ao fisco.

A omissão na entrega da Declaração de Informações Econômico-Fiscais da Pessoa Jurídica (DIPJ) consubstancia conduta apta a firmar a tipicidade do crime de sonegação fiscal previsto no art. 1º, I, da Lei 8.137/90, ainda que o fisco disponha de outros meios para constituição do crédito tributário. *REsp 1.561.442-SP, Rel. Min. Sebastião Reis Júnior, DJe 9.3.2016. 6ª T. (Info 579)*

Venda de medicamentos vencidos como causa de aumento de pena prevista no art. 12, III, da Lei 8.137/90.

Quando o produto vendido for medicamento vencido, será possível aplicar a causa de aumento prevista no art. 12, III, da Lei 8.137/90 na dosimetria da pena do crime previsto no art. 7º, IX, da mesma Lei ("vender, ter em depósito para vender ou expor à venda ou, de qualquer forma, entregar matéria-prima ou mercadoria, em condições impróprias ao consumo"). *REsp 1.207.442-SC, Rel. Min. Nefi Cordeiro, DJe 11.12.2015. 6ª T. (Info 574)*

2015

Necessidade de perícia para demonstrar que a mercadoria está imprópria para o consumo em crime contra a relação de consumo.

Para caracterizar o delito previsto no art. 7º, IX, da Lei 8.137/90 (crime contra relação de consumo), é imprescindível a realização de perícia a fim de atestar se as mercadorias apreendidas estão em condições impróprias para o consumo, não sendo suficiente, para a comprovação da materialidade delitiva, auto de infração informando a inexistência de registro do Serviço de Inspeção Estadual (SIE) nas mercadorias expostas à venda (art. 18, § 6º, II, do CDC, c/c decreto estadual que conceitua os requisitos da propriedade ao consumo de alimentos e bebidas para fins de comercialização). *RHC 49.752-SC, Rel. Min. Jorge Mussi, DJe 22.4.15. 5ª T. (Info 560)*

Termo inicial do prazo prescricional do crime previsto no art. 2º, I, da Lei 8.137/90.

O termo inicial do prazo prescricional da pretensão punitiva do crime previsto no art. 2º, I, da Lei 8.137/90 ("fazer declaração falsa ou omitir declaração sobre rendas, bens ou fatos, ou empregar outra fraude, para eximir-se, total ou parcialmente, de pagamento de tributo") é a data em que a fraude é perpetrada, e não a data em que ela é descoberta. *RHC 36.024-ES, Rel. Min. Reynaldo Soares da Fonseca, DJe 1º.9.15. 5ª T. (Info 568)*

2014

Demonstração da materialidade do crime previsto no art. 7º, IX, da Lei 8.137/90.

Para a demonstração da materialidade do crime previsto no art. 7º, IX, da Lei 8.137/90, é imprescindível a realização de perícia para atestar se as mercadorias apreendidas estavam em condições impróprias para o consumo. *AgRg no Resp 1.111.736-RS, Rel. Min. Marco Aurélio Bellizze, 17.12.13. 5ª T. (Info 533)*

Desnecessidade de constituição definitiva do crédito tributário para a consumação do crime previsto no art. 293, § 1º, III, b, do CP.

É dispensável a constituição definitiva do crédito tributário para que esteja consumado o crime previsto no art. 293, § 1º, III, "b", do CP. *REsp 1.332.401-ES, Rel. Min. Maria T. A. Moura, 19.8.14. 6ª T. (Info 546)*

Inépcia da denúncia que não individualiza a conduta de sócio e administrador de pessoa jurídica.

É inepta a denúncia que, ao imputar a sócio a prática dos crimes contra a ordem tributária previstos nos incisos I e II do art. 1º da Lei 8.137/90, limita-se a transcrever trechos dos tipos penais em questão e a mencionar a condição do denunciado de administrador da sociedade empresária que, em tese, teria suprimido tributos, sem descrever qual conduta ilícita supostamente cometida pelo acusado haveria contribuído para a consecução do resultado danoso. *HC 224.728-PE, Rel. Min. Rogerio S. Cruz, 10.6.14. 6ª T. (Info 543)*

Pretensão executória perante requerimento de adesão a programa de parcelamento tributário.

O simples requerimento de inclusão no parcelamento instituído pela Lei 11.941/09, sem demonstração da correspondência dos débitos tributários sonegados com os débitos objeto do requerimento, não acarreta a suspensão da execução de pena aplicada por crime contra a ordem tributária. *REsp 1.234.696-RS, Rel. Min. Laurita Vaz, 17.12.13. 5ª T. (Info 533)*

Princípio da insignificância no caso de crimes relacionados a tributos que não sejam da competência da União.

É inaplicável o patamar estabelecido no art. 20 da Lei 10.522/02, no valor de R$ 10 mil, para se afastar a tipicidade material, com base no princípio da insignificância, de delitos concernentes a tributos que não sejam da competência da União. *HC 165.003-SP, Rel. Min. Sebastião Reis Júnior, 20.3.14. 6ª T. (Info 540)*

2012

Crime contra a ordem tributária. Art. 2º, II, da Lei 8.137/90. Termo inicial do prazo prescricional.

O termo inicial do prazo prescricional do crime previsto no art. 2º, II, da Lei 8.137/90 é a data da entrega de declaração pelo próprio contribuinte, e não a inscrição do crédito tributário em dívida ativa. *HC 236.376-SC, Rel. Min. Sebastião Reis Júnior, 19.11.12. 6ª T. (Info 511)*

Crime contra a ordem tributária. Omissão de receita. Tipicidade.

A incompatibilidade entre os rendimentos informados na declaração de ajuste anual e valores movimentados no ano calendário caracteriza a presunção relativa de omissão de receita. Por ser relativa, a presunção pode ser afastada por prova contrária do contribuinte. O dolo do tipo manifesta-se na conduta dirigida à omissão de receita e à redução do IRPF, concretizada na apresentação de declaração de imposto de renda sem informar a realização da respectiva movimentação financeira. *REsp 1.326.034, Rel. Min. Og Fernandes, 2.10.12. 6ª T. (Info 505)*

8. LEI DOS CRIMES CONTRA O SISTEMA FINANCEIRO NACIONAL (LEI 7.492/86)

2016

Complexidade do esquema criminoso como circunstância negativa na dosimetria da pena do crime de evasão de divisas.

Na fixação da pena do crime de evasão de divisas (art. 22, par. ún., da Lei 7.492/86), o fato de o delito ter sido cometido por organização criminosa complexa e bem estrutura pode ser valorado de forma negativa a título de circunstâncias do crime. *REsp 1.535.956-RS, Rel. Min. Maria Thereza de Assis Moura, DJe 9.3.2016. 6ª T. (Info 578)*

Configuração do crime de gestão fraudulenta de instituição financeira.

A absolvição quanto ao crime de emissão, oferecimento ou negociação de títulos fraudulentos (art. 7º da Lei 7.492/86) não ilide a possibilidade de condenação por gestão fraudulenta de instituição financeira (art. 4º, caput, da Lei 7.492/86). *HC 285.587-SP, Rel. Rogerio Schietti Cruz, DJe 28.3.2016. 6ª T. (Info 580)*

Conteúdo do dolo no crime de gestão temerária.

Está presente o dolo do delito de gestão temerária (art. 4º, parágrafo único, da Lei 7.492/86) na realização, por alguma das pessoas mencionadas no art. 25 da Lei 7.492/86, de atos que transgridam, voluntária e conscientemente, normas específicas expedidas pela CVM, CMN ou Bacen. *REsp 1.613.260-SP, Rel. Min. Maria Thereza de Assis Moura, DJe 24.8.2016. 6ª T. (Info 588)*

Operações "dólar-cabo" e princípio da insignificância.

Nos casos de evasão de divisas praticadas mediante operação do tipo "dólar-cabo", não é possível utilizar o valor de R$ 10 mil como parâmetro para fins de aplicação do princípio da insignificância. *REsp 1.535.956-RS, Rel. Min. Maria Thereza de Assis Moura, DJe 9.3.2016. 6ª T. (Info 578)*

2015

Diferença entre estelionato e crime contra o sistema financeiro nacional.

Configura o crime contra o Sistema Financeiro do art. 6º da Lei 7.492/86 – e não estelionato, do art. 171 do CP – a falsa promessa de compra de valores mobiliários feita por falsos representantes de investidores estrangeiros para induzir investidores internacionais a transferir antecipadamente valores que diziam ser devidos para a realização das operações. REsp 1.405.989-SP, Rel. p/ ac. Min. Nefi Cordeiro, DJe 23.9.15. 6ª T. (Info 569)

Hipótese que não caracteriza continuidade delitiva.

Não há continuidade delitiva entre os crimes do art. 6º da Lei 7.492/86 (Lei dos Crimes contra o Sistema Financeiro Nacional) e os crimes do art. 1º da Lei 9.613/98 (Lei dos Crimes de "Lavagem" de Dinheiro). REsp 1.405.989-SP, Rel. p/ ac. Min. Nefi Cordeiro, DJe 23.9.15. 6ª T. (Info 569)

Sujeito ativo de crime contra o sistema financeiro nacional.

Podem ser sujeitos ativos do crime previsto no art. 6º da Lei 7.492/86 pessoas naturais que se fizeram passar por membro ou representante de pessoa jurídica que não tinha autorização do Bacen para funcionar como instituição financeira. REsp 1.405.989-SP, Rel. p/ ac. Min. Nefi Cordeiro, DJe 23.9.15. 6ª T. (Info 569)

9. LEI DOS CRIMES DE TORTURA (LEI 9.455/97)

2016

Ausência de "bis in idem" na dosimetria da pena de crime de tortura.

No caso de crime de tortura perpetrado contra criança em que há prevalência de relações domésticas e de coabitação, não configura "bis in idem" a aplicação conjunta da causa de aumento de pena prevista no art. 1º, § 4º, II, da Lei 9.455/97 (Lei de Tortura) e da agravante genérica estatuída no art. 61, II, f, do Código Penal. HC 362.634-RJ, Rel. Min. Maria Thereza de Assis Moura, 6ª T., DJ 29.8.2016. 6ª T. (Info 589)

2014

Regime inicial de cumprimento de pena no crime de tortura.

Não é obrigatório que o condenado por crime de tortura inicie o cumprimento da pena no regime prisional fechado. HC 286.925-RR, Rel. Min. Laurita Vaz, 13.5.14. 5ª T. (Info 540)

10. LEI DOS JUIZADOS ESPECIAIS CRIMINAIS (LEI 9.099/95)

2016

Condições para o sursis processual. Recurso repetitivo. Tema 930.

RPT Não há óbice a que se estabeleçam, no prudente uso da faculdade judicial disposta no art. 89, § 2º, da Lei 9.099/95, obrigações equivalentes, do ponto de vista prático, a sanções penais (tais como a prestação de serviços comunitários ou a prestação pecuniária), mas que, para os fins do sursis processual, se apresentam tão somente como condições para sua incidência. REsp 1.498.034-RS, Rel. Min. Rogerio Schietti Cruz, 3ª S., DJe 2.12.2015. (Info 574)

Hipótese de inaplicabilidade da Súmula 337/STJ.

Após a sentença penal que condenou o agente pela prática de dois crimes em concurso formal, o reconhecimento da prescrição da pretensão punitiva em relação a apenas um dos crimes em razão da pena concreta (art. 109 do CP) não autoriza a suspensão condicional do processo em relação ao crime remanescente. REsp 1.500.029-SP, Rel. Min. Sebastião Reis Júnior, DJ 13.10.2016. 6ª T. (Info 591)

Revogação do sursis processual após o período de prova. Recurso repetitivo. Tema 920.

RPT Se descumpridas as condições impostas durante o período de prova da suspensão condicional do processo, o benefício poderá ser revogado, mesmo se já ultrapassado o prazo legal, desde que referente a fato ocorrido durante sua vigência. REsp 1.498.034-RS, Rel. Min. Rogerio Schietti Cruz, 3ª S., DJe 2.12.2015. (Info 574)

2014

Inaplicabilidade da transação penal às contravenções penais praticadas contra mulher no contexto de violência doméstica.

A transação penal não é aplicável na hipótese de contravenção penal praticada com violência doméstica e familiar contra a mulher. *HC 280.788-RS, Rel. Min. Rogerio S. Cruz, 3.4.14. 6ª T. (Info 539)*

2012

"Sursis" processual. Imposição de condições não previstas expressamente no art. 89 da Lei 9.099/95.

É cabível a imposição de prestação de serviços à comunidade ou de prestação pecuniária como condição especial para a concessão do benefício da suspensão condicional do processo, desde que observados os princípios da adequação e da proporcionalidade. *RHC 31.283-ES, Rel. Min. Laurita Vaz, 11.12.12. 5ª T. (Info 512)*

Suspensão condicional do processo e prestação pecuniária.

Fere o princípio da legalidade a imposição de prestação pecuniária como condição para a suspensão condicional do processo. O § 2º do art. 89 da Lei 9.099/95 traz a possibilidade de o juiz estabelecer outras condições, além das elencadas no § 1º, para a concessão do benefício, desde que adequadas ao fato e à situação pessoal do acusado. Porém, a prestação pecuniária – consistente em pena restritiva de direito, autônoma e substitutiva – depende de expressa previsão legal para sua imposição, o que a lei supramencionada não o fez. Assim, não sendo a prestação pecuniária requisito expresso para a suspensão condicional do processo, não pode o magistrado fazer tal imposição ao beneficiário. *HC 222.026, Rel. Min. Maria T. A. Moura, 20.3.12. 6ª T. (Info 493)*

Suspensão condicional do processo. Oferecimento do benefício ao acusado por parte do juízo competente em ação penal pública.

O juízo competente deverá, no âmbito de ação penal pública, oferecer o benefício da suspensão condicional do processo ao acusado caso constate, mediante provocação da parte interessada, não só a insubsistência dos fundamentos utilizados pelo Ministério Público para negar o benefício, mas o preenchimento dos requisitos especiais previstos no art. 89 da Lei 9.099/95. *HC 131.108-RJ, Rel. Min. Jorge Mussi, 18.12.12. 5ª T. (Info 513)*

Suspensão condicional do processo. Revogação posterior ao período de prova.

É possível a revogação do benefício da suspensão condicional do processo após o término do período de prova, desde que os fatos ensejadores da revogação tenham ocorrido durante esse período. *HC 208.497-RS, Rel. Min. Assusete Magalhães, 11.12.12. 6ª T. (Info 513)*

11. LEI DO MERCADO DE VALORES MOBILIÁRIOS (LEI 6.385/76)

2016

Uso indevido de informação privilegiada.

Subsume-se à figura típica prevista no art. 27-D da Lei 6.385/76 a conduta de quem, em função do cargo de alta relevância que exercia em sociedade empresária, obteve informação sigilosa acerca da futura aquisição do controle acionário de uma companhia por outra (operação cujo estudo de viabilidade já se encontrava em estágio avançado) – dado capaz de influir de modo ponderável nas decisões dos investidores do mercado, gerando apetência pela compra dos ativos da sociedade que seria adquirida – e, em razão dessa notícia, adquiriu, no mesmo dia, antes da divulgação do referido dado no mercado de capitais, ações desta sociedade, ainda que antes da conclusão da operação de aquisição do controle acionário. *REsp 1.569.171-SP, Rel. Min. Gurgel de Faria, DJe 25.2.2016. 5ª T. (Info 577)*

Uso indevido de informação privilegiada e aumento de pena-base.

Representa circunstância judicial idônea a exasperar a pena-base do condenado pelo crime de uso indevido de informação privilegiada (art. 27-D da Lei 6.385/76) o exercício de cargo de alta importância que possibilitou o acesso à "informação relevante". *REsp 1.569.171-SP, Rel. Min. Gurgel de Faria, DJe 25.2.2016. 5ª T. (Info 577)*

12. LEI MARIA DA PENHA (LEI 11.340/06)

2014

Aplicação da Lei Maria da Penha na relação entre mãe e filha.

É possível a incidência da Lei 11.340/06 (Lei Maria da Penha) nas relações entre mãe e filha. *HC 277.561-AL, Rel. Min. Jorge Mussi, 6.11.14. 5ª T. (Info 551)*

Competência de juizado de violência doméstica e familiar contra a mulher para julgar execução de alimentos por ele fixados.

O Juizado de Violência Doméstica e Familiar contra a Mulher tem competência para julgar a execução de alimentos que tenham sido fixados a título de medida protetiva de urgência fundada na Lei Maria da Penha em favor de filho do casal em conflito. *REsp 1.475.006-MT, Rel. Min. Moura Ribeiro, 14.10.14. 3ª T. (Info 550)*

Descumprimento de medida protetiva de urgência prevista na Lei Maria da Penha.

O descumprimento de medida protetiva de urgência prevista na Lei Maria da Penha (art. 22 da Lei 11.340/06) não configura crime de desobediência (art. 330 do CP). *REsp 1.374.653-MG, Rel. Min. Sebastião Reis Júnior, 11.3.14. 6ª T. (Info 538)*

Descumprimento de medida protetiva de urgência prevista na Lei Maria da Penha.

O descumprimento de medida protetiva de urgência prevista na Lei Maria da Penha (art. 22 da Lei 11.340/06) não configura crime de desobediência (art. 330 do CP). *RHC 41.970-MG, Rel. Min. Laurita Vaz, 7.8.14. 5ª T. (Info 544)*

Medidas protetivas acautelatórias de violência contra a mulher.

As medidas protetivas de urgência da Lei 11.340/06 (Lei Maria da Penha) podem ser aplicadas em ação cautelar cível satisfativa, independentemente da existência de inquérito policial ou processo criminal contra o suposto agressor. *REsp 1.419.421-GO, Rel. Min. Luis Felipe Salomão, 11.2.14. 4ª T. (Info 535)*

2012

Lei Maria da Penha. Briga entre irmãos.

A hipótese de briga entre irmãos – que ameaçaram a vítima de morte – amolda-se àqueles objetos de proteção da Lei 11.340/06 (Lei Maria da Penha). *HC 184.990, Rel. Min. Og Fernandes, 12.6.12. 6ª T. (Info 499)*

Lei Maria da Penha. Crime de ameaça entre irmãos.

Estabelecida a competência de uma das varas do Juizado de Violência Doméstica e Familiar contra a Mulher para examinar processo em que se apura a prática do crime de ameaça. Na hipótese, o recorrido foi ao apartamento da sua irmã, com vontade livre e consciente, fazendo várias ameaças de causar-lhe mal injusto e grave, além de ter provocado danos materiais em seu carro, causando-lhe sofrimento psicológico e dano moral e patrimonial, no intuito de forçá-la a abrir mão do controle da pensão que a mãe de ambos recebe. A relação existente entre o sujeito ativo e o passivo deve ser analisada em face do caso concreto, para verificar a aplicação da Lei Maria da Penha, tendo o recorrido se valido de sua autoridade de irmão da vítima para subjugar a sua irmã, com o fim de obter para si o controle do dinheiro da pensão, sendo desnecessário configurar a coabitação entre eles. *REsp 1.239.850, Rel. Min. Laurita Vaz, 16.2.12. 5ª T. (Info 491)*

Qualificadora. Lesão corporal contra homem. Violência doméstica.

O aumento de pena do § 9º do art. 129 do CP, alterado pela Lei 11.340/06, aplica-se às lesões corporais cometidas contra homem no âmbito das relações domésticas. Apesar da Lei Maria da Penha ser destinada à proteção da mulher, o referido acréscimo visa tutelar as demais desigualdades encontradas nas relações domésticas. *RHC 27.622, Rel. Min. Jorge Mussi, 7.8.12. 5ª T. (Info 501)*

13. LEIS ESPARSAS

2016

Entrega espontânea de documentos e sigilo bancário.

Não configura quebra de sigilo bancário e fiscal o acesso do MP a recibos e comprovantes de depósitos bancários entregues espontaneamente pela ex-companheira do investigado os quais foram voluntariamente deixados sob a responsabilidade dela pelo próprio investigado. *RHC 34.799-PA, Rel. Min. Reynaldo Soares da Fonseca, DJe 20.4.2016. 5ª T. (Info 581)*

Homologação de sentença estrangeira e confisco de imóvel situado no Brasil.

É possível a homologação de sentença penal estrangeira que determine o perdimento de imóvel situado no Brasil em razão de o bem ser produto do crime de lavagem de dinheiro.
De fato, a Convenção das Nações Unidas contra o Crime Organizado Transnacional (Convenção de Palermo), promulgada pelo Dec. 5.015/04, dispõe que os estados partes adotarão, na medida em que o seu ordenamento jurídico interno o permita, as medidas necessárias para possibilitar o confisco do produto das infrações previstas naquela convenção ou de bens cujo valor corresponda ao desse produto (art. 12, 1, a), sendo o crime de lavagem de dinheiro tipificado na convenção (art. 6º), bem como na legislação brasileira (art. 1º da Lei 9.613/98). *SEC 10.612-FI, Rel. Min. Laurita Vaz, DJe 28.6.2016. Corte Especial. (Info 586)*

Inaplicabilidade do arrependimento posterior em homicídio culposo na direção de veículo.

Em homicídio culposo na direção de veículo automotor (art. 302 do CTB), ainda que realizada composição civil entre o autor do crime e a família da vítima, é inaplicável o arrependimento posterior (art. 16 do CP). *REsp 1.561.276-BA, Rel. Min. Sebastião Reis Júnior, DJ 15.9.2016. 6ª T. (Info 590)*

Modo de impugnação de medida assecuratória prevista na lei de lavagem de dinheiro.

É possível a interposição de apelação, com fundamento no art. 593, II, do CPP, contra decisão que tenha determinado medida assecuratória prevista no art. 4º, caput, da Lei 9.613/98 (Lei de lavagem de Dinheiro), a despeito da possibilidade de postulação direta ao juiz constritor objetivando a liberação total ou parcial dos bens, direitos ou valores constritos (art. 4º, §§ 2º e 3º, da mesma Lei). *REsp 1.585.781-RS, Rel. Min. Felix Fischer, DJe 1.8.2016. 5ª T. (Info 587)*

2015

Configuração do crime de cambismo.

Para a configuração do crime de cambismo (Vender ingressos de evento esportivo, por preço superior ao estampado no bilhete), previsto no art. 41-F da Lei 10.671/03, não há necessidade de comprovação de que, no momento da oferta, não havia ingressos disponíveis na bilheteria. *RHC 47.835-RJ, Rel. Min. Maria T. A. Moura, DJe 19.12.14. 6ª T. (Info 554)*

Não configuração do crime do art. 10 da Lei 7.347/85.

Não configura o crime do art. 10 da Lei 7.347/85 o retardamento do envio de dados técnicos requisitados pelo MP para a propositura de ação civil pública quando, após o envio a destempo, o MP promova o arquivamento do inquérito civil sob o fundamento da licitude dos atos praticados pelo investigado. *HC 303.856-RJ, Rel. Min. Felix Fischer, DJe 22.4.15. 5ª T. (Info 560)*

Prestação de serviço de provedor de acesso à internet por meio de radiofrequência sem autorização da Anatel.

Ajusta-se à figura típica prevista no art. 183 da Lei 9.472/97 (Desenvolver clandestinamente atividades de telecomunicação) a conduta de prestar, sem autorização da Anatel, serviço de provedor de acesso à internet a terceiros por meio de instalação e funcionamento de equipamentos de radiofrequência. *AgRg no REsp 1.304.262-PB, Rel. Min. Jorge Mussi, DJe 28.4.15. 5ª T. (Info 560)*

Progressão de regime do reincidente condenado por crime hediondo.

A progressão de regime para os condenados por crime hediondo dar-se-á, se o sentenciado for reincidente, após o cumprimento de 3/5 da pena, ainda que a reincidência não seja específica em crime hediondo ou equiparado. *HC 301.481-SP, Rel. Min. Ericson Maranho, DJe 11.6.15. 6ª T. (Info 563)*

2013

Penas acessórias para crimes de responsabilidade de prefeito frente à prescrição.

Ocorrida a prescrição da pretensão punitiva de crime de responsabilidade de prefeito municipal, não podem ser aplicadas as penas de perda de cargo e de inabilitação para o exercício de cargo ou função pública previstas no § 2º do art. 1º do DL 201/67. *AgRg no REsp 1.381.728-SC, Rel. Min. Marco Aurélio Bellizze, 17.12.13. 5ª T. (Info 533)*

23. OUTROS TEMAS

1. DIREITO AGRÁRIO

2016

Empresa rural de grande porte não tem direito de preferência previsto no Estatuto da Terra.

O direito de preferência para a aquisição do imóvel arrendado, previsto no art. 92, § 3º, do Estatuto da Terra, não é aplicável à empresa rural de grande porte (arrendatária rural). O Estatuto da Terra não impôs nenhuma restrição quanto à pessoa do arrendatário, para o exercício do direito de preferência, de modo que, ao menos numa interpretação literal, nada obstaria a que uma grande empresa rural viesse a exercer o direito de preempção. Porém, o Decreto n. 59.566/1966, que regulamenta o Estatuto da Terra, estabeleceu que os benefícios nele previstos seriam restritos àqueles que explorem atividade rural direta e pessoalmente, como o típico homem do campo (art. 38), fazendo uso eficiente e correto da terra, contando essencialmente com a força de trabalho de sua família (art. 8º). REsp 1.447.082-TO, Rel. Min. Paulo de Tarso Sanseverino, DJe 13.5.2016. 3ª T. (Info 583)

Prazo mínimo de contrato de arrendamento rural para a criação de gado bovino.

É de cinco anos o prazo mínimo para a duração de contrato de arrendamento rural em que ocorra pecuária de gado bovino, independentemente da maior ou menor escala da atividade exploratória ou da extensão da área a que se refira o contrato. REsp 1.336.293-RS, Rel. Min. João Otávio de Noronha, DJe 1.6.2016. 3ª T. (Info 584)

2015

Inaplicabilidade do art. 30 da Lei 9.656/98 a contrato de parceria rural.

No caso de extinção de contrato agrário de "Parceria rural" (arts. 96, § 1º, da Lei 4.504/64 e 4º do Decreto 59.566/66), não é assegurado ao parceiro outorgado o "direito de manter sua condição de beneficiário" (art. 30 da Lei 9.656/98) em plano de saúde coletivo instituído pela sociedade empresária outorgante. REsp 1.541.045-RS, Rel. Min. Ricardo Villas Bôas Cueva, DJe 15.10.15. 3ª T. (Info 571)

Nulidade de cláusula de renúncia à indenização pelas benfeitorias necessárias e úteis nos contratos agrários.

Nos contratos agrários, é nula a cláusula de renúncia à indenização pelas benfeitorias necessárias e úteis. REsp 1.182.967-RS, Rel. Min. Luis Felipe Salomão, DJe 26.6.15. 4ª T. (Info 564)

Possibilidade de usucapião de imóvel rural de área inferior ao módulo rural.

Presentes os requisitos exigidos no art. 191 da CF, o imóvel rural cuja área seja inferior ao "módulo rural" estabelecido para a região (art. 4º, III, da Lei 4.504/64) poderá ser adquirido por meio de usucapião especial rural. REsp 1.040.296-ES, Rel. p/ ac. Min. Luis Felipe Salomão, DJe 14.8.15. 4ª T. (Info 566)

2014

Preço a ser depositado para o exercício do direito de preferência em arrendamento rural.

Em ação de adjudicação compulsória proposta por arrendatário rural que teve desrespeitado o seu direito de preferência para a aquisição do imóvel, o preço a ser depositado para que o autor obtenha a transferência forçada do bem (art. 92, § 4º, da Lei 4.505/64) deve corresponder àquele consignado na escritura pública de compra e venda registrada no cartório de registro de imóveis, ainda que inferior ao constante do contrato particular de compra e venda firmado entre o arrendador e o terceiro que tenha comprado o imóvel. REsp 1.175.438-PR, Rel. Min. Luis Felipe Salomão, 25.3.14. 4ª T. (Info 538)

2. DIREITO ECONÔMICO

2016

Suspensão da exigibilidade do direito antidumping provisório.

A caução de maquinário do importador efetuada por ocasião do desembaraço aduaneiro para o fim da liberação de mercadorias originárias de outro país não suspende a exigibilidade dos direitos antidumping provisórios. REsp 1.516.614-PR, Rel. Min. Gurgel de Faria, DJe 24.5.2016. 1ª T. (Info 584)

2014

Liquidação de sentença que condene a União a indenizar prejuízos decorrentes da fixação de preços para o setor sucroalcooleiro.

RPT No que diz respeito à aferição do prejuízo experimentado pelas empresas do setor sucroalcooleiro em razão do tabelamento de preços estabelecido pelo Governo Federal por intermédio da Lei 4.870/65, definiu-se que: a) cabe à Administração interveniente no domínio econômico arcar com os prejuízos efetivamente suportados pelas usinas, uma vez que não foram considerados os valores apurados pela Fundação Getúlio Vargas – FGV para o custo da cana-de--açúcar e seus derivados, consoante prevê os arts. 9º, 10 e 11 da Lei 4.870/65; b) tratando-se de hipótese de responsabilidade civil objetiva do Estado, necessária a demonstração da ação governamental, nexo de causalidade e dano; c) não é admissível a utilização do simples cálculo da diferença entre o preço praticado pelas empresas e os valores estipulados pelo IAA/FGV, como único parâmetro de definição do *quantum debeatur*; d) o suposto prejuízo sofrido pela empresa possui natureza jurídica dupla: danos emergentes (dano positivo) e lucros cessantes (dano negativo), que exigem efetiva comprovação; e) nos casos em que a ação de conhecimento é julgada procedente, o quantum da indenização pode ser discutido em liquidação da sentença por arbitramento, em conformidade com o art. 475-C do CPC, podendo, inclusive, chegar a dano em valor zero; f) simples critério jurídico (descumprimento da Lei 4.870/65) não pode servir como único parâmetro para definição do *quantum debeatur*, limitando-se a reconhecer o *an debeatur*; e g) só há pertinência lógica-jurídica em se questionar a fixação de preços no setor sucroalcooleiro, por descumprimento do critério legal previsto no art. 10 da Lei 4.870/65, durante o período de eficácia dessa norma, ou seja, até o advento da Lei 8.178/91 (4.3.1991). REsp 1.347.136-DF, Rel. Min. Eliana Calmon, 11/12/13.

3. DIREITO EDUCACIONAL

2016

Hipótese em que instituição de ensino superior não pode recusar a matrícula de aluno.

Instituição de ensino superior não pode recusar a matrícula de aluno aprovado em vestibular em razão de inadimplência em curso diverso anteriormente frequentado por ele na mesma instituição. REsp 1.583.798-SC, Rel. Min. Herman Benjamin, DJ 7.10.2016. 2ª T. (Info 591)

2015

Posse de membro do Ministério Público no cargo de desembargador federal e direito à transferência universitária de dependente.

O filho de membro do Ministério Público do Trabalho tem, em razão da mudança de domicílio de seu pai para tomar posse no cargo de Desembargador Federal do Trabalho, direito a ser transferido para instituição de ensino superior congênere nos termos do art. 49 da Lei 9.394/96, c/c art. 1º da Lei 9.536/97. REsp 1.536.723-RS, Rel. Min. Humberto Martins, DJe 20.10.15. 2ª T. (Info 571)

Revalidação no Brasil de diplomas de universidades da América Latina e Caribe. Recurso repetitivo. Tema 615.

RPT O Decreto n. 80.419/77 – que incorporou a Convenção Regional sobre o Reconhecimento de Estudos, Títulos e Diplomas de Ensino Superior na América Latina e no Caribe – não foi revogado pelo Decreto n. 3.007/99 nem traz norma específica que vede os procedimentos de revalidação dos diplomas que têm respaldo nos artigos 48 e 53, V, da Lei de Diretrizes e Bases da Educação Brasileira. REsp 1.215.550-PE, Rel. Min. Og Fernandes, 1ª S., DJe 5.10.15. (Info 570)

2013

Exigência de processo seletivo para a revalidação de diploma obtido em instituição de ensino estrangeira.

RPT É legal a exigência feita por universidade, com base em resolução por ela editada, de prévia aprovação em processo seletivo como condição para apreciar pedido de revalidação de diploma obtido em instituição de ensino estrangeira. REsp

1.349.445-SP, Rel. Min. Mauro Campbell Marques, 8.5.13. 1ª S. (Info 520)

2012

Enade. Obrigatoriedade. Aplicação da teoria do fato consumado.

O Exame Nacional do Desempenho dos Estudantes é obrigatório a todos os estudantes convocados regularmente para a sua realização, não sendo ilegal o condicionamento a colação de grau e, consequentemente, a obtenção do diploma de curso superior, ao comparecimento ao referido exame. 2. Ocorre que, no presente caso, levando-se em conta que já houve a outorga do grau à impetrante, há que ser considerada consolidada a situação de fato. 3. Conforme se extrai dos autos, a liminar concedida em primeira instância possibilitou que a recorrida obtivesse o diploma de conclusão do curso de farmácia em 3.2.2011, ou seja, há quase dois anos, sendo natural que esteja valendo-se de sua formação para exercer sua profissão e prover o seu sustento. 4. Em casos excepcionais, em que a restauração da estrita legalidade ocasionaria mais danos sociais do que a manutenção da situação consolidada pelo decurso do tempo (conclusão do curso e obtenção do diploma), por intermédio do mandado de segurança concedido, a jurisprudência do STJ tem firmado-se no sentido de aplicar a teoria do fato consumado. REsp 1.346.893, Rel. Min. Campbell Marques, 6.11.12. 2ª T. (Info 508)

Legitimidade passiva "ad causam" da União. Educação à distância. Ausência de credenciamento da instituição de ensino superior pelo MEC.

Em havendo obstáculo à obtenção do diploma após a conclusão de curso de ensino a distância, por causa da ausência de credenciamento da instituição de ensino superior pelo Ministério da Educação, resta patente legitimidade passiva ad causam da União. AgRg no REsp 1.332.394, Rel. Min. Arnaldo E. Lima, 9.10.12. 1ª T. (Info 506)

4. LEI ORGÂNICA DA MAGISTRATURA NACIONAL (LC 35/79)

2014

Exigência do cumprimento do prazo de doze meses de exercício para a primeira fruição de férias de magistrado.

Para o primeiro período aquisitivo de férias de juiz federal substituto serão exigidos doze meses de exercício. REsp 1.421.612-PB, Rel. Min. Herman Benjamin, 3.6.14. 2ª T. (Info 543)

2012

Afastamento cautelar de magistrado em processo administrativo. Inexistência de direito ao gozo de férias.

O magistrado afastado cautelarmente de suas funções até o término do processo administrativo disciplinar não tem direito ao gozo de férias e ao pagamento do terço constitucional, bem como à conversão dos dias em pecúnia. RMS 33.579, Rel. Min. Herman Benjamin, 9.10.12. 2ª T. (Info 507)

Ordem na lista de antiguidade. Tempo de serviço no cargo.

O tempo de serviço no cargo, e não a classificação no concurso, é o que determina a ordem de figuração da lista de antiguidade na magistratura, ainda que tenha ocorrido preterição na nomeação em virtude de aguardo de decisão judicial. A demora na investidura no cargo, no aguardo de decisão judicial sobre o direito à nomeação (que a jurisprudência do STF não considera preterição ilegítima), não tem o efeito de modificar a realidade dos fatos, nem justifica, por si só, que se reconheça como prestado um tempo de serviço que não ocorreu efetivamente. A ordem de classificação no concurso só é relevante em caso de empate, ou seja, quando for o mesmo tempo de serviço de dois ou mais juízes. RMS 34.032, Rel. Min. Teori Zavascki, 16.10.12. 1ª T. (Info 506)

5. LEI ORGÂNICA NACIONAL DO MINISTÉRIO PÚBLICO (LEI 8.625/93)

2013

Prerrogativa institucional do MP de tomar assento à direita do magistrado.

É prerrogativa institucional dos membros do Ministério Público sentar-se à direita dos juízes singulares ou presidentes dos órgãos judiciários perante os quais oficiem, independentemente de estarem atuando como parte ou fiscal da lei. RMS 23.919-SP, Rel. Min. Mauro Campbell Marques, 5.9.13. 2ª T. (Info 529)

6. LEIS DE ANISTIA POLÍTICA

2012

Anistiado político. Reparação econômica cumulada com danos morais. Impossibilidade.

A reparação econômica prevista na Lei 10.559/02 possui dúplice caráter indenizatório, abrangendo os danos materiais e morais sofridos pelos anistiados políticos. Embora os direitos expressos na Lei de Anistia não excluam os conferidos por outras normas legais ou constitucionais, é vedada a acumulação de quaisquer pagamentos, benefícios ou indenizações com o mesmo fundamento, facultando-se ao beneficiário a opção mais favorável. Portanto, o anistiado político beneficiado com o recebimento da indenização não pode propor demanda de reparação de danos morais, com base no CC, com a mesma fundamentação utilizada na comissão de anistia, sob pena de infringir o princípio do "bis in idem". REsp 1.323.405, Rel. Min. Arnaldo E. Lima, 11.9.12. 1ª T. (Info 504)

Anistia política. Termo de adesão. Descumprimento.

Nos termos da Lei 11.354/06, a aquiescência ao Termo de Adesão impõe expressa concordância com o valor, a forma e as condições de pagamento e, ainda, declaração de que não está, nem ingressará em juízo reclamando ou impugnando o valor a ele devido; no caso concreto, houve descumprimento pelo ajuizamento de ação judicial. 2. Descumprida a condição exposta pelo art. 2º da Lei 11.354/06, em face de propositura de ação pleiteada, graduação diversa daquela concedida pela Comissão de Anistia, impõe-se a suspensão do pagamento das parcelas determinadas pelo acordo. AgRg no REsp 1.328.001, Rel. Min. Humberto Martins, 18.10.12. 2ª T. (Info 507)

7. RISTJ

2012

Competência. Nulidade. Ato administrativo. Secretaria de Previdência Complementar.

A 1ª Seção é a competente para julgar ação que envolve relação de direito público cujo objeto seja a anulação de ato administrativo. CC 114.865, Rel. Min. Francisco Falcão, 7.3.12. Corte Especial. (Info 492)

Conflito de competência. Nulidade de ato administrativo. Previdência de notários e oficiais de registro.

De acordo com o art. 9º, § 1º, II e XIII, do RISTJ, compete à 1ª Seção processar e julgar feitos em que se discutem os limites de abrangência – a notários e oficiais de registros admitidos antes da CF/88 – dos direitos e benefícios típicos de servidores públicos diante das modificações introduzidas no regime jurídico dos notários pela CF/88. CC 109.352, Rel. Min. João Otávio de Noronha, 15.2.12. Corte Especial. (Info 491)

Contradição entre notas taquigráficas e acórdão. Sanção por uso de software não licenciado.

O art. 103, § 1º, do RISTJ, preconiza que, havendo contradição entre o voto do relator e as notas taquigráficas, essas têm primazia, uma vez que refletem a convicção da Turma, que é o juiz natural do processo, sendo certo que a função do relator, tradicionalmente, é de processar o recurso ou a ação de competência originária do tribunal, bem como prepará-los para julgamento pelo órgão colegiado, como forma de racionalização do serviço, atuando mediante delegação do órgão fracionário do qual faz parte. EDcl nos EDcl no REsp 991.721, Rel. p/ ac. Min. Luis F. Salomão, 19.6.12. 4ª T. (Info 500)

8. SISTEMA FINANCEIRO DA HABITAÇÃO

2016

Alienação fiduciária de imóvel em garantia de qualquer operação de crédito.

É possível a constituição de alienação fiduciária de bem imóvel para garantia de operação de crédito não vinculada ao Sistema Financeiro Imobiliário (SFI). O entendimento de que o instituto da alienação fiduciária de bens imóveis somente poderia ser utilizado em crédito destinado a aquisição, edificações ou reformas do imóvel oferecido em garantia – fundado no argumento de que a finalidade da Lei 9.514/97 é proteger o sistema imobiliário e o de habitação como um todo, de modo que a constituição de garantia fiduciária sobre bem imóvel deve estar em sintonia com o objetivo da lei, consubstanciado no incentivo ao financiamento imobiliário – não se sustenta. Isso porque esse posicionamento não encontra respaldo nos arts. 22, § 1º, da Lei 9.514/97 e 51 da

Lei 10.931/04. REsp 1.542.275-MS, Rel. Min. Ricardo Villas Bôas Cueva, DJe 2.12.2015. 3ª T. (Info 574)

Alienação fiduciária de imóvel. Ação de cobrança de taxa de ocupação. Bem arrematado em leilão extrajudicial. Legitimidade "ad causam" após a arrematação.

A legitimidade ativa para a ação de cobrança da taxa de ocupação é, nos termos do art. 37-A da Lei 9.514/97, do credor fiduciário ou do arrematante do bem dado em garantia fiduciária, a depender do momento em que proposta a demanda e o período de sua abrangência. Ajuizada a ação de cobrança em momento anterior à arrematação do bem, é o credor fiduciário o legitimado para a cobrança da taxa referida. Por outro lado, proposta em momento em que já havida a arrematação, é do arrematante a legitimidade ativa da ação de cobrança da taxa de ocupação. REsp 1.622.102-SP, Rel. Min. Luis Felipe Salomão, DJe 11.10.2016. 4ª T. (Info 592)

Hipótese de improcedência de ação de consignação em pagamento ajuizada por mutuário de contrato do SFH.

Deverá ser julgada improcedente a ação de consignação em pagamento no caso em que o autor – mutuário de contrato de financiamento habitacional celebrado no âmbito do SFH em conformidade com o Plano de Comprometimento da Renda (Lei 8.692/93) que, em razão da redução de sua renda, a viu comprometida em percentual superior ao máximo estabelecido no contrato – a tenha ajuizado buscando a quitação e extinção de suas obrigações tão somente por meio da consignação dos valores que ele unilateralmente entende como devidos. REsp 886.846-DF, Rel. Min. Raul Araújo, DJe 1.7.2016. 4ª T. (Info 586)

Inexistência de direito de retenção por benfeitorias realizadas antes de adjudicação de imóvel vinculado ao SFH.

O ex-mutuário de imóvel dado em garantia hipotecária em financiamento do Sistema Financeiro da Habitação (SFH) não tem direito à retenção pelas benfeitorias realizadas no bem antes da adjudicação. De fato, sob a ótica do princípio da gravitação jurídica ("accessorium sequitur principale" – o acessório segue o principal), observa-se que as benfeitorias, por serem bens acessórios, incorporam-se ao imóvel (bem principal), ficando também sujeitas à garantia hipotecária. REsp 1.399.143-MS, Rel. Min. Paulo de Tarso Sanseverino, DJe 13.6.2016. 3ª T. (Info 585)

Termo inicial da taxa de ocupação de imóvel alienado fiduciariamente no âmbito do SFH.

Na hipótese em que frustrados os públicos leilões promovidos pelo fiduciário para a alienação do imóvel objeto de alienação fiduciária no âmbito do Sistema Financeiro da Habitação (SFH), a taxa de ocupação será exigível do fiduciante em mora a partir da data na qual se considera extinta a dívida (art. 27, § 5º, da Lei 9.514/97), e não desde a data da consolidação da propriedade em nome do fiduciário (art. 27, caput, REsp 1.401.233-RS, Rel. Min. Paulo de Tarso Sanseverino, DJe 26.11.2015. 3ª T. (Info 574)

2015

Incidência da Lei 10.931/04 nas ações judiciais que envolvam o SFH.

Aplicam-se aos contratos de financiamento imobiliário do Sistema de Financiamento de Habitação (SFH) as disposições da Lei 10.931/04, mormente as referentes aos requisitos da petição inicial de ação de revisão de cláusulas contratuais (art. 50). REsp 1.163.283-RS, Rel. Min. Luis Felipe Salomão, DJe 4.5.15. 4ª T. (Info 561)

Possibilidade de purgação da mora mesmo após a consolidação da propriedade em nome do credor fiduciário.

Mesmo que já consolidada a propriedade do imóvel dado em garantia em nome do credor fiduciário, é possível, até a assinatura do auto de arrematação, a purgação da mora em contrato de alienação fiduciária de bem imóvel (Lei 9.514/97). REsp 1.462.210-RS, Rel. Min. Ricardo Villas Bôas Cueva, j. 18.11.14. 3ª T. (Info 552)

Utilização da Tabela Price nos contratos do SFH. Recurso repetitivo.

RPT A análise acerca da legalidade da utilização da Tabela Price – mesmo que em abstrato – passa, necessariamente, pela constatação da eventual capitalização de juros (ou incidência de juros compostos, juros sobre juros ou anatocismo), que é questão de fato e não de direito, motivo pelo qual não cabe ao STJ tal apreciação, em razão dos óbices contidos nas Súmulas 5 e 7 do STJ; é exatamente por isso que, em contratos cuja capitalização de juros seja vedada, é necessária a interpretação de cláusulas contratuais e a produção de prova técnica para aferir a existência da cobrança de juros não lineares, incompatíveis, portanto, com financiamentos celebrados no âmbito do SFH antes da vigência da Lei 11.977/09, que acrescentou o art. 15-A à Lei 4.380/64; em se verificando que matérias de fato ou eminentemente técnicas foram tratadas como exclusivamente de direito, reconhece-se o cerceamento, para que seja realizada a prova pericial. *REsp 1.124.552-RS, Rel. Min. Luis Felipe Salomão, Corte Especial, DJe 2.2.15. (Info 554)*

2014

Responsabilidade pelo saldo devedor residual de financiamento celebrado no âmbito do SFH.

RPT Nos contratos de financiamento celebrados no âmbito do Sistema Financeiro de Habitação (SFH), sem cláusula de garantia de cobertura do Fundo de Compensação das Variações Salariais (FCVS), o saldo devedor residual deverá ser suportado pelo mutuário. *REsp 1.447.108-CE e REsp 1.443.870-PE, Rel. Min. Ricardo Villas Bôas Cueva, 22.10.14. 2ª S. (Info 550)*

2013

Ilegitimidade do cessionário para discutir em juízo questões envolvendo mútuo habitacional, com ou sem cobertura do FCVS, celebrado após 25.10.1996.

RPT Tratando-se de cessão de direitos sobre imóvel financiado no âmbito do Sistema Financeiro da Habitação realizada após 25.10.1996, a anuência da instituição financeira mutuante é indispensável para que o cessionário adquira legitimidade ativa para requerer revisão das condições ajustadas, tanto para os contratos garantidos pelo Fundo de Compensação de Variações Salariais como para aqueles sem a garantia mencionada. *REsp 1.150.429-CE, Rel. Min. Ricardo Villas Bôas Cueva, 25.4.13. Corte Especial. (Info 520)*

Legitimidade do cessionário para discutir em juízo questões envolvendo mútuo habitacional com cobertura do FCVS celebrado até 25.10.1996.

RPT Tratando-se de contrato de mútuo habitacional garantido pelo Fundo de Compensação de Variações Salariais, celebrado até 25.10.1996 e transferido sem a intervenção da instituição financeira, o cessionário possui legitimidade para discutir e demandar em juízo questões pertinentes às obrigações assumidas e aos direitos adquiridos. *REsp 1.150.429-CE, Rel. Min. Ricardo Villas Bôas Cueva, 25.4.13. Corte Especial. (Info 520)*

2012

Arrendamento imobiliário especial com opção de compra. Faculdade da instituição financeira.

Violação ao art. 38 da Lei 10.150/00 não evidenciada. Pretensão voltada ao reconhecimento de que as instituições captadoras de depósitos à vista e que operem crédito imobiliário estão obrigadas a promover o contrato de arrendamento imobiliário especial com opção de compra, relativamente aos imóveis que tenham arrematado, adjudicado ou recebido em dação em pagamento por força de financiamentos habitacionais por ela concedidos. A interpretação alusiva à "autorização" constante em lei deve ser realizada no sentido de que tal outorga constitui faculdade e não dever legal, porquanto a celebração da avença de arrendamento imobiliário especial com opção de compra queda, ainda, submetida ao juízo positivo de conveniência, em respeito à livre iniciativa conferida às partes de contratar ou não. *REsp 1.305.752-AL, Rel. Min. Marco Buzzi, 23.10.12. 4ª T. (Info 507)*

Capitalização anual de juros. Encargos mensais. Imputação do pagamento.

Para os contratos celebrados no âmbito do SFH, até a entrada em vigor da Lei 11.977/09, não havia regra especial a propósito da capitalização de juros, de modo que incidia a restrição da Lei de usura (art. 4º do Dec. 22.626/33). Para tais contratos não é válida a capitalização de juros vencidos e não pagos em intervalo inferior a um ano, permitida a capitalização anual, regra geral que independe de pactuação expressa. E, caso o pagamento mensal não seja suficiente para a quitação sequer dos juros, cumpre-se determinar o lançamento dos juros vencidos e não pagos em conta separada, sujeita apenas à correção monetária e à incidência anual de juros. Ressalva do ponto de vista da min. rel. no sentido da aplicabilidade no SFH do art. 5º da MP 2.170-36, permissivo da capitalização mensal, desde que expressamente pactuada. Decidiu-se também que no SFH os pagamentos mensais devem ser imputados primeiramente aos juros e depois ao principal nos termos do disposto no art. 354 do CC/02 (art. 993 do CC/1916). Entendimento consagrado no REsp repetitivo 1194402. *REsp 1.095.852, Rel. Min. Maria I. Gallotti, 14.3.12. 2ª S. (Info 494)*

Caráter facultativo da celebração do contrato de "arrendamento imobiliário especial com opção de compra" previsto no art. 38 da Lei 10.150/00.

RPT As instituições financeiras captadoras de depósitos à vista e que operem crédito imobiliário, inclusive a Caixa Econômica Federal, estão autorizadas, e não obrigadas, a promover contrato de "Arrendamento Imobiliário Especial com Opção de Compra" dos imóveis que tenham arrematado, adjudicado ou recebido em dação em pagamento por força de financiamentos habitacionais por elas concedidos. *REsp 1.161.522-AL, Rel. Min. Maria Isabel Gallotti, 12.12.12. 2ª S. (Info 514)*

CEF. Agente financeiro em sentido estrito. Vício na obra. Ilegitimidade "ad causam".

A CEF não responde por vício na execução da obra cometido por construtora escolhida pelo mutuário para erguer imóvel dele, nem por vício existente em imóvel pronto voluntariamente adquirido pelo mutuário. A mera circunstância de o contrato de financiamento ser celebrado durante a construção ou no mesmo instrumento do contrato de compra e venda firmado com o vendedor não implica a responsabilidade do agente financeiro pela solidez e perfeição da obra. Isso porque não se cuida de cadeia de fornecedores a ensejar solidariedade, uma vez que as obrigações de construir e de fornecer os recursos para a obra são substancialmente distintas, guardam autonomia, sendo sujeitas a disciplina legal e contratual própria. A instituição financeira só tem responsabilidade pelo cumprimento das obrigações que assume com o mutuário referentes ao cumprimento do contrato de financiamento, ou seja, a liberação do empréstimo nas épocas e condições acordadas, tendo por contrapartida a cobrança dos encargos também estipulados no contrato. Com efeito, figurando ela apenas como financiadora, em sentido estrito, não tem responsabilidade sobre a perfeição do trabalho realizado pela construtora escolhida pelo mutuário, não responde pela exatidão dos cálculos e projetos nem, muito menos, pela execução dos serviços desenvolvidos por profissionais não contratados nem remunerados pelo agente financeiro. Ademais, a previsão contratual e regulamentar de fiscalização da obra pela CEF é no sentido de que o empréstimo seja utilizado para os fins descritos no contrato de financiamento, cujo imóvel lhe é dado em garantia hipotecária. Se constatar a existência de fraude, ou seja, que os recursos não estão sendo integralmente empregados na obra, poderá rescindir o contrato de financiamento. Assim, em relação à construtora, a CEF tem o direito e não o dever de fiscalizar. Dessa forma, figurando como mero agente financeiro em sentido estrito, a CEF não possui legitimidade passiva "ad causam" para responder por eventual defeito de construção da obra financiada. *REsp 897.045, Rel. Min. Maria I. Gallotti, 9.10.12. 4ª T. (Info 506)*

CEF. Vício de construção do imóvel. Legitimidade "ad causam".

A questão da legitimidade passiva da CEF, na condição de agente financeiro, em ação de indenização por vício de construção, merece distinção, a depender do tipo de financiamento e das obrigações a seu cargo, podendo ser distinguidos, a grosso modo, dois gêneros de atuação no âmbito do Sistema Financeiro da Habitação, isso a par de sua ação como agente financeiro em mútuos concedidos fora do SFH (1) meramente como agente financeiro em sentido estrito, assim como as demais instituições financeiras públicas e privadas (2) ou como agente executor de políticas federais para a promoção de moradia para pessoas de baixa ou baixíssima renda. 2. Nas hipóteses em que atua na condição de agente financeiro em sentido estrito, não ostenta a CEF legitimidade para responder por pedido decorrente de vícios de construção na obra financiada. Sua responsabilidade contratual diz respeito apenas ao cumprimento do contrato de financiamento, ou seja, à liberação do empréstimo, nas épocas acordadas, e à cobrança dos encargos estipulados no contrato. A previsão contratual e regulamentar da fiscalização da obra pelo agente financeiro justifica-se em função de seu interesse em que o empréstimo seja utilizado para os fins descritos no contrato de mútuo, sendo de se ressaltar que o imóvel lhe é dado em garantia hipotecária. *REsp 1.163.228, Rel. Min. Maria I. Gallotti, 9.10.12. 4ª T. (Info 506)*

Execução hipotecária. Notificação. Endereço do imóvel hipotecado.

São válidas as notificações da execução judicial de contrato imobiliário firmado no âmbito do Sistema Financeiro de Habitação (SFH) quando remetidas ao endereço do imóvel objeto do contrato, não sendo necessário que todos os contratantes recebam os avisos de cobrança. O requisito previsto no art. 2º, IV, da Lei 5.741/71 considera-se satisfeito com o envio do aviso de cobrança ao endereço do imóvel hipotecado, no qual, por força da lei e do contrato, o mutuário está obrigado a residir. Para demonstrar a regularidade das notificações, é suficiente a comprovação de que os dois avisos de cobrança foram devidamente expedidos, não sendo imprescindível a assinatura do mutuário. *REsp 332.117, Rel. Min. Ricardo V. B. Cueva, 4.10.12. 3ª T. (Info 506)*

Execução hipotecária. Notificação. Indicação do valor do débito.

A exigência prevista no art. 2º, IV, da Lei 5.741/71 é satisfeita com a indicação das prestações em atraso, sendo desnecessário que contenha o detalhamento da dívida. Essa obrigatoriedade tem como fundamento dar oportunidade ao devedor para quitar a dívida. *REsp 332.117, Rel. Min. Ricardo V. B. Cueva, 4.10.12. 3ª T. (Info 506)*

Interesse de agir. Mutuário do SFH. Ação revisional. Adjudicação extrajudicial do imóvel.

Inocorre a ausência de interesse de agir do mutuário ou a perda superveniente do objeto da ação revisional em decorrência da adjudicação do imóvel ocorrida em sede de execução extrajudicial. 2. Mesmo nos contratos extintos, em que ocorre a figura da quitação concedida pelo credor ao devedor, mantém-se a viabilidade da ação revisional, razão, aliás, da edição da Súm. 286/STJ. 3. O mutuário de contrato de empréstimo comum, consoante a Súm. 286/STJ, poderá discutir todos os contratos eventualmente extintos pela novação, sem que, atualmente, sequer cogite-se reconhecer a ausência do seu interesse de agir, inclusive quando, em tais relações negociais, há expressa quitação das dívidas que serão, ao final, revisadas. 4. Igualdade de tratamento que deve ser assegurada ao mutuário do SFH. 5. Necessária a avaliação do bem no seio da execução, seja no CPC, seja na Lei 5.741, ou mesmo no DL 70/66, para que, quando da venda judicial ou extrajudicial, possa ele ser ofertado com base em seu valor real, e, assim, por terceiro arrematado ou pelo credor adjudicado. 6. Importante a também a correta liquidação do saldo devedor, cotejando-o ao valor da avaliação e, daí, concluir-se pela existência ou não de saldo positivo em favor do executado. 7. Nesse desiderato, plena é a utilidade da ação revisional de contrato proposta pelo mutuário, razão por que é de se reconhecer a existência do interesse de agir nessas hipóteses. *REsp 1.119.859, Rel. Min. Paulo Sanseverino, 28.8.12. 3ª T. (Info 503)*

Possibilidade de utilização do FCVS em mais de um contrato de financiamento imobiliário.

É possível a utilização do FCVS em mais de um contrato de financiamento imobiliário na mesma localidade aos contratos firmados até 5.12.1990. *AgRg no REsp 1.110.017-SP, Rel. Min. Benedito Gonçalves, 4.12.12. 1ª T. (Info 511)*

SFH. Seguro. CEF. Interesse na lide. Assistente simples.

Nas ações envolvendo seguros de mútuo habitacional no âmbito do Sistema Financeiro Habitacional (SFH), a CEF detém interesse jurídico para ingressar na lide como assistente simples somente nos contratos celebrados de 2.12.1988 a 29.12.2009 – período compreendido entre as edições da Lei 7.682/88 e da MP 478/09 – e nas hipóteses em que o instrumento estiver vinculado ao Fundo de Compensação de Variações Salariais (FCVS) (apólices públicas, ramo 66). Ausente a vinculação do contrato ao FCVS (apólices privadas, ramo 68), mesmo que compreendido no mencionado lapso temporal, a CEF carece de interesse jurídico a justificar sua intervenção na lide. Como nos seguros habitacionais inexiste relação jurídica entre o mutuário e a CEF (na qualidade de administradora do FCVS), conclui-se que a intervenção da instituição financeira se dará na condição de assistente simples e não de litisconsorte necessária. Assim, a CEF só pode ingressar na lide no momento em que provar o seu interesse jurídico, mediante demonstração não apenas da existência da apólice pública, mas também do comprometimento do FCVS, com risco efetivo de exaurimento da reserva técnica do Fundo de Equalização de Sinistralidade da Apólice (FESA). Isso porque o FCVS somente será debitado caso os prêmios recebidos pelas seguradoras e a reserva técnica do FESA sejam insuficientes para pagamento da indenização securitária, hipótese que, dada a sua excepcionalidade, deverá ser devidamente demonstrada pela CEF. Por se tratar de assistente simples, recebe o processo no estado em que este se encontra, sem anulação de nenhum ato anterior. Caso evidenciada desídia ou conveniência na demonstração tardia do seu interesse jurídico de intervir na lide como assistente, não poderá a CEF se beneficiar da faculdade prevista no art.

55, I, do CPC. *EDcl nos EDcl no REsp 1.091.363 e EDcl nos EDcl no REsp 1.091.393, Rel. p/ ac. Min. Nancy Andrighi, 10.10.12. 2ª S. (Info 506)*

9. SISTEMA FINANCEIRO NACIONAL

2016

Vedação de repasse ao sacado de despesas referentes a tarifa de emissão de boleto bancário.

É abusiva a cobrança ou o repasse, pelo atacadista (beneficiário) ao varejista (pagador), de despesa referente a tarifa de emissão de boleto bancário. Oportuno destacar que referida tarifa é um item avençado exclusivamente entre a instituição financeira e o cedente do título, no caso, o fornecedor, com a finalidade de remunerar o serviço de cobrança utilizado, que faz uso da rede bancária como mecanismo de arrecadação. Logo, considerando-se que referida tarifa é fruto de negociação entre o cedente (fornecedor/atacadista) e o banco, não se pode perder de vista que a discussão aqui travada encontra-se no âmbito específico da atividade bancária, matéria que, nos termos da Lei 4.595/64, rege-se pelas disposições do Conselho Monetário Nacional (CMN) e do Banco Central do Brasil (BC). *REsp 1.568.940-RJ, Rel. Min. Ricardo Villas Bôas Cueva, DJe 7.3.2016. 3ª T. (Info 578)*

2015

Cálculo do valor da garantia devida pelo FGC.

Quando houver a liquidação extrajudicial de instituição financeira na qual estejam aplicadas reservas técnicas de entidade fechada de previdência privada, o Fundo Garantidor de Créditos (FGC), para fins de cálculo do valor da garantia dos investimentos realizados na instituição liquidanda, considerará como investidor garantido a entidade de previdência como um todo – e não cada um dos participantes desta, como se estes fossem vários investidores. *REsp 1.453.957-SP, Rel. Min. Paulo de Tarso Sanseverino, DJe 26.6.15. 3ª T. (Info 564)*

Contrato de depósito bancário e termo final de incidência dos juros remuneratórios.

Na execução individual de sentença proferida em ação civil pública que reconhece o direito de poupadores aos expurgos inflacionários relativos ao período de junho de 1987 e janeiro de 1989 (Planos Bresser e Verão), os juros remuneratórios são devidos até a data de encerramento da conta poupança, mas se a instituição bancária deixar de demonstrar precisamente o momento em que a conta bancária chegou ao seu termo, os juros remuneratórios deverão incidir até a citação ocorrida nos autos da ação civil pública objeto da execução. *REsp 1.535.990-MS, Rel. Min. Luis Felipe Salomão, DJe 20.8.15. 4ª T. (Info 566)*

Execução individual de sentença coletiva e incidência de juros remuneratórios e expurgos inflacionários. Recurso repetitivo. Tema 887.

RPT Na execução individual de sentença proferida em ação civil pública que reconhece o direito de poupadores aos expurgos inflacionários decorrentes do Plano Verão (janeiro de 1989): (i) descabe a inclusão de juros remuneratórios nos cálculos de liquidação se inexistir condenação expressa, sem prejuízo de, quando cabível, o interessado ajuizar ação individual de conhecimento; (ii) incidem os expurgos inflacionários posteriores a título de correção monetária plena do débito judicial, que terá como base de cálculo o saldo existente ao tempo do referido plano econômico, e não os valores de eventuais depósitos da época de cada plano subsequente. *REsp 1.392.245-DF, Rel. Min. Luis Felipe Salomão, 2ª S., DJe 7.5.15. (Info 561)*

Hipótese de não incidência do art. 18, a, da Lei 6.024/74.

A suspensão das ações e execuções ajuizadas em desfavor de instituições financeiras sob regime de liquidação extrajudicial e o veto à propositura de novas demandas após o decreto de liquidação (art. 18, a, da Lei 6.024/74) não alcançam as ações de conhecimento voltadas à obtenção de provimento judicial relativo à certeza e liquidez do crédito. *REsp 1.298.237-DF, Rel. Min. João Otávio de Noronha, DJe 25.5.15. 3ª T. (Info 562)*

Inclusão no débito judicial de expurgos inflacionários subsequentes. Recurso repetitivo. Tema 891.

RPT Na execução de sentença que reconhece o direito de poupadores aos expurgos inflacionários decorrentes do Plano Verão (janeiro de 1989), incidem os expurgos inflacionários posteriores a título de correção monetária plena do débito judicial, que terá como base de cálculo o saldo existente ao tempo do referido plano econômico, e não os valores de eventuais depósitos da época de cada plano subsequente. *REsp 1.314.478-RS, Rel. Min. Luis Felipe Salomão, 2ª Seção, DJe 9.6.15. (Info 563)*

Responsabilidade por ausência de notificação de inscrição de correntista no CCF. Recurso repetitivo. Tema 874.

RPT O Banco do Brasil, na condição de gestor do Cadastro de Emitentes de Cheques sem Fundos (CCF), não tem a responsabilidade de notificar previamente o devedor acerca da sua inscrição no aludido cadastro, tampouco legitimidade passiva para as ações de reparação de danos diante da ausência de prévia comunicação. REsp 1.354.590-RS, Rel. Min. Raul Araújo, 2ª S., DJe 15.9.15. (Info 568)

Índice de correção dos depósitos em caderneta de poupança no Plano Collor II. Recurso repetitivo.

RPT Foram acolhidos embargos de declaração para sanar erro material, fixando-se o percentual de 20,21%, relativo ao BTN, como índice de correção dos depósitos em caderneta de poupança para o Plano Collor II, em vez do IPC. EDcl no REsp 1.147.595-RS, Rel. Min. Marco Aurélio Bellizze, j. 12.11.14. 2ª S. (Info 552)

2014

Índice de reajuste de saldo devedor de crédito rural.

O índice de correção monetária aplicável às cédulas de crédito rural no mês de março de 1990, nas quais prevista a indexação aos índices da caderneta de poupança, é o BTN no percentual de 41,28%. REsp 1.319.232-DF, Rel. Min. Paulo de Tarso Sanseverino, j. 4.12.14. 3ª T. (Info 552)

Legalidade do sistema em série gradiente e compatibilidade com o plano de equivalência salarial.

A utilização do Sistema de Amortização em Série Gradiente em contratos do Sistema Financeiro da Habitação (SFH) não é incompatível com o Plano de Equivalência Salarial (PES). REsp 1.114.035-PR, Rel. p/ ac. Min. João Otávio de Noronha, j. 7.10.14. 3ª T. (Info 552)

Legitimidade do MP para propor ação civil pública em defesa de interesses coletivos e individuais homogêneos dos mutuários do SFH.

O Ministério Público tem legitimidade ad causam para propor ação civil pública com a finalidade de defender interesses coletivos e individuais homogêneos dos mutuários do Sistema Financeiro da Habitação. REsp 1.114.035-PR, Rel. p/ ac. Min. João Otávio de Noronha, j. 7.10.14. 3ª T. (Info 552)

2013

Possibilidade de financiamento do IOF.

RPT Podem as partes convencionar o pagamento do Imposto sobre Operações Financeiras e de Crédito (IOF) por meio de financiamento acessório ao mútuo principal, sujeitando-o aos mesmos encargos contratuais. REsp 1.251.331-RS e REsp 1.255.573-RS, Rel. Min. Maria Isabel Gallotti, 28.8.13. 2ª S. (Info 531)

Tarifas de abertura de crédito e de emissão de carnê até 30.4.2008.

RPT Nos contratos bancários celebrados até 30.4.2008 (fim da vigência da Resolução 2.303/96 do CMN), era válida a pactuação de Tarifa de Abertura de Crédito (TAC) e de Tarifa de Emissão de Carnê (TEC), ressalvado o exame de abusividade em cada caso concreto. REsp 1.251.331-RS e REsp 1.255.573-RS, Rel. Min. Maria Isabel Gallotti, 28.8.13. 2ª S. (Info 531)

Tarifas de abertura de crédito e de emissão de carnê e tarifa de cadastro após 30.4.2008.

RPT Não é possível a pactuação de Tarifa de Abertura de Crédito (TAC) e de Tarifa de Emissão de Carnê (TEC) após 30.4.2008 (início da vigência da Resolução 3.518/07 do CMN), permanecendo válida a pactuação de Tarifa de Cadastro expressamente tipificada em ato normativo padronizador da autoridade monetária, a qual somente pode ser cobrada no início do relacionamento entre o consumidor e a instituição financeira. REsp 1.251.331-RS e REsp 1.255.573-RS, Rel. Min. Maria Isabel Gallotti, 28.8.13. 2ª S. (Info 531)

2012

Ação de cobrança. Expurgos inflacionários. Caderneta de poupança. Minas Caixa. Prescrição.

RPT É vintenário o prazo prescricional da ação individual de cobrança relativa a expurgos inflacionários incidentes sobre o saldo de caderneta de poupança proposta contra o Estado de Minas Gerais, sucessor da Minas Caixa, não se aplicando à espécie o Dec. 20.910/32, que disciplina a prescrição contra a Fazenda Pública. REsp 1.103.769-MG e REsp 1.103.224-MG, Rel. Min. Ricardo Villas Bôas Cueva, 12.12.12. 2ª S. (Info 511)

23. OUTROS TEMAS

Cláusula de contrato bancário. Pesquisa, divulgação e informação ao CRC.

A cláusula contratual que dispõe sobre a autorização para consultar, pesquisar e divulgar informações à Central de Risco de Crédito do Banco Central do Brasil – CRC pela instituição financeira não viola o direito à intimidade e ao sigilo bancário. REsp 1.346.050-SP, Rel. Min. Sidnei Beneti, 20.11.12. 3ª T. (Info 510)

Competência da Segunda Seção do STJ. Ação de cobrança. Caderneta de poupança.

A Segunda Seção do STJ é competente para julgar os feitos oriundos de ações de cobrança em que se busca o pagamento da diferença de correção monetária de saldo de caderneta de poupança. REsp 1.103.224-MG, e REsp 1.103.769-MG, Rel. Min. Ricardo Villas Bôas Cueva, 12.12.12. 2ª S. (Info 511)

10. OUTROS TEMAS ESPARSOS

2016

Contribuição de solidariedade e entidade de prática desportiva não filiada à CBF e à Fifa.

A entidade de prática desportiva não filiada à CBF e à FIFA, ainda que pertencente ao Sistema Nacional de Desporto, não faz jus à contribuição de solidariedade prevista no Regulamento FIFA – mecanismo de ressarcimento de custos provenientes da formação de atleta profissional –, ressalvados eventuais direitos contratuais pactuados diretamente com entidades filiadas. REsp 1.400.152-PR, Rel. Min. Paulo de Tarso Sanseverino, DJe 2.2.2016. 3ª T. (Info 575)

2015

Limites de atuação do profissional de educação física. Recurso repetitivo.

RPT O profissional de educação física que tenha concluído apenas o curso de licenciatura, de graduação plena, somente pode exercer suas atribuições na educação básica (área formal), sendo-lhe proibido o exercício da profissão em clubes, academias, hotéis, spas, etc. (área não formal). REsp 1.361.900-SP, Rel. Min. Benedito Gonçalves, j. 12.11.14. 1ª S. (Info 552)

Hipótese de ilegitimidade passiva da União em demanda que envolve o SUS.

A União não tem legitimidade passiva em ação de indenização por danos decorrentes de erro médico ocorrido em hospital da rede privada durante atendimento custeado pelo Sistema Único de Saúde (SUS). EREsp 1.388.822-RN, Rel. Min. Og Fernandes, DJe 3.6.15. 1ª S. (Info 563)

2014

Juros remuneratórios não previstos no contrato de mútuo firmado entre a cooperativa de crédito e o cooperado.

A cooperativa de crédito pode exigir de seu cooperado juros remuneratórios em percentual não superior à taxa média de mercado, quando o percentual do encargo tiver sido estipulado pelo conselho de administração da cooperativa, conforme previsão estatutária, e tenha ocorrido a ampla divulgação da referida taxa, mesmo que o contrato de mútuo seja silente em relação ao percentual dos juros remuneratórios. REsp 1.141.219-MG, Rel. Min. Luis Felipe Salomão, 3.4.14. 4ª T. (Info 539)

2013

Inscrição no Cadin por débitos de operadoras de plano de saúde relativos ao não ressarcimento de valores ao SUS.

As operadoras de plano de saúde que estejam em débito quanto ao ressarcimento de valores devidos ao SUS podem, em razão da inadimplência, ser inscritas no Cadastro Informativo dos créditos não quitados de órgãos e entidades federais (Cadin). AgRg no AREsp 307.233-RJ, Rel. Min. Benedito Gonçalves, 6.6.13. 1ª T. (Info 524)

Necessidade de apresentação de declaração de bens e rendimentos por conselheiro regional suplente do Serviço Social do Comércio no DF.

O conselheiro regional suplente do SESC-DF tem o dever de apresentar declaração de bens e rendimentos ao Conselho Regional da referida entidade. REsp 1.356.484-DF, Rel. Min. Humberto Martins, 5.2.13. 2ª T. (Info 516)

24. SÚMULAS STJ

1. DIREITO ADMINISTRATIVO

1. AGENTES PÚBLICOS

1.1. Concurso Público

STJ 266. O diploma ou habilitação legal para o exercício do cargo deve ser exigido na posse e não na inscrição para o concurso público.

STJ 377. O portador de visão monocular tem direito de concorrer, em concurso público, às vagas reservadas aos deficientes.

STJ 552. O portador de surdez unilateral não se qualifica como pessoa com deficiência para o fim de disputar as vagas reservadas em concursos públicos.

1.2. Regras Remuneratórias

STJ 378. Reconhecido o desvio de função, o servidor faz jus às diferenças salariais decorrentes.

1.3. Regras Processuais Correlatas

STJ 97. Compete à justiça do trabalho processar e julgar reclamação de servidor público relativamente a vantagens trabalhistas anteriores à instituição do Regime Jurídico Único.

STJ 137. Compete à justiça comum estadual processar e julgar ação de servidor público municipal, pleiteando direitos relativos ao vínculo estatutário.

STJ 170. Compete ao juízo onde primeiro for intentada a ação envolvendo acumulação de pedidos, trabalhista e estatutário, decidi-la nos limites da sua jurisdição, sem prejuízo do ajuizamento de nova causa, com o pedido remanescente, no juízo próprio.

STJ 173. Compete à justiça federal processar e julgar o pedido de reintegração em cargo público federal, ainda que o servidor tenha sido dispensado antes da instituição do Regime Jurídico Único.

STJ 218. Compete à justiça dos estados processar e julgar ação de servidor estadual decorrente de direitos e vantagens estatutárias no exercício de cargo em comissão.

2. AGENTES PÚBLICOS MILITARES

STJ 346. É vedada aos militares temporários, para aquisição de estabilidade, a contagem em dobro de férias e licenças não gozadas.

3. ATOS ADMINISTRATIVOS

3.1. Prescrição Administrativa

STJ 85. Nas relações jurídicas de trato sucessivo em que a Fazenda Pública figure como devedora, quando não tiver sido negado o próprio direito reclamado, a prescrição atinge apenas as prestações vencidas antes do quinquênio anterior à propositura da ação.

3.2. Processo Administrativo

STJ 373. É ilegítima a exigência de depósito prévio para admissibilidade de recurso administrativo.

STJ 467. Prescreve em cinco anos, contados do término do processo administrativo, a pretensão da Administração Pública de promover a execução da multa por infração ambiental.

4. BENS PÚBLICOS

STJ 103. Incluem-se entre os imóveis funcionais que podem ser vendidos os administrados pelas Forças Armadas e ocupados pelos servidores civis.

STJ 238. A avaliação da indenização devida ao proprietário do solo, em razão de alvará de pesquisa mineral, é processada no juízo estadual da situação do imóvel.

5. ENTES DA ADMINISTRAÇÃO PÚBLICA

5.1. Conselhos Profissionais

STJ 120. O oficial de farmácia, inscrito no Conselho Regional de Farmácia, pode ser responsável técnico por drogaria.

STJ 275. O auxiliar de farmácia não pode ser responsável técnico por farmácia ou drogaria.

STJ 413. O farmacêutico pode acumular a responsabilidade técnica por uma farmácia e uma drogaria ou por duas drogarias.

STJ 561. Os Conselhos Regionais de Farmácia possuem atribuição para fiscalizar e autuar as farmácias e drogarias quanto ao cumprimento da exigência de manter profissional legalmente habilitado (farmacêutico) durante todo o período de funcionamento dos respectivos estabelecimentos.

6. INTERVENÇÃO DO ESTADO NA PROPRIEDADE

6.1. Desapropriação

6.1.1. Atualização Monetária

STJ 67. Na desapropriação, cabe a atualização monetária, ainda que por mais de uma vez, independente do decurso de prazo superior a um ano entre o cálculo e o efetivo pagamento da indenização.

6.1.2. Cálculo de Juros

STJ 12. Em desapropriação, são cumuláveis juros compensatórios e moratórios.

STJ 56. Na desapropriação para instituir servidão administrativa são devidos os juros compensatórios pela limitação de uso da propriedade.

STJ 69. Na desapropriação direta, os juros compensatórios são devidos desde a antecipada imissão na posse e, na desapropriação indireta, a partir da efetiva ocupação do imóvel.

STJ 70. Os juros moratórios, na desapropriação direta ou indireta, contam-se desde o trânsito em julgado da sentença.

STJ 102. A incidência dos juros moratórios sobre os compensatórios, nas ações expropriatórias, não constitui anatocismo vedado em lei.

STJ 113. Os juros compensatórios, na desapropriação direta, incidem a partir da imissão na posse, calculados sobre o valor da indenização, corrigido monetariamente.

STJ 114. Os juros compensatórios, na desapropriação indireta, incidem a partir da ocupação, calculados sobre o valor da indenização, corrigido monetariamente.

STJ 408. Nas ações de desapropriação, os juros compensatórios incidentes após a Medida Provisória n. 1.577, de 11.6.1997, devem ser fixados em 6% ao ano até 13.9.2001, e, a partir de então, em 12% ao ano, na forma da Súmula n. 618 do Supremo Tribunal Federal.

6.1.3. Honorários Advocatícios

STJ 131. Nas ações de desapropriação incluem-se no cálculo da verba advocatícia as parcelas relativas aos juros compensatórios e moratórios, devidamente corrigidas.

STJ 141. Os honorários de advogado em desapropriação direta são calculados sobre a diferença entre a indenização e a oferta, corrigidas monetariamente.

6.1.4. Procedimento

STJ 354. A invasão do imóvel é causa de suspensão do processo expropriatório para fins de reforma agrária.

2. DIREITO CIVIL

1. DAS PESSOAS

STJ 525. A Câmara de vereadores não possui personalidade jurídica, apenas personalidade judiciária, somente podendo demandar em juízo para defender os seus direitos institucionais.

2. DOS FATOS JURÍDICOS

2.1. Do Negócio Jurídico

STJ 195. Em embargos de terceiro não se anula ato jurídico, por fraude contra credores.

2.2. Da Prescrição

STJ 11. A presença da União ou de qualquer de seus entes, na ação de usucapião especial, não afasta a competência do foro da situação do imóvel.

STJ 85. Nas relações jurídicas de trato sucessivo em que a Fazenda Pública figure como devedora, quando não tiver sido negado o próprio direito reclamado, a prescrição atinge apenas as prestações vencidas antes do quinquênio anterior à propositura da ação.

STJ 101. A ação de indenização do segurado em grupo contra a seguradora prescreve em um ano.

STJ 106. Proposta a ação no prazo fixado para o seu exercício, a demora na citação, por motivos inerentes ao mecanismo da Justiça, não justifica o acolhimento da arguição de prescrição ou decadência.

STJ 193. O direito de uso de linha telefônica pode ser adquirido por usucapião.

STJ 229. O pedido do pagamento de indenização à seguradora suspende o prazo de prescrição até que o segurado tenha ciência da decisão.

STJ 278. O termo inicial do prazo prescricional, na ação de indenização, é a data em que o segurado teve ciência inequívoca da incapacidade laboral.

STJ 412. A ação de repetição de indébito de tarifas de água e esgoto sujeita-se ao prazo prescricional estabelecido no Código Civil.

STJ 547. Nas ações em que se pleiteia o ressarcimento dos valores pagos a título de participação financeira do consumidor no custeio de construção de rede elétrica, o prazo prescricional é de vinte anos na vigência do Código Civil de 1916. Na vigência do Código Civil de 2002, o prazo é de cinco anos se houver previsão contratual de ressarcimento e de três anos na ausência de cláusula nesse sentido, observada a regra de transição disciplinada em seu art. 2.028.

3. DO DIREITO DAS OBRIGAÇÕES

3.1. Dos Contratos em Geral

STJ 176. É nula a cláusula contratual que sujeita o devedor à taxa de juros divulgada pela Anbid/Cetip.

STJ 322. Para a repetição de indébito, nos contratos de abertura de crédito em conta corrente, não se exige a prova do erro.

STJ 380. A simples propositura da ação de revisão de contrato não inibe a caracterização da mora do autor.

STJ 485. A Lei de Arbitragem aplica-se aos contratos que contenham cláusula arbitral, ainda que celebrados antes da sua edição.

3.2. Das Várias Espécies de Contrato

3.2.1. Da Compra e Venda

STJ 76. A falta de registro do compromisso de compra e venda de imóvel não dispensa a prévia interpelação para constituir em mora o devedor.

3.2.2. Do Seguro

STJ 61. O seguro de vida cobre o suicídio não premeditado.

STJ 402. O contrato de seguro por danos pessoais compreende os danos morais, salvo cláusula expressa de exclusão.

STJ 465. Ressalvada a hipótese de efetivo agravamento do risco, a seguradora não se exime do dever de indenizar em razão da transferência do veículo sem a sua prévia comunicação.

STJ 529. No seguro de responsabilidade civil facultativo, não cabe o ajuizamento de ação pelo terceiro prejudicado direta e exclusivamente em face da seguradora do apontado causador do dano.

STJ 537. Em ação de reparação de danos, a seguradora denunciada, se aceitar a denunciação ou contestar o pedido do autor, pode ser condenada, direta e solidariamente junto com o segurado, ao pagamento da indenização devida à vítima, nos limites contratados na apólice.

3.2.3. Da Fiança

STJ 332. A fiança prestada sem autorização de um dos cônjuges implica a ineficácia total da garantia.

3.3. Da Responsabilidade Civil

3.3.1. Acidente de Trânsito

STJ 132. A ausência de registro da transferência não implica a responsabilidade do antigo proprietário por dano resultante de acidente que envolva o veículo alienado.

STJ 145. No transporte desinteressado, de simples cortesia, o transportador só será civilmente responsável por danos causados ao transportado quando incorrer em dolo ou culpa grave.

3.3.2. Cálculo de Indenização

STJ 43. Incide correção monetária sobre dívida por ato ilícito a partir da data do efetivo prejuízo.

STJ 54. Os juros moratórios fluem a partir do evento danoso, em caso de responsabilidade extracontratual.

STJ 246. O valor do seguro obrigatório deve ser deduzido da indenização judicialmente fixada.

STJ 313. Em ação de indenização, procedente o pedido, é necessária a constituição de capital ou caução fidejussória para a garantia de pagamento da pensão, independentemente da situação financeira do demandado.

STJ 362. A correção monetária do valor da indenização do dano moral incide desde a data do arbitramento.

3.3.3. Dano Moral

STJ 37. São cumuláveis as indenizações por dano material e dano moral oriundos do mesmo fato.

STJ 227. A pessoa jurídica pode sofrer dano moral.

STJ 281. A indenização por dano moral não está sujeita à tarifação prevista na Lei de Imprensa.

STJ 362. A correção monetária do valor da indenização do dano moral incide desde a data do arbitramento.

STJ 370. Caracteriza dano moral a apresentação antecipada de cheque pré-datado.

STJ 387. É lícita a cumulação das indenizações de dano estético e dano moral.

STJ 388. A simples devolução indevida de cheque caracteriza dano moral.

STJ 402. O contrato de seguro por danos pessoais compreende os danos morais, salvo cláusula expressa de exclusão.

STJ 403. Independe de prova do prejuízo a indenização pela publicação não autorizada de imagem de pessoa com fins econômicos ou comerciais.

STJ 420. Incabível, em embargos de divergência, discutir o valor de indenização por danos morais.

3.3.4. Furto em Estacionamento

STJ 130. A empresa responde, perante o cliente, pela reparação de dano ou furto de veículo ocorridos em seu estacionamento.

3.3.5. Lei de Imprensa

STJ 221. São civilmente responsáveis pelo ressarcimento de dano, decorrente de publicação pela imprensa, tanto o autor do escrito quanto o proprietário do veículo de divulgação.

STJ 281. A indenização por dano moral não está sujeita à tarifação prevista na Lei de Imprensa.

3.3.6. Seguro Facultativo

STJ 529. No seguro de responsabilidade civil facultativo, não cabe o ajuizamento de ação pelo terceiro prejudicado direta e exclusivamente em face da seguradora do apontado causador do dano.

4. DO DIREITO DAS COISAS

4.1. Da Propriedade

STJ 260. A convenção de condomínio aprovada, ainda que sem registro, é eficaz para regular as relações entre os condôminos.

4.2. Da Hipoteca

STJ 308. A hipoteca firmada entre a construtora e o agente financeiro, anterior ou posterior à celebração da promessa de compra e venda, não tem eficácia perante os adquirentes do imóvel.

5. DO DIREITO DE FAMÍLIA

5.1. Alimentos

STJ 358. O cancelamento de pensão alimentícia de filho que atingiu a maioridade está sujeito à decisão judicial, mediante contraditório, ainda que nos próprios autos.

5.2. Bem de Família

STJ 364. O conceito de impenhorabilidade de bem de família abrange também o imóvel pertencente a pessoas solteiras, separadas e viúvas.

STJ 449. A vaga de garagem que possui matrícula própria no registro de imóveis não constitui bem de família para efeito de penhora.

STJ 486. É impenhorável o único imóvel residencial do devedor que esteja locado a terceiros, desde que a renda obtida com a locação seja revertida para a subsistência ou a moradia da sua família.

STJ 549. É válida a penhora de bem de família pertencente a fiador de contrato de locação.

5.3. Divórcio

STJ 197. O divórcio direto pode ser concedido sem que haja prévia partilha dos bens.

5.4. Investigação de Paternidade

STJ 277. Julgada procedente a investigação de paternidade, os alimentos são devidos a partir da citação.

STJ 301. Em ação investigatória, a recusa do suposto pai a submeter-se ao exame de DNA induz presunção "juris tantum" de paternidade.

6. LEIS CIVIS ESPECIAIS
6.1. Lei de Locações (Lei 8.245/91)

STJ 214. O fiador na locação não responde por obrigações resultantes de aditamento ao qual não anuiu.

STJ 335. Nos contratos de locação, é válida a cláusula de renúncia à indenização das benfeitorias e ao direito de retenção.

6.2. Lei dos Direitos Autorais (Lei 9.610/98)

STJ 63. São devidos direitos autorais pela retransmissão radiofônica de músicas em estabelecimentos comerciais.

STJ 228. É inadmissível o interdito proibitório para a proteção do direito autoral.

STJ 261. A cobrança de direitos autorais pela retransmissão radiofônica de músicas, em estabelecimentos hoteleiros, deve ser feita conforme a taxa média de utilização do equipamento, apurada em liquidação.

6.3. Lei dos Registros Públicos (Lei 6.015/73)

STJ 375. O reconhecimento da fraude à execução depende do registro da penhora do bem alienado ou da prova de má-fé do terceiro adquirente.

STJ 496. Os registros de propriedade particular de imóveis situados em terrenos de marinha não são oponíveis à União.

3. DIREITO CONSTITUCIONAL

1. DIREITOS FUNDAMENTAIS

STJ 280. O art. 35 do Decreto-lei n. 7.661, de 1945, que estabelece a prisão administrativa, foi revogado pelos incisos LXI e LXVII do art. 5º da Constituição Federal de 1988.

STJ 419. Descabe a prisão civil do depositário judicial infiel.

2. PRECATÓRIOS

STJ 144. Os créditos de natureza alimentícia gozam de preferência, desvinculados os precatórios da ordem cronológica dos créditos de natureza diversa.

STJ 311. Os atos do Presidente do Tribunal que disponham sobre processamento e pagamento de precatório não têm caráter jurisdicional.

4. DIREITO DE TRÂNSITO

1. CRIME DE TRÂNSITO

STJ 575. Constitui crime a conduta de permitir, confiar ou entregar a direção de veículo automotor a pessoa que não seja habilitada, ou que se encontre em qualquer das situações previstas no art. 310 do CTB, independentemente da ocorrência de lesão ou de perigo de dano concreto na condução do veículo.

2. MULTAS

STJ 127. É ilegal condicionar a renovação da licença de veículo ao pagamento de multa da qual o infrator não foi notificado.

STJ 312. No processo administrativo para imposição de multa de trânsito, são necessárias as notificações da autuação e da aplicação da pena decorrente da infração.

STJ 434. O pagamento da multa por infração de trânsito não inibe a discussão judicial do débito.

STJ 510. A liberação de veículo retido apenas por transporte irregular de passageiros não está condicionada ao pagamento de multas e despesas.

STJ 585. A responsabilidade solidária do ex-proprietário, prevista no art. 134 do Código de Trânsito Brasileiro – CTB, não abrange o IPVA incidente sobre o veículo automotor, no que se refere ao período posterior à sua alienação.

3. SEGURO OBRIGATÓRIO

STJ 246. O valor do seguro obrigatório deve ser deduzido da indenização judicialmente fixada.

STJ 257. A falta de pagamento do prêmio do seguro obrigatório de Danos Pessoais Causados por Veículos Automotores de Vias Terrestres (DPVAT) não é motivo para a recusa do pagamento da indenização.

STJ 405. A ação de cobrança do seguro obrigatório (DPVAT) prescreve em três anos.

STJ 426. Os juros de mora na indenização do seguro DPVAT fluem a partir da citação.

STJ 474. A indenização do seguro DPVAT, em caso de invalidez parcial do beneficiário, será paga de forma proporcional ao grau da invalidez.

STJ 540. Na ação de cobrança do seguro DPVAT, constitui faculdade do autor escolher entre os foros do seu domicílio, do local do acidente ou ainda do domicílio do réu.

STJ 544. É válida a utilização de tabela do Conselho Nacional de Seguros Privados para estabelecer a proporcionalidade da indenização do seguro DPVAT ao grau de invalidez também na hipótese de sinistro anterior a 16.12.2008, data da entrada em vigor da Medida Provisória n. 451/2008.

STJ 573. Nas ações de indenização decorrente de seguro DPVAT, a ciência inequívoca do caráter permanente da invalidez, para fins de contagem do prazo prescricional, depende de laudo médico, exceto nos casos de invalidez permanente notória ou naqueles em que o conhecimento anterior resulte comprovado na fase de instrução.

STJ 580. A correção monetária nas indenizações do seguro DPVAT por morte ou invalidez, prevista no § 7º do art. 5º da Lei n. 6.194/1974, redação dada pela Lei n. 11.482/2007, incide desde a data do evento danoso.

4. RESPONSABILIDADE CIVIL

STJ 92. A terceiro de boa-fé não é oponível a alienação fiduciária não anotada no certificado de registro do veículo automotor.

STJ 132. A ausência de registro da transferência não implica a responsabilidade do antigo proprietário por dano resultante de acidente que envolva o veículo alienado.

STJ 145. No transporte desinteressado, de simples cortesia, o transportador só será civilmente responsável por danos causados ao transportado quando incorrer em dolo ou culpa grave.

STJ 246. O valor do seguro obrigatório deve ser deduzido da indenização judicialmente fixada.

5. DIREITO DO CONSUMIDOR

1. DISPOSIÇÕES GERAIS

STJ 297. O Código de Defesa do Consumidor é aplicável às instituições financeiras.

STJ 469. Aplica-se o Código de Defesa do Consumidor aos contratos de plano de saúde.

STJ 506. A Anatel não é parte legítima nas demandas entre a concessionária e o usuário de telefonia decorrentes de relação contratual.

STJ 563. O Código de Defesa do Consumidor é aplicável às entidades abertas de previdência complementar, não incidindo nos contratos previdenciários celebrados com entidades fechadas.

2. DA QUALIDADE DE PRODUTOS E SERVIÇOS, DA PREVENÇÃO E DA REPARAÇÃO DOS DANOS

2.1. Da Responsabilidade pelo Fato do Produto e do Serviço

STJ 479. As instituições financeiras respondem objetivamente pelos danos gerados por fortuito interno relativo a fraudes e delitos praticados por terceiros no âmbito de operações bancárias.

2.2. Da Decadência e da Prescrição

STJ 412. A ação de repetição de indébito de tarifas de água e esgoto sujeita-se ao prazo prescricional estabelecido no Código Civil.

STJ 477. A decadência do art. 26 do CDC não é aplicável à prestação de contas para obter esclarecimentos sobre cobrança de taxas, tarifas e encargos bancários.

3. DAS PRÁTICAS COMERCIAIS
3.1. Das Práticas Abusivas

STJ 356. É legítima a cobrança da tarifa básica pelo uso dos serviços de telefonia fixa.

STJ 407. É legítima a cobrança da tarifa de água, fixada de acordo com as categorias de usuários e as faixas de consumo.

STJ 532. Constitui prática comercial abusiva o envio de cartão de crédito sem prévia e expressa solicitação do consumidor, configurando-se ato ilícito indenizável e sujeito à aplicação de multa administrativa.

3.2. Dos Bancos de Dados e Cadastros de Consumidores

STJ 323. A inscrição do nome do devedor pode ser mantida nos serviços de proteção ao crédito até o prazo máximo de cinco anos, independentemente da prescrição da execução.

STJ 359. Cabe ao órgão mantenedor do Cadastro de Proteção ao Crédito a notificação do devedor antes de proceder à inscrição.

STJ 385. Da anotação irregular em cadastro de proteção ao crédito, não cabe indenização por dano moral, quando preexistente legítima inscrição, ressalvado o direito ao cancelamento.

STJ 404. É dispensável o aviso de recebimento (AR) na carta de comunicação ao consumidor sobre a negativação de seu nome em bancos de dados e cadastros.

STJ 548. Incumbe ao credor a exclusão do registro da dívida em nome do devedor no cadastro de inadimplentes no prazo de cinco dias úteis, a partir do integral e efetivo pagamento do débito.

STJ 550. A utilização de escore de crédito, método estatístico de avaliação de risco que não constitui banco de dados, dispensa o consentimento do consumidor, que terá o direito de solicitar esclarecimentos sobre as informações pessoais valoradas e as fontes dos dados considerados no respectivo cálculo.

STJ 572. O Banco do Brasil, na condição de gestor do Cadastro de Emitentes de Cheques sem Fundos (CCF), não tem a responsabilidade de notificar previamente o devedor acerca da sua inscrição no aludido cadastro, tampouco legitimidade passiva para as ações de reparação de danos fundadas na ausência de prévia comunicação.

4. DA PROTEÇÃO CONTRATUAL
4.1. Das Cláusulas Abusivas

STJ 285. Nos contratos bancários posteriores ao Código de Defesa do Consumidor incide a multa moratória nele prevista.

STJ 302. É abusiva a cláusula contratual de plano de saúde que limita no tempo a internação hospitalar do segurado.

STJ 543. Na hipótese de resolução de contrato de promessa de compra e venda de imóvel submetido ao Código de Defesa do Consumidor, deve ocorrer a imediata restituição das parcelas pagas pelo promitente comprador – integralmente, em caso de culpa exclusiva do promitente vendedor/construtor, ou parcialmente, caso tenha sido o comprador quem deu causa ao desfazimento.

6. DIREITO DO TRABALHO

1. DA ORGANIZAÇÃO SINDICAL
1.1. Da Contribuição Sindical

STJ 396. A Confederação Nacional da Agricultura tem legitimidade ativa para a cobrança da contribuição sindical rural.

2. DO MINISTÉRIO PÚBLICO DO TRABALHO

STJ 226. O Ministério Público tem legitimidade para recorrer na ação de acidente do trabalho, ainda que o segurado esteja assistido por advogado.

3. LEIS TRABALHISTAS ESPECIAIS

3.1. Lei do FGTS (Lei 8.036/90)

3.1.1. Cálculos

STJ 154. Os optantes pelo FGTS, nos termos da Lei n. 5.958, de 1973, tem direito à taxa progressiva dos juros, na forma do art. 4º da Lei n. 5.107, de 1966.

STJ 252. Os saldos das contas do FGTS, pela legislação infraconstitucional, são corrigidos em 42,72% (IPC) quanto às perdas de janeiro de 1989 e 44,80% (IPC) quanto às de abril de 1990, acolhidos pelo STJ os índices de 18,02% (LBC) quanto às perdas de junho de 1987, de 5,38% (BTN) para maio de 1990 e 7,00% (TR) para fevereiro de 1991, de acordo com o entendimento do STF (RE 226.855-7-RS).

STJ 445. As diferenças de correção monetária resultantes de expurgos inflacionários sobre os saldos de FGTS têm como termo inicial a data em que deveriam ter sido creditadas.

STJ 459. A Taxa Referencial (TR) é o índice aplicável, a título de correção monetária, aos débitos com o FGTS recolhidos pelo empregador mas não repassados ao fundo.

STJ 571. A taxa progressiva de juros não se aplica às contas vinculadas ao FGTS de trabalhadores qualificados como avulsos.

STJ 578. Os empregados que laboram no cultivo da cana-de-açúcar para empresa agroindustrial ligada ao setor sucroalcooleiro detêm a qualidade de rurícola, ensejando a isenção do FGTS desde a edição da Lei Complementar n. 11/1971 até a promulgação da Constituição Federal de 1988.

3.1.2. Competência

STJ 82. Compete à justiça federal, excluídas as reclamações trabalhistas, processar e julgar os feitos relativos à movimentação do FGTS.

STJ 349. Compete à justiça federal ou aos juízes com competência delegada o julgamento das execuções fiscais de contribuições devidas pelo empregador ao FGTS.

3.1.3. Prescrição

STJ 210. A ação de cobrança das contribuições para o FGTS prescreve em trinta (30) anos.

STJ 398. A prescrição da ação para pleitear os juros progressivos sobre os saldos de conta vinculada do FGTS não atinge o fundo de direito, limitando-se às parcelas vencidas.

3.1.4. Outros Temas

STJ 249. A Caixa Econômica Federal tem legitimidade passiva para integrar processo em que se discute correção monetária do FGTS.

STJ 353. As disposições do Código Tributário Nacional não se aplicam às contribuições para o FGTS.

STJ 466. O titular da conta vinculada ao FGTS tem o direito de sacar o saldo respectivo quando declarado nulo seu contrato de trabalho por ausência de prévia aprovação em concurso público.

STJ 514. A CEF é responsável pelo fornecimento dos extratos das contas individualizadas vinculadas ao FGTS dos Trabalhadores participantes do Fundo de Garantia do Tempo de Serviço, inclusive para fins de exibição em juízo, independentemente do período em discussão.

3.2. Lei do Seguro de Acidente do Trabalho (Lei 6.367/76)

STJ 15. Compete à justiça estadual processar e julgar os litígios decorrentes de acidente do trabalho.

STJ 89. A ação acidentária prescinde do exaurimento da via administrativa.

STJ 226. O Ministério Público tem legitimidade para recorrer na ação de acidente do trabalho, ainda que o segurado esteja assistido por advogado.

STJ 351. A alíquota de contribuição para o Seguro de Acidente do Trabalho (SAT) é aferida pelo grau de risco desenvolvido em cada empresa, individualizada pelo seu CNPJ, ou pelo grau de risco da atividade preponderante quando houver apenas um registro.

7. DIREITO EDUCACIONAL

1. COMPETÊNCIA

STJ 570. Compete à justiça federal o processamento e julgamento de demanda em que se discute a ausência de ou o obstáculo ao credenciamento de instituição particular de ensino superior no Ministério da Educação como condição de expedição de diploma de ensino a distância aos estudantes.

8. DIREITO ELEITORAL

1. COMPETÊNCIA

STJ 368. Compete à justiça comum estadual processar e julgar os pedidos de retificação de dados cadastrais da justiça eleitoral.

STJ 374. Compete à justiça eleitoral processar e julgar a ação para anular débito decorrente de multa eleitoral.

9. DIREITO EMPRESARIAL

1. CONTRATOS MERCANTIS
1.1. Arrendamento Mercantil

STJ 138. O ISS incide na operação de arrendamento mercantil de coisas móveis.

STJ 293. A cobrança antecipada do valor residual garantido (VRG) não descaracteriza o contrato de arrendamento mercantil.

STJ 369. No contrato de arrendamento mercantil (leasing), ainda que haja cláusula resolutiva expressa, é necessária a notificação prévia do arrendatário para constituí-lo em mora.

STJ 564. No caso de reintegração de posse em arrendamento mercantil financeiro, quando a soma da importância antecipada a título de valor residual garantido (VRG) com o valor da venda do bem ultrapassar o total do VRG previsto contratualmente, o arrendatário terá direito de receber a respectiva diferença, cabendo, porém, se estipulado no contrato, o prévio desconto de outras despesas ou encargos pactuados.

1.2. Transporte Mercantil

STJ 109. O reconhecimento do direito a indenização, por falta de mercadoria transportada via marítima, independe de vistoria.

2. DIREITO ACIONÁRIO

STJ 371. Nos contratos de participação financeira para aquisição de linha telefônica, o Valor Patrimonial da Ação (VPA) é apurado com base no balancete do mês da integralização.

STJ 551. Nas demandas por complementação de ações de empresas de telefonia, admite-se a condenação ao pagamento de dividendos e juros sobre capital próprio independentemente de pedido expresso. No entanto, somente quando previstos no título executivo, poderão ser objeto de cumprimento de sentença.

3. DIREITO FALIMENTAR
3.1. Direito Processual

STJ 25. Nas ações da Lei de Falências, o prazo para a interposição de recurso conta-se da intimação da parte.

STJ 264. É irrecorrível o ato judicial que apenas manda processar a concordata preventiva.

STJ 480. O juízo da recuperação judicial não é competente para decidir sobre a constrição de bens não abrangidos pelo plano de recuperação da empresa.

STJ 581. A recuperação judicial do devedor principal não impede o prosseguimento das ações e execuções ajuizadas contra terceiros devedores solidários ou coobrigados em geral, por garantia cambial, real ou fidejussória.

3.2. Falência

STJ 29. No pagamento em juízo para elidir falência, são devidos correção monetária, juros e honorários de advogado.

STJ 248. Comprovada a prestação dos serviços, a duplicata não aceita, mas protestada, é título hábil para instruir pedido de falência.

STJ 361. A notificação do protesto, para requerimento de falência da empresa devedora, exige a identificação da pessoa que a recebeu.

3.3. Restituição de Adiantamento de Contrato de Câmbio

STJ 36. A correção monetária integra o valor da restituição, em caso de adiantamento de câmbio, requerida em concordata ou falência.

STJ 133. A restituição da importância adiantada, a conta de contrato de câmbio, independe de ter sido a antecipação efetuada nos quinze dias anteriores ao requerimento da concordata.

STJ 307. A restituição de adiantamento de contrato de câmbio, na falência, deve ser atendida antes de qualquer crédito.

4. PROPRIEDADE INDUSTRIAL

STJ 143. Prescreve em cinco anos a ação de perdas e danos pelo uso de marca comercial.

5. TÍTULOS DE CRÉDITO

5.1. Aval

STJ 26. O avalista do título de crédito vinculado a contrato de mútuo também responde pelas obrigações pactuadas, quando no contrato figurar como devedor solidário.

5.2. Obrigação Cambial

STJ 60. É nula a obrigação cambial assumida por procurador do mutuário vinculado ao mutuante, no exclusivo interesse deste.

5.3. Protesto

STJ 248. Comprovada a prestação dos serviços, a duplicata não aceita, mas protestada, é título hábil para instruir pedido de falência.

STJ 361. A notificação do protesto, para requerimento de falência da empresa devedora, exige a identificação da pessoa que a recebeu.

STJ 475. Responde pelos danos decorrentes de protesto indevido o endossatário que recebe por endosso translativo título de crédito contendo vício formal extrínseco ou intrínseco, ficando ressalvado seu direito de regresso contra os endossantes e avalistas.

STJ 476. O endossatário de título de crédito por endosso-mandato só responde por danos decorrentes de protesto indevido se extrapolar os poderes de mandatário.

5.4. Títulos de Crédito em Espécie

5.4.1. Cédula de Crédito Rural

STJ 16. A legislação ordinária sobre crédito rural não veda a incidência da correção monetária.

STJ 93. A legislação sobre cédulas de crédito rural, comercial e industrial admite o pacto de capitalização de juros.

5.4.2. Cheque

STJ 299. É admissível a ação monitória fundada em cheque prescrito.

STJ 370. Caracteriza dano moral a apresentação antecipada de cheque pré-datado.

STJ 388. A simples devolução indevida de cheque caracteriza dano moral.

STJ 503. O prazo para ajuizamento de ação monitória em face do emitente de cheque sem força executiva é quinquenal, a contar do dia seguinte à data de emissão estampada na cártula.

STJ 531. Em ação monitória fundada em cheque prescrito, ajuizada contra o emitente, é dispensável a menção ao negócio jurídico subjacente à emissão da cártula.

5.4.3. Duplicata

STJ 248. Comprovada a prestação dos serviços, a duplicata não aceita, mas protestada, é título hábil para instruir pedido de falência.

5.4.4. Nota Promissória

STJ 258. A nota promissória vinculada a contrato de abertura de crédito não goza de autonomia em razão da iliquidez do título que a originou.

STJ 504. O prazo para ajuizamento de ação monitória em face do emitente de nota promissória sem força executiva é quinquenal, a contar do dia seguinte ao vencimento do título.

10. DIREITO FINANCEIRO

1. PRECATÓRIOS

STJ 144. Os créditos de natureza alimentícia gozam de preferência, desvinculados os precatórios da ordem cronológica dos créditos de natureza diversa.

STJ 311. Os atos do Presidente do Tribunal que disponham sobre processamento e pagamento de precatório não têm caráter jurisdicional.

11. DIREITO PENAL

1. DA APLICAÇÃO DA LEI PENAL

STJ 501. É cabível a aplicação retroativa da Lei n. 11.343/2006, desde que o resultado da incidência das suas disposições, na íntegra, seja mais favorável ao réu do que o advindo da aplicação da Lei n. 6.368/1976, sendo vedada a combinação de leis.

2. DAS PENAS
2.1. Das Espécies de Pena

STJ 269. É admissível a adoção do regime prisional semiaberto aos reincidentes condenados a pena igual ou inferior a quatro anos se favoráveis as circunstâncias judiciais.

STJ 440. Fixada a pena-base no mínimo legal, é vedado o estabelecimento de regime prisional mais gravoso do que o cabível em razão da sanção imposta, com base apenas na gravidade abstrata do delito.

STJ 493. É inadmissível a fixação de pena substitutiva (art. 44 do CP) como condição especial ao regime aberto.

2.2. Da Cominação das Penas

STJ 171. Cominadas cumulativamente, em lei especial, penas privativa de liberdade e pecuniária, é defeso a substituição da prisão por multa.

2.3. Da Aplicação da Pena

STJ 74. Para efeitos penais, o reconhecimento da menoridade do réu requer prova por documento hábil.

STJ 231. A incidência da circunstância atenuante não pode conduzir à redução da pena abaixo do mínimo legal.

STJ 241. A reincidência penal não pode ser considerada como circunstância agravante e, simultaneamente, como circunstância judicial.

STJ 443. O aumento na terceira fase de aplicação da pena no crime de roubo circunstanciado exige fundamentação concreta, não sendo suficiente para a sua exasperação a mera indicação do número de majorantes.

STJ 444. É vedada a utilização de inquéritos policiais e ações penais em curso para agravar a pena-base.

STJ 545. Quando a confissão for utilizada para a formação do convencimento do julgador, o réu fará jus à atenuante prevista no art. 65, III, d, do Código Penal.

2.4. Do Livramento Condicional

STJ 441. A falta grave não interrompe o prazo para obtenção de livramento condicional.

3. DAS MEDIDAS DE SEGURANÇA

STJ 527. O tempo de duração da medida de segurança não deve ultrapassar o limite máximo da pena abstratamente cominada ao delito praticado.

4. DA EXTINÇÃO DA PUNIBILIDADE
4.1. Da "Abolitio Criminis"

STJ 513. A "abolitio criminis" temporária prevista na Lei n. 10.826/2003 aplica-se ao crime de posse de arma de fogo de uso permitido com numeração, marca ou qualquer outro sinal de identificação raspado, suprimido ou adulterado, praticado somente até 23.10.2005.

4.2. Da Prescrição

STJ 74. Para efeitos penais, o reconhecimento da menoridade do réu requer prova por documento hábil.

STJ 191. A pronúncia é causa interruptiva da prescrição, ainda que o Tribunal do Júri venha a desclassificar o crime.

STJ 220. A reincidência não influi no prazo da prescrição da pretensão punitiva.

STJ 338. A prescrição penal é aplicável nas medidas socioeducativas.

STJ 415. O período de suspensão do prazo prescricional é regulado pelo máximo da pena cominada.

STJ 438. É inadmissível a extinção da punibilidade pela prescrição da pretensão punitiva com fundamento em pena hipotética, independentemente da existência ou sorte do processo penal.

4.3. Do Perdão Judicial

STJ 18. A sentença concessiva do perdão judicial é declaratória da extinção da punibilidade, não subsistindo qualquer efeito condenatório.

5. DOS CRIMES TIPIFICADOS NO CÓDIGO PENAL

5.1. Dos Crime contra o Patrimônio

5.1.1. Do Furto

STJ 442. É inadmissível aplicar, no furto qualificado, pelo concurso de agentes, a majorante do roubo.

STJ 511. É possível o reconhecimento do privilégio previsto no § 2º do art. 155 do CP nos casos de crime de furto qualificado, se estiverem presentes a primariedade do agente, o pequeno valor da coisa e a qualificadora for de ordem objetiva.

STJ 567. Sistema de vigilância realizado por monitoramento eletrônico ou por existência de segurança no interior de estabelecimento comercial, por si só, não torna impossível a configuração do crime de furto.

5.1.2. Do Roubo e da Extorsão

STJ 96. O crime de extorsão consuma-se independentemente da obtenção da vantagem indevida.

STJ 442. É inadmissível aplicar, no furto qualificado, pelo concurso de agentes, a majorante do roubo.

STJ 443. O aumento na terceira fase de aplicação da pena no crime de roubo circunstanciado exige fundamentação concreta, não sendo suficiente para a sua exasperação a mera indicação do número de majorantes.

STJ 582. Consuma-se o crime de roubo com a inversão da posse do bem mediante emprego de violência ou grave ameaça, ainda que por breve tempo e em seguida à perseguição imediata ao agente e recuperação da coisa roubada, sendo prescindível a posse mansa e pacífica ou desvigiada.

5.1.3. Do Estelionato e Outras Fraudes

STJ 17. Quando o falso se exaure no estelionato, sem mais potencialidade lesiva, é por este absorvido.

STJ 24. Aplica-se ao crime de estelionato em que figure como vítima entidade autárquica da Previdência Social a qualificadora do § 3º do art. 171 do Código Penal.

STJ 48. Compete ao juízo do local da obtenção da vantagem ilícita processar e julgar crime de estelionato cometido mediante falsificação de cheque.

STJ 73. A utilização de papel moeda grosseiramente falsificado configura, em tese, o crime de estelionato, da competência da justiça estadual.

STJ 107. Compete à justiça comum estadual processar e julgar crime de estelionato praticado mediante falsificação das guias de recolhimento das contribuições previdenciárias, quando não ocorrente lesão à autarquia federal.

STJ 244. Compete ao foro do local da recusa processar e julgar o crime de estelionato mediante cheque sem provisão de fundos.

5.2. Dos Crimes contra a Propriedade Imaterial

STJ 502. Presentes a materialidade e a autoria, afigura-se típica, em relação ao crime previsto no artigo 184, § 2º, do CP, a conduta de expor à venda CDs e DVDs piratas.

STJ 574. Para a configuração do delito de violação de direito autoral e a comprovação de sua materialidade, é suficiente a perícia realizada por amostragem do produto apreendido, nos aspectos externos do material, e é desnecessária a identificação dos titulares dos direitos autorais violados ou daqueles que os representem.

5.3. Dos Crimes contra a Fé Pública

5.3.1. Da Moeda Falsa

STJ 73. A utilização de papel moeda grosseiramente falsificado configura, em tese, o crime de estelionato, da competência da justiça estadual.

5.3.1. Da Falsidade Documental

STJ 17. Quando o falso se exaure no estelionato, sem mais potencialidade lesiva, é por este absorvido.

STJ 62. Compete à justiça estadual processar e julgar o crime de falsa anotação na carteira de trabalho e previdência social, atribuído a empresa privada.

STJ 104. Compete à justiça estadual o processo e julgamento dos crimes de falsificação e uso de documento falso relativo a estabelecimento particular de ensino.

STJ 200. O juízo federal competente para processar e julgar acusado de crime de uso de passaporte falso é o do lugar onde o delito se consumou.

STJ 522. A conduta de atribuir-se falsa identidade perante autoridade policial é típica, ainda que em situação de alegada autodefesa.

STJ 546. A competência para processar e julgar o crime de uso de documento falso é firmada em razão da entidade ou órgão ao qual foi apresentado o documento público, não importando a qualificação do órgão expedidor.

5.4. Dos Crimes contra a Administração Pública

5.4.1. Dos Crimes Praticados por Particular contra a Administração em Geral

STJ 147. Compete à justiça federal processar e julgar os crimes praticados contra funcionário público federal, quando relacionados com o exercício da função.

STJ 151. A competência para o processo e julgamento por crime de contrabando ou descaminho define-se pela prevenção do juízo federal do lugar da apreensão dos bens.

5.4.2. Dos Crimes contra a Administração da Justiça

STJ 75. Compete à justiça comum estadual processar e julgar o policial militar por crime de promover ou facilitar a fuga de preso de estabelecimento penal.

STJ 165. Compete à justiça federal processar e julgar crime de falso testemunho cometido no processo trabalhista.

6. LEIS PENAIS ESPECIAIS

STJ 51. A punição do intermediador, no jogo do bicho, independe da identificação do "apostador" ou do "banqueiro".

STJ 172. Compete à justiça comum processar e julgar militar por crime de abuso de autoridade, ainda que praticado em serviço.

STJ 500. A configuração do crime previsto no artigo 244-B do ECA independe da prova da efetiva corrupção do menor, por se tratar de delito formal.

STJ 513. A "abolitio criminis" temporária prevista na Lei n. 10.826/2003 aplica-se ao crime de posse de arma de fogo de uso permitido com numeração, marca ou qualquer outro sinal de identificação raspado, suprimido ou adulterado, praticado somente até 23.10.2005.

STJ 528. Compete ao juiz federal do local da apreensão da droga remetida do exterior pela via postal processar e julgar o crime de tráfico internacional.

STJ 575. Constitui crime a conduta de permitir, confiar ou entregar a direção de veículo automotor a pessoa que não seja habilitada, ou que se encontre em qualquer das situações previstas no art. 310 do CTB, independentemente da ocorrência de lesão ou de perigo de dano concreto na condução do veículo.

12. DIREITO PREVIDENCIÁRIO

1. DO FINANCIAMENTO DA SEGURIDADE SOCIAL

1.1. Das Contribuições

STJ 458. A contribuição previdenciária incide sobre a comissão paga ao corretor de seguros.

STJ 468. A base de cálculo do PIS, até a edição da MP n. 1.212/1995, era o faturamento ocorrido no sexto mês anterior ao do fato gerador.

STJ 584. As sociedades corretoras de seguros, que não se confundem com as sociedades de valores mobiliários ou com os agentes autônomos de seguro privado, estão fora do rol de entidades constantes do art. 22, § 1º, da Lei n. 8.212/1991, não se sujeitando à majoração da alíquota da Cofins prevista no art. 18 da Lei n. 10.684/2003.

2. DO REGIME GERAL DE PREVIDÊNCIA SOCIAL

2.1. Das Prestações em Geral

2.1.1. Do Cálculo do Valor dos Benefícios

STJ 146. O segurado, vítima de novo infortúnio, faz jus a um único benefício somado ao salário de contribuição vigente no dia do acidente.

STJ 148. Os débitos relativos a benefício previdenciário, vencidos e cobrados em juízo após a vigência da Lei n. 6.899/1981, devem ser corrigidos monetariamente na forma prevista nesse diploma legal.

STJ 204. Os juros de mora nas ações relativas a benefícios previdenciários incidem a partir da citação válida.

STJ 310. O auxílio-creche não integra o salário-de-contribuição.

STJ 456. É incabível a correção monetária dos salários de contribuição considerados no cálculo do salário de benefício de auxílio-doença, aposentadoria por invalidez, pensão ou auxílio-reclusão concedidos antes da vigência da CF/1988.

STJ 557. A renda mensal inicial (RMI) alusiva ao benefício de aposentadoria por invalidez precedido de auxílio-doença será apurada na forma do art. 36, § 7º, do Decreto n. 3.048/1999, observando-se, porém, os critérios previstos no art. 29, § 5º, da Lei n. 8.213/1991, quando intercalados períodos de afastamento e de atividade laboral.

2.1.2. Dos Benefícios (Geral)

STJ 44. A definição, em ato regulamentar, de grau mínimo de disacusia, não exclui, por si só, a concessão do benefício previdenciário.

2.1.3. Dos Benefícios (Aposentadorias)

STJ 149. A prova exclusivamente testemunhal não basta à comprovação da atividade rurícola, para efeito da obtenção de benefício previdenciário.

STJ 272. O trabalhador rural, na condição de segurado especial, sujeito à contribuição obrigatória sobre a produção rural comercializada, somente faz jus à aposentadoria por tempo de serviço, se recolher contribuições facultativas.

STJ 507. A acumulação de auxílio-acidente com aposentadoria pressupõe que a lesão incapacitante e a aposentadoria sejam anteriores a 11.11.1997, observado o critério do art. 23 da Lei n. 8.213/1991 para definição do momento da lesão nos casos de doença profissional ou do trabalho.

STJ 576. Ausente requerimento administrativo no INSS, o termo inicial para a implantação da aposentadoria por invalidez concedida judicialmente será a data da citação válida.

STJ 577. É possível reconhecer o tempo de serviço rural anterior ao documento mais antigo apresentado, desde que amparado em convincente prova testemunhal colhida sob o contraditório.

2.1.4. Dos Benefícios (Pensão por Morte)

STJ 336. A mulher que renunciou aos alimentos na separação judicial tem direito à pensão previdenciária por morte do ex-marido, comprovada a necessidade econômica superveniente.

STJ 340. A lei aplicável à concessão de pensão previdenciária por morte é aquela vigente na data do óbito do segurado.

STJ 416. É devida a pensão por morte aos dependentes do segurado que, apesar de ter perdido essa qualidade, preencheu os requisitos legais para a obtenção de aposentadoria até a data do seu óbito.

2.1.5. Dos Benefícios (Auxílio-Acidente)

STJ 507. A acumulação de auxílio-acidente com aposentadoria pressupõe que a lesão incapacitante e a aposentadoria sejam anteriores a 11.11.1997, observado o critério do art. 23 da Lei n. 8.213/1991 para definição do momento da lesão nos casos de doença profissional ou do trabalho.

3. DA PREVIDÊNCIA COMPLEMENTAR

STJ 289. A restituição das parcelas pagas a plano de previdência privada deve ser objeto de correção plena, por índice que recomponha a efetiva desvalorização da moeda.

STJ 290. Nos planos de previdência privada, não cabe ao beneficiário a devolução da contribuição efetuada pelo patrocinador.

STJ 291. A ação de cobrança de parcelas de complementação de aposentadoria pela previdência privada prescreve em cinco anos.

STJ 427. A ação de cobrança de diferenças de valores de complementação de aposentadoria prescreve em cinco anos contados da data do pagamento.

STJ 505. A competência para processar e julgar as demandas que têm por objeto obrigações decorrentes dos contratos de planos de previdência privada firmados com a Fundação Rede Ferroviária de Seguridade Social – Refer é da justiça estadual.

4. OUTROS TEMAS

4.1. Certificado de Entidade Beneficente de Assistência Social

STJ 352. A obtenção ou a renovação do Certificado de Entidade Beneficente de Assistência Social (Cebas) não exime a entidade do cumprimento dos requisitos legais supervenientes.

4.2. Débito Previdenciário

STJ 65. O cancelamento, previsto no art. 29 do Decreto-lei 2.303, de 21.11.86, não alcança os débitos previdenciários.

4.3. Seguro de Acidente do Trabalho

STJ 351. A alíquota de contribuição para o Seguro de Acidente do Trabalho (SAT) é aferida pelo grau de risco desenvolvido em cada empresa, individualizada pelo seu CNPJ, ou pelo grau de risco da atividade preponderante quando houver apenas um registro.

13. DIREITO PROCESSUAL CIVIL

1. DA FUNÇÃO JURISDICIONAL

1.1. Da Jurisdição e da Ação

STJ 181. É admissível ação declaratória, visando a obter certeza quanto à exata interpretação de cláusula contratual.

STJ 242. Cabe ação declaratória para reconhecimento de tempo de serviço para fins previdenciários.

1.2. Da Competência Interna

1.2.1-A. Da Competência (Disposições Gerais)

STJ 224. Excluído do feito o ente federal cuja presença levara o juiz estadual a declinar da competência, deve o juiz federal restituir os autos e não suscitar conflito.

STJ 254. A decisão do juízo federal que exclui da relação processual ente federal não pode ser reexaminada no juízo estadual.

1.2.1-B. Da Competência (Justiça Estadual)

STJ 1. O foro do domicílio ou da residência do alimentando é o competente para a ação de investigação de paternidade, quando cumulada com a de alimentos.

STJ 11. A presença da União ou de qualquer de seus entes, na ação de usucapião especial, não afasta a competência do foro da situação do imóvel.

STJ 15. Compete à justiça estadual processar e julgar os litígios decorrentes de acidente do trabalho.

STJ 34. Compete à justiça estadual processar e julgar causa relativa a mensalidade escolar, cobrada por estabelecimento particular de ensino.

STJ 42. Compete à justiça comum estadual processar e julgar as causas cíveis em que é parte sociedade de economia mista e os crimes praticados em seu detrimento.

STJ 206. A existência de vara privativa, instituída por lei estadual, não altera a competência territorial resultante das leis de processo.

STJ 238. A avaliação da indenização devida ao proprietário do solo, em razão de alvará de pesquisa mineral, é processada no juízo estadual da situação do imóvel.

STJ 270. O protesto pela preferência de crédito, apresentado por ente federal em execução que tramita na justiça estadual, não desloca a competência para a justiça federal.

STJ 363. Compete à justiça estadual processar e julgar a ação de cobrança ajuizada por profissional liberal contra cliente.

STJ 368. Compete à justiça comum estadual processar e julgar os pedidos de retificação de dados cadastrais da justiça eleitoral.

STJ 505. A competência para processar e julgar as demandas que têm por objeto obrigações decorrentes dos contratos de planos de previdência privada firmados com a Fundação Rede Ferroviária de Seguridade Social – Refer é da justiça estadual.

STJ 553. Nos casos de empréstimo compulsório sobre o consumo de energia elétrica, é competente a justiça estadual para o julgamento de demanda proposta exclusivamente contra a Eletrobrás.

Requerida a intervenção da União no feito após a prolação de sentença pelo juízo estadual, os autos devem ser remetidos ao tribunal regional federal competente para o julgamento da apelação se deferida a intervenção.

1.2.1-C. Da Competência (Justiça Federal)

STJ 32. Compete à justiça federal processar justificações judiciais destinadas a instruir pedidos perante entidades que nela têm exclusividade de foro, ressalvada a aplicação do art. 15, II, da Lei 5.010/1966.

STJ 150. Compete à justiça federal decidir sobre a existência de interesse jurídico que justifique a presença, no processo, da União, suas autarquias ou empresas públicas.

STJ 324. Compete à justiça federal processar e julgar ações de que participa a Fundação Habitacional do Exército, equiparada à entidade autárquica federal, supervisionada pelo Ministério do Exército.

STJ 365. A intervenção da União como sucessora da Rede Ferroviária Federal S/A (RFFSA) desloca a competência para a justiça federal ainda que a sentença tenha sido proferida por juízo estadual.

1.2.1-D. Da Competência (Modificação)

STJ 235. A conexão não determina a reunião dos processos, se um deles já foi julgado.

STJ 489. Reconhecida a continência, devem ser reunidas na justiça federal as ações civis públicas propostas nesta e na justiça estadual.

1.2.1-E. Da Competência (Incompetência)

STJ 3. Compete ao tribunal regional federal dirimir conflito de competência verificado, na respectiva região, entre juiz federal e juiz estadual investido de jurisdição federal.

STJ 33. A incompetência relativa não pode ser declarada de ofício.

STJ 59. Não há conflito de competência se já existe sentença com trânsito em julgado, proferida por um dos juízos conflitantes.

STJ 428. Compete ao tribunal regional federal decidir os conflitos de competência entre juizado especial federal e juízo federal da mesma seção judiciária.

2. DOS SUJEITOS DO PROCESSO

2.1. Das Partes e dos Procuradores

2.1.1. Da Capacidade Processual

STJ 525. A Câmara de vereadores não possui personalidade jurídica, apenas personalidade judiciária, somente podendo demandar em juízo para defender os seus direitos institucionais.

2.1.2-A. Dos Deveres das Partes e de seus Procuradores (Custas Processuais)

STJ 462. Nas ações em que representa o FGTS, a CEF, quando sucumbente, não está isenta de reembolsar as custas antecipadas pela parte vencedora.

2.1.2-B. Dos Deveres das Partes e de seus Procuradores (Honorários Advocatícios)

STJ 14. Arbitrados os honorários advocatícios em percentual sobre o valor da causa, a correção monetária incide a partir do respectivo ajuizamento.

STJ 105. Na ação de mandado de segurança, não se admite condenação em honorários advocatícios.

STJ 131. Nas ações de desapropriação incluem-se no cálculo da verba advocatícia as parcelas relativas aos juros compensatórios e moratórios, devidamente corrigidas.

STJ 141. Os honorários de advogado em desapropriação direta são calculados sobre a diferença entre a indenização e a oferta, corrigidas monetariamente.

STJ 201. Os honorários advocatícios não podem ser fixados em salários-mínimos.

STJ 303. Em embargos de terceiro, quem deu causa à constrição indevida deve arcar com os honorários advocatícios.

STJ 325. A remessa oficial devolve ao tribunal o reexame de todas as parcelas da condenação suportadas pela Fazenda Pública, inclusive dos honorários de advogado.

STJ 345. São devidos honorários advocatícios pela Fazenda Pública nas execuções individuais de sentença proferida em ações coletivas, ainda que não embargadas.

STJ 421. Os honorários advocatícios não são devidos à Defensoria Pública quando ela atua contra a pessoa jurídica de direito público à qual pertença.

STJ 488. O § 2º do art. 6º da Lei n. 9.469/1997, que obriga à repartição dos honorários advocatícios, é inaplicável a acordos ou transações celebrados em data anterior à sua vigência.

STJ 517. São devidos honorários advocatícios no cumprimento de sentença, haja ou não impugnação, depois de escoado o prazo para pagamento voluntário, que se inicia após a intimação do advogado da parte executada.

STJ 519. Na hipótese de rejeição da impugnação ao cumprimento de sentença, não são cabíveis honorários advocatícios.

2.1.2-C. Dos Deveres das Partes e de seus Procuradores (Honorários Periciais)

STJ 232. A Fazenda Pública, quando parte no processo, fica sujeita à exigência do depósito prévio dos honorários do perito.

2.1.3. Da Gratuidade da Justiça

STJ 481. Faz jus ao benefício da justiça gratuita a pessoa jurídica com ou sem fins lucrativos que demonstrar sua impossibilidade de arcar com os encargos processuais.

2.2. Do Ministério Público

STJ 99. O Ministério Público tem legitimidade para recorrer no processo em que oficiou como fiscal da lei, ainda que não haja recurso da parte.

STJ 116. A Fazenda Pública e o Ministério Público têm prazo em dobro para interpor agravo regimental no Superior Tribunal de Justiça.

3. DOS ATOS PROCESSUAIS

3.1. Da Forma, do Tempo e do Lugar dos Atos Processuais

3.1.1. Dos Prazos

STJ 116. A Fazenda Pública e o Ministério Público têm prazo em dobro para interpor agravo regimental no Superior Tribunal de Justiça.

3.2. Da Comunicação dos Atos Processuais

3.2.1. Da Citação

STJ 106. Proposta a ação no prazo fixado para o seu exercício, a demora na citação, por motivos inerentes ao mecanismo da Justiça, não justifica o acolhimento da arguição de prescrição ou decadência.

STJ 429. A citação postal, quando autorizada por lei, exige o aviso de recebimento.

4. DA TUTELA PROVISÓRIA

4.1. Da Tutela de Urgência

4.1.1. Do Procedimento da Tutela Cautelar Requerida em Caráter Antecedente

STJ 482. A falta de ajuizamento da ação principal no prazo do art. 806 do CPC acarreta a perda da eficácia da liminar deferida e a extinção do processo cautelar.

5. DA FORMAÇÃO, DA SUSPENSÃO E DA EXTINÇÃO DO PROCESSO

5.1. Da Extinção do Processo

STJ 240. A extinção do processo, por abandono da causa pelo autor, depende de requerimento do réu.

6. DO PROCESSO DE CONHECIMENTO E DO CUMPRIMENTO DE SENTENÇA

6.1. Do Procedimento Comum

6.1.1. Das Provas

STJ 389. A comprovação do pagamento do "custo do serviço" referente ao fornecimento de certidão de assentamentos constantes dos livros da companhia é requisito de procedibilidade da ação de exibição de documentos ajuizada em face da sociedade anônima.

6.1.2. Da Sentença e da Coisa Julgada

STJ 45. No reexame necessário, é defeso ao tribunal agravar a condenação imposta a Fazenda Pública.

STJ 253. O art. 557 do CPC, que autoriza o relator a decidir o recurso, alcança o reexame necessário.

STJ 325. A remessa oficial devolve ao tribunal o reexame de todas as parcelas da condenação suportadas pela Fazenda Pública, inclusive dos honorários de advogado.

STJ 326. Na ação de indenização por dano moral, a condenação em montante inferior ao postulado na inicial não implica sucumbência recíproca.

STJ 344. A liquidação por forma diversa da estabelecida na sentença não ofende a coisa julgada.

STJ 490. A dispensa de reexame necessário, quando o valor da condenação ou do direito controvertido for inferior a sessenta salários mínimos, não se aplica a sentenças ilíquidas.

6.1.3. Da Liquidação de Sentença

STJ 313. Em ação de indenização, procedente o pedido, é necessária a constituição de capital ou caução fidejussória para a garantia de pagamento da pensão, independentemente da situação financeira do demandado.

STJ 318. Formulado pedido certo e determinado, somente o autor tem interesse recursal em arguir o vício da sentença ilíquida.

STJ 344. A liquidação por forma diversa da estabelecida na sentença não ofende a coisa julgada.

6.2. Dos Procedimentos Especiais

6.2.1. Da Ação de Exigir Contas

STJ 259. A ação de prestação de contas pode ser proposta pelo titular de conta corrente bancária.

6.2.2. Dos Embargos de Terceiro

STJ 84. É admissível a oposição de embargos de terceiro fundados em alegação de posse advinda do compromisso de compra e venda de imóvel, ainda que desprovido do registro.

STJ 134. Embora intimado da penhora em imóvel do casal, o cônjuge do executado pode opor embargos de terceiro para defesa de sua meação.

STJ 195. Em embargos de terceiro não se anula ato jurídico, por fraude contra credores.

STJ 303. Em embargos de terceiro, quem deu causa à constrição indevida deve arcar com os honorários advocatícios.

6.2.3. Da Ação Monitória

STJ 247. O contrato de abertura de crédito em conta corrente, acompanhado do demonstrativo de débito, constitui documento hábil para o ajuizamento da ação monitória.

STJ 282. Cabe a citação por edital em ação monitória.

STJ 292. A reconvenção é cabível na ação monitória, após a conversão do procedimento em ordinário.

STJ 299. É admissível a ação monitória fundada em cheque prescrito.

STJ 339. É cabível ação monitória contra a Fazenda Pública.

STJ 384. Cabe ação monitória para haver saldo remanescente oriundo de venda extrajudicial de bem alienado fiduciariamente em garantia.

STJ 503. O prazo para ajuizamento de ação monitória em face do emitente de cheque sem força executiva é quinquenal, a contar do dia seguinte à data de emissão estampada na cártula.

STJ 504. O prazo para ajuizamento de ação monitória em face do emitente de nota promissória sem força executiva é quinquenal, a contar do dia seguinte ao vencimento do título.

STJ 531. Em ação monitória fundada em cheque prescrito, ajuizada contra o emitente, é dispensável a menção ao negócio jurídico subjacente à emissão da cártula.

7. DO PROCESSO DE EXECUÇÃO

7.1. Da Execução em Geral

7.1.1. Das Partes

STJ 268. O fiador que não integrou a relação processual na ação de despejo não responde pela execução do julgado.

7.1.2. Dos Requisitos Necessários para Realizar Qualquer Execução

STJ 27. Pode a execução fundar-se em mais de um título extrajudicial relativos ao mesmo negócio.

STJ 233. O contrato de abertura de crédito, ainda que acompanhado de extrato da conta corrente, não é título executivo.

STJ 279. É cabível execução por título extrajudicial contra a Fazenda Pública.

STJ 300. O instrumento de confissão de dívida, ainda que originário de contrato de abertura de crédito, constitui título executivo.

7.1.3. Da Responsabilidade Patrimonial

STJ 375. O reconhecimento da fraude à execução depende do registro da penhora do bem alienado ou da prova de má-fé do terceiro adquirente.

7.2. Das Diversas Espécies de Execução

7.2.1. Da Execução das Obrigações de Fazer ou de Não Fazer

STJ 410. A prévia intimação pessoal do devedor constitui condição necessária para a cobrança de multa pelo descumprimento de obrigação de fazer ou não fazer.

7.2.2. Da Execução por Quantia Certa

STJ 319. O encargo de depositário de bens penhorados pode ser expressamente recusado.

STJ 328. Na execução contra instituição financeira, é penhorável o numerário disponível, excluídas as reservas bancárias mantidas no Banco Central.

STJ 364. O conceito de impenhorabilidade de bem de família abrange também o imóvel pertencente a pessoas solteiras, separadas e viúvas.

STJ 417. Na execução civil, a penhora de dinheiro na ordem de nomeação de bens não tem caráter absoluto.

STJ 486. É impenhorável o único imóvel residencial do devedor que esteja locado a terceiros, desde que a renda obtida com a locação seja revertida para a subsistência ou a moradia da sua família.

STJ 497. Os créditos das autarquias federais preferem aos créditos da fazenda estadual desde que coexistam penhoras sobre o mesmo bem.

STJ 239. O direito à adjudicação compulsória não se condiciona ao registro do compromisso de compra e venda no cartório de imóveis.

STJ 478. Na execução de crédito relativo a cotas condominiais, este tem preferência sobre o hipotecário.

7.2.3. Da Execução de Alimentos

STJ 309. O débito alimentar que autoriza a prisão civil do alimentante é o que compreende as três prestações anteriores ao ajuizamento da execução e as que se vencerem no curso do processo.

7.3. Dos Embargos à Execução

STJ 46. Na execução por carta, os embargos do devedor serão decididos no juízo deprecante, salvo se versarem unicamente vícios ou defeitos da penhora, avaliação ou alienação dos bens.

STJ 196. Ao executado que, citado por edital ou por hora certa, permanecer revel, será nomeado curador especial, com legitimidade para apresentação de embargos.

STJ 345. São devidos honorários advocatícios pela Fazenda Pública nas execuções individuais de sentença proferida em ações coletivas, ainda que não embargadas.

STJ 487. O parágrafo único do art. 741 do CPC não se aplica às sentenças transitadas em julgado em data anterior à da sua vigência.

8. DOS PROCESSOS NOS TRIBUNAIS E DOS MEIOS DE IMPUGNAÇÃO DAS DECISÕES JUDICIAIS

8.1. Da Ordem dos Processos e dos Processos de Competência Originária dos Tribunais

8.1.1. Da Ordem dos Processos no Tribunal

STJ 117. A inobservância do prazo de 48 horas, entre a publicação de pauta e o julgamento sem a presença das partes, acarreta nulidade.

8.1.2. Da Ação Rescisória

STJ 401. O prazo decadencial da ação rescisória só se inicia quando não for cabível qualquer recurso do último pronunciamento judicial.

8.2. Dos Recursos

8.2.1. Disposições Gerais

STJ 55. Tribunal regional federal não é competente para julgar recurso de decisão proferida por juiz estadual não investido de jurisdição federal.

STJ 99. O Ministério Público tem legitimidade para recorrer no processo em que oficiou como fiscal da lei, ainda que não haja recurso da parte.

STJ 318. Formulado pedido certo e determinado, somente o autor tem interesse recursal em arguir o vício da sentença ilíquida.

STJ 483. O INSS não está obrigado a efetuar depósito prévio do preparo por gozar das prerrogativas e privilégios da Fazenda Pública.

STJ 484. Admite-se que o preparo seja efetuado no primeiro dia útil subsequente, quando a interposição do recurso ocorrer após o encerramento do expediente bancário.

STJ 568. O relator, monocraticamente e no Superior Tribunal de Justiça, poderá dar ou negar provimento ao recurso quando houver entendimento dominante acerca do tema.

8.2.2. Da Apelação

STJ 331. A apelação interposta contra sentença que julga embargos à arrematação tem efeito meramente devolutivo.

STJ 553. Nos casos de empréstimo compulsório sobre o consumo de energia elétrica, é competente a justiça estadual para o julgamento de demanda proposta exclusivamente contra a Eletrobrás. Requerida a intervenção da União no feito após a prolação de sentença pelo juízo estadual, os autos devem ser remetidos ao tribunal regional federal competente para o julgamento da apelação se deferida a intervenção.

8.2.3. Do Agravo de Instrumento

STJ 118. O agravo de instrumento é o recurso cabível da decisão que homologa a atualização do cálculo da liquidação.

STJ 223. A certidão de intimação do acórdão recorrido constitui peça obrigatória do instrumento de agravo.

8.2.4. Do Agravo Interno

STJ 116. A Fazenda Pública e o Ministério Público têm prazo em dobro para interpor agravo regimental no Superior Tribunal de Justiça.

STJ 182. É inviável o agravo do art. 545 do CPC que deixa de atacar especificamente os fundamentos da decisão agravada.

8.2.5. Dos Embargos de Declaração

STJ 98. Embargos de declaração manifestados com notório propósito de prequestionamento não têm caráter protelatório.

STJ 211. Inadmissível recurso especial quanto à questão que, a despeito da oposição de embargos declaratórios, não foi apreciada pelo tribunal "a quo".

STJ 579. Não é necessário ratificar o recurso especial interposto na pendência do julgamento dos embargos de declaração, quando inalterado o resultado anterior.

8.2.6. Do Recurso Extraordinário e do Recurso Especial

STJ 5. A simples interpretação de cláusula contratual não enseja recurso especial.

STJ 7. A pretensão de simples reexame de prova não enseja recurso especial.

STJ 13. A divergência entre julgados do mesmo tribunal não enseja recurso especial.

STJ 83. Não se conhece do recurso especial pela divergência, quando a orientação do tribunal se firmou no mesmo sentido da decisão recorrida.

STJ 86. Cabe recurso especial contra acórdão proferido no julgamento de agravo de instrumento.

STJ 123. A decisão que admite, ou não, o recurso especial deve ser fundamentada com o exame dos seus pressupostos gerais e constitucionais.

STJ 126. É inadmissível recurso especial, quando o acórdão recorrido assenta em fundamentos constitucional e infraconstitucional, qualquer deles suficiente, por si só, para mantê-lo, e a parte vencida não manifesta recurso extraordinário.

STJ 203. Não cabe recurso especial contra decisão proferida por órgão de segundo grau dos juizados especiais.

STJ 211. Inadmissível recurso especial quanto à questão que, a despeito da oposição de embargos declaratórios, não foi apreciada pelo tribunal "a quo".

STJ 518. Para fins do art. 105, III, a, da Constituição Federal, não é cabível recurso especial fundado em alegada violação de enunciado de súmula.

8.2.7. Dos Embargos de Divergência

STJ 158. Não se presta a justificar embargos de divergência o dissídio com acórdão de turma ou seção que não mais tenha competência para a matéria neles versada.

STJ 168. Não cabem embargos de divergência, quando a jurisprudência do Tribunal se firmou no mesmo sentido do acórdão embargado.

STJ 316. Cabem embargos de divergência contra acórdão que, em agravo regimental, decide recurso especial.

STJ 420. Incabível, em embargos de divergência, discutir o valor de indenização por danos morais.

9. LEIS PROCESSUAIS CIVIS ESPECIAIS

9.1. Lei de Intervenção da União (Lei 9.469/97)

STJ 452. A extinção das ações de pequeno valor é faculdade da Administração Federal, vedada a atuação judicial de ofício.

9.2. Lei de Impenhorabilidade do Bem de Família (Lei 8.009/90)

STJ 205. A Lei 8.009/1990 aplica-se à penhora realizada antes de sua vigência.

14. DIREITO PROCESSUAL CONSTITUCIONAL

1. AÇÃO CIVIL PÚBLICA

STJ 329. O Ministério Público tem legitimidade para propor ação civil pública em defesa do patrimônio público.

STJ 489. Reconhecida a continência, devem ser reunidas na justiça federal as ações civis públicas propostas nesta e na justiça estadual.

2. "HABEAS DATA"

STJ 2. Não cabe o "habeas data" (CF, art. 5º, LXXII, letra "a") se não houve recusa de informações por parte da autoridade administrativa.

3. MANDADO DE SEGURANÇA

STJ 41. O Superior Tribunal de Justiça não tem competência para processar e julgar, originariamente, mandado de segurança contra ato de outros tribunais ou dos respectivos órgãos.

STJ 105. Na ação de mandado de segurança, não se admite condenação em honorários advocatícios.

STJ 177. O Superior Tribunal de Justiça é incompetente para processar e julgar, originariamente, mandado de segurança contra ato de órgão colegiado presidido por ministro de Estado.

STJ 202. A impetração de segurança por terceiro, contra ato judicial, não se condiciona à interposição de recurso.

STJ 213. O mandado de segurança constitui ação adequada para a declaração do direito à compensação tributária.

STJ 333. Cabe mandado de segurança contra ato praticado em licitação promovida por sociedade de economia mista ou empresa pública.

STJ 376. Compete à turma recursal processar e julgar o mandado de segurança contra ato de juizado especial.

STJ 460. É incabível o mandado de segurança para convalidar a compensação tributária realizada pelo contribuinte.

15. DIREITO PROCESSUAL DO TRABALHO

1. DA COMPETÊNCIA

1.1. Da Competência (Justiça do Trabalho)

STJ 10. Instalada a junta de conciliação e julgamento, cessa a competência do juiz de direito em matéria trabalhista, inclusive para a execução das sentenças por ele proferidas.

STJ 97. Compete à justiça do trabalho processar e julgar reclamação de servidor público relativamente a vantagens trabalhistas anteriores à instituição do Regime Jurídico Único.

1.2. Da Competência (Justiça Estadual)

STJ 15. Compete à justiça estadual processar e julgar os litígios decorrentes de acidente do trabalho.

STJ 137. Compete à justiça comum estadual processar e julgar ação de servidor público municipal, pleiteando direitos relativos ao vínculo estatutário.

STJ 161. É da competência da justiça estadual autorizar o levantamento dos valores relativos ao PIS/Pasep e FGTS, em decorrência do falecimento do titular da conta.

STJ 218. Compete à justiça dos estados processar e julgar ação de servidor estadual decorrente de direitos e vantagens estatutárias no exercício de cargo em comissão.

1.3. Da Competência (Justiça Federal)

STJ 82. Compete à justiça federal, excluídas as reclamações trabalhistas, processar e julgar os feitos relativos à movimentação do FGTS.

STJ 173. Compete à justiça federal processar e julgar o pedido de reintegração em cargo público federal, ainda que o servidor tenha sido dispensado antes da instituição do Regime Jurídico Único.

STJ 349. Compete à justiça federal ou aos juízes com competência delegada o julgamento das execuções fiscais de contribuições devidas pelo empregador ao FGTS.

2. DO CONFLITO DE COMPETÊNCIA

STJ 170. Compete ao juízo onde primeiro for intentada a ação envolvendo acumulação de pedidos, trabalhista e estatutário, decidi-la nos limites da sua jurisdição, sem prejuízo do ajuizamento de nova causa, com o pedido remanescente, no juízo próprio.

STJ 180. Na lide trabalhista, compete ao tribunal regional do trabalho dirimir conflito de competência verificado, na respectiva região, entre juiz estadual e junta de conciliação e julgamento.

STJ 236. Não compete ao Superior Tribunal de Justiça dirimir conflitos de competência entre juízes trabalhistas vinculados a tribunais regionais do trabalho diversos.

STJ 367. A competência estabelecida pela EC n. 45/2004 não alcança os processos já sentenciados.

3. DOS RECURSOS

STJ 225. Compete ao tribunal regional do trabalho apreciar recurso contra sentença proferida por órgão de primeiro grau da justiça trabalhista, ainda que para declarar-lhe a nulidade em virtude de incompetência.

4. LEIS ESPECIAIS

4.1. Lei do Seguro de Acidente do Trabalho (Lei 6.367/76)

STJ 15. Compete à justiça estadual processar e julgar os litígios decorrentes de acidente do trabalho.

STJ 89. A ação acidentária prescinde do exaurimento da via administrativa.

STJ 226. O Ministério Público tem legitimidade para recorrer na ação de acidente do trabalho, ainda que o segurado esteja assistido por advogado.

16. DIREITO PROCESSUAL PENAL

1. DA AÇÃO PENAL

STJ 542. A ação penal relativa ao crime de lesão corporal resultante de violência doméstica contra a mulher é pública incondicionada.

2. DA COMPETÊNCIA

2.1. Da Competência pelo Lugar da Infração

STJ 48. Compete ao juízo do local da obtenção da vantagem ilícita processar e julgar crime de estelionato cometido mediante falsificação de cheque.

STJ 200. O juízo federal competente para processar e julgar acusado de crime de uso de passaporte falso é o do lugar onde o delito se consumou.

STJ 244. Compete ao foro do local da recusa processar e julgar o crime de estelionato mediante cheque sem provisão de fundos.

STJ 528. Compete ao juiz federal do local da apreensão da droga remetida do exterior pela via postal processar e julgar o crime de tráfico internacional.

2.2. Da Competência pela Natureza da Infração

2.2.1. Competência da Justiça Comum

STJ 172. Compete à justiça comum processar e julgar militar por crime de abuso de autoridade, ainda que praticado em serviço.

STJ 546. A competência para processar e julgar o crime de uso de documento falso é firmada em razão da entidade ou órgão ao qual foi apresentado o documento público, não importando a qualificação do órgão expedidor.

2.2.2. Competência da Justiça Comum Estadual

STJ 6. Compete à justiça comum estadual processar e julgar delito decorrente de acidente de trânsito envolvendo viatura de polícia militar, salvo se autor e vítima forem policiais militares em situação de atividade.

STJ 38. Compete à justiça estadual comum, na vigência da Constituição de 1988, o processo por contravenção penal, ainda que praticada em detrimento de bens, serviços ou interesse da União ou de suas entidades.

STJ 42. Compete à justiça comum estadual processar e julgar as causas cíveis em que é parte sociedade de economia mista e os crimes praticados em seu detrimento.

STJ 53. Compete à justiça comum estadual processar e julgar civil acusado de prática de crime contra instituições militares estaduais.

STJ 62. Compete à justiça estadual processar e julgar o crime de falsa anotação na carteira de trabalho e previdência social, atribuído a empresa privada.

STJ 75. Compete à justiça comum estadual processar e julgar o policial militar por crime de promover ou facilitar a fuga de preso de estabelecimento penal.

STJ 90. Compete à justiça estadual militar processar e julgar o policial militar pela prática do crime militar, e à comum pela prática do crime comum simultâneo àquele.

STJ 104. Compete à justiça estadual o processo e julgamento dos crimes de falsificação e uso de documento falso relativo a estabelecimento particular de ensino.

STJ 107. Compete à justiça comum estadual processar e julgar crime de estelionato praticado mediante falsificação das guias de recolhimento das contribuições previdenciárias, quando não ocorrente lesão à autarquia federal.

STJ 140. Compete à justiça comum estadual processar e julgar crime em que o indígena figure como autor ou vítima.

2.2.3. Competência da Justiça Comum Federal

STJ 122. Compete à justiça federal o processo e julgamento unificado dos crimes conexos de competência federal e estadual, não se aplicando a regra do art. 78, II, "a", do Código de Processo Penal.

STJ 147. Compete à justiça federal processar e julgar os crimes praticados contra funcionário público federal, quando relacionados com o exercício da função.

STJ 165. Compete à justiça federal processar e julgar crime de falso testemunho cometido no processo trabalhista.

2.2.4. Competência da Justiça Militar

STJ 6. Compete à justiça comum estadual processar e julgar delito decorrente de acidente de trânsito envolvendo viatura de polícia militar, salvo se autor e vítima forem policiais militares em situação de atividade.

STJ 78. Compete à justiça militar processar e julgar policial de corporação estadual, ainda que o delito tenha sido praticado em outra unidade federativa.

STJ 90. Compete à justiça estadual militar processar e julgar o policial militar pela prática do crime militar, e à comum pela prática do crime comum simultâneo àquele.

2.3. Da Competência por Conexão ou Continência

STJ 122. Compete à justiça federal o processo e julgamento unificado dos crimes conexos de competência federal e estadual, não se aplicando a regra do art. 78, II, "a", do Código de Processo Penal.

2.4. Da Competência por Prevenção

STJ 151. A competência para o processo e julgamento por crime de contrabando ou descaminho define-se pela prevenção do juízo federal do lugar da apreensão dos bens.

2.5. Da Competência pela Prerrogativa da Função

STJ 164. O prefeito municipal, após a extinção do mandato, continua sujeito a processo por crime previsto no art. 1º do Decreto-lei n. 201, de 27.2.67.

STJ 208. Compete à justiça federal processar e julgar prefeito municipal por desvio de verba sujeita a prestação de contas perante órgão federal.

STJ 209. Compete à justiça estadual processar e julgar prefeito por desvio de verba transferida e incorporada ao patrimônio municipal.

3. DAS QUESTÕES E PROCESSOS INCIDENTES

3.1. Do Conflito de Jurisdição

STJ 59. Não há conflito de competência se já existe sentença com trânsito em julgado, proferida por um dos juízos conflitantes.

4. DA PROVA

STJ 455. A decisão que determina a produção antecipada de provas com base no art. 366 do CPP deve ser concretamente fundamentada, não a justificando unicamente o mero decurso do tempo.

5. DOS SUJEITOS DO PROCESSO

STJ 234. A participação de membro do Ministério Público na fase investigatória criminal não acarreta o seu impedimento ou suspeição para o oferecimento da denúncia.

6. DA PRISÃO, DAS MEDIDAS CAUTELARES E DA LIBERDADE PROVISÓRIA

STJ 21. Pronunciado o réu, fica superada a alegação do constrangimento ilegal da prisão por excesso de prazo na instrução.

STJ 52. Encerrada a instrução criminal, fica superada a alegação de constrangimento por excesso de prazo.

STJ 64. Não constitui constrangimento ilegal o excesso de prazo na instrução, provocado pela defesa.

7. DAS CITAÇÕES E INTIMAÇÕES

7.1. Das Intimações

STJ 273. Intimada a defesa da expedição da carta precatória, torna-se desnecessária intimação da data da audiência no juízo deprecado.

8. DAS NULIDADES E DOS RECURSOS EM GERAL

8.1. Dos Recursos em Geral

STJ 347. O conhecimento de recurso de apelação do réu independe de sua prisão.

9. DOS PROCESSOS ESPECIAIS

9.1. Do Processo e do Julgamento dos Crimes de Responsabilidade dos Funcionários Públicos

STJ 330. É desnecessária a resposta preliminar de que trata o artigo 514 do Código de Processo Penal, na ação penal instruída por inquérito policial.

10. LEIS PROCESSUAIS PENAIS ESPECIAIS

10.1. Lei dos Juizados Especiais (Lei 9.099/95)

STJ 243. O benefício da suspensão do processo não é aplicável em relação às infrações penais cometidas em concurso material, concurso formal ou continuidade delitiva, quando a pena mínima cominada, seja pelo somatório, seja pela incidência da majorante, ultrapassar o limite de um (01) ano.

STJ 337. É cabível a suspensão condicional do processo na desclassificação do crime e na procedência parcial da pretensão punitiva.

10.2. Lei Maria da Penha (Lei 11.340/06)

STJ 536. A suspensão condicional do processo e a transação penal não se aplicam na hipótese de delitos sujeitos ao rito da Lei Maria da Penha.

17. DIREITO PROCESSUAL PREVIDENCIÁRIO

1. DA FUNÇÃO JURISDICIONAL
1.1. Da Jurisdição e da Ação

STJ 242. Cabe ação declaratória para reconhecimento de tempo de serviço para fins previdenciários.

1.2. Da Competência Interna

STJ 505. A competência para processar e julgar as demandas que têm por objeto obrigações decorrentes dos contratos de planos de previdência privada firmados com a Fundação Rede Ferroviária de Seguridade Social – Refer é da justiça estadual.

2. DOS SUJEITOS DO PROCESSO
2.1. Das Partes e dos Procuradores
2.1.1. Da Capacidade Processual

STJ 77. A Caixa Econômica Federal é parte ilegítima para figurar no polo passivo das ações relativas às contribuições para o fundo PIS/Pasep.

2.1.2. Dos Deveres das Partes e de seus Procuradores

STJ 110. A isenção do pagamento de honorários advocatícios, nas ações acidentárias, é restrita ao segurado.

STJ 111. Os honorários advocatícios, nas ações previdenciárias, não incidem sobre as prestações vencidas após a sentença.

STJ 175. Descabe o depósito prévio nas ações rescisórias propostas pelo INSS.

STJ 178. O INSS não goza de isenção do pagamento de custas e emolumentos, nas ações acidentárias e de benefícios, propostas na justiça estadual.

STJ 483. O INSS não está obrigado a efetuar depósito prévio do preparo por gozar das prerrogativas e privilégios da Fazenda Pública.

3. DOS ATOS PROCESSUAIS
3.1. Da Comunicação dos Atos Processuais
3.1.1. Da Citação

STJ 204. Os juros de mora nas ações relativas a benefícios previdenciários incidem a partir da citação válida.

4. DO PROCESSO DE CONHECIMENTO E DO CUMPRIMENTO DE SENTENÇA
4.1. Do Procedimento Comum
4.1.1. Das Provas

STJ 149. A prova exclusivamente testemunhal não basta à comprovação da atividade rurícola, para efeito da obtenção de benefício previdenciário.

5. DOS PROCESSOS NOS TRIBUNAIS E DOS MEIOS DE IMPUGNAÇÃO DAS DECISÕES JUDICIAIS
5.1. Da Ordem dos Processos e dos Processos de Competência Originária dos Tribunais
5.1.1. Da Ação Rescisória

STJ 175. Descabe o depósito prévio nas ações rescisórias propostas pelo INSS.

18. DIREITO TRIBUTÁRIO

1. OBRIGAÇÃO TRIBUTÁRIA
1.1. Responsabilidade Tributária

STJ 251. A meação só responde pelo ato ilícito quando o credor, na execução fiscal, provar que o enriquecimento dele resultante aproveitou ao casal.

STJ 360. O benefício da denúncia espontânea não se aplica aos tributos sujeitos a lançamento por homologação regularmente declarados, mas pagos a destempo.

STJ 430. O inadimplemento da obrigação tributária pela sociedade não gera, por si só, a responsabilidade solidária do sócio-gerente.

STJ 435. Presume-se dissolvida irregularmente a empresa que deixar de funcionar no seu domicílio fiscal, sem comunicação aos órgãos competentes, legitimando o redirecionamento da execução fiscal para o sócio-gerente.

STJ 554. Na hipótese de sucessão empresarial, a responsabilidade da sucessora abrange não apenas os tributos devidos pela sucedida, mas também as multas moratórias ou punitivas referentes a fatos geradores ocorridos até a data da sucessão.

2. CRÉDITO TRIBUTÁRIO

2.1. Constituição de Crédito Tributário

STJ 436. A entrega de declaração pelo contribuinte reconhecendo débito fiscal constitui o crédito tributário, dispensada qualquer outra providência por parte do fisco.

STJ 446. Declarado e não pago o débito tributário pelo contribuinte, é legítima a recusa de expedição de certidão negativa ou positiva com efeito de negativa.

STJ 555. Quando não houver declaração do débito, o prazo decadencial quinquenal para o Fisco constituir o crédito tributário conta-se exclusivamente na forma do art. 173, I, do CTN, nos casos em que a legislação atribui ao sujeito passivo o dever de antecipar o pagamento sem prévio exame da autoridade administrativa.

2.2. Suspensão do Crédito Tributário

STJ 112. O depósito somente suspende a exigibilidade do crédito tributário se for integral e em dinheiro.

STJ 373. É ilegítima a exigência de depósito prévio para admissibilidade de recurso administrativo.

2.3. Extinção do Crédito Tributário

2.3.1. Compensação

STJ 212. A compensação de créditos tributários não pode ser deferida em ação cautelar ou por medida liminar cautelar ou antecipatória.

STJ 213. O mandado de segurança constitui ação adequada para a declaração do direito à compensação tributária.

STJ 460. É incabível o mandado de segurança para convalidar a compensação tributária realizada pelo contribuinte.

STJ 461. O contribuinte pode optar por receber, por meio de precatório ou por compensação, o indébito tributário certificado por sentença declaratória transitada em julgado.

STJ 464. A regra de imputação de pagamentos estabelecida no art. 354 do Código Civil não se aplica às hipóteses de compensação tributária.

2.3.2. Repetição de Indébito

STJ 162. Na repetição de indébito tributário, a correção monetária incide a partir do pagamento indevido.

STJ 188. Os juros moratórios, na repetição do indébito tributário, são devidos a partir do trânsito em julgado da sentença.

STJ 523. A taxa de juros de mora incidente na repetição de indébito de tributos estaduais deve corresponder à utilizada para cobrança do tributo pago em atraso, sendo legítima a incidência da taxa Selic, em ambas as hipóteses, quando prevista na legislação local, vedada sua cumulação com quaisquer outros índices.

2.4. Garantias e Privilégios do Crédito Tributário

STJ 497. Os créditos das autarquias federais preferem aos créditos da fazenda estadual desde que coexistam penhoras sobre o mesmo bem.

STJ 560. A decretação da indisponibilidade de bens e direitos, na forma do art. 185-A do CTN, pressupõe o exaurimento das diligências na busca por bens penhoráveis, o qual fica caracterizado quando infrutíferos o pedido de constrição sobre ativos financeiros e a expedição de ofícios aos registros públicos do domicílio do executado, ao Denatran ou Detran.

3. ADMINISTRAÇÃO TRIBUTÁRIA

3.1. Certidões Negativas

STJ 446. Declarado e não pago o débito tributário pelo contribuinte, é legítima a recusa de expedição de certidão negativa ou positiva com efeito de negativa.

STJ 569. Na importação, é indevida a exigência de nova certidão negativa de débito no desembaraço aduaneiro, se já apresentada a comprovação da quitação de tributos federais quando da concessão do benefício relativo ao regime de drawback.

4. DO SISTEMA TRIBUTÁRIO NACIONAL

4.1. Dos Impostos da União

4.1.1. IOF

STJ 185. Nos depósitos judiciais, não incide o imposto sobre operações financeiras.

4.1.2. IPI

STJ 411. É devida a correção monetária ao creditamento do IPI quando há oposição ao seu aproveitamento decorrentes de resistência ilegítima do Fisco.

STJ 494. O benefício fiscal do ressarcimento do crédito presumido do IPI relativo às exportações incide mesmo quando as matérias-primas ou os insumos sejam adquiridos de pessoa física ou jurídica não contribuinte do PIS/Pasep.

STJ 495. A aquisição de bens integrantes do ativo permanente da empresa não gera direito a creditamento de IPI.

4.1.3. IRPF/IRPJ

STJ 125. O pagamento de férias não gozadas por necessidade do serviço não está sujeito à incidência do imposto de renda.

STJ 136. O pagamento de licença-prêmio não gozada por necessidade do serviço não está sujeito ao imposto de renda.

STJ 215. A indenização recebida pela adesão a programa de incentivo à demissão voluntária não está sujeita à incidência do imposto de renda.

STJ 262. Incide o imposto de renda sobre o resultado das aplicações financeiras realizadas pelas cooperativas.

STJ 386. São isentas de imposto de renda as indenizações de férias proporcionais e o respectivo adicional.

STJ 447. Os Estados e o Distrito Federal são partes legítimas na ação de restituição de imposto de renda retido na fonte proposta por seus servidores.

STJ 463. Incide imposto de renda sobre os valores percebidos a título de indenização por horas extraordinárias trabalhadas, ainda que decorrentes de acordo coletivo.

STJ 498. Não incide imposto de renda sobre a indenização por danos morais.

STJ 556. É indevida a incidência de imposto de renda sobre o valor da complementação de aposentadoria pago por entidade de previdência privada e em relação ao resgate de contribuições recolhidas para referidas entidades patrocinadoras no período de 1º.1.1989 a 31.12.1995, em razão da isenção concedida pelo art. 6º, VII, b, da Lei n. 7.713/1988, na redação anterior à que lhe foi dada pela Lei n. 9.250/1995.

4.2. Dos Impostos dos Estados e do Distrito Federal

4.2.1. ICMS

STJ 20. A mercadoria importada de país signatário do GATT é isenta do ICM, quando contemplado com esse favor o similar nacional.

STJ 68. A parcela relativa ao ICM inclui-se na base de cálculo do PIS.

STJ 95. A redução da alíquota do imposto sobre produtos industrializados ou do imposto de importação não implica redução do ICMS.

STJ 135. O ICMS não incide na gravação e distribuição de filmes e videoteipes.

STJ 155. O ICMS incide na importação de aeronave, por pessoa física, para uso próprio.

STJ 163. O fornecimento de mercadorias com a simultânea prestação de serviços em bares, restaurantes e estabelecimentos similares constitui fato gerador do ICMS a incidir sobre o valor total da operação.

STJ 166. Não constitui fato gerador do ICMS o simples deslocamento de mercadoria de um para outro estabelecimento do mesmo contribuinte.

STJ 198. Na importação de veículo por pessoa física, destinado a uso próprio, incide o ICMS.

STJ 237. Nas operações com cartão de crédito, os encargos relativos ao financiamento não são considerados no cálculo do ICMS.

STJ 334. O ICMS não incide no serviço dos provedores de acesso à internet.

STJ 350. O ICMS não incide sobre o serviço de habilitação de telefone celular.

STJ 391. O ICMS incide sobre o valor da tarifa de energia elétrica correspondente à demanda de potência efetivamente utilizada.

STJ 395. O ICMS incide sobre o valor da venda a prazo constante da nota fiscal.

STJ 431. É ilegal a cobrança de ICMS com base no valor da mercadoria submetido ao regime de pauta fiscal.

STJ 432. As empresas de construção civil não estão obrigadas a pagar ICMS sobre mercadorias adquiridas como insumos em operações interestaduais.

STJ 433. O produto semielaborado, para fins de incidência de ICMS, é aquele que preenche cumulativamente os três requisitos do art. 1º da Lei Complementar n. 65/1991.

STJ 457. Os descontos incondicionais nas operações mercantis não se incluem na base de cálculo do ICMS.

STJ 509. É lícito ao comerciante de boa-fé aproveitar os créditos de ICMS decorrentes de nota fiscal posteriormente declarada inidônea, quando demonstrada a veracidade da compra e venda.

4.2.2. IPVA

STJ 585. A responsabilidade solidária do ex-proprietário, prevista no art. 134 do Código de Trânsito Brasileiro – CTB, não abrange o IPVA incidente sobre o veículo automotor, no que se refere ao período posterior à sua alienação.

4.3. Dos Impostos dos Municípios

4.3.1. IPTU

STJ 160. É defeso, ao Município, atualizar o IPTU, mediante decreto, em percentual superior ao índice oficial de correção monetária.

STJ 397. O contribuinte do IPTU é notificado do lançamento pelo envio do carnê ao seu endereço.

STJ 399. Cabe à legislação municipal estabelecer o sujeito passivo do IPTU.

4.3.2. ISSQN

STJ 138. O ISS incide na operação de arrendamento mercantil de coisas móveis.

STJ 156. A prestação de serviço de composição gráfica, personalizada e sob encomenda, ainda que envolva fornecimento de mercadorias, está sujeita, apenas, ao ISS.

STJ 167. O fornecimento de concreto, por empreitada, para construção civil, preparado no trajeto até a obra em betoneiras acopladas a caminhões, é prestação de serviço, sujeitando-se apenas à incidência do ISS.

STJ 274. O ISS incide sobre o valor dos serviços de assistência médica, incluindo-se neles as refeições, os medicamentos e as diárias hospitalares.

STJ 424. É legítima a incidência de ISS sobre os serviços bancários congêneres da lista anexa ao DL n. 406/1968 e à LC n. 56/1987.

STJ 524. No tocante à base de cálculo, o ISSQN incide apenas sobre a taxa de agenciamento quando o serviço prestado por sociedade empresária de trabalho temporário for de intermediação, devendo, entretanto, englobar também os valores dos salários e encargos sociais dos trabalhadores por ela contratados nas hipóteses de fornecimento de mão de obra.

4.4. Contribuições Especiais

STJ 423. A Contribuição para Financiamento da Seguridade Social – Cofins incide sobre as receitas provenientes das operações de locação de bens móveis.

STJ 499. As empresas prestadoras de serviços estão sujeitas às contribuições ao Sesc e Senac, salvo se integradas noutro serviço social.

STJ 508. A isenção da Cofins concedida pelo art. 6º, II, da LC n. 70/1991 às sociedades civis de prestação de serviços profissionais foi revogada pelo art. 56 da Lei n. 9.430/1996.

STJ 516. A contribuição de intervenção no domínio econômico para o Incra (Decreto-Lei n. 1.110/1970), devida por empregadores rurais e urbanos, não foi extinta pelas Leis ns. 7.787/1989, 8.212/1991 e 8.213/1991, não podendo ser compensada com a contribuição ao INSS.

4.5. Taxas

STJ 178. O INSS não goza de isenção do pagamento de custas e emolumentos, nas ações acidentárias e de benefícios, propostas na justiça estadual.

5. OUTROS TEMAS

5.1. Refis

STJ 355. É válida a notificação do ato de exclusão do programa de recuperação fiscal do Refis pelo Diário Oficial ou pela Internet.

STJ 437. A suspensão da exigibilidade do crédito tributário superior a quinhentos mil reais para opção pelo Refis pressupõe a homologação expressa do comitê gestor e a constituição de garantia por meio do arrolamento de bens.

5.2. Simples Nacional

STJ 425. A retenção da contribuição para a seguridade social pelo tomador do serviço não se aplica às empresas optantes pelo Simples.

STJ 448. A opção pelo Simples de estabelecimentos dedicados às atividades de creche, pré-escola e ensino fundamental é admitida somente a partir de 24.10.2000, data de vigência da Lei n. 10.034/2000.

19. ESTATUTO DA CRIANÇA E DO ADOLESCENTE

1. DA PRÁTICA DE ATO INFRACIONAL

1.1. Das Medidas Socioeducativas

STJ 108. A aplicação de medidas socioeducativas ao adolescente, pela prática de ato infracional, é da competência exclusiva do juiz.

STJ 265. É necessária a oitiva do menor infrator antes de decretar-se a regressão da medida socioeducativa.

STJ 338. A prescrição penal é aplicável nas medidas socioeducativas.

STJ 342. No procedimento para aplicação de medida socioeducativa, é nula a desistência de outras provas em face da confissão do adolescente.

STJ 492. O ato infracional análogo ao tráfico de drogas, por si só, não conduz obrigatoriamente à imposição de medida socioeducativa de internação do adolescente.

2. DO ACESSO À JUSTIÇA

2.1. Da Justiça da Infância e da Juventude

2.1.1. Do Juiz

STJ 383. A competência para processar e julgar as ações conexas de interesse de menor é, em princípio, do foro do domicílio do detentor de sua guarda.

3. DOS CRIMES E DAS INFRAÇÕES ADMINISTRATIVAS

3.1. Dos Crimes

3.1.1. Dos Crimes em Espécie

STJ 500. A configuração do crime previsto no artigo 244-B do ECA independe da prova da efetiva corrupção do menor, por se tratar de delito formal.

20. EXECUÇÃO FISCAL

1. COMPETÊNCIA

STJ 58. Proposta a execução fiscal, a posterior mudança de domicílio do executado não desloca a competência já fixada.

STJ 66. Compete à justiça federal processar e julgar execução fiscal promovida por conselho de fiscalização profissional.

STJ 349. Compete à justiça federal ou aos juízes com competência delegada o julgamento das execuções fiscais de contribuições devidas pelo empregador ao FGTS.

2. DESPESAS PROCESSUAIS

STJ 153. A desistência da execução fiscal, após o oferecimento dos embargos, não exime o exequente dos encargos da sucumbência.

STJ 190. Na execução fiscal, processada perante a justiça estadual, cumpre à Fazenda Pública antecipar o numerário destinado ao custeio das despesas com o transporte dos oficiais de justiça.

STJ 400. O encargo de 20% previsto no DL n. 1.025/1969 é exigível na execução fiscal proposta contra a massa falida.

3. EMBARGOS

STJ 392. A Fazenda Pública pode substituir a certidão de dívida ativa (CDA) até a prolação da sentença de embargos, quando se tratar de correção de erro material ou formal, vedada a modificação do sujeito passivo da execução.

STJ 394. É admissível, em embargos à execução, compensar os valores de imposto de renda retidos indevidamente na fonte com os valores restituídos apurados na declaração anual.

4. PENHORA

STJ 406. A Fazenda Pública pode recusar a substituição do bem penhorado por precatório.

STJ 451. É legítima a penhora da sede do estabelecimento comercial.

5. PRESCRIÇÃO INTERCORRENTE

STJ 314. Em execução fiscal, não localizados bens penhoráveis, suspende-se o processo por um ano, findo o qual se inicia o prazo da prescrição quinquenal intercorrente.

STJ 409. Em execução fiscal, a prescrição ocorrida antes da propositura da ação pode ser decretada de ofício (art. 219, § 5º, do CPC).

6. LEGITIMIDADE ATIVA

STJ 139. Cabe à Procuradoria da Fazenda Nacional propor execução fiscal para cobrança de crédito relativo ao ITR.

STJ 521. A legitimidade para execução fiscal de multa pendente de pagamento imposta em sentença condenatória é exclusiva da Procuradoria da Fazenda Pública.

7. LEILÃO

STJ 121. Na execução fiscal, o devedor deverá ser intimado, pessoalmente, do dia e hora da realização do leilão.

STJ 128. Na execução fiscal, haverá segundo leilão se, no primeiro, não houver lanço superior à avaliação.

8. PETIÇÃO INICIAL

STJ 558. Em ações de execução fiscal, a petição inicial não pode ser indeferida sob o argumento da falta de indicação do CPF e/ou RG ou CNPJ da parte executada.

STJ 559. Em ações de execução fiscal, é desnecessária a instrução da petição inicial com o demonstrativo de cálculo do débito, por tratar-se de requisito não previsto no art. 6º da Lei n. 6.830/1980.

9. RESPONSABILIDADE TRIBUTÁRIA

STJ 251. A meação só responde pelo ato ilícito quando o credor, na execução fiscal, provar que o enriquecimento dele resultante aproveitou ao casal.

STJ 430. O inadimplemento da obrigação tributária pela sociedade não gera, por si só, a responsabilidade solidária do sócio-gerente.

STJ 435. Presume-se dissolvida irregularmente a empresa que deixar de funcionar no seu domicílio fiscal, sem comunicação aos órgãos competentes, legitimando o redirecionamento da execução fiscal para o sócio-gerente.

STJ 554. Na hipótese de sucessão empresarial, a responsabilidade da sucessora abrange não apenas os tributos devidos pela sucedida, mas também as multas moratórias ou punitivas referentes a fatos geradores ocorridos até a data da sucessão.

10. OUTROS TEMAS

STJ 189. É desnecessária a intervenção do Ministério Público nas execuções fiscais.

STJ 393. A exceção de pré-executividade é admissível na execução fiscal relativamente às matérias conhecíveis de ofício que não demandem dilação probatória.

STJ 414. A citação por edital na execução fiscal é cabível quando frustradas as demais modalidades.

STJ 515. A reunião de execuções fiscais contra o mesmo devedor constitui faculdade do juiz.

STJ 583. O arquivamento provisório previsto no art. 20 da Lei n. 10.522/2002, dirigido aos débitos inscritos como dívida ativa da União pela Procuradoria-Geral da Fazenda Nacional ou por ela cobrados, não se aplica às execuções fiscais movidas pelos conselhos de fiscalização profissional ou pelas autarquias federais.

21. EXECUÇÃO PENAL

1. DO CONDENADO E DO INTERNADO
1.1. Do Trabalho

STJ 40. Para obtenção dos benefícios de saída temporária e trabalho externo, considera-se o tempo de cumprimento da pena no regime fechado.

1.2. Dos Deveres, dos Direitos e da Disciplina

STJ 441. A falta grave não interrompe o prazo para obtenção de livramento condicional.

STJ 526. O reconhecimento de falta grave decorrente do cometimento de fato definido como crime doloso no cumprimento da pena prescinde do trânsito em julgado de sentença penal condenatória no processo penal instaurado para apuração do fato.

STJ 533. Para o reconhecimento da prática de falta disciplinar no âmbito da execução penal, é imprescindível a instauração de procedimento administrativo pelo diretor do estabelecimento prisional, assegurado o direito de defesa, a ser realizado por advogado constituído ou defensor público nomeado.

STJ 534. A prática de falta grave interrompe a contagem do prazo para a progressão de regime de cumprimento de pena, o qual se reinicia a partir do cometimento dessa infração.

STJ 535. A prática de falta grave não interrompe o prazo para fim de comutação de pena ou indulto.

2. DOS ÓRGÃOS DA EXECUÇÃO PENAL

STJ 192. Compete ao juízo das execuções penais do estado a execução das penas impostas a sentenciados pela justiça federal, militar ou eleitoral, quando recolhidos a estabelecimentos sujeitos à administração estadual.

3. DA EXECUÇÃO DAS PENAS EM ESPÉCIE

3.1. Das Penas Privativas de Liberdade

3.1.1. Dos Regimes

STJ 439. Admite-se o exame criminológico pelas peculiaridades do caso, desde que em decisão motivada.

STJ 471. Os condenados por crimes hediondos ou assemelhados cometidos antes da vigência da Lei n. 11.464/2007 sujeitam-se ao disposto no art. 112 da Lei n. 7.210/1984 (Lei de Execução Penal) para a progressão de regime prisional.

STJ 491. É inadmissível a chamada progressão "per saltum" de regime prisional.

STJ 534. A prática de falta grave interrompe a contagem do prazo para a progressão de regime de cumprimento de pena, o qual se reinicia a partir do cometimento dessa infração.

3.1.2. Das Autorizações de Saída

STJ 40. Para obtenção dos benefícios de saída temporária e trabalho externo, considera-se o tempo de cumprimento da pena no regime fechado.

STJ 520. O benefício de saída temporária no âmbito da execução penal é ato jurisdicional insuscetível de delegação à autoridade administrativa do estabelecimento prisional.

3.1.3. Da Remição

STJ 341. A frequência a curso de ensino formal é causa de remição de parte do tempo de execução de pena sob regime fechado ou semiaberto.

STJ 562. É possível a remição de parte do tempo de execução da pena quando o condenado, em regime fechado ou semiaberto, desempenha atividade laborativa, ainda que extramuros.

3.1.4. Do Livramento Condicional

STJ 441. A falta grave não interrompe o prazo para obtenção de livramento condicional.

4. DOS INCIDENTES DE EXECUÇÃO

STJ 535. A prática de falta grave não interrompe o prazo para fim de comutação de pena ou indulto.

22. SISTEMA FINANCEIRO DA HABITAÇÃO

1. ATUALIZAÇÃO MONETÁRIA

STJ 450. Nos contratos vinculados ao SFH, a atualização do saldo devedor antecede sua amortização pelo pagamento da prestação.

STJ 454. Pactuada a correção monetária nos contratos do SFH pelo mesmo índice aplicável à caderneta de poupança, incide a taxa referencial (TR) a partir da vigência da Lei n. 8.177/1991.

2. HIPOTECA

STJ 199. Na execução hipotecária de crédito vinculado ao Sistema Financeiro da Habitação, nos termos da Lei n. 5.741/1971, a petição inicial deve ser instruída com, pelo menos, dois avisos de cobrança.

STJ 308. A hipoteca firmada entre a construtora e o agente financeiro, anterior ou posterior à celebração da promessa de compra e venda, não tem eficácia perante os adquirentes do imóvel.

3. JUROS

STJ 422. Os juros remuneratórios não estão limitados nos contratos vinculados ao Sistema Financeiro da Habitação.

4. LEGITIMIDADE PROCESSUAL

STJ 327. Nas ações referentes ao Sistema Financeiro da Habitação, a Caixa Econômica Federal tem legitimidade como sucessora do Banco Nacional da Habitação.

5. SEGUROS

STJ 31. A aquisição, pelo segurado, de mais de um imóvel financiado pelo Sistema Financeiro da Habitação, situados na mesma localidade, não exime a seguradora da obrigação de pagamento dos seguros.

STJ 473. O mutuário do SFH não pode ser compelido a contratar o seguro habitacional obrigatório com a instituição financeira mutuante ou com a seguradora por ela indicada.

STJ 586. A exigência de acordo entre o credor e o devedor na escolha do agente fiduciário aplica-se, exclusivamente, aos contratos não vinculados ao Sistema Financeiro da Habitação – SFH.

23. SISTEMA FINANCEIRO NACIONAL

1. BANCO CENTRAL DO BRASIL

STJ 23. O Banco Central do Brasil é parte legítima nas ações fundadas na Resolução 1154, de 1986.

STJ 538. As administradoras de consórcio têm liberdade para estabelecer a respectiva taxa de administração, ainda que fixada em percentual superior a dez por cento.

2. BANCOS COMERCIAIS

STJ 19. A fixação do horário bancário, para atendimento ao público, é da competência da União.

STJ 79. Os bancos comerciais não estão sujeitos a registro nos conselhos regionais de economia.

3. COMISSÃO DE PERMANÊNCIA

STJ 30. A comissão de permanência e a correção monetária são inacumuláveis.

STJ 294. Não é potestativa a cláusula contratual que prevê a comissão de permanência, calculada pela taxa média de mercado apurada pelo Banco Central do Brasil, limitada à taxa do contrato.

STJ 296. Os juros remuneratórios, não cumuláveis com a comissão de permanência, são devidos no período de inadimplência, à taxa média de mercado estipulada pelo Banco Central do Brasil, limitada ao percentual contratado.

STJ 472. A cobrança de comissão de permanência – cujo valor não pode ultrapassar a soma dos encargos remuneratórios e moratórios previstos no contrato – exclui a exigibilidade dos juros remuneratórios, moratórios e da multa contratual.

4. CONTRATOS BANCÁRIOS
4.1. Alienação Fiduciária

STJ 28. O contrato de alienação fiduciária em garantia pode ter por objeto bem que já integrava o patrimônio do devedor.

STJ 72. A comprovação da mora é imprescindível à busca e apreensão do bem alienado fiduciariamente.

STJ 92. A terceiro de boa-fé não é oponível a alienação fiduciária não anotada no certificado de registro do veículo automotor.

STJ 245. A notificação destinada a comprovar a mora nas dívidas garantidas por alienação fiduciária dispensa a indicação do valor do débito.

STJ 384. Cabe ação monitória para haver saldo remanescente oriundo de venda extrajudicial de bem alienado fiduciariamente em garantia.

4.2. Cláusulas Contratuais

STJ 379. Nos contratos bancários não regidos por legislação específica, os juros moratórios poderão ser convencionados até o limite de 1% ao mês.

STJ 381. Nos contratos bancários, é vedado ao julgador conhecer, de ofício, da abusividade das cláusulas.

4.3. Consórcio

STJ 35. Incide correção monetária sobre as prestações pagas, quando de sua restituição, em virtude da retirada ou exclusão do participante de plano de consórcio.

4.4. Renegociação Contratual

STJ 286. A renegociação de contrato bancário ou a confissão da dívida não impede a possibilidade de discussão sobre eventuais ilegalidades dos contratos anteriores.

STJ 298. O alongamento de dívida originada de crédito rural não constitui faculdade da instituição financeira, mas direito do devedor, nos termos da lei.

4.5. Tarifas

STJ 565. A pactuação das tarifas de abertura de crédito (TAC) e de emissão de carnê (TEC), ou outra denominação para o mesmo fato gerador, é válida apenas nos contratos bancários anteriores ao início da vigência da Resolução-CMN n. 3.518/2007, em 30.4.2008.

STJ 566. Nos contratos bancários posteriores ao início da vigência da Resolução-CMN n. 3.518/2007, em 30.4.2008, pode ser cobrada a tarifa de cadastro no início do relacionamento entre o consumidor e a instituição financeira.

5. CORREÇÃO MONETÁRIA DE DEPÓSITOS JUDICIAIS

STJ 179. O estabelecimento de crédito que recebe dinheiro, em depósito judicial, responde pelo pagamento da correção monetária relativa aos valores recolhidos.

STJ 271. A correção monetária dos depósitos judiciais independe de ação específica contra o banco depositário.

6. INDEXADORES FINANCEIROS

STJ 287. A Taxa Básica Financeira (TBF) não pode ser utilizada como indexador de correção monetária nos contratos bancários.

STJ 288. A Taxa de Juros de Longo Prazo (TJLP) pode ser utilizada como indexador de correção monetária nos contratos bancários.

STJ 295. A Taxa Referencial (TR) é indexador válido para contratos posteriores à Lei n. 8.177/1991, desde que pactuada.

7. JUROS

STJ 176. É nula a cláusula contratual que sujeita o devedor à taxa de juros divulgada pela Anbid/Cetip.

STJ 283. As empresas administradoras de cartão de crédito são instituições financeiras e, por isso, os juros remuneratórios por elas cobrados não sofrem as limitações da Lei de Usura.

STJ 296. Os juros remuneratórios, não cumuláveis com a comissão de permanência, são devidos no período de inadimplência, à taxa média de mercado estipulada pelo Banco Central do Brasil, limitada ao percentual contratado.

STJ 382. A estipulação de juros remuneratórios superiores a 12% ao ano, por si só, não indica abusividade.

STJ 530. Nos contratos bancários, na impossibilidade de comprovar a taxa de juros efetivamente contratada – por ausência de pactuação ou pela falta de juntada do instrumento aos autos –, aplica-se a taxa média de mercado, divulgada pelo Bacen, praticada nas operações da mesma espécie, salvo se a taxa cobrada for mais vantajosa para o devedor.

STJ 539. É permitida a capitalização de juros com periodicidade inferior à anual em contratos celebrados com instituições integrantes do Sistema Financeiro Nacional a partir de 31/3/2000 (MP 1.963-17/00, reeditada como MP 2.170-36/01), desde que expressamente pactuada.

STJ 541. A previsão no contrato bancário de taxa de juros anual superior ao duodécuplo da mensal é suficiente para permitir a cobrança da taxa efetiva anual contratada.

Parte III

Tribunal Superior do Trabalho

1. DIREITO ADMINISTRATIVO

1. AGENTES PÚBLICOS

1.1. Disposições Gerais

2015

Dispensa imotivada. Decreto estadual 21.325/91. Sucessão do BEC – Banco do Estado do Ceará S/A pelo Banco Bradesco S/A. Dever de motivação. Ilegalidade. Reintegração indevida.

O Banco Bradesco S/A não tem obrigação de motivar a dispensa de ex-empregada admitida pelo extinto Banco do Estado do Ceará S/A (BEC) antes da privatização. No caso, a empregada foi admitida antes da sucessão do extinto BEC pelo Banco Bradesco S/A, e dispensada imotivadamente, inobservando o quanto disposto no Decreto estadual 21.325/91 – que estendia aos entes da Administração Pública indireta estadual o dever de motivar o ato de dispensa de seus empregados. Referido decreto afigura-se ilegal, pois não poderia o Estado, unilateralmente, exorbitando da condição de acionista controlador, ao arrepio da Lei 6.404/76, sobrepor-se aos órgãos de administração da Sociedade Anônima e criar, mediante decreto, obrigação para a Companhia, que detém personalidade jurídica própria. De outro lado, ainda que se desconsiderasse a manifesta ilegalidade, o decreto cuidava de regra de Direito Administrativo por que deveria pautar-se "órgão administrativo" que praticasse, como tal, "atos administrativos", não havendo como transpor para o banco privado sucessor obrigações decorrentes de tal regra. Ademais, todas as obrigações de índole trabalhista impostas ao ente público sucedido, nesta qualidade, mediante fonte heterônoma, mesmo impostas por lei, não se transmitem pela sucessão do empregador. Consumada a sucessão, dada a distinta natureza da personalidade jurídica do sucessor, rigorosamente o regime jurídico híbrido desaparece e sobrevém um empregador submetido a regime jurídico puramente privado. *E-RR-44600-87.2008.5.07.0008, Tribunal Pleno, Red. p/ ac. Min. João Oreste Dalazen, 25.8.2015. (Info 115)*

Mandado de segurança. Servidor público federal. Filho portador de deficiência. Jornada especial sem compensação de horário. Ausência de direito líquido e certo. Ato vinculado. Limites estabelecidos nos arts. 44, II, e 98, § 3º, da Lei 8.112/90.

De acordo com os arts. 44, II, e 98, § 3º, da Lei 8.112/90, o servidor público federal que tenha cônjuge, filho ou dependente portador de deficiência tem direito à jornada especial, exigindo-se, todavia, compensação de horário até o mês subsequente ao da ocorrência, a ser estabelecida pela chefia imediata. Assim, havendo lei a impor a compensação, o mandado de segurança não se constitui a via adequada para a solução do litígio, não havendo falar em direito líquido e certo da impetrante à jornada especial de trinta horas semanais, sem compensação e sem prejuízo da remuneração. Na espécie, ressaltou-se que a diminuição de jornada constitui ato vinculado, de modo que a autoridade coatora, ao indeferir o pedido de não compensação das horas reduzidas, apenas observou os limites do art. 98, § 3º, da Lei 8.112/90, não tendo praticado ato ilegal ou arbitrário, atendo-se, tão somente, ao princípio constitucional da legalidade administrativa. Ademais, a dispensa de compensação no caso da concessão de jornada especial é matéria própria da via ordinária, em que parte da jurisprudência, inclusive, já tem reconhecido o direito pleiteado. *ReeNec e RO-41-80.2014.5.17.0000, Órgão Especial, Rel. Min. Walmir Oliveira da Costa, 2.3.2015. (Info 100)*

Matéria afetada ao Tribunal Pleno. Servidor público celetista. Administração pública direta, autárquica e fundacional. Concurso público. Contrato de experiência. Dispensa imotivada. Impossibilidade. Observância dos princípios constitucionais da impessoalidade e da motivação.

A despedida de servidor público celetista da administração pública direta, autárquica e fundacional, admitido por concurso público e em contrato de experiência, deve ser motivada. A observância do princípio constitucional da motivação visa a resguardar o empregado de possível quebra do postulado da impessoalidade por parte do agente estatal investido no poder de dispensar. *E-ED-RR 64200-46.2006.5.02.0027, Tribunal Pleno, Rel. Min. Alberto Luiz Bresciani de Fontan Pereira, 29.9.2015. (Info 119)*

Servidor público submetido ao regime da CLT. Empregado que nunca foi submetido à jornada de trabalho inicialmente contratada. Determinação de retorno à jornada original. Alteração lícita. OJ 308/SDI1.

O restabelecimento da jornada original de trabalho de servidor público, submetido ao regime da CLT, não importa alteração ilícita do contrato de trabalho, ainda que isso implique aumento da carga horária sem contrapartida salarial. Com efeito, é a lei que determina a jornada do servidor, e eventual redução, ainda que por tempo prolongado ou mesmo desde o início do contrato de trabalho, não se incorpora ao seu patrimônio jurídico. A teoria do fato consumado não é aplicável em contrariedade à lei, que resguarda o interesse público, indisponível por natureza. Incide, portanto, o entendimento consolidado pela OJ 308/SDI1, em obediência aos princípios constitucionais da legalidade, moralidade, impessoalidade e eficiência do serviço público (art. 37 da CF). *E-RR-368500-43.2009.5.04.0018, SDI1, Rel. Min. Márcio Eurico Vitral Amaro, 5.2.2015. (Info 99)*

2014

Averbação de tempo de serviço prestado em órgão integrante da Administração Pública Indireta. Reposicionamento em carreira do Poder Judiciário e dispensa do estágio probatório. Impossibilidade.

O tempo de serviço prestado em outra carreira não pode ser computado para fins de dispensa do estágio probatório e reposicionamento em classe/padrão superior de carreira no Poder Judiciário, por falta de fundamento legal. Na Administração Pública, não há unidade de carreiras e o estágio probatório deve ser cumprido a cada novo cargo para o qual o servidor seja nomeado, conforme dispõe os arts. 20, § 2º, e 29 da Lei 8.112/90. *RO-10203-61.2013.5.03.0000, Órgão Especial, Rel. Min. Maria Cristina Irigoyen Peduzzi, 1º.9.2014. (Info 88)*

2013

Ação rescisória. Sociedade de economia mista. Demissão imotivada. Impossibilidade.

Reintegração do empregado. Submissão aos princípios previstos no art. 37, caput, da CF. Regulamento interno. Necessidade de motivação. Adesão ao contrato de trabalho. Súm. 51/TST.

O STF, nos autos do RE 589998, estabeleceu que os empregados de sociedades de economia mista e de empresas públicas admitidos por concurso público somente poderão ser demitidos mediante a motivação do ato de dispensa, porquanto necessária a observação dos princípios constitucionais que regem a administração pública direta e indireta, previstos no art. 37, caput, da CF. Ademais, verificada, no caso, a existência de dispositivo de norma interna do Banestado prevendo a obrigatoriedade da motivação para dispensa de empregados, tal cláusula adere ao contrato de trabalho, impossibilitando a dispensa imotivada a teor do preconizado pela Súm. 51/TST. *RO-219-22.2012.5.09.0000, SDI2, Rel. Min. Cláudio Mascarenhas Brandão, 15.10.2013. (Info 63)*

Dano moral. Divulgação da lista nominal dos servidores públicos e da correspondente remuneração mensal na internet. Prevalência do princípio da publicidade dos atos administrativos em detrimento do direito à intimidade, à privacidade e à segurança do empregado público.

A divulgação, na internet, da lista dos cargos ocupados e dos valores da remuneração mensal pagos ao servidor público não configura dano moral, pois o princípio da publicidade dos atos administrativos deve prevalecer sobre o direito à intimidade, à privacidade e à segurança do agente público, conforme decidido pelo Tribunal Pleno do STF (SS-3902-AgR-2º). *E-RR-336000-02.2008.5.09.0411, SDI1, Rel. Min. Augusto César Leite de Carvalho, 21.3.2013. (Info 40)*

2012

Estabilidade. Art. 19 do ADCT. Contagem do quinquênio aquisitivo. Tempo de serviço prestado a sociedade de economia mista. Impossibilidade.

A estabilidade prevista no art. 19 do ADCT pressupõe a prestação de serviço por cinco anos continuados a entes da Administração pública direta, autárquica e fundacional, não aproveitando o tempo prestado a órgãos de esferas político-administrativas distintas. *EEDRR 5644100-72.2002.5.02.0900, SDI1, Rel. Min. José Roberto Freire Pimenta, 9.8.2012. (Info 17)*

1. DIREITO ADMINISTRATIVO

1.2. Concurso Público

2016

Mandado de segurança. Concurso público. Candidata inscrita como portadora de necessidades especiais (PNE). Esclerose múltipla. Incapacitação não aferida no momento da avaliação médica. Enquadramento. Impossibilidade.

O acometimento de moléstia grave, por si só, não enseja o enquadramento de candidata a cargo público em vaga reservada aos portadores de necessidades especiais (PNE). *RO-166-46.2015.5.23.0000, Órgão Especial, Rel. Min. Augusto César Leite de Carvalho, 5.9.2016. (Info 143)*

2015

Concurso público para formação de cadastro reserva. Advogado. Contratação de advogados terceirizados. Preterição de candidatos aprovados. Direito à nomeação imediata.

Há direito à nomeação imediata de candidato aprovado em concurso público para formação de cadastro de reserva quando constatada a terceirização dos serviços afetos às atribuições do cargo previsto no certame. *E-ED-RR-2167-67.2011.5.22.0001, SDI1, Red. p/ ac. Min. Augusto César Leite de Carvalho, 16.4.2015. (Info 104)*

Metrô/DF. Liminar em mandado de segurança mantendo a antecipação de tutela em ação civil pública. Nomeação compulsória de candidatos aprovados em concurso público. Identidade de atribuições entre terceirizados e concursados não comprovada. Limitação orçamentária. Suspensão deferida.

O pedido de suspensão de liminar ou de sentença prolatada contra o Poder Público não tem natureza recursal e há de ser examinado a partir da verificação de que a alegada lesão a bens jurídicos tenha sido grave (art. 4º, da Lei 8.437/92 e art. 15, da Lei 12.016/09). No caso concreto, o MPT ajuizou ação civil pública em face do Metrô/DF para que este procedesse à nomeação/contratação de candidatos aprovados em concurso público. O Juízo de primeiro grau deferiu a antecipação da tutela para determinar a contratação no prazo de dez dias. Contra a tutela antecipada, o Metrô/DF impetrou mandado de segurança, mas a ordem fora mantida pelo TRT, que apenas ampliou o prazo para sessenta dias. A empresa, então, requereu a concessão de efeito suspensivo, o qual foi deferido pela Presidência do TST, ante a constatação de não ter sido comprovada a identidade de atribuições de terceirizados e concursados, a limitação orçamentária do Distrito Federal, bem como parecer do TCDF pela impossibilidade de novas contratações em observância à Lei de Responsabilidade Fiscal. Assim, subsistindo os motivos que levaram à suspensão da segurança, o Órgão Especial negou provimento aos agravos regimentais interpostos pelo MPT e Sindmetrô-DF, mantendo a decisão monocrática do Presidente do TST que acolhera o pedido de efeito suspensivo, devendo a decisão prevalecer até a data de publicação do acórdão que apreciar o mérito do mandamus. *AgR-SS-18402-85.2015.5.00.0000, Órgão Especial, Rel. Min. Antonio José de Barros Levenhagen, 9.11.2015. (Info 123)*

2014

Ação rescisória. Pretensão de desconstituição de sentença proferida em ação civil pública. Autor afetado pelo provimento judicial coletivo. Ilegitimidade ativa "ad causam".

Candidato aprovado em concurso público anulado por decisão judicial transitada em julgado, proferida em ação civil pública, não detém legitimidade ativa "ad causam" para questionar, em sede de ação rescisória, a higidez do julgamento lavrado na ação coletiva. *RO-10261-64.2013.5.03.0000, SDI2, Rel. Min. Douglas Alencar Rodrigues, 16.12.2014. (Info 97)*

Contrato nulo. Empregado contratado sem concurso público. Súm. 363/TST. Horas extras. Base de cálculo.

Conforme a Súm. 363/TST, é assegurado ao empregado contratado após a Constituição de 1988, sem prévia aprovação em concurso público, o recebimento da contraprestação pactuada, na proporção das horas efetivamente trabalhadas, as quais deverão equivaler, pelo menos, ao valor da hora do salário mínimo, em atenção ao disposto no art. 7º, IV, da CF. Assim, não é possível admitir que, na hipótese em que pactuada contraprestação em valor maior do que o salário mínimo, seja adotado, como base de cálculo das horas trabalhadas além da jornada de trabalho, outro valor senão aquele avençado. *E-ED-RR-89900-57.2005.5.10.0020, SDI1, Rel. Min. José Roberto Freire Pimenta, 13.11.2014. (Info 95)*

Mandado de segurança. Concurso público. Nomeação. Longo lapso temporal. Notificação pessoal. Publicidade e razoabilidade.

O candidato aprovado em concurso público, cuja nomeação tenha ocorrido após transcorrido considerável lapso temporal desde a homologação do resultado final, deve ser notificado pessoalmente, não sendo suficiente a convocação por meio do Diário Oficial, em razão dos princípios da publicidade e da razoabilidade. No caso vertente, restou assentado não ser plausível exigir o acompanhamento das publicações na imprensa oficial durante longo período de tempo (mais de três anos). Ademais, não obstante tenha a autoridade coatora informado que encaminhara mensagem eletrônica ao candidato, não fez prova do seu recebimento, de modo que, antes de presumir a falta de interesse, deveria, por prudência, ter se utilizado de outros meios disponíveis para a comunicação. RO-7552-20.2012.5.02.0000, SDI2, Rel. Min. Cláudio Mascarenhas Brandão, 2.9.2014. (Info 88)

Mandado de segurança. Concurso público. Nomeação. Transcurso do prazo legal para a posse. Responsabilidade do candidato pelo acompanhamento das comunicações relacionadas ao concurso. Direito líquido e certo à notificação por via postal. Ausência.

A candidata aprovada em concurso público não tem direito líquido e certo à notificação por via postal ou outro meio que assegure a certeza da ciência do ato, quando não houver previsão expressa no edital. Na hipótese vertente, passados três anos e meio da homologação do concurso, foi publicada a nomeação da impetrante e, ante o seu não comparecimento, o ato foi tornado sem efeito. Constatou-se que, além das publicações da nomeação em Diário Oficial e pela internet, foi enviada mensagem eletrônica para o e-mail da candidata, sendo certo que, para se alcançar conclusão diversa acerca da efetiva notificação, seria necessária ampla dilação probatória, o que não se coaduna com o mandado de segurança, em face dos estritos limites de cognição dessa ação. Ressalte-se, ademais, que o edital estabeleceu a responsabilidade da candidata em manter atualizados os seus dados pessoais, bem como de acompanhar as publicações, editais, avisos e comunicados referentes ao concurso. RO-51060-16.2012.5.02.0000, Órgão Especial, Rel. Min. Mauricio Godinho Delgado, 6.10.2014. (Info 91)

2013

Empregado público admitido antes da CF. Ausência de submissão a concurso público. Lei municipal instituidora de Regime Jurídico Único. Impossibilidade de alteração automática do regime celetista para o estatutário. Art. 37, II, da CF. Violação. Competência material da Justiça do Trabalho.

A existência de lei municipal instituidora de Regime Jurídico Único, de natureza administrativa, por si só, não transmuda automaticamente o vínculo jurídico estabelecido entre as partes, de celetista para estatutário, na hipótese de o empregado, admitido antes do advento da CF, não ter se submetido a concurso público. Entendimento em sentido contrário afronta o disposto no art. 37, II, da CF. E-RR-300-25.2010.5.13.0001, SDI1, Rel. Min. João Oreste Dalazen, 28.11.2013. (Info 68)

Empresa pública e sociedade de economia mista. Admissão sem prévia aprovação em concurso público após a promulgação da CF. Decisão do STF no MS 21322. Marco para declaração de nulidade da contratação. Inaplicabilidade da Súm. 363/TST.

A decisão proferida pelo STF no MS 21322/DF, publicada em 23.4.1993, deve ser tomada como marco para a declaração de nulidade dos contratos de trabalho firmados com empresa pública ou sociedade de economia mista sem prévia aprovação em concurso público, após a promulgação da CF, de modo que o disposto no art. 37, § 2º, da CF apenas alcança os contratos de trabalho celebrados após essa data. E-ED-RR-4800-05.2007.5.10.0008, SDI1, Rel. Min. Aloysio Corrêa da Veiga, 23.5.2013. (Info 48)

2012

Concurso público. Candidato aprovado em posição superior ao número de vagas disponíveis no edital. Criação de cargos durante o prazo de validade do certame. Direito subjetivo à nomeação. Caracterização.

O candidato aprovado em concurso público e classificado em posição superior ao número de vagas disponíveis no edital tem, apenas, a simples expectativa de ingresso no serviço público. Todavia, adquire direito subjetivo à nomeação se comprovado o surgimento de novas vagas durante o prazo de validade do certame, bem como o interesse da Administração Pública em preenchê-las. *RO-102000-17.2009.5.01.0000, Órgão Especial, Rel. Min. Alberto Luiz Bresciani de Fontan Pereira, 3.9.2012. (Info 20)*

Concurso público. Pessoa portadora de necessidades especiais. Deficiência auditiva. Caracterização.

As normas e princípios constitucionais insculpidos nos arts. 1º, II e III, e 3º, IV, da CF, interpretados juntamente com o art. 3º do Dec. 3.298/99 (com redação dada pelo Dec. 5.296/04), permitem concluir que a deficiência auditiva, ainda que não bilateral, conforme disposto no art. 4º, II, do Dec. 3.298/99, é suficiente para assegurar ao candidato inscrito em concurso público o direito de concorrer a uma das vagas destinadas aos portadores de necessidades especiais a que aludem os arts. 37, VIII, da CF e 5º, § 2º, da Lei 8.112/90. *RO-11800-35.2011.5.21.0000, Órgão Especial, Rel. Min. Brito Pereira, 1º.10.2012. (Info 23)*

ECT. Serviços postais em municípios com poucos habitantes. Substituição dos convênios por servidores concursados em 90 dias. Dificuldades técnicas e operacionais. Restrição à população local. Suspensão da antecipação de tutela. Deferimento.

O Órgão Especial negou provimento ao agravo regimental, mantendo a decisão do Presidente desta Corte que deferiu a liminar requerida pela Empresa Brasileira de Correios e Telégrafos – ECT, para suspender a execução da antecipação de tutela concedida pelo TRT até o julgamento do agravo de instrumento ou do recurso de revista, caso provido o agravo. Na espécie, o Tribunal Regional determinou a substituição dos convênios entre a ECT e os municípios com poucos habitantes no interior do Estado de Goiás pelos serviços a serem prestados por servidores concursados, no prazo de 90 dias, sob pena de multa de R$ 5.000,00 por empregado que permanecer irregularmente na atividade-fim. Diante das dificuldades técnicas e operacionais para a realização da substituição no prazo determinado, entendeu-se que haveria a possibilidade concreta de interrupção, ao menos parcial, dos serviços postais nos municípios atingidos pela decisão do Regional, o que causaria severa restrição à população local. Ademais, a definição de "atividade-fim" para efeitos de regular terceirização é matéria controvertida, restando plenamente justificada, portanto, a intervenção excepcional da Presidência do TST em sede de suspensão de antecipação de tutela, nos termos dos arts. 4º, "caput" e § 1º, da Lei 8.437/92 e 251 do RITST. *AgRSS-4901-69.2012.5.00.0000, Órgão Especial, Rel. Min. João Oreste Dalazen, 14.11.2012. (Info 30)*

Instituto Candango de Solidariedade – ICS. Contrato de gestão. Governo do Distrito Federal. Contratação fraudulenta de servidores sem concurso público. Súm. 363/TST. Aplicação.

São nulos os contratos de trabalho realizados com o Instituto Candango de Solidariedade (ICS) para atender à necessidade de mão de obra oriunda do contrato de gestão firmado entre o Governo do Distrito Federal e o ICS, tendo em vista o art. 14 da Lei 9.637/98 contemplar apenas a possibilidade de cessão de servidores públicos efetivos para auxiliar na prestação de serviços confiados à organização social, e não o contrário, como ocorreu na hipótese. Desse modo, por considerar que houve prestação de serviços diretamente ao ente público, sem prévia submissão a concurso público, o que atrai a incidência da Súm. 363/TST, a SDI1 conheceu do recurso de embargos, por divergência jurisprudencial, e, no mérito, deu-lhe provimento para restabelecer o acórdão do Regional. *E-ED-RR-3406-79.2010.5.10.0000, SDI1, Rel. Min. Aloysio Côrrea da Veiga, 13.12.2012. (Info 34)*

1.3. Regras Remuneratórias

2016

Parcela "sexta parte". Art. 129 da Constituição do Estado de São Paulo. Base de cálculo. Exclusão de gratificações instituídas por leis complementares estaduais.

Não obstante o art. 129 da Constituição do Estado de São Paulo estabelecer que a parcela denominada "sexta parte" deve ser calculada com base nos vencimentos integrais, é incontroversa a existência de leis complementares estaduais que, ao instituírem algumas gratificações, expressamente as excluíram da base de cálculo de quaisquer vantagens pecuniárias. Assim, adotando o método de interpretação restritiva, conclui-se que as leis complementares foram editadas com a finalidade de balizar o alcance da lei maior estadual, em uma espécie de regulamentação, de modo que para deixar de aplicá-las seria imprescindível a declaração de inconstitucionalidade pelo TJSP.

E-RR-1216-23.2011.5.15.0113, SDI1, Red. p/ ac. Min. Alexandre de Souza Agra Belmonte, 5.5.2016. (Info 135)

2015

Reajustes salariais fixados por resoluções do Conselho de Reitores das Universidades do Estado de São Paulo (CRUESP) aos servidores das Universidades Estaduais Paulistas. Extensão aos servidores do Centro Estadual de Educação Tecnológica Paula Souza (CEETEPS). Impossibilidade. Necessidade de lei específica.

As normas salariais aprovadas pelo CRUESP (Conselho de Reitores das Universidades do Estado de São Paulo) para as Universidades do Estado de São Paulo não podem ser estendidas aos servidores do CEETEPS (Centro Estadual de Educação Tecnológica Paula Souza), por se tratarem de pessoas jurídicas distintas, inclusive no que concerne aos respectivos planos de carreiras e remuneração de seus servidores. O CEETEPS é autarquia estadual de regime especial, possuindo autonomia administrativa e financeira, além de patrimônio próprio, não se confundindo com as Universidades Estaduais, que têm autonomia assegurada pelo artigo 207 da CF. Sendo assim, o reajuste salarial concedido por um dos entes não pode implicar ônus para o outro ente. *E-RR-172400-28.2008.5.15.0024, SDI1, Rel. Min. Renato de Lacerda Paiva, 6.8.2015. (Info 113)*

2014

Adicional de periculosidade. Lei Complementar 315/83 do Estado de São Paulo. Concessão aos servidores da administração pública centralizada. Impossibilidade de extensão aos empregados da Funap. Fundação pública estadual dotada de personalidade jurídica própria. Administração indireta.

O art. 1º da Lei Complementar 315/83 do Estado de São Paulo prevê a concessão de adicional de periculosidade apenas para o servidor (estatutário ou celetista) da administração pública centralizada que exerça as suas atividades, de forma permanente, em estabelecimentos penitenciários. Excluem-se do alcance do referido dispositivo legal, portanto, os empregados da Fundação Professor Doutor Manoel Pedro Pimentel – Funap, porque se trata de fundação pública estadual, detentora de personalidade jurídica própria, integrante da administração indireta do estado.

E-RR-35200-69.2006.5.02.0069, SDI1, Rel. Min. Horácio Raymundo de Senna Pires, 3.4.2014. (Info 78)

Desvio de função. Empregado público que exerce atividade típica de servidor público estatutário. Regimes jurídicos distintos. Diferenças salariais. Devidas. Aplicação do princípio da isonomia. OJ 125/SDI1.

Não obstante o art. 37, II, da CF impeça a admissão e o reenquadramento no serviço público sem prévia aprovação em concurso público e o inciso XIII do mesmo dispositivo constitucional vede a equiparação de quaisquer espécies remuneratórias, para efeito de remuneração de pessoal do serviço público, havendo identidade entre as atividades realizadas por servidor público estatutário e aquelas exercidas por empregado público em flagrante desvio de função, é devido o pagamento das diferenças salariais respectivas, sob pena de enriquecimento ilícito da Administração Pública. Inteligência da OJ 125/SDI1 e observância do critério da isonomia. Na espécie, o reclamante fora contratado pelo SERPRO para o cargo de auxiliar de informática, tendo exercido as funções de Técnico do Tesouro Nacional ao prestar serviços na Secretaria da Receita Federal. *E-ED-RR-210900-27.2000.5.09.0020, SDI1, Red. p/ ac. Min. João Oreste Dalazen, 22.5.2014. (Info 83)*

Gratificação de Atividade Judiciária (GAJ). Impossibilidade de percepção. Servidor cedido à Empresa Brasileira de Serviços Hospitalares. Pagamento devido somente na hipótese de cessão para órgãos dos Poderes Legislativo e Judiciário da União e da Administração Pública Direta do Poder Executivo Federal.

Não é devido o pagamento da Gratificação de Atividade Judiciária (GAJ) durante o período de cessão de servidor do TST à Empresa Brasileira de Serviços Hospitalares (Ebeserh), empresa pública pertencente à Administração Indireta, pois esta gratificação somente é devida na hipótese de cessão de servidor para órgãos dos Poderes Legislativo e Judiciário da União e da Administração Pública Direta do Poder Executivo Federal, conforme se infere do § 3º, do art. 13 da Lei 11.416/06 à luz da Portaria Conjunta 1, de 7 de março de 2007, do STF, CNJ, Tribunais Superiores, CJF, CSJT e TJDFT, que regulamentou dispositivos da Lei 11.416/06. Ademais, nos termos da jurisprudência pacífica do STJ, a GAJ possui evidente caráter propter laborem, não se incorporando à remuneração, pois só o exercício da atividade é que justificaria o seu pagamento. *PA-2453-55.2014.5.00.0000, Órgão Especial, Rel. Min. Renato de Lacerda Paiva, 2.6.2014. (Info 84)*

Resolução 63/10 do CSJT. Chefes de gabinete. Perda do Cargo Comissionado CJ-1. Res. 48/12 do TRT da 1ª Região. Pagamento de VPNI equivalente à diferença remuneratória entre a Função Gratificada FC-5 e o Cargo em Comissão. Impossibilidade. Suspensão dos efeitos das liminares que deferiram o pagamento. Manutenção até o trânsito em julgado da ação principal.

A reestruturação administrativa efetivada em razão da Resolução 63/10 do CSJT, mediante a qual foi determinado o pagamento aos chefes de gabinete da Função Gratificada FC-5 em substituição ao cargo em comissão CJ-1, não representa redução salarial vedada pela CF. *AgR-SS-2781-19.2013.5.00.0000, Órgão Especial, Red. p/ ac. Min. João Oreste Dalazen, 10.2.2014. (Info 71)*

2013

Adicional por tempo de serviço. Art. 129 da Constituição do Estado de São Paulo. Base de cálculo. Pagamento sobre a remuneração e não sobre o vencimento base. Violação do art. 37, XIV, da CF. Configuração.

Viola o art. 37, XIV, da CF a decisão que determina o pagamento do adicional por tempo de serviço, previsto no art. 129 da Constituição do Estado de São Paulo, sobre a remuneração e não sobre o vencimento básico do servidor, conforme determina a OJ Transitória 60/SDI1. Se a própria Constituição Estadual, ao assegurar o benefício do adicional por tempo de serviço, nada dispôs acerca da sua base de cálculo, não há como se inferir que o benefício tenha a mesma base de cálculo da parcela intitulada "sexta parte", em que se determinou expressamente o pagamento sobre vencimentos integrais. Nesse contexto, e tendo em conta que o art. 37, XIV, da CF veda a acumulação ou o cômputo de acréscimos pecuniários para fins de concessão de acréscimos ulteriores, a SDI1 conheceu dos embargos do reclamado, por divergência jurisprudencial, e, no mérito, deu-lhes provimento para, reformando o acórdão do Regional, declarar que a base de cálculo do adicional por tempo de serviço é o salário-base das reclamantes, julgando-se improcedente a reclamação trabalhista. *E-ED-RR-84400-13.2007.5.15.0113, SDI1, Rel. Min. Ives Gandra Martins Filho, 27.6.2013. (Info 53)*

Técnico Judiciário – Área Administrativa – Especialidade Segurança. Curso de pós-graduação em Direito Judiciário. Adicional de Qualificação. Devido. Correlação indireta entre os conhecimentos adquiridos e as atividades desempenhadas pelo servidor.

O servidor, Técnico Judiciário – Área Administrativa – Especialidade Segurança, que conclui curso de pós-graduação em Direito Judiciário possui direito ao Adicional de Qualificação previsto no art. 14 da Lei 11.416/06 e regulamentado pela Portaria Conjunta 1/07, ainda que a correlação entre os conhecimentos adquiridos e as atividades desempenhadas seja somente indireta. No caso, prevaleceu o entendimento de que as habilidades desenvolvidas em cursos de especialização em Direito, além de estarem intrinsecamente ligadas à área fim dos órgãos do Poder Judiciário, estão vinculadas à atuação de todos os servidores do referido poder, em especial, à atribuição de realizar investigações preliminares, conferida aos exercentes do cargo de segurança judiciária pelo art. 4º da Lei 11.416/06. *RO-10200-19.2013.5.17.0000, Órgão Especial, Rel. Min. Brito Pereira, 2.12.2013. (Info 68)*

2012

AR. Política salarial. Lei federal. Empregado público estadual. Não incidência. Art. 22,1, da CF. Violação. OJ 100/SDI1.

Viola a literalidade do art. 22, I, da CF decisão que afasta a aplicação de lei federal que trata de política salarial a empregado público estadual, pois compete privativamente à União legislar sobre direito do trabalho. Inteligência da OJ 100/SDI1. *RO-1265400-42.2004.5.02.0000, SDI2, Rel. Min. Emmanoel Pereira, 24.4.2012. (Info 6)*

CBTU. Reajuste salarial concedido apenas aos ocupantes de cargo de confiança. Extensão aos empregados públicos exercentes de cargo de carreira. Impossibilidade. Ausência de identidade de situações.

A concessão, pela Companhia Brasileira de Trens Urbanos, de reajuste salarial somente aos empregados ocupantes de cargo de confiança não ofende o princípio constitucional da isonomia (art. 5º, caput, da CF), porquanto ausente a identidade de situações. *E-ED-RR-273000-37.2001.5.05.0006, SDI1, Rel. Min. Renato de Lacerda Paiva, 12.4.2012. (Info 5)*

Remuneração do emprego público. Proventos de aposentadoria recebidos pelo regime geral da previdência social. Acumulação. Possibilidade.

A vedação de acumulação de proventos de aposentadoria com a remuneração de cargo, emprego ou função pública, descrita no art. 37, § 10, da CF, destina-se apenas aos servidores sujeitos a regime especial de previdência, a exemplo dos titulares de cargo efetivo da União, dos Estados, do Distrito Federal e dos Municípios, incluídas as suas autarquias e fundações, não alcançando os empregados públicos que percebem proventos de aposentadoria pelo regime geral da previdência social, nos termos do art. 201, § 7º, da CF. *E-RR-366000-19.2009.5.12.0038, SDI1, Rel. Min. Aloysio Corrêa da Veiga, 16.8.2012. (Info 18)*

2. PODERES ADMINISTRATIVOS

2013

Auditor-fiscal do trabalho. Autuação de empresa por falta de registro dos empregados. Terceirização ilícita. Exercício do poder de polícia. Imposição de multa administrativa. Possibilidade. Invasão da competência da Justiça do Trabalho. Não configuração.

A SDI1 conheceu dos embargos da reclamada e, no mérito, negou-lhes provimento, mantendo a decisão do TRT que, ao indeferir o pleito de invalidação de auto de infração, entendera não ter havido invasão da competência da Justiça do Trabalho. Na hipótese o auditor-fiscal do trabalho aplicou multa em razão de ter constatado a existência de mais de cinco mil trabalhadores em situação irregular, uma vez que houve terceirização de atividade-fim, e que os empregados contratados para atividades-meio trabalhavam com pessoalidade e subordinação, de modo a caracterizar mera transferência do ônus da contratação de mão de obra. Prevaleceu o entendimento de que a fiscalização de competência do auditor-fiscal, no exercício do seu poder de polícia, demanda a verificação do descumprimento de obrigações legais, sendo seu dever, sob pena de responsabilidade administrativa, efetuar autuação por falta de registro dos trabalhadores, independente dos motivos que impediram a formalização dos contratos, e sem que isso implique em reconhecimento do vínculo de emprego. Destacou-se, ademais, que entendimento em sentido contrário reduziria o campo de atuação e o propósito da atividade fiscalizatória, que é fazer cumprir as normas de proteção ao trabalho, e que a autuação levada a cabo pelo auditor-fiscal não impede o acesso ao Judiciário para eventual discussão acerca da efetiva existência de relação de emprego. *E-ED-RR-32900-51.2005.5.03.0002, SDI1, Rel. Min. Aloysio Corrêa da Veiga, 17.10.2013. (Info 63)*

3. PROCESSO ADMINISTRATIVO DISCIPLINAR

2016

Magistrado. Processo administrativo disciplinar. Quórum. Ausência de maioria absoluta. ADI 4638. Resolução 135/11 do CNJ. Retorno dos autos ao TRT. Votação específica de cada uma das penas aplicáveis, até que se forme o quórum exigido.

O STF, ao referendar a medida cautelar na ADI 4638, proposta contra a Resolução 135/11 do CNJ, deu interpretação conforme ao parágrafo único do art. 21 da referida resolução, de modo que, não se formando maioria absoluta para a aplicação de penalidade a magistrado, conforme exigido pelo art. 93, X, da CF, deve haver votação específica de cada uma das penas disciplinares aplicáveis, até que se forme o quórum exigido constitucionalmente. *RecAdm-13694-06.2013.5.02.0000, Órgão Especial, Red. p/ ac. Min. Maria Cristina Irigoyen Peduzzi, 4.4.2016. (Info 131)*

2015

Processo administrativo disciplinar. Magistrado. Pena de censura. Prescrição. Ausência de previsão na Loman. Aplicação subsidiária da Lei 8.112/90. Início da interrupção pelo prazo de 140 dias. Data de julgamento do último recurso protelatório.

Diante da ausência de previsão na Loman acerca do prazo prescricional para apuração de infração disciplinar imputada a magistrado, aplica-se, subsidiariamente, o art. 142, II, da Lei 8.112/90, equiparando-se a pena de suspensão, nela disciplinada e com prazo de prescrição fixado em 2 anos, à pena de censura da Loman. O curso da prescrição inicia-se a partir do conhecimento do fato pelo órgão responsável pela punição e é interrompido com a instauração do respectivo processo administrativo disciplinar (PAD), voltando a correr por inteiro após 140 dias (art. 152 c/c art. 167 da Lei 8.112/90). Constatada, no entanto, a utilização de meios procrastinatórios pelo magistrado-acusado, com o intuito de provocar a prescrição da pretensão punitiva, deve-se adotar como efetiva data de instauração do processo disciplinar o dia em que o Tribunal Regional do Trabalho julgou a última medida protelatória, porque, só a partir desse momento, a decisão de instauração do PAD tornou-se passível de pleno cumprimento. *RecAdm-16100-60.2009.5.12.0000, Órgão Especial, Red. p/ ac. Min. João Oreste Dalazen 5.10.2015. (Info 120)*

2014

Mandado de segurança. Pedido administrativo de aposentadoria especial. Laudo técnico e decisão administrativa. Demora injustificada. Observância do prazo legal de trinta dias previsto no art. 49 da Lei 9.784/99. Direito líquido e certo do requerente.

A apreciação de requerimento de aposentadoria especial, formulado com base em decisão do STF no MI 1309, na qual foi reconhecida a mora legislativa em dar concretude ao art. 40, § 4º, da CF, e concedida a ordem para que seja analisada a situação fática de oficiais de justiça avaliadores à luz do art. 57 da Lei 8.213/91, deve ser efetuada no prazo de trinta dias, conforme previsto no art. 49 da Lei 9.784/99, aplicável subsidiariamente. A demora injustificada da autoridade competente em providenciar laudos específicos e aptos a averiguar a submissão do impetrante a condições que prejudiquem a saúde ou a integridade física viola direito líquido e certo do requerente, além de afrontar os princípios da razoável duração do processo (art. 5º, LXXVIII, da CF), bem como da eficiência e moralidade administrativa (art. 37, caput, da CF e art. 2º da Lei 9.784/99). *RO-242-26.2013.5.02.0000, Órgão Especial, Rel. Min. Augusto César Leite de Carvalho, 6.10.2014. (Info 91)*

2013

Servidor público. Infração disciplinar continuada. Prescrição. Marco inicial. Data da última infração.

Na hipótese de infração disciplinar continuada, consistente em recusa ilegal sucessivamente reiterada de servidor público ao exercício das atribuições de seu cargo, o marco inicial do prazo prescricional de 180 dias, a que alude o art. 142, III, da Lei 8.112/90, é a data da última infração e não o primeiro ato de descumprimento. Se assim não fosse, estar-se-ia assegurando ao servidor o direito de permanentemente se recusar a exercer suas atividades, admitindo-se, portanto, a reiteração de sua conduta ilícita. *RO-247-61.2011.5.22.0000, Órgão Especial, Rel. Min. Delaíde Miranda Arantes, 2.9.2013. (Info 57)*

Processo administrativo disciplinar. Magistrado de primeiro grau. Ausência de quórum no Tribunal Regional do Trabalho. Elaboração do relatório que antecede a abertura do PAD. Competência do Corregedor-Geral da Justiça do Trabalho. Art. 14, § 2º da Resolução 135/11 do CNJ.

A ausência de quórum no Tribunal Regional para deliberar acerca da abertura de processo administrativo disciplinar envolvendo magistrado de primeiro grau desloca para o TST a competência acerca da instauração do referido processo, hipótese em que caberá ao Corregedor-Geral da Justiça do Trabalho a elaboração do relatório que antecede a abertura do PAD, em atendimento ao disposto no art. 14, § 2º da Resolução 135/11 do Conselho Nacional de Justiça. *PA-44700.48.2012.5.17.0000, Órgão Especial, Rel. Min. João Oreste Dalazen, 3.6.2013. (Info 49)*

2012

Processo administrativo disciplinar contra magistrado. Legitimidade e interesse recursal da parte representante. Direito de petição. Aplicação dos arts. 9º, I e IV, e 58,1 e IV, da Lei 9.784/99, à luz do art. 5º, XXIV, "a", da CF.

Possui legitimidade e interesse para recorrer de decisão proferida em sede de processo administrativo disciplinar contra magistrado aquele que, ao exercer o direito de petição, levou ao conhecimento do órgão disciplinar os fatos que foram objeto de apuração, podendo ainda se manifestar sobre os atos processuais sempre que entender necessário, bem assim produzir provas que demonstrem as irregularidades apontadas. Aplicação dos arts. 9º, I e IV, e 58, I e IV, da Lei 9.784/99, à luz do art. 5º, XXIV, "a", da CF. *Pet-7873-46.2011.5.00.0000, Órgão Especial, Rel. Min. Dora Maria da Costa, 8.5.2012. (Info 7)*

4. OUTROS TEMAS

2014

Magistrado. Consignação em folha de pagamento. Custos administrativos. Devolução. Aplicação do Dec. 6.386/08. Impossibilidade. Regramento específico para as consignações em folha de pagamento dos servidores públicos da União que utilizam o Sistema Integrado de Administração de Recursos Humanos – SIAPE. Ausência de regulamentação específica para os magistrados.

Em virtude da ausência de regulamentação específica para os magistrados no tocante ao ressarcimento dos custos decorrentes do processamento de consignações facultativas em folhas de pagamento, afronta o princípio da legalidade a cobrança dos referidos custos nos termos do Dec. 6.386/08. Tal regramento aplica-se tão somente às consignações em folha de pagamento dos servidores civis da União que utilizam o Sistema Integrado de Administração de Recursos Humanos – SIAPE, não alcançando, portanto, os juízes do TRT, que repassam os valores ao agente consignatário por intermédio da Secretaria de Orçamento e Finanças, órgão interno daquele Tribunal. *ReeNec e RO-557-23.2012.5.08.0000, Órgão Especial, Rel. Min. Hugo Carlos Scheuermann 10.2.2014. (Info 71)*

2013

Magistrado. Cômputo do tempo de serviço como estagiário e advogado sem a comprovação do respectivo recolhimento previdenciário. Período anterior à EC 20/98. Possibilidade. Princípio do "tempus regit actum".

O tempo de serviço prestado por magistrado, na condição de estagiário e advogado, em período anterior à EC 20/98, sem a comprovação do respectivo recolhimento previdenciário, deve ser computado para fins de aposentadoria. Em face do princípio "tempus regit actum", a alteração do sistema previdenciário que tornou obrigatório o recolhimento das contribuições para fins de contagem de tempo de serviço não pode alcançar fatos anteriores à sua vigência, sob pena de violação do direito adquirido à contagem de tempo de contribuição fictício. *RO-12600-40.2012.5.17.0000, Órgão Especial, Red. p/ ac. Min. Mauricio Godinho Delgado, 2.12.2013. (Info 68)*

2. DIREITO DO TRABALHO

1. INTRODUÇÃO (CLT, ARTS. 1º A 12)

2016

Grupo econômico. Não configuração. Mera ocupação do mesmo espaço físico. Prestação concomitante de serviço a mais de uma empresa.

Não é suficiente à configuração de grupo econômico a mera ocupação do mesmo espaço físico ou que os empregados prestem serviço a mais de uma empresa de forma concomitante. O art. 2º, § 2º, da CLT exige a subordinação à mesma direção, controle ou administração, embora cada uma das empresas possua personalidade jurídica própria. E-ED-RR-996-63.2010.5.02.0261, SDI1, Rel. Min. Brito Pereira, 12.5.2016. (Info 136)

Petrobras. Curso de formação. Vínculo de emprego. Caracterização. Cômputo como tempo de serviço. Art. 14, § 2º, da Lei 9.624/98. Aplicação analógica.

Ainda que o edital do concurso para ingresso no cargo de "Operador I" da Petrobras não permita a integração do período relativo ao denominado Curso de Formação Educacional Complementar no contrato de trabalho, não há como afastar a caracterização do vínculo empregatício nesse período, uma vez que o referido curso não estava voltado para simples formação educacional ordinária, mas detinha finalidade específica de qualificação para o desempenho do cargo, além de ostentar cunho obrigatório, presentes a subordinação, a não eventualidade, a pessoalidade e a onerosidade (bolsa), próprias da relação de emprego, nos termos dos arts. 2º e 3º da CLT. Aplicação analógica do art. 14, § 2º, da Lei 9.624/98, para fins de cômputo do período do curso de formação como tempo de serviço. E-ED-RR-213000-10.2004.5.01.0481, SDI1, Red. p/ ac. Min. Aloysio Corrêa da Veiga, 2.6.2016. (Info 138)

2015

Uniformes. Uso obrigatório ou necessário para a concepção da atividade econômica. Despesas com lavagem. Ressarcimento. Devido.

As despesas decorrentes de lavagem de uniformes, quando seu uso é imposto pelo empregador ou necessário para a concepção da atividade econômica, devem ser ressarcidas ao empregado, uma vez que os riscos do empreendimento são suportados pela empresa, cabendo a ela zelar pela higiene do estabelecimento. Inteligência do art. 2º da CLT. No caso, as reclamadas forneciam gratuitamente uniformes e impunham a sua utilização durante o horário de serviço em razão da atividade desenvolvida (indústria de laticínios). E-RR-12-47.2012.5.04.0522, SDI1, Red. p/ ac. Min. João Oreste Dalazen, 12.3.2015. (Info 101)

2014

Aluguel de veículo do próprio empregado. Parcela de natureza indenizatória. Cláusula inválida. Fraude aos direitos dos trabalhadores. Súm. 367, I, do TST. Não incidência.

É inválida cláusula de instrumento normativo que estabelece como indenizatória a natureza da parcela paga a título de aluguel do veículo do próprio trabalhador, utilizado por ele em benefício da empregadora. No caso concreto restou consignado que a empresa se vale do uso do veículo do empregado como meio indispensável à prestação dos serviços, mediante a devida remuneração, consistindo, portanto, em mero objeto de contraprestação financeira. Ademais, houve prova de que o valor fixado para a locação do veículo corresponde, em média, a mais do que o valor total do salário nominal pago ao empregado, o que reforça a intenção de dissimular a natureza salarial da parcela, implicando, portanto, em fraude à legislação trabalhista a atrair o disposto no art. 9º da CLT. De outra sorte, não há falar em incidência da Súm. 367, I, do TST, pois esta fixa a natureza indenizatória apenas no caso em que a empresa fornece o veículo ao empregado, não se amoldando à hipótese de pagamento de aluguel pelo uso do próprio veículo do trabalhador. RO-22800-09.2012.5.17.0000, SDC, Rel. Min. Walmir Oliveira da Costa, 18.8.2014. (Info 86)

Existência de sócios comuns. Grupo Econômico. Não caracterização. Ausência de subordinação.

O simples fato de duas empresas terem sócios em comum não autoriza o reconhecimento do grupo econômico, pois este, nos termos do art. 2º, § 2º, da CLT, pressupõe subordinação à mesma direção, controle ou administração, ou seja, exige uma relação de dominação interempresarial em que o controle central é exercido por uma delas (teoria hierárquica ou vertical). *E-ED-RR-214940-39.2006.5.02.0472, SDI1, Rel. Min. Horácio Raymundo de Senna Pires 22.5.2014. (Info 83)*

Professor. Intervalo para recreio. Tempo à disposição do empregador.

O intervalo entre as aulas, conhecido como recreio, é considerado tempo à disposição do empregador, nos termos do art. 4º da CLT, pois o professor permanece no estabelecimento de ensino, aguardando ou executando ordens. *E-ED-RR-49900-47.2006.5.09.0007, SDI1, Rel. Min. Márcio Eurico Vitral Amaro, 4.9.2014. (Info 88)*

2013

Bancário. Pagamento de "horas extras" e "RSR s/ horas extras" de forma regular, em valor fixo e sem vinculação com a efetiva prestação de trabalho suplementar. Salário dissimulado. Parte final da Súm. 199,1, do TST. Não incidência.

O pagamento de parcelas sob a rubrica de "horas extras" e "RSR sem horas extras" de forma habitual e em valores fixos independentemente da efetiva prestação de serviços extraordinários caracteriza o salário dissimulado, visando impedir que as referidas verbas integrem a remuneração do empregado e causando flagrante prejuízo patrimonial, o que é vedado pelo art. 9º da CLT. *E-RR-44600-19.2009.5.04.0305, SDI1, Rel. Min. Alberto Luiz Bresciani de Fontan Pereira 29.8.2013. (Info 57)*

Companhia Vale do Rio Doce – CVRD. Transformação da verba de representação em gratificação de função. Alteração da natureza jurídica da parcela. Revogação prejudicial ao empregado. Ilicitude.

A revogação, pela Companhia Vale do Rio Doce – CVRD, do ato que conferiu natureza salarial à verba de representação e alterou sua denominação para gratificação de função, ainda que motivada pela suposta incompetência do Diretor Presidente da CVRD para proceder à transformação da aludida verba, não afeta negativamente os direitos dos empregados beneficiados pela modificação, visto que cabe ao empregador suportar os riscos das decisões administrativas de seus prepostos, conforme preceituam os arts. 2º e 10 da CLT. *E-RR-146900-68.1999.5.01.0022, SDI1, Rel. Min. Dora Maria da Costa, 9.5.2013. (Info 46)*

2012

Empregado de cartório extrajudicial admitido antes da edição da Lei 8.935/94. Relação laboral submetida às normas da CLT. Autoaplicabilidade do art. 236 da CF.

A relação jurídica havida entre os serventuários e o cartório extrajudicial está sujeita ao regime jurídico da CLT, ainda que contratados em período anterior à vigência da Lei 8.935/94, pois o art. 236 da CF já previa o caráter privado dos serviços notariais e de registro, sendo norma constitucional autoaplicável. Nos termos do mencionado preceito constitucional, os serviços notariais e de registro são exercidos em caráter privado, por delegação do Poder Público, o que evidencia que os empregados contratados para prestar serviços em cartórios são submetidos ao regime jurídico celetista, na medida em que mantêm vínculo profissional com o titular do cartório e não com o Estado. Na hipótese dos autos, extraiu-se do acórdão do Regional que o reclamante era serventuário de cartório extrajudicial quando do advento da Constituição de 1988. *E-RR-493331-32.1998.5.02.0078, SDI1, Rel. Min. Lelio Bentes Corrêa, 31.5.2012. (Info 11)*

2. DAS NORMAS GERAIS DE TUTELA DO TRABALHO (CLT, ARTS. 13 A 223)

2.1. Da Identificação Profissional (CLT, arts. 13 a 56)

2016

Anotação do vínculo de emprego na CTPS. Ausência. Inexistência de prejuízo. Dano moral não caracterizado.

Conforme preceitua o art. 29 da CLT, a anotação do vínculo de emprego na CTPS tem caráter cogente. Todavia, a ausência de registro, por si só, não gera automaticamente dano moral ao empregado, mormente quando não há prova de prejuízo.

E-ED-RR-3323-58.2010.5.02.0203, SDI1, Rel. Min. Cláudio Mascarenhas Brandão, 2.6.2016. (Info 138)

Caixa Econômica Federal. Multa administrativa. Descumprimento do art. 41 da CLT. Ausência de registro de empregados. Terceirização ilícita. Validade do auto de infração.

É válido o auto de infração e a multa administrativa aplicada por auditor fiscal do trabalho à Caixa Econômica Federal (CEF) que, não obstante tenha firmado contrato com empresa para a prestação de serviços, manteve vinte e nove empregados terceirizados executando atividades tipicamente bancárias sem o devido registro em livro, ficha ou sistema eletrônico. O art. 41 da CLT visa impedir a existência de empregados sem registro nos quadros da empresa, independentemente da forma de admissão. Assim, ainda que no caso concreto seja impossível a declaração do vínculo de emprego com a CEF, ante o disposto no art. 37, II, da CF, a multa é devida, pois a manutenção de trabalhador terceirizado na atividade fim sem o mencionado registro revela intuito fraudatório de norma de proteção ao trabalho. *E-RR-28500-48.2006.5.14.0003, SDI1, Rel. Min. Cláudio Mascarenhas Brandão, 28.4.2016. (Info 134)*

2015

Dano moral. Configuração. Retificação de registro na Carteira de Trabalho e Previdência Social. Inclusão da informação de que se trata de cumprimento de decisão judicial.

Configura lesão moral a referência, na Carteira de Trabalho e Previdência Social do empregado, de que algum registro ali constante decorreu de determinação judicial, constituindo anotação desnecessária e desabonadora, nos termos do art. 29, § 4º, da CLT. Tal registro dificulta a obtenção de novo emprego e acarreta ofensa a direito da personalidade do trabalhador. *EEDRR-148100-34.2009.5.03.0110, SDI1, Rel. Min. Hugo Carlos Scheuermann, 18.6.2015. (Info 111)*

2014

Multa administrativa. Descumprimento do art. 41 da CLT. Falta de registro de empregados. Terceirização ilícita. Empresa tomadora integrante da administração pública indireta. Invalidade do auto de infração.

É inválida a lavratura de auto de infração pelo descumprimento do disposto no art. 41 da CLT por parte de sociedade de economia mista, tomadora dos serviços, que não mantinha o registro dos empregados contratados por intermédio de empresa interposta, ainda que reconhecida a ilicitude da terceirização. *E-ED-RR-113600-56.2008.5.18.0013, SDI1, Rel. Min. Guilherme Augusto Caputo Bastos 11.12.2014. (Info 97)*

2012

2.2. Da Duração do Trabalho (CLT, arts. 57 a 75)

2.2.1. Horas Extras

2016

Horas extras. Redução. Súm. 291/TST. Direito à indenização afastado por negociação coletiva. Impossibilidade.

O art. 7º, XXVI, da CF, ao consagrar o reconhecimento das convenções e acordos coletivos de trabalho, autoriza a negociação coletiva de direitos disponíveis do empregado. A indenização pela supressão ou redução das horas extras, prevista na Súm. 291/TST, no entanto, não está sujeita à negociação coletiva, pois é direito relacionado às normas que visam amparar a saúde do empregado e reprimir a prestação indiscriminada de labor extraordinário, além de preservar o equilíbrio financeiro do trabalhador submetido a tal regime. *E-ED-ARR-406-58.2011.5.05.0038, SDI1, Rel. Min. Luiz Philippe Vieira de Mello Filho, 17.3.2016. (Info 130)*

Prêmios ou bônus pelo cumprimento de metas. Natureza jurídica diversa das comissões. Horas extras. Inaplicabilidade da Súm. 340/TST e da OJ 397/SDI1. Incidência da Súm. 264/TST.

A forma de remuneração disposta na Súm. 340/TST e na OJ 397/SDI1 é aplicável somente aos trabalhadores remunerados à base de comissões, tais como aquelas obtidas por vendas. Prêmios ou bônus pelo alcance de metas ou objetivos globais, de produção, por quilômetro rodado, entre outros, não possuem a mesma natureza de comissões, devendo o pagamento de tais valores repercutir no cálculo das horas extras na forma da Súm. 264/TST. *E-RR-445-46.2010.5.04.0029, SDI1, Rel. Min. Augusto César Leite de Carvalho, 22.9.2016. (Info 145)*

2015

Horas extraordinárias. Contratação após admissão. Súm. 199, I, do TST. Não contrariedade.

Não contraria o item I da Súm. 199/TST, o reconhecimento de pré-contratação de horas extras nas hipóteses em que o ajuste tenha ocorrido poucos meses após a admissão do empregado se, conforme consignado no acórdão regional, o pagamento das horas extras pré-contratadas era, na verdade, mera contraprestação pelo serviço prestado pela reclamante, e que, ainda, a prorrogação de jornada foi uma constante no curso do contrato, sem que, contudo, nenhuma justificativa tenha sido apresentada para a permanente necessidade de elastecimento de trabalho, o que levou o TRT, inclusive, à conclusão de que a intenção do empregador era burlar a aplicação da referida súmula. *E-ED-RR 286-82.2010.5.09.0088, SDI1, Red. p/ ac. Min. José Roberto Freire Pimenta, 1º.10.2015. (Info 119)*

2014

Bancário. Norma coletiva. Repercussão das horas extras na remuneração do sábado. Reconhecimento do sábado como descanso semanal remunerado. Incidência da Súm. 124, I, "a", do TST. Divisor 150.

A previsão, em norma coletiva, de repercussão das horas extras prestadas ao longo da semana sobre o sábado descaracteriza a sua natureza de dia útil não trabalhado. Assim, o sábado adquire feição de repouso semanal remunerado, fazendo incidir a Súm. 124, I, "a" do TST. *E-ED-RR-754-24.2011.5.03.0138, SDI1, Rel. Min. Aloysio Corrêa da Veiga, 5.6.2014. (Info 85)*

Bancário. Norma coletiva que prevê a repercussão das horas extras habituais no sábado. Alteração da natureza jurídica de dia útil não trabalhado para dia de repouso semanal remunerado. Não configuração. Incidência do divisor 220. Ausência de contrariedade à Súm. 124, I, "b" do TST.

A mera previsão, em norma coletiva, de repercussão de horas extras habituais na remuneração do sábado do bancário não importa reconhecê-lo como mais um dia de repouso semanal remunerado. *E-RR-692-29.2012.5.02.0444, SDI1, Red. p/ ac. Min. João Oreste Dalazen, 25.9.2014. (Info 90)*

Horas extras. Pagamento desvinculado da prestação de serviço suplementar. Fraude. Discussão que não envolve apré-contratação de horas extras. Súm. 199, I, do TST. Não incidência.

Não contraria a Súm. 199, I, do TST, a decisão que, entendendo caracterizada fraude à legislação trabalhista, nos termos do art. 9º da CLT, reconhece a natureza salarial de parcela paga sob a rubrica de horas extras, recebida em valores fixos, inclusive sobre período relativo às férias, ou seja, sem vinculação com labor suplementar. Ademais, ainda que a decisão recorrida tenha consignado que, embora não houvesse prova de que existiu pagamento desde o início do contrato, tal fato não obstaria o reconhecimento da pré-contratação, em razão da flagrante intenção do empregador de burlar a aplicação da Súm. 199/TST, a condenação do reclamado se deu fundamentalmente em razão do reconhecimento do cunho salarial da parcela em questão, o que não envolve pré-contratação de horas extras. *E-ED-RR-1658400-44.2003.5.09.0006, SDI1, Red. p/ ac. Min. Lélio Bentes Corrêa, 21.8.2014. (Info 87)*

Horas extras. Regime de compensação de jornada. Trabalho aos sábados em uma semana por mês. Súm. 85, IV, do TST.

A prestação de serviços em um sábado por mês, dia destinado à compensação, implica na descaracterização do regime de compensação de jornada, de modo que na semana em que houve labor no sábado deve ser reconhecido o direito às horas extraordinárias acrescidas do adicional em relação a todo o período que extrapolava a jornada semanal normal. Nas semanas em que não houve trabalho aos sábados, porém, deve ser aplicado o disposto na Súm. 85, IV, do TST, em razão da efetiva compensação de jornada. *E-RR-2337200-15.2009.5.09.0010, SDI1, Rel. Min. Renato de Lacerda Paiva, 15.5.2014. (Info 82)*

Trabalho externo. Norma coletiva. Horas extras. Pagamento limitado a cinquenta horas mensais. Invalidade. Existência de controle de jornada. Supressão de direitos fundamentais do empregado. Má aplicação do art. 7º, XXVI, da CF.

É inválida a cláusula de acordo coletivo de trabalho que exime o empregador de pagar a totalidade das horas extras trabalhadas, sob pena de suprimir os direitos fundamentais sociais do empregado à duração do trabalho, à remuneração superior do serviço em sobrejornada e à redução dos riscos inerentes ao trabalho, previstos no art. 7º, XIII, XVI e XXII, da CF. No caso vertente, conquanto o reclamante exercesse atividade externa, constatou-se que sua jornada de trabalho era controlada pelo empregador, razão por que se reputou inválida a previsão em norma coletiva do pagamento fixo de cinquenta horas extraordinárias. *E-RR-1305900-13.2002.5.09.0652, SDI1, Rel. Min. Renato de Lacerda Paiva, 13.3.2014. (Info 75)*

2013

Bancário. Acordo individual de prorrogação da jornada. Pactuação no penúltimo dia do mês da admissão. Pré-contratação de horas extras. Configuração. Súm. 199, I, do TST.

Firmado acordo individual de prorrogação da jornada no penúltimo dia do mês de admissão, mas comprovada a prestação de horas suplementares pelo bancário desde o primeiro dia de trabalho, e não apenas após a pactuação, resta configurada a pré-contratação de horas extras, nos termos do item I da Súm. 199/TST. *E-ED-E-D-RR-90100-92.2007.5.15.0137, SDI1, Rel. Min. Brito Pereira, 12.9.2013. (Info 59)*

CEF. Invalidade da opção do empregado pela jornada de oito horas. Compensação. Base de cálculo das horas extras.

A base de cálculo para o cômputo das horas extras decorrentes do reconhecimento da ineficácia da opção do empregado da Caixa Econômica Federal – CEF pela jornada de oito horas constante do Plano de Cargos em Comissão deverá ser a jornada de oito horas. Isso porque, conforme assentado no acórdão recorrido, se fosse levada em consideração a jornada de seis horas haveria uma dupla redução salarial para o empregado. A primeira, decorrente de autorização judicial para a compensação das gratificações, prevista na parte final da OJ Transitória 70/SDI1, e, a segunda, derivada da remuneração efetivamente percebida quando do trabalho na jornada de oito horas, o que acarretaria o enriquecimento ilícito da CEF e um possível débito para o reclamante no momento da compensação. *E-RR-978-87.2011.5.10.0001, SDI1, Rel. Min. Delaíde Miranda Arantes, 17.10.2013. (Info 63)*

Empresa Brasileira de Correios e Telégrafos – ECT. Automação de serviços. Extinção do cargo de "Operador Telegráfico I". Aproveitamento do empregado em outra função com jornada de trabalho maior e sem acréscimo na remuneração. Compromisso firmado em instrumento coletivo para a preservação dos empregos. Horas extras. Devidas.

O aproveitamento de empregado da ECT em outra função com carga horária maior, e com o objetivo de lhe preservar o emprego frente à automação de serviços é lícito por haver sido previsto em norma coletiva, ter contado com a anuência expressa do empregado e ser decorrente da extinção do cargo de Operador Telegráfico I, anteriormente ocupado. Todavia, a exigência de jornada superior na nova função, sem o correspondente acréscimo salarial, importa em diminuição do salário-hora do empregado, a ensejar o pagamento das horas excedentes à jornada anterior como extras. Embora o art. 7º, VI, da CF admita a possibilidade de redução salarial mediante negociação coletiva, na espécie, o acordo coletivo estabelecia tão somente o reaproveitamento e a requalificação dos empregados para as novas atividades, sem qualquer previsão de redução salarial. *E-RR-52900-81.2006.5.04.0011, SDI1, Red. p/ ac. Min. João Oreste Dalazen, 16.5.2013. (Info 47)*

Horas extras. Jornada de quarenta horas semanais. Divisor 220 previsto em norma coletiva. Nulidade. Aplicação do divisor 200. Súm. 431/TST.

É nula a cláusula de acordo coletivo que estabelece o divisor 220 para fins de apuração do salário-hora do empregado submetido à jornada de quarenta horas semanais. No caso, deve prevalecer a aplicação do divisor 200, nos termos da Súm. 431/TST, prestigiando-se, portanto, a condição mais benéfica incorporada ao contrato de trabalho. *E-ED-RR-50200-68.2008.5.09.0094, SDI1, Rel. Min. Brito Pereira, 28.11.2013. (Info 68)*

2012

Bancário. Gerente geral. Presunção relativa. Ausência de poderes de mando e gestão. Horas extras. Devidas.

Levando-se em conta ser relativa a presunção de que trata a Súm. 287/TST, tem-se que o gerente geral de agência bancária faz jus ao recebimento de horas extraordinárias quando a prova carreada aos autos revele a ausência total de poderes de mando e gestão. *E-RR-114740-98.2005.5.13.0004, SDI1, Rel. Min. Luiz Philippe Vieira de Mello Filho, 9.8.2012. (Info 17)*

Bancário. Gerente geral. Tempo despendido na realização de cursos pela internet e à distância, fora do horário de trabalho. Horas extras. Indeferimento.

Os cursos realizados por exigência do empregador, via internet e à distância, fora do horário de trabalho, por empregado gerente-geral de agência bancária, não ensejam o pagamento de horas extras, porquanto o trabalhador que se enquadra no art. 62, II, da CLT não tem direito a qualquer parcela regida pelo capítulo "Da Duração do Trabalho". *ERR-82700-69.2006.5.04.0007, SDI1, Red. p/ ac. Min. João Oreste Dalazen, 20.09.2012. (Info 22)*

Bancário. Superintendente de negócio. Pagamento de horas extras. Controle de frequência. Art. 62, II, da CLT. Não incidência.

A regra do enquadramento no art. 62, II, da CLT, do bancário exercente de cargo de direção, quando é a autoridade máxima na agência ou região, não prevalece na hipótese de haver prova de controle de frequência ou pagamento espontâneo de horas extras. *E-ED-ED-ED-RR-116101-50.2005.5.12.0014, SDI1, Rel. Min. Horácio Raymundo de Senna Pires, 24.5.2012. (Info 10)*

2.2.2. Horas "in itinere"

2016

Matéria afetada ao Tribunal Pleno. Horas "in itinere". Norma coletiva. Natureza indenizatória. Exclusão do cômputo da jornada e do cálculo das horas extras. Invalidade.

A autonomia privada não é absoluta, de modo que as normas coletivas devem se amoldar ao princípio da dignidade da pessoa humana, não se admitindo a prevalência de cláusulas indiferentes ao bem-estar do trabalhador, à sua saúde e ao pleno desenvolvimento de sua personalidade a pretexto de viabilizar ou favorecer a atividade econômica. De outra sorte, os precedentes do STF, em especial o RE 895759/PE e o RE 590415/SC, não comportam leitura e classificação puramente esquemáticas, sem a minuciosa análise dos fragmentos da realidade factual ou jurídica, razão pela qual há sempre a possibilidade de se suscitar elemento de distinção ("distinguishing"). *E-RR-205900-57.2007.5.09.0325, Pleno, Rel. Min. Augusto César Leite de Carvalho, 26.9.2016. (Info 145)*

2014

Horas "in itinere". Supressão por meio de norma coletiva. Concessão de outras vantagens aos empregados. Invalidade.

É inválido instrumento coletivo que exclui o direito às horas "in itinere", ainda que mediante a concessão de outras vantagens aos trabalhadores. O pagamento das horas de percurso está assegurado pelo art. 58, § 2º, da CLT, que é norma de ordem pública, razão pela qual a supressão deste direito atenta contra os preceitos que asseguram condições mínimas de proteção ao trabalho, não encontrando respaldo no disposto no art. 7º, XXVI, da CF, o qual preconiza o reconhecimento das convenções e acordos coletivos de trabalho. *E-ED-RR-1928-03.2010.5.06.0241, SDI1, Rel. Min. Lelio Bentes Côrrea, 20.2.2014. (Info 73)*

Horas "in itinere". Trajeto entre a portaria e o local efetivo de trabalho. Súm. 429/TST. Tempo à disposição do empregador. Apuração em liquidação de sentença. Possibilidade. Art. 475-E do CPC/73.

A fixação do tempo gasto no trajeto entre a portaria e o efetivo local de trabalho, para efeito de pagamento de horas extras "in itinere", conforme critério previsto na Súm. 429/TST, pode ser feita em liquidação de sentença porque, no caso concreto, o referido verbete jurisprudencial somente foi editado após o julgamento pelo Tribunal Regional, que consignara tempo superior a dez minutos diários, porém sem aferir a duração exata do período de deslocamento. Ademais, o art. 475-E do CPC/73, aplicado subsidiariamente, permite a liquidação por artigos quando, para determinar o valor da condenação, houver necessidade de se provar fato novo, o qual, na hipótese, é o próprio limite temporal fixado pela Súm. 429/TST. *E-ED-ARR-116800-54.2007.5.02.0465, SDI1, Rel. Min. José Roberto Freire Pimenta, 14.8.2014. (Info E03)*

Transporte fornecido pela empresa. Espera. Tempo à disposição do empregador. Configuração.

Presentes os requisitos necessários ao deferimento das horas "in itinere", também é considerado tempo à disposição do empregador aquele em que o empregado aguarda o transporte fornecido pela empresa. Todavia, tendo em conta que a jurisprudência do TST admite certa flexibilização quanto ao cômputo de pequenas variações de tempo (Súms. 366 e 429/TST), devem ser tolerados dez minutos diários para a fixação da jornada. Ultrapassado esse limite, porém, todo o tempo despendido deve ser computado. *E-RR-96-81.2012.5.18.0191, SDI1, Rel. Min. Alexandre Agra Belmonte, 24.4.2014. (Info 80)*

2013

Horas "in itinere". Limitação do valor pago. Desproporção com o tempo despendido. Norma coletiva. Invalidade.

A fixação de número de horas "in itinere" a serem pagas deve guardar razoável proporção com o tempo efetivamente despendido no trajeto, razão pela qual é nula a cláusula de acordo coletivo que estipula quantidade de horas inferior a 50% do tempo realmente gasto pelo empregado no trajeto, porque equivalente à supressão do direito do trabalhador. No caso concreto, o tempo de deslocamento do reclamante era de 40 horas mensais, mas a norma coletiva limitou o pagamento a 14 horas, o que não alcança nem mesmo a metade do tempo efetivo de percurso. *E-ED-RR-46800-48.2007.5.04.0861, SDI1, Min. Brito Pereira, 8.8.2013. (Info 54)*

Horas "in itinere". Norma Coletiva. Fixação prévia do número de horas a pagar. Validade. Afastamento da natureza salarial. Impossibilidade. Art. 58, § 2º, da CLT.

É válida a cláusula de norma coletiva que fixa previamente o número de horas "in itinere" a serem pagas, desde que não haja flagrante disparidade entre o tempo acordado e o período efetivamente gasto no trajeto. No caso, limitou-se o pagamento a uma hora diária, mesmo havendo prova de que o tempo de percurso médio era de duas horas. De outra sorte, é inválida a cláusula que retira a natureza salarial das horas "in itinere", afastando sua integração aos salários dos empregados, para todos os efeitos legais, em contrariedade ao disposto no art. 58, § 2º da CLT. *E-RR-414600-67.2009.5.09.0325, SDI1, Rel. Min. João Oreste Dalazen, 13.6.2013. (Info 51)*

Horas "in itinere". Prefixação. Norma coletiva. Validade.

É possível, por meio de negociação coletiva, estipular um montante de horas itinerantes a serem pagas, não se admitindo apenas a supressão da parcela, sua fixação desproporcional ou, ainda, a retirada do caráter salarial, do direito aos respectivos reflexos ou do adicional de horas extras. Restou consignado que embora os trabalhadores de alguns municípios necessitassem de longo período de locomoção, os empregados de outras cidades da região perfaziam o percurso até o trabalho em período próximo ao prefixado, razão pela qual o tempo de uma hora não se mostrou abusivo em relação ao tempo efetivamente gasto pelo conjunto de trabalhadores submetidos à cláusula, considerando-se não os casos individuais, mas a dinâmica das empresas envolvidas e as variadas distâncias entre os pontos de acesso e as frentes de trabalho. *RO-415-74.2011.5.18.0000, SDC, Rel. Min. Mauricio Godinho Delgado, 9.9.2013. (Info 58)*

2012

Horas de percurso. Limitação em norma coletiva. Razoabilidade e proporcionalidade. Possibilidade. Reconhecimento ao direito às horas "in itinere" prestadas em período anterior à negociação coletiva. Validade.

É válida cláusula de norma coletiva que limita, com razoabilidade e proporcionalidade, o quantitativo de tempo a ser considerado para o pagamento de horas "in itinere", tendo em vista a dificuldade de se apurar as horas efetivamente gastas, em razão de o local da prestação de serviços não ser o mesmo todos os dias. *RO-34-66.2011.5.18.0000, SDC, Rel. Min. Walmir Oliveira da Costa, 9.10.2012. (Info 25)*

Horas "in itinere". Base de cálculo. Fixação por meio de norma coletiva. Impossibilidade.

É inválida a norma coletiva que estabelece o salário normativo como base de cálculo das horas "in itinere", porquanto as horas de percurso possuem a mesma natureza das horas extras, devendo ser calculadas como tal. *E-ED-RR-135000-41.2008.5.15.0036, SDI1, Red. p/ ac. Min. Luiz Philippe Vieira de Mello Filho, 18.10.2012. (Info 26)*

Horas "in itinere". Lei 10.243/01. Limitação por norma coletiva. Possibilidade.

É válida cláusula coletiva que prevê a limitação do pagamento das horas "in itinere", em atenção ao previsto no art. 7º, XXVI, da CF. *E-RR-2200-43.2005.5.15.0072, SDI1, Red. p/ ac. Min. Maria Cristina Irigoyen Peduzzi, 8.11.2012. (Info 29)*

Horas "in itinere". Limitação por norma coletiva. Possibilidade.

É válida cláusula coletiva que prevê a limitação do pagamento das horas "in itinere", em atenção ao previsto no art. 7º, XXVI, da CF. *E-RR-471-14.2010.5.09.0091, SDI1, Red. p/ac. Min. Ives Gandra da Silva Martins Filho, 15.3.2012. (Info 2)*

Horas "in itinere". Norma coletiva que fixa o número de horas a serem pagas em quantidade muito inferior ao tempo gasto no trajeto. Invalidade.

Em regra, é válida a norma coletiva que estabelece um tempo fixo diário a ser pago a título de horas "in itinere" (art. 7º, XXVI, da CF). Todavia, o tempo ajustado deve guardar proporcionalidade com o tempo efetivamente gasto nos deslocamentos, a fim de não configurar subversão ao direito à livre negociação coletiva e verdadeira renúncia a direito garantido por lei (art. 58, § 2º, da CLT), resultando em prejuízo ao empregado. *E-RR-470-29.2010.5.09.0091, SDI1, Rel. Min. Renato de Lacerda Paiva, 24.5.2012. (Info 10)*

2.2.3. Intervalos Intrajornada

2015

Intervalo intrajornada. Redução por acordo ou convenção coletiva. Portaria 42/07 do MTE. Autorização genérica. Invalidade. Necessidade de autorização específica (art. 71, § 3º, da CLT).

A Portaria 42/07 do Ministério do Trabalho e Emprego disciplina que o intervalo intrajornada poderá ser diminuído por negociação coletiva. No entanto, referida Portaria, por ser genérica, não tem o condão de autorizar a redução do intervalo intrajornada por acordo ou convenção coletiva, sendo necessária autorização específica, nos termos do § 3º do art. 71 da CLT, após vistoria das instalações e do sistema de trabalho da empresa. *E-RR-53200-40.2013.5.21.0006, SDI1, Rel. Min. José Roberto Freite Pimenta, 10.09.2015. (Info 117)*

Intervalo intrajornada. Supressão parcial. Pedido que se refere ao "pagamento das horas laboradas nos períodos para descanso e alimentação intrajornada". Pagamento de todo o período correspondente ao intervalo. Súm. 437, I, do TST. Julgamento "ultra petita". Não configuração. Invocação do art. 71, § 4º, da CLT.

Na hipótese em que a reclamante alega que gozou apenas trinta minutos de intervalo intrajornada e postula na inicial "pagamento das horas laboradas nos períodos para descanso e alimentação intrajornada (art. 71, § 4º, da CLT) com adicional de 50% e reflexos", não configura julgamento "ultra petita" o deferimento do pagamento de todo o período correspondente ao intervalo, e não apenas daquele suprimido (Súm. 437, I, do TST). *E-ED-RR-182400-68.2009.5.12.0046, SDI1, Red. p/ac. Min. Hugo Carlos Scheuermann, 10.12.2015. (Info 126)*

2014

Intervalo intrajornada. Excesso de jornada. Período anterior à Lei 8.923/94 (§ 4º no art. 71 da CLT). Horas extras devidas.

Anteriormente à edição da Lei 8.923/94 (que incluiu o § 4º no art. 71 da CLT), o desrespeito ao intervalo mínimo entre dois turnos de trabalho, sem importar em excesso na jornada efetivamente trabalhada, caracterizava mera infração sujeita à penalidade administrativa, não ensejando direito a qualquer ressarcimento ao empregado (Súm. 88, já cancelada). Todavia, o excesso na jornada efetivamente trabalhada garante o direito ao pagamento de horas extras, mesmo em relação a período anterior à edição daquela lei. Em outras palavras, a Súm. 88/TST previa que o descumprimento do intervalo intrajornada antes da vigência da Lei 8.923/94 somente não ensejava o pagamento de horas extraordinárias nas hipóteses em que observada a jornada de trabalho do empregado, ou seja, quando o trabalho ocorria de forma contínua, sem interrupção para descanso e refeição, e não havia elastecimento da jornada normal. *E-ED-ED-RR-672543-25.2000.5.17.0006, SDI1, Red. p/ac. Min. Lelio Bentes Corrêa, 18.12.2014. (Info 98)*

2013

Bancário. Gerente geral de agência. Art. 62, II, da CLT. Intervalo intrajornada. Não concessão. Horas extras. Indevidas.

O bancário que exerce o cargo de gerente geral de agência, por estar enquadrado no art. 62, II, da CLT, não tem direito ao pagamento de horas extras decorrentes da não concessão ou da concessão parcial do intervalo intrajornada. Tal intervalo está previsto no Capítulo II do Título II da CLT (Da Duração do Trabalho), o qual, nos termos do "caput" do art. 62 da CLT, não se aplica aos empregados que exercem cargo de gestão, em razão da dificuldade ou da impossibilidade de controle de horário. *E-E-D-RR-34300-85.2007.5.04.0331, SDI1, Rel. Min. Dora Maria da Costa, 25.4.2013. (Info 44)*

Empregado rural. Atividade de corte de cana-de-açúcar. Pausa para descanso. Obrigatoriedade. Norma Regulamentar 31 do Ministério do Trabalho e Emprego. Aplicação analógica do art. 72 da CLT. Possibilidade.

Aos empregados rurais que trabalham no corte de cana-de-açúcar aplica-se, por analogia, o disposto no art. 72 da CLT, que garante um intervalo de dez minutos a cada período de noventa minutos de trabalho consecutivo nos serviços permanentes de mecanografia. Isso porque a Norma Regulamentar 31 do Ministério do Trabalho e Emprego, apesar de estabelecer a obrigatoriedade de concessão de pausas para descanso aos trabalhadores rurais que realizem atividades em pé ou submetam-se à sobrecarga muscular, não especifica as condições ou o tempo de duração dos períodos de repouso. *E-RR-912-26.2010.5.15.0156, SDI1, Rel. Min. João Oreste Dalazen, 5.12.2013. (Info 69)*

Maquinista da categoria "C". Intervalo intrajornada. Compatibilidade entre os arts. 71, § 4º e 238, § 5º, ambos da CLT. Pagamento do intervalo não concedido como horas extras.

O intervalo intrajornada de que trata o art. 71 da CLT, por ser norma de ordem pública, constituindo-se em medida de higiene, saúde e segurança, deve ser concedido a todos os trabalhadores, inclusive ao maquinista da categoria "C". Assim, não se pode excluir dessa categoria o direito ao pagamento, como horas extras, do intervalo não concedido, havendo total compatibilidade entre os arts. 71, § 4º e 238, § 5º, ambos da CLT. *E-ED-RR-65200-84.2007.5.03.0038, SDI1, Red. p/ ac. Min. Aloysio Corrêa da Veiga, 18.4.2013. (Info 43)*

Intervalo intrajornada de 15 minutos. Concessão ao final da jornada. Previsão em instrumento coletivo. Invalidade. Art. 71, § 1º, da CLT. Norma cogente.

É inválida cláusula de instrumento coletivo que prevê a concessão do intervalo intrajornada de 15 minutos apenas ao final da jornada, antecipando o seu final e permitindo ao empregado chegar mais cedo em casa. A previsão contida no § 1º do art. 71 da CLT é norma cogente que tutela a higiene, a saúde e a segurança do trabalho, insuscetível,

portanto, à negociação. Ademais, a concessão do intervalo apenas ao final da jornada não atende à finalidade da norma, que é a de reparar o desgaste físico e intelectual do trabalhador durante a prestação de serviços, sobretudo quando se trata de atividade extenuante, como a executada pelos trabalhadores portuários. *ERR-126-56.2011.5.04.0122, SDI1, Rel. Augusto César Leite de Carvalho, 14.2.2013. (Info 36)*

2012

Intervalo intrajornada. Redução. Horas extras. Norma coletiva. Percentual superior ao previsto no art. 71, § 4º, da CLT. Prevalência.

Havendo norma coletiva assegurando a remuneração das horas extras em percentual superior ao previsto no art. 71, § 4º, da CLT, esse adicional deverá ser utilizado para o pagamento das horas suplementares decorrentes da redução do intervalo intrajornada, ainda que não consignado expressamente nos autos a porcentagem acordada. *E-ED-RR-21300-73.2005.5.04.0012, SDI1, Rel. Min. Augusto César Leite de Carvalho,16.8.2012. (Info 18)*

2.2.4. Trabalho em Domingos e Feriados

2016

Regime de trabalho 5x1. Descanso semanal remunerado. Coincidência com o domingo a cada sete semanas. Impossibilidade. Art. 6º, parágrafo único, da Lei 10.101/00. Pagamento em dobro do domingo trabalhado. Incidência da Súm. 146/TST.

O direito ao repouso semanal remunerado está disciplinado pelos arts. 7º, XV, da CF, 67 da CLT e 1º da Lei 605/49. A conjugação de tais normas leva a conclusão de que a correspondência do referido descanso com o domingo deve ser perseguida pelo empregador, recaindo em outro dia da semana apenas excepcionalmente. De outro lado, o parágrafo único do art. 6º da Lei 10.101/00, aplicado analogicamente à espécie, exige a coincidência com o domingo ao menos uma vez no período de três semanas. Assim, nos termos da Súm. 146/TST, é devido o pagamento em dobro do domingo trabalhado no regime de cinco dias de trabalho por um dia de descanso (5x1), pois, neste caso, o descanso dominical ocorre apenas uma vez a cada sete semanas. *E-ED-ED-RR-90300-68.2008.5.09.0093,*

SDI1, Rel. Min. Cláudio Mascarenhas Brandão, 22.9.2016. (Info 145)

2012

Ação anulatória. Trabalho em feriados no comércio em geral. Autorização em acordo coletivo. Impossibilidade. Exigência de previsão em convenção coletiva. Art. 6º-A da Lei 10.101/00.

Nos termos do art. 6º-A da Lei 10.101/00, conforme alteração introduzida pela Lei 11.603/07, o trabalho no comércio em geral em feriados é possível tão somente mediante autorização firmada em convenção coletiva de trabalho, ou seja, negociação ajustada entre os sindicatos representativos das categorias econômica e profissional. Trata-se de dispositivo de interpretação restritiva que, fundada no princípio da proteção ao trabalho, não pode ser alargada para abarcar as autorizações concedidas em sede de acordo coletivo. RO-13955-13.2010.5.15.0000, SDC, Rel. Min. Kátia Magalhães Arruda, 13.8.2012. (Info 17)

Ação civil pública. Comércio varejista. Trabalho aos domingos e feriados. Período anterior a 9 de novembro de 1997. Necessidade de ajuste em norma coletiva.

Mesmo no período anterior a 9 de novembro de 1997, a que se refere o parágrafo único do art. 6º da edição 36 da MPv 1539, convertida na Lei 10.101/00, posteriormente alterada pela Lei 11.603/07, fazia-se necessário o ajuste em norma coletiva autorizando o trabalho aos domingos e feriados no comércio varejista. E-ED-RR-89600-90.2002.5.08.0009, SDI1, Red. p/ ac. Min. Brito Pereira, 16.2.2012. (Info 2)

2.2.5. Trabalho Noturno

2016

Norma coletiva. Hora noturna. Não observância da redução ficta legal (art. 73, § 1º, da CLT). Possibilidade. Teoria do conglobamento.

A norma coletiva pode estipular a exclusão da redução ficta da hora noturna, prevista no art. 73, § 1º, da CLT, desde que haja a concessão de outras vantagens que, sob a ótica da teoria do conglobamento, sejam mais benéficas ao trabalhador que aquelas asseguradas na legislação trabalhista. No caso vertente, o acordo coletivo fixou, para trabalhador submetido ao regime de jornada 12x36, hora noturna de sessenta minutos, porém com o pagamento de adicional de 40%, o dobro do previsto em lei. EEDEDRR-72700-67.2008.5.17.0010, SDI1, Rel. Min. Augusto César Leite de Carvalho, 23.6.2016. (Info 139)

Trabalhador portuário. Adicional noturno. Integração na base de cálculo das horas extras. Aplicação da OJ 97/SDI1.

É inegável o maior desgaste a que submetido o trabalhador durante o período noturno, razão pela qual a CF consagrou, como direito dos trabalhadores urbanos e rurais, remuneração do trabalho noturno superior à do diurno (art. 7º, IX, da CF). Tal preceito não exclui o trabalhador portuário, razão pela qual o adicional noturno deve integrar a base de cálculo das horas extraordinárias prestadas por ele. Prevalência do disposto na OJ 97/SDI1 e não incidência do item II da OJ 60/SDI1. E-RR-1260-79.2011.5.08.0002, SDI1, Rel. Min Hugo Carlos Scheuermann, 31.3.2016. (Info 131)

2015

Adicional noturno. Percentual superior ao legal para as horas trabalhadas de 22h às 5h. Incidência sobre as horas prorrogadas no horário diurno.

O percentual previsto em norma coletiva para o adicional noturno incide na hora diurna trabalhada em prorrogação, nos termos da Súm. 60, II, do TST. No caso, o instrumento normativo estabeleceu um adicional de 60%, considerando as horas trabalhadas de 22h até às 5h. Entendeu-se que, inexistindo dispositivo convencional regulando o pagamento das horas prorrogadas, não haveria impedimento para a aplicação do mesmo adicional previsto para as horas noturnas. E-ED-RR-185-76.2010.5.20.0011, SDI1, Rel. Min. Augusto César Leite de Carvalho, 30.4.2015. (Info 105)

2013

Hora noturna reduzida. Art. 73, § 1º da CLT. Substituição pelo adicional noturno de 37,14%. Acordo coletivo. Possibilidade.

É possível, por meio de acordo coletivo de trabalho, fixar duração normal para a hora noturna, em substituição à hora ficta prevista no art. 73, § 1º, da CLT, em razão da elevação do adicional noturno de 20% para 37,14%. No caso, não há falar em subtração pura e simples de direito legalmente previsto, mas, tão-somente, em flexibilização do seu conteúdo, sem traduzir prejuízo ao empregado. Trata-se da aplicação da teoria do conglobamento, segundo a qual a redução de determinado direito é compensada pela concessão de outras vantagens, de modo a garantir o equilíbrio entre as partes. *E-ED-RR-31600-45.2007.5.04.0232, SDI1, Rel. Min. Aloysio Corrêa da Veiga, 23.5.2013. (Info 48)*

Trabalho em dois turnos de oito horas. Avanço em horário noturno em razão do cumprimento de intervalo intrajornada. Contrariedade à OJ 360/SDI1. Configuração.

O trabalho realizado com alternância de horários em apenas dois turnos de oito horas, em que há o avanço no período noturno após as vinte e duas horas, decorrente do cumprimento do intervalo intrajornada legalmente assegurado, não descaracteriza o trabalho em regime de turnos ininterruptos de revezamento, de modo que ao trabalhador é assegurada a jornada especial de seis horas prevista no art. 7º, XIV, da CF. *E-RR-59300-35.2004.5.02.0465, SDI1, Red. p/ ac. Min. Aloysio Corrêa da Veiga, 21.2.2013. (Info 37)*

2012

Jornada mista. Trabalho prestado majoritariamente à noite. Adicional noturno. Súm. 60, II, do TST.

Na hipótese de jornada mista, iniciada pouco após às 22h, mas preponderantemente trabalhada à noite (das 23:10h às 07:10h do dia seguinte), é devido o adicional noturno quanto às horas que se seguem no período diurno, aplicando-se o entendimento da Súm. 60, II, do TST. *E-RR-154-04.2010.5.03.0149, SDI1, Rel. Min. Augusto César Leite de Carvalho, 4.10.2012. (Info 24)*

2.2.6. Turnos Ininterruptos de Revezamento

2016

Petroleiros. Turnos ininterruptos de revezamento. Repouso estabelecido no art. 3º, V, da Lei 5.811/72. Reflexos das horas extras. Impossibilidade. Súm. 172/TST. Inaplicabilidade.

Os repousos previstos no art. 3º, V, da Lei 5.811/72 para os petroleiros submetidos a regimes de turnos de revezamento correspondem a folgas compensatórias concedidas em face das peculiaridades da jornada de trabalho. De outro lado, o repouso semanal remunerado constitui direito relacionado à saúde do trabalhador e que se vincula à frequência regular do empregado na semana anterior e cumprimento do horário de trabalho, conforme requisitos estabelecidos no art. 6º da Lei 605/49. Assim, tratando-se de institutos diversos, não se pode equipará-los com o intuito de fazer repercutir as horas extras no pagamento das referidas folgas. Ademais, a Lei 5.811/72 não tratou as folgas compensatórias especificamente como repouso remunerado, razão pela qual não se aplica a Súm. 172/TST. *E-RR-1069-65.2012.5.11.0018, SDI1, Rel. Min. Augusto César Leite de Carvalho, 5.5.2016. (Info 135)*

2015

Turnos ininterruptos de revezamento. Norma coletiva. Fixação da jornada de trabalho em 8 horas diárias. Intervalo intrajornada parcialmente concedido. Súm. 423/TST.

Nos termos da Súm. 423 do TST, é válida a norma coletiva que fixa a jornada de oito horas diárias para o trabalho em turnos ininterruptos de revezamento quando extrapolada a jornada pelo descumprimento do intervalo intrajornada. A não concessão, parcial ou integral, do intervalo mínimo para refeição implica o pagamento do total correspondente, com acréscimo de, no mínimo, 50% do valor da remuneração da hora normal de trabalho, mas não torna essa hora ficta equivalente à hora extraordinária, tampouco invalida a jornada de oito horas pactuada. *AgR-E-ED-RR-423-68.2012.5.15.0107, SDI1, red. Min. Cláudio Mascarenhas Brandão, 25.6.2015. (Info 112)*

Turnos ininterruptos de revezamento. Regime de 4x2. Norma coletiva. Fixação de jornada superior a oito horas. Invalidade.

A extrapolação habitual da jornada de oito horas, ajustada por negociação coletiva para o trabalho realizado em turnos ininterruptos de revezamento no regime de 4x2, invalida o ajuste, por frustrar a proteção constitucional prevista no art. 7º, XIV, da CF, além de ofender os princípios de proteção da dignidade da pessoa humana e dos valores sociais do trabalho. Assim, uma vez que a norma coletiva não produz efeitos jurídicos, aplica-se ao caso concreto a jornada de seis horas, devendo o período excedente à sexta hora ser pago como extra. *Ag-E-ED-RR-97300-08.2011.5.17.0121, SDI1, Rel. Min. João Oreste Dalazen, 26.2.2015. (Info 100)*

2014

Regime 12x36 e turnos ininterruptos de revezamento. Alternância. Invalidade da norma coletiva. Contrariedade à Súm. 423/TST. Horas extras. Devidas.

Conforme disciplina a Súm. 423/TST, a prorrogação da jornada em turnos ininterruptos de revezamento somente é possível até o limite de oito horas diárias. Assim sendo, contraria o referido verbete a decisão que considera válidos os instrumentos coletivos que, alternando o regime de 12x36 com os turnos ininterruptos de revezamento, estabeleceram escala de 4 tempos, com jornada de 7h às 19h em dois dias da semana, 19h às 7h, em dois dias, folgando o empregado, além do dia no qual deixou o trabalho, mais 3 dias. *E-ED-RR-174500-06.2009.5.03.0007, SDI1, Rel. Min. Augusto César Leite de Carvalho, 18.9.2014. (Info 90)*

2013

Turno ininterrupto de revezamento. Alteração para turno fixo. Retaliação por negociação coletiva frustrada. Abuso do "jus variandi" do empregador.

A alteração do turno ininterrupto de revezamento para turno fixo de oito horas, em tese, é benéfica aos empregados, pois a alternância entre turnos diurnos e noturnos é notoriamente gravosa à saúde e à vida social. Entretanto, a referida modificação é inválida e configura abuso do "jus variandi" do empregador quando levada a efeito unilateralmente, sem a observância dos princípios da isonomia e da proporcionalidade, e com o fim de retaliar os empregados em razão da não aceitação da proposta de prorrogação do acordo coletivo autorizando o trabalho em turnos ininterruptos de oito horas. *E-ED-RR-34700-84.2004.5.03.0088, SDI1, Rel. Min. Maria de Assis Calsing, 29.8.2013. (Info 57)*

Turnos ininterruptos de revezamento. Instrumento coletivo. Fixação de jornada diária superior a oito horas em razão da compensação de jornada. Invalidade. Art. 7º, XIV, da CF e Súm. 423/TST.

Nos termos do art. 7º, XIV, da CF e da Súm. 423/TST, é inválida cláusula de instrumento coletivo que estipula jornada superior a oito horas em turnos ininterruptos de revezamento, ainda que a extrapolação do limite diário decorra da adoção de regime de compensação semanal, com vistas à supressão da realização de trabalho aos sábados. *E-ED-RR-427-67.2011.5.03.0142, SDI1, Rel. Min. Dora Maria da Costa, 15.8.2013. (Info 55)*

2012

2.2.7. Outros Temas

2015

Empresa Brasileira de Correios e Telégrafos – ECT. Automação de serviços. Aproveitamento do empregado em função diversa, com acréscimo da jornada de trabalho. Licitude. Pagamento do período acrescido de forma simples, sem o adicional.

O aproveitamento de empregado da Empresa Brasileira de Correios e Telégrafos – ECT sujeito à jornada reduzida do art. 227 da CLT em outra função com carga horária maior, e com o objetivo de preservar o emprego frente à automação de serviços (substituição das antigas máquinas de Telex por computadores) é lícito, devendo o período acrescido ser pago de forma simples, sem o adicional de horas extras. Na espécie, ressaltou-se que, não obstante a imutabilidade das cláusulas essenciais do contrato de trabalho, prevista no art. 468 da CLT, a jornada especial a que inicialmente submetido o empregado decorre de imperativo legal, sendo inafastável pela vontade das partes. Assim, não há falar em direito adquirido à jornada de seis horas, e, cessando a causa motivadora da jornada diferenciada, é permitido ao empregador exigir a duração normal do trabalho a que se refere o caput do art. 58 da CLT. Noutro giro, registrou-se que a partir do implemento de duas horas adicionais à jornada de trabalho, sem qualquer acréscimo remuneratório, houve patente redução de salário, em afronta ao princípio constitucional da irredutibilidade salarial (art. 7º, VI, da CF). Desse modo, mostra-se razoável garantir ao empregado o pagamento das 7ª e 8ª horas de forma simples, sem o adicional, pois a partir da adoção da jornada de oito horas o que ocorreu foi uma espécie de novação objetiva no contrato de trabalho e não dilatação da jornada normal. *E-RR-110600-80.2009.5.04.0020, Tribunal Pleno, Red. p/ ac. Min. João Oreste Dalazen, 24.3.2015. (Info 102)*

2014

Cartões de ponto sem assinatura. Validade.

A assinatura do empregado não é elemento essencial para a validade formal dos cartões de ponto. O art. 74, § 2º, da CLT não traz qualquer exigência no sentido de que os controles de frequência devam contar com a assinatura do trabalhador para serem reputados válidos. Ademais, no caso concreto, os horários consignados nos espelhos de ponto sem assinatura se assemelham àqueles consignados nos documentos assinados trazidos à colação pela reclamada e que contam com a chancela do reclamante, não havendo nos autos qualquer elemento que aponte para existência de fraude a justificar a declaração de invalidade dos referidos registros de ponto. E-ED-RR-893-14.2011.5.05.0463, SDI1, Red. p/ ac. Min. Renato de Lacerda Paiva, 16.10.2014. (Info 92)

2013

CEF. Norma interna. CI/Supes/Geret 293/06. Validade. Opção pela jornada de oito horas. Ingresso em juízo. Retorno automático à jornada de seis horas. OJ Transitória 70/SDI1.

É válida a norma interna CI/supes/geret 293/06, expedida pela Caixa Econômica Federal, que determina o retorno automático à jornada de seis horas, no caso de o empregado ingressar em juízo contra a opção pela jornada de oito horas. Essa providência se harmoniza com o reconhecimento da nulidade da opção de jornada consagrada na OJ Transitória 70/SDI1, não havendo falar, portanto, em ofensa ao direito constitucional de acesso ao poder judiciário ou em configuração de ato discriminatório. E-ED-RR-13300-70.2007.5.15.0089, SDI1, Red. p/ ac. Min. Brito Pereira, 18.4.2013. (Info 43)

2012

Regime de sobreaviso. Caracterização. Uso do aparelho celular. Submissão à escala de atendimento.

Na hipótese em que o acórdão, ao transcrever a decisão do Regional, consigna que, no caso, restou caracterizado o regime de sobreaviso, em razão não apenas da utilização do uso do aparelho celular, mas pela constatação de que o empregado permanecia efetivamente à disposição do empregador fora do horário normal de trabalho, pela submissão à escala de atendimento, a SDI1 não conheceu do recurso de embargos, não vislumbrando contrariedade à Súm. 428/TST. E-E-D-RR-3843800-92.2009.5.09.0651, SDI1, Red. p/ ac. Min. José Roberto Freire Pimenta, 23.8.2012. (Info 19)

2.3. Das Férias Anuais (CLT, arts. 129 a 153)

2014

Férias não gozadas. Licença remunerada superior a trinta dias. Terço constitucional. Devido. Art. 133, II, da CLT e art. 7º, XVII, da CF.

É devido o pagamento do terço constitucional relativo às férias, que deixarem de ser usufruídas em razão da concessão de licença remunerada superior a trinta dias decorrente de paralisação das atividades da empresa, por ser direito do trabalhador, previsto no art. 7º, XVII, da CF. O art. 133, II, da CLT, ao prescrever que não terá direito a férias o empregado que, no curso do período aquisitivo, desfrutar de mais de trinta dias de licença remunerada, teve por objetivo evitar a duplicidade de gozo de férias no mesmo período aquisitivo, sem, contudo, retirar o direito ao terço constitucional. E-ED-RR-175700-12.2002.5.02.0463, SDI1, Rel. Min. João Oreste Dalazen, 29.5.2014. (Info 84)

2012

Férias. Fracionamento. Inexistência de situação excepcional. Pagamento em dobro. Devido.

O objetivo do art. 134, caput e § 1º, da CLT, ao estabelecer que as férias devem ser concedidas em um só período e que somente em situações excepcionais é possível o seu parcelamento, é permitir ao trabalhador a reposição de sua energia física e mental após longo período de prestação de serviços. Resulta irregular o fracionamento de férias sem a existência de circunstância excepcional que o justifique, dando ensejo ao pagamento das férias em dobro. E-RR-6500-92.2008.5.04.0381, SDI1, Rel. Min. Augusto César Leite de Carvalho, 31.5.2012. (Info 11)

Terço constitucional. Art. 7º, XVII, da CF. Férias não usufruídas em razão de concessão de licença remunerada superior a 30 dias. Art. 133, II, da CLT. Devido.

O empregado que perdeu o direito às férias em razão da concessão, durante o período aquisitivo, de licença remunerada por período superior a trinta dias, nos termos do art. 133, II, da CLT, faz jus à percepção do terço constitucional (art. 7º, XVII, da CF). À época em que editado o DL 1.535/77, que conferiu nova redação ao art. 133 da CLT, vigia a Constituição anterior, que assegurava ao trabalhador apenas o direito às férias anuais remuneradas, sem o respectivo adicional, de modo que o referido dispositivo consolidado não tem o condão de retirar direito criado após a sua edição. Ademais, na espécie, a referida licença não decorreu de requerimento do empregado, mas de paralisação das atividades da empresa por força de interdição judicial, razão pela qual a não percepção do terço constitucional também implicaria em transferir os riscos da atividade econômica ao trabalhador, impondo-lhe prejuízo inaceitável. *E-RR-42700-67.2002.5.02.0251, SDI1, Rel. Min. Rosa Maria Weber, 24.5.2012. (Info 10)*

2.4. Da Segurança e da Medicina do Trabalho (CLT, arts. 154 a 223)

2.4.1. Acidente do Trabalho

2015

Acidente de trabalho. Indenização por danos morais e materiais. Dono da obra. Responsabilidade solidária. Inaplicabilidade da OJ 191/SDI1.

O dono da obra é responsável solidário pelos danos decorrentes de acidente de trabalho ocorrido em suas dependências, nas hipóteses em que concorreu para o infortúnio ao não impedir a prestação de serviços sem a observância das normas de higiene e segurança do trabalho. A diretriz consagrada na OJ 191/SDI1 não se aplica ao caso, pois dirigida especificamente a obrigações trabalhistas em sentido estrito, não alcançando indenização de natureza civil. Na espécie, consignou-se que o "de cujus", empregado da subempreiteira, contratada pela empreiteira para efetuar reparos no telhado da dona da obra, não usava cinto de segurança no momento da queda que o vitimou e nunca havia feito curso de segurança do trabalho, a revelar falha do dono da obra na fiscalização quanto à adoção de medidas de prevenção de acidentes. *E-RR-240-03.2012.5.04.0011, SDI1, Rel. Min. João Oreste Dalazen, 19.11.2015. (Info 124)*

Danos morais e materiais. Concausa entre as atividades exercidas e a doença desenvolvida. Responsabilidade da empregadora. Indenização devida.

Nos termos do art. 21, I, da Lei 8.213/91, para a caracterização de acidente do trabalho (ou de doença profissional a ele equiparada) não se faz necessário que a conduta da empresa seja causa exclusiva do evento, bastando que para ela concorra. Assim, na hipótese em que o TRT reconheceu expressamente que as atividades desenvolvidas pela reclamante atuaram como concausa para o desencadeamento de esquizofrenia paranoide e depressão grave, resulta inafastável o reconhecimento da responsabilidade da empregadora pela indenização por danos morais e materiais (art. 927 do CC). *E-RR-189600-04.2007.5.20.0005, SDI1, Red. p/ ac. Min. Renato de Lacerda Paiva, 10.12.2015. (Info 126)*

2013

Acidente de trabalho. Trabalhador avulso. Estivador. Responsabilidade civil subjetiva do operador portuário. Configuração. Dever de zelar pelo meio ambiente de trabalho seguro.

A SDI1 entendeu haver responsabilidade civil subjetiva da operadora portuária pelo acidente de trabalho que causou amputação parcial da falange distal do dedo indicador direito de trabalhador avulso durante a estivagem para embarque de arroz, uma vez que, no caso, a reclamada omitiu-se em observar o dever de zelar pelo meio ambiente de trabalho seguro a que se refere o art. 157, da CLT. *E-RR-99300-59.2007.5.17.0011, SDI1, Red. p/ ac. Min. Aloysio Corrêa da Veiga, 9.5.2013. (Info 46)*

Acidente de Trabalho. Vigilante. Condução de motocicleta em rodovia estadual. Atividade de risco. Responsabilidade civil objetiva do empregador. Art. 927, parágrafo único, do CC.

Nos termos do art. 927, parágrafo único, do CC, aplica-se a responsabilidade civil objetiva ao empregador no caso em que houve morte do trabalhador que, no exercício de suas atribuições de vigilante, sofreu acidente de trânsito na condução de motocicleta da empresa em rodovia estadual, durante trajeto à residência de cliente para verificação de disparo de alarme. Trata-se de atividade de risco, pois os condutores de motocicleta, notoriamente, estão sujeitos a mais acidentes de trânsito e de piores consequências em comparação aos que utilizam outros tipos de veículos, de modo que o empregador, ainda que não haja provocado diretamente o acidente, figurou como autor mediato do dano sofrido pelo trabalhador falecido. *E-ED-RR-324985-09.2009.5.12.0026, SDI1, Rel. Min. João Oreste Dalazen, 6.6.2013. (Info 50)*

2. DIREITO DO TRABALHO

Banespa. ACT 2000/01. Aposentadoria por invalidez. Indenização. Requisitos preenchidos após o fim da vigência do acordo. OJ 41/SDI1. Aplicação analógica.

A SDI1 conheceu dos embargos da reclamante, por divergência jurisprudencial, e, no mérito, deu-lhes provimento para restabelecer o acórdão do Regional, o qual manteve a sentença que condenou os reclamados, solidariamente, a pagar à autora a indenização prevista no ACT 2000/01, celebrado entre o Banespa e o sindicato da categoria profissional, mesmo na hipótese em que os requisitos previstos no acordo tenham sido preenchidos somente após o fim da sua vigência. Na espécie, a empregada fora afastada pelo órgão previdenciário por doença do trabalho quando em vigor o ACT 2000/01 – o qual garantia direito à indenização aos empregados que se aposentassem por invalidez decorrente de acidente do trabalho ou doença ocupacional –, mas aposentou-se somente em 24.10.2002, ou seja, quando não mais vigia o referido acordo. E-ED-RR-28700-47.2004.5.02.0201, SDI1, Rel. Min. Augusto César Leite de Carvalho, 5.9.2013. (Info 58)

2012

Acidente do trabalho. Morte do empregado. Indenização por danos morais e materiais. Ambiente de trabalho. Negligência. Responsabilidade do empregador.

Havendo negligência do empregador com o ambiente de trabalho e a segurança do trabalhador, não se pode retirar a responsabilidade da empresa, ainda que comprovada a culpa concorrente da vítima. O empregado rural, que exercia a atividade de "bituqueiro", ou seja, recolhia a cana-de-açúcar que a máquina deixava de colocar no caminhão, foi atropelado por veículo da empresa que fazia manobra, enquanto descansava, de madrugada, sobre a cana cortada, vindo a falecer. Não obstante o quadro fático delineado nos autos revelar que houve o fornecimento dos equipamentos de segurança ao trabalhador acidentado, e que as reclamadas ministravam treinamento a todos os contratados e os alertavam a não dormir na lavoura, ressaltou-se não ser viável, no caso, atribuir culpa exclusiva à vítima. Se a atividade demanda descanso, cabe ao empregador atribuir local seguro para o momento de pausa, adotando critérios de prudência e vigilância, a fim de evitar o dano, ainda que potencial, especialmente quando o trabalho é prestado em ambiente adverso, de difícil acesso e de baixa visibilidade, a exemplo da lavoura de cana-de-açúcar. E-ED-RR-470-43.2010.5.15.0000, SDI1, Rel. Min. Aloysio Côrrea da Veiga, 25.10.2012. (Info 27)

Acidente do trabalho. Responsabilidade civil objetiva. Configuração. Motociclista. Atividade de risco.

Mantida a decisão que reconhecera a responsabilidade objetiva da empregadora, intermediadora de mão de obra junto a concessionária de energia elétrica, no caso em que o trabalhador, no desempenho da função de oficial eletricista, foi vítima de acidente do trabalho no trânsito, sofrendo amputação da perna direita, decorrente da colisão entre sua motocicleta e outro automóvel. Na espécie, além de o infortúnio ter ocorrido durante o expediente, restou consignado que o veículo de propriedade da vítima era utilizado para a prestação dos serviços de corte e religação de energia elétrica em unidades consumidoras de baixa tensão, em virtude do contrato de locação firmado com a empregadora, restando demonstrado, portanto, o nexo de causalidade entre o dano sofrido e o trabalho realizado. Ademais, a condução de motocicleta configura-se atividade de risco, na medida em que os condutores desse tipo de veículo estão mais sujeitos a acidentes, com consequências mais nocivas, distanciando-se, portanto, das condições dos demais motoristas. E-ED-RR-81100-64.2005.5.04.0551, SDI1, Red. p/ ac. Min. João Oreste Dalazen. 29.11.2012. (Info 32)

2.4.2. Adicional de Insalubridade

2016

Adicional de insalubridade e de periculosidade. Cumulação. Impossibilidade. Prevalência do art. 193, § 2º, da CLT ante as Convenções 148 e 155 da OIT.

É vedada a percepção cumulativa dos adicionais de insalubridade e de periculosidade ante a expressa dicção do art. 193, § 2º, da CLT. Ademais, não obstante as Convenções ns. 148 e 155 da Organização Internacional do Trabalho (OIT) tenham sido incorporadas ao ordenamento jurídico brasileiro, elas não se sobrepõem à norma interna que consagra entendimento diametralmente oposto, aplicando-se tão somente às situações ainda não reguladas por lei. *E-ARR-1081-60.2012.5.03.0064, SDI1, Red. p/ ac. Min. João Oreste Dalazen, 28.4.2016. (Info 134)*

Adicional de insalubridade e de periculosidade. Fatos geradores distintos. Cumulação. Impossibilidade.

O art. 193, § 2º, da CLT veda a cumulação dos adicionais de periculosidade e insalubridade, podendo, no entanto, o empregado fazer a opção pelo que lhe for mais benéfico. *E-RR-1072-72.2011.5.02.0384, SDI1, Rel. Min. Renato de Lacerda Paiva, 13.10.2016. (Info 147)*

Adicional de insalubridade. Trabalho em locais destinados a atendimento socioeducativo de menores infratores. Indevido. OJ 4-I/SDI1. Rol taxativo da Portaria 3.214/78, NR 15, Anexo 14, do MTE.

Não há direito ao adicional de insalubridade nas situações de contato com pacientes ou materiais infectocontagiosos em locais destinados ao atendimento socioeducativo de menores infratores (Fundação Casa), ainda que a perícia aponte a exposição do reclamante aos agentes biológicos mencionados no Anexo 14 da NR 15 da Portaria 3.214/78 do Ministério do Trabalho e Emprego – MTE. Nos termos da OJ 4-I/SDI1, para a concessão do adicional em questão não basta a constatação da insalubridade por meio de laudo pericial, sendo necessária a classificação da atividade como insalubre na relação oficial do MTE. *RR-1600-72.2009.5.15.0010, SDI1, Rel. Min. Renato de Lacerda Paiva, 13.10.2016. (Info 147)*

Agente comunitário de saúde. Adicional de insalubridade. Indevido. Não enquadramento da atividade no rol previsto no Anexo 14 da NR 15 do MTE. Súm. 448, I, do TST.

Conforme preconizado no item I da Súm. 448/TST, para que o empregado tenha direito ao adicional de insalubridade é necessária a classificação da atividade insalubre na relação oficial elaborada pelo Ministério do Trabalho e Emprego – MTE, não sendo suficiente a constatação via laudo pericial. Neste sentido, é indevido o adicional de insalubridade aos agentes comunitários de saúde que efetuam atendimento domiciliar para promoção e orientação da saúde e fazem o acompanhamento de pessoas com doenças infectocontagiosas, uma vez que essas funções não se enquadram no rol taxativo do MTE (Anexo 14 da NR 15). *E-RR-207000-08.2009.5.04.0231, SDI1, Red. p/ ac. Min. Aloysio Corrêa da Veiga, 18.2.2016. (Info 129)*

2015

Adicional de insalubridade. Fundação Casa. Atendimento de adolescentes infratores isolados por motivo de saúde. Contato com pessoas portadoras de doenças infectocontagiosas. Anexo 14 da NR-15 da Portaria 3.214/78 do MTE. Adicional devido.

É devido o adicional de insalubridade em grau máximo, reconhecido por laudo pericial, a trabalhadores da Fundação Casa que tenham contato com adolescentes infratores isolados por conta de doenças infectocontagiosas, nos termos do Anexo 14 da NR 15 da Portaria 3.214/78 do Ministério do Trabalho e Emprego. *E-RR-41500-67.2007.5.15.0031, SDI1, Rel. Hugo Carlos Scheuermann, 21.5.2015. (Info 108)*

2014

Adicional de insalubridade. Base de cálculo. Piso salarial estabelecido em convenção coletiva. Impossibilidade. Ausência de norma expressa especificando a base de cálculo.

Ausente norma coletiva determinando expressamente a base de cálculo do adicional de insalubridade, não é possível calcular o referido adicional sobre o piso salarial da categoria estabelecido em convenção coletiva de trabalho. Conforme a jurisprudência consolidada no STF, antes ou depois da edição da Súm. Vinculante 4/STF, o salário mínimo continua a ser a base de cálculo do adicional (art. 192 da CLT), até que nova base seja determinada mediante lei ou norma coletiva específica. *E-RR-77400-23.2008.5.03.0060, SDI1, Rel. Min. Hugo Carlos Scheuermann, 11.9.2014. (Info 89)*

Adicional de insalubridade. Indevido. Trabalho em locais destinados ao atendimento socioeducativo do menor infrator. Fundação Casa. Não enquadramento da atividade no rol previsto no Anexo 14 da NR 15 do MTE. OJ 4, I, da SDI1.

Segundo a diretriz consagrada no item I da OJ 4/SDI1, para que o empregado tenha direito ao adicional de insalubridade é necessária a classificação da atividade insalubre na relação oficial elaborada pelo Ministério do Trabalho e Emprego, não sendo suficiente a constatação por meio de laudo pericial. Assim, é indevido o adicional de insalubridade aos empregados que trabalham em contato com internos em locais destinados ao atendimento socioeducativo do menor infrator, no caso, Fundação Casa, uma vez que a atividade não se enquadra no rol taxativo do MTE (Anexo 14 da Norma Regulamentadora 15), nem se equipara à desenvolvida nos hospitais e outros estabelecimentos de saúde, em que há reconhecidamente o contato com agentes biológicos. *E-RR-114800-83.2008.5.15.0142, SDI1, Rel. Min. Renato de Lacerda Paiva, 10.4.2014. (Info 79)*

Adicional de insalubridade. Limpeza de quartos e coleta de lixo. Hotel. Súm. 448, item II, do TST. Incidência.

A realização de serviços de limpeza e higienização, inclusive de banheiros, em hotel, enseja o pagamento do adicional de insalubridade em grau máximo, nos termos da Súm. 448, item II, do TST. *E-RR-324-22.2010.5.04.0351, SDI1, Rel. Min. Lelio Bentes Corrêa, 25.9.2014. (Info 90)*

2013

Adicional de insalubridade. Devido. Limpeza, higienização e recolhimento de lixo de banheiros de universidade. Item II da OJ 4/SDI1. Não enquadramento.

A limpeza e o recolhimento de lixo de banheiros de universidade, frequentado por público numeroso, enquadra-se na hipótese do Anexo 14 da Instrução Normativa 15 do MTE, ensejando, portanto, o pagamento do adicional de insalubridade. Trata-se de situação diversa da prevista no item II da OJ 4/SDI1, a qual se restringe à higienização de banheiros em residências ou escritórios, cuja circulação é limitada a um grupo determinado de pessoas. *E-RR-102100-02.2007.5.04.0018, SDI1, Rel. Min. Brito Pereira, 15.8.2013. (Info 55)*

Limpeza e coleta de lixo em banheiros de hotel e do respectivo centro de eventos. Grande fluxo de pessoas. Adicional de insalubridade. Devido. Inaplicabilidade da OJ 4, II, da SDI1.

O adicional de insalubridade é devido na hipótese em que a prova pericial constatou a existência de contato com agente insalubre pela reclamante, que recolhia o lixo e limpava os banheiros de hotel e do respectivo centro de eventos (que possuía seis banheiros masculinos e seis femininos), locais de intensa circulação de pessoas. No caso, entendeu-se inaplicável a OJ 4, II, da SDI1, pois trata da limpeza em residências e escritórios, envolvendo, portanto, o manuseio de lixo doméstico e não urbano, a que se refere o Anexo 14 da NR 15 da Portaria 3.214/78 do MTE. *E-ARR-746-94.2010.5.04.0351, SDI1, Rel. Min. Renato de Lacerda Paiva, 7.3.2013. (Info 39)*

2012

Adicional de insalubridade. Devido. Exposição ao calor do sol. Inaplicabilidade da OJ 173/SDI1.

A OJ 173/SDI1 veda o pagamento de adicional de insalubridade em razão do fator radiação solar, sendo inaplicável, portanto, às hipóteses em que o laudo pericial constatar a submissão do trabalhador ao agente insalubre calor, o qual encontra previsão no Anexo 3 da NR 15 do MTE. *E-ED-RR-51100-73.2006.5.15.0120, SDI1, Rel. Min. Renato de Lacerda Paiva, 28.6.2012. (Info 15)*

2.4.3. Adicional de Periculosidade

2015

Adicional de periculosidade. Armazenamento de líquido inflamável em estrutura independente do local da prestação de serviços. Inaplicabilidade da OJ 385/SDI1.

A OJ 385/SDI1, ao assegurar o direito ao adicional de periculosidade, refere-se ao armazenamento de líquido inflamável no mesmo prédio em que desenvolvidas as atividades laborais. Assim, na hipótese em que o laudo pericial constatou que o armazenamento de óleo diesel ocorria em estrutura completamente independente do local da prestação de serviços, inclusive com área de segurança devidamente protegida, não há direito ao pagamento do referido adicional, ante a ausência de labor em área de risco. *E-ED-AgR-ARR-644-68.2010.5.04.0029, SDI1, Rel. Min. João Oreste Dalazen, 12.11.2015. (Info 123)*

Adicional de periculosidade. Transporte de combustível inflamável. Tanque reserva para consumo próprio. Armazenamento superior ao limite mínimo estabelecido na NR-16 da Portaria 3.214/78 do Ministério do Trabalho. Adicional devido.

O armazenamento de combustível em tanque reserva de caminhão, se, somada à capacidade do tanque principal, ultrapassar os limites mínimos estabelecidos na NR 16 da Portaria 3.214/78 do Ministério do Trabalho (200 litros), gera direito ao pagamento de adicional de periculosidade ao empregado condutor do veículo. *E-RR-981-70.2011.5.23.0004, SDI1, Rel. Min. João Oreste Dalazen, 6.8.2015. (Info 113)*

2013

Petrobras S/A. Norma coletiva. Complemento da Remuneração Mínima por Nível e Regime – RMNR. Base de cálculo. Adicionais de periculosidade, de insalubridade e noturno e acréscimos referentes às horas extras. Não inclusão.

Os adicionais relativos às atividades perigosas, insalubres ou em período noturno e os acréscimos decorrentes da jornada extraordinária, previstos em lei e garantidos pelo art. 7º da CF, não integram a base de cálculo do complemento da parcela denominada Remuneração Mínima por Nível e Regime – RMNR, instituída pela Petrobras S/A em norma coletiva, porquanto não é possível desconsiderar elementos de discriminação estabelecidos em lei ou na Constituição, mesmo quando o objetivo seja corrigir distorções nos padrões salariais dos empregados e promover isonomia remuneratória. *E-RR-848-40.2011.5.11.0011, SDI1, Red. p/ ac. Min. Augusto César Leite de Carvalho, 26.9.2013. (Info 60)*

2012

Adicional de periculosidade. Motorista. Abastecimento do veículo e acompanhamento do abastecimento realizado por outrem. Exposição a inflamáveis.

Possui direito ao adicional de periculosidade o motorista responsável pelo abastecimento do veículo, por um período de tempo não eventual ou esporádico. O referido adicional será indevido, entretanto, se o motorista somente acompanhar o abastecimento realizado por outrem. *E-RR-123300-19.2005.5.15.0054, SDI1, Rel. Min. Renato de Lacerda Paiva, 25.10.2012. (Info 27)*

Adicional de periculosidade. Motorista. Abastecimento do veículo. Regularidade do contato.

A permanência habitual na presença de inflamáveis, ainda que por poucos minutos, caracteriza exposição intermitente, para efeito de pagamento de adicional de periculosidade. O tempo de exposição é irrelevante, havendo perigo de evento danoso tanto para o empregado que permanece por longo tempo na área de risco quanto para o que permanece por tempo reduzido, dada a imprevisibilidade do sinistro. *E-ED-RR-1600-72.2005.5.15.0120, SDI1, Min. João Batista Brito Pereira, 20.9.2012. (Info 22)*

Adicional de periculosidade. Motorista que acompanha abastecimento de caminhão dentro da área de risco. Indevido. Atividade não considerada perigosa pela NR 16 do MTE.

É indevido o adicional de periculosidade ao motorista que ingressa na área de risco ao simplesmente acompanhar o abastecimento do caminhão por ele dirigido, não se admitindo interpretação extensiva da NR 16 do MTE para considerar tal atividade perigosa. *E-ED-RR-5100-49.2005.5.15.0120, SDI1, Red. p/ ac. Min. Maria Cristina Irogoyen Peduzzi, 23.8.2012. (Info 19)*

2.4.4. Adicional de Risco

2015

Bancário. Transporte de valores. Desvio de função. Adicional de risco indevido. Ausência de previsão na Lei 7.102/83.

Consoante o artigo 3º da Lei 7.102/83, os serviços de transporte de valores serão executados por empresa especializada contratada ou pelo próprio estabelecimento financeiro, caso em que deverá haver a contratação de pessoal próprio, treinado para tanto. Tal norma parte do pressuposto de que a alegada atividade é de risco e, portanto, deve ser executada por funcionários aprovados em curso de formação de vigilante autorizado pelo Ministério da Justiça. A consequência do descumprimento da norma, por parte do estabelecimento bancário, é a imposição de advertência, multa ou interdição do estabelecimento. Não há qualquer previsão na Lei 7.102/83 de concessão de adicional de risco ao trabalhador ante o descumprimento de seus preceitos. *E-RR-157300-17.2008.5.12.0024, SDI1, Rel. Min. Renato de Lacerda Paiva, 6.8.2015. (Info 113)*

2014

Dissídio coletivo. CPTM. Adicional de risco. Bilheteiros, agentes operacional I e II, encarregados de estação e chefes geral de estação. Concessão mediante sentença normativa. Impossibilidade.

A SDC conheceu do recurso ordinário e, no mérito, deu-lhe provimento para indeferir a Cláusula 74

– Adicional de risco, por meio da qual se estabeleceu que a Companhia Paulista de Trens Metropolitanos – CPTM pagará o referido adicional aos bilheteiros, agentes operacional I e II, encarregados de estação e chefes geral de estação. Na espécie, prevaleceu o entendimento de que é indevida a concessão do adicional de risco mediante sentença normativa, pois tal direito depende de disposição em lei ou da vontade das partes. Ademais, o disposto no art. 193, II, da CLT, introduzido pela Lei 12.740/12, se dirige a atividades específicas (profissionais de segurança pessoal ou patrimonial), não podendo ter seu conteúdo aproveitado ou ampliado para alcançar os empregados a que se dirige a cláusula em tela. Finalmente, a questão da violência urbana não justifica o deferimento da reinvindicação, uma vez que mais relacionada à segurança pública que às atribuições dos destinatários da norma. *RO-2925-70.2012.5.02.0000, SDC, Rel. Min. Maria de Assis Calsing, 13.10.2014. (Info 91)*

2013

Indenização por danos morais. Devida. Amputação do dedo indicador. Torneiro mecânico. Atividade de risco. Culpa presumida.

O ofício de torneiro mecânico é atividade de risco, uma vez que implica operação de máquina potencialmente ofensiva, presumindo-se, portanto, a culpa da empresa. *E-ED-RR-154785-83.2007.5.15.0016, SDI1, Red. p/ ac. Min. Aloysio Corrêa da Veiga, 11.4.2013. (Info 42)*

2.4.5. Outros Temas

2015

Ação anulatória. Atestado Médico. Exigência da inserção da Classificação Internacional de Doenças (CID). Validade da cláusula de convenção coletiva de trabalho. Não violação do direito fundamental à intimidade e à privacidade.

Não viola o direito fundamental à intimidade e à privacidade (art. 5º, X, da CF), cláusula constante de convenção coletiva de trabalho que exija a inserção da Classificação Internacional de Doenças (CID) nos atestados médicos apresentados pelos empregados. Essa exigência, que obriga o trabalhador a divulgar informações acerca de seu estado de saúde para exercer seu direito de justificar a ausência ao trabalho por motivo de doença, traz benefícios para o meio ambiente de trabalho, pois auxilia o empregador a tomar medidas adequadas ao combate de enfermidades recorrentes e a proporcionar melhorias nas condições de trabalho. *RO-480-32.2014.5.12.0000, SDC, Red. p/ ac. Min. Ives Gandra Martins Filho, 14.12.2015. (Info 126)*

Dano moral. Princípio da dignidade humana. Limitação ao uso do banheiro. Empregada que labora na "linha de produção" de empresa de processamento de carnes e derivados. Ininterruptividade de atividade laboral. NR-36 da Portaria MTE 555/13.

A limitação ao uso do banheiro por determinação do empregador, ainda que a atividade laboral se dê nas denominadas "linhas de produção", acarreta constrangimento e exposição a risco de lesão à saúde do empregado, ao comprometer-lhe o atendimento de necessidades fisiológicas impostergáveis. A simples sujeição do empregado à obtenção de autorização expressa da chefia, para uso do banheiro, em certas circunstâncias, em si mesma já constitui intolerável constrangimento e menoscabo à dignidade humana. Tal conduta do empregador viola o princípio da dignidade humana e assegura o direito à indenização por dano moral, com fundamento no artigo 5º, X, da CF e no artigo 186 do código Civil. No caso, entendeu-se, em sintonia com a NR-36 da Portaria MTE 555/13, que a ininterruptividade do labor da empregada em "linha de produção" de empresa de processamento de carnes e derivados, não autoriza a restrição do acesso ao toalete a apenas duas vezes ao longo da jornada de labor, dependendo as demais do controle e autorização expressa da chefia. *E-RR-3524-55.2011.5.12.0003, SDI1, Rel. Min. João Oreste Dalazen, 8.10.2015. (Info 120)*

2013

Ação civil pública. Condenação a não se utilizar de trabalhadores em testes de cigarro no "Painel de Avaliação Sensorial". Impossibilidade. Atividade lícita e regulamentada, mas de risco. Indenização. Dano moral coletivo.

A SDI1 conheceu, por divergência jurisprudencial, dos embargos da Souza Cruz S.A. quanto ao tema relativo à condenação, nos autos de ação civil pública, a obrigação de não fazer, e, no mérito, deu-lhes provimento para afastar a obrigação de não se utilizar de trabalhadores, empregados próprios ou de terceiros, inclusive de cooperativas, em testes de cigarro no denominado "Painel de Avaliação Sensorial". No caso, prevaleceu a tese de que, não obstante os riscos à saúde do trabalhador, o consumo de cigarros é lícito e a atividade de provador de tabaco é regulamentada pelo Ministério do Trabalho e Emprego, não cabendo à Justiça do Trabalho proibir ou impor condições ao exercício profissional que implique a prática de fumar. *E-ED-RR-120300-89.2003.5.01.0015, SDI1, Red. p/ ac. Min. João Oreste Dalazen, 21.2.2013. (Info 37)*

3. DAS NORMAS ESPECIAIS DE TUTELA DO TRABALHO (CLT, ARTS. 224 A 441)

3.1. Das Disposições Especiais (CLT, arts. 224 a 351)

2015

Advogado de banco. Admissão anterior à Lei 8.906/94. Equiparação a membro de categoria diferenciada. Jornada de trabalho. Inaplicabilidade do art. 224, caput, da CLT. Não comprovação de dedicação exclusiva. Horas extras devidas a partir da quarta hora diária.

É inaplicável ao advogado empregado de instituição bancária a jornada reduzida de seis horas diárias, prevista no art. 224, caput, da CLT, pois este dispositivo é específico para a categoria dos bancários. O advogado empregado de banco, ainda que seja considerado profissional liberal, equipara-se aos membros de categoria diferenciada, por ter normatização própria, a Lei 8.906/94. A citada Lei, no caput de seu art. 20, estabelece que a jornada máxima do advogado empregado seja de quatro horas diárias e vinte horas semanais, salvo no caso de acordo ou convenção coletiva, que preveja horário de trabalho diverso, ou, ainda, de prestação de serviços em caráter de dedicação exclusiva. *ERR-2690740-31.2000.5.09.0652, SDI1, Rel. Min. José Roberto Pimenta, 18.6.2015. (Info 111)*

Caixa Econômica Federal – CEF. Horas extraordinárias. Gerente bancário. Jornada de seis horas assegurada mediante norma interna. Alteração da jornada para oito horas por força do Plano de Cargos em Comissão de 1998. Prescrição parcial.

Incide a prescrição parcial, nos termos da parte final da Súm. 294 do TST, sobre a pretensão de horas extraordinárias decorrentes de alteração unilateral da jornada de trabalho aplicável aos bancários ocupantes de cargo de confiança (de seis para oito horas diárias) em virtude do novo Plano de Cargos em Comissão instituído pela Caixa Econômica Federal em 1998, pois configurada lesão de trato sucessivo a direito que está fundamentado em preceito de lei, qual seja jornada prevista no artigo 224 da CLT. *E-RR-33000-71.2008.5.04.0002, SDI1, Rel. Min. Caputo Bastos, 27.8.2015. (Info 115)*

Caixa Econômica Federal – CEF. Termo de opção pela jornada de oito horas declarado inválido. Gratificação de função percebida por mais de dez anos. Incorporação. Impossibilidade.

Descaracterizado o exercício de função de confiança, a que alude o artigo 224, § 2º, da CLT, diante da ausência de fidúcia especial, inválida a opção do trabalhador, empregado da Caixa Econômica Federal, pela jornada de oito horas. Devidas, portanto, como extras, a 7ª e 8ª horas, calculadas com base no valor estabelecido para a jornada convencional de seis horas diárias, permitida a compensação desse valor com o que foi efetivamente pago a título de gratificação de função, nos termos da OJ Transitória 70/SDI1. Tendo sido descaracterizado o recebimento de "gratificação de função", não se aplica ao caso a Súm. 372/TST, que, trata da incorporação de gratificação de função percebida em razão do cargo de confiança, mas a interpretação conferida pela OJ Transitória 70/SDI1, inviabilizando a incorporação do valor, uma vez deferidas as sétima e oitava horas como extras. *E-ED-ARR-1505-65.2010.5.03.0002, SDI1, Rel. Min. Alexandre de Souza Agra Belmonte, 20.8.2015. (Info 114)*

Matéria afetada ao Tribunal Pleno. Empregado da Empresa Brasileira de Correios e Telégrafos – ECT. Atuação no Banco Postal. Enquadramento como bancário. Impossibilidade.

Empregado da Empresa Brasileira de Correios e Telégrafos – ECT atuante no Banco Postal, conquanto exerça certas atividades peculiares de bancário, não pode ser enquadrado como tal. Logo, não tem direito às normas coletivas da aludida categoria profissional nem à jornada de trabalho reduzida de seis horas prevista no art. 224 da CLT. *E-RR-210300-34.2007.5.18.0012, Pleno, Rel. Min. Dora Maria da Costa, 24.11.2015. (Info 125)*

2. DIREITO DO TRABALHO

2014

Banco do Brasil S.A. Analista Pleno e Assessor Pleno UE. Ausência de fidúcia. Horas extras devidas. Compensação com a gratificação de função indevida. Súm. 109/TST. Inaplicabilidade da OJ Transitória 70/SDI1.

Descaracterizado pelo Tribunal Regional o exercício da função de confiança a que alude o art. 224, § 2º, da CLT, porque reconhecida que a percepção da gratificação, nos períodos em que o Reclamante exerceu as funções de Analista Pleno e de Assessor Pleno UE no Banco do Brasil S.A., visava remunerar a maior responsabilidade do cargo, a determinação de compensação das horas extraordinárias devidas (7ª e 8ª) com o valor da gratificação de função percebida contraria a Súm. 109/TST. Ademais, não há falar em incidência da OJ Transitória 70/SDI1 ao caso concreto, pois além de ser específica para a Caixa Econômica Federal – CEF, aos empregados do Banco do Brasil não foi dada a opção entre a jornada de 6 ou de 8 horas de trabalho para a mesma função. *E-ED-ED-RR-25-27.2010.5.10.0012, SDI1, Red. p/ ac. Min. Luiz Philippe Vieira de Mello Filho, 27.2.2014. (Info 74)*

Empresa Brasileira de Correios e Telégrafos – ECT. Automação de serviços. Aproveitamento do empregado em função diversa, com acréscimo da jornada de trabalho. Licitude. Pagamento do período acrescido de forma simples, sem o adicional.

O aproveitamento de empregado da Empresa Brasileira de Correios e Telégrafos – ECT sujeito à jornada reduzida do art. 227 da CLT em outra função com carga horária maior, e com o objetivo de lhe preservar o emprego frente à automação de serviços (substituição das antigas máquinas de Telex por computadores) é lícito, devendo o período acrescido ser pago de forma simples, sem o adicional de horas extras. *E-RR-280800-51.2004.5.07.0008, SDI1, Red. p/ ac. Min. Lelio Bentes Corrêa, 13.2.2014. (Info 72)*

Regime de sobreaviso e prontidão. Art. 244, §§ 2º e 3º, da CLT. Horas excedentes ao limite máximo estabelecido em lei. Pagamento como horas extraordinárias. Impossibilidade. Ausência de previsão.

Não há previsão legal para o pagamento, como extraordinárias, das horas de sobreaviso e de prontidão que excedam os limites previstos no art. 244, §§ 2º e 3º, da CLT, de modo que, havendo o descumprimento da duração máxima estabelecida em lei, o empregador se sujeita tão somente a sanções administrativas, na forma do art. 626 e seguintes da CLT. *E-ED-RR-172440-31.2004.5.18.0003, SDI1, Red. p/ ac. Min. Maria Cristina Irigoyen Peduzzi, 21.8.2014. (Info 87)*

2013

Atividade Docente. Instrutora de informática. Curso profissionalizante. Reconhecimento da condição de professora. Princípio da primazia da realidade.

Tendo em conta o princípio da primazia da realidade que rege as normas de Direito do Trabalho, a empregada contratada para o exercício da atividade de instrutora de informática, em estabelecimento que oferece cursos profissionalizantes, tem direito ao reconhecimento da condição de professora e à percepção das parcelas trabalhistas próprias dessa categoria. As exigências formais previstas no art. 317 da CLT são dirigidas aos estabelecimentos particulares de ensino. *E-ED-RR-6800-19.2007.5.04.0016, SDI1, Rel. Min. João Oreste Dalazen, 11.4.2013. (Info 42)*

Bancário. Tesoureiro de retaguarda. Cargo de confiança. Não configuração. Inaplicabilidade do art. 224, § 2º, da CLT.

Ao entendimento de que as atribuições exercidas por bancário ocupante do cargo de tesoureiro de retaguarda não constituem fidúcia especial suficiente a autorizar o seu enquadramento na exceção do art. 224, § 2º, da CLT, a SDI1 conheceu do recurso de embargos, por divergência jurisprudencial, e, no mérito, deu-lhe provimento para deferir o pagamento das 7ª e 8ª horas como extras, acrescidas do adicional constitucional de 50%, com a aplicação do divisor 180 (Súm. 124/TST) e de todo o complexo salarial na base de cálculo (Súm. 264/TST) e repercussões em repouso semanal remunerado (incluindo-se sábados, domingos e feriados, por expressa previsão nas normas coletivas), FGTS, férias com 1/3 e 13º salários, conforme os termos da inicial. Na hipótese, entendeu a Subseção que as circunstâncias de a reclamante abastecer os caixas de autoatendimento e o cofre eletrônico, controlar numerário da agência e possuir uma das senhas do cofre não são suficientes para configurar cargo de confiança bancário, pois não tem autoridade de alçada para comprometer o patrimônio da entidade financeira, tampouco para flexibilizar a prestação de contas. E-RR-676-45.2010.5.03.0015, SDI1, Red. p/ ac. Min. Aloysio Corrêa da Veiga, 23.5.2013. (Info 48)

Instrutora de idiomas. Atividade docente. Enquadramento na categoria profissional dos professores, ainda que ausentes as formalidades do art. 317 da CLT. Possibilidade.

Sendo incontroverso o desempenho de atividade docente na condição de instrutora de inglês em curso de idiomas, não há como afastar o enquadramento da reclamante na categoria dos professores, ainda que ausentes as formalidades a que se refere o art. 317 da CLT. E-RR-8000-71.2003.5.10.0004, SDI1, Red. p/ ac. Min. José Roberto Freire Pimenta, 23.5.2013. (Info 48)

2012

AR. Bancário. Gerente de negócios. Configuração. Art. 224, § 2º, da CLT e Súm. 287/TST. Pagamento de horas extras apenas a partir da 8ª diária.

Tendo em conta que em qualquer atividade empresarial de médio ou grande porte há divisões e subdivisões, cabendo a cada seguimento, conforme a estrutura, o cumprimento de determinadas funções atreladas ao seu setor, não desnatura o exercício do cargo de gerente de negócios o fato de o reclamante bancário ter restrições quanto a determinadas atividades, como não possuir alçada para liberação de créditos e admitir e demitir funcionários, não possuir subordinados, responder ao gerente administrativo, assinar folha de ponto e, ainda, não assinar isoladamente. A impossibilidade de realização das referidas atividades não leva à conclusão, por si só, de que o trabalhador não exerce função de confiança, principalmente quando há maior responsabilidade quanto às suas próprias atribuições e percepção de remuneração diferenciada. Ademais, na hipótese, o trabalhador participava das reuniões do comitê, integrando, de alguma forma, a cúpula gerencial do estabelecimento bancário, e era reconhecido pelos demais colegas como gerente de negócios, a atrair, portanto, a disciplina do art. 224, § 2º, da CLT e da Súm. 287/TST. RO-1985-85.2011.5.04.0000, SDI2, Rel. Min. Maria de Assis Calsing. 7.8.2012. (Info 17)

Bancário. Ausência de contrato para trabalho extraordinário. Pagamento mensal e habitual de horas extras. Pré-contratação. Configuração. Aplicação da Súm. 199, I, do TST.

A diretriz do item I da Súm. 199 desta Corte tem como fim evitar a violação do direito do bancário à jornada específica (arts. 224 e 225 da CLT). Assim, ainda que o empregado não tenha formalmente assinado contrato para trabalho extraordinário, o pagamento mensal e habitual da 7ª e 8ª horas, durante o vínculo de emprego, denota intenção de fraude à relação de trabalho, configurando a pré-contratação. E-RR-792900-15.2004.5.09.0011, SDI1, Rel. Min. Aloysio Corrêa da Veiga, 12.4.2012. (Info 5)

Empregado de banco. Advogado. Jornada de trabalho. Inaplicabilidade do art. 224 da CLT. Dedicação exclusiva. Horas extras. Sétima e oitava horas indevidas.

Inaplicável o art. 224 da CLT ao advogado empregado de instituição bancária que desempenha funções inerentes a advocacia, porquanto equiparado, no particular, aos membros de categoria diferenciada, uma vez que exerce atividade regulada em estatuto profissional próprio (Lei 8.906/94, art. 20). Por outro lado, havendo expressa pactuação no contrato de trabalho acerca do regime de dedicação exclusiva, serão remuneradas como extraordinárias apenas as horas trabalhadas excedentes da jornada de oito horas diárias (art. 12, parágrafo único, do Regulamento Geral do Estatuto da Advocacia e da OAB). E-ED-RR-87700-74.2007.5.02.0038, SDI1, Rel. Min. Renato de Lacerda Paiva, 22.3.2012. (Info 3)

Empregado de banco. Advogado. Jornada de trabalho. Inaplicabilidade do art. 224 da CLT. Dedicação exclusiva. Horas extras excedentes à sexta diária. Indevidas. Lei 8.906/94.

O advogado que trabalha em instituição bancária, em regime de exclusividade, não faz jus ao pagamento de horas extraordinárias excedentes à sexta diária, não se beneficiando, portanto, da jornada especial dos bancários prevista no art. 224 da CLT, em face da disciplina específica a que está submetido (art. 20 da Lei 8.906/94). E-ED-RR-887300-67.2007.5.09.0673, SDI1, Rel. Min. Aloysio Corrêa da Veiga, 17.5.2012. (Info 9)

Gratificação de função de bancário. Verba assegurada por lei. Redução. Prescrição parcial. Súm. 294/TST, parte final.

Nos termos da parte final da Súm. 294/TST, é parcial a prescrição para reclamar as diferenças decorrentes da redução da gratificação de função de bancário, pois seria verba assegurada por lei (art. 224, § 2º, da CLT). *E-ED-RR-38200-79.2007.5.03.0048, SDI1, Rel. Min. Delaíde Miranda Arantes, 10.5.2012. (Info 8)*

Tesoureiro de Retaguarda. Função técnica. Fidúcia especial. Não caracterização. Art. 224, § 2º, da CLT. Não incidência. Horas extras. Devidas.

O denominado "Tesoureiro de Retaguarda" exerce função apenas técnica, sem fidúcia diferenciada, o que afasta o seu enquadramento na exceção prevista no § 2º do art. 224 da CLT. A responsabilidade pelo manuseio de numerário e o percebimento de gratificação de função superior a um terço do salário do cargo efetivo não eram suficientes para atrair a aplicação imediata do art. 224, § 2º da CLT, porquanto imprescindível a investidura em poderes de direção ou chefia e o desempenho de atribuições diferentes daquelas delegadas aos demais empregados da instituição financeira, o que não ficou comprovado nos autos. *E-ED-RR-116400-46.2008.5.12.0006, SDI1, Rel. Min. Augusto César Leite de Carvalho, 6.9.2012. (Info 21)*

3.2. Da Proteção do Trabalho do Menor (CLT, arts. 402 a 441)

2016

Aprendiz. Cota mínima para contratação. Base de cálculo. Inclusão de motoristas e cobradores de ônibus. Art. 10, § 2º, do Dec. 5.598/05.

As funções de motorista e cobrador de ônibus devem integrar a base de cálculo para a definição da cota mínima de aprendizes a serem contratados (art. 429 da CLT), pois o art. 10, § 2º, do Dec. 5.598/05 determina a inclusão de todas as funções que demandem formação profissional, ainda que proibidas para menores de 18 anos. Nos termos do art. 10, § 1º, do aludido Decreto, somente são excluídos os cargos que exigem habilitação técnica de nível superior e cargos de direção. *E-ED-RR-2220-02.2013.5.03.0003, SDI1, Rel. Min. José Roberto Freire Pimenta, 1º.9.2016. (Info 143)*

2013

Acordo em dissídio coletivo. Cláusula que proíbe o trabalho noturno, perigoso e insalubre aos menores de 14 anos. Norma que sugere a autorização de trabalho em desconformidade com o art. 7º, XXXIII, da CF. Impossibilidade de homologação pelo Poder Judiciário.

Não é passível de homologação pelo Poder Judiciário, a cláusula de acordo em dissídio coletivo que, de forma transversa, sugere a possibilidade do trabalho noturno, perigoso ou insalubre aos maiores de quatorze anos, tendo em vista o disposto no inciso XXXIII do art. 7º da CF, que expressamente proíbe o trabalho noturno, perigoso ou insalubre aos menores de dezoito anos, e no art. 3º da Convenção 138 da OIT, ratificada pelo Brasil em 28.6.2001, o qual estabelece idade mínima de dezoito anos para a realização de atividade que possa prejudicar a saúde, a segurança e a moral do jovem. *RO-386700-55.2009.5.04.0000, SDC, Rel. Min. Kátia Arruda, 13.5.2013. (Info 46)*

4. DO CONTRATO INDIVIDUAL DE TRABALHO (CLT, ARTS. 442 A 510)

4.1. Disposições Gerais (arts. 442 a 456)

2016

Atleta profissional. Lei 9.615/98 (Lei Pelé). Contratos sucessivos. Unicidade. Impossibilidade. Prescrição bienal contada a partir da extinção de cada contrato.

Contratos sucessivos firmados com atleta profissional, por tempo determinado, não caracterizam a unicidade contratual, salvo se comprovada a fraude. A Lei 9.615/98 (Lei Pelé) regula expressamente a forma de renovação ou prorrogação do contrato por prazo determinado, sem que isso implique na conversão em contrato por prazo indeterminado, pois o objetivo do legislador foi preservar a liberdade na carreira, não ficando o atleta restrito a um único clube. Assim, não se aplica o art. 453 da CLT, devendo a prescrição bienal incidir a partir da data de extinção de cada contrato. *E-ED-ARR-452-36.2012.5.03.0113, SDI1, Rel. Min. Aloysio Corrêa da Veiga, 19.5.2016. (Info 137)*

Motorista e cobrador. Acúmulo de funções. Possibilidade. Atividades compatíveis com a condição pessoal do empregado. Art. 456, parágrafo único, da CLT.

O parágrafo único do art. 456 da CLT permite ao empregador exigir do empregado qualquer atividade compatível com sua condição pessoal, desde que lícita e dentro da jornada de trabalho. Assim, tendo em conta que a atividade de cobrador é, em regra, compatível com a atividade de motorista, não existe justificativa para a percepção de acréscimo salarial em decorrência do exercício concomitante das duas funções na mesma jornada. *E-RR-67-15.2012.5.01.0511, SDI1, Rel. Min. Alexandre Agra Belmonte, 14.4.2016. (Info 132)*

2015

BESC – Banco do Estado de Santa Catarina S.A. Promoção horizontal por antiguidade. Critérios previstos em norma interna. Necessidade de deliberação da diretoria. Condição puramente potestativa. Implemento das condições para concessão. Ônus da prova do reclamado.

A deliberação da diretoria constitui requisito dispensável à concessão da promoção por antiguidade ao empregado do BESC, sucedido pelo Banco do Brasil, tendo em vista que ela se baseia em critério objetivo, sendo direito do empregado a sua fruição quando preenchido o requisito temporal, conforme aplicação analógica da OJ Transitória 71/SDI1. Em se tratando de cláusula potestativa, que estabelece que o direito às promoções por antiguidade depende do limite de vagas fixado pela Diretoria Executiva do Banco, e não apenas do transcurso do tempo, é do reclamado o ônus de comprovar que ofereceu as condições previstas na norma interna e que o trabalhador não atendeu aos requisitos exigidos para as promoções, não sendo possível simplesmente negar o cumprimento dos requisitos para concessão da promoção por antiguidade. *E-ED-RR-367400-80.2009.5.12.0034, SDI1, Rel. Min. José Roberto Freire Pimenta, 29.10.2015. (Info 121)*

Revista em pertences de empregados. Esvaziamento de bolsas e sacolas. Impessoalidade. Ausência de contato físico. Empresa do ramo de comercialização de medicamentos (drogaria). Interesse público envolvido. Potencialidade de grave risco decorrente de desvio dos produtos comercializados. Poder de fiscalização do empregador. Dano moral. Não caracterizado.

A imposição patronal de esvaziamento do conteúdo de bolsas, sacolas e demais pertences de empregados, por si só, não acarreta dano moral, desde que efetuada de maneira impessoal e respeitosa e derive de imposição da natureza da atividade empresarial. *E-RR-2111-32.2012.5.12.0048, SDI1, Rel. Min. João Oreste Dalazen, 25.6.2015. (Info 112)*

2014

Ação rescisória. CEDAE. Substituição do RPC pelo PCCS. Novo enquadramento da empregada. Violação do art. 37, II, da CF. Não configuração. Súm. 410/TST.

A SDI2, à unanimidade, negou provimento a recurso ordinário da empregadora, mantendo a decisão que julgara improcedente o pedido de corte rescisório de acórdão que, com base em provas pericial e documental, reconheceu que a empregada, cujo cargo originário era o de "mecanógrafa", laborava em desvio de função e, diante do necessário reenquadramento dos empregados decorrente da substituição do Regulamento de Pessoal – RPC pelo Plano de Cargos, Carreira e Salários – PCCS da Companhia Estadual de Águas e Esgotos (CEDAE), determinou o seu reposicionamento no cargo de "técnico de apoio administrativo, classe A-8", destacando que o PCCS implantado visava corrigir desvios de função existentes e que era perfeitamente cabível a progressão de um cargo para o outro, tendo em vista que ambos integravam o mesmo grupo funcional. Na espécie, destacou-se que a substituição de um regulamento empresarial por outro e o reposicionamento da trabalhadora no novo plano de cargos, por si só, não traduz ofensa ao art. 37, II, da CF, nem atrai a incidência da OJ 125/SDI1, segundo a qual o mero desvio de função não dá direito a novo enquadramento. De outra sorte, verificar se o reposicionamento determinado pela decisão rescindenda importou, ou não, em violação do art. 37, II, da CF, demandaria, necessariamente, a reapreciação de fatos e provas, o que é vedado em sede de rescisória, nos termos da Súm. 410/TST. *RO-541700-32.2009.5.01.0000, SDI2, Rel. Min. Douglas Alencar Rodrigues, 19.8.2014. (Info 87)*

Metrô/DF. PES/94. Promoção por antiguidade atrelada à promoção por merecimento. Ausência

2. DIREITO DO TRABALHO

de regulamentação. Condição puramente potestativa. Arts. 122 e 129 do CC.

O requisito de prévia regulamentação das promoções por merecimento imposto em norma interna da Companhia do Metropolitano do Distrito Federal – Metrô/DF (Plano de Empregos e Salários de 1994 – PES/94) para a concessão de promoções por antiguidade configura condição puramente potestativa, ou seja, dependente exclusivamente da vontade de uma das partes. Logo, o seu descumprimento não pode inviabilizar o direito do empregado às progressões por antiguidade quando presente o pressuposto temporal (objetivo), sob pena de violação dos arts. 122 e 129 do CC. E-RR-1913-15.2011.5.10.0103, SDI1, Rel. Min. Renato de Lacerda Paiva, 22.5.2014. (Info 83)

2013

Contrato de experiência firmado com a empresa tomadora de serviços após o término do contrato temporário. Invalidade.

O contrato de experiência previsto no art. 443, § 2º, "c", da CLT é uma modalidade de contrato de trabalho por prazo determinado que corresponde a uma fase probatória, por meio da qual as partes observarão a existência de efetivo interesse no prosseguimento do contrato de trabalho. Assim, na hipótese em que o reclamante já prestou serviços para a reclamada na condição de trabalhador temporário, ainda que por apenas 47 dias, é inválida a sua subsequente contratação a título de experiência, porquanto a prestação de serviços anterior já cumpriu a finalidade para qual instituída essa modalidade de contrato. E-RR-184500-06.2009.5.02.0262, SDI1, Rel. Min. Brito Pereira, 24.10.2013. (Info 64)

Sucessão trabalhista. Contrato de trabalho extinto antes da sucessão. Responsabilidade do sucessor.

Nos termos dos arts. 10 e 448 da CLT, a sucessão trabalhista tem contornos diferentes da sucessão do direito civil, de modo que a responsabilidade do sucessor alcança não apenas os débitos provenientes dos contratos de trabalho em vigor à época da venda do fundo de comércio, mas também aqueles oriundos dos contratos extintos antes da sucessão de empresas. E-RR-93400-11.2001.5.02.0048, SDI1, Rel. Min. Brito Pereira, 4.4.2013. (Info 41)

Metrô/DF. PES/94. Promoção por antiguidade atrelada à promoção por merecimento. Ausência de regulamentação. Omissão injustificada do empregador. Condição puramente potestativa. Art. 129 do CC.

O Plano de Empregos e Salários de 1994 – PES/94, da Companhia do Metropolitano do Distrito Federal – Metrô/DF, ao atrelar a primeira promoção por antiguidade a uma prévia promoção por merecimento, cujos critérios seriam definidos em regramento próprio, estabeleceu condição puramente potestativa. Assim, constatada a omissão injustificada do empregador em proceder à regulamentação dos parâmetros para a aferição meritória, resta caracterizada a oposição maliciosa, reputando-se, por consequência, implementados todos os efeitos jurídicos do ato, nos termos do art. 129 do CC. E-ED-RR-1365-87.2011.5.10.0103, SDI1, Red. p/ ac. Min. Lelio Bentes Corrêa, 12.9.2013. (Info 59)

2012

Dano moral. Indenização indevida. Revista visual de bolsas, sacolas ou mochilas. Inexistência de ofensa à honra e à dignidade do empregado. Poder diretivo e de fiscalização do empregador.

A revista visual em bolsas, sacolas ou mochilas, realizada de modo impessoal e indiscriminado, sem contato físico ou exposição do trabalhador a situação constrangedora, decorre do poder diretivo e fiscalizador do empregador e, por isso, não possui caráter ilícito e não gera, por si só, violação à intimidade, à dignidade e à honra, a ponto de ensejar o pagamento de indenização a título de dano moral ao empregado. E-RR-306140-53.2003.5.09.0015, SDI1, Rel. Min. Brito Pereira, 22.3.2012. (Info 3)

ECT. Plano de Cargos e Salários. Progressão horizontal por merecimento. Deliberação da diretoria. Requisito essencial. Não caracterização de condição puramente potestativa.

A deliberação da diretoria a que se refere o Plano de Cargos e Salários da Empresa de Correios e Telégrafos – ECT constitui requisito essencial à concessão de progressão horizontal por merecimento, na medida em que esta envolve critérios subjetivos e comparativos inerentes à excelência profissional do empregado, os quais somente podem ser avaliados pela empregadora, não cabendo ao julgador substituí-la. Ademais, trata-se de condição simplesmente potestativa, pois dependente não apenas da vontade da empregadora, mas também de fatores alheios ao desígnio do instituidor dos critérios de progressão (desempenho funcional e existência de recursos financeiros), distinguindo-se, portanto, da promoção por antiguidade, cujo critério de avaliação é meramente objetivo, decorrente do decurso do tempo. *E-RR-51-16.2011.5.24.0007, SDI1, Red. p/ ac. Min. Renato de Lacerda Paiva, 8.11.2012. (Info 29)*

MS. Antecipação dos efeitos da tutela. Art. 273 do CPC/73. Possibilidade. Cessação de benefício previdenciário. Retorno ao trabalho obstado pelo empregador. Restabelecimento dos salários. Manutenção do plano de saúde. Valor social do trabalho. Princípio da dignidade da pessoa humana.

Constatada a aptidão para o trabalho, ante a cessação de benefício previdenciário em virtude de recuperação da capacidade laboral atestada por perícia médica do INSS, compete ao empregador, enquanto responsável pelo risco da atividade empresarial, receber o trabalhador, ofertando-lhe as funções antes executadas ou outras compatíveis com as limitações adquiridas. *RO-33-65.2011.5.15.0000, SDI2, Rel. Min. Alberto Luiz Bresciani de Fontan Pereira, 3.4.2012. (Info 4)*

Revista impessoal e indiscriminada de bolsas dos empregados. Dano moral. Não configuração. Indenização indevida.

A inspeção de bolsas, sacolas e outros pertences de empregados, desde que realizada de maneira generalizada e sem a adoção de qualquer procedimento que denote abuso do direto do empregador de zelar pelo próprio patrimônio, é lícita, pois não importa em ofensa à intimidade, à vida privada, à honra ou à imagem dos trabalhadores. *E-ED-RR-477040-40.2001.5.09.0015, SDI1, Rel. Min. Renato de Lacerda Paiva, 9.8.2012. (Info 17)*

4.2. Da Remuneração (arts. 457 a 467)

2016

Gratificação de função exercida por dez ou mais anos. Supressão. Incorporação do BESC pelo Banco do Brasil. Empregado que optou por não aderir ao plano de carreira do banco sucessor. Súm. 372, I, do TST. Justo motivo. Configuração.

Mantida decisão que entendera presente o justo motivo para a supressão da gratificação de função percebida pelo empregado por dez ou mais anos.

No caso, o Banco do Brasil, ao incorporar o BESC, deu aos empregados do banco incorporado a possibilidade de aderirem ao seu plano de carreira, restringindo o exercício de função comissionada apenas àqueles que optassem pelo quadro do banco sucessor. Assim, a decisão do empregado em se manter no regulamento do extinto BESC, com a consequente reversão ao cargo efetivo, constitui justo motivo a autorizar a cessação do pagamento do adicional de função perseguido. *E-ED-ED-RR-527500-46.2009.5.12.0054, SDI1, Red. p/ ac. Min. João Oreste Dalazen, 27.10.2016. (Info 148)*

Gratificação de função. Percepção por mais de dez anos em períodos descontínuos. Estabilidade financeira. Direito à incorporação.

Para o deferimento da incorporação de função gratificada suprimida, pode ser considerado o exercício de diversas funções de confiança por mais de dez anos, ainda que em períodos descontínuos. A Súm. 372/TST não exige a percepção ininterrupta da mesma função gratificada por dez ou mais anos como condição obrigatória para a incorporação da gratificação. Assim, no caso, considerou-se que, tendo em vista o princípio da estabilidade financeira do empregado, o fato de ter havido a interrupção do pagamento da função por dois períodos que totalizaram apenas cinquenta e seis dias, não respalda o impedimento da incorporação da função percebida por mais de onze anos. *E-E-D-RR-104240-56.2003.5.01.0010, SDI1, Rel. Min. José Roberto Freire Pimenta, 29.9.2016. (Info 146)*

2015

Adicional de transferência. OJ 113/SDI1 do TST. Controvérsia quanto ao lapso temporal da última transferência. Incidência da Súm. 126/TST.

Não obstante a decisão prolatada pelo TRT estivesse em desacordo com a OJ 113/SDI1, por expressar a tese de que é devido o adicional de transferência independentemente de a transferência ser transitória ou definitiva, a Turma do TST agiu corretamente ao não avançar na admissibilidade do recurso para decidir que a transferência seria definitiva. Concluiu-se que haveria o óbice da Súm. 126/TST para reconhecer que a cessação do contrato teria ocorrido doze anos depois da transferência e que, por isso, a transferência seria definitiva. No caso, estava incontroverso apenas que houve uma transferência em 1994, mas não havia elementos suficientes para concluir até quando ela se deu ou se esta foi a última ou a única transferência. Assim, caberia à empresa reclamada interpor embargos de declaração perante o TRT e arguir nulidade por negativa de prestação jurisdicional oportunamente, caso não fosse esclarecida a circunstância fática. Como não o fez, não caberia à Turma do TST rever o quadro fático para decidir se a transferência se deu de maneira definitiva ou provisória. AgR-E-ED-RR-85885-93.2007.5.12.0028, SDI1, Red. p/ ac. Min. Augusto César Leite de Carvalho, 17.9.2015. (Info 118)

Diárias de viagem. Depósito em conta corrente. Prestação de contas. Súm. 101/TST. Não incidência.

A Súm. 101/TST, ao tratar da natureza jurídica das diárias de viagem, não abordou a premissa fática registrada no acórdão do TRT, segundo a qual o reclamante "recebia diárias em razão dos deslocamentos, mediante depósito em conta corrente" e "prestava contas dos gastos efetivos para pagamento das diárias". Assim, a SDI1 conheceu dos embargos interpostos pela reclamada por contrariedade à Súm. 101/TST (má aplicação), e, no mérito, deu-lhes provimento para determinar o retorno dos autos à Turma de origem a fim de que, afastado o conhecimento do recurso de revista adesivo do autor por aplicação da súmula em questão, prossiga no julgamento do recurso como entender de direito. E-ED-RR-489900-35.2003.5.09.0005, SDI1, Rel. Min. Renato de Lacerda Paiva, 19.3.2015. (Info 102)

Equiparação salarial em cadeia. Tempo de serviço na função. Confronto com o paradigma remoto. Irrelevância. Comprovação necessária apenas em relação ao paradigma imediato.

O fato de haver uma diferença de tempo de serviço na função superior a dois anos entre o reclamante e os paradigmas remotos ou, ainda, de estes não terem convivido nem exercido simultaneamente essa função, não obstam o direito à equiparação salarial do autor com seus paradigmas imediatos, em relação aos quais houve comprovação das exigências estabelecidas em lei. Os requisitos firmados pelo art. 461, § 1º, da CLT apenas são plausíveis em relação ao fato constitutivo da pretensão inicial, ou seja, à equiparação com o paradigma imediato, não podendo alcançar os paradigmas remotos, sob pena de inviabilizar qualquer pedido envolvendo equiparação salarial em cadeia pela simples alegação de decurso do tempo superior a dois anos. Nesse contexto, estaria o empregador autorizado a ferir o princípio da isonomia salarial e o art. 461 da CLT em prejuízo aos demais empregados componentes da cadeia equiparatória, o que não se mostra razoável. E-ED-RR-160100-88.2009.5.03.0038, Tribunal Pleno, Rel. Min. José Roberto Freire Pimenta, 24.3.2015. (Info 102)

Jornada de quatro, seis ou oito horas. Salário mínimo da categoria profissional. Pagamento independente das horas trabalhadas. Impossibilidade. OJ 358/SDI1. Princípio da isonomia.

É lícito o pagamento de salário proporcional à jornada de trabalho, ainda que inferior ao mínimo legal e/ou convencional, posto que não podem ser remunerados de forma idêntica os trabalhadores que desempenham as mesmas atividades, mas se sujeitam a jornadas distintas. Incidência da OJ 358/SDI1 e do princípio da isonomia insculpido no art. 5º, caput, da CF. E-ED-RR-9891900-16.2005.5.09.0004, SDI1, Rel. Min. Renato de Lacerda Paiva, 26.11.2015. (Info 125)

Salário-substituição. Substituição apenas de parte das atribuições do substituído. Pagamento de forma proporcional às atividades substituídas. Apuração em liquidação de sentença.

Consoante entendimento consagrado na Súm. 159, I, do TST, o empregado substituto faz jus ao salário do substituído, enquanto perdurar a substituição que não tenha caráter meramente eventual, inclusive nas férias. Nos casos em que a substituição for parcial, ou seja, não abarcar todas as atividades e responsabilidades do substituído, o valor do salário-substituição poderá se dar proporcionalmente às tarefas desempenhadas. Na hipótese dos autos, o substituído era responsável pela segurança da empresa em toda região metropolitana de Belo Horizonte, enquanto o substituto assumiu as atribuições do supervisor apenas na cidade de Betim. Assim, adotando esse entendimento, a SDI1, no ponto, conheceu dos embargos da reclamada, por divergência jurisprudencial, e, no mérito deu-lhes provimento parcial para limitar a condenação das diferenças salariais em virtude de substituição do supervisor, em suas férias, de forma proporcional às atividades substituídas, a ser apurado em liquidação da sentença. E-ED-RR-66600-35.2008.5.03.0027, SDI1, Rel. Min. Dora Maria da Costa, 14.5.2015. (Info 107)

2014

Ação anulatória. Acordo coletivo. Seguro de vida. Custeio. Rateio entre empregador e empregados. Desconto em folha. Autorização individual de cada empregado. Necessidade. Súm. 342/TST.

A contratação de seguro de vida, com rateio de custos entre empregador e empregado e o respectivo desconto em folha, ainda que prevista em cláusula de acordo coletivo, depende de anuência individual e expressa de cada empregado, nos termos da Súm. 342/TST. Na espécie, registrou-se que o desconto salarial somente é admissível nas hipóteses previstas no art. 462 da CLT e nos limites apontados na OJ 18/SDC, a qual, embora não exija expressamente a permissão prévia do trabalhador, traz essa premissa fática em todos os seus precedentes. RO-40200-36.2012.5.17.0000, SDC, Rel. Min. Maria de Assis Calsing, 17.3.2014. (Info 75)

Bancário. Gratificação "quebra de caixa". Descontos de diferenças no caixa. Licitude.

A gratificação "quebra de caixa", percebida pelo bancário que exerce a função de caixa, serve para saldar eventuais diferenças de numerário verificadas durante o fechamento do caixa. Assim sendo, é lícito ao empregador efetuar os descontos no salário do empregado sempre que constatar as mencionadas diferenças e desde que não tenha havido demonstração de que esse evento resultou de fato estranho à atividade, a exemplo de assalto à agência bancária. E-ED-RR-1658400-44.2003.5.09.0006, SDI1, Red. p/ ac. Min. Lelio Bentes Corrêa, 21.8.2014. (Info 87)

Gorjetas. Cláusula de acordo coletivo que prevê a retenção e o rateio de parte dos valores arrecadados. Invalidade. Art. 457 da CLT e Súm. 354/TST.

É inválida cláusula de acordo coletivo que autoriza a retenção de parte do valor das gorjetas para fins de indenização e ressarcimento das despesas e benefícios inerentes à introdução do próprio sistema de taxa de serviço, bem como para contemplar o sindicato da categoria profissional, principalmente quando constatado que a retenção atinge mais de um terço do respectivo valor. De outra sorte, nos termos do art. 457 da CLT e da Súm. 354/TST, as gorjetas, ainda que não integrem o salário, constituem acréscimo remuneratório e configuram contraprestação paga diretamente pelo cliente, não podendo ter outro destino que não o próprio empregado. E-ED-RR-139400-03.2009.5.05.0017, SDI1, Rel. Min. Márcio Eurico Vitral Amaro,13.11.2014. (Info 95)

Gratificação de função exercida por dez ou mais anos. Redução em razão de transferência a pedido. Possibilidade. Justo motivo. Configuração. Súm. 372, I do TST.

Não há falar em aplicação do princípio da irredutibilidade salarial no caso em que o empregado, não obstante tenha exercido o cargo de confiança de gerente geral de agência bancária por mais de dez anos, solicitou transferência para localidade diversa, tendo havido a correlata designação para exercer outra função comissionada de menor valor. A Súm. 372, I, do TST, ao assegurar a estabilidade financeira, exige a reversão ao cargo efetivo e a ausência de justo motivo para a supressão ou a redução da gratificação de função, o que não ocorreu na hipótese, eis que o empregado foi designado para outra função de confiança e sua transferência ocorreu a pedido, ou seja, por motivo estranho à vontade do empregador. E-ED-RR-361-55.2010.5.03.0067, SDI1, Rel. Min. João Oreste Dalazen, 15.5.2014. (Info 82)

Gueltas. Bonificações pagas por terceiros em virtude do contrato de trabalho. Natureza jurídica salarial. Súm. 354/TST e art. 457, § 3º, da CLT. Aplicação por analogia.

Assim como as gorjetas, as gueltas – bonificações pagas ao empregado pelo fabricante do produto comercializado pelo empregador – decorrem diretamente do contrato de trabalho, integrando a remuneração do empregado, nos termos da Súm. 354/TST e do art. 457, § 3º, da CLT, aplicados por analogia. Na espécie, em virtude de contrato de trabalho celebrado com empresa atacadista de produtos farmacêuticos e correlatos, a reclamante percebia, habitualmente, valores "extra recibo" decorrentes de bonificações pagas por laboratórios a título de incentivo pela venda de medicamentos. Tal verba tem nítido caráter salarial, pois o incentivo dado ao empregado beneficia diretamente o empregador, em razão do incremento nas vendas e da repercussão no lucro do empreendimento. E-RR-224400-06.2007.5.02.0055, SDI1, Rel. Min. João Oreste Dalazen, 8.5.2014. (Info 81)

Hospital Nossa Senhora da Conceição. Entidade filantrópica. Salários. Elastecimento da data de pagamento para além do prazo fixado na CLT. Acordo coletivo. Validade.

É válido o instrumento coletivo que possibilita ao empregador efetuar o pagamento do salário dos empregados até o dia 16 do mês subsequente ao mês trabalhado. Não se tratando de direito trabalhista de caráter indisponível, mostra-se imprescindível a valorização da negociação coletiva de que trata o art. 7º, XXVI, da CF, não obstante o art. 459, § 1º, da CLT estipular o pagamento mensal até o quinto dia útil do mês subsequente ao vencido. Ressalte-se, ademais, que, no caso concreto, o empregador é o Hospital Nossa Senhora da Conceição, entidade filantrópica sem fins lucrativos, que não se equipara ao empregador privado, e que, conforme consta da própria cláusula estipulada, sofre problemas no repasse das verbas pelo Sistema Único de Saúde – SUS, razão pela qual se justifica o elastecimento da data de pagamento dos salários, até mesmo como forma de garantir o referido pagamento aos empregados. *E-RR-187600-55.2005.5.12.0027, SDI1, Rel. Min. Renato de Lacerda Paiva, 20.3.2014. (Info 76)*

Prescrição quinquenal. Alcance. Parcelas salariais vencidas e exigíveis na data da propositura da reclamação trabalhista.

Na hipótese em que a reclamação trabalhista fora ajuizada em 7 de dezembro de 2006, a prescrição quinquenal atinge somente as parcelas salariais vencidas e exigíveis no momento da propositura da ação, não alcançando, portanto, as verbas referentes ao mês de dezembro de 2001, as quais se tornaram exigíveis apenas a partir do quinto dia útil do mês subsequente, ou seja, janeiro de 2002 (art. 459, § 1º da CLT). *E-ED-RR-118400-96.2006.5.10.0021, SDI1, Rel. Min. Brito Pereira, 20.2.2014. (Info 73)*

2013

Adicional noturno. Majoração por meio de norma coletiva. Substituição do adicional de 20% e da hora noturna reduzida. Ausência de disciplinamento quanto às horas em prorrogação da jornada noturna. Incidência do adicional convencionado. Súm. 60, II, do TST.

A existência de norma coletiva regulando a majoração do adicional noturno, para efeito de supressão exclusiva do percentual de 20% e da hora noturna reduzida, sem fazer qualquer menção ao trabalho realizado em prorrogação da jornada noturna, faz incidir o item II da Súm. 60/TST às horas prorrogadas, de modo que a elas também se aplica o percentual convencionado. *E-RR-109300-34.2009.5.15.0099, SDI1, Rel. Min. Alberto Luiz Bresciani de Fontan Pereira, 16.5.2013. (Info 47)*

CEF. Auxílio-alimentação. Adesão ao PAT. Modificação da natureza jurídica. Empregados que continuaram a trabalhar e a receber a parcela. Pretensão de pagamento das diferenças decorrentes da não incorporação às demais verbas de natureza salarial. Prescrição parcial.

Na hipótese em que não obstante a transformação da natureza jurídica do auxílio-alimentação de salarial para indenizatória, em razão da adesão da Caixa Econômica Federal (CEF) ao Programa de Alimentação do Trabalhador (PAT), os reclamantes continuaram a trabalhar e a receber o referido auxílio, aplica-se a prescrição parcial quinquenal à pretensão de pagamento de diferenças decorrentes da não integração da parcela às demais verbas de natureza salarial. Não se trata de alteração do pactuado, mas de não reconhecimento da natureza salarial do auxílio-alimentação, nos termos do art. 458 da CLT, lesão que se renova mês a mês. *E-RR-72400-51.2008.5.19.0010, SDI1, Rel. Min. Augusto César Leite de Carvalho, 18.4.2013. (Info 43)*

CEF. Supressão de gratificação de função. Adicional compensatório. Nova gratificação. Cumulação. Impossibilidade.

Não é possível cumular o adicional compensatório, estipulado em norma interna da Caixa Econômica Federal (CEF) e pago em razão da supressão de gratificação de função exercida por mais de dez anos, com a gratificação correspondente ao desempenho de nova função de confiança, sendo devida tão somente a diferença entre o adicional e a gratificação atualmente percebida. *E-ED-RR-65600-67.2008.5.07.0001, SDI1, Red. p/ ac. Min. Luiz Philippe Vieira de Mello Filho. 28.2.2013. (Info 38)*

Equiparação salarial. Impossibilidade. Municípios que têm condições urbanísticas e socioeconômicas semelhantes, mas não pertencem à mesma região metropolitana. Súm. 6, X, do TST e art. 461 da CLT.

A simples semelhança entre as condições urbanísticas e socioeconômicas de municípios diferentes não é suficiente para o enquadramento no conceito de "mesma localidade" de que trata o art. 461 da CLT, pois o item X da Súm. 6/TST é expresso no sentido de que, em se tratando de cidades distintas, elas devem pertencer à mesma região metropolitana. Se assim não fosse, seria possível reconhecer a equiparação salarial entre empregados que trabalham até mesmo em Estados-membros diversos, o que não se coaduna com o entendimento firmado pela Súm. 6, X, do TST. Na espécie, reconheceu-se o direito à isonomia salarial no caso em que o reclamante trabalhava em Sorocaba/SP e o paradigma em Campinas/SP, ao fundamento de que as referidas cidades apresentam condições de urbanização e de desenvolvimento económico compatíveis, não tendo havido prova de fatores regionais capazes de justificar a diferença de remuneração no período em que paradigma e paragonado exerceram idêntica função. *E-ED--RR-116885-86.2005.5.15.0129, SDI1, Rel. Min. Dora Maria da Costa, 5.12.2013. (Info 69)*

Deslocamentos sucessivos. Transferências provisórias. Caracterização. Adicional de transferência. Devido.

Na hipótese em que o empregado foi admitido em Cascavel/PR no ano de 1984, transferido para São Jorge do Oeste/PR e para Corbélia/PR em 1995, voltou para Cascavel/PR em 1996 e foi transferido para Curitiba/PR em 2000, onde se manteve até a data da rescisão contratual (16.7.2003), resta caracterizado o caráter provisório dos deslocamentos, ante a ocorrência de sucessividade, não importando o fato de a última transferência ter durado mais de dois anos. *E-ED-RR-1545100-89.2003.5.09.0011, SDI1, Rel. Min. Lelio Bentes Corrêa, 15.8.2013. (Info 55)*

Desvio de função. Caracterização. Pessoal escalonado em funções específicas em organograma de cargos e salários. Ausência de detalhamento das atribuições de cada cargo. Comprovação da modificação das atividades do empregado sem o respectivo aumento salarial. Princípios da igualdade e da primazia da realidade. Prevalência.

A ausência de quadro de carreira ou a existência de pessoal escalonado em funções específicas em organograma de cargos e salários, mas sem que haja o detalhamento das atribuições de cada cargo, não têm o condão de obstar o deferimento de diferenças salariais com base no desvio de função, impedindo apenas o pleito de reenquadramento. No caso, deve prevalecer os princípios da igualdade e da primazia da realidade, sendo imprescindível, tão somente, a comprovação da modificação das atribuições originariamente conferida ao empregado, destinando-o a atividades mais qualificadas sem o respectivo acréscimo salarial. *E-RR-39000-14.2009.5.04.0015, SDI1, Rel. Min. Augusto César Leite de Carvalho, 17.10.2013. (Info 63)*

Transferências sucessivas. Provisoriedade. Configuração. Adicional de transferência. Devido.

O empregado transferido sucessivamente tem direito ao recebimento do adicional de transferência porquanto configurada a transitoriedade dos deslocamentos, não importando o fato de ter retornado à cidade de sua contratação ou mesmo que a última transferência tenha perdurado por mais de dois anos. *E-ED-ED-RR-87100-24.2005.5.09.0072, SDI1, Rel. Min. Dora Maria da Costa, 13.6.2013. (Info 51)*

2012

Adicional de transferência. Devido. Transferências sucessivas e de curta duração.

Alterações sucessivas e de curta duração do local de prestação laboral configuram transferência provisória, ensejando o pagamento do adicional respectivo. *E-RR-804872-13.2001.5.09.0661, SDI1, Rel. Min. Lelio Bentes Corrêa, 12.4.2012. (Info 5)*

Adicional de transferência. Indevido. Animo definitivo. Período imprescrito. Contrariedade à OJ 113/SDI1.

A transferência do empregado para localidade diversa da estipulada no pacto laboral, em que permanece, por largo período de tempo, até o fim do contrato, evidencia o ânimo de definitividade da alteração e afasta, por consequência, o pagamento do adicional de transferência ao trabalhador. *E-ED-RR-1345800-08.2001.5.09.0015, SDI1, Red. p/ ac. Min. Ives Gandra da Silva Martins Filho, 15.3.2012. (Info 2)*

Adicional de transferência. Indevido. Mudança única que perdurou por quase dois anos até a data da rescisão contratual. Caráter definitivo.

Na hipótese em que o acórdão regional registra a existência de uma única transferência, que perdurou por quase dois anos até a data da rescisão contratual, resta demonstrado o caráter definitivo da mudança e a consequente ausência de direito ao adicional de transferência. Não há falar em incidência da OJ 113/SDI1, porquanto o pressuposto apto a legitimar a percepção do adicional em tela é apenas a mudança provisória. *E-ED-RR-91700-30.2001.5.04.0020, SDI1, Rel. Min. Delaíde Miranda Arantes, 25.10.2012. (Info 27)*

Adicional de transferência. Indevido. Provisoriedade. Não configuração. Permanência superior a dois anos em cada localidade.

Na hipótese em que restou consignada a ocorrência de duas transferências no período imprescrito de um contrato de quase dezoito anos, cada uma delas com duração superior a dois anos, e, a última, para local onde se deu a extinção do contrato de trabalho, não há que falar em provisoriedade apta a ensejar o pagamento do adicional de transferência, nos termos da OJ 113/SDI1. *E-RR-1988400-27.2003.5.09.0014, SDI1, Rel. Min. Brito Pereira, 16.8.2012. (Info 18)*

AR. Horas extraordinárias. Base de cálculo. Inclusão da gratificação semestral paga com habitualidade. Aplicação posterior da Súm. 115/TST. "Bis in idem". Configuração. Violação dos arts. 884 e 885 do CC.

O fato de a gratificação semestral paga com habitualidade já haver integrado o cálculo das horas extraordinárias torna inaplicável a diretriz fixada na Súm. 115/TST, sob pena de caracterização de "bis in idem". *RO-4300-19.2009.5.09.0000, SDI2, Rel. Min. Guilherme Augusto Caputo Bastos, 6.3.2012. (Info 2)*

Bancário. Gratificação "quebra de caixa". Descontos de diferenças de caixa. Licitude. Art. 462, § 1º, da CLT.

É lícito o desconto da gratificação denominada "quebra de caixa", a despeito da natureza salarial da rubrica, porquanto a finalidade da parcela é remunerar o risco da atividade, cobrindo eventuais diferenças de numerário quando do fechamento do caixa. Ademais, o bancário, ao ser investido na função de caixa e acordar o pagamento da verba com o empregador, está ciente do encargo que assume pelos eventuais danos que causar. Incidência do art. 462, § 1º, da CLT. *E-ED-RR-217100-61.2009.5.09.0658, SDI1, Rel. Min. Aloysio Corrêa da Veiga, 16.8.2012. (Info 18)*

CEF. Complementação de aposentadoria. CTVA. Integração. Natureza salarial.

A parcela denominada Complemento Temporário Variável de Ajuste de Piso de Mercado – CTVA, instituída pela Caixa Econômica Federal – CEF com o objetivo de compatibilizar a gratificação de confiança com os valores pagos a esse título no mercado, possui natureza jurídica salarial e integra a remuneração do empregado, devendo, por consequência, compor o salário de contribuição, para fins de recolhimento à FUNCEF, e refletir no cálculo da complementação de aposentadoria. *E-ED-RR-16200-36.2008.5.04.0141, SDI1, Rel. Min. Brito Pereira, 23.8.2012. (Info 19)*

CEF. Gerente. Criação da parcela denominada "Complemento Temporário Variável de Ajuste ao Piso de Mercado". Adoção de critério geográfico. Afronta ao princípio da isonomia. Não configuração.

Não afronta o princípio da isonomia o pagamento da parcela denominada "Complemento Temporário Variável de Ajuste ao Piso de Mercado" – CTVA, de forma diferenciada, aos ocupantes de cargos de gerência da Caixa Econômica Federal – CEF, por observar o critério objetivo de localização geográfica das agências bancárias. *E-ED-RR-105900-69.2007.5.07.0013, SDI1, Rel. Min. Aloysio Corrêa da Veiga, 25.10.2012. (Info 27)*

Desvio de função. Regimes jurídicos distintos. Diferenças salariais. Indevidas.

A empregado público que exerce atividade típica de servidor público estatutário, em flagrante desvio de função para regime jurídico distinto, não é devido o pagamento de diferenças salariais a que alude a OJ 125/SDI1, sob pena de haver aumento de vencimentos ou provimento de cargo público pela via transversa, ou seja, sem a prévia aprovação em concurso público específico (art. 37, II e XIII, da CF). *E-ED-RR-3800-54.2002.5.02.0432, SDI1, Rel. Min. Ives Gandra da Silva Martins Filho, 22.3.2012. (Info 3)*

Gratificação de função. Exercício por mais de dez anos. Períodos descontínuos. Aplicação da Súm. 372, I, do TST. Princípio da estabilidade financeira.

O exercício de cargo de confiança em períodos descontínuos, mas que perfizeram um período superior a dez anos, não afasta, por si só, o reconhecimento do direito à estabilidade financeira abraçada pela Súm. 372, I, do TST. Cabe ao julgador, diante do quadro fático delineado nos autos, decidir sobre a licitude da exclusão da gratificação de função percebida, à luz do princípio da estabilidade financeira. Assim, na hipótese, o fato de o empregado ter exercido funções distintas ao longo de doze anos, percebendo gratificações de valores variados, e ter um decurso de quase dois anos ininterruptos sem percepção de função, não afasta o direito à incorporação da gratificação. E-RR-124740-57.2003.5.01.0071, SDI1, Rel. Min. Lelio Bentes Corrêa, 3.5.2012. (Info 7)

Horas extras e diárias de viagens. Pagamento incorporado às comissões por meio de norma coletiva. Impossibilidade. Salário complessivo. Configuração. Súm. 91/TST.

A inclusão das verbas denominadas horas extras e diárias de viagens no valor a ser pago ao trabalhador a título de comissões, ainda que prevista em instrumento coletivo, caracteriza salário complessivo, conduzindo à nulidade da avença, a teor da Súm. 91/TST. E-ED-RR-200-35.2006.5.09.0094, SDI1, Red. p/ ac. Min. Lelio Bentes Côrrea, 16.8.2012. (Info 18)

Horas extras. Fixação em norma coletiva. Impossibilidade. Prejuízo ao empregado.

A fixação das horas extras pagas mensalmente ao empregado, mediante negociação coletiva, afronta o direito à percepção integral das horas efetivamente trabalhadas em sobrejornada, causando prejuízo ao trabalhador. ERR-1219-71.2010.5.18.0131, SDI1, Min. Horácio Raymundo de Senna Pires, 30.8.2012. (Info 20)

Horas Extras. Habitualidade. Pagamento suspenso transitoriamente por força do Dec. 29.019/08 do Distrito Federal. Indenização devida. Súm. 291/TST.

A suspensão transitória de serviço suplementar prestado com habitualidade, por força do Dec. 29.019/08 do Distrito Federal, assegura ao empregado o direito à indenização correspondente ao valor de um mês das horas suprimidas, total ou parcialmente, para cada ano ou fração igual ou superior a seis meses de prestação de serviço acima da jornada normal, a que se refere a Súm. 291/TST. E-RR-2706-06.2010.5.10.0000, SDI1, Red. p/ ac. Min. Aloysio Corrêa da Veiga, 20.9.2012. (Info 22)

Imposto de Renda. Indenização por danos morais. Não incidência. Art. 46, § 1º, I, da Lei 8.541/92. Má aplicação da Súm. 368, II, do TST.

Com base no art. 46, § 1º, I, da Lei 8.541/92, que evidencia a impossibilidade de se enquadrarem no conceito de "rendimento", a que alude o art. 43, I, do CTN, os valores auferidos a título de indenização por danos morais, visto não resultarem do capital ou do trabalho. E-RR-75300-94.2007.5.03.0104, SDI1, Rel. Min. Lelio Bentes Corrêa, 9.8.2012. (Info 17)

Progressão salarial anual. Ausência de avaliações de desempenho. Descumprimento de norma interna. Art. 129 do CC. Diferenças salariais devidas.

Diante da omissão do empregador em proceder à avaliação de desempenho estabelecida como requisito à progressão salarial anual prevista em norma interna da empresa, considera-se implementada a referida condição, conforme dispõe o art. 129 do CC. A inércia do reclamado em atender critérios por ele mesmo estabelecidos não pode redundar em frustração da legítima expectativa do empregado de obter aumento salarial previsto em regulamento da empresa, sob pena de se caracterizar condição suspensiva que submete a eficácia do negócio jurídico ao puro arbítrio das partes, o que é vedado pelo art. 122 do CC. E-ED-RR-25500-23.2005.5.05.0004, SDI1, Rel. Min. Augusto César Leite de Carvalho, 12.4.2012. (Info 5)

4.3. Da Alteração (arts. 468 a 470)

2015

Bancário. Anistia. Leis 8.878/94 e 11.907/09. Efeitos. Alteração da jornada para 40 horas. Não pagamento da sétima e oitava horas trabalhadas como extras. Direito às diferenças salariais entre o pagamento de seis e o de oito horas.

O ex-bancário que houver retornado ao serviço em órgão ou entidade da administração pública federal direta, autárquica ou fundacional, beneficiado pela anistia concedida pela Lei 8.878/94, estará sujeito à jornada semanal de trabalho de 40 horas (art. 309 da Lei 11.907/09), sem direito à jornada de seis horas na nova função ou à remuneração das sétima e oitava horas como extraordinárias, não havendo falar em alteração contratual lesiva de que trata o art. 468 da CLT. Todavia, o aumento da jornada e a manutenção do valor nominal do salário implicam em diminuição no valor do salário-hora e, consequentemente, em redução salarial. Assim, adotando os fundamentos da decisão tomada pelo Tribunal Pleno nos autos do processo TST-E-RR-110600-80.2009.5.04.0020, a SDI1 conheceu dos embargos do reclamante, por divergência jurisprudencial, e, no mérito, deu-lhes provimento para julgar procedente o pedido

2. DIREITO DO TRABALHO

sucessivo de diferenças salariais entre o pagamento de seis e o de oito horas, considerando-se a proporcionalidade entre as horas trabalhadas pelo reclamante antes do afastamento e as exigidas em razão da anistia, a incidir sobre parcelas vencidas e vincendas, mantendo-se a carga horária legalmente estabelecida de 200 horas. Registrou ressalva de fundamentação o Min. Antonio José de Barros Levenhagen. *E-RR-1172-92.2012.5.18.0013, SDI1, Rel. Min. Márcio Eurico Vitral Amaro, 30.4.2015. (Info 105)*

4.5. Da Rescisão (arts. 477 a 486)

2016

Mandado de segurança. Demissão apresentada por trabalhador dependente químico. Recusa do sindicato à homologação do pedido de desligamento. Antecipação de tutela para reintegração ao emprego. Ausência de ilegalidade ou arbitrariedade.

De acordo com o art. 4º, II, do Código Civil, são relativamente incapazes, entre outros, os ébrios habituais e os viciados em tóxico, razão pela qual os negócios jurídicos por eles celebrados estão sujeitos à anulação (art. 171, I, do CC). Ademais, a validade do ato jurídico exige a demonstração da capacidade do agente, bem assim a observância das formas e demais solenidades legais (arts. 104 e 107 do CC). *RO-665-20.2015.5.09.0000, SDI2, Rel. Min. Douglas Alencar Rodrigues, 26.4.2016. (Info 134)*

Ocupante de cargo em comissão de livre nomeação e exoneração regido pela CLT. Exoneração. Pagamento das verbas rescisórias. Impossibilidade. Devidos apenas os depósitos do FGTS.

O empregado contratado para ocupar cargo em comissão de livre nomeação e exoneração, sob o regime da CLT, não tem direito à multa de 40% sobre o FGTS, ao aviso prévio, ao seguro desemprego e à multa do art. 477 da CLT. *E-E-D-RR-300-42.2013.5.12.0035, SDI1, Rel. Min. Aloysio Corrêa da Veiga, 12.5.2016. (Info 136)*

2015

Dispensa discriminatória. Portador do vírus HIV. Estigma ou preconceito. Presunção relativa. Súm. 443/TST.

Nos termos da Súm. 443/TST, presume-se discriminatória a despedida de empregado portador do vírus HIV ou de outra doença grave que suscite estigma ou preconceito, cabendo ao empregador comprovar que o motivo da dispensa não possui relação com a enfermidade. Na espécie, não se cogitou de desconhecimento do estado de saúde da reclamante pela reclamada. Além da ciência do estado de saúde da reclamante, não se identificou no acórdão do TRT qualquer motivação de ordem técnica a justificar a dispensa, apenas se podendo detectar momento de fragilidade física e emocional decorrentes da moléstia, conforme relatado por perita. *E-ED-RR-1129-60.2010.5.02.0082, SDI1, Rel. Min. Márcio Eurico Vitral Amaro, 25.6.2015. (Info 112)*

Empregado com mais de um ano de serviço. Assistência sindical e homologação da rescisão do contrato de trabalho. Ausência. Nulidade do pedido de demissão. Art. 477, § 1º, da CLT. Presunção de demissão sem justa causa. Irrelevância da confissão de rescisão a pedido pelo empregado.

A rescisão de contrato de trabalho de empregado que prestou serviços por mais de um ano deve ser homologada pelo sindicato respectivo ou por autoridade do Ministério do Trabalho, nos termos do art. 477, § 1º, da CLT. Do contrário, é inválido o pedido de demissão do empregado, ainda que ele confesse em juízo a sua disposição inicial de desligamento contratual, devendo a despedida ser reconhecida como imotivada. Com efeito, a norma é cogente e assegura a prevalência do princípio da indisponibilidade dos direitos trabalhistas, de modo que a declaração de que o pedido de demissão se deu sem vício de vontade não supre o requisito da assistência sindical, imposto pela lei. *E-RR-825-12.2010.5.09.0003, SDI1, Rel. Min. Hugo Carlos Scheuermann, 19.11.2015. (Info 124)*

Multa do art. 477, § 8º, da CLT. Incidência. Pagamento tardio da indenização compensatória de 40% sobre o FGTS.

A multa prevista no artigo 477, § 8º, da CLT incide na hipótese de não pagamento, no prazo legal, da indenização compensatória de 40% sobre o FGTS, por se tratar de verba tipicamente rescisória. No caso, o autor foi dispensado em 5.4.2012, a quitação de parte das parcelas rescisórias ocorreu em 14.4.2012 e o pagamento da multa de 40% sobre os depósitos do FGTS se deu somente em 25.5.2012, quando já transcorridos 50 dias desde a dispensa. Desse modo, o adimplemento tardio da verba rescisória em foco caracterizou fato capaz de sujeitar o empregador à multa prevista no art.

477, § 8º da CLT, não se tratando de pagamento inexato do acerto rescisório, mas de desrespeito, pelo empregador, do cumprimento do prazo para a satisfação de direito vocacionado à proteção constitucional contra despedida arbitrária ou sem justa causa, na forma do artigo 7º, I, da CF, c/c o art. 10, I, do ADCT. *E-ED-ARR-643-82.2013.5.09.0015, SDI1, Rel. Min. Alexandre de Souza Agra Belmonte, 5.11.2015. (Info 122)*

Multa do § 8º do art. 477 da CLT. Atraso no pagamento das verbas rescisórias. Falecimento do Empregado. Não aplicação.

A norma do artigo 477, § 6º, da CLT não fixa prazo para o pagamento das verbas rescisórias no caso de falecimento do empregado. Trata-se de um "silêncio eloquente" do legislador ordinário. Dispositivo legal que, ao fixar prazos e circunstâncias específicas para o cumprimento da obrigação, não autoriza interpretação ampliativa. A ruptura do vínculo empregatício em virtude de óbito do empregado, por constituir forma abrupta e imprevisível de dissolução do contrato de trabalho, envolve peculiaridades que tornam incompatível a aplicação da multa prevista no § 8º do artigo 477 da CLT, tais como a necessidade de transferência da titularidade do crédito trabalhista para os dependentes/sucessores legais, a qual não se opera instantaneamente, mas mediante procedimento próprio previsto na Lei 6.858/80. Qualquer tentativa de fixar-se, em juízo, "prazo razoável" para o adimplemento das verbas rescisórias, em semelhante circunstância, refugiria às hipóteses elencadas no § 6º do artigo 477 da CLT e acarretaria imprópria incursão em atividade legiferante, vedada ao Poder Judiciário em face do princípio constitucional da Separação dos Poderes. De outro lado, afigura-se impróprio e de rigor insustentável afirmar-se, no caso, a subsistência do prazo para quitação das verbas rescisórias, sob pena de multa. Impraticável a observância de tal prazo, na medida em que se desconhece o(s) novo(s) titulares(s) do crédito, na forma da Lei, o que pode depender, inclusive, da morosa abertura de inventário e de nomeação do respectivo inventariante. A adoção de interpretação restritiva à literalidade do artigo 477, §§ 6º e 8º, da CLT não implica negar ou desestimular eventual ajuizamento de ação de consignação em pagamento pelo empregador, com vistas a desobrigá-lo da quitação das verbas rescisórias referentes ao contrato de trabalho de empregado falecido, mesmo antes de definida a nova titularidade do crédito trabalhista. *E-RR-152000-72.2005.5.01.0481, SDI1, Rel. João Oreste Dalazen, 3.9.2015. (Info 116)*

2014

Ação rescisória. Professor universitário. Rescisão do contrato, sem justa causa, ao completar 70 anos de idade. Previsão em cláusula de acordo coletivo. Despedida não discriminatória.

Não implica conduta discriminatória a dispensa de professor universitário, sem justa causa, ao completar 70 anos de idade, na hipótese em que a dispensa decorreu do poder potestativo do empregador, realizado nos limites da legalidade e sem abuso de direito, porque fundamentada em cláusula de acordo coletivo. Assim, reputa-se não violado o art. 1º da Lei 9.029/95 no caso em que cláusula normativa estabelece a possibilidade de dispensa por idade, pois trata-se de critério genérico de afastamento de pessoa do trabalho firmado com base em negociação coletiva e, portanto, oriunda da vontade da categoria profissional. *RO-27-40.2012.5.18.0000, SDI2, Red. p/ ac. Min. Cláudio Mascarenhas Brandão, 6.5.2014. (Info 81)*

Dispensa por justa causa. Desídia. Art. 482, "e", da CLT. Princípios da proporcionalidade e da gradação da pena. Inobservância. Falta grave afastada.

Para a caracterização da desídia de que trata o art. 482, "e", da CLT, faz-se necessária a habitualidade das faltas cometidas pelo empregado, bem como a aplicação de penalidades gradativas, até culminar na dispensa por justa causa. Os princípios da proporcionalidade e da gradação da pena devem ser observados, pois as punições revestem-se de caráter pedagógico, visando o ajuste do empregado às normas da empresa. Se o empregador não observa a necessária gradação da pena, apressando-se em romper o contrato de trabalho por justa causa, frustra o sentido didático da penalidade, dando azo à desqualificação da resolução contratual em razão do excessivo rigor no exercício do poder diretivo da empresa. *E-ED-RR-21100-72.2009.5.14.0004, SDI1, Rel. Min. Luiz Philippe Vieira de Mello Filho, 10.4.2014. (Info 79)*

Multa. Art. 477, § 8º, da CLT. Devida. Parcelamento de verbas rescisórias previsto em acordo coletivo. Invalidade. Direito indisponível.

O pagamento de verbas rescisórias fora do prazo fixado no art. 477, § 6º, da CLT, em razão de parcelamento estabelecido em acordo coletivo, não afasta a aplicação da multa prevista no art. 477, § 8º, da CLT, tendo em vista a natureza cogente dessa norma, que se sobrepõe à vontade das partes. *E-ED-ED-RR-1285700-40.2008.5.09.0016, SDI1, Rel. Min. Aloysio Corrêa da Veiga, 9.10.2014. (Info 91)*

Sentença criminal condenatória. Apropriação indébita. Efeitos no juízo trabalhista. Dispensa por justa causa. Art. 935 do CC.

O art. 935 do CC prescreve que as questões decididas no juízo criminal relativas à materialidade e autoria não podem mais ser questionadas. Nesse sentido, sentença penal condenatória em que se reconhecera a autoria, materialidade e a prática de crime de apropriação indébita justifica a manutenção da despedida com justa causa do empregado, especialmente quando, com supedâneo no art. 462 do CPC/73, verificou-se, já no TST, a ocorrência do trânsito em julgado da sentença penal. *E-RR-330500-07.2005.5.12.0045, SDI1, Red. p/ ac. Min. João Oreste Dalazen, 6.11.2014. (Info 94)*

2013

Justa causa desconstituída em juízo. Indenização substitutiva pela não liberação das guias do seguro-desemprego. Devida. Súm. 389, II, do TST.

O reconhecimento judicial da ilegalidade da dispensa por justa causa retroage no tempo, de modo a ensejar o pagamento da indenização substitutiva pela não liberação das guias do seguro-desemprego de que trata a Súm. 389, II, do TST. No caso, ressaltou-se que não importa o fato de o empregador não estar obrigado a fornecer as mencionadas guias no momento da rescisão contratual, pois o pagamento da indenização visa minimizar o prejuízo sofrido pelo empregado. *E-RR-54800-83.2007.5.12.0030, SDI1, Rel. Min. Brito Pereira, 15.8.2013. (Info 55)*

2012

Dano moral. Configuração. Imputação de ato de improbidade. Descaracterização da justa causa em juízo.

A descaracterização da despedida por justa causa em juízo, quando imputado ato de improbidade ao empregado (alínea "a" do art. 482 da CLT), gera direito a indenização por dano moral porquanto se verifica ofensa à honra subjetiva do trabalhador. *E-RR-20500-90.2003.5.07.0025, SDI1, Red. p/ ac. Min. José Roberto Freire Pimenta, 3.5.2012. (Info 7)*

Dispensa decorrente do ajuizamento de reclamação trabalhista. Caráter retaliativo e discriminatório. Abuso de direito. Obstáculo à garantia de acesso à justiça. Reintegração. Devida.

A dispensa do trabalhador, quando motivada pela não desistência de reclamação trabalhista ajuizada contra o empregador, possui conotação retaliativa e discriminatória, configurando abuso de direito e obstáculo à garantia de acesso à justiça. *E-RR-7633000-19.2003.5.14.0900, SDI1, Rel. Min. Ives Gandra da Silva Martins Filho, 29.3.2012. (Info 4)*

Sociedade de economia mista. Privatização. Demissão por justa causa. Necessidade de motivação do ato demissional. Previsão em norma interna. Descumprimento. Nulidade da despedida. Reintegração. Art. 182 do CC.

A inobservância da norma interna do Banestado, sociedade de economia mista sucedida pelo Itaú Unibanco S.A., que previa a instauração de procedimento administrativo para apuração de falta grave antes da efetivação da despedida por justa causa, acarreta a nulidade do ato de dispensa ocorrido antes do processo de privatização, assegurando ao trabalhador, por conseguinte, a reintegração no emprego, com base no disposto no art. 182 do CC, segundo o qual, anulado o negócio jurídico, deve-se restituir as partes ao "status quo ante". *E-ED-RR-22900-83.2006.5.09.0068, SDI1, Red. p/ ac. Min. João Oreste Dalazen, 6.12.2012. (Info 33)*

4.6. Do Aviso Prévio (arts. 487 a 491)

2016

Aviso-prévio indenizado. Projeção do contrato de trabalho. Adesão a programa de demissão voluntário instituído no curso desse período. Possibilidade.

O aviso-prévio, ainda que indenizado, integra o contrato de trabalho para todos os efeitos (art. 487, § 1º, da CLT). Assim, vigente o contrato de trabalho até o final da projeção do aviso-prévio, tem o empregado direito a aderir a plano de demissão voluntária instituído pela empresa no curso desse período. *E-ED-RR-2303-30.2012.5.02.0472, SDI1, Rel. Min. Brito Pereira, 19.5.2016. (Info 137)*

2014

Lei Eleitoral 9.504/97. Estabilidade provisória. Concessão no período de projeção do aviso prévio indenizado. Possibilidade. Inaplicabilidade da Súm. 371/TST.

Da OJ 82/SDI1 c/c art. 487, § 1º, parte final, da CLT depreende-se que o aviso prévio indenizado integra o contrato de trabalho para todos os efeitos, inclusive no que diz respeito à concessão da estabilidade provisória prevista na Lei Eleitoral 9.504/97. *E-ED-RR-129500-74.2010.5.17.0001, SDI1, Rel. Min. Luiz Philippe Vieira de Mello Filho, 20.2.2014. (Info 73)*

2012

Estabilidade provisória. Lei Eleitoral 9.504/97. Aquisição no período de projeção do aviso prévio indenizado. Possibilidade. Súm. 371/TST. Não incidência.

O período de projeção do aviso prévio indenizado integra o contrato de trabalho para todos os efeitos, alcançando, inclusive, a estabilidade provisória prevista na Lei Eleitoral 9.504/97. Inteligência da OJ 82/SDI1 c/c art. 487, § 1º, parte final, da CLT. *E-RR-16000-14.2007.5.04.0028, SDI1, Red. p/ ac. Min. Luiz Philippe Vieira de Mello Filho, 17.5.2012. (Info 9)*

4.7. Da Estabilidade (arts. 492 a 500)

2016

Mandado de segurança. Antecipação de tutela. Dirigente sindical. Estabilidade provisória. Processo de registro sindical no Ministério do Trabalho e Emprego. Pendência. Reintegração.

A pendência de registro de entidade sindical junto ao Ministério do Trabalho e Emprego não afasta a garantia da estabilidade provisória de dirigente sindical, consoante atual jurisprudência do STF. *RO-21386-31.2015.5.04.0000, SDI2, Rel. Min. Douglas Alencar Rodrigues, 7.6.2016. (Info 139)*

2015

Aviso prévio indenizado. Superveniência de auxílio-doença. Estabilidade provisória. Previsão em instrumento coletivo. Efeitos exclusivamente financeiros. Inviável a reintegração. Súm. 371/TST.

A concessão do auxílio-doença no curso do aviso prévio indenizado apenas adia os efeitos da dispensa para depois do término do benefício previdenciário (Súm. 371/TST), e não implica em nulidade da despedida, ainda que norma coletiva assegure estabilidade provisória por sessenta dias após a concessão da alta médica. Desse modo, o empregado somente tem direito às vantagens econômicas previstas na norma coletiva, e, passado o período nela assegurado, pode o empregador extinguir o contrato de trabalho. *E-ED-RR-59000-67.2005.5.01.0012, SDI1, Rel. Min. Renato de Lacerda Paiva, 12.3.2015. (Info 101)*

2014

Estabilidade provisória. Dirigente sindical. Função de confiança. Incompatibilidade. Art. 499 da CLT.

Não é garantida a estabilidade sindical de que trata o art. 8º, VIII, da CF a trabalhador contratado, única e exclusivamente, para o exercício de cargo de confiança. A função de livre nomeação e exoneração, por revestir-se de caráter precário e alicerçar-se no elemento fidúcia, constitui fator impeditivo à aquisição da estabilidade, conforme o disposto no art. 499 da CLT, afigurando-se, portanto, incompatível com a garantia constitucional e com a possibilidade de reintegração ao emprego. Assim sendo, é inviável, ainda, a conversão do período estabilitário em indenização, na medida em que a Súm. 396/TST pressupõe a existência de estabilidade provisória para fins de concessão de indenização correspondente ao valor dos salários relativos ao período. *E-ED-RR-112700-89.2008.5.22.0004, SDI1, Rel. Min. Márcio Eurico Vitral Amaro, 15.5.2014. (Info 82)*

Estabilidade provisória. Membro da CIPA. Término da obra. Equivalência à extinção do estabelecimento. Súm. 339, II, do TST.

O encerramento da obra específica para a qual fora instituída a Comissão Interna de Prevenção de Acidentes – CIPA equivale à extinção do próprio estabelecimento, não havendo falar em despedida arbitrária do cipeiro. A garantia provisória no emprego assegurada ao membro da CIPA não se traduz em direito ilimitado, tampouco em vantagem pessoal, uma vez que fundada na necessidade de assegurar ao empregado eleito a autonomia necessária ao livre e adequado exercício das funções inerentes ao seu mandato, relativas à busca pela diminuição de acidentes e por melhores condições de trabalho. Desse modo, inativado o canteiro de obras onde o empregado exercia sua função de cipeiro, cessa a garantia de emprego, sem que haja a possibilidade de reintegração ou de pagamento de indenização pelo período estabilitário, nos termos do item II da Súm. 339/TST. *E-ED-RR-24000-48.2004.5.24.0061, SDI1, Rel. Min. Lelio Bentes Corrêa, 6.11.2014. (Info 94)*

2013

Estabilidade provisória do art. 55 da Lei 5.764/71. Membro de Conselho de Administração de Cooperativa. Exercício de funções diretivas.

O membro de Conselho de Administração de sociedade cooperativa faz jus à estabilidade provisória de que trata o art. 55 da Lei 5.764/71, desde que exerça também funções diretivas. *E-RR-1409976-74.2004.5.01.0900, SDI1, Rel. Min. Lelio Bentes Côrrea, 28.2.2013. (Info 38)*

Estabilidade pré-aposentadoria. Dispensa a quatro meses e onze dias de completar o prazo para a aquisição da estabilidade. Abuso de direito. Configuração. Invalidade da conduta do empregador.

É inválida a dispensa do trabalhador a quatro meses e onze dias de completar o prazo estipulado para a aquisição da estabilidade pré-aposentadoria, porquanto configurado o abuso do direito potestativo do empregador que buscou frustrar o adimplemento de condição prevista em norma coletiva, mediante a qual fora garantida a estabilidade no emprego nos vinte quatros meses que antecedem a jubilação. *E-ED-RR-133300-84.2007.5.01.0511, SDI1, Rel. Min. Dora Maria da Costa, 22.8.2013. (Info 56)*

2012

Estabilidade pré-aposentadoria. Previsão em norma coletiva. Despedida oito meses antes do implemento da condição. Dispensa obstativa. Configuração.

A dispensa do emprego oito meses antes de alcançar os vinte e quatro meses imediatamente anteriores à complementação do tempo para aposentadoria pela previdência social, conforme exigido por norma coletiva que previu a estabilidade pré-aposentadoria, configura óbice à aquisição do direito à garantia de emprego e transfere ao empregador o ônus de provar que não impediu o implemento da condição maliciosamente (art. 129 do CC), sobretudo no caso em que o trabalhador já preenchia outro requisito para o gozo da estabilidade, qual seja, contar com mais de vinte e oito anos de vínculo ininterrupto com o reclamado. *E-ED-RR-3779900-06.2007.5.09.0652, SDI1, Red. p/ ac. Min. Luiz Philippe Vieira de Mello Filho, 3.5.2012. (Info 7)*

5. DA ORGANIZAÇÃO SINDICAL (CLT, ARTS. 511 A 610)

5.1. Da Instituição Sindical (CLT, arts. 511 a 569)

2016

Contribuição assistencial. Desconto obrigatório. Empregados não filiados ao sindicato. Direito de oposição. Nulidade da cláusula de instrumento coletivo. Art. 545 da CLT. Precedente Normativo 119. OJ 17/SDC.

Nos termos da OJ 17/SDC e do Precedente Normativo 119, não é válida cláusula de instrumento coletivo que prevê desconto obrigatório de contribuição assistencial de empregado não sindicalizado, ainda que a ele seja garantido o direito de oposição. A previsão de oposição ao desconto não tem o condão de convalidar a cláusula coletiva, pois, a teor do art. 545 da CLT, os descontos salariais em favor do sindicato de classe estão condicionados à expressa autorização do empregado. *E-ED-RR-135400-05.2005.5.05.0015, SDI1, Rel. Min. Dora Maria da Costa, 13.10.2016. (Info 147)*

Mandado de segurança. Antecipação de tutela. Reintegração. Dirigente sindical. Registro do sindicato no Ministério do Trabalho e Emprego. Desnecessidade. OJ 142/SDI2. Incidência.

A SDI2, por maioria, fazendo incidir o disposto em sua OJ 142, deu provimento a recurso ordinário para, reformando a decisão recorrida, denegar a segurança que fora inicialmente concedida para tornar sem efeito a antecipação dos efeitos da tutela por meio da qual se ordenou a imediata reintegração do reclamante ao emprego, em razão de sua condição de dirigente sindical. Na hipótese, verificou-se que o deferimento da antecipação de tutela ocorreu nos estritos termos do art. 273 do CPC/73, pois o reclamante juntou aos autos do processo originário documentos comprobatórios da sua dispensa sem justa causa em data posterior à sua eleição para ocupar o cargo de segundo tesoureiro de sindicato recém-criado. Houve, ainda, registro de que, quando da dispensa do autor, os atos constitutivos do sindicato para o qual fora eleito já se encontravam depositados no cartório pertinente, em conformidade com os arts. 8º, VIII, da CF e 543, § 3º, da CLT. *RO-540-39.2013.5.12.0000, SDI2, Rel. Min. Antonio José de Barros Levenhagen, 10.5.2016. (Info 136)*

2015

Dano moral coletivo. Caracterização. Conduta antissindical. Convenção coletiva de trabalho. Financiamento do sindicato profissional com recursos provenientes do empregador.

O financiamento do sindicato profissional com recursos provenientes do empregador (taxa negocial), conforme firmado em cláusula de convenção coletiva de trabalho, configura conduta antissindical que, ao impossibilitar a autonomia da negociação coletiva, fragiliza o sistema sindical e a relação entre empregados e empregadores, ensejando, portanto, a reparação por dano moral coletivo. Na espécie, registrou-se que, embora a cláusula em questão tenha sido suspensa por força de liminar requerida pelo MPT nos autos de ação civil pública, restou caracterizada a conduta ilícita, de modo que a inexistência de efetiva lesão não afasta a necessidade de reparação, sob pena de retirar a proteção jurídica dos direitos coletivos. *E-ARR-64800-98.2008.5.15.0071, SDI1, Rel. Min. Aloysio Corrêa da Veiga, 12.2.2015. (Info 100)*

2014

Dissídio coletivo. Comissão de sindicância. Participação obrigatória do sindicato profissional. Impossibilidade. Cláusula excluída.

A SDC deu provimento a recurso ordinário para excluir cláusula que previa a convocação obrigatória do Sindicato dos Trabalhadores em Água, Esgoto e Meio Ambiente do Estado de São Paulo – Sintaema para compor toda e qualquer comissão de sindicância que envolva os trabalhadores da Fundação para a Conservação e a Produção Florestal do Estado de São Paulo, ao argumento de que haveria uma quebra de imparcialidade, pois é dever do sindicato defender os integrantes da categoria profissional. *RO-6937-30.2012.5.02.0000, SDC, Rel. Min. Kátia Magalhães Arruda, 9.6.2014. (Info 85)*

2013

Dissídio coletivo. Greve. Petrobras S/A. Contrato de prestação de serviços de construção civil. Ilegitimidade do Sindipetro/ES para liderar movimento grevista na qualidade de representante dos empregados da empresa terceirizada. Art. 511, §§ 1º e 2º, da CLT.

Nos termos do art. 511, §§ 1º e 2º, da CLT, a vinculação sindical dos empregados, ainda que terceirizados, deve ser definida pela atividade preponderante da empresa prestadora de serviços, porquanto a categoria profissional a qual pertence o trabalhador deve corresponder à categoria econômica a qual se vincula o empregador. *RO-42600-28.2009.5.17.0000, SDC, Rel. Min. Fernando Eizo Ono, 9.9.2013. (Info 58)*

Sindicato. Substituição processual. Legitimidade ativa. Equiparação salarial. Maquinistas. Direito individual homogêneo. Origem comum da pretensão.

O Sindicato dos Trabalhadores em Empresas Ferroviárias de Belo Horizonte, na condição de substituto processual, possui legitimidade ativa para postular a equiparação salarial de trinta e cinco maquinistas, ainda que o pedido esteja ligado à subjetividade de cada um dos titulares do direito, a determinar consequências distintas para cada substituído. Trata-se de direito individual homogêneo, na medida em que a pretensão tem origem comum, conforme exigido no art. 81, III, do CDC (Lei 8.078/90). *E-ED-RR-256-45.2011.5.03.0002, SDI1, Rel. Min. Aloysio Côrrea da Veiga, 14.2.2013. (Info 36)*

Sindicato. Substituto processual. Requerimento de assistência judiciária gratuita. Ausência de comprovação de insuficiência de recursos. Não concessão.

O ordenamento jurídico, ao tempo que determina ao sindicato a manutenção de serviço de assistência judiciária aos seus associados (art. 514, "b", da CLT, art. 14 da Lei 5.584/70 e art. 8º, III, da CF), oferece receitas para a consecução desse objetivo, oriundas da contribuição sindical obrigatória (art. 8º, IV, da CF e arts. 578 a 670 da CLT), das mensalidades dos associados e, eventualmente, das contribuições assistenciais. Desse modo, a concessão de assistência judiciária gratuita ao sindicato que atua na condição de substituto processual depende da demonstração de impossibilidade financeira de arcar com a responsabilidade legal, não sendo bastante a juntada de declaração de hipossuficiência dos substituídos. *E-ED-RR-25100-77.2009.5.09.0094, SDI1, Rel. Min. Alberto Luiz Bresciani de Fontan Pereira,16.5.2013. (Info 47)*

2012

DC. Motoristas de transporte interno de mercadorias e de pessoas na área dos portos. Sindicato representante de motoristas rodoviários. Ilegitimidade ativa "ad causam". Configuração.

Não possui legitimidade para representar os motoristas de transporte interno de mercadorias e de pessoas na área dos portos o Sindicato dos Trabalhadores Rodoviários em Empresas de Transportes de Passageiros Municipais e Intermunicipais, Comércio e Trabalhadores em Empresas Sem Representação de Santos, Baixada Santista e Litoral, uma vez que, diante da disposição contida no art. 57, § 3º, I, da Lei 8.630/93, a atividade dos referidos trabalhadores se classifica como de capatazia. Ademais, esses profissionais não atuam fundamentalmente em rodovias, nem enfrentam rotineiros congestionamentos e riscos de acidentes fatais, condições próprias dos motoristas rodoviários, que constituem categoria diferenciada. Inteligência da OJ 315/SDI1. *RO-2004500-21.2008.5.02.0000, SDC, Rel. Min. Fernando Eizo Ono, 13.11.2012. (Info 30)*

Estabilidade provisória. Representante sindical e suplente eleitos para o Conselho de Representantes de federação ou confederação. Incidência dos arts. 8º, VIII, da CF e 543, § 3º, da CLT.

A diretriz da OJ 369/SDI1, que diz respeito a delegado sindical junto a empresas, não se aplica ao representante sindical eleito, e ao seu suplente, junto ao Conselho de Representantes de federação ou confederação (art. 538, "b", da CLT), uma vez que estes últimos gozam da estabilidade provisória disposta no inciso VIII do art. 8º da CF e no § 3º do art. 543 da CLT. Ademais, não há falar na incidência do limite quantitativo previsto no art. 522 da CLT e na Súm. 369, II, do TST, visto que aplicável tão somente aos cargos da Diretoria e do Conselho Fiscal da entidade sindical, pois o Conselho de Representantes dispõe de número fixo de membros de cada sindicato ou federação, quais sejam dois titulares e dois suplentes (CLT, art. 538, § 4º). *E-ED-RR-125600-83.2003.5.10.0014, SDI1, Rel. Min. Delaíde Miranda Arantes, 22.3.2012. (Info 3)*

5.2. Do Enquadramento Sindical (CLT, arts. 570 a 577)

2015

Representação sindical. Sinthoresp x Sindifast. Princípio da especificidade. Prevalência. Art. 570 da CLT.

O critério definidor do enquadramento sindical é o da especificidade, previsto no art. 570 da CLT, de modo que o critério da agregação tem caráter subsidiário, aplicando-se apenas quando não for possível aos exercentes de quaisquer atividades ou profissões se sindicalizarem eficientemente com base na especificidade. Nesse sentido, em ação de cobrança de contribuição sindical ajuizada pelo Sinthoresp (Sindicato dos Trabalhadores em Hotéis, Apart Hotéis, Motéis, Flats, Pensões, Hospedarias, Pousadas, Restaurantes, Churrascarias, Cantinas, Pizzarias, Bares, Lanchonetes, Sorveterias, Confeitarias, Docerias, Buffets, Fast-foods e Assemelhados de São Paulo e Região) em face da empresa Burger King do Brasil S.A. – BGK, decidiu-se que a legitimidade para representar os empregados da empresa que atua no ramo de refeições rápidas é do Sindifast (Sindicato dos Trabalhadores nas Empresas de Refeições Rápidas (Fast Food) de São Paulo), pois não é possível imaginar que as condições de trabalho em restaurantes à la carte possam ser identificadas com aquelas típicas de estabelecimentos fast food, em que não há sequer o sistema de gorjetas. *E-ED-RR-880-42.2010.5.02.0072, SDI1, Rel. Min. Alexandre Agra Belmonte, 26.2.2015. (Info 100)*

2013

Dissídio coletivo ajuizado pelo Sindicato dos Aeroviários de Guarulhos perante o Sindicato Nacional das Empresas Prestadoras de Serviços Auxiliares de Transporte Aéreo – Sineata. Ilegitimidade passiva "ad causam". Superveniência de sindicato profissional específico.

Os aeroviários que trabalham em empresas aéreas, em terra, não devem ser confundidos com os trabalhadores em empresas auxiliares ao transporte aéreo, se houver, na base territorial, sindicato específico aos últimos. No caso vertente, os empregados nos serviços auxiliares passaram a ser representados, no Município de Guarulhos/SP, a partir de 2007, pelo Sindicato dos Trabalhadores em Empresas Prestadoras de Serviços Auxiliares de Transportes Aéreos do Estado de São Paulo – Sinteata, correspondente profissional ao Sindicato Nacional das Empresas Prestadoras de Serviços Auxiliares de Transporte Aéreo – Sineata, fazendo cessar, portanto, a representação do Sindicato dos Aeroviários de Guarulhos, no tocante aos trabalhadores em empresas prestadoras de serviços auxiliares de transportes, até então legitimamente exercida por esse sindicato profissional mais antigo, sem qualquer distinção entre os aeroviários em empresas aéreas ou em empresas prestadoras de serviços auxiliares de transporte aéreo. Assim, configurada a superveniência de sindicato profissional específico, nos termos do art. 570 da CLT, a SDC negou provimento ao recurso ordinário do suscitante, mantendo, ainda que por fundamento diverso, a ilegitimidade passiva "ad causam" do Sineata para figurar no dissídio coletivo ajuizado pelo Sindicato dos Aeroviários de Guarulhos. *RO-7724-30.2010.5.02.0000, SDC, Rel. Min. Fernando Eizo Ono, 9.9.2013. (Info 58)*

Sindicato e organização de cooperativas. Não vinculação a determinada atividade econômica. Legitimidade "ad processum". OJ 15/SDC.
Nos termos da OJ 15/SDC, a comprovação da legitimidade "ad processum" da entidade sindical se faz por seu registro no órgão competente do Ministério do Trabalho e Emprego e, sendo incontroverso que o Sindicato e Organização das Cooperativas do Estado do Rio Grande do Sul – OCERGS atende à referida diretriz, válida é a convenção coletiva firmada por ele com sindicato profissional. Ademais, as cooperativas, em virtude de sua natureza peculiar e, sobretudo, em razão da ausência de fins lucrativos, que as diferem de outros setores econômicos, envolvem interesses comuns que justificam associação específica, não havendo falar em ilegitimidade da OCERGS simplesmente pelo fato de englobar as cooperativas em geral, validamente existentes em sua base territorial, sem representação vinculada a uma atividade econômica específica. *RO-12542-68.2010.5.04.0000, SDC, Rel. Min. Maria de Assis Calsing, 10.6.2013. (Info 50)*

5.3. Da Contribuição Sindical (CLT, arts. 578 a 610)

2016

Contribuição sindical patronal. Holding pura. Ausência de empregados. Não recolhimento.
O sistema sindical brasileiro é fundado na agremiação de trabalhadores em contraposição simétrica a agremiações de empregadores que se unem em razão da defesa de interesses comuns pertinentes às relações de trabalho. Quando o agente econômico não possui empregados, a possibilidade de receber uma contrapartida da entidade sindical que supostamente o representa fica comprometida, colocando um óbice lógico-jurídico à representação pela entidade de classe. Em outras palavras, o objetivo das contribuições sindicais é viabilizar o funcionamento do sistema sindical brasileiro e este, por sua vez, busca favorecer o diálogo entre a classe patronal e a de trabalhadores com vistas à fixação das condições de trabalho. Assim, no caso de uma *holding* pura, ou seja, agente societário dedicado à administração de bens e participação em outras sociedades, sem desempenho de atividades econômicas e sem a contratação de empregados, não se pode exigir o recolhimento da contribuição sindical patronal (interpretação sistemática dos arts. 570, 579 e 580 da CLT e 109 e 114 do CTN). *E-RR-2058-44.2011.5.03.0078, SDI1, Red. p/ ac. Min. Luiz Philippe Vieira de Mello Filho, 18.2.2016. (Info 129)*

2013

Contribuição sindical rural. Notificação pessoal do sujeito passivo. Necessidade.
A cobrança da contribuição sindical rural pressupõe regular lançamento da constituição do crédito tributário e a consequente notificação do sujeito passivo (art. 145 do CTN), de modo que apenas a publicação de editais, mesmo em jornais de grande circulação, não se revela suficiente em razão das dificuldades de acesso aos meios de comunicação do contribuinte que vive na área rural. *E-RR-913-57.2010.5.05.0651, SDI1, Rel. Min. Brito Pereira, 3.10.2013. (Info 61)*

2012

Contribuição patronal. Melhoria dos serviços médico e odontológico prestados pelo sindicato profissional. Afronta ao art. 2º da Convenção 98 da OIT. Não configuração.
É válida a cláusula que cria contribuição da categoria patronal visando à melhoria dos serviços médico e odontológico prestados aos trabalhadores pelo sindicato profissional. Não há que se falar em afronta ao art. 2º da Convenção 98/

OIT, porquanto o recurso financeiro oriundo das empresas não se destina a manter a organização sindical dos empregados, nem implica sujeição do sindicato ao controle da categoria patronal, em prejuízo à liberdade sindical. Ao contrário, traduz a cooperação do segmento patronal para o avanço das condições de saúde de seus empregados, em consonância com o disposto no art. 7º, caput, da CF. *RO-36500-57.2009.5.17.0000, SDC, Rel. Min. Walmir Oliveira da Costa, 11.6.2012. (Info 13)*

6. DAS CONVENÇÕES COLETIVAS DE TRABALHO (CLT, ARTS. 611 A 625)

2016

Acordo direto entre empregados e a empresa. Recepção do art. 617 da CLT pelo art. 8º, VI, da CF. Recusa de participação do sindicato da categoria profissional na negociação coletiva. Necessidade de prova cabal.

O art. 8º, VI, da CF estabelece ser obrigatória a participação dos sindicatos nas negociações coletivas de trabalho. Já o art. 617, caput, da CLT, dispõe que os empregados que decidirem celebrar acordo coletivo de trabalho com as respectivas empresas darão ciência de sua resolução, por escrito, ao sindicato representativo da categoria profissional, que terá o prazo de oito dias para assumir a direção dos entendimentos entre os interessados. Caso não sejam tomadas as medidas negociais por parte do sindicato representativo da categoria, o § 1º do art. 617 da CLT autoriza a formalização de acordo diretamente entre as partes interessadas. Nesse sentido, reputa-se válido acordo firmado diretamente entre o empregador e empregados, sem a intermediação do sindicato da categoria profissional, desde que demonstradas a livre manifestação de vontade dos empregados em assembleia e a efetiva recusa da entidade sindical em consultar a coletividade interessada. O art. 617 da CLT, portanto, foi recepcionado pela CF, mas em caráter excepcional, pois é imprescindível que o sindicato seja instado a participar da negociação coletiva. Somente a demonstração da inequívoca resistência da cúpula sindical em consultar as bases autoriza os próprios interessados, regularmente convocados, a firmarem diretamente o pacto coletivo com a empresa, na forma da lei. *E-ED-RR-1134676-43.2003.5.04.0900, SDI1, Red. p/ ac. Min. João Oreste Dalazen, 19.5.2016. (Info 137)*

2015

Ação anulatória. Atestado Médico. Exigência da inserção da Classificação Internacional de Doenças – CID. Nulidade de cláusula de convenção coletiva de trabalho.

É nula cláusula constante de convenção coletiva de trabalho que exija a inserção da Classificação Internacional de Doenças (CID) nos atestados médicos apresentados pelos empregados. Tal exigência obriga o trabalhador divulgar informações acerca de seu estado de saúde para exercer seu direito de justificar a ausência ao trabalho por motivo de doença. Essa imposição viola o direito fundamental à intimidade e à privacidade (art. 5º, X, da CF), sobretudo por não existir, no caso, necessidade que decorra da atividade profissional. *RO-268-11.2014.5.12.0000, SDC, Rel. Min. Maria Cristina Irigoyen Peduzzi, 17.8.2015. (Info 114)*

Ação anulatória. Cláusula de convenção coletiva. Contratos de experiência sucessivos. Vedação apenas aos empregados que já tenham trabalhado anteriormente na mesma empresa e na mesma função por prazo superior a um ano. Nulidade.

É nula a cláusula de convenção coletiva de trabalho que veda a celebração de um novo contrato de experiência apenas aos empregados que já tenham trabalhado anteriormente na mesma empresa e na mesma função por prazo superior a um ano. No caso, entendeu-se que o referido ajuste possibilita aos empregados que laborarem na empresa, por período inferior a um ano, sejam recontratados para exercer a mesma função, por meio de sucessivos contratos de experiência, o que não se justifica, porquanto a prestação de serviços anterior já cumpriu a sua finalidade de permitir ao empregador o conhecimento do perfil profissional e social do trabalhador. *RO-10028-29.2013.5.08.0000, SDC, Rel. Min. Maria de Assis Calsing, 9.3.2015. (Info 101)*

Ação anulatória. Nulidade de cláusula de convenção coletiva de trabalho. Sindicato representante da categoria econômica não subscrevente da norma coletiva. Legitimidade ativa "ad causam".

A competência conferida ao MPT para o ajuizamento de ações anulatórias de cláusulas de acordos coletivos ou convenções coletivas de trabalho, nos termos do art. 83, III e IV, da Lei Complementar 75/93, se estende, excepcionalmente, aos entes sindicais subscreventes da norma coletiva, quando demonstrado vício de vontade ou alguma das irregularidades descritas no art. 166 do Código Civil, ou aos sindicatos representantes das categorias econômicas e/ou profissionais, que não subscreveram a norma coletiva, mas que se sintam prejudicados em sua esfera jurídica, em decorrência do instrumento pactuado. No caso, considerando-se o teor das cláusulas firmadas entre o Sindicato dos Trabalhadores em Condomínios Residenciais, Comerciais, Rurais, Mistos, Verticais e Horizontais de Habitações em Áreas Isoladas do Distrito Federal e o Sindicato dos Condomínios Residenciais e Comercias do Distrito Federal – Sindicondomínio, que enumeram as funções de zelador, garagista, serviços gerais e outros como atividades fim e proíbem a contratação desses trabalhadores por empresas terceirizadas, constata-se haver interesse jurídico entre o Sindicato das Empresas de Asseio, Conservação, Trabalho Temporário e Serviços Terceirizáveis do Distrito Federal – SEAC e a matéria objeto da ação anulatória, qual seja, o direito de um terceiro sindicato de ter contratada a mão de obra das empresas prestadoras de serviço que representa, o que torna inquestionável a sua legitimidade ativa. *RO-3434-13.2011.5.10.0000, SDC, Rel. Min. Dora Maria da Costa, 13.4.2015. (Info 103)*

Empresa Brasileira de Correios e Telégrafos – ECT. Progressões por antiguidade. Compensação das progressões previstas no Plano de Cargos, Carreiras e Salários (PCCS) com as oriundas de norma coletiva. Possibilidade.

As progressões por antiguidade previstas no PCCS da ECT devem ser compensadas com as oriundas de negociação coletiva, resguardado ao empregado o direito a perceber exclusivamente a que lhe for mais benéfica. É irrelevante que a norma coletiva não preveja expressamente a compensação, sendo suficiente que as parcelas revistam-se de idêntica natureza jurídica, nos termos da Súm. 202/TST. *E-RR-1280-41.2012.5.04.0004, SDI1, Rel. Min. Márcio Eurico Vitral Amaro, 29.10.2015. (Info 121)*

Equiparação salarial. Quadro de carreira. Empresa privada. Ausência de homologação pelo Ministério do Trabalho. Convalidação por instrumento coletivo. Validade. Observância do requisito da alternância entre os critérios de promoção por antiguidade e por merecimento. Súm. 6, item I, do TST. Inaplicável.

É válido o plano de carreira empresarial nos casos em que existe norma coletiva chancelando-o, desde que seja obedecido o requisito da alternância entre os critérios de promoção por antiguidade e por merecimento. Há, portanto, óbice ao pedido de equiparação salarial. Com efeito, a intenção desta Corte Superior, quando da edição da Súm. 6, item I, fora apenas de excepcionar da exigência de homologação do quadro de carreira no Ministério do Trabalho as entidades de direito público, tendo em vista a presunção de legalidade de seus atos. Assim, é inviável a aplicação do entendimento contido no aludido verbete para afastar a validade do quadro de carreira de empresa privada que, conquanto não tenha sido homologado no Ministério do Trabalho, haja sido convalidado por meio de instrumento coletivo e observado o critério da alternância entre a promoção por antiguidade e por merecimento. *E-ED-RR-35941-05.2007.5.02.0254, SDI1, Rel. Min. Renato de Lacerda Paiva, 8.10.2015. (Info 120)*

2014

Acordos coletivos e convenções coletivas de trabalho. Ministério do Trabalho e Emprego. Depósito em papel. Recusa. Implementação do "Sistema Mediador". Portaria 282 do MTE. Arts. 613, parágrafo único, e 614 da CLT.

A recusa de órgão do Ministério do Trabalho e Emprego (MTE) em receber, a partir de 1.1.2009, o depósito em papel de acordos coletivos e convenções coletivas de trabalho, em razão da implementação do chamado "Sistema Mediador" – programa criado pela Portaria 282/MTE, cujo objetivo é a elaboração, transmissão, registro e arquivo, via eletrônica, de instrumentos coletivos de trabalho – não viola direito líquido e certo do sindicato impetrante. No caso, registrou-se que a Secretaria das Relações de Trabalho tem autorização para implantar sistema para a recepção dos instrumentos coletivos, nos termos do art. 913 da CLT. Ademais, não há falar em ofensa ao parágrafo único do art. 613 da CLT, pois, atualmente, a forma escrita dos documentos não mais se restringe ao papel. De outra sorte, o "Sistema Mediador" não inviabiliza a vigência da norma coletiva a partir do terceiro dia após o requerimento do registro, conforme determinado no art. 614, § 1º, da CLT, uma vez que a Instrução Normativa 6/07, da Secretaria de Relações do Trabalho, ao regulamentar o referido sistema, não altera o início da vigência das normas coletivas, mas apenas estabelece que a norma surtirá seus efeitos no prazo de vigência, desde que efetuadas as retificações necessárias até o término do referido prazo. *E-ED-RR-4042000-40.2009.5.09.0006, SDI1, Red. p/ ac. Min. João Oreste Dalazen, 4.9.2014. (Info 88)*

CEF. Greve. Dias não trabalhados. Descontos salariais. Norma regulamentar autorizadora. Termos aditivos ao acordo e à convenção coletiva que vedaram os descontos. Prevalência. Nulidade da norma regulamentar.

Os termos aditivos ao Acordo Coletivo de Trabalho 2008/09 e à Convenção Coletiva de Trabalho 2008/09, mediante os quais a Caixa Econômica Federal se comprometeu a não efetuar descontos salariais em virtude de paralisação das atividades laborais por motivo de greve, inclusive em relação aos dias não compensados após o exaurimento do calendário de reposição, devem prevalecer sobre a norma interna CI Suape/Surse 107/08, editada à época da celebração dos instrumentos coletivos originários, a qual, ao também disciplinar a compensação dos dias parados referentes ao mesmo movimento paredista, expressamente autorizou os descontos em folha de pagamento no caso de saldo de horas remanescentes não compensadas até a data limite acordada. Na espécie, prevaleceu o entendimento de que a CEF, ao invocar a disposição regulamentar para efetuar o desconto dos dias parados, extrapolou seu poder diretivo, ignorando o compromisso posteriormente assumido com a categoria profissional mediante a assinatura dos termos aditivos, o que constitui afronta ao disposto no art. 7º, XXVI, da CF e ao princípio da boa-fé. *E-ED-RR-458-13.2010.5.12.0000, SDI1, Rel. Min. João Oreste Dalazen, 16.10.2014. (Info 92)*

Revista íntima. Cláusula que autoriza a inspeção pessoal que não acarrete toque em qualquer parte do corpo do empregado ou retirada de sua vestimenta e proíbe a instalação de câmeras de vídeo nos banheiros e vestiários. Validade.

É válida a cláusula de instrumento normativo que autoriza a revista íntima dos trabalhadores desde que não haja toque em qualquer parte do corpo ou retirada de vestimentas, bem como proíbe a instalação de câmeras de vídeo nos banheiros e também nos vestiários. Na espécie, consignou-se que a fixação de critérios à realização da revista pessoal são providências que não extrapolam o alcance conferido ao poder fiscalizador da empresa, razão pela qual a cláusula não pode ser considerada uma atitude exacerbada e invasiva da intimidade e privacidade dos empregados. *RO-17500-03.2011.5.17.0000, SDC, Rel. Min. Mauricio Godinho Delgado, 17.2.2014. (Info 72)*

Tíquete-alimentação. Valores diferenciados. Previsão em norma coletiva. Validade.

A CF, ao mesmo tempo em que proíbe qualquer discriminação no tocante a salários, exercício de funções e critérios de admissão (art. 7º, XXX), também impõe proteção aos acordos e convenções negociados coletivamente (art. 7º, XXVI). Assim, na hipótese em que a norma coletiva prevê o fornecimento de tíquetes-alimentação em valores diferenciados para os empregados da mesma empresa em razão de particularidades nos contratos celebrados entre a tomadora e a prestadora, tais como local de prestação dos serviços e o valor global do respectivo contrato, a norma coletiva em questão deve ser validada, pois regula um direito disponível, não existindo razão para impedir sua flexibilização. *E-RR-2150-14.2011.5.03.0113, SDI1, Rel. Min. Alexandre de Souza Agra Belmonte, 20.11.2014. (Info 96)*

2013

Ação anulatória. Acordos coletivos de trabalho celebrados com sindicatos nacionais. Impossibilidade de aplicação em base territorial onde exista sindicato local representante da categoria profissional. Princípio constitucional da unicidade sindical.

Em observância ao princípio da unicidade sindical, não se aplicam acordos coletivos de trabalho celebrados com sindicatos nacionais à determinada base territorial onde exista sindicato local regularmente constituído e com legítima representatividade da categoria. Na espécie, apesar de existir sindicato de trabalhadores no transporte marítimo com atuação no Estado do Paraná, a empresa, por considerar necessária a uniformização das condições de trabalho nos locais de sua atuação, deixou de celebrar com ele negociação coletiva para firmar acordos coletivos com os sindicatos nacionais de condutores da marinha mercante, de marinheiros e moços e de mestres e contramestres, os quais foram declarados nulos pelo TRT de origem, ao fundamento de que a referida prática violou o art. 8º, II, da CF. *RO-2742-75.2010.5.09.0000, SDC, Rel. Min. Márcio Eurico Vitral Amaro, 15.10.2013. (Info 63)*

Banespa. Instituição bancária com quadro de pessoal organizado em nível nacional. Prevalência de acordo coletivo de trabalho de âmbito nacional sobre convenção coletiva de trabalho de âmbito regional. Princípio do conglobamento. Representatividade da Contec.

Na hipótese de conflito entre convenção coletiva de trabalho de âmbito regional, firmada pelo Sindicato dos Bancários de Belo Horizonte e a Federação Nacional dos Bancos – Fenaban, e acordo coletivo de trabalho de âmbito nacional, celebrado entre o Banespa e a Confederação Nacional dos Trabalhadores nas Empresas de Crédito – Contec, deve prevalecer o acordo de abrangência nacional, por ser o empregador instituição bancária com quadro de pessoal organizado em nível nacional, e por ser mais benéfico à categoria profissional como um todo, em face do princípio do conglobamento. Ademais, não obstante a OJ Transitória 68/SDI1 se refira a período diverso daquele abrangido pelos instrumentos coletivos questionados, extrai-se do verbete a autoridade da Contec para representar os interesses dos empregados do Banespa em negociações coletivas. E-RR-125300-63.2005.5.03.0009, SDI1, Rel. Min. Delaíde Miranda Arantes, 29.8.2013. (Info 57)

Negociação coletiva sem a participação do sindicato. Art. 617 da CLT. Recursa em negociar não comprovada. Invalidade do acordo firmado. Art. 8º, VI, da CF.

Não obstante o 617 da CLT tenha sido recepcionado pela CF, sua aplicação está restrita às excepcionais hipóteses em que houver comprovada recusa do sindicato em proceder à negociação, pois, nos termos do art. 8º, VI, da CF, a participação obrigatória do sindicato na negociação coletiva de trabalho é preceito de observância inafastável. Assim, não havendo nos autos a prova de que o sindicato se recusou a negociar, mas, ao revés, registrada a autoproclamação de membros de comissão de quatro empregados, sem a necessária segurança de que se tratava de iniciativa efetiva dos obreiros e sem ao menos convidar o sindicato para participar dos debates, não há como validar a negociação empreendida diretamente com os trabalhadores. RO-8281-17.2010.5.02.0000, SDC, Rel. Min. Márcio Eurico Vitral Amaro, 12.8.2013. (Info 54)

Turnos ininterruptos de revezamento. Norma coletiva. Extensão da jornada para além da oitava hora. Adoção de regime de compensação semanal. Invalidade. Art. 7º, XIV, da CF e Súm. 423/TST.

Nos termos do art. 7, XIV, da CF e da Súm. 423/TST, não é válida cláusula de instrumento normativo que estipula jornada superior a oito horas em turnos ininterruptos de revezamento, ainda que a extrapolação do limite diário decorra da adoção de regime de compensação semanal, com vistas à supressão da realização de trabalho aos sábados. E-ED-ARR-483-91.2010.5.03.0027, SDI1, Rel. Min. Alberto Luiz Bresciani de Fontan Pereira, 11.4.2013. (Info 42)

2012

Ação anulatória. Acordo coletivo de trabalho. Horas "in itinere". Cláusula que estabelece quitação geral e indiscriminada. Período anterior à vigência. Impossibilidade.

A SDC deu provimento a recurso ordinário em ação anulatória para declarar a nulidade de cláusula de acordo coletivo de trabalho que previa a quitação geral e indiscriminada de horas "in itinere" relativas a todo o período anterior à vigência da norma. Esclareceu o Ministro relator que, no caso, não houve estabelecimento de qualquer contrapartida aos trabalhadores, o que equivale à renúncia aos salários correspondentes ao tempo à disposição do empregador, em contraste com os arts. 9º, 58, § 2º, e 444 da CLT. Ademais, cláusulas que transacionam direitos referentes a lapso temporal anterior à sua vigência são ineficazes, ante o disposto no art. 614, § 3º, da CLT e na Súm. 277/TST, restando claro que a referida cláusula foi instituída com o intuito de liberar a empresa do pagamento de eventuais débitos a título de horas de percurso que possam vir a ser apurados em reclamações trabalhistas, inibindo, portanto, o acesso dos empregados ao Poder Judiciário. RO-22700-15.2010.5.03.0000, SDC, Rel. Min. Fernando Eizo Ono, 15.5.2012. (Info 8)

Ação anulatória. Acordo coletivo de trabalho que contém norma menos favorável que aquela prevista em convenção coletiva vigente no mesmo período. Art. 620 da CLT. Nulidade afastada.

O confronto entre duas cláusulas dispondo sobre a mesma vantagem constante tanto de acordo quanto de convenção coletiva vigentes no mesmo período não enseja a anulação da norma menos favorável, mas apenas a sua inaplicabilidade ao caso concreto, conforme dicção do art. 620 da CLT. O reconhecimento de que a convenção coletiva deve ser aplicada em detrimento do acordo coletivo, quando aquela for mais favorável, não implica a declaração da nulidade do acordo, pois, para tanto, seria necessária a constatação de irregularidades de ordem formal ou material a afrontar o ordenamento jurídico. *RO-2643-24.2010.5.12.0000, SDC, Rel. Min. Kátia Magalhães Arruda, 13.8.2012. (Info 17)*

Ação anulatória. Convenção coletiva de trabalho. Cláusula que prevê a dispensa da concessão do aviso prévio no caso de o trabalhador ser contratado pela nova prestadora de serviços. Nulidade.

É nula a cláusula de convenção coletiva de trabalho que dispensa as empresas que perderem os contratos de prestação de serviços de conceder e indenizar o aviso prévio, desde que o trabalhador seja imediatamente contratado pela nova prestadora de serviços. *RO-100-78.2008.5.17.0000, SDC, Rel. Min. Fernando Eizo Ono, 11.12.2012. (Info 34)*

Associação Municipal de Apoio Comunitário – AMAC. Pessoa jurídica de direito público. Instituição de Plano de Cargos e Salários. Acordo coletivo de trabalho. Nulidade.

Diante da impossibilidade de a pessoa jurídica de direito público, que mantenha empregados vinculados ao regime previsto na CLT, celebrar convenções e acordos coletivos de trabalho que lhe acarretem encargos financeiros diretos, a SDC negou provimento aos recursos ordinários, entendendo não merecer reforma o acórdão do Regional que pronunciou, de forma incidental, a natureza jurídica de direito público da Associação Municipal de Apoio Comunitário – AMAC, e julgou procedente a ação anulatória para declarar a nulidade, com efeitos "ex tunc", do acordo coletivo de trabalho celebrado entre a referida associação e o Sindicato dos Trabalhadores, Funcionários e Servidores Municipais da Administração Direta, Indireta, Fundações, Autarquias, Empresas Públicas e Associações Civis da Prefeitura do Município de Juiz de Fora – Sinserpu/JF. *ROAA-146500-85.2007.5.03.0000, SDC, Rel. Min. Fernando Eizo Ono, 9.10.2012. (Info 25)*

Representatividade sindical. Contec. Legitimidade para celebrar acordo coletivo com o Banco do Brasil S.A.

O fato de o Banco do Brasil S.A. ser uma instituição financeira que possui agências em todo o País e quadro de carreira organizado em âmbito nacional, aliado ao disposto no art. 611, § 2º, da CLT, que autoriza as federações ou confederações a celebrarem convenções coletivas para regerem as relações de trabalho no âmbito de suas representações, confere à Confederação Nacional dos Trabalhadores nas Empresas de Crédito (Contec) legitimidade para celebrar acordo coletivo com o referido banco. *E-ED-RR-96000-27.2000.5.15.0032, SDI1, Rel. Min. Brito Pereira, 10.5.2012. (Info 8)*

7. DAS COMISSÕES DE CONCILIAÇÃO PRÉVIA (CLT, ARTS. 625-A A 625-H)

2012

Comissão de conciliação prévia. Acordo firmado sem ressalvas. Eficácia liberatória geral.

Reafirmando posicionamento da Corte no sentido de possuir eficácia liberatória geral, quanto ao contrato de trabalho, o acordo firmado perante a comissão de conciliação prévia, quando inexistentes ressalvas, a SDI1 negou provimento ao agravo e manteve a decisão que negou seguimento aos embargos. *Ag-E-RR-131240-28.2008.5.03.0098, SDI1, Rel. Min. Ives Gandra Martins Filho, 20.9.2012. (Info 22)*

Comissão de Conciliação Prévia. Acordo firmado sem ressalvas. Eficácia liberatória geral. Parágrafo único do art. 625-E da CLT.

Nos termos do parágrafo único do art. 625-E da CLT, o termo de conciliação, lavrado perante a Comissão de Conciliação Prévia regularmente constituída, possui eficácia liberatória geral, exceto quanto às parcelas ressalvadas expressamente. Em outras palavras, não há limitação dos efeitos liberatórios do acordo firmado sem ressalvas, pois o termo de conciliação constitui título executivo extrajudicial, com força de coisa julgada entre as partes, equivalendo a uma transação e abrangendo todas as parcelas oriundas do vínculo de emprego. *E-RR-17400-43.2006.5.01.0073, SDI1, Rel. Min. Aloysio Corrêa da Veiga, 8.11.2012. (Info 29)*

Comissão de Conciliação Prévia. Termo de quitação. Eficácia liberatória. Diferenças em complementação de aposentadoria. Não abrangência.

A eficácia liberatória geral do termo de quitação referente a acordo firmado perante a Comissão de Conciliação Prévia (art. 625-E, parágrafo único, da CLT) possui abrangência limitada às verbas trabalhistas propriamente ditas, não alcançando eventuais diferenças de complementação de aposentadoria. *E-RR-141300-03.2009.5.03.0138, SDI1, Rel. Min. Renato de Lacerda Paiva, 6.12.2012. (Info 33)*

8. DO PROCESSO DE MULTAS ADMINISTRATIVAS (CLT, ARTS. 626 A 642)

2014

Mandado de segurança. Pedido de emissão de Certidão Positiva de Débitos Trabalhistas com Efeitos de Negativa. Execução integralmente garantida por reclamada que requer exclusão da lide. Ausência de decisão definitiva sobre a questão. Risco de ineficácia da prestação jurisdicional. Inexistência de direito líquido e certo.

Embora o § 2º do art. 642-A da CLT permita a expedição de Certidão Positiva de Débitos Trabalhistas com Efeito de Negativa, desde que haja débitos trabalhistas com exigibilidade suspensa ou quando a execução estiver garantida por depósito ou penhora, no caso em que não há decisão definitiva acerca da exclusão da lide da empresa executada responsável pela garantia do juízo, não se afigura razoável que as demais reclamadas se beneficiem da suspensão da exigibilidade dos débitos trabalhistas, ante o risco de ineficácia da prestação jurisdicional. Incidência, por analogia, do item III da Súm. 128/TST. RO-1000244-76.2013.5.02.0000, SDI2, Rel. Min. Douglas Alencar Rodrigues, 7.10.2014. (Info E06)

9. DO MINISTÉRIO PÚBLICO DO TRABALHO (CLT, ARTS. 736 A 762)

2013

MPT. Ação civil coletiva. Legitimidade ativa. Supressão de pagamento ou dispensa com intuito punitivo e discriminatório. Direitos individuais homogêneos. Garantia de acesso ao Judiciário.

O MPT tem legitimidade para ajuizar ação civil coletiva em face de empregador que, com intuito punitivo e discriminatório, suprime o pagamento de adicionais e gratificações ou dispensa empregados que ajuizaram reclamação trabalhista e não aderiram a acordo judicial, ainda que a postulação envolva sanções de caráter pecuniário. Trata-se, com efeito, da tutela de direitos individuais homogêneos, sendo cabível a defesa coletiva para facilitar o acesso à Justiça, conferindo uniformidade e relevância às decisões judiciais nos conflitos de massa. Ademais, a pretensão ostenta interesse social relevante, não só para a categoria dos empregados atingidos, mas também para todos os trabalhadores, na medida em que visa assegurar a garantia fundamental de acesso ao Judiciário sem discriminações ou retaliações. E-E-D-RR-197400-58.2003.5.19.0003, SDI1, Min. Augusto César Leite de Carvalho, 21.6.2012. (Info 14)

2012

Ação rescisória. Legitimidade do MPT. Contratação de trabalhadores brasileiros para prestar serviços no exterior em condições análogas a de escravo. Defesa de direitos individuais homogêneos. Matéria controvertida no Tribunal. Súms. 83, item I, do TST e 343/STF.

A legitimidade do MPT para propor ação coletiva na defesa de direitos individuais homogêneos, conquanto constitua pressuposto de validade da sentença rescindenda, revela-se como questão ainda controvertida no TST, incidindo o entendimento consolidado no item I da Súm. 83/TST e na Súm. 343 do STF. No caso concreto, restou evidenciada a relevância social do bem jurídico tutelado, tendo em vista que a causa de pedir remota nas ações originárias é a contratação de trabalhadores brasileiros para prestação de serviços na Venezuela em condições análogas a de escravo, atraindo, assim, a legitimidade do MPT. ROAR-187300-31.2007.5.04.0000, SDI2, Rel. Min. Emmanoel Pereira, 17.12.2013. (Info 70)

10. NORMAS CONSTITUCIONAIS

2014

Ação rescisória. Gestante. Estabilidade provisória. Concessão. Gravidez no curso do aviso prévio. Art. 10, II, "b", do ADCT. Não violação.

Não viola o disposto no art. 10, II, "b", do ADCT a decisão que confere estabilidade provisória à gestante cuja gravidez tenha ocorrido no curso do aviso prévio, pois o dispositivo constitucional mencionado veda a dispensa da empregada gestante desde a confirmação da gestação até cinco meses após o parto, fixando critério objetivo ligado ao fato da gravidez e não ao momento da sua comprovação. Assim sendo, levando em conta que o aviso prévio, pela sua própria natureza, integra o contrato de trabalho, pode-se concluir que a decisão rescindenda apenas realizou interpretação finalística da norma de garantia fundamental social, não incorrendo em qualquer violação.

AR-4303-18.2012.5.00.0000, SDI2, Rel. Min. Hugo Carlos Scheuermann, 12.8.2014. (Info 86)

2013

CEF. Novo plano de cargos e salários. Adesão condicionada à desistência de ações judiciais. Invalidade. Afronta ao princípio da inafastabilidade da jurisdição. Art. 5º, XXXV, da CF.

Fere o princípio da inafastabilidade da jurisdição, insculpido no art. 5º, XXXV, da CF, cláusula de norma interna da Caixa Econômica Federal – CEF que condiciona a validade da adesão a novo plano de cargos e salários à desistência das ações judiciais, impondo ao empregado a quitação genérica dos planos anteriores. E-RR-3070300-42.2008.5.09.0013, SDI1, Rel. Min. Brito Pereira, 24.10.2013. (Info 64)

Complementação de aposentadoria. Piso salarial em múltiplos de salário mínimo estabelecido em norma coletiva. Previsão em lei estadual. Impossibilidade de vinculação. Art. 7º, IV, da CF e Súm. Vinculante 4/STF.

Não é possível a vinculação da complementação de aposentadoria ao piso salarial fixado em múltiplos de salário mínimo, ainda que exista lei estadual assegurando a observância da norma coletiva que estipulou a base de cálculo, tendo em vista o disposto no art. 7º, IV, da CF e na Súm. Vinculante 4/STF. E-ED-RR-132000-64.2008.5.15.0058, SDI1, Red. p/ ac. Min. Renato de Lacerda Paiva, 12.12.2013. (Info 70)

Doença grave. Neoplasia maligna. Isenção do imposto de renda. Lei 7.713/88, art. 6º, XIV. Inexigência da contemporaneidade dos sintomas para ter direito ao benefício. Prevalência do princípio da dignidade da pessoa humana.

A servidora acometida de qualquer das doenças graves elencadas pelo art. 6º, XIV, da Lei 7.713/88 tem direito à isenção do imposto de renda sobre proventos de aposentadoria, não sendo necessário provar a contemporaneidade dos sintomas ativos da moléstia. Na espécie, alegou a União que a servidora não seria mais portadora de neoplasia maligna para fins de isenção do imposto de renda porque o laudo produzido após a cirurgia atestou a ausência de sintomas de recidiva do carcinoma no momento da inspeção médica. Todavia, conforme consignado no mesmo laudo médico oficial, a paciente continuava em tratamento complementar com intenção curativa, não se podendo, portanto, concluir que a doença estaria totalmente extirpada. RO-68-83.2012.5.08.0000, Órgão Especial, Rel. Min. Hugo Carlos Scheuermann, 4.11.2013. (Info 65)

Imposto de renda. Arrecadação pelo próprio ente público estadual beneficiário e destinatário do tributo. Repasse à União Federal. Desnecessidade. Integração imediata à receita estadual. Art. 157, I, da CF.

A CF conferiu aos Estados e ao Distrito Federal "o produto da arrecadação do imposto da União sobre renda e proventos de qualquer natureza, incidente na fonte, sobre rendimentos pagos, a qualquer título, por eles, suas autarquias e pelas fundações que instituírem e mantiverem" (CF, art. 157, I). Desse modo, o Imposto de Renda diretamente arrecadado pelos Estados e pelo Distrito Federal incorpora-se imediatamente às suas receitas, não sendo necessário repassá-lo à União para um retorno futuro, pois o produto arrecadado não está sujeito à redistribuição ou transferência. RO-839-59.2010.5.07.0000, Órgão Especial, Red. p/ ac. Min. Fernando Eizo Ono, 6.5.2013. (Info 45)

2012

AR. Gestante. Estabilidade provisória. Art. 10, II, "b", do ADCT. Fechamento do estabelecimento. Transferência para outra localidade. Recusa da empregada. Justa causa. Não caracterização.

Levando em consideração que a garantia no emprego da empregada gestante prevista no art. 10, II, "b", do ADCT não está condicionada à existência de atividades regulares na empresa, e visa, em último caso, proteger não apenas a empregada, mas também o bem-estar do nascituro, a recusa da obreira em ser transferida para outra localidade em razão do fechamento da filial em que trabalhava não pode ser tida como justa causa a obstaculizar a percepção das verbas devidas em decorrência da estabilidade. RO-298-04.2010.5.15.0000, SDI2, Rel. Min. Guilherme Augusto Caputo Bastos. 10.4.2012. (Info 5)

Arguição de inconstitucionalidade. Trabalhador portuário avulso. Art. 27, § 3º, da Lei 8.630/93. Aposentadoria espontânea. Manutenção da inscrição junto ao OGMO.

O Tribunal Pleno decidiu, por maioria de votos, rejeitar a arguição de inconstitucionalidade do art. 27, § 3º, da Lei 8.630/93 e, conferindo-lhe interpretação conforme a CF, declarar que a aposentadoria espontânea do trabalhador avulso não implica o cancelamento da inscrição no cadastro e registro do trabalhador portuário junto ao Órgão de Gestão de Mão-de-Obra – OGMO. Invocou-se, na hipótese, o princípio da isonomia, especificamente previsto no art. 7º, XXXIV, da CF, e os fundamentos adotados pelo STF ao declarar a inconstitucionalidade do § 2º do art. 453 da CLT com relação aos empregados com vínculo de emprego permanente (ADI 1721), para sustentar que os princípios constitucionais ali enumerados, a saber, o valor social do trabalho, a existência digna e a busca do pleno emprego e o primado do trabalho, alcançam igualmente os trabalhadores avulsos, de modo que a aposentadoria espontânea, da mesma forma que não extingue automaticamente o vínculo de emprego, também não cancela a inscrição dos trabalhadores avulsos perante o OGMO. *ArgInc-395400-83.2009.5.09.0322, Tribunal Pleno, Rel. Min. Pedro Paulo Teixeira Manus, 15.10.2012. (Info 26)*

Cesta básica. Exclusão de empregados em contrato de experiência. Impossibilidade.

A exclusão dos trabalhadores em contrato de experiência do pagamento de cesta básica não se coaduna com o princípio consagrado pelo art. 3º, IV, parte final, da CF, que veda qualquer forma de discriminação na promoção do bem de todos. *RO-20260-19.2010.5.04.0000, SDC, Min. Kátia Magalhães Arruda, 9.10.2012. (Info 25)*

CVRD. Empréstimo concedido mediante norma coletiva. Remissão da dívida. Benefício previsto somente para os empregados com contrato de trabalho em vigor. Extensão aos reclamantes dispensados antes da vigência do acordo coletivo que previu a remissão. Contrariedade ao art. 7º, XXVI, da CF. Configuração.

Contraria o disposto no art. 7º, XXVI, da CF a decisão que estende a remissão de dívida referente a empréstimo concedido aos trabalhadores da Companhia Vale do Rio Doce – CVRD, por força de norma coletiva pactuada na data-base anterior (ACT 97/98), aos ex-empregados cujo contrato de trabalho não mais vigia em julho de 1998, conforme exigido pelo Acordo Coletivo de Trabalho 98/99, que previu a remissão. *E-ED--RR-144700-10.1999.5.17.0001, SDI1, Rel. Min. Lelio Bentes Corrêa, 15.3.2012. (Info 2)*

Empregada doméstica gestante. Despedida antes da vigência da Lei 11.234/06. Estabilidade provisória (art. 10, II, "b", do ADCT). Possibilidade.

Possui direito à estabilidade provisória, de que trata o art. 10, II, "b", do ADCT, a empregada doméstica gestante despedida antes da vigência da Lei 11.234/06, a qual reconheceu expressamente tal direito. O fato de a estabilidade genérica do artigo 7º, I, da CF não ter sido assegurada às empregadas domésticas não tem o condão de afastar a pretensão relativa à garantia provisória concedida às demais gestantes, pois aquelas se encontram na mesma situação de qualquer outra trabalhadora em estado gravídico. Ademais, conforme salientado pelo Ministro João Oreste Dalazen, o STF vem entendendo, reiteradamente, que o comprometimento do Brasil no plano internacional quanto à proteção à maternidade e ao nascituro, independentemente da natureza do vínculo profissional estabelecido entre a gestante e o destinatário da prestação de serviços, remonta à ratificação da Convenção 103 da OIT, ocorrida em 18.06.1965, e concerne não apenas à garantia à licença-maternidade, mas também à estabilidade provisória prevista no art. 10, II, "b", do ADCT. *E-ED--RR-5112200-31.2002.5.02.0900, SDI1, Rel. Min. Horácio Raymundo de Senna Pires, 13.12.2012. (Info 34)*

11. TEMAS ESPARSOS

11.1. Prescrição no Direito do Trabalho

2016

Companhia Siderúrgica Nacional (CSN). Participação nos lucros e resultados. Regularidade formal dos acordos que alteraram as regras. Ato único do empregador. Prescrição total. Aplicação da Súm. 294/TST.

O art. 7º, XI, da CF e a Lei 10.101/00, conquanto disponham acerca da participação nos lucros e resultados, não asseguram o direito à parcela, mas apenas criam condições para que as empresas a instituam, em negociação com seus empregados. Assim, na hipótese em que se discute a regularidade formal dos acordos firmados em 1999 e 2001, que alteraram as regras da participação nos lucros e resultados dos empregados da Companhia Siderúrgica Nacional (CSN), incide a prescrição total, nos termos da Súm. 294/TST, pois a suposta lesão decorre de ato único do empregador. *E-E-D-ED-RR-90200-38.2006.5.01.0342, SDI1, Red. p/ ac. Min. Márcio Eurico Vitral Amaro, 15.9.2016. (Info 144)*

Controvérsia sobre vínculo de emprego. Prescrição. Termo inicial. Projeção do aviso-prévio. Incidência da OJ 83/SDI1.

A diretriz consagrada na OJ 83/SDI1, segundo a qual se computa a projeção do aviso-prévio na duração do contrato de emprego para efeito de contagem do prazo prescricional, se estende aos casos em que o vínculo empregatício ainda não foi espontaneamente reconhecido entre as partes ou judicialmente declarado. *E-ED-RR-277-72.2012.5.01.0024, SDI1, Red. p/ ac. Min. Augusto César Leite de Carvalho, 15.9.2016. (Info 144)*

Novacap. Gratificação de função. Diferenças decorrentes de reajustes salariais previstos em normas coletivas. Descumprimento. Lesão continuada. Prescrição parcial.

O pagamento de diferenças de gratificação de função decorrentes de reajustes salariais previstos em normas coletivas firmadas pela Companhia Urbanizadora da Nova Capital do Brasil – Novacap se sujeita à prescrição parcial quinquenal. *E-RR-551-88.2010.5.10.0013, SDI1, Rel. Min. Walmir Oliveira da Costa, 11.2.2016. (Info 128)*

Trabalhador portuário avulso. Prescrição bienal e quinquenal. Cancelamento da OJ 384/SDI1. Lei 12.815/13.

Para o trabalhador portuário avulso, o prazo prescricional bienal conta-se a partir do cancelamento do registro ou do cadastro junto ao Órgão Gestor de Mão de Obra – OGMO, não mais se aplicando o entendimento contido na cancelada OJ 384/SDI1, no sentido de que a prescrição bienal conta-se da data do término de cada prestação de serviço (engajamento). Na vigência do credenciamento permanece a incidência da prescrição quinquenal, pois os trabalhadores portuários avulsos cadastrados estão ligados ao OGMO de forma direta, sucessiva e contínua, cabendo a ele atuar como intermediário entre os trabalhadores e os tomadores de serviços. Corrobora esse entendimento o art. 37, § 4º, da Lei 12.815, de 2013, segundo o qual "as ações relativas aos créditos decorrentes da relação de trabalho avulso prescrevem em 5 (cinco) anos até o limite de 2 (dois) anos após o cancelamento do registro ou do cadastro no órgão gestor de mão de obra". *E-ED-RR-183000-24.2007.5.05.0121, SDI1, Rel. Min. José Roberto Freire Pimenta, 4.8.2016. (Info 141)*

2015

Banco do Brasil. Anuênios. Previsão originária em norma regulamentar interna. Incorporação ao contrato de trabalho. Supressão posterior. Ausência de renovação em norma coletiva. Prescrição parcial. Inaplicabilidade da Súm. 294/TST.

Não se aplica o entendimento consubstanciado na Súm. 294/TST à controvérsia em torno da prescrição incidente sobre a pretensão ao recebimento de anuênios – previstos originalmente em norma regulamentar e suprimidos, posteriormente, por ausência de renovação em acordo coletivo. O direito a esse benefício, antes mesmo de ter sido tratado em norma coletiva, já havia aderido ao contrato de trabalho dos empregados do Banco do Brasil, cujo descumprimento implica lesão que se renova mês a mês, atraindo apenas a prescrição parcial. *E-ED-RR-151-79.2011.5.04.0733, SDI1, Rel. Min. Luiz Phillippe Vieira de Mello Filho, 24.9.2015. (Info 119)*

Prescrição. Ação de reparação de danos materiais. Demanda proposta por empregador em face de ex-empregado. Lesão ocorrida antes da vigência da EC 45, de 30 de dezembro de 2004. Prazo aplicável.

Ainda que a lesão tenha ocorrido em 1999, antes da entrada em vigor da EC 45/04, aplica-se o prazo prescricional trabalhista, previsto no artigo 7º, XXIX, da CF. Isso porque se trata de lide não relacionada à indenização por danos morais ou materiais decorrentes de acidente do trabalho ou doença ocupacional. Nessas hipóteses, tem-se por irrelevante a data da publicação da EC 45/04, pois há muito se fazia firme a jurisprudência desta Corte e do STF a respeito da competência da Justiça do Trabalho. *EEDRR 1500-41.2006.5.07.0012, SDI1, red. Min. Márcio Eurico Vitral Amaro, 25.6.2015. (Info 112)*

Prescrição. "Actio nata". Indenização por danos morais e materiais. Ação criminal proposta pelo empregador após a dispensa por justa causa. Falsificação de atestado médico. Absolvição criminal superveniente. Art. 200 do Código Civil.

Nos termos do art. 200 do Código Civil, conta-se a prescrição da pretensão relativa à indenização por danos morais e materiais decorrentes de falsa imputação de crime efetuada por ex-empregador a partir do trânsito em julgado da sentença penal definitiva. *E-RR-201300-40.2008.5.02.0361, SDI1, red. Min. Alexandre de Souza Agra Belmonte, 28.5.2015. (Info 109)*

Prescrição. Indenização por dano moral e material. Exclusão do empregado e dependentes do quadro de beneficiários do plano de saúde (CASSI) e da entidade de previdência privada (PREVI). Fluência do prazo prescricional. Ajuizamento de protesto judicial e gozo de auxílio doença e posterior aposentadoria por invalidez.

Incide a prescrição total do direito de ação para postular indenização por dano moral e material supostamente infligido ao empregado e a seus dependentes, a partir da supressão de benefícios de plano de saúde (CASSI) e de previdência complementar (PREVI), no curso de inquérito administrativo interno. *E-ED-RR-63440-83.2008.5.03.0097, SDI1, Rel. Min. João Oreste Dalazen, 20.8.2015. (Info 114)*

Prescrição. Interrupção do prazo pelo ajuizamento de ação pretérita. Identidade formal dos pedidos. Má aplicação da Súm. 268/TST. Singularidade das pretensões deduzidas em juízo. Ausência de identidade substancial.

A ausência de identidade substancial dos pedidos – no sentido amplo da palavra, abrangida também a causa de pedir –, não tem o condão de interromper o curso dos prazos prescricionais à luz da Súm. 268/TST. Não basta a mera identidade formal dos pedidos para interrupção da prescrição, devendo configurar-se a identidade substancial, de modo a alcançar a própria causa de pedir, verdadeira gênese da pretensão jurídica de direito material que se busca alcançar mediante o exercício do direito de ação. *E-ED-RR-102600-22.2005.5.10.0002, SDI1, Rel. Min. João Oreste Dalazen, 23.4.2015. (Info 104)*

Salário variável. Previsão em cláusula contratual. Inobservância. Diferenças. Prescrição. Não incidência da Súm. 294/TST e da OJ 175/SDI1.

Aplica-se a prescrição parcial ao pedido de diferenças de parcela variável da remuneração do empregado jamais paga, nos termos ajustados, durante o curso do contrato de emprego. *E-ED-RR-43940-03.2006.5.05.0014, SDI1, Rel. Min. Hugo Carlos Scheuermann, 3.12.2015. (Info 125)*

2014

Bancário. Horas extras ajustadas em momento posterior ao da admissão. Inexistência de vínculo com a prestação de serviço extraordinário. Natureza jurídica de salário propriamente dito. Supressão. Prescrição parcial. Súms. 199, II, e 294/TST. Não incidência.

Ainda que paga sob rubrica que possa sugerir tratar-se de horas extras, a parcela que é recebida pelo bancário em momento posterior ao de sua contratação, em valores mensais fixos e de forma desvinculada da prestação de serviço extraordinário não se configura típica pré-contratação de horas extras, ostentando, em verdade, a natureza de salário propriamente dito. Desse modo, havendo a supressão da mencionada verba, incide ao caso a prescrição parcial, pois configurado o mero descumprimento da obrigação de efetuar o pagamento do salário, e não a prescrição total de que trata o item II da Súm. 199/TST. Também não há falar em incidência da Súm. 294/TST, por não ser o caso de alteração contratual. *E-ED-RR-213000-55.2007.5.09.0069, SDI1, Rel. Min. João Qreste Dalazen, 8.5.2014. (Info 81)*

CEF. Gerente geral. Horas extras. Jornada de 6 horas diárias assegurada pelo PCS/89. Pretensão de manutenção do pagamento das horas extraordinárias por força de previsão constante no PCS/98. Prescrição parcial. Descumprimento de norma vigente.

Não incide a prescrição total na hipótese em que a pretensão posta em juízo diz respeito ao reconhecimento ao direito de manutenção da jornada de 6 horas ao gerente geral, prevista em norma anterior da Caixa Econômica Federal (OC DIRHU 9/88 e PCS/89), a qual foi alterada por norma posterior (PCS/98) que, no entender do reclamante, teria assegurado o direito de irredutibilidade salarial e manutenção das vantagens decorrentes da norma anterior. No caso, prevaleceu a tese de que o empregado, gerente geral, pretende que lhe sejam deferidas as 7ª e 8 a horas diárias como extras, em decorrência do descumprimento da norma vigente (relatórios SISRH EMPR, C-SISRH PCSE, C-item 3 da CI 55/98) e não em razão de ato único do empregador. *E-RR-14300-32.2008.5.04.0007, SDI1, Red. p/ ac. Min. Luiz Philippe Vieira de Mello Filho, 13.2.2014. (Info 72)*

Companhia Mineira de Eletricidade – CME. Gratificação equivalente a doze salários. Parcela única devida por ocasião da aposentadoria em razão de norma interna. Acordo para pagamento da gratificação entabulado com a CEMIG, sucessora da CME, e a FORLUZ. Descumprimento. Prescrição total. Súm. 326/TST.

Incide a prescrição total do direito de ação, de que trata a Súm. 326/TST, à hipótese em que se pleiteia o pagamento de gratificação, em parcela única, equivalente a doze salários, devida por ocasião da aposentadoria, em decorrência de norma interna da primitiva empregadora, Companhia Mineira de Eletricidade – CME. Na espécie, não há falar em diferenças de complementação de aposentadoria, a atrair a incidência da prescrição parcial de que trata a Súm. 327/TST, pois a questão envolve o alegado descumprimento do acordo firmado entre o sindicato da categoria profissional, a CEMIG (sucessora da CME) e a FORLUZ (entidade fechada de previdência privada), por meio do qual se assegurou, aos antigos empregados da CME, o pagamento da gratificação de doze salários. De outra sorte, não se mostra pertinente a incidência da Súm. 294/TST, pois a norma interna assegurara o recebimento da gratificação em parcela única, não se cuidando, portanto, de pedido de pagamento de prestações sucessivas decorrente de alteração do pactuado. *E-RR-1594-83.2010.5.03.0036, SDI1, Rel. Min. João Oreste Dalazen, 13.3.2014. (Info 75)*

Companhia Mineira de Eletricidade – CME. Gratificação equivalente a doze salários. Parcela única devida por ocasião da aposentadoria em razão de norma interna. Acordo para pagamento da gratificação entabulado com a CEMIG, sucessora da CME, e a FORLUZ. Descumprimento. Pedido sucessivo. Reflexos da gratificação não recebida no cálculo da complementação de aposentadoria. Prescrição total de ambos os pedidos. Súm. 326/TST.

Incide a prescrição total do direito de ação, de que trata a Súm. 326/TST, à hipótese em que se pleiteia o pagamento de gratificação, em parcela única, equivalente a doze salários, devida por ocasião da aposentadoria, em decorrência de norma interna da primitiva empregadora, Companhia Mineira de Eletricidade – CME. De igual modo, está fulminado pela prescrição total o pedido sucessivo de reflexos da gratificação não recebida no cálculo da complementação de aposentadoria, pois, na verdade, trata-se de pedido acessório, devendo seguir a mesma sorte do principal. *E-E-D-RR-1581-78.2010.5.03.0038, SDI1, Rel. Min. Dora Maria da Costa, 20.3.2014. (Info 76)*

Contrato de estágio. Natureza jurídica trabalhista. Prescrição. Incidência do inciso XXIX do art. 7º da CF.

É imprópria a aplicação da prescrição decenal do art. 205 do CC ao contrato de estágio regulado pela Lei 11.788/08, pois ainda que não se trate de típica relação de emprego, ostenta natureza de relação de trabalho a atrair a incidência da prescrição de que trata o inciso XXIX do art. 7º da CF. *E-RR-201-90.2012.5.04.0662, SDI1, Rel. Min. Luiz Philippe Vieira de Mello Filho, 5.6.2014. (Info 85)*

Dano Moral. Acidente do trabalho ou doença profissional. Prescrição. Norma de regência vigente na data da lesão ou da ciência inequívoca do evento danoso. Prescrição trabalhista versus prescrição cível. EC 45/04.

A regra prescricional aplicável à pretensão relativa a indenização por danos morais decorrente de acidente do trabalho ou doença profissional é definida levando-se em conta a data da lesão ou, na hipótese de doença profissional, da ciência inequívoca do evento danoso pelo empregado. Incidirá a prescrição trabalhista se a lesão ou constatação do dano ocorreu na vigência da EC 45/04, que inseriu, de forma inequívoca, a matéria no âmbito da competência da Justiça do Trabalho. Contrariamente, se a lesão ou sua constatação se deu em data anterior à referida emenda, incidirá o prazo cível, observando-se as regras de transição do Código Civil de 2002. Assim, no caso em o dano se consumou com a aposentadoria por invalidez em 13.4.2001, ou seja, em data anterior ao Novo Código Civil, e a ação de indenização por danos morais e matérias decorrentes de acidente do trabalho foi ajuizada na Justiça do Trabalho após a EC 45/04, incide a regra de transição de que trata o art. 2.028 do CC, de modo que, transcorridos menos de dez anos entre a aposentadoria por invalidez e a data da entrada em vigor do Código Civil de 2002, aplica-se a prescrição trienal (art. 206, § 3º, V, do CC). *E-RR-2700-23.2006.5.10.0005, SDI1, Rel. Min. Aloysio Corrêa da Veiga, 22.5.2014. (Info 83)*

Doença ocupacional. Laudo pericial emitido há mais de vinte anos da extinção do contrato de

trabalho. Prescrição. Marco inicial. Não adoção do momento da ciência da lesão.

Regra geral, considera-se como marco inicial da prescrição o momento do conhecimento da lesão. Todavia, na hipótese em que o laudo pericial que constatou a incapacidade auditiva decorrente da longa exposição do empregado a ruídos sem a utilização de equipamentos de proteção foi emitido mais de vinte anos após a rescisão do contrato de trabalho, não se mostra razoável reconhecer que a ciência da lesão só se deu no momento da perícia, ainda mais quando as provas dos autos evidenciam conduta que visa burlar o instituto da prescrição, mediante o ajuizamento em massa de reclamações trabalhistas por ex-empregados da mesma empresa, todas lastreadas em laudos periciais elaborados muitos anos após a extinção do vínculo de emprego. *E-RR-56600-22.2008.5.04.0811, SDI1, Rel. Min. Aloysio Corrêa da Veiga, 2.10.2014. (Info 91)*

Município de Colatina/ES. Plano de cargos e salários instituído mediante lei municipal. Aplicação limitada aos professores admitidos após a sua vigência. Pretensão de aplicação dos benefícios aos professores admitidos antes da introdução do novo PCS. Princípio da isonomia. Prescrição parcial. Inaplicabilidade das Súms. 275, II, e 294/TST.

Não se aplica a prescrição total, de que tratam as Súms. 275, II, e 294/TST, na hipótese em que, com fundamento no princípio da isonomia, professores pleiteiam enquadramento, e respectivas diferenças salariais, decorrente da implantação do novo plano de cargos e salários, instituído por lei municipal, a qual limitou a sua aplicação àqueles admitidos após seu advento. O caso dos autos diz respeito à Lei 4.414/98 do Município de Colatina/ES que, além de estabelecer normas gerais e especiais alusivas ao magistério, instituiu o Plano de Cargos e Salários, criando um quadro de pessoal permanente para aqueles que ingressassem na carreira após seu advento, assegurando a esses novos professores promoções e ascensão funcional, e mantendo o quadro de pessoal anterior, que seria extinto na medida em que vagassem os cargos. Entendeu-se que, estando em discussão o direito dos empregados a condições mais favoráveis consagradas em norma superveniente, resta inafastável a conclusão de que a pretensão se origina de suposta violação que se renova mês a mês, sempre que recusada sua aplicação. Ademais, a controvérsia não gira em torno de alteração do pactuado no contrato de trabalho, mas, sim, de recusa do empregador de aplicar as regras por ele instituídas. *E-ED-42400-93.2003.5.17.0141, SDI1, Rel. Min. Lelio Bentes Corrêa, 4.9.2014. (Info 88)*

Prescrição. Arguição na instância ordinária. Juntada de documento pela parte contrária em sede de recurso ordinário. Comprovação da inexistência da prescrição. Possibilidade.

Se, nos termos da Súm. 153/TST, é possível ao reclamado arguir a prescrição até a fase ordinária, pode o reclamante comprovar a inexistência de prescrição por meio de documento juntado a seu recurso ordinário. Diante da arguição de prescrição, deve ser garantido a outra parte o direito constitucional de se defender, ou seja, demonstrar, também na fase ordinária, a não ocorrência da prejudicial de mérito arguida. Não há falar, portanto, em juntada de documento novo, permitida pela Súm. 8/TST apenas em caso de justo impedimento ou quando referente a fato posterior à sentença. Ademais, se assim não fosse, haveria privilégio à parte que tem a possibilidade de arguir, até a fase ordinária, questão meritória capaz de ensejar a extinção do processo, com apreciação de mérito, em detrimento daquela que deveria defender o próprio direito pleiteado. *E-RR-69000-55.1999.5.16.0001, SDI1, Rel. Min. Luiz Philippe Vieira de Mello Filho, 13.11.2014. (Info 95)*

Professor. Redução do número de horas-aula. Prescrição total. Súm. 294/TST.

A redução do número de horas-aula está sujeita à prescrição total, nos termos da Súm. 294/TST, por caracterizar-se como ato único do empregador e não haver preceito de lei que assegure ao professor a irredutibilidade do número de aulas. *E-RR-2109-98.2012.5.03.0020, SDI1, Red. p/ ac. Min. Renato de Lacerda Paiva, 16.10.2014. (Info 92)*

2013

Acidente de trabalho. Ação de indenização por danos morais. Prescrição. Termo inicial. Aposentadoria por invalidez.

A SDI1 conheceu dos embargos da reclamada, por divergência jurisprudencial, e, no mérito, negou-lhes provimento, mantendo a decisão da Turma que afastou a prescrição pronunciada sob o fundamento de que o marco inicial para a contagem do prazo prescricional incidente sobre a ação de indenização por dano moral decorrente de acidente de trabalho é a data da aposentadoria por invalidez permanente, momento em que ocorreu a ciência inequívoca da incapacidade laboral. *E-E-D-RR-779-52.2008.5.10.0007, SDI1, Rel. Min. Aloysio Corrêa da Veiga, 29.8.2013. (Info 57)*

Alteração contratual. Ato único do empregador. Redução da parte fixa do salário. Direito à irredutibilidade salarial assegurado pela CF. Prescrição parcial. Súm. 294/TST, parte final.

A redução da parte fixa do salário pago ao empregado, ainda que decorrente de alteração contratual por ato único do empregador, configura ofensa ao direito à irredutibilidade salarial previsto no art. 7º, VI, da CF, de modo a atrair a aplicação da prescrição parcial de que trata a parte final da Súm. 294/TST. *E-ED-RR-83200-24.2008.5.03.0095, SDI1, Rel. Min. Aloysio Corrêa da Veiga, 28.11.2013. (Info 68)*

CEF. Complemento Temporário Variável de Ajuste de Mercado – CTVA. Inclusão na base de cálculo das vantagens pessoais. Prescrição parcial.

Aplica-se a prescrição parcial à pretensão da inclusão do Complemento Temporário Variável de Ajuste de Mercado – CTVA, instituída pela Caixa Econômica Federal – CEF, na base de cálculo das vantagens pessoais (VPs). Trata-se de verba de natureza salarial, instituída no PCS 1998, de modo que o pleito de integração não está calcado em lesão decorrente de ato único do empregador, mas em norma interna continuamente descumprida. *E-ED-RR-132300-72.2007.5.04.0541, SDI1, Rel. Min. Alexandre de Souza Agra Belmonte, 13.6.2013. (Info 51)*

CEF. Prescrição parcial. Alteração da base de cálculo das vantagens pessoais. Supressão das parcelas CTVA e Cargo em Comissão. Não incidência da Súm. 294/TST.

Aplica-se a prescrição parcial ao pedido de diferenças salariais decorrentes da implantação do PCS de 1998 pela Caixa Econômica Federal e a consequente exclusão das parcelas "Complemento Temporário Variável de Ajuste de Mercado" e "Cargo em Comissão" da base de cálculo das vantagens pessoais (VPNI). No caso, ainda que não se trate de benefício previsto em lei, mas apenas em normas internas, afasta-se a prescrição total a que alude a Súm. 294/TST, porquanto não configurada alteração contratual decorrente de ato único do empregador, mas descumprimento do pactuado que atenta contra parcela de trato sucessivo, renovando-se a lesão mês a mês. *E-RR-7800-14.2009.5.06.0021, SDI1, Rel. Min. Aloysio Corrêa da Veiga, 26.9.2013. (Info 60)*

Dano moral, material e estético. Doença ocupacional. Prescrição. Termo inicial. Data do trânsito em julgado da decisão que reconheceu o nexo causal entre a doença e o trabalho executado.

O momento da ciência inequívoca da lesão para efeito de definição do termo inicial da contagem do prazo prescricional relativo ao pedido de indenização por dano moral, material e estético decorrente de doença ocupacional é a data do trânsito em julgado da decisão que reconheceu o nexo de causalidade entre a doença desenvolvida e o trabalho executado. A mera concessão do auxílio-doença não é determinante para a constatação da doença ocupacional, mas apenas indício de que a mazela acometida pode guardar vínculo com o serviço desempenhado. *E-ED-RR-146900-24.2007.5.09.0068, SDI1, Rel. Min. Brito Pereira, 11.4.2013. (Info 42)*

Danos morais e materiais. Indenização. Ato ilícito praticado pelo empregador no curso da relação de trabalho. Prescrição aplicável. Lesão anterior à vigência do novo Código Civil. Ação ajuizada antes da EC n.45/04 e da vigência do Código Civil de 2002. Incidência do art. 177 do CC de 1916.

Aplica-se o prazo prescricional vintenário previsto no art. 177 do Código Civil de 1916 à hipótese em que o ato ilícito praticado pelo empregador no curso da relação de trabalho (desconto majorado do imposto de renda, quitação a destempo dos salários, incidência da prescrição quinquenal e despesas com advogado referentes a outro processo) ocorreu antes da vigência do novo Código Civil e ação de indenização pelos respectivos danos morais e materiais foi ajuizada em 13.6.2002, ou seja, antes da EC 45/04 e da vigência do Código Civil de 2002. No caso, não há falar em aplicação da regra de transição prevista no art. 2.028 do CC/02, nem em prescrição a ser declarada, pois a ação foi ajuizada dentro do prazo prescricional de 20 anos contados da data da lesão. *E-RR-116200-74.2002.5.03.0014, SDI1, Rel. Min. Renato de Lacerda Paiva, 28.11.2013. (Info 68)*

Doença ocupacional. LER/DORT. Ação de indenização por danos morais e materiais. Prescrição. Termo inicial. Decisão judicial que concedeu a aposentadoria por invalidez. Reconhecimento da incapacidade definitiva para o trabalho. Súm. 278 do STJ.

Nos termos da Súm. 278 do STJ, o termo inicial do prazo prescricional da ação de indenização é a data da ciência inequívoca da incapacidade laboral. No caso de lesões decorrentes de LER/DORT, ao contrário do que ocorre nos acidentes de trabalho típicos, o dano não é instantâneo, revelando-se de forma gradual, podendo agravar a saúde do trabalhador ao longo do tempo, culminando com a sua incapacidade permanente para o trabalho. Assim, no momento em que a reclamante recebeu alta médica após gozar de auxílio-doença acidentário no período de fevereiro de 2000 a junho de 2001, a materialização de sua incapacidade definitiva para o trabalho ainda era duvidosa, tornando-se incontestável, para fins de incidência da Súm. 278 do STJ, somente por meio da decisão que concedeu a aposentadoria por invalidez, proferida pela Justiça comum em 15.9.2004 e transitada em julgado em 23.3.2006. Desse modo, tendo em conta que reclamação trabalhista foi ajuizada em 24.11.2006, ou seja, antes do transcurso do prazo prescricional bienal, a SDI1 conheceu dos embargos da reclamante por divergência jurisprudencial e, no mérito, deu-lhes provimento para, afastada a prescrição, determinar o retorno dos autos à Vara do Trabalho de origem, a fim de que prossiga no exame do feito, como entender de direito. *E-ED-RR-210200-43.2006.5.18.0003, SDI1, Rel. Min. Renato de Lacerda Paiva, 8.8.2013. (Info 54)*

Embasa S.A. Adicional de dupla função previsto no PCCS/86 revogado pelo PCCS/98. Alteração do pactuado. Prescrição total.

Aplica-se a prescrição total à pretensão de recebimento do adicional de dupla função previsto no PCCS/86 da Empresa Baiana de Águas e Saneamento S.A. – Embasa, revogado pelo PCCS/98. Trata-se de hipótese de alteração do pactuado, e a parcela pleiteada não está prevista em lei, o que impede a aplicação da parte final da Súm. 294/TST. Ademais, ante a revogação do plano de cargos que estipulava o benefício, não há falar em descumprimento de norma regulamentar, pois este pressupõe a existência de norma válida. *E-RR-23240-66.2007.5.05.0015, SDI1, Rel. Min. Brito Pereira, 22.8.2013. (Info 56)*

Gratificação de função que deveria ter sido incorporada. Supressão. Prescrição parcial. Art. 7º, VI, da CF.

Em face do art. 7º, VI, da CF, aplica-se a prescrição parcial à hipótese de supressão da gratificação de função que deveria ter sido incorporada. *E-ED-RR-907900-02.2007.5.12.0035, SDI1, Rel. Min. Brito Pereira, 20.6.2013. (Info 52)*

Promoção por antiguidade. Resolução da empresa que fixa em zero o percentual de empregados passíveis de promoção. Equivalência à inobservância do regulamento interno. Prescrição parcial. OJ 404/SDI1.

A resolução da empresa que fixa em zero o percentual de empregados passíveis de promoção por antiguidade, assegurada em regulamento interno, não implica alteração do pactuado e a consequente prescrição total (Súm. 294/TST), mas sim a inobservância da norma interna a ensejar a incidência da prescrição parcial, nos termos da OJ 404/SDI1. *Ag-E-RR-36740-87.2007.5.04.0611, SDI1, Red. p/ ac. Min. Augusto César Leite de Carvalho, 7.2.2013. (Info 35)*

Protesto interruptivo da prescrição. Efeitos. Limitação ao rol dos substituídos apresentado pelo sindicato profissional.

O protesto interruptivo da prescrição ajuizado pelo sindicato, na condição de substituto processual, não alcança toda a categoria na hipótese em que, ao manejar a ação, o sindicato apresentou rol dos substituídos. Ao optar por apresentar o referido rol, o ente sindical restringe os limites subjetivos do provimento buscado aos empregados constantes na relação apresentada, de modo que, posteriormente, não pode requerer a ampliação dos legitimados, sob pena de afronta ao princípio do devido processo legal e à coisa julgada. *E-ARR-1519-09.2010.5.10.0017, SDI1, Rel. Min. Brito Pereira, 27.6.2013. (Info 53)*

Rurícola. Contrato de trabalho em curso quando da publicação da EC 28/00. Ação ajuizada após cinco anos da vigência da referida emenda. Prescrição quinquenal.

Ajuizada a ação após cinco anos da vigência da EC 28, de 26.5.2000, por rurícola, cujo contrato de trabalho encontrava-se em curso quando da publicação da referida emenda, incide a prescrição quinquenal sobre todas as pretensões, inclusive as relativas a direitos exigíveis antes da alteração do art. 7º, XXIX, da CF. *E-RR-152100-35.2005.5.15.0029, SDI1, Rel. Min. Delaíde Miranda Arantes, 5.12.2013. (Info 69)*

2012

AR. Aposentadoria por invalidez. Suspensão do contrato de trabalho. Fluência da prescrição bienal. Impossibilidade. Art. 7º, XXIX, da CF. Violação.

Levando em consideração que a aposentadoria por invalidez não rescinde o contrato de trabalho, mas apenas o suspende, viola a literalidade do art. 7º,

XXIX, da CF a decisão que declarou a prescrição total do direito de postular indenização por danos material e moral na hipótese em que a reclamante, não obstante aposentada por invalidez, teve seu contrato de trabalho extinto um mês após a jubilação. Nesse caso, tendo em vista o contrato-realidade, não há falar em fluência do prazo bienal, mas sim do quinquenal, o qual, na espécie, não se consumou, uma vez que a ação rescisória foi ajuizada dois anos e um mês após a extinção do vínculo, e dois anos e dois meses após a aposentadoria por invalidez. *RO-9856-60.2010.5.02.0000, SDI2, Red. p/ ac. Min. Hugo Carlos Scheuermann, 2.10.2012. (Info 24)*

AR. Rurícola. Prazo quinquenal. Contrato iniciado e extinto antes da EC º 28/00. Ofensa ao art. 5º, XXXVI, da CF. Configuração.
A regra prescricional inaugurada pela EC 28/00 não se aplica à hipótese em que o rurícola teve seu contrato de trabalho iniciado e extinto antes da publicação da referida emenda, ainda que tenha proposto a ação em momento posterior à vigência da EC 28/00, sob pena de ofensa ao direito adquirido. *AR-1850836-58.2007.5.00.0000, SDI2, Red. p/ ac. Min. Maria Cristina Irigoyen Peduzzi. 5.6.2012. (Info 12)*

CEEE. Reconhecimento de vínculo e concessão de vantagens salariais dele decorrentes. Cumulação de pedidos de natureza declaratória e condenatória. Prescritibilidade somente do pedido condenatório. Art. 7º, XXIX, da CF. Imprescritibilidade do pedido declaratório. Art. 11, § 2º, da CLT.
Havendo cumulação de pedidos de natureza declaratória e condenatória, o pedido declaratório não se modifica, permanecendo imprescritível (art. 11, § 2º, da CLT), ao passo que o pedido condenatório fica sujeito aos prazos prescricionais previstos no art. 7º, XXIX, da CF. *E-ED-RR-111100-29.1996.5.04.0271, SDI1, Rel. Min. Horácio Raymundo de Senna Pires, 23.2.2012. (Info 2)*

CEF. Auxílio alimentação instituído em norma regulamentar. Posterior adesão ao PAT. Modificação da natureza jurídica da parcela. Prescrição total. Súm. 294/TST.
O auxílio alimentação pago pela Caixa Econômica Federal aos seus empregados foi instituído por norma regulamentar, razão pela qual a pretensão às diferenças decorrentes da modificação da natureza jurídica da parcela, oriunda da inscrição da CEF no Programa de Alimentação do Trabalhador (PAT), configura pedido de prestações sucessivas decorrentes de alteração contratual envolvendo verba não prevista em lei a atrair a incidência da prescrição total, nos termos da Súm. 294/TST. *E-E-D-RR-157000-82.2007.5.03.0075, SDI1, Red. p/ ac. Min. Ives Gandra da Silva Martins Filho, 24.5.2012. (Info 10)*

CEF. Complementação de aposentadoria. Salário de contribuição. Integração da CTVA. Prescrição parcial. Súm. 294. Não incidência.
É parcial a prescrição aplicável ao pleito de integração da parcela Complemento Temporário Variável de Ajuste de Piso de Mercado – CTVA, instituída pela Caixa Econômica Federal – CEF, ao salário de contribuição à previdência complementar, com o objetivo de garantir o recebimento de aposentadoria em valor igual ao da remuneração percebida antes da jubilação. No caso, não há falar em incidência da Súm. 294/TST, porquanto não houve alteração da norma empresarial que rege o pagamento do benefício previdenciário e, consequentemente, sua base de contribuição, sendo irrelevante para a fixação do prazo prescricional a data em que introduzida a CTVA no mundo jurídico. Ademais, a referida parcela foi recebida pelo empregado durante toda a contratualidade, e a pretensão deduzida repousa na alegação de inobservância de normas internas que supostamente determinavam a inclusão da CTVA no cálculo do salário de contribuição, o que causaria lesões de trato sucessivo, que se renovam mês a mês, a atrair, portanto, a prescrição parcial. *E-RR-400-89.2007.5.16.0004, SDI1, Red. p/ ac. Min. Lelio Bentes Côrrea, 8.11.2012. (Info 29)*

Certidão de interdição. Documento novo. Incapacidade absoluta. Prescrição. Efeitos impeditivos.
Ao entendimento de que configura documento novo (art. 462 do CPC/73) a certidão de interdição do reclamante para os atos da vida civil juntada aos autos em data posterior à prolação do acórdão do Regional, e de que a incapacidade absoluta do trabalhador foi devidamente prequestionada, visto que a decisão prolatada em embargos de declaração em recurso de revista, apesar de se reportar ao consignado pelo TRT, no sentido de que não houve comprovação da definitividade da interdição do empregado, em momento algum negou reconhecimento à própria interdição, a SDI1 conheceu dos embargos por divergência jurisprudencial. No mérito, tendo em conta que a sentença de interdição tem natureza declaratória e efeitos "ex tunc", ou seja, impede o fluxo do prazo prescricional desde a data do surgimento da doença incapacitante para

os atos da vida civil, a Subseção deu provimento ao recurso para, reformando o acórdão embargado, determinar o retorno dos autos à Quinta Turma a fim de que, afastada a prescrição decretada, prossiga no julgamento dos demais tópicos do recurso de revista do reclamado, como entender de direito. *E-ED-RR-1520-88.2010.5.12.0000, SDI1, Red. p/ ac. Min. Maria Cristina Irigoyen Peduzzi, 14.6.2012. (Info 13)*

Danos morais e materiais decorrentes da relação de emprego não oriundos de acidente de trabalho. Indenização. Lesão anterior à vigência da EC 45/04. Prescrição cível.

Na hipótese em que se postula o pagamento de indenização por danos morais e materiais que tenham origem na relação de emprego, ainda que não decorram de acidente de trabalho, a regra prescricional aplicável é definida levando-se em conta a data da lesão ou da ciência inequívoca do evento danoso, se anterior ou posterior à EC 45/04. Assim, ocorrida a lesão antes da vigência da referida emenda, incide o prazo cível, observando-se o disposto no art. 206, § 3º, V, do CC e a regra de transição prevista no art. 2.028 do mesmo diploma legal. De outra sorte, em sendo o dano posterior à EC 45/04, aplica-se a prescrição trabalhista de que trata o art. 7º, XXIX, da CF. *E-ED-RR-22300-29.2006.5.02.0433, SDI1, Rel. Min. Brito Pereira, 24.5.2012. (Info 10)*

Embargos. Protesto judicial. Caráter genérico. Impossibilidade.

Para efeito de interrupção do prazo prescricional é inadmissível o protesto genérico, não sendo suficiente a mera menção ao intuito de se impedir a incidência da prescrição em relação a créditos decorrentes da relação de trabalho sem expressamente relacionar os direitos ou interesses que se deseja resguardar. *E-RR-1316206-43.2004.5.04.0900, SDI1, Rel. Min. Renato de Lacerda Paiva, 15.3.2012. (Info 2)*

Gratificação de função percebida por mais de dez anos. Incorporação a menor. Prescrição parcial. Súm. 294/TST.

A incorporação a menor de gratificação de função percebida por mais de dez anos consiste em ato lesivo sucessivo, cuja omissão no pagamento integral se renova mês a mês, a determinar a incidência da prescrição parcial (Súm. 294/TST) que não atinge o fundo do direito, mas apenas as parcelas anteriores a cinco anos do ajuizamento da ação. *E-ED-RR-24200-91.2009.5.09.0095, SDI1, Rel. Min. Aloysio Corrêa da Veiga, 2.8.2012. (Info 16)*

Gratificação de função percebida por dez ou mais anos. Reversão ao cargo efetivo. Incorporação devida. Pagamento a menor. Prescrição parcial.

A prescrição aplicável à hipótese, em que se postula o pagamento de diferenças salariais decorrentes do pagamento a menor da gratificação de função incorporada em decorrência do exercício por dez ou mais anos de cargo/função de confiança, é a parcial. *E-RR-87300-36.2006.5.03.0016, SDI1, Rel. Min. Lelio Bentes Corrêa, 16.8.2012. (Info 18)*

Majoração lesiva da jornada de trabalho. Alteração do pactuado. Pagamento de horas extras. Prescrição total. Súm. 294/TST.

Incide a prescrição total sobre a pretensão de recebimento de horas extras fundada na alteração lesiva da jornada de trabalho de 180 para 220 horas, porquanto não há preceito de lei que assegure a carga horária de 180 horas mensais. Configura-se, portanto, alteração do pactuado a atrair a incidência da primeira parte da Súm. 294/TST. *E-ED-RR-113840-26.2003.5.04.0008, SDI1, Red. p/ ac. Min. Maria Cristina Irigoyen Peduzzi, 24.5.2012. (Info 10)*

Prescrição. Interrupção. Reclamação trabalhista arquivada. Marco inicial para o reinício da contagem do prazo prescricional bienal e quinquenal.

O ajuizamento anterior de reclamação trabalhista, ainda que arquivada, interrompe a prescrição bienal e quinquenal, para pedidos idênticos, sendo que o cômputo do biênio é reiniciado a partir do trânsito em julgado da decisão proferida na ação anteriormente ajuizada, enquanto que a prescrição quinquenal conta-se da data da propositura dessa primeira reclamação trabalhista (art. 219, § 1º, do CPC/73 c/c art. 202, parágrafo único, do CC). *E-ED-RR19800-17.2004.5.05.0161, SDI1, Rel. Min. Renato de Lacerda Paiva, 14.6.2012. (Info 13)*

11.2. Responsabilidade no Direito do Trabalho

11.2.1. Responsabilidade por Acidente do Trabalho

2014

Acidente de Trabalho. Falecimento do empregado. Responsabilidade subjetiva do empregador. Indenização por danos morais. Compensação

com o valor recebido pela família do "de cujus" a título de seguro de vida. Impossibilidade.

É inadmissível a compensação da indenização por danos morais arbitrada judicialmente, em razão do falecimento do empregado, com o valor recebido pela família do "de cujus" a título de seguro de vida contratado pela empregadora. Na hipótese vertente, diante da responsabilização subjetiva da reclamada pelo acidente de trabalho que vitimou o trabalhador, entendeu-se que o valor recebido em face do seguro contratado pela empresa não possui a mesma natureza jurídica da indenização por danos morais, porquanto esta, além da função compensatória, possui caráter punitivo e dissuasório, o que desautoriza a compensação pretendida. E-RR-285-53.2010.5.18.0054, SDI1, Rel. Min. Renato de Lacerda Paiva, 13.11.2014. (Info 95)

Dano moral. Configuração. Atribuição de apelidos pejorativos. Indenização. Devida.

A utilização de apelidos pejorativos em ambiente profissional é prática a ser coibida, porque viola os padrões aceitáveis de urbanidade e boa-conduta que devem imperar no ambiente de trabalho e fere a proteção à honra e à imagem, conferida pelo art. 5º, X, da CF. Assim, na hipótese em que ficou consignado que o reclamante era chamado por seu superior hierárquico por apelido pejorativo como forma de humilhar e chamar atenção a algo que considerava errado, mostra-se indubitável a ocorrência de ato ilícito a ensejar indenização por danos morais, os quais não exigem prova do dano efetivo, pois trata-se de lesão de ordem psíquica que prescinde de comprovação. E-RR-1198000-97.2006.5.09.0015, SDI1, Rel. Min. Augusto César Leite de Carvalho, 13.11.2014. (Info 95)

2012

Acidente do trabalho ocorrido na vigência do Código Civil de 1916. Responsabilidade objetiva prevista no art. 927, parágrafo único, do Código Civil de 2002. Aplicação.

A teoria da responsabilidade objetiva, consagrada no art. 927, parágrafo único, do Código Civil de 2002, aplica-se aos casos em que o acidente do trabalho, fato gerador do falecimento do empregado durante o desempenho de atividade de risco em rede elétrica, ocorreu na vigência do Código Civil de 1916. Mesmo antes da nova codificação civilista, o ordenamento jurídico brasileiro já contemplava a responsabilidade objetiva, seja por leis esparsas, a exemplo do Dec. 2.881/1912, da Lei 8.123/91 e do Código de Defesa do Consumidor (Lei 8.078/90), seja por meio da jurisprudência, conforme revela a Súm. 341 do STF, segundo a qual "é presumida a culpa do patrão ou comitente pelo ato culposo do empregado ou preposto". Ademais, o próprio art. 2º da CLT sempre autorizou a aplicação da culpa presumida no âmbito do Direito do Trabalho, ao estabelecer que recai sobre o empregador os riscos da atividade econômica. Assim, não se pode dizer que o Código Civil de 2002 trouxe uma absoluta inovação legislativa, a impedir a sua aplicação retroativa, mas apenas condensou entendimento jurisprudencial e doutrinário há muito consagrado sobre a teoria do risco. E-ED-RR-40400-84.2005.5.15.0116, SDI1, Red. p/ ac. Min. Augusto César Leite de Carvalho, 13.12.2012. (Info 34)

Dono da obra. Acidente de trabalho. Indenização por danos morais, materiais e estéticos. Pretensão de natureza civil. OJ 191/SDI1. Não incidência. Envolvimento na execução dos serviços. Omissão em relação à segurança do ambiente laboral. Culpa comprovada. Responsabilidade solidária.

A aplicação da OJ 191/SDI1 tem sua abrangência restrita às obrigações trabalhistas, não alcançando pleitos de indenização por danos morais, estéticos e materiais decorrentes de acidente de trabalho, na medida em que apresentam natureza civil, oriundos de culpa por ato ilícito (arts. 186 e 927, "caput", do Código Civil), não constituindo, portanto, verba trabalhista "stricto sensu". Ainda que assim não fosse, o quadro fático delineado nos autos revelou o envolvimento do dono da obra na execução dos serviços contratados e no desenvolvimento das atividades do reclamante, bem como a culpa pelo acidente que vitimou o trabalhador, ante a comprovada omissão em relação à segurança do ambiente laboral, atraindo, assim, a responsabilidade solidária pelo pagamento das indenizações pleiteadas. E-RR-9950500-45.2005.5.09.0872, SDI1, Rel. Min. Augusto César Leite de Carvalho, 22.11.2012. (Info 31)

11.2.2. Responsabilidade por Dano Moral

2016

Dano moral. Configuração. Uso de imagem. Ausência de autorização do empregado.

A utilização da imagem sem o consentimento de seu titular, independentemente do fim a que se destina, configura ato ilícito, porquanto viola o patrimônio jurídico personalíssimo do indivíduo. Assim, a utilização da imagem do empregado para fins comerciais, sem prévia autorização, ainda que daí não advenha qualquer constrangimento, constitui ato ilícito, resultando em responsabilidade civil por dano moral, consoante o art. 20 do CC. *E-RR-20200-67.2007.5.02.0433, SDI1, Rel. Min. João Oreste Dalazen, 29.9.2016. (Info 146)*

Danos morais. Ausência ou atraso na quitação das verbas rescisórias. Indenização indevida.

A ausência ou o atraso no pagamento das verbas rescisórias não é suficiente para caracterizar a ocorrência de danos morais. *E-RR-571-13.2012.5.01.0061, SDI1, Rel. Min. Lelio Bentes Corrêa, 17.3.2016. (Info 130)*

2015

Dano moral. Empregado bancário. Monitoramento de conta corrente. Procedimento indiscriminado em relação aos outros correntistas. Possibilidade. Cumprimento do artigo 11, inciso II e § 2º, da Lei 9.613/98.

Não configura dano moral a quebra do sigilo bancário pelo empregador, quando este mesmo procedimento é adotado indistintamente em relação a todos os correntistas, na estrita observância à determinação legal inserta no artigo 11, inciso II e § 2º da Lei 9.613/98. *E-RR-1447-77.2010.5.05.0561, SDI1, Rel. Min. Lelio Bentes Corrêa, 28.05.2015. (Info 109)*

Dano Moral. Indenização. Fixação do "quantum" indenizatório.

Na fixação do valor da indenização por dano moral, o magistrado deve valer-se dos princípios da razoabilidade e da proporcionalidade, previstos na CF. Há que ponderar acerca da gravidade objetiva da lesão, da intensidade do sofrimento da vítima, do maior ou menor poder econômico do ofensor e do caráter compensatório em relação à vítima e repressivo em relação ao agente causador do dano. A excepcional intervenção do TST sobre o valor arbitrado somente é concebível nas hipóteses de arbitramento de valor manifestamente irrisório, ou, por outro lado, exorbitante. Unicamente em tais casos extremos, em tese, reconhece-se violação dos princípios da razoabilidade e da proporcionalidade insculpidos no art. 5º, V e/ou X, da CF. *E-RR-159400-36.2008.5.01.0222, SDI1, Rel. Min. João Oreste Dalazen, 10.9.2015. (Info 117)*

Dano moral. Indenização. Revista pessoal de controle. Apalpamento de partes do corpo do empregado. Toques na cintura.

O controle exercido pelo empregador com o intuito de fiscalizar o seu patrimônio deve observar os ditames do ordenamento jurídico, dentre os quais figura como essencial a estabilidade nas relações laborais e o respeito à intimidade e à dignidade do trabalhador. Caracteriza revista pessoal de controle e, portanto, ofende o direito à intimidade e à dignidade do empregado, a conduta do empregador que, excedendo os limites do poder diretivo e fiscalizador, impõe a realização de vistoria íntima consistente no apalpamento de partes do corpo do empregado – "toques na cintura". Devida, portanto, a indenização por dano moral, ainda que o contato físico se dê sem "excesso ou exagero" – o que não afastaria o reconhecimento da lesão ao patrimônio moral do empregado. *E-RR-22800-62.2013.5.13.0007, SDI1, Rel. Min. João Oreste Dalazen, 29.10.2015. (Info 121)*

Dano moral. Transporte de valores por empregado não habilitado. Exposição do trabalhador a risco excessivo. Indenização devida. Dano "in re ipsa".

Atribuir a atividade de transporte de valores a empregado que não foi contratado para esta finalidade, e sem o necessário treinamento, exigido pela Lei 7.102/83, configura exposição a risco excessivo e, portanto, enseja o pagamento de indenização por dano moral "in re ipsa". *E-RR-514-11.2013.5.23.0008, SDI1, Rel. Min. Walmir Oliveira da Costa, 23.6.2015. (Info 139)*

Indenização por danos morais. Despedida por justa causa. Imputação de ato de improbidade. Desconstituição em juízo.

A resolução do contrato de trabalho por justa causa, fundada em suposto ato de improbidade (desvio de numerário), quando desconstituída judicialmente, gera reflexos na vida do empregado e lesiona direitos da personalidade, em especial a honra e a imagem, na medida em que a acusação infundada atinge grave e injustamente a reputação do obreiro. Embora a reversão judicial da dispensa por justa causa não constitua, por si só e necessariamente, motivo ensejador da indenização, a acusação, sem a necessária cautela, de grave imputação de desvio de dinheiro evidencia o abuso do direito do empregador de exercer o poder disciplinar, configurando-se ato ilícito, previsto no artigo 186 do Código Civil, e indenizável, na forma do artigo 927 do mesmo diploma legal. Diferente seria se a justa causa imputada tivesse o pressuposto da conduta incontroversa (faltas ao trabalho, ofensa pessoal, desídia no cumprimento de norma geral, etc.), quando então estaria imune o empregador para exercer o direito de tentar enquadrar tal comportamento em um dos tipos legais descritivos de justa causa. *E-RR-48300-39.2003.5.09.0025, SDI1, Rel. Min. Augusto César Leite de Carvalho, 10.9.2015. (Info 117)*

2014

Dano moral. Atraso reiterado no pagamento de salários. Indenização devida. Dano "in re ipsa".

O atraso reiterado no pagamento dos salários configura dano moral "in re ipsa", ou seja, presume-se a lesão ao direito de personalidade do trabalhador, pois gera estado permanente de apreensão no empregado, que se vê impossibilitado de honrar seus compromissos financeiros e de prover suas necessidades básicas. *E-RR-577900-83.2009.5.09.0010, SDI1, Rel. Min. Márcio Eurico Vitral Amaro, 9.10.2014. (Info 91)*

Dano moral. Não configuração. Apresentação de certidão de antecedentes criminais. Condição para admissão no emprego.

Não configura danos morais a simples exigência de apresentação de certidão de antecedentes criminais como condição para admissão no emprego, a não ser que, em determinado caso concreto, a não contratação do trabalhador decorra de certidão positiva de um antecedente criminal que não tenha relação alguma com a função a ser exercida, caracterizando, portanto, um ato de discriminação. *E-RR-119000-34.2013.5.13.0007, SDI1, Red. p/ ac. Min. Renato de Lacerda Paiva, 23.10.2014. (Info 93)*

2013

Ação rescisória. Dano moral. Indenização em valor idêntico ao fixado para recompor o dano material. Ausência de razoabilidade e proporcionalidade. Afronta o art. 5º, X, da CF. Configuração.

A indenização por danos morais deve proporcionar alívio ao sofrimento suportado pelo empregado e educar o empregador, coibindo a prática futura de semelhante conduta ofensiva a outro empregado. Trata-se de lesão a patrimônio imaterial e sem conteúdo econômico, o que torna difícil a fixação do valor indenizatório. Por outro lado, a compensação não pode gerar enriquecimento sem causa, devendo atentar aos princípios da proporcionalidade e razoabilidade. Assim, ausentes parâmetros legais, o julgador deve se pautar pela situação econômica do ofensor e da vítima, o ambiente cultural de ambos, as circunstâncias do caso concreto, o grau de culpa do autor da ofensa e a extensão do dano, tendo por base a conduta do homem médio. No caso vertente, em que o empregado fora acometido pela Síndrome do Túnel do Carpo e tendinite dos punhos, a fixação de indenização por dano moral em valor idêntico à quantia estipulada para o dano material (R$ 226.475,61), a pretexto da origem comum de ambos e a consequente necessidade de adoção de mesmos critérios, se mostra desproporcional e desarrazoada, principalmente se cotejada com a consequência advinda do infortúnio, qual seja, redução apenas parcial da capacidade laboral do trabalhador. *RO-106300-45.2008.5.05.0000, SDI2, Rel. Min. Guilherme Augusto Caputo Bastos, 24.9.2013. (Info 60)*

Dano Moral. Caracterização. Dispensa por justa causa fundada em ato de improbidade. Desconstituição em juízo. Dano presumível. Indenização devida.

A desconstituição em juízo da justa causa fundada em ato de improbidade imputado ao empregado pelo empregador enseja o pagamento de indenização por danos morais, tendo em vista que o prejuízo moral é presumível, ou seja, a prova do dano decorre da existência do próprio fato lesivo. *E-RR-164300-14.2009.5.18.0009, SDI1, Rel. Min. Renato de Lacerda Paiva, 12.12.2013. (Info 70)*

Dano moral. Configuração. Violação do direito de imagem. Veiculação de propagandas comerciais de fornecedores da empresa nos uniformes. Ausência de autorização dos empregados.

A veiculação de propagandas comerciais de fornecedores da empresa nos uniformes, sem que haja concordância do empregado, configura utilização indevida da imagem do trabalhador a ensejar o direito à indenização por dano moral, nos termos dos arts. 20 e 186 do CC e 5º, X, da CF. Ademais, na esteira da jurisprudência do TST e do STF, a imagem é bem extrapatrimonial, cuja utilização não autorizada configura violação a direito personalíssimo, tornando desnecessária a demonstração concreta de prejuízo. *E-RR-19-66.2012.5.03.0037, SDI1, Rel. Min. Renato de Lacerda Paiva, 10.10.2013. (Info 62)*

Dano moral. Indenização. Bancário. Assalto a instituição bancária. Responsabilidade objetiva. Atividade de risco. Art. 927, parágrafo único, do CC.

É devida a indenização por danos morais a empregado bancário que foi vítima de três assaltos na agência em que trabalhava. Restou configurada a responsabilidade objetiva do empregador, na forma do parágrafo único do art. 927 do CC, pois a atividade bancária, por envolver contato com expressivas quantias de dinheiro, está sujeita à ação frequente de assaltantes, sendo considerada, portanto, como atividade de risco a atrair a obrigação de indenizar os danos sofridos pelo trabalhador. *E-RR-94440-11.2007.5.19.0059, SDI1, Rel. Min. Aloysio Corrêa da Veiga, 18.4.2013. (Info 43)*

Dano moral. Não configuração. Empregado de instituição bancária. Quebra de sigilo bancário. Procedimento indistinto adotado para todos os correntistas de instituição financeira. Determinação do Banco Central.

Não configura dano moral a quebra do sigilo bancário do empregado na hipótese em que haja determinação do Banco Central para, em procedimento geral adotado indistintamente em relação a todos os correntistas da instituição financeira, e não só aos empregados, monitorar contas correntes com o objetivo de detectar existência de movimentação extraordinária, emissão de cheques sem fundos e evitar lavagem de dinheiro. *EEDRR-82600-37.2009.5.03.0137, SDI1, Rel. Min. Augusto César Leite de Carvalho, 7.2.2013. (Info 35)*

2012

Dano moral. Configuração. Uso indevido da imagem. Uniforme com propagandas comerciais. Ausência de autorização.

A veiculação de propagandas comerciais de fornecedores da empresa nos uniformes, sem que haja concordância do empregado, configura utilização indevida da imagem do trabalhador a ensejar o direito à indenização por dano moral, nos termos dos arts. 20 do CC e 5º, X, da CF, sendo desnecessária a demonstração concreta de prejuízo. *E-RR-40540-81.2006.5.01.0049, SDI1, Red. p/ ac. Min. João Oreste Dalazen, 13.12.2012. (Info 34)*

Dano moral. Quebra de sigilo bancário de empregado de banco sem prévia autorização judicial. Auditoria interna. Violação do direito à privacidade e à intimidade.

O exame da movimentação financeira na conta corrente do empregado de instituição bancária, sem seu prévio consentimento e sem autorização judicial, durante auditoria interna, importa quebra ilegal de sigilo bancário a ensejar indenização por danos morais, em decorrência da violação do direito à intimidade e à privacidade, sendo irrelevante, para a configuração do dano, a ausência de divulgação dos dados sigilosos. *E-E-D-RR-254500-53.2001.5.12.0029, SDI1, Rel. Min. Lélio Bentes Correa, 31.05.2012. (Info 11)*

Justa causa. Ato de improbidade. Descaracterização em juízo. Dano moral. Não configuração.

É indevido o pagamento de indenização por danos morais se o trabalhador não produzir prova do prejuízo moral sofrido em razão da dispensa por justa causa fundada em imputação de ato de improbidade, quando descaracterizado em juízo. A despedida em tais circunstâncias não constitui prática de ato ilícito por parte do empregador, e se ele agiu de boa-fé, não dando publicidade ao fato, não imputando, de forma leviana, o ato ao trabalhador, e não abusando do direito de dispensa, não há de se falar em abalo à honorabilidade do empregado apta a configurar dano moral. Ademais, o sistema jurídico brasileiro adota, como regra, a teoria da responsabilidade subjetiva, sendo indevida a indenização quando não configurada a culpa. *E-RR-774061-06.2001.5.02.0023, SDI1, Red. p/ ac. Min. João Oreste Dalazen, 4.10.2012. (Info 24)*

11.2.3. Responsabilidade Civil Objetiva

2015

Danos morais e materiais. Acidente de trânsito. Coleta de lixo urbano. Retorno do aterro sanitário. Morte do empregado. Responsabilidade objetiva. Atividade de risco. Art. 927, parágrafo único, do CC. Incidência.

É objetiva a responsabilidade do empregador pela morte de ex-empregado, coletor de lixo urbano, durante acidente de trânsito ocorrido quando retornava, no interior do caminhão, de aterro sanitário. *E-RR-958-81.2011.5.03.0069, SDI1, Rel. Min. Márcio Eurico Vitral Amaro, 16.4.2015. (Info 104)*

Matéria afetada ao Tribunal Pleno. Indenização por danos morais. Acidente do trabalho. Cobradora de ônibus. Roubo com uso de arma de fogo. Responsabilidade civil objetiva do empregador. Art. 927, parágrafo único, do Código Civil.

Incide a responsabilidade civil objetiva do empregador, levando em consideração o risco da atividade econômica, quando o empregado sofre danos, em razão da execução do contrato de emprego, nos termos do artigo 927, parágrafo único, do Código Civil. No caso, a trabalhadora levou um tiro na mão direita durante assalto ao veículo no qual trabalhava. O acidente ocorreu quando exercia a atividade de cobradora de ônibus, situação ensejadora de risco acentuado, já que circulava pelas ruas do município recolhendo importâncias em dinheiro dos passageiros em proveito do contratante. Além de configurado o exercício de atividade de risco – circunstância apta a ensejar a responsabilidade objetiva do empregador –, resultou caracterizada a culpa por omissão, decorrente da inobservância do dever geral de cautela, que incumbe a todo empregador. E-RR-184900-63.2007.5.16.0015, Tribunal Pleno, Rel. Lélio Bentes Corrêa, 29.9.2015. (Info 119)

2012

Responsabilidade civil objetiva. Configuração. Técnico em informática. Condução de veículo em rodovias intermunicipais. Óbito. Culpa exclusiva de terceiro. Teoria do risco da atividade econômica. Ação de regresso.

A SDI1 negou provimento aos embargos, mantendo a decisão da 8ª Turma, que reconhecera a responsabilidade objetiva da empregadora no caso em que o trabalhador, técnico em informática, cuja atividade envolvia a condução de veículo em rodovias intermunicipais, veio a falecer em decorrência de acidente automobilístico causado por culpa exclusiva de terceiro. Na espécie, asseverou o relator que as más condições nas rodovias brasileiras são fato notório, razão pela qual o perigo ocasionado ao reclamante permite classificar o trabalho por ele exercido como atividade de risco. Assim, ainda que ausente culpa do empregador, a teoria do risco da atividade econômica atrai a responsabilidade da empresa pelos danos gerados, facultando-lhe, tão somente, o ajuizamento de ação de regresso contra aquele que efetivamente provocou o dano objeto de reparação. E-RR-1299000-69.2008.5.09.0016, SDI1, Rel. Min. Aloysio Corrêa da Veiga, 16.2.2012. (Info 2)

11.2.4. Responsabilidade Subsidiária por Créditos Trabalhistas

2015

Responsabilidade solidária. Complementação de aposentadoria. CESP – Companhia Energética de São Paulo. Cisão parcial. CTEEP – Companhia de Transmissão de Energia Elétrica Paulista. Efeitos.

Nos termos dos arts. 229, § 1º, e 233 da Lei 6.404/76, havendo cisão, a prerrogativa de estabelecer as condições que nortearão a operação de transferência de patrimônio – total ou parcial –, mediante a elaboração de um protocolo, é das empresas. Quanto aos efeitos da cisão, a referida lei elege, como regra geral, a solidariedade entre a empresa cindida e aquela (s) que absorver (em) parte do seu patrimônio. Contudo, o próprio ato de cisão pode afastar tal responsabilidade solidária ao atribuir unicamente às empresas que absorverem parte do patrimônio da empresa cindida a responsabilidade pelo adimplemento das obrigações transferidas. No caso, o v. acórdão regional decidiu excluir a CESP, companhia cindida, do polo passivo da relação processual, entendendo que, operada a sucessão, mediante cisão parcial, é de total responsabilidade da sucessora, no caso a CTEEP, o pagamento das complementações de aposentadoria devidas aos empregados aposentados da sucedida. E-ED-RR-114500-77.2005.5.02.0049, SDI1, Rel. Min. João Oreste Dalazen, 15.10.2015. (Info 120)

2013

Contrato de empreitada. Fornecimento de mão-de-obra especializada em montagem e manutenção industrial para a construção de um pátio de madeiras. Obra certa. Construção civil. Aplicação da OJ 191/SDI1. Responsabilidade da dona da obra. Não configuração.

Na hipótese em que firmado contrato para empreitada, tendo como objeto o fornecimento de mão-de-obra especializada em montagem e manutenção industrial no canteiro de obras da Klabin S.A. para a construção de um pátio de madeiras, a SDI1 conheceu dos embargos da empresa por má aplicação da OJ 191/SDI1 e, no mérito, deu-lhes provimento para afastar a responsabilidade da reclamada pelos débitos trabalhistas, excluindo-a do polo passivo da ação. Prevaleceu o entendimento de que o contrato envolve construção civil, não havendo falar em inaplicabilidade da OJ 191/SDI1, pois não se trata de terceirização de serviços, mas de empreitada para obra certa, a afastar, portanto, a responsabilidade da dona da obra. *E-ED-RR-23300-59.2009.5.04.0221, SDI1, Rel. Min. Aloysio Côrrea da Veiga, 15.8.2013. (Info 55)*

Dono da obra. Pessoa física. Construção de imóveis para locação. Responsabilidade subsidiária. Não configuração. Lei 4.591/64.

Nos termos da Lei 4.591/64, a construção de imóveis para locação não se enquadra no conceito de incorporação imobiliária a autorizar o reconhecimento da responsabilidade subsidiária da dona da obra, pessoa física, com base na parte final da OJ 191/SDI1. *E-RR-214700-44.2008.5.12.0038, SDI1, Rel. Min. Alberto Luiz Bresciani de Fontan Pereira, 16.5.2013. (Info 47)*

2012

AR. Responsabilidade subsidiária. Ente público. Violação dos arts. 37, § 6º, da CF e 71 da Lei 8.666/93. Configuração. Ausência de culpa "in vigilando".

A SDI2 conheceu do recurso ordinário em ação rescisória do Município de Joinville, e, no mérito, deu-lhe provimento para, com base no art. 485, V, do CPC/73, desconstituir o acórdão proferido em reclamação trabalhista na parte em que atribuiu responsabilidade subsidiária ao Município; e, em juízo rescisório, julgar improcedente o pleito de responsabilização subsidiária, mantida a decisão originária nos seus demais termos. Na espécie, prevaleceu o entendimento de que a decisão rescindenda, ao atribuir responsabilidade objetiva ao Município para condená-lo subsidiariamente ao pagamento de verbas trabalhistas devidas por empresa prestadora de serviços, violou os arts. 37, § 6º, da CF e 71 da Lei 8.666/93, além de contrariar o disposto na Súm. 331, V, do TST e o entendimento firmado pelo STF no julgamento da ADC 16, no sentido de a condenação subsidiária de ente público, por descumprimento de obrigações trabalhistas, depender da caracterização, no caso concreto, da culpa "in vigilando", ou seja, da omissão injustificada no dever de fiscalização do contratado. *ReeNec e RO-242-18.2011.5.12.0000, SDI2, Rel. Min. Alexandre Agra Belmonte, 4.12.2012. (Info 33)*

Responsabilidade subsidiária. Ajuizamento de ação autônoma apenas contra o tomador de serviços. Impossibilidade. Existência de sentença condenatória definitiva prolatada em ação em que figurou como parte somente o prestador de serviços.

Não é possível o ajuizamento de ação autônoma pleiteando a responsabilidade subsidiária do tomador de serviços quando há sentença condenatória definitiva prolatada em ação anteriormente proposta pelo mesmo reclamante, em que figurou como parte apenas o prestador de serviços. Tal procedimento afrontaria a coisa julgada produzida na primeira ação e o direito à ampla defesa e ao contraditório, resguardado ao tomador de serviços. *E-RR-9100-62.2006.5.09.0011, SDI1, Rel. Min. Horácio Raymundo de Senna Pires, 8.3.2012. (Info 2)*

11.2.5. Outros Temas

2016

Assédio processual. Configuração. Indenização devida.

Configura assédio processual o uso sucessivo de instrumentos procedimentais lícitos visando protelar a solução definitiva da controvérsia e abalar a esfera psicológica da parte contrária. Trata-se, portanto, de ato ilícito (art. 187 do CC c/c art. 16 do CPC/73) que gera dano de natureza moral, vez que atinge principalmente a saúde psíquica da vítima. *RO-293-76.2012.5.09.0000, SDI2, Rel. Min. Alberto Luiz Bresciani de Fontan Pereira, 2.2.2016. (Info 128)*

Doença ocupacional. Indenização. Pensão mensal vitalícia. Pagamento em parcela única. Art. 950 do CC.

A pensão mensal vitalícia correspondente à indenização por danos materiais, relativa à doença ocupacional que resultou na perda da capacidade para o trabalho, poderá ser convertida em parcela única. A importância devida, no entanto, não deve equivaler à somatória dos valores das pensões mensais a que teria direito o trabalhador, de modo a não ocasionar o seu enriquecimento sem causa. Também não pode ser arbitrada em valor que onere indevidamente o devedor, que terá de dispor de quantia pecuniária vultosa de uma só vez. O "quantum" devido ao empregado, portanto, deverá corresponder àquele que, uma vez aplicado financeiramente, lhe renda por mês valores aproximados ao da pensão mensal devida, de acordo com o disposto no art. 950 do CC. *E-E-D-RR-2230-18.2011.5.02.0432, SDI1, Rel. Min. Aloysio Corrêa da Veiga, 28.4.2016. (Info 134)*

2015

Empregada acometida por doença profissional e aposentada por invalidez. Incapacidade total para o exercício do ofício ou profissão antes exercido. Pensionamento vitalício integral. Inteligência do art. 950 do Código Civil.

O parâmetro para o deferimento da indenização decorrente da incapacidade laboral, nos termos do artigo 950 do Código Civil, tem por base o ofício ou profissão para o qual a obreira se inabilitou, ainda que seja capaz para o exercício de outra profissão. Sendo assim, estando a trabalhadora totalmente inabilitada para o exercício de seu labor, a indenização, na forma de pensionamento mensal, deve corresponder a 100% da última remuneração. *ERR-147300-11.2005.5.12.0008, SDI1, Red. p/ ac. Min. Lelio Bentes Corrêa, 21.5.2015. (Info 108)*

11.3. Terceirização

2016

Atividade-fim bancária. Terceirização ilícita. Intermediação fraudulenta de mão de obra mediante cooperativa. Dano moral coletivo. Configuração.

A terceirização de mão de obra na atividade-fim bancária configura conduta ilícita de relevante repercussão social, que extrapola a esfera subjetiva dos trabalhadores prejudicados e atinge o patrimônio moral de toda a coletividade, mediante inadmissível lesão à ordem jurídica, razão pela qual enseja o pagamento de dano moral coletivo. *E-ED-RR-9891741-95.2005.5.09.0029, SDI1, Rel. Min. João Oreste Dalazen, 20.10.2016. (Info 148)*

Matéria afetada ao Tribunal Pleno. Concessionária de serviço público. Terceirização ilícita. Dano moral coletivo. Configuração.

A utilização de mão de obra terceirizada na atividade fim é conduta irregular que atinge os interesses difusos de toda a coletividade de trabalhadores, pois em desacordo com a legislação de proteção ao trabalhador, na medida em que gera perda econômica, exacerba os malefícios à saúde e causa instabilidade no emprego e desestímulo à produtividade. Tratando-se de concessionária de serviço público, os malefícios são ainda maiores, pois a terceirização da atividade fim de empresa estatal gera a substituição indevida de empregados públicos, em flagrante violação à regra do concurso público prevista no art. 37, II, da CF. Assim, no caso em que o TRT, nos autos de ação civil pública ajuizada pelo MPT, reconheceu a terceirização ilícita na área fim da empresa estatal tomadora de serviços, mas indeferiu a pretensão de indenização por danos morais coletivos, deve prevalecer a decisão da turma do TST que condenou tomadora e prestadora de serviços ao pagamento de indenização por danos morais coletivos a ser revertida ao Fundo de Amparo ao Trabalhador (FAT). *E-ED-RR-117400-47.2005.5.14.0001, Pleno, Rel. Min. Cláudio Mascarenhas Brandão, 30.5.2016. (Info 137)*

Terceirização ilícita. Atividade fim. Ente público. Créditos trabalhistas. Responsabilidade solidária.

Na hipótese em que a terceirização é manifestamente ilícita, porque realizada na atividade fim do ente público tomador dos serviços, há fraude contra a legislação do trabalho. Assim, nos termos dos arts. 927 e 942 do Código Civil, há responsabilidade solidária do tomador dos serviços pelos créditos devidos ao trabalhador. *E-RR-79000-86.2009.5.03.0111, SDI1, Red. p/ ac. Min. José Roberto Freire Pimenta, 2.6.2016. (Info 138)*

2015

Terceirização ilícita. Vínculo empregatício reconhecido com a empresa tomadora de serviços. Isonomia salarial. Indeferimento. Ato discriminatório. Configuração.

Configura ato discriminatório, vedado pelo inciso XXXII do art. 7º da CF, o indeferimento da pretensão de diferenças salarias entre o valor pago pela prestadora de serviços e o praticado pela empresa tomadora, em relação aos empregados contratados diretamente por ela para o exercício das mesmas funções, sobretudo no caso em que houve o reconhecimento de vínculo empregatício com a tomadora, em razão de ilicitude no contrato de terceirização. Se da OJ 383/SDI1 é possível extrair a necessidade de tratamento isonômico entre empregados terceirizados e os integrantes do quadro próprio da tomadora de serviços que tenham as mesmas atribuições, por razão maior devem ser garantidos os mesmos salários e vantagens no caso de reconhecimento de vínculo direto com essa empresa. *E-ED-RR-493800-06.2007.5.12.0004, SDI1, Rel. Min. Lelio Bentes Corrêa, 10.12.2015. (Info 126)*

2014

Empresa de telefonia. Terceirização ilícita. Atividade de "call center". Reconhecimento de vínculo empregatício com a tomadora. Aplicação dos benefícios previstos nas normas coletivas celebradas pela real empregadora. Princípio da isonomia.

Na hipótese em que reconhecido judicialmente o vínculo de emprego entre a reclamante e a tomadora de serviços, uma vez configurada a ilicitude da terceirização realizada em atividade fim da empresa de telefonia, no caso, "call center", impõe-se a aplicação dos benefícios estabelecidos nas normas coletivas celebradas pela real empregadora, sob pena de ofensa ao princípio da isonomia. Nesse sentido, o fato de a reclamante cumprir carga horária de 36 horas por semana e a cláusula do acordo coletivo, ao assegurar o pagamento do auxílio-alimentação a todos os empregados da tomadora, fazer menção às jornadas de 40 e 44 horas semanais não pode ser tido como óbice ao pagamento do benefício. Tal referência objetivou apenas diferenciar os valores devidos aos empregados, sem, contudo, instituir limites à percepção do referido auxílio, o qual, no caso em tela, deverá ser pago observando-se a proporcionalidade entre a carga horária efetivamente trabalhada e o valor nominal individual previsto para os empregados da tomadora dos serviços na norma coletiva. *E-ED-RR-1936-41.2011.5.03.0107, SDI1, Rel. Min. João Oreste Dalazen, 20.3.2014. (Info 76)*

Terceirização. Atendente de telemarketing. Reconhecimento de vínculo empregatício diretamente com a empresa de telecomunicações tomadora dos serviços. Empresa prestadora de serviços. Interesse jurídico para recorrer. Configuração.

A empresa prestadora de serviços tem interesse jurídico para recorrer na hipótese em que, não obstante a decisão recorrida tenha reconhecido o vínculo empregatício diretamente com a empresa tomadora de serviços, o objeto do recurso é a licitude do contrato celebrado e a condição de prestadora de serviço, ou seja, a própria validade da relação jurídica, em face do enquadramento dos serviços prestados como atividade-meio. *E-RR-121-95.2011.5.06.0019, SDI1, Rel. Min. Luiz Philippe Vieira de Mello Filho, 7.8.2014. (Info 86)*

Terceirização. Atividade fim. Cláusula normativa proibitiva. Validade.

É válida a cláusula de instrumento normativo que proíbe que a atividade fim da empresa seja objeto de terceirização, na medida em que promove o fortalecimento do sindicato da categoria profissional e resguarda o trabalhador dos efeitos prejudiciais inerentes a essa modalidade de contratação. *RO-11501-23.2010.5.02.0000, SDC, Rel. Min. Maurício Godinho Delgado, 8.9.2014. (Info 88)*

Terceirização. Piso salarial previsto em norma coletiva firmada com empresa tomadora de serviços. Aplicação ao empregado terceirizado que labora na atividade fim. Incidência analógica da OJ 383/SDI1.

Aplica-se o piso salarial previsto em norma coletiva firmada com empresa tomadora de serviços ao empregado terceirizado que labora em sua atividade fim, ainda que não tenha havido pedido de reconhecimento de vínculo de emprego ou a comprovação do exercício de mesmas funções pelos seus empregados. *E-ED-RR-201000-88.2009.5.12.0030, SDI1, Rel. Min. Alexandre de Souza Agra Belmonte, 20.11.2014. (Info 96)*

2013

Ação Civil Pública. Contratação de motociclistas para transporte de mercadorias por meio de cooperativa. Presença dos elementos caracterizadores do vínculo de emprego. Terceirização ilícita. Condenação de não fazer. Proporcionalidade.

A SDI1 considerou desproporcional a determinação de que empresa se abstenha de contratar serviço de entregas domiciliares, mediante empresa interposta, quando a declaração de ilicitude da terceirização tem por fundamento a constatação de fraude na contratação de empregados por intermédio de cooperativa. Ressaltou-se que, no caso, a ilicitude da terceirização não estava relacionada diretamente com a atividade de transporte de mercadorias, a qual não se confunde com a atividade-fim da empresa, que é a comercialização e manipulação de produtos farmacêuticos, mas com a presença dos elementos caracterizadores do vínculo de emprego. *E-ED-RR-152800-16.2001.5.03.0019, SDI1, Rel. Min. Aloysio Corrêa da Veiga, 12.12.2013. (Info 70)*

2. DIREITO DO TRABALHO

Empresa concessionária de energia elétrica. Agente de cobrança, leiturista e eletricista. Terceirização. Impossibilidade. Funções ligadas à atividade-fim da empresa.

A atuação de empregado terceirizado em atividade-fim de empresa de concessão de serviços públicos enseja o reconhecimento do vínculo empregatício direto com a concessionária, pois a Lei 8.987/95 (Lei das Concessões Públicas) não autoriza a terceirização ampla e irrestrita, pois não tem o condão de afastar o princípio constitucional do trabalho. No caso concreto, as funções desempenhadas pelo reclamante – agente de cobrança, leiturista e eletricista – se enquadram nas atividades-fim da tomadora de serviço, porque essenciais à distribuição e à comercialização de energia. *E-E-D-RR-36600-21.2011.5.21.0003, SDI1, Rel. Min. Aloysio Corrêa da Veiga, 8.8.2013. (Info 54)*

Transporte ferroviário. Manutenção de vagões e locomotivas. Atividade-fim Impossibilidade de terceirização. Intermediação ilícita de mão de obra. Reconhecimento de vínculo de emprego direto com o tomador do serviço. Interpretação sistemática dos arts. 25 da Lei 8.987/95 e 94, II, da Lei 9.472/97.

A manutenção de vagões e locomotivas é atividade-fim das empresas concessionárias de transporte ferroviário, razão pela qual a terceirização desse serviço caracteriza intermediação ilegal da mão de obra, acarretando vínculo empregatício direto com o tomador do serviço. Ademais, a interpretação sistemática dos arts. 25 da Lei 8.987/95 e 94, II, da Lei 9.472/97 não permite concluir que o legislador conferiu às concessionárias de serviço público a possibilidade de terceirizar suas atividades de forma ampla e irrestrita. *E-ED-ED--RR-3500-75.2008.5.03.0005, SDI1, Rel. Min. Aloysio Corrêa da Veiga, 7.11.2013. (Info 65)*

2012

Empresa de telecomunicações. "Call center". Terceirização. Impossibilidade. Atividade-fim

A terceirização dos serviços de "call center" em empresas de telecomunicações configura intermediação ilícita de mão de obra, gerando vínculo direto com o tomador dos serviços, nos termos da Súm. 331, I e III, do TST. Os arts. 25 da Lei 8.987/95 e 94, II, da Lei 9.472/97 devem ser interpretados de forma sistemática e harmônica com o Direito do Trabalho, cujo núcleo central é o princípio da proteção, de modo que a expressão "atividades inerentes", adotada pela legislação que rege o setor de telecomunicações – de cunho administrativo e econômico, voltada à relação entre as concessionárias e os usuários ou o Poder Público –, não pode servir de sinônimo de atividades-fim. Noutro giro, esse sentido que se confere aos dispositivos de lei acima mencionados não viola a Súm. Vinculante 10/STF, na medida em que não implica declaração de inconstitucionalidade dos referidos preceitos ou afastamento de sua aplicação, mas apenas interpretação de normas de natureza infraconstitucional. Outrossim, não há como afastar a condição de atividade-fim dos serviços de atendimento telefônico prestados pelas empresas de telecomunicações, pois é por meio da central de atendimento que o consumidor solicita ou, até mesmo, obtém reparos e manutenção em sua linha telefônica, recebe informações acerca dos serviços prestados pela concessionária e faz reclamações, não sendo possível distinguir ou desvincular o "call center" da atividade precípua da prestação dos serviços de telefonia. *E-ED-RR-2938-13.2010.5.12.0016, SDI1, Red. p/ ac. Min. José Roberto Freire Pimenta, 8.11.2012. (Info 29)*

Terceirização. Cláusula convencional que veda a intermediação de mão-de-obra por condomínios e edifícios. Validade.

É válida a cláusula convencional que veda a contratação de empresas prestadoras de serviços por condomínios e edifícios para o fornecimento de mão-de-obra para atuar nas funções relacionadas à atividade-fim, discriminadas na norma coletiva como de zelador, vigia, porteiro, jardineiro, faxineiro, ascensorista, garagista, manobrista e foguista. *RO-116000-32.2009.5.15.0000, SDC, Red. p/ ac. Min. Márcio Eurico Vitral Amaro, 4.9.2012. (Info 21)*

Terceirização ilícita. Configuração. Empregado contratado por empresa especializada em vigilância e transporte de valores. Exercício de atividades tipicamente bancárias. Reconhecimento do vínculo de emprego. Súm. 331, I, do TST.

Configura terceirização ilícita a utilização por instituição financeira de empregados contratados por empresa especializada em vigilância e transporte de valores para a prestação de serviços diários de tesouraria, "in casu", o recebimento, abertura, conferência de conteúdo e encaminhamento de envelopes recolhidos em caixas eletrônicos, na medida em que tais atribuições se relacionam com a atividade fim dos bancos. Adotando essa premissa, a SDI1 conheceu do recurso de embargo por contrariedade à Súm. 331, I, do TST e, no mérito, deu-lhe provimento para restabelecer a sentença que reconheceu o vínculo de emprego diretamente com o banco-reclamado. *E-RR-2600-75.2008.5.03.0140, SDI1, Rel. Min. Augusto César Leite de Carvalho, 6.9.2012. (Info 21)*

12. LEIS ESPECIAIS

12.1. Lei de Greve (Lei 7.783/89)

2014

Dissídio coletivo. Greve. Empresa Brasileira de Correios e Telégrafos – ECT. Descumprimento de cláusula de sentença normativa. Não configuração. Abusividade.

É abusiva a greve deflagrada pelos empregados da Empresa Brasileira de Correios e Telégrafos – ECT sob a alegação de que a criação do chamado Postal Saúde teria descumprido a Cláusula 11 de sentença normativa, segundo a qual eventual alteração no plano de assistência médica/hospitalar e odontológica vigente na empresa deverá ser precedida de estudos atuariais por comissão paritária. No caso vertente, registrou-se que a referida cláusula foi originária de processo julgado em 27.9.2012, e repetida em processo julgado em 8.10.2013, ocasião em que restou assentado que o modo de gestão do plano de saúde é questão afeta ao poder diretivo-organizacional do empregador, não cabendo à Justiça do Trabalho interferir na escolha do modelo de gestão a ser implementado. Assim, se a matéria comporta interpretação diversa daquela adotada pelos trabalhadores, não há falar em descumprimento da cláusula. Ademais, o mérito da controvérsia está sujeito a julgamento pelo foro apropriado, qual seja, a 6ª Vara do Trabalho de Brasília/DF, onde tramita ação de cumprimento ajuizada com o objetivo de suspender a implantação do Postal Saúde. *DCG-1853-34.2014.5.00.0000, SDC, Rel. Min. Márcio Eurico Vitral Amaro, 12.3.2014. (Info 75)*

Dissídio coletivo. Greve. Nomeação para reitor da Pontifícia Universidade Católica de São Paulo – PUC. Protesto com motivação política. Abusividade material da paralisação.

Embora a CF, em seu art. 9º, assegure o direito de greve de forma ampla, os interesses suscetíveis de serem defendidos por meio do movimento paredista dizem respeito a condições próprias de trabalho profissional ou de normas de higiene, saúde e segurança no ambiente de trabalho. No caso em exame, professores e auxiliares administrativos da Pontifícia Universidade Católica de São Paulo – PUC se utilizaram da greve como meio de protesto pela não nomeação, para o cargo de reitor, do candidato que figurou no topo da lista tríplice, embora admitam que a escolha da candidata menos votada observou as normas regulamentares. Portanto, a greve não teve por objeto a criação de normas ou condições contratuais ou ambientais de trabalho, mas se tratou de movimento de protesto, com caráter claramente político, extrapolando o âmbito laboral e denotando a abusividade material da paralisação, tornando-se irrelevante analisar os aspectos formais da greve. *RO-51534-84.2012.5.02.0000, SDC, Rel. Min. Walmir Oliveira da Costa, 9.6.2014. (Info 85)*

2013

Exercício do direito de greve. Deflagração por ausência de pagamento dos salários. Descumprimento dos requisitos formais previstos na Lei 7.783/89. Culpa recíproca. Declaração de não abusividade da greve. Indeferimento da garantia de emprego.

Na hipótese em que a greve foi deflagrada por ausência de pagamento dos salários, mas sem o cumprimento dos requisitos formais previstos no art. 4º e § 1º, da Lei 7.783/89, a SDC, concluindo pela existência de culpa recíproca, decidiu conhecer do recurso ordinário e, no mérito, dar-lhe provimento parcial para afastar a declaração de abusividade da greve, mas indeferir o pleito da garantia de emprego. *RO-9011-91.2011.5.02.0000, SDC, Rel. Min. Maria de Assis Calsing, 10.6.2013. (Info 50)*

2012

DC. Exigência de aprovação da greve por assembleia (art. 4º da Lei º 7.783/89). Inobservância. Abusividade do movimento paredista. Não configuração. Requisito suprido pela ampla adesão e participação dos trabalhadores.

A despeito da inexistência de prova da ocorrência de assembleia-geral regular, se os elementos dos autos permitirem a convicção de ter havido aprovação da greve pelos empregados envolvidos,

2. DIREITO DO TRABALHO

considera-se suprida a formalidade prevista no art. 4º da Lei 7.783/89, razão pela qual a inobservância do referido requisito não caracteriza a abusividade do movimento paredista. *RODC-2017400-02.2009.5.02.0000, SDC, Rel. Min. Mauricio Godinho Delgado, 12.3.2012. (Info 2)*

DC. Exercício do direito de greve. Abusividade. Configuração. Comunicação apenas do "estado de greve". Art. 13 da Lei 7.783/89. Inobservância.

Tendo em conta que o art. 13 da Lei 7.783/89 exige que os empregadores e a população sejam avisados, com antecedência mínima de 72 horas, da data em que concretamente terá início a greve, a SDC deu provimento ao recurso ordinário para declarar a abusividade do movimento paredista na hipótese em que houve apenas a comunicação da realização de assembleia deliberando pelo chamado "estado de greve" da categoria. *ReeNec-92400-15.2009.5.03.0000, SDC, Red. p/ ac. Min. Fernando Eizo Ono, 9.4.2012. (Info 4)*

DC. Greve. MPT. Ilegitimidade ativa "ad causam". Atividade não essencial.

O MPT não possui legitimidade ativa "ad causam" para ajuizar dissídio coletivo de greve em razão da paralisação coletiva dos empregados em empresas de transporte de valores, escolta armada, ronda motorizada, monitoramento eletrônico e via satélite, agentes de segurança pessoal e patrimonial, segurança e vigilância em geral da região metropolitana de Vitória/ES, pois tais serviços não estão previstos no art. 10 da Lei 7.783/89, que trata das atividades tidas como essenciais. Incidência do art. 114,§ 3º, da CF, com redação dada pela EC 45/04. *RO-700-65.2009.5.17.0000, SDC, Rel. Min. Fernando Eizo Ono, 11.12.2012. (Info 34)*

DC. Greve. Trabalhadores portuários avulsos. "Lockout". Não configuração.

As normas que regem o chamado "lockout" (arts. 722 da CLT e 17 da Lei 7.789/83) possuem natureza proibitiva e punitiva, não admitindo interpretação extensiva ou aplicação por analogia. Assim, tendo em conta que as referidas disposições de lei têm por destinatário inequívoco o empregador – a quem é vedado fechar de forma arbitrária o estabelecimento ou praticar ato injusto visando à paralisação total ou parcial das atividades, obstando o ingresso dos empregados na unidade produtiva com a finalidade de enfraquecer pleitos coletivos –, não se pode aplicá-las à relação entre o trabalhador portuário avulso e os operadores portuários, porque inexistente a figura do empregador. Ainda que assim não fosse, a interpretação extensiva do disposto nos arts. 722 da CLT e 17 da Lei 7.789/83 exigiria, na hipótese, que o ato praticado pelos operadores portuários, qual seja o de deixar de requisitar, a partir de 14.3.2005, Encarregados de Turma de Capatazia, pudesse ser enquadrado como conduta arbitrária e temporária a gerar pressão sobre os trabalhadores avulsos com a finalidade de frustrar negociação coletiva em curso. Todavia, infere-se dos autos que, até a data em que praticado o ato que se busca equiparar ao "lockout", não havia negociação em curso ou conflito entre as partes. Ademais, a intenção dos operadores portuários foi a de substituir definitivamente os trabalhadores avulsos por aqueles com vínculo empregatício (arts. 16 e 26 da Lei 8.630/93), não restando preenchido o requisito da temporalidade. E ainda que a referida substituição decorresse de retaliação pelo renovado ajuizamento de ações de cumprimento objetivando o pagamento de passivos trabalhistas, conforme alegado pelo sindicato suscitante, não se vislumbra o intuito de frustrar negociações ou arrefecer reivindicações da categoria. *RO-2006900-13.2005.5.02.0000, SDC, Rel. Min. Fernando Eizo Ono, 13.11.2012. (Info 30)*

12.2. Lei de Participação nos Lucros e Resultados (Lei 10.101/00)

2016

Ação declaratória. Participação nos Lucros e Resultados. Afastamento da natureza indenizatória da parcela. Inadequação da via eleita.

É incabível ação declaratória na hipótese em que o MPT pretende afastar a natureza indenizatória da parcela paga sob o título de Participação nos Lucros e Resultados – PLR, prevista na Cláusula 29º do acordo impugnado, porque em desconformidade com os requisitos da Lei 10.101/00. *RO-38300-81.2013.5.17.0000, SDC, Rel. Min. Dora Maria da Costa, 22.2.2016. (Info 129)*

2015

Acordo coletivo de trabalho. Participação nos Lucros e Resultados. Estipulação de requisito que não revela os índices individuais de produtividade, qualidade ou lucratividade da empresa. Benefício que mais se aproxima de um prêmio. Exclusão da referência ao art. 2º, II, da Lei 10.101/00.

Não configura a Participação nos Lucros e Resultados a que se refere a Lei 10.101/00 e o art. 7º, XI, da CF, a cláusula de acordo coletivo de trabalho que estipula, como requisito para a distribuição de lucros, o número de operações comerciais de todo o setor econômico. Trata-se de parâmetro que não define a conjuntura da empresa de forma clara e objetiva, pois não revela seus índices individuais de produtividade, qualidade ou lucratividade. Assim, tem-se que o benefício estabelecido mais se aproxima de um prêmio, não sendo possível considerá-lo como de natureza indenizatória, o que, na espécie, impõe a reforma da decisão do Regional que julgara improcedente o pedido de declaração da natureza salarial da parcela em questão. *RO-50000-25.2011.5.17.0000, SDC, Rel. Min. Dora Maria da Costa, 11.5.2015. (Info 106)*

2014

Participação nos lucros e resultados. Descumprimento de meta estabelecida em acordo coletivo. Pagamento indevido. Prêmio em valor equivalente ao da PLR. Concessão exclusiva a uma das unidades da empresa. Medida discriminatória. Configuração.

É indevido o pagamento de participação nos lucros e resultados aos empregados de diversas unidades da empresa que não atingiram meta previamente estabelecida em acordo coletivo. Por outro lado, é discriminatória a concessão de prêmio, em valor equivalente ao da PLR, apenas aos empregados de uma das unidades dessa mesma empresa, quando também descumprida a meta acordada. *RO-1000738-04.2014.5.02.0000, SDC, Rel. Min. Mauricio Godinho Delgado, 10.11.2014. (Info 94)*

12.3. Lei do FGTS (Lei 8.036/90)

2014

Administração Pública. Contratação pelo regime trabalhista. Cargo em comissão de livre nomeação e exoneração. Art. 37, II, da CF. Depósitos do FGTS. Devidos.

É assegurado ao servidor público ocupante de cargo em comissão de livre nomeação e exoneração, contratado sob o regime jurídico trabalhista, o direito aos depósitos do FGTS. O art. 37, II, da CF não autoriza o empregador público a se esquivar da legislação trabalhista a que vinculado no momento da contratação, nem permite concluir que a possibilidade de demissão "ad nutum" dos ocupantes de cargo em comissão é incompatível com o sistema de proteção social contra a dispensa sem justa causa. De outra sorte, se a Súm. 363/TST assegura o direito ao FGTS mesmo diante de uma contratação nula, não se mostra razoável negar o referido direito a quem ingressa regularmente na Administração Pública. *E-RR-72000-66.2009.5.15.0025, SDI1, Min. Augusto César Leite de Carvalho, 2.10.2014. (Info 91)*

FGTS. Cláusula normativa que reduz a multa de 40% para 20% e estabelece de antemão a existência de culpa recíproca. Invalidade.

É inválida cláusula de convenção coletiva de trabalho que estabelece, de antemão, a existência de culpa recíproca na rescisão do contrato de trabalho e a consequente redução da multa de 40% do FGTS para 20%, mediante o compromisso das empresas que sucederam outras na prestação do mesmo serviço, em razão de nova licitação, de contratarem os empregados da empresa sucedida. Trata-se de direito indisponível do empregado, garantido em norma de ordem pública e, portanto, infenso à negociação coletiva. *E-ED-RR-45700-74.2007.5.16.0004, SDI1, Red. p/ ac. Min. Lelio Bentes Corrêa, 21.8.2014. (Info 87)*

2013

FGTS. Alvará judicial. Autorização para o levantamento dos depósitos do FGTS e da multa de 20% estabelecida em convenção coletiva que previu a rescisão contratual por culpa recíproca.

A SDI1 conheceu dos embargos da Caixa Econômica Federal – CEF, e, no mérito, negou-lhes provimento, confirmando a decisão que autorizou, mediante alvará judicial, o levantamento dos depósitos de FGTS e da multa de 20% oriunda de cláusula de convenção coletiva de trabalho denominada "incentivo à continuidade do contrato de trabalho", por meio da qual as empresas que sucederam outras na prestação do mesmo serviço, em razão de nova licitação, se obrigaram a contratar os empregados da empresa sucedida, e se estabeleceu, de antemão, a existência de culpa recíproca a autorizar o pagamento de apenas 20% sobre os depósitos de FGTS, a título de multa, no momento da rescisão contratual. Na hipótese, a CEF recusou-se a liberar as verbas pretendidas, ao argumento de que, nos termos do art. 18, § 2º, da Lei 8.036/90, a culpa recíproca e a consequente redução da multa do FGTS de 40% para 20% somente pode ser reconhecida pela Justiça do Trabalho, não se admitindo a ocorrência de tal modalidade de dispensa com esteio em cláusula de instrumento coletivo. Prevaleceu o entendimento de que, a par da discussão sobre a validade da cláusula da convenção coletiva que reduz a multa do FGTS, os depósitos efetuados durante o período de contratação são incontroversos, não havendo, portanto, motivos que justifiquem a retenção dos valores. *E-RR-7000-10.2006.5.10.0011, SDI1, Red. p/ ac. Min. Luiz Philippe Vieira de Mello Filho, 26.9.2013. (Info 60)*

2012

Aposentadoria por invalidez decorrente de acidente de trabalho. Suspensão do contrato de trabalho. Recolhimento do FGTS. Indevido. Art. 15, § 5º, da Lei 8.036/90. Não incidência.

Tendo em conta que a aposentadoria por invalidez suspende o contrato de trabalho, conforme dicção do art. 475 da CLT, é indevido o recolhimento do FGTS no período em que o empregado estiver no gozo desse benefício previdenciário, ainda que o afastamento tenha decorrido de acidente de trabalho. *EEDRR-133900-84.2009.5.03.0057, SDI1, Rel. Min. Horácio Raymundo de Senna Pires, 24.5.2012. (Info 10)*

FGTS. Incidência sobre diferenças salariais deferidas em ação anteriormente proposta. Prescrição trintenária. Limite temporal da demanda anterior.

Reiterando entendimento já sufragado em precedentes anteriores, deliberou a SDI1 que, nos termos da Súm. 362/TST, é trintenária a prescrição incidente sobre a pretensão de recolhimento de FGTS sobre diferenças decorrentes de parcelas salariais deferidas em ação anteriormente proposta, devendo-se observar, porém, o limite temporal fixado na primeira ação em relação às verbas principais. *E-ED-RR-103800-87.2001.5.04.0029, SDI1, Rel. Min. Augusto César Leite de Carvalho, 16.8.2012. (Info 18)*

12.4. Lei do Trabalho Temporário (Lei 6.019/74)

2015

Contrato temporário. Lei 6.019/74. Rescisão antecipada. Indenização prevista no art. 479 da CLT. Inaplicabilidade.

A rescisão antecipada do contrato de trabalho temporário disciplinado pela Lei 6.019/74 não enseja o pagamento da indenização prevista no art. 479 da CLT. Trata-se de forma específica de contratação, regulada por legislação especial e não pelas disposições da CLT. *RR-1342-91.2010.5.02.0203, SDI1, Red. p/ ac. Min. Renato de Lacerda Paiva, 30.4.2015. (Info 105)*

2014

Dissídio coletivo. Greve. Estabilidade no emprego. Impossibilidade de extensão aos trabalhadores temporários.

Na hipótese de greve não abusiva, não é possível conferir garantia de emprego a trabalhadores temporários, porque essa concessão ensejaria a conversão dos contratos por prazo determinado em indeterminado, ultrapassando os limites impostos pela Lei 6.019/74. *RO-1533-35.2012.5.15.0000, SDC, Rel. Min. Mauricio Godinho Delgado, 17.2.2014. (Info 72)*

12.5. Outras Leis Especiais

2016

Ação civil pública. Art. 93 da Lei 8.213/91. Vagas destinadas a trabalhadores reabilitados ou portadores de deficiência. Não preenchimento. Ausência de culpa da empresa. Dano moral coletivo. Não configuração.

O descumprimento da obrigação legal de admitir empregados reabilitados ou portadores de deficiência, conforme cota estipulada no art. 93 da Lei 8.213/91, somente enseja o pagamento de multa e de indenização por danos morais coletivos se houver culpa da empresa. Ressalte-se, todavia, que o fato de a empresa haver empreendido esforços a fim de preencher o percentual de vagas estabelecido pela lei, não obstante leve à improcedência do pedido de condenação ao pagamento de multa e de indenização, não a exonera da obrigação de promover a admissão de pessoas portadoras de deficiência ou de reabilitados. *E-E-D-RR-658200-89.2009.5.09.0670, SDI1, Rel. Min. Brito Pereira, 12.5.2016. (Info 136)*

Banco do Estado do Espírito Santo – Banestes. Plano Antecipado de Afastamento Voluntário. Discriminação em razão da idade. Configuração.

A rescisão do contrato de trabalho com fundamento nas Resoluções 696/08 e 697/08 do Banco do Estado do Espírito Santo – Banestes é nula, pois revela discriminação fundada na idade do trabalhador, atraindo os efeitos da Lei 9.029/95. *E-RR-41700-02.2010.5.17.0003, SDI1, Rel. Min. Márcio Eurico Vitral Amaro, 17.3.2016. (Info 130)*

2015

Profissional de futebol. Contrato de trabalho com duração integral na vigência da Lei 9.615/98 (Lei Pelé), antes das alterações promovidas pela Lei 12.395/11. Direito de arena. Redução do percentual mínimo legal. Impossibilidade.

Quer se trate de acordo judicial cível, quer se trate de negociação coletiva, o percentual a título de direito de arena não comporta redução na hipótese em que o contrato de trabalho perdurou na vigência da Lei 9.615/98 (Lei Pelé), ou seja, antes das alterações introduzidas pela Lei 12.395/11. O art. 5º, XXVIII, "a", da CF, destinado à proteção dos direitos fundamentais, engloba o direito de arena, de modo que a expressão "salvo convenção em contrário", contida no art. 42, § 1º, da Lei Pelé, em sua redação original, não configura permissão para a redução do percentual mínimo estipulado. *E-ED--RR-173200-94.2009.5.03.0108, SDI1, Rel. Min. Márcio Eurico Vitral Amaro, 10.12.2015. (Info 126)*

2014

Trabalhador portuário avulso. Norma coletiva. Previsão de não pagamento de salário "in natura", horas "in itinere" e horas paradas de qualquer natureza. Invalidade.

A SDC deu provimento a recurso ordinário para excluir item de cláusula de convenção coletiva de trabalho que estipulava não ser devido ao trabalhador portuário avulso, em hipótese alguma, salário "in natura", horas "in itinere" e horas paradas de qualquer natureza. No caso, ressaltou-se que, não obstante a garantia prevista no art. 7º, XXVI, da CF, as partes não podem dispor livremente de direitos regulados por normas cogentes, como no caso das parcelas em questão, previstas nos arts. 4º, 58, §§ 2º e 3º, e 458 da CLT. De outra sorte, a própria lei referente à negociação coletiva da remuneração dos trabalhadores portuários avulsos (art. 43 da Lei 12.815/13) garante a necessidade de se observar um valor mínimo, o que não ocorreu na hipótese. *AIRO-RO-1100-40.2013.5.17.0000, SDC, Rel. Min. Walmir Oliveira da Costa, 8.9.2014. (Info 88)*

2013

Radialista. Enquadramento. Lei 6.615/78. Registro. Ausência. Princípio da primazia da realidade.

A ausência de registro perante a Delegacia Regional do Trabalho não é óbice para o enquadramento do empregado na condição de radialista, desde que preenchidos os requisitos essenciais previsto na Lei 6.615/78, quais sejam, a prestação de serviço à empresa equiparada à de radiodifusão (art. 3º) e o exercício de uma das funções em que se desdobram as atividades mencionadas no art. 4º da referida lei. No caso, prevaleceu a tese de que a inobservância de exigência meramente formal não afasta o enquadramento pretendido, em atenção ao princípio da primazia da realidade e à não recepção da norma limitativa da liberdade de expressão pela CF, na esteira da jurisprudência do STF quanto à exigência de diploma de jornalista. *E-ED-RR-2983500-63.1998.5.09.0012, SDI1, Rel. Min. José Roberto Freire Pimenta, 7.3.2013. (Info 39)*

Radialista. Registro na Delegacia Regional do Trabalho (Lei 6.615/78). Desnecessidade. Aplicação do princípio da primazia da realidade.

Evidenciado pela prova que a empregada exercia as funções de radialista, afasta-se a exigência formal de registro prévio junto à Delegacia Regional do Trabalho (Lei 6.615/78) para o reconhecimento do exercício da profissão, em prestígio ao princípio da primazia da realidade. *E-ED--RR-54700-90.2006.5.04.0029, SDI1, Rel. Min. Delaíde Miranda Arantes, 21.11.2013. (Info 67)*

Vale-transporte. Trabalhador portuário avulso. Comparecimento para concorrer à escala. Direito ao pagamento, independente do efetivo trabalho. Aplicação do art. 7º, XXXIV, da CF.

Tendo em conta que, nos termos do art. 6º da Lei 9.719/98, o trabalhador avulso deverá comparecer ao local da prestação dos serviços para poder concorrer à escala de trabalho, o pagamento do vale-transporte não pode se restringir aos dias em que ocorrer o efetivo engajamento. Inteligência do art. 7º, XXXIV, da CF, que prevê a igualdade de direitos entre os trabalhadores com vínculo de emprego e os avulsos. *E-ED-RR-14800-02.2008.5.02.0251, SDI1, Rel. Min. Dora Maria da Costa, 3.10.2013. (Info 61)*

2012

AR. Vale-transporte. Negociação coletiva. Pagamento em pecúnia. Possibilidade. Art. 7º, XXVI, da CF. Violação.

Afronta o art. 7º, XXVI, da CF o acórdão do Regional que não reconhece a validade da cláusula convencional estipulando o pagamento do vale-transporte em pecúnia, pois a Lei 7.418/85, que instituiu o vale-transporte, com a alteração introduzida pela Lei 7.619/87, não veda, em nenhum dos seus dispositivos, a substituição do referido benefício por pagamento em espécie. Ademais, a liberdade de negociação coletiva no âmbito das relações trabalhistas encontra-se assegurada na CF, ainda que não de forma absoluta, não existindo nenhum óbice legal para que as partes, de comum acordo, negociem a substituição do vale-transporte por antecipação em dinheiro. *RO-161-37.2011.5.06.0000, SDI2, Rel. Min. Guilherme Augusto Caputo Bastos, 9.10.2012. (Info 25)*

3. DIREITO PREVIDENCIÁRIO

1. COMPETÊNCIA DA JUSTIÇA DO TRABALHO

2015

Complementação de aposentadoria. Diferenças. Ex-empregado da Rede Ferroviária Federal – RFFSA. Sucessão pela União. Incompetência da Justiça do Trabalho.

A Justiça do Trabalho é incompetente para processar e julgar pleitos de diferenças de complementação de aposentadoria de ex-empregado da empresa Trens Urbanos de Porto Alegre S/A – Trensurb, subsidiária da extinta RFFSA, sucedida pela União. O STF definiu a competência da justiça comum para o julgamento da matéria, diante da eficácia vinculante no exame da ADI 3395-MC, que suspendeu toda e qualquer interpretação atribuída ao art. 114, I, da CF, que inclua na competência da Justiça do Trabalho a apreciação de causas instauradas entre o Poder Público e os servidores a ele vinculados por típica relação de caráter estatutário ou jurídico-administrativo. *E-E-D-RR-71-58.2013.5.04.0018, SDI1, Rel. Min. Guilherme Augusto Caputo Bastos, 17.12.2015. (Info 127)*

2014

Complementação de aposentadoria. Competência. STF-RE 586.453. Sentença prolatada antes de 20.02.2013 que decidiu pela incompetência da Justiça do Trabalho. Ausência de decisão de mérito. Competência da Justiça comum.

O STF, nos autos do processo RE 586.453, decidiu que as demandas relativas à complementação de aposentadoria são da competência da Justiça comum, mas determinou que os efeitos dessa decisão, com repercussão geral, fossem modulados a fim de se manter a competência da Justiça do Trabalho nas situações em que já houvesse sido proferida decisão de mérito até a data daquele julgamento (20.2.2013). Assim, tendo em conta que a sentença, mantida pelo TRT, que declarou a incompetência da Justiça do Trabalho para o julgamento de reclamatória relativa a diferenças de complementação de aposentadoria não pode ser considerada decisão de mérito, a SDI1 conheceu dos embargos interpostos pela reclamada, por divergência jurisprudencial, e, no mérito, deu-lhes provimento para restabelecer a referida sentença e determinar a remessa dos autos à Justiça comum. *E-ED-ED-E-D-RR-1011-92.2011.5.03.0059, SDI1, Rel. Min. Renato de Lacerda Paiva, 3.4.2014. (Info 78)*

2. CONTRIBUIÇÕES PREVIDENCIÁRIAS

2016

Contribuição previdenciária. Fato gerador. Incidência de multa e juros de mora. Data da prestação dos serviços. Alteração do art. 43 da Lei 8.2012/91 pela Medida Provisória 449/08, convertida na Lei 11.941/09.

Na vigência do art. 276, caput, do Dec. 3.048/99, o fato gerador da contribuição previdenciária era o pagamento do crédito devido ao trabalhador e, no caso de decisão judicial trabalhista, somente seria cabível a incidência de multa e juros de mora após o dia dois do mês subsequente ao trânsito em julgado da decisão que pôs fim à discussão acerca dos cálculos de liquidação. Porém, desde a edição da Medida Provisória 449/08, convertida na Lei 11.941/09, que modificou o art. 43 da Lei 8.212/91, as contribuições sociais apuradas em virtude de sentença judicial ou acordo homologado judicialmente passaram a ser devidas a partir da data de prestação do serviço, considerando-se como marco de incidência do novo dispositivo de lei o dia 5.3.2009, em atenção aos princípios da anterioridade tributária e nonagesimal (arts. 150, III, "a", e 195, § 6º, da CF). A multa, todavia, incide a partir do primeiro dia subsequente ao término do prazo de citação para pagamento das parcelas previdenciárias, observado o limite legal de 20% (art. 61, § 2º, da Lei 9.430/96). *E-RR-293-78.2010.5.15.0065, SDI1, Rel. Min. José Roberto Freire Pimenta, 16.6.2016. (Info E24)*

2015

Contribuição previdenciária. Fato gerador. Créditos trabalhistas reconhecidos em juízo após as alterações no artigo 43 da Lei 8.212/91. Incidência de correção monetária, juros de mora e multa. Marco inicial. Responsabilidades.

O fato gerador da contribuição previdenciária decorrente de créditos trabalhistas reconhecidos em juízo é a prestação do serviço, no que tange ao período posterior à alteração do artigo 43 da Lei 8.212/91, feita pela Medida Provisória 449/08, convertida na Lei 11.941/09 (04.03.2009). O fato gerador das contribuições previdenciárias não está previsto no artigo 195, I, "a", da CF. Logo, a lei – no caso, o artigo 43, § 2º, da Lei 8.212/91 – pode perfeitamente dispor a respeito. Assim, a partir de 05.03.2009, aplica-se o regime de competência (em substituição ao regime de caixa), incidindo, pois, correção monetária e juros de mora a partir da prestação de serviços. Quanto à multa, ao contrário da atualização monetária para recomposição do valor da moeda e dos juros pela utilização do capital alheio, trata-se de uma penalidade destinada a compelir o devedor à satisfação da obrigação a partir do seu reconhecimento. Dessa forma, decidiu-se que não incide retroativamente à prestação de serviços, e sim a partir do exaurimento do prazo de citação para pagamento, uma vez apurados os créditos previdenciários, se descumprida a obrigação, observado o limite legal de 20%, nos termos dos §§ 1º e 2º, do art. 61, da Lei 9.430/96 c/c art. 43, § 3º, da Lei 8.212/91. Por fim, no que se refere às responsabilidades, definiu-se que respondem: a) pela atualização monetária, o trabalhador e a empresa, por serem ambos contribuintes do sistema; e b) pelos juros de mora e pela multa, apenas a empresa, não sendo cabível que por eles pague quem, até então, sequer tinha o reconhecimento do crédito sobre o qual incidiriam as contribuições previdenciárias e que não se utilizou desse capital. *E-RR-1125-36.2010.5.06.0171, Tribunal Pleno, Rel. Min. Alexandre Agra Belmonte, 20.10.2015. (Info 120)*

Contribuição previdenciária. Fato gerador. Incidência de multa e juros de mora. Data da prestação dos serviços. Alteração do art. 43 da Lei 8.2012/91 pela Medida Provisória 449/08, convertida na Lei 11.941/09.

Na vigência do art. 276, caput, do Decreto 3.048/99, o fato gerador da contribuição previdenciária era o pagamento do crédito devido ao trabalhador e, no caso de decisão judicial trabalhista, somente seria cabível a incidência de multa e juros de mora após o dia dois do mês subsequente ao trânsito em julgado da decisão que pôs fim à discussão acerca dos cálculos de liquidação. Porém, desde a edição da Medida Provisória 449/08, convertida na Lei 11.941/09, que modificou o art. 43 da Lei 8.212/91, as contribuições sociais apuradas em virtude de sentença judicial ou acordo homologado judicialmente passaram a ser devidas a partir da data de prestação do serviço, considerando-se como marco de incidência do novo dispositivo de lei o dia 5.3.2009, em atenção aos princípios da anterioridade tributária e nonagesimal (arts. 150, III, "a", e 195, § 6º, da CF). *E-ED-RR-4484-80.2012.5.12.0001, SDI1, Rel. Min. Renato de Lacerda Paiva, 19.11.2015. (Info E20)*

Contribuições assistenciais compulsórias em favor de entidade de serviço social e de formação profissional. Art. 240 da CF. Obrigatoriedade.

Consoante o artigo 240 da CF, a contribuição assistencial devida pela categoria econômica e destinada às entidades privadas de serviço social e de formação profissional vinculadas ao sistema sindical é compulsória para os empregadores, ainda que a empresa não seja filiada ao sindicato patronal. *RO-3384-84.2011.5.10.0000, SDI2, Rel. Min. Alberto Luiz Bresciani de Fontan Pereira, 18.8.2015. (Info 114)*

Execução. Valores reconhecidos em juízo. Recolhimento das respectivas contribuições previdenciárias. Art. 195, I, "a", da CF. Prestação de serviços iniciada antes da edição da Medida Provisória 449/08 (convertida na Lei 11.941/09). Fato gerador. Pagamento. Juros de mora a contar do dia dois do mês seguinte ao da liquidação da sentença. Art. 276 do Decreto 3.048/99.

A Medida Provisória 449/08, convertida na Lei 11.941/09, fixou a prestação de serviços como fato gerador da contribuição previdenciária incidente sobre verbas trabalhistas reconhecidas em juízo. No entanto, para os contratos iniciados em período anterior à vigência da nova norma, o fato gerador é o crédito ou pagamento da importância devida. Incide, portanto, a regra do art. 276 do Decreto 3.048/99, segundo a qual os juros e multa moratória pelo atraso no recolhimento são calculados a partir do segundo dia do mês seguinte ao da liquidação da sentença. *ERR-116800-14.2010.5.13.0022, SDI1, Min. Aloysio Corrêa da Veiga, 12.3.2015. (Info E12)*

2013

Contribuição previdenciária. Execução provisória. Acordo firmado após a elaboração dos cálculos de liquidação e antes do trânsito em julgado da sentença. Inaplicabilidade da OJ 376/SDI1.

Firmado acordo em sede de execução provisória, após a elaboração dos cálculos em liquidação, mas antes do trânsito em julgado da sentença, as contribuições previ denci árias devem incidir sobre a totalidade do valor acordado, não havendo falar em observância da proporcionalidade entre as parcelas de natureza salarial e aquelas de caráter indenizatório deferidas na decisão condenatória. A aplicabilidade da OJ 376/SDI1 é restrita às hipóteses de homologação do acordo após o trânsito em julgado da sentença. E-RR-264300-36.2002.5.02.0066, SDI1, Rel. Min. Delaíde Miranda Arantes, 26.9.2013. (Info 60)

Execução. Contribuições previdenciárias. Créditos trabalhistas reconhecidos por decisão judicial. Juros de mora e multa. Fato gerador. Momento anterior à Medida Provisória 449/09. Art. 195, 1, "a", da CF.

Os juros de mora e a multa incidentes sobre a contribuição previdenciária oriunda de créditos trabalhistas reconhecidos por decisão judicial são devidos a partir do dia dois do mês seguinte ao da liquidação da sentença, sobretudo na hipótese de relação de emprego ocorrida em momento anterior à Medida Provisória 449/09, convertida na Lei 11.941/09, que alterou o art. 43, § 2º, da Lei 8.212/91. Ademais, tendo em conta que o art. 195, I, "a", da CF fixou a competência tributária referente às contribuições previdenciárias devidas pela empresa, prevendo a instituição de contribuição incidente sobre os rendimentos do trabalho pagos ou creditados ao trabalhador, não se pode olvidar a supremacia do texto constitucional, de modo que a legislação infraconstitucional, ao definir o fato gerador e os demais elementos que constituem os tributos, deve observar os limites impostos pela Constituição. Desse modo, a decisão do Regional que estabelece a data da prestação de serviços como termo inicial para a incidência dos juros e da multa moratória dá ensejo ao conhecimento do recurso de revista por violação à literalidade do art. 195, I, "a", da CF, pois extrapola os limites nele estabelecidos. EEDRR-38000-88.2005.5.17.0101, SDI1, Red. p/ ac. Min. João Oreste Dalazen, 12.9.2013. (Info 59)

2012

3. PREVIDÊNCIA COMPLEMENTAR

2015

Complementação de aposentadoria. Artigo 21, § 3º, do Regulamento Básico da Fundação Vale do Rio Doce de Seguridade Social – VALIA. Reajuste pelos índices adotados pelo INSS. Aumento real.

O artigo 21, § 3º, do Regulamento Básico da Fundação Vale do Rio Doce de Seguridade Social – VALIA prevê apenas o reajuste do benefício aos empregados e pensionistas da Vale S.A. "nas mesmas datas em que forem reajustados os benefícios mantidos pelo INPS e segundo os mesmos índices de reajustamento expedidos pelo INPS" (atual INSS), sem fazer qualquer referência a aumento real. Assim, conforme o artigo 114 do Código Civil, não cabe interpretação extensiva, no sentido de estender aos aposentados e pensionistas da Vale S.A. também os índices de aumento real concedido pela aludida autarquia previdenciária. Com efeito, considerou-se que o vocábulo "reajuste" remete ao mecanismo de recomposição das perdas inflacionárias, ao passo que a locução "aumento real" define o efetivo ganho de capital acima da inflação, de modo a garantir a elevação do poder de compra. Ademais, não há previsão específica no Regulamento quanto à observância de paridade entre os planos de previdência complementar e o regime de previdência oficial, o que obsta o reconhecimento do direito às diferenças de complementação de pensão postulado. Por fim, destacou-se que, ao se entender que o reajustamento também alcança o aumento real, poder-se-ia ocasionar um desequilíbrio atuarial a afetar todos os integrantes do plano de benefícios. Mais do que isso, distanciar-se-ia da finalidade precípua dos regimes privados de complementação de aposentadoria, que é a manutenção do padrão de vida do beneficiário. E-ARR-1516-60.2011.5.03.0099, SDI1, Rel. Min. Renato de Lacerda Paiva, 5.11.2015. (Info 122)

Complementação de aposentadoria. Reajuste pelo IGP-DI conforme previsto no Plano Pré-75 do Banesprev. Impossibilidade. Ausência de adesão. Permanência no plano de complementação de aposentadoria do Regulamento do Pessoal do Banespa. Violação do art. 5º, XXXVI, da CF. Configuração.

Viola o ato jurídico perfeito (art. 5º, XXXVI, da CF) a decisão que defere o reajustamento da complementação de aposentadoria pelo índice IGP-DI, conforme previsto no Plano Pré-75 do Banesprev, na hipótese em que o reclamante a ele não aderiu, pois espontaneamente optou por permanecer no plano de complementação de aposentadoria do Regulamento do Pessoal do Banespa. Conforme disposto na Súm. 51, II, do TST, havendo a coexistência de dois regulamentos de empresa, a opção por um deles implica a renúncia às regras do outro. *RO-12183-15.2010.5.15.0000, SDI2, Rel. Min. Alberto Luiz Bresciani de Fontan Pereira, 3.2.2015. (Info 99)*

Matéria afetada ao Tribunal Pleno. Complementação de aposentadoria. Opção pelo novo plano CEEEPREV. Efeitos. Validade da adesão às novas regras. Súm. 51 do TST. Alcance. Manutenção da base de cálculo. Impossibilidade de renúncia de direitos adquiridos. Integração de parcelas deferidas em ação trabalhista anteriormente ajuizada.

O empregado, por força das disposições contidas nas Súms. 51, item I, e 288 do TST, mesmo com a adesão a novo plano de benefícios CEEEPREV, não renuncia à base de cálculo de seus proventos de aposentadoria, que apenas passa a ser guiada pelas novas regras. Não se reconhece a eficácia de renúncia a direito adquirido (base de cálculo da complementação de aposentadoria) à luz das normas imperativas de Direito do Trabalho. Como consequência, a autora tem direito de ver integrada à referida base de cálculo as parcelas que lhe foram deferidas em ação trabalhista anteriormente ajuizada nos autos do Processo 01635.902/94-0. *E-E-D-ED-RR-300800-25.2005.5.04.0104, Tribunal Pleno, Red. p/ ac. Min. Aloysio Corrêa da Veiga, 29.9.2015. (Info 119)*

Recomposição da Reserva Matemática. Parcela não considerada para o cálculo do salário de benefício. Responsabilidade. Patrocinadora.

Os planos de previdência complementar, diferentemente do que ocorre no Regime Geral da Previdência Social, são financiados pelas contribuições dos participantes, dos assistidos e da entidade patrocinadora, bem como pelo investimento desses recursos, que constituem a reserva matemática a garantir a solvabilidade do benefício contratado. Quando há aportes financeiros considerando determinado salário de benefício e, em razão de condenação judicial, ocorre majoração não prevista da base de cálculo desse benefício, impõe-se um reequilíbrio do plano, com a recomposição da fonte de custeio em relação a essa diferença. A responsabilidade pela recomposição da reserva matemática deve ser atribuída unicamente à patrocinadora, que deu causa a não incidência do custeio no salário de contribuição na época própria pela não consideração de parcelas, agora reconhecidas como de natureza salarial. Não há como imputar o dever de manter intacta a reserva matemática ao Fundo de Pensão, mero gestor do fundo, ou aos participantes. *E-ED-RR-1065-69.2011.5.04.0014, SDI1, Rel. Min. Aloysio Corrêa da Veiga, julgado em 05.11.2015. (Info 122)*

2013

Adesão a novo plano de benefício previdenciário. Efeitos. Renúncia às regras do plano anterior. Incidência da Súm. 51, II, do TST.

Aplica-se o item II da Súm. 51/TST aos casos em que se discute os efeitos da adesão a novo plano de benefício previdenciário oferecido por entidade de previdência privada, pois a finalidade última do referido verbete é resguardar o ato jurídico perfeito que se aperfeiçoa com a a livre adesão às vantagens de um plano mediante a renúncia ao regulamento de complementação de aposentadoria anterior, sendo indiferente o fato de a opção referir-se a plano de previdência privada ou a regulamento de empresa. *E-RR-140500-24.2008.5.04.0027, SDI1, Rel. Min. Aloysio Corrêa da Veiga, 18.4.2013. (Info 43)*

CEF. Adesão a novo plano (REB). Diferenças de saldamento do plano anterior (REG/Replan). Inclusão da CTVA na base de cálculo do salário de contribuição. Possibilidade de recálculo. Súm. 51, II do TST. Não incidência.

O fato de a reclamante, empregada da Caixa Econômica Federal, ter aderido ao novo plano de benefícios (REB) não a impede de discutir diferenças do saldamento do plano anterior (REG/Replan), com a finalidade de incluir a parcela CTVA no cálculo das contribuições para a Funcef, referentes ao período que antecedeu o mencionado saldamento. No caso, não há falar em aplicação da Súm. 51, II, do TST, pois não se trata do pinçamento de benefícios de ambos os planos, mas apenas de pretensão relativa à aplicação das regras referentes ao salário de participação vigente à época, ao cálculo do saldamento do plano REG/Replan. *E-ED-RR-139700-71.2008.5.04.0002, SDI1, Rel. Min. Aloysio Corrêa da Veiga.17.10.2013. (Info 63)*

Previdência privada. Complementação de aposentadoria. Reajuste salarial reconhecido judicialmente. Contribuição para a fonte de custeio. Indevida. Ausência de previsão contratual.

Não cabe imputar ao empregado aposentado a contribuição para a fonte de custeio de diferenças de complementação de aposentadoria decorrentes de reajuste salarial sob o rótulo de "avanço de nível" disfarçado, reconhecido judicialmente, quando a paridade salarial com o pessoal em atividade foi assegurada no contrato, sem a respectiva previsão de contribuição do assistido para a preservação do equilíbrio atuarial. *ARR-217400-15.2008.5.07.0011, SDI1, Rel. Min. Aloysio Corrêa da Veiga, 14.2.2013. (Info 36)*

4. OUTROS TEMAS

2014

Perda parcial da capacidade laborativa. Possibilidade de pleno restabelecimento. Pensão vitalícia. Devida. Fim do pagamento condicionado à recuperação integral do trabalhador. Relação de natureza continuativa. Art. 471, I, do CPC. Incidência.

Havendo perda parcial da capacidade produtiva, ainda que haja possibilidade de pleno restabelecimento do empregado mediante a submissão ao tratamento adequado, é devido o pagamento de pensão mensal de caráter vitalício. Todavia, caso sobrevenha fato superveniente – recuperação integral do trabalhador para o ofício para o qual se inabilitou –, a ser retratado nos próprios autos em que houve a condenação, terá fim o pagamento da pensão, nos termos do art. 471, I, do CPC. Ressalte-se que a utilização da expressão "pensão vitalícia" visa afastar dúvidas quanto a eventuais limites ao pagamento (idade de aposentadoria, tabelas de mortalidade do IBGE, etc), mas não exclui a possibilidade de cessação do benefício, uma vez findada a sua causa, pois se trata de relação de natureza continuativa. *E-ED-ED-ED--RR-33640-85.2006.5.02.0039, SDI1, Red. p/ ac. Min. Luiz Philippe Vieira de Mello Filho, 13.2.2014. (Info 72)*

4. DIREITO PROCESSUAL DO TRABALHO

1. DA JUSTIÇA DO TRABALHO (CLT, ARTS. 643 A 735)

1.1. Competência da Justiça do Trabalho

2016

Ação rescisória. Art. 485, II, do CPC/73. Competência da Justiça do Trabalho. Aprovação em concurso público. Preterição. Contratação de terceirizados. Fase pré-contratual. Art. 114, I, da CF.

A pretensão de rescisão de julgados com fundamento no art. 485, II, do CPC/73 apenas se viabiliza quando a incompetência da Justiça do Trabalho é evidenciada de forma fácil e objetiva. Não é o que ocorre na hipótese em que a lide envolve a legalidade da preterição de advogados aprovados em concurso público e concomitante terceirização de serviços jurídicos por empresa pública. À luz do art. 114, I, da CF, a Justiça do Trabalho é competente para processar e julgar pleitos relacionados a fatos ocorridos antes do nascimento do vínculo, durante ou após a sua cessação, pois a competência se estabelece em razão de o pacto laboral ser causa próxima ou remota do dissenso instaurado. Assim, não afastam a natureza trabalhista da demanda o fato de a fase pré-contratual do certame ser antecedente à efetiva formalização da relação empregatícia e de o concurso público ter natureza administrativa. *RO-206-59.2013.5.10.0000, SDI2, Rel. Min. Douglas Alencar Rodrigues, 30.8.2016. (Info 143)*

Ação rescisória. Indenização. Frutos percebidos na posse de má-fé. Violação do art. 1.216 do CC. Inaplicabilidade do óbice da Súm. 83/TST. Inexistência de controvérsia mesmo antes da edição da Súm. 445/TST.

Mesmo antes da edição da Súm. 445/TST já havia na Corte jurisprudência íntegra, coerente e estável a respeito da incompatibilidade da indenização por perdas e danos decorrentes dos frutos percebidos na posse de má-fé com o direito do trabalho, não havendo falar em matéria de interpretação controvertida à época do trânsito em julgado da decisão rescindenda. Ressaltou-se, ademais, que a função precípua do TST é dar unidade ao direito material e processual do trabalho, pacificando a jurisprudência nacional, de modo que as Súms. 343/STF e 83/TST e a chamada "interpretação razoável" não podem obstar a atuação institucional do TST quanto à interpretação mais adequada de norma federal. *RO-7213-61.2012.5.02.0000, SDI1, Rel. Min. Luiz Philippe Vieira de Mello Filho, 30.8.2016. (Info 143)*

Competência da Justiça do Trabalho. Ação civil pública. Caminhoneiro. Ausência de relação de emprego ou de trabalho com a empresa que mantém terminais de carga e descarga. Questões de saúde, segurança e higiene do trabalho. Tutela de direitos trabalhistas coletivos.

Em se tratando de controvérsia envolvendo questões de saúde, segurança e higiene do trabalho, subsiste a competência da Justiça do Trabalho e o interesse de atuação do MPT, ainda que o pedido e a causa de pedir não decorram de contrato de emprego ou de trabalho, mas envolvam a tutela de direitos trabalhistas coletivos de motoristas autônomos (caminhoneiros) que prestam serviço junto a terminais de carga e descargas de grãos mantidos por empresa de logística. *RO-327-27.2013.5.23.0000, SDI2, Rel. Min. Alberto Luiz Bresciani de Fontan Pereira, 2.8.2016. (Info 141)*

Conflito de competência. Ação proposta no domicílio do advogado. Incompetência. Remessa ao juízo do local da prestação dos serviços. Prejuízo à defesa do autor. Competência da Vara do Trabalho que tem jurisdição sob o local da contratação.

Para a fixação da competência territorial devem prevalecer os critérios objetivos estabelecidos no art. 651, caput e § 3º, da CLT, admitindo-se o ajuizamento da reclamação trabalhista no domicílio do reclamante apenas se este coincidir com o local da prestação dos serviços ou da contratação. *CC-1-64.2014.5.14.0006, SDI2, Rel. Min Douglas Alencar Rodrigues, 12.4.2016. (Info 132)*

Conflito de competência. Competência em razão do lugar. Músico componente de banda. Prestação de serviços em diversas localidades, mas de forma transitória. Não enquadramento na exceção prevista no art. 651, § 3º, da CLT. Competência do local da contratação.

A SDI2 acolheu conflito de competência para declarar que compete a uma das Varas do Trabalho de São Paulo/SP, local da contratação, processar e julgar reclamação em que baixista pretende o reconhecimento de vínculo de emprego com conjunto musical que realizava turnê em várias regiões do país. Na espécie, restou consignado que embora o reclamante resida em Florianópolis/SC e a sede da banda seja em Juiz de Fora/MG (local do ajuizamento da ação), a reunião dos músicos para a formação da trupe ocorreu na cidade de São Paulo/SP, domicílio do reclamante à época. Ressaltou-se, ademais, que embora o empregado tenha prestado serviço em diversas localidades, isso se deu de forma meramente transitória, não se equiparando à prestação regular e habitual de atividades a que se refere a exceção prevista no § 3º do art. 651 da CLT. *CC-10745-33.2016.5.03.0143, SDI2, Rel. Min. Luiz Philippe Vieira de Mello Filho, 13.9.2016. (Info 144)*

Conflito de competência. Competência territorial. Ajuizamento de reclamação trabalhista no foro do domicílio do reclamante. Local diverso da contratação e da prestação de serviços. Empresa de âmbito nacional. Possibilidade.

Admite-se o ajuizamento da reclamação trabalhista no domicílio do reclamante quando a reclamada for empresa de grande porte e prestar serviços em âmbito nacional. Trata-se de interpretação ampliativa do art. 651, caput e § 3º da CLT, em observância ao princípio constitucional do amplo acesso à jurisdição e ao princípio protetivo do trabalhador. No caso, a ação fora ajuizada em Ipiaú/BA, domicílio do reclamante, embora a contratação e a prestação de serviços tenham ocorrido em Porto Velho/RO. *CC-54-74.2016.5.14.0006, SDI2, Red. p/ ac. Min. Luiz Philippe Vieira de Mello Filho, 27.9.2016. (Info 146)*

Incompetência da Justiça do Trabalho. Contrato de estágio. Entes da administração pública.

As relações de trabalho decorrentes de estágio se inserem na competência da Justiça do Trabalho, exceto quando a contratação envolve entes da administração pública. Incidência, por analogia, do entendimento firmando na ADI 3395. Assim, compete à Justiça comum processar e julgar ação civil pública que tem como objeto denúncia contra o Centro de Ensino Integrado Empresa e Escola (CIEE), em face do descumprimento do art. 37 da CF, pois não vem observando os princípios da publicidade e da impessoalidade na execução dos contratos para preenchimento de vagas destinadas a estágio em instituições públicas. *E-RR-5500-47.2010.5.13.0022, SDI1, Rel. Min. Aloysio Corrêa da Veiga, 31.3.2016. (Info 131)*

Incompetência da Justiça do Trabalho. Demanda envolvendo a administração pública e servidor. Admissão sem concurso público. Relação jurídico-administrativa. Competência da Justiça comum.

A Justiça do Trabalho é incompetente para processar e julgar demanda na qual resultou caracterizada a admissão de servidor, após a Constituição da República de 1988, sem prévia submissão a concurso público. Com efeito, consoante decidido pelo STF, no julgamento do AgReg 7217/MG, cabe à Justiça comum o prévio exame acerca da existência, da validade e da eficácia do vínculo jurídico-administrativo existente entre servidor e Administração Pública, eis que, para o reconhecimento do liame trabalhista, deverá o julgador, anteriormente, averiguar a presença, ou não, de eventual vício a macular a relação administrativa. *E-ED-RR-629-3 9.2011.5.22.0102, SDI1, Rel. Min. Renato de Lacerda Paiva, 31.3.2016. (Info 131)*

Mandado de segurança. Licença para o exercício de comércio ambulante em local público municipal administrado por concessionária de rodovia estadual. Incompetência absoluta da Justiça do Trabalho. Declaração de ofício.

A controvérsia em torno do direito de uso do espaço público municipal localizado em rodovia estadual administrada por concessionária, para o exercício de comércio ambulante, foge à competência da Justiça do Trabalho, especialmente na hipótese em que a insurgência é dirigida contra atos do Município, que negou a licença para o comércio, e da concessionária, que teria colocado pedras do local onde a atividade vinha se desenvolvendo, e não contra o empregador ou o tomador dos serviços. *RO-1000407-85.2015.5.02.0000, SDI2, Rel. Min. Douglas Alencar Rodrigues, 20.9.2016. (Info 145)*

Reclamação. Art. 988, II, do NCPC. Incompetência do Órgão Especial. Prevenção quanto ao órgão jurisdicional e ao relator da causa principal. Art. 988, §§ 1º e 3º, do NCPC. Remessa dos autos ao juízo competente.

Embora não haja regra de competência específica para processar e julgar a reclamação no âmbito do TST e caiba ao Órgão Especial deliberar sobe as matérias jurisdicionais não incluídas na competência dos outros órgãos da Corte (art. 69, I, "h", do RITST), aplica-se a regra de prevenção prevista no art. 988, §§ 1º e 3º, do NCPC, quanto ao órgão jurisdicional e ao relator da causa principal, aos casos em que a causa de pedir na reclamação visa à garantia da autoridade de decisão proferida por Turma. *AgR-Rcl-4852-86.2016.5.00.0000, Órgão Especial, Rel. Min. Augusto César Leite de Carvalho, 5.9.2016. (Info 143)*

2015

Ação rescisória. Execução fiscal. Multa por infração à legislação trabalhista. Contratação de servidores públicos temporários. Regime estatutário. Incompetência da Justiça do Trabalho.

Não compete à Justiça do Trabalho processar e julgar lides em que se discute sanção aplicada por infração à legislação trabalhista a município que mantém vínculo de natureza estatutária com servidores admitidos em caráter temporário. O STF, em decisão proferida na ADI-MC 3395, definiu que as contratações temporárias realizadas sob a égide inciso IX do art. 37 da CF têm natureza jurídico-administrativa, o que afasta a competência da Justiça do Trabalho. *RO-456-38.2013.5.12.0000, SDI2, Rel. Min. Douglas Alencar Rodrigues, 7.4.2015. (Info E13)*

Acidente de trabalho. Falecimento do empregado. Ação movida por viúva e filhos menores. Pretensão deduzida em nome próprio. Competência territorial. Local do domicílio dos reclamantes. Ausência de disciplina legal específica na CLT. Aplicação analógica do disposto no art. 147, I, do ECA.

Na hipótese de julgamento de dissídio individual movido por viúva e filhos menores de ex-empregado falecido em decorrência de acidente de trabalho, na defesa de direito próprio, admite-se excepcionalmente a fixação da competência territorial pelo foro do local do domicílio dos reclamantes.

Aplicação analógica do disposto no art. 147, I, do Estatuto da Criança e do Adolescente, diante da ausência de disciplina legal específica na CLT. No caso, ressaltou-se que por se tratar de situação excepcional, a qual refoge à regra do caput do art. 651 e parágrafos, da CLT – em que a competência territorial define-se pelo local da prestação dos serviços do empregado, e, excepcionalmente, pela localidade da contratação –, cumpre ao órgão jurisdicional colmatar a lacuna mediante a aplicação de norma compatível com o princípio da acessibilidade. *E-RR-86700-15.2009.5.11.0007, SDI1, Red. p/ ac. Min. João Oreste Dalazen, 12.11.2015. (Info 123)*

Competência da justiça do trabalho. Estado do Piauí. Empregada admitida antes da Constituição de 1988. Transposição automática do regime celetista para o estatutário. Impossibilidade. Ausência de concurso público.

A Justiça do Trabalho é competente para examinar pedido de empregado público admitido antes da promulgação da Constituição de 1988, sob regime celetista, e sem concurso público, não obstante a superveniência de legislação estadual que institui regime jurídico único. *E-RR-846-13.2010.5.22.0104, SDI1, Rel. Min. Augusto César Leite e Carvalho, 18.6.2015. (Info 111)*

Competência territorial. Dissídio individual típico. Critérios objetivos de fixação. Art. 651 da CLT. Domicílio do empregado.

A Vara do Trabalho do domicílio do empregado, quando não coincidente com a localidade da celebração do contrato ou da prestação dos serviços, normalmente não é competente para o julgamento de dissídio individual típico resultante do contrato de emprego. A determinação da competência territorial, em regra, define-se pelo local da prestação dos serviços do empregado, seja ele reclamante ou reclamado (art. 651, caput, da CLT). Cuida-se de norma de cunho protecionista e ditada pela observância do princípio constitucional da acessibilidade (art. 5º, XXXV). Excepcionalmente, nos termos do art. 651, § 3º, da CLT, toma-se em conta o juízo da localidade da contratação do empregado. *E-RR 775-66.2013.5.07.0025, SDI1, Rel. Min. João Oreste Dalazen, 29.10.2015. (Info 121)*

Exceção de incompetência em razão do lugar. Ajuizamento de reclamação trabalhista no foro do domicílio do empregado. Aplicação ampliativa do § 3º do art. 651 da CLT. Impossibilidade.

Não demonstração de que a empresa demandada presta serviços em diferentes localidades do país.

Em observância ao princípio constitucional do amplo acesso à jurisdição (art. 5º, XXXV, da CF), é possível o ajuizamento de demanda trabalhista no foro do domicílio do empregado, desde que seja mais favorável que a regra do art. 651 da CLT e que fique demonstrado que a empresa reclamada regularmente presta serviços em diversas localidades do território nacional. No caso, o reclamante foi contratado e prestou serviços na cidade de Brusque/SC, local diverso do seu atual domicílio, Pelotas/RS, onde ajuizou a reclamatória. Contudo, não há notícia nos autos de que a empresa demandada preste serviços em diferentes localidades do país, razão pela qual não há cogitar em aplicação ampliativa do § 3º do art. 651 da CLT, prevalecendo, portanto, a regra geral que estabelece a competência da vara do trabalho do local da prestação dos serviços. *E-RR-420-37.2012.5.04.0102, SDI1, Rel. Min. Renato de Lacerda Paiva, 19.2.2015. (Info 100)*

Honorários advocatícios contratuais. Substituição processual. Lide entre advogados originada após a expedição de alvarás aos substituídos. Retenção em nome do advogado contratado pelo sindicato. Incompetência da justiça do trabalho.

A Justiça do Trabalho é incompetente para decidir sobre honorários advocatícios contratuais, decorrentes de contrato de prestação de serviços firmado entre sindicato de classe e advogado para a defesa de direitos da categoria, conforme a Súm. 363 do STJ. Assim, disputa por honorários advocatícios contratuais entre o advogado que conduziu o processo por 24 anos e novos advogados que ingressaram no feito após a expedição de alvarás em nome dos substituídos credores preferenciais refoge à competência da Justiça do Trabalho. *RO-157800-13.1991.5.17.0001, OE, Rel. Min. Hugo Carlos Scheuermann, 14.09.2015. (Info 118)*

Incompetência da Justiça do Trabalho. Execução de contribuição previdenciária. Salário pago "por fora".

A competência da Justiça do Trabalho, no que diz respeito à execução de contribuições previdenciárias, limita-se às sentenças condenatórias em pecúnia que proferir e aos valores, objeto de acordo homologado, que integrem o salário de contribuição. Inteligência do item I da Súm. 368/TST. *E-ED-RR-3039600-98.2009.5.09.0029, SDI1, Rel. Min. Augusto César Leite de Carvalho, 7.5.2015. (Info E16)*

2014

Ação rescisória. Incompetência do Juízo da execução trabalhista para, de forma incidental, reconhecer a fraude contra credores. Necessidade de ajuizamento de ação própria. Violação dos arts. 114 da CF, 159 e 161 do CC.

Nos termos do art. 161 do CC, o reconhecimento da fraude contra credores pressupõe o ajuizamento de ação revocatória, de modo que o Juízo da execução trabalhista não tem competência para, de forma incidental, declarar a nulidade do negócio jurídico que reduziu o devedor à insolvência. *RO-322000.63.2010.5.03.0000, SDI2, Rel. Min. Emmanoel Pereira, 4.2.2014. (Info 71)*

Competência da Justiça do Trabalho. Execução de contribuição previdenciária. Acordo firmado perante Comissão de Conciliação Prévia. Art. 114, IX, da CF c/c art. 43, § 6º, Lei 8.212/90.

Nos termos do art. 114, IX, da CF c/c o art. 43, § 6º, da Lei 8.212/91, compete à Justiça do Trabalho executar de ofício as contribuições previdenciárias decorrentes do termo de conciliação firmado perante Comissão de Conciliação Prévia. *E-RR-41300-56.2009.5.09.0096, SDI1, Rel. Min. Luiz Philippe Vieira de Mello Filho, 8.5.2014. (Info E01)*

2013

Ação declaratória. Inexigibilidade de cláusula de norma coletiva de trabalho. Discussão acerca da legitimidade de entidade sindical. Competência funcional da Vara do Trabalho.

Na hipótese em que o interesse dos autores não diz respeito à declaração de nulidade de convenção coletiva de trabalho, mas à inaplicabilidade do instrumento coletivo em razão da ilegitimidade do Sindicato do Comércio Varejista de Gêneros Alimentícios da Cidade do Salvador para representar os supermercados e atacados de autosserviço no Estado da Bahia, em face de cisão operada na categoria econômica, compete à Vara do Trabalho, e não ao TRT, processar e julgar ação declaratória de inexigibilidade do cumprimento das obrigações contraídas em convenção coletiva de trabalho. *RO-997-71.2010.5.05.0000, SDC, Red. p/ ac. Min. Walmir Oliveira da Costa, 11.3.2013. (Info 39)*

Ação rescisória. Contrato de parceria rural. Produção avícola. Incompetência da Justiça do Trabalho. Rescindibilidade prevista no art. 485, II, do CPC/73.

O contrato de parceria rural, no qual uma das partes fornece os animais e a outra os aloja e cria, com a final partilha dos resultados ou outra espécie de pagamento previamente ajustado, constitui relação de natureza civil que afasta de forma absoluta a competência da Justiça do Trabalho definida no art. 114, I, da CF e permite a rescisão do julgado nos termos do art. 485, II, do CPC/73. *RO-7444-68.2011.5.04.0000, SDI2, Rel. Min. Alberto Luiz Bresciani de Fontan Pereira, 6.8.2013. (Info 54)*

2012

Ação anulatória. Astreintes. Redução do valor da multa. Inadequação da via eleita. Art. 486 do CPC/73.

Em face do disposto no art. 486 do CPC/73, é incabível ação anulatória quando se pretende a redução do valor da multa (astreintes) fixada em acórdão prolatado em agravo de petição. *RO-41500-72.2008.5.17.0000, SDI2, Rel. Min. Maria de Assis Calsing, 26.6.2012. (Info 15)*

AR. Incompetência da Justiça do Trabalho. Cancelamento de ato administrativo que constitui crédito tributário.

A SDI2, em face do disposto nos arts. 109 e 114 da CF, concluiu pela incompetência da Justiça do Trabalho para determinar o cancelamento de ato administrativo que constitui crédito tributário. Registrou, ainda, ser o decurso do prazo para interposição do recurso cabível suficiente para a comprovação do trânsito em julgado, tendo em vista a peculiaridade da sentença rescindenda, que, por meio de decisão interlocutória, pôs fim à relação tributária afeta à União, terceira estranha à lide e autora da ação rescisória. *RO-187-96.2010.5.05.0000, SDI2, Rel. Min. Pedro Paulo Manus, 26.6.2012. (Info 15)*

DC. Greve. Conflito de âmbito local. Competência funcional. Tribunal Regional do Trabalho.

Dispõe o art. 677 da CLT que a competência dos Tribunais Regionais do Trabalho, no caso de dissídio coletivo, é determinada pelo local onde este ocorrer, ficando a competência funcional originária da seção especializada em dissídios coletivos do TST limitada às hipóteses em que o dissídio coletivo, de natureza econômica ou de greve, for de âmbito suprarregional ou nacional, extrapolando, portanto, a jurisdição dos TRTs (art. 2º, "a", da Lei 7.701/88). *AIRO-1180-42.2010.5.05.0000, SDC, Rel. Min. Walmir Oliveira da Costa, 15.5.2012. (Info 8)*

Honorários advocatícios. Ação de cobrança. Natureza civil. Incompetência da Justiça do Trabalho.

A Justiça do Trabalho não é competente para julgar ação de cobrança de honorários advocatícios, pois se refere a contrato de prestação de serviços, relação de índole eminentemente civil, não guardando nenhuma pertinência com a relação de trabalho de que trata o art. 114, I, da CF. *E-RR-48900-38.2008.5.15.0051, SDI1, Rel. Min. Lelio Bentes Corrêa, 30.8.2012. (Info 20)*

Nulidade de cláusulas de norma coletiva reconhecida pelo Juízo de primeiro grau. Incompetência. Não configuração. Pedido mediato.

A SDI2 conheceu do recurso ordinário, e, no mérito, negou-lhe provimento, mantendo a decisão do TRT, que denegou a segurança por entender incabível, em sede de mandado de segurança, a arguição de incompetência da autoridade coatora, que, nos autos da reclamação trabalhista, antecipou os efeitos da tutela para, reconhecendo a nulidade de cláusulas de norma coletiva, determinar o retorno dos trabalhadores à antiga jornada e o pagamento das horas extraordinárias, com os devidos reflexos. Prevaleceu o entendimento de que, no caso, a anulação das cláusulas do acordo coletivo é pedido mediato, incidental, não havendo falar, portanto, em competência do Tribunal Regional, pois o pleito imediato é o pagamento de horas extraordinárias e o retorno à jornada anterior, os quais estão afetos à cognição do juízo de primeiro grau. A competência seria do TRT apenas se a discussão em torno da legalidade, ou não, das cláusulas impugnadas fosse genérica, de efeitos abstratos, sem a concretude da pretensão de horas extraordinárias formulada em ação individual. *RO-566700-68.2008.5.01.0000, SDI2, Red. p/ ac. Min. Luiz Philippe Vieira de Mello Filho, 30.10.2012. (Info 28)*

Servidor público. Relação de caráter estatutário. Pedidos relativos ao recolhimento do FGTS e à anotação da CTPS. Incompetência da Justiça do Trabalho.

Não obstante os pedidos de recolhimento do FGTS e de anotação da CTPS sejam estranhos ao regime jurídico estatutário, é incompetente a Justiça do Trabalho para julgar demandas entre a Administração Pública e seus servidores, em razão da natureza administrativa do vínculo. *E-RR-124000-42.2008.5.22.0103, SDI1, Rel. Min. Brito Pereira, 19.4.2012. (Info 6)*

2. DO PROCESSO JUDICIÁRIO DO TRABALHO (CLT, ARTS. 763 A 910)

2.1. Disposições Preliminares (CLT, arts. 763 a 769)

2012

Ação declaratória. Piso salarial. Lei Estadual. Não observância. Pedido abstrato. Configuração. Incidência da OJ 7/SDC.

Considerando o fato de o interesse de agir na ação declaratória pressupor a incerteza jurídica quanto a direitos e obrigações individualizadas no caso concreto, e tendo em vista a inviabilidade do manejo da referida ação para se discutir lei em abstrato, a SDC negou provimento ao recurso ordinário, fazendo incidir, na hipótese, a OJ 7/SDC. *RO-491-03.2010.5.12.0000, SDC, Rel. Min. Mauricio Godinho Delgado, 12.3.2012. (Info 2)*

Execução. Multa do art. 475-J do CPC/73. Incompatibilidade com o processo do trabalho. Conhecimento do recurso de revista por violação do art. 5º, LIV, da CF (desrespeito ao princípio do devido processo legal). Possibilidade.

Tendo em conta que a multa prevista no art. 475-J do CPC/73 é incompatível com o processo do trabalho, a SDI1 conheceu dos embargos por divergência jurisprudencial e, no mérito, negou-lhes provimento, mantendo a decisão da Turma que conheceu do recurso de revista em fase de execução, por ofensa frontal ao art. 5º, LIV, da CF (princípio do devido processo legal). O procedimento de execução por quantia certa decorrente de título executivo judicial possui disciplina específica na legislação trabalhista, não havendo lacuna que justifique a incidência do direito processual civil na forma do comando estabelecido no art. 769 da CLT. Assim, a aplicação da multa atentaria contra o devido processo legal. *E-RR-201-52.2010.5.24.0000, SDI1, Rel. Min. Horácio Raymundo de Senna Pires. 22.3.2012. (Info 3)*

2.2. Do Processo em Geral (CLT, arts. 770 a 836)

2.2.1. Dos Atos, Termos e Prazos Processuais (arts. 770 a 782)

2015

Sistema de peticionamento eletrônico e-DOC. Limitação do número de páginas. Inexistência de restrição expressa na legislação pertinente. Impossibilidade.

Os Tribunais Regionais do Trabalho não podem estabelecer restrições, não previstas em lei, em relação à quantidade de páginas possíveis de serem encaminhadas pelo sistema de peticionamento eletrônico e-DOC. Assim, viola direito líquido e certo o ato coator que dá ciência à impetrante do teor de certidão a qual informa não ter havido a impressão de recurso encaminhado via e-DOC em razão do extrapolamento do número de páginas fixado na Instrução Normativa 3/06 do TRT da 3ª Região. *RO-10704-15.2013.5.03.0000, SDI2, Rel. Min. Douglas Alencar Rodrigues, 7.4.2015. (Info 103)*

2.2.2. Das Custas e Emolumentos (arts. 789 a 790-B)

2015

Agravo de instrumento. Recurso ordinário. Deserção. Conselho de fiscalização profissional. Privilégios da Fazenda Pública.

Os conselhos de fiscalização profissional são autarquias em regime especial, sendo-lhes aplicáveis os privilégios da Fazenda Pública, previstos no DL 779/69. Assim, estão dispensados do recolhimento de custas processuais e de depósito recursal. *AIRO-11086-96.2012.5.01.0000, SDI2, Rel. Min. Emmanoel Pereira, 23.6.2015. (Info 111)*

Conselhos de Fiscalização Profissional. Natureza jurídica de autarquia especial. Aplicabilidade dos privilégios concedidos à Fazenda Pública pelo DL 779/69.

Os conselhos de fiscalização profissional, a partir do julgamento da ADI 1.717-6/DF pelo STF, passaram a ser consideradas entidades autárquicas especiais e tiveram reconhecida a sua natureza paraestatal. Por conseguinte, foram beneficiados com as mesmas prerrogativas processuais concedidas à Fazenda Pública, como a dispensa de depósitos recursais e o pagamento de custas somente ao final do processo, nos termos do DL 779/69. *E-Ag--AIRR 244200-80.2007.5.02.0035, SDI1, relator Ministro Cláudio Mascarenhas Brandão, 17.09.2015. (Info 118)*

Custas processuais. Art. 790 da CLT. Ato Conjunto 21/TST/CSJT/GP/SG de 7.12.2010. Recolhimento em guia imprópria. Deserção configurada.

O Ato Conjunto 21/TST-CSJT/GP/SG, de 7.12.2010, editado nos termos da competência delegada pelo art. 790, caput, da CLT, preconiza, em seu art. 1º, que "a partir de 1º de janeiro de 2011, o pagamento das custas e dos emolumentos no âmbito da Justiça do Trabalho deverá ser realizado, exclusivamente, mediante Guia de Recolhimento da União – GRU Judicial, sendo ônus da parte interessada efetuar seu correto preenchimento". *E-ED--RR-1388-34.2010.5.10.0017, SDI1, Rel. Min. Alexandre Agra Belmonte, 21.5.2015. (Info 108)*

Fundação de Saúde Pública de Novo Hamburgo. Custas e depósito recursal. Isenção. Entidade sem fins lucrativos, de interesse público e financiada por verbas públicas. Deserção. Afastamento.

As prerrogativas dos arts. 790-A da CLT e 1º, IV, do DL 779 aplicam-se às fundações que, embora instituídas como de direito privado, exercem atividades voltadas ao interesse público, sem finalidade lucrativa e financiadas exclusivamente por verbas públicas. Desse modo, a Fundação de Saúde Pública de Novo Hamburgo (FSNH), sucessora do Hospital Municipal de Novo Hamburgo, instituída pela Lei Municipal 1.980/09 como entidade jurídica sem fins lucrativos, de interesse coletivo e de utilidade pública, que presta serviços de saúde em caráter integral, cumprindo contratos de gestão com o Município de Novo Hamburgo e atuando exclusivamente no âmbito do Sistema Único de Saúde (SUS), está isenta do pagamento de custas e do recolhimento do depósito recursal. *E-RR-869-11.2011.5.04.0302, SDI1, Rel. Min. Alexandre Agra Belmonte, 5.3.2015. (Info 101)*

2014

Custas. Comprovante de recolhimento. Documento impresso em papel termossensível. Esmaecimento dos dados entre a interposição do recurso e seu respectivo julgamento. Imputação de responsabilidade à parte. Impossibilidade. Deserção afastada.

A responsabilidade pelo esmaecimento dos dados do papel termossensível referente ao recolhimento das custas, em razão do tempo decorrido entre a interposição do recurso e seu respectivo julgamento, não pode ser imputada à parte. Ademais, no caso concreto, havia o carimbo aposto pelo serventuário da Justiça, a revelar a regularidade do aludido documento à época da interposição do recurso de revista. *E-RR-127600-85.2007.5.04.0401, SDI1, Rel. Min. Augusto César Leite de Carvalho, 30.10.2014. (Info 93)*

Custas. Deserção. Afastamento. Incidente em execução trabalhista. Recolhimento ao final. Art. 789-A da CLT.

Na hipótese de ação anulatória de sentença homologatória de arrematação incidente nos autos de processo em fase de execução, não há falar em comprovação das custas por ocasião da interposição do recurso, aplicando-se ao caso o art. 789-A da CLT e não o § 1º do art. 789 da CLT, que se restringe à fase de conhecimento. *E-ED-E-D-RR-1383-34.2011.5.06.0002, SDI1, Rel. Min. Augusto César Leite de Carvalho, 23.10.2014. (Info E07)*

2013

Custas processuais fixadas "ex vi legis". Ausência de recolhimento. Deserção configurada. Art. 789, II, da CLT.

A ausência de especificação do valor das custas processuais, fixadas "ex vi legis", em sede de mandado de segurança, não afasta a obrigação do recolhimento prévio do preparo quando da interposição do recurso ordinário. *AIRO-1144-47.2011.5.02.0000, SDI2, Rel. Min. Hugo Carlos Scheuermann, 19.11.2013. (Info 67)*

Conselho de fiscalização do exercício profissional. Natureza jurídica. Autarquia. Privilégios do DL 779/69. Aplicação.

Os conselhos de fiscalização do exercício profissional constituem autarquias especiais instituídas pelo Estado para a consecução de um fim de interesse público, qual seja, fiscalizar o exercício das profissões correspondentes. Sendo assim, a eles se aplicam os privilégios de que trata o DL 779/69, inclusive no que diz respeito à dispensa de recolhimento de custas processuais e de depósito recursal e à concessão de prazo em dobro para recorrer. *E-RR-26500-89.2009.5.04.0022, SDI1, Rel. Min. João Oreste Dalazen, 25.4.2013. (Info 44)*

2.2.3. Das Partes e dos Procuradores (arts. 791 a 793)

2.2.3-A. Honorários Advocatícios

2016

Honorários advocatícios. Assistência sindical. Comprovação. Procuração firmada em papel timbrado do sindicato. Validade.

A procuração firmada em papel timbrado do sindicato é suficiente para comprovar a assistência sindical, viabilizando, portanto, o deferimento de honorários advocatícios, na forma da Súm. 219/TST. E-RR-60200-56.2009.5.17.0002, SDI1, Red. p/ ac. Min. Cláudio Mascarenhas Brandão, 20.10.2016. (Info 148)

Honorários advocatícios. Contrato celebrado pelo trabalhador diretamente com os advogados do sindicato por indicação da própria entidade de classe. Indeferimento dos honorários assistenciais.

Os honorários assistenciais não são devidos se a parte celebra contrato diretamente com os advogados do sindicato, ainda que por indicação da própria entidade de classe. A contratação particular de serviços de advocacia, com percentual de honorários sobre o eventual valor auferido, é incompatível com o instituto da assistência sindical, ainda que declarada a impossibilidade de a parte litigar sem prejuízo do próprio sustento. Trata-se, portanto, de situação distinta da hipótese prevista na Súm. 219/TST, de modo que os únicos honorários devidos são os contratuais. E-RR-216-21.2010.5.24.0000, SDI1, Rel. Min. Augusto César Leite de Carvalho, 22.9.2016. (Info 145)

Mandado de segurança. Ato coator que determina a dedução de honorários advocatícios do precatório expedido em favor dos substituídos. Violação de direito líquido e certo. Contrato firmado exclusivamente entre sindicato e advogado. Ausência de autorização expressa.

Viola direito líquido e certo o ato coator que determina a liberação de honorários advocatícios contratuais deduzidos do precatório expedido em favor dos substituídos, sem que haja autorização destes. Apesar de a legitimação do sindicato para a defesa de interesses da categoria ser ampla, a retenção de honorários contratuais incidentes sobre o montante da condenação só é permitida se o contrato de honorários for celebrado com cada um dos substituídos (art. 22, § 4º da Lei 8.906/94) ou se houver autorização expressa de cada um deles. Desse modo, a pactuação exclusiva entre sindicato e advogado não vincula os substituídos, visto não haver relação jurídica contratual. RO-373-20.2011.5.11.0000, SDI2, Rel. Min Luiz Philippe Vieira de Mello Filho, 23.2.2016. (Info 130)

2015

Honorários advocatícios. Requisitos. Assistência sindical. Lei 5.584/70. Sindicato com base territorial diversa do local de prestação de serviços. Validade da credencial sindical. Verba devida.

O art. 14 da Lei 5.584/70 prescreve que a assistência judiciária será prestada pelo sindicato da categoria profissional do trabalhador, sem qualquer referência, ainda que vaga, à base territorial. Essa mesma ilação foi seguida na diretriz da Súm. 219/TST. Desse modo, se o autor está assistido por sindicato de sua categoria profissional, tem-se por preenchido o requisito da assistência sindical necessário à concessão de honorários advocatícios, sendo irrelevante o fato de ser de base territorial diversa. E-RR-127600-85.2007.5.04.0401, SDI1, Rel. Min. Augusto César Leite de Carvalho, 29.10.2015. (Info 121)

Trabalhador portuário avulso. Honorários Advocatícios devidos pela mera sucumbência. Impossibilidade. Equiparação a trabalhador com vínculo empregatício. Aplicação da Súm. 219, I, do TST.

O trabalhador portuário avulso, apesar de manter com os tomadores de serviço relação de trabalho e não de emprego, é equiparado ao trabalhador com vínculo empregatício (art. 7º, XXXIV, da CF). Assim, não obstante tratar-se de ação de indenização por danos morais e materiais decorrentes de acidente de trabalho, ajuizada na Justiça do Trabalho após a EC 45/04, por trabalhador portuário avulso inscrito no Órgão Gestor de Mão de Obra (OGMO), não é possível afastar os requisitos exigidos na Súm. 219, I, do TST quanto à condenação ao pagamento de honorários advocatícios. Indevido, portanto, o pagamento da verba honorária por mera sucumbência, conforme disciplinado no art. 5º da Instrução Normativa 27/05 do TST e na parte final do item III da Súm. 219/TST. E-RR-42200-42.2008.5.17.0002, SDI1, Red. p/ ac. Min. Alexandre Agra Belmonte, 26.11.2015. (Info 125)

2014

Ação de indenização ajuizada na Justiça comum antes da EC 45/04. Honorários advocatícios. Mera sucumbência. Violação do art. 20 do CPC/73. Aplicação da Súm. 83/TST. Decisão rescindenda anterior à edição da OJ 421/SDI1.

No caso em que a decisão rescindenda foi prolata em data anterior à edição da OJ 421/SDI1, segundo a qual são devidos honorários advocatícios por mera sucumbência na hipótese de a ação de indenização decorrente de acidente de trabalho ter sido ajuizada na Justiça comum antes da EC 45/04, mostra-se inviável o exame da violação do caput do art. 20 do CPC/73, em razão do óbice contido na Súm. 83/TST. Ressalte-se que o fato de à época da prolação da decisão que se pretende rescindir já estar em vigor a Instrução Normativa 27/05 não afasta a incidência da Súm. 83/TST, pois esta, explicitamente, se refere à inclusão da matéria em verbete jurisprudencial e não em instrução normativa. Ademais, não obstante o exame da indenização por acidente de trabalho atrair a aplicação de normas previstas no Direito Civil, é inegável que, no caso concreto, a lide decorre de relação de emprego, sendo, portanto, inaplicável o princípio da mera sucumbência previsto no art. 5º da IN 27/05. *RO-7381-97.2011.5.02.0000, SDI2, Red. p/ ac. Min. Emmanoel Pereira, 13.5.2014. (Info 82)*

Honorários advocatícios de sucumbência. Rateio e repasse a empregados advogados. Natureza jurídica indenizatória.

A verba repassada a empregados advogados, decorrente de honorários sucumbenciais pagos em ações de interesse do empregador, possui natureza jurídica indenizatória, não cabendo a sua integração ao salário para fins de reflexos em outras parcelas. No caso concreto, entendeu-se, em consonância com o art. 14 do Regulamento Geral do Estatuto da Advocacia e da OAB, que a quantia, arcada pela parte vencida em litígio e transferida à Associação Nacional dos Advogados da Caixa Econômica Federal – Advocef para rateio entre os advogados empregados da Caixa Econômica Federal, não detém características essenciais atinentes ao salário, uma vez que, além de não ser paga diretamente pela empregadora em retribuição aos serviços prestados, carece de periodicidade e depende de provimento judicial favorável ou de sucesso em cobranças extrajudiciais. *E-ED-RR-230-51.2010.5.02.0021, SDI1, Rel. Min. Lelio Bentes Corrêa, 18.12.2014. (Info 98)*

2013

Honorários advocatícios. Deferimento. Empregado falecido. Demanda proposta pelos sucessores em nome próprio. Não aplicação dos requisitos da Lei 5.584/70. Incidência da parte final da IN 27/05/TST.

Nos autos de ação em que a viúva e os filhos de empregado falecido em acidente do trabalho postulam, em nome próprio, indenização por dano moral e material, o deferimento de honorários advocatícios não depende do preenchimento dos requisitos da Lei 5.584/70, pois os dependentes do "de cujus" não são filiados a sindicato. Incide, na hipótese, o art. 5º da Instrução Normativa 27/2005/TST. *E-ED-RR-9955100-27.2006.5.09.0015, SDI1, Rel. Min. Brito Pereira, 20.6.2013. (Info 52)*

Honorários advocatícios. Deferimento. Empregado falecido. Demanda proposta pelos sucessores em nome próprio. Não aplicação dos requisitos da Lei 5.584/70. Incidência da parte final da IN 27/05/TST.

Nos autos de ação em que a viúva e a filha de empregado falecido em acidente do trabalho postulam, em nome próprio, indenização por dano moral e material, o deferimento de honorários advocatícios não depende do preenchimento dos requisitos da Lei 5.584/70, sendo devidos pela mera sucumbência. No caso, não há relação de emprego entre os envolvidos, não se podendo exigir que os dependentes do "de cujus" venham a juízo assistidos por sindicato. Incide, na hipótese, o art. 5º da Instrução Normativa 27/2005/TST. *E-RR-298-86.2010.5.04.0201, SDI1, Rel. Min. Aloysio Corrêa da Veiga.14.11.2013. (Info 66)*

Honorários advocatícios. Súm. 219/TST. Verificação dos requisitos. Possibilidade. Não revolvimento de fatos e provas.

Visando verificar a existência dos requisitos previstos na Súm. 219/TST para o deferimento de honorários advocatícios, pode a Turma consultar os autos a fim de constatar se o reclamante está assistido por sindicato de sua categoria profissional e se houve declaração de miserabilidade na peça inaugural. Nesse caso, não há falar em incursão indevida no acervo probatório (vedada pela Súm. 126/TST), mas sim em procedimento hábil à aferição do preenchimento dos pressupostos para a concessão da verba honorária. *E-RR-137340-70.2005.5.22.0002, SDI1, Rel. Min. Delaíde Miranda Arantes, 7.11.2013. (Info 65)*

2012

AR. Honorários advocatícios. Percentual. Fixação.

Não obstante seja cabível a condenação em honorários advocatícios em ação rescisória na Justiça do Trabalho, consoante o disposto no item II da Súm. 219/TST, a fixação do percentual devido a esse título deve levar em consideração os critérios estabelecidos no art. 20, §§ 3º e 4º, do CPC/73, e não na Lei 5.584/70. *RO-90100-15.2009.5.09.0000, SDI2, Rel. Min. Pedro Paulo Teixeira Manus, 23.10.2012. (Info 27)*

Honorários advocatícios. Ação de indenização por danos morais e materiais decorrentes de acidente de trabalho. Ajuizamento da ação na Justiça comum antes da EC 45/04. Desnecessidade de preenchimento dos requisitos da Lei 5.584/70.

O deferimento dos honorários advocatícios pela Justiça do Trabalho, em ação ajuizada na Justiça comum, antes da vigência da EC 45/04, em que se pleiteia indenização por danos morais e materiais em razão de acidente de trabalho, não se sujeita aos requisitos da Lei 5.584/70 e da Súm. 219/TST. *EEDRR-99700-47.2005.5.04.0030, SDI1, Rel. Min. Augusto César Leite de Carvalho, 25.10.2012. (Info 27)*

Honorários advocatícios. Demanda proposta por herdeiros de empregado acidentado falecido. Deferimento condicionado à observância da Súm. 219/TST e da OJ 305/SDI1.

Na Justiça do Trabalho, o deferimento de honorários advocatícios condiciona-se à comprovação de insuficiência econômica e de assistência sindical, requisitos estabelecidos na Súm. 219/TST e na OJ 305/SDI1, ainda que a ação de indenização por danos materiais e morais seja proposta por herdeiros de trabalhador falecido em decorrência de acidente de trabalho. *E-ED-RR-25300-43.2008.5.03.0076, SDI1, Red. p/ ac. Min. Renato de Lacerda Paiva, 22.3.2012. (Info 3)*

2.2.3-B. Substituição Processual

2015

Sindicato. Legitimidade para atuar como substituto processual. Direito individual heterogêneo. Pedido de equiparação salarial em benefício de um único empregado. Possibilidade. Art. 8º, III, da CF.

O art. 8º, III, da CF autoriza expressamente a atuação ampla dos entes sindicais na defesa dos direitos e interesses individuais e coletivos dos integrantes da categoria respectiva, de maneira irrestrita. Assim sendo, reconhece-se a legitimidade do sindicato profissional para pleitear, na qualidade de substituto processual, equiparação salarial em benefício de um único empregado, ainda que se trate de direito individual heterogêneo do substituído. *E-RR-990-38.2010.5.03.0064, SDI1, Rel. Min. Lelio Bentes Corrêa, 19.3.2015. (Info 102)*

Sindicato. Substituição processual. Legitimidade ativa "ad causam". Horas extras excedentes à sexta diária.

O STF, em demandas originárias da Justiça do Trabalho, tem reiteradamente se manifestado no sentido da legitimidade ampla dos sindicatos, na substituição processual, seja para defesa de direitos coletivos, individuais homogêneos ou mesmo de direitos subjetivos específicos. Assim, reconhece-se a legitimidade ativa "ad causam" do sindicato da categoria profissional dos bancários para postular, na qualidade de substituto processual, o pagamento de horas extras excedentes à sexta diária, em virtude de suposta desobediência à norma do artigo 224, caput e § 2º da CLT. *ERR 1315-78.2012.5.03.0052, SDI1, Rel. Min. João Oreste Dalazen, 25.6.2015. (Info 112)*

2014

Sindicato. Substituição processual de um único empregado. Legitimidade ativa. Direitos individuais homogêneos.

Na hipótese em que o objeto da ação diz respeito a direitos individuais homogêneos da categoria (intervalo intrajornada, horas "in itinere" e diferenças salariais), há de se reconhecer, nos termos do art. 8º, III, da CF, a ampla legitimidade do sindicato para atuar na condição de substituto processual, ainda que o substituído seja um único empregado.

A ilegitimidade ativa do sindicato ocorrerá apenas no caso em que o julgador entender necessária a oitiva do empregado substituído, situação em que restaria configurado o interesse individual. *E-RR-1204-21.2010.5.03.0099, SDI1, Rel. Min. Aloysio Corrêa da Veiga, 13.3.2014. (Info 75)*

2013

Ação coletiva. Sindicato. Substituição processual. Relação dos substituídos apresentada na petição inicial. Execução. Extensão a membro da categoria que não figurou no rol dos substituídos. Impossibilidade. Violação da coisa julgada.

O sindicato tem legitimidade para atuar na qualidade de substituto processual de toda a categoria nos casos em que se pretende discutir lesões de origem comum aos substituídos. Todavia, ao ingressar com ação coletiva acompanhada do rol de substituídos – o qual não é essencial à propositura da ação – o sindicato opta por restringir sua atuação aos trabalhadores enumerados na lista que ele próprio juntou aos autos. Nesse caso, não é possível, em sede de execução, estender os efeitos da decisão ao reclamante que não constou do rol apresentado com a inicial, sob pena de ampliar os limites subjetivos da lide e afrontar a intangibilidade da coisa julgada material. *E-ED-RR-9849840-70.2006.5.09.0011, SDI1, Rel. Min. Aloysio Corrêa da Veiga, 23.5.2013. (Info 48)*

2012

Sindicato. Substituto processual. Honorários advocatícios. Deferimento pela mera sucumbência. Ausência de pedido expresso nas razões recursais. Primeiro provimento favorável no julgamento da revista.

Os honorários advocatícios a que se refere o item III da Súm. 219/TST são devidos pela mera sucumbência, restando desnecessária a formulação expressa de pedido nas razões recursais, mormente porque, no caso, a verba honorária foi postulada na inicial da reclamação trabalhista, e o Sindicato, atuando na condição de substituto processual, somente obteve o primeiro provimento favorável no julgamento do recurso de revista. *E-ED-ED-RR-27301-72.2005.5.05.0133, SDI1, Rel. Min. Aloysio Corrêa da Veiga, 25.10.2012. (Info 27)*

2.2.3-C. Outros Temas

2016

Indenização por dano moral. Dano sofrido pelo empregado. Ação proposta pelo espólio. Legitimidade ativa.

O espólio tem legitimidade ativa para pleitear pagamento de indenização por danos morais quando o prejuízo a ser reparado foi experimentado pelo próprio empregado, em razão de acidente de trabalho. Hipótese que não se confunde com aquela em que o pleito de indenização é oriundo do dano sofrido pelos herdeiros. *E-RR-1187-80.2010.5.03.0035, SDI1, Red. p/ ac. Min. Márcio Eurico Vitral Amaro, 12.5.2016. (Info 136)*

2015

Sucessão trabalhista. Eficácia do recurso interposto pelo sucedido excluído da lide.

A sucessão processual implica a substituição de parte integrante do polo passivo sem prejuízo dos atos praticados pelo sucedido, que permanecem eficazes. Em outras palavras, altera-se a titularidade da ação, porém aproveitam-se todos os atos válidos praticados pela parte substituída. *E-ED-RR-790304-68.2001.5.01.0026, SDI1, Red. p/ ac. Min. Guilherme Augusto Caputo Bastos, 10.3.2015. (Info 130)*

2013

Instrumento de mandato. Vedação ou limitação explícita ao poder de substabelecer. Irregularidade de representação. Não configuração. Súm. 395, III, do TST.

O substabelecimento outorgado produz efeitos regulares ainda que haja vedação ou limitação explícita no instrumento de mandato em relação a esse poder. Assim, não há falar em irregularidade de representação na hipótese em que a advogada, individualmente, substabeleceu ao subscritor do recurso ordinário, não obstante a procuração estabelecesse que os outorgados deveriam atuar conjuntamente. Nos termos do art. 667 do CC, a irregularidade no substabelecimento é questão atinente ao contrato de mandato, gerando efeitos somente entre as partes contratantes. Noutro giro, o item III da Súm. 395/TST, ao consignar que "são válidos os atos praticados pelo substabelecido, ainda que não haja, no mandato, poderes expressos para substabelecer", trata não apenas da hipótese em que não exista no instrumento outorgado a delegação de poderes para substabelecer, mas também daquela em que haja expressa proibição ou restrição desses poderes. *E-ED-ARR-99100-36.2009.5.18.0211, SDI1, Rel. Min. Dora Maria da Costa, 24.10.2013. (Info 64)*

Irregularidade de representação processual. Configuração. Existência nos autos de mandato expresso regular e válido. Impossibilidade de caracterização de mandato tácito. OJ 286/SDI1. Não incidência.

O comparecimento do advogado subscritor do recurso de revista nas audiências inaugural e de instrução realizadas perante a Vara do Trabalho de origem não é suficiente para regularizar a representação processual quando há nos autos mandato expresso regular e válido. No caso, não há falar em incidência da OJ 286/SDI1, porquanto o verbete admite mandato tácito apenas quando ausente a procuração ou quando detectados vícios intrínsecos no mandato expresso. Na espécie, restou consignado que embora a advogada que tenha dado início à cadeia de substabelecimentos que transmitiu poderes aos subscritores do recurso de revista constasse como outorgada na procuração, o termo de substabelecimento por ela firmado tem data anterior ao mandato que a legitimou. Desse modo, embora um dos advogados subscritores da revista tenha comparecido às audiências realizadas na Vara do Trabalho de origem, não se pode falar em configuração de mandato tácito porque havia procuração regular e válida, com substabelecimento inválido. *E-ED-RR-480000-81.2006.5.09.0018, SDI1, Rel. Min. Augusto César Leite de Carvalho, 14.11.2013. (Info 66)*

Sindicato. Justiça gratuita. Concessão. Necessidade de demonstração inequívoca de insuficiência econômica.

Para a concessão do benefício da justiça gratuita ao sindicato que atua na condição de substituto processual faz-se necessária a demonstração inequívoca da fragilidade econômica do ente, não se admitindo a mera declaração de pobreza firmada em nome dos substituídos. Inaplicável, portanto, a OJ 304/SDI1. *E-ED-RR-175900-14.2009.5.09.0678, SDI1, Red. p/ ac. Min. Renato de Lacerda Paiva, 14.11.2013. (Info 66)*

2012

"Jus postulandi". Recurso de competência do TST. Impossibilidade. Aplicação da Súm. 425/TST.

Reiterando posicionamento da Corte, consubstanciado na Súm. 425, no sentido de que o "jus postulandi", estabelecido no art. 791 da CLT, se limita às Varas do Trabalho e aos Tribunais Regionais do Trabalho, não alcançando os recursos de competência do TST, a SDI1, à unanimidade, conheceu dos embargos por contrariedade à Súm. 425/TST e, no mérito, deu-lhes provimento para anular o acórdão referente ao julgamento dos primeiros embargos de declaração em agravo de instrumento, subscritos pessoalmente pela reclamante. Consequentemente, decidiu-se anular os acórdãos seguintes e restabelecer a decisão da Turma, por meio da qual se negou provimento ao agravo de instrumento da trabalhadora, subscrito por advogado devidamente constituído, ante os termos da Súm. 214/TST. Destacou o Ministro relator que à época em que julgados os primeiros embargos de declaração da reclamante, a matéria em debate já estava pacificada pelo Pleno do TST, não se admitindo o fundamento de que a questão da inaplicabilidade do "jus postulandi" aos recursos de competência do TST seria controvertida e admissível. *E-ED-ED-RR-148341-64.1998.5.05.0004, SDI1, Rel. Min. José Roberto Freire Pimenta, 4.10.2012. (Info 24)*

2.2.4. Das Nulidades (arts. 794 a 798)

2014

Erro na indicação do nome da parte. Ausência de prejuízo à parte contrária. Existência de outros elementos de identificação. Erro material. Configuração.

Não há falar em ilegitimidade recursal na hipótese em que o erro na indicação do nome da parte recorrente não causou prejuízo à parte adversa (art. 794, CLT), nem impediu a análise do recurso de revista, eis que o feito pode ser identificado por outros elementos constantes dos autos, corretamente nominados. *E-RR-652000-90.2009.5.09.0662, SDI1, Rel. Min. Augusto César Leite de Carvalho, 10.4.2014. (Info 79)*

Irregularidade de representação. Questão não impugnada na primeira oportunidade. Arguição apenas quando a parte a quem socorre a

irregularidade se tornou sucumbente. Preclusão. Configuração. Art. 245 do CPC/73.

As alegações relacionadas ao exame de pressupostos extrínsecos processuais, por serem matéria de ordem pública, não estão sujeitas à preclusão, devendo ser examinadas de ofício pelo julgador. Todavia, nos termos do art. 245 do CPC/73, se a parte a quem socorre a irregularidade deixa de indicá-la na primeira oportunidade que falar nos autos, entende-se que anuiu com seu conteúdo, não podendo argui-la apenas quando sucumbente em sua pretensão. *E-ED-RR-98500-35.2005.5.01.0047, SDI1, Rel. Min. Aloysio Corrêa da Veiga, 5.6.2014. (Info 85)*

2012

ED. Efeito modificativo. Não concessão de vista à parte contrária. OJ 142, I, da SDI1. Não decretação de nulidade. Possibilidade. Ausência de prejuízo.

A decisão que acolhe embargos declaratórios com efeito modificativo sem concessão de vista à parte contrária é nula apenas se configurado manifesto prejuízo. Inteligência do item I da OJ 142/SDI1 c/c o art. 794 da CLT, que fala em ser a decisão "passível de nulidade", e não nula "ipso facto". *E-ED-RR-5121500-44.2002.5.01.0900, SDI1, Rel. Min. Ives Gandra da Silva Martins Filho, 2.8.2012. (Info 16)*

Embargos interpostos anteriormente à Lei 11.496/07. Subscritores de recurso ordinário não inscritos nos quadros da OAB. Nulidade absoluta. Violação do art. 4º da Lei 8.906/94.

A SDI1, afastando a necessidade de indicação expressa de violação do art. 896 da CLT, conheceu dos embargos interpostos anteriormente à Lei 11.496/07, por violação do art. 4º da Lei 8.906/94, e deu-lhes provimento para anular os atos processuais praticados a partir do recurso ordinário interposto por subscritores não inscritos nos quadros da Ordem dos Advogados do Brasil – OAB. No caso, a Corregedoria do TRT comunicou ao TST que os subscritores do recurso ordinário interposto pelo reclamante perante aquele Tribunal – e ao qual foi dado provimento – não possuíam inscrição na OAB. Essa questão não foi objeto do recurso de revista e dos embargos de declaração interpostos pela reclamada, que só tomou conhecimento dos fatos após o relator facultar-lhe manifestar-se sobre os documentos encaminhados por aquela Corte regional. Apresentada a manifestação, o Ministro relator, ao considerar exaurido o ofício jurisdicional com a prolação do acórdão em embargos de declaração – o qual manteve o não conhecimento da revista –, devolveu o prazo recursal à parte, que aditou os embargos anteriormente interpostos. *E-ED-RR-22100-64.2002.5.15.0121, SDI1, Red. p/ ac. Min. Luiz Philippe Vieira de Mello Filho, 18.10.2012. (Info 26)*

2.2.5. Das Exceções (arts. 799 a 802)

2012

Testemunha. Reclamação trabalhista contra o mesmo empregador. Suspeição. Não configuração.

O simples fato de a testemunha ter arrolado o reclamante para depor em ação trabalhista por ela ajuizada contra o mesmo empregador não é suficiente para caracterizar troca de favores apta a tornar suspeita a testemunha, o que dependeria de expressa comprovação. Assim, reiterando entendimento já expendido em julgados anteriores, a SDI1 conheceu dos embargos por contrariedade à Súm. 357/TST, e, no mérito, deu-lhes provimento para determinar o retorno dos autos à Vara do Trabalho de origem, a fim de que, reaberta a instrução, seja ouvida a testemunha do autor, na forma legal, e prossiga com o exame do mérito, como entender de direito. No caso, a decisão não conheceu do recurso de revista do reclamante, ao argumento de que, além de a testemunha ter ajuizado ação trabalhista contra a mesma empregadora, ele foi testemunha no processo da testemunha que o arrolou, restando, portanto, configurada a troca de favores. *E-ED-RR-197040-64.2002.5.02.0381, SDI1, Rel. Min. José Roberto Freire Pimenta, 23.8.2012. (Info 19)*

2.2.6. Dos Conflitos de Jurisdição (arts. 803 a 812)

2016

Conflito negativo de competência. Execução por carta precatória. Penhora do bem imóvel situado fora dos limites territoriais do juízo onde tramita a execução. Competência do juízo deprecado.

Nas hipóteses em que existirem bens do executado em outro foro, os atos de penhora, avaliação e alienação deverão ser praticados perante o juízo deprecado (arts. 658 e 747 do CPC). *CC-167600-14.2008.5.02.0316, SDI2, Rel. Min. Alberto Luiz Bresciani de Fontan Pereira, 16.2.2016. (Info E22)*

2015

Conflito positivo de competência. Admissibilidade. Execução por carta precatória. Embargos à execução. Sentença já prolatada pelo juízo deprecado. Ausência de trânsito em julgado.

Configurado o dissenso entre órgãos jurisdicionais trabalhistas a respeito da competência para o julgamento de embargos à execução, é possível admitir o conflito positivo de competência, desde que não transitada em julgado a sentença prolatada por um dos juízos vinculados à questão (arts. 113 e 115 do CPC/73), devendo haver a suspensão do processo até a resolução do incidente (arts. 120 e 265, VI, do CPC/73). *CC-1318-76.2014.5.03.0112, SDI2, Rel. Min. Douglas Alencar Rodrigues, 28.4.2015. (Info E15)*

Conflito positivo de competência. Execução. Carta precatória. Requerimento de alienação judicial perante o Juízo deprecante. Impossibilidade. Competência do Juízo deprecado. Art. 658 do CPC/73.

Na execução por carta precatória, os atos de penhora, avaliação e expropriação de bem imóvel submetido à jurisdição distinta do local da execução são de competência do Juízo deprecado, na forma preconizada pelo art. 658 do CPC/73. *CC-474-52.2013.5.08.0103, SDI2, Rel. Min. Douglas Alencar Rodrigues, 24.11.2015. (Info E20)*

2.2.7. Das Audiências (arts. 813 a 817)

2016

Revelia. Caracterização. Atraso de 37 minutos. OJ 245/SDI1. Incidência.

Na hipótese em que a reclamada somente se fez presente, por meio de seu preposto, 37 minutos após o início da audiência, e em momento posterior à tomada do depoimento do reclamante, não é possível, ainda que excepcionalmente, afastar a incidência da OJ 245/SDI1. *E-ED-RR-265500-36.2005.5.02.0046, SDI1, Rel. Min. José Roberto Freire Pimenta, 2.6.2016. (Info 138)*

2015

Atraso de três minutos à audiência. Ausência de prática de ato processual. Revelia. Não caracterizada. OJ 245/SDI1 do TST. Inaplicável.

O atraso de três minutos à audiência não acarreta, por si só, a decretação de revelia do reclamado, se, no momento em que a preposta adentrou a sala de audiência, nenhum ato processual havia sido praticado, nem mesmo a tentativa de conciliação. *E-ED-RR-179500-77.2007.5.09.0657, SDI1, Rel. Min. João Oreste Dalazen, 20.8.2015. (Info 114)*

2012

Revelia e confissão ficta. Atraso do preposto à audiência inaugural. Comparecimento antes da tentativa de conciliação. Ausência de contrariedade à OJ 245/SDI1.

Conquanto a OJ 245/SDI1 estabeleça que "inexiste previsão legal tolerando o atraso no horário de comparecimento da parte na audiência", esse entendimento deve ser conjugado com os princípios da informalidade e da simplicidade que regem o Processo do Trabalho. Assim, tendo em conta que, no caso, a audiência teve início com a presença do advogado da reclamada e o preposto adentrou a sala sete minutos após o início, no momento em que o juiz designava perito, porém antes da tentativa de conciliação, participando da sessão até seu término, a SDI1, em sua composição plena, decidiu, pelo voto prevalente da Presidência, não conhecer dos embargos, ressaltando que, no caso, não há registro de que o comparecimento tardio do preposto tenha causado prejuízo à audiência ou retardado ato processual. *E-RR-28400-60.2004.5.10.0008, SDI1, Red. p/ ac. Min. Maria Cristina Irigoyen Peduzzi, 24.5.2012. (Info 10)*

2.2.8. Das Provas (arts. 818 a 830)

2016

Conflito negativo de competência. Carta precatória. Oitiva de testemunhas. Degravação de depoimentos audiovisuais. Competência do juízo deprecado.

É atribuição do juízo deprecado proceder à degravação dos depoimentos colhidos em audiência por meio audiovisual. Na hipótese, após a oitiva das testemunhas, o juízo deprecado determinou a devolução

4. DIREITO PROCESSUAL DO TRABALHO

das cartas precatórias sem que houvesse realizado a degravação dos depoimentos, cujo conteúdo foi disponibilizado mediante mídia (CD). De acordo com o art. 417, § 1º, do CPC/73, o depoimento registrado por meio idôneo de documentação será passado para a versão datilográfica quando houver recurso da sentença ou quando o juiz o determinar, de ofício ou a requerimento da parte, razão pela qual não se pode atribuir ao reclamante ou ao reclamado a responsabilidade da degravação. De outra sorte, o registro audiovisual não fora determinado pelo juízo deprecante, mas decorrera de iniciativa do próprio juízo deprecado, razão pela qual se conclui que cabe a este o ônus da degravação. *CC-10634-88.2013.5.07.0031, SDI2, Rel. Min. Antonio José de Barros Levenhagen, 28.6.2016. (Info 140)*

2015

Cerceamento de defesa. Indeferimento do pedido de intimação de testemunhas que não compareceram espontaneamente à audiência. Ausência não justificada.

Nos termos do artigo 825 da CLT, as testemunhas comparecerão à audiência independentemente de notificação ou intimação. Caso faltem, cabe à parte provar que as convidou e registrar justificativa para tal ausência. Não havendo o registro, o indeferimento na audiência inaugural do requerimento de intimação das testemunhas faltosas não implica cerceamento do direito de defesa. *E-ED-ARR-346-42.2012.5.08.0014, SDI1, Rel. Min. Caputo Bastos, redator João Oreste Dalazen, 8.5.2015. (Info 106)*

2013

Doença ocupacional. Inversão do ônus da prova. Presunção de culpa do empregador. Indenização por danos morais. Devida.

A SDI1 conheceu de embargos, por divergência jurisprudencial e, no mérito, negou-lhes provimento, mantendo, ainda que por fundamento diverso, a condenação de empresa do ramo de consultoria em tecnologia da informação ao pagamento de indenização por danos morais à digitadora que fora acometida de doença osteomuscular decorrente de posições forçadas e movimentos repetitivos durante a jornada de trabalho. Na hipótese, a Turma não conheceu do recurso de revista, mantendo decisão do TRT que, tipificando as atribuições da reclamante como atividade de risco, aplicou a teoria da responsabilidade objetiva. Prevaleceu, porém, o entendimento de que, tratando-se de doença ocupacional, há uma inversão do ônus da prova, presumindo-se, portanto, a culpa do empregador pelos danos causados à saúde da trabalhadora. *E-RR-80500-83.2007.5.04.0030, SDI1, Red. p/ ac. Min. Renato de Lacerda Paiva, 7.3.2013. (Info 39)*

Gratificação de função percebida por 9 anos e 6 meses. Supressão. Natureza obstativa do direito do empregado. Princípio da boa-fé objetiva. Ônus probatório do empregador. Incidência da Súm. 372, I, do TST.

Não obstante a Súm. 372, I, do TST ter estabelecido o marco temporal de dez anos para fazer incidir o princípio da estabilidade financeira, no caso em que o empregado foi destituído da função de confiança após nove anos e seis meses de exercício, sem justificativa razoável, presume-se que a supressão da gratificação foi obstativa do direito do reclamante, cabendo ao empregador o ônus de comprovar os motivos da reversão do empregado ao posto efetivo após tão longo período de tempo. *E-ED-RR-67900-04.2007.5.15.0069, SDI1, Rel. Min. Luiz Philippe Vieira de Mello Filho, 21.11.2013. (Info 67)*

2012

Confissão real. Valoração. Existência de prova em contrário. Princípio do livre convencimento do juiz.

O princípio do livre convencimento do juiz, consubstanciado no art. 131 do CPC/73, que estabelece a liberdade do julgador no exame das provas produzidas no curso da instrução processual, permite concluir que a confissão real não se sobrepõe, por si só, ao conjunto das demais provas constantes dos autos, cabendo ao juiz definir seu valor, à luz das circunstâncias de cada caso. *E-ED-ED-ED-RR-112300-51.2000.5.02.0024, SDI1, Rel. Min. Lelio Bentes Corrêa, 21.6.2012. (Info 14)*

2.2.9. Da Decisão e sua Eficácia (arts. 831 a 836)

2.2.9-A. Ação Rescisória

2016

Ação rescisória. Decadência. Extinção do processo com resolução do mérito. Depósito prévio. Reversão ao réu.

O reconhecimento da decadência em sede de ação rescisória possui como consequência a determinação de reversão ao réu do valor do depósito prévio de que tratam os artigos 836 da CLT e 968, II do NCPC c/c o art. 5º da IN/T ST 31/07. A decisão assim proferida acarreta a extinção do processo com resolução do mérito, produzindo os mesmos efeitos intrínsecos às decisões de inadmissão e de improcedência da ação. RO-5703-90.2011.5.04.0000, SDI2, Rel. Min. Douglas Alencar Rodrigues, 13.9.2016. (Info 144)

Ação rescisória. Decadência. Recurso ordinário intempestivo. Remessa necessária não conhecida. Condenação inferior a sessenta salários mínimos. Prazo decadencial contado a partir do transcurso do prazo para a interposição do recurso ordinário. Súm. 100, IV, do TST.

O prazo decadencial, na ação rescisória, deve ser contado a partir do dia imediatamente subsequente ao trânsito em julgado da última decisão proferida na causa, seja de mérito ou não. De outro lado, recurso intempestivo ou incabível não tem o condão de impedir o trânsito em julgado da decisão recorrida, salvo se houver dúvida razoável (Súm. 100/TST, itens I e III). RO-7190-84.2014.5.15.0000, SDI2, Red. p/ ac. Min. Emmanoel Pereira,14.6.2016. (Info 139)

Ação rescisória. Reintegração por acometimento de doença ocupacional e por ausência de motivação do ato de dispensa. Pretensões autônomas. Inexistência do óbice da OJ 112/SDI2.

A diretriz consagrada na OJ 112/SDI2, no sentido de ser necessário invocar causas de rescindibilidade que infirmem a fundamentação dúplice da decisão rescindenda, não se aplica ao caso em que houve o deferimento de duas pretensões autônomas. Na hipótese, o acórdão rescindendo não adotou motivação dúplice em relação a um único direito, mas reconheceu duas pretensões distintas, quais sejam, o direito à reintegração decorrente da doença ocupacional e o direito à reintegração em virtude da ilegalidade da dispensa por ausência de motivação do ato, as quais, inclusive, geram diferentes consequências. Assim sendo, não há qualquer obstáculo a que o autor dirija a pretensão desconstitutiva apenas contra a ilegalidade da dispensa por ausência de motivação, apontando violação dos arts. 5º, II, 7º, II e III, 37, II, 41 e 173, § 1º, II, da CF. RO-889-94.2011.5.09.0000, SDI2, Rel. Min. Douglas Alencar Rodrigues, 2.8.2016. (Info 141)

2015

Ação de repetição de indébito. Diferenças salariais. Planos econômicos. Restituição de valores pagos por meio de precatório. Sentença desconstituída por ação rescisória.

Procede o pedido formulado em ação de repetição de indébito para se obter a restituição de valores pagos que se tornaram indevidos em razão de rescisão do julgado que determinou tal pagamento, ainda que essas diferenças salariais ostentem natureza alimentar. Entendimento contrário implicaria na inutilidade da ação rescisória na Justiça do Trabalho. A boa-fé da parte no recebimento dos valores indevidos e a natureza alimentar das diferenças salariais não constituem fato impeditivo à devolução dos valores recebidos indevidamente, sob pena de afronta aos princípios da razoabilidade e da vedação do enriquecimento sem causa. E-ED-RR-32500-82.2003.5.07.0006, SDI1, Rel. Min. Lelio Bentes Corrêa, 14.5.2015. (Info 107)

Ação rescisória. Colusão. Propositura da ação por terceiro juridicamente interessado. Prazo decadencial. Contagem. Súm. 100, item VI, do TST. Incidência.

Embora o item VI da Súm. 100/TST, ao excepcionar o início da contagem do prazo decadencial para a propositura da ação rescisória fundada em colusão para o momento que se tem ciência da suposta fraude, se refira tão somente à atuação do MPT que não interveio no processo principal, a tese nele consagrada deve prevalecer nas hipóteses em que o terceiro tenha interesse jurídico em rescindir a coisa julgada maculada por suposta lide simulada. No caso, aplica-se o brocardo latino "ubi eadem ratio, ibi eadem legis dispositio", segundo o qual onde existe a mesma razão deve haver a mesma regra de Direito, não se podendo admitir, portanto, que o terceiro que se sinta prejudicado não possa rescindir o julgado cuja existência ignorava. Assim, ocorrida a ciência da alegada fraude em 17.9.2008, é tempestivo o ajuizamento da ação rescisória pelo terceiro interessado em 16.9.2010. RO-10353-74.2010.5.02.0000, SDI2, Rel. Min. Douglas Alencar Rodrigues, 7.4.2015. (Info 103)

Ação rescisória. Decadência. Início do prazo. Terceiros que não participaram da relação processual. Súm. 100, VI, do TST. Aplicação analógica.

O termo inicial para a contagem do prazo decadencial para ajuizamento de ação rescisória por terceiros juridicamente interessados é o momento em que eles efetivamente tomaram ciência da decisão que pretendem rescindir. Incidência, por analogia, do item VI da Súm. 100/TST. *RO-1011-21.2011.5.05.0000, SDI2, Red. p/ ac. Min. Luiz Philippe Vieira de Mello Filho, 24.11.2015. (Info 125)*

Ação rescisória. Embargos de terceiro. Defesa da posse decorrente de instrumento particular de compra e venda desprovido de registro na matrícula do imóvel. Possibilidade. Violação do art. 1.046, § 1º, do CPC/73. Configuração.

Viola o art. 1.046, § 1º, do CPC/73 a sentença rescindenda mediante a qual se despreza a possibilidade de ajuizamento de embargos de terceiro para tutela da posse advinda de instrumento particular de compra e venda desprovido de registro na matrícula do imóvel, conforme exigido pelo art. 1.245 do CC. *RO-2035-68.2011.5.02.0000, SDI2, Rel. Min. Alberto Luiz Bresciani de Fontan Pereira, 10.2.2015. (Info 100)*

Ação rescisória. Impossibilidade jurídica do pedido. Atos judiciais que ordenam a penhora e a arrematação de imóvel considerado como bem de família. Ausência de cunho decisório. Pronunciamento judicial sobre a natureza jurídica do bem. Inexistência.

Os atos judiciais que determinam a penhora e a alienação de imóvel considerado como bem de família não são rescindíveis, pois, a princípio, não ostentam cunho decisório e estão sujeitos a medidas processuais específicas para o processo de execução, expressamente previstas no ordenamento jurídico. Ademais, não havendo pronunciamento judicial acerca da natureza jurídica do bem, não existe decisão de mérito transitada em julgado a permitir o ajuizamento da ação rescisória. *RO-8383-34.2013.5.02.0000, SDI2, Rel. Min. Alberto Luiz Bresciani de Fontan Pereira, 28.4.2015. (Info E15)*

Ação rescisória. Pretensão de inclusão de novos valores em cálculos já homologados. Preclusão consumativa. Questão meramente processual. Coisa julgada formal. Impossibilidade de corte rescisório. Art. 485, caput, do CPC/73. Extinção do feito sem resolução de mérito.

É juridicamente impossível o pedido de rescisão de acórdão em que se julgou preclusa a pretensão de inclusão de novos valores em cálculos já homologados judicialmente. A decisão rescindenda não enfrenta o mérito da lide, pois se fundamenta em questão meramente processual, a saber, a preclusão consumativa. Assim, gera apenas coisa julgada formal, não sujeita a corte rescisório, nos termos do art. 485, caput, do CPC/73. *RO-100017-94.2013.5.17.0000, SDI2, Rel. Min. Luiz Philippe Vieira de Mello Filho, 4.8.2015. (Info 113)*

2014

Ação rescisória. Acordo. Parcela recolhida a menor. Cláusula penal. Ausência de proporcionalidade entre valor inadimplido e a multa aplicada. Art. 413 do CC. Violação.

A dúvida razoável quanto ao valor de parcela devida não pode dar causa à incidência da cláusula penal em sua totalidade, porquanto a multa deve guardar proporcionalidade com o suposto dano sofrido, consoante o preconizado no art. 413 do CC. *RO-221-48.2011.5.01.0000, SDI2, Rel. Min. Emmanoel Pereira, 26.8.2014. (Info E04)*

Ação rescisória. Desconstituição de decisão proferida em embargos de terceiro. Possibilidade jurídica do pedido. Existência de coisa julgada material.

A decisão proferida em sede de embargos de terceiro faz coisa julgada material em relação às matérias que lhe constituem o objeto cognoscível, sendo, portanto, suscetível de corte rescisório. Com efeito, os embargos de terceiro constituem ação nova, de natureza civil e autônoma, que está ao dispor daqueles que não integraram a lide na fase de conhecimento e que sofreram algum tipo de perturbação no exercício do direito de posse, o que permite ampla cognição do julgador e a prolação de decisão de mérito compatível com a formação de coisa julgada material. *RO-638-42.2012.5.09.0000, SDI2, Rel. Min. Cláudio Mascarenhas Brandão, 19.8.2014. (Info E04)*

Ação Rescisória. Perda do interesse de agir. Parcelamento do débito da execução trabalhista. Substituição da sentença do processo de conhecimento pelo parcelamento acatado e homologado.

Conforme a jurisprudência firmada no âmbito da SDI2, a sentença homologatória de acordo na execução implica perda do interesse de agir na ação rescisória em que se pretendia a desconstituição de decisão proferida no processo de conhecimento da reclamação trabalhista, porque aquela substitui esta para todos os efeitos, inexistindo a coisa julgada outrora formada no processo de conhecimento. De igual modo, o pedido de parcelamento do débito da execução trabalhista implica o reconhecimento expresso da dívida, equivalendo à confissão do débito, o que provoca o afastamento do recurso na fase de execução, suspendendo os atos executórios e gerando uma substituição da sentença do processo de conhecimento pelo parcelamento acatado pelo credor e homologado em juízo. *AgR-ED-RO-12270-74.2010.5.04.0000, SDI2, Rel. Min. Emmanoel Pereira, 21.10.2014. (Info E07)*

Ação rescisória. Sentença homologatória de conciliação em ação de cumprimento de convenção coletiva. Colusão entre as partes. Configuração. Art. 485, III, parte final, do CPC/73. Fraude ao art. 8º, II, da CF.

A SDI2 deu provimento ao recurso ordinário em ação rescisória para, em juízo rescindente, com fundamento no art. 485, III, parte final, do CPC/73, reconhecer a existência de colusão no acordo judicialmente homologado em ação de cumprimento de convenção coletiva celebrado entre uma rede de restaurantes e o Sindicato dos Trabalhadores nas Empresas de Refeições Rápidas (Fast-Food) – Sindfast. Na hipótese, restou evidenciado que o instrumento normativo firmado pelo Sindfast garantia menos direitos aos empregados que aquele firmado pelo Sindicato dos Trabalhadores em Hotéis, Apart Hotéis, Motéis, Flats, Pensões, Hospedarias, Pousadas, Restaurantes, Churrascarias, Cantinas, Pizzarias, Bares, Lanchonetes, Sorveterias, Confeitarias, Docerias, Buffets, Fast-Foods e Assemelhados de São Paulo e Região – Sinthoresp, o qual sequer fora incluído no polo passivo da ação, apesar de seu legítimo interesse no objeto da demanda. Ademais, as provas documentais carreadas aos autos, e não impugnadas, bem como os instrumentos constitutivos das empresas revelam que o seu objeto societário não se amolda à restrita preparação de refeições rápidas. Assim, vislumbrando fraude ao inciso II do art. 8º da CF, que assegura o princípio da unicidade sindical, e, consequentemente, determina o alcance da representação sindical, a Subseção desconstituiu a sentença homologatória da conciliação proferida na ação de cumprimento e, em juízo rescisório, com amparo no art. 129 do CPC/73, extinguiu o processo sem resolução de mérito. *RO-1359800-14.2005.5.02.0000, SDI2, Red. p/ ac. Min. Cláudio Mascarenhas Brandão, 11.3.2014. (Info 75)*

2013

Ação rescisória. Art. 485, VIII, do CPC/73. Advogado que firmou acordo adjudicando bens imóveis da empresa. Ausência de poderes para alienar patrimônio. Fundamento para invalidar a transação. Caracterização.

O fato de o advogado ter firmado acordo adjudicando os bens imóveis da empresa sem que o instrumento de mandato a ele conferido autorizasse a alienação de patrimônio é fundamento suficiente para invalidar a transação, ensejando, portanto, o corte rescisório, nos termos do art. 485, VIII, do CPC/73. *RO-95200-51.2007.5.15.0000, SDI2, Rel. Min. Alberto Luiz Bresciani de Fontan Pereira, 22.10.2013. (Info 64)*

Ação rescisória. MPT. Defesa de interesse público secundário. Ilegitimidade ativa.

Apesar de restar consolidado que o MPT possui legitimidade ativa para ajuizar ação rescisória em outros casos além daqueles previstos nas alíneas "a" e "b" do art. 487, III do CPC/73 (Súm. 407/TST), a atuação do Parquet está restrita à defesa de interesses públicos primários. Assim, no caso em que a ação rescisória foi proposta sob a alegação de ausência de exame, na decisão rescindenda, da prejudicial de prescrição suscitada pela reclamada, não há legitimidade do MPT, pois a pretensão não se confunde com a defesa da completa prestação jurisdicional, mas com a defesa do patrimônio da empresa pública, configurando, portanto, interesse público secundário. *ROAR-124000-95.2007.5.04.0000, SDI2, Rel. Min. Emmanoel Pereira, 21.5.2013. (Info 48)*

Ação rescisória. Não cabimento. Decisão que extingue o feito, sem resolução de mérito, por falta de prévia submissão da demanda à Comissão de Conciliação Prévia. Ausência de decisão de mérito. Súm. 412/TST. Inaplicável.

A decisão que dá provimento ao recurso de revista para extinguir o feito, sem resolução de mérito, por ausência de pressuposto de constituição e de desenvolvimento válido e regular do processo (art. 267, IV, do CPC/73), não é passível de rescisão. A Súm. 412/TST, ao estabelecer que uma questão processual pode ser objeto de ação rescisória, exige que tal questão seja pressuposto de validade de uma sentença de mérito, o que não há no caso, uma vez que, ao extinguir o processo sem resolução de mérito, por falta de prévia submissão da demanda à Comissão de Conciliação Prévia – CCP de que trata o art. 625-D da CLT, o órgão prolator da decisão rescindenda não adentrou a matéria de fundo. *AR-4494-97.2011.5.00.0000, SDI2, Red. p/ ac. Min. Hugo Carlos Scheuermann,12.3.2013. (Info 40)*

2012

AR. Ação autônoma que reconhece a responsabilidade subsidiária do tomador de serviços. Existência de sentença condenatória definitiva em que figurou como parte apenas o prestador de serviços. Alteração subjetiva do título executivo judicial. Ofensa à coisa julgada e ao direito à ampla defesa e ao contraditório. Art. 5º, XXXVI e LV, da CF.

A decisão em ação autônoma que reconhece a responsabilidade subsidiária do tomador de serviços, quando há sentença condenatória definitiva prolatada em ação anteriormente proposta pelo mesmo reclamante em que figurou como parte apenas o prestador de serviços, altera a titularidade subjetiva do título executivo e ofende a literalidade do art. 5º, XXXVI e LV, da CF (coisa julgada e direito ao contraditório e à ampla defesa). *RO-100200-60.2010.5.03.0000, SDI2, Rel. Min. Pedro Paulo Manus. 27.3.2012. (Info 4)*

AR. Acórdão proferido em agravo de instrumento em agravo de petição. Condenação ao pagamento de indenização por litigância de má-fé. Possibilidade jurídica da pretensão rescindente. Exclusão da condenação. Necessária a demonstração dos efetivos prejuízos sofridos pela parte contrária.

Cabe ação rescisória para desconstituir acórdão do Tribunal Regional do Trabalho que negou provimento ao agravo de instrumento em agravo de petição, condenando a União ao pagamento de indenização decorrente do reconhecimento da litigância de má-fé, porquanto, no que tange à referida condenação, o acórdão assume contornos de decisão de mérito, viabilizando o corte rescisório com fulcro no art. 485, V, do CPC/73. *ReeNec e RO-27-92.2010.5.15.0000, SDI2, Rel. Min. Caputo Bastos, 29.5.2012. (Info 11)*

AR. Coisa julgada material. Eficácia preclusiva. Causa extintiva da obrigação. Manejo após o último momento útil. Ofensa à coisa julgada não caracterizada.

A causa extintiva da obrigação constatada após o último momento útil para o acolhimento do fato ocorrido no curso do processo não enseja a eficácia preclusiva disciplinada no art. 474 do CPC/73/73. Desse modo, a transação superveniente à sentença, acolhida quando do julgamento do agravo de petição, ainda que não discutida na fase cognitiva, não tem o condão de abalar a eficácia jurídica do ajuste entre as partes, tornando-se inviável o corte rescisório com amparo no inciso V do art. 485 do CPC/73. *RO-231600-91.2009.5.01.0000, SDI2, Rel. Min. Alberto Luiz Bresciani de Fontan Pereira, 26.6.2012. (Info 15)*

AR. Depósito prévio. Ausência. Pedido de expedição da guia de recolhimento. Retificação de ofício do valor dado à causa. Impossibilidade. Ônus da parte. Pressuposto de validade da relação processual.

O depósito prévio, por se tratar de pressuposto de validade da relação jurídica processual, é ônus da parte, e deve ser recolhido concomitantemente ao ajuizamento da ação rescisória. Assim, não há como chancelar a conduta da autora, que, ao ajuizar a ação rescisória sem a comprovação do respectivo depósito, requereu a expedição da guia de recolhimento, tendo sido prontamente atendida pelo relator da ação no TRT, que retificou de ofício o valor dado à causa e, nos termos do art. 284 do CPC/73, concedeu prazo para que fosse efetuado o depósito prévio, sob pena de indeferimento da inicial. *RO-339-74.2010.5.04.0000, SDI2, Rel. Des. Conv. Maria Doralice Novaes, 16.10.2012. (Info 26)*

AR. Depósito prévio. Fundação pública estadual. Exigibilidade.

As fundações de direito público estaduais não estão isentas do depósito prévio previsto no art. 836 da CLT e na Instrução Normativa 31/07, porquanto o art. 488, parágrafo único, do CPC/73, aplicado subsidiariamente, somente excepciona a sua aplicação à União, aos estados, aos municípios e ao Ministério Público, e, com a inovação introduzida pelo art. 24-A da Lei 9.028/95, às autarquias e às fundações instituídas pela União. *ReeNec e RO-20463-78.2010.5.04.0000, SDI2, Rel. Min. Luiz Philippe Vieira de Mello Filho, 13.3.2012. (Info 2)*

AR. Desconstituição de decisão proferida em embargos de terceiro. Possibilidade jurídica do pedido. Coisa julgada material.

A SDI2 decidiu pela possibilidade jurídica do pedido de corte rescisório de decisão proferida em sede de embargos de terceiro. Prevaleceu o entendimento de que se trata de ação autônoma dirigida à obtenção de uma sentença de mérito que, ao decidir a respeito da legitimidade da penhora incidente sobre bem de terceiro, não obstante seja limitada no plano horizontal (extensão), é de cognição exauriente no plano vertical (profundidade), fazendo, portanto, coisa julgada material. *RO-205800-71.2009.5.15.0000, SDI2, Red. p/ ac. Min. Alberto Luiz Bresciani de Fontan Pereira, 10.4.2012. (Info 5)*

AR. Equiparação salarial. Segunda demanda. Indicação de paradigma diverso. Coisa julgada. Não configuração. Modificação da causa de pedir. Ausência da tríplice identidade prevista no art. 301, § 2º, do CPC/73.

O ajuizamento de segunda ação com os mesmos pedidos e em face do mesmo reclamado, mas com indicação de paradigma diverso daquele nomeado na primeira demanda, para efeito de equiparação salarial, afasta a possibilidade de rescisão por ofensa à coisa julgada (art. 485, IV, do CPC/73), pois modifica a causa de pedir, impedindo a configuração da tríplice identidade prevista no art. 301, § 2º, do CPC/73. *RO-108500-11.2010.5.03.0000, SDI2, Rel. Min. Alberto Luiz Bresciani de Fontan Pereira, 10.4.2012. (Info 5)*

AR. Extinção do processo sem resolução de mérito. Impossibilidade jurídica do pedido. Depósito prévio. Reversão em favor do réu. Possibilidade. Instrução Normativa 31/07/TST. Hipóteses de inadmissibilidade da ação.

A impossibilidade jurídica do pedido configura hipótese de inadmissibilidade da ação rescisória para efeitos de incidência do art. 5º da IN 31/07/TST, com redação dada pela Resolução 154/04. Assim, cabe a reversão do depósito prévio em favor do réu no caso em que a ação rescisória foi extinta sem resolução do mérito, nos termos do art. 267, VI, e § 3º, do CPC/73, mediante a aplicação analógica da Súm. 192, IV, do TST, porquanto o pedido de rescisão de acórdão do Regional proferido em sede de agravo de instrumento em recurso ordinário mostra-se juridicamente impossível. *RO-264-11.2011.5.18.0000, SDI2, Red. p/ ac. Min. Alexandre Agra Belmonte, 21.8.2012. (Info 19)*

AR. Julgamento imediato da lide. Questão de fundo já decidida pela instância de origem. Identidade de causas de pedir remota e próxima e de fatos em relação a todos os litisconsortes.

Supressão de instância ou julgamento "extra petita". Inocorrência.

A SDI2 entendeu não caracterizar supressão de instância ou julgamento "extra petita" a hipótese em que a decisão rescindenda, afastando a prescrição declarada, procede ao imediato exame da questão de fundo, que já fora decidida pelo Tribunal Regional e transitada em julgado em relação a um dos autores, com mesma causa de pedir remota e próxima, além de apresentar matéria fática idêntica em relação a todos os litisconsortes. Consignou, ainda, que o § 3º do art. 515 do CPC/73 ampliou a possibilidade do julgamento imediato da lide, não restringindo aos casos em que houve extinção do feito sem resolução do mérito. Dessarte, a Subseção julgou improcedente a pretensão rescisória. *AR-2653-67.2011.5.00.0000, SDI2, Rel. Min. Pedro Paulo Teixeira Manus, 26.6.2012. (Info 15)*

AR. Pedido de tutela antecipada. Pretensão de natureza cautelar. Fungibilidade. Possibilidade de concessão.

Ainda que a pretensão possua natureza cautelar, não há óbice à concessão de tutela antecipada em ação rescisória visando à suspensão da execução no processo matriz, em razão da desconstituição do título judicial que a amparava, dada a presença da verossimilhança da alegação, ou seja, a existência de um grau de certeza mais robusto que o exigido em sede de pedido cautelar, a autorizar, portanto, a aplicação da fungibilidade entre as medidas de que trata o § 7º do art. 273 do CPC/73. *AgR-ED-ED-RO-168500-10.2009.5.21.0000, SDI2, Rel. Min. Emmanoel Pereira, 29.5.2012. (Info 11)*

AR. Prazo decadencial. Marco inicial. Matérias não impugnadas no agravo de instrumento interposto da decisão que não admitiu o recurso de revista. Súm. 285/TST. Inaplicável.

Na hipótese em que a parte, diante da decisão do TRT que não admitiu o seu recurso de revista, interpõe agravo de instrumento impugnando apenas uma matéria, provido o recurso pelo TST, somente o tema expressamente atacado será analisado, não havendo falar em ampla devolutividade ou incidência da Súm. 285 desta Corte, porquanto dirigida apenas ao juízo de admissibilidade realizado pelo Tribunal Regional. Assim, no que diz respeito às matérias não impugnadas no agravo de instrumento, o prazo decadencial para a propositura da ação rescisória conta-se da publicação do despacho denegatório do recurso de revista, e não do trânsito em julgado do agravo de instrumento. *RO-3460-72.2010.5.09.0000, SDI2, Red. p/ ac. Min. Guilherme Augusto Caputo Bastos, 25.9.2012. (Info 23)*

AR. Prazo decadencial. Marco inicial. Publicação do acórdão proferido pelo STF reconhecendo a constitucionalidade do art. 71 da Lei 8.666/93. Impossibilidade.

A mudança do entendimento que ensejou a alteração da redação da Súm. 331, IV, do TST, em razão de decisão proferida pelo STF na ADC 16, reconhecendo a constitucionalidade do art. 71, § 1º, da Lei 8.666/93, não tem o condão de alterar o marco inicial do prazo decadencial para ajuizamento da ação rescisória, que, nos termos do art. 495 do CPC/73 e do item I da Súm. 100/TST, é de dois anos a contar do dia imediatamente subsequente ao do trânsito em julgado da última decisão proferida na causa. *ReeNec e RO-291-59.2011.5.12.0000, SDI2, Rel. Min. Luiz Philippe Vieira de Mello Filho, 28.2.2012. (Info 2)*

AR. Prova testemunhal. Falsidade. Comprovação. Art. 485, VI, do CPC/73.

Comprovada a falsidade do depoimento testemunhal tido como prova determinante ao deslinde da controvérsia, porque decisivo ao convencimento do julgador, torna-se possível a desconstituição do acórdão rescindendo com base no inciso VI do art. 485 do CPC/73. *RO-1382200-22.2005.5.02.0000, SDI2, Rel. Min. Guilherme Augusto Caputo Bastos, 11.12.2012. (Info 34)*

AR. Servidor público municipal. Incompetência da Justiça do Trabalho. Lei instituidora de regime jurídico único. Publicação. Pedido rescisório calcado no art. 485, II, do CPC/73. Impossibilidade.

Na hipótese em que a sentença rescindenda rejeitou a preliminar de incompetência absoluta da Justiça do Trabalho, porque a validade da lei instituidora de regime jurídico único dos servidores do Município de Grajaú era controvertida, em razão da ausência de comprovação de sua publicação oficial ou, ao menos, de sua publicidade por meio da afixação no mural da Câmara Municipal, não é possível o corte rescisório calcado no inciso II do art. 485 do CPC/73, na medida em que este somente se viabiliza nos casos em que a incompetência absoluta invocada revelar-se patente, ou seja, quando houver expressa previsão legal atribuindo a competência material a juízo distinto. *ReeNec e RO-38300-79.2011.5.16.0000, SDI2, Rel. Min. Alexandre Agra Belmonte, 23.10.2012. (Info 27)*

2.2.9-B. Coisa Julgada

2016

Execução. Compensação de progressões. Norma coletiva. Ofensa à coisa julgada. Contrariedade à OJ 123/SDI2. Não configuração.

Para a constatação de ofensa à coisa julgada, não se admite a interpretação do título executivo judicial, mas apenas a verificação de dissonância patente entre o título e a decisão proferida em sede de execução. *AgR-E-RR-2937-96.2011.5.09.0009, SDI1, Rel. Min. João Oreste Dalazen, 30.6.2016. (Info E25)*

2015

Acordo. Quitação ampla ao extinto contrato de trabalho. Nova reclamação pleiteando diferenças de complementação de aposentadoria. Ofensa à coisa julgada. Não configuração.

Não obstante celebrado acordo nos autos de reclamação trabalhista anterior, conferindo quitação ampla, geral e irrestrita das parcelas trabalhistas, não ofende a coisa julgada a concessão de diferenças de complementação de aposentadoria nos autos de demanda posterior, porquanto o benefício previdenciário postulado, embora decorrente do contrato de trabalho, tem natureza jurídica diversa. Assim, não há falar em identidade entre as ações, por falta de correspondência entre os pedidos e entre as causas de pedir, não podendo ter o acordo judicial entabulado a amplitude pretendida, quitando direitos alheios àqueles debatidos na primeira demanda, e que, ademais, são regidos pelo regulamento da entidade previdenciária e não pela legislação trabalhista. Assim, não vislumbrando contrariedade à OJ 132/SDI2, a SDI1 não conheceu dos embargos dos reclamados. *E-RR-1221-35.2010.5.09.0020, SDI1, Red. p/ ac. Min. Aloysio Corrêa da Veiga, 12.2.2015. (Info 100)*

Coisa julgada. Arguição e juntada de documentos comprobatórios apenas em sede de recurso ordinário. Matéria de ordem pública não sujeita à preclusão. Súm. 8/TST. Não incidência.

A arguição de coisa julgada somente em sede de recurso ordinário, acompanhada de documentos para sua comprovação, não obsta o conhecimento da referida preliminar de ofício (art. 267, § 3º, V, do CPC/73), ensejando apenas a responsabilidade da parte pelas custas de retardamento, conforme a parte final do § 3º do art. 267 do CPC/73. Prevaleceu a tese de que a arguição de matéria de ordem pública não sofre, em grau ordinário, o efeito da preclusão, e que a Súm. 8/TST não trata da juntada de documentos relativos a questões dessa natureza, não incidindo na hipótese, portanto. *E-RR-114400-29.2008.5.03.0037, SDI1, Rel. Min. Márcio Eurico Vitral Amaro, 19.3.2015. (Info 102)*

Execução. Coisa julgada. Correção monetária. Artigo 5º, XXXVI, da CF.

Se o título executivo judicial contém determinação expressa de incidência da correção monetária sobre parcela específica da condenação, a partir do quinto dia útil do mês subsequente ao trabalhado, evidencia patente vulneração à coisa julgada a ulterior modificação, em execução, do termo inicial da atualização monetária. *E-RR-112200-77.1998.5.03.0044, SDI1, Rel. Min. João Oreste Dalazen, 25.6.2015. (Info E17)*

2013

Acordo homologado judicialmente. Atraso no pagamento de parcela. Exclusão da cláusula penal fixada em 100%. Ofensa à coisa julgada. Redução da multa para 50% do valor da parcela inadimplida. Possibilidade.

Ofende a coisa julgada a decisão que afasta a aplicabilidade da cláusula penal (fixada em 100%) por descumprimento de acordo homologado judicialmente, sem que haja lei expressa autorizando a exclusão do direito acordado entre as partes. Todavia, tendo o Regional registrado que a quantia devida era vultosa, que a reclamada estava em local diverso da sede do juízo e que não houve prejuízo ao reclamante, mostra-se razoável e proporcional reduzir a penalidade imposta a 50% do valor da parcela inadimplida no prazo acordado. *E-ED-RR-861100-13.2002.5.12.0900, SDI1, Rel. Min. Augusto César Leite de Carvalho, 24.10.2013. (Info 64)*

2012

2.2.9-C. Outros Temas

2015

Ação anulatória. Pretensão de desconstituição de sentença homologatória de cálculos de liquidação. Não cabimento. Art. 486 do CPC/73.

A pretensão de desconstituição de sentença homologatória de cálculos de liquidação apresentados pelo perito é incompatível com a ação anulatória, a qual, consoante o art. 486 do CPC/73, é cabível apenas contra os atos dispositivos praticados pelas partes, que não dependam de sentença, ou contra os atos processuais objeto de decisão meramente homologatória. Assim, tendo em conta que os cálculos apresentados por perito contábil não se caracterizam como atos dispositivos em que há declaração de vontade destinada a dispor da tutela jurisdicional, e que a sentença homologatória de cálculos de liquidação não se destina a jurisdicionalizar ato processual das partes, mas tornar líquida a prestação reconhecida na sentença exequenda, integrando-a, não há falar em cabimento da ação anulatória *E-ED-RR-156700-08.2000.5.17.0001, SDI1, Rel. Min. Guilherme Augusto Caputo Bastos, 9.4.2015. (Info E13)*

2014

Ação cautelar incidental à ação anulatória. Cominação de multa por descumprimento de ordem judicial. Superveniência de decisão na ação principal. Cessação dos efeitos da medida cautelar. Exclusão da penalidade imposta.

A multa por descumprimento de ordem judicial (art. 461, § 4º, do CPC/73) aplicada em ação cautelar incidental a ação anulatória não subsiste na hipótese em que, ao julgar o mérito da ação principal, o TRT declarou a nulidade de todo o acordo coletivo, com efeitos "ex tunc", retirando do mundo jurídico a cláusula objeto da medida cautelar concedida, porque nula de pleno direito. Na espécie, o MPT ajuizou ação cautelar incidental a ação anulatória com pedido liminar, o qual fora deferido para suspender a eficácia de cláusula de acordo coletivo, tendo havido a fixação de multa para garantir o efetivo cumprimento da decisão. Posteriormente, diante do julgamento da ação anulatória, a cláusula impugnada foi declarada nula, juntamente com todo o instrumento normativo que a continha, razão pela qual o TRT extinguiu a cautelar, sem resolução do mérito, por perda do objeto, mas determinou que a multa fosse depositada em favor do FAT. *RQ-18-07.2013.5.05.0000, SDC, Red. p/ ac. Min. Walmir Oliveira da Costa, 12.5.2014. (Info 81)*

Ação rescisória. Pedido líquido. Condenação limitada ao valor indicado na petição inicial. Exercício adequado e regular da atividade jurisdicional. Violação dos arts. 128 e 460 do CPC/73. Não configuração.

O pedido deduzido pelo reclamante de forma líquida, e não por mera estimativa, enseja a limitação da condenação ao valor indicado na petição inicial, a qual reflete o exercício adequado e regular da atividade jurisdicional (art. 5º, LIV, da CF). RO-10437-75.2010.5.02.0000, SDI2, Rel. Min. Douglas Alencar Rodrigues, 19.8.2014. (Info 87)

2.3. Dos Dissídios Individuais (CLT, arts. 837 a 855)

2016

Ação rescisória. Citação. Nulidade. Não configuração. Carta entregue no endereço da parte e recebida por pessoa a ela vinculada. Art. 841 da CLT.

O art. 841 da CLT não exige que a citação ocorra na pessoa do reclamado, sendo suficiente que seja entregue no endereço da parte. No caso, embora o reclamado não negue que a carta de citação foi recebida por sua esposa, no endereço residencial do casal, alega que, à época, estava separado de fato, razão pela qual arguiu a nulidade da citação. Todavia, as provas produzidas nos autos não confirmaram que a parte residia em outro endereço, e os depoimentos colhidos ratificaram a informação de que a esposa do reclamado recebia as correspondências dele com habitualidade. Assim, ficou comprovado que tanto a citação quanto a intimação da sentença foram direcionadas para o endereço do reclamado e recebidas por pessoas a ele vinculadas, não havendo falar, portanto, em cerceio de defesa ou em ofensa ao princípio do contraditório. RO-1266-96.2012.5.03.0000, SDI2, Rel. Min. Luiz Philippe Vieira de Mello Filho, 9.8.2016. (Info E26)

2014

Preposto. Empregado de qualquer uma das empresas do grupo econômico. Grupo econômico. Súm. 377/TST. Inaplicável.

Em razão da solidariedade consagrada no § 2º do art. 2º da CLT e do disposto no art. 843, § 1º da CLT, as empresas de um mesmo grupo econômico podem ser representadas em juízo por preposto que seja empregado de qualquer uma delas, desde que tenha conhecimento dos fatos controvertidos. Ademais, não há falar em contrariedade à Súm. 377/TST, pois a exigência de que o preposto seja, necessariamente, empregado da reclamada, tem como fundamento impedir a configuração do chamado "preposto profissional", hipótese diversa da tratada no caso concreto. E-ED-RR-25600-66.2007.5.10.0004, SDI1, Rel. Min. Lelio Bentes Corrêa, 29.5.2014. (Info 84)

2013

Dissídio coletivo. Sindicato. Substituto processual. Pedido de adequação do quadro de carreira ao art. 461, §§ 2º e 3º, da CLT. Matéria afeta ao direito individual.

A SDC deu provimento ao recurso ordinário para anular o acórdão prolatado pelo Regional e determinar o encaminhamento dos autos à Vara do Trabalho de origem, reconhecendo a reclamação trabalhista como via correta para o sindicato profissional, na qualidade de substituto processual, pleitear a correção do quadro de carreira da empresa, no que não contemplou o critério da antiguidade, adequando-o ao art. 461, §§ 2º e 3º, da CLT. Na hipótese, ressaltou-se que a demanda não está afeta ao direito coletivo, pois não se almeja a criação de normas genéricas e abstratas para reger a categoria, mas tão somente impedir lesão ou ameaça a direito já constituído. RO-6460-41.2011.5.02.0000, SDC, Rel. Min. Maria de Assis Calsing, 19.2.2013. (Info 37)

2012

2.4. Dos Dissídios Coletivos (CLT, arts. 856 a 875)

2016

Dissídio coletivo de natureza econômica. Greve deflagrada no curso da instrução processual. Comum acordo. Desnecessidade.

É possível a apreciação de dissídio coletivo de natureza econômica, ainda que ausente o comum acordo, se houver deflagração de greve por qualquer das partes no curso da instrução processual. RO-381-24.2014.5.17.0000, SDC, Rel. Min. Mauricio Godinho Delgado. 14.3.2016. (Info 130)

Dissídio coletivo de natureza jurídica. Dispensa em massa. Adequação da via eleita. Matéria suspensa para apreciação pelo Tribunal Pleno.

A SDC decidiu, por maioria, nos termos do art. 77, II, do RITST, suspender a proclamação do resultado do julgamento e remeter ao Tribunal Pleno os autos do processo em que se discute se o dissídio coletivo de natureza jurídica é o meio adequado para analisar questões relativas à dispensa coletiva. *RO-10782-38.2015.5.03.0000, SDC, Rel. Min. Mauricio Godinho Delgado, 15.8.2016. (Info 141)*

Dissídio coletivo. Homologação de instrumento coletivo privado. Inadequação da via eleita.

Na hipótese em que ajuizado dissídio coletivo com o fim de homologar cláusulas objeto de acordo extrajudicial, resultante de negociação coletiva mediada administrativamente pela Vice-Presidência do TRT, decidiu a SDC, à unanimidade, conhecer do recurso ordinário e, no mérito, dar-lhe provimento para extinguir o processo sem resolução do mérito, por ausência de interesse de agir das partes (art. 267, VI do CPC/73). *RO-210221-97.2013.5.21.0000, SDC, Rel. Min. Maria Cristina Irigoyen Peduzzi, 14.3.2016. (Info 130)*

2015

Dissídio coletivo de natureza econômica suscitado pela empregadora. Ausência de interesse de agir. Desnecessária a autorização da Justiça do Trabalho ou a negociação coletiva para a concessão de melhores condições de trabalho.

A empresa empregadora carece de interesse de agir para suscitar dissídio coletivo de natureza econômica, pois não necessita de autorização da Justiça do Trabalho, nem de negociação coletiva, para conceder aos seus empregados melhores condições de trabalho. Na espécie, a Empresa Brasileira de Correios e Telégrafos – ECT ajuizou dissídio coletivo com o objetivo de estender aos trabalhadores representados pela Federação Nacional dos Trabalhadores em Empresas de Correios e Telégrafos e Similares – Fentect, os termos do acordo coletivo de trabalho firmado com a Federação Interestadual dos Sindicatos dos Trabalhadores e Trabalhadoras dos Correios – Findect e outos sindicatos, quanto à Participação nos Lucros e Resultados dos anos de 2013, 2014 e 2015. *DC-956-69.2015.5.00.0000, SDC, Rel. Min. Walmir Oliveira da Costa, 11.5.2015. (Info 106)*

Recurso ordinário. Dissídio coletivo. COSERN. Cláusula 3ª – Programa de Desligamento. Caráter histórico reconhecido. Natureza da norma. Exaurida a finalidade. Exclusão da sentença normativa.

A despeito de reconhecido o caráter histórico da cláusula decorrente de sentença normativa por ter constado de mais de dez acordos coletivos de trabalho em períodos imediatamente anteriores, exaurida a finalidade da aludida norma, não há razão para a sua manutenção. *RO-225600-83.2010.5.21.0000, SDC, Rel. Min. Fernando Eizo Ono, 8.6.2015. (Info 110)*

2014

Dissídio coletivo. Greve. Celebração de ajuste entre as partes. Ratificação do interesse na declaração de abusividade da greve. Extinção do processo sem resolução do mérito. Impossibilidade.

A celebração de ajuste entre as partes no curso de processo de dissídio coletivo de greve, com o consequente encerramento desta, não importa, necessariamente, em extinção do feito sem resolução do mérito, por falta de interesse processual, uma vez que os abusos cometidos no exercício desse direito sujeitam os responsáveis às penas de lei, nos termos do § 2º do art. 9º da CF. Assim, havendo ratificação da pretensão de declaração de abusividade do movimento paredista, permanece o interesse processual da parte na obtenção do provimento declaratório, somente alcançável judicialmente, especialmente na hipótese em que houve supostos excessos na condução da greve e alegação de desrespeito a ordem judicial expedida para regular os efeitos da paralisação. *RO-3675-34.2012.5.07.0000, SDC, Rel. Min. Fernando Eizo Ono, 9.6.2014. (Info 85)*

Embargos de declaração em recurso ordinário. Processo eletrônico. Interposição do recurso antes da publicação do acórdão impugnado. Tempestividade. Inaplicabilidade da Súm. 434, I, do TST. Lei 7.701/88. Concessão de efeito modificativo ao julgado.

É inaplicável aos dissídios coletivos o entendimento contido na Súm. 434, I, do TST, segundo o qual é extemporâneo o recurso interposto antes de publicado o acórdão impugnado, visto que a Lei 7.701/88 estabelece rito especial para os processos coletivos, não havendo falar em flexibilização do referido verbete sumular. *ED-RO-6088-61.2013.5.15.0000, SDC, Rel. Min. Maria de Assis Calsing, 15.12.2014. (Info 97)*

2013

Dissídio coletivo. Ajuizamento por sindicato de advogados. Representação da empresa por

causídicos do seu próprio quadro. Conflito de interesses. Declaração de inexistência de relação processual. "Querela nullitatis". Cabimento.

É cabível a "querela nullitatis insanabilis" na hipótese em que se alega vício insanável na relação processual estabelecida em dissídio coletivo ajuizado por sindicato de advogados em face de empresa cuja representação se deu por causídicos de seu próprio quadro, e que, posteriormente, ajuizaram ações de cumprimento ainda na condição de patronos da empregadora. No caso, houve conflito de interesse entre os advogados da empresa e a postulação formulada no dissídio coletivo, o que enseja vício na capacidade postulatória e falta de defesa da empresa no processo, aptos a autorizar o ajuizamento da ação declaratória de inexistência da relação jurídico processual. *RO-65900-62.2006.5.12.0000, SDC, Rel. Min. Márcio Eurico Vitral Amaro, 19.2.2013. (Info 37)*

Dissídio coletivo de natureza jurídica. Demissão coletiva. Não configuração. Ausência de fato único alheio à pessoa do empregado.

A dispensa de cento e oitenta empregados ao longo de quatro meses não configura "demissão em massa", pois esta pressupõe um fato único, seja de ordem econômica, tecnológica ou estrutural, alheio à pessoa do empregado. No caso concreto, restou demonstrado que a demissão dos empregados estava dentro dos parâmetros de normalidade do fluxo de mão de obra da empresa, e ocorreu em momento de incremento de produção e recuperação de postos de trabalho, caracterizando-se tão-somente como dispensa plúrima. *RO-147-67.2012.5.15.0000, SDC, Rel. Min. Maria de Assis Calsing, 15.4.2013. (Info 42)*

Dissídio coletivo. Greve. Pedido de pagamento de salários, cestas básicas e vales-transportes atrasados. Responsabilização solidária ou subsidiária de município em razão de convênio firmado com as instituições empregadoras para prestação de serviços de educação infantil. Impossibilidade jurídica do pedido. OJ 5/SDC.

Nos termos da OJ 5/SDC, pessoa jurídica de direito público somente pode figurar como suscitado, em dissídio coletivo, se for empregador, e apenas se o objeto da sentença normativa não lhe puder acarretar encargo financeiro direto. Ademais, dissídio coletivo de greve é incompatível com a pretensão condenatória ou cominatória, exceto se tratar da regulação dos efeitos da paralisação dos empregados. Assim, em sede de dissídio coletivo de greve, carece de possibilidade jurídica o pedido de condenação solidária ou subsidiária de município ao pagamento de salários, cestas básicas e vales-transportes atrasados, na condição de responsável pelo repasse de recursos financeiros às instituições empregadoras, por força de convênio firmado para a prestação de serviços de educação infantil. *RO-52540-29.2012.5.02.0000, SDC, Rel. Min. Fernando Eizo Ono, 15.10.2013. (Info 63)*

Dissídio coletivo. Natureza econômica. Arguição de inexistência de comum acordo. MPT. Legitimidade e interesse.

O Ministério Público tem legitimidade e interesse para, em sede de recurso ordinário, arguir a inexistência de comum acordo para ajuizamento de dissídio coletivo de natureza econômica, previsto no art. 114, § 2º, da CF, com a redação conferida pela EC 45/04. Seja enquanto parte, seja na condição de fiscal da lei, a CF, em seus arts. 127 e 129, atribuiu ao "Parquet" a defesa da ordem jurídica, do Estado Democrático de Direito e dos interesses sociais e individuais indisponíveis. Ademais, nos termos do art. 83, VI, da Lei Complementar 75/93, compete ao MPT "recorrer das decisões da Justiça do Trabalho, quando entender necessário (...)". *RO-394-33.2011.5.24.0000, SDC, Rel. Min. Maurício Godinho Delgado, 11.3.2013. (Info 39)*

Dissídio coletivo. Natureza jurídica. Procedimento de cunho declaratório direcionado a interpretar e declarar o sentido e/ou do alcance da norma. Cláusula que limita o funcionamento das empresas a dois domingos por mês. Declaração de não conformidade com o arcabouço jurídico. Inadequação da via eleita.

O dissídio coletivo de natureza jurídica é procedimento de cunho declaratório direcionado a interpretar e declarar o sentido e/ou alcance da norma, razão pela qual não se presta à declaração de "inconstitucionalidade, ilegalidade e ineficácia" de cláusula de convenção coletiva de trabalho que fixa o funcionamento dos estabelecimentos comerciais em apenas dois domingos por mês. Nesse contexto, concluindo que a declaração de não conformidade da cláusula ao arcabouço jurídico não se insere na finalidade do dissídio coletivo de natureza jurídica, a SDC, à unanimidade, deu provimento ao recurso ordinário do Sindicato dos Comerciários de São Paulo, a fim de extinguir o feito, sem resolução de mérito, por inadequação da via eleita, nos termos do art. 267, VI, do CPC/73, e, por consequência, cassar a tutela antecipada renovada no acórdão recorrido. *RO-285-94.2012.5.02.0000, SDC, Rel. Min. Maria de Assis Calsing, 9.9.2013. (Info 58)*

Dissídio coletivo. Uniões estáveis homoafetivas e heteroafetivas. Paridade de tratamento. Reconhecimento. ADI 4277.

Ante os princípios da dignidade humana (art. 1º, III, da CF) e da igualdade (art. 5º, caput e I, da CF) e o entendimento exarado pelo STF no julgamento da ADI 4277, que reconheceu às uniões homoafetivas o status de entidade familiar, estendendo a essas relações a mesma proteção jurídica destinada à união estável entre homem e mulher conferida pelos arts. 226, § 3º, da CF e 1.723 do CC, a SDC, à unanimidade, deu provimento ao recurso ordinário do Sindicato dos Aeroviários de Porto Alegre para, no particular, reformar a decisão do TRT, que entendeu ser a matéria própria para acordo entre as partes, e deferir a cláusula postulada com a seguinte redação: "Cláusula 48 – Parceiro (a) do mesmo sexo: Quando concedido pela empresa benefício ao companheiro(a) do(a) empregado(a), reconhece-se a paridade de tratamento entre as uniões estáveis homoafetivas e heteroafetivas, desde que observados os requisitos previstos no art. 1.723 do CC". Ressalvou a fundamentação o Ministro Ives Gandra Martins Filho. *RO-20424-81.2010.5.04.0000, SDC, Rel. Min. Walmir Oliveira da Costa, 9.9.2013. (Info 58)*

2012

DC. Greve. Abusividade. Não configuração. Dispensa coletiva. Exigência de negociação com o sindicato profissional.

Ao contrário da dispensa individual, que se insere no poder potestativo do empregador, a dispensa coletiva tem relevante impacto econômico, social e jurídico sobre os trabalhadores, seus familiares, a comunidade empresarial, a população regional e o mercado econômico interno, configurando-se matéria própria da negociação coletiva mediante a imprescindível participação do sindicato profissional, nos termos do art. 8º, III e VI, da CF. Caberá à negociação ou à sentença normativa proferida nos autos de dissídio coletivo, caso as partes não cheguem a um acordo, fixar as condutas para o enfrentamento da crise econômica empresarial, amortizando o impacto da dispensa massiva sobre o conjunto dos trabalhadores afetados. *RO-173-02.2011.5.15.0000, SDC, Rel. Min. Mauricio Godinho Delgado, 13.8.2012. (Info 17)*

DC. Natureza econômica. Fixação de normas e condições de trabalho entre a categoria dos médicos e as empresas operadoras de planos de saúde. Profissionais autônomos. Inadequação da via eleita. Extinção do feito sem resolução do mérito.

Ante a impossibilidade, em sede de dissídio coletivo, de fixação de normas e condições de trabalho entre profissionais autônomos e seu tomador de serviços, a SDC rejeitou a preliminar de incompetência absoluta suscitada em contrarrazões e extinguiu o processo, sem resolução do mérito, por inadequação da via eleita, nos termos do art. 267, IV e VI, do CPC/73. No caso, o Sindicato dos Médicos do Rio de Janeiro ajuizou dissídio coletivo contra o Sindicato Nacional das Empresas de Medicina de Grupo, com o propósito de fixar novas condições de trabalho e remuneração aos médicos que, na qualidade de prestadores de serviços, trabalham para empresas operadoras e seguradoras de planos de saúde. *RO-5712-07.2009.5.01.0000, SDC, Red. p/ ac. Min. Maurício Godinho Delgado, 11.12.2012. (Info 34)*

DC. Natureza jurídica. Cabimento. Encerramento da unidade industrial. Dispensa em massa. Prévia negociação coletiva. Necessidade.

A SDC, entendendo cabível o ajuizamento de dissídio coletivo de natureza jurídica para se discutir a necessidade de negociação coletiva, com vistas à efetivação de despedida em massa, negou provimento ao recurso ordinário no tocante à preliminar de inadequação da via eleita. No mérito, a Seção negou provimento ao recurso, mantendo a decisão recorrida que declarou a ineficácia da dispensa coletiva e das suas consequências jurídicas no âmbito das relações trabalhistas dos empregados envolvidos. No caso, reafirmou-se o entendimento de que a exigência de prévia negociação coletiva para a dispensa em massa é requisito essencial à eficácia do ato empresarial, pois as repercussões econômicas e sociais dela advindas extrapolam o vínculo empregatício, alcançando a coletividade dos trabalhadores, bem com a comunidade e a economia locais. Ressaltou-se, ademais, que o fato de a despedida coletiva resultar do fechamento da unidade industrial, por questões de estratégia empresarial e redução dos custos de produção, não distingue a hipótese dos outros casos julgados pela Seção, pois a obrigatoriedade de o empregador previamente negociar com o sindicato da categoria profissional visa ao encontro de soluções que minimizem os impactos sociais e os prejuízos econômicos resultantes da despedida coletiva, os quais se mostram ainda mais graves quando se trata de dispensa da totalidade dos empregados do estabelecimento, e não apenas de mera redução do quadro de pessoal. *RO-6-61.2011.5.05.0000, SDC, Rel. Min. Walmir Oliveira da Costa, 11.12.2012. (Info 34)*

2.5. Da Execução (CLT, arts. 876 a 892)

2.5.1. Das Disposições Preliminares (arts. 876 a 879)

2016

Recuperação judicial. Decurso do prazo de 180 dias do art. 6º, § 4º, da Lei 11.101/05. Manutenção da suspensão da execução trabalhista. Possibilidade.

Deferido o processamento ou aprovado o plano de recuperação judicial, é imperiosa a manutenção da suspensão das execuções individuais trabalhistas, ainda que superado o prazo de cento e oitenta dias previsto no art. 6º, § 4º, da Lei 11.101/05, não se admitindo o prosseguimento automático de tais execuções. Nessa situação, é vedado ao juízo trabalhista a alienação ou a disponibilização de ativos da empresa, salvo quando houver hasta designada, hipótese em que o produto será revertido para o juízo em recuperação. *RO-80169-95.2016.5.07.0000, SDI2, Rel. Min. Alberto Luiz Bresciani de Fontan Pereira, 11.10.2016. (Info E27)*

2015

Ação rescisória. Execução trabalhista. Prescrição intercorrente. Não incidência. Violação do art. 5º, XXXVI, da CF. Configuração.

Tratando-se de condenação ao pagamento de créditos oriundos da relação de trabalho, não se aplica a prescrição intercorrente, pois, nos termos do art. 878 da CLT, o processo do trabalho pode ser impulsionado de ofício. Ademais, a pronúncia da prescrição intercorrente nas execuções trabalhistas esvaziaria a eficácia da decisão judicial que serviu de base ao título executivo, devendo o direito reconhecido na sentença prevalecer sobre eventual demora para a satisfação do crédito. Inteligência da Súm. 114/TST. *RO-14-17.2014.5.02.0000, SDI2, Rel. Min. Douglas Alencar Rodrigues, 24.2.2015. (Info E11)*

Execução. Expropriação de bem dado em garantia. Transferência de valores remanescentes para execuções movidas contra empresa diversa. Necessidade de formação de grupo econômico ou existência de sucessão de empresas.

Em atenção ao devido processo legal, ao contraditório e à ampla defesa (arts. 5º, LIV e LV, da CF), não se pode admitir a satisfação das dívidas de determinada empresa executada por meio da utilização de recursos financeiros advindos das sobras da expropriação de bem de terceiros, sem que tenha sido reconhecida, em cada execução trabalhista, a formação de grupo econômico ou a existência de sucessão de empresas. *ReeNec-26800-89.2009.5.23.0000, SDI2, Rel. Min. Douglas Alencar Rodrigues, 14.4.2015. (Info E14)*

2014

Cautelar de arresto. Determinação retenção de crédito da executada junto a terceiro. Legalidade. Efetividade da execução. Art. 813 da CPC/73.

Não se vislumbra ilegalidade ou arbitrariedade na decisão que, em sede de cautelar de arresto, e com o objetivo de garantir a efetividade da execução em curso na reclamação trabalhista matriz, ordena a transferência de crédito referente a faturas que a reclamada, prestadora de serviços, teria a receber junto a ente público, tomador de serviços. *RO-375-80.2012.5.10.0000, SDI2, Rel. Min. Alberto Luiz Bresciani de Fontan Pereira, 5.8.2014. (Info E03)*

Competência da Justiça do Trabalho. Contribuição previdenciária. Contribuição social do empregador ao SAT. Acordo extrajudicial firmado perante a Comissão de Conciliação Prévia.

A Justiça do Trabalho é competente para executar, de ofício, tanto as contribuições previdenciárias quanto as contribuições sociais ao Seguro Acidente do Trabalho incidentes sobre valor fixado em acordo extrajudicial firmado perante Comissão de Conciliação Prévia. *E-RR-22200-18.2009.5.09.0096, SDI1, Rel. Min. José Roberto Freire Pimenta, 16.10.2014. (Info E07)*

Conflito negativo de competência. Execução individual movida por sindicato profissional. Foro competente. Art. 98, § 2º, I, do CDC.

A execução individual movida por sindicato profissional, na condição de representante de um dos trabalhadores beneficiários da condenação obtida em sede de ação civil coletiva, pode ser processada no foro da liquidação de sentença (domicílio do empregado) ou da condenação. Por se tratar de jurisdição coletiva, não se aplicam as normas dos art. 651 e 877 da CLT, mas aquelas que regem o sistema normativo do processo civil coletivo brasileiro, em especial o disposto no art. 98, § 2º, I, do CDC, que confere ao trabalhador o direito de optar pelo foro de seu interesse. *CC-856-40.2014.5.03.0009, SDI2, Rel. Min. Douglas Alencar Rodrigues, 23.9.2014. (Info E05)*

Execução. Competência. Local dos bens passíveis de expropriação ou atual domicílio do executado. Parágrafo único do art. 475-P do CPC/73. Aplicação subsidiária ao Processo do Trabalho. Impossibilidade. Ausência de omissão na CLT.

Existindo previsão expressa no art. 877 da CLT a respeito da competência para a execução das decisões judiciais trabalhistas, a aplicação subsidiária ao Processo do Trabalho do parágrafo único do art. 475-P do CPC/73, no sentido de se permitir ao exequente optar pelo cumprimento da sentença pelo Juízo do local onde se encontram bens sujeitos à expropriação ou do atual domicílio do executado, implica contrariedade aos princípios da legalidade e do devido processo legal e respectiva ofensa ao art. 5º, II e LIV, da CF. *CC-9941-32.2012.5.00.0000, SDI2, Rel. Min. Alberto Luiz Bresciani de Fontan Pereira, 27.5.2014. (Info 84)*

Mandado de segurança. Cabimento. Execução. Decisão interlocutória. Indeferimento do benefício da justiça gratuita. Impossibilidade. Direito líquido e certo à gratuidade de justiça.

A assistência jurídica integral e gratuita é devida aos que comprovem insuficiência de recursos e constitui direito fundamental, nos termos do art. 5º, LXXIV, da CF. Assim, tem-se que os benefícios da justiça gratuita podem ser deferidos, inclusive de ofício, na fase de execução, especialmente quando o requerimento formulado pelo interessado não tem caráter retroativo, não é impugnado pela parte contrária, nem há indícios de que a declaração de miserabilidade prestada seja falsa. *RO-6373-15.2011.5.01.0000, SDI2, Rel. Min. Douglas Alencar Rodrigues, 14.10.2014. (Info E07)*

2013

Juros de mora. Marco inicial. Primeira reclamação trabalhista, ainda que extinta sem resolução de mérito.

O marco inicial para o cômputo dos juros de mora é o ajuizamento da primeira reclamação trabalhista, mesmo que ajuizada pelo sindicato e julgada extinta sem resolução do mérito por ilegitimidade ativa "ad causam". Nos termos das Súms. 268 e 359/TST, a reclamação, mesmo arquivada, interrompe a prescrição e constitui o devedor em mora. De outra sorte, ainda que, no caso, a sentença exequenda não tenha esclarecido a partir do ajuizamento de qual demanda incidiriam os juros, não há falar em ofensa à coisa julgada (art. 5º, XXXVI, da CF), pois o TRT, ao haver determinado o pagamento dos juros de mora a partir da primeira ação, e não da segunda, apenas interpretou o título executivo judicial da forma que entendeu mais adequada. *E-RR-749200-84.2002.5.09.0002, SDI1, Rel. Min. Alexandre de Souza Agra Belmonte, 20.6.2013. (Info 52)*

2012

CC. Art. 475-P, parágrafo único, do CPC/73. Aplicação subsidiária ao processo do trabalho. Impossibilidade. Ausência de omissão na CLT.

A existência de previsão expressa no art. 877 da CLT sobre a competência para a execução das decisões judiciais torna incabível a aplicação subsidiária, ao processo do trabalho, do parágrafo único do art. 475-P do CPC/73, que permite ao exequente optar pelo cumprimento da sentença pelo Juízo do local onde se encontram bens sujeitos à expropriação ou do atual domicílio do executado. *CC-3533-59.2011.5.00.0000, SDI2, Rel. Min. Alberto Luiz Bresciani de Fontan Pereira, 6.3.2012. (Info 2)*

CC. Ação coletiva. Decisão com efeitos "erga omnes". Execução individual. Art. 877 da CLT. Não incidência.

O art. 877 da CLT – segundo o qual é competente para a execução das decisões o Juiz ou o Presidente do Tribunal que tiver conciliado ou julgado originariamente o dissídio – não é aplicável à execução individual das decisões proferidas em ação coletiva, porquanto possui procedimento específico e regulamentado na Lei de Ação Civil Pública, combinada com o Código de Defesa do Consumidor, ambos plenamente compatíveis com o Processo do Trabalho. Assim, na hipótese em que a exequente, domiciliada em Fortaleza/CE, aforou execução individualizada, dizendo-se beneficiada pelos efeitos erga omnes da coisa julgada produzida em ação coletiva que tramitou na Vara do Trabalho de Araucária/PR, a SDI2 julgou procedente o conflito negativo de competência para declarar competente a Vara do Trabalho de Fortaleza/CE. Ressaltou o Ministro relator que entendimento em sentido contrário imporia aos beneficiários da ação coletiva um ônus processual desarrazoado, o que tornaria ineficaz o pleno, rápido e garantido acesso à jurisdição e violaria a garantia constitucional do Devido Processo Legal Substancial. *CC-1421-83.2012.5.00.0000, SDI2, Rel. Min. Alexandre Agra Belmonte, 28.8.2012. (Info 20)*

Competência da Justiça do Trabalho. Execução de ofício de contribuição previdenciária. Acordo firmado perante Comissão de Conciliação Prévia.

A Justiça do Trabalho é competente para executar, de ofício, as contribuições previdenciárias referentes ao valor fixado em acordo firmado perante Comissão de Conciliação Prévia, nos termos do art. 114, IX, da CF c/c o art. 43, § 6º, da Lei 8.212/91 e os arts. 876 e 877-A da CLT. *E-RR-40600-80.2009.5.09.0096, SDI1, Rel. Min. José Roberto Freire Pimenta, 24.5.2012. (Info 10)*

Execução. Prescrição intercorrente. Incidência. Afronta ao art. 5º, XXXVI, da CF. Configuração.

A decisão que extingue a execução, com resolução de mérito, em virtude da incidência da prescrição intercorrente, afronta a literalidade do art. 5º, XXXVI, da CF, porquanto impede a produção dos efeitos materiais da coisa julgada, tornando sem efeito concreto o título judicial transitado em julgado. *E-RR-4900-08.1989.5.10.0002, SDI1, Rel. Min. Lelio Bentes Corrêa, 14.6.2012. (Info 13)*

2.5.2. Do Mandado e da Penhora (arts. 880 a 883)

2016

Ação rescisória. Imóvel destinado à moradia da família. Registro da condição de bem de família no cartório de imóveis. Desnecessidade. Impenhorabilidade do bem constrito. Desconstituição da sentença que julgou improcedente o pedido de nulidade da penhora.

O acórdão rescindendo registrou não se tratar de bem de família porque demonstrado que o devedor possui mais de um imóvel e a embargante não apresentou nenhuma certidão dos cartórios de registro de imóveis para comprovar a condição de bem de família do bem penhorado. Todavia, a Lei 8.009/90 não exige que conste no registro do imóvel a condição de bem de família. Ao prever a situação do executado que possui vários imóveis e estabelecer que, neste caso, a impenhorabilidade recairá sobre o de menor valor, salvo se outro tiver sido registrado como bem de família, pretendeu o legislador apenas impedir que o devedor possa se valer do benefício da impenhorabilidade para resguardar mais de um imóvel. Ademais, no caso concreto, a própria embargante e autora da ação rescisória indicou outro bem à penhora e apresentou provas de que o imóvel constrito é utilizado para moradia familiar, fato não impugnado no recurso ordinário. *RO-232-31.2012.5.23.0000, SDI2, Rel. Min. Luiz Philippe Vieira de Mello Filho, 17.5.2016. (Info E23)*

Ação rescisória. Penhora não inscrita no registro imobiliário ao tempo da alienação do imóvel. Terceiro de boa-fé. Fraude à execução. Não ocorrência.

Para a caracterização da fraude à execução, quando inexistente penhora inscrita no registro imobiliário, não basta a mera constatação de que o negócio jurídico se operou quando corria processo em desfavor do alienante capaz de reduzi-lo à insolvência (requisito objetivo), sendo necessária a demonstração de má-fé do terceiro adquirente (requisito subjetivo). *RO-239-94.2012.5.06.0000, SDI2, Rel. Min. Alberto Luiz Bresciani de Fontan Pereira, 2.2.2016. (Info E22)*

Conta poupança utilizada como conta corrente. Valores passíveis de penhora. Art. 649, X, do CPC. Não incidência.

A impenhorabilidade de que trata o art. 649, X, do CPC não alcança valores depositados em conta poupança quando esta é utilizada como conta corrente, sem o cunho de economia futura e segurança pessoal. *RO-20598-85.2013.5.04.0000, SDI2, Rel. Min. Luiz Philippe Vieira de Mello Filho, 16.2.2016. (Info E22)*

Execução. Penhora integral de imóvel. Violação literal do art. 5º, XXII, da CF. Restrição à fração ideal do sócio-executado.

A SDI1 conheceu de embargos, por divergência jurisprudencial, e, no mérito, negou-lhes provimento, mantendo, portanto, a decisão que, vislumbrando violação literal do art. 5º, XXII, da CF, determinou que a penhora realizada recaísse exclusivamente sobre a fração ideal do sócio-executado e não sobre a integralidade do bem imóvel. A matéria foi alçada à Turma sob a premissa da possibilidade de penhora de bem alienado a terceiro em fraude à execução no limite da meação de quem efetivamente é executado nos autos, protegendo-se, portanto, a parte da meação de quem não é parte no feito, o que evidencia a ofensa à literalidade do art. 5º, XXII, da CF. *E-ED-RR-149500-18.2008.5.01.0064, SDI1, Rel. Min. Aloysio Corrêa da Veiga, 13.10.2016. (Info E28)*

Mandado de segurança. Execução definitiva. Descumprimento de ordem judicial. Penhora de dinheiro de instituição financeira. Impossibilidade

Na hipótese de eventual descumprimento de ordem de bloqueio judicial de conta do executado, a instituição financeira não pode ser responsabilizada pelo valor da execução trabalhista. Em atenção aos princípios constitucionais da legalidade, do devido processo legal e da ampla defesa, a instituição financeira, que é terceiro estranho à lide, não pode responder pela efetividade do título executivo judicial proveniente de relação jurídica da qual jamais foi parte. *RO-417-61.2014.5.10.0000, SDI2, Rel. Min. Alberto Luiz Bresciani de Fontan Pereira, 9.8.2016. (Info E26)*

2015

Estado estrangeiro. Imunidade de jurisdição. Caráter relativo. Penhora de imóvel. Prova de afetação à atividade diplomática ou consular não produzida. Impossibilidade de ultimação dos atos de expropriação.

Ao entendimento de que a imunidade de jurisdição reconhecida aos Estados estrangeiros, em execução de sentença, possui caráter relativo, concluiu a SDI2 que somente estarão imunes à constrição judicial os bens comprovadamente vinculados ao exercício das atividades de representação consular e diplomática. *RO-188-04.2014.5.10.0000, SDI2, Rel. Min. Douglas Alencar Rodrigues, 29.9.2015. (Info 119)*

Mandado de segurança. Execução. Penhora do depósito recursal. Transferência para saldar execução em outro feito. Legalidade.

Não se reveste de ilegalidade o ato judicial que, atendendo à solicitação de registro de penhora no rosto dos autos, determina a transferência do depósito recursal para prover execução em outro processo em que a ora recorrente figura como executada. *RO-1000989-22.2014.5.02.0000, SDI2, Rel. Min. Alberto Luiz Bresciani de Fontan Pereira, 15.12.2015. (Info E21)*

Mandado de segurança. Penhora em conta poupança até o limite de quarenta salários mínimos. Art. 649, X, do CPC/73. Impossibilidade.

Nos termos do art. 649, X, do CPC/73, é absolutamente impenhorável, até o limite de 40 salários mínimos, a quantia depositada em caderneta de poupança. *RO-179-34.2012.5.20.0000, SDI2, Rel. Min. Delaíde Miranda Arantes, 24.2.2015. (Info E11)*

Multa de 20% sobre o valor da condenação em razão do não pagamento ou de ausência de garantia da execução. Art. 832, § 1º, da CLT. Impossibilidade. Existência de regramento específico. Art. 880 da CLT.

O art. 880 da CLT determina o pagamento ou a garantia da execução no prazo de 48 horas, sob pena de penhora. Assim, havendo regramento específico para o não cumprimento espontâneo da decisão judicial ou para a ausência de garantia do juízo, não subsiste a multa de 20% sobre o valor da condenação imposta à reclamada com fundamento no art. 832, § 1º, da CLT. *E-ED-RR-1228-29.2011.5.08.0114, SDI1, Rel. Min. Guilherme Augusto Caputo Bastos, 26.11.2015. (Info E20)*

Penhora de bem imóvel. Arrematação. Posterior constatação judicial de erro nos cálculos homologados. Nulidade de todos os atos executivos e expropriatórios fundados nos cálculos incorretos. Excesso de execução. Prejuízo ao executado. Título inexigível. Ausência de coisa julgada.

A certeza, liquidez e exigibilidade do título executivo são pressupostos de validade da execução. Nesse sentido, erro de liquidação que aumenta sensivelmente o valor devido torna inexigível o título executivo judicial e a execução nele pautada é nula, nos termos da lei. *RO-10126-09.2013.5.01.0000, SDI2, Rel. Luiz Philippe Vieira de Mello Filho, 15.12.2015. (Info E21)*

Penhora. Percentual de pensão recebida pelo impetrante na condição de anistiado político. Ilegalidade. Art. 649, IV, do CPC/73. OJ 153/SDI2.

É ilegal, independente do percentual arbitrado, o bloqueio de pensão mensal vitalícia recebida pelo impetrante em decorrência do reconhecimento da condição de anistiado político, pois o crédito penhorado, previsto no art. 8º, § 3º do ADCT e na

Lei 10.559/02, possui natureza alimentícia, inserindo-se no mesmo âmbito de proteção assegurada pelo art. 649, IV, do CPC/73 e pela OJ 153/SDI2. *RO-10729-82.2013.5.01.0000, SDI2, Rel. Min. Douglas Alencar Rodrigues, 3.2.2015. (Info E10)*

2014

Ação rescisória. Desconstituição da penhora efetivada sobre bem imóvel. Aquisição ocorrida em momento anterior ao redirecionamento da execução ao sócio da reclamada. Adquirente de boa-fé. Fraude à execução não configurada. Violação dos arts. 472 e 615-A do CPC/73.

Para a caracterização da fraude à execução, quando inexistente penhora inscrita no registro imobiliário, não basta a constatação de que o negócio jurídico se operou no curso de processo distribuído em desfavor do devedor (requisito objetivo), mas também a demonstração de má-fé do terceiro adquirente (requisito subjetivo), sob pena de desrespeito ao princípio da segurança jurídica. *RO-5875-32.2011.5.04.0000, SDI2, Rel. Min. Alberto Luiz Bresciani de Fontan Pereira, 16.12.2014. (Info E10)*

Ação rescisória. Imóvel desocupado em razão de mudança provisória decorrente de problemas de saúde. Único imóvel da executada. Bem de família. Impenhorabilidade.

Constitui-se bem de família o único imóvel residencial pertencente à executada e afetado à subsistência da entidade familiar, ainda que esteja desocupado em razão de mudança provisória para outra cidade decorrente de problemas de saúde. *RO-1059-48.2012.5.12.0000, SDI2, Red. p/ ac. Min. Maria Cristina Irigoyen Peduzzi, 16.12.2014. (Info E09)*

Mandado de segurança. Execução. Penhora sobre parte dos salários ou de proventos de aposentadoria. Ilegalidade. Art. 649, IV, do CPC/73. OJ 153/SDI2.

O art. 649, IV, do CPC/73 e a OJ 153/SDI2 estabelecem que são impenhoráveis salários ou proventos de aposentadoria, ofendendo direito líquido e certo do devedor a ordem de bloqueio de tais valores, ainda que limitado a determinado percentual. *RO-107-82.2014.5.09.0000, SDI2, Rel. Min. Alberto Luiz Bresciani de Fontan Pereira, 14.10.2014. (Info E07)*

Mandado de segurança. Execução provisória. Bens indicados à penhora insuficientes à garantia do Juízo. Penhora on-line de depósitos bancários. Cabimento.

Mesmo em sede de execução provisória, a penhora on-line de depósitos bancários, quando os bens indicados pelo executado não se mostram suficientes para garantia do Juízo, não fere direito líquido e certo do devedor, pois a nomeação tempestiva de bens suficientes à garantia da execução é pressuposto para a aplicação do item III da Súm. 417 do TST. *RO-6587-76.2011.5.02.0000, SDI2, Rel. Min. Cláudio Mascarenhas Brandão, 3.6.2014. (Info E02)*

Mandado de segurança. Execução provisória. Determinação judicial de transferência para a Caixa Econômica Federal do valor depositado como garantia do crédito exequendo em conta poupança aberta em agência do banco executado. Abusividade. Inteligência dos arts. 620 e 655 do CPC/73 e da Súm. 417, III do TST.

Garantida a execução mediante valor depositado em conta de poupança aberta em agência do banco executado em nome do exequente, à disposição do juízo, mostra-se abusiva a ordem de transferência do referido numerário para agência da Caixa Econômica Federal. Trata-se de execução provisória em que incidem o art. 620 do CPC/73 e o item III da Súm. 417/TST, segundo os quais o executado tem direito a que a execução se processe da forma que lhe seja menos gravosa. Ademais, restou demonstrada a observância da gradação do art. 655 do CPC/73, de modo que a autoridade coatora, ao considerar o depósito em conta poupança ineficaz, violou o princípio da economicidade da execução. *RO-6327-42.2011.5.04.0000, SDI2, Rel. Min. Emmanoel Pereira, 23.9.2014. (Info E05)*

2013

Bem de família. Penhora incidente sobre imóvel hipotecado. Renúncia à garantia de impenhorabilidade. Impossibilidade. Lei 8.009/90.

O fato de o bem de família ter sido dado em garantia hipotecária não afasta a impenhorabilidade de que trata a Lei 8.009/90, porquanto não se admite a renúncia ao direito social à moradia, elencado no art. 6º, "caput", da CF. Assim, apenas quando da cobrança da dívida constituída em favor da entidade familiar pode o imóvel dado em garantia real perder a condição de bem de família. *RO-531-48.2011.5.12.0000, SDI2, Rel. Min. Guilherme Augusto Caputo Bastos, 9.4.2013. (Info 42)*

Plano de previdência privada. Penhora. Impossibilidade. Caráter alimentar. Art. 649 do CPC/73.

Interpretando-se sistematicamente o art. 649 do CPC/73, aplicado subsidiariamente ao Processo do Trabalho, conclui-se que não é possível a penhora de plano de previdência privada. O capital ali constituído é destinado à geração de aposentadoria, possuindo, portanto, nítido caráter alimentar, não se equiparando a aplicações financeiras comuns, ainda que, eventualmente, possa ser objeto de resgate. RO-1300-98.2012.5.02.0000, SDI2, Rel. Min. Alberto Luiz Bresciani de Fontan Pereira, 8.10.2013. (Info 62)

2012

Bem de família. Impenhorabilidade. Lei 8.009/90. Existência de outros imóveis. Irrelevância.

O bem residencial do executado é impenhorável, sendo irrelevante o fato de possuir outros imóveis, visto que a impenhorabilidade, nos termos do art. 5º da Lei 8.009/90, recairá, obrigatoriamente, apenas sobre a propriedade destinada à residência da família. RO-122000-38.2009.5.01.0000, SDI2, Rel. Min. Maria de Assis Calsing, 12.6.2012. (Info 12)

MS. Execução fiscal para cobrança de multa administrativa imposta por infração à legislação trabalhista. Determinação de penhora de numerário via BacenJud Legalidade do ato coator. Aplicação analógica da Súm. 417, I, do TST.

Em sede de execução definitiva de título executivo extrajudicial, "in casu", execução fiscal para cobrança de multa administrativa imposta por infração à legislação trabalhista, não viola direito líquido e certo o ato judicial que indefere a penhora de bens indicados e determina a constrição sobre dinheiro, via BacenJud, em contas bancárias da executada, porquanto atendida a gradação contida no art. 655 do CPC/73. Aplicação, por analogia, da Súm. 417, I, do TST. RXOF e ROMS-1353800-27.2007.5.02.0000, SDI2, Rel. Min. Emmanoel Pereira, 17.4.2012. (Info 6)

2.5.3. Dos Embargos à Execução e da sua Impugnação (art. 884)

2016

Execução. Embargos interpostos na vigência da Lei 13.015/14. Fato gerador. Contribuições previdenciárias. Juros de mora e multa. Art. 195, I, "a", da CF. *Inexistência de violação literal e direta à CF. Conhecimento por contrariedade à Súm. 266/TST. Possibilidade. Não incidência da Súm. 433/TST.*

Na vigência da Lei 13.015/14, são cabíveis embargos, em execução, por contrariedade à Súm. 266/TST, na hipótese em que a Turma conhece de recurso de revista, não obstante ausente afronta literal e direta a dispositivo da CF. A Súm. 433/TST, ao condicionar a admissibilidade dos embargos à demonstração de divergência jurisprudencial em relação à interpretação de dispositivo constitucional, não alcança os recursos regidos pela Lei 13.015/14, em razão da nova redação do art. 894, II, da CLT. Assim, ao apreciar controvérsia relativa ao fato gerador das contribuições previdenciárias, para efeito de incidência de juros de mora e multa, a decisão que conheceu do recurso de revista por violação do art. 195, I, "a", da CF, contrariou a Súm. 266/TST, pois, em 20.10.2015, o Tribunal Pleno, no julgamento do E-RR-1125-36.2010.5.06.0171, decidiu que o fato gerador das contribuições previdenciárias não está efetivamente disciplinado no dispositivo constitucional em questão, ostentando, portanto, natureza infraconstitucional. E-RR-994-79.2012.5.15.0126, SDI1, Rel. Min. João Oreste Dalazen, 1º.9.2016. (Info E27)

2014

Execução. Embargos de terceiro. Bem imóvel alienado mediante alvará judicial e antes do reconhecimento do grupo econômico e inclusão das empresas na lide. Adquirente de boa-fé. Fraude à execução. Não caracterização.

Age de boa-fé o terceiro adquirente de imóvel alienado judicialmente, mediante alvará regularmente expedido em processo de concordata, e em momento anterior ao reconhecimento judicial do grupo econômico e à inclusão de todas as empresas na lide. Assim, ausente o registro da prova da má-fé do adquirente, requisito imprescindível à caracterização da fraude à execução, conforme preconiza a Súm. 375/STJ, não há falar em declaração de ineficácia do negócio jurídico celebrado entre as partes. E-ED-RR-155100-26.2004.5.15.0046, SDI1, Rel. Min. Luiz Philippe Vieira de Mello Filho, 5.6.2014. (Info E02)

2013

Execução. Prazo para interposição de embargos à execução pela Fazenda Pública. Art. 4º da MP 2.180-35/01. Declaração incidental de inconstitucionalidade. Efeitos suspensos. ADC11 pendente de julgamento.

O Tribunal Pleno decidiu suspender os efeitos da declaração incidental de inconstitucionalidade formal do art. 4º da Medida Provisória 2.180-35/01, pronunciada nos autos do processo TST-RR-7000-66.1992.5.04.0011, julgado em 4.8.2005, até que o STF se manifeste em definitivo sobre a matéria nos autos da ADC 11. *E-RR-110200-18.2003.5.21.0921, Tribunal Pleno, Rel. Min. Renato de Lacerda Paiva, 2.9.2013. (Info 57)*

2012

AC. Liminar concedida. Razoabilidade do direito invocado. Súm. 417, III, do TST. Cassação. Execução definitiva. OJ 113/SDI2. Incidência.

Tendo em conta que a oposição de embargos de terceiros não tem o condão de retirar o caráter de definitividade da execução de título judicial transitado em julgado e que, nos termos da OJ 113/SDI2, é "incabível medida cautelar para imprimir efeito suspensivo a recurso contra decisão proferida em mandado de segurança, pois ambos visam, em última análise, à sustação do ato atacado (...)", a SDI2 deu provimento aos agravos regimentais para cassar a liminar concedida e extinguir o feito, sem resolução de mérito, nos termos do art. 267, VI, do CPC/73. *AgR-Caulnom-383-36.2012.5.00.0000, SDI2, Rel. Min. Pedro Paulo Teixeira Manus, 5.6.2012. (Info 12)*

2.5.4. Do Julgamento e dos Trâmites Finais da Execução (arts. 885 a 889-A)

2016

Ação rescisória. Execução. Diferenças de abono de complementação de aposentadoria. Decisão que adequa os cálculos de liquidação para incluir parcelas vincendas. Ausência de pedido expresso. Possibilidade. Art. 290 do CPC/73.

As diferenças de abono de complementação de aposentadoria deferidas em sede de reclamação trabalhista constituem prestações periódicas de trato sucessivo, de modo que, nos termos do art. 290 do CPC/73, o deferimento das parcelas vincendas independe de pedido, mantendo-se o pagamento enquanto inalterada a situação de fato, sem prejuízo de eventual revisão, conforme disposto no art. 471, I, do CPC/73. Assim, a decisão, na fase de execução, que faz a adequação dos cálculos de liquidação para incluir as verbas vincendas dá efetividade ao comando exequendo, além de valorizar o princípio da economia processual, ao coibir o ajuizamento de demandas idênticas. *RO-9476-95.2014.5.02.0000. SDI2. Rel. Min. Alberto Luiz Bresciani de Fontan Pereira. 25.10.2016. (Info E28)*

Execução. Empresa Brasileira de Correios e Telégrafos – ECT. Diferenças salariais deferidas. Promoções por antiguidade. Promoções decorrentes de norma coletiva. Compensação. Possibilidade. Súm. 48/TST e OJ 123/SDI2. Inexistência de contrariedade.

Não contraria a Súm. 48/TST, nem a OJ 123/SDI2 a decisão que conhece de recurso de revista por violação do art. 5º, XXXVI, da CF, e, no mérito, dá-lhe provimento para determinar que, na apuração das diferenças salariais deferidas na sentença exequenda a empregado da Empresa Brasileira de Correios e Telégrafos – ECT, sejam consideradas as promoções por antiguidade e aquelas decorrentes de normas coletivas. A Súm. 48/TST trata tão somente do momento oportuno para a arguição da compensação, em nada se aproximando da matéria trazida nos autos, em que se discute os limites do comando exequendo. De outra sorte, a decisão recorrida, ao determinar a compensação, não interpretou o título executivo judicial, o que é vedado pela OJ 123/SDI2, mas apenas deu fiel cumprimento ao comando condenatório, segundo o qual o pagamento de diferenças salariais é devido aos empregados que não receberam qualquer promoção. *E-RR-2217-32.2011.5.09.0009, SDI1, Rel. Min. Guilherme Augusto Caputo Bastos, 10.11.2016. (Info E28)*

Mandado de segurança. Execução. Penhora e arrematação de bem de terceiro estranho à lide. Ausência de intimação. Violação à garantia do contraditório e da ampla defesa. Nulidade do leilão e da carta de arrematação.

A SDI2 conheceu e negou provimento a recurso ordinário em mandado de segurança, mantendo, portanto, a decisão do TRT que concedera a segurança para anular o leilão e a subsequente carta de arrematação expedida nos autos de execução que penhorou e alienou bem imóvel dos impetrantes, até então estranhos à reclamação trabalhista, sem lhes oportunizar o direito à ampla defesa e ao contraditório. Na espécie, consignou-se que durante o processo de execução, não obstante os ostensivos alertas acerca da nulidade que se consumava a cada dia, as autoridades judiciárias que nele atuaram incorreram em equívocos que levaram à expropriação de patrimônio pertencente a pessoas estranhas à execução, sem que estas tivessem ciência do ocorrido. Não se olvida que o art. 694 do CPC de 1973 privilegiava a segurança do arrematante em relação a praticamente todas as nuances capazes de invalidar a arrematação. Todavia, o seu desfazimento sempre foi possível em casos excepcionais como o dos autos, em que a prevalência do direito dos arrematantes causaria o sacrifício integral das garantias do devido processo legal e da ampla defesa dos proprietários do bem arrematado, terceiros estranhos à lide. *RO-10681-26.2013.5.01.0000. SDI2, Rel. Min. Alberto Luiz Bresciani de Fontan Pereira, 6.12.2016. (Info E28)*

2015

Ação rescisória. Arrematação. 40% do valor da avaliação. Preço vil. Ausência de definição legal. Violação do art. 694, § 1º, V do CPC/73. Não configuração.

A ausência de critérios na legislação pátria sobre o que vem a ser preço vil dificulta a caracterização de afronta a preceito de lei apta a ensejar o corte rescisório. Trata-se de matéria controvertida a atrair a incidência da Súm. 83/TST. Assim, na hipótese em que o bem fora arrematado por 40% do valor correspondente à avaliação, sem que tenha havido registro de que o juiz da execução tenha desrespeitado os princípios da razoabilidade e da proporcionalidade no momento de avaliar o lance ofertado, não é possível concluir pela violação do art. 694, § 1º, V, do CPC/73. *RO-19600-39.2011.5.13.0000, SDI2, Rel. Min. Emmanoel Pereira, 17.3.2015. (Info E12)*

Ação rescisória. Venda de imóvel de sócio da empresa anterior à desconsideração da personalidade jurídica da devedora. Terceiro de boa-fé. Fraude à execução. Não ocorrência.

Não ocorre fraude à execução quando a alienação do imóvel do sócio da empresa é anterior à desconsideração da personalidade jurídica da devedora e não há provas da má-fé do terceiro adquirente. *RO-6370-96.2012.5.02.0000, SDI2, Rel. Min. Luiz Philippe Vieira de Mello Filho, 7.4.2015. (Info E13)*

Execução. Arrematação em hasta pública. Veículo com débito de IPVA. Sub-rogação no preço pago. Ausência de ônus para o adquirente.

O adquirente do veículo em hasta pública não responde por qualquer ônus, inclusive tributo em atraso, que recaia sobre o bem arrematado, o qual deve ser entregue, livre e desembaraçado de qualquer encargo tributário, já que as dívidas anteriores sub-rogam-se no preço, nos termos do art. 130 do CTN, aplicado a bens móveis por analogia. Assim, a Fazenda Pública não tem direito líquido e certo à cassação da decisão que determinou a baixa das dívidas de IPVA que recaíam sobre o veículo arrematado, devendo exigir do antigo proprietário o pagamento do tributo. *RO-6626-42.2013.5.15.0000, SDI2, Rel. Min. Douglas Alencar Rodrigues, 18.8.2015. (Info E19)*

Mandado de segurança. Medida liminar em reclamação correcional. Desmembramento de execuções unificadas pelo Juízo. Prosseguimento das execuções individualmente. Ordem de bloqueio de valores. Possibilidade. Inexistência de ofensa a direito líquido e certo.

A medida liminar concedida em sede de reclamação correcional, determinando o processamento autônomo das execuções indevidamente reunidas pela vara do trabalho, bem como o cancelamento de todos os atos constritivos decorrentes da unificação, não obsta o prosseguimento das execuções de forma individualizada perante o juízo competente, razão pela qual a ordem de bloqueio de valores da impetrante, visando à satisfação do crédito trabalhista, não se mostra conflitante com a liminar obtida. *RO-10190-96.2012.5.03.0000, SDI2, Rel. Min. Douglas Alencar Rodrigues, 10.3.2015. (Info E12)*

Remição da execução pelo devedor realizada antes da assinatura do auto de arrematação. Possibilidade. Interpretação conjunta dos arts. 651 e 694 do CPC/73.

Consoante o art. 651 do CPC/73, interpretado conjuntamente com o art. 694 do mesmo diploma, o depósito, pelo próprio devedor, do valor integral da condenação antes da assinatura do auto de arrematação é válido e tem como consequência a extinção da execução, mostrando-se abusiva a retenção da penhora. Outrossim, ofende a garantia constitucional do devido processo legal a evocação dos arts. 787 a 790 do CPC/73, revogados pela Lei 11.382/06, como óbice à remição da execução pelo devedor, pois tais preceitos disciplinavam a remição do bem por cônjuge, ascendente ou descendente do executado. *RO-2003-75.2010.5.10.0000,*

SDI2, Rel. Min. Alberto Luiz Bresciani de Fontan Pereira, 10.11.2015. (Info E19)

2014

Ação rescisória. Execução. Hasta pública. Arrematação judicial. Complementação do valor do sinal após o prazo de 24 horas. Violação do art. 888, § 4º, da CLT. Configuração.

A CLT determina que o arrematante de bem levado à hasta pública deve garantir seu lance com sinal correspondente a 20% do valor da arrematação. Arrematado o bem, o valor deve ser complementado em 24 horas, sob pena de perda do valor do sinal em favor da execução, bem como do retorno do bem executado à praça ou leilão. Assim sendo, reputa-se violado o art. 888, § 4º, da CLT, na hipótese em que o pagamento dos 80% remanescentes ocorreu mais de um ano após a arrematação, em razão de prazo concedido pelo próprio leiloeiro. *RO-219900-37.2009.5.04.0000, SDI2, Rel. Min. Alberto Luiz Bresciani de Fontan Pereira, 20.5.2014. (Info 83)*

Ação rescisória. Execução. Remição de bem imóvel pelo filho do sócio da empresa executada. Prevalência sobre a arrematação. Efeitos da praça sustados. Tempestividade da remição. Legitimidade do remitente.

Na espécie, o filho do sócio diretor da empresa proprietária de imóvel contra o qual foi dirigida a execução trabalhista matriz requereu a remição do bem que, em hasta pública, fora penhorado e arrematado. Deferida a remição, o arrematante interpôs agravo de petição, que foi provido para reconhecer a validade da arrematação. Em sede de recurso de revista, restabeleceu-se a sentença que deferiu o pedido de remição, tendo tal decisão sido reformada no julgamento de embargos à SDI1 conhecidos por divergência jurisprudencial, e que diante da má aplicação do art. 5º, LIV, da CF, conferiu prevalência à arrematação. Todavia, restou consignado no quadro fático delineado nos autos que em razão do ajuizamento de embargos de terceiro, a execução estava suspensa (art. 1.052 do CPC/73), de modo que os efeitos da praça estavam sustados no momento em que houve o pedido de remição do bem, o que confere tempestividade aos atos praticados pelo remitente. Ademais, nos termos do art. 788, I, do CPC/73, com redação vigente à época, o termo final para remir é a assinatura do auto de arrematação, o qual não foi sequer lavrado na hipótese, em razão do acolhimento do pedido de remição pelo juiz de primeiro grau. De outra sorte, em homenagem ao princípio da execução menos gravosa (art. 620 do CPC/73) resta patente a legitimidade do filho de sócio para remir bens em execução proposta contra a pessoa jurídica, pois assentado o caráter familiar da sociedade. *AR-8773-29.2011.5.00.0000, SDI2, Rel. Min. Emmanoel Pereira, 2.12.2014. (Info E09)*

Ação rescisória. Execução fiscal. Coproprietário de imóvel arrematado que não figura como parte no processo executório. Ausência de intimação. Aplicação dos art. 880 e 888 da CLT. Negativa de vigência da Lei 6.830/80. Violação do art. 5º, LV, da CF. Configuração.

Viola o direito de propriedade, o devido processo legal e o contraditório, a decisão, proferida em sede de ação anulatória incidental à execução fiscal, que, negando vigência à Lei 6.830/80, considera válida a arrematação de imóvel penhorado sem a devida intimação de coproprietário que não figura como parte no processo executório. *RO-5800-07.2012.5.13.0000, SDI2, Rel. Min. Cláudio Mascarenhas Brandão, 10.6.2014. (Info E02)*

Execução. Multa prevista no art. 475-J do CPC/73. Aplicação ao processo do trabalho. Impossibilidade.

Não se aplica a multa prevista no art. 475-J do CPC/73 ao processo do trabalho, pois, no que diz respeito à execução trabalhista, não há omissão na CLT a autorizar a incidência subsidiária da norma processual civil. Ainda que assim não fosse, eventual lacuna seria preenchida pela aplicação da Lei 6.830/80, a qual tem prevalência sobre as regras do CPC/73, em sede de execução, conforme determinado no art. 889 da CLT. *E-RR-92900-15.2005.5.01.0053, SDI1, Rel. Min. Hugo Carlos Scheuermann, 11.9.2014. (Info E05)*

Mandado de Segurança. Execução. Decisão que mantém arrematação de bem após homologação de acordo entre as partes. Existência de outras despesas processuais. Art. 651 do CPC/73.

Nos termos do art. 651 do CPC/73, é possível ao devedor, antes de arrematados ou adjudicados os bens, saldar a execução, desde que efetue o pagamento da importância da dívida, acrescida de juros, custas, honorários e demais despesas processuais. Assim, mostra-se correta a decisão de primeiro grau, proferida em sede de execução definitiva, que, a despeito da existência de acordo homologado posteriormente, manteve a arrematação do bem de propriedade do executado, uma vez constatada a existência de outras despesas processuais ainda pendentes de pagamento. *RO-5476-26.2013.5.15.0000, SDI2, Rel. Min. Emmanoel Pereira, 30.9.2014. (Info E06)*

2013

Ação civil pública. Multa pelo descumprimento de obrigação de não fazer. Execução antes do trânsito em julgado da decisão. Art. 5º, LV, da CF. Violação.

A SDI1 não conheceu dos embargos do MPT, mantendo o acórdão da Turma que, vislumbrando violação do art. 5º, LV, da CF, deu provimento parcial ao recurso de revista da Sanepar para determinar que a multa diária pelo descumprimento de obrigação de não fazer imposta nos autos de ação civil pública incida tão somente após o exaurimento do prazo de 120 dias para o cumprimento da obrigação, contados a partir do trânsito em julgado da decisão. No caso, prevaleceu o entendimento de que a execução das astreintes antes do trânsito em julgado da decisão que apreciou a legalidade ou não da terceirização de mão-de-obra revela o perigo de irreversibilidade da decisão, caso sobrevenha entendimento em sentido contrário, o que impossibilitaria a restituição ao "status quo ante". *E-RR-1850400-42.2002.5.09.0900, SDI1, Rel. Min. Renato de Lacerda Paiva, 20.6.2013. (Info 52)*

2012

Execução fiscal. Inclusão em programa de parcelamento. Suspensão da execução trabalhista. Novação. Não configuração.

O parcelamento de débito contraído com a Fazenda Nacional, de qualquer natureza, instituído pelas Leis 10.522/02 e 10.684/03, implica tão somente a suspensão da exigibilidade do crédito tributário enquanto perdurar o período do parcelamento, não constituindo novação. *E-E-D-RR-289-24.2010.5.03.0114, SDI1, Rel. Min. Aloysio Corrêa da Veiga, 19.4.2012. (Info 6)*

2.5.5. Precatórios e RPV (CF, art. 100)

2016

Ação civil coletiva ajuizada por sindicato. Substituição processual. Execução. Individualização do crédito apurado. Requisição de Pequeno Valor (RPV). Possibilidade. Precedentes do STF. OJ 9 do TP/OE.

Na ação coletiva em que os interesses dos trabalhadores são defendidos pelo sindicato na condição de substituto processual, o enquadramento do débito como obrigação de pequeno valor, para fins de dispensa de expedição de precatório e aplicação do § 3º do art. 100 da CF, deve ser realizado levando-se em conta os créditos de cada trabalhador beneficiado. Nesse sentido, posicionou-se o STF, cujas decisões mais recentes apontam para a possibilidade de utilização da Requisição de Pequeno Valor (RPV) na execução individualizada da decisão proferida na ação coletiva (ARE 909556 AgR, ARE 925754 RG, ARE 916839 AgR). Ademais, fazendo um paralelo entre a reclamação plúrima e a ação civil coletiva, conclui-se que em ambas as ações os titulares do crédito são os trabalhadores individualmente considerados, razão pela qual é possível incidir, no caso concreto, a diretriz da OJ 9 do TP/OE. *RO-50-41.2015.5.05.0000, SDI2, Rel. Min. Douglas Alencar Rodrigues, 19.4.2016. (Info 133)*

Ação coletiva. Sindicato. Substituição Processual. Execução contra a Fazenda Pública. Individualização do crédito de cada substituído. Possibilidade. Expedição de Requisição de Pequeno Valor (RPV).

No caso de ação coletiva em que o sindicato atua como substituto processual na defesa de direitos individuais homogêneos, o pagamento individualizado do crédito devido pela Fazenda Púbica aos substituídos não afronta o art. 100, § 8º, da CF. A titularidade do crédito judicialmente concedido não pertence ao sindicato, mas aos empregados que ele substitui, de modo que é possível considerar o valor deferido a cada um deles, isoladamente, para fins de expedição da Requisição de Pequeno Valor (RPV). *E-RR-126900-42.1994.5.04.0021. SDI1. Rel. Min. Cláudio Mascarenhas Brandão, 17.11.2016. (Info E28)*

Matéria remetida ao Tribunal Pleno. APPA. Forma de execução. Manutenção das Orientações Jurisprudenciais 13 e 87/SDI1.

O Tribunal Pleno decidiu, por maioria, manter a redação das Orientações Jurisprudenciais n.s 13 e 87/SDI1, as quais estabelecem, respectivamente, que à Administração dos Portos de Paranaguá e Antonina – APPA não se aplicam os privilégios do

Decreto-Lei 779/69, nem o regime de precatórios. *AgR-E-RR-148500-29.2004.5.09.0022, Pleno, Red. p/ ac. Min. Augusto César Leite de Carvalho, 22.8.2016. (Info 142)*

Matéria remetida ao Tribunal Pleno. Art. 77, II, do RITST. Ação coletiva. Sindicato. Substituição Processual. Execução contra a Fazenda Pública. Individualização do crédito de cada substituído. Possibilidade. Expedição de Requisição de Pequeno Valor (RPV).

No caso de ação coletiva em que o sindicato atua como substituto processual na defesa de direitos individuais homogêneos, não configura quebra do valor da execução, vedada pelo art. 100, § 8º, da CF, o pagamento individualizado do crédito devido pela Fazenda Púbica aos substituídos. Entendimento consolidado pelo STF nos autos do processo STF-ARE 925754/PR, com repercussão geral reconhecida, que, não obstante se refira à hipótese de execução individual da sentença condenatória genérica, também se aplica à situação em apreço, em que a execução é coletiva. Em ambos os casos, a titularidade do crédito judicialmente concedido não pertence ao sindicato, mas aos empregados que ele substitui, de modo que é possível considerar o valor deferido a cada um deles, individualmente, para fins de expedição da Requisição de Pequeno Valor (RPV). *ReeNec e RO-118-88.2015.5.05.0000, Pleno, Rel. Min. Maria de Assis Calsing, 27.6.2016. (Info 139)*

Precatório sujeito ao regime especial. Art. 97 do ADCT. Período de graça. Juros de mora. Incidência.

Ao modular os efeitos das decisões proferidas nas ADI 4357 e 4425, que declararam a inconstitucionalidade parcial do regime especial de pagamento de precatórios previsto no art. 97 do ADCT, com redação dada pela EC 62/09, o STF decidiu pela continuidade do regime especial de pagamento para os precatórios expedidos ou pagos até 25.3.2015. Assim, para o precatório emitido em data anterior ao limite estabelecido, permanece a regra do caput do art. 97 do ADCT, no sentido de que o § 5º, art. 100, da CF é inaplicável ao regime especial de pagamento, o que afasta a incidência da Súm. Vinculante 17 e torna indevida a exclusão dos juros de mora no período de graça. *RO-39000-57.1990.5.17.0002, Órgão Especial, Rel. Min. Maria Cristina Irigoyen Peduzzi, 8.8.2016. (Info E26)*

2015

Sindicato. Substituição processual. Execução. Fracionamento. Expedição de Requisição de Pequeno Valor. Possibilidade.

O título judicial emanado de sentença proferida em ação coletiva ajuizada por sindicato, na qualidade de substituto processual, pode ser objeto de execução individual, mediante a utilização da Requisição de Pequeno Valor (art. 87 do ADCT), sem que isso implique afronta ao art. 100, § 8º, da CF. O Estado é devedor de cada trabalhador, na exata proporção dos respectivos créditos, e não do sindicato propriamente dito, que atuou como legitimado extraordinário, defendendo direito alheio em nome próprio. Desse modo, o crédito decorrente da condenação em processo instaurado mediante substituição processual não é único. Trata-se de um somatório de créditos, pertencentes aos diversos substituídos, de maneira que, se analisados individualmente, podem, em tese, se inserir no conceito de "pequeno valor". Inteligência da OJ 9 do Tribunal Pleno/Órgão Especial. Ademais, embora o STF tenha fixado a possibilidade de fracionamento da execução para expedição de Requisição de Pequeno Valor quando se tratar de litisconsórcio facultativo ativo (STF, RE-568645, repercussão geral reconhecida), o mesmo entendimento tem sido aplicado aos casos de ação coletiva. *E-ED-RR-10247-58.2010.5.04.0000, SDI1, Rel. Min. Lelio Bentes Corrêa, red. p/acórdão Min. João Oreste Dalazen, 26.11.2015. (Info E20)*

Fundação Padre Anchieta. Natureza pública. Execução pelo regime de precatórios. Possibilidade.

A despeito de a Fundação Padre Anchieta ser constituída, formalmente, como pessoa jurídica de direito privado, ela exerce múnus público, pois possui como finalidade exclusiva a promoção de atividades educativas e culturais por meio de rádio, televisão e outras mídias, em atendimento ao comando do art. 23, V, da CF. Além disso, para sua criação e manutenção, percebeu e continua a perceber dotações, subvenções e contribuições do Estado de São Paulo (arts. 3º e 28, I e IV, de seu Estatuto). Assim, patente a natureza pública da Fundação, a ela se aplicam as prerrogativas processuais da Fazenda Pública no que tange à execução, devendo o pagamento de valores decorrentes de condenação judicial seguir o regime de precatórios, nos termos do art. 730 do CPC/73 e do art. 100 da CF. *RO-1000552-78.2014.5.02.0000, SDI2, Rel. Min. Emmanoel Pereira, 15.12.2015. (Info E21)*

2014

Créditos trabalhistas. Precatório. Retenção de honorários advocatícios. Ausência do contrato de honorários. Ilegalidade. Art. 22, § 4º, do Estatuto da OAB.

À luz do art. 22, § 4º, do Estatuto da OAB, mostra-se ilegal a retenção de honorários advocatícios sobre créditos trabalhistas em precatório quando não houver comprovação inequívoca do contrato de honorários firmado entre as partes. No caso em tela, após a liberação dos créditos trabalhistas de todos os exequentes por alvarás, dois deles não foram localizados, razão pela qual os patronos devolveram ao juízo o valor do crédito, mas retiveram quantia correspondente aos honorários advocatícios e às despesas. O TRT considerou ilegítima a retenção, ao argumento de que o montante deduzido pelo causídico não faz parte do título exequendo, tendo sido alvo de suposto acordo verbal entre as partes, de modo que não pode o advogado, por si só, decidir o valor que lhe corresponde. *RO-226400-86.1991.5.17.0001, Órgão Especial, Rel. Min. Hugo Carlos Scheuermann, 7.4.2014. (Info 78)*

Hospital Fêmina S.A. Grupo Hospitalar Conceição. Sociedade de economia mista prestadora de serviço público. Atividade sem fins lucrativos e em ambiente não concorrencial. Regime de execução por precatório. Aplicação.

O STF, no julgamento do RE 580264, em que reconhecida a repercussão geral, entendeu que as empresas integrantes do Grupo Hospitalar Conceição gozam da imunidade tributária prevista no art. 150, VI, "a", da CF, sob os fundamentos de que a prestação de ações e serviços de saúde por sociedades de economia mista corresponde à própria atuação do Estado, desde que a empresa estatal não tenha por finalidade a obtenção de lucro e que seu capital social seja majoritariamente estatal. Assim, estando consignado na decisão recorrida que o Hospital Fêmina S.A. pertence quase que exclusivamente à União (que detém 99,99% do capital social do Grupo Hospitalar Conceição), que integra a estrutura organizacional do Ministério da Saúde e que presta serviços exclusivamente pelo Sistema Único de Saúde – SUS e não obtém lucro, constata-se que as atividades desenvolvidas pelo referido hospital equiparam-se à atuação direta do Estado, razão pela qual a ele deve ser aplicado o regime de execução por precatório, disposto no art. 100 da CF. *E-RR-131900-90.2007.5.04.0013, SDI1, Rel. Min. Brito Pereira, 6.2.2014. (Info 71)*

Hospital Nossa Senhora da Conceição S.A. Grupo Hospitalar Conceição. Sociedade de economia mista prestadora de serviço público. Atividade sem fins lucrativos e em ambiente não concorrencial. Regime de execução por precatório. Aplicabilidade do art. 100 da CF.

Aplica-se o regime de execução por precatório, disposto no art. 100 da CF, ao Hospital Nossa Senhora da Conceição S.A, integrante do Grupo Hospitalar Conceição, sociedade de economia mista prestadora de ações e serviços de saúde, sem fins concorrenciais. Conforme o entendimento da Suprema Corte (RE 580264, repercussão geral), o Hospital Nossa Senhora da Conceição desenvolve atividades que correspondem à própria atuação do Estado, sem finalidade lucrativa, gozando, portanto de imunidade tributária (art. 150, VI, "a" da CF). Ademais, é apenas formalmente uma sociedade de economia mista, pois seu capital social é majoritariamente estatal e encontra-se vinculado ao Ministério da Saúde com prestação de serviços pelo SUS. *E-RR-84500-98.2007.5.04.0007, SDI1, Rel. Min. Augusto César Leite de Carvalho, 8.5.2014. (Info E01)*

Município. Precatório. Opção pelo regime especial de pagamento. Redução do percentual de comprometimento da receita líquida oriunda do Fundo de Participação dos Municípios. Impossibilidade. Critérios legais vinculantes.

A estipulação do percentual de comprometimento da receita líquida oriunda do Fundo de Participação dos Municípios – FPM ofertada para pagamento de precatórios em razão da opção pelo regime especial (art. 97 do ADCT e Resolução 115/10 do CNJ) segue critérios legais vinculantes. Assim sendo, não há margem para que a autoridade gestora da conta especial de precatórios trabalhistas defira requerimento de redução do percentual do FPM destinado ao regime especial de precatórios, ainda que o Município alegue dificuldades financeiras, prejuízo à coletividade e comprometimento dos serviços públicos. *RO-46-69.2011.5.22.0000, Órgão Especial, Rel. Min. Hugo Carlos Scheuermann, 5.5.2014. (Info 81)*

Precatório. Juros da mora. Incidência no período compreendido entre os cálculos de liquidação e a expedição do precatório. Impossibilidade. Atraso no pagamento não caracterizado.

Não incidem juros moratórios no período compreendido entre os cálculos de liquidação e a expedição do precatório ou requisição de pequeno valor. Considerando o entendimento já pacificado nesta Corte e no STF acerca da não incidência dos juros da mora entre a expedição do precatório e o seu efetivo pagamento, quando observado o prazo previsto no § 5º do art. 100 da CF, não há falar em juros de mora no período compreendido entre os cálculos de liquidação e a expedição do precatório, pois enquanto não decorrido o prazo constitucional não se evidencia o atraso no cumprimento da obrigação por parte da Fazenda Pública. *RO-1837-57.2012.5.09.0014, Órgão Especial, Rel. Min. Alexandre Agra Belmonte, 3.11.2014. (Info 93)*

2013

Hospital Nossa Senhora da Conceição S.A. Execução por regime de precatório. Aplicabilidade do art. 100 da CF. Sociedade de economia mista. Ausência de fins concorrenciais. Precedentes do STF.

Aplica-se o regime de execução por precatório, disposto no art. 100 da CF, ao Hospital Nossa Senhora da Conceição S.A, sociedade de economia mista prestadora de ações e serviços de saúde, sem fins concorrenciais, em sintonia com precedentes do STF e com o entendimento proferido no RE 580264, em que reconhecida a repercussão geral. Conforme o entendimento da Suprema Corte, o Hospital Nossa Senhora da Conceição desenvolve atividades que correspondem à própria atuação do Estado, que não tem finalidade lucrativa, gozando, portanto de imunidade tributária (art. 150, VI, "a" da CF). Ademais, é apenas formalmente uma sociedade de economia mista, pois se encontra vinculado ao Ministério da Saúde (Dec. 99.244/90 e Dec. 8.065/13) e tem seu orçamento atrelado à União (que detém 99,99% de suas ações como resultado da desapropriação prevista nos Decretos s 75.403 e 75.457/75). *E-ED-RR-115400-27.2008.5.04.0008, SDI1, Rel. Min. Aloysio Corrêa da Veiga, 14.11.2013. (Info 66)*

Precatório. Individualização do crédito. Impossibilidade. Sindicato. Substituição processual.

Tratando-se de reclamação trabalhista ajuizada por sindicato na qualidade de substituto processual, não é possível a individualização do crédito de cada um dos substituídos, devendo a execução ocorrer mediante precatório, nos moldes do art. 100 da CF. A individualização só se viabiliza quando se tratar de ação plúrima, conforme a OJ 9 do Tribunal Pleno. *ReeNec e RO-19300-03.2010.5.17.0000, SDI2, Rel. Min. Alexandre Agra Belmonte, 19.2.2013. (Info 37)*

Precatório. Revisão dos cálculos. Limitação da execução ao período anterior à implementação do regime jurídico único. Inexistência de manifestação expressa em sentido contrário. Ofensa à coisa julgada. Não configuração. Dedução dos pagamentos referentes a período posterior ao regime jurídico único. Impossibilidade.

A revisão dos cálculos, em sede de precatório, para limitar os efeitos de condenação pecuniária ao período em que o exequente era regido pela legislação trabalhista, ou seja, até o advento da Lei Estadual 11.712/90, que instituiu o regime jurídico único dos servidores do Estado do Ceará, não ofende a coisa julgada se ausente, na decisão exequenda, expressa manifestação contrária à referida limitação, conforme exigido pela OJ 6 do Tribunal Pleno. De outra sorte, havendo pagamentos efetuados por determinação judicial relativos a período em que já vigente o regime jurídico único, estes não poderão ser deduzidos de imediato dos valores a serem pagos, devendo ser objeto de ação de repetição de indébito, em razão da garantia do contraditório e da ampla defesa. *RO-10575-04.2010.5.07.0000, Órgão Especial, Rel. Min. Márcio Eurico Vitral Amaro, 8.4.2013. (Info 41)*

2012

Precatório. Doença grave. Risco de morte ou de debilidade permanente. Sequestro de valores. Possibilidade. Limitação a três vezes o valor de requisição de pequeno valor. Credor falecido no curso do processo. Transferência da preferência aos sucessores.

A pessoa acometida de doença grave, a qual acarrete risco de morte ou iminente perigo de debilidade permanente e irreversível, não se submete à tramitação preferencial dos precatórios de créditos junto à Fazenda Pública prevista no § 2º do art. 100 da CF, sendo possível o denominado "sequestro humanitário", limitado, todavia, a três vezes a quantia de requisição de pequeno valor a que se refere os §§ 2º e 3º do art. 100 da CF. Outrossim, o falecimento do credor no curso da ação em que se pleiteia a liberação dos valores não tem o condão de retornar o precatório à ordem cronológica original, transferindo aos sucessores a preferência adquirida em razão da doença. *ReeNec e RO-8069000-57.2009.5.02.0000, Órgão Especial, Min. Dora Maria da Costa, 6.8.2012. (Info 16)*

Precatório. Pagamento com atraso. Juros de mora. Incidência desde a expedição. Súm. Vinculante 17/STF.

Os juros de mora não são devidos durante o chamado "período de graça", desde que o precatório seja pago no prazo constitucional. Efetuado o pagamento fora do prazo previsto no art. 100, § 1º, da CF, os juros moratórios devem ser computados desde a expedição do precatório, conforme inteligência da Súm. Vinculante 17/STF. *RO-2519-45.2011.5.07.0000, Órgão Especial, Rel. Min. Fernando Eizo Ono, 3.9.2012. (Info 20)*

2.6. Dos Recursos (CLT, arts. 893 a 902)

2.6.1. Dos Embargos (CLT, art. 894)

2015

Embargos. Interposição sob a égide da Lei 11.496/07. Conhecimento. Arguição de contrariedade a súmula ou a orientação jurisprudencial de conteúdo processual. Possibilidade.

Em regra, é incabível recurso de embargos, interposto sob a égide da Lei 11.496/07, alicerçado em denúncia de contrariedade ou má aplicação de súmula ou de orientação jurisprudencial de conteúdo processual, tendo em vista que, a partir da redação do art. 894 da CLT conferida pela mencionada lei, os embargos passaram a ter a finalidade precípua de uniformização da jurisprudência trabalhista. Apenas excepcionalmente se admite o conhecimento dos embargos na hipótese em que, a partir do acórdão embargado, constata-se afirmação contrária ao próprio teor da súmula ou da orientação jurisprudencial indicada como contrariada ou mal aplicada. *E-ED--RR-135200-66.2007.5.02.0029, SDI1, Red. p/ ac. Min. Augusto César Leite de Carvalho, 26.11.2015. (Info 125)*

Embargos interpostos sob a égide da Lei 11.496/07. Bancário. Cargo de confiança. Arguição de contrariedade à súmula de conteúdo de direito processual. Impossibilidade.

Em regra, são incabíveis embargos interpostos sob a égide da Lei 11.496/07 em que se argui contrariedade ou má aplicação de súmula do TST de conteúdo de direito processual. Somente será possível o conhecimento dos embargos por divergência com a jurisprudência consagrada em verbete de direito processual, na hipótese em que a decisão da Turma fizer afirmação que divirja do teor do verbete em questão. *E-ED--RR-293000-75.2007.5.12.0031, SDI1, red. Min. Ives Gandra Martins Filho, 25.6.2015. (Info 112)*

Embargos interpostos sob a égide da Lei 11.496/07. Recurso de revista não conhecido. Deserção. Depósito recursal efetuado no último dia do prazo recursal. Comprovação posterior. Greve dos bancários. Prorrogação do prazo para comprovação prevista no Ato 603/SEJUD/GP/TST. Inaplicabilidade. Súm. 245/TST.

Efetuado o depósito recursal referente ao recurso de revista no último dia do prazo recursal, a alegação de existência de greve dos bancários não é justificativa para a comprovação tardia do depósito, porquanto não mais dependente de atividade bancária. Ademais, tendo em vista a autonomia administrativa dos Tribunais Regionais, são inaplicáveis as disposições do ATO 603/SEJUD/GP/TST, que, no caso da deflagração do movimento paredista, estabelece expressamente a prorrogação do prazo para comprovação do depósito recursal apenas aos feitos em trâmite perante o TST, não alcançando, portanto, o preparo do recurso de revista, cuja comprovação deve ser feita perante o tribunal de origem no momento de sua interposição. Incidência do disposto na Súm. 245/TST. *E-E-D-RR-56200-94.2006.5.17.0009, SDI1, Rel. Min. Hugo Carlos Scheuermann, 12.3.2015. (Info 101)*

Embargos. Recurso interposto na vigência da Lei 11.496/07. Art. 894, II, da CLT. Conhecimento. Caracterização de divergência jurisprudencial. Aresto oriundo do Órgão Especial do TST. Inservível.

De acordo com a redação do art. 894, II, da CLT, dada pela Lei 11.496/07, o conhecimento do recurso de embargos restringe-se à demonstração de divergência jurisprudencial entre decisões de Turmas do TST ou entre decisões de Turmas e da Seção de Dissídios Individuais, subdividida em SDI1 e SDI2; ou, ainda, ao caso de decisões contrárias a súmula ou orientação jurisprudencial do TST ou súmula vinculante do STF. A divergência, portanto, não se configura por confronto com aresto oriundo do Órgão Especial do TST, visto que, além de não contemplado pelo referido dispositivo de lei, a decisão trazida a confronto foi proferida em matéria administrativa. *E-ED-RR-114444-36.1989.5.17.0001, SDI1, Rel. Min. José Roberto Freire Pimenta, 23.4.2015. (Info 104)*

2014

Embargos. Art. 894, II, da CLT. Divergência jurisprudencial. Confronto com tese constante na ementa transcrita no corpo do acórdão trazido à cotejo. Impossibilidade.

Na hipótese em que o aresto trazido à cotejo não preenche os requisitos da Súm. 337, itens I, "a" e IV, "c", do TST, não é possível conhecer dos embargos por divergência jurisprudencial com as ementas transcritas no corpo do precedente apresentado ao confronto que estejam de acordo com os preceitos da referida súmula. Entendeu-se, na hipótese, que o defeito formal do julgado indicado à comprovação da divergência jurisprudencial justificadora do apelo contamina todo o seu texto, inclusive os arestos constantes em seu interior. *E-ED-RR-39400-88.2009.5.03.0004, SDI1, Rel. Min. Brito Pereira, 27.2.2014. (Info 74)*

Embargos. Conhecimento. Má aplicação de súmula ou orientação jurisprudencial cancelada ou com redação modificada, mas vigente à época da interposição do recurso. Possibilidade.

É possível o conhecimento de embargos pela tese de contrariedade por má aplicação de súmula ou orientação jurisprudencial já cancelada ou com redação modificada, mas que se encontrava vigente à época da interposição do recurso. Assim, havendo demonstração de contrariedade à redação do verbete então vigente, considera-se configurada a divergência jurisprudencial. *E-ED-RR-563100-38.2007.5.09.0069, SDI1, Rel. Min. Augusto César Leite de Carvalho, 27.03.2014. (Info 77)*

Embargos encaminhados via fac-símile e por meio do sistema e-DOC. Erro de formatação. Responsabilidade exclusiva do usuário. Instrução Normativa 30/TST.

Não se admite a utilização de transmissão via fac-símile com a entrega dos originais pelo sistema e-DOC, por ausência de previsão legal. De outra sorte, falhas na formatação de petições enviadas por meio do referido sistema são de exclusiva responsabilidade do usuário, conforme a dicção do art. 11, IV, da Instrução Normativa 30/TST. *Ag-E-RR-15500-45.2008.5.20.0002, SDI1, Rel. Min. Delaíde Miranda Arantes, 28.8.2014. (Info 88)*

Embargos interpostos em face de acórdão proferido pela SDI2 em julgamento de recurso ordinário em mandado de segurança. Erro grosseiro. Não cabimento.

Configura-se erro grosseiro, inviabilizando a incidência do princípio da fungibilidade recursal, a interposição de embargos em face de acórdão proferido pela SDI2 em julgamento de recurso ordinário no mandado de segurança, porquanto não inserida dentre as hipóteses de cabimento elencadas no art. 894 da CLT. *RO-2418-83.2011.5.15.0000, SDI2, Rel. Min. Emmanoel Pereira, 29.4.2014. (Info 80)*

Embargos interpostos sob a égide da Lei 11.496/07. Conhecimento. Arguição de contrariedade a súmula de conteúdo processual. Possibilidade.

O conhecimento de embargos regidos pela Lei 11.496/07, por contrariedade a súmula ou orientação jurisprudencial de direito processual, viabiliza-se, excepcionalmente, na hipótese em que, do conteúdo da própria decisão da Turma, verifica-se afirmação ou manifestação que diverge do teor do verbete jurisprudencial indicado como contrariado pela parte. *E-ED-ED-RR-67300-63.2003.5.17.0005, SDI1, Red. p/ ac. Min. José Roberto Freire Pimenta, 22.5.2014. (Info 83)*

Rito sumaríssimo. Decisão de Turma que conheceu do recurso de revista por contrariedade à OJ 191/SDI1. Conhecimento dos embargos por contrariedade à OJ 352/SDI1 posteriormente convertida na Súm. 442/TST. Possibilidade.

Não obstante, em causas sujeitas ao procedimento sumaríssimo, o conhecimento de embargos esteja autorizado apenas quando em discussão matéria de cunho constitucional ou na hipótese de contrariedade a súmula do TST (Súm. 458/TST), admite-se, excepcionalmente, o conhecimento do apelo por contrariedade a orientação jurisprudencial, desde que tenha havido a conversão do verbete em súmula. No presente caso, a Turma conheceu e deu provimento ao recurso de revista interposto pela reclamada para afastar a sua responsabilidade subsidiária, reconhecendo contrariedade à OJ 191/SDI1, a despeito da vedação disposta no art. 896, § 6º, da CLT. Nos embargos, mesmo diante da alegação de contrariedade à OJ 352/SDI1, entendeu-se autorizado o conhecimento do apelo tendo em vista a posterior conversão desse verbete na Súm. 442/TST. Assim, a SDI1 conheceu dos embargos interpostos pelo reclamante, por contrariedade à OJ 352/SDI1, posteriormente convertida na Súm. 442/TST, e, no mérito, deu-lhe provimento para, afastada a possibilidade de conhecimento do recurso de revista pela OJ 191/SDI1, determinar o retorno dos autos à Turma de origem, a fim de que aprecie o tema da responsabilidade subsidiária sob o prisma da ofensa aos preceitos constitucionais invocados, bem como da alegada contrariedade à Súm. 331/TST. *E-RR-132800-68.2009.5.15.0087, SDI1, Rel. Min. Luiz Philippe Vieira de Mello Filho, 4.9.2014. (Info 88)*

2013

Divergência jurisprudencial. Comprovação. Indicação do endereço URL. Recurso interposto na vigência da antiga redação da Súm. 337/TST. Validade.

Reputa-se válida a indicação do endereço denominado "Universal Resource Locator – URL" de aresto paradigma extraído da internet para o fim de comprovação da divergência justificadora do conhecimento dos embargos, na hipótese em que o recurso foi interposto na vigência da antiga redação do item IV da Súm. 337/TST, alterada em 14.9.12 pelo Tribunal Pleno para exigir a indicação do número do processo, o órgão prolator do acórdão e a data da respectiva publicação no DEJT, ao invés do URL. *E-RR-17200-11.2007.5.02.0061, SDI1, Rel. Min. Aloysio Corrêa da Veiga, 7.3.2013. (Info 39)*

Embargos de declaração. Acolhimento da omissão. Divergência jurisprudencial. Decisão recorrida baseada em fundamentos autônomos. Inexigibilidade de todos os fundamentos estarem contidos em um único aresto. Súm. 23/TST.

A Súm. 23/TST, ao fixar a exigência de que a jurisprudência transcrita, para comprovação de divergência, abranja todos os fundamentos nos quais se baseou a decisão recorrida, não torna necessário que todos sejam atacados no mesmo aresto paradigma apresentado. Assim, não obstante a decisão da Turma contenha dois fundamentos, por serem estes autônomos, não se exige, para o conhecimento do recurso, que um só aresto cotejado contenha todos os fundamentos da decisão recorrida, sendo possível que se conheça do apelo quando os fundamentos forem enfrentados isoladamente em paradigmas diferentes.

ED-E-ED-RR-73500-49.2006.5.22.0003, SDI1, Rel. Min. Brito Pereira, 6.6.2013. (Info 50)

Embargos. Discussão acerca da irregularidade de representação do recurso anterior. Saneamento do vício no momento da interposição dos embargos. Não exigência.

Na hipótese em que o objeto dos embargos é a irregularidade de representação, indicada como óbice ao conhecimento do recurso anteriormente interposto, não se exige da parte que sane previamente o vício apontado, como condição para a interposição do novo recurso, pois, no caso, o pressuposto recursal extrínseco se confunde com o próprio mérito dos embargos. *EAIRR-2439-61.2010.5.09.0000, SDI1, Red. p/ ac. Min. Ives Gandra Martins Filho, 7.2.2013. (Info 35)*

Embargos interpostos sob a égide da Lei 11.496/07. Conhecimento. Contrariedade a súmula de conteúdo processual. Situação excepcional. Possibilidade.

Na hipótese em que a própria decisão da Turma esboça manifestação contrária ao teor de verbete jurisprudencial de conteúdo processual, resta caracterizada situação excepcional capaz de viabilizar o conhecimento dos embargos interpostos sob a égide da Lei 11.496/07 por má aplicação da súmula ou da orientação jurisprudencial invocada. *E-ED-RR-134600-03.2002.5.09.0651, SDI1, Rel. Min. Augusto César Leite de Carvalho, 16.5.2013. (Info 47)*

Embargos sujeitos à sistemática da Lei 11.496/07. Processo submetido ao rito sumaríssimo. Arguição de contrariedade à OJ 142/SDI1. Conhecimento por divergência com os precedentes que originaram o referido verbete. Possibilidade.

Nos termos da OJ 405/SDI1, o recurso de embargos sujeito à sistemática da Lei 11.496/07, interposto em processo submetido ao rito sumaríssimo, somente pode ser conhecido quando demonstrada divergência jurisprudencial fundada em interpretação de mesmo dispositivo constitucional ou de matéria sumulada. Não obstante esse entendimento, e tendo em conta que o item I da OJ 412/SDI1 contempla questão ligada ao art. 5º, LV, da CF, interpretando, portanto, disposição constitucional, a SDI1 conheceu dos embargos pela preliminar de nulidade arguida, por contrariedade aos precedentes que originaram a OJ 142/SDI1, e, no mérito, deu-lhes provimento para anular a decisão proferida pela Turma e determinar a regular intimação pessoal da União, a fim de que, querendo, se manifeste sobre os embargos de declaração opostos pelo reclamante. *E-ED-RR-150500-91.2003.5.02.0002, SDI1, Rel. Min. Delaíde Miranda Arantes, 7.2.2013. (Info 35)*

Súm. 337, item IV, alínea "b", do TST. Comprovação do aresto divergente. Necessidade de indicação expressa do sítio de onde extraído o paradigma.

Não atende ao disposto na alínea "b" do item IV da Súm. 337/TST a indicação apenas da expressão "mídia eletrônica do TST" para comprovação da origem do aresto divergente, devendo-se declinar expressamente o sítio de onde extraído o paradigma. *E-RR-51900-41.2005.5.09.0658, SDI1, Rel. Min. Dora Maria da Costa, 24.10.2013. (Info 64)*

2012

Dano moral. Revisão do "quantum" indenizatório em sede de embargos. Limitação a casos teratológicos.

Tendo em conta a função uniformizadora da SDI1, não cabe à Subseção, em sede de recurso de embargos, fazer a dosimetria do valor fixado a título de indenização por dano moral, com exceção das hipóteses em que constatada a ocorrência de teratologia na decisão atacada. *E-RR-34500-52.2007.5.17.0001, SDI1, Red. p/ ac. Min. José Roberto Freire Pimenta, 23.8.2012. (Info 19)*

Embargos. Interposição por meio do sistema E-DOC. Assinatura digital firmada por advogado diverso do subscritor do recurso. Existência de instrumento de mandato outorgado para ambos os causídicos. Irregularidade de representação. Não configuração.

É regular a representação na hipótese em que o recurso interposto por meio do sistema E-DOC vem subscrito por advogado diverso daquele que procedeu à assinatura digital, desde que haja nos autos instrumento de mandato habilitando ambos os causídicos. Ademais, em atenção ao princípio da existência concreta, segundo o qual nas relações virtuais predomina aquilo que verdadeiramente ocorre e não aquilo que é estipulado, tem-se que, se aposto nome de advogado diverso daquele que assinou digitalmente o recurso, o efetivo subscritor do apelo é aquele cuja chave de assinatura foi registrada, responsabilizando-se pela petição entregue, desde que devidamente constituído nos autos. *E-RR-236600-63.2009.5.15.0071, SDI1, Rel. Min. Aloysio Corrêa da Veiga. 12.4.2012. (Info 5)*

Embargos interpostos sob a égide da Lei 11.496/07. Alegação de contrariedade à súmula de índole processual. Impossibilidade.

Diante da função exclusivamente uniformizadora atribuída à SDI1 por meio da Lei 11.496/07, que alterou a redação do art. 894 da CLT, afigura-se inviável o conhecimento de embargos por contrariedade a súmulas e orientações jurisprudenciais de índole processual, visto que equivaleria ao cotejo da decisão com o próprio dispositivo da lei processual. *E-RR-113500-64.2003.5.04.0402, SDI1, Rel. Min. Lelio Bentes Corrêa, 31.5.2012. (Info 11)*

Embargos interpostos sob a égide da Lei 11.496/07. Conhecimento. Arguição de contrariedade a súmula de conteúdo processual. Possibilidade.

O conhecimento de embargos regidos pela Lei 11.496/07, por contrariedade a súmula ou orientação jurisprudencial de direito processual, viabiliza-se, excepcionalmente, na hipótese em que, do conteúdo da própria decisão da Turma, verifica-se afirmação ou manifestação que diverge do teor do verbete jurisprudencial indicado como contrariado pela parte. *E-ED-RR-142200-62.2000.5.01.0071, SDI1, Rel. Min. Augusto César Leite de Carvalho, 8.3.2012. (Info 2)*

Embargos regidos pela Lei 11.496/07. Indenização por danos morais. Quantificação. Conhecimento por divergência jurisprudencial. Necessidade de identidade estrita de premissas fáticas. Incidência da Súm. 296, I, do TST.

Considerando a dificuldade em se reconhecer identidade de premissas fáticas em casos que envolvam a quantificação do dano moral, para fins de comprovação de divergência específica a que alude o art. 894, II, da CLT, com redação dada pela Lei 11.496/07, a SDI1 não conheceu dos embargos, fazendo incidir, na hipótese, a Súm. 296, I, do TST. *E-RR-86600-47.2008.5.09.0073, SDI1, Rel. Min. Horácio Raymundo de Senna Pires, 17.5.2012. (Info 9)*

Estabilidade provisória em razão de acidente de trabalho no curso de contrato por prazo determinado. Arestos que tratam da estabilidade provisória durante contrato de experiência. Divergência jurisprudencial. Não configuração. Dispositivos de lei distintos.

Tendo em conta que a configuração de divergência jurisprudencial específica pressupõe a existência de teses diversas acerca da interpretação de um mesmo dispositivo legal (Súm. 296, I, do TST), a SDI1 não conheceu de embargos na hipótese em que, para confrontar decisão da Segunda Turma que dera provimento a recurso de revista para restabelecer a sentença que julgara improcedente o pedido de estabilidade provisória em razão de acidente de trabalho no curso de contrato por prazo determinado regido pela Lei 6.019/74, o embargante colacionou arestos que versavam sobre estabilidade provisória durante contrato de experiência previsto no art. 443 da CLT. *E-RR-34600-17.2001.5.17.0001, SDI1, Rel. Min. Augusto César Leite de Carvalho, 24.5.2012. (Info 10)*

Embargos. Contrariedade à Súm. 102, I, do TST. Possibilidade. Afirmação contrária ao teor do verbete.

Excepcionalmente, admite-se o recurso de embargos, por contrariedade à Súm. 102, I, do TST, quando, na fundamentação do acórdão embargado, houver afirmação contrária ao teor do verbete. Assim, tendo a decisão do TRT revelado as reais atribuições da reclamante e, com base nelas, a enquadrado na exceção prevista no art. 224, § 2º da CLT, merece reforma a decisão, que, não obstante a ausência de qualquer alegação que demandasse o revolvimento de matéria fática, não conheceu do recurso de revista, em razão do óbice da Súm. 102, I, do TST. *E-RR-673-59.2011.5.03.0014, SDI1, Rel. Min. Alberto Luiz Bresciani de Fontan Pereira, 25.10.2012. (Info 27)*

Multa do art. 557, § 2º, do CPC/73. Análise prejudicada. Provimento do tema principal a que estava ligada.

Ao concluir pela regularidade da representação e dar provimento aos embargos, reformando decisão que entendera manifestamente infundado o agravo interposto contra o despacho que, no caso, fez incidir a diretriz da OJ 349/SDI1 na exegese que lhe dava anteriormente a Subseção, esta decidiu, à unanimidade, como consequência lógica do provimento dos embargos, afastar a multa do art. 557, § 2º, do CPC/73 aplicada na decisão que negou provimento ao agravo, entendendo prejudicada a sua análise diante do provimento do tema principal a que estava ligada. *E-A-AIRR-187040-23.2006.5.08.0114, SDI1, Rel. Min. Maria de Assis Calsing, 21.6.2012. (Info 14)*

Nulidade por negativa de prestação jurisdicional. Divergência jurisprudencial. Caracterização.

Acórdão do TRT que não se pronunciou acerca da previsão em norma coletiva da inclusão do sábado como repouso semanal remunerado do empregado bancário.

Apesar da dificuldade em se caracterizar o dissenso de teses nos casos em que se discute a preliminar de nulidade por negativa de prestação jurisdicional, a SDI1 conheceu dos embargos, por divergência jurisprudencial, na hipótese em que o aresto divergente apresenta conclusão diversa na interpretação do mesmo dispositivo constitucional, e em situação fática idêntica à retratada no acórdão embargado. No caso, enquanto o aresto paradigma reconheceu a nulidade do acórdão do Regional, com fulcro no art. 93, IX, da CF, a decisão afastou a ofensa ao referido dispositivo, ao fundamento de que a existência de norma coletiva prevendo o sábado como repouso semanal remunerado não causou prejuízo ao reclamante, razão pela qual não se fazia necessário declarar a nulidade do acórdão do Regional, que, não obstante a oposição de embargos de declaração, não se pronunciou acerca da referida norma. No mérito, a Subseção deu provimento aos embargos para, declarando a nulidade do acórdão dos embargos de declaração proferido pelo TRT, determinar o retorno dos autos ao Tribunal Regional de origem, a fim de que profira novo julgamento dos embargos declaratórios opostos pelo reclamante, manifestando-se sobre a existência, ou não, de cláusula coletiva prevendo o sábado como dia de repouso semanal remunerado. Ressaltou-se que a revelação, pelo TRT, da existência de norma coletiva prevendo o sábado como repouso semanal remunerado é essencial ao deslinde da controvérsia, diante da atual redação da Súm. 124/TST, que prevê expressamente a aplicação do divisor 150 no cálculo das horas extras do bancário submetido à jornada de seis horas prevista no "caput" do art. 224 da CLT, se houver acordo coletivo estabelecendo o sábado como dia de descanso remunerado. *E-ED-RR-25900-74.2007.5.10.0021, SDI1, Rel. Min. Augusto César Leite de Carvalho, 6.12.2012. (Info 33)*

Recurso de embargos. Ação coletiva. Reclamação trabalhista. Litispendência. Dissenso jurisprudencial. Não configuração. Aresto paradigma que trata de ação civil pública.

Na hipótese em que, no acórdão embargado, foi consignada a litispendência entre a ação individual, na qual se pleiteava a observância de acordo coletivo de trabalho, no que tange à alternância de promoções por antiguidade e merecimento, e a ação coletiva proposta pelo sindicato como substituto processual da categoria profissional, com o mesmo objetivo, mostra-se inespecífico o aresto colacionado, que trata da configuração da litispendência entre ação individual e ação civil pública. *E-ED-RR-15400-16.2002.5.01.0007, SDI1, Rel. Min. Brito Pereira, 29.11.2012. (Info 32)*

Súm. Vinculante 8/STF. Observância imediata e de ofício. Art. 103-A da CF.

O comando do art. 103-A da CF deve ser observado, imediatamente e de ofício, quando a matéria envolver discussão sobre tema já pacificado por súmula vinculante, não se submetendo o recurso de embargos ao crivo do art. 894, II, da CLT. Nesse contexto, na hipótese em que o acórdão da Turma, em face do óbice da Súm. 297/TST, manteve a aplicação da prescrição decenal prevista no art. 46 da Lei 8.212/91 para a cobrança dos créditos previdenciários devidos em virtude do reconhecimento de vínculo de emprego, a SDI1 constatou a contrariedade à Súm. Vinculante 8/STF, a qual declarou a inconstitucionalidade dos arts. 45 e 46 da Lei 8.212/91, deu provimento aos embargos para determinar que seja observado o prazo prescricional quinquenal no que tange ao recolhimento das contribuições previdenciárias. *E-ED-RR-74000-08.2006.5.09.0673, SDI1, Rel. Min. Brito Pereira, 16.8.2012. (Info 18)*

2.6.2. Do Recurso Ordinário (CLT, art. 895)

2016

INSS. Interposição de recurso ordinário contra sentença de mérito. Fase de conhecimento. Possibilidade. Terceiro prejudicado. Legitimidade e interesse recursal.

O INSS possui interesse recursal e legitimidade para interpor recurso ordinário contra decisão de mérito proferida na fase de conhecimento, pretendendo a incidência de contribuições previdenciárias sobre parcelas remuneratórias objeto da condenação. Nos termos do § 3º do art. 832 da CLT, as decisões cognitivas devem indicar a natureza jurídica das parcelas constantes da condenação, inclusive o limite de responsabilidade de cada parte no recolhimento da contribuição previdenciária. A partir da prolação da sentença condenatória, portanto, surgem o interesse e a legitimidade da autarquia federal para recorrer e suscitar todas as questões que entender pertinentes ao conteúdo da decisão cognitiva, em homenagem ao princípio da eventualidade. De outra sorte, ainda que não integre a relação processual, o INSS é terceiro juridicamente prejudicado, na medida em que afetado diretamente pela sentença quanto ao seu direito de cobrar as contribuições previdenciárias. *E-RR-29941-92.2003.5.04.0732, SDI1, Red. p/ ac. Min. João Oreste Dalazen, 12.5.2016. (Info 136)*

2015

Ação de cobrança de imposto sindical. Improcedência do pedido com condenação em honorários advocatícios. Inexigibilidade do depósito recursal no recurso ordinário.

É inexigível o recolhimento do depósito recursal para a interposição de recursos, quando a demanda, versando sobre contribuição sindical, for julgada improcedente, e houver condenação tão somente em custas processuais e honorários advocatícios. Isso porque a verba referente aos honorários advocatícios não faz parte da condenação para fins de garantia do juízo, tampouco é destinada a satisfazer o credor em parcela da condenação. Nesse sentido é a Súm. 161/TST. A parcela referente aos honorários advocatícios é crédito de natureza acessória ao valor principal e não se inclui na condenação para efeito de garantia do juízo. Além disso, é inexigível que o depósito seja realizado em favor do Sindicato, juridicamente impossibilitado de ser titular de conta de FGTS. *E-RR-10900-11.2007.5.15.0113, SDI1, Rel. Min. Cláudio Mascarenhas Brandão, 3.9.2015. (Info 116)*

2013

Recurso ordinário. Interposição antes da publicação da decisão proferida em embargos de declaração da própria parte. Ausência de extemporaneidade. Súm. 434, I, do TST. Inaplicabilidade.

O entendimento consubstanciado no item I da Súm. 434/TST é direcionado aos acórdãos proferidos pelos Tribunais Regionais, não tornando extemporâneos os recursos interpostos contra decisões prolatadas em primeiro grau, que possuem natureza jurídica distinta. *E-RR-71400-38.2009.5.03.0006, SDI1, Rel. Min. Luiz Philippe Vieira de Mello Filho, 15.8.2013. (Info 55)*

2012

Recurso ordinário. Deserção. Não configuração. Acolhimento da preliminar de cerceamento de defesa. Nova sentença. Interposição de segundo recurso ordinário. Realização de novo depósito recursal. Inexigibilidade.

O depósito recursal deve ser efetuado uma vez a cada recurso, havendo necessidade de novo recolhimento apenas nas hipóteses em que haja alteração de instância. Assim, o reclamado que, no julgamento de seu primeiro recurso ordinário, teve a preliminar de cerceamento de defesa acolhida, para determinar o retorno dos autos à Vara do Trabalho a fim de que proferisse nova sentença, não necessita efetuar outro depósito recursal para interpor, pela segunda vez, recurso ordinário. *E-ED-RR-87200-72.1994.5.02.0261, SDI1, Rel. Min. Renato de Lacerda Paiva, 15.3.2012. (Info 2)*

Recurso ordinário. Interposição antes da publicação da sentença em Diário Oficial. Intempestividade. Não configuração. Inaplicabilidade da Súm. 434, I, do TST.

A Súm. 434, I, do TST não se aplica à hipótese de interposição de recurso ordinário antes da publicação da sentença em Diário Oficial, pois seu conteúdo pode ser disponibilizado às partes por outros meios (arts. 834 e 852 da CLT), não sendo a referida publicação imprescindível à produção de efeitos jurídicos. *E-RR-176100-21.2009.5.09.0872, SDI1, Rel. Min. Renato de Lacerda Paiva, 29.3.2012. (Info 4)*

2.6.3. Do Recurso de Revista (CLT, arts. 896 a 896-C)

2016

Acórdão do Regional publicado antes da vigência da Lei 13.015/14. Embargos de declaração publicados na vigência da norma. Ausência de efeito modificativo. Requisitos do § 1º-A do art. 896 da CLT. Não aplicação. Julgamento do recurso de revista nos moldes anteriores à vigência da lei.

Os requisitos previstos no § 1º-A do art. 896 da CLT, introduzidos pela Lei 13.015/14, apenas se aplicam quando, não obstante a decisão que julgara o recurso ordinário tenha sido publicada antes da vigência da referida lei, haja embargos de declaração acolhidos com efeito modificativo, cujo acórdão tenha sido publicado após a vigência da norma. Inteligência do Ofício Circular TST.SEGJUD.GP 030/15. *E-ED-Ag-RR-36200-18.2014.5.13.0005, SDI1, Rel. Min. Aloysio Corrêa da Veiga, 28.4.2016. (Info 134)*

2015

Divergência jurisprudencial. Exigência de confronto analítico entre as decisões discordantes. Súm. 337, I, "b", do TST.

Para a demonstração de divergência jurisprudencial justificadora do recurso, não é suficiente que o recorrente apenas transcreva a ementa de aresto potencialmente discordante do acórdão atacado, sendo indispensável que haja o confronto analítico de teses, conforme exigido pela Súm. 337, I, "b", do TST. No caso, ao interpor o recurso de revista, o recorrente limitou-se a reproduzir as ementas dos arestos paradigmas, com o registro da origem e fonte de publicação, sem, contudo, apresentar argumentação que comprovasse o conflito entre a tese neles fixada e a contida na decisão do TRT, tendo alegado que não haveria propriamente a exigência de cotejo analítico na apresentação dos arestos. *E-ED-RR-33200-08.2004.5.04.0006, SDI1, Rel. Min. Augusto César Leite de Carvalho, 26.2.2015. (Info 100)*

Incidente de Recurso Repetitivo. Art. 896-C da CLT. Bancário. Horas extras. Divisor. Norma coletiva. Consideração, ou não, do sábado como dia de descanso semanal remunerado. Aplicação da Súm. 124, I, do TST.

Acolhendo a proposta de Incidente de Recurso de Revista Repetitivo, aprovado pela 4ª Turma do TST, a SDI1 decidiu afetar a matéria "Bancário. Horas extras. Divisor. Bancos Privados" à SDI1. Também por unanimidade, determinou-se que no processo RR 144700-24.2013.5.13.3, cujo tema afetado é "Bancário. Horas extras. Divisor. Bancos Públicos", seja registrada esta mesma deliberação, com a finalidade de que as matérias de ambos os recursos sejam apreciadas em conjunto. Por fim, examinando questão de ordem referente à apreciação das matérias constantes de ambos os recursos de revista, decidiu-se que a apreciação deve ser em conjunto. *RR-849-83.2013.5.03.0138 e TST-RR-144700-24.2013.5.13.0003, SDI1, em 18.6.2015. (Info 111)*

4. DIREITO PROCESSUAL DO TRABALHO

Reajustes salariais fixados pelo Conselho de Reitores das Universidades do Estado de São Paulo (CRUESP). Extensão aos servidores da Faculdade de Medicina de Marília e da Fundação Municipal de Ensino Superior de Marília. Conhecimento do recurso de revista por violação ao artigo 37, X, da CF. Impossibilidade. Interpretação de legislação estadual.

O art. 896, c, da CLT, dispõe que cabe recurso de revista ao TST das decisões proferidas em grau de recurso ordinário, em dissídio individual, pelos Tribunais Regionais do Trabalho, quando proferidas com violação literal de disposição de lei federal ou afronta direta e literal à CF. Nesse sentido, nas hipóteses em que a pretensão do reclamante depender da análise prévia da legislação estadual pertinente. Inviável a aferição de ofensa direta e literal a dispositivo da CF, o que não se amolda às hipóteses de admissibilidade do recurso de revista previstas no art. 896, c, da CLT. No caso, a Egrégia 3ª Turma conheceu e deu provimento aos recursos de revista das reclamadas Faculdade de Medicina de Marília e Fundação Municipal de Ensino Superior de Marília para excluir da condenação o pagamento de diferenças salariais, integrações e incorporações dos pagamentos à folha de salários do autor, julgando improcedentes os pedidos iniciais por ofensa ao art. 37, X, da CF, que determina que a remuneração dos servidores públicos somente poderá ser fixada ou alterada por lei específica, a Lei Estadual 8.899/94. A SDI1 conheceu do recurso de embargos por divergência jurisprudencial, e, no mérito, deu-lhe provimento para afastar o conhecimento do recurso de revista por afronta direta e literal à CF e, considerando que a divergência jurisprudencial apresentada pelo autor está superada pela iterativa e notória jurisprudência do TST e do STF, negou provimento aos embargos. *E-ARR-1663-91.2010.5.15.0033, SDI1, Rel. Min. Cláudio Mascarenhas Brandão, 17.09.2015. (Info 118)*

Recurso. Conhecimento. Impossibilidade. Inversão do ônus da sucumbência. Custas processuais não recolhidas. Deserção declarada.

Reputa-se inviável o conhecimento de recurso que se encontra deserto por falta de pagamento de custas processuais, não se aplicando à hipótese o § 11 do art. 896 da CLT, inserido pela Lei 13.015/14, o qual se refere a "defeito formal que não se repute grave". *E-ED-RR-2285-53.2013.5.09.0092, SDI1, Rel. Min. Márcio Eurico Vitral Amaro 17.12.2015. (Info 127)*

2013

Negativa de prestação jurisdicional. Preliminar de nulidade do acórdão do Regional acolhida. Exame dos temas remanescentes do recurso de revista quando do retorno dos autos ao TST. Necessidade de ratificação pelo recorrente.

Sob pena de denegação da Justiça, a Turma do TST, após acolher preliminar de nulidade de acórdão do Regional, por negativa de prestação jurisdicional, deve examinar, quando do retorno dos autos ao TST, os temas remanescentes do recurso de revista, ainda que julgados prejudicados, bastando, para tanto, que tenha havido a ratificação das razões recursais. No caso concreto, após acolher a preliminar de nulidade do acórdão do Regional, por negativa de prestação jurisdicional, a Turma julgou prejudicado o exame dos temas remanescentes do recurso de revista e recusou-se a apreciá-los quando do retorno dos autos ao TST. Não obstante o recorrente, no prazo alusivo ao recurso de revista, expressamente tenha peticionado nos autos, postulando a tramitação regular do seu apelo, entendeu a Turma que a não interposição de novo recurso em relação aos temas prejudicados teria gerado preclusão. *EED-RR-190200-55.2003.5.02.0073, SDI1, Rel. Min. João Oreste Dalazen, 17.10.2013 (Info 63)*

Recurso de revista. Afronta direta e literal à CF (art. 896, alínea "c", da CLT). Lei estadual. Interpretação necessária. Não conhecimento.

Não se conhece de recurso de revista com supedâneo no art. 896, alínea "c", da CLT, se necessária a interpretação de normas estaduais para o exame de ofensa à literalidade da norma constitucional indicada (art. 37, X, da CF). *E-RR-1070-53.2010.5.15.0133, SDI1, Rel. Min. Aloysio Corrêa da Veiga, 15.8.2013. (Info 55)*

2012

Acidente de trabalho. Danos morais e materiais. Razoabilidade e proporcionalidade do valor da indenização. Conhecimento de recurso de revista por violação do art. 944, "caput", do CC. Possibilidade.

É possível o conhecimento de recurso de revista por violação direta do art. 944, "caput", do CC, para se discutir a razoabilidade e a proporcionalidade na fixação do valor da indenização por danos morais e materiais decorrentes de acidente de trabalho, especialmente por serem mínimas as chances de identidade fática entre o aresto paradigma e a decisão recorrida, apta a ensejar o conhecimento do recurso por divergência jurisprudencial. *E-RR-217700-54.2007.5.08.0117, SDI1, Rel. Min. Augusto César Leite de Carvalho, 22.11.2012. (Info 31)*

Agravo de instrumento. Recurso de revista com traslado incompleto. Conhecimento do apelo apenas quanto aos temas cujas razões tenham sido trasladadas. Impossibilidade.

O traslado obrigatório da petição do recurso de revista decorre da necessidade de possibilitar, caso provido o agravo de instrumento, o imediato julgamento do recurso denegado, conforme dispõe o art. 897, § 5º, da CLT e a Instrução Normativa 16/99. Trata-se de pressuposto extrínseco de admissibilidade, e somente quando superado possibilita a análise do mérito do apelo. Assim, deficiente o traslado, porque ausente a última folha do recurso de revista do reclamado, contendo os pedidos e as assinaturas, não é passível de conhecimento o agravo de instrumento, nem mesmo quanto aos temas cujas razões tenham sido totalmente trasladadas. *E-ED-A-AIRR-1102240-92.2004.5.09.0015, SDI1, Red. p/ ac. Min. Renato de Lacerda Paiva, 20.9.2012. (Info 22)*

Despacho de admissibilidade do recurso de revista que afasta as violações de lei indicadas e aponta como óbice ao processamento a Súm. 126/TST. Agravo de instrumento que impugna apenas o tema que se referia às violações afastadas. Decisão que não conhece do recurso por ausência de fundamentação. Súm. 422/TST. Má aplicação.

No caso em que o despacho de admissibilidade do recurso de revista proferido pelo TRT aponta a Súm. 126/TST como óbice ao processamento do recurso e, ao mesmo tempo, afasta as violações de lei indicadas nas razões do apelo, cabe ao TST, na apreciação do agravo de instrumento, inferir em quais temas em análise realmente seria aplicável a vedação à reapreciação de fatos e provas e em que casos se estaria afastando as violações de lei. Assim, tendo em conta que, na espécie, o tema objeto do inconformismo do agravante referia-se apenas às violações afastadas e não ao óbice da Súm. 126/TST, conclui-se que o agravo de instrumento que apenas renova as violações apontadas encontra-se devidamente fundamentado.

E-AIRR-418-60.2010.5.06.0012, SDI1, Rel. Luiz Philippe Vieira de Mello Filho, 21.6.2012. (Info 14)

Despacho denegatório do recurso de revista que afasta as violações e a divergência jurisprudencial apontadas com base no art. 896, "a" e "c" da CLT e nas Súms. 296 e 337/TST. Decisão que não conhece de agravo de instrumento por ausência de fundamentação. Súm. 422/TST. Não incidência. Desnecessidade de insurgência contra todos os fundamentos.

Na hipótese em que o despacho denegatório do recurso de revista afasta as violações e a divergência jurisprudencial apontadas com base no art. 896, "a" e "c" da CLT e nas Súms. 296 e 337/TST não se faz necessária a insurgência contra todos os fundamentos, admitindo-se, inclusive, a repetição das alegações trazidas nas razões da revista, na medida em que o reconhecimento de eventual violação ou divergência jurisprudencial seria suficiente para afastar os óbices apontados pelo TRT. *E-AIRR-44900-45.2009.5.04.0025, SDI1, Rel. Min. Renato de Lacerda Paiva, 31.5.2012. (Info 11)*

Prescrição. Arguição em contestação. Primeira condenação imposta ao reclamado em sede de recurso de revista. Necessidade de exame. Princípio da ampla devolutividade.

Na hipótese em que a primeira condenação imposta ao reclamado ocorre em sede de recurso de revista, cabe ao colegiado o exame da prejudicial de prescrição, arguida oportunamente na contestação, em respeito ao princípio da ampla devolutividade (art. 515, §§ 1º e 2º, do CPC/73). *E-ED-ED-RR-669206-29.2000.5.17.0005, SDI1, Rel. Min. Lelio Bentes Corrêa, 8.3.2012. (Info 2)*

2.6.4. Do Agravo (CLT, art. 897)

2015

Recurso ordinário em agravo regimental. Inclusão da Companhia Estadual de Águas e Esgotos – CEDAE em plano especial de execuções. Determinação judicial de intimação da agravada para manifestação acerca de petições e documentos alusivos a onze agravos regimentais. Ausência de cumprimento pela secretaria. Direito ao contraditório violado.

Apesar de o agravo regimental não necessariamente comportar contraditório, o fato de haver determinação judicial, não cumprida pela secretaria, de intimação da agravada para manifestação acerca de petições e documentos alusivos a diversos agravos regimentais, gera o direito ao contraditório, que, violado, implica nulidade. *RO-2315-95.2013.5.01.0000, OE, Rel. Min. Augusto César Leite de Carvalho, 1.6.2015. (Info 109)*

2014

Agravo de Instrumento. Ausência de traslado da intimação pessoal da União. Presença de elementos que possibilitam inferir a tempestividade do recurso. OJ Transitória 18/SDI1, parte final.

Embora a certidão de intimação pessoal da União constitua peça essencial para a regular formação do instrumento de agravo, sua ausência pode ser relevada quando presentes nos autos outros elementos que possibilitem inferir a tempestividade do apelo. No caso, constou do despacho de admissibilidade do recurso de revista a data da publicação da decisão recorrida (13.5.2010) e do protocolo do recurso (18.5.2010). Tais elementos permitiram concluir que, mesmo na hipótese de se considerar a data da intimação pessoal a mesma em que ocorreu a publicação do acórdão, o recurso estava tempestivo porque interposto no prazo de oito dias contado em dobro. Ressaltou-se, ademais, que ainda que a intimação pessoal tenha ocorrido antes da publicação do acórdão, não há falar em intempestividade porque a decisão colegiada só produz efeitos após a publicação e porque a referida intimação é um privilégio que não pode ser utilizado em prejuízo do ente público. *E-Ag-AIRR-1504-21.2010.5.09.0000, SDI1, Rel. Min. Delaíde Miranda Arantes, 8.5.2014. (Info 81)*

2013

Agravo de instrumento que corre junto a recurso de revista. Ausência de cópia da certidão de publicação do acórdão do Regional. Peça que se encontra nos autos do processo principal. Deficiência de traslado. Configuração.

O fato de o agravo de instrumento, interposto anteriormente à vigência da Resolução Administrativa 1.418/10, correr junto com o processo principal não afasta a responsabilidade de a parte trasladar todas as peças necessárias e essenciais à formação do instrumento, mesmo na hipótese em que a certidão de publicação do acórdão do Regional proferido em sede de recurso ordinário, apta a comprovar a tempestividade do recurso de revista, se encontrar no processo ao qual corre junto o agravo de instrumento. Cabe ao agravante zelar pela higidez da formação do instrumento, especialmente porque os processos que tramitam paralelamente são distintos e independentes, não havendo qualquer relação de subordinação entre eles que autorize o saneamento de vício referente à regularidade do traslado. *E-ED-AIRR-13204-32.2010.5.04.0000, SDI1, Rel. Min. Dora Maria da Costa, 21.3.2013. (Info 40)*

Depósito recursal. Agravo de instrumento interposto antes da vigência da Lei 12.275/10. Interposição de recurso de embargos na vigência da referida lei. Inexigibilidade de posterior pagamento do depósito previsto no art. 899, § 7º, da CLT.

Interposto agravo de instrumento antes da vigência da Lei 12.275/10, fica a parte agravante dispensada de efetuar o depósito recursal previsto no § 7º do art. 899 da CLT quando da interposição dos recursos subsequentes, ainda que apresentados em momento posterior ao advento da referida lei. Na hipótese, ressaltou-se que a alteração legislativa é pertinente ao preparo do agravo de instrumento, restando inexigível o depósito recursal quando da interposição dos embargos, sob pena de se fazer retroagir a lei sobre ato processual já praticado e gerar insegurança jurídica. *Ag-E-ED-ED-AIRR-40140-31.2004.5.01.0019, SDI1, Rel. Min. Ives Gandra Martins Filho, 28.2.2013. (Info 38)*

Execução. Agravo de petição. Não conhecimento. Delimitação efetiva das matérias e dos valores impugnados. Art. 897, § 1º, da CLT. Afronta ao art. 5º, LV, da CF. Configuração.

No caso em que há efetiva delimitação justificada das matérias e dos valores impugnados, conforme exigido pelo art. 897, § 1º, da CLT, afronta a literalidade do art. 5º, LV, da CF, a decisão do Tribunal Regional que não conhece do agravo de petição. *E-ED-RR-249400-03.1986.5.05.0009, SDI1, Rel. Min. Augusto César Leite de Carvalho, 12.9.2013. (Info 59)*

2012

Multa. Art. 557, § 2º, do CPC/73. Não aplicação. Matéria com repercussão geral reconhecida pelo STF.

Não obstante desprovido o agravo, porque ausente demonstração de desacerto do despacho agravado, a SDI1 deixou de aplicar a multa do art. 557, § 2º, do CPC/73 na hipótese em que uma das matérias objeto do apelo, qual seja, competência da Justiça do Trabalho para apreciar controvérsia envolvendo complementação de aposentadoria decorrente do contrato de trabalho havido entre as partes, está com repercussão geral no STF, a autorizar, portanto, a interposição do apelo. *Ag-E-AIRR e RR-55400-24.2008.5.15.0083, SDI1, Rel. Min. Ives Gandra da Silva Martins Filho, 31.5.2012. (Info 11)*

2.6.5. Dos Embargos de Declaração (CLT, art. 897-A)

2014

Embargos de declaração. Desistência. Interrupção do prazo para interposição de outros recursos. Recontagem do prazo a partir da ciência da homologação da desistência.

A oposição de embargos de declaração tempestivos e regulares interrompe o prazo para interposição de outro recurso, ainda que haja a posterior desistência dos declaratórios, devendo o prazo ser recontado a partir da ciência, pela parte contrária, da homologação da desistência. *E-RR-223200-17.2009.5.12.0054, SDI1, Red. p/ ac. Min. Aloysio Corrêa da Veiga, 27.3.2014. (Info 77)*

2013

Embargos de declaração. Efeito modificativo. Possibilidade. Omissão na análise da fonte de publicação do julgado que ensejou o conhecimento do recurso de revista por divergência jurisprudencial. Desatenção ao item III da Súm. 337/TST.

Na hipótese em que a Turma conheceu do recurso de revista, por divergência jurisprudencial com aresto que desatendeu ao comando do item III da Súm. 337/TST, impunha-se imprimir efeito modificativo aos embargos de declaração opostos com o fim de configurar omissão na análise do aspecto alusivo à fonte de publicação do julgado que ensejou o conhecimento da revista, e, consequentemente, dela não conhecer por divergência jurisprudencial. Nesse contexto, a SDI1, concluindo não haver controvérsias na matéria de mérito acerca da base de cálculo do adicional de insalubridade, e diante do princípio da celeridade processual (art. 5º, LXXVIII, da CF), decidiu conhecer do recurso de embargos, no tópico, mas deixar de remeter os autos para a Turma analisar novamente o recurso de revista, aplicando desde logo o direito à espécie. *E-ED-RR-52100-08.2008.5.22.0003, SDI1, Rel. Min. Dora Maria da Costa, 9.5.2013. (Info 46)*

Embargos de declaração. Interposição prematura. Extemporaneidade. Recurso inexistente. Interposição de novo recurso no devido prazo legal. Possibilidade. Preclusão consumativa. Não configuração.

O recurso interposto antes da publicação da decisão impugnada é considerado inexistente. Consequentemente, admite-se a interposição de novo recurso, se no devido prazo legal, não havendo falar em preclusão consumativa, nem em desrespeito ao princípio da unirrecorribilidade. No caso em apreço, o sindicato interpôs primeiros embargos de declaração antes da publicação do acórdão do recurso ordinário. No prazo recursal, interpôs segundos declaratórios, reconhecendo o equívoco na interposição prematura do primeiro recurso. No dia seguinte, interpôs terceiros embargos de declaração, idêntico ao segundo recurso, o qual, por sua vez, já reproduzia o teor dos primeiros declaratórios. *ED-RO-7724-30.2010.5.02.0000, SDC, Rel. Min. Fernando Eizo Ono, 11.11.2013. (Info 65)*

Embargos de declaração. Não cabimento. Decisão proferida pelo Presidente de Turma que denegou seguimento ao recurso de embargos. OJ 377/SDI1. Aplicação analógica. Não interrupção do prazo recursal. Agravo regimental. Intempestividade.

Nos termos do art. 235, X, do RITST, o recurso cabível da decisão do Presidente de Turma que, com base na Súm. 353/TST, denega seguimento ao recurso de embargos é o agravo regimental. Assim, o manejo de embargos de declaração constitui erro grosseiro, insuscetível de correção pela aplicação do princípio da fungibilidade. Ademais, ao caso aplica-se, por analogia, o disposto na OJ 377/SDI1, segundo a qual "não cabem embargos de declaração interpostos contra decisão de admissibilidade do recurso de revista, não tendo o efeito de interromper qualquer prazo recursal". *AgR-E-ED-AIRR-29900-22.2010.5.23.0031, SDI1, Rel. Min. Dora Maria Costa, 20.6.2013. (Info 52)*

2012

ED. Efeito modificativo para incidir nova redação de súmula. Impossibilidade.

Não padecendo o acórdão embargado de omissão, é impossível conferir-lhe efeito modificativo

com o propósito de adequá-lo à nova redação de súmula, que teve sua tese alterada. *ED-E-
-ARR-61600-91.1998.5.05.0013, SDI1, Rel. Min. Augusto César Leite de Carvalho, 22.11.2012. (Info 31)*

ED. Intuito protelatório. Multa por litigância de má-fé. Não incidência.

Na hipótese em que a decisão recorrida consignou que a aplicação da multa por litigância de má-fé decorreu da avaliação subjetiva do julgador, convencido de que os embargos declaratórios foram infundados e opostos com intuito protelatório, ao passo que o aresto trazido à colação estabeleceu a tese de que a aplicação da referida multa pressupõe o dolo da parte em atrasar o processo, de modo que a utilização dos instrumentos processuais pertinentes não caracterizaria, por si só, a litigância de má-fé, a SDI1 conheceu dos embargos por entender configurada a divergência jurisprudencial. No mérito a Subseção deu provimento aos embargos para afastar da condenação a indenização por litigância de má-fé, uma vez que a simples utilização dos embargos de declaração, ainda que protelatórios, não enseja o pagamento da indenização de 20% prevista no art. 18, § 2º, do CPC/73, mas apenas a aplicação da multa de 1% de que trata o art. 538, parágrafo único, do CPC/73. *E-ED-RR-183240-09.2002.5.02.0012, SDI1, Rel. Min. José Roberto Freire Pimenta, 22.11.2012. (Info 31)*

Pressupostos de admissibilidade dos embargos de declaração. Análise pela Turma apenas ao enfrentar novos embargos de declaração opostos em relação aos declaratórios da parte contrária. Preclusão "pro iudicato". Não configuração.

No caso em que se discute a irregularidade de representação do subscritor dos embargos de declaração opostos pelo reclamante em recurso de revista, arguida pela reclamada apenas em embargos de declaração opostos da decisão nos declaratórios do empregado, não há falar em preclusão pro iudicato, porquanto a matéria concernente aos pressupostos de admissibilidade do recurso é de ordem pública e deve ser observada pelo julgador de ofício, independentemente de provocação das partes ou da inexistência de prejuízo. Firmada nessa premissa, a SDI1, afastando a preclusão declarada pela Turma conheceu dos embargos, por divergência jurisprudencial, e, no mérito, deu-lhes provimento para não conhecer dos embargos de declaração do reclamante e restabelecer, em consequência, a decisão da Sétima Turma que dera provimento ao recurso de revista da reclamada. *E-ED-RR-133240-06.2001.5.04.0102, SDI1, Rel. Min. José Roberto Freire Pimenta, 14.6.2012. (Info 13)*

2.6.6. Disposições Gerais (CLT, arts. 898 a 902)

2016

Embargos. Decisão de Turma que reinterpreta os depoimentos transcritos no acórdão recorrido. Contrariedade à Súm. 126/TST. Configuração.

Contraria a Súm. 126/TST a decisão de Turma que reforma decisão do Regional com fundamento na reanálise dos depoimentos transcritos, pois configurado o reexame da prova. *E-E-D-RR-1007-13.2011.5.09.0892, SDI1, Rel. Min Aloysio Corrêa da Veiga, 14.4.2016. (Info 132)*

2015

Ação rescisória. Decadência pronunciada no Tribunal de origem. Precedência em relação ao exame de questão relativa à insuficiência de depósito prévio. Efeito devolutivo do recurso ordinário.

Pronunciada a decadência pelo TRT, e devolvida a questão, por meio de recurso ordinário, ao TST, deve-se, em função do efeito devolutivo, analisar primeiramente a ocorrência ou não da decadência para, caso afastada, só então se passar à verificação do preenchimento dos pressupostos processuais alusivos à ação rescisória. *RO-349600-59.2010.5.03.0000, SDI2, Red. p/ ac. Min. Luiz Philippe Vieira de Mello Filho, 26.5.2015. (Info 109)*

Execução provisória. Inaplicabilidade do art. 475-O do CPC/73. Incompatibilidade do levantamento do depósito recursal com o Processo do Trabalho. Existência de norma específica. Art. 899, caput, e § 1º, da CLT.

A execução provisória de sentença trabalhista somente é permitida até a penhora, conforme o art. 899, caput e § 1º, da CLT, de modo que a autorização judicial para o levantamento dos valores depositados, nos termos do art. 475-O do CPC/73, é incompatível com o Processo do Trabalho. Havendo regramento específico, a aplicação subsidiária da norma de processo civil não é admitida. *RO-7284-66.2013.5.15.0000, SDI2, Rel. Min. Douglas Alencar Rodrigues, 14.4.2015. (Info E14)*

Mandado de segurança. Execução provisória. Indeferimento do prosseguimento até a penhora. Impossibilidade. Art. 899 da CLT.

Havendo expressa previsão de lei acerca da possibilidade de se promover a execução provisória no processo do trabalho até a penhora (art. 899 da CLT), fere direito líquido e certo da exequente a decisão que indefere o prosseguimento da referida execução, mesmo na hipótese em que há recurso pendente de julgamento. *RO-6909-65.2013.5.15.0000, SDI2, Rel. Min. Alberto Luiz Bresciani de Fontan Pereira, 3.3.2015. (Info E12)*

Multa do artigo 475-J do CPC/73. Inaplicabilidade ao processo do trabalho. Matéria remetida à fase de execução. Ausência de interesse recursal.

A aplicabilidade da multa a que alude o artigo 475-J do CPC/73 pode ser analisada na fase de conhecimento quando a parte tiver a intenção de se precaver de eventual condenação na fase de execução. No entanto, no caso em que o julgador opta por remeter o exame da incidência da multa ao juízo da execução, não há interesse recursal, eis que não há condenação. O interesse para recorrer nasce do binômio necessidade versus utilidade do provimento jurisdicional. Não havendo sucumbência, inexiste interesse recursal. *E-ED-RR-727-89.2012.5.09.0671, SDI1, Rel. Min. Aloysio Corrêa da Veiga, 17.9.2015. (Info E18)*

Prazo recursal. Termo inicial. Não comparecimento à audiência de julgamento. Juntada da sentença aos autos no dia seguinte. Súm. 197/TST. Não incidência.

Na hipótese em que as partes não compareceram à audiência de julgamento previamente designada para o dia 6.10.2010, e a sentença foi juntada aos autos em 7.10.2010, considera-se como marco inicial da contagem do prazo recursal o dia útil seguinte à divulgação no Diário Eletrônico da Justiça do Trabalho ou a partir da notificação das partes, já que elas não tiveram acesso ao conteúdo da decisão no momento em que proferida. Ao caso não se aplica o entendimento consolidado na Súm. 197/TST, pois esta pressupõe a prolação da sentença na data designada para a audiência, e não no dia seguinte, como ocorrido. *E-ED-RR-382-05.2010.5.03.0108, SDI1, Rel. Min. José Roberto Freire Pimenta, 17.12.2015. (Info 127)*

Recurso interposto na data da disponibilização do teor da decisão no DEJT. Lei 11.419/06. Tempestividade. Má-aplicação da Súm. 434, I, do TST.

No caso de processo eletrônico, regido pela Lei 11.419/06, é tempestivo o recurso interposto antes do início do prazo recursal, mas na data da disponibilização do teor da decisão no Diário Eletrônico da Justiça do Trabalho – DEJT, porquanto a íntegra do acórdão já é passível de conhecimento pela parte interessada. Na hipótese, não há falar em aplicação do entendimento consubstanciado no item I da Súm. 434/TST, o qual se restringe à comunicação dos atos processuais não abrangidos pela referida lei. *E-AIRR-32500-89.2009.5.15.0090, SDI1, Red. p/ ac. Min. Lelio Bentes Corrêa, 30.4.2015. (Info 105)*

Súm. 422. Nova redação alcance e interpretação.

A nova redação da Súm. 422 do TST alinha-se aos princípios da celeridade e economia processual e do máximo aproveitamento dos atos processuais praticados, prestigia a garantia constitucional de acesso à justiça (art. 5º, XXXV, CF) e confere efetividade à outorga da prestação jurisdicional ao mitigar a exacerbação da forma em detrimento do alcance da jurisdição plena. Assim, veio aclarar o real sentido da exigência de fundamentação, atrelando-a à efetiva "ratio decidendi" da decisão recorrida, dissociada de qualquer motivação secundária e/ou impertinente, afastando-se o rigor formalístico que visa obstacularizar o seguimento de recursos, sob a pecha de ausência de fundamentação, de forma indiscriminada e sem qualquer critério de razoabilidade. *E-Ag-RR-125100-32.2006.5.01.0056, SDI1, Rel. Min. João Oreste Dalazen, 27.8.2015. (Info 115)*

2014

Agravo de Instrumento. Intempestividade. Decisão da Turma que, de ofício, constatou que os embargos declaratórios opostos perante o juízo "a quo" eram intempestivos ante a ausência de comprovação de feriado local. Má-aplicação da Súm. 385/TST. Configuração.

Não cabe ao TST, de ofício, a revisão da admissibilidade de recurso interposto e já julgado pelo Tribunal Regional, sob pena de afronta ao princípio do isolamento dos atos processuais que fundamenta a preclusão quanto ao preenchimento dos pressupostos de admissibilidade do apelo. Na hipótese, a Turma do TST, em atenção ao disposto na Súm. 385/TST, declarou de ofício a intempestividade do agravo de instrumento do reclamante, após constatar a intempestividade dos embargos de declaração opostos perante o TRT, em razão da ausência de comprovação de feriado local, não obstante a Corte Regional tenha conhecido dos declaratórios. Assim, ficou constatada a invasão da competência do tribunal "a quo", em afronta ao devido processo legal, pois a parte que tivera decisão de mérito foi surpreendida com a superveniente declaração de intempestividade dos embargos declaratórios. *E-A IRR-109440-17.2003.5.01.0019, SDI1, Rel. Min. Augusto César Leite de Carvalho. 18.12.2014. (Info 98)*

Depósito recursal. e-DOC. Arquivo corrompido. Deserção.

Nos termos do art. 11, IV, da Instrução Normativa 30/07, que regulamentou a Lei 11.419/06 no âmbito da Justiça do Trabalho, é de responsabilidade exclusiva dos usuários a edição da petição e anexos, em conformidade com as restrições impostas pelo serviço de peticionamento eletrônico, no que se refere à formatação e tamanho do arquivo enviado. Assim sendo, na hipótese em que o arquivo encaminhado pela reclamada junto ao recurso interposto via e-DOC foi considerado corrompido, impossibilitando, assim, a impressão da guia de comprovante do depósito recursal, resta inviável o seguimento do apelo, por falta de preenchimento de pressuposto extrínseco de admissibilidade recursal. Ressalte-se, ademais, que a juntada da cópia da guia do depósito recursal no momento da interposição do agravo não sana o vício detectado, em razão da preclusão consumativa. *AG-E-ED-RR-105500-79.2006.5.05.0002, SDI1, Rel. Min. Lelio Bentes Corrêa, 6.11.2014. (Info 94)*

Depósito recursal. Pagamento efetuado por apenas uma das empresas. Não aproveitamento pelos demais reclamados. Arguição de prescrição bienal. Extinção do processo com resolução de mérito. Equivalência à exclusão da lide. Ausência de condenação solidária ou subsidiária após fevereiro de 2007. Deserção dos recursos ordinários dos outros reclamados. Configuração. Súm. 128, III, do TST.

No caso em que uma das empresas condenadas solidariamente é excluída da lide, tornar-se possível o levantamento do depósito recursal por ela efetuado, razão pela qual o item III da Súm. 128/TST excetua o aproveitamento do depósito pelas demais empresas que integram a relação processual. *E-ED-RR-262000-94.2009.5.09.0411, SDI1, Rel. Min. Augusto César Leite de Carvalho, 25.9.2014. (Info 90)*

Peticionamento por meio eletrônico (E-DOC). Sistema indisponível na data do termo final do prazo recursal. Comprovação da indisponibilidade mediante prova documental superveniente. Possibilidade. Incidência do item III da Súm. 385/TST.

Deve a Turma examinar, sob pena de cerceio do direito de defesa da parte, a prova de indisponibilidade do sistema de peticionamento eletrônico (e-doc), apresentada em momento processual subsequente àquele em que o sistema ficou inoperante. *E-ED-ED-RR-1940-61.2010.5.06.0000, SDI1, Rel. Min. Luiz Philippe Vieira de Mello Filho, 3.4.2014. (Info 78)*

Prazo recursal. Marco inicial. Designação de nova audiência de prolação de sentença. Necessidade de intimação das partes. Inaplicabilidade da Súm. 197/TST.

Não se aplica a diretriz constante da Súm. 197/TST à hipótese em que adiada a audiência anteriormente fixada para a prolação da sentença, e, designada outra data, não houve a intimação das partes da efetiva publicação, conforme determinação do juízo na ata de redesignação da audiência. Assim, conta-se o prazo recursal a partir da notificação da publicação da sentença, e não da própria publicação. *E-ED-RR-95900-90.2005.5.09.0670, SDI1, Rel. Min. Luiz Philippe Vieira de Mello Filho, 15.5.2014. (Info 82)*

Razões do recurso de revista apresentadas em via original. Petição com comprovante do pagamento do depósito recursal encaminhada via fac-símile no último dia do prazo. Juntada do original em cinco dias. Faculdade da parte. Deserção ultrapassada.

A parte tem a faculdade de enviar, via fac-símile, petição escrita, tendo até cinco dias, do término do prazo recursal, para apresentar os originais, conforme preconizado pelos arts. 1º e 2º, da Lei 9.800/99. No caso, o reclamante interpôs petição com as razões do recurso de revista em via original e, mediante fax, apresentou outra petição com o comprovante do pagamento do depósito recursal no último dia do prazo, juntando o original em cinco dias. Na hipótese, afastou-se a limitação feita pela Turma, no sentido de que não poderia a parte fracionar o ato de interposição do recurso de revista, apresentando apenas o comprovante do depósito recursal via fac-símile. Prevaleceu o entendimento de que a Lei 9.800/99, ao permitir a utilização de sistema de transmissão de dados para a prática de atos processuais, teve como objetivo ampliar o acesso à justiça, sem impor nenhuma restrição. Assim, a SDI1, ultrapassando a deserção do recurso de revista, decidiu conhecer dos embargos, por divergência jurisprudencial, e, no mérito, dar-lhes provimento para determinar o retorno dos autos à Turma de origem, a fim de que analise o agravo de instrumento interposto pelo reclamante, como entender de direito. E-ED-Ag--AIRR-3710361-72.2010.5.05.0000, SDI1, Rel. Des. Conv. Sebastião Geraldo de Oliveira, 13.11.2014. (Info 95)

Recurso. Conhecimento. Contrariedade a orientação jurisprudencial cancelada à época da interposição do apelo. Possibilidade. Aglutinação de verbetes ou conversão em súmula. Manutenção da posição jurisprudencial.

A SDI1 fixou a tese de que é possível o conhecimento de recurso em que se invoca contrariedade a orientação jurisprudencial já cancelada à época da interposição do apelo, desde que não tenha havido alteração da posição jurisprudencial, mas apenas aglutinação dos verbetes indicados ou conversão em súmula, preservando-se a mesma tese jurídica. AgR-E-ED-ARR-190500-68.2009.5.09.0022, SDI1, Rel. Min. Augusto César Leite de Carvalho, 4.9.2014. (Info 88)

Recurso interposto via e-DOC. Ausência das folhas que trazem a identificação e a assinatura do advogado. Regularidade. Assinatura digital.

No peticionamento eletrônico (e-DOC) o próprio sistema atesta a assinatura digital, de modo que não pode ser tido por inexistente ou apócrifo o recurso em que ausentes as folhas que normalmente trazem a identificação e assinatura do advogado (folha de rosto e última lauda). Outrossim, a ausência dessas folhas não impede o conhecimento do recurso se da sua leitura for possível identificar os vícios que a parte indica. Por fim, não se consideram extemporâneos os embargos de declaração opostos fora do quinquídio legal se o objetivo da petição era apenas alertar o Tribunal da incompletude dos primeiros declaratórios. E-ED-RR-177500-51.2005.5.01.0058, SDI1, Rel. Min. Alexandre de Souza Agra Belmonte, 27.2.2014. (Info 74)

Recurso. Transmissão via fac-símile. Absoluta coincidência com os originais juntados aos autos. Desnecessidade. Trechos suprimidos irrelevantes à compreensão da controvérsia.

É válida a interposição de recurso sem que haja absoluta coincidência entre a petição encaminhada por fac-símile e os originais juntados aos autos, desde que os defeitos de transmissão identificados no fax não se mostrem relevantes para a apreensão da controvérsia. E-RR-1141900-23.2002.5.02.0900, SDI1, Rel. Min. Lelio Bentes Côrrea, 20.3.2014. (Info 76)

Sentença. Ausência de intimação das partes. Carga dos autos. Ciência inequívoca dos termos da sentença. Início do prazo recursal. Deferimento do pedido de restituição do prazo pelo juízo de origem. Intempestividade do recurso.

A ausência de intimação da publicação da sentença é suprida por ocasião da retirada dos autos em carga pelo advogado, momento em que passa a fluir o prazo recursal. No caso, o TRT registrou ter a parte tomado ciência inequívoca dos termos da sentença ao fazer a carga dos autos para apresentar cálculos de liquidação, razão pela qual não caberia, vinte e dois dias após, expedir notificação deflagrando a reabertura do prazo para interposição do recurso ordinário. E-RR-192500-08.2009.5.03.0087, SDI1, Rel. Min. Augusto César Leite de Carvalho, 11.9.2014. (Info 89)

2013

Dissídio coletivo. Natureza econômica. Arguição de inexistência de comum acordo. MPT. Ausência de legitimidade.

A SDC, pelo de voto de desempate da Presidência, não conheceu do recurso ordinário do MPT por ausência de legitimidade, na hipótese em que arguiu a inexistência do comum acordo para ajuizamento do dissídio coletivo exigido pelo art. 114, § 2º, da CF, com a redação conferida pela EC 45/04, pugnando pela extinção do processo sem resolução de mérito. No caso, ressaltou-se que a legitimidade do MPT para recorrer, em se tratando de dissídio de natureza econômica, está restrita às hipóteses previstas no art. 898 da CLT. Ademais, havendo interesses meramente privados, o pressuposto do comum acordo é um direito disponível, afeto aos sujeitos da relação processual, não cabendo ao MPT intervir. RO-382-19.2011.5.24.0000, SDC, Red. p/ ac. Min. Márcio Eurico Vitral Amaro, 19.2.2013. (Info 37)

Feriado forense. Comprovação em sede de embargos. Interpretação da nova redação da Súm. 385/TST.

Não obstante o item III da Súm. 385/TST estabelecer a possibilidade de reconsideração da análise da tempestividade do recurso, por meio de prova documental superveniente, em sede de agravo regimental, agravo de instrumento ou embargos de declaração, é possível à parte provar a ausência de expediente forense em embargos. O item III da Súm. 385/TST não pode ser interpretado de forma dissociada de seu item II, de modo que, descumprida a obrigação de a autoridade judiciária certificar a ocorrência de feriado, a possibilidade de reforma da decisão que declarou a intempestividade do recurso de revista não se inviabiliza pelo simples fato de a parte não ter juntado a certidão em sede de embargos de declaração. *E-RR-721145-82.2001.5.01.0018, SDI1, Rel. Min. Lelio Bentes Corrêa, 28.2.2013. (Info 38)*

Pedido de sustentação oral. Indeferimento. Ausência de inscrição na forma regimental. Cerceamento de defesa. Configuração.

O indeferimento do pedido de sustentação oral do advogado não inscrito na forma regimental (art. 141 do RITST) implica cerceamento do direito de defesa. A ausência de inscrição prévia apenas elide a preferência na ordem dos julgamentos do dia, não impedindo, porém, o acesso do causídico à tribuna no momento em que o processo vier a ser apregoado. *Ag-ED-E-ED-RR-131000-35.2005.5.03.0004, SDI1, Red. p/ ac. Min. João Oreste Dalazen, 25.4.2013. (Info 44)*

Prescrição. Arguição em contrarrazões ao recurso ordinário. Não apreciação pelo Tribunal Regional. Renovação em contrarrazões ao recurso de revista. Momento oportuno.

Na hipótese de prescrição quinquenal arguida pela reclamada originariamente em contrarrazões ao recurso ordinário, não apreciada pelo Regional, mas renovada em contrarrazões ao recurso de revista, cabia à Turma, ao dar provimento à revista da outra parte para condenar a reclamada pela primeira vez, examinar a prejudicial suscitada. Não se poderia exigir que reclamada trouxesse a matéria por meio de recurso, uma vez que lhe faltava interesse recursal ante a ausência de sucumbência nas instâncias ordinárias. Ademais, não há falar em necessidade interposição de recurso adesivo, pois este, nos termos do art. 500 do CPC/73, exige sucumbência recíproca. *E-ED-RR-24400-26.2007.5.01.0343, SDI1, Rel. Min. Luiz Philippe Vieira de Mello Filho, 5.9.2013. (Info 58)*

Suspensão de prazo recursal. Ato de Tribunal Regional. Retomada da contagem. Inclusão de feriados e fins de semana.

Tratando-se de suspensão de prazo recursal pré-estabelecida, fundada em ato de Tribunal Regional, é desnecessária a intimação da parte para a retomada da contagem do prazo, a qual ocorre imediatamente, independentemente de recair em feriado ou final de semana, prorrogando-se somente o termo final para o primeiro dia útil subsequente. *ReeNec e RO-29300-82.2005.5.01.0000, Órgão Especial, Rel. Min. Hugo Carlos Scheuermann, 3.6.2013. (Info 49)*

2012

Apelo em que não se impugnam os fundamentos fáticos da decisão recorrida. Contrariedade à Súm. 422/TST. Não caracterização.

É suficiente para elidir a incidência da Súm. 422/TST a impugnação dos fundamentos de direito, não sendo necessária a insurgência contra os fundamentos de fato aludidos na decisão recorrida, no caso, a obtenção de novo emprego por parte do empregado acidentado que postulava sua estabilidade provisória. *E-ED-RR-879000-69.2008.5.12.0036, SDI1, Red. p/ ac. Min. Luiz Philippe Vieira de Mello Filho, 28.6.2012. (Info 15)*

Depósito recursal. Guia GFIP. Indicação equivocada do número do processo e da vara na guia de recolhimento. Deserção. Configuração.

O preenchimento incorreto da guia de depósito recursal constitui irregularidade que compromete a eficácia do ato processual praticado, visto que não atendida a sua finalidade de garantia do juízo. *E-ED-RR-877540-47.2001.5.09.0013, SDI1, Red. p/ ac. Min. Lelio Bentes Corrêa, 8.3.2012. (Info 2)*

Fac-símile. Data e assinatura diferentes do original. Irregularidade formal. Não caracterização.

Não enseja irregularidade formal a transmissão do recurso de embargos por meio de fac-símile com data e assinatura diferentes do original interposto em juízo. *E-RR-307800-59.2008.5.12.0036, SDI1, Rel. Min. Ives Gandra Martins Filho, 18.10.2012. (Info 26)*

Honorários advocatícios. Condenação em sede de recurso ordinário. "Reformatio in pejus". Configuração.

Configura "reformatio in pejus" a condenação da autora ao pagamento de honorários advocatícios, em sede de recurso ordinário, na hipótese em que, na instância de origem, não obstante a ação rescisória tenha sido julgada improcedente, não houve a referida condenação. *RO-325000-62.2009.5.01.0000, SDI2, Rel. Min. Pedro Paulo Teixeira Manus, 30.10.2012. (Info 28)*

Multa. Art. 557, § 2º, do CPC/73. Aplicação. Recurso manifestamente infundado. Insurgência contra jurisprudência consolidada do TST.

A interposição de recurso manifestamente infundado, por exprimir insurgência contra jurisprudência pacificada por súmula ou orientação jurisprudencial do TST, enseja a aplicação da multa prevista no art. 557, § 2º, do CPC/73, em prestígio ao princípio da duração razoável do processo, consubstanciado no art. 5º, LXXVIII, da CF. *Ag-E-AIRR-8713-63.2010.5.01.0000, SDI1, Rel. Min. Ives Gandra da Silva Martins Filho, 31.5.2012. (Info 11)*

Prescrição suscitada em contestação e não analisada em sentença. Exame em sede de recurso ordinário do reclamante. Não arguição em contrarrazões. Possibilidade. Princípio da ampla devolutividade.

Em face do princípio da ampla devolutividade, a prejudicial de prescrição arguida em contestação e não examinada em sentença que julgou improcedente a reclamação trabalhista é automaticamente devolvida ao exame do colegiado quando do julgamento do recurso ordinário do reclamante, mesmo que não suscitada em contrarrazões. *E-RR-589200-82.2006.5.12.0036, SDI1, Rel. Min. Renato de Lacerda Paiva, 14.6.2012. (Info 13)*

Recurso enviado por fac-símile. Transmissão incompleta. Petição original protocolizada no prazo legal. Preclusão consumativa. Não configuração.

Não se aplica a preclusão consumativa ao caso em que, não obstante o recurso transmitido via fac-símile estivesse incompleto, a parte protocolou a petição original no prazo recursal. *E-ED-RR-91600-02.2002.5.03.0042, SDI1, Rel. Min. Renato de Lacerda Paiva, 20.9.2012. (Info 22)*

Recurso interposto antes da publicação da decisão recorrida. Inexistência. Segundo recurso interposto no momento processual oportuno. Princípio da unirrecorribilidade. Não incidência.

O recurso interposto antes da publicação da decisão recorrida é inexistente, não se podendo utilizar o princípio da unirrecorribilidade para impedir o conhecimento do recurso interposto no momento processual oportuno. *E-ED-RR-9951600-38.2005.5.09.0095, SDI1, Red. p/ ac. Min. Lelio Bentes Corrêa, 9.8.2012. (Info 17)*

Recurso interposto antes da publicação da sentença no DEJT. Intempestividade não configurada. Súm. 434, I, do TST. Não incidência.

A interposição de recurso ordinário antes de publicada a sentença no Diário Eletrônico da Justiça do Trabalho não atrai a incidência da Súm. 434, item I, do TST, porquanto a extemporaneidade a que alude o referido verbete dirige-se apenas a acórdãos, cuja publicação em órgão oficial é requisito de validade específico, e não a sentenças, as quais podem ser disponibilizadas às partes independentemente de publicação. *EEDRR-43600-77.2009.5.18.0051, SDI1, Red. p/ ac. Min. Renato de Lacerda Paiva, 18.10.2012. (Info 26)*

Recurso ordinário. Depósito recursal. Inclusão das contribuições previdenciárias. Ausência de previsão no ordenamento jurídico. Deserção. Não configuração.

Não encontra previsão no ordenamento jurídico pátrio a exigência de recolhimento, a título de depósito recursal, do montante atribuído às contribuições previdenciárias em acréscimo ao valor da condenação. Nos termos da Instrução Normativa 3, item I, do TST e do art. 83 da Consolidação dos Provimentos da Corregedoria-Geral da Justiça do Trabalho, o pagamento da contribuição previdenciária somente é devido quando finda a execução, pois, no momento em que proferida a sentença, não há certeza acerca das parcelas objeto da condenação, uma vez que, em caso de provimento de eventuais recursos, os valores podem ser alterados. *E-RR-136600-30.2008.5.23.0051, SDI1, Rel. Min. Luiz Philippe Vieira de Mello Filho, 2.8.2012. (Info 16)*

Voto vencido. Dados fáticos não infirmados pelo voto prevalente. Acórdão único do TRT. Possibilidade de cotejo de teses.

É possível se estabelecer o cotejo de teses a partir dos elementos fáticos consignados em voto vencido, desde que não infirmados pelo voto prevalente e que ambos os votos estejam consignados em acórdão único do TRT. *E-RR-586085-14.1999.5.09.5555, SDI1, Rel. Min. Lelio Bentes Corrêa, 31.5.2012. (Info 11)*

3. LEIS ESPECIAIS

3.1. Lei de Ação Civil Pública (Lei 7.347/85)

2016

Incompetência da Justiça do Trabalho. Ação civil pública. Reajuste dos honorários repassados

4. DIREITO PROCESSUAL DO TRABALHO

pelas operadoras de plano de saúde aos médicos credenciados. Relação de trabalho não configurada.

A Justiça do Trabalho é incompetente para processar e julgar ação civil pública na qual se postula o reajuste dos honorários repassados pelas operadoras de plano de saúde aos médicos credenciados, pois a relação entre eles não possui natureza trabalhista. As operadoras de plano de saúde, ligadas à chamada autogestão, atuam como intermediadoras entre os interesses dos usuários e dos prestadores de serviço, ao passo que os médicos credenciados não prestam serviço diretamente às operadoras, mas aos beneficiários/usuários, não havendo falar, portanto, em relação de trabalho nos moldes do art. 114, I, da CF. *E-ED-RR-1485-76.2010.5.09.0012, SDI1, Rel. Min. Guilherme Augusto Caputo Bastos, 30.6.2016. (Info 140)*

Matéria afetada ao Tribunal Pleno. Ação civil pública. Multa por descumprimento de obrigação de fazer (astreinte). Exigibilidade antes do trânsito em julgado. Depósito em juízo.

É possível a exigibilidade da multa (astreinte) por descumprimento de obrigação de fazer imposta em sentença proferida nos autos de ação civil pública antes do trânsito em julgado, desde que depositada em juízo, com fundamento no princípio da máxima efetividade e no afastamento da aplicação do art. 12, § 2º, da Lei 7.347/85 frente ao que preceitua o art. 84 do Código de Defesa do Consumidor. *E-RR-161200-53.2004.5.03.0103, Pleno, Rel. Min. Delaíde Miranda Arantes, 19.4.2016. (Info 133)*

2015

Ação civil pública. Art. 3º da Lei 7.347/85. Obrigação de fazer e condenação em pecúnia. Cumulação de pedidos. Tutela inibitória e dano moral coletivo.

Nos termos do art. 3º da Lei 7.347/85, em ação civil pública é possível a cumulação de pedidos de obrigação de fazer, ou não fazer, com condenação ao pagamento de indenização em pecúnia. *E-ED-RR-133900-83.2004.5.02.0026, SDI1, Rel. Min. Alexandre de Souza Agra Belmonte, 14.5.2015. (Info 107)*

2014

Ação civil pública. Efeitos da sentença. Alcance territorial. Inciso II do art. 103 do CDC.

É possível estender a todo território nacional os efeitos da sentença proferida em ação civil pública ajuizada perante a Vara do Trabalho de Juiz de Fora/MG, visto que a eficácia da decisão se rege, sob a ótica objetiva, pelo pedido e pela causa de pedir e, sob a ótica subjetiva, pelas partes no processo. Sendo certo que pelo alcance da lesão define-se a competência para o julgamento da ação civil pública, os efeitos da decisão proferida devem alcançar todos os interessados, sob pena de haver o ajuizamento de múltiplas ações civis sobre a mesma matéria, as quais serão julgadas por juízes diversos, gerando o risco de decisões contraditórias e militando contra os princípios da economia processual e da segurança jurídica. Assim, aplicando-se subsidiariamente a diretriz do inciso II do art. 103 do CDC, que define os efeitos "ultra partes" da coisa julgada, limitados ao grupo, categoria ou classe, quando se tratar da tutela de direitos coletivos ou individuais homogêneos, a SDI1 restabeleceu o acórdão do Regional, que estendeu aos estabelecimentos do banco reclamando em todo o território nacional os efeitos da coisa julgada oriunda da sentença proferida pela Vara do Trabalho de Juiz de Fora/MG. Na espécie, postulou o MPT que o Banco Santander Banespa S.A. implementasse o Programa de Controle Médico Ocupacional, consignasse corretamente o registro dos horários de trabalho de seus empregados, concedesse intervalos intra e interjornadas, procedesse ao pagamento integral das horas extras devidas e se abstivesse de prorroga-las além do permitido em lei. *E-ED-RR-32500-65.2006.5.03.0143. SDI1, Red. p/ ac. Min. Lelio Bentes Corrêa, 3.4.2014. (Info 78)*

Ação Civil Pública. Multa diária. Art. 11 da Lei 7.347/85. Aplicação por descumprimento futuro de obrigações de fazer e de não fazer. Possibilidade.

Deve ser mantida a multa diária prevista no art. 11, da Lei 7.347/85, imposta pelo descumprimento futuro de obrigações de fazer e de não fazer, relativas a ilícitos praticados pela empresa – "in casu", a submissão de trabalhadores a revistas íntimas e outras irregularidades referentes ao ambiente de trabalho –, ainda que constatada a reparação e a satisfação das recomendações e exigências determinadas pelo MPT no curso da ação civil pública. Não convém afastar a aplicação da astreinte imposta com o intuito de prevenir o descumprimento da determinação judicial e a violação à lei, porque a partir da reparação do ilícito pela empresa a tutela reparatória converte-se em tutela inibitória, preventiva de eventual descumprimento, não dependendo da existência efetiva de dano. *E-E-D-RR-656-73.2010.5.05.0023, SDI1, Rel. Min. Augusto César Leite de Carvalho, 15.5.2014. (Info 82)*

2013

Ação civil pública ajuizada em vara do trabalho da sede do TRT. Dano de abrangência nacional. Limitação da coisa julgada à área de jurisdição do Tribunal Regional. Contrariedade ao item III da OJ 130/SDI2. Configuração.

No caso em que o objetivo da ação civil pública é coibir conduta ilícita da empresa que tem atividade em todo o território nacional, e não só nos estabelecimentos localizados na área de jurisdição da Vara do Trabalho em que ajuizada a ação, contraria o item III da OJ 130/SDI2 a decisão que define como limite territorial dos efeitos da coisa julgada a área de jurisdição do TRT. *E-ED-RR-129600-12.2006.5.02.0090, SDI1, Rel. Min. Brito Pereira, 4.4.2013. (Info 41)*

3.2. Lei do Mandado de Segurança (Lei 12.016/09)

2016

Incompetência da Justiça do Trabalho. Mandado de segurança. Ato do Superintendente Regional do Trabalho. Seguro-desemprego. Não concessão. Matéria de natureza administrativa.

A Justiça do Trabalho é incompetente para processar e julgar mandado de segurança contra ato do Superintendente Regional do Trabalho que obstou a concessão de seguro-desemprego. *E-RR-144740-36.2008.5.02.0084, SDI1, Rel. Min. João Oreste Dalazen, 5.5.2016. (Info 135)*

Mandado de segurança. Cabimento. Indeferimento da desconstituição de penhora. Execução parcialmente garantida. Existência de dúvida acerca do cabimento de agravo de petição.

É cabível mandado de segurança contra decisão que indefere a desconstituição de penhora de numerário nos autos de reclamação trabalhista na hipótese de dúvida sobre o cabimento de agravo de petição. Os valores bloqueados garantiam apenas parcialmente a execução e, nessas circunstâncias, o TRT, conforme julgados trazidos aos autos, possivelmente não conheceria do agravo de petição eventualmente interposto, atraindo, portanto, o cabimento do writ para o exame da higidez do ato impugnado. *RO-21245-75.2016.5.04.0000. SDI2. Rel. Min. Antonio José de Barros Levenhagen. 8.11.2016. (Info E28)*

Mandado de segurança. Cabimento. Exceção de pré-executividade. Rejeição. Teratologia do ato coator.

É cabível mandado de segurança contra decisão que rejeitou exceção de pré-executividade na hipótese de teratologia do ato coator ou quando evidenciada a excepcionalidade do caso. *RO-2368-09.2011.5.06.0000, SDI2, Red. p/ ac. Min. Guilherme Augusto Caputo Bastos, 23.2.2016. (Info E22)*

Mandado de segurança. Despedida por justa causa de grupo de empregados. Alegação de desídia e mau procedimento. Ausência de provas pré-constituídas. Deferimento da tutela antecipada. Reintegração. Manutenção.

A sonegação de trabalho junto ao tomador, com adoção de meios de coação contra empregados que intentavam trabalhar, não justifica, por si só, o despedimento de vinte e um trabalhadores por justa causa, sob a alegação de mau procedimento e desídia. Nos termos da Súm. 316/STF, a simples adesão a greve não constitui falta grave. Ademais, nos autos do mandado de segurança, não vieram provas pré-constituídas de que, quanto à desídia, todos os empregados foram anteriormente punidos com sanções mais brandas, conforme exigido pela jurisprudência do TST. Outrossim, quanto ao mau procedimento, também não houve manifestação sobre o conteúdo da referida conduta. Desse modo, ausentes maiores especificações a respeito do comportamento coletivo que culminou na despedida dos empregados por justa causa, sobressai a verossimilhança da tese de que as despedidas constituíram tão somente reprimenda à ação coletiva dos trabalhadores, o que justifica o deferimento da antecipação da tutela nos autos da reclamação trabalhista. *RO-5107-61.2015.5.15.0000, SDI2, Rel. Min. Alberto Luiz Bresciani de Fontan Pereira, 28.6.2016. (Info 140)*

Mandado de segurança. Pedido de antecipação de tutela. Indeferimento pelo juízo de origem. Presença dos pressupostos autorizadores da tutela antecipada. Mitigação da Súm. 418/TST.

Há direito líquido e certo tutelável pela via do mandado de segurança na hipótese em que, embora presentes os pressupostos do art. 273 do CPC/73, a antecipação de tutela não foi concedida pelo juízo de origem. *RO-578-75.2015.5.05.0000, SDI2, Rel. Min. Alberto Luiz Bresciani de Fontan Pereira, 2.8.2016. (Info 141)*

2015

Mandado de segurança. Ação civil pública ajuizada pelo MPT. Antecipação de tutela. Ato coator que proíbe o sindicato de qualquer intermediação de mão de obra entre avulsos e tomadores de serviço. Ofensa aos arts. 4º e 5º da Lei 12.023/09. Provimento parcial.

A concessão de tutela antecipada, pleiteada em ação civil pública, para que o ente sindical impetrante se abstenha de exercer uma de suas funções previstas em lei (intermediação de mão de obra entre avulsos e tomadores de serviço), contraria os arts. 4º e 5º da Lei 12.023/09. *RO-6510-36.2013.5.15.0000, SDI2, Rel. Min. Alberto Luiz Bresciani de Fontan Pereira, 17.11.2015. (Info 124)*

Mandado de segurança. Ato coator que determinou o sobrestamento da reclamação trabalhista originária. Prazo legal extrapolado.

A suspensão de reclamação trabalhista para além do prazo de um ano previsto no artigo 265, § 5º, do CPC/73 fere direito líquido e certo da parte de ver entregue a prestação jurisdicional. Manutenção de suspensão de reclamação trabalhista que ultrapassa o prazo de um ano, para aguardar decisão a ser proferida em outro processo (art. 265, § 5º, do CPC/73) fere direito líquido e certo da parte de ver entregue a prestação jurisdicional pleiteada. *RO-185-54.2014.5.17.0000, SDI2, Rel. Min. Delaíde Miranda Arantes, 1.9.2015. (Info 116)*

Mandado de segurança. Concessão de tutela inibitória fundada na existência de ações que revelam a prática reiterada da empresa em retaliar os empregados que ajuízam reclamação trabalhista. Possibilidade.

A existência de ações que retratam casos similares e revelam a prática reiterada da empresa em retaliar os empregados que ajuízam reclamação trabalhista é suficiente à concessão de tutela inibitória. *RO-32-46.2012.5.15.0000, SDI2, Red. p/ ac. Min. Luiz Philippe Vieira de Mello Filho, 1º.12.2015. (Info 125)*

Mandado de segurança. Exame do acervo probatório produzido. Cópia integral de autos. Ato coator não delineado. Súm. 415/TST.

Em sede de mandado de segurança, é dever da parte apresentar provas tendentes a demonstrar a certeza e a liquidez do direito invocado (Súm. 415/TST) e elementos contundentes que comprovem a arbitrariedade denunciada, não bastando a simples juntada de cópia integral dos autos. Em outras palavras, a parte deve apresentar provas de forma ordenada e aptas a revelar seu direito, mostrando-se inadequada a juntada de documentação extensa, coligida sem seguir determinada lógica, irrelevante para a análise da questão deduzida ou vinculada a processos distintos. *RO-9068-75.2012.5.02.0000, SDI2, Rel. Min. Douglas Alencar Rodrigues, 14.4.2015. (Info E14)*

Mandado de segurança. Impugnação de decisão que não homologa integralmente o acordo firmado pelas partes. Faculdade do juízo. Remição não concedida. Inexistência de direito líquido e certo. Súm. 418/TST.

A homologação de acordo firmado entre as partes constitui faculdade do Juízo, de modo que o fato de o Magistrado ter deixado de chancelar parte da avença não enseja a impetração de mandado de segurança, nos termos Súm. 418/TST. *RO 1001108-80.2014.5.02.0000, SDI2, Rel. Min. Maria Helena Mallmann, 25.8.2015. (Info E18)*

Mandado de segurança. Não cabimento. Decisão que determina a incidência de astreintes sem fixação de limite temporal ou quantitativo. Existência de recurso próprio. OJ 92/SDI2.

Não cabe mandado de segurança em face de decisão que, em sede de execução de sentença, determina a incidência de "astreintes", em razão do descumprimento de decisão judicial, sem fixação de limite temporal ou quantitativo a ser observado. No caso, a medida processual idônea para corrigir eventuais ilegalidades são os embargos à execução, já manejados pelo impetrante, inclusive. Incidência da OJ 92/SDI2. *RO-10925-95.2013.5.03.0000, SDI2, Rel. Min. Douglas Alencar Rodrigues, 28.4.2015. (Info E15)*

MS. Cabimento. Execução fiscal. Ato judicial de indeferimento de pedido de devolução de prazo recursal. Existência de via processual própria. Exegese da OJ 92/SDI2.

Dispondo a parte de meio processual específico para impugnar o ato que entende ilegal e não tendo havido impedimento ao seu uso, afigura-se incabível a utilização do mandado de segurança. Aplicação da OJ 92/SDI2 combinada com o art. 5º, inciso II, da Lei 12.016/09. *RO-942-14.2012.5.10.0000, SDI2, Rel. Min. Luiz Philippe Vieira de Mello Filho, 26.5.2015. (Info E16)*

Recurso ordinário em mandado de segurança. Antecipação de tutela. Reintegração ao emprego. Trabalhadora dispensada logo após retornar de afastamento previdenciário. Ato da empresa tido como tratamento discriminatório. Exercício abusivo do direito. Inexistência de direito líquido e certo à cassação da decisão antecipatória.

Recurso ordinário em mandado de segurança impetrado contra decisão interlocutória de antecipação dos efeitos da tutela, na qual determinada a reintegração de empregada dispensada sem justa causa vinte e um dias após retornar de licença para tratamento de saúde. O ato tido como coator foi exarado com fundamento na possível conduta discriminatória da empresa, que rompeu o vínculo empregatício tão logo a empregada recebeu alta do INSS, após recuperação de suposto acidente sofrido nas dependências da empresa. A ideia central da dignidade da pessoa humana, tal como referida no Texto Constitucional, não se compadece com tratamentos discriminatórios. O exercício abusivo do direito de rescisão do contrato de trabalho, porque ilícito, não pode produzir efeitos válidos. Ademais, não obstante a empresa tenha de suportar as despesas com o pagamento dos salários até o julgamento final da causa, é certo que se beneficiará da prestação de serviços da empregada durante o período. Ressalte-se que a ruptura do vínculo de emprego traduz dano de difícil reparação para a trabalhadora, na medida em que o prejuízo financeiro sofrido renova-se e é agravado mês a mês, atingindo a subsistência da empregada e de sua família. Não há falar, portanto, em ofensa a direito líquido e certo da empresa à cassação da decisão antecipatória. *RO-5588-92.2013.5.15.0000, SDI2, Rel. Min. Douglas Alencar Rodrigues, 25.8.2015. (Info 115)*

Recurso ordinário em mandado de segurança. Autos de infração. Suspensão da aplicação de penalidade administrativa. Indeferimento de pedido de antecipação dos efeitos da tutela. Ausência de direito líquido e certo. Súm. 418/TST. Incidência.

A Súm. 418/TST consagra o entendimento segundo o qual "A concessão de liminar ou a homologação de acordo constituem faculdade do juiz, inexistindo direito líquido e certo tutelável pela via do mandado de segurança". Em voto divergente incorporado à fundamentação do relator, destacou-se que o instituto da tutela antecipada não deve ser compreendido como mera faculdade do juiz, um ato marcado pela absoluta discricionariedade, mas, sim, em conjunto com a cláusula constitucional do amplo acesso à justiça, da inafastabilidade da jurisdição, do contraditório e da ampla defesa, de modo que, presentes os requisitos previstos no art. 273 do CPC/73, a parte terá direito subjetivo à obtenção de uma decisão que antecipe os efeitos da tutela. No caso, a decisão impugnada indeferiu a tutela antecipatória deduzida nos autos da ação anulatória originária ajuizada pela impetrante, relativamente ao pedido de suspensão da aplicação de penalidade administrativa, sob o fundamento de que não restaram comprovados os fatos alegados e a verossimilhança nas alegações da autora da ação, merecendo, portanto, dilação probatória no curso da ação. Assim, por entender que o deslinde da controvérsia nos autos originários demandava dilação probatória, foi negada a pretensão de antecipação de tutela. Diante disso, resulta inviabilizada a caracterização de ofensa ao direito líquido e certo da impetrante, bem como a ilegalidade e o abuso de poder da autoridade, pressupostos essenciais para a concessão de segurança. *RO-439-13.2013.5.08.0000, SDI2, Rel. Min. Luiz Philippe Vieira de Mello Filho, 1.9.2015. (Info 116)*

2014

Mandado de segurança. Atos judiciais praticados em processos diferentes, com distinto teor e autoridades coatoras diversas. Incabível.

Dada a natureza especial do mandado de segurança, que requer apreciação individualizada do ato coator, é incabível a impetração de um único mandamus para atacar atos judiciais praticados em processos diferentes, com distinto teor e autoridades coatoras diversas. *RO-395-82.2012.5.06.0000, SDI2, Rel. Min. Hugo Carlos Scheuermann, 25.2.2014. (Info 74)*

Mandado de segurança. Cabimento. Ordem de bloqueio em conta salário via sistema BacenJud Exceção de pré-executividade rejeitada. Decadência. Termo inicial. OJ 127/SDI2.

Ausente recurso capaz de estancar de imediato os efeitos do ato impugnado, é cabível a impetração de mandado de segurança em face de decisão que rejeita exceção de pré-executividade manejada contra ordem judicial que determinou o bloqueio de valores em conta salário via sistema BacenJud, devendo o prazo decadencial de cento e vinte dias ser contado a partir da decisão que primeiro fixou a tese combatida, nos termos da OJ 127/SDI2. *RO-3352-79.2011.5.10.0000, SDI2, Red. p/ ac. Min. Cláudio Mascarenhas Brandão, 10.6.2014. (Info E02)*

Mandado de Segurança. Decadência. Configuração. Penhora sobre 30% dos proventos de aposentadoria.

O início da contagem do prazo decadencial para ajuizamento de mandado de segurança se dá a partir do efetivo ato coator, ou seja, do primeiro ato em que se firmou a tese hostilizada e não daquele que a ratificou (OJ 127/SDI2). Assim, no caso em que a ciência inequívoca do impetrante sobre o ato que determinou a penhora sobre 30% dos valores percebidos mensalmente se deu no mês de março de 2013, data do primeiro desconto em seus proventos de aposentadoria, e o mandado de segurança foi impetrado apenas em fevereiro de 2014, observa-se que o prazo previsto em lei para o manejo da ação mandamental foi notoriamente ultrapassado, restando configurada a decadência. *RO-130-39.2014.5.05.0000, SDI2, Rel. Min. Emmanoel Pereira, 21.10.2014. (Info E08)*

Mandado de segurança. Documentos digitalizados. E-DOC. Dispensa de autenticação. Lei 11.419/06. Ausência de assinatura e da data no ato impugnado original. Extinção sem resolução de mérito.

A presunção de autenticidade de que gozam os documentos digitalizados, juntados por meio de e-DOC (Lei 11.419/06), não afasta o defeito presente originariamente no ato impugnado, acostado aos autos sem a assinatura da autoridade coatora e sem a data em que prolatado. Assim, ausente prova documental pré-constituída, conforme exige o mandado de segurança, a SDI2, à unanimidade, decidiu conhecer do recurso ordinário e extinguir o processo, sem resolução de mérito, nos moldes dos arts. 267, I, e 295, I, ambos do CPC/73. Ressalvou entendimento o Ministro Cláudio Mascarenhas Brandão. *RO-100-35.2011.5.22.0000, SDI2, Rel. Min. Emmanoel Pereira, 12.8.2014. (Info 86)*

Mandado de segurança. Execução provisória. Decisão que determina a liberação dos depósitos recursais. Pedido de restituição. Inadequação da via eleita. Consumação do ato coator mediante o efetivo levantamento dos valores. Perda de objeto.

O mandado de segurança não é a via adequada para se obter sentença condenatória que determine a restituição de valores recebidos pela reclamante litisconsorte em sede de execução provisória, pois não pode ser utilizado em substituição à ação de cobrança regressiva ou repetição de indébito trabalhista, no caso de o executado alcançar o provimento do agravo de instrumento em recurso de revista pendente nos autos principais da ação que gerou o ato coator, consistente da liberação dos depósitos recursais. *RO-50200-95.2012.5.17.0000, SDI2, Rel. Min. Cláudio Mascarenhas Brandão, 28.10.2014. (Info E09)*

Mandado de segurança. Pedido de antecipação de tutela. Reintegração com base em estabilidade acidentária. Indeferimento sem o exame da existência ou não dos requisitos previstos no art. 273 do CPC/73. Violação de direito líquido e certo. Não incidência da Súm. 418/TST.

O ato judicial que indefere antecipação de tutela para reintegração de empregado, requerida com base em estabilidade acidentária, sem examinar os requisitos previstos no art. 273 do CPC/73, mas ao fundamento de que não se aplica o instituto da tutela antecipada nas causas que envolvam doença ocupacional, por ser indispensável a realização de perícia médica, viola direito líquido e certo tutelável pela via de mandado de segurança, justificando-se a não incidência, nessa hipótese, da Súm. 418/TST. *RO-779-09.2011.5.05.0000, SDI2, Rel. Min. Emmanoel Pereira, 18.3.2014. (Info 76)*

Recurso ordinário em mandado de segurança. Não conhecimento. Inexistência de capacidade postulatória da autoridade coatora. Atribuição de legitimação recursal concorrente. Art. 14, § 2º, da Lei n" 12.016/09. Vedação à adoção do "jus postulandi". Irregularidade de representação.

Com o advento da Lei 12.016/09, e consoante o disposto no seu art. 14, § 2º, a autoridade coatora adquiriu legitimidade para recorrer das decisões concessivas de segurança. Todavia, o direito de recorrer a que alude tal dispositivo traduz o conceito de legitimação recursal concorrente, o que não se confunde com a capacidade postulatória atribuída notadamente a advogados. Assim, existindo a intenção de interpor recurso por parte da autoridade coatora, deve ela se servir da advocacia pública, especialmente porque não se admite a adoção do "jus postulandi" em sede de mandado de segurança, conforme se extrai da Súm. 425/TST. *RO-126400-41.2009.5.03.0000, SDI2, Rel. Min. Alberto Luiz Bresciani de Fontan Pereira, 9.12.2014. (Info 97)*

2013

MS. Ato da Vice-Presidente do TRT que determinou o desconto em folha em face do acórdão proferido pelo TCU. Legitimidade para figurar como autoridade coatora.

A Vice-Presidente do TRT, no exercício da Presidência, detém legitimidade para figurar como autoridade coatora em mandado de segurança impetrado com o objetivo de impugnar o ato que, com fundamento em decisão proferida pelo Tribunal de Contas da União, determinou o desconto mensal de 10% dos vencimentos de cada impetrante, por terem auferido, indevidamente, valores a título de incorporação do índice de URP de fevereiro de 1989. Ressaltou-se que, no caso, não se discute o acerto ou desacerto da decisão do Tribunal de Contas da União, e sim o ato emanado da Presidência do Regional no exercício de sua competência administrativa para dar plena execução à decisão do TCU. *ReeNec e RO-876-57.2011.5.14.0000, Órgão Especial, Rel. Min. Guilherme Augusto Caputo Bastos, 4.3.2013. (Info 38)*

Mandado de segurança. Execução. Ato judicial que determina a transferência de saldo remanescente para a satisfação de execução pendente em outro juízo. Violação de direito líquido e certo. Excesso de penhora. Não configuração.

É legal o ato judicial que determina a transferência de numerário excedente ao valor da condenação para satisfação de outra execução pendente em juízo diverso do executante. *RO-23100-50.2010.5.13.0000, SDI2, Red. p/ ac. Min. Cláudio Mascarenhas Brandão, 25.3.2013. (Info 77)*

Mandado de segurança. Execução de honorários contratuais fixados em sentença transitada em julgado. Homologação de acordo que indiretamente reduz o crédito atribuído ao patrono. Existência de recurso próprio. Extinção do processo sem resolução do mérito.

Não cabe mandado de segurança para impugnar decisão que, ao homologar transação em que o empregado acordou receber valor inferior ao crédito apurado no processo de execução, reduziu, indiretamente, o valor referente aos honorários contratuais devidos ao impetrante. Havendo sentença transitada em julgado e estando o processo em fase de execução, passa o advogado a ser titular do crédito deferido na coisa julgada, qualificando-se, portanto, como parte legítima para interpor recurso próprio e específico, conforme dispõe o art. 499, "caput", do CPC/73, e questionar a extensão dos efeitos da conciliação celebrada na fase de execução. Ainda que assim não fosse, a condição de terceiro prejudicado não retiraria a legitimidade para recorrer do impetrante, uma vez presente o nexo de interdependência entre o interesse de intervir e a relação jurídica em apreciação, exigido pelo § 1º do art. 499 do CPC/73. *RO-946-26.2011.5.05.0000, SDI2, Rel. Min. Alexandre Agra Belmonte, 2.4.2013. (Info 41)*

Mandado de segurança. Não cabimento. Ato praticado pelo Presidente do TRT da 8ª Região na condição de gestor do Fundo de Aposentadoria da Justiça do Trabalho da 8ª Região (Fundap). Entidade privada. Ato do poder público. Ausência.

O ato do Presidente do TRT que indeferiu o pedido de liberação de valores vinculados ao Fundo de Aposentadoria da Justiça do Trabalho da 8ª Região (Fundap) não é impugnável mediante a impetração de mandado de segurança, pois este, nos termos dos arts. 5º, LXIX, da CF e 1º da Lei 12.016/09, somente é cabível contra ato praticado por autoridade pública no desempenho das suas funções, ou por agente de pessoa jurídica no exercício de atribuições do poder público. No caso, embora constituído, regulamentado e dissolvido por meio de resoluções emitidas pelo já referido TRT, o Fundap era um fundo privado constituído por recursos provenientes de contribuições de magistrados e servidores, sem interferência ou apoio financeiro do Estado. Desse modo, o ato praticado pelo Presidente do Tribunal na qualidade de gestor do Fundo não pode ser considerado como ato do poder público, porquanto não praticado no exercício de sua função pública institucional. *RO-136-33.2012.5.08.0000, Órgão Especial, Rel. Min. Brito Pereira, 6.5.2013. (Info 45)*

2012

MS. Acórdão do TRT proferido em sede de incidente de uniformização de jurisprudência. Não

4. DIREITO PROCESSUAL DO TRABALHO

cabimento. Ausência de interesse concreto a ser apreciado.

Não cabe mandado de segurança contra acórdão do Tribunal Regional proferido em sede de incidente de uniformização de jurisprudência, gerador de edição de súmula, porque não há interesse concreto a ser apreciado. *RO-361-11.2011.5.18.0000, Órgão Especial, Red. p/ ac. Min. Luiz Philippe Vieira de Mello Filho, 3.9.2012. (Info 20)*

MS. Cabimento. Ordem de bloqueio. Sistema BacenJud Descumprimento. Responsabilização solidária da instituição bancária.

É cabível mandado de segurança na hipótese em que há a responsabilização solidária da instituição bancária por suposto descumprimento de ordem de bloqueio, via BacenJud, expedida em reclamação trabalhista da qual não é parte. Nessa hipótese, não prevalece o óbice da OJ 92/SDI2, porquanto o ato tido por abusivo e ilegal não poderia ser atacado por embargos de terceiro, visto não se enquadrar no disposto no art. 1.046 do CPC/73, nem por agravo de petição, uma vez que o banco impetrante não é parte na reclamação trabalhista. *RO-2575-42.2010.5.06.0000, SDI2, Rel. Min. Emmanoel Pereira, 21.8.2012. (Info 19)*

MS. Custas processuais. Valor não fixado. Ausência de recolhimento. Deserção. Não configuração. Aplicação analógica da OJ 104/SDI1.

Em sede de mandado de segurança, o recolhimento das custas processuais para fins de preparo do recurso ordinário somente é exigível quando expressamente fixadas, e a parte devidamente intimada a recolhê-las, nos termos da OJ 104/SDI1, aplicada por analogia. *RO-451-48.2010.5.11.0000, SDI2, Rel. Min. Guilherme Augusto Caputo Bastos 23.10.2012. (Info 27)*

MS. Decadência. Termo inicial. Data da ciência inequívoca do ato que determinou o bloqueio incidente sobre o salário de benefício e não a cada desconto procedido.

O termo inicial da contagem do prazo decadencial para se impetrar mandado de segurança contra ato judicial que determina o bloqueio incidente sobre o salário de benefício do impetrante é a data em que teve ciência inequívoca do ato impugnado, e não a cada desconto procedido. Assim, afastando o entendimento quanto à renovação mês a mês do termo "a quo" do prazo decadencial, pela permanência dos efeitos da decisão jurisdicional a cada liquidação de proventos, a SDI2, à unanimidade, conheceu do recurso ordinário, e, no mérito, negou-lhe provimento. *RO-10-38.2011.5.18.0000, SDI2, Red. p/ ac. Min. Ives Gandra da Silva Martins Filho, 29.5.2012. (Info 11)*

MS. Decisão que indefere liberação dos honorários advocatícios enquanto não individualizado e quitado o crédito de cada um dos substituídos. Direito líquido e certo do advogado.

Fere direito líquido e certo da advogada do sindicato a decisão proferida em sede de execução definitiva que indeferiu o pedido de expedição de guia para liberação dos honorários advocatícios enquanto não individualizado e quitado o crédito de cada um dos 2.200 substituídos. Entendeu o redator que os referidos honorários, por possuírem natureza alimentar, são parcelas autônomas que não precisam aguardar o pagamento de todos os substituídos para serem liberados. *RO-575-85.2010.5.09.0000, SDI2, Red. p/ ac. Min. Luiz Philippe Vieira de Mello Filho, 29.5.2012. (Info 11)*

MS. Execução provisória. Liberação dos valores depositados em Juízo. Aplicabilidade do art. 475-O do CPC/73. Matéria controvertida. Ausência de direito líquido e certo.

A discussão em torno da aplicação, no processo do trabalho, do art. 475-O do CPC/73, o qual autoriza a liberação de valores em fase de execução provisória, não pode ser travada em sede de mandado de segurança, pois se trata de matéria controvertida nos tribunais. *RO-1110-25.2010.5.05.0000, SDI2, Rel. Min. Luiz Philippe Vieira de Mello Filho, 28.2.2012. (Info 2)*

MS impetrado por ente público. Segurança denegada. Reexame necessário. Cabimento. Existência de prejuízo ao erário.

Não obstante o art. 13, parágrafo único, da Lei 1.533/51, o art. 14, § 1º, da Lei 12.016/09 e o item III da Súm. 303/TST estabelecerem que a sentença obrigatoriamente sujeita ao duplo grau de jurisdição é aquela que concede a segurança, o Órgão Especial conheceu do reexame necessário na hipótese em que denegada a segurança em mandamus impetrado por ente público. Prevaleceu o entendimento de que toda decisão que cause prejuízo ao erário, seja a pessoa jurídica de direito público impetrante ou impetrado, somente tem eficácia depois de reexaminada pelo órgão superior. *ReeNec e RO 8275200-96.2009.5.02.0000, Órgão Especial, Rel. Min. Alberto Luiz Bresciani de Fontan Pereira, 6.8.2012. (Info 16)*

MS. Interpretação e alcance de decisão transitada em julgado. Não cabimento. Existência de recurso próprio. Incidência da OJ 92/SDI2.

O mandado de segurança, como ação autônoma que é, destinada a corrigir ato ilegal ou praticado com abuso de autoridade, não configura o meio adequado para dar real sentido e alcance a decisão transitada em julgado. *ROMS-13500-08.2008.5.19.0000, SDI2, Rel. Min. Maria de Assis Calsing. 20.3.2012. (Info 3)*

MS. Precatório. Sequestro. Doença grave. Análise do ato coator sob o prisma da norma vigente à época em que praticado.

Ao entendimento de que o ato coator deve ser analisado sob o prisma da norma vigente à época em que praticado, a SDI2, no tópico, deu provimento ao reexame necessário, a fim de cassar o ato da autoridade coatora que determinou a expedição de mandado de sequestro, junto à instituição financeira, para levantamento de créditos em favor de determinados reclamantes acometidos de doença grave, quando ainda não havia previsão de antecipação do pagamento dos créditos de natureza alimentícia, por motivo de doença grave, conforme passou a ser disciplinado no art. 100, § 2º, da CF, com a redação dada pela EC 62, de 9.12.2009. *RO-40200-75.2008.5.17.0000, SDI2, Rel. Min. Maria de Assis Calsing, 29.5.2012. (Info 11)*

3.3. Regimento Interno do TST

2014

Ação de ressarcimento por danos materiais cumulada com obrigação de fazer. Hipótese não prevista no art. 70, I, do RITST. Incompetência funcional da SDC.

A SDC não tem competência funcional para o julgamento de ação de ressarcimento por danos materiais, cumulada com obrigação de fazer, ajuizada pelo Sindicato dos Trabalhadores no Combate às Endemias e Saúde Preventiva no Estado do Rio de Janeiro contra a Fundação Nacional de Saúde – Funasa, pois o que se pretende é o pagamento de verbas trabalhistas decorrentes do descumprimento de normas legais e constitucionais, e não o pronunciamento do Poder Judiciário acerca do estabelecimento de normas para regulamentar as condições de trabalho da categoria profissional. Assim, afastando-se o caso concreto de qualquer das hipóteses descritas no art. 70, I, do RITST, e não sendo possível a remessa dos autos ao juízo competente, em razão da aplicação analógica do item II da OJ 130/SDI2, a SDC extinguiu o processo, sem resolução de mérito, nos termos do art. 113 c/c 267, IV, do CPC/73. *RO-553-37.2014.5.00.0000, SDC, Rel. Min. Mauricio Godinho Delgado, 8.4.2014. (Info 79)*

2013

Prevenção. Caracterização. Existência de julgamento anterior por Turma diversa. Art. 98 e seguintes do RITST. Observância do princípio do juiz natural. Art. 5º, XXXVII e LIII da CF.

Segundo inteligência dos arts 98 e seguintes do RITST, a Turma do TST que conhecer do feito ou de algum incidente terá jurisdição preventa para o julgamento de todos os recursos posteriores interpostos no mesmo processo. *E-ED-RR-11140-45.2005.04.0252, SDI1, Rel. Min. Ives Gandra da Silva Martins Filho, 3.10.2013. (Info 61)*

2012

Matéria administrativa. Pedido de remoção de magistrado para outro TRT. Recurso para o TST. Incabível. Ausência de previsão regimental.

Não cabe recurso administrativo para o TST interposto contra decisão do Pleno de Tribunal Regional do Trabalho que indefere pedido de remoção de juiz substituto para outro TRT, uma vez que o Regimento Interno do TST limita a competência do Órgão Especial, para apreciar recursos em face de decisões dos Regionais em matéria administrativa, às hipóteses disciplinares envolvendo magistrado e estritamente para controle da legalidade (RITST, art. 69, II, "q"). *RecAdm-245-79.2012.5.14.0000, Órgão Especial, Rel. Min. Dora Maria da Costa, 6.8.2012. (Info 16)*

Processo Administrativo Disciplinar. Magistrado. Penalidade de remoção. Aferição da maioria absoluta. Art. 93, VIII, da CF. Totalidade de cargos do tribunal.

Nos termos do art. 93, VIII, da CF, o ato de remoção de magistrado deve se fundar em decisão proferida pela maioria absoluta dos membros do tribunal, a qual será definida com base na totalidade de cargos existentes na corte, independente do número de cargos vagos ou afastamentos por tempo indeterminado. *RecAdm-673200-61.2008.5.01.0000, Órgão Especial, Red. p/ ac. Min. Carlos Alberto Reis de Paula, 5.12.2012. (Info 33)*

Recurso Administrativo. Competência originária do Tribunal Regional. Quórum insuficiente. Deslocamento da competência para o TST. Impossibilidade.

No caso em que mais da metade dos membros do TRT se declarou impedida para julgar recurso administrativo interposto contra decisão monocrática do Presidente do Regional que, seguindo orientação do TCU, determinou a sustação do pagamento do auxílio-alimentação a magistrados do Trabalho de 1º e 2º graus, o Órgão Especial declarou a incompetência funcional do TST para julgar o apelo e determinou a remessa dos autos ao tribunal de origem, a fim de que, mediante convocação de juízes de primeiro grau, se necessário, julgue o aludido recurso como entender de direito. Conforme entendimento do STF, o art. 102, I, alínea "n", da CF não se dirige a processos administrativos, porquanto pressupõe atividade que revela o exercício de jurisdição, razão pela qual não pode ser aplicado por analogia como fundamento para transferir a competência para o TST. Ademais, o próprio Regimento Interno desta Corte não traz previsão de deslocamento da competência originária do TRT para o TST na hipótese de recurso administrativo. *RecAdm-7296-10.2010.5.07.0000, Órgão Especial, Rel. Min. Brito Pereira, 1º.10.2012. (Info 23)*

3.4. Lei de Tutela Antecipada contra a Fazenda Pública (Lei 9.494/97)

2016

Execução. Fazenda Pública. Juros de mora. Alteração do percentual fixado na decisão exequenda. Impossibilidade. Ofensa à coisa julgada.

Não obstante a inobservância dos juros de mora de que trata o artigo 1º-F da Lei 9.494/97 viabilize, em tese, o conhecimento do recurso de revista por violação direta e literal do art. 5º, II, da CF, na fase de execução não é possível alterar o percentual de juros de mora instituído na decisão exequenda, por configurar evidente afronta à coisa julgada consagrada no art. 5º, XXXVI, da CF. *E-RR-187785-50.2007.5.12.0051, SDI1, Rel. Min. João Oreste Dalazen, 2.6.2016. (Info E24)*

2013

Execução. Prazo para interposição de embargos à execução pela Fazenda Pública. Art. 4º da MP 2.180-35/01. Matéria suspensa para apreciação do Tribunal Pleno.

A SDI1 decidiu suspender a proclamação do resultado do julgamento do processo em que se discute o prazo para interposição de embargos à execução pela Fazenda Pública, para remeter os autos ao Tribunal Pleno a fim de que delibere sobre a suspensão, ou não, da declaração de inconstitucionalidade formal do art. 4º da Medida Provisória 2.180-35/01 (que introduziu o art. 1º-B à Lei 9.494/97), pronunciada em 4.8.2005, decorrente de arguição incidental suscitada nos autos do processo TST-RR-7000-66.1992.5.04.0011, até que o STF se manifeste em definitivo sobre a matéria. Na hipótese, a Subseção inclinou-se em decidir em desconformidade com a referida declaração, nos termos do voto do Ministro relator que preconizava o conhecimento dos embargos por ofensa aos arts. 896 da CLT e 5º, LIV e LV, da CF e, no mérito, dava-lhes provimento para, afastado o óbice da intempestividade dos embargos à execução opostos pela Universidade Federal do Rio Grande do Norte – UFRN, determinar o retorno dos autos à vara de origem, para que prossiga no exame do recurso como entender de direito. (Cf. Questão de Ordem na ADC 11, que prorrogou o prazo da liminar anteriormente deferida, mediante a qual foram suspensos todos os processos em que se discute a constitucionalidade do art. 1º-B da Lei 9.494/97). *E-RR-110200-18.2003.5.21.0921, SDI1, Rel. Min. Renato de Lacerda Paiva, 22.8.2013. (Info 56)*

Fazenda Pública. Condenação solidária. Juros de mora aplicáveis.

Nos termos do art. 281 do CC, nos casos de solidariedade passiva, "o devedor demandado pode opor ao credor as exceções que lhe forem pessoais e as comuns a todos; não lhe aproveitando as exceções pessoais a outro codevedor". Assim, no presente caso, os juros de mora previstos no art. 1º-F da Lei 9.494/97, no montante de 6% ao ano, para as condenações impostas à Fazenda Pública, não beneficiam o codevedor, pessoa jurídica de direito privado, uma vez que se trata de privilégio exclusivo do ente público. *E-ED-RR-285400-80.2005.5.02.0021, SDI1, Red. p/ ac. Min. Aloysio Corrêa da Veiga, 10.10.2013. (Info 62)*

2012

3.5. Outras Leis Especiais

2016

Ação rescisória. Atualização de débito trabalhista. Incidência da taxa de juros do cheque especial em substituição à taxa de juros prevista no § 1º do art. 39 da Lei 8.177/91. Impossibilidade.

Os juros de mora incidentes sobre os débitos trabalhistas estão expressamente previstos no art. 39, § 1º, da Lei 8.177/91, razão pela qual, ausente qualquer lacuna normativa, não se aplica, na Justiça do Trabalho, a taxa de juros do cheque especial ou a taxa Selic (art. 406 do CC). *RO-5218-45.2015.5.15.0000, SDI2, Rel. Min. Douglas Alencar Rodrigues, 12.4.2016. (Info 132)*

Execução. Determinação para que o advogado faça o depósito de valores destinado às execuções trabalhistas ou justifique a não realização do depósito, informando as contas correntes para as quais a quantia foi transferida. Quebra do sigilo profissional. Não configuração.

A simples determinação judicial para que o advogado deposite os valores que recebera em nome de seu cliente, para a quitação de execuções trabalhistas, em razão de acordo homologado, ou justifique a não realização do depósito, informando para quais contas correntes a quantia foi transferida, não constitui quebra de sigilo profissional entre o advogado e seu cliente. Não se pode permitir que, a pretexto de sigilo profissional, a executada, sabidamente detentora de valor objeto de acordo judicial destinado à quitação de execução trabalhista, se exima de cumprir obrigação que lhe foi imposta, especialmente quando não houve solicitação de informações pessoais. *RO-1981-08.2012.5.15.0000, SDI2, Rel. Min. Delaíde Miranda Arantes, 28.6.2016. (Info E25)*

2015

Ação civil pública. Prática de arbitragem nos dissídios individuais trabalhistas. Período posterior à dissolução dos contratos de trabalho. **Inaplicabilidade. Arts. 114, §§ 1º e 2º, da CF, e 1º da Lei 9.307/96. Imposição de obrigação de se abster.**

O instituto da arbitragem não se aplica como forma de solução de conflitos individuais trabalhistas, seja sob a ótica do art. 114, §§ 1º e 2º, da CF, seja à luz do art. 1º da Lei 9.307/96, pois a intermediação da câmara de arbitragem (pessoa jurídica de direito privado) não é compatível com o modelo de intervencionismo estatal norteador das relações de emprego no Brasil. Quando se trata de Direito Individual do Trabalho, o princípio tuitivo do emprego inviabiliza qualquer tentativa de se promover a arbitragem, alcançando, inclusive, o período pós-contratual, ou seja, a homologação da rescisão, a percepção das verbas daí decorrentes e até mesmo eventual celebração de acordo. *E-ED-RR-25900-67.2008.5.03.0075, SDI1, Rel. Min. João Oreste Dalazen, 16.4.2015. (Info 104)*

Arguição de inconstitucionalidade. Índice de correção monetária aplicável aos créditos trabalhistas. Expressão "equivalentes à TRD" contida no artigo 39 da Lei 8.177/91. Ratio decidendi definida pelo STF. Declaração de inconstitucionalidade por arrastamento. Interpretação conforme a Constituição. Modulação de efeitos. Respeito ao ato jurídico perfeito.

É inconstitucional a expressão "equivalentes à TRD", contida no artigo 39 da Lei 8.177/91, que define o índice de correção monetária aplicável aos créditos trabalhistas, porquanto o uso da aludida Taxa Referencial Diária (TRD), por não refletir a variação da taxa inflacionária, impede o direito à recomposição integral do crédito reconhecido pela sentença transitada em julgado. *ArgInc-479-60.2011.5.04.0231, Tribunal Pleno, Rel. Min. Cláudio Mascarenhas Brandão, 4.8.2015. (Info 113)*

2014

Conflito negativo de competência. Ação de execução fiscal. Foro competente. Domicílio fiscal da empresa. Art. 578, parágrafo único, do CPC/73.

Nos termos do parágrafo único do art. 578 do CPC/73, o foro competente para processar e julgar ação de execução fiscal por meio da qual se busca a satisfação de créditos oriundos de multas administrativas aplicadas em razão do descumprimento da legislação trabalhista é o domicílio fiscal da empresa. Tal foro permanece inclusive diante do redirecionamento da execução ao sócio da empresa executada (art. 135, III, do CTN), que tem domicílio em localidade diversa, em razão do disposto no art. 87 do CPC/73. *CC-1044-78.2013.5.00.0000, SDI2, Rel. Min. Delaíde Miranda Arantes, 11.11.2014. (Info E08)*

Execução Fiscal. Parcelamento da dívida. Efeitos. Suspensão da execução. Art. 151, VI, do CTN.

Nos termos do art. 151, VI, do CTN, o parcelamento do débito fiscal, seja tributário ou não, em razão da indisponibilidade de que se reveste, não implica extinção da dívida por novação, mas suspensão de sua exigibilidade. Ademais, o art. 8º da Lei 11.949/09, que versa sobre o parcelamento ordinário de débitos tributários, dispõe expressamente que a inclusão de débitos nos parcelamentos não implica novação da dívida, não havendo falar, portanto, em extinção da execução fiscal. *E-RR-178500-49.2006.5.03.0138, SDI1, Rel. Min. João Oreste Dalazen, 25.9.2014. (Info E05)*

2012

Empresa de distribuição de energia elétrica. Atividade essencial. Imposição de obrigações complexas, custosas e definitivas. Exíguo lapso temporal. Potencial lesão ao interesse coletivo. Suspensão da antecipação de tutela. Deferimento.

O Órgão Especial negou provimento ao agravo regimental, mantendo decisão da Presidência do TST, que, com amparo nos arts. 4º, "caput" e § 1º, da Lei 8.437/92 e 251 do RITST, deferiu o pedido de suspensão da execução da tutela antecipatória concedida nos autos da ação civil pública em que impostas obrigações complexas, custosas e definitivas a serem executadas em exíguo lapso temporal por empresa de distribuição de energia elétrica, sob pena de multa. No caso, por se tratar de atividade essencial, vislumbrou-se que a execução da tutela concedida em segundo grau de jurisdição poderia acarretar risco de dano à ordem e à economia públicas, na medida em que estabelecida restrita forma de desenvolvimento dos serviços e apresentada tendência de diminuição da quantidade ou da qualidade dos serviços de atendimento ao público. Ademais, a aplicação da Lei Geral de Telecomunicações (Lei 9472/97), que autoriza a terceirização de atividades típicas das concessionárias, tem tratamento controvertido no TST, afastando, portanto, a verossimilhança em que fundada a decisão antecipatória. *AgR-SLS-7021-85.2012.5.00.0000, Órgão Especial, Rel. Min. João Oreste Dalazen. 14.11.2012. (Info 30)*

Recurso em Matéria Administrativa. Aposentadoria. Apresentação de documento falso. Prática de ato de improbidade. Art. 10 e 11 da Lei 8.429/92. Aplicação da pena de demissão. Arts. 128 e 132 da Lei 8.112/90.

A apresentação por parte do servidor de certidão de tempo de serviço falsa, com o intuito de beneficiar-se de aposentadoria a que não faria jus, configura ato de improbidade administrativa com lesão ao erário (arts. 10 e 11 da Lei 8.429/92), a ensejar a aplicação de pena de demissão, nos termos do art. 132 da Lei 8.112/90. *PADServ-5181-40.2012.5.00.0000, Órgão Especial, Rel. Min. Fernando Eizo Ono 14.11.2012. (Info 30)*

5. SÚMULAS E OJS TST

1. DIREITO ADMINISTRATIVO

1. CONCURSO PÚBLICO

TST 363. A contratação de servidor público, após a CF/1988, sem prévia aprovação em concurso público, encontra óbice no respectivo art. 37, II e § 2º, somente lhe conferindo direito ao pagamento da contraprestação pactuada, em relação ao número de horas trabalhadas, respeitado o valor da hora do salário mínimo, e dos valores referentes aos depósitos do FGTS.

TST OJ/SDI1 335. A nulidade da contratação sem concurso público, após a CF/1988, bem como a limitação de seus efeitos, somente poderá ser declarada por ofensa ao art. 37, II, se invocado concomitantemente o seu § 2º, todos da CF/1988.

TST OJ/SDI1 65. O acesso de professor adjunto ao cargo de professor titular só pode ser efetivado por meio de concurso público, conforme dispõem os arts. 37, inciso II, e 206, inciso V, da CF/88.

TST OJ/SDI2 38. A assunção do professor-adjunto ao cargo de professor titular de universidade pública, sem prévia aprovação em concurso público, viola o art. 206, inciso V, da Constituição Federal. Procedência do pedido de rescisão do julgado.

TST OJ/SDI2 128. O certame público posteriormente anulado equivale à contratação realizada sem a observância da exigência contida no art. 37, II, da Constituição Federal de 1988. Assim sendo, aplicam-se à hipótese os efeitos previstos na Súmula n. 363 do TST.

2. EMPREGADO PÚBLICO

TST 58. Ao empregado admitido como pessoal de obras, em caráter permanente e não amparado pelo regime estatutário, aplica-se a legislação trabalhista.

TST 243. Exceto na hipótese de previsão contratual ou legal expressa, a opção do funcionário público pelo regime trabalhista implica a renúncia dos direitos inerentes ao regime estatutário.

TST 430. Convalidam-se os efeitos do contrato de trabalho que, considerado nulo por ausência de concurso público, quando celebrado originalmente com ente da administração pública indireta, continua a existir após a sua privatização.

TST OJ/SDI1 51. Aos empregados das empresas públicas e das sociedades de economia mista regidos pela CLT aplicam-se as vedações dispostas no art. 15 da Lei n. 7.773, de 08.06.1989.

TST OJ/SDI1 216. Aos servidores públicos celetistas é devido o vale-transporte, instituído pela Lei n. 7.418/85, de 16 de dezembro de 1985.

TST OJ/SDI1 247. I. A despedida de empregados de empresa pública e de sociedade de economia mista, mesmo admitidos por concurso público, independe de ato motivado para sua validade; II. A validade do ato de despedida do empregado da Empresa Brasileira de Correios e Telégrafos (ECT) está condicionada à motivação, por gozar a empresa do mesmo tratamento destinado à Fazenda Pública em relação à imunidade tributária e à execução por precatório, além das prerrogativas de foro, prazos e custas processuais.

TST OJ/SDI1 339. As empresas públicas e as sociedades de economia mista estão submetidas à observância do teto remuneratório previsto no inciso XI do art. 37 da CF/1988, sendo aplicável, inclusive, ao período anterior à alteração introduzida pela Emenda Constitucional n. 19/1998.

TST OJ/SDI1 366. Ainda que desvirtuada a finalidade do contrato de estágio celebrado na vigência da Constituição Federal de 1988, é inviável o reconhecimento do vínculo empregatício com ente da Administração Pública direta ou indireta, por força do art. 37, II, da CF/1988, bem como o deferimento de indenização pecuniária, exceto em relação às parcelas previstas na Súmula n. 363 do TST, se requeridas.

2. DIREITO CONSTITUCIONAL

1. DOS DIREITOS E GARANTIAS FUNDAMENTAIS (ARTS. 5º A 17)

1.1. Dos Direitos e Deveres Individuais e Coletivos

TST 443. Presume-se discriminatória a despedida de empregado portador do vírus HIV ou de outra doença grave que suscite estigma ou preconceito. Inválido o ato, o empregado tem direito à reintegração no emprego.

1.2. Dos Direitos Sociais (arts. 6º a 11)

TST OJ/SDI1 410. Viola o art. 7º, XV, da CF a concessão de repouso semanal remunerado após o sétimo dia consecutivo de trabalho, importando no seu pagamento em dobro.

2. OUTROS TEMAS

TST OJ/SDI1 12. Os efeitos financeiros decorrentes da anistia concedida pela Emenda Constitucional n. 26/1985 contam-se desde a data da sua promulgação.

3. DIREITO DO TRABALHO

1. INTRODUÇÃO (CLT, ARTS. 1º A 12)

TST 386. Preenchidos os requisitos do art. 3º da CLT, é legítimo o reconhecimento de relação de emprego entre policial militar e empresa privada, independentemente do eventual cabimento de penalidade disciplinar prevista no Estatuto do Policial Militar.

2. DAS NORMAS GERAIS DE TUTELA DO TRABALHO (CLT, ARTS. 13 A 223)

2.1. Da Identificação Profissional (CLT, arts. 13 a 56)

TST 12. As anotações apostas pelo empregador na carteira profissional do empregado não geram presunção "juris et de jure", mas apenas "juris tantum".

TST OJ/SDI1 82. A data de saída a ser anotada na CTPS deve corresponder à do término do prazo do aviso prévio, ainda que indenizado.

2.2. Da Duração do Trabalho (CLT, arts. 57 a 75)

2.2.1. Adicional Noturno

TST 60. I. O adicional noturno, pago com habitualidade, integra o salário do empregado para todos os efeitos. II. Cumprida integralmente a jornada no período noturno e prorrogada esta, devido é também o adicional quanto às horas prorrogadas. Exegese do art. 73, § 5º, da CLT.

TST 140. É assegurado ao vigia sujeito ao trabalho noturno o direito ao respectivo adicional.

TST 265. A transferência para o período diurno de trabalho implica a perda do direito ao adicional noturno.

TST OJ/SDI1 127. O art. 73, § 1º da CLT, que prevê a redução da hora noturna, não foi revogado pelo inciso IX do art. 7º da CF/1988

TST OJ/SDI1 259. O adicional de periculosidade deve compor a base de cálculo do adicional noturno, já que também neste horário o trabalhador permanece sob as condições de risco.

TST OJ/SDI1 388. O empregado submetido à jornada de 12 horas de trabalho por 36 de descanso, que compreenda a totalidade do período noturno, tem direito ao adicional noturno, relativo às horas trabalhadas após as 5 horas da manhã.

2.2.2. Equiparação Profissional

TST 346. Os digitadores, por aplicação analógica do art. 72 da CLT, equiparam-se aos trabalhadores nos serviços de mecanografia (datilografia, escrituração ou cálculo), razão pela qual têm direito a intervalos de descanso de 10 (dez) minutos a cada 90 (noventa) de trabalho consecutivo.

TST OJ/SDI1 125. O simples desvio funcional do empregado não gera direito a novo enquadramento, mas apenas às diferenças salariais respectivas, mesmo que o desvio de função haja iniciado antes da vigência da CF/1988.

2.2.3. Hora de Sobreaviso

TST 229. Por aplicação analógica do art. 244, § 2º, da CLT, as horas de sobreaviso dos eletricitários são remuneradas à base de 1/3 sobre a totalidade das parcelas de natureza salarial.

TST 428. I. O uso de instrumentos telemáticos ou informatizados fornecidos pela empresa ao empregado, por si só, não caracteriza o regime de sobreaviso. II. Considera-se em sobreaviso o empregado que, à distância e submetido a controle patronal por instrumentos telemáticos ou informatizados, permanecer em regime de plantão ou equivalente, aguardando a qualquer momento o chamado para o serviço durante o período de descanso.

2.2.4. Hora Extra

TST 61. Aos ferroviários que trabalham em estação do interior, assim classificada por autoridade competente, não são devidas horas extras (art. 243 da CLT).

TST 109. O bancário não enquadrado no § 2º do art. 224 da CLT, que receba gratificação de função, não pode ter o salário relativo a horas extraordinárias compensado com o valor daquela vantagem.

TST 113. O sábado do bancário é dia útil não trabalhado, não dia de repouso remunerado. Não cabe a repercussão do pagamento de horas extras habituais em sua remuneração.

TST 115. O valor das horas extras habituais integra a remuneração do trabalhador para o cálculo das gratificações semestrais.

TST 118. Os intervalos concedidos pelo empregador na jornada de trabalho, não previstos em lei, representam tempo à disposição da empresa, remunerados como serviço extraordinário, se acrescidos ao final da jornada.

TST 172. Computam-se no cálculo do repouso remunerado as horas extras habitualmente prestadas.

TST 199. I. A contratação do serviço suplementar, quando da admissão do trabalhador bancário, é nula. Os valores assim ajustados apenas remuneram a jornada normal, sendo devidas as horas extras com o adicional de, no mínimo, 50% (cinquenta por cento), as quais não configuram pré-contratação, se pactuadas após a admissão do bancário. II. Em se tratando de horas extras pré-contratadas, opera-se a prescrição total se a ação não for ajuizada no prazo de cinco anos, a partir da data em que foram suprimidas.

TST 226. A gratificação por tempo de serviço integra o cálculo das horas extras.

TST 264. A remuneração do serviço suplementar é composta do valor da hora normal, integrado por parcelas de natureza salarial e acrescido do adicional previsto em lei, contrato, acordo, convenção coletiva ou sentença normativa.

TST 291. A supressão total ou parcial, pelo empregador, de serviço suplementar prestado com habitualidade, durante pelo menos 1 (um) ano, assegura ao empregado o direito à indenização correspondente ao valor de 1 (um) mês das horas suprimidas, total ou parcialmente, para cada ano ou fração igual ou superior a seis meses de prestação de serviço acima da jornada normal. O cálculo observará a média das horas suplementares nos últimos 12 (doze) meses anteriores à mudança, multiplicada pelo valor da hora extra do dia da supressão.

TST 340. O empregado, sujeito a controle de horário, remunerado à base de comissões, tem direito ao adicional de, no mínimo, 50% (cinquenta por cento) pelo trabalho em horas extras, calculado sobre o valor-hora das comissões recebidas no mês, considerando-se como divisor o número de horas efetivamente trabalhadas.

TST 347. O cálculo do valor das horas extras habituais, para efeito de reflexos em verbas trabalhistas, observará o número de horas efetivamente prestadas e a ele aplica-se o valor do salário-hora da época do pagamento daquelas verbas.

TST 366. Não serão descontadas nem computadas como jornada extraordinária as variações de horário do registro de ponto não excedentes de cinco minutos, observado o limite máximo de dez minutos diários. Se ultrapassado esse limite, será considerada como extra a totalidade do tempo que exceder a jornada normal, pois configurado tempo à disposição do empregador, não importando as atividades desenvolvidas pelo empregado ao longo do tempo residual (troca de uniforme, lanche, higiene pessoal, etc.).

TST 370. Tendo em vista que as Leis nº 3.999/1961 e 4.950-A/1966 não estipulam a jornada reduzida, mas apenas estabelecem o salário mínimo da categoria para uma jornada de 4 horas para os médicos e de 6 horas para os engenheiros, não há que se falar em horas extras, salvo as excedentes à oitava, desde que seja respeitado o salário mínimo/horário das categorias.

TST 376. I. A limitação legal da jornada suplementar a duas horas diárias não exime o empregador de pagar todas as horas trabalhadas. II. O valor das horas extras habitualmente prestadas integra o cálculo dos haveres trabalhistas, independentemente da limitação prevista no "caput" do art. 59 da CLT.

TST 423. Estabelecida jornada superior a seis horas e limitada a oito horas por meio de regular negociação coletiva, os empregados submetidos a turnos ininterruptos de revezamento não tem direito ao pagamento da 7ª e 8ª horas como extras.

TST 449. A partir da vigência da Lei n. 10.243, de 19.6.2001, que acrescentou o § 1º ao art. 58 da CLT, não mais prevalece cláusula prevista em convenção ou acordo coletivo que elastece o limite de 5 minutos que antecedem e sucedem a jornada de trabalho para fins de apuração das horas extras.

TST OJ/SDI1 47. A base de cálculo da hora extra é o resultado da soma do salário contratual mais o adicional de insalubridade.

TST OJ/SDI1 60. I. A hora noturna no regime de trabalho no porto, compreendida entre dezenove horas e sete horas do dia seguinte, é de sessenta minutos. II. Para o cálculo das horas extras prestadas pelos trabalhadores portuários, observar-se-á somente o salário básico percebido, excluídos os adicionais de risco e produtividade.

TST OJ/SDI1 97. O adicional noturno integra a base de cálculo das horas extras prestadas no período noturno.

TST OJ/SDI1 206. Excedida a jornada máxima (art. 318 da CLT), as horas excedentes devem ser remuneradas com o adicional de, no mínimo, 50% (art. 7º, XVI, CF/1988).

TST OJ/SDI1 233. A decisão que defere horas extras com base em prova oral ou documental não ficará limitada ao tempo por ela abrangido, desde que o julgador fique convencido de que o procedimento questionado superou aquele período.

TST OJ/SDI1 235. O empregado que recebe salário por produção e trabalha em sobrejornada tem direito à percepção apenas do adicional de horas extras, exceto no caso do empregado cortador de cana, a quem é devido o pagamento das horas extras e do adicional respectivo..

TST OJ/SDI1 242. Embora haja previsão legal para o direito à hora extra, inexiste previsão para a incorporação ao salário do respectivo adicional, razão pela qual deve incidir a prescrição total.

TST OJ/SDI1 275. Inexistindo instrumento coletivo fixando jornada diversa, o empregado horista submetido a turno ininterrupto de revezamento faz jus ao pagamento das horas extraordinárias laboradas além da 6ª, bem como ao respectivo adicional.

TST OJ/SDI1 332. O tacógrafo, por si só, sem a existência de outros elementos, não serve para controlar a jornada de trabalho de empregado que exerce atividade externa.

TST OJ/SDI1 397. O empregado que recebe remuneração mista, ou seja, uma parte fixa e outra variável, tem direito a horas extras pelo trabalho em sobrejornada. Em relação à parte fixa, são devidas as horas simples acrescidas do adicional de horas extras. Em relação à parte variável, é devido somente o adicional de horas extras, aplicando-se à hipótese o disposto na Súmula n. 340 do TST.

TST OJ/SDI1 415. A dedução das horas extras comprovadamente pagas daquelas reconhecidas em juízo não pode ser limitada ao mês de apuração, devendo ser integral e aferida pelo total das horas extraordinárias quitadas durante o período imprescrito do contrato de trabalho.

2.2.5. Hora "In Itinere"

TST 90. I. O tempo despendido pelo empregado, em condução fornecida pelo empregador, até o local de trabalho de difícil acesso, ou não servido por transporte público regular, e para o seu retorno é computável na jornada de trabalho. II. A incompatibilidade entre os horários de início e término da jornada do empregado e os do transporte público regular é circunstância que também gera o direito às horas "in itinere". III. A mera insuficiência de transporte público não enseja o pagamento de horas "in itinere". IV. Se houver transporte público regular em parte do trajeto percorrido em condução da empresa, as horas "in itinere" remuneradas limitam-se ao trecho não alcançado pelo transporte público. V. Considerando que as horas "in itinere" são computáveis na jornada de trabalho, o tempo que extrapola a jornada legal é considerado como extraordinário e sobre ele deve incidir o adicional respectivo.

TST 320. O fato de o empregador cobrar, parcialmente ou não, importância pelo transporte fornecido, para local de difícil acesso ou não servido por transporte regular, não afasta o direito à percepção das horas "in itinere".

TST 429. Considera-se à disposição do empregador, na forma do art. 4º da CLT, o tempo necessário ao deslocamento do trabalhador entre a portaria da empresa e o local de trabalho, desde que supere o limite de 10 (dez) minutos diários.

2.2.6. Hora Reduzida

TST 65. O direito à hora reduzida de 52 minutos e 30 segundos aplica-se ao vigia noturno.

TST 112. O trabalho noturno dos empregados nas atividades de exploração, perfuração, produção e refinação do petróleo, industrialização do xisto, indústria petroquímica e transporte de petróleo e seus derivados, por meio de dutos, é regulado pela Lei n. 5.811, de 11.10.1972, não se lhe aplicando a hora reduzida de 52 minutos e 30 segundos prevista no art. 73, § 2º, da CLT.

TST OJ/SDI1 395. O trabalho em regime de turnos ininterruptos de revezamento não retira o direito à hora noturna reduzida, não havendo incompatibilidade entre as disposições contidas nos arts. 73, § 1º, da CLT e 7º, XIV, da Constituição Federal.

2.2.7. Jornada de Trabalho

TST 85. I. A compensação de jornada de trabalho deve ser ajustada por acordo individual escrito, acordo coletivo ou convenção coletiva. II. O acordo individual para compensação de horas é válido, salvo se houver norma coletiva em sentido contrário. III. O mero não atendimento das exigências legais para a compensação de jornada, inclusive quando encetada mediante acordo tácito, não implica a repetição do pagamento das horas excedentes à jornada normal diária, se não dilatada a jornada máxima semanal, sendo devido apenas o respectivo adicional. IV. A prestação de horas extras habituais descaracteriza o acordo de compensação de jornada. Nesta hipótese, as horas que ultrapassarem a jornada semanal normal deverão ser pagas como horas extraordinárias e, quanto àquelas destinadas à compensação, deverá ser pago a mais apenas o adicional por trabalho extraordinário. V. As disposições contidas nesta súmula não se aplicam ao regime compensatório na modalidade "banco de horas", que somente pode ser instituído por negociação coletiva. VI. Não é válido acordo de compensação de jornada em atividade insalubre, ainda que estipulado em norma coletiva, sem a necessária inspeção prévia e permissão da autoridade competente, na forma do art. 60 da CLT.

TST 96. A permanência do tripulante a bordo do navio, no período de repouso, além da jornada, não importa presunção de que esteja à disposição do empregador ou em regime de prorrogação de horário, circunstâncias que devem resultar provadas, dada a natureza do serviço.

TST 110. No regime de revezamento, as horas trabalhadas em seguida ao repouso semanal de 24 horas, com prejuízo do intervalo mínimo de 11 horas consecutivas para descanso entre jornadas, devem ser remuneradas como extraordinárias, inclusive com o respectivo adicional.

TST 178. É aplicável à telefonista de mesa de empresa que não explora o serviço de telefonia o disposto no art. 227, e seus parágrafos, da CLT.

TST 338. I. É ônus do empregador que conta com mais de 10 (dez) empregados o registro da jornada de trabalho na forma do art. 74, § 2º, da CLT. A não apresentação injustificada dos controles de frequência gera presunção relativa de veracidade da jornada de trabalho, a qual pode ser elidida por prova em contrário. II. A presunção de veracidade da jornada de trabalho, ainda que prevista em instrumento normativo, pode ser elidida por prova em contrário. III. Os cartões de ponto que demonstram horários de entrada e saída uniformes são inválidos como meio de prova, invertendo-se o ônus da prova, relativo às horas extras, que passa a ser do empregador, prevalecendo a jornada da inicial se dele não se desincumbir.

TST 360. A interrupção do trabalho destinada a repouso e alimentação, dentro de cada turno, ou o intervalo para repouso semanal, não descaracteriza o turno de revezamento com jornada de 6 (seis) horas previsto no art. 7º, XIV, da CF/1988.

TST 391. I. A Lei n. 5.811/72 foi recepcionada pela CF/88 no que se refere à duração da jornada de trabalho em regime de revezamento dos petroleiros. II. A previsão contida no art. 10 da Lei n. 5.811/72, possibilitando a mudança do regime de revezamento para horário fixo, constitui alteração lícita, não violando os arts. 468 da CLT e 7º, VI, da CF/1988.

TST 437. I. Após a edição da Lei n. 8.923/94, a não-concessão ou a concessão parcial do intervalo intrajornada mínimo, para repouso e alimentação, a empregados urbanos e rurais, implica o pagamento total do período correspondente, e não apenas daquele suprimido, com acréscimo de, no mínimo, 50% sobre o valor da remuneração da hora normal de trabalho (art. 71 da CLT), sem prejuízo do cômputo da efetiva jornada de labor para efeito de remuneração. II. É inválida cláusula de acordo ou convenção coletiva de trabalho contemplando a supressão ou redução do intervalo intrajornada porque este constitui medida de higiene, saúde e segurança do trabalho, garantido por norma de ordem pública (art. 71 da CLT e art. 7º, XXII, da CF/1988), infenso à negociação coletiva. III. Possui natureza salarial a parcela prevista no art. 71, § 4º, da CLT, com redação introduzida pela Lei n. 8.923, de 27 de julho de 1994, quando não concedido ou reduzido pelo empregador o intervalo mínimo intrajornada para repouso e alimentação, repercutindo, assim, no cálculo de outras parcelas salariais. IV. Ultrapassada habitualmente a jornada de seis horas de trabalho, é devido o gozo do intervalo intrajornada mínimo de uma hora, obrigando o empregador a remunerar o período para descanso e alimentação não usufruído como extra, acrescido do respectivo adicional, na forma prevista no art. 71, caput e § 4º da CLT.

TST 438. O empregado submetido a trabalho contínuo em ambiente artificialmente frio, nos termos do parágrafo único do art. 253 da CLT, ainda que não labore em câmara frigorífica, tem direito ao intervalo intrajornada previsto no caput do art. 253 da CLT.

TST 444. É válida, em caráter excepcional, a jornada de doze horas de trabalho por trinta e seis de descanso, prevista em lei ou ajustada exclusivamente mediante acordo coletivo de trabalho ou convenção coletiva de trabalho, assegurada a remuneração em dobro dos feriados trabalhados. O empregado não tem direito ao pagamento de adicional referente ao labor prestado na décima primeira e décima segunda horas.

TST 446. A garantia ao intervalo intrajornada, prevista no art. 71 da CLT, por constituir-se em medida de higiene, saúde e segurança do empregado, é aplicável também ao ferroviário maquinista integrante da categoria "C" (equipagem de trem em geral), não havendo incompatibilidade entre as regras inscritas nos arts. 71, § 4º, e 238, § 5º, da CLT.

TST OJ/SDI1 178. Não se computa, na jornada do bancário sujeito a seis horas diárias de trabalho, o intervalo de quinze minutos para lanche ou descanso.

TST OJ/SDI1 213. O operador de telex de empresa, cuja atividade econômica não se identifica com qualquer uma das previstas no art. 227 da CLT, não se beneficia de jornada reduzida.

TST OJ/SDI1 274. O ferroviário submetido a escalas variadas, com alternância de turnos, faz jus à jornada especial prevista no art. 7º, XIV, da CF/1988.

TST OJ/SDI1 308. O retorno do servidor público (administração direta, autárquica e fundacional) à jornada inicialmente contratada não se insere nas vedações do art. 468 da CLT, sendo a sua jornada definida em lei e no contrato de trabalho firmado entre as partes.

TST OJ/SDI1 323. É válido o sistema de compensação de horário quando a jornada adotada é a denominada "semana espanhola", que alterna a prestação de 48 horas em uma semana e 40 horas em outra, não violando os arts. 59, § 2º, da CLT e 7º, XIII, da CF/1988 o seu ajuste mediante acordo ou convenção coletiva de trabalho.

TST OJ/SDI1 355. O desrespeito ao intervalo mínimo interjornadas previsto no art. 66 da CLT acarreta, por analogia, os mesmos efeitos previstos no § 4º do art. 71 da CLT e na Súmula n. 110 do TST, devendo-se pagar a integralidade das horas que foram subtraídas do intervalo, acrescidas do respectivo adicional.

TST OJ/SDI1 358. I. Havendo contratação para cumprimento de jornada reduzida, inferior à previsão constitucional de oito horas diárias ou quarenta e quatro semanais, é lícito o pagamento do piso salarial ou do salário mínimo proporcional ao tempo trabalhado. II. Na Administração Pública direta, autárquica e fundacional não é válida remuneração de empregado público inferior ao salário mínimo, ainda que cumpra jornada de trabalho reduzida. Precedentes do Supremo Tribunal Federal.

TST OJ/SDI1 360. Faz jus à jornada especial prevista no art. 7º, XIV, da CF/1988 o trabalhador que exerce suas atividades em sistema de alternância de turnos, ainda que em dois turnos de trabalho, que compreendam, no todo ou em parte, o horário diurno e o noturno, pois submetido à alternância de horário prejudicial à saúde, sendo irrelevante que a atividade da empresa se desenvolva de forma ininterrupta.

TST OJ/SDI1 403. O advogado empregado contratado para jornada de 40 horas semanais, antes da edição da Lei n. 8.906, de 4.7.1994, está sujeito ao regime de dedicação exclusiva disposto no art. 20 da referida lei, pelo que não tem direito à jornada de 20 horas semanais ou 4 diárias.

TST OJ/SDI1 407. O jornalista que exerce funções típicas de sua profissão, independentemente do ramo de atividade do empregador, tem direito à jornada reduzida prevista no artigo 303 da CLT.

TST OJ/SDI1 420. É inválido o instrumento normativo que, regularizando situações pretéritas, estabelece jornada de oito horas para o trabalho em turnos ininterruptos de revezamento.

2.3. Do Salário Mínimo (CLT, arts. 76 a 128)

TST 258. Os percentuais fixados em lei relativos ao salário "in natura" apenas se referem às hipóteses em que o empregado percebe salário mínimo, apurando-se, nas demais, o real valor da utilidade.

TST OJ/SDI1 272. A verificação do respeito ao direito ao salário-mínimo não se apura pelo confronto isolado do salário-base com o mínimo legal, mas deste com a soma de todas as parcelas de natureza salarial recebidas pelo empregado diretamente do empregador.

TST OJ/SDI1 393. A contraprestação mensal devida ao professor, que trabalha no limite máximo da jornada prevista no art. 318 da CLT, é de um salário mínimo integral, não se cogitando do pagamento proporcional em relação a jornada prevista no art. 7º, XIII, da Constituição Federal.

TST OJ/SDI2 71. A estipulação do salário profissional em múltiplos do salário mínimo não afronta o art. 7º, inciso IV, da Constituição Federal de 1988, só incorrendo em vulneração do referido preceito constitucional a fixação de correção automática do salário pelo reajuste do salário mínimo.

2.4. Das Férias Anuais (CLT, arts. 129 a 153)

TST 7. A indenização pelo não-deferimento das férias no tempo oportuno será calculada com base na remuneração devida ao empregado na época da reclamação ou, se for o caso, na da extinção do contrato.

TST 81. Os dias de férias gozados após o período legal de concessão deverão ser remunerados em dobro.

TST 89. Se as faltas já são justificadas pela lei, consideram-se como ausências legais e não serão descontadas para o cálculo do período de férias.

TST 149. A remuneração das férias do tarefeiro deve ser calculada com base na média da produção do período aquisitivo, aplicando-se-lhe a tarifa da data da concessão.

TST 171. Salvo na hipótese de dispensa do empregado por justa causa, a extinção do contrato de trabalho sujeita o empregador ao pagamento da remuneração das férias proporcionais, ainda que incompleto o período aquisitivo de 12 (doze) meses (art. 147 da CLT).

TST 261. O empregado que se demite antes de complementar 12 (doze) meses de serviço tem direito a férias proporcionais.

TST 328. O pagamento das férias, integrais ou proporcionais, gozadas ou não, na vigência da CF/1988, sujeita-se ao acréscimo do terço previsto no respectivo art. 7º, XVII.

TST 450. É devido o pagamento em dobro da remuneração de férias, incluído o terço constitucional, com base no art. 137 da CLT, quando, ainda que gozadas na época própria, o empregador tenha descumprido o prazo previsto no art. 145 do mesmo diploma legal.

2.5. Da Segurança e da Medicina do Trabalho (CLT, arts. 154 a 223)

2.5.1. Adicional de Insalubridade

TST 47. O trabalho executado em condições insalubres, em caráter intermitente, não afasta, só por essa circunstância, o direito à percepção do respectivo adicional.

TST 80. A eliminação da insalubridade mediante fornecimento de aparelhos protetores aprovados pelo órgão competente do Poder Executivo exclui a percepção do respectivo adicional.

TST 139. Enquanto percebido, o adicional de insalubridade integra a remuneração para todos os efeitos legais.

TST 228. A partir de 9 de maio de 2008, data da publicação da Súmula Vinculante n. 4 do Supremo Tribunal Federal, o adicional de insalubridade será calculado sobre o salário básico, salvo critério mais vantajoso fixado em instru-mento coletivo.

TST 248. A reclassificação ou a descaracterização da insalubridade, por ato da autoridade competente, repercute na satisfação do respectivo adicional, sem ofensa a direito adquirido ou ao princípio da irredutibilidade salarial.

TST 289. O simples fornecimento do aparelho de proteção pelo empregador não o exime do pagamento do adicional de insalubridade. Cabe-lhe tomar as medidas que conduzam à diminuição ou eliminação da nocividade, entre as quais as relativas ao uso efetivo do equipamento pelo empregado.

TST 293. A verificação mediante perícia de prestação de serviços em condições nocivas, considerado agente insalubre diverso do apontado na inicial, não prejudica o pedido de adicional de insalubridade.

TST 448. I. Não basta a constatação da insalubridade por meio de laudo pericial para que o empregado tenha direito ao respectivo adicional, sendo necessária a classificação da atividade insalubre na relação oficial elaborada pelo Ministério do Trabalho. II. A higienização de instalações sanitárias de uso público ou coletivo de grande circulação, e a respectiva coleta de lixo, por não se equiparar à limpeza em residências e escritórios, enseja o pagamento de adicional de insalubridade em grau máximo, incidindo o disposto no Anexo 14 da NR-15 da Portaria do MTE n. 3.214/78 quanto à coleta e industrialização de lixo urbano.

TST OJ/SDI1 103. O adicional de insalubridade já remunera os dias de repouso semanal e feriados.

TST OJ/SDI1 121. O sindicato tem legitimidade para atuar na qualidade de substituto processual para pleitear diferença de adicional de insalubridade.

TST OJ/SDI1 165. O art. 195 da CLT não faz qualquer distinção entre o médico e o engenheiro para efeito de caracterização e classificação da insalubridade e periculosidade, bastando para a elaboração do laudo seja o profissional devidamente qualificado.

TST OJ/SDI1 171. Para efeito de concessão de adicional de insalubridade não há distinção entre fabricação e manuseio de óleos minerais – Portaria n. 3.214 do Ministério do Trabalho, NR 15, Anexo XIII.

TST OJ/SDI1 172. Condenada ao pagamento do adicional de insalubridade ou periculosidade, a empresa deverá inserir, mês a mês e enquanto o trabalho for executado sob essas condições, o valor correspondente em folha de pagamento.

TST OJ/SDI1 173. I. Ausente previsão legal, indevido o adicional de insalubridade ao trabalhador em atividade a céu aberto, por sujeição à radiação solar (art. 195 da CLT e Anexo 7 da NR 15 da Portaria n. 3214/78 do MTE). II. Tem direito ao adicional de insalubridade o trabalhador que exerce atividade exposto ao calor acima dos limites de tolerância, inclusive em ambiente externo com carga solar, nas condições previstas no Anexo 3 da NR 15 da Portaria n. 3214/78 do MTE.

TST OJ/SDI1 278. A realização de perícia é obrigatória para a verificação de insalubridade. Quando não for possível sua realização, como em caso de fechamento da empresa, poderá o julgador utilizar-se de outros meios de prova.

TST OJ/SDI1 345. A exposição do empregado à radiação ionizante ou à substância radioativa enseja a percepção do adicional de periculosidade, pois a regulamentação ministerial (Portarias do Ministério do Trabalho n.s 3.393, de 17.12.1987, e 518, de 7.4.2003), ao reputar perigosa a atividade, reveste-se de plena eficácia, porquanto expedida por força de delegação legislativa contida no art. 200, caput, e inciso VI, da CLT. No período de 12.12.2002 a 6.4.2003, enquanto vigeu a Portaria n. 496 do Ministério do Trabalho, o empregado faz jus ao adicional de insalubridade.

TST OJ/SDI2 2. Viola o art. 192 da CLT decisão que acolhe pedido de adicional de insalubridade com base na remuneração do empregado.

2.5.2. Adicional de Periculosidade

TST 39. Os empregados que operam em bomba de gasolina têm direito ao adicional de periculosidade (Lei n. 2.573, de 15.8.1955).

TST 70. O adicional de periculosidade não incide sobre os triênios pagos pela Petrobrás.

TST 132. I. O adicional de periculosidade, pago em caráter permanente, integra o cálculo de indenização e de horas extras. II. Durante as horas de sobreaviso, o empregado não se encontra em condições de risco, razão pela qual é incabível a integração do adicional de periculosidade sobre as mencionadas horas.

TST 191. I. O adicional de periculosidade incide apenas sobre o salário básico e não sobre este acrescido de outros adicionais. II. O adicional de periculosidade do empregado eletricitário, contratado sob a égide da Lei n. 7.369/1985, deve ser calculado sobre a totalidade das parcelas de natureza salarial. Não é válida norma coletiva mediante a qual se determina a incidência do referido adicional sobre o salário básico. III. A alteração da base de cálculo do adicional de periculosidade do eletricitário promovida pela Lei n. 12.740/2012 atinge somente contrato de trabalho firmado a partir de sua vigência, de modo que, nesse caso, o cálculo será realizado exclusivamente sobre o salário básico, conforme determina o § 1º do art. 193 da CLT.

TST 361. O trabalho exercido em condições perigosas, embora de forma intermitente, dá direito ao empregado a receber o adicional de periculosidade de forma integral, porque a Lei n. 7.369, de 20.9.1985, não estabeleceu nenhuma proporcionalidade em relação ao seu pagamento.

TST 364. I. Tem direito ao adicional de periculosidade o empregado exposto permanentemente ou que, de forma intermitente, sujeita-se a condições de risco. Indevido, apenas, quando o contato dá-se de forma eventual, assim considerado o fortuito, ou o que, sendo habitual, dá-se por tempo extremamente reduzido. II. Não é válida a cláusula de acordo ou convenção coletiva de trabalho fixando o adicional de periculosidade em percentual inferior ao estabelecido em lei e proporcional ao tempo de exposição ao risco, pois tal parcela constitui medida de higiene, saúde e segurança do trabalho, garantida por norma de ordem pública (arts. 7º, XXII e XXIII, da CF e 193, §1º, da CLT).

TST 447. Os tripulantes e demais empregados em serviços auxiliares de transporte aéreo que, no momento do abastecimento da aeronave, permanecem a bordo não têm direito ao adicional de periculosidade a que aludem o art. 193 da CLT e o Anexo 2, item 1, "c", da NR 16 do MTE.

TST 453. O pagamento de adicional de periculosidade efetuado por mera liberalidade da empresa, ainda que de forma proporcional ao tempo de exposição ao risco ou em percentual inferior ao máximo legalmente previsto, dispensa a realização da prova técnica exigida pelo art. 195 da CLT, pois torna incontroversa a existência do trabalho em condições perigosas.

TST OJ/SDI1 259. O adicional de periculosidade deve compor a base de cálculo do adicional noturno, já que também neste horário o trabalhador permanece sob as condições de risco.

TST OJ/SDI1 324. É assegurado o adicional de periculosidade apenas aos empregados que trabalham em sistema elétrico de potência em condições de risco, ou que o façam com equipamentos e instalações elétricas similares, que ofereçam risco equivalente, ainda que em unidade consumidora de energia elétrica.

TST OJ/SDI1 345. A exposição do empregado à radiação ionizante ou à substância radioativa enseja a percepção do adicional de periculosidade, pois a regulamentação ministerial (Portarias do Ministério do Trabalho n.s 3.393, de 17.12.1987, e 518, de 7.4.2003), ao reputar perigosa a atividade, reveste-se de plena eficácia, porquanto expedida por força de delegação legislativa contida no art. 200, caput, e inciso VI, da CLT. No período de 12.12.2002 a 6.4.2003, enquanto vigeu a Portaria n. 496 do Ministério do Trabalho, o empregado faz jus ao adicional de insalubridade.

TST OJ/SDI1 347. É devido o adicional de periculosidade aos empregados cabistas, instaladores e reparadores de linhas e aparelhos de empresas de telefonia, desde que, no exercício de suas funções, fiquem expostos a condições de risco equivalente ao do trabalho exercido em contato com sistema elétrico de potência.

TST OJ/SDI1 385. É devido o pagamento do adicional de periculosidade ao empregado que desenvolve suas atividades em edifício (construção vertical), seja em pavimento igual ou distinto daquele onde estão instalados tanques para armazenamento de líquido inflamável, em quantidade acima do limite legal, considerando-se como área de risco toda a área interna da construção vertical.

3. DAS NORMAS ESPECIAIS DE TUTELA DO TRABALHO (CLT, ARTS. 224 A 441)

3.1. Das Disposições Especiais Sobre Duração e Condições de Trabalho (CLT, arts. 224 a 351)

3.1.1. Dos Bancários (arts. 224 a 226)

TST 55. As empresas de crédito, financiamento ou investimento, também denominadas financeiras, equiparam-se aos estabelecimentos bancários para os efeitos do art. 224 da CLT.

TST 93. Integra a remuneração do bancário a vantagem pecuniária por ele auferida na colocação ou na venda de papéis ou valores mobiliários de empresas pertencentes ao mesmo grupo econômico, se exercida essa atividade no horário e no local de trabalho e com o consentimento, tácito ou expresso, do banco empregador.

TST 102. I. A configuração, ou não, do exercício da função de confiança a que se refere o art. 224, § 2°, da CLT, dependente da prova das reais atribuições do empregado, é insuscetível de exame mediante recurso de revista ou de embargos. II. O bancário que exerce a função a que se refere o § 2° do art. 224 da CLT e recebe gratificação não inferior a um terço de seu salário já tem remuneradas as duas horas extraordinárias excedentes de seis. III. Ao bancário exercente de cargo de confiança previsto no artigo 224, § 2°, da CLT são devidas as 7ª e 8ª horas, como extras, no período em que se verificar o pagamento a menor da gratificação de 1/3. IV. O bancário sujeito à regra do art. 224, § 2°, da CLT cumpre jornada de trabalho de 8 (oito) horas, sendo extraordinárias as trabalhadas além da oitava. V. O advogado empregado de banco, pelo simples exercício da advocacia, não exerce cargo de confiança, não se enquadrando, portanto, na hipótese do § 2° do art. 224 da CLT. VI. O caixa bancário, ainda que caixa executivo, não exerce cargo de confiança. Se perceber gratificação igual ou superior a um terço do salário do posto efetivo, essa remunera apenas a maior responsabilidade do cargo e não as duas horas extraordinárias além da sexta. VII. O bancário exercente de função de confiança, que percebe a gratificação não inferior ao terço legal, ainda que norma coletiva contemple percentual superior, não tem direito às sétima e oitava horas como extras, mas tão-somente às diferenças de gratificação de função, se postuladas.

TST 117. Não se beneficiam do regime legal relativo aos bancários os empregados de estabelecimento de crédito pertencentes a categorias profissionais diferenciadas.

TST 119. Os empregados de empresas distribuidoras e corretoras de títulos e valores mobiliários não têm direito à jornada especial dos bancários.

TST 124. I. O divisor aplicável para o cálculo das horas extras do bancário, se houver ajuste individual expresso ou coletivo no sentido de considerar o sábado como dia de descanso remunerado, será: a) 150, para os empregados submetidos à jornada de seis horas, prevista no caput do art. 224 da CLT; b) 200, para os empregados submetidos à jornada de oito horas, nos termos do § 2° do art. 224 da CLT. II. Nas demais hipóteses, aplicar-se-á o divisor: a) 180, para os empregados submetidos à jornada de seis horas prevista no caput do art. 224 da CLT; b) 220, para os empregados submetidos à jornada de oito horas, nos termos do § 2° do art. 224 da CLT.

TST 239. É bancário o empregado de empresa de processamento de dados que presta serviço a banco integrante do mesmo grupo econômico, exceto quando a empresa de processamento de dados presta serviços a banco e a empresas não bancárias do mesmo grupo econômico ou a terceiros.

TST 240. O adicional por tempo de serviço integra o cálculo da gratificação prevista no art. 224, § 2°, da CLT.

TST 247. A parcela paga aos bancários sob a denominação "quebra de caixa" possui natureza salarial, integrando o salário do prestador de serviços, para todos os efeitos legais.

TST 257. O vigilante, contratado diretamente por banco ou por intermédio de empresas especializadas, não é bancário.

TST 287. A jornada de trabalho do empregado de banco gerente de agência é regida pelo art. 224, § 2º, da CLT. Quanto ao gerente-geral de agência bancária, presume-se o exercício de encargo de gestão, aplicando-se-lhe o art. 62 da CLT.

TST OJ/SDI1 123. A ajuda-alimentação prevista em norma coletiva em decorrência de prestação de horas extras tem natureza indenizatória e, por isso, não integra o salário do empregado bancário.

TST OJ/SDI1 17. Os adicionais AP, ADI ou AFR, somados ou considerados isoladamente, sendo equivalentes a 1/3 do salário do cargo efetivo (art. 224, § 2º, da CLT), excluem o empregado ocupante de cargo de confiança do Banco do Brasil da jornada de 6 horas.

TST OJ/SDI1 379. Os empregados de cooperativas de crédito não se equiparam a bancário, para efeito de aplicação do art. 224 da CLT, em razão da inexistência de expressa previsão legal, considerando, ainda, as diferenças estruturais e operacionais entre as instituições financeiras e as cooperativas de crédito. Inteligência das leis n.s 4.594, de 29.12.1964, e 5.764, de 16.12.1971.

TST OJ/SDI1 56. Direito reconhecido apenas àqueles empregados que tinham 25 anos de efetivo exercício prestados exclusivamente à Caixa.

TST OJ/SDI2 4. Procede, por ofensa ao art. 5º, inciso XXXVI, da CF/1988, o pedido de rescisão de julgado que acolheu adicional de caráter pessoal em favor de empregado do Banco do Brasil S.A.

3.1.2. Dos Serviços Frigoríficos (art. 253)

TST 438. O empregado submetido a trabalho contínuo em ambiente artificialmente frio, nos termos do parágrafo único do art. 253 da CLT, ainda que não labore em câmara frigorífica, tem direito ao intervalo intrajornada previsto no caput do art. 253 da CLT.

3.1.3. Dos Professores (arts. 317 a 324)

TST 351. O professor que recebe salário mensal à base de hora-aula tem direito ao acréscimo de 1/6 a título de repouso semanal remunerado, considerando-se para esse fim o mês de quatro semanas e meia.

TST 10. O direito aos salários do período de férias escolares assegurado aos professores (art. 322, caput e § 3º, da CLT) não exclui o direito ao aviso prévio, na hipótese de dispensa sem justa causa ao término do ano letivo ou no curso das férias escolares.

TST OJ/SDI1 393. A contraprestação mensal devida ao professor, que trabalha no limite máximo da jornada prevista no art. 318 da CLT, é de um salário mínimo integral, não se cogitando do pagamento proporcional em relação a jornada prevista no art. 7º, XIII, da Constituição Federal.

TST OJ/SDI1 244. A redução da carga horária do professor, em virtude da diminuição do número de alunos, não constitui alteração contratual, uma vez que não implica redução do valor da hora-aula.

4. DO CONTRATO INDIVIDUAL DE TRABALHO (CLT, ARTS. 442 A 510)

4.1. Disposições Gerais (arts. 442 a 456)

4.1.1. Contrato de Trabalho

TST 13. O só pagamento dos salários atrasados em audiência não ilide a mora capaz de determinar a rescisão do contrato de trabalho.

TST 69. A partir da Lei n. 10.272, de 5.9.2001, havendo rescisão do contrato de trabalho e sendo revel e confesso quanto à matéria de fato, deve ser o empregador condenado ao pagamento das verbas rescisórias, não quitadas na primeira audiência, com acréscimo de 50% (cinquenta por cento).

TST 91. Nula é a cláusula contratual que fixa determinada importância ou percentagem para atender englobadamente vários direitos legais ou contratuais do trabalhador.

TST 129. A prestação de serviços a mais de uma empresa do mesmo grupo econômico, durante a mesma jornada de trabalho, não caracteriza a coexistência de mais de um contrato de trabalho, salvo ajuste em contrário.

TST 188. O contrato de experiência pode ser prorrogado, respeitado o limite máximo de 90 (noventa) dias.

TST 212. O ônus de provar o término do contrato de trabalho, quando negados a prestação de serviço e o despedimento, é do empregador, pois o princípio da continuidade da relação de emprego constitui presunção favorável ao empregado.

TST 277. As cláusulas normativas dos acordos coletivos ou convenções coletivas integram os contratos individuais de trabalho e somente poderão ser modificadas ou suprimidas mediante negociação coletiva de trabalho.

TST 440. Assegura-se o direito à manutenção de plano de saúde ou de assistência médica oferecido pela empresa ao empregado, não obstante suspenso o contrato de trabalho em virtude de auxílio-doença acidentário ou de aposentadoria por invalidez.

TST OJ/SDI1 199. É nulo o contrato de trabalho celebrado para o desempenho de atividade inerente à prática do jogo do bicho, ante a ilicitude de seu objeto, o que subtrai o requisito de validade para a formação do ato jurídico.

TST OJ/SDI1 350. O Ministério Público do Trabalho pode arguir, em parecer, na primeira vez que tenha de se manifestar no processo, a nulidade do contrato de trabalho em favor de ente público, ainda que a parte não a tenha suscitado, a qual será apreciada, sendo vedada, no entanto, qualquer dilação probatória.

4.1.2. Tempo de Serviço

TST 138. Em caso de readmissão, conta-se a favor do empregado o período de serviço anterior, encerrado com a saída espontânea.

4.1.3. Vínculo Empregatício

TST OJ/SDI1 164. Não se caracteriza o vínculo empregatício na nomeação para o exercício das funções de oficial de justiça "ad hoc", ainda que feita de forma reiterada, pois exaure-se a cada cumprimento de mandado.

TST OJ/SDI1 366. Ainda que desvirtuada a finalidade do contrato de estágio celebrado na vigência da Constituição Federal de 1988, é inviável o reconhecimento do vínculo empregatício com ente da Administração Pública direta ou indireta, por força do art. 37, II, da CF/1988, bem como o deferimento de indenização pecuniária, exceto em relação às parcelas previstas na Súmula n. 363 do TST, se requeridas.

4.2. Da Remuneração (arts. 457 a 467)

4.2.1. Correção Salarial e Planos Econômicos

TST 315. A partir da vigência da Medida Provisória n. 154, de 15.3.1990, convertida na Lei n. 8.030, de 12.4.1990, não se aplica o IPC de março de 1990, de 84,32% (oitenta e quatro vírgula trinta e dois por cento), para a correção dos salários, porque o direito ainda não se havia incorporado ao patrimônio jurídico dos trabalhadores, inexistindo ofensa ao inciso XXXVI do art. 5º da CF/1988.

TST 319. Aplicam-se aos servidores públicos, contratados sob o regime da CLT, os reajustes decorrentes da correção automática dos salários pelo mecanismo denominado "gatilho", de que tratam os decretos-leis nºs 2.284, de 10.3.1986 e 2.302, de 21.11.1986.

TST 322. Os reajustes salariais decorrentes dos chamados "gatilhos" e URPs, previstos legalmente como antecipação, são devidos tão-somente até a data-base de cada categoria.

TST OJ/SDI1 43. A conversão de salários de cruzeiros para cruzados, nos termos do Decreto-Lei n. 2.284/86, não afronta direito adquirido dos empregados.

TST OJ/SDI1 57. É devido o reajuste da parcela denominada "adiantamento do PCCS", conforme a redação do art. 1º da Lei n. 7.686/88.

TST OJ/SDI1 58. Inexiste direito adquirido ao IPC de junho de 1987 (Plano Bresser), em face da edição do Decreto-Lei n. 2.335/87.

TST OJ/SDI1 59. Inexiste direito adquirido à URP de fevereiro de 1989 (Plano Verão), em face da edição da Lei n. 7.730/89.

TST OJ/SDI1 79. Existência de direito apenas ao reajuste de 7/30 de 16,19% a ser calculado sobre o salário de março e incidente sobre o salário dos meses de abril e maio, não cumulativamente e corrigidos desde a época própria até a data do efetivo pagamento.

TST OJ/SDI1 100. Os reajustes salariais previstos em legislação federal devem ser observados pelos Estados-membros, suas Autarquias e Fundações Públicas nas relações contratuais trabalhistas que mantiverem com seus empregados.

4.2.2. Descontos

TST 155. As horas em que o empregado falta ao serviço para comparecimento necessário, como parte, à Justiça do Trabalho não serão descontadas de seus salários.

TST 342. Descontos salariais efetuados pelo empregador, com a autorização prévia e por escrito do empregado, para ser integrado em planos de assistência odontológica, médico-hospitalar, de seguro, de previdência privada, ou de entidade cooperativa, cultural ou recreativo-associativa de seus trabalhadores, em seu benefício e de seus dependentes, não afrontam o disposto no art. 462 da CLT, salvo se ficar demonstrada a existência de coação ou de outro defeito que vicie o ato jurídico.

TST OJ/SDI1 160. É inválida a presunção de vício de consentimento resultante do fato de ter o empregado anuído expressamente com descontos salariais na oportunidade da admissão. É de se exigir demonstração concreta do vício de vontade.

TST OJ/SDI1 251. É lícito o desconto salarial referente à devolução de cheques sem fundos, quando o frentista não observar as recomendações previstas em instrumento coletivo.

4.2.3. Diárias

TST 101. Integram o salário, pelo seu valor total e para efeitos indenizatórios, as diárias de viagem que excedam a 50% (cinquenta por cento) do salário do empregado, enquanto perdurarem as viagens.

TST 318. Tratando-se de empregado mensalista, a integração das diárias no salário deve ser feita tomando-se por base o salário mensal por ele percebido e não o valor do dia de salário, somente sendo devida a referida integração quando o valor das diárias, no mês, for superior à metade do salário mensal.

4.2.4. Equiparação Salarial

TST 6. I. Para os fins previstos no § 2º do art. 461 da CLT, só é válido o quadro de pessoal organizado em carreira quando homologado pelo Ministério do Trabalho, excluindo-se, apenas, dessa exigência o quadro de carreira das entidades de direito público da administração direta, autárquica e fundacional aprovado por ato administrativo da autoridade competente. II. Para efeito de equiparação de salários em caso de trabalho igual, conta-se o tempo de serviço na função e não no emprego. III. A equiparação salarial só é possível se o empregado e o paradigma exercerem a mesma função, desempenhando as mesmas tarefas, não importando se os cargos têm, ou não, a mesma denominação. IV. É desnecessário que, ao tempo da reclamação sobre equiparação salarial, reclamante e paradigma estejam a serviço do estabelecimento, desde que o pedido se relacione com situação pretérita. V. A cessão de empregados não exclui a equiparação salarial, embora exercida a função em órgão governamental estranho à cedente, se esta responde pelos salários do paradigma e do reclamante. VI. Presentes os pressupostos do art. 461 da CLT, é irrelevante a circunstância de que o desnível salarial tenha origem em decisão judicial que beneficiou o paradigma, exceto: a) se decorrente de vantagem pessoal ou de tese jurídica superada pela jurisprudência de Corte Superior; b) na hipótese de equiparação salarial em cadeia, suscitada em defesa, se o empregador produzir prova do alegado fato modificativo, impeditivo ou extintivo do direito à equiparação salarial em relação ao paradigma remoto, considerada irrelevante, para esse efeito, a existência de diferença de tempo de serviço na função superior a dois anos entre o reclamante e os empregados paradigmas componentes da cadeia equiparatória, à exceção do paradigma imediato. VII. Desde que atendidos os requisitos do art. 461 da CLT, é possível a equiparação salarial de trabalho intelectual, que pode ser avaliado por sua perfeição técnica, cuja aferição terá critérios objetivos. VIII. É do empregador o ônus da prova do fato impeditivo, modificativo ou extintivo da equiparação salarial. IX. Na ação de equiparação salarial, a prescrição é parcial e só alcança as diferenças salariais vencidas no período de 5 (cinco) anos que precedeu o ajuizamento.

X. O conceito de "mesma localidade" de que trata o art. 461 da CLT refere-se, em princípio, ao mesmo município, ou a municípios distintos que, comprovadamente, pertençam à mesma região metropolitana.

TST 127. Quadro de pessoal organizado em carreira, aprovado pelo órgão competente, excluída a hipótese de equiparação salarial, não obsta reclamação fundada em preterição, enquadramento ou reclassificação.

TST 159. I. Enquanto perdurar a substituição que não tenha caráter meramente eventual, inclusive nas férias, o empregado substituto fará jus ao salário contratual do substituído. II. Vago o cargo em definitivo, o empregado que passa a ocupá-lo não tem direito a salário igual ao do antecessor.

TST 455. À sociedade de economia mista não se aplica a vedação à equiparação prevista no art. 37, XIII, da CF/1988, pois, ao admitir empregados sob o regime da CLT, equipara-se a empregador privado, conforme disposto no art. 173, § 1º, II, da CF/1988.

TST OJ/SDI1 16. A isonomia de vencimentos entre servidores do Banco Central do Brasil e do Banco do Brasil, decorrente de sentença normativa, alcançou apenas os vencimentos e vantagens de caráter permanente. Dado o caráter personalíssimo do Adicional de Caráter Pessoal – ACP e não integrando a remuneração dos funcionários do Banco do Brasil, não foi ele contemplado na decisão normativa para efeitos de equiparação à tabela de vencimentos do Banco Central do Brasil.

TST OJ/SDI1 296. Sendo regulamentada a profissão de auxiliar de enfermagem, cujo exercício pressupõe habilitação técnica, realizada pelo Conselho Regional de Enfermagem, impossível a equiparação salarial do simples atendente com o auxiliar de enfermagem.

TST OJ/SDI1 297. O art. 37, inciso XIII, da CF/1988, veda a equiparação de qualquer natureza para o efeito de remuneração do pessoal do serviço público, sendo juridicamente impossível a aplicação da norma infraconstitucional prevista no art. 461 da CLT quando se pleiteia equiparação salarial entre servidores públicos, independentemente de terem sido contratados pela CLT.

TST OJ/SDI1 418. Não constitui óbice à equiparação salarial a existência de plano de cargos e salários que, referendado por norma coletiva, prevê critério de promoção apenas por merecimento ou antiguidade, não atendendo, portanto, o requisito de alternância dos critérios, previsto no art. 461, § 2º, da CLT.

TST OJ/SDI2 26. A extensão da gratificação instituída pela Suframa aos servidores celetistas exercentes de atividade de nível superior não ofende as disposições contidas nos arts. 37, XIII e 39, § 1º, da CF/1988.

4.2.5. Gorjetas

TST 354. As gorjetas, cobradas pelo empregador na nota de serviço ou oferecidas espontaneamente pelos clientes, integram a remuneração do empregado, não servindo de base de cálculo para as parcelas de aviso-prévio, adicional noturno, horas extras e repouso semanal remunerado.

4.2.6. Gratificações

TST 45. A remuneração do serviço suplementar, habitualmente prestado, integra o cálculo da gratificação natalina prevista na Lei n. 4.090, de 13.7.1962.

TST 46. As faltas ou ausências decorrentes de acidente do trabalho não são consideradas para os efeitos de duração de férias e cálculo da gratificação natalina.

TST 50. A gratificação natalina, instituída pela Lei n. 4.090, de 13.7.1962, é devida pela empresa cessionária ao servidor público cedido enquanto durar a cessão.

TST 67. Chefe de trem, regido pelo Estatuto dos Ferroviários (Decreto nº 35.530, de 19.9.1959), não tem direito à gratificação prevista no respectivo art. 110.

TST 148. É computável a gratificação de Natal para efeito de cálculo de indenização.

TST 152. O fato de constar do recibo de pagamento de gratificação o caráter de liberalidade não basta, por si só, para excluir a existência de ajuste tácito.

TST 157. A gratificação instituída pela Lei n. 4.090, de 13.7.1962, é devida na resilição contratual de iniciativa do empregado.

TST 202. Existindo, ao mesmo tempo, gratificação por tempo de serviço outorgada pelo empregador e outra da mesma natureza prevista em acordo coletivo, convenção coletiva ou sentença normativa, o empregado tem direito a receber, exclusivamente, a que lhe seja mais benéfica.

TST 203. A gratificação por tempo de serviço integra o salário para todos os efeitos legais.

TST 253. A gratificação semestral não repercute no cálculo das horas extras, das férias e do aviso prévio, ainda que indenizados. Repercute, contudo, pelo seu duodécimo na indenização por antiguidade e na gratificação natalina.

TST 372. I. Percebida a gratificação de função por dez ou mais anos pelo empregado, se o empregador, sem justo motivo, revertê-lo a seu cargo efetivo, não poderá retirar-lhe a gratificação tendo em vista o princípio da estabilidade financeira. II. Mantido o empregado no exercício da função comissionada, não pode o empregador reduzir o valor da gratificação.

TST OJ/SDI1 208. A alteração da gratificação por trabalho com raios X, de quarenta para dez por cento, na forma da Lei n. 7.923/89, não causou prejuízo ao trabalhador porque passou a incidir sobre o salário incorporado com todas as demais vantagens.

4.2.7. Indenizações

TST 24. Insere-se no cálculo da indenização por antiguidade o salário relativo a serviço extraordinário, desde que habitualmente prestado.

TST 445. A indenização por frutos percebidos pela posse de má-fé, prevista no art. 1.216 do Código Civil, por tratar-se de regra afeta a direitos reais, mostra-se incompatível com o Direito do Trabalho, não sendo devida no caso de inadimplemento de verbas trabalhistas.

4.2.8. Irredutibilidade

TST 431. Para os empregados a que alude o art. 58, caput, da CLT, quando sujeitos a 40 horas semanais de trabalho, aplica-se o divisor 200 (duzentos) para o cálculo do valor do salário-hora.

TST OJ/SDI1 325. O aumento real, concedido pela empresa a todos os seus empregados, somente pode ser reduzido mediante a participação efetiva do sindicato profissional no ajuste, nos termos do art. 7º, VI, da CF/1988.

TST OJ/SDI1 396. Para o cálculo do salário hora do empregado horista, submetido a turnos ininterruptos de revezamento, considerando a alteração da jornada de 8 para 6 horas diárias, aplica-se o divisor 180, em observância ao disposto no art. 7º, VI, da Constituição Federal, que assegura a irredutibilidade salarial.

4.2.9. Salário Família

TST 254. O termo inicial do direito ao salário-família coincide com a prova da filiação. Se feita em juízo, corresponde à data de ajuizamento do pedido, salvo se comprovado que anteriormente o empregador se recusara a receber a respectiva certidão.

TST 344. O salário-família é devido aos trabalhadores rurais somente após a vigência da Lei n. 8.213, de 24.7.1991.

4.2.10. Salário Maternidade

TST OJ/SDI1 44. É devido o salário maternidade, de 120 dias, desde a promulgação da CF/1988, ficando a cargo do empregador o pagamento do período acrescido pela Carta.

4.2.11. Salário Profissional

TST 143. O salário profissional dos médicos e dentistas guarda proporcionalidade com as horas efetivamente trabalhadas, respeitado o mínimo de 50 (cinquenta) horas.

TST 301. O fato de o empregado não possuir diploma de profissionalização de auxiliar de laboratório não afasta a observância das normas da Lei n. 3.999, de 15.12.1961, uma vez comprovada a prestação de serviços na atividade.

TST 358. O salário profissional dos técnicos em radiologia é igual a 2 (dois) salários mínimos e não a 4 (quatro).

TST OJ/SDI2 71. A estipulação do salário profissional em múltiplos do salário mínimo não afronta o art. 7º, inciso IV, da Constituição Federal de 1988, só incorrendo em vulneração do referido preceito constitucional a fixação de correção automática do salário pelo reajuste do salário mínimo.

4.2.12. Salário Utilidade

TST 258. Os percentuais fixados em lei relativos ao salário "in natura" apenas se referem às hipóteses em que o empregado percebe salário mínimo, apurando-se, nas demais, o real valor da utilidade.

TST 367. I. A habitação, a energia elétrica e veículo fornecidos pelo empregador ao empregado, quando indispensáveis para a realização do trabalho, não têm natureza salarial, ainda que, no caso de veículo, seja ele utilizado pelo empregado também em atividades particulares. II. O cigarro não se considera salário utilidade em face de sua nocividade à saúde.

4.2.13. Outras Verbas Salariais

TST 84. O adicional regional, instituído pela Petrobras, não contraria o art. 7º, XXXII, da CF/1988.

TST 173. Extinto, automaticamente, o vínculo empregatício com a cessação das atividades da empresa, os salários só são devidos até a data da extinção.

TST 241. O vale para refeição, fornecido por força do contrato de trabalho, tem caráter salarial, integrando a remuneração do empregado, para todos os efeitos legais.

TST OJ/SDI1 91. Os efeitos financeiros da readmissão do empregado anistiado serão contados a partir do momento em que este manifestou o desejo de retornar ao trabalho e, na ausência de prova, da data do ajuizamento da ação.

TST OJ/SDI1 133. A ajuda alimentação fornecida por empresa participante do Programa de Alimentação ao Trabalhador, instituído pela Lei n. 6.321/76, não tem caráter salarial. Portanto, não integra o salário para nenhum efeito legal.

TST OJ/SDI1 181. O valor das comissões deve ser corrigido monetariamente para em seguida obter-se a média para efeito de cálculo de férias, 13º salário e verbas rescisórias.

TST OJ/SDI1 413. A pactuação em norma coletiva conferindo caráter indenizatório à verba "auxílio-alimentação" ou a adesão posterior do empregador ao Programa de Alimentação do Trabalhador – PAT – não altera a natureza salarial da parcela, instituída anteriormente, para aqueles empregados que, habitualmente, já percebiam o benefício, a teor das súmulas n.s 51, I, e 241 do TST.

4.3. Da Alteração (arts. 468 a 470)

TST 29. Empregado transferido, por ato unilateral do empregador, para local mais distante de sua residência, tem direito a suplemento salarial correspondente ao acréscimo da despesa de transporte.

TST 43. Presume-se abusiva a transferência de que trata o § 1º do art. 469 da CLT, sem comprovação da necessidade do serviço.

TST OJ/SDI1 76. A alteração contratual consubstanciada na substituição dos avanços trienais por quinquênios decorre de ato único do empregador, momento em que começa a fluir o prazo fatal de prescrição.

TST OJ/SDI1 159. Diante da inexistência de previsão expressa em contrato ou em instrumento normativo, a alteração de data de pagamento pelo empregador não viola o art. 468, desde que observado o parágrafo único, do art. 459, ambos da CLT.

4.4. Da Suspensão e da Interrupção (arts. 471 a 476-A)

TST 160. Cancelada a aposentadoria por invalidez, mesmo após cinco anos, o trabalhador terá direito de retornar ao emprego, facultado, porém, ao empregador, indenizá-lo na forma da lei

TST 269. O empregado eleito para ocupar cargo de diretor tem o respectivo contrato de trabalho suspenso, não se computando o tempo de serviço desse período, salvo se permanecer a subordinação jurídica inerente à relação de emprego.

4.5. Da Rescisão (arts. 477 a 486)

4.5.1. Abandono de Emprego

TST 32. Presume-se o abandono de emprego se o trabalhador não retornar ao serviço no prazo de 30 (trinta) dias após a cessação do benefício previdenciário nem justificar o motivo de não o fazer.

TST 62. O prazo de decadência do direito do empregador de ajuizar inquérito em face do empregado que incorre em abandono de emprego é contado a partir do momento em que o empregado pretendeu seu retorno ao serviço.

4.5.2. Aposentadoria

TST OJ/SDI1 361. A aposentadoria espontânea não é causa de extinção do contrato de trabalho se o empregado permanece prestando serviços ao empregador após a jubilação. Assim, por ocasião da sua dispensa imotivada, o empregado tem direito à multa de 40% do FGTS sobre a totalidade dos depósitos efetuados no curso do pacto laboral.

4.5.3. Indenização por Demissão sem Justa Causa

TST OJ/SDI1 148. É constitucional o art. 31 da Lei n. 8.880/1994, que prevê a indenização por demissão sem justa causa.

4.5.4. Multas

TST 388. A massa falida não se sujeita à penalidade do art. 467 e nem à multa do § 8º do art. 477, ambos da CLT.

TST 462. A circunstância de a relação de emprego ter sido reconhecida apenas em juízo não tem o condão de afastar a incidência da multa prevista no art. 477, § 8º, da CLT. A referida multa não será devida apenas quando, comprovadamente, o empregado der causa à mora no pagamento das verbas rescisórias.

TST OJ/SDI1 54. O valor da multa estipulada em cláusula penal, ainda que diária, não poderá ser superior à obrigação principal corrigida, em virtude da aplicação do artigo 412 do Código Civil de 2002 (art. 920 do Código Civil de 1916).

TST OJ/SDI1 238. Submete-se à multa do artigo 477 da CLT a pessoa jurídica de direito público que não observa o prazo para pagamento das verbas rescisórias, pois nivela-se a qualquer particular, em direitos e obrigações, despojando-se do "jus imperii" ao celebrar um contrato de emprego.

4.5.5. Plano de Demissão Voluntária

TST OJ/SDI1 207. A indenização paga em virtude de adesão a programa de incentivo à demissão voluntária não está sujeita à incidência do imposto de renda.

TST OJ/SDI1 270. A transação extrajudicial que importa rescisão do contrato de trabalho ante a adesão do empregado a plano de demissão voluntária implica quitação exclusivamente das parcelas e valores constantes do recibo.

TST OJ/SDI1 356. Os créditos tipicamente trabalhistas reconhecidos em juízo não são suscetíveis de compensação com a indenização paga em decorrência de adesão do trabalhador a Programa de Incentivo à Demissão Voluntária (PDV).

4.5.6. Quitação

TST 330. A quitação passada pelo empregado, com assistência de entidade sindical de sua categoria, ao empregador, com observância dos requisitos exigidos nos parágrafos do art. 477 da CLT, tem eficácia liberatória em relação às parcelas expressamente consignadas no recibo, salvo se oposta ressalva expressa e especificada ao valor dado à parcela ou parcelas impugnadas. I. A quitação não abrange parcelas não consignadas no recibo de quitação e, consequentemente, seus reflexos em outras parcelas, ainda que estas constem desse recibo. II. Quanto a direitos que deveriam ter sido satisfeitos durante a vigência do contrato de trabalho, a quitação é válida em relação ao período expressamente consignado no recibo de quitação.

TST OJ/SDI2 132. Acordo celebrado – homologado judicialmente – em que o empregado dá plena e ampla quitação, sem qualquer ressalva, alcança não só o objeto da inicial, como também todas as demais parcelas referentes ao extinto contrato de trabalho, violando a coisa julgada, a propositura de nova reclamação trabalhista.

TST OJ/SDI1 162. A contagem do prazo para quitação das verbas decorrentes da rescisão contratual prevista no artigo 477 da CLT exclui necessariamente o dia da notificação da demissão e inclui o dia do vencimento, em obediência ao disposto no artigo 132 do Código Civil de 2002 (artigo 125 do Código Civil de 1916).

4.5.7. Reintegração

TST OJ/SDI2 65. Ressalvada a hipótese do art. 494 da CLT, não fere direito líquido e certo a determinação liminar de reintegração no emprego de dirigente sindical, em face da previsão do inciso X do art. 659 da CLT.

TST OJ/SDI2 142. Inexiste direito líquido e certo a ser oposto contra ato de juiz que, antecipando a tutela jurisdicional, determina a reintegração do empregado até a decisão final do processo, quando demonstrada a razoabilidade do direito subjetivo material, como nos casos de anistiado pela Lei n. 8.878/1994, aposentado, integrante de comissão de fábrica, dirigente sindical, portador de doença profissional, portador de vírus HIV ou detentor de estabilidade provisória prevista em norma coletiva.

4.6. Do Aviso Prévio (arts. 487 a 491)

TST 14. Reconhecida a culpa recíproca na rescisão do contrato de trabalho (art. 484 da CLT), o empregado tem direito a 50% (cinquenta por cento) do valor do aviso prévio, do décimo terceiro salário e das férias proporcionais.

TST 44. A cessação da atividade da empresa, com o pagamento da indenização, simples ou em dobro, não exclui, por si só, o direito do empregado ao aviso prévio.

TST 73. A ocorrência de justa causa, salvo a de abandono de emprego, no decurso do prazo do aviso prévio dado pelo empregador, retira do empregado qualquer direito às verbas rescisórias de natureza indenizatória.

TST 163. Cabe aviso prévio nas rescisões antecipadas dos contratos de experiência, na forma do art. 481 da CLT.

TST 230. É ilegal substituir o período que se reduz da jornada de trabalho, no aviso prévio, pelo pagamento das horas correspondentes.

TST 276. O direito ao aviso prévio é irrenunciável pelo empregado. O pedido de dispensa de cumprimento não exime o empregador de pagar o respectivo valor, salvo comprovação de haver o prestador dos serviços obtido novo emprego.

TST 348. É inválida a concessão do aviso prévio na fluência da garantia de emprego, ante a incompatibilidade dos dois institutos.

TST 371. A projeção do contrato de trabalho para o futuro, pela concessão do aviso prévio indenizado, tem efeitos limitados às vantagens econômicas obtidas no período de pré-aviso, ou seja, salários, reflexos e verbas rescisórias. No caso de concessão de auxílio-doença no curso do aviso prévio, todavia, só se concretizam os efeitos da dispensa depois de expirado o benefício previdenciário.

TST 380. Aplica-se a regra prevista no "caput" do art. 132 do Código Civil de 2002 à contagem do prazo do aviso prévio, excluindo-se o dia do começo e incluindo o do vencimento.

TST 441. O direito ao aviso prévio proporcional ao tempo de serviço somente é assegurado nas rescisões de contrato de trabalho ocorridas a partir da publicação da Lei n. 12.506, em 13 de outubro de 2011.

TST OJ/SDI1 82. A data de saída a ser anotada na CTPS deve corresponder à do término do prazo do aviso prévio, ainda que indenizado.

TST OJ/SDI1 83. A prescrição começa a fluir no final da data do término do aviso prévio.

TST OJ/SDI1 14. Em caso de aviso prévio cumprido em casa, o prazo para pagamento das verbas rescisórias é até o décimo dia da notificação de despedida.

TST OJ/SDI1 268. Somente após o término do período estabilitário é que se inicia a contagem do prazo do aviso prévio para efeito das indenizações previstas nos artigos 9º da Lei n. 6.708/79 e 9º da Lei n. 7.238/84.

TST OJ/SDI1 367. O prazo de aviso prévio de 60 dias, concedido por meio de norma coletiva que silencia sobre alcance de seus efeitos jurídicos, computa-se integralmente como tempo de serviço, nos termos do § 1º do art. 487 da CLT, repercutindo nas verbas rescisórias.

4.7. Da Estabilidade (arts. 492 a 500)

TST 28. No caso de se converter a reintegração em indenização dobrada, o direito aos salários é assegurado até a data da primeira decisão que determinou essa conversão.

TST 54. Rescindindo por acordo seu contrato de trabalho, o empregado estável optante tem direito ao mínimo de 60% (sessenta por cento) do total da indenização em dobro, calculada sobre o maior salário percebido no emprego. Se houver recebido menos do que esse total, qualquer que tenha sido a forma de transação, assegura-se-lhe a complementação até aquele limite.

TST 244. I. O desconhecimento do estado gravídico pelo empregador não afasta o direito ao pagamento da indenização decorrente da estabilidade (art. 10, II, "b" do ADCT). II. A garantia de emprego à gestante só autoriza a reintegração se esta se der durante o período de estabilidade. Do contrário, a garantia restringe-se aos salários e demais direitos correspondentes ao período de estabilidade. III. A empregada gestante tem direito à estabilidade provisória prevista no art. 10, inciso II, alínea "b", do Ato das Disposições Constitucionais Transitórias, mesmo na hipótese de admissão mediante contrato por tempo determinado..

TST 339. I. O suplente da CIPA goza da garantia de emprego prevista no art. 10, II, "a", do ADCT a partir da promulgação da Constituição Federal de 1988. II. A estabilidade provisória do cipeiro não constitui vantagem pessoal, mas garantia para as atividades dos membros da CIPA, que somente tem razão de ser quando em atividade a empresa. Extinto o estabelecimento, não se verifica a despedida arbitrária, sendo impossível a reintegração e indevida a indenização do período estabilitário.

TST 345. O Regulamento Interno de Pessoal (RIP) do Banco do Estado de Pernambuco – Bandepe, na parte que trata de seu regime disciplinar, não confere estabilidade aos seus empregados.

TST 355. O aviso DIREH nº 2, de 12.12.1984, que concedia estabilidade aos empregados da Conab, não tem eficácia, porque não aprovado pelo ministério ao qual a empresa se subordina.

TST 369. I. É assegurada a estabilidade provisória ao empregado dirigente sindical, ainda que a comunicação do registro da candidatura ou da eleição e da posse seja realizada fora do prazo previsto no art. 543, § 5º, da CLT, desde que a ciência ao empregador, por qualquer meio, ocorra na vigência do contrato de trabalho. II. O art. 522 da CLT foi recepcionado pela Constituição Federal de 1988. Fica limitada, assim, a estabilidade a que alude o art. 543, § 3.º, da CLT a sete dirigentes sindicais e igual número de suplentes. III. O empregado de categoria diferenciada eleito dirigente sindical só goza de estabilidade se exercer na empresa atividade pertinente à categoria profissional do sindicato para o qual foi eleito dirigente. IV. Havendo extinção da atividade empresarial no âmbito da base territorial do sindicato, não há razão para subsistir a estabilidade. V. O registro da candidatura do empregado a cargo de dirigente sindical durante o período de aviso prévio, ainda que indenizado, não lhe assegura a estabilidade, visto que inaplicável a regra do § 3º do art. 543 da Consolidação das Leis do Trabalho.

TST 378. I. É constitucional o artigo 118 da Lei n. 8.213/1991 que assegura o direito à estabilidade provisória por período de 12 meses após a cessação do auxílio-doença ao empregado acidentado. II. São pressupostos para a concessão da estabilidade o afastamento superior a 15 dias e a conseqüente percepção do auxílio-doença acidentário, salvo se constatada, após a despedida, doença profissional que guarde relação de causalidade com a execução do contrato de emprego. III. O empregado submetido a contrato de trabalho por tempo determinado goza da garantia provisória de emprego decorrente de acidente de trabalho prevista no art. 118 da Lei n. 8.213/91.

TST 379. O dirigente sindical somente poderá ser dispensado por falta grave mediante a apuração em inquérito judicial, inteligência dos arts. 494 e 543, §3º, da CLT.

TST 390. I. O servidor público celetista da administração direta, autárquica ou fundacional é beneficiário da estabilidade prevista no art. 41 da CF/1988. II. Ao empregado de empresa pública ou de sociedade de economia mista, ainda que admitido mediante aprovação em concurso público, não é garantida a estabilidade prevista no art. 41 da CF/1988.

TST 396. I. Exaurido o período de estabilidade, são devidos ao empregado apenas os salários do período compreendido entre a data da despedida e o final do período de estabilidade, não lhe sendo assegurada a reintegração no emprego. II. Não há nulidade por julgamento "extra petita" da decisão que deferir salário quando o pedido for de reintegração, dados os termos do art. 496 da CLT.

TST OJ/SDI1 41. Preenchidos todos os pressupostos para a aquisição de estabilidade decorrente de acidente ou doença profissional, ainda durante a vigência do instrumento normativo, goza o empregado de estabilidade mesmo após o término da vigência deste.

TST OJ/SDI1 253. O art. 55 da Lei n. 5.764/71 assegura a garantia de emprego apenas aos empregados eleitos diretores de Cooperativas, não abrangendo os membros suplentes.

TST OJ/SDI1 268. Somente após o término do período estabilitário é que se inicia a contagem do prazo do aviso prévio para efeito das indenizações previstas nos artigos 9º da Lei n. 6.708/79 e 9º da Lei n. 7.238/84.

TST OJ/SDI1 364. Fundação instituída por lei e que recebe dotação ou subvenção do Poder Público para realizar atividades de interesse do Estado, ainda que tenha personalidade jurídica de direito privado, ostenta natureza de fundação pública.

Assim, seus servidores regidos pela CLT são beneficiários da estabilidade excepcional prevista no art. 19 do ADCT.

TST OJ/SDI1 365. Membro de conselho fiscal de sindicato não tem direito à estabilidade prevista nos arts. 543, § 3º, da CLT e 8º, VIII, da CF/1988, porquanto não representa ou atua na defesa de direitos da categoria respectiva, tendo sua competência limitada à fiscalização da gestão financeira do sindicato (art. 522, § 2º, da CLT).

TST OJ/SDI1 369. O delegado sindical não é beneficiário da estabilidade provisória prevista no art. 8º, VIII, da CF/1988, a qual é dirigida, exclusivamente, àqueles que exerçam ou ocupem cargos de direção nos sindicatos, submetidos a processo eletivo.

TST OJ/SDI1 399. O ajuizamento de ação trabalhista após decorrido o período de garantia de emprego não configura abuso do exercício do direito de ação, pois este está submetido apenas ao prazo prescricional inscrito no art. 7º, XXIX, da CF/1988, sendo devida a indenização desde a dispensa até a data do término do período estabilitário.

TST OJ/SDI2 6. Rescinde-se o julgado que nega estabilidade a membro suplente de CIPA, representante de empregado, por ofensa ao art. 10, II, "a", do ADCT da CF/88, ainda que se cuide de decisão anterior à Súmula n. 339 do TST. Incidência da Súmula n. 83 do TST.

TST OJ/SDI2 65. Ressalvada a hipótese do art. 494 da CLT, não fere direito líquido e certo a determinação liminar de reintegração no emprego de dirigente sindical, em face da previsão do inciso X do art. 659 da CLT.

TST OJ/SDI2 137. Constitui direito líquido e certo do empregador a suspensão do empregado, ainda que detentor de estabilidade sindical, até a decisão final do inquérito em que se apure a falta grave a ele imputada, na forma do art. 494, "caput" e parágrafo único, da CLT.

5. DA ORGANIZAÇÃO SINDICAL (CLT, ARTS. 511 A 610)

5.1. Do Enquadramento Sindical (CLT, arts. 570 a 577)

TST 379. O dirigente sindical somente poderá ser dispensado por falta grave mediante a apuração em inquérito judicial, inteligência dos arts. 494 e 543, §3º, da CLT.

5.2. Da Contribuição Sindical (CLT, arts. 578 a 610)

TST 432. O recolhimento a destempo da contribuição sindical rural não acarreta a aplicação da multa progressiva prevista no art. 600 da CLT, em decorrência da sua revogação tácita pela Lei n. 8.022, de 12 de abril de 1990.

6. DAS CONVENÇÕES COLETIVAS DE TRABALHO (CLT, ARTS. 611 A 625)

TST 190. Ao julgar ou homologar ação coletiva ou acordo nela havido, o Tribunal Superior do Trabalho exerce o poder normativo constitucional, não podendo criar ou homologar condições de trabalho que o Supremo Tribunal Federal julgue iterativamente inconstitucionais.

TST 374. Empregado integrante de categoria profissional diferenciada não tem o direito de haver de seu empregador vantagens previstas em instrumento coletivo no qual a empresa não foi representada por órgão de classe de sua categoria.

TST 375. Os reajustes salariais previstos em norma coletiva de trabalho não prevalecem frente à legislação superveniente de política salarial.

TST 384. I. O descumprimento de qualquer cláusula constante de instrumentos normativos diversos não submete o empregado a ajuizar várias ações, pleiteando em cada uma o pagamento da multa referente ao descumprimento de obrigações previstas nas cláusulas respectivas. II. É aplicável multa prevista em instrumento normativo (sentença normativa, convenção ou acordo coletivo) em caso de descumprimento de obrigação prevista em lei, mesmo que a norma coletiva seja mera repetição de texto legal.

TST OJ/SDI1 322. Nos termos do art. 614, § 3º, da CLT, é de 2 anos o prazo máximo de vigência dos acordos e das convenções coletivas. Assim sendo, é inválida, naquilo que ultrapassa o prazo total de 2 anos, a cláusula de termo aditivo que prorroga a vigência do instrumento coletivo originário por prazo indeterminado.

TST OJ/SDI1 346. A decisão que estende aos inativos a concessão de abono de natureza jurídica indenizatória, previsto em norma coletiva apenas para os empregados em atividade, a ser pago de uma única vez, e confere natureza salarial à parcela, afronta o art. 7º, XXVI, da CF/88.

7. DO PROCESSO DE MULTAS ADMINISTRATIVAS (CLT, ARTS. 626 A 642)

TST 424. O § 1º do art. 636 da CLT, que estabelece a exigência de prova do depósito prévio do valor da multa cominada em razão de autuação administrativa como pressuposto de admissibilidade de recurso administrativo, não foi recepcionado pela Constituição Federal de 1988, ante a sua incompatibilidade com o inciso LV do art. 5º.

8. DO MINISTÉRIO PÚBLICO DO TRABALHO (CLT, ARTS. 736 A 762)

TST 100. I. O prazo de decadência, na ação rescisória, conta-se do dia imediatamente subsequente ao trânsito em julgado da última decisão proferida na causa, seja de mérito ou não. II. Havendo recurso parcial no processo principal, o trânsito em julgado dá-se em momentos e em tribunais diferentes, contando-se o prazo decadencial para a ação rescisória do trânsito em julgado de cada decisão, salvo se o recurso tratar de preliminar ou prejudicial que possa tornar insubsistente a decisão recorrida, hipótese em que flui a decadência a partir do trânsito em julgado da decisão que julgar o recurso parcial. III. Salvo se houver dúvida razoável, a interposição de recurso intempestivo ou a interposição de recurso incabível não protrai o termo inicial do prazo decadencial. IV. O juízo rescindente não está adstrito à certidão de trânsito em julgado juntada com a ação rescisória, podendo formar sua convicção através de outros elementos dos autos quanto à antecipação ou postergação do "dies a quo" do prazo decadencial. V. O acordo homologado judicialmente tem força de decisão irrecorrível, na forma do art. 831 da CLT. Assim sendo, o termo conciliatório transita em julgado na data da sua homologação judicial. VI. Na hipótese de colusão das partes, o prazo decadencial da ação rescisória somente começa a fluir para o Ministério Público, que não interveio no processo principal, a partir do momento em que tem ciência da fraude. VII. Não ofende o princípio do duplo grau de jurisdição a decisão do TST que, após afastar a decadência em sede de recurso ordinário, aprecia desde logo a lide, se a causa versar questão exclusivamente de direito e estiver em condições de imediato julgamento. VIII. A exceção de incompetência, ainda que oposta no prazo recursal, sem ter sido aviado o recurso próprio, não tem o condão de afastar a consumação da coisa julgada e, assim, postergar o termo inicial do prazo decadencial para a ação rescisória. IX. Prorroga-se até o primeiro dia útil, imediatamente subsequente, o prazo decadencial para ajuizamento de ação rescisória quando expira em férias forenses, feriados, finais de semana ou em dia em que não houver expediente forense. Aplicação do art. 775 da CLT. X. Conta-se o prazo decadencial da ação rescisória, após o decurso do prazo legal previsto para a interposição do recurso extraordinário, apenas quando esgotadas todas as vias recursais ordinárias.

TST 407. A legitimidade "ad causam" do Ministério Público para propor ação rescisória, ainda que não tenha sido parte no processo que deu origem à decisão rescindenda, não está limitada às alíneas "a", "b" e "c" do inciso III do art. 967 do CPC de 2015 (art. 487, III, "a" e "b", do CPC de 1973), uma vez que traduzem hipóteses meramente exemplificativas.

9. TEMAS ESPARSOS

9.1. Normas Regulamentares

9.1.1. Complementação de Aposentadoria

TST 72. O prêmio-aposentadoria instituído por norma regulamentar da empresa não está condicionado ao disposto no § 2º do art. 14 da Lei n. 8.036, de 11.5.1990.

TST 92. O direito à complementação de aposentadoria, criado pela empresa, com requisitos próprios, não se altera pela instituição de benefício previdenciário por órgão oficial.

TST 97. Instituída complementação de aposentadoria por ato da empresa, expressamente dependente de regulamentação, as condições desta devem ser observadas como parte integrante da norma.

TST 288. I. A complementação dos proventos de aposentadoria, instituída, regulamentada e paga diretamente pelo empregador, sem vínculo com as entidades de previdência privada fechada, é regida pelas normas em vigor na data de admissão do empregado, ressalvadas as alterações que forem mais benéficas (art. 468 da CLT). II. Na hipótese de coexistência de dois regulamentos de planos de previdência complementar, instituídos pelo empregador ou por entidade de previdência privada, a opção do beneficiário por um deles tem efeito jurídico de renúncia às regras do outro. III. Após a entrada em vigor das leis complementares nºs 108 e 109, de 29.05.2001, reger-se-á a complementação dos proventos de aposentadoria pelas normas vigentes na data da implementação dos requisitos para obtenção do benefício, ressalvados o direito adquirido do participante que anteriormente implementara os requisitos para o benefício e o direito acumulado do empregado que até então não preenchera tais requisitos. IV. O entendimento da primeira parte do item III aplica-se aos processos em curso no Tribunal Superior do Trabalho em que, em 12.4.2016, ainda não haja sido proferida decisão de mérito por suas Turmas e Seções.

TST 313. A complementação de aposentadoria, prevista no art. 106, e seus parágrafos, do regulamento de pessoal editado em 1965, só é integral para os empregados que tenham 30 (trinta) ou mais anos de serviços prestados exclusivamente ao banco.

TST 332. As normas relativas à complementação de aposentadoria, inseridas no Manual de Pessoal da Petrobras, têm caráter meramente programático, delas não resultando direito à referida complementação.

TST OJ/SDI1 18. I. O valor das horas extras integra a remuneração do empregado para o cálculo da complementação de aposentadoria, desde que sobre ele incida a contribuição à Caixa de Previdência dos Funcionários do Banco do Brasil – PREVI, observado o respectivo regulamento no tocante à integração. III. No cálculo da complementação de aposentadoria deve-se observar a média trienal. IV. A complementação de aposentadoria proporcional aos anos de serviço prestados exclusivamente ao Banco do Brasil somente se verifica a partir da Circular Funci n. 436/1963. V. O Telex DIREC do Banco do Brasil n. 5003/1987 não assegura a complementação de aposentadoria integral, porque não aprovado pelo órgão competente ao qual a instituição se subordina.

TST OJ/SDI1 224. I. A partir da vigência da Medida Provisória n. 542, de 30.06.1994, convalidada pela Lei n. 9.069, de 29.06.1995, o critério de reajuste da complementação de aposentadoria passou a ser anual e não semestral, aplicando-se o princípio "rebus sic stantibus" diante da nova ordem econômica. II. A alteração da periodicidade do reajuste da complementação de aposentadoria – de semestral para anual –, não afeta o direito ao resíduo inflacionário apurado nos meses de abril, maio e junho de 1994, que deverá incidir sobre a correção realizada no mês de julho de 1995.

TST OJ/SDI1 276. É incabível ação declaratória visando a declarar direito à complementação de aposentadoria, se ainda não atendidos os requisitos necessários à aquisição do direito, seja por via regulamentar, ou por acordo coletivo.

TST OJ/SDI2 8. Não se rescinde julgado que acolheu pedido de complementação de aposentadoria integral em favor de empregado do Banespa, antes da Súmula n. 313 do TST, em virtude da notória controvérsia jurisprudencial então reinante. Incidência da Súmula n. 83 do TST.

9.1.2. Normas Esparsas

TST 51. I. As cláusulas regulamentares, que revoguem ou alterem vantagens deferidas anteriormente, só atingirão os trabalhadores admitidos após a revogação ou alteração do regulamento. II. Havendo a coexistência de dois regulamentos da empresa, a opção do empregado por um deles tem efeito jurídico de renúncia às regras do sistema do outro.

TST 77. Nula é a punição de empregado se não precedida de inquérito ou sindicância internos a que se obrigou a empresa por norma regulamentar.

TST 87. Se o empregado, ou seu beneficiário, já recebeu da instituição previdenciária privada, criada pela empresa, vantagem equivalente, é cabível a dedução de seu valor do benefício a que faz jus por norma regulamentar anterior.

TST 186. A licença-prêmio, na vigência do contrato de trabalho, não pode ser convertida em pecúnia, salvo se expressamente admitida a conversão no regulamento da empresa.

9.1.3. Participação nos Lucros

TST 336. É constitucional o § 2º do art. 9º do Decreto-Lei n. 1.971, de 30.11.1982, com a redação dada pelo Decreto-Lei n. 2.100, de 28.12.1983.

TST 451. Fere o princípio da isonomia instituir vantagem mediante acordo coletivo ou norma regulamentar que condiciona a percepção da parcela participação nos lucros e resultados ao fato de estar o contrato de trabalho em vigor na data prevista para a distribuição dos lucros. Assim, inclusive na rescisão contratual antecipada, é devido o pagamento da parcela de forma proporcional aos meses trabalhados, pois o ex-empregado concorreu para os resultados positivos da empresa.

9.2. Prescrição no Direito do Trabalho

TST 114. É inaplicável na Justiça do Trabalho a prescrição intercorrente.

TST 153. Não se conhece de prescrição não arguida na instância ordinária.

TST 156. Da extinção do último contrato começa a fluir o prazo prescricional do direito de ação em que se objetiva a soma de períodos descontínuos de trabalho.

TST 206. A prescrição da pretensão relativa às parcelas remuneratórias alcança o respectivo recolhimento da contribuição para o FGTS.

TST 268. A ação trabalhista, ainda que arquivada, interrompe a prescrição somente em relação aos pedidos idênticos.

TST 275. I. Na ação que objetive corrigir desvio funcional, a prescrição só alcança as diferenças salariais vencidas no período de 5 (cinco) anos que precedeu o ajuizamento. II. Em se tratando de pedido de reenquadramento, a prescrição é total, contada da data do enquadramento do empregado.

TST 294. Tratando-se de ação que envolva pedido de prestações sucessivas decorrente de alteração do pactuado, a prescrição é total, exceto quando o direito à parcela esteja também assegurado por preceito de lei.

TST 308. I. Respeitado o biênio subsequente à cessação contratual, a prescrição da ação trabalhista concerne às pretensões imediatamente anteriores a cinco anos, contados da data do ajuizamento da reclamação e, não, às anteriores ao quinquênio da data da extinção do contrato. II. A norma constitucional que ampliou o prazo de prescrição da ação trabalhista para 5 (cinco) anos é de aplicação imediata e não atinge pretensões já alcançadas pela prescrição bienal quando da promulgação da CF/1988.

TST 326. A pretensão à complementação de aposentadoria jamais recebida prescreve em 2 (dois) anos contados da cessação do contrato de trabalho.

TST 327. A pretensão a diferenças de complementação de aposentadoria sujeita-se à prescrição parcial e quinquenal, salvo se o pretenso direito decorrer de verbas não recebidas no curso da relação de emprego e já alcançadas pela prescrição, à época da propositura da ação.

TST 362. I. Para os casos em que a ciência da lesão ocorreu a partir de 13.11.2014, é quinquenal a prescrição do direito de reclamar contra o não-recolhimento de contribuição para o FGTS, observado o prazo de dois anos após o término do contrato. II. Para os casos em que o prazo prescricional já estava em curso em 13.11.2014, aplica-se o prazo prescricional que se consumar primeiro: trinta anos, contados do termo inicial, ou cinco anos, a partir de 13.11.2014 (STF-ARE-709212/DF).

TST 373. Tratando-se de pedido de diferença de gratificação semestral que teve seu valor congelado, a prescrição aplicável é a parcial.

TST 382. A transferência do regime jurídico de celetista para estatutário implica extinção do contrato de trabalho, fluindo o prazo da prescrição bienal a partir da mudança de regime.

TST 452. Tratando-se de pedido de pagamento de diferenças salariais decorrentes da inobservância dos critérios de promoção estabelecidos em plano de cargos e salários criado pela empresa, a prescrição aplicável é a parcial, pois a lesão é sucessiva e se renova mês a mês.

TST OJ/SDI1 76. A alteração contratual consubstanciada na substituição dos avanços trienais por quinquênios decorre de ato único do empregador, momento em que começa a fluir o prazo fatal de prescrição.

TST OJ/SDI1 83. A prescrição começa a fluir no final da data do término do aviso prévio.

TST OJ/SDI1 38. O empregado que trabalha em empresa de reflorestamento, cuja atividade está diretamente ligada ao manuseio da terra e de matéria-prima, é rurícola e não industriário, nos termos do

Decreto n. 73.626, de 12.2.1974, art. 2º, § 4º, pouco importando que o fruto de seu trabalho seja destinado à indústria. Assim, aplica-se a prescrição própria dos rurícolas aos direitos desses empregados.

TST OJ/SDI1 129. A prescrição extintiva para pleitear judicialmente o pagamento da complementação de pensão e do auxílio-funeral é de 2 anos, contados a partir do óbito do empregado.

TST OJ/SDI1 130. Ao exarar o parecer na remessa de ofício, na qualidade de "custos legis", o Ministério Público não tem legitimidade para arguir a prescrição em favor de entidade de direito público, em matéria de direito patrimonial.

TST OJ/SDI1 175. A supressão das comissões, ou a alteração quanto à forma ou ao percentual, em prejuízo do empregado, é suscetível de operar a prescrição total da ação, nos termos da Súmula n. 294 do TST, em virtude de cuidar-se de parcela não assegurada por preceito de lei.

TST OJ/SDI1 242. Embora haja previsão legal para o direito à hora extra, inexiste previsão para a incorporação ao salário do respectivo adicional, razão pela qual deve incidir a prescrição total.

TST OJ/SDI1 243. Aplicável a prescrição total sobre o direito de reclamar diferenças salariais resultantes de planos econômicos.

TST OJ/SDI1 271. O prazo prescricional da pretensão do rurícola, cujo contrato de emprego já se extinguira ao sobrevir a Emenda Constitucional n. 28, de 26/05/2000, tenha sido ou não ajuizada a ação trabalhista, prossegue regido pela lei vigente ao tempo da extinção do contrato de emprego.

TST OJ/SDI1 359. A ação movida por sindicato, na qualidade de substituto processual, interrompe a prescrição, ainda que tenha sido considerado parte ilegítima "ad causam".

TST OJ/SDI1 375. A suspensão do contrato de trabalho, em virtude da percepção do auxílio-doença ou da aposentadoria por invalidez, não impede a fluência da prescrição quinquenal, ressalvada a hipótese de absoluta impossibilidade de acesso ao Judiciário.

TST OJ/SDI1 392. O protesto judicial é medida aplicável no processo do trabalho, por força do art. 769 da CLT e do art. 15 do CPC de 2015. O ajuizamento da ação, por si só, interrompe o prazo prescricional, em razão da inaplicabilidade do § 2º do art. 240 do CPC de 2015 (§ 2º do art. 219 do CPC de 1973), incompatível com o disposto no art. 841 da CLT.

TST OJ/SDI1 401. O marco inicial da contagem do prazo prescricional para o ajuizamento de ação condenatória, quando advém a dispensa do empregado no curso de ação declaratória que possua a mesma causa de pedir remota, é o trânsito em julgado da decisão proferida na ação declaratória e não a data da extinção do contrato de trabalho.

TST OJ/SDI1 417. Não há prescrição total ou parcial da pretensão do trabalhador rural que reclama direitos relativos a contrato de trabalho que se encontrava em curso à época da promulgação da Emenda Constitucional n. 28, de 26.05.2000, desde que ajuizada a demanda no prazo de cinco anos de sua publicação, observada a prescrição bienal.

9.3. Responsabilidade por Dívidas Trabalhistas

TST OJ/SDI1 92. Em caso de criação de novo município, por desmembramento, cada uma das novas entidades responsabiliza-se pelos direitos trabalhistas do empregado no período em que figurarem como real empregador.

TST OJ/SDI1 185. O Estado-Membro não é responsável subsidiária ou solidariamente com a Associação de Pais e Mestres pelos encargos trabalhistas dos empregados contratados por esta última, que deverão ser suportados integral e exclusivamente pelo real empregador.

TST OJ/SDI1 191. Diante da inexistência de previsão legal específica, o contrato de empreitada de construção civil entre o dono da obra e o empreiteiro não enseja responsabilidade solidária ou subsidiária nas obrigações trabalhistas contraídas pelo empreiteiro, salvo sendo o dono da obra uma empresa construtora ou incorporadora.

TST OJ/SDI1 225. Celebrado contrato de concessão de serviço público em que uma empresa (primeira concessionária) outorga a outra (segunda concessionária), no todo ou em parte, mediante arrendamento, ou qualquer outra forma contratual, a título transitório, bens de sua propriedade: I. em caso de rescisão do contrato de trabalho após a entrada em vigor da concessão, a segunda concessionária, na condição de sucessora, responde pelos direitos decorrentes do contrato de trabalho, sem prejuízo da responsabilidade subsidiária da primeira concessionária pelos débitos trabalhistas contraídos até a concessão. II. no tocante ao contrato de trabalho extinto antes da vigência da concessão, a responsabilidade pelos direitos dos trabalhadores será exclusivamente da antecessora.

TST OJ/SDI1 261. As obrigações trabalhistas, inclusive as contraídas à época em que os empregados trabalhavam para o banco sucedido, são de responsabilidade do sucessor, uma vez que a este foram transferidos os ativos, as agências, os direitos e deveres contratuais, caracterizando típica sucessão trabalhista.

TST OJ/SDI1 411. O sucessor não responde solidariamente por débitos trabalhistas de empresa não adquirida, integrante do mesmo grupo econômico da empresa sucedida, quando, à época, a empresa devedora direta era solvente ou idônea economicamente, ressalvada a hipótese de má-fé ou fraude na sucessão.

9.4. Terceirização

TST 331. I. A contratação de trabalhadores por empresa interposta é ilegal, formando-se o vínculo diretamente com o tomador dos serviços, salvo no caso de trabalho temporário (Lei n. 6.019, de 03.01.1974). II. A contratação irregular de trabalhador, mediante empresa interposta, não gera vínculo de emprego com os órgãos da Administração Pública direta, indireta ou fundacional (art. 37, II, da CF/1988). III. Não forma vínculo de emprego com o tomador a contratação de serviços de vigilância (Lei n. 7.102, de 20.06.1983) e de conservação e limpeza, bem como a de serviços especializados ligados à atividade-meio do tomador, desde que inexistente a pessoalidade e a subordinação direta. IV. O inadimplemento das obrigações trabalhistas, por parte do empregador, implica a responsabilidade subsidiária do tomador dos serviços quanto àquelas obrigações, desde que haja participado da relação processual e conste também do título executivo judicial. V. Os entes integrantes da Administração Pública direta e indireta respondem subsidiariamente, nas mesmas condições do item IV, caso evidenciada a sua conduta culposa no cumprimento das obrigações da Lei n. 8.666, de 21.06.1993, especialmente na fiscalização do cumprimento das obrigações contratuais e legais da prestadora de serviço como empregadora. A aludida responsabilidade não decorre de mero inadimplemento das obrigações trabalhistas assumidas pela empresa regularmente contratada. VI. A responsabilidade subsidiária do tomador de serviços abrange todas as verbas decorrentes da condenação referentes ao período da prestação laboral.

TST OJ/SDI1 321. Salvo os casos de trabalho temporário e de serviço de vigilância, previstos nas leis n.s 6.019, de 3.1.74, e 7.102, de 20.6.83, é ilegal a contratação de trabalhadores por empresa interposta, formando-se o vínculo empregatício diretamente com o tomador dos serviços, inclusive ente público, em relação ao período anterior à vigência da CF/88.

TST OJ/SDI1 383. A contratação irregular de trabalhador, mediante empresa interposta, não gera vínculo de emprego com ente da Administração Pública, não afastando, contudo, pelo princípio da isonomia, o direito dos empregados terceirizados às mesmas verbas trabalhistas legais e normativas asseguradas àqueles contratados pelo tomador dos serviços, desde que presente a igualdade de funções. Aplicação analógica do art. 12, "a", da Lei 6.019, de 3.1.1974.

9.5. Vale-Transporte

TST 460. É do empregador o ônus de comprovar que o empregado não satisfaz os requisitos indispensáveis para a concessão do vale-transporte ou não pretenda fazer uso do benefício.

9.6. Vigia Portuário

TST 309. Tratando-se de terminais privativos destinados à navegação de cabotagem ou de longo curso, não é obrigatória a requisição de vigia portuário indicado por sindicato.

4. DIREITO PREVIDENCIÁRIO

1. CONTRIBUIÇÕES PREVIDENCIÁRIAS

TST OJ/SDI1 363. A responsabilidade pelo recolhimento das contribuições social e fiscal, resultante de condenação judicial referente a verbas remuneratórias, é do empregador e incide sobre o total da condenação. Contudo, a culpa do empregador pelo inadimplemento das verbas remuneratórias não exime a responsabilidade do empregado pelos pagamentos do imposto de renda devido e da contribuição previdenciária que recaia sobre sua quota-parte.

TST OJ/SDI1 368. É devida a incidência das contribuições para a Previdência Social sobre o valor total do acordo homologado em juízo, independentemente do reconhecimento de vínculo de emprego, desde que não haja discriminação das parcelas sujeitas à incidência da contribuição previdenciária, conforme parágrafo único do art. 43 da Lei n. 8.212, de 24.7.1991, e do art. 195, I, "a", da CF/1988.

TST OJ/SDI1 376. É devida a contribuição previdenciária sobre o valor do acordo celebrado e homologado após o trânsito em julgado de decisão judicial, respeitada a proporcionalidade de valores entre as parcelas de natureza salarial e indenizatória deferidas na decisão condenatória e as parcelas objeto do acordo.

TST OJ/SDI1 398. Nos acordos homologados em juízo em que não haja o reconhecimento de vínculo empregatício, é devido o recolhimento da contribuição previdenciária, mediante a alíquota de 20% a cargo do tomador de serviços e de 11% por parte do prestador de serviços, na qualidade de contribuinte individual, sobre o valor total do acordo, respeitado o teto de contribuição. Inteligência do § 4º do art. 30 e do inciso III do art. 22, todos da Lei n. 8.212, de 24.7.1991.

5. DIREITO PROCESSUAL CIVIL

1. DA FUNÇÃO JURISDICIONAL (ARTS. 16 A 69)

1.1. Da Jurisdição e da Ação (arts. 16 a 20)

TST OJ/SDI1 188. Falta interesse de agir para a ação individual, singular ou plúrima, quando o direito já foi reconhecido através de decisão normativa, cabendo, no caso, ação de cumprimento.

TST OJ/SDI1 276. É incabível ação declaratória visando a declarar direito à complementação de aposentadoria, se ainda não atendidos os requisitos necessários à aquisição do direito, seja por via regulamentar, ou por acordo coletivo.

2. DOS SUJEITOS DO PROCESSO (ARTS. 70 A 187)

2.1. Das Partes e dos Procuradores (arts. 70 a 112)

2.1.1. Da Capacidade Processual (arts. 70 a 76)

TST OJ/SDI1 121. O sindicato tem legitimidade para atuar na qualidade de substituto processual para pleitear diferença de adicional de insalubridade.

2.1.2. Dos Procuradores (arts. 103 a 107)

TST OJ/SDI1 75. Não produz efeitos jurídicos recurso subscrito por advogado com poderes conferidos em substabelecimento em que não consta o reconhecimento de firma do outorgante. Entendimento aplicável antes do advento da Lei n. 8.952/1994.

TST OJ/SDI1 110. A existência de instrumento de mandato apenas nos autos de agravo de instrumento, ainda que em apenso, não legitima a atuação de advogado nos processos de que se originou o agravo.

TST OJ/SDI1 200. É inválido o substabelecimento de advogado investido de mandato tácito.

TST OJ/SDI1 255. O art. 75, inciso VIII, do CPC de 2015 (art. 12, VI, do CPC de 1973) não determina a exibição dos estatutos da empresa em juízo como condição de validade do instrumento de mandato outorgado ao seu procurador, salvo se houver impugnação da parte contrária.

TST OJ/SDI1 286. I. A juntada da ata de audiência, em que consignada a presença do advogado, desde que não estivesse atuando com mandato expresso, torna dispensável a procuração deste, porque demonstrada a existência de mandato tácito. II. Configurada a existência de mandato tácito fica suprida a irregularidade de-tectada no mandato expresso.

TST OJ/SDI1 318. Os Estados e os Municípios não têm legitimidade para recorrer em nome das autarquias detentoras de personalidade jurídica própria, devendo ser representadas pelos procuradores que fazem parte de seus quadros ou por advogados constituídos.

TST OJ/SDI1 319. Válidos são os atos praticados por estagiário se, entre o substabelecimento e a interposição do recurso, sobreveio a habilitação, do então estagiário, para atuar como advogado.

TST OJ/SDI1 349. A juntada de nova procuração aos autos, sem ressalva de poderes conferidos ao antigo patrono, implica revogação tácita do mandato anterior.

TST OJ/SDI1 371. Não caracteriza a irregularidade de representação a ausência da data da outorga de poderes, pois, no mandato judicial, ao contrário do mandato civil, não é condição de validade do negócio jurídico. Assim, a data a ser considerada é aquela em que o instrumento for juntado aos autos, conforme preceitua o art. 409, IV, do CPC de 2015 (art. 370, IV, do CPC de 1973). Inaplicável o art. 654, § 1º, do Código Civil.

TST OJ/SDI1 374. É regular a representação processual do subscritor do agravo de instrumento ou do recurso de revista que detém mandato com poderes de representação limitados ao âmbito do tribunal regional do trabalho, pois, embora a apreciação desse recurso seja realizada pelo Tribunal Superior do Trabalho, a sua interposição é ato praticado perante o tribunal regional do trabalho, circunstância que legitima a atuação do advogado no feito.

2.2. Da Intervenção de Terceiros (arts. 119 a 138)

TST 82. A intervenção assistencial, simples ou adesiva, só é admissível se demonstrado o interesse jurídico e não o meramente econômico.

2.3. Do Ministério Público (arts. 176 a 181)

TST OJ/SDI1 130. Ao exarar o parecer na remessa de ofício, na qualidade de "custos legis", o Ministério Público não tem legitimidade para arguir a prescrição em favor de entidade de direito público, em matéria de direito patrimonial.

TST OJ/SDI1 237. I. O Ministério Público do Trabalho não tem legitimidade para recorrer na defesa de interesse patrimonial privado, ainda que de empresas públicas e sociedades de economia mista. II. Há legitimidade do Ministério Público do Trabalho para recorrer de decisão que declara a existência de vínculo empregatício com sociedade de economia mista ou empresa pública, após a Constituição Federal de 1988, sem a prévia aprovação em concurso público, pois é matéria de ordem pública.

TST OJ/SDI1 350. O Ministério Público do Trabalho pode arguir, em parecer, na primeira vez que tenha de se manifestar no processo, a nulidade do contrato de trabalho em favor de ente público, ainda que a parte não a tenha suscitado, a qual será apreciada, sendo vedada, no entanto, qualquer dilação probatória.

3. DOS ATOS PROCESSUAIS (ARTS. 188 A 293)

3.1. Da Forma, do Tempo e do Lugar dos Atos Processuais (arts. 188 a 235)

3.1.1. Dos Prazos (arts. 218 a 293)

TST OJ/SDI1 310. Inaplicável ao processo do trabalho a norma contida no art. 229, caput e §§ 1º e 2º, do CPC de 2015 (art. 191 do CPC de 1973), em razão de incompatibilidade com a celeridade que lhe é inerente.

TST OJ/SDI2 18. O art. 67 da Lei Complementar n. 73/93 interrompeu todos os prazos, inclusive o de decadência, em favor da União no período compreendido entre 14.2.93 e 14.8.93.

4. DA TUTELA PROVISÓRIA (ARTS. 294 A 311)

4.1. Da Tutela de Urgência (arts. 300 a 310)

TST OJ/SDI2 64. Não fere direito líquido e certo a concessão de tutela antecipada para reintegração de empregado protegido por estabilidade provisória decorrente de lei ou norma coletiva.

TST OJ/SDI2 68. Nos tribunais, compete ao relator decidir sobre o pedido de antecipação de tutela, submetendo sua decisão ao colegiado respectivo, independentemente de pauta, na sessão imediatamente subsequente.

TST OJ/SDI2 63. Comporta a impetração de mandado de segurança o deferimento de reintegração no emprego em ação cautelar.

TST OJ/SDI2 76. É indispensável a instrução da ação cautelar com as provas documentais necessárias à aferição da plausibilidade de êxito na rescisão do julgado. Assim sendo, devem vir junto com a inicial da cautelar as cópias da petição inicial da ação rescisória principal, da decisão rescindenda, da certidão do trânsito em julgado da decisão rescindenda e informação do andamento atualizado da execução.

TST OJ/SDI2 113. É incabível medida cautelar para imprimir efeito suspensivo a recurso interposto contra decisão proferida em mandado de segurança, pois ambos visam, em última análise, à sustação do ato atacado. Extingue-se, pois, o processo, sem julgamento do mérito, por ausência de interesse de agir, para evitar que decisões judiciais conflitantes e inconciliáveis passem a reger idêntica situação jurídica.

TST OJ/SDI2 131. A ação cautelar não perde o objeto enquanto ainda estiver pendente o trânsito em julgado da ação rescisória principal, devendo o pedido cautelar ser julgado procedente, mantendo-se os efeitos da liminar eventualmente deferida, no caso de procedência do pedido rescisório ou, por outro lado, improcedente, se o pedido da ação rescisória principal tiver sido julgado improcedente.

5. DO PROCESSO DE CONHECIMENTO E DO CUMPRIMENTO DE SENTENÇA (ARTS. 318 A 770)

5.1. Do Procedimento Comum (arts. 318 a 512)

5.1.1. Da Petição Inicial (arts. 319 a 331)

TST 71. A alçada é fixada pelo valor dado à causa na data de seu ajuizamento, desde que não impugnado, sendo inalterável no curso do processo.

TST 263. Salvo nas hipóteses do art. 330 do CPC de 2015 (art. 295 do CPC de 1973), o indeferimento da petição inicial, por encontrar-se desacompanhada de do-cumento indispensável à propositura da ação ou não preencher outro requi-sito legal, somente é cabível se, após intimada para suprir a irregularidade em 15 (quinze) dias, mediante indicação precisa do que deve ser corrigido ou completado, a parte não o fizer (art. 321 do CPC de 2015).

TST OJ/SDI1 391. A submissão prévia de demanda a comissão paritária, constituída nos termos do art. 23 da Lei 8.630, de 25.2.1993 (Lei dos Portos), não é pressuposto de constituição e desenvolvimento válido e regular do processo, ante a ausência de previsão em lei.

TST OJ/SDI2 70. O manifesto equívoco da parte em ajuizar ação rescisória no TST para desconstituir julgado proferido pelo TRT, ou vice-versa, implica a extinção do processo sem julgamento do mérito por inépcia da inicial.

5.1.2. Da Contestação (arts. 335 a 342)

TST 18. A compensação, na Justiça do Trabalho, está restrita a dívidas de natureza trabalhista.

TST 48. A compensação só poderá ser arguida com a contestação.

6. DOS PROCESSOS NOS TRIBUNAIS E DOS MEIOS DE IMPUGNAÇÃO DAS DECISÕES JUDICIAIS (ARTS. 926 A 1.044)

6.1. Da Ordem dos Processos e dos Processos de Competência Originária dos Tribunais (arts. 926 a 993)

6.1.1. Da Ação Rescisória (arts. 966 a 975)

TST 83. I. Não procede pedido formulado na ação rescisória por violação literal de lei se a decisão rescindenda estiver baseada em texto legal infraconstitucional de interpretação controvertida nos Tribunais. II. O marco divisor quanto a ser, ou não, controvertida, nos tribunais, a interpretação dos dispositivos legais citados na ação rescisória é a data da inclusão, na Orientação Jurisprudencial do TST, da matéria discutida.

TST 99. Havendo recurso ordinário em sede de rescisória, o depósito recursal só é exigível quando for julgado procedente o pedido e imposta condenação em pecúnia, devendo este ser efetuado no prazo recursal, no limite e nos termos da legislação vigente, sob pena de deserção.

TST 100. I. O prazo de decadência, na ação rescisória, conta-se do dia imediatamente subsequente ao trânsito em julgado da última decisão proferida na causa, seja de mérito ou não. II. Havendo recurso parcial no processo principal, o trânsito em julgado dá-se em momentos e em tribunais diferentes, contando-se o prazo decadencial para a ação rescisória do trânsito em julgado de cada decisão, salvo se o recurso tratar de preliminar ou prejudicial que possa tornar insubsistente a decisão recorrida, hipótese em que flui a decadência a partir do trânsito em julgado da decisão que julgar o recurso parcial. III. Salvo se houver dúvida razoável, a interposição de recurso intempestivo ou a interposição de recurso incabível não protrai o termo inicial do prazo decadencial. IV. O juízo rescindente não está adstrito à certidão de trânsito em julgado juntada com a ação rescisória, podendo formar sua convicção através de outros elementos dos autos quanto à antecipação ou postergação do "dies a quo" do prazo decadencial. V. O acordo homologado judicialmente tem força de decisão irrecorrível, na forma do art. 831 da CLT. Assim sendo, o termo conciliatório transita em julgado na data da sua homologação judicial. VI. Na hipótese de colusão das partes, o prazo decadencial da ação rescisória somente começa a fluir para o Ministério Público, que não interveio no processo principal, a partir do momento em que tem ciência da fraude. VII. Não ofende o princípio do duplo grau de jurisdição a decisão do TST que, após afastar a decadência em sede de recurso ordinário, aprecia desde logo a lide, se a causa versar questão exclusivamente de direito e estiver em condições de imediato julgamento. VIII. A exceção de incompetência, ainda que oposta no prazo recursal, sem ter sido aviado o recurso próprio, não tem o condão de afastar a consumação da coisa julgada e, assim, postergar o termo inicial do prazo decadencial para a ação rescisória. IX. Prorroga-se até o primeiro dia útil, imediatamente subsequente, o prazo decadencial para ajuizamento de ação rescisória quando expira em férias forenses, feriados, finais de semana ou em dia em que não houver expediente forense. Aplicação do art. 775 da CLT. X. Conta-se o prazo decadencial da ação rescisória, após o decurso do prazo legal previsto para a interposição do recurso extraordinário, apenas quando esgotadas todas as vias recursais ordinárias.

TST 158. Da decisão de Tribunal Regional do Trabalho, em ação rescisória, é cabível recurso ordinário para o Tribunal Superior do Trabalho, em face da organização judiciária trabalhista.

TST 192. I. Se não houver o conhecimento de recurso de revista ou de embargos, a competência para julgar ação que vise a rescindir a decisão de mérito é do Tribunal Regional do Trabalho, ressalvado o disposto no item II. II. Acórdão rescindendo do Tribunal Superior do Trabalho que não conhece de recurso de embargos ou de revista, analisando arguição de violação de dispositivo de lei material ou decidindo em consonância com súmula de direito material ou com iterativa, notória e atual jurisprudência de direito material da Seção de Dissídios Individuais (Súmula n. 333), examina o mérito da causa, cabendo ação rescisória da competência do Tribunal Superior do Trabalho. III. Sob a égide do art. 512 do CPC de 1973, é juridicamente impossível o pedido explícito de desconstituição de sentença quando substituída por acórdão do Tribunal Regional ou superveniente sentença homologatória de acordo que puser fim ao litígio. IV. Na vigência do CPC de 1973, é manifesta a impossibilidade jurídica do pedido de rescisão de julgado proferido em agravo de instrumento que, limitando-se a aferir o eventual desacerto do juízo negativo de admissibilidade do recurso de revista, não substitui o acórdão regional, na forma do art. 512 do CPC. V. A decisão proferida pela SBDI, em agravo regimental, calcada na Súmula n. 333, substitui acórdão de Turma do TST, porque emite juízo de mérito, comportando, em tese, o corte rescisório.

TST 259. Só por ação rescisória é impugnável o termo de conciliação previsto no parágrafo único do art. 831 da CLT.

TST 298. I. A conclusão acerca da ocorrência de violação literal a disposição de lei pressupõe pronunciamento explícito, na sentença rescindenda, sobre a matéria veiculada. II. O pronunciamento explícito exigido em ação rescisória diz respeito à matéria e ao enfoque específico da tese debatida na ação, e não, necessariamente, ao dispositivo legal tido por violado. Basta que o conteúdo da norma reputada violada haja sido abordado na decisão rescindenda para que se considere preenchido o pressuposto. III. Para efeito de ação rescisória, considera-se pronunciada explicitamente a matéria tratada na sentença quando, examinando remessa de ofício, o Tribunal simplesmente a confirma. IV. A sentença meramente homologatória, que silencia sobre os motivos de convencimento do juiz, não se mostra rescindível, por ausência de pronunciamento explícito. V. Não é absoluta a exigência de pronunciamento explícito na ação rescisória, ainda que esta tenha por fundamento violação de dispositivo de lei. Assim, prescindível o pronunciamento explícito quando o vício nasce no próprio julgamento, como se dá com a sentença "extra, citra e ultra petita".

TST 299. I. É indispensável ao processamento da ação rescisória a prova do trânsito em julgado da decisão rescindenda. II. Verificando o relator que a parte interessada não juntou à inicial o documento comprobatório, abrirá prazo de 15 (quinze) dias para que o faça (art. 321 do CPC de 2015), sob pena de indeferimento. III. A comprovação do trânsito em julgado da decisão rescindenda é pressuposto processual indispensável ao tempo do ajuizamento da ação rescisória. Eventual trânsito em julgado posterior ao ajuizamento da ação rescisória não reabilita a ação proposta, na medida em que o ordenamento jurídico não contempla a ação rescisória preventiva. IV. O pretenso vício de intimação, posterior à decisão que se pretende rescindir, se efetivamente ocorrido, não permite a formação da coisa julgada material. Assim, a ação rescisória deve ser julgada extinta, sem julgamento do mérito, por carência de ação, por inexistir decisão transitada em julgado a ser rescindida.

TST 397. Não procede ação rescisória calcada em ofensa à coisa julgada perpetrada por decisão proferida em ação de cumprimento, em face de a sentença normativa, na qual se louvava, ter sido modificada em grau de recurso, porque em dissídio coletivo somente se consubstancia coisa julgada formal. Assim, os meios processuais aptos a atacarem a execução da cláusula reformada são a exceção de pré-executividade e o mandado de segurança, no caso de descumprimento do art. 514 do CPC de 2015 (art. 572 do CPC de 1973).

TST 398. Na ação rescisória, o que se ataca na ação é a sentença, ato oficial do Estado, acobertado pelo manto da coisa julgada. Assim sendo, e considerando que a coisa julgada envolve questão de ordem pública, a revelia não produz confissão na ação rescisória.

TST 399. I. É incabível ação rescisória para impugnar decisão homologatória de adjudicação ou arrematação. II. A decisão homologatória de cálculos apenas comporta rescisão quando enfrentar as questões envolvidas na elaboração da conta de liquidação, quer solvendo a controvérsia das partes quer explicitando, de ofício, os motivos pelos quais acolheu os cálculos oferecidos por uma das partes ou pelo setor de cálculos, e não contestados pela outra.

TST 400. Em se tratando de rescisória de rescisória, o vício apontado deve nascer na decisão rescindenda, não se admitindo a rediscussão do acerto do julgamento da rescisória anterior. Assim, não procede rescisória calcada no inciso V do art. 966 do CPC de 2015 (art. 485, V, do CPC de 1973) para discussão, por má aplicação da mesma norma jurídica, tida por violada na rescisória anterior, bem como para arguição de questões inerentes à ação rescisória primitiva.

TST 401. Os descontos previdenciários e fiscais devem ser efetuados pelo juízo executório, ainda que a sentença exequenda tenha sido omissa sobre a questão, dado o caráter de ordem pública ostentado pela norma que os disciplina. A ofensa à coisa julgada somente poderá ser caracterizada na hipótese de o título exequendo, expressamente, afastar a dedução dos valores a título de imposto de renda e de contribuição previdenciária.

TST 402. Documento novo é o cronologicamente velho, já existente ao tempo da decisão rescindenda, mas ignorado pelo interessado ou de impossível utilização, à época, no processo. Não é documento novo apto a viabilizar a desconstituição de julgado: a) sentença normativa proferida ou transitada em julgado posteriormente à sentença rescindenda; b) sentença normativa preexistente à sentença rescindenda, mas não exibida no processo principal, em virtude de negligência da parte, quando podia e deveria louvar-se de documento já existente e não ignorado quando emitida a decisão rescindenda.

TST 403. I. Não caracteriza dolo processual, previsto no art. 485, III, do CPC, o simples fato de a parte vencedora haver silenciado a respeito de fatos contrários a ela, porque o procedimento, por si só, não constitui ardil do qual resulte cerceamento de defesa e, em consequência, desvie o juiz de uma sentença não-condizente com a verdade. II. Se a decisão rescindenda é homologatória de acordo, não há parte vencedora ou vencida, razão pela qual não é possível a sua desconstituição calcada no inciso III do art. 485 do CPC (dolo da parte vencedora em detrimento da vencida), pois constitui fundamento de rescindibilidade que supõe solução jurisdicional para a lide.

TST 404. O art. 485, VIII, do CPC de 1973, ao tratar do fundamento para invalidar a confissão como hipótese de rescindibilidade da decisão judicial, referia-se à confissão real, fruto de erro, dolo ou coação, e não à confissão ficta resultante de revelia.

TST 405. Em face do que dispõem a MP 1.984-22/2000 e o art. 969 do CPC de 2015, é cabível o pedido de tutela provisória formulado na petição inicial de ação rescisória ou na fase recursal, visando a suspender a execução da decisão rescindenda.

TST 406. I. O litisconsórcio, na ação rescisória, é necessário em relação ao pólo passivo da demanda, porque supõe uma comunidade de direitos ou de obrigações que não admite solução díspar para os litisconsortes, em face da indivisibilidade do objeto. Já em relação ao pólo ativo, o litisconsórcio é facultativo, uma vez que a aglutinação de autores se faz por conveniência e não pela necessidade decorrente da natureza do litígio, pois não se pode condicionar o exercício do direito individual de um dos litigantes no processo originário à anuência dos demais para retomar a lide. II. O Sindicato, substituto processual e autor da reclamação trabalhista, em cujos autos fora proferida a decisão rescindenda, possui legitimidade para figurar como réu na ação rescisória, sendo descabida a exigência de citação de todos os empregados substituídos, porquanto inexistente litisconsórcio passivo necessário.

TST 407. A legitimidade "ad causam" do Ministério Público para propor ação rescisória, ainda que não tenha sido parte no processo que deu origem à decisão rescindenda, não está limitada às alíneas "a", "b" e "c" do inciso III do art. 967 do CPC de 2015 (art. 487, III, "a" e "b", do CPC de 1973), uma vez que traduzem hipóteses meramente exemplificativas.

TST 408. Não padece de inépcia a petição inicial de ação rescisória apenas porque omite a subsunção do fundamento de rescindibilidade no art. 966 do CPC de 2015 (art. 485 do CPC de 1973) ou o capitula erroneamente em um de seus incisos. Contanto que não se afaste dos fatos e fundamentos invocados como causa de pedir, ao Tribunal é lícito emprestar-lhes a adequada qualificação jurídica ("iura novit curia"). No entanto, fundando-se a ação rescisória no art. 966, inciso V, do CPC de 2015 (art. 485, inciso V, do CPC de 1973), é indispensável expressa indicação, na petição inicial da ação rescisória, da norma jurídica manifestamente violada (dispositivo legal violado sob o CPC de 1973), por se tratar de causa de pedir da rescisória, não se aplicando, no caso, o princípio "iura novit curia".

TST 409. Não procede ação rescisória calcada em violação do art. 7º, XXIX, da CF/88 quando a questão envolve discussão sobre a espécie de prazo prescricional aplicável aos créditos trabalhistas, se total ou parcial, porque a matéria tem índole infraconstitucional, construída, na Justiça do Trabalho, no plano jurisprudencial.

TST 410. A ação rescisória calcada em violação de lei não admite reexame de fatos e provas do processo que originou a decisão rescindenda.

TST 411. Se a decisão recorrida, em agravo regimental, aprecia a matéria na fundamentação, sob o enfoque das súmulas nºs 83 do TST e 343 do STF, constitui sentença de mérito, ainda que haja resultado no indeferimento da petição inicial e na extinção do processo sem julgamento do mérito. Sujeita-se, assim, à reforma pelo TST, a decisão do Tribunal que, invocando controvérsia na interpretação da lei, indefere a petição inicial de ação rescisória.

TST 412. Pode uma questão processual ser objeto de rescisão desde que consista em pressuposto de validade de uma sentença de mérito.

TST 413. É incabível ação rescisória, por violação do art. 896, "a", da CLT, contra decisão transitada em julgado sob a égide do CPC de 1973 que não conhece de recurso de revista, com base em divergência jurisprudencial, pois não se cuidava de sentença de mérito (art. 485 do CPC de 1973).

TST OJ/SDI2 5. Não se acolhe pedido de rescisão de julgado que deferiu a empregado do Banco do Brasil S.A. horas extras após a sexta, não obstante o pagamento dos adicionais AP e ADI, ou AFR quando a decisão rescindenda for anterior à Orientação Jurisprudencial n. 17, da Seção de Dissídios Individuais do TST (7.11.94). Incidência das súmulas n.s 83 do TST e 343 do STF.

TST OJ/SDI2 7. A Lei n. 7.872/89 que criou o Tribunal Regional do Trabalho da 17ª Região não fixou a sua competência para apreciar as ações rescisórias de decisões oriundas da 1ª Região, o que decorreu do art. 678, I, "c", item 2, da CLT.

TST OJ/SDI2 8. Não se rescinde julgado que acolheu pedido de complementação de aposentadoria integral em favor de empregado do Banespa, antes da Súmula n. 313 do TST, em virtude da notória controvérsia jurisprudencial então reinante. Incidência da Súmula n. 83 do TST.

TST OJ/SDI2 9. Não se rescinde julgado que reconheceu garantia de emprego com base no Aviso DIREH 02/84 da CONAB, antes da Súmula n. 355 do TST, em virtude da notória controvérsia jurisprudencial então reinante. Incidência da Súmula n. 83 do TST.

TST OJ/SDI2 10. Somente por ofensa ao art. 37, II e § 2º, da CF/1988, procede o pedido de rescisão de julgado para considerar nula a contratação, sem concurso público, de servidor, após a CF/1988.

TST OJ/SDI2 11. Não se rescinde julgado que acolhe pedido de correção monetária decorrente da implantação tardia do Plano de Classificação de Cargos de Universidade Federal previsto na Lei n. 7.596/87, à época em que era controvertida tal matéria na jurisprudência. Incidência da Súmula n. 83 do TST.

TST OJ/SDI2 12. I. A vigência da Medida Provisória n. 1.577/97 e de suas reedições implicou o elastecimento do prazo decadencial para o ajuizamento da ação rescisória a favor dos entes de direito público, autarquias e fundações públicas. Se o biênio decadencial do art. 495 do CPC de 1973 findou após a entrada em vigor da referida medida provisória e até sua suspensão pelo STF em sede liminar de ação direta de inconstitucionalidade (ADIn 1753-2), tem-se como aplicável o prazo decadencial elastecido à rescisória. II. A regra ampliativa do prazo decadencial para a propositura de ação rescisória em favor de pessoa jurídica de direito público não se aplica se, ao tempo em que sobreveio a Medida Provisória n. 1.577/97, já se exaurira o biênio do art. 495 do CPC. Preservação do direito adquirido da parte à decadência já consumada sob a égide da lei velha.

TST OJ/SDI2 19. Havendo notória controvérsia jurisprudencial acerca da incidência de imposto de renda sobre parcela paga pelo empregador ("abono pecuniário") a título de "desligamento incentivado", improcede pedido de rescisão do julgado. Incidência da Súmula n. 83 do TST.

TST OJ/SDI2 21. É incabível ação rescisória para a desconstituição de sentença não transitada em julgado porque ainda não submetida ao necessário duplo grau de jurisdição, na forma do Decreto-Lei n. 779/69. Determina-se que se oficie ao Presidente do TRT para que proceda à avocatória do processo principal para o reexame da sentença rescindenda.

TST OJ/SDI2 23. Não procede pedido de rescisão de sentença de mérito que assegura ou nega estabilidade pré-eleitoral, quando a decisão rescindenda for anterior à Orientação Jurisprudencial n. 51, da Seção de Dissídios Individuais do TST (25.11.1996). Incidência da Súmula n. 83 do TST.

TST OJ/SDI2 24. Rescinde-se o julgado que reconhece estabilidade provisória e determina a reintegração de empregado, quando já exaurido o respectivo período de estabilidade. Em juízo rescisório, restringe-se a condenação quanto aos salários e consectários até o termo final da estabilidade.

TST OJ/SDI2 25. Não procede pedido de rescisão fundado no art. 485, V, do CPC de 1973 quando se aponta contrariedade à norma de convenção coletiva de trabalho, acordo coletivo de trabalho, portaria do Poder Executivo, regulamento de empresa e súmula ou orientação jurisprudencial de tribunal.

TST OJ/SDI2 30. Não se acolhe, por violação do art. 920 do Código Civil de 1916 (art. 412 do Código Civil de 2002), pedido de rescisão de julgado que: a) em processo de conhecimento, impôs condenação ao pagamento de multa, quando a decisão rescindenda for anterior à Orientação Jurisprudencial n. 54 da Subseção I Especializada em Dissídios Individuais do TST (30.5.94), incidindo o óbice da Súmula n. 83 do TST; b) em execução, rejeita-se limitação da condenação ao pagamento de multa, por inexistência de violação literal.

TST OJ/SDI2 34. I. O acolhimento de pedido em ação rescisória de plano econômico, fundada no art. 485, inciso V, do CPC de 1973, pressupõe, necessariamente, expressa invocação na petição inicial de afronta ao art. 5º, inciso XXXVI, da Constituição Federal de 1988. A indicação de ofensa literal a preceito de lei ordinária atrai a incidência da Súmula n. 83 do TST e Súmula n. 343 do STF. II. Se a decisão rescindenda é posterior à Súmula n. 315 do TST (Res. 7, DJ 22.09.93), inaplicável a Súmula n. 83 do TST.

TST OJ/SDI2 35. Não ofende a coisa julgada a limitação à data-base da categoria, na fase executória, da condenação ao pagamento de diferenças salariais decorrentes de planos econômicos, quando a decisão exequenda silenciar sobre a limitação, uma vez que a limitação decorre de norma cogente. Apenas quando a sentença exequenda houver expressamente afastado a limitação à data-base é que poderá ocorrer ofensa à coisa julgada.

TST OJ/SDI2 39. Havendo controvérsia jurisprudencial à época, não se rescinde decisão que aprecia a possibilidade de cumulação das antecipações bimestrais e reajustes quadrimestrais de salário previstos na Lei n. 8.222/91. Incidência da Súmula n. 83 do TST.

TST OJ/SDI2 41. Revelando-se a sentença "citra petita", o vício processual vulnera os arts. 141 e 492 do CPC de 2015 (arts. 128 e 460 do CPC de 1973), tornando-a passível de desconstituição, ainda que não interpostos embargos de declaração.

TST OJ/SDI2 69. Recurso ordinário interposto contra despacho monocrático indeferitório da petição inicial de ação rescisória ou de mandado de segurança pode, pelo princípio de fungibilidade recursal, ser recebido como agravo regimental. Hipótese de não conhecimento do recurso pelo TST e devolução dos autos ao TRT, para que aprecie o apelo como agravo regimental.

TST OJ/SDI2 70. O manifesto equívoco da parte em ajuizar ação rescisória no TST para desconstituir julgado proferido pelo TRT, ou vice-versa, implica a extinção do processo sem julgamento do mérito por inépcia da inicial.

TST OJ/SDI2 76. É indispensável a instrução da ação cautelar com as provas documentais necessárias à aferição da plausibilidade de êxito na rescisão do julgado. Assim sendo, devem vir junto com a inicial da cautelar as cópias da petição inicial da ação rescisória principal, da decisão rescindenda, da certidão do trânsito em julgado da decisão rescindenda e informação do andamento atualizado da execução.

TST OJ/SDI2 78. É admissível o ajuizamento de uma única ação rescisória contendo mais de um pedido, em ordem sucessiva, de rescisão da sentença e do acórdão. Sendo inviável a tutela jurisdicional de um deles, o julgador está obrigado a apreciar os demais, sob pena de negativa de prestação jurisdicional.

TST OJ/SDI2 80. O não-conhecimento do recurso por deserção não antecipa o "dies a quo" do prazo decadencial para o ajuizamento da ação rescisória, atraindo, na contagem do prazo, a aplicação da Súmula n. 100 do TST.

TST OJ/SDI2 84. A decisão rescindenda e/ou a certidão do seu trânsito em julgado, devidamente autenticadas, à exceção de cópias reprográficas apresentadas por pessoa jurídica de direito público, a teor do art. 24 da Lei n. 10.522/02, são peças essenciais para o julgamento da ação rescisória. Em fase recursal, verificada a ausência de qualquer delas, cumpre ao relator do recurso ordinário arguir, de ofício, a extinção do processo, sem julgamento do mérito, por falta de pressuposto de constituição e desenvolvimento válido do feito.

TST OJ/SDI2 94. A decisão ou acordo judicial subjacente à reclamação trabalhista, cuja tramitação deixa nítida a simulação do litígio para fraudar a lei e prejudicar terceiros, enseja ação rescisória, com lastro em colusão. No juízo rescisório, o processo simulado deve ser extinto.

TST OJ/SDI2 97. Os princípios da legalidade, do devido processo legal, do contraditório e da ampla defesa não servem de fundamento para a desconstituição de decisão judicial transitada em julgado, quando se apresentam sob a forma de pedido genérico e desfundamentado, acompanhando dispositivos legais que tratam especificamente da matéria debatida, estes sim, passíveis de fundamentarem a análise do pleito rescisório.

TST OJ/SDI2 101. Para viabilizar a desconstituição do julgado pela causa de rescindibilidade do inciso IV, do art. 966 do CPC de 2015 (inciso IV do art. 485 do CPC de 1973), é necessário que a decisão rescindenda tenha enfrentado as questões ventiladas na ação rescisória, sob pena de inviabilizar o cotejo com o título executivo judicial tido por desrespeitado, de modo a se poder concluir pela ofensa à coisa julgada.

TST OJ/SDI2 103. É cabível a rescisória para corrigir contradição entre a parte dispositiva do acórdão rescindendo e a sua fundamentação, por erro de fato na retratação do que foi decidido.

TST OJ/SDI2 107. Embora não haja atividade cognitiva, a decisão que declara extinta a execução, nos termos do art. 924, incisos I a IV c/c art. 925 do CPC de 2015 (art. 794 c/c 795 do CPC de 1973), extingue a relação processual e a obrigacional, sendo passível de corte rescisório.

TST OJ/SDI2 112. Para que a violação da lei dê causa à rescisão de decisão de mérito alicerçada em duplo fundamento, é necessário que o autor da ação rescisória invoque causas de rescindibilidade que, em tese, possam infirmar a motivação dúplice da decisão rescindenda.

TST OJ/SDI2 123. O acolhimento da ação rescisória calcada em ofensa à coisa julgada supõe dissonância patente entre as decisões exequenda e rescindenda, o que não se verifica quando se faz necessária a interpretação do título executivo judicial para se concluir pela lesão à coisa julgada.

TST OJ/SDI2 124. Na hipótese em que a ação rescisória tem como causa de rescindibilidade o inciso II do art. 966 do CPC de 2015 (inciso II do art. 485 do CPC de 1973), a arguição de incompetência absoluta prescinde de prequestionamento.

TST OJ/SDI2 134. A decisão que conclui estar preclusa a oportunidade de impugnação da sentença de liquidação, por ensejar tão-somente a formação da coisa julgada formal, não é suscetível de rescindibilidade.

TST OJ/SDI2 135. A ação rescisória calcada em violação do artigo 37, "caput", da Constituição Federal, por desrespeito ao princípio da legalidade administrativa exige que ao menos o princípio constitucional tenha sido prequestionado na decisão.

TST OJ/SDI2 136. A caracterização do erro de fato como causa de rescindibilidade de decisão judicial transitada em julgado supõe a afirmação categórica e indiscutida de um fato, na decisão rescindenda, que não corresponde à realidade dos autos. O fato afirmado pelo julgador, que pode ensejar ação rescisória calcada no inciso VIII do art. 966 do CPC de 2015 (inciso IX do art. 485 do CPC de 1973), é apenas aquele que se coloca como premissa fática indiscutida de um silogismo argumentativo, não aquele que se apresenta ao final desse mesmo silogismo, como conclusão decorrente das premissas que especificaram as provas oferecidas, para se concluir pela existência do fato. Esta última hipótese é afastada pelo § 1º do art. 966 do CPC de 2015 (§ 2º do art. 485 do CPC de 1973), ao exigir que não tenha havido controvérsia sobre o fato e pronunciamento judicial esmiuçando as provas.

TST OJ/SDI2 146. A contestação apresentada em ação rescisória obedece à regra relativa à contagem de prazo constante do art. 774 da CLT, sendo inaplicável o art. 231 do CPC de 2015 (art. 241 do CPC de 1973).

TST OJ/SDI2 150. Reputa-se juridicamente impossível o pedido de corte rescisório de decisão que, reconhecendo a existência de coisa julgada, nos termos do art. 267, V, do CPC de 1973, extingue o processo sem resolução de mérito, o que, ante o seu conteúdo meramente processual, a torna insuscetível de produzir a coisa julgada material.

TST OJ/SDI2 151. A procuração outorgada com poderes específicos para ajuizamento de reclamação trabalhista não autoriza a propositura de ação rescisória e mandado de segurança. Constatado, todavia, o defeito de representação processual na fase recursal, cumpre ao relator ou ao tribunal conceder prazo de 5 (cinco) dias para a regularização, nos termos da Súmula n. 383, item II, do TST.

TST OJ/SDI2 152. A interposição de recurso de revista de decisão definitiva de tribunal regional do trabalho em ação rescisória ou em mandado de segurança, com fundamento em violação legal e divergência jurisprudencial e remissão expressa ao art. 896 da CLT, configura erro grosseiro, insuscetível de autorizar o seu recebimento como recurso ordinário, em face do disposto no art. 895, "b", da CLT.

TST OJ/SDI2 154. A sentença homologatória de acordo prévio ao ajuizamento de reclamação trabalhista, no qual foi conferida quitação geral do extinto contrato, sujeita-se ao corte rescisório tão somente se verificada a existência de fraude ou vício de consentimento.

TST OJ/SDI2 157. A ofensa à coisa julgada de que trata o inciso IV do art. 966 do CPC de 2015 (inciso IV do art. 485 do CPC de 1973) refere-se apenas a relações processuais distintas. A invocação de desrespeito à coisa julgada formada no processo de conhecimento, na correspondente fase de execução, somente é possível com base na violação do art. 5º, XXXVI, da Constituição da República.

TST OJ/SDI2 158. A declaração de nulidade de decisão homologatória de acordo, em razão da colusão entre as partes (art. 485, III, do CPC), é sanção suficiente em relação ao procedimento adotado, não havendo que ser aplicada a multa por litigância de má-fé.

6. DIREITO PROCESSUAL CONSTITUCIONAL

1. AÇÃO CIVIL PÚBLICA

TST OJ/SDI2 130. I. A competência para a Ação Civil Pública fixa-se pela extensão do dano. II. Em caso de dano de abrangência regional, que atinja cidades sujeitas à jurisdição de mais de uma Vara do Trabalho, a competência será de qualquer das varas das localidades atingidas, ainda que vinculadas a

Tribunais Regionais do Trabalho distintos. III. Em caso de dano de abrangência suprarregional ou nacional, há competência concorrente para a Ação Civil Pública das varas do trabalho das sedes dos Tribunais Regionais do Trabalho. IV. Estará prevento o juízo a que a primeira ação houver sido distribuída.

2. "HABEAS CORPUS"

TST OJ/SDI2 156. É cabível ajuizamento de "habeas corpus" originário no Tribunal Superior do Trabalho, em substituição de recurso ordinário em "habeas corpus", de decisão definitiva proferida por tribunal regional do trabalho, uma vez que o órgão colegiado passa a ser a autoridade coatora no momento em que examina o mérito do "habeas corpus" impetrado no âmbito da corte local.

3. MANDADO DE SEGURANÇA

3.1. Cabimento

TST 33. Não cabe mandado de segurança de decisão judicial transitada em julgado.

TST 201. Da decisão de tribunal regional do trabalho em mandado de segurança cabe recurso ordinário, no prazo de 8 (oito) dias, para o Tribunal Superior do Trabalho, e igual dilação para o recorrido e interessados apresentarem razões de contrariedade.

TST 414. I. A antecipação da tutela concedida na sentença não comporta impugnação pela via do mandado de segurança, por ser impugnável mediante recurso ordinário. A ação cautelar é o meio próprio para se obter efeito suspensivo a recurso. II. No caso da tutela antecipada (ou liminar) ser concedida antes da sentença, cabe a impetração do mandado de segurança, em face da inexistência de recurso próprio. III. A superveniência da sentença, nos autos originários, faz perder o objeto do mandado de segurança que impugnava a concessão da tutela antecipada (ou liminar).

TST 418. A concessão de liminar ou a homologação de acordo constituem faculdade do juiz, inexistindo direito líquido e certo tutelável pela via do mandado de segurança.

TST OJ/SDI2 54. Ajuizados embargos de terceiro (art. 674 do CPC de 2015 – art. 1.046 do CPC de 1973) para pleitear a desconstituição da penhora, é incabível mandado de segurança com a mesma finalidade.

TST OJ/SDI2 57. Conceder-se-á mandado de segurança para impugnar ato que determina ao INSS o reconhecimento e/ou averbação de tempo de serviço.

TST OJ/SDI2 63. Comporta a impetração de mandado de segurança o deferimento de reintegração no emprego em ação cautelar.

TST OJ/SDI2 66. É incabível o mandado de segurança contra sentença homologatória de adjudicação, uma vez que existe meio próprio para impugnar o ato judicial, consistente nos embargos à adjudicação (CPC, art. 746).

TST OJ/SDI2 88. Incabível a impetração de mandado de segurança contra ato judicial que, de ofício, arbitrou novo valor à causa, acarretando a majoração das custas processuais, uma vez que cabia à parte, após recolher as custas, calculadas com base no valor dado à causa na inicial, interpor recurso ordinário e, posteriormente, agravo de instrumento no caso de o recurso ser considerado deserto.

TST OJ/SDI2 92. Não cabe mandado de segurança contra decisão judicial passível de reforma mediante recurso próprio, ainda que com efeito diferido.

TST OJ/SDI2 98. É ilegal a exigência de depósito prévio para custeio dos honorários periciais, dada a incompatibilidade com o processo do trabalho, sendo cabível o mandado de segurança visando à realização da perícia, independentemente do depósito.

TST OJ/SDI2 99. Esgotadas as vias recursais existentes, não cabe mandado de segurança.

TST OJ/SDI2 140. Não cabe mandado de segurança para impugnar despacho que acolheu ou indeferiu liminar em outro mandado de segurança.

TST OJ/SDI2 144. O mandado de segurança não se presta à obtenção de uma sentença genérica, aplicável a eventos futuros, cuja ocorrência é incerta.

3.2. Recursos

TST OJ/SDI2 69. Recurso ordinário interposto contra despacho monocrático indeferitório da petição inicial de ação rescisória ou de mandado de segurança pode, pelo princípio de fungibilidade recursal, ser recebido como agravo regimental. Hipótese de não conhecimento do recurso pelo TST e devolução dos autos ao TRT, para que aprecie o apelo como agravo regimental.

TST OJ/SDI2 148. É responsabilidade da parte, para interpor recurso ordinário em mandado de segurança, a comprovação do recolhimento das custas processuais no prazo recursal, sob pena de deserção.

TST OJ/SDI2 152. A interposição de recurso de revista de decisão definitiva de tribunal regional do trabalho em ação rescisória ou em mandado de segurança, com fundamento em violação legal e divergência jurisprudencial e remissão expressa ao art. 896 da CLT, configura erro grosseiro, insuscetível de autorizar o seu recebimento como recurso ordinário, em face do disposto no art. 895, "b", da CLT.

3.3. Outros temas

TST 365. Não se aplica a alçada em ação rescisória e em mandado de segurança.

TST 415. Exigindo o mandado de segurança prova documental pré-constituída, inaplicável o art. 321 do CPC de 2015 (art. 284 do CPC de 1973) quando verificada, na petição inicial do "mandamus", a ausência de documento indispensável ou de sua autenticação.

TST OJ/SDI2 127. Na contagem do prazo decadencial para ajuizamento de mandado de segurança, o efetivo ato coator é o primeiro em que se firmou a tese hostilizada e não aquele que a ratificou.

7. DIREITO PROCESSUAL DO TRABALHO

1. DA JUSTIÇA DO TRABALHO (CLT, ARTS. 643 A 735)

1.1. Competência

TST 19. A Justiça do Trabalho é competente para apreciar reclamação de empregado que tenha por objeto direito fundado em quadro de carreira.

TST 189. A Justiça do Trabalho é competente para declarar a abusividade, ou não, da greve.

TST 300. Compete à Justiça do Trabalho processar e julgar ações ajuizadas por empregados em face de empregadores relativas ao cadastramento no Programa de Integração Social (PIS).

TST 368. I. A Justiça do Trabalho é competente para determinar o recolhimento das contribuições fiscais. A competência da Justiça do Trabalho, quanto à execução das contribuições previdenciárias, limita-se às sentenças condenatórias em pecúnia que proferir e aos valores, objeto de acordo homologado, que integrem o salário de contribuição. II. É do empregador a responsabilidade pelo recolhimento das contribuições previdenciárias e fiscais, resultante de crédito do empregado oriundo de condenação judicial, devendo ser calculadas, em relação à incidência dos descontos fiscais, mês a mês, nos termos do art. 12-A da Lei n. 7.713, de 22/12/1988, com a redação dada pela Lei n. 12.350/2010. III. Em se tratando de descontos previdenciários, o critério de apuração encontra-se disciplinado no art. 276, § 4º, do Decreto n. 3.048/1999 que regulamentou a Lei n. 8.212/1991 e determina que a contribuição do empregado, no caso de ações trabalhistas, seja calculada mês a mês, aplicando-se as alíquotas previstas no art. 198, observado o limite máximo do salário de contribuição.

TST 389. I. Inscreve-se na competência material da Justiça do Trabalho a lide entre empregado e empregador tendo por objeto indenização pelo não-fornecimento das guias do seguro-desemprego. II. O não-fornecimento pelo empregador da guia necessária para o recebimento do seguro-desemprego dá origem ao direito à indenização.

TST 392. Nos termos do art. 114, inc. VI, da Constituição da República, a Justiça do Trabalho é competente para processar e julgar ações de indenização por da-no moral e material, decorrentes da relação de trabalho, inclusive as oriundas de acidente de trabalho e doenças a ele equiparadas, ainda que propostas pelos dependentes ou sucessores do trabalhador falecido.

TST 419. Na execução por carta precatória, os embargos de terceiro serão oferecidos no juízo deprecado, salvo se indicado pelo juízo deprecante o bem constrito ou se já devolvida a carta (art. 676, parágrafo único, do CPC de 2015).

TST 420. Não se configura conflito de competência entre tribunal regional do trabalho e vara do trabalho a ele vinculada.

TST 454. Compete à Justiça do Trabalho a execução, de ofício, da contribuição referente ao Seguro de Acidente de Trabalho (SAT), que tem natureza de contribuição para a seguridade social (arts. 114, VIII, e 195, I, "a", da CF), pois se destina ao financiamento de benefícios relativos à incapacidade do empregado decorrente de infortúnio no trabalho (arts. 11 e 22 da Lei n. 8.212/1991).

TST OJ/SDI1 26. A Justiça do Trabalho é competente para apreciar pedido de complementação de pensão postulada por viúva de ex-empregado, por se tratar de pedido que deriva do contrato de trabalho.

TST OJ/SDI1 138. Compete à Justiça do Trabalho julgar pedidos de direitos e vantagens previstos na legislação trabalhista referente a período anterior à Lei n. 8.112/90, mesmo que a ação tenha sido ajuizada após a edição da referida lei. A superveniência de regime estatutário em substituição ao celetista, mesmo após a sentença, limita a execução ao período celetista.

TST OJ/SDI1 416. As organizações ou organismos internacionais gozam de imunidade absoluta de jurisdição quando amparados por norma internacional incorporada ao ordenamento jurídico brasileiro, não se lhes aplicando a regra do direito consuetudinário relativa à natureza dos atos praticados. Excepcionalmente, prevalecerá a jurisdição brasileira na hipótese de renúncia expressa à cláusula de imunidade jurisdicional.

TST OJ/SDI2 129. Em se tratando de ação anulatória, a competência originária se dá no mesmo juízo em que praticado o ato supostamente eivado de vício.

TST OJ/SDI2 130. I. A competência para a Ação Civil Pública fixa-se pela extensão do dano. II. Em caso de dano de abrangência regional, que atinja cidades sujeitas à jurisdição de mais de uma Vara do Trabalho, a competência será de qualquer das varas das localidades atingidas, ainda que vinculadas a Tribunais Regionais do Trabalho distintos. III. Em caso de dano de abrangência suprarregional ou nacional, há competência concorrente para a Ação Civil Pública das varas do trabalho das sedes dos Tribunais Regionais do Trabalho. IV. Estará prevento o juízo a que a primeira ação houver sido distribuída.

TST OJ/SDI2 149. Não cabe declaração de ofício de incompetência territorial no caso do uso, pelo trabalhador, da faculdade prevista no art. 651, § 3º, da CLT. Nessa hipótese, resolve-se o conflito pelo reconhecimento da competência do juízo do local onde a ação foi proposta.

1.2. Embargos de Terceiro

TST 419. Na execução por carta precatória, os embargos de terceiro serão oferecidos no juízo deprecado, salvo se indicado pelo juízo deprecante o bem constrito ou se já devolvida a carta (art. 676, parágrafo único, do CPC de 2015).

1.3. Outros Temas

TST OJ/SDI2 67. Não fere direito líquido e certo a concessão de liminar obstativa de transferência de empregado, em face da previsão do inciso IX do art. 659 da CLT.

2. DO PROCESSO JUDICIÁRIO DO TRABALHO (CLT, ARTS. 763 A 910)

2.1. Do Processo em Geral (CLT, arts. 770 a 836)

2.1.1. Dos Atos, Termos e Prazos Processuais (arts. 770 a 782)

TST 1. Quando a intimação tiver lugar na sexta-feira, ou a publicação com efeito de intimação for feita nesse dia, o prazo judicial será contado da segunda-feira imediata, inclusive, salvo se não houver expediente, caso em que fluirá no dia útil que se seguir.

TST 16. Presume-se recebida a notificação 48 (quarenta e oito) horas depois de sua postagem. O seu não-recebimento ou a entrega após o decurso desse prazo constitui ônus de prova do destinatário.

TST 427. Havendo pedido expresso de que as intimações e publicações sejam realizadas exclusivamente em nome de determinado advogado, a comunicação em nome de outro profissional constituído nos autos é nula, salvo se constatada a inexistência de prejuízo.

2.1.2. Das Custas e Emolumentos (arts. 789 a 790-B)

TST 25. I. A parte vencedora na primeira instância, se vencida na segunda, está obrigada, independentemente de intimação, a pagar as custas fixadas na sentença originária, das quais ficara isenta a parte então vencida. II. No caso de inversão do ônus da sucumbência em segundo grau, sem acréscimo ou atualização do valor das custas e se estas já foram devidamente recolhidas, descabe um novo pagamento pela parte vencida, ao recorrer. Deverá ao final, se sucumbente, reembolsar a quantia. III. Não caracteriza deserção a hipótese em que, acrescido o valor da condenação, não houve fixação ou cálculo do valor devido a título de custas e tampouco intimação da parte para o preparo do recurso, devendo ser as custas pagas ao final. IV. O reembolso das custas à parte vencedora faz-se necessário mesmo na hipótese em que a parte vencida for pessoa isenta do seu pagamento, nos termos do art. 790-A, parágrafo único, da CLT.

TST 36. Nas ações plúrimas, as custas incidem sobre o respectivo valor global.

TST 53. O prazo para pagamento das custas, no caso de recurso, é contado da intimação do cálculo.

TST 170. Os privilégios e isenções no foro da Justiça do Trabalho não abrangem as sociedades de economia mista, ainda que gozassem desses benefícios anteriormente ao Decreto-Lei n. 779, de 21.8.1969.

TST 341. A indicação do perito assistente é faculdade da parte, a qual deve responder pelos respectivos honorários, ainda que vencedora no objeto da perícia.

TST 457. A União é responsável pelo pagamento dos honorários de perito quando a parte sucumbente no objeto da perícia for beneficiária da assistência judiciária gratuita, observado o procedimento disposto nos arts. 1º, 2º e 5º da Resolução n. 66/2010 do Conselho Superior da Justiça do Trabalho – CSJT.

TST OJ/SDI1 13. A Administração dos Portos de Paranaguá e Antonina – APPA, vinculada à Administração Pública indireta, não é isenta do recolhimento do depósito recursal e do pagamento das custas processuais por não ser beneficiária dos privilégios previstos no Decreto-Lei n. 779, de 21.08.1969, ante o fato de explorar atividade econômica com fins lucrativos, o que descaracteriza sua natureza jurídica, igualando-a às empresas privadas.

TST OJ/SDI1 33. O carimbo do banco recebedor na guia de comprovação do recolhimento das custas supre a ausência de autenticação mecânica.

TST OJ/SDI1 158. O denominado "DARF Eletrônico" é válido para comprovar o recolhimento de custas por entidades da administração pública federal, emitido conforme a IN-SRF 162, de 4.11.88.

TST OJ/SDI1 198. Diferentemente da correção aplicada aos débitos trabalhistas, que têm caráter alimentar, a atualização monetária dos honorários periciais é fixada pelo art. 1º da Lei n. 6.899/81, aplicável a débitos resultantes de decisões judiciais.

TST OJ/SDI1 409. O recolhimento do valor da multa imposta como sanção por litigância de má-fé (art. 81 do CPC de 2015 – art. 18 do CPC de 1973) não é pressuposto objetivo para interposição dos recursos de natureza trabalhista.

TST OJ/SDI2 88. Incabível a impetração de mandado de segurança contra ato judicial que, de ofício, arbitrou novo valor à causa, acarretando a majoração das custas processuais, uma vez que cabia à parte, após recolher as custas, calculadas com base no valor dado à causa na inicial, interpor recurso ordinário e, posteriormente, agravo de instrumento no caso de o recurso ser considerado deserto.

TST OJ/SDI2 98. É ilegal a exigência de depósito prévio para custeio dos honorários periciais, dada a incompatibilidade com o processo do trabalho, sendo cabível o mandado de segurança visando à realização da perícia, independentemente do depósito.

2.1.3. Das Partes e dos Procuradores (arts. 791 a 793)

TST 219. I. Na Justiça do Trabalho, a condenação ao pagamento de honorários advocatícios não decorre pura e simplesmente da sucumbência, devendo a parte, concomitantemente: a) estar assistida por sindicato da categoria profissional; b) comprovar a percepção de salário inferior ao dobro do salário mínimo ou encontrar-se em situação econômica que não lhe permita demandar sem prejuízo do próprio sustento ou da respectiva família. (art. 14, § 1º, da Lei n. 5.584/1970). II. É cabível a condenação ao pagamento de honorários advocatícios em ação rescisória no processo trabalhista. III. São devidos os honorários advocatícios nas causas em que o ente sindical figure como substituto processual e nas lides que não derivem da relação de emprego. IV. Na ação rescisória e nas lides que não derivem de relação de emprego, a responsabilidade pelo pagamento dos honorários advocatícios da sucumbência submete-se à disciplina do Código de Processo Civil (arts. 85, 86, 87 e 90). V. Em caso de assistência judiciária sindical, revogado o art. 11 da Lei n. 1.060/50 (CPC de 2015, art. 1.072, inc. III), os honorários advocatícios assistenciais são devidos entre o mínimo de dez e o máximo de vinte por cento sobre o valor da condenação, do proveito econômico obtido ou, não sendo possível mensurá-lo, sobre o valor atualizado da causa (CPC de 2015, art. 85, § 2º). VI. Nas causas em que a Fazenda Pública for parte, aplicar-se-ão os percentuais específicos de honorários advocatícios contemplados no Código de Processo Civil.

TST 329. Mesmo após a promulgação da CF/1988, permanece válido o entendimento consubstanciado na Súmula n. 219 do Tribunal Superior do Trabalho.

TST 383. I. É inadmissível recurso firmado por advogado sem procuração juntada aos autos até o momento da sua interposição, salvo mandato tácito. Em caráter excepcional (art. 104 do CPC de 2015), admite-se que o advogado, independentemente de intimação, exiba a procuração no prazo de 5 (cinco) dias após a interposição do recurso, prorrogável por igual período mediante despacho do juiz. Caso não a exiba, considera-se ineficaz o ato praticado e não se conhece do recurso. II. Verificada a irregularidade de representação da parte em fase recursal, em procuração ou substabelecimento já constante dos autos, o relator ou o órgão competente para julgamento do recurso designará prazo de 5 (cinco) dias para que seja sanado o vício. Descumprida a determinação, o relator não conhecerá do recurso, se a providência couber ao recorrente, ou determinará o desentranhamento das contrarrazões, se a providência couber ao recorrido (art. 76, § 2º, do CPC de 2015).

TST 395. I. Válido é o instrumento de mandato com prazo determinado que contém cláusula estabelecendo a prevalência dos poderes para atuar até o final da demanda (§ 4º do art. 105 do CPC de 2015). II. Se há previsão, no instrumento de mandato, de prazo para sua juntada, o mandato só tem validade se anexado ao processo o respectivo instrumento no aludido prazo. III. São válidos os atos praticados pelo substabelecido, ainda que não haja, no mandato, poderes expressos para substabelecer (art. 667, e parágrafos, do Código Civil de 2002). IV. Configura-se a irregularidade de representação se o substabelecimento é anterior à outorga passada ao substabelecente. V. Verificada a irregularidade de representação nas hipóteses dos itens II e IV, deve o juiz suspender o processo e designar prazo razoável para que seja sanado o vício, ainda que em instância recursal (art. 76 do CPC de 2015).

TST 425. O jus postulandi das partes, estabelecido no art. 791 da CLT, limita-se às varas do trabalho e aos tribunais regionais do trabalho, não alcançando a ação rescisória, a ação cautelar, o mandado de segurança e os recursos de competência do Tribunal Superior do Trabalho.

TST 436. I. A União, Estados, Municípios e Distrito Federal, suas autarquias e fundações públicas, quando representadas em juízo, ativa e passivamente, por seus procuradores, estão dispensadas da juntada de instrumento de mandato e de comprovação do ato de nomeação. II. Para os efeitos do item anterior, é essencial que o signatário ao menos declare-se exercente do cargo de procurador, não bastando a indicação do número de inscrição na Ordem dos Advogados do Brasil.

TST 456. I. É inválido o instrumento de mandato firmado em nome de pessoa jurídica que não contenha, pelo menos, o nome do outorgante e do signatário da procuração, pois estes dados constituem elementos que os individualizam. II. Verificada a irregularidade de representação da parte na instância originária, o juiz designará prazo de 5 (cinco) dias para que seja sanado o vício. Descumprida a determinação, extinguirá o processo, sem resolução de mérito, se a providência couber ao reclamante, ou considerará revel o reclamado, se a providência lhe couber (art. 76, § 1º, do CPC de 2015). III. Caso a irregularidade de representação da parte seja constatada em fase recursal, o relator designará prazo de 5 (cinco) dias para que seja sanado o vício. Descumprida a determinação, o relator não conhecerá do recurso, se a providência couber ao recorrente, ou determinará o desentranhamento das contrarrazões, se a providência couber ao recorrido (art. 76, § 2º, do CPC de2015).

TST OJ/SDI1 348. Os honorários advocatícios, arbitrados nos termos do art. 11, § 1º, da Lei n. 1.060, de 5.2.1950, devem incidir sobre o valor líquido da condenação, apurado na fase de liquidação de sentença, sem a dedução dos descontos fiscais e previdenciários.

TST OJ/SDI1 421. A condenação em honorários advocatícios nos autos de ação de indenização por danos morais e materiais decorrentes de acidente de trabalho ou de doença profissional, remetida à Justiça do Trabalho após ajuizamento na Justiça comum, antes da vigência da Emenda Constitucional n. 45/2004, decorre da mera sucumbência, nos termos do art. 85 do CPC de 2015 (art. 20 do CPC de 1973), não se sujeitando aos requisitos da Lei n. 5.584/1970.

2.1.4. Das Nulidades (arts. 794 a 798)

TST OJ/SDI1 7. A despeito da norma então prevista no artigo 56, § 2º, da Lei n. 4.215/63, a falta de comunicação do advogado à OAB para o exercício profissional em seção diversa daquela na qual tem inscrição não importa nulidade dos atos praticados, constituindo apenas infração disciplinar, que cabe àquela instituição analisar.

2.1.5. Das Audiências (arts. 813 a 817)

TST 9. A ausência do reclamante, quando adiada a instrução após contestada a ação em audiência, não importa arquivamento do processo.

TST OJ/SDI1 245. Inexiste previsão legal tolerando atraso no horário de comparecimento da parte na audiência.

2.1.6. Das Provas (arts. 818 a 830)

TST 12. As anotações apostas pelo empregador na carteira profissional do empregado não geram presunção "juris et de jure", mas apenas "juris tantum".

TST 74. I. Aplica-se a confissão à parte que, expressamente intimada com aquela cominação, não comparecer à audiência em prosseguimento, na qual deveria depor. II. A prova pré-constituída nos autos pode ser levada em conta para confronto com a confissão ficta (arts. 442 e 443, do CPC de 2015 – art. 400, I, do CPC de 1973), não implicando cerceamento de defesa o indeferimento de provas posteriores. III. A vedação à produção de prova posterior pela parte confessa somente a ela se aplica, não afetando o exercício, pelo magistrado, do poder/dever de conduzir o processo.

TST 357. Não torna suspeita a testemunha o simples fato de estar litigando ou de ter litigado contra o mesmo empregador.

TST OJ/SDI1 36. O instrumento normativo em cópia não autenticada possui valor probante, desde que não haja impugnação ao seu conteúdo, eis que se trata de documento comum às partes.

TST OJ/SDI1 134. São válidos os documentos apresentados, por pessoa jurídica de direito público, em fotocópia não autenticada, posteriormente à edição da Medida Provisória n. 1.360/96 e suas reedições.

TST OJ/SDI1 278. A realização de perícia é obrigatória para a verificação de insalubridade. Quando não for possível sua realização, como em caso de fechamento da empresa, poderá o julgador utilizar-se de outros meios de prova.

TST OJ/SDI1 287. Distintos os documentos contidos no verso e anverso, é necessária a autenticação de ambos os lados da cópia.

TST OJ/SDI2 98. É ilegal a exigência de depósito prévio para custeio dos honorários periciais, dada a incompatibilidade com o processo do trabalho, sendo cabível o mandado de segurança visando à realização da perícia, independentemente do depósito.

2.1.7. Da Decisão e sua Eficácia (arts. 831 a 836)

TST 303. I. Em dissídio individual, está sujeita ao reexame necessário, mesmo na vigência da Constituição Federal de 1988, decisão contrária à Fazenda Pública, salvo quando a condenação não ultrapassar o valor correspondente a: a) 1.000 (mil) salários mínimos para a União e as respectivas autarquias e fundações de direito público; b) 500 (quinhentos) salários mínimos para os Estados, o Distrito Federal, as respectivas autarquias e fundações de direito público e os Municípios que constituam capitais dos Estados; c) 100 (cem) salários mínimos para todos os demais Municípios e respectivas autarquias e fundações de direito público. II. Também não se sujeita ao duplo grau de jurisdição a decisão fundada em: a) súmula ou orientação jurisprudencial do Tribunal Superior do Trabalho; b) acórdão proferido pelo Supremo Tribunal Federal ou pelo Tribunal Superior do Trabalho em julgamento de recursos repetitivos; c) entendimento firmado em incidente de resolução de demandas repetitivas ou de assunção de competência; d) entendimento coincidente com orientação vinculante firmada no âmbito administrativo do próprio ente público, consolidada em manifestação, parecer ou súmula administrativa. III. Em ação rescisória, a decisão proferida pelo Tribunal Regional do Trabalho está sujeita ao duplo grau de jurisdição obrigatório quando desfavorável ao ente público, exceto nas hipóteses dos incisos anteriores. IV. Em mandado de segurança, somente cabe reexame necessário se, na relação processual, figurar pessoa jurídica de direito público como parte prejudicada pela concessão da ordem. Tal situação não ocorre na hipótese de figurar no feito como impetrante e terceiro interessado pessoa de direito privado, ressalvada a hipótese de matéria administrativa.

TST 394. O art. 493 do CPC de 2015 (art. 462 do CPC de 1973), que admite a invocação de fato constitutivo, modificativo ou extintivo do direito, superveniente à propositura da ação, é aplicável de ofício aos processos em curso em qualquer instância trabalhista. Cumpre ao juiz ou tribunal ouvir as partes sobre o fato novo antes de decidir.

3. DOS DISSÍDIOS INDIVIDUAIS (CLT, ARTS. 837 A 855)

TST 122. A reclamada, ausente à audiência em que deveria apresentar defesa, é revel, ainda que presente seu advogado munido de procuração, podendo ser ilidida a revelia mediante a apresentação de atestado médico, que deverá declarar, expressamente, a impossibilidade de locomoção do empregador ou do seu preposto no dia da audiência.

TST OJ/SDI1 152. Pessoa jurídica de direito público sujeita-se à revelia prevista no artigo 844 da CLT.

TST 377. Exceto quanto à reclamação de empregado doméstico, o preposto deve ser necessariamente empregado do reclamado. Inteligência do art. 843, § 1º, da CLT.

4. DOS DISSÍDIOS COLETIVOS (CLT, ARTS. 856 A 875)

TST 246. É dispensável o trânsito em julgado da sentença normativa para a propositura da ação de cumprimento.

TST 286. A legitimidade do sindicato para propor ação de cumprimento estende-se também à observância de acordo ou de convenção coletivos.

TST 350. O prazo de prescrição com relação à ação de cumprimento de decisão normativa flui apenas da data de seu trânsito em julgado.

TST OJ/SDI1 188. Falta interesse de agir para a ação individual, singular ou plúrima, quando o direito já foi reconhecido através de decisão normativa, cabendo, no caso, ação de cumprimento.

TST OJ/SDI1 277. A coisa julgada produzida na ação de cumprimento é atípica, pois dependente de condição resolutiva, ou seja, da não-modificação da decisão normativa por eventual recurso. Assim, modificada a sentença normativa pelo TST, com a consequente extinção do processo, sem julgamento do mérito, deve-se extinguir a execução em andamento, uma vez que a norma sobre a qual se apoiava o título exequendo deixou de existir no mundo jurídico.

5. DA EXECUÇÃO (CLT, ARTS. 876 A 892)

5.1. Adjudicação

TST OJ/SDI2 66. É incabível o mandado de segurança contra sentença homologatória de adjudicação, uma vez que existe meio próprio para impugnar o ato judicial, consistente nos embargos à adjudicação (CPC, art. 746).

5.2. Agravo de Petição

TST 266. A admissibilidade do recurso de revista interposto de acórdão proferido em agravo de petição, na liquidação de sentença ou em processo incidente na execução, inclusive os embargos de terceiro, depende de demonstração inequívoca de violência direta à Constituição Federal.

TST 416. Devendo o agravo de petição delimitar justificadamente a matéria e os valores objeto de discordância, não fere direito líquido e certo o prosseguimento da execução quanto aos tópicos e valores não especificados no agravo.

5.3. Coisa Julgada

TST OJ/SDI1 262. Não ofende a coisa julgada a limitação à data-base da categoria, na fase executória, da condenação ao pagamento de diferenças salariais decorrentes de planos econômicos, quando a decisão exequenda silenciar sobre a limitação, uma vez que a limitação decorre de norma cogente. Apenas quando a sentença exequenda houver expressamente afastado a limitação à data-base é que poderá ocorrer ofensa à coisa julgada.

TST OJ/SDI1 277. A coisa julgada produzida na ação de cumprimento é atípica, pois dependente de condição resolutiva, ou seja, da não-modificação da decisão normativa por eventual recurso. Assim, modificada a sentença normativa pelo TST, com a consequente extinção do processo, sem julgamento do mérito, deve-se extinguir a execução em andamento, uma vez que a norma sobre a qual se apoiava o título exequendo deixou de existir no mundo jurídico.

5.4. Competência

TST 419. Na execução por carta precatória, os embargos de terceiro serão oferecidos no juízo deprecado, salvo se indicado pelo juízo deprecante o bem constrito ou se já devolvida a carta (art. 676, parágrafo único, do CPC de 2015).

5.5. Correção Monetária

TST 187. A correção monetária não incide sobre o débito do trabalhador reclamante.

TST 211. Os juros de mora e a correção monetária incluem-se na liquidação, ainda que omisso o pedido inicial ou a condenação.

TST 304. Os débitos trabalhistas das entidades submetidas aos regimes de intervenção ou liquidação extrajudicial estão sujeitos a correção monetária desde o respectivo vencimento até seu efetivo pagamento, sem interrupção ou suspensão, não incidindo, entretanto, sobre tais débitos, juros de mora.

TST 311. O cálculo da correção monetária incidente sobre débitos relativos a benefícios previdenciários devidos a dependentes de ex-empregado pelo empregador, ou por entidade de previdência privada a ele vinculada, será o previsto na Lei n. 6.899, de 8.4.1981.

TST 381. O pagamento dos salários até o 5º dia útil do mês subsequente ao vencido não está sujeito à correção monetária. Se essa data limite for ultrapassada, incidirá o índice da correção monetária do mês subsequente ao da prestação dos serviços, a partir do dia 1º.

TST OJ/SDI1 28. Incide correção monetária sobre as diferenças salariais dos servidores das universidades federais, decorrentes da aplicação retroativa dos efeitos financeiros assegurados pela Lei n. 7.596/1987, pois a correção monetária tem como escopo único minimizar a desvalorização da moeda em decorrência da corrosão inflacionária.

TST OJ/SDI1 181. O valor das comissões deve ser corrigido monetariamente para em seguida obter-se a média para efeito de cálculo de férias, 13º salário e verbas rescisórias.

TST OJ/SDI1 198. Diferentemente da correção aplicada aos débitos trabalhistas, que têm caráter alimentar, a atualização monetária dos honorários periciais é fixada pelo art. 1º da Lei n. 6.899/81, aplicável a débitos resultantes de decisões judiciais.

TST OJ/SDI1 300. Não viola norma constitucional (art. 5º, II e XXXVI) a determinação de aplicação da TRD, como fator de correção monetária dos débitos trabalhistas, cumulada com juros de mora, previstos no artigo 39 da Lei n. 8.177/91 e convalidado pelo artigo 15 da Lei n. 10.192/01.

TST OJ/SDI1 341. É de responsabilidade do empregador o pagamento da diferença da multa de 40% sobre os depósitos do FGTS, decorrente da atualização monetária em face dos expurgos inflacionários.

TST OJ/SDI2 11. Não se rescinde julgado que acolhe pedido de correção monetária decorrente da implantação tardia do Plano de Classificação de Cargos de Universidade Federal previsto na Lei n. 7.596/87, à época em que era controvertida tal matéria na jurisprudência. Incidência da Súmula n. 83 do TST.

5.6. Depositário

TST OJ/SDI2 89. A investidura no encargo de depositário depende da aceitação do nomeado que deve assinar termo de compromisso no auto de penhora, sem o que, é inadmissível a restrição de seu direito de liberdade.

TST OJ/SDI2 143. Não se caracteriza a condição de depositário infiel quando a penhora recair sobre coisa futura e incerta, circunstância que, por si só, inviabiliza a materialização do depósito no momento da constituição do paciente em depositário, autorizando-se a concessão de "habeas corpus" diante da prisão ou ameaça de prisão que sofra.

5.7. Juros

TST 200. Os juros de mora incidem sobre a importância da condenação já corrigida monetariamente.

TST 307. A fórmula de cálculo de juros prevista no Decreto-Lei n. 2.322, de 26.2.1987 somente é aplicável a partir de 27.2.1987. Quanto ao período anterior, deve-se observar a legislação então vigente.

TST 439. Nas condenações por dano moral, a atualização monetária é devida a partir da data da decisão de arbitramento ou de alteração do valor. Os juros incidem desde o ajuizamento da ação, nos termos do art. 883 da CLT.

TST OJ/SDI1 382. A Fazenda Pública, quando condenada subsidiariamente pelas obrigações trabalhistas devidas pela empregadora principal, não se beneficia da limitação dos juros, prevista no art. 1º-F da Lei 9.494, de 10.9.1997.

TST OJ/SDI1 400. Os juros de mora decorrentes do inadimplemento de obrigação de pagamento em dinheiro não integram a base de cálculo do imposto de renda, Independentemente da natureza jurídica da obrigação inadimplida, ante o cunho indenizatório conferido pelo art. 404 do Código Civil de 2002 aos juros de mora.

TST OJ/SDI1 408. É devida a incidência de juros de mora em relação aos débitos trabalhistas de empresa em liquidação extrajudicial sucedida nos moldes dos arts. 10 e 448 da CLT. O sucessor responde pela obrigação do sucedido, não se beneficiando de qualquer privilégio a este destinado.

5.8. Penhora

TST 417. I. Não fere direito líquido e certo do impetrante o ato judicial que determina penhora em dinheiro do executado para garantir crédito exequendo, pois é prioritária e obedece à gradação prevista no art. 835 do CPC de 2015 (art. 655 do CPC de 1973). II. Havendo discordância do credor, em execução definitiva, não tem o executado direito líquido e certo a que os valores penhorados em dinheiro fiquem depositados no próprio banco, ainda que atenda aos requisitos do art. 840, I, do CPC de 2015 (art. 666, I, do CPC de 1973).

TST OJ/SDI1 226. Diferentemente da cédula de crédito industrial garantida por alienação fiduciária, na cédula rural pignoratícia ou hipotecária o bem permanece sob o domínio do devedor (executado), não constituindo óbice à penhora na esfera trabalhista. (Decreto-Lei n. 167/67, art. 69; CLT, arts. 10 e 30 e Lei n. 6.830/80).

TST OJ/SDI1 343. É válida a penhora em bens de pessoa jurídica de direito privado, realizada anteriormente à sucessão pela União ou por Estado-membro, não podendo a execução prosseguir mediante precatório. A decisão que a mantém não viola o art. 100 da CF/1988.

TST OJ/SDI2 54. Ajuizados embargos de terceiro (art. 674 do CPC de 2015 – art. 1.046 do CPC de 1973) para pleitear a desconstituição da penhora, é incabível mandado de segurança com a mesma finalidade.

TST OJ/SDI2 59. A carta de fiança bancária e o seguro garantia judicial, desde que em valor não inferior ao do débito em execução, acrescido de trinta por cento, equivalem a dinheiro para efeito da gradação dos bens penhoráveis, estabelecida no art. 835 do CPC de 2015 (art. 655 do CPC de 1973).

TST OJ/SDI2 93. É admissível a penhora sobre a renda mensal ou faturamento de empresa, limitada a determinado percentual, desde que não comprometa o desenvolvimento regular de suas atividades.

TST OJ/SDI2 153. Ofende direito líquido e certo decisão que determina o bloqueio de numerário existente em conta salário, para satisfação de crédito trabalhista, ainda que seja limitado a determinado percentual dos valores recebidos ou a valor revertido para fundo de aplicação ou poupança, visto que o art. 649, IV, do CPC contém norma imperativa que não admite interpretação ampliativa, sendo a exceção prevista no art. 649,

§ 2º, do CPC espécie e não gênero de crédito de natureza alimentícia, não englobando o crédito trabalhista.

5.9. Outros temas

TST OJ/SDI1 87. É direta a execução contra a APPA e Minascaixa (§ 1º do art. 173, da CF/1988).

TST OJ/SDI1 143. A execução trabalhista deve prosseguir diretamente na Justiça do Trabalho mesmo após a decretação da liquidação extrajudicial. Lei n. 6.830/80, arts. 5º e 29, aplicados supletivamente (CLT, art. 889 e CF/1988, art. 114).

TST OJ/SDI2 53. A liquidação extrajudicial de sociedade cooperativa não suspende a execução dos créditos trabalhistas existentes contra ela.

TST OJ/SDI2 56. Não há direito líquido e certo à execução definitiva na pendência de recurso extraordinário, ou de agravo de instrumento visando a destrancá-lo.

6. DOS RECURSOS (CLT, ARTS. 893 A 902)

6.1. Admissibilidade

TST 296. I. A divergência jurisprudencial ensejadora da admissibilidade, do prosseguimento e do conhecimento do recurso há de ser específica, revelando a existência de teses diversas na interpretação de um mesmo dispositivo legal, embora idênticos os fatos que as ensejaram. II. Não ofende o art. 896 da CLT decisão de Turma que, examinando premissas concretas de especificidade da divergência colacionada no apelo revisional, conclui pelo conhecimento ou desconhecimento do recurso.

TST 422. I. Não se conhece de recurso para o Tribunal Superior do Trabalho se as razões do recorrente não impugnam os fundamentos da decisão recorrida, nos termos em que proferida. II. O entendimento referido no item anterior não se aplica em relação à motivação secundária e impertinente, consubstanciada em despacho de admissibilidade de recurso ou em decisão monocrática. III. Inaplicável a exigência do item I relativamente ao recurso ordinário da competência de Tribunal Regional do Trabalho, exceto em caso de recurso cuja motivação é inteiramente dissociada dos fundamentos da sentença.

TST 435. Aplica-se subsidiariamente ao processo do trabalho o art. 932 do CPC de 2015 (art. 557 do CPC de 1973).

TST 459. O conhecimento do recurso de revista, quanto à preliminar de nulidade por negativa de prestação jurisdicional, supõe indicação de violação do art. 832 da CLT, do art. 458 do CPC ou do art. 93, IX, da CF/1988.

6.2. Agravo

TST OJ/SDI1 110. A existência de instrumento de mandato apenas nos autos de agravo de instrumento, ainda que em apenso, não legitima a atuação de advogado nos processos de que se originou o agravo.

TST OJ/SDI1 132. Inexistindo lei que exija a tramitação do agravo regimental em autos apartados, tampouco previsão no regimento interno do regional, não pode o agravante ver-se apenado por não haver colacionado cópia de peças dos autos principais, quando o agravo regimental deveria fazer parte dele.

TST OJ/SDI1 217. Para a formação do agravo de instrumento, não é necessária a juntada de comprovantes de recolhimento de custas e de depósito recursal relativamente ao recurso ordinário, desde que não seja objeto de controvérsia no recurso de revista a validade daqueles recolhimentos.

TST OJ/SDI1 282. No julgamento de agravo de instrumento, ao afastar o óbice apontado pelo TRT para o processamento do recurso de revista, pode o juízo "ad quem" prosseguir no exame dos demais pressupostos extrínsecos e intrínsecos do recurso de revista, mesmo que não apreciados pelo TRT.

TST OJ/SDI1 283. É válido o traslado de peças essenciais efetuado pelo agravado, pois a regular formação do agravo incumbe às partes e não somente ao agravante.

TST OJ/SDI1 286. I. A juntada da ata de audiência, em que consignada a presença do advogado, desde que não estivesse atuando com mandato expresso, torna dispensável a procuração deste, porque demonstrada a existência de mandato tácito. II. Configurada a existência de mandato tácito fica suprida a irregularidade detectada no mandato expresso.

TST OJ/SDI1 412. É incabível agravo interno (art. 1.021 do CPC de 2015, art. 557, § 1º, do CPC de 1973) ou agravo regimental (art. 235 do RITST) contra decisão proferida por Órgão colegiado. Tais recursos destinam-se, exclusivamente, a impugnar decisão monocrática nas hipóteses previstas. Inaplicável, no caso, o princípio da fungibilidade ante a configuração de erro grosseiro.

TST OJ/SDI2 91. Não sendo a parte beneficiária da assistência judiciária gratuita, inexiste direito líquido e certo à autenticação, pelas secretarias dos tribunais, de peças extraídas do processo principal, para formação do agravo de instrumento.

6.3. Comprovação de Divergência

TST 337. I. Para comprovação da divergência justificadora do recurso, é necessário que o recorrente: a) Junte certidão ou cópia autenticada do acórdão paradigma ou cite a fonte oficial ou o repositório autorizado em que foi publicado; e b) Transcreva, nas razões recursais, as ementas e/ou trechos dos acórdãos trazidos à configuração do dissídio, demonstrando o conflito de teses que justifique o conhecimento do recurso, ainda que os acórdãos já se encontrem nos autos ou venham a ser juntados com o recurso. II. A concessão de registro de publicação como repositório autorizado de jurisprudência do TST torna válidas todas as suas edições anteriores. III. A mera indicação da data de publicação, em fonte oficial, de aresto paradigma é inválida para comprovação de divergência jurisprudencial, nos termos do item I, "a", desta súmula, quando a parte pretende demonstrar o conflito de teses mediante a transcrição de trechos que integram a fundamentação do acórdão divergente, uma vez que só se publicam o dispositivo e a ementa dos acórdãos. IV. É válida para a comprovação da divergência jurisprudencial justificadora do recurso a indicação de aresto extraído de repositório oficial na internet, desde que o recorrente: a) transcreva o trecho divergente; b) aponte o sítio de onde foi extraído; e c) decline o número do processo, o órgão prolator do acórdão e a data da respectiva publicação no Diário Eletrônico da Justiça do Trabalho.

6.4. Depósito Recursal

TST 128. I. É ônus da parte recorrente efetuar o depósito legal, integralmente, em relação a cada novo recurso interposto, sob pena de deserção. Atingido o valor da condenação, nenhum depósito mais é exigido para qualquer recurso. II. Garantido o juízo, na fase executória, a exigência de depósito para recorrer de qualquer decisão viola os incisos II e LV do art. 5º da CF/1988. Havendo, porém, elevação do valor do débito, exige-se a complementação da garantia do juízo. III. Havendo condenação solidária de duas ou mais empresas, o depósito recursal efetuado por uma delas aproveita as demais, quando a empresa que efetuou o depósito não pleiteia sua exclusão da lide.

TST 161. Se não há condenação a pagamento em pecúnia, descabe o depósito de que tratam os §§ 1º e 2º do art. 899 da CLT.

TST 217. O credenciamento dos bancos para o fim de recebimento do depósito recursal é fato notório, independendo da prova.

TST 245. O depósito recursal deve ser feito e comprovado no prazo alusivo ao recurso. A interposição antecipada deste não prejudica a dilação legal.

TST 426. Nos dissídios individuais o depósito recursal será efetivado mediante a utilização da Guia de Recolhimento do FGTS e Informações à Previdência Social – GFIP, nos termos dos §§ 4º e 5º do art. 899 da CLT, admitido o depósito judicial, realizado na sede do juízo e à disposição deste, na hipótese de relação de trabalho não submetida ao regime do FGTS.

TST OJ/SDI1 264. Não é essencial para a validade da comprovação do depósito recursal a indicação do número do PIS/Pasep na guia respectiva.

6.5. Deserção

TST 86. Não ocorre deserção de recurso da massa falida por falta de pagamento de custas ou de depósito do valor da condenação. Esse privilégio, todavia, não se aplica à empresa em liquidação extrajudicial.

TST OJ/SDI1 140. Ocorre deserção do recurso pelo recolhimento insuficiente das custas e do depósito recursal, ainda que a diferença em relação ao "quantum" devido seja ínfima, referente a centavos.

TST OJ/SDI1 389. Constitui ônus da parte recorrente, sob pena de deserção, depositar previamente a multa aplicada com fundamento nos §§ 4º e 5º, do art. 1.021, do CPC de 2015 (§ 2º do art.

557 do CPC de 1973), à exceção da Fazenda Pública e do beneficiário de justiça gratuita, que farão o pagamento ao final.

TST OJ/SDI2 148. É responsabilidade da parte, para interpor recurso ordinário em mandado de segurança, a comprovação do recolhimento das custas processuais no prazo recursal, sob pena de deserção.

6.6. Embargos

TST 278. A natureza da omissão suprida pelo julgamento de embargos declaratórios pode ocasionar efeito modificativo no julgado.

TST 297. I. Diz-se prequestionada a matéria ou questão quando na decisão impugnada haja sido adotada, explicitamente, tese a respeito. II. Incumbe à parte interessada, desde que a matéria haja sido invocada no recurso principal, opor embargos declaratórios objetivando o pronunciamento sobre o tema, sob pena de preclusão. III. Considera-se prequestionada a questão jurídica invocada no recurso principal sobre a qual se omite o tribunal de pronunciar tese, não obstante opostos embargos de declaração.

TST 353. Não cabem embargos para a Seção de Dissídios Individuais de decisão de Turma proferida em agravo, salvo: a) da decisão que não conhece de agravo de instrumento ou de agravo pela ausência de pressupostos extrínsecos; b) da decisão que nega provimento a agravo contra decisão monocrática do Relator, em que se proclamou a ausência de pressupostos extrínsecos de agravo de instrumento; c) para revisão dos pressupostos extrínsecos de admissibilidade do recurso de revista, cuja ausência haja sido declarada originariamente pela Turma no julgamento do agravo; d) para impugnar o conhecimento de agravo de instrumento; e) para impugnar a imposição de multas previstas nos arts. 1.021, § 4º, do CPC de 2015 ou 1.026, § 2º, do CPC de 2015 (art. 538, parágrafo único, do CPC de 1973, ou art. 557, § 2º, do CPC de 1973); f) contra decisão de Turma proferida em agravo em recurso de revista, nos termos do art. 894, II, da CLT.

TST 421. I. Cabem embargos de declaração da decisão monocrática do relator prevista no art. 932 do CPC de 2015 (art. 557 do CPC de 1973), se a parte pretende tão somente juízo integrativo retificador da decisão e, não, modificação do julgado. II. Se a parte postular a revisão no mérito da decisão monocrática, cumpre ao relator converter os embargos de declaração em agravo, em face dos princípios da fungibilidade e celeridade processual, submetendo-o ao pronunciamento do Colegiado, após a intimação do recorrente para, no prazo de 5 (cinco) dias, complementar as razões recursais, de modo a ajustá-las às exigências do art. 1.021, § 1º, do CPC de 2015.

TST 433. A admissibilidade do recurso de embargos contra acórdão de turma em recurso de revista em fase de execução, publicado na vigência da Lei n. 11.496, de 26.06.2007, condiciona-se à demonstração de divergência jurisprudencial entre turmas ou destas e a Seção Especializada em Dissídios Individuais do Tribunal Superior do Trabalho em relação à interpretação de dispositivo constitucional.

TST OJ/SDI1 95. Acórdãos oriundos da mesma turma, embora divergentes, não fundamentam divergência jurisprudencial de que trata a alínea "b", do artigo 894 da Consolidação das Leis do Trabalho para embargos à Seção Especializada em Dissídios Individuais, Subseção I.

TST OJ/SDI1 142. I. É passível de nulidade decisão que acolhe embargos de declaração com efeito modificativo sem que seja concedida oportunidade de manifestação prévia à parte contrária. II. Em decorrência do efeito devolutivo amplo conferido ao recurso ordinário, o item I não se aplica às hipóteses em que não se concede vista à parte contrária para se manifestar sobre os embargos de declaração opostos contra sentença.

TST OJ/SDI1 192. É em dobro o prazo para a interposição de embargos declaratórios por pessoa jurídica de direito público.

TST OJ/SDI1 219. É válida, para efeito de conhecimento do recurso de revista ou de embargos, a invocação de orientação jurisprudencial do Tribunal Superior do Trabalho, desde que, das razões recursais, conste o seu número ou conteúdo.

TST OJ/SDI1 336. Estando a decisão recorrida em conformidade com orientação jurisprudencial, desnecessário o exame das divergências e das violações de lei e da Constituição alegadas em embargos interpostos antes da vigência da

Lei n. 11.496/2007, salvo nas hipóteses em que a orientação jurisprudencial não fizer qualquer citação do dispositivo constitucional.

TST OJ/SDI1 378. Não encontra amparo no art. 894 da CLT, quer na redação anterior quer na redação posterior à Lei n. 11.496, de 22.06.2007, recurso de embargos interposto à decisão monocrática exarada nos moldes do art. 932 do CPC de 2015 (art. 557 do CPC de 1973), pois o comando legal restringe seu cabimento à pretensão de reforma de decisão colegiada proferida por Turma do Tribunal Superior do Trabalho.

6.7. Legitimidade Recursal

TST OJ/SDI1 237. I. O Ministério Público do Trabalho não tem legitimidade para recorrer na defesa de interesse patrimonial privado, ainda que de empresas públicas e sociedades de economia mista. II. Há legitimidade do Ministério Público do Trabalho para recorrer de decisão que declara a existência de vínculo empregatício com sociedade de economia mista ou empresa pública, após a Constituição Federal de 1988, sem a prévia aprovação em concurso público, pois é matéria de ordem pública.

TST OJ/SDI1 318. Os Estados e os Municípios não têm legitimidade para recorrer em nome das autarquias detentoras de personalidade jurídica própria, devendo ser representadas pelos procuradores que fazem parte de seus quadros ou por advogados constituídos.

6.8. Prazos Recursais

TST 30. Quando não juntada a ata ao processo em 48 horas, contadas da audiência de julgamento (art. 851, § 2º, da CLT), o prazo para recurso será contado da data em que a parte receber a intimação da sentença.

TST 197. O prazo para recurso da parte que, intimada, não comparecer à audiência em prosseguimento para a prolação da sentença conta-se de sua publicação.

TST 262. I. Intimada ou notificada a parte no sábado, o início do prazo se dará no primeiro dia útil imediato e a contagem, no subsequente. II. O recesso forense e as férias coletivas dos ministros do Tribunal Superior do Trabalho suspendem os prazos recursais.

TST 385. I. Incumbe à parte o ônus de provar, quando da interposição do recurso, a existência de feriado local que autorize a prorrogação do prazo recursal. II. Na hipótese de feriado forense, incumbirá à autoridade que proferir a decisão de admissibilidade certificar o expediente nos autos. III. Na hipótese do inciso II, admite-se a reconsideração da análise da tempestividade do recurso, mediante prova documental superveniente, em agravo regimental, agravo de instrumento ou embargos de declaração.

TST 387. I. A Lei n. 9.800, de 26.05.1999, é aplicável somente a recursos interpostos após o início de sua vigência. II. A contagem do quinquídio para apresentação dos originais de recurso interposto por intermédio de fac-símile começa a fluir do dia subsequente ao término do prazo recursal, nos termos do art. 2º da Lei n. 9.800, de 26.05.1999, e não do dia seguinte à interposição do recurso, se esta se deu antes do termo final do prazo. III. Não se tratando a juntada dos originais de ato que dependa de notificação, pois a parte, ao interpor o recurso, já tem ciência de seu ônus processual, não se aplica a regra do art. 224 do CPC de 2015 (art. 184 do CPC de 1973) quanto ao "dies a quo", podendo coincidir com sábado, domingo ou feriado. IV. A autorização para utilização do fac-símile, constante do art. 1º da Lei n. 9.800, de 26.05.1999, somente alcança as hipóteses em que o documento é dirigido diretamente ao órgão jurisdicional, não se aplicando à transmissão ocorrida entre particulares.

TST OJ/SDI1 192. É em dobro o prazo para a interposição de embargos declaratórios por pessoa jurídica de direito público.

6.9. Prequestionamento

TST OJ/SDI1 62. É necessário o prequestionamento como pressuposto de admissibilidade em recurso de natureza extraordinária, ainda que se trate de incompetência absoluta.

TST OJ/SDI1 118. Havendo tese explícita sobre a matéria, na decisão recorrida, desnecessário contenha nela referência expressa do dispositivo legal para ter-se como prequestionado este.

TST OJ/SDI1 119. É inexigível o prequestionamento quando a violação indicada houver nascido na própria decisão recorrida. Inaplicável a Súmula n. 297 do TST.

TST OJ/SDI1 151. Decisão regional que simplesmente adota os fundamentos da decisão de primeiro grau não preenche a exigência do prequestionamento, tal como previsto na Súmula n. 297.

TST OJ/SDI1 256. Para fins do requisito do prequestionamento de que trata a Súmula n. 297, há necessidade de que haja, no acórdão, de maneira clara, elementos que levem à conclusão de que o regional adotou uma tese contrária à lei ou à súmula.

6.10. Recurso Adesivo

TST 283. O recurso adesivo é compatível com o processo do trabalho e cabe, no prazo de 8 (oito) dias, nas hipóteses de interposição de recurso ordinário, de agravo de petição, de revista e de embargos, sendo desnecessário que a matéria nele veiculada esteja relacionada com a do recurso interposto pela parte contrária.

6.11. Recurso de Revista

TST 23. Não se conhece de recurso de revista ou de embargos, se a decisão recorrida resolver determinado item do pedido por diversos fundamentos e a jurisprudência transcrita não abranger a todos.

TST 126. Incabível o recurso de revista ou de embargos (arts. 896 e 894, "b", da CLT) para reexame de fatos e provas.

TST 184. Ocorre preclusão se não forem opostos embargos declaratórios para suprir omissão apontada em recurso de revista ou de embargos.

TST 218. É incabível recurso de revista interposto de acórdão regional prolatado em agravo de instrumento.

TST 221. A admissibilidade do recurso de revista por violação tem como pressuposto a indicação expressa do dis-positivo de lei ou da Constituição tido como violado.

TST 266. A admissibilidade do recurso de revista interposto de acórdão proferido em agravo de petição, na liquidação de sentença ou em processo incidente na execução, inclusive os embargos de terceiro, depende de demonstração inequívoca de violência direta à Constituição Federal.

TST 312. É constitucional a alínea "b" do art. 896 da CLT, com a redação dada pela Lei n. 7.701, de 21.12.1988.

TST 333. Não ensejam recurso de revista decisões superadas por iterativa, notória e atual jurisprudência do Tribunal Superior do Trabalho.

TST OJ/SDI1 111. Não é servível ao conhecimento de recurso de revista aresto oriundo de mesmo Tribunal Regional do Trabalho, salvo se o recurso houver sido interposto anteriormente à vigência da Lei n. 9.756/98.

TST OJ/SDI1 147. I. É inadmissível o recurso de revista fundado tão-somente em divergência jurisprudencial, se a parte não comprovar que a lei estadual, a norma coletiva ou o regulamento da empresa extrapolam o âmbito do TRT prolator da decisão recorrida. II. É imprescindível a arguição de afronta ao art. 896 da CLT para o conhecimento de embargos interpostos em face de acórdão de turma que conhece indevidamente de recurso de revista, por divergência jurisprudencial, quanto a tema regulado por lei estadual, norma coletiva ou norma regulamentar de âmbito restrito ao Regional prolator da decisão.

TST OJ/SDI1 219. É válida, para efeito de conhecimento do recurso de revista ou de embargos, a invocação de orientação jurisprudencial do Tribunal Superior do Trabalho, desde que, das razões recursais, conste o seu número ou conteúdo.

TST OJ/SDI1 260. I. É inaplicável o rito sumaríssimo aos processos iniciados antes da vigência da Lei n. 9.957/00. II. No caso de o despacho denegatório de recurso de revista invocar, em processo iniciado antes da Lei n. 9.957/00, o § 6º do art. 896 da CLT (rito sumaríssimo), como óbice ao trânsito do apelo calcado em divergência jurisprudencial ou violação de dispositivo infraconstitucional, o Tribunal superará o obstáculo, apreciando o recurso sob esses fundamentos.

TST OJ/SDI1 282. No julgamento de agravo de instrumento, ao afastar o óbice apontado pelo TRT para o processamento do recurso de revista, pode o juízo "ad quem" prosseguir no exame dos demais pressupostos extrínsecos e intrínsecos do recurso de revista, mesmo que não apreciados pelo TRT.

TST OJ/SDI1 334. Incabível recurso de revista de ente público que não interpôs recurso ordinário voluntário da decisão de primeira instância, ressalvada a hipótese de ter sido agravada, na segunda instância, a condenação imposta.

TST OJ/SDI2 152. A interposição de recurso de revista de decisão definitiva de tribunal regional do trabalho em ação rescisória ou em mandado de segurança, com fundamento em violação legal e divergência jurisprudencial e remissão expressa ao art. 896 da CLT, configura erro grosseiro, insuscetível de autorizar o seu recebimento como recurso ordinário, em face do disposto no art. 895, "b", da CLT.

6.12. Recurso de Revista no Procedimento Sumariíssimo

TST 442. Nas causas sujeitas ao procedimento sumaríssimo, a admissibilidade de recurso de revista está limitada à demonstração de violação direta a dispositivo da Constituição Federal ou contrariedade a Súmula do Tribunal Superior do Trabalho, não se admitindo o recurso por contrariedade a Orientação Jurisprudencial deste Tribunal (Livro II, Título II, Capítulo III, do RITST), ante a ausência de previsão no art. 896, § 6º, da CLT.

TST 458. Em causas sujeitas ao procedimento sumaríssimo, em que pese a limitação imposta no art. 896, § 6º, da CLT à interposição de recurso de revista, admitem-se os embargos interpostos na vigência da Lei n. 11.496, de 22.6.2007, que conferiu nova redação ao art. 894 da CLT, quando demonstrada a divergência jurisprudencial entre Turmas do TST, fundada em interpretações diversas acerca da aplicação de mesmo dispositivo constitucional ou de matéria sumulada.

6.13. Recurso Ordinário

TST 393. I. O efeito devolutivo em profundidade do recurso ordinário, que se extrai do § 1º do art. 1.013 do CPC de 2015 (art. 515, § 1º, do CPC de 1973), transfere ao Tribunal a apreciação dos fundamentos da inicial ou da defesa, não examinados pela sentença, ainda que não renovados em contrarrazões, desde que relativos ao capítulo impugnado. II. Se o processo estiver em condições, o tribunal, ao julgar o recurso ordi-nário, deverá decidir desde logo o mérito da causa, nos termos do § 3º do art. 1.013 do CPC de 2015, inclusive quando constatar a omissão da sentença no exame de um dos pedidos.

TST OJ/SDI2 69. Recurso ordinário interposto contra despacho monocrático indeferitório da petição inicial de ação rescisória ou de mandado de segurança pode, pelo princípio de fungibilidade recursal, ser recebido como agravo regimental. Hipótese de não conhecimento do recurso pelo TST e devolução dos autos ao TRT, para que aprecie o apelo como agravo regimental.

TST OJ/SDI2 100. Não cabe recurso ordinário para o TST de decisão proferida pelo tribunal regional do trabalho em agravo regimental interposto contra despacho que concede ou não liminar em ação cautelar ou em mandado de segurança, uma vez que o processo ainda pende de decisão definitiva do tribunal "a quo".

6.14. Tempestividade

TST OJ/SDI1 284. A etiqueta adesiva na qual consta a expressão "no prazo" não se presta à aferição de tempestividade do recurso, pois sua finalidade é tão-somente servir de controle processual interno do TRT e sequer contém a assinatura do funcionário responsável por sua elaboração.

TST OJ/SDI1 285. O carimbo do protocolo da petição recursal constitui elemento indispensável para aferição da tempestividade do apelo, razão pela qual deverá estar legível, pois um dado ilegível é o mesmo que a inexistência do dado.

6.15. Outros Temas

TST 8. A juntada de documentos na fase recursal só se justifica quando provado o justo impedimento para sua oportuna apresentação ou se referir a fato posterior à sentença.

TST 214. Na Justiça do Trabalho, nos termos do art. 893, § 1º, da CLT, as decisões interlocutórias não ensejam recurso imediato, salvo nas hipóteses de decisão: a) de tribunal regional do trabalho contrária à súmula ou orientação jurisprudencial do Tribunal Superior do Trabalho; b) suscetível de impugnação mediante recurso para o mesmo tribunal; c) que acolhe exceção de incompetência territorial, com a remessa dos autos para tribunal regional distinto daquele a que se vincula o juízo excepcionado, consoante o disposto no art. 799, § 2º, da CLT.

TST 279. A cassação de efeito suspensivo concedido a recurso interposto de sentença normativa retroage à data do despacho que o deferiu.

TST OJ/SDI1 75. Não produz efeitos jurídicos recurso subscrito por advogado com poderes conferidos em substabelecimento em que não consta o reconhecimento de firma do outorgante. Entendimento aplicável antes do advento da Lei n. 8.952/1994.

TST OJ/SDI1 120. O recurso sem assinatura será tido por inexistente. Será considerado válido o apelo assinado, ao menos, na petição de apresentação ou nas razões recursais

TST OJ/SDI1 257. A invocação expressa no recurso de revista dos preceitos legais ou constitucionais tidos como violados não significa exigir da parte a utilização das expressões "contrariar", "ferir", "violar", etc.

TST OJ/SDI2 92. Não cabe mandado de segurança contra decisão judicial passível de reforma mediante recurso próprio, ainda que com efeito diferido.

TST OJ/SDI2 99. Esgotadas as vias recursais existentes, não cabe mandado de segurança.

8. LEIS ESPECIAIS

1. LEI DE ASSISTÊNCIA JUDICIÁRIA (LEI 1.060/50)

TST OJ/SDI1 348. Os honorários advocatícios, arbitrados nos termos do art. 11, § 1º, da Lei n. 1.060, de 5.2.1950, devem incidir sobre o valor líquido da condenação, apurado na fase de liquidação de sentença, sem a dedução dos descontos fiscais e previdenciários.

TST OJ/SDI1 269. O benefício da justiça gratuita pode ser requerido em qualquer tempo ou grau de jurisdição, desde que, na fase recursal, seja o requerimento formulado no prazo alusivo ao recurso.

TST OJ/SDI1 304. Atendidos os requisitos da Lei n. 5.584/70 (art. 14, § 2º), para a concessão da assistência judiciária, basta a simples afirmação do declarante ou de seu advogado, na petição inicial, para se considerar configurada a sua situação econômica (art. 4º, § 1º, da Lei n. 7.510/86, que deu nova redação à Lei n. 1.060/50).

TST OJ/SDI2 91. Não sendo a parte beneficiária da assistência judiciária gratuita, inexiste direito líquido e certo à autenticação, pelas secretarias dos tribunais, de peças extraídas do processo principal, para formação do agravo de instrumento.

2. LEI DO FGTS (LEI 8.036/90)

TST 63. A contribuição para o Fundo de Garantia do Tempo de Serviço incide sobre a remuneração mensal devida ao empregado, inclusive horas extras e adicionais eventuais.

TST 98. I. A equivalência entre os regimes do Fundo de Garantia do Tempo de Serviço e da estabilidade prevista na CLT é meramente jurídica e não econômica, sendo indevidos valores a título de reposição de diferenças. II. A estabilidade contratual ou a derivada de regulamento de empresa são compatíveis com o regime do FGTS. Diversamente ocorre com a estabilidade legal (decenal, art. 492 da CLT), que é renunciada com a opção pelo FGTS.

TST 125. O art. 479 da CLT aplica-se ao trabalhador optante pelo FGTS admitido mediante contrato por prazo determinado, nos termos do art. 30, § 3º, do Decreto nº 59.820, de 20.12.1966.

TST 305. O pagamento relativo ao período de aviso prévio, trabalhado ou não, está sujeito a contribuição para o FGTS.

TST 461. É do empregador o ônus da prova em relação à regularidade dos depósitos do FGTS, pois o pagamento é fato extintivo do direito do autor (art. 373, II, do CPC de 2015).

TST OJ/SDI1 42. I. É devida a multa do FGTS sobre os saques corrigidos monetariamente ocorridos na vigência do contrato de trabalho. Art. 18, § 1º, da Lei n. 8.036/90 e art. 9º, § 1º, do Decreto n. 99.684/90. II. O cálculo da multa de 40% do FGTS deverá ser feito com base no saldo da conta vinculada na data do efetivo pagamento das verbas rescisórias, desconsiderada a projeção do aviso prévio indenizado, por ausência de previsão legal.

TST OJ/SDI1 195. Não incide a contribuição para o FGTS sobre as férias indenizadas.

TST OJ/SDI1 232. O FGTS incide sobre todas as parcelas de natureza salarial pagas ao empregado em virtude de prestação de serviços no exterior.

TST OJ/SDI1 302. Os créditos referentes ao FGTS, decorrentes de condenação judicial, serão corrigidos pelos mesmos índices aplicáveis aos débitos trabalhistas.

TST OJ/SDI1 341. É de responsabilidade do empregador o pagamento da diferença da multa de 40% sobre os depósitos do FGTS, decorrente da atualização monetária em face dos expurgos inflacionários.

TST OJ/SDI1 344. O termo inicial do prazo prescricional para o empregado pleitear em juízo diferenças da multa do FGTS, decorrentes dos expurgos inflacionários, deu-se com a vigência da Lei Complementar n. 110, em 30.6.01, salvo comprovado trânsito em julgado de decisão proferida em ação proposta anteriormente na Justiça Federal, que reconheça o direito à atualização do saldo da conta vinculada.

TST OJ/SDI1 361. A aposentadoria espontânea não é causa de extinção do contrato de trabalho se o empregado permanece prestando serviços ao empregador após a jubilação. Assim, por ocasião da sua dispensa imotivada, o empregado tem direito à multa de 40% do FGTS sobre a totalidade dos depósitos efetuados no curso do pacto laboral.

TST OJ/SDI1 362. Não afronta o princípio da irretroatividade da lei a aplicação do art. 19-A da Lei n. 8.036, de 11.5.1990, aos contratos declarados nulos celebrados antes da vigência da Medida Provisória n. 2.164-41, de 24.8.2001.

TST OJ/SDI1 370. O ajuizamento de protesto judicial dentro do biênio posterior à Lei Complementar n. 110, de 29.6.2001, interrompe a prescrição, sendo irrelevante o transcurso de mais de dois anos da propositura de outra medida acautelatória, com o mesmo objetivo, ocorrida antes da vigência da referida lei, pois ainda não iniciado o prazo prescricional, conforme disposto na Orientação Jurisprudencial n. 344 da SDI-1.

3. LEI 605/49 (REPOUSO SEMANAL E FERIADOS)

TST 15. A justificação da ausência do empregado motivada por doença, para a percepção do salário-enfermidade e da remuneração do repouso semanal, deve observar a ordem preferencial dos atestados médicos estabelecida em lei.

TST 27. É devida a remuneração do repouso semanal e dos dias feriados ao empregado comissionista, ainda que pracista.

TST 146. O trabalho prestado em domingos e feriados, não compensado, deve ser pago em dobro, sem prejuízo da remuneração relativa ao repouso semanal.

TST 225. As gratificações por tempo de serviço e produtividade, pagas mensalmente, não repercutem no cálculo do repouso semanal remunerado.

TST 282. Ao serviço médico da empresa ou ao mantido por esta última mediante convênio compete abonar os primeiros 15 (quinze) dias de ausência ao trabalho.

TST OJ/SDI1 394. A majoração do valor do repouso semanal remunerado, em razão da integração das horas extras habitualmente prestadas, não repercute no cálculo das férias, da gratificação natalina, do aviso prévio e do FGTS, sob pena de caracterização de "bis in idem".

TST OJ/SDI1 410. Viola o art. 7º, XV, da CF a concessão de repouso semanal remunerado após o sétimo dia consecutivo de trabalho, importando no seu pagamento em dobro.

4. LEI 4.345/64

TST 52. O adicional de tempo de serviço (quinquênio) é devido, nas condições estabelecidas no art. 19 da Lei n. 4.345, de 26.6.1964, aos contratados sob o regime da CLT, pela empresa a que se refere a mencionada lei, inclusive para o fim de complementação de aposentadoria.

5. LEI DO REGIME DE TRABALHO NOS PORTOS ORGANIZADOS (LEI 4.860/65)

TST OJ/SDI1 316. O adicional de risco dos portuários, previsto no art. 14 da Lei n. 4.860/65, deve ser proporcional ao tempo efetivo no serviço considerado sob risco e apenas concedido àqueles que prestam serviços na área portuária.

TST OJ/SDI1 402. O adicional de risco previsto no artigo 14 da Lei n. 4.860, de 26.11.1965, aplica-se somente aos portuários que trabalham em portos organizados, não podendo ser conferido aos que operam terminal privativo.

6. LEI 6.708/79

TST 182. O tempo do aviso prévio, mesmo indenizado, conta-se para efeito da indenização adicional prevista no art. 9º da Lei n. 6.708, de 30.10.1979.

TST 242. A indenização adicional, prevista no art. 9º da Lei n. 6.708, de 30.10.1979 e no art. 9º da Lei n. 7.238, de 28.10.1984, corresponde ao salário mensal, no valor devido na data da comunicação do despedimento, integrado pelos adicionais legais ou convencionados, ligados à unidade de tempo mês, não sendo computável a gratificação natalina.

TST 314. Se ocorrer a rescisão contratual no período de 30 (trinta) dias que antecede à data-base, observado a Súmula n. 182 do TST, o pagamento das verbas rescisórias com o salário já corrigido não afasta o direito à indenização adicional prevista nas leis nºs 6.708, de 30.10.1979 e 7.238, de 28.10.1984.

Parte IV

Procuradoria-Geral da República

1. DIREITO ADMINISTRATIVO

1. AGENTES PÚBLICOS
1.1. Disposições Gerais

2016

Afastamento cautelar. Servidor público. Determinação de retorno ao exercício da função. Direito às férias e ao respectivo abono pecuniário. Inaplicabilidade.

Não tem direito a férias e parcelas acessórias, tais como o abono pecuniário, o agente público, relativamente ao período de afastamento do exercício do cargo, uma vez que, sem realizar atividade laboral, não está sujeito ao desgaste físico e mental associado ao desempenho da função, que justifica a concessão dos períodos de repouso. *(MS 31714, Info 31/2016, Tese 242)*

Conselho de fiscalização de profissão regulamentada. Regime jurídico único. Obrigatoriedade. Atividade típica estatal. Exercício de poder de polícia.

É inconstitucional artigo de lei que disponha sobre aplicação do regime jurídico da CLT a empregados de conselhos de fiscalização de profissões regulamentadas, uma vez que como decorrência da estrutura administrativa que nasce da ordem constitucional, conselhos de fiscalização profissional devem ser considerados pessoas jurídicas de direito público, submetidas a regime de Direito Administrativo, e compõem a administração pública federal indireta, além disso, as leis de criação desses entes trazem, até, previsão expressa acerca da qualificação deles como autarquias, com personalidade jurídica de direito público e vinculação ao Ministério do Trabalho, pois exercem atividade típica de Estado, cuja prestação consubstancia serviço público federal e que possui como instrumento inerente o manejo do poder de polícia (art. 22, XVI, da CR). *(ADC 36, Info 40/2016, Tese 316)*

Pedido de remoção. Legitimidade ativa. Cônjuge do servidor público. Vínculo matrimonial.

Não tem legitimidade ativa o cônjuge de servidor público que requer remoção no âmbito de processo judicial, pois o vínculo matrimonial, por si só, não confere legitimidade "ad causam" também ao outro cônjuge, ainda que seja detentor de interesse jurídico a autorizar sua atuação na qualidade de assistente. *(RE 825170, Info 41/2016, Tese 326)*

Recurso extraordinário. Conselho profissional. Dispensa de servidor público. Princípio da impessoalidade. Processo administrativo.

Não é possível a realização de dispensa de servidor público de conselho de fiscalização profissional, sem o devido processo administrativo e sem a devida motivação, pois viola o princípio da impessoalidade previsto no artigo 37, caput, da CF, uma vez que o conselho profissional, entidade criada por lei, com personalidade jurídica de direito público e funções tipicamente públicas, sujeita-se à regra do art. 37, II, da CF, quando da contratação e dispensa de pessoal. *(RE 999529, Info 51/2016, Tese 401)*

Suspensão de segurança. Decisão que garante a remoção de servidor público para acompanhar cônjuge. Lesão à ordem pública.

É cabível a suspensão dos efeitos de decisão judicial que garante a transferência de comarca de servidor público estadual fundamentado no acompanhamento de cônjuge, na hipótese de o servidor ter participado voluntariamente de processo de promoção, sendo lotado em comarca mais distante da residência familiar, e seu cônjuge já exercer suas atividades na comarca para a qual se pleiteou a remoção, pois não se trata da transferência do servidor público impetrante de ofício, por interesse da administração pública, situação em que a ruptura da unidade familiar ocorreria por circunstância independente da escolha dos envolvidos, caracterizando opção profissional exclusiva do servidor público. *(SS 5132, Info 34/2016, Tese 268)*

1.2. Concurso Público

2016

Ação afirmativa. Política de cotas com base em critério étnico. Raça. Inclusão social de grupo historicamente excluído. Compatibilidade com o princípio constitucional da isonomia e com objetivos gerais do estado democrático de direito e fundamentais da república.

É constitucional a Lei 12.990/14 que reserva a cidadãos negros 20% das vagas de concursos públicos para provimento de cargos efetivos e empregos públicos na administração pública federal e em autarquias, fundações públicas, empresas públicas e sociedades de economia mista controladas pela União Federal, uma vez que compatível com princípios e valores consagrados na CF, sobretudo com a garantia constitucional da isonomia material e com os objetivos gerais do estado democrático de direito e os fundamentos da República Federativa do Brasil, voltados à construção de sociedade solidária, fraterna e pluralista, à redução das desigualdades sociais e à promoção do bem de todos, sem preconceitos de origem, raça, cor, idade e outras formas de discriminação. *(ADC 41, Info 35/2016, Tese 279)*

ADC. Lei 12.990/14. Reserva de vagas a cidadão negro em concurso público federal. Controvérsia judicial sobre a matéria. Relevância do tema. Potencial multiplicador da discussão.

É cabível ADC com o objetivo de questionar a constitucionalidade do sistema de cota racial estabelecido pela Lei 12.990/14, no que concerne à reserva de vaga a cidadão negro em concurso público, por caracterizar controvérsia judicial relevante sobre aplicação da lei, sendo necessário o afastamento da insegurança jurídica referente ao tema e devido ao potencial multiplicador da discussão. *(ADC 41, Info 35/2016, Tese 278)*

Concurso público. Conselho de fiscalização profissional. Natureza jurídica de autarquia.

É necessária a submissão à regra do concurso público para contratação de servidor por conselho profissional, uma vez que o STF reconheceu a natureza autárquica dos conselhos profissionais, em decorrência do caráter público da atividade desenvolvida por estas entidades criadas por lei, com personalidade jurídica de direito público e que exercem atividade tipicamente pública, devendo ser observada, dessa forma, a regra do art. 37, II, da CF. *(RE-EDcl 893154, Info 37/2016, Tese 287)*

Suspensão de segurança. Concurso. Nomeação determinada durante a validade do certame. Violação à ordem pública.

É cabível a suspensão de decisão liminar que determina a nomeação imediata de candidato, ainda no período de vigência do concurso, sem a demonstração cabal de preterição arbitrária e imotivada, pois viola a ordem pública, na acepção jurídico-constitucional, conforme entendimento do STF. *(SS 5137, Info 39/2016, Tese 310)*

2015

Convocação de policiais militares inabilitados em avaliação psicológica para curso de formação de pilotos. Aprovação dentro do número de vagas previsto no edital. Falta de demonstração de risco de lesão às ordens pública, jurídica e econômica. Perigo de dano inverso.

É cabível a manutenção da decisão que determina a convocação de policiais militares considerados inaptos na avaliação psicológica, mas classificados dentro do número de vagas previsto no edital do processo seletivo, para a realização de curso de formação de pilotos, pois maior prejuízo teria o estado-membro se, após o trânsito em julgado do writ, confirmada a segurança, tivesse que restabelecer a ordem classificatória, não havendo, portanto, falar em risco de lesão à ordem econômica, mas sim em perigo de dano inverso, uma vez que existe direito subjetivo à nomeação dos candidatos aprovados dentro do número de vagas previsto no edital de abertura do concurso. *(SS-AgRg 5021, Info 20/2015, Tese 157)*

Suspensão de segurança. Concurso público. Nomeação de candidata aprovada fora do número de vagas. Preferência sobre profissional contratado a título precário. Dano inverso à ordem pública.

Não é possível, no âmbito da suspensão de segurança, afastar os efeitos de decisão judicial que determina a nomeação de candidato aprovado em concurso público, em substituição a funcionário contratado a título precário, pois seu afastamento caracterizaria dano inverso à ordem pública, bem como afrontaria o princípio da economicidade, princípio da impessoalidade, princípio da moralidade e princípio da obrigatoriedade de concurso público para provimento de cargo público. *(SS 5076, Info 25/2015, Tese 194)*

Suspensão da segurança. Usurpação de competência. Poder Judiciário. Não ocorrência. Controle de legalidade.

Não caracteriza usurpação de competência do Poder Executivo o fato de o Poder Judiciário

1. DIREITO ADMINISTRATIVO

determinar a nomeação de candidato aprovado em concurso público, em substituição a funcionário contratado a título precário, pois a decisão limita-se a realizar o controle de legalidade da gestão pública em vez de representar ofensa à ordem jurídico-administrativa, aplicando, no caso concreto, os princípios constitucionais da razoabilidade, eficiência, moralidade, impessoalidade e obrigatoriedade de concurso público para provimento de cargos. *(SS 5076, Info 25/2015, Tese 195)*

1.3. Regras Previdenciárias

2016

Mandado de segurança. Agravo regimental. Aposentadoria compulsória. LC 152/2015. Irretroatividade. Ato jurídico perfeito.

Não é cabível a reversão do ato de aposentadoria na hipótese de o servidor público ter atingido a idade de 70 anos e ter realizado o ato de aposentação, pois a LC 152/15 não retroage em favor do aposentado, uma vez que, além de não haver previsão nesse sentido, esta se afiguraria incompatível com a proteção do ato jurídico perfeito, com o princípio do "tempus regit actum", com a EC 88/15 e com o art. 100 do ADCT. *(MS 34407, Info 49/2016, Tese 383)*

Mandado de injunção. Mora legislativa. Servidor público com deficiência. Lei complementar. Aplicação analógica.

É cabível a supressão de mora legislativa, em relação a servidores públicos com deficiência, sobre aposentadoria especial, por meio da aplicação analógica da LC 142/2013, referente à aposentadoria da pessoa com deficiência segurada do RGPS, até que sobrevenha a regulamentação específica do inciso I do § 4º do art. 40 da CF, conforme entendimento do STF. *(MI 6617, Info 46/2016, Tese 363)*

Mandado de injunção. Mora legislativa. Servidor público com deficiência. Proteção social adequada. Previsão na Constituição Federal.

Não é possível a aplicação da Lei 8.213/91 no que se refere à concessão de benefício previdenciário para servidor público com deficiência, uma vez que essa, embora se refira a servidor que se sujeita a condições especiais que prejudicam a saúde ou a integridade física, não se refere aos trabalhadores com deficiência, cuja proteção social adequada está prevista no art. 28 da Convenção Internacional sobre os Direitos das Pessoas com Deficiência e seu Protocolo Facultativo, incorporados ao ordenamento jurídico interno com status de Emenda Constitucional, nos termos do art. 5º, § 3º, da CF. *(MI 6617, Info 46/2016, Tese 364)*

Processo administrativo do TCU. Menor dependente econômico de servidor público. Pensão por morte. Jurisprudência do STF.

Tem direito à pensão por morte, até completar vinte e um anos de idade, o menor que, na data do óbito do servidor público federal, era seu dependente econômico, em observância ao art. 217, II, "d", da Lei 8.112/90. *(MS 32854, Info 33/2016, Tese 260)*

2015

Aposentadoria especial. Servidor público com deficiência. Lei que regulamenta a aposentadoria de pessoa com deficiência. Aplicabilidade. Mora legislativa.

É cabível a aplicação, por analogia, da LC Federal 142/13 que regulamenta a aposentadoria da pessoa com deficiência segurada do Regime Geral de Previdência Social, aos pedidos realizados por servidores públicos com deficiência, na hipótese de mora legislativa para regulamentar a aposentadoria da referida categoria, pois trata-se de meio análogo para suprimento da norma, não caracterizando indevida ingerência na atuação do Poder Executivo ou Poder Legislativo. *(MI 6505, Info 14/2015, Tese 110)*

Aposentadoria especial. Servidores públicos exercentes de atividade insalubre. Súmula vinculante 33. Suprimento de mora.

É cabível a aplicação, aos servidores públicos, das regras previstas na Lei 8.213/91 (Regime Geral da Previdência Social) sobre aposentadoria especial por insalubridade, com objetivo de suprir a mora legislativa a respeito da matéria, conforme estabelece a Súmula Vinculante 33/STF. *(MI 6104, Info 17/2015, Tese 133)*

Aposentadoria por invalidez. Servidor público. Proventos integrais. Doença geradora da incapacidade. Previsão em lei. Necessidade.

É cabível o pagamento à servidor público aposentado por invalidez de proventos integrais, apenas se a doença ensejadora da incapacidade for prevista em lei, nos moldes do art. 40, § 1º, I, da CF. *(ARE 768588, Info 26/2015, Tese 203)*

Mandado de injunção. Constitucional, administrativo e previdenciário. Aposentadoria especial. Servidor público do sistema carcerário estadual. Atividade de risco.

Há omissão quanto à regulamentação do art. 40, § 4º, II, da CF e tem direito à aposentadoria especial o servidor público do sistema carcerário estadual, uma vez que exerce atividade de risco, porém por força do princípio da especialidade, não incidem na hipótese as regras estabelecidas na Súmula Vinculante 33, que determina a aplicação analógica da Lei 8.213/91 até que sobrevenha a regulamentação pretendida, mas a LC 51/85, que disciplina a concessão de aposentadoria especial ao servidor policial. *(MI 6554, Info 25/2015, Tese 199)*

Suspensão de segurança. Teto remuneratório. Pensão por morte. Violação à ordem pública e economia pública.

É cabível a suspensão da segurança que afasta a incidência do teto remuneratório previsto no art. 37, XI, da CF sobre pensão, pois a decisão impugnada ofende a ordem pública, e seu efeito multiplicador constitui violação à economia pública. *(SS 5055, Info 15/2015, Tese 116)*

Único gestor do regime previdenciário. Servidores públicos estaduais. Existência de mais de um gestor. Impossibilidade.

Não é cabível a suspensão da eficácia de dispositivo de lei que estabelece um único gestor do regime previdenciário próprio dos servidores públicos estaduais, pois viola o conteúdo do art. 40, § 20, da CF, que veda a existência de mais de um gestor de regime próprio de previdência em cada ente da federação, além de inviabilizar o efetivo controle dos recolhimentos de contribuições previdenciárias e prejudicar a eficiência na gestão do sistema, com prejuízo ao equilíbrio financeiro deste e aos segurados. *(SL 1044, Info 52/2016, Tese 410)*

1.4. Regras Remuneratórias

2016

ADI. Revisão geral anual. Remuneração de servidor público. Vinculação ao Índice Nacional de Preços ao Consumidor (INPC).

É inconstitucional lei estadual que defina o INPC como fator de reajuste de vencimentos dos servidores do Poder Executivo estadual, uma vez que contraria a CF, no que se refere à divisão funcional dos poderes, à autonomia dos estados, resultante do princípio federativo, e à proibição de vincular e equiparar espécies remuneratórias. *(ADI 5584, Info 44/2016, Tese 351)*

Teto remuneratório. Vinculação e equiparação recebida por servidor público. Diversidade de carreira. Inconstitucionalidade.

É inconstitucional artigo de lei que estabeleça o atrelamento e a equiparação da remuneração percebida por servidores públicos integrantes de carreiras distintas, por violar o art. 37, XIII, da CF, que veda a vinculação ou equiparação de qualquer espécie remuneratória para o efeito de remuneração de pessoal do serviço público, e em observância à jurisprudência do STF. *(RE 860946, Info 32/2016, Tese 252)*

2015

Conflito negativo de competência. Tribunal de justiça estadual e tribunal superior do trabalho. Empregado público. FGTS. Vínculo jurídico-administrativo.

Tem competência a justiça comum estadual para processar e julgar ação ajuizada por empregado público, contratado sob regime celetista, que busca valores relativos ao FGTS, pois, ao ocupar cargo público, o empregado estabeleceu com o poder público vínculo jurídico-administrativo que se mantém incólume, ainda que o estatuto que tenha regido a relação entre o servidor e o município seja a CLT. *(CC 7924, Info 18/2015, Tese 140)*

Servidor público municipal. Contratação temporária sem concurso público. Recolhimento do FGTS. Possibilidade. Repercussão geral reconhecida.

É constitucional o depósito de Fundo de Garantia por Tempo de Serviço (FGTS) ao trabalhador contratado pela Administração Pública, ainda que tenha sido reconhecida a nulidade da contratação do empregado público, nos termos do art. 37, § 2º, da CF, em observância ao entendimento do STF no RE 596.478, com repercussão geral reconhecida. *(ARE 854152, Info 16/2015, Tese 127)*

Suspensão de liminar. Incidência de teto remuneratório. Dois cargos de médico. Cumulação prevista em lei.

É cabível a suspensão de decisão judicial que afasta a incidência do teto remuneratório sobre os vencimentos de titular de dois cargos públicos

1. DIREITO ADMINISTRATIVO

de médico, pois a CF, ao estabelecer, no inc. XVI do art. 37, a exceção à regra da incomunicabilidade de cargos públicos, nas hipóteses ali mencionadas, expressamente destacou a necessidade de observância do teto remuneratório disposto no inc. XI do art. 37. *(SL-AgRg 826, Info 20/2015, Tese 153)*

Suspensão de segurança. Teto de remuneração. Conversão de licença-prêmio em pecúnia. Verba de natureza indenizatória.

Não é possível a suspensão de decisão judicial que determina a não incidência do teto remuneratório introduzido pela Emenda Constitucional 41/03, relativamente às indenizações devidas a servidor inativo quanto aos dias de licença-prêmio não usufruídos em atividade e convertidas em pecúnia, por caracterizar verba indenizatória e, conforme prevê a CF, o teto aplica-se a parcelas de natureza remuneratória, ou seja, aos valores pagos ao servidor como contraprestação pelos serviços prestados à Administração Pública. *(SS 5052, Info 13/2015, Tese 101)*

2. ATOS ADMINISTRATIVOS

2.1. Espécies

2016

Mandado de segurança. Ato de concessão inicial de aposentadoria. Ato administrativo complexo. Consumação da decadência. Julgamento da legalidade do ato administrativo. Registro no TCU.

Não se consuma a decadência, prevista no art. 54 da Lei 9.784/99, no período compreendido entre o ato administrativo concessivo de aposentadoria ou pensão e o posterior julgamento de sua legalidade e registro pelo TCU, porquanto caracteriza ato administrativo complexo e só se aperfeiçoa com o registro na Corte de Contas. *(MS 33453, Info 33/2016, Tese 259)*

3. IMPROBIDADE ADMINISTRATIVA

2016

Competência. Improbidade administrativa. Entidade paraestatal. Verba parafiscal. Fiscalização pelo TCU.

Tem competência a Justiça Estadual para processamento e julgamento de ação de improbidade administrativa proposta com objetivo de tutelar entidades paraestatais, ainda que referentes a verbas parafiscais recebidas por esses entes e sujeitas à fiscalização do TCU, pois a competência da Justiça Federal, de interpretação estrita, dá-se apenas quando presente em algum dos polos do processo alguma das pessoas referidas no art. 109, I, da CF, conforme entendimento do STF. *(ARE 850933, Info 38/2016, Tese 301)*

Foro por prerrogativa de função. Extensão à ação de improbidade administrativa. Competência originária do STF. Inexistência de previsão legal.

Não tem competência originária do STF para processamento e julgamento de ação de improbidade administrativa proposta em desfavor de Ministros de Estado, uma vez que a CF não traz expressamente tal previsão. *(ARE 872438, Info 35/2016, Tese 277)*

Recurso extraordinário. Tema 897 da repercussão geral. Ações de ressarcimento do erário. Improbidade administrativa. Imprescritibilidade.

É imprescritível a ação de ressarcimento do erário fundada na prática de ato de improbidade administrativa, independentemente de prévia declaração do ato como ímprobo e do agente que o pratique ser servidor público ou não, pois imprescritibilidade constitucional da ação ressarcitória não está condicionada a prévio reconhecimento do ato causador do dano como improbidade administrativa e existe para proteger o patrimônio público em face de todos, não apenas dos agentes públicos. *(RE 852475, Info 48/2016, Tese 377)*

Recurso extraordinário. Tema 897 da repercussão geral. Ações de ressarcimento do erário. Improbidade administrativa. Imprescritibilidade.

Não é possível a exclusão da garantia da imprescritibilidade das ações de ressarcimento de danos decorrentes da prática de ato de improbidade administrativa, pois não cabe ao legislador nem ao intérprete restringir o alcance da norma advinda do § 5º do art. 37 da CF, uma vez que admitir a indevida restrição implica afronta ao texto constitucional, mitigação do princípio da moralidade administrativa e desproteção do patrimônio público e do interesse público. *(RE 852475, Info 48/2016, Tese 378)*

Suspensão de liminar. ACP. Afastamento cautelar do exercício do cargo. Ilegitimidade ativa. Agente político. Prefeito. Improbidade administrativa.

Não tem legitimidade ativa para pleitear suspensão de liminar, com fundamento na Lei 8.437/92, agente político que age em nome próprio, pleiteando a suspensão da decisão que determinou o seu afastamento do cargo de prefeito durante instrução de ação civil pública intentada para apurar prática de atos de improbidade na gestão pública do respectivo município, uma vez que não configurada a representação formal nem representação material do município, restando caracterizado apenas interesse privado. *(SL 924, Info 28/2016, Tese 222)*

Suspensão de liminar. ACP. Prefeito. Improbidade administrativa. Afastamento cautelar do exercício do cargo. Ilegitimidade ativa do requerente. Falta de demonstração de grave lesão à ordem pública.

Não detém legitimidade ativa para requerer a suspensão de liminar, com fundamento na Lei 8.437/92, agente político que age em nome próprio, pleiteando a suspensão da decisão judicial que determinou o seu afastamento do cargo de Prefeito durante instrução de ação civil pública intentada para apurar prática de atos de improbidade na gestão pública do respectivo município, pois não representa, nem formalmente nem materialmente, o município, uma vez que age em nome próprio como titular do exercício do cargo para o qual foi eleito, buscando a satisfação de direito privado, não restando demonstrado, ademais, a ocorrência de violação aos valores previstos na Lei 8.437/92. *(SL 985, Info 34/2016, Tese 267)*

2015

Conflito negativo de atribuições. MP estadual. MPF. Procedimento apuratório. Conselho regional de economia de minas gerais. Irregularidades. Atos de improbidade administrativa. Autarquia federal. Atribuição do MPF.

Tem atribuição o MPF para a apuração de suposta prática de atos de improbidade administrativa no âmbito de Conselho Regional de Economia, ante a natureza de autarquias federais dos conselhos de fiscalização profissional. *(ACO 1692, Info 13/2015, Tese 100)*

RE. Improbidade administrativa. Ressarcimento ao erário. Lei 8.429/92. Ofensa reflexa à CF.

Não é possível a apreciação, no âmbito do recurso extraordinário, de controvérsia que vise condenar agente público, pela prática de ato de improbidade administrativa, à pena de ressarcimento ao erário, fundamentado na Lei 8.429/92, a qual, regulamenta o art. 37, § 4º, da CF, por ser necessário o exame prévio de legislação infraconstitucional para que se possa verificar a suposta violação à Carta Magna. *(ARE 743611, Info 24/2015, Tese 186)*

Suspensão de liminar. ACP. Prefeito. Perda do cargo. Requerimento feito em nome próprio. Ilegitimidade ativa.

Não detém legitimidade ativa para pleitear suspensão de liminar, com fundamento na Lei 8.437/92, que dispõe sobre a concessão de medidas cautelares contra atos do Poder Público, prefeito municipal que age em nome próprio, pleiteando a suspensão da decisão que determinou o seu afastamento do cargo durante instrução de ação civil pública intentada para apurar prática de atos de improbidade administrativa na gestão pública do respectivo município, pois a norma supracitada prevê que a legitimidade ativa para requerer tal suspensão é do Ministério Público ou da pessoa jurídica de direito público interessada, em caso de manifesto interesse público ou de flagrante ilegitimidade, e para evitar grave lesão à ordem, à saúde, à segurança e à economia públicas. *(SL 894, Info 12/2015, Tese 94)*

4. LICITAÇÕES E CONTRATOS

4.1. Licitações

2016

Licitação pública. Aquisição apenas de produto fabricado por empresas instaladas no estado-membro. Limite de participação que se qualifica como norma geral em licitação. Competência legislativa privativa da União.

É inconstitucional lei estadual que limite participação em processo licitatório a concorrentes que possuam sede industrial em determinado estado-membro, ainda que o objetivo da norma seja incentivar a produção industrial do ente federativo com vistas a corrigir desigualdades regionais, pois caracteriza matéria própria de norma geral de competência legislativa privativa da União Federal. *(ADI 5338, Info 30/2016, Tese 232)*

2015

Inconstitucionalidade formal. Licitação. Restrição de participação. Normas gerais de licitação. Competência exclusiva da União Federal.

Caracteriza inconstitucionalidade formal, artigo de lei estadual que limita o universo de participantes em procedimento licitatório àqueles que possuam indústria instalada no estado-membro que editou a referida lei, pois ao restringir a abrangência na competição, cuja universalidade é pressuposto essencial de validade, usurpou a competência legislativa exclusiva da União Federal para definição de normas gerais de licitação. *(ADI 5338, Info 8/2015, Tese 60)*

5. PROCESSO ADMINISTRATIVO

5.1. Processo Administrativo Disciplinar

2015

Processo administrativo disciplinar. Ato de improbidade administrativa. Cassação de aposentadoria. Revisão de decisão pelo Poder Judiciário. Impossibilidade.

Não é possível a análise do mérito da punição administrativa pelo Poder Judiciário, que aplica sanção administrativa de cassação de aposentadoria por ato de improbidade administrativa, pois, em observância à independência das instâncias penal, cível e administrativa, a atuação do Poder Judiciário circunscreve-se apenas à verificação da regularidade do procedimento administrativo e da legalidade do ato demissionário ou de cassação de aposentadoria. *(RMS 33317, Info 11/2015, Tese 81)*

6. RESPONSABILIDADE CIVIL DO ESTADO

2016

Competência. Responsabilidade civil do estado. Poder Judiciário do Distrito Federal e dos territórios. Falta de recolhimento de mandado de prisão após a extinção da execução. Ausência de demonstração da repercussão geral da matéria. Competência da justiça federal.

Tem competência a Justiça Federal para processar e julgar ação direcionada à reparação de danos morais decorrentes da equivocada prisão resultante da falta de recolhimento, pelo órgão competente do Poder Judiciário do Distrito Federal (DF), de mandado de prisão contra depositário infiel, mesmo após a extinção do processo de execução no qual fora expedido, pois, como cabe à União Federal organizar e manter o Poder Judiciário, o Ministério Público e Defensoria Pública do DF, aplica-se o previsto no art. 109, I, da CF, que estabelece que as causas em que são partes a União Federal, autarquias ou empresas públicas devem ser processadas perante a Justiça Federal, salvo as de falência, acidentes do trabalho e as atribuídas à Justiça Eleitoral e à Justiça do Trabalho. *(RE 697370, Info 41/2016, Tese 320)*

Configuração da falta objetiva do serviço público da justiça.

Caracteriza responsabilidade civil do Estado a conduta vinculada ao Poder Judiciário diversa do exercício de sua função típica, quando demonstrada a falta objetiva do serviço, no âmbito da atividade de apoio administrativo da Justiça, o que acarreta a incidência do previsto no art. 37, § 6º, da CF. *(RE 697370, Info 41/2016, Teses 321)*

2015

ADI por omissão. Criminalização da homofobia e transfobia. Inadequação da via eleita. Ação de natureza objetiva.

Não é possível, na via da ADI por omissão, requerer a responsabilidade civil do Estado por práticas homofóbicas e transfóbicas, pois a referida ação caracteriza instrumento de tutela da CF que objetiva garantir sua efetividade por meio do cumprimento do dever de legislar ou da adoção de providências de índole administrativa, por tratar-se de ação de natureza nitidamente objetiva, que não se destina a proteger situações subjetivas e concretas. *(ADO 26, Info 3/2015, Tese 21)*

7. SERVIÇOS PÚBLICOS

7.1. Concessão, Permissão e Autorização

2016

Inconstitucionalidade. Dispensa de licitação. Concessão de serviço público.

É inconstitucional a dispensa do procedimento de licitação para a concessão do serviço público de radiodifusão de televisão educativa, conforme prevê o art. 175 da CF. *(RE 876834, Info 42/2016, Tese 328)*

2. DIREITO AMBIENTAL

1. POLÍTICA NACIONAL DO MEIO AMBIENTE (LEI 6.938/81)

2016

ADI. Lei estadual. Dispensa de licenciamento ambiental. Atividade agrossilvipastoril. Competência legislativa. União Federal.

É inconstitucional artigo de lei estadual que estabeleça dispensa de licenciamento ambiental à atividade agrossilvipastoril desenvolvida em unidade federativa, pois a União Federal, a quem compete legislar sobre normas gerais referentes a floresta, fauna, pesca, proteção e conservação do meio ambiente, editou a Lei 6.938/81, que dispõe ser do Conselho Nacional do Meio Ambiente (Conama) a atribuição para definir regras e critérios para licenciamento ambiental. *(ADI 5312, Info 28/2016, Tese 222)*

2. PRINCÍPIOS

2016

Resolução. Fragmentação de licenciamento ambiental em assentamento de reforma agrária. Violação de princípio constitucional. Proibição do retrocesso. Estudo de impacto ambiental. Proteção deficiente.

É inconstitucional resolução do Conselho Nacional do Meio Ambiente (Conama) que não prevê licenciamento do conjunto dos empreendimentos e atividades, fragmentando, dessa forma, o licenciamento ambiental para assentamentos de reforma agrária e determina como regra a realização de licenciamento simplificado, por violar o princípio da prevenção, art. 225 da CF, o princípio da vedação de retrocesso ambiental, o princípio da proibição de proteção deficiente e a exigência de estudo de impacto ambiental para atividades potencialmente poluidoras previsto no art. 225, § 1º, IV, da CF. *(ADI 5547, Info 37/2016, Tese 292)*

3. RESPONSABILIDADE AMBIENTAL

2016

Procedimento apuratório. Conflito negativo de atribuição. MP estadual. MPF. Extração mineral irregular. Argila. Departamento Nacional de Produção Mineral. Interesse da União Federal.

Tem atribuição o MPF para a condução de procedimento apuratório com o objetivo de investigar dano ambiental decorrente de extração ilegal de minério em município, cuja fiscalização é feita pelo DNPM, em observância ao Enunciado 30 da Quarta Câmara de Coordenação e Revisão do MPF (CCR) e entendimento do STF. *(ACO 2752, Info 29/2016, Tese 231)*

3. DIREITO CIVIL

1. DAS PESSOAS
1.1. Das Pessoas Naturais

2016

Alteração de registro civil de transexual. Retificação do nome e do gênero. Inexigência de prévia realização da cirurgia de transgenitalização.

É possível a alteração de gênero no registro civil de transexual, mesmo sem a realização de procedimento cirúrgico de adequação de sexo, sendo vedada a inclusão, ainda que sigilosa, do termo transexual ou do gênero biológico nos respectivos assentos, pois condicionar a alteração de gênero no assentamento civil de transexual à realização da cirurgia de transgenitalização viola o direito à saúde e à liberdade, e impossibilita que seja retratada a real identidade de gênero da pessoa trans, que é verificável por outros fatores, além do biológico. *(RE 670422, repercussão geral, Tema 761, Info 40/2016, Tese 317)*

Exclusão do termo "transexual" nos assentos do registro civil. Direito à identidade individual e social. Violação da dignidade da pessoa humana e dos direitos da personalidade. Direito das minorias.

É possível a alteração de gênero no registro civil de transexual, mesmo sem a inclusão do termo transexual no registro civil, pois tal exigência não condiz com o real gênero com o qual se identifica a pessoa trans e viola os direitos à identidade, ao reconhecimento, à saúde, à liberdade, à privacidade, à igualdade e à não discriminação, todos corolários da dignidade da pessoa humana, bem como o direito a recursos jurídicos e medidas corretivas, uma vez que tal averbação, ainda que sigilosa, é discriminatória e reforça o estigma sofrido pelo transexual, pois a legislação, para fins de registro, somente reconhece dois sexos, o feminino e o masculino. *(RE 670422, Info 40/2016, Tese 318)*

2015

Direito à identidade individual e social. Violação da dignidade da pessoa humana e dos direitos da personalidade. Direito das minorias. Dano moral. Caracterização.

É cabível a condenação de estabelecimento comercial a pagamento por dano moral, na hipótese de abordagem de transgênero que visa constranger a pessoa a utilizar banheiro do sexo oposto ao qual se dirigiu, por identificação psicossocial, uma vez que viola a dignidade da pessoa humana, bem como os direitos da personalidade que conferem aos transgêneros os direitos referentes à sua identidade, ao reconhecimento, à igualdade, à não discriminação e à segurança, previstos nos artigos 1º, III, e 5º, V e X, da CF, caracterizando combate à discriminação racial e de gênero. *(RE 845779, Info 22/2015, Tese 173)*

Uso de banheiro público por transgênero. Direito à identidade individual e social. Violação da dignidade da pessoa humana e dos direitos da personalidade. Direito das minorias.

Não é possível que uma pessoa seja tratada socialmente como se pertencesse a sexo diverso do qual se identifica e se apresenta publicamente, pois a identidade sexual encontra proteção nos direitos da personalidade e na dignidade da pessoa humana, previstos na CF. *(RE 845779, repercussão geral, Tema 778, Info 22/2015, Tese 172)*

4. DIREITO CONSTITUCIONAL

1. DOS PRINCÍPIOS FUNDAMENTAIS

2015

Lei estadual. Obrigatoriedade de manutenção de exemplar da bíblia em bibliotecas públicas estaduais. Ofensa aos princípios da isonomia e da laicidade estatal.

É inconstitucional lei que imponha obrigatoriedade de manutenção de exemplar de determinado livro de cunho religioso em unidades escolares e bibliotecas públicas estaduais, por ofensa aos princípios da isonomia e da laicidade do Estado, que impõe que entes federativos se abstenham de adotar, subvencionar ou fazer proselitismo de cultos religiosos ou igrejas específicas, impedindo que o Estado promova, por atos administrativos, legislativos ou judiciais, juízo de valor sobre crenças ou conceda tratamento privilegiado a determinada religião. (ADI 5256, Info 12/2015, Tese 89)

2. DOS DIREITOS E GARANTIAS FUNDAMENTAIS

2.1. Dos Direitos e Deveres Individuais e Coletivos

2016

ADI. Salário-maternidade. Contribuição previdenciária. Proteção à maternidade. Acesso ao mercado de trabalho.

É inconstitucional lei que faz incidir contribuição previdenciária sobre salário-maternidade, pois viola a garantia constitucional de proteção à maternidade e o direito das mulheres de acesso ao mercado de trabalho, previstos no art. 7º, incisos XVIII, XX e XXX, no art. 6º e no art. 5º, inc. I e § 2º, da CF, além de afrontar o art. 195, I, alínea a, da CF, este com redação dada pela EC 200, que conceitua a contribuição previdenciária a cargo do empregador. (ADI 5626, Info 52/2016, Tese 407)

ADI. Serviço intermunicipal de transporte coletivo de passageiros sob fretamento. Serviço intermunicipal regular de transporte coletivo de passageiros. Definição de infração e penalidade administrativa. Ato infralegal. Princípio da legalidade.

É inconstitucional definição, por ato infralegal, de infrações administrativas e penalidades a empresas de transporte coletivo intermunicipal de passageiros sob regime de fretamento, pois viola o princípio da legalidade e, consequentemente, quebra da divisão funcional do Poder, conforme previsto nos arts. 2º, 5º, II, e 37, caput, da CF. (ADI 5578, Info 51/2016, Tese 402)

ADPF. Lei municipal. Criminalização de crítica religiosa. Manifestação pública. Competência da União Federal.

É inconstitucional lei municipal que criminaliza crítica religiosa e veda sua manifestação pública, pois usurpa a competência da União Federal, afronta a laicidade do estado e restringe indevidamente a liberdade de expressão, de consciência e de crença. (ADPF 431, Info 51/2016, Tese 404)

2015

Direito de greve. Polícia civil. Segurança pública. Serviço público inadiável. Preservação da ordem pública.

Não é possível o exercício do direito de greve pelos policiais civis, pois a atividade realizada pela categoria é essencial à segurança pública e sua concessão implicaria violação a outros direitos e garantias constitucionalmente assegurados, devendo dar-se primazia à preservação da ordem pública. (RE 654432, Info 2/2015, Tese 11)

Remuneração. Trabalho realizado por preso. Valor inferior ao salário mínimo. Contrariedade a preceitos fundamentais. Mínimo existencial. Direito social. Direito fundamental.

Há contrariedade aos preceitos fundamentais descritos nos artigos 1º, III (dignidade da pessoa humana), 5º, caput (princípio da isonomia), e 7º, IV (direito ao salário mínimo), da CF, no artigo de lei que estabelece, como piso de contrapartida monetária pelo trabalho realizado por preso, valor inferior ao salário mínimo, direito social, com status de direito fundamental, oponível "erga omnes", pois o princípio da dignidade da pessoa humana, fundamento da República Federativa do Brasil, tem por finalidade assegurar condições mínimas de existência, não sendo possível ao Estado violar direitos sob a justificativa de trazer vantagem econômica à contratação de presos, tendo sido o salário mínimo instituído justamente para assegurar à parte vulnerável da relação de trabalho patamar mínimo de remuneração. *(ADPF 336, Info 17/2015, Tese 135)*

2.2. Dos Direitos Sociais

2016

Direito social à moradia. Programa de arrendamento residencial (PAR). Constitucionalidade do artigo de lei. Autorização para arrendador. Interpelação sem pagamento do encargo em atraso. Ajuizamento de ação de reintegração de posse.

É constitucional artigo de lei, o qual, no âmbito do PAR, autoriza o arrendador a propor, findo o prazo da notificação ou interpelação, sem pagamento dos encargos em atraso, ação de reintegração de posse, estabelecendo ficar configurado esbulho possessório na hipótese, pois além de objetivar a necessária observância das cláusulas contratuais e a garantia do equilíbrio do contrato, ao invés de violar, protege o direito social à moradia, na medida em que desestimula o inadimplemento e evita a inviabilização econômica e financeira do PAR. *(RE 878667, Info 32/2016, Tese 253)*

3. DA ORGANIZAÇÃO DO ESTADO

3.1. Da Organização Político-Administrativa

2015

Ampliação de estrutura orgânica do estado. Emenda constitucional. Iniciativa parlamentar. Inexistência. Violação. Princípio da divisão funcional.

É possível que emenda constitucional de origem parlamentar modifique e aprimore a estrutura orgânica do Estado, inclusive para atribuir autonomia às Defensorias Públicas da União e do Distrito Federal, a fim de promover ajustes na organização dos poderes impostos pelo câmbio social, uma vez que não afronta o princípio da divisão funcional do poder nem versa temática reservada a iniciativa legislativa privativa do Chefe do Executivo, sendo possível a ampliação, em certo grau, de competências de órgãos estatais por meio de emenda constitucional, de iniciativa parlamentar, ainda mais quando tenha por objetivo aprimorar o sistema de freios e contrapesos, dotando-os de mecanismos para fiel cumprimento de seu mister constitucional. *(ADI 5296, Info 15/2015, Tese 117)*

Obrigatoriedade de inclusão de exemplar de bíblia no acervo de biblioteca pública estadual. Violação ao princípio da isonomia e do princípio da laicidade do Estado.

É inconstitucional lei que determine a disponibilização obrigatória de exemplar de livro de cunho religioso em acervo de biblioteca pública estadual, porquanto viola o princípio da isonomia e o princípio da laicidade do Estado previsto no art. 19, I, da CF que impõe que os entes federativos se abstenham de adotar, subvencionar ou fazer proselitismo de cultos religiosos ou igrejas específicas, privilegiando determinada religião. *(ADI 5255, Info 9/2015, Tese 66)*

Oficialização da bíblia como livro-base de fonte doutrinária para fundamentar princípios, usos e costumes de comunidades, igrejas e grupos. Violação aos princípios da isonomia e da laicidade estatal. Violação aos arts. 5º, caput, e 19, I, da CF.

É inconstitucional lei que oficialize a Bíblia como livro-base de fonte doutrinária para fundamentar princípios, usos e costumes de comunidades, igrejas e grupos, por violação aos princípios da isonomia e da laicidade do Estado. *(ADI 5257, Info 11/2015, Tese 82)*

3.2. Da União

2016

ADI. Lei estadual. Serviço de telecomunicação.

É inconstitucional lei estadual que imponha dever de serviço de telecomunicações, uma vez que a competência material para legislar sobre o assunto é da União Federal. *(ADI 5574, Info 54/2016, Tese 428)*

ADI. Repartição de competência legislativa. Fixação de dever a prestadoras de serviços de telefonia. Competência legislativa privativa da União Federal.

É inconstitucional lei estadual que obriga empresas operadoras de telefonia móvel, fixa, de transmissão de dados via banda larga e de televisão por assinatura a enviar a clientes cópia do contrato de adesão e eventuais aditamentos, por via postal com aviso de recebimento, no prazo de 15 dias, pois a imposição de dever a prestadoras de serviços de telecomunicações usurpa a competência material e legislativa da União Federal. *(ADI 5568, Info 46/2016, Tese 366)*

ADPF. Pensão mensal a viúvas e dependentes de ex-prefeitos. Ofensa ao princípio federativo. Benefício sem correspondência federal.

É inconstitucional lei municipal que conceda pensão mensal a viúvas e dependentes de ex-prefeitos, pois contraria o princípio federativo, o princípio republicano, ocorrendo ainda a usurpação de competência da União Federal para legislar sobre normas gerais de previdência social, violando também o princípio da igualdade, princípio da moralidade e princípio da impessoalidade, que vincula ocupantes de cargos temporários ou em comissão ao RGPS e a previsão constitucional que prevê a obrigatoriedade do regime geral e regras gerais de aposentadoria. *(ADPF 413, Info 48/2016, Tese 381)*

Lei estadual. Inconstitucionalidade. Isenção de pagamento de pedágio. Rodovia federal. Competência da União Federal. Transporte rodoviário interestadual. Previsão da CF.

É inconstitucional lei estadual que isente do pagamento de pedágio os veículos emplacados em município onde estejam instaladas praças de pedágio, em rodovias federais, pois é da competência exclusiva da União Federal dispor sobre transporte rodoviário interestadual, conforme previsto no art. 21, XII, "e" da CF, não podendo estado-membro interferir nos contratos de concessão firmados entre a União Federal e empresa concessionária. *(ACO 1570, Info 29/2016, Tese 229)*

Piso salarial regional. Incompatibilidade com a delegação legislativa da lei complementar 103/00. Inobservância de iniciativa legislativa reservada do chefe do executivo. Inconstitucionalidade formal. Usurpação de competência legislativa da União Federal para legislar sobre direito do trabalho.

É inconstitucional lei estadual de iniciativa de Assembleia Legislativa que fixe piso salarial regional para categoria profissional, por ultrapassar os limites da delegação legislativa contida na LC 103/00, caracterizando usurpação de competência da União Federal para legislar sobre Direito do Trabalho, em observância ao art. 22, I e parágrafo único, da CF. *(ADI 5344, Info 28/2016, Tese 223)*

Regime de previdência dos estados. Fiscalização pela União. Inscrição no cadastro de inadimplência do governo federal.

É constitucional a lei que dispõe sobre a adequação dos regimes de previdência dos estados-membros, Distrito Federal e Municípios ao modelo nacional, por tratar-se de norma de natureza geral instituída no limite da competência conferida pelo art. 24, XII, da CF, e nem há ilegalidade dos decretos e regulamentos derivados da lei federal, ante a sua mera regulamentação. *(ACO 2634, Info 42/2016, Tese 332)*

Repartição de competência legislativa. Taxa de religação de energia elétrica. Corte de fornecimento por falta de pagamento. Competência legislativa da união federal.

É inconstitucional lei estadual que disponha sobre prestação do serviço de fornecimento de energia elétrica, por caracterizar usurpação da competência da União Federal, não sendo possível que estado-membro interfira em política tarifária de serviços de energia elétrica, já regulamentada pela Agência Nacional de Energia Elétrica (ANEEL), restando indevidas as ingerências dos estados na relação contratual entabulada entre o poder concedente federal e concessionária de serviço público de distribuição de energia elétrica. *(ADI 5610, Info 54/2016, Tese 425)*

2015

Lei complementar. Estado-membro. Transferência de recurso. Depósito judicial. Poder executivo estadual. Relação jurídica de direito civil e processo civil. Caracterização. Empréstimo compulsório. Competência legislativa da União Federal.

É inconstitucional lei complementar estadual que prevê a utilização de parcela de depósito judicial para custeio de despesas ordinárias do Executivo e para pagamentos de dívidas da Fazenda Pública estadual, ainda que a criação de mecanismo de transferência de recursos oriundos de depósito judicial ao Poder Executivo não seja em si inconstitucional, pois, conforme a sistemática prevista na lei complementar estadual em análise, constitui apropriação de patrimônio alheio, com interferência na relação jurídica civil do depósito e no direito de propriedade dos titulares dos valores depositados, sob forma de empréstimo compulsório velado, violando a CF que prevê competência privativa da União Federal para legislar sobre Direito Civil e Processual, como também para instituir empréstimo compulsório. *(ADI 5099, Info 2/2015, Tese 14)*

Lei estadual. Previsão de critérios e condições de exercício profissional. Violação do art. 22, XVI, da CF.

É inconstitucional lei estadual que verse sobre critérios e condições para o exercício de profissões, por violação do art. 22, XVI, da CF, que prevê a competência privativa da União Federal para legislar acerca disso, não havendo dispositivo legal que autorize estado-membro e Distrito Federal a legislar sobre aspectos específicos da matéria, de acordo com o dispositivo citado. *(ADI 5251, Info 17/2015, Tese 130)*

Deveres de operadora de plano de saúde. Matéria constitucionalmente atribuída à União Federal. Art. 22, inc. I, da CF.

Recai em inconstitucionalidade formal lei estadual que disponha sobre deveres de operadoras de planos de saúde, uma vez que é competência privativa da União Federal legislar sobre direito civil e política de seguros, conforme previsto no art. 22, I e VII, da CF. *(ADI 5237, Info 21/2015, Tese 167)*

Lei estadual. Autorização de venda e consumo de bebida alcoólica em evento esportivo em estádio e arena. Inconstitucionalidade. Competência privativa da União Federal.

É inconstitucional lei estadual que autorize a venda e o consumo de bebidas alcoólicas em eventos esportivos, nos estádios e arenas, pois, conforme prevê o art. 24, V e X, combinado com os §§ 1º a 3º do mesmo dispositivo legal, tem competência legislativa a União Federal para editar normas gerais sobre consumo e desporto. *(ADI 5250, Info 17/2015, Tese 131)*

Lei estadual. Homologação e efeito de título de pós-graduação. Competência legislativa privativa da União Federal.

É inconstitucional lei estadual que verse sobre homologação e efeitos de títulos de pós-graduação "stricto sensu" oriundos de instituições de ensino superior estrangeiras, pois viola o art. 22, XXIV, da CF, o qual prevê que a competência para legislar sobre tal matéria é privativa da União Federal. *(ADI 5168, Info 17/2015, Tese 136)*

3.3. Dos Municípios

2016

Suspensão de segurança. Decreto municipal. Majoração de tarifa. Transporte público coletivo apenas para alguns destinatários. Violação ao princípio da isonomia. Não caracterização de violação à economia pública.

É cabível a manutenção de decisão judicial que determina a suspensão de decreto municipal de questionável legalidade e constitucionalidade, que majora a tarifa de transporte coletivo urbano apenas para alguns destinatários, uma vez que não há violação à ordem pública, nem à economia pública, caracterizando, inclusive, risco de dano inverso e violação ao princípio da isonomia. *(SS 5090, Info 29/2016, Tese 224)*

Suspensão de tutela antecipada. Serviço público de água e esgoto. Contrato de concessão. Extinção do contrato e retomada dos serviços pelo ente municipal. Afronta à capacidade administrativa do município.

Não é possível sustar a vigência de decreto municipal que impede o município de reassumir a titularidade de serviço público de sua competência, por meio de decisão judicial, impondo a perpetuação de contrato de concessão firmado em 1975 para vigorar por 50 anos, pois tal situação revela indevida ingerência na capacidade administrativa do ente municipal, não se mostrando consentânea com o interesse público, além de causar inegável prejuízo à população local. *(STA 831, Info 49/2016, Tese 384)*

2015

Interferência de município ou estado-membro na relação contratual. Via legislativa. Empresa concessionária de serviço público e poder concedente.

Não é devida a interferência de um ente federativo, por meio de lei, na relação contratual mantida entre o poder concedente e a empresa concessionária de serviço público, pois viola os artigos 21, XII, b, 22, IV, e 175, caput e parágrafo único, I, II e III, da CF, conforme entendimento pacífico do STF. *(STA 806, Info 19/2015, Tese 147)*

Suspensão do repasse de verbas federais destinados ao programa de atendimento aos portadores de glaucoma. Imposição de obrigação ao estado-membro e município. Legitimidade. Responsabilidade solidária.

É legal a decisão que determina a estado-membro ou a município a continuidade do fornecimento de consultas e medicamento específico, desde que com prescrição médica, aos cidadãos portadores de glaucoma residentes em municípios que tiveram suspensão de verbas do programa de atendimento aos portadores de glaucoma, pela União Federal, em razão da constatação de irregularidades na execução do serviço, pois é solidária a responsabilidade dos entes federados para o fornecimento de medicamentos a pessoas hipossuficientes, segundo jurisprudência pacífica do STF. *(SL-AgRg 650, Info 19/2015, Tese 151)*

4. DA ORGANIZAÇÃO DOS PODERES

4.1. Do Poder Legislativo

4.1.1. Do Congresso, Da Câmara, Do Senado

2015

Competência para apuração de crime de responsabilidade. Presidente da Câmara dos Deputados.

Tem competência o Presidente da Câmara dos Deputados para o exame de delibação da denúncia que objetiva a apuração de crimes de responsabilidade, dada a sua ascendência na organização dos assuntos a serem deliberados pelo órgão, assim como de sua importância e urgência, ante o cenário institucional vivenciado pelo parlamento. *(MS-AgRg 33558, Info 24/2015, Tese 191)*

Crime de responsabilidade. Interposição de recurso. Decisão rejeição denúncia. Impossibilidade.

Não é cabível a interposição de recurso, por parte do cidadão ordinário, contra decisão da Câmara dos Deputados que rejeita denúncia de crime de responsabilidade em face de Presidente da República, uma vez que não há previsão legal e segundo entendimento pacífico do STF. *(MS-AgRg 33558, Info 24/2015, Tese 192)*

4.1.2. Das Reuniões, Das Comissões

2016

CPI. Convocação. Membro do Ministério Público. Ato relacionado à atividade-fim. Impossibilidade.

É ilegal a convocação de membro do Ministério Público para prestar depoimento, como investigado, em Comissão Parlamentar de Inquérito, por atos praticados no exercício de sua atividade-fim, pois viola a separação de poderes e a independência funcional do órgão. *(MS 33871, Info 28/2016, Tese 218)*

2015

Mandado de segurança. Comissão parlamentar de inquérito. Quebra de sigilo. Fundamentação específica. Necessidade.

Não é suficiente para a decretação da quebra de sigilo por CPI a menção genérica a reportagens jornalísticas, sem se precisar minimamente quais os fatos que denotam o envolvimento dos investigados com os atos fraudulentos, consoante jurisprudência pacífica do STF. *(MS 33688, Info 27/2015, Tese 214)*

4.2. Do Poder Executivo

2016

Norma da Constituição do estado-membro. Restrição do poder do chefe do Poder Executivo. Regime jurídico de servidor público. Reserva de iniciativa.

Padece de inconstitucionalidade formal emenda constitucional estadual de iniciativa parlamentar que disponha sobre nomeação para o cargo de procurador-geral do estado, pois viola a reserva de iniciativa do chefe do Poder Executivo para tratar de regime jurídico de servidor público, conforme previsto no art. 25, combinado com o art. 61, § 1º, I, c da CF e de acordo com a jurisprudência pacífica do STF. *(ADI 5211, Info 37/2016, Tese 293)*

2015

Dispositivo de lei estadual. Acesso à informação pública. Proposição legislativa de iniciativa do chefe do Executivo. Fixação de deveres aos demais poderes estaduais, ao Ministério Público e ao Tribunal de Contas. Criação de órgãos públicos na estrutura destes. Ofensa à CF.

É inconstitucional dispositivo de lei estadual de iniciativa do chefe do Executivo que interfira na organização dos Poderes Legislativo e Judiciário, do Ministério Público e do Tribunal de Contas, determinando a criação de órgãos públicos na estrutura destes, pois tal previsão sujeita-se à reserva de iniciativa, em razão da autonomia administrativa que lhes confere a CF. *(ADI 5275, Info 12/2015, Tese 90)*

4.3. Do Poder Judiciário

4.3.1. Disposições Gerais

2016

Lei estadual. Ampliação do critério de movimentação na carreira. Regulamentação pelo Estatuto da Magistratura.

É inconstitucional lei estadual que amplie a regra do art. 81, caput, da Loman, de precedência de remoção, para alcançar também promoção por antiguidade, a pretexto de detalhar critérios de movimentação na carreira judicial, pois tal matéria é própria do Estatuto da Magistratura, o qual, enquanto não editada nova lei, será regulada pela Lei Orgânica da Magistratura Nacional (Loman). *(ADI 4758, Info 30/2016, Tese 234)*

Magistratura judicial. Ingresso na magistratura. Limitações etárias. Inconstitucionalidade formal. Matéria do Estatuto da Magistratura judicial. Reserva a lei complementar nacional.

É inconstitucional lei ordinária federal que imponha limite etário a candidatos a cargos da magistratura judicial, por violação ao art. 93, caput, da CF, pois caracteriza matéria própria do Estatuto da Magistratura, regulamentada por meio da Lei Orgânica da Magistratura Nacional (Loman), lei complementar de iniciativa do STF, que é utilizada como parâmetro de bloqueio de competência de ato normativo que disponha sobre matéria própria do Estatuto da Magistratura. *(ADI 5329, Info 30/2016, Tese 235)*

Ordem de serviço. Órgão especial de tribunal de justiça. Horário de início e término de expediente. Autonomia administrativa.

É constitucional a ordem de serviço emanada por órgão especial de tribunal de justiça estadual que fixa horários de início e término do expediente de seus órgãos jurisdicionais e administrativos e do trabalho de seus servidores, desde que respeitado o total da jornada de trabalho legalmente estabelecido, porquanto decorre da autonomia administrativa constitucionalmente assegurada aos tribunais, conforme previsto no art. 96, I, a e b, da CF. *(ADI 4737, Info 40/2016, Tese 313)*

Recurso extraordinário. Auxílio-moradia. Magistratura Federal. Extensão. Matéria constitucional. Competência.

Tem competência o STF para apreciar a discussão sobre a extensão do direito ao auxílio-moradia dos membros do Ministério Público aos magistrados, pois se caracteriza interesse de todos os membros da magistratura, na forma do art. 102, I, n, da CF. *(RE 811305, Info 49/2016, Tese 389)*

Recurso extraordinário. Diárias. Equiparação de valores. Magistratura federal. Ministério Público Federal. Princípio da simetria. Matéria constitucional. Prequestionamento. Repercussão geral.

Tem repercussão geral a discussão sobre a equivalência financeira das diárias entre a carreira da magistratura federal e a de membro do MPF, ante o interesse de toda a classe da magistratura federal e a possível equiparação jurídica de parcela do regime remuneratório de carreiras de índole constitucional. *(RE 1001700, Info 54/2016, Tese 422)*

2015

ADI. ADCT. Aposentadoria compulsória. Nova sabatina pelo senado federal. Inobservância. Separação de poderes. Princípio da divisão funcional.

É inconstitucional a parte final do art. 100 do ADCT ao exigir nova arguição pública e votação secreta pelo Senado Federal (art. 52, III, a e b, da CF) para os atuais membros do STF, dos Tribunais Superiores e do TCU permanecerem no cargo após os 70 (setenta) anos de idade, até completarem 75 anos, pois a exigência traduz transposição indevida de modelo de aprovação senatorial, cuja aplicação subverte o sistema constitucional de escolha de magistrados e contraria garantias da magistratura judicial, do Poder Judiciário, sobretudo, da cidadania, violando, dessa forma, o núcleo de identidade do princípio da divisão funcional de poder e desrespeitando as limitações materiais impostas ao constituinte reformador inscritas no art. 60, § 4º, III e IV, da CF. *(ADI 5316, Info 7/2015, Tese 49)*

Constitucionalidade. Concessão. Direito. Percentual. 11,98%. Magistrado. Servidor público ativo e inativo. Decorrência. Erro. Conversão URV.

Não viola os artigos 96, II, "b", e 169 da CF o ato normativo emanado do Superior Tribunal Militar (STM) que reconheceu a magistrados, servidores ativos, inativos e pensionistas da Justiça Militar da União direito a percentual de 11,98% sobre os respectivos vencimentos, decorrente de erro ocorrido no momento da conversão de Unidade Real de Valor, pois a parcela possui natureza de recomposição remuneratória, e não de reajuste de vencimentos. *(ADI 2331, Info 5/2015, Tese 35)*

Magistratura. Impossibilidade de extensão da previsão sobre aposentadoria compulsória aos 75 (setenta e cinco) anos. ADCT. Norma de caráter transitório. Aplicação restritiva.

Não é possível a extensão da aposentadoria compulsória aos 75 anos de idade, prevista no art. 100 do ADCT, para toda a magistratura judicial, pois ela só alcança os cargos expressamente descritos na norma transitória, ou seja, os membros do STF, dos Tribunais Superiores e do TCU, uma vez que, tratando-se de norma de caráter transitório, possui aplicação excepcional e restrita aos membros que indica. *(ADI 5316, Info 7/2015, Tese 50)*

Parâmetro de definição para expedição de requisição de pequeno valor. Art. 87, I, do ADCT. Direito intertemporal. Execução iniciada. Sentença condenatória transitada em julgado antes da vigência da lei. Impossibilidade de aplicação retroativa do parâmetro fixado na lei nova.

Não é possível a aplicação da Lei distrital 3.624/05, que reduziu para dez salários mínimos o teto para expedição de requisição de pequeno valor (RSPV), previsto no § 3º do art. 100 da CF, às execuções em curso fundadas em sentença condenatória com trânsito em julgado anterior à vigência da mencionada lei, pois apesar da natureza processual da norma, que conduz a sua aplicação imediata, é necessário que seja observado o princípio da segurança jurídica, sendo inadmissível a incidência retroativa da norma legal a momento anterior à constituição definitiva do crédito. *(RE 729107, repercussão geral, Tema 792, Info 22/2015, Tese 171)*

Regulamentação de aposentadoria compulsória aos setenta e cinco anos. Necessidade de edição de lei complementar. Servidor público. Magistrado. Estatuto da Magistratura.

É necessária a edição de lei complementar para regulamentar a aposentadoria compulsória aos 75 anos de idade para juízes e outros servidores, uma vez que a parte final do art. 40, § 1º, II, da CF possui caráter de norma constitucional de eficácia limitada, ressaltando que, em relação à magistratura judicial, a lei complementar é o Estatuto da Magistratura Judicial a que alude o art. 93 da CF, cuja iniciativa pertence ao STF. *(ADI 5316, Info 7/2015, Tese 51)*

Requisição de pequeno valor. Regime Geral de Previdência Social. Violação ao art. 100, § 4º, da CF.

É inconstitucional a lei que fixa o teto de obrigações de pequeno valor em patamar inferior ao maior benefício do RGPS, pois apesar do "pequeno valor" não ser fixo e absoluto, deve ser observado o valor do maior benefício do RGPS, conforme determinação prevista no art. 100, § 4º, da CF. *(ADPF 370, Info 19/2015, Tese 148)*

4.3.2. Do Supremo Tribunal Federal

2016

Ação cível originária. Competência originária. STF. CNJ. Mandado de segurança.

Não detém competência o STF para processar e julgar ação cível originária contra o CNJ, pois, conforme entendimento do STF, a sua competência originária para julgar ações contra o CNJ restringe-se às ações mandamentais, não lhe cabendo o processamento de ação originária. *(ACO 2276, Info 42/2016, Teses 329)*

Custas judiciais. Fixação de custas para recurso dirigido a tribunal superior. Inconstitucionalidade.

Padece de inconstitucionalidade formal, o artigo de lei estadual que prevê, além das custas judiciais cobradas pelo STF e pelo STJ referentes ao recurso extraordinário e ao recurso especial, o pagamento de custas adicionais ao Tribunal de Justiça estadual, pois, conforme previsto na CF, somente o STJ e o STF possuem competência para estabelecer o valor das custas de interposição do recurso extraordinário e do recurso especial. *(ADI 5470, Info 33/2016, Tese 261)*

2015

Ação cível originária. Competência do STF. Empresa pública estadual responsável pela implantação de infraestrutura urbana. Restrição indevida. Limitação de atuação do próprio ente federado.

Tem competência o STF para apreciar ação cível originária, ainda que a ré seja empresa pública estadual responsável pela implantação de infraestrutura urbana, pois se trata de "longa manus" administrativa do estado-membro que, por conveniência político-administrativa, é dotada de especialização e autonomia suficientes para bem executar os objetivos para os quais foi criada, e qualquer restrição indevida naquela entidade equivale a uma limitação de atuação e de prestação de serviços do próprio ente federado. *(ACO 1001, Info 4/2015, Tese 30)*

Ação cível originária. Exclusão de litisconsorte passivo privado. Competência originária do STF para processamento e julgamento da União Federal, do estado-membro, do Distrito Federal e de entidade de administração indireta.

É cabível a exclusão do litisconsorte ativo privado da relação processual, ainda que a demanda do particular possa ser essencialmente a mesma do ente público, na hipótese de ação cível originária ajuizada no âmbito do STF, pois a competência originária do STF delineia-se na medida em que os polos litigantes estiverem preenchidos pela União Federal, pelos estados-membros, pelo Distrito Federal ou por entidades de suas administrações indiretas. *(ACO 2591, Info 20/2015, Tese 155)*

Ação cível originária. Ilegitimidade ativa. Estado-membro. Descumprimento de convênio. Empresa pública estadual e União Federal. Personalidade jurídica própria.

Não detém legitimidade ativa estado-membro para ajuizamento de ação cível originária que objetiva resguardar eventuais direitos de pessoa jurídica participante de sua administração indireta, na hipótese de inscrição de empresa pública estadual em Sistema Integrado de Administração Financeira (SIAFI), em razão de descumprimento de convênio firmado entre esta e a União Federal, pois, além da existência de personalidade jurídica própria, é necessária a observância do princípio da intranscendência subjetiva. *(ACO 1001, Info 4/2015, Tese 32)*

Ação ordinária. Impedimento de mais da metade dos membros do tribunal de justiça local. Competência. STF.

Tem competência o STF para julgamento de ação judicial, na hipótese de mais da metade dos membros do Tribunal de Justiça local se declararem impedidos, em observância ao art. 102, I, "n", da CF. *(AO 1833, Info 16/2015, Tese 125)*

Ação originária. Mudança de domicílio de magistrado. Ajuda de custo. Incompetência do STF. Não caracterização de interesse exclusivo da magistratura.

Não tem competência o STF para processar e julgar ação originária em que se discute o pagamento de ajuda de custo para ressarcir despesas referentes a mudança de domicílio de magistrada federal removida no interesse do serviço, pois a ajuda de custo em virtude de remoção não se apresenta como de interesse exclusivo da magistratura a atrair a competência do STF, conforme previsto no art. 102, I, n, da CF. *(AO 1853, Info 15/2015, Tese 120)*

Competência. STF. Dívida tributária. União Federal. Estado-membro. Inexistência de conflito.

Não tem competência o STF para apreciar causa referente a inscrição de empresa pública estadual em cadastro público de inadimplentes resultante de dívida tributária, ainda que presentes em polos distintos de uma ação judicial a União Federal e estado-membro, uma vez que limitada ao campo subjetivo da empresa pública, inexistindo, dessa forma, conflito apto a ameaçar o equilíbrio federativo. *(AC 3403, Info 27/2015, Tese 215)*

Incompetência do STF. Imunidade tributária. ISS. Empresa pública e Distrito Federal. Competência tributária municipal.

Não tem competência o STF para apreciar, originariamente, processo em que se pretende ver reconhecida, por parte do Distrito Federal, a imunidade tributária recíproca, assentada no art. 150, VI, a, da CF, com relação ao Imposto sobre Serviços de Qualquer Natureza, pois embora o DF acumule as competências reservadas pela CF aos estados e aos municípios, no que diz respeito à instituição e cobrança do ISS, atua no exercício de sua competência municipal. *(ACO 1002, Info 14/2015, Tese 105)*

Reclamação. Ato do CNJ. Usurpação de competência. Competência para julgamento da ação ordinária. STF. Divulgação da remuneração e do nome de servidor público. Direito de acesso à informação. Interpretação ampliativa do art. 102, I, "r".

Ocorre usurpação de competência do STF, na hipótese de Tribunal Regional Federal ter julgado ação originária contra ato do Conselho Nacional de Justiça que prevê a possibilidade de divulgação da remuneração e do nome de servidor público em sítio eletrônico, pois tal ato já teve sua constitucionalidade reconhecida pelo STF, dando cumprimento à Lei de Acesso à Informação (LAI), cuja repercussão atinge todo o Poder Judiciário, portanto, sendo possível, em casos excepcionais, a interpretação ampliativa do art. 102, I, "r", da CF. *(Rcl 15564, Info 5/2015, Tese 37)*

4.3.3. Do Conselho Nacional de Justiça

2015

Resolução. CNJ. Determinação de recolhimento de valor pago em transação penal e suspensão condicional do processo à conta judicial. Inconstitucionalidade.

É inconstitucional resolução editada pelo CNJ que determine o recolhimento de valores pagos em transação penal e em suspensão condicional de processo à conta judicial e destine-os a entidades conveniadas, pois caracteriza controle administrativo do Judiciário sobre atividade-fim do Ministério Público, que extrapola o poder regulamentar conferido ao CNJ pelo art. 103, § 4º, da CF, devendo ser observado o art. 129, I, da CF e os artigos 76 e 89 da Lei 9.099/95, que preveem que tais institutos fazem parte da função institucional do Ministério Público, não cabendo aos juízes decidir sobre a dimensão negocial da transação penal, desde que ela não se contraponha à lei, nem determinar a destinação de recursos envolvidos nessas transações. *(ADI 5388, Info 19/2015, Tese 145)*

4.3.4. Do Superior Tribunal de Justiça

2015

Reclamação. Competência para apreciar suspensão de segurança. Cláusulas exorbitantes do contrato administrativo. Causa de pedir fundamentada em preceito constitucional genérico. Competência da Presidência do STJ.

Não tem competência o STF para processamento e julgamento de suspensão de segurança que objetiva suspender decisão fundamentada em aspecto de cláusula exorbitante contida em contrato administrativo, na hipótese da causa de pedir basear-se em princípios constitucionais genéricos, pois estes encontram sua concreta realização em norma infraconstitucional referente a contrato administrativo, o que caracteriza competência do Presidente do STJ para apreciar a matéria. *(Rcl 17466, Info 32/2016, Tese 255)*

4.4. Das Funções Essenciais à Justiça

4.4.1-A. Do Ministério Público (Estrutura Organizacional)

2015

ADI. Processo legislativo. Emenda constitucional. Ampliação da atribuição do procurador-geral de justiça. Vício de iniciativa. Matéria reservada a lei complementar.

Caracteriza inconstitucionalidade formal emenda à constituição estadual, de origem parlamentar, que amplia as atribuições previstas no art. 29, VIII, da Lei 8.625/93, reproduzidas no art. 45, II, 15 da LC estadual, pois tal regulamentação é de iniciativa privativa do Presidente da República e do Procurador-Geral de Justiça, além de subtrair do domínio reservado à lei complementar estadual a disciplina das atribuições de órgãos ou membros de Ministério Público estadual, com violação dos artigos 61, § 1º, II, d, e 128, § 5º da CF, sendo pacífico o entendimento junto ao STF referente à impossibilidade de emenda à constituição dos estados-membros dispor sobre matéria cuja iniciativa de lei é reservada pela própria CF. *(ADI 5281, Info 9/2015, Tese 69)*

Procedimento apuratório. Competência. Conflito negativo de atribuições. MP estadual. Ministério Público do Trabalho. Falta de fornecimento

de equipamento de proteção individual. Servidor público municipal. Profissional de enfermagem. Vínculo de caráter jurídico-administrativo.

Tem atribuição o Ministério Público estadual para a condução de procedimento instaurado com o objetivo de apurar irregularidades na relação de trabalho mantida por ente público municipal e os trabalhadores da rede municipal de saúde, uma vez que o vínculo mantido entre o Poder Público e seus servidores tem sempre caráter jurídico-administrativo. *(ACO 2709, Info 25/2015, Tese 200)*

4.4.1-B. Do Ministério Público (Atribuições, Princípios e Funções Institucionais)

2016

Conflito de atribuição. MPF. MP estadual. Procedimento investigatório. Irregularidade. Contrato superfaturado. Celebração entre sociedade de economia mista e prestador de serviço. Inexistência de interesse da União Federal. Atribuição do MP estadual.

Tem atribuição o Ministério Público estadual para a condução de procedimento investigatório destinado a apurar notícia de irregularidade praticada na gestão de sociedade de economia mista, referente à celebração de contrato superfaturado com prestador de serviço, emitindo nota fiscal irregular para pagamento de fornecimento de água e alienando indevidamente bens móveis da entidade, uma vez que na atividade em questão não se insere recurso oriundo do Orçamento-Geral da União Federal ou, ainda, em contrato cujo porte e objeto implique interesse específico federal, não atraindo, dessa maneira, a competência da Justiça Federal, nos termos explícitos do art. 109, I, da CF. *(ACO 2720, Info 29/2016, Tese 230)*

2015

Conflito negativo de atribuições. MP estadual. MPF.

Cabe ao Procurador-Geral da República decidir o conflito negativo de atribuições entre o MPF e o MP estadual, na medida em que são órgãos que fazem parte da mesma instituição, de nítido caráter nacional, tratando-se, portanto, de conflito interno, devendo sua resolução também ser interna, conforme já decidido pelo STF. *(ACO 2225, Info 1/2015, Tese 7)*

Conflito negativo de atribuições. MP estadual. MPF. Sistema federal de ensino. Instituição de ensino superior privada. Irregularidade. Cobrança de taxas abusivas para serviços de secretaria. Interesse da União. Configuração.

Tem atribuição o MPF para a condução de procedimento apuratório com o objetivo de investigar irregularidade atribuída a centro universitário particular, consistente na cobrança de taxas de serviços de secretaria em valores excessivos, porquanto as instituições de ensino superior privadas integram o Sistema Federal de Ensino, estando sujeitas à supervisão da União, o que revela a existência de interesse do referido ente, fixando a competência da Justiça Federal o processo e julgamento de eventual demanda decorrente dos fatos. *(ACO 2612, Info 8/2015, Tese 59)*

4.4.1-C. Da Advocacia, da Advocacia Pública, da Defensoria Pública

2016

Norma da constituição do estado-membro. Restrição do poder do chefe do Executivo. Nomeação de procurador-geral estadual. Constituição Federal. Normas de reprodução obrigatória.

Padece de inconstitucionalidade material emenda à constituição estadual que prevê a exigência de nomeação do Procurador-Geral de estado-membro exclusivamente entre integrantes da carreira, pois tal cargo é de livre nomeação e exoneração pelo governador, uma vez que se faz necessária a observância do art. 131, § 1º, da CF, por força do princípio da simetria previsto no art. 25 da CF. *(ADI 5211, Info 37/2016, Tese 294)*

5. DA DEFESA DO ESTADO E DAS INSTITUIÇÕES DEMOCRÁTICAS

5.1. Da Segurança Pública

2016

2015

ADI. Emenda constitucional. Polícia civil. Equiparação da carreira de delegado com carreiras jurídicas, como magistratura judicial e ministério público.

4. DIREITO CONSTITUCIONAL

É inconstitucional dispositivo de emenda à constituição estadual que equipara a carreira de delegado de polícia a carreiras jurídicas, como a magistratura judicial e a do Ministério Público, uma vez que desnatura a função policial e viola o art. 144 da CF. *(ADI 5522, Info 47/2016, Tese 372)*

ADI. Delegado de polícia. Prerrogativa de foro.

É inconstitucional dispositivo de constituição estadual que confira prerrogativa de foro àquele cargo, no caso de infrações penais comuns e crimes de responsabilidade, nas redações atual, conferida pela EC 21/06 e original, pois colide com o sistema constitucional, o modelo penal garantista e a jurisprudência do STF, consolidada no sentido de que viola o art. 129, VII, da CF conceder foro privilegiado a delegado de polícia. *(ADI 5591, Info 47/2016, Tese 374)*

Bombeiro civil voluntário. Delegação de atividades próprias de bombeiro militar. Inconstitucionalidade formal. Norma estadual contrária à norma geral da União.

Recai em inconstitucionalidade formal lei estadual que delega a agente não estatal exercício direto e imediato de atividades próprias de bombeiro militar estadual, como vistoria, fiscalização e lavratura de autos de infração, pois ao permitir a delegação a bombeiro voluntário de atividade não restrita a serviço administrativo e auxiliar, diverge da norma geral editada pela União Federal, no exercício regular de sua competência legislativa *(ADI 5354, Informativo 32/16, Tese 251)*

Direito de greve. Polícia civil. Segurança pública. Serviço público inadiável. Preservação da ordem pública.

Não é possível o exercício do direito de greve pelos policiais civis, pois a atividade realizada pela categoria é essencial à segurança pública e sua concessão implicaria violação a outros direitos e garantias constitucionalmente assegurados, devendo dar-se primazia à preservação da ordem pública. *(RE 654432, Info 2/2015, Tese 11)*

Inconstitucionalidade. Decreto estadual. Ampliação. Órgãos de segurança pública. Taxatividade do rol do art. 144 da CF.

É inconstitucional decreto estadual que amplia o rol dos órgãos de segurança pública constante do art. 144 da CF, a título de instituir "Sistema Estadual de Segurança Pública", ainda que para fins de pontuação para progressão na carreira de delegado de estado-membro, tendo em vista a taxatividade do rol de órgãos elencados no artigo supracitado e sua reprodutividade obrigatória por parte dos entes federados, conforme entendimento pacífico do STF. *(ARE-AgRg 855805, Info 22/2015, Tese 176)*

Jornada de trabalho. Horário de início e término. Motorista rodoviário. Segurança viária. Alternância de turno.

É inconstitucional artigo de lei que prevê a inexistência de horário de início e término da jornada de trabalho dos motoristas rodoviários, pois viola o art. 7º, XXII, da CF, uma vez que sujeita o profissional a risco incompatível com a condição humana, e desrespeita o art. 144, § 10, da CF, que define a segurança viária como direito coletivo, por associar a falta de horários fixos de trabalho e a possibilidade de alternância de turnos às extensas jornadas permitidas a motoristas rodoviários, acentuando riscos de acidentes de trânsito. *(ADI 5322, Info 43/2016, Teses 337)*

Redução de horário de descanso. Elevação do período de sono. Dupla de motoristas. Insegurança rodoviária.

É inconstitucional artigo de lei que autoriza a redução de intervalos para descanso e elevação do período de sono com veículo em movimento, em dupla de motoristas, por gerar insegurança rodoviária, agravo à saúde e retrocesso social da segurança pública rodoviária, o que viola direito fundamental previsto no art. 144, § 10, da CF. *(ADI 5322, Info 43/2016, Tese 338)*

ADI. Emenda constitucional. Polícia civil. Independência funcional. Livre convencimento.

É inconstitucional dispositivo de emenda à constituição estadual que confira prerrogativa de independência funcional e de livre convencimento à delegado de polícia, pois é incompatível com o poder requisitório do Ministério Público, com o princípio da finalidade e o princípio da eficiência, bem como com a própria natureza e definição constitucional da função policial. *(ADI 5522, Info 47/2016, Tese 371)*

6. DA ORDEM ECONÔMICA E FINANCEIRA

6.1. Da Política Agrícola e Fundiária e da Reforma Agrária

2016

2015

Aquisição de imóvel rural por estrangeiros. Comando constitucional de regulação legal. Extensão do regime diferenciado a pessoa jurídica controlada por pessoa física. Pessoa jurídica estrangeira. Preservação. Soberania nacional. Compatibilidade com os arts. 1º, I, 170, I, 172 e 190 da CF.

É constitucional norma legal que imponha requisito para aquisição de imóvel rural por pessoa física ou pessoa jurídica brasileira das quais participe pessoa estrangeira com maioria de capital e residência ou sede no exterior, porquanto visa tutelar a soberania do país, a defesa e a integridade do território nacional, em observância aos arts. 1º, I, 170, I, 172 e 190 da CF. *(ADPF 342, Info 25/2015, Tese 198)*

7. DA ORDEM SOCIAL

7.1. Da Seguridade Social

2016

2015

ADI. EC. Novo piso progressivo para aplicação em ações e serviços públicos de saúde. Agravamento do subfinanciamento. Violação da cláusula pétrea. Direitos fundamentais. Direito à vida. Direito à saúde. Retrocesso social. Princípio da proporcionalidade. Postulado do devido processo legal substantivo. Proibição de proteção deficiente. Dever de progressividade na concretização de direitos sociais.

É inconstitucional emenda constitucional que reduz sobremaneira o financiamento federal para ações e serviços públicos de saúde (ASPS) mediante piso anual progressivo para custeio, pela União Federal, e nele incluem a parcela decorrente de participação no resultado e a compensação financeira devidos pela exploração de petróleo e gás natural, de que trata o art. 20, § 1º, da CF, por violar a um só tempo, o direito à vida e o direito à saúde, o princípio da vedação de retrocesso social, o princípio da proporcionalidade, derivado do postulado do devido processo legal, em sua acepção substantiva, na faceta de proibição de proteção deficiente e o dever de progressividade na concretização de direitos sociais, assumido pelo Brasil no Pacto Internacional sobre Direitos Econômicos, Sociais e Culturais e no Protocolo Adicional à Convenção Americana sobre Direitos Humanos em matéria de Direitos Econômicos, Sociais e Culturais. *(ADI 5595, Info 53/2016, Tese 420)*

ADI. EC. Novo piso progressivo para aplicação em ações e serviços públicos de saúde. Agravamento do subfinanciamento. Suspensão de eficácia. Perigo na demora processual.

É cabível a suspensão da eficácia de emenda constitucional que reduz sobremaneira o financiamento federal para ações e serviços públicos de saúde (ASPS) mediante piso anual progressivo para custeio, pela União Federal, e nele incluem a parcela decorrente de participação no resultado e a compensação financeira devidos pela exploração de petróleo e gás natural, de que trata o art. 20, § 1º, da CF, pois caracteriza perigo na demora processual, uma vez que agravam a insuficiência de recursos que permitem regular funcionamento do SUS, isto é, o crônico subfinanciamento do sistema, reconhecido por autoridades do próprio Poder Executivo federal, a impactar diretamente os direitos fundamentais à vida e à saúde dos seus usuários, com potencialidade de recrudescimento com o decorrer do tempo. *(ADI 5595, Info 53/2016, Tese 421)*

Cálculo da renda mensal inicial. Direito ao melhor benefício. Constitucionalidade. Revisão de aposentadoria.

É constitucional artigo de lei que estabeleça limites para revisão de aposentadoria, ainda que não previstos na redação original do art. 202 da CF, porque, conforme entendimento do STF, a redação original do caput do art. 202 da Carta Magna, ao haver expressado que as concessões e as revisões das aposentadorias se procederão "nos termos da lei", constituiu norma de eficácia limitada, tendo necessitado de legislação infraconstitucional, no caso, da Lei 8.213/91, para conceder-lhe aplicabilidade. *(RE 789771, Info 41/2016, Tese 324)*

4. DIREITO CONSTITUCIONAL

Decisão judicial. Fixação de multa. Atendimento de paciente em hospital. Transferência de paciente. Omissão de estado-membro. Risco de dano inverso.

É cabível a manutenção de decisão judicial que fixa prazo, sob pena de multa, para que estado-membro resolva irregularidade verificada no atendimento a paciente de determinado hospital, de acordo com o número de leitos existentes, e promova a transferência de pacientes excedentes para outro hospital, ainda que o estado-membro alegue a impossibilidade absoluta de cumprimento da decisão judicial no prazo exíguo de cinco dias, pois caracteriza perigo de dano inverso para a população local, uma vez que há omissão por parte do estado-membro diante da grave situação que deu origem à ação civil pública no âmbito da qual foi proferida a decisão recorrida. *(STA 551, Info 29/2016, Tese 226)*

Direito à saúde. Intervenção do Poder Judiciário. Poder executivo. Inércia administrativa. Saúde pública.

É cabível a intervenção do Poder Judiciário para obrigar o Poder Executivo a assegurar condições materiais mínimas à atuação de hospital quando constatada a inércia e a omissão administrativa do estado-membro, constituindo atuação jurisdicional direcionada à proteção do direito fundamental à saúde pública, estatuído nos artigos 6º, 196 e 197 da CF, não consubstanciando tal atuação violação à separação de poderes. *(RE 866882, Info 26/2015, Tese 208)*

Suspensão de liminar. ACP. Antecipação de tutela. Inclusão das pessoas com deficiência como beneficiárias do programa farmácia popular do brasil, com a disponibilização de fraldas. Garantia do mínimo existencial. Dignidade da pessoa humana. Saúde plena. Direito fundamental.

É cabível a manutenção da concessão de tutela antecipada que determina a inclusão de pessoas com deficiência como beneficiárias do Programa Farmácia Popular, e, à União Federal, a determinado estado-membro e a município, que disponibilizem aos novos beneficiados, usuários do Sistema Único de Saúde, fralda em todos os tamanhos existentes no mercado, pois o risco de prejuízo à economia pública cede diante de violação a direito fundamental, não havendo falar-se em discricionariedade no respeito a direito fundamental, tal qual o direito da pessoa com deficiência à saúde plena, como dever do Estado, vinculado à dignidade da pessoa humana, não configurando, ademais, risco de lesão à saúde pública, que possa atingir ação futura e ainda não definida pelo Poder Público. *(STA 818, Info 36/2016, Tese 285)*

Suspensão de liminar. Fornecimento de medicamento de alto custo pelo estado-membro. Medicamento não registrado pela Anvisa. Não comercialização no Brasil. Beneficiário idoso. Falta de condições de pagamento do tratamento. Terapêutica realizada na rede pública. Não apresentação de melhora. "Periculum in mora" inverso.

Não é possível a suspensão de liminar que determina o fornecimento de medicação de alto custo pelo poder público, não constante no protocolo de dispensação de medicamentos do Sistema Único de Saúde (SUS), que não possui registro na Agência Nacional de Vigilância Sanitária (ANVISA) e não é comercializado no país, na hipótese em que o beneficiário idoso, portador de câncer em estágio avançado, realizou as terapêuticas disponíveis na rede pública de saúde, mas não apresentou melhora e ficou comprovada sua impossibilidade de custear o tratamento, pois o medicamento pleiteado é imprescindível para a melhora da saúde e manutenção da vida do paciente, restando caracterizado o perigo de dano inverso, não havendo falar-se em lesão à ordem pública, em razão das peculiaridades do caso concreto. *(SL 887, Info 9/2015, Tese 68)*

Suspensão de tutela antecipada. Ação ordinária com obrigação de fazer. Saúde pública. Bloqueio de valores públicos para pagamento a hospital. Não caracterizada grave ofensa a ordem, saúde, segurança e economia públicas.

Não é cabível a suspensão de decisão judicial que determina o bloqueio de verba pública estadual para pagamento de procedimentos médicos e hospitalares de urgência realizados por hospital municipal, na hipótese de descumprimento de acordo de repasse de verbas realizado entre o estado-membro e o município, pois não caracteriza grave ofensa aos valores albergados pela Lei 8.437/92 e há perigo de dano inverso para a população do município, que se encontra em risco de não receber atendimento médico e hospitalar de urgência em virtude do inadimplemento de obrigação assumida pelo estado-membro. *(STA 802, Info 13/2015, Tese 99)*

Suspensão de tutela antecipada. Fornecimento de medicamento. Alto custo. Demonstração da necessidade. Desdobramento financeiro e orçamentário.

É cabível a manutenção da decisão judicial que determina a concessão de medicamento, ainda que de alto custo, após comprovação da necessidade da medicação para melhora da situação do paciente e as evidências de sucesso do medicamento no tratamento da enfermidade, tendo o fármaco registro na Anvisa, pois a decisão judicial levou em conta os desdobramentos financeiros e orçamentários da medida. *(STA 821, Info 42/2016, Tese 331)*

7.2. Da Educação, da Cultura e do Desporto

2016

2015

Suspensão de liminar. ACP. Educação pré-escolar. Decisão que determinou o atendimento integral da demanda por vagas no ensino infantil da rede pública municipal. Não caracterizada ofensa à ordem econômica e à economia pública.

É cabível a manutenção de decisão judicial que determina ao município inserir, de forma imediata, no ensino infantil, as crianças inscritas em lista de espera que aguardam a concessão de vagas em creche pré-escolar, pois o Estado confere à educação infantil tratamento especial. Assim, há que se exigir do gestor público a efetiva implementação de políticas voltadas ao atendimento integral e de qualidade do ensino público infantil, não cabendo à autoridade política ou administrativa socorrer-se de supostas e não comprovadas alegações de restrições orçamentárias, ou de qualquer outra natureza, para furtar-se à observância do mandamento constitucional não, havendo falar-se em violação à ordem econômica nem à economia pública. *(SL 822, Info 7/2015, Tese 54)*

7.3. Da Família, da Criança, do Adolescente e do Idoso

2016

2015

Art. 69 da Lei 11.440/06. Serviço Exterior Brasileiro (SEB). Remoção de servidor público federal para unidade estrangeira do Ministério das Relações Exteriores (MRE). Licença para acompanhar cônjuge.

É inconstitucional, dispositivo de lei que exclua, de forma apriorística e absoluta, determinada parcela de servidores públicos federais do direito a exercício provisório para acompanhar cônjuge ou companheiro integrante do Serviço Exterior Brasileiro removido, por interesse da administração pública, por violar o dever constitucional de especial proteção estatal à família, o direito social ao trabalho e o princípio da isonomia. *(ADI 5355, Info 32/2016, Tese 250)*

Causa intentada contra a União. Remoção. Competência. Domicílio do servidor público. Exceção de incompetência. Proteção da unidade familiar. Não ocorrência.

É constitucional a declaração da competência do juízo do domicílio do servidor público que pretende ver a União Federal compelida ao deferimento do pedido de remoção, nos termos do art. 109, § 2º, da CF, não implicando violação ao art. 226 da CF, por não constituir ato que prejudique a unidade familiar, limitando-se a assegurar o julgamento do caso perante o juízo competente. *(RE 825170, Info 41/2016, Tese 325)*

Criança portadora de necessidades especiais. Designação de cuidador para acompanhamento da criança em atividades escolares.

É possível a determinação, pelo Poder Judiciário, de efetivação de políticas públicas para garantir direito fundamental, na hipótese de a pretensão versar sobre a designação de cuidador para criança com necessidades especiais, a fim de lhe possibilitar a frequência à escola e o desenvolvimento das respectivas atividades educacionais, em observância ao art. 6º da CF, que prevê a educação, a assistência aos desamparados e a proteção à infância como direito social, bem como ao seu art. 205, que define o direito à educação como dever do Estado, e ao art. 208, III, que garante atendimento educacional especializado aos portadores de deficiência. *(RE 750715, Info 7/2015, Tese 52)*

Direito de acessibilidade a logradouros e edifícios de uso público por cidadão portador de deficiência visual. Instalação de semáforos de trânsito que emitam sinais sonoros. Interferência do Poder Judiciário. Possibilidade.

Tem legitimidade o Poder Judiciário para determinar a adoção de políticas públicas que visam instalar semáforos de trânsito que emitam sinais sonoros, com objetivo de resguardar o direito de acessibilidade do cidadão portador de deficiência visual aos logradouros e edifícios de uso público, por caracterizar direito constitucional (artigos 224, I, e 227, § 2º, da CF) de natureza fundamental (artigos 1º, III, e 3º, I, da CF) e aplicação imediata (art. 5º, § 1º, da CF), e por não haver justificativa razoável para a omissão da Administração Pública. *(RE 775553, Info 4/2015, Tese 29)*

Recurso extraordinário. Ação civil pública. Instituição e manutenção de abrigo para menores em situação de risco. Proteção aos direitos da criança e do adolescente. Políticas públicas. Intervenção do Poder Judiciário.

Tem legitimidade o Poder Judiciário para determinar, na hipótese de omissão dos entes estatais, a adoção de políticas públicas que garantam o direito fundamental "à vida, à saúde, à alimentação, à educação, ao lazer, à profissionalização, à cultura, à dignidade, ao respeito, à liberdade e à convivência familiar e comunitária à crianças e adolescentes, além de colocá-los a salvo de toda forma de negligência, discriminação, exploração, violência, crueldade e opressão, conforme previsto no art. 227 da CF, consoante orientação do STF. *(ARE 867978, Info 50/2016, Tese 393)*

Oferta de atendimento psiquiátrico infantil na rede pública de saúde. Direito fundamental. Ofensa ao art. 2º da CF. Princípio da separação de poderes.

Detém legitimidade o Poder Judiciário para determinar a adoção de políticas públicas, pelo estado-membro, que garantam o direito fundamental à saúde infantil, assegurado pelo art. 227 da CF, com objetivo de garantir atendimento médico especializado a crianças e adolescentes acometidas de doenças psiquiátricas, ante a inexistência, à época, na rede pública estadual, de serviço equivalente, pois sempre que houver omissão de dever estatal, contrariando disposição expressa de lei e da CF, é plenamente justificada a intervenção do Poder Judiciário para suprimi-la, sem que isso configure interferência indevida na esfera de competência do respectivo ente público. *(RE 615138, Info 7/2015, Tese 53)*

Servidoras públicas federais. Prazos de licença e de prorrogação inferiores aos da mãe biológica para a mãe por adoção. Inconstitucionalidade.

É inconstitucional a regulamentação de períodos de acolhimento familiar distintos em face do nascimento ou da adoção, bem como em razão de adoção de criança e do adolescente em diferentes idades, pois a diferenciação dos prazos de licença-maternidade e de prorrogação da licença é anti-isonômico e não pode persistir com relação às servidoras públicas federais, não sendo compatível com o sistema constitucional de proteção da família e da igualdade entre os filhos, violando o postulado da prioridade do melhor interesse da criança e do adolescente ao colidir, frontalmente, com os direitos à convivência familiar e à não discriminação, projetados expressamente nos artigos 226, caput, e 227, caput e § 6º, da CF. *(RE 778889, Info 18/2015, Tese 138)*

Suposta violação à reserva de plenário. Súmula vinculante 10. Juízo do lugar onde se encontra a criança. Juízo da residência dos avós. Princípio da absoluta prioridade. Preservação do interesse da criança.

É legal a decisão judicial que fixa a competência do juízo da residência dos avós para o processo de guarda, ponderando o caso concreto à luz do princípio do melhor interesse da criança, pois não há violação à cláusula de reserva de plenário, visto não implicar tal decisão a declaração de invalidade da norma-regra, mas a aplicação da norma-princípio, ambas situadas no plano infraconstitucional. *(Rcl 19575, Info 26/2015, Tese 205)*

7.4. Dos Índios

2016

2015

Arrendamento irregular. Responsabilidade solidária agricultores causadores do dano ambiental.

Tem responsabilidade solidária a União Federal, a Funai e os agricultores causadores do dano ambiental feito à terra indígena em decorrência de arrendamentos irregulares, já declarados nulos, uma vez que há previsão expressa na CF sobre o dever de a União fazer respeitar os bens das comunidades indígenas, aí considerada a terra em si, e de proteção integral à organização social, aos costumes, às crenças e às tradições indígenas, todos afetados, de algum modo, pelo arrendamento irregular e danos daí decorrentes. *(AI 852617, Info 14/2015, Tese 112)*

Decreto presidencial. Declaração de interesse social de área para desapropriação e posterior assentamento de comunidade indígena.

É legal a desapropriação de imóvel, por interesse social, para o assentamento de comunidade indígena afetada pela construção de hidrelétrica em suas terras de ocupação tradicional, em observância à CF, que lhes assegura a preservação de seus costumes, línguas, crenças, tradições e modo particular de vivência, bem como ao art. 2º, III, da Lei 4.132/62, combinado com o art. 26 do Estatuto do Índio. (MS 33069, Info 29/2016, Tese 227)

Decreto presidencial. Declaração de interesse social de área para desapropriação e posterior assentamento de comunidade indígena. Não caracterização de desapropriação-sanção.

É legal a desapropriação de imóvel, por interesse social, para o assentamento de comunidade indígena, ainda que haja demonstração, por parte do impetrante, de produtividade da terra objeto da desapropriação, pois não tem aplicação ao caso a Lei 8.629/93, regulamentadora dos preceitos constitucionais relativos à reforma agrária, que atinge o imóvel que não esteja cumprindo a sua função social e funciona como desapropriação-sanção, uma vez que o decreto impugnado trata da desapropriação prevista no art. 5º, XXIV, da CF, que independe da caracterização da terra como produtiva ou improdutiva. *(MS 33069, Info 29/2016, Tese 228)*

Demarcação de terras indígenas. Indenização das benfeitorias. Possuidor de boa-fé.

Tem direito à indenização estabelecida no art. 231, § 6º, da CF o possuidor, na hipótese de realização de benfeitorias efetuadas em terras tradicionalmente ocupadas por populações indígenas, pois comprovada a existência de boa-fé por parte do possuidor. (ARE 767394, Info 26/2015, Tese 204)

Suspensão de liminar. Ação reintegratória de posse. Ordem de retirada imediata de integrantes da comunidade indígena guarani kaiowá da terra indígena guayviry. Estudo antropológico. Funai. Ocupação indígena tradicional. Reconhecimento. Art. 231 da CF. Conflito iminente. Risco de lesão à ordem pública e à segurança pública.

É cabível a manutenção de suspensão de liminar que garante direito possessório à comunidade indígena, na hipótese de haver estudo antropológico preliminar da Fundação Nacional do Índio atestando a tradicionalidade da ocupação indígena sobre as terras em litígio, ainda que pendente de conclusão o procedimento demarcatório, pois a constatação de elevado risco à segurança pública tem força suficiente para manter a decisão judicial, uma vez que é imediata a proteção constitucional ao direito dos indígenas, conforme previsto no art. 231, § 2º, da CF. *(SL 929, Info 25/2015, Tese 193)*

Suspensão de liminar. Direito indígena. Competência para processamento e julgamento. Terra tradicionalmente indígena.

Tem competência o STF para apreciar medida de contracautela vinculada à demanda em que se discute direito dos indígenas às terras que tradicionalmente ocupam, em observância ao art. 231 da CF. *(SL 926, Info 31/2016, Tese 240)*

5. DIREITO DO CONSUMIDOR

1. DISPOSIÇÕES GERAIS

2015

Competência concorrente para legislar sobre consumo. Existência de lacuna na norma geral. Ampliação do núcleo de proteção do consumidor.

É possível que estado-membro, no âmbito de competência concorrente para legislar sobre consumo, com objetivo de suplementar lacunas, explicite o conteúdo principiológico da Lei de Defesa do Consumidor, a fim de ampliar o núcleo de proteção do consumidor em aspectos peculiares às exigências locais, desde que a lei estadual não divirja nem pretenda substituir a lei nacional de normas gerais, pois caracteriza observância aos limites da competência suplementar conferida pelo art. 24, incs. V e VIII, combinados com os §§ 1º e 3º, da CF. *(ADI 5224, Info 11/2015, Tese 83)*

2. DA QUALIDADE DE PRODUTOS E SERVIÇOS, DA PREVENÇÃO E DA REPARAÇÃO DOS DANOS

2.1. Da Proteção à Saúde e Segurança

2015

Lei estadual. Autorização de venda e consumo de bebida alcoólica em evento esportivo em estádio e arena. Inconstitucionalidade. Violação dos direitos fundamentais. Proteção e segurança do consumidor.

É inconstitucional lei estadual que autorize a venda e o consumo de bebidas alcoólicas em eventos esportivos, nos estádios e arenas, uma vez que está em sentido oposto às normas gerais editadas pela União Federal em tema de proteção e defesa do consumidor, além de expor a risco a integridade dos torcedores-consumidores e dificultar fortemente a prevenção de episódios de violência em eventos esportivos e a repressão a eles, violando os direitos fundamentais à segurança e à proteção do consumidor e o princípio da proporcionalidade. *(ADI 5250, Info 17/2015, Tese 132)*

3. DAS PRÁTICAS COMERCIAIS

3.1. Das Práticas Abusivas

2016

ADPF. Vedação de entrada em cinema. Alimento ou bebida adquirido fora do estabelecimento.

É abusiva a vedação da entrada de consumidor em sala de exibição cinematográfica portando bebida e alimento adquirido em outros estabelecimentos, uma vez que não há alicerce constitucional nem infraconstitucional para justificar tal proibição, conforme já decidido pelo STJ, pela Secretaria de Direito Econômico do Ministério da Justiça e pela 3ª Câmara de Coordenação e Revisão do Ministério Público Federal. *(ADPF 398, Info 44/2016, Tese 348)*

3.2. Da Cobrança de Dívidas

2015

ADI. Dispensa de dívidas protestadas ou cobradas diretamente pela via judicial. Exigência de comunicação prévia por escrito. Inexistência de previsão no CDC. Inconstitucionalidade.

Não é possível que lei estadual afaste dívidas protestadas ou cobradas diretamente pela via judicial da exigência de prévia comunicação, por escrito, da inscrição em cadastros de proteção ao crédito, pois cria exceções não previstas no CDC em campo de normas gerais relativas a consumo. *(ADI 5224, Info 11/2015, Tese 84)*

3.3. Dos Bancos de Dados e Cadastros de Consumidores

2015

Lei estadual. Previsão de comunicação prévia ao consumidor, com aviso de recebimento.

Condição para inscrição do nome do consumidor em cadastro de proteção de crédito. Constitucionalidade. Competência suplementar estadual.
É constitucional artigo de lei estadual que estabeleça, como requisito para a inclusão do nome do consumidor em cadastro de proteção ao crédito, a necessidade de comprovação, mediante protocolo de aviso de recebimento (AR), de envio de carta endereçada ao consumidor, uma vez que não viola a disciplina protetiva do CDC, que se limita a exigir, para essa finalidade, indispensabilidade de comunicação prévia, por escrito, sem definir a forma pela qual será feita a notificação, reforçando a competência suplementar dos estados-membros e do Distrito Federal para dispor a respeito. *(ADI 5224, Info 11/2015, Tese 88)*

6. DIREITO DO TRABALHO

1. DIREITO MATERIAL DO TRABALHO

2016

Recurso extraordinário. Proteção de representante sindical. Convenção da Organização Internacional do Trabalho.

É cabível assegurar a proteção do representante dos trabalhadores e de organização sindical contra intervenção externa, contra dispensa discriminatória e outro eventual ato antissindical, pois sujeita-se à idêntica exposição e vulnerabilidade, em face do poder patronal, uma vez que se tratando de centrais sindicais legalmente constituídas como entidades associativas de direito privado, composta por organizações sindicais de trabalhadores, sob critérios mínimos de filiação e representatividade nacional e com atribuição de promover a representação geral dos trabalhadores, na forma da Lei 11.648/08, aplica-se a Convenção 98 e 135 da Organização Internacional do Trabalho (OIT) acerca da referida proteção do representante dos trabalhadores. *(RE 999527, Info 51/2016, Tese 399)*

Recurso extraordinário. Trabalhador avulso. Portuário. Prescrição. Termo inicial.

O termo inicial para contagem de prazo prescricional bienal, nas ações relativas a créditos de trabalhadores avulsos, é a data do cancelamento do registro ou do cadastro no órgão gestor de mão de obra (OGMO), em observância ao art. 37, § 4º, da Lei 12.815/2013 e ao art. 7º, XXIX, da CF. *(RE 727367, Info 54/2016, Tese 423)*

2. DIREITO PROCESSUAL DO TRABALHO

2016

Medida cautelar em ADI. Instrução normativa. Interpretação conforme. Segurança jurídica. Acesso à justiça. Razoável duração do processo.

É cabível interpretação conforme a Constituição para a Instrução Normativa TST 39/2016, sem redução de texto, com efeito "ex nunc", para que se lhe reconheça função exclusivamente orientadora, afastando-lhe eficácia normativa e suprimindo efeito vinculante da atividade jurisdicional, uma vez que a simples invalidação do ato implicaria desprestígio ao princípio da segurança jurídica, princípio do acesso à justiça e princípio da razoável duração do processo. *(ADI 5516, Info 46/2016, Tese 367)*

Reclamação. Declaração implícita de inconstitucionalidade. Súmula do Tribunal Superior do Trabalho. Serviço concedido. Atividade inerente. Atividade-fim. Tomador de serviço. Terceirização.

Não caracteriza declaração implícita de inconstitucionalidade do art. 25, § 1º, da Lei 8.987/95 a decisão que reconhece a ilicitude de terceirização em atividade-fim de empresa concessionária de serviço público com base na Súm. 331/TST, pois são diversos os conceitos de atividade inerente, prevista na lei supracitada, e atividade-fim, prevista na súmula do TST, na medida em que a primeira refere-se ao serviço concedido e a segunda diz respeito à atividade do tomador de serviço, à concessionária de serviço concedido, sendo possível a subcontratação a terceiras empresas, quando determinadas atividades inerentes ao serviço concedido não coincidirem com atividades finalísticas constantes do objeto social da empresa concessionária, sendo aplicável o previsto no art. 25, § 1º, da Lei 8.987/95. *(Rcl 23633, Info 45/2016, Tese 359)*

Recurso extraordinário. Conselho de fiscalização profissional. Autarquia federal. Impossibilidade jurídica. Ajuizamento de dissídio coletivo.

Não é possível juridicamente a propositura de dissídio coletivo de natureza econômica em face de conselho de fiscalização profissional, diante de sua natureza autárquica, pois compete privativamente ao Chefe do Poder Executivo a propositura de lei que disponha sobre aumento de remuneração de servidores públicos, nos termos dos arts. 61, § 1º, II, "a", e 169, § 1º, da CF. *(ARE 647536, Info 50/2016, Tese 395)*

Recurso extraordinário. Fundo de Garantia por Tempo de Serviço (FGTS). Competência.

Tem competência a Justiça Comum para processar e julgar pleito de FGTS fundado em nulidade de contrato temporário por excepcional interesse público, em observância ao entendimento firmado no âmbito da ADI 3395. *(ARE 912488, Info 50/2016, Tese 392)*

Servidor público admitido sem concurso público. Relação jurídico-administrativa. Inexistência de prova. Competência da justiça do trabalho.

Tem competência a Justiça do Trabalho para processar e julgar ação judicial de servidor público municipal sem a devida submissão a concurso público, quando não existe documento que comprove o liame de natureza jurídico-administrativa entre o trabalhador e o ente público. *(Rcl 20117, Info 54/2016, Tese 424)*

7. DIREITO ECONÔMICO

1. INTERVENÇÃO DO ESTADO NA ECONOMIA

2016

Intervenção do Estado na economia. Fixação de preços. Setor sucroalcooleiro. Responsabilização do poder público.

Não há responsabilidade genérica da União Federal e nem o dever de indenização a todo o setor sucroalcooleiro a partir da edição dos atos normativos que regulamentam tais situações, pois a fixação de preços no setor, segundo os critérios previstos na Lei 4.870/65, perdeu sua eficácia com a política geral de congelamento de preços e com a extinção do Instituto do Açúcar e do Álcool. *(RE 884325, repercussão geral, Tema 926, Info 42/2016, Tese 334)*

ADPF. Intervenção do Estado na ordem econômica. Defesa do consumidor.

É constitucional a intervenção do estado na ordem econômica para assegurar eficácia à defesa do consumidor, direito fundamental assegurado pelo art. 5º, XXXII, da CF, e à livre concorrência, princípio consagrado em seu art. 170, IV, pois o alcance das finalidades da ordem econômica exige ponderação e equilíbrio entre o valor da livre iniciativa com os demais princípios enumerados no art. 170 da CR, entre os quais se inclui a defesa do consumidor e a livre concorrência. *(ADPF 398, Info 44/2016, Tese 347)*

2. NORMAS CONSTITUCIONAIS E PRINCÍPIOS

2016

Vedação à captação de receitas em filiais. Lei 11.951/09. Constitucionalidade. Princípio da livre iniciativa não violado. Concretização do direito à saúde.

É constitucional norma que vede captação de receita contendo prescrição magistral e oficinal em drogaria, ervanária e posto de medicamento, mesmo em filial da empresa, bem como a intermediação entre empresas, porquanto não viola o princípio da livre iniciativa, mas, diante de autorização constante da CF, conforma a atividade empresarial ao dever estatal de zelar pelo direito à saúde. *(RE 872326, Info 39/2016, Tese 304)*

8. DIREITO ELEITORAL

1. CÓDIGO ELEITORAL (LEI 4.737/65)
1.1. Disposições Várias
1.1.1. Disposições Penais

2015

Instauração de inquérito. Art. 312 do Código Eleitoral. Fotografia. Registro. Deputado federal. Momento votação. Indícios de autoria e materialidade.

É cabível a instauração de inquérito com objetivo de apurar possível prática de crime previsto no art. 312 do Código Eleitoral, na hipótese de Deputado Federal ter fotografado o momento em que registrava seu voto na urna eletrônica e, posteriormente, enviado a foto para seu cônjuge, que, em momento posterior, postou o registro em uma rede social, pois o crime em comento é formal, e há elementos concretos de que houve a efetiva violação do sigilo da votação. *(PP 1099, Info 5/2015, Tese 40)*

2. LEI DAS ELEIÇÕES (LEI 9.504/97)
2.1. Da Prestação de Contas

2015

Art. 28, § 12, parte final, da Lei 9.504/97, acrescido pela Lei 13.165/15. Prestação de contas. Recursos recebidos em doação por partidos políticos a candidatos. Não individualização dos doadores. Omissão de dados essenciais ao eleitorado e à justiça eleitoral. Sigilo. Incompatibilidade com os princípios democrático, republicano, da cidadania, do pluripartidarismo, da transparência, da publicidade, da moralidade para exercício de mandato, da probidade administrativa e da legitimidade das eleições contra abuso do poder econômico.

É inconstitucional norma que determine ocultação de informações relativas a doadores em prestação de contas de campanhas eleitorais, por afronta aos princípios democrático, republicano, da cidadania, do pluripartidarismo, da transparência, da publicidade, da moralidade para exercício do mandato, da probidade administrativa, da legitimidade das eleições contra influência do poder econômico e da proporcionalidade, sendo direito dos eleitores saber quais são os doadores de partidos e candidatos, a fim de que possam decidir o voto com base em informações relevantes. *(ADI 5394, Info 22/2015, Tese 169)*

3. LEI GERAL DOS PARTIDOS POLÍTICOS (LEI 9.096/95)
3.1. Do Acesso Gratuito ao Rádio e à Televisão

2015

ADI. Supressão integral do tempo de propaganda partidária. Partido sem representação política em assembleia legislativa. Inconstitucionalidade material.

É inconstitucional dispositivo legal que suprima integralmente o tempo de propaganda partidária, em emissoras estaduais, de partidos políticos que não possuam representação política em assembleias legislativas ou não obtenham desempenho eleitoral mínimo na circunscrição, pois o STF reconhece a possibilidade constitucional de mais de um critério de repartição partidária do tempo de acesso a rádio e televisão, baseado na existência ou não de representação política da Câmara dos deputados, desde que tal não implique em exclusão do direito de antena de partidos sem representantes, uma vez que viola o art. 17 da CF. *(ADI 5116, Info 9/2015, Tese 70)*

9. DIREITO FINANCEIRO

1. LEI DE RESPONSABILIDADE FISCAL

2015

Cômputo de despesa com pessoal. Folha de pagamento. Universidade estadual. Estado-membro. Desequilíbrio financeiro. Violação à Lei de Responsabilidade Fiscal.

Não é possível que a União Federal se abstenha de computar, para apuração das despesas com pessoal de estado-membro, a folha de pagamento de Universidade Estadual, ainda que o estado-membro alegue que além de atuar no ensino fundamental e médio, mantém em seu território universidades públicas estaduais, ocorrendo, dessa forma um desequilíbrio político-financeiro entre os entes federados, na perspectiva de sua atuação prioritária, já que o estado-membro, a quem incumbe atender ao ensino fundamental e médio, gasta o equivalente a 30% do seu orçamento destinado à educação com ensino superior, obrigação que incumbiria à União, segundo uma interpretação sistemática e teleológica da CF, especialmente dos seus artigos 208 e 211, pois caracteriza verdadeira subversão da ordem jurídica vigente, porquanto importaria no afastamento imotivado da legislação de regência da matéria, qual seja, a Lei de Responsabilidade Fiscal, que não comporta a exceção pretendida pelo estado-membro. *(AC 3501, Info 16/2015, Tese 123)*

2. LEIS ORÇAMENTÁRIAS

2015

Suspensão de liminar. Gratuidade de transporte público intermunicipal para estudantes. Matéria infraconstitucional. Ofensa reflexa à CF.

Não tem competência o STF para processamento e julgamento de suspensão de liminar cujo fundamento se baseia essencialmente na violação à Lei Orçamentária Anual do município, pois caracteriza a natureza infraconstitucional da discussão, e eventual ofensa à CF seria de natureza reflexa. *(SL 865, Info 6/2015, Tese 48)*

3. PRECATÓRIOS

2016

ADPF. Teto das obrigações de pequeno valor. Regime geral da previdência social.

É incompatível com a CF norma municipal que fixa o teto das obrigações de pequeno valor (OPVs) em R$ 1.950,00, abaixo do maior benefício do regime geral da previdência social, pois viola o art. 100, § 4º, da CF. *(ADPF 370, Info 52/2016, Tese 406)*

2015

Exigibilidade. Precatório. Publicação. Ata de julgamento. Concessão. Medida cautelar.

São exigíveis e tornam-se vencidas as parcelas dos precatórios constituídos na forma do art. 78 do ADCT (Ato das Disposições Constitucionais Transitórias), a partir da publicação da ata de julgamento da medida cautelar respectiva, devendo observar a sistemática geral prevista no art. 100, caput, da CF. *(EDcl-MC-ADI 2356, Info 5/2015, Tese 33)*

Precatório de natureza alimentar e precatório não alimentar. Direito de preferência.

Há violação ao direito de preferência constitucionalmente consagrado quando postergado o pagamento do crédito alimentar, ainda que em decorrência de parcelamento e mesmo que o pagamento do precatório não alimentar posterior seja parcial, pois não há autorização constitucional para tanto, acarretando-se verdadeira predileção à dívida não alimentar. *(RE 612707, Info 1/2015, Tese 3)*

Precatório de natureza não alimentar. Pagamento antes do precatório de natureza alimentar. Sequestro do valor preterido.

Tem preferência os créditos de natureza alimentar sobre todos os demais, admitindo-se o sequestro nas hipóteses de preterimento do direito de precedência ou não alocação orçamentária, conforme entendimento do STF, não se havendo falar em independência entre listas de classes ou de naturezas diversas. *(RE 612707, Info 1/2015, Tese 4)*

Suspensão de liminar. Inadimplemento de contrato. Município. Programa de qualificação profissional. Necessidade de observância do regime de precatório. Lesão à ordem pública. Violação ao devido processo legal.

É cabível a suspensão de liminar que determina o bloqueio de valores depositados em conta bancária de município, na hipótese de inadimplemento de obrigação estipulada em contrato celebrado com objetivo de operacionalizar programa de qualificação profissional de jovens, pois não restando caracterizada situação de necessidade de atuação judicial para preservação do núcleo essencial de direitos fundamentais, deve-se observar a aplicação do regime de pagamento por meio de precatório, conforme previsto no art. 100 da CF, porquanto sua inobservância, em regra, vulnera a ordem jurídico-constitucional, acarreta a violação ao devido processo legal e consiste em ingerência indevida do Poder Judiciário sobre o Poder Executivo. *(SL 891, Info 9/2015, Tese 67)*

Suspensão de liminar. Regime de precatórios. Exceção com base na dignidade da pessoa humana. Potencial lesivo à ordem jurídico-constitucional e à economia pública.

É cabível a suspensão de segurança que determina o sequestro de valor de contas de estado-membro, em limite superior ao teto previsto no art. 100, § 2º, da CF, com objetivo de atendimento integral de precatório, ainda que fundamentado em razões humanitárias, quando não se demonstrar concretamente em que medida a situação do caso possui peculiaridades tais que sua observância se mostraria incompatível com a dignidade da pessoa humana, devendo prevalecer o interesse público que fundamenta toda estruturação do regime de precatório. *(SS 4809, Info 44/2016, Tese 344)*

4. RECEITAS E DESPESAS PÚBLICAS

2015

ADI. Lei federal. Transferência de recurso. Depósito judicial. Poder executivo. Possibilidade.

É constitucional lei federal que prevê a criação de sistema de transferência de recurso oriundo de depósito judicial e extrajudicial ao Poder Executivo, inclusive verba advinda de depósito de tributo e contribuição federal, pois a União Federal, parte na relação processual, responsabiliza-se pela devolução do depósito, quando sucumbente, e a Caixa Econômica Federal está obrigada a entregar à pessoa física ou jurídica vitoriosa na demanda contra o poder público o valor dos depósitos a que fizer jus, com acréscimos legais, no prazo de 24 horas, a débito da Conta Única do Tesouro Nacional. *(ADI 5080, Info 2/2015, Tese 13)*

5. TRANSFERÊNCIAS DE RECURSOS

2015

Ação cível originária. Conflito federativo. Inscrição. Estado-membro. Cadastro federal de inadimplência.

Ocorre conflito federativo quando a União Federal impossibilita repasse de verba e celebração de acordo de cooperação, convênio e operação de crédito entre estados-membros e entidades federais, valendo-se da inscrição do estado-membro em cadastro federal de inadimplência, conforme entendimento do STF. *(ACO 2329, Info 2/2015, Tese 10)*

Inscrição de estado-membro no CAUC e SIAFI. Inadimplemento ou descumprimento de convênio por ex-gestor. Irrelevância. Responsabilidade do estado-membro. Prevalência das sanções institucionais.

É cabível a inscrição de estado-membro no Sistema Integrado de Administração Financeira (Siafi), bem como em seu subsistema, Cadastro Único de Convênio (Cauc), ainda que já ajuizada ação de improbidade administrativa contra ex-gestor para apurar irregularidades detectadas em convênio, pois os gestores e administradores que presentam as partes institucionais no momento de celebração do acordo podem ser alterados a qualquer momento sem prejuízo aos direitos e deveres dos órgãos e entidades subscritos no instrumento, devendo prevalecer as sanções institucionais nos casos de desrespeito ou inadimplemento dos termos da avença quando dele aferir proveito o estado-membro. *(ACO 1978, Info 8/2015, Tese 58)*

Inscrição SIAFI. Descumprimento de cláusula de convênio entre União Federal e empresa pública estadual. Repasse de verba pública. Não recomposição do débito aos cofres públicos.

É cabível a manutenção do nome de empresa pública estadual em cadastro de inadimplentes

9. DIREITO FINANCEIRO

do Sistema Integrado de Administração Financeira (SIAFI), na hipótese de descumprimento de cláusula de convênio firmado entre a empresa pública estadual e a União Federal, que previu auxílio financeiro para implementação de obra pública em município, pois não houve recomposição integral de débitos aos cofres públicos, o que caracteriza a utilização desvirtuada das verbas concedidas pela União Federal. *(ACO 1001, Info 4/2015, Tese 31)*

Suspensão de segurança. Repasses ao FPM, PIN e Proterra. Dedução. Grave risco de lesão à ordem e à economia públicas. Potencial multiplicador. Deferimento da contracautela.

É cabível a suspensão da decisão judicial que impede a União Federal de deduzir dos valores destinados ao Fundo de Participação dos Municípios (FPM) os benefícios fiscais do Programa de Integração Nacional (PIN) e do Programa de Redistribuição de Terras e de Estímulo à Agroindústria do Norte e do Nordeste (Proterra), pois gera grave risco de lesão à ordem pública e à economia e induz efeito multiplicador, uma vez que prejudica a possibilidade de a União Federal, dentro de sua competência tributária, renunciar a receitas com objetivos extrafiscais primordiais e ainda autoriza a cobrança retroativa ao ano de 1996 dos valores deduzidos. *(SS 5065, Info 20/2015, Tese 156)*

6. TRIBUNAL DE CONTAS

2016

Ação cível originária. Tomada de contas especial. Prestação de contas. Gestor público atual.

É devida a prestação de contas pelo gestor público atual dos recursos provenientes de convênios firmados por seus antecessores, porquanto a relação jurídica advinda de tais operações se estabelece entre os entes federados, que passam a ser garantidores e responsáveis pela consecução de seus objetivos, bem como pela resolução de possíveis irregularidades. *(ACO 2754, Info 48/2016, Tese 380)*

Ilegitimidade do Ministério Público para cobrança judicial de multa aplicada pelo Tribunal de Contas. Repercussão geral reconhecida.

Não detém legitimidade ativa o Ministério Público para executar decisão proferida pelo Tribunal de Contas, de condenação patrimonial que impõe responsabilidade ao gestor público para o pagamento de multa por desaprovação de contas, conforme já decidido pelo STF, Tema 768 de repercussão geral. *(ARE 867689, Info 35/2016, Tese 273)*

Indicação. Posse. Conselheiro. Tribunal de contas estadual. Controle judicial. Possibilidade.

É cabível o controle judicial de ato que indica conselheiro para ocupar vaga em Tribunal de Contas Estadual, uma vez que não caracteriza ato discricionário, pois é imprescindível o cumprimento dos requisitos previstos em lei. *(SL 936, Info 28/2016, Tese 219)*

Suspensão de posse. Ação penal em andamento. Ação de improbidade administrativa. Falta de preenchimento de requisito. Não caracterização. Violação ao princípio da presunção da inocência.

É possível a suspensão de posse, por decisão judicial, de agente indicado para ocupar cargo de conselheiro de Tribunal de Contas Estadual, na hipótese de existir ação penal em andamento e ação de improbidade administrativa contra o indicado, pois, apesar de não funcionar como fator objetivo de impedimento de posse, suscita dúvida quanto à constitucionalidade da escolha, sendo suficiente para caracterizar a falta de preenchimento de requisito previsto em lei, não ocorrendo, dessa forma, violação ao princípio da presunção da inocência. *(SL 936, Info 28/2016, Tese 220)*

2015

ADI. LC. Estado-membro. Atribuição. Competência privativa da assembleia legislativa. Julgamento. Prestação de contas. Tribunal de contas. Município.

É inconstitucional dispositivo de lei complementar estadual que atribui competência privativa à Assembleia Legislativa para julgar prestação de contas dos Tribunais de Contas dos Municípios (TCM) e os obriga a prestarem contas à Assembleia, pois viola a competência genérica do Tribunal de Contas do Estado ditada pelo art. 71, II, c/c art. 75 da CF. *(ADI 4124, Info 1/2015, Tese 6)*

RE. Falta de interesse recursal. Reconhecimento do poder de autotutela da administração. Inexistência de sucumbência.

Não há interesse recursal de estado-membro, na hipótese em que o Tribunal reconhece o poder de autotutela da Administração Pública para rever o ato inicial de aposentadoria com base na conclusão do Tribunal de Contas, uma vez que não há sucumbência do ente público quanto a tal questão. *(ARE 667934, Info 4/2015, Tese 25)*

TCU. Exclusão da responsabilidade do impetrante. Instauração de nova tomada de contas especial. Inclusão do nome do impetrante como responsável solidário.

Detém legitimidade passiva para figurar em Tomada de Contas Especial o então Presidente da Fundação que figurou como parte em convênio de cooperação técnica e financeira, sendo irrelevante não ter sido responsabilizado em procedimento diverso, pois os convênios não possuem o mesmo objeto do contrato. *(MS 32259, Info 26/2015, Tese 206)*

7. VINCULAÇÃO DE RECEITAS

2016

Ação cível originária. Financeiro. Limites constitucionais. Investimento mínimo. Saúde e educação. Cômputo. Princípio da não vinculação de receita.

É possível o cômputo dos valores designados ao Fundo Estadual de Combate à Erradicação da Pobreza (FECEP) para a definição da Receita Líquida de Impostos e Transferências Constitucionais e Legais, com consequências para a definição dos valores mínimos a serem aplicados em ações e serviços estaduais de saúde e educação, previstos no art. 198 e art. 212 da CF, pois vigora, na ordem constitucional pátria, o princípio da não vinculação de receita de impostos a órgãos, fundos e despesas, conforme o disposto no art. 167, inciso IV, da CF e as exceções a esse princípio, enumeradas no referido dispositivo, devem ser interpretadas restritivamente, dada a sua natureza excepcional. *(ACO 1972, Info 48/2016, Tese 379)*

10. DIREITO INTERNACIONAL PÚBLICO

1. CONDIÇÃO JURÍDICA DO ESTRANGEIRO

2015

Extradição. Pedido de prisão preventiva. Defesa técnica. Alegação de falta de formalização devida. Inexistência. Mitigação do direito de defesa.

Não há mitigação do direito de defesa, na hipótese de não constar do pedido de prisão preventiva para extradição cópia da decisão que decretou a prisão no país de origem, pois nos termos do art. 82 da Lei 6.815/80, com a redação dada pela Lei 12.878/13, é desnecessária a apresentação prévia da totalidade da documentação legal e judicial nesse momento processual, sendo tal exigência cabível apenas no momento da apresentação do pedido de extradição, tal como dispõe o art. 80 da referida lei. *(PPE 745, Info 6/2015, Tese 45)*

Extradição. Pedido de prisão preventiva. Falta de ala própria. Superintendência Regional da Polícia Federal. Possibilidade de transferência para presídio federal.

É possível a transferência de extraditando para estabelecimento pertencente ao Sistema Penitenciário Federal, na hipótese de inexistência de ala própria em Superintendência Regional da Polícia Federal, sendo aplicável de forma analógica o Decreto 6.877/09, cujo teor dispõe sobre a inclusão de presos em estabelecimentos penais federais de segurança máxima. *(PPE 745, Info 6/2015, Tese 44)*

11. DIREITO PENAL

1. DA EXTINÇÃO DA PUNIBILIDADE

2015

Prescrição da pretensão executória. Termo inicial. Trânsito em julgado para ambas as partes. Princípio da proporcionalidade. Princípio do devido processo legal. Princípio da presunção de inocência.

O termo inicial para contagem de prazo da prescrição executória é a data do trânsito em jugado da sentença penal condenatória para ambas as partes, pois sem a exigibilidade da pretensão não há "actio nata" e não é possível ajuizar a ação viável, não cabendo, portanto, falar em inércia do futuro titular da pretensão, em observância ao princípio da proporcionalidade, do devido processo legal e da presunção de inocência. *(ARE 848107, Info 13/2015, Tese 104)*

Prescrição da pretensão punitiva. Crime de desobediência. Senador da república. Conduta anterior à Lei 12.234/10.

Ocorre a prescrição da pretensão punitiva do Estado na hipótese de suposta conduta praticada por Senador da República referente a descumprimento de ordem judicial no ano de 2007, o que caracterizaria o crime de desobediência, previsto no art. 330 do Código Penal, pois o delito em comento foi cometido, em tese, antes da Lei 12.234/10, que deu nova redação ao inc. IV do art. 109 do Código Penal, alterando o prazo prescricional, que era de dois para três anos. *(NF 2748, Info 6/2015, Tese 41)*

2. DOS CRIMES CONTRA O PATRIMÔNIO

2.1. Do Roubo e da Extorsão

2015

Conflito de atribuição. MP estadual. Falso sequestro. Caracterização do crime de extorsão.

Crime formal. Desnecessidade de lesão ao patrimônio.

Tem atribuição o MP estadual, do local em que a vítima se encontra e em que, agindo sob grave ameaça feita pelo interlocutor, realiza o depósito exigido a título de resgate, para condução de procedimento apuratório com objetivo de averiguar a prática do crime conhecido como "golpe do falso sequestro", pois caracteriza crime de extorsão, tipo penal de natureza formal, cuja consumação ocorre no momento em que o agente pratica a conduta núcleo do tipo, sendo inexigível a lesão ao patrimônio da vítima para a sua consumação. *(ACO 2739, Info 21/2015, Tese 163)*

2.2. Do Estelionato e Outras Fraudes

2015

Conflito negativo de atribuições. MPF. MP estadual. Inquérito policial. Apuração. Crime de estelionato. Compossuidor de terreno. Bem da União.

Tem atribuição o MP estadual para apurar suposta prática de crime de estelionato em detrimento de compossuidores de terreno alienado que tiveram suas assinaturas falsificadas e que, por esse motivo, não participaram dos contratos e não receberam as cotas a que tinham direito, ainda que o terreno objeto do contrato seja bem da União Federal, uma vez que não há interesse da União, pois a suposta falsidade ideológica das assinaturas dos compossuidores nos contratos de compra e venda ocasionou prejuízo exclusivo aos particulares, os quais deixaram de receber suas cotas na venda dos terrenos. *(ACO 2418, Info 1/2015, Tese 8)*

3. DOS CRIMES CONTRA A FÉ PÚBLICA
3.1. Da Falsidade Documental

2015

Conflito de atribuição. Omissão de anotação na CTPS. Documento público. Objeto jurídico tutelado. Fé pública. Atribuição do MPF.

Tem atribuição o MPF para condução de procedimento apuratório, com objetivo de averiguar a prática do crime de omissão de anotação de dados relativos a contrato de trabalho na Carteira de Trabalho e Previdência Social, previsto no art. 297, § 4º, do Código Penal, por caracterizar documento público expedido, em caráter de exclusividade, pelo Ministério do Trabalho, órgão do Poder Executivo Federal, tendo como objeto jurídico tutelado a fé pública de que gozam os documentos expedidos pela administração pública da União Federal. *(Pet-AgRg 5084, Info 21/2015, Tese 161)*

Conflito de atribuições. MPF. MP estadual. Falsificação de documento. Guia florestal. Emissão pela secretaria de estado do meio ambiente. Crime contra a administração pública estadual. Atribuição do MP estadual.

Tem atribuição o Ministério Público estadual para apurar crime de falsidade documental, quando os documentos tidos por falsificados forem guias florestais emitidas pela Secretaria de Estado do Meio Ambiente, por intermédio do Sisflora, sistema eletrônico mantido pelo governo estadual, pois o bem jurídico protegido pertence à Administração Pública estadual, sendo irrelevante o fato de o Instituto Nacional do Meio Ambiente (Ibama), autarquia federal, ter sido responsável pela fiscalização que constatou a prática do crime, visto que tal circunstância não tem o condão de fixar a competência da Justiça Federal. *(ACO 2495, Info 6/2015, Tese 43)*

Conflito negativo de atribuições entre MPF e MP estadual. Falsificação de documento público federal e documento particular. Conexão intersubjetiva e conexão instrumental.

Tem atribuição o MPF para condução de procedimento apuratório com objetivo de averiguar a prática dos crimes de falsificação de documento público federal e documento particular, utilização desses documentos perante representação consular estrangeira e possível estelionato contra os particulares que utilizaram os documentos sem ciência da sua procedência espúria, pois os documentos federais foram falsificados no mesmo contexto e com a mesma finalidade dos documentos particulares, bem como a sua utilização perante a repartição consular, caracterizando hipótese de conexão intersubjetiva e conexão instrumental. *(ACO 2487, Info 21/2015, Tese 164)*

4. DOS CRIMES CONTRA A ADMINISTRAÇÃO PÚBLICA

4.1. Dos Crimes Praticados por Funcionário Público

2015

Conflito de atribuição. MP estadual e MPF. Falsidade ideológica contra administração pública estadual. Fiscalização por autarquia federal. Interesse reflexo da União Federal.

Tem atribuição o Ministério Público estadual para condução de procedimento apuratório com objetivo de averiguar a prática do crime de inserção de declaração falsa em sistema público mantido pelo governo do estado, ainda que autarquia federal tenha sido responsável pela fiscalização que constatou a prática do crime, pois caracteriza interesse meramente reflexo da União Federal, uma vez que o bem jurídico tutelado pertence à Administração Pública estadual. *(ACO 2485, Info 21/2015, Tese 165)*

12. DIREITO PROCESSUAL CIVIL

1. DA FUNÇÃO JURISDICIONAL

2015

Conflito negativo de competência. Justiça comum. Justiça do trabalho. Transposição de vínculo celetista para estatutário. Constitucionalidade. Alteração da relação de trabalho. Relação jurídico-administrativa.

Tem competência a Justiça Comum para processamento e julgamento de ação judicial na qual se discute a constitucionalidade de norma que modificou a relação entre funcionário contratado, sem submissão a concurso público, e Município, bem como para apreciar os consectários legais, o que poderá redundar no reconhecimento de recolhimento de verbas trabalhistas, sendo irrelevante a argumentação de tratar-se de contrato temporário ou precário, pois o que prevalece é a própria natureza da relação jurídico-administrativa. *(CC 7815, Info 1/2015, Tese 1)*

2. DOS PROCESSOS NOS TRIBUNAIS E DOS MEIOS DE IMPUGNAÇÃO

2.1. Da Ordem dos Processos

2.1.1. Do Incidente de Arguição de Inconstitucionalidade

2016

Reclamação constitucional. Declaração de inconstitucionalidade por órgão fracionário de tribunal. Violação da súmula vinculante. Existência de pronunciamento prévio do STF.

Não há violação da Súmula Vinculante 10 do STF, na decisão de turma de tribunal que declara expressamente a inconstitucionalidade de lei municipal, com base em pronunciamento prévio do plenário do STF, ao apreciar idêntica questão constitucional, pois a Súmula limita-se a vedar declaração implícita de inconstitucionalidade de norma, pela negativa de sua incidência, por órgão fracionário de tribunal, sendo desnecessária a obediência à cláusula de reserva de plenário quando houver orientação consolidada do STF sobre a questão constitucional discutida. *(Rcl 22720, Info 43/2016, Tese 339)*

2015

Decisão declaratória de inconstitucionalidade. Falta de submissão da matéria ao órgão fracionário. Violação ao art. 97 da CF. Súmula vinculante 10.

É nula a decisão declaratória de inconstitucionalidade de atos emanados do Poder Público, quando o Tribunal de origem afasta a incidência de dispositivo de lei sem a prévia submissão da arguição de inconstitucionalidade ao órgão especial, pois viola o art. 97 da CF e o enunciado 10 da Súmula Vinculante. *(Rcl 18136, Info 19/2015, Tese 150)*

Declaração de inconstitucionalidade. Fundamentação. Exclusividade. Princípio da proporcionalidade. Impossibilidade.

Não é possível a declaração de inconstitucionalidade de lei com fundamento apenas no princípio da proporcionalidade sem o exame da adequação, da necessidade e da proporcionalidade em sentido estrito, uma vez que é necessária rigorosa argumentação, apta ao convencimento racional de que a norma estabelecida pelo legislador é, de fato, irrazoável. *(RE 858580, Info 24/2015, Tese 188)*

2.1.2. Da Ação Rescisória

2016

Ação rescisória. Violação a dispositivo de lei. Pronunciamento "extra petita". Trânsito em julgado. Alegação posterior.

Não é cabível ação rescisória fundamentada na configuração de julgamento "extra petita", violando, portanto, o art. 459 e o art. 460 do CPC/73, com objetivo de rescindir decisão judicial que acolhe pedido de efeitos modificativos formulado no âmbito de embargos de declaração, quando tal violação não for suscitada até o trânsito em julgado da decisão rescindenda e for apontado possível desrespeito a norma jurídica apenas nos embargos opostos após certificada a preclusão maior, uma vez que é necessário que a alegada violação a dispositivo legal tenha integrado a fundamentação da decisão rescindenda. *(AR 2312, Info 54/2016, Tese 426)*

Decisão declaratória de inconstitucionalidade como objeto de ação rescisória. Impossibilidade. Modulação dos efeitos da decisão. Alcance da vedação do art. 26 da Lei 9.868/99.

Não é cabível ação rescisória contra decisão que declara a constitucionalidade ou a inconstitucionalidade de lei ou de ato normativo em ADI ou em ADC, ainda que a demanda seja sobre parte da modulação dos efeitos da decisão, pois a não rescindibilidade da decisão proferida em sede de controle normativo abstrato decorre da circunstância dessas ações qualificarem-se como meio instrumental revestido de caráter eminentemente objetivo, e esse caráter envolve a decisão como um todo, não apenas da parte da decisão que declara a inconstitucionalidade da lei, mas também daquela que delimita a eficácia temporal dessa declaração de inconstitucionalidade. *(AR 2487, Info 37/2016, Tese 290)*

2015

Ação rescisória. Aplicação da lei no tempo. Incompetência dessa suprema corte. Decisão rescindenda que não enfrenta o mérito da controvérsia suscitada pelo autor. Enunciado sumular 515 do STF.

Não tem competência o STF para processar e julgar ação rescisória fundada em violação literal de norma legal ou constitucional quando a decisão não se dedica a abordar o tema regulado pelo dispositivo que se diz violado, pois o ponto relevante para a fixação da competência para apreciar a rescisória é a correspondência entre a questão federal suscitada no pedido rescisório e a apreciada no recurso extraordinário, não entre aquela e a levantada pelo agravante em suas razões recursais, em observância à Súmula 515 do STF. *(AR 1606 AgR, Info 14/2015, Tese 107)*

Ação rescisória. Decisões do STF e de corte diversa. Coisa julgada progressiva. Competência para julgamento.

Tem competência para processar e julgar a ação rescisória o Tribunal em que se verifique a preclusão do capítulo da decisão que se busca desconstituir, ainda que tenha sido interposto recurso contra outro capítulo do julgado, apreciado por Corte diversa, pois quando se recorre da sentença apenas em parte, a coisa julgada forma-se por etapas, restando caracterizada a coisa julgada progressiva. *(AR 2369, Info 10/2015, Tese 73)*

Ação rescisória. Violação a dispositivo de lei. Falta. Impugnação ao dispositivo tido por violado. Julgamento. Ação originária.

Não é possível apreciar a ocorrência de violação a dispositivo de lei no âmbito da ação rescisória, na hipótese de alegar-se que o STF não aplicou determinada legislação que foi fruto de repristinação quando da declaração de inconstitucionalidade de dispositivo legal, pois, a legislação tida por violada não foi sequer impugnada no momento do julgamento da ação originária, não havendo como concluir pela violação da literalidade do dispositivo constitucional e legal questionado. *(AR 1862, Info 2/2015, Tese 9)*

Responsabilidade civil. Ação rescisória. Agravo de instrumento. RE. Provimento. Não conhecimento da apelação. Reconhecimento de deserção. Decisão de mérito. Inexistência. Incompetência do STF. Extinção do processo sem resolução do mérito.

Não é cabível a ação rescisória fundada na discussão acerca do conhecimento da apelação reputada deserta, pois o mérito da controvérsia não foi apreciado no âmbito da decisão que se busca rescindir. *(AR 2125, Info 5/2015, Tese 39)*

2.1.3. Da Reclamação

2016

Reclamação constitucional. Inobservância de decisão judicial. ADI. Falta de prova documental.

Não é possível apreciar reclamação na qual se alega a inobservância da decisão judicial proferida no âmbito da ADI 3395, na hipótese em que o reclamante não junta aos autos o contrato administrativo ou termo de posse, uma vez que caracteriza falta de documento indispensável ao exame da questão de fundo e, conforme preveem o artigo 156, parágrafo único do RISTF e o art. 282, IV, do CPC/73, é necessário que a reclamação constitucional seja instruída com prova documental suficiente à comprovação de seu conteúdo. *(Rcl 22993, Info 45/2016, Tese 352)*

Reclamação constitucional. Culpa da administração pública. Melhor prova. Juízo de revisão.

Não é cabível, no âmbito da reclamação constitucional, apreciar se a configuração de culpa da Administração Pública, reconhecida pelo julgador, se esteia na melhor prova, revolvendo para isso os fatos da causa, pois isso implica inadmissível juízo revisional, incompatível com o instrumento processual de especialíssima finalidade constitucional. *(Rcl 22604, Info 45/2016, Tese 353)*

Reclamação constitucional. Terceirização de atividade-fim. Violação da súmula vinculante.

Não é cabível reclamação constitucional fundamentada na violação da Súm. Vinculante 10/STF, cujo objeto é decisão do TST em agravo de instrumento, que nega conhecimento a recurso de revista por óbice processual, sem enfrentar a questão de fundo relativa à licitude da terceirização em empresa concessionária de serviço público, uma vez que não tem o condão de negar incidência ao § 1º do art. 25 da Lei 8.987/95. *(Rcl 23633, Info 45/2016, Tese 358)*

Reclamação. Ilegitimidade ativa. Parte processual. Demanda subjetiva.

Não detém legitimidade ativa para ajuizar reclamação, quem não fez parte do processo utilizado como paradigma para fundamentar o descumprimento do respectivo julgado, quando a demanda é de índole subjetiva, uma vez que a decisão produz efeitos apenas para as partes do processo. *(Rcl 24535, Info 53/2016, Tese 419)*

2015

Reclamação. Súmula do STF sem efeito vinculante. Descabimento.

Não é cabível reclamação contra súmula do STF destituída de efeito vinculante, conforme jurisprudência pacífica do STF. *(Rcl 15065, Info 24/2015, Tese 190)*

2.2. Dos Recursos

2.2.1. Disposições Gerais

2016

Agravo de instrumento. Tutela antecipada. Superveniência de sentença. Perda do objeto.

Ocorre a prejudicialidade do recurso judicial interposto contra decisão interlocutória que indefere liminar, na hipótese de superveniência de sentença de mérito, uma vez que caracteriza a perda de objeto do recurso judicial, conforme jurisprudência do STF. *(ARE 961128, Info 36/2016, Tese 286)*

Agravo em RE. Prejudicialidade. Perda do objeto. Reforma da decisão impugnada.

Ocorre a prejudicialidade do recurso extraordinário por perda superveniente do objeto, tendo em vista que o aresto por ele atacado, proferido pelo Tribunal de Justiça estadual, foi reformado após decisão do STF em agravo de instrumento interposto anteriormente pelo recorrente, na medida em que insubsistente o pronunciamento do Tribunal de origem, consoante disposto no art. 1.008 do NCPC. *(ARE 863192, Info 38/2016, Tese 302)*

Caracterização de omissão. Falta de apreciação do mérito. Retorno dos autos ao tribunal de origem.

É necessário o retorno dos autos ao Tribunal de origem, na hipótese em que reconhecida a omissão reiterada da instância ordinária em apreciar do mérito da demanda que desafia exame fático-probatório, pois o recurso extraordinário tem natureza revisional, e não de cassação, sendo descabida a análise no âmbito desta esfera recursal por caracterizar supressão de instância. *(RE-EDcl 893154, Info 37/2016, Tese 288)*

2015

Falecimento do recorrente. Intimação do espólio. Informação de incapacidade financeira dos sucessores para arcar com a defesa. Remessa dos autos à Defensoria Pública do Estado.

É necessária a intimação da Defensoria Pública quando os sucessores de recorrente que faleceu depois da interposição do recurso extraordinário informam não possuírem recursos financeiros suficientes para arcar com a defesa dos interesses do espólio, pois é necessária a regularização da representação processual. *(RE 611051, Info 23/2015, Tese 182)*

2.2.2. Do Agravo Interno

2016

ADPF. Agravo interno contra decisão monocrática. Referendo do plenário. Falta de interesse recursal.

Não é cabível agravo interno contra decisão monocrática de relator submetida a referendo do Plenário, uma vez que, no âmbito de direito processual civil, caracteriza falta de interesse recursal, pois a legitimidade constitucional do poder outorgado a relator no STF para decidir monocraticamente ação de competência do Plenário pressupõe observância, ainda que diferida, do princípio da colegialidade, conforme jurisprudência do STF. *(ADPF 384, Info 31/2016, Tese 247)*

2.2.3. Dos Recursos para o STF e para o STJ

2016

Embargos de divergência. Precatório. Juros de mora. Coisa julgada. Acórdãos confrontados que não possuem o mesmo tema.

Não é cabível a oposição de embargos de divergência sob o fundamento de estar em desacordo com a orientação firmada em Turma e Plenário do STF, na hipótese em que a decisão recorrida negou provimento ao recurso judicial por incidência da coisa julgada e a decisão utilizada como paradigma adentrou o mérito da controvérsia ao entender que não incidem juros de mora sobre precatórios durante o prazo previsto na redação original do art. 100, § 5º, da CF, pois não resta caracterizada a divergência, uma vez que os acórdãos confrontados tratam de tema diverso. *(RE-EDiv 594892, Info 36/2016, Tese 284)*

Embargos de divergência. RE. Questão a ser decidida pelo STF em outro recurso extraordinário, com repercussão geral conhecida. Sobrestamento do feito.

É necessário o sobrestamento dos embargos de divergência na hipótese de pendência de julgamento de recurso extraordinário com repercussão geral reconhecida, que verse sobre o mesmo tema que é objeto dos embargos, pois as normas do NCPC atualmente vigente já se aplicam à situação em exame, uma vez que tratam não de requisitos e pressupostos de admissibilidade recursal, mas do rito de processamento do recurso judicial, sobre o que incide a regra da aplicabilidade imediata expressa na fórmula "tempus regit actum". *(RE-EDiv 365072, Info 37/2016, Tese 289)*

RE contra decisão judicial em tutela antecipada. Incidência Súmula 735/STF.

Não é cabível recurso extraordinário contra decisão judicial de deferimento ou não de tutela antecipada, visto tratar-se de decisão judicial liminar, incidindo, dessa forma o previsto na Súmula 735/STF. *(ARE 870288, Info 35/2016, Tese 272)*

Reclamação constitucional. Trancamento de agravo em recurso extraordinário no tribunal de origem. Competência do STF.

Não é cabível a conversão de agravo interposto na forma prevista no art. 544, § 2º, do CPC/73, em agravo interno interposto no âmbito do TST contra decisão em recurso extraordinário, com fundamento no art. 557, § 1º, do CPC/73, pois tem competência exclusiva o STF para julgar agravo interposto contra o trancamento de recurso extraordinário, cabendo ao Tribunal de origem apenas o processamento do apelo, salvo quando o juízo de admissibilidade recursal versar sobre a aplicação de entendimento firmado pelo STF na sistemática de repercussão geral, conforme entendimento pacífico do STF. *(Rcl 22859, Info 51/2016, Tese 400)*

Recurso extraordinário. Princípio da isonomia. Jornada e remuneração extraordinária. Assessor jurídico. Violação reflexa à constituição federal.

Não é cabível, no âmbito do recurso extraordinário, a apreciação de violação ao princípio da isonomia, no tocante à jornada e remuneração extraordinária de assessores jurídicos empregados da Codevasf, pois é necessária a análise de normas infraconstitucionais, sendo a violação à CF meramente reflexa. *(RE 912904, Info 49/2016, Tese 390)*

Recurso extraordinário. Repercussão geral. Apresentação genérica. Deficiência de fundamentação.

Não é cabível apreciar recurso extraordinário quando a preliminar de repercussão geral apresentada for genérica, sem se referir, de forma concreta e fundamentada, ao impacto dos temas sobre os contornos políticos, econômicos, sociais ou jurídicos da questão de fundo, de sorte a demonstrar-lhes relevância, pois caracteriza deficiência de fundamentação. *(RE 647566, Info 54/2016, Tese 427)*

2015

Ação cautelar. Constitucional. Efeito suspensivo. Recurso principal. Previsão no regimento interno do STF.

É cabível a propositura de incidente cautelar para pleitear a concessão de efeito suspensivo ao recurso principal, na forma propugnada pelo art. 21, IV, do RISTF, sobretudo quando reconhecida a repercussão geral da matéria e demonstrados, cumulativamente, o "fumus boni iuris" e o "periculum in mora", em observância ao art. 21, IV, do RISTF. *(AC 3752, Info 14/2015, Tese 106)*

Ação cautelar. Incompetência do STF. Concessão de efeito suspensivo. Falta de realização de juízo de admissibilidade pelo tribunal "a quo".

Não tem competência o STF para apreciar pedido de concessão de efeito suspensivo a recurso extraordinário quando pendente juízo de admissibilidade sobre o referido recurso judicial no âmbito do Tribunal "a quo", em observância à jurisprudência pacífica do STF. *(AC 3534, Info 16/2015, Tese 121)*

Ação cautelar. Recurso extraordinário contra decisão em liminar. Súmula 735/STF.

Não é cabível recurso extraordinário contra decisão judicial que confirma, em agravo, o deferimento de pedido de liminar, com análise da presença do "periculum in mora" e do "fumus boni iuris", em observância à Súmula 735/STF. *(AC 3534, Info 16/2015, Tese 122)*

RE contra acórdão em agravo de instrumento contra decisão liminar. Falta de juízo definitivo de constitucionalidade. Incidência da Súmula 735/STF.

Não é cabível recurso extraordinário contra acórdão que mantém decisão liminar concedida na primeira instância, dada a falta de juízo definitivo de constitucionalidade, ante a vedação da Súmula 735/STF. *(AI 834861, Info 13/2015, Tese 97)*

RE. Decisão. Conselho de justificação. Natureza administrativa.

Não é cabível recurso extraordinário em face de decisão proferida no âmbito de conselho de justificação, porquanto reveste de natureza administrativa, ainda que proferida por órgão judicial, conforme entendimento do STF. *(ARE 807746, Info 27/2015, Tese 210)*

RE. Intimação do acórdão recorrido. Momento anterior à publicação da emenda regimental 21/07. Inexigibilidade.

É inexigível a demonstração formal e fundamentada da repercussão geral das questões constitucionais discutidas quando a intimação do acórdão recorrido tenha ocorrido antes da data da publicação da Emenda Regimental 21, de 30 de abril de 2007, que regulamentou a repercussão geral em recurso extraordinário, pois tal requisito só pode ser exigível em momento posterior à publicação da norma supracitada. *(RE 819760, Info 23/2015, Tese 180)*

RE. Medida liminar de indisponibilidade de bens em ação civil pública. Falta de juízo definitivo de constitucionalidade. Súmula 735/STF.

Não é cabível recurso extraordinário contra decisão de deferimento ou denegação de medida cautelar ou provimento liminar, uma vez que não configurada a hipótese do art. 102, III, da CF, que pressupõe a emissão, pelo Tribunal "a quo", de juízo conclusivo sobre matéria constitucional, incidindo a Súmula 735 do STF. *(ARE 879091, Info 18/2015, Tese 143)*

3. DIREITO PROCESSUAL COLETIVO

2015

Execução de sentença. Ação proposta por entidade associativa. Associado não constante da lista dos que autorizaram expressamente propositura da demanda coletiva. Ilegitimidade ativa para promover a execução individual do título judicial. Repercussão geral reconhecida. Tema 82.

Não detém legitimidade ativa para a execução individual de sentença prolatada em processo coletivo aquele que não houver figurado na lista de associados que autorizaram o ajuizamento da ação de conhecimento, pois a autorização a que se refere o art. 5º, XXI, da CF deve ser expressa por ato individual do associado ou por assembleia da entidade, sendo insuficiente a mera autorização genérica prevista em cláusula estatutária, conforme decisão do STF em recurso extraordinário com repercussão geral reconhecida. *(AI 753434, Info 23/2015, Tese 179)*

Legitimidade extraordinária. Sindicato. Substituição processual. Execução individual. Desnecessidade de autorização dos filiados.

Detém legitimidade extraordinária o sindicato para atuar, em nome de seus filiados, em processo de execução individual de sentença proferida em processo coletivo, sendo desnecessária qualquer autorização dos filiados, por se tratar de hipótese de substituição processual. *(RE 819760, Info 23/2015, Tese 181)*

4. LEI DAS LIMINARES CONTRA O PODER PÚBLICO (LEI 8.437/92)

2016

Agravo regimental. Suspensão de liminar. Sentença favorável. Concessão de medida liminar. Suspensão de decisão judicial. Inexistência. Contracautela.

Não é cabível suspensão de liminar quando, a despeito de haver sentença favorável ao agravante posteriormente confirmada em segundo grau, não há, em qualquer das instâncias, a concessão de pleito liminar ou de antecipação de tutela que tenha por ele sido formulado, inexistindo, desse modo, decisão a ser suspensa, uma vez que mesmo estando pendente de julgamento recurso extraordinário, espécie, como regra, desprovida de efeito suspensivo, a concessão deste deve ser buscada pelo Poder Público pelas vias adequadas, não sendo o pleito contracautelar sucedâneo de pedido incidental de concessão de efeito suspensivo. *(SL 963, Info 53/2016, Tese 415)*

Suspensão de liminar. Ação civil pública. Prefeito. Afastamento do cargo. Legitimidade ativa.

Não detém legitimidade ativa para pleitear suspensão de liminar, com fundamento na Lei 8.437/92, prefeito municipal que age em nome próprio, pleiteando a suspensão da decisão que determinou o seu afastamento do cargo de Prefeito durante instrução de ação civil pública intentada para apurar prática de atos de improbidade na gestão pública do respectivo município, pois a insatisfação do requerente possui natureza eminentemente privada e, por essa razão, deve ser tutelada por recurso cabível na espécie. *(SL 1049, Info 51/2016, Tese 403)*

Suspensão de liminar. Competência do STF. Violação reflexa à Constituição.

Não é cabível pedido de suspensão de segurança para o STF, na hipótese em que não se vislumbra, na ação de mandado de segurança subjacente, a possibilidade de as questões em debate serem guindadas à apreciação STF por serem de índole infraconstitucional, pois violam a CF apenas pela via reflexa. *(SL 1018, Info 50/2016, Tese 396)*

Suspensão de liminar. Competência. Exame nacional do ensino médio (Enem). Determinação de disponibilização de acesso às provas de redação simultaneamente à divulgação dos resultados. Devido processo administrativo.

Tem competência o STF para a apreciação de pedido de suspensão de liminar quando a controvérsia deduzida na ação de origem refere-se à atual sistemática de divulgação dos espelhos da prova de redação do ENEM, uma vez que a controvérsia deduzida na ação civil pública subjacente é de índole constitucional. *(SL 1046, Info 49/2016, Tese 386)*

Suspensão de liminar. Decisão proferida em controle abstrato de constitucionalidade estadual.

Não é cabível suspensão de liminar em processo de controle abstrato de constitucionalidade, pois, conforme entendimento do STF, a Lei 8.437/92, que trata da suspensão cautelar como medida para defender interesses subjetivos contra atos do Poder Público, não tem aplicação no processo objetivo. *(SL 1044, Info 52/2016, Tese 409)*

Suspensão de liminar. Exame Nacional do Ensino Médio (Enem). Alteração da sistemática. Grave lesão à ordem pública.

É cabível a suspensão de liminar que determina a alteração da sistemática de acesso dos estudantes ao espelho de correção das provas de redação do Enem, quando já publicado o edital e estabelecido o cronograma da próxima edição do exame, pois gera risco de grave lesão à ordem pública, em seu aspecto jurídico-administrativo. *(SL 1046, Info 49/2016, Tese 387)*

Suspensão de liminar. Exame Nacional do Ensino Médio (Enem). Existência de termo de ajustamento de conduta (TAC). Vigência. Publicação de edital.

É cabível a manutenção do mecanismo atualmente adotado para a correção e divulgação das notas das provas de redação, no que se refere à respectiva edição do Enem, na hipótese de existir Termo de Ajustamento de Conduta (TAC) firmado entre o Instituto Nacional de Estudos e Pesquisas Educacionais Anísio Teixeira (Inep) e o Ministério Público Federal, uma vez que este encontrava-se vigente na data de publicação do edital do Enem 2016. *(SL 1046, Info 49/2016, Tese 388)*

Suspensão de liminar. Fornecimento de medicamento. Tratamento de doença grave. Diversidade de tratamento terapêutico. Possibilidade de cura.

É cabível a suspensão de liminar que determina ao Poder Público o fornecimento de medicamento não aprovado pela Agência Nacional de Vigilância Sanitária (ANVISA) para tratamento de doença grave, na hipótese do medicamento de origem estrangeira oferecer apenas melhora pontual dos sintomas da doença e haver tratamento terapêutico com prognostico de cura do paciente, pois caracteriza violação da ordem administrativa e econômica, pois o preço do fármaco corresponde a praticamente um terço do total destinado à compra das reservas de medicamentos do ente estadual. *(SL 1053, Info 53/2016, Tese)*

Suspensão de liminar. Hemofilia tipo B. Indicação de medicamento mais caro. Fator IX recombinante. Existência de fármaco com eficácia equivalente. Manutenção da qualidade de vida do paciente.

É cabível a manutenção de suspensão de liminar que determina a concessão de medicamento não incluído no protocolo de tratamento da Hemofilia tipo B prescrito pelo Ministério da Saúde, na hipótese em que ficar comprovada a existência de fármaco com eficácia equivalente à do medicamento pleiteado para manutenção da qualidade de vida do paciente e com menor custo de aquisição para a unidade federada, uma vez que é necessária a aplicação de juízo de ponderação sobre a eficácia e o custo do fármaco necessário à coagulação sanguínea em pacientes portadores da doença. *(SL 1019, Info 49/2016, Tese 385)*

Suspensão de liminar. Legitimidade ativa. Prefeito. Interesse particular. Retorno ao cargo público.

Não detém legitimidade ativa prefeito municipal, para requerer suspensão de liminar proferida em procedimento investigatório criminal, no bojo do qual são investigados graves crimes atribuídos ao próprio prefeito, pois não se trata de ação movida contra o poder público, restando caracterizado o intuito do requerente em valer-se da suspensão de liminar para tutelar interesse particular, consistente no retorno ao cargo de prefeito. *(SL 1011, Info 45/2016, Tese 355)*

Suspensão de liminar. Polícia civil. Aposentadoria e pensão. Integralidade e paridade. Grave lesão à ordem pública. Economia pública.

É cabível a manutenção de decisão judicial liminar que reconhece o direito à integralidade, como forma de cálculo dos proventos, e à paridade remuneratória, como forma de reajuste dos benefícios de aposentadoria especial e de pensão, na hipótese em que observadas as regras constitucionais sobre o tema, já que tal entendimento encontra-se alinhado com a jurisprudência do STF em tema de reconhecida repercussão geral, não representando grave risco à ordem pública ou à economia pública. *(SL 1035, Info 50/2016, Tese 394)*

Suspensão de liminar. Projeto de assentamento Belauto. Paralisação da implementação. Desintrusão da terra indígena. Conflito entre índio e não índio. Interesse público.

É cabível a suspensão de liminar que, para resguardar direito de propriedade invocado por particular, determina a paralisação da implementação de projeto de assentamento criado em imóvel rural que o Instituto Nacional de Reforma Agrária (INCRA) afirma pertencer à União Federal, destinado à realocação de ocupantes não índios de terra indígena já demarcada, tendo em vista o prejuízo causado à realização da política de reforma agrária e à proteção do direito originário dos índios às terras que tradicionalmente ocupam, contrariando, portanto, o interesse público. *(SL 975, Info 51/2016, Tese 405)*

Suspensão de liminar. Serviço público. Sociedade de economia mista. Iliquidez. Devedor subsidiário. Município. Legitimidade ativa.

Detém legitimidade ativa o município para recorrer de decisão liminar cuja parte é sociedade de economia mista ligada a municipalidade, na hipótese de constatação do alto endividamento do referido ente descentralizado e sua inexorável situação de iliquidez, figurando a municipalidade devedora subsidiária, pois apesar das finanças de cada entidade descentralizada, em regra, serem administradas por seus próprios gestores, a possível iliquidez administrativa catalisada pela adoção de procedimento executivo drástico, demanda a atuação do ente central, responsável final pelo débito, ao menos para sustar o procedimento até a manifestação final do Poder Judiciário sobre o rito de pagamento a ser adotado. *(SL 973, Info 53/2016, Tese 417)*

Suspensão de liminar. Sociedade de economia mista. Bloqueio de valores. Penhora. Transporte público. Paralisação. Prejuízo para o município.

É cabível a liberação de valor conscrito por penhora, no âmbito de sociedade de economia mista, prestadora de serviço de transporte público, com natureza de autarquia, na hipótese de ser elevado o valor do volume do numerário bloqueado, uma vez que o bloqueio dessas verbas poderá, por si só, provocar a paralisação do sistema de transporte público municipal ou, ainda, redundar na necessidade de injeção imediata de alto volume de capital pelo Município para garantir a continuidade da prestação dos serviços, situação que transparece a lesividade da manutenção do referido bloqueio aos bens jurídicos tutelados pelo art. 4º, caput, da Lei 8.437/92. *(SL 973, Info 53/2016, Tese 418)*

Suspensão de segurança. Pedido de extensão. Instrução deficiente. Distinção relevante entre as decisões confrontadas.

Não é possível a extensão dos efeitos de contracautela concedida quando o requerente deixa de juntar o inteiro teor da decisão cuja eficácia pretende suspender ou quando, fazendo-o, traz à apreciação do STF decisão que difere em ponto relevante daquela já suspensa pela Presidência do STF. *(SS 5072, Info 53/2016, Tese 416)*

Suspensão de segurança. Pedido de extensão. Liminar com objeto idêntico e proferida no mesmo contexto fático.

É cabível a extensão dos efeitos de contracautela concedida pela Presidência do STF para sustar decisões do Tribunal de Justiça estadual que determinaram a convocação imediata de candidatos para participarem de curso de formação de Delegados da Polícia Civil do estado-membro, ainda no período de vigência do concurso, na hipótese em que a decisão cuja suspensão se requer, via pedido de extensão, tem objeto idêntico e foi proferida no mesmo contexto fático daquela já suspensa pela Presidência STF, conforme previsto no art. 4º, § 8º, da Lei 8437/92. *(SS 5120, Info 52/2016, Tese 412)*

Suspensão de segurança. Perda do objeto. Encerramento do curso de formação.

Não ocorre a perda do objeto do pedido de extensão dos efeitos da contracautela concedida pela Presidência do STF para sustar decisão de Tribunal de Justiça estadual, que determina a convocação imediata de candidato para participar de curso de formação, o encerramento do respectivo curso, visto que o deferimento da contracautela faz cessar, ainda que provisoriamente, os efeitos da matrícula e eventual aprovação do candidato, impedindo-se, assim, o prosseguimento nas demais etapas do concurso público. *(SS 5120, Info 52/2016, Tese 413)*

Suspensão de segurança. Tribunal de contas estadual. Legitimidade ativa.

Tem legitimidade ativa o Tribunal de Contas estadual para impetrar suspensão de segurança que supostamente viola suas prerrogativas constitucionais, ainda que seja ente público não personificado, para a defesa de suas prerrogativas constitucionais, em observância ao entendimento firmado no âmbito da SS 936, julgada pelo STF. *(SS 5149, Info 50/2016, Tese 397)*

Suspensão de segurança. Tribunal de contas estadual. Licitação. Pregão presencial. Poder geral de cautela.

É cabível a suspensão de segurança na hipótese decisão judicial que suspenda medida cautelar deferida pelo Tribunal de Contas estadual com o objetivo de resguardar a ampla competição em certame licitatório, até final decisão sobre a validade de cláusula editalícia, pois caracteriza grave risco de dano à ordem pública. *(SS 5149, Info 50/2016, Tese 398)*

13. DIREITO PROCESSUAL CONSTITUCIONAL

1. CONTROLE DE CONSTITUCIONALIDADE

1.1. Controle Concentrado

1.1.1. ADI/ADC

2016

Ação rescisória. Decisão declaratória de inconstitucionalidade como objeto de ação rescisória. Modulação dos efeitos da decisão.

Não é cabível ação rescisória cujo objeto é decisão judicial que declara constitucionalidade ou inconstitucionalidade da lei ou de ato normativo em ADI ou ADC, em observância ao artigo 26 da Lei 9.868/99 que alcança, inclusive, a modulação dos efeitos da decisão proferida em sede de ADI ou ADC. *(AR 2492, Info 46/2016, Tese 362)*

ADI. Decreto. Competência legislativa privativa. União Federal. Ato normativo primário.

É cabível ADI cujo objeto seja decreto que, a pretexto de regulamentar lei federal, insere no direito estadual matéria cuja competência legislativa pertence à União Federal, uma vez que caracteriza ato normativo primário, sujeito, portanto, à fiscalização abstrata de constitucionalidade. *(ADI 5458, Info 48/2016, Tese 382)*

ADI. Distribuição do tempo de propaganda eleitoral gratuita entre partidos políticos. Revisão judicial do modelo de repartição da propaganda eleitoral. Possibilidade jurídica do pedido.

Não caracteriza a impossibilidade jurídica do pedido, em ADI, a apreciação da disciplina legal que rege a repartição do tempo de propaganda eleitoral gratuita, ainda que seja para dela extrair interpretação conforme a CF, com o objetivo de fazer incidir conteúdo normativo constitucional dotado de carga cogente, cuja produção de efeitos independa de intermediação legislativa, pois a atuação do Poder Legislativo na regulamentação da propaganda eleitoral condiciona-se às balizas da CF, em seus princípios e normas estruturantes, estando sujeita à jurisdição abstrata do STF. *(ADI 5491, Info 39/2016, Tese 309)*

ADI. Exaurimento de vigência da norma.

É cabível a extinção do processo de ADI na hipótese do ato impugnado ser resolução que regulamenta uma eleição específica tendo sido revogada posteriormente e ocorrendo o exaurimento de sua vigência, ainda que haja efeitos residuais concretos, uma vez que a condição efêmera da resolução é incompatível com seu ataque em controle concentrado de constitucionalidade posteriormente ao término de sua vigência. *(ADI 5334, Info 48/2016, Tese 375)*

ADI. Instrução Normativa 39/2016 do TST. NCPC. Aplicação subsidiária ao processo do trabalho. Ato normativo autônomo.

É cabível ADI contra instrução normativa do TST, que busca definir as normas do NCPC aplicáveis, inaplicáveis em termos ao Processo do Trabalho, pois possui caráter normativo pretensamente primário e inovador da ordem jurídica, conforme já decidido pelo STF. *(ADI 5516, Info 47/2016, Tese 373)*

ADI. Legitimidade ativa. Associação nacional. Entidade representativa de classe.

Não detém legitimidade ativa para ajuizar ADI a Associação Nacional das Operadoras de Celular (ACEL), uma vez que esta não pode ser considerada entidade representativa de classe, pois reúne apenas operadoras de telefonia celular, não abrangendo toda a categoria de prestadoras de serviços de telecomunicações, das quais o serviço celular é espécie, não representando, portanto, operadoras de telefonia fixa. *(ADI 5574, Info 54/2016, Tese 429)*

ADI. Magistratura judicial. Ilegitimidade ativa. Representação de fração da categoria judiciária. Inconstitucionalidade formal.

Não detém legitimidade ativa para ajuizar ADI a Associação Nacional dos Magistrados Estaduais (Anamages), pois representa apenas fração da categoria judiciária. *(ADI 4758, Info 30/2016, Tese 233)*

ADI. Norma secundária. Violação reflexa.

Não é cabível ADI contra ato de natureza secundária, que apenas delimita o alcance de norma infraconstitucional, pois a violação da CF, caso existente, dar-se-ia de maneira reflexa ou indireta, conforme já decidido pelo STF. *(ADI 5334, Info 48/2016, Tese 376)*

ADI. Resolução. Autonomia jurídica. Caráter normativo geral.

É cabível ADI em face de resolução do Conselho Nacional do Meio Ambiente (Conama) que fixa como regra geral procedimento simplificado para licenciamento ambiental de atividade relacionada a assentamento de reforma agrária, fragmenta o procedimento, determina aplicação das novas regras a empreendimentos existentes e assegura participação de beneficiários de assentamentos, por ser norma materialmente primária e preencher os requisitos de autonomia jurídica, abstração, generalidade e impessoalidade, revestindo-se de denso caráter normativo geral e que viola diretamente a CF. *(ADI 5547, Info 37/2016, Tese 291)*

ADI. Superveniência. Disciplina incompatível com a norma impugnada. Revogação tácita. Perda superveniente de objeto.

É cabível a extinção de ADI, sem resolução do mérito, na hipótese de superveniência de lei incompatível com a norma impugnada na ADI, pois caracteriza revogação tácita da norma, com a consequente perda do objeto da demanda, desaparecendo, dessa forma, o interesse de agir. *(ADI 5362, Info 47/2016, Tese 368)*

2015

ADI. Aditamento da petição inicial. Possibilidade. Jurisprudência do STF.

É viável o aditamento a petição inicial de ADI, a fim de alcançar outras normas referentes ao contencioso de constitucionalidade que pertençam ao mesmo complexo normativo daquelas objeto do pedido inicial, mesmo após a vinda de informações, conforme jurisprudência do STF. *(ADI 5268, Info 21/2015, Tese 168)*

ADI. Legitimidade ativa. Entidade de classe de âmbito nacional. Falta de representatividade de totalidade da categoria.

Não detém legitimidade ativa, para ajuizamento de ADI, entidade de classe de âmbito nacional que represente apenas fração de categoria de agentes estatais, pois, conforme jurisprudência do STF, para provocar o controle concentrado de constitucionalidade a entidade de classe depende da homogeneidade da categoria que represente, representatividade da categoria em sua totalidade, não hibridismo na composição, comprovação de caráter nacional pela presença de membros ou associados em, pelo menos, nove Estados da Federação; vinculação temática entre objetivos institucionais da postulante e norma impugnada. *(ADI-AgRg 5167, Info 21/2015, Tese 166)*

ADI. Legitimidade ativa. Entidade que não se qualifica como confederação. Ausência de registro sindical. Falta de qualidade para agir em fiscalização abstrata de constitucionalidade. Jurisprudência STF.

Não detém legitimidade para promover ADI, na condição de confederação sindical, entidade que, embora composta por mais de três federações, não possua registro sindical no Ministério do Trabalho e Emprego, pois conforme a jurisprudência do STF, a legitimidade ativa de entidades sindicais para ajuizamento de ADI depende de enquadramento formal e material destas no conceito legal de confederação sindical, delineado pelo art. 535 da CLT, que prevê registro sindical no Cadastro Nacional de Entidades Sindicais do Ministério do Trabalho e Emprego. *(ADI 5224, Info 11/2015, Tese 85)*

ADI. Petição inicial. Aditamento após requisição de informação. Possibilidade. Economia processual.

É possível o aditamento da petição inicial em ADI, após requeridas as informações, com objetivo de incluir no pedido norma que integre o mesmo complexo normativo das normas objeto do pedido inicial, pois, segundo entendimento do STF, a desconsideração da fase processual adequada para a emenda da inicial visa à economia e à celeridade processuais, uma vez que, fundado o pedido de declaração de inconstitucionalidade na mesma causa de pedir, pode o relator dispensar novas informações das autoridades requeridas e pronunciamento adicional da Advocacia-Geral da União e do Procurador-Geral da República. Ademais, não se conhece de ADI que não impugne todo complexo normativo. *(ADI 4124, Info 1/2015, Tese 5)*

ADI por omissão. Criminalização da homofobia e transfobia. Inadequação da via eleita. Ação de natureza objetiva.

Não é possível, na via da ADI por omissão, requerer a responsabilidade civil do Estado por práticas homofóbicas e transfóbicas, pois a referida ação caracteriza instrumento de tutela da CF que objetiva garantir sua efetividade por meio do cumprimento do dever de legislar ou da adoção de providências de índole administrativa, por tratar-se de ação de natureza nitidamente objetiva, que não se destina a proteger situações subjetivas e concretas. *(ADO 26, Info 3/2015, Tese 21)*

ADI por omissão. Estabelecimento de prazo para o Congresso Nacional concluir deliberação. Omissão inconstitucional.

É possível o estabelecimento de prazo razoável para que o Congresso Nacional conclua a deliberação acerca de lei apropriada, com objetivo de cumprir seus deveres constitucionais, na hipótese de reconhecimento de omissão inconstitucional no âmbito da ADI por omissão, cabendo a flexibilização do entendimento de que a decisão, nesse caso, limita-se à constatação da omissão inconstitucional, pois, conforme jurisprudência do STF, a CF não pode submeter-se à vontade dos Poderes constituídos nem ao império dos fatos e das circunstâncias, sendo ela a garantia mais efetiva de que os direitos e as liberdades não serão jamais ofendidos. *(ADO 26, Info 3/2015, Tese 23)*

ADI por omissão. Existência de proposta legislativa em andamento. Mora legislativa. Intervenção do STF para acelerar o processo de produção normativa.

É cabível ADI por omissão, ainda que exista projeto de lei em andamento no Congresso Nacional a respeito da matéria objeto da ação, pois a inércia daquela instituição deve ser avaliada não só quanto à inauguração do processo de elaboração das leis, mas também no que tange à deliberação sobre processo legislativo já instaurado, sendo relevante que o STF intervenha para acelerar o processo de produção normativa com objetivo de conferir concretização aos comandos constitucionais, em observância a razoabilidade no tempo de tramitação da proposta legislativa. *(ADO 26, Info 3/2015, Tese 22)*

ADI por omissão. Possiblidade de o Poder Judiciário reconhecer omissão legislativa. Possibilidade de estipulação de prazo para supressão de mora de inatividade legislativa. Jurisprudência do STF.

É possível que o Poder Judiciário reconheça omissão do Poder Legislativo na regulamentação de direitos e estipule prazo razoável para superação da inatividade legislativa, conforme entendimento já proferido pelo STF. *(ADO 30, Info 9/2015, Tese 71)*

ADI. Simultaneidade de tramitação. Tribunal de justiça estadual e STF. Suspensão do processo no tribunal de justiça. Jurisprudência do STF.

É cabível a suspensão de processo no âmbito de tribunal de justiça até o julgamento final de ADI ajuizada perante o STF, na hipótese de tramitação simultânea de ações diretas de inconstitucionalidade contra a mesma norma estadual, ajuizadas no STF e em Tribunal de Justiça, conforme entendimento pacificado no STF. *(ADI 5224, Info 11/2015, Tese 86)*

ADI. Validade de lei estadual. Previsão contrária a lei geral. Caracterização de violação direta à CF.

É cabível ADI para apreciar a validade de lei estadual, quando esta dispuser contrariamente ou sobre matéria própria de lei geral, ainda que tal análise pressuponha prévio confronto de leis de caráter infraconstitucional, pois caracteriza violação direta à CF. *(ADI 5224, Info 11/2015, Tese 87)*

Art. 10, § 5º, da Lei 9.263/96. Regulamentação do art. 226, § 7º, da CF. Planejamento familiar. Esterilização voluntária. Vigência da sociedade conjugal. Necessidade de consentimento expresso do cônjuge ou companheiro ou companheira. Ilegitimidade ativa. Falta de pertinência temática.

Não detém legitimidade a Associação Nacional de Defensores Públicos (ANADEP), que representa defensores públicos ativos e aposentados, para propor ADI em face de norma que disponha sobre condições e exigências necessárias a esterilização voluntária na vigência de sociedade conjugal, pois não há pertinência temática entre seus objetivos institucionais e o objeto da ação. *(ADI 5097, Info 19/2015, Tese 152)*

Suspensão de liminar. Decisão proferida em controle abstrato de constitucionalidade estadual. Não cabimento. Precedentes do STF.

Não é cabível o pedido de suspensão de liminar em processo de controle abstrato de constitucionalidade, uma vez que a Lei 8.437/92, que trata da suspensão cautelar como medida para defender interesses subjetivos contra atos do Poder Público, não tem aplicação no processo objetivo, conforme já se manifestou o STF. *(SL 900, Info 13/2015, Tese 103)*

1.1.2. ADPF

2016

ADPF. ADI contra mesma lei. Princípio da subsidiariedade.

Não é cabível ADPF na hipótese de haver ADI em face da mesma norma, em observância ao princípio da subsidiariedade. *(ADPF 376, Info 40/2016, Tese 315)*

ADPF. Legitimidade ativa. Associação nacional dos defensores públicos. Preservação de autonomia funcional. Autonomia administrativa. Autonomia financeira.

Detém legitimidade ativa a Associação Nacional dos Defensores Públicos (Anadep) para ajuizamento de ADPF, com objetivo de garantir autonomia funcional, administrativa e financeira das defensorias públicas estaduais, pois o fato de não possuir legitimidade para em mandado de segurança postular a defesa de tais prerrogativas não impede sua legitimidade ativa para ajuizamento de ADPF sobre a mesma matéria, conforme jurisprudência do STF. *(ADPF 384, Info 31/2016, Tese 246)*

ADPF. Participação em lucros e resultados. Lei 10.101/00. Empresa estatal. Ceagesp. Negociação coletiva.

Não é cabível ADPF com objetivo de contestar ato normativo infralegal de natureza regulamentar, pois a violação constitucional a ser evitada ou reparada por meio de ADPF é a decorrente de conduta do poder público, violadora de preceito fundamental. *(ADPF 376, Info 40/2016, Tese 314)*

ADPF. Ilegitimidade ativa. Representação de fração de categoria econômica.

Não detém legitimidade ativa para ajuizar a ADPF entidade que represente mera fração da categoria econômica atingida pela norma, pois embora a CF tenha ampliado o leque de legitimados à instauração do controle concentrado de constitucionalidade, o reconhecimento da legitimidade de entidades de classe deve obedecer à CF e à jurisprudência do STF nessa seara. *(ADPF 398, Info 44/2016, Tese 345)*

ADPF. Jurisprudência consolidada do STJ. Inadequação da via eleita.

Não é cabível ADPF com objetivo de questionar posicionamento jurisprudencial consolidado em decisões do STJ, pois, conforme entendimento do STF, tanto enunciado de súmula como orientação jurisprudencial são inaptos a lesar preceito fundamental, em face da inexistência do caráter vinculante, bem como pela inadequação da ADPF para revisar entendimento jurisprudencial. *(ADPF 398, Info 44/2016, Tese 346)*

Custas judiciais. Fixação de custas. Controle de constitucionalidade. Possibilidade.

É cabível o controle concentrado de constitucionalidade de lei estadual cujo projeto de lei seja de iniciativa do Poder Judiciário e estabeleça custas judiciais, uma vez que não há imunidade constitucional dessa classe de norma jurídica ao crivo do controle de constitucionalidade, podendo ser utilizado como parâmetro para sua fiscalização o princípio da razoabilidade e da proporcionalidade. *(ADI 5470, Info 33/2016, Tese 262)*

ADPF. Processo legislativo. Medida provisória rejeitada por falta de relevância e urgência.

É cabível ADPF para questionar a persistência da aplicabilidade de medida provisória rejeitada pelo Congresso Nacional a relações jurídicas decorrentes de atos praticados durante sua vigência, ante interesse jurídico na solução quanto à legitimidade de sua aplicação no passado, conforme entendimento do STF. *(ADPF 265, Info 44/2016, Tese 349)*

ADPF. Fundo de manutenção e desenvolvimento do ensino fundamental e da valorização do magistério (Fundef). Valor mínimo anual por aluno (VMAA). Matéria infraconstitucional.

Não é cabível ADPF contra política de cálculo do Valor Mínimo Anual por Aluno (VMAA), adotada no Fundo de Manutenção e Desenvolvimento do Ensino Fundamental e de Valorização do Magistério (Fundef), por meio de decretos regulamentares, pois demanda análise do conteúdo de outra norma infraconstitucional. *(ADPF 71, Info 50/2016, Tese 391)*

2015

ADPF. Ilegitimidade ativa. Associação civil. Falta de qualificação como entidade de classe.

Não detém legitimidade ativa, para propor ação de controle concentrado de constitucionalidade, associação civil que congregue pessoas vinculadas a extratos sociais e econômicos distintos, por não se caracterizar como entidade representativa de classe. *(ADPF 342, Info 25/2015, Tese 196)*

ADPF. Parecer da CGU. Caracterização. Ato secundário.

Não é cabível ADPF cujo objeto é parecer jurídico que, embora dotado de efeitos vinculantes sobre a administração pública federal, limite-se a interpretar dispositivo de norma infraconstitucional, pois detém natureza de ato secundário. *(ADPF 342, Info 25/2015, Tese 197)*

Embargos de declaração em medida cautelar em ADI. Legitimidade ativa. Advogado-geral da União. Interposição de recurso.

Não detém legitimidade ativa o Advogado-Geral da União para ajuizamento de ADI, por conseguinte, também não ostenta legitimidade para os recursos correspondentes. *(EDcl-MC-ADI 2356, Info 5/2015, Tese 34)*

Rediscussão de norma declarada válida pelo STF. Mera indicação de novos argumentos jurídicos. Inadmissibilidade.

Não é cabível a rediscussão da constitucionalidade de norma declarada válida pelo STF, quando a nova ação fundamentar-se na violação ao princípio da autonomia dos entes federados, na exigência constitucional de lei complementar para tratar de cooperação entre entes federados em matéria de proteção ambiental (art. 23, VI e VII, da CF) e na delimitação da competência da União Federal para dispor apenas sobre normas gerais (art. 24, § 1º, da CF), pois considerando que a causa de pedir das ações de controle abstrato é aberta, a declaração de constitucionalidade da norma pelo STF significa que o tribunal reconhece a compatibilidade do objeto da ação em relação à totalidade do bloco de constitucionalidade e não apenas aos parâmetros indicados na petição inicial do processo. *(ADI 5180, Info 12/2015, Tese 93)*

2. AÇÕES CONSTITUCIONAIS

2.1. Ação Popular

2016

Ação popular. Ajuizamento contra ato da câmara dos deputados. Incompetência do STF. Art. 102, I, da CF. Rol taxativo.

Não tem competência originária o STF para processamento e julgamento de ação popular contra ato da Câmara dos Deputados, na pessoa de seu Presidente, ainda que a autoridade disponha de prerrogativa de foro no âmbito criminal ou esteja sujeita à jurisdição imediata, em mandado de segurança, de tribunal, pois o rol do artigo 102, I, da CF é taxativo. *(Pet 6080, Info 32/2016, Tese 248)*

Ação popular. Impugnação à nomeação de senador suplente para presidir a comissão de "impeachment" da Presidente da República. Competência do STF.

Não tem competência originária o STF para o processo e julgamento de ação popular com objetivo de impugnar a nomeação de senador suplente para presidir comissão de "impeachment" da Presidente da República, ainda que a autoridade requerida disponha de prerrogativa de foro no âmbito criminal ou esteja sujeita à jurisdição imediata, em mandado de segurança, de tribunal, pois o rol do art. 102, I da CF é taxativo. *(Pet 6162, Info 39/2016, Tese 308)*

2.2. "Habeas Corpus"

2016

"Habeas corpus". STF. Ato de ministro. Órgão fracionário. Plenário.

Não é cabível "habeas corpus" originário para o Plenário contra ato de ministro ou órgão fracionário do STF, em observância de jurisprudência pacífica do STF. *(HC 135221, Info 45/2016, Tese 356)*

"Habeas corpus". Trancamento de processo de impeachment. Inadequação da via eleita. Inexistência de cerceamento da liberdade de ir e vir.

Não é cabível "habeas corpus" com o objetivo de evitar prosseguimento de Processo de Impeachment perante a Câmara dos Deputados, sob a alegação de que a paciente estaria sendo acusada da prática de crime do qual não constaria sequer indício, pois as consequências do andamento do referido processo, fundamentado no cometimento de crime de responsabilidade, previstas no art. 33 da Lei 1.079/50, não implicam restrição alguma ao direito de locomoção do paciente, sendo inadequada a via eleita para resguardar direitos políticos. *(HC 134055, Info 31/2016, Tese 244)*

"Habeas corpus". Trancamento de processo de impeachment contra a paciente. Inadequação da via eleita. Ausência de cerceamento da liberdade de ir e vir. Não aplicação do princípio da fungibilidade. Erro grosseiro.

Não é cabível o recebimento de "habeas corpus" como mandado de segurança com o objetivo de evitar prosseguimento de Processo de Impeachment perante a Câmara dos Deputados, sob a alegação de que a paciente estaria sendo acusada da prática de crime do qual não constaria sequer indício, pois as consequências do andamento do referido processo, fundamentado no cometimento de crime de responsabilidade, cujas consequências, previstas no art. 33 da Lei 1.079/50, não implicam restrição alguma ao direito de locomoção, caracterizando, dessa forma, erro grosseiro, sendo inaplicável o princípio da fungibilidade, conforme jurisprudência do STF. *(HC 134055, Info 31/2016, Tese 245)*

2015

"Habeas corpus". Acesso de cidadãos ao parlamento. Cabimento.

É cabível "habeas corpus" para garantir o acesso pacífico de cidadãos às dependências da Câmara dos Deputados, pois atos que o impedem configuram, em tese, ofensa à liberdade de locomoção. *(HC 129129, Info 13/2015, Tese 98)*

2.3. Mandado de Injunção

2016

Mandado de injunção. Aposentadoria especial de servidor público. Perito criminal. Regulamentação do art. 40, § 4º, da CF. Atividade insalubre. Interesse. Inexistência. Risco inerente.

Não caracteriza mora legislativa a falta de regulamentação de artigo da CF que trata da aposentadoria especial do servidor que exerce atividade de risco ou em condições que prejudiquem a saúde ou a integridade física, quando o risco apontado não é inerente ao exercício da atividade desenvolvida, conforme entendimento do STF. *(MI 6601, Info 44/2016, Tese 350)*

Mandado de injunção. Constitucional criminalização da homofobia e da transfobia. Norma regulamentadora. Falta. Processo legislativo instaurado. Irrelevância.

É cabível o reconhecimento de mora legislativa referente à norma regulamentadora sobre a criminalização específica de pratica homofóbica e transfóbica, na hipótese em que se entenda que atos discriminatórios contra homossexuais não estão criminalizados pela Lei 7.716/1989, ainda que haja proposta legislativa em discussão no Congresso Nacional, pois a existência em si da proposta não descaracteriza a omissão, uma vez que a inércia da instituição deve ser avaliada não só quanto à inauguração do processo de elaboração das leis, mas também no que tange a deliberar sobre processo legislativo já instaurado ("inertia deliberandi"), porquanto só conferem exequibilidade a normas constitucionais medidas legislativas atuais e não futuras ou potenciais. *(MI 4733, Info 46/2016, Tese 361)*

Mandado de injunção. Constitucional criminalização da homofobia e da transfobia. Pedido de indenização de vítimas de homofobia.

Não é cabível mandado de injunção cujo pedido é a condenação do Estado a indenizar vítima de homofobia e transfobia, fundamentado no descumprimento do dever de legislar, uma vez que não se coaduna nem com objetivo do mandado de injunção, que é assegurar exercício de direitos e liberdades constitucionais, dificultado por falta total ou parcial de norma regulamentadora, nem com seu rito específico, uma vez que condenação do Estado por danos causados em decorrência de omissão legislativa deve ser pleiteada por ação própria. *(MI 4733, Info 46/2016, Tese 360)*

2015

Mandado de injunção. Aposentadoria especial. Servidores públicos exercentes de atividade insalubre. Suprimento de mora. Ausência de interesse de agir. Extinção.

Não é cabível mandado de injunção com objetivo de ver regulamentada a aposentadoria especial dos servidores que exercem atividades de risco, dos que são portadores de deficiência física e daqueles que trabalham sob condições prejudiciais à sua saúde ou integridade física, por falta de interesse de agir, uma vez que a jurisprudência do STF reconhece os efeitos concretos do mandado de injunção e, especialmente no campo da aposentadoria especial de que trata o art. 40, § 4º, III, da CF, adota como solução para a inércia legislativa a aplicação do sistema revelado pelo Regime Geral de Previdência Social (RGPS), previsto na Lei 8.213/91. *(MI 6104, Info 17/2015, Tese 134)*

Mandado de injunção. Mora legislativa. Existência de projeto de lei em trâmite no Congresso Nacional. Intervenção do STF. Discriminação. Direito e liberdade fundamental.

É cabível mandado de injunção com objetivo de suprir mora legislativa, ainda que exista projeto de lei em trâmite na Câmara dos Deputados há aproximadamente treze anos, pois caracteriza a excessiva duração do processo legislativo, sendo necessária a intervenção do STF para acelerar o processo de produção normativa e conferir concretização aos comandos constitucionais de punição de qualquer discriminação atentatória dos direitos e liberdades fundamentais. *(MI-AgRg 4733, Info 3/2015, Tese 19)*

2.4. Mandado de Segurança

2016

Mandado de segurança. Competência. STF. CNJ. Atuação negativa. Modificação de situação jurídica. Inexistência.

Não detém competência o STF para processar e julgar mandado de segurança que visa apreciar atuação negativa do CNJ, ante a ratificação de entendimento de Corregedoria de Justiça estadual sobre a não ocorrência de prática de infração disciplinar, pois o ato praticado pelo CNJ não acarretou a modificação da situação jurídica do interessado. *(MS 33770, Info 28/2016, Tese 217)*

Mandado de segurança. Projeto de lei. Violação a cláusula pétrea. Sucedâneo de controle preventivo de constitucionalidade.

Não é cabível mandado de segurança com objetivo de impedir a tramitação de Projeto de Lei da Câmara dos Deputados referente ao rateio dos "royalties" do Petróleo, fundamentado em sua inconstitucionalidade em razão da inobservância dos artigos 18, 20, § 1º, e 60, § 4º, I, da CF, por caracterizar-se sucedâneo de controle preventivo de constitucionalidade, sendo inviável a criação de mecanismo de controle abstrato prévio não previsto na CF, conferindo a parlamentar prerrogativa não concedida nem mesmo aos legitimados para acionar o controle repressivo de constitucionalidade, conforme art. 103 da CF. *(MS 30051, Info 34/2016, Tese 264)*

2015

Mandado de segurança. Ato do Presidente do Senado Federal. Criação de comissão especial. Matéria referente ao Regimento Interno do Senado Federal exclusivamente. Inexistência de prova para comprovação da alegação.

Não é cabível mandado de segurança contra ato do Presidente do Senado Federal que constitui Comissão Especial para análise do Projeto de Lei do Senado 131/15 e designa o respectivo Presidente sem considerar os nomes indicados pelos partidos políticos, ainda que a alegação se fundamente na violação ao princípio da representação proporcional, pois a controvérsia suscitada não se expande para além do espaço do Regimento Interno do Senado Federal e a prova juntada aos autos é insuficiente à comprovação do alegado, além de não haver elementos que permitam verificar com precisão qual a medida da proporcionalidade partidária para a atual formação de comissões no Senado Federal. *(MS 33731, Info 20/2015, Tese 154)*

Mandado de segurança. Comissão parlamentar de inquérito (CPI). Determinação de quebra de sigilo bancário. Sigilo fiscal. Sigilo telefônico. Falta de notificação da autoridade coatora.

É necessária a notificação prévia da autoridade coatora antes da abertura de vista dos autos à Procuradoria-Geral da República, na hipótese de mandado de segurança contra ato que determina a quebra de sigilo bancário, sigilo fiscal e sigilo telefônico dos impetrantes, em observância aos artigos 203 e 205 do RISTF e na forma do art. 7, I, da Lei 12.016/09, pois a autoridade coatora pode apresentar informações, acrescentando elementos para melhor resolução da controvérsia. *(MS 33635, Info 18/2015, Tese 137)*

14. DIREITO PROCESSUAL PENAL

1. DA AÇÃO
1.1. Da Ação Penal

2016

"Habeas corpus". Denúncia. Descrição genérica. Reconhecimento de suficiência de descrição.

Não se caracteriza inepta a denúncia fundamentada na suposta descrição genérica do fato criminoso, na hipótese em que há reconhecimento expresso, por ocasião do recebimento da denúncia, de que houve não só descrição suficiente do crime, como presença de prova da materialidade e de indícios de sua autoria, uma vez que caracteriza premissa completamente equivocada, restando prejudicada a alegação. *(HC 135221, Info 45/2016, Tese 357)*

2015

Sujeito passivo do crime. Presidente da República. Incompetência. STF.

Não tem competência o STF para processamento e julgamento de ação penal cujo sujeito passivo seja Presidente da República, pois a CF atribuiu àquela Corte a competência para julgamento de ações penais somente nos casos em que o Presidente da República é sujeito ativo do crime, nos termos do art. 102, I, b. *(NF 3322, Info 2/2015, Tese 16)*

2. DAS QUESTÕES E PROCESSOS INCIDENTES

2016

Exceção de suspeição. Preclusão temporal. Exceção oposta dias antes do julgamento da ação penal.

Ocorre a preclusão temporal de arguição de suspeição na hipótese de sua oposição dias antes do julgamento de ação penal, pois, conforme dispõe o art. 96 do CPP, a arguição de suspeição deve preceder qualquer outra, salvo quando fundada em motivo superveniente. *(AS 74, Info 33/2016, Tese 257)*

Exceção de suspeição. Procuração genérica. Violação do art. 98 do CPP.

Não é cabível a oposição de exceção de suspeição na hipótese de procuração genérica, uma vez que contraria o art. 98 do CPP. *(AS 74, Info 33/2016, Tese 256)*

3. DAS CITAÇÕES E INTIMAÇÕES
3.1. Das Citações

2015

Inconstitucionalidade. Suspensão do prazo prescricional por tempo indeterminado. Citação por edital e revelia. Art. 366 do CPP, com redação dada pela Lei 9.271/96.

Não é inconstitucional a suspensão indeterminada do prazo prescricional na hipótese do art. 366 do CPP, porquanto a aplicação de tal dispositivo, diversamente da imprescritibilidade, não impede a retomada do curso da prescrição, apenas condicionando sua contagem a evento futuro e incerto. *(RE 600851, Info 4/2015, Tese 26)*

4. OUTROS TEMAS

2016

Reclamação. Decisão judicial. STJ. Determinação medida de proteção. Autoridade policial. Determinação encerramento. Proteção policial. Permanência do risco. Caracterização. Descumprimento de ordem judicial.

Caracteriza descumprimento de decisão judicial proferida pelo STJ que recomenda urgência ao Ministro da Justiça na implementação de medida protetiva a pessoa indicada pela Comissão Interamericana de Direitos Humanos, o ato do Diretor-Geral da Polícia Federal que ordena o encerramento da referida proteção policial, uma vez que inadmissível a interrupção unilateral de medida protetiva por autoridade a quem dirigida, quando ainda há possibilidade de risco que embasa a ordem judicial. *(Rcl 27699, Info 28/2016, Tese 221)*

15. DIREITO TRIBUTÁRIO

1. TRIBUTOS

1.1. Imposto, Taxa, Contribuição de Melhoria

2016

Lei estadual. Taxa. Base de cálculo. Imposto. Capacidade contributiva. Tributo contraprestacional.

É inconstitucional lei estadual que institua taxa cuja base de cálculo incida diretamente sobre cada barril de petróleo extraído ou unidade equivalente de gás natural, pois, por se tratar de tributo contraprestacional, de natureza vinculada, a base de cálculo da taxa deve relacionar-se com o maior ou menor trabalho que o poder público desempenhe em face do contribuinte, não com a capacidade contributiva deste, característica específica de imposto, devendo ser observado o disposto no art. 145, II, § 2º, da CF. *(ADI 5512, Info 40/2016, Tese 312)*

Lei estadual. Taxa. Controle e monitoramento. Fiscalização de petróleo e gás. Poder de polícia ambiental. Atividade de pesquisa. LC. Norma de cooperação entre unidades federativas.

É inconstitucional lei estadual que institui taxa de controle, monitoramento e fiscalização ambiental de atividades de pesquisa, lavra, exploração e produção de petróleo e gás (TFPG), cobrada por exercício de poder de polícia ambiental por parte do Instituto Estadual do Ambiente (INEA), sobre atividades de pesquisa, lavra, exploração e produção de petróleo e gás, e relaciona diversas atividades fiscalizatórias que justificariam a criação do tributo, como controle e avaliação da utilização e distribuição de recursos de petróleo e gás, pois o exercício de poder de polícia estadual em atividades de exploração de petróleo e gás, autorizadas e concedidas pela União Federal, pressupõe edição de lei complementar federal que discipline normas de cooperação entre as unidades federativas, nos termos do art. 23, parágrafo único, da CF. *(ADI 5512, Info 40/2016, Tese 311)*

1.2. Contribuições Especiais

2016

Inconstitucionalidade. Contribuição previdenciária. Base de cálculo. Transportador autônomo. Rendimento do trabalho. Nova fonte de custeio. LC.

É inconstitucional artigo de lei que, institui contribuição previdenciária incidente sobre o total das remunerações pagas ou creditadas a qualquer título, na hipótese de não se atentar para a situação dos transportadores autônomos prestadores de serviços a empresas, que recebem valores a título de frete, carreto ou transporte de passageiros, pois viola o art. 195, I, a, da CF, descaracterizando a contribuição que deveria incidir sobre os rendimentos do trabalho, sobrevindo, assim, nova fonte de custeio, a qual somente poderia ser instituída por lei complementar, nos termos do art. 195, § 4º, da CF. *(RE 762028, Info 38/2016, Tese 298)*

2015

Contribuição previdenciária. Distribuição de lucros. Diretores não empregados.

Não é extensível aos diretores não empregados a isenção de contribuição previdenciária na participação dos lucros, prevista na Lei 8.212/91, porquanto subverteria a própria finalidade do benefício, voltado exclusivamente aos empregados. *(RE 636899, Info 10/2015, Tese 80)*

Contribuição previdenciária. Restituição de quantia. Descontos realizados entre a EC 20/98 e a vigência da EC 41/03. Inexigível o desconto.

É devida a devolução aos pensionistas e inativos da contribuição previdenciária recolhida indevidamente no período compreendido entre a EC 20/98 e a vigência da EC 41/03, em razão da sua inexigibilidade. *(RE 825533, Info 6/2015, Tese 47)*

2. CRÉDITO TRIBUTÁRIO

2015

Repetição de indébito. Conferência dos cálculos. Possibilidade. Inexistência do crédito. Compensação indevida.

Não se verifica lançamento tributário extemporâneo quando a União Federal, ao proceder à conferência dos cálculos aduzidos pelo contribuinte com o fim de realizar compensação fiscal e de forma consentânea com a decisão administrativa que fixou o regime legal aplicável para o cálculo do tributo, conclui pela inexistência do crédito arguido e rejeita a homologação do encontro de contas, pois o crédito foi devidamente constituído no prazo quinquenal. *(ACO 1384, Info 12/2015, Tese 92)*

3. ADMINISTRAÇÃO TRIBUTÁRIA

2015

Constitucionalidade. Lei federal 10.174/01. Regras de acesso de documentos e dados para constituição de crédito tributário. Aplicação imediata. Inexistência de violação ao princípio da irretroatividade.

É constitucional a Lei 10.174/01, que alterou o § 3º do art. 11 da Lei 9.311/96, regulando procedimento administrativo fiscal, pois as regras quanto ao acesso de documentos e dados circunscritas ao procedimento de constituição de crédito tributário não geram nenhum agravamento, tampouco imputam nova obrigação ao contribuinte, tendo assim vigência imediata, inexistindo violação ao princípio da irretroatividade, aplicável apenas às normas que criem ou majorem tributo, bem como às que ampliem ou agravem obrigações tributárias. *(RE 601314, repercussão geral, Info 7/2015, Tese 56)*

LC 105/01. Sigilo bancário. Prestação de informação financeira. Movimentação bancária. Autorização judicial. Desnecessidade.

É possível o fornecimento de informações sobre movimentação bancária de contribuinte, pelas instituições financeiras, diretamente ao fisco, sem prévia autorização judicial, por meio do procedimento previsto no art. 6º da LC 105/01, pois não caracteriza violação ao sigilo dos dados, uma vez que a transferência de dados bancários não se confunde com a quebra de sigilo bancário, na medida em que nesta há divulgação de informações, enquanto naquela as informações passadas ao fisco mantêm-se no âmbito do dever legal de guardar sigilo de dados, sob a forma de sigilo fiscal. *(RE 601314, repercussão geral, Info 7/2015, Tese 55)*

Sigilo bancário. Prestação de informação. Sigilo de dados. Transferência de dados bancários. Quebra de sigilo. LC 105/01. Autorização judicial. Administração pública. Obtenção de informação fiscal. Contribuinte.

Não é necessária autorização judicial para que a Administração Pública, para consecução de atribuição que lhe foi conferida constitucionalmente, obtenha informações imprescindíveis sobre contribuinte na hipótese de procedimento adotado em observância à LC 105/01, pois não se pode confundir transferência de dados bancários com quebra de sigilo bancário, uma vez que, na quebra de sigilo, há divulgação das informações, enquanto na transferência as informações ficam sob o cuidado das entidades receptoras que têm o dever legal de manter o sigilo de dados. *(RE 601314, Info 2/2015, Tese 12)*

4. LIMITAÇÕES DO PODER DE TRIBUTAR

4.1. Princípios

2016

Custas judiciais. Base de cálculo. Limite máximo e limite mínimo. Valor da causa ou da condenação. Elevação excessiva. Inconstitucionalidade.

É inconstitucional lei estadual que fixa custas judiciais devidas ao estado-membro utilizando como base de cálculo para definir limite máximo e mínimo da exação o valor da causa ou da condenação, na hipótese em que o valor máximo de custas judiciais sofra elevação claramente excessiva, pois viola o princípio da proporcionalidade e o princípio da razoabilidade, uma vez que a previsão de alíquotas fixas para todos os casos de interposição de recurso não reflete o custo real que o estado terá com o serviço judiciário, porquanto este independe, em princípio, do valor da causa, e a estipulação legal dessas alíquotas transforma o estado em uma espécie de sócio do titular do direito, que precisa pagar àquele percentual cumulativo do crédito a que faz jus e para cujo adimplemento precisou, contra a vontade, recorrer ao Poder Judiciário. *(ADI 5470, Info 33/2016, Tese 263)*

RE com agravo. Multa fiscal. Caráter confiscatório. Lei local. Desnecessidade de apreciação.

É cabível no âmbito do recurso extraordinário apreciar matéria referente a possibilidade de o Tribunal local reduzir multa com base no princípio do "não confisco", pois não se pretende discutir o enquadramento de infração ou os valores das multas fixadas na instância ordinária, mas averiguar se a multa equivale à totalidade do valor do tributo, o que caracterizaria multa com caráter confiscatório, não sendo necessária a análise de lei local. *(ARE 844944, Info 30/2016, Tese 239)*

Repercussão geral. Tema 863. Limites da multa fiscal qualificada em razão de sonegação, fraude ou conluio. Vedação constitucional ao efeito confiscatório.

É constitucional a multa fiscal qualificada de 150% (cento e cinquenta por cento) sobre a diferença do imposto ou da contribuição submetidos a lançamento de ofício e não adimplidos ou não declarados, por força de sonegação, fraude ou conluio, prevista no art. 44, § 1º, da Lei 9.430/96, com a redação da Lei 11.488/07, uma vez que não pode ser considerada abstratamente agressiva, não violando o princípio da razoabilidade, o princípio da proporcionalidade e o princípio da capacidade contributiva, nem mesmo vulnera o princípio da vedação ao caráter confiscatório, dependendo exclusivamente da análise do caso concreto a constatação de que o efeito cumulativo dos tributos e penalidades incidentes afeta, substancialmente e de maneira imoderada, o patrimônio e/ou a renda do contribuinte. *(RE 736090, Info 43/2016, Tese 342)*

2015

Inconstitucionalidade por omissão. Previsão de isenção de tributo. IPI para aquisição de veículo automotor por pessoa com deficiência. Falta previsão para deficiente auditivo. Caracterização omissão legislativa. Violação do princípio da dignidade da pessoa humana e princípio da isonomia.

Caracteriza inconstitucionalidade por omissão lei que prevê a isenção de IPI, na aquisição de veículos de fabricação nacional, por pessoas com deficiência física, visual, mental severa ou profunda, ou por autistas, diretamente ou por intermédio de representante legal, pois deixa de incluir os deficientes auditivos, o que resulta em discriminação desarrazoada, configurando violação dos princípios da dignidade da pessoa humana e da isonomia. *(ADO 30, Info 9/2015, Tese 72)*

Parâmetro para aferição de caráter confiscatório de multa. Valor do tributo.

O percentual de 100% (cem por cento) fixado como parâmetro pelo STF para se aferir o caráter confiscatório da multa punitiva incide sobre o valor do tributo devido e não sobre o valor da mercadoria ou do serviço, pois é o valor da obrigação principal que deve funcionar, como limitador da norma sancionatória. *(ARE 812247, Info 23/2015, Tese 185)*

RE com agravo. Não incidência da súmula 280/STF. Multa fiscal punitiva. Caráter confiscatório.

É cabível a apreciação, no âmbito do recurso extraordinário de controvérsia sobre multa imposta equivalente a 50% do valor das mercadorias ou serviços, com objetivo de averiguar o caráter confiscatório a que alude o art. 150, IV, da CF, pois é desnecessário o exame de norma local, sendo inaplicável a Súmula 280/STF. *(ARE 812247, Info 23/2015, Tese 184)*

4.2. Imunidades

2016

Ação cível originária. Competência para julgamento. Imunidade tributária recíproca. Sociedade de economia mista e União Federal. Conflito federativo.

Tem competência o STF, nos termos do art. 102, I, f, da CF, para processamento e julgamento de ação cível originária entre sociedade de economia mista estadual e a União Federal, cujo fundamento é a imunidade tributária recíproca, pois assenta-se no princípio da Federação, sendo circunstância apta a configurar o conflito federativo. *(ACO 2304, Info 43/2016, Tese 340)*

Imunidade tributária recíproca. Sociedade de economia mista. Atividade de fiscalização. Poder de polícia.

É cabível o reconhecimento de imunidade tributária recíproca à sociedade de economia mista que atua no controle, na fiscalização, no monitoramento e no licenciamento de atividade geradora de poluição, com a preocupação fundamental de preservar e recuperar a qualidade dos recursos hídricos, do ar e do solo, uma vez que tais atividades se caracterizam essencialmente pelo exercício do poder de polícia, que é próprio de inequívoco serviço público, constituindo-se em "longa manus" do Estado, de forma a fazer jus ao benefício da imunidade tributária. *(ACO 2304, Info 43/2016, Tese 341)*

2015

Imunidade tributária do art. 150, VI, "d", da CF. Abrangência. Chapas para gravação destinadas à impressão de jornais. Impossibilidade. Interpretação restritiva. Precedentes do STF.

Não é possível a extensão da imunidade tributária prevista no art. 150, VI, "d", da CF aos serviços de composição gráfica necessários à confecção do produto final, tal como chapa para gravação destinada à impressão do jornal, pois é necessária uma interpretação restritiva do artigo supracitado, devendo a imunidade abranger apenas os materiais relacionados com papel, conforme jurisprudência dominante no STF. *(AI-AgRg 735848, Info 23/2015, Tese 178)*

5. IMPOSTOS EM ESPÉCIE

5.1. Impostos Federais

5.1.1. IRPJ/IRPF

2016

Juros moratórios. Incidência do imposto sobre a renda (IR) e contribuição social sobre o lucro líquido (CSLL). Juros Selic. Depósito judicial. Violação reflexa. Constituição Federal.

Não é cabível, no âmbito do recurso extraordinário, apreciar controvérsia a respeito da não incidência do Imposto sobre a Renda das Pessoas Jurídicas e da CSLL sobre o montante correspondente aos juros Selic, aplicados aos valores relativos a tributos pagos ou depositados judicialmente, pois configura hipótese de violação meramente reflexa à CF. *(RE 865436, Info 30/2016, Tese 236)*

Recurso extraordinário. Imposto de renda pessoa jurídica. Demonstrações financeiras do ano-base 1990. Correção monetária. Tema 298.

É constitucional a sistemática estabelecida pelo art. 3º, inciso I, da Lei 8.200/91 para a compensação tributária decorrente da correção monetária das demonstrações financeiras de pessoas jurídicas no ano-base 1990, uma vez que o mencionado artigo, ao prever hipótese nova de dedução na determinação do lucro real, constituiu-se como favor fiscal ditado por opção político-legislativa, não configurando empréstimo compulsório, e nada impede o Poder Público de reconhecer, em texto formal de lei, a ocorrência de situações lesivas à esfera jurídica dos contribuintes adotando, no plano do direito positivo, as providências necessárias à cessação dos efeitos onerosos que, derivados, exemplificativamente, da manipulação, da substituição ou da alteração de índices, hajam tornado mais gravosa a exação tributária imposta pelo Estado. *(RE 545796, Info 46/2016, Tese 365)*

5.1.2. IPI

2016

Ação cautelar. Recurso extraordinário. Efeito suspensivo. Dotação. IPI. Incidência. Saída do produto importado do estabelecimento do importador.

Não incide imposto sobre produtos industrializados sobre operações de comercialização de mercadoria importada no momento em que são vendidas no mercado interno, sem que haja qualquer alteração do produto, pois caracteriza mera intermediação comercial e é da natureza desse tributo a precedente modificação do produto, de modo a alterar sua forma, utilidade ou aplicação, não sendo a mera saída da mercadoria do estabelecimento, condição para incidência do IPI, como se denota da leitura do art. 46, II, combinado com o 51, I, ambos do CTN. *(AC 4129, Info 52/2016, Tese 411)*

2015

Ação rescisória. Creditamento do imposto sobre produtos industrializados. Fabricação de produtos não tributados. Operações realizadas antes da Lei 9.779/99.

Não há direito ao creditamento do IPI decorrente da aquisição de insumos tributados e empregados na fabricação de produtos não tributados quanto às operações realizadas no período anterior à Lei 9.779/99, pois o princípio da não cumulatividade é técnico e o seu método de apuração dos débitos e créditos não é feito produto por produto ou operação contra operação, mas por entradas

15. DIREITO TRIBUTÁRIO

e saídas num período dado de tempo. *(AR 2369, Info 10/2015, Tese 75)*

IPI. Produção não tributada. Insumos tributados. Crédito. Princípio da não cumulatividade.

Não há direito ao creditamento do IPI decorrente da aquisição de insumos tributados e empregados na fabricação de produtos não tributados quanto às operações realizadas no período anterior à Lei 9.779/99, pois o princípio da não cumulatividade é técnico e o seu "método de apuração dos débitos e créditos não é feito produto por produto ou operação contra operação mas por entradas e saídas num período dado de tempo. *(AR 2369, Info 14/2015, Tese 108)*

5.2. Impostos Estaduais

2016

Inventário. Progressividade das alíquotas do ITCMD. Grau de parentesco como parâmetro para a progressividade.

Não é possível a utilização do grau de parentesco e respectiva presunção de proximidade afetiva, familiar, sanguínea, ou de dependência econômica com o de cujus ou com o doador, como critério para a progressividade de alíquota do imposto de transmissão "causa mortis" e doação, por não guardar pertinência com o princípio da capacidade contributiva, porquanto não há relação direta entre o vínculo de parentesco e a manifestação de riqueza que autorizaria a distinção entre contribuintes, conforme entendimento do STF. *(RE 575698, Info 41/2016, Tese 319)*

2015

ADI. Benefícios fiscais de ICMS na legislação tributária estadual. Art. 155, § 2º, XII, g, da CF. Falta de celebração de convênio entre os entes da federação. "Guerra fiscal". Inconstitucionalidade.

É inconstitucional norma estadual que conceda financiamento, redução de base de cálculo ou crédito presumido do imposto sobre operações relativas à circulação de mercadorias e sobre prestações de serviços de transporte interestadual e intermunicipal e de comunicação (ICMS) sem deliberação prévia em convênio dos Estados-membros e do Distrito Federal no Conselho Nacional de Política Fazendária (Confaz), por violação ao art. 155, § 2º, XII, g, da CF. *(ADI 5227, Info 10/2015, Tese 79)*

Benefícios fiscais de ICMS na legislação tributária estadual. Ausência de celebração de convênio entre os entes da federação.

É inconstitucional norma estadual que conceda financiamento, redução de base de cálculo ou crédito presumido do imposto sobre operações relativas à circulação de mercadorias e sobre prestações de serviços de transporte interestadual e intermunicipal e de comunicação (ICMS) sem deliberação prévia em convênio dos estados-membros e do Distrito Federal no Conselho Nacional de Política Fazendária (Confaz), por ofensa ao art. 155, § 2º, XII, g, da CF. *(ADI 5226, Info 13/2015, Tese 102)*

Incidência de ICMS. Serviço. Radiochamada ou "paging". Caracterização de serviço de comunicação. Necessidade de observância do art. 155, II, da CF e do art. 2º, III, da LC 87/96.

Incide ICMS (Imposto sobre Circulação de Mercadorias e Serviços) sobre os serviços de radiochamada, uma vez que a atividade-fim consiste na transmissão de mensagens entre pessoas, caracterizando, portanto, espécie de serviço de comunicação e não de secretariado, pois, apesar da possibilidade de desmembramento do serviço em duas atividades diferentes, quais sejam, a anotação dos recados e a transmissão de sinais, a mera coleta de informações fornecidas por terceiros consiste em meio à execução do objeto do contrato, devendo ser observado, dessa forma, o previsto no art. 155, II, da CF e no art. 2º, III, da LC 87/96. *(RE 660970, Info 4/2015, Tese 28)*

5.3. Impostos Municipais

2016

Imposto de transmissão "inter vivos" de bens imóveis (ITBI). Fixação de alíquota diferenciada em decorrência da forma de aquisição do imóvel.

É constitucional LC que estabelece alíquotas diferenciadas para o ITBI com base na forma de aquisição do imóvel, pois não configura situação de progressividade prevista na CF, que exige, para sua caracterização, a previsão de várias alíquotas graduadas segundo critérios relacionados com a capacidade econômica do contribuinte. *(RE 768436, Info 42/2016, Tese 333)*

2015

ISSQN. Cessão de direito de uso. Natureza jurídica de serviço. Inexistência.

Não incide ISSQN na hipótese de cessão de direito de uso de programação, por não envolver esforço humano ou obrigação de fazer do cedente em favor do cessionário, não tendo, portanto, natureza jurídica de serviços e por isso não servindo como fato gerador do imposto. *(ARE 855012, Info 38/2016, Tese 299)*

Direito autoral. Incidência de ISSQN. LC 116/06. Rol taxativo.

Não incide Imposto sobre Serviço de Qualquer Natureza sobre licenciamento e cessão de direitos autorais, ainda que se alegue interpretação extensiva dos itens 3.02 e 12.16, do anexo à LC 116/03, por falta de previsão no rol taxativo do referido anexo, sendo inconcebível considerar a obrigação de dar coisa móvel como se serviço fosse. *(ARE 839446, Info 27/2015, Tese 209)*

RE com agravo. Tributário. Direito autoral. Incidência de ISS. Natureza da atividade. LC 116/06. Rol taxativo. Princípio da legalidade.

Não incide Imposto sobre Serviços de Qualquer Natureza (ISSQN) sobre as receitas de licenciamento e cessão de direitos autorais, pois falta previsão no rol taxativo do anexo à LC 116/03, visto ser inconcebível considerar a obrigação de dar coisa móvel como se serviço fosse, não cabendo, dessa forma, a interpretação extensiva dos itens 3.02 e 12.16, por respeito ao princípio da legalidade. *(ARE 839446, Info 10/2015, Tese 74)*

Realização de capital social. ITBI. Imunidade. Art. 156, § 2º, I, da CF. Alcance. Teleologia da norma constitucional que previne a tributação.

Não é possível a extensão da imunidade tributária referente à cobrança do ITBI sobre a transmissão de bens e direitos destinados à realização do capital social da sociedade limitada, para além do valor estipulado no contrato social, conforme interpretação teleológica do preceito. *(RE 796376, Info 18/2015, Tese 139)*

16. EXECUÇÃO FISCAL

1. LEGITIMIDADE PASSIVA

2016

Execução fiscal promovida pela União Federal contra estado estrangeiro. Imunidade de execução. Convenções de Viena de 1961 e 1963.

Detém imunidade absoluta Estado estrangeiro na hipótese de execução fiscal, salvo expressa renúncia, em observância à Convenção de Viena de 1961 e à de 1963, conforme entendimento do STF. *(ACO 2877, Info 36/2016, Tese 283)*

17. EXECUÇÃO PENAL

1. DO CONDENADO E DO INTERNADO

2015

Remuneração. Trabalho realizado por preso. Valor inferior ao salário mínimo. Contrariedade a preceitos fundamentais. Mínimo existencial. Direito social. Direito fundamental.

Há contrariedade aos preceitos fundamentais descritos nos artigos 1º, III (dignidade da pessoa humana), 5º, caput (princípio da isonomia), e 7º, IV (direito ao salário mínimo), da CF, no artigo de lei que estabelece, como piso de contrapartida monetária pelo trabalho realizado por preso, valor inferior ao salário mínimo, direito social, com status de direito fundamental, oponível "erga omnes", pois o princípio da dignidade da pessoa humana, fundamento da República Federativa do Brasil, tem por finalidade assegurar condições mínimas de existência, não sendo possível ao Estado violar direitos sob a justificativa de trazer vantagem econômica à contratação de presos, tendo sido o salário mínimo instituído justamente para assegurar à parte vulnerável da relação de trabalho patamar mínimo de remuneração. *(ADPF 336, Info 17/2015, Tese 135)*

2. DOS ESTABELECIMENTOS PENAIS

2015

Sistema prisional. Respeito à integridade física e moral dos presos. Direito fundamental. Aplicabilidade imediata. Dever de o estado garantir o mínimo existencial. Intervenção do Poder Judiciário em políticas públicas. Omissão estatal. Determinação ao executivo de obras em estabelecimentos prisionais.

Detém legitimidade o Poder Judiciário para determinar adoção de políticas públicas que garantam intangibilidade do mínimo existencial do direito fundamental ao respeito à integridade física e moral dos presos, na hipótese de comprovação de falta de condições mínimas de habitabilidade e salubridade em estabelecimento prisional, pois é necessária a observância do direito de defesa do preso em não ser encarcerado em condições lesivas quando caracterizada a omissão estatal, sendo cabível a intervenção do Poder Judiciário para garantia de direitos fundamentais explícitos na CF. *(RE 592581, repercussão geral, Tema 220, Info 3/2015, Tese 17)*

Sistema prisional. Respeito à integridade física e moral dos presos. Direito fundamental. Aplicabilidade imediata. Reserva do possível

Não é cabível a aplicação da cláusula da reserva do possível na hipótese de resultar em negativa de vigência de núcleo essencial de direito fundamental, pois o Estado deve garantir proteção do mínimo existencial do direito fundamental de respeito à integridade física e moral dos presos, núcleo essencial intangível a ser assegurado, independentemente de condições adversas, limites financeiros ou colisão com outros direitos fundamentais. *(RE 592581, repercussão geral, Tema 220, Info 3/2015, Tese 18)*

3. DA EXECUÇÃO DAS PENAS EM ESPÉCIE

2016

Progressão de regime. Pagamento de multa. Inexistência. Falta de condição financeira.

É cabível a concessão de progressão de regime de cumprimento de pena, ainda que o condenado não tenha pago multa imposta, mas tenha comprovado sua incapacidade econômica em fazê-lo, uma vez que essa inadimplência por falta de condição financeira deixa de ser óbice à concessão da progressão de regime, conforme já decidido pelo STF. *(EP 6, Info 45/2016, Tese 354)*

Progressão de regime. Requisitos objetivos. Dias remidos.

É cabível a progressão de regime de cumprimento da pena, na hipótese em que os documentos comprovam o cumprimento do lapso temporal através da soma dos dias de cumprimento da pena no regime semiaberto e dos dias remidos, bem como o bom comportamento carcerário, e o pagamento das respectivas parcelas da pena de multa, uma vez que, conforme prevê o art. 128 da LEP, o tempo remido será computado como pena cumprida, para todos os efeitos. *(EP 8, Info 52/2016, Tese 408)*

2015

Cometimento de crime doloso durante o cumprimento de pena. Regressão de regime.

É possível a regressão de regime de cumprimento de pena, ainda que para regime mais gravoso do que o inicialmente fixado na decisão condenatória, pois a fixação de regime de cumprimento de pena no âmbito da decisão condenatória é clausula rebus sic standibus, não ofendendo, portanto, a coisa julgada. *(EP 2, Info 22/2015, Tese 170)*

Regressão de regime de cumprimento de pena. Prática de novo crime. Pendência de trânsito em julgado quanto ao crime praticado posteriormente. Jurisprudência do STF.

É possível a regressão de regime de cumprimento de pena do apenado que pratica novo crime doloso, ainda que não haja trânsito em julgado em relação ao novo crime, pois, conforme a jurisprudência do STF, a Lei de Execução Penal não prevê tal requisito para regressão de regime. *(EP 16, Info 12/2015, Tese 96)*

Regressão de regime de cumprimento de pena. Prática de novo crime doloso. Possibilidade. Cláusula "rebus sic standibus".

É possível a regressão de regime de cumprimento de pena à regime mais gravoso que o inicialmente fixado na decisão condenatória, quando o apenado pratica novo fato definido como crime doloso, pois a fixação de regime na decisão condenatória é cláusula "rebus sic standibus", de modo que a progressão ou regressão da forma de cumprimento da pena não ofende a coisa julgada. *(EP 16, Info 12/2015, Tese 95)*

18. LEIS PENAIS ESPECIAIS

1. ESTATUTO DO DESARMAMENTO (LEI 10.826/03)

2015

Estatuto do desarmamento. Porte de arma de fogo. Guarda municipal. Política criminal. Controle e proteção da sociedade.

É constitucional o art. 6º, III e IV, da Lei 10.826/03, que prevê a proibição de porte de arma de fogo por integrantes de guarda municipal das capitais dos estados-membros e de municípios com menos de 500.000 (quinhentos mil) habitantes, e permite a integrantes da guarda de municípios com mais de 50.000 e menos de 500.000 habitantes o porte de arma de fogo apenas em serviço, pois deriva da política criminal de maior controle de armas de fogo para segurança da população, uma vez que as guardas municipais apresentam peculiaridades que justificam tratamento jurídico próprio, quando comparada às cidades com maior número de habitantes, o que justifica a desigualação, não havendo falar em proibição não suplantável de porte de arma de fogo para integrantes de guardas municipais, apenas imposição de maior controle, para proteção da sociedade. *(ADC 38, Info 17/2015, Tese 129)*

2. LEI DOS CRIMES CONTRA A ORDEM TRIBUTÁRIA/ECONÔMICA/CONSUMO (LEI 8.137/90)

2015

Conflito de atribuição. MPF. MP estadual. Apuração de responsabilidade. Entidade sindical de seguro. Seguradora associada no respectivo estado-membro. Inexistência de dano nacional ou internacional. Incompetência da justiça federal.

Tem atribuição o MP estadual para a condução de procedimento apuratório instaurado com o objetivo de responsabilizar entidade sindical de seguros por infração à ordem econômica, consistente na divulgação de tabela com sugestão de preços a serem praticados pelas seguradoras associadas no respectivo estado-membro, pois, considerando tratar-se de sindicatos estaduais, não há nada que indique a influência sobre o mercado nacional ou internacional, não existindo, dessa forma, interesse federal capaz de atrair a competência da justiça federal. *(ACO 2608, Info 16/2015, Tese 124)*

3. LEI DOS CRIMES DE PRECONCEITO DE RAÇA OU DE COR (LEI 7.716/89)

2016

Conflito de atribuição. Crime de racismo via internet. Contexto nacional. Transnacionalidade não configurada. Atribuição do MP estadual.

Tem atribuição o MP estadual para condução de procedimento apuratório com objetivo de averiguar a prática do crime de racismo com nítido contexto nacional, independentemente do meio de propagação deste, pois para fixação da competência da Justiça Federal é necessária a presença do caráter transnacional do crime, sendo que a circunstância de a mensagem haver sido veiculada pela internet não significa, por si só, transnacionalidade da conduta *(ACO 2696, Informativo 21/15, Tese 162)*

2015

ADI por omissão. Lei 7.716/89. Racismo. Crime resultante de discriminação. Homofobia e transfobia. Não caracterização de analogia "in malam partem".

Incluem-se entre os crimes resultantes de discriminação ou preconceito de raça previstos na Lei 7.716/89 as condutas de discriminação em virtude de orientação sexual, ou seja, atos de homofobia, pois, considerando o conceito histórico de raça e, por consequência, de racismo, a homofobia e a transfobia, como comportamentos discriminatórios, voltados à inferiorização do ser humano simplesmente pela orientação sexual, encontram-se inseridas nesse contexto, não caracterizando violação ao princípio da legalidade em matéria penal, nem mesmo caso de tipificação por meio de analogia in malam partem, mas de interpretação, conforme a CF, do conceito de raça, para adequá-lo à realidade brasileira atual, em processo de mutação de conceitos jurídicos. *(ADO 26, Info 3/2015, Tese 24)*

Mandado de injunção. Agressão. Homossexual e transgênero. Aplicação da Lei 7.716/89. Projeto de lei em tramitação no Congresso Nacional. Interpretação. Conceito de discriminação. Valores sociais.

É possível a aplicação do art. 20 da Lei 7.716/89, que define os crimes resultantes de preconceito de raça ou de cor, para as agressões sofridas por homossexuais e transgêneros, visto que o projeto de lei que regulamenta a matéria está em tramitação na Câmara dos Deputados há mais de 13 anos, sendo necessária uma interpretação condizente com o conceito de discriminação e preconceito de raça, que leve em consideração os valores sociais, éticos, morais e os costumes existentes na sociedade, e não o seu mero sentido literal. *(MI-AgRg 4733, Info 3/2015, Tese 20)*

Notícia de fato. Injúria racial ou preconceituosa. Ação penal condicionada a representação. Falta de atribuição do Ministério Público. Arquivamento de "notitia criminis".

Não tem atribuição o Ministério Público para oferecer denúncia contra deputado federal na hipótese de representação encaminhada por terceiro que descreve ter o parlamentar se referido a pessoa determinada, utilizando o termo "negro gordo", pois não caracteriza crime de racismo, mas possível prática de injúria racial ou preconceituosa, cuja ação penal é condicionada à representação do ofendido. *(NF 016710, Info 2/2015, Tese 15)*

19. ENUNCIADOS CCR-MPF

1ª CCR – DIREITOS SOCIAIS E FISCALIZAÇÃO E ATOS ADMINISTRATIVOS EM GERAL

1. ATRIBUIÇÕES DO MPF

CCR-1 Enunciado 2. A apuração de supostas irregularidades ou ilegalidades relativas a serviço público estadual, distrital ou municipal ou aos respectivos agentes públicos no exercício de suas funções não é da atribuição do Ministério Público Federal e sim do Ministério Público dos Estados, exceto se houver interesse federal (art. 109, I, CF) caracterizado pelas peculiaridades da situação concreta (irregularidades diretamente relacionadas à aplicação de recursos federais, por exemplo).

CCR-1 Enunciado 3. A apuração de supostas irregularidades ou ilegalidades praticadas por particulares no exercício de atividades privadas não é da atribuição do Ministério Público Federal e sim do Ministério Público dos Estados, exceto se houver interesse federal (art. 109, I, CF) caracterizado pelas peculiaridades da situação concreta (irregularidades diretamente relacionadas à aplicação de recursos federais, por exemplo).

CCR-1 Enunciado 4. A apuração de supostas irregularidades ou ilegalidades praticadas em concursos públicos ou quaisquer processos seletivos para provimento de cargos ou empregos públicos municipais, estaduais ou distritais não é da atribuição do Ministério Público Federal.

CCR-1 Enunciado 5. Tem atribuição para atuar em face de notícia de fato relativa a infração administrativa por excesso de peso em rodovia federal, no intuito de apurar se se trata de conduta recorrente que justifique responsabilização de natureza civil, a membro que primeiro tomou conhecimento de infração daquela natureza praticada pelo(a) mesmo(a) transportador (a) na sua área de atribuição territorial, sendo irrelevante a localização da sede da empresa.

CCR-1 Enunciado 6. Cabível a homologação do arquivamento quando o objeto do procedimento ou do inquérito civil, inclusive sob a perspectiva territorial, esteja sob apreciação do Poder Judiciário e, nas ações em trâmite na Justiça Federal, atue o Ministério Público Federal como (co)autor ou interveniente.

CCR-1 Enunciado 7. Não é cabível a homologação de declínio de atribuição em inquérito civil instaurado pelo Ministério Público Federal quando o membro que o promove não enfrentou na fundamentação, de modo específico, as circunstâncias e motivações pertinentes à atribuição que orientaram a respectiva instauração e, se for o caso, a adoção de outras providências que a pressuponham, como a expedição de recomendação ou a tomada de compromisso de ajustamento de conduta.

CCR-1 Enunciado 8. Não se conhece da promoção de arquivamento de notícia de fato quando fundada em hipótese na qual seria cabível o indeferimento de instauração de inquérito civil e observado o prazo de 30 dias (art. 5º-A, Resolução CSMPF nº 87/2006), exceto se houver recurso do interessado.

CCR-1 Enunciado 9. É cabível o indeferimento de instauração de inquérito civil quando a notícia de fato versar sobre direito individual disponível e as peculiaridades da situação concreta inviabilizarem o tratamento coletivo da questão, desde que observado o prazo de 30 dias previsto no art. 5º-A, da Resolução CSMPF nº 87/2006.

CCR-1 Enunciado 10. O declínio de atribuição que se fundar nos enunciados 2, 3 ou 4 da 1ª Câmara de Coordenação e Revisão poderá se efetivar imediatamente, nos próprios autos, se na representação ou nos documentos que a acompanham inexistir referência a verbas, programas, serviços, entes, órgãos ou agentes federais, da Administração Pública direta ou indireta, e a questão não envolver o Sistema Único de Saúde ou outro sistema nacionalmente unificado, inclusive os sistemas de dados submetendo-se à apreciação da Câmara, por via eletrônica, apenas o despacho que o fundamentou, cópia digitalizada da representação e da comprovação da ciência do interessado.

2. LEI DO MANDADO DE SEGURANÇA (LEI 12.016/09)

CCR-1 Enunciado 1. Ação de Mandado de Segurança. Garantia Constitucional. Fiscalização dos atos praticados por autoridade pública. Interesse público. Defesa da ordem jurídica e de direitos constitucionais metaindividuais. Constituição Federal, arts. 127 e 129, II. Lei Complementar 75/93, art. 5º, caput, e inciso VI, c/c Lei n. 1.533/51, art. 10. Custos Legais. Imprescindibilidade da manifestação do Ministério Público Federal sobre o mérito da causa.

2ª CCR – CRIMINAL

1. CÓDIGO DE PROCESSO PENAL

1.1. Do Inquérito Policial

CCR-2 Enunciado 5. O membro do Ministério Público Federal que se manifestou pelo arquivamento do inquérito policial, sendo essa conclusão não acatada pela Câmara Criminal, fica impossibilitado de oficiar na respectiva ação penal que tenha sido iniciada por denúncia de outro membro para tanto designado.

CCR-2 Enunciado 6. Não cabe à autoridade policial instaurar inquérito para investigar conduta delituosa de membro do Ministério Público da União. Este trabalho investigatório é instaurado, tem curso, e é concluído no âmbito do Ministério Público Federal.

CCR-2 Enunciado 14. O membro do Ministério Público Federal deve, na requisição de abertura de investigação criminal, discriminar as diligências a serem executadas, fixando prazo compatível com o número e a complexidade das diligências. Da mesma forma, a manifestação pelo retorno de inquérito à Polícia deve ser fundamentada com a indicação das diligências faltantes a serem realizadas.

CCR-2 Enunciado 21. É admissível o arquivamento dos autos de investigação ao fundamento de excludente da tipicidade, da ilicitude e da culpabilidade. Porém, em todas as hipóteses, a excludente deve resultar cabalmente provada, ao término de regular investigação

CCR-2 Enunciado 24. A "notitia criminis" anônima é apta a desencadear investigação penal sempre que contiver elementos concretos que apontem para a ocorrência de crime.

CCR-2 Enunciado 33. Compete à 2ª Câmara homologar o declínio de atribuição promovido nos autos de inquérito policial que tramite diretamente entre a Polícia Federal e o Ministério Público Federal

CCR-2 Enunciado 35. Quando o declínio de atribuições, em inquérito policial, tiver por base entendimento já expresso em enunciado ou orientação da 2ª Câmara, os autos poderão ser remetidos diretamente ao Ministério Público com a respectiva atribuição, comunicando-se à 2ª Câmara de Coordenação e Revisão por meio do Sistema Único. Aplicação analógica do § 3º, art. 6º, da Resolução 107 do CSMPF, de 6.4.2010. Na hipótese, o Procurador oficiante deverá comunicar ao juízo e à autoridade policial.

CCR-2 Enunciado 36. Quando o arquivamento de procedimento administrativo criminal ou inquérito policial tiver por base entendimento já expresso em enunciado ou orientação da 2ª Câmara os autos não precisam ser remetidos a esta Câmara de Coordenação e Revisão, que deverá ser comunicada por meio do Sistema Único.

CCR-2 Enunciado 46. Nos casos em que a abertura do procedimento investigatório criminal se der por representação, o interessado será cientificado formalmente da promoção de arquivamento e da faculdade de apresentar recurso e documentos, no prazo de 10 (dez) dias, contados da juntada da intimação. Após o transcurso desse prazo, com ou sem novas razões, os autos serão remetidos à 2ª CCR para apreciação.

1.2. Da Ação Penal

CCR-2 Enunciado 7. O magistrado, quando discordar da motivação apresentada pelo órgão do Ministério Público para o não oferecimento da denúncia, qualquer que seja a fundamentação, deve remeter os autos à 2ª Câmara de Coordenação e Revisão, valendo-se do disposto nos artigos 28, do Código de Processo Penal e 62, IV, da LC 75/93.

CCR-2 Enunciado 9. A promoção de arquivamento feita pelo membro do Ministério Público Federal será submetida à 2ª Câmara de Coordenação e Revisão, que se manifestará no exercício de sua competência revisional.

CCR-2 Enunciado 10. O arquivamento promovido pelo membro do Ministério Público Federal deve ser por ele comunicado ao interessado, antes da remessa dos autos à 2ª Câmara para revisão.

CCR-2 Enunciado 57. É desnecessário o envio dos autos à 2ª CCR no caso de decisão ou promoção de arquivamento fundado na existência de outro procedimento investigatório com idêntico objeto (princípio do "ne bis in idem"), o que deverá ser devidamente comprovado nos autos arquivados e remanescentes, exigindo-se ainda a comunicação à Câmara por meio do Sistema Único.

1.3. Da Competência

CCR-2 Enunciado 50. O fato de a conduta ter ocorrido por meio da rede mundial de computadores não atrai, somente por este motivo, a atribuição do Ministério Público Federal para a persecução penal.

1.4. Dos Sujeitos do Processo

CCR-2 Enunciado 11. As consultas à Câmara Criminal restringir-se-ão aos casos relevantes de lei em tese.

CCR-2 Enunciado 17. Dada sua condição de "custos legis" na ação penal, ao membro do Ministério Público é assegurado o direito a vista dos autos em face de todos os atos processualmente relevantes, para manifestar-se por escrito. A supressão dessa intervenção viola o princípio constitucional do devido processo legal e a cláusula da imprescindibilidade do Ministério Público à função jurisdicional do Estado, legitimando o Membro a interpor a medida judicial cabível.

CCR-2 Enunciado 25. Não se sujeita à revisão da 2ª Câmara o declínio de atribuição de um órgão para outro no âmbito do próprio Ministério Público Federal.

CCR-2 Enunciado 32. Compete à 2ª Câmara homologar declínio de atribuição promovido por membro do Ministério Público Federal em favor do Ministério Público Estadual ou de outro ramo do Ministério Público da União, nos autos de peças de informação ou de procedimento investigatório criminal

CCR-2 Enunciado 34. Quando o declínio de atribuições, em procedimento administrativo criminal, tiver por base entendimento já expresso em enunciado ou orientação da 2ª Câmara, os autos poderão ser remetidos diretamente ao Ministério Público com a respectiva atribuição, comunicando-se à 2ª Câmara de Coordenação e Revisão por meio do Sistema Único. Aplicação analógica do § 3º, art. 6º, da Resolução 107 do CSMPF, de 6.4.2010.

1.5. Da Prisão, das Medidas Cautelares e da Liberdade Provisória

CCR-2 Enunciado 4. Não pode o Juiz do Trabalho, que não tem jurisdição penal, expedir ordem de prisão, salvo no caso de flagrante delito ocorrido em sua presença, ficando, por isso, descartada a possibilidade de o mesmo requisitar auxílio policial para dar cumprimento a decreto de prisão expedido fora da exceção acima referida

1.6. Das Nulidades e dos Recursos em Geral

CCR-2 Enunciado 23. É dever funcional do membro do Ministério Público Federal apresentar, fundamentadamente, contrarrazões em apelação, por força do princípio da indisponibilidade da ação penal pública.

2. CÓDIGO ELEITORAL

CCR-2 Enunciado 29. Compete à 2ª Câmara de Coordenação e Revisão do Ministério Público Federal manifestar-se nas hipóteses em que o Juiz Eleitoral considerar improcedentes as razões invocadas pelo Promotor Eleitoral ao requerer o arquivamento de inquérito policial ou de peças de informação, derrogado o art. 357, § 1º do Código Eleitoral pelo art. 62, inc. IV da Lei Complementar n. 75/93.

3. CÓDIGO PENAL

3.1. Da Extinção da Punibilidade

CCR-2 Enunciado 28. Inadmissível o reconhecimento da extinção da punibilidade pela prescrição, considerando a pena em perspectiva, por ferir os primados constitucionais do devido processo legal, da ampla defesa e da presunção de inocência.

3.2. Dos Crimes contra a Pessoa

CCR-2 Enunciado 41. Os crimes de redução a condição análoga à de escravo são de atribuição do Ministério Público Federal.

3.3. Dos Crimes contra o Patrimônio

CCR-2 Enunciado 53. A prescrição do crime de estelionato previdenciário, em detrimento do INSS, cometido mediante saques indevidos de benefícios previdenciários após o óbito do segurado, ocorre em doze anos a contar da data do último saque, extingue a punibilidade e autoriza o arquivamento da investigação pelo MPF.

CCR-2 Enunciado 58. O simples ato, por si só, de não depositar os valores referentes ao FGTS na conta vinculada do empregado é conduta atípica na esfera penal.

3.4. Dos Crimes contra a Dignidade Sexual

CCR-2 Enunciado 47. A persecução penal dos crimes sexuais contra vulnerável (Capítulo II do Título VI da Parte Especial do Código Penal), por si só, não é de atribuição do Ministério Público Federal, salvo se cometidos a bordo de navio ou aeronave, ou incidir em outra hipótese especifica de competência federal ou tiver conexão com crime federal.

3.5. Dos Crimes contra a Fé Pública

CCR-2 Enunciado 26. A omissão de registro de vínculo empregatício em Carteira de Trabalho e Previdência Social subsume-se ao tipo do art. 297, § 4º, do Código Penal.

CCR-2 Enunciado 27. A persecução penal relativa aos crimes previstos nos §§ 3º e 4º do art. 297 do Código Penal é de atribuição do Ministério Público Federal, por ofenderem a Previdência Social.

CCR-2 Enunciado 60. É cabível o arquivamento de procedimento investigatório referente ao crime de moeda falsa quando a quantidade e o valor das cédulas, o modo que estavam guardadas pelo agente, o modo de introdução ou a tentativa de introdução em circulação, o comportamento do agente ou as demais circunstâncias indicarem ausência de conhecimento da falsidade ou de dolo do agente e sendo inviável ou improvável a produção de prova em sentido contrário, inclusive pelo decurso do tempo.

CCR-2 Enunciado 62. Não é da atribuição do Ministério Público Federal a persecução penal relativa aos crimes de falsidade documental praticados perante Junta Comercial, por não ofenderem diretamente bens, serviços ou interesse da União ou de suas entidades autárquicas ou empresas públicas.

3.6. Dos Crimes contra a Administração Pública

CCR-2 Enunciado 40. A Cofins e o PIS/Pasep devem ser computados para aferir insignificância dos delitos de descaminho nos termos do caput, do art. 20, da Lei 10.522/2002, mesmo que haja pena de perdimento dos bens.

CCR-2 Enunciado 49. Admite-se o valor fixado no art. 20, "caput", da Lei n. 10.522/2002 (R$ 10.000,00) como parâmetro para a aplicação do princípio da insignificância ao crime de descaminho, desde que ausente reiteração da conduta.

CCR-2 Enunciado 54. A atribuição de membro do MPF para persecução penal do crime de descaminho é definida pelo local onde as mercadorias foram apreendidas, pois ali consuma-se o crime.

CCR-2 Enunciado 61. Para a configuração do crime de desobediência, além do descumprimento de ordem legal de funcionário público, é necessário que não haja previsão de sanção de natureza civil, processual civil e administrativa, e que o destinatário da ordem seja advertido de que o seu não cumprimento caracteriza crime.

4. CÓDIGO TRIBUTÁRIO NACIONAL

CCR-2 Enunciado 63. A sentença trabalhista transitada em julgado, condenatória ou homologatória de acordo, após sua liquidação, constitui definitivamente o crédito tributário.

5. ESTATUTO DA CRIANÇA E DO ADOLESCENTE (LEI 8.069/90)

CCR-2 Enunciado 42. Não é atribuição do Ministério Público Federal a persecução penal de ato infracional cometido por menor inimputável, ainda que a infração tenha ocorrido em detrimento de bens, serviços ou interesse da União ou de suas entidades autárquicas ou empresas públicas.

6. LEI DO MANDADO DE SEGURANÇA (LEI 12.016/09)

CCR-2 Enunciado 18. A atribuição para o ajuizamento de mandado de segurança em matéria criminal é do membro do Ministério Público Federal com ofício no juízo do qual emanou o ato a ser atacado.

7. LEI ORGÂNICA NACIONAL DO MINISTÉRIO PÚBLICO (LC 75/93)

CCR-2 Enunciado 12. O membro do Ministério Público Federal, no exercício das suas atribuições institucionais, tem legitimidade para realizar atos investigatórios, podendo reduzir a termo depoimentos de ofendidos, testemunhas e convocar pessoas investigadas para prestar esclarecimentos, valendo-se ainda dos demais procedimentos que lhe são conferidos pela Lei Complementar n. 75/93

8. LEIS PENAIS ESPECIAIS

8.1. Lei das Contravenções Penais (DL 3.688/41)

CCR-2 Enunciado 37. Não é atribuição do Ministério Público Federal a persecução penal de contravenções penais, ainda que ocorra, com a infração, prejuízo a bem, serviços ou interesse direto e específico da União, suas entidades autárquicas ou empresas públicas.

8.2. Lei de Drogas (Lei 11.343/06)

CCR-2 Enunciado 56. A persecução penal nos casos de tráfico internacional de entorpecentes por via postal é da atribuição de membro do Ministério Público Federal oficiante no local onde a droga é apreendida, no caso de ingresso do entorpecente no País, ou onde a droga é postada, no caso de entorpecente remetido com destino ao exterior

8.3. Lei dos Crimes Ambientais (Lei 9.605/98)

CCR-2 Enunciado 30. O processo e julgamento do crime de pesca proibida (art. 34, caput e parágrafo único da Lei n. 9.605/98) competem à Justiça Federal quando o espécime for proveniente de rio federal, mar territorial, zona econômica exclusiva ou plataforma continental.

CCR-2 Enunciado 31. O crime ambiental tipificado no art. 50 da Lei n. 9.605/98, praticado em faixa de fronteira, é de atribuição do Ministério Público Federal por afetar interesse direto da União

CCR-2 Enunciado 39. A persecução penal da conduta ilícita de transportar madeira sem a devida guia ("ATPF"), tipificada no parágrafo único, do art. 46, da Lei n. 9.605/98, não é da atribuição do Ministério Público Federal, exceto quando o produto transportado for oriundo de área pertencente ou protegida pela União.

CCR-2 Enunciado 43. A persecução penal dos crimes contra a flora, previstos na Lei n. 9.605/98, é da atribuição do Ministério Público Federal apenas quando o ilícito ocorrer em área pertencente ou protegida pela União.

CCR-2 Enunciado 44. A persecução penal do crime previsto no artigo 29 da Lei n. 9.605/98 é da atribuição do Ministério Público Federal apenas quando o espécime da fauna silvestre estiver ameaçada de extinção ou quando oriundo de área pertencente ou protegida pela União.

CCR-2 Enunciado 45. A persecução penal do crime previsto no artigo 60 da Lei n. 9.605/98 é da atribuição do Ministério Público Federal apenas quando o ilícito ocorrer em área pertencente ou protegida pela União.

CCR-2 Enunciado 59. Não é atribuição do Ministério Público Federal a persecução penal do crime de transporte de gasolina, etanol, óleo diesel, álcool etílico e gás butano, sem licença válida outorgada pelo órgão competente (artigo 56 da Lei n. 9.605/98), salvo quando se tratar de transporte transnacional.

8.4. Lei dos Crimes contra a Ordem Econômica (Lei 8.176/91)

CCR-2 Enunciado 38. A persecução penal da conduta ilícita de adquirir, distribuir e revender combustíveis em desacordo com as normas estabelecidas no art. 1º, da Lei n. 8.176/91, não é da atribuição do Ministério Público Federal, exceto quando houver interesse direto e específico da União, nos termos do art. 109, IV da Constituição Federal.

8.5. Lei dos Crimes contra a Ordem Tributária/Econômica/Consumo (Lei 8.137/90)

CCR-2 Enunciado 19. Suspensa a pretensão punitiva dos crimes tributários, por força do parcelamento do débito, os autos de investigação correspondentes poderão ser arquivados na origem, sendo desarquivados na hipótese do § 1º do art. 83 da Lei n. 9.430/1996, acrescentado pela Lei n. 12.382/11.

CCR-2 Enunciado 52. O pagamento integral do débito tributário extingue a punibilidade e autoriza o arquivamento da investigação e da ação penal pelo MPF.

8.6. Lei dos Crimes contra o Sistema Financeiro (Lei 7.492/86)

CCR-2 Enunciado 48. É de atribuição do Ministério Público Federal a persecução penal do crime de obtenção fraudulenta de financiamento em instituição financeira para aquisição de automóvel, tipificado no artigo 19 da Lei n. 7.492/86.

3ª CCR – CONSUMIDOR E ORDEM ECONÔMICA

1. ATRIBUIÇÕES DO MPF

CCR-3 Enunciado 6. Não se insere nas atribuições da 3ª CCR a homologação de termos de ajustamento de conduta nem a revisão de suas minutas.

CCR-3 Enunciado 7. No exercício da sua atribuição prevista no art. 62, III, da LC 75/93, poderá a Câmara, à vista de solicitação específica, prestar informações técnico-jurídicas para subsidiar a elaboração do termo de compromisso, sobretudo quando se tratar de questão complexa ou controvertida.

CCR-3 Enunciado 10. Não está sujeito à homologação da 3ª Câmara o mero reendereçamento à autoridade competente de notícia de fato, quando o Procurador da República concluir pela atribuição de outro ramo do Ministério Público para atuar no caso (Res. CSMPF n. 87/2010, art. 4º, inc. VI).

CCR-3 Enunciado 12. Prescinde de homologação o declínio de atribuição reconhecido em procedimento preparatório ou em inquérito civil com base em enunciado expresso da 3ª Câmara, comunicando-se a esta, por ofício, a remessa dos autos diretamente ao Ministério Público com a atribuição para atuar.

CCR-3 Enunciado 14. Não caracteriza declínio de atribuição a remessa de autos a outro órgão do Ministério Público Federal, nos termos do art. 4º, VI da Resolução nº 87/2010/CSMPF, sendo desnecessária a comunicação ao órgão revisor.

CCR-3 Enunciado 15. A atribuição desta 3ª Câmara de Coordenação e Revisão para dirimir conflitos negativos ou positivos de atribuição cinge-se a controvérsias existentes entre ofícios do consumidor e da ordem econômica, sejam elas de uma mesma unidade ou de unidades diversas, de forma que conflitos envolvendo ofícios distintos deverão ser encaminhados diretamente ao CIMPF (Resolução CSMPF 120/2011).

CCR-3 Enunciado 18. Refoge às atribuições dos Procuradores da República vinculados à 3ª CCR gerir a destinação de verbas provenientes de acordos firmados ou de condenações judiciais.

CCR-3 Enunciado 20. Nos casos de declínio de atribuição, a decisão deverá ser endereçada à 3ª CCR por meio dos autos originais (e não por meio de cópia de peças processuais).

CCR-3 Enunciado 21. Refogem às atribuições da 3ª CCR demandas relativas a irregularidades vinculadas à concessão de rodovias federais (pedágio, segurança), à luz do entendimento manifestado pelo CIMPF (PA 1.25.000.004295/2014-72).

CCR-3 Enunciado 22. Refogem às atribuições da 3ª CCR demandas relativas à adulteração de combustíveis para revenda, porquanto a questão detém natureza criminal (a teor da Lei n. 8.176/91).

CCR-3 Enunciado 24. Os conflitos de atribuição entre o Ministério Público Federal e o Ministério Público Estadual deverão ser solucionados pelo Procurador-Geral da República, consoante vigente entendimento do STF.

CCR-3 Enunciado 25. Refogem às atribuições da 3ª CCR as demandas relativas a Instituições de Ensino Superior que funcionem sem autorização do MEC, assim como a ausência de expedição de diploma de curso superior.

CCR-3 Enunciado 26. Refogem às atribuições da 3ª CCR as demandas relativas a mensalidades, renovação/trancamento de matrícula, lançamento de notas e taxas abusivas em geral; tais matérias encontram-se alheias ao feixe de atribuições do Parquet Federal, consoante jurisprudência do Superior Tribunal de Justiça.

2. CÓDIGO DE DEFESA DO CONSUMIDOR (LEI 8.078/90)

2.1. Disposições Gerais

CCR-3 Enunciado 19. Refogem às atribuições da 3ª CCR as demandas relativas à exposição indevida de dados pessoais por meio da rede mundial de computadores, porquanto não se identifica relação de consumo.

2.2. Dos Direitos do Consumidor

CCR-3 Enunciado 5. O regime do Código de Defesa do Consumidor não incide nos contratos de prestação de serviços de advocacia.

CCR-3 Enunciado 8. O aparelho de telefone celular é produto essencial, para os fins previstos no art. 18, § 3º, da Lei n. 8.078/90 (CDC).

CCR-3 Enunciado 13. Não configura relação de consumo contrato de Financiamento Estudantil (FIES) firmado entre instituição financeira e estudante. De tal modo, refoge às atribuições desta 3ª CCR a revisão de procedimentos que envolvam a referida matéria.

CCR-3 Enunciado 23. Refogem às atribuições da 3ª CCR e dos ofícios a ela vinculados as demandas relativas à propaganda enganosa praticada por meio da internet. A hipótese é de violação a direito do consumidor que deve ser apurada pelo Ministério Público Estadual.

2.3. Da Defesa do Consumidor em Juízo

CCR-3 Enunciado 2. Quando houver sido ajuizada ação civil pública, cujo objeto tenha esgotado o procedimento administrativo instaurado pela Procuradoria da República nos estados ou nos municípios, deve ser homologado o pedido de arquivamento por perda do objeto do respectivo procedimento administrativo.

CCR-3 Enunciado 3. Quando, pelo exame da representação ou dos documentos presentes nos autos, restar inequívoco que a matéria objeto do feito é uma hipótese de lesão ou ameaça a direito individual disponível e não homogêneo, deve ser homologado o pedido de arquivamento, com fundamento na ilegitimidade da atuação do Ministério Público no caso sob análise.

CCR-3 Enunciado 4. Quando houver nos autos recomendação e/ou compromisso de ajustamento de conduta devidamente cumpridos pelas partes, deve ser homologado o arquivamento por perda do objeto.

CCR-3 Enunciado 11. Não é atribuição do Ministério Público Federal apurar notícia de fato que trate de irregularidade no ambiente de comércio eletrônico, ausentes os pressupostos do inciso I do art. 109 da Constituição Federal e ressalvada eventual atuação conjunta.

3. DIREITO ECONÔMICO

CCR-3 Enunciado 9. É válido o novo critério de cálculo das tarifas de energia elétrica a ser aplicado no 3º Ciclo de Revisão Tarifária Periódica das distribuidoras de energia elétrica, nos termos da Resolução n. 457, de 08/11/2011, da Agência Nacional de Energia Elétrica – ANEEL, por não interferir com a redução do imposto de renda concedida pela Medida Provisória n. 2.199/01-14 e implementada pelo art. 3º do Decreto n. 4.213, de 2002.

CCR-3 Enunciado 16. Constitui múnus do Ministério Público Federal atuar em processos administrativos e judiciais na repressão às infrações contra a ordem econômica e zelar pela observância por parte dos agentes econômicos dos princípios constitucionais da livre concorrência e da defesa do consumidor e dos direitos e interesses tutelados pela Lei 12.529/11.

CCR-3 Enunciado 17. Dado que a coletividade é a titular dos bens jurídicos protegidos pela Lei 12.529/11, o Ministério Público Federal deverá oficiar como "custos legis" nos processos em que o CADE figure no polo ativo ou passivo da ação, como recorrente ou recorrido, nos quais esteja em causa matéria relativa ao direito da concorrência.

4ª CCR – MEIO AMBIENTE E PATRIMÔNIO CULTURAL

1. TUTELA AMBIENTAL

1.1. Ajustamento de Conduta

CCR-4 Enunciado 16. Não devem ser firmados termos de ajustamento de conduta que violem dispositivo legal, a exemplo dos que visam a regularizar intervenções em Área de Preservação Permanente.

1.2. Atribuições do MPF

CCR-4 Enunciado 5. A atribuição é do Ministério Público Federal sempre que houver ofensa a bem ou interesse da União, independentemente do órgão responsável pelo licenciamento.

CCR-4 Enunciado 6. Obras ou atividades localizadas na APA do Planalto Central e na APA de Petrópolis/RJ não atraem, por si só, a atribuição federal.

CCR-4 Enunciado 8. As promoções de declínio de atribuição promovidas nas notícias de fato, procedimentos preparatórios ou inquéritos civis, que tratam de meio ambiente e patrimônio cultural, devem ser submetidas à homologação da 4ª Câmara de Coordenação e Revisão – Meio Ambiente e Patrimônio Cultural, nos autos originais, para exercício da função revisional e terão prioridade na análise.

1.3. Áreas de Preservação Permanente e de Proteção Ambiental

1.4. Controle de Constitucionalidade

CCR-4 Enunciado 18. As teses jurídicas em ações diretas de inconstitucionalidade ajuizadas pelo Ministério Público Federal, em questões relativas ao meio ambiente e ao patrimônio cultural, deverão ser observadas nas proposições a respeito dos respectivos temas.

1.5. Impacto Ambiental

CCR-4 Enunciado 20. Toda e qualquer atividade econômica de grande porte, com riscos iminentes de impacto ambiental, deve ser identificada com antecedência, a fim de possibilitar uma atuação preventiva na tutela do meio ambiente e do patrimônio cultural.

1.6. Inquérito Civil Público e Procedimento Administrativo

CCR-4 Enunciado 1. As promoções de arquivamento e outras decisões sujeitas à revisão pela 4ª Câmara de Coordenação e Revisão – Meio Ambiente e Patrimônio Cultural – devem estar contidas em regular procedimento, devendo ser previamente autuadas, mesmo como notícia de fato, possibilitando assim o adequado registro e controle.

CCR-4 Enunciado 2. Nas portarias de instauração de procedimentos preparatórios e inquéritos civis, em matérias ambiental e de patrimônio cultural, devem constar a câmara revisora e o tema objeto de apuração conforme tabela unificada de temas/assuntos do CNMP.

CCR-4 Enunciado 9. O representante deve ser comunicado quando houver indeferimento de instauração de inquérito civil, promoção de arquivamento, promoção de declínio de atribuição e celebração de TACs.

CCR-4 Enunciado 10. Quando o representante interpuser recurso em face da promoção de arquivamento o Membro oficiante deverá previamente manifestar-se acerca do seu teor.

CCR-4 Enunciado 11. A promoção de arquivamento fundada na judicialização do feito deve ser instruída com cópia da respectiva petição inicial, de forma a se comprovar que o objeto do procedimento foi integralmente abordado.

CCR-4 Enunciado 12. A existência de investigação criminal, em matérias de meio ambiente e patrimônio cultural, não obsta a continuidade dos procedimentos extrajudiciais no âmbito cível, mesmo no caso de transação penal, sendo necessário observar a independência entre as esferas, sem prejuízo de que a solução num feito possa autorizar o arquivamento do outro.

CCR-4 Enunciado 13. Considerando a indisponibilidade do direito ambiental, a instauração de procedimento extrajudicial com objeto mais abrangente, por si só, não justifica o arquivamento de procedimentos extrajudiciais específicos, devendo-se distinguir irregularidades pontuais de políticas públicas em matéria ambiental.

CCR-4 Enunciado 14. É admissível o arquivamento do Inquérito Civil com fundamento na instauração de PA para o acompanhamento de termo de ajustamento de conduta, porém, ao final, deverão os autos do PA ser encaminhados à 4ª CCR para verificação do efetivo cumprimento do TAC.

CCR-4 Enunciado 15. Nos casos de arquivamento de Inquérito Civil com fundamento na assinatura de TAC e instauração de PA de acompanhamento, não há necessidade do encaminhamento do Inquérito arquivado à 4ª CCR, bastando a comunicação por meio do encaminhamento da portaria de instauração do procedimento extrajudicial arquivado e da minuta do TAC.

1.7. Patrimônio Cultural

CCR-4 Enunciado 3. A inexistência de tombamento não caracteriza a ausência de valor cultural, uma vez que o tombamento tem valor meramente declaratório quanto a este aspecto. Assim, mesmo na ausência de tombamento, deve o Ministério Público Federal atuar para a preservação do bem, inclusive, se necessário, através da propositura de ação judicial que declare o seu valor cultural.

CCR-4 Enunciado 4. A inexistência de tombamento federal, por si só, não configura fundamento para justificar o declínio de atribuições para o Ministério Público Estadual, pois o tombamento é ato apenas declaratório do valor cultural e pode ser realizado por todas as esferas de poder.

1.8. Poluidor-Pagador

CCR-4 Enunciado 22. As ações civis públicas relativas a meio ambiente e a patrimônio cultural deverão contemplar, em atenção ao princípio do poluidor-pagador, o repasse ao infrator de todos os custos administrativos, inclusive do trabalho pericial.

2. TUTELA PENAL

2.1. Tutela Coletiva

CCR-4 Enunciado 7. O MPF tem atribuição para atuar, na área cível, buscando a prevenção ou reparação de danos ambientais decorrentes da atividade de mineração, quando: (a) o dano, efetivo ou potencial, atingir bem do domínio federal ou sob a gestão/proteção de ente federal, tais como unidades de conservação federais e suas respectivas zonas de amortecimento, rios federais, terras indígenas, terrenos de marinha, bens tombados pelo Iphan e seu entorno, sítios arqueológicos e pré-históricos, cavidades naturais subterrâneas; (b) o dano, efetivo ou potencial, atingir mais de uma unidade da federação ou países limítrofes; (c) o licenciamento ambiental da atividade se der perante o Ibama; ou (d) for possível responsabilizar a União, o DNPM, o Ibama, o ICMBio, o Iphan ou outro ente federal pela omissão no dever de fiscalização da atividade.

CCR-4 Enunciado 17. Resolução Conama 341/2003, em relação ao uso e ocupação de dunas. As consequências desse fato atingem, inclusive, os empreendimentos com licenciamentos já concluídos à época da entrada em vigor da Resolução 369/2006. As planícies de deflação integram o campo de dunas e, como parte desse ecossistema, possuem a devida proteção jurídica.

CCR-4 Enunciado 19. Os ofícios do meio ambiente e patrimônio cultural deverão ter, obrigatoriamente, registro atualizado de todos os processos judiciais em trâmite.

CCR-4 Enunciado 21. Visando atender ao princípio da publicidade, o representante deverá ser comunicado quando houver propositura de ação judicial e envio de recomendações.

CCR-4 Enunciado 23. Termos de ajustamento de conduta que envolvam valores monetários, ambientais ou sociais significativos devem ser precedidos de audiência pública.

CCR-4 Enunciado 24. Os valores oriundos de termos de ajustamento de conduta ou de acordos judiciais não estão sujeitos à remessa obrigatória ao Fundo Federal de Defesa dos Direitos Difusos (FDD), à luz do art. 13 e §§ da Lei da Ação Civil Pública (Lei n. 7.347/85). Constitui alternativa à remessa, a execução de projetos no local do dano pelo sistema da Caixa Econômica Federal, do Funbio, sem prejuízo de outros.

CCR-4 Enunciado 25. Os acordos deverão prever a vinculação dos empreendedores à sua execução, eis que a obrigação desses é de resultado.

CCR-4 Enunciado 26. O Ministério Público Federal não pode figurar como gestor nos contratos de repasse de valores provenientes de termos de ajustamento de conduta ou acordos judiciais, nos termos do Enunciado 24-4ª CCR.

CCR-4 Enunciado 27. Na seleção de projetos a serem beneficiados por valores provenientes de termos de ajustamento de conduta ou acordos judiciais, deverão ser prestigiados aqueles que mais se relacionem com a natureza e local do dano, que deu origem aos recursos, além da qualidade técnica do projeto, sendo conveniente que se busque contrapartida dos entes proponentes.

2.1. Tutela Criminal

CCR-4 Enunciado 28. O membro do Ministério Público Federal, no exercício das suas atribuições institucionais, tem legitimidade para realizar atos investigatórios, podendo reduzir a termo depoimentos de ofendidos, testemunhas e convocar pessoas investigadas para prestar esclarecimentos, valendo-se ainda dos demais procedimentos que lhe são conferidos pela Lei Complementar n. 75/93.

CCR-4 Enunciado 29. Dada sua condição de "custos legis" na ação penal, ao membro do Ministério Público é assegurado o direito à vista dos autos em face de todos os atos processualmente relevantes, para manifestar-se por escrito. A supressão dessa intervenção viola o princípio constitucional do devido processo legal e a cláusula da imprescindibilidade do Ministério Público à função jurisdicional do Estado, legitimando o Membro a interpor a medida judicial cabível.

CCR-4 Enunciado 30. O membro do Ministério Público Federal que se manifestou pelo arquivamento do inquérito policial, sendo essa conclusão não acatada pela Câmara, fica impossibilitado de oficiar na respectiva ação penal que tenha sido iniciada por denúncia de outro membro para tanto designado.

CCR-4 Enunciado 31. Quando houver discordância da motivação apresentada pelo órgão do Ministério Público para o não oferecimento da denúncia em crimes contra o Meio Ambiente e o Patrimônio Cultural, qualquer que seja a fundamentação, deverão os autos ser remetidos à 4ª Câmara de Coordenação e Revisão, valendo-se do disposto nos artigos 28, do Código de Processo Penal e 62, IV, da LC 75/93.

CCR-4 Enunciado 32. A promoção de arquivamento feita pelo membro do Ministério Público Federal, em processos criminais relacionados ao Meio Ambiente e Patrimônio Cultural, será submetida à 4ª Câmara de Coordenação e Revisão, que se manifestará no exercício de sua competência revisional.

CCR-4 Enunciado 33. O arquivamento promovido pelo membro do Ministério Público Federal, em Procedimentos criminais relacionados ao Meio Ambiente e Patrimônio Cultural, deve ser por ele comunicado ao interessado, antes da remessa dos autos à 4ª Câmara para revisão.

CCR-4 Enunciado 34. É admissível o arquivamento dos autos de investigação ao fundamento de excludente da tipicidade, da ilicitude e da culpabilidade. Porém, em todas as hipóteses, a excludente deve resultar cabalmente provada, ao término de regular investigação.

CCR-4 Enunciado 35. Não se sujeita à revisão da 4ª Câmara o declínio de atribuição de um órgão para outro no âmbito do próprio Ministério Público Federal.

CCR-4 Enunciado 36. Quando o declínio de atribuições ou arquivamento, em procedimento criminal extrajudicial e inquérito policial, tiverem por base entendimento já expresso em enunciado ou orientação da 4ª Câmara, os autos poderão ser remetidos diretamente ao Ministério Público com a respectiva atribuição ou diretamente arquivados, comunicando-se à 4ª Câmara de Coordenação e Revisão por meio do Sistema Único. Aplicação analógica do § 3º, art. 6º, da Resolução 107 do CSMPF, de 6.4.2010. No caso de declínio de atribuições em Inquérito Policial, o Procurador oficiante deverá comunicar ao juízo e à autoridade policial.

CCR-4 Enunciado 37. Nos casos em que a abertura do procedimento investigatório criminal se der por representação, o interessado será cientificado formalmente da promoção de arquivamento e da faculdade de apresentar recurso e documentos, no prazo de 10 (dez) dias, contados da juntada da intimação. Após o transcurso desse prazo, com ou sem novas razões, os autos serão remetidos à 4ª CCR para apreciação.

CCR-4 Enunciado 38. É desnecessário o envio dos autos à 4ª CCR no caso de decisão ou promoção de arquivamento fundado na existência de outro procedimento investigatório com idêntico objeto (princípio do ne bis in idem), o que deverá ser devidamente comprovado nos autos arquivados e remanescentes, exigindo-se ainda a comunicação à Câmara por meio do Sistema Único.

CCR-4 Enunciado 39. Não é atribuição do Ministério Público Federal a persecução penal do crime de transporte de gasolina, etanol, óleo diesel, álcool etílico e gás butano, sem licença válida outorgada pelo órgão competente (artigo 56 da Lei nº 9.605/98), salvo quando se tratar de transporte transnacional.

CCR-4 Enunciado 40. A atribuição para o ajuizamento de mandado de segurança em matéria criminal é do membro do Ministério Público Federal com ofício no juízo do qual emanou o ato a ser atacado.

CCR-4 Enunciado 41. Compete à 4ª Câmara homologar declínio de atribuição promovido por membro do Ministério Público Federal em favor do Ministério Público Estadual ou de outro ramo do Ministério Público da União, nos autos de Notícia de Fato ou de procedimento investigatório criminal relacionados ao Meio Ambiente e Patrimônio Cultural (cf. deliberação realizada em 16.12.2009 pelo E. Conselho Nacional do Ministério Público nos autos do Processo CNMP n. 0.00.000.000894/2009-84).

CCR-4 Enunciado 42. Compete à 4ª Câmara homologar o declínio de atribuição promovido nos autos de inquérito policial, relacionado a Crimes contra o Meio Ambiente e Patrimônio Cultural, que tramite diretamente entre a Polícia Federal e o Ministério Público Federal. (Resolução n. 63 do E. Conselho de Justiça Federal).

CCR-4 Enunciado 43. Não é atribuição do Ministério Público Federal a persecução penal de ato infracional cometido por menor inimputável, ainda que a infração tenha ocorrido em detrimento de bens, serviços ou interesse da União ou de suas entidades autárquicas ou empresas públicas.

CCR-4 Enunciado 44. A persecução penal do crime previsto no artigo 60 da Lei nº 9.605/98 é da atribuição do Ministério Público Federal apenas quando o ilícito ocorrer em área pertencente ou protegida pela União, a exemplo das Unidades de Conservação Federais, das APPs em Rios federais e das terras indígenas, dentre outros.

CCR-4 Enunciado 45. O fato de a conduta ter ocorrido por meio da rede mundial de computadores não atrai, somente por este motivo, a atribuição do Ministério Público Federal para a persecução penal.

CCR-4 Enunciado 46. O processo e julgamento do crime de pesca proibida (art. 34, caput e parágrafo único da Lei n. 9.605/98) competem à Justiça Federal quando o espécime for proveniente de rio federal, mar territorial, zona econômica exclusiva ou plataforma continental.

CCR-4 Enunciado 47. O crime ambiental tipificado no art. 50 da Lei n. 9.605/98, praticado em faixa de fronteira, é de atribuição do Ministério Público Federal por afetar interesse direto da União.

CCR-4 Enunciado 48. A persecução penal da conduta ilícita de transportar madeira sem a devida guia, tipificada no parágrafo único, do art. 46, da Lei n. 9.605/98, não é da atribuição do Ministério Público Federal, exceto quando o produto transportado for oriundo de área pertencente ou protegida pela União.

CCR-4 Enunciado 49. A persecução penal dos crimes contra a flora, previstos na Lei n. 9.605/98, é da atribuição do Ministério Público Federal apenas quando o ilícito ocorrer em área pertencente ou protegida pela União, a exemplo das Unidades de Conservação Federais, das APPs em rios federais e das terras indígenas, dentre outros.

CCR-4 Enunciado 50. A persecução penal do crime previsto no artigo 29 da Lei nº 9.605/98 é da atribuição do Ministério Público Federal apenas quando o espécime da fauna silvestre estiver ameaçado de extinção ou quando oriundo de área pertencente ou protegida pela União, a exemplo das Unidades de Conservação Federais, das APPs em rios federais e das terras indígenas, dentre outros.

CCR-4 Enunciado 51. Inadmissível o reconhecimento da extinção da punibilidade pela prescrição, considerando a pena em perspectiva, por ferir os primados constitucionais do devido processo legal, da ampla defesa e da presunção de inocência.

CCR-4 Enunciado 52. O membro do Ministério Público Federal deve, na requisição de abertura de investigação criminal, discriminar as diligências a serem executadas, fixando prazo compatível com o número e a complexidade. Da mesma forma, a manifestação pelo retorno de inquérito à polícia deve ser fundamentada com a indicação das diligências faltantes a serem realizadas.

CCR-4 Enunciado 53. É dever funcional do membro do Ministério Público Federal apresentar, fundamentadamente, contrarrazões em apelação, por força do princípio da indisponibilidade da ação penal pública.

CCR-4 Enunciado 54. A "notitia criminis" anônima é apta a desencadear investigação penal sempre que contiver elementos concretos que apontem para a ocorrência de crime.

5ª CCR – COMBATE À CORRUPÇÃO

1. AÇÃO CIVIL PÚBLICA

CCR-5 Enunciado 1. A desistência de ação civil pública demanda prévia consulta à Câmara instruída com razões de fato e de direito.

CCR-5 Enunciado 9. É cabível ao Ministério Público Federal o ajuizamento de ação civil pública por danos morais causados ao patrimônio público e social, como base no art. 1º c/c o inciso V da Lei n. 7.347/85.

CCR-5 Enunciado 13. Proposta ação penal e/ou ação de improbidade administrativa, é desnecessária a remessa do procedimento administrativo correlato à 5ª CCR, com vistas à homologação do seu arquivamento, exceto quando restar matéria ou imputação não incluída na pretensão deduzida no processo judicial.

CCR-5 Enunciado 26. Nas ações civis públicas propostas por colegitimados e nas ações populares, deve haver a intervenção do membro do Ministério Público Federal, de preferência para manifestar-se sobre o mérito da demanda.

2. ATRIBUIÇÕES DO MINISTÉRIO PÚBLICO

CCR-5 Enunciado 18. Tratando-se de questão relacionada a interesse estritamente municipal ou estadual, não compete ao Ministério Público Federal adotar providências.

CCR-5 Enunciado 32. Quando o declínio de atribuições, em procedimento cível ou criminal, tiver por base entendimento já expresso em enunciado ou orientação da 5ª Câmara, os autos poderão ser remetidos diretamente ao Ministério Público com a respectiva atribuição, comunicando-se à 5ª Câmara de Coordenação e Revisão por meio do Sistema Único. Aplicação analógica do § 3º, art. 6º, da Resolução 107 do CSMPF, de 6.4.2010.

CCR-5 Enunciado 33. Quando o arquivamento de procedimento preparatório, inquérito civil ou procedimento administrativo criminal tiver por base entendimento já expresso em enunciado ou orientação da 5ª Câmara, os autos não precisam ser remetidos a esta Câmara de Coordenação e Revisão, que deverá ser comunicada por meio do Sistema Único.

CCR-5 Enunciado 34. O combate à corrupção privilegiará os casos em que o prejuízo ao erário ou o enriquecimento ilícito, atualizado monetariamente, seja superior a vinte mil reais, tendo em vista os princípios da proporcionalidade, da eficiência e da utilidade. Nos casos em que o prejuízo for inferior, é admissível a promoção de arquivamento sujeita à homologação da 5ª Câmara, ressalvadas também as situações em que, a despeito da baixa repercussão patrimonial, verifique-se a ofensa significativa a princípios ou a bens de natureza imaterial merecedores de providências sancionatórias, no campo penal e/ou da improbidade administrativa.

CCR-5 Enunciado 36. O controle revisional das promoções de arquivamento de procedimentos administrativos investigatórios de crimes funcionais e atos de improbidade, quando imputados a agente público no exercício da atividade policial, não se insere na esfera de competência da 5ª CCR/MPF.

CCR-5 Enunciado 37. O controle revisional das promoções de arquivamento de procedimentos administrativos relativos à regularidade de concursos públicos, sem imputação de fato que em tese configure improbidade administrativa, não se insere na esfera de competência da 5ª CCR/MPF.

CCR-5 Enunciado 38. O Ministério Público Federal não tem atribuição para agir em casos de nepotismo no âmbito da administração estadual ou municipal.

CCR-5 Enunciado 39. O Ministério Público Federal não tem atribuição para agir em questão relacionada a interesse estritamente de regime próprio de previdência de servidores públicos estaduais ou municipais.

3. DIREITO PROCESSUAL CIVIL

CCR-5 Enunciado 2. É cabível recurso contra decisão para adiantamento de custas, honorários e quaisquer outras despesas de atos processuais.

4. DIREITO PROCESSUAL PENAL

CCR-5 Enunciado 28. A promoção de arquivamento de procedimento investigatório criminal deve registrar a existência de medidas no âmbito civil.

5. IMPROBIDADE ADMINISTRATIVA

CCR-5 Enunciado 14. Nas condutas ímprobas de baixo potencial ofensivo, em que o prejuízo ao erário não ultrapasse o valor de R$ 1.000,00, o órgão ministerial poderá promover, sem mais providências, o arquivamento junto à Câmara. Nas mesmas hipóteses, se o prejuízo for superior a esse montante, mas não ultrapasse os R$ 5.000,00, antes de promover o arquivamento do procedimento, o órgão ministerial expedirá à autoridade competente a recomendação cabível, visando à melhoria do serviço e ao ressarcimento amigável do dano, se for o caso.

CCR-5 Enunciado 24. Nas ações por ato de improbidade administrativa propostas por entidades não federais por lesão a bens ou interesses federais, se a petição inicial atender aos pressupostos legais e não houver outro defeito processual, deve o Ministério Público Federal ingressar no polo ativo, para garantir a tramitação do feito na Justiça Federal.

CCR-5 Enunciado 25. Nas ações por ato de improbidade administrativa propostas por entidades não federais por lesão a bens ou interesses federais, havendo inépcia ou outro defeito processual grave, compete ao Procurador oficiante: a) se sanável o defeito, ingressar no polo ativo; b) se insanável o defeito, manifestar-se como "custos legis" pela extinção e ajuizar nova ação ou instaurar procedimento administrativo no MPF.

CCR-5 Enunciado 29. O Ministério Público Federal tem atribuição para promover medidas tendentes à responsabilização penal e por improbidade administrativa e, também, as previstas na Lei 12.846, de 2013, em face de atos lesivos a sociedade de economia mista cuja acionista majoritária seja a União, sempre que evidenciado o interesse direto desta, como no caso em que o prejuízo sofrido pela sociedade empresarial repercuta ou possa repercutir no capital do ente político federal.

CCR-5 Enunciado 30. A instauração de inquérito policial ou o encaminhamento de investigação para a Procuradoria Regional da República ou Procuradoria-Geral da República (prerrogativa de foro), não exclui, na origem, a adoção de providências investigatórias relativas à dimensão cível (improbidade administrativa e ato lesivo à administração pública nacional ou estrangeira), quando houver dúplice repercussão (criminal e cível).

CCR-5 Enunciado 35. A persecução dos atos de improbidade administrativa relativos à sonegação de contribuições previdenciárias ou não repasse destas à Previdência Social, quando imputados a agente público das esferas estadual e municipal, é da atribuição do Ministério Público Estadual se efetivado o pagamento ou se existir parcelamento dos respectivos débitos.

6. INQUÉRITO CIVIL PÚBLICO E PROCEDIMENTO ADMINISTRATIVO

CCR-5 Enunciado 3. Promovido o arquivamento de procedimento administrativo ou de inquérito civil, será notificado o representante, ente público ou privado, para ciência da decisão e, no prazo de dez dias, apresentar, querendo, recurso com as respectivas razões. Mantida, na origem, a decisão recorrida, os autos serão remetidos à 5ª Câmara de Coordenação e Revisão para apreciação do recurso.

CCR-5 Enunciado 4. A promoção de arquivamento de procedimento administrativo ou inquérito civil público deve registrar a existência de medidas no âmbito penal.

CCR-5 Enunciado 5. Não é cabível revisão de promoção de arquivamento quando os autos do PA ou ICP respaldaram integralmente a propositura de ação civil pública. Havendo necessidade de preservação dos autos para eventual consulta ou acompanhamento da respectiva ação é cabível a homologação do arquivamento físico e os autos devolvidos à origem.

CCR-5 Enunciado 6. As portarias de instauração de PA ou ICP, os termos de ajustamento de condutas, as recomendações e as petições iniciais de ações serão encaminhadas para publicação, se for o caso, e registros.

CCR-5 Enunciado 8. Promovido o arquivamento de ICP ou PIC por ausência de infração ou por prescrição, o órgão do MPF fica dispensado de adotar medidas ressarcitórias quando o fato investigado também for objeto de acórdão condenatório do TCU.

CCR-5 Enunciado 10. Para instaurar inquérito civil ou procedimento administrativo, em matéria pertinente a competência da 5ª Câmara de Coordenação e Revisão, o agente do ministério Público Federal deve observar as disposições inscritas na Lei Complementar n. 75, de 1993, arts. 68, parágrafo único, e 70, parágrafo único.

CCR-5 Enunciado 12. Os autos de procedimento administrativo em que o membro oficiante tenha declinado de atribuições em favor do Ministério Público estadual ou de outro ramo do Ministério Público da União deverão ser encaminhados à 5ª CCR, que apreciará, em mesa, os fundamentos da decisão, independentemente de distribuição.

CCR-5 Enunciado 23. A promoção de arquivamento, de procedimento administrativo ou inquérito civil público, em que apurada eventual improbidade administrativa atribuída a prefeito municipal ou governador de Estado, em razão de prescrição, deve registrar a ocorrência ou não de reeleição.

CCR-5 Enunciado 27. O arquivamento de inquérito civil ou procedimento administrativo fica subordinado à instauração de procedimento administrativo de acompanhamento, quando ainda não houver elementos para a formação da convicção do órgão do Ministério Público Federal, ante a pendência de providência administrativa externa diversa de inquérito policial (v.g. análise de prestação de contas).

CCR-5 Enunciado 31. O arquivamento de procedimento preparatório, inquérito civil ou investigação criminal, com base na existência de outro procedimento de idêntica natureza, para a apuração dos mesmos fatos, prescinde de homologação da 5ªCCR, bastando o registro no Sistema Único para fins de cientificação.

7. LICITAÇÕES

CCR-5 Enunciado 15. A outorga de concessão dos serviços de radiodifusão de sons e imagens de fins educativos exige prévio procedimento licitatório

8. TRANSFERÊNCIAS DE RECURSOS FEDERAIS

CCR-5 Enunciado 7. É cabível recomendação aos prefeitos para a observância do art. 2º da Lei 9.452/97

CCR-5 Enunciado 16. Em havendo transferência de recursos da União, inclusive fundo a fundo, a fiscalização Federal atrai a atribuição do Ministério Público Federal

CCR-5 Enunciado 17. Constatada a ausência de utilização de verbas federais, na obra ou serviço, falece atribuição ao Ministério Público Federal para atuar.

CCR-5 Enunciado 20. Em caso de desvio de verbas do Fundeb, se não houve complementação pela União, a atribuição cível é do Ministério Público Estadual. Na seara criminal, considerando interesse federal reconhecido pelo STF, a atribuição será sempre do Ministério Público Federal.

CCR-5 Enunciado 22. Em se tratando de mera comunicação de repasses de verbas do FNDE às Prefeituras municipais, em cumprimento à Resolução n. 53/2009, item 8.3, V, daquela autarquia, é desnecessária a remessa à 5ª Câmara de Coordenação e Revisão do correlato Procedimento Administrativo com vistas à homologação do seu arquivamento, sendo suficiente a comunicação.

6ª CCR – POPULAÇÕES INDÍGENAS E COMUNIDADES TRADICIONAIS

1. CONVENÇÃO 169/OIT

CCR-6 Enunciado 12. A consulta livre, prévia e informada da Convenção n. 169 da OIT deve ser realizada antes de o Conselho Nacional de Políticas Energéticas decidir a construção de uma usina hidrelétrica.

CCR-6 Enunciado 17. As comunidades tradicionais estão inseridas no conceito de povos tribais da Convenção n. 169 da Organização Internacional do Trabalho.

CCR-6 Enunciado 19. O MPF, dentre outros legitimados, tem atribuição para atuar judicial e extrajudicialmente em casos envolvendo direitos de quilombolas e demais comunidades tradicionais, sendo a competência jurisdicional da justiça federal. Tal atribuição se funda no artigo 6º, inciso VII, alínea "c", e artigo 5º, inciso III, alínea "c", da Lei Complementar n. 75/93, no fato de que a tutela de tais interesses corresponde à proteção e promoção do patrimônio cultural nacional (artigos 215 e 216 da Constituição); envolve políticas públicas federais, bem como o cumprimento dos tratados internacionais de direitos humanos, notadamente da Convenção n. 169 da OIT.

CCR-6 Enunciado 25. Os direitos territoriais dos povos indígenas, quilombolas e outras comunidades tradicionais têm fundamento constitucional (art. 215, art. 216 e art. 231 da CF 1988; art. 68 ADCT/CF) e convencional (Convenção n. 169 da OIT). Em termos gerais, a presença desses povos e comunidades tradicionais tem sido fator de contribuição para a proteção do meio ambiente. Nos casos de eventual colisão, as categorias da Lei 9.985 não podem se sobrepor aos referidos direitos territoriais, havendo a necessidade de harmonização entre os direitos em jogo. Nos processos de equacionamento desses conflitos, as comunidades devem ter assegurada a participação livre, informada e igualitária. Na parte em que possibilita a remoção de comunidades tradicionais, o artigo 42 da Lei 9.985 é inconstitucional, contrariando ainda normas internacionais de hierarquia supralegal.

CCR-6 Enunciado 26. O uso sustentável de recursos naturais por parte de povos e comunidades tradicionais é assegurado pela Constituição Federal (arts. 215 e 216) e pela Convenção n. 169 da OIT (art. 14, I), dentro e fora de seus territórios.

CCR-6 Enunciado 29. A consulta prevista na Convenção n. 169 da Organização Internacional do Trabalho é livre, prévia e informada, e realiza-se por meio de um procedimento dialógico e culturalmente situado. A consulta não se restringe a um único ato e deve ser atualizada toda vez que se apresente um novo aspecto que interfira de forma relevante no panorama anteriormente apresentado.

CCR-6 Enunciado 31. O direito à participação com o objetivo de obtenção do consentimento livre, prévio e informado implica a necessidade do reconhecimento do direito de cooperação dos povos na produção da informação (art. 7.3 da Convenção n. 169 da OIT), possibilitando às comunidades a avaliação da incidência social, espiritual, cultural e sobre o meio ambiente que as atividades propostas possam provocar.

CCR-6 Enunciado 32. Depende de consulta, conforme previsto na Convenção n. 169 da OIT, a expedição de alvará de pesquisa e títulos de lavra minerários sobre áreas ocupadas por povos e comunidades tradicionais, independentemente de titulação, sob pena de nulidade.

CCR-6 Enunciado 35. Depende de consulta, conforme previsto na Convenção n. 169 da OIT, a outorga de áreas para pesca que afetem povos e comunidades tradicionais.

2. DIREITO À EDUCAÇÃO

CCR-6 Enunciado 10. O Ministério da Educação e as secretarias estaduais e municipais têm a responsabilidade de, nos casos em que se constate a presença de populações indígenas, situadas em áreas regularizadas ou não, adotar todas as medidas possíveis visando o pleno atendimento do direito à educação, inclusive com a execução de obras de caráter permanente ou temporário, conforme a peculiaridades locais e culturais do povo indígena a ser atendido.

CCR-6 Enunciado 21. É necessário diagnosticar o atual panorama nacional da educação escolar indígena, quilombola e demais comunidades tradicionais e avaliar as responsabilidades das três esferas de governo para garantir os processos próprios de aprendizagem.

3. DIREITO À SAÚDE

CCR-5/6 Enunciado conjunto. A Fundação Nacional de Saúde tem a responsabilidade de, nos casos em que se constate a presença de populações indígenas, situadas em áreas regularizadas ou não, adorar medidas possíveis visando ao seu pleno atendimento, no campo da saúde e do saneamento básico, inclusive com a execução de obras de caráter permanente ou temporário.

CCR-6 Enunciado 7. O Poder Público deve promover a proteção e assistência aos índios que vivem fora das Terras Tradicionais, dando efetividade ao direito à saúde diferenciada.

4. DIREITO AO MEIO AMBIENTE

CCR-6 Enunciado 13. O diagnóstico do meio socioeconômico é parte integrante do EIA/RIMA. O EIA não pode ser submetido às audiências públicas sem o completo diagnóstico dos meios socioeconômico, físico e biótico, previsto na Resolução n. 01/1986 do Conama.

CCR-6 Enunciado 14. O RIMA sempre deve ser elaborado em linguagem acessível e compreensível por toda a população a que se destina, sendo que, no caso de serem impactados povos indígenas, referido relatório deverá ser traduzido para as respectivas línguas.

CCR-6 Enunciado 15. O estudo dos impactos de um empreendimento sobre os povos indígenas e quilombolas não depende de demarcação formal das respectivas terras.

CCR-6 Enunciado 16. Quanto ao aproveitamento dos corpos d'água, ao se planejar, licenciar ou autorizar empreendimentos, toda a extensão da bacia hidrográfica deve ser considerada na definição da área de influência, conforme determina o artigo 1º, inciso V, da Lei n. 9.433/97 e o artigo 5º, inciso III, da Resolução n. 01/86 do Conama.

CCR-6 Enunciado 18. Para todo e qualquer empreendimento que gere impactos sobre o meio ambiente, devem ser considerados os efeitos cumulativos e sinérgicos.

CCR-6 Enunciado 33. Os estudos ambientais elaborados com o objetivo de permitir a avaliação da viabilidade ambiental de empreendimentos devem obrigatoriamente incluir a apresentação das alternativas locacionais, tecnológicas e modais, bem como a alternativa de não implantação do empreendimento.

CCR-6 Enunciado 34. Os bens ambientais cujo aproveitamento é autorizado no curso do licenciamento ambiental são bens de uso comum do povo. O MPF, em sua atuação, deve pugnar pela implementação dos instrumentos de gestão democrática da Política Nacional de Recursos Hídricos (Lei n. 9.433/97), garantindo a participação de povos e comunidades tradicionais, com fiscalização, por exemplo, da instalação e funcionamento dos comitês de bacia, planos de recursos hídricos, declaração de disponibilidade e ou outorga de direitos de uso de recursos hídricos.

5. DIREITO DA CRIANÇA E DO ADOLESCENTE

CCR-6 Enunciado 8. Às crianças e adolescentes indígenas são garantidos todos os direitos sociais estabelecidos na Constituição, tal como o salário-maternidade, independentemente de sua idade, devendo os órgãos públicos responsáveis observar os costumes e tradições de cada comunidade, com a utilização de estudos antropológicos adequados.

6. DIREITOS TERRITORIAIS

CCR-6 Enunciado 11. É possível o pagamento de indenização aos ocupantes de terras indígenas (possuidores ou não de títulos) com base no princípio da proteção à confiança legítima. O cabimento e os limites de aplicação desse princípio serão analisados casuisticamente.

CCR-6 Enunciado 20. As comunidades remanescentes de quilombos têm direito à proteção possessória de suas terras independentemente de processo administrativo correlato, cabendo ao MPF defender esse direito.

CCR-6 Enunciado 22. Em casos de sobreposição territorial entre comunidades tradicionais e/ou unidades de conservação, é necessária a realização de estudo antropológico para contextualizar a dinâmica sociocultural.

CCR-6 Enunciado 23. As várias formas de proteção no âmbito cultural reforçam, e não substituem, a pretensão de titulação territorial.

CCR-6 Enunciado 24. Impõe-se a atuação do MPF pela implementação de políticas públicas destinadas às comunidades tradicionais, independentemente da regularização fundiária e de qualquer ato oficial de reconhecimento.

CCR-6 Enunciado 27. Os direitos territoriais dos povos quilombolas e outros povos e comunidades tradicionais gozam da mesma hierarquia dos direitos dos povos indígenas, pois ambos desfrutam de estatura constitucional. Em casos de conflito, é necessário buscar a harmonização entre estes direitos, consideradas as especificidades de cada situação.

CCR-6 Enunciado 28. Os direitos territoriais dos povos e comunidades indígenas, quilombolas e outras tradicionais gozam da mesma hierarquia constitucional que o interesse público na proteção da segurança nacional. Em casos de conflito, é necessário buscar a harmonização proporcional entre os bens jurídicos em jogo. Nos processos de equacionamento dessas colisões, as comunidades devem ter assegurada a participação livre, informada e igualitária.

7. DISTRITOS SANITÁRIOS

CCR-6 Enunciado 2. Compete aos Distritos Sanitários Especiais Indígenas promover e viabilizar a formação, instalação e funcionamento dos Conselhos Locais e Distritais de Saúde Indígena, situados nas respectivas áreas de jurisdição, instâncias de controle social, responsáveis pela aprovação e fiscalização dos planos de ação dirigidos à prestação de saúde indígena, bem como a verificação: a) da composição dos Conselhos Distritais, observando a paridade e participação das diferentes etnias; b) da implementação e o pleno funcionamento dos Conselhos Locais; c) da existência e observância do regimento interno no âmbito dos Conselhos Distritais; d) da regularidade e periodicidade das reuniões dos Conselhos Locais e Distritais; e) do pleno exercício das atribuições dos Conselhos Locais e Distritais.

CCR-6 Enunciado 6. É imprescindível a presença de antropólogos nos DSEI's – Distritos Sanitários Especiais Indígenas, em especial nas CASAIs.

CCR-6 Enunciado 9. A SESAI e os DSEIs têm a responsabilidade de, nos casos em que se constate a presença de populações indígenas, situadas em áreas regularizadas ou não, adotar todas medidas possíveis visando ao seu pleno entendimento, no campo da saúde e do saneamento básico, inclusive com a execução de obras de caráter permanente ou temporário.

8. PLANOS E PROGRAMAS DE DESENVOLVIMENTO

CCR-6 Enunciado 30. Na formulação dos planos e programas de desenvolvimento nacional e regional, as comunidades têm direito a ver consideradas suas próprias prioridades.

7ª CCR – CONTROLE EXTERNO DA ATIVIDADE POLICIAL E SISTEMA PRISIONAL

1. CONTROLE EXTERNO DA ATIVIDADE POLICIAL

CCR-7 Enunciado 3. O Ministério Público Federal possui atribuição para apurar irregularidades na atuação de policiais estaduais quando delas resultar prejuízo direto para a persecução penal federal, conforme identificado em sede de controle difuso.

2. SISTEMA PRISIONAL

CCR-7 Enunciado 2. O Ministério Público Federal possui atribuição para a persecução de crime de tortura ou de maus tratos contra preso à disposição da Justiça Federal, ainda que esteja recolhido em estabelecimento prisional estadual e tenha o delito sido praticado por agente estadual (art. 109, IV, CF).

CCR-7 Enunciado 4. O Ministério Público Federal tem atribuição para atuar na tutela coletiva de direitos em questões relativas aos presídios estaduais, quando houver o envolvimento de presos à disposição da Justiça Federal, presos indígenas ou quando envolver aplicação de recursos financeiros de origem federal (Funpen).

3. OUTROS TEMAS

CCR-7 Enunciado 1. É desnecessário o envio dos autos à 7ª CCR no caso de decisão ou promoção de arquivamento fundado na existência de outro procedimento investigatório com idêntico objeto (princípio do "ne bis in idem"), bastando a certificação do arquivamento nos autos remanescentes e a comunicação à Câmara por meio do sistema Único.

Parte V

Tribunal Superior Eleitoral

1. CÓDIGO ELEITORAL

1. DOS ÓRGÃOS DA JUSTIÇA ELEITORAL (ARTS. 12 A 15)

1.1. Do Tribunal Superior (arts. 16 a 24)

2014

Poder regulamentar do TSE e impossibilidade de TRE determinar substituição de urnas eletrônicas biométricas no segundo turno.

Compete somente ao TSE expedir atos normativos para regulamentar as eleições, nos termos do art. 23, incisos IX e XVIII, do CE. Os tribunais e juízes eleitorais têm caráter subordinativo, devendo dar fiel e imediato cumprimento aos atos editados pelo TSE (CE, art. 21). *PA 1639-59, Rel. Min. Dias Toffoli, j. 14.10.14. (Info 20)*

2012

Ação rescisória. Cabimento. Inelegibilidade.

Segundo o disposto na alínea j do inc. I do art. 22 do CE, o cabimento da ação rescisória, no âmbito desta Justiça Especializada, restringe-se aos casos de inelegibilidade. A existência de débitos junto à Fazenda Pública bem como a ausência de certidões criminais, constatadas por ocasião do requerimento de registro de candidatura, não consubstanciam causa de inelegibilidade apta a autorizar o manejo de ação rescisória. *EDcl no AgRg na AR 1413-59, Rel. Min. Marcelo Ribeiro, j. 1º.2.12. (Info 1)*

Consulta. Tema. Complexidade. Resposta. Multiplicidade. Conhecimento. Impossibilidade.

O TSE não pode adiantar seu entendimento acerca de questões eleitorais complexas e, ao mesmo tempo, cercadas de peculiaridades. A atribuição legal estabelecida no inc. XII do art. 23 do CE deve ser exercida com cautela, de modo a não gerar dúvidas ou desigualdades no momento da aplicação da lei aos casos concretos. Os parâmetros para o conhecimento das consultas devem ser extremamente rigorosos, sendo imprescindível que os questionamentos sejam formulados em tese e, ainda, de forma simples e objetiva, sem que haja a possibilidade de se darem múltiplas respostas. *Cta 36-19, Rel. Min. Gilson Dipp, j. 21.3.12. (Info 7)*

Consulta. Consulente. Presidente de Tribunal de Justiça. Ilegitimidade.

Nos termos do inc. XII do art. 23 do CE, compete ao TSE responder às consultas formuladas somente por autoridade com jurisdição federal ou órgão nacional de partido político. *Cta 91-67, Rel. Min. Nancy Andrighi, j. 26.4.12. (Info 10)*

Requisição de força federal e garantia da normalidade das eleições no dia do pleito.

Deferido o pedido de força federal apenas no dia da eleição, por se tratar de medida extrema, que visa garantir o livre exercício do voto, a normalidade da votação e a apuração dos resultados, e não para preservar a segurança da população, conforme dispõe o art. 23, XIV, do CE. *PA 126-10, Red. p/ ac. Min. Marco Aurélio, j. 18.9.12. (Info 26)*

1.2. Dos Tribunais Regionais (arts. 25 a 31)

2013

Exercício de dois biênios consecutivos na carreira de juiz de direito e nova indicação na carreira de desembargador.

Não é possível nova investidura de desembargadora, como membro de TRE, indicada pelo Tribunal de Justiça, em inobservância ao interstício previsto no art. 2º da Resolução 20.958/01 deste TSE. Entre as incumbências da Corregedoria-Geral da Justiça Eleitoral está a de conhecer de representações que versem sobre a indicação de membros do Tribunal de Justiça para TRE. *Rep 70-57, Rel. Min. Nancy Andrighi, j. 14.3.13. (Info 5)*

Lista tríplice encaminhada ao Poder Executivo e nomeação de candidata para cargo incompatível com a advocacia.

Após o envio da lista tríplice ao Poder Executivo, eventual incompatibilidade superveniente do indicado deve gerar sua notificação para a manifestação acerca de seu interesse em permanecer na lista. *Lista Tríplice 1909-25, Red. p/ ac. Min. Nancy Andrighi, j. 19.2.13. (Info 2)*

2012

Lista tríplice e quantidade e natureza das pendências judiciais.

A existência de duas ações cíveis contra advogado integrante de lista tríplice não desabona a sua reputação. Havia, na espécie, uma ação monitória em que o advogado figurava na condição de avalista e uma ação de cobrança, fundada em confissão de dívida, cujo laudo indicava inexistência de saldo remanescente a ser pago. Levou-se em consideração tanto a quantidade de processos como a natureza das ações cíveis mencionadas nas certidões judiciais, fornecidas como documentação obrigatória para a instrução da lista tríplice. *Lista Tríplice 1784-23, Rel. Min. Arnaldo Versiani, j. 23.8.12. (Info 22)*

Lista tríplice e existência de execução fiscal contra o indicado.

A existência de certidão cível positiva decorrente da tramitação de processo de Inventário e de ação cautelar inominada, cuja ação principal não foi proposta, não macula a idoneidade moral do advogado indicado em lista tríplice. Por outro lado, se contra o indicado existir execução fiscal de valor relevante, há obstáculo ao envio da lista tríplice ao Executivo, sendo necessária sua substituição. *Lista Tríplice 310-80, Rel. Min. Marco Aurélio, j. 13.9.12. (Info 25)*

Mandado de segurança. Competência. Tribunal. Suspensão de direitos políticos. Mandato. Extinção.

Sendo o mandado de segurança dirigido contra ato de juiz eleitoral, a competência para julgamento é do Tribunal ao qual está vinculado. Imposta a condenação com trânsito em julgado e a suspensão dos direitos políticos de detentor de cargo eletivo, considera-se extinto o mandato, não cabendo cogitar o retorno ao cargo eletivo após o cumprimento da pena. *RMS 281-37, Rel. Min. Marco Aurélio, j. 15.5.12. (Info 13)*

Foro por prerrogativa de função e juízo competente.

O inquérito policial só pode ser presidido pelo juiz natural, sob pena de violação ao art. 29, X, da CF. Assim, na hipótese de investigação contra prefeita, por força da prerrogativa de função, a competência para presidir o inquérito policial é do TRE. Ainda que o inquérito estivesse em fase preliminar, após verificação da existência de foro por prerrogativa de função, o juiz deveria remeter os autos ao foro competente. *REspe 3479-83, Red. p/ ac. Min. Gilson Dipp, j. 28.6.12. (Info 18)*

Lista tríplice e cédula rural pignoratícia.

A existência de execuções de cédulas rurais pignoratícias de quantia vultosa contra um dos indicados impede o encaminhamento de lista tríplice ao Poder Executivo. *Lista Tríplice 43-11, Rel. Min. Nancy Andrighi, j. 29.6.12. (Info 18)*

Lista tríplice e existência de processo de execução.

A existência de processos judiciais referentes à execução de verba honorária, com trânsito em julgado declarado, não obsta a manutenção do nome de advogado indicado na lista tríplice. A existência de processo judicial em que figura como réu integrante de lista tríplice não é suficiente, por si só, para macular a idoneidade moral do postulante. *Lista Tríplice 1001-65, Rel. Min. Gilson Dipp, j. 21.8.12. (Info 22)*

1.3. Dos Juízes Eleitorais (arts. 32 a 35)

2012

Ausência de competência da Justiça Eleitoral e exigências de cartório de registro civil.

A Justiça Eleitoral não detém competência para dirimir dúvidas ou impor gestões ante as diretrizes e exigências impostas por cartórios de registro civil e pela Secretaria da Receita Federal para viabilizar o registro dos diretórios partidários estaduais e municipais e a inscrição no CNPJ. O art. 30, XIII, da Lei 8.935/94 dispõe que os oficiais de registro encaminharão ao juízo competente as dúvidas levantadas pelos interessados, obedecida a sistemática processual fixada pela legislação respectiva. O art. 37 da referida lei define por juízo competente aquele da esfera estadual correspondente e do

Distrito Federal. Assim, é competente para a análise do caso a Justiça Comum. Quanto à Secretaria da Receita Federal, que estaria exigindo cópia autenticada do registro do partido para a expedição do CNPJ dos diretórios regionais e municipais, a competência é da Justiça Federal, nos termos do art. 109, I, da CF. Ponderou, também, que, nos termos do art. 4º da Lei 9.504/97, somente poderá participar das eleições o partido que, até um ano antes do pleito, tenha registrado seu estatuto no TSE e tenha, até a data da convenção, órgão de direção constituído na circunscrição, de acordo com o respectivo estatuto. *Pet 214-65, Rel. Min. Gilson Dipp, j. 16.8.12. (Info 21)*

Jurisdição eleitoral. Primeiro grau. Juízes de direito. Tribunais regionais eleitorais. Juízes de direito e juízes federais.

A Justiça Eleitoral de primeiro grau, isto é, os juízes eleitorais, tem seus cargos providos e recrutados dentre juízes de direito da Justiça Comum dos Estados, com fundamento nos arts. 32 e 36 do CE, segundo os quais a jurisdição das zonas eleitorais cabe a um juiz de direito. O texto constitucional em vigor expõe regra que menciona explicitamente juízes de direito como representativos da Justiça Estadual comum. A alínea b do inc. I do § 1º do art. 120 da CF, ao disciplinar a composição dos tribunais regionais eleitorais, assentou inequivocamente que além do juiz federal (inc. II) o integram "dois juízes, dentre juízes de direito, escolhidos pelo Tribunal de Justiça". Sendo assim, há designação expressa na CF de juízes de direito escolhidos pelos tribunais de justiça estaduais para a composição dos tribunais regionais eleitorais. Além disso, há participação dos juízes federais na composição dos tribunais regionais. Mostra-se aceitável que juízes estaduais e federais tenham a mesma capacidade constitucional para exercer a função eleitoral e, então, a opção constitucional encontra perfeita justificativa que não discrimina qualquer deles e, bem ao contrário, incorpora-os ao melhor projeto constitucional. Quando a CF relaciona os juízes eleitorais aos juízes de direito estaduais, não está praticando uma exorbitância constitucional, mas acomodando, nos órgãos da Justiça Nacional Eleitoral (embora organizada como ramo do Poder Judiciário da União), juízes de direito estaduais no primeiro grau e juízes estaduais e federais no segundo grau de jurisdição sem quebrar os valores federativos e nacionais. *Pet 332-75, Rel. Min. Gilson Dipp, j. 29.3.12. (Info 8)*

Competência para representação por doação irregular de recurso de campanha e domicílio civil do doador.

A representação por doação de recursos acima do limite legal deve ser processada e julgada pelo juízo eleitoral do domicílio civil do doador, a fim de assegurar a ampla defesa e o acesso à justiça. Isso se aplica tanto a doador pessoa física como a pessoa jurídica. Tendo a pessoa física domicílio eleitoral não coincidente com o civil, prevalece o domicílio civil na determinação do juízo competente. *CC 5792, Rel. Min. Nancy Andrighi, j. 1º.8.12. (Info 19)*

Competência da Justiça Eleitoral e intervenção em partido político.

Não compete à Justiça Eleitoral o julgamento de ação anulatória de ato de intervenção entre órgãos do mesmo partido político, ressalvadas as demandas relacionadas diretamente com o processo eleitoral, sem a interferência na autonomia partidária. *AgRg na AC 632-03, Rel. Min. Gilson Dipp, j. 23.8.12. (Info 22)*

2. DO ALISTAMENTO (ARTS. 42 A 81)

2012

Domicílio eleitoral por um ano e condição de elegibilidade.

A condição de elegibilidade referente ao domicílio eleitoral na respectiva circunscrição, um ano antes do pleito, aplica-se aos servidores públicos militares. Assentou, assim, que a exigência não é afastada pelo disposto no art. 55, § 2º, do CE, que trata da possibilidade de transferência do título eleitoral sem necessidade do transcurso de um ano da inscrição anterior no caso de servidores públicos civis ou militares que tenham sido transferidos ou removidos. A exigência de domicílio eleitoral na circunscrição, por no mínimo um ano antes do pleito, configura requisito de natureza objetiva, previsto no art. 14, § 3º, IV, da CF e no art. 9º da Lei 9.504/97, e se destina à verificação de liame político e social entre o candidato, a circunscrição eleitoral e o eleitorado que representa. Considerando que a referida condição de elegibilidade é norma de proteção ao interesse público, a sua incidência não pode ser afastada para realização de interesse individual. *REspe 223-78, Rel. Min. Nancy Andrighi, j. 13.9.12. (Info 25)*

3. DAS ELEIÇÕES (ARTS. 82 A 234)

3.1. Do Sistema Eleitoral (arts. 82 a 86)

2012

Consulta. Secretário municipal. Candidatura. Município diverso. Desincompatibilização. Desnecessidade.

A aferição de elegibilidade leva em conta o território da eleição, consoante o art. 86 do CE. Assim, relativamente à eleição municipal a circunscrição é o respectivo município. A razão de ser da desincompatibilização de determinadas funções e cargos públicos objetiva evitar que o prestígio deles decorrente, ou a possível utilização da máquina governamental em benefício de candidato, desequilibre a igualdade de oportunidades que deve prevalecer entre os participantes dos certames eleitorais. Esse desequilíbrio, todavia, somente ocorre se a eleição se der no território de jurisdição do detentor de mandato eletivo ou do ocupante do cargo ou função pública. Deste modo, secretário municipal pode se candidatar ao cargo de prefeito em município diverso daquele onde atua, sem necessidade de desincompatibilização, salvo hipótese de município desmembrado. A desincompatibilização em comento se daria em virtude da condição de agente político que detém o secretário municipal. *Cta 46-63, Rel. Min. Marcelo Ribeiro, j. 25.4.12. (Info 10)*

Dupla vacância e eleição indireta.

Na hipótese de dupla vacância dos cargos de prefeito e vice-prefeito e estando em curso o último ano do mandato, a eleição deve ser realizada na modalidade indireta. A assunção da chefia do Poder Executivo, em caráter definitivo, pelo presidente da Câmara Municipal em razão de dupla vacância dos cargos de prefeito e vice-prefeito, a despeito da previsão na Lei Orgânica do Município, não se coaduna com o regime democrático e com a soberania popular. *MS 346-25, Rel. Min. Nancy Andrighi, j. 23.8.12. (Info 22)*

3.2. Da Apuração (arts. 158 a 233-A)

2016

Votos conferidos a candidato "sub judice" e realização de segundo turno.

Nos municípios com mais de 200 mil eleitores, os votos dados a candidatos que concorreram "sub judice" a cargos majoritários no primeiro turno de votação, em razão de indeferimento inicial do registro de candidatura, devem ser computados para efeito de realização do segundo turno de votação, enquanto estiver pendente decisão final acerca da regularidade da candidatura. *MS 0602028-24, Rel. Min. Henrique Neves da Silva, j. 11.9.16. (Info 11)*

Inconstitucionalidade da expressão "após o trânsito em julgado" prevista no § 3º do art. 224 do CE.

O TSE declarou, incidentalmente, a inconstitucionalidade da expressão "após o trânsito em julgado" prevista no § 3º do art. 224 do CE, com redação dada pela Lei 13.165/15, por violar a soberania popular, a garantia fundamental da prestação jurisdicional célere, a independência dos poderes e a legitimidade exigida para o exercício da representação popular. *EDcl REspe 139-25, Rel. Min. Henrique Neves da Silva, j. 28.11.16. (Info 14)*

2013

Nulidade de votos por indeferimento de registro de candidatura e percentual para realização de novas eleições.

Os votos originalmente nulos e os em branco não se somam aos votos conferidos a candidato que teve o seu registro indeferido, para verificação do percentual que enseja a realização de novas eleições, nos termos do art. 224 do CE. *REspe 316-96, Rel. Min. Henrique Neves, j. 28.5.13. (Info 14)*

2012

Legitimidade. Terceiro interessado. Ação cautelar. Participação. Ação principal. Soma. Votação. Candidatos. Fumus boni juris.

Inicialmente, o Tribunal não conheceu do agravo regimental interposto pela Câmara Municipal de Almerim, tendo em vista que "não tem legitimidade para propor agravo regimental em ação cautelar o terceiro que não participou do processo principal". No caso, o primeiro e o terceiro colocados tiveram seus registros de candidatura indeferidos/cassados. O somatório dos votos desses ultrapassou o percentual de 50% dos votos válidos, o que ensejaria a realização de novas eleições, com base no art. 224 do CE. Contudo, considerando a plausibilidade do direito alegado, ou seja, que seria incabível o somatório dos votos de dois candidatos em pleito majoritário para fins de incidência do art. 224 do CE; e, também, em virtude da circunstância de que os segundos colocados não tiveram registro indeferido, não foram cassados por decisão da Justiça Eleitoral e, afinal, foram diplomados e assumiram os mandatos eletivos, o Tribunal manteve a suspensão da realização de novas eleições até o exame da questão. *AgRg na AC 1777-31, Rel. Min. Arnaldo Versiani, j. 1º.3.12. (Info 4)*

4. DISPOSIÇÕES VÁRIAS (ARTS. 234 A 383)

4.1. Da Propaganda Partidária (arts. 240 a 256)

2012

Propaganda eleitoral. Indicação. Legenda partidária. Ausência. Sanção. Impossibilidade.

Nos termos do art. 242 do CE e § 2º do art. 6º da Lei 9.504/97, é obrigatória, na propaganda eleitoral, a indicação da legenda partidária. Embora seja incontroversa a necessidade de indicação da legenda partidária e da respectiva coligação na propaganda eleitoral para eleições proporcionais, as referidas normas não estabelecem, especificamente, qualquer sanção para o seu descumprimento. Nesses casos, deve o julgador, à falta de norma sancionadora, advertir o autor da conduta ilícita nos termos do art. 347 do CE. *REspe 326581, Rel. Min. Cármen Lúcia, j. 3.4.12. (Info 9)*

4.2. Dos Recursos (arts. 257 a 282)

2016

Aplicação do art. 260 do CE aos processos de registro de candidatura.

O TSE alterou sua jurisprudência e decidiu aplicar o art. 260 do CE aos processos de registro de candidatura julgados após o pleito eleitoral. *REspe 136-46, Rel. Min. Henrique Neves da Silva, j. 6.10.16. (Info 11)*

2015

Juízo de retratação e art. 267, § 7º, do CE.

O juízo de retratação previsto no art. 267, § 7º, do CE prescinde de pedido expresso da parte recorrente, por constituir medida prevista em lei, e pode ser exercido após as contrarrazões do recurso. *RMS 56-98, Rel. Min. Admar Gonzaga, j. 10.3.15. (Info 3)*

Tempestividade de recurso interposto antes da publicação do acórdão e mudança de entendimento da Corte Eleitoral.

É tempestiva a interposição de recurso antes da publicação de acórdão, sendo desnecessária sua ratificação posterior. *REspe 104683, Rel. Min. Marco Aurélio, j. 10.3.15. (Info 3)*

2014

Manifestações divergentes emitidas pelo Ministério Público e falta de interesse recursal.

O MPE não possui interesse processual para recorrer de decisão proferida em conformidade com parecer por ele ofertado nos autos. *RO 1720-08, Rel. Min. João Otávio de Noronha, j. 25.3.14. (Info 6)*

2013

Declaração incidental de não recepção do inc. IV do art. 262 do CE pela Constituição da República e envio de ações para processamento pelos tribunais competentes.

O TSE assentou incidentalmente a não recepção pela CF da parte inicial e a inconstitucionalidade da parte final do inc. IV do art. 262 do CE. O principal fundamento da decisão foi o de que o art. 14, § 10, da CF estabelece a ação de impugnação de mandato como único instrumento processual cabível para impugnar diploma expedido pela Justiça Eleitoral a candidato eleito. A hipótese do recurso contra expedição de diploma prevista no art. 262, IV, do CE tem a mesma finalidade da AIME, qual seja a de impugnar diplomação em razão de ilícitos que maculam a legitimidade do pleito, não havendo necessidade de coexistirem. Ao caso, se aplica a interpretação restritiva, por se tratar de norma punitiva, pelo que concluiu que o constituinte restringiu a impugnação da diplomação de candidato eleito à ação prevista no art. 14, § 10, da CF. *RCED 8-84, Rel. Min. Dias Toffoli, j. 17.9.13. (Info 25)*

Julgamento de processo sem prévia inclusão e publicação em pauta e nulidade do procedimento.

O julgamento de processo sem a prévia inclusão e publicação em pauta é nulo, tornando-se sem efeito o acórdão dele decorrente. A não publicação da pauta de julgamento no órgão oficial e a correspondente ausência de intimação das partes violam o princípio da ampla defesa. Consta do art. 552 do CPC, de que "os autos serão, em seguida, apresentados ao presidente, que designará dia para julgamento, mandando publicar a pauta no órgão oficial", e do art. 271 do CE, de que "o relator devolverá os autos à Secretaria no prazo improrrogável de 8 dias para, nas 24 horas seguintes, ser o caso incluído na pauta de julgamento do Tribunal". *EDcl no REspe 64-04, Rel. Min. Nancy Andrighi, j. 20.3.13. (Info 6)*

Propaganda eleitoral extemporânea e impossibilidade de reapreciação de prova em sede de recurso especial.

Não cabe a reapreciação do contexto fático-probatório em sede de recurso especial, para alterar conclusão de TRE que entendeu caracterizada a propaganda eleitoral extemporânea. *AgRg no Ag 4268-45, Rel. Min. Laurita Vaz, j. 23.4.13. (Info 10)*

Rejeição de contas e fato superveniente à interposição do recurso especial.

Os fatos supervenientes à propositura da ação, que influenciem no resultado da lide, só podem ser considerados até o julgamento em segundo grau de jurisdição, não sendo possível a arguição destes em sede de recurso especial. *AREspe 112-28, Rel. Min. Nancy Andrighi, j. 7.2.13. (Info 1)*

2012

Desincompatibilização. Ausência. Arguição. Impugnação de registro. Recurso contra expedição de diploma. Possibilidade.

O RCED é um dos instrumentos processuais previstos na legislação eleitoral que visa resguardar a lisura e a legitimidade das eleições. Seu objetivo é a desconstituição do diploma conferido a candidato nas hipóteses do art. 262 do CE. A desincompatibilização, por se tratar de inelegibilidade infraconstitucional e preexistente ao registro de candidatura, deve ser arguida, em regra, na fase de impugnação do registro, sob pena de preclusão, nos termos do art. 259 do CE. Todavia, a ausência de desincompatibilização de fato pode ser suscitada em RCED, porquanto o candidato pode, após a fase de impugnação do registro, praticar atos inerentes ao cargo do qual tenha se desincompatibilizado apenas formalmente. Trata-se, pois, de situação superveniente ao registro de candidatura. Conclusão diversa permitiria que um candidato que se desincompatibilizasse formalmente, no prazo oportuno, do cargo até então ocupado voltasse a exercer esse mesmo cargo de fato sem que sofresse sanção alguma, possibilitando que se utilizasse das prerrogativas do cargo em favor de sua campanha, em afronta ao princípio da isonomia. O provimento do recurso, entretanto, fica condicionado à comprovação de que o exercício de fato do cargo tenha se dado após a fase de impugnação do registro de candidatura. *RCED 13-84, Rel. Min. Nancy Andrighi, j. 6.3.12. (Info 5)*

Embargos de declaração. Suplente. Assistente simples. Condição. Recurso. Assistido. Terceiro prejudicado. Descaracterização.

Não devem ser conhecidos embargos de declaração opostos pelos assistentes simples cujos recursos especiais não foram conhecidos em razão da desistência do recurso do assistido. Quanto ao primeiro suplente, sua admissão nesta instância especial seria possível somente na condição de assistente simples e não como terceiro prejudicado. A lei condiciona o recurso de terceiro prejudicado à demonstração do nexo de interdependência entre o seu interesse de intervir e a relação jurídica submetida à apreciação judicial (§ 1º do art. 499, CPC). Esse interesse deve retratar o prejuízo jurídico advindo da decisão, e não somente o prejuízo de fato. Nessa linha de raciocínio, não há interesse jurídico próprio do suplente em interpor recurso da decisão, uma vez que a pretensão de assumir o mandato consiste em interesse de fato, que não o autoriza a interpor o recurso na qualidade de terceiro prejudicado, mas somente como assistente simples, que recebe o processo no estado em que se encontra e se submete à atuação do assistido. Ocorre que o assistido desistiu do recurso, assim é inadmissível o ingresso do primeiro suplente, pois não pode recorrer isoladamente. *EDcl no RO 4377-64, Rel. Min. Marcelo Ribeiro, j. 27.3.12. (Info 8)*

"Habeas corpus" e devolução de prazo recursal.

Pedido de devolução de prazo recursal que transcorreu sem manifestação do réu, após regular intimação, não é fundamento para concessão de "habeas corpus", em razão da inexistência de defeitos nos atos praticados na instância ordinária. "Habeas corpus" não é sucedâneo de revisão criminal, motivo pelo qual não foi conhecido, por conter as mesmas alegações da revisão criminal em curso. *HC 10381, Rel. Min. Gilson Dipp, j. 1.8.12. (Info 19)*

Imagem digitalizada da assinatura e validade do recurso.

Trata-se de peça apócrifa aquela apresentada apenas com a imagem digitalizada da assinatura, por não estar subscrita pelo representante legal da parte. A imagem digitalizada de assinatura não é suficiente para tornar o recurso devidamente firmado, por não se enquadrar nos casos de assinatura eletrônica admitidos no art. 1º, § 2º, III, da Lei 11.419/06. *AgRg no Ag 621-02, Rel. Min. Marco Aurélio, j. 7.8.12. (Info 20)*

Mandado de segurança e recurso cabível.

O mandado de segurança não é substitutivo de recurso e de que a matéria decidida na instância ordinária deve chegar ao TSE pelo recurso cabível, previsto no CE. *MS 352-32, Red. p/ ac. Min. Dias Toffoli, j. 2.8.12. (Info 19)*

Recurso contra expedição de diploma e inelegibilidade constitucional.

A competência para processar e julgar, originariamente, recurso contra expedição de diploma de prefeito é do TRE. Dessa decisão caberá recurso especial. A inelegibilidade fundada no art. 14, § 7º, da CF não está sujeita à preclusão prevista no art. 259 do CE, e pode ser arguida em recurso contra expedição de diploma, ainda que existente no momento do registro de candidatura, por se tratar de inelegibilidade de natureza constitucional. *RO 222-13, Rel. Min. Gilson Dipp, j. 2.8.12. (Info 19)*

Recurso especial. Procuração. Ausência. Regularidade da representação. Aferição. Interposição.

A posterior apresentação do instrumento de mandato ainda na instância de origem, mas quando já instaurada a jurisdição do Tribunal "ad quem", com a protocolização do recurso especial, não sana o vício porque se operou a preclusão consumativa. Portanto, incide a Súm. 115/STJ. Em face de eventual arquivamento de procuração em secretaria, deve o advogado diligenciar para que esse fato esteja devidamente certificado nos autos, sendo inviável, em agravo regimental, a juntada da certidão do arquivamento da procuração. *EDcl no AgRg no REspe 1438-09, Rel. Min. Marcelo Ribeiro, j. 1º.2.12. (Info 1)*

Recurso especial. Recurso contra expedição de diploma. Fraude. Potencialidade. Reconhecimento.

A fraude a ser alegada em recurso contra expedição de diploma fundado no inc. IV do art. 262 do CE é aquela que se refere à votação, tendente a comprometer a lisura e a legitimidade do processo eleitoral. *REspe 3994083-97, Rel. Min. Marcelo Ribeiro, j. 7.2.12. (Info 2)*

Recursos. Gastos ilícitos. Representação. Cumulação de pedidos. Prazo recursal. Alteração.

Antes da edição da Lei 12.034/09, a qual alterou o prazo recursal para três dias nas representações propostas com base no art. 30-A da Lei 9.504/97, a jurisprudência do TSE era sedimentada no sentido de que, nas ações em que se discute infração ao referido dispositivo, o prazo recursal é de 24 horas, segundo dispõe o § 8º do art. 96 da mesma lei, ainda que adotado o rito do art. 22 da LC 64/90. Excetua-se dessa regra, contudo, a hipótese de investigação judicial em que se cumula a violação ao precitado dispositivo e a apuração de abuso de poder, caso em que se adota o prazo recursal geral estabelecido no art. 258 do CE em face da incidência do § 2º do art. 292 do CPC. *AgRg no REspe 3994050-10, Rel. Min. Marcelo Ribeiro, j. 14.2.12. (Info 3)*

4.3. Disposições Penais (arts. 283 a 364)

2016

Ilicitude de prova e possibilidade de sua utilização em desfavor dos agentes infratores.

A prova produzida por eleitores mediante gravação oculta de reunião com candidato, na qual ofereceram e efetivaram a venda de votos àquele, padece de ilicitude, cuja mácula não obsta a ação penal proposta contra os corruptores que, dissimuladamente, negociaram seus votos em troca de vantagem econômica. *HC 444-05, Rel. Min. Maria Thereza de Assis Moura, j. 1º.3.16. (Info 2)*

Nulidade de provas e flagrante preparado.

Constitui flagrante preparado a infiltração de policial com a finalidade de instigar candidato à prática de conduta vedada pelo CE, ocasionando a nulidade das provas dela decorrentes. *REspe 9529, Rel. Min. Luciana Lóssio, j. 7.6.16. (Info 6)*

2015

Crime de falsidade ideológica eleitoral em procedimento de prestação de contas.
A falsidade ideológica perpetrada em processo de prestação de contas pode configurar, em tese, o crime previsto no art. 350 do CE, a despeito de a apresentação dos documentos ocorrer após as eleições. *REspe 2027-02, Rel. Min. João Otávio de Noronha, j. 28.4.15. (Info 6)*

Sursis processual eleitoral e posterior descumprimento de condição estabelecida na transação penal.
O descumprimento da prestação de serviços à comunidade estipulada como condição de transação penal eleitoral, firmada com base no art. 89, § 2º, da Lei 9.099/95, tem por corolário o restabelecimento do curso da ação penal eleitoral. A jurisprudência do STJ, bem como do STF, é firme no sentido de considerar lícito condicionar o sursis processual à prestação de serviços à comunidade, desde que compatível com o fato e a situação pessoal do acusado, bem como seja por este aceita. Inexiste, na posterior revogação da suspensão do processo, ofensa ao princípio da presunção de não culpabilidade. *RHC 756-55, Rel. Min. Luciana Lóssio, j. 15.10.15. (Info 14)*

2014

Declaração de inconstitucionalidade do art. 337 do CE.
O TSE reconheceu a inconstitucionalidade do art. 337 do CE, em face de sua incompatibilidade com os postulados constitucionais da liberdade de manifestação do pensamento e de consciência, direitos fundamentais do indivíduo assegurados nos arts. 5º, incisos IV, VI e VIII, e 220 da CF. O aludido dispositivo penal, que descreve como crime a participação daquele que estiver com os direitos políticos suspensos em atividades político-partidárias, inclusive comícios e atos de propaganda, não guarda sintonia com os arts. 5º, IV, VI e VIII, e 220 da CF, que garantem ao indivíduo a livre expressão do pensamento e a liberdade de consciência, ainda que o exercício de tais garantias sofra limitações em razão de outras, também resguardadas pela CF. O dispositivo penal descreve como crime a participação em comícios e atos de propaganda daquele que estiver com os direitos políticos suspensos, embora tais comportamentos digam "respeito à liberdade individual e não à prática de atos que se inserem no âmbito dos direitos políticos, propriamente ditos". *REspe 7735688-67, Rel. Min. Dias Toffoli, j. 14.10.14. (Info 20)*

2013

Ação penal eleitoral sem identificação dos eleitores corrompidos e ausência de justa causa para seu prosseguimento.
A peça inaugural do processo penal deve conter a exposição do fato, com todas as suas circunstâncias, de modo a viabilizar a plena defesa (art. 41 do CPP), sob pena de sujeitar o acusado ao gravame de uma ação penal inviável. A configuração do crime previsto no art. 299 do CE exige que o corruptor eleitoral passivo seja pessoa apta a votar. Esse requisito só poderá ser confirmado com a devida identificação dos eleitores envolvidos. *RHC 133-16, Rel. Min. Luciana Lóssio, j. 17.12.13. (Info 36)*

Crime de corrupção eleitoral e necessidade de identificação dos eleitores.
A configuração do tipo penal de corrupção eleitoral, previsto no art. 299 do CE, além do dolo específico de obter ou dar voto ou prometer abstenção, é necessário que a conduta seja dirigida a eleitores identificados ou identificáveis. *HC 693-58, Rel. Min. Dias Toffoli, j. 11.6.13. (Info 16)*

Declaração falsa em prestação de contas de campanha e não configuração do crime de falsidade ideológica eleitoral.
Declaração falsa negando a existência de movimentação financeira em conta bancária de campanha não configura o crime de falsidade ideológica tipificado no art. 350 do CE, em razão de sua irrelevância no processo de prestação de contas de campanha. *HC 715-19, Rel. Min. Nancy Andrighi, j. 20.3.13. (Info 6)*

Descumprimento reiterado de ordem judicial para retirada de vídeo da rede mundial de computadores e tipificação do crime de desobediência eleitoral.
A recusa em cumprir ordem da Justiça Eleitoral, de retirada de vídeo da rede mundial de computadores, configura, em tese, o crime de desobediência tipificado no art. 347 do CE. *HC 1211-48, Rel. Min. Nancy Andrighi, j. 21.3.13. (Info 6)*

1. CÓDIGO ELEITORAL

Desmembramento de ação penal e interesse para reclamar a nulidade.

A alegação de eventual nulidade quanto ao desmembramento de ação penal realizado por juízo de primeira instância, em razão de existir denunciado com foro privilegiado, só pode ser suscitada por quem sofreu efetivo prejuízo com o procedimento. *HC 492-66, Rel. Min. Luciana Lóssio, j. 12.3.13. (Info 5)*

Inscrição eleitoral fraudulenta e recebimento de denúncia fundada em certidão emitida por oficial de justiça.

Há justa causa para o prosseguimento de persecução criminal na hipótese de a denúncia estar fundada em certidão de oficial de justiça, atinente à diligência de verificação da veracidade ou não da residência declarada para fins de transferência de domicílio eleitoral. *REspe 2874-77, Rel. Min. Henrique Neves, j. 22.8.13. (Info 21)*

Inobservância do prazo para o oferecimento de denúncia e validade da ação penal eleitoral.

A inobservância, pelo Ministério Público, do prazo de dez dias para oferecimento da denúncia, previsto no art. 357 do CE, constitui mera irregularidade, que não resulta na anulação da ação penal. A extrapolação desse prazo não tem o condão de extinguir a punibilidade objeto da denúncia. *RHC 127-81, Rel. Min. Laurita Vaz, j. 12.3.13. (Info 5)*

Princípio da indivisibilidade da ação penal e impossibilidade de coautores serem testemunhas de crime.

O tipo do art. 290 do CE pressupõe o induzimento do eleitor, sendo necessário que o agente, mediante certa estratégia, conduza o cidadão a inscrever-se eleitor. A lei visa punir as condutas de instigar, incitar ou auxiliar terceiro a alistar-se fraudulentamente, aproveitando-se de sua ingenuidade ou de sua ignorância. Assim, se há concurso de vontades, não se pode concluir no sentido do induzimento. A teor do disposto no art. 299 do CE, configura crime dar, oferecer, prometer, solicitar ou receber, para si ou para outrem, dinheiro, dádiva ou qualquer outra vantagem, para obter ou dar voto e para conseguir ou prometer abstenção, ainda que a oferta não seja aceita. Pontuou que o tipo alcança não só aquele que busca o voto ou a abstenção, mas também o que solicita ou recebe vantagem para a prática do ato à margem da cidadania. *REspe 1-98, Rel. Min. Marco Aurélio, j. 26.2.13. (Info 3)*

Processo-crime eleitoral e prescrição da pretensão punitiva.

O TSE, por unanimidade, extinguiu processo-crime eleitoral, em razão da prescrição da pretensão punitiva do Estado. No caso, o candidato foi denunciado em 5 de outubro de 2008 por suposta prática do crime eleitoral previsto no art. 39, § 5º, II, da Lei 9.504/97. No processo criminal instaurado, adotou-se o rito previsto na Lei 9.099/95, sendo prolatada sentença condenatória de seis meses de detenção, da qual somente o réu recorreu. Este TSE, analisando o recurso, proferiu decisão anulando o procedimento e determinando que ele fosse refeito, em razão de não se ter aplicado o rito previsto no CE. Dessa decisão, o candidato opôs embargos declaratórios, que foram acolhidos com efeitos infringentes, para pronunciar a prescrição da pretensão punitiva e extinguir o processo. A denúncia, único fator interruptivo que restou, foi recebida em 25.11.2009 e que, mesmo anulado o processo, não seria possível, renovada a instrução e o julgamento, chegar a pena superior à revelada na sentença condenatória, pois apenas a defesa interpôs recurso. Aplica-se ao caso a sistemática prevista na antiga redação do inc. VI do art. 109 do CP, alterada pela Lei 12.234/10, que previa o prazo prescricional de dois anos para penas inferiores a um ano. Dessa forma, entre a data de recebimento da denúncia, 25.11.2009, e a data da possível sentença condenatória a ser prolatada no novo procedimento já terão decorridos dois anos. Não trata de aplicar a chamada "prescrição virtual", uma vez que esta visa extinguir o processo pela simples presunção da pena concreta a ser aplicada. *EDcl no REspe 298-03, Rel. Min. Marco Aurélio, j. 29.10.13. (Info 30)*

Recebimento de denúncia por juiz incompetente e prescrição da pretensão punitiva.

A decisão proferida por juiz incompetente pode ser declarada nula em qualquer tempo e grau de jurisdição, por se tratar de nulidade absoluta, não sendo causa interruptiva do prazo prescricional. *EDcl no REspe 6852149-04, Rel. Min. Dias Toffoli, j. 2.4.13. (Info 7)*

2012

Ausência de supervisão judicial da investigação policial e nulidade absoluta.

O uso do "habeas corpus" como instrumento para trancar ação penal é admitido apenas nos casos em que há clara evidência da atipicidade da conduta, extinção da punibilidade, ilegitimidade da parte ou ausência de condição para o exercício da ação penal (art. 395 do CPP). Prefeito tem foro por prerrogativa de função no TRE quando investigado pela prática de crime eleitoral, destacando que o procedimento investigatório está sujeito à supervisão judicial do Regional desde sua abertura até eventual oferecimento da denúncia. Dessa forma, a inexistência de supervisão torna o inquérito policial viciado e provoca a nulidade absoluta da ação penal proposta com fundamento nessa peça informativa. *HC 645, Rel. Min. Gilson Dipp, j. 1º.8.12. (Info 19)*

Crime de quadrilha e desnecessidade de duração da conduta até as eleições.

Para a configuração do elemento de estabilidade, necessário à configuração do crime de quadrilha (conduta estável e permanente), previsto no art. 288 do CP, não se exige que a conduta se prolongue após as eleições, bastando que a duração seja suficiente para se alcançar o propósito criminoso. Não se concede "habeas corpus" quando a denúncia descreve indícios suficientes de autoria e materialidade do crime e expõe claramente fatos que, em tese, configuram as condutas descritas nos arts. 288, caput, do CP; 299 do CE e 39, §5º, II, da Lei das Eleições. *RHC 31-66, Rel. Min. Arnaldo Versiani, j. 14.8.12. (Info 21)*

Crime. Falsidade ideológica. Finalidade eleitoral. Trancamento. Ação penal. Impossibilidade.

O trancamento de ação penal por meio de "habeas corpus" é medida de índole excepcional, somente admitida nas hipóteses em que se denote, de plano, ausência de justa causa, inexistência de elementos indiciários demonstrativos da autoria e da materialidade do delito ou, ainda, presença de alguma causa excludente de punibilidade. No caso, a denúncia obedece aos ditames do art. 41 do CPP, expondo os fatos com as circunstâncias, as qualificações dos acusados, a classificação dos crimes e o rol de testemunhas. As assertivas de que as declarações que deram origem à ação penal em comento não foram assinadas pelo paciente e de que nenhuma das acusadas que firmaram as declarações citadas na peça acusatória foi coagida ou sofreu qualquer tipo de pressão para assiná-las não foram objeto do acórdão regional e serão esclarecidas durante a instrução do processo criminal, sob pena de indevida supressão de instância. A forma incriminadora "fazer inserir", prevista no art. 350 do CE, admite a realização por terceira pessoa que comprovadamente pretenda se beneficiar ou prejudicar outrem na esfera eleitoral. O bem jurídico protegido pela norma é a fé pública eleitoral referente à autenticidade dos documentos. *HC 62-17, Rel. Min. Gilson Dipp, j. 15.5.12. (Info 13)*

"Habeas corpus" de ofício e reconhecimento da prescrição superveniente da pretensão punitiva

É possível a concessão de "habeas corpus" de ofício para reconhecer a extinção da punibilidade pela prescrição superveniente da pretensão punitiva do Estado, por se tratar de matéria de ordem pública. *HC 697-32, Rel. Min. Gilson Dipp, j. 9.8.12. (Info 20)*

"Habeas corpus". Prerrogativa de foro. Juiz competente. Atos praticados. Manutenção. Nulidade. Inexistência.

A assunção ao cargo de prefeito, no curso do processo contra ele instaurado, desloca a competência para o TRE, porém não invalida os atos praticados pelo juiz de primeiro grau ao tempo em que era competente. Não há nulidade na ratificação do ato de recebimento da denúncia, no interrogatório e na determinação para apresentação de defesa prévia realizados pelo juiz de primeiro grau. *HC 50-03, Rel. Min. Gilson Dipp, j. 2.5.12. (Info 11)*

Inquérito policial. Instauração. Delação anônima. Diligências posteriores. Indícios. Ação penal. Trancamento. Impossibilidade.

É possível a instauração de inquérito policial por requisição do Ministério Público com fundamento em delação anônima, sobretudo quando ela traz narrativa detalhada que lhe confere verossimilhança. Há precedentes do STF e do STJ no sentido de que a "notitia criminis" anônima não é idônea, por si só, para a instauração de inquérito policial, devendo a autoridade policial realizar investigações prévias a respeito da veracidade das informações para, então, dar início à apuração formal do delito. O trancamento de ação penal na via do "habeas corpus" é medida excepcional, somente admitida quando se constata, de plano, a imputação de fato atípico, a ausência de indícios de autoria e de materialidade do delito ou, ainda, a extinção da punibilidade. *RHC 1033-79, Rel. Min. Nancy Andrighi, j. 2.5.12. (Info 11)*

Investigações realizadas sem comunicação ao juízo competente e prova ilícita.

Na Justiça Eleitoral, o poder de polícia pertence exclusivamente ao juiz eleitoral. O inquérito policial eleitoral somente será instaurado mediante requisição do Ministério Público ou da Justiça Eleitoral, salvo a hipótese de prisão em flagrante, quando o inquérito será instaurado independentemente de requisição, nos termos do art. 8º da Res.-TSE 23.222/10. Por essa razão, classifica-se como nulas as atividades exercidas pelos agentes da Polícia Federal, que deveriam ter informado a autoridade judiciária ou o MPE, desde a primeira notícia, do cometimento de ilícitos eleitorais, ainda que sob a forma de suspeita, para que as providências investigatórias, comandadas pelo juiz eleitoral, pudessem ser adotadas. A interceptação ou gravação ambiental só seria lícita se houvesse autorização judicial prévia e fundamentada. Na hipótese vertente, como foram consideradas nulas tanto as investigações prévias como as gravações ambientais realizadas sem a devida autorização judicial, tornou-se inviável a aferição da ocorrência ou não da captação ilícita de sufrágio. *RO 1904-61, Rel. Min. Arnaldo Versiani, j. 28.6.12. (Info 18)*

Recebimento de denúncia. Juízo incompetente. Prazo prescricional. Interrupção. Inocorrência.

O recebimento da denúncia, ato de natureza decisória, uma vez realizado por juiz incompetente, é nulo e, por conseguinte, não interrompe o prazo prescricional. O marco interruptivo da prescrição, nos termos do inc. I do art. 117 do CP, é a denúncia validamente recebida pelo juiz natural. O interstício compreendido entre o recebimento válido da denúncia e a publicação do acórdão condenatório também interrompe a fluência do tempo para prescrição. *REspe 685214904, Rel. Min. Cármen Lúcia, j. 8.5.12. (Info 12)*

Recurso em "habeas corpus". Impetrante. Interposição. Possibilidade. Denúncia. Inépcia. Inocorrência. Decisão civil-eleitoral. Independência das instâncias.

Quem tem legitimação para propor "habeas corpus" tem também legitimação para dele recorrer. Nas hipóteses de denegação do "habeas corpus" no Tribunal de origem, aceita-se a interposição, pelo impetrante, de recurso ordinário constitucional, independentemente de habilitação legal ou de representação. O trancamento da ação penal pela via de "habeas corpus" é medida de exceção, que só é admissível quando emerge dos autos a atipicidade da conduta, sem a necessidade de exame valorativo do conjunto fático ou probatório. Pode-se trancar a ação, também, quando a denúncia estiver destituída de indícios de autoria e de prova de materialidade a fundamentar a acusação ou, ainda, quando estiver presente alguma causa de extinção de punibilidade. A denúncia obedece aos ditames do art. 41 do CPP, pois contém a exposição dos fatos com as circunstâncias, a qualificação dos acusados, a classificação do crime e o rol de testemunhas. A improcedência de ação de investigação judicial eleitoral não é circunstância apta a obstar o prosseguimento de ação penal para apuração do crime, ainda que ambos os processos tenham como fundamento os mesmos fatos, haja vista a independência entre a esfera cível-eleitoral e a penal-eleitoral. As decisões de improcedência, por ausência de prova, proferidas em sede civil-eleitoral não obstam a persecução criminal instaurada para apurar fatos idênticos nem interferem nela. *RHC 463-76, Rel. Min. Gilson Dipp, j. 15.5.12. (Info 13)*

4.4. Disposições Gerais e Transitórias (arts. 365 a 383)

2014

Ação de execução de astreintes e legitimidade ativa.

A Procuradoria-Geral da Fazenda Nacional é parte legítima para ajuizar ação de execução de astreintes imposta pelo descumprimento de ordem de juízo eleitoral. As multas eleitorais, incluindo as astreintes, estão submetidas à ação executiva na forma prevista para a cobrança da dívida ativa da Fazenda Pública, as quais obedecem à sistemática do art. 367, IV, do CE. *REspe 1168-39, Rel. Min. Luciana Lóssio, j. 9.9.14. (Info 15)*

2013

Execução fiscal de multa eleitoral e aplicação de prazo prescricional previsto no Código Civil.

O prazo prescricional de execução fiscal da multa eleitoral é de dez anos, nos termos do art. 205 do Código Civil, que dispõe: "a prescrição ocorre em dez anos, quando a lei não lhe haja fixado prazo menor". *REspe 8338-08, Red. p/ ac. Min. Dias Toffoli, j. 7.5.13. (Info 12)*

2012

Exceção de pré-executividade e pagamento da multa eleitoral após o pedido de registro de candidatura.

A exceção de pré-executividade ajuizada contra a execução fiscal, cujo objeto consiste em multa eleitoral, não tem o condão de suspender o processo executivo quando faltar garantia do juízo ou requerimento expresso, permanecendo o óbice ao reconhecimento da quitação eleitoral. *REspe 106-76, Rel. Min. Laurita Vaz, j. 4.10.12. (Info 28)*

2. CONSTITUIÇÃO FEDERAL

1. DOS DIREITOS POLÍTICOS (ARTS. 14 A 16))

1.1. Das Condições de Elegibilidade

2013

Conversão de pena privativa de liberdade em restritiva de direitos e suspensão dos direitos políticos.

A conversão da pena privativa de liberdade em restritiva de direitos não afasta a suspensão dos direitos políticos decorrente da condenação criminal transitada em julgado, prevista no art. 15, III, da CF. A simples propositura de revisão criminal não cessa os efeitos dessa condenação, o que somente ocorre quando há concessão de liminar ou acolhimento do pedido da ação revisional. *REspe 398-22, Rel. Min. Henrique Neves da Silva, j. 7.5.13. (Info 12)*

Ex-cunhado de prefeito reeleito e inelegibilidade por parentesco.

A separação judicial de ex-cunhado de prefeito reeleito, ocorrida durante o primeiro mandato deste, afasta a inelegibilidade por parentesco, prevista no art. 14, § 7º, da CF, para o mandato subsequente ao da reeleição. Nos termos da Súmula 11 deste TSE, o partido que não impugnou o registro de candidatura pode recorrer da sentença, desde que a matéria alegada tenha cunho constitucional. *AREspe 190-76, Rel. Min. Laurita Vaz, j. 7.3.13. (Info 4)*

Exercício precário do cargo de chefe do Executivo e proibição do terceiro mandato familiar.

Não configura perpetuidade familiar no poder, rechaçada pelo § 5º c.c. o § 7º do art. 14 da CF, a candidatura à reeleição de filho de ex-prefeito que, no mandato anterior, assumiu por curto período e de maneira precária a chefia do Executivo. *AREspe 83-50, Rel. Min. Henrique Neves da Silva, j. 12.3.13. (Info 5)*

2012

Corrupção eleitoral e assédio a candidato.

Caracteriza corrupção eleitoral a apresentação de proposta de pagamento de pecúnia em troca de apoio de liderança política e sua base eleitoral. O art. 14, § 10, da CF viabiliza a impugnação ao mandato eletivo, considerados o abuso do poder econômico, a corrupção ou a fraude. O conceito de corrupção eleitoral deve ser interpretado de forma ampla, a fim de alcançar a repressão de práticas tendentes a atingir os ideais democráticos previstos na CF. *REspe 541-78, Rel. Min. Marco Aurélio, j. 26.6.12. (Info 18)*

Dissolução de união conjugal no curso do segundo mandato consecutivo e inelegibilidade reflexa do ex-cônjuge.

A dissolução da sociedade conjugal ocorrida no curso do segundo mandato do prefeito reeleito não afasta a inelegibilidade reflexa do ex-cônjuge, ainda que este venha a constituir nova família durante o exercício desse mandato. A inelegibilidade reflexa está prevista no § 7º do art. 14 da CF, que estabelece ser inelegível no território de jurisdição do titular o cônjuge de chefe do Executivo, ressalvado se já for titular de mandato eletivo e candidato à reeleição. *REspe 220-77, Red. p/ ac. Min. Nancy Andrighi, j. 27.11.12. (Info 36)*

Inelegibilidade e aplicação de teste de alfabetização.

As restrições que geram as inelegibilidades são de legalidade estrita, sendo, portanto, vedada a interpretação extensiva. A aplicação do teste de alfabetização, para verificação da inelegibilidade do art. 14, § 4º, da CF, é permitida, desde que se proceda de forma individual e reservada para não ferir a dignidade da pessoa humana. A utilização de critérios rigorosos para a aferição da alfabetização do candidato seria uma restrição à elegibilidade, razão pela qual deve ser exigido apenas que o candidato saiba ler e escrever, minimamente, de modo que se possa evidenciar eventual incapacidade absoluta de incompreensão e expressão da língua. *AgRg no REspe 4248-39, Rel. Min. Arnaldo Versiani, j. 21.8.12. (Info 22)*

Inelegibilidade. Parentesco. Municípios vizinhos. Terceiro mandato. Núcleo familiar. Inexistência.

No caso, o recorrente foi eleito prefeito em 2008 em município vizinho àquele em que sua mãe havia exercido o cargo de prefeita nos períodos de 2001-2004 e 2005-2008. O TSE proveu, por maioria, o recurso e afastou a inelegibilidade do recorrente, por não se enquadrar o caso nas hipóteses de inelegibilidades previstas nos §§ 5º e 7º do art. 14 da CF. A inelegibilidade do § 5º é afastada, pois não se trata de reeleição do mesmo prefeito, mas de parente dele. Também não é possível enquadrar na hipótese do § 7º do art. 14 da CF, tendo em vista que o recorrente não foi candidato à sucessão de sua mãe, mas sim a cargo diverso, ainda que da mesma espécie (prefeito), de outro município. Assim, a circunstância de a mãe do recorrente ter exercido dois mandatos consecutivos não acarreta a inelegibilidade de membro de sua família candidato a cargo diverso em outro município, ainda que vizinho. *REspe 54338-05, Rel. Min. Arnaldo Versiani, j. 24.4.12. (Info 10)*

Inelegibilidade por parentesco e inimizade política entre os parentes.

A norma contida no § 7º do art. 14 da CF é de natureza objetiva e não admite indagação subjetiva sobre a notória inimizade política entre os parentes. *REspe 140-71, Red. p/ ac. Min. Dias Toffoli, j. 20.9.12. (Info 26)*

Inelegibilidade por parentesco e mandatos sucessivos do núcleo familiar.

Nos termos do art. 14, §§ 5º e 7º, da CF, o cônjuge e os parentes do chefe do Poder Executivo são elegíveis para o mesmo cargo do titular apenas quando este for reelegível. A interpretação das disposições constitucionais passou a ser orientada pela situação do titular, após a alteração do § 5º do art. 14 da CF, que permite a reeleição do chefe do Poder Executivo para um único período subsequente. Assim, o cônjuge e os parentes do chefe do Poder Executivo são elegíveis para o mesmo cargo do titular, quando este for reelegível e tiver se afastado definitivamente até seis meses antes do pleito. *REspe 109-79, Rel. Min. Henrique Neves da Silva, j. 18.12.12. (Info 39)*

Inelegibilidade reflexa e município desmembrado.

A inelegibilidade reflexa, prevista no art. 14, § 7º, da CF, só impede a candidatura de parente de prefeito, em município desmembrado, quando o desmembramento ocorrer no curso de seu mandato ou o parente concorrer ao pleito imediatamente subsequente. *AgRg no REspe 167-86, Rel. Min. Luciana Lóssio, j. 13.11.12. (Info 34)*

Inelegibilidade reflexa. Morte. Parente. Renúncia. Prazo legal. Ausência.

O TSE, ao interpretar sistematicamente os §§ 5º e 7º do art. 14 da CF, consignou que os parentes dos chefes do Poder Executivo são elegíveis para o mesmo cargo, no período subsequente, desde que os titulares dos mandatos sejam reelegíveis e tenham renunciado ao cargo ou falecido até seis meses antes do pleito, o que não ocorreu na espécie. No caso, a recorrida, vice-prefeita eleita em 2008, estava inelegível, nos termos dos §§ 5º e 7º do art. 14 da CF, pois, não obstante o seu marido estivesse em condições de concorrer à reeleição no pleito de 2008, ele faleceu apenas três meses antes do pleito, sem que tivesse renunciado ao cargo no prazo legal. *REspe 9356275-66, Rel. Min. Nancy Andrighi, j. 22.3.12. (Info 7)*

Reeleição e inelegibilidade por parentesco em município vizinho.

A partir do julgamento do REspe 32507/AL, na sessão de 17.12.2008, o TSE passou a adotar uma interpretação rigorosa do art. 14, § 5º, da CF, quanto aos chamados prefeitos itinerantes, a fim de se evitar fraudes que possibilitem a perpetuação no poder, sobretudo no que se refere à transferência irregular de domicílio eleitoral. Desde então, foram proferidos diversos julgados com o entendimento de que não é possível o exercício de terceiro mandato subsequente para o cargo de prefeito, ainda que em município diverso. *Cta 1811-06, Rel. Min. Dias Toffoli, j. 5.6.12. (Info 17)*

União estável entre prefeito e ex-prefeita e vedação para concorrer à reeleição.

É inviável a reeleição de prefeito que mantém união estável com a ex-prefeita do mesmo município, que cumpriu mandato imediatamente anterior ao dele. *REspe 84-39, Red. p/ ac. Min. Dias Toffoli, j. 25.10.12. (Info 31)*

1.2. Da Ação de Impugnação de Mandato Eletivo

2015

Diplomação e posterior revogação de liminar que suspendia a inelegibilidade.

A via adequada para arguir a desconstituição de diploma decorrente da inelegibilidade de seu detentor é a ação de impugnação de mandato eletivo (AIME) ou o recurso contra expedição de diploma (RCED). A revogação de liminar que suspendia a inelegibilidade de candidato, permitindo o seu registro de candidatura e posterior diplomação por ter logrado êxito no pleito, não tem como efeito imediato o desfazimento da diplomação. *REspe 21332, Rel. Min. Luiz Fux, j. 25.6.15. (Info 9)*

2013

Interceptação telefônica ilícita e nulidade de cassação de diploma.

É nula a cassação de diploma ancorada em provas que derivam de outras consideradas ilícitas. *RO 1946-25, Rio Branco, rel. Min. Dias Toffoli, j. 10.10.13. (Info 28)*

Saque em espécie para custeio de campanha e impossibilidade de cassação de mandato.

A desaprovação de contas por realização de saque para pagamento em espécie de despesas eleitorais não é, por si só, elemento suficiente para a perda do mandato, salvo se demonstrada a ilicitude da origem ou da destinação dos recursos movimentados. *RO 8-74, Rel. Min. Dias Toffoli, j. 7.5.13. (Info 12)*

2012

Ação de impugnação de mandato eletivo e julgamento "extra petita".

O julgamento de ação de impugnação de mandato eletivo (AIME) deve se basear em fatos deduzidos na inicial, sob pena de ofensa ao princípio constitucional do devido processo legal, aos arts. 128 e 460 do CPC e ao art. 23 da LC 64/90. *AgRg no REspe 1593-89, Red. p/ ac. Min. Arnaldo Versiani, j. 2.10.12. (Info 28)*

Ausência de suplente para ocupar vaga decorrente de perda de cargo eletivo por infidelidade partidária e interesse de agir.

Na hipótese de não existir suplente da agremiação capaz de suceder aquele que se afastou, não há resultado prático ou utilidade na prestação jurisdicional em favor da agremiação partidária em ação de perda de mandato eletivo por infidelidade partidária. Entendimento em sentido contrário significaria que as ações de perda de mandato eletivo teriam caráter apenas sancionatório. *AgRg na AC 456-24, Rel. Min. Henrique Neves, j. 28.6.12. (Info 18)*

Chefe do Poder Executivo. Reeleição. Máquina administrativa. Utilização. Repercussão econômica. Abuso do poder político. Caracterização. AIME. Cabimento.

O abuso de poder político com viés econômico pode ser objeto de ação de impugnação de mandato eletivo. Reputa-se suficientemente fundamentada a decisão que, baseada em provas, reconhece a prática do abuso do poder político com viés econômico apto a desequilibrar o pleito. Na espécie, utilizou-se a máquina administrativa do município em favor da reeleição do chefe do Executivo. O abuso do poder político e econômico caracterizou-se não apenas pela contratação de servidores e criação de cargos comissionados, mas também pela utilização dos contratados como cabos eleitorais da candidata à reeleição. O ato de nomeação de servidores para cargo em comissão, a rigor, não contraria a legislação eleitoral, sendo conduta admitida pela alínea a do inc. V do art. 73 da Lei das Eleições. Entretanto, na hipótese dos autos, vislumbrou-se finalidade eleitoreira dessa conduta formalmente legal, diante da quantidade expressiva de cargos criados em ano de eleição, aliada às demais ilicitudes dos autos. *REspe 13225-64, Rel. Min. Gilson Dipp, j. 15.5.12. (Info 13)*

Mandado de segurança. Teratologia. Ausência. Ação de impugnação de mandato eletivo. Procedência. Efeitos imediatos.

O mandado de segurança contra decisão judicial somente é cabível em caso de ato manifestamente teratológico. A ação de impugnação de mandato eletivo, quando considerada procedente, deve produzir efeitos imediatos a partir da publicação do acórdão emitido pelo TRE, incluindo-se embargos de declaração, se for o caso, salvo ocorrência de trânsito em julgado no primeiro grau. *MS 174004, Rel. Min. Cármen Lúcia, j. 7.2.12. (Info 2)*

1.3. Das Leis que Alteram o Processo Eleitoral

2014

Alterações promovidas pela Lei 12.875/13 e inaplicabilidade às eleições de 2014.

As disposições previstas na Lei 12.875/13, que alteram o processo eleitoral, não terão aplicação nas eleições de 2014. A Lei 12.875/13 promoveu alterações significativas nos arts. 29 e 41-A da Lei 9.096/95, concernentes à divisão dos recursos do Fundo Partidário, além de ter modificado a divisão do horário da propaganda eleitoral. O art. 16 da CF dispõe: "a lei que alterar o processo eleitoral entrará em vigor na data de sua publicação, não se aplicando à eleição que ocorra até um ano da data de sua vigência". O princípio da anterioridade eleitoral inscrito nesse dispositivo visa impedir a edição de norma que possa causar desigualdade entre os partidos e os candidatos ou que possa modificar os procedimentos já iniciados para a realização das eleições. É indubitável que a alteração introduzida pela Lei 12.875/13 altera o direito de os partidos políticos terem acesso às rádios e televisões, previsto no § 3º do art. 17 da CF, o que desestabiliza as oportunidades de as agremiações acessarem os meios de comunicação social para difundir a propaganda eleitoral, reduzindo o tempo garantido à minoria na legislação original e aumentando o espaço da maioria a partir de regra nova. *Cta 433-44, Rel. Min. Luciana Lóssio, j. 29.5.14. (Info 9)*

1.4. Outros Temas

2015

Cassação de diploma e realização de novas eleições.

A vacância dos cargos de chefe do Executivo e vice decorrente de cassação de diploma se efetiva juridicamente com a sentença condenatória, mesmo que esta os mantenha cautelarmente no exercício do múnus público, aguardando decisão de instância superior. Sendo a sentença prolatada no primeiro biênio do mandato, cabe realização de eleições diretas, caso a CF ou lei orgânica do ente federativo adote a mesma norma prevista no art. 81 da CF. *MS 219-82, Rel. Min. Maria Thereza de Assis Moura, j. 2.6.15. (Info 8)*

2013

Inexistência de lei complementar federal e realização de plebiscito para criação de novos municípios.

Consulta pública, na forma de plebiscito, para criação de novos municípios só será possível após a edição de lei complementar federal, conforme determina o § 4º do art. 18 da CF. *AREspe 625-77, Rel. Min. Nancy Andrighi, j. 18.4.13. (Info 9)*

Plebiscito para desmembramento de município e inviabilidade de sua homologação por inexistir lei complementar federal.

O TSE negou a homologação do plebiscito realizado como procedimento preparatório para incorporação e desmembramento de município. O processo de desmembramento e incorporação de municípios está pendente de regulamentação pelo Congresso Nacional (edição de lei complementar), conforme prevê o § 4º do art. 18 da CF. A criação, a incorporação, a fusão e o desmembramento de municípios far-se-ão por lei estadual, dentro do período determinado por lei complementar federal, e dependerão de consulta prévia, mediante plebiscito, às populações dos municípios envolvidos, após divulgação dos estudos de viabilidade municipal, apresentados e publicados na forma da lei. A inexistência de lei federal inviabiliza o reconhecimento da consulta efetuada por meio do plebiscito. *PA 2745, Rel. Min. Henrique Neves, j. 27.6.13. (Info 18)*

Redistribuição do número de deputados federais por Unidade da Federação.

O TSE determinou a redistribuição do número de deputados federais em cada unidade da Federação para as eleições de 2014, com base no § 1º do art. 45 da CF e na LC 78/93. Nos termos do parágrafo único do art. 1º da LC 78/93, compete ao TSE editar as instruções relativas ao número de cadeiras a serem disputadas nas eleições para a Câmara dos Deputados. A redação do caput do art. 1º da referida lei: "proporcional à população dos Estados e do Distrito Federal, o número de Deputados Federais não ultrapassará quinhentos e treze representantes, fornecida, pela Fundação Instituto Brasileiro de Geografia e Estatística, no ano anterior às eleições, a atualização estatística demográfica das unidades da Federação". A previsão constante do § 1º do art. 45 da CF, de que "o número total de Deputados, bem como a representação por Estado e pelo Distrito Federal, será estabelecido por lei complementar, proporcionalmente à população, procedendo-se aos ajustes necessários, no ano anterior às eleições, para que nenhuma daquelas unidades da Federação tenha menos de oito ou mais de setenta Deputados". A garantia de irredutibilidade da representação dos estados e do Distrito Federal na Câmara dos Deputados, constante do § 2º do art. 4º do ADCT, não impede a realização de ajustes, permitida pelo § 1º do art. 45 da CF, em razão daquela ser norma de caráter transitório, tendo regulado situação específica, restrita à primeira legislatura, transcorrida após a promulgação da CF. A redistribuição terá como parâmetro a regra constante do art. 109 do CE, procedendo-se da seguinte forma: (a) calcula-se inicialmente o quociente populacional nacional (QPN) mediante a divisão da população do país apurada no Censo 2010 pelo número de cadeiras de deputados federais; (b) divide-se a população de cada unidade da Federação pelo QPN, originando o quociente populacional estadual (QPE); (c) despreza-se a fração, independentemente se inferior ou superior a 0,5, considerando-se apenas o número inteiro; (d) arredonda-se para 8 o QPE nos estados cujos índices foram inferiores a esse valor, em atendimento ao art. 45, § 1º, da CF/88, ao passo que, no Estado de São Paulo (o mais populoso), adequa-se o QPE para 70, em observância ao referido dispositivo; (e) o cálculo das sobras será realizado excluindo-se os estados com QPE acima de 70 (São Paulo) e abaixo de 8 (Acre, Amapá, Distrito Federal, Mato Grosso do Sul, Rondônia, Roraima, Sergipe e Tocantins). *Pet 954-57, Rel. Min. Nancy Andrighi, j. 9.4.13. (Info 8)*

2012

Assistência judiciária gratuita. Advogado dativo. Honorários advocatícios. Regulamentação. Custeio. Poder Executivo. Justiça Eleitoral. Incompetência.

Nos feitos de natureza eleitoral, são gratuitos os atos necessários ao exercício da cidadania, de acordo com o disposto no inc. LXXVII do art. 5º da CF. Assim, em regra, não há condenação em honorários advocatícios em virtude de sucumbência, tampouco é exigível o pagamento de custas ou despesas para a realização dos atos processuais, exceto nos processos-crime e nos executivos fiscais, nos termos do parágrafo único do art. 373 do CE. Cabe à Defensoria Pública da União a prestação de assistência jurídica aos necessitados perante a Justiça Eleitoral que, entretanto, ainda não dispõe da estrutura necessária para o desempenho de tais funções. Nesses casos, a Defensoria Pública da União pode firmar convênios com as defensorias públicas estaduais para atuarem em seu nome, conforme o disposto no § 1º do art. 14 da LC 80/94. Todavia, não estando a Defensoria Pública da União suficientemente estruturada para cumprir os seus encargos legais e sendo inviável a atuação da Defensoria Pública do Estado de São Paulo nos feitos eleitorais, incumbe ao juiz eleitoral nomear defensor dativo para réu pobre ou revel, em observância aos princípios constitucionais do contraditório e da ampla defesa. Nesse caso, o advogado nomeado como defensor dativo tem direito a remuneração, conforme prevê o § 1º do art. 22 do Estatuto da Advocacia da Ordem dos Advogados do Brasil. Os honorários advocatícios devidos pelo exercício da defensoria dativa devem ser pagos pelo mesmo poder que recolhe as custas judiciais e que mantém, administra e dirige a Defensoria Pública, qual seja o Poder Executivo por meio da Fazenda Pública, não cabendo ao TSE regulamentar a matéria. *PA 20.236, Rel. Min. Nancy Andrighi, j. 8.5.12. (Info 13)*

Inelegibilidade. Prestação de contas. Prefeitura municipal. Acórdão. Tribunal de Contas. Parecer prévio. Câmara de Vereadores. Competência. Julgamento. Ausência.

O texto constitucional é expresso no art. 31 quanto à competência da Câmara Municipal para o julgamento das contas de prefeito, cabendo ao Tribunal de Contas a emissão de parecer prévio, o que se aplica, inclusive, a eventuais atos de ordenação de despesas. Nos termos do inc. VI do art. 71 da CF, somente nos casos que envolvem aplicação de recursos repassados pela União a Estado, ao Distrito Federal ou a Município, mediante convênios, acordos, ajustes ou outros instrumentos congêneres, a competência para julgamento das contas do chefe do Poder Executivo Municipal é do TCU. Dessa forma, o acórdão do Tribunal de Contas do Município que aponta irregularidades na prestação de contas do prefeito não é apto a ensejar a inelegibilidade por rejeição de contas, em razão da competência da Câmara Municipal. *AgRg no REspe 35.802, Rel. Min. Gilson Dipp, j. 1º.3.12. (Info 4)*

Município. Criação. Lei complementar federal. Inexistência. Eleições. Impossibilidade.

Os requisitos para a criação, a incorporação, a fusão e o desmembramento de municípios – previstos no § 4º do art. 18 da CF e nos arts. 5º e 10 da Lei 9.709/98 – devem ser preenchidos concomitantemente, nos seguintes termos: (a) edição de lei estadual dispondo sobre a criação, a incorporação, a fusão ou o desmembramento do município, dentro do período determinado por lei complementar federal (§ 4º do art. 18 da CF); (b) convocação de consulta popular prévia (plebiscito) pela Assembleia Legislativa, em observância às legislações federal e estadual a respeito da matéria (art. 5º da Lei 9.709/98); (c) realização do plebiscito perante a população dos municípios envolvidos posteriormente à divulgação dos Estudos de Viabilidade Municipal (§ 4º do art. 18 da CF); (d) aprovação da consulta popular por maioria simples, de acordo com o resultado homologado pelo TSE (art. 10 da Lei 9.709/98). Na espécie, a criação do Município de Extrema de Rondônia/RO encontra óbice na inexistência de lei complementar federal delimitadora do período no qual poderão ocorrer os procedimentos de criação, incorporação, desmembramento e fusão de municípios, cujo projeto de lei tramita no Congresso Nacional há dez anos. O art. 96 do ADCT – que convalidou os atos de criação, incorporação, fusão e desmembramento de municípios cuja lei estadual tenha sido publicada até 31.12.2006 – não se aplica ao caso concreto, pois a publicação da Lei Estadual 2.264 ocorreu em 17.3.2010. Considerando que o distrito de Extrema de Rondônia/RO ainda não integra a organização político-administrativa da República Federativa do Brasil como município, a realização de eleições em 2012 para os cargos de prefeito, vice-prefeito e vereador da referida localidade não se revela possível. *PA 145-33, Rel. Min. Nancy Andrighi, j. 10.4.12. (Info 9)*

Requisição de força federal e manifestação do governador do estado.

Deferido o pedido de envio de força federal aos municípios de Oiapoque e Pedra Branca do Amaparí/AP, em razão do receio de perturbação dos trabalhos eleitorais durante o pleito de 2012, mesmo após a manifestação do governador daquele estado de que a Polícia Militar estaria em condições de garantir a lei e a ordem pública durante as eleições municipais. Consulta prévia a governador de estado homenageia o princípio federativo e a harmonia entre os poderes, mas não vincula a decisão do TSE. *PA 881-51, Rel. Min. Dias Toffoli, j. 20.9.12. (Info 26)*

Requisição de forças federais e manifestação do governador do estado.

É necessária a manifestação do chefe do Poder Executivo local sobre a insuficiência das forças estaduais para assegurar a normalidade das eleições, pois o deslocamento de forças federais para o estado implica verdadeira intervenção. *PA 912-71, Rel. Min. Marco Aurélio, j. 25.9.12. (Info 27)*

3. LEI DAS ELEIÇÕES (LEI 9.504/97)

1. DAS COLIGAÇÕES (ART. 6º)

2013

Formação de coligação por partidos políticos e ilegitimidade dos presidentes das agremiações para impugnar em conjunto registro de candidatura.

Partidos políticos integrantes de coligação não têm legitimidade para impugnar registro de candidatura, mesmo se estiverem reunidos no polo ativo da impugnação por meio de seus presidentes. Nos termos do § 1º do art. 6º da Lei 9.504/97, a coligação se diferencia dos partidos que a integram, sendo sua atribuição funcionar como um só partido no relacionamento com a Justiça Eleitoral e no trato dos interesses interpartidários. O partido político coligado possui legitimidade para atuar de forma isolada no processo eleitoral apenas quando questionar a validade da própria coligação (art. 6º, § 4º, Lei 9.504/97). EDcl no AgRg no REspe 82-74, Red. p/ ac. Min. Marco Aurélio, j. 7.5.13. (Info 12)

Registro de candidatura indeferido e posterior indicação do candidato para vaga remanescente.

O indeferimento de registro de candidatura já transitado em julgado impede que o pretenso candidato seja indicado por partido ou coligação para o preenchimento de vaga remanescente. AREspe 206-08, Red. p/ ac. Min. Dias Toffoli, j. 2.4.13. (Info 7)

2012

Parlamentares licenciados e substituição por suplentes da coligação.

Os parlamentares licenciados devem ser substituídos por suplentes das coligações partidárias, e não dos partidos políticos. Esse entendimento fundamentou-se na decisão exarada pelo STF, nos mandados de segurança nos 30.260 e 30.272, no sentido de que o quociente partidário para o preenchimento de cargos vagos é definido em função da coligação, contemplando seus candidatos mais votados, independentemente dos partidos aos quais são filiados. Sendo assim, essa regra deve ser mantida para a convocação dos suplentes, pois eles, como os eleitos, formam lista única de votações nominais que, em ordem decrescente, representa a vontade do eleitorado. AgRg no RMS 1459-48, Rel. Min. Arnaldo Versiani, j. 18.9.12. (Info 26)

2. DAS CONVENÇÕES PARA A ESCOLHA DE CANDIDATOS (ARTS. 7º A 9º)

2013

Candidatura de militar e domicílio eleitoral.

Militares de candidatos às eleições estão sujeitos ao prazo previsto no art. 9º da Lei 9.504/97, devendo possuir, há pelo menos um ano antes do pleito, domicílio eleitoral na circunscrição onde pretendem concorrer. REspe 35674, Red. p/ ac. Min. Dias Toffoli, j. 20.6.13. (Info 17)

2012

Exigência mínima de um ano antes da eleição para o domicílio eleitoral e a filiação partidária na circunscrição do pleito.

Para obter registro de candidatura, o aspirante a cargo eletivo deverá possuir domicílio eleitoral e estar com a filiação deferida pelo partido político, na respectiva circunscrição, no prazo mínimo de um ano antes do pleito, sendo esses requisitos aferidos a partir dos dados constantes do cadastro eleitoral, conforme estabelecem os arts. 12, caput, e 27, § 1º, da Res.-TSE 23.373/11, que regulamentam o art. 9º da Lei 9.504/97. REspe 109-09, Red. p/ ac. Min. Nancy Andrighi, j. 17.12.12. (Info 39)

Registro de candidatura e irregularidade formal da ata de convenção.

Embora o art. 8º da Lei 9.504/97 estabeleça a exigência de que a lavratura de ata de convenção ocorra em livro aberto e rubricado pela Justiça Eleitoral, é possível o deferimento do demonstrativo de regularidade de atos partidários se não for evidenciado nenhum indício de grave irregularidade ou fraude. O requisito do referido artigo tem como objetivo garantir a lisura dos atos partidários e possibilitar sua efetiva fiscalização. Evita, dessa forma, a realização de convenções nulas ou de origem duvidosa. *AgRg no REspe 89-42, Rel. Min. Arnaldo Versiani, j. 11.9.12. (Info 25)*

3. DO REGISTRO DE CANDIDATOS (ARTS. 10 A 16-B)

2016

Fraude no registro de candidaturas femininas e possibilidade de ajuizamento de AIJE.

A ação de investigação judicial eleitoral é instrumento processual hábil para apurar fraude em candidaturas femininas lançadas por partido político tão somente para atender a regra prevista no art. 10, § 3º, da Lei das Eleições. *REspe 243-42, Rel. Min. Henrique Neves da Silva, j. 16.8.16. (Info 8)*

Registro de candidatura e teste de alfabetização.

O teste de alfabetização previsto na legislação eleitoral somente deve ser aplicado quando o candidato não apresentar documento comprobatório de escolaridade com o requerimento de registro de candidatura. *REspe 8941, Red. p/ ac. Min. Herman Benjamin, j. 27.9.16. (Info 10)*

2014

Anulação de pleito e registro de candidatura na renovação das eleições.

É possível ao candidato que deu causa à anulação do pleito participar da renovação das eleições quando as circunstâncias evidenciarem a inexistência da prática de ilícito eleitoral. *REspe 95-92, Red. p/ ac. Min. Dias Toffoli, j. 27.3.14. (Info 7)*

Formalização de pedido de registro de candidatura e superveniência de condenação por improbidade administrativa.

É causa para o indeferimento do registro de candidatura a condenação por improbidade administrativa prolatada por órgão colegiado após a formalização de pedido de registro. O art. 15 da Lei das Inelegibilidades dispõe: "Transitada em julgado ou publicada a decisão proferida por órgão colegiado que declarar a inelegibilidade do candidato, ser-lhe-á negado registro, ou cancelado, se já tiver sido feito, ou declarado nulo o diploma, se já expedido". Cabe à Justiça Eleitoral verificar o preenchimento dos requisitos constitucionais e legais no exame dos pedidos de registros de candidatura, inclusive dos que não tenham sido impugnados. *RO 154-29, Rel. Min. Henrique Neves da Silva, j. 26.8.14. (Info 13)*

Inelegibilidade e substituição do candidato considerado inelegível.

Candidato considerado inelegível pela Justiça Eleitoral pode ser substituído, mesmo que não apresente pedido de renúncia à candidatura. Não existe no sistema eleitoral brasileiro a denominada "candidatura avulsa", segundo a qual o próprio candidato pode pleitear sua candidatura. A Lei 9.504/97 faculta ao partido político a possibilidade de substituir o candidato considerado inelegível, conforme art. 13, caput. Se o mandato pertence ao partido, com maior razão compete a este apresentar pedido de registro de candidatura. O partido não depende da renúncia do candidato declarado inelegível para promover sua substituição. *RO 445-45, Rel. Min. Henrique Neves, j. 3.10.14. (Info 18)*

Preenchimento de condição de elegibilidade após o pedido de registro de candidatura.

A aferição das condições de elegibilidade pode ser considerada após a data da formalização do registro de candidatura, enquanto o feito se encontra na instância ordinária. *REspe 809-82, Rel. Min. Henrique Neves da Silva, j. 26.8.14. (Info 13)*

Renúncia à candidatura e impossibilidade de retratação.

É incabível, após a formalização de renúncia ao registro de candidatura e antes da homologação da Justiça Eleitoral, a retratabilidade de candidato a cargo político. A renúncia é ato unilateral de declaração de vontade, a qual produz os seus efeitos de forma imediata, sendo desnecessária a ulterior homologação judicial, por esta se tratar de ato meramente formal. *REspe 612-45, Rel. Min. Luciana Lóssio, j. 11.12.14. (Info 25)*

2013

Alteração de número de vereadores e quantidade de vagas estabelecidas pela Justiça Eleitoral por ocasião do registro de candidatura.

A diplomação de candidatos eleitos deve seguir os critérios consolidados na fase do registro de candidatura. Para a diplomação dos candidatos eleitos, não há como adotar critério distinto do utilizado na ocasião do registro de candidatura, devendo prevalecer o número de vagas estabelecidas pelo juízo eleitoral. *RMS 715-45, Rel. Min. Dias Toffoli, j. 26.11.13. (Info 34)*

Apresentação de documento público atestando grau de instrução e validade de teste de analfabetismo.

Não é cabível indeferimento de registro de candidatura baseado em resultado negativo obtido em teste de escolaridade realizado pela Justiça Eleitoral, quando há apresentação de declaração da Secretaria Municipal de Educação atestando que o candidato possui grau de instrução que pressupõe a alfabetização. *AREspe 419-37, Red. p/ ac. Min. Marco Aurélio, j. 21.3.13. (Info 6)*

Candidato escolhido em convenção partidária e possibilidade de indicação para vagas remanescentes.

Não há óbice para que o partido indique candidato escolhido em convenção, cujo registro não tenha sido requerido, para fins de vaga remanescente, bastando apenas o preenchimento dos requisitos exigidos no art. 10, § 5º, da Lei 9.504/97. *REspe 343-71, Rel. Min. Henrique Neves da Silva, j. 9.5.13. (Info 12)*

Descumprimento de ordem judicial para realização de teste de escolaridade e impossibilidade de presunção de analfabetismo.

Não se pode presumir o analfabetismo apenas pelo fato de o candidato ter descumprido ordem judicial de se submeter à realização de teste de escolaridade, quando existirem outros elementos capazes de comprovar a alfabetização. *REspe 96-71, Rel. Min. Marco Aurélio, j. 23.4.13. (Info 10)*

Divulgação de dados pessoais de candidato ao cargo de vereador em sistema da Justiça Eleitoral e perda do interesse público nas informações.

Os dados pessoais dos candidatos derrotados em eleição podem ser retirados do sistema de divulgação da Justiça Eleitoral após o encerramento do período do mandato para o qual concorreram. Os candidatos, ao solicitarem o registro de suas candidaturas na Justiça Eleitoral, tornam-se pessoas públicas sujeitas às regras inerentes ao pleito e aos princípios constitucionais da publicidade, moralidade e eficiência. Entretanto, não há razões para que informações – como endereço, telefones, e-mails e relação dos bens patrimoniais – relacionadas aos candidatos que perderam a eleição continuem expostas na Internet após o encerramento do período de mandato para o qual concorreram. A manutenção dos dados dos candidatos derrotados em eleição no sistema desta Justiça especializada configura exposição excessiva e sem utilidade prática à sociedade ou à Justiça Eleitoral. *PA 501-91, Rel. Min. Dias Toffoli, j. 26.11.13. (Info 34)*

Extemporaneidade no pagamento de multa e declaração de situação eleitoral regular fornecida pela Justiça Eleitoral.

O atraso no pagamento de multa não pode ser atribuído ao candidato quando decorrente de erro da própria Justiça Eleitoral. *REspe 464-14, Rel. Min. Dias Toffoli, j. 2.4.13. (Info 7)*

Fim da inelegibilidade antes do pleito e possibilidade do registro de candidatura.

O término da inelegibilidade antes do pleito caracteriza fato superveniente, conforme o previsto no § 10 do art. 11 da Lei 9.504/97 ("as condições de elegibilidade e as causas de inelegibilidade devem ser aferidas no momento da formalização do pedido de registro da candidatura, ressalvadas as alterações, fáticas ou jurídicas, supervenientes ao registro que afastem a inelegibilidade"). O término da inelegibilidade antes da data das eleições deve ser considerado fato superveniente, permitindo-se o registro da candidatura, por ser a única situação concreta de aplicação do dispositivo, que se destina a alcançar as alterações jurídicas, alusivas à inelegibilidade, que ocorram após a data do registro de candidatura e antes das eleições, salientando que entendimento contrário tornaria inócuo o dispositivo. Tratando-se de processo de registro de candidatura, não cabe o sobrestamento para aguardar o decurso do período relativo à inelegibilidade. *Cta 380-63, Rel. Min. Marco Aurélio, j. 21.11.13. (Info 33)*

Indeferimento de registro de candidatura e posterior anulação da decisão que julgou as contas de campanha não prestadas.

As contas de campanha julgadas não prestadas ensejam a falta de quitação eleitoral, nos termos do art. 42 da Resolução 22.715/08, deste TSE, e impõem o indeferimento do pedido de registro de candidatura, em razão da previsão constante do art. 11, § 10, da Lei 9.504/97. *AREspe 548-77, Rel. Min. Nancy Andrighi, j. 7.3.13. (Info 4)*

Substituição de candidato às vésperas da eleição e não configuração de fraude.

A substituição de candidato às vésperas das eleições, no prazo fixado no art. 13, § 1º, da Lei 9.504/97, não configura fraude. *REspe 316-37, Rel. Min. Marco Aurélio, j. 3.9.13. (Info 23)*

Pagamento de multa posterior à formalização do pedido de registro de candidatura e ausência de quitação eleitoral.

Configura ausência de quitação eleitoral a existência, na data do registro, de multa eleitoral não paga, gerando o seu indeferimento. A ressalva do § 10 do art. 11 da Lei 9.504/97 somente se aplica às causas de inelegibilidade, e não às condições de elegibilidade. *AREspe 183-54, Rel. Min. Henrique Neves da Silva, j. 28.2.13. (Info 3)*

Realização de nova eleição e possibilidade de o candidato que deu causa à anulação da eleição anterior participar do novo pleito.

Pode concorrer à renovação das eleições o candidato que deu causa à anulação do pleito por não ter apresentado certidão criminal de segundo grau, quando era controversa a exigência do referido documento para fins de registro de candidatura. *REspe 7-57, Rel. Min. Castro Meira, j. 10.9.13. (Info 24)*

Realização de nova eleição em razão da anulação do pleito anterior e descabimento de mandado de segurança para garantir registro de candidatura.

Não cabe a impetração de mandado de segurança para garantir a candidato a apresentação de pedido de registro de candidatura, perante a Justiça Eleitoral, para concorrer à renovação das eleições. *MS 190-03, Red. p/ ac. Min. Marco Aurélio, j. 4.6.13. (Info 15)*

Registro de candidatura e teste de alfabetização.

O teste de alfabetização previsto na legislação eleitoral somente deve ser aplicado quando o candidato não apresentar documento comprobatório de escolaridade com o requerimento de registro de candidatura. *REspe 8941, Red. p/ ac. Min. Herman Benjamin, j. 27.9.16. (Info 10)*

Rejeição de contas e contagem do prazo de inelegibilidade.

A contagem do prazo da inelegibilidade prevista na alínea g do inc. I do art. 1º da LC 64/90 tem como termo inicial a data da decisão definitiva de rejeição de contas do candidato. Essa inelegibilidade não impossibilita o registro de candidatura quando findar antes do pleito ao qual o candidato pretenda concorrer, em razão da previsão constante do art. 11, § 10, da Lei 9.504/97. *REspe 82-35, Rel. Min. Dias Toffoli, j. 22.10.13. (Info 30)*

Renúncia à candidatura e impossibilidade de novo pedido de registro.

A renúncia, homologada por decisão judicial transitada em julgado, ao registro de candidatura não permite o deferimento de novo pedido de registro para o mesmo cargo no mesmo pleito. *REspe 264-18, Rel. Min. Luciana Lóssio, j. 10.10.13. (Info 28)*

Renúncia de candidato e possibilidade de substituição fora do prazo mínimo previsto na legislação.

A substituição de candidato que renunciou à candidatura às vésperas das eleições não viola o direito previsto no art. 13 da Lei 9.504/97. *REspe 544-40, Rel. Min. Nancy Andrighi, j. 23.5.13. (Info 14)*

Renúncia de candidato e termo inicial da contagem do prazo de substituição.

A contagem do prazo para substituição de candidato, previsto no art. 13, § 1º, da Lei 9.504/97, inicia-se com o trânsito em julgado da decisão judicial. O § 1º do art. 13 da Lei 9.504/97 estabelece que "a escolha do substituto far-se-á na forma estabelecida no estatuto do partido a que pertencer o substituído, e o registro deverá ser requerido até 10 (dez) dias contados do fato ou da notificação do partido da decisão judicial que deu origem à substituição". No caso, o prazo de dez dias para a substituição iniciava-se com a renúncia, e não a partir do indeferimento do recurso especial. Essa decisão estava sujeita a recurso, não havendo trânsito em julgado, que ocorre com o exaurimento dos recursos cabíveis ou com o decurso dos prazos para sua interposição. Enquanto a decisão for passível de alteração, não começa a fluir tal prazo. *REspe 227-25, Rel. Min. Laurita Vaz, j. 26.11.13. (Info 34)*

Renúncia de candidaturas femininas após o registro e observância do percentual mínimo previsto na legislação.

A renúncia de candidaturas femininas após o efetivo registro, quando inviável a realização de substituições, não viola o limite mínimo de 30% previsto no § 3º do art. 10 da Lei 9.504/97. *REspe 214-98, Rel. Min. Henrique Neves, j. 23.5.13. (Info 14)*

2012

Aferição das causas de inelegibilidade e data do registro de candidatura.

As causas de inelegibilidade devem ser aferidas no momento da formalização do pedido de registro de candidatura, não constituindo alteração fática ou jurídica superveniente o eventual transcurso de prazo de inelegibilidade antes da data de realização das eleições. Fato superveniente, conforme previsto no art. 11, § 10, da Lei 9.504/97, é aquele que ocorre depois da propositura da demanda, sobre o qual não se tinha controle, tampouco conhecimento de sua existência, como acontece nos casos em que se obtêm liminares ou antecipações de tutela que afastem provisoriamente a condenação ou o fato, ou mesmo decisão definitiva que acarrete a extinção da causa geradora da inelegibilidade. Desse modo, a eventual extinção do prazo de inelegibilidade, à data das eleições, não constitui alteração fática ou jurídica. *AgRg no REspe 380-59, Rel. Min. Arnaldo Versiani, j. 6.11.12. (Info 33)*

Alteração de número de vagas na Câmara Municipal e registro de candidatura.

Estando em vigor decisão judicial que mantém a redução dos cargos a serem preenchidos na Câmara Legislativa, não há se falar na complementação do número de candidatos escolhidos em convenção correspondente a vagas que não estão mais disponíveis. *AgRg no REspe 282-60, Rel. Min. Luciana Lóssio, j. 6.12.12. (Info 37)*

Certidão criminal positiva e necessidade de comprovação de condição de elegibilidade pelo candidato.

As certidões criminais previstas no art. 27, II, da Res.-TSE 23.373/11, quando positivas, devem ser investigadas pelo juiz, que pode, inclusive, requerer diligências com o objetivo de verificar óbices à candidatura. Compete ao candidato apresentar a documentação necessária para comprovar a plenitude de seus direitos políticos, nos termos do § 1º do art. 11 da Lei 9.504/97. No caso, o candidato teria que demonstrar a ocorrência de homonímia e eventual ausência de condenação criminal. *AgRg no REspe 53-56, Red. p/ ac. Min. Marco Aurélio, j. 25.9.12. (Info 27)*

Condição de elegibilidade e preenchimento do requisito até o momento do pedido de registro de candidatura.

As condições de elegibilidade devem estar preenchidas no momento da formalização do pedido de registro de candidatura, não sendo possível a aplicação da ressalva contida na parte final do § 10 do art. 11 da Lei 9.504/97. *REspe 256-16, Red. p/ ac. Min. Nancy Andrighi, j. 4.9.12. (Info 24)*

Contas não prestadas e impossibilidade de obtenção de certidão de quitação eleitoral.

As contas de campanha julgadas não prestadas impedem a obtenção de quitação eleitoral e implicam indeferimento do pedido de registro de candidatura, por ausência de condição de elegibilidade, não se aplicando a ressalva prevista no art. 11, § 10, da Lei 9.504/97, que se refere exclusivamente às causas de inelegibilidade. A obtenção de liminar suspendendo os efeitos da sentença que julgou não prestadas as contas por ausência de intimação não atrai a ressalva do art. 11, § 10, da Lei 9.504/97, pois essa discussão repercutiria apenas na obtenção da quitação eleitoral. O deferimento do registro de candidatura, exige-se a certidão de quitação eleitoral, a qual abrange, entre outros requisitos, a apresentação das contas de campanha, conforme dispõe o art. 11, § 1º, VI e § 7º, da Lei 9.504/97. *AgRg no REspe 120-18, Rel. Min. Nancy Andrighi, j. 20.11.12. (Info 35)*

Escolha de candidato para preenchimento de vaga remanescente e deliberação em convenção.

Nos termos do art. 10, § 5º, da Lei 9.504/97 e do art. 20, § 5º, da Res.-TSE 23.373, pode o partido político preencher vaga remanescente com a indicação de candidato escolhido em convenção, cujo registro não tenha sido requerido anteriormente na oportunidade própria. Desde que existam vagas disponíveis e seja observado o prazo máximo previsto em lei, não se exigirá que a escolha do candidato decorra de ulterior deliberação de órgão de direção partidária. É necessário apenas que o candidato tenha sido escolhido anteriormente em convenção partidária, o que confere maior representatividade e regularidade ao procedimento de registro. *REspe 504-42, Rel. Min. Arnaldo Versiani, j. 2.10.12. (Info 28)*

Inelegibilidade. Rejeição de contas. Fato superveniente. Registro de candidatura. Deferimento.

De acordo com o § 10 do art. 11 da Lei 9.504/97, acrescido pela Lei 12.034/09, as causas de inelegibilidade são aferidas no momento do pedido de registro, ressalvadas as alterações fáticas ou jurídicas – que afastem a inelegibilidade – supervenientes à formalização da candidatura. *AgRg no RO 4073-11, Rel. Min. Arnaldo Versiani, j. 2.5.12. (Info 11)*

Mandado de segurança. Candidato "sub judice". Registro indeferido. Cômputo dos votos. Inocorrência.

A anotação no sistema de totalização de votos tem caráter eminentemente administrativo-eleitoral. Logo, não produz coisa julgada. Se sobrevier circunstância que afete essa medida, a anotação poderá ser alterada de ofício, uma vez que o objetivo é refletir a exatidão do resultado do pleito. Na espécie ocorreu fato superveniente que ensejou a retotalização dos votos e, por consequência, a alteração dos coeficientes eleitoral e partidário. O TSE assentou que, para as eleições de 2010, o cômputo, para o respectivo partido político, dos votos atribuídos a candidatos cujos registros estejam "sub judice" no dia da eleição fica condicionado ao deferimento desses registros, nos termos do art. 16-A da Lei 9.504/97. Sendo assim, não são computados para partido ou coligação os votos atribuídos a candidato com registro indeferido, de acordo com o disposto no parágrafo único do art. 16-A da Lei 9.504/97. *AgRg no RMS no 2734-27, Rel. Min. Arnaldo Versiani, j. 22.5.12. (Info 14)*

Pedido de registro e certidão criminal de segunda instância para candidatos com foro privilegiado.

É admissível a apresentação de certidão criminal após o prazo de 72 horas, previsto no art. 32 da Res.-TSE 23.373/11, nos casos em que seja comprovado, dentro do referido prazo, o atraso na entrega da certidão pelo órgão competente. *AgRg no REspe 276-09, Rel. Min. Arnaldo Versiani, j. 27.9.12. (Info 27)*

Percentual de cota de gênero e vagas remanescentes.

O número de vagas resultante das regras previstas no § 3º do art. 10 da Lei 9.504/97 pode ser cumprido após o pedido de registro, com a complementação de registros de vagas remanescentes. O § 3º do artigo 10 da Lei 9.504/97 estabelece que os pedidos de registros de candidaturas do partido ou coligação devem preencher o mínimo de 30% e o máximo de 70% para candidaturas de cada sexo. A inobservância desses percentuais na data do pedido de registro de candidaturas pelo partido ou coligação não viola o preceito legal, se houver posterior requerimento de novos registros para as vagas remanescentes, complementando-se o quantitativo previsto para cada sexo. Conforme o parágrafo 5º do art. 10 da Lei 9.504/97, o partido ou coligação dispõe de até sessenta dias antes do pleito para preencher as vagas remanescentes. *REspe 1070-79, Rel. Min. Marco Aurélio, j. 11.12.12. (Info 38)*

Prescrição penal e impossibilidade de discussão em processo de registro de candidatura.

Não cabe, no processo de registro de candidatura, discussão acerca da eventual prescrição da pretensão punitiva do Estado ou, ainda, sobre a eventual prescrição executória da pena imposta pela Justiça Comum. *AgRg no REspe 482-31, Rel. Min. Laurita Vaz, j. 13.11.12. (Info 34)*

Processo de registro de candidatura e análise restrita às questões relativas à elegibilidade e à inelegibilidade.

Nos processos de registro de candidatura, a análise restringe-se a aferir se o candidato reúne as condições de elegibilidade, ou não se enquadra em causa de inelegibilidade, não se discutindo o mérito de procedimentos ou decisões proferidas em outros feitos. A existência de vício na intimação do acórdão condenatório que ocasionou a inelegibilidade deve ser discutida perante a justiça competente. A impetração de "habeas corpus" com o objetivo de concessão de liminar para suspender os efeitos da condenação não pode ser analisada em sede de recurso especial, pois não foi apontado dispositivo de lei violado. *REspe 265-15, Rel. Min. Arnaldo Versiani, j. 30.10.12. (Info 32)*

Provimento liminar anterior ao pedido de registro de candidatura e revogação posterior.

O pedido de registro de candidatura deve ser deferido quando, no momento de sua formalização, a decisão de rejeição de contas estiver suspensa por provimento judicial, ainda que a eficácia da liminar seja revogada posteriormente. *AgRg no REspe 76-61, Rel. Min. Nancy Andrighi, j. 20.11.12. (Info 35)*

Quitação eleitoral e apresentação de contas de campanha.

Não constitui óbice à quitação eleitoral a desaprovação das contas de campanha do candidato, exigindo-se somente a apresentação delas, em razão do disposto na parte final do § 7º do art. 11 da Lei 9.504/97, acrescido pela Lei 12.034/09. A certidão de quitação eleitoral poderia ser obtida com a mera apresentação das contas, desde que regular e oportunamente apresentadas. Se as contas forem desaprovadas por existência de irregularidades, caberá a representação prevista no art. 30-A da Lei 9.504/97, cuja procedência poderá ensejar a cassação do diploma e a inelegibilidade por oito anos, nos termos do art. 1º, I, j, da LC 64/90, dando eficácia, no plano da apuração de ilícitos, à decisão que desaprovar as contas. Diante da possibilidade de sanção pela desaprovação das contas, esclareceu-se que a simples apresentação das contas de campanha para a obtenção da quitação eleitoral não desvirtua a finalidade da prestação de contas nem viola os princípios da moralidade e da probidade administrativa, previstos no art. 14, § 9º, da CF. *AgRg no REspe 108-93, Rel. Min. Arnaldo Versiani, j. 23.8.12. (Info 22)*

Registro de candidato indeferido após as eleições e nulidade dos votos.

Os votos dados a candidato com registro indeferido após as eleições são nulos, nos termos do art.16-A, parágrafo único, da Lei 9.504/97. *MS 4187-96, Red. p/ ac. Min. Dias Toffoli, j. 7.8.12. (Info 20)*

Registro de candidatura e impossibilidade de desistência do recurso após as eleições.

Após realizadas as eleições e já iniciado o julgamento por este TSE, o candidato não pode desistir de recurso em processo de registro de candidatura, por se tratar de matéria de ordem pública e, também, porque a anulação dos votos a ele dados interferirá no cálculo do quociente eleitoral, afetando os interesses dos eleitores e do partido por ele representado. A inelegibilidade é matéria de ordem pública e direito indisponível, e que a jurisprudência é no sentido de não ser admissível desistência de recurso que versa sobre matéria de ordem pública, sobretudo quando já iniciado o julgamento. *AgRg no RO 4360-06, Rel. Min. Arnaldo Versiani, j. 30.10.12. (Info 32)*

Registro de candidatura. Substituição. Candidato. Registro indeferido. Impossibilidade.

A indicação de substituição de candidato deve ser feita pelo partido político no prazo de dez dias contados do fato ou da notificação do partido ou da decisão judicial que deu origem à substituição, conforme dispõe o § 1º do art. 13 da Lei 9.504/97. Além disso, nas eleições proporcionais, a substituição só é possível se o novo pedido for apresentado até sessenta dias antes do pleito, nos termos do § 3º do art. 13 da Lei das Eleições. No caso, o candidato indicado já havia tido o seu registro de candidatura indeferido anteriormente e, ainda, a indicação havia sido feita após o prazo de dez dias e sem a antecedência de sessenta dias, previstas em lei. *AgRg no REspe 1518-80, Rel. Min. Marco Aurélio, j. 26.4.12. (Info 11)*

Registro de candidatura. Substituição. Cargo majoritário. Fraude. Inexistência.

Consoante a legislação eleitoral, a substituição de candidato a cargo majoritário pode se dar a qualquer tempo antes do pleito. Assim, não há falar em fraude eleitoral na substituição do candidato ao cargo de vice-prefeito antes do pleito, quando a Corte de origem assentou a observância dos requisitos para seu deferimento. *AgRg no Ag 2069-50, Rel. Min. Gilson Dipp, j. 14.2.12. (Info 3)*

4. DA ARRECADAÇÃO E DA APLICAÇÃO DE RECURSOS (ARTS. 17 A 27)

2016

Doação acima do limite legal e retificação de declaração de rendimentos.

O ato de retificação da declaração de rendimentos após a notificação de representação por doação acima do limite legal não pode ser presumido como má-fé para o fim da incidência da sanção prevista no art. 23, § 3º, da Lei das Eleições. *REspe 475-69, Rel. Min. Luiz Fux, j. 8.3.16. (Info 2)*

Doações eleitorais e serviços de financiamento coletivo (crowdfunding).

As doações eleitorais pela Internet somente podem ser realizadas por meio de mecanismo disponível em sítio do candidato, do partido ou da coligação. *Cta 274-96, Rel. Min. Maria Thereza de Assis Moura, j. 1º.7.16. (Info 7)*

Honorários advocatícios e gastos eleitorais

Os honorários relativos aos serviços advocatícios e de contabilidade referentes a processo jurisdicional contencioso não são considerados gastos eleitorais de campanha. *AgRg no REspe 773-55, Rel. Min. Henrique Neves, j. 1º.3.16. (Info 2)*

2014

Doação para campanha eleitoral realizada por firma individual e limite legal aplicável.

A doação eleitoral realizada por firma individual está sujeita ao limite previsto para as pessoas físicas, qual seja, dez por cento do rendimento bruto auferido no ano anterior ao da eleição. A firma individual, também denominada empresa individual, nada mais é do que a própria pessoa natural que exerce atividade de empresa e responde com os seus próprios bens pelas obrigações assumidas, de sorte que se sujeita ao limite de doação eleitoral previsto para as pessoas físicas. *REspe 333-79, Rel. Min. Henrique Neves da Silva, j. 1º.4.14. (Info 7)*

Doação por empresa prestadora de serviço público de transporte coletivo e fonte vedada.

Cabe à Justiça Eleitoral fazer o enquadramento jurídico do regime de prestação do serviço público delegado (autorização, permissão ou concessão), para considerar ilegal doação eleitoral realizada pela entidade contratada. *REspe 356-35, Rel. Min. Luciana Lóssio, j. 16.6.14. (Info 10)*

2013

Aplicação de multa por doação acima do limite legal com base em declaração de renda e posterior apresentação de declaração retificadora.

A multa prevista no § 3º do art. 23 da Lei 9.504/97, imposta com base em declaração de renda apresentada à Receita Federal, fica afastada, quando há posterior apresentação, em prazo admitido pela legislação tributária, de declaração retificadora que evidencie a inadequação da sanção imposta. *AgRg no Ag 1475-36, Rel. Min. Dias Toffoli, j. 23.4.13. (Info 10)*

Doação proveniente de fonte vedada e incidência dos princípios da proporcionalidade e da razoabilidade.

A doação oriunda de fonte vedada, cujo valor não se afigura expressivo diante do total constante da prestação de contas, não impede a aprovação, com ressalvas, dessas contas pela Justiça Eleitoral, em razão da incidência dos princípios da proporcionalidade e da razoabilidade. Doação proveniente de empresa produtora independente de energia elétrica que atua mediante concessão pública não se enquadra na vedação constante do inc. III do art. 24 da Lei 9.504/97. Existem no ordenamento duas modalidades de contrato de concessão envolvendo energia elétrica, qual seja, a concessão de serviço público e a concessão de uso de bem público. A vedação constante do inc. III do art. 24 da Lei 9.504/97 não pode ser aplicada para alcançar a concessionária de uso de bem público, por se tratar de norma restritiva. Se o valor do recurso arrecadado pelo candidato por meio da doação não se reveste de gravidade nem compromete a análise da regularidade da prestação de contas, não deve haver a desaprovação destas, em observância aos princípios da proporcionalidade e da razoabilidade. *AgRg no REspe 9635-87, Rel. Min. Henrique Neves da Silva, j. 30.4.13. (Info 11)*

2012

Campanha eleitoral. Captação e gastos ilícitos de recursos. Interpretação restritiva. Entidade de classe. Concessionária de uso de bem público. Doação. Ilicitude. Inocorrência.

Trata-se de processo contra deputado federal por captação ilícita de recursos em campanha eleitoral. As doações apontadas como irregulares são oriundas da Associação da Indústria Farmacêutica de Pesquisas (Interfarma) e de empresa que detém o direito de exploração, desenvolvimento de petróleo e gás natural. No caso da Interfarma, entidade civil sem fins lucrativos, o Tribunal entendeu que a associação não se enquadra na vedação legal. Isso porque, de acordo com o inc. VI do art. 24 da Lei 9.504/97, que deve ser interpretado restritivamente, os partidos políticos e candidatos não podem receber, direta ou indiretamente, doação em dinheiro ou estimável em dinheiro oriunda de entidade de classe ou sindical. Com relação à empresa que detém o direito de exploração, desenvolvimento e produção de petróleo e gás natural, o Tribunal, igualmente, entendeu pela licitude da doação, pois se trata de empresa cuja outorga ocorre mediante concessão de uso de bem público (art. 23 da Lei 9.478/97). Não se enquadra, portanto, no disposto no inc. III do art. 24 da Lei 9.504/97, que deve ser interpretado restritivamente, segundo o qual os partidos políticos e candidatos não podem receber, direta ou indiretamente, doação em dinheiro ou estimável em dinheiro proveniente de concessionário ou permissionário de serviço público. *AgRg no RO 15-54, Rel. Min. Nancy Andrighi, j. 10.4.12. (Info 9)*

Campanha eleitoral. Doação. Pessoa jurídica. Participante. Capital social. Concessionária de serviço público. Ação cautelar. Plausibilidade.

Nos termos do inc. III do art. 24 da Lei 9.504/97, é vedado a partido e a candidato receber, direta ou indiretamente, doação de concessionário ou de permissionário de serviço público. No caso, o TSE entendeu ser plausível a alegação de que a empresa controladora de concessionária de serviço público, por possuir personalidade jurídica distinta, não está abrangida pela vedação constante do inc. III do art. 24 da Lei 9.504/97. Em face desse contexto, o Tribunal suspendeu os efeitos da condenação por captação ilícita de recurso até a apreciação da matéria pela Corte. *AgRg na AC 44-93, Rel. Min. Arnaldo Versiani, j. 22.5.12. (Info 14)*

Campanha eleitoral. Limite. Doação. Pessoa física. Representação. Rito. Art. 96 da Lei 9.504/97.

O art. 23 da Lei 9.504/97, que trata de doações a candidatos feitas por pessoas físicas, não prevê expressamente o rito processual a ser adotado para a apuração do ilícito de doação acima do limite legal, razão pela qual, na ausência de disposição específica em contrário, o procedimento a ser observado para a aplicação da multa prevista no § 3º do citado dispositivo é o do art. 96 do mesmo diploma, e não o do art. 22 da LC 64/90. A Lei 12.034/09, ao estabelecer o rito previsto no art. 22 da LC 64/90 para o processamento das representações por excesso de doação, assim o fez tão somente em relação a pessoas jurídicas, não havendo falar em extensão, por analogia, ou sob o argumento de isonomia, do preceito inserto no § 4º do art. 81 da Lei das Eleições também para pessoas físicas. *AgRg no REspe 1246-56, Rel. Min. Gilson Dipp, j. 8.3.12. (Info 5)*

Captação ilícita de recursos. Interpretação restritiva. Doação. Concessionária de uso de bem público. Licitude. Despesas de campanha. Cassação de diploma. Inocorrência. Proporcionalidade.

Consoante o inc. III do art. 24 da Lei 9.504/97, os partidos políticos e candidatos não podem receber, direta ou indiretamente, doação em dinheiro ou estimável em dinheiro proveniente de concessionário ou permissionário de serviço público. A doutrina pátria diferencia a concessão de serviço público da concessão de uso de bem público. Enquanto a primeira espécie objetiva conferir mais agilidade e qualidade à prestação de serviços públicos à coletividade mediante descentralização administrativa, a concessão de uso compreende a utilização privativa do bem público em proveito da própria pessoa jurídica de direito privado que obteve a concessão. Não se enquadra no rol de proibições constante do inc. III do art. 24 da Lei 9.504/97 e, portanto, a doação realizada para a campanha da agravada é lícita. Isso porque normas que encerram exceção ou mitigação de direitos devem ser interpretadas restritivamente. O art. 22 da Lei 9.504/97 prevê a abertura de conta bancária específica para o registro da movimentação financeira de campanha e, nesse contexto, impõe que os recursos utilizados para o pagamento de gastos eleitorais devem ser, necessariamente, oriundos dessa conta. Nas infrações ao art. 30-A da Lei das Eleições, é necessária a prova da proporcionalidade (relevância jurídica) do ilícito praticado pelo candidato, razão pela qual a sanção de cassação do diploma deve ser proporcional à gravidade da conduta, considerado o contexto da campanha. *AgRg no RO 2-55, Rel. Min. Nancy Andrighi, j. 6.3.12. (Info 5)*

Concessionária de uso de bem público e fonte vedada.

O art. 24, III, da Lei 9.504/97, que trata de fonte vedada para doação, deve ter interpretação restritiva. O dispositivo citado proíbe aos candidatos e partidos políticos receberem, direta ou indiretamente, doação em dinheiro ou estimável em dinheiro, apenas proveniente de concessionário ou permissionário de serviço público. *AgRg no Ag 148-22, Rel. Min. Gilson Dipp, j. 28.8.12. (Info 23)*

Contratação de cabos eleitorais e configuração de abuso do poder econômico.

A contratação significativa de cabos eleitorais para a campanha pode consubstanciar estratégia de favorecimento na disputa e configurar abuso do poder econômico, vedado pela legislação eleitoral. O fato de o art. 26, VII, da Lei 9.504/97 considerar como gasto eleitoral a "remuneração ou gratificação de qualquer espécie a pessoal que preste serviço às candidaturas ou comitês eleitorais" não impede a prática do abuso do poder econômico, tendo em vista que o dispositivo legal apenas discrimina quais as despesas que podem ser realizadas e conceituadas como gastos de campanha eleitoral. *REspe 81-39, Rel. Min. Arnaldo Versiani, j. 13.9.12. (Info 25)*

Doação a campanha eleitoral por pessoa física isenta de declarar imposto de renda e extrapolação do percentual previsto em lei.

Doação realizada por pessoa física acima de dez por cento do rendimento declarado à Receita Federal no ano anterior ao da doação viola a norma constante do art. 23, § 1º, I, da Lei 9.504/97. *AgRg no REspe 510-67, Rel. Min. Castro Meira, j. 13.6.13. (Info 16)*

Prestação de contas. Recurso especial eleitoral. Doação. Patrimônio próprio. Exigência. Resolução do TSE. Competência.

A Res.-TSE 23.217/10, ao prever, no § 3º do art. 1º, que os bens e serviços doados por pessoas físicas e jurídicas devem constituir produto de seu próprio serviço ou de suas atividades econômicas e, no caso dos bens permanentes, integrar o patrimônio do doador, implicou simples regulamentação prevista na Lei 9.504/97. Isso porque, tanto o § 1º do art. 23 da Lei 9.504/97, que trata de doação de pessoa física, quanto o art. 24, que se refere à doação por pessoa jurídica, levaram em consideração o patrimônio próprio. Sendo assim, o disposto no § 3º do art. 1º da Res.-TSE 23.217/10 não implicou extravasamento da competência prevista nos incisos IX e XVIII do art. 23 do CE, quanto à necessidade de a doação constituir produto ou decorrer da atividade econômica do doador. Uma vez demonstrada a boa-fé do candidato, não há como desaprovar as contas. *REspe 6258-33, Rel. Min. Marco Aurélio, j. 22.5.12. (Info 14)*

5. DA PRESTAÇÃO DE CONTAS (ARTS. 28 A 32)

2016

Aplicação do princípio "tempus regit actum" e sanção em desaprovação de contas.

A penalidade a ser cominada em razão da desaprovação de contas é a prevista na legislação vigente à época da prestação de contas, em atenção ao princípio do "tempus regit actum". *Prestação de Contas 901-76, Rel. Min. Luciana Lóssio, j. 26.4.16. (Info 4)*

Prestação de contas e preclusão para apresentação de documentos

A inação do partido político ou candidato intimado para sanar irregularidades em processo de prestação de contas resulta na perda do direito de apresentar novos documentos relativos aos fatos questionados. *Prestação de Contas 714-68, Rel. Min. Luciana Lóssio em 14.4.16. (Info 3)*

Valores de origem não identificada verificados em prestação de contas e recolhimento aos cofres públicos.

Recursos de natureza não identificada, verificados nas prestações de contas de campanha das eleições de 2014, devem ser recolhidos ao Tesouro Nacional, nos termos do art. 29 da Resolução-TSE 23.406/14. *REspe 2134-54, Rel. Min. Maria Thereza de Assis Moura, 25.2.16. (Info 1)*

2015

Ação prevista no art. 30-A da Lei 9.504/97 e possibilidade do ajuizamento antes da diplomação.

A representação prevista no art. 30-A da Lei 9.504/97 pode ser proposta antes da diplomação do candidato, sendo o termo final para seu ajuizamento o transcurso do prazo de 15 dias previsto no mencionado artigo. *REspe 1348-04, Rel. Min. Luciana Lóssio, j. 15.12.15. (Info 17)*

Desaprovação de contas de candidato, irregularidade alheia à atuação do partido e não suspensão de repasse de quotas do Fundo Partidário.

Nos processos de prestação de contas de candidato, não se aplica a sanção de suspensão de repasse de quotas de Fundo Partidário, prevista no parágrafo único do art. 25 da Lei 9.504/97, se a desaprovação da conta não tem como causa irregularidade decorrente de ato do partido. *REspe 5881-33, Rel. Min. Maria Thereza de Assis Moura, j. 17.9.15. (Info 12)*

2013

Doação por pessoa jurídica instituída no ano da eleição e inaplicabilidade da sanção do art. 30-A da Lei 9.504/97.

A utilização de recursos doados por pessoa jurídica constituída no ano da eleição não enseja a sanção prevista no 30-A da Lei 9.504/97. *RO 1947-10.2010.6.01.0000, Rel. Min. Dias Toffoli, j. 12.9.13. (Info 24)*

Omissão de gastos em prestação de contas de campanha e cassação de diploma de candidato eleito.

A omissão na prestação de contas de campanha de despesas em percentual relevante enseja a cassação do diploma prevista no § 2º do art. 30-A da Lei 9.504/97. *RO 10-54, Red. p/ ac. Min. Laurita Vaz, j. 5.9.13. (Info 23)*

Utilização de recursos oriundos de partido político para favorecimento de campanha eleitoral e configuração de abuso do poder econômico

O desatendimento das normas de arrecadação e gastos de campanha se subsume à regra prevista no art. 30-A da Lei das Eleições, sem prejuízo de os mesmos fatos serem também examinados na forma dos arts. 19 e 22 da LC 64/90, quando a questão não se cinge apenas ao desatendimento das normas de administração financeira das campanhas, e o excesso das irregularidades e seu montante evidenciarem a existência de abuso do poder econômico. Para afastar a alegação de decadência, na ação de investigação judicial eleitoral prevista no art. 22, caput, da LC 64/90, ou mesmo em procedimento de análise da infração do art. 30-A da Lei 9.504/97, o ajuizamento da demanda pode ocorrer tão logo seja identificada infração às regras de arrecadação de gastos e despesas de campanha, não sendo necessário aguardar a diplomação, uma vez que o direito à ação nasce no momento em que ocorre a violação às regras que regulam o processo eleitoral. *REspe 130-68, Rel. Min. Henrique Neves, j. 13.8.13. (Info 20)*

2012

Campanha eleitoral. Captação de recursos. Gastos. Ilicitude. Sanção. Cassação. Diploma. Proporcionalidade. Aplicação.

Nos termos do art. 30-A da Lei 9.504/97, qualquer partido político ou coligação (ou, ainda, o MPE, segundo a jurisprudência do TSE) poderá ajuizar representação para apurar condutas em desacordo com as normas relativas à arrecadação e despesas de recursos de campanha. *REspe 28.448, redatora Min. Nancy Andrighi, j. 22.3.12. (Info 7)*

Eleições 2008. Representação. Arrecadação. Gastos. Recursos. Campanha eleitoral. Ilicitude. Prazo. Término do mandato eletivo.

Até o advento da Lei 12.034/09, a jurisprudência do TSE era firme no sentido de que o prazo para abertura de investigação judicial referente a arrecadação e gastos ilícitos de recursos de campanha, previsto no art. 30-A da Lei 9.504/97, era até o fim do mandato eletivo. A Lei 12.034/09 alterou a redação do art. 30-A da Lei das Eleições para fazer constar o prazo de 15 dias da diplomação para a propositura da referida ação. No caso, a ação foi proposta em 11.5.2009, ou seja, antes da vigência da Lei 12.034/09, incidindo a jurisprudência consolidada na época de que o prazo para ingressar com a ação de que trata o art. 30-A era até o término do mandato. *AgRg no REspe 3855105, Rel. Min. Cármen Lúcia, j. 6.3.12. (Info 5)*

Prestação de contas. Campanha eleitoral. Recibo eleitoral. Ausência. Cessão. Veículo. Falta. Declaração. Irregularidade insanável.

O candidato não emitiu recibos eleitorais referentes à cessão de veículos para a sua campanha, embora tenha declarado despesa com aquisição de combustível. A declaração de gastos com combustível sem a correspondente declaração de despesa com locação/cessão de veículo não constitui mero vício formal, mas falha que compromete a aferição da regularidade das contas ante a ausência de emissão dos recibos eleitorais. *AgRg no RMS 27004, Rel. Min. Cármen Lúcia, j. 15.3.12. (Info 6)*

Prestação de contas. Campanha eleitoral. Empréstimo pessoal de terceiro. Fiscalização. Impossibilidade.

O TRE afastou a possibilidade de realização de empréstimo pessoal por candidato, em razão do que dispõe o § 2º do art. 17 da Res.-TSE 23.217/10. Ainda que fosse possível admitir o empréstimo pessoal de terceiro para aplicar na campanha eleitoral, a candidata não logrou êxito em demonstrar a origem do valor emprestado, tampouco dispõe de patrimônio suficiente para arcar com as parcelas mensais pactuadas. Assim, uma vez não evidenciada a veracidade sobre a origem dos recursos informados na prestação de contas, circunstância que compromete a confiabilidade das contas e prejudica sua efetiva fiscalização pela Justiça Eleitoral, é de rigor a manutenção do acórdão regional, que entendeu pela sua desaprovação. *AgRg no REspe 2224-03, Rel. Min. Marcelo Ribeiro, j. 14.2.12. (Info 3)*

6. DAS PESQUISAS E TESTES PRÉ-ELEITORAIS (ARTS. 33 A 35)

2013

Divulgação de pesquisa eleitoral em página de relacionamento sem todas as informações previstas na legislação e inaplicabilidade de multa.

A publicação de pesquisa eleitoral nas eleições de 2012 sem referência às informações obrigatórias previstas na legislação, em site de relacionamento do candidato, não constitui infração que enseja a aplicação da multa prevista no art. 33, § 3º, da Lei 9.504/97. A Res.-TSE 23.364/12, que disciplinou as pesquisas eleitorais para as eleições de 2012, estabeleceu, no art. 11, que a divulgação dos resultados de pesquisas deve indicar obrigatoriamente o período de realização da coleta de dados, a margem de erro, o número de entrevistas, o nome da entidade ou empresa que a realizou e o número de registro da pesquisa. No caso, reproduziu-se a pesquisa eleitoral em página de relacionamento da Internet, sem as informações obrigatórias previstas na referida resolução. Entretanto, o art. 18 dessa resolução preconiza que "a divulgação de pesquisa sem o prévio registro das informações constantes do art. 1º desta resolução sujeita os responsáveis à multa (...)". No julgamento do REspe 27576, firmou-se o entendimento de que a multa prevista no § 3º do art. 33 da Lei 9.504/97 só será aplicada se houver divulgação de pesquisa não registrada. Para a aplicação de qualquer penalidade, faz-se necessária a expressa previsão legal, não se admitindo a ampliação do rol elencado na legislação eleitoral por analogia. *REspe 479-11, Rel. Min. Henrique Neves, j. 6.8.13. (Info 19)*

2012

Crime. Divulgação. Pesquisa eleitoral. Fraude. Tentativa. Inocorrência.

O § 4º do art. 33 da Lei 9.504/97 prevê como crime a divulgação fraudulenta de pesquisa, com pena de detenção de seis meses a um ano e multa no valor de 50 mil a 100 mil Ufirs. Na espécie, houve somente a entrega da pesquisa a quem a encomendou. Esse fato, por si só, não configura o crime de divulgação de pesquisa eleitoral fraudulenta, nem mesmo em sua forma tentada, uma vez que, para a incidência do inc. II do art. 14 do CP, seria necessário que o ato de divulgação tivesse se iniciado, o que não ocorreu. *AgRg no Ag 1076-70, Rel. Min. Arnaldo Versiani, j. 17.5.12. (Info 13)*

Matéria jornalística. Divulgação. Resultado. Pesquisa interna. Partido político. Violação. Art. 33 da Lei 9.504/97. Ausência.

O art. 33 da Lei 9.504/97 disciplina a realização e a divulgação de pesquisa de opinião pública cujo modelo e cuja metodologia, além de públicos e transparentes, devem ser registrados no Tribunal para acesso dos interessados. O § 3º desse artigo impõe multa no valor de cinquenta a cem mil Ufirs aos responsáveis pela divulgação de pesquisa sem o prévio registro das informações. No caso, o TSE, por maioria, concluiu que não houve afronta ao art. 33 da Lei 9.504/97, pois a matéria jornalística não divulgou pesquisa de opinião pública sem registro, mas apenas pesquisa interna realizada pelo partido político. *REspe 2640-42, Rel. Min. Gilson Dipp, j. 24.4.12. (Info 10)*

7. DA PROPAGANDA ELEITORAL EM GERAL (ARTS. 36 A 42)

2016

Divulgação de mensagens em rede social na Internet e inexistência de propaganda eleitoral extemporânea.

Não configura propaganda eleitoral antecipada a divulgação gratuita de mensagens em rede social com menção a possível candidatura e enaltecimento de opção política antes do período previsto no art. 36 da Lei 9.504/97, alterado pela Lei 13.165/15, o qual dispõe: " propaganda eleitoral somente é permitida após o dia 15 de agosto do ano da eleição". *REspe 51-24, Rel. Min. Luiz Fux, j. 18.10.16. (Info 12)*

Propaganda partidária e configuração de propaganda antecipada.

Não constitui propaganda eleitoral antecipada a conduta de elogiar determinado membro do partido, pré-candidato a cargo eletivo, em propaganda partidária. *REspe 330994, Red. p/ ac. Min. Henrique Neves, j. 31.5.16. (Info 5)*

2015

Conduta de "derramar santinhos" à véspera das eleições e propaganda eleitoral irregular.

Configura propaganda eleitoral irregular a conduta de "derramar santinhos" nas vias públicas próximas aos locais de votação na madrugada do dia da eleição. *REspe 3798-23, Rel. Min. Gilmar Mendes, j. 15.10.15. (Info 14)*

Distribuição de camisas, captação ilícita de sufrágio e abuso do poder econômico

A doação de camisas e outros artefatos a diversos eleitores durante o período de campanha eleitoral, demonstrada por meio de prova testemunhal e documental, configura propaganda eleitoral irregular, captação ilícita de sufrágio e abuso do poder econômico. *REspe 383-32, Rel. Min. Henrique Neves da Silva, j. 26.5.15. (Info 7)*

Propaganda eleitoral em bem público de uso especial.

A distribuição de panfletos em bem público de uso especial configura propaganda eleitoral irregular, nos termos do art. 37 da Lei 9.504/97, que dispõe: "Nos bens cujo uso dependa de cessão ou permissão do poder público, ou que a ele pertençam, e nos de uso comum, inclusive postes de iluminação pública e sinalização de tráfego, viadutos, passarelas, pontes, paradas de ônibus e outros equipamentos urbanos, é vedada a veiculação de propaganda de qualquer natureza, inclusive pichação, inscrição a tinta, fixação de placas, estandartes, faixas, cavaletes e assemelhados". *REspe 7605-72, Rel. Min. Luciana Lóssio, j. 8.9.15. (Info 11)*

Veiculação de propaganda eleitoral no interior de escola pública e violação ao art. 37 da Lei das Eleições.

A distribuição de propaganda eleitoral, por meio de distribuição de folhetos de campanha no interior de escola pública viola o art. 37 da Lei 9.504/97. *REspe 35021, Rel. Min. João Otávio de Noronha, j. 3.3.15. (Info 2)*

2014

Discurso proferido em entrega de imóveis e inexistência de propaganda eleitoral extemporânea.

O discurso prolatado pela presidente da República quando da entrega de imóveis construídos por programa social do governo federal não constitui propaganda eleitoral antecipada, ainda que contenha trechos sugestivos de continuísmo ou alusões a certos candidatos ou governos passados. *Rep 771-81, Rel. Min. Admar Gonzaga, j. 7.8.14. (Info 11)*

Distribuição de camisetas com características partidárias e condenação por captação ilícita de sufrágio e abuso do poder econômico.

A distribuição de camisetas com símbolo de partido durante passeata ou carreata não configura captação ilícita de sufrágio, prevista no art. 41-A da Lei 9.504/97. *REspe 266-74, Rel. Min. Dias Toffoli, j. 18.2.14. (Info 3)*

Imunidade parlamentar não afasta a possibilidade de configuração de propaganda eleitoral extemporânea.

A imunidade parlamentar não impossibilita configuração de propaganda eleitoral extemporânea em discurso proferido por parlamentar em ambiente fechado que não seja o Congresso Nacional. *Rep 380-29, Rel. Min. Tarcísio Vieira de Carvalho Neto, j. 7.8.14. (Info 11)*

Propaganda institucional veiculada por empresa pública e caracterização de propaganda eleitoral extemporânea.

Julgada procedente representação proposta contra a Caixa Econômica Federal por veiculação de propaganda eleitoral extemporânea, que não se tratava de mera divulgação institucional, pois continha mensagem subliminar de vinculação dos programas daquela empresa pública com os do atual governo, sugerindo o continuísmo. Entendeu-se caracterizado o desequilíbrio no cenário eleitoral, concluindo-se pela configuração da propaganda extemporânea. *RO 1433-34, Rel. Min. Luciana Lóssio, j. 6.5.14. (Info 10)*

Veiculação de entrevista e caracterização de propaganda eleitoral antecipada.

Propaganda eleitoral é aquela que leva ao conhecimento geral, ainda que de forma dissimulada, a candidatura, a ação política que se pretende desenvolver ou mesmo razões que induzam a concluir que o beneficiário é o mais apto ao exercício de determinada função pública. Foi ajuizada representação por suposta propaganda eleitoral extemporânea ocorrida em entrevista a Rádio, na qual haveria favorecimento a candidata a prefeitura. Entendeu-se configurada a propaganda eleitoral extemporânea, em razão de expresso apoio à candidatura da beneficiária, em situação não acobertada pela ressalva constante do art. 36-A da Lei 9.504/97. *AgRg no REspe 167-34, Rel. Min. Laurita Vaz, j. 20.3.14. (Info 5)*

Veiculação de propaganda em área interna de condomínio e bem de uso comum para fins eleitorais.

As dependências internas ou áreas comuns de condomínio não podem ser consideradas bens de uso comum para efeito do disposto no § 4º do art. 37 da Lei 9.504/97. A propaganda afixada nas dependências de condomínio, com a autorização do síndico, não constitui irregularidade que justifique a aplicação da multa. Por se tratar de área comum destinada ao uso exclusivo dos condôminos, que dela se utilizam nos termos da convenção ou do regimento interno do condomínio, não pode ser equiparada àquelas "a que a população em geral tem acesso", como previsto no § 4º do art. 37 da Lei das Eleições. *AgRg no REspe 851-30, Red. p/ ac. Min. Dias Toffoli, j. 11.2.14. (Info 2)*

2013

Promessa e oferecimento de benefício a eleitores e captação ilícita de sufrágio.

A captação ilícita de sufrágio tipificada no art. 41-A da Lei 9.504/97 não se consuma apenas com a entrega do bem ou da vantagem pessoal ao eleitor, mas também com os atos de oferecer e prometer benefícios. *REspe 4038-03, Red. p/ ac. Min. Luciana Lóssio, j. 29.8.13. (Info 22)*

Propaganda de candidatos diferentes em muro e violação do limite legal por caracterização de impacto visual único.

O conjunto de propagandas eleitorais que supere 4m² e possua impacto visual único é irregular, pois afronta o art. 37, § 2º, da Lei 9.504/97, mesmo que as propagandas pertençam a candidatos diferentes. O § 2º do art. 37 da referida lei permite a propaganda eleitoral em bens particulares, independentemente de autorização do Estado, mas limita a 4m² a sua extensão. O § 1º do mesmo artigo impõe ao infrator a restauração do bem e, em caso de não cumprimento, a sanção de multa. *AgRg no REspe 1784-15, Rel. Min. Castro Meira, j. 13.6.13. (Info 16)*

Propaganda eleitoral antecipada e manifestação sobre continuidade de projeto de governo.

Configuram propaganda eleitoral antecipada manifestações nas quais há menção à continuidade de projeto de governo, uma vez que há, nessas hipóteses, pedido implícito de voto. *AgRg no REspe 3913-24, Rel. Min. Nancy Andrighi, j. 28.8.12. (Info 23)*

Propaganda institucional irregular e aplicação de multa.

Confirmado multa a prefeito que, em período vedado pela legislação, veiculou propaganda institucional de programa de bonificação de contribuintes. No caso, o prefeito foi condenado em ação de investigação judicial eleitoral por ter, entre outras condutas, promovido, em período vedado pela legislação, propaganda institucional sobre a distribuição de brindes a quem efetuasse o pagamento do IPTU em dia. *AgRg no REspe 255762-55, Rel. Min. Luciana Lóssio, j. 15.10.13. (Info 29)*

Publicidade em "outdoor" e descaracterização de propaganda eleitoral extemporânea.

A divulgação de mensagem em outdoor somente configura propaganda eleitoral antecipada se houver referência a eleições vindouras, plataforma política ou outras circunstâncias que indiquem o propósito do pré-candidato de obter o apoio do eleitor por intermédio do voto. *AgRg no REspe 63-60, Rel. Min. Luciana Lóssio, j. 1º.10.13. (Info 27)*

2012

Bem de uso comum e estacionamento particular.

Não é possível, em recurso especial, reavaliação do entendimento estabelecido no acórdão regional que considerou como propaganda irregular, em bem de uso comum, a afixação de placas em estacionamento do prédio alugado pela coligação da candidata. *REspe 28.530, Red. p/ ac. Min. Arnaldo Versiani, j. 28.8.12. (Info 23)*

Captação ilícita de votos e doação limitada de combustível.

Não configura captação ilícita de sufrágio, prevista no art. 41-A da Lei 9.504/97, a distribuição gratuita e limitada de combustíveis a participantes de carreata. *REspe 409-20, Rel. Min. Marco Aurélio, j. 16.8.12. (Info 21)*

Captação ilícita de sufrágio e assédio a candidato.

A busca de apoio político por intermédio de desistência de candidatura, ainda que mediante a satisfação de valor em dinheiro, não se enquadra no art. 41-A. Fixou-se que o art. 41-A da Lei 9.504/97 está direcionado ao eleitor e pressupõe que a ele seja oferecido, prometido ou entregue bem ou vantagem pessoal de qualquer natureza, inclusive emprego ou função pública. *REspe 507-06, Rel. Min. Marco Aurélio, j. 26.6.12. (Info 18)*

Captação ilícita de sufrágio. Sanção. Aplicação cumulativa.

As sanções previstas no art. 41-A da Lei 9.504/97 – multa e cassação do registro ou do diploma – são, necessariamente, cumulativas. Uma vez configurada a captação ilícita de sufrágio, impõe-se a cassação do diploma e multa. Verificada a perda do objeto em virtude do encerramento do mandato, descabe a sequência do processo, sob a alegação de subsistir a cominação de multa. *AgRg no RCED 707, Rel. Min. Marco Aurélio, j. 8.5.12. (Info 12)*

Crime. Propaganda eleitoral. Dia da eleição. Entrevista. Prefeito. Rádio. Declaração de voto. Atipicidade da conduta.

Nem toda manifestação político-eleitoral na data da eleição é vedada pelo § 5º do art. 39 da Lei 9.504/97, o qual, por tratar de crime, deve ser interpretado estritamente. A simples declaração indireta de voto, em entrevista a rádio, desprovida de qualquer forma de convencimento, de pressão ou de tentativa de persuasão, não constitui crime eleitoral. Concluiu o Tribunal que não houve afronta ao bem jurídico tutelado pela norma, o livre exercício de voto. Portanto, correta a decisão do TRE pela atipicidade da conduta. *REspe 4859-93, Rel. Min. Marcelo Ribeiro, j. 26.4.12. (Info 10)*

Eleições 2008. Propaganda eleitoral irregular. Limitação. Legislação municipal. Prevalência. Legislação eleitoral.

A propaganda eleitoral irregular em questão diz respeito às eleições de 2008, quando prevalecia o posicionamento do TSE no sentido de que "a inobservância de norma municipal regulamentar de veiculação de propaganda autoriza não só a supressão da publicidade irregular, mas igualmente a imposição de sanção pecuniária, dada a interpretação sistemática dos arts. 243, VIII, do CE, e 37 da Lei 9.504/97" (AgR-REspe 35182). Dessa forma, não há falar na aplicação do art. 41 da Lei 9.504/97, com a nova redação dada pela Lei 12.034/09, pois isso importaria em anistia sem a necessária previsão legal. *AgRg no REspe 35191, Rel. Min. Cármen Lúcia, j. 8.3.12. (Info 6)*

Fixação de propaganda antes do dia do pleito e crime eleitoral.

A fixação de cartazes em local próximo à seção de votação antes das eleições não configura o crime previsto no art. 39, § 5º, III, da Lei 9.504/97. *REspe 1559-03, Red. p/ ac. Min. Teori Zavascki, j. 2.10.12. (Info 28)*

Propaganda eleitoral antecipada e divulgação de entrevista no rádio.

O art. 36-A da Lei 9.504/97 estabelece que não será considerada propaganda eleitoral antecipada a participação de filiados a partidos políticos em entrevistas ou programas de rádio, inclusive com a exposição de plataformas e projetos políticos, desde que não haja pedido de votos, observado, pelas emissoras, o dever de conferir tratamento isonômico. *AgRg no REspe 6194-93, Rel. Min. Nancy Andrighi, j. 29.6.12. (Info 18)*

Propaganda eleitoral antecipada e imunidade parlamentar.

As manifestações no recinto do Congresso Nacional são protegidas pela imunidade parlamentar material de forma absoluta, independentemente de haver conexão com o mandato ou de serem proferidas em razão desse. Na espécie, o discurso foi realizado na tribuna do Senado Federal, razão pela qual o representado – senador da República – estava resguardado pela inviolabilidade absoluta, ainda que a TV Senado tenha transmitido o evento. Em razão dessa imunidade material absoluta, o parlamentar não poderia ser punido na seara eleitoral pela manifestação. Eventual abuso praticado pelos congressistas no desempenho de suas prerrogativas poderá ser coibido pela própria Casa Legislativa, nos termos do art. 55, II e § 1º, da CF. Ademais, os terceiros que reproduzirem as declarações dos congressistas estarão sujeitos, em tese e conforme o caso, às sanções previstas na legislação de regência (arts. 36-A e 45 da Lei 9.504/97 e art. 22 da LC 64/90). Deve-se interpretar o art. 36-A, IV, da Lei 9.504/97 conforme a CF para estabelecer sua inaplicabilidade aos parlamentares quanto aos pronunciamentos realizados na respectiva Casa Legislativa. *Rep 1494-42, Rel. Min. Nancy Andrighi, j. 21.6.12. (Info 17)*

Propaganda eleitoral antecipada. Fixação. Multa. Princípio da proporcionalidade.

O TSE julgou procedente representação por propaganda eleitoral antecipada em face de Luiz Inácio Lula da Silva, então presidente da República, e o condenou à multa no valor equivalente ao custo da propaganda (R$900 mil), nos termos do § 3º do art. 36 da Lei 9.504/97. Da redação do § 3º do art. 36 da Lei 9.504/97 se extraem dois limites para a fixação da multa: um mínimo e um máximo. O valor mínimo, 20 mil Ufirs; o máximo, 50 mil Ufirs. Este último admite substituição pelo valor do custo da propaganda, se tal custo se revelar ainda mais expressivo. Assim, atendendo aos limites mínimo e máximo possíveis ao caso e, também, ao princípio da proporcionalidade, entendeu-se que a multa aplicada era desproporcional. Isso porque (i) a multa aplicada não foi rateada com outros responsáveis pela propaganda e (ii) incide sobre agente estatal cujo subsídio mensal é de R$11.420,21. *EDcl na Rep 875, Red. p/ ac. Min. Arnaldo Versiani, j. 15.5.12. (Info 13)*

8. DA PROPAGANDA ELEITORAL NA IMPRENSA (ART. 43)

2015

Utilização de jornal impresso para veiculação de matérias de cunho político e não configuração do uso indevido dos meios de comunicação social.

Os jornais e os demais veículos impressos de comunicação podem assumir posição em relação aos pleitos eleitorais, sem que isso caracterize, por si só, propaganda eleitoral ilícita. Para a configuração do uso indevido dos meios de comunicação social, o conteúdo veiculado deve ocasionar desequilíbrio no pleito eleitoral. *REspe 316-66, Rel. Min. Maria Thereza de Assis Moura, j. 29.9.15. (Info 13)*

9. DA PROPAGANDA ELEITORAL NO RÁDIO E NA TELEVISÃO (ARTS. 44 A 57-C)

2016

Responsabilização de agente público e veiculação de propaganda institucional no período vedado.

O chefe do Executivo é responsável pela publicidade divulgada em sítio eletrônico oficial do governo, ainda que dela não tenha conhecimento, razão pela qual se sujeita às penalidades previstas na legislação. *REspe 1194-73, Rel. Min. Maria Thereza de Assis Moura, j. 1º.8.16. (Info 8)*

2014

Propaganda eleitoral gratuita e mudança de jurisprudência.

O programa eleitoral gratuito não deve ser utilizado para veicular ofensas e acusações entre os candidatos. A finalidade do programa eleitoral é propiciar aos candidatos meio de divulgação de programas, propostas e planos de governo, não servindo para ataques pessoais, improdutivos ao eleitor no que concerne à análise da melhor opção de voto, mostrando-se verdadeiro desserviço. Em razão de o programa eleitoral ser custeado pela sociedade por meio de desonerações de impostos, sua utilização deve estrita observância ao interesse público afeto à matéria. *Rep 1658-65, Rel. Min. Admar Gonzaga, j. 14.10.14. (Info 20)*

2013

Divulgação de vídeo calunioso e ofensivo na rede mundial de computadores e determinação de retirada dele pela Justiça Eleitoral.

A divulgação, em sítio da Internet, de material calunioso e ofensivo contra a honra e a dignidade de candidato não está amparada pelo Direito Constitucional ao livre exercício da liberdade de expressão e de informação, bem como constitui conduta vedada pelos arts. 45, III, § 2º, e 57-C, § 2º, da Lei 9.504/97, e 14, IX, da Res.-TSE 23.191/10. Embora no julgamento da ADI 4451, o STF tenha suspendido parcialmente, em sede de liminar, a eficácia do inc. III e totalmente a eficácia do inc. II do art. 45 da Lei 9.504/97, ficou mantida a responsabilização penal e cível daqueles que abusam do direito de crítica aos candidatos. Nesse julgamento, o STF afirmou que o direcionamento de críticas ou matérias jornalísticas as quais impliquem propaganda eleitoral favorável a determinada candidatura, com a consequente quebra da isonomia no pleito, permanece sujeito ao controle a posteriori do Judiciário. A divulgação de material calunioso e ofensivo contra a honra e a dignidade de candidatos na rede mundial de computadores é conduta vedada pelo art. 14, IX, da Res.-TSE 23.191/10. *AgRg no Ag 8005-33, Rel. Min. Nancy Andrighi, j. 18.4.13. (Info 9)*

Divulgações em redes sociais fechadas da Internet e não configuração de propaganda eleitoral extemporânea.

A divulgação de pronunciamentos de conteúdo eleitoral proferidos em evento partidário, em rede social fechada, em período vedado pela legislação, não configura propaganda extemporânea. *REspe 74-64.2012.6.20.0003, Rel. Min. Dias Toffoli, j. 12.9.13. (Info 24)*

Link para página com propaganda eleitoral em sítio de órgão oficial.

É irregular a manutenção, em página de órgão oficial, de link que remeta à página da Internet na qual haja propaganda eleitoral. No caso, o candidato manteve no site oficial da Assembleia Legislativa link que redirecionava à sua página virtual, em que havia propaganda eleitoral. Esse elemento constitu um facilitador de acesso à propaganda eleitoral, constante da página do Poder Legislativo Estadual, o que caracterizava a prática de propaganda eleitoral irregular, nos termos do art. 57-C, § 1º, II, da Lei 9.504/97, que proíbe a veiculação de propaganda em sítios "oficiais ou hospedados por órgãos ou entidades da administração pública direta ou indireta da União, dos estados, do Distrito Federal e dos municípios". REspe 8029-61, Red. p/ ac. Min. Luciana Lóssio, j. 28.11.13. (Info 34)

Transmissão direta de culto religioso em televisão e inexistência de propaganda irregular.

A transmissão ao vivo de missa na qual, em homilia, o sacerdote haja veiculado ideias contrárias a certo partido não se enquadra na vedação dos incisos III e IV do art. 45 da Lei 9.504/97, uma vez que a norma pressupõe o elemento subjetivo, ou seja, a vontade livre e consciente de atuar de modo a favorecer ou prejudicar candidato, partido, coligação ou respectivos órgãos ou representantes. Rep 4125-56, Rel. Min. Marco Aurélio, j. 21.2.13. (Info 2)

2012

Garantia de veiculação de propaganda eleitoral e município sem emissora de televisão.

A regulamentação do art. 48 da Lei 9.504/97, para as eleições de 2012, seguirá a regra que vem sendo adotada desde as eleições municipais de 1996, qual seja, a designação da emissora de televisão de maior audiência para transmissão do horário eleitoral no município com maior eleitorado do estado, e da segunda emissora de maior audiência para a transmissão no segundo maior município, e assim sucessivamente. MS 721-26, Rel. Min. Nancy Andrighi, j. 28.8.12. (Info 23)

Propaganda eleitoral gratuita e município com mais de 200 mil eleitores.

Nos municípios em que não haja emissora de rádio e televisão, a Justiça Eleitoral garantirá a propaganda eleitoral gratuita em televisão nas eleições para prefeito e vereadores, desde que preenchidos dois requisitos previstos no art. 48 da Lei 9.504/97, a saber: viabilidade técnica e tratar-se de município apto à realização de segundo turno (município com mais de 200 mil eleitores), conforme prevê o art. 29, II, da CF. Rep 852-98, Rel. Min. Marco Aurélio, j. 2.10.12. (Info 28)

Representação. Propaganda eleitoral extemporânea. Twitter. Caracterização.

O Twitter é meio apto à divulgação de propaganda eleitoral extemporânea, eis que amplamente utilizado para a divulgação de ideias e informações ao conhecimento geral, além de permitir interação com outros serviços e redes sociais da Internet. Constitui propaganda eleitoral extemporânea a manifestação veiculada no período vedado por lei que leve ao conhecimento geral, ainda que de forma dissimulada, futura candidatura, ação política que se pretende desenvolver ou razões que levem a inferir que o beneficiário seja o mais apto para a função pública. Assim, presentes os elementos caracterizadores da propaganda eleitoral, é irrelevante o meio pelo qual ocorre sua divulgação, em especial no caso da Internet, que representa fonte de divulgação de ideias e informações em plena expansão. O fato de o acesso ao Twitter depender de vontade do internauta não elide a possibilidade de caracterização de propaganda eleitoral antecipada. Recurso na Rep 1825-24, Rel. Min. Aldir Passarinho Junior, j. 15.3.12. (Info 7)

Representação. Propaganda eleitoral irregular. Internet.

Nos termos do art. 57-C da Lei 9.504/97, é vedada a veiculação de propaganda eleitoral na Internet, ainda que gratuitamente, em sítios de pessoas jurídicas, com ou sem fins lucrativos. Rep 3551-33, Rel. Min. Nancy Andrighi, j. 10.4.12. (Info 9)

10. DO DIREITO DE RESPOSTA (ART. 58)

2014

Direito de resposta e necessidade de manifesta inverdade.

A concessão do direito de resposta pressupõe a propagação de mensagem ofensiva ou afirmação sabidamente inverídica, manifesta, incontestável e que não dependa de investigação. A matéria está prevista no art. 58, caput, da Lei 9.504/97. O conteúdo da informação deve ser sabidamente inverídico, absolutamente incontroverso e de conhecimento da população em geral, não podendo ser alvo de direito de resposta um conteúdo passível de dúvida, controvérsia ou de discussão na esfera política. *Rep 1083-57, Rel. Min. Admar Gonzaga, j. 9.9.14. (Info 15)*

Afirmação difamatória em imprensa escrita e direito de resposta.

Compete ao TSE processar e julgar direito de resposta, sempre que órgão de imprensa veicula matéria contendo afirmações supostamente falsas e difamatórias, que extrapola o direito de informar e se refere diretamente a candidatos, partidos ou coligações que disputam o pleito. A matéria está prevista no art. 58 da Lei 9.504/97. O direito de resposta é medida que se ajusta a tal situação de extravasamento da liberdade jornalística, na medida em que a liberdade de expressão do pensamento e da informação (art. 220 CF) não são direitos absolutos, conforme assentado em precedentes das mais altas cortes de Justiça do país. O partido político, mesmo coligado, possui legitimidade para figurar no polo ativo, desde que tenha interesse direto no direito de resposta àquilo que foi veiculado contra a agremiação. *Rep 1312-17, Rel. Min. Admar Gonzaga, j. 25.9.14. (Info 17)*

11. DAS CONDUTAS VEDADAS AOS AGENTES PÚBLICOS (ARTS. 73 A 78)

2016

Conduta ilícita e configuração de abuso de poder.

Para configuração do abuso de poder, é necessária a comprovação da gravidade do ato ilícito, a evidenciar o comprometimento da lisura da disputa eleitoral. *REspe 570-35, Rel. Min. Luiz Fux, j. 13.9.16. (Info 9)*

Promoção de evento festivo às vésperas das eleições, cabimento de prova por gravação ambiental e abuso de poder econômico.

É lícita gravação ambiental produzida em local aberto ao público, sem controle de acesso. Para a caracterização do abuso de poder econômico, é preciso estar configurada a ilicitude da conduta, bem como sua gravidade. A conduta de custear evento festivo a menos de três dias do pleito, com entrada franca e distribuição gratuita de bebida, além da considerável presença de munícipes, configura abuso de poder econômico. *REspe 85-47, Rel. Min. Herman Benjamin, j. 8.11.16. (Info 13)*

2015

Atos ilícitos anteriores ao período eleitoral e elementos para configuração do abuso do poder político.

O uso indevido, antes do período eleitoral, da administração pública na promoção de candidato à reeleição não configura abuso do poder político, quando inexiste demonstração da efetiva influência da conduta ilícita na normalidade e isonomia do pleito. *AgRg em Ag 514-75, Rel. Min. Maria Thereza de Assis Moura, j. 28.4.15. (Info 6)*

Cacique de aldeia indígena e abuso de autoridade eleitoral

Dirigente de aldeia indígena, coloquialmente chamado de cacique, não se equipara, para fins eleitorais, a autoridade, razão pela qual sua influência sobre os eleitores da comunidade silvícola não pode ser considerada abuso de autoridade. *REspe 28784, Rel. Min. Henrique Neves da Silva, j. 15.12.15. (Info 17)*

Cassação de diploma e princípio da proporcionalidade.

Deve existir proporcionalidade entre a aplicação da pena de cassação de diploma e a prática da conduta vedada. *REspe 521-83, Rel. Min. Maria Thereza de Assis Moura, j. 7.4.15. (Info 5)*

Compra de apoio político e configuração de abuso do poder econômico.

A compra de apoio político, fundamentada na promessa de cargos públicos e oferta de dinheiro a candidato, a fim de comprar-lhe a candidatura, configura abuso do poder econômico. *REspe 198-47, Rel. Min. Luciana Lóssio, j. 3.2.15. (Info 1)*

Condutas presumivelmente vedadas e impossibilidade de condenação.

A condenação pela prática de abuso de poder e de conduta vedada não pode se lastrear em meras presunções quanto ao encadeamento dos fatos impugnados e ao benefício eleitoral auferido pelos candidatos. *REspe 302-98, Rel. Min. Luiz Fux, j. 1º.12.15. (Info 16)*

Custeio de despesas para tratamento de saúde fora do domicílio e inexistência de ilicitude eleitoral.

A disponibilização, em ano eleitoral, pelo Executivo Municipal, de Tratamento Fora do Domicílio

(TFD) aos munícipes, como medida de prestação de saúde, não constitui distribuição gratuita de bens, valores ou benefícios proibida pelo § 10 do art. 73 da Lei 9.504/97. A admissão de funcionários públicos sem concurso público constitui abuso de poder político. *REspe 1522-10, Rel. Min. Henrique Neves, j. 3.11.15. (Info 15)*

Doação de alimentos perecíveis apreendidos por órgão de fiscalização e não enquadramento em conduta vedada.

É possível a doação, em ano de eleição, de pescados ou de outro produto com a mesma natureza de perecibilidade apreendidos pela administração pública. A problemática não se trata da possibilidade de doação decorrente de ato de mera liberalidade do administrador, mas da resultante de determinação legal, nos termos do art. 25 da Lei 9.605/98. A vedação constante da legislação eleitoral não pode ser aplicada a essas doações, em razão de redundar, inevitavelmente, na deterioração dos produtos apreendidos, haja vista o longo período dessa proibição e a perecibilidade do produto apreendido. Conforme previsto no art. 73, § 10, da Lei 9.504/97, para que não se configure a prática da conduta vedada, a doação, em ano eleitoral, deve justificar-se nas situações de calamidade pública ou estado de emergência ou, ainda, ser destinada a programas sociais com autorização específica em lei e com execução orçamentária já no ano anterior ao pleito. No caso dos programas sociais, deve haver correlação entre o seu objeto e a coleta de alimentos perecíveis apreendidos em razão de infração legal. *Cta 56-39, Rel. Min. Gilmar Mendes, j. 2.6.15. (Info 8)*

Oferecimento e realização de cirurgias em troca de votos.

O oferecimento e a realização de cirurgias durante o período eleitoral, no âmbito de entidade hospitalar operada mediante subvenção do poder público, em benefício de candidatura ensejam as sanções de cassação de diploma e de multa acima do mínimo legal, nos termos do art. 73, IV, §§ 4º e 5º, ambos da Lei 9.504/97. *AgRg RO 64-53, Rel. Min. Maria Thereza de Assis Moura, j. 1º.12.15. (Info 16)*

Propaganda institucional realizada em conta de rede social de acesso gratuito dentro do período vedado e conduta ilícita.

A propaganda institucional realizada nos três meses antecedentes ao pleito, por meio de conta de cadastro gratuito, como o Twitter, configura o ilícito previsto no art. 73, VI, b, da Lei 9.504/97. *AgRg no REspe 1421-84, Rel. Min. João Otávio de Noronha, j. 9.6.15. (Info 8)*

2014

Manutenção de programa social no período eleitoral e ausência de potencialidade lesiva

No ano da eleição, a manutenção e ampliação de programa social criado por lei e em execução orçamentária no exercício anterior, nos termos do § 10 do art. 73 da Lei 9.504/97, não configura abuso de poder econômico e corrupção eleitoral. O referido dispositivo estabelece: " (...). No ano em que se realizar eleição, fica proibida a distribuição gratuita de bens, valores ou benefícios por parte da administração pública, exceto nos casos de calamidade pública, de estado de emergência ou de programas sociais autorizados em lei e já em execução orçamentária no exercício anterior, casos em que o Ministério Público poderá promover o acompanhamento de sua execução financeira e administrativa". *RO 6213-34, Rel. Min. Dias Toffoli, j. 27.2.14. (Info 4)*

Programa social autorizado em lei orgânica e não configuração de conduta vedada.

A execução de programa social autorizado em lei orgânica de município não configura conduta vedada. A matéria está prevista no art. 73, § 10, da Lei 9.504/97. A lei orgânica é norma que exige quorum especial para sua aprovação, o que confere mais eficácia e legitimidade aos programas. *REspe 365-79, Rel. Min. Luciana Lóssio, j. 16.10.14. (Info 20)*

Uso da residência oficial em campanha eleitoral e não configuração de conduta vedada.

Não configura conduta vedada a participação, em bate-papo virtual conhecido como "face to face", da presidenta da República e candidata à reeleição no Palácio da Alvorada, com a finalidade de informar os internautas sobre a configuração do programa social Mais Médicos. *Rep 848-90, Rel. Min. Tarcísio Vieira de Carvalho Neto, j. 4.9.14. (Info 14)*

Uso de fotos oficiais em site de campanha à reeleição e inocorrência de conduta vedada.

A divulgação de fotos oficiais em site de campanha de candidato à reeleição não se amolda às vedações constantes do art. 73 da Lei 9.504/97.

A vedação a uso ou a cessão de bem público em benefício de candidato não abrange bem público de uso comum. Bem de uso comum é definido, no § 4º do art. 37 da Lei 9.504/97, para fins eleitorais, como "os assim definidos pela Lei 10.406, de 10 de janeiro de 2002 – Código Civil e também aqueles a que a população em geral tem acesso, tais como cinemas, clubes, lojas, centros comerciais, templos, ginásios, estádios, ainda que de propriedade privada". As imagens do acervo de fotografias presidenciais em eventos oficiais são bens de domínio público, ou seja, constituem bens de uso coletivo, podendo ser visualizadas e até baixadas em qualquer computador. *Rep 844-53, Rel. Min. Admar Gonzaga, j. 9.9.14. (Info 15)*

2013

Conduta vedada a agentes públicos e período de incidência da norma proibitiva.

A vedação constante do inc. I do art. 73 da Lei 9.504/97 não se aplica a fatos ocorridos fora do período eleitoral. *REspe 989-24, Rel. Min. Luciana Lóssio, j. 17.12.13. (Info 36)*

Contratação de funcionários públicos temporários em período vedado pela legislação eleitoral e aplicação do princípio da proporcionalidade nas sanções.

O TSE, aplicando o princípio da proporcionalidade, afastou a cassação do diploma do chefe do Executivo Municipal, ocorrida em razão da contratação temporária de funcionários públicos em período vedado pela legislação eleitoral. O MPE promoveu ação por suposta prática da conduta prevista no art. 73, V, da Lei 9.504/97, em razão da contratação temporária, em período vedado, de educadores para creches recém-construídas. Alegou que o chefe do Executivo ignorou a lista de candidatos aprovados em concurso público. O dispositivo preconiza que é proibido aos agentes públicos nomear, contratar ou, de qualquer forma, admitir funcionário público, na circunscrição do pleito, nos três meses que o antecedem e até a posse dos eleitos, sob pena de nulidade de pleno direito. No caso incide o princípio da proporcionalidade, de forma que a cassação do diploma não é medida adequada, em razão de terem sido apenas oito contrações, insuficientes para desequilibrar o pleito. *REspe 450-60, Rel. Min. Laurita Vaz, j. 26.9.2013.*

Publicidade institucional realizada por secretaria de prefeitura e responsabilidade da chefia do Executivo Municipal.

É responsável a chefia do Executivo Municipal pela veiculação de propaganda institucional em período vedado, realizada por secretaria que exerce a coordenação político-institucional e presta assessoria direta ao prefeito, afirmando estar caracterizada a infração ao art. 73, VI, b, da Lei das Eleições. *REspe 408-71, Red. p/ ac. Min. Marco Aurélio, j. 20.8.13. (Info 21)*

Uso de entidade sem fins lucrativos em campanha eleitoral e não configuração de abuso de poder econômico.

Negado provimento a recurso especial que requeria a cassação do mandato de vereador em razão do uso de entidade sem fins lucrativos em campanha eleitoral. O MPE promoveu inicialmente ação de investigação judicial eleitoral devido a suposto abuso de poder econômico e captação ilícita de sufrágio, por ter o candidato oferecido, por meio da Associação dos Ciclistas Amadores do Estado do Mato Grosso do Sul, serviços de assessoria jurídica e assistência médica e odontológica em troca de votos nas eleições de 2008. Alegou que a entidade associativa não desempenhava atividades para as quais fora criada, eventos desportivos, mas prestava atendimentos para o candidato. Eleito ao cargo de vereador, foi diplomado, razão pela qual foi ajuizada ação de impugnação de mandato eletivo, requerendo a cassação do mandato. Contudo, inexiste abuso na conduta praticada pelo candidato. Inúmeras associações prestadoras de serviços sociais solicitam comumente aos cidadãos atendidos votos para candidatos de sua afinidade. Essas entidades têm liberdade jurídica para opinar sobre a vida política de sua localidade. *REspe 36628, Rel. Min. Cármen Lúcia, j. 12.11.13. (Info 32)*

2012

Abuso do poder econômico. Corrupção. Contratação. Cabo eleitoral. Finalidade. Compra de voto.

A doação de serviço de cabos eleitorais pode ser considerada dentro da normalidade, contudo a vultosa contratação de cabos eleitorais para campanha, às vésperas da eleição, correspondente a 13% (treze por cento) do eleitorado configurou o abuso do poder econômico. Diante do mesmo fato, ficou provada a corrupção, pois, segundo depoimentos de testemunhas, não houve contratação de prestação de serviço, somente assinatura dos recibos e recebimento do dinheiro no comitê do candidato recorrido com pedido expresso de voto. *AgRg no REspe 1143-69, Rel. Min. Arnaldo Versiani, j. 14.6.12. (Info 16)*

Ação de impugnação de mandato eletivo e impossibilidade de apuração de conduta vedada.

A ação de impugnação de mandato eletivo tem objeto restrito. Assim, deve ser proposta, apenas, com fundamento em abuso do poder econômico, corrupção ou fraude, não se prestando para a apuração de prática de conduta vedada a agente público, prevista no art. 73 da Lei 9.504/97. *AgRg no Ag 104-66, Rel. Min. Arnaldo Versiani, j. 18.9.12. (Info 26)*

Conduta vedada e necessidade de custeio público dos serviços prestados.

Para a caracterização da conduta tipificada no art. 73, II, da Lei 9.504/97, é necessário que os serviços prestados em favor do candidato tenham sido custeados pelos cofres públicos. *REspe 6105-53, Rel. Min. Dias Toffoli, j. 13.9.12. (Info 25)*

Conduta vedada. Inauguração de obra pública. Princípio da proporcionalidade. Aplicação. Sanção.

A sanção de cassação do mandato eletivo, em razão da prática das condutas vedadas do art. 73 da Lei 9.504/97, somente deve ser imposta em casos mais graves, cabendo ser aplicado o princípio da proporcionalidade da sanção em relação à conduta. Com base nos princípios da simetria e da razoabilidade, também deve ser levado em consideração o princípio da proporcionalidade na imposição da sanção pela prática da infração ao art. 77 da Lei das Eleições. Nessa linha de raciocínio, o Tribunal entendeu ser desproporcional a imposição de sanção de cassação a candidato à reeleição ao cargo de deputado estadual que comparece em uma única inauguração, em determinado município, na qual não houve a presença de quantidade significativa de eleitores e onde a participação do candidato também não foi expressiva. *AgRg no RO 8902-35, Rel. Min. Arnaldo Versiani, j. 14.6.12. (Info 16)*

Conduta vedada. Registro de candidatura. Anterioridade. Possibilidade. Beneficiário. Legitimidade ativa. Punição. Fundamentos distintos. "Bis in idem". Inocorrência.

A caracterização da conduta vedada prevista no inc. I do art. 73 da Lei 9.504/97 pressupõe a cessão ou o uso, em benefício de candidato, partido político ou coligação, de bens móveis ou imóveis pertencentes à administração direta ou indireta da União, dos estados, do Distrito Federal, dos territórios e dos municípios. Já a conduta descrita no inc. II do mesmo artigo pressupõe o uso de materiais ou serviços, custeados pelos governos ou casas legislativas, que exceda as prerrogativas consignadas nos regimentos e normas dos órgãos que integram. As condutas vedadas previstas nos incisos I e II do art. 73 da Lei 9.504/97 podem se configurar mesmo antes do pedido de registro de candidatura, ou seja, anteriormente ao denominado período eleitoral. Segundo os §§ 5º e 8º do art. 73 da Lei 9.504/97, os candidatos podem ser punidos pela prática de conduta vedada praticada por terceiros em seu benefício e, portanto, são partes legítimas para figurar no polo passivo da correspondente representação. Não ocorre bis in idem se um mesmo fato é analisado e sancionado por fundamentos diferentes – como no presente caso, em que o ocorrido foi examinado sob o viés de propaganda eleitoral extemporânea e de conduta vedada. *RO 6432-57, Rel. Min. Nancy Andrighi, j. 22.3.12. (Info 7)*

Conduta vedada. Representação. Ajuizamento. Diplomação. Eleição presidencial. TSE. Competência. Potencialidade. Desnecessidade. Sanção. Proporcionalidade.

A configuração das condutas vedadas aos agentes públicos ocorre com a mera prática de uma das hipóteses mencionadas no art. 73 da Lei 9.504/97, independentemente da potencialidade lesiva de influenciar o resultado do pleito, já que há presunção legal de que a prática dessas condutas tende a afetar a igualdade de oportunidades entre candidatos nos pleitos eleitorais, independentemente de sua repercussão. O elemento subjetivo com que as partes praticam a infração não interfere na incidência das sanções previstas nos arts. 73 a 78 da Lei 9.504/97. As circunstâncias fáticas devem servir para mostrar a relevância jurídica do ato praticado pelo candidato, interferindo no juízo de proporcionalidade utilizado na fixação da pena. Com o advento da Lei 12.034/09, o prazo para o ajuizamento das representações fundamentadas na prática de condutas vedadas estende-se até a diplomação dos eleitos, nos termos do § 12 do art. 73 da Lei 9.504/97. Nos termos do inc. III do art. 96 da Lei 9.504/97, a competência para o processamento e julgamento das representações previstas na referida lei, quando relacionadas ao pleito presidencial, é originária do TSE. *Recurso na Rep 4251-09, Rel. Min. Nancy Andrighi, j. 21.3.12. (Info 7)*

Conduta vedada. Verificação. Publicidade institucional. Abuso de poder. Uso indevido dos meios de comunicação social. Inocorrência.

Compete à Justiça Eleitoral autorizar ou não a veiculação de publicidade institucional nos três meses que antecedem o pleito, de acordo com a parte final da alínea b do inc. VI do art. 73 da Lei 9.504/97. Deve-se observar o princípio da proporcionalidade e somente exigir a potencialidade do fato naqueles casos mais graves, em que se cogita da cassação do registro ou do diploma. *RO 1680-11, Rel. Min. Arnaldo Versiani, j. 13.3.12. (Info 6)*

Conduta vedada. Utilização. Imóvel público. Gravação. Programa eleitoral. Biblioteca pública. Captação de imagens. Benefício. Candidatura. Descaracterização.

Para configuração da conduta vedada descrita no inc. I do art. 73 da Lei 9.504/97, é necessário que a cessão ou utilização de bem público seja feita em benefício de candidato, violando-se a isonomia do pleito. No caso, a diretora da Biblioteca Central da Universidade de Brasília teria incorrido na prática vedada descrita no inc. I do art. 73 da Lei 9.504/97 ao autorizar a gravação de programa eleitoral da então candidata Dilma Rousseff nas dependências da citada biblioteca, quando fechada ao público, em decorrência de greve dos servidores da Universidade. A vedação ao uso ou cessão de bem público, em benefício de candidato, não abrange bem público de uso comum. Acrescente-se que somente foram captadas imagens da biblioteca para compor programa eleitoral cujo tema era a importância da educação para o desenvolvimento do país. O que a lei veda é o uso efetivo, real, do aparato estatal em prol de campanha, e não a simples captação de imagens de bem público. Assim, ausente o benefício à candidatura, não há como se ter por violada a igualdade entre aqueles que participaram da disputa eleitoral. *Rep 3267-25, Rel. Min. Marcelo Ribeiro, j. 29.3.12. (Info 8)*

Conduta vedada. Utilização. Bens. Administração Pública. Descaracterização. Promoção. Candidatura. Ausência.

A caracterização da conduta vedada prevista no inc. I do art. 73 da Lei 9.504/97 pressupõe a cessão ou o uso, em benefício de candidato, partido político ou coligação, de bens móveis ou imóveis pertencentes à administração direta ou indireta da União, dos Estados, do Distrito Federal, dos Territórios e dos Municípios. *AgRg no REspe 1839-71, Rel. Min. Nancy Andrighi, j. 29.3.12. (Info 8)*

Eleições 2008. Conduta vedada. Programa social. Ano eleitoral. Multa. Aplicação. Cassação. Mandato eletivo. Impossibilidade. Irretroatividade da lei.

O § 10 do art. 73 da Lei 9.504/97 dispõe que, no ano em que se realizar eleição, fica proibida a distribuição gratuita de bens, valores ou benefícios por parte da administração pública, exceto nos casos de calamidade pública, de estado de emergência ou de programas sociais autorizados em lei e já em execução orçamentária no exercício anterior. Na espécie, o TRE reconheceu a aplicabilidade do § 10 do art. 73 da Lei 9.504/97 na construção de sanitários em moradia de pessoas de baixa renda, em 2008, e aplicou a sanção de multa ao candidato beneficiado pelo ilícito. Não há falar em cassação do registro ou do diploma nos termos do § 5º do art. 73 da Lei das Eleições, pois a previsão dessa sanção deu-se com a edição da Lei 12.034/09 que incluiu a conduta do § 10 do art. 73 no referido dispositivo. Portanto, não é possível aplicá-la às eleições de 2008 de forma retroativa. *AgRg no Ag 1407-52, Rel. Min. Arnaldo Versiani, j. 17.5.12. (Info 13)*

Representação. Conduta vedada. Prazo. Ajuizamento. Diplomação. Lei 12.034/09.

A jurisprudência do TSE era pacífica no sentido de que o ajuizamento das representações por conduta vedada deveria ocorrer até a data da eleição. No entanto, com o advento da Lei 12.034, de 29.9.2009, tal orientação foi superada, uma vez que a novel disciplina legal passou a considerar a diplomação dos eleitos como o termo final para o ajuizamento de ações dessa natureza (§ 12 do art. 73 da Lei 9.504/97). *AgRg no REspe 7172-97, Rel. Min. Marcelo Ribeiro, j. 10.4.12. (Info 9)*

12. DISPOSIÇÕES TRANSITÓRIAS (ARTS. 79 A 89)

2013

Doação para campanhas eleitorais acima do limite legal e cumulatividade de sanções.

Doações a campanhas eleitorais feitas por pessoas jurídicas acima do limite legal não estão sujeitas à cumulatividade das sanções previstas no art. 81, §§ 2º e 3º, da Lei 9.504/97. A aplicação conjunta deve observar os princípios da proporcionalidade e razoabilidade, além da gravidade da infração. A Lei 9.504/97, no § 1º do art. 81, limita a 2% do faturamento bruto das pessoas jurídicas, aferido no ano anterior às eleições, as doações e contribuições para campanhas eleitorais. Nos §§ 2º e 3º do mesmo artigo, a lei estabelece respectivamente as sanções de multa e a proibição de participar de licitações públicas e de celebrar contratos com o poder público. *AgRg no REspe 328-41, Rel. Min. Castro Meira, j. 6.6.13. (Info 15)*

2012

Campanha eleitoral. Doação. Empresa. Criação. Ano eleitoral. Fonte vedada. Previsão legal. Ausência.

O § 1º do art. 15 da Res.-TSE 23.217/10 estabelece que "o uso de recursos recebidos de fontes vedadas constitui irregularidade insanável e causa a desaprovação das contas". Por sua vez, o § 2º do art. 16 da mesma norma diz que "são vedadas as doações de pessoas jurídicas que tenham começado a existir, com o respectivo registro, no ano de 2010". Tal dispositivo teve como finalidade evitar burla ao disposto no art. 81 da Lei 9.504/97, que veda a doação de pessoa jurídica para campanhas eleitorais acima do limite de dois por cento do faturamento bruto da empresa no ano anterior ao pleito. Isso porque, caso fosse permitida a doação feita por empresa constituída no ano eleitoral, não seria possível verificar o atendimento ao disposto no mencionado dispositivo de lei. A violação ao disposto no art. 81 da Lei 9.504/97 acarreta penalidade ao doador: pagamento de multa no valor de cinco a dez vezes a quantia em excesso, consoante determina o § 2º do mencionado artigo, além das penas previstas no § 3º. Todavia, não há previsão legal de cassação de diploma nesta hipótese. Assim, a despeito da expressa violação ao § 2º do art. 16 da Res.-TSE 23.217/10, o Tribunal entendeu que não cuida o caso de uso de dinheiro proveniente de fonte vedada, fato esse de indiscutível gravidade e relevância jurídica apta a afetar a lisura nos gastos de campanha. *RO 4446-96, Rel. Min. Marcelo Ribeiro, j. 21.3.12. (Info 7)*

Doação a campanha eleitoral acima do limite estabelecido e faturamento de grupo empresarial.

Impossível considerar-se o faturamento de grupo empresarial – ente despersonalizado, sem patrimônio próprio e no qual não há o controle de uma empresa sobre a outra – para fins de aferição do limite de doações realizadas por pessoas jurídicas a campanhas eleitorais, estabelecido no art. 81 da Lei 9.504/97. O elemento caracterizador de grupo econômico, de acordo com a Lei das Sociedades Anônimas, é a unidade econômica na qual uma empresa é controlada por outra e a personalidade jurídica é única, circunstâncias inexistentes na hipótese dos autos. A empresa que não obteve faturamento no ano anterior não pode efetuar doação a campanhas eleitorais. Para doação em campanha, devem ser observados os limites objetivamente estabelecidos pela norma, de modo que, se ultrapassado o montante de dois por cento do faturamento bruto da doadora, aferido no ano anterior à eleição, deve incidir a sanção prevista no § 2º do art. 81 da Lei 9.504/97. Para a fixação da penalidade, é possível considerar o valor do montante doado, em observância aos princípios da razoabilidade e da proporcionalidade. *REspe 3098-87, Rel. Min. Dias Toffoli, j. 9.10.12. (Info 29)*

Prestação de contas. Campanha eleitoral. Doação. Pessoa jurídica constituída no ano da eleição. Desaprovação.

Consoante o § 2º do art. 16 da Res.-TSE 23.217/10 (que regulamentou o § 1º do art. 81 da Lei 9.504/97), as pessoas jurídicas constituídas em 2010 não podem realizar doações a partidos políticos e candidatos nas eleições realizadas naquele ano. No julgamento da PC 4080-52/DF, o TSE consignou que o referido dispositivo objetiva evitar a constituição de empresas no ano da eleição como forma de ocultar doações indiretas feitas por outras pessoas jurídicas e por pessoas físicas que porventura já estivessem enquadradas nos limites máximos do inc. I do § 1º do art. 23 e do § 1º do art. 81 da Lei 9.504/97. Na espécie, a empresa doou R$25.000,00, correspondentes a 5,56% do total de recursos arrecadados. Embora a jurisprudência do Tribunal indique que falhas formais ou materiais de pequena monta, sem grande repercussão no contexto da campanha eleitoral e cujos responsáveis não tenham agido de má-fé, conduzam, em tese, à aprovação das contas com ressalvas, o caso dos autos não se coaduna com a situação hipotética mencionada, tendo em vista a natureza grave da irregularidade constatada. Assim, considerando a gravidade da irregularidade e, ainda, que o valor de não é desprezível, o Tribunal concluiu que não se aplica o princípio da proporcionalidade na espécie. Acrescente-se que não haveria como afastar a irregularidade sob a alegação de desconhecimento da data de constituição da empresa doadora, pois cabe aos candidatos, na qualidade de administradores financeiros das respectivas campanhas (art. 20 da Lei 9.504/97), fiscalizar a fonte dos recursos arrecadados. *AgRg no REspe 6064-33, Rel. Min. Nancy Andrighi, j. 3.5.12. (Info 11)*

13. DISPOSIÇÕES FINAIS (ARTS. 90 A 107)

2016

Contagem de prazos processuais do novo CPC e inaplicabilidade às ações eleitorais.

A sistemática de contagem de prazo prevista no art. 219 do novo CPC não é aplicável aos processos eleitorais. Há incompatibilidade entre os princípios informadores do direito processual eleitoral, como a celeridade, consectária da garantia constitucional da razoável duração do processo, e a metodologia adotada pelo diploma processual civil em vigor. A alteração promovida pela Lei 12.034/09 na Lei das Eleições passou a prever no art. 97-A, taxativamente, o prazo de um ano como razoável para tramitação dos processos no âmbito da Justiça Eleitoral. Por fim, sublinhou que a solução das causas eleitorais reclama a adoção de sistemáticas céleres, em razão de tratar de questões políticas e de direção estatal. *REspe 533-80, Rel. Min. Maria Thereza de Assis Moura, j. 2.6.16. (Info 5)*

2013

Adoção de rito processual diferente do preconizado pela legislação eleitoral e inércia da parte em alegar nulidade.

A ausência de questionamento em momento próprio, sobre a adoção de rito processual diferente do previsto no § 12 do art. 73 da Lei 9.504/97, resulta na convalidação do procedimento, em razão de o art. 245 do CPC estabelecer a incidência da preclusão quando a parte é inerte em alegar nulidade na primeira oportunidade em que lhe couber se manifestar. Segundo o princípio da instrumentalidade das formas, norteador do processo civil moderno, não se deve declarar nulidade processual que a lei não haja expressamente cominado, quando inexiste demonstração de prejuízo processual, em concreto. *REspe 662-30, Rel. Min. Henrique Neves da Silva, j. 14.5.13. (Info 13)*

Impossibilidade de instauração de inquérito civil pelo Ministério Público para subsidiar ação eleitoral.

É ilegal inquérito civil instaurado pelo MPE para consubstanciar representação eleitoral, em desfavor de candidato, por suposta prática de conduta vedada. A previsão constante do art. 105-A da Lei 9.504/97, que dispõe: "em matéria eleitoral, não são aplicáveis os procedimentos previstos na Lei 7.347, de 24 de julho de 1985". O inquérito civil está disciplinado no § 1º do art. 8º da Lei 7.347/85, Lei da Ação Civil Pública. O preceito do art. 105-A afastou a possibilidade de o MPE proceder ao inquérito administrativo para colher elementos de prova a serem utilizados em ação que verse sobre matéria eleitoral. *RO 4746-42, Red. p/ ac. Min. Marco Aurélio, j. 26.11.13. (Info 34)*

2012

Juiz eleitoral. Poder de polícia. Expedição. Portaria. Cominação. Desobediência. Impossibilidade.

Para imposição de penalidade, em razão de propaganda irregular, é necessário procedimento a ser instaurado a requerimento do Ministério Público ou dos que para isso se legitimam, nos termos do art. 96 da Lei 9.504/97. É inviável a expedição de portaria por juiz eleitoral, sob o argumento de exercer poder de polícia, com o intuito de impor penalidades por eventuais atos de propaganda eleitoral irregular. Nos termos do § 2º do art. 41 da Lei 9.504/97, o poder de polícia se restringe às providências necessárias para inibir práticas ilegais, vedada a censura prévia sobre o teor dos programas a serem exibidos na televisão, no rádio ou na Internet. Sendo assim, aos juízes eleitorais, de acordo com os §§ 1º e 2º do art. 41 da Lei 9.504/97, compete exercer o poder de polícia sobre a propaganda eleitoral. Não lhes assiste, porém, legitimidade para instaurar portaria que comina pena por desobediência a essa lei. *RMS 1541-04, Rel. Min. Gilson Dipp, j. 10.4.12. (Info 9)*

Eleitor. Identificação. Licença de pescador profissional.

É indispensável a apresentação de documento oficial com foto no dia da eleição, nos termos do disposto no art. 91-A da Lei 9.504/97. A licença de pescador profissional, emitida pelo Ministério da Pesca e Aquicultura, desde que contenha a fotografia do eleitor, consubstancia documento de identificação válido à participação no certame. *Cta 920-82, Rel. Min. Marco Aurélio, j. 12.6.12. (Info 16)*

4. LEI DAS INELEGIBILIDADES (LC 64/90)

1. DOS INELEGÍVEIS (ART. 1º)

1.1. Causa de Inelegibilidade (art. 1º, I, d)

2014

Condenação por atos ilícitos praticados entre o primeiro e o segundo turno e termo inicial de contagem do prazo de inelegibilidade.

A data do primeiro turno constitui termo inicial dos prazos de inelegibilidade previstos no art. 1º, I, alíneas d, h e j, da LC 64/90, quando os atos ilícitos causadores da condenação tenham ocorrido entre o primeiro e o segundo turno. O § 3º do art. 77 da CF não deve ser interpretado de forma literal, mas sistemática, considerando que o segundo turno não constitui uma nova eleição. O segundo turno não requer nova verificação de preenchimento das condições de elegibilidade ou de eventual incidência em causa de inelegibilidade dos candidatos, consistindo em critério constitucional para que o pleito alcance a maioria absoluta para os cargos de chefe do Executivo. Viola o princípio da isonomia a contagem do prazo de oito anos de inelegibilidade a partir da data do segundo turno, pois confere tratamento desigual a situações iguais, sem nenhum fundamento ou razoabilidade. Considerar o segundo turno como termo inicial do prazo de inelegibilidade das alíneas d, h e j, no caso de condenação por ilícitos praticados entre o primeiro e o segundo turno, implica inconstitucional aumento da inelegibilidade. *RO 566-35, Rel. Min. Gilmar Mendes, j. 16.9.14. (Info 16)*

2013

Anulação de eleição por indeferimento do registro do candidato eleito e possibilidade de participar do novo pleito.

Candidato que deu causa à anulação de eleição em razão de incidir na inelegibilidade da alínea d do inc. I do art. 1º da LC 64/90, à época em que havia controvérsia jurisprudencial quanto ao termo final do prazo de oito anos, pode concorrer ao pleito que substitui o anulado. *REspe 7-20, Rel. Min. Laurita Vaz, j. 4.6.13. (Info 15)*

Aplicação de prazo de inelegibilidade a fatos pretéritos.

O prazo de oito anos de inelegibilidade previsto na alínea d do inc. I do art. 1º da LC 64/90 incide sobre fatos pretéritos, mesmo quando transcorrido o prazo anterior de três anos de inelegibilidade. *AREspe 348-11, Rel. Min. Laurita Vaz, j. 11.4.13. (Info 8)*

Condenação por abuso de poder em ação de impugnação de mandato e não caracterização de inelegibilidade.

A condenação por abuso de poder econômico ou político em sede de ação de impugnação de mandato eletivo não enseja a inelegibilidade da alínea d do inc. I do art. 1º da LC 64/90. Há precedentes deste Tribunal no sentido de que, para caracterização da inelegibilidade da alínea d, a condenação por abuso de poder deve ser reconhecida em ação de investigação judicial eleitoral promovida por meio da representação prevista no art. 22 da LC 64/90. Em atenção ao princípio da segurança jurídica, esse entendimento deve ser preservado nas eleições de 2012, haja vista ter sido aplicado em julgados referentes a esse pleito. *REspe 10-62, Red. p/ ac. Min. Laurita Vaz, j. 27.8.13. (Info 22)*

Suspensão liminar de condenação proferida em ação de investigação judicial eleitoral e deferimento de registro de candidatura.

Não incide a inelegibilidade inscrita na alínea d do inc. I do art. 1º da LC 64/90 quando há decisão vigente ao tempo do pedido de registro suspendendo os efeitos do acórdão condenatório prolatado em sede de ação de investigação judicial eleitoral. *REspe 174-31, Rel. Min. Luciana Lóssio, j. 23.4.13. (Info 10)*

2012

Inelegibilidade. Abuso do poder econômico. Coisa julgada. Aplicação. LC 135/10. Impossibilidade. Retroação máxima.

O candidato recorrido foi condenado por abuso do poder econômico previsto na alínea d do inc. I do art. 1º da LC 64/90 nas eleições de 2006, cuja decisão transitou em julgado em 2009. É impossível o reconhecimento da inelegibilidade por prazo maior (oito anos), tendo em conta a LC 135/10, pois equivaleria a desconhecer título judicial com trânsito em julgado. Entendimento contrário implicaria retroatividade máxima da lei, colocando-se em segundo plano ato jurídico perfeito por excelência – a coisa julgada. *AgRg no RO 4769-14, Rel. Min. Marco Aurélio, j. 10.5.12. (Info 12)*

Inelegibilidade e contagem do prazo no caso de condenação por abuso de poder e por ilícitos eleitorais.

As causas de inelegibilidade previstas nas alíneas d e h (condenação por abuso de poder) do inc. I do art. 1º da LC 64/90 incidem a partir da eleição da qual resultou a respectiva condenação até o final dos oito anos seguintes, independentemente da data em que se realizar o pleito. *REspe 165-12, Rel. Min. Arnaldo Versiani, j. 25.9.12. (Info 27)*

Registro de candidato e condenação anterior à edição da Lei da Ficha Limpa em ação de investigação judicial eleitoral.

Incide a inelegibilidade prevista na alínea d do inc. I do art. 1º da LC 64/90, cujo prazo passou a ser de oito anos, ainda que se trate de condenação transitada em julgado, em representação por abuso do poder econômico ou político referente à eleição anterior à vigência da LC 135/10. *REspe 189-84, Rel. Min. Arnaldo Versiani, j. 4.9.12. (Info 24)*

1.2. Causa de Inelegibilidade (art. 1º, I, e)

2014

Crime contra o patrimônio privado e inelegibilidade da alínea "e".

Condenação por crime de violação de direito autoral (art. 184, § 1º, CP) não gera a inelegibilidade do art. 1º, I, e, 2, da LC 64/90, por não se enquadrar na classificação legal de crime contra o patrimônio privado. *RO 981-50, Rel. Min. João Otávio de Noronha, j. 30.9.14. (Info 18)*

2013

Condenação pela prática de crime de responsabilidade e posterior declaração da prescrição da pretensão punitiva do Estado.

O reconhecimento pela Justiça Comum da prescrição da pretensão punitiva do Estado em processo que apura a prática do crime de responsabilidade extingue a pena de inabilitação para o exercício de cargo ou função pública, prevista no § 2º do art. 1º do DL 201/67, não permitindo a incidência da inelegibilidade do art. 1º, I, e, da LC 64/90. *REspe 200-69, Rel. Min. Luciana Lóssio, j. 16.4.13. (Info 9)*

Condenação por exploração ilegal de serviço de telecomunicação e inelegibilidade.

A exploração ilegal de serviço de telecomunicação configura crime contra a administração pública para fins de aplicação da inelegibilidade prevista no item 1 da alínea e do inc. I da LC 64/90. *REspe 76-79, Rel. Min. Marco Aurélio, j. 15.10.13. (Info 29)*

Condenação proferida por Tribunal do Júri e inelegibilidade.

Condenação criminal proferida por Tribunal do Júri equipara-se à decisão emanada de órgão colegiado e atrai a inelegibilidade prevista na alínea e do inc. I do art. 1º da LC 64/90. Embora a fixação da pena decorrente da condenação seja aplicada pelo juiz presidente do Tribunal do Júri, o julgamento é realizado pelo Conselho de Sentença, órgão de composição colegiada. A LC 64/90, no art. 1º, I, e, item 9, assim dispõe sobre condenações por crime contra vida que resultam em inelegibilidade: "os que forem condenados, em decisão transitada em julgado ou proferida por órgão judicial colegiado, desde a condenação até o transcurso do prazo de 8 anos após o cumprimento da pena, pelos crimes: (...) contra a vida e a dignidade sexual". Para as eleições de 2012, o TSE sedimentou entendimento no sentido de que a condenação criminal proferida por Tribunal do Júri resulta na inelegibilidade do condenado, em razão de ser decisão oriunda de órgão colegiado. *REspe 611-03, Red. p/ ac. Min. Laurita Vaz, j. 21.5.13. (Info 14)*

2012

Certidão de inteiro teor e impossibilidade de incidência de causa de inelegibilidade por mera presunção.

A apresentação das certidões previstas no art. 27 da Res.-TSE 23.373/11, acrescida de certidões criminais de inteiro teor, é suficiente para o exame do registro de candidatura, demonstrando a boa-fé do candidato no esclarecimento dos fatos, sendo inviável a presunção em sentido contrário. A inelegibilidade da alínea e do inc. I do art. 1º da LC 64/90 exige a condenação criminal colegiada ou transitada em julgado, sendo inadmissível a sua incidência por mera presunção, sob pena de gravíssima violação a direito político fundamental. *REspe 96-64, Rel. Min. Luciana Lóssio, j. 4.12.12. (Info 37)*

Condenação penal por crime ambiental e não incidência da excludente de inelegibilidade por crime de menor potencial ofensivo.

O crime ambiental previsto no art. 40 da Lei 9.605/98 não é crime de menor potencial ofensivo. Assim, não incide a excludente prevista no § 4º que afasta a inelegibilidade da alínea e do inc. I do art. 1º da LC 64/90 quanto aos crimes definidos em lei como de menor potencial ofensivo. Para a conduta típica ser considerada crime de menor potencial ofensivo, a pena máxima em abstrato prevista na lei não deve ser superior a dois anos, conforme dispõe o art. 61 da Lei 9.099/95. *AgRg no REspe 494-08, Rel. Min. Henrique Neves da Silva, j. 20.11.12. (Info 35)*

Inelegibilidade e condenação criminal por violação de direito autoral.

O delito de violação de direito autoral enquadra-se entre os crimes contra o patrimônio privado a que se refere o art. 1º, I, e, item 2, da LC 64/90, pois embora o delito esteja inserido no Título III – Dos Crimes Contra a Propriedade Imaterial – do CP, constitui ofensa ao interesse particular. *REspe 202-36, Rel. Min. Arnaldo Versiani, j. 27.9.12. (Info 27)*

Inelegibilidade e crimes tipificados na Lei de Licitações.

Os crimes previstos na Lei de Licitações estão abrangidos nos crimes contra a administração e o patrimônio público, referidos no art. 1º, I, e, item 1, da LC 64/90. *REspe 129-22, Rel. Min. Nancy Andrighi, j. 4.10.12. (Info 28)*

Oposição de embargos declaratórios de decisão criminal condenatória e efeitos sobre a elegibilidade.

A existência de condenação criminal pela prática de crime de tráfico ilícito de entorpecentes, proferida por órgão colegiado, enseja a inelegibilidade do art. 1º, I, e, item 7, da LC 64/90, não sendo necessário o trânsito em julgado da decisão. *REspe 122-42, Rel. Min. Arnaldo Versiani, j. 9.10.12. (Info 29)*

Prescrição da pretensão punitiva e não incidência da inelegibilidade.

A extinção da pretensão punitiva pela ocorrência da prescrição retroativa, após condenação penal transitada em julgado, não atrai a inelegibilidade prevista na alínea e do inc. I do art. 1º da LC 64/90. *AgRg no REspe 63-17, Rel. Min. Arnaldo Versiani, j. 6.11.12. (Info 33)*

1.3. Causa de Inelegibilidade (art. 1º, I, g)

2016

Autorização de pagamento irregular de remuneração a vereadores e causa de inelegibilidade da alínea g do inc. I do art. 1º da LC nº 64/90.

A rejeição de contas de gestor público que autorizou pagamento de remuneração a vereadores acima do limite previsto na CF, ainda que amparado por lei municipal, configura a inelegibilidade prevista no art. 1º, I, g, da LC 64/90. *REspe 104-03, Rel. Min. Henrique Neves da Silva, j. 3.11.16. (Info 13)*

Prescrição da sanção de multa decorrente de desaprovação de contas e afastamento da inelegibilidade prevista na alínea g do inc. I do art. 1º da LC 64/90.

O reconhecimento da prescrição de multa imposta pelo Tribunal de Contas, decorrente de rejeição de contas, impede a incidência da inelegibilidade prevista na alínea g do inc. I do art. 1º da LC 64/90. *REspe 28-41, Rel. Min. Napoleão Nunes Maia Filho, j. 28.11.16. (Info 14)*

Tomada de contas especial e inelegibilidade.

A decisão de procedência em tomada de contas especial somente atrai a inelegibilidade prevista no art. 1º, I, g, da LC 64/90 se demonstrado o dolo na conduta do gestor público. O art. 1º, I, g, da LC 64/90 dispõe: os que tiverem suas contas relativas ao exercício de cargos ou funções públicas rejeitadas por irregularidade insanável que configure ato doloso de improbidade administrativa, e por decisão irrecorrível do órgão competente, salvo se esta houver sido suspensa ou anulada pelo Poder Judiciário, para as eleições que se realizarem nos 8 anos seguintes, contados a partir da data da decisão, aplicando-se o disposto no inc. II do art. 71 da CF, a todos os ordenadores de despesa, sem exclusão de mandatários que houverem agido nessa condição. *RO 884-67, Rel. Min. Henrique Neves, j. 25.2.16. (Info 1)*

2015

Decisão cautelar suspendendo efeitos de rejeição de contas e possibilidade de ser conhecida em sede de recurso ordinário.

É possível, em sede de recurso ordinário, ser conhecida decisão judicial cautelar que afasta rejeição de contas de pretenso candidato, afastando-se a inelegibilidade decorrente exclusivamente da rejeição das contas. Sendo o único ponto pendente de análise a inelegibilidade lastreada na alínea g do inc. I do art. 1º da LC 64/90, deve-se conhecer decisão judicial cautelar apresentada diretamente nessa instância especial, que afasta a inelegibilidade. *AgRg no RO 85533, Rel. Min. Luiz Fux, j. 28.4.15. (Info 6)*

2014

Ausência de prestação de contas, irregularidade não verificada na aplicação de recursos públicos e deferimento de registro de candidatura.

A omissão no dever de prestar contas, desde que demonstrada a regular aplicação dos recursos e ausente o prejuízo ao Erário, não configura irregularidade insanável apta a incidir na inelegibilidade prevista no art. 1º, I, g, da LC 64/90. *REspe 96-28, Rel. Min. Luciana Lóssio, j. 18.2.14. (Info 3)*

Constitucionalidade do art. 1º, I, g, da LC 64/90 e competência para julgamento de contas dos chefes do Executivo.

A Justiça Eleitoral tem plena autonomia para valorar os fatos ensejadores da rejeição de contas decididas pelos órgãos competentes, a fim de averiguar a presença dos requisitos necessários para a configuração da inelegibilidade, bem como apontar se ela caracteriza ato doloso de improbidade administrativa. A Corte de Contas é competente para proceder ao exame das contas de gestão do chefe do Poder Executivo nas hipóteses em que este atue como ordenador de despesas. A matéria está disciplinada no art. 71, II, da CF. *RO 401-37, Rel. Min. Henrique Neves da Silva, j. 26.8.14. (Info 13)*

Deferimento do registro de candidatura e ausência de decisão definitiva do órgão competente para julgar as contas

O acolhimento de embargos de declaração com efeito suspensivo, opostos de decisão em recurso de revisão no Tribunal de Contas do Município, não permite a incidência da inelegibilidade da alínea g do inc. I do art. 1º da LC 64/90. Assentou que a inelegibilidade prevista na alínea g requer a rejeição de contas por decisão definitiva proferida pelo órgão competente para julgar as contas do candidato, efeito que não ocorre quando há possibilidade de interposição de recurso que altere o mérito da decisão. *REspe 107-15, Rel. Min. Marco Aurélio, j. 6.2.14. (Info 1)*

Inobservância das regras constantes da Lei de Licitações e inelegibilidade da alínea "g".

Nem toda violação à Lei de Licitações configura ato doloso de improbidade administrativa a ensejar a inelegibilidade da alínea g do inc. I do art. 1º da LC 64/90. O candidato ao cargo de deputado federal teve suas contas de gestão, referentes ao cargo de secretário da Casa Civil, rejeitadas pela Corte de Contas, que, no entanto, assentou inexistir na conduta ato doloso de improbidade administrativa. O TSE não verificou elementos mínimos, que caracterizem ato doloso de improbidade administrativa, por não haver na decisão de rejeição de contas indicação de má-fé do gestor, desvio de recursos públicos em benefício próprio ou de terceiros, dano ao erário, reconhecimento de nota de improbidade, entre outras condutas que lesem dolosamente o patrimônio público ou que prejudiquem a gestão municipal. *RO 585-36, Red. p/ ac. Min. Gilmar Mendes, j. 3.10.14. (Info 19)*

Irregularidade insanável concretamente verificada e inelegibilidade da alínea g.

A inelegibilidade prevista na alínea g do inc. I do art. 1º da LC 64/90 está configurada quando a irregularidade caracteriza ato doloso de improbidade administrativa e há prejuízos insanáveis concretamente verificados. *RO 1216-76, Rel. Min. João Otávio de Noronha, j. 11.11.14. (Info 23)*

Irregularidades na gestão de consórcio público e inelegibilidade da alínea "g".

A desaprovação de contas decorrente da inobservância de normas financeiras na gestão de consórcio público atrai a inelegibilidade da alínea g do inc. I do art. 1º da LC 64/90. O julgamento das referidas contas do consórcio intermunicipal é de competência do TCE, nos termos do que dispõe os arts. 71, VI, e 75 da CF. As improbidades apontadas pela Corte de Contas, relativas à execução orçamentária e à ausência de livros contábeis, atentam contra os princípios da administração pública. Houve violação do dever da legalidade, em razão de as irregularidades afrontarem o art. 37 da CF, caracterizando a prática de ato doloso de improbidade administrativa. É inexigível para a incidência da inelegibilidade da alínea g que o ato ilegal tenha sido praticado com dolo específico de causar prejuízo ao Erário ou de atentar contra os princípios administrativos, bastando o dolo genérico. *RO 703-11, Rel. Min. Maria Thereza de Assis Moura, j. 18.11.14. (Info 24)*

Negativa da prática de ato de improbidade em rejeição de contas pelo Tribunal de Contas e incidência de inelegibilidade.

A reconsideração de tribunal de contas afastando a nota de improbidade constante de decisão de rejeição de contas de candidato não impede que a Justiça Eleitoral conclua pela inelegibilidade. *REspe 149-30, Rel. Min. Dias Toffoli, j. 25.3.14. (Info 6)*

Superveniência de decisão judicial anulatória de decreto de rejeição de contas e elegibilidade.

A superveniência de decisão judicial definitiva, declarando a nulidade de decreto legislativo por rejeição de contas, gerando efeitos "ex tunc", afasta a inelegibilidade do candidato. *REspe 157-05, Rel. Min. João Otávio de Noronha, j. 6.5.14. (Info 8)*

2013

Ausência de decisão definitiva de rejeição de contas e deferimento de registro de candidatura.

O acolhimento de embargos de declaração com efeitos infringentes opostos de decisão em recurso de revisão no Tribunal de Contas dos Municípios não permite a incidência da inelegibilidade da alínea g do inc. I do art. 1º da LC 64/90. A inelegibilidade prevista na alínea g requer a rejeição de contas por decisão irrecorrível proferida pelo órgão competente para julgar as contas do candidato, efeito que não ocorre quando há possibilidade de interposição de recurso que altere o mérito da decisão. *REspe 310-03, Red. p/ ac. Min. João Otávio de Noronha, j. 17.9.13. (Info 25)*

Ausência de licitação e inelegibilidade por rejeição de contas.

A ausência de licitação, por si só, fere o art. 37, XXI, da CF e configura irregularidade insanável, acarretando dano ao Erário e atraindo a incidência da causa de inelegibilidade prevista no art. 1º, I, g, da LC 64/90. *AREspe 75-15, Rel. Min. Laurita Vaz, j. 28.2.13. (Info 3)*

Contratação irregular de prestadores de serviços e não configuração da inelegibilidade.

O TSE afastou a inelegibilidade prevista na alínea g do inc. I do art. 1º da LC 64/90 aplicada ao candidato em razão da rejeição de contas por irregularidade na contratação de prestadores de serviços contábeis. O candidato teve suas contas referentes ao exercício da presidência da Câmara Municipal rejeitadas pelo TCE, por ter contratado prestador de serviços contábeis mediante licitação em vez de ter realizado concurso público. O TRE indeferiu seu registro, considerando que os serviços de contabilidade encontram-se inseridos naqueles ditos habituais, cujas atividades são inerentes à própria funcionalidade do ente público, não se caracterizando como serviços excepcionais, que requerem contratação temporária. Entendeu evidenciado o ato doloso de improbidade administrativa, em razão da inobservância da regra constitucional do concurso público. Cabe à Justiça Eleitoral aferir as irregularidades que ensejaram a desaprovação das contas, para verificar se configuram vícios insanáveis e atos dolosos de improbidade administrativa, ainda que na decisão proferida pelo órgão competente não haja indicação dessa conclusão. A contratação de servidor sem concurso público configura irregularidade insanável e ato doloso de improbidade administrativa. No caso, entretanto, o TCE indicou que o procedimento de contratação dos serviços contábeis sem concurso decorreu de falha formal, o que afasta a configuração de ato doloso de improbidade administrativa a ensejar a incidência da inelegibilidade da alínea g do inc. I do art. 1º da LC 64/90. *REspe 75-62, Rel. Min. Dias Toffoli, j. 10.10.13. (Info 28)*

Omissão no repasse de verbas previdenciárias e indeferimento do registro de candidatura.

O não recolhimento de verbas previdenciárias ou a ausência de seu repasse à Previdência Social são irregularidades insanáveis que configuram atos dolosos de improbidade administrativa, fazendo incidir a inelegibilidade da alínea g do inc. I do artigo 1º da LC 64/90. O dolo exigível para a configuração de improbidade administrativa é a simples vontade consciente de aderir à conduta, produzindo os resultados vedados pela norma jurídica, ou a simples anuência aos resultados contrários ao Direito. REspe 34-30.2012.6.15.0033, Rel. Min. Luciana Lóssio, j. 10.9.13. (Info 24)

Rejeição de contas de prefeito por Tribunal de Contas e decisão favorável em ação civil pública na Justiça Comum.

Esta Justiça especializada pode levar em consideração decisão da Justiça Comum sobre fatos referentes à inexistência de improbidade administrativa, ao analisar decisão de rejeição de contas de prefeito por Tribunal de Contas, para fins de enquadramento nos requisitos descritos na alínea g do inc. I do art. 1º da LC 64/90. REspe 205-33, Rel. Min. Dias Toffoli, j. 27.8.13. (Info 22)

Rejeição de contas e existência de dúvida quanto à prática de conduta dolosa.

A existência de dúvida quanto à configuração de ato doloso de improbidade administrativa inviabiliza a aplicação da inelegibilidade prevista na alínea g do inc. I do art. 1º da LC 64/90. É cabível a análise da rejeição de contas em sede de recurso especial para aferir o preenchimento dos requisitos da alínea g do inc. I do art. 1º da LC 64/90, desde que conste da moldura fática do acórdão regional. A falta de clareza no tocante a possível conduta dolosa de improbidade administrativa praticada pelo candidato não permitia a aplicação da inelegibilidade da alínea g. REspe 25-46, Rel. Min. Luciana Lóssio, j. 3.12.13. (Info 35)

Inelegibilidade e ausência de execução de serviços pagos com recursos provenientes de convênio.

A não execução de serviços pagos com recursos provenientes de convênio caracteriza dano ao Erário e configura a hipótese de inelegibilidade prevista na alínea g do inc. I do art. 1º da LC 64/90. A ausência de execução de serviços pagos, o abandono e a depredação da obra pública e a possibilidade de desvio de recursos evidenciam a natureza insanável das irregularidades constatadas, tendo em vista, sobretudo, o dano causado ao Erário. Para apuração da inelegibilidade não se exige o dolo específico, basta para a sua configuração a existência de dolo genérico ou eventual, o que se caracteriza quando o administrador deixa de observar os comandos constitucionais, legais ou contratuais que vinculam a sua atuação. AREspe 273-74, Rel. Min. Henrique Neves, j. 7.2.13. (Info 1)

Inelegibilidade por pagamento a maior de subsídio a vereadores e existência de lei municipal.

O pagamento a maior de subsídio a vereadores, em descumprimento ao art. 29, VI, da CF, constitui irregularidade insanável e ato doloso de improbidade administrativa, atraindo a inelegibilidade do art. 1º, I, g, da LC 64/90. Lei municipal fixando o subsídio de vereadores em percentual superior ao previsto no art. 29, VI, da CF, não se sobrepõe ao comando constitucional, por ser norma hierarquicamente inferior e inválida. Se essa irregularidade fosse considerada sanável, bastaria a cada uma das câmaras municipais do país editar lei estabelecendo os valores que considerasse convenientes para pagamento de subsídio aos seus vereadores, tornando sem efeito os limites impostos no art. 29, VI, da Carta Magna. No caso, ocorreu a inelegibilidade, pois a lei municipal foi editada após a Emenda Constitucional 25/00, que alterou o inc. VI do art. 29 da CF. REspe 103-28, Red. p/ ac. Min. Dias Toffoli, j. 19.2.13. (Info 2)

Inexistência de coisa julgada em processo de registro de candidatura e reconhecimento de inelegibilidade.

O trânsito em julgado de acórdão que deferiu registro de candidatura em eleição anterior não afasta a inelegibilidade prevista no art. 1º, I, g, da LC 64/90. REspe 228-32, Rel. Min. Laurita Vaz, j. 21.5.13. (Info 14)

Omissão em prestar contas e inelegibilidade.

A omissão do dever de prestar contas, prevista no art. 11, VI, da Lei 8.429/92, atrai a incidência da inelegibilidade do art. 1º, I, g, da LC 64/90. A aplicação de multa decorrente dessa conduta somente na gestão do prefeito sucessor não afasta a responsabilidade do antecessor. AgRg no REspe 640-60, Rel. Min. Luciana Lóssio, j. 30.4.13. (Info 11)

Omissão no dever de prestar contas e inelegibilidade da alínea g.

A omissão no dever de prestar contas constitui irregularidade insanável e configura ato de improbidade administrativa, o que atrai a incidência da inelegibilidade prevista no art. 1º, g, da LC 64/90. *AgRg no REspe 8-19, Red. p/ ac. Min. Dias Toffoli, j. 21.5.13. (Info 14)*

Pagamento irregular de verbas de gabinete e configuração de ato doloso de improbidade administrativa.

O pagamento irregular de verbas de gabinete do legislativo municipal constitui irregularidade insanável que configura em tese ato doloso de improbidade administrativa, atraindo a incidência da inelegibilidade prevista na alínea g do inc. I do art. 1º da LC 64/90. *REspe 104-79, Rel. Min. Henrique Neves da Silva, j. 4.4.13. (Info 7)*

Rejeição de contas pelo TCU e recurso de reconsideração sem efeito suspensivo.

A admissão pelo TCU de recurso de reconsideração, sem efeito suspensivo em razão de sua interposição intempestiva, de decisão que rejeitou as contas de convênio de prefeito não atrai a incidência da inelegibilidade da alínea g do inc. I do art. 1º da LC 64/90. A inelegibilidade decorrente de decisão de rejeição de contas proferida por órgão competente só incide quando essa decisão for irrecorrível. No caso, embora o recurso de reconsideração não tenha sido recebido com o efeito suspensivo por ser intempestivo, esse fato não é suficiente para atrair a inelegibilidade da alínea g. *REspe 411-60, Red. p/ ac. Min. Marco Aurélio, j. 8.8.13. (Info 19)*

Suspensão liminar de rejeição de contas pelo Tribunal de Contas e indeferimento de registro de candidatura.

A concessão de liminar por Tribunal de Contas que rejeitou as contas de candidato não possui eficácia para suspender a inelegibilidade prevista no art. 1º, I, g, da LC 64/90, decorrente da decisão de rejeição de contas. *AgRg no REspe 136-05, Rel. Min. Dias Toffoli, j. 30.4.13. (Info 11)*

Tutela antecipada e inelegibilidade por rejeição de contas afastada.

Se o candidato, no instante do pedido de registro, estava amparado por tutela antecipada suspendendo os efeitos de decisão de rejeição de contas, não há a inelegibilidade do art. 1º, I, g, da LC 64/90, ainda que ocorra a revogação posterior da tutela acautelatória. A revogação da tutela acautelatória, ocorrida após a formalização da candidatura, não altera esse entendimento, pois as condições de elegibilidade e as causas de inelegibilidade são aferidas no momento do pedido de registro. A ressalva prevista no § 10 do art. 11 da Lei 9.504/97 – alteração fática ou jurídica superveniente ao pedido de registro de candidatura – somente se aplica para afastar a causa de inelegibilidade, e não para fazê-la incidir, ainda que seja para restabelecer os eventuais efeitos. *AgRg no REspe 146-45, Rel. Min. Dias Toffoli, j. 5.2.13. (Info 1)*

2012

Aprovação de contas anuais relativas ao desempenho de cargos ou funções públicas e despesas irregulares apuradas em procedimento de inspeção ordinária.

A incidência da inelegibilidade do art. 1º, inc. I, g, da LC 64/90 não se restringe à rejeição de contas anuais relativas ao desempenho de cargos ou funções públicas, alcançando também as despesas do respectivo exercício financeiro que, analisadas individualmente pelos tribunais de contas, forem consideradas irregulares. *REspe 168-13, Rel. Min. Nancy Andrighi, j. 13.12.12. (Info 38)*

Ato doloso de improbidade administrativa e descumprimento da LRF.

Constituem irregularidades insanáveis, que configuram ato doloso de improbidade administrativa, a atrair a inelegibilidade prevista na alínea g do inc. I do art. 1º da LC 64/90, o descumprimento de limite estabelecido na LRF, a ausência de recolhimento de verbas previdenciárias arrecadadas e a ausência de pagamento de precatórios, quando há disponibilidade financeira. O dolo exigido para a configuração de improbidade administrativa é a vontade consciente de aderir à conduta, produzindo os resultados vedados pela norma jurídica ou a anuência aos resultados contrários ao direito. O mínimo exigível de um administrador público é o conhecimento e a observância das normas que disciplinam, limitam e condicionam a sua atuação. Não compete à Justiça Eleitoral analisar o acerto ou o desacerto da decisão de rejeição de contas públicas de prefeito, proferida pela Câmara Municipal. *REspe 259-86, Rel. Min. Luciana Lóssio, em 11.10.2012*

Competência da Câmara Municipal para julgamento de contas de prefeito e parecer do Tribunal de Contas.

A competência para o julgamento das contas de prefeito é da Câmara Municipal, cabendo ao Tribunal de Contas a emissão de parecer prévio, conforme o art. 31 da CF. A nova redação da alínea g, do inc. I, do art. 1º da LC 64/90 (alterada pela Lei da Ficha Limpa) – que prevê a aplicação do inc. II do art. 71 da CF a todos os ordenadores de despesas – não alterou a competência da Câmara Municipal para o julgamento das contas de prefeito, ainda que se trate de contas de gestão atinentes à função de ordenador de despesas. Os tribunais de contas só têm competência para julgar as contas de prefeito quando se trata de fiscalizar a aplicação de recursos mediante convênios, nos termos do inc. VI do art. 71 da CF. *REspe 120-61, Red. p/ ac. Min. Arnaldo Versiani, j. 25.9.12. (Info 27)*

Decisão desfavorável do TCU pelo descumprimento de convênio celebrado com o Governo Federal e inelegibilidade.

A decisão do TCU pela irregularidade das contas de prefeito em razão do descumprimento na forma de aplicação de verbas federais prevista no convênio firmado com o governo federal enseja a inelegibilidade da alínea g do inc. I do art. 1º da LC 64/90, independentemente dos recursos terem sido aplicados em fins públicos. A celebração de convênios tem por finalidade o alcance de metas específicas e o atendimento de necessidades pontuais. Dessa forma, a verba derivada desses ajustes é de natureza essencialmente vinculada, devendo ser aplicada rigorosamente nos termos estabelecidos. A falta de conhecimento técnico do prefeito sobre os percentuais nutricionais aplicáveis ao objeto do convênio não afasta o dolo, pois compete a ele apenas cumprir as regras inscritas no ajuste. O dolo fica caracterizado quando o administrador deixa de observar os comandos constitucionais, legais ou contratuais vinculados à sua atuação. O desvio na aplicação das verbas oriundas do convênio caracterizou irregularidade insanável, que atrai a inelegibilidade prevista na alínea g do inc. I do art. 1º da LC 64/90. *REspe 143-13, Rel. Min. Henrique Neves da Silva, j. 6.12.12. (Info 37)*

Decreto legislativo rejeitando contas do prefeito e rescisão, pelo Tribunal de Contas, do parecer desfavorável.

A rescisão, pelo Tribunal de Contas, de acórdão que indicava a rejeição das contas do prefeito e a emissão de novo parecer, pela aprovação das contas com ressalvas, não têm o condão de afastar a validade do decreto legislativo que desaprovou as contas do chefe do Poder Executivo com base no primeiro parecer. *AgRg no REspe 193-74, Rel. Min. Laurita Vaz, j. 12.12.12. (Info 38)*

Inelegibilidade da alínea g e rejeição de contas por deficiência no sistema de controle interno de fundação.

A rejeição de contas por deficiência no sistema de controle interno não atrai a inelegibilidade do art. 1º, I, g, da LC 64/90, pois essa irregularidade não configura improbidade administrativa, nos termos do art. 11 da Lei 8.429/92. A caracterização da inelegibilidade prevista no art. 1º, I, g, da LC 64/90 pressupõe a rejeição de contas relativas ao exercício de cargo ou função pública por decisão irrecorrível, proferida pelo órgão competente, em razão de irregularidade insanável que configure ato doloso de improbidade administrativa, salvo se essa decisão for suspensa ou anulada pelo Poder Judiciário. *AgRg no REspe 414-91, Rel. Min. Nancy Andrighi, j. 23.10.12. (Info 31)*

Inelegibilidade e competência da Câmara Municipal para julgamento das contas de prefeito na qualidade de ordenador de despesas.

Nos termos do art. 31 da CF, a Câmara Municipal é o órgão competente para o julgamento das contas de prefeito, ainda que ele seja ordenador de despesas, de modo que a existência de parecer técnico desfavorável do Tribunal de Contas não atrai a inelegibilidade prevista no art. 1º, I, g, da LC 64/90. *REspe 200-89, Rel. Min. Luciana Lóssio, j. 18.10.12. (Info 30)*

Inelegibilidade e rejeição de contas.

A rejeição de contas de candidato em razão da abertura de crédito sem orçamento ou com ausência de recursos, quando no exercício de gestão administrativa de entidade pública, só o torna inelegível se houver dolo. A jurisprudência, na vigência da redação original da alínea g do inc. I do art. 1º da LC 64/90, havia assentado que a abertura de crédito sem orçamento caracterizava irregularidade de caráter insanável, suficiente para resultar em inelegibilidade. Entretanto, com o advento da LC 135/10, que alterou o dispositivo citado, passou-se a exigir que a irregularidade insanável constitua também ato doloso de improbidade administrativa. *REspe 233-83, Rel. Min. Arnaldo Versiani, j. 30.8.12. (Info 23)*

Inelegibilidade por rejeição de contas e ato doloso de improbidade administrativa.

Constitui ato doloso de improbidade administrativa, a atrair a inelegibilidade da alínea g do inc. I do art. 1º da LC 64/90, o pagamento intencional de verbas indevidas a vereadores. *AgRg no REspe 95-70, Rel. Min. Arnaldo Versiani, j. 4.8.12. (Info 24)*

Irregularidade insanável e contas rejeitadas por violação à LRF.

O descumprimento do art. 42 da LRF constitui irregularidade insanável, que atrai a inelegibilidade prevista na alínea g do inc. I do art. 1º da LC 64/90, ainda que o Tribunal de Contas julgue o ato apenas como irregular, sem fazer referência à insanabilidade do vício. *REspe 202-96, Red. p/ ac. Min. Dias Toffoli, j. 18.10.12. (Info 30)*

Não aplicação do percentual mínimo em educação e rejeição de contas de prefeito por irregularidade insanável.

A desaprovação de contas de prefeito, por meio de decreto legislativo em virtude da não aplicação do percentual mínimo de 25% exigido pelo art. 212 da CF, configura irregularidade insanável e ato doloso de improbidade administrativa, atraindo a inelegibilidade prevista na alínea g do inc. I do art. 1º da LC 64/90. A CF é expressa ao proibir a vinculação de receitas de impostos a órgão, fundo ou despesa, mas criou exceção ao provimento de recursos para a saúde e educação, nos termos do que preceitua o seu art. 167, IV. *REspe 246-59, Rel. Min. Nancy Andrighi, j. 27.11.12. (Info 36)*

Omissão no dever de prestar contas e ato de improbidade administrativa.

A omissão no dever de prestar contas constitui ato doloso de improbidade administrativa, nos termos do inc. VI do art. 11 da Lei 8.429/92, e atrai a inelegibilidade da alínea g do inc. I do art. 1º da LC 64/90. *REspe 17-63, Red. p/ ac. Min. Nancy Andrighi, j. 8.11.12. (Info 33)*

Omissão no dever de prestar contas e inelegibilidade por rejeição das contas.

Constitui ato doloso de improbidade administrativa, a atrair a inelegibilidade da alínea g do inc. I do art. 1º da LC 64/90, a omissão no dever de prestar contas, nos termos do inc. VI do art. 11 da Lei 8.429/92. A omissão do administrador público no dever de prestar contas da aplicação de recursos públicos dentro do prazo legal é uma conduta grave que configura ato de improbidade administrativa e vício insanável, pois gera prejuízo ao município, conforme dispõe o art. 25, § 1º, IV, a, da LC 101/00. A prestação de contas extemporânea configura, inclusive, hipótese de crime de responsabilidade. A ausência de prestação de contas e, também, a omissão de informações e dados imprescindíveis à análise das contas constituem desrespeito aos deveres de legalidade e de lealdade às instituições e atentam contra os princípios da administração pública. *AgRg no REspe 101-62, Rel. Min. Arnaldo Versiani, j. 6.11.12. (Info 33)*

Pagamento a professores com recursos do Fundef em percentual menor que o previsto em lei e ato doloso de improbidade administrativa.

A desaprovação de contas por pagamento da remuneração de professores com recursos do Fundo de Manutenção e Desenvolvimento do Ensino Fundamental e de Valorização do Magistério (Fundef) em percentual inferior ao disposto no art. 7º da Lei 9.424/96 consubstancia irregularidade insanável e ato doloso de improbidade administrativa, e atrai a inelegibilidade prevista na alínea g do inc. I do art. 1º da LC 64/90. Para esta Justiça especializada, compete ao TCE analisar os recursos do Fundef aplicados pelo chefe do Executivo Municipal, não sendo necessário julgamento dessas contas pelo Poder Legislativo. Esses recursos têm destinação vinculada e atendem as finalidades indicadas no art. 214 da CF, sendo inadmissível a mitigação na forma de aplicá-los. Não se exige o dolo específico para a incidência da inelegibilidade da alínea g, bastando a existência de dolo genérico ou eventual caracterizado pela conduta do administrador, quando este deixa de observar os comandos constitucionais, legais ou contratuais. *REspe 101-82, Rel. Min. Henrique Neves da Silva, j. 11.12.12. (Info 38)*

Pagamento de verba indenizatória a vereadores e irregularidade insanável.

O pagamento indevido a vereadores, a título de participação em sessões extraordinárias, constitui irregularidade insanável, que atrai a inelegibilidade prevista no art. 1º, I, g, da LC 64/90. A partir de 2006, com o advento da Emenda Constitucional 50, a CF, no art. 57, § 7º, passou a proibir expressamente o pagamento de parcelas indenizatórias pela participação de parlamentares em sessão extraordinária. A violação do art. 57, § 7º, da CF constitui vício insanável e ato de improbidade administrativa que importa em enriquecimento ilícito, conforme o art. 9º da Lei 8.429/92 – Lei de Improbidade Administrativa. *AgRg no REspe 329-08, Rel. Min. Laurita Vaz, j. 13.11.12. (Info 34)*

Pagamento de subsídio a vereadores em percentual que afronta norma constitucional e reflexos na inelegibilidade.

O pagamento a maior de subsídio a vereadores, em descumprimento ao art. 29, VI, da CF, constitui irregularidade insanável e ato doloso de improbidade administrativa, que atrai a inelegibilidade do art. 1º, I, g, da LC 64/90. A autorização do referido aumento por meio de resolução municipal não tem o condão de afastar o comando constitucional, em razão de aquele instrumento normativo se tratar de norma hierarquicamente inferior. *REspe 93-07, Rel. Min. Nancy Andrighi, j. 18.12.12. (Info 39)*

Parecer desfavorável do Tribunal de Contas e omissão da Câmara Municipal em julgar contas de prefeito.

A ausência de manifestação da Câmara Legislativa sobre as contas de prefeito não faz prevalecer o parecer técnico emitido pelo Tribunal de Contas, ainda que a Lei Orgânica assim o determine. O art. 31, § 2º, da CF exige taxativamente a manifestação da Câmara Municipal sobre as contas do prefeito ao estabelecer que "o parecer prévio, emitido pelo órgão competente sobre as contas que o prefeito deve anualmente prestar, só deixará de prevalecer por decisão de dois terços dos membros da Câmara Municipal". O julgamento das contas do prefeito não pode ser concretizado por ato omissivo da Câmara Municipal, e a mera existência de parecer técnico desfavorável emitido pelo Tribunal de Contas não faz incidir a inelegibilidade prevista no art. 1º, I, g, da LC 64/90. *REspe 199-67, Rel. Min. Luciana Lóssio, j. 29.11.12. (Info 36)*

Pendências fiscais por falta de recursos não repassados e configuração da conduta dolosa.

As contas rejeitadas de presidente da Câmara Municipal pelo Tribunal de Contas, em razão de pendências fiscais não cumpridas por falta de repasse orçamentário pelo Poder Executivo, não atraem a inelegibilidade da alínea g do inc. I do art. 1º da LC 64/90, quando demonstrado que o chefe do Legislativo Municipal não agiu de maneira desidiosa ou com má-fé. *REspe 130-29, Rel. Min. Luciana Lóssio, j. 4.12.12. (Info 37)*

Realização de despesas previstas em lei orçamentária e desaprovação de contas por violação a limite constitucional.

Aplica-se a inelegibilidade descrita na alínea g do inc. I do art. 1º da LC 64/90 quando houver desaprovação de contas em razão da execução de gastos, que, embora previstos em lei orçamentária, desrespeitam o limite estabelecido no art. 29-A, I, da CF. *REspe 115-43, Red. p/ ac. Min. Dias Toffoli, j. 9.10.12. (Info 29)*

Recontagem do prazo de inelegibilidade e mudança jurisprudencial.

Nas hipóteses em que a inelegibilidade da alínea g do inc. I do art. 1º da LC 64/90 foi suspensa, pela simples propositura de ação anulatória, o prazo de inelegibilidade – atualmente de oito anos – volta a fluir a partir de 24.8.2006, data em que este TSE alterou seu entendimento para exigir a obtenção de liminar ou tutela antecipada para suspensão da decisão de rejeição de contas. *REspe 139-77, Rel. Min. Arnaldo Versiani, j. 6.11.12. (Info 33)*

Recurso de revisão e impossibilidade de suspensão dos efeitos da decisão de rejeição de contas.

A liminar concedida pelo Tribunal de Contas em sede de recurso de revisão não afasta a inelegibilidade do art. 1º, I, g, da LC 64/90, exigindo-se provimento judicial, conforme expressa previsão legal. O recurso de revisão não se confunde com o recurso de reconsideração, o qual tem efeito suspensivo e elide a própria natureza irrecorrível da decisão de rejeição de contas. Havendo decisão de rejeição de contas irrecorrível e que aponte vícios de natureza insanável, somente o Poder Judiciário pode suspender a incidência da cláusula de inelegibilidade, nos termos da parte final da alínea g do inc. I do art. 1º da LC 64/90, c.c o § 5º do art. 11 da Lei 9.504/97. O recurso de revisão – ou recurso de rescisão – possui, na esfera administrativa, natureza similar à da ação rescisória, razão pela qual não desfaz a irrecorribilidade do julgado administrativo, ao contrário, só pode ser interposto contra atos irrecorríveis. *REspe 281-60, Red. p/ ac. Min. Nancy Andrighi, j. 21.11.12. (Info 35)*

Rejeição de contas e ausência de ato doloso de improbidade administrativa.

A irregularidade decorrente do pagamento de verba indenizatória a vereadores pelo comparecimento às sessões extraordinárias, ocorrido antes da edição da EC 50/06, que deu nova redação ao art. 57, § 7º, da CF, vedando tal pagamento, não configura ato doloso de improbidade administrativa a atrair a incidência da alínea g do inc. I do art. 1º da LC 64/90. *AgRg no REspe 267-80, Rel. Min. Arnaldo Versiani, j. 13.9.12. (Info 25)*

Rejeição de contas e indeferimento do registro de candidatura.

A rejeição de contas por decisão irrecorrível do Tribunal de Contas – em razão de despesas não autorizadas por lei ou regulamento, realização de operação financeira sem observância das normas legais e aquisição de bens sem processo licitatório, por serem vícios insanáveis que configuram ato doloso de improbidade administrativa – acarreta a inelegibilidade prevista na alínea g do inc. I do art. 1º da LC 64/90. Basta a aquisição de bens sem licitação para incidir em causa de inelegibilidade. O dolo exigido pela alínea g do inc. I do art. 1º da LC 64/90 é o genérico, aquele que se limita à verificação da consciência do agente. *AgRg no REspe 81-92, Rel. Min. Dias Toffoli, j. 18.10.12. (Info 30)*

Rejeição de contas por omissão no dever de prestá-las e incidência de inelegibilidade.

A rejeição de contas, em razão da omissão no dever de prestá-las, é suficiente para atrair a inelegibilidade da alínea g do inc. I do art. 1º da LC 64/90. A inação do gestor público em prestar contas configura ato de improbidade administrativa, nos termos que preconiza o art. 11 da Lei 8.429/92. Cabe à Justiça Eleitoral analisar a decisão do órgão competente para o julgamento das contas, com a finalidade de proceder ao enquadramento dos fatos aos requisitos legais contidos na Lei de Inelegibilidade. A decisão de desaprovação das contas proferida pelo órgão competente para julgar as contas só é desconsiderada se houver provimento jurisdicional que anule ou suspenda seus efeitos. *REspe 24-37, Rel. Min. Dias Toffoli, j. 29.11.12. (Info)*

Vício insanável pela abertura de crédito suplementar sem prévia autorização legal e a não aplicação do percentual mínimo em educação.

A abertura de crédito suplementar sem a prévia autorização legal e a não aplicação do percentual mínimo constitucional da receita de impostos na manutenção e no desenvolvimento do ensino constituem vício insanável que configura ato doloso de improbidade administrativa, incidindo a inelegibilidade da alínea g do inc. I do art. 1º da LC 64/90. *REspe 325-74, Rel. Min. Henrique Neves, j. 17.12.12. (Info 39)*

1.4. Causa de Inelegibilidade (art. 1º, I, j)

2013

Inelegibilidade da alínea "j" e forma de contagem do prazo de oito anos.

A contagem do prazo de oito anos de inelegibilidade previsto na alínea j do inc. I do art. 1º da LC 64/90 tem como termo inicial a data da eleição em que ocorreram os fatos ensejadores da condenação do candidato. Não se aplica à alínea j o entendimento da contagem em anos cheios, o qual preconiza que a inelegibilidade finda somente no último dia do oitavo ano. A alínea j disciplina que os condenados pela Justiça Eleitoral por corrupção eleitoral, por captação ilícita de sufrágio, por doação, captação ou gastos ilícitos de recursos de campanha ou por conduta vedada aos agentes públicos em campanhas eleitorais que impliquem cassação do registro ou diploma serão inelegíveis pelo prazo de oito anos a contar da eleição. O termo inicial desse prazo está claramente previsto no dispositivo, de forma que não cabem ilações que redundem no aumento do período de inelegibilidade, atribuindo ao termo final data diferente da correspondente a do início da contagem do prazo. *REspe 93-08, Rel. Min. Marco Aurélio, j. 20.6.13. (Info 17)*

2012

Cassação reflexa de mandato de vice-prefeito e inelegibilidade por captação ilícita de sufrágio.

A inelegibilidade da alínea j do inc. I do art. 1º da LC 64/90 não incide se o vice-prefeito teve o seu mandato cassado apenas por força da indivisibilidade da chapa em virtude de procedência da Ação de Impugnação de Mandato Eletivo. *REspe 2-06, Rel. Min. Arnaldo Versiani, j. 9.10.12. (Info 29)*

Condenação por captação ilícita de sufrágio e contagem do prazo de inelegibilidade.

A condenação por captação ilícita de sufrágio, nas eleições de 2004, atrai a inelegibilidade prevista no art. 1º, I, j, da LC 64/90, pois ainda que a condenação e a correspondente sanção tenham transcorrido e se consumado sob a vigência da norma anterior, deve-se considerar, no momento do pedido de registro de candidatura para o pleito de 2012, o novo prazo previsto na LC 135/10. O STF, no julgamento das ADC 29 e 30 e da ADI 4578, decidiu que os prazos de inelegibilidade previstos na LC 135/10 são aplicáveis a situações ocorridas antes de sua vigência, pois a incidência da referida norma sobre fatos anteriores não viola o princípio constitucional da irretroatividade das leis. Não há direito adquirido ao regime de inelegibilidades, de modo que os novos prazos aplicam-se mesmo quando os anteriores se encontrem em curso ou já tenham se encerrado. *AgRg no REspe 126-33, Rel. Min. Nancy Andrighi, j. 23.10.12. (Info 31)*

Condenação por captação ilícita de sufrágio e término do prazo de inelegibilidade.

O prazo de inelegibilidade previsto na alínea j do inc. I do art. 1º da LC 64/90 deve ser contado a partir da eleição na qual for praticado o ilícito até o final dos oito anos seguintes, independentemente da data em que se realizar a última eleição. *AgRg no REspe 82-74, Rel. Min. Luciana Lóssio, j. 18.12.12. (Info 38)*

Data de realização das eleições e contagem de prazo de inelegibilidade.

O prazo de inelegibilidade previsto na alínea j do inc. I do art. 1º da LC 64/90 deve ser contado considerando oito anos por inteiro, a partir do ano seguinte à eleição em que ocorreram os fatos objeto da inelegibilidade. *REspe 50-88, Rel. Min. Nancy Andrighi, j. 20.11.12. (Info 35)*

Inelegibilidade por ilícitos eleitorais e necessidade de ocorrência das hipóteses previstas na lei.

Para a configuração da inelegibilidade da alínea j do inc. I do art. 1º da LC 64/90, não basta a alegação de ter ocorrido a condenação do candidato por abuso do poder econômico, sendo necessário que se identifique uma das hipóteses previstas na alínea: corrupção eleitoral; captação ilícita de sufrágio; doação, captação ou gastos ilícitos de recursos de campanha ou condutas vedadas aos agentes públicos em campanhas eleitorais. O legislador reuniu, em uma mesma alínea, diversos tipos de irregularidades eleitorais, sem se preocupar com a origem delas dentro da legislação. Assim, tratou da captação ilícita de sufrágio prevista no art. 41-A da Lei 9.504/97 e nos arts. 222, 237 e 262, IV, do CE; da doação, captação ou gastos ilícitos de recurso de campanha versada no art. 30-A da Lei das Eleições e nos arts. 19 e 22 da LC 64/90, e ainda cuidou das condutas vedadas aos agentes públicos, tema concentrado no art. 73 da Lei das Eleições que, por serem espécie do gênero abuso de autoridade, também podem ser apuradas nos termos do art. 22 da LC 64/90. *REspe 222-25, Red. p/ ac. Min. Henrique Neves, j. 19.12.12. (Info 39)*

Término do prazo de inelegibilidade após a data de registro e antes do dia das eleições.

O prazo de inelegibilidade de oito anos, previsto na alínea j do inc. I do art. 1º da LC 64/90, deve ser contado da data da eleição, expirando no dia correspondente, em número, ao de início. O término do prazo de inelegibilidade que ocorrer até a data do pleito configura hipótese de alteração jurídica superveniente, que flexibiliza a regra de aferição da elegibilidade no momento de registro, conforme o art. 11, § 10, da Lei 9.504/97. *REspe 74-27, Red. p/ ac. Min. Luciana Lóssio, j. 9.10.12. (Info 29)*

Participação de candidato em inauguração de obra pública e inelegibilidade por conduta vedada.

O comparecimento de candidato, que ocupa o cargo de deputado federal, à inauguração de obra pública constitui conduta vedada aos agentes públicos, prevista no art. 77 da Lei 9.504/97, a atrair a inelegibilidade do art. 1º, I, j, da LC 64/90. *REspe 116-61, Red. p/ ac. Min. Nancy Andrighi, j. 21.11.12. (Info 35)*

1.5. Causa de Inelegibilidade (art. 1º, I, l)

2014

Condenação por improbidade administrativa e enquadramento jurídico do ato ilícito pela Justiça Eleitoral.

A condenação por improbidade administrativa proferida por órgão colegiado atrai a inelegibilidade prevista na alínea l do inc. I do art. 1º da LC 64/90, quando esta Justiça especializada concluir, a partir do acórdão condenatório, ter havido a prática de ato doloso, ainda que não seja essa a qualificação adotada na decisão do órgão colegiado. *RO 2373-84, Rel. Min. Luciana Lóssio, j. 23.9.14. (Info 17)*

2013

Condenação por improbidade administrativa pela contratação de servidores sem a realização de concurso público e inelegibilidade.

A simples condenação por ato de improbidade administrativa, em razão da contratação de servidores sem a realização de concurso público, não atrai a inelegibilidade prevista na alínea l do inc. I do art. 1º da LC 64/90. Para incidir a referida inelegibilidade é necessário que o ato doloso de improbidade administrativa importe, simultaneamente, lesão ao patrimônio público e enriquecimento ilícito. REspe 109-02, Rel. Min. Marco Aurélio, j. 5.3.13. (Info 4)

Condenação por nepotismo e ausência de dano ao Erário e de enriquecimento ilícito.

A inelegibilidade da alínea l do inc. I do art. 1º da LC 64/90 só se aplica ao condenado por ato doloso de improbidade administrativa que implique, concomitantemente, lesão ao Erário e enriquecimento ilícito. REspe 1541-44, Rel. Min. Luciana Lóssio, j. 6.8.13. (Info 19)

Inelegibilidade por ato doloso de improbidade administrativa e enriquecimento ilícito de terceiros.

Para a incidência da causa de inelegibilidade prevista no art. 1º, I, l, da LC 64/90, é necessária não apenas a condenação à suspensão dos direitos políticos por ato doloso de improbidade administrativa, mas, também, que tal ato tenha importado em lesão ao patrimônio público e enriquecimento ilícito, ainda que de terceiros. AREspe 32-42, Red. p/ ac. Min. Rosa Weber, j. 14.2.13. (Info 1)

2012

Condenação por improbidade administrativa e incidência da alínea l do inc. I do art. 1º da LC 64/90.

Para configurar a inelegibilidade prevista na alínea l do inc. I do art. 1º da LC 64/90, é necessária a condenação por ato doloso de improbidade administrativa que implique, concomitantemente, lesão ao Erário e enriquecimento ilícito. O referido dispositivo dispõe que são inelegíveis os que forem condenados à suspensão dos direitos políticos, em decisão transitada em julgado ou proferida por órgão judicial colegiado, por ato doloso de improbidade administrativa que importe lesão ao patrimônio público e enriquecimento ilícito, desde a condenação ou o trânsito em julgado até o transcurso do prazo de oito anos após o cumprimento da pena. REspe 49-32, Rel. Min. Luciana Lóssio, j. 18.10.16. (Info 12)

Contagem de prazo de inelegibilidade e suspensão dos direitos políticos.

A contagem do prazo de suspensão de direitos políticos, para aferir a inelegibilidade da alínea l do inc. I do art. 1º da LC 64/90, quando suspensa por liminar concedida em ação rescisória, deve ser retomada após o julgamento improcedente da ação, de modo que os efeitos da decisão que decretou a suspensão dos direitos políticos fiquem sobrestados durante a vigência da liminar. O pleno gozo dos direitos políticos é condição de elegibilidade, conforme dispõe o art. 14, § 3º, II, da CF, sendo requisito essencial para qualquer cidadão ser candidato. REspe 151-80, Rel. Min. Luciana Lóssio, j. 23.10.12. (Info 31)

Improbidade administrativa e necessidade de condenação por enriquecimento ilícito cumulado com prejuízo ao Erário.

A condenação não transitada em julgado, proferida por decisão colegiada, em razão de atos de improbidade administrativa, somente atrai a inelegibilidade descrita na alínea l do inc. I do art. 1º da LC 64/90 se decorrer, cumulativamente, de enriquecimento ilícito e de lesão ao patrimônio público. AgRg no REspe 71-30, Rel. Min. Dias Toffoli, j. 25.10.12. (Info 31)

Inelegibilidade e condenação à suspensão de direitos políticos por ato doloso de improbidade administrativa.

Configura a inelegibilidade prevista na alínea l do inc. I do art. 1º da LC 64/90 a condenação à suspensão dos direitos políticos por ato doloso de improbidade administrativa, consistente no pagamento ilegal de gratificação a servidores e no desvio de bem público. O STF, no julgamento das Ações Declaratórias de Constitucionalidade nos 29 e 30 e na Ação Direta de Inconstitucionalidade 4.578, afirmou a constitucionalidade das novas disposições da LC 135/10, inclusive no tocante às novas causas de inelegibilidade inseridas na LC 64/90, dentre elas a decorrente de condenação à suspensão de direitos políticos, por decisão transitada em julgado ou proferida por órgão judicial colegiado, por ato doloso de improbidade administrativa. Assim, a restrição ao direito à elegibilidade por condenação em ação civil pública não viola o disposto no art. 23 do Pacto de São José da Costa Rica e no art. 5º, LXXVIII, §§ 1º a 3º, da CF. *REspe 275-58, Rel. Min. Arnaldo Versiani, j. 20.9.12. (Info 26)*

Inelegibilidade por ato doloso de improbidade administrativa e Lei da Ficha Limpa.

A causa de inelegibilidade prevista no art. 1º, I, l, da LC 64/90 – decorrente de condenação à pena de suspensão dos direitos políticos em sede de ação civil pública por ato doloso de improbidade administrativa – incide até o transcurso do prazo de oito anos contados do cumprimento da pena. O STF, nas ADC 29 e 30 e na ADI 4578, declarou a constitucionalidade da LC 135/10 e reconheceu a possibilidade da sua incidência sobre fatos e condenações pretéritos. *EDcl no REspe 365-37, Rel. Min. Arnaldo Versiani, j. 11.9.12. (Info 25)*

1.6. Causa de Inelegibilidade (art. 1º, I, m)

2013

Inelegibilidade pelo cometimento de infração ético-profissional e impossibilidade de verificação de irregularidade pela Justiça Eleitoral.

Está configurada a inelegibilidade prevista na alínea m do inc. I do art. 1º da LC 64/90 na hipótese de cancelamento da inscrição profissional do candidato pelo órgão profissional competente, em decisão sancionatória pelo cometimento de infração ético-profissional, se não houver provimento judicial suspendendo ou anulando esse ato. Uma vez caracterizada a hipótese de exclusão do exercício profissional prevista na alínea m, eventuais irregularidades, ilegalidades ou violação de garantias constitucionais que tenham sido verificadas no curso do procedimento adotado pelo órgão competente constituem matéria própria a ser analisada perante o respectivo órgão competente do Poder Judiciário, o qual poderá, inclusive, se for o caso e se estiverem presentes os requisitos próprios, suspender os efeitos do ato de exclusão. Não cabe, contudo, à Justiça Eleitoral proceder à anulação do ato no processo de registro de candidatura, no qual o órgão profissional competente não é parte e, por isso, não é sequer ouvido. *REspe 344-30, Rel. Min. Henrique Neves da Silva, j. 19.2.13. (Info 2)*

1.7. Causa de Inelegibilidade (art. 1º, I, o)

2016

Demissão de servidor público, anulação do ato punitivo pela própria administração e inelegibilidade prevista na da alínea o do inc. I do art. 1º da LC 64/90.

A inelegibilidade prevista na alínea o do inc. I do art. 1º da Lei das Inelegibilidades não incide quando houver anulação, pela administração pública, de demissão cominada a pretenso candidato outrora servidor público. *REspe 388-12, Rel. Min. Luiz Fux, j. 6.12.16. (Info 14)*

2013

Demissão do serviço público por ato administrativo contestada judicialmente e efeitos sobre a inelegibilidade.

A demissão do serviço público em processo administrativo, quando não há medida judicial suspendendo ou anulando essa decisão, atrai a causa de inelegibilidade do art. 1º, I, o, da LC 64/90. A simples existência de ação de nulidade contra o ato de demissão não afasta os efeitos da causa de inelegibilidade. *AREspe 477-45, Rel. Min. Henrique Neves da Silva, j. 20.3.13. (Info 6)*

2012

Inelegibilidade e exoneração de servidor público por conveniência da administração.

A exoneração de servidor público por meio de processo administrativo que concluiu pela sua dispensa por conveniência da administração municipal, e não por infração funcional, não é suficiente para caracterizar a inelegibilidade prevista no art. 1º, I, o, da LC 64/90. *REspe 163-12, Rel. Min. Dias Toffoli, j. 9.10.12. (Info 29)*

Sentença criminal absolutória por falta de provas e inelegibilidade por demissão do serviço público.

A demissão do serviço público resultante de processo administrativo disciplinar faz incidir a inelegibilidade prevista na alínea o do inc. I do art. 1º da LC 64/90, ainda que o fato que lhe deu causa tenha sido objeto de procedimento criminal que resultou na absolvição por insuficiência de provas da materialidade do delito, conforme o art. 368, II, do CPP. A decisão na seara criminal não tem o condão de derrogar a penalidade atribuída pelo procedimento administrativo, em razão da absolvição ter decorrido da falta de provas da materialidade do fato, e não da comprovação da inexistência do fato (inc. I do art. 368 do CPP). *REspe 279-94, Rel. Min. Dias Toffoli, j. 6.11.12. (Info 33)*

1.8. Causa de Inelegibilidade (art. 1º, I, p)

2014

Doação eleitoral ilegal e inelegibilidade da alínea "p".

As doações eleitorais ilegais ensejadoras da inelegibilidade prevista no art. 1º, I, p, da LC 64/90 são as que, em si, representam quebra da isonomia entre os candidatos, risco à normalidade e legitimidade dos pleitos, ou que se aproximem do abuso do poder econômico ou político. Não é qualquer tipo de doação que gera a inelegibilidade, mas somente aquelas que se enquadram como doações ilegais, por decisão emanada da Justiça Eleitoral a qual não esteja revogada ou suspensa e tenha sido tomada em procedimento em que se observou o rito previsto no art. 22 da LC 64/90. Nas doações realizadas por pessoas jurídicas, constitui requisito para configuração da inelegibilidade a demonstração de o candidato ostentar a qualidade de dirigente da pessoa jurídica condenada por doação tida como ilegal. Aplicando-se a interpretação lógico-sistemática à norma, deve-se reconhecer a sua incidência apenas nas hipóteses em que os bens jurídicos protegidos pela CF venham a ser violados por meio da quebra da isonomia entre os candidatos ou contaminação do pleito pelo abuso do poder econômico. *RO 534-30, Rel. Min. Henrique Neves, j. 16.9.14. (Info 16)*

2013

Inelegibilidade e condenação por doação acima do limite legal.

As multas relativas às doações eleitorais tidas como ilegais, em processo que observa o rito do art. 22 da LC 64/90, atraem a hipótese de inelegibilidade prevista na alínea p do inc. I do art. 1º da LC 64/90, além de eventuais reflexos em relação às condições de elegibilidade. *REspe 426-24, Rel. Min. Henrique Neves da Silva, j. 19.2.13. (Info 2)*

2012

Doação eleitoral ilegal e desnecessidade de demonstração do dolo dos responsáveis.

Basta a decisão pela ilegalidade das doações eleitorais para que os responsáveis sejam considerados inelegíveis, nos termos do art. 1º, I, p, da LC 64/90. Dessa forma, é desnecessário que haja pronunciamento quanto à existência de dolo na conduta dos agentes. Serão inelegíveis por oito anos, a contar da decisão, a pessoa física e os dirigentes de pessoas jurídicas responsáveis por doações eleitorais consideradas ilegais por decisão transitada em julgado ou proferida por órgão colegiado da Justiça Eleitoral, não havendo que se perquirir sobre o liame entre a conduta do candidato e o benefício à candidatura. *AgRg no REspe 261-24, Rel. Min. Nancy Andrighi, j. 13.11.12. (Info 34)*

1.9. Causa de Inelegibilidade (art. 1º, II)

2014

Exercício de cargo em entidade de classe e não incidência da desincompatibilização para concorrer às eleições.

A desincompatibilização prevista no art. 1º, II, g, da LC 64/90 não alcança conselheiro da Ordem dos Advogados do Brasil (OAB), contanto que não ocupe função de direção, administração ou representação no Conselho Federal. A jurisprudência considera a OAB como entidade de classe, de forma que somente os ocupantes de função de direção, administração ou representação dessa entidade estão sujeitos à regra da desincompatibilização, no prazo de até quatro meses antes do pleito. Assim, não estão os conselheiros da OAB sujeitos ao estabelecido no art. 1º, II, g, da LC 64/90, desde que desvinculados de funções de direção, administração ou representação. *Cta 111-87, Rel. Min. Gilmar Mendes, j. 20.5.14. (Info 9)*

2013

Cargo de conselheiro fiscal e desnecessidade de desincompatibilização.

A causa de inelegibilidade por ausência de desincompatibilização, prevista na alínea i do inc. II do art. 1º da LC 64/90, não se aplica ao ocupante de cargo de conselheiro fiscal, com função de fiscalização, pois o dispositivo exige, para sua incidência, o exercício de cargo de direção, administração ou representação. É desnecessária a desincompatibilização de conselheiro fiscal para candidatar-se ao cargo de vereador, porquanto inexiste previsão legal. Para a configuração da inelegibilidade da alínea i são necessários três requisitos cumulativos: a) o exercício de cargo ou função de direção, administração ou representação em pessoa jurídica ou em empresa que mantenha contrato com órgão de poder público ou que seja por este controlada; b) a existência de contrato de prestação de serviços, de fornecimento de bens ou de execução de obras; c) a inexistência de contrato com cláusulas uniformes. As funções exercidas pelos membros do conselho fiscal são típicas de fiscalização, razão pela qual não ocorre um dos requisitos para a incidência do disposto na alínea i: o exercício de cargo ou função de direção, administração ou representação de pessoa jurídica ou empresa. *REspe 196-72, Rel. Min. Laurita Vaz, j. 19.2.13. (Info 2)*

Contrato firmado por licitação e ausência de cláusulas uniformes.
Deve haver desincompatibilização, nos seis meses anteriores ao pleito, do cargo de vice-presidente de cooperativa que mantenha contrato sem cláusulas uniformes com órgão ou entidade do poder público. No Tribunal de origem o registro do candidato foi indeferido pela incidência da causa de inelegibilidade prevista no art. 1º, II, i, c.c. o inc. VII, b, da LC 64/90, em razão de ele ocupar o cargo de vice-presidente de cooperativa que mantinha contrato com o poder público e não ter se afastado de suas funções nos seis meses anteriores ao pleito. O TRE considerou também que, apesar de ter sido submetido a procedimento licitatório, o contrato não foi firmado com cláusulas uniformes, razão pela qual não se enquadraria na exceção da causa de inelegibilidade. *AREspe 17002, Rel. Min. Henrique Neves, j. 25.4.13. (Info 10)*

2012

Diretor de cadeia pública e prazo de desincompatibilização.
O prazo para desincompatibilização do cargo de diretor de cadeia pública de município é de três meses, nos termos do art. 1º, II, l, da LC 64/90, considerando, no caso concreto, a estrutura organizacional do órgão estadual de administração penitenciária e a natureza do cargo de execução na localidade. *REspe 207-58, Rel. Min. Henrique Neves da Silva, j. 6.12.12. (Info 37)*

Dirigente de entidade religiosa e desnecessidade de desincompatibilização.
Dirigente de igreja que tenha firmado com o poder público termo de cessão de uso de terreno para construção de templo, ou dele recebido doação de certa quantia para a realização de evento não se enquadra nas inelegibilidades previstas no art. 1º, II, a, item 9; II, i; e inc. IV, a, da LC 64/90. As entidades religiosas que recebem contribuição do poder público não podem ser equiparadas a associações ou a fundações, de modo que não é exigível que seus dirigentes se desincompatibilizem antes das eleições para concorrer aos cargos de prefeito ou vice-prefeito. Essas entidades são um tipo próprio de pessoa jurídica de direito privado, conforme o art. 44, IV, do Código Civil, não podendo ser equiparadas a associações ou fundações, que são tipos diversos de personificação jurídica. *REspe 385-75, Rel. Min. Marco Aurélio, j. 25.10.12. (Info 31)*

Dirigente de entidade de classe e necessidade de desincompatibilização.
A assinatura de ofícios, na condição de presidente de subseção da Ordem dos Advogados do Brasil (OAB), em data posterior à sua desincompatibilização, não é suficiente para configurar a inelegibilidade prevista no art. 1º, II, g, da LC 64/90, se o documento tiver sido assinado em branco, antes de seu afastamento, e utilizado posteriormente sem autorização. É aplicável aos dirigentes da OAB a inelegibilidade prevista no art. 1º, II, g, da LC 64/90, por ser entidade de classe, cuja competência legal e constitucional é a defesa e a fiscalização dos interesses dos advogados e a contribuição de seus associados é imposta pelo poder público. *REspe 184-42, Rel. Min. Marco Aurélio, j. 23.10.12. (Info 31)*

Licitação por pregão e desnecessidade de desincompatibilização em contratos com cláusulas uniformes.
Não há necessidade de desincompatibilização de dirigente de pessoa jurídica que tenha firmado contrato com a administração pública, mediante licitação na modalidade pregão, que obedeça a cláusulas uniformes, pois incide a ressalva prevista na alínea i do inc. II do art. 1º da LC 64/90. *REspe 193-44, Rel. Min. Arnaldo Versiani, j. 11.10.12. (Info 29)*

1.10. Causa de Inelegibilidade (art. 1º, III)

2012

Inelegibilidade de diretor de departamento e prazo para desincompatibilização.

O cargo de diretor de departamento é equivalente ao de secretário municipal, o que atrai a incidência do art. 1º, III, b, item 4, da LC 64/90, cujo prazo de desincompatibilização é de seis meses. Os cargos de secretário de administração municipal e aqueles que lhes são congêneres possuem natureza política, pois os dirigentes detêm poder de comando e tomam decisões com a anuência do Poder Executivo. Por essa razão, aplica-se o prazo de desincompatibilização de seis meses, e não o de três meses, válido apenas para os servidores públicos em geral que não exercem função de direção (art. 1º, II, I, da LC 64/90). *AgRg no REspe 140-82, Rel. Min. Luciana Lóssio, j. 30.10.12. (Info 32)*

1.11. Causa de Inelegibilidade (art. 1º, IV)

2014

Inelegibilidade do vice-prefeito reconhecida após a diplomação e princípio da indivisibilidade da chapa majoritária.

A inelegibilidade referente ao cargo de vice-prefeito, declarada após a eleição, não alcança o candidato a prefeito, por não haver relação de subordinação do titular da chapa majoritária à situação jurídica do vice. *RMS 503-67, Rel. Min. João Otávio de Noronha, j. 4.2.14. (Info 1)*

2013

Elegibilidade de vice-prefeito reeleito que substituiu o titular nos seis meses anteriores ao pleito.

Vice-prefeito reeleito, mesmo que tenha substituído o prefeito em ambos os mandatos, poderá se candidatar ao cargo de prefeito na eleição subsequente. *AgRg no REspe 374-42, Rel. Min. Marco Aurélio, j. 17.10.13. (Info 29)*

Funcionário público estadual candidato ao cargo de chefe do Executivo e desnecessidade de desincompatibilização.

É desnecessária a desincompatibilização de servidor público estadual que não exerce suas funções em município no qual pretende se candidatar. *REspe 124-18, Rel. Min. Laurita Vaz, j. 16.5.13. (Info 13)*

2012

Vice-prefeito. Poder Executivo. Chefia. Assunção. Reeleição. Ocorrência.

O titular do mandato pode participar de nova eleição para disputar um mandato sucessivo ao que está desempenhando, sem necessidade de desincompatibilização, não sendo permitido, todavia, o exercício de um terceiro mandato. O vice-prefeito que assumir a chefia do Poder Executivo em decorrência do afastamento, ainda que temporário, do titular, seja por que razão for, somente poderá se candidatar ao cargo de prefeito para um único período subsequente, tratando-se, nesta hipótese, de reeleição. Não poderá, contudo, candidatar-se para mais um período, pois estaria configurado o exercício de terceiro mandato, vedado pela CF. *Cta 1699-37, Rel. Min. Arnaldo Versiani, j. 29.3.12. (Info 8)*

1.12. Causa de Inelegibilidade (art. 1º, §§ 1º a 5º)

2014

Desincompatibilização e prática de atos de governo ou de gestão.

Para configurar a causa de inelegibilidade prevista no art. 1º, § 2º, da LC 64/90, é imprescindível que o substituto automático do chefe do Poder Executivo pratique atos de governo ou de gestão no período de afastamento do titular. O equacionamento de controvérsias envolvendo a desincompatibilização, ou não, de pretensos candidatos não pode ficar adstrito apenas a um exame meramente temporal (i.e., se foi, ou não, atendido o prazo exigido na CF ou na legislação infraconstitucional), mas também se o pretenso candidato praticou atos em dissonância com o téios subjacente ao instituto. Irrelevante perquirir se ocorreu ou não a substituição automática nas hipóteses de ausência do chefe do Poder Executivo, sendo necessário examinar no caso concreto se o substituto praticou atos de governo ou de gestão que possam ultrajar os valores que o instituto da incompatibilidade visa tutelar. *RO 264-65, Rel. Min. Luiz Fux, j. 1º.10.14. (Info 18)*

2013

Condenação pela prática do crime de desacato e rescindibilidade da decisão de inelegibilidade.

Decisão que torna inelegível candidato em razão de condenação criminal pela prática do crime previsto no art. 331 do CP, considerado de menor potencial ofensivo, afronta o § 4º do art. 1º da LC 64/90. Nos termos do art. 485, V, do CPC, deverá ser rescindida decisão que viola literal disposição de lei. Nos termos do § 4º do art. 1º da LC 64/90, a inelegibilidade decorrente de condenações criminais "não se aplica aos crimes culposos e àqueles definidos em lei como de menor potencial ofensivo, nem aos crimes de ação penal privada". *AR 141847, Red. p/ ac. Min. Luciana Lóssio, j. 21.5.13. (Info 14)*

Crime eleitoral e infração de menor potencial ofensivo.

O tipo penal previsto no art. 350 do CE não é crime de menor potencial ofensivo, e a inelegibilidade decorrente da condenação pela prática dessa infração não é afastada pela ressalva constante do § 4º do art. 1º da LC 64/90. A LC 64/90 prevê no § 4º do art. 1º que não se aplica a inelegibilidade proveniente de condenação criminal quando a conduta delituosa caracteriza-se como crime de menor ofensividade. *REspe 509-24, Rel. Min. Marco Aurélio, j. 14.5.13. (Info 13)*

1.13. Disposições Gerais

2016

Alteração fática superveniente que afasta inelegibilidade pode ser conhecida na instância ordinária, mesmo que ocorrida após a diplomação.

A causa superveniente que afasta inelegibilidade, reconhecida em processo judicial eleitoral, pode ser considerada para afastar o impedimento ao exercício do direito político do candidato, enquanto este procedimento estiver em trâmite na instância ordinária, ainda que já ocorrida a diplomação. *REspe 10-19, Rel. Min. João Otávio de Noronha, j. 1º.3.16. (Info 2)*

2015

Decisão acerca da inelegibilidade e inexistência de coisa julgada.

O reconhecimento ou não de determinada hipótese de inelegibilidade para uma eleição não configura coisa julgada para as próximas eleições. *Cta 336-73, Rel. Min. Luciana Lóssio, j. 3.11.15. (Info 15)*

Impossibilidade da mescla de regimes jurídicos para fins de contagem do prazo de inelegibilidade.

Não é possível mesclar regimes jurídicos de inelegibilidades, mediante interpretação que combina o regime anterior da LC 64/90 e o atual, da LC 135/10, devendo-se aplicar de forma integral o mais novo. *REspe 5318-07, Rel. Min. Gilmar Mendes, j. 19.3.15. (Info 4)*

2013

Pedido de parcelamento de multa eleitoral não analisado pelo órgão competente e quitação eleitoral.

A solicitação de parcelamento de multa eleitoral apresentada antes do pedido de registro de candidatura e deferida pela Procuradoria da Fazenda Nacional somente após esse pedido afasta a inelegibilidade decorrente da ausência de quitação eleitoral. *REspe 1585-39, Rel. Min. Marco Aurélio, j. 30.4.13. (Info 11)*

2012

Elegibilidade e diretor de rádio controlada por fundação.

Não há necessidade de desincompatibilização de diretor de rádio controlada por fundação mantida pelo poder público. *REspe 1664-24, Rel. Min. Arnaldo Versiani, j. 14.8.12. (Info 21)*

Exercício do cargo de prefeito por substituição e impossibilidade de terceiro mandato consecutivo.

O vice-prefeito que substituiu o titular e foi eleito prefeito no período subsequente não poderá concorrer à reeleição, pois seria hipótese de terceiro mandato. *REspe 137-59, Rel. Min. Arnaldo Versiani, j. 30.10.12. (Info 32)*

Reeleição de "prefeito itinerante" e julgamento do RE 637.485 pelo STF.

Embora sua jurisprudência não admita a figura do "prefeito itinerante" desde 2008, é permitido aos que assim se elegeram à época se candidatarem à reeleição em 2012, caso inexista outra hipótese de inelegibilidade. *REspe 113-74, Rel. Min. Arnaldo Versiani, j. 16.10.12. (Info 30)*

2. DAS IMPUGNAÇÕES AO REGISTRO DE CANDIDATURA (ARTS. 3º AO 7º)

2012

Impugnação ao registro de candidatura e legitimidade de terceiro interessado.

Terceiro com interesse de agir, conforme o art. 499 do CPC, tem legitimidade para impugnar registro de candidatura, mesmo que não conste do rol de legitimados previsto no art. 3º da LC 64/90. *REspe 219-78, Rel. Min. Marco Aurélio, j. 18.10.12. (Info 30)*

3. DOS PRAZOS (ART. 16)

2012

Eleições suplementares. Mitigação de prazo. Possibilidade. Prazo processual. Impossibilidade. Devido processo legal. Observância.

Admite-se a mitigação de prazos no processamento de eleições suplementares, desde que não comprometidas as garantias constitucionais da ampla defesa e do devido processo legal. Nesse contexto, é possível a mitigação de prazos relacionados a propaganda eleitoral, convenções partidárias e desincompatibilização, de forma a atender o disposto no art. 224 do CE. Todavia, não é permitida a redução de prazos de natureza processual que envolvam as garantias constitucionais do devido processo legal, ainda que as partes manifestem concordância, pois são peremptórios e contínuos, conforme determinado pelo art. 16 da LC 64/90. As reduções que atingem prazos judiciais impróprios, como os prazos para julgamento das impugnações e dos respectivos recursos, laboram em favor da celeridade que se espera dos processos eleitorais, sobretudo na condição excepcional das eleições suplementares. Quanto ao eleitorado considerado apto a votar, para as eleições suplementares, permite-se seja considerado o cadastro atual de eleitores, mas somente estarão habilitados a votar aqueles inscritos até o 151º dia anterior ao pleito, nos termos do art. 91 da Lei 9.504/97. *MS 1683-83, Rel. Min. Cármen Lúcia, j. 14.2.12. (Info 3)*

4. DO PROCEDIMENTO DE INVESTIGAÇÃO JUDICIAL (ARTS. 19 A 22)

2016

Formação de litisconsórcio passivo necessário no âmbito da AIJE.

O TSE, alterando sua jurisprudência, entendeu pela possibilidade de formação de litisconsórcio passivo necessário, em ação de investigação judicial eleitoral por abuso do poder político, entre o agente público autor da conduta e o candidato beneficiado. *REspe 843-56, Rel. Min. João Otávio de Noronha, j. 21.6.16. (Info 7)*

2015

Possibilidade de utilização da AIJE para averiguar possível abuso do poder econômico em realização de transferências de títulos eleitorais.

Transferências de eleitores em número elevado antes do pleito, ainda que regularmente admitidas por ocasião de suas requisições, podem ser objeto de ação de investigação judicial eleitoral, para verificação de eventual abuso do poder econômico e/ou político em benefício de determinadas candidaturas. *REspe 1153-48, Rel. Min. Henrique Neves da Silva, j. 23.6.15. (Info 9)*

2013

Ação de investigação judicial eleitoral movida contra coligação partidária e quebra de sigilo bancário de partido coligado.

Mesmo na Justiça Eleitoral e nos processos que envolvam eventual interesse público, a exigência de quebra de sigilo (fiscal, bancário, telefônico, entre outros) deve ocorrer de forma fundamentada. *RMS 221-72, Rel. Min. Henrique Neves, j. 13.8.13. (Info 20)*

2012

Abuso de poder político e equilíbrio do pleito eleitoral.

Na apuração do abuso de poder político, a questão central não é a responsabilidade, participação ou anuência do candidato, mas sim se o fato o beneficiou. O inc. XVI do art. 22 da LC 64/90, acrescentado pela LC 135/10 (que passou a prever o requisito da gravidade da conduta para caracterização do abuso de poder), pode ser aplicado às Eleições 2010, não violando o princípio da anualidade da Lei Eleitoral, por ser norma que não altera o processo eleitoral. *RO 111-69, Rel. Min. Nancy Andrighi, j. 7.8.12. (Info 20)*

Abuso do poder econômico. Descaracterização. Publicação. Jornal. Notícia. Candidato. Interposição. Recurso. Cassação. Registro de candidatura.

Nos termos do parágrafo único do art. 19 da LC 64/90, o abuso de poder consubstancia hipótese de transgressão que atenta contra a normalidade e a legitimidade da eleição. *REspe 2764-04, Rel. Min. Arnaldo Versiani, j. 5.6.12. (Info 15)*

Divulgação. Pesquisa eleitoral. Abuso do poder econômico. Meios de comunicação. Uso indevido. Gravidade. Conduta. Inexistência. Condenação. Terceiro. Relação processual. Ausência. Princípio do devido processo legal. Violação.

Com o advento da LC 135/10, não há mais falar em prova da potencialidade lesiva para a configuração do abuso, e sim na gravidade das condutas em questão. Com efeito, o inc. XVI do art. 22 da LC 64/90, incluído pela LC 135/10, estabelece que, "para a configuração do ato abusivo, não será considerada a potencialidade de o fato alterar o resultado da eleição, mas apenas a gravidade das circunstâncias que o caracterizam". Desse modo, para que fique configurada a prática de abuso do poder econômico faz-se necessária a existência da gravidade da conduta, o que não ocorreu na espécie. A divulgação, bem antes do primeiro turno das eleições, de uma única pesquisa eleitoral, cujos resultados foram, na época, muito divergentes de outras pesquisas eleitorais, não tem gravidade suficiente para ensejar a procedência de ação de investigação judicial eleitoral (AIJE) por abuso do poder econômico ou uso indevido dos meios de comunicação social. A condenação de terceiro que não integrou a relação processual e, por isso mesmo, não foi sequer citado para apresentar defesa, constitui ofensa aos princípios do devido processo legal, da ampla defesa e do contraditório. *RO 1715-68, Rel. Min. Arnaldo Versiani, j. 31.5.12. (Info 15)*

Eleições 2008. Ação de investigação judicial eleitoral. Captação ilícita de sufrágio. Abuso do poder econômico. Fato. Anterioridade. LC 135/10. Inaplicação.

Prefeito e vice-prefeito incorreram na prática de captação ilícita de sufrágio e abuso do poder econômico ao organizarem esquema de distribuição de combustível a eleitores com o pretexto de participação em carreata. Considerando que os fatos ocorreram em 2008, antes da entrada em vigor da LC 135/10, que alterou o prazo de inelegibilidade de três para oito anos, entendeu o TSE que deve prevalecer a norma originária inscrita no inc. XIV do art. 22 da LC 64/90. *REspe 485174, Rel. Min. Cármen Lúcia, j. 8.5.12. (Info 12)*

Inelegibilidade e desnecessidade de declaração nos autos da representação.

As restrições à elegibilidade incidem ainda que a inelegibilidade não tenha sido declarada nos próprios autos da representação, porque as causas de inelegibilidade devem ser aferidas no momento da formalização do pedido de registro da candidatura. A cláusula de inelegibilidade se configurada a premissa fática descrita na LC 64/90, pois a lei descreve fatos objetivos, os quais se presumem lesivos à probidade administrativa, à moralidade para exercício de mandato e à normalidade e legitimidade das eleições, valores tutelados pelo art. 14, § 9º, da CF. As hipóteses em que ocorre a cominação da sanção de inelegibilidade nos próprios autos são apenas as oriundas de decisões proferidas em sede de investigação judicial para apurar uso indevido, desvio ou abuso do poder econômico ou do poder de autoridade, ou utilização indevida de veículos ou meios de comunicação social em benefício de candidato ou de partido político, conforme dispõe o art. 22, XIV, da LC 64/90. *REspe 261-20, Rel. Min. Dias Toffoli, j. 27.9.12. (Info 27)*

Interesse jurídico no julgamento de AIJE relativa a eleições anteriores e Lei da Ficha Limpa.

Persiste o interesse jurídico no julgamento de Ação de Investigação Judicial Eleitoral por suposto abuso de poder econômico, embora transcorridos mais de três anos desde a eleição de 2008, pois a eventual condenação poderá gerar a inelegibilidade dos agravados para as eleições futuras, nos termos do art. 1º, I, d, da LC 64/90. *REspe 64-04, Rel. Min. Nancy Andrighi, j. 30.8.12. (Info 23)*

5. DA SUSPENSÃO CAUTELAR DA INELEGIBILIDADE (ART. 26-C)

2014

Concessão de liminar afastando condenação por improbidade administrativa e prazo para consideração das causas supervenientes ao registro que afastam a inelegibilidade.

A concessão de liminar, até a data da diplomação, suspendendo os efeitos de condenação por improbidade administrativa, causa do indeferimento de candidatura, constitui fato superveniente a permitir o registro do candidato. É caso de aplicação da norma constante do art. 26-C da LC 64/90. Estando em curso o processo eleitoral e não havendo trânsito em julgado da decisão de indeferimento do registro de candidatura, cabe conhecer provimento judicial liminar deferido após as eleições, que afasta a causa de indeferimento do registro do candidato. O conhecimento de fatos supervenientes ao pedido de registro tem sido admitido por este Tribunal nas hipóteses de reconhecimento de inelegibilidade, motivo pelo qual haveria razão para conhecê-los nos casos de afastamento da inelegibilidade. *RO 294-62, Rel. Min. Gilmar Mendes, j. 11.12.14. (Info 25)*

2013

Concessão de liminar após as eleições suspendendo os efeitos de rejeição de contas e não configuração de fato superveniente.

A concessão de liminar após as eleições suspendendo os efeitos de decisão de rejeição de contas não constitui fato superveniente a permitir o registro de candidatura. *AgRg no REspe 458-86, Red. p/ ac. Min. Marco Aurélio, j. 5.11.13. (Info 31)*

2012

Condenação em ação de improbidade administrativa e concessão de efeito suspensivo por presidente de seção de Tribunal.

A concessão de efeito suspensivo a decisão que condenou candidato por improbidade administrativa em ação civil pública, pelo presidente de seção de Tribunal de Justiça, suspende a inelegibilidade, a despeito do art. 26-C da LC 64/90 prever que o deferimento da referida suspensão cabe a órgão colegiado do Tribunal. *REspe 527-71, Rel. Min. Dias Toffoli, j. 13.12.12. (Info 38)*

Inelegibilidade por rejeição de contas e impossibilidade de aplicação do § 2º do artigo 26-C da LC 64/90.

O § 10 do artigo 11 Lei 9.504/97 somente incide para afastar a inelegibilidade, não para criá-la; e o § 2º do artigo 26-C da LC 64/90 refere-se exclusivamente às hipóteses nele previstas. *REspe 294-74, Red. p/ ac. Min. Dias Toffoli, j. 18.12.12. (Info 39)*

5. LEI GERAL DOS PARTIDOS POLÍTICOS (LEI 9.096/95)

1. DA ORGANIZAÇÃO E FUNCIONAMENTO DOS PARTIDOS POLÍTICOS (ARTS. 8º A 29)

1.1. Da Criação e do Registro dos Partidos Políticos (arts. 8º a 11)

2015

Registro de partido político: inexistência de direito adquirido a regime jurídico.

O TSE deferiu o pedido de registro do Partido Novo, protocolado em 23.7.2014, nos termos dos requisitos exigidos pela Lei 9.096/95 e pela Res.-TSE 23.282/10, embora o julgamento tenha ocorrido após a edição da Lei 13.107/15. Inexiste direito adquirido a regime jurídico e que a alteração legislativa promovida pela Lei 13.107/15 ao art. 7º, § 1º, da Lei 9.096/95 incide imediatamente sobre os partidos políticos que pretendem ter o registro do seu estatuto deferido pelo TSE. Se o partido preencheu todos os pressupostos para o seu registro ao tempo da vigência da redação originária do § 1º, do art. 7º, da Lei 9.096/95, tem ele direito ao deferimento nos moldes da legislação então vigente, ainda que, no decorrer da apreciação do pedido, tenha havido alteração na lei que o regulamente. *RPP 843-68, Rel. Min. João Otávio de Noronha, j. 15. 9.15. (Info 12)*

2013

Não comprovação de apoiamento mínimo de eleitores e indeferimento de registro de partido político.

Negado registro partidário à Rede Sustentabilidade. O art. 17, I, da CF preconiza que os partidos políticos deverão ter caráter nacional, o que, nos termos do § 1º do art. 7º da Lei 9.096/95, consubstancia-se com o apoiamento de eleitores correspondente a, pelo menos, meio por cento dos votos dados na última eleição geral para a Câmara dos Deputados, distribuídos por pelo menos um terço dos estados, com um mínimo de um décimo por cento do eleitorado que haja votado em cada um deles. O partido demonstrou o apoiamento válido de apenas 442.524 eleitores, quando deveria ter comprovado 491.949. No requerimento de registro, a agremiação pleiteou a validação de assinaturas não homologadas pelos cartórios eleitorais, alegando falta de motivação das recusas e inexistência de parâmetro no procedimento de identificação das firmas. Não cabe presunção de validade das assinaturas, em razão de o § 1º do art. 9º da Lei 9.096/95. Nos termos do § 2º do art. 10 da Resolução-TSE 19.406/95, é atribuição do escrivão eleitoral conferir as assinaturas e os números dos títulos dos eleitores que subscrevem o apoiamento e lavrar o seu atestado na própria lista, permanecendo cópia em poder do cartório eleitoral. Esse atestado não se confunde com o reconhecimento de firma realizado por cartórios de registro extrajudiciais, destinando-se apenas a verificar, por semelhança, a compatibilidade com os assentamentos constantes do cartório eleitoral. Quanto à inexistência de motivação na rejeição de assinaturas pelos chefes de cartório, há previsão da realização de diligência para esclarecimento de dúvidas sobre a autenticidade, oportunidade na qual os responsáveis pelas listas têm acesso à natureza das irregularidades verificadas. Todas as agremiações com registro neste Tribunal foram submetidas às mesmas regras aplicadas ao caso, tendo que demonstrar o número mínimo de apoiamento, concluindo, assim, pelo indeferimento do pedido de registro da Rede de Sustentabilidade. *RPP 594-54, Rel. Min. Laurita Vaz, j. 3.10.13. (Info 27)*

Pedido de registro de partido político.

Deferido o registro do Partido Republicano da Ordem Social. Em razão da existência de irregularidades documentais, promoveu-se a realização de diligências nos cartórios eleitorais. Boa parte dos erros decorria de falhas de impressão, em razão de as certidões de apoiamento terem sido encaminhadas pelo interessado por meio eletrônico, procedimento este adotado em pedidos anteriores, como o RPP 1535-72/DF. As diligências foram hábeis para sanar a quase totalidade das divergências encontradas nas assinaturas de apoiamento, mantendo-se hígidos, por consequência, os respectivos dados utilizados para a elaboração dos cálculos que serviram de alicerce para as razões de decidir. As falhas documentais encontradas não denotavam fraude, má-fé ou mesmo tentativa de induzir a erro o Poder Judiciário. Preenchidos os requisitos previstos na Lei 9.096/95 e na Resolução 23.282/10 deste TSE. *RPP 305-24, Rel. Min. Laurita Vaz, j. 24.9.13. (Info 26)*

2012

Partido político. Sede. Capital federal. TSE. Encaminhamento. Correspondência oficial. Sanção. Previsão. Ausência.

O § 1º do art. 8º da Lei 9.096/95 e o § 1º do art. 9º da Res.-TSE 19.406/95 prescrevem que todos os partidos políticos devem ter sede instalada na capital federal. Por meio da Res.-TSE 22.316/06, o TSE fixou o dia 30.4.2007 como prazo final para que os partidos apresentassem o endereço da respectiva sede na capital federal. Entretanto, alguns partidos não cumpriram integralmente o que foi estabelecido, pois apresentaram dados incompletos, como endereço ou números de telefone e de fac-símile. O MPE cogitou possível sanção pelo descumprimento da exigência, manifestando-se favoravelmente à necessidade de observância ao que foi definido pela Corte, sob pena de a agremiação se ver privada dos direitos assegurados pela Lei 9.096/95 aos partidos cujos estatutos estejam devidamente registrados no TSE. Todavia, entendeu o TSE que não há providências a serem tomadas, pois, como as comunicações telefônicas ou via fac-símile e correspondências oficiais do TSE aos partidos políticos deverão ser encaminhadas às suas respectivas sedes na capital federal, é de interesse e responsabilidade dos partidos políticos a inserção e atualização de seus dados cadastrais no TSE. *PA 19525, Rel. Min. Cármen Lúcia, j. 8.3.12. (Info 6)*

1.2. Da Filiação Partidária (arts. 16 a 22)

2013

Condenação criminal e suspensão dos direitos políticos.

É nula a filiação partidária ocorrida no período em que os direitos políticos do eleitor estão suspensos por condenação criminal transitada em julgado. *REspe 114-50, Rel. Min. Laurita Vaz, j. 6.8.13. (Info 19)*

Desfiliação partidária e filiação em partido recém-criado.

Constitui justa causa para desfiliação partidária o ingresso em partido político nos trinta dias seguintes ao registro do estatuto da nova agremiação no TSE. *Pet 1676-91, Rel. Min. Henrique Neves da Silva, j. 5.12.13. (Info 35)*

Negativa de filiação partidária e incompetência da Justiça Eleitoral para julgar mandado de segurança.

Não compete a esta Justiça especializada analisar mandado de segurança contra ato de rejeição de filiação partidária emanado de partido político. *MS 438-03, Rel. Min. Luciana Lóssio, j. 20.6.13. (Info 17)*

2012

Criação de novo partido e desfiliação anterior ao registro do estatuto no TSE.

Somente após o registro do estatuto do partido político na Justiça Eleitoral, torna-se possível a filiação partidária, a qual constituiria justa causa para a desfiliação do partido de origem. A expressão "novo partido", contida no art. 1º, § 1º, II, da Res.-TSE 22.610/07 deve ser entendida como nova agremiação com capacidade de atuar no processo eleitoral. O registro de um novo partido no Cartório de Registro Civil não impede que o detentor de mandato eletivo continue filiado ao partido de origem, pois se trata de etapa intermediária para a constituição definitiva da nova agremiação. *REspe 1080-53, Rel. Min. Dias Toffoli, j. 20.9.12. (Info 26)*

Decretação prévia de justa causa e ação para perda de cargo eletivo.

Havendo consonância do partido quanto à existência de fatos que justifiquem a desfiliação partidária, não há motivo para não declarar a existência de justa causa. Após reconhecida, pelo TSE, a justa causa para a desfiliação partidária, cuja decisão já transitou em julgado, não há como se decretar, em outro processo, a perda do cargo eletivo por força da mesma desfiliação. *AgRg na Pet 70-91, Rel. Min. Arnaldo Versiani, j. 21.6.12. (Info 17)*

Prazo decadencial para desfiliação partidária e criação de novo partido político.

A criação de novo partido político – como termo inicial do prazo decadencial de trinta dias para desfiliação partidária, com base na justa causa constante do art. 1º, § 1º, II, da Res.-TSE 22.610/07 – opera-se no momento do registro do estatuto partidário pelo TSE. *AgRg no Ag 382-19, Rel. Min. Nancy Andrighi, j. 29.6.12. (Info 18)*

1.3. Da Fidelidade e da Disciplina Partidárias (arts. 23 a 26)

2014

Não comprovação de grave discriminação pessoal ou de mudança de diretriz partidária nacional e perda de cargo eletivo por infidelidade partidária

Os motivos determinantes de justa causa para ocasionar desfiliação partidária devem revelar situações claras de grave discriminação pessoal, ou mudança das diretrizes partidárias em caráter nacional. *RO 2-63, Rel. Min. Henrique Neves da Silva, j. 13.3.14. (Info 4)*

2012

Ação de perda de cargo eletivo por desfiliação partidária e litisconsórcio passivo.

Em ação de perda de cargo eletivo por infidelidade partidária, só há formação do litisconsórcio passivo necessário entre o candidato eleito e o partido ao qual se filiou caso a filiação ocorra dentro do prazo de 30 dias, previsto no art. 1º, § 2º, da Res.-TSE 22.610/07. *REspe 168-87, Rel. Min. Nancy Andrighi, j. 11.9.12. (Info 25)*

Desfiliação partidária. Criação. Partido. Justa causa. Ausência. Registro. Estatuto. TSE. Necessidade.

A criação de novo partido, para fins de reconhecimento da justa causa a que alude o inc. II do § 1º do art. 1º da Res.-TSE 22.610/07, importa necessariamente o registro do estatuto no TSE. Assim, considerando que o partido em questão não obteve ainda o registro do seu estatuto no TSE, deve-se reconhecer a ausência de justa causa para a desfiliação partidária. *REspe 2773-15, Rel. Min. Gilson Dipp, j. 22.3.12. (Info 7)*

2. DAS FINANÇAS E CONTABILIDADE DOS PARTIDOS (ARTS. 30 A 44)

2.1. Da Prestação de Contas (arts. 30 a 37)

2015

Exercício de cargo público em comissão por filiado e doação a partido político.

Os estatutos partidários não podem conter regra de doação obrigatória em razão do exercício de cargo público. O conceito de autoridade pública, a que se refere o inc. II do art. 31 da Lei 9.096/95, não depende da natureza do vínculo de quem exerce o cargo (efetivo ou comissionado) e se aplica a quaisquer dos poderes da República (Executivo, Legislativo e Judiciário). A doação é ato de liberalidade, que não comporta imposição, conforme expressamente estabelece o Código Civil em seu art. 538. *Cta 356-64, Rel. Min. Henrique Neves da Silva, j. 5.11.15. (Info 15)*

2013

Irregularidade na prestação de contas e prazo prescricional para impor sanção.

A sanção por desaprovação de contas de partido deve ser aplicada de forma proporcional, nos termos do § 3º do art. 37 da Lei 9.096/95, incluído pela Lei 12.034/09. A prescrição dos processos de prestação de contas em curso à época da alteração do art. 37 da Lei 9.096/95 se inicia a partir da publicação da Lei 12.034/09 e não da apresentação das contas pelo partido político. *Pet 1606, Red. p/ ac. Min. Laurita Vaz, j. 5.11.13. (Info 31)*

2012

Prestação de contas. Partido político. Pagamento. Dinheiro. Fiscalização. Impossibilidade. Gastos. Fundo Partidário. Irregularidade.

O pagamento de despesas realizado em espécie enseja a desaprovação das contas do partido político, porquanto impede a fiscalização sobre sua regularidade. Igualmente, a realização de gastos com verbas do Fundo Partidário em hipóteses diversas daquelas previstas legalmente constitui irregularidade grave que obsta a aprovação das contas do partido político. *AgRg no Ag 2239523-15, Rel. Min. Marcelo Ribeiro, j. 14.2.12. (Info 3)*

Prestação de contas. Partido político. Vícios insanáveis. Desaprovação. Prescrição quinquenal. Prequestionamento. Ausência.

De acordo com o art. 4º da Res.-TSE 21.841/04, o partido político deve manter contas bancárias distintas para movimentar os recursos financeiros do Fundo Partidário e os de outra natureza. Na espécie, o partido político transferiu recursos do Fundo Partidário para a conta bancária na qual se movimentavam outros recursos, o que configura vício de natureza insanável, pois prejudica a aplicação dos procedimentos técnicos de exame, o conjunto da análise contábil e os demonstrativos da prestação de contas, não refletindo adequadamente a movimentação financeira. Além disso, a conduta viola diretamente o inc. II do art. 14 da Res.-TSE 21.841/04, que exige a apresentação de demonstrativo de receitas e despesas, com distinção entre a aplicação de recursos do Fundo Partidário e a aplicação de outros recursos. Viola também o inc. I do art. 33 da Lei 9.096/95, que dispõe que os balanços devem conter a discriminação dos valores e a destinação dos recursos oriundos do Fundo Partidário. Na conta anual do partido político ficou demonstrada a aplicação irregular de recursos oriundos do Fundo Partidário e, ainda, a ausência de movimentação de recursos por meio de conta bancária, contrariando o § 2º do art. 4º e o art. 10 da Res.-TSE 21.841/04. Todas as falhas apontadas comprometem a regularidade das contas, configurando vícios insanáveis que acarretam a desaprovação das contas. Quanto à incidência da prescrição quinquenal prevista no § 3º do art. 37 da Lei 9.096/95, o Tribunal, por maioria, entendeu não ser aplicável à espécie, visto que a matéria não foi examinada pela Corte de origem, faltando o indispensável prequestionamento, a teor das súmulas nos 282 e 356/STF. *AgRg no Ag 12.252, Rel. Min. Arnaldo Versiani, j. 24.5.12. (Info 14)*

Procedimento de tomada de contas especial realizado pela Justiça Eleitoral e descabimento de recurso especial.

O procedimento de tomada de contas especial realizado pela Justiça Eleitoral quanto às contas partidárias possui natureza administrativa, razão pela qual não cabe a interposição de recurso especial contra decisão nele prolatada. *Rep 849-75, Rel. Min. Admar Gonzaga, j. 19.8.14. (Info 12)*

Recurso ordinário. Prestação de contas de partido político. Cabimento. Recurso especial eleitoral. Princípio da fungibilidade. Inaplicação.

O recurso cabível contra acórdão regional em prestação de contas é o especial, porquanto ausente hipótese de cabimento do recurso ordinário prevista nos incisos de III a V do § 4º do art. 121 da CF. A atual sistemática recursal trazida pela Lei 12.034/09 não alterou a competência constitucional do TSE e o § 4º do art. 37 da Lei 9.096/95 não prevê o cabimento de recurso ordinário em processo de prestação de contas de partido político apreciado originariamente por TRE. Inaplicável o princípio da fungibilidade quando o recurso ordinário não preenche os requisitos de admissibilidade do recurso especial. *AgRg no RO 28348-55, Rel. Min. Nancy Andrighi, j. 6.3.12. (Info 5)*

2.2. Do Fundo Partidário (arts. 38 a 44)

2013

Criação de novo partido político e participação proporcional no Fundo Partidário.

Partido recém-criado que não tenha participado da última eleição geral tem direito ao rateio de 95% do Fundo Partidário, considerando-se os votos dados aos candidatos, eleitos ou não, que tenham migrado para a legenda criada, em até 30 dias após o registro neste TSE. *Pet 30-75, Rel. Min. Henrique Neves da Silva, j. 27.6.13. (Info 18)*

Determinação judicial de penhora de Fundo Partidário e impossibilidade de bloqueio de valores pelo TSE.

Os valores do Fundo Partidário são absolutamente impenhoráveis, não cabendo a este Tribunal proceder ao seu bloqueio como meio de garantir créditos de terceiros. *Pet 134-67, Rel. Min. Henrique Neves da Silva, j. 18.4.13. (Info 9)*

2012

Compensação de verbas do Fundo Partidário e parcelamento até o final do exercício financeiro de 2012.

Deferido parcialmente o pedido de reconsideração em petição, para determinar que o direito do Partido Social Democrático (PSD) aos recursos do Fundo Partidário referentes aos meses de julho e agosto sejam compensados dentro do exercício financeiro de 2012. *Pet 1747-93, Rel. Min. Luciana Lóssio, j. 18.9.12. (Info 26)*

Consulta. Prestação de contas. Apresentação. Ausência. Desaprovação. Cotas do Fundo Partidário. Suspensão. Repasse. Fundação. Impossibilidade.

Nos termos do inc. IV do art. 44 da Lei 9.096/95, os recursos oriundos do Fundo Partidário serão aplicados na criação e manutenção de instituto ou fundação de pesquisa e de doutrinação e educação política, sendo essa aplicação de, no mínimo, 20% do total recebido. Desse modo, os diretórios nacionais deverão recolher o percentual pertinente à manutenção da fundação de pesquisa e de doutrinação e educação política à medida que lhes forem creditadas as cotas do Fundo Partidário. O percentual destinado a essas entidades será diretamente atingido, caso o diretório nacional sofra suspensão do repasse da respectiva cota do Fundo Partidário por irregularidade na prestação de contas. Não há como manter incólume a porcentagem destinada à fundação diante da suspensão das cotas. Infere-se, da análise do art. 37 da Lei 9.096/95, que o diretório nacional, no caso de não apresentar ou ter desaprovada a sua prestação de contas, não pode recolher à fundação o percentual da respectiva cota do Fundo Partidário que foi suspensa por decisão da Justiça Eleitoral. *Cta 1721-95, Rel. Min. Gilson Dipp, j. 7.2.12. (Info 2)*

Partido criado após as eleições e participação no Fundo Partidário.

A participação do Partido Social Democrático (PSD) no rateio de 95% do Fundo Partidário terá por base os votos dados aos candidatos, eleitos ou não, que, concorrendo para a Câmara Federal no pleito de 2010 por outra agremiação, tenham mudado de partido diretamente para a nova legenda, no prazo de 30 dias do registro no TSE. Assegurada, nos termos do art. 41-A da Lei 9.096, a participação na divisão dos 95% dos recursos do Fundo Partidário, a partir do julgamento realizado no dia 29.6.2012, ou seja, a partir do mês de julho de 2012. Reconhecida a urgência do partido em receber as verbas do Fundo Partidário, para uso nas campanhas eleitorais, autorizado pelo art. 44, III, da Lei 9.096/95. Determinou-se, ainda, que o próximo repasse do Fundo Partidário ao PSD seja realizado no dia 20 de setembro, data da transferência de recursos para todos os partidos, independentemente da publicação. Devem ser considerados os valores referentes aos meses de julho e agosto e, consequentemente, deverá ser compensada a quantia paga a maior para os demais partidos nesse período. *Pet 1747-93, Rel. Min. Marcelo Ribeiro, j. 28.8.12. (Info 23)*

3. DO ACESSO GRATUITO AO RÁDIO E À TELEVISÃO (ARTS. 45 A 49)

2016

Autorização de veiculação de inserções partidárias aos domingos do mês de junho.

O TSE autorizou, excepcionalmente, durante o mês de junho de 2016, a veiculação de propaganda partidária aos domingos, no horário compreendido entre 18 e 24 horas. *Pet 205-64, Rel. Min. Henrique Neves da Silva, j. 9.6.16. (Info 6)*

Tempo destinado à difusão da participação feminina nas eleições e sanção pelo descumprimento.

Deve ser considerada, para o cálculo da aplicação da sanção pelo descumprimento do estabelecido no art. 45, IV, da Lei 9.096/95, a integralidade do tempo que deveria ser destinado pelo partido à difusão da participação feminina no cenário político, ainda que o partido tenha descumprido a norma de modo parcial. *REspe 126-37, Rel. Min. Luciana Lóssio, j. 20.9.16. (Info 10)*

2014

Criação de novo partido e direito à veiculação de propaganda partidária em rede nacional e inserções.

Partido político recém-criado, para o qual tenham migrado parlamentares de outras legendas, faz jus à veiculação de propaganda partidária, em cadeia nacional, já que se enquadra na hipótese prevista no inc. II do art. 3º da Res.-TSE 20.034/97. No entanto, partido criado após as últimas eleições não atende ao disposto no inc. I do art. 3º da Res.-TSE 20.034/97, o que impede a sua participação na transmissão de inserções em rede nacional. *PP 914-07, Rel. Min. Henrique Neves da Silva, j. 11.2.14. (Info 2)*

Inexistência de desvirtuamento em propaganda partidária.

A promoção pessoal de filiado e notório pré-candidato a cargo eletivo em espaço destinado à difusão do programa e de proposta política de agremiação partidária não configura desvirtuamento das finalidades previstas no art. 45 da Lei 9.096/95. A exaltação das qualidades de filiado em programa partidário não configura propaganda irregular, mas pode caracterizar desvirtuamento da norma prevista no art. 45 da Lei dos Partidos Políticos. A propaganda reservada à agremiação política objetiva não apenas divulgar os programas partidários, mas também apresentar as qualidades de filiado, potencial candidato em eleição futura. *Rep 912-37, Rel. Min. Laurita Vaz, j. 5.8.14. (Info 11)*

2012

Irregularidade em propaganda partidária e decadência.

O Ministério Público é competente para atuar em todas as fases e instâncias do processo eleitoral, com legitimidade para promover a apuração dos fatos e oferecer representação por ofensa ao art. 45 da Lei 9.096/95. O prazo limite para propositura de representação pela prática de irregularidade em propaganda partidária é o último dia do semestre em que for veiculado o programa impugnado, ou, na hipótese de ser transmitido nos últimos trinta dias desse período, até o décimo quinto dia do semestre seguinte, nos termos do § 4º do art. 45 da Lei 9.096/95, sujeitando-se, a idênticos marcos temporais, eventuais providências atinentes à regularização de defeitos da peça inicial. *Rep 1541-05, Rel. Min. Nancy Andrighi, j. 19.6.12. (Info 17)*

Legitimidade ativa do MPE e representação em propaganda partidária.

O MPE também possui legitimidade para a propositura de representação por infração ao art. 45 da Lei 9.096/95, pois o § 3º do referido dispositivo deve ser interpretado em consonância com o art. 127 da CF, que lhe incumbe a defesa da ordem jurídica, do regime democrático e dos interesses sociais e individuais indisponíveis. *AgRg no REspe 6065-33, Rel. Min. Arnaldo Versiani, j. 18.9.12. (Info 26)*

Propaganda partidária. Desvio de finalidade. Publicidade negativa. Promoção pessoal.

Propaganda eleitoral antecipada. Cassação de direito de transmissão. Multa. Aplicação.

Há desvio de finalidade no programa partidário, sob a forma de propaganda eleitoral subliminar, quando se comparam administrações de agremiações antagônicas, com o intuito de ressaltar as qualidades do responsável pela propaganda e de realizar publicidade negativa de outros partidos políticos, principalmente às vésperas de período eleitoral. O anúncio, ainda que de forma indireta e disfarçada, de determinada candidatura com o propósito de obter apoio por intermédio do voto e de exclusiva promoção pessoal com finalidade eleitoral configuram propaganda eleitoral extemporânea em espaço de publicidade partidária, atraindo as sanções da Lei dos Partidos Políticos e da Lei das Eleições. Aplicada, por força de julgamento anterior, a penalidade de cassação de direito de transmissão em decorrência das mesmas infrações, impõe-se, no ponto, a extinção do processo sem apreciação do mérito, subsistindo a pena de multa. *Rep 1248-46, Rel. Min. Nancy Andrighi, j. 8.5.12. (Info 12)*

Propaganda partidária. Inserção. Comunicação. Emissora. Prazo. Descumprimento.

De acordo com o § 2º do art. 6º da Res.-TSE 20.034/97, tratando-se de inserções da propaganda partidária, o partido político deve encaminhar, com antecedência de 15 dias, a cópia da decisão que autorizar a veiculação, juntamente com a respectiva mídia, às emissoras que escolher para transmiti-la. Caso o partido político não observe as exigências contidas no § 2º do art. 6º da Res.-TSE 20.034/97, as emissoras estão desobrigadas da transmissão das inserções, conforme dispõe o § 3º do mesmo artigo. *AgRg na PP 3-63, Rel. Min. Arnaldo Versiani, j. 17.5.12. (Info 13)*

Representação. Propaganda partidária. Desvirtuamento. Propaganda extemporânea. Ocorrência.

A propaganda eleitoral extemporânea em programa partidário se configura pelo anúncio, ainda que sutil, de determinada candidatura, dos propósitos para obter apoio por intermédio do voto e de exclusiva promoção pessoal com finalidade eleitoral, ainda mais quando favorável a filiado de agremiação partidária diversa. Não se exige, para tanto, expresso pedido de votos ou existência de candidatura formalizada. *Recurso na Rep 1146-24, Red. p/ ac. Min. Marcelo Ribeiro, j. 25.4.12. (Info 10)*

4. DISPOSIÇÕES FINAIS E TRANSITÓRIAS (ARTS. 55 A 63)

2012

Propaganda partidária. Inserções regionais. Funcionamento parlamentar. Necessidade.

Exige-se, para veiculação de propaganda político-partidária gratuita sob forma de inserções regionais em emissoras de rádio e televisão, o cumprimento do disposto na alínea a do inc. I do art. 57 da Lei 9.096/95, no tocante à eleição de representante para a Câmara dos Deputados em, no mínimo, cinco estados da Federação e à obtenção de um por cento dos votos apurados no país, não computados os brancos e os nulos. *AgRg no REspe 17218-63, Rel. Min. Gilson Dipp, j. 14.2.12. (Info 3)*

6. MINISTÉRIO PÚBLICO ELEITORAL

2014

Desistência de ação eleitoral e legitimidade do Ministério Público Eleitoral.

O MPE tem legitimidade para dar prosseguimento à ação eleitoral, quando a parte autora apresenta desistência. É necessário possibilitar ao MPE, como fiscal da lei, continuar demanda eleitoral na qual o polo ativo apresente pedido de desistência, ainda que em grau de recurso. A legitimidade do Ministério Público contribui para inibir o uso indevido das ações eleitorais. *REspe 87-16, Rel. Min. Gilmar Mendes, j. 4.11.14. (Info 22)*

2013

Doação para campanha eleitoral e pedido genérico de quebra de sigilo fiscal pelo Ministério Público.

É lícito o pedido do Ministério Público de batimento pela Receita Federal entre as doações para campanha eleitoral e os rendimentos dos doadores. No julgamento do REspe 28746 este Tribunal assentou que o Parquet, no exercício de suas atribuições constitucionais, poderá solicitar a confirmação de que as doações para campanhas eleitorais obedeceram aos limites legais. *REspe 36-93, Red. p/ ac. Min. Luciana Lóssio, j. 28.11.13. (Info 34)*

2012

Sigilo bancário e impossibilidade de acesso antecipado do Ministério Público à movimentação das contas de campanha.

Indeferido pedido do MPE para acesso simultâneo às movimentações financeiras, relativas às contas correntes de campanha das Eleições 2012, porque, além de violar o sigilo bancário, seria providência desnecessária, tendo em vista que o art. 50 da Res.-TSE 23.376/12 lhe assegura o acesso a tais dados no momento oportuno. *PA 731-70, Rel. Min. Luciana Lóssio, j. 11.10.12. (Info 29)*

7. OUTROS TEMAS DE DIREITO PROCESSUAL ELEITORAL

2014

Cabimento de "querela nullitatis insanabilis" por ausência de intimação do representado para apresentação de alegações finais em representação eleitoral.

A "querela nullitatis insanabilis" é cabível para declarar a inexistência de sentença condenatória proferida em representação na qual o representado não foi intimado para apresentar alegações. *REspe 270-81, Rel. Min. Luciana Lóssio, j. 24.6.14. (Info 10)*

2013

"Habeas corpus" e não declaração de nulidade ante a ausência de efetivo prejuízo à defesa.

Suposta nulidade decorrente do desrespeito às normas procedimentais referentes ao exercício da ampla defesa no julgamento de correição parcial não deve ser declarada, por ausência de efetivo prejuízo à defesa. Deve ser aplicada, em homenagem ao princípio da economia processual, a regra prevista no art. 563 do CPP. *HC 1820-65, Rel. Min. Dias Toffoli, j. 28.2.13. (Info 3)*

2012

Ação cautelar e prova ilícita por derivação.

Considerando-se a relevância da alegação de nulidade das provas obtidas a partir de interceptação telefônica ilícita, prestigia-se a soberania popular e mantem-se o agravante no cargo até decisão do TSE. Por se tratar de matéria que chegará ao conhecimento do TSE por recurso ordinário, há a possibilidade de nova análise de todo o conjunto probatório dos autos. *AgRg na AC 86-45, Rel. Min. Dias Toffoli, j. 26.6.12. (Info 18)*

Eleições 2006. Doação. Limite legal. Representação. Prazo. Coisa julgada. Jurisprudência. Alteração. "Querela nullitatis". Impossibilidade.

O acórdão que se pretende anular obteve a preclusão máxima em 6.11.2009, ou seja, antes de 28.5.2010, quando o TSE firmou posicionamento a respeito do prazo para ajuizamento de representação com base em doação de recursos acima do limite legal. A fixação de jurisprudência – argumento que fundamenta a pretensão do recorrido – não é fator capaz de invalidar, por meio da "querela nullitatis", acórdão proferido em processo que tramitou dentro da normalidade, visto que não houve afronta ao devido processo legal ou a qualquer outro direito fundamental. De outra parte, não há falar nem mesmo em aplicação do princípio da fungibilidade, de modo a receber a ação declaratória de nulidade como ação rescisória, uma vez que, no processo eleitoral, somente cabe ação rescisória para desconstituir decisão deste TSE que examine o mérito de declaração de inelegibilidade. *REspe 9679-04, Rel. Min. Nancy Andrighi, j. 8.5.12. (Info 12)*

Gravação ambiental e participação de um dos interlocutores.

É ilícita a gravação ambiental realizada sem conhecimento de um dos interlocutores. Essa gravação somente é válida se for produzida com prévia autorização judicial, ou como meio de prova em defesa, ou ainda se for feita de forma ostensiva em ambiente público. *REspe 344-26, Rel. Min. Marco Aurélio, j. 16.8.12. (Info 21)*

Gravação clandestina e produção de prova para incriminação.

É ilícita a gravação clandestina da imagem e da conversa entre a candidata e o suposto eleitor que se fez passar por vítima de captação ilícita de sufrágio. A gravação clandestina, que só poderia ser válida como prova para a defesa, na espécie, foi formada especificamente para incriminar outra pessoa. O Poder Judiciário não pode endossar prova que foi produzida visando à impugnação da candidatura. *EDcl no AgRg no REspe 36035, Rel. Min. Marco Aurélio, j. 23.8.12. (Info 22)*

Sustentação oral. Irregularidade. Manifestação. Primeira oportunidade. Preclusão. Mandado de segurança. Descabimento.

A nulidade de qualquer ato, se não arguida no momento de sua prática ou na primeira oportunidade que para tanto se apresente, não mais poderá ser alegada por incidência da preclusão. Assim, no caso de suposta ilegalidade na distribuição do tempo entre as partes para as respectivas sustentações orais, a parte deveria ter se manifestado contra o ato durante a própria sessão plenária em que ocorrido. Como a parte não se manifestou no momento oportuno, inviabilizou o manejo do recurso que seria regular e cabível naquela instância: embargos de declaração. O mandado de segurança, salvo em casos excepcionais de flagrante ilegalidade, não pode ser utilizado como sucedâneo de recurso próprio ou meio de impugnação direta de ato jurisdicional, sob pena de atrair a incidência da Súm. 267/STF. *AgRg no MS 1350-34, Rel. Min. Gilson Dipp, j. 7.3.12. (Info 5)*

8. SÚMULAS TSE

1. CONSTITUIÇÃO FEDERAL

1. DOS DIREITOS POLÍTICOS (ARTS. 14 A 16)

TSE 6. São inelegíveis para o cargo de Chefe do Executivo o cônjuge e os parentes, indicados no § 7º do art. 14 da Constituição Federal, do titular do mandato, salvo se este, reelegível, tenha falecido, renunciado ou se afastado definitivamente do cargo até seis meses antes do pleito.

TSE 9. A suspensão de direitos políticos decorrente de condenação criminal transitada em julgado cessa com o cumprimento ou a extinção da pena, independendo de reabilitação ou de prova de reparação dos danos.

TSE 13. Não é autoaplicável o § 9º do art. 14 da Constituição, com a redação da Emenda Constitucional de Revisão n. 4/94.

TSE 15. O exercício de mandato eletivo não é circunstância capaz, por si só, de comprovar a condição de alfabetizado do candidato.

2. CÓDIGO ELEITORAL

1. DOS ÓRGÃOS DA JUSTIÇA ELEITORAL (ARTS. 12 A 15)

1.1. Do Tribunal Superior (arts. 16 a 24)

TSE 37. Compete originariamente ao Tribunal Superior Eleitoral processar e julgar recurso contra expedição de diploma envolvendo eleições federais ou estaduais.

2. DAS ELEIÇÕES (ARTS. 82 A 234)

2.1. Dos Recursos (arts. 257 a 282)

TSE 3. No processo de registro de candidatos, não tendo o juiz aberto prazo para o suprimento de defeito da instrução do pedido, pode o documento, cuja falta houver motivado o indeferimento, ser juntado com o recurso ordinário.

TSE 47. A inelegibilidade superveniente que autoriza a interposição de recurso contra expedição de diploma, fundado no art. 262 do Código Eleitoral, é aquela de índole constitucional ou, se infraconstitucional, superveniente ao registro de candidatura, e que surge até a data do pleito.

3. DIREITO PROCESSUAL ELEITORAL

1. DOS SUJEITOS DO PROCESSO

1.1. Do Litisconsórcio

TSE 38. Nas ações que visem à cassação de registro, diploma ou mandato, há litisconsórcio passivo necessário entre o titular e o respectivo vice da chapa majoritária.

TSE 39. Não há formação de litisconsórcio necessário em processos de registro de candidatura.

TSE 40. O partido político não é litisconsorte passivo necessário em ações que visem à cassação de diploma.

2. DO PROCESSO DE CONHECIMENTO E DO CUMPRIMENTO DE SENTENÇA

2.1. Do Procedimento Comum

2.2. Da Petição Inicial

TSE 62. Os limites do pedido são demarcados pelos fatos imputados na inicial, dos quais a parte se defende, e não pela capitulação legal atribuída pelo autor.

3. DO PROCESSO DE EXECUÇÃO

TSE 68. A União é parte legítima para requerer a execução de astreintes, fixada por descumprimento de ordem judicial no âmbito da Justiça Eleitoral.

TSE 56. A multa eleitoral constitui dívida ativa de natureza não tributária, submetendo-se ao prazo prescricional de 10 (dez) anos, nos moldes do art. 205 do Código Civil.

TSE 63. A execução fiscal de multa eleitoral só pode atingir os sócios se preenchidos os requisitos para a desconsideração da personalidade jurídica previstos no art. 50 do Código Civil, tendo em vista a natureza não tributária da dívida, observados, ainda, o contraditório e a ampla defesa.

4. DA ORDEM DOS PROCESSOS E DOS PROCESSOS DE COMPETÊNCIA ORIGINÁRIA DOS TRIBUNAIS

4.1. Da Ação Rescisória

TSE 33. Somente é cabível ação rescisória de decisões do Tribunal Superior Eleitoral que versem sobre a incidência de causa de inelegibilidade.

4.2. Da Reclamação

TSE 35. Não é cabível reclamação para arguir o descumprimento de resposta a consulta ou de ato normativo do Tribunal Superior Eleitoral.

4.3. Dos Recursos

4.3.1. Disposições Gerais

TSE 11. No processo de registro de candidatos, o partido que não o impugnou não tem legitimidade para recorrer da sentença que o deferiu, salvo se se cuidar de matéria constitucional.

TSE 26. É inadmissível o recurso que deixa de impugnar especificamente fundamento da decisão recorrida que é, por si só, suficiente para a manutenção desta.

TSE 27. É inadmissível recurso cuja deficiência de fundamentação impossibilite a compreensão da controvérsia.

TSE 65. Considera-se tempestivo o recurso interposto antes da publicação da decisão recorrida.

4.3.2. Recurso Especial Eleitoral

TSE 24. Não cabe recurso especial eleitoral para simples reexame do conjunto fático-probatório.

TSE 25. É indispensável o esgotamento das instâncias ordinárias para a interposição de recurso especial eleitoral.

TSE 28. A divergência jurisprudencial que fundamenta o recurso especial interposto com base na alínea "b" do inciso "I" do art. 276 do Código Eleitoral somente estará demonstrada mediante a realização de cotejo analítico e a existência de similitude fática entre os acórdãos paradigma e o aresto recorrido.

TSE 29. A divergência entre julgados do mesmo Tribunal não se presta a configurar dissídio jurisprudencial apto a fundamentar recurso especial eleitoral.

TSE 30. Não se conhece de recurso especial eleitoral por dissídio jurisprudencial, quando a decisão recorrida estiver em conformidade com a jurisprudência do Tribunal Superior Eleitoral.

TSE 31. Não cabe recurso especial eleitoral contra acórdão que decide sobre pedido de medida liminar.

TSE 32. É inadmissível recurso especial eleitoral por violação à legislação municipal ou estadual, ao Regimento Interno dos Tribunais Eleitorais ou às normas partidárias.

TSE 71. Na hipótese de negativa de seguimento ao recurso especial e da consequente interposição de agravo, a parte deverá apresentar contrarrazões tanto ao agravo quanto ao recurso especial, dentro do mesmo tríduo legal.

4.3.3. Recurso Ordinário

TSE 10. No processo de registro de candidatos, quando a sentença for entregue em cartório antes de três dias contados da conclusão ao juiz, o prazo para o recurso ordinário, salvo intimação pessoal anterior, só se conta do termo final daquele tríduo.

TSE 36. Cabe recurso ordinário de acórdão de Tribunal Regional Eleitoral que decida sobre inelegibilidade, expedição ou anulação de diploma ou perda de mandato eletivo nas eleições federais ou estaduais (art. 121, § 4º, incisos III e IV, da Constituição Federal).

TSE 64. Contra acórdão que discute, simultaneamente, condições de elegibilidade e de inelegibilidade, é cabível o recurso ordinário.

5. DO MANDADO DE SEGURANÇA

TSE 22. Não cabe mandado de segurança contra decisão judicial recorrível, salvo situações de teratologia ou manifestamente ilegais.

TSE 23. Não cabe mandado de segurança contra decisão judicial transitada em julgado.

TSE 34. Não compete ao Tribunal Superior Eleitoral processar e julgar mandado de segurança contra ato de membro de Tribunal Regional Eleitoral.

4. LEI DE INELEGIBILIDADES (LC 64/90)

1. DOS INELEGÍVEIS (ART. 1º)

TSE 5. Serventuário de cartório, celetista, não se inclui na exigência do art. 1º, II, l, da LC nº 64/90.

TSE 6. São inelegíveis para o cargo de Chefe do Executivo o cônjuge e os parentes, indicados no § 7º do art. 14 da Constituição Federal, do titular do mandato, salvo se este, reelegível, tenha falecido, renunciado ou se afastado definitivamente do cargo até seis meses antes do pleito.

TSE 12. São inelegíveis, no município desmembrado, e ainda não instalado, o cônjuge e os parentes consanguíneos ou afins, até o segundo grau ou por adoção, do prefeito do município-mãe, ou de quem o tenha substituído, dentro dos seis meses anteriores ao pleito, salvo se já titular de mandato eletivo.

TSE 15. O exercício de mandato eletivo não é circunstância capaz, por si só, de comprovar a condição de alfabetizado do candidato.

TSE 19. O prazo de inelegibilidade decorrente da condenação por abuso do poder econômico ou político tem início no dia da eleição em que este se verificou e finda no dia de igual número no oitavo ano seguinte (art. 22, XIV, da LC n. 64/90).

TSE 54. A desincompatibilização de servidor público que possui cargo em comissão é de três meses antes do pleito e pressupõe a exoneração do cargo comissionado, e não apenas seu afastamento de fato.

TSE 59. O reconhecimento da prescrição da pretensão executória pela Justiça Comum não afasta a inelegibilidade prevista no art. 1º, I, e, da LC n. 64/90, porquanto não extingue os efeitos secundários da condenação.

TSE 60. O prazo da causa de inelegibilidade prevista no art. 1º, I, e, da LC nº 64/90 deve ser contado a partir da data em que ocorrida a prescrição da pretensão executória e não do momento da sua declaração judicial.

TSE 61. O prazo concernente à hipótese de inelegibilidade prevista no art. 1º, I, e, da LC nº 64/90 projeta-se por oito anos após o cumprimento da pena, seja ela privativa de liberdade, restritiva de direito ou multa.

TSE 69. Os prazos de inelegibilidade previstos nas alíneas j e h do inciso I do art. 1º da LC nº 64/90 têm termo inicial no dia do primeiro turno da eleição e termo final no dia de igual número no oitavo ano seguinte.

2. DA COMPETÊNCIA DA JUSTIÇA ELEITORAL (ART. 2º)

TSE 41. Não cabe à Justiça Eleitoral decidir sobre o acerto ou desacerto das decisões proferidas por outros Órgãos do Judiciário ou dos Tribunais de Contas que configurem causa de inelegibilidade.

TSE 58. Não compete à Justiça Eleitoral, em processo de registro de candidatura, verificar a prescrição da pretensão punitiva ou executória do candidato e declarar a extinção da pena imposta pela Justiça Comum.

3. DAS IMPUGNAÇÕES AO REGISTRO DE CANDIDATURA (ARTS. 3º AO 7º)

TSE 49. O prazo de cinco dias, previsto no art. 3º da LC n. 64/90, para o Ministério Público impugnar o registro inicia-se com a publicação do edital, caso em que é excepcionada a regra que determina a sua intimação pessoal.

4. DA SENTENÇA (ARTS. 8º E 9º)

TSE 3. No processo de registro de candidatos, não tendo o juiz aberto prazo para o suprimento de defeito da instrução do pedido, pode o documento, cuja falta houver motivado o indeferimento, ser juntado com o recurso ordinário.

TSE 10. No processo de registro de candidatos, quando a sentença for entregue em cartório antes de três dias contados da conclusão ao juiz, o prazo para o recurso ordinário, salvo intimação pessoal anterior, só se conta do termo final daquele tríduo.

TSE 11. No processo de registro de candidatos, o partido que não o impugnou não tem legitimidade para recorrer da sentença que o deferiu, salvo se se cuidar de matéria constitucional.

5. DO PROCEDIMENTO DE INVESTIGAÇÃO JUDICIAL (ARTS. 21 E 22)

TSE 19. O prazo de inelegibilidade decorrente da condenação por abuso do poder econômico ou político tem início no dia da eleição em que este se verificou e finda no dia de igual número no oitavo ano seguinte (art. 22, XIV, da LC n. 64/90).

6. DA SUSPENSÃO CAUTELAR DA INELEGIBILIDADE (ART. 26-C)

TSE 44. O disposto no art. 26-C da LC n. 64/90 não afasta o poder geral de cautela conferido ao magistrado pelo Código de Processo Civil.

TSE 66. A incidência do § 2º do art. 26-C da LC nº 64/90 não acarreta o imediato indeferimento do registro ou o cancelamento do diploma, sendo necessário o exame da presença de todos os requisitos essenciais à configuração da inelegibilidade, observados os princípios do contraditório e da ampla defesa.

5. LEI DAS ELEIÇÕES (LEI 9.504/97)

1. DAS COLIGAÇÕES (ART. 6º)

TSE 53. O filiado a partido político, ainda que não seja candidato, possui legitimidade e interesse para impugnar pedido de registro de coligação partidária da qual é integrante, em razão de eventuais irregularidades havidas em convenção.

2. DAS CONVENÇÕES PARA A ESCOLHA DE CANDIDATOS (ARTS. 7º A 9º)

TSE 53. O filiado a partido político, ainda que não seja candidato, possui legitimidade e interesse para impugnar pedido de registro de coligação partidária da qual é integrante, em razão de eventuais irregularidades havidas em convenção.

3. DO REGISTRO DE CANDIDATOS (ARTS. 10 A 16)

TSE 2. Assinada e recebida a ficha de filiação partidária até o termo final do prazo fixado em lei, considera-se satisfeita a correspondente condição de elegibilidade, ainda que não tenha fluído, até a mesma data, o tríduo legal de impugnação.

TSE 3. No processo de registro de candidatos, não tendo o juiz aberto prazo para o suprimento de defeito da instrução do pedido, pode o documento, cuja falta houver motivado o indeferimento, ser juntado com o recurso ordinário.

TSE 4. Não havendo preferência entre candidatos que pretendam o registro da mesma variação nominal, defere-se o do que primeiro o tenha requerido.

TSE 10. No processo de registro de candidatos, quando a sentença for entregue em cartório antes de três dias contados da conclusão ao juiz, o prazo para o recurso ordinário, salvo intimação pessoal anterior, só se conta do termo final daquele tríduo.

TSE 11. No processo de registro de candidatos, o partido que não o impugnou não tem legitimidade para recorrer da sentença que o deferiu, salvo se se cuidar de matéria constitucional.

TSE 43. As alterações fáticas ou jurídicas supervenientes ao registro que beneficiem o candidato, nos termos da parte final do art. 11, § 10, da Lei nº 9.504/97, também devem ser admitidas para as condições de elegibilidade.

TSE 45. Nos processos de registro de candidatura, o Juiz Eleitoral pode conhecer de ofício da existência de causas de inelegibilidade ou da ausência de condição de elegibilidade, desde que resguardados o contraditório e a ampla defesa.

TSE 50. O pagamento da multa eleitoral pelo candidato ou a comprovação do cumprimento regular de seu parcelamento após o pedido de registro, mas antes do julgamento respectivo, afasta a ausência de quitação eleitoral.

TSE 57. A apresentação das contas de campanha é suficiente para a obtenção da quitação eleitoral, nos termos da nova redação conferida ao art. 11, § 7º, da Lei nº 9.504/97, pela Lei nº 12.034/2009.

TSE 58. Não compete à Justiça Eleitoral, em processo de registro de candidatura, verificar a prescrição da pretensão punitiva ou executória do candidato e declarar a extinção da pena imposta pela Justiça Comum.

TSE 70. O encerramento do prazo de inelegibilidade antes do dia da eleição constitui fato superveniente que afasta a inelegibilidade, nos termos do art. 11, § 10, da Lei nº 9.504/97.

TSE 51. O processo de registro de candidatura não é o meio adequado para se afastarem os eventuais vícios apurados no processo de prestação de contas de campanha ou partidárias.

TSE 52. Em registro de candidatura, não cabe examinar o acerto ou desacerto da decisão que examinou, em processo específico, a filiação partidária do eleitor.

TSE 45. Nos processos de registro de candidatura, o Juiz Eleitoral pode conhecer de ofício da existência de causas de inelegibilidade ou da ausência de condição de elegibilidade, desde que resguardados o contraditório e a ampla defesa.

TSE 55. A Carteira Nacional de Habilitação gera a presunção da escolaridade necessária ao deferimento do registro de candidatura.

4. DA ARRECADAÇÃO E DA APLICAÇÃO DE RECURSOS NAS CAMPANHAS ELEITORAIS (ARTS. 17 A 27)

TSE 46. É ilícita a prova colhida por meio da quebra do sigilo fiscal sem prévia e fundamentada autorização judicial, podendo o Ministério Público Eleitoral acessar diretamente apenas a relação dos doadores que excederam os limites legais, para os fins da representação cabível, em que poderá requerer, judicialmente e de forma individualizada, o acesso aos dados relativos aos rendimentos do doador.

5. DA PRESTAÇÃO DE CONTAS (ARTS. 28 A 32)

TSE 42. A decisão que julga não prestadas as contas de campanha impede o candidato de obter a certidão de quitação eleitoral durante o curso do mandato ao qual concorreu, persistindo esses efeitos, após esse período, até a efetiva apresentação das contas.

6. DA PROPAGANDA ELEITORAL EM GERAL (ARTS. 36 A 42)

TSE 18. Conquanto investido de poder de polícia, não tem legitimidade o juiz eleitoral para, de ofício, instaurar procedimento com a finalidade de impor multa pela veiculação de propaganda eleitoral em desacordo com a Lei n. 9.504/97.

TSE 48. A retirada da propaganda irregular, quando realizada em bem particular, não é capaz de elidir a multa prevista no art. 37, § 1º, da Lei n. 9.504/97.

7. DISPOSIÇÕES FINAIS (ARTS. 90 A 107)

TSE 18. Conquanto investido de poder de polícia, não tem legitimidade o juiz eleitoral para, de ofício, instaurar procedimento com a finalidade de impor multa pela veiculação de propaganda eleitoral em desacordo com a Lei n. 9.504/97.

6. LEI GERAL DOS PARTIDOS POLÍTICOS (LEI 9.096/95)

1. DA ORGANIZAÇÃO E FUNCIONAMENTO DOS PARTIDOS POLÍTICOS (ARTS. 8º A 29)

1.1. Da Filiação Partidária (arts. 16 a 22)

TSE 2. Assinada e recebida a ficha de filiação partidária até o termo final do prazo fixado em lei, considera-se satisfeita a correspondente condição de elegibilidade, ainda que não tenha fluído, até a mesma data, o tríduo legal de impugnação.

TSE 20. A prova de filiação partidária daquele cujo nome não constou da lista de filiados de que trata o art. 19 da Lei n. 9.096/95, pode ser realizada por outros elementos de convicção, salvo quando se tratar de documentos produzidos unilateralmente, destituídos de fé pública.

1.2. Da Fidelidade e da Disciplina Partidárias (arts. 23 a 26)

TSE 67. A perda do mandato em razão da desfiliação partidária não se aplica aos candidatos eleitos pelo sistema majoritário.